DON LUIS DE
GÓNGORA
1561-1627

g.a.deSolalinde

Nota introductoria

Al final del siglo veinte, nadie duda del gran genio y talento poético de don Luis de Góngora. Después de Mallarmé, Darío y, sobre todo, la Generación del 27, se reconoce el valor de la *Fábula de Polifemo y Galatea* y de las *Soledades*. Hace siglos que terminó la polémica en torno a estos poemas mayores y acerca del sistema poético de Góngora, que en su tiempo parecía tan audaz. También ya se considera sin vigencia el juicio del neoclasicismo que condenaba todo lo barroco y, en particular, la poesía de don Luis.

Javier Núñez Cáceres (1940-1991) nació y se crió en el Perú, hizo sus estudios avanzados en España y los Estados Unidos, y enseñó más de diez años en Puerto Rico. Amó la literatura y llegó a conocer como pocos la poesía de don Luis de Góngora. En la Universidad de Wisconsin-Madison estudió con gran detalle la polémica en torno a Góngora y escribió su tesis doctoral sobre el *Apologético* de su compatriota Juan de Espinosa Medrano. Este estudio lo condujo a reflexionar mucho sobre el estilo de Góngora y leer incontables veces los sonetos, romances y letrillas, además de las obras mayores del poeta cordobés.

Javier Núñez nunca puso en cuestión el genio de Góngora, a quien admiraba enormemente. Con su propia sensibilidad de poeta, él gustaba de los versos del *Polifemo*, la belleza de sus imágenes, su musicalidad y aun su dificultad docta. También en los sonetos gongorinos percibió su tono aristocrático. No obstante, tenía dudas bastante serias acerca de los comentarios de los críticos, antiguos y modernos. En su opinión, ellos trataron de "fingir genio con ingenio ajeno". De este modo, a veces exageraban las características de la poesía gongorina cuando les convenía. En sus artículos, el profesor Núñez señaló más de una vez los errores lógicos y otras debilidades de los comentaristas de Góngora, quienes solían escribir páginas enteras para criticar o elogiar tal o cual verso gongorino. Un excelente ejemplo de este tipo de artículo suyo es " 'Quanto las cumbres ásperas cabrío / de los montes esconde. . .' (*Polifemo*, vs. 4647)." Aunque pueda sorprendernos, Javier Núñez proponía una lectura más literal de la poesía de Góngora, cuya obra no necesitaba interpretaciones tan atrevidas. Ya era bastante rica, y los lectores y críticos sólo debían tratar de comprenderla y encontrar sus valores.

Ante todo, Javier Núñez buscaba la exactitud en la comprensión de la poesía de Góngora. Según él, para saber realmente su valor justo, había que leer con paciente insistencia y entender en su contexto el sentido exacto de las metáforas, hipérbatos, etc. También debía considerarse la obra entera de don Luis, y no solamente unas pocas líneas o metáforas. A pesar de que Góngora escribió miles de versos y usó distintos estilos, muchos críticos, tanto en el siglo diecisiete como en el veinte, han fundamentado sus conclusiones en una parte mínima de su obra. Han hablado del vocabulario, la sintaxis y los recursos poéticos de Góngora sin conocer exhaustivamente su poesía.

Para facilitar tal conocimiento, Javier Núñez tuvo la idea de preparar unas concordancias para la obra de Góngora. Siendo todavía estudiante, durante los años setenta, cuando el uso de computadoras era nuevo, se dio cuenta de que tal tipo de obra podría probar, sin lugar a dudas, qué palabras Góngora realmente usa más, qué construcciones atribuidas a él aparecen más frecuentemente en su obra, y dónde, y aun qué otros elementos forman parte de su sistema poético. También percibió ya en aquella época que unas concordancias basadas en la edición de Foulché-Delbosc de las *Obras poéticas* podrían servir para muchos otros propósitos. Al publicar la versión de los poemas tal como se halla en el manuscrito Chacón y recopilar otros poemas de distintas fuentes, el erudito francés hizo accesible un documento de gran valor para el estudio de la ortografía, la pronunciación, el léxico, y hasta la puntuación del siglo diecisiete; pero unas concordancias dejarían ver más claramente todas las variaciones.

En los últimos años de su vida, Javier Núñez volvió con energía nueva a su antiguo proyecto, el cual pudo rehacer con la ayuda de avances tecnológicos, tales como el lector óptico. De este modo, el texto de las *Concordancias* que presentamos aquí refleja la tecnología actual, además de la asistencia que le proporcionó The Hispanic Seminary of Medieval Studies.

Javier Núñez estaba muy agradecido a esta institución relacionada con su *alma mater,* pero todavía más a los Colegios Regionales de la Universidad de Puerto Rico, cuyo subsidio muy generoso hace posible la publicación de este libro. De igual manera, le habría dado un gran placer y sentido de agradecimiento el hecho de que The Hispanic Society of America, que le otorgó una beca hace años, colaborara también en esta publicación.

Debo añadir que, durante sus últimos años mi condiscípulo, Javier, empezó a redactar un prólogo, el cual nunca llegó a terminar. Afortunadamente, hallé entre sus cuadernos lo que había escrito. Primero, hay que observar que este texto está incompleto, y que su autor no tuvo la oportunidad de pulir su estilo, como solía hacer con tanto agrado. Además, he tenido que suplir números y ejemplos cuando no los dejó apuntados en su texto. En todo este trabajo me ha asistido el Dr. Carlos Varo, de la Universidad de Puerto Rico en Bayamón, quien fue amigo de Javier, y a quien se lo agradezco mucho.

Esperamos que el lector encuentre útiles e interesantes las observaciones de Javier Núñez, quien, con la ayuda de sus *Concordancias,* profundizó mucho su conocimiento de la poesía de don Luis y del lenguaje de los siglos dieciséis y diecisiete. En particular, lo que dice del gran número de versos breves en la obra de Góngora es perspicaz. También sus comentarios sobre el vocabulario y la ortografía sugieren el valor y la utilidad de estas *Concordancias.* Al final de su prólogo, que se vuelve cada vez más esquemático y termina en meros apuntes, comienza a presentar, letra por letra y fonema por fonema, lo que había observado acerca de las variaciones ortográficas. Lamentamos mucho que nuestro amigo no pudiera poner fin a sus anotaciones, pero ojalá que otro estudioso de Góngora continúe tal valioso trabajo.

En cuanto a las *Concordancias* mismas, hay que observar que son realmente muy completas, y deben ser fáciles de utilizar. Basadas en la edición en tres tomos de The Hispanic Society of America (1921, 1970), comprenden una lista de las palabras usadas por Góngora y todos los versos en que éstas aparecen. Debido a la extensión de la obra gongorina y la repetición de ciertas palabras, el autor decidió omitir las que "carecen de sentido propio y que sólo tienen una función sintáctica." Por eso quedan excluidos los artículos, los pronombres, y las preposiciones y conjunciones más comunes. Tales "stop words" de la computadora son las siguientes:

a, à, acia, al, algo, alguien, algun, alguna, algunas, alguno, algunos, ante, ao, aos, aquel, aquella, aquellas, aquello, aquellos, aquesa, aquesas, aqueso, aquesos, aquessa, aquessas, aquesso, aquessos, aquesta, aquestas, aqueste, aquesto, aquestos, as, asta, bajo, baxo, con, contra, cuia, cuias, cuio, cuios, cuya, cuyas, cuyo, cuyos, cual, cuales, de, del, dél, dèl, della, dèlla, dellas, dèllas, dello, dellos, dèllos, desa, dèsa, desde, dese, deso, dèso, dèsos, dessa, desso, desta, dèsta, destas, dèstas, deste, dèste, desto, destos, dèstos, e, el, èl, ella, ellas, ello, ellos, em, en, entre, esa, esas, ese, eso, esos, essa, essas, esse, esso, essos, esta, estas, este, esto, estos, et, ezte, hacia, hasta, i, io, la, las, le, les, lo, los, me, mi, mia, mias, mio, mios, mis, não, nào, nas, ni, nin, ningun, ninguna, ninguno, no, nò, non, nos, nosotros, nuestra, nuestras, nuestro, nuestros, o, ô, os, oz, para, pero, por, porque, pues, qual, quales, qualque, qualquier, qualquiera, que, què, quel, questa, quien, quienes, se, segun, selo, si, sì, sin, sino, sobre, su, suia, suias, suio, suios, suo, sus, suyas, te, ti, tras, tu, tuia, tuias, tuio, tuios, tus, tuya, tuyas, tuyo, tuyos, tv, un, una, unas, uno, unos, uos, vn, vna, vnas, vno, vnos, vos, vosotras, vosotros, vuecè, vuesa, vuesamerced, vuestra, vuestras, vuestro, vuestros, y, yo, ze, zi.

Finalmente, para hallar el contexto más amplio de cada ejemplo, el lector puede consultar el poema indicado por el primer número, que es el de la edición de Foulché-Delbosc, y el número del verso que va después. En los pocos casos en que haya ocurrido algún pequeño error en la numeración de los versos, el lector debe buscar entre los más próximos. También, para los que desean utilizar la edición de Juan e Isabel Mille y Giménez (*Obras completas*, Aguilar: 1966), hemos incluido, después del *Prólogo*, unas tablas de correspondencias. A la mano izquierda indicamos el número con que Mille designó cada poema y a la derecha el número que utilizó Foulché-Delbosc.

Herbert E. Craig
University of Nebraska at Kearney

Prólogo

Usando la técnica electrónica es posible identificar palabras de una misma grafía en un cuerpo léxico determinado y asimismo señalar su contexto inmediato. Este método de identificación tiene la ventaja de la evidencia gráfica elevada a niveles de exactitud y rapidez insospechados anteriormente, aunque, a su vez, confunda las palabras homógrafas y el sentido equívoco de una sola grafía. Afortunadamente, el sistema ortográfico del español es de una gran fidelidad—aun en textos tan complejos como la poesía culterana—, y la preocupación de escribir como se habla ya había capturado la atención de Nebrija, Correas, Alemán e, incluso, Herrera.

De aquí que una advertencia sobre la ortografía de la edición de Foulché-Delbosc sea imprescindible para el uso de estas *Concordancias,* basadas en el texto que ofrece de las *Obras poéticas* de don Luis de Góngora.

Según sabemos, Foulché-Delbosc transcribe cuatrocientas veinte y tres composiciones del manuscrito Chacón, a las cuales añade setenta y siete recogidas de distintas fuentes, bien manuscritas o impresas. La importancia de este manuscrito no tiene paralelo con ningún otro (en realidad es un códice de óptima caligrafía para el uso de un Grande), habría sido copiado bajo la vigilancia del poeta y establece una cronología que permite rastrear la configuración de su estilo.

Un examen somero de la materia nos permite elaborar una teoría de las composiciones gongorinas, pero ofrece un resultado que desdice de la imagen manida de un poeta culto e inaccesible. De los versos que componen la totalidad de su obra, cinco mil novecientos veinte y cuatro pertenecen a las comedias *Las firmezas de Isabela, El Doctor Carlino* (incompleta) y la *Comedia Venatoria* (incompleta, atribuida y hecha, al parecer, con Villamediana); los romances sumarían seis mil seiscientos veinte y ocho octosílabos; las letrillas, asimismo numerosas, totalizan dos mil quinientos treinta y un versos.

Seguidamente los poemas cultos: las *Soledades* tienen dos mil ciento siete endecasílabos; el *Polifemo,* quinientos cuatro; y el *Panegírico al duque de Lerma,* seiscientos treinta y dos; mientras que la *Fábula de Píramo y Tisbe,* que es una composición burlesca, tiene quinientos cinco octosílabos. Los sonetos suman tres mil setenta y ocho endecasílabos, y el resto puede desglosarse en romancillos, décimas y canciones (éstas apartadas de la forma petrarquista, y muy pocas).

El balance es, pues, favorable a los versos menores, si bien la intensidad lírica y la perfección formal alcanzan una apretada síntesis en los poemas mayores y composiciones cultas.

De otra parte, puede verse que el uso de una palabra (p. ej. *perlas* o *marfil*) e, incluso, el de las mismas imágenes en varias formas poéticas son comunes, y muestran que todas sus obras han sido sometidas a un paciente ejercicio de expresión poética. A este hecho ya se refería Angulo y Pulgar al discutir la idea de varios estilos de don Luis.

Opuestamente, y casi en la medida del boato palaciego en los poemas mayores, sorprenden los términos procaces de la poesía escatológica censurada por Pineda y omitida algunas veces en el códice de Chacón. Pero la variedad temática es aún mayor, y en una cantidad mínima don Luis recoge en su poesía variantes dialectales: el habla de Andalucía o el de los gitanos (V. 210), el habla de los negros (V. 308) y también el de los niños (V. 124). Además, es posible encontrar algunas frases y aun versos enteros en latín, italiano o portugués (V. 118). Los versos de la última lengua a veces tienen un sentido burlesco, el cual fue acaso exacerbado después de la anexión de Portugal (V. 303).

Volviendo a la ortografía del códice, debemos recordar que su fidelidad fonética era imprescindible para los propósitos del poeta, e indicaba aspectos tan caros a la poesía culta como la rima y el ritmo, y también eran vehículos expresivos de una considerable gama de sentimientos, actitudes y conceptos.

El castellano, más que otras lenguas, repetimos, se escribe como se habla. Debido a su estructura isosilábica y su invariablidad vocálica, el español alcanza un alto grado de exactitud fonética aun en obras tan complejas y sutiles como las gongorinas. Curiosamente en éstas se puede observar la reducción de los sibilantes medievales, pues todavía en la edición de Foulché se distinguen las grafías de la *ss* sorda y la *s* sonora, pero ya sin ningún valor fonético por aquella época (*desseo, deseo* o *pessado, pesado*).

Si seguimos el orden alfabético hallamos que la *a* como preposición aparece más de mil veces, y sólo tres como grafía del verbo (*ha*). Igual sucede con el adverbio *ai* (*ahi*) y con la interjección *ay*. (La acentuación no era de uso constante.)

Para la representación del fonema /b/ hallamos *u* además de *b* y *v* (*cuerua, buela, vuela*).

La letra *c* se confunde con la *s,* o la *z,* y ésta con la *ç* en algunas combinaciones. También la *c* puede repetirse (*occasion, ocasion*).

/d/ Este fonema se registra fácilmente.

Con la *e* vocálica no he registrado variantes o dificultades y se usa como conjunción y como verbo (*he*). En cuanto a la *e* protética, a veces está excluida en vocablos como *splendor*.

/f/ La doble *ff* es un cultismo gráfico sin realización fonética (*suffrir*).

g Oscilación. Comunicaciones con la *j* y la *x*.

h El uso de esta restitución etimológica se halla muy difundido en vocablos como *hombro*. Alguna vez, sin embargo, se omite como en *ora* (*hora*). Acaso tiene valor aspirado en *paharitos*.

i se usa como vocal y como consonante, aunque alterna con *y* en ambas funciones con la misma realidad fonética. También reemplaza a la *j*.

j oscila con la *x*, a veces, incluso, en líneas seguidas.

k Si bien Correas la introduce en su ortografía, no existe a comienzo ni a media palabra.

Javier Núñez Cáceres
Colegio Regional de Aguadilla
Universidad de Puerto Rico

Tabla de fechas y títulos de los poemas según la edición de Foulché

**La numeración de los poemas se reparten de la manera siguiente en los tres tomos.
I: 1-229, II: 230-423, III: 424-499.**

POEMA	FECHA	TÍTULO
1	1580	DE LAS LUSIADAS DE LUIS DE CAMOES, QUE TRADUXO LUIS DE TAPIA, NATURAL DE SEUILLA
2	1580	
3	1580	
4	1580	
5	1580	
6	1581	
7	1581	
8	1581	
9	1581	
10	1581	
11	1581	
12	1582	EN LA MUERTE DE DOS SEÑORAS MOÇAS HERMANAS, NATURALES DE CORDOUA
13	1582	
14	1582	
15	1582	
16	1582	
17	1582	
18	1582	
19	1582	
20	1582	
21	1582	
22	1582	
23	1582	
24	1582	
25	1582	
26	1582	
27	1582	
28	1582	
29	1582	
30	1583	EN LA MUERTE DE VNA SEÑORA QUE MURIO MOÇA EN CORDOUA
31	1583	
32	1583	
33	1583	
34	1583	
35	1583	

36	1583	
37	1583	
38	1583	
39	1583	
40	1584	A IUAN RUFO, DE SU AUSTRIADA
41	1584	
42	1584	
43	1584	
44	1584	
45	1584	
46	1584	
47	1584	
48	1584	
49	1584	
50	1584	
51	1585	A CORDOVA
52	1585	
53	1585	
54	1585	
55	1585	
56	1585	
57	1585	
58	1585	
59	1585	
60	1586	EN VNA ENFERMEDAD DE DON ANTONIO DE PAZOS, OBISPO DE CORDOUA
61	1586	
62	1586	
63	1586	A GRANADA
64	1587	
65	1587	
66	1588	DEL MARQUES DE SANTA CRUZ
67	1588	A D. LUIS DE VARGAS
68	1588	
69	1588	
70	1588	
71	1588	
72	1588	DE LA ARMADA QUE FUE A INGLATERRA
73	1588	
74	1588	
75	1589	
76	1589?	DE S. LORENÇO EL REAL DEL ESCURIAL
77	1590	EN VNA FIESTA QUE SE HIZO EN SEUILLA A S. HERMENEGILDO
78	1590	
79	1590	
80	1590	
81	1590	

128	1602	
129	1602	
130	1602	
131	1602	
132	1602	
133	1602	
134	1603	DE VNA QUINTA DEL CONDE DE SALINAS, RIBERA DE DUERO
135	1603	EN EL SEPULCRO DE LA DUQUESA DE LERMA
136	1603	PARA LO MISMO
137	1603	DE LOS SEÑORES REYES DON PHELIPE III. I D. MARGARITA, EN VNA MONTERIA
138	1603	
139	1603	
140	1603	
141	1603	
142	1603	
143	1603	
144	1603	
145	1604	DE D. RODRIGO SARMIENTO, CONDE DE SALINAS
146	1604	AL PUERTO DE GUADARRAMA, PASSANDO POR EL LOS CONDES DE LEMUS
147	1604	
148	1604	
149	1605	
150	1605	
151	1605	
152	1605	
153	1605	
154	1605	
155	1605	DE VNAS FIESTAS EN VALLADOLID
156	1605	EN EL DICHOSO PARTO DE LA SEÑORA REYNA D. MARGARITA, QUANDO NACIO EL REI D. PHELIPE IIII. N. S.
157	1605	AL CONDE DE SALINAS. DE VNAS FIESTAS EN QUE TOREÒ SIMÓN, VN ENANO
158	1605	DE VNAS FIESTAS DE VALLADOLID EN QUE NO SE HALLARON LOS REYES
159	1605	
160	1605	
161	1605	
162	1606	A LA EMBARCACION EN QUE SE ENTENDIÒ PASARÁN A NUEUA ESPAÑA LOS MARQUESES DE AYAMONTE
163	1606	AL MARQUÈS DE AIAMONTE PARTIENDO DE SU CASA PARA MADRID
164	1606	AL MARQUÈS DE AIAMONTE QUE, PASSANDO POR CORDOUA, LE MOSTRÒ VN RETRATO DE LA MARQUESA
165	1606	AL MARQUÈS DE AIAMONTE DETERMINANDO A NO IR A MEXICO
166	1606	DE LOS MARQUESES DE AIAMONTE QUANDO SE ENTENDIÒ PASSÁRAN A NUEUA ESPAÑA
167	1606	
168	1606	EN PERSONA DE VN CAUALLERO AUSENTE, A VNA DAMA QUE AMENAÇAUA CON SU VENIDA AL MISMO A QUIEN EL LA AUIA ENCOMENDADO, SENTIDA DE QUE LE HUUIESSE DADO AUISO DE SU MALA CORRESPONDENCIA
169	1607	DE LA MARQUESA DE AIAMONTE I SU HIJA, EN LEPE

296	1615	DE LA PURIFICACION DE NUESTRA SEÑORA
297	1615	EN LA MUERTE DE TRES HIJAS DEL DUQUE DE FERIA
298	1615	EGLOGA PISCATORIA EN LA MUERTE DEL DUQUE DE MEDINA SIDONIA
299	1615	DE VNA IEGUA QUE LE QUISO FERIAR EL DUQUE DE BEJAR
300	1615	AL NACIMIENTO DE CHRISTO NUESTRO SEÑOR
301	1615	A LO MISMO
302	1615	A LO MISMO
303	1615	A LO MISMO
304	1615	A LO MISMO
305	1615	A LO MISMO
306	1615	EN LA MISMA FESTIUIDAD. POR LA VIDA I ASCENSOS DE DON FR. DIEGO DE MARDONES, OBISPO DE CORDOUA
307	1615	AL NACIMIENTO DE CHRISTO NUESTRO SEÑOR
308	1615	A LO MISMO
309	1615	EN LA FIESTA DE LA ADORACION DE LOS REIES
310	1615	A LA PURIFICACION DE NUESTRA SEÑORA
311	1616	A DON LUIS DE VLLOA, QUE ENAMORADO SE AUSENTÒ DE TORO
312	1616	EN EL SEPULCHRO DE GARCI-LASSO DE LA VEGA
313	1616	CONTRA EL INTERES
314	1616	DE LA CAPILLA DE NUESTRA SEÑORA DEL SAGRARIO, DE LA SANTA IGLESIA DE TOLEDO, ENTIERRO DEL CARDENAL SANDOUAL
315	1616	AL FAUOR QUE S. ILDEPHONSO RECIUIÒ DE NUESTRA SEÑORA. PARA EL CERTAMEN POETICO DE LAS FIESTAS QUE EL CARDENAL D. BERNARDO DE SANDOUAL I ROJAS HIÇO EN LA TRASLACION DE NUESTRA SEÑORA DEL SAGRARIO A LA CAPILLA QUE LE FABRICÒ
316	1617	AL CONDE DE VILLAMEDIANA, DE SU "PHAETON"
317	1617	AL CONDE DE LEMUS, VINIENDO DE SER VIRREY DE NAPOLES
318	1617	PANEGYRICO AL DVQVE DE LERMA
319	1617	DE LA "FABULA DE PHAETON" QUE ESCRIUIÒ EL CONDE DE VILLAMEDIANA
320	1617	DE VNA CAIDA QUE DIO DE VN CAUALLO EL CONDE DE LA OLIUA EN EL PARQUE
321	1618	AL NACIMIENTO DE CHRISTO NUESTRO SEÑOR
322	1618	
323	1619	A NUESTRA SEÑORA DE ATOCHA, POR LA SALUD DEL SEÑOR REI DON PHILIPPE III
324	1619	EN LA MISMA OCCASION
325	1619	A FR. ESTEUAN IZQUIERDO, FRAILE FRANCISCO, EN AGRADECIMIENTO DE VNA BOTA DE AGUA DE AZAHAR I VNAS PASAS
326	1619	EN LA JORNADA DE PORTUGAL
327	1619	A IUPITER
328	1619	EN PERSONA DE VN GALAN, A VNA DAMA QUE LE AUIA OFFRECIDO IR A UN IARDIN
329	1619	
330	1619	AL MISMO QUE, POR ACUDIR APRESURADAMENTE A ESCUSAR VNA PENDENCIA, SE DESCONCERTÒ VN PIE
331	1619	AL NACIMIENTO DE CHRISTO NUESTRO SEÑOR
332	1619	ROMANCE AMOROSO
333	1619	
334	1619	
335	1620	AL SERENISIMO INFANTE CARDENAL

377	1621	
378	1621	
379	1622	DEL CONDE DE VILLAMEDIANA, PREUENIDO PARA IR A NAPOLES CON EL DUQUE DE ALUA
380	1622	DE LAS MUERTES DE D. RODRIGO CALDERON, DEL CONDE DE VILLAMEDIANA I CONDE DE LEMUS
381	1622	TOMANDO OCCASION DE LA MUERTE DEL CONDE DE VILLAMEDIANA, SE BURLA DEL DOCTOR COLLADO, MEDICO AMIGO SUIO
382	1622	
383	1622	
384	1622	DE VN CAUALLERO QUE AUIA DE HAZER VNA IORNADA A ITALIA
385	1622	A D. AGUSTIN FIESCO, EN QUIEN VN ADMINISTRADOR DE SUS PREBENDAS LE TENIA LIBRADOS LOS ALIMENTOS QUE LE PAGAUA POR MESES
386	1622	DE VN PERRILLO QUE SE LE MURIO A VNA DAMA, ESTANDO AUSENTE SU MARIDO
387	1622	
388	1622	AL SANCTISSIMO SACRAMENTO
389	1622	
390	1622	
391	1623	AL MARQUES DE VELADA, HERIDO DE VN TORO QUE MATÒ LUEGO A CUCHILLADAS
392	1623	DE LA AMBICION HUMANA
393	1623	INFIERE, DE LOS ACHAQUES DE LA VEJEZ, CERCANO EL FIN A QUE CATHOLICO SE ALIENTA
394	1623	DE LA BREUEDAD ENGAÑOSA DE LA VIDA
395	1623	
396	1623	AL EXCMO. SR. EL CONDE DUQUE
397	1623	DILATANDOSE VNA PENSION QUE PRETENDIA
398	1623	DETERMINADO A DEJAR SUS PRETENSIONES I BOLUERSE A CORDOUA
399	1623	DE LA ESPERANÇA
400	1623	ACREDITA LA ESPERANÇA CON HISTORIAS SAGRADAS
401	1623	A LA SEÑORA DOÑA ANTONIA DE MENDOÇA
402	1624.	DE LA IORNADA QUE SU MAGESTAD HIZO A ANDALUCIA
403	1624	DEL CASAMIENTO QUE PRETENDIÒ EL PRINCIPE DE GALES CON LA SERENISSIMA INFANTA MARIA, I DE SU VENIDA
404	1624	DE SAN FRANCISCO DE BORJA, PARA EL CERTAMEN POETICO DE LAS FIESTAS DE SU BEATIFICACION, EN EL QUAL DIERON POR HYEROGLIFICO LA GARÇA QUE PREUINIENDO LAS TORMENTAS GRANZA AL ROMPER DEL DIA
405	1624	CONTRA LOS MEDICOS
406	1624	
407	1624	CONTRA LOS ABOGADOS
408	1624	CONTRA LOS MISMOS
409	1624	A VN CAUALLERO QUE ESTANDO CON VNA DAMA NO PUDO CUMPLIR SUS DESSEOS
410	1624	AL CONDE DE VILLALUA, A QUIEN LE AUIA REMETIDO EL CONDE DE VILLAFLOR, PARA QUE LE DIESSE VNA EMPANADA DE CAPON QUE LE AUIA PROMETIDO
411	1624	CONTRA UNA ROMA
412	1624	
413	1624	
414	1624	AL NACIMIENTO DE CHRISTO NUESTRO SEÑOR
415	1625	MADRIGAL. A LA SERENISSIMA INFANTA MARIA, DE VN IABALI QUE MATÒ EN ARANJUEZ
416	1625	A VNA DAMA QUE, AUIENDO DEXADO VN GALAN POR OTRO MAS RICO, BOLUIA A PROCURAR SU AMISTAD

Tabla de Correspondencias I

Numeración de los poemas de Góngora
según la edición de Mille y la de Foulché-Delbosc

MILLE	F-D	MILLE	F-D	MILLE	F-D	MILLE	F-D
		47	127	95	6	143	212
		48	131	96	7	144	213
1	2	49	132	97	8	145	214
2	3	50	133	98	37	146	223
3	4	51	143	99	55	147	224
4	5	52	144	100	56	148	225
5	9	53	160	101	84	149	237
6	10	54	161	102	85	150	240
7	11	55	148	103	86	151	235
8	26	56	149	104	90	152	236
9	27	57	179	105	91	153	238
10	28	58	193	106	93	154	239
11	29	59	215	107	94	155	241
12	38	60	216	108	98	156	249
13	39	61	217	109	102	157	257
14	48	62	226	110	105	158	265
15	49	63	227	111	121	159	266
16	50	64	228	112	122	160	267
17	57	65	242	113	123	161	258
18	58	66	243	114	124	162	282
19	59	67	259	115	126	163	283
20	61	68	268	116	130	164	284
21	62	69	275	117	141	165	299
22	63	70	285	118	142	166	300
23	64	71	286	119	157	167	301
24	65	72	287	120	158	168	302
25	73	73	288	121	159	169	303
26	74	74	322	122	147	170	304
27	75	75	331	123	167	171	305
28	78	76	332	124	168	172	306
29	79	77	333	125	176	173	307
30	80	78	334	126	177	174	308
31	81	79	352	127	178	175	309
32	82	80	353	128	186	176	310
33	83	81	354	129	187	177	319
34	87	82	355	130	188	178	320
35	88	83	356	131	189	179	321
36	89	84	357	132	190	180	328
37	95	85	358	133	191	181	329
38	96	86	377	134	192	182	330
39	97	87	378	135	204	183	346
40	103	88	376	136	205	184	347
41	106	89	388	137	206	185	348
42	107	90	389	138	207	186	349
43	110	91	390	139	208	187	350
44	111	92	414	140	209	188	351
45	115	93	419	141	210	189	369
46	125	94	422	142	211	190	370

191	371	239	43	287	169	335	289
192	372	240	44	288	170	336	290
193	373	241	45	289	171	337	291
194	374	242	46	290	172	338	292
195	375	243	47	291	173	339	293
196	382	244	51	292	174	340	294
197	383	245	52	293	175	341	295
198	384	246	53	294	180	342	311
199	385	247	54	295	181	343	314
200	386	248	60	296	182	344	316
201	387	249	66	297	183	345	317
202	401	250	67	298	194	346	323
203	405	251	68	299	195	347	324
204	406	252	69	300	196	348	325
205	407	253	70	301	197	349	326
206	408	254	71	302	198	350	327
207	409	255	76	303	199	351	335
208	410	256	92	304	200	352	336
209	411	257	99	305	201	353	337
210	412	258	100	306	202	354	338
211	413	259	101	307	218	355	339
212	416	260	104	308	219	356	340
213	417	261	108	309	220	357	341
214	418	262	109	310	221	358	342
215	423	263	112	311	222	359	343
216	12	264	113	312	233	360	359
217	13	265	117	313	231	361	360
218	14	266	118	314	232	362	361
219	15	267	119	315	234	363	362
220	16	268	128	316	276	364	363
221	17	269	134	317	244	365	364
222	18	270	135	318	245	366	365
223	19	271	136	319	246	367	366
224	20	272	137	320	247	368	367
225	21	273	138	321	250	369	379
226	22	274	139	322	251	370	380
227	23	275	150	323	252	371	391
228	24	276	151	324	253	372	392
229	30	277	152	325	254	373	393
230	31	278	153	326	255	374	394
231	32	279	154	327	260	375	395
232	33	280	155	328	270	376	396
233	34	281	145	329	271	377	397
234	35	282	146	330	272	378	398
235	36	283	162	331	273	379	399
236	40	284	163	332	274	380	400
237	41	285	164	333	277	381	402
238	42	286	165	334	278	382	403

383	1
384	25
385	72
386	77
387	114
388	120
389	129
390	140
391	156
392	166
393	184
394	185
395	203
396	230
397	248
398	256
399	279
400	280
401	281
402	296
403	297
404	298
405	312
406	313
407	315
408	344
409	345
410	368
411	381
412	404
413	415
414	420
415	421
416	261
417	262
418	263
419	264
420	318
421	229
422	269

Tabla de Correspondencias II

Numeración de los poemas atribuidos a Góngora por Mille e incluidos en la edición de Foulché-Delbosc

MILLE	F-D	MILLE	F-D
		LXIX	435
		LXX	436
XII	116	LXXI	438
XVII	498	LXXII	444
XIX	481	LXXIII	447
XXII	477	LXXIV	449
XXIII	486	LXXV	428
XXIV	492	LXXVI	431
XXV	497	LXXVII	432
XXVI	483	LXXVIII	452
XXVII	488	LXXIX	460
XXVIII	482	LXXX	451
XXIX	478	LXXXI	453
XXX	487	LXXXII	472
XXXI	480	LXXXIII	424
XXXII	485	LXXXIV	426
XXXIV	493	LXXXV	443
XXXVII	494	LXXXVI	446
XXXVIII	495	LXXXVII	448
XXXIX	496	LXXXVIII	455
XL	479	LXXXIX	456
XLII	489	XC	457
XLIII	490	XCI	461
XLIV	491	XCII	463
XLV	442	XCIII	464
XLVI	425	XCIV	466
XLVII	439	XCV	467
XLVIII	465	XCVI	470
XLIX	445	XCVII	474
L	429	XCIX	499
LI	458		
LII	473		
LIII	475		
LIV	459		
LV	450		
LVI	468		
LVII	469		
LVIII	440		
LIX	441		
LX	430		
LXI	476		
LXII	427		
LXIII	433		
LXIV	471		
LXV	454		
LXVI	434		
LXVII	462		
LXVIII	437		

Abades *1*
Que ai vnos gamos abades, *58,25*
Abajo *1*
I porque el aire de abajo *73,131*
Abalorio *1*
La negrita sarà turo abalorio, *430,13*
Abanillos *2*
Abanillos de buen aire *223,6*
Que haxan los abanillos *269,1680*
Abarcas *2*
En vez de abarcas, el viento, *268,18*
En vez de abarcas, el viento, *352,18*
Abaten *2*
Al concento se abaten crystalino *263,585*
A quien se abaten ocho o diez soberuios *263,987*
Abaxo *4*
Grande aire de abaxo; *56,46*
Quando por la puente abaxo *88,49*
Rio abaxo, rio arriba, *149,51*
Ha tantos siglos que se viene abaxo, *229,2149*
Abbad *1*
I antes que algun Abbad i ballestero *446,3*
Abbades *4*
De Bartulos i de Abbades, *63,110*
Con Bartulos i Abbades la milicia, *69,10*
La mula de los Abbades *229,1002*
Entre catorce Abbades vn Soneto. *255,8*
Abeja *4*
No ai flor de abeja segura; *257,36*
Andome como la abeja *269,489*
Abeja de los tres lilios rèàles, *318,109*
Inquîèta es el abeja, *384,28*
Abejas *3*
Hechos abejas de Hibla, los amores, *269,1243*
Si abejas los amores, corcho el lecho, *280,57*
Libaràn tres abejas lilios bellos, *421,37*
Abela *1*
—Esto mi señora abela *124,25*
Abencerrage *1*
Abencerrage hurtado *355,3*
Abencerraje *2*
Manto del Abencerraje, *355,43*
Del Abencerraje luego *355,53*
Abenzulema *1*
El gallardo Abenzulema *49,21*
Aberrois *1*
En Arabigo a Aberrois: *269,1944*
Abestruz *1*
Lo que sabe vn Abestruz, *269,478*
Abestruzes *1*
Que andan vnos abestruzes *58,53*
Abeto *3*
Al viento mas oppuesto abeto alado *230,52*
Muros de abeto, almenas de diamante, *262,6*
Quanto en vasos de abeto nueuo mundo, *264,404*
Abetos *3*
Abetos suios tres aquel tridente *263,413*
Escogiò pues de quatro o cinco abetos *264,503*
Cuios abetos el Leon seguros *318,554*
Abia *2*
La bella Margarita abia dejado, *318,306*
Que sabiendo abia de ser *482,7*
Abideno *1*

El Abideno bizarro. *228,92*
Abido *2*
Con que enamorò en Abido *75,7*
dexa sin aver Abido. *229,1894*
Abìdo *1*
De vn escudero de Abìdo, *228,23*
Abierta *5*
La bolsa abierta el rico pelicàno, *181,7*
Dèsta pues siempre abierta, siempre hiante *230,7*
Siempre murada, pero siempre abierta. *264,80*
De vn fraile mal abierta i peor casada, *442,10*
Porque hallò la puerta abierta. *477,40*
Abierto *3*
I si tiene abierto el pecho, *27,31*
Abierto de sienes, *65,27*
Que el pelicàno pobre abierto el pecho? *181,8*
Abiertos *1*
Mas que, abiertos, la razon; *213,20*
Abìla *1*
Abìla su coluna *230,76*
Abimelec *1*
I traiga para el fuego a Abimelec, *473,7*
Abismo *2*
Baxad luego al abismo, en cuios senos *253,9*
Que, alterando el abismo o discurriendo *264,493*
Abispa *1*
Abispa con libramiento *322,161*
Ablanda *1*
Pues mi llanto no os ablanda; *64,38*
Aboga *1*
Mui bien por la paz aboga, *269,22*
Abogada *1*
Inuocò a tu Deidad por su abogada, *77,66*
Abogado *3*
La bolsa hecha abogado, *105,64*
O el de Arpinas dulcissimo Abogado, *244,2*
Famoso abogado vuestro *269,903*
Abolladas *1*
Aunque abolladas, triumphantes *63,130*
Abominaciones *1*
I otro, no solo, no, abominaciones, *421,46*
Abona *3*
i abona al que no lo es? *229,3025*
i contra el que las abona. *229,3049*
Que joia de oro te abona? *423,11*
Abonado *1*
tu, que abonado le has, *229,3015*
Abonador *1*
Tu, que eres su abonador, *229,3034*
Abonar *1*
en ti. Querrasme abonar? *229,3194*
Abonen *2*
que me abonen. Aguardad, *229,3071*
para que abonen a Emilio *229,3172*
Abones *1*
Lo que quiero es que me abones, *229,3358*
Abono *2*
i el abono que le escuchan, *229,3043*
sin que hagas tu el abono. *229,3529*
Abonos *1*
Prendas de aquellos, si no son abonos, *229,2168*
Aborrece *1*

Tanta riqueça aborrece, *161,49*
Aborrecer *2*
En amar i aborrecer *78,18*
Que debes de aborrecer *229,2238*
Aborta *1*
Emulos lilios aborta *286,15*
Abortada *1*
De la fruta el zurron casi abortada, *261,74*
Abortaron *1*
Abortaron las plantas: *263,262*
Abra *9*
La razon abra lo que el marmol cierra. *135,8*
Abra dorada llaue *156,1*
en el pecho, aunque ella le abra. *229,209*
que me diste. El centro se abra *229,3248*
Cuios enxambres, o el Abril los abra *261,398*
La puerta os abra de Oran, *269,1947*
Abra el Limbo orejas, abra, *300,32*
Abra el Limbo orejas, abra, *300,32*
Quien quisiere pues hueuos, abra el puño. *313,24*
Abrà *1*
No abrà gato que no vença: *412,35*
Abraça *5*
I vos, tronco a quien abraça *82,125*
Rocas abraça, islas apprisiona *263,208*
Que qual abraça iedra *263,380*
Quien, amigo, no te abraça? *269,1678*
Le abraça, i no desiste de abraçarlo. *279,39*
Abraçada *2*
Abraçada de vn Pòèta; *73,112*
Que abraçada al olmo vees, *378,18*
Abraçadme *1*
Abraçadme tan estrecho *229,3514*
Abraçado *4*
veerse abraçado querria *229,1182*
Abraçado, si bien de facil cuerda, *264,466*
I de sus propios hijos abraçado. *264,647*
En vez de tabla al anchora abraçado. *399,4*
Abraçadora *1*
La bisagra, aunque estrecha, abraçadora *263,473*
Abraçados *2*
A dos olmos que quieren, abraçados, *263,1036*
Seis chopos de seis iedras abraçados, *264,328*
Abraçais *1*
No abraçais vuestro hijo amado? *229,2948*
Abraçame *1*
Abraçame mas, amigo, *229,2079*
Abraçan *2*
Que ay vnas vides que abraçan *58,57*
Quanto abraçan las Zonas, *421,79*
Abraçar *1*
En seguir sombras i abraçar engaños. *394,11*
Abraçarlo *1*
Le abraça, i no desiste de abraçarlo. *279,39*
Abraçaron *1*
Las duras bassas abraçaron ellos *263,1059*
Abraçaronse *1*
Abraçaronse pues los dos, i luego *263,968*
Abrace *1*
En throno de crystal te abrace nuera, *261,404*
Abraço *7*
Con vn abraço vn rosquete. *88,108*
pero io tan mal abraço *229,887*

Dame vn abraço apretado. *229,2074*
Eso si; vn abraço estrecho *229,3470*
Io te abraço, i te perdono. *229,3526*
Io te perdono, i te abraço. *229,3527*
I si os restais a vn abraço, *269,238*
Abraçò *1*
En la corteza no abraçò reciente *263,1056*
Abraçòle *1*
Abraçòle sobarcada, *322,149*
Abraços *5*
Abraços de vides i olmos, *116,19*
Los abraços que os veo dar. *116,50*
Profanan con sus abraços *131,127*
mis abraços, pues por ende, *229,3007*
Abraços, pienso huìllos, *269,1679*
Abraham *1*
Las tinieblas de Abraham! *300,22*
Abran *1*
Abran las puertas exterioridades *368,17*
Abras *2*
Laureta, la voca no abras *229,2876*
Como tu la boca le abras, *269,376*
Abrasa *9*
El Dios que iela i abrasa; *121,108*
Temida, i donde el Sol la arena abrasa, *145,13*
Nectar ardiente que me abrasa el seno, *197,3*
si el Sol abrasa la arena, *229,2668*
la arena abrasa la Luna. *229,2669*
Donde de zelos se abrasa *269,876*
Cenizas la harà, si abrasa el humo. *392,14*
I piensa que segunda vez se abrasa. *438,11*
A vista ia de quien lo abrasa o iela, *464,6*
Abrasada *3*
El Carro elado i la abrasada Zona *72,89*
Muere Phenix, i abrasada, *239,21*
Aun antes abrasada que vestida. *280,30*
Abrasado *2*
Arbol culto, del Sol iace abrasado, *380,10*
Que en la luz de esos soles abrasado *457,10*
Abrasados *3*
Abrasados, mas desnudos; *116,24*
Abrasados, mas desnudos; *116,39*
Abrasados, mas desnudos; *116,54*
Abrasan *1*
Mientras se abrasan por el, *419,40*
Abrasar *1*
Por no abrasar con tres Soles el dia. *261,184*
Abrasaran *1*
Suspiros no, que abrasaran tu vela. *345,21*
Abrase *2*
Tu fuego abrase Diuino, *229,1619*
O que las abrase el Sol? *332,8*
Abraso *1*
Abraso en suspiros io. *390,36*
Abrassado *1*
Tal del muro abrassado hombro robusto *294,7*
Abraza *1*
De Daphnes coronada mil, que abraza *318,501*
Abrazando *1*
Trepando troncos i abrazando piedras. *261,312*
Abrazos *3*
Los primeros abrazos le da a Tethis. *318,104*
Que los abrazos mereciò de Apolo. *318,192*
Los abrazos de Xarama, *334,27*
Abre *6*

— Cierra los ojos, i abre la boca. *213,5*
Cierra los ojos, i abre la boca. *213,14*
Cierra los ojos, i abre la boca. *213,23*
Abre, no de caduca, no, memoria, *232,13*
Quantos abre sepulchros el mar fiero *263,445*
Que se abre sin que se oia, *269,1007*
Abren *1*
No abren las bocas en vano. *490,10*
Abrenuncio *3*
I sus nones abrenuncio, *27,114*
Abrenuncio, Sathanàs; *269,449*
Del coronado abrenuncio, *322,382*
Abreuia *9*
Abreuia, i el Oriente se le humilla. *76,11*
Sus flechas abreuia todas *217,31*
Tales, que abreuia el cielo *229,20*
En los mundos que abreuia tanta diestra; *230,73*
Abreuia su hermosura virgen rosa, *263,728*
Que se abreuia en vuestros ojos. *269,1037*
Su luz abreuia Peñaranda ahora; *318,132*
La que dulcemente abreuia *357,5*
Francelisa es quien abreuia *376,25*
Abreuìada *1*
Principe les succede, abreuìada *264,811*
Abreuiado *1*
Dèl abreuiado mar en vna ria, *169,2*
Abreuìado *1*
Memoria al Duque, donde abreuìado *318,485*
Abreuian *2*
Abreuian, i assi en ellos *166,21*
I se abreuian sus despojos. *178,10*
Abreuìando *1*
Entendi, i abreuìando, *228,70*
Abreuìar *1*
para mas abreuìar *229,1226*
Abreuìara *1*
Que abreuìara el Sol en vna estrella, *263,665*
Abreuio *1*
La calle Maior abreuio, *96,113*
Abria *1*
Que a las perlas del Alua aun no se abria *280,51*
Abrid *1*
Que a mi puerta dixo: Abrid? *111,2*
Abriendo *1*
Que a mucho humo abriendo *264,729*
Abriga *4*
Vn lecho abriga i mil dulçuras cela. *120,27*
Que la eminencia abriga de vn escollo, *261,264*
Que vario sexo vniò i vn surco abriga. *261,480*
De Iaca, i aun de Genoua, que abriga *440,10*
Abrigado *2*
I auiendose abrigado *25,16*
Sacude, de las juncias abrigado: *455,4*
Abrigados *1*
De las maternas plumas abrigados, *264,955*
Abrigar *1*
Abrigar de quien le pace. *307,26*
Abrigarà *1*
Que aue no abrigarà su dulze nido *499,78*
Abrigo *5*
Pastor pobre i sin abrigo *28,9*
Defensa os debo i abrigo, *132,57*
No deuan garras i abrigo? *167,70*

Era el calor de su abrigo, *269,55*
Abrigo inquìeto *356,44*
Abrigò *1*
No pastor, no abrigò fiera *352,13*
Abrigue *1*
Choça que abrigue ia los años mios, *454,7*
Abril *14*
Mas, que mucho? si el Abril *3,8*
Sobre quien vierte el Abril *63,191*
Frescas señas de su Abril; *82,24*
De las que el Abril promete, *88,6*
Estas mañanas de Abril. *111,20*
Las alboradas de Abril *161,5*
Que el prado por Abril de flores lleno: *229,1487*
Lleguè a Toledo en Abril, *229,2259*
Muda pompa del Abril. *243,8*
Cuios enxambres, o el Abril los abra *261,398*
Claueles de el Abril, rubies tempranos. *263,786*
A pesar del Abril mustio, *322,298*
I pisa en Abril saphyros. *334,32*
De Abril guarda flores el. *353,12*
Abriles *3*
Tus dos plantas dos Abriles. *48,56*
Calçada Abriles i vestida Maios, *263,577*
Que los Abriles se engañen, *414,46*
Abriò *6*
Abriò la boca de vn jeme, *81,54*
Abriò al trafico el mar, abriò la tierra; *318,612*
Abriò al trafico el mar, abriò la tierra; *318,612*
Abriò dos veces el mio *322,183*
Abriò su esplendor la boba, *322,277*
Nos abriò piadoso el libro *352,7*
Abrir *2*
En solo vn abrir de ojo *161,15*
Sus ojos comience a abrir; *269,1653*
Abrirà *1*
I abrirà entonces la pobre *87,85*
Abriràn *2*
Sino en las que abriràn nuestros Léònes *421,39*
Abriràn paso a quantos peregrinos *421,50*
Abrirèla *1*
Si no caben, abrirèla; *229,3550*
Abrirse *1*
I queriendo abrirse quanto *499,189*
Abrocha *2*
Si le abrocha, es con claueles, *131,103*
Sus dos cortinas abrocha *333,17*
Abscondiò *1*
En sus senos le abscondiò, *209,28*
Absoluamos *1*
Absoluamos el sufrir, *418,1*
Absoluelle *1*
Cuchillos corbos absoluelle quiso. *263,1076*
Absoluieron *2*
Que absoluieron de ser huesos *322,503*
Absoluieron vn dúèlo, *416,36*
Absoluto *1*
(El Betis, rio, i Rei tan absoluto, *77,76*
Absolutos *1*
Sus poderes absolutos *322,214*
Absorto *2*
I absorto en la de luz region primera, *315,43*
Pisò el Zenith, i absorto se embaraça, *318,497*

Acclamarè *1*
Acclamarè a los tales, *421,18*

Acclamen *1*
Victor os acclamen letras *242,131*

Accommodò *1*
Se accommodò vna casada; *123,28*

Accomodè *1*
te accomodè luego a ti, *229,2289*

Accomodò *1*
A mi, pues, me accomodò *229,806*

Accumularte *1*
A accumularte en Aphrica despojos. *277,11*

Accusa *7*
Ô quan bien que accusa Alcino, *133,1*
Accusa al aire con ceño. *215,56*
Pues cada lengua accusa, cada oreja, *231,7*
Mientras el viejo tanta accusa tèa *263,653*
Tan sorda piedad accusa *268,29*
I quanto accusa desden. *287,32*
Accusa la clemencia en marmol duro, *368,27*

Accusad *1*
Las ondas accusad, quantas os niega *431,7*

Accusando *3*
Modestas accusando en blancas telas, *263,839*
Que el tridente accusando de Neptuno, *264,385*
Las horas accusando, asi inuocaua *340,10*

Accusandole *1*
accusandole por ti *229,848*

Accusàre *1*
Si accusàre tu júizio, *416,32*

Accusaren *1*
I accusaren la licencia, *275,114*

Accusaron *1*
Accusaron de consuno *322,266*

Accusaua *1*
O el insulto accusaua precedente, *264,876*

Accuse *1*
La accuse tanto rigor? *332,26*

Acedo *1*
Su fruto, o sea lo dulce o sea lo acedo, *203,65*

Aceituno *2*
Vn verdinegro aceituno. *322,292*
De encina la perfuma o de aceituno. *397,11*

Acelerada *1*
Colerica, acelerada, *10,62*

Acelerado *2*
Hizieron a su curso acelerado, *263,348*
Del acelerado incurso. *322,316*

Acelerar *1*
I acelerar nuestra fuga. *269,981*

Acemilas *1*
De acemilas de haia no me fio, *379,3*

Aceptallas *1*
El no ha querido aceptallas; *269,799*

Aceptallo *2*
I ella aceptallo, no os pese; *269,860*
Hize mal en aceptallo, *346,3*

Aceptallos *1*
Que no ha querido aceptallos: *269,1080*

Aceptar *1*
el aceptar por muger, *229,3536*

Aceptaste *1*
Aceptaste? Luego a la hora. *269,1454*

Acerbo *1*
Su fin, ia que no acerbo, no maduro, *368,25*

Acercando *1*
Fuese acercando la deuda, *73,74*

Acero *19*
Espada de acero empuñas. *26,100*
I de acero los pantuflos. *27,116*
Del iugo de acero *50,10*
Cargado de acero *50,74*
Que teneis de acero el pecho, *64,39*
Vestido de acero, *65,131*
Dixo que acero seria *82,93*
Fue despues cera, i si acero, *82,95*
I diòla el Doctor su acero; *123,36*
Que ella ia no toma acero, *167,57*
I esquadron de acero armado *211,11*
Con todos estos Principes de acero, *222,3*
Que acero sigue, idolatra venera, *261,198*
Arrima a vn frexno el frexno, cuio acero *262,13*
Enano Potosi, cofre de acero *313,13*
El acero que Vulcano *322,421*
Tienta el acero que pende, *333,62*
Quanto el acero fatal *369,1*
Mejor que el acero. *494,15*

Aceros *3*
Lo diga, cuios aceros, *167,36*
i aceros labra Toledo *229,2124*
Bien que desnudos sus aceros, quando *318,21*

Acertada *2*
Acertada cosa fuera. *269,151*
Mas serà cosa acertada, *299,5*

Acertado *1*
Dexate vn rato hallar del pie acertado, *262,30*

Acertados *1*
Importan sus progressos acertados: *402,13*

Aceta *2*
Digo que la nouia aceta. *229,3545*
Al seteno vista, aceta. *405,10*

Acetas *1*
Si por mi el viage acetas, *269,251*

Acete *1*
Que le lea i que le acete; *88,72*

Achaque *1*
I que sin tener achaque *496,8*

Achaques *2*
Con achaques de Leon; *225,4*
Prolixos achaques son; *225,5*

Achates *1*
I de Achates tan fièl, *132,70*

Achiles *3*
De la gran madre de Achiles, *48,76*
Que por fuerte la de Achiles. *91,44*
Togado Achiles cultamente fuiste. *280,36*

Acibar *1*
Miel dulce al amargo acibar, *2,47*

Acicate *1*
De vn acicate de oro! El papel diga *313,37*

Acierta *1*
I de las leies, acierta *477,36*

Acis *6*
Llegò Acis, i de ambas luzes bellas *261,189*
Era Acis vn benablo de Cupido, *261,193*
Acis, aun mas de aquello que piensa *261,289*
Acis al siempre aiuno en penas graues: *261,326*
Talamo de Acis ia i de Galathea. *261,336*

Las Deidades de el mar, que Acis inuoca: *261,494*

Aclamò *2*
Ierno le saludò, le aclamò rio. *261,504*
En tantos la aclamò plectros dorados, *315,21*

Aclararàn *2*
Mas ellas se aclararàn. *419,45*
Mas ellas se aclararàn. *419,56*

Aclararonse *1*
Aclararonse las aguas, *419,57*

Acoge *3*
Dò vna labradora acoge *131,66*
Que en sus braços le acoge, i tiernamente *279,38*
A los portillos se acoge *322,341*

Acogida *1*
Porque harà buena acogida, *269,733*

Acogiò *1*
Acogiò al huesped con vrbano estilo, *264,216*

Acoja *1*
Que no es bien que confusamente acoja *16,12*

Acojo *1*
Del desengaño me acojo; *83,84*

Acometa *1*
Acometa segura a ser estrella. *456,4*

Acomete *1*
El lauadero acomete *88,50*

Acometello *1*
O acometello, o dexallo. *269,1843*

Acompaña *2*
Dulce afabilidad que te acompaña. *421,77*
I de tantos monteros se acompaña, *499,77*

Acompañada *3*
Entre Albogues se ofrece, acompañada *263,289*
Que del clauel procura acompañada *263,744*
De quanta surca el aire acompañada *263,950*

Acompañado *5*
De rios soi el Duero acompañado *134,1*
Solo en ver que de Esgueua acompañado *151,3*
No mui bien acompañado. *228,52*
Dexa el aluergue, i sale acompañado *263,183*
De treinta vezes dos acompañado *318,310*

Acompañan *2*
Caualleros le acompañan, *49,73*
Acompañan i guarnecen *59,26*

Acompañando *1*
las gracias que, acompañando *229,524*

Acompañen *1*
Que Angeles los acompañen. *414,37*

Aconseja *1*
Apacibles desuios aconseja! *295,11*

Aconsejas *5*
Que me aconsejas, Amor? *332,9*
Que me aconsejas, Amor? *332,18*
Que me aconsejas, Amor? *332,27*
Niño Dios, tu me aconsejas *332,28*
Que me aconsejas, Amor? *332,36*

Aconsejo *1*
Volar, a solo vn angel lo aconsejo, *451,7*

Açor *1*
Sus pardas plumas el Açor Britano, *264,786*

Acordaba *1*
i si de ti me acordaba, *229,2077*

Acordado *2*
De vn instrumento acordado *332,10*

Instrumento a mi voz serà acordado. *400,4*

Acordais *1*
Que no os acordais de mi, *229,3138*

Acordaos *1*
Acordaos de todo aquesto, *89,29*

Acorde *1*
Al confuso acorde son, *331,22*

Acordes *1*
I las confusamente acordes aues *264,351*

Acostarse *1*
Del comer tarde al acostarse aiuno. *397,14*

Açota *2*
Açota estas riberas". *125,35*
escollos que açota el mar, *229,2685*

Açotadas *1*
Dexaron pues las açotadas rocas *264,686*

Açotar *1*
Vomitar ondas i açotar arenas. *264,417*

Açote *1*
Haziendo la cuerda açote, *131,90*

Açotes *1*
me den ducientos açotes. *229,1998*

Acoto *1*
Acoto suio, si podrà vn amigo *182,10*

Acouarde *1*
No te acouarde tu estado, *229,2378*

Acquistò *1*
Con que el cielo acquistò, si admirò el mundo. *279,3*

Acrecentadas *1*
De aquel digo acrecentadas, *159,27*

Acrecentado *1*
Aia tan presto el mueble acrecentado. *462,4*

Acrecentais *1*
Que acrecentais mi mohina; *269,98*

Acrecienta *2*
En vn varquillo acrecienta, *115,6*
Nueuo acrecienta eslauon. *383,4*

Acrecientan *1*
Dulçuras acrecientan a dulçuras. *256,47*

Acredita *1*
De impulso tan diuino que acredita *404,22*

Acrescentado *1*
Su rèàl vee acrescentado *406,6*

Acrisola *1*
mal hace quien la acrisola, *229,979*

Acroceraunios *1*
I los Acroceraunios montes no. *327,13*

Acteon *1*
Que pudo bien Acteon perderse en ellos. *263,490*

Actiuidad *2*
Su maior actiuidad. *116,16*
(Templada su actiuidad, *332,21*

Actiuo *1*
Menos actiuo, si quanto mas leue, *392,13*

Acto *2*
Ha concurrido a este acto, *259,11*
Acto tan superîor, *369,6*

Açucar *1*
Açucar i almendras es, *121,43*

Açucena *2*
I en la sombra no mas de la açucena, *263,743*
Açucena entre murtas escondida, *455,6*

Açucenas *3*

Las açucenas la siruen *217,61*
Que las açucenas pisa, *349,18*
Purissimas açucenas. *498,32*

Acuchillados *1*
Mucho mas acuchillados *74,19*

Acuchillen *1*
Acuchillen sus personas, *98,70*

Acuda *1*
Que acuda a tiempo vn galan *6,67*

Acudan *1*
Sin que acudan pleiteantes, *6,59*

Acude *3*
I estaba en cueros, no acude, *75,46*
Temiendo el successo, acude; *75,76*
Al desengaño acude la memoria: *229,91*

Acuden *1*
A lo qual acuden todas, *269,479*

Acudia *1*
Tambien acudia *11,17*

Acudiendo *1*
Pluma acudiendo va tremoladora *278,5*

Acudiera *1*
Acudiera a diez hanegas. *62,24*

Acudiò *1*
Que acudiò a ciento por vno *275,3*

Acudir *3*
Que ha de acudir a razon *55,38*
mi desseo de acudir *229,2315*
De el Rèi de vastos, i acudir la sota: *463,8*

Acudirè *1*
Acudirè con vn soplo. *83,32*

Acuerdate *1*
Acuerdate de mis ojos, *59,73*

Acuerde *1*
Quedense en tu arboleda, ella se acuerde *30,12*

Acuerden *1*
Antes, de quanto se acuerden *495,11*

Acuerdes *1*
Para que de mi te acuerdes, *59,58*

Acuerdo *7*
Seis hace, si bien me acuerdo, *27,57*
Señora, me acuerdo, *50,66*
I aun me acuerdo, por mas señas, *74,89*
Ia con acuerdo mejor *229,1634*
Ô ceguedad! Acuerdo intenta humano *318,169*
(Para perpetuo acuerdo en lo futuro) *425,6*
No me acuerdo por que causa; *499,310*

Acuesto *1*
Que me acuesto sin candil. *111,8*

Acullà *1*
Que acullà en la huerta *5,54*

Açumbre *1*
Poco mas de medio açumbre. *75,4*

Acumularle *1*
I aun acumularle a eso *477,25*

Acuña *2*
Es lo que acuña el cuño? *313,23*
El Tassis fue de Acuña esclarecido, *318,601*

Acuñadme *1*
Acuñadme de vna vez, *229,1258*

Acuñados *1*
estan mejor acuñados, *229,881*

Acusa *2*
Si esta noche aun os acusa *304,27*
La iedra acusa, que del leuantado *318,163*

Acusacion *1*
Que acusacion manifiesta *269,1322*

Acuse *1*
Que no maldiga i acuse. *75,64*

Acusen *1*
Ni voz que no la acusen de extranjera. *434,11*

Acuso *1*
De ellas me acuso en esta despedida, *396,7*

Acvña *1*
DON IVAN DE ACVÑA es. Buril valiente *251,13*

Adalid *2*
Por espia i adalid, *82,102*
i me sirues de adalid, *229,2291*

Adam *1*
Las verdes bragas de Adam. *288,40*

Adamuz *1*
En los montes de Adamuz *267,3*

Adan *2*
Siempre està tentando a Adan. *122,60*
Deste venturoso Adan. *269,924*

Adarga *6*
En el campo de la adarga, *62,11*
Si le bastàra la adarga *78,11*
Ni mas adarga con mote; *107,6*
en la adarga de el galan *229,2002*
Registra el campo de su adarga breue) *261,484*
Lança i adarga el Parnaso, *483,17*

Adargas *3*
Descubrieron sus adargas; *64,12*
Las adargas auisaron *64,13*
En mejores adargas, aunque menos, *155,13*

Adbirtiendo *1*
Embestidlos, adbirtiendo *354,24*

Adelantamiento *1*
Que el adelantamiento a su victoria. *318,544*

Adelante *3*
Camino, i sin pasar mas adelante, *170,12*
Rabiarè. Passe adelante *229,3232*
Si diera vn paso adelante. *269,1960*

Ademan *1*
Quien, pues, harà ese ademan? *269,1491*

Adentro *1*
i de lo que adentro passa, *229,449*

Adereça *1*
Soberuia caça se nos adereça; *499,108*

Adereçame *1*
adereçame la casa, *229,2109*

Adereçar *1*
te puedes adereçar. *229,2118*

Adios *3*
Adios, Nympha crúèl; quedaos con ella, *43,13*
Adios, mi señora, *50,105*
Adios, mundaço. En mi quietud me quedo, *454,12*

Adiuinas *1*
— Adiuinas? — Mas fîèl *321,28*

Adiuino *2*
Señor, la causa adiuino *229,842*
Que le hagan adiuino. *307,22*

Adiuinò *1*
Fue ia quien lo adiuinò. *321,29*

Adjudicas *1*
Quan dulces te adjudicas ocasiones *264,658*

Administrar *1*

Con mano administrar al cielo grata, *290,6*
Administren *1*
Las que administren sus primeros paños, *156,26*
Admira *11*
Lo artificioso que admira, *214,21*
Que tarde te pisò, i te admira tarde. *229,2177*
Que edificio es aquel que admira al cielo? *229,2210*
Le admira reuerente el Oceàno. *230,26*
Que, si por lo súaue no la admira, *261,275*
Que tanto esposo admira la ribera, *261,406*
Con su huesped, que admira cortesano, *263,714*
Del esplendor que admira el estrangero *264,240*
I en los rubies dos, que admira el suelo, *269,1241*
Quien de lo tal se admira, *313,20*
Te admira Europa, i tanto, que zeloso *391,2*
Admirable *4*
Aquel retrato admirable *63,154*
Mucho tiene de admirable *121,61*
Bosquexando lo admirable *285,39*
Sois Frexno al fin, cuia admirable sombra *424,9*
Admirablemente *1*
Admirablemente ornada *78,45*
Admiracion *11*
Admiracion de los ojos, *89,35*
Quien es todo admiracion, *158,38*
Donde con admiracion *161,66*
Paga en admiracion las que te offrece *194,13*
de admiracion i de gusto, *229,542*
preuengo tu admiracion. *229,2651*
Si admiracion no de Europa. *259,88*
Muda la admiracion habla callando, *263,197*
La admiracion, vestida vn marmol frio, *263,999*
La admiracion que al arte se le deue, *264,706*
Admiracion del pueblo desgranado *442,3*
Admiraciones *2*
pagada en admiraciones. *229,499*
Admiraciones son, i desenojos, *256,61*
Admiradas *1*
Admiradas sus captiuas *78,69*
Admirado *9*
Admirado de los viejos, *49,6*
Admirado el Hespañol *57,21*
I quando no admirado, *103,79*
El baquero, admirado *127,40*
Si mudo admiras, admirado para *173,2*
I admirado no menos *263,357*
De el huesped admirado *264,231*
Phenix, mas no admirado del dichoso *279,23*
De que estàs, Gil, admirado, *301,6*
Admirais *2*
En esta que admirais, de piedras graues *248,1*
Este, que en trage le admirais togado, *251,1*
Admiramos *1*
A este que admiramos en luciente, *337,1*
Admirando *3*
Admirando su beldad, *217,27*
Admirando lo que vee. *217,52*
Baxaua entre si el jouen admirando, *263,233*

Admirarà *1*
Al Sol que admirarà la edad futura, *403,3*
Admiras *3*
Si mudo admiras, admirado para *173,2*
Esta que admiras fabrica, esta prima *314,1*
Admiras, caminante, *420,2*
Admire *3*
Quien aurà que no se admire? *121,70*
Es fuerça que la admire por lo bello. *261,276*
Que Nìòbe immortal la admire el mundo, *263,815*
Admiren *1*
Tus Colegas admiren la seuera *421,76*
Admires *1*
No admires, no, la variedad preciosa *368,7*
Admiro *1*
Vuestra beldad, vuestro donaire admiro, *461,2*
Admirò *5*
A pocos passos le admirò no menos *264,275*
Que de la que admirò Roma *269,1292*
Lo que muda admirò de tu pureza, *270,4*
Con el cielo acquistò, si admirò el mundo. *279,3*
Seraphin os admirò. *390,16*
Admita *2*
Hace que por padre admita *123,15*
Que admita iernos los que el trato hijos *264,642*
Admite *1*
Todo se admite en Palacio, *269,753*
Admiten *1*
No admiten virgen allà; *495,53*
Admitido *1*
Admitido ia el segundo. *269,1299*
Admitidos *1*
Que de la tierra estos admitidos: *264,953*
Admitiò *5*
Quando admitiò a dúelo soberano *269,1228*
A sus Penates le admitiò el prudente *318,138*
Que quarto apenas admitiò Collega *318,259*
Admitiò la hasta, i su mas alta gloria *359,10*
Las dos que admitiò estrellas vuestra Aurora, *395,3*
Admitir *2*
Sin admitir segundo *263,411*
El no admitir segundo hombre, *269,1297*
Admitiràn *1*
Dio el pecho, que admitiràn *269,1287*
Admittiòle *1*
Admittiòle en su seruicio *94,13*
Adobado *1*
Luego adobado no quies? *229,2575*
Adobo *1*
I en adobo vn Floriân, *410,7*
Adolescencia *1*
I en tu adolescencia cana *259,41*
Adolescente *1*
Niño amò la que adora adolescente, *263,773*
Adonde *25*
Adonde con igual pausa *9,26*
Adonde os visitarè *9,47*
Adonde se crian *65,100*
I la alma adonde se queman *75,71*
Adonde le digas: *79,117*
Adonde se orina vn risco; *89,24*
Adonde de las nimphas *103,49*

Adonde bajas i de donde vienes, *117,7*
Adonde quiera se mata, *167,12*
Se leuantan junto adonde *179,6*
Adonde mas diuidido. *209,7*
Adonde mas diuidido. *209,22*
Adonde mas diuidido. *209,37*
Adonde vais? A buscar *229,146*
adonde professar puedo, *229,2125*
adonde el robusto Scita, *229,2902*
adonde de azeite haces *229,2971*
Hasta los jaspes liquidos, adonde *263,210*
De donde es fuente adonde arroio acaba. *263,561*
Voi pues. Adonde? A mi casa *269,873*
Adonde Gerardo està. *269,1413*
Al Carmelo subiò, adonde *275,21*
Adonde hasta el portero es Presentado. *294,11*
Adonde vn bruto animal, *304,13*
Aun adonde ponga el pie, *419,94*
Adonis *11*
De vn fiero Marte, o de vn Adonis bello; *120,33*
Primera dicha de Adonis. *131,80*
Al Hespañol Adonis vio la Aurora *137,2*
En sangre a Adonis, si no fue en rubies, *175,5*
Primer Adonis de Venus. *215,12*
dexò tendido al Adonis. *229,607*
Contra el Adonis querido *267,5*
Ser de Venus, si no Adonis segundo, *269,1246*
Hypolito galan, Adonis casto. *318,72*
Sino vn Adonis Caldeo, *322,109*
De Adonis, la fiera alada *358,27*
Adoptada *1*
Succession adoptada es de Isabela; *318,588*
Adoptò *1*
De Leda hijos adoptò: mi entena *399,10*
Adora *9*
Que no te jurò Rei, te adora santo; *77,3*
Que adora el Ebro por Diosa, *121,82*
Que adora i no saquifica. *124,10*
Fíèl adora, idolatra, suspira? *138,6*
Lo que se adora se ofrece? *229,2242*
Adora que viò el Reyno de la espuma. *261,98*
El templado color de la que adora. *263,746*
Niño amò la que adora adolescente, *263,773*
De aquel Sol que adora, *349,4*
Adorado *2*
De su adorado desden; *285,30*
Por hauerle vendido fue adorado. *400,8*
Adoralle *1*
El Rei que a adoralle va. *309,20*
Adorar *2*
Entran a adorar a quien *63,75*
A adorar mi sombra *79,119*
Adorarle *1*
De quien por no adorarle fue vendido, *400,7*
Adoraron *1*
De quantos adoraron al becerro. *435,8*
Adoraua *1*
Del idolo que adoraua, *269,44*
Adore *1*
Haga que adore en paz quien no le ha visto *77,63*
Adorè *1*
Tu beldad, CLORI, adorè; *416,1*

Adormece *1*
Dulce os adormece, *160,29*
Adormecidas *1*
I adormecidas despues *499,320*
Adormeciendo *1*
Si no adormeciendo Argos *322,227*
Adornele *1*
O adornele mitra; *65,156*
Adorno *2*
Este Doctoral adorno. *242,102*
Forma elegante dio sin culto adorno, *263,146*
Adoro *12*
Idolo bello, a quien humilde adoro, *13,12*
Dèste pues arco que adoro, *177,31*
A los Soles que adoro. *214,7*
A los Soles que adoro. *214,20*
A los Soles que adoro. *214,33*
Antes adoro en tu imagen *229,1312*
Adoro a Isabela, i son *229,1376*
a esta muger. Io? La adoro *229,2239*
Pisa la arena, que en la arena adoro *261,373*
Adoro tu sombra. Baste, *269,326*
Veneran Rei, i·io Deidad adoro; *360,6*
Adoro (en perfiles de oro) *377,17*
Adorò *1*
Que por su Dios adorò *82,7*
Adorolas *1*
Adorolas, i tan dulce, *377,21*
Adquieren *1*
Tan breue ser, que en vn dia que adquieren *256,14*
Adria *1*
Adria, que sorbiò rios ambiciosa, *318,581*
Adúana *1*
que si no es el Adúana *229,692*
Aduersidades *1*
Porque las aduersidades *229,612*
Aduersos *1*
Contra mi versos aduersos; *489,2*
Aduertid *1*
I aduertid que siendo aquestos *96,141*
Aduertida *1*
Mas aduertida, quando mas se atreue. *456,11*
Adufe *1*
I al son del adufe *5,41*
Aduiento *1*
Que nabo en Aduiento, *50,52*
Aduierte *2*
I aduierte bien, en tanto que tu esperas *72,70*
Mata a entrambos, pero aduierte *269,127*
Aduierten *1*
Lo que me aduierten despues: *488,6*
Aduirtiendo *2*
Aduirtiendo, amigo leal, *269,939*
Aduirtiendo que tal vez, *378,10*
Adulacion *3*
La adulacion se queden i el engaño, *203,58*
La adulacion, Sirena *263,125*
Llora la adulacion, i luto viste? *318,416*
Adulada *1*
Que adulada la noche deste fuego, *318,493*
Adulador *2*
Ventecillo adulador, *286,6*
Mudo es adulador. *377,36*
Aduladores *1*

Ojos son aduladores *375,49*
Adulteraste *1*
Pues la fe adulteraste de vn amigo. *229,30*
Adultos *1*
Dissimula años adultos, *322,302*
Adunco *1*
Examinando con el pico adunco *264,785*
Aduocaron *1*
Aduocaron a si toda la gente, *263,1025*
Adusta *1*
La adusta Libia sorda aun mas lo sienta *318,7*
Adusto *8*
Del Pyrineo adusto *256,23*
Que, adusto hijo de este Pyrineo, *261,62*
Del perezoso Bolga al Indo adusto. *261,408*
De el Ganges cisne adusto. *263,668*
Si no tan corpulento, mas adusto *263,1012*
El adusto vaquero. *263,1022*
Desde el adusto Can al gelido Arto. *318,436*
Que aun a pesar de lo adusto, *322,142*
Aethereo *1*
A quien (ia aethereo fuese, ia diuino) *343,7*
Afabilidad *1*
Dulce afabilidad que te acompaña. *421,77*
Afable *1*
Con ceño dulce i con silencio afable, *263,725*
Afamado *1*
Boltéàdor afamado, *210,8*
Afan *1*
Vna que, aunque con afan *269,761*
Afanes *1*
Le suspenden sus afanes *269,960*
Afecta *2*
Afecta mudo vozes, i parlero *361,7*
Tiembla, pues, i afecta el heno *414,13*
Afectada *1*
Diligencia en sazon tal afectada, *318,465*
Afectando *2*
Que mucho, si afectando vulto triste, *318,415*
Afectando lo galan, *412,47*
Afecto *7*
El deuoto afecto pio; *205,14*
De afecto humano peñas, *298,23*
Philippo, afecto a su eloquente agrado, *318,139*
Afecto que humea, si no luce. *318,592*
El afecto mas ocioso. *357,24*
Que aun el mas venîàl liman afecto. *404,28*
Que al afecto del amante, *416,16*
Afectos *4*
A pios afectos niega? *205,6*
Camina pues de afectos aplaudido *318,193*
Quantos afectos les deben *353,21*
Entre castos afectos verdadera *403,12*
Afeto *1*
Con el hijo asentia en el afeto, *318,223*
Affable *1*
Por lo bello i por lo affable; *121,64*
Affamado *1*
Predicador affamado, *6,80*
Affan *3*
Cogi verguença i affan. *2,38*
Represèntèle el affan *269,276*
Sino vn vengatiuo affan, *269,1351*
Affanes *1*
Quando descubrir quiera tus affanes, *66,6*

Affeccion *1*
Tu siempre affeccion deuota *259,42*
Affecto *4*
affecto de coraçon *229,972*
que vn affecto tan terrible *229,1350*
La Escuela, i todo pio affecto sabio *270,10*
Iusto affecto en aguja no eminente, *312,8*
Affectos *5*
Generosos affectos de vna pia *264,635*
Aun de humildes dignada affectos puros! *315,66*
Affectos, que asta oi *377,2*
Affectos que, el pie en vn grillo, *377,5*
Que mil affectos suspendiò frondosa, *467,3*
Affectúòso *1*
Ponderador saluda affectúòso *264,239*
Afferrò *1*
Afferrò puerto seguro. *322,140*
Affiançan *1*
Esta lisonja affiançan, *226,67*
Afficion *4*
Reniega de la afficion, *94,37*
Apurando su afficion. *229,931*
si es por dicha esta afficion *229,971*
I apagando la afficion. *269,1633*
Affina *1*
Dò el paxaro Réàl su vista affina, *45,10*
Affinese *1*
Affinese con verdad, *229,970*
Affinidad *1*
Doliente affinidad, bien que amorosa, *264,636*
Affirma *1*
Que el Bernia lo affirma), *65,150*
Affirmacion *1*
hacen vna affirmacion. *229,3157*
Affirmallo *1*
sino ciento he de affirmallo. *229,3203*
Affirmando *1*
Affirmando el tiempo coxo *83,98*
Affirmar *1*
I affirmar que penas graues *126,14*
Afflige *1*
De la cuerda que le afflige, *48,10*
Affligida *1*
No tan alborotada ni affligida, *43,6*
Affligidas *1*
Que affligidas alas bate. *110,40*
Affligido *1*
Triste pisa i affligido *62,1*
Afflija *3*
Decidle que no se afflija, *226,115*
por tormento que le afflija *229,876*
El sueño afflija que affloxò el deseo. *261,236*
Affloxa *1*
Affloxa al arco la cuerda *90,5*
Affloxò *1*
El sueño afflija que affloxò el deseo. *261,236*
Afforraban *1*
Afforraban en lorigas, *93,55*
Afforrado *1*
Que la trasera no aias afforrado, *449,13*
Afforran *1*
I ellas se afforran en garras, *55,32*
Afiançaron *1*
I assi le afiançaron oi. *161,44*

Afila *1*
Su diente afila i su veneno emplea *293,7*
Afirmado *1*
Todo mal afirmado pie es caida, *393,3*
Afirmar *1*
i afirmar quiero a lo doble *229,204*
Afirmarte *1*
Afirmarte mui bien puedo *269,602*
Aflijo *2*
Yo en los gustos me aflijo *229,102*
con quanta raçon me aflijo, *229,3023*
Aforrados *1*
Aforrados en telilla, *74,18*
Afrenta *2*
Emulacion i afrenta *263,318*
Ô que angustias! ô que afrenta! *269,1986*
Africa *9*
Porque en Africa su abuelo *96,33*
Terror de Africa i desden, *132,54*
de la Africa ponçoñosa. *229,2883*
Africa (o ia sean cuernos de su Luna, *230,10*
De las mazmorras de Africa mas graues, *230,41*
De Africa serà la Monarchia. *230,70*
De nuestras plaias, Africa es, temida, *298,41*
Eran de Africa gemino diamante, *323,6*
Rei, pues, tanto, que en Africa dio almenas *362,10*
Africana *3*
A vna gallarda Africana, *64,4*
Rios de sangre Africana, *110,47*
Xarifa, Cynthia Africana, *356,21*
Africano *7*
Vn Aquilon Africano *132,3*
El tagarote Africano, *132,21*
Veràs, Cancion, del Cesar Africano *230,86*
Larache, aquel Africano *240,1*
Lagrimas, i al segundo rio Africano *280,5*
Doctas fuerças de monte, si Africano; *318,252*
Como ginete Africano, *356,10*
Africanos *1*
De Africanos Pyratas freno es duro. *318,136*
Afuera *4*
— Como estais acà afuera? — Oi me han echado, *70,3*
Soplad desde afuera, *79,90*
Echò la carnaza afuera; *82,107*
tal Babylonia? Aì afuera, *229,3417*
Aganipe *1*
Dezimo esplendor bello de Aganipe; *264,539*
Aganippe *1*
Vistiò Aganippe. Huis? No quereis veellos, *431,12*
Agarenas *1*
Que las reliquias expeliò Agarenas *362,12*
Agarra *1*
Que musa que asi agarra vna distancia *471,7*
Agena *4*
Que vee la paja en la agena *93,12*
Dulce propria eleccion, no fuerça agena, *229,1066*
En tierra le postrò agena, *258,6*
Agena inuidia mas que propria cera, *434,13*
Agenas *6*
Quando ellos agenas quexas *91,52*

Cantarè enmudeciendo agenas famas, *92,13*
Mienta pues agenas formas, *259,16*
Regiones pise agenas, *264,130*
La fuerça que infestando las agenas *276,1*
Mejor se la daran que en las agenas *444,12*
Ageno *8*
A aquel del cercado ageno *102,27*
De su barrio i del ageno *228,37*
sino para daño ageno; *229,165*
que de el ageno Hymeneo *229,2654*
que esperarà vn nouio ageno *229,2744*
Pues de tanta edad ageno, *269,1965*
Ô que ageno *301,65*
Sino el alado precipicio ageno *318,155*
Agenos *7*
No sean estudios agenos, *6,83*
Todos los agenos daños, *93,9*
Aunque mui agenos son, *98,5*
I agenos, que es lo peor, *227,10*
Fabricar de agenos ierros *227,15*
Nudos ies halle vn dia bien que agenos, *264,234*
Votos perdonando agenos, *482,3*
Aggregò *1*
A los Albogues que aggregò la cera, *261,347*
Agil *2*
El menos agil, quantos comarcanos *263,566*
Que, agil a pesar de lo robusto, *263,1006*
Agilidad *2*
Su agilidad pondera; quien sus neruios *263,993*
Venciò su agilidad, i artificiosa *264,268*
Agios *1*
"Agios oheph, nephato *269,1910*
Agita *1*
De Europa, con rejon luciente agita; *318,66*
Agitaciones *1*
Que de sus agitaciones *334,35*
Agoas *1*
Do Austro os assopros e do Oceàm as agoas; *118,11*
Agonal *1*
Agonal carro por la arena muda *394,3*
Agora *4*
I siga io, tan libre como agora, *499,28*
I, aunque agora te fatigas, *499,156*
Se alaban ellas agora, *499,165*
Porque tal estàs agora, *499,336*
Agosto *1*
(Hace vn año por agosto) *83,18*
Agote *1*
Crezca el mar i el suelo agote, *107,70*
Agrabio *1*
A los objectos i a la vista agrabio. *229,2227*
Agrada *4*
Quando a cada qual de ellos mas le agrada *33,7*
Ser su deuoto le agrada, *94,7*
Que empanar hombres le agrada *269,147*
Ia que al de Bejar le agrada *299,1*
Agradable *10*
Sigue con agradable mansedumbre *17,3*
Mueue con soplo agradable *63,170*
Mas agradable, i menos zahareña, *261,305*
Marino si agradable no, instrumento, *261,382*
Verde balcon del agradable risco. *263,193*
Por lo bello agradable i por lo vario, *263,484*

Lo que agradable mas se determina, *264,205*
Su agradable rûîdo. *264,719*
I mucho agradable en el. *285,4*
El Paìs coronò agradable, donde *318,618*
Agradables *2*
I agradables penas *79,8*
Destos pendientes agradables casos *264,937*
Agradaua *1*
Seruia i agradaua; esta le quente *318,217*
Agradè *2*
A mi amo agradè assi, *372,3*
Assi a mi ama agradè. *372,4*
Agradece *1*
Compungido lo agradece. *249,7*
Agradecer *2*
os quisiera agradecer *229,3535*
Couarde en agradecer, *269,843*
Agradecerlo *1*
Quando agradecerlo importe, *347,2*
Agradeceros *1*
No ai que agradeceros nada *347,1*
Agradecida *9*
Cada cosa agradecida *229,1360*
Gloriosa i del successo agradecida, *230,35*
Que agradecida ser quiere *259,95*
Si bien al dueño debe, agradecida, *261,227*
Que a tu piedad Euterpe agradecida, *262,35*
A la agradecida tierra, *275,4*
Mal agradecida fee: *285,20*
Agradecida AMARILIS *358,33*
Agradecida a su fee, *419,76*
Agradecidamente *1*
Del forastero agradecidamente, *264,646*
Agradecidas *2*
Lisongêâr de agradecidas señas. *263,33*
En voces agradecidas? *388,30*
Agradecido *13*
Dèl Amor agradecido *97,9*
El Leones, agradecido *132,45*
De vn ganado agradecido! *205,10*
que agradecido le vi, *229,2343*
I a mi plectro agradecido *259,17*
Agradecido pues el peregrino, *263,182*
Mal pudo el estrangero agradecido *263,531*
El campo agradecido *263,907*
Agradecido Amor a mi pie errante; *264,166*
Tan agradecido quedo *269,827*
Humilde i agradecido, *269,905*
Agradecido el Padre a la diuina *318,449*
Que estoi mui agradecido *483,5*
Agradecimiento *3*
o de mi agradecimiento. *229,109*
si de vn agradecimiento *229,3136*
Faroles de oro al agradecimiento. *230,68*
Agradezcote *1*
Agradezcote esa cera, *269,321*
Agrado *3*
Philippo, afecto a su eloquente agrado, *318,139*
Al que, delicia de su padre, agrado *318,425*
I en la resolucion succinto agrado. *336,14*
Agradòle *1*
agradòle su persona, *229,3280*
Agrages *1*
Lo veredes, dixo Agrages. *269,385*
Agraua *1*

De aquel la mano, de esta el hombro agraua. *261,461*

Agrauado *1*
No de humosos vinos agrauado *263,167*

Agrauan *1*
No agrauan poco el negligente robre, *264,106*

Agrauia *1*
I el mismo monte se agrauia *48,51*

Agrauiado *3*
En sintiendome agrauiado, *37,34*
O sois júèz agrauiado *161,137*
aun con auerle agrauiado *229,1655*

Agrauiando *1*
Escogen, agrauiando *264,338*

Agrauiar *1*
El no agrauiar a inocentes, *490,23*

Agrauien *1*
Al viento agrauien tus ligeras alas. *120,24*

Agrauio *11*
Dèsta burla i dèste agrauio *96,154*
Si a tanta merced paga tanto agrauio. *229,61*
no tuuiera por agrauio *229,268*
queria hacer agrauio *229,354*
i le da en dote el agrauio? *229,685*
que le ha hecho tanto agrauio? *229,1513*
instrumento de su agrauio. *229,2529*
infamia, vergüença, agrauio, *229,2866*
quexandoos de vuestro agrauio. *229,3389*
i no tengais por agrauio *229,3512*
Por Dios, que hazes agrauio *269,1110*

Agrauios *1*
De los agrauios dèl Rei, *49,95*

Agraz *1*
En agraz he visto io. *321,4*

Agrega *1*
Prouido el Sando al gran consejo agrega *318,257*

Agregado *1*
Dignamente seras oi agregado *421,7*

Agregados *1*
Ruda en esto politica, agregados *264,946*

Agregaron *1*
Se agregaron a Lope sus sequazes: *432,2*

Agricultura *3*
Agricultura vrbana. *263,704*
Ven, Hymeneo, i nuestra agricultura *263,819*
Lei de la agricultura permitida, *466,10*

Agridulces *2*
Mil moçuelas agridulces. *75,8*
Colgando sus agridulces *243,63*

Agros *1*
Sus ojos dulces, sus desdenes agros. *447,11*

Agua *67*
I las redes por el agua, *9,8*
Hacia el fuego i hacia el agua. *9,14*
Hieren el agua los remos *9,27*
Conuierten de piedra en agua, *10,4*
Por lo mas alto dèl agua, *10,34*
Cuia agua entre la ierua se dilata *16,3*
Ia cantando orilla el agua, *26,21*
Que a Guadalquiuir el agua *49,39*
Con agua a mi fuego". *50,100*
A los que el agua del Tormes *63,115*
Con quatro onças de agua de chicoria *71,10*
Al fondo el cuerpo, al agua los turbantes. *72,85*

Con su abuelo, i agua fresca. *73,24*
Ia vee en el agua la muerte, *75,55*
El fue passado por agua, *75,91*
Ia a las lisonjas dèl agua *78,63*
No echan agua, porque el sancto *86,39*
Bolcan desta agua i destas llamas fuente *109,5*
Gastaron de agua bendita *110,19*
Centellas de agua en sus ojos, *116,3*
Dèl agua tan crecidos, *120,5*
Centellas de agua. Ô piedad, *131,35*
Segun vuelan por el agua *132,1*
I el monte i el agua escuchan *133,11*
El son dèl agua risueño, *142,38*
Al son del agua en las piedras, *144,3*
De las que aposenta el agua, *144,6*
I enfrenò el curso del agua; *144,42*
Con su agua turbia i con su verde puente! *152,2*
Sin hysopo fue por agua *161,121*
En el pedir, i no agua, *217,85*
Que no es de agua su interes, *217,86*
Mas sangre que agua Orion humedecido, *220,4*
Lisonjéàdo de el agua, *226,9*
con ceniças i agua fria *229,1214*
en vn mar de agua rosada, *229,1889*
El diffuso canal dèsta agua viua; *244,10*
Tropheos son del agua mil entenas, *245,7*
Turbe el agua a lo víùdo; *257,8*
Rico de quantos la agua engendra bienes *261,123*
Delphin que sigue en agua corza en tierra! *261,136*
Neutra el agua dudaba a qual fee preste, *261,423*
Quando, entre globos de agua, entregar veo *261,441*
Montes de agua i pielagos de montes, *263,44*
Lux el reflexo, la agua vidriera. *263,676*
En la lengua del agua ruda escuela, *264,58*
A pesar pues de el agua que la occulta, *264,196*
Rompida el agua en las menudas piedras, *264,349*
En globos de agua redimir sus Phocas. *264,426*
En rios de agua i sangre desatada, *264,444*
La fiera, horror del agua, cometiendo *264,490*
De la Isla i del agua no los dexa. *264,530*
Crystal, agua al fin dulcemente dura, *264,578*
Trompa Triton del agua a la alta gruta *264,594*
"Agua va", las desta casa, *269,1864*
— Ô tu, qualquier que la agua pisas leño! *277,12*
A la lengua del agua de mis ojos! *277,14*
La agua repetida es. *285,8*
Que su fee escribe en el agua, *287,21*
Esa al margen del agua construìda, *298,8*
Agua nos darà de olor *301,80*
Tu en agua, io nauego *345,16*
La agua apenas trata *350,29*
Hasta el agua transparente *351,21*
Con su remo en la agua aquel *418,6*
A Brindis sin hacer agua nauega. *428,9*
Dexò, i de espuma la agua encanecida, *455,2*

Aguachirle *1*
Patos de la aguachirle Castellana, *431,1*

Aguado *2*

Ia de aguado chamelote. *107,4*
Pues aguado puede ser *269,744*

Aguarda *12*
Que el General os aguarda; *64,34*
La hija aguarda que el padre *149,111*
Aguarda, i la dura encina, *177,7*
La tremula seña aguarda *228,197*
te aguarda mas ha de vn hora. *229,1015*
Aguarda a Lelio, que vuela, *229,2714*
Aguarda a la Ciudad, que a mediodia, *234,12*
Al que pagizo aluergue los aguarda. *263,851*
I aguarda a mihi vel mi. *269,1225*
De Simeon oi la aguarda, *310,15*
No salgas, que te aguarda algun tirano; *466,12*
Aguarda. Aun lo que se pierde *499,202*

Aguardad *1*
que me abonen. Aguardad, *229,3071*

Aguardame *1*
aguardame, Tadeo. Miente, *229,1269*

Aguardar *3*
No pienso aguardar, hermana, *229,3120*
Que tenemos que aguardar? *229,3175*
I sin mas aguardar, voi *269,934*

Aguardaràs *1*
No aguardaràs que se emmiele? *229,2507*

Aguardas *1*
Pues que aguardas, Segador, *286,30*

Aguarde *3*
(Camilo, si viene, aguarde) *229,1422*
I mejor que no le aguarde. *269,528*
De jugar, alguien aguarde *269,1764*

Aguardemos *2*
Los marinos refluxos aguardemos, *298,16*
Aguardemos hasta ver *499,168*

Aguardiente *1*
Naranjada i aguardiente, *7,8*

Aguardo *7*
I mientras io te aguardo en las cadenas *120,22*
Tras de esta esquina le aguardo. *229,826*
Plaça! Ia sube. Ia aguardo. *229,2763*
Con lo que os he dicho? Aguardo. *269,1217*
Mui gran rato ha que os aguardo. *269,1360*
Bonissimos; pues que aguardo? *269,1562*
Se fue a ermitañear, que es lo que aguardo"? *462,11*

Aguardò *3*
Mas el macho no aguardò. *161,80*
Son de las trompas, que no aguardò a esto, *230,75*
La rûina aguardò del edificio? *393,8*

Aguas *48*
De mis ojos estas aguas. *10,20*
Bendiga las aguas. *11,16*
Has visto, que en tus aguas se han mirado, *22,13*
Que las aguas tienen lengua; *38,28*
Mas los que en las aguas viuen, *48,78*
Aguas de olor le vertieron. *49,80*
Dò las aguas se reparten *63,46*
De aguas, plantas, i edificios, *63,167*
Las Ionias aguas que el Sicanno beue, *72,53*
Sobre las aguas de Tejo, *87,4*
Si de las aguas del Tajo *87,61*
Que no crean a las aguas *87,73*
Quando sean vuestras aguas *89,33*

Quando vuestras aguas sean *89,37*
Quando beban vuestras aguas *89,43*
Los remos dexa a las aguas *106,15*
Que se lleuan las aguas los remos! *106,18*
Que se lleuan las aguas los remos! *106,36*
Sobre las aguas vi, sin forma i vidas, *108,13*
Las aguas de Carriòn, *115,1*
De ti murmuran las aguas *115,35*
De vna parte las aguas, *125,10*
I al son enfrena las aguas. *133,8*
Dèl blanco cisne que en las aguas mora, *137,6*
I a las detenidas aguas *149,113*
Quantos las aguas moran *166,7*
Risueñas aguas, que de vuestro dueño *203,32*
Alli el murmurio de las aguas ledo, *203,67*
Perdonen tus aguas claras *204,17*
Ardiendo en aguas muertas llamas viuas. *218,14*
Que nunca enfrenò las aguas *228,43*
ni darè vn corcho a sus aguas, *229,2460*
De las obscuras aguas de el Leteo, *261,58*
Que dulce muere i en las aguas mora; *261,364*
Al padre de las aguas Océàno, *263,405*
Le corre en lecho azul de aguas marinas, *263,417*
Estigias aguas torpe marinero, *263,444*
De el Padre de las aguas, coronado *264,24*
Mucho Océàno i pocas aguas prenden, *264,75*
Satyro de las aguas, petulante *264,461*
Glauco en las aguas, i en las ierbas Pales. *264,958*
Plumas vestido ia las aguas mora *316,5*
Obscurecen sus aguas sus arenas, *317,3*
Lo que incognito mas sus aguas mora, *318,79*
Con aguas turbias apaga *419,41*
Turbias van las aguas, madre, *419,43*
Turbias van las aguas, madre, *419,54*
Aclararonse las aguas, *419,57*

Aguda *10*
Honren tu dulce plectro i mano aguda *31,6*
De aguda flecha) con humildes plantas *52,6*
De tu aguda flecha, *79,110*
De la espina mas aguda. *102,30*
con vna nauaja aguda. *229,981*
La segur de los zelos harà aguda. *261,356*
De Helvecias picas es muralla aguda; *261,428*
Su parda aguda prora *264,64*
Inexorable es guadaña aguda; *338,4*
Destinada señal, que mordiò aguda; *394,2*

Agudas *2*
Que, de agudas flechas graue, *121,47*
Con ilaciones agudas *269,124*

Agudeça *1*
Agudeça tiene harta, *488,5*

Agudo *8*
Saludable si agudo, (amiga mia), *104,2*
I del siempre agudo Scotho. *242,60*
El sagrado Laurel de el hierro agudo: *263,690*
De el lince mas agudo. *263,1064*
Deidad dirigiò amante el hierro agudo: *264,485*
Bruñe nacares boto, agudo raia *264,585*
El cuchillo quiçà embainaua agudo. *363,11*
Examine mi suerte el hierro agudo, *396,9*

Agudos *2*

Agudos raios de inuidia, *59,43*
De oidos no mui agudos, *322,32*

Agueros *1*
Mas, triste, quantos agueros *10,29*

Agugetas *1*
Atando las agugetas, *73,130*

Aguijadas *1*
Cuias aguijadas son *204,33*

Aguijon *4*
En el aguijon crúèl. *217,32*
i qual aguijon le dio, *229,349*
de auejas sin aguijon, *229,2539*
En el aguijon subtil. *243,44*

Aguila *13*
Que aguila, señor, dichosamente *164,9*
I plumas de tanta aguila Romana, *229,2183*
o de aguila le gradua *229,2432*
Si no al Aguila Réàl, *239,19*
Del aguila les dio a la mariposa. *264,782*
Aguila, si en la pluma no, en la vista, *313,25*
Aguila pues al Sol que le corona, *315,37*
Ô Aguila de CASTRO, que algun dia *317,12*
Aguila generosa de su Esphera. *318,208*
Que el aguila aun es cauallo *320,9*
Aunque es aguila Réàl, *349,22*
Tan aguila fuere en esto, *378,47*
Fenix renazca a Dios, si aguila al Norte. *403,14*

Aguilar *2*
Que te ha hecho Aguilar, que lo haces perro? *435,5*
No os faltarà Aguilar, a cuio canto *446,10*

Aguilas *2*
Plumas, aunque de aguilas Réàles, *135,3*
Aguilas por preuilegio, *390,43*

Aguileña *2*
Digo su aguileña *65,9*
La nariz algo aguileña, *228,129*

Aguileño *5*
Ponle a vn pantuflo aguileño *59,59*
Escaparse de tal por lo aguileño, *203,36*
i de vn touillo aguileño. *229,2781*
De vn aguileño! Cosanme esta boca. *313,32*
Siendo aphorismo aguileño *322,153*

Aguja *9*
I io ponia la aguja. *26,64*
La aguja lo ha hecho, *56,22*
Aquella milagrosa aguja, aquella *229,2186*
Melancolica aguja, si luciente. *246,8*
En el carbunclo, Norte de su aguja, *263,82*
Con vna aguja no mas. *288,28*
Aguja que de nuues se corona; *298,4*
Iusto affecto en aguja no eminente, *312,8*
Esta aguja eminente. *368,20*

Agujas *1*
Despuntado he mil agujas *107,1*

Agujazo *1*
Se ha dado algun agujazo. *269,894*

Agujero *1*
Por el agujero, *50,70*

Agujetas *1*
I el pague las agujetas. *269,255*

Ahi *1*
I que digan por ahi *269,1929*

Ahogarà *1*

I ahogarà vuestros gustos. *27,24*

Ahora *130*
Cubra esas nobles faltas desde ahora, *21,5*
Ahora que estoi de espacio, *26,1*
Aunque ahora no sois caña". *29,50*
Que despues huien de el que incitan ahora, *42,13*
Lagrimas vierten ahora *49,77*
Que las ries tu ahora, *50,91*
Que ahora es gloria mucha i tierra poca, *67,13*
Ahora condenada a infamia eterna *72,44*
No a la palma que en ella ahora tienes, *77,39*
Ni porque ahora escalen su corriente *77,78*
Ahora pues, aires, *79,37*
Ahora la halleis *79,65*
Ahora en el llano *79,69*
Ahora clauando *79,73*
Dexad los libros ahora, *82,1*
En las rûînas ahora *87,37*
Sino condenarme ahora *95,5*
Cubren su pastoral aluergue ahora. *128,4*
Grandeça del Duque ahora, *132,31*
Plaça ahora, a pesar de las edades, *134,7*
Prendiò mi libertad, que harà ahora, *139,2*
Huirà la nieue de la nieue ahora, *146,12*
I Cortesano sucio os hallo ahora, *154,7*
Al de Chinchon si ahora, i el Inuierno *154,13*
De vn Sol luciente ahora, *156,17*
Que cantaremos ahora, *158,1*
Ahora aquella Deidad *167,3*
Que estrellas pisa ahora en vez de flores. *175,11*
Sella ahora el estomago contento. *182,8*
No te pierdas ahora *215,19*
No te pierdas ahora *215,39*
No te pierdas ahora *215,59*
Ahora bien, Dios sea conmigo. *229,250*
en que se hablaba ahora? *229,305*
Mas ai, que a pedir va ahora *229,360*
Si Tadeo ahora fuera *229,446*
ni ahora pisa la Lonja, *229,723*
padre de Lelio, que ahora *229,727*
ahora quiere venir. *229,835*
con callar! Què harè ahora? *229,907*
El saber de Fabio ahora *229,1016*
con sus desvios ahora. *229,1109*
A lo que ahora sabras. *229,1223*
poca es la que vees ahora *229,1262*
Que dices? Que ahora viene *229,1300*
Pon tu el entredicho ahora, *229,1472*
tal, que ahora no le injurio, *229,1560*
que a tus pies offrezco ahora, *229,1565*
la firma que ahora enseña *229,1580*
Ô tu, cuio nombre ahora *229,1679*
Que querrà Laureta ahora? *229,1704*
mas que cuidados ahora *229,1721*
En su nombre desde ahora *229,1773*
que te encomendarè ahora, *229,1880*
que ahora por Isabela *229,1907*
Salue, ô gran Capitolio vn tiempo, ahora *229,2178*
el ierno que ahora viene, *229,2546*
pues con el que ahora viene *229,2611*
de que Lelio ahora venga, *229,2635*
Tu casar? Io. Quando? Ahora *229,2721*

que voluerà a andar ahora. *229,2769*
Limpiad mas. Miradlo ahora. *229,3002*
con lo que ahora has de veer. *229,3089*
estuuo ahora año i medio, *229,3111*
Vees aqui a Isabela ahora. *229,3491*
de lo que ahora aun no creo, *229,3523*
Surcando ahora pielagos de arenas *230,29*
La perla que engasta ahora *235,3*
Aunque ahora la verguença *242,63*
De suauidad ahora el prado baña. *256,53*
Muda a su pesar ahora, *259,10*
A que io conuido ahora. *259,108*
Ahora que de luz tu NIEBLA doras, *261,5*
Iazen ahora, i sus desnudas piedras, *263,218*
El ia sañudo arroio, ahora manso. *263,343*
Esta pues naue ahora *263,477*
De la tostada Ceres. Esta ahora *263,775*
Ofrece ahora, quantos guardò el heno *263,862*
Son de la Nympha vn tiempo, ahora caña *263,884*
En cuia orilla el viento hereda ahora *263,954*
Cerulea ahora, ia purpurea guia *263,1071*
El verde robre, que es barquillo ahora, *264,38*
De tus remos ahora conducida, *264,551*
Que el tiempo buela. Goza pues ahora *264,601*
Entra ahora, i le dexas! *264,673*
la inuidia tuia, Dedalo, aue ahora, *264,789*
Rebelde Nimpha, humilde ahora caña, *264,831*
(De lo que ahora me pesa) *269,342*
No sepa Casilda. Ahora *269,384*
Que ahora me estès llamando, *269,554*
Me pides ahora que *269,559*
La quiere ahora azerar. *269,572*
Que ahora sacando està. *269,592*
Que si no es ahora necia *269,599*
I si el es discreto ahora, *269,601*
Sacandole ahora estan *269,607*
Por la que te ha dado ahora. *269,680*
Que para esta mula ahora *269,811*
No preguntes mas ahora, *269,988*
Enrico, el Doctor ahora *269,1190*
No es tiempo, Tisberto, ahora *269,1512*
En pastel me falta ahora *269,1555*
Me han arrojado aqui ahora. *269,1753*
Oponer Enrico ahora *269,1823*
Sed Capitanes en latin ahora *277,3*
Dulce escollo, que aun ahora *287,41*
Que veis ahora anudar. *287,76*
Que veis ahora anudar. *287,90*
Si las trenças no estan ciñendo ahora *297,5*
Ara del Sol edades ciento, ahora *298,31*
En vez de las Helíades, ahora *316,1*
Su nieto generoso, occulto ahora, *318,43*
Su luz abreuia Peñaranda ahora; *318,132*
Que illustra dos Eclipticas ahora, *318,143*
De flores i de súaue, ahora cera, *318,242*
Cuio candor en mejor cielo ahora *318,287*
El sentimiento i aun el llanto ahora, *318,418*
Timida ahora, recusando Fuentes, *318,582*
Noble ia edificio, ahora *322,343*
I vi llorar niño ahora, *331,62*
La bella LYRA muda iace ahora *344,1*
Que aun callando temo ahora *348,24*
Tan copiosa de lagrymas ahora *368,33*
De Nympha que ahora es caña, *390,51*

De caña que ahora es voz. *390,52*
Como vuestra purpurea edad ahora, *395,2*
Menos ahora tiznado *413,32*
"Si viniese ahora, *419,17*
Ahora que estoi sola. *419,18*
Ha sufrido a la que ahora, *419,75*

Ahorran *1*
Porque assi se ahorran *65,59*

Ahorraron *1*
Lo que ahorraron de sangre. *110,20*

Ahumada *1*
Tostado, Ahumada ella. *275,48*

Ai *195*
No ai vara de Inquisicion *26,91*
Lo que ai de la cincha al suelo. *49,48*
No ai tomallo ni leello, *55,16*
Que no ai zorras en ayunas, *58,21*
I que ai monas en beuiendo, *58,22*
I que ai micos que preguntan: *58,23*
Que ai vnos gamos abades, *58,25*
Que ai vnos fieros leones, *58,29*
Que ai tambien vnas cigueñas *58,37*
Que ai vnas bellas picaças *58,41*
Que ai vnas gatas que logran *58,45*
Que ai vnas tigres que dan *58,49*
Que no ai turquesas tan finas *61,33*
"Ai mora bella, le dice, *62,49*
" — Ai moro, mas gemidor *62,53*
Que no ai hombre a quien no burlen *63,43*
Donde ai de arboles tal greña, *63,173*
Si le ai en la Lybia, *65,230*
I como no ai mas que verla, *73,82*
Ai descalças hidalguias; *74,60*
No ai nympha de Vesta alguna *75,29*
Si ai seraphines trigueños, *82,51*
No ai cosa que assi consuele, *85,19*
Que no ai fiâr resistencia *91,19*
De quien oi memorias ai *93,53*
No ai halcon oi en Noruega, *96,65*
Ia que no ai ceuada, ai ocio, *96,87*
Ia que no ai ceuada, ai ocio, *96,87*
Donde apenas ai establo *96,110*
Que ai espuelas de licencia, *102,9*
Muchos ai que dan su vida *102,33*
I otros ai que los gobierna *102,35*
Ninguno ai en la selua *103,9*
Mas ai! que quando io mi lyra, creo *104,12*
I ai quien le dè la vasquiña *105,25*
En el cielo no ai postigo; *105,43*
Lo que ai dèl mar Andaluz *106,7*
Que no ai cosario tan fiero, *106,24*
Que no ai fiança segura *107,83*
Porque donde no ai salud, *110,11*
Ni ai gracia ni avrà sepades. *110,12*
Sino porque a distancia mas immensa *117,13*
No ai guardas oi de llaue tan segura *120,13*
Alguno ai en esta vida, *123,19*
—No ai barbero viejo al fin *124,33*
No ai persona que hablar dexe *126,33*
Mas, ai triste, que es sorda *127,15*
No ai verde frexno sin letra, *131,121*
Que no ai Iudas que la oia. *149,24*
I si ai sombras de crystal, *149,37*
Porque no ai nube de este ojo *159,29*
Que no ai quien sin ella beba. *159,60*

Mas quien ai que pueda *160,14*
Que no ai pie de copla *160,45*
Que ai difunto en la capilla; *161,119*
Si no ai otro, qual a Arion, *161,154*
Que no ai manos que a su marta *167,69*
De estangurria muriò. No ai Castellana *199,5*
Que si en el mundo ai bienauenturança, *203,61*
Mas ai, que os lo ruega *205,8*
Ai, IESV, como sà mu trista! *207,5*
Ai, IESV, como sà mu trista! *207,29*
Chillemola. Ai, que crabela! *207,35*
Ai, IESV, como sà mu trista! *207,40*
— Ai, Dios, que comi *213,6*
— Ai, Dios, que comi *213,15*
— Ai, Dios, que comi *213,24*
En viendola dixo: "ai!" *217,41*
Si ai marfil con negros raios. *228,116*
No ai mas causa, por tu vida, *229,238*
Ai de mi, que si es tan rico, *229,275*
Mas ai, que es vnico hijo *229,278*
Mas ai, que a pedir va ahora *229,360*
Ai, que va hablar a Camilo! *229,369*
que no ai año que no cobre *229,569*
A mi bronce no ai buril, *229,656*
ai cosa que mas le quadre. *229,1251*
ai mas mal, que le ha de dar *229,1430*
De vn delicto no ai testigo *229,1464*
Ai vna flor, que con el Alba nace, *229,1530*
no ai calle con piedras mudas, *229,1592*
Ai, Libia, que aun al papel *229,1604*
Camilo, ven acà. Ai, triste, *229,1797*
Que mandas? Ai tal desden? *229,1799*
i no ai que saber de mi, *229,1951*
Monasterios ai, Laureta, *229,2123*
Que no ai cieruo valiente para vn toro. *229,2225*
que con Camilo no ai penas, *229,2696*
i no ai gloria sin Camilo. *229,2697*
Ai, que de ello soleniza *229,2760*
Ai, Violante desdichada! *229,2771*
o has de callar. Ai de mi! . *229,2774*
Ai tal cosa? Ai tal porfia? *229,2994*
Ai tal cosa? Ai tal porfia? *229,2994*
que ai ojos con telarañas. *229,3021*
Ai, como la sangre arde! *229,3066*
Ai, como tiene razon! *229,3067*
i algun engaño ai texido. *229,3079*
Que es esto? Ai segunda historia? *229,3134*
ai quien me conozca bien. *229,3207*
Lunes digo. Esto ai acà? *229,3209*
en vuestro lenguage. Ai tal? *229,3217*
No ai tal, que es mentira esta. *229,3263*
Testigo ai en la manada *229,3268*
dirà todo lo que ai. *229,3270*
Ai! Yo nuera labradora? *229,3295*
Ai! Llorais por esto, amiga? *229,3304*
no ai mas que lo que diuisa: *229,3320*
do no ai hijo para padre, *229,3408*
Libia en Toledo? Ai de mi! *229,3428*
Pues ai maior mal, que es *229,3488*
Que ai señor Q. tilde, que? *242,105*
Ai quien distile aroma tal, en vano *248,7*
Aunque no ai toros para Francia, como *254,7*
No ai flor de abeja segura; *257,36*
No ai tormentoso cabo que no doble, *263,395*

No ai silencio a que prompto no responda;
263,674
Si ai ondas mudas i si ai tierra leue". 264,171
Si ai ondas mudas i si ai tierra leue". 264,171
Mas ai, que del rûîdo 264,618
Que aun de seda no ai vinculo súàue. 264,808
Vna, ai, nouilleja, vna, 268,10
Vna, ai, nouilleja, vna, 268,22
Vna, ai, nouilleja, vna, 268,34
Quedo, ai, quedetico, quedo. 268,40
Quedo, ai, quedetico, quedo. 268,50
Quedo, ai, quedetico, quedo. 268,60
Quedo, ai, quedetico, quedo. 268,70
No ai hermandad sin sáetas. 269,65
No las ai qual las passadas, 269,67
Que ai pues dese casamiento? 269,281
No ai que pedille perdon, 269,634
I ai maior mal, que vn criado 269,661
Como no ai otra moneda 269,665
I ai dias, Casilda, hartos 269,669
Doctor mio, veisla ai. 269,1096
No ai cosa de oro pesada. 269,1097
Lucrecia. Ai triste de mi! 269,1354
Ai quien paciencia me preste, 269,1418
Que ai muchos en la ciudad. 269,1713
Que ai enfermedades? Muchas, 269,1714
Que ai pues, de nuevo, mi Rei? 269,1870
Ai partos con mas dolores? 269,1955
Que a cada edad ai su droga, 269,1970
Libaste en paz. Mas, ai, que la armonia 280,52
Se ha quedado en vago, ai triste! 284,2
Se ha quedado en vago, ai triste! 284,14
Ai como gime, mas, ai como suena, 287,9
Ai como gime, mas, ai como suena, 287,9
Ai como gime, mas, ai como suena, 287,23
Ai como gime, mas, ai como suena, 287,23
Donde tantos Pares ai, 288,94
Por aqui, mas ai, por alli 301,12
Mucho ai que digamos dèl, 301,70
Mucho ai que digamos dèl, 301,84
Si castigado ai remo que lo sea; 318,372
Quando al Corso no ai Turco que no crea
318,374
Ô Venecia, ai de ti! Sagrada oi mano 318,559
Ai mil vezes de ti, precipitada, 318,561
Mas, ai, que taladrò niño 322,201
Que no ai aspid vigilante 322,271
De vn "ai". se calò en la espada 322,463
Mas ai, quien palabras dà 328,9
Si la callo, no ai remedio; 332,3
Si le digo, no ai perdon. 332,4
Mas ai, que insidîòso laton breue 341,9
Defensa ai sola vna 345,26
No ai que agradeceros nada 347,1
— Vno, ai, niño, que su cuna 352,10
— Vno, ai, niño, que su cuna 352,22
Quedo, ai, queditico, quedo. 352,28
Quedo, ai, queditico, quedo. 352,38
Que no ai mas. 353,40
Que no ai mas. 353,44
Que no ai mas. 353,48
Que no ai mas. 353,52
Que no ai mas". 353,56
Las horas vuelen; mas ai, 354,35
Ai si el viento se te opone! 384,31

Si en ierba ai lengua de buei, 386,9
Medico ai, aunque lego, 418,32
Anacreonte Hespañol, no ai quien os tope,
427,1
Que no ai negra Poeta que se pante, 430,3
No ai passo concedido a maior gloria, 434,10
Ai entre Carrion i Tordesillas, 443,1
"No ai elemento como el empedrado", 451,12
El primero, porque ai otro segundo. 453,2
Mas ai! que apriessa en mis alcances vino
465,5
Ai del alfa, i omega, i Ieovà! 473,16
Que no ai quien su Dama toque, 493,32
Algunos ai donde moro, 495,5
Dicen que no ai meson ia 495,50
Ai donde vn buen oido se dilate: 499,85
No ai negallo, triste estoi. 499,208
Ai, que nos ha saltéàdo? 499,217

Aì *12*
— Pues que haceis aì? — Lo que esa puente,
70,9
Mira que dice por aì la gente 71,2
Lo que llaman por aì 82,62
Saliamos por aì 111,38
mis ceniças por aì. 229,2305
"Quanto mejor fuera aì, 229,2367
No le veis aì? No veo 229,2952
Pues no me dixiste aì fuera 229,3218
Quien es esse que està aì? 229,3394
tal Babylonia? Aì afuera, 229,3417
Por lo que oiràs por aì 300,7
I di, estaran alli? Aì se auran ido 499,116

Aia *20*
"Mi Alcîòn, no aia mas, basta; 10,58
Buen pozo aia su alma, 27,27
Dèl tiempo i dèl oluido aia victoria, 40,7
Mal aia io si no excede 82,31
Ô bien aia la bondad 86,33
Sin que aia Angel Español 121,149
Mal aia quien emplea 127,17
Mal aia quien emplea 127,44
Mal aia el que en Señores idolatra 203,1
que mi hijo aia venido! 229,2943
Ô bien aia Iaen, que en lienço prieto 255,1
Sin que aia necessidad 269,1088
Bien lo dice de mi Aia 322,187
Dos vezes mal aia, i tres. 378,48
Que la aia de perro en flor. 386,10
No es mui seguro: no aia maço alguno 441,10
O bien aia tan rigida abstinencia! 452,8
O bien aia modestia tan ociosa! 452,11
O mal aia ambicion tan ambiciosa! 452,14
Aia tan presto el mueble acrecentado. 462,4

Aià *1*
— Vamo aià. — Toca instrumento. 308,9

Aiais *1*
Huelgo de que aiais venido. 229,3191

Aiamonte *5*
Corona de Aiamonte, honor dèl dia, 170,1
No solo de Aiamonte mas de Hespaña, 171,2
Al Apolo de España, al de Aiamonte 172,9
Las murallas de Aiamonte, 178,16
En que se mira Aiamonte, 179,4

Aian *2*
Bien aian los auellanos 301,32

Aian tu ciencia ostentado 407,8

Aias *6*
no aias miedo que se encienda. 229,1255
Zeloso trueno antiguas aias mueue: 261,486
Mal aias tu si constante 378,45
Mal aias tu si imitares, 378,49
Que la trasera no aias afforrado, 449,13
La aias hecho correr. Crueldad ha sido. 474,8

Aier *46*
I aier por casar, 4,4
Que aier me mirè en vn charco, 28,82
Saludauan aier con dulce lloro, 60,4
I aier me dixo humilde tu corriente 71,7
Como aier te vi en pena, i oi en gloria? 71,13
— Bebiòme vn asno aier, i oi me ha meado.
71,14
Las que me tiraste aier 90,25
Aier Deidad humana, oi poca tierra; 135,1
Aras aier, oi tumulo, ô mortales! 135,2
La Phenix que aier LERMA fue su Arabia
135,9
De puños de hierro aier 147,1
De lo que hizo aier. 193,12
Musica le pidio aier su aluedrio 202,1
El que fue jardin aier. 217,96
el que aier le apuntò el bozo, 229,1007
pues me fiò aier su hermana, 229,1426
que aier le mandaste en Missa. 229,1717
Quien desde aier por la tarde 269,525
Llegò aier vn forastero 269,785
No entiendo. Lesbina aier 269,1046
Estos i mas ganè aier, 269,1690
Topo aier i lince oi. 331,59
Como ingrata la de aier. 355,64
Lo que va de aier a oi, 375,2
Que aier marauilla fui, 375,3
La Aurora aier me dio cuna, 375,5
Lo que va de aier a oi, 375,12
Que aier marauilla fui, 375,13
Lo que va de aier a oi, 375,22
Que aier marauilla fui, 375,23
Lo que va de aier a oi, 375,32
Que aier marauilla fui, 375,33
Lo que va de aier a oi, 375,42
Que aier marauilla fui, 375,43
Lo que va de aier a oi, 375,52
Que aier marauilla fui, 375,53
Oi tratante, aier herrero, 413,35
Aojada aier de vn ciego, 418,20
Que aier fue pino, i oi podrà ser vete? 433,11
Soror don Iuan, aier silicio i xerga, 444,1
Olanda i sedas oi? Aier donado, 444,2
Oi galan? Aier dueña i oi soldado? 444,3
Aier naciste, i moriràs mañana. 466,1
Aier venga de la rota, 496,3
Que aier vista saio pardo, 496,6
Aier te lo comencè 499,308

Aio *1*
Al que recibiò por aio. 123,16

Airada *1*
Como io, Amor, la condicion airada, 43,9

Airado *4*
Los soplos del viento airado: 48,31
Tres veces de Aquilon el soplo airado 52,1
Fuego llouiò el cielo airado, 211,10

En tenebrosa noche, en mar airado *218,1*
Aire *58*
En el fresco aire i en el verde prado. *14,8*
De sombra o de aire me le dexa enxuto, *19,11*
Ni en este monte, este aire, ni este rio *33,1*
Grande aire de abaxo; *56,46*
El aire me traxo *56,47*
Aire creo que es *56,69*
Del aire con su armonia *63,91*
Que es por faltarles el aire; *63,164*
I porque el aire de abajo *73,131*
El blanco Clero el aire en armonia, *77,5*
Dan al aire trenças de oro, *83,64*
Que todo es aire su olor, *85,5*
Los demas los lleue el aire, *98,67*
Si el aire quiere lleuallos; *98,68*
Por pagar al mar i al aire *106,33*
No se entienden con el aire. *110,8*
Que diò al aire rubias trenças *115,12*
I atras el aire dexas; *125,31*
Siluò el aire, i la voz de algun desseo, *137,12*
I el aire de la armonia *149,19*
Al aire haga i al rio *149,77*
El aire se purifica, *149,85*
Blancas señas de que el aire *149,93*
Purgando el aire i aplacando el Cielo. *156,12*
Mueue con buen aire *160,65*
Da al aire colores vanos, *177,38*
Accusa al aire con ceño. *215,56*
I con mui buen aire todas, *217,15*
Abanillos de buen aire *223,6*
Que el aire dudaua entrar, *243,15*
Menos luz deue, menos aire puro *261,35*
Los pielagos de el aire libre algunas *263,604*
Al aire los hijuelos den alados *263,794*
De quanta surca el aire acompañada *263,950*
Al aire se arrebata, violentando *263,1007*
Passos otro diò al aire, al suelo cozes. *263,1023*
"Si de aire articulado *264,116*
El aire con el frexno arrojadizo; *264,483*
Tropa inquïeta contra el aire armada *264,716*
Del aire, honor robusto de Gelanda, *264,754*
Peinar el aire por cardar el buelo, *264,864*
Auxilïàr taladra el aire luego *264,910*
El aire al colmenar circunvecino. *279,33*
Que el aire vago solicite luego. *292,8*
Crepusculos mintiendo al aire puro, *315,3*
Viste al aire la purpura del dia. *315,16*
Por los campos del aire a recibilla. *315,20*
Que vesa el aire sereno *349,26*
Esto el aire oiò sereno: *353,36*
Lasciuamente al aire encomendado. *366,4*
Al aire se los fiò. *377,4*
Bien que le faltaba el aire, *389,14*
Perdonad al aire vn dia, *390,45*
Que, aunque calientes, son aire. *414,8*
Del aire que lo desata; *416,14*
Fue tal, que templò su aire el fuego mio, *455,12*
Sonò difusa por el aire pura *472,7*
La raridad del aire en puntas ciento *499,64*
Airecillos *2*
Dezidle, airecillos; *79,93*
Airecillos lisonjeros, *131,111*
Aires *13*

Rompe los aires ardiendo, *39,48*
Mas a los aires subtiles. *48,36*
En dulces modos, i los aires rompa *77,46*
Ahora pues, aires, *79,37*
Esto a los aires comete: *88,56*
Trata los aires de dia, *91,8*
Aires, campos, fuentes, vegas, *131,131*
Violante. Los aires surca, *229,1402*
Lisonja de los aires, y alegria, *229,2189*
Que el templo illustra i a los aires vanos *263,648*
O el xugo beua de los aires puros, *264,295*
Al insultar los aires? Io lo dudo, *264,778*
Que Henrrico los aires beue *269,52*
Airezillos *1*
Frescos airezillos, *79,1*
Airoso *3*
Que en graue i airoso huello *49,46*
De el suelto moço, i con airoso buelo *263,996*
Despues que nos mostrò su airoso brio *455,10*
Aiuda *9*
Dandole a soplos aiuda *26,34*
Les daba a soplos aiuda *39,6*
Alguna aiuda de Apollo, *83,54*
Como Dios le aiuda. *102,2*
Como Dios le aiuda. *102,12*
Como Dios le aiuda. *102,22*
Como Dios le aiuda. *102,32*
Como Dios le aiuda. *102,42*
que Hercules pidiò aiuda *229,118*
Aiudados *2*
I al fin ambos igualmente aiudados: *40,12*
Aiudados de alquitira; *74,28*
Aiudame *1*
Aiudame a cantar los dos extremos *31,9*
Aiudan *1*
Que si me aiudan tus raios, *228,214*
Aiudàra *1*
Aiudàra con vn grito, *83,31*
Aiudas *2*
Con estas aiudas, que *269,673*
I ganadas al fin con las aiudas *449,7*
Aiude *1*
Que aiude yo al daño mio! *229,367*
Aiudo *4*
Si aiudo io a mi daño con mi remo? *39,22*
Si aiudo io a mi daño con mi remo? *39,32*
Si aiudo io a mi daño con mi remo? *39,42*
Si aiudo io a mi daño con mi remo?" *39,52*
Aiunaba *1*
Todo el año aiunaba a Sanct Hilario, *450,7*
Aiunàran *1*
A cuia mesa aiunàran *288,15*
Aiuno *6*
Acis al siempre aiuno en penas graues: *261,326*
Al aiuno Leopardo, *263,1015*
Quien siente frutas aiuno. *322,132*
Del comer tarde al acostarse aiuno. *397,14*
El aiuno a su espiritu era vn ala, *404,29*
Erase vn caminante mui aiuno; *459,2*
Aiunos *2*
Donde aiunos os sentais, *27,123*
I os leuantais mas aiunos. *27,124*
Aiuso *1*

Boluamos, Dios en aiuso; *322,158*
Ajena *1*
Que le hace criar la ajena? *419,49*
Ajusta *1*
Que se iguala i no se ajusta, *105,83*
Ajustaba *1*
Mas se ajustaba a la vela *97,15*
Ajustando *1*
Al concauo ajustando de los cielos *263,99*
Ala *8*
Que no vença ala por ala. *121,150*
Que no vença ala por ala. *121,150*
Vna ala suia, i otra el Occidente? *163,14*
Ala de viento, quando no sea cama *261,215*
Veloz, intrepida ala, *263,50*
El Borni, cuia ala *264,764*
Vestir vn leño como viste vn ala. *264,848*
El aiuno a su espiritu era vn ala, *404,29*
Alà *3*
Del Señior Alà, *305,2*
Del Señior Alà, *305,23*
Del Señior Alà, *305,34*
Alaba *2*
quien tus grandezas alaba. *229,121*
Que de igual nadie alaba lo que es vno. *470,14*
Alaban *1*
Se alaban ellas agora, *499,165*
Alabança *2*
Talento el que no solo de alabança, *318,186*
I tu, alabança en su engaño. *499,347*
Alabanças *3*
Campo de erudicion, flor de alabanças, *77,14*
I estas que te cantamos alabanças, *77,53*
En alabanças tambien. *132,60*
Alabastro *6*
De blanco nacar i alabastro duro *13,3*
De alabastro en pedestales; *63,48*
I del pecho el alabastro *228,142*
Vrna de alabastro fueron *239,29*
Si eres alabastro el pecho, *287,44*
Sus miembros i el alabastro, *356,28*
Alabenla *1*
Alabenla, i quando calle *85,7*
Alabes *1*
Es mui justo que te alabes *63,198*
Alabo *2*
Los rasgos, señora, alabo, *229,1972*
Que por antiguo con razon alabo? *229,2219*
Alada *12*
Funeral auestruz, machina alada, *234,10*
Que siendo Amor vna Deidad alada, *263,1089*
No alada, sino vndosa, *264,7*
Susurrante Amazona, Dido alada, *264,290*
Insidia ceua alada, *264,739*
Fabricò, architecta alada, *275,39*
O a tan alada osadia? *284,12*
De la vocal en esto Diosa alada, *318,469*
Mas no lo digan, no, que en trompa alada, *337,13*
Saeta mas alada *345,24*
De Adonis, la fiera alada *358,27*
Que sin duda alada oueja, *371,8*
Aladas *3*
Lestrigones el Isthmo, aladas fieras; *263,424*
Aladas Musas, que de pluma leue *264,354*

Terno de aladas cytharas súàues. *291,11*
Alado *25*
Dormid, que el Dios alado, *120,43*
Al fin es Dios alado, *129,34*
Mañana illustrarà tu seno alado *162,5*
O dèl harpon, que es alado. *178,40*
Al viento mas oppuesto abeto alado *230,52*
Sacro esquadron de auejas, si no alado, *256,6*
Pompa de el marinero niño alado *261,115*
Fauor de cera alado. *263,133*
Del Norte amante dura, alado roble, *263,394*
Arco alado es del cielo, *263,463*
De cuio, si no alado *264,424*
Pollo, si alado no, lince sin vista, *264,653*
Rapido al Hespañol alado mira *264,863*
Deste genero alado, *264,897*
Al ventilar alado de Cupido. *280,60*
Alado si no baxel, *285,50*
A España en vno i otro alado pino, *298,36*
Canoro nicho es, dosel alado; *315,12*
Sino el alado precipicio ageno *318,155*
Lisonjas dulces a Mercurio alado; *318,308*
Crystal ministre impuro, si no alado *338,11*
Vuelua a su officio, i al rocin alado *429,10*
Toro, si ia no fuesse mas alado, *451,10*
Veloz Marques, alado Bernardino. *470,4*
Que me estrañais? Alado soi i ciego, *499,13*
Alados *6*
Hambre de honor alados passos mueue, *229,1034*
Solicitan el mar con pies alados: *261,476*
Caracteres tal vez formando alados *263,609*
Al aire los hijuelos den alados *263,794*
A cient alados clarines. *300,8*
No aromaticos leños, sino alados. *402,11*
Alago *1*
En el maior de su fortuna alago, *318,393*
Alahejos *1*
Que al vecino de Alahejos *86,35*
Alamar *1*
Con vn alamar de plata, *333,19*
Alambiques *2*
Como en botica grandes alambiques, *150,13*
Alambiques! I aun sudores. *269,1954*
Alameda *3*
Politica alameda, *263,522*
Ô, que bien està el Prado en la Alameda, *440,5*
Mejor que la Alameda està en el Prado! *440,6*
Alamedas *2*
Las verdes sonorosas alamedas, *114,4*
Son las verdes alamedas. *214,11*
Alamo *6*
Qual verde oja de alamo loçano *15,7*
De algun alamo alcahuete, *88,40*
Del alamo que peina verdes canas; *263,591*
Al pie de vn alamo negro, *288,1*
Que infamar le vio vn alamo prolixo, *318,87*
De algun alamo lo diga *353,17*
Alamos *10*
Alamos os dauan *79,11*
Alamos crecidos *79,13*
De alamos camino coronado. *134,4*
De alamos, las ata *140,5*
En los alamos impressos. *236,10*
De chopos calle i de alamos carrera, *263,535*

Tanta offrecen los alamos zagala, *263,664*
Que ni aun los alamos quieren *288,7*
De alamos temiò entonces vestida *318,277*
Veras sus alamos verdes, *351,7*
Alano *1*
Como alano al page, *160,37*
Alarabes *1*
I a los Rumes i Alarabes, *1,30*
Alarache *1*
Que no es Alarache quien *237,9*
Alarbe *1*
Triste camina el Alarbe, *57,17*
Alarbes *1*
Montes de cuerpos Alarbes, *110,48*
Alarde *2*
I del cofre harias alarde. *269,1405*
Hicimos vn alarde o desatino, *469,5*
Alarga *3*
El bien huie de mi, i el mal se alarga. *133,14*
El bien huie de mi, i el mal se alarga". *133,28*
Alarga la mano, i halla *161,113*
Alas *69*
I el coraçon de otra alas, *9,34*
De gallina son tus alas, *26,119*
I con presurosas alas *29,14*
Las dulces alas tiende al blando viento, *45,5*
Que quatro alas le mueuen. *57,16*
I alas lisonjeras, *79,28*
Batid vuestras alas, *79,53*
Las alas de vn alfaneque, *81,20*
Con tan inuisibles alas *91,10*
Blancas alas de paloma". *97,44*
Que affligidas alas bate. *110,40*
Porque en la fuga son alas *115,17*
Al viento agrauien tus ligeras alas. *120,24*
Porque al coger de las alas *121,19*
Los buelos de tus alas, *125,43*
Para lisongeàr a vn Dios con alas. *129,36*
Si no viste el temor alas, *132,7*
Interpuesto entre las alas *132,27*
Que las flechas le dan alas; *133,24*
Que las dos alas, sin verlas, *142,26*
I en las alas del viento *166,5*
Sin que alas valgan ni pies, *177,22*
Purpureas alas, si lasciuo aliento, *198,8*
Si de tus alas torpes huye el viento? *229,3*
que debaxo de sus alas *229,486*
Qual ligeros de alas los halcones. *229,1029*
Alas de viento, i garras de Harpya *229,1031*
con mas alas que debia. *229,1327*
que alas solicita bellas, *229,2034*
Dedalo Cremonès, le pidiò alas, *229,2215*
Tiende sus alas por alli debaxo. *229,2217*
las espuelas con las alas *229,2264*
Volar quieres con alas a lo pollo, *234,3*
El docto enxambre que sin alas buela, *256,43*
Para el Austro de alas nunca enjutas, *263,449*
Tal sale aquella que sin alas buela *263,638*
Con ojos i sin alas vn Cupido, *263,768*
El campo, que no pisan alas hierua, *263,1042*
Las alas sepultar de mi osadia *264,149*
Que fingen sus dos alas, hurtò el viento; *264,184*
Alas batiendo liquidas, i en ellas *264,515*
El Sacre, las del Noto alas vestido, *264,750*

De quantos sus dos alas aquel dia *264,839*
Alas desplegò Ascalapho prolixas, *264,887*
Al gemino rigor, en cuias alas *264,929*
Sus alas el testigo que en prolixa *264,976*
Con quien batieron sus alas *269,346*
Que es su prision nuestras alas. *269,985*
Alas de mi amor no mas, *269,1124*
Moriste, i en las alas fue del viento, *280,7*
Quien alas de cera viste, *284,3*
Quien alas de cera viste, *284,15*
Vn cañon de tus alas pluma mia. *317,14*
A las alas hurtò del tiempo auaro *318,27*
Dandole Amor sus alas para ello, *318,110*
Alas batiendo luego, al soberano *318,205*
Que sin alas podia ser *322,103*
Viste alas, mas no viste *331,19*
Alas de cera. Es mejor *332,6*
Serà bien que de tus alas, *332,23*
Dos o tres alas desmiente. *333,48*
Mas perdonad a sus alas, *354,27*
De sus alas el doncel, *355,50*
Alas vistiendo, no de vulgar fama, *364,12*
Poblando dellas sus alas, *378,35*
De vuestras hermosas alas *390,23*
Quiere obstinada que a sus alas guarde: *392,4*
Presentadle en las alas de vn suspiro *461,7*
Aunque sin venda, i alas me ha traido *499,14*
Alaxud *1*
Como moscas a alaxud. *269,480*
Alba *2*
Ai vna flor, que con el Alba nace, *229,1530*
Se rie el Alba, Febo reuerbera, *318,207*
Albaialdos *1*
Ni Albaialdos era bote. *107,8*
Albaicin *1*
I a veer tu Albaicin, castigo *63,145*
Albanega *1*
Toca, i albanega; *5,8*
Albanes *1*
Criabase el Albanes *61,1*
Albano *1*
Que al Albano cantò, segundo Marte, *312,20*
Albarcoques *2*
Mis albarcoques sean de Toledo, *342,1*
Que en albarcoques aun le tengo miedo. *342,4*
Alberga *1*
Algun demonio que en la Corte alberga *444,5*
Albergue *2*
Ni de tu dichoso albergue *48,41*
Fragil choça, albergue ciego, *352,14*
Albergues *1*
Albergues vuestros las auejas moren, *263,920*
Alberto *1*
La nunca extinta purpura de Alberto *318,595*
Albiela *1*
Aljofares risueños de Albiela *365,1*
Albogues *3*
Albogues, duramente es repetido. *261,92*
A los Albogues que aggregò la cera, *261,347*
Entre Albogues se ofrece, acompañada *263,289*
Albor *7*
Clarin que rompe el albor *287,13*
Clarin que rompe el albor *287,27*
De vn Albor ni confuso ni distinto. *315,4*
Propicio albor del Hespero luciente, *318,142*

Intimarèle al albor *332,15*
Saluda otro albor: *389,64*
Contiene vuestro albor i dulce espera *395,10*
Alboradas *1*
Las alboradas de Abril *161,5*
Albores *2*
a sus primeros albores; *229,555*
Entre purpureos albores *268,62*
Albornoces *1*
i la valentia albornoces; *229,531*
Albornoz *1*
Vn blanco albornoz se a puesto, *49,50*
Alboroça *1*
i Camilo se alboroça. *229,2937*
Alboroço *1*
I sale sin alboroço *406,8*
Alborota *1*
No poco a fe me alborota *269,549*
Alborotada *1*
No tan alborotada ni affligida, *43,6*
Alborotado *1*
Acia el mar ia alborotado *228,186*
Alborotale *1*
Alborotale esta ausencia, *107,25*
Alborotando *1*
Que alborotando a Cordoba la llana. *273,4*
Alborote *1*
I no es mucho le alborote, *107,26*
Alboroto *1*
Que darlos vn alboroto. *242,88*
Alboroza *1*
Vfana al receuillos se alboroza, *318,335*
Alborozo *1*
Del temor i el alborozo. *357,60*
Albricias *9*
Quando albricias pidiò a voces *216,41*
Albricias, Marcelo, albricias. *229,1522*
Albricias, Marcelo, albricias. *229,1522*
Pediros albricias puedo. *268,37*
Pediros albricias puedo. *268,47*
Pediros albricias puedo. *268,57*
Pediros albricias puedo. *268,67*
— Pediros albricias puedo. *352,25*
— Pediros albricias puedo. *352,35*
Alburquerque *1*
Alburquerque, i solicito *1,21*
Alça *2*
Alça el papel indiscreto. *229,1569*
Soberbias velas alça: mal nauega. *458,7*
Alçaba *1*
Que alçaba el pie en occasion, *161,90*
Alcaçar *5*
Templo de Amor, alcaçar de nobleza, *99,6*
pague al alcaçar Réàl *229,1369*
Alcaçar es Réàl el que señalas. *229,2211*
Quando frondoso alcaçar no, de aquella *264,288*
Que en el Alcaçar Réàl *269,1640*
Alcaçares *2*
Alcaçares dexar, donde excedida *264,666*
Offendan en alcaçares dorados *281,14*
Alcaceles *1*
Entre ciertos alcaceles *161,9*
Alcaceres *1*
Pensar en los alcaceres, *81,46*

Alcahuete *1*
De algun alamo alcahuete, *88,40*
Alcaide *9*
Moro Alcaide, i no Vellido, *62,5*
I alcaide de mi salud. *158,20*
Alcaide que era de Sesto, *228,11*
El noble Alcaide de Sesto, *228,73*
Confuso alcaide mas, el verde soto. *261,248*
Zeloso Alcaide de sus trenças de oro, *264,451*
Buen alcaide es vn amigo. *269,1361*
El Tajo su alcaide es, *353,4*
Tan hijo i mas del Alcaide, *355,11*
Alcaides *2*
En medio de dos Alcaides *49,71*
Con tus Paganos Alcaides; *63,152*
Alcaidesa *1*
I la Alcaidesa en vn asno, *228,74*
Alcalde *10*
De el triumpho con el Alcalde, *26,31*
De el Alcalde Anton Llorente, *59,2*
Vn Alcalde, i lo vi io, *105,79*
El sobrino del Alcalde. *216,8*
No tiene Alcalde mas Brabo *229,320*
aquel Alcalde de huesso *229,568*
en la Iglesia por Alcalde? *229,3241*
De quien, ia que no Alcalde por lo Brabo, *273,13*
A no auer vn alcalde aueriguado *381,7*
Ser quiere alcalde de vna i otra Aldea *443,9*
Alcaldes *1*
De mi culpa a tus Alcaldes, *63,16*
Alçale *1*
Alçale de ese lugar, *229,1574*
Alçalos *1*
Alçalos. Io los leuanto, *229,1601*
Alcanà *1*
que cintillas, la Alcanà *229,1757*
Alcança *5*
Alcança vista tan buena, *93,11*
Que puesto que nada alcança, *93,65*
Lo mas ligero alcança, *125,39*
Esto que alcança i sugeta *177,21*
El con el cauallo alcança *178,23*
Alcançado *1*
Seguido, mas no alcançado, *178,36*
Alcançallo *2*
Que alcançallo con los pies; *499,127*
La saeta en alcançallo. *499,131*
Alcançan *1*
Alcançan de serranos, *263,643*
Alcançandoos *1*
Alcançandoos a vos mismo, *334,26*
Alcançar *1*
Para alcançar la cadena *269,980*
Alcançareys *1*
No solo alcançareys: hareys dormida; *470,6*
Alcançarnos *1*
Que mal podreis alcançarnos, *39,35*
Alcançaron *1*
La alcançaron tantas voces *268,31*
Alcançaros *1*
Alcançaros higas; *65,32*
Alcanças *2*
En tanto que tu alcanças *77,16*
Que no alcanças lo que sigues, *115,37*

Alcançaste *1*
Dezir que no le alcançaste *499,151*
Alcance *5*
En cuio alcance prolijo *179,37*
De que la alcance aun su voz *215,55*
alcance Violante de ello; *229,193*
en alcance de su fin. *229,2265*
Quanto ella en su alcance corra. *269,977*
Alcancè *1*
Que tal merced alcancè! *499,243*
Alcances *1*
Mas ai! que apriessa en mis alcances vino *465,5*
Alcançò *1*
La siguio Nympha, i la alcançò madero. *25,60*
Alcandara *3*
Son alcandara de cueruos, *87,26*
O tan mudo en la alcandara, que en vano *261,11*
Alcandara hizo vmbrosa *322,291*
Alçando *1*
I alçando la pierna *50,61*
Alcarauanes *1*
I en piernas de alcarauanes. *110,60*
Alcauala *2*
arrendàra la alcauala, *229,676*
si la alcauala es el beso. *229,677*
Alcazar *1*
I con raçon, que es alcazar *333,33*
Alcazares *1*
Los alcazares de quien, *353,2*
Alcides *14*
De estas plantas, a Alcides consagradas; *19,4*
I hecho otro nueuo Alcides, *26,37*
Mas viendola, que Alcides mui vfano *47,9*
Orne esta planta de Alcides, *48,12*
Sacra planta de Alcides, cuia rama *53,1*
Llaues tuias i termino de Alcides; *72,74*
Los quisso poner Alcides *179,7*
Claua seràn de Alcides en su diestra, *251,9*
Vna i otra de Alcides llaue cierra. *263,402*
De Alcides le lleuò luego a las plantas, *263,659*
Mientras coronan pampanos a Alcides, *263,829*
Quando fuertes no Alcides, *263,974*
Arbitro Alcides en sus ramas, dudo *263,1061*
El oro al tierno Alcides, que guardado *318,75*
Alcidon *1*
Errè, Alcidon. La cudiciosa mano, *298,13*
Alcimedon *1*
Del viejo Alcimedon inuencion rara. *263,152*
Alcino *1*
Ô quan bien que accusa Alcino, *133,1*
Alcion *3*
El pobre ALCION se quexa *10,5*
En mostrar a tu ALCION *10,27*
Maritimo Alcion, roca eminente *261,417*
Alcíòn *6*
Desde su barca Alcíòn *9,5*
"Mi Alcíòn, no aia mas, basta; *10,58*
Boluiò al mar Alcíòn, voluiò a las redes *165,1*
Vista del Alcíòn el Austro insano; *166,32*
Gimiendo el Alcíòn, era en la plaia *185,3*
Alcíòn de la paz ia religiosa, *318,557*
Alcoba *1*
I que al balcon de la alcoba *110,55*

Alcobendas *1*
Vna moça de Alcobendas *141,1*
Alcohola *1*
i peor quien se alcohola *229,980*
Alcoholador *1*
Alcoholador, *56,51*
Alcoholaros *1*
Con la lengua alcoholaros, *411,22*
Alcohole *1*
Alcohole mi rigor *229,974*
Alcoholemo *1*
Alcoholemo la cara *207,3*
Alcor *3*
Serrana que en el alcor *205,1*
Serrana que en el alcor *205,19*
Serrana que en el alcor *205,31*
Alcores *2*
A vista voi (tiñendo los alcores *52,9*
Que ha de dorar los alcores. *121,130*
Alcornoque *6*
Hueco tronco de alcornoque. *131,84*
De vn alcornoque fue rudo. *205,12*
I hueco exceda al alcornoque inculto, *264,286*
I alcornoque bolueras. *351,8*
Del Alcornoque viuaz *358,38*
Coronada de alcornoque: *493,11*
Alcuza *2*
Alcuza de las prudentes *176,15*
No perdonar a vna alcuza. *483,14*
Alcuzcuçu *1*
De sen en alcuzcuçu; *269,1921*
Alcuzcuzù *1*
Lindaraxa alcuzcuzù. *269,484*
Alda *3*
A veerla vino doña Alda, *27,9*
Mas iba a decir doña Alda; *27,133*
Doña Alda, nuestra vezina, *73,85*
Aldauas *1*
Orientales aldauas, Hymeneo. *263,708*
Aldea *14*
Porque en vna aldea *8,21*
En el choro de mi aldea *26,11*
Honor de la aldea *79,96*
De los terminos huie desta aldea. *194,8*
El Pyramo de su aldea, *216,7*
Arracada de su aldea, *226,19*
La que anocheciò aldea. *263,658*
A reuelar secretos va a la aldea, *263,699*
Que alimenten la inuidia en nuestra aldea
    263,928
Vuelua io, Amor, a la aldea *286,27*
I qual suele texer barbara aldea *293,3*
Mirar se dejò en la aldea, *357,35*
Con el Isidro vn Cura de vna aldea, *432,9*
Ser quiere alcalde de vna i otra Aldea *443,9*
Aldeas *2*
allamos en las aldeas, *229,506*
De sus aldeas todas *263,265*
Aldehuela *2*
Quantos humeros quenta la aldehuela. *263,641*
Vigilantes aquellos, la aldehuela *263,798*
Alderete *1*
De el Veinteiquatro Alderete. *88,44*
Aléàndo *2*
Quedase el pobre aléàndo *269,693*

Qual hizo aléàndo el aue *383,8*
Alega *1*
Si bien alega, corrido, *401,9*
Alegra *3*
E bailemo alegra; *207,12*
Que aun la relacion alegra, *269,787*
Mas se ensucia, i nos alegra. *269,1205*
Alegran *1*
(Si allà se alegran), vn alegre infierno. *68,8*
Alegrar *1*
Io, por alegrar la mia, *141,18*
Alegrarte *1*
Escudos, por alegrarte *269,1686*
Alegras *1*
Ô Isabela! Algo te alegras: *229,2722*
Alegre *19*
Dura roca, red de oro, alegre prado. *43,14*
Tornarte de triste alegre, *59,64*
Que es el moço alegre, *65,81*
(Si allà se alegran), vn alegre infierno. *68,8*
Vna pues alegre noche, *74,49*
Que alegre yo vuelua a veer *78,74*
Que alegre os espera. *79,56*
En que alegre el mar surcaba *97,5*
Este que siempre veis alegre prado *134,5*
Venga alegre, i con ella *156,19*
Bien hospedado, i alegre, *229,540*
Thalamo offrece alegre, i lecho pobre.
    229,1079
Doblaste alegre, i tu obstinada entena *263,451*
Festiuos corros en alegre egido, *264,333*
No cuente piedra, no, este alegre dia, *269,1259*
Quando el prado pisò alegre *288,51*
Alegre en tanto, vida luminosa *318,281*
I cuna alegre en sus cenizas breues. *457,14*
Muestras de alegre son essas. *499,206*
Alegremente *2*
Alegremente en sus paredes cuelga; *77,27*
Ha llegado alegremente, *191,4*
Alegres *6*
En cuios alegres años *82,65*
Alegres corros texian, *144,13*
Alegres nacen i caducas mueren, *256,15*
Alegres pisan la que, si no era *263,534*
Quexas repitiendo alegres, *333,6*
Alegres choros de Nymphas *353,31*
Alegria *7*
Aunque su alegria *65,82*
La alegria eran sus ojos, *148,17*
Lisonja de los aires, y alegria, *229,2189*
la mitad de mi alegria. *229,2609*
Luto es de mi alegria *237,3*
De sus ojos la alegria: *307,20*
Que en la attencion modesta fue alegria, *336,13*
Alegro *4*
De que sepais de el me alegro. *229,1119*
tanto como io me alegro, *229,2038*
Donde es? A sant Vicente. Yo me alegro,
    229,2230
Tened firme. Io me alegro. *229,2933*
Alegue *1*
No alegue anterioridad, *288,78*
Aleman *1*
vn Fucar Aleman eres, *229,2380*
Alemana *2*

Ô venturosa Alemana, *121,115*
Su Venus Alemana, i fue a tal hora, *137,7*
Alemanes *1*
Que los Alemanes *65,183*
Alentar *1*
para alentar tu esperança *229,2384*
Alentò *1*
Alentò pia, fomentò súàue; *318,596*
Ales *1*
Segunda la capilla del de Ales, *325,13*
Aleto *1*
De las aues nacido, Aleto, donde *264,773*
Aleue *1*
Desuia la mano aleue, *269,533*
Aleuosa *1*
Las señas de esta aleuosa, *95,41*
Aleuosias *1*
No priuilegie Amor aleuosias. *229,33*
Aleuoso *2*
Lisonjas de vn aleuoso. *229,2825*
Lucrecia bella. Aleuoso. *269,1478*
Alevosia *1*
esta grande alevosia. *229,1485*
Alevosos *1*
alevosos algun dia *229,1637*
Alexandria *2*
Con Alexandria, *65,234*
A rosa oleis, i sois de Alexandria, *153,3*
Alexandro *1*
Las manos de Alexandro haceis escasas,
    325,12
Alexandros *2*
De estos Alexandros Magnos, *27,109*
O Cesares o Alexandros. *96,144*
Alfa *1*
Ai del alfa, i omega, i Ieovà! *473,16*
Alfaneque *1*
Las alas de vn alfaneque, *81,20*
Alfange *6*
No lleua mas de vn alfange, *49,65*
I el corbo alfange depone. *131,96*
Como alfange en maiorazgo. *228,132*
A vn alfange se quede Sarracino, *342,3*
Quien alfange, de puro corbo tuerto; *381,4*
— Cómo es su nombre?   — Alfange i
    vanderilla, *439,3*
Alfanges *1*
I de los Turcos alfanges; *63,132*
Alfaqui *1*
Auicena a vn Alfaqui *269,1919*
Alfarache *2*
— Sobrino, i quantos fuistes a Alfarache?
    183,3
Qualque Marques de Alfarache. *288,79*
Alfeliche *1*
Que dè alfeliche a tu amor *269,551*
Alferez *2*
Alferez mayor dèl Rèino, *49,2*
El Alferez de mentira, *74,2*
Alfilel *1*
El trasgo fue vn alfilel, *229,2806*
Alfiler *3*
La punta de vn alfiler; *90,18*
Hasta el menor alfiler. *269,1049*
Restituia vn alfiler, *493,3*

Alfileres *2*
Alfileres que le prendan *288,61*
Que vna muchacha alfileres: *407,4*
Alfombra *3*
Le texieron vna alfombra. *149,82*
Sobre vna alfombra, que imitàra en vano *261,313*
Seguro pisa la florida alfombra, *424,12*
Alfombras *4*
Los campos les dan alfombras, *131,113*
Sino sobre alfombras verdes, *217,7*
Alfombras texia el Otoño *229,508*
No ha sabido imitar verdes alfombras. *263,615*
Alfonso *2*
Fundòte el Rei don Alfonso *87,3*
Zumbais de Alfonso Correa, *303,11*
Alga *1*
Alga todo i espumas, *263,26*
Algalia *3*
De los cheiros de la algalia, *204,48*
algalia de algunos gatos, *229,1850*
que no son gatos de algalia. *229,1851*
Algarabia *1*
"Guahalet..." Algarabia *269,1945*
Algarrobas *1*
I con algarrobas *65,235*
Algazara *1*
Mucha algazara, pero poca ropa. *183,10*
Algezira *1*
En la toma de Algezira, *126,59*
Algodon *1*
Siendo como vn algodon, *126,40*
Alguacil *2*
Hermoso i blanco alguacil *82,38*
de pescar, o de alguacil? *229,2465*
Algualete *3*
Algualete, hejo *305,1*
Algualete, hejo *305,22*
Algualete, hejo *305,33*
Alguaziles *1*
Les quiten tus alguaziles. *91,55*
Alhaeli *1*
Entre vno i otro alhaeli. *243,48*
Alhaja *2*
Io a Seuilla tal alhaja? *229,3317*
Impertinente alhaja fuera en Francia, *471,3*
Alhama *1*
Como a los baños de Alhama. *269,310*
Alhambra *2*
I a veer de la fuerte Alhambra *63,21*
Las fuerzas vi de la Alhambra, *229,536*
Alheli *6*
I dexa el blanco alheli. *82,60*
con su mano vn alheli, *229,2335*
Nace el cardenico alheli. *301,13*
Las ojas infamò de vn alheli, *327,12*
Aunque el alheli grosero *375,35*
I no viuir alheli. *375,40*
Alhelies *3*
Alli donde entre alhelies *121,31*
Coronaron sus huesos de alhelies. *175,8*
Negras violas, blancos alhelies, *261,334*
Alheña *1*
I la alheña es vn Iordan. *269,1801*
Alholi *1*

Que le hinche el alholi *93,24*
Ali *1*
La hija de Ali Mulei. *78,16*
Alibio *1*
Que alibio i sombra nos dio, *499,317*
Alicante *1*
Alicante nos chupa; io he engordado. *462,8*
Alienta *2*
Al maioral i alienta su ganado, *404,23*
Iusepa, no eres casta; que si alienta *460,12*
Alientate *1*
Alientate, que confio, *229,82*
Aliento *14*
El aliento de su voca, *82,29*
Aliento sonoroso *166,3*
Purpureas alas, si lasciuo aliento, *198,8*
Dice el garzon sin aliento, *215,50*
El mismo que espirò súaue aliento *221,5*
Su aliento humo, sus relinchos fuego, *261,337*
Aliento dio, en la cumbre de la roca, *261,346*
En quantas le densò nieblas su aliento, *264,968*
Que el se entrò en la Ciudad tan sin aliento, *273,7*
Su nombre, aun de maior aliento dino *274,5*
Con mas aliento aquel Maio, *357,37*
Grosero aliento acabarà tu suerte. *466,11*
Otro no fue que tu aliento. *480,4*
A mil torcidos cuernos dando aliento, *499,60*
Alientos *2*
Que los alientos de vn buei, *414,7*
Lo mas sutil de sus alientos beue. *467,8*
Alimenta *5*
De memorias se alimenta, *62,26*
Que los aspides frios que alimenta. *318,8*
Alimenta los raios que le enciende. *318,48*
De las frustadas ceras alimenta; *318,156*
Conducido alimenta, de vn cauello, *400,12*
Alimentadas *1*
Vocas, de paz tan dulce alimentadas, *421,40*
Alimentado *1*
Entre el esplendor pues alimentado *318,241*
Alimentan *2*
Si alimentan tu hambre *280,25*
La esperança alimentan de Fileno. *339,16*
Alimentando *2*
Alimentando vanos pensamientos, *44,4*
Harpyas alimentando, *269,343*
Alimenten *2*
De que alimenten mis ojos *63,219*
Que alimenten la inuidia en nuestra aldea *263,928*
Alimentes *2*
Gusano, de tus hojas me alimentes, *92,9*
Ni alimentes gacetas en Europa. *234,11*
Alimento *11*
Tu memoria no fue alimento mio, *51,11*
I damissimo alimento; *87,60*
Oro su cuna, perlas su alimento; *198,4*
Tope manso, alimento verdadero, *222,7*
Alimento las haze de las Musa; *256,35*
El tributo, alimento, aunque grossero, *261,87*
Ni la que su alimento *263,110*
Tienda el frexno le diò, el robre alimento. *263,142*
Dio el primer alimento *263,368*

Duro alimento, pero sueño blando. *264,342*
A cuia luz súaue es alimento, *324,7*
Alimentò *2*
De moral alimentò, *227,6*
El pueblo que alimentò. *321,13*
Aliño *2*
Ella tiene buen aliño. *229,1981*
Otros dos. Gracioso aliño *269,2002*
Aliso *3*
A sombras de vn aliso, *229,1048*
De su frondosa pompa al verde aliso *263,692*
En las cortezas que el aliso viste, *365,13*
Alisos *1*
Hazìa, bien de pobos, bien de alisos, *263,575*
Alistar *1*
Conducir orcas, alistar Vallenas, *263,436*
Aliuia *1*
poco Violante se aliuia, *229,1586*
Aljaba *2*
La aljaba sea pendiente. *103,36*
Hijo veloz de su aljaba, *333,47*
Aljaua *18*
La aljaua pendiente al hombro, *83,66*
Si ia tu aljaua no soi, *90,27*
De ser nido, i ser aljaua *98,55*
Que trae su aljaua sàetas, *115,26*
Su fe en la que con arco i con aljaua *127,18*
Su fe en la que con arco i con aljaua *127,45*
Aljaua de sus harpones; *179,36*
Le flechò de la aljaua de vn talego. *181,12*
Gozar? No tiene en su aljaua *229,1909*
la aljaua pendiente al hombro, *229,2903*
Carcax de crystal hizo, si no aljaua, *261,243*
Arco digo gentil, bruñida aljaua, *261,457*
El hombro sin aljaua, *263,274*
Menos de aljaua que de red armado; *264,423*
La aljaua armada, de impiedad el seno, *280,12*
Si lo que debo a plumas de tu aljaua *340,13*
"Con arco i aljaua, *356,33*
En la aljaua del Amor, *377,28*
Aljauas *1*
Mas que tiene en sus aljauas; *121,74*
Aljofar *21*
Aljofar blanco sobre frescas rosas, *18,2*
Qual tan menudo aljofar, qual tan caro *34,5*
I cada diente el aljofar *82,27*
Derramando tierno aljofar: *97,28*
Que sudando aljofar, *142,17*
Que sudando aljofar, *142,35*
Que sudando aljofar, *142,53*
De esmeraldas i de aljofar, *149,12*
Sobre el aljofar que en las hierbas luce, *203,94*
Cuio caduco aljofar son estrellas. *221,14*
Llorò aljofar, llorò perlas, *243,33*
Calçò el liquido aljofar de sus venas. *261,500*
Sierpes de aljofar, aun maior veneno *263,599*
Caduco aljofar, pero aljofar bello. *264,72*
Caduco aljofar, pero aljofar bello. *264,72*
Aljofar vomitando fugitiuo *264,321*
Fecundas no de aljofar blanco el seno, *264,557*
Sino el desatar aljofar *356,15*
Beuen otras el aljofar *378,27*
Aljofar sus cenizas de la ierba, *380,11*
Bello aljofar, perlas bellas; *499,343*
Aljofaradas *2*

18

CONCORDANCIAS LEXICOGRÁFICAS DE LA

Mas que nunca aljofaradas, *10,46*
Direis que, aljofaradas i olorosas, *42,10*
Aljofares *8*
Si no ardientes aljofares sudando, *261,188*
Verdes hilos de aljofares risueños. *264,862*
Si aljofares suda el nacar, *286,7*
Aljofares le enjugò. *286,8*
De aljofares purpureos coronado; *318,212*
Veinte aljofares menudos. *322,64*
Aljofares que beuer; *355,24*
Aljofares risueños de Albiela *365,1*
Aljofarò *1*
Que aljofarò la muerte de su ielo; *297,4*
Allà *38*
Pues yo te perdono allà, *2,16*
O al Reino (si allà cabes) del espanto; *23,11*
Mas no cabràs allà, que pues ha tanto *23,12*
Estèse allà Durandarte *27,25*
Dizen que es allà la tierra *58,9*
" — Recibe allà este suspiro *62,57*
(Si allà se alegran), vn alegre infierno. *68,8*
Tu, en tanto, mira allà los Otthomanos, *72,52*
De la cincha allà Frisson, *73,11*
Como parti de allà pobre, *74,97*
— Muere allà, i no bueluas *79,118*
Si io fuera allà esta tarde, *110,14*
Allà bueles, lisonja de mis penas, *120,19*
Allà daràs, raio, *123,1*
Allà daràs, raio, *123,9*
Allà daràs, raio, *123,17*
Allà daràs, raio, *123,25*
Allà daràs, raio, *123,33*
Allà daràs, raio, *123,41*
El desden que allà os matò? *161,136*
Allà vais, coman os peces, *161,153*
Con fruto allà ningun vientre; *190,9*
Que seremos allà luego *191,7*
o allà se dexò los pies, *229,1547*
I allà qualquier Granadino *229,1759*
Sal allà. Tadeo, sal. *229,1855*
lleuar allà francolin, *229,2467*
Siluelas desde allà vuestro apellido, *231,9*
Como introducirme allà, *269,299*
Seremos allà los dos. *269,1595*
Si no le dais mas allà. *269,1996*
Entra, primo. Fuera allà *309,18*
Allà en el sotillo oiras *351,9*
I allà te piensas holgar, *351,30*
Si ausencia por allà no causa oluido, *445,12*
Sol de las flores allà que le incita. *467,11*
No admiten virgen allà; *495,53*
Allà vaian, i tu aora *499,304*
Allamos *1*
allamos en las aldeas, *229,506*
Allana *1*
I assi mi vida se allana, *229,78*
Allanò *1*
Allanò alguno la enemiga tierra *278,9*
Allegaron *1*
En las zabras, que allegaron *58,7*
Alleluias *1*
Cantaba mis alleluias. *26,12*
Alli *36*
El que se quedaua alli, *3,22*
Que alli se juntaua *11,22*

Gobernaba de alli el mundo, *26,33*
Que alli le hicieran lugar *27,39*
Hijo hasta alli regalado *49,11*
I aun alli por mi ventura *74,81*
Hablò alli vn rocin mas largo *96,94*
Alli donde entre alhelies *121,31*
El arca alli, donde hasta el dia postrero *173,11*
Alli el murmurio de las aguas ledo, *203,67*
Blanco mannà que està alli? *213,3*
Trinchéàdo Amor alli, *226,86*
Alli està con mas clausura *229,786*
Tiende sus alas por alli debaxo. *229,2217*
e informème por alli *229,2267*
que era bien cerca de alli. *229,2281*
i estuuiera mal alli. *229,2365*
que las encinas alli *229,2463*
Mira que està alli tu esposo. *229,2890*
teniendole alli? Concluio *229,3020*
Desde alli les via dar, *229,3286*
Que estaua lexos de alli, *243,58*
De el duro officio da. Alli vna alta roca *261,31*
El desden hasta alli de Galathea. *261,240*
Conculcado hasta alli de otro ninguno, *263,415*
I dissoluiendo alli la compañia, *263,644*
Aprendì alli lo que basta *269,413*
Bien sabe la que està alli *269,1407*
A no estar alli mi tio *269,1508*
Aunque me pongan alli *269,1934*
Sus cenizas alli tienen reposo, *271,3*
Arrastrando alli eslabones *285,29*
Por aqui, mas ai, por alli *301,12*
Que alli en lenguas de fuego hablan todos. *438,13*
I di, estaran alli? Aì se auran ido *499,116*
I otra vna legua de alli. *499,147*
Alma *69*
Por el alma de tu Madre, *2,5*
De las manos i dèl alma *9,12*
I los ojos de ella el alma, *9,28*
I al que la mira dèl alma, *10,56*
Cuerpo a los vientos i a las piedras alma, *14,10*
Buen pozo aia su alma, *27,27*
"Diente mio de mi alma, *29,48*
Poner en el alma el hierro *61,45*
I con el alma i la vida *64,3*
I quede con vos el alma. *64,48*
Alma dèl tiempo, espada dèl oluido. *66,14*
Por el alma de aquel que ha pretendido *71,9*
Con el alma quando baxa, *75,27*
I la alma adonde se queman *75,71*
A quitar al alma el moho *83,70*
Que io le torcerè el alma *88,75*
Zelosa el alma te enuia *91,4*
Le dan el alma, le enuia; *94,18*
Sin alma viuo, i en vn dulce fuego, *101,10*
Ô alma, que eres ya *103,53*
Que para vn cuerpo sin alma *106,25*
No quiso el alma seguir: *116,33*
El alma que desdeñas". *127,31*
Memorias de oro i del alma; *148,14*
Alma de sus quatro ojos, *148,43*
I el orinal de mi alma *149,3*
Cosquillas del alma son *167,25*
Alma al tiempo darà, vida a la historia *171,9*
La alma sà como la denta, *207,9*

Dale a tu alma vna buelta, *210,9*
Entre en mi alma el Zeñor, *210,23*
— Alma niña, quieres, di, *213,1*
— Alma a quien han reducido *213,8*
— Niega, alma, en esta ocasion *213,17*
su alma i su coraçon, *229,283*
pero en mi alma se esconde, *229,479*
mi alma i mi testamento *229,550*
de su alma. Dices bien *229,861*
Llora el alma! Llore vn rio. *229,1137*
que tiene la alma de fuego. *229,1147*
Dios oluide el alma mia. *229,2078*
de la alma que ia la di; *229,2481*
Que siente la alma? Placer. *229,2755*
Que siente la alma? Que estàs *229,2800*
señora, i mi alma tambien; *229,2821*
sin alma i sin corazon. *229,2823*
hijo mio de mi alma! *229,3039*
es el alma la memoria. *229,3137*
I mi alma de Cambrai, *229,3273*
I a tus pies contrita su alma, *259,61*
Del alma se quedò la mejor prenda, *263,501*
La piedad que en mi alma ia te hospeda *263,520*
Que el alma por los ojos desatada *263,748*
Vozes de sangre, i sangre son del alma. *264,119*
Del alma, con que viuia, *269,45*
Por medio el alma a Gerardo *269,509*
El alma, la voluntad. *269,544*
Es el medico del alma. *269,1984*
Gruta de su alma estrecha. *275,76*
Tienes alma? Creo que si. *286,29*
Alma paz, que despues establecida *318,609*
De su alma la mitad *322,365*
Haciendo al alma trabuco, *322,462*
Con las centellas del alma *332,19*
La mitad del alma me lleua la mar: *345,7*
En sus ojos saliò el alma *349,28*
Ni aun en suspiros el alma *377,3*
Nupciales ropas el alma, *388,17*
Alma mil veces dichosa *498,1*
Almàdana *1*
que es almàdana i buril *229,2283*
Almalafas *2*
Entre almalafas de seda. *73,116*
la beldad vistiò almalafas, *229,530*
Almas *15*
Entre sus cabellos almas, *10,44*
Almas, les dize, vuestro buelo santo *12,9*
Campo glorioso de gloriosas almas, *77,42*
Todo en daño de las almas, *95,29*
Almas de oro a vn gato muerto, *105,81*
De vuestras almas dueño, *120,44*
Vn mal viuo con dos almas, *131,67*
Los ojos de sus dos almas? *148,44*
Que taladran almas, *160,119*
Cielo de cuerpos, vestúario de almas. *180,14*
Blaspheman almas, i en su prision fuerte *253,10*
Por las almas de los dos. *269,1389*
Mas almas con el mirar *286,23*
Mas almas con el mirar *286,35*
Vuestro mirar almas, *356,61*
Almazenes *1*

dos almazenes capaces *229,2972*
Almeida *1*
Almeida, que a los Arabes *1,27*
Almejas *2*
De corales i almejas, *166,39*
O al dissonante numero de almejas, *261,381*
Almena *3*
Tu, (cuio illustre entre vna i otra almena *67,1*
Inclito es raio su menor almena *318,122*
No le dexeis en el blason almena. *429,9*
Almenas *13*
Con muchas almenas; *5,50*
Con las almenas la ampara, *75,33*
Las generosas almenas *78,75*
Almenas que, como dientes, *87,27*
Almenas que a las torres sois corona; *99,11*
O espejos de sus almenas, *115,4*
En las almenas criados, *228,18*
Muros de abeto, almenas de diamante, *262,6*
Eran de sus almenas, *263,216*
Rindiose al fin la bestia, i las almenas *264,441*
A las señas de Hespaña sus almenas *276,5*
Quantas le ha introducido España almenas; *298,45*
Rei, pues, tanto, que en Africa dio almenas *362,10*
Almendra *1*
Que la almendra guardò, entre verde i seca, *261,202*
Almendras *2*
En vn rostro como almendras *26,79*
Açucar i almendras es, *121,43*
Almendro *1*
Mira que del almendro mas loçano *264,610*
Almendros *1*
A desfrutar los almendros, *87,58*
Almendruco *1*
Sino de vn blanco almendruco. *322,60*
Almeria *1*
En la fuerza de Almeria *355,1*
Almidon *1*
Con que es su cuello almidon, *126,43*
Almidonados *1*
Almidonados Poetas, *98,53*
Almirezes *1*
A escuchar los almirezes *96,71*
Almiuar *3*
O pera en almiuar; *65,144*
A la monja que almiuar tal le baja, *182,6*
Almiuar dexò de Amor *228,103*
Almóada *1*
Los siguientes almóàda. *148,48*
Almohada *1*
Al Licenciado almohada. *269,1569*
Almona *1*
De renta sobre la Almona *229,2968*
Almoneda *1*
Infamando sus plumas la almoneda. *440,4*
Almoradux *1*
Ia sobre el almoradux. *269,492*
Almud *2*
Cierto Doctor medio almud *86,3*
Por no dalle medio almud? *269,444*
Almudes *1*
De lagrimas dos almudes. *75,80*

Aloja *1*
medio arrope, i medio aloja, *229,1218*
Alomenos *1*
Ella alomenos dirà, *269,1410*
Alondra *1*
Alondra no con la tierra *322,345*
Alonso *1*
Don Alonso de Guzman, *188,6*
Alpes *3*
I otros baxaron los Alpes; *63,144*
Sabe que en los Alpes *65,201*
En tres Alpes tres venas se desata *499,114*
Alqueria *3*
De su alqueria, i al fragoso cerro *165,6*
Templo de Pales, alqueria de Flora! *263,96*
Luciente alqueria *349,3*
Alquerias *2*
que suffren las alquerias, *229,518*
Vezinos eran destas alquerias, *264,956*
Alquicel *3*
Vestir Morisco alquicel, *78,40*
La luna en el alquicel, *132,36*
En vn listado alquicel, *355,42*
Alquila *1*
I alquila vn sayo de seda, *81,47*
Alquiladas *1*
Que mulas tengo alquiladas *269,995*
Alquilen *1*
Alquilen quien quiera vellos, *55,12*
Alquilò *1*
Alquilò una casa, *11,6*
Alquilon *1*
No amouible, ni alquilon, *269,719*
Alquimia *1*
Con mas corchetes de alquimia *74,14*
Alquitar *1*
Pues fue el mio de alquitar, *55,40*
Alquitara *1*
Seruir de alquitara *65,51*
Alquitira *2*
Aiudados de alquitira; *74,28*
Sus bigotes alquitira, *126,45*
Alta *36*
I en alta voz le digo: *25,35*
Desde la alta torre enuia *75,69*
Estraña ostentacion, alta reseña; *77,20*
De Altamira la mira alta, *121,142*
La alta esperança en el se vea lograda *145,9*
O nubes humedezcan tu alta frente, *146,3*
Alta esperança, gloria dèl estado, *171,1*
I torre segura i alta, *191,2*
Responde, alta la gamba, al que le escribe *203,98*
En la alta cumbre veer su crystal puro, *229,1940*
la alta amorosa Deidad. *229,1990*
A la alta de Dios si, no a la de vn Moro *230,38*
Del bien dezir beuiendo en la alta fuente, *244,5*
De el duro officio da. Alli vna alta roca *261,31*
Sentado, a la alta palma no perdona *261,409*
La alta cenefa lo magestúòso *262,24*
De la alta gruta donde se desata *263,209*
Sus plumas son, conduzgan alta Diosa, *263,808*
De la alta fatal rueca al huso breue. *263,900*

A pesar de mi edad, no en la alta cumbre *264,396*
Trompa Triton del agua a la alta gruta *264,594*
Llaue de la alta puerta, *264,713*
O la alta bassa que el Oceano muerde *264,760*
En la rienda que besa la alta mano, *264,822*
Que en baxa ocasion ni en alta, *269,1411*
Para la burla mas alta *269,1608*
Alta haia de oi mas, volante lino *276,9*
Muros, alta de Hespaña marauilla, *315,18*
Alta le escondiò luz el templo todo. *315,32*
Alta rúina, voz deue canora. *316,8*
Alta resolucion, merecedora *318,41*
Que illustra la alta Niebla que desata. *318,120*
Alta de el Infantado successora; *318,420*
A la alta expectacion de tanta pompa. *318,472*
Admitiò la hasta, i su mas alta gloria *359,10*
Alta piedad de vuestra excelsa mano. *396,11*
Altamente *7*
Besa el puerto, altamente conducido *218,12*
Donde altamente reposa *239,17*
Si altamente negado a nuestras plantas. *272,8*
Desmentido altamente del brocado, *318,481*
Altamente deuido) *368,14*
Estas virtudes, altamente santo, *368,43*
Altamente desata *415,13*
Altamira *1*
De Altamira la mira alta, *121,142*
Altar *2*
Quanto el altar oi ofrece, *209,8*
Su altar illustrarà vn cirio. *269,320*
Altares *4*
Hespaña les debe altares; *63,108*
Que en tus altares humea, *286,26*
A sus pendones, i a su Dios, altares; *362,11*
Quantos le dio sacrilegos altares *421,43*
Altas *10*
A partes que son tan altas. *9,44*
En altas vozes la llama: *10,10*
I las olas van mas altas, *10,32*
Altas torres besar sus fundamentos, *108,3*
Donde las altas ruedas *114,1*
Sobre vnas altas rocas, *125,1*
Ia sus altas torres veen, *132,30*
Las altas cumbres, con rigor armadas *163,2*
Las altas haias, las encinas viejas. *279,36*
I en altas i arriscadas occasiones, *464,5*
Alteça *1*
a cuia alteça perdono, *229,2688*
Altera *6*
Que oi los manjares altera, *211,22*
No sè que oigo que me altera. *229,838*
La selua se confunde, el mar se altera, *261,93*
Altera otra, bailando, la floresta. *263,258*
Si no se altera el concierto; *269,1591*
Zelante altera el judicioso terno *318,159*
Altèra *1*
Altèra el mar, i al viento que le trata *276,7*
Alterada *7*
Alterada està la gente! *229,310*
Mas discursiua i menos alterada. *261,232*
Alterada la Nympha estè, o suspensa, *261,291*
Es verdad, que algo alterada *269,1434*
Alterada como necia, *269,1436*
Piel este dia, forma no alterada. *391,4*

Que a mis quexas alterada *499,330*
Alterado *4*
Arè vn alterado mar, *2,36*
Pues el mar brama alterado *37,35*
El fiero mar alterado, *75,21*
Alterado del rûîdo, *333,61*
Alteran *1*
(Trompas de Amor) alteran sus oidos. *261,320*
Alterando *1*
Que, alterando el abismo o discurriendo *264,493*
Alterar *1*
Por no alterar a la mora, *355,41*
Alteras *1*
Por que el silencio alteras *281,9*
Alterase *2*
Alterase el pulso? Iuega. *229,2753*
Alterase el pulso? Si. *229,2798*
Alterna *3*
Alterna con las Musas oi el gusto, *261,21*
Mientras inuocan su Deidad la alterna *263,764*
Sueño le alterna dulce en plectros de oro. *318,448*
Alternan *2*
Que alternan su dolor por su garganta; *41,4*
Al son alternan del crystal que mueue *231,13*
Alternando *4*
Choros texiendo, vozes alternando, *263,540*
Alternando instrumentos, persûàda *318,599*
Choros alternando i çambras *355,21*
Los muros de Sion; mas alternando *421,48*
Alternantes *1*
Que los mancebos dauan alternantes *264,522*
Alternar *2*
El timon alternar menos seguro *264,145*
Segun alternar le plugo, *322,62*
Alternen *1*
Alternen gracias los choros, *388,31*
Alterno *12*
El dulce alterno canto *263,845*
Con labio alterno mucho mar la besa, *264,607*
Alterno canto dulce fue lisonja! *264,627*
Alterno impulso de valientes palas *264,925*
Del choro virginal, gemido alterno *280,53*
El mar con su alterno diente, *283,2*
Mas con gemido alterno i dulce lloro, *291,6*
Con labio alterno, aun oi, el sacro rio *318,53*
Osculo de justicia i paz alterno. *318,184*
Batieron con alterno pie zafiros. *318,520*
Al blanco alterno pie fue vuestra risa, *365,2*
Donde con labio alterno el Erithreo *457,1*
Alterò *1*
Que se le alterò el meollo. *242,32*
Altezas *1*
Que otro dia enfermaron sus Altezas. *254,14*
Altiua *1*
de honrada peca, i de altiua; *229,1922*
Altiuez *1*
A su altiuez por exemplo; *87,64*
Alto *19*
Por lo mas alto dèl agua, *10,34*
Del alto monte la loçana cumbre, *17,2*
Desde el tronco a lo mas alto. *28,12*
A ti, el mas rubio Dios dèl alto choro, *60,5*
" — Llore alto, moro amigo, *62,61*

Que de luz corone lo alto *228,198*
son nauios de alto borde. *229,495*
ni alto cigarral sin ecos? *229,1593*
Ô de alto valor, de virtud rara *250,1*
Ostentacion gloriosa, alto tropheo *261,238*
Alto don, segun ia mi huesped dixo. *261,460*
Montañeses, qual suele de lo alto *263,988*
De tragicas rûînas de alto robre, *264,384*
Al Decano immortal del alto coro, *269,1249*
Alto assumpto, materia esclarecida, *279,4*
Alto del Rei Catholico ministro; *318,572*
El que a tan alto asumpto delegido, *318,603*
Alto horror me dexò con su rûîna. *380,4*
Sintiòlo el, que desde vn alto risco, *467,10*
Altos *9*
Mancebo de altos principios *61,9*
Tan altos, que casi quieren *63,19*
Sacros, altos, dorados capiteles, *76,1*
En los mas altos pinos leuantados, *108,10*
Con tus altos muros viua *132,61*
De tres altos tiene Dido, *167,52*
Cuios altos no le era concedido *315,51*
Cibeles, coronada de altos muros! *318,556*
De tan altos pechos vee, *353,14*
Altramuz *1*
Como grano de altramuz, *269,498*
Alturas *1*
Gloria dando a las alturas, *331,23*
Alua *40*
Que hacen la señal de la Alua *29,24*
Al quarto de la Alua *65,135*
Que el Alua suele vertir; *82,28*
Descalçarle ha visto el Alua *88,41*
I si llora, enxuga al Alua *95,47*
Mas de Alua que de Aluarado; *121,124*
Que la vee nacer el Alua, *133,16*
Las mañanas como el Alua, *143,7*
En tanto que el Alua llora, *149,10*
Desde el Alua a la Oracion *167,71*
Que oi de perlas bordò la Alua luciente, *184,2*
Que tocan a la Alua; *214,4*
Que tocan a la Alua, *214,17*
Que tocan a la Alua, *214,30*
Lo que hasta el Alua perdiò, *227,38*
Riendo la Alua igualmente *227,39*
Se lo hurtò a la Alua aquel año. *228,136*
Las vezes que con el Alua *239,9*
Que es rosas la Alua i rosicler el dia, *261,4*
La Alua entre lilios candidos deshoja: *261,106*
Leche que exprimir viò la Alua aquel dia, *263,147*
Del Alua al Sol, que el pauellon de espuma *263,179*
En aquel mar del Alua te descriuo, *263,482*
Descubriò la Alua a nuestro peregrino *264,29*
Tu Sol, que Alua tyraniza *275,91*
Que a las perlas del Alua aun no se abria *280,51*
La Alua de Villa Maior, *286,18*
De vna Alua que crepusculos ignora *297,6*
Tañan al Alua en Bethlem, *300,3*
Toque al Alua, toque. *300,18*
Tañan al Alua en Bethlem, *300,29*
Tañan al alua en Bethlem, *300,42*

En grana, en oro, el Alua, el Sol vestidos. *318,312*
Alua fue, i Alua a quien debe *322,143*
Alua fue, i Alua a quien debe *322,143*
Ruiseñor no era de el Alua, *331,17*
La Alua en los blancos lilios de su frente, *339,13*
Serà vn torrezno la Alua entre las coles. *379,8*
Con la Alua me embia *389,50*
Guardate no se vuelua el perro de Alua, *435,6*
Aluarado *2*
Aunque es Aluarado, tiene *121,123*
Mas de Alua que de Aluarado; *121,124*
Aluas *1*
A los Infantados i Aluas, *93,32*
Aluda *1*
Con lombriz que con aluda. *102,40*
Aluedrio *4*
Las llaues del aluedrio, *78,27*
Musica le pidio aier su aluedrio *202,1*
No, pues, tu libre aluedrio *378,37*
Imitarà siguiendoos mi aluedrio, *379,6*
Aluerga *1*
Se aluerga vn dichoso jouen, *131,10*
Aluergue *21*
A su aluergue se boluio, *10,63*
Cantando de su rico aluergue, i luego *14,11*
I en pastoral aluergue mal cubierto *100,7*
Cubren su pastoral aluergue ahora. *128,4*
En vn pastoral aluergue, *131,1*
Aluergue vuestro el vacio *205,11*
A vn pobre aluergue si, de Andalucia, *233,7*
Barbara choça es, aluergue vmbrio, *261,44*
Los bueies a su aluergue reducia, *261,71*
Aluergue oi por tu causa al peregrino, *261,431*
Aluergue a qualquier hora, *263,95*
Aluergue a qualquier hora! *263,107*
Aluergue a qualquier hora! *263,123*
Aluergue a qualquier hora!" *263,135*
Dexa el aluergue, i sale acompañado *263,183*
Al que pagizo aluergue los aguarda. *263,851*
Al bienauenturado aluergue pobre, *264,108*
Del pobre aluergue a la barquilla pobre *264,380*
Tan grato como pobre aluergue, donde *281,23*
Saliò Cloris de su aluergue, *287,65*
No han dexado, no, su aluergue *358,5*
Aluergues *4*
De aluergues, donde la humildad contenta *264,198*
Bucolicos aluergues, si no flacas *264,948*
Fabricarà aluergues rudos, *358,39*
En sus aluergues o en el monte? Vila *499,111*
Alumbra *2*
I que mira en quanto alumbra *63,235*
En lo que alumbra el Sol, la noche ciega, *77,71*
Alumbrado *1*
Caiò de alumbrado, i el *486,19*
Alumbrando *1*
Alumbrando con la cara *74,51*
Alumbre *1*
Cera alumbre de Venecia, *413,16*
Alumbreos *1*
Alumbreos Dios. Cinquenta años... *269,1956*
Alumbrò *2*
me alumbrò de otra manera. *229,3221*

Quien lo alumbrò deso? Queim? *303,25*

Aluorotò *1*
Aluorotò la aula Hero, *228,85*

Alxaua *10*
La alxaua al ombro, con ligero passo, *499,29*
Quiero esconder este arco i esta alxaua *499,44*
Tu con la alxaua perdida *499,174*
La alxaua se me ha perdido. *499,176*
I por seguillo vna alxaua. *499,195*
En ir, i el alxaua no. *499,199*
Bien hallarè io mi alxaua *499,214*
La alxaua que has oi perdido. *499,223*
Puesto que la alxaua pierda *499,230*
Donde hallara la alxaua *499,250*

Alzar *1*
Sabe alzar figura, *65,225*

Ama *13*
Temo, (que quien bien ama temer debe), *104,5*
Mas ama quien mas suspira, *126,3*
Ama al vso de la gente: *229,964*
Ama al vso de la gente: *229,988*
Ama al vso de la gente: *229,1004*
Quien ama, aunque no conuenga, *229,1084*
tanto pierde en lo que ama, *229,1085*
Pues quien ama, como huie *229,1316*
ama al vso de la gente: *229,1394*
a Cupidillo mi ama. *229,1980*
dèl desden de la que ama. *229,2925*
a Isabela. A quien? A tu ama, *229,3480*
Assi a mi ama agradè. *372,4*

Amad *1*
Amad quando sois amadas; *29,58*

Amada *8*
Que de Pyramo i su amada *7,39*
Tan Amante como amada, *64,6*
Al pie de la amada torre *75,61*
Si ia fuera prenda amada, *229,1953*
esta noche, hija amada, *229,2018*
Su bella amada, deponiendo amante *263,354*
Muera, enemiga amada, *264,151*
Entre grandezas de la falda amada, *280,32*

Amadas *2*
Tanto por su hermosura dèl amadas, *12,5*
Amad quando sois amadas; *29,58*

Amadeo *1*
Es la iegua de Amadeo? *269,824*

Amadis *3*
I sin veleta al Amadis, que espera *113,11*
como lo dirà Amadis. *229,2485*
O a la espada de Amadis, *480,9*

Amadìs *1*
Quedò ermitaño Amadìs. *82,76*

Amado *5*
Siguele; mostraràte el rostro amado *44,12*
lo amado? Por irlo a veer. *229,1317*
No abraçais vuestro hijo amado? *229,2948*
Es aquel? Ô hijo amado! *229,3148*
Endeche el siempre amado esposo muerto
295,12

Amador *6*
Que al amador miserrimo *1,23*
Mas triste del amador *37,9*
Amador con axaqueca, *62,6*
El rubio amador de Daphnes. *63,236*
El amador, en perdiendo *75,49*

De vn noble caçador, amador noble, *499,17*

Amadores *2*
Amadores desdichados, *2,21*
De cansados amadores, *159,24*

Amados *1*
En sus amados laureles. *333,12*

Amadriadas *1*
Napéàs i Amadriadas: *1,7*

Amalthea *1*
Si al animal armaron de Amalthea *263,204*

Amanece *1*
No amanece, i dà cuidado *121,125*

Amanecer *1*
Que quando a amanecer *193,20*

Amaneciò *3*
Amaneciò con golondros *242,30*
En su puerta amaneciò *357,39*
Que antes amaneciò su prophecia. *404,36*

Amanezca *2*
I que amanezca bermejo, *6,26*
Campo amanezca esteril de ceniza *263,657*

Amante *31*
Tan amante como amada, *64,6*
El cuerpo a su amante dulce, *75,70*
Testigo fue a tu amante *129,10*
I que de vn tierno amante *129,31*
I ella, amante ia, su fuga *226,107*
Yo solo, mudo amante, *229,14*
quedarà infeliz amante, *229,1345*
Zelosa como amante, *229,1454*
Que es amante, i zelosa, *229,1456*
las señas que das de amante, *229,1769*
con su esposo por su amante *229,2440*
si resiste, amante cuerda. *229,2521*
Amante nadador ser bien quisiera, *261,130*
Su bella amada, deponiendo amante *263,354*
Del Norte amante dura, alado roble, *263,394*
Deidad dirigiò amante el hierro agudo:
264,485
Dad, Casilda, a tal amante *269,913*
I amante no soi mui loca. *269,1093*
Pisar amante? Mal la fuga engaña *311,6*
Tal vez la fiera que mintiò al amante *318,65*
I de su esposo ia escuchaua amante *318,307*
El amante i aun el cuio *322,126*
Del que ia conduce amante, *355,93*
Pastor os duela amante, que si triste *365,9*
Al amante enmudeci; *372,2*
Pero mas amante, no. *377,32*
Los mismos laços que amante; *389,32*
De vna dama cierto amante, *413,20*
Marte, viste oi amante, *415,2*
Que al afecto del amante, *416,16*
Con hacer mui de el amante *493,40*

Amantes *13*
Amantes, no toqueis, si quereis vida; *42,5*
Capitanes, no amantes desdichados; *92,4*
Dormid, copia gentil de amantes nobles,
120,46
Buscad, amantes fièles, *121,97*
Todo sirue a los amantes, *131,109*
Que sospechas de amantes *193,29*
De dos amantes la historia *228,5*
Los dulces dos amantes desatados, *261,474*
De pescadores dos, de dos amantes *264,517*

Que el conuecino ardor dulces amantes.
264,644
Sino por los dos amantes, *322,5*
De los amantes en fructos. *322,28*
Siempre amantes, vençan siempre *353,45*

Amanto *1*
Sin inuidiar tu noble patria a Amanto, *35,6*

Amar *5*
Diez de ventaja en amar, *2,18*
Mi ardimiento en amar, mi empresa loca.
46,14
En amar i aborrecer *78,18*
es amar a hombre criado, *229,1090*
si han de amar tan neciamente. *229,1387*

Amarga *1*
Despedir mi vida amarga, *48,5*

Amargas *2*
Tan amargas como muchas: *39,20*
I amargas lagrimas vierte. *57,20*

Amargo *1*
Miel dulce al amargo acibar, *2,47*

Amarilis *3*
Con su querida AMARILIS *358,1*
Agradecida AMARILIS *358,33*
A Amarilis restituie, *389,5*

Amarilla *4*
I de madura, amarilla; *159,56*
Es amarilla la cera, *161,117*
De tu amarilla borla se cobija; *269,396*
— Vno i otro: el dorado, ella amarilla. *439,2*

Amarillas *1*
Vnas calças amarillas. *74,80*

Amarla *1*
Me quiera obligar a amarla, *493,15*

Amarrado *1*
Amarrado al duro banco *38,1*

Amartelados *1*
Regueldos amartelados. *28,28*

Amarylis *2*
Amarylis de las aues. *389,20*
En la frente de Amarylis, *389,39*

Amas *2*
Amas? Ternissimamente. *229,987*
I a las amas los arrullos. *322,36*

Amatuntos *1*
En los lilios Amatuntos, *322,470*

Amazona *1*
Susurrante Amazona, Dido alada, *264,290*

Amazonas *1*
Esquadron de Amazonas desarmado *263,278*

Ambages *1*
Ambages de oratoria le oiò culta, *318,162*

Ambar *10*
Qual ambar rubio o qual oro excelente, *34,3*
Su humo al ambar i su llama al oro; *60,8*
De ambar quiere la gerbilla *122,11*
Que fuera guante de ambar *161,131*
Ambar espira el vestido *217,45*
Era vn canoro ambar gris, *243,10*
O los desate el Maio, ambar destilan, *261,399*
Del mejor ambar de Ormuz, *269,486*
Si el ambar florece, es ella *375,29*
Al ambar, o al rosicler. *376,12*

Ambas *16*
Iedras verdes somos ambas, *27,93*

Que a lo que de ambas presumo, *27,98*
Ambas manos en el remo *38,3*
Con ambas manos media *49,47*
Dos mil perlas de ambas luces, *75,42*
I ambas me cuestan mis passos: *96,30*
I de espinas clauadas ambas sienes, *117,2*
Deidades ambas Diuinas, *179,13*
Recibid ambas a dos *223,1*
Ambas a dos cosas creo. *229,311*
ambas a dos con sus mantos *229,3483*
Llegò Acis, i de ambas luzes bellas *261,189*
Obras ambas de artifice prolixo, *261,458*
Lo que de beldad, i de ambas *275,51*
Palmas otra, i el cuerpo ambas desnudo?
      298,28
De sus quatro labios ambas *419,35*

Ambicion *11*
Tanto en discursos la ambicion humana:
      203,84
Humo te deue. Ay ambicion humana, *246,12*
Sin ambicion, sin pompa de palabras, *263,91*
No en ti la ambicion mora *263,108*
De la ambicion, al pie de su gran dueño
      318,202
La ambicion de los Triumuiros pasados;
      318,260
A la ambicion es del Betis. *333,40*
No a mi ambicion contrario tan luciente,
      392,12
Vna corona la ambicion fullera, *441,6*
O mal aia ambicion tan ambiciosa! *452,14*
Si tu ambicion lo consiente, *497,12*

Ambiciosa *4*
Adria, que sorbiò rios ambiciosa, *318,581*
Ambiciosa la fiera colmilluda, *359,9*
A lo que luce, i ambiciosa entrega *392,7*
O mal aia ambicion tan ambiciosa! *452,14*

Ambiciosas *1*
Sino a las que ambiciosas menos penden,
      264,76

Ambicioso *3*
Mientras el ambicioso sus Baibodas. *203,108*
Del naufrago ambicioso mercadante, *264,456*
Ambicioso baxel da lino al viento. *294,14*

Ambicîoso *1*
Ambicîoso Oriente se despoja *318,473*

Ambiciosso *1*
Las frescas rosas, que ambiciosso el viento
      198,5

Ambiguo *1*
De mis hijas oiràs, ambiguo choro *264,422*

Ambito *1*
Que ambito a la tierra, mudo exemplo *318,527*

Ambos *27*
Ambos se van a su centro, *9,15*
I ambos ojos en la tierra, *38,4*
I al fin ambos igualmente aiudados: *40,12*
Ambos a dos nuestros fines: *48,62*
Ambos en vn tiempo, *50,94*
Suben ambos, i el parece, *57,14*
Que en ambos labios se la dexò escrita. *137,11*
Que ambos de botica son) *161,4*
El la sigue, ambos calçados, *215,35*
Contienen, tan pobres ambos, *228,6*
El iugo de ambos sexos sacudido, *263,283*

Si bien por vn mar ambos, que la tierra *263,399*
El lazo de ambos cuellos *263,761*
Preuiniendo ambos daños las edades: *263,933*
En redes ambos i en edad iguales. *264,518*
Ambos con emulacion *269,31*
Venga el pulso. Ambos quereis? *269,1894*
Que ambos polos satisfaze. *307,13*
El peso de ambos mundos soberano, *318,250*
Para mas gloria vuestra, de ambos Mundos.
      323,14
Lei de ambos mundos, freno de ambos mares,
      362,9
Lei de ambos mundos, freno de ambòs mares,
      362,9
Pisa el sol, lamen ambos Occéànos, *398,11*
Escondiendo con velas ambos mares, *421,42*
Moros ambos, i cada qual herrado. *439,4*
Ambos dizen verdad, aunque ninguno *470,10*
I ambos dexarnos aqui *499,293*

Ambrosia *2*
Que hable nectar i que ambrosia escriua.
      244,14
Florida ambrosia al viento diò ginete; *264,728*

Amen *8*
Por siempre jamas, Amen. *217,88*
Nunca los honrados amen, *229,1386*
I todos. Amen, Amen. *306,13*
I todos. Amen, Amen. *306,13*
I todos. Amen, Amen. *306,30*
I todos. Amen, Amen. *306,30*
I todos. Amen, Amen. *306,47*
I todos. Amen, Amen. *306,47*

Amena *1*
Ocioso, mas la siempre orilla amena *289,7*

Amenaça *1*
Cuio ejemplo confunde i amenaça; *442,8*

Amenaçar *1*
Sin amenaçar castigos *269,108*

Amenacen *1*
I amenacen tus orejas. *498,16*

Amenas *1*
"En vuestras sombras amenas, *116,43*

Amenaza *2*
Tormenta amenaza el mar: *10,35*
Duro amenaza, persùàde culto. *318,576*

Amenazais *1*
Que amenazais con mi nombre *168,3*

Amenazan *1*
Amenazan a los hombres; *91,29*

Amenazas *1*
amenazas i rigores. *229,619*

Ameno *4*
El aspid de el intonso prado ameno, *261,282*
De el sitio pisa ameno *263,596*
Este ameno sitio breue, *285,17*
Su Pastor sacro, el margen pisò ameno,
      318,102

Amenos *1*
Cantar pensè en sus margenes amenos *203,40*

America *3*
La grande America es, oro sus venas, *298,33*
Desatadas la America sus venas *318,301*
Desatada la America sus venas, *368,35*

Americos *1*
Tributos digo Americos, se beue *264,405*

Ameveo *1*
Ô quanta al peregrino el Ameveo *264,626*

Amiga *33*
No iràs tu a la amiga, *5,3*
Amiga de niñas, *11,3*
Le dice: "Amiga Belerma, *27,21*
De que nos siruen, amiga, *27,117*
Mira, amiga, tu pantuflo, *59,69*
Saludable si agudo, (amiga mia), *104,2*
Raios de amiga estrella, *156,21*
grandissima amiga suia; *229,201*
a mi amiga Policena. *229,355*
A mi señora? A tu amiga. *229,1130*
"Amiga, esperando estoi *229,1508*
Amiga, mucho malicias. *229,1525*
Ô amiga mia discreta! *229,1706*
blanco tiene el grano, amiga; *229,1760*
No, amiga, que aun no he llegado. *229,1788*
No sè, amiga, que me inspira *229,1989*
Todo es, amiga, hablar. *229,2720*
en quanto Lelio. Ô amiga! *229,3087*
Labradora amiga, hablalde. *229,3238*
Ai! Llorais por esto, amiga? *229,3304*
que este es Lelio, amiga. la *229,3431*
Veamosla, Libia amiga. *229,3445*
Decislo, amiga, de veras? *229,3465*
De liebres dirimiò copia assi amiga, *261,479*
Eso no, amiga. Eso si, *269,713*
Su amiga. Inconstante? *269,928*
Fuiste, amiga, para el mismo! *269,955*
Chiton, que esta no es, amiga, *269,1104*
No lo solicito, amiga, *269,1311*
Amiga Soledad, el pie sagrado, *295,2*
Bien que juzga cierta amiga *418,29*
— Amiga si, i tan sin pena *419,50*
Tu a la Fortuna amiga *421,70*

Amigas *5*
Dulce patria, amigas velas, *39,11*
Llorado de sus amigas, *93,48*
I con sus amigas llora *105,52*
De copia tal a estrellas deua amigas *263,820*
I a quatro amigas quatro mil coronas. *450,14*

Amigo *68*
" — Llore alto, moro amigo, *62,61*
Tampoco es amigo *65,129*
Lo demas, Letrado amigo, *82,41*
I baxad el toldo, amigo, *89,30*
— Como un banco estàs, amigo, *96,159*
A Platon por mas amigo; *105,87*
I cierto amigo, que tiene *107,41*
Acoto suio, si podrà vn amigo *182,10*
Cantaronle de cierto amigo mio *202,5*
Ô bella hermana de mi amigo charo! *229,25*
Pues la fe adulteraste de vn amigo. *229,30*
Marcelo amigo, que es eso? *229,62*
os tiene, Marcelo amigo: *229,139*
de aqueste mi amigo honrado, *229,252*
que es honrado, i es mi amigo, *229,253*
por amigo, i patriota, *229,807*
Amigo. Voime. Ô desuio! *229,1162*
con la hija de vn su amigo. *229,1293*
Tenedle, amigo, secreto, *229,1399*
al que ha hospedado a vn amigo, *229,1512*
Vnas pastillas, amigo, *229,1807*
Amigo Donato, di: *229,2072*

Abraçame mas, amigo, *229,2079*
Baxemos a buscar mi amigo Fabio. *229,2229*
No, amigo. Pues nada sè. *229,2849*
Camilo amigo! Ô Violante! *229,2874*
Vienes, amigo? Ia voi. *229,2894*
Quien me busca? Ô dulce amigo! *229,3107*
tal respuesta, amigo fiel? *229,3115*
Ven acà, Donato amigo, *229,3369*
Emilio amigo, si escucho *229,3398*
Quedese, amigo, en tan inciertos mares, *263,499*
Ballestéando a su amigo *269,53*
De vn amigo, de vn hermano *269,59*
El amigo que oi se vsa, *269,72*
Pero el amigo se va. *269,80*
Carlino amigo, te huelgas? *269,312*
Como a tu amigo Gerardo *269,334*
Amigo, que dizes? Digo, *269,386*
Que no deue ser mi amigo *269,387*
De suerte, amigo, que dizes *269,605*
Amigo, assi os guarde Dios: *269,714*
Tan amigo i tan señor. *269,784*
Vna iegua de vn amigo. *269,818*
Guarda, amigo, tu dinero, *269,829*
Aduirtiendo, amigo leal, *269,939*
Donde, amigo, i de que modo? *269,986*
La cadena os dexo, amigo, *269,1068*
Amigo Doctor, sea mio, *269,1083*
Doctor. Amigo, hablad quedo. *269,1174*
Hemos de boluer, amigo? *269,1220*
Amigo, hemos de boluer? *269,1221*
Tisberto, amigo, soi io *269,1346*
Buen alcaide es vn amigo. *269,1361*
I mas tal amigo, a quien *269,1362*
Tal burla a Lucrecia? Amigo *269,1390*
I la honra deste amigo. *269,1425*
Vn amigo semi-esposo? *269,1481*
No quiero, amigo gallardo, *269,1530*
A vn amigo cuchillada? *269,1566*
Que mate vn amigo mio. *269,1573*
Entra acà, Tisberto amigo. *269,1599*
Quien, amigo, no te abraça? *269,1678*
Es amigo de viuir? *269,1734*
Tanto como io tu amigo. *269,1735*
Que soi amigo de lei. *269,1873*
Que edad, amigo, teneis? *269,1897*
Traduxo al maior amigo *477,13*

Amigos *8*
Quatro amigos chichumecos. *58,8*
Tengo amigos, los que bastan *83,45*
Amigos, no os digais mas. *229,1220*
De amigos, qual io lo soi, *269,62*
A vuestros caros amigos, *269,109*
Es para amigos de lei, *269,806*
Que pretendo por amigos. *334,88*
Su bella muger amigos, *413,40*

Amistad *23*
Que han confirmado amistad *95,26*
De vna amistad que al mundo serà vna *119,2*
De amistad, quiça temiendo *144,15*
O de amistad o de lisonja nada? *229,39*
a la fee de tu amistad, *229,80*
que examinan la amistad, *229,614*
De tu amistad, i mi ruego, *229,663*
Fabio de mi amistad llana, *229,1425*

Ô sancta amistad, que puedes! *229,1436*
Si ia espada no es su amistad chara, *229,1946*
de fee, de amor, de amistad *229,2867*
Muerta ia esta amistad siento, *229,3135*
Con vn Marcelo amistad *229,3142*
Cofradias la amistad. *269,87*
Quien con amistad ingrata *269,116*
Celebrala mi amistad, *269,313*
Amistad i gratitud. *269,436*
Que nuestra amistad despida *269,583*
De la amistad que professas, *269,840*
Señas de vuestra amistad. *269,914*
De Gerardo (amistad santa, *269,1743*
Tener estrecha amistad; *288,84*
La reciproca amistad *353,46*

Amistades *2*
Amistades ia, ni espadas, *269,66*
Haga nuestras amistades *303,38*

Amo *19*
Como se quexa mi amo, *96,126*
Que el amo dexe la silla, *123,31*
Si su amo, en tanto, *160,31*
Meta el amo letra. *160,56*
I debio entender su amo *161,75*
para llamarme mi amo, *229,155*
que al mejor amo darà. *229,425*
que en el zaguan a su amo *229,822*
porque mi amo viniera. *229,841*
Parece que oigo a mi amo. *229,1836*
en señal de lo que te amo, *229,2080*
i dime algo de tu amo. *229,2081*
mi amo, oiò los mosquitos, *229,2084*
Si el Camilo que io amo *229,3122*
i el caxero serà amo, *229,3125*
matar a tres por mi amo? *229,3357*
soi tu amo Emilio io. *229,3360*
ni criado para amo. *229,3409*
A mi amo agradè assi, *372,3*

Amò *1*
Niño amò la que adora adolescente, *263,773*

Amohinar *1*
Pues no me ha de amohinar *269,681*

Amonestacion *1*
Dèl viuo amonestacion, *227,44*

Amontona *1*
Que mil vidas amontona *93,59*

Amor *280*
Dexame en paz, Amor tyrano, *2,9*
Perdoname, Amor, aqui, *2,15*
Dexame en paz, Amor tyrano, *2,19*
Dexame en paz, Amor tyrano, *2,29*
En ser labrador de Amor *2,33*
Dexame en paz, Amor tyrano, *2,39*
Dexame en paz, Amor tyrano, *2,49*
Pues Amor es tan crúèl, *7,38*
Mirabale su Amor desde la orilla. *9,10*
Mirabale su Amor desde la orilla. *9,20*
Mirabale su Amor desde la orilla. *9,30*
Con la sed de amor *11,9*
(Mientras en ti se mira), Amor retrata *16,6*
Que Amor sacò entre el oro de sus minas, *20,4*
Ô entre el nectar de Amor mortal veneno, *23,5*
Amor, de tus garatusas, *26,10*
Esta era mi vida, Amor, *26,73*
De la muerte i de el Amor *27,95*

Del Amor, que le ha matado *28,14*
Me dicta Amor, Calliope me inspira. *31,8*
De vn limpio Amor la mas illustre llama, *35,4*
Manda Amor en su fatiga *37,1*
En la lei vieja de Amor *37,5*
Manda Amor en su fatiga *37,13*
Mande Amor lo que mandàre, *37,21*
Manda Amor en su fatiga *37,25*
Quando Amor sacare a plaça *37,31*
Manda Amor en su fatiga *37,37*
Manda Amor en su fatiga *37,49*
Amor està de su veneno armado, *42,7*
I solo de el Amor queda el veneno. *42,14*
Como io, Amor, la condicion airada, *43,9*
O el Amor, que es lo mas cierto. *49,24*
I de Amor descuento. *50,20*
Como el de Amor la enferma zagaleja. *53,14*
Que el mar de Amor tubieron por seguro, *54,11*
I Amor en nuestras niñezes *57,62*
No para en el hierro Amor, *61,43*
Amor, pues para enlazalle, *61,52*
(Por tener sujeto Amor *61,53*
I flechas de Amor las cejas. *62,44*
Distila Amor sus panales; *63,212*
I freno de Amor le para: *64,22*
Porque con honra i Amor *64,45*
Para lo de Amor cadena. *73,16*
La que Amor prendio a la puerta *73,86*
A Venus i a Amor promete *75,43*
Pero Amor, como llouia *75,45*
El Amor, como dos hueuos, *75,89*
De vn cuidado, que es amor, *78,59*
De vn Amor recien nacido, *78,79*
A hacer contra Amor despues *78,90*
De su amor, merezca *79,106*
De su ingrato amor. *80,4*
"Hija, por mi amor, *80,20*
Serui al Amor quatro años, *83,9*
Galéòta dèl Amor. *86,20*
Baste lo flechado, Amor, *90,3*
Tras la red el niño Amor, *94,4*
I de Amor bien requebrada; *94,6*
Que te ha hecho, crudo Amor, *95,9*
Temela el Amor, i tanto, *95,25*
Armado se esconde Amor *95,33*
I al Amor fatiga tanto, *96,38*
Dèl Amor agradecido *97,9*
De Amor i de sus saetas, *98,56*
Solo a estos doi mi amor *98,77*
Templo de Amor, alcaçar de nobleza, *99,6*
El amor de la casada, *102,24*
Porque Amor no menos pesca *102,39*
Moriste, i Amor luego *103,5*
Casto Amor, no el que tira *103,7*
Porque el Amor le assegura, *106,23*
"Injusto Amor, dezia, *114,19*
Fuerças son de Amor (si tiene *116,13*
Que amor ciego, *116,26*
"Los raios de Amor dexè *116,28*
Que Amor ciego, *116,41*
Que Amor ciego, *116,56*
Graue al amor, a muchos importuna; *119,6*
Que a los lazos de amor os diò Hymeneo; *120,48*
De las Indias dèl Amor; *121,24*

Pues al mismo Amor dà lei *121,63*
Dize Amor que, quando mira, *121,72*
Quarta gracia Amor la llama *121,105*
Amor dize que le otorga *121,139*
I Amor que la solicita *123,14*
Quien del Amor hiço brabos *124,5*
Di, Amor, que te aprouechan *125,42*
Parece niño Amor, i es fiera braua!". *127,19*
Parece niño Amor, i es fiera braua!". *127,46*
Dulces guerras de Amor i dulces pazes. *129,9*
Amor tenga mancilla, *129,30*
Que sin clauarle Amor flecha, *131,11*
Siente al Amor que se esconde *131,22*
Amor le offrece su venda, *131,41*
Que bien la destierra Amor, *131,89*
Si Amor entre las plumas de su nido *139,1*
Dèl Zefiro o dèl Amor; *142,22*
De Amor las saetas *144,53*
La madre de Amor corona. *149,94*
Amor sin fee, interes con sus virotes. *150,11*
Desdeñado del Amor, *161,134*
Phebo su luz, Amor su Monarchia *166,20*
Que el amor que os he propuesto *168,6*
Que al que viere vuestro amor, *168,27*
Pues si es niño Amor, lo son *168,39*
Esto Amor solicita con su vuelo, *174,12*
Las saetas dèl Amor. *177,4*
No es fuerza de Amor, ni es *177,23*
Pintado he visto al Amor, *178,1*
En tantos templos de Amor *179,15*
I gato de doblones, no Amor ciego, *181,10*
Reglas son de Amor mui raras, *186,5*
De Amor bebi el dulcissimo veneno, *197,2*
Flechas dèl amor Gallego! *204,34*
El arco de vuestro amor. *205,18*
Amor dio el fuego, i juntò *208,24*
Donde me subiò el amor; *212,8*
Prendas son de amor estrecho. *212,19*
Ven, Amor, si eres Dios, i vuela; *226,27*
Vuela, Amor, por vida mia; *226,28*
Ven, Amor, si eres Dios, i vuela; *226,40*
Vuela, Amor, por vida mia; *226,41*
Amor, que hace donaire *226,49*
Trinchéàdo Amor alli, *226,86*
I Amor, que fuego i ardid *226,98*
Decidle a su madre, Amor, *226,109*
De vuestro mortal amor, *227,28*
Virote de Amor, no pobre *228,35*
Almiuar dexò de Amor *228,103*
De euano quiere el Amor *228,117*
"Hero i Amor", qual villano *228,218*
I al Amor mas despierto *229,8*
No priuilegie Amor aleuosias, *229,33*
de el Amor i el Interes. *229,277*
en su casa i Corte Amor *229,321*
visten de Amor los virotes. *229,591*
del Amor, ni de la honra, *229,803*
Amor, mis desdichas son. *229,837*
Amor, por aquello passas, *229,884*
i la experiencia al Amor. *229,953*
i la experiencia al Amor. *229,977*
i la experiencia al Amor. *229,997*
el Amor estima prendas. *229,1095*
Favorezcame el Amor. *229,1111*
Ô Amor! Ô honra! Ô estrella! *229,1123*

Ô amor! Ô honra! Ô estrella! *229,1139*
Ô Amor! Ô honra! Ô estrella, *229,1163*
tenga por padre al Amor? *229,1351*
i la experiencia al amor. *229,1383*
Si Beatas tiene Amor, *229,1389*
Ô Amor, que fuerças a hacer! *229,1441*
que mi amor pondrà el cessacio. *229,1473*
que el i io, si Amor porfia, *229,1636*
Cielo injusto! Amor crúèl! *229,1666*
Lelio al Amor. No lo entiendo. *229,1734*
Gran falso, Amor, hecho has. *229,1775*
donde, hecho aueja Amor, *229,2054*
su fee, su amor i su pecho. *229,2237*
Senti su amor, pero mas *229,2394*
del Amor con la obediencia; *229,2438*
i tu amor sea la llaue *229,2562*
solo porque mi amor tenga *229,2636*
Tu esposo? Mi amor. Que paila *229,2757*
que ia tiene ojos Amor, *229,2812*
de fee, de amor, de amistad *229,2867*
Calla, por amor de mi. *229,3272*
Mal venerado el Amor *243,41*
Si el Amor, por lo que obliga *257,27*
Duda el Amor qual mas su color sea, *261,107*
Bien sea religion, bien Amor sea, *261,151*
Reuoca, Amor, los siluos, o a su dueño *261,175*
Lo mas dulce el Amor de su veneno: *261,286*
Que en sus Palladiones, Amor ciego, *261,295*
(Trompas de Amor) alteran sus oidos. *261,320*
Llueuen sobre el que Amor quiere que sea
        261,335
Quando, de Amor el fiero jaian ciego, *261,341*
Muerta de amor i de temor no viua. *261,352*
Amor la implica, si el temor la anuda, *261,354*
Lagrimosas de amor dulces querellas *263,10*
Le coronò el Amor; mas ribal tierno, *263,158*
Que impide Amor que aun otro chopo lea.
        263,700
No los hurtos de Amor, no las cautelas *263,840*
Solicita Iunon, Amor no omisso, *263,1077*
Que siendo Amor vna Deidad alada, *263,1089*
A batallas de amor campo de pluma. *263,1091*
Agradecido Amor a mi pie errante; *264,166*
Las ondas el Amor, sus flechas remos, *264,528*
De sus barcas Amor los pescadores *264,650*
Haze banderas Amor. *269,25*
Amor i honra, tyrannos *269,27*
I si os lo manda el Amor? *269,84*
Aunque el Amor me lo mande. *269,85*
Amor, bien lo sabes tu. *269,516*
Porque aqui (Amor es testigo) *269,545*
Que dè alfeliche a tu amor *269,551*
No a ver a tu amor bolando, *269,555*
Para diuertir a Amor. *269,596*
Mula, Amor; mula, Carlino *269,775*
Que solicita su amor, *269,879*
En las audiencias de Amor. *269,904*
Teneisle amor? Voluntad. *269,915*
Amor tu serenidad. *269,1057*
Alas de mi amor no mas, *269,1124*
No es Amor quien me ha rendido, *269,1350*
Assegure nuestro amor *269,1527*
Si el arco de Amor se cree. *285,56*
A que saliò, Amor, me digas, *286,21*
Vuelua io, Amor, a la aldea *286,27*

Si io, con ser el Amor, *286,31*
A que salio, Amor me digas, *286,33*
El niño Amor! *287,12*
El niño Amor! *287,26*
Nadad, Amor, o creed *287,74*
Nadad, Amor, o creed *287,88*
De su amor, *301,79*
Que el amor del Nenio me matà, *305,11*
Esta noche vn Amor nace, *307,1*
Nace el Niño Amor que vees; *307,9*
Esta noche vn amor nace, *307,14*
No venda este Amor diuino *307,19*
Esta noche vn amor nace, *307,27*
Dandole Amor sus alas para ello, *318,110*
Sin arra de su fee, de su amor seña, *318,327*
Niña la estimò el Amor *322,83*
Que de las penas de Amor *322,129*
Que del amor que conozco *322,191*
De el amor solo el estudio, *322,198*
Amor, que les assistia, *322,273*
A pesar de el Amor, dos; *322,507*
Amor con botas, Venus con baieta; *326,8*
Amor Diuino, *331,11*
Diuino Amor. *331,13*
Amor Diuino, *331,24*
Diuino Amor. *331,26*
Amor Diuino, *331,37*
Diuino Amor. *331,39*
Amor Diuino, *331,50*
Diuino Amor. *331,52*
Amor Diuino, *331,63*
Diuino Amor. *331,65*
Que me aconsejas, Amor? *332,9*
Que me aconsejas, Amor? *332,18*
Que me aconsejas, Amor? *332,27*
Que me aconsejas, Amor? *332,36*
Sino al Amor obedece. *333,72*
Si no su amor Fileno, su cuidado: *339,6*
"Ociosa, Amor, serà la dicha mia, *340,12*
Ha sido, Amor, flechada *345,23*
Marmol que Amor ha erigido *348,4*
Monarchia del Amor, *348,32*
Amor, que indignas sus flechas *353,13*
"Viua el amor de Fileno, *353,37*
Al Amor de su Fileno, *353,43*
Amor conducia en las señas, *354,5*
Disoluia, quando Amor, *355,91*
Dò el Amor fomenta el fuego *356,17*
Lo que Amor le va dictando: *356,32*
Vasallos Amor. *356,66*
Al Amor recien nacido, *357,99*
Que en las redes del Amor. *370,4*
Tiranno Amor de seis soles, *376,21*
En la aljaua del Amor, *377,28*
Ni amor que de singular *378,39*
Siempre le pedi al Amor, *382,1*
La primauera, que Amor, *386,6*
Articulò Amor cristales, *389,12*
A mi dulce amor. *389,49*
A mi dulce amor. *389,58*
A mi dulce amor". *389,67*
Armas que fulmine Amor. *390,8*
Querrà el Amor, querrà el cielo, que quando
        403,10
Amor lo dora, e interes lo salua, *435,2*

Dad gracias al Amor, que sois tercera *448,3*
Solo el Amor entiende estos mysterios: *456,12*
Vnico Phenix es mi amor constante, *457,9*
De Amor el Lauro, el Robre de terneza. *499,24*
Del amor suio el lacrimoso caso. *499,33*
Que amor acà me remuerde, *499,201*
Amores *18*
No pendan mis amores por tropheos), *21,11*
En amores i firmezas *75,87*
Contestes de estos amores, *131,134*
(No sepas mas) de zelos i de amores. *175,14*
sino en Damas, i en amores. *229,307*
En amores? Tadeo miente. *229,309*
la madre de los Amores, *229,525*
Monte de Musas ia, Iardin de Amores. *252,14*
Que a la Madre gentil de los Amores *256,12*
Entre vn lasciuo enxambre iba de amores *263,762*
Por flechar amores nueuos, *269,590*
Hechos abejas de Hibla, los amores, *269,1243*
Si abejas los amores, corcho el lecho, *280,57*
A los enxambres de amores. *328,7*
I en sus diuinos ojos los amores, *339,14*
Quien amores tiene, *349,15*
Mereciendo sus amores *414,36*
Causando en nuestros amores *499,285*
Amorosa *7*
I arda en amorosa llama *7,32*
De la amorosa espuela duro freno! *23,8*
Esta amorosa iedra, *127,12*
la alta amorosa Deidad. *229,1990*
Doliente affinidad, bien que amorosa, *264,636*
I amorosa tortolilla *349,30*
De la amorosa miserable gente, *499,36*
Amorosas *1*
Flechas amorosas *80,33*
Amoroso *4*
Con amoroso cantico *1,8*
De amoroso toroçon, *37,46*
Porque el amoroso fuego *61,39*
Pensamiento que, amoroso, *357,18*
Amorosos *2*
Amorosos hurtos *79,7*
I si prolixo, en nudos amorosos *263,895*
Amos *4*
Lo que a tantos amos niega. *73,124*
De sus amos lo primero, *96,11*
Con nadie hablo, todos son mis amos, *222,9*
Que es muerte seruir dos amos; *229,1171*
Amouible *1*
No amouible, ni alquilon, *269,719*
Ampara *1*
Con las almenas la ampara, *75,33*
Ampareme *1*
I ampareme tu sombra, peregrino. *92,11*
Amphion *2*
Puesto que ia de Amphion *228,45*
Camina pues, ô tu, Amphion segundo, *289,9*
Amphiones *1*
De musicos Amphiones, *269,1012*
Amurates *1*
En la Corte de Amurates, *61,2*
An *1*
Despues que se an hecho piezas, *102,4*
Anachoreta *1*

Ciudadano anachoreta, *275,74*
Anacreonte *1*
Anacreonte Hespañol, no ai quien os tope, *427,1*
Añada *1*
Añada quien quisiere otros mil males: *463,13*
Añades *1*
No añades a essas desgracias *269,356*
Añadiendo *1*
Añadiendo siempre *80,13*
Añado *1*
vn yerro añado a otro yerro. *229,137*
Anaranjéàmos *1*
Anaranjéàmos *5,55*
Anascote *1*
I se cubrirà anascote; *107,76*
Anathematizado *1*
Anathematizado el Iesuita, *437,9*
Anaxtarax *1*
Anaxtarax lisonjea, *480,6*
Anbar *1*
Madre de olores, a quien anbar deue *467,5*
Ancas *3*
A las ancas de vn Polaco, *73,9*
De las ancas de vn rocin, *226,106*
A las ancas de su hermano. *228,68*
Ancha *1*
Al son leuantò apenas la ancha frente *264,723*
Anchises *1*
De Anchises redimiò la edad dichosa. *294,8*
Ancho *1*
Que ia le parece ancho, *228,194*
Anchora *2*
Anchora del batel fue perdonando *264,707*
En vez de tabla al anchora abraçado. *399,4*
Anchos *1*
Mozas rollizas de anchos culiseos, *476,2*
Anciana *1*
De vos, madera anciana, me despido, *200,5*
Anciano *4*
Ciuil magnificencia, el suegro anciano, *263,853*
A la voz concurrientes del anciano. *264,254*
El pescador anciano, *264,389*
Porque fue su abuelo anciano *495,47*
Ancianos *1*
Algunos ancianos son *495,33*
Ancon *1*
A la que de vn Ancon segunda haia, *264,45*
Ançuelos *2*
Dando cuerda a los ançuelos *10,39*
Mas que en los ançuelos peces, *10,43*
Anda *19*
Que anda el cuerpo en pulgatorio, *6,125*
Por quien el Rei anda muerto, *49,26*
Sino es el que se anda en cueros *58,16*
Anda la estantigua; *65,136*
Desnuda el pecho anda ella, *131,101*
Que el mas armado anda en cueros. *167,40*
Porque anda trasero i bajo, *167,78*
lo que anda tratando ella *229,199*
que con blancas tocas anda; *229,442*
anda peor que vna Turca *229,1401*
es sombra que anda tras mi, *229,2403*
I en la red anda Tancredo *269,499*

Anda Gerardo hecho vn Marte. *269,586*
Que io sè que anda ocupado, *269,1327*
Don Tristan te anda buscando. *269,1470*
Que se anda méàndo en pie; *269,1627*
Anda otro mas rico *422,7*
Que tanto anda el coxo como el sano. *428,14*
Que en tomarlo anda ia cuerda, *499,229*
Andaba *3*
De esta pues Galaio andaba *28,25*
I io, triste, andaba enfermo *74,95*
i a mi, que andaba mohino, *229,3283*
Andad *3*
Andad con Dios. Tal desuio *229,3152*
Andad, pues, con Dios, lucero. *229,3467*
Besoos las manos. Andad. *269,1868*
Andado *5*
Olanda, niña, que ha andado *189,5*
Aurà andado con el toro. *269,624*
Porque tu has andado en ella. *269,823*
Has andado con este hombre! *269,951*
Mui bien has andado oi; *269,962*
Andadora *1*
De comprar... Que? Vna andadora *269,759*
Andaluces *1*
Los cauallos, Fabonios Andaluces, *155,9*
Andalucia *9*
Ô gran Rio, gran Rei de Andalucia, *51,3*
Pòeta en Andalucia, *88,35*
Sino galanes de el Andalucia? *138,11*
de la Andalucia, corren *229,467*
A vn pobre aluergue si, de Andalucia, *233,7*
En Março i Andalucia, *282,16*
Huelgome que es templada Andalucia *398,7*
Este, pues, pompa de la Andalucia, *421,60*
Orpheo, el que baxò de Andalucia, *472,1*
Andalucìa *1*
Demas que en el Peñon de Andalucìa *471,5*
Andaluz *11*
Por el suelo Andaluz tu Real camino *22,7*
Andaluz guadameci. *82,72*
Lo que ai dèl mar Andaluz *106,7*
Quien con piedad al Andaluz no mira, *138,3*
I quien al Andaluz su fauor niega? *138,4*
Digalo el Andaluz, que en vn infierno *154,10*
deste, o sea Andaluz Griego, *229,1905*
Del cauallo Andaluz la ociosa espuma; *261,14*
Soi vn Galeno Andaluz. *269,424*
Matanme los zelos de aquel Andaluz: *345,1*
Bien le vino al Andaluz; *491,5*
Andaluza *1*
Andaluza, Estremeña, i Castellana, *278,6*
Andamio *1*
Aunque sea en vn andamio. *228,60*
Andamos *1*
— Basta, señores, que andamos *73,127*
Andan *5*
De aquestos que andan en mulas, *27,107*
Pero que ya andan vestidos, *58,15*
Que andan vnos abestruzes *58,53*
Ia andan en satisfaciones? *229,2734*
Andan con el corazon, *377,6*
Andando *2*
Que andando a buscar *50,67*
Andando pues ia pisando *73,37*
Andar *13*

Que han de andar llanto i suspiro *62,63*
De andar por esquinas *65,130*
Ni andar con la falda *79,35*
Viendo andar de manos *160,15*
Tiempo es de andar de aqui; *226,102*
que voluerà a andar ahora. *229,2769*
Has de andar autorizado. *269,170*
Pues que, sin andar, mejoro *269,946*
Io a lo moderno he de andar, *269,1550*
I ha de quedarse, o andar *288,38*
Andar, manteca, seniora, *305,30*
Con que armas piensa andar? Con solo vn
   dardo *499,96*
I el trabajo que andar es *499,248*
Andareis *1*
Con quien andareis mejor? *269,82*
Andarme *1*
Para andarme siempre solo *83,46*
Andas *3*
que andas pagando perdido *229,63*
i te andas haciendo puntas *229,224*
Que perdoneis. Bueno andas, *229,2592*
Andaua *1*
Andaua io antes mui necio *269,1542*
Andauan *1*
Que andauan los naturales *58,13*
Ande *3*
Luego solo quereis que ande? *269,81*
Ande lozano i gallardo; *496,5*
Que ande doña Berenguela *496,11*
Andeis *1*
No os andeis cochéàndo todo el dia, *153,6*
Andeme *1*
Andeme io caliente *7,1*
Ando *3*
Quinze años ha que ando *269,341*
Porque io ando en mis pies. *269,640*
Todo oi te ando a buscar. *269,1710*
Andome *1*
Andome como la abeja *269,489*
Andrea *1*
Preuenir leños fia a Iuan Andrea, *318,370*
Andrehuela *1*
Cantarà Andrehuela: *5,42*
Andres *1*
De Sant Andres a la puente *81,42*
Andujar *1*
Cient mil veces, i de Andujar *49,99*
Anduue *1*
Que de dias anduue *50,73*
Anduuiste *1*
I que anduuiste mui hombre *87,15*
Anduuo *3*
Las anduuo en treinta dias *73,7*
En que galapago anduuo, *229,1877*
No volò como ella anduuo; *322,162*
Anea *1*
En la mas seca, en la mas limpia anea *264,255*
Anegados *2*
Que entreguen anegados *72,84*
Que han de morir anegados". *228,112*
Anegar *1*
Hizo, si anegar no su Monarchia *318,238*
Anegarà *1*
Que anegarà vuestros años *27,23*

Anegò *1*
I en mas anegò lagrimas el resto *263,504*
Anfriso *1*
A quien ya sabes que el Pastor de Anfriso *25,58*
Angè *1*
I, por ser mora, quemaràs a Angè. *468,8*
Angel *14*
Porque aquel Angel fieramente humano *19,12*
De vn angel el mas hermoso *95,21*
Sin que aia Angel Español *121,149*
De Angel tiene lo que el otro de aue. *145,8*
Las roxas prendas del Angel, *216,50*
porque si Angel puede ser *229,657*
Responder, angel, no sè *229,2580*
Con vn Angel no son buenos? *269,1561*
A su Angel dè custodio *269,1962*
Soror Angel, frai Theresa. *275,16*
Que tremola plumas de Angel: *389,44*
La menor pluma de vn Angel. *414,12*
Volar, a solo vn angel lo aconsejo, *451,7*
Desta piedad fue vn angel la arrobera; *459,5*
Angèl *1*
Cantando como vn Angèl: *419,60*
Angeles *10*
Angeles que plumas bellas *121,15*
Son angeles hijos de Eua. *159,20*
De muertos viuos, de angeles callados, *180,13*
Pan de angeles. — De quien? *211,2*
De angeles. — Sabe bien? *211,3*
Pan de angeles. — De quien? *211,14*
De angeles. — Sabe bien? *211,15*
Pan de angeles. — De quien? *211,26*
De angeles. — Sabe bien? *211,27*
Que Angeles los acompañen. *414,37*
Angelica *4*
I con su rima angelica *1,4*
Si vn valle "Angelica" suena, *131,123*
Otro "Angelica" responde. *131,124*
Tres monjas con la Angelica loquazes, *432,7*
Angelical *1*
hermosura Angelical. *229,1740*
Angelicas *1*
A otros Angelicas bellas. *158,50*
Angelicos *1*
Con modernos Angelicos pinzeles *77,29*
Angelote *1*
Cierto fullero angelote *107,30*
Angêo *1*
Que en vn pedaço de angêo, *28,49*
Anglico *1*
Al anglico Legado i sus espias *469,7*
Angosto *1*
Angosto no, sino Augusto, *322,234*
Anguila *1*
Quando no anguila que sus tactos miente:
   342,11
Angulo *1*
Angulo quedò apenas del palacio. *318,524*
Angustias *1*
Ô que angustias! ô que afrenta! *269,1986*
Anhela *1*
Rebelde anhela, el Berberisco suda, *230,47*
Anhelando *1*
Humo anhelando el que no suda fuego, *263,969*
Anhelante *1*

A media rienda en tanto el anhelante *264,966*
Anhelar *4*
Tanto anhelar i morir, *497,2*
Tanto anhelar i morir, *497,17*
Tanto anhelar i morir, *497,32*
Tanto anhelar i morir? *497,47*
Anida *2*
Donde se anida su bien, *78,50*
Ia que en sus flores la anida *121,37*
Anidan *2*
Sus blancas plumas bañan i se anidan. *31,14*
Que anidan en monasterios, *58,38*
Anillo *2*
Puente de anillo, tela de cedaço: *70,10*
Pequeña aun para el anillo *258,3*
Anima *5*
El anima de vn Gentil, *111,30*
Cuia vestida nieue anima vn ielo, *264,865*
El hueco anima de vn tronco *285,23*
Vn generoso anima i otro vulto, *312,4*
Informa bronces, marmoles anima. *314,8*
Animada *1*
Piedra animada de sincel valiente, *368,22*
Animado *2*
Sino cuerpo de espumas animado, *269,1265*
Canoro ceñirà muro animado. *289,8*
Animal *12*
De aquel animal dio naturaleça, *47,2*
I al animal de Colchos otras tantas *52,3*
Rendir al fiero animal *78,31*
La esperança, el animal *133,25*
Vn cerdoso animal fiero, *215,6*
I del fiero animal hecha la trompa *230,14*
Colmillo fue de el animal que el Ganges
   261,455
De animal tenebroso, cuia frente *263,75*
Si al animal armaron de Amalthea *263,204*
Al animal mas feroz *269,1519*
Adonde vn bruto animal, *304,13*
Vn animal de Bethlen: *495,57*
Animalejo *1*
Passò tràs su animalejo, *161,89*
Animales *3*
Animales vidriados; *28,20*
I animales, que mouieron *269,1044*
A lanza, a rejon muertos animales, *318,510*
Animas *1*
Catarriberas, animas en pena, *69,9*
Anime *1*
Que engendre el arte, anime la memoria,
   318,30
Animo *6*
Descubre de su Rei el pecho i animo, *1,16*
con animo igual fundimos *229,482*
con animo varonil. *229,2441*
Pide el animo al huron, *269,173*
De tu animo, Tancredo, *269,826*
Diuina luz su animo inflamando, *403,13*
Animosa *2*
Colmeneruela animosa, *226,76*
Con la animosa cuerda, que prolija *264,431*
Animosamente *1*
Animosamente viuo, *106,29*
Animosidad *1*
I animosidad es esta *498,22*

Animoso *7*
Dèl animoso jouen mal logrado *45,2*
Con animoso denuedo, *49,70*
Mas el animoso jouen, *75,25*
De el animoso contrario. *228,204*
Al animoso Austro, al Euro ronco, *263,696*
Arras de el animoso desafio *263,985*
Can de lanas prolixo, que animoso *264,799*
Anis *2*
Se come entero vn anis *167,33*
a quien las pague en anis. *229,2469*
Anna *1*
A Sancta Anna con hambre, huesped Diuino,
    436,9
Annales *1*
Los annales diaphanos del viento. *264,143*
Annuncia *1*
I mientras dulce aquel su muerte annuncia
    264,257
Annunciando *1*
Golfo de sombras annunciando el puerto.
    263,61
Annunciata *1*
De conuertir en Nuncio la Annunciata, *438,7*
Año *29*
En los Gelues naci, el año *57,41*
Que si el año de la seca *62,22*
(Aunque sea año de peste); *81,44*
(Hace vn año por agosto) *83,18*
Verdes primicias de el año *87,59*
Vos, que por pena cado año, *89,25*
Que traxesse todo el año *121,59*
Dexò el año passado, *125,7*
"Oy haze, ingrata, vn año, *125,28*
Oy haze vn año, ingrata, *125,32*
No encuentra al de Buendia en todo el año;
    154,12
Que el tercer año guarda el tiempo cano, *156,4*
— Salud serian para todo el año. *183,14*
Dando su verde vn año i otro año; *203,60*
Dando su verde vn año i otro año; *203,60*
Que cada año se erige *217,91*
I temporas todo el año. *228,20*
Se lo hurtò a la Alua aquel año. *228,136*
que no ai año que no cobre *229,569*
que tardarà vn año entero. *229,1861*
cada año le hacen de escudos *229,2602*
estuuo ahora año i medio, *229,3111*
Era de el año la estacion florida *263,1*
Succediò vn año malo, *313,4*
En año quieres que plural cometa *326,1*
Victima bruta otro año, *416,39*
Sanct Lazaro le hospede, i sea este año, *436,10*
Passòse el año, i luego a la tercera *441,3*
Todo el año aiunaba a Sanct Hilario, *450,7*
Anoche *1*
Disciplinas anoche, i oi panduerga? *444,4*
Anochecer *1*
I al anochecer *65,171*
Anocheciò *1*
La que anocheciò aldea. *263,658*
Anochezca *1*
Que anochezca cano el viejo, *6,25*
Anochezer *1*
Ia casi al anochezer. *419,4*

Años *113*
Diez años desperdiciè, *2,31*
Los mas verdes años *4,47*
(Dò el tiempo puede mas), sino, en mil años,
    21,7
Diez años viuio Belerma *27,1*
Que anegarà vuestros años *27,23*
I de años mas caducos, *27,50*
Para cumplir los treinta años, *27,55*
Vuelan los ligeros años, *29,13*
Pues he viuido diez años *38,33*
Que quantos fueron mis años *39,29*
De mis años infelices: *48,20*
Que de meses i años *50,81*
Seis años de necio. *50,112*
En los años mozo, *65,25*
Valian veinticinco años *73,55*
Apenas tenia quince años, *74,65*
Los años dèste Salomon Segundo. *76,14*
Logra sus tiernos años, sus Réàles *77,58*
Es bien que vean sus años *77,67*
Que tenia los años *80,7*
Dos años fue mi cuidado, *82,61*
En cuios alegres años *82,65*
Serui al Amor quatro años, *83,9*
Pues siendo de tantos años, *87,11*
Diràsle que con tus años *87,69*
Que no fie de los años *87,77*
Sus rusticos años gasta *90,14*
I aunque sea de cien años, *93,10*
Que no solo ha veinte años *96,54*
Diez años tiramos juntos *96,101*
Señora, mis verdes años *98,6*
I que teme en años secos *105,18*
Quien en años secos llueua? *105,20*
Dixo, los años de tan gran tropheo". *137,14*
Pocos años en chapines, *148,31*
Los primeros años cuna, *148,47*
Si ha pocos años que naciò la Aurora. *156,18*
Mouer el pie de sus segundos años. *156,28*
De años a esta parte *160,127*
Tus años del, i nuestras esperanças; *175,2*
Tantas como vuestros años *176,13*
Con los años de su edad, *178,29*
Que a fe que vença los años *205,29*
En pocos años de edad: *226,16*
Sed mi huesped años ciento, *229,110*
que, en los cient años que os pido, *229,111*
de su padre de años lleno. *229,279*
Dos años ha que partì *229,456*
de el tiempo, si bien los años *229,538*
Muchos años ha que tiene *229,730*
Treinta i dos años ha, i mas, *229,830*
Experiencias intentan oi mis años, *229,1037*
quatro años de galeras. *229,1243*
Emula de los años, i perdona *229,2175*
que el camino, con los años, *229,2958*
Aquì en Toledo, treinta años *229,2986*
Los años de las encinas *242,123*
Mas coronas ceñida que vio años, *245,11*
Tres años, las dos heroicas *259,70*
Sus años, su cabeza colmilluda *261,426*
O razon falta donde sobran años". *263,530*
Los nouios saca: Èl, de años floreciente,
    263,757

Que en letras pocas lean muchos años".
    263,943
Tuios seran mis años, *264,125*
Prouida mano, "Ô bien viuidos años! *264,363*
Felices años, i la humedecida *264,370*
Sus muchos años Phebo, *264,775*
Cinco años ha, i aun mas, *269,101*
Si ha cinco años, Gerardo, *269,104*
Cien años estè de vn lado. *269,242*
Con vn hombre de años ciento? *269,283*
Quien tendrà en los años cuenta? *269,291*
Tras cinco años de martyrio *269,316*
Sin desperdiciar mis años. *269,328*
Quinze años ha que ando *269,341*
Sobre tres años de muerto *269,1484*
Haz diligencia en sus años. *269,1730*
Pues sus años, aunque verdes, *269,1814*
Mas años tiene que io). *269,1829*
Si vuestros años no sè, *269,1933*
Alumbreos Dios. Cinquenta años... *269,1956*
Doctor, mis años. Buen punto *269,1974*
Mas si son años, el sen *269,1991*
Baxa, pues, i en pocos años *275,33*
En sus primeros años florescientes *279,11*
El estambre hilàra de tus años; *280,21*
De vuestros años, aspid duerma breue *292,2*
Años, pues, tan importantes, *306,31*
Florido en años, en prudencia cano, *317,1*
Los años deberà de Octaufâno. *318,96*
Los verdes años ocio no desflora, *318,134*
Examinò tres años su diuino *318,185*
La tantos años puerta concluida *318,611*
En los años de su infancia *322,33*
Que años despues se hiço *322,39*
No de los años diuturno, *322,194*
Dissimula años adultos, *322,302*
Florida en años, en beldad florida, *338,7*
Sus años sean felices *353,49*
Celidaxa, que en sus años *355,13*
Gil desde sus tiernos años *357,13*
A los años de Fileno *376,35*
Mas con la piel los años se desnuda, *393,10*
Los dias que roiendo estàn los años. *394,14*
Basten los años, que ni aun breue raja *397,10*
Tres años ha que te quiero. *423,3*
Seis años ha que me enfadas. *423,4*
La puso casa, i la siruiò dos años. *447,8*
Traxo veinte i dos años, dia por dia, *450,5*
Choça que abrigue ia los años mios, *454,7*
Por esconder mis postrimeros años *454,13*
En blancas plumas ver volar los años. *465,14*
Plantas oi tus verdes años *498,25*
Anotomia *2*
hacer sabe anotomia *229,330*
Para hacer anotomia *229,798*
Ansar *1*
Que ansar del Betis cueruo sea del Turia. *404,8*
Ansares *1*
Ansares de Menga *350,1*
Ansi *1*
Io naci, ansi os guarde Dios, *168,31*
Ansias *1*
O gustas de ver mis ansias *10,22*
Antaño *1*
Que necio que era io antaño, *83,1*

Anteon *1*
Io soi de parecer, Anteon mio, *462,9*
Antepassados *1*
Los antepassados suios. *27,40*
Antepondrà *1*
Mi Musa te antepondrà *87,93*
Anterioridad *1*
No alegue anterioridad, *288,78*
Antes *88*
Antes que el Luzero salga? *10,16*
Antes que lo que fue en tu edad dorada *24,10*
Antes que las flechas tuias *26,74*
Auiendole antes besado, *28,46*
Antes que la edad avara *29,54*
Antes que le desate por el uiento *32,11*
Antes que de la edad Phebo eclipsado, *36,9*
Antes que lo que oi es rubio thesoro *36,12*
Antes que al Tajo partiesse; *59,30*
Donde conuatieron antes *63,150*
Que volarà antes de vn mes". *78,80*
Antes que las sierras *79,38*
I antes que las nieues *79,49*
Antes que le bueluan *79,102*
Antes que vençan la suia *91,17*
Tomen antes la medida *123,23*
Antes faltarà, que tablas *132,51*
Por júezes que, antes desto, *159,9*
Si antes era calamar *159,37*
O si antes era salmon, *159,38*
Antes hallaràn *160,91*
Antes dèl es tan distinto, *168,8*
Antes que la palma lleue *176,8*
Antes os quedais haziendo *204,7*
Antes digo serà eterna, *204,36*
Tres o quatro dias antes, *216,6*
Los que descubrieron antes *216,46*
Que antes huelen que se veen. *217,68*
me dais antes de callar. *229,149*
si el iba a offrecerle antes *229,282*
para veer antes de Hespaña *229,760*
pretendida antes de quien *229,940*
Antes adoro en tu imagen *229,1312*
Pisalle quiero antes io, *229,1611*
antes la pone en aprieto, *229,1626*
o en marmol antes se vea, *229,1916*
Al Tajo le veria antes seguro *229,1937*
Calla, antes que este bufon *229,2095*
antes que la mano dè *229,2127*
antes, hijo, que en Toledo *229,2472*
antes que passo te dè. *229,2899*
Reduce tu orgullo antes *229,2926*
Ia estaba antes entendido *229,3080*
Dimelo antes. Con èl io? *229,3085*
antes que se rompa el. *229,3161*
antes, permitalo Dios. *229,3249*
i oi serà antes que mañana *229,3300*
De la disposicion antes limado, *232,3*
Antes peinò que canas desengaños. *245,14*
Partiòse al fin, i tan brindadas antes *254,12*
Que inunda la Ciudad. Antes *259,101*
De vn Sol antes caduco que luciente. *260,8*
Peinan las tierras que surcaron antes, *261,162*
Antes que de el peinado jardin culto *261,283*
Tal antes que la opaca nube rompa, *261,487*
Del Oceano pues antes sorbido, *263,22*

I antes que el Sol enjuga *263,323*
En telas hecho antes que en flor el lino? *263,373*
Minador antes lento de su gloria, *263,741*
Encinas la montaña contar antes *263,910*
Lagrima antes enxuta que llorada. *264,157*
Littoral hiço, aun antes *264,643*
Mas oie antes quien soi, sagrada sciencia, *269,403*
Antes que llegue a ser nobia *269,729*
Que me irè antes. Ia me fino. *269,774*
I antes de nuestra partida *269,990*
Antes le dexo que diga, *269,1312*
Antes sobraron aquellos. *269,1367*
Andaua io antes mui necio *269,1542*
Antes que nacida, apenas *275,82*
Aun antes abrasada que vestida. *280,30*
Antes que io responder. *304,6*
Sienten antes los pastores *306,3*
No pise las zonas antes, *306,35*
Invidìoso aun antes que vencido, *315,53*
Auia la noche antes *322,177*
La memoria: mudad antes *355,79*
Caducaron ellas antes *357,89*
Tus passos antes se acabe el dia, *368,47*
Quedò qual antes florida; *374,18*
Por veerlas antes nacer, *376,4*
Antes hazerle presumo *384,8*
Que antes amaneciò su prophecia. *404,36*
Antes que alguna caxa Lutherana *446,1*
I antes que algun Abbad i ballestero *446,3*
Procuradles, oi antes que mañana, *446,5*
I antes siruiò de reboluer humores. *475,11*
Antes, de quanto se acuerden *495,11*
Antharticas *1*
De Antharticas estrellas. *263,429*
Anticipa *1*
Los raios anticipa de la estrella, *263,1070*
Anticipas *1*
Que anticipas tu ser para tu muerte. *466,14*
Antidoto *1*
El antidoto mejor *141,16*
Antigua *7*
De esta su antigua puente, *103,64*
Dèl claro padre, i de la antigua casa, *145,10*
a la Virgen de la Antigua. *229,3415*
Pudiera antigua planta *263,552*
De su antigua institucion *275,27*
La antigua Lemus de Rèàl corona *318,121*
Vengan (aunque es la voz antigua) cedo, *342,5*
Antigualla *1*
Antigualla venerable, *87,91*
Antiguas *6*
Aunque mas antiguas son *176,3*
Guarnecen antiguas torres *179,2*
tan antiguas como el, *229,1540*
Nueuos caluarios sus antiguas peñas. *230,90*
En dos antiguas trobas sin conceto. *255,4*
Zeloso trueno antiguas aias mueue: *261,486*
Antiguedad *7*
(Si ya la antiguedad no nos engaña), *25,51*
Les jurò la antiguedad *178,28*
La antiguedad rigurosa. *259,4*
Las que por su antiguedad *288,66*
De antiguedad salian coronados *315,19*

La antiguedad tenia destinada; *318,220*
Tanto la antiguedad, besàra el pie *327,6*
Antiguedades *1*
Granada de antigüedades, *63,232*
Antiguo *13*
I el antiguo pie se laua, *9,4*
Del antiguo cieruo *79,75*
Dexèla en su antiguo lustre, *82,105*
En algun antiguo robre. *179,28*
de este antiguo cerro noble, *229,457*
Que por antiguo con razon alabo? *229,2219*
de hombre que, siendo antiguo, *229,3032*
Que en antiguo valle illustra *259,35*
Antiguo descubrieron blanco muro, *264,695*
España entonces, que su antiguo muro, *318,298*
De aquel antiguo reducto, *322,342*
Flammante en zelo el mas antiguo manto; *421,20*
De el antiguo idìòma, i turba lega, *431,6*
Antiguos *4*
Los antiguos Capitanes *110,46*
Antiguos Dioses i Deidades nueuas, *166,8*
sus antiguos esplendores. *229,535*
Emulo de los antiguos, *334,46*
Antipoda *1*
Las escuche el Antipoda remoto, *252,6*
Antipodas *2*
Antipodas de la gala, *204,42*
Quando a nuestros Antipodas la Aurora *263,636*
Antoja *3*
I a quien se le antoja, *8,16*
Porque, si no se me antoja, *85,20*
al que llamar se os antoja. *229,420*
Antojo *2*
Mentir su natural, seguir su antojo, *47,11*
O por trato o por antojo, *477,17*
Antojos *9*
I la raçon sus antojos; *83,88*
Vnos antojos me pone *96,149*
En vengar vuestros antojos, *168,36*
De los antojos, que saben *216,38*
i tomad estos antojos, *229,2996*
Si no se ponen antojos. *242,20*
Antojos calçados de necio, *257,16*
Con cuidado especial vuestros antojos *427,9*
I con mil antojos: *494,43*
Anton *3*
De el Alcalde Anton Llorente, *59,2*
La hermita de San Anton; *167,74*
Los ojos fueron de Anton *216,45*
Antonìàno *1*
Mosquito Antonìàno resoluto, *326,6*
Antonio *5*
Sobre Antonio de Lebrija *26,47*
Antonio en su reglilla de ordo pedo. *152,8*
Segun la regla de Antonio) *242,68*
Ô Antonio, ô tu del musico de Thracia *260,12*
Nos dexò Antonio. Produzga *275,119*
Antorcha *1*
El candelero a la antorcha, *259,54*
Anuda *1*
Amor la implica, si el temor la anuda, *261,354*
Anudada *1*
Ia anudada a su cuello, *120,34*

Anudado *4*
Copos fie de cañamo anudado, *230,56*
Ni el membrillo pudieran anudado, *263,880*
El cañamo remiten anudado, *264,235*
Fuerte muro de cañamo anudado. *499,83*
Anudados *1*
I qual mancebos texen anudados *264,332*
Anudando *1*
Cañamo anudando, engaña *287,69*
Añudando *1*
Hymeneo añudando, *263,763*
Anudandome *1*
Ia anudandome a vn blanco i liso cuello, *20,2*
Anudar *2*
Que veis ahora anudar. *287,76*
Que veis ahora anudar. *287,90*
Anudaron *1*
Al que anudaron esposo *389,31*
Anuers *1*
Mientras Anuers padecia, *74,78*
Anunciò *1*
Paz a la tierra anunciò, *331,25*
Anuncios *1*
Tantos solares anuncios. *322,144*
Anzuelo *1*
De la Cerda immortal mortal anzuelo. *174,14*
Aojada *1*
Aojada aier de vn ciego, *418,20*
Aojado *1*
Por seruidor, i entre ellas le han aojado. *475,8*
Aonio *1*
(Modernas Musas del Aonio choro), *203,44*
Aora *7*
Pues aora no lo vieron, *39,24*
Que aora el tiempo nos falta *269,1607*
Aora pisò tu pie *301,16*
Que io canto aora *389,48*
Que io canto aora *389,57*
Que io canto aora *389,66*
Allà vaian, i tu aora *499,304*
Apacibilidad *1*
De apacibilidad haze seuera *318,181*
Apacible *3*
I a veer tu apacible vega, *63,149*
La apacible fuente sueño, *131,115*
En apacible vergel. *285,32*
Apacibles *1*
Apacibles desuios aconseja! *295,11*
Apaga *1*
Con aguas turbias apaga *419,41*
Apagando *1*
I apagando la afficion. *269,1633*
Aparato *3*
Con aparato, qual debia, importuno *318,322*
Cardona, desmentido su aparato, *318,386*
Tal es el aparato que ha traido, *499,76*
Aparecen *1*
Dos pobres se aparecen pescadores, *264,35*
Aparecerà *1*
Se me aparecerà Sancta Maria. *367,14*
Aparta *1*
o aquellos aparta el cielo, *229,882*
Apartado *4*
Ese està mas apartado; *28,68*
El Occidente hazes apartado; *162,4*

Algo apartado de Esgueua, *288,5*
El iman, quanto apartado, *384,23*
Apartamientos *1*
Apartamientos conjuntos, *322,136*
Aparte *1*
que le quiere hablar aparte. *229,1798*
Apartè *1*
Para que le apartè aqui *229,1805*
Apazible *4*
Vn escollo, apazible galeria, *263,187*
Centro apazible vn circulo espacioso *263,573*
El apazible sitio; espacio breue *263,625*
La turba aun no del apazible lago *264,841*
Apazibles *1*
En estas apazibles soledades, *134,2*
Apea *3*
De su cauallo se apea. *62,68*
Tambien se apea el galan, *62,69*
Humilde se apea el villano, *131,57*
Apèa *1*
Cansada tambien, se apèa *73,46*
Apéàdo *1*
donde apéàdo, se informa *229,767*
Apeème *1*
y apeème junto al Carmen, *229,2260*
Apela *1*
A los desuios apela *357,77*
Apelaba *1*
Apelaba ella despues *355,26*
Apelarè *1*
Apelarè de todos sus desuios, *454,6*
Apele *1*
O apele de vn masse Lobo *481,9*
Apeles *2*
Milagrosas injurias del de Apeles, *77,30*
Ô planeta gentil, de el mundo Apeles, *458,12*
Apelles *1*
De Apelles i de Timantes, *63,40*
Apellido *4*
I a su apellido la cuerda *121,54*
Su apellido dio la CERDA *177,33*
Siluelas desde allà vuestro apellido, *231,9*
Domada fue de quien por su apellido *318,541*
Apelo *1*
Apelo de los pies para la lengua, *25,34*
Apenas *55*
Apenas vide trocada *57,69*
Apenas tenia quince años, *74,65*
Apenas espirò, quando *75,57*
Apenas del mar salia *75,73*
Que apenas creo io *80,6*
Apenas el Portugues *96,45*
Donde apenas ai establo *96,110*
I apenas se cansa el, *102,17*
Tierno gemido apenas *103,45*
Cueuas dò el silencio apenas *131,125*
Dèl Leon, que en la Sylua apenas cabe, *145,1*
De las orejas las desuia apenas; *196,6*
Apenas viò al jouen, quando *215,33*
Apenas la obscura noche *228,181*
A, ingrato Camilo! Apenas *229,1867*
Que le escuchauan elephante apenas *230,28*
I su orizonte fue dosel apenas, *245,2*
Bullir sintiò del arroiuclo apenas, *261,218*
Del escollo fatal fueron apenas, *261,498*

Que lamiendole apenas *263,38*
"Aquellas que los arboles apenas *263,212*
Apenas reclinaron la cabeça, *263,616*
Apenas hija oi, madre mañana. *263,834*
La distinguieron de la leche apenas; *263,878*
Llegò la desposada apenas, quando *263,963*
Apenas arquear las cejas pudo; *263,1000*
Lisongéàn apenas *264,359*
(Entre vn vulgo nadante, digo apenas *264,415*
Dado al traues el monstro, donde apenas
 264,509
Distinguir sabia apenas *264,563*
Al son leuantò apenas la ancha frente *264,723*
Apenas el laton segundo escucha, *264,917*
Vencida se apeò la vista apenas, *264,938*
Antes que nacida, apenas *275,82*
Imperíòso aun obedece apenas. *276,8*
De cabra apenas montès *285,18*
A quien le dexò apenas *313,15*
Riberas del Seueto, rio que apenas *317,2*
De el Pollo Phenix oi que apenas cabe *318,147*
Apenas muro la estructura occulta; *318,164*
De los campos apenas contenido, *318,197*
Que quarto apenas admitiò Collega *318,259*
Digno si, mas capaz thalamo apenas *318,299*
Apenas confundiò la sombra fria *318,513*
Angulo quedò apenas del palacio. *318,524*
Viuir apenas esplendor no saue, *318,594*
A la planta apenas digo, *334,22*
Su luz apenas sostiene, *349,23*
La agua apenas trata *350,29*
Miembros apenas dio al soplo mas puro *361,9*
Esta piçarra apenas le redime; *363,4*
Supliò munificencia tanta apenas. *368,36*
Dos apenas le dio a el; *375,18*
Que hallarse apenas dejò *390,30*
Pitones son apenas mal formados; *437,2*
Apenino *1*
Bras, el Apenino frio *384,5*
Apeò *2*
Se apeò en el Capitolio. *83,96*
Vencida se apeò la vista apenas, *264,938*
Apeòse *1*
Apeòse el Cauallero *226,1*
Apéòse *1*
Apéòse don Gaiferos *73,41*
Apercebido *1*
De espesas redes bien apercebido, *499,80*
Apercibe *1*
desde Illescas me apercibe, *229,2032*
Apero *1*
De choça i apero *8,14*
Apetito *2*
Clauo no, espuela si del apetito, *263,496*
Vengança es, i no apetito. *269,246*
Aphorismo *2*
Que es mi aphorismo el refran: *86,29*
Siendo aphorismo aguileño *322,153*
Aphorismos *2*
Quien mas aphorismos sabe, *6,62*
Con dos o tres aphorismos *269,415*
Aphrica *2*
De quantos Aphrica vee *78,38*
A accumularte en Aphrica despojos. *277,11*
Aphricana *1*

De labor aphricana, a quien el Tajo *229,2151*

Aphricano *5*
Miraba al fiero Aphricano *78,21*
Todo es gala el Aphricano, *131,93*
al que oy es monte Aphricano: *229,119*
Avestruz Aphricano, *229,1068*
Por vos fatiga en habito Aphricano. *250,14*

Aphricanos *1*
I el rio que a piratas Aphricanos *163,5*

Apiladas *1*
Salen apiladas *494,10*

Aplaca *1*
Serena aquel, aplaca este elemento. *402,14*

Aplacando *1*
Purgando el aire i aplacando el Cielo. *156,12*

Aplaudido *1*
Camina pues de afectos aplaudido *318,193*

Aplauso *4*
Aplauso zelestial, que fue al oydo *318,99*
I el aplauso que España le preuiene; *318,468*
Murió aplauso escrupuloso. *357,92*
Quanto aplauso pudo hacer *376,34*

Aplausos *3*
Aplausos la respuesta *263,902*
De aplausos coronado Castilnouo, *379,10*
Aplausos hiço fragrantes. *389,24*

Aplico *1*
I mis contentos aplico, *98,78*

Apoca *1*
La paciencia se me apoca *28,61*

Apodos *1*
Entrar buñuelos i salir apodos, *438,10*

Apollo *9*
Alguna aiuda de Apollo, *83,54*
En quanto don Apollo el rubicundo *101,3*
Cante Apollo de raios coronado, *180,7*
al Apollo, que algun dia *229,1181*
Su monte dexa Apollo de dos frentes *256,4*
Escribid, que a mas gloria Apollo os llama: *292,12*
Apollo, en vez del paxaro neuado, *316,6*
Mas no responderà, aunque Apollo quiera; *395,13*
De la lyra de Apollo, si del duro *404,3*

Apolo *16*
Pues ves que el rubio Apolo *25,38*
Vos de la lyra del sagrado Apolo. *40,14*
Mas en quanto pisa Apolo *121,113*
Al Apolo de España, al de Aiamonte *172,9*
Las ha querido recoger Apolo; *256,37*
Mas firme Apolo, mas estrechamente, *263,1057*
De Apolo nieta, i de Esculapio hija, *269,392*
Tunica Apolo de diamante gruessa, *312,26*
Que los abrazos mereció de Apolo. *318,192*
Al dîadema de luciente Apolo *318,235*
Su arco Cintia, su benablo Apolo, *318,629*
Que arbol es oi de Apolo. *357,112*
Suspende Apolo, mas en lugar de ella *424,2*
Despues que Apolo tus coplones vido, *474,1*
Dexa las damas, dexa a Apolo, i tente; *474,9*
No es de Apolo (que es mentira) *477,5*

Apologizado *1*
Que me han apologizado: *483,2*

Apolos *1*

Sino Apolos lucientes dos a España, *318,115*

Aposenta *1*
De las que aposenta el agua, *144,6*

Aposento *13*
En este aposento obscuro, *27,78*
Que llorosa en su aposento, *49,82*
En mi aposento otras veces *83,73*
Es puntal de su aposento; *187,4*
Vamonos a otro aposento. *229,1887*
i este aposento de sies. *229,2016*
Que aquel aposento esconde *269,1039*
Ser tu aposento theatro. *269,1789*
Que theatro su aposento *269,1790*
Ve a preuenir tu aposento *269,1854*
Ola, ois? De mi aposento *269,1884*
Aposento en las gabias el mas baxo; *326,11*
En la casa de Luna, i aposento *444,13*

Aposentos *1*
De tus aposentos, *50,50*

Apostar *1*
Osarìa io apostar *269,1400*

Apostarè *4*
Io apostarè que en Castilla *157,15*
Io apostarè alguna cosa, *229,1388*
Io apostarè que a esta hora *269,893*
Io apostarè que es commigo. *269,1219*

Apostol *2*
no de el Apostol Gallego, *229,2024*
Aunque el Apostol sagrado, *486,17*

Apostolado *1*
En el mes que perdiò el Apostolado *433,7*

Apostolico *1*
Apostolico este, aquel sagrado. *404,24*

Apoto *1*
Apoto chirios i mu". *269,1911*

Apparecer *1*
Al apparecer la hicieron *217,13*

Appariencia *1*
Las tocas de la appariencia, *257,3*

Appela *3*
Para quien luego appela *256,42*
A las rûinas appela *322,323*
De biscochos appela el caminante *459,9*

Appella *5*
appella para el mongil, *229,2477*
Para la fuga appella, nubes pisa, *264,228*
De la sublimidad la vista, appella *264,667*
Appella entre los Tropicos grifaños *264,919*
Quien de la cuerda appella para el rabo. *273,11*

Appellacion *1*
que la appellacion me otorgue *229,567*

Appellaciones *1*
Por jûez de appellaciones *87,19*

Appellan *1*
Para ti appellan mis males. *229,2885*

Appellando *1*
Mas si resiste, appellando *229,2474*

Appellar *1*
Sino appellar al paxaro de Iuno. *203,54*

Appellas *1*
Para quien, Violante, appellas? *229,2886*

Appellido *3*
El appellido i los Padres; *63,128*
Digo en las señas rojas, su appellido *229,2204*
Grande en Auila appellido, *275,49*

Appello *1*
Para tu firmeza appello". *49,96*

Appetito *2*
El appetito con hambre, *73,59*
I el appetito ignoran igualmente *263,866*

Applacada *1*
I viendo mas applacada *39,17*

Applauso *4*
El mismo applauso que a vn toro. *242,130*
I el applauso al concento de las aues. *261,324*
Applauso al ruiseñor le niego breue *281,17*
Popular applauso quiero, *322,15*

Applica *3*
Hierbas applica a sus llagas, *131,37*
Quien todos sus sentidos no te applica? *203,85*
si ia sus luces no applica, *229,919*

Applicame *1*
Applicame vn rato *50,53*

Appocripha *1*
Si tradicion appocripha no miente, *263,74*

Apprehender *1*
lo es solo en apprehender. *229,659*

Appressurarle *1*
Para appressurarle arma *9,32*

Apprisiona *1*
Rocas abraça, islas apprisiona *263,208*

Apprisionada *1*
Sin libertad no siempre apprisionada, *264,741*

Apprissionado *1*
Libre, i apprissionado *229,90*

Approbado *1*
Por Salamanca approbado, *6,56*

Apremîado *2*
Quesillo, dulcemente apremîado *263,875*
Clori, pues, que su dedo apremîado *341,5*

Aprende *1*
De Chiron no biforme aprende luego *318,63*

Aprended *7*
Aprended de mi, Belerma; *27,73*
Aprended, flores, en mi *375,1*
Aprended, flores, en mi *375,11*
Aprended, flores, en mi *375,21*
Aprended, flores, en mi *375,31*
Aprended, flores, en mi *375,41*
Aprended, flores, en mi *375,51*

Aprender *1*
porque no entràra a aprender *229,151*

Aprendì *1*
Aprendì alli lo que basta *269,413*

Aprendiera *1*
Porque no aprendiera io *269,751*

Aprendiò *1*
Do aprendiò su prouecho i nuestros daños. *447,4*

Aprendistes *1*
Aprendistes el rigor. *390,32*

Apressura *1*
El Iouen apressura, *263,78*

Apreste *1*
Diciendole que se apreste; *59,78*

Apresurados *1*
Corran apresurados o tardios, *454,3*

Apretado *1*
Dame vn abraço apretado. *229,2074*

Apretante *1*

Tortural, i aun apretante, *242,71*

Apretarà *1*
Tanto apretarà en su daño, *269,1668*

Apretò *1*
tanto a vn quarteto apretò, *229,1483*

Apriesa *3*
Vestìos i salid apriesa, *64,33*
Dan poco i piden apriesa, *98,45*
Pues me obliga mas apriesa *269,627*

Apriessa *6*
Corria, pican apriessa. *73,132*
Calandoos apriessa *79,26*
Se cargan apriessa, *160,108*
Pidiò apriessa vn varejon, *161,78*
Dexarète mui apriessa, *229,1010*
Mas ai! que apriessa en mis alcances vino *465,5*

Aprieta *1*
Que aprieta a los rabeles el terrojo. *443,11*

Apriete *1*
Las negras sienes le apriete: *88,98*

Aprieten *1*
Que la aprieten bien la cinta, *73,99*

Aprieto *1*
antes la pone en aprieto, *229,1626*

Aprisa *1*
Solicitad, pues, aprisa *269,1723*

Aprisionado *1*
En oro tambien el aprisionado. *341,4*

Aprissa *3*
cabellos me envia aprissa, *229,1716*
Llamasteme: sali aprissa, *229,1852*
deme vn lienço suio aprissa, *229,3307*

Aprouecha *4*
Mas que aprouecha domar *61,21*
Pero poco le aprouecha, *75,37*
Para lo que me aprouecha *229,1827*
Que aprouecha mucho al higo *269,269*

Aprouechan *1*
Di, Amor, que te aprouechan *125,42*

Aprouechando *1*
Aprouechando tan poco. *348,20*

Aprouecharà *1*
El se aprouecharà de vuestros cocos, *446,12*

Aprouecharon *1*
"No me aprouecharon, *5,43*

Aproueche *1*
Quando acaso me aproueche *229,1188*

Aprouechò *2*
Venablo en Ida aprouechò al moçuelo, *175,10*
Que bien se aprouechò de ella! *229,3443*

Apuntalando *1*
I apuntalando su esquina. *74,32*

Apuntas *2*
Ciego que apuntas, i atinas, *2,1*
I que a los ojos apuntas. *26,88*

Apuntò *1*
el que aier le apuntò el bozo, *229,1007*

Apura *2*
Gran lisonja! Mucho apura *229,1733*
Cansa, fatiga i apura, *229,2236*

Apurando *2*
Apurando su afficion. *229,931*
apurando esta verdad, *229,1374*

Apurarle *1*

Por apurarle la ponzoña al vasso. *261,288*

Apure *1*
Acabose? No me apure, *269,1872*

Aquario *2*
En Geminis vosotras, io en Aquario. *12,14*
Vrna de Aquario la imitada peña *264,226*

Aquatismo *1*
Vos que en todo el aquatismo *334,2*

Aquexan *1*
I perros que le aquexan. *127,39*

Aqui *98*
Aqui la fuerça indomita *1,14*
Muestrase aqui magnanimo *1,20*
Perdoname, Amor, aqui, *2,15*
Quedate aqui, Cancion, i pon silencio *25,61*
Aqui entre la verde juncia *48,1*
Tal qual os la pinto aqui: *82,12*
(Si estamos solos aqui) *82,46*
Aqui donde està el Betis, *103,61*
Iacen aqui los huesos sepultados *119,1*
Aqui se hurta al popular rûído *134,9*
Parte aqui con la verde Primauera. *134,11*
Passos por aqui pierde *140,13*
Mas quedese aqui esta historia. *149,122*
Que estais suspirando aqui *161,135*
No solo aqui os despidiò, *161,142*
Que trompas hasta aqui han sido de caña, *171,7*
Dèl iermo vees aqui los Ciudadanos, *173,9*
Aqui la Primauera ofrece flores *194,9*
Dios me saque de aqui i me dexe veros. *203,6*
Vano es aqui, i ella loca. *213,22*
La inuidia aqui su venenoso diente *219,12*
Tiempo es de andar de aqui; *226,102*
Mil cosas de aqui colijo: *229,281*
con Octauio, aqui en Toledo, *229,732*
O veerse al menos aqui *229,1184*
Aqui es donde le concluie. *229,1319*
pues aqui le he trasladado. *229,1398*
Gallardo por aqui vuela, *229,1448*
dulce por aqui, i galante: *229,1449*
mi padre està aqui mañana, *229,1552*
porque dirà de aqui a vn rato *229,1561*
dexame aqui atropellada *229,1572*
que aqui las tengo, i con ellas *229,1695*
porque aqui los ojos veen *229,1739*
Hablele en publico aqui, *229,1793*
Para que le apartè aqui *229,1805*
tengo aqui para Isabela *229,1808*
me busca. Aqui hallo dos. *229,1812*
Mirad que està aqui Violante. *229,1862*
Leamos aqui el villete. *229,1967*
"No os vais, Camilo, de aqui, *229,2353*
despues que me baxè aqui, *229,2371*
partirè luego de aqui. *229,2457*
el poner vn Lelio aqui *229,2511*
Camilo, aqui te desuia. *229,2606*
Io huelgo, Camilo, aqui *229,2634*
que de tus motes aqui *229,2724*
Veis aqui, Lelio gallardo. *229,2764*
Laureta, aqui te desuia. *229,2858*
Marcelo hasta aqui, traidor, *229,2859*
Dile que no estoi aqui *229,3094*
Busco a Fabio. Veisle aqui *229,3106*
Aqui en Toledo, no mora *229,3167*
Diraslo aqui dentro? Si *229,3200*

pero la luz que hallè aqui *229,3220*
A lo menos, si aqui viene, *229,3327*
Tres moçuelos aqui dentro. *229,3345*
porque han dicho aqui que no *229,3359*
Tu lo veràs de aqui a vn rato. *229,3368*
i vuelue aqui por mi honor, *229,3370*
lo di aqui. Io lo dirè. *229,3375*
Si Dios me saca de aqui, *229,3412*
Donde està Marcelo aqui? *229,3427*
Vees aqui a Isabela ahora. *229,3491*
I en nombre de Libia aqui, *229,3494*
Iace aqui; i si la perdona, *249,3*
Aqui pues de tu piedad *259,81*
Cabras aqui le interrumpieron, quantas, *261,466*
No a la soberuia està aqui la mentira *263,129*
Desmintiendo aqui reposa *268,55*
Quedese esto aqui, que voi... *269,366*
Que no estè aqui lo que escondes, *269,539*
Porque aqui (Amor es testigo) *269,545*
"Aqui llegò a esta posada *269,765*
O me desmayarè aqui. *269,772*
I pues que no lloro aqui *269,1066*
I no hallandoos aqui, *269,1375*
Aqui està el Doctor Carlino. *269,1469*
Me han arrojado aqui ahora. *269,1753*
De vuestro bautismo aqui, *269,1924*
Os lo truxera aqui impreso. *269,1940*
I dellas oi el mismo aqui renace. *271,4*
Puerto hasta aqui del Belgico pirata, *276,3*
Aqui, pues, al cuidado *281,25*
Por aqui, mas ai, por alli *301,12*
Vn Narciso, aqui mas loco *301,17*
Que Rei tan fuera de aqui *309,11*
Aqui donde entre jaspes i entre oro *312,5*
Aqui donde coloca *312,7*
Vigilante aqui el de Denia, quantos pudo *318,369*
I aqui otra vez se traspuso *322,410*
I en letras de oro: "Aqui iacen *322,505*
Iaze aqui Flor, vn perrillo *386,1*
"Aqui de el Conde Claros", dixo, i luego *432,1*
Aunque el los cuelga aqui por marauilla. *439,6*
Aqui iaze vn capellan *492,1*
Aqui dexaua vna gota *499,146*
I ambos dexarnos aqui *499,293*

Aquì *2*
Aquì en Toledo, treinta años *229,2986*
Carga hasta aquì, de oi mas militar pompa; *230,13*

Aquileia *1*
Las togadas reliquias de Aquileia. *318,568*

Aquilon *4*
Al soberuio Aquilon con fuerça fiera *25,3*
Tres veces de Aquilon el soplo airado *52,1*
I que el Aquilon *79,41*
Vn Aquilon Africano *132,3*

Ara *4*
Para quien no tan solo España ara, *77,73*
Lleua, la que menos ara, *204,38*
Al Labrador de sus primicias ara, *261,155*
Ara del Sol edades ciento, ahora *298,31*

Arabe *1*
Arabe en nombre, Barbaro en linage; *279,24*

Arabes *1*

Almeida, que a los Arabes *1,27*
Arabia *7*
Que la Arabia en sus venas atthesora *36,7*
La Phenix que aier LERMA fue su Arabia *135,9*
Luz da al Sol, oro a la Arabia, *144,20*
Que al paxaro de Arabia (cuio buelo *263,462*
Que qual la Arabia madre vee de aromas *263,922*
Roncon tener io en Arabia *305,27*
Besa a Arabia las faldas olorosas, *457,2*
Arabigo *2*
En Arabigo vna letra, *49,55*
En Arabigo a Aberrois: *269,1944*
Arachnes *1*
De Arachnes otras la arrogancia vana *263,838*
Arado *2*
Restituien assi el pendiente arado *263,850*
Ô de tus ondas, o de nuestro arado. *318,384*
Arador *1*
Immortal arador fue de su pena; *263,742*
Arados *1*
Arde la juuentud, i los arados *261,161*
Aragon *1*
que vn vecino de Aragon. *229,2501*
Aragones *2*
Dèste Sol Aragones, *121,86*
Vn pobre Aragones soi, *269,405*
Araña *2*
Todo es obras de araña con Baeça, *255,9*
Texiò de piernas de araña *412,1*
Aranjúèz *2*
Los hechos de Aranjúèz, *353,22*
Nymphas son de Aranjúèz, *376,18*
Aras *14*
Tus aras teñirà este blanco toro, *53,12*
Estas aras que te ha erigido el Clero, *77,52*
En las aras de vna moça *82,11*
Aras aier, oi tumulo, ô mortales! *135,2*
Si ia a sus aras no les di terneros *169,12*
Aras son deuotas suyas *179,17*
A tus aras doi mi vida, *229,1437*
Sin aras no: que el margen donde para *261,153*
Que la fee erigiesse aras *322,87*
Aras le erigiò deuoto, *357,14*
Purpuréàra tus aras blanco toro *360,7*
Que no penetra sus aras, *377,23*
En tus aras; mas despues *416,8*
Aras te destinò, te hurtò al fuego. *426,4*
Araxes *1*
El siempre Araxes flechero, *322,475*
Arbitra *1*
Qual menos piedad arbitra lo duda, *338,8*
Arbitro *4*
Arbitro de montañas i ribera, *261,345*
Arbitro igual e inexpugnable muro, *263,55*
Arbitro Alcides en sus ramas, dudo *263,1061*
Arbitro de tantas flores, *322,57*
Arbol *27*
Fresca cueua, arbol verde, arroio frio, *33,8*
Del arbol Sabeo. *50,40*
Arbol de cuios ramos fortunados *92,1*
El arbol cuias ramas *103,39*
El arbol que teniendo *103,41*
Arbol que tanto fue perdone el fuego. *129,18*

Arbol, ni verde ni fresco, *159,54*
Pues a vn arbol de aquel prado *161,77*
A la sombra de aquel arbol me espera, *203,62*
Dexè en vn Arbol la vida, *212,7*
Que vn arbol grande tiene gruesos ramos. *222,11*
Desde el arbol de su madre, *226,85*
ni en arbol que tenga flor. *229,1083*
ni en arbol que flores tenga. *229,1087*
Quiere que al arbol de su madre sea *261,239*
De el arbol que ofreciò a la edad primera *264,341*
De arbol que nadante ignoro hojas, *264,593*
Corteça funeral de arbol Sabeo. *274,14*
Las sombras del arbol ia, *288,50*
No ia ligado al arbol, las Sirenas *317,7*
Los verdes raios de aquel arbol solo *318,191*
Arbol los quenta sordo, tronco, ciego; *343,13*
Arbol fue en las seluas *356,46*
Que arbol es oi de Apolo. *357,112*
Arbol culto, del Sol iace abrasado, *380,10*
No vn arbol os sigue o dos: *478,8*
Arbol fue, que serà bulto? *479,6*
Arboleda *10*
Quedense en tu arboleda, ella se acuerde *30,12*
Al viento la arboleda, *103,21*
La dura encina, honor de la arboleda: *229,2142*
Pyra, no de aromatica arboleda, *247,3*
De inuidíòsa barbara arboleda *263,65*
O el Austro brame, o la arboleda cruja. *263,83*
Texiò de verdes hojas la arboleda, *263,717*
Tales no oiò el Caistro en su arboleda, *264,525*
Que arboleda zelosa aun no le fia *281,5*
Si a la naual arboleda *384,17*
Arboles *19*
Hizo que (mas que en arboles, *1,48*
Donde ai de arboles tal greña, *63,173*
Arboles que lleuan, *65,101*
Sembrar de armados arboles i entenas, *72,54*
Que escogiò entre los arboles del soto *114,10*
Los arboles pauellones, *131,114*
Los muchos arboles honran, *149,88*
Velero bosque de arboles poblado, *162,1*
I en los arboles dèl monte *179,26*
cuios arboles son torres; *229,459*
Troncos me offrecen arboles maiores, *261,397*
Que los pies de los arboles mas gruesos *261,499*
"Aquellas que los arboles apenas *263,212*
Arboles, mas de seluas inconstantes, *263,404*
El denso de los arboles celage *263,537*
Estos arboles pues vee la mañana *263,701*
Los arboles que el bosque auian fingido, *263,958*
Besa el nombre en sus arboles grauado. *318,54*
De los arboles luciente, *333,28*
Arca *8*
Que a la arca hazen el buz *167,89*
El arca alli, donde hasta el dia postrero *173,11*
Parò el arca de Noë. *269,1041*
Vn arca descerrajò, *269,1047*
El arco dentro del arca. *269,1073*
En el arca de No he *288,99*
Dexado al arca ondas que surcara. *402,4*
De tablazos del arca de Iafet, *473,10*

Arcà *1*
I vn librillo que llaman del Arcà, *468,6*
Arcabuces *2*
Disparò sus arcabuces, *75,14*
— Arma, arma, ensilla, carga! — Que? Arcabuces? *277,5*
Arcabuco *1*
Por el fragoso arcabuco, *322,406*
Arcabuz *4*
Que son balas de arcabuz *86,25*
La derribò vn arcabuz; *167,88*
Con que atacò el arcabuz? *269,50*
O tirador de arcabuz: *269,428*
Arcabuzazos *1*
De quarenta arcabuzazos. *96,36*
Arcabuzeò *1*
Me arcabuzeò este nido *269,48*
Arcadia *2*
Valgante los de Arcadia! No te corres *429,5*
Con la Arcadia dos dueñas incapazes, *432,6*
Arcaduz *2*
Por el arcaduz bello de vna mano, *263,245*
Soi io triste el arcaduz, *269,514*
Arcas *1*
Arcas de Noë, a donde *204,22*
Arcedíàno *1*
De Madrid Arcedíàno. *417,10*
Archas *2*
Si son archas las espinas *217,11*
Archas burlò el fatal cuchillo; ô España, *220,12*
Archipoeta *1*
De el Archipoeta rubio, *322,10*
Architecta *2*
De la architecta gentil, *243,26*
Fabricò, architecta alada, *275,39*
Architecto *2*
Obra de architecto grande, *63,96*
Contra architecto canoro, *319,7*
Architectura *1*
En que la architectura *264,669*
Archiuos *1*
Te lo diran los Archiuos. *484,10*
Arco *44*
Que dèl arco encoruado *25,28*
Leuantas el arco, i vueluas *26,113*
Ceja en arco, i manos blancas. *27,91*
Descanse entretanto el arco *48,9*
Las cejas en arco, *65,41*
Que de vn arco de rigor *78,13*
Affloxa al arco la cuerda *90,5*
Rompiò el arco impaciente; *103,6*
El del arco i del virote, *107,10*
Para el arco que da enojos, *121,52*
Su fe en la que con arco i con aljaua *127,18*
Su fe en la que con arco i con aljaua *127,45*
Contra las fieras solo vn arco mueue, *128,13*
El lunado arco suspende, *131,95*
I en su arco los cuernos de la Luna. *165,14*
En el arco de Diana *177,3*
Que dà al arco marfil bello *177,27*
Dèste pues arco que adoro, *177,31*
Darà el ser arco dèl cielo. *177,40*
El arco en su mano bella, *178,21*
El arco de vuestro amor. *205,18*
Embeuida ya en el arco *226,51*

Arco digo gentil, bruñida aljaua, *261,457*
El arco del camino pues torcido, *263,335*
Arco alado es del cielo, *263,463*
El arco en esa cadena. *269,1053*
El arco dentro del arca. *269,1073*
Si el arco de Amor se cree. *285,56*
No es su arco, no, el que es *307,10*
Su arco Cintia, su benablo Apolo, *318,629*
Arco fatal de las fieras, *333,35*
Que absuelto el hombro de el arco, *356,22*
"Con arco i aljaua, *356,33*
En su arco tu piedad, o vbiera el hielo *402,3*
Aqueste arco es quien lança esta saeta, *499,41*
Quiero esconder este arco i esta alxaua *499,44*
Quedese el arco, quedese la flecha, *499,49*
El arco quise flechar *499,185*
I deste arco, que algun dia *499,226*
Tal ombro, el arco tal mano. *499,231*
Tu le des el arco tuio; *499,238*
I el arco, aunque estè rompido, *499,260*
Ô arco de mi consuelo, *499,280*
Ser llamado arco del cielo, *499,283*

Arçobispo *1*
Del ojo del Arçobispo. *89,20*

Arcos *10*
I dos arcos tendiò contra mi vida. *128,14*
Arcos del cielo, o proprios o imitados; *155,8*
De tres arcos viene armada, *215,25*
Que las cejas sean dos arcos, *228,118*
Fabrican arcos rosas, *263,719*
Arcos, o neruîôsos o azerados, *263,1039*
Arcos zelestes vna i otra caña. *318,512*
De vnas cejas, cuios arcos *322,51*
A seguir con sus arcos vna fiera *499,117*
Los arcos, las cuerdas flojas, *499,315*

Arcturo *1*
Del Arcturo corona, esta luz pura *403,6*

Arda *1*
I arda en amorosa llama *7,32*

Arde *11*
Arde, como en crystal de templo santo, *35,3*
Arde el Rio, arde el Mar, humea el Mundo; *109,12*
Arde el Rio, arde el Mar, humea el Mundo; *109,12*
Pascieron la que arde mas. *116,12*
Arde el monte, arde la playa, *179,25*
Arde el monte, arde la playa, *179,25*
Arde algun silbestre Dios *179,27*
Ai, como la sangre arde! *229,3066*
Arde la juuentud, i los arados *261,161*
SIMEON Phenix arde i Cisne muere. *296,7*
Su mal vestida pluma a lo que arde. *392,8*

Arden *1*
En nuestras memorias arden, *63,82*

Arder *3*
Pues la por quien elar i arder me siento *16,5*
Que, viendo la yerba arder, *116,11*
El fuego en que las vee arder. *419,42*

Ardi *1*
i tan sin pensarlo ardi, *229,2303*

Ardia *1*
Quando io victima ardia *416,7*

Ardid *4*
O por fuerça, o por ardid, *82,118*

I Amor, que fuego i ardid *226,98*
El rapaz con este ardid, *243,46*
Quiero, con ardid estraño, *269,256*

Ardiendo *3*
Rompe los aires ardiendo, *39,48*
I ardiendo en saña santa, *77,62*
Ardiendo en aguas muertas llamas viuas. *218,14*

Ardiente *45*
Vn ardiente suspiro de su pecho, *18,10*
Pone ia fin a su carrera ardiente; *25,39*
Lançando del pecho ardiente *28,27*
Orîèntal saphir, qual rubi ardiente, *34,6*
Assi del Sol Estiuo al raio ardiente *46,5*
Ardiente morador de el sacro choro, *53,9*
Conozca el Cancro ardiente, el Carro elado, *77,48*
En la ardiente fuerça *79,10*
Entre el Sol ardiente *79,47*
No temen rayo ardiente; *103,40*
Fuego tributa al mar de vrna ia ardiente. *109,4*
Baxe el espiritu ardiente *191,5*
Nectar ardiente que me abrasa el seno, *197,3*
Que, como Libia ardiente, *229,93*
tierra ardiente, region fria, *229,2684*
De las fraguas que ardiente el Ethna esconde *230,43*
La ardiente Libya vuestra ardiente espada, *230,82*
La ardiente Libya vuestra ardiente espada, *230,82*
No de fino diamante, o rubi ardiente, *246,1*
Hurta vn laurel su tronco al Sol ardiente, *261,178*
Templa en sus ondas tu fatiga ardiente, *262,27*
(Que beuerse no pudo el Sol ardiente *263,362*
Emulo vago del ardiente coche *263,468*
Ia al formidable salto, ia a la ardiente *263,564*
La fresca ierba, qual la arena ardiente *263,597*
De nocturno Phaeton carroça ardiente, *263,655*
A su ardiente desseo. *263,778*
Feroz ardiente muestra *263,964*
El veloz hijo ardiente *264,724*
Del rubi mas ardiente, *264,880*
Cauallo, que el ardiente sudor niega, *264,967*
Estaba en lo mas ardiente *288,9*
En poluo ardiente, en fuego poluoroso. *318,62*
Boluieronse los dos, que llama ardiente, *318,389*
De nuestra paz o de su aroma ardiente, *318,530*
No ia depone Marte el ielmo ardiente, *318,628*
Ignorò aun lo mas ardiente *322,315*
Con generosidad expulso ardiente, *323,8*
A vuestras llaues, a su espada ardiente. *335,8*
Que de la guerra Flandes raio ardiente. *337,4*
Ardiente veneno entonces *355,85*
De christiano valor si, de fe ardiente, *364,13*
Miròla, en fin, ardiente basilisco, *467,12*
Cuestas que llegan a la ardiente esfera, *476,9*
Cuia dorada flecha i llama ardiente *499,5*

Ardientes *5*
De ardientes llamas vistes en el cielo, *32,8*
Ardientes suspiros lança *57,19*
De mis suspiros ardientes, *57,38*
Si no ardientes aljofares sudando, *261,188*

Sus ardientes veneros, *264,378*

Ardiera *1*
Que a tu deuocion ardiera. *269,325*

Ardimiento *3*
La encendida region de el ardimiento. *45,8*
Mi ardimiento en amar, mi empresa loca. *46,14*
Les dio? Quien de Phaeton el ardimiento, *316,10*

Ardimientos *1*
Locas empressas, ardimientos vanos), *46,13*

Ardo *2*
Que por esta muger ardo, *269,102*
Que mas ardo quanto mas *384,3*

Ardor *4*
I al noble ardor desatese la cera; *45,11*
Que el conuecino ardor dulces amantes. *264,644*
Sin templar mi ardor jamas. *269,103*
Tanto ardor templarà luego. *384,6*

Arè *2*
Como arè i sembrè, cogi; *2,35*
Arè vn alterado mar, *2,36*

Arena *46*
Sembrè vna esteril arena, *2,37*
Entre la menuda arena, *7,27*
Las redes sobre el arena, *10,1*
Tu noble arena con humilde planta, *22,11*
Estampa en el arena, *25,47*
Mi captiuerio en tu arena, *38,22*
Porque quiere en el arena *62,70*
Pintar los campos i dorar la arena), *67,4*
Dèl Betis la arena; *79,60*
Que arena viene pisando *88,87*
Enuestillos en la arena *97,35*
Sobre la caliente arena, *115,22*
Si de oro al Tajo no arena, *121,132*
La red sobre la arena, *125,8*
Temida, i donde el Sol la arena abrasa, *145,13*
Cuios ojos estan llorando arena, *199,2*
En la arena los claueles, *216,47*
Las vozes que en la arena oie lasciuas; *218,11*
La arena besa, i gallardo. *228,206*
Que la bebiò la arena, *229,294*
Por ellas mas que por su arena rico, *229,1042*
Que vuela rei en su desnuda arena, *229,1069*
si el Sol abrasa la arena, *229,2668*
la arena abrasa la Luna. *229,2669*
Por la arena desnuda el Luco ierra, *230,2*
Pisa la arena, que en la arena adoro *261,373*
Pisa la arena, que en la arena adoro *261,373*
Besa la arena, i de la rota naue *263,29*
De Rèàles Palacios, cuia arena *263,126*
La fresca ierba, qual la arena ardiente *263,597*
Muros desmantelando pues de arena, *264,9*
La arena de las ondas repetida. *264,195*
Proxima arena de esa oppuesta plaia, *264,372*
Mucho theatro hizo poca arena. *264,771*
Te preste el paso en la arena *269,979*
Qual, di, barbara arena, *281,19*
Que su fee escribe en la arena. *287,22*
Sin inuidiar al Dauro en poca arena *289,3*
La arena enxuta, quando en mar turbado *294,13*
Que de Sebèto aun no pisò la arena, *318,124*
En Libica no arena, en varîâdo *318,214*

La perdiò su desseo en vuestra arena, *365,10*
Poca arena dexò calificada. *391,8*
Agonal carro por la arena muda *394,3*
Que entre montes, que cela el mar de arena, *399,13*
No fabrique mas torres sobre arena, *429,12*

Arenales *2*
De Libya los arenales; *63,228*
pisada en los arenales *229,2882*

Arenas *35*
Que arenas tiene esta plaia; *9,54*
I el rico Tajo en sus arenas cria; *36,8*
De arenas nobles, ia que no doradas! *51,4*
He visto blanquéàndo las arenas *54,9*
Hija al fin de estas arenas *57,55*
Las arenas de Pisuerga *62,2*
I sus remos hiriendo las arenas, *72,57*
Hazen montes de plata sus arenas; *77,81*
Que no logran las arenas *78,43*
Por rio de arenas de oro, *89,15*
Ia de Arlança las arenas *116,46*
Estas que de la barra a las arenas *166,14*
A los campos de Lepe, a las arenas *169,1*
Que escollo es, quando no Sirte de arenas, *196,7*
Entre escollos i arenas, *229,11*
Surcando ahora pielagos de arenas *230,29*
El Betis esta vrna en sus arenas *245,3*
A las arenas Ligurina haia, *261,442*
Lamiendo flores i argentando arenas, *261,502*
Restituir le haze a las arenas; *263,36*
Infamar blanquéàndo sus arenas *263,438*
Rastro en tus ondas mas que en tus arenas. *264,136*
Vomitar ondas i açotar arenas. *264,417*
Su genero noticia; pias arenas *264,510*
De la plaia, MICON de sus arenas, *264,532*
Lee quanto han impresso en tus arenas, *264,568*
Tantos en las arenas *264,941*
Puerta ia de las Lybicas arenas, *276,4*
Ô tu, que de Sebeto en las arenas *280,14*
Vn MAR, DONES oi todo a sus arenas. *290,14*
Si no por los que engendran sus arenas, *298,42*
Obscurecen sus aguas sus arenas, *317,3*
De Valencia inundaua las arenas *318,297*
Ô, a quantas quillas tus arenas solas, *318,379*
Si el Tajo arenas dora, *344,5*

Arenga *2*
a vuestra arenga discreta. *229,2581*
Con vna arenga prolixa *229,3534*

Argalia *1*
Pues la lança de Argalia, *91,41*

Argel *5*
I en el mar de Argel te espero. *39,50*
Tres galeotas de Argel, *132,2*
que tiene Argel, i que llaman *229,756*
Que a Argel su remo los conduzga mudo, *318,371*
Ô Argel! ô de rúînas Españolas *318,377*

Argenta *5*
El mar argenta, las campañas dora, *17,8*
Que argenta el ayre con su dulce vuelo. *229,24*
El pie argenta de plata al Lilybeo, *261,26*

I argenta el mar desde sus gruttas hondas *263,1029*
En quanto Febo dora o Cinthia argenta, *324,13*

Argentada *1*
Tras la garça argentada el pie de espuma; *264,749*

Argentado *2*
Despues que han argentado *229,1051*
De espumas sufre el Betis argentado *318,73*

Argentados *2*
De sus carcaxes estos argentados, *263,796*
De seis argentados punctos; *322,212*

Argentando *1*
Lamiendo flores i argentando arenas, *261,502*

Argentaron *1*
Argentaron el pantuflo. *322,160*

Argenteria *2*
Las hojas de argenteria *63,171*
La hecha si, uos tuuo argenteria, *430,12*

Argentes *1*
Ni el mar argentes, ni los campos dores. *17,14*

Argentò *2*
Me argentò de plata *50,63*
Argentò luna de menguante plata, *276,2*

Argos *7*
Que a Argos diera cuidado. *121,160*
vigilantes ojos de Argos *229,134*
Vees junto a ella aquel Argos sagrado, *229,2194*
Argos es siempre attento a su semblante; *261,292*
Hasta que el Argos del cielo *269,1652*
Argos de nuestra fee tan vigilante, *315,74*
Si no adormeciendo Argos *322,227*

Arguia *1*
Por solo que no te arguia *499,256*

Argûîamos *1*
Argûîamos tambien, *26,49*

Argumento *2*
Argumento i presumpcion *213,21*
Las auejas, con rudo no argumento, *324,3*

Argumentosa *1*
Si no argumentosa aueja. *275,40*

Arias *1*
Que el rocin de Arias Gonçalo, *96,18*

Arimandole *1*
Arimandole al trato cient cañones? *181,14*

Arion *2*
Ô dulce Arion, ô sabio Palynuro! *54,14*
Si no ai otro, qual a Arion, *161,154*

Arîòn *1*
Segundo de Arîòn dulce instrumento. *263,14*

Ariosto *2*
Verso es de el Ariosto. *229,389*
De versos de Ariosto i Garcilà, *468,2*

Arjona *1*
De Arjona i dèl Marmolejo. *49,72*

Arlança *2*
En Arlança son crystal. *116,4*
Ia de Arlança las arenas *116,46*

Arma *13*
Para appressurarle arma *9,32*
Quando tocaron al arma. *64,8*
Arma tus hijos, vara tus galeras, *72,77*
No os arma de desden, no os arma de ira, *138,2*

No os arma de desden, no os arma de ira, *138,2*
— Arma, arma, ensilla, carga! — Que? Arcabuces? *277,5*
— Arma, arma, ensilla, carga! — Que? Arcabuces? *277,5*
Se arma vuestra porfia *348,12*
Arma, arma, *354,19*
Arma, arma, *354,19*
Arma, arma, *354,41*
Arma, arma, *354,41*
Dudase con qual arma fuese muerto; *381,2*

Armaçon *1*
Viendo en ella tu armaçon, *351,23*

Armada *17*
Eres Deidad armada, Marte humano, *66,4*
La armada cabeça *79,74*
Ia en lo montes armada, *103,27*
Armada a Pallas veo, *156,31*
Huie de la que, armada de vna lyra, *196,12*
De tres arcos viene armada, *215,25*
I armada tema la nacion estraña. *220,14*
Que de vn cantarillo armada, *226,29*
Que de vn cantarillo armada, *226,42*
vna Bradamante armada, *229,3419*
I siempre armada boca, *230,8*
Al nieto Augusto, armada vn dia la mano, *230,87*
Tropa inquîèta contra el aire armada *264,716*
La aljaua armada, de impiedad el seno, *280,12*
En togado valor; digalo armada *318,18*
Labrò la guerra, si la paz no armada. *318,624*
Armada el ombro de plumas, *333,37*

Armadas *4*
Fieras naciones contra tu fee armadas, *72,8*
Suelen de armadas Réàles *97,39*
Esperanças armadas de paciencia". *114,24*
Las altas cumbres, con rigor armadas *163,2*

Armado *23*
Amor està de su veneno armado, *42,7*
En su theatro, sobre el viento armado, *44,10*
El que dos veces armado *49,17*
No mas armado que en carnes, *61,26*
Al que de sedas armado, *93,43*
Armado se esconde Amor *95,33*
Armado vuela, ia que no vestido? *139,4*
De paz vestido i de victoria armado; *156,8*
Que el mas armado anda en cueros. *167,40*
Està viuo i aun armado *178,3*
Mas de puntas armado de diamante; *184,10*
Que auejas tuuo el esquadron armado; *184,16*
I esquadron de acero armado *211,11*
Susurrante i armado *256,7*
Armado a Pan o semicapro a Marte, *263,234*
A duro toro, aun contra el viento armado: *264,21*
Menos de aljaua que de red armado; *264,423*
Beldad desnuda, con saber armado, *269,1232*
Armado lo oia el Marañon valiente, *318,14*
Confuso hizo el Arsenal armado *318,569*
De vno i otro que entra armado, *406,7*
Armado buelue mejor *413,25*
Tal se mostrò aquel dia al monte armado *499,100*

Armados *10*
Armados hombres queremos, *27,119*

Armados, pero desnudos. *27,120*
Sembrar de armados arboles i entenas, *72,54*
Estarè lleno de armados. *96,128*
Ojos de imbidia i de ponçoña armados. *119,8*
Donde armados de nieve los Trîònes *229,1026*
Bates los montes, que de nieue armados, *262,7*
Otros de escamas faciles armados, *264,103*
De espada votos, i de toga armados, *318,258*
Dos esquadrones viò armados *354,3*
Arman *2*
Arman a Helena en dos dias *122,17*
Le arman pauellones en el prado: *229,101*
Armando *1*
Que està armando la ballesta? *269,60*
Armar *4*
Duras redes manda armar, *178,18*
que, en armar contra la fee, *229,444*
la pueda armar de muger. *229,2517*
Armar de vn paues noble a vn pastor rudo? *429,6*
Armaron *1*
Si al animal armaron de Amalthea *263,204*
Armas *33*
Sè que te armas de diamante *26,97*
Mas con los que ciñen armas *26,117*
El solo en armas, vos en letras solo, *40,11*
Cuias armas siempre fueron, *63,129*
I no aueis menester armas". *64,40*
Las armas, los trîumphos, la Corona. *72,91*
Famosos son en las armas *78,1*
Bien a mal tus armas echas, *90,28*
A las armas, moçaluitos, *107,49*
Soberbias armas empuñe *110,51*
Dos hombres de armas i io *111,37*
Sus armas i su poder. *121,140*
Las prodigiosas armas de vn venado. *137,4*
De armas, vozes, i de perros *178,35*
Armas tus ojos, i tu lengua fuego: *229,289*
No en armas, dulce señora, *229,306*
Que si a las armas no, si no al funesto *230,74*
Sus armas enuainò todas *243,43*
(Media luna las armas de su frente, *263,3*
Quando torrente de armas i de perros, *263,223*
Mas armas introduxo este marino *263,374*
A cuias armas no flacas, *269,9*
No sirue al Rei, ni armas trata, *269,1505*
Las armas de mi semblante? *269,1521*
Sus armas temo enemigas? *286,32*
Quantas ia fulminò armas el Griego. *318,64*
Las armas solicita, cuio estruendo *318,347*
Armas de sañudo toro *319,6*
Las armas jugò de Tulio; *322,270*
Fiando a vn mirto sus armas, *355,45*
Armas que fulmine Amor. *390,8*
Con que armas piensa andar? Con solo vn dardo *499,96*
I armas que del coraçon *499,272*
Armase *1*
— Armase Hespaña ia contra auestruces? *277,8*
Arme *3*
la arme contra el Euangelio. *229,2096*
de que la ballesta se arme *229,2644*
Las arme de ingrato plomo. *357,100*
Armen *1*

Bacunos armen garitos *334,90*
Armenia *1*
Las sierras de Armenia, donde *269,1040*
Armeria *1*
El mejor de su armeria, *322,123*
Armigero *1*
Muere mostrando su furor armigero, *1,37*
Armiño *4*
De vn blanco armiño el esplendor vestida, *128,9*
El armiño, cuia nieue *269,54*
A quien esta piel de armiño *302,23*
La pureza del armiño, *378,5*
Armiños *5*
Grana el gauan, armiños el pellico *60,14*
Saliò el Sol, i entre armiños escondida. *100,9*
Cothurnos de oro el pie, armiños vestida. *146,11*
Nieve el pecho, i armiños el pellico, *229,1045*
Viste armiños por tropheo, *389,7*
Armò *3*
Armò de crueldad, calzò de viento, *261,66*
Rompieron los que armò de plumas ciento *263,423*
Su diente armò venenoso *357,66*
Armonia *26*
Que, embuelta en dulce armonia, *48,3*
Del aire con su armonia *63,91*
El blanco Clero el aire en armonia, *77,5*
Començando en armonia *78,51*
La armonia celestial, *95,46*
I el aire de la armonia *149,19*
Que la falsa armonia al Griego leño". *166,42*
Su armonia mortal, su beldad rara. *196,11*
porque su armonia consuela; *229,299*
Penden las trompas, pende la armonia; *229,2191*
La metrica armonia *256,50*
Al sueño da sus ojos la armonia, *261,183*
Al fresco, a la armonia i a las flores, *263,595*
La dulce de las aues armonia, *263,706*
De la virginal copia en la armonia *264,632*
De los cauallos ruda haze armonia, *264,736*
I de las Musas sueño la armonia *280,17*
Libaste en paz. Mas, ai, que la armonia *280,52*
Firme a las ondas, sordo a su armonia, *317,10*
Emula de las trompas su armonia, *318,5*
Leuantème a la armonia, *331,30*
Fileno en tanto, no sin armonia, *340,9*
A cuia casta armonia *353,25*
Libandole en la armonia *389,27*
Poca es mi armonia *389,54*
A tanta luz que vieron su armonia. *472,8*
Armonìa *1*
Cuia súàue metrica armonìa *172,3*
Armonîòsas *1*
Armonîòsas lagrimas al choro *291,7*
Armonîòso *2*
Si armonîòso leño sylua mucha *290,12*
Trompa luciente, armonîòso trueno; *318,100*
Arnes *2*
Del mas bien templado arnes, *226,50*
Arnes de huesso, donde *264,84*
Arneses *4*
I para arneses de vidrio *26,99*

I aquel Dios que calça arneses, *59,20*
I a la de tus arneses fiera lumbre, *72,10*
Que mucho si frustrò su lança arneses, *337,9*
Arno *1*
De el Arno los silencios, nuestro Sando *318,346*
Aroma *4*
Ai quien distile aroma tal, en vano *248,7*
Fragrante productor de aquel aroma *263,492*
I el dulcemente aroma lagrimado *318,243*
De nuestra paz o de su aroma ardiente, *318,530*
Aromas *7*
A no estar entre aromas Orientales, *135,6*
Que ia de aromas, ia de luces, tanto *246,11*
En caxas los aromas de el Sabeo, *261,443*
Que qual la Arabia madre vee de aromas *263,922*
Cuio thumulo son aromas tantas: *272,4*
De los aromas que llorò el Oriente; *362,4*
Mas porque a las aromas deliciosa *467,7*
Aromatica *2*
Pyra, no de aromatica arboleda, *247,3*
La aromatica selua penetraste, *263,461*
Aromaticos *2*
De aromaticos leños construida, *364,2*
No aromaticos leños, sino alados. *402,11*
Aros *1*
Sin topar aros de casa, *81,43*
Arpia *1*
Menos tiene de musa que de arpia. *471,8*
Arpinas *1*
O el de Arpinas dulcissimo Abogado, *244,2*
Arquear *1*
Apenas arquear las cejas pudo; *263,1000*
Arquero *8*
De el rapaz arquero, *50,22*
El arquero Dios. *80,34*
Mandadero era el arquero, *94,1*
Mandadero era el arquero, *94,11*
Mandadero era el arquero, *94,21*
Mandadero era el arquero, *94,31*
Mandadero era el arquero, *94,41*
Dèl arquero desleàl. *95,40*
Arra *1*
Sin arra de su fee, de su amor seña, *318,327*
Arrabal *2*
A vista del arrabal, *288,56*
Viuen en este arrabal, *495,2*
Arrabales *3*
No os ronde los arrabales. *110,64*
Arrabales son del Pardo. *167,10*
Todas son arrabales estas Villas, *443,5*
Arracada *1*
Arracada de su aldea, *226,19*
Arraianes *1*
De murtas i de arraianes *63,158*
Arraiga *1*
Torpe se arraiga. Bien que impulso noble *263,1002*
Arraigados *1*
Qual pinos se leuantan arraigados *263,976*
Arraihan *2*
A vn verde arraihan florido *149,91*
Deuaxo de vn arraihan. *226,12*
Arrancalle *1*

baxème para arrancalle, *229,2360*
Arrancar *1*
me dixo, sin arrancar *229,2354*
Arras *2*
Tantas arras sabe dar *206,2*
Arras de el animoso desafio *263,985*
Arrastra *1*
Aun la que arrastra purpura flamante. *315,76*
Arrastrados *1*
Mal conducidos, quando no arrastrados, *261,163*
Arrastrando *2*
Arrastrando alli eslabones *285,29*
Arrastrando luengos lutos *322,486*
Arrastrar *2*
I a arrastrar cadenas — ". *79,120*
Arrastrar colas de potros *83,94*
Arrastrarè *1*
Arrastrarè cantando, i su rûìdo *400,3*
Arrastraua *1*
I tus prisiones ia arrastraua graues; *264,566*
Arrastre *1*
Que vn gozque arrastre assi vna executoria *68,12*
Arrastrò *2*
Quien tus señas arrastrò. *269,1349*
Los eslabones arrastrò de ausencia. *318,168*
Arrebata *3*
Al aire se arrebata, violentando *263,1007*
Tremula si veloz, les arrebata, *264,514*
No a Deidad fabulosa oi arrebata *338,9*
Arrebatado *3*
I arrebatado a su cielo, *106,14*
El jouen, al instante arrebatado *263,734*
Si arrebatado mereci algun dia *318,1*
Arrebatamiento *1*
Señas diera de su arrebatamiento, *263,749*
Arrebate *1*
O os arrebate algun buelo. *269,1141*
Arreboça *1*
Que de embustes arreboça *229,2934*
Arrebolada *1*
Arrebolada i podrida, *86,18*
Arrebolado *1*
A lo palido no: a lo arrebolado; *261,84*
Arreboles *2*
Que a las nubes borrais sus arreboles, *76,2*
Ven, Hymeneo, donde entre arreboles *263,780*
Arreboza *1*
su propio nombre arreboza. *229,729*
Arrebozò *1*
Se arrebozò luego en ella, *161,103*
Arremete *1*
Con el mulato arremete, *88,96*
Arrendàra *1*
arrendàra la alcauala, *229,676*
Arrepentida *2*
Tocò la plaia mas arrepentida, *43,2*
Pues en su daño arrepentida tarde, *392,5*
Arrepentido *4*
Haste arrepentido acaso *10,13*
Arrepentido, i aun retrocedente. *264,16*
Arrepentido tarde, *264,153*
Siempre oluidado, nunca arrepentido; *499,18*
Arrepentimiento *2*

I del arrepentimiento, *87,84*
Humo o arrepentimiento. *204,30*
Arrepintiò *1*
I luego se arrepintiò *208,4*
Arriano *1*
La fiera espada honrò dèl Arriano; *77,37*
Arriba *6*
De el bigote para arriba, *74,38*
Rio abaxo, rio arriba, *149,51*
Sube arriba, i lo sabràs. *229,1838*
O alguna vena desatàra arriba; *229,2161*
Griego al fin. Vna en tanto, que de arriba *264,915*
Subamos, Carillo, arriba, *310,10*
Arrima *3*
Que arrima a vna guitarrilla *88,31*
A ese marmolo te arrima. *207,23*
Arrima a vn frexno el frexno, cuio acero *262,13*
Arrimado *1*
Arrimado tal vez, tal vez pendiente, *318,630*
Arrimarle *1*
que, al arrimarle la espuela, *229,642*
Arrime *1*
Que vn leño se arrime al fuego *301,78*
Arrimense *1*
Arrimense ia las veras *26,5*
Arrisca *1*
Todo esta noche se arrisca. *229,2530*
Arriscadas *1*
I en altas i arriscadas occasiones, *464,5*
Arrobas *1*
de catorce mil arrobas; *229,2973*
Arrobera *1*
Desta piedad fue vn angel la arrobera; *459,5*
Arrocinado *1*
Arrocinado de cara *62,7*
Arrocinados *1*
Authores arrocinados), *96,52*
Arrogan *1*
Vencedores se arrogan los serranos *263,562*
Arrogancia *5*
Mas quando su arrogancia i nuestro ultrage *72,59*
Que de arrogancia se paga, *93,37*
Si ya tu arrogancia es *226,36*
De Arachnes otras la arrogancia vana *263,838*
Veneciana estos dias arrogancia, *318,549*
Arrogandose *3*
Arrogandose margenes segundos, *230,21*
Fulgores arrogandose, presiente *315,9*
Siglos de oro arrogandose la tierra, *318,271*
Arrogante *4*
Oi, arrogante, te ha brotado a pares *71,5*
Arrogante esplendor, ia que no bello, *263,310*
El Sol, quando arrogante jouen llama *263,982*
Arrogante, i no ia por las que daua *264,818*
Arrogantes *1*
Menosprecian, arrogantes, *216,26*
Arroio *23*
Fresca cueua, arbol verde, arroio frio, *33,8*
Del arroio de los sauzes; *216,24*
Caluroso al arroio da las manos, *261,209*
En el arroio myrtho leuantado, *261,242*
De el lento arroio emmudecer querria. *261,268*
Sobre vn arroio de quexarse ronco, *263,241*

El ia sañudo arroio, ahora manso. *263,343*
Del perezoso arroio el passo lento, *263,542*
De donde es fuente adonde arroio acaba. *263,561*
Da el fuego luzes i el arroio espejos. *263,662*
Fanal es del arroio cada honda, *263,675*
Entrase el mar por vn arroio breue *264,1*
De arroio tan obliquo, que no dexa *281,29*
Deste arroio, *301,33*
Al arroio van: *350,2*
El arroio espera *350,5*
Arroio desciende claro, *356,4*
De donde comiença arroio *357,10*
El crystal de aquel arroio, *378,29*
Arroio, en que ha de parar *497,1*
Arroio, en que ha de parar *497,16*
Arroio, en que ha de parar *497,31*
Arroio, en que ha de parar *497,46*
Arroios *6*
Donde mil arroios cruzan *26,18*
I de los arroios *65,127*
Arroios prodigiosos, rios violentos *108,6*
Arroios de mi huerta lisongeros: *203,4*
Duque sois de los arroios *334,3*
Arroios que ignoran breues *358,13*
Arroiuelo *8*
Dulce arroiuelo de corriente plata *16,2*
Bullir sintiò del arroiuelo apenas, *261,218*
Tantas al fin el arroiuelo, i tantas *263,259*
Emulo el arroiuelo desatado *263,276*
Mientras el arroiuelo para oìlla *263,558*
Dulce arroiuelo de la nieue fria *339,1*
Dulce mas que el arroiuelo *349,17*
Al son de vn lento arroiuelo *499,321*
Arroiuelos *1*
Bien sean de arroiuelos, bien de rios, *454,2*
Arrojadizo *1*
El aire con el frexno arrojadizo; *264,483*
Arrojado *1*
Me han arrojado aqui ahora. *269,1753*
Arrojome *1*
Arrojome a tu saliua, *269,309*
Arrojòse *1*
Arrojòse el mancebito *75,1*
Arrollad *1*
Arrollad, Musa, vuestro pergamino, *436,13*
Arrollado *1*
Vn pergamino arrollado *418,38*
Arrollando *1*
Falsamente arrollando en su balija, *269,397*
Arrollò *1*
Que arrollò su espolon con pompa vana *264,71*
Arrope *2*
medio arrope, i medio aloja, *229,1218*
Que vuestras suauidades son de arrope. *427,4*
Arrugadas *1*
Encogidas i arrugadas. *29,40*
Arrugado *1*
Ô que arrugado que sale *229,1474*
Arrulla *1*
Donde zelosa arrulla i ronca gime *264,270*
Arrullando *1*
Recibete arrullando, *129,5*
Arrulle *1*
Arrulle tus niñerias. *269,560*

Arrullo 2
De algun arrullo ronco; *129,12*
El ronco arrullo al jouen solicita; *261,321*
Arrullòla *1*
Arrullòla qual palomo, *228,95*
Arrullos 5
I a las tortolas de arrullos. *27,64*
Los arrullos gemidores! *131,88*
Mas arrullos escoge, i menos pluma. *229,1071*
Si a los arrullos de Camilo vn robre *229,1078*
I a las amas los arrullos. *322,36*
Arsenal *1*
Confuso hizo el Arsenal armado *318,569*
Arte 25
Pues fuistes cada qual vnico en su arte: *40,10*
Naturaleza del arte, *63,68*
Mas de el arte dicen que es *63,95*
Que a los Christianos ojos, (no sin arte), *72,64*
Que le confessarè de qualquier arte, *152,12*
Que nunca dexò en su arte *186,6*
las que te tienen de esa arte, *229,67*
I de la arte que embaraza *229,170*
I con arte no poca, *256,44*
En el pastor mentidos, que con arte *263,235*
Solicitan su pecho a que, sin arte *264,638*
La admiracion que al arte se le deue, *264,706*
De nuestro arte, i mas a mi, *269,1904*
Arte, i el arte estudio, Iris colores, *274,10*
Arte, i el arte estudio, Iris colores, *274,10*
Moradas, Diuino el arte, *275,37*
Todo va con regla i arte; *275,117*
Que, a Dios gracias, arte i regla *275,118*
I las que informò el arte *298,22*
Que engendre el arte, anime la memoria, *318,30*
No la arte que sudando estudíosa, *368,9*
Iardinero cultiba no sin arte: *404,6*
Que no sin arte religion impura *426,3*
Ia por el arte diuina *487,9*
Pues las dos ganais de vn arte: *499,345*
Artero *1*
vno es mazo, otro es artero. *229,1784*
Artesa 2
Siembra en vna artesa berros *126,54*
la artesa quisiera ser. *229,261*
Arteson *1*
De el arteson dorado, *229,96*
Articulado 2
"Si de aire articulado *264,116*
Prision del nacar era articulado *341,1*
Articular *1*
El nombre articular que mas querria, *261,250*
Articulò *1*
Articulò Amor cristales, *389,12*
Articulos *1*
como articulos Thomistas, *229,602*
Artifice 7
De artifice Cordobes, *78,48*
Este artifice de engaños, *96,148*
De artifice excelente, *103,70*
I artifice texiò la Primauera, *261,316*
Obras ambas de artifice prolixo, *261,458*
Artifice gentil de dobladuras *263,859*
Sincel hecho de artifice elegante, *312,2*
Artificio 7

Por el estraño artificio, *89,6*
No perdona el gusano al artificio: *229,98*
Porque es el artificio de vn perjuro *229,1941*
Vrna es sagrada de artificio raro, *229,2166*
En la materia i en el artificio *229,2200*
No moderno artificio *263,97*
Dos son las choças, pobre su artificio, *264,200*
Artificiosa 2
Si artificiosa no, su honesta hija. *261,160*
Venciò su agilidad, i artificiosa *264,268*
Artificiosamente *1*
Artificiosamente da exhalada *263,649*
Artificiosas *1*
O qual por manos hecha artificiosas *18,3*
Artificioso 2
Lo artificioso que admira, *214,21*
Mal remedio artificioso. *242,114*
Artilleria 2
Para tanta artilleria *55,26*
— No, que en ladrando con su artilleria, *183,12*
Arto 2
en copa arto bien dorada. *229,455*
Desde el adusto Can al gelido Arto. *318,436*
Arturos *1*
De Arturos, de Eduardos i de Enricos, *72,42*
Asado *1*
Asado viuo por vos, *74,113*
Asador *1*
Sino el asador traduxo *322,428*
Ascalapho 2
A los ojos de Ascalapho, vestido *263,990*
Alas desplegò Ascalapho prolixas, *264,887*
Ascendencia *1*
I para ascendencia *160,126*
Ascendiendo *1*
Les responden, la ecliptica ascendiendo. *264,734*
Ascendiente 2
Del pellico a la purpura ascendiente, *250,7*
Que ascendiente pio de aquel *322,497*
Ascension *1*
Deuida a tanta fuga ascension tanta. *298,48*
Asciende 2
Asciende, en cuia poderosa mano *318,203*
A la region asciende esclarecida, *364,6*
Asegundaba *1*
Le asegundaba vn puñete. *88,104*
Asentia *1*
Con el hijo asentia en el afeto, *318,223*
Aserrado *1*
De el Monte dirigieron aserrado, *318,330*
Aserrar *1*
Aserrar quisiera escollos *268,25*
Asferas *1*
Saudade a asferas, e aos penedos magoas. *118,14*
Asga *1*
Que os asga la oreja. *160,38*
Asi 9
I asi, la dexè vn mulato *82,101*
Que me sabe asi? *213,7*
Que me sabe asi? *213,16*
Que me sabe asi? *213,25*
Como asi la inuidia, en quanto *283,5*
Las horas accusando, asi inuocaua *340,10*

Dexa de acabar asi, *375,10*
Oro no raiò asi flamante grana *395,1*
Que musa que asi agarra vna distancia *471,7*
Asintiò *1*
Asintiò el Duque entonces indulgente, *318,626*
Asiste 2
A los giros bolubiles que asiste, *318,446*
La que a Pedro le asiste quanta espada *318,563*
Asistir *1*
Asistir quisieron todos *389,29*
Asno 4
I el asno del hombre *56,36*
"Ensillenme el asno rucio *59,1*
— Bebiòme vn asno aier, i oi me ha meado. *71,14*
I la Alcaidesa en vn asno, *228,74*
Asò *1*
De palo si, le asò ia; *208,21*
Asombres *1*
De los tales no te asombres *91,30*
Asonante *1*
Perdonen, que el asonante *334,77*
Aspa *1*
Buscan os el aspa, *160,89*
Aspecto 2
En el aspecto celestial se lea, *54,8*
cuio aspecto, aunque no hable, *229,904*
Aspeleta *1*
De Don Gaspar de Aspeleta. *486,4*
Aspera 4
Aspera como su pueblo, *87,56*
De aspera, inuencible, *127,7*
que es aspera la ciudad. *229,3072*
Que el Xucar laua en su aspera ribera. *459,8*
Asperas 2
Entre estas cumbres asperas, que es esto, *229,2218*
Quanto las cumbres asperas cabrio *261,46*
Aspereça *1*
La aspereça de ese cerro, *87,22*
Aspero 4
tan aspero como aqueste. *229,1321*
Mas aspero mi hijo es. *229,3073*
La fatiga del aspero camino. *465,4*
Del basto monte el aspero costado, *499,82*
Asperos *1*
Cueuas profundas, asperos collados, *476,13*
Aspid 12
Aspid al vezino llama *105,71*
A vn aspid la inuidia torpe, *131,86*
De el aspid que oi entre los lilios mora, *139,6*
Flores al aspid breue *229,100*
aspid le has hecho crúèl, *229,1605*
Ia que no aspid a su pie diuino, *261,131*
El aspid de el intonso prado ameno, *261,282*
El aspid es gitano; *263,111*
De vuestros años, aspid duerma breue *292,2*
Heluidsàno aspid, no pequeño. *315,28*
Que no ai aspid vigilante *322,271*
Tanto, que el aspid no la oreja sella, *424,7*
Aspides 4
A pesar luego de aspides volantes, *263,419*
Aspides mas que en la region del llanto; *263,929*
Sierpes del Ponto i aspides del Nilo, *280,26*

Que los aspides frios que alimenta. *318,8*
Aspira *3*
Cancion, pues que ia aspira *72,86*
Con tanta obligacion no aspira a tanto. *203,90*
De el casi tramontado Sol aspira, *261,277*
Aspiran *1*
hermanos suios, aspiran *229,618*
Aspirante *2*
I aun aspirante a ser Rei. *217,40*
I aun a titulo aspirante, *413,11*
Aspiren *1*
Que aspiren a ser leones *334,69*
Assado *3*
Le exprimieron al assado *74,123*
Valgan cocido i assado". *96,92*
Donde algun martyr assado *107,79*
Assador *1*
Que en el assador rebiente, *7,15*
Assaeteado *1*
Tan assaeteado estoi, *90,23*
Assais *1*
Assais por quien, alguna noche clara, *153,10*
Assalto *1*
A que el galan diesse assalto *228,162*
Assan *1*
La cuecen i assan todos, *58,19*
Assas *1*
I de vino hasta las assas, *88,55*
Asse *1*
Porque de sus carneros algo le asse. *436,11*
Assechanças *1*
Tiñeron mal zelosas assechanças, *175,6*
Assegura *3*
Porque el Amor le assegura, *106,23*
que centellas assegura *229,1145*
El peligro se assegura. *269,1809*
Asseguran *1*
Porque asseguran los ojos *91,50*
Assegurar *1*
Se lo podrà assegurar, *226,120*
Asseguras *1*
Que matas i que asseguras, *26,86*
Assegurase *1*
Assegurase el desseo, *95,37*
Assegure *1*
Assegure nuestro amor *269,1527*
Asseguro *1*
Si no lo estàs, io asseguro *249,8*
Assegurò *1*
Le assegurò i le diò vn bello *228,99*
Assentada *1*
tienes con Iulio assentada, *229,2983*
Assentaderas *1*
I el Frances assentaderas. *73,20*
Assentò *1*
me assentò con vn vecino. *229,3284*
Asseo *2*
Con mayor ceremonia o mas asseo. *229,42*
Vuela sin orden, pende sin asseo; *261,60*
Asserrado *1*
Sino recien asserrado. *228,120*
Assi *86*
Porque piensan, (i es assi), *3,14*
No crea mi dolor, i assi es mi fruto *19,13*
I assi, en tantos enojos, *25,23*

Que assi halle al que tu buscas. *26,92*
I assi, aunque me hagan guerra, *28,69*
Assi cubra de oi mas cielo sereno *30,5*
I assi la fama, que oi de gente en gente *40,5*
Assi del Sol Estiuo al raio ardiente *46,5*
I assi bese, (a pesar del seco Estio), *46,9*
I assi, pues que triumphas *50,21*
Cuia ceruiz assi desprecia el iugo, *53,13*
Iuntos assi nos criamos, *57,61*
Le dice assi: "Mi señora, *64,43*
Porque assi se ahorran *65,59*
Assi desde entonces *65,141*
I assi es desde entonces *65,173*
I assi entiende el Mappa *65,197*
Que vn gozque arrastre assi vna executoria *68,12*
Que assi de su fuego cuide *75,30*
"Assi quiera Dios, Señora, *78,73*
Que, ia que quedaba assi *82,98*
No ai cosa que assi consuele, *85,19*
I assi, la incierta derrota *106,27*
I assi, guardo mi persona *110,9*
I assi ha corrido siempre mui trassero. *151,8*
I assi le afiançaron oi. *161,44*
Abreuian, i assi en ellos *166,21*
I assi, es bien entre con flores. *190,10*
No gasta assi papel, no paga porte *203,103*
I assi, este Verano, Dios *223,5*
Le haze decir assi: *226,100*
Llamò assi muchas mas piedras *228,47*
I assi, no sè donde fueron *228,61*
I assi mi vida se allana, *229,78*
I assi os tomo la palabra *229,206*
Assi lo quedàra io *229,667*
porque a Fabio assi le nombran *229,809*
Assi de los dos cegàras. *229,1179*
la enamoraron assi, *229,2319*
examinandole assi. *229,2433*
Tadeo, no es esto assi? *229,3271*
Representò assi Nauarro? *229,3393*
Nunca lo estuuiera assi. *229,3497*
Puntúàlmente fue assi. *243,36*
No el aue Reina assi el fragoso nido *261,261*
De liebres dirimiò copia assi amiga, *261,479*
Restituien assi el pendiente arado *263,850*
Eral loçano assi nouillo tierno, *264,17*
De jardin culto assi en fingida gruta *264,222*
Que manda se quede assi *269,13*
I assi es bien que no me halle. *269,532*
I assi, señora, el hablarte, *269,577*
Amigo, assi os guarde Dios: *269,714*
Si, Doctor, assi io viua, *269,771*
Si ello assi estaua dispuesto. *269,864*
Casilda, harèlo assi. *269,1178*
I assi en mi bolsa he dado *269,1234*
I assi, de satisfacion *269,1318*
I assi, del lecho me guardo, *269,1332*
Assi se desdeña ia *269,1480*
Lucrecia, assi Dios me guarde *269,1586*
I siendo como es assi, *269,1852*
En Griego nos dize assi: *269,1909*
I assi como tanto va, *269,1922*
Como assi? Como harà, *269,1993*
I assi, "quod scripsi, scripsi". *275,127*
Sotès, assi os guarde Dios, *282,1*

I assi, infiero que la tos, *282,5*
Turbada assi de Thessalo conjuro *315,5*
A mi amo agradè assi, *372,3*
Assi a mi ama agradè. *372,4*
Pues lo ha querido assi la suerte mia, *398,2*
Mata el veneno. I assi el docto coro *424,10*
A tordos que assi saben sus dormidas, *436,5*
Assi goze el galan iluminado, *445,3*
Dixo; i assi el theatro numeroso *451,13*
Assi con tu sabia ciencia *487,3*
I assi tropieças en tantos *497,29*
Assi, pues, quando a este braço quiere *499,40*
Assi que todo haze un dulze ierro, *499,90*
I assi por mi cuenta hallo *499,128*
I assi, pues que te cansò *499,160*
Assi lo puedes creer, *499,177*
Como assi? Cintia hermosa, *499,224*
En ello, que assi porfias. *499,269*
I assi, perdonale el daño, *499,344*
Assida *1*
Ô espada sobre mi de vn pelo assida, *23,7*
Assido *1*
me lleua a Camilo. Assido? *229,662*
Assiste *4*
Solo assiste, por mi mal, *269,546*
Que do assiste tu persona *269,1808*
Assiste al que dos mundos, garçon bello, *360,5*
Su memoria en qualquier region la assiste; *365,11*
Assistencia *1*
Mi assistencia, pues, en casa *229,2310*
Assistia *1*
Amor, que les assistia, *322,273*
Assistido *1*
Espiritu assistido! *421,15*
Assistiò *1*
Si ociosa no, assistiò naturaleza *270,1*
Assisto *1*
Assisto con vna luz *269,474*
Assò *1*
Assò intrepido la mano, *322,427*
Assoma *2*
Porque la salud se assoma *86,15*
Subamos donde ia assoma *310,11*
Assoman *1*
Se assoman llorando a verlo. *49,76*
Assombrada *1*
Ceñida, si assombrada no, la frente *260,1*
Assombradiza *1*
Tan assombradiza me halla? *229,2742*
Assombrado *1*
Hala assombrado algun bu? *269,373*
Assombre *1*
Que de el nouio no me assombre *229,2740*
Assombro *5*
Qual darà maior assombro, *212,16*
de ser (con igual assombro) *229,123*
Pues no fue marauilla, i es assombro! *229,1538*
a las fieras es assombro *229,2904*
Si carga no i assombro. *263,308*
Assopros *1*
Do Austro os assopros e do Oceàm as agoas; *118,11*
Assuela *1*

Que assuela lo que el solò, *122,9*
Assumpto *3*
i el assumpto es estremado. *229,3333*
Alto assumpto, materia esclarecida, *279,4*
Fauorecieres mi assumpto". *322,252*
Astilla *1*
— Mas respeto me tienen: ni vna astilla. *70,8*
Astillas *1*
Menos quizà diò astillas *264,386*
Astolfo *1*
Me ha comunicado Astolfo *83,86*
Astorga *1*
De los Ossorios de Astorga, *121,138*
Astrea *1*
Astrea es de las vidas en Buitrago, *318,395*
Astrèa *1*
Sus balanças Astrèa le ha fiado; *251,8*
Astro *1*
Hiziera vn Astro, deformando el mundo, *318,399*
Astrolabio *1*
Tiene su Astrolabio *65,217*
Astrologa *1*
I de astrologa contera, *98,34*
Astrologia *4*
En Astrologia *65,214*
Buena està la Astrologia. *229,426*
La Astrologia de Oriente, *309,3*
La Astrologia de Oriente, *309,31*
Astrologo *3*
de Astrologo ha de tener *229,413*
io Astrologo: plega a Dios *229,679*
porque io Astrologo soi. *229,1169*
Astrologos *1*
quantos Astrologos maman *229,1166*
Astronomicos *1*
Tantos luego Astronomicos presagios *263,453*
Astros *2*
De estrellas fijas, de Astros fugitiuos, *263,1082*
Astros de plata, que en lucientes giros *318,519*
Astuto *3*
Sus bellos miembros a Siluano astuto, *318,86*
Lo que dilatàra astuto; *322,202*
Los vestigios pisar del Griego astuto? *326,3*
Asumpto *1*
El que a tan alto asumpto delegido, *318,603*
At *1*
"At Carmen potest produci", *275,121*
Ata *7*
De alamos, las ata *140,5*
vna bolsa, que el bien ata, *229,2603*
Piloto el interes sus cables ata, *230,58*
Sesenta doblones ata *269,1684*
La sangradura le ata, i se retira. *313,19*
Vinculo de prolixos leños ata *318,482*
De ciego, en la que le ata *322,207*
Atabales *1*
Ia que no con atabales, *161,19*
Atacando *1*
Consiguiolo, i atacando *288,65*
Atacò *1*
Con que atacò el arcabuz? *269,50*
Atada *1*
I atada al braço prenda de Niquea; *113,4*
Atadas *1*

Si ia al metal no atadas, mas luciente. *361,4*
Atado *2*
Pòèma, si no a numeros atado, *232,2*
Atado el Betis a su margen para. *402,8*
Atados *2*
Que de rios dèl yelo tan atados, *120,4*
Cespedes, de las ouas mal atados. *264,970*
Atajo *2*
Por la fragosa cuerda del atajo *263,337*
Por atajo mas facil i seguro *472,6*
Atalaia *3*
En el mirar atalaia, *87,47*
Linterna es ciega i atalaia muda. *261,344*
A la solicitud de vna atalaia *264,943*
Atalaias *3*
A las mudas atalaias, *64,14*
Las atalaias los fuegos, *64,15*
Haziendole atalaias de el Occaso *263,640*
Atalanta *1*
Dulces pomos, que al curso de Atalanta *263,863*
Atambores *1*
Son sus roncos atambores, *131,98*
Atando *1*
Atando las agugetas, *73,130*
Atar *1*
Para atar mi voluntad, *269,1087*
Ataud *5*
Tal sea el ataud de mi mortaja, *182,3*
son varas de su ataud *229,960*
Occuparà el ataud. *269,508*
Visperas del ataud; *269,1964*
La noche ataud me dio; *375,6*
Atáùd *2*
El plomo dèste atáùd: *235,4*
Que os lleuarà al atáùd *282,6*
Atè *1*
Humilde en llegando atè *331,56*
Atemoriza *1*
Vuestra Troia atemoriza, *269,1583*
Atenciones *1*
En atenciones timidas la deja *366,13*
Atengo *1*
(De Chronographos me atengo *322,495*
Atenta *1*
Atenta escuchò la moça *74,117*
Atento *6*
Atento a sus demasias *78,17*
Atento, a quien doctrina ia cetrera *264,944*
Al regimen atento de su estado, *318,137*
Al seruicio el Marques, i al bien atento *318,338*
De el Duque atento, cuia diligencia, *318,546*
Dexad que os mire aquel que atento os viere, *470,12*
Atheista *1*
Atheista su caudal. *416,24*
Athenas *1*
Construieron Salon, qual ia dio Athenas, *318,463*
Athlante *10*
Hurtalle el officio a Athlante; *63,20*
Desde el Frances Pirenne al Moro Athlante, *72,2*
Ô paredes, con quien el fuerte Athlante, *229,16*
I las faldas besar le haze de Athlante. *230,6*

Cauernas del Athlante, a cuios eccos *230,33*
Hazer de Athlante en la syluosa cumbre, *230,88*
Del Hespañol Athlante, *256,21*
Aun las espaldas de Athlante, *259,75*
De quien timido Athlante a mas lucida, *298,46*
Por las faldas del Athlante, *356,1*
Atinas *1*
Ciego que apuntas, i atinas, *2,1*
Atizen *1*
Que, a poco que les atizen, *495,6*
Atlante *1*
Estos peñascos, como lo vio Atlante, *459,13*
Atlantico *1*
Dèl Mauritano mar al mar Atlantico, *1,11*
Atò *2*
A la cola de vn perro atò por maça, *68,3*
Las cintas se atò del manto, *228,182*
Atomo *1*
Atomo no perdones de propicia. *421,71*
Atomos *2*
Que al Sol niegan los atomos subtiles? *229,2197*
Aun a los atomos puros. *322,100*
Atonita *1*
La inuidia dexa atonita *1,17*
Atractiuo *1*
O que atractiuo diapalma *269,954*
Atraillado *1*
De vn cordon atraillado *215,29*
Atras *6*
I atras el aire dexas; *125,31*
dexandote el viento atras. *229,649*
Bueluase la pluma atras, *269,1958*
Lo que pendiendo de atras *288,62*
Aun la del Phenix atras. *310,17*
Para dexarsela atras. *387,10*
Atràs *3*
Los ojos atràs voluiendo *49,98*
El cogote atràs, *65,35*
Ia se va dejando atràs *75,5*
Atrauesado *4*
Del osso que aun besaua, atrauesado, *262,20*
Que atrauesado remolcò vn gran sollo. *264,505*
De tu lança llegar, atrauesado *280,44*
Corcillo atrauesado. Restituia *311,10*
Atrauesaron *1*
Atrauesaron a España *73,33*
Atrauesarse *1*
Lo muestra en atrauesarse *110,38*
Atrauessado *1*
Muere al fin atrauessado, *178,37*
Atrauessè *1*
Atrauessè a Picardia, *74,98*
Atrauiese *1*
I quiera Dios que se atrauiese vn perro. *113,14*
Atrauiessa *1*
I otro el basto os atrauiessa, *168,22*
Atreguada *1*
Con vna Dama atreguada, *93,16*
Atreue *4*
Llegaron luego donde al mar se atreue, *264,302*
Ierba producir se atreue *301,2*
Deuorador sacrilego se atreue *315,71*
Mas aduertida, quando mas se atreue. *456,11*

Atreuen *2*
I a gemir no se atreuen *114,3*
A la campaña se atreuen, *333,14*
Atreuida *1*
Atreuida se dio al viento *284,5*
Atreuido *5*
Al atreuido passo de la gente, *146,2*
Este atreuido cantar: *226,24*
Quando al clauel el jouen atreuido *261,331*
Cuio buelo atreuido, *264,139*
Volando en cera atreuido *357,19*
Atreuiera *1*
Se atreuiera su buelo *264,900*
Atreuieron *1*
A Baccho se atreuieron en sus plantas. *261,468*
Atreuimiento *4*
I las reliquias de su atreuimiento *32,13*
A vuestro seno illustre, atreuimiento *164,7*
Con tantas del primer atreuimiento *263,439*
Infamò su atreuimiento; *284,8*
Atreverme *1*
Atreverme, pues son mias, *269,1839*
Atribúïa *1*
Atribúïa la palma, *26,43*
Atribuie *2*
Que a las de el Ponto timido atribuie, *263,600*
Quien el golpe atribuie a Durindana, *381,5*
Atribuirme *1*
Bien puedes atribuirme *384,38*
Atribula *1*
Eso poco la atribula, *269,639*
Atributo *1*
Le desmienta el atributo *322,206*
Atroces *1*
No en circos, no, propuso el Duque atroces *318,505*
Atrocidad *1*
Sus filos atrocidad *376,31*
Atropella *3*
Praza! Quien nos atropella? *309,6*
Los elados rigores atropella. *456,8*
I qualquiera la atropella *493,28*
Atropellada *1*
dexame aqui atropellada *229,1572*
Atropos *1*
De Atropos aun no el rigor *258,5*
Atroz *1*
A escribir del cuñado el atroz hecho *41,7*
Attencion *8*
Con pîèdad i attencion, *6,74*
Con attencion la miraua, *10,54*
De quien con attencion no sea escuchada *33,3*
Con gusto el jouen i attencion le oìa, *263,222*
Que la attencion confunden judiciosa. *263,1053*
Que en la attencion modesta fue alegria, *336,13*
La attencion toda: no al objeto vano *368,15*
Os cobraua mi attencion! *390,28*
Attenta *3*
que tras de el zaguan attenta *229,926*
De sitio mejorada, attenta mira, *261,273*
Quanto la vieja attenta a su regalo. *313,3*
Attentado *1*
El garçon, i lo attentado *322,263*
Attento *8*

El oido attento, *50,54*
Firme en la silla, attento en la carrera, *113,13*
Ocio attento, silencio dulce, en quanto *261,18*
Argos es siempre attento a su semblante; *261,292*
Attento sigue aquella, *263,70*
Mas a su daño el esquadron attento, *264,872*
Attento al pleito de su litigante, *313,27*
Mas procede al polo attento. *384,24*
Attentos *2*
Pues tráes los espiritus attentos *44,5*
Escuchadme vn rato attentos, *58,1*
Atthesora *1*
Que la Arabia en sus venas atthesora *36,7*
Attico *1*
Attico estylo, erudicion Romana. *431,8*
Attractiua *1*
En esta pues fiandose attractiua, *263,393*
Attraer *1*
Attraer pudo, vocal RISCO attraia *290,13*
Attraia *1*
Attraer pudo, vocal RISCO attraia *290,13*
Attribúïdo *1*
Mas o menos nudoso attribúïdo, *264,411*
Attribuie *1*
No al Cyclope attribuie, no, la offrenda; *261,233*
Atun *1*
Coléàndo como atun. *269,500*
Atunes *2*
Al charco de los atunes, *75,2*
De escama, quanto mas de nombre) atunes *264,416*
Aturdido *1*
Quedò aturdido el moçuelo, *228,101*
Atutia *1*
Al bote de la atutia? *269,145*
Auara *4*
De la copia a la tierra poco auara *261,157*
Solicitò curiosa, i guardò auara *264,186*
Auara escondia cuerua, *264,878*
De si ia tan poco auara, *412,41*
Auaricia *1*
I mucho de la auaricia, *269,1631*
Auarienta *1*
Que mucho, si auarienta ha sido esponja *264,628*
Auariento *3*
Que junte vn rico auariento *6,115*
Si como ingrato no, como auariento, *264,898*
Siempre es pobre el auariento. *269,285*
Auaro *3*
Por la luz, de que no me sois auaro, *164,4*
A las alas hurtò del tiempo auaro *318,27*
Auaro, niega con rigor decente, *362,5*
Auaros *1*
Hombres miseros i auaros, *96,142*
Auate *1*
Si se sacude el paxaro o se auate; *499,89*
Auctor *1*
La troba se acabò, i el auctor queda *453,13*
Auctos *1*
Sus mismos auctos repusso. *322,224*
Audacia *1*
A su audacia los terminos limita, *261,323*

Audaz *2*
Verdes hermanas de el audaz moçuelo *32,1*
Audaz mi pensamiento *264,137*
Audiencia *2*
Tan bien la audiencia le supo, *322,38*
HORTENSIO mio, si esta llamo audiencia, *336,9*
Audiencias *2*
Plaças de Audiencias, i sillas *63,119*
En las audiencias de Amor. *269,904*
Auditorio *1*
Del ia menguado auditorio *242,50*
Aue *32*
Corre fiera, vuela aue, pece nada, *33,2*
De la Aue Maria *65,134*
Desde el aue al peregil, *82,66*
De aue tan esclarecida. *121,40*
De Angel tiene lo que el otro de aue. *145,8*
Del aue que es ojos toda: *259,8*
No el aue Reina assi el fragoso nido *261,261*
Blanca mas que las plumas de aquel aue *261,363*
De Iupiter el aue. *263,28*
Tu, aue peregrina, *263,309*
La aue lasciua de la Cypria Diosa; *264,271*
Ô, del aue de Iuppiter vendado *264,652*
la inuidia tuia, Dedalo, aue ahora, *264,789*
Plumas siempre gloriosas, no del aue *272,3*
De aue nocturna o paxaro de Auerno *280,54*
Que al hombre, a la fiera, al aue, *302,7*
Negò su feudo el aue: *313,6*
A la aue Réàl, no puedes *320,7*
El que ni aue ni hombre, *331,36*
Aue Réàl de plumas tan desnuda, *338,1*
Phenix desnudo, si es aue, *355,37*
Aue, aun no de sus pies desengañada. *364,4*
Qual hizo aléàndo el aue *383,8*
Es aue enjaulada, *389,61*
Si muda no es aue; *389,62*
"Aue del plumage negro, *390,1*
Que quando os mereciò aue, *390,15*
Aue (aunque muda io) emula vana *395,5*
Réàl, pues, aue, que la region fria *403,5*
Tempestades preuiendo, suele esta aue *404,33*
El aue viste, que es de el sol tropheo. *457,4*
Que aue no abrigarà su dulze nido *499,78*
Auecilla *1*
Qual engañada auecilla *322,441*
Aueis *17*
Aueis para viriles vsurpado; *13,8*
Que al tiempo mil libreas le aueis roto *53,3*
I no aueis menester armas". *64,40*
Que, ia que aueis sido fuego, *74,115*
Que en Cortes no aueis estado, *121,2*
Su edad, ia aueis visto el diente, *148,29*
Si aueis sido vos malilla *168,21*
El lienço que me aueis dado *189,1*
Os aueis con raçon siempre réìdo? *203,33*
Barato me aueis de dar. *229,387*
A que aueis, señor, salido? *229,3192*
Octauio, no aueis goçado *229,3330*
me aueis querido hacer? *229,3448*
Que aueis de ser ia? *269,927*
Aueis tomado el xaraue *269,1886*
El pato aueis de pagar. *287,86*

i auiendo occasiones hartas, *229,832*
Auiendo batatas bellas, *238,6*
Auiendo en casa postigo *269,1006*
Auiendolas *1*
Auiendolas ganado la trasera. *449,14*
Auiendole *1*
Auiendole antes besado, *28,46*
Auiendoos *2*
I auiendoos dicho ia ciento *348,6*
Ir a primera, auiendoos descartado *463,7*
Auiendose *2*
I auiendose abrigado *25,16*
Auiendose de veer fiereças tales. *201,14*
Auila *2*
De Auila, segun dispone *275,7*
Grande en Auila appellido, *275,49*
Auis *1*
La verde insignia de Auis, *96,31*
Auisa *2*
Precipitado, ô quanto nos auisa! *363,13*
Su epiciclo, de donde nos auisa *365,6*
Auisaron *1*
Las adargas auisaron *64,13*
Auiso *5*
Mas siruate de auiso *25,55*
Salga el auiso a buen passo: *158,27*
Me dio auiso vn gentil hombre *168,2*
mi auiso. Muera el rúin, *229,687*
Traerà el auiso, que es mucho; *300,37*
Aula *1*
Aluorotò la aula Hero, *228,85*
Aulica *1*
Si a la emulacion Aulica importuna. *318,152*
Aulico *1*
Que vn aulico dissimulo *322,490*
Aullos *1*
Caniculares aullos. *322,288*
Aun *249*
Que aun en las viudas mas viejas *27,49*
I aun creo que el espiritu leuanta, *41,5*
Que aun los que por nacer estàn le vean, *60,11*
Cuio cuerpo aun no formado *63,77*
Tan perfecta, aun no acabada, *63,93*
Carroças de ocho bestias, i aun son pocas *69,7*
I aun creo que al otro lado *74,41*
I aun alli por mi ventura *74,81*
I aun me acuerdo, por mas señas, *74,89*
Aun no impedidas de Réàl corona, *77,36*
I aun maliciosa tambien: *78,72*
Aun no echò el couarde mano *81,17*
Ni aun vn minimo cabello, *87,78*
I aun es de tanto concierto, *105,82*
I aun fee la necessidad, *126,38*
Dèl muerto Lilio es; que aun no perdona *136,13*
Que el lado aun no le perdona, *149,36*
Ensuciaron i aun varrieron *149,105*
Con vn pie, i aun con los dos. *161,24*
Aun mas que en la profession, *161,46*
Hecho vn Midas, i aun peor, *161,50*
Que aun en ceniças no saliera caro: *164,8*
Està viuo i aun armado *178,3*
Celebrando con tinta, i aun con baba, *203,37*
No mas, no, que aun a mi serè importuno, *203,52*

Que a Genoua i aun a Italia *204,49*
En Congo aun serà bien quista. *207,39*
Aun mas entero i mas sano. *209,30*
Que aun los mas ciegos las ven. *212,20*
De que la alcance aun su voz *215,55*
I aun aspirante a ser Rei. *217,40*
Ni aun los campos dèl Tajo estan seguros. *219,4*
Negandole aun el hado lo violento. *221,8*
Que aun en poluo el materno Tejo dora. *221,11*
Que no valen ni aun en plata *227,19*
ni aun la machina del cielo *229,114*
i aun mas fuerte, pues no ay duda *229,117*
pregonero i aun berdugo, *229,176*
Esto aun tengo por peor, *229,382*
mostrar aun en sus rûinas *229,534*
i aun grangeè fuerzas dobles, *229,577*
ni aun la muerte le consiente. *229,963*
Aun respecto no seria. *229,1206*
Aun sàûco no serè. *229,1207*
"Aun en el infierno espero". *229,1238*
doblon de a dos, i aun de a diez? *229,1257*
Concertado? Si, i aun creo *229,1286*
de esta musica, i aun oi *229,1433*
i aun le sacarè. Señora! *229,1471*
Ai, Libia, que aun al papel *229,1604*
aun con auerle agrauiado *229,1655*
No, amiga, que aun no he llegado. *229,1788*
Pareciò? Ni aun por olor. *229,1846*
mas ni aun vuela sus confines. *229,2056*
que aun en los lienços de Flandes *229,2852*
Ni aun con el que finge ser *229,3086*
i aun en todo el firmamento. *229,3201*
de lo que ahora aun no creo, *229,3523*
Aun de los mas furîosos, *242,10*
Se paga, i aun mui al doblo, *242,22*
Tortural, i aun apretante, *242,71*
I aun huele mal en Latin. *243,60*
Que aun rompidas no sè si han recordado. *245,8*
I aun don Christalîàn mintiò fineças. *254,11*
Pequeña aun para el anillo *258,3*
De Atropos aun no el rigor *258,5*
Aun la obediencia colloca. *259,52*
Aun las espaldas de Athlante, *259,75*
Aun desmentir al cascauel presuma; *261,12*
De la que aun no le oio i, calçada plumas, *261,127*
Lo que a Ceres, i aun mas, su vega llana; *261,146*
I aun siente que a su dueño sea deuoto, *261,247*
Acis, aun mas de aquello que piensa *261,289*
Senos que ignora aun la golosa cabra, *261,394*
Del osso que aun besaua, atrauesado, *262,20*
Que aun se dexan las peñas *263,32*
Riscos que aun igualàra mal bolando *263,49*
(Aun a pesar de las tinieblas bella, *263,71*
Aun a pesar de las estrellas clara) *263,72*
No perdonò a razimo, aun en la frente *263,155*
Que aun los peñascos la escuchàran quedos. *263,253*
Aun de los Berberiscos, *263,319*
La sombra aun de lisonja tan pequeña. *263,334*
Señas, aun a los bueytres lastimosas, *263,440*

Debajo aun de la Zona mas vezina *263,455*
Maior aun de el que espera *263,571*
Donde, aun cansado mas que el caminante, *263,583*
Sierpes de aljofar, aun maior veneno *263,599*
Que parientas de el nouio aun mas cercanas *263,620*
Que impide Amor que aun otro chopo lea. *263,700*
De Iupiter compulsen; que aun en lino *263,841*
De el iugo aun no domadas las ceruices, *263,848*
Aun mas que a los de Phebo su corona, *263,936*
Que iguala i aun excede *263,1014*
Sin dexar ni aun pequeña *263,1018*
Arrepentido, i aun retrocedente. *264,16*
A duro toro, aun contra el viento armado: *264,21*
De tu fortuna aun mas que de su hado. *264,122*
Burlandole aun la parte mas enjuta. *264,229*
A las Quinas, del viento aun veneradas, *264,377*
Rebelde aun al diamante, el duro lemo *264,474*
I aun el siguiente Sol no vimos, quando *264,507*
Aueja, aun negligente, flor marchita. *264,604*
Littoral hiço, aun antes *264,643*
Del liuor aun purpureo de las Phocas, *264,688*
Que aun de seda no ai vinculo súaue. *264,808*
De esclarecido i aun de soberano *264,821*
Aun el copo mas leue *264,835*
La turba aun no del apazible lago *264,841*
Que aun en la baina se escusa *269,74*
Cinco años ha, i aun mas, *269,101*
Ni aun la palma de la mano, *269,224*
Por Dios, que aun essas no creo *269,349*
Aun no estamos desposados *269,726*
Que aun la relacion alegra, *269,787*
Aun para mas que empeñallas, *269,798*
La mula que aun no he comprado. *269,868*
Persuade? I aun obliga. *269,926*
Que aun no tuuiera valor; *269,1118*
Aun escrupulo me queda *269,1396*
Vn picon, i aun creo que dos. *269,1445*
Aun no te dixo denantes *269,1635*
I aun casi epidemîàles. *269,1715*
I aun al herido difunto. *269,1785*
Con lo qual, dos, tres, i aun quatro *269,1786*
Alambiques! I aun sudores. *269,1954*
Aun mas por saber nos resta. *269,1999*
Que mucho, pues, si aun oi sellado el labio, *270,12*
Si la naturaleza aun oi te acclama *270,13*
I aun mas, que me dexò en la barbacana. *273,8*
Su nombre, aun de maior aliento dino *274,5*
Aun los hierros de sus rexas, *275,102*
Imperîôso aun obedece apenas. *276,8*
Aun antes abrasada que vestida. *280,30*
I aun a su crystal puro *280,43*
Que a las perlas del Alua aun no se abria *280,51*
Que arboleda zelosa aun no le fia *281,5*
Aun las mas breues estrellas *287,2*
Dulce escollo, que aun ahora *287,41*
Aun mas de lo que io sè? *287,50*

OBRA POÉTICA DE DON LUIS DE GÓNGORA

43

Que ni aun los alamos quieren *288,7*
Aun de los moradores del profundo; *289,11*
Haze canoras aun las piedras graues. *290,4*
Pompa aun de piedras vana, *298,10*
Templo de quien el Sol aun no es estrella, *298,32*
Pero aun es fíèl la nieue *301,4*
I aun parecen de Gitanos: *301,31*
Que aun entre el lobo i ouejas *302,3*
Que aun entre el lobo i ouejas *302,15*
Que aun entre el lobo i ouejas *302,27*
Aun con el toro del cielo *304,15*
Si esta noche aun os acusa *304,27*
De vna VIRGEN aun despues *307,6*
Aun la del Phenix atras. *310,17*
Invidíòso aun antes que vencido, *315,53*
Aun de humildes dignada affectos puros! *315,66*
Aun la que arrastra purpura flamante. *315,76*
La adusta Libia sorda aun mas lo sienta *318,7*
De el Sandoual, que a Denia aun mas corona *318,33*
De balsamo, en el oro que aun no pende, *318,47*
Con labio alterno, aun oì, el sacro rio *318,53*
Que de Sebèto aun no pisò la arena, *318,124*
Aun entre acciones mudas eloquente. *318,140*
Eleccion grata al cielo aun en la cuna, *318,151*
Esta pues que aun el mas oculto seno *318,157*
Mas lastimosa aun a la insaciada *318,267*
Del leño aun no los senos inconstante *318,305*
El Fuentes brauo, aun en la paz tremendo, *318,349*
Aun la vrna incapaz fuera de el Nilo. *318,414*
El sentimiento i aun el llanto ahora, *318,418*
Que de el Jordan labò aun las ondas puras: *318,460*
Sus miembros aun no el Fuentes hizo grabes, *318,566*
El fulminante aun en la vayna azero *318,606*
Que el aguila aun es cauallo *320,9*
Aun a los atomos puros. *322,100*
El amante i aun el cuio *322,126*
Que aun a pesar de lo adusto, *322,142*
Ignorò aun lo mas ardiente *322,315*
Aun mas que del estornudo *322,334*
Aun embainado, verdugo. *322,356*
I heredandole aun los trastos *322,455*
Aun los siglos del Phenix sean segundos. *323,11*
I aun a pesar del tiempo mas enjuto, *326,7*
Siruiendote la copa aun oi està. *327,4*
Mis dudas, pero aun el ielo *332,34*
Que aun las montañas la creen. *333,76*
Musa aun no sabrà heroica celebrallo. *337,14*
Que aun de carne bolò jamas vestida, *338,2*
De metal aun precioso no consiente, *341,6*
Que en albarcoques aun le tengo miedo. *342,4*
Aun en barro vn Portugues. *346,10*
Que aun callando temo ahora *348,24*
Aun mas Cupido que el ciego, *354,16*
I aun se desmienten lo terso, *356,27*
Tanto culto aun de si propio. *357,16*
Que indignada aun contra si *357,71*
Aun induze soledad. *358,8*

Que aun buelan en el carcax. *358,24*
De quien aun no estarà Marte seguro, *359,7*
Aue, aun no de sus pies desengañada. *364,4*
Porque es breue aun del Sol la monarchia. *368,48*
I sombra mia aun no soi. *375,4*
I sombra mia aun no soi. *375,14*
I sombra mia aun no soi. *375,24*
I sombra mia aun no soi. *375,34*
I sombra mia aun no soi. *375,44*
I sombra mia aun no soi. *375,54*
Ni aun en suspiros el alma *377,3*
Quel recato aun al silencio *377,13*
Medio mes que aun no he viuido, *385,3*
Que aun los spiritus puros *388,15*
Aun no oluidan el calor. *390,40*
Lo que la llama al Phenix aun le niega, *392,3*
Siento la causa aun mas que la partida, *396,3*
Nos conhorta aun de murtas vna mesa; *397,6*
Basten los años, que ni aun breue raja *397,10*
Poder, calificada aun de real sello, *400,10*
Fue el esperar, aun entre tanta fiera. *400,14*
Aun a tu Iglesia mas que a su corona *402,12*
Que aun el mas veníàl liman afecto. *404,28*
Sierpe se hace aun de Moisen la vara; *404,46*
I aun con esto dizen que es *408,9*
Aun saliera romo el hijo. *411,8*
Porque el respirar aun leue *411,13*
Del catarro aun mas liuiano: *411,18*
Gato, aun con tripas de cobre, *412,34*
I aun a titulo aspirante, *413,11*
Culto, aun a tu sombra di, *416,2*
Que aun en tus ojos lucia, *416,6*
Aun las dos niñas son viejas: *418,17*
Sin ella aun en Leganès. *418,26*
Aun escalar que batir. *418,57*
Aun adonde ponga el pie, *419,94*
As Musas obrigasse aun a peeia?. *430,8*
Que el Castillejo, i aun el Vejarano, *436,7*
Para letras aun no Dominicales. *437,8*
De Iaca, i aun de Genoua, que abriga *440,10*
Que aun de Roble suppone ligereça. *451,8*
Que con tus versos cansas aun a Iob. *473,14*
I aun acumularle a eso *477,25*
I aun la violencia suaue, *478,3*
Que aun el sombrero les passa; *483,7*
Aun siendo galan i rico, *493,38*
Ni aun entiendo de que suerte *499,181*
Aguarda. Aun lo que se pierde *499,202*
I aun essas muestras de triste. *499,207*
Esto aun es quando se halla; *499,252*
I aun la mas fresca de aquellas *499,340*
Aunque *211*
Aunque tenga el pecho *4,43*
I aunque el deseo de veerla *9,31*
Que, aunque las demas Nymphas doloridas *12,6*
I vos, aunque pequeño, fiel resquicio, *21,9*
Piso, aunque illustremente enamorado, *22,10*
Por bruxula, aunque breue, *25,20*
Aunque a mi me dixo alguno *27,6*
Aunque para consolarse *28,33*
Aunque despues con suspiros *28,43*
I assi, aunque me hagan guerra, *28,69*
Aunque ahora no sois caña". *29,50*

Purpureo el Sol, i aunque con lengua muda *31,3*
I aunque en la fuerça sea de el Estio *33,5*
Vulto de ellos formàra, aunque hiciera *34,9*
Aunque no lo debe ser, *38,31*
Aunque las tuuimos *50,93*
Donde, aunque tu no *50,101*
Aunque a rocas de fee ligada vea *54,1*
I aunque el zefiro estè, (porque le crea), *54,5*
Aunque no tan bien, *56,61*
Aunque es largo mi negocio, *59,49*
I al de Salomon, aunque eran *63,85*
Aunque con lenguas de piedra, *63,99*
Aunque muertos, immortales, *63,106*
Aunque abolladas, triumphantes *63,130*
Aunque con rincones, *65,39*
Aunque su alegria *65,82*
Mui sano, aunque no *65,87*
Aunque no se muere *65,109*
Aunque oiò al Infante *65,195*
I aunque de lexos con rigor traidas, *72,31*
Aunque nunca tan bien huelan. *73,44*
Aunque cama no tenia; *74,36*
Donde, aunque es de la Calzada, *74,59*
Aunque casi no me oíàn; *74,88*
Aunque no sabe quien es, *78,60*
(Aunque sea año de peste); *81,44*
Aunque por bruxula quiero, *82,45*
Aunque ogaño soi vn bobo; *83,2*
Aunque te he obligado poco *87,51*
Aunque no quisiesse Roma, *87,95*
Que aunque te han desmantelado, *87,97*
Porque, aunque tuercen los tales *91,31*
I aunque no son de crystal *93,3*
I aunque sea de cien años, *93,10*
(Aunque fueran de membrillo) *94,9*
Aunque començò a las ocho, *94,34*
Aunque nunca me ha herrado *96,26*
Aunque mui agenos son, *98,5*
I su bolsa, aunque sin lengua, *105,61*
Aunque sea el que ministra *107,59*
Haciendo al triste son, aunque grossero, *118,12*
Naciò entre pensamientos, aunque honrados, *119,5*
Porque, aunque dissimulado, *121,3*
I aunque os ayan puesto pena, *121,7*
Aunque es Aluarado, tiene *121,123*
Io sè dezir, aunque bobo, *121,159*
Ni en qualtos, aunque de pata *124,15*
Aunque el por señas se quexe; *126,36*
Aunque sean sin razon, *126,48*
I aunque ordenes recibiò *130,7*
Plumas, aunque de aguilas Rèales, *135,3*
Ceñi de vn DVQUE excelso, aunque flor bella, *136,3*
Io, aunque de esmeralda son, *141,9*
Aunque si lo son, pues vemos *143,18*
Culpa de vn Dios que, aunque ciego, *149,29*
I calienta, aunque desnudo, *149,31*
En mejores adargas, aunque menos, *155,13*
Aunque no mui de prouecho, *159,34*
Aunque todo pulpa sois. *161,148*
Sus vestidos conseruan, aunque rotos, *173,12*
Aunque mas antiguas son *176,3*
I aunque le he visto pintado, *178,2*

No es ciego, aunque es flechador, *178,5*
Aunque estais para viuda mui galana. *199,4*
Tenedme, aunque es Otoño, ruiseñores, *203,10*
Dulce prenda, aunque muda, ciudadana *203,80*
Que aunque samo negra, *207,13*
Que aunque negra, sà presona *207,21*
Que aunque quatrero de bien, *210,25*
Ella, aunque con magestad, *217,5*
Aunque todas tienen pies, *217,18*
Aunque hacen poco rûîdo, *217,83*
Tan liueral, aunque dura, *226,5*
Vn ceuti, aunque sea limon. *227,20*
Aunque entiendo poco Griego, *228,1*
Citharista, aunque nocturno, *228,41*
Aunque sea en vn andamio. *228,60*
Mas tan dulce, aunque tan baxo, *228,106*
"Aunque negros, gente samo, *228,122*
voime, aunque con vos me quedo. *229,142*
en el pecho, aunque ella le abra. *229,209*
Aunque mas lo dissimules, *229,356*
que, aunque la venta es tan mala, *229,675*
Que, aunque varia, es mui fîèl *229,864*
cuio aspecto, aunque no hable, *229,904*
Peligro corre, aunque valor enseña. *229,1036*
Quien ama, aunque no conuenga, *229,1084*
Aunque es delgada la mia, *229,1482*
Cadauer es, aunque feo, *229,1644*
Camilo, aunque me debias *229,1691*
aunque me enharine io. *229,1714*
en versos, aunque sean bellos. *229,2008*
que aunque ha venido a la sorda *229,2083*
aunque dos catarriberas *229,2274*
aunque a los raios de el Sol, *229,2300*
la traça, aunque me perdones. *229,2487*
aunque soi viejo i es tarde, *229,3069*
Aunque lo ha diuidido el mar en vano, *230,79*
A dos mundos, i aunque es tanto, *235,7*
Cien pieças, que aunque de Olanda *240,13*
I aunque algo escrupuloso *242,46*
Aunque ahora la verguença *242,63*
I aunque este pienso no es mio, *243,35*
Labor no Egypcia, aunque a la llama imita, *248,2*
Aunque no ai toros para Francia, como *254,7*
Gastò gran summa, aunque no han acabado *255,7*
Compañia, aunque bisoña, *259,104*
Culta si, aunque bucolica Thalia, *261,2*
El tributo, alimento, aunque grosero, *261,87*
Deidad, aunque sin templo, es Galathea. *261,152*
Indicio, la dexò, aunque estatua elada, *261,231*
Llamàrale, aunque muda, mas no sabe *261,249*
Aunque pastor; si tu desden no espera *261,402*
I en box, aunque rebelde, a quien el torno *263,145*
Con torcido discurso, aunque prolijo, *263,200*
La bisagra, aunque estrecha, abraçadora *263,473*
El silencio, aunque breue, de el rûîdo; *263,688*
Papel fue de pastores, aunque rudo, *263,698*
I de otros, aunque barbaros, sonoros *263,751*
Tantos de breue fabrica, aunque ruda, *263,919*
De gloria, aunque villano, solicita *263,1003*
Fabrica escrupulosa, i aunque incierta, *264,79*

Iguales, aunque pocas, *264,305*
De musicos delphines, aunque mudos, *264,535*
Las claras aunque Ethiopes estrellas, *264,614*
Que espejos, aunque esphericos, fîèles, *264,704*
Sangriento Chipriota, aunque nacido *264,751*
Aunque ociosos, no menos fatigados, *264,971*
Que da horror, aunque da luz, *267,2*
Aunque el Amor me lo mande. *269,85*
Que, aunque es galan no mui cano, *269,279*
Aunque encuentre con Dragut. *269,440*
Aunque esto de muladar *269,643*
Vna que, aunque con afan *269,761*
Io, aunque no tengo caudal, *269,795*
Aunque quatro caracoles *269,1058*
Aunque era criada nueua *269,1062*
Pues, aunque pauon no soi, *269,1151*
I aunque te he seruido en nada, *269,1274*
Que aunque destos ierros es *269,1280*
Las piernas, aunque de olanda, *269,1339*
I lo calla aunque no es muda. *269,1409*
Que aunque a ti te lo ha pagado, *269,1428*
Aunque mi honra me cuesta. *269,1439*
(Aunque Lucrecia nos vea), *269,1475*
Aunque en poder de mi tio *269,1524*
Aunque lo ubiera sabido, *269,1711*
Pues sus años, aunque verdes, *269,1814*
Aunque oio mal deste oìdo, *269,1820*
Aunque me pongan alli *269,1934*
Señas, aunque boçal de sentimiento. *280,6*
Aunque la tendrè por loca *282,25*
— Aunque entre el mula e il vaquilio *305,14*
Vista, aunque no sea poca, *313,31*
Aunque litoral Calpe, aunque Pirene, *318,470*
Aunque litoral Calpe, aunque Pirene, *318,470*
Aunque mal distincto el cuño, *322,440*
Aunque es tradicion constante, *322,493*
Por cuerdo te juzgaba, aunque Poeta. *326,4*
Que era luz aunque era voz, *331,12*
Vengan (aunque es la voz antigua) cedo, *342,5*
Aunque es aguila Rèàl, *349,22*
Aunque las ignora el viento; *354,28*
Aunque no cobrado todo: *357,108*
Guardò el grano, aunque pequeño *373,5*
Aunque el alheli grosero *375,35*
Aunque dice quien las vee *376,6*
Aue (aunque muda io) emula vana *395,5*
Mas no responderà, aunque Apollo quiera; *395,13*
Que su escudo, aunque hendido, *409,3*
Soplillo (aunque tan enano) *411,19*
Que, aunque calientes, son aire. *414,8*
Medico ai, aunque lego, *418,32*
Porque, aunque todas son de viento, dudo *429,3*
E por Diosa, aunque sà mucho legante, *430,2*
I no mui de Segura, aunque sea pino, *433,10*
Aunque el los cuelga aqui por marauilla, *439,6*
I aunque es de falso, pide que le quiera *441,7*
Que, aunque pueda ganar ciento por vno, *441,13*
No sois, aunque en edad de quatro sietes, *448,1*
Aunque la Italia siente en gran manera *449,12*
Orador cano si, mas, aunque cano, *452,2*
Aunque pajas me cueste impertinentes. *454,8*

Ambos dizen verdad, aunque ninguno *470,10*
Que, aunque corrido el cortesano vando, *474,11*
Aunque no està (io lo fio) *483,19*
Aunque te parezca tarde, *484,2*
Aunque el Apostol sagrado, *486,17*
Aunque tengo por mui llano *490,6*
I aunque guarden el decoro, *495,9*
Mas, aunque sin Dios està, *495,54*
Aunque no en el tirar cantos, *497,28*
Aunque en humildes paños escondido *499,1*
Aunque sin venda, i alas me ha traido *499,14*
Aunque en humildes paños escondido. *499,59*
Sobre aquella aunque tosca hermosa pila, *499,113*
Aunque impossible, podras *499,134*
I, aunque agora te fatigas, *499,156*
I el arco, aunque estè rompido, *499,260*
Aunque por ello perdamos *499,296*

Áùnque *1*
Mas, áùnque caduca su materia, *264,201*

Auocamiento *1*
Auocamiento futuro, *322,222*

Auogue *1*
que auogue contra ti el zelo? *229,885*

Aura *2*
Aura fecunda al matizado seno *264,325*
Aura en esto marina *264,512*

Aurà *3*
Quien aurà que no suspire? *121,67*
Quien aurà que no se admire? *121,70*
Aurà andado con el toro. *269,624*

Auran *1*
I di, estaran alli? Aì se auran ido *499,116*

Aureolas *1*
Sin aureolas cernido; *89,16*

Auriga *1*
El heredado auriga, Faeton solo *318,233*

Aurora *51*
Tras la bermeja Aurora el Sol dorado *14,1*
Ni oì las aues mas, ni vi la Aurora; *14,12*
El roxo passo de la blanca Aurora; *17,4*
Ni sigas de la Aurora el roxo passo, *17,13*
En tus mexillas la rosada Aurora, *36,3*
Huia la Aurora de el mortal nublado; *36,11*
No os engañen las rosas, que a la Aurora *42,9*
Aurora luciente i clara *121,85*
Al Hespañol Adonis vio la Aurora *137,2*
Igual fuerça tenias siendo Aurora, *139,7*
Si ha pocos años que naciò la Aurora. *156,18*
Qvando la rosada Aurora *161,1*
Fiòselas el Aurora, *161,13*
Aurora de ti misma, *193,19*
Lo que a la Aurora bien. *193,26*
Flores, hijas de la Aurora, *217,3*
Flores que illustra otra mejor Aurora, *221,13*
del cabello de la Aurora! *229,1682*
Que los claueles que tronchò la Aurora; *261,362*
Si Aurora no con raios, Sol con flores. *263,250*
Lo que llorò la Aurora, *263,321*
Ia de la Aurora bella *263,389*
Los Reynos de la Aurora al fin besaste, *263,457*
Tapete de la Aurora. *263,476*

Quando a nuestros Antipodas la Aurora 263,636

Aurora de sus ojos soberanos, 263,782

Saludar viò la Aurora, 264,39

Lagrimas no enxugò mas de la Aurora 264,69

Que huiendo la Aurora 264,394

Los lilios de tu Aurora, 264,602

Dulce la mira la Aurora 268,61

Mas canas gozan la Aurora, 269,1776

O del clauel que con la Aurora nace, 318,211

Súaue es risa de perpetua Aurora. 318,288

Que occidental balcon fue de la Aurora, 318,523

De el mar es de la Aurora la mas grata, 318,533

A fuer de Aurora propuso; 322,146

Saliò la Aurora con çuño; 322,438

La Aurora, de azahares coronada, 325,1

Clabeles desojò la Aurora en vano. 341,14

Del verde nudo la Aurora 355,15

Oi a la AURORA del seno: 374,2

Oi a la AURORA del seno: 374,12

La Virgen, Aurora bella, 374,16

Oi a la AURORA del seno: 374,22

Oi a la AURORA del seno: 374,32

La Aurora aier me dio cuna, 375,5

"Quiereme la Aurora 389,45

La Aurora no saue 389,59

Las dos que admitiò estrellas vuestra Aurora, 395,3

Del rojo seno a la Aurora; 499,339

Auroras *3*

Son Auroras de sus Soles; 179,12

Las tres Auroras, que el Tajo, 376,1

Auroras copian los prados. 414,44

Ausencia *30*

Quanto la terrible ausencia 28,31

Pues que viuo io en su ausencia. 38,32

I en tu ausencia ten consuelo; 49,90

Las condiciones de ausencia. 62,52

Que en la juuenil ausencia 73,54

I en manos de ausencia; 79,100

La prolixa ausencia 80,3

Llorando la ausencia 80,9

Las condiciones de ausencia, 91,18

Alborotale esta ausencia, 107,25

A la ausencia i a los zelos 107,63

Que le jure que en su ausencia 107,73

Lagrimas i suspiros son de ausencia. 109,14

De la ausencia importuna, 114,14

Valganme contra ausencia 114,23

Dèsta rabiosa ausencia, 120,23

I templar con la ausencia pensè en vano; 197,4

Hiçote saber la ausencia 229,846

A la ausencia mil veces offrecida, 261,229

Sino la ausencia que digo, 269,1067

Lagrimosos harà en tu ausencia graue. 289,14

Los eslabones arrastrò de ausencia. 318,168

Pues me tiene la ausencia sin mi Çapata. 345,6

Que la ausencia importuna; 345,25

Que imaginada su ausencia 358,7

Que ausencia haga vn garçon, 377,30

I en vuestra ausencia, en el puchero mio 379,7

Quien el pie en la ausencia pone 384,35

De ausencia, sin ser jaraue, 386,3

Si ausencia por allà no causa oluido, 445,12

Ausencias *4*

Lloraua ausencias ROSARDO; 116,1

Dulces ausencias de NISE 116,5

Partiendo pues sus ausencias 116,17

Llora Gil estas ausencias 357,81

Ausentallo *1*

Pues tanto importa ausentallo 269,1758

Ausentarse *1*

como el ausentarse el hijo. 229,889

Ausente *17*

Que estan quando estoi ausente 59,74

El ausente de su Dama, 62,3

A deuocion de vna ausente, 83,57

A quien ausente i deuoto 83,58

No que le llame ausente; 103,48

Ausente de sus desseos 106,6

Quantas al Duero le he negado ausente, 109,1

Que quanto mas ausente del, mas peno, 197,7

No ya de Libia ausente, 229,92

De pretendido ausente, 229,1076

Naufrago, i desdeñado sobre ausente, 263,9

Perdi la esperança de ver mi ausente: 345,3

Ausente de mi vida: 345,15

Niega al ausente su imagen 378,31

Al Norte que ausente miro 384,32

A cada passo de ausente. 384,40

Presentadle temores de vn ausente, 461,9

Ausentes *2*

Nunca merezcan mis ausentes ojos 51,12

Ausentes sus bellos ojos 384,19

Ausento *2*

Que escondo io ni que ausento? 269,542

Con que ausento, i con que escondo 269,567

Austeridades *1*

Si el repulgo austeridades 229,1392

Austria *2*

Del sol de Austria, i la concha de BAVIERA, 245,10

El Phenix de Austria, al mar fiando, al viento, 402,10

Austro *10*

Do Austro os assopros e do Oceàm as agoas; 118,11

Vista del Alcîòn el Austro insano; 166,32

Sino de soplos del Austro, 228,184

que quando el Austro mas gime, 229,2919

O el Austro brame, o la arboleda cruja. 263,83

Para el Austro de alas nunca enjutas, 263,449

Al animoso Austro, al Euro ronco, 263,696

Ni al Austro se oppuso robre. 269,1489

Brame el Austro, i de las rocas 285,27

Contra mi leño el Austro enbrauecido, 399,2

Austros *1*

Cierços de el llano, i Austros de la sierra, 263,1026

Autentico *1*

Mas autentico presumo, 322,190

Author *2*

El sueño, (author de representaciones), 44,9

Que este author tiene versos mui pacientes. 229,392

Authores *1*

Authores arrocinados), 96,52

Authoridad *2*

contra la authoridad luchan 229,3044

La authoridad Nebrissensia; 275,124

Authorizado *1*

Seais por lo authorizado 242,125

Authorizar *1*

Por authorizar el suio, 242,15

Auto *4*

En el auto con mordaça, 37,30

Que quiero hacer auto 50,55

Otra figura de el auto 229,3422

Fueron el auto de la fee en Granada. 442,14

Autor *1*

A quexarme del autor 266,13

Autoridad *1*

Persona i autoridad 266,16

Autorizado *1*

Has de andar autorizado. 269,170

Autos *1*

Vistos bien los autos, fallo 269,1761

Auxilîàr *1*

Auxilîàr taladra el aire luego 264,910

Auxilio *1*

implorar quiero el auxilio, 229,3171

Avara *2*

Antes que la edad avara 29,54

La niega avara i prodiga la dora. 261,80

Ave *1*

la Rèàl ave le dexa 229,2430

Aveis *1*

como lo aveis sido vos. 229,1175

Avemos *1*

que harto avemos reido. 229,1221

Avena *1*

La avena pastoral, ia nympha bella, 424,3

Aver *2*

Soneto por no aver fuego, 229,1490

dexa sin aver Abido. 229,1894

Averle *1*

averle dado licencia. 229,849

Averte *1*

por averte conocido. 229,1670

Avesana *1*

Romper la tierra he visto en su avesana 273,5

Avestruz *2*

Avestruz Aphricano, 229,1068

que, avestruz hecho el deseo, 229,2262

Avezilla *1*

La avezilla parece, 264,926

Aviendolo *1*

No aviendolo mirado vuestros ojos. 427,11

Avn *2*

Surcada avn de los dedos de su mano. 261,64

Avn dia canicular. 282,14

Avnque *1*

Diome, avnque breue, el tormento 499,328

Avrà *10*

Mirad que avrà con vn coraçon hecho, 18,13

Que no avrà piedra, planta, ni persona, 35,12

Sin capa no avrà calor. 86,40

Ni ai gracia ni avrà sepades. 110,12

ni quexa avrà quien la dè. 229,1932

donde avrà de combatir 229,2439

respondido avrà Isabela, 229,2524

que avrà negacion despues. 229,3205

Que se avrà hecho jamas. 269,1609

Nueue meses avrà o diez, 285,24

Avràn *3*
— Muchas lanças avràn en vos quebrado? *70,7*
Las olas te avràn echado *229,1839*
se avràn por oi acabado *229,3552*
Avria *2*
Son tales, que avria, *65,66*
fuese Marcelo, que avria? *229,3434*
Axaqueca *1*
Amador con axaqueca, *62,6*
Axaqueques *1*
No te gazmies ni axaqueques; *59,46*
Axedrez *1*
De el axedrez con el Cura; *26,32*
Ay *11*
Que ay vnas hermosas grullas, *58,33*
Que ay vnas vides que abraçan *58,57*
Que ay en aquellas dehesas *58,61*
"Ay troncos, a mi pesar *116,21*
Ay troncos, a mi pesar *116,36*
Ay troncos, a mi pesar *116,51*
No ay Gitana bella *160,60*
Ay otros Gitanos *160,113*
i aun mas fuerte, pues no ay duda *229,117*
se haga donde ay ponçoña; *229,795*
Humo te deue. Ay ambicion humana, *246,12*
Ayan *1*
I aunque os ayan puesto pena, *121,7*
Ayre *6*
Que argenta el ayre con su dulce vuelo. *229,24*
Negòme el Sol? Turbòse el ayre claro? *229,27*
Que fragrante del ayre luto era, *318,244*
Purpureos ojos dando al ayre ciego, *318,491*
Igual restituiendo al ayre espacio *318,526*
La saeta en el ayre christalino *470,5*
Ayuda *1*
Ayuda con silencio la nobleza, *77,8*
Ayunas *1*
Que no ai zorras en ayunas, *58,21*
Azabache *1*
Que al dar vn Santîago de azabache, *183,7*
Azafranado *1*
De vn Positiuo Padre azafranado? *433,2*
Azafranados *1*
De fresnos azafranados, *334,75*
Azahares *4*
Los Otoños de azahares; *63,188*
Flechen mosquetas, nieuen azahares; *263,797*
La Aurora, de azahares coronada, *325,1*
Quantos respira azahares. *389,28*
Azar *1*
i es de azar el elemento. *229,1890*
Azauache *2*
Ni azauache ni marfil; *82,16*
I el marfil negro azauache, *216,30*
Azeguro *1*
No azeguro la pollina. *210,26*
Azeite *3*
Molinos de azeite *65,95*
adonde de azeite haces *229,2971*
I con azeite le mata. *269,120*
Azeitunas *1*
I juro a las azeitunas *88,77*
Azequia *1*
A robusto nogal que azequia laba *263,634*
Azerados *1*

Arcos, o neruîòsos o azerados, *263,1039*
Azerar *1*
La quiere ahora azerar. *269,572*
Azero *21*
Mas de valor que de azero, *49,18*
Do guarda, en vez de azero, *263,103*
Quando el que ves saial fue limpio azero. *263,217*
El padrino con tres de limpio azero *263,1075*
Laminas vno de viscoso azero, *264,473*
No perdona al azero que la engasta. *264,495*
Corbo azero su pie, flaca pihuela *264,756*
Que a vn bote corbo del fatal azero *264,934*
En vez de azero bruñido, *267,1*
Ningun colmillo de azero. *269,20*
De azero tan mal templado, *269,73*
Murcia le da de su azero *269,131*
Los muros que eran de azero? *269,1585*
Sino vn garañon de azero. *269,1673*
Vestido azero, bien que azero blando, *318,350*
Vestido azero, bien que azero blando, *318,350*
Esgrimiò casi el obstinado azero. *318,552*
El fulminante aun en la vayna azero *318,606*
Emulo del diamante, limpio azero, *337,2*
Garçon que en vez del venatorio azero *338,10*
Quantas mienten el azero; *354,26*
Azîàgos *1*
Mas azîàgos que el dia; *91,40*
Azogue *1*
el azogue diuidido, *229,231*
Azor *1*
de su Fabio, como azor, *229,2452*
Azores *1*
las islas de los Azores. *229,583*
Azote *1*
Las espaldas al azote. *107,20*
Azotes *1*
Io le puse: "cient azotes". *229,1239*
Azucar *1*
de las sedas i el azucar. *229,2985*
Azucena *2*
dos rosas i vna azucena. *229,2050*
En nombre de la azucena, *322,151*
Azucenas *2*
Seguir se hizo de sus azucenas. *261,220*
Las rosas, las azucenas *275,54*
Azudilla *1*
de vna azudilla, o de dos, *229,2601*
Azul *15*
Pondrèle el orillo azul *59,13*
I la salta embarca azul, *74,13*
Tan de azul, tan de purpura teñida *229,1455*
hallè de vn azul Turqui, *229,2295*
Su manto azul de tantos ojos dora *261,366*
La plaia azul de la persona mia; *261,420*
Le corre en lecho azul de aguas marinas, *263,417*
Crystal pisando azul con pies veloces, *264,46*
El cabello en estambre azul cogido, *264,450*
Mui azul para crystal, *268,44*
Encarnado, i vn azul. *269,412*
Holgò el mar de ser azul. *287,68*
En campo azul estrellas pisan de oro. *314,14*
Haganme, si muriere, la mortaja azul. *345,2*
Balcones de azul i oro *498,17*

Azules *9*
Las pedorreras azules *75,6*
Oi son flores azules, *193,3*
Oi son flores azules, *193,17*
Oi son flores azules, *193,31*
Que en ser por vnos ojos entre azules, *202,7*
sus señas desplegò azules. *229,359*
Que azules ojos con pestañas de oro *263,807*
Dexando azules, con mejores plantas, *314,13*
Negras dos, cinco azules, todas bellas. *318,128*
Azulissima *1*
Ô azulissima Deidad *229,328*
B *1*
A todos el A B C *269,1903*
Ba *1*
Les ba el lobo haziendo lobas. *149,50*
Baba *1*
Celebrando con tinta, i aun con baba, *203,37*
Babéàndo *1*
Babéàndo sangre, hizo *322,331*
Babel *1*
La nueua torre que Babel leuanta, *77,61*
Babeò *1*
Que el signo las babeò, *322,387*
Babieca *2*
Io i vn tio de Babieca, *96,103*
Mientras su Babieca ensillas *269,204*
Babilonia *1*
Gran Babilonia de Hespaña, *229,488*
Babilonio *1*
Imitar al Babilonio *357,102*
Babilonios *1*
Estos, pues, dos Babilonios *322,29*
Babosa *2*
Pues babosa es para mi. *124,22*
Por ser aquel dia babosa *149,120*
Baboséàndo *1*
Baboséàndo cuidados, *227,9*
Baboso *1*
Que ha pretendido baboso, *242,96*
Babylonia *4*
Todo se halla en esta Babylonia, *150,12*
tal Babylonia? Aì afuera, *229,3417*
La Ciudad de Babylonia, *322,1*
Daràn de Babylonia al fuego, entrando *421,47*
Baca *4*
Que vna baca, i el castillo *228,15*
la mejor baca Española, *229,130*
no tendran baca segura. *229,135*
no de baca, sino mia, *229,1197*
Bacada *1*
Robusto honor de la bacada mia, *60,2*
Baçanes *1*
Ô Catholico Sol de los BAÇANES, *66,2*
Bacas *9*
Las muchas bacas lo digan, *116,9*
Ia las bacas de mi dueño, *116,45*
"En tanto que mis bacas, *127,1*
Con pocas bacas i con muchas penas. *169,4*
Que bacas, di, por la cola, *229,126*
Las bacas que te he comido, *229,128*
Rinden las bacas i fomenta el robre. *261,200*
Que vuestras bacas tarde o nunca herradas. *263,912*
Entre galanes de bacas, *269,8*

Baccanal *1*
No serenàra el Baccanal diluuio. *263,882*
Bacchantes *1*
De aquellas que la sierra dio Bacchantes, *263,272*
Baccho *4*
Copa es de Baccho, huerto de Pomona: *261,138*
A Baccho se atreuieron en sus plantas. *261,468*
De Baccho, quanto mas en su sarmiento, *263,156*
Confuso Baccho, ni en bruñida plata *263,868*
Bacco *1*
Salta Pan, Venus baila, i Bacco entona. *446,11*
Bachanal *1*
Rica baxilla, el Bachanal estruendo; *203,119*
Bachiller *3*
Si en casa de vn Bachiller *167,41*
Vn Doctor, tan bachiller, *269,1307*
Rigido vn Bachiller, otro seuero, *293,5*
Bachillera *2*
Esphinge bachillera, *263,114*
Si he viuido bachillera. *269,1001*
Bachilleres *3*
Que lenguas de bachilleres! *59,68*
Sentencia es de Bachilleres, *102,3*
Ô tu de los bachilleres, *407,1*
Bacho *1*
De Bacho el poder injusto, *204,18*
Baciabala *1*
I baciabala despues, *419,14*
Baculo *7*
No con baculo, no en pie, *208,14*
Baculo tan galan, mitra tan moça. *231,4*
I el baculo mas duro *264,146*
Baculo de vn peregrino. *283,10*
Donde el baculo viste peregrino *318,331*
Su baculo timon de el mas zorrero *428,7*
Baculo a ciegos, Norte a nauegantes. *447,14*
Bacunos *1*
Bacunos armen garitos *334,90*
Baeça *1*
Todo es obras de araña con Baeça, *255,9*
Bahamet *1*
Interpuso Bahamet *355,6*
Bahando *1*
Le està contino bahando. *308,24*
Bahari *4*
El Bahari, a quien fue en Hespaña cuna *264,758*
Vn Bahari templado, *264,853*
Cobrado el Bahari, en su propio luto, *264,875*
Su bahari, que hambriento *333,59*
Bahul *1*
Sus cartas en vn bahul, *269,418*
Baia *1*
El Mar se queda, que el baxel se baia. *318,376*
Baibodas *1*
Mientras el ambicioso sus Baibodas. *203,108*
Baieta *5*
El mongilon de baieta, *27,47*
I de lanas de baieta *149,49*
Icaro de baieta, si de pino *234,1*
Esta baieta forrada *237,1*
Amor con botas, Venus con baieta; *326,8*

Baietas *1*
Pinos corta, baietas solicita: *255,11*
Baila *3*
El macho piensa que baila, *161,61*
Palpita el coraçon? Baila. *229,2754*
Salta Pan, Venus baila, i Bacco entona. *446,11*
Bailà *2*
Bailà, Mahamu, bailà, *305,7*
Bailà, Mahamu, bailà, *305,7*
Bailada *1*
tan sonora, tan bailada *301,63*
Bailan *9*
Que bien bailan las serranas! *144,17*
Que bien bailan! *144,18*
Que bien bailan las serranas! *144,35*
Que bien bailan! *144,36*
I bailan ellas, *160,2*
Bailan vnas, i comen otras, *494,6*
Bailan vnas, i comen otras, *494,21*
Bailan vnas, i comen otras, *494,36*
Bailan vnas, i comen otras, *494,51*
Bailando *3*
Bailando, i partiendo *144,49*
Altera otra, bailando, la floresta. *263,258*
Entrò bailando numerosamente; *263,890*
Bailar *7*
Bailar en la puerta; *5,40*
Para bailar con su sombra, *87,87*
Vi bailar vnas serranas, *144,2*
Otras por bailar. *144,48*
Otras por bailar. *144,56*
Otras por bailar". *144,64*
Bailar con tu matadora. *229,908*
Baile *5*
Al baile, pero no al son. *167,24*
En el baile del exido *216,1*
(Nunca Menga fuera al baile) *216,2*
La gaita al baile solicita el gusto, *263,669*
Fin mudo al baile, al tiempo que seguida *263,945*
Bailemo *1*
E bailemo alegra; *207,12*
Bailemoz *1*
Bailemoz, i con primor, *210,18*
Bailes *2*
Con sus zambras i sus bailes; *63,32*
con sus bailes reuocauan *229,522*
Baina *2*
De la baina cebellina; *167,64*
Que aun en la baina se escusa *269,74*
Baio *2*
Sale luego el potro baio. *123,8*
Al baio, quando no esplendor houero *264,678*
Baiona *1*
en la calle de Baiona. *229,2967*
Baioque *1*
Por la mitad de vn baioque, *493,20*
Baios *1*
Los houeros, si no esplendores baios, *264,732*
Baja *5*
A luchar baja vn poco con la falda, *25,18*
Por baja el toro en la plaça, *157,9*
A la monja que almiuar tal le baja, *182,6*
Ni de los raios baja a las espumas *263,132*
De negras baja, de crestadas aues, *263,292*

Bajad *1*
Me bajad tinta i papel. *269,1885*
Bajas *1*
Adonde bajas i de donde vienes, *117,7*
Bajel *2*
Su bajel, que no importa, si en la plaia *318,375*
Bajel lo diga de quien fue piloto *404,39*
Bala *1*
Bala el ganado; al misero valido, *261,171*
Balages *1*
Esmeraldas i balages; *63,192*
Balaja *2*
La bellisima Balaja, *49,81*
Contempla luego en Balaja, *62,33*
Balanças *2*
Sus balanças Astrèa le ha fiado; *251,8*
Destas dos balanças vengo *269,1534*
Balar *1*
Oì balar al cordero, *331,60*
Balas *2*
Balas de papel escritas *86,23*
Que son balas de arcabuz *86,25*
Balauas *1*
Quando balauas perdida, *212,6*
Balaxes *1*
Tomarà traidos balaxes *269,381*
Balcon *11*
A un balcon saliò corriendo, *49,86*
I que al balcon de la alcoba *110,55*
En el balcon i la sala *121,147*
Vierte desde su balcon, *161,6*
Gracioso està el balcon, io os certifico; *201,5*
Galan no passea el balcon *257,21*
Verde balcon del agradable risco. *263,193*
Al rosado balcon, ia a la que sella, *263,390*
Al balcon de zaphiro *264,613*
Nudoso balcon gallardo, *269,1003*
Que occidental balcon fue de la Aurora, *318,523*
Balcones *5*
Las que desde sus balcones *49,79*
Solicitar los balcones *78,49*
Passais por tal que siruan los balcones, *153,12*
Balcones, galerias son, i rejas *279,34*
Balcones de azul i oro *498,17*
Balido *1*
El balido *205,9*
Baliente *1*
Vn tan baliente soldado? *423,20*
Balija *1*
Falsamente arrollando en su balija, *269,397*
Ballesta *2*
de que la ballesta se arme *229,2644*
Que està armando la ballesta? *269,60*
Ballestas *1*
Contra ballestas de palo *87,13*
Ballestéàndo *1*
Ballestéàndo a su amigo *269,53*
Ballestero *2*
Tanto, pues, le ceñia ballestero, *336,5*
I antes que algun Abbad i ballestero *446,3*
Balois *1*
Por Madama de Balois *73,101*
Balsa *1*
Corren a la balsa *11,10*

Balsamo *3*
i de el balsamo vital *229,2843*
Oi balsamo espirantes cuelga ciento *230,67*
De balsamo, en el oro que aun no pende, *318,47*
Balthassara *1*
Que pues la vuelta ignoro, i Balthassara *462,10*
Bambolea *1*
Al sol bambolea *8,24*
Bana *1*
Hierro luego fatal su pompa bana *380,7*
Baña *15*
Que enriquece Genil i Dauro baña *51,10*
El vno baña los muros *63,7*
Oy con deuotas ceremonias baña *77,4*
Emulo ia dèl Sol, quanto el mar baña; *171,6*
Ella pues donde el mar baña *178,15*
Quantos baña comarcanos *228,66*
Los muros coronar que el Luco baña. *230,17*
De suauidad ahora el prado baña. *256,53*
Horrores dexa el Nilo que le baña. *264,830*
No solo es ia de quanto el Duero baña *311,2*
A quantos dora el Sol, a quantos baña *316,11*
Cloto el vital estambre de luz baña *318,93*
Deidad, que en isla no que errante baña *318,113*
La mejor tierra que Pisuerga baña, *318,358*
En tanto, pues, que se baña. *356,25*
Bañado *2*
Bañado el pie que descuidado mueue. *104,8*
Bien bañado, i de ramplon, *161,42*
Bañan *2*
Los troncos bañan i las ramas mueuen *19,3*
Sus blancas plumas bañan i se anidan. *31,14*
Bañandose *1*
Bañandose algunas tardes, *63,50*
Bañaua *1*
Que bañaua el verde suelo *499,322*
Banco *6*
Amarrado al duro banco *38,1*
— Como un banco estàs, amigo, *96,159*
Que tenia pies el banco". *96,164*
Como los de vn banco, *160,47*
De quatro remos por banco; *228,210*
Que el banco de la otra vida *405,9*
Banderas *7*
De banderas rompidas, *72,33*
Enarbola, ô gran Madre, tus banderas, *72,76*
Las Madamas en banderas. *73,52*
Vuestras banderas nos lo dizen, puesto *230,71*
Pacificas banderas. *263,280*
De Caribes flechados, sus banderas *263,421*
Haze banderas Amor. *269,25*
Bandurria *1*
Cantar quiero en mi bandurria *26,2*
Bandurrio *1*
En esto llegò Bandurrio, *59,77*
Bañè *1*
Con la sangre io bañè. *499,273*
Bañen *2*
Porque los troncos les bañen; *63,180*
Bañen mis ojos la cama; *64,30*
Baño *2*
Baño es supersticioso del Oriente; *318,12*
Al baño, que le templaban *355,27*

Bañò *1*
Se bañò Mathusalen: *495,39*
Baños *2*
I a veer sus secretos baños, *63,45*
Como a los baños de Alhama. *269,310*
Baptismo *1*
Diez velas lleuò al Baptismo *240,9*
Baptista *1*
hacen. Por san Iuan Baptista, *229,2999*
Baptizar *1*
De baptizar, sin ser Cura. *495,44*
Baquero *1*
El baquero, admirado *127,40*
Baqueros *1*
Con humildad de prosperos baqueros, *169,10*
Bara *1*
De la fe es nuestra vigilante bara. *318,488*
Baraja *1*
Entròme en la baraja, i no me engaño; *441,12*
Barajadle *1*
Barajadle el naype vos, *269,1442*
Barata *1*
Hasta que por barata i por taimada, *447,6*
Baratan *1*
Que baratan estas joias *149,14*
Baratijas *1*
Con sus baratijas, *65,218*
Barato *1*
Barato me aueis de dar. *229,387*
Barba *11*
La barba, ni corta *65,57*
Sin barba cana te veo. *87,12*
Desde la barba al pie, Venus, *148,25*
Descubriò, i su barba vndosa, *149,108*
I de la barba al pie escamas vestido, *166,2*
Vn torrente es su barba impetúòso *261,61*
Breue de barba i duro no de cuerno, *263,159*
Que peine oro en la barba tu hijo, Phebo, *313,41*
Barba, Esculapio, a ti peinas en oro; *360,2*
Su barba vn colegíàl, *412,2*
La barba desde Siguença: *412,8*
Barbacana *2*
de barbacana, i vejez, *229,3380*
I aun mas, que me dexò en la barbacana. *273,8*
Barbadillo *1*
De que Barbadillo se honra ; *259,44*
Barbado *5*
Mal vestido i bien barbado. *228,12*
I de coral barbado, no de oro, *263,295*
Que a rico enfermo tu barbado hijo? *313,48*
Doctor barbado, crúèl *405,1*
Volar no viò esta vez al buei barbado. *451,14*
Barbara *11*
No barbara Pyramide, mas bella *229,2188*
Barbara Magestad, reconocida *230,39*
Que el Nigris no en su barbara ribera, *230,83*
Barbara choça es, aluergue vmbrio, *261,44*
Vrbana al sueño, barbara al mentido *261,259*
De inuidíòsa barbara arboleda *263,65*
Coronauan la barbara capilla, *263,557*
La barbara corona que le escucha. *263,984*
Templarte supo, di, barbara mano *264,777*
Qual, di, barbara arena, *281,19*
I qual suele texer barbara aldea *293,3*

Del Ganges, cuia barbara ribera *318,11*
Que a Egypcio construiò barbara fama *368,6*
Barbaras *3*
Barbaras el Parnaso moradoras, *263,892*
Marauillas no barbaras en esa *298,3*
Escaramuzas barbaras imita; *318,68*
Barbaro *8*
I como barbaro toco. *83,76*
En dulce si, mas barbaro instrumento, *166,38*
de el barbaro Caribàno *229,2907*
Cient cañas, cuio barbaro rúìdo, *261,90*
Barbaro obseruador, mas diligente, *264,407*
Arabe en nombre, Barbaro en linage; *279,24*
Del barbaro rúìdo a curíòsa *294,5*
Establecieron; barbaro oi Imperio *318,263*
Barbaros *5*
I de los barbaros Thraces, *63,138*
Llenen el mar de barbaros nadantes *72,83*
entre barbaros capotes. *229,507*
I de otros, aunque barbaros, sonoros *263,751*
De funerales barbaros tropheos *263,956*
Barbarroja *1*
Galeras de Barbarroja, *97,2*
Barbas *5*
Viendo que las barbas dan *93,40*
con menos barbas que engaños. *229,2961*
Sin barbas, mas con despejo. *266,4*
Don Tristan barbas al olio, *269,501*
Sino vn barbas de Naual, *269,723*
Barbe *1*
Quizà hasta que barbe el Grado *481,3*
Barbero *3*
—No ai barbero viejo al fin *124,33*
I su puñal vn barbero. *269,135*
Con quien pudiera bien todo barbero *428,3*
Barbèro *1*
Que como barbèro templo *83,75*
Barbiteñido *1*
Que al señor barbiteñido, *269,289*
Barbo *2*
A barbo dar valiente *313,46*
Si espirò el Cigarral, barbo luciente *342,9*
Barbola *1*
Barbola, la hija *5,73*
Barbolilla *1*
Porque Barbolilla *5,71*
Barbon *1*
Caluiluciente i barbon, *269,718*
Barbudas *1*
Io, que a estas viejas barbudas *269,156*
Barbudo *1*
O tronco de Micol, Nabar barbudo! *429,7*
Barca *4*
Desde su barca Alcíòn *9,5*
Las otras desde la barca, *9,18*
I el pescador a su barca. *10,64*
Santissimo piloto de la barca, *421,29*
Barcas *1*
De sus barcas Amor los pescadores *264,650*
Barcelona *1*
Esperaua a sus Reies Barcelona *318,321*
Barco *3*
Barco de vistas, puente de desseos. *21,14*
I el no tuuo para vn barco. *228,8*
"Barco ia de vistas, dixo, *322,233*

Barcos *1*
Barcos en la sierra, *65,93*
Barniz *2*
de su mascara el barniz. *229,2449*
Del barniz, ha de sudar *479,3*
Barquilla *8*
De otros remos la barquilla, *9,33*
I la barquilla ligada *10,2*
Con su barquilla redimiò el destierro, *165,3*
Que dio a la plaia desde su barquilla, *230,62*
Mas reduxo la musica barquilla *264,51*
Del pobre aluergue a la barquilla pobre *264,380*
A que piensas, barquilla, *264,542*
A la barquilla, donde le esperauan *264,684*
Barquillas *1*
I pescar a Diana en dos barquillas: *264,420*
Barquillo *2*
El verde robre, que es barquillo ahora, *264,38*
Barquillo estudíòso illustre es Norte. *318,430*
Barquillos *1*
Quantos en barquillos pobres *179,18*
Barra *1*
Estas que de la barra a las arenas *166,14*
Barraca *1*
Mientras de su barraca el estrangero *264,682*
Barracas *1*
Piscatorias barracas, *264,949*
Barrancos *1*
Valles i barrancos saltas, *73,27*
Barras *2*
Vaian al Peru por barras, *55,33*
Quantas barras embiò *269,1935*
Barrenando *1*
Barrenando estaba el muro, *322,226*
Barrenas *1*
De hazer barrenas, *160,118*
Barrido *2*
Regar lo que se ha barrido. *269,1033*
Suelo menos barrido que regado; *476,4*
Barrieron *1*
Con escobas barrieron de oro i seda, *229,2184*
Barriga *3*
Secretos en la barriga! *37,12*
Del cofre de la barriga. *257,30*
No tenga tanta barriga, *496,27*
Barrigas *1*
Le desmiente tres barrigas, *93,20*
Barrio *5*
Io i otros del barrio, *5,67*
Moçuelas las de mi barrio, *29,3*
I salese luego al barrio *81,29*
Cura que a su barrio entero *130,29*
De su barrio i del ageno *228,37*
Barriste *1*
La dura tierra barriste; *320,4*
Barro *6*
Culpe al barro colorado, *6,44*
Le paga el tributo en barro, *28,4*
Perdona al paues de barro, *226,53*
Que emulo del barro le imagino, *343,6*
Dvlce Niña, el barro bello *346,1*
Aun en barro vn Portugues. *346,10*
Barros *2*
Que aquestos barros son lodos, *6,47*
Barros de Estremoz, *56,38*

Barrunto *2*
Que fueron essos, barrunto, *269,815*
Se cosiò al menor barrunto *322,346*
Bartolillo *1*
Bartolillo con donaire, *216,42*
Bartulos *2*
De Bartulos i de Abbades, *63,110*
Con Bartulos i Abbades la milicia, *69,10*
Basilisco *3*
De vn basilisco mortal, *95,18*
Que es basilisco vn señor? *161,144*
Miròla, en fin, ardiente basilisco, *467,12*
Basiliscos *3*
basiliscos son de bronce. *229,539*
dieron basiliscos nueuos? *229,1355*
I a los toros basiliscos. *334,96*
Bassa *3*
Sobre la pequeña bassa. *144,34*
Ia que zelosa bassa, *263,548*
O la alta bassa que el Oceano muerde *264,760*
Bassas *2*
Dèl tiempo si, que sus profundas bassas *219,7*
Las duras bassas abraçaron ellos *263,1059*
Basta *24*
"Mi Alcíòn, no aia mas, basta; *10,58*
El le basta, i su derecho. *49,68*
— Basta, señores, que andamos *73,127*
El segundo tiro basta, *90,15*
Basta para vn zagal pobre *90,17*
Basta vn señor de vasallos *98,65*
I para introducion basta. *148,8*
Mas basta, que la mula es ia llegada. *203,120*
Basta saber que le quiere, *229,782*
Basta, Camilo, que viene. *229,827*
Basta, Marcelo. Io quiero, *229,1420*
Basta, que le dio vn villete. *229,1821*
Basta, que le tomò ella. *229,1822*
Basta, las señas son graues *229,2991*
Basta, que ia soi farsante. *229,3451*
Aprendì alli lo que basta *269,413*
Basta que el ofrecimiento, *269,1082*
Si basta vn solo cabello *269,1086*
Mui bien està. Basta que *269,1179*
Enuainad, Musa. Basta *313,54*
Que matar basta a vn difuncto *322,154*
Mas basta; que a Palinuro *322,238*
La propia a Gil no le basta, *419,48*
Vn valdres basta, dos plumas fingidas. *436,4*
Bastaba *1*
No me bastaba el peligro *95,1*
Bastale *1*
Bastale a la cuitada su trabà. *468,16*
Bastame *2*
Bastame el corcho en los pies, *269,835*
Que importa. Bastame esso. *269,1875*
Bastan *4*
Porque creo que bastan *50,111*
Tengo amigos, los que bastan *83,45*
I, por letra, pocas bastan. *229,1678*
bastan, en dote os la doi. *229,3539*
Bastante *5*
Quando salio bastante a dar Leonora *14,9*
Bastante muestra has dado *25,43*
darà bastante señal. *229,1764*
tengo io? Bastante prenda *229,3196*

La satisfacion bastante *269,1302*
Bastantes *1*
Los fundamentos bastantes *269,1636*
Bastar *1*
Sin ninguna bastar poma: *269,618*
Bastarà *1*
Bastarà a tantos? *208,6*
Bastàra *2*
Si enternecer bastàra vn duro canto, *18,12*
Si le bastàra la adarga *78,11*
Baste *10*
Baste el tiempo mal gastado *2,11*
I esto, señor, baste. Al fin, *82,50*
Baste lo flechado, Amor, *90,3*
lo que baste para ser *229,414*
Bueno està. Baste por oi. *229,1776*
Adoro tu sombra. Baste, *269,326*
Baste, lisongera, ia, *269,537*
Baste ia, señores. Dalde *269,1458*
I baste, no algun desman *411,41*
Bien corriò el cieruo; mas baste, *499,148*
Basten *1*
Basten los años, que ni aun breue raja *397,10*
Bastidor *1*
Este bastidor la mata, *269,1384*
Basto *5*
I el manto basto peludo; *27,48*
Fragoso monte, en cuio basto seno *30,1*
I otro el basto os atrauiessa, *168,22*
La vez que el monte no fatiga basto, *318,71*
Del basto monte el aspero costado, *499,82*
Bastò *2*
No le bastò despues a este elemento *263,435*
Que le bastò a defender. *355,8*
Baston *9*
Obedeciò mejor que al baston graue, *145,4*
En vez de baston vemos el tridente, *146,6*
El baston terciopelado. *228,148*
Baston le obedecia tan ligero, *261,54*
Que vn dia era baston i otro caiado. *261,56*
Quies con vn solo baston, *269,1522*
Tu voz, tu baston, tu Troia; *269,1531*
Que el baston de Mandricardo *269,1580*
Si baston no de vn gigante, *283,9*
Bastos *1*
Como a la sota de bastos *82,47*
Batalla *7*
Que esperas para batalla *26,95*
Sin vos, campo de batalla. *64,32*
Sea el lecho de batalla campo blando. *120,54*
Campo fue de batalla, *129,16*
i romperà vna batalla: *229,2745*
Cama de campo i campo de batalla, *261,255*
En esta medio batalla *269,801*
Batallas *1*
A batallas de amor campo de pluma. *263,1091*
Batatas *1*
Auiendo batatas bellas, *238,6*
Bate *6*
Que bate en nuestra edad pluma dorada. *99,8*
Que affligidas alas bate. *110,40*
Quantas segundas bate plumas bellas. *272,11*
Cupido por las que bate, *333,39*
De vn seraphin, que bate plumas de oro.
  461,11

El que a mejor caballo bate espuela, *464,2*

Batel *3*

Mis hijos dos en vn batel despido, *264,412*

Anchora del batel fue perdonando *264,707*

Que del batel, cosido con la plaia, *264,939*

Baten *4*

Las doradas plumas baten; *63,196*

Baten en sus hierarchias, *121,16*

Plumas les baten veloces, *131,110*

De las plumas que baten mas súàues *263,1086*

Bateria *2*

Sonando la bateria. *74,76*

I bateria de Castillos; *89,36*

Baterias *1*

Baterias e infortunios. *27,96*

Bates *1*

Bates los montes, que de nieue armados, *262,7*

Batia *1*

Sino los dos topazios que batia, *263,707*

Batid *1*

Batid vuestras alas, *79,53*

Batida *1*

Batida su efficacia *313,36*

Batido *2*

I batido de esmeriles. *91,22*

Batido lo dice el pie, *285,6*

Batiendo *2*

Alas batiendo liquidas, i en ellas *264,515*

Alas batiendo luego, al soberano *318,205*

Batiera *1*

Batiera el tiempo a compas *269,1123*

Batieron *2*

Con quien batieron sus alas *269,346*

Batieron con alterno pie zafiros. *318,520*

Batillo *1*

El batillo i burilallo *269,574*

Batiola *1*

Batiola con vna pieça *418,54*

Batir *2*

quiso igualmente batir *229,2263*

Aun escalar que batir. *418,57*

Batiste *1*

Tarde batiste la inuidiosa pluma, *120,28*

Bauia *1*

Este, que Bauia al mundo oi a offrecido *232,1*

Baules *1*

Templaronle al momento dos baules *202,3*

Bautismo *1*

De vuestro bautismo aqui, *269,1924*

Bautizamos *1*

Bautizamos al niño Dominico, *469,9*

Bautizen *1*

Le bautizen por couarde. *269,1589*

Baviera *1*

Del sol de Austria, i la concha de BAVIERA, *245,10*

Baxa *7*

Con el alma quando baxa, *75,27*

En mui baxa prouision, *161,138*

Que en baxa ocasion ni en alta, *269,1411*

Baxa de sus dos Prophetas. *275,32*

Baxa, pues, i en pocos años *275,33*

Al cerro baxa, cuios leuantados *315,17*

La nariz baxa, canes extrangeros *499,66*

Baxad *3*

I baxad el toldo, amigo, *89,30*

Baxad, si por dicha *160,53*

Baxad luego al abismo, en cuios senos *253,9*

Baxado *2*

pues se ha baxado por el. *229,1814*

Por el i lo que es mas acà he baxado, *499,25*

Baxáès *1*

Querido de los Baxáès . *61,8*

Baxais *1*

Mirad, pues, que si no baxais de espacio *229,2232*

Baxar *1*

Sus ceniças baxar en vez de huessos, *32,6*

Baxàran *1*

Con las prendas baxàran de Cepheo *264,622*

Baxaron *1*

I otros baxaron los Alpes; *63,144*

Baxaua *2*

Que baxaua de las seluas *115,14*

Baxaua entre si el jouen admirando, *263,233*

Baxe *2*

Ni que el Ingles baxe *65,161*

Baxe el espiritu ardiente *191,5*

Baxè *1*

despues que me baxè aqui, *229,2371*

Baxeça *1*

Tiene a su esposo, i dixo: "Es gran baxeça *68,11*

Baxel *22*

Envista vn baxel sin dueño. *106,26*

Las tablas de el baxel despedaçadas, *118,1*

Al fugitiuo baxel *132,10*

Que espera vn baxel luces en la gabia? *135,13*

Que en solo el nombre cada baxel toca. *166,36*

Trueca las velas el baxel perdido, *218,9*

Norte eres ia de vn baxel *228,209*

contra el baxel en la mar, *229,2923*

Tres ia pilotos del baxel sagrado *232,7*

Baxel en cuia gauia esclarecida *247,5*

Menos vrdiò en su baxel *257,49*

Sordo huie el baxel a vela i remo: *261,95*

De el canoro escogiò baxel pequeño. *264,60*

Instrumento el baxel, cuerdas los remos, *264,113*

En segundo baxel se engolfò sola. *264,452*

Prenda su libertad baxel Pagano. *276,14*

El derrotado baxel. *285,16*

Alado si no baxel, *285,50*

Ambicioso baxel da lino al viento. *294,14*

El Mar se queda, que el baxel se baia. *318,376*

A vn baxel que pisa immobil *322,245*

Baxel, que desde el Pharo de Cecina *428,8*

Baxeles *3*

Cosario de tres baxeles. *57,48*

Los baxeles que te enojan *97,34*

Si rocas mueue, si baxeles para, *196,13*

Baxème *1*

baxème para arrancalle, *229,2360*

Baxemos *3*

Baxemos a buscar a mi consuegro. *229,2228*

Baxemos a buscar mi amigo Fabio. *229,2229*

Baxemos por el. Enciendan. *229,2751*

Baxese *4*

Quien no lo creiere, baxese a olella. *85,2*

Quien no lo creiere, baxese a olella. *85,10*

Quien no lo creiere, baxese a olella. *85,18*

Quien no lo creiere, baxese a olella. *85,26*

Baxete *1*

Su poquito de baxete; *88,32*

Baxetes *1*

De Portugal baxetes mermelados. *203,15*

Baxilla *2*

Coma en dorada baxilla *7,10*

Rica baxilla, el Bachanal estruendo; *203,119*

Baxò *2*

Baxò dèl legisladora, *275,25*

Orpheo, el que baxò de Andalucia, *472,1*

Bayazeto *1*

Eres Sultan Bayazeto, *229,1502*

Bayla *1*

Que bayla con ella, *160,72*

Bazo *2*

I el bazo me tienes *50,109*

I diga que es mal de bazo: *496,22*

Beata *3*

El rostro de la Beata, *257,32*

Sabe como vna beata *269,136*

Monja ia i fraile, Beata *275,17*

Beatas *1*

Si Beatas tiene Amor, *229,1389*

Beatificacion *1*

A la Beatificacion *275,109*

Beatificado *1*

Religioso sea, pues, beatificado *404,47*

Beatriz *1*

Doña Beatriz de Villena, *121,133*

Beba *2*

Que no ai quien sin ella beba. *159,60*

Quexas que beba su oido *332,16*

Beban *2*

Quando beban vuestras aguas *89,43*

Beban la sangre los filos; *334,56*

Bebe *6*

I bebe con guindas; *65,24*

Mas su rûina bebe *264,5*

A la que dulce mas la sangre os bebe, *292,6*

Quando perlas bebe *349,10*

Nectar bebe numeroso *389,41*

I le riña porque bebe; *496,25*

Bebelo *1*

Bebelo Galathea, i da otro passo, *261,287*

Beben *3*

I los troncos las lagrimas se beben, *19,7*

Beben, i la de Henares; *63,116*

Ni piden lo que no beben, *217,87*

Beber *3*

Viuir bien, beber mejor. *86,30*

Beber las perlas que llora. *268,64*

De Toro no has de beber, *351,34*

Beberas *1*

Ô quanta beberas en tanta escuela *421,10*

Bebi *1*

De Amor bebi el dulcissimo veneno, *197,2*

Bebia *3*

que por la garça bebia *229,2276*

Bebia de vna i otra dulce estrella *340,7*

En su celda la luz bebia mas clara, *404,42*

Bebida *1*

De la bebida muerte, *264,127*

Bebiendo *2*

Bebiendo sus dulces ojos *78,67*
Bebiendo zelos, vomitando inuidia! *318,216*
Bebieron *1*
Que al Betis le bebieron ia el dorado, *318,227*
Bebiò *7*
Le bebiò i le paciò el heno, *49,40*
Que la bebiò la arena, *229,294*
Espongíòso pues se bebiò i mudo *264,179*
Que mucho, si el candor bebiò ia puro *264,631*
Bebiò no solo, mas la desatada *264,814*
Bebiò la fiera, dexando *322,349*
Humor se bebiò purpureo, *322,482*
Bebiòme *1*
— Bebiòme vn asno aier, i oi me ha meado.
   71,14
Bebo *1*
En plata como, i en crystales bebo. *229,51*
Becas *1*
Cuias becas roxas veemos *63,117*
Becerro *1*
De quantos adoraron al becerro. *435,8*
Behemot *1*
Sacrificaste al idolo Behemot, *473,5*
Bejar *1*
Ia que al de Bejar le agrada *299,1*
Bel *2*
Que bel mirar i oler bien? *217,60*
De el bel donaire i de el color quebrado, *445,2*
Bela *2*
A la bela o romeria *228,71*
Mucha le esconde sinúòsa bela, *318,586*
Beldad *39*
Beldad qual la de Clori, o gracia tanta. *22,14*
Con raios de desden la beldad summa, *32,12*
Ia que en beldad le pareces, *59,54*
Milagros de beldad nacen, *63,202*
La beldad dèsta Octaua Marauilla, *76,13*
Hace a su beldad espejo, *87,62*
De su gloriosa beldad), *95,44*
Por quien la beldad acaba *98,54*
Soñolienta beldad con dulce saña *100,10*
De la beldad de las Nauas, *121,71*
A la beldad i a la gala; *121,146*
Su beldad i vn Reino en dote, *131,78*
Beldad consagro"; i la lisonja creo *137,10*
Soberana beldad, valor diuino, *162,6*
De beldad soberana i peregrina! *171,11*
Dos terminos de beldad *179,5*
Su armonia mortal, su beldad rara. *196,11*
Su beldad toda; que harà la mano, *198,10*
Admirando su beldad, *217,27*
De la beldad, theatro de Fortuna. *219,11*
Si no lo es de la beldad. *226,20*
la beldad vistiò almalafas, *229,530*
es beldad de el Tajo i gloria. *229,741*
merece vuestra beldad, *229,2043*
Beldad parlera, gracia muda ostenta, *263,726*
De beldad imagen rara, *269,302*
Beldad desnuda, con saber armado, *269,1232*
De virtud, i de beldad. *269,1621*
Lo que de beldad, i de ambas *275,51*
Que no puede vna beldad, *286,13*
Quanta celebra beldad *287,31*
Florida en años, en beldad florida, *338,7*
En beldad, no en suma, *350,17*

Beldad ociosa crecia *355,17*
No por vuestra beldad sola *390,5*
Responda, pues, mi voz a beldad tanta; *395,12*
Que la beldad es vuestra, la voz mia. *395,14*
Tu beldad, CLORI, adorè; *416,1*
Vuestra beldad, vuestro donaire admiro, *461,2*
Beldades *1*
Eclipsi de otras beldades, *63,204*
Belen *1*
Con los Pastores de Belen Burguillo, *432,10*
Belena *3*
— Nò portalo de Belena. *308,4*
— Nò portalo de Belena. *308,30*
— Nò portalo de Belena. *308,42*
Beleños *1*
Si rumiando no beleños, *268,30*
Beleripha *2*
Le despidiò Beleripha, *78,15*
I començò Beleripha *78,89*
Belerma *3*
Diez años viuio Belerma *27,1*
Le dice: "Amiga Belerma, *27,21*
Aprended de mi, Belerma; *27,73*
Belerophonte *1*
Que al de Belerophonte cada dia *427,6*
Belga *3*
Sino en las officinas donde el Belga *230,46*
Del Frances, Belga, Lusitano, Thrace. *271,8*
Belga gentil, prosigue al hurto noble; *343,9*
Belgico *2*
Puerto hasta aqui del Belgico pirata, *276,3*
Belgico siempre titulo del Conde, *318,622*
Belianis *1*
El señor don Belianis, *243,50*
Belica *1*
Svene la trompa belica *1,1*
Belicoso *2*
El belicoso de la Haya seno, *318,621*
El planeta ofrecido belicoso, *415,4*
Belicosos *1*
En las paces belicosos, *98,31*
Beligero *1*
Con el hijo beligero, *1,34*
Belisa *14*
Como? Belisa se llama. *229,1307*
o te cases con Belisa. *229,1347*
Conociste a vna Belisa, *229,3258*
para enxugar a Belisa *229,3308*
que entre Isabela i Belisa *229,3319*
No ha visto a su Belisa, i ha dorado *339,7*
Llegò en esto Belisa, *339,12*
Peinaua al Sol Belisa sus cabellos *340,1*
Llegò Belisa: *349,19*
Con Belisa coronaua, *353,7*
De la fee de su Belisa, *353,39*
Viua la fee de Belisa, *353,41*
En quantos ia tegiò choros, Belisa, *365,3*
Belisa, lilio frances, *376,36*
Belisardo *1*
Que el principe Belisardo *496,2*
Bella *102*
La bella IACINTA, vn dia *3,3*
La mas bella niña *4,1*
Que estè la bella casada, *6,19*
Venia la Nympha bella *10,37*

No tan cruda ni bella, *25,57*
Su labor bella, su gentil fatiga, *34,11*
Ô bella Clori, ô dulce mi enemiga? *34,14*
Culto Iurado, si mi bella Dama, *35,1*
Bellos effectos, pues la causa es bella; *35,11*
Visita a mi esposa bella, *39,49*
Bella Nympha, la planta mal segura, *43,5*
Las rubias trenças i la vista bella *43,10*
Vestida vi a la bella desdeñosa, *47,5*
(Ô bella Clori!) tus pissadas sanctas *52,7*
"Ai mora bella, le dice, *62,49*
No menos dulce que bella, *62,50*
Miraua a la bella Mora *78,57*
Vna Nympha bella, *79,58*
Otra clauellina bella. *85,24*
Quando la bella terrible, *87,53*
Palacio es de mi bella celebrada, *99,5*
Que es bella, i dexa de vella *102,15*
Moriste, Nynfa bella,. *103,1*
Si el pobre a su muger bella *105,12*
De la caçadora bella. *115,24*
A quien su nympha bella *125,6*
Enfrenanle de la bella *131,49*
Ceñi de vn DVQUE excelso, aunque flor bella,
   136,3
De mi bella pastorcilla *149,73*
No ay Gitana bella *160,60*
Menospreciando con su bella hermana, *165,10*
Parada vna perdiz bella, *167,82*
Casta madre, hija bella, veneradas *169,9*
Con peine de marfil, con mano bella; *174,2*
Esa palma es, niña bella, *176,1*
El arco en su mano bella, *178,21*
Tal, Claudia bella, del rapaz tirano *197,5*
Quando perdiò bella hija. *226,118*
Ô bella hermana de mi amigo charo! *229,25*
Cinthia mi enfermera bella, *229,556*
Tiene la hija mas bella *229,738*
Mi señor? Mi esposa bella! *229,1160*
su bella hermana a Camilo. *229,1431*
Por blanco, a tu mano bella *229,1819*
No barbara Pyramide, mas bella *229,2188*
Los que vio Violante bella. *229,2727*
Que por la bella Rachel *229,3050*
Quedaos otra, Libia bella? *229,3444*
De los montes esconde, copia bella *261,47*
Nympha, de Doris hija la mas bella, *261,97*
Inducir a pisar la bella ingrata, *261,119*
Huie la Nimpha bella, i el marino *261,129*
Como la Nimpha bella, compitiendo *261,265*
"Ô bella Galathea, mas súaue *261,361*
(Aun a pesar de las tinieblas bella, *263,71*
Los blancos lilios de su frente bella, *263,149*
Su bella amada, deponiendo amante *263,354*
Ia de la Aurora bella *263,389*
De la columna bella, *263,547*
Por veerla menos bella, *263,666*
Padre de la que en si bella se esconde *263,724*
Imitar en la bella labradora *263,745*
Virgen tan bella, que hazer podria *263,783*
De el galan nouio, de la esposa bella, *263,1069*
Que, siempre hija bella *264,88*
De exercito mas casto, de mas bella *264,291*
Tantos Palemo a su Licote bella *264,587*
Por bella mas, por mas diuina parte *264,637*

I a la stygia Deidad con bella esposa. *264,979*
De la bella Phenix mia, *269,43*
Que te ha de parecer bella, *269,822*
Que no es bien, Casilda bella, *269,1060*
Lucrecia bella, el Principe Troiano *269,1226*
Lucrecia bella. Aleuoso. *269,1478*
Mia es la bella Leonora. *269,1877*
Penitente, pero bella, *275,78*
De Semi-Dioses hija, bella esposa, *280,46*
Sorda tanto como bella. *287,18*
Syrena dulce, si no Sphinge bella. *292,11*
Timida fiera, bella Nimpha huia: *311,12*
Tan bella en Marmol copia, ô caminante, *312,14*
En bordadura pretendiò tan bella *315,55*
La bella Margarita abia dejado, *318,306*
Siempre bella, florida siempre, el mundo *318,423*
Con peine de marfil, con mano bella; *340,2*
En los crystales de su bella mano *341,10*
La bella LYRA muda iace ahora *344,1*
Muera io en tu plaia, Napoles bella, *345,9*
Minguilla la siempre bella, *357,1*
Tan bella como diuina, *358,3*
I a la bella montaraz *358,30*
Del viento su fecunda madre bella; *361,10*
De quanto bella tanto vigilante. *366,14*
La Virgen, Aurora bella, *374,16*
Flor es el jazmin, si bella, *375,25*
La menos bella vn clabel, *376,10*
El marido de la bella *412,19*
Su bella muger amigos, *413,40*
La avena pastoral, ia nympha bella, *424,3*
No de la sangre de la Diosa bella *456,1*
I otras tantas veces bella, *498,2*
Mi Cintia. Camila bella. *499,216*
Bellas *40*
Mas luego que ciñò sus sienes bellas *15,9*
Que ai vnas bellas picaças *58,41*
De las dos mas bellas Turcas *61,31*
I a veer de tus bellas Damas *63,193*
Tan gallardas sobre bellas, *63,205*
Angeles que plumas bellas *121,15*
Collar de oro i plumas bellas; *122,44*
Las serranas bellas *144,50*
A otros Angelicas bellas. *158,50*
Bellas quanto pueden ser. *217,4*
En poluo el patrio Betis, hojas bellas, *221,10*
Vosotras incluis dos luces bellas, *229,19*
a besar tus manos bellas. *229,1698*
que alas solicita bellas, *229,2034*
Viera el Tiber de tres coronas bellas, *229,2207*
Auiendo batatas bellas, *238,6*
Crespo volumen vio de plumas las bellas *246,3*
Como bellas al mundo por ser flores, *252,11*
Goza sus bellas plantas, *256,59*
Llegò Acis, i de ambas luzes bellas *261,189*
Ô tu que en dos incluies las mas bellas! *261,368*
Las blancas hijas de sus conchas bellas, *263,432*
Virgenes bellas, jouenes lucidos, *263,753*
De las que el bosque bellas Nymphas cela; *263,795*
Nymphas bellas i Satyros lasciuos, *263,1079*

Por seis hijas, por seis deidades bellas, *264,214*
Este sitio las bellas seis hermanas *264,337*
Nieue hilada, i por sus manos bellas *264,343*
I las Ossas dos bellas, *264,615*
Visìtolas: i a las bellas, *269,469*
Porque vuestras partes bellas, *269,1142*
Cultas en tu fauor da plumas bellas. *270,11*
Quantas segundas bate plumas bellas. *272,11*
Generosa piedad vrnas oi bellas *314,9*
Negras dos, cinco azules, todas bellas. *318,128*
De pisar gloriòsa luces bellas, *318,402*
De las cosas que guarda en si mas bellas; *318,474*
Dos bellas copias del sol; *377,18*
Tan bellas, que el pide raio *377,19*
Bello aljofar, perlas bellas; *499,343*
Belleça *4*
Tanta belleça en su profundo seno *16,13*
Tal, que juzguè, no viendo su belleçe *47,6*
La que ia en casta belleça *418,50*
Poca edad, mucha belleça, *498,14*
Belleças *1*
I de belleças el tiempo; *87,72*
Belleza *7*
Que, vista esa belleza i mi gran llanto, *12,12*
Ornan de luz, coronan de belleza; *13,11*
Nido de el Phenix de maior belleza *99,7*
Aquella belleza rara *121,81*
Quando en numero iguales i en belleza, *263,617*
Diganlo, ô VIRGEN, la maior belleza *270,5*
Has merecido oi ver la gran belleza *499,110*
Bellezas *2*
No las bellezas obscuras, *143,11*
Estas eran las bellezas *228,149*
Bellicosas *1*
I al ronco son de trompas bellicosas *72,3*
Bellicoso *1*
Temido del Heluecio bellicoso. *279,27*
Bellido *1*
Con la del cuerpo bellido, *406,2*
Bellisima *2*
La bellisima Balaja, *49,81*
Bellisima es aquella fortaleza *99,3*
Bellissima *8*
Bellissima Cazadora, *48,17*
"Bellissima LEDA, *79,94*
La bellissima señora, *94,14*
A la bellissima Cerda, *121,51*
Ô bellissima señora! *229,1705*
Dad, bellissima señora, *229,2766*
Bellissima tu, pues, Cynthia española, *415,8*
De la mas que bellissima Hurtada, *447,3*
Bellissimo *2*
Tu bellissimo pie nunca ha dexado *25,46*
Del bellissimo accidente, *333,66*
Bellissimos *1*
Las libreas bellissimos colores, *155,7*
Bello *47*
Cuio bello cimiento i gentil muro, *13,2*
Idolo bello, a quien humilde adoro, *13,12*
Ia cogiendo de cada labio bello *20,7*
Mira tu blanca frente el lilio bello; *24,4*
Sombras suele vestir de vulto bello. *44,11*
Mas del porfido lo bello, *63,97*

Que de crúèl i de bello *95,23*
De vn fiero Marte, o de vn Adonis bello; *120,33*
Por lo bello i por lo affable; *121,64*
Dexa el monte, garzon bello no fies *175,1*
Que dà al arco marfil bello *177,27*
Que en vn bello rosicler *226,58*
Le assegurò i le diò vn bello *228,99*
Cloris, el mas bello grano, *243,1*
El bello iman, el idolo dormido *261,197*
Es fuerça que la admire por lo bello. *261,276*
Cuio bello contacto puede hacerlas, *261,375*
Por el arcaduz bello de vna mano, *263,245*
O por lo matizado o por lo bello, *263,249*
Arrogante esplendor, ia que no bello, *263,310*
Por lo bello agradable i por lo vario, *263,484*
Niega el bello que el vulto ha colorido; *263,770*
El bello, flores de su Primauera, *263,771*
Terno de gracias bello, repetido *263,888*
De el blanco lino que de el bello obscuro. *263,967*
Caduco aljofar, pero aljofar bello. *264,72*
Tosco le ha encordonado, pero bello, *264,266*
Dezimo esplendor bello de Aganipe; *264,539*
Poco a lo fuerte, i a lo bello nada *264,708*
Del bello de la Stygia Deidad robo, *264,793*
El primer bello le concedio pollo, *264,856*
Su lecho te espera bello *269,199*
Casilda, al diamante bello *269,573*
De Calíòpe el hijo intonso al bello *318,106*
No solo vn bello Español, *320,2*
El bello razimo que *321,14*
El garçon Phrygio, a quien de bello da *327,5*
Dvlce Niña, el barro bello *346,1*
Garçon siempre bello, *349,5*
Desnudo el pie bello; *350,24*
I el bello garzon durmiendo, *354,14*
De tan bello sol Coloso. *357,40*
Assiste al dos mundos, garçon bello, *360,5*
El silencio en vn labio i otro bello, *366,6*
Quanto jazmin bello *389,51*
Negando a tu bello vulto, *416,27*
Bello aljofar, perlas bellas; *499,343*
Bellon *1*
Sino es esta de bellon, *269,666*
Bellona *2*
Con su Christiana Bellona *63,103*
El tridente de Thetys, de Bellona *298,5*
Bellos *30*
Mirar de tus ojos bellos, *28,66*
Bellos effectos, pues la causa es bella; *35,11*
De sus tristes ojos bellos *49,78*
Si por vnos ojos bellos, *55,8*
Los bellos rostros, iguales *63,194*
Entre cuios bellos raios *82,21*
Sus bellos ojos serenos, *87,74*
Los ojos, (ia no tan bellos), *87,86*
Enamorados i bellos, *98,22*
De NISE en los Soles bellos: *116,29*
Me contienden tus dulces ojos bellos! *120,3*
Sino los obscuros bellos; *143,12*
Vistiendose miembros bellos, *149,89*
En estos ojos bellos, *166,19*
I esphera Hespaña de sus raios bellos. *174,8*
Al sol o a sus ojos bellos. *215,24*

"Colmenera de ojos bellos *226,69*
en versos, aunque sean bellos. *229,2008*
Raios de tus ojos bellos *239,6*
O de terso marfil sus miembros bellos, *263,489*
La esphera misma de los raios bellos. *263,760*
Los dulces fugitiuos miembros bellos *263,1055*
Por dos topazios bellos con que mira, *264,796*
Sus bellos miembros el lino, *307,23*
Sus bellos miembros a Siluano astuto, *318,86*
Los bellos miembros de Thysbe, *322,409*
Destos bellos muros, de este *333,30*
En tinieblas de oro raios bellos. *340,8*
Ausentes sus bellos ojos *384,19*
Libaràn tres abejas lilios bellos, *421,37*
Belludo *1*
Su bozo poco belludo; *322,116*
Belmar *1*
De la Coruña i Belmar *121,76*
Belona *1*
Belona de dos mundos, fiel te precia, *220,13*
Belos *1*
O quando los belos cogen, *179,46*
Beltenebros *1*
Sin ser Beltenebros; *50,84*
Benablo *2*
Era Acis vn benablo de Cupido, *261,193*
Su arco Cintia, su benablo Apolo, *318,629*
Bencerrages *1*
Que gallardos Bencerrages; *63,28*
Bendados *1*
Que los ojos mas bendados. *348,15*
Bende *1*
Que nos bende por fíèl, *412,20*
Bendiga *1*
Bendiga las aguas. *11,16*
Bendigo *1*
Mi buena suerte bendigo. *269,1853*
Bendita *2*
Gastaron de agua bendita *110,19*
Como tu bendita madre *419,51*
Benditas *1*
Orlan sus benditas sienes. *269,335*
Benditissima *1*
Era su benditissima esclauina, *428,5*
Benditissimo *1*
Ô benditissimo zelo! *229,343*
Bendito *3*
Vn bendito çote *65,19*
Seràs bendito, pues siendo *87,46*
I sin numero bendito, *373,18*
Beneficiado *1*
I con el Beneficiado, *26,45*
Beneficio *2*
Beneficio tan simple, que sea bobo. *379,14*
Impetrar vn Beneficio, *495,42*
Bengala *1*
Quantos saluda raios el Bengala, *263,667*
Berberia *4*
El Roldan de Berberia, *78,5*
I cruces en Berberia. *98,60*
da piedras en Berberia, *229,1358*
Postigo de Berberia. *269,1948*
Berberisca *1*
De vna Berberisca noble *57,43*
Berberisco *1*

Rebelde anhela, el Berberisco suda, *230,47*
Berberiscos *1*
Aun de los Berberiscos, *263,319*
Berbin *1*
Dejò en Berbin Philippo ia Segundo, *318,274*
Bercebu *1*
Canina de Bercebu. *269,1931*
Bercebù *1*
A otra puerta, Bercebù, *269,450*
Berdugo *1*
pregonero i aun berdugo, *229,176*
Berengena *2*
con berengena en verano *229,2596*
la berengena çocata, *229,2604*
Berengenas *1*
I vna mona berengenas. *62,32*
Berenguela *2*
Pretendiendo a Berenguela, *73,70*
Que ande doña Berenguela *496,11*
Berguença *7*
La berguença aquella tez, *78,82*
Tenga berguença. *412,9*
Tenga berguença. *412,18*
Tenga berguença. *412,27*
Tenga berguença. *412,36*
Tenga berguença. *412,45*
Tenga berguença. *412,54*
Bermeja *2*
Tras la bermeja Aurora el Sol dorado *14,1*
Patria comun de la nacion bermeja, *200,7*
Bermejo *1*
I que amanezca bermejo, *6,26*
Bermudo *1*
Pues enuiò a decir con don Bermudo: *202,13*
Bernardino *2*
No a manos del señor don Bernardino, *342,6*
Veloz Marques, alado Bernardino. *470,4*
Bernia *1*
Que el Bernia lo affirma), *65,150*
Berros *1*
Siembra en vna artesa berros *126,54*
Bertucho *1*
A Bertucho ve a mandar *269,1703*
Berzebu *1*
Con Tadeo. Berzebu *229,2248*
Besa *14*
Besa el crystal de su pie *121,29*
Besa su mano diuina. *177,10*
Besa el puerto, altamente conducido *218,12*
La arena besa, i gallardo. *228,206*
pues besa i vende. Confieso *229,674*
Cuias plantas Genil besa deuoto, *252,3*
Besa la arena, i de la rota naue *263,29*
Entre los olmos que robustos besa, *263,544*
Con labio alterno mucho mar la besa, *264,607*
En la rienda que besa la alta mano, *264,822*
Al mar, en quanto besa *298,2*
Besa el nombre en sus arboles grauado. *318,54*
Sus ondas besa la Copia, *356,13*
Besa a Arabia las faldas olorosas, *457,2*
Besado *4*
Auiendole antes besado, *28,46*
Se venera de mastiles besado? *399,8*
De escollos mil besado i nunca roto. *404,40*
Pues me ha besado en el ojo. *477,20*

Besalla *1*
Si al besalla en los tres ojos *334,19*
Besallas *1*
Para besallas. Doctor, *269,1213*
Besallo *1*
Sin besallo lo vendiò, *477,18*
Besan *7*
Cuio pie besan dos rios, *144,11*
Que los terminos besan del Thebano, *256,19*
Hasta donde se besan los extremos *264,529*
Sidonios muros besan oi la plata *318,119*
Si no se besan lo cubos! *322,268*
Memorias besan de Daphnes *333,11*
Los pies os besan desde acà, sea miedo *454,10*
Besando *4*
Ia besando vnas manos crystalinas, *20,1*
Besando las que al Sol el Occidente *263,416*
Besando permanezcan las estrellas. *368,12*
Besando el marmol desatar sus votos. *421,52*
Besar *16*
Altas torres besar sus fundamentos, *108,3*
Por besar de ella las plantas. *144,12*
Ha de entrar a besar la mano a Duero. *151,4*
Besar estrellas, pudiendo, *204,6*
a besar el pie a vna palma, *229,468*
por besar tus manos oi. *229,1672*
a besar tus manos bellas. *229,1698*
I las faldas besar le haze de Athlante. *230,6*
A besar te leuantas las estrellas, *246,7*
El cothurno besar dorado intenta. *261,300*
Sin besar de la plaia espacîosa *264,194*
Para besar io la mano *269,58*
De besar mano ni pie, *269,1513*
Se calò a besar sus labios *285,43*
Dalle sus pies a besar, *288,8*
Torrente, que besar dessea la plaia *290,10*
Besarà *1*
La mano l.. besarà, *207,37*
Besàra *1*
Tanto la antiguedad, besàra el pie *327,6*
Besaros *1*
Que mandais, señor? Besaros *229,3104*
Besarte *1*
Las manos he de besarte. *269,1689*
Besas *1*
Que con tus crecientes besas *38,14*
Besaste *1*
Los Reynos de la Aurora al fin besaste, *263,457*
Besaua *1*
Del osso que aun besaua, atrauesado, *262,20*
Bese *8*
I assi bese, (a pesar del seco Estio), *46,9*
La inuidia le bese el pie. *132,64*
O las colunas bese o la escarlata, *263,475*
Tumba te bese el mar, buelta la quilla. *264,548*
Que bese el Tiber su pie *306,36*
Mas bese en el harpon la mano suia. *311,14*
Bese el corbo marfil oi desta mia *318,3*
Bese la inuidia sus pies, *353,55*
Beso *10*
si la alcauala es el beso. *229,677*
Que matò mas con el beso, *269,164*
En beso manos i pies. *269,656*
A la vna los pies beso, *269,907*
A la vna los pies beso, *269,919*

A la vna los pies beso, *269,932*
Tan léàl como el del beso. *269,1647*
Las manos, Doctor, os beso; *269,1876*
Serafin menino, beso, *370,2*
Por el trato o por el beso; *477,24*
Besò *4*
Tanto, que besò algun signo *149,101*
Besò la plaia miserablemente, *261,434*
Besò ia tanto leño: *263,127*
Besò la raia pues el pie desnudo *263,995*
Besoos *4*
Besoos las manos, i digo, *229,2082*
Besoos las manos por ellos, *269,1368*
Besoos las manos, señor; *269,1467*
Besoos las manos. Andad. *269,1868*
Besos *5*
A las palomas de besos *27,63*
Vuestros besos súàues. *129,24*
Quien besos contò i quexas, *129,25*
I mas besos te pido *184,15*
mas besos que vn cauallete *229,3288*
Bestia *3*
Como Dios hizo vna bestia, *73,10*
Rindiose al fin la bestia, i las almenas *264,441*
Ha de conocer la bestia *269,711*
Bestial *2*
Sino en bestial idìòma, *96,5*
Que es bestial musico el hombre, *161,83*
Bestialmente *1*
Lei tan bestialmente impressa *269,6*
Bestias *3*
Carroças de ocho bestias, i aun son pocas *69,7*
Tras la paja muchas bestias —" . *73,128*
Sin ser grandes bestias, *160,116*
Besugos *1*
Sabrosissimos besugos, *27,130*
Bet *1*
Ni en lugar de Bethlen me digas Bet, *473,13*
Bethleem *3*
Naciò la paz en Bethleem. *302,4*
Naciò la paz en Bethleem. *302,16*
Naciò la paz en Bethleem. *302,28*
Bethlem *6*
Tañan al Alua en Bethlem, *300,3*
Tañan al Alua en Bethlem, *300,29*
Tañan al alua en Bethlem, *300,42*
Portal de Bethlem, *301,57*
No en Bethlem de Portugal, *303,9*
Sino en Bethlem de Iudea. *303,10*
Bethlen *3*
Tus campos, Bethlen, oieron, *352,2*
Ni en lugar de Bethlen me digas Bet, *473,13*
Vn animal de Bethlen: *495,57*
Betico *1*
Celebren nuestro Betico *1,10*
Betis *34*
El Betis en sus humidas moradas, *12,4*
Las comarcanas del Betis, *63,223*
Vida a ti, gloria al Betis, luz a todos. *77,51*
No porque el Betis tus campiñas riega *77,75*
(El Betis, rio, i Rei tan absoluto, *77,76*
Dèl Betis la arena; *79,60*
En las orillas dèl Betis; *81,52*
Aqui donde està el Betis, *103,61*
Tantas al Betis lagrimas le fio, *109,2*

Al Betis, que entre juncias va dormido, *114,6*
Nas ribeiras do Betis espalhadas. *118,8*
Del sacro Betis la Nympha *149,33*
Su verde cabello el Betis *149,107*
Del Betis derramas quexas, *192,2*
En poluo el patrio Betis, hojas bellas, *221,10*
Si las ondas que el Betis de su escollo *234,7*
Haga el Betis a tus huessos, *236,6*
El Betis esta vrna en sus arenas *245,3*
Dexa su vrna el Betis, i loçano *250,12*
Llora el Betis, no lejos de su fuente, *260,5*
La espumosa del Betis ligereza *264,813*
Que al Betis las primeras ondas fuente. *264,857*
Que el Betis oi, que en menos gruta cabe, *289,12*
De espumas sufre el Betis argentado *318,73*
Siendo al Betis vn raio de su trença *318,83*
En que, de velas coronado el Betis, *318,103*
Que al Betis le bebieron ia el dorado, *318,227*
A la ambicion es del Betis. *333,40*
Iris, pompa del Betis, sus colores; *361,11*
Atado el Betis a su margen para. *402,8*
Que ansar del Betis cueruo sea del Turia. *404,8*
Digalo el Betis, de quien es Diana; *421,68*
Que el Betis sabe vsar de tus pinzeles. *458,14*
Piseis del Betis la ribera vmbrosa; *465,11*
Betlem *1*
No mosteiro de Betlem. *303,24*
Beua *2*
O el xugo beua de los aires puros, *264,295*
Lagrimas beua i quantos suda olores *274,13*
Beue *12*
Las Ionias aguas que el Sicanno beue, *72,53*
Que el silencio le beue *120,41*
De Clori beue el oido *142,37*
Porque ia tanto se beue, *167,39*
Al mar, que el nombre con razon le beue, *230,5*
Tributos digo Americos, se beue *264,405*
Que Henrrico los aires beue *269,52*
Sobre la ierua que ese crystal beue. *281,18*
Intrepido Illephonso raios beue, *315,38*
Sacrilego diuina sangre beue: *341,11*
En las colores que sediento beue, *343,4*
Lo mas sutil de sus alientos beue. *467,8*
Beuen *1*
Beuen otras el aljofar *378,27*
Beuer *2*
Beuer el sudor haze de su frente, *263,570*
Aljofares que beuer; *355,24*
Beueràs *1*
Beueràs (cultamente) *420,6*
Beuerse *1*
(Que beuerse no pudo el Sol ardiente *263,362*
Beuia *1*
Dulce beuia en la prudente escuela *318,57*
Beuian *1*
Se beuian las palabras *322,259*
Beuido *2*
Oceano ha beuido, *263,35*
Mal beuido en su niñez, *355,90*
Beuiendo *3*
I que ai monas en beuiendo, *58,22*
Del bien dezir beuiendo en la alta fuente, *244,5*
Beuiendo raios en tan dulce sphera, *403,9*

Beuieron *1*
Que ia beuieron en crystal la risa. *339,11*
Beuiò *1*
En el palor beuiò de la ceniza, *368,40*
Bezahar *1*
Piedra digo Bezahar de otro Pyru, *327,11*
Bezerras *1*
Entre tantas bezerras, hecho toro. *461,14*
Biblia *2*
I la Biblia no tomes en la ma, *468,3*
Pues nunca de la Biblia dices le. *468,4*
Biçarro *1*
Del menos biçarro *350,14*
Bicorne *2*
quando el mancebo bicorne, *229,501*
Que mas se querrà vn bicorne *334,73*
Bien *416*
Principio al fin, bien al mal. *2,48*
Si me quereis bien *4,35*
Porque bien parezca, *5,48*
Bien puede ser; *6,3*
Bien puede ser; *6,9*
Bien puede ser; *6,15*
Bien vestida i mal zelada, *6,20*
Bien puede ser; *6,21*
Bien puede ser; *6,27*
Bien puede ser; *6,33*
Bien puede ser; *6,39*
Bien puede ser; *6,45*
Bien puede ser; *6,51*
Bien puede ser; *6,57*
Bien puede ser; *6,63*
Bien puede ser; *6,69*
Bien puede ser; *6,75*
Bien puede ser; *6,81*
Bien puede ser; *6,87*
Bien puede ser; *6,93*
Bien puede ser; *6,99*
Bien puede ser; *6,105*
Bien puede ser; *6,111*
Bien puede ser; *6,117*
Bien puede ser; *6,123*
De su bien i mal la causa. *10,28*
Do el bien se goza sin temer contrario; *12,11*
Que no es bien que confusamente acoja *16,12*
A todas queria bien, *26,69*
Sè que para el bien te duermes *26,105*
Significan bien sus plumas; *26,116*
Bien callas i dissimulas. *26,118*
Seis hace, si bien me acuerdo, *27,57*
Mui bien harè si culpàre *37,17*
Bien sè que me han de sacar *37,29*
Que guarda mas bien Cupido *37,43*
Bien puedes al mar dèl Sur *38,23*
Que bien puedes, si es verdad *38,27*
Por ella en tales paños bien podia *47,10*
Que, considerados bien, *48,27*
Aunque no tan bien, *56,61*
Es bien satisfaga. *56,78*
Mira si es bien que lamente!" *57,72*
I vnos bien casados cieruos, *58,26*
De vn jamon, que bien sạbrà *59,63*
Bien conociò su valor *61,51*
Donde tan bien las fingidas *63,41*
Bien podeis salir desnudo, *64,37*

Pero bien podria *65,30*
Mui bien repartida, *65,34*
Tal, que bien podria *65,50*
Conoce mui bien *65,221*
Son bien recibidas; *65,244*
I los bien reportados tafetanes *66,7*
I aduierte bien, en tanto que tu esperas *72,70*
Aunque nunca tan bien huelan. *73,44*
Que la aprieten bien la cinta, *73,99*
Dixo bien Dudon vn dia, *73,125*
Bien nacido como el Sol, *74,61*
Bien le debo a la fortuna *74,105*
Bien fuera de su costumbre, *75,58*
(Digna palma, si bien heroica mano), *77,40*
En quien de nuestro bien las esperanças *77,56*
Es bien que vean sus años *77,67*
De vn bien labrado jaez, *78,46*
Donde se anida su bien, *78,50*
A fee que dixo mui bien *83,5*
I los que la han visto bien, *85,14*
Viuir bien, beber mejor. *86,30*
Ô bien aia la bondad *86,33*
Como castillo de bien, *87,49*
Bien peinado de copete, *88,30*
Quiero bien a ese galan, *88,85*
Bien a mal tus armas echas, *90,28*
I mas bien pelotéada *93,17*
Bien quebrada de color, *94,5*
I de Amor bien requebrada; *94,6*
Forastero bien venido, *95,13*
Sale mui bien santiguado *96,70*
Pero bien me satisfize *96,153*
Le di mui bien a entender *96,163*
Bien nacida, si hermosa. *97,8*
Bien se io que para ellos *98,23*
Salteô al no bien sano passagero. *100,11*
Temo, (que quien bien ama temer debe), *104,5*
Bien como la comadreja *105,91*
La bien pisada tierra. Veneraldas *112,13*
Sea bien matiçada la librea *113,1*
Bien guarnecida espada de ginete, *113,6*
Cauallo Valençuela bien tratado, *113,9*
Ô que bien llora! *115,9*
Que de bien flechado buela, *115,16*
Ô que bien llora! *115,19*
Ô que bien llora! *115,29*
Ô que bien llora! *115,39*
Partime al fin, bien que al pie *116,32*
De nuestra gloria, bien fue heroico hecho; *117,4*
Mui bien pueden coronar *121,77*
No es bien la calle la Fama; *121,104*
Bien tal, pues montaraz i endurecida, *128,12*
Mal herido i bien curado, *131,9*
La choza, bien como auejas, *131,83*
Que bien la destierra Amor, *131,89*
Sus bien seguidos pendones. *131,100*
Al cielo de tanto bien, *132,46*
Ô quan bien que accusa Alcino, *133,1*
Ô quan bien canta su vida, *133,9*
Quan bien llora su esperança! *133,10*
El bien huie de mi, i el mal se alarga. *133,14*
El bien es aquella flor *133,15*
El bien huie de mi, i el mal se alarga". *133,28*
Que ia como Sol tienes bien nacido. *139,8*

Hize bien? *141,11*
Que bien bailan las serranas! *144,17*
Que bien bailan! *144,18*
Que bien bailan las serranas! *144,35*
Que bien bailan! *144,36*
Mas bien sè qual fue su patria. *148,6*
De casos nueuos; que es bien, *158,22*
Bien bañado, i de ramplon, *161,42*
El fondo es bien dexar mas escondido, *166,28*
I Lucrecia bien perdona *167,23*
I en cada qual, bien seruido, *167,53*
Tomales mui bien tomado, *167,55*
Por qualquier ojo entran bien. *167,80*
Que no es bien que sepa nada *167,95*
En esta bien por sus crystales clara, *173,3*
I assi, es bien entre con flores. *190,10*
Quiero que le cante bien *192,9*
Que se han querido bien *193,16*
Lo que a la Aurora bien. *193,26*
Ô seraphin, desates, bien nacido, *197,13*
Bien es verdad que dicen los Doctores *199,9*
Que bien de los naturales *204,15*
Dèsta suerte es bien que viua; *206,17*
En Congo aun serà bien quista. *207,39*
Que aunque quatrero de bien, *210,25*
De angeles. — Sabe bien? *211,3*
De angeles. — Sabe bien? *211,15*
De angeles. — Sabe bien? *211,27*
Que bel mirar i oler bien? *217,60*
I mui bien lo pueden ser *217,66*
Bien matarà red de hierro. *224,10*
Del mas bien templado arnes, *226,50*
Mal vestido i bien barbado. *228,12*
No mui bien acompañado. *228,52*
(Si bien con otros intentos) *228,167*
Bien podias temer ese castigo, *229,28*
sereis siempre bien seruido; *229,112*
Es bien nacido? No sè. *229,216*
merece bien tu recato. *229,221*
Ahora bien, Dios sea conmigo. *229,250*
que valen bien sus saluados *229,259*
Mui bien has dicho. Ô señores *229,304*
Io te lo dirè bien presto, *229,318*
en copa arto bien dorada. *229,455*
de el tiempo, si bien los años *229,538*
Bien hospedado, i alegre, *229,540*
persona bien caudalosa; *229,733*
la mas bien escrita hoja. *229,765*
Con bien facil occasion *229,834*
Mui bien venga Galeaço. *229,839*
de su alma. Dices bien *229,861*
Bien puedo serte prolijo, *229,886*
Que bien respondiste al mio *229,906*
No estoi bien con esas cosas, *229,954*
Mirate Isabel? Bien. *229,982*
Rica, si bien nacida i bien dotada, *229,1074*
Rica, si bien nacida i bien dotada, *229,1074*
I puedes mui bien decir *229,1096*
Bien mio! Tus labios sella *229,1136*
No la quies bien, pues a ella *229,1310*
que es bien Catholica prenda *229,1407*
sino (decillo bien puedo) *229,1640*
que bien podran ser consuelo *229,1651*
Seas, Camilo, bien venido. *229,1667*
Tu bien estado, Marcelo. *229,1668*

Mirad si no digo bien. *229,1742*
Condicion tienes bien recia. *229,1748*
Mirad si no digo bien. *229,1766*
Mirad si no digo bien. *229,1802*
Mirad si no digo bien. *229,1834*
La bien nacida muger *229,1921*
Ponderalo bien, que io *229,1961*
vn mensajero de bien, *229,2065*
vn... Tu conocesle bien. *229,2134*
Bien le guardas el decoro *229,2240*
Tu quieresme bien, Tadeo? *229,2250*
que era bien cerca de alli. *229,2281*
si bien el Tajo glorioso *229,2338*
Io, que mui bien la entendi, *229,2359*
tendrà bien facil muger, *229,2527*
sabelo bien Dios eterno. *229,2550*
esto bien lo sabe Dios. *229,2555*
vna bolsa, que el bien ata, *229,2603*
Bien pide, para el camino *229,2768*
Bien venido seais, señor. *229,2770*
Bien dice tu mal la cara. *229,2796*
Io burla? Mui bien està. *229,2802*
Si, señor; mui bien sabrè. *229,2846*
Seais, señor, bien llegado. *229,2947*
Veisme bien? Veo vn galan *229,2960*
Limpiaos bien, señor, los ojos, *229,2995*
Mui bien venido seais. *229,3102*
vuestro Marcelo. Ô bien´mio! *229,3151*
ai quien me conozca bien. *229,3207*
Mui bien. Serà, pues, razon *229,3260*
Digo que fingis tan bien, *229,3336*
Bien mi daño se remedia. *229,3392*
Que bien se aprouechò de ella! *229,3443*
Bien nacida, i mal lograda; *237,4*
Bien es verdad que su Encia *242,21*
Hagaos por bien quisto el vulgo *242,129*
Bien que muda, su fragrancia *243,9*
Del bien dezir beuiendo en la alta fuente, *244,5*
Ô bien aia Iaen, que en lienço prieto *255,1*
Por este culto bien nacido PRADO, *256,1*
Mas no creo serà bien *259,13*
Bien como herida corça, *259,62*
Quando pudiera bien Roma *259,78*
Que lenguas de piedra es bien *259,91*
Amante nadador ser bien quisiera, *261,130*
Bien sea religion, bien Amor sea, *261,151*
Bien sea religion, bien Amor sea, *261,151*
En breue corcho, pero bien labrado, *261,205*
Si bien al dueño debe, agradecida, *261,227*
Ni le ha visto; si bien pincel súaue *261,251*
El Tyrio sus matices, si bien era *261,314*
Si bien su freno espumas, illustraua *261,338*
Iugo aquel dia, i iugo bien súaue, *261,437*
No bien pues de su luz los orizontes, *263,42*
Si bien por vn mar ambos, que la tierra *263,399*
Mas los que lograr bien no supo Midas *263,433*
Que pudo bien Acteon perderse en ellos. *263,490*
Hazìa, bien de pobos, bien de alisos, *263,575*
Hazìa, bien de pobos, bien de alisos, *263,575*
Que negò al viento el nacar bien texido), *263,887*
Torpe se arraiga. Bien que impulso noble *263,1002*
Bien que su menor hoja vn ojo fuera *263,1063*

Bien preuino la hija de la espuma *263,1090*
De bien nacido cuerno *264,18*
Bien que tal vez sañudo *264,173*
Nudos les halle vn dia bien que agenos, *264,234*
Prouida mano, "Ô bien viuidos años! *264,363*
Abraçado, si bien de facil cuerda, *264,466*
El cabo rompiò; i bien que al cieruo herido *264,497*
Bien que haziendo circulos perfectos; *264,502*
Doliente affinidad, bien que amorosa, *264,636*
Si bien jaian de quanto rapaz buela *264,755*
Buzo serà bien de profunda ria, *264,800*
Bien de serena plaia, *264,801*
Bien que todas en vano, *264,962*
Que solo es bien se conceda *265,8*
Sentidas bien de sus valles, *268,3*
Mui bien por la paz aboga, *269,22*
Vn estoque es bien delgado *269,71*
Gente es bien diciplinada. *269,96*
Bien dixo que tordo es *269,111*
Bien està. Pero a fe mia *269,141*
No serà bien que esta daga, *269,142*
Bien i fielmente sacado; *269,167*
Dizes mui bien lo que pasa; *269,231*
Como ha de ser? Bien està. *269,261*
Verdad es, i bien verdad, *269,286*
Casilda, bien sabe el cielo *269,324*
Amor, bien lo sabes tu. *269,516*
Bien serà que no le crea, *269,527*
I assi es bien que no me halle. *269,532*
No es bien que les fies la nieue. *269,536*
I es cosa bien importuna *269,553*
Afirmarte mui bien puedo *269,602*
En ningun lugar mas bien. *269,644*
A fe de Doctor de bien, *269,846*
Mui bien, Doctor, me està esto. *269,851*
I mui bien dispuesto està, *269,863*
A fe que te quiere bien *269,897*
No habla mui bien? Dulcemente. *269,925*
Bien te deue el chupatismo *269,956*
Mui bien has andado oi; *269,962*
Bien fiaràs de la zorra, *269,974*
Que no es bien, Casilda bella, *269,1060*
Que bien estarà, Casilda, *269,1072*
Que esclaua soi bien segura, *269,1092*
Que es bien quisto por lo graue *269,1100*
No lo conoces bien tu. *269,1114*
Mui bien està. Basta que *269,1179*
De Don Tristan, que bien negra *269,1202*
Bien quedo lisongéàda *269,1270*
O bien los lime la gala, *269,1282*
Acabose aquello? Bien. *269,1365*
Bien sabe la que està alli *269,1407*
Bien sè dèso lo que passa. *269,1416*
Esta noche es bien que sea. *269,1476*
Mui bien les puedes fiar *269,1498*
Bien entiendes lo que pasa *269,1500*
Quiere bien a esa muger, *269,1571*
Las cosas bien se haran *269,1590*
Si bien io la he dicho que *269,1628*
Vistos bien los autos, fallo *269,1761*
Que esta noche serà bien, *269,1762*
Serà, pues, bien, que mañana, *269,1794*
Bien està, pero no vees, *269,1802*

Que bien que le has respondido! *269,1819*
Tan bien nacida occasion, *269,1831*
Bien a fee se va poniendo; *269,1834*
Quiero entrar, pero no es bien *269,1835*
Mui bien mis cosas entablo; *269,1858*
Sabeis? Mui bien. San German *269,1946*
Las desmentirà mas bien, *269,1990*
Bien que de semilla tal *275,9*
Tanto i tan bien escribiò, *275,41*
Qual ia el vnico pollo bien nacido, *279,16*
Si bien de plata i rosicler vestido; *279,18*
Bien que todo vn elemento *284,9*
Ô quan bien las solicita *285,33*
Sudor facil, i quan bien *285,34*
Bien que de su blanca frente *286,5*
Bien que su temeridad *288,30*
Sentir no bien i veer mal. *288,64*
Bien aian los auellanos *301,32*
Que bien suena el cascabel! *301,46*
Pareceisme bien. *301,59*
Bien que, milagros despreciando Egycios, *312,11*
Quan bien impide su familia breue, *315,34*
Bien que desnudos sus aceros, quando *318,21*
Bien que prescribe su esplendor lo oculto: *318,44*
Pastor de pueblos bien auenturado; *318,52*
Bien peinado cabello, mal enjuto, *318,82*
Bien nacido esplendor, firme coluna, *318,90*
Que al bien creces comun, si no me engaña *318,91*
La que bien digna de maior Esphera, *318,131*
A la gracia, si bien implume, hacia *318,146*
Bien que desenfrenada su corriente, *318,174*
Mas de premio parenthesis bien dino *318,187*
Al seruicio el Marques, i al bien atento *318,338*
Vestido azero, bien que azero blando, *318,350*
Bien romo o bien narigudo, *322,20*
Bien romo o bien narigudo, *322,20*
Tan bien la audiencia le supo, *322,38*
Bien lo dice de mi Aia *322,187*
Bien le deberàn Coluros. *322,248*
Ô bien, hi de puta, puto, *322,434*
Bien sabrà mentir fauores. *328,10*
Plumas ha vestido al bien, *329,9*
Vn pie no bien concertado *330,9*
Serà bien que de tus alas, *332,23*
Que bien podras; pues sè lo *332,29*
Vna bien labrada puente. *333,20*
Bien sea verdad que os haran *334,9*
De rejones bien rompidos; *334,72*
I os dixera quan bien sabe *346,9*
Sentidas bien de sus valles, *352,3*
Dias en el bien ligeros. *354,12*
Que si el bien saben que espero, *354,36*
Vsad de esos dones bien, *355,66*
Dicen bien; *356,39*
Dicen bien; *356,56*
Dicen bien; *356,73*
Todo su bien no perdido, *357,107*
Bien sea natural, bien estrangero, *361,6*
Bien sea natural, bien estrangero, *361,6*
Bien que si los refranes salen ciertos, *367,12*
Hurtale al esplendor (bien que profano, *368,13*
De sus vertidas bien lagrimas blando, *368,28*

Bien le podremos llamar *371,3*
Bien puedes atribuirme *384,38*
(Si caìda es bien que sea *387,5*
Bien que le faltaba el aire, *389,14*
Si bien de tanto splendor *390,2*
Verdura si, bien que verdura cana, *395,8*
Si bien alega, corrido, *401,9*
Los dias de Noe bien recelara *402,1*
De su conciencia, bien que Garça el santo, *404,31*
Si bien entre esas mexillas *411,3*
Si bien dulcemente esculto. *416,30*
Si bien (a lo Cortesano) *417,6*
Bien que juzga cierta amiga *418,29*
"Bien sè que a la muerte vengo, *419,67*
Si bien toda la purpura de Tyro *421,21*
(Quan bien su prouidencia *421,55*
I vn bien immenso en vn volumen breue; *425,4*
Con quien pudiera bien todo barbero *428,3*
I en templo bien colgado, i claustro rico, *437,10*
Ô, que bien està el Prado en la Alameda, *440,5*
Bien dispuesta madera en nueua traça, *442,1*
Por justo i por rebelde es bien lo sea, *443,12*
Bien las tramoias rehusò Vallejo, *451,2*
O bien aia tan rigida abstinencia! *452,8*
O bien aia modestia tan ociosa! *452,11*
Bien, pues, su Orpheo, que trilingue canta, *453,9*
Bien sean de arroiuelos, bien de rios, *454,2*
Bien sean de arroiuelos, bien de rios, *454,2*
La Musa Castellana bien la emplea *458,9*
Bien presto la veràs desuanecida, *466,6*
Otros dicen que està bien empleado, *475,5*
Ia que no bien entendido, *483,4*
Bien le vino al Andaluz; *491,5*
Que vna moça que bien charla, *493,13*
Algunos hombres de bien *495,1*
I dicen bien. *495,4*
I dicen bien. *495,13*
I dicen bien. *495,22*
I se tocan bien tocadas *495,29*
I dicen bien. *495,31*
I dicen bien. *495,40*
I dicen bien. *495,49*
I dicen bien. *495,58*
De espesas redes bien apercebido, *499,80*
Bien corriò el cieruo; mas baste, *499,148*
Por bien graciosa manera *499,164*
Bien salimos, por mi vida, *499,173*
Bien hallarè io mi alxaua *499,214*
Desta suerte. Tuerce bien. *499,215*
Tales manos: bien mereces *499,282*
Mui bien te pudo picar; *499,335*
La picada, bien sè io *499,349*
Bienauenturado *5*
"Ô bienauenturado *263,94*
Ô bienauenturado *263,106*
Ô bienauenturado *263,122*
Ô bienauenturado *263,134*
Al bienauenturado aluergue pobre, *264,108*
Bienauenturança *1*
Que si en el mundo ai bienauenturança, *203,61*
Bienes *11*
Da bienes Fortuna *8,1*

Dos bienes, que seràn dormir i vello. *44,14*
A este mal debo los bienes *83,21*
Donde, para mostrar en nuestros bienes *117,6*
Vnos bienes sin firmeza *133,3*
Rico de quantos la agua engendra bienes *261,123*
En numero a mis bienes son mis males. *261,392*
El pastor que de sus bienes *306,5*
El pastor que de sus bienes. *306,22*
El pastor que de sus bienes *306,39*
Otro de bienes passados. *329,4*

Biforme *1*
De Chiron no biforme aprende luego *318,63*

Bifronte *1*
Al templo del bifronte Dios la llaue. *318,24*

Bigote *3*
De el bigote para arriba, *74,38*
O en espinas el bigote, *107,12*
Desde la oreja al bigote *110,27*

Bigotes *1*
Sus bigotes alquitira, *126,45*

Binaroz *1*
Vencido, Binaroz le dio su puerto. *318,296*

Bipartida *1*
De el pie ligero bipartida seña. *263,1019*

Bipartido *1*
Hasta el luciente bipartido estremo *264,475*

Bisagra *2*
por la puerta de Bisagra, *229,2104*
La bisagra, aunque estrecha, abraçadora *263,473*

Biscocho *2*
I cortò con vn biscocho *94,35*
Biscocho labra. Al fin en esta guerra *278,12*

Biscochos *1*
De biscochos appela el caminante *459,9*

Biscosamente *1*
El congrio, que biscosamente liso *264,93*

Bislumbres *1*
Las temerosas bislumbres, *75,68*

Bisnaga *3*
Mas que la bisnaga honrada *6,34*
Si no fue bisnaga. *56,52*
I presenta la bisnaga *93,38*

Bisoña *1*
Compañia, aunque bisoña, *259,104*

Bitonto *1*
Por Monseñor de Bitonto. *242,56*

Bíùdo *1*
Gemidora a lo bíùdo; *322,128*

Biuiran *1*
Que biuiran en el sepulchro impressos, *119,12*

Bizarras *1*
Si algunas Damas bizarras, *55,29*

Bizarro *2*
El Abideno bizarro. *228,92*
El Girifalte, escandalo bizarro *264,753*

Bizcocho *1*
I dieronle vn bizcocho de galera. *459,4*

Blanca *50*
De blanca nieue el Henero, *7,18*
La blanca o roja corriente, *7,36*
El roxo passo de la blanca Aurora; *17,4*
Mira tu blanca frente el lilio bello; *24,4*

Mil crespos nudos por la blanca espalda, *25,15*
Muestra la blanca nieue, *25,21*
El honesto sudor tu blanca frente. *25,42*
Vença a la blanca nieue su blancura, *36,13*
Sirue a doña Blanca Orliens, *73,81*
Las gafas es doña Blanca *73,83*
Vna blanca piedra occupen: *75,84*
La blanca i hermosa mano, *82,37*
Leuantando blanca espuma *97,1*
Doña Blanca està en Sidonia, *111,23*
La manga blanca, no mui de roquete, *113,3*
La blanca hija de la blanca espuma, *120,31*
La blanca hija de la blanca espuma, *120,31*
Tras la blanca cierua, *142,16*
No a blanca o purpurea flor *142,23*
Tras la blanca cierua, *142,34*
Tras la blanca cierua, *142,52*
Desnudò su blanca mano *167,63*
El vno es la blanca Nais, *179,9*
Le dexò la blanca Luna *215,15*
Raios de vna blanca frente, *228,115*
La blanca leche con la blanca mano. *229,1055*
La blanca leche con la blanca mano. *229,1055*
Ô blanca luna prolija! *229,1134*
por copo de blanca nieue *229,1617*
Su blanca toca es listada de oro, *229,2152*
offrezco de blanca cera *229,3414*
De esta borla blanca digo, *242,95*
De vna blanca flor de lis. *243,28*
Lucientes ojos de su blanca pluma: *261,102*
En blanca mimbre se le puso al lado, *261,203*
Blanca mas que las plumas de aquel aue *261,363*
Haze de blanca espuma *263,559*
I blanca la Etyopia con dos manos; *263,785*
Blanca, hermosa mano, cuias venas *263,877*
La blanca espuma, quantos la tixera *263,917*
Bien que de su blanca frente *286,5*
La PALOMICA blanca, *310,6*
La PALOMICA blanca, *310,21*
La PALOMICA blanca, *310,36*
Quien, pues, verdes cortezas, blanca pluma *316,9*
Blanca, digo, estola vista, *388,18*
La mas blanca, la mas rica. *388,20*
Copos de blanca nieue en verde prado, *455,5*
La blanca Leda en verde vestidura, *455,11*
La blanca garça, que al romper del dia, *499,68*

Blancaflor *2*
Hablo a Blancaflor en Flores, *269,481*
Blancaflor me da jamones, *269,483*

Blancas *28*
Con dos borlas blancas *5,59*
Ceja en arco, i manos blancas. *27,91*
Sus blancas plumas bañan i se anidan. *31,14*
Fixa los ojos en las blancas Lunas, *72,69*
Entre mas de cient mil blancas, *82,55*
Blancas alas de paloma". *97,44*
Las blancas tocas, señor, *121,151*
Blancas palmas, si el Tajo tiene alguna, *128,3*
Dandose las manos blancas *144,14*
Sus dientes las perlas blancas, *148,22*
Blancas señas de que el aire *149,93*
No se le da a Esgueuilla quatro blancas; *151,12*
Negar las blancas espumas *179,51*

Las blancas espumas que orlan *216,27*
Vestir blancas paredes, *229,56*
que con blancas tocas anda; *229,442*
Blancas hojas de la historia, *229,898*
blancas tiene, i carmesies. *229,1758*
Las blancas hijas de sus conchas bellas, *263,432*
Blancas ouejas suias hagan cano *263,825*
Modestas accusando en blancas telas, *263,839*
Ostente crespas, blancas esculpturas *263,858*
En su bolante carro blancas aues, *263,1087*
De blancas ouas i de espuma verde, *264,25*
Blancas primero ramas, despues rojas, *264,592*
Iaspe le han hecho duro blancas guijas. *264,890*
Blancas huellas les negò, *333,51*
En blancas plumas ver volar los años. *465,14*

Blanco *56*
Desde el blanco Frances al negro Etiope. *1,13*
De blanco nacar i alabastro duro *13,3*
Tantas el blanco pie crecer hacia. *15,4*
Aljofar blanco sobre frescas rosas, *18,2*
Ia anudandome a vn blanco i liso cuello, *20,2*
I blanco de desuenturas. *26,76*
Blanco marmol, qual euano luciente, *34,2*
Blanco choro de Naiades lasciuas *46,6*
Quiero, (como el blanco Cisne *48,2*
Vn blanco albornoz se a puesto, *49,50*
Tus aras teñirà este blanco toro, *53,12*
Vestidas de blanco i negro, *58,42*
Dèste mas que la nieue blanco toro, *60,1*
El blanco Clero el aire en armonia, *77,5*
Hermoso i blanco alguacil *82,38*
I dexa el blanco alheli. *82,60*
Oi desechaba lo blanco, *82,73*
Humos de blanco i clarete *88,84*
Blanco de tus demasias? *95,11*
Herido el blanco pie del hierro breue *104,1*
De vn blanco armiño el esplendor vestida, *128,9*
Ni blanco chopo sin mote; *131,122*
Dèl blanco cisne que en las aguas mora, *137,6*
No es blanco choro de Nymphas *144,5*
Despliegan blanco lino, *166,15*
Blanco de sus tiros hecha, *177,8*
Blanco a tus sienes i a tu boca olores. *184,6*
Blanco mannà que està alli? *213,3*
Blanco el vno, los dos negros, *215,28*
Del blanco jazmin, de aquel *217,46*
Mas blanco, si no mas bueno. *225,10*
Que el muro del velo blanco *228,86*
blanco tiene el grano, amiga; *229,1760*
Por blanco, a tu mano bella *229,1819*
el manjar blanco, el capon, *229,2837*
Blanco thumulo de espumas *236,5*
El menos oi blanco diente, *257,12*
Su blanco pecho de vn harpon dorado. *261,244*
Quantas el blanco pie conchas platea, *261,374*
Limpio saial, en vez de blanco lino, *263,143*
No en blanco marmol, por su mal fecundo, *263,816*
Ni al blanco Cisne creo. *263,843*
De el blanco lino que de el bello obscuro. *263,967*
Fecundas no de aljofar blanco el seno, *264,557*

Antiguo descubrieron blanco muro, *264,695*
Blanco i rubio en Etiopia. *269,636*
El blanco lilio en camisa *301,21*
Diremos que es blanco, i que *301,72*
Sino de vn blanco almendruco. *322,60*
Al blanco moral de quanto *322,481*
I se compiten lo blanco, *356,26*
Al blanco fecundo pie *357,3*
Vn blanco sublime chopo *357,38*
Purpuréàra tus aras blanco toro *360,7*
Al blanco alterno pie fue vuestra risa, *365,2*
I blanco muro ceñia *418,52*

Blancos 20
Que blancos suelen salir *3,10*
Que ya fue de blancos lilios, *78,83*
Tendiendo sus blancos paños *88,1*
Los blancos paños cubrian *88,45*
Los blancos pies distinguen de la nieue *128,10*
Que blancos lilios fue vn hora *142,9*
Vna entre los blancos dedos *144,37*
O ia de los dos blancos pies vencida. *146,14*
Los blancos lilios que de ciento en ciento, *198,1*
i que los blancos jazmines *229,554*
blancos lilios en tu mano *229,1685*
Negras violas, blancos alhelies, *261,334*
Corriente plata al fin sus blancos huesos, *261,501*
Los blancos lilios de su frente bella, *263,149*
Negras piçarras entre blancos dedos *263,251*
Que en los blancos estanques del Eurota *263,486*
De blancos cisnes, de la misma suerte *264,252*
Manteles blancos fueron. *264,345*
Blancos lilios les concede. *333,52*
La Alua en los blancos lilios de su frente, *339,13*

Blancura 10
Competian en blancura *10,47*
Vença a la blanca nieue su blancura, *36,13*
Competian en blancura *63,51*
A manos de la blancura *179,55*
Dò en pago de su blancura, *216,25*
Blancura de blancura, *229,1044*
Blancura de blancura, *229,1044*
a tu manos su blancura. *229,1732*
Que a tanta dicha su blancura es poca: *269,1260*
No tienen que preciarse de blancura *455,9*

Blanda 3
O qual la blanda cera desatados *72,14*
De piel le impide blanda; *264,757*
Darme vna coz, i no blanda. *269,1340*

Blandas 1
Sueño le solicitan pieles blandas, *263,164*

Blandimarte 1
Blandimarte, su galan *167,35*

Blandir 1
blandir lança contra Oran. *229,2094*

Blando 29
En tu tranquilo i blando mouimiento, *16,8*
La dulce municion del blando sueño, *44,3*
Las dulces alas tiende al blando viento, *45,5*
Dò el Zephyro al blando chopo *63,169*
El blando viento que sopla, *97,16*

Sea el lecho de batalla campo blando. *120,54*
Lasciua tu, si el blando; *129,6*
Blando heno en vez de pluma *131,69*
Blando ruiseñor, *160,27*
Tenia ia el moçuelo blando. *228,152*
pisè blando. Quien tal Pisa *229,1853*
Que el tardo Otoño dexa al blando seno *261,75*
Dulce Occidente viendo al sueño blando, *261,190*
En quanto el hurta blando, *263,543*
I de garçones este accento blando: *263,766*
De la menuda ierua el seno blando *263,1010*
Ruiseñor en los bosques no mas blando *264,37*
Duro alimento, pero sueño blando. *264,342*
El doliente, si blando, *264,553*
I de la firme tierra el heno blando *264,689*
Que de cesped ia blando, *264,889*
Que por que blando le pica *269,571*
A quien, si lecho no blando, *285,25*
Con la que en dulce lazo el blando lecho. *312,28*
Vestido azero, bien que azero blando, *318,350*
A España en nudo las implica blando, *318,615*
A blando zephiro hice *331,45*
De sus vertidas bien lagrimas blando, *368,28*
Por lo blando i cebellin *478,6*

Blandon 1
Mientras no enrristra blandon. *413,13*

Blandos 1
Ni mui duros ni mui blandos. *228,4*

Blanquea 1
Que exemplarmente oi blanquea *275,72*

Blanquéàndo 2
He visto blanquéàndo las arenas *54,9*
Infamar blanquéàndo sus arenas *263,438*

Blanquéàr 1
Ver sus tocas blanquéàr *105,45*

Blas 1
A ser el sanct Blas, *65,67*

Blason 3
I su hijo en el blason *121,93*
Blason del tiempo, escollo del oluido. *317,11*
No le dexeis en el blason almena. *429,9*

Blasona 1
I en los corrillos blasona *93,58*

Blaspheman 1
Blaspheman almas, i en su prision fuerte *253,10*

Blasphemia 1
blasphemia de los perjuros, *229,2864*

Blasphemos 1
Dos torpes, seis blasphemos, la corona *442,9*

Bledo 1
No se le da vn bledo *65,153*

Boa 3
A Maitines. Noite è boa? *303,2*
A Maitines. Noite è boa? *303,28*
A Maitines. Noite è boa? *303,41*

Boba 1
Abriò su esplendor la boba, *322,277*

Bobalicon 1
Que piense vn bobalicon *493,31*

Bobas 1
Mirad, bobas, que detras *29,59*

Bobeda 1

Bobeda o de las fraguas de Vulcano *261,27*

Bobedas 2
Ellas en tanto en bobedas de sombras, *263,612*
Bobedas le coronan de espadañas. *264,111*

Boberì 1
Que supuesto que escribes boberì, *468,13*

Boberia 1
No des mas cera al Sol, que es boberia, *234,9*

Boberias 1
Boberias son de a dos, *227,18*

Bobo 12
A dar pues se parte el bobo *59,81*
Aunque ogaño soi vn bobo; *83,2*
Io sè dezir, aunque bobo, *121,159*
A este Domine bobo, que pensaba *203,35*
I escalasse el pecho bobo, *228,163*
Falta a la Comedia el bobo, *229,3500*
Donde se ha de quedar bobo, *242,98*
De vn bobo Perulero, *313,14*
Bobo he sido en prestarle mi dinero. *367,11*
Quanto mas bobo he sido, mas espero *367,13*
Beneficio tan simple, que sea bobo. *379,14*
Nuestro pretendiente bobo, *481,8*

Boboncilla 1
Construiò a su boboncilla *322,107*

Boca 22
Al docto pecho, a la súave boca, *67,10*
Abriò la boca de vn jeme, *81,54*
Por la boca crece o mengua *105,62*
Con el dedo en la boca os guarda el sueño. *120,45*
Les pagan a "que quies, boca". *149,16*
Blanco a tus sienes i a tu boca olores. *184,6*
— Cierra los ojos, i abre la boca. *213,5*
Cierra los ojos, i abre la boca. *213,14*
Cierra los ojos, i abre la boca. *213,23*
I siempre armada boca, *230,8*
Las flores trasladando de su boca *256,45*
Mordaça es a vna gruta de su boca. *261,32*
Su boca dio i sus ojos, quanto pudo, *261,191*
Coserse la boca puede; *269,183*
Como tu la boca le abras, *269,376*
De la purpurea concha de tu boca; *269,1262*
Pues las noches tienen boca; *282,24*
De vn aguileño! Cosanme esta boca. *313,32*
En quanto boca con boca, *322,453*
En quanto boca con boca, *322,453*
Como cepo vuestra boca. *411,28*
Salidos por la boca de vn pipote, *474,2*

Bocado 1
Qualquier bocado súàue *211,18*

Bocados 1
Os da bocados mortales; *110,36*

Boçal 2
Iáèz propio, boçal no de Guinea; *113,8*
Señas, aunque boçal de sentimiento. *280,6*

Boçales 1
Suelen, si no por boçales, *266,9*

Bocas 5
Para el Zierço espirante por cien bocas *263,450*
Tarde le encomendò el Nilo a sus bocas, *263,494*
Por las bocas de dos brutos *322,294*
Fragrantes bocas el humor sabeo *426,10*
No abren las bocas en vano. *490,10*

Bochorno *1*
La seruirà masse bochorno en sopa. *234,14*
Boço *1*
O tengais el boço en flor, *107,11*
Bocon *1*
Súàuissimo bocon, *410,8*
Bodas *11*
Quanto a festejar las bodas. *97,12*
Son perras de muchas bodas *126,56*
I bodas de muchos perros, *126,57*
De la gaceta que escribiò las bodas *203,104*
de tus bodas. Es posible *229,1349*
tus bodas mi coraçon! *229,2761*
de las bodas de mi hija? *229,3181*
A pastorales bodas. *263,266*
Preuenidas concurren a las bodas. *263,622*
Al de las bodas Dios, no alguna sea *263,654*
De sus bodas, a la fuente, *322,359*
Bodigo *1*
Desde la ioia al bodigo; *105,76*
Bofeton *2*
Tal bofeton a vna bolsa, *58,51*
Con vn cierto bofeton *74,45*
Bohordos *2*
Quien en la plaça los bohordos tira, *138,7*
me tirais nueuos bohordos? *229,3439*
Bolado *1*
De vn bolado martinete, *333,56*
Bolador *1*
El corcillo bolador, *177,5*
Boladora *2*
Su boladora planta: *25,8*
Del venado la planta boladora. *499,30*
Bolando *7*
Gimiendo tristes i bolando graues. *261,40*
Riscos que aun igualàra mal bolando *263,49*
Todas se han ido bolando. *269,345*
No a ver a tu amor bolando, *269,555*
Que nos sacaràn bolando. *269,997*
Boluì a traellos bolando. *269,1374*
— Veamo, primo, bolando *308,25*
Bolante *5*
De auejas, era vn esquadron bolante, *184,8*
En su bolante carro blancas aues, *263,1087*
De su bolante nieue. *264,836*
Vn cossario intentò i otro bolante, *264,960*
Al Sandoual en zefiros bolante *318,309*
Bolarà *1*
No bolarà tanto el cueruo, *269,976*
Bolas *1*
En las tres lucientes bolas *149,6*
Bolateria *1*
La crespa bolateria; *74,8*
Bolbiò *1*
Bolbiò a vn suspiro tan solo, *357,30*
Bolcan *2*
Bolcan desta agua i destas llamas fuente *109,5*
Cediò al sacro Bolcan de errante fuego, *263,646*
Bolga *1*
Del perezoso Bolga al Indo adusto. *261,408*
Bolò *3*
Bolò el son para el humido elemento. *166,6*
Que aun de carne bolò jamas vestida, *338,2*
Mucho la flecha bolò. *499,163*

Bolsa *24*
Lengua muerta i bolsa viua, *6,104*
Bolsa viua i lengua muerta, *6,107*
Tal bofeton a vna bolsa, *58,51*
De libertad i de bolsa, *82,39*
Que tiene bolsa en Oran, *82,111*
I su bolsa, aunque sin lengua, *105,61*
La bolsa hecha abogado, *105,64*
I en mi bolsa ni vn ceuti. *111,24*
Otro nudo a la bolsa *160,3*
Otro nudo a la bolsa *160,21*
Otro nudo a la bolsa *160,39*
Otro nudo a la bolsa *160,57*
Otro nudo a la bolsa *160,75*
Otro nudo a la bolsa *160,93*
Otro nudo a la bolsa *160,111*
Otro nudo a la bolsa *160,129*
I vna bolsa es buena daga *167,58*
La bolsa abierta el rico pelicàno, *181,7*
vna bolsa, que el bien ata, *229,2603*
I assi en mi bolsa he dado *269,1234*
Esta bolsa que, pendiente, *269,1682*
En las venas que en la bolsa, *288,107*
Bolsa, de quatro mil soles esphera. *313,29*
En mi bolsa que en su lyra, *477,4*
Bolsas *2*
en bolsas de marmol Pario] *229,1371*
Guerra de nuestras bolsas, paz de Iudas, *449,2*
Bolsico *1*
Sin dexar flacco el bolsico: *493,41*
Boltéàdor *1*
Boltéàdor afamado, *210,8*
Boluamos *1*
Boluamos, Dios en aiuso; *322,158*
Bolubiles *1*
A los giros bolubiles que asiste, *318,446*
Bolued *2*
Id por el, pues, i bolued, *269,938*
Bolued, galeritas, por la otra mitad. *345,8*
Bolueis *1*
I las bolueis regoldanas. *238,4*
Boluer *6*
Me defienden el ia boluer a vellos! *120,6*
I oi lo soi en el boluer. *147,4*
Hemos de boluer, amigo? *269,1220*
Amigo, hemos de boluer? *269,1221*
Que sabe boluer de rabo. *282,30*
No hagais boluer las espaldas *354,31*
Boluerà *1*
Boluerà a dexar Henrico *269,970*
Bolueras *1*
I alcornoque bolueras. *351,8*
Boluerè *1*
Boluerè esta noche a veros *269,1216*
Bolueros *1*
Para bolueros a ver *269,1192*
Boluì *1*
Boluì a traellos bolando. *269,1374*
Boluieronse *1*
Boluieronse los dos, que llama ardiente,
318,389
Boluio *1*
A su aluergue se boluio, *10,63*
Boluiò *6*
Boluiò al mar Alcíon, voluiò a las redes *165,1*

Que boluiò despues nouillo. *351,4*
Que boluiò despues nouillo. *351,16*
Que boluiò despues nouillo. *351,28*
Que boluiò despues nouillo. *351,40*
Que boluiò a traer despues: *373,16*
Bonami *1*
Iaze Bonami; mejor *258,1*
Bondad *5*
Ô bien aia la bondad *86,33*
Simple bondad, al pio ruego *131,55*
la bondad que en el se vee. *229,215*
De tu bondad imagino *229,2551*
que de la bondad, ninguna. *229,3322*
Bonete *10*
Perdona, pues, mi bonete; *26,109*
Bonete lleua Turqui, *49,57*
Vn reuerendo bonete. *59,60*
De vn Canicular bonete, *88,34*
Vna demanda a vn bonete, *94,25*
Las plumas de vn color, negro el bonete, *113,2*
Desde el bonete al clauo de la mula; *150,2*
Vna copia es (con bonete) *417,3*
Cofre digo houero con bonete, *433,13*
La que traigo debaxo del bonete. *441,8*
Bonetes *4*
Segun picos de bonetes, *58,27*
I que a los bonetes *65,259*
Bonetes la solicitan, *73,121*
De gorras, de capillas, de bonetes. *448,4*
Bonissimos *1*
Bonissimos; pues que aguardo? *269,1562*
Bonitas *1*
Querais las bonitas. *65,260*
Bontà *1*
Ô gran bontà di Cauaglieri erranti! *229,388*
Borcegui *4*
Ô maldito borcegui! *82,108*
Borcegui nueuo, plata i tafilete, *113,7*
Calça siempre borcegui: *217,55*
No mas, no, borcegui ni chiminea; *397,9*
Borda *1*
Que borda su rosicler. *378,28*
Bordada *3*
Bordada cifra, ni empressa *62,10*
Entre Lunas bordada *72,67*
Donde bordada tela *120,26*
Bordado *1*
I de sombrero bordado, *228,78*
Bordadora *4*
Se meta. Es gran bordadora. *269,888*
Trabaja. Es gran bordadora. *269,896*
Doctor. Es gran bordadora. *269,1385*
Diolo? Si. Es gran bordadora. *269,1457*
Bordados *1*
Corredor de vnos bordados; *269,1447*
Bordadura *2*
Bordadura de perlas sobre grana, *18,4*
En bordadura pretendiò tan bella *315,55*
Borde *2*
Borde saliendo Flerida de flores; *17,10*
son nauios de alto borde. *229,495*
Bordes *2*
Si no temiera los bordes *110,15*
Tus bordes veso piloto, *322,249*
Bordò *3*

Bordò mil hierros de lanças *49,53*
Que oi de perlas bordò la Alua luciente, *184,2*
De raios se bordò el suelo; *349,20*
Bordon *1*
Al bordon flaco, a la capilla vieja, *231,3*
Boréàl *2*
A vn Girifalte, Boréàl Harpìa *264,906*
La perla Boréàl fue soberana *318,314*
Boristhenes *1*
Quanto el Boristhenes oia. *259,20*
Borja *1*
Cantarè el generoso Borja santo, *404,10*
Borla *7*
Pidiòle borla el testuzo, *242,33*
Doctor digo, i sea vna borla *242,43*
De esta borla blanca digo, *242,95*
Lo que es borla para otros. *242,100*
Decorado con la borla, *259,46*
De tu amarilla borla se cobija; *269,396*
Por la borla de mi grado, *269,865*
Borlas *3*
Con dos borlas blancas *5,59*
Borlas lleua differentes, *176,11*
Terneras cuias borlas Magistrales *437,1*
Borni *1*
El Borni, cuia ala *264,764*
Borracho *1*
A estas horas el borracho? *269,1709*
Borrais *1*
Que a las nubes borrais sus arreboles, *76,2*
Borrame *2*
Hermano Lope, borrame el sonè *468,1*
Borrame en su lugar el Peregrì; *468,11*
Borrar *1*
para borrar con el pie *229,1612*
Borraran *1*
Todo aquello borraran, *269,1748*
Borraràs *1*
Tambien me borraràs la Dragontè, *468,5*
Borre *1*
No borre, no, mas charcos. Zabullios. *431,14*
Borrego *1*
I con el Peregrino vn frai borrego. *432,8*
Borres *1*
Por tu vida, Lopillo, que me borres *429,1*
Borricas *1*
Leche de borricas; *65,192*
Borrico *1*
Si no de borrico, i romo, *242,72*
Borro *1*
I algunos papeles borro *83,56*
Borrò *1*
Borrò designios, bosquejò modelos, *263,98*
Borron *2*
Quando fueras borron dèl *229,1460*
Es, ô Violante, vn borron *229,1462*
Boscan *2*
De las Obras de Boscan, *228,55*
Que en Boscan vn verso suelto, *228,59*
Bosque *16*
Troncos el bosque i piedras la montaña; *25,54*
Que iba penetrando el bosque. *131,48*
O las que venera el bosque, *144,7*
Velero bosque de arboles poblado, *162,1*
Dexad el bosque i venid; *167,8*

El bosque diuidido en islas pocas, *263,491*
De las que el bosque bellas Nymphas cela; *263,795*
Los arboles que el bosque auian fingido, *263,958*
Hijo del bosque i padre de mi vida, *264,550*
Menos dio al bosque nudos *264,581*
No contiene el bosque gruta, *268,13*
Tortola viuda al mismo bosque incierto *295,10*
I el bosque penetrò inculto. *322,352*
Del bosque le ofreciò vmbroso *357,106*
Deste bosque en la parte mas secreta. *499,45*
Del bosque, oi teñiran, sin falta alguna, *499,73*
Bosquejò *1*
Borrò designios, bosquejò modelos, *263,98*
Bosques *10*
Por los bosques, cruel verdugo *48,19*
Gloria de los bosques, *79,95*
Que murallas de red, bosques de lanças *175,3*
Veneradas en los bosques, *179,14*
ciudadana de los bosques; *229,511*
Pellico es ia la que en los bosques era *261,69*
Ruiseñor en los bosques no mas blando *264,37*
Que sus margenes bosques son de piedra. *318,368*
Que inuidia de los bosques fue loçana, *380,2*
Que a los bosques hiço Orpheo: *478,4*
Bosquexando *1*
Bosquexando lo admirable *285,39*
Bosquexo *1*
Colorido el bosquexo que ia auia *261,270*
Bosquexos *1*
No son malos los bosquexos. *229,3185*
Bosteço *1*
Bosteço, el melancolico vazio *261,42*
Bostezar *1*
Queda que bostezar mas? *229,3352*
Bostezas *1*
Bostezas? Voime a dormir. *229,3347*
Bota *3*
Sus lagrimas partiò con vuestra bota, *325,2*
A bota peregrina trasladada. *325,8*
Calçaros con gran premio la vna bota *463,5*
Botas *2*
que este trae botas i espuelas, *229,2786*
Amor con botas, Venus con baieta; *326,8*
Bote *4*
Ni Albaialdos era bote. *107,8*
La toque del primer bote. *107,36*
Que a vn bote corbo del fatal azero *264,934*
Al bote de la atutia? *269,145*
Botes *1*
I mas en ella Titulos que botes. *150,14*
Botica *7*
En la botica otras veces, *26,29*
En vna botica; *65,52*
Como en botica grandes alambiques, *150,13*
Que ambos de botica son) *161,4*
como candil de botica, *229,920*
El credito en la botica, *269,615*
Pharmacos, oro son a la botica. *313,51*
Boticario *3*
Se le pintò vn boticario. *28,52*
Que ni io soi boticario *107,7*
Vn boticario es su espada, *269,134*

Botijas *1*
seis mil botijas de vino. *229,2977*
Botin *2*
Dales vn botin, *65,113*
Descubriros el botin. *82,48*
Botines *1*
Botines de tafilete *88,42*
Boto *1*
Bruñe nacares boto, agudo raia *264,585*
Boton *1*
Qual de el rizado verde boton, donde *263,727*
Botones *1*
De mis botones ojal *88,59*
Box *2*
I en box, aunque rebelde, a quien el torno *263,145*
Con box dentado o con raiada espina, *264,365*
Bozal *1*
I mas que negro bozal, *288,2*
Bozo *3*
el que aier le apuntò el bozo, *229,1007*
Flores su bozo es, cuias colores, *261,279*
Su bozo poco belludo; *322,116*
Braba *3*
Que tengo la madre braba, *226,103*
Sospecha tengo, pues, braba *229,122*
El monstro de rigor, la fiera braba, *261,245*
Brabatas *1*
Que tus brabatas, Carrasco, *88,83*
Brabo *5*
Respondiò Carrasco el brabo, *88,91*
Al brabo que hecha de vicio, *93,57*
No tiene Alcalde mas Brabo *229,320*
Al tiempo fiero, como a toro brabo. *229,2221*
De quien, ia que no Alcalde por lo Brabo, *273,13*
Brabos *2*
Quien del Amor hiço brabos *124,5*
Dos o tres torçuelos brabos, *228,90*
Braca *1*
Sobre nariz, pues, tan braca, *411,29*
Braco *2*
Diligentissimo braco, *228,38*
braco en la calle, i en casa *229,2292*
Braço *16*
Hombres de duro pecho i fuerte braço. *70,12*
I atada al braço prenda de Niquea; *113,4*
Desnuda el braço, el pecho descubierta, *120,37*
Mal podra vn braço de mar *228,215*
Viue Dios, que diera vn braço *229,840*
tengo el vno i otro braço. *229,3405*
El braço aquel, la espalda este desnuda, *230,48*
El duro braço debil haze junco, *264,784*
Busco en los trastes del braço *269,471*
De su braço las narizes? *269,608*
Que te hurte el braço mio, *269,1523*
Del braço os ha de meter *269,1674*
Buen braço a sido mi ingenio. *269,1997*
Si al braço de mi instrumento *322,11*
Assi, pues, quando a este braço quiere *499,40*
Mas quede el braço contento, *499,132*
Braços *14*
Que el harà de tus braços esforçados *72,82*
No sè si en braços diga *120,32*
Los braços del puerto occupa *132,41*

Que en sus braços depuso su cuidado. *137,8*
Los braços de el vno fueron, *148,45*
Contrastar a mis dos braços". *228,216*
Mas (cristalinos pampanos sus braços) *261,353*
Por templar en los braços el desseo *263,1068*
Que en sus braços le acoge, i tiernamente *279,38*
Braços te fueron de las Gracias cuna, *280,16*
En sus braços de crystal *296,2*
De ver en sus braços leues *374,27*
En sus braços Partenope festiua, *379,9*
O braços Leganeses i Vinorres! *429,8*
Bradamante *1*
vna Bradamante armada, *229,3419*
Bradamantes *2*
A vnos fueron Bradamantes *158,49*
Esperanças Bradamantes *354,7*
Braga *1*
Conseruas de Braga. *56,39*
Bragas *2*
Que calçan bragas de malla, *27,115*
Las verdes bragas de Adam. *288,40*
Brama *4*
Pues el mar brama alterado *37,35*
Ponme donde brama el mar, *229,2674*
Brama, i menospreciandole serpiente, *230,24*
Brama, i quantas la Libia engendra fieras, *230,27*
Bramando *1*
Que en esta saçon bramando *322,383*
Bramar *2*
A Jupiter bramar oiò en el coso. *318,504*
Sin bramar a lo casado *334,59*
Brame *2*
O el Austro brame, o la arboleda cruja. *263,83*
Brame el Austro, i de las rocas *285,27*
Bramido *1*
Al imperio feroz de su bramido. *230,31*
Bramò *1*
Que bramò vn tiempo leon; *331,61*
Branca *2*
E branca la Sacramenta. *207,8*
Mentira branca certa prima mia *430,10*
Brandimarte *1*
En Seuilla, Brandimarte *229,2470*
Bras *9*
Para Bras no es menester *90,19*
A que nos conuidas, Bras? *208,1*
A que nos conuidas, Bras? *208,19*
A que nos conuidas, Bras? *208,26*
Oi en el templo! Que, Bras? *310,2*
Bras, el Apenino frio *384,5*
Llegò en esta saçon Bras, *419,63*
Bras ha seruido a Inesilla, *419,73*
Del que a Bras serà liston, *419,81*
Brasas *3*
la cara, i brasas el pecho *229,2374*
La que tragar brasas pudo, *269,1285*
Que sin comer sus brasas retrataras. *460,4*
Brasil *2*
Como palo de Brasil. *82,116*
en el cielo". Ella, vn brasil *229,2373*
Brasildo *1*
Brasildo llega tambien *301,60*
Brassero *1*

Tenga io lleno el brassero *7,19*
Braua *6*
Parece niño Amor, i es fiera braua!". *127,19*
Parece niño Amor, i es fiera braua!". *127,46*
La ceruiz opprimiò a vna roca braua, *261,342*
Mansa i humilde, de soberuia i braua. *499,48*
Tras de vna fiera mui braua *499,192*
Por essa espesura braua, *499,249*
Brauo *3*
Con vn brauo romadizo *74,75*
El Fuentes brauo, aun en la paz tremendo, *318,349*
I por su espada ia dos vezes Brauo, *318,542*
Brauonel *1*
O Brauonel de perdizes, *81,11*
Brazo *1*
Metiò el brazo, que no cupo, *322,262*
Brazos *5*
Al vno redes i brazos *59,23*
I al otro brazos i redes; *59,24*
Que en los brazos de su Dama *64,18*
Los brazos son de la luna, *352,11*
Los brazos son de la luna, *352,23*
Brebe *3*
Si crystal no fue tanto cuna brebe. *318,32*
Piedra, si brebe, la que mas luciente *318,219*
Prolixa preuencion en brebe hora *318,521*
Bretaña *4*
Que el mar de Bretaña surcan; *26,36*
Empuñan lança contra la Bretaña, *72,22*
Que sin venir de Bretaña *107,57*
La paz solicitaron, que Bretaña, *318,607*
Brete *1*
I de tu libertad brete; *88,64*
Breue *79*
Por bruxula, aunque breue, *25,20*
Mi vuelta serà mui breue, *59,50*
I con tyranno orgullo en tiempo breue, *72,55*
Herido el blanco pie del hierro breue *104,1*
Breue vrna los sella como huesos, *119,9*
En breue espacio de cielo. *143,4*
Escriualo en breue summa, *168,16*
I en vrna breue funerales danças *175,7*
Flores al aspid breue *229,100*
Que si el Po a otros fue sepulcro breue, *229,1038*
Vn lilio breue, una pequeña rosa. *229,1457*
No mas su breue vida, *229,1535*
En roscas de crystal serpiente breue, *230,1*
Que la auejuela era breue, *243,39*
Vos reduzis, ô CASTRO, a breue suma *244,9*
Tan breue ser, que en vn dia que adquieren *256,14*
I breue rato perdona *259,32*
En breue corcho, pero bien labrado, *261,205*
Que, en tanta gloria, infierno son no breue *261,327*
Breue flor, ierua humilde i tierra poca, *261,350*
Registra el campo de su adarga breue) *261,484*
Sangre sudando, en tiempo harà breue *262,14*
Breue tabla delphin no fue pequeño *263,18*
Breue esplendor de mal distinta lumbre, *263,58*
Breue de barba i duro no de cuerno, *263,159*
Lisongear pudieron breue rato *263,593*
El apazible sitio; espacio breue *263,625*

El silencio, aunque breue, de el rûido; *263,688*
Vistan de el rio en breue vndosa lana; *263,837*
Nouillos (breue termino surcado) *263,849*
De la alta fatal rueca al huso breue. *263,900*
Tantos de breue fabrica, aunque ruda, *263,919*
Entrase el mar por vn arroio breue *264,1*
Lisonja breue al gusto, *264,85*
O por breue o por tibia o por cansada, *264,156*
Esta que le fiarè ceniza breue, *264,170*
De el breue islote occupa su fortuna, *264,206*
El breue hierro, cuio corbo diente *264,237*
Burgo eran suio el tronco informe, el breue *264,298*
En breue espacio mucha Primauera *264,339*
En tumulos de espuma paga breue, *264,406*
Cuia hasta breue dessangrò la Phoca, *264,449*
Parcha es interiôr breue gusano. *264,611*
El duro son, vencido el fosso breue, *264,714*
De vna laguna breue, *264,833*
Breue esphera de viento, *264,923*
La desplumada ia, la breue esphera, *264,933*
Quanto mas summa tan breue *269,1426*
Breue porfido sella en paz súaue; *272,6*
Mas a breue desengaño, *275,57*
Applauso al ruiseñor le niego breue *281,17*
Dese breue cercado, *281,27*
Este ameno sitio breue, *285,17*
De vuestros años, aspid duerma breue *292,2*
Zodìaco hecho breue *304,11*
Quan bien impide su familia breue, *315,34*
Con la que te erigiò piedra mas breue. *315,72*
Breue portillo introduxo. *322,204*
El primero breue surco. *322,240*
Fragrante perla cada breue gota, *325,6*
Mas ai, que insidîoso laton breue *341,9*
De espiritu viuaz el breue lino *343,3*
Vanas ceniças temo al lino breue, *343,5*
El duro es marmol de vna breue huessa. *345,28*
Fia el sueño breue, *349,9*
Como breue de cobarde, *357,31*
Lo que su numero breue *358,43*
En breue, mas rêal poluo, la immensa *362,7*
Porque es breue aun del Sol la monarchia. *368,48*
Es a la breue edad mia, *375,16*
Huesa le ha preuenido aueja breue, *392,10*
Basten los años, que ni aun breue raja *397,10*
Si el breue mortal papel *405,5*
De la violeta mas breue. *411,16*
I vn bien immenso en vn volumen breue; *425,4*
Para tan breue ser, quien te diò vida? *466,2*
Que mil donaires offendiò por breue. *467,4*
Dar gloria en tan breue suma? *480,2*
Diome, avnque breue, el tormento *499,328*
Breuedad *1*
Con la breuedad sospecho *269,1398*
Breuemente *1*
Quan breuemente peligras! *229,2330*
Breues *14*
Las noches de Henero breues *83,51*
i al fin, en breues razones, *229,593*
que en breues horas tendremos *229,2029*
En breues horas caducar la ierba; *263,826*
Que los Herculeos troncos haze breues; *263,1049*

Que en dos cuernos de el mar calò no breues *264,52*

Aun las mas breues estrellas *287,2*

En hierros breues paxaro ladino. *295,4*

Tres de las flores ia breues estrellas, *297,2*

(Digo, sus margenes breues) *333,18*

Breues offreciò vn laurel, *353,26*

Horas son breues; el dia *355,71*

Arroios que ignoran breues *358,13*

I cuna alegre en sus cenizas breues. *457,14*

Breve *1*

Cera, que de el Sol en breve *229,1152*

Breves *1*

Tan breves son los terminos de el dia, *229,1028*

Brida *2*

Vn Moro para la brida *73,67*

I lloremos a la brida, *486,2*

Brilla *1*

Solicita el que mas brilla diamante *263,383*

Brilladora *1*

La que calças nocturna brilladora, *270,7*

Brillando *2*

(Luzes brillando aquel, este centellas), *246,2*

Reina la aueja, oro brillando vago, *264,294*

Brillante *3*

Carro es brillante de nocturno dia: *263,76*

Brillante siempre luz de vn Sol eterno, *291,13*

Nuestro orizonte, que el Salon brillante, *318,514*

Brillar *1*

Y brillar espuelas de oro, *226,63*

Brin *1*

Que tiene filos de brin, *111,54*

Brinco *4*

Puesta en el brinco pequeño *121,141*

Vn brinco de oro i crystal, *148,11*

ved que brinco de diamantes *229,1234*

Deis al purgatorio vn brinco, *269,1995*

Brincos *1*

I si vnos dan brincos *160,17*

Brindadas *1*

Partiòse al fin, i tan brindadas antes *254,12*

Brindis *1*

A Brindis sin hacer agua nauega. *428,9*

Brio *3*

Ni mantos de maior brio *63,207*

Despues que nos mostrò su airoso brio *455,10*

Dixo Geroma. El respondiò con brio: *462,12*

Brioso *1*

Viendo el Hespañol brioso *64,41*

Britannas *1*

Gloria naual de las Britannas lides, *72,71*

Britanno *1*

De el Rei hizo Britanno la embajada, *318,467*

Britano *1*

Sus pardas plumas el Açor Britano, *264,786*

Brocado *6*

Vna casa de brocado *167,51*

Quando, vestirse quiere de brocado. *229,1047*

a las canas del brocado *229,1102*

Purpura Tyria o Milanes brocado. *263,166*

Ornamento le viste de vn brocado *315,50*

Desmentido altamente del brocado, *318,481*

Brocados *1*

Ricas telas, brocados peregrinos, *229,54*

Bronce *8*

O que en laminas de bronce. *131,120*

basiliscos son de bronce. *229,539*

A mi bronce no ai buril, *229,656*

Cada vna vn bronce es. *240,14*

Ciñalo bronce o murelo diamante: *261,294*

Bronce en la legalidad, *353,19*

Padron le erige en bronce imaginado, *363,7*

Aquel morbido bronce mira, i luego, *368,37*

Bronces *10*

En bronces, piedras, marmoles), *1,49*

No en bronces que caducan, mortal mano, *66,1*

Para los bronces buril! *82,120*

de paredes i de bronces, *229,2284*

Eterniza en los bronces de su historia, *232,10*

Al tiempo le vincule en bronces duros. *251,14*

Informa bronces, marmoles anima. *314,8*

De jaspes varios i de bronces duros, *315,68*

Diestras fuesen de Iupiter sus bronces. *318,352*

En los bronces sellò de su lucilo; *318,412*

Bronte *1*

Gime Bronte, i Sterope no huelga, *230,45*

Broqueles *2*

Por dar en nuestros broqueles, *27,111*

En mil hermosos broqueles. *59,84*

Brotado *1*

Oi, arrogante, te ha brotado a pares *71,5*

Brotano *1*

De brotano tantas naues, *63,162*

Brote *1*

Corderillos os brote la ribera, *263,913*

Brujula *1*

Quando la brujula incierta *357,105*

Brujuléa *1*

Brujuléa a vna chacona, *167,22*

Bruñe *1*

Bruñe nacares boto, agudo raia *264,585*

Bruñida *5*

Porque su bruñida frente *29,37*

candida, pura i bruñida, *229,3274*

Arco digo gentil, bruñida aljaua, *261,457*

Confuso Baccho, ni en bruñida plata *263,868*

De plata bruñida era *322,65*

Bruñido *4*

Oro bruñido al Sol relumbra en vano, *24,2*

Su frente, el color bruñido *148,15*

I no de euano bruñido, *228,119*

En vez de azero bruñido, *267,1*

Bruñidos *1*

Bruñidos eran oualos de plata. *264,705*

Bruta *2*

Pisad dichoso esta esmeralda bruta, *264,367*

Victima bruta otro año, *416,39*

Brutas *1*

Emulas brutas del maior Lucero, *361,2*

Bruto *5*

Que el que como bruto muere, *27,35*

Que le entierren como a bruto? *27,36*

Purpureo caracol, emulo bruto *264,879*

Adonde vn bruto animal, *304,13*

Otra Porcia de Bruto huuieras sido, *460,3*

Brutos *1*

Por las bocas de dos brutos *322,294*

Cerdosos brutos mata, *415,9*

Bruxelas *1*

Otra vez que huuo en Bruxelas *74,85*

Bruxula *7*

Por bruxula, aunque breue, *25,20*

Aunque por bruxula quiero, *82,45*

La bruxula de vn Gitano, *111,31*

La bruxula de la falda) *144,28*

La bruxula de el sueño vigilante, *261,290*

Por bruxula concede vergonçosa. *263,731*

La bruxula de la pinta *269,294*

Bruxuleada *1*

Carta bruxuleada me entrò vn siete. *441,4*

Bruxuléàmos *1*

I lo que bruxuléàmos, *228,146*

Bu *3*

Hala assombrado algun bu? *269,373*

De los medicos el Bu, *269,1906*

— Sara bu, *308,15*

Bucarillo *1*

El bucarillo súàue, *346,8*

Bucaros *2*

Los bucaros para mi *269,465*

Gallos del Cairo, bucaros pigmeos, *476,7*

Bucentoro *1*

El Bucentoro diurno, *322,478*

Buco *1*

De este inquirida siempre i de aquel buco. *318,536*

Bucolica *2*

La bucolica le di. *82,68*

Culta si, aunque bucolica Thalia, *261,2*

Bucolico *1*

Que templo son bucolico de Pales. *318,198*

Bucolicos *1*

Bucolicos aluergues, si no flacas *264,948*

Buei *7*

Vn buei i sale vna fiera! *204,24*

Cantenle endechas al buei, *301,49*

Dexò tambien casta el buei? *303,31*

Si en ierba ai lengua de buei, *386,9*

Que los alientos de vn buei, *414,7*

Hace vn Niño junto a vn buei, *414,27*

Volar no viò esta vez al buei barbado. *451,14*

Bueia *1*

Ma tan desnuda que vn bueia *308,23*

Bueies *3*

Los bueies a su aluergue reducia, *261,71*

De tardos bueies qual su dueño errantes; *261,164*

Hagan a los bueies toros, *334,95*

Buela *27*

Pues buela su Caliope *1,12*

Buela el campo, las flores solicita, *77,13*

Que herido buela, *79,72*

Buela, pensamiento, i diles *91,1*

Que de bien flechado buela, *115,16*

Buela por el mundo *160,99*

Que mucho si el Oriente es, quando buela, *163,13*

Buela, Icaro Español, *236,2*

Buela, i deslumbrada para *239,13*

El docto enxambre que sin alas buela, *256,43*

Tal sale aquella que sin alas buela *263,638*

Rediman de el que mas o tardo buela, *263,799*

Aquel las ondas escarchando buela, *264,61*

Que sin corona buela i sin espada *264,289*

Que el tiempo buela. Goza pues ahora *264,601*

Buela rapaz, i plumas dando a quexas, *264,674*

Si bien jaian de quanto rapaz buela *264,755*

Esta emulacion pues de quanto buela *264,795*

Victorioso el fauor buela, *269,899*

Soi mariposa que buela *269,1183*

Con vuestra pluma buela, i ella os hace, *271,5*

Corre, buela, calla, i veràs *310,3*

Corre, buela, calla, y veràs *310,18*

Corre, buela, calla, i veràs *310,33*

Al cauallo veloz, que embuelto buela *318,61*

Dulce te seguirà, pues dulce buela; *345,20*

Que sin mouerse, en plumas de oro buela.
365,8

Buelan *1*

Que aun buelan en el carcax. *358,24*

Buelas *3*

Mira, (si con la vista tanto buelas), *72,61*

I en el campo llano buelas. *73,28*

Buelas, ô tortolilla, *129,1*

Buelbo *2*

Ia que buelbo descalço al patrio nido. *398,8*

Mas si io buelbo mi pico, *489,3*

Buele *4*

Porque no buele tanto *140,15*

Buele mi fortuna, buele. *269,1859*

Buele mi fortuna, buele. *269,1859*

Buele en mi iegua su gusto *299,3*

Bueles *1*

Allà bueles, lisonja de mis penas, *120,19*

Buelo *22*

Almas, les dize, vuestro buelo santo *12,9*

Enfrena, ô CLORI, el buelo, *25,37*

El Tajo, glorioso el buelo, *121,38*

"Tu buelo en todo el mundo *125,37*

I en leuantandose al buelo *167,87*

Dèl que con torcido buelo *177,37*

Emula del maior buelo, *239,11*

Que obscura el buelo, i con razon doliente,
246,5

Ni isla oi a su buelo fugitiua. *263,396*

Que al paxaro de Arabia (cuio buelo *263,462*

Las plumas de su buelo. *263,611*

De el suelto moço, i con airoso buelo *263,996*

Cuio buelo atreuido, *264,139*

De las ondas al pez con buelo mudo *264,484*

Del Nebli, a cuio buelo *264,803*

Peinar el aire por cardar el buelo, *264,864*

Se atreuiera su buelo *264,900*

Sangro al tiento, i purgo al buelo *269,425*

O os arrebate algun buelo. *269,1141*

Réàles plumas (cuio dulce buelo, *269,1237*

Contra su penetrante buelo, i esa *345,27*

I poco su buelo dexa *384,29*

Buelos *1*

Los buelos de tus alas, *125,43*

Buelta *6*

I dad ia la buelta *79,54*

Buelta zoberana. *210,2*

Dale a tu alma vna buelta, *210,9*

Buelta zoberana. *210,16*

Tumba te bese el mar, buelta la quilla. *264,548*

I si lo niego, otra buelta *269,1432*

Bueltas *6*

Viendo dalle tantas bueltas: *73,126*

I descuido a bueltas, *79,30*

A dar muchas bueltas. *160,8*

Mas, segun dan bueltas, *160,90*

Bueltas mas dissimuladas. *269,70*

I mas bueltas de cordel *348,7*

Buelto *2*

La Nympha se ha buelto sombra. *149,38*

Buelto de la edad de ierro *413,30*

Buelua *2*

De la caça buelua *79,78*

I buelua al desdichado que camina. *120,57*

Bueluan *2*

Ojos i espaldas bueluan, *72,12*

Antes que le bueluan *79,102*

Bueluas *1*

— Muere allà, i no bueluas *79,118*

Bueluase *1*

Bueluase la pluma atras, *269,1958*

Buelue *10*

Buelue otra vez a salir *3,16*

Su ventor, al lugar buelue *81,14*

Os buelue vn marauedi, *81,39*

No las buelue, o buelue pocas; *149,28*

No las buelue, o buelue pocas; *149,28*

Buelue a examinarse, i vellos, *239,7*

Que a ver el dia buelue *264,742*

I buelue luego al Mandracho, *269,1706*

Hasta que le buelue a ver. *378,32*

Armado buelue mejor *413,25*

Bueluen *1*

Los desposados a su casa bueluen, *263,1080*

Buelues *2*

Buelues despues gimiendo, *129,4*

B;elues, al que fiaste nido estrecho, *281,2*

Bueluo *2*

Vn toro... Mas luego bueluo, *58,62*

De que os los bueluo encornados. *269,1397*

Buelva *1*

Cuchilladas, los pies buelva *269,1767*

Buen *48*

En hacer vn buen Sonetto, *6,98*

Buen pozo aia su alma, *27,27*

I quitemelo en buen hora *82,123*

Buena orina i buen color, *86,1*

Buena orina i buen color, *86,11*

Buena orina i buen color, *86,21*

Buena orina i buen color, *86,31*

Buena orina i buen color, *86,41*

—Pague ese buen viejo el pato, *124,17*

Señor padre era vn buen viejo, *148,33*

Serenissimas Damas de buen talle, *153,5*

Siendo villano vn tiempo de buen talle. *154,8*

Salga el auiso a buen passo: *158,27*

Buen viejo, que a ella *160,42*

Mueue con buen aire *160,65*

Mas el, de buen pagador, *161,14*

I saca buen parecer, *167,44*

I con mui buen aire todas, *217,15*

Abanillos de buen aire *223,6*

que leì tu buen estilo. *229,855*

por gastar su buen estilo *229,1266*

Io soi de ello buen testigo. *229,1294*

i a mui buen tiempo he venido. *229,1702*

Ô buen Camilo! Ô señor! *229,1843*

Ella tiene buen aliño. *229,1981*

de cernada, i a buen son, *229,2758*

Es Lelio? No. Ô buen Iesu! *229,3003*

A buen tiempo le trae Dios. *229,3095*

Sabelo mi buen Iesu. *229,3211*

tan buen viejo no hacia, *229,3230*

con esta daga. Buen passo! *229,3459*

Porque he reido vn buen rato *229,3522*

Principes, buen viage, que este dia *233,3*

Que perdiò vn buen compañero, *266,18*

I si vos sois buen testigo *269,51*

Buen viage digo a todos, *269,439*

Que con buen gusto me ois? *269,755*

Aquesta empresa, buen Rei, *269,807*

Buen alcaide es vn amigo. *269,1361*

Doctor, mis años. Buen punto *269,1974*

Buen braço a sido mi ingenio. *269,1997*

Dulce leccion te hurta tu buen gusto; *294,6*

Segouianos de a ocho: buen viage; *367,3*

Pulso, que en el buen suceso *407,7*

Detente, buen mensajero, *484,1*

Pues tan buen esposo cobras *498,3*

Ai donde vn buen oido se dilate: *499,85*

En pago del buen sucesso, *499,291*

Buena *54*

Decidme, que buena guia *2,23*

I la saia buena, *5,6*

Busque mui en hora buena *7,24*

Mi buena tez con rasguños; *27,70*

Io sè de vna buena vieja, *29,33*

I sè de otra buena vieja, *29,43*

De mui buena vida, *65,20*

La voca no es buena, *65,53*

Esto es la Corte. Buena prò les haga. *69,14*

Quando (Dios en hora buena) *82,85*

Buena orina i buen color, *86,1*

Buena orina i buen color, *86,11*

Buena orina i buen color, *86,21*

Buena orina i buen color, *86,31*

Buena orina i buen color, *86,41*

Alcança vista tan buena, *93,11*

Mil vezes en hora buena, *121,6*

Que es buena moneda. *160,70*

La que no, no es buena. *160,80*

I vna bolsa es buena daga *167,58*

Su madre, vna buena Griega, *228,13*

Saliò (Dios en hora buena) *228,51*

Esta buena cara vieren, *228,111*

en mui buena esquina ha dado: *229,235*

Con Marcelo? En hora buena. *229,352*

Buena està la Astrologia. *229,426*

que en la mas buena salud *229,959*

A fee que la letra es buena. *229,1971*

Venga mui en hora buena *229,2047*

Mil veces en hora buena *229,2534*

quando en ora buena os den *229,2584*

Pues sabedlo en hora buena. *229,2847*

Buena es la disposicion. *229,3184*

Ô que buena maldicion! *229,3251*

Buena es la maraña a fee. *229,3265*

Tan buena soi como ella, *229,3323*

Despidiose el Frances con grasa buena, *254,1*

(Con buena gracia digo, señor Momo), *254,2*

Cabo le hizo de Esperança buena. *263,452*

Con buena parte se queda. *269,668*

Porque harà buena acogida, *269,733*

Es buena, si dizen? Creo *269,821*
Vienes mui en hora buena. *269,1050*
Que solo tendrà de buena *269,1120*
Buena es la traça. Excelente. *269,1490*
Buena dexas a Lucrecia. *269,1602*
Mi buena suerte bendigo. *269,1853*
Buena burla fuera esa. *269,1977*
De nuestra buena vieja *313,10*
— Diga, Señora la buena, *419,46*
En vna mano tan buena. *490,5*
No ha estado a tercia tan buena *490,27*
Mui buena estaria la ida: *499,197*
Camila? No en buena fe. *499,264*
Buenas *5*
Me daba mui buenas çurras *26,30*
Buenas noches, gran señor *110,61*
I tan buenas, que el Doctor *110,63*
cartas de mi padre. Buenas? *229,1870*
I este soneto a buenas manos va: *473,15*
Buendia *2*
No encuentra al de Buendia en todo el año; *154,12*
Condes somos de Buendia, *228,123*
Bueno *16*
I si hace bueno *5,13*
Mas que el bueno del marido *6,22*
Este no tiene por bueno *102,23*
— De donde bueno, Iuan, con pedorreras? *183,1*
Mas blanco, si no mas bueno. *225,10*
Que es hijo vnico? Bueno. *229,280*
Mui bueno estoi para dallas. *229,1523*
Bueno està. Baste por oi. *229,1776*
Que perdoneis. Bueno andas, *229,2592*
Que motes? Bueno està eso. *229,2726*
A donde bueno, Doctor? *269,521*
Porque mui bueno serà *269,1927*
Quando? Esta noche. Ô que bueno! *300,9*
Mucho i bueno. *301,71*
Mucho i bueno. *301,85*
Oielo, que es bueno a fe: *499,311*
Buenos *7*
Mas que traiga buenos guantes *6,58*
Mas que muchos puntos buenos *6,82*
Ô que estomagos tan buenos! *58,56*
Donde son buenos los dias, *121,17*
Buenos consejos me ha dado, *229,1654*
Buenos son estos errores. *229,3225*
Con vn Angel no son buenos? *269,1561*
Bueytre *1*
Cuia memoria es bueytre de pesares". *263,502*
Bueytres *1*
Señas, aun a los bueytres lastimosas, *263,440*
Bufando *1*
Bufando mide el campo de las ondas *264,430*
Bufete *2*
Dar tablas para vn bufete, *88,16*
Sentème a las riberas de vn bufete *441,1*
Bufon *2*
Calla, antes que este bufon *229,2095*
— Pica bufon. Ô tu, mi dulce dueño! *277,9*
Bufones *1*
Bufones son los estanques, *217,77*
Bugia *2*
Bugia en lo delicado, *88,67*

O son de las montañas de Bugia *201,3*
Bugias *1*
Ia que los de las bugias, *110,17*
Buho *3*
Como a los ojos de el buho *62,47*
Como a buho tal, i entre ellos *228,91*
I al salir, funesto buho *322,290*
Buhonero *1*
Vn buhonero ha empleado *93,1*
Búido *1*
Si son de puñal búido *105,104*
Buitrago *1*
Astrea es de las vidas en Buitrago, *318,395*
Buitre *1*
Del buitre ha sido infernal, *329,7*
Bula *2*
Mate, i siruale de bula *105,108*
Guardo el registro, que serà mi bula *150,3*
Bulla *1*
Esparragos sin la bulla. *26,52*
Bullas *1*
o por bullas, que el criado *229,1873*
Bullir *1*
Bullir sintiò del arroiuelo apenas, *261,218*
Bulto *4*
No la que, en bulto començando humano, *263,112*
Con facultades de bulto, *322,400*
A vuestro bulto heroyco en marmol duro *425,7*
Arbol fue, que serà bulto? *479,6*
Buñuelo *1*
Es buñuelo este? Es hojuela? *229,2506*
Buñuelos *1*
Entrar buñuelos i salir apodos, *438,10*
Burdo *1*
No sè si merino o burdo, *322,330*
Burgo *1*
Burgo eran suio el tronco informe, el breue *264,298*
Burgos *2*
Burgos de Castilla; *65,208*
Lease en Burgos aquel *259,83*
Burguillo *1*
Con los Pastores de Belen Burguillo, *432,10*
Buriel *1*
Sino costal de buriel, *275,11*
Buril *5*
Para los bronces buril! *82,120*
A mi bronce no ai buril, *229,656*
que es almàdana i buril *229,2283*
DON IVAN DE ACVÑA es. Buril valiente *251,13*
No del buril mentida la que el fuego *368,39*
Burilallo *1*
El batillo i burilallo *269,574*
Burla *14*
Dèsta burla i dèste agrauio *96,154*
Mas el viento burla del, *132,26*
Se burla, visitando sus frutales, *203,107*
haciendo burla de mi. *229,2801*
Io burla? Mui bien està. *229,2802*
este haga burla de mi, *229,3056*
Hacer burla de nosotros. *242,16*
Que la sinceridad burla villana *263,120*
Tal burla a Lucrecia? Amigo *269,1390*

I que burla fue? Escuchad, *269,1438*
Maior burla seria esta *269,1440*
Para la burla mas alta *269,1608*
Buena burla fuera esa. *269,1977*
En el maior incendio burla al fuego, *456,13*
Burlada *1*
I necia como burlada. *269,1437*
Burlado *4*
Despedido, si no digo burlado, *194,7*
Es, quanto mas despierto, mas burlado. *263,170*
Texido en ellas se quedò burlado. *264,95*
El Semidios, burlado, petulante, *366,12*
Burlais *1*
Burlais de mi? Esto es peor: *229,2957*
Burlan *2*
Que se burlan del los Echos? *105,17*
Que en duracion se burlan i en grandeza *256,26*
Burlando *2*
I que, burlando dèllos, *120,7*
Se està burlando del ielo. *301,22*
Burlandole *1*
Burlandole aun la parte mas enjuta. *264,229*
Burlar *3*
hallo quien burlar pretende *229,3008*
Las telas burlar quiso, *264,94*
I con gana de burlar *499,332*
Burlas *10*
I celebrense las burlas, *26,6*
De burlas i juegos, *50,46*
Las dulces burlas que os pido *167,27*
Que cantò burlas i eterniza veras *172,8*
Burlas digo, i desengaños, *176,12*
muy de burlas, Tadeo, estàs. *229,219*
Eso es burlas. Esto es de veras. *229,1131*
que burlas a lo Diuino. *229,1314*
con las burlas de Tadeo *229,3524*
Las veras de burlas trata, *269,117*
Burlase *2*
Su madre i burlase dello; *105,28*
Burlase la mona, *422,14*
Burlasme *1*
Burlasme? El descomedido *229,1614*
Burlen *1*
Que no ai hombre a quien no burlen *63,43*
Burlescos *1*
Póetas, o burlescos sean o graues; *203,24*
Burlò *2*
Archas burlò el fatal cuchillo; ô España, *220,12*
La hoz burlò de vn Tyrano, *373,14*
Burlon *1*
Mui contento i mui burlon. *161,96*
Busca *12*
I ella busca otro Tarquino *73,91*
Quien busca corales? *216,16*
Quien busca corales? *216,36*
Quien busca corales?" *216,56*
Quando en estos busca miel? *226,73*
Quando en estos busca miel? *226,82*
me busca. Aqui hallo dos. *229,1812*
Quien me busca? Ô dulce amigo! *229,3107*
La sal que busca, el siluo que no goza; *231,8*
Si no se busca de espacio? *269,745*
De impedimentos busca desatado *295,6*
Busca al pastor, que del metal precioso *315,25*

Verde el cabello, el pecho no escamado, 261,117

Poluo el cabello, humidas centellas, 261,187

A los confusos raios, su cabello: 261,278

Rosas traslada i lilios al cabello, 263,248

Trençandose el cabello verde a quantas 263,661

Cuio cabello intonso dulcemente 263,769

I raios el cabello de su frente. 263,772

Quantos engasta el oro de el cabello, 263,787

Hermana de Phaeton, verde el cabello, 264,263

El cabello en estambre azul cogido, 264,450

Si basta vn solo cabello 269,1086

Cabello, oirà el Genil tu dulce auena, 289,2

Bien peinado cabello, mal enjuto, 318,82

Labio i cabello tormentoso cabo, 318,540

Trençado el cabello 350,21

Los raios que a tu padre son cabello, 360,1

Al suelto cabello lei. 378,44

Trença en su cabello 389,52

Deja en cabello a su madre; 414,2

En prudencia, en cabello, en nombre, Cano. 437,14

Cabellos 15

Entre sus cabellos almas, 10,44

Haze de sus cabellos 25,14

Vn cordon de sus cabellos, 28,35

Los cabellos son esparto. 28,40

Le pagauan sus cabellos, 49,84

Quantos cabellos contiene. 57,60

Al Sol peinaua Clori sus cabellos 174,1

I sus cabellos el oro; 177,34

de los cabellos me lleuas. 229,654

cabellos me envia aprissa, 229,1716

La occasion por los cabellos. 229,1718

No vengo por los cabellos, 229,1737

i lleuaràs los cabellos. 229,1864

Peinaua al Sol Belisa sus cabellos 340,1

La que a vn sepulcro cabellos, 418,15

Caben 1

Si no caben, abrirèla; 229,3550

Cabes 2

O al Reino (si allà cabes) del espanto; 23,11

Cabes de a paleta, 160,82

Cabestrillo 1

El cabestrillo dorado, 269,971

Cabeza 5

Pondrè vna cabeza 5,62

I de la Réàl cabeza 78,33

Morrîôn en la cabeza, 226,34

Sus años, su cabeza colmilluda 261,426

Sin subirlo a la cabeza. 269,836

Cabezon 1

Cabezon labrado, 5,7

Cabilda 1

Mira la cabilda, quanta 207,30

Cabildo 1

Al Cabildo, i al Dean. 492,4

Cables 1

Piloto el interes sus cables ata, 230,58

Cabo 15

A mi pesar, porque al cabo 96,86

Miserable por el cabo. 96,140

Pero ventor por el cabo; 228,40

justiciero por el cabo. 229,323

Saluar, sus muros sacrifica. Al cabo 229,2223

No ai tormentoso cabo que no doble, 263,395

Cabo le hizo de Esperança buena. 263,452

"Cabo me han hecho, hijo, 263,516

El cabo rompiò; i bien que al cieruo herido 264,497

Al cabo de tantos dias 269,557

I desde el Cabo de Gata 269,1502

Al Cabo de San Vicente, 269,1503

No os habla por otro cabo; 282,27

Labio i cabello tormentoso cabo, 318,540

Mas al cabo de los nueue 496,26

Cabra 4

La cabra mas coja 8,17

Senos que ignora aun la golosa cabra, 261,394

Que con pies de cabra ierra 269,1132

De cabra apenas montès 285,18

Cabrà 1

No cabrà en vuestra auellana. 411,20

Cabrahigo 1

Las sartas de cabrahigo; 105,32

Cabras 9

I cabras dèl llano al monte, 131,8

parece padre de cabras, 229,3377

De innumerables cabras el verano. 261,412

Cabras aqui le interrumpieron, quantas, 261,466

De los conduzidores fue de cabras, 263,92

El que de cabras fue dos vezes ciento 263,153

Dexe que vuestras cabras siempre errantes, 263,911

De cabras estrellado, 264,304

Tarde o nunca pisaron cabras pocas, 264,398

Cabràs 1

Mas no cabràs allà, que pues ha tanto 23,12

Cabrera 4

Culto Cabrera, en nuestra edad famoso; 271,6

Deue a Cabrera el Phenix, deue el mundo, 272,10

A CABRERA, Español Liuio segundo, 272,12

Escribis, ô Cabrera, del segundo 279,1

Cabrero 4

Al maior cabrero; 8,15

La innocencia al cabrero 263,104

Dexan ser torres oi, dixo el cabrero 263,213

En el disforme Cyclope cabrero. 293,8

Cabrillas 2

Las siete Cabrillas, 65,222

la leche de las Cabrillas! 229,1167

Cabrio 1

Quanto las cumbres asperas cabrio 261,46

Cabrìo 1

Por el i por su cabrìo 205,15

Cabrito 1

el cabrito en su gigote, 229,2842

Cabritos 2

Pariò dos cabritos. 8,18

De los cabritos mas retoçadores, 263,299

Cabron 1

a la puerta de el Cabron. 229,2098

Çabulle 1

Ia mas veces se çabulle, 75,54

Caça 7

Huron de faltriqueras, subtil caça, 68,2

De la caça buelua 79,78

Ligeras le daban caça 97,3

Mortal caça vienen dando 132,9

Que fuesse caça algun dia 189,7

De la robusta caça las riberas 280,41

Soberuia caça se nos adereça; 499,108

Caçador 3

Sale el otro caçador, 81,9

De vn noble caçador el justo ruego, 499,15

De vn noble caçador, amador noble, 499,17

Caçadora 11

De la caçadora bella. 115,24

Con la casta caçadora, 121,117

"Diuina caçadora, 127,20

Fatigada caçadora, 142,8

Tras esa que te huie caçadora! 215,20

Tras esa que te huie caçadora! 215,40

Tras esa que te huie caçadora! 215,60

Porque sienta su ingrata caçadora 499,26

Fue visto de la casta caçadora. 499,107

La vna de caçadora, 499,166

Con su ingrata caçadora. 499,307

Caçadores 2

De caçadores era, 264,721

Mil ecos caçadores mil entonan, 499,61

Caçalla 1

en Caçalla, i en Xerez, 229,2975

Caçar 1

Caçar a Thetis veo, 264,419

Cacareòla 1

Cacareòla qual gallo, 228,94

Cachopinito 1

A voz el cachopinito, 301,40

Cachorro 1

Réàl cachorro, i pampano súàue 145,5

Caciques 1

Con luto, idolatrados los Caciques, 150,10

Caco 1

segundo Caco a tu claua. 229,125

Cada 79

Ia cogiendo de cada labio bello 20,7

Mientras a cada labio, por cogello, 24,5

Quando a cada qual de ellos mas le agrada 33,7

Ziñe de lauro a cada qual la frente. 40,8

Pues fuistes cada qual vnico en su arte: 40,10

Si vn villete cada qual 55,15

De veer cada uez que vuelue 57,22

Cada vez que la miraua 57,57

Donde cada dosel cubre 63,55

Cada rato pide iglesia. 73,88

De camaras cada dia. 74,96

De cada ojo derrama 75,79

Oy cada coraçon dexa su pecho, 77,21

Cada labio colorado 82,25

I cada diente el aljofar 82,27

Su muger cada Verano, 93,25

Cada vno estornuda 102,1

Cada vno estornuda 102,11

Cada vno estornuda 102,21

Cada vno estornuda 102,31

Cada vno estornuda 102,41

Cada cuerda es vn cordel, 105,2

Que a dos Sarmientos, cada qual glorioso, 145,3

Por mas estrechos ojos cada dia? 151,14

Cada decima sea vn pliego 158,21

I lleuarà cada dia, *159,4*
(Si es macho cada varon), *161,26*
Quiere que cada terron *161,54*
Oro engendre, i cada hierba *161,55*
Que en solo el nombre cada baxel toca. *166,36*
I en cada qual, bien seruido, *167,53*
Silua cada vez contento, *177,17*
I cada flor me cuesta vna herida. *184,12*
A vuestro hermoso pie cada qual deue *198,9*
Que os repita el parlero cada hora, *201,12*
A cada vara de lo que produce. *203,96*
Que cada año se erige *217,91*
Mi liuertad te espera cada dia. *226,31*
Mi liuertad te espera cada dia". *226,44*
que fue espuela cada letra *229,860*
Cada cosa agradecida *229,1360*
de el crystal, que cada dedo *229,1622*
que en cada noble rincon *229,2540*
menèale cada dia *229,2568*
cada año le hacen de escudos *229,2602*
I cada grano suio vuestra oueja, *231,6*
Pues cada lengua accusa, cada oreja, *231,7*
Pues cada lengua accusa, cada oreja, *231,7*
Cada vna vn bronce es. *240,14*
Hazeis a cada lengua, a cada pluma, *244,13*
Hazeis a cada lengua, a cada pluma, *244,13*
Sus corrientes por el cada qual trata *252,5*
I en cada rodilla suia *259,67*
El Sol, que cada dia *263,407*
Fanal es del arroio cada honda, *263,675*
De perlas cada hora. *264,68*
A cada conjuncion su pesqueria, *264,409*
I a cada pesqueria su instrumento *264,410*
A vn remo cada jouen offrecido. *264,685*
Si a Tancredo cada dia *269,41*
Que cada Sabado vea *269,721*
Escriba en cada zaguan: *269,764*
Oxalà cada eslauon *269,1115*
Quien nos dexa cada rato *269,1772*
Que a cada edad ai su droga, *269,1970*
Donde esconde cada qual *288,98*
Fragrante perla cada breue gota, *325,6*
Voraz simil cada qual *329,6*
Mas distinto cada qual *358,40*
A cada passo de ausente. *384,40*
Cada falta cuido que es *385,9*
Cada Sol repetido es vn cometa. *394,8*
Que al de Belerophonte cada dia *427,6*
Moros ambos, i cada qual herrado. *439,4*
Su nombre a cada cosa se le diga: *440,12*
Porque les dè lo suio a cada vno, *443,13*
I dellos cada qual por su corteça *499,22*
El Principe que espera. *499,121*
De cada qual la querella. *499,219*

Cadaber *1*
Ia lastimoso cadaber; *63,148*

Cadahalso *5*
Leuantar vn cadahalso *83,91*
Cadahalso de castigos. *334,40*
Degollarà sin cadahalso vn pedo. *342,8*
Del sitïàl despues al cadahalso *363,12*
Que vn cadahalso forma leuantado, *442,2*

Cadauer *2*
Cadauer es, aunque feo, *229,1644*
Corona en vn cadauer definida! *404,16*

Cadena *20*
De el remo i de la cadena: *38,8*
Para lo de Amor cadena. *73,16*
La que os puso en su cadena. *121,10*
Que a la gloriosa cadena *178,13*
daras tu cadena al mio. *229,85*
dice, i libre en la cadena". *229,1970*
de la cadena del triste. *229,1974*
A la Rèàl cadena de tu escudo; *262,32*
Gazul la cadena de oro, *269,487*
Con grande cadena de oro. *269,969*
Para alcançar la cadena *269,980*
El arco en esa cadena. *269,1053*
La cadena os dexo, amigo, *269,1068*
De echarme cadena al cuello, *269,1089*
Dadme la cadena a mi. *269,1095*
Cadena, sino mordaça. *269,1105*
Quanto mas vna cadena, *269,1119*
Que del hurto i la cadena *269,1176*
De la cadena tarde redimido, *400,6*
I oi cadena de oro saque, *496,7*

Cadenas *16*
Las graues cadenas *50,7*
Despoblar islas i poblar cadenas. *72,58*
I a arrastrar cadenas — ". *79,120*
I mientras io te aguardo en las cadenas *120,22*
Muro Rèàl, orlado de cadenas, *169,5*
Tus cadenas al pie, lloro al rûîdo *197,9*
Los hierros callarè de mis cadenas. *229,15*
I que en la libertad no auia cadenas. *229,88*
Cadenas, la concordia engarça rosas, *263,789*
De su prision, dexando mis cadenas *264,135*
A pesar de los vientos, mis cadenas *264,569*
Entre los remos i entre las cadenas, *317,6*
A los que al son de sus cadenas gimen *318,455*
O las cadenas del preso. *407,10*
Esclauo es fugitiuo, i en cadenas *444,9*
Vuelue a su dueño, mas cadenas de oro *444,10*

Cadenilla *1*
Dèsta cadenilla fia *269,1056*

Cadera *2*
Que en la cadera i el luto *96,19*
Ni la cadera con S *96,27*

Caderas *2*
Por las caderas la mano: *96,158*
Las caderas luminosas; *149,102*

Cadiz *1*
Tal para Cadiz camina, *93,44*

Cado *1*
Vos, que por pena cado año, *89,25*

Caduca *9*
Al fin como quien caduca. *26,8*
No de verde laurel caduca rama, *35,8*
Al raio del Sol caduca, *133,17*
De caduca hermosura *229,1073*
Caduca al Sol, i con la sombra pierde. *229,1531*
Abre, no de caduca, no, memoria, *232,13*
Mas, àùnque caduca su materia, *264,201*
Caduca su Primauera, *275,58*
Caduca el passo? Ilustrese el juicio. *393,5*

Caducan *1*
No en bronces que caducan, mortal mano, *66,1*

Caducar *2*
En breues horas caducar la ierba; *263,826*

A caducar nunca, o tarde, *389,40*

Caducaron *1*
Caducaron ellas antes *357,89*

Caducas *3*
Porque de caducas flores *29,9*
Alegres nacen i caducas mueren, *256,15*
En horas no caducas vuestro dia. *395,11*

Caduceo *1*
O con el Caduceo o con la espada. *318,600*

Caduco *8*
Caduco Dios, i rapaz, *2,2*
Lo caduco esta vrna peregrina, *136,5*
Cuio caduco aljofar son estrellas. *221,14*
De vn Sol antes caduco que luciente. *260,8*
Caduco aljofar, pero aljofar bello. *264,72*
De su caduco natural permite *264,284*
De vn edificio caduco. *322,324*
Lo caduco de vn clauel. *355,68*

Caducos *2*
I de años mas caducos, *27,50*
Que los caducos despojos, *357,90*

Caduque *1*
Que caduque, que muera el tiempo, i ellas *368,11*

Cae *2*
Cae su gala, si lo es. *124,30*
Queso se le cae del pico. *269,973*

Caer *5*
Dexò caer el reboço, *228,109*
Ia, ia, caer me hiciste *229,1246*
Dexadme caer en esta *242,39*
I caer me dexo a plomo *269,1967*
Mas se dejaron caer *419,36*

Caersele *1*
Caersele por los labios. *228,104*

Caga *7*
Que quiere caga? *56,3*
Que quiere caga? *56,16*
Que quiere caga? *56,29*
Que quiere caga? *56,42*
Que quiere caga? *56,55*
Que quiere caga? *56,68*
Que quiere caga? *56,81*

Cagaiera *1*
No ubo (Cagaiera fusse o Fante) *430,6*

Çagala *1*
Çagala, en venirte a ver, *419,68*

Cagalarache *1*
— Señora tia, de Cagalarache. *183,2*

Çagaleja *1*
Preuino la dormida çagaleja. *366,11*

Cagalona *1*
I logre la capilla cagalona, *445,4*

Cago *7*
Si en todo lo cago *56,1*
Si en todo lo cago *56,14*
Si en todo lo cago *56,27*
Si en todo lo cago *56,40*
Si en todo lo cago *56,53*
Si en todo lo cago *56,66*
Si en todo lo cago *56,79*

Caì *1*
Vn dia caì; *56,57*

Caia *5*
Quando la fulminada prision caia *264,802*

— Caia, caia. *308,7*
— Caia, caia. *308,7*
— Caia, que non fu coz, no. *308,37*
De su cuerpo jamas se le caia. *450,4*
Caiado *13*
I sobre vn caiado corbo. *83,100*
Mas con el siluo que con el caiado *180,3*
Sin duda que es vn caiado *205,17*
Oro el caiado, purpura el vestido, *229,2202*
Vuestro caiado pastoral, oi vara, *250,5*
Que vn dia era baston i otro caiado. *261,56*
Sobre el corbo caiado. *263,121*
Tu pues, que el pastoral caiado sabes *290,5*
En nuestra España el caiado, *306,16*
Sacro es caiado su torcido leño, *315,26*
I sacro mucho mas por el caiado, *318,366*
Deba el mundo vn redil, deba vn caiado *335,7*
Del silbo, del caiado jesuîta. *404,20*
Caida *6*
De la semilla caida, *275,1*
Ia que indignada caida *330,1*
Darla quiso esta caida *387,9*
Todo mal afirmado pie es caida, *393,3*
Toda facil caida es precipicio. *393,4*
La vergonçosa caida *486,3*
Caìda *3*
Sin temer caìda, *160,103*
A la purpura caìda *374,19*
(Si caìda es bien que sea *387,5*
Caîda *1*
O sota caîda; *65,228*
Caìdas *1*
Caìdas de gato *160,105*
Caido *2*
en Guadarrama caido. *229,1618*
En vn dia hemos caido. *229,2944*
Caìdo *8*
Caìdo se le ha vn CLAVEL *374,1*
Porque ha caìdo sobre el! *374,4*
Caìdo se le ha vn CLAVEL *374,11*
Porque ha caìdo sobre el! *374,14*
Caìdo se le ha vn CLAVEL *374,21*
Porque ha caìdo sobre el! *374,24*
Caìdo se le ha vn CLAVEL *374,31*
Porque ha caìdo sobre el! *374,34*
Caiendo *2*
No, caiendo, rúina mas estraña, *318,398*
I caiendo al esplendor, *331,31*
Caiera *3*
Que caiera en tentacion *26,83*
que a plomo se le caiera, *229,3311*
Que, si caiera en Henero, *486,15*
Caieron *1*
Se le caieron dèl purpureo seno; *42,11*
Caiessen *1*
Porque caiessen en el. *486,10*
Caigale *1*
Caigale mi maldicion *411,37*
Caiò *8*
Por detràs se le caiò. *161,88*
Caiò en la piedra despues; *209,26*
o en que jarro se caiò? *229,1878*
Caiò enfermo Esgueuilla de opilado, *475,1*
Que el majadero caiò *486,9*
Caiò de alumbrado, i el *486,19*

Caiò de desalumbrado. *486,20*
Por rosa que se caiò *499,338*
Cairàs *1*
que no, cairàs por mi en mengua. *229,227*
Cairèla *1*
Las cissuras cairèla *263,729*
Caireles *1*
Echa en la plaça caireles; *266,6*
Cairo *1*
Gallos del Cairo, bucaros pigmeos, *476,7*
Caistro *4*
Caistro el maioral, en cuia mano *146,5*
Tales no oiò el Caistro en su arboleda, *264,525*
Gloria de CASTRO, inuidia de Caistro, *280,2*
Castro excelso, dulzura de Caistro; *318,574*
Caja *1*
Dulce frai Diego, por la dulce caja; *182,2*
Calabaça *1*
Mas que vna calabaça de Pisuerga? *444,8*
Calabaza *2*
El casco de calabaza *59,7*
Conserua de calabaza. *148,36*
Calabres *2*
Renegado Calabres. *132,20*
Calabres, poco sencillo, *269,163*
Caladas *2*
Caladas picas sin hierros; *178,34*
Las caladas registra el peregrino, *264,859*
Calamar *1*
Si antes era calamar *159,37*
Calambù *2*
— Elamù, calambù, cambù, *308,10*
— Elamù, calambù, cambù, *308,17*
Calambuco *1*
Cinnamomo i calambuco. *322,504*
Calamita *1*
De doña Calamita con el Norte. *203,105*
Calamo *1*
Dèl Castellano calamo, *1,2*
Calan *1*
Solicitan timon, calan entenas? *166,16*
Calando *1*
Calando el monte van con pies ligeros. *499,67*
Calandoos *1*
Calandoos apriessa *79,26*
Calàos *1*
Calàos en las ondas claras, *9,46*
Calar *3*
A calar saliò sus redes; *106,9*
Meter vela, i calar remo. *269,1617*
Cantar baxo i calar cuerdas? *275,88*
Calaron *3*
Se calaron dos palomas, *149,92*
A quien se calaron luego *228,89*
Diez a diez se calaron, ciento a ciento, *264,895*
Calarse *1*
Calarse turba de inuidiosas aues *263,989*
Calas *1*
Ia veo que te calas *120,25*
Calataiud *1*
Nacido en Calataiud *269,406*
Calça *9*
I aquel Dios que calça arneses, *59,20*
Cinco puntos calça estrechos; *82,49*
Los cothurnos que calça esta homicida; *128,11*

El pie calça en laços de oro, *131,105*
Lazos calça i mirar dexa *144,29*
Calça siempre borcegui: *217,55*
No calça los çuecos que *259,3*
Plumas se calça ligeras. *269,1769*
Se calça espuelas, i le da vn galope? *427,8*
Calçada *10*
Iugo te pone de crystal, calçada *146,10*
Calçada vna celosia *149,117*
De la que aun no le oio i, calçada plumas,
   261,127
Calçada Abriles i vestida Maios, *263,577*
La emulacion, calçada vn duro ielo, *263,1001*
Iaspes calçada i porfidos vestida. *264,671*
La diligencia, calçada, *268,17*
Calçada en la diligencia *322,211*
Porque calçada ha viuido. *334,24*
La diligencia, calçada, *352,17*
Calçadas *2*
Tafiletes calçadas carmesies, *263,317*
Por las que fueron calçadas *288,55*
Calçado *4*
Calçado el fugitiuo pie de plumas, *140,14*
Para pedille calçado, *161,91*
Si al campo el crystal calçado *179,41*
Fuelles de seda calçado, *413,28*
Calçados *3*
El la sigue, ambos calçados, *215,35*
Calçados, la ribera *229,1057*
o plomos traia calçados. *229,1548*
Calçais *1*
Antojos calçais de necio, *257,16*
Calçan *4*
Que calçan bragas de malla, *27,115*
Quando se calçan sus pies *81,19*
plumas se calçan sus pies, *229,643*
Que las que calçan mis pies, *269,945*
Calcañar *1*
Que la muerde el calcañar *105,72*
Calçando *1*
Mas que calçando diez Menga, *6,4*
Calçandole *1*
Calçandole talares mi desseo; *264,600*
Calçàre *1*
Al que calçàre mas justo), *322,496*
Calçaros *1*
Calçaros con gran premio la vna bota *463,5*
Calças *7*
I mis calças de gamuça, *26,14*
Vnas calças amarillas. *74,80*
En mis calças los titulos de el miedo. *152,4*
Traeis en las calças cera, *187,6*
A las calças es mejor *269,1838*
La que calças nocturna brilladora, *270,7*
Que la vejez de vnas calças *288,21*
Calce *1*
Calce càñamo o vaqueta; *275,126*
Calcen *1*
Calcen cothurnos dorados; *167,16*
Calçò *1*
Calçò el liquido aljofar de sus venas. *261,500*
Calçones *2*
Den su memorîal a mis calçones. *293,14*
Calçones digo, vn cencerro, *413,29*
Caldeo *1*

Sino vn Adonis Caldeo, *322,109*
Caldero *1*
Con vn gran caldero. *50,104*
Caldescobas *1*
dos casas en Caldescobas, *229,2970*
Caldillo *1*
Con su caldillo i su çumo". *27,132*
Calen *1*
No se calen raiendo tus riberas, *72,72*
Calentura *1*
Que a la menor calentura *418,33*
Calicut *1*
Qual no los vio Calicut. *269,476*
Calida *1*
Ô Lusitania, por la tierra calida, *1,42*
Calidad *6*
I calidad en las paces, *110,44*
Dineros son calidad, *126,1*
a su calidad i hazienda, *229,255*
Que de tu calidad señas maiores *263,528*
Todo ha de ser calidad, *288,46*
La calidad de entre vna i otra puente, *342,13*
Calidonia *1*
Vndosa puente a Calidonia fiera. *359,4*
Calienta *2*
I calienta, aunque desnudo, *149,31*
De el chelidro, que mas el Sol calienta, *318,154*
Caliente *4*
Andeme io caliente *7,1*
I caliente el fuego *65,203*
Sobre la caliente arena, *115,22*
Ir por el pastel caliente? *229,2833*
Calientes *2*
De secos juncos, de calientes plumas, *263,25*
Que, aunque calientes, son aire. *414,8*
Califa *1*
Califa, vos chequetilio. *305,17*
Califica *2*
Las redes califica menos gruessas, *264,96*
Califica no sè quien. *419,38*
Calificada *3*
Tu calificada cuna, *259,39*
Poca arena dexò calificada. *391,8*
Poder, calificada aun de real sello, *400,10*
Califican *2*
A quien califican *65,146*
i califican los hombres. *229,615*
Calificarle *1*
Calificarle sus pasas *322,145*
Calificarte *1*
Sino por calificarte. *269,580*
Califique *3*
Inuidia califique mi figura *264,579*
Nupcial la califique tea luciente; *264,608*
Otra la califique en otra mano. *315,60*
Caliginoso *1*
Caliginoso lecho, el seno obscuro *261,37*
Caliope *2*
Pues buela su Caliope *1,12*
(Culpa tuia, Caliope) fulmina. *380,8*
Calîòpe *1*
De Calîòpe el hijo intonso al bello *318,106*
Caliz *1*
Zino el caliz que oi ze gana. *210,14*
Calla *14*

Que el que mas suffre i mas calla, *37,7*
Si la selua lo calla que lo siente. *109,8*
la malicia, pues que calla, *229,1500*
Calla, antes que este bufon *229,2095*
Calla, que entra mesurada *229,2531*
Calla hasta veer en que para. *229,2795*
Calla, por amor de mi. *229,3272*
I el de empachado la calla. *269,804*
I lo calla aunque no es muda. *269,1409*
Corre, buela, calla, i veràs *310,3*
Corre, buela, calla, y veràs *310,18*
Corre, buela, calla, i veràs *310,33*
Por ser Don Sancho que calla. *406,4*
La suia reça, i calla la diuina. *434,8*
Callad *2*
No digais tal. Callad, Fabio. *229,3166*
Setenta, i passais? Callad. *269,2005*
Callado *2*
Fabio, lo que te he callado *229,251*
Que he callado, i ia conozco *242,74*
Callados *1*
De muertos viuos, de angeles callados, *180,13*
Callais *1*
Si callais, el papel tomo, *269,1966*
Callando *3*
Muda la admiracion habla callando, *263,197*
I callando te replico. *269,1845*
Que aun callando temo ahora *348,24*
Callar *10*
Morir i callar. *4,38*
me dais antes de callar. *229,149*
para callar, i suffrir, *229,707*
que si jurè de callar, *229,720*
no fue de callar conmigo. *229,721*
con callar! Què harè ahora? *229,907*
i morirè por callar. *229,1443*
o has de callar. Ai de mi! . *229,2774*
Sino gemir o callar; *288,4*
Desatemos el callar; *418,2*
Callaràs *1*
no callaràs? Si, señora; *229,1291*
Callarè *3*
Los hierros callarè de mis cadenas. *229,15*
O cubrete, o callarè. *229,1803*
Callarè la pena mia *332,1*
Callàre *1*
I como piedra callàre; *37,20*
Callaron *1*
Los mas fìèles callaron *229,182*
Callas *3*
Bien callas i dissimulas. *26,118*
Lo callas a sus maridos, *87,41*
Enemigo, mucho callas. *229,1524*
Calle *26*
I entrarè en la calle *5,65*
Con esto passò la calle, *49,97*
Suspirando por la calle *74,31*
Quien dà a la calle i quita a la floresta. *77,31*
Que lo calle el faldellin; *82,44*
Alabenla, i quando calle *85,7*
La calle Maior abreuio, *96,113*
No es bien la calle la Fama; *121,104*
Se passèa el estiercol por la calle. *153,8*
Pisado he vuestros muros calle a calle, *154,5*
Pisado he vuestros muros calle a calle, *154,5*

I en la calle no lo ven, *167,77*
Quien saliere al zaguan, calle, *229,918*
a la tienda i a la calle. *229,921*
no ai calle con piedras mudas, *229,1592*
braco en la calle, i en casa *229,2292*
en la calle de Baiona. *229,2967*
pues en la calle te encuentro, *229,3342*
De chopos calle i de alamos carrera, *263,535*
Calle mis huessos, i eleuada cima *264,168*
Calle el desdichado, i crea *269,186*
En la Calle i en su casa *269,233*
I quien por toda esa calle *269,529*
Calle, que centellas puras *269,1014*
A la calle dio el pie çurdo, *322,286*
El monte lo calle, *356,67*
Calleja *1*
Su calleja sin salida, *74,52*
Callemos *1*
que io... Callemos, señora *229,2718*
Callen *1*
I callen con mi estrago *229,291*
Calles *7*
I el otro purga las calles; *63,8*
Desempedrando las calles *73,79*
I por las calles del mundo *83,93*
Que las calles de Madrid *167,9*
I los que por las calles espaciosas *263,718*
Pisò las calles de Madrid el fiero *293,1*
Va por las calles diciendo, *413,34*
Calliope *1*
Me dicta Amor, Calliope me inspira. *31,8*
Callo *4*
Harto he dicho, i harto callo, *229,270*
Obedeciendote callo, *269,1844*
Si la callo, no ai remedio; *332,3*
Callo el nombre por su honor; *417,5*
Calma *5*
Porque al salir, o todo quedò en calma, *14,13*
Mientras en calma humilde, en paz súaue, *54,3*
Mi jûicio ha puesto en calma *229,3040*
Fìelas de tu calma, *264,120*
No me tengais mas en calma, *269,1981*
Calmas *1*
Al Sol calmas vencidas i naufragios, *263,456*
Calmò *1*
Las olas calmò la niña, *419,21*
Calò *6*
Paloma se calò, cuios gemidos *261,319*
Qual de aues se calò turba canora *263,633*
Que en dos cuernos de el mar calò no breues *264,52*
Se calò a besar sus labios *285,43*
Cinthia calò el papahigo *322,317*
De vn "ai". se calò en la espada *322,463*
Calor *5*
Sin capa no avrà calor. *86,40*
Treguas poniendo al calor, *142,19*
Guerra al calor o resistencia al dia. *263,539*
Era el calor de su abrigo, *269,55*
Aun no oluidan el calor. *390,40*
Calores *1*
Le causan parasismos los calores; *199,11*
Calpe *2*
Calpe desde su oppuesta cumbre espera, *230,78*
Aunque litoral Calpe, aunque Pirene, *318,470*

Calua *3*
Se pinta la occassion calua. *29,60*
Peinando la calua a vn puerro; *122,54*
Que ni a copete perdonò, ni a calua *435,7*
Caluarios *1*
Nueuos caluarios sus antiguas peñas. *230,90*
Caluiluciente *1*
Caluiluciente i barbon, *269,718*
Caluinista *1*
Reduciendo al Caluinista, *107,55*
Caluino *1*
Del que jurò la paz sobre Caluino. *469,8*
Caluo *2*
El carreton de Lain Caluo. *96,104*
Por el pendiente caluo escollo, quanto *264,825*
Calurosa *1*
Si està calurosa, *79,89*
Calurosas *1*
Calurosas i cansadas; *499,319*
Caluroso *1*
Caluroso al arroio da las manos, *261,209*
Calvos *1*
De calvos riscos, de haias levantadas, *163,3*
Calzada *2*
Donde, aunque es de la Calzada, *74,59*
Oro calzada, plumas le dio al viento. *318,200*
Calzò *2*
Armò de crueldad, calzò de viento, *261,66*
Plata calzò el cauallo que oro muerde? *318,304*
Cama *9*
Tu mesa, i tu cama dura *26,102*
Bañen mis ojos la cama; *64,30*
Aunque cama no tenia; *74,36*
Las vnas culpa de vna cama vieja, *200,2*
le pide los de la cama. *229,1235*
de la silla ha hecho cama. *229,1271*
Ala de viento, quando no sea cama *261,215*
Cama de campo i campo de batalla, *261,255*
Tiene zalea en la cama. *269,1629*
Camafeo *2*
De vn precioso camafeo. *49,60*
Camafeo de la moza *74,33*
Camara *7*
I camara he hecho; *56,7*
De la Camara de Marte *88,17*
De la camara han salido, *159,6*
Camara aquella, i si lo fue, io digo *182,13*
Vio vn medico de camara la orina, *475,9*
Camara el canonicando, *482,8*
Se hiço camara quando *482,9*
Camaras *2*
De camaras cada dia. *74,96*
A todos nos diò camaras de popa. *183,13*
Camarin *2*
veras en el camarin. *229,2445*
Quanto en tu camarin pincel valiente, *361,5*
Camaron *1*
Se conuierte en camaron *159,39*
Cambaia *2*
En cofres las riquezas de Cambaia; *261,444*
La remota Cambaia *264,373*
Cambaico *1*
Que en el seno Cambaico *1,35*
Cambiar *1*
Cambiar hicieron semblante; *357,53*

Cambio *1*
Letrillas de cambio *160,43*
Camboja *1*
De sus veneros registrò Camboja *318,477*
Cambrai *3*
Al moçuelo, que en cambrai, *93,50*
I mi alma de Cambrai, *229,3273*
De Cambrai su fortaleza, *418,53*
Çambras *1*
Choros alternando i çambras *355,21*
Cambresì *1*
Del Cambresì lo digan los Franceses: *337,12*
Cambron *1*
De el Cambron la puerta es, *229,2099*
Cambù *2*
— Elamù, calambù, cambù, *308,10*
— Elamù, calambù, cambù, *308,17*
Camellos *1*
Vamos. Que lindos camellos! *269,1223*
Camila *7*
Pero dime, de Cintia i de Camila *499,109*
Camila, pues que de oi mas, *499,133*
Camila mas que tirar, *499,170*
Mi Cintia. Camila bella. *499,216*
Camila mas de pecado, *499,257*
Camila? No en buena fe. *499,264*
A tu Camila i a mi. *499,294*
Camilo *65*
a Camilo. Para que? *229,147*
Tu patrìota Camilo, *229,211*
Camilo, señor, Camilo. *229,243*
Camilo, señor, Camilo. *229,243*
Tan rico Camilo es? *229,274*
Camilo. Quien? El caxero *229,362*
A Camilo va a hablar. *229,368*
Ai, que va hablar a Camilo! *229,369*
Llamame a Camilo. Voi *229,377*
tu patrìota Camilo. *229,405*
Pues Camilo ha rato ya *229,407*
me lleua a Camilo. Assido? *229,662*
que ia se llama Camilo. *229,711*
con mascara de Camilo *229,728*
veo a Lelio hecho Camilo *229,772*
Basta, Camilo, que viene. *229,827*
Si la pluma es de Camilo, *229,856*
Camilo, pues que conoces *229,862*
quien vee a Camilo vee a Lelio. *229,867*
Si a los arrullos de Camilo vn robre *229,1078*
i gentilhombre Camilo. *229,1105*
Camilo ingrato. Señora, *229,1261*
mal pago das a Camilo, *229,1265*
las espaldas de Camilo)... *229,1273*
Tu, pues, Camilo, mas presto *229,1332*
tu, Camilo, quieres esto. *229,1335*
(Camilo, si viene, aguarde) *229,1422*
su bella hermana a Camilo. *229,1431*
Ia viene. Camilo donde *229,1660*
Seas, Camilo, bien venido. *229,1667*
Camilo, aunque me debias *229,1691*
Como, Camilo? Muriendo *229,1731*
Camilo, acà te he hallado? *229,1735*
Camilo, no vees aquella *229,1743*
Camilo, quiereste ir? *229,1787*
Camilo, ven acà. Ai, triste, *229,1797*
Ô buen Camilo! Ô señor! *229,1843*

A, ingrato Camilo! Apenas *229,1867*
Piensa Camilo que nada *229,1888*
con mascara de Camilo, *229,2286*
que Lelio zela a Camilo, *229,2320*
"No os vais, Camilo, de aqui, *229,2353*
ia, Camilo, has de viuir. *229,2377*
Camilo, que estàs mui fresco. *229,2491*
Camilo, aqui te desuia. *229,2606*
Camilo mal podrà dar *229,2614*
Io huelgo, Camilo, aqui *229,2634*
Ia llega, Camilo, el dia... *229,2660*
que con Camilo no ai penas, *229,2696*
i no ai gloria sin Camilo. *229,2697*
Has entendido, Camilo, *229,2826*
Io a Camilo me darè, *229,2870*
Camilo amigo! Ô Violante! *229,2874*
Ingrato Camilo, tente. *229,2878*
Camilo! Violante hermosa! *229,2884*
Camilo es el verdadero, *229,2892*
No mueuas, Camilo, el pie, *229,2900*
i Camilo se alboroça. *229,2937*
Camilo los dexa, i se entra. *229,2941*
Donde estàs, Camilo? Ola, *229,3014*
i hablame por Camilo, *229,3064*
Si el Camilo que io amo *229,3122*
a las dudas de Camilo, *229,3127*
licencia, hablarè a Camilo. *229,3237*
Si tu aquel Camilo eres *229,3244*
Camina *13*
Triste camina el Alarbe, *57,17*
Tal para Cadiz camina, *93,44*
I buelua al desdichado que camina. *120,57*
De sierpe prodigiossa, que camina *203,77*
Camina en paz, refierelo a tu gente. *219,14*
por otro rumbo camina. *229,197*
Mi padre a vernos camina. *229,914*
Si es gauacho el que camina *229,2067*
Camina pues, ô tu, Amphion segundo, *289,9*
Camina pues de afectos aplaudido *318,193*
Camina mi pension con pie de plomo, *397,1*
A Santiago camina, donde llega: *428,13*
A palacio con lento pie camina. *434,4*
Caminad *1*
Cauallero, caminad; *95,50*
Caminais *1*
En noche caminais, noche luciente, *164,13*
Caminante *13*
"Suspende, ô caminante, *103,77*
Que al monton de Mercurio el caminante.
    170,14
pie de caminante ha sido, *229,1615*
Vn mui gentil caminante, *229,1859*
La humana suia el caminante errado *261,429*
Conuoca, despidiendo al caminante, *263,85*
Donde, aun cansado mas que el caminante,
    263,583
Tan bella en Marmol copia, ô caminante,
    312,14
Pompa de la escultura, ô caminante, *314,2*
Ver, caminante, puedes, *368,32*
Admiras, caminante, *420,2*
Erase vn caminante mui aiuno; *459,2*
De biscochos appela el caminante *459,9*
Caminantes *1*
Perdonad, caminantes fatigados. *134,14*

Caminar *2*
Caminar a Estremadura, *26,66*
Dexad caminar al triste *107,61*
Caminas *1*
Siempre caminas quexoso; *497,26*
Caminauan *1*
Caminauan en Verano, *73,21*
Camine *1*
Camine ia con estos pliegos mios *152,9*
Camino *32*
Por el suelo Andaluz tu Real camino *22,7*
Tomò el camino derecho. *49,100*
I el fin dichoso del camino graue *54,7*
Vereis de camino *79,57*
I votarè a tu templo mi camino. *92,14*
Piedad hallò, si no hallò camino. *100,8*
I de camino se note *107,82*
De alamos camino coronado. *134,4*
Camino, i sin pasar mas adelante, *170,12*
Freno al desseo, termino al camino. *173,8*
le han puesto oi en el camino. *229,845*
mas del camino réàl, *229,991*
Dexar el réàl camino *229,998*
que el termino a su camino *229,2021*
pues viene el otro camino. *229,2138*
Bien pide, para el camino *229,2768*
que el camino, con los años, *229,2958*
Do hallò reparo, si perdió camino. *261,432*
Que a vna Libia de ondas su camino *263,20*
Distante pocos passos del camino, *263,185*
Al huesped al camino reduziendo, *263,229*
El arco del camino pues torcido, *263,335*
A esconder con el numero el camino, *263,512*
Concurria el camino. *263,584*
Para el lugar a ellas de camino *263,631*
Venerale, i prosigue tu camino. *274,8*
Leño Olandes disturbe su camino, *276,13*
Hierue, no de otra suerte que el camino *279,31*
Al Sanctuario luego su camino *318,329*
La fatiga del aspero camino. *465,4*
Tarde, porque primero fue el camino. *470,8*
Que dice la ocasion de su camino; *472,11*
Caminos *1*
A mas caminos que vna estrella raios, *263,574*
Camisa *7*
Mi camisa nueua, *5,10*
Cuellos de camisa; *65,60*
Mi camisa es la tizona, *111,53*
Las faldas de la camisa *228,191*
Vn orinal con camisa, *269,1724*
Camisa del Centauro fue su vida, *280,29*
El blanco lilio en camisa *301,21*
Camisas *2*
Camisas cortè, *56,17*
I lauar quatro camisas *88,43*
Çamora *1*
Que naciò Çamora *65,205*
Çamorana *1*
Otra gaita Çamorana? *229,3119*
Campal *1*
Vn desafio campal de dos Gazules, *202,6*
Campana *2*
Que el canoro metal de vna campana *229,2192*
A la otra vna dominica campana. *446,8*
Campaña *12*

La copia a la campaña *156,9*
De la muda campaña *263,54*
Imperíoso mira la campaña *263,186*
Seis de los montes, seis de la campaña *263,885*
Dos vezes huella la campaña al dia, *264,12*
En su vndosa campaña. *264,178*
Por el peinado cerro a la campaña, *264,827*
Por el monte i la campaña, *269,1135*
Vn portal desta campaña. *300,16*
Sin efusion de sangre, la campaña *318,354*
A la campaña se atreuen, *333,14*
En la campaña de vn sueño. *354,4*
Campanas *4*
Las campanas de la vida, *29,25*
Cuias campanas súàues *63,90*
Los fuegos a las campanas; *64,16*
Quando oian las campanas *300,20*
Campañas *3*
El mar argenta, las campañas dora, *17,8*
Los montes mide i las campañas mora *128,5*
A sus campañas Ceres no perdona, *261,142*
Campanilla *1*
mas campanilla o reclamo, *229,156*
Campanitas *4*
Sino campanitas de plata, *214,3*
Sino campanitas de plata *214,16*
Sino campanitas de plata, *214,29*
Campanitas de rubìes. *423,25*
Campanudo *1*
El Echo mas campanudo. *322,368*
Campaua *1*
Campaua de mui sañudo; *322,284*
Campeador *2*
Quedesele el Campeador, *111,51*
Sea del Cid Campeador; *413,24*
Campillas *1*
El gusto en campillas, *65,258*
Campiñas *1*
No porque el Betis tus campiñas riega *77,75*
Campo *56*
Para que de esta vega el campo raso *17,9*
Por ser recias para el campo *26,15*
Ia que con mas regalo el campo mira, *31,1*
Que por el campo buscaban *57,3*
En el campo de la adarga, *62,11*
"Salid al campo, señor, *64,29*
Sin vos, campo de batalla. *64,32*
Campo de Marte, escuela de Minerua, *72,37*
I en el campo llano buelas. *73,28*
Buela el campo, las flores solicita, *77,13*
Campo de erudicion, flor de alabanças, *77,14*
Campo glorioso de gloriosas almas, *77,42*
En el campo duro *79,111*
Salgo alguna vez al campo *83,69*
I en el campo pinauete. *88,100*
Con todo eso, saldrè al campo, *110,53*
Sea el lecho de batalla campo blando. *120,54*
Campo fue de batalla, *129,16*
Le hallò en el campo aquella *131,15*
Por el campo su hazienda, *149,45*
Todo el campo reconozca, *149,112*
Fatigòle por el campo, *161,93*
Quanto el campo a los monteros *179,21*
Si al campo el crystal calçado *179,41*
Del campo, i de sus Echos conuecina! *203,81*

Terror dèl campo, i rûìna *215,7*
"Al campo te desafia *226,25*
Al campo te desafia *226,38*
Vn toro suelto en el campo, *228,58*
i en el campo de tu cara *229,358*
cuio pie da al campo flores, *229,513*
i en el campo llano vuela. *229,644*
sino en el campo gentil *229,2437*
En el campo florido, *256,40*
Cama de campo i campo de batalla, *261,255*
Cama de campo i campo de batalla, *261,255*
Registra el campo de su adarga breue) *261,484*
El campo vndoso en mal nacido pino, *263,371*
Campo amanezca esteril de ceniza *263,657*
El campo agradecido *263,907*
El campo, que no pisan alas hierua; *263,1042*
A batallas de amor campo de pluma. *263,1091*
Campo ia de sepulchros, que sediento, *264,403*
Bufando mide el campo de las ondas *264,430*
El campo illustra de ese marmol graue: *274,7*
Al campo saliò el Estio *286,1*
Si verde pompa no de vn campo de oro, *291,2*
No solo el campo neuado *301,1*
De los que, a vn campo de oro cinco estrellas
    314,12
En campo azul estrellas pisan de oro. *314,14*
Que mucho, si pisando el campo verde *318,303*
Voraz ia campo tu elemento impuro! *318,378*
Que paciò el campo medio hombre, *322,499*
Aquel campo de vn rigor *357,111*
Verdor al campo, claridad al rio. *455,14*
Campo todo de tojos matizado, *476,5*
Çampoña *3*
I su çampoña el pastor. *161,68*
Escucha, al son de la çampoña mia, *261,6*
Al son de otra çampoña, que conduce *263,1078*
Çampoñas *1*
Si de çampoñas ciento *263,750*
Campos *22*
Ni el mar argentes, ni los campos dores. *17,14*
Tanto, que eran a sus campos *48,55*
Pintar los campos i dorar la arena), *67,4*
En los campos dèl Tajo mas dorados *92,5*
Por toda tierra de campos *96,102*
Los campos les dan alfombras, *131,113*
Aires, campos, fuentes, vegas, *131,131*
A los campos de Lepe, a las arenas *169,1*
Ni aun los campos dèl Tajo estan seguros.
    219,4
Ia en nueuos campos vna es oi de aquellas
    221,12
En carro de crystal, campos de plata. *261,120*
En campos de zaphiro pasce estrellas; *263,6*
Tiranniza los campos vtilmente; *263,201*
Quando no de los campos de Neptuno, *264,99*
En los campos tal vez de Melîòna *264,765*
Que pacen campos, que penetran senos,
    264,950
Por los campos del aire a recibilla. *315,20*
De los campos apenas contenido, *318,197*
Tus campos, Bethlen, oieron, *352,2*
Cuios campos el zefiro mas puro *404,5*
Que los campos mas fragrantes *414,26*
Sus campos escarchados, que a millares *443,7*
Camuesa *2*

Como entre paja camuesa, *98,44*
De lo mas cordíàl de la camuesa. *203,117*
Can *10*
Distincto oiò de can siempre despierto, *100,6*
Mudo la noche el can, el dia dormido, *261,169*
El silencio del can siga i el sueño! *261,176*
Latiendo el can del cielo estaua, quando, *261,186*
El can ia vigilante *263,84*
De can si embrauecido *263,173*
El can sobra, siguiendole la flecha, *264,498*
Can de lanas prolixo, que animoso *264,799*
Sobra el Can, que ocioso iace *302,17*
Desde el adusto Can al gelido Arto. *318,436*
Cana *8*
Sin barba cana te veo. *87,12*
I en tu adolescencia cana *259,41*
Recordò al Sol, no de su espuma cana, *263,705*
El mar encuentra, cuia espuma cana *264,63*
No dexe rastro de cana. *269,1797*
Es su edad florida i cana. *269,1813*
Verdura si, bien que verdura cana, *395,8*
Pisad graznando la corriente cana *431,5*
Caña *14*
I en la caña larga *5,57*
Aunque ahora no sois caña". *29,50*
Quien me ha hecho caña, *56,71*
Como galan con la caña. *158,40*
Que trompas hasta aqui han sido de caña, *171,7*
Son de la Nympha vn tiempo, ahora caña *263,884*
Rebelde Nimpha, humilde ahora caña, *264,831*
Como pescador de caña. *269,427*
Mi cuerpo esconda vna caña *269,1136*
Muda caña si de aquella *275,96*
Arcos zelestes vna i otra caña. *318,512*
De Nympha que ahora es caña, *390,51*
De caña que ahora es voz. *390,52*
Que en caña algun dios rustico suspira, *424,4*
Cañaços *1*
De dos cañaços Moriscos. *334,48*
Canal *1*
El diffuso canal dèsta agua viua; *244,10*
Canales *2*
mis tejas de tus canales, *229,700*
tus canales de las mias. *229,701*
Cañamo *14*
De cañamo, escusando las de hierro; *165,2*
Copos fie de cañamo anudado, *230,56*
Cera i cañamo vniò, que no debiera, *261,89*
De mas echos que vniò cañamo i cera *261,91*
Nudos al mar de cañamo fîàndo, *264,36*
Mallas visten de cañamo al lenguado, *264,91*
El cañamo remiten anudado, *264,235*
El duro remo, el cañamo prolixo; *264,391*
Los terminos de cañamo pedidos. *264,440*
Ephire en tanto al cañamo torcido *264,496*
Sino a dos entre cañamo garçones! *264,661*
Cañamo anudando, engaña *287,69*
A su cañamo o sedal. *358,16*
Fuerte muro de cañamo anudado. *499,83*
Càñamo *1*
Calce càñamo o vaqueta; *275,126*
Canarias *1*
Si de paces las Canarias *229,580*

Canario *1*
I tratado de enjaular otro Canario *448,10*
Canas *17*
Le peina sus verdes canas. *133,22*
Ô canas de Octauio viejo, *229,902*
a las canas del brocado *229,1102*
de vnas canas tan honradas. *229,3045*
De sus Granadinas canas *229,3170*
Antes peinò que canas desengaños. *245,14*
Canas, luciente omenage *259,59*
De canas graue, hablò desta manera: *263,365*
Del tierno humor las venerables canas, *263,514*
Del alamo que peina verdes canas; *263,591*
Ô canas, dixo el huesped, no peinadas *264,364*
Las canas de Tithon, halla las mias, *264,395*
Mas canas gozan la Aurora, *269,1776*
Si son canas, tinta poca *269,1989*
Los que illustran con sus canas *300,21*
Las canas greñas de nieue *358,11*
Sus canas vee pardéàr. *418,48*
Cañas *9*
Iugaremos cañas *5,69*
Duras puentes romper qual tiernas cañas *108,5*
Mata los toros, i las cañas juega? *138,8*
Iuegan cañas, corren toros, *158,31*
son cañas, si no son varas, *229,2464*
De cañas labra subtiles *243,13*
En cañas, quantas refinan *243,67*
Cient cañas, cuio barbaro rûído, *261,90*
Si fabricado no de gruessas cañas, *264,110*
Canastel *1*
Los Moros de Canastel, *78,2*
Cañaueral *1*
Cañaueral en ellos, pues es llano *436,6*
Cancaro *1*
Cancaro. Cazzo madonna. *269,622*
Çancarron *1*
Al çancarron de Mahoma. *269,961*
Cancion *7*
Que oiga Menga vna cancion *6,73*
Quedate aqui, Cancion, i pon silencio *25,61*
Cancion, pues que ia aspira *72,86*
Cancion, di al pensamiento *120,55*
Vna cancion tierna *160,24*
La letra de la Cancion; *161,76*
Veràs, Cancion, del Cesar Africano *230,86*
Cancionero *1*
De vn rocin o vn Cancionero. *94,40*
Canciones *5*
I hace Canciones *65,241*
Mis canciones son; *80,38*
Danme canciones discretas, *98,57*
I es darme a mi sus canciones, *98,58*
Os dieron dulces canciones *269,1011*
Cancro *2*
Conozca el Cancro ardiente, el Carro elado, *77,48*
Desde el Cancro al Capricornio, *242,138*
Candados *1*
Candados hizo e otras nueuas grutas, *263,448*
Candela *1*
A la luz de la candela *269,1184*
Candelas *1*
Candelas de resina con tericia; *476,11*
Candelero *2*

El candelero a la antorcha, *259,54*
Matò vela i candelero. *477,30*
Candeleros *1*
De los candeleros grandes, *110,16*
Candelillas *1*
Enciendan mil candelillas, *6,50*
Candida *1*
candida, pura i bruñida, *229,3274*
Candidas *2*
De zagalejas candidas voz tierna *263,765*
Tres hijas suias candidas le ofrecen, *264,218*
Candidez *1*
En lasciua candidez, *378,50*
Candidissimo *1*
Candidissimo Lector, *227,2*
Candido *1*
La de este candido copo, *242,94*
Candidos *1*
La Alua entre lilios candidos deshoja: *261,106*
Candil *9*
Como Dios hiço vn candil". *28,84*
Los ojos en el candil, *75,11*
A la lumbre de vn candil, *82,82*
Que me acuesto sin candil. *111,8*
Muchos dones a vn candil, *228,19*
como candil de botica, *229,920*
pues hizo el candil tres luces, *229,924*
i buscada con candil *229,2327*
Candil, farol de la estampada flota *432,13*
Candor *7*
Candor a vuestros versos las espumas *172,13*
De el mejor mundo, de el candor primero. *261,88*
Con pecho igual de aquel candor primero, *263,140*
Vença no solo en su candor la nieue, *263,897*
Que mucho, si el candor bebiò ia puro *264,631*
Cuio candor en mejor cielo ahora *318,287*
Dexar el dulce candor *322,21*
Canela *1*
Fresco verano, clauos i canela, *326,9*
Canes *4*
Viò el que mataron sus canes, *63,84*
De los canes la cierua?" *125,26*
Por no quedar con los canes *269,339*
La nariz baxa, canes extrangeros *499,66*
Canicular *6*
De vn Canicular bonete, *88,34*
de intencion Canicular, *229,398*
Avn dia canicular. *282,14*
De vn dia Canicular, *288,10*
Del poluo canicular, *334,7*
Que en este ia canicular linage *367,7*
Caniculares *2*
Que eran en Março los Caniculares. *71,8*
Caniculares aullos. *322,288*
Canina *1*
Canina de Bercebu. *269,1931*
Caniquì *1*
Vn cuello de caniquì! *111,62*
Canna *1*
Di questa canna, gia selvaggia donna, *118,13*
Cano *24*
Que anochezca cano el viejo, *6,25*
Su color verde i cano *72,29*

O nieblas ciñan tu cabello cano, *146,4*
Que el tercer año guarda el tiempo cano, *156,4*
De lilios de oro el ia cabello cano, *220,7*
el escuderazo cano, *229,438*
Tascando haga el freno de oro cano *261,13*
Dexò primero de su espuma cano, *263,410*
Blancas ouejas suias hagan cano *263,825*
El padre de los dos, emulo cano *264,209*
Sino algun siempre verde, siempre cano *264,460*
Que por su edad magestúòsa cano; *264,697*
Que, aunque es galan no mui cano, *269,279*
Escudero quiero cano, *269,730*
Moriste en plumas no, en prudencia cano, *280,1*
El margen restituie menos cano, *315,62*
Florido en años, en prudencia cano, *317,1*
El septimo Trion de nieues cano, *318,6*
Al santo Rei que a tu consejo cano *318,95*
En verdes ojas cano el de Minerua *380,9*
En prudencia, en cabello, en nombre, Cano. *437,14*
Orador cano si, mas, aunque cano, *452,2*
Orador cano si, mas, aunque cano, *452,2*
Vences, en talento cano, *487,1*
Cañon *1*
Vn cañon de tus alas pluma mia. *317,14*
Cañones *2*
Que cañones de cruxia, *55,25*
Arimandole al trato cient cañones? *181,14*
Canonicando *1*
Camara el canonicando, *482,8*
Canonigo *1*
Canonigo de Toledo, *417,8*
Canonigos *2*
Canonigos tiene muchos, *27,102*
Canonigos, gente gruesa, *98,41*
Canonizado *1*
Quien Duque pudo ser canonizado. *404,48*
Canora *5*
Qual de aues se calò turba canora *263,633*
Monarchia canora; *263,951*
Alta rûìna, voz deue canora. *316,8*
Como solia canora *344,4*
De la mas culta, de la mas canora, *395,6*
Canoras *1*
Haze canoras aun las piedras graues. *290,4*
Canoro *22*
Valiò por dicha al leño mio canoro *203,46*
(Si puede ser canoro leño mio), *203,47*
Que el canoro metal de vna campana *229,2192*
Era vn canoro ambar gris, *243,10*
I mudo pende su canoro leño; *256,41*
Su canoro darà dulce instrumento, *262,36*
Tropheos dulces de vn canoro sueño. *263,128*
De canoro instrumento, que pulsado *263,239*
Domestico es del Sol nuncio canoro, *263,294*
Leuantadas las mesas, al canoro *263,883*
De el canoro escogiò baxel pequeño. *264,60*
Canoro labrador, el forastero *264,177*
Nadante vrna de canoro rio. *264,555*
Metal no ha sido canoro, *275,95*
Canoro ceñirà muro animado. *289,8*
Prendas sin pluma a ruiseñor canoro *291,3*
Thalamo es mudo, tumulo canoro. *312,6*

Canoro nicho es, dosel alado; *315,12*
Oia el canoro hueso de la fiera, *318,9*
Contra architecto canoro, *319,7*
Que escuchan su canoro fin los rios; *431,10*
A tu canoro instrumento *480,5*
Canoros *1*
A tus cysnes canoros no sea injuria *404,7*
Canos *2*
Entre dos myrthos que, de espuma canos, *261,211*
De tantos de tu madre vultos canos, *264,663*
Caños *1*
A los tres caños llegò, *419,9*
Cansa *2*
I apenas se cansa el, *102,17*
Cansa, fatiga i apura, *229,2236*
Cansada *8*
Cansada tambien, se apèa *73,46*
Quando ia cansada *79,77*
Si ia la vista, de llorar cansada, *99,1*
De la cansada juuentud vencido, *263,339*
O por breue o por tibia o por cansada, *264,156*
Quantos da la cansada turba passos, *264,940*
Cansada llegò a su margen, *322,297*
Contraria fuera a tu virtud cansada, *460,13*
Cansadas *7*
Con mis lagrimas cansadas. *9,48*
Lagrimas cansadas. *11,24*
El, derramando lagrimas cansadas, *12,8*
Suspiros tristes, lagrimas cansadas, *19,1*
Lleua lagrimas cansadas *159,23*
Dieron mis ojos lagrimas cansadas, *169,13*
Calurosas i cansadas; *499,319*
Cansado *11*
Sus rubias trenças, mi cansado accento. *25,12*
El espiritu cansado *48,59*
De la immortalidad el no cansado *66,12*
I si se siente cansado *81,13*
Cansado pues el pastor *149,71*
Siempre hallè para mi el rocin cansado. *203,72*
De buscar vengo cansado *229,1844*
Menos cansado que confuso, escala. *263,51*
Donde, aun cansado mas que el caminante, *263,583*
Cansado leño mio, *264,549*
Llegar a tomar postas mui cansado *463,3*
Cansados *2*
De cansados amadores, *159,24*
Que de las seluas cansados *167,17*
Cansancio *2*
El cansancio, i al momento *204,26*
Mas el cansancio no; que el mouimiento *263,678*
Cansas *1*
Que con tus versos cansas aun a Iob. *473,14*
Cansase *1*
Cansase el otro doncel *102,13*
Cansò *2*
I despues que le cansò, *161,94*
I assi, pues que te cansò *499,160*
Canta *11*
Escuche aquesto que canta: *9,38*
Tus hymnos canta, i tus virtudes reza. *13,14*
Que si canta, se suspende *95,45*
Ô quan bien canta su vida, *133,9*

Lo que llora i lo que canta: *133,12*
Por no impedir lo que canta: *144,44*
Canta en vuestra esquina *160,23*
A vos canta el page, *160,41*
Canta la Fama de suerte *347,7*
Do Rei de Congo canta Don Gorgorio, *430,11*
Bien, pues, su Orpheo, que trilingue canta, *453,9*
Cantaba *3*
Cantaba mis alleluias. *26,12*
Esto Felicio cantaba *390,49*
Lo que cantaba a vn desden: *419,66*
Cantado *2*
Romance fue el cantado, i que no pudo *202,9*
Del cantado Escarraman. *288,24*
Cantamos *1*
I estas que te cantamos alabanças, *77,53*
Cantan *9*
Cantan motetes súàues; *63,184*
Que cantan i estiman *65,238*
Le cantan terceras: *160,44*
Los que cantan entre las flores, *214,2*
Los que cantan entre las flores, *214,15*
Los que cantan entre las flores, *214,28*
Que cantan a dos i a tres. *217,72*
En idiòmas cantan differentes, *264,357*
Le cantan el Sol que fa, *288,12*
Cantando *26*
Cantando de su rico aluergue, i luego *14,11*
Ia cantando orilla el agua, *26,21*
Cantando se vienen, i cantando se van. *122,2*
Cantando se vienen, i cantando se van. *122,2*
Cantando se vienen, i cantando se van. *122,14*
Cantando se vienen, i cantando se van. *122,14*
Cantando se vienen, i cantando se van. *122,26*
Cantando se vienen, i cantando se van. *122,26*
Cantando se vienen, i cantando se van. *122,38*
Cantando se vienen, i cantando se van. *122,38*
Cantando se vienen, i cantando se van. *122,50*
Cantando se vienen, i cantando se van. *122,50*
Cantando se vienen, i cantando se van. *122,62*
Cantando se vienen, i cantando se van. *122,62*
Cantando mata al que matando mira. *196,14*
Cantando viene contenta, *226,21*
A desatarse en lagrimas cantando, *264,552*
I ven cantando tras mi: *301,11*
Pues que van cantando dèl *301,36*
Cantando con melonia *308,21*
Cantando las que inuidia el Sol estrellas, *318,127*
Cantando, dexò llamarse *389,18*
Arrastrarè cantando, *400,3*
Cantando, por no llorar *419,15*
Cantando como vn Angèl: *419,60*
I cantando esto se fue: *419,86*
Cantar *11*
Cantar quiero en mi bandurria *26,2*
Aiudame a cantar los dos extremos *31,9*
Cantar de nuestra España *72,90*
Esto le oyeron cantar: *116,20*
Quiero cantar llorando *127,5*
Cantar las aues, i llorar la gente. *139,14*
"Que vueluan a cantar aquel sonetto". *202,14*
Cantar pensè en sus margenes amenos *203,40*
Este atreuido cantar: *226,24*

A cantar dulce i a morirme luego; *264,545*
Cantar baxo i calar cuerdas? *275,88*
Cantarà *1*
Cantarà Andrehuela: *5,42*
Cantàra *1*
Cantàra; mas no me escuchan. *26,4*
Cantarè *2*
Cantarè enmudeciendo agenas famas, *92,13*
Cantarè el generoso Borja santo, *404,10*
Cantaremos *1*
Que cantaremos ahora, *158,1*
Cantarilla *1*
Llenabò su cantarilla, *419,13*
Cantarillo *2*
Que de vn cantarillo armada, *226,29*
Que de vn cantarillo armada, *226,42*
Cantaro *2*
Con vn cantaro vna niña, *226,17*
Este cantaro que vees *226,32*
Cantaronle *1*
Cantaronle de cierto amigo mio *202,5*
Cantaros *1*
Cantaros la historia, exemplo *148,3*
Cantastes *1*
Cantastes, RVFO, tan heroicamente *40,1*
Cante *6*
Cante Apollo de raios coronado, *180,7*
Quiero que le cante bien *192,9*
El que algun culto ruiseñor me cante; *203,27*
Como no cante algun gallo, *229,3204*
Pidenme que cante, canto forçada: *345,11*
Que le cante a la graja en vuestro nido. *448,11*
Cantè *1*
Cantè en mi instrumento: *50,98*
Cantemos *1*
Cantemos a la gineta, *486,1*
Canten *2*
Canten, ronda, pensamiento, *91,53*
Canten otros tu casa esclarecida, *180,5*
Cantenle *1*
Cantenle endechas al buei, *301,49*
Cantico *3*
Con amoroso cantico *1,8*
El piscatorio cantico impedido, *264,621*
Vn dulce i otro cantico sagrado. *338,14*
Canticos *2*
De sacros cisnes canticos súaues, *230,37*
Hymnos sagrados, canticos diuinos, *421,49*
Cantimplora *2*
— No, gofo, sino aquesa cantimplora, *277,6*
Qualque fresco rumor de cantimplora. *278,8*
Canto *23*
Tal que el mas duro canto enterneciera: *18,11*
Si enternecer bastàra vn duro canto, *18,12*
Al fugitiuo canto; *25,62*
Qual ia por escuchar el dulce canto *33,11*
I ornarte ha, en premio de tu dulce canto, *35,7*
Siendo tuia la voz, i el canto de ella. *35,14*
Oy a estos sacros hymnos, dulce canto, *77,7*
Ia no canto, madre, *80,35*
I si canto yo, *80,36*
Yo canto lo que me dixo *81,49*
Que conuocò el dulce canto; *228,44*
Del musico Iaian el fiero canto. *261,20*
El dulce alterno canto *263,845*

La vista de las choças fin del canto. *264,189*
Conuocacion su canto *264,534*
Alterno canto dulce fue lisonja! *264,627*
Que del Cyclope oiò el canto, *283,4*
Pidenme que cante, canto forçada: *345,11*
Que io canto aora *389,48*
Que io canto aora *389,57*
Que io canto aora *389,66*
No ofende las tinieblas de mi canto. *404,12*
No os faltarà Aguilar, a cuio canto *446,10*
Cantò *3*
Estos versos cantò, al son *28,55*
Que cantò burlas i eterniza veras *172,8*
Que al Albano cantò, segundo Marte, *312,20*
Cantor *1*
El soberano cantor, *331,35*
Cantos *1*
Aunque no en el tirar cantos, *497,28*
Cantuessos *1*
Sus morados cantuessos, sus copadas *263,909*
Cañuela *1*
O la lança, el rexon, o la cañuela *464,3*
Cañuto *1*
Proporcionado cañuto *322,66*
Cão *1*
Ouuis, cão? Parientes somos. *303,19*
Capa *12*
I la capa verde obscura, *74,9*
Da a la capa tres piquetes, *81,22*
Sin capa no avrà calor. *86,40*
Como el toro, que en la capa *110,31*
Tal vez no solo la capa *111,41*
Dexò la capa corriendo *161,85*
Su capa, como la suia *161,99*
Huele la capa, i sospecha *161,109*
Donde mi capa de paño, *161,127*
Es sanct Ceruantes, que su capa ha puesto
    229,2220
En la nocturna capa de la esphera, *263,384*
Saliendo con su capa disfraçada: *460,11*
Capaces *1*
dos almazenes capaces *229,2972*
Capas *3*
Habitos, capas digo remendadas, *69,5*
Soi vn Cid en quitar capas, *111,49*
Que ronden, que prendan capas, *334,83*
Çapata *1*
Pues me tiene la ausencia sin mi Çapata. *345,6*
Çapatero *1*
Me las harà el çapatero. *269,832*
Çapato *4*
Que es el çapato, mas no, *161,106*
Que està lexos el çapato, *161,107*
no llegan a su çapato. *229,1563*
Fieltro ha de ser el çapato. *269,180*
Çapatos *5*
Los çapatos negros! *50,64*
Limpiandose los çapatos, *96,74*
Descalçando los çapatos. *228,188*
Pusierase el mis çapatos, *229,1847*
i el otro traìa çapatos. *229,2787*
Capaz *7*
Cercado es, quanto mas capaz mas lleno,
    261,73
En pie, sombra capaz es mi persona *261,411*

Toldado ia capaz traduxo pino. *264,32*
Concha, si mucha no, capaz ostenta *264,197*
Gauia no tan capaz; estraño todo, *264,273*
Digno si, mas capaz thalamo apenas *318,299*
Su economìa capaz. *358,44*
Capeador *1*
I el capeador para mi. *111,52*
Capellan *3*
Llama padre al Capellan *123,12*
Minimo, pues, si capellan indino *398,9*
Aqui iaze vn capellan *492,1*
Capellar *3*
Por el capellar, i en medio *49,54*
No mas capellar con cifra, *107,5*
La parte del capellar, *355,7*
Capelo *3*
Como su capelo al hongo. *242,112*
El sacro honor renuncia del capelo, *404,43*
Solicitò súaue tu Capelo. *421,63*
Caperucilla *1*
Con caperucilla un misto *408,3*
Caperuza *2*
I vna caperuza *5,49*
I para mi caperuza *59,9*
Capilla *14*
I a veer tu Rèàl capilla, *63,101*
Golpèàda la capilla *74,10*
A vna capilla vn villete, *94,24*
Se ha enterrado en su capilla *161,111*
Que ai difunto en la capilla; *161,119*
I a fee que a la pagissima capilla, *203,16*
Al bordon flaco, a la capilla vieja, *231,3*
Coronauan la barbara capilla, *263,557*
En la capilla maior; *296,4*
Segunda la capilla del de Ales, *325,13*
I responda la capilla: *388,32*
En la capilla estoi i condenado *396,1*
— Que piden a la Iglesia? — Su capilla, *439,7*
I logre la capilla cagalona, *445,4*
Capillas *2*
Al saial de las capillas, *275,71*
De gorras, de capillas, de bonetes. *448,4*
Capirotada *1*
Si masse duelo no en capirotada, *234,13*
Capirote *2*
Se quitarà el capirote; *107,40*
Capirote de valdres. *269,355*
Capitan *6*
Capitan integerrimo, *1,22*
Foragido Capitan. *2,14*
Capitan de cient ginetes. *57,12*
"Valiente eres, Capitan, *57,33*
Gran Capitan en las guerras, *61,13*
Otra con vn Capitan *269,352*
Capitanes *6*
Inuencibles Capitanes *61,22*
De aquel Sol de Capitanes, *63,126*
Que ia entre glorìòsos Capitanes *66,3*
Capitanes, no amantes desdichados; *92,4*
Los antiguos Capitanes *110,46*
Sed Capitanes en latin ahora *277,3*
Capitel *1*
A cuio capitel se deue el dia, *169,6*
Capiteles *3*
Sacros, altos, dorados capiteles, *76,1*

Contaua en los raiados capiteles, *264,703*
Confunden los capiteles *333,26*
Capitolio *3*
Se apeò en el Capitolio. *83,96*
Salue, ô gran Capitolio vn tiempo, ahora *229,2178*
Giralda del Capitolio". *242,44*
Capitulo *1*
Capitulo de tu historia; *259,84*
Capon *3*
el manjar blanco, el capon, *229,2837*
Si le visten al capon *410,9*
Pues que por vn capon dexa vn milano: *452,7*
Capona *1*
Pauillos nueuos capona *122,57*
Capote *1*
I a la hacienda capote. *107,32*
Capotes *1*
entre barbaros capotes. *229,507*
Capotillo *1*
Gallarda de capotillo *228,77*
Capotuncios *1*
Dos deligos capotuncios, *27,106*
Capricornio *2*
Desde el Cancro al Capricornio, *242,138*
Que al Capricornio galan *269,606*
Captiua *1*
Que captiua lisonja es del poblado *295,3*
Captiuado *2*
Vn Moro que ha captiuado, *57,11*
Me has captiuado dos veces. *57,36*
Captiuar *1*
A captiuar Ferreruelos *111,39*
Captiuas *2*
No como prendas captiuas *61,3*
Admiradas sus captiuas *78,69*
Captiuasse *1*
me captiuasse? Es verdad. *229,2499*
Captiuaste *1*
Quando tu me captiuaste: *57,71*
Captiue *1*
captiue mi entendimiento. *229,2257*
Captiuerio *2*
Mi captiuerio en tu arena, *38,22*
Quanto por mi captiuerio. *39,40*
Captiuo *2*
I a vn Moro captiuo lleue, *57,10*
El captiuo, como tal, *57,29*
Captiuos *2*
Que libras captiuos *50,35*
Los majaderos captiuos *83,15*
Capuces *1*
Que no se pongan capuces; *75,94*
Capullo *5*
Morireis en el capullo. *27,80*
En este capullo estuuo *227,57*
De espacio rompia el capullo, *229,2346*
Que es capullo para vnos *242,99*
El vergonçoso capullo *322,274*
Capuz *1*
Son visperas del capuz. *269,432*
Cara *25*
Harto caro el veer su cara; *29,36*
Que se parece a mi cara *59,71*
I en la cara las señales. *61,46*

Arrocinado de cara *62,7*
Alumbrando con la cara *74,51*
Hermosissimo de cara; *121,84*
Que tiene cara de herege *126,37*
Los dias a los ojos de la cara, *153,13*
Pierna que guarda su cara, *204,39*
Cara que guarda su pierna. *204,40*
Alcoholemo la cara *207,3*
Esta buena cara vieren, *228,111*
i en el campo de tu cara *229,358*
Si tengo cara detras, *229,1177*
Con dos tajos me dexan por la cara. *229,1948*
la cara, i brasas el pecho *229,2374*
con cient puntos en su cara! *229,2705*
Bien dice tu mal la cara. *229,2796*
Soplado me has en la cara *269,304*
Cruzar la cara a Gerardo! *269,1565*
Cara de roza, *301,41*
Esto de guardar la cara. *412,40*
I al moreno de cara, i de instrumento, *435,12*
Vuestra sobrina, cara de contera, *448,7*
"Pues no teneis para theatro cara, *462,13*
Caraça *1*
Veer su caraça redonda; *149,8*
Çaraças *2*
Que no faltaràn çaraças *59,47*
Çaraças, i no razones, *229,2488*
Caracol *5*
De algun caracol de aquellos! *149,121*
Daua Triton a vn caracol torcido, *166,4*
no valen vn caracol. *229,1724*
Rompe Triton su caracol torcido, *261,94*
Purpureo caracol, emulo bruto *264,879*
Caracoles *8*
Io conchas i caracoles *7,26*
De caracoles i conchas. *149,118*
Si a vn Sol los caracoles *166,25*
que el Sur a sus caracoles, *229,553*
Pesadumbre darè a vnos caracoles. *233,4*
Entre crespos buscaua caracoles, *264,559*
Aunque quatro caracoles *269,1058*
Diuertido en caracoles, *356,9*
Caracteres *2*
Caracteres tal vez formando alados *263,609*
Letras pocas, caracteres tassados, *437,7*
Çaragoza *2*
los muros de Çaragoza, *229,771*
Mirandose en el Ebro, Çaragoza. *318,336*
Caramillo *1*
Toma, toma el caramillo, *301,10*
Çaranda *1*
A Enrico traigo en çaranda *269,497*
Carantoñas *1*
Theatro de carantoñas, *334,39*
Caras *6*
O teneis trecientas caras; *186,4*
I ellas te niegan las caras. *204,20*
Io doblon? I de dos caras. *229,1176*
De dos caras, de dos nombres, *229,2862*
Caras preseruaciones Orientales. *253,8*
Los doblones de sus caras. *269,1465*
Carauela *2*
No carauela, no zabra *300,36*
Quando fatal carauela, *322,137*
Carbunclo *2*

En el carbunclo, Norte de su aguja, *263,82*
Carbunclo ia en los cielos engastado *315,54*
Carbunclos *3*
Los que ciñen carbunclos tu cabeça. *270,8*
Nieguen carbunclos sus sienes. *306,38*
I la luz de dos carbunclos. *322,48*
Çarça *1*
Çarça quiçà alguna, pues *275,23*
Carcax *2*
Carcax de crystal hizo, si no aljaua, *261,243*
Que aun buelan en el carcax. *358,24*
Carcaxes *1*
De sus carcaxes estos argentados, *263,796*
Carcel *4*
A la carcel libertad, *2,46*
Les doi la casa por carcel. *110,4*
Hilò su carcel la simple *227,11*
Que esta es carcel de gatos de moneda. *440,8*
Cardada *1*
Mas plata en su esplendor sea cardada *263,898*
Cardan *1*
Los que cardan paños, *65,239*
Cardar *1*
Peinar el aire por cardar el buelo, *264,864*
Cardena *1*
Io cardena, el carmesi, *375,20*
Cardenal *3*
El Cardenal heroico de GVEVARA *173,7*
quien ha puesto el Cardenal *229,3240*
Al Cardenal mi señor *417,1*
Cardenales *2*
Sin cardenales està. *411,36*
Principes? Mucho mas es Cardenales, *421,19*
Cardenalicia *1*
Goza la dignidad Cardenalicia, *421,72*
Cardenico *1*
Nace el cardenico alheli. *301,13*
Cardò *1*
Cardò vna el estambre, que reduce *318,443*
Cardona *2*
Cardona, desmentido su aparato, *318,386*
Señora doña Luisa de Cardona, *445,1*
Careciò *1*
No careciò de misterio, *490,8*
Carga *4*
no suffre carga otra cosa. *229,693*
Carga hasta aquì, de oi mas militar pompa; *230,13*
Si carga no i assombro. *263,308*
— Arma, arma, ensilla, carga! — Que? Arcabuces? *277,5*
Cargado *2*
Cargado de acero *50,74*
Cargado, i de las que corban *259,74*
Cargan *1*
Se cargan apriessa, *160,108*
Cargaron *1*
Se cargaron de rodelas *73,102*
Cargas *3*
de donde cargas tal vez *229,2976*
Los fuertes hombros con las cargas graues, *263,340*
Si, vinculados todos a sus cargas *263,509*
Cariaguileños *1*
Delgados, cariaguileños, *27,103*

Caribàno *1*
de el barbaro Caribàno *229,2907*
Caribes *2*
Que son Caribes crúèles. *121,100*
De Caribes flechados, sus banderas *263,421*
Carigordo *1*
I carigordo de piernas. *62,8*
Carihartos *1*
Carihartos, i espaldudos. *27,104*
Carillejo *2*
Ô que veràs, Carillejo, *310,1*
Carillejo, le diràs *384,2*
Carillo *3*
Que, Carillo? *301,9*
Ve, Carillo, poco a poco; *301,14*
Subamos, Carillo, arriba, *310,10*
Cariño *1*
Mas tal cariño te tengo *419,69*
Carirredondos *1*
Los mas carirredondos gyrasoles *379,5*
Carlinéàr *1*
Vaiase a Carlinéàr *269,569*
Carlino *9*
Porque la honra, Carlino, *269,36*
Del señor Doctor Carlino *269,169*
Carlino amigo, te huelgas? *269,312*
O io Carlino no soi, *269,367*
Con tu licencia ia el Doctor Carlino *269,395*
En mula al Doctor Carlino, *269,647*
Mula, Amor; mula, Carlino *269,775*
Aqui està el Doctor Carlino. *269,1469*
Serà, a Carlino le oì; *269,1791*
Carlo *1*
A los pies llega al fin del Quinto Carlo, *279,37*
Carmelita *1*
Carmelita hierarchia, *275,79*
Carmelo *2*
Sea Carmelo, o lienço sea. *269,724*
Al Carmelo subiò, adonde *275,21*
Carmen *6*
y apeème junto al Carmen, *229,2260*
Escapularios del Carmen *275,115*
"At Carmen potest produci", *275,121*
Como sea pie de Carmen, *275,125*
Si hauer sido del Carmen culpa ha sido, *398,5*
Por el Carmen la lleua a la Victoria. *434,14*
Carmenes *1*
I a veer los carmenes frescos *63,165*
Carmesi *6*
Mañana lo carmesi, *82,74*
El lagarto carmesi. *111,48*
Las tiñe de carmesi. *226,92*
dulcemente carmesi. *229,2349*
A vn ruiseñor carmesi, *243,20*
Io cardena, el carmesi, *375,20*
Carmesies *3*
blancas tiene, i carmesies. *229,1758*
Las dos ojas le chupa carmesies. *261,332*
Tafiletes calçadas carmesies, *263,317*
Carmesiès *1*
Sino en vidrio, topacios carmesiès *263,870*
Carmin *1*
de vn vergonçoso carmin. *229,2389*
Carnal *1*
I turmas en el Carnal, *27,131*

Carnaual *1*
Los Martes de Carnaual, *288,16*
Carnaza *1*
Echò la carnaza afuera; *82,107*
Carne *6*
Que comian carne cruda, *58,17*
Tan flaco en la carne el, *96,23*
de Christiano en carne i huesso, *229,1194*
Que a la carne i al pescado. *269,664*
Pues tomastes carne vndosa *334,15*
Que aun de carne bolò jamas vestida, *338,2*
Carnero *1*
Sino con media libra de carnero, *222,6*
Carneros *2*
Desde entonces los carneros *149,47*
Porque de sus carneros algo le asse. *436,11*
Carnes *3*
No mas armado que en carnes, *61,26*
Las espumas con sus carnes; *63,52*
Tal en carnes por Henero. *94,10*
Carnestolendas *1*
Las Carnestolendas; *5,56*
Carniceria *1*
Como en la carniceria. *157,10*
Caro *4*
Harto caro el veer su cara; *29,36*
Qual tan menudo aljofar, qual tan caro *34,5*
Que aun en ceniças no saliera caro: *164,8*
Que es casto menos que caro. *269,193*
Caros *2*
A vuestros caros amigos, *269,109*
Que caros fueron los dos. *269,110*
Carpio *1*
El CARPIO, de quien es Deidad, lo diga. *421,69*
Carrasco *2*
Que tus brabatas, Carrasco, *88,83*
Respondiò Carrasco el brabo, *88,91*
Carrera *14*
Pone ia fin a su carrera ardiente; *25,39*
Pues en tan gran carrera *25,45*
I la carrera del Prado *96,114*
Firme en la silla, attento en la carrera, *113,13*
Sea el Puerto, i la carrera *121,23*
Que a la carrera ligero *228,219*
de tu carrera, i de mi, *229,647*
Dorado pomo a su veloz carrera. *261,132*
De chopos calle i de alamos carrera, *263,535*
Lucha, ia a la carrera poluorosa. *263,565*
En la lucha, en el salto, en la carrera. *263,572*
La prolixa carrera *263,1048*
Ia hila, ia deuana su carrera, *264,437*
Io vi vuestra carrera, o la imagino, *470,1*
Carreta *1*
Que el exe de vna carreta, *62,54*
Carrete *2*
A vn desengaño carrete, *88,80*
Carrete mas prolixo *313,47*
Carreton *1*
El carreton de Lain Caluo. *96,104*
Carriços *1*
Que de carriços fragiles texido, *264,109*
Carrillejo *4*
Carrillejo en acabar *497,5*
Carrillejo en acabar *497,20*

Carrillejo en acabar *497,35*
Carrillejo en acabar *497,50*
Carrillos *1*
los carrillos sin raçon, *229,2569*
Carrion *1*
Ai entre Carrion i Tordesillas, *443,1*
Carríòn *3*
Las aguas de Carríòn, *115,1*
De Carríòn le duele, humedecida, *318,355*
Carríòn dulcemente perdonado; *318,362*
Carrizales *1*
Entre vnos verdes carrizales, donde *264,250*
Carrizo *1*
Iunco fragil, carrizo mal seguro. *264,590*
Carrizos *2*
I le hallò entre vnos carrizos *149,59*
Que torpe a vnos carrizos le retira, *264,866*
Carro *23*
(Porque del carro del cruel destino *21,10*
Que gobernar tal carro no presuma, *32,10*
Tiren de tu carro *50,23*
La Vocina, el Carro *65,223*
El Carro elado i la abrasada Zona *72,89*
Conozca el Cancro ardiente, el Carro elado, *77,48*
A quien de carro triumphal *83,95*
Si de el carro del Sol no es mal gouierno, *109,13*
Entrarse en el Carro largo *228,54*
En carro de crystal, campos de plata. *261,120*
En carro que estiual trillo parece, *261,141*
Do el carro de la luz sus ruedas laua, *261,340*
Quando niega la luz vn carro de oro, *261,371*
Carro es brillante de nocturno dia: *263,76*
De el carro pues Phebeo *263,709*
En su bolante carro blancas aues, *263,1087*
Del carro pereçoso, honor del cielo; *264,617*
Con las palomas, Venus, de tu carro; *264,752*
En el carro i con el manto *275,31*
Nocturno Sol en carro no dorado, *315,10*
A ilustrar carro lasciuo *333,79*
Conducir el carro *350,15*
Agonal carro por la arena muda *394,3*
Carroça *4*
De vna tan gran carroça se embaraça; *68,6*
Dexò, i en su carroça *263,180*
De nocturno Phaeton carroça ardiente, *263,655*
I la carroça de la luz desciende *263,1066*
Carroças *1*
Carroças de ocho bestias, i aun son pocas *69,7*
Carros *2*
Carros de vn Sol en dos ojos suaues. *166,18*
Que en carros recibiste, triumphadora, *229,2180*
Carrúàge *1*
Preuiene, pues, carrúàge; *288,77*
Carta *6*
Rugero leiò la carta *73,95*
La carta que trae consigo; *105,109*
Carta, señora, ha llegado. *229,1112*
la carta de horro es *229,1567*
Carta bruxuleada me entrò vn siete. *441,4*
Dicho me han por vna carta, *488,1*
Cartas *10*
Mas al fin en essas cartas *110,29*

I a cartas de señoras principales), *201,11*
por cartas se conuinieron, *229,746*
que nos tratamos por cartas, *229,831*
Con cartas vn mensagero *229,1526*
Cartas de mi padre son *229,1539*
cartas de mi padre. Buenas? *229,1870*
Darà cartas muchos dias, *269,236*
Sus cartas en vn bahul, *269,418*
Fullero siempre doi cartas *269,493*

Carthago *3*
La sangre de Carthago, *229,292*
De cortezas; en esta pues Carthago *264,293*
Confiesalo Carthago, i tu lo ignoras? *394,9*

Cartuxo *1*
que vn Cartuxo i que vna monja, *229,787*

Cas *7*
En cas de Tamaio. *123,2*
En cas de Tamaio. *123,10*
En cas de Tamaio. *123,18*
En cas de Tamaio. *123,26*
En cas de Tamaio. *123,34*
En cas de Tamaio. *123,42*
En cas de Enrico, señora. *269,987*

Casa *77*
Alquilò una casa, *11,6*
Voluia de noche a casa, *26,25*
En casa de vn quatro picos, *27,127*
De mi casa vn dia, *56,44*
Iunto a mi casa viuia, *57,49*
I a veer el templo i la casa *63,121*
Que en la casa de Seuilla *74,46*
Sin topar aros de casa, *81,43*
Mira que su casa escombres *91,26*
Si el necio a su casa lleua *105,19*
Que se casa con su Iglesia, *107,23*
Que en casa del condenado *107,27*
Les doi la casa por carcel. *110,4*
Que el titulo de su casa *121,109*
Que en sus pies mueve su casa. *133,26*
Dèl claro padre, i de la antigua casa, *145,10*
Conserua en qualquiera casa, *159,58*
Dexan su casa, dexan su vestido, *166,26*
Si en casa de vn Bachiller *167,41*
Vna casa de brocado *167,51*
Como si su casa fuera *167,73*
Canten otros tu casa esclarecida, *180,5*
Vna casa de descalços. *228,16*
En esta casa, para ti sagrada, *229,37*
Quando yo en tu casa malo *229,74*
en su casa i Corte Amor *229,321*
que de su casa salio. *229,408*
le dicen que no està en casa *229,419*
escudero de tu casa, *229,447*
que no solo oi en mi casa, *229,478*
casa sobre casa puesta, *229,696*
casa sobre casa puesta, *229,696*
siruiendo en su casa propria, *229,773*
tan junto a su casa està. *229,941*
que te entrè en su casa dèl *229,943*
de vna casa a otra vecina, *229,2070*
adereçame la casa, *229,2109*
A la casa de el Rei le pone escalas? *229,2213*
I si con Fabio se casa? *229,2246*
voluerà contigo a casa. *229,2249*
Busquè la casa de Octauio, *229,2266*

en su firmeza, i su casa, *229,2280*
braco en la calle, i en casa *229,2292*
Mi assistencia, pues, en casa *229,2310*
en casa de el polvorista, *229,2328*
de la casa i la hazienda, *229,2416*
Que de tu casa passò *229,2804*
Traer de casa el figon, *229,2834*
desta casa i de la mia? *229,2861*
vendrà a vuestra casa, Octauio. *229,3169*
En vna casa de orates, *242,7*
Es de tu casa Mardona, *259,34*
Los desposados a su casa bueluen, *263,1080*
En la Calle i en su casa *269,233*
Cuia casa era vihuela *269,359*
En la margen de la casa *269,705*
No ha entrado vna mula en casa, *269,779*
Voi pues. Adonde? A mi casa *269,873*
De tu casa no lo quiero. *269,936*
Auiendo en casa postigo *269,1006*
No es nueuo el entrar en casa, *269,1330*
Quando tu entrauas en casa. *269,1415*
Este negocio i tu casa. *269,1499*
Que en casa de vna donzella, *269,1803*
"Agua va", las desta casa, *269,1864*
Casa fue, cauerna i nido, *302,8*
I en tu casa a las cornejas, *351,11*
Casa de jardin gallardo, *418,42*
Teme la casa quien està mirando *438,9*
Padre Ferrer, cuidado con la casa! *438,14*
En la casa de Luna, i aposento *444,13*
Si os faltare la casa de los locos, *446,9*
La puso casa, i la siruiò dos años. *447,8*
Fue su casa vn deuoto encerramiento *450,9*
Que en casa de vna señora, *477,28*
Quien luz no enciende en su casa. *483,10*
I en la casa del rincon *493,33*

Casada *7*
Que estè la bella casada, *6,19*
El amor de la casada, *102,24*
Se accommodò vna casada; *123,28*
que con el te halle casada *229,1280*
Que muger casada *389,60*
Mala noche me diste, casada: *419,29*
De vn fraile mal abierta i peor casada, *442,10*

Casadas *1*
Salen las casadas, *494,38*

Casado *7*
Vnos zelos a vn casado, *94,27*
Para vn hombre mal casado: *96,96*
casado, me irè a dormir, *229,3547*
Sin bramar a lo casado *334,59*
Casado el otro se halla *406,1*
Sino es que ia segunda vez casado *429,13*
Que el ser casado es el maior de todos. *463,14*

Casados *1*
I vnos bien casados cieruos, *58,26*

Casamentero *2*
que sea el casamentero *229,361*
el casamentero es, *229,684*

Casamiento *5*
tu casamiento dichoso; *229,2559*
en Seuilla el casamiento *229,2621*
otro casamiento igual: *229,3541*
Que ai pues dese casamiento? *269,281*
Thalamo es de casamiento, *269,1793*

Casando *1*
I los olmos casando con las vides, *263,828*

Casaos *1*
Casaos, si no lo estais ia, *411,33*

Casar *7*
I aier por casar, *4,4*
casar oi, mas serà en vano. *229,341*
que se ha de casar acà. *229,1287*
de casar estàs? Di, honrado, *229,1290*
para que os podais casar. *229,1578*
Contigo me he de casar. *229,2719*
Tu casar? Io. Quando? Ahora *229,2721*

Casaràs *2*
Luego no te casaràs? *229,1328*
Luego no te casaràs *229,3083*

Casarse *2*
Casarse nuues, desuocarse vientos, *108,2*
para casarse, i tambien *229,939*

Casarte *1*
Si mañana has de casarte, *229,1506*

Casas *6*
Casas i pechos todo a la malicia, *69,12*
De las casas do hazen plato. *96,72*
Que a su menor innundacion de casas *219,3*
que con vecino de casas. *229,883*
Tus casas son principales *229,2966*
dos casas en Caldescobas, *229,2970*

Cascabel *4*
Suene el cascabel, *208,11*
Que bien suena el cascabel! *301,46*
El cascabel no oluida su harmonia *499,88*
Cauallo, cascabel, cuerno, halcon, perro. *499,91*

Cascabeles *1*
Perdidos por cascabeles. *266,10*

Cascaras *1*
Sus cascaras el Genil, *243,4*

Cascauel *3*
Esmaltar el cascauel. *132,24*
Aun desmentir al cascauel presuma; *261,12*
Les da el cascauel: *494,28*

Cascaueleadas *1*
Cascaueleadas. *494,41*

Cascaueles *5*
Picaba los cascaueles. *333,60*
A los cascaueles, *494,3*
A los cascaueles, *494,18*
A los cascaueles, *494,33*
A los cascaueles, *494,48*

Casco *2*
El casco de calabaza *59,7*
Casco de cauallo viejo *83,7*

Cascos *2*
I cascos de galan moço. *83,8*
Porque tiene malos cascos, *161,43*

Case *2*
Que se case vn don pelote *6,7*
Se case vn hombre con ella, *493,27*

Caseramente *1*
Caseramente a telas reduzida, *264,344*

Casero *2*
Mientras casero lino Ceres tanta *263,861*
Que serà vn puerco casero *269,17*

Cases *2*
o te cases con Belisa. *229,1347*

Que te cases con Leonora, *269,1615*
Casi *23*
I los ojos casi enxutos. *27,72*
Tan altos, que casi quieren *63,19*
Aunque casi no me oîàn; *74,88*
Casi passando el estrecho *82,83*
I a el casi trasladado a nueua vida. *120,36*
I al esposo, en figura casi muerta, *120,40*
A los robres casi eternos *178,27*
Immortal casi prescriba *206,14*
Emulo casi de el maior luzero; *261,52*
De la fruta el zurron casi abortada, *261,74*
De el casi tramontado Sol aspira, *261,277*
Impenetrable casi a la cuchara, *263,151*
Esposo casi vn lustro (cuio diente *263,154*
Pisò las huellas casi de el primero *263,1021*
El tercio casi de vna milla era *263,1047*
Estuue casi resuelta; *269,1431*
I aun casi epidemîàles. *269,1715*
Esgrimiò casi el obstinado azero. *318,552*
El sol casi los terminos del dia. *339,8*
Los dias de casi tres *355,34*
Ia casi al anochezer. *419,4*
Vn jabali casi entero. *423,6*
I a las dos casi los pies. *499,323*
Casilda *27*
Quien a Casilda el maldito *269,247*
Casilda? Doila de mano. *269,303*
Casilda, bien sabe el cielo *269,324*
Vete con Casilda tu, *269,371*
No sepa Casilda. Ahora *269,384*
A veros, dulce Casilda. *269,522*
Casilda, al diamante bello *269,573*
I a doña Casilda en coche. *269,648*
I ai dias, Casilda, hartos *269,669*
Doña Casilda. Doctor. *269,725*
Casilda. Luego dezis *269,754*
Pullitas, Casilda, a mi? *269,769*
Tus labios, Casilda, sello *269,855*
A Casilda este dinero, *269,859*
Casilda, i para el Doctor, *269,878*
Dad, Casilda, a tal amante *269,913*
CASILDA se va i os dexa *269,1018*
Lloras, Casilda? i io lloro *269,1026*
I a Casilda le lleuò *269,1048*
Que no es bien, Casilda bella, *269,1060*
Que bien estarà, Casilda, *269,1072*
Tambien io a Casilda cedo *269,1074*
Casilda de cumplimiento. *269,1085*
Casilda, harèlo assi. *269,1178*
A Casilda se los dad, *269,1188*
Pues Casilda los pidiò. *269,1189*
Viue Casilda, i que son *269,1740*
Casildissima *1*
Casildissima, mejor *269,944*
Caso *10*
Escondiendo el dulce caso *73,115*
Porque el caso no se infame *131,91*
Que es mas posible caso *140,23*
Generoso primer caso, *158,26*
Turbada saliò del caso, *228,202*
Teneos, señor. Fuerte caso! *229,3460*
Conuoca el caso el solo desafia, *263,567*
Que el caso decidiera, *263,1062*
Hiço el caso mas solene, *349,31*

Del amor suio el lacrimoso caso. *499,33*
Casos *6*
Hasta que por varios casos *96,106*
De casos nueuos; que es bien, *158,22*
Quando mas casos se ven, *158,23*
I no es mucho, en casos tales, *216,18*
Que de casos criminales *243,31*
Destos pendientes agradables casos *264,937*
Casquilucios *1*
Fue de los dos casquilucios; *322,24*
Cassino *1*
Deste segundo en religion Cassino *318,333*
Casta *18*
Seguir la casta Diana *83,67*
La casta cazadora *103,25*
Casta, si no decente, *103,38*
Con la casta caçadora, *121,117*
Del Eurota la casta Cazadora. *128,8*
En su casta monteria; *167,4*
Casta madre, hija bella, veneradas *169,9*
Su ia esplendor purpureo casta rosa, *221,2*
Casta Venus llorar su quarta gracia, *260,10*
Fue templado Caton, casta Lucrecia; *263,498*
Casta Lucina en Lunas desiguales, *263,813*
Casta Venus, que el lecho ha preuenido *263,1085*
Dexò tambien casta el buei? *303,31*
A cuia casta armonia *353,25*
La que ia en casta belleça *418,50*
La que se precia de casta, *419,47*
Iusepa, no eres casta; que si alienta *460,12*
Fue visto de la casta caçadora. *499,107*
Castalida *1*
Digalo la Castalida, *1,46*
Castaña *3*
Fue vn tiempo castaña, *65,61*
I la huespeda castaña, *123,6*
Erizo es el zurron de la castaña; *261,81*
Castañas *2*
De vellotas i castañas, *7,20*
Castañas con este frio, *238,2*
Castañetas *1*
Dar las castañetas, *5,38*
Castaño *2*
Vn castaño començò, *96,13*
Por ser fruta de castaño, *96,16*
Castaños *1*
De castaños i nogales, *204,14*
Castejao *1*
Castejao? *303,12*
Castella *3*
A que tangem em Castella? *303,1*
A que tangem em Castella? *303,27*
A que tangem em Castella? *303,40*
Castellana *6*
De estangurria muriò. No ai Castellana *199,5*
Goda virtud, i gloria Castellana; *229,2181*
Andaluza, Estremeña, i Castellana, *278,6*
Mi lira, ruda si, mas Castellana, *380,6*
Patos de la aguachirle Castellana, *431,1*
La Musa Castellana bien la emplea *458,9*
Castellano *8*
Dèl Castellano calamo, *1,2*
Succede en todo al Castellano Phebo, *67,12*
En Oran dèl Castellano, *78,7*

I vn Seraphin Castellano; *96,32*
Condenarse en Castellano *105,36*
Si mata a lo castellano, *376,23*
A quanto ventosea en Castellano *452,3*
De Francès en Castellano; *477,14*
Castellanos *1*
De los Castellanos viejos, *86,34*
Castidad *3*
Vuestra castidad no os niego, *204,35*
Cuia castidad lasciua *217,47*
No llames castidad la que forçada *460,9*
Castiga *1*
Crudamente castiga el lecho ilicito, *1,24*
Castigada *1*
La merced castigada, que en Valencia *318,167*
Castigado *1*
Si castigado ai remo que lo sea; *318,372*
Castigo *3*
I a veer tu Albaicin, castigo *63,145*
Bien podias temer ese castigo, *229,28*
Si tremendo en el castigo, *322,311*
Castigos *2*
Sin amenaçar castigos *269,108*
Cadahalso de castigos. *334,40*
Castilla *14*
De los de Castilla; *65,88*
Burgos de Castilla; *65,208*
— Donde estan los galanes de Castilla? *70,5*
Vna Ciudad de Castilla, *74,58*
Lazarillo de Tormes en Castilla. *101,8*
Con su lacaio en Castilla *123,27*
Io apostarè que en Castilla *157,15*
Hacese de ella en Castilla *159,57*
Buscad, señora, en Castilla *168,25*
Tiplones conuocàra de Castilla, *203,14*
El recebiros Castilla *225,3*
Que Portugal diò a Castilla *410,2*
A Oliueros de Castilla *412,43*
En Castilla la Vieja, dos lugares *443,2*
Castillejo *2*
Don Iuan soi del Castillejo *266,1*
Que el Castillejo, i aun el Vejarano, *436,7*
Castillo *6*
Castillo de Sant Ceruantes, *87,1*
Castillo, si no estoi ciego, *87,10*
Como castillo de bien, *87,49*
Que vna baca, i el castillo *228,15*
le dan al nombre castillo. *229,705*
Que es mas que la de vn castillo. *351,24*
Castillos *3*
I sobre los castillos i leones *72,78*
I bateria de Castillos; *89,36*
Offrece al gran PHILIPPO los castillos, *230,12*
Castilnouo *1*
De aplausos coronado Castilnouo, *379,10*
Casto *14*
Casto Amor, no el que tira *103,7*
Corbo honor dèl casto choro, *177,35*
Que en solo vn casto querer *178,8*
De exercito mas casto, de mas bella *264,291*
Que es casto menos que caro. *269,193*
Que por manchar vn casto, i otro lecho, *269,1250*
Hypolito galan, Adonis casto. *318,72*
Rebentando de mui casto, *322,283*

Que de vn casto veneno *339,15*
El sudor depone casto. *356,24*
I el que naciò fauor casto *357,91*
Depuesto el casto desden, *378,22*
De las Musas, con casto mouimiento, *424,11*
Del laurel casto i del robusto roble, *499,21*
Castos *1*
Entre castos afectos verdadera *403,12*
Castro *5*
Vos reduzis, ô CASTRO, a breue suma *244,9*
Gloria de CASTRO, inuidia de Caistro, *280,2*
Ô Aguila de CASTRO, que algun dia *317,12*
Flammante el Castro en purpura romana; *318,318*
Castro excelso, dulzura de Caistro; *318,574*
Casùàl *1*
O casùàl concurso mas solene, *318,466*
Cata *1*
Cata a Paris la Ciudad, *288,86*
Catai *1*
El diamante dèl Catai *131,27*
Catalan *1*
Que vn Catalan foragido; *105,103*
Catar *1*
Montañes dessea catar *288,82*
Cataractas *1*
Las cataractas del cielo *269,1036*
Catarribera *1*
Llamò "catarribera". *264,945*
Catarriberas *2*
Catarriberas, animas en pena, *69,9*
aunque dos catarriberas *229,2274*
Catarro *2*
Que fue, en vn catarro graue *386,2*
Del catarro aun mas liuiano: *411,18*
Cathedra *1*
I de la cathedra docta; *259,48*
Cathedrales *1*
De Iglesias mil Cathedrales; *63,120*
Cathedras *1*
Cathedras de pestilencia *229,432*
Catholica *4*
Ô ya isla Catholica, i potente *72,35*
que es bien Catholica prenda. *229,1407*
De la perla catholica que sellas, *246,6*
Perdone al que es Catholica visagra, *323,13*
Catholicas *1*
A las Catholicas velas *26,35*
Catholico *9*
Aquel Catholico Marte, *63,104*
Ô Catholico Sol de los BAÇANES, *66,2*
No encienda en ti vn catholico corage, *72,60*
Ô catholico Sol de Vice-Godos, *77,49*
i catholico criado, *229,412*
Alto del Rei Catholico ministro; *318,572*
A paz con el Catholico le induce *318,591*
El nombre, lo catholico, lo santo. *335,14*
Del Catholico; pues si dilatada *421,32*
Cathòlico *1*
Con cathòlico decoro, *269,227*
Catholicos *3*
Pensamientos catholicos segunda, *77,59*
De mil Catholicos miedos. *87,20*
En tantos oi Catholicos pendones, *298,44*
Caton *2*

El mas rigido Caton *167,21*
Fue templado Caton, casta Lucrecia; *263,498*
Catorce *3*
catorce pies de vn Soneto. *229,1227*
de catorce mil arrobas; *229,2973*
Entre catorce Abbades vn Soneto. *255,8*
Catulo *1*
De el paxaro de Catulo. *322,452*
Caua *1*
Como la Caua a Rodrigo; *105,54*
Cauada *1*
Echo vestida vna cauada roca *264,185*
Cauaglier *1*
Illustri Cauaglier, llaues doradas; *69,4*
Cauaglieri *1*
Ô gran bontà di Cauaglieri erranti! *229,388*
Caualcanti *1*
Pensar que era de Guido Caualcanti, *229,391*
Caualgadura *1*
Para otra caualgadura. *269,816*
Caualgaduras *1*
Me daban caualgaduras. *26,68*
Caualleria *1*
Haze esta caualleria, *157,6*
Caualleritos *1*
Los demas Caualleritos *228,81*
Cauallero *15*
Que el confeso al Cauallero *6,109*
Cauallero, caminad; *95,50*
O peon o Cauallero; *105,51*
Quien es aquel cauallero *111,1*
— Cauallero soi, señora, *111,3*
Cauallero de Moclin. *111,4*
Jura Pisuerga a fee de Cauallero *151,1*
Apeòse el Cauallero *226,1*
Saludòla el Cauallero, *226,45*
"Tiempo es, el Cauallero, *226,101*
Dèl Cauallero gentil. *226,108*
Pincel, sino de claro cauallero, *251,3*
Oi le hazeis cauallero. *269,1196*
Igual nos le dio España cauallero, *337,3*
Luce vn Cauallero *422,5*
Caualleros *5*
De Christianos Caualleros; *49,16*
Caualleros le acompañan, *49,73*
Caualleros la passean, *73,122*
Cortesanos caualleros, *158,32*
Lleuad estos caualleros. *269,1215*
Caualleroves *1*
Quatro o seis cauallerotes, *73,103*
Cauallete *1*
mas besos que vn cauallete *229,3288*
Cauallito *1*
I en mi cauallito *5,61*
Cauallo *29*
Vn suelto cauallo prende, *57,6*
De su cauallo se apea. *62,68*
O rei, o cauallo, *65,227*
Dèl cauallo feroz la crespa cola. *72,68*
Hora a cauallo, hora a pie, *78,30*
Casco de cauallo viejo *83,7*
Mas es tumba que cauallo. *96,20*
De aquel cauallo Troiano. *96,124*
Cauallo Valençuela bien tratado, *113,9*
El con el cauallo alcança *178,23*

Que muros rompe en vn cauallo Grecia. *220,11*
No sè si a pie o a cauallo, *228,50*
Si no eres para mi cauallo Griego, *229,287*
Vn cauallo Valençuela, *229,640*
Pues matò vuestro cauallo. *241,4*
Del cauallo Andaluz la ociosa espuma; *261,14*
Cauallo, que colerico mordia *264,816*
Cauallo, que el ardiente sudor niega, *264,967*
No siempre el cauallo viejo *266,5*
Por do entrò el cauallo a Troia, *269,1008*
No vn cauallo de madera, *269,1672*
Al fogoso cauallo Valençuela *280,38*
Al cauallo veloz, que embuelto buela *318,61*
Plata calzò el cauallo que oro muerde? *318,304*
Cauallo que despediste, *320,1*
Que el aguila aun es cauallo *320,9*
Si conculcò estandartes su cauallo? *337,11*
El cauallo relincha, el perro late, *499,87*
Cauallo, cascabel, cuerno, halcon, perro. *499,91*
Cauallos *7*
Entre los sueltos cauallos *57,1*
Que eso es ya mui de cauallos, *96,4*
Tres veces sus cauallos desensilla. *101,4*
Los cauallos, Fabonios Andaluces, *155,9*
ia en cauallos, i ia en coches: *229,543*
Que a los cauallos del Sol *241,9*
De los cauallos ruda haze armonia, *264,736*
Cauaña *3*
A su cauaña los guia, *131,61*
I el humo de su cauaña *131,63*
Farol de vna cauaña *263,59*
Caudal *12*
A costa de mi caudal. *2,34*
En higas oi su caudal, *93,2*
i empleè mi caudal pobre *229,473*
mercader de mas caudal, *229,724*
Si mi honra i mi caudal *229,3538*
Que el viento su caudal, el mar su hijo. *263,506*
I de caudal mas floreciente que ellos; *263,758*
Io, aunque no tengo caudal, *269,795*
El caudal que tengo parto. *269,796*
Lucido caudal. *350,18*
Atheista su caudal. *416,24*
Visto su caudal i traça, *486,12*
Caudales *8*
Con sus humidos caudales, *63,6*
caudales i corazones. *229,483*
I los caudales seco de los rios: *261,388*
Caudales que lambica, *313,52*
Sin caudales i sin nombres, *497,6*
Sin caudales i sin nombres, *497,21*
Sin caudales i sin nombres, *497,36*
Sin caudales i sin nombres, *497,51*
Caudalosa *2*
persona bien caudalosa; *229,733*
La fabrica caudalosa, *259,94*
Caudaloso *3*
En el caudaloso rio *9,1*
Rei de los otros, rio caudaloso, *22,1*
En aqueste caudaloso *229,476*
Caudillo *2*
No ia el Macabeo caudillo, *269,161*
De las Comedias, siguen su caudillo. *432,14*

Caue *1*
Tasando el viento que en las velas caue, *54,6*
Cauello *2*
Lamia en ondas rubias el cauello, *366,3*
Conducido alimenta, de vn cauello, *400,12*
Cauerna *2*
La cauerna profunda que a la peña; *261,36*
Casa fue, cauerna i nido, *302,8*
Cauernas *3*
me entrarè por sus cauernas, *229,2915*
Cauernas del Athlante, a cuios eccos *230,33*
Las cauernas en tanto, los ribazos *261,357*
Cauernoso *1*
Pues dejando tu nido cauernoso *22,5*
Causa *26*
Viendo tan cerca la causa, *9,22*
De su bien i mal la causa. *10,28*
Bellos effectos, pues la causa es bella; *35,11*
De sus suspiros la causa, *57,27*
Si la causa lo consiente. *57,28*
Preguntado me has la causa *57,37*
De este rebato la causa, *64,10*
I la causa a mi dolor; *90,6*
la causa de tus preguntas, *229,223*
No ai mas causa, por tu vida, *229,238*
que vendigo, como causa *229,610*
Señor, la causa adiuino *229,842*
de su jornada la causa, *229,2448*
Niego el ser la causa ella *229,2728*
Aluergue oi por tu causa al peregrino, *261,431*
Al peregrino por tu causa vemos *264,665*
Razon justa, causa honesta *269,57*
La causa de mi inquietud. *269,520*
La causa es graue? Liuiana. *269,1172*
De que por mas hermosa causa, hecho *269,1252*
No ha de valer la causa, si no miente *273,10*
Tanta a la diuina causa *377,15*
Siento la causa aun mas que la partida, *396,3*
Claridad mucha causa mucho daño; *436,12*
Si ausencia por allà no causa oluido, *445,12*
No me acuerdo por que causa; *499,310*
Causado *1*
Que lo ha vn manjar particular causado. *475,4*
Causan *2*
Le causan parasismos los calores; *199,11*
La causan vuestras frialdades, *282,8*
Causando *1*
Causando en nuestros amores *499,285*
Causas *3*
Tengo para llorar causas. *9,58*
Las causas son muchas, *80,25*
de essas causas. Que me quieres? *229,3243*
Cause *1*
no cause creciente alguna. *229,681*
Causò *1*
Causò aquesto en el pueblo gran mohina, *475,12*
Cautela *4*
Si lo oiste, mi cautela *229,922*
i enmudece la cautela. *229,1501*
tu padre? Ia a mi cautela *229,2523*
lo que no ha sido cautela. *229,3513*
Cautelas *2*
ni es Fabio hombre de cautelas. *229,242*

No los hurtos de Amor, no las cautelas *263,840*
Cautelò *1*
Quanto cautelò el pincel *355,94*
Cautiua *1*
Señas, o de cautiua, o despojada *230,65*
Cautiuastes *1*
I me cautiuastes *4,15*
Cautiuo *1*
De el cautiuo contrapuncto, *322,442*
Cauto *1*
Fingiendo sueña al cauto garzon halla. *261,256*
Caxa *1*
Antes que alguna caxa Lutherana *446,1*
Caxas *4*
De las trompas i las caxas. *64,20*
de guerra tocaban caxas *229,582*
En caxas los aromas de el Sabeo, *261,443*
Son de caxas fue el sueño interrumpido; *263,172*
Caxero *7*
Sirue a Octauio de caxero, *229,266*
Camilo. Quien? El caxero *229,362*
caxero de el suegro hecho *229,774*
se rindiò tanto a vn caxero, *229,947*
tanto en vn caxero pierde, *229,1081*
Por caxero entrè, i con Fabio *229,2288*
i el caxero serà amo, *229,3125*
Caza *1*
El encontrarme en la caza *48,47*
Cazadora *4*
Bellissima Cazadora, *48,17*
La casta cazadora *103,25*
Del Eurota la casta Cazadora. *128,8*
Engañò la cazadora, *333,77*
Cazadores *1*
Quantos son los cazadores. *179,16*
Cazando *1*
Ia cazando en la espessura, *26,22*
Cazos *1*
(que cazos le dio por pies *229,1366*
Cazzo *1*
Cancaro. Cazzo madonna. *269,622*
Ceba *1*
Se ceba en pechos de grajas *110,59*
Cebado *1*
Que en vn proximo cebado, *322,329*
Cebandolos *1*
Cebandolos estan de uvas podridas. *436,8*
Cebarse *2*
Para cebarse. Ô diligencia mia, *229,1032*
I por cebarse en dulces desengaños *229,1035*
Cebe *1*
Los cebe en mi coraçon, *227,34*
Cebellin *1*
Por lo blando i cebellin *478,6*
Cebellina *1*
De la baina cebellina; *167,64*
Cebo *1*
Deues por dicha cebo? *264,776*
Cebolla *1*
Cebolla en Valladolid *126,28*
Ceceoza *1*
que era vn poco ceceoza, *229,2566*
Ceciales *1*
Vbas os deue Clio, mas ceciales; *325,9*

Cecina *2*
Seruido ia en cecina, *263,161*
Baxel, que desde el Pharo de Cecina *428,8*
Cedaço *1*
Puente de anillo, tela de cedaço: *70,10*
Cedazos *1*
Hechos cedazos de cerdas. *275,104*
Cede *1*
Reducida desiste, humilde cede *318,583*
Cedi *1*
Que en el vno cedi i el otro hermano *264,390*
Cediò *2*
Cediò al sacro Bolcan de errante fuego, *263,646*
Retrogrado cediò en desigual lucha *264,20*
Cedo *3*
Tambien io a Casilda cedo *269,1074*
Si otra inscripcion desseas, vete cedo: *312,29*
Vengan (aunque es la voz antigua) cedo, *342,5*
Cedro *1*
Marfil i cedro sus puertas, *63,87*
Cedula *3*
la cedula trocar quiere *229,630*
No es ia cedula esta, no, *229,1639*
Esta cedula lo diga. *229,3442*
Cegal *1*
en gerigonça cegal. *229,3214*
Cegàras *1*
Assi de los dos cegàras; *229,1179*
Cegueçuelo *6*
A vn cegueçuelo rûin; *82,8*
Ia no mas, cegueçuelo hermano, *90,1*
Ia no mas, cegueçuelo hermano, *90,11*
Ia no mas, cegueçuelo hermano, *90,21*
Ia no mas, cegueçuelo hermano, *90,31*
El cegueçuelo rûin. *243,40*
Ceguedad *2*
I ceguedad, gran colyrio *269,317*
Ô ceguedad! Acuerdo intenta humano *318,169*
Ceja *2*
Ceja en arco, i manos blancas. *27,91*
La ceja entre parda i negra, *82,17*
Cejas *9*
Ojos claros, cejas rubias *62,41*
I flechas de Amor las cejas. *62,44*
Las cejas en arco, *65,41*
Que las cejas sean dos arcos, *228,118*
Apenas arquear las cejas pudo; *263,1000*
Lauréàda hasta las cejas, *275,110*
De vnas cejas, cuios arcos *322,51*
Sus cejas, que las torcieron *322,119*
Al humo le deue cejas *418,14*
Cela *6*
Vn lecho abriga i mil dulçuras cela. *120,27*
Que les miente la voz, i verde cela *263,588*
Vn color que la purpura que cela *263,730*
De las que el bosque bellas Nymphas cela; *263,795*
Desde el guante hasta el hombro a vn jouen cela; *264,794*
Que entre montes, que cela el mar de arena, *399,13*
Celada *1*
La sed os temple ia en celada de oro. *230,85*
Celage *1*

El denso de los arboles celage *263,537*
Celalua *1*
Cosas, Celalua mia, he visto estrañas: *108,1*
Celda *2*
En vuestra celda el entierro, *224,6*
En su celda la luz bebia mas clara, *404,42*
Celdas *2*
las celdas con oraciones. *229,563*
En celdas de oro liquido, en panales *263,326*
Celebra *3*
La sancta que oi se celebra *275,6*
Quanta celebra beldad *287,31*
Que quien mas las celebra mas se loa. *435,11*
Celebraba *1*
que se celebraba a donde *229,465*
Celebraban *1*
Celebraban las vendimias *229,516*
Celebrad *1*
Quexaos, señor, o celebrad con ella *292,9*
Celebrada *6*
De mi enemiga en vano celebrada. *43,12*
Viò vna monja celebrada *94,3*
Palacio es de mi bella celebrada, *99,5*
Celebrada pues la fiesta, *228,165*
Dignamente celebrada: *239,25*
Que tan celebrada es, *378,6*
Celebrado *2*
I de todos celebrado *89,11*
De aquel vino celebrado *351,33*
Celebrados *1*
Celebrados hijos suios, *322,6*
Celebrala *1*
Celebrala mi amistad, *269,313*
Celebrallo *1*
Musa aun no sabrà heroica celebrallo. *337,14*
Celebramos *1*
Que celebramos oi, pues *242,79*
Celebrando *3*
Celebrando tu nombre i fuerça valida: *1,45*
Celebrando dìetas vi a la gula, *150,7*
Celebrando con tinta, i aun con baba, *203,37*
Celebrar *1*
Tanto a celebrar las Pascuas *97,11*
Celebraron *1*
Que celebraron la Diuina pluma, *315,59*
Celebren *3*
Celebren nuestro Betico *1,10*
Celebren su Poesia. *98,72*
Celebren de oi mas tu nombre *269,952*
Celebrense *1*
I celebrense las burlas, *26,6*
Celemin *2*
Pienso io que vn celemin, *243,34*
Fue vn celemin de homicidios. *334,68*
Celeridad *1*
Celeridad de saeta, *177,24*
Celes *1*
Depon tus raios, Iuppiter, no celes *76,5*
Celeste *2*
En el celeste thalamo *1,5*
O al cielo humano o al Cyclope celeste.
    261,424
Celestial *15*
En el aspecto celestial se lea, *54,8*
A celestial soldado illustre trompa. *77,47*

La armonia celestial, *95,46*
Merezcais veer la celestial persona, *99,13*
Thebayda celestial, sacro Auentino, *173,5*
Olor tienen celestial. *229,1832*
El celestial humor recien quaxado *261,201*
Quantas el celestial zaphiro estrellas! *261,367*
Vn no se que celestial, *268,41*
I Celestial la materia, *275,38*
Entra al Sol oi celestial *296,3*
Al sacro opuesta celestial Clauero *318,551*
El que, celestial cordero, *352,6*
Tanto he visto celestial, *352,29*
Que al nouillo celestial. *358,36*
Celestiales *7*
Algunos celestiales Cortesanos: *173,13*
Pluma pues, que claueros celestiales *232,9*
Que ciento illustran ojos celestiales *315,75*
I a celestiales influxos, *322,186*
Sus zafiros celestiales *357,29*
Sus faroles celestiales. *414,20*
De los celestiales choros *414,34*
Celidaja *1*
Que Celidaja lo es; *355,12*
Celidaxa *2*
Celidaxa, que en sus años *355,13*
La verguença a Celidaxa *355,83*
Celinda *1*
Con dulce pluma Celinda, *356,29*
Celo *1*
I emulacion, si no celo, *177,36*
Celosia *4*
Para tanta celosia. *98,48*
Calçada vna celosia *149,117*
Desnudadle de oi mas de celosia. *201,6*
Vistieron de celosia: *269,1005*
Celosias *1*
I verdes celosias vnas iedras, *261,311*
Cena *8*
I cena de dia, *65,22*
ha de hauer cena i comida! *229,2647*
Luego no es ir por la cena? *229,2848*
Los de Guisando su comida, i cena. *254,8*
Los terminos confunda de la cena *264,245*
A cena jamas oida: *388,4*
Cena grande, siempre cena *388,5*
Cena grande, siempre cena *388,5*
Cenando *2*
Està cenando vnas vbres. *75,48*
Mientras cenando en porfidos lucientes,
    264,358
Cencerro *3*
Parecia cencerro, *50,78*
Calçones digo, vn cencerro, *413,29*
Poeta cuia Lyra es vn cencerro. *435,4*
Cendal *1*
El cendal que fue de Thisbe, *322,351*
Cenefa *2*
Que al Darro cenefa hacen *63,166*
La alta cenefa lo magestùòso *262,24*
Cenefas *2*
Las verdes cenefas, *79,24*
Cenefas de este Eridano segundo *109,9*
Cenetes *2*
De los vencidos Cenetes, *57,2*
Trecientos Cenetes eran *64,9*

Ceñi *1*
Ceñi de vn DVQVE excelso, aunque flor bella,
    136,3
Ceñia *2*
Tanto, pues, le ceñia ballestero, *336,5*
I blanco muro ceñia *418,52*
Ceniça *5*
El santo olor a la ceniça fria. *136,14*
Harà tu son de su ceniça fria: *140,22*
o en ceniça conuertida, *229,1915*
De vna i otra ia ceniça sancta, *229,2167*
I poca mas fatal ceniça es ia. *327,8*
Ceniças *16*
Que nos habla en sus ceniças *27,83*
Sus ceniças baxar en vez de huessos, *32,6*
Haganse tontos ceniças, *83,33*
Que con ceniças de tontos *83,34*
Ceniças son, igual mi llanto tierno *109,10*
Que aun en ceniças no saliera caro: *164,8*
con ceniças i agua fria *229,1214*
mis ceniças por aì. *229,2305*
A sus ceniças tus manos. *239,30*
Ceniças ia el Ilìòn. *257,44*
Ceniças hizo las que su memoria *263,738*
De mis ceniças dieron tus riberas. *264,562*
De aquel si, cuias oi ceniças santas *272,5*
Vanas ceniças temo al lino breue, *343,5*
Rei iace excelso; sus ceniças sella *368,19*
Ceniças lo digan quantas *390,37*
Ceniçoso *1*
Pallidas señas ceniçoso vn llano, *261,29*
Ceñida *6*
No humilde Musa de laurel ceñida. *180,8*
Mas coronas ceñida que vio años, *245,11*
Ceñida, si assombrada no, la frente *260,1*
Republica ceñida, en vez de muros, *264,292*
Iris sancta, que el simbolo ceñida *318,613*
De vn solo Clauel ceñida *374,15*
Ceñido *11*
De tantos rayos ceñido *57,59*
Ia que de tres coronas no ceñido, *60,12*
De claraboias ceñido *63,73*
I de guarda Rèàl iva ceñido. *220,8*
ceñido de tu laurel? *229,1185*
Si al que oi de mitra el Tajo vee ceñido
    229,2206
Pues de laurel ceñido i sacra oliua *244,12*
Eternizado, quando no ceñido *272,13*
Peregrinò gentil, pisò ceñido *279,14*
Ceñido que sus orbes dos de zonas. *318,248*
Laurel ceñido, pues, deuidamente, *337,5*
Ceñir *1*
Muertas podeis ceñir qualquiera frente, *46,4*
Ceñirà *1*
Canoro ceñirà muro animado. *289,8*
Ceñirse *1*
para ceñirse de mi? *229,1187*
Cenith *3*
mira al Sol en su Cenith *229,2427*
El Cenith escalò, plumas vestido, *264,138*
Cenith ia de la turba fugitiua. *264,909*
Ceniza *15*
Su fuego en ceniza, *79,103*
Que ceniza harà la vida mia. *101,11*
le pusiera la ceniza! *229,2759*

Campo amanezca esteril de ceniza *263,657*
Esta que le fiarè ceniza breue, *264,170*
Del Pyrineo la ceniza verde, *264,759*
Que ha conuertido en ceniza *269,1584*
No encaneciò igual ceniza, *275,69*
Vn Miercoles de Ceniza, *288,13*
Esplendor mucho, si ceniza poca, *312,10*
Lo materno que en el ceniza fria *318,589*
La fulminada ceniza *319,9*
Dio ceniza. Ô cielo injusto! *322,310*
En el palor beuiò de la ceniza, *368,40*
La pobre ceniza mia. *416,10*

Cenizas *17*
I que aquel cuias cenizas *63,81*
Darà a tus cenizas *103,71*
Es oi entre cenizas vn gusano, *135,10*
Offrece el mar las cenizas *179,31*
Las cenizas de Troia, *229,293*
no eres cenizas ligeras. *229,1491*
Desnudos huessos, i cenizas frias, *253,6*
Mariposa en cenizas desatada. *263,89*
Las cenizas del dia. *263,392*
Sus miembros en cenizas desatados *263,685*
Sus cenizas alli tienen reposo, *271,3*
A las heroicas ia cenizas santas *314,11*
Que en cenizas te pienso ver surcado *318,383*
Llegò pisando cenizas *322,357*
Aljofar sus cenizas de la ierba. *380,11*
Cenizas la harà, si abrasa el humo. *392,14*
I cuna alegre en sus cenizas breues. *457,14*

Ceño *3*
Solo a representarme el graue ceño *44,6*
Accusa al aire con ceño. *215,56*
Con ceño dulce i con silencio afable, *263,725*

Censuras *1*
Que censuras i rigores *190,6*

Centauro *2*
Centauro ia espumoso el Occéàno, *264,10*
Camisa del Centauro fue su vida, *280,29*

Centellas *15*
I de centellas coronado el rio, *109,3*
Centellas de agua en sus ojos, *116,3*
Despidiendo està centellas *122,45*
Centellas de agua. Ô piedad, *131,35*
que centellas assegura *229,1145*
Centellas para mi son, *229,1676*
(Luzes brillando aquel, este centellas), *246,2*
Poluo el cabello, humidas centellas, *261,187*
Centellas saca de crystal vndoso *263,578*
Calle, que centellas puras *269,1014*
Con flores vio i con centellas *275,22*
la centellas de sangre con la espuela *318,59*
Engasta en el mejor metal centellas; *318,476*
Con las centellas del alma *332,19*
Centellas sin esplendor *377,10*

Centinela *2*
i centinela perdida. *229,945*
Hecha norte i centinela; *496,14*

Cento *1*
Cento scuti? Di oro in oro; *269,621*

Centro *4*
Ambos se van a su centro, *9,15*
que me diste. El centro se abra *229,3248*
Centro apazible vn circulo espacioso *263,573*
Este pues centro era *263,580*

Centurio *1*
Acatharrar vn Centurio *322,460*

Cepa *1*
Que en dos viñas a vna cepa *275,98*

Cepheo *1*
Con las prendas baxàran de Cepheo *264,622*

Cepo *1*
Como cepo vuestra boca. *411,28*

Ceptro *1*
Ceptro superîòr, fuerça súàue *318,145*

Cequies *1*
Quisiera mas cien cequies. *423,16*

Cera *40*
Que al llanto i al suspiro fue de cera. *18,14*
Que no fuera figura al sol de cera, *34,12*
I al noble ardor desatese la cera; *45,11*
Se echan a culpas de cera *63,63*
O qual la blanda cera desatados *72,14*
Fue despues cera, i si acero, *82,95*
I el panal es cera nueua. *159,50*
Sino en cera, que es peor. *161,116*
Es amarilla la cera, *161,117*
Cera, que la menor gota *187,3*
Traeis en las calças cera, *187,6*
En oro engasta, que al romperlo es cera. *203,66*
o vn cuchillo de cera. *229,335*
De cera soi. Tu de cera? *229,1148*
De cera soi. Tu de cera? *229,1148*
Cera, que de el Sol en breve *229,1152*
huie, no es cera mui mala, *229,1153*
palabras de cera? Si. *229,1157*
offrezco de blanca cera *229,3414*
No des mas cera al Sol, que es boberia, *234,9*
En poca cera tus plumas. *236,4*
Hacha en lagrimas de cera, *237,6*
Cera i cañamo vniò, que no debiera, *261,89*
De mas echos que vniò cañamo i cera *261,91*
Dulcissimo panal, a cuia cera *261,207*
A los Albogues que aggregò la cera, *261,347*
Fauor de cera alado. *263,133*
Imitador súàue de la cera *263,874*
Agradezcote esa cera, *269,321*
A manquitos, que de cera *269,1548*
Quien alas de cera viste, *284,3*
Que dirè a cera tan loca *284,11*
Quien alas de cera viste, *284,15*
De flores ia súàue, ahora cera, *318,242*
Alas de cera. Es mejor *332,6*
Volando en cera atreuido *357,19*
La cera del demandado *407,9*
Cera gasta de Lebante *413,12*
Cera alumbre de Venecia, *413,16*
Agena inuidia mas que propria cera, *434,13*

Ceras *1*
De las frustadas ceras alimenta; *318,156*

Cerca *5*
Viendo tan cerca la causa, *9,22*
Porque mas cerca muriese, *57,50*
Pero no mui cerca, *79,86*
que era bien cerca de alli. *229,2281*
Quando cerca de aquel peinado escollo *264,500*

Cercado *4*
A aquel del cercado ageno *102,27*

Cercado es, quanto mas capaz mas lleno, *261,73*
En cercado vezino, *263,635*
Dese breue cercado, *281,27*

Cercanas *1*
Que parientas de el nouio aun mas cercanas *263,620*

Cercos *1*
De dos peligrosos cercos; *49,20*

Cerda *3*
A la bellissima Cerda, *121,51*
De la Cerda immortal mortal anzuelo. *174,14*
Su apellido dio la CERDA *177,33*

Cerdas *10*
Dèstas cerdas el silicio! *121,60*
Ia que ha engomado las cerdas, *161,63*
De cerdas, si ya no son *178,33*
con las cerdas de vn rocin, *229,302*
Mentir cerdas, zeloso espumar diente. *264,583*
Cerdas Marte se ha vestido *267,4*
Hechos cedazos de cerdas. *275,104*
Mintiendo cerdas en su quinta esphera. *359,8*
Vn cilicio de cerdas ordinario; *450,6*
Cerdas rascays al violin, *478,7*

Cerdoso *3*
Vn cerdoso animal fiero, *215,6*
Si no el cerdoso ribal *358,26*
Del jauali cerdoso el fiero diente; *499,103*

Cerdosos *1*
Cerdosos brutos mata, *415,9*

Cerdosso *1*
Del jabali cerdosso *103,31*

Cereças *1*
que conuide a sus cereças *229,2468*

Ceremonia *4*
La lisonja hallè i la ceremonia *150,9*
Con mayor ceremonia o mas asseo. *229,42*
Ceremonia profana *263,119*
Ô ceremonia gentil! *269,1369*

Ceremonias *3*
Oy con deuotas ceremonias baña *77,4*
I ceremonias maiores *93,30*
Sentados pues sin ceremonias, ellas *264,346*

Ceremonîòsamente *1*
Tan ceremonîòsamente viue, *203,100*

Ceres *6*
A sus campañas Ceres no perdona, *261,142*
Lo que a Ceres, i aun mas, su vega llana; *261,146*
De la tostada Ceres. Esta ahora *263,775*
Mientras casero lino Ceres tanta *263,861*
Que quando Ceres mas dora la tierra *263,1028*
A quanta Ceres inundò vezina, *318,175*

Cernada *1*
de cernada, i a buen son, *229,2758*

Cernejas *1*
I por sus cernejas fuerte, *57,8*

Cernicalos *2*
Cernicalos de vñas prietas. *62,48*
Cernicalos de vñas negras *228,17*

Cernido *1*
Sin aureolas cernido; *89,16*

Cerote *1*
Nobilissimo cerote, *107,54*

Cerquita *2*

Que cerquita està el lugar. *226,114*
Que cerquita està el lugar. *226,124*
Cerrada *2*
por esta voca cerrada. *229,3549*
Prission tan cerrada al fin, *243,14*
Cerrado *4*
Cerrado de encias; *65,28*
Que en su tiempo (cerrado el templo a Jano, *162,12*
I que houeras cerrò vn cerrado puño. *313,40*
Que nunca fuera cerrado. *406,10*
Cerrados *4*
Cerrados los ojos, vee *213,19*
Lo que he visto a ojos cerrados *322,189*
Que cerrados, es, los ojos *354,15*
A ojos io cerrados, tenue o gruesa, *397,3*
Cerrar *2*
Al cerrar la claue, si *243,22*
Cerrar con otro vagage? *269,630*
Cerraron *1*
Cerraron, pues, las dos haces, *354,13*
Cerrera *1*
Cerrera, luciente hija *268,7*
Cerro *12*
La aspereça de ese cerro, *87,22*
De su alqueria, i al fragoso cerro *165,6*
de este antiguo cerro noble, *229,457*
No ia este cerro hojaldrado, *229,694*
Ese cerro gentil, al voto mio *229,2158*
De cerro en cerro i sombra en sombra iace. *261,170*
De cerro en cerro i sombra en sombra iace. *261,170*
La fiera, cuio cerro leuantado *261,427*
Si Promontorio no, vn cerro eleuado, *264,303*
Por el peinado cerro a la campaña, *264,827*
Al cerro baxa, cuios leuantados *315,17*
De aquel peinado cerro en la ladera. *499,119*
Cerrò *2*
I que houeras cerrò vn cerrado puño. *313,40*
Las puertas le cerrò de la Latina *434,5*
Cerros *4*
Al jauali en cuios cerros *178,31*
Que en duda pone a los cerros *215,22*
Los cerros desparezco leuantados, *261,387*
Que si precipitados no los cerros, *263,224*
Certa *1*
Mentira branca certa prima mia *430,10*
Certeza *1*
De cosa puede prometer certeza, *99,2*
Certifico *3*
Gracioso està el balcon, io os certifico; *201,5*
las paces oi certifico *229,276*
I io que lo certifico. *269,1173*
Ceruantes *5*
Castillo de Sant Ceruantes, *87,1*
Que tienes tu de Ceruantes, *87,43*
Es sanct Ceruantes, que su capa ha puesto *229,2220*
i que a San Ceruantes puede *229,3378*
Por lo Ceruantes malquisto. *269,340*
Ceruatana *1*
La ceruatana de el gusto. *322,68*
Ceruices *1*

De el iugo aun no domadas las ceruices, *263,848*
Ceruin *1*
ser de Isabela Ceruin. *229,2473*
Ceruiz *5*
Cuia ceruiz assi desprecia el iugo, *53,13*
Tu ceruiz pisa dura; i la pastora *146,9*
i de vna ceruiz tendida *229,1438*
La ceruiz opprimiò a vna roca braua, *261,342*
Quien la ceruiz opprime *263,297*
Cerulea *3*
Cerulea tumba fria, *263,391*
Cerulea ahora, ia purpurea guia *263,1071*
Estrellas su cerulea piel al dia, *264,819*
Ceruleas *2*
Marino jouen, las ceruleas sienes *261,121*
Las que siempre darà ceruleas señas), *263,363*
Cesar *2*
De aquel Cesar nouel la Augusta historia, *40,2*
Veràs, Cancion, del Cesar Africano *230,86*
Cesares *1*
O Cesares o Alexandros. *96,144*
Cesped *2*
Sobre el de grama cesped no desnudo, *262,29*
Que de cesped ia blando, *264,889*
Cespedes *1*
Cespedes, de las ouas mal atados. *264,970*
Cessacio *1*
que mi amor pondrà el cessacio. *229,1473*
Cesse *1*
Cesse tan necio diluuio, *27,22*
Cesta *1*
La cesta que para mi *223,2*
Cetrera *1*
Atento, a quien doctrina ia cetrera *264,944*
Cetreria *2*
Quanto la generosa cetreria, *264,737*
I de su generosa cetreria; *499,57*
Ceua *3*
Mientras francolines ceua, *122,58*
Luego que en el rio se ceua. *159,40*
Insidia ceua alada, *264,739*
Ceuada *2*
Ia que no ai ceuada, ai ocio, *96,87*
La ceuada por puñados, *96,146*
Ceuado *1*
Ceuado vos los ojos de pintura, *164,12*
Ceuados *1*
En la memoria ceuados, *329,5*
Ceuando *1*
Ceuando estaua, a las orlas *333,57*
Ceuar *1*
Ceuar suele, a priuanças importuna. *219,13*
Ceuarse *2*
Tan solicito en ceuarse *96,67*
I al ceuarse en el complice ligero *264,478*
Ceuase *1*
Ceuase, i fiero dexa humedecido *261,173*
Ceuta *1*
I en Ceuta dèl Portugues. *78,8*
Ceuti *2*
I en mi bolsa ni vn ceuti. *111,24*
Vn ceuti, aunque sea limon. *227,20*
Chachos *1*
De chachos o de codillos. *334,92*

Chacon *1*
Si la gloria de Chacon *121,41*
Chacona *1*
Brujuléa a vna chacona, *167,22*
Chamelote *1*
Ia de aguado chamelote. *107,4*
Chancilleria *1*
I de tu Chancilleria *63,53*
Chapin *7*
En la plata dèl chapin! *121,30*
la suela de mi chapin, *229,1656*
corona vuestro chapin? *229,2369*
inuidia de mi chapin. *229,2681*
de mi chapin i sus sienes! *229,2703*
Que cruxir haga el chapin? *269,740*
Que el chapin me niega el pie, *269,1356*
Chapines *1*
Pocos años en chapines, *148,31*
Chara *2*
I tu, ô gran Madre, de tus hijos chara, *77,69*
Si ia espada no es su amistad chara, *229,1946*
Charco *2*
Que aier me mirè en vn charco, *28,82*
Al charco de los atunes, *75,2*
Charcos *1*
No borre, no, mas charcos. Zabullios. *431,14*
Charidad *1*
Que rubi en charidad, en fe diamante, *247,13*
Charidades *4*
Charidades escusadas, *227,25*
Charidades escusadas, *227,35*
Charidades escusadas, *227,45*
Charidades escusadas, *227,55*
Charissimo *1*
Charissimo en Christo hermano. *408,10*
Charitatiua *1*
Zelante i charitatiua, *275,29*
Charla *1*
Que vna moça que bien charla, *493,13*
Charo *1*
Ô bella hermana de mi amigo charo! *229,25*
Chauarrias *1*
Gracias a los Chauarrias; *74,62*
Che *1*
Quel Dio non vuol, che col suo strale sprona *118,10*
Cheiros *1*
De los cheiros de la algalia, *204,48*
Chelidro *1*
De el chelidro, que mas el Sol calienta, *318,154*
Chequetilio *1*
Califa, vos chequetilio. *305,17*
Cherela *1*
El Conde mi señor se fue a Cherela *367,1*
Cheriba *1*
—Cheriba vn ochabo de oro, *124,3*
Cheriua *1*
No es eso lo que cheriua *229,1919*
Chero *2*
—Serle chero sanguisuela, *124,21*
Ñuflos, i reñuflos chero. *269,746*
Cherubicos *1*
En hombros, pues, cherubicos, Maria *315,15*
Chica *1*
Me lo enseñò desde chica. *124,26*

Chicha *1*
Vn poco de manà en chicha. *269,2004*
Chichumecos *1*
Quatro amigos chichumecos. *58,8*
Chico *4*
No sean grandes, que al mas chico *269,1658*
Es relampago chico: no me ciega. *458,6*
Sin que ni al grande ni al chico *493,2*
Por el interes mas chico: *493,29*
Chicoria *1*
Con quatro onças de agua de chicoria *71,10*
Chillemola *1*
Chillemola. Ai, que crabela! *207,35*
Chimenea *1*
Chimenea en Verano *50,107*
Chimenencia *1*
Humos reconocì en su chimenencia *452,5*
Chiminea *1*
No mas, no, borcegui ni chiminea; *397,9*
China *4*
Al tomar la china *50,71*
Ioias de la China. *65,128*
Labrò costoso el Persa, estraño el China, *77,25*
Que se concediò a la China. *265,10*
Chinas *1*
Chinas por el suelo, *50,68*
Chinches *1*
De chinches i de mulas voi comido; *200,1*
Chinchon *1*
Al de Chinchon si ahora, i el Inuierno *154,13*
Chipre *1*
de Chipre, con tal decoro, *229,2679*
Chipriota *1*
Sangriento Chipriota, aunque nacido *264,751*
Chiribica *5*
Que chiribica? *124,2*
Que chiribica? *124,12*
Que chiribica? *124,20*
Que chiribica? *124,28*
Que chiribica? *124,36*
Chirimia *1*
Vna chirimia; *65,176*
Chirimista *1*
La señora chirimista. *207,28*
Chirios *1*
Apoto chirios i mu". *269,1911*
Chiron *2*
De Chiron no viforme exercitado, *280,35*
De Chiron no biforme aprende luego *318,63*
Chiton *1*
Chiton, que esta no es, amiga, *269,1104*
Choça *8*
De choça i apero *8,14*
Pastor que vna Granada es vuestra choça, *231,5*
Barbara choça es, aluergue vmbrio, *261,44*
Raiò el verde obelisco de la choça. *263,181*
Quanto a la choça pastoral perdona *263,937*
Pobre choça de redes impedida, *264,672*
Fragil choça, albergue ciego, *352,14*
Choça que abrigue ia los años mios, *454,7*
Choças *2*
La vista de las choças fin del canto. *264,189*
Dos son las choças, pobre su artificio, *264,200*
Chochos *1*
Chochos i garbanços *5,27*

Cholla *1*
Que vn dia sacò la cholla, *149,58*
Chopo *6*
Sobre el chopo de la fuente, *7,29*
Dò el Zephyro al blando chopo *63,169*
Ni blanco chopo sin mote; *131,122*
Chopo gallardo, cuio liso tronco *263,697*
Que impide Amor que aun otro chopo lea. *263,700*
Vn blanco sublime chopo *357,38*
Chopos *5*
Fresnos, chopos, montes, valles, *131,133*
De chopos calle i de alamos carrera, *263,535*
Seis chopos de seis iedras abraçados, *264,328*
Neuò el Maio a pesar de los seis chopos. *264,336*
Hojas de inciertos chopos el neuado *289,1*
Chora *1*
Se chora o menin IESV. *308,16*
Choro *21*
En el choro de mi aldea *26,11*
Blanco choro de Naiades lasciuas *46,6*
Ardiente morador de el sacro choro, *53,9*
A ti, el mas rubio Dios dèl alto choro, *60,5*
En el choro de Dîana, *115,13*
No es blanco choro de Nymphas *144,5*
De las Nymphas el choro, i su concento *166,40*
Corbo honor dèl casto choro, *177,35*
Milagroso sepulchro, mudo choro *180,12*
(Modernas Musas del Aonio choro), *203,44*
Dirige al cielo España en dulce choro *230,36*
Este pues docto enxambre i dulce choro. *256,9*
Dexa las ondas, dexa el rubio choro *261,369*
Gloria maior de el soberano choro. *263,809*
De el choro vergonçoso, *264,243*
De mis hijas oiràs, ambiguo choro *264,422*
Verde, no mudo choro *264,720*
Del choro virginal, gemido alterno *280,53*
Armonîòsas lagrimas al choro *291,7*
Concentùòso choro diligente, *315,13*
Mientras el culto de las Musas choro *318,447*
Choronista *1*
Mordaça de vn choronista. *168,14*
Choros *14*
choros texia en las seluas *229,526*
Sus Nymphas choros, i sus Faunos danças. *231,14*
Choros texiendo estès, escucha vn dia *261,383*
Choros texiendo, vozes alternando, *263,540*
Instrumentos, no, en dos festiuos choros *263,752*
En regulados choros, que termina *318,451*
Alegres choros de Nymphas *353,31*
Choros alternando i çambras *355,21*
En quantos ia tegiò choros, Belisa, *365,3*
Alternen gracias los choros, *388,31*
Tañen en choros, tañen *414,29*
De los celestiales choros *414,34*
Tañen en choros, tañen *414,38*
Tañen en choros, tañen, *414,47*
Choton *1*
— Choton, no loiga el cochilio *305,18*
Choza *3*
La choza, bien como auejas, *131,83*
Choza pues, thalamo i lecho, *131,129*

La vasera de su choza; *149,4*
Chozas *1*
Pastores, perros, chozas i ganados *108,12*
Chrismas *1*
Sepulchro de nuestras chrismas; *74,68*
Christa *1*
Mañana sà Corpus Christa, *207,1*
Christalîàn *1*
I aun don Christalîàn mintiò fineças. *254,11*
Christalino *1*
La saeta en el ayre christalino *470,5*
Christiana *2*
Con su Christiana Bellona *63,103*
Clarin es dulce de la paz Christiana. *229,2193*
Christianas *1*
Contra las Christianas cruces *39,7*
Christianissimo *1*
I al Iouen Christianissimo, con ellos! *421,36*
Christiano *8*
Contemple qualquier Christiano *73,17*
Como Christiano Hamete. *88,36*
Que se dà todo al Christiano. *209,15*
de Christiano en carne i huesso, *229,1194*
Raio militar Christiano, *240,4*
De christiano valor si, de fe ardiente, *364,13*
Como padre christiano i caballero, *446,6*
Vender el vino christiano, *495,46*
Christianò *1*
Pues Christianò luego al Moro, *240,6*
Christianos *4*
De Christianos Caualleros; *49,16*
Nuestros Christianos Maestres *63,151*
Que a los Christianos ojos, (no sin arte), *72,64*
I humildes Christianos mate. *110,52*
Christo *4*
Lo que a Iesu Christo plugo; *27,12*
El gran Sepulchro que mereciò a CHRISTO; *77,64*
Mil cieruos de Iesu Christo. *89,44*
Charissimo en Christo hermano. *408,10*
Chronographos *1*
(De Chronographos me atengo *322,495*
Chrysolitos *1*
Ponian de chrysolitos lucientes, *264,680*
Chrystales *1*
Por no verse en sus chrystales, *357,75*
Chupa *4*
Las dos ojas le chupa carmesies. *261,332*
La menor onda chupa al menor hilo. *263,41*
Nectar le chupa Hibleo. *263,804*
Alicante nos chupa; io he engordado. *462,8*
Chupamadera *1*
I esotra chupamadera? *207,27*
Chupando *1*
Su medula chupando està luciente. *298,39*
Chupar *3*
Sabràs chupar, Isabela. *124,24*
A libar flores i a chupar crystales, *263,325*
Que a chupar mas valen *494,25*
Chupatismo *1*
Bien te deue el chupatismo *269,956*
Chupatiuo *1*
Dulce, pero chupatiuo, *269,457*
Chuzo *1*
Encarnar Cupido vn chuzo, *322,122*

Chypre *1*
Quando en el sitio de Chypre, *74,73*
Cibeles *1*
Cibeles, coronada de altos muros! *318,556*
Cid *7*
No las hazañas dèl Cid, *81,3*
Para los hechos del Cid. *82,124*
Soi vn Cid en quitar capas, *111,49*
Perdoneme el señor Cid: *111,50*
No os diremos, como al Cid *121,1*
mas victorioso que el Cid, *229,2455*
Sea del Cid Campeador; *413,24*
Ciega *13*
En lo que alumbra el Sol, la noche ciega, *77,71*
I vna ciega con dos Soles. *131,68*
Hermosas Damas, si la passion ciega *138,1*
Que loquilla està vna ciega! *229,2698*
Lo que ciega vn regocijo! *229,2953*
Linterna es ciega i atalaia muda. *261,344*
I ciega vn rio sigue, que luciente, *263,198*
Sorda a mis vozes pues, ciega a mi llanto,
    264,465
Sin luz, no siempre ciega, *264,740*
Concepcion limpia, donde ciega ignora *270,3*
Que en los crepusculos ciega *357,59*
Mas temeraria, fatalmente ciega, *392,2*
Es relampago chico: no me ciega. *458,6*
Ciegas *2*
porque estas ciegas passiones, *229,601*
Redimiendo ciegas luces, *355,51*
Ciego *52*
Ciego que apuntas, i atinas, *2,1*
Podeis de vn ciego sacar? *2,24*
O io, (que es lo mas cierto), sordo i ciego.
    14,14
Yo pues, ciego i turbado, *25,25*
Que a vn ciego en la Corte *56,49*
Si vn niño ciego le uence, *61,25*
Castillo, si no estoi ciego, *87,10*
Entrè a seruir a vn ciego, que me enuia. *101,9*
En la vengança que tomò del ciego! *101,14*
Que amor ciego, *116,26*
Que Amor ciego, *116,41*
Que Amor ciego, *116,56*
I mire el daño ciego; *129,33*
Quando el ciego Dios *144,58*
Culpa de vn Dios que, aunque ciego, *149,29*
Busquè la Corte en el, i io estoi ciego, *150,5*
Hurtalle el estilo a vn ciego. *158,24*
No es ciego, aunque es flechador, *178,5*
I gato de doblones, no Amor ciego, *181,10*
Ciego, pues no te vee, *193,8*
Al traues diera vn marinero ciego, *218,2*
Ciego dos vezes para mi es Cupido. *229,6*
los ojos del niño ciego, *229,975*
Ciego Dios, si a alguna diste *229,1975*
que ojos le ha dado vn ciego, *229,1983*
Emula vana. El ciego Dios se enoja *261,110*
Que en sus Palladiones, Amor ciego, *261,295*
Quando, de Amor el fiero jaian ciego, *261,341*
El veneno del discurso ingeñioso *264,633*
Ciego nieto de la espuma, *287,79*
De quantas os clauò flechas el ciego *292,5*
Qual dareis, ingrato i ciego *304,25*
Niño i Dios, pero no ciego, *307,2*

Niño i Dios, pero no ciego, *307,15*
Niño i Dios, pero no ciego, *307,28*
Con la venda del ciego *313,18*
Ciego de aquel que espera *313,30*
Purpureos ojos dando al ayre ciego, *318,491*
De ciego, en la que le ata *322,207*
Arbol los quenta sordo, tronco, ciego; *343,13*
Fragil choça, albergue ciego, *352,14*
Aun mas Cupido que el ciego, *354,16*
Ciego le fies el mejor sentido: *368,16*
I el hombre, no.   Ciego discurso humano!
    393,11
Aojada aier de vn ciego, *418,20*
Lugar te da sublime el vulgo ciego, *426,1*
Prestadselos vn rato a mi ojo ciego, *427,12*
I con mil Soliloquios solo vn ciego: *432,4*
Pedante gofo, que, de passion ciego, *434,7*
I otro dos vezes que el no menos ciego; *442,11*
Cojo, ciego, i corcouado, *491,2*
Que me estrañais? Alado soi i ciego, *499,13*
Ciegos *10*
I das vista a ciegos. *50,36*
Que en nudos ciegos los tienen, *59,22*
Queden, como de fee, de vista de ciegos. *72,17*
Mas ciegos sean vuestros nudos *116,25*
Mas ciegos sean vuestros nudos *116,40*
Mas ciegos sean vuestros nudos *116,55*
Como es dinero de ciegos, *122,19*
Como es ia mejor Cuenca para ciegos, *201,13*
Que aun los mas ciegos las ven. *212,20*
Baculo a ciegos, Norte a nauegantes. *447,14*
Ciel *1*
Fiamma dal ciel su le tue trezze pioua! *72,51*
Cielo *116*
Los suspiros por el cielo *9,7*
Por el cielo seremos conuertidos, *12,13*
Que la que illustra el cielo en luces nueue.
    15,14
Si el cielo ia no es menos poderoso, *20,12*
Assi cubra de oi mas cielo sereno *30,5*
De ardientes llamas vistes en el cielo, *32,8*
Gracias doi al cielo *50,2*
Que priuilegia el cielo i dora el dia! *51,6*
Que el cielo pinta de cient mil colores; *52,11*
Que se los diò el cielo dados, *55,9*
Quando el enemigo cielo *75,13*
No dexa estrella en el cielo *75,63*
I el cielo por gigantes mas crüeles. *76,4*
Iuntas con lo que tu en el cielo vales, *77,54*
I el cielo conuiertan *79,50*
En el cielo no ai postigo; *105,43*
I arrebatado a su cielo, *106,14*
De vando contra el cielo conjurado. *112,8*
Penetras el abysmo, el cielo escalas; *120,21*
Dèste cielo, la primera *121,22*
Que en puntas corona el cielo *121,39*
I al cielo las estrellas raio a raio. *129,27*
Quando el cielo la socorre *131,46*
El cielo os guarde, si puede, *131,135*
Al cielo de tanto bien, *132,46*
Dèl Cielo, con razon, pues nasci en ella; *136,2*
En breue espacio de cielo. *143,4*
Del color visten de el cielo, *144,23*
I al punto el cielo se escombra, *149,84*
Arcos del cielo, o proprios o imitados; *155,8*

Purgando el aire i aplacando el Cielo. *156,12*
I las que el cielo nos fia *158,45*
Las paxaritas del cielo. *167,90*
A mas os tiene el cielo destinado. *171,4*
Dan luz al mundo, quitan luz al cielo, *174,10*
Darà el ser arco dèl cielo. *177,40*
Cielo de cuerpos, vestûario de almas. *180,14*
Truena el cielo, i al momento *187,1*
Fuego llouiò el cielo airado, *211,10*
En los Saphyros dèl cielo, *215,4*
Mezclò el cielo vn encarnado *228,134*
Tales, que abreuia el cielo *229,20*
ni aun la machina del cielo *229,114*
a lo que al Cielo le plugo, *229,175*
i al cielo sus ojos soles. *229,515*
quando el cielo desnudò *229,544*
porque el cielo permittiò *229,566*
o aquellos aparta el cielo, *229,882*
Pisallos io? El cielo santo *229,1599*
Cielo injusto! Amor crüèl! *229,1666*
Muchas gracias doi al cielo *229,1669*
Dorar estrellas salpicando el cielo, *229,1938*
i al cielo de tal esposa. *229,2040*
Corona Imperîâl que, al cielo grata, *229,2155*
Que edificio es aquel que admira al cielo?
    229,2210
que de cielo vn seraphin. *229,2297*
Libreme el cielo de ti. *229,2331*
en el cielo". Ella, vn brasil *229,2373*
o el cielo me sea enemigo, *229,2692*
o fauorezcame el cielo; *229,2693*
Es verdad. Al cielo vuela *229,3256*
si es tan cielo el de la estrella *229,3324*
como el cielo de la Luna. *229,3325*
Fuego descienda del cielo *229,3396*
que el cielo no lo consiente *229,3456*
Dirige al cielo España en dulce choro *230,36*
En el crystalino cielo *239,14*
Matarà el Toro del cielo. *241,10*
Ganando pues cielo a dedos *243,45*
Latiendo el can del cielo estaua, quando,
    261,186
Quando en el cielo vn ojo se veia: *261,422*
O al cielo humano o al Cyclope celeste.
    261,424
Gigantes de crystal los teme el cielo; *262,8*
Luciente honor del cielo, *263,5*
Arco alado es del cielo, *263,463*
I el cielo con el poluo. Enxugò el viejo *263,513*
En el papel diaphano del cielo *263,610*
El cielo, fulminando la floresta. *263,938*
De el cielo espumas i de el mar estrellas.
    264,215
A la que, imagen decima del cielo, *264,306*
Las que el cielo mercedes *264,570*
Del carro pereçoso, honor del cielo; *264,617*
Tan vezino a su cielo *264,804*
En quanto ojos del cielo. *264,901*
De el toro que pisa el cielo. *268,8*
Casilda, bien sabe el cielo *269,324*
Mas que tiene el cielo estrellas. *269,912*
Las cataractas del cielo *269,1036*
Que los faroles del cielo *269,1160*
Me leuantaron oi a vuestro cielo, *269,1239*
Su cielo darà vna voz, *269,1334*

Que es cielo i sabrà tronar, *269,1335*
Hasta que el Argos del cielo *269,1652*
Saluados le dan al cielo, *275,103*
Con que el cielo acquistò, si admirò el mundo. *279,3*
Con mano administrar al cielo grata, *290,6*
De el cielo la hareis tercero estrella, *292,13*
Tres viôlas del cielo, *297,1*
Aun con el toro del cielo *304,15*
De el cielo flor, estrella de Medina. *318,112*
Eleccion grata al cielo aun en la cuna, *318,151*
Cuio candor en mejor cielo ahora *318,287*
Que a su virtud de el Cielo fue Medina *318,403*
Musico al Cielo, i a las seluas mudo. *318,408*
Te niega el Cielo, que desquicia a Iano. *318,560*
Dio ceniza. Ô cielo injusto! *322,310*
La segunda Deidad de el tercer cielo: *340,11*
De Paranimphos de el cielo. *352,20*
Si no vbiera, Señor, jurado el cielo *402,2*
Querrà el Amor, querrà el cielo, que quando *403,10*
Pisando pompas quien del mejor Cielo *404,41*
Que mucho ia, si el cielo, *421,64*
"Sabe el cielo, Valdes, si me ha pesado *462,1*
Lleguè a vuestro palacio. El cielo sabe *465,2*
Palido sol en cielo encapotado, *476,1*
Ser llamado arco del cielo, *499,283*

Cielos *14*
Hermosa como los cielos, *87,54*
Que a los cielos hizieron fuerça, aquella *112,10*
Que los cielos padecen fuerça santa. *112,11*
De torres conuecinas a los cielos, *195,2*
se salieron. Cielos santos, *229,3484*
I en los cielos, desde esta roca, puedo *261,415*
Al concauo ajustando de los cielos *263,99*
O el sudor de los cielos, quando liba *264,296*
Son poco papel los cielos. *269,210*
El color de los cielos turquesado; *279,21*
Carbunclo ia en los cielos engastado *315,54*
Vna voz dieron los cielos, *331,10*
Lisongera a los cielos o sañuda *338,5*
Cielos trasladan los vientos, *414,43*

Cien *19*
Con cien mil delictos. *8,26*
Entre cien gallinas; *65,48*
Soldado por cien mil partes, *74,3*
Municion de cien mil tiros, *89,34*
I aunque sea de cien años, *93,10*
Cien escudos son la ruda. *102,20*
Cien pieças, que aunque de Olanda *240,13*
Para el Zierço espirante por cien bocas *263,450*
Cien escudos de oro fino *269,196*
Cien escudos han de ser? *269,241*
Cien años estè de vn lado. *269,242*
Cien vezinos del Perù. *269,375*
Cien escudos ha tocado. *269,600*
Ponelle los cien escudos, *269,910*
A cien passos el solar. *288,48*
Cien réales, i perdona. *423,14*
Quisiera mas cien cequies. *423,16*
Con la Estrella de Venus cien rapazes, *432,3*
Que vn saltarelo, o que cien mil halcones? *449,4*

Ciencia *2*

Aian tu ciencia ostentado *407,8*
Assi con tu sabia ciencia *487,3*

Cient *39*
Cient mil sauandijas *11,11*
Tenia cient mil disputas. *26,48*
Los suspendia cient mil veces. Tanto *33,13*
Cient mil nauales tragedias, *38,12*
Que tiene otros cient mil dentro del pecho, *41,3*
Cient mil veces, i de Andujar *49,99*
Que el cielo pinta de cient mil colores; *52,11*
Capitan de cient ginetes. *57,12*
Cient Fernandos i Isabeles *81,34*
En cient monedas de oro *81,35*
No vna vez, sino cient mil, *82,10*
Entre mas de cient mil blancas, *82,55*
Han dado cient trepas, *160,10*
Cient mil ligerezas. *160,98*
Cient vezes le fleche al dia, *177,19*
Por cient escudos la mitad del lecho; *181,4*
Que leña i plumas gasta, cient harpones *181,11*
Arimandole al trato cient cañones? *181,14*
que, en los cient años que os pido, *229,111*
le offrecerà cient Violantes. *229,285*
Io le puse: "cient azotes". *229,1239*
digo vno i cient jardines; *229,2053*
con cient puntos en su cara! *229,2705*
Cient cañas, cuio barbaro rúido, *261,90*
En cient aues cient picos de rubies, *263,316*
En cient aues cient picos de rubies, *263,316*
Concertôla en cient ducados, *269,789*
Que cient marauedis son; *269,790*
Cient escudos me pidiò *269,812*
Vas a sacar cient ducados? *269,880*
Cient laureles i vna palma. *269,957*
Cient ducados, que me presta *269,1076*
Los cient escudos os pido, *269,1379*
Que dandoos los cient ducados *269,1394*
Para lo qual cient ducados, *269,1448*
A cient alados clarines. *300,8*
No fue nada: a cient lexias *322,309*
Donde cient flechas cosen vn venado? *336,11*
Cient enfermos a esta hora *405,3*

Ciento *45*
Los doblones ciento a ciento, *6,116*
Los doblones ciento a ciento, *6,116*
Que hazen de vna paja ciento, *96,151*
Mi inuidia ciento a ciento *129,22*
Mi inuidia ciento a ciento *129,22*
Claro dos vezes otras, i otras ciento *164,3*
Por tener heridas ciento. *177,20*
Los blancos lilios que de ciento en ciento, *198,1*
Los blancos lilios que de ciento en ciento, *198,1*
Lagrimas de ciento en ciento *204,27*
Lagrimas de ciento en ciento *204,27*
Pues vn loco ciento hace. *216,20*
Sed mi huesped años ciento, *229,110*
sino ciento he de affirmallo. *229,3203*
Oi balsamo espirantes cuelga ciento *230,67*
Prudente pauon oi con ojos ciento, *246,13*
Su piel manchada de colores ciento: *261,68*
Purpureos troncos de corales ciento, *261,380*
El que de cabras fue dos vezes ciento *263,153*

Rompieron los que armò de plumas ciento *263,423*
Que quatro vezes auia sido ciento *263,470*
Los fuegos, (cuias lenguas ciento a ciento *263,680*
Los fuegos, (cuias lenguas ciento a ciento *263,680*
Si de çampoñas ciento *263,750*
La nouia sale de villanas ciento *263,946*
A quien hilos el Sol tributò ciento *264,67*
Tres o quatro, dessean para ciento, *264,310*
Prodigîosos moradores ciento *264,471*
Diez a diez se calaron, ciento a ciento, *264,895*
Diez a diez se calaron, ciento a ciento, *264,895*
Ciento i mas ha menester. *269,245*
Con vn hombre de años ciento? *269,283*
(Si no digo ciento i veinte *269,1685*
Que acudiò a ciento por vno *275,3*
Requiriendo a fojas ciento *288,39*
Ara del Sol edades ciento, ahora *298,31*
Sus escudos mas de ciento *299,7*
Que ciento illustran ojos celestiales *315,75*
Industrîosa vnion, que ciento a ciento *324,2*
Industrîosa vnion, que ciento a ciento *324,2*
I auiendoos dicho ia ciento *348,6*
Tierras interpuestas ciento *384,21*
Lamiendo escollos ciento *421,58*
Que, aunque pueda ganar ciento por vno, *441,13*
La raridad del aire en puntas ciento *499,64*

Cierbo *1*
El cierbo hacen ligero *179,35*

Cierbos *1*
A los cierbos voladores *48,39*

Cierços *1*
Cierços de el llano, i Austros de la sierra, *263,1026*

Cierra *16*
La razon abra lo que el marmol cierra. *135,8*
— Cierra los ojos, i abre la boca. *213,5*
Cierra los ojos, i abre la boca. *213,14*
Cierra los ojos, i abre la boca. *213,23*
no es Lelio... Cierra tu labio. *229,2791*
Vna i otra de Alcides llaue cierra. *263,402*
Que cierra el passo al denuedo. *268,46*
Que la houera se cierra quando el puño. *313,8*
Cierra, cierra, *354,18*
Cierra, cierra, *354,18*
Cierra, cierra, *354,20*
Cierra, cierra, *354,20*
Cierra, cierra, *354,40*
Cierra, cierra, *354,40*
Cierra, cierra, *354,42*
Cierra, cierra, *354,42*

Cierran *1*
Que si le cierran la puerta, *105,42*

Cierta *11*
Como cierta fementida *86,19*
I tengan por cosa cierta *105,41*
Sobre cierta prouission *161,86*
con cierta noble doncella, *229,200*
a hacer cierta experiencia, *229,263*
a su esposo cierta moza, *229,2565*
A luz mas cierta sube, *264,908*
Que cierta cosa es, a fe, *269,871*

Impetra cierta vengança. *269,1517*
Si le entra cierta figura, *269,2011*
Bien que juzga cierta amiga *418,29*
Ciertas *2*
I dime si han sido ciertas *38,18*
A hazer que ciertas yeruas *73,42*
Cierto *23*
O io, (que es lo mas cierto), sordo i ciego. *14,14*
O el Amor, que es lo mas cierto. *49,24*
Porque son (i es cierto *65,149*
Con vn cierto bofeton *74,45*
Cierto Doctor medio almud *86,3*
Milagros hizo por cierto *105,78*
Cierto fullero angelote *107,30*
I cierto amigo, que tiene *107,41*
Cantaronle de cierto amigo mio *202,5*
Cierto competidor suio *229,604*
Que dice el? Cierto embarazo *229,1282*
como a Leandro. Por cierto *229,1840*
Cierto ingenio Cordobès: *269,113*
De cierto ladron se nota, *269,363*
Mediante cierto vetun, *269,504*
Cierto jaian de plata, *313,12*
Que es el mas cierto relox. *331,7*
I en lo horrible tuuieralo por cierto, *381,6*
De vna dama cierto amante, *413,20*
De lama cierto señor, *418,55*
Cierto Poeta, en forma peregrina *428,1*
Cierto opositor, si no *482,1*
Consigo cierto embarazo, *496,21*
Ciertos *9*
Ciertos seran mis enojos, *91,49*
Entre ciertos alcaceles *161,9*
Ciertos exemplos les den; *217,94*
Ciertos versos de Museo, *228,3*
Ciertos son los toros oi. *229,2735*
llega con ciertos despachos. *229,3421*
Bien que si los refranes salen ciertos, *367,12*
Porque a luz saque ciertos versos floxos, *427,13*
Con ciertos dolorcillos en vn lado, *445,6*
Cierua *5*
De los canes la cierua?" *125,26*
Tras la blanca cierua, *142,16*
Tras la blanca cierua, *142,34*
Tras la blanca cierua, *142,52*
Es el mas torpe vna herida cierua, *263,1043*
Cieruo *8*
Del antiguo cieruo *79,75*
La vida es cieruo herido, *133,23*
Que no ai cieruo valiente para vn toro. *229,2225*
El cabo rompiò; i bien que al cieruo herido *264,497*
Ningun cieruo de Dios, segun se reça, *451,5*
I el viejo cieruo que a la par viuia *499,72*
El cieruo, del lebrel las fieras presas. *499,75*
Bien corriò el cieruo; mas baste, *499,148*
Cieruos *4*
I vnos bien casados cieruos, *58,26*
I que ellos tienen de cieruos. *87,44*
Mil cieruos de Iesu Christo. *89,44*
El vno contra los cieruos, *215,26*
Cifra *3*

Bordada cifra, ni empressa *62,10*
No mas capellar con cifra, *107,5*
Cifra que hable, mote que se lea, *113,5*
Cifre *1*
Cuia lamina cifre desengaños, *263,942*
Cigarral *2*
ni alto cigarral sin ecos? *229,1593*
Si espirò el Cigarral, barbo luciente *342,9*
Cigueñas *1*
Que ai tambien vnas cigueñas *58,37*
Cilicio *1*
Vn cilicio de cerdas ordinario; *450,6*
Cima *1*
Calle mis huessos, i eleuada cima *264,168*
Cimbrias *1*
Soberbio techo, cuias cimbrias de oro *13,9*
Cimera *1*
Mientras desenlaçado la cimera *264,904*
Cimiento *1*
Cuio bello cimiento i gentil muro, *13,2*
Ciña *3*
Ciña guirnalda vil de esteril hierua, *72,40*
Ciña tu gloriosa frente *487,7*
Para que ciña con manera estraña *499,81*
Ciñalo *1*
Ciñalo bronce o murelo diamante: *261,294*
Ciñan *1*
O nieblas ciñan tu cabello cano, *146,4*
Cincel *1*
Daliso el escultor, cincel sus males. *119,14*
Cincha *4*
Lo que ai de la cincha al suelo. *49,48*
De la cincha allà Frisson, *73,11*
De la cincha acà litera. *73,12*
que la edad le cincha hoja, *229,1217*
Cinco *19*
Cinco puntos de geruilla, *6,2*
Cinco dedos en su mano, *28,76*
A quatro i a cinco voces *63,183*
Cinco puntos calça estrechos; *82,49*
Cinco higas. *93,35*
Nos dice, quando no en las cinco estrellas, *229,2205*
Sus cinco estrellas veer al mediodia. *229,2209*
Escogiò pues de quatro o cinco abetos *264,503*
Cinco años ha, i aun mas, *269,101*
Si ha cinco años, Gerardo, *269,104*
Tras cinco años de martyrio *269,316*
Estos quatro o cinco dias? *269,1887*
Pues cinquenta i cinco son, *269,1973*
Si teneis sesenta i cinco, *269,1994*
Entre las hojas cinco generosa, *291,1*
De los que, a vn campo de oro cinco estrellas *314,12*
Negras dos, cinco azules, todas bellas. *318,128*
Hiço mi edad quarenta i cinco, i mete *441,5*
Cinco en estatua, solo vno en persona, *442,12*
Ciñe *13*
Ciñe tu frente, tu cabello vndoso, *22,4*
Que de corona ciñe su cabeça, *47,3*
Ciñe el vañado tejon *81,51*
Raios ciñe de luz, estrellas pisa. *195,11*
Guarda la ciñe fièl, *217,10*
De el mas tierno coral ciñe Palemo, *261,122*
Ciñe, si no de purpura, turbante. *263,296*

Ciñe las sienes gloriòsa rama, *263,979*
Flores ciñe, i perlas llueue *269,1779*
Ciñe la cumbre vn laurel, *285,10*
Raios ciñe en regiones mas serenas. *362,14*
Que raios ciñe, que zafiros pisa, *365,7*
De que ella ciñe su frente, *499,341*
Ciñen *6*
Mas con los que ciñen armas *26,117*
Que ciñen resplandor, que enristran palmas, *77,43*
Ciñen espadas ciuiles. *91,33*
De quantos ciñen Libico turbante, *264,763*
Los que ciñen carbunclos tu cabeça, *270,8*
De los que estolas ciñen immortales *315,77*
Ciñendo *2*
Si las trenças no estan ciñendo ahora *297,5*
Ciñendo el tronco, honrando el instrumento. *424,14*
Ciñes *1*
I te ciñes la su espada. *269,205*
Cinnamomo *1*
Cinnamomo i calambuco. *322,504*
Ciño *1*
La inuicta espada que ciño en su vida. *368,30*
Ciñò *2*
Mas luego que ciñò sus sienes bellas *15,9*
Ciñò las sienes de vno i otro Moro; *229,2153*
Cinquenta *3*
Alumbreos Dios. Cinquenta años... *269,1956*
Pues cinquenta i cinco son, *269,1973*
Cinquenta mugercillas de la raça *442,5*
Cinta *3*
Que la aprieten bien la cinta, *73,99*
Mal pendiente de la cinta, *74,22*
Como lo muestra en la cinta *88,19*
Cintaraço *1*
Crystalino cintaraço. *228,100*
Cintas *3*
I de mis cintas ojete, *88,60*
Las cintas se atò del manto, *228,182*
de vnas cintas de hojúèla, *229,1753*
Cinthia *7*
Mas perlas le debo a Cinthia *229,552*
Cinthia mi enfermera bella, *229,556*
a Cinthia me quiera dar. *229,3533*
Cinthia el siempre feliz thalamo honora, *318,130*
Cinthia calò el papahigo *322,317*
En quanto Febo dora o Cinthia argenta, *324,13*
Cinthia por las que suspende, *333,38*
Cintho *1*
Su esplendor corbo la Deidad de Cintho *315,6*
Cintia *11*
Su arco Cintia, su benablo Apolo, *318,629*
Pero dime, de Cintia i de Camila *499,109*
Quel sabueso de Cintia auia sentido *499,118*
Cintia, para encarecer *499,149*
I Cintia mas que correr. *499,171*
Pero, Cintia si se nota, *499,172*
Mi Cintia. Camila bella. *499,216*
Como assi? Cintia hermosa, *499,224*
No sè, Cintia, que te diga; *499,244*
Cintia, de qualquier manera. *499,262*
Hagase de Cintia el ruego, *499,295*
Cintillas *2*

que cintillas, la Alcanà *229,1757*
que las cintillas me daba? *229,2783*
Cintillos *1*
Pompa de tantos cintillos; *334,52*
Cipres *2*
Haga lo que de el cipres. *285,28*
Las ramas de aquel cipres. *378,24*
Cipreses *1*
Sin dexar de ser cipreses, *333,24*
Circo *2*
Està ia acauado el circo: *334,36*
Dexar te mandò el circo, preuiniendo *391,13*
Circos *1*
No en circos, no, propuso el Duque atroces
   318,505
Circulo *1*
Centro apazible vn circulo espacioso *263,573*
Circulos *1*
Bien que haziendo circulos perfectos; *264,502*
Circunvecino *1*
El aire al colmenar circunvecino. *279,33*
Circunvestida *1*
Negra circunvestida piel, al duro *264,924*
Cirio *2*
No haga algun cirio effecto, *6,53*
Su altar illustrarà vn cirio. *269,320*
Ciro *1*
Lo dexò Ciro a los Griegos, *228,131*
Ciruela *2*
I tanta ciruela passa, *159,59*
Es de ciruela mongi, *223,3*
Ciruelo *1*
Tan ciruelo a san fulano *479,1*
Cisne *15*
Quiero, (como el blanco Cisne *48,2*
Dèl blanco cisne que en las aguas mora, *137,6*
Pauon de Venus es, cisne de Iuno. *261,104*
De el Ganges cisne adusto. *263,668*
Ni al blanco Cisne creo. *263,843*
Que cisne te conduzgo a esta ribera? *264,544*
El cisne perdonara, luminoso, *264,805*
Fingiò ser cisne ia, mintiò ser toro: *269,1251*
Cisne gentil, cuio final accento *280,3*
Mueres Cisne llorado de Syrenas. *280,15*
Cisne Augustamente dino *283,6*
SIMEON Phenix arde i Cisne muere. *296,7*
De aquel cisne encanecido; *310,28*
Los dos lucientes ia del cisne pollos, *399,9*
Cisne gentil, despues que crespo el vado *455,1*
Cisnes *12*
Quantos en nuestra orilla cisnes graues *31,13*
Quando mil neuados cisnes *89,41*
Cisnes de Guadîana, a sus riberas *172,1*
Los cisnes a las espumas *229,1354*
De sacros cisnes canticos súaues, *230,37*
De los cisnes, que la espuma *239,23*
Cisnes pues vna i otra pluma, en esta *263,939*
De blancos cisnes, de la misma suerte *264,252*
Que cisnes me recuerdan a la hora *264,393*
Perdona si, entre los cisnes, *275,89*
Que cisnes súaues *350,7*
Que los cisnes de su espuma *353,34*
Cissuras *1*
Las cissuras cairèla *263,729*
Cita *1*

Cita a vozes, mas sin fruto; *322,366*
Citado *1*
Quando Pyramo citado, *322,229*
Citando *1*
I citando la otra parte, *322,223*
Citè *1*
Que citè denantes io. *269,967*
Cithara *5*
De la cithara dorada, *133,6*
Pisuerga, hecho cithara doliente; *140,3*
De cithara numerosa, *259,18*
Spiritu que, en cithara de plata, *338,12*
La cithara que pendiente *389,1*
Citharas *1*
Pintadas aues, Citharas de pluma *263,556*
Citharista *3*
Dignissimo citharista *88,33*
Citharista, aunque nocturno, *228,41*
Citharista, dulce hija *322,9*
Ciudad *34*
Que aquel que fue en la gran ciudad de Nino
   21,13
Illustre Ciudad famosa, *63,1*
Ciudad, (a pesar de el tiempo), *63,9*
Estas son, Ciudad famosa, *63,213*
De la Imperial Ciudad patrio edificio, *67,2*
Vna Ciudad de Castilla, *74,58*
Ciudad mas que ninguna populosa, *77,72*
A la Ciudad de la Corte, *82,87*
Tu, que a la Ciudad mil veces, *87,33*
Que vais para la Ciudad, *95,14*
O en la Ciudad no està o se dissimula. *150,6*
Ha venido a esta ciudad *229,262*
Llegamos a la Ciudad, *229,528*
Salue, ô Ciudad Metropoli de Hespaña;
   229,2174
Queriendo, pues, de la Ciudad el resto
   229,2222
que suda Ciudad Rèàl *229,2844*
que es aspera la ciudad. *229,3072*
Que es dèl? No està en la ciudad. *229,3145*
Aguarda a la Ciudad, que a mediodia, *234,12*
Ciudad que el monte corona, *259,56*
Que inunda la Ciudad. Antes *259,101*
Muchas tiene en la ciudad *269,86*
I lleguè a esta ciudad, donde *269,423*
Paño de aquella Ciudad *269,735*
Que ai muchos en la ciudad. *269,1713*
Oraculo en la ciudad, *269,1811*
Que el se entrò en la Ciudad tan sin aliento,
   273,7
De Ciudad no populosa, *275,67*
Cata a Paris la Ciudad, *288,86*
En ciudad vanamente generosa *318,315*
La Ciudad de Babylonia, *322,1*
Dexò la ciudad de Nino *322,289*
I la mejor Ciudad de Francia, Como. *397,8*
Ciudad gloriosa, cuio excelso muro *404,1*
Ciudadana *2*
Dulce prenda, aunque muda, ciudadana *203,80*
ciudadana de los bosques; *229,511*
Ciudadano *2*
ciudadano de mas honra *229,725*
Ciudadano anachoreta, *275,74*
Ciudadanos *2*

Dèl iermo vees aqui los Ciudadanos, *173,9*
De los volubles polos ciudadanos, *264,660*
Ciudades *4*
Se honràran otras Ciudades; *63,12*
Que despreciando muros de Ciudades, *134,3*
las ciudades mas remotas. *229,761*
Illustren obeliscos las ciudades *263,934*
Ciudadrèàl *1*
El oro Ciudad-Rèàl. *141,21*
Ciuil *5*
Sè que es tu guerra ciuil *26,93*
A este ciuil rûîdo, i litigante, *203,74*
Soi coronista ciuil. *243,32*
Ciuil magnificencia, el suegro anciano,
   263,853
En modestia ciuil rèàl grandeza. *264,812*
Ciuiles *1*
Ciñen espadas ciuiles. *91,33*
Clabel *4*
Engastando algun clabel, *78,62*
I de labios de clabel, *226,70*
La menos bella vn clabel, *376,10*
Como Dios hiço vn clabel. *419,78*
Clabeles *1*
Clabeles desojò la Aurora en vano. *341,14*
Clama *1*
Clamarè. Clama. Ô desuio! *229,1138*
Clamarè *1*
Clamarè. Clama. Ô desuio! *229,1138*
Clamor *1*
Tu dulcissimo clamor *229,1080*
Clamores *1*
A los súaues clamores, *214,13*
Clara *16*
Pues que veis que es cosa clara *9,56*
Con su instrumento dulce su voz clara. *104,11*
Aurora luciente i clara *121,85*
Assais por quien, alguna noche clara, *153,10*
En esta bien por sus crystales clara, *173,3*
I clara mas por su pincel diuino, *173,4*
Qual su accento, tu muerte serà clara *196,9*
venciò el zelo, cosa es clara, *229,357*
I de la vista mas clara, *239,12*
Ecchos los haze de su trompa clara! *250,4*
Aun a pesar de las estrellas clara) *263,72*
La mas dulce, si no la menos clara *264,187*
Mas clara que las de alguno. *322,176*
Denso es marmol la que era fuente clara *402,5*
En su celda la luz bebia mas clara, *404,42*
Que, en tal Rincon, cosa es clara *491,6*
Claraboias *1*
De claraboias ceñido *63,73*
Claras *7*
Calàos en las ondas claras, *9,46*
Claras lumbreras de mirar seguro, *13,6*
En trecientas santas Claras *186,1*
Perdonen tus aguas claras *204,17*
las claras sean para ellos. *229,3253*
Las claras aunque Ethiopes estrellas, *264,614*
Que claras la noche vee, *355,32*
Clarete *1*
Humos de blanco i clarete *88,84*
Claridad *5*
I puerto de claridad, *126,52*
con claridad descubrir *229,2447*

Claridad mucha causa mucho daño; *436,12*
Verdor al campo, claridad al rio. *455,14*
La claridad de el sol en dos luzeros. *461,4*
Claridades *1*
claridades i dulzuras, *229,2006*
Clarifica *1*
Te dan fama clarifica, *1,41*
Clarin *10*
De vuestra Fama oirà el clarin dorado, *171,5*
Clarin es dulce de la paz Christiana. *229,2193*
vn sonoroso clarin. *229,2393*
Clarin ia de la Fama, oie la cuna, *230,15*
En poluo ia el clarin final espera: *245,12*
Clarin, i de la Fama no segundo, *261,23*
Clarin que rompe el albor *287,13*
Clarin que rompe el albor *287,27*
Questa a la fama vn clarin *369,3*
Concento la otra del clarin de Marte; *404,4*
Clarines *4*
Ronco si de clarines, *184,9*
Que en los clarines de la Fama cabe, *274,6*
A cient alados clarines. *300,8*
En clarines de poluora os reciba; *379,11*
Clarissimo *4*
Llegalas, ô clarissimo mancebo, *67,9*
Clarissimo Marquès, dos vezes claro, *164,1*
Clarissimo ninguno *264,656*
De Cordoua al clarissimo senado, *425,10*
Clarissimos *2*
Sus faroles clarissimos en ellas. *229,21*
Gloria de los Clarissimos SIDONES, *421,61*
Claro *25*
Al claro Sol, en quanto en torno gyra, *13,9*
O claro honor del liquido elemento, *16,1*
Estaba, ô claro Sol inuidîòso, *20,9*
Que en fama claro, en ondas crystalino, *22,2*
Que al claro Guadalquiuir *28,3*
Qual fina plata o qual cristal tan claro, *34,4*
I el claro dia vuelto en noche obscura, *36,10*
Al claro resplandor de tus espadas *72,9*
Haze vn Doctor dos de claro *81,41*
El verde claro tapete *88,46*
Dèl claro padre, i de la antigua casa, *145,10*
Clarissimo Marquès, dos vezes claro, *164,1*
Claro dos vezes otras, i otras ciento *164,3*
De el dia entre obscuro i claro, *228,114*
Negòme el Sol? Turbòse el ayre claro? *229,27*
Ese obelisco de edificios claro, *229,2162*
Toledo es, claro honor de nuestra zona. *229,2173*
Quieslo mas claro decir? *229,3285*
Claro, no a luces oi de lisongero *251,2*
Pincel, sino de claro cauallero, *251,3*
En sangre claro i en persona Augusto, *264,809*
Que tiene de obscuro i claro, *268,42*
Este pues digno succesor del claro *318,25*
Que a pesar hallaràs claro *352,31*
Arroio desciende claro, *356,4*
Claros *9*
Ojos claros, cejas rubias *62,41*
Tan deudo del Conde Claros, *111,7*
Espejos claros de crystal luciente. *114,18*
(Lisongeros? Mal dixe, que sois claros), *203,5*
Si no somos Condes Claros". *228,124*
sus ojos vende por claros. *229,3033*

tan claros como esta sala. *229,3223*
Los claros muros de Huelua, *287,4*
"Aqui de el Conde Claros", dixo, i luego *432,1*
Classe *1*
I dexad maliciosos en su classe. *436,14*
Claua *5*
Claua vna saeta en otra, *149,30*
Que en vez de claua el huso torciò injusto. *229,48*
segundo Caco a tu claua. *229,125*
Claua seràn de Alcides en su diestra, *251,9*
Claua empuñe Lîeo. *263,830*
Clauadas *1*
I de espinas clauadas ambas sienes, *117,2*
Clauando *2*
I clauando en el la vista, *28,53*
Ahora clauando *79,73*
Clauar *2*
Clauar victorioso i fatigado *137,1*
Por clauar haziendas; *160,120*
Clauarle *1*
Que sin clauarle Amor flecha, *131,11*
Claudia *1*
Tal, Claudia bella, del rapaz tirano *197,5*
Claudicante *2*
Si a lo claudicante no es, *330,7*
Este sin landre claudicante Roque, *428,10*
Claue *1*
Al cerrar la claue, si *243,22*
Clauel *22*
Siguen mas ojos que al clauel temprano, *24,6*
Oro, lilio, clauel, crystal luciente, *24,11*
Vna sol i otra clauel, *132,14*
Vistiò galan el clauel, *217,38*
Se rie vn clauel rosado, *228,138*
ante el clauel de sus labios, *229,2348*
Quando al clauel el jouen atreuido *261,331*
Que del clauel procura acompañada *263,744*
En las hojas de vn clauel. *285,44*
Que diremos del clauel *301,68*
Que diremos del clauel *301,82*
O del clauel que con la Aurora nace, *318,211*
De tus labios el clauel. *328,4*
Desprecia por lo clauel, *353,6*
Lo caduco de vn clauel. *355,68*
Las ojas del clauel, que auia juntado *366,5*
De vn solo Clauel ceñida *374,15*
Consuelo dulce el clauel *375,15*
Sus hojas guarda el clauel: *378,26*
De coronar el clauel. *384,30*
Saldrà vn clauel a dezillo *386,5*
Vnos dias clauel, otros vîòla. *421,73*
Claueles *12*
Si le abrocha, es con claueles, *131,103*
En la arena los claueles, *216,47*
I esos dos claueles finos, *226,79*
de claueles i jazmines; *229,2052*
passò a tiesto de claueles, *229,2342*
Enjaulando vnos claueles *243,5*
Que los claueles que tronchò la Aurora; *261,362*
Claueles de el Abril, rubies terpranos. *263,786*
Vaso era de claueles *322,55*
De jazmines i claueles, *333,4*

En labios de claueles se rèìa. *339,4*
Succeden claueles rojos; *357,4*
Clauellina *6*
Clauellina se llama la perra; *85,1*
Clauellina se llama la perra; *85,9*
Clauellina la llamò; *85,12*
Clauellina se llama la perra; *85,17*
Otra clauellina bella. *85,24*
Clauellina se llama la perra; *85,25*
Clauellinas *3*
Quatro clauellinas; *65,116*
En Palacio clauellinas *121,13*
Mosquetas i clauellinas *217,57*
Clauero *2*
De su consciencia clauero *259,69*
Al sacro opuesta celestial Clauero *318,551*
Claueros *2*
Pluma pues, que claueros celestiales *232,9*
Fecundo seminario de claueros. *421,9*
Clauijas *4*
Destas terceras, clauijas *105,97*
I en robustas clauijas *140,4*
Clauijas de marfil o trastes de oro? *203,48*
Que en las lucientes de marfil clauijas *263,346*
Clauo *7*
Desde el bonete al clauo de la mula; *150,2*
Preste clauo i pared a mis despojos. *203,57*
Clauo no, espuela si del apetito, *263,496*
Sin dexar clauo en pared. *269,562*
No desherreis vuestro Zagal; que vn clauo *273,9*
Si estimandoos en vn clauo, *282,26*
Vniuersal emporio de su clauo *318,538*
Clauò *2*
Con el pincel que le clauò su pecho, *261,272*
De quantas os clauò flechas el ciego *292,5*
Clauos *7*
Os vertiò el pebre i os mechò sin clauos, *153,11*
Clauos, i tenaças, *160,125*
Con mas oro i menos clauos *161,39*
De tres clauos le hallaràs. *208,18*
Huele a clauos, i que luego *301,77*
I no de clauos Malucos, *322,150*
Fresco verano, clauos i canela, *326,9*
Claustro *4*
Se saliò a dormir al claustro. *228,160*
Concedale pues el claustro *242,101*
Tu claustro verde, en valle prophanado *295,7*
I en templo bien colgado, i claustro rico, *437,10*
Clausura *2*
Que impertinente clausura *227,13*
Alli està con mas clausura *229,786*
Clavel *4*
Caìdo se le ha vn CLAVEL *374,1*
Caìdo se le ha vn CLAVEL *374,11*
Caìdo se le ha vn CLAVEL *374,21*
Caìdo se le ha vn CLAVEL *374,31*
Clavo *1*
Ni la herradura con clavo. *96,28*
Clemencia *2*
Con clemencia o con rigor. *86,10*
Accusa la clemencia en marmol duro, *368,27*
Clemente *1*
De el Octauo Clemente fue en Ferrara. *318,292*

Cleoneo *1*
Vn Cleoneo trîûmpho *322,328*
Clerigos *1*
(Con perdon de los Clerigos), vn cuerno. *68,4*
Clero *2*
El blanco Clero el aire en armonia, *77,5*
Estas aras que te ha erigido el Clero, *77,52*
Clicie *1*
Vaga Clicie del viento, *263,372*
Clima *2*
Que clima infamò Hircano, *263,367*
O clima proprio, planta mia perdida, *264,131*
Climacterico *1*
Climacterico lustro de tu vida, *393,2*
Clio *3*
Vbas os deue Clio, mas ceciales; *325,9*
Dicte numeros Clio para ello. *360,4*
La satirica Clio se ha corrido *474,5*
Clori *13*
Beldad qual la de Clori, o gracia tanta. *22,14*
Enfrena, ô CLORI, el buelo, *25,37*
Ô bella Clori, ô dulce mi enemiga? *34,14*
(Ô bella Clori!) tus pissadas sanctas *52,7*
De su Clori romper la vital trama. *53,8*
Si libre a Clori por tus manos dexa *53,10*
De Clori beue el oido *142,37*
Al Sol peinaua Clori sus cabellos *174,1*
Mas, CLORI, que he texido *184,13*
Clori, pues, que su dedo apremîâdo *341,5*
Tu beldad, CLORI, adorè; *416,1*
Estauamos Clori i io *499,318*
Clori despertò al momento; *499,331*
Cloris *6*
Cloris, i luego a la hora *149,80*
El otro la rubia Cloris, *179,10*
Cloris, el mas bello grano, *243,1*
Perdiò Cloris tierra a palmos *243,47*
De CLORIS el segundo, *264,540*
Saliò Cloris de su aluergue, *287,65*
Cloto *4*
Que al rubio Phebo hace, viendo a Cloto *53,7*
Quanto estambre vital Cloto os traslada *263,899*
Si Cloto no de la escamada fiera, *264,436*
Cloto el vital estambre de luz baña *318,93*
Co *1*
I en quatro lenguas no me escribas co, *468,12*
Cobarde *1*
Como breue de cobarde, *357,31*
Cobija *2*
Que el manteo cobija, *65,70*
De tu amarilla borla se cobija; *269,396*
Cobijame *1*
Cobijame los quadriles, *96,89*
Cobijan *1*
A quien las plantas cobijan *63,179*
Cobra *2*
Pues nueuas fuerças cobra, *25,33*
Cobra el caballo que pace, *333,63*
Cobrado *3*
Cobrado el Bahari, en su propio luto, *264,875*
Aunque no cobrado todo: *357,108*
Siento del, que me ha cobrado *499,222*
Cobras *1*
Pues tan buen esposo cobras *498,3*

Cobraua *1*
Os cobraua mi attencion! *390,28*
Cobre *2*
que no ai año que no cobre *229,569*
Gato, aun con tripas de cobre, *412,34*
Cobro *2*
Ni mi hacienda mal cobro. *83,44*
Si el no les pusiera cobro. *357,64*
Çocata *1*
la berengena çocata, *229,2604*
Coces *1*
I ia està tirando coces. *269,780*
Coche *6*
El Marques me lleua en coche; *98,82*
Emulo vago del ardiente coche *263,468*
I a doña Casilda en coche. *269,648*
Como coche para mi. *269,716*
I si no coche, escudero *269,717*
De dia compuesta en coche, *496,12*
Cochéàndo *1*
No os andeis cochéàndo todo el dia, *153,6*
Coches *1*
ia en cauallos, i ia en coches: *229,543*
Cochilio *1*
— Choton, no loiga el cochilio *305,18*
Cocido *2*
Valgan cocido i assado". *96,92*
Panal de suero cocido. *371,4*
Cocidos *1*
Fuesen de tierra cocidos, *322,3*
Cocina *1*
de el palacio a la cocina. *229,2593*
Coco *3*
me manda. Soi niña? Es coco? *229,2741*
A la Q. de nuestro coco. *242,104*
No piense el Niño que es coco *309,19*
Cocos *1*
El se aprouecharà de vuestros cocos, *446,12*
Codillos *1*
De chachos o de codillos. *334,92*
Codornices *1*
Qual simples codornices al reclamo *263,587*
Çofalà *1*
Morenica de Çofalà. *309,9*
Cofrade *2*
te has hecho cofrade? Si. *229,933*
Que de luz cofrade soi, *269,94*
Cofrades *1*
(Con perdon de los cofrades), *228,75*
Cofradias *1*
Cofradias la amistad. *269,87*
Cofre *6*
desde el tribunal de vn cofre, *229,633*
Del cofre de la barriga. *257,30*
I del cofre harias alarde. *269,1405*
Enano Potosi, cofre de acero *313,13*
Cofre digo houero con bonete, *433,13*
I en vn cofre estuuiera mas guardado, *440,7*
Cofres *1*
En cofres las riquezas de Cambaia; *261,444*
Coge *3*
Coge la negra violeta *82,59*
I coge mejor la rosa *102,29*
Con jazmines si le coge. *131,104*
Cogello *1*

Mientras a cada labio, por cogello, *24,5*
Cogellos *2*
Cogiò sus lazos de oro, i al cogellos, *174,5*
En quanto, pues, estuuo sin cogellos, *340,5*
Cogen *1*
O quando los belos cogen, *179,46*
Coger *3*
Porque al coger de las alas *121,19*
Manso se dexò coger, *161,95*
A quien pensabais coger *269,2006*
Cogi *2*
Como arè i sembrè, cogi; *2,35*
Cogi verguença i affan. *2,38*
Cogido *1*
El cabello en estambre azul cogido, *264,450*
Cogiendo *1*
Ia cogiendo de cada labio bello *20,7*
Cogiò *1*
Cogiò sus lazos de oro, i al cogellos, *174,5*
Cogollos *1*
Con los cogollos de piña, *167,93*
Cogote *2*
El cogote atràs, *65,35*
Distilados del cogote; *107,16*
Cogujada *1*
Su mitra a la cogujada *242,111*
Cogulla *1*
Ni a la cogulla, ni al manto *485,6*
Cohete *1*
I entre lacaios cohete. *88,12*
Coia *1*
Haze de Augusta Coia Perúàna, *264,66*
Coimbra *1*
Que naciò en Coimbra; *65,188*
Coiunda *4*
la coiunda a tus paredes. *229,1439*
Crepusculos vincule tu coiunda *263,777*
En coiunda feliz tan grande estado, *318,427*
Mas su coiunda a todo aquel Oriente; *318,532*
Coiundas *6*
Las fuertes coiundas *50,9*
Dulcissimas coiundas mi instrumento, *261,440*
Coiundas impedidas, *264,681*
Garzon Augusto, que a coiundas tales *318,107*
Las coiundas le fian del seuero *337,6*
Coiundas de oro no den, *378,42*
Coja *3*
La cabra mas coja *8,17*
Coja pues en paz su trigo; *105,21*
Saturno i su pierna coja *229,418*
Cojo *1*
Cojo, ciego, i corcouado, *491,2*
Col *1*
Quel Dio non vuol, che col suo strale sprona *118,10*
Cola *13*
A la cola de vn perro atò por maça, *68,3*
Dèl cauallo feroz la crespa cola. *72,68*
Desde el copete a la cola *96,115*
Den a vnos de cola, a otros de hocico. *201,8*
La cola, como el gambaro, delante. *203,78*
Que bacas, di, por la cola, *229,126*
Con la que illustra el Sur cola escamada *263,428*
Corbo es delfin la cola. *264,464*

De la cola vestido, *264,476*
I la cola al escorpion; *269,175*
En la cola he de tener. *269,1153*
De que le falte cola, *422,15*
De que le sobre cola. *422,16*
Colada *2*
I no ha sido la colada *111,55*
Io quiero que la Colada *413,23*
Coladas *1*
Hagan sus coladas. *11,8*
Colas *3*
Arrastrar colas de potros *83,94*
Que con las lucientes colas *149,104*
Con mas colas que cometas, *322,487*
Colatino *1*
A pesar de Colatino, *269,200*
Colchones *1*
Los colchones de las ondas, *149,2*
Colchos *2*
I al animal de Colchos otras tantas *52,3*
Colchos de preciosa lana, *414,15*
Coléàndo *1*
Coléàndo como atun. *269,500*
Coléàr *1*
Coléàr quiero i lamer; *269,1551*
Colegas *1*
Tus Colegas admiren la seuera *421,76*
Colegial *1*
De medico i colegial! *408,4*
Colegîàl *1*
Su barba vn colegîàl, *412,2*
Colegio *1*
Al Colegio sagrado, *421,8*
Colera *3*
La colera a la oracion. *94,36*
(Que es colera, a lo que escriben *96,51*
La colera desarmastes, *110,30*
Colerica *1*
Colerica, acelerada, *10,62*
Colerico *1*
Cauallo, que colerico mordia *264,816*
Coles *1*
Serà vn torrezno la Alua entre las coles. *379,8*
Coleto *1*
Que viste coleto de ante, *88,21*
Colgado *2*
I en templo bien colgado, i claustro rico, *437,10*
— Que es, hombre o muger, lo que han colgado? *439,1*
Colgamos *1*
Ganchos de donde colgamos *499,314*
Colgando *1*
Colgando sus agridulces *243,63*
Colgarè *3*
Colgarè en tu templo *50,6*
Donde colgarè las vñas, *84,7*
o vna lengua colgarè, *229,334*
Coligados *1*
Vapores de la inuidia coligados, *415,14*
Colijo *3*
Mil cosas de aqui colijo: *229,281*
Io, Isabela, lo colijo *229,3076*
Sois tan roma, que colijo, *411,5*
Coliseo *1*

Vmbroso Coliseo ia formando, *263,959*
Collado *1*
Que le dieron con vn Doctor Collado. *381,8*
Collados *1*
Cueuas profundas, asperos collados, *476,13*
Collar *1*
Collar de oro i plumas bellas; *122,44*
Collega *1*
Que quarto apenas admitiò Collega *318,259*
Collegio *1*
I a veer tu Collegio insigne, *63,113*
Colloca *1*
Aun la obediencia colloca. *259,52*
Colmada *1*
Media fue, i media colmada, *275,5*
Colmena *2*
La colmena es vidriada, *159,49*
Tu posada sea colmena *229,2538*
Colmenar *6*
Viò venir de vn colmenar *226,14*
A otro mejor colmenar; *226,112*
A otro mejor colmenar; *226,122*
El aire al colmenar circunvecino. *279,33*
Va DANTEO a Colmenar; *358,2*
Requeson de Colmenar, *371,2*
Colmenas *1*
Colmenas lleua i panales, *159,47*
Colmenera *1*
"Colmenera de ojos bellos *226,69*
Colmeneruela *3*
La colmeneruela; *226,26*
La colmeneruela; *226,39*
Colmeneruela animosa, *226,76*
Colmillo *2*
Colmillo fue de el animal que el Ganges *261,455*
Ningun colmillo de azero. *269,20*
Colmillos *2*
Qual dos colmillos, de vna i de otra roca, *230,9*
O ia de su elephante sean colmillos) *230,11*
Colmilluda *2*
Sus años, su cabeza colmilluda *261,426*
Ambiciosa la fiera colmilluda, *359,9*
Coloca *1*
Aqui donde coloca *312,7*
Coloquio *1*
Del coloquio; i en verdad *266,17*
Color *35*
Que la del color quebrado *6,43*
De vuestro color ilustre, *29,27*
Goça, goça el color, la luz, el oro. *36,14*
De el color noble que a la piel vellosa *47,1*
(Segun decia el color con su fiereza), *47,7*
Su color verde i cano *72,29*
El cabello es de vn color *82,13*
Pudo conmigo el color, *82,53*
Buena orina i buen color, *86,1*
Buena orina i buen color, *86,11*
Que de la color se toma, *86,14*
Buena orina i buen color, *86,21*
Buena orina i buen color, *86,31*
Buena orina i buen color, *86,41*
Bien quebrada de color, *94,5*
Las plumas de vn color, negro el bonete, *113,2*
Porque es siempre este color *141,15*

Del color visten de el cielo, *144,23*
Su frente, el color bruñido *148,15*
Varias de color, i todas *215,43*
Conuirtiò el color rosado, *226,59*
Duda el Amor qual mas su color sea, *261,107*
Vn color que la purpura que cela *263,730*
El templado color de la que adora. *263,746*
Con mas dorado color. *269,524*
El color de los cielos turquesado; *279,21*
Que nacar su color, perlas su frente, *280,47*
Lisonjealles el color. Aquella *298,30*
Ia el zeruleo color de su elemento; *318,228*
Desmentido su color), *332,22*
Del color de la violeta *357,21*
Mi sangre le dio color, *370,5*
Vuestra color, fue leonada. *370,10*
En fragrancia i en color, *375,36*
De el bel donaire i de el color quebrado, *445,2*
Colora *2*
Raya, dorado Sol, orna i colora *17,1*
Cuio pie Tyria purpura colora. *264,790*
Coloradas *1*
En rubricas coloradas *216,39*
Colorado *4*
Culpe al barro colorado, *6,44*
Porque entre vn labio i otro colorado *42,6*
Cada labio colorado *82,25*
Que de vergüença corre colorado *151,2*
Colores *17*
Ni el monte raies, ornes, ni colores, *17,12*
Por vestirse las colores *49,51*
Que el cielo pinta de cient mil colores; *52,11*
Va violando sus colores. *131,24*
Las libreas bellissimos colores, *155,7*
Da al aire colores vanos, *177,38*
Viste de vario colores, *179,42*
Las colores de la Reina *217,37*
Su piel manchada de colores ciento: *261,68*
Flores su bozo es, cuias colores, *261,279*
I nieue de colores mill vestida, *263,627*
De colores prolixos, *264,639*
Arte, i el arte estudio, Iris colores, *274,10*
Iaspes i demas colores *322,489*
En las colores que sediento beue, *343,4*
Iris, pompa del Betis, sus colores; *361,11*
Las colores muertas *494,12*
Colorido *2*
Colorido el bosquexo que ia auia *261,270*
Niega el bello que el vulto ha colorido; *263,770*
Coloso *1*
De tan bello sol Coloso. *357,40*
Columna *3*
Columna de marmol soi. *229,2706*
De la columna bella, *263,547*
Os fue columna de fuego, *304,24*
Columnas *3*
Con dos columnas al orbe. *179,8*
Illustrar lechos en columnas de oro, *229,57*
Las columnas Ethon, que erigiò el Griego, *261,339*
Columpio *1*
De vn inquîèto columpio, *322,172*
Coluna *3*
Abìla su coluna *230,76*
De la Egypcia coluna; *264,761*

Bien nacido esplendor, firme coluna, *318,90*
Colunas *1*
O las colunas bese o la escarlata, *263,475*
Colunna *2*
El crystal de la colunna *144,33*
Colunna de leche i sangre. *216,32*
Colunnas *2*
Trasladaba sus colunnas *26,38*
I pierdan el respeto a las colunnas, *72,73*
Coluros *1*
Bien le deberàn Coluros. *322,248*
Colyrio *1*
I ceguedad, gran colyrio *269,317*
Coma *3*
Coma en dorada baxilla *7,10*
Triumphador siempre, coma con su Reies. *145,14*
Tener familia que no sirua i coma... *463,12*
Comadre *2*
Si es vna i otra comadre *130,17*
La comadre lo dirà. *229,217*
Comadréàndo *1*
Comadréàndo la vieja, *105,90*
Comadreja *2*
Bien como la comadreja *105,91*
imito a la comadreja, *229,167*
Comadres *1*
Comadres me visitaban, *26,57*
Coman *1*
Allà vais, coman os peces, *161,153*
Comarcanas *1*
Las comarcanas del Betis, *63,223*
Comarcano *1*
Porque en el mar preside comarcano *264,212*
Comarcanos *2*
Quantos baña comarcanos *228,66*
El menos agil, quantos comarcanos *263,566*
Comares *1*
De Leones i Comares; *63,24*
Combata *1*
I en vuestro nombre combata". *64,52*
Combate *1*
Do se trîumpha i nunca se combate, *77,44*
Combaten *1*
Oi con el tiempo combaten, *63,234*
Combatir *1*
donde avrà de combatir *229,2439*
Combida *1*
Labradores combida *263,855*
Combidando *1*
Que està combidando al lobo, *121,158*
Combleço *1*
I combleço de algun Conde, *167,98*
Come *5*
Que come a las diez *65,21*
Que come de auenturero, *96,55*
Que se los come la gata, *124,14*
Se come entero vn anis *167,33*
i se come el sacrificio, *229,2909*
Comedia *4*
No va la Comedia mala. *229,3224*
no compuso tal Comedia. *229,3391*
No es Comedia ia esta, no, *229,3498*
Falta a la Comedia el bobo, *229,3500*
Comediage *1*

Con todo el comediage i Epità, *468,7*
Comedias *1*
De las Comedias, siguen su caudillo. *432,14*
Comedidas *1*
Comedidas i corteses *57,26*
Comeis *1*
De veer que me comeis el otro lado. *200,11*
Comele *1*
Comele, Gil, que mechado *208,17*
Comello *1*
Si dexastes de comello *346,4*
Comen *5*
Do los Doce comen pan. *288,88*
Bailan vnas, i comen otras, *494,6*
Bailan vnas, i comen otras, *494,21*
Bailan vnas, i comen otras, *494,36*
Bailan vnas, i comen otras, *494,51*
Començando *2*
Començando en armonia *78,51*
No la que, en bulto començando humano, *263,112*
Començàran *1*
No començàran ia los montañeses *263,511*
Comencè *1*
Aier te lo comencè *499,308*
Començò *7*
Començò en esto Cupido *78,85*
I començò Beleripha *78,89*
Començò a mentir congoxas, *82,89*
Aunque començò a las ocho, *94,34*
Vn castaño començò, *96,13*
Si començò por merced; *132,68*
Hielos començò a lamer, *355,86*
Començose *1*
I començose a salir, *229,2387*
Comente *1*
No las comente el ruin *105,9*
Comer *9*
Si se podian comer *26,51*
No comer sino vñas, *50,87*
— Iuro a DIOS que en el comer, *96,81*
I vamos a comer dèl. *208,12*
Llega a comer ezte pan, *210,12*
Del comer tarde al acostarse aiuno. *397,14*
A ganas de comer descomedidas, *436,1*
Que sin comer sus brasas retrataras. *460,4*
Comer salchichas i hallar sin gota *463,1*
Comerà *1*
Que le comerà vno todo, *208,8*
Comeras *1*
Comeras senior el vejo. *305,32*
Comes *4*
Que comes de ti mesmo i no te acabas, *23,13*
Que comes, hombre? — Que como? *211,1*
Que comes, hombre? — Que como? *211,13*
Que comes, hombre? — Que como? *211,25*
Cometa *2*
En año quieres que plural cometa *326,1*
Cada Sol repetido es vn cometa. *394,8*
Cometas *2*
Purpureos no cometas. *263,651*
Con mas colas que cometas, *322,487*
Comete *1*
Esto a los aires comete: *88,56*
Cometen *1*

Que sè yo que se cometen, *81,6*
Cometer *2*
Ô quantas cometer piraterias *264,959*
Porque sin cometer fuga, *357,109*
Cometian *1*
Cometian luego a vn palo, *228,30*
Cometido *1*
Enrico me ha cometido *269,288*
Cometiendo *1*
La fiera, horror del agua, cometiendo *264,490*
Cometiendole *1*
Cometiendole a vn rubi, *226,94*
Cometieron *1*
Cometieron (dulce offensa *287,6*
Comi *3*
— Ai, Dios, que comi *213,6*
— Ai, Dios, que comi *213,15*
— Ai, Dios, que comi *213,24*
Comia *1*
Le comia medio lado; *28,32*
Comian *1*
Que comian carne cruda, *58,17*
Comica *3*
Que la Comica Hespañola *259,2*
Sobre çuecos de comica Poesia *427,7*
Que es tu comica persona *488,2*
Comicos *1*
Para comicos delictos, *334,86*
Comida *8*
ha de hauer cena i comida! *229,2647*
Los de Guisando su comida, i cena. *254,8*
A la prolixa rustica comida, *263,856*
La comida prolixa de pescados, *264,246*
En tornéàdo frexno la comida *264,347*
Esta si es comida, *388,9*
Esta si es comida, *388,21*
Esta si es comida, *388,33*
Comidas *1*
Y de eso estan las piedras tan comidas. *459,11*
Comido *3*
De chinches i de mulas voi comido; *200,1*
Las bacas que te he comido, *229,128*
I sabeis que me he comido *385,2*
Comiença *4*
En las perlas comiença de este rio, *229,2156*
Comiença en crystal corriendo *356,11*
De donde comiença arroio *357,10*
Morcillo a correr comiença, *412,53*
Comience *2*
porque en Dios comience el dia, *229,892*
Sus ojos comience a abrir; *269,1653*
Comiendo *2*
Comiendo turmas de tierra. *28,72*
Io siempre comiendo vña, *229,1196*
Comienza *1*
Napèa en tanto a descubrir comienza *318,81*
Comieron *1*
Comieron pues, i rudamente dadas *264,361*
Que no se comieron viuos. *334,64*
Comiò *1*
Que se comiò vn perdigon, *6,32*
Comiscal *1*
De vn comiscal Cortesano, *96,48*
Comitre *2*
I el comitre mandò vsar *38,39*

I como! *211,4*
Que comes, hombre? — Que como? *211,13*
I como! *211,16*
Que comes, hombre? — Que como? *211,25*
I como! *211,28*
Como a Reina de las flores, *217,9*
Son dulces como la miel. *217,36*
Como aquel que los embia; *224,4*
Como lienço o como hilado, *225,8*
Como lienço o como hilado, *225,8*
Como a gusano de seda, *227,7*
Ni como se conuocaron *228,62*
Como a buho tal, i entre ellos *228,91*
Como alfange en maiorazgo. *228,132*
En plata como, i en crystales bebo. *229,51*
Que, como Libia ardiente, *229,93*
como halcon de Noruega? *229,225*
Como lo sabes tu acà? *229,409*
Mas como es page de espada, *229,451*
como articulos Thomistas, *229,602*
mas el como vn jabali *229,606*
que vendigo, como causa *229,610*
como prudentes personas, *229,743*
tan legal como debia, *229,776*
tan doble como le importa; *229,777*
io, como seruidor suio, *229,792*
Io jurarè, como quien *229,858*
como el ausentarse el hijo. *229,889*
sabio como venerable, *229,903*
como candil de botica, *229,920*
Como estàs con ella, di? *229,930*
como criado fièl, *229,944*
Quien no sabe, como estraño, *229,990*
como a hombre por criar. *229,1091*
como lo aveis sido vos. *229,1175*
no sea como Póeta, *229,1190*
ni sea como escabeche. *229,1191*
Como? Belisa se llama. *229,1307*
Pues quien ama, como huie *229,1316*
tan aspero como aqueste. *229,1321*
tan cortès como tardia *229,1357*
como el honor (io lo sè) *229,1372*
Zelosa como amante, *229,1454*
tal como vna turbacion. *229,1465*
Ô como satisface *229,1534*
tan antiguas como el, *229,1540*
mas pagò como ladron. *229,1730*
Como, Camilo? Muriendo *229,1731*
como tu, sino de grado; *229,1738*
como a Leandro. Por cierto *229,1840*
tanto como io me alegro, *229,2038*
como quien passa en vn credo *229,2069*
o morir como discreta, *229,2126*
De tantos ojos como son viriles *229,2195*
Al tiempo fiero, como a toro brabo. *229,2221*
tu intento, que como fee *229,2256*
como temiendo salir *229,2347*
pende, como prenda vil, *229,2429*
de su Fabio, como azor, *229,2452*
que volò como nebli. *229,2453*
como lo dirà Amadis. *229,2485*
como vna nouia Morisca. *229,2533*
como el suegro que està acà. *229,2547*
trataràn como a nauios, *229,2898*
Ai, como la sangre arde! *229,3066*

Ai, como tiene razon! *229,3067*
El mismo. Pues como lleuo *229,3114*
Conocesme? Como a mi. *229,3199*
Como no cante algun gallo, *229,3204*
Como os veo tan priuado *229,3215*
tan claros como esta sala. *229,3223*
Tan buena soi como ella, *229,3323*
como el cielo de la Luna. *229,3325*
como criâdo fîèl. *229,3371*
como os tendrè por cuñado, *229,3515*
Como sobran tan doctos Hespañoles, *233,5*
Ia que el tiempo me passa como higo. *233,11*
Cyclope no, tamaño como el rollo, *234,2*
Lo tiene como vn madroño. *242,64*
Como su capelo al hongo. *242,112*
Tratar quiso como a flor *243,19*
Como bellas al mundo por ser flores, *252,11*
Aunque no ai toros para Francia, como *254,7*
Mas como al fin se le debe *259,53*
Bien como herida corça, *259,62*
tantas flores pisò como el espumas. *261,128*
Como la Nimpha bella, compitiendo *261,265*
Como duerme la luz, niegan las flores. *261,280*
De tantos vìolas jazmines. *263,721*
Vestir vn leño como viste vn ala. *264,848*
Si como ingrato no, como auariento, *264,898*
Si como ingrato no, como auariento, *264,898*
Tan mal offrece como construidos *264,947*
Sabe como vna beata *269,136*
Como que pida la rica. *269,215*
Como ha de ser? Bien està. *269,261*
Como introducirme allà, *269,299*
Como a los baños de Alhama. *269,310*
Como a tu amigo Gerardo *269,334*
Como tu la boca le abras, *269,376*
Como el raio de la luz. *269,408*
Como pescador de caña, *269,427*
Como si fueran laud, *269,470*
Como moscas a alaxud. *269,480*
Andome como la abeja *269,489*
Como grano de altramuz, *269,498*
Colèàndo como atun. *269,500*
Discreta. Como tu mula. *269,638*
No entiendo eso como es. *269,653*
Como no ai otra moneda *269,665*
I negra como vna endrina, *269,678*
Como coche para mi. *269,716*
Siendo como es del Gerardo *269,783*
Como docto i como diestro. *269,902*
Como docto i como diestro. *269,902*
Que es la mula como vn oro. *269,949*
Como? Pidiendo i lleuando, *269,994*
Como a los muros de Thebas. *269,1013*
En ocasion como esta, *269,1075*
El Doctor os dirà como. *269,1211*
No es sino como se toma, *269,1291*
Como el me dexe que haga. *269,1313*
Como sobre prendas puedo. *269,1329*
Como? Qual? Que? Ten sossiego. *269,1378*
Como? Como si esta tarde *269,1402*
Como? Como si esta tarde *269,1402*
Alterada como necia, *269,1436*
I necia como burlada. *269,1437*
Como picada de valde, *269,1461*
Como? Despues lo sabras, *269,1606*

Tan léàl como el del beso. *269,1647*
Como lampara de plata, *269,1683*
Es como vn oro el hidalgo. *269,1721*
Tanto como io tu amigo. *269,1735*
Como corço que en la selua *269,1768*
I siendo como es assi, *269,1852*
I assi como tanto va, *269,1922*
Como scripto? En letras de oro; *269,1938*
Como a Hypocrates en Griego *269,1943*
Tan confessor, como el Cura *269,1983*
Como assi? Como harà, *269,1993*
Como assi? Como harà, *269,1993*
Serà daros como a niño *269,2003*
Como, Doctor? Mi Leonora *269,2013*
Thesbita como Elisea, *275,30*
Como verdolaga en huerta, *275,122*
Como sea pie de Carmen, *275,125*
Tan grato como pobre aluergue, donde *281,23*
Como asi la inuidia, en quanto *283,5*
Tan libre como sali. *286,28*
Ai como gime, mas, ai como suena, *287,9*
Ai como gime, mas, ai como suena, *287,9*
Sorda tanto como bella. *287,18*
Ai como gime, mas, ai como suena, *287,23*
Ai como gime, mas, ai como suena, *287,23*
Viuirè como desdichado; *287,38*
Viuirè como desdichado. *287,46*
Viuirè como desdichado. *287,54*
Viuirè como desdichado. *287,62*
Tiene la soledad como el desierto. *295,14*
Pisalo, mas como io, *301,24*
Si. E facem como em Lisboa *303,3*
Si. E facem como en Lisboa *303,29*
Si. E facem como em Lisboa *303,42*
Como en las manos de vn viejo *310,4*
Que pare como Virgen, *310,8*
Que pone como Madre. *310,9*
Como en las manos de vn viejo *310,19*
Que pare como Virgen, *310,23*
Que pone como Madre. *310,24*
Como en las manos de vn viejo *310,34*
Que pare como Virgen, *310,38*
Que pone como Madre. *310,39*
I simples hablen tantos como gasta. *313,53*
Luz como nube i raios como densa. *315,8*
Luz como nube i raios como densa. *315,8*
No volò como ella anduuo; *322,162*
De esmerjon, como la triste *322,347*
Como Pyramo lo viuo, *322,397*
I los ojos, como dicen, *322,415*
I no como el otro Mucio *322,426*
Lo que ignoras como niño *332,30*
Que lo sabes como Dios. *332,31*
Vengatiuo como siempre, *333,74*
Como se escurecia el sol en ellos. *340,4*
Como sean del golfo de Narbona. *342,14*
Como solia canora *344,4*
Como en firmeza lo he sido, *348,2*
Mirad como quereis vos *348,39*
Como ingrata la de aier. *355,64*
No como precipitado, *356,2*
Sino como conducido, *356,3*
Como ginete Africano, *356,10*
Como breue de cobarde, *357,31*
Como indistincto de ronco. *357,32*

Tan bella como diuina, *358,3*
Tan culto como galan. *358,4*
Risueño con el, tanto como falso, *363,9*
Tan vno como infinito, *373,10*
Como los vibra no sè. *376,28*
Mire, pues, como se sienta *388,13*
Como vuestra purpurea edad ahora, *395,2*
Por hambre expulso como sitîado. *396,4*
El mio, como dicen, en la huesa; *397,2*
I la mejor Ciudad de Francia, Como. *397,8*
Obscuro, pues, la voz como la pluma, *404,9*
Como si fuera Doctora, *405,2*
Como conozco su Flor), *410,4*
Vuestra nariz como quenta, *411,27*
Como cepo vuestra boca. *411,28*
Como tu bendita madre *419,51*
Cantando como vn Angèl: *419,60*
Como Dios hiço vn clabel. *419,78*
Tan libres podran ia como deuotos *421,51*
Que tanto anda el coxo como el sano. *428,14*
Como padre christiano i caballero, *446,6*
"No ai elemento como el empedrado", *451,12*
Tan sancto lo haga Dios como es Letran. *453,8*
Como en pañales niña que gorjea. *458,11*
Estos peñascos, como lo vio Atlante, *459,13*
De Montalban la lyra como mia, *472,5*
Porque, como les habla en lengua Tracia, *472,13*
I como en el sus ojos puestos tiene, *475,13*
Que entra el gato como el perro *477,39*
Como con tu diestra mano. *487,4*
Como lo estuuiera a nona, *490,28*
Como passamano de oro. *495,8*
Como de primero salta, *495,19*
Por venderse como en tiendas. *495,26*
Dicen que no saben como *495,32*
I siga io, tan libre como agora, *499,28*
(Como vereis) ha de quedar oi hecha, *499,47*
Busquemoslas: sabran como es venido *499,120*
Como con tal herida corrio tanto. *499,123*
Porque, como viste i vi, *499,144*
Mui mucho como el corcillo, *499,161*
No sè como la perdi, *499,180*
Lo juntè, como fue tanto, *499,190*
Como assi? Cintia hermosa, *499,224*
Como soi la que interesa, *499,301*
Cómo *1*
— Cómo es su nombre? — Alfange i vanderilla, *439,3*
Compadre *3*
Serenissimo compadre, *110,2*
De Cura en el de compadre: *130,20*
Siendo su compadre el mismo, *240,8*
Compañero *2*
Es sucio Esgueua para compañero, *151,5*
Que perdiò vn buen compañero, *266,18*
Compañía *9*
Lleguè, i a vuestra dulce compañia, *172,2*
Compañia, aunque bisoña, *259,104*
Tierno discurso i dulce compañia *263,226*
En tercio tal negar tal compañia *263,532*
I dissoluiendo alli la compañia, *263,644*
Desta pueril compañia, *266,14*
La que os haze compañia, *282,17*
(General de vna sancta compañia) *318,39*

De mis deudos irè a la compañia, *398,3*
Compañias *1*
De Iesûitas sanctas Compañias. *222,8*
Comparado *1*
Comparado con su talle; *85,6*
Comparen *1*
Que a sus ojos se comparen; *61,34*
Compas *4*
Su compas i globos *65,219*
Para lleualle el compas, *161,79*
Batiera el tiempo a compas *269,1123*
Tropiezo tan a compas). *387,6*
Compasion *1*
A compasion mouidos de mi llanto, *33,9*
Compassion *1*
I con mucha compassion, *161,120*
Compete *2*
Quando hablar mas le compete. *88,92*
aqueste mejor compete. *229,1820*
Competencia *1*
I, ofendido de tanta competencia, *467,13*
Competente *4*
Vasija competente; *103,72*
Competente officina, *264,204*
Pueblo, competente escusa, *304,26*
De competente numero la Griega, *318,261*
Competentes *1*
Medianias vinculen competentes *263,931*
Competian *2*
Competian en blancura *10,47*
Competian en blancura *63,51*
Competidor *1*
Cierto competidor suio *229,604*
Competidoras *1*
Cuias luzes, de el Sol competidoras, *263,682*
Competidores *1*
Son dulces competidores; *414,35*
Competir *3*
Mientras por competir con tu cabello, *24,1*
No tienen que competir *82,34*
Se desdeña competir. *304,16*
Competirà *1*
Competirà en dureza *125,20*
Compiten *1*
I se compiten lo blanco, *356,26*
Compitiendo *2*
Do las ordeña, compitiendo en vano *229,1054*
Como la Nimpha bella, compitiendo *261,265*
Completas *1*
Irè esta tarde a Completas *84,5*
Complicado *1*
Complicado al primero, i penetrada *230,81*
Complice *2*
I al ceuarse en el complice ligero *264,478*
Complice Promethea en la rapina *324,5*
Compone *2*
Compone Romances *65,237*
Para lecho les compone, *131,70*
Componer *1*
componer quiere a Isabela. *229,1451*
Compongante *1*
Compongante hymnos, *50,33*
Componiendo *1*
Componiendo vn estrambote. *107,64*
Compra *2*

Pasos gasta, viento compra, *149,52*
Compra algo? No, sino paga *269,817*
Comprada *1*
Emula en el sabor, i no comprada *203,116*
Comprado *1*
La mula que aun no he comprado. *269,868*
Comprados *1*
Raros muchos, i todos no comprados. *264,247*
Comprar *2*
De comprar... Que? Vna andadora *269,759*
Comprar mula mi pobreza *269,833*
Comprarèmos *1*
Comprarèmos de el, *5,25*
Comprarò *1*
La comprarò. Vi ringracio. *269,776*
Compraua *1*
Para mi compraua pollos, *26,55*
Compre *1*
Que el le compre el resplandor, *167,47*
Comprò *1*
Con lo que comprò al ventero *81,15*
Compuesta *1*
De dia compuesta en coche, *496,12*
Compuestos *1*
I los ojos mas compuestos *82,19*
Compulsarà *1*
Trompa final compulsarà del suelo, *318,411*
Compulsen *1*
De Iupiter compulsen; que aun en lino *263,841*
Compungido *1*
Compungido lo agradece. *249,7*
Compuso *2*
no compuso tal Comedia. *229,3391*
Vna rima que compuso *322,174*
Comun *5*
Patria comun de la nacion bermeja, *200,7*
Para engañar al comun *269,414*
Al exercicio comun, *287,70*
Que al bien creces comun, si no me engaña *318,91*
Piedad comun en vez de la sublime *363,5*
Comunes *2*
Al mundo exemplos comunes. *75,88*
Que el mar criuando en redes no comunes, *264,413*
Comunicado *1*
Me ha comunicado Astolfo *83,86*
Concas *1*
Papas de mijo en concas de madera, *476,12*
Concauo *4*
Lo concauo hacia de vna peña *261,309*
Al concauo ajustando de los cielos *263,99*
En lo concauo, el jouen mantenia *263,268*
Concauo frexno, a quien gracioso indulto *264,283*
Concebir *1*
Sin concebir rocio, parir perlas. *261,376*
Conceda *1*
Que solo es bien se conceda *265,8*
Concedale *1*
Concedale pues el claustro *242,101*
Concedaos *1*
Concedaos Dios, en senectud dichosa, *465,13*
Concede *10*
Por bruxula concede vergonçosa. *263,731*

96

CONCORDANCIAS LEXICOGRÁFICAS DE LA

Se la concede su hermano, *269,278*
A qualquiera pie concede *275,123*
De quanta le concede luz el dia. *281,6*
Al que le concede el mundo *306,14*
Concede a pocos tanto ministerio. *318,264*
Vn rubi concede o niega, *322,61*
Blancos lilios les concede. *333,52*
Concede a la muger su Señoria; *367,10*
Terminos concede el sol *375,46*
Conceded *1*
Tiempo le conceded quanto *205,27*
Concededme *1*
Concededme, dueño mio, *64,49*
Conceden *1*
Se lo conceden de grado *418,37*
Conceder *1*
Que se me ha de conceder; *217,80*
Concederme *1*
Por ti, concederme quiera *382,8*
Concedes *1*
Poco espacio me concedes, *322,237*
Concediaselas *1*
Concediaselas, quando *226,13*
Concedido *2*
Cuios altos no le era concedido *315,51*
No ai passo concedido a maior gloria, *434,10*
Concediendole *1*
Dulce ia concediendole, i risueña, *261,307*
Concediera *1*
Lo que concediera vn odio. *357,96*
Concedio *1*
El primer bello le concedio pollo, *264,856*
Concediò *3*
No a las palomas concediò Cupido *261,329*
Que se concediò a la China. *265,10*
Pues quien me concediò vn dia, *375,17*
Concediolo *1*
Concediolo risueño, *264,645*
Concedo *2*
Quiere ser rio? Io se lo concedo; *152,5*
Lo concedo. Vi ringracio. *269,748*
Concento *8*
De las Nymphas el choro, i su concento *166,40*
(Librandome el lenguage en el concento)
203,26
I el applauso al concento de las aues. *261,324*
Efectos, si no dulces, del concento, *263,345*
Sirenas de los montes su concento *263,550*
Al concento se abaten crystalino *263,585*
Entre el concento pues nupcial oiendo *318,345*
Concento la otra del clarin de Marte; *404,4*
Concentos *1*
Entre concentos de llanto *333,7*
Concentúòsa *1*
Concentúòsa suma *264,182*
Concentúòso *1*
Concentúòso choro diligente, *315,13*
Concepcion *1*
Concepcion limpia, donde ciega ignora *270,3*
Concepto *1*
De el concepto i de el estilo *229,401*
Conceptos *1*
O conceptos que no saben. *414,24*
Concertada *3*
Quien la tiene concertada; *167,94*

Muger concertada ia *229,938*
Con Lelio estoi concertada; *229,1340*
Concertado *4*
Vino concertado ia *229,1284*
Concertado? Si, i aun creo *229,1286*
Que en Seuilla concertado *229,1289*
Vn pie no bien concertado *330,9*
Concertados *3*
Concertados sin contiendas *141,5*
De concertados violines, *300,26*
Diez mal concertados pies. *330,10*
Concertaron *1*
I sus muertes concertaron. *228,156*
Concertò *1*
mi padre me concertò *229,1292*
Concertòla *1*
Concertòla en cient ducados, *269,789*
Conceto *1*
En dos antiguas trobas sin conceto. *255,4*
Concetúòsamente *1*
Concetúòsamente se desata, *290,2*
Concha *7*
Que dio en la concha de Venus *107,19*
de la concha fue de Venus *229,594*
Del sol de Austria, i la concha de BAVIERA,
245,10
Obscura concha de vna MARGARITA, *247,12*
Concha, si mucha no, capaz ostenta *264,197*
De la purpurea concha de tu boca; *269,1262*
I concha suia la misma *376,15*
Conchas *8*
Io conchas i caracoles *7,26*
Entre estas conchas la perla, *121,98*
De caracoles i conchas. *149,118*
Quantas el blanco pie conchas platea, *261,374*
Las blancas hijas de sus conchas bellas,
263,432
Si de purpureas conchas no histríàdas, *264,383*
Entre las conchas oi del Sur esconde *264,774*
En sus conchas el Sauo, la hermosa *318,285*
Conciencia *6*
Que le rasque la conciencia. *73,92*
Su conciencia i sus dineros, *105,40*
De mejor conciencia, *160,114*
Cual la conciencia imagino *269,37*
Es la conciencia del reo, *269,1343*
De su conciencia, bien que Garça el santo,
404,31
Concierta *1*
O se concierta o por poder responde, *203,75*
Concierto *3*
I aun es de tanto concierto, *105,82*
Si no se altera el concierto; *269,1591*
Vozes darà sin concierto: *269,1659*
Concitò *1*
Montes de espuma concitò herida *264,489*
Concluia *2*
I silencio se concluia *91,16*
Dessea que se concluia *229,198*
Concluida *1*
La tantos años puerta concluida *318,611*
Concluie *2*
I con la llama concluie. *75,40*
Aqui es donde le concluie. *229,1319*
Concluio *1*

teniendole alli? Concluio *229,3020*
Concluso *1*
Del processo ia concluso, *322,378*
Concordia *1*
Cadenas, la concordia engarça rosas, *263,789*
Conculcado *2*
Mas, conculcado el pampano mas tierno
261,469
Conculcado hasta alli de otro ninguno, *263,415*
Conculcador *1*
Docto conculcador del venenoso *315,27*
Conculcò *1*
Si conculcò estandartes su cauallo? *337,11*
Concurren *2*
Concurren todas, i el peñasco duro, *261,495*
Preuenidas concurren a las bodas. *263,622*
Concurria *1*
Concurria el camino. *263,584*
Concurrido *1*
Ha concurrido a este acto, *259,11*
Concurrientes *1*
A la voz concurrientes del anciano. *264,254*
Concurrieron *1*
Sè al menos que concurrieron *228,65*
Concurso *7*
El concurso es frequente. *103,52*
Concurso impacìènte *263,756*
De el concurso ligero *263,1074*
O casùàl concurso mas solene, *318,466*
Dexandole el concurso el despidiente *336,7*
Que los dudara el concurso, *355,55*
Concurso vio ia Cordoba profano; *437,11*
Concursos *1*
Su peligro en los concursos, *322,96*
Condados *1*
Con dados ganan Condados; *126,8*
Conde *20*
Viuda del conde Rodulpho, *27,10*
Conde que fue en Normandia *27,11*
Tan deudo del Conde Claros, *111,7*
Para Conde de Tirol; *122,42*
De las locuras dèl Conde. *131,136*
I al Conde mas rico, *160,71*
Conde de Gitanos, *160,73*
I combleço de algun Conde, *167,98*
El Conde mi señor se fue a Napòles; *233,1*
O excelso CONDE, en las purpureas horas
261,3
O Conde de Rauanal. *288,80*
Que deuerà al glorioso Conde España. *318,608*
Belgico siempre titulo del Conde, *318,622*
El Conde mi señor se fue a Cherela *367,1*
El Conde mi señor se va a Napòles *379,1*
Vn Conde prometedor, *410,1*
Del Conde de Villaflor. *417,4*
"Aqui de el Conde Claros", dixo, i luego *432,1*
Al Conde tu señor de esos despojos, *439,11*
Que no me hizo Dios conde de Fuentes. *454,4*
Condeduque *1*
El CONDE-DUQUE, cuia confidencia *421,53*
Condena *8*
A que le condena el Rei, *49,23*
Que ella me condena a muerte, *95,51*
Ni a otras prisiones condena, *178,12*
I fulano sotillo se condena *199,7*

Este pues Sol que a oluido le condena, *263,737*
Mi consejo oi te condena. *269,172*
El remo a que nos condena *287,11*
El remo a que nos condena *287,25*
Condenaciones *1*
Condenaciones de jaspe; *63,64*
Condenada *2*
Ahora condenada a infamia eterna *72,44*
Ella en vista condenada, *167,49*
Condenado *5*
Siempre al remo condenado, *38,35*
Que en casa del condenado *107,27*
I, condenado su esplendor, la deja *261,111*
I fue condenado al punto, *322,26*
En la capilla estoi i condenado *396,1*
Condenalle *1*
Condenalle por lo escrito. *269,250*
Condenan *1*
Sin oillos, condenan *127,2*
Condenarme *1*
Sino condenarme ahora *95,5*
Condenarse *1*
Condenarse en Castellano *105,36*
Condeno *1*
Mas el curallos condeno, *225,6*
Condenò *3*
Le condenò a pensamientos. *106,12*
Le condenò a su oluido. *263,736*
Que a luz le condenò incierta la ira *264,792*
Condes *6*
I a Condes muchos serenos, *55,46*
Seruì a Condes, seruì a Reies, *96,105*
Todo sois Condes, no sin nuestro daño; *154,9*
Condes somos de Buendia, *228,123*
Si no somos Condes Claros". *228,124*
del que es palma de los Condes. *229,471*
Condescendiò *1*
Condescendiò con sus ruegos *149,79*
Condicion *12*
Como io, Amor, la condicion airada, *43,9*
Damas de condicion tal, *55,19*
No estraguen tu condicion *62,51*
I su condicion, *65,13*
De su condicion *65,77*
condicion es natural *229,179*
Tanto, mas con condicion, *229,191*
Condicion es famular, *229,396*
Condicion tienes bien recia. *229,1748*
Maior de condicion ser encoxida; *396,6*
De condicion de pelotas, *495,15*
Trueca, mas con condicion *499,275*
Condiciones *2*
Las condiciones de ausencia. *62,52*
Las condiciones de ausencia, *91,18*
Condolida *1*
Decima va condolida *330,5*
Condolido *2*
Condolido detente. *103,80*
Da al mar; que condolido, *263,11*
Conduce *9*
El farol que le conduce, *75,50*
I conduce entre pastores *131,6*
Vn politico medio le conduce *203,92*
Que sin fanal conduce su venera. *261,116*
Al son de otra çampoña, que conduce *263,1078*

Sus gracias Venus a exercer conduce *318,441*
Conduce sacros, que te haze vndosa *318,555*
Del que ia conduce amante, *355,93*
Forastero, a quien conduce *376,33*
Conducen *2*
Que conducen el dia, *264,733*
Norte frondoso conducen *285,15*
Conducia *1*
Amor conducia en las señas, *354,5*
Conducida *5*
Conducida llegò a pisar el prado, *137,5*
Purpurea terneruela, conducida *263,287*
De tus remos ahora conducida, *264,551*
Esta, pues, gloria nuestra, conducida *318,289*
Conducida desta suerte *333,78*
Conducido *5*
Besa el puerto, altamente conducido *218,12*
No del impulso conducido vano *318,201*
Sino como conducido, *356,3*
Conducido alimenta, de vn cauello, *400,12*
Le ha conducido en paz a saluamento!) *421,59*
Conducidor *2*
Conducidor de exercitos, que en vano *220,6*
Si a vn leño conducidor *322,241*
Conducidos *2*
Mal conducidos, quando no arrastrados, *261,163*
Llegaran conducidos. *263,754*
Conduciendo *1*
Conduciendo a Egypto el grano, *373,15*
Conducir *2*
Conducir orcas, alistar Vallenas, *263,436*
Conducir el carro *350,15*
Conducto *1*
En el poluo del conducto. *322,260*
Conductores *1*
Ni de sus conductores esquilmada. *325,4*
Conduxo *4*
Conduxo, perlas su frente, *142,7*
Conduxo, muchos luego Palinuro; *263,398*
Conduxo, de vn sexo i otro *275,99*
Te conduxo ia al thalamo, i la rosa *280,50*
Conduze *1*
Sus pollos este al mar conduze nueuos, *264,259*
Conduzga *3*
Que a Argel su remo los conduzga mudo, *318,371*
Conduzga solo vn suspiro, *384,33*
I conduzga infanteria: *413,42*
Conduzgan *2*
Sus plumas son, conduzgan alta Diosa, *263,808*
Remos que le conduzgan, ofreciendo *318,74*
Conduzgo *1*
Que cisne te conduzgo a esta ribera? *264,544*
Conduzidores *1*
De los conduzidores fue de cabras, *263,92*
Conejos *4*
Los conejos o las Musas. *26,24*
Porque lo es de conejos. *58,12*
Dos conejos, prima mia, *224,1*
los conejos, la tortada, *229,2835*
Conejuelo *1*
La paz del conejuelo temeroso: *263,306*
Conejuelos *1*
Conejuelos que, el viento consultado, *264,279*

Conferencias *1*
Io conferencias en juntas, *269,445*
Confesado *1*
I partirè a lo menos confesado. *396,8*
Confesion *1*
Morirà sin confesion *37,47*
Confeso *1*
Que el confeso al Cauallero *6,109*
Confessado *2*
ser Lelio confessado ha? *229,3432*
Porque muera a lo menos confessado. *269,404*
Confessando *1*
Confessando la que fui. *269,1357*
Confessarè *1*
Que le confessarè de qualquier arte, *152,12*
Confesseis *1*
Luego que confesseis vos *303,6*
Confessò *1*
que de plano confessò *229,1484*
Confessor *1*
Tan confessor, como el Cura *269,1983*
Confiadas *1*
Loquillas i confiadas, *29,4*
Confiado *3*
I confiado, pues *193,10*
Vn ingrato, vn confiado, *229,2132*
Que necio està vn confiado! *229,2699*
Confiança *3*
La edad i la confiança. *29,6*
i la confiança a Troia. *229,1750*
Gran confiança! A leello *229,1965*
Confiar *1*
en confiar este dia, *229,107*
Confidencia *1*
El CONDE-DUQUE, cuia confidencia *421,53*
Confiesalo *1*
Confiesalo Carthago, i tu lo ignoras? *394,9*
Confieso *1*
pues besa i vende. Confieso *229,674*
Confiessa *1*
Si tu corriente confiessa *497,38*
Confiesso *4*
I io las confiesso! *50,92*
Confiesso que de sangre entendi que era *182,12*
de los motes que confiesso. *229,2729*
Confiesso de quando en quando *269,461*
Confines *3*
Por todos estos confines, *48,50*
De Galicia i sus confines, *204,46*
mas ni aun vuela sus confines. *229,2056*
Confio *2*
Alientate, que confio, *229,82*
Voime, i hacello confio. *229,364*
Confirmado *2*
Que han confirmado amistad *95,26*
Confirmado me ha el diamante *229,1994*
Confirmando *1*
El Virrei, confirmando su gouierno, *318,183*
Confirmò *1*
I en viendola confirmò *161,118*
Confirmòse *1*
Confirmòse la paz, que establecida *318,273*
Confitandole *1*
Confitandole disgustos *322,454*
Confite *1*

Quien por menos de vn confite *493,22*
Confiteros *1*
O los gasta en confiteros, *167,37*
Conformes *1*
i Marcelo i io, conformes, *229,481*
Confunda *2*
Tal, que su espada por su DIOS confunda *77,60*
Los terminos confunda de la cena *264,245*
Confunde *4*
La selua se confunde, el mar se altera, *261,93*
Confunde el Sol i la distancia niega. *263,196*
Lo que se confunde en el, *371,7*
Cuio ejemplo confunde i amenaça; *442,8*
Confunden *3*
Que la attencion confunden judiciosa.
   263,1053
En ruda si confunden oficina, *324,4*
Confunden los capiteles *333,26*
Confundiò *1*
Apenas confundiò la sombra fria *318,513*
Confundir *1*
Para mas os confundir. *304,8*
Confundo *1*
Si los tiempos no confundo, *322,494*
Confusa *6*
En soledad confusa, *262,3*
Lisonja, si confusa, regulada *264,717*
Repitiendo confusa *264,921*
Confusa multitud de gente Mora. *278,4*
Solicitar le oiò sylua confusa, *312,23*
En sola su confusa monteria *499,84*
Confusamente *3*
Que no es bien que confusamente acoja *16,12*
Que hazian desigual, confusamente, *263,43*
I las confusamente acordes aues *264,351*
Confusas *3*
De confusas nieblas, *79,40*
Responden las confusas, las postreras *230,32*
Confusas entre los lilios *285,37*
Confusion *8*
I de confusion igual. *2,44*
La confusion pisando de el desierto, *100,3*
esta confusion crúèl. *229,3041*
De confusion tan prolixa *229,3178*
Que confusion i fuego *263,377*
La dulce confusion hazer podia, *263,485*
Numero i confusion gimiendo hazia *264,806*
Esta, pues, confusion oi coronada *324,9*
Confuso *9*
Confuso alcaide mas, el verde soto. *261,248*
Menos cansado que confuso, escala. *263,51*
Confuso Baccho, ni en bruñida plata *263,868*
Entre el confuso pues, zeloso estruendo
   264,735
Le va entrando en vn confuso *288,31*
De vn Albor ni confuso ni distinto. *315,4*
Confuso hizo el Arsenal armado *318,569*
Al confuso acorde son, *331,22*
De los PHILIPPOS: Tu, confuso en llanto,
   368,45
Confusos *3*
A los confusos raios, su cabello: *261,278*
De sus confusos senos, *264,278*
I de jazmines confusos. *322,56*
Congo *4*

Zanbanbu, morenica de Congo, *207,15*
En Congo aun serà bien quista. *207,39*
Al estoraque de Congo *322,157*
Do Rei de Congo canta Don Gorgorio, *430,11*
Congoxa *2*
I dame congoxa *56,25*
I en estotros la congoxa, *97,26*
Congoxale *1*
Congoxale esto de suerte, *288,41*
Congoxas *1*
Començò a mentir congoxas, *82,89*
Congregacion *1*
I su congregacion en farandula. *438,8*
Congrio *1*
El congrio, que biscosamente liso *264,93*
Conhorta *1*
Nos conhorta aun de murtas vna mesa; *397,6*
Conjugal *1*
El dulce lecho conjugal, en quanto *263,802*
Conjuncion *2*
la conjuncion de los dos *229,680*
A cada conjuncion su pesqueria, *264,409*
Conjuntos *1*
Apartamientos conjuntos, *322,136*
Conjuracion *1*
De vientos no conjuracion alguna, *263,67*
Conjuradas *1*
Mas del viento las fuerças conjuradas *19,5*
Conjurado *3*
Conjurado se han los tres *107,45*
De vando contra el cielo conjurado. *112,8*
Sople rabiosamente conjurado *399,1*
Conjuro *3*
Que experiencias? que conjuro *229,1330*
Turbada assi de Thessalo conjuro *315,5*
No es conjuro que la saca. *411,32*
Conjuros *1*
A poderosos conjuros. *322,272*
Conmigo *11*
Pudo conmigo el color, *82,53*
Ahora bien, Dios sea conmigo. *229,250*
Conmigo quiero hablar, *229,719*
no fue de callar conmigo. *229,721*
Laureta, vente conmigo, *229,1863*
mis pensamientos conmigo. *229,1928*
Venid conmigo, Tadeo. *229,2854*
para que hablas conmigo? *229,3061*
Laureta, vente conmigo. *229,3131*
Pues entra, hijo, conmigo. *229,3366*
Que podrà el mar, si conmigo *384,13*
Conoce *9*
Nueuos conoce oy dia *25,53*
Pues conoce vn galgo *65,47*
Conoce mui bien *65,221*
No te conoce el suelo, *125,30*
No porque al Moro conoce, *131,18*
los raios, que oi se conoce *229,533*
que se conoce en Europa, *229,739*
que se conoce mejor. *229,3373*
I no conoce varon! *257,24*
Conoceis *2*
No me conoceis, señor? *229,2954*
Conoceis a Emilio? Digo *229,3108*
Conocele *4*
Conocele porque ha sido *242,49*

Conocele, que predica, *242,53*
Conocele, que no tiene *242,57*
Conocele, mas la honra *242,61*
Conocella *1*
a quien me hizo conocella: *229,709*
Conocelle *1*
Que quanto en conocelle tardò Roma *263,497*
Conocello *2*
de conocello en los pies: *229,2785*
Sino para conocello. *269,576*
Conocer *3*
Io he ganado en conocer. *229,386*
Ha de conocer la bestia *269,711*
En medio el suio conocer mi fuego *499,11*
Conoceràn *1*
Mas no las conoceràn. *300,23*
Conoceros *1*
No os conozco, Isabel. Sin conoceros, *461,1*
Conoces *2*
Camilo, pues que conoces *229,862*
No lo conoces bien tu. *269,1114*
Conocesle *1*
vn... Tu conocesle bien. *229,2134*
Conocesme *1*
Conocesme? Como a mi. *229,3199*
Conoci *2*
Despues que me conoci, *83,101*
Le conoci, que a pesar *479,2*
Conocias *1*
que me conocias? Si; *229,3219*
Conocida *1*
Pues siendo conocida tu innocencia, *462,3*
Conocido *3*
Tienen solar conocido. *167,30*
Conocido del marfil *177,29*
por averte conocido. *229,1670*
Conociera *1*
(Tal conociera su Villa *410,3*
Conocimiento *2*
Qual es? El conocimiento. *229,3198*
Vn conocimiento dèsos, *257,28*
Conociò *2*
Bien conociò su valor *61,51*
Cuio verdor no conociò mudança. *203,63*
Conociste *1*
Conociste a vna Belisa, *229,3258*
Conozca *4*
Conozca el Cancro ardiente, el Carro elado,
   77,48
ai quien me conozca bien. *229,3207*
Que no le conozca ella: *257,23*
El mundo todo conozca *259,38*
Conozcais *1*
Para que la conozcais, *95,42*
Conozcan *1*
Conozcan quien es Daliso *48,79*
Conozco *6*
Estas verdades conozco, *83,102*
Que he callado, i ia conozco *242,74*
Que del amor que conozco *322,191*
Como conozco su Flor), *410,4*
Alguno conozco io *412,10*
No os conozco, Isabel. Sin conoceros, *461,1*
Conquista *1*
De la conquista o de el hurto, *322,242*

Conquistador *1*
Digo de conquistador, *161,38*
Conquistòle *1*
Conquistòle sus criadas, *229,592*
Consagra *2*
Quien deuoto consagra oi a tu vulto *315,79*
Votos de España son, que oi os consagra *323,9*
Consagrad *1*
Consagrad, Musas, oi vuestro talento *182,5*
Consagradas *1*
De estas plantas, a Alcides consagradas; *19,4*
Consagralle *1*
Consagralle la humilde Musa mia, *172,7*
Consagrando *1*
Consagrando los pallios a su esposa, *263,568*
Consagro *2*
A la vengança consagro. *96,156*
Beldad consagro"; i la lisonja creo *137,10*
Consagròse *1*
Consagròse el seraphico Mendoça, *231,1*
Consciencia *6*
La consciencia de vn nebli, *111,32*
I de consciencia a la persona sabia. *135,11*
i otra a su mala consciencia. *229,435*
Espero en mi consciencia lo que digo, *233,13*
De su consciencia clauero *259,69*
Al que de la consciencia es del Tercero *336,1*
Consegui *1*
Consegui la salud por la piadosa *465,9*
Conseguir *1*
por la espada conseguir, *229,2483*
Conseguiremos *1*
Conseguiremos en esto *48,61*
Consejo *13*
Fatiga tanto al Consejo, *96,37*
Que el pide al Consejo en paño". *96,44*
Que dè io en mi mal consejo! *229,374*
nos està dando consejo! *229,905*
oiendo estaba el consejo *229,927*
Dexese de dar consejo *229,1006*
Tanto consejo a mi padre, *229,1248*
Si tu neutralidad sufre consejo, *263,518*
Mi consejo oi te condena. *269,172*
En vn consejo que da *269,1907*
Al santo Rei que a tu consejo cano *318,95*
Prouido el Sando al gran consejo agrega *318,257*
Que es el consejo mas llano *490,22*
Consejos *1*
Buenos consejos me ha dado, *229,1654*
Consentimos *1*
Por esta vez consentimos *334,82*
Conserua *6*
La conserua i mira *65,142*
La conserua del pipote. *107,44*
En conserua del Virrei, *132,12*
Conserua de calabaza. *148,36*
Conserua en qualquiera casa, *159,58*
Frutas conserua en sus valles *358,17*
Conseruad *3*
Conseruad la vida *205,3*
Conseruad la vida *205,21*
Conseruad la vida *205,33*
Conseruada *1*
Entre viejas conseruada, *98,43*

Conseruan *1*
Sus vestidos conseruan, aunque rotos, *173,12*
Conseruaràn *1*
Conseruaràn el desuanecimiento *264,142*
Conseruas *1*
Conseruas de Braga. *56,39*
Consideracion *1*
I sin consideracion *161,102*
Consideradlo *1*
Consideradlo mejor. *269,728*
Considerados *1*
Que, considerados bien, *48,27*
Considerar *1*
Sin considerar mejor, *269,23*
Consiente *8*
Si la causa lo consiente. *57,28*
Torpe nido consiente. *103,44*
Con orden i rûído, el que consiente *152,7*
ni aun la muerte le consiente. *229,963*
que el cielo no lo consiente *229,3456*
I dulce Musa entre ellas, si consiente *263,891*
De metal aun precioso no consiente, *341,6*
Si tu ambicion lo consiente, *497,12*
Consientes *1*
Que, si consientes dezillo, *499,129*
Consignados *1*
Los consignados premios otro dia, *263,563*
Consigo *3*
La carta que trae consigo; *105,109*
Lleuando gente consigo, *477,12*
Consigo cierto embarazo, *496,21*
Consiguiolo *1*
Consiguiolo, i atacando *288,65*
Consintio *1*
No le consintio acabar *96,133*
Consistente *1*
Consistente. Que merece? *269,929*
Consistorio *1*
Consistorio del Santo *421,14*
Consolada *1*
Muere en quietud dichosa i consolada, *364,5*
Consolalla *1*
Salgamos a consolalla, *499,200*
Consolalle *1*
Consolalle pudiera el peregrino *263,507*
Consolarse *1*
Aunque para consolarse *28,33*
Consonancias *2*
Consonancias desaten differentes; *203,21*
Consonancias de salud. *269,472*
Consonantes *1*
En quarenta consonantes *107,15*
Consorte *5*
Consorte es generosa dèl prudente *162,9*
Da a su consorte ruiseñor vîúdo, *318,407*
El dote fue menor de su consorte; *318,428*
El luminoso objeto sea consorte, *403,11*
El thalamo consorte de el marido, *460,2*
Constancia *1*
Mi constancia quan fiel, *348,9*
Constante *5*
De vuestro imperio, i de mi fe constante *170,10*
Aunque es tradicion constante, *322,493*
Mal aias tu si constante *378,45*
(I lo tengo por constante) *411,6*

Vnico Phenix es mi amor constante, *457,9*
Constituto *1*
Al termino constituto; *322,360*
Construida *2*
Si a mas gloriosa Phenix construida. *247,4*
De aromaticos leños construida, *364,2*
Constrúlda *1*
Esa al margen del agua constrúlda, *298,8*
Construidos *1*
Tan mal offrece como construidos *264,947*
Construie *2*
Pyra le erige, i le construie nido. *263,465*
Fabrica te construie sumptûòsa *315,67*
Construien *1*
Al flaco da, que me construien muro, *264,589*
Construiendo *1*
Que engaños construiendo estan de hilo. *264,219*
Construieron *1*
Construieron Salon, qual ia dio Athenas, *318,463*
Construiò *2*
Construiò a su boboncilla *322,107*
Que a Egypcio construiò barbara fama *368,6*
Consuegro *2*
Baxemos a buscar a mi consuegro. *229,2228*
Lelio, hijo, mi consuegro *229,2930*
Consuela *2*
I lo dulce que consuela, *214,22*
porque su armonia consuela; *229,299*
Consuele *1*
No ai cosa que assi consuele, *85,19*
Consuelese *1*
Consuelese Vóacè, *242,117*
Consuelo *8*
I en tu ausencia ten consuelo; *49,90*
que bien podran ser consuelo *229,1651*
Gran consuelo es, Galeaço, *229,3402*
Ver rompidas sin consuelo *269,1035*
Si me das este consuelo, *269,1159*
Consuelo dulce el clauel *375,15*
Consuelo me dareis, si no paciencia, *433,5*
Ô arco de mi consuelo, *499,280*
Consul *2*
Prudente Consul, de las seluas dino, *295,5*
Que estraña el Consul, que la Gula ignora. *318,80*
Consules *2*
Los Consules estàn ia, *167,18*
Guloso de los Consules regalo. *264,101*
Consulta *4*
Como consulta la Dama *105,67*
En consulta estan los tres. *229,2940*
A quien Doral consulta *264,834*
I essa Inscripcion consulta, que elegante *314,7*
Consultada *2*
Consultada en oraculo profano, *250,10*
De limpia consultada ia laguna, *264,573*
Consultado *1*
Conejuelos que, el viento consultado, *264,279*
Consultarà *1*
No consultarà vna vez *105,69*
Consultarselo *1*
Consultarselo primero *269,1568*
Consuma *2*

Trabajo tal el tiempo no consuma, *244,11*
Que tiempo podrà auer que las consuma, *271,10*
Consume *3*
Donde Hero se consume, *75,62*
Lasciua inuidia le consume el pecho *269,1248*
Que lo que consume el fuego, *416,12*
Consuno *2*
Holguemonos de consuno, *27,74*
Accusaron de consuno *322,266*
Contacto *1*
Cuio bello contacto puede hacerlas, *261,375*
Contado *4*
Que auia contado el dinero *161,23*
te he contado lo que oies, *229,637*
a lo que contado me ha. *229,669*
I de contado, porque *299,8*
Contagio *1*
Contagio original quiçà de aquella *264,87*
Contando *2*
Contando de las palomas *131,87*
Contando estaban sus raios *287,1*
Contar *2*
Encinas la montaña contar antes *263,910*
A contar, i hize pausa, *499,309*
Contarè *1*
Les contarè a sus mercedes *81,2*
Contaron *1*
Que se contaron sus vidas, *228,155*
Contaros *1*
Que lleuo muchas cosas que contaros. *203,9*
Contaua *1*
Contaua en los raiados capiteles, *264,703*
Contè *1*
Tantas contè, que mis penas *116,47*
Contempla *3*
Contempla luego en Balaja, *62,33*
La qual, mientras la contempla, *62,34*
Euaporar contempla vn fuego elado, *120,39*
Contemplatiuo *1*
El Moro, contemplatiuo, *62,45*
Contemple *1*
Contemple qualquier Christiano *73,17*
Contenia *1*
La orça contenia *263,327*
Contenido *1*
De los campos apenas contenido, *318,197*
Contenta *10*
Contenta viuiò con el, *27,5*
Que viuiera mas contenta *27,7*
Pero a mi mas me contenta *37,3*
Pero a mi mas me contenta *37,15*
Pero a mi mas me contenta *37,27*
Pero a mi mas me contenta *37,39*
Pero a mi mas me contenta *37,51*
Cantando viene contenta, *226,21*
Contenta ia en ser igual, *239,18*
De aluergues, donde la humildad contenta *264,198*
Contento *18*
Para su contento *11,5*
Sembraban su contento o su cuidado, *14,5*
Mui contento i mui burlon. *161,96*
Silua cada vez contento, *177,17*
Sella ahora el estomago contento. *182,8*

El, contento, fia su robo *226,105*
Que contento el señor va *229,665*
para hurtar mui contento, *229,1200*
i que, por darme contento, *229,1556*
Goçaràla, i io contento, *229,2454*
Contento de ser Galeaço *229,3528*
Que en las seluas contento, *263,141*
Con mi mula estuiera mas contento *273,3*
De la tranquilidad pisas contento *294,12*
Lares repite, donde entrò contento, *318,342*
Señas dando festiuas del contento *318,457*
Descanso i contento en ellas. *498,12*
Mas quede el braço contento, *499,132*
Contentos *1*
I mis contentos aplico, *98,78*
Contera *3*
I de astrologa contera, *98,34*
con la contera que echò *229,668*
Vuestra sobrina, cara de contera, *448,7*
Conterraneo *1*
Que mi conterraneo es *346,7*
Contestes *1*
Contestes de estos amores, *131,134*
Contextura *1*
I el tiempo ignorarà su contextura. *343,11*
Contiendas *1*
Concertados sin contiendas *141,5*
Contienden *1*
Me contienden tus dulces ojos bellos! *120,3*
Contiene *7*
Quantos cabellos contiene. *57,60*
Contiene la republica volante *203,23*
Quantas contiene vn vergel *217,2*
No contiene el bosque gruta, *268,13*
Letras contiene este Volumen graue; *272,2*
Desgarros contiene mas *288,22*
Contiene vuestro albor i dulce espera *395,10*
Contienen *2*
Contienen aquel nombre en partes tantas *30,3*
Contienen, tan pobres ambos, *228,6*
Contigo *7*
se desconcertò contigo, *229,1342*
o contigo, o con tu espada, *229,1343*
i quiero enufâr contigo. *229,1810*
voluerà contigo a casa. *229,2249*
Contigo me he de casar. *229,2719*
Contigo, Donato, vengo *229,3340*
Que ha de ir contigo el Doctor. *269,128*
Contina *1*
En poner tan contina *313,2*
Continencia *2*
Que perdiò la continencia, *130,10*
O pureza fecunda o continencia. *368,42*
Continente *2*
Dos mundos continente son pequeño; *318,204*
Quando no la maior de continente *318,534*
Contino *2*
En el murmurar contino *217,81*
Le està contino bahando. *308,24*
Continua *1*
si no la instancia continua, *229,851*
Continúàda *2*
Iaze en el mar, si no continúàda *264,190*
Dulce continúàda primauera *318,179*
Continuo *1*

Que estè de continuo en vela, *496,15*
Contò *3*
Contò, aues dichosas, *129,20*
Contò, dichosas aues, *129,23*
Quien besos contò i quexas, *129,25*
Contornos *2*
En los contornos la inquiere, *357,93*
Doliendose en los contornos *357,94*
Contrai *1*
Que los saios de contrai *93,54*
Contraponer *1*
I contraponer el pecho *61,23*
Contrapuncto *1*
De el cautiuo contrapuncto, *322,442*
Contraria *1*
Contraria fuera a tu virtud cansada, *460,13*
Contrario *4*
Do el bien se goza sin temer contrario; *12,11*
De el animoso contrario. *228,204*
Vno con otro contrario: *356,20*
No a mi ambicion contrario tan luciente, *392,12*
Contrarios *1*
De contrarios accidentes: *329,2*
Contrastar *1*
Contrastar a mis dos braços". *228,216*
Contraste *1*
A la tienda del contraste. *269,330*
Contricion *1*
Contricion i penitencia *213,9*
Contrita *2*
Que zi contrita i abzuelta *210,11*
I a tus pies contrita su alma, *259,61*
Conualesci *1*
Conualesci en pocos dias, *229,576*
Conuatieron *1*
Donde conuatieron antes *63,150*
Conuecina *4*
Del campo, i de sus Echos conuecina! *203,81*
En la riuera vimos conuecina *264,508*
Quantas niega a la selua conuecina *318,405*
La planta mas conuecina *322,313*
Conuecinas *1*
De torres conuecinas a los cielos, *195,2*
Conuecino *2*
Meta vmbrosa al vaquero conuecino, *263,581*
Que el conuecino ardor dulces amantes. *264,644*
Conuecinos *1*
Los deuotos conuecinos *228,63*
Conuença *1*
Su ocio no le conuença! *412,17*
Conuencida *1*
Conuencida la madre, imita al hijo; *261,462*
Conuenga *1*
Quien ama, aunque no conuenga, *229,1084*
Conuento *2*
En el insigne Conuento *259,85*
El Palacio gentil, digo el Conuento, *294,10*
Conuersacion *2*
No busque conuersacion. *269,1773*
Su dulze conuersacion. *499,297*
Conuertida *2*
o en ceniça conuertida, *229,1915*
Conuertida en pluma vn dia, *269,143*

Conuertido 3
Que ha conuertido en ceniza 269,1584
Conuertido se ha, per Deum, 269,1878
En que os vereis conuertido. 334,8
Conuertidos 2
Por el cielo seremos conuertidos, 12,13
En lebrel conuertidos, o en lebrela, 367,5
Conuertir 2
I de conuertir escollos, 242,82
De conuertir en Nuncio la Annunciata, 438,7
Conuexo 1
Reclinada, el conuexo de su cuello 366,2
Conuida 6
La dulce voca que a gustar conuida 42,1
A enxaular flores conuida 243,65
Oi te conuida al que nos guarda sueño, 263,521
Que Dios nos conuida 388,11
Que Dios nos conuida 388,23
Que Dios nos conuida 388,35
Conuidado 1
Hanos conuidado a veerle, 242,17
Conuidan 1
Que a saludar al Sol a otros conuidan, 31,11
Conuidas 4
I conuidas para justa. 26,96
A que nos conuidas, Bras? 208,1
A que nos conuidas, Bras? 208,19
A que nos conuidas, Bras? 208,26
Conuide 1
que conuide a sus cereças 229,2468
Conuido 1
A que io conuido ahora. 259,108
Conuiene 3
que le conuiene mejor, 229,673
con la razon que conuiene, 229,2545
I juzgò que purgarse le conuiene, 475,10
Conuierta 2
Conuierta en luciente plata, 29,56
Conuierta a Hernandico en mochilero, 446,2
Conuiertan 2
En llorar conuiertan 4,21
I el cielo conuiertan 79,50
Conuierte 5
En gusano le conuierte, 122,47
Se conuierte en camaron 159,39
se le conuierte despues. 229,717
Soi Medusa, que conuierte 229,1140
La conuierte en menosprecio. 269,1319
Conuierten 1
Conuierten de piedra en agua, 10,4
Conuiniente 1
Que yr no es cosa conuiniente 269,875
Conuinieron 1
por cartas se conuinieron, 229,746
Conuirtiere 1
Quien se conuirtiere ia 269,14
Conuirtio 1
En piedra conuirtio, porque no pueda 41,13
Conuirtiò 1
Conuirtiò el color rosado, 226,59
Conuite 1
Conuite Cordobes, Vicente hermano. 436,2
Conuoca 7
Monteros conuoca 142,15
Monteros conuoca 142,33

Monteros conuoca 142,51
La ribera se conuoca. 149,86
Conuoca, despidiendo al caminante, 263,85
Conuoca el caso el solo desafia, 263,567
I con siniestra voz conuoca quanta 264,883
Conuocacion 1
Conuocacion su canto 264,534
Conuocado 2
Ha conuocado Cordòba 275,111
Le ha conuocado muda, 344,3
Conuocados 1
Del interes rèàl, i conuocados, 318,339
Conuocar 1
Conuocar piedras que enfrenalle el paso".
  140,24
Conuocàra 1
Tiplones conuocàra de Castilla, 203,14
Conuocaron 1
Ni como se conuocaron 228,62
Conuocaua 2
Inuidia conuocaua, si no zelo, 264,612
Conuocaua, frustrò segundo trato; 318,388
Conuocò 3
Que conuocò el dulce canto; 228,44
De el Reyno conuocò los tres estados 318,337
Siempre fragoso conuocò la trompa 318,471
Conuoque 1
Toda pues gayta conuoque 300,10
Convirtiò 1
mas la honra convirtiò 229,1142
Copa 5
en copa arto bien dorada. 229,455
Copa es de Baccho, huerto de Pomona:
  261,138
Quando el que ministrar podia la copa 263,7
Siruiendote la copa aun oi està. 327,4
Para que siruais la copa 334,29
Copadas 1
Sus morados cantuessos, sus copadas 263,909
Copetazo 1
Su copetazo pelusa, 322,113
Copete 5
Bien peinado de copete, 88,30
Desde el copete a la cola 96,115
Al copete o la corona, 105,74
Goma su copete, i son 126,44
Que ni a copete perdonò, ni a calua 435,7
Copia 17
Dormid, copia gentil de amantes nobles,
  120,46
La copia a la campaña 156,9
de el cuerno, i no de la Copia. 229,785
Quando no primera copia 259,28
De los montes esconde, copia bella 261,47
De la copia a la tierra poco auara 261,157
De liebres dirimiò copia assi amiga, 261,479
Quiere la Copia que su cuerno sea; 263,203
Con la manchada copia 263,298
De copia tal a estrellas deua amigas 263,820
De la virginal copia en la armonia 264,632
Tan bella en Marmol copia, ô caminante,
  312,14
Copia la paz i credito la guerra. 318,272
Las espigas, los pomos de la copia 318,363
Copia hecho tan fièl, 355,54

Sus ondas besa la Copia, 356,13
Vna copia es (con bonete) 417,3
Copialle 1
Sobre copialle de estuco. 322,412
Copian 1
Auroras copian los prados. 414,44
Copiaros 1
Por copiaros los raios de su frente? 164,11
Copias 2
de rompelle. Rompe copias 229,1301
Dos bellas copias del sol; 377,18
Copiosa 1
Tan copiosa de lagrymas ahora 368,33
Copiosos 1
A los enxambres copiosos, 358,41
Copla 1
Que no ai pie de copla 160,45
Coplas 2
Ventoséàndo vnas coplas, 149,60
Reça o escriue en coplas la dotrina. 471,14
Coplon 1
Que matan mal coplon Melquisedec, 473,6
Coplones 1
Despues que Apolo tus coplones vido, 474,1
Copo 4
por copo de blanca nieue 229,1617
La de este candido copo, 242,94
I vn copo, en verdes juncos, de manteca.
  261,204
Aun el copo mas leue 264,835
Copos 7
Copos fie de cañamo anudado, 230,56
Copos nieua en la otra mill de lana. 261,148
Suelo de lilios, que en fragrantes copos
  264,335
Sobre los copos de nieue 269,1780
A los copos mas recientes 333,50
Tan desmentidos sus copos, 357,62
Copos de blanca nieue en verde prado, 455,5
Coraçon 35
Desde el coraçon los vnos, 9,17
I el coraçon de otra alas, 9,34
Mirad que avrà con vn coraçon hecho, 18,13
Que lança el coraçon, los ojos llueuen, 19,2
Que das en el coraçon 26,87
Con el coraçon diffunto 27,2
I en el coraçon le dexa 61,27
Oy cada coraçon dexa su pecho, 77,21
Llorad, coraçon, 80,17
Llorad, coraçon, 80,43
Dulce serà el coraçon. 121,44
A quien hija i coraçon 122,33
Tu duro coraçon 125,21
Los cebe en mi coraçon, 227,34
su alma i su coraçon, 229,283
affecto de coraçon 229,972
su coraçon en su igual. 229,1337
envaìo en mi coraçon. 229,1379
me dexò sin coraçon, 229,1632
de tu fee i coraçon sano, 229,1903
que dexes al coraçon 229,2252
de el coraçon de tu esposo. 229,2563
Coraçon tengo en el seno 229,2743
Palpita el coraçon? Baila. 229,2754
tus bodas mi coraçon! 229,2761

Palpita el coraçon? Mas. *229,2799*
que mi coraçon es vuestro, *229,2820*
i diòle su coraçon. *229,3281*
mi coraçon os lo diga, *229,3400*
Subgeto mi coraçon. *269,35*
Sabras de su coraçon. *332,35*
Con las de su coraçon. *390,24*
Lo que mintiò el coraçon. *490,20*
I armas que del coraçon *499,272*
Acà dexo el coraçon; *499,298*

Coraçones *8*
Hiriò nuestros coraçones *57,63*
Sus verdes coraçones *127,11*
Los que en esquinas vuestros coraçones *153,9*
I fee de sus coraçones. *179,24*
de dos coraçones duros, *229,2863*
Vieran nuestros coraçones *269,1127*
Quantos coraçones verdes *357,43*
Siendo io aquel que enclauo coraçones *499,37*

Corage *2*
No encienda en ti vn catholico corage, *72,60*
Executa su corage. *110,32*

Coral *4*
Pequeña puerta de coral preciado, *13,5*
De el mas tierno coral ciñe Palemo, *261,122*
Espumoso coral le dan al Tormes: *262,12*
I de coral barbado, no de oro, *263,295*

Corales *11*
De corales i almejas, *166,39*
Perdiò sus corales Menga *216,3*
Los corales no tenian *216,9*
Quien busca corales? *216,16*
Quien busca corales? *216,36*
En sus labios sus corales. *216,44*
Quien busca corales?" *216,56*
Purpureos troncos de corales ciento, *261,380*
Nimpha por quien lucientes son corales *264,596*
Entre perlas i corales, *389,42*
Con rosarios al cuello de corales; *437,4*

Corazon *8*
Sobre el muerto corazon, *27,19*
Ese corazon que os truxo, *27,42*
Por el tierno corazon *110,39*
Que le prenda el corazon, *226,95*
impulsos de vn corazon *229,1326*
sin alma i sin corazon. *229,2823*
Digolo de corazon. *229,3466*
Andan con el corazon, *377,6*

Corazones *2*
Pero con dos corazones; *131,60*
caudales i corazones. *229,483*

Corba *2*
La nariz es corba, *65,49*
Engañada su oculta lyra corba, *264,355*

Corban *1*
Cargado, i de las que corban *259,74*

Corbe *1*
Que opreso gima, que la espalda corbe. *318,256*

Corbetas *1*
Haciendo corbetas *5,66*

Corbo *17*
I sobre vn caiado corbo. *83,100*
I el corbo alfange depone. *131,96*

Corbo honor dèl casto choro, *177,35*
Que lo corbo vinculado *228,130*
Sobre el corbo caiado. *263,121*
No corbo, mas tendido) *263,464*
El breue hierro, cuio corbo diente *264,237*
Corbo es delfin la cola. *264,464*
Corbo azero su pie, flaca pihuela *264,756*
Que a vn bote corbo del fatal azero *264,934*
Este el corbo instrumento *312,19*
Su esplendor corbo la Deidad de Cintho *315,6*
Bese el corbo marfil oi desta mia *318,3*
No menos corbo rosicler sereno *318,617*
Al son de su leño corbo, *357,82*
Su corbo margen i su cristal puro *359,3*
Quien alfange, de puro corbo tuerto; *381,4*

Corbos *1*
Cuchillos corbos absoluelle quiso. *263,1076*

Corça *1*
Bien como herida corça, *259,62*

Corchapin *1*
Mercadante corchapin, *82,110*

Corchete *1*
Entre lacaio i corchete; *88,52*

Corchetes *1*
Con mas corchetes de alquimia *74,14*

Corcho *12*
Denme el tapador de corcho *59,3*
Quien dixo que eran de corcho *83,6*
El pie sobre corcho *160,63*
ni darè vn corcho a sus aguas, *229,2460*
El corcho de aquesta muela. *229,2509*
Que quatro dedos de corcho? *242,108*
En breue corcho, pero bien labrado, *261,205*
En juncos, miel en corcho, mas sin dueño; *261,226*
Corcho, i moradas pobres sus vacios, *264,299*
Vn plomo fio graue a vn corcho leue, *264,467*
Bastame el corcho en los pies, *269,835*
Si abejas los amores, corcho el lecho, *280,57*

Corchos *6*
Quien los dos corchos juntara *229,2702*
Corchos me guardan, mas que aueja flores *261,395*
Sobre corchos despues, mas regalado *263,163*
Vuestros corchos por vno i otro poro *263,924*
Sus plomos graues i sus corchos leues. *264,53*
I melificaràn, no en corchos vanos, *421,38*

Corcilla *1*
Corcilla temerosa, *25,1*

Corcillo *9*
De corcillo, i valiente *103,30*
Tras vn corcillo herido, *115,15*
Contra el corcillo gallardo, *167,7*
El corcillo bolador, *177,5*
Al Corcillo trauiesso, al Muflon Sardo, *263,1016*
Corcillo atrauesado. Restituia *311,10*
Corcillo no de las seluas, *333,45*
Mui mucho como el corcillo, *499,161*
Tras el corcillo herido. *499,179*

Corço *6*
Fatigando al corço *79,71*
Ese maior Corço es; *167,14*
con el Corço de Toledo, *229,808*
Como corço que en la selua *269,1768*

Vn corço expondrà en la forma, *358,31*
Tan ligero el corço es, *499,124*

Corcouado *1*
Cojo, ciego, i corcouado, *491,2*

Cordel *3*
Cada cuerda es vn cordel, *105,2*
I mas bueltas de cordel *348,7*
I a Miguelillo cordel. *419,82*

Cordera *1*
I es vna cordera ia. *269,265*

Corderillos *1*
Corderillos os brote la ribera, *263,913*

Cordero *7*
A vn Cordero que costò *208,2*
Llega al Cordero, que fue *208,15*
Retoçar libre el cordero, *302,11*
De cordero, tus fauores *306,2*
Oì balar al cordero, *331,60*
Que vn cordero al cuello *349,6*
El que, celestial cordero, *352,6*

Corderos *4*
I ella porque sus corderos, *149,9*
Cubran corderos mil, que los crystales *263,836*
I de corderos en vez, *353,10*
Guarda corderos, Zagala; *378,1*

Cordîàl *1*
De lo mas cordîàl de la camuesa. *203,117*

Cordoba *2*
Que alborotando a Cordoba la llana. *273,4*
Concurso vio ia Cordoba profano; *437,11*

Cordòba *1*
Ha conuocado Cordòba *275,111*

Cordoban *1*
Que desmienta al cordoban. *122,12*

Cordobes *2*
De artifice Cordobes, *78,48*
Conuite Cordobes, Vicente hermano. *436,2*

Cordobès *1*
Cierto ingenio Cordobès: *269,113*

Cordon *5*
Vn cordon de sus cabellos, *28,35*
Que si el cordon es tomiza, *28,39*
De vn cordon atraillado *215,29*
Gima el lebrel en el cordon de seda, *261,15*
Ni cordon, ni correa, ni rosario, *450,3*

Cordones *2*
Qual de cordones de plata. *144,22*
Sino cordones de lana, *378,43*

Cordoua *3*
Cordoua te merceiò, *259,77*
Tanta le mereciò Cordoua, tanta *318,55*
De Cordoua al clarissimo senado, *425,10*

Cordouan *1*
Dos mulas de cordouan, *288,70*

Cordouesìa *1*
Porque no digan que es Cordouesìa; *170,4*

Cordura *3*
No he hecho maior cordura. *229,2235*
Cordura tengo, i valor. *229,2658*
Porque dicen que es cordura *495,45*

Corfu *1*
Del medico de Corfu. *269,416*

Coridon *11*
CORIDON se quexaua *114,13*
Ô Coridon, Coridon! *257,5*

Ô Coridon, Coridon! *257,5*
Ô Coridon, Coridon! *257,15*
Ô Coridon, Coridon! *257,15*
Ô Coridon, Coridon! *257,25*
Ô Coridon, Coridon! *257,25*
Ô Coridon, Coridon!. *257,35*
Ô Coridon, Coridon!. *257,35*
Ô Coridon, Coridon! *257,45*
Ô Coridon, Coridon! *257,45*

Corintho *1*
Mientras Corintho, en lagrimas deshecho, *181,1*

Cornado *1*
Del que morirà cornado, *334,79*

Corneja *2*
Saludo tu Sol corneja; *275,90*
Qual la corneja morirà enjaulado, *440,3*

Cornejas *1*
I en tu casa a las cornejas, *351,11*

Cornelio *2*
I ia que Cornelio es, *269,189*
Cornelio Tacito sea. *269,190*

Coro *6*
Al Decano immortal del alto coro, *269,1249*
A no sabello de coro, *269,1939*
Con tal coro: *301,37*
Grullas no siguen su coro *301,47*
Mata el veneno. I assi el docto coro *424,10*
Aquel Dios soi del Coro soberano *499,4*

Corona *59*
Se mira la gran corona, *9,3*
Sino de estrellas immortal corona. *35,9*
Corona en puntas la dorada esphera *45,9*
Que de corona ciñe su cabeça, *47,3*
La corona encima; *65,36*
Ornò corona Real de oro luciente *72,39*
Las armas, los trîumphos, la Corona. *72,91*
Aun no impedidas de Réàl corona, *77,36*
Las que ia fueron corona *87,25*
Almenas que a las torres sois corona; *99,11*
Al copete o la corona, *105,74*
Que en puntas corona el cielo *121,39*
Corona vn lasciuo enxambre *131,81*
Señas obscuras pues, i a el Sol corona. *136,11*
Corona la yerba. *142,18*
Corona la yerba. *142,36*
Corona la yerba. *142,54*
La madre de Amor corona. *149,94*
Corona de Aiamonte, honor dèl dia, *170,1*
Digna corona a su gloriosa frente, *172,11*
Prodigio dulce que corona el viento, *203,28*
Sea piedras la corona, si oro el manto *203,88*
Tyranno con imperio i sin corona. *229,45*
de cuia corona vi *229,532*
corona de vn rubi fino. *229,1623*
Que rubi, traidor, corona *229,1624*
Que sobre la corona de este muro *229,1936*
Corona Imperîàl que, al cielo grata, *229,2155*
Segundo Potosi, Imperial corona, *229,2171*
corona vuestro chapin? *229,2369*
Es esta la gran corona? *229,3410*
De España, i de su corona, *249,2*
Ciudad que el monte corona, *259,56*
Quanto aquel de racimos la corona. *261,140*

Corona immobil, mientras no desciende, *261,262*
Que mucho si de nubes se corona *261,413*
De muros se corona, *263,207*
Aun mas que a los de Phebo su corona, *263,936*
De el Rei corona de los otros rios; *263,953*
La barbara corona que le escucha. *263,984*
Que sin corona buela i sin espada *264,289*
Puesto en tiempo, corona, si no escala, *264,849*
Que corona el Maio ledo. *268,66*
Corona de crepusculos del dia, *280,48*
Aguja que de nuues se corona; *298,4*
Aguila pues al Sol que le corona, *315,37*
De el Sandoual, que a Denia aun mas corona *318,33*
La antigua Lemus de Réàl corona *318,121*
Tan gran Corona de tan gran Tîàra, *318,294*
A raio illustre de tan gran corona, *318,323*
A la maior corona de prudentes. *318,580*
Supla las frutas de que se corona, *342,10*
Mudò la corona enjambre, *389,26*
Aun a tu Iglesia mas que a su corona *402,12*
Del Arcturo corona, esta luz pura *403,6*
Corona en vn cadauer definida! *404,16*
Le darè tambien corona; *413,7*
Vna corona la ambicion fullera, *441,6*
Dos torpes, seis blasphemos, la corona *442,9*

Coronaba *1*
Sobre sus huebos coronaba, el dia *261,418*

Coronaban *1*
que la coronaban mil, *229,2301*

Coronad *1*
Coronad el desseo *120,52*

Coronada *13*
Coronada, i que hace tu hermosura *139,13*
Coronada la paz) verà la gente *162,13*
Mal coronada tu frente *204,13*
La cabeça del Norte coronada *263,427*
A la torre de luzes coronada *263,647*
Que coronada luze *263,1081*
De Daphnes coronada mil, que abraza *318,501*
Cibeles, coronada de altos muros! *318,556*
De vîòlas coronada *322,437*
Esta, pues, confusion oi coronada *324,9*
La Aurora, de azahares coronada, *325,1*
I coronada del ielo *374,7*
Coronada de alcornoque: *493,11*

Coronadas *4*
Coronadas i soberbias, *38,16*
Ô excelso muro, ô torres coronadas *51,1*
Testigos son las torres coronadas *163,7*
Cumbres pisa coronadas *352,19*

Coronado *24*
El de encendidos raios coronado. *14,4*
El vn mar de tus velas coronado, *66,9*
I de centellas coronado el rio, *109,3*
Este monte de cruzes coronado, *112,1*
De libertad coronado, *132,47*
De alamos camino coronado. *134,4*
Cante Apollo de raios coronado, *180,7*
Lleguè a este Monte fuerte, coronado *195,1*
de pampanos coronado, *229,502*
de veneras coronado, *229,2023*
Vestido, si no digo coronado, *229,2196*
El, pues, de Rojas flores coronado, *252,9*

No lejos de vn escollo coronado *263,24*
Que a Vulcano tenian coronado: *263,93*
De el Padre de las aguas, coronado *264,24*
I valor de excelencias coronado; *269,1233*
De crestas vuela, de oro coronado, *279,17*
En que, de velas coronado el Betis, *318,103*
De aljofares purpureos coronado; *318,212*
Del coronado abrenuncio, *322,382*
Ioben coronado entonces, *333,53*
Vuestro Padre de orbes coronado, *335,6*
Satyro mal de iedras coronado; *366,8*
De aplausos coronado Castilnouo, *379,10*

Coronados *5*
La gineta dos puestos coronados *155,5*
Coronados de flores, *229,1060*
I, siervos coronados, pagan ellos *229,1062*
Coronados traslada de fauores *264,649*
De antiguedad salian coronados *315,19*

Coronan *9*
Ornan de luz, coronan de belleza; *13,11*
Tristemente la coronan. *97,24*
Que TORRES le coronan eminentes, *256,2*
Mientras coronan pampanos a Alcides, *263,829*
Bobedas le coronan de espadañas. *264,111*
Coronan ellos el encanecido *264,334*
Coronan las Pîèrides el Pado, *316,2*
Montes coronan de crystal el suelo, *402,7*
Halcones solicitan i coronan; *499,65*

Coronando *2*
Coronando de esperanças *285,11*
Quanta le estaua coronando gente, *336,6*

Coronar *5*
Mui bien pueden coronar *121,77*
I coronar su popa *166,29*
Los muros coronar que el Luco baña *230,17*
A coronar de nubes el meollo, *234,6*
De coronar el clauel. *384,30*

Coronaron *1*
Coronaron sus huesos de alhelies. *175,8*

Coronas *12*
Ia que de tres coronas no ceñido, *60,12*
I coronas Magestad, *126,10*
Los raios de sus coronas *158,43*
Viera el Tiber de tres coronas bellas, *229,2207*
que tengan coronas de oro *229,2680*
Mas coronas ceñida que vio años, *245,11*
Sienes con sus tres coronas. *259,80*
El Iupiter nouel, de mas coronas *318,247*
Infausto corta a las coronas luto, *326,2*
De coronas entonces vos la frente, *335,5*
Te espera el Tiber con sus tres coronas. *421,80*
I a quatro amigas quatro mil coronas. *450,14*

Coronaua *1*
Con Belisa coronaua, *353,7*

Coronauan *1*
Coronauan la barbara capilla, *263,557*

Corone *4*
Quando corone su frente *121,68*
Que de luz corone lo alto *228,198*
porque ella siempre corone *229,469*
Te corone vn esquadron? *269,1525*

Coroneis *1*
Muchos siglos coroneis *390,13*

Coronen *3*
Coronen sus cumbres *79,39*

Perlas da que le coronen, *179,44*
Mudos coronen otros por su turno *263,801*
Coronense *1*
Coronense estos muros ia de gloria, *171,12*
Coronista *2*
Vn gran Coronista, *65,166*
Soi coronista ciuil. *243,32*
Coronò *6*
Le coronò de fauores. *131,12*
Le coronò el Amor; mas ribal tierno, *263,158*
Mastiles coronò menos crecidos, *264,272*
El Paìs coronò agradable, donde *318,618*
El llanto en perlas coronò las flores, *339,10*
No coronò con mas silencio meta, *394,4*
Corpiño *1*
Pondraste el corpiño *5,5*
Corpo *1*
Corpo de San Tomè con tanta Reia *430,5*
Corpulento *1*
Si no tan corpulento, mas adusto *263,1012*
Corpus *2*
Mañana sà Corpus Christa, *207,1*
Quiere, en la Octaua del Corpus, *242,14*
Corra *5*
Que corra la cortina, *120,56*
Corra, que necessaria es su corriente, *152,6*
Negad, i corra por vos *229,3096*
Quanto ella en su alcance corra. *269,977*
El nueuo termino corra, *481,6*
Çorra *1*
Rièse la çorra, *422,13*
Corrais *1*
Mejor es que corrais murmuradores, *203,8*
Corran *1*
Corran apresurados o tardios, *454,3*
Corras *1*
No corras tanto, corredor valiente, *474,12*
Corre *17*
Entre la yerba, corre tan ligera *25,6*
Corre fiera, vuela aue, pece nada, *33,2*
Que de vergüença corre colorado *151,2*
quanto vuela, i quanto corre. *229,579*
Peligro corre, aunque valor enseña. *229,1036*
que corre mal mi desseo. *229,2857*
Le corre en lecho azul de aguas marinas, *263,417*
Corre, buela, calla, i veràs *310,3*
Corre, buela, calla, y veràs *310,18*
Corre, buela, calla, i veràs *310,33*
El corre crystal. *350,4*
El corre crystal. *350,12*
El corre crystal, *350,20*
El corre crystal, *350,28*
El corre crystal. *350,36*
Que presurosa corre, que secreta, *394,5*
Me quieres? Corre tu velo. *416,40*
Correa *2*
Zumbais de Alfonso Correa, *303,11*
Ni cordon, ni correa, ni rosario, *450,3*
Corrector *1*
Desengaño, harè, corrector santo. *398,14*
Corredor *3*
Corredor el diaphano elemento *264,928*
Corredor de vnos bordados; *269,1447*
No corras tanto, corredor valiente, *474,12*

Corredores *2*
No estan esos corredores *229,3222*
Ia llega a los corredores. *269,1165*
Corregir *1*
Fatal corregir curso facilmente? *318,170*
Correis *2*
Si correis sordos, no quiero hablaros, *203,7*
Soberbio correis; mi pluma *334,5*
Corren *4*
Corren a la balsa *11,10*
Iuegan cañas, corren toros, *158,31*
de la Andalucia, corren *229,467*
Leche corren i lagrimas; que iguales *261,391*
Correo *1*
De Merida, que a vn correo *161,87*
Correos *1*
Tetas de vacas, piernas de correos, *476,3*
Correr *15*
(Tan estremo en el correr, *78,42*
Este correr tan sin freno, *229,162*
Correr al mar la fugitiua nieue *261,482*
Que podrà correr parejas *275,42*
Morcillo a correr comiença, *412,53*
Correr les hiço el crystal, *419,11*
Que ia les hiço correr. *419,12*
La aias hecho correr. Crueldad ha sido. *474,8*
Que si vn sombrero por correr ganaste, *474,13*
Lo que le vimos correr, *499,150*
Tu, que en correr i saltar *499,152*
Puedes correr sobre el mar, *499,155*
Correr i echar mil trabesses *499,157*
I Cintia mas que correr. *499,171*
Si no se quedò al correr *499,178*
Correrè *1*
correrè el velo subtil *229,2443*
Corres *3*
Peligro corres, LICIO, si porfias *394,10*
Valgante los de Arcadia! No te corres *429,5*
Si corres tal vez risueño, *497,25*
Corresponda *1*
Corresponda el desseo a la esperança. *156,34*
Corresponde *3*
Cortesmente corresponde. *131,56*
(Pues ia tan mal se corresponde a ruegos *201,10*
Al desseo el estero corresponde, *264,82*
Correspondencia *1*
Correspondencia en Sanlucar *229,2982*
Correspondencias *1*
correspondencias muy hondas *229,731*
Correspondes *1*
Segun mal me correspondes, *269,538*
Correspondido *2*
De los serranos que correspondido, *263,358*
I honestamente al fin correspondido *264,242*
Correspondiente *1*
Fièl correspondiente. *103,20*
Correspondiòle *1*
Correspondiòle su tio, *242,45*
Corretage *1*
Tras esto, de corretage *269,1455*
Corria *4*
Ondéàbale el viento que corria *15,5*
A hora que corria *56,45*
Corria, pican apriessa. *73,132*

Pues de tal suerte corria *499,140*
Corrìàn *1*
Que corrìàn el Pais. *111,40*
Corrida *2*
Io de corrida la cuento, *269,803*
Es verdad, que estoi corrida *269,1460*
Corrido *12*
I ha corrido ella. *79,88*
Toda la tierra he corrido, *111,25*
I assi ha corrido siempre mui trassero. *151,8*
Corrido en extremo has, *229,645*
de tu escrupulo corrido. *229,1409*
lo que ha corrido por mi. *229,3097*
Ñafete, que va corrido, *303,17*
Corrido va. Ficai là. *303,18*
Si bien alega, corrido, *401,9*
I por Ines voi corrido: *419,90*
La satirica Clio se ha corrido *474,5*
Que, aunque corrido el cortesano vando, *474,11*
Corriendo *7*
Corriendo por la ribera, *10,61*
A un balcon saliò corriendo, *49,86*
Corriendo inquìèta, *56,56*
Corriendo con vana sed. *78,64*
Dexò la capa corriendo *161,85*
Corriendo ella mas que el viento. *299,10*
Comiença en crystal corriendo *356,11*
Corriente *22*
La blanca o roja corriente, *7,36*
Dulce arroiuelo de corriente plata *16,2*
Con que gouiernas tu veloz corriente; *16,11*
O murmurar corriente *25,5*
I aier me dixo humilde tu corriente *71,7*
Ni porque ahora escalen su corriente *77,78*
Que hallarà corriente grata *126,51*
(No sobre el crystal corriente) *142,43*
Mas que mucho, si passa su corriente *151,13*
Corra, que necessaria es su corriente, *152,6*
es su corriente feliz), *229,2341*
Dos verdes garças son de la corriente. *261,212*
Corriente plata al fin sus blancos huesos, *261,501*
Tales no viò el Meandro en su corriente *264,526*
Pompa de sus orillas, la corriente *318,10*
Bien que desenfrenada su corriente, *318,174*
Que les peina la corriente, *333,16*
Leies dar algun dia a su corriente. *335,4*
Con lagrimas turbando la corriente, *339,9*
Pisad graznando la corriente cana *431,5*
Tu mal nacida corriente; *497,11*
Si tu corriente confiessa *497,38*
Corrientes *3*
Thîòrbas de crystal, vuestras corrientes *203,17*
Sus corrientes por el cada qual trata *252,5*
No mas moralidades de corrientes, *454,1*
Corrige *2*
Con leña corrige el fuego, *269,119*
Parte corrige la ierba *414,17*
Corrillo *1*
Al vno i otro corrillo. *351,36*
Corrillos *1*
I en los corrillos blasona *93,58*
Corrio *2*

Que razon es parar quien corrio tanto. *25,63*
Como con tal herida corrio tanto. *499,123*
Corriò *5*
Que entre tanto que el corriò, *161,110*
Le corriò el velo al retablo. *228,108*
Corriò Fabonio lisongeramente, *261,214*
El velo corriò al melindre, *322,375*
Bien corriò el cieruo; mas baste, *499,148*
Corriste *1*
Le corriste en vn instante *416,17*
Corro *1*
La que vailando en el corro, *357,2*
Corrompe *1*
que se corrompe vn secreto. *229,713*
Corros *2*
Alegres corros texian, *144,13*
Festiuos corros en alegre egido, *264,333*
Corso *1*
Quando al Corso no ai Turco que no crea
    318,374
Corsos *1*
En los corsos repetidos *322,139*
Corta *12*
La barba, ni corta *65,57*
Con esta gualdrapa corta, *96,57*
I tan corta, que ha guardado *96,58*
"La vida es corta i la esperança larga, *133,13*
La vida es corta i la esperança larga, *133,27*
de vna fabula no corta. *229,1021*
Pinos corta, baietas solicita: *255,11*
Con las de su edad corta historias largas,
    263,508
Menos ia su espada corta. *269,588*
Sathanàs corta el lenguage, *269,1148*
Ô que corta es mi ventura! *269,1164*
Infausto corta a las coronas luto, *326,2*
Cortar *1*
Vna lonja cortar puedes *59,62*
Cortarle *1*
Para cortarle la pluma. *168,20*
Cortauanse *1*
I cortauanse las flemas *73,62*
Corte *29*
Si las Damas de la Corte *55,1*
I del Milanes vn corte, *55,4*
Mientras no dan otro corte, *55,5*
Que a vn ciego en la Corte *56,49*
En la Corte de Amurates, *61,2*
Esto es la Corte. Buena prò les haga. *69,14*
Quedò la Corte tan sola, *73,53*
A la Ciudad de la Corte, *82,87*
Dos cosas pretende en Corte, *96,29*
La Corte vende su gala, *126,21*
En las seluas que en la Corte, *131,54*
Busquè la Corte en el, i io estoi ciego, *150,5*
Donde el engaño con la Corte mora, *154,6*
Porque el gusto de la Corte *158,7*
Gitanos de Corte, *160,5*
Oi en la Corte de España; *167,28*
A Dios, Corte envainada en vna Villa, *200,12*
Las fiestas de la Corte, poco menos *203,38*
Sin darsele vn quatrin de que en la Corte
    203,101
en su casa i Corte Amor *229,321*
i que se halla cn la Corte. *229,519*

son vna vara de Corte, *229,573*
tan de Corte, que es guadaña, *229,574*
Galanes de la Corte, a la Mamora! *277,2*
La corte les infunde, que de el Nilo *318,359*
De sus Reies, lisonxa de la corte, *318,426*
Si es vuestra vara de corte, *347,3*
Algun demonio que en la Corte alberga *444,5*
Quando te corte la robusta mano, *466,9*
Cortè *1*
Camisas cortè, *56,17*
Corteça *3*
La corteça, do estàn, desnuda, o viste *30,9*
Corteça funeral de arbol Sabeo. *274,14*
I dellos cada qual por su corteça *499,22*
Corteças *1*
Visten por corteças *356,69*
Corteggiante *1*
Solo por no ser miembro Corteggiante *203,76*
Corteggiantes *1*
Señores Corteggiantes, quien sus dias *222,1*
Corten *1*
Que a el le corten el saio. *123,24*
Cortes *7*
I cortes como valiente; *57,34*
De vn Procurador de Cortes *96,93*
Que en Cortes no aueis estado, *121,2*
Vna inclinacion cortes, *217,14*
Dulce le mirò i cortes. *226,64*
en las Cortes de Toledo. *229,913*
Si no luciente, cortes, *285,14*
Cortès *2*
"Faborable cortès viento, *97,29*
tan cortès como tardia *229,1357*
Cortesano *10*
Por cortesano i discreto, *49,10*
Gran Cortesano en las paces, *61,14*
De vn comiscal Cortesano, *96,48*
I Cortesano sucio os hallo ahora, *154,7*
Contra vn pobre cortesano *167,62*
Ô marinero, tu que, Cortesano, *196,1*
Vn mal Cortesano que *217,54*
Con su huesped, que admira cortesano,
    263,714
Si bien (a lo Cortesano) *417,6*
Que, aunque corrido el cortesano vando,
    474,11
Cortesanos *4*
Cortesanos labradores, *131,130*
Cortesanos caualleros, *158,32*
Algunos celestiales Cortesanos: *173,13*
Ni de los cortesanos partiò alguno, *318,326*
Corteses *4*
Comedidas i corteses *57,26*
Quantos les enseñò corteses modos *264,57*
A los corteses juncos, porque el viento *264,233*
Que con las hojas corteses, *378,15*
Cortesia *4*
Este de cortesia no pequeño *261,230*
Con el garçon dormido en cortesia, *261,266*
Mas de fierezas que de cortesia, *263,137*
Que no diga con mucha cortesia, *427,2*
Cortesmente *4*
Cortesmente corresponde. *131,56*
Saludòlos a todos cortesmente, *263,356*
Perdonadme el hablar tan cortesmente *273,12*

Que harto mas cortesmente *484,9*
Corteza *3*
Corteza de zynamomo. *211,24*
En la corteza no abraçò reciente *263,1056*
La corteza, que les fue *353,18*
Cortezas *8*
Duras cortezas de robustas plantas *30,2*
Los troncos les dan cortezas, *131,117*
Desnudan cortezas toscas. *149,90*
De cortezas; en esta pues Carthago *264,293*
Con las mesas, cortezas ia liuianas *264,340*
Quien, pues, verdes cortezas, blanca pluma
    316,9
De las cortezas DANTHEO *358,37*
En las cortezas que el aliso viste, *365,13*
Cortina *2*
Que corra la cortina, *120,56*
Desde la primer cortina *416,19*
Cortinas *3*
Vagas cortinas de volantes vanos *261,213*
Turquesadas cortinas. *263,418*
Sus dos cortinas abrocha *333,17*
Corto *3*
Tan corto el plazer, *4,13*
El termino es corto, Enrico; *269,1842*
Theatro hiço no corto *357,110*
Cortò *2*
I cortò con vn biscocho *94,35*
Cortò el viejo dos garzotas, *149,68*
Cortos *2*
I la espada en tiros cortos *74,21*
Los dias de Maio cortos, *83,50*
Coruillo *1*
Miercoles sea coruillo *334,6*
Coruña *2*
Que la Coruña del Draque, *93,18*
De la Coruña i Belmar *121,76*
Coruo *3*
El coruo súaue iugo *322,50*
Coruo na pruma, cysne na harmonia. *430,14*
El coruo cuerno truena, el halcon pia, *499,86*
Coruos *1*
I de sus coruos cuchillos, *334,54*
Corza *2*
Saetéàndo vna corza. *149,42*
Delphin que sigue en agua corza en tierra!
    261,136
Corzo *1*
Tras vn corzo que no huie, *333,71*
Cosa *39*
Pues que veis que es cosa clara *9,56*
En cosa mas tierna) *79,116*
No ai cosa que assi consuele, *85,19*
La sanidad, cosa es llana *86,13*
Es ia cosa aueriguada *91,42*
De cosa puede prometer certeza, *99,2*
I tengan por cosa cierta *105,41*
Sed qualquiera cosa de estas, *161,145*
Cosa me parece fea, *168,12*
De toda cosa ponzoñosa, i fiera. *229,95*
No es esto cosa pesada, *229,246*
que para mi es cosa nueua. *229,271*
venciò el zelo, cosa es clara, *229,357*
no suffre carga otra cosa. *229,693*
ai cosa que mas le quadre. *229,1251*

Cada cosa agradecida *229,1360*
Io apostarè alguna cosa, *229,1388*
Que tienen? Cosa de juego, *229,1849*
Ai tal cosa? Ai tal porfia? *229,2994*
No se ha visto cosa igual. *229,3334*
Acertada cosa fuera. *269,151*
Cosa tal, i tan pesada, *269,182*
Que serà cosa mui fea *269,187*
I es cosa bien importuna *269,553*
Excelente cosa, a fe! *269,611*
Que cierta cosa es, a fe, *269,871*
Que yr no es cosa conuiniente *269,875*
Que cosa tan porfiada! *269,1094*
No ai cosa de oro pesada. *269,1097*
Que te rascas? Cosa es recia, *269,1563*
Cosa alguna entienda dello. *269,1847*
Terrible cosa es, señor; *269,1866*
Mas serà cosa acertada, *299,5*
— Cosa vimo que creeia *308,19*
Traxeron por cosa rara *321,15*
Su nombre a cada cosa se le diga: *440,12*
Que, en tal Rincon, cosa es clara *491,6*
Sobre qualquier cosa dicen *495,7*
Tener io cosa en las mias *499,270*

Cosanme *1*
De vn aguileño! Cosanme esta boca. *313,32*

Cosario *4*
I del cosario la industria, *39,2*
Cosario de tres baxeles. *57,48*
Que no ai cosario tan fiero, *106,24*
Al cosario su interes. *132,40*

Cosas *27*
En cosas de seso, *50,42*
I ante todas cosas, *56,18*
Las cosas que me escriuieron *58,6*
Tablas seràn de cosas tan estrañas. *66,11*
Sino mas de quatro cosas, *81,5*
Hablale mudo mil cosas, *87,65*
Dos cosas pretende en Corte, *96,29*
Cosas, Celalua mia, he visto estrañas: *108,1*
Las cosas que por la via *159,5*
Por dos cosas me importuna, *189,2*
Que lleuo muchas cosas que contaros. *203,9*
Mil cosas de aqui colijo: *229,281*
Ambas a dos cosas creo. *229,311*
Cosas fueron esas nueuas; *229,652*
reniego de tales cosas. *229,793*
No estoi bien con esas cosas, *229,954*
de ser en tus cosas mudo. *229,1419*
i, entre las cosas que topa, *229,1959*
Al tiempo le hurtò cosas futuras, *256,52*
No las cosas que lleua. *269,1065*
Las cosas bien se haran *269,1590*
Donde las cosas dispuestas *269,1676*
Mui bien mis cosas entablo; *269,1858*
De las cosas que guarda en si mas bellas; *318,474*
Restituídas las cosas *331,43*
Todas las cosas del suelo, *374,6*
I leido en las cosas de el profundo, *453,6*

Coscoja *1*
Que el viento repelò a alguna coscoja. *263,175*

Cose *1*
I ludas cose el estilo. *269,1149*

Coselete *1*

Sobre vn jaco vn coselete, *88,74*

Cosellas *1*
Las remedian con cosellas. *495,17*

Cosen *1*
Donde cient flechas cosen vn venado? *336,11*

Coserse *1*
Coserse la boca puede; *269,183*

Cosia *1*
Porque nunca hilaba ni cosia. *450,8*

Cosida *1*
I cosida qualquier de ellas *495,18*

Cosido *1*
Que del batel, cosido con la plaia, *264,939*

Cosiera *1*
Quien cosiera sus desdenes *229,2704*

Cosiò *1*
Se cosiò al menor barrunto *322,346*

Cositas *1*
En decir cositas del! *486,7*

Cosme *1*
De Octauio, lo que de Cosme *229,2270*

Cosmographia *1*
De la Cosmographia *65,193*

Coso *4*
En el templo, en el coso i en la Sala. *318,480*
A Jupiter bramar oiò en el coso. *318,504*
Quando sobre nuestro Coso *357,46*
Su robador mentido pisa el coso, *391,3*

Cosquillas *4*
Que teneis cosquillas *65,2*
Cosquillas del alma son *167,25*
que al Sol le haces cosquillas *229,1164*
Que en su particular tienen cosquillas. *443,4*

Cossario *1*
Vn cossario intentò i otro bolante, *264,960*

Cosso *1*
Libra mejor en el cosso, *157,12*

Costa *3*
A costa de mi caudal. *2,34*
Porque a costa de mis daños *10,23*
De su talento, a la costa *242,47*

Costado *4*
vn dolor a este costado, *229,546*
Qualquier olor de costado, *322,155*
Que, si no son dolores de costado, *445,7*
Del basto monte el aspero costado, *499,82*

Costal *4*
Si en vn costal otros *160,9*
que tras de su costal vino, *229,1708*
a veer moler su costal. *229,1710*
Sino costal de buriel, *275,11*

Costar *2*
Si vn criado ha de costar *229,1088*
La vida te ha de costar. *497,45*

Costàra *1*
que el desuio me costàra *229,2608*

Costas *5*
I el en costas, que es peor. *167,50*
Pues a el en costas puedo *269,249*
Al marido le harè costas, *269,252*
Que las costas deste daño *269,257*
Costas le hiço a tu padre, *419,52*

Costò *2*
A vn Cordero que costò *208,2*
I escudos costò infinitos. *334,80*

Costosa *1*
Que fuera menos costosa *63,59*

Costoso *1*
Labrò costoso el Persa, estraño el China, *77,25*

Costosos *1*
Costosos regalos, *65,119*

Costumbre *3*
Tu generoso officio i Real costumbre. *17,7*
Bien fuera de su costumbre, *75,58*
Para opprimir sacrilega costumbre *112,7*

Costumbres *3*
Contra costumbres al fin; *105,8*
Que esto de enmendar costumbres *158,13*
En costumbres i en edad, *229,866*

Costura *1*
I en las obras de costura *26,62*

Çote *3*
Vn bendito çote *65,19*
De hacer al pobre çote *107,46*
En ver que la frequente vn necio çote, *474,6*

Cothurno *8*
Entre los lazos del cothurno de oro; *25,22*
Ellas, si, al cothurno de oro, *215,47*
El cothurno besar dorado intenta. *261,300*
Libra en la falda, en el cothurno ella *263,546*
Digna de maior cothurno! *322,280*
Treguas hiço su cothurno *333,43*
Deueràn a su cothurno, *358,35*
I el pie descalço del cothurno de oro, *424,13*

Cothurnos *4*
Los cothurnos que calça esta homicida; *128,11*
Cothurnos de oro el pie, armiños vestida. *146,11*
Calcen cothurnos dorados; *167,16*
(A pesar de los cothurnos) *179,39*

Couarde *7*
Aun no echò el couarde mano *81,17*
"Ô couarde hermosura! *215,49*
I couarde al fiero soplo *228,203*
A mi pie enfermo, i a mi hedad couarde, *229,2176*
Couarde en agradecer, *269,843*
Le bautizen por couarde. *269,1589*
Mariposa, no solo no couarde, *392,1*

Couardia *2*
No salir es couardia, *64,23*
Temella puede el mar sin couardia. *151,11*

Coxèa *1*
Coxèa el pensamiento. *263,1046*

Coxo *3*
Affirmando el tiempo coxo *83,98*
Como el coxo las muletas. *84,8*
Que tanto anda el coxo como el sano. *428,14*

Coz *7*
Rompiò de vna coz *56,37*
Mas que para dalle coz. *161,92*
Tal coz el que quiçà tendrà mancilla *200,10*
Sus sabanas vna coz. *269,1337*
Darme vna coz, i no blanda. *269,1340*
A mula vn coz me tirò. *308,36*
— Caia, que non fu coz, no. *308,37*

Cozes *1*
Passos otro diò al aire, al suelo cozes. *263,1023*

Crabela *1*

Chillemola. Ai, que crabela! *207,35*

Crara *3*

Mana Crara; *207,2*

Crara mana. *207,10*

Pegate, Crara, cúèla. *207,36*

Crea *9*

No crea mi dolor, i assi es mi fruto *19,13*

I aunque el zefiro estè, (porque le crea), *54,5*

Pues crea que he de molella, *229,1713*

vuecè es Emilio; mas crea *229,3382*

Sus vagas plumas crea, rico el seno *230,53*

Calle el desdichado, i crea *269,186*

Bien serà que no le crea, *269,527*

Quando al Corso no ai Turco que no crea *318,374*

Al zephyro no crea mas ocioso *451,9*

Creacion *1*

Tu creacion, la gracia le fue hecha. *421,33*

Creais *1*

que no creais el rebozo. *229,3013*

Crean *2*

Mas que le crean de la guerra *6,94*

Que no crean a las aguas *87,73*

Crece *6*

Crece en ellos la cudicia *97,25*

Por la boca crece o mengua *105,62*

Inuisiblemente crece *209,12*

Numero crece i multiplica vozes. *263,232*

"Crece, ô de Lerma tu, ô tu de España *318,89*

El da muestras, segun el daño crece, *475,3*

Creced *1*

Purpureo creced, raio luciente *335,1*

Crecer *2*

Tantas el blanco pie crecer hacia. *15,4*

Crecer humilde el numero al rebaño, *404,19*

Crecerà *1*

Crecerà, i quitarà el sueño *121,145*

Creces *1*

Que al bien creces comun, si no me engaña *318,91*

Crecia *1*

Beldad ociosa crecia *355,17*

Crecida *1*

Ni mucho crecida, *65,58*

Crecidas *1*

En las robustas haias mas crecidas. *108,11*

Crecidito *1*

Crecidito es el infante. *269,1957*

Crecido *4*

Me di, como has menguado i has crecido, *71,12*

Lleua este rio crecido, *159,3*

Si ia no he crecido tanto, *229,2370*

Hanle crecido de hombros *242,106*

Crecidos *4*

Alamos crecidos *79,13*

Dèl agua tan crecidos, *120,5*

Mastiles coronò menos crecidos, *264,272*

Rios tan crecidos, que *269,1751*

Creciendo *1*

Tal vez creciendo, tal menguando lunas *263,607*

Creciente *1*

no cause creciente alguna. *229,681*

Crecientes *1*

Que con tus crecientes besas *38,14*

Creciere *1*

Si creciere la tristeça *59,61*

Creciò *3*

Creciò Deidad, creciò inuidia *322,85*

Creciò Deidad, creciò inuidia *322,85*

Creciò no cuelga señas de victoria, *439,13*

Credito *4*

mas credito al peor Planeta *229,424*

ia al otro credito doi. *229,3187*

El credito en la botica, *269,615*

Copia la paz i credito la guerra. *318,272*

Credo *1*

como quien passa en vn credo *229,2069*

Cree *3*

Si el arco de Amor se cree. *285,56*

Del Ioben que hermano cree, *355,82*

A qualquier zefiro cree. *378,16*

Creed *3*

Nadad, Amor, o creed *287,74*

Nadad, Amor, o creed *287,88*

Vuestra hermosura, i creed *355,62*

Creeia *1*

— Cosa vimo que creeia *308,19*

Creella *1*

El padre venga a creella, *496,23*

Creen *1*

Que aun las montañas la creen. *333,76*

Creer *3*

Mas que a creer nos estreche *6,28*

para no creer en Toledo *229,1642*

Assi lo puedes creer, *499,177*

Crei *1*

Crei primero que Fabio *229,353*

Crêia *1*

Crêia que en la gloria *229,86*

Creiendo *2*

La purpura Ducal creiendo: tanto *404,14*

Creiendo que està en espiga, *496,18*

Creiere *4*

Quien no lo creiere, baxese a olella. *85,2*

Quien no lo creiere, baxese a olella. *85,10*

Quien no lo creiere, baxese a olella. *85,18*

Quien no lo creiere, baxese a olella. *85,26*

Cremonès *2*

esse ingenio Cremonès *229,1365*

Dedalo Cremonès, le pidiò alas, *229,2215*

Creo *33*

I aun creo que el espiritu leuanta, *41,5*

Porque creo que bastan *50,111*

Aire creo que es *56,69*

I aun creo que al otro lado *74,41*

Que apenas creo io *80,6*

Creo tu fin reciente *103,62*

Mas ai! que quando io mi lyra, creo *104,12*

Beldad consagro"; i la lisonja creo *137,10*

En los palacios de vn señor no creo *229,40*

Ambas a dos cosas creo. *229,311*

Concertado? Si, i aun creo *229,1286*

i creo que sube acà. *229,1662*

Mas creo que he menester. *229,2514*

Creo que lo diran ellas *229,3160*

Loco estoi. Ia creo al vno, *229,3186*

Solo a mi no creo, que estoi *229,3188*

creo que de siete en siete, *229,3287*

En mi verdad que lo creo. *229,3298*

Tu creo que no lo estàs. *229,3351*

de lo que ahora aun no creo, *229,3523*

No espero en mi verdad lo que no creo: *233,12*

I creo que lo hacen pocos *242,18*

Donde creo que ha torcido *242,93*

Mas no creo serà bien *259,13*

Ni al blanco Cisne creo. *263,843*

Por Dios, que aun essas no creo *269,349*

Es buena, si dizen? Creo *269,821*

I quantos doi passos, creo *269,1344*

Vn picon, i aun creo que dos. *269,1445*

Tienes alma? Creo que si. *286,29*

Con vn remo i otro creo, *287,19*

En vuestras manos ia creo *478,1*

saber ia nueuas del. Creo *499,278*

Crepusculo *1*

Crepusculo era el cabello *228,113*

Crepusculos *6*

Entre espinas crepusculos pisando, *263,48*

Crepusculos vincule tu coiunda *263,777*

Corona de crepusculos del dia, *280,48*

De vna Alua que crepusculos ignora *297,6*

Crepusculos mintiendo al aire puro, *315,3*

Que en los crepusculos ciega *357,59*

Cresced *1*

Cresced a fines tan esclarecidos, *335,9*

Crespa *2*

Dèl cauallo feroz la crespa cola. *72,68*

La crespa bolateria; *74,8*

Crespas *1*

Ostente crespas, blancas esculpturas *263,858*

Crespo *3*

Crespo volumen vio de plumas las bellas *246,3*

Sobre el crespo zaphiro de tu cuello, *263,313*

Cisne gentil, despues que crespo el vado *455,1*

Crespos *3*

Mil crespos nudos por la blanca espalda, *25,15*

El cabello en crespos nudos *144,19*

Entre crespos buscaua caracoles, *264,559*

Crestadas *1*

De negras baja, de crestadas aues, *263,292*

Crestas *3*

Humedas crestas tu soberbia frente, *71,6*

de crestas i de penachos *229,3418*

De crestas vuela, de oro coronado, *279,17*

Creyda *1*

Pues solo dexa señas de creyda; *470,2*

Crezca *2*

Crezca el mar i el suelo agote, *107,70*

Crezca glorioso el esquadron ouante, *315,78*

Cria *3*

I el rico Tajo en sus arenas cria; *36,8*

Que en salud se cria *65,86*

Vuesa merced no me cria. *98,24*

Criaba *1*

Galan se criaba el *355,10*

Criabase *1*

Criabase el Albanes *61,1*

Criada *2*

Aunque era criada nueua *269,1062*

Envuelta, se criò para criada *447,2*

Criadas *1*

Conquistòle sus criadas, *229,592*

Criado *19*

I criado en las hortigas, *93,34*

de el criado mas léàl, *229,180*
vn criado de metal *229,188*
i catholico criado, *229,412*
como criado fîèl, *229,944*
Si vn criado ha de costar *229,1088*
es amar a hombre criado, *229,1090*
a vno que fue mi criado. *229,1845*
o por bullas, que el criado *229,1873*
que le sirues de criado *229,2290*
criado de mi enemiga. *229,2871*
si no quieres por criado. *229,3065*
Que mi criado me vltraja *229,3384*
ni criado para amo. *229,3409*
con mascara de criado. *229,3504*
Criado en vn Oratorio, *242,6*
I ai maior mal, que vn criado *269,661*
No entre delicias, no, si ia criado *280,31*
Criado entre las flores de la Vega *458,2*

Crîàdo *1*
como crîàdo fîèl. *229,3371*

Criados *5*
Por mas parecer criados. *96,12*
En las almenas criados, *228,18*
De vno de sus criados, *229,1544*
de los criados acà... *229,3235*
Para recibir criados. *269,727*

Criamos *1*
Iuntos assi nos criamos, *57,61*

Crian *1*
Adonde se crian *65,100*

Criar *2*
como a hombre por criar. *229,1091*
Que le hace criar la ajena? *419,49*

Crîàra *1*
Sino como se crîàra *61,5*

Criaron *1*
Incultas se criaron i diffusas *256,32*

Criatura *2*
Al fin, de malograda criatura; *119,10*
Entrar humana criatura? *269,1806*

Criaturas *2*
I taita sus criaturas. *26,60*
Criaturas son indignas. *388,16*

Criè *1*
En Tremecen me criè *57,45*

Crimen *1*
En los tenaces vinculos del crimen. *318,456*

Criminal *1*
Laberintho criminal. *288,32*

Criminales *3*
Mostachazos criminales, *91,32*
Que de casos criminales *243,31*
Los menos, pues, criminales *334,81*

Crinita *2*
porque Crinita te llaman *229,1165*
Le responde su llama en luz crinita; *318,284*

Criò *1*
Envuelta, se criò para criada *447,2*

Crisol *1*
Mientras el crisol, Tadeo, *229,966*

Crisoles *1*
son, Tadeo, los crisoles *229,613*

Cristal *5*
Qual fina plata o qual cristal tan claro, *34,4*
Vna funda de cristal *269,547*

Dame el cristal de tus manos, *269,1154*
Llorò el Tajo cristal, a cuia espuma *291,9*
Su corbo margen i su cristal puro *359,3*

Cristales *2*
Cristales el Po desata *319,1*
Articulò Amor cristales, *389,12*

Cristalinos *1*
Mas (cristalinos pampanos sus braços) *261,353*

Critica *1*
Critica turba al fin, si no Pigmea, *293,6*

Critico *1*
(Al voto de vn mui critico i mui lego) *434,2*

Criuando *1*
Que el mar criuando en redes no comunes, *264,413*

Cruces *4*
Contra las Christianas cruces *39,7*
I cruces en Berberia. *98,60*
te obligarà a hacer tres cruces, *229,923*
— A la Mamora, militares cruces! *277,1*

Cruda *3*
No tan cruda ni bella, *25,57*
Que comian carne cruda, *58,17*
La cruda enfermedad, ministro graue *465,6*

Crudamente *1*
Crudamente castiga el lecho ilicito, *1,24*

Crudele *1*
(Signum naufragij pium et crudele), *118,2*

Crudo *4*
Las tocas de lienço crudo, *27,46*
Que te ha hecho, crudo Amor, *95,9*
Se tocarà lienço crudo *107,75*
No se vio en trance tan crudo, *409,6*

Crudos *1*
O sean de tierra crudos, *322,4*

Cruel *11*
(Porque del carro del cruel destino *21,10*
Ni en tu pecho cruel mi graue pena. *25,48*
Por los bosques, cruel verdugo *48,19*
Cruel verdugo el espumoso diente, *175,12*
A, cruel! Señora mia, *229,1264*
Ingrato! Isabela! Cruel, *229,2887*
Juntar? Ô cruel Mecencio! *269,1729*
Rompiò cruel, rompiò el valor de España *318,306*
A tu hermosura cruel *378,58*
Otros tantos de cruel *419,74*
Que a los dos fui tan cruel, *499,233*

Crûèl *32*
Pues Amor es tan crûèl, *7,38*
De crûèl i ligera, *25,44*
Adios, Nympha crûèl; quedaos con ella, *43,13*
Ia no persigues crûèl, *48,37*
Tu el de crûèl en dejarme, *48,63*
Contra vna flecha crûèl, *78,12*
Que de crûèl i de bello *95,23*
Por vna madre crûèl; *102,16*
I entre la garra crûèl. *132,28*
En el aguijon crûèl. *217,32*
Vna sâèta crûèl, *226,52*
Dimelo tu, si no eres crûèl. *226,75*
Dimelo tu, si no eres crûèl". *226,84*
Esta inclinacion crûèl *229,178*
desta sospecha crûèl *229,327*
Sagittario crûèl de nuestras gentes *229,393*

aspid le has hecho crûèl, *229,1605*
dorado, pero crûèl, *229,1631*
Cielo injusto! Amor crûèl! *229,1666*
Disparate es, i crûèl, *229,2089*
esta confusion crûèl. *229,3041*
Que socarron tan crûèl *269,950*
Syrena dulce i crûèl, *269,1155*
Quando esta purga crûèl *269,1882*
Parcha crûèl, mas que las tres seuera *280,24*
De su hermosa crûèl. *285,40*
Piadoso hierro crûèl. *301,81*
Si crûèl, vn largo fluxo *322,466*
Si ignorais crûèl *356,59*
De tiniebla tan crûèl, *374,10*
Sûàue quanto crûèl, *376,22*
Doctor barbado, crûèl *405,1*

Crueldad *6*
Ruegote que su crueldad *48,73*
De sâètas de crueldad *95,34*
donde la crueldad, i el vicio *229,2906*
Huiendo de tu crueldad *229,2914*
Armò de crueldad, calzò de viento, *261,66*
La aias hecho correr. Crueldad ha sido. *474,8*

Crûèles *4*
Quando no de las crûèles, *57,54*
I el cielo por gigantes mas crûèles. *76,4*
Que son Caribes crûèles. *121,100*
Los mas crûèles del mundo; *269,28*

Cruja *1*
O el Austro brame, o la arboleda cruja. *263,83*

Cruxe *1*
El Zephiro no silua, o cruxe el Robre. *261,168*

Cruxia *2*
Que cañones de cruxia, *55,25*
Por medio de vna cruxia *269,739*

Cruxidos *1*
Los cruxidos ignoran resonantes *261,166*

Cruxir *1*
Que cruxir haga el chapin? *269,740*

Cruz *13*
De darle la Cruz en leño, *96,43*
La cruz en el tafetan, *132,35*
Iuro a la cruz de esa espada... *229,1412*
la mano en esa cruz toco *229,1418*
hasta la cruz que jurè. *229,1521*
I en la cruz de aquel templo se remata; *229,2157*
sobre la cruz lo dirè, *229,3292*
en la cruz de este puñal. *229,3365*
Porque el dia de la Cruz *269,47*
Le envaino hasta la cruz *269,510*
I en las tinieblas su Cruz *304,23*
Que maniana hasta el cruz *305,20*
Si no le viera la cruz. *491,8*

Cruza *1*
Cruza el Trion mas fixo el Emispherio, *263,671*

Cruzado *3*
Que no irà cruzado el pecho *96,39*
Sin ir el rostro cruzado; *96,40*
No permitas que vn cruzado, *110,49*

Cruzados *4*
Cruzados hacen cruzados, *126,5*
Cruzados hacen cruzados, *126,5*
Deshaze cruzados, *160,69*
Si no hiziere cruzados *269,1464*

Cruzan *1*
Donde mil arroios cruzan *26,18*
Cruzar *1*
Cruzar la cara a Gerardo! *269,1565*
Cruzes *2*
Este monte de cruzes coronado, *112,1*
A las purpureas cruzes de sus señas, *230,89*
Crvz *1*
Como en desprecio de la CRVZ sagrada, *72,65*
Crystal *102*
Sobre dos vrnas de crystal labradas, *12,1*
Que en vaso de crystal quitas la vida! *23,6*
De el luciente crystal tu gentil cuello; *24,8*
Oro, lilio, clauel, crystal luciente, *24,11*
Como sierpes de crystal *26,19*
Arde, como en crystal de templo santo, *35,3*
En crystal las rocas *79,51*
Tras de vn muro de crystal, *91,21*
I aunque no son de crystal *93,3*
Sus lagrimas de crystal. *95,48*
Espejos claros de crystal luciente. *114,18*
O son grillos de crystal *115,3*
En Arlança son crystal. *116,4*
Besa el crystal de su pie *121,29*
Al Mondego diò crystal, *121,131*
(No sobre el crystal corriente) *142,43*
Sobre el dormido crystal, *142,44*
El crystal de la colunna *144,33*
Iugo te pone de crystal, calçada *146,10*
Vn brinco de oro i crystal, *148,11*
I si ai sombras de crystal, *149,37*
Lleua el crystal que le enuia *159,13*
Digo el crystal que derrama *159,15*
I las olas crystal del Océàno; *166,34*
No ia crystal de roca, *166,35*
El crystal del Océàno, *179,3*
Si al campo el crystal calçado *179,41*
Que a vn idolo de crystal, *192,7*
Que si el crystal le rompe desatado, *194,3*
En el crystal de tu Diuina mano *197,1*
Con manos de crystal nudos de hierro? *197,14*
Thîòrbas de crystal, vuestras corrientes *203,17*
En aquel crystal de roca, *213,13*
Engastes dèl crystal tierno. *215,48*
I porque de crystal fuessen, *216,11*
Desatado su crystal. *226,8*
debe crystal, i verdura: *229,132*
porque grillos de crystal *229,462*
crystal su mano al Genil, *229,514*
a ese tronco de crystal? *229,1183*
sus Réàles de crystal *229,1370*
de el crystal, que cada dedo *229,1622*
En la alta cumbre veer su crystal puro, *229,1940*
En roscas de crystal serpiente breue, *230,1*
En vez de escamas de crystal, sus olas *230,22*
Al son alternan del crystal que mueue *231,13*
Poco despues que su crystal dilata, *252,1*
Que guarnece el crystal de Guadîàna, *256,3*
Que TORRES honran i crystal guarnece; *256,58*
Si roca de crystal no es de Neptuno, *261,103*
En carro de crystal, campos de plata. *261,120*
Al sonoro crystal, al crystal mudo. *261,192*
Al sonoro crystal, al crystal mudo. *261,192*

Carcax de crystal hizo, si no aljaua, *261,243*
Fugitiuo Crystal, pomos de nieue. *261,328*
En throno de crystal te abrace nuera, *261,404*
La sangre que exprimiò, crystal fue puro. *261,496*
Gigantes de crystal los teme el cielo; *262,8*
Iuntaua el crystal liquido al humano *263,244*
I sierpe de crystal, juntar le impide *263,426*
Pedaços de crystal, que el mouimiento *263,545*
Dispensadora del crystal no escasa. *263,549*
Centellas saca de crystal vndoso *263,578*
Crystal pisando azul con pies veloces, *264,46*
Escollo de crystal, meta del mundo. *264,541*
Crystal, agua al fin dulcemente dura, *264,578*
Mas sauandijas de crystal que a Egypto *264,829*
Mui azul para crystal, *268,44*
Crystal le cuente, que la industria mia *269,1263*
Que en el crystal de su forma *275,55*
Fragil desmintiò el crystal *275,59*
I aun a su crystal puro *280,43*
Sobre la ierua que ese crystal beue. *281,18*
Sierpe de crystal, vestida *285,45*
En el crystal que guarnecen *287,3*
Quando no cumplió el pie, *287,45*
En sus braços de crystal *296,2*
Si crystal no fue tanto cuna brebe. *318,32*
Crystal, o de las rosas ocupado *318,210*
En varios de crystal ramos el Reno *318,619*
Luciente crystal lasciuo, *322,53*
El crystal liquido impuro. *322,332*
En vez, Señora, del crystal luciente, *323,1*
En el crystal de vna voz? *332,17*
Crystal ministre impuro, si no alado *338,11*
Que ia beuieron en crystal la risa. *339,11*
El crystal solo, cuio margen huella, *340,6*
El corre crystal. *350,4*
El corre crystal. *350,12*
El corre crystal. *350,20*
El corre crystal, *350,28*
El corre crystal. *350,36*
Que en vn crystal guardais fragil *355,67*
Comiença en crystal corriendo *356,11*
Suelta en trenças de crystal; *358,12*
Vndosa crystal, dulce Vihuela; *365,4*
El crystal de aquel arroio, *378,29*
Del crystal por do passò, *401,4*
Montes coronan de crystal el suelo, *402,7*
Correr les hiço el crystal, *419,11*
El liquido crystal que oi desta fuente *420,1*
Idolo de crystal i de saphyro, *461,6*
Crystales *27*
I los Inuiernos crystales; *63,36*
Estan, como reliquias en crystales; *77,57*
I que mas priuilegian sus crystales, *92,6*
De los crystales que esconde, *142,4*
En esta bien por sus crystales clara, *173,3*
Ô Sil, tu cuios crystales *204,11*
En los crystales dèl Tejo, *215,2*
Llora Minguilla crystales. *216,12*
A los crystales de vn estanque elado. *218,8*
En plata como, i en crystales bebo. *229,51*
Sobre aquellos crystales se leuanta, *229,2165*
los crystales de sus manos *229,2344*
Diaphanos crystales; *263,205*

A libar flores i a chupar crystales, *263,325*
Quantos murò de liquidos crystales *263,703*
Cubran corderos mil, que los crystales *263,836*
De los crystales, vna *264,89*
De crystales inciertos a la seña, *264,224*
Los crystales pisaua de vna fuente. *264,319*
Diuidiendo crystales, *264,519*
Que timido perdona a sus crystales *264,843*
A donde el nectar se siruiò en crystales; *269,1240*
Glorioso el Tajo en ministrar crystales *315,23*
En morbidos crystales, no en laureles; *318,502*
Crystales son vagarosos *333,29*
En los crystales de su bella mano *341,10*
Napeas de sus crystales, *376,19*
Crystalina *3*
El margen de la fuente crystalina *203,112*
I su fin, crystalina mariposa, *264,6*
Crystalina sonante era thiorba, *264,350*
Crystalinas *1*
ia besando vnas manos crystalinas, *20,1*
Crystalino *10*
La vndosa rienda al crystalino freno *16,10*
Que en fama claro, en ondas crystalino, *22,2*
Crystalino cintaraço. *228,100*
En el crystalino cielo *239,14*
Zodiaco despues fue crystalino *263,466*
Al concento se abaten crystalino *263,585*
Mas del terreno cuenta crystalino *264,860*
Que el rio que vadean crystalino, *279,29*
De sitîàl crystalino *283,7*
Minotauro crystalino, *334,28*
Cryticos *1*
Los cryticos me perdonen *322,147*
Cubierto *2*
I en pastoral aluergue mal cubierto *100,7*
Que ver cubierto de nieue *105,47*
Cubo *1*
I pozo que estè sin cubo. *27,28*
Cubos *2*
cubos de lagrimas saca *229,2571*
Si no se besan lo cubos! *322,268*
Cubra *4*
Quando cubra las montañas *7,17*
Cubra esas nobles faltas desde ahora, *21,5*
Assi cubra de oi mas cielo sereno *30,5*
O dosel le cubra *65,155*
Cubran *1*
Cubran corderos mil, que los crystales *263,836*
Cubre *5*
Donde cada dosel cubre *63,55*
I con las ropas la cubre. *75,36*
La tercia parte me cubre *96,61*
Sus miembros cubre i sus reliquias sella *112,12*
Se cubre la vega toda, *149,18*
Cubren *3*
Las tocas cubren a Hero *27,51*
Cubren su pastoral aluergue ahora. *128,4*
Cubren las que Sydon telar Turquesco *263,614*
Cubrete *3*
Cubrete, Tadeo. No puedo. *229,910*
Cubrete. No harè tal. *229,1800*
O cubrete, o callarè. *229,1803*
Cubri *1*
Habla, que ya me cubri. *229,1804*

Cubrian *1*
Los blancos paños cubrian *88,45*
Cubriò *1*
Cubriò el quadrado pino, *263,144*
Cubrir *2*
para engañar, i cubrir *229,2307*
Esta noche cubrir puedes. *269,1645*
Cubrirà *1*
I se cubrirà anascote; *107,76*
Cubrome *1*
Cubrome, pues me haces Grande *229,912*
Cuchara *1*
Impenetrable casi a la cuchara, *263,151*
Cuchilla *2*
El de cuchilla mas resplandeciente, *264,504*
De firme cuento i de cuchilla fiera, *499,97*
Cuchillada *1*
A vn amigo cuchillada? *269,1566*
Cuchilladas *3*
Cuchilladas, los pies buelva *269,1767*
En las cuchilladas paz *288,18*
Cuchilladas tan mortales *288,27*
Cuchillo *10*
Cuchillo de escriuania *168,19*
Archas burlò el fatal cuchillo; ô España, *220,12*
o vn cuchillo de cera. *229,335*
Al viento esgremiran cuchillo vago. *264,840*
Que el otro con el cuchillo. *269,165*
Vna mula es su cuchillo. *269,688*
Entre el cuchillo i su cuna *355,5*
El cuchillo quiçà embainaua agudo. *363,11*
Purificò el cuchillo, en vez de llama, *364,9*
Siendo tu lengua el cuchillo *369,9*
Cuchillos *2*
Cuchillos corbos absoluelle quiso. *263,1076*
I de sus coruos cuchillos, *334,54*
Cuclillo *1*
I ia tal vez al cuclillo. *351,12*
Cudicia *7*
Crece en ellos la cudicia *97,25*
Tal, que ninguno cudicia *204,5*
Piloto oi la cudicia, no de errantes *263,403*
Tu, cudicia, tu pues de las profundas *263,443*
De tu gracia, i mi cudicia, *269,1303*
Van templando la cudicia *269,1632*
Si cudicia o voluntad *416,35*
Cudiciosa *2*
i io di de cudiciosa: *229,1770*
Errè, Alcidon. La cudiciosa mano, *298,13*
Cudicioso *1*
De cudicioso gasta o lisongero *222,2*
Cudiciosos *2*
Cudiciosos noueleros, *58,2*
Sus cudiciosos sarmientos. *58,60*
Cuebas *1*
Cuebas, troncos, aues, flores, *131,132*
Cuecen *1*
La cuecen i assan todos, *58,19*
Çuecos *2*
No calça los çuecos que *259,3*
Sobre çuecos de comica Poesia *427,7*
Cuèla *1*
Pegate, Crara, cuèla. *207,36*
Cuelan *1*
Discretos cuelan sus paños, *83,35*

Cuelga *6*
Con lo que le cuelga, *5,18*
Alegremente en sus paredes cuelga; *77,27*
Oi balsamo espirantes cuelga ciento *230,67*
Mientras le cuelga de vn leño *321,12*
Aunque el los cuelga aqui por marauilla. *439,6*
Creciò no cuelga señas de victoria, *439,13*
Cuelgas *1*
Porque tu memoria cuelgas *269,314*
Cuello *23*
Con vn cuello en paraiso, *6,122*
Ia anudandome a vn blanco i liso cuello, *20,2*
De el luciente crystal tu gentil cuello; *24,8*
Goça cuello, cabello, labio, i frente, *24,9*
Sacudi del cuello, *50,12*
Del cuello pendiente ella, *64,25*
Mejor que si fuera cuello *96,59*
Mas el se los echa al cuello, *105,29*
Vn cuello de caniquì! *111,62*
Ia anudada a su cuello, *120,34*
Con que es su cuello almidon, *126,43*
Desde que ondeò en su cuello. *177,30*
Lo tornéado del cuello, *228,141*
Sobre el crespo zaphiro de tu cuello, *263,313*
Quantas, de el vno ia i de el otro cuello *263,788*
Resplandeciente cuello *264,65*
A sacudillo del cuello. *269,628*
De echarme cadena al cuello, *269,1089*
Rindiò no solo, mas expuso el cuello: *318,108*
Que vn cordero al cuello *349,6*
Que ignore el iugo su loçano cuello. *360,8*
Reclinada, el conuexo de su cuello *366,2*
Con rosarios al cuello de corales; *437,4*
Cuellos *3*
Cuellos de camisa; *65,60*
Domando cuellos i ligando manos, *72,56*
El lazo de ambos cuellos *263,761*
Cuenca *7*
Vos, que en las sierras de Cuenca, *89,21*
Serranas eran de Cuenca, *144,9*
"Serranas de Cuenca *144,45*
Goce Cuenca vna i otra moneria, *201,7*
Como es ia mejor Cuenca para ciegos, *201,13*
Erase en Cuenca lo que nunca fuera; *459,1*
Para piedras: que en Cuenca eso se usa, *459,10*
Cuenta *8*
Mas que no los dè a mi cuenta *6,16*
las estrellas cuenta en vano *229,120*
i poniendole a mi cuenta. *229,929*
Mas del terreno cuenta crystalino *264,860*
Quien tendrà en los años cuenta? *269,291*
Los siglos que en sus ojas cuenta vn roble, *343,12*
I assi por mi cuenta hallo *499,128*
Me cuenta, porque es estraño, *499,305*
Cuentas *1*
Las cuentas tiene en la mano *229,436*
Cuente *6*
Del Rei que rabiò me cuente, *7,22*
Sus muchos rayos cuente, *103,68*
Las flores cuente a Maio, *129,26*
No cuente piedra, no, este alegre dia, *269,1259*
Crystal le cuente, que la industria mia *269,1263*
Pues no es razon que sola ella se cuente, *499,34*
Cuentenle *1*

Cuentenle perlas, que el Oriente fia *269,1261*
Cuento *3*
Lança que junte el cuento con el hierro, *113,10*
Io de corrida la cuento, *269,803*
De firme cuento i de cuchilla fiera, *499,97*
Cuerda *25*
Dando cuerda a los ançuelos *10,39*
De la cuerda que le afflige, *48,10*
Affloxa al arco la cuerda *90,5*
Cada cuerda es vn cordel, *105,2*
Suena mal cuerda i garrote; *107,28*
I a su apellido la cuerda *121,54*
Haziendo la cuerda açote, *131,90*
I a la cuerda oro subtil, *177,28*
Quando texieron la cuerda, *177,32*
que es cuerda quien va al molino *229,1709*
I io con el, de su cuerda *229,2518*
si resiste, amante cuerda. *229,2521*
Mas curiosa, i menos cuerda, *239,2*
I pulsando vna dulce i otra cuerda, *256,49*
Por la fragosa cuerda del atajo *263,337*
Con la animosa cuerda, que prolija *264,431*
Abraçado, si bien de facil cuerda, *264,466*
Quien de la cuerda appella para el rabo. *273,11*
Gran freno moderò tu cuerda mano; *317,4*
A enxugarlos en la cuerda *322,171*
I io con la cuerda rota. *499,175*
Cuerda de vn tiron. Yo si; *499,183*
La cuerda no lo sufriò. *499,191*
Que por herillo vna cuerda, *499,194*
Que en tomarlo anda ia cuerda, *499,229*
Cuerdas *18*
Pulsa las templadas cuerdas *133,5*
Cuerdas mueue de plata *140,2*
Cuerdas ministra el rûído; *142,40*
Pulsò las templadas cuerdas, *149,83*
Rasque cuerdas al laud: *158,16*
Con mas cuerdas que xarcias vn nauio. *202,4*
Las cuerdas le roçaron a mi lyra. *203,45*
de las mas cuerdas que vi! *229,297*
las cuerdas de su garrote, *229,565*
Las duras cuerdas de las negras guijas *263,347*
Instrumento el baxel, cuerdas los remos, *264,113*
Cantar baxo i calar cuerdas? *275,88*
Que raios oi sus cuerdas, i su pluma *291,12*
Que eran cuerdas de vn laurel; *355,20*
Solicitadas sus cuerdas *389,3*
Las cuerdas de su instrumento, *419,85*
De torcer cuerdas. Ea, ten. *499,212*
Los arcos, las cuerdas flojas, *499,315*
Cuerdo *7*
Quanto va de cuerdo a loco. *83,24*
Quanto va de cuerdo a loco. *83,48*
Quanto va de cuerdo a loco. *83,80*
Quanto va de cuerdo a loco. *83,104*
Tan loca soi? Tan cuerdo eres, *229,2653*
De que en naciendo vno cuerdo *269,1588*
Por cuerdo te juzgaba, aunque Poeta. *326,4*
Cuerno *17*
(Con perdon de los Clerigos), vn cuerno. *68,4*
Pusome el cuerno vn traidor *82,109*
de el cuerno, i no de la Copia. *229,785*
que todo marfil es cuerno, *229,2364*
Que el cuerno menos violento *241,2*

I al cuerno al fin la cythara suceda. *261,16*
El cuerno vierte el hortelano entero *261,158*
Vagas el pie, sacrilegas el cuerno, *261,467*
Donde el cuerno, del Echo repetido, *262,9*
Breue de barba i duro no de cuerno, *263,159*
Quiere la Copia que su cuerno sea; *263,203*
De bien nacido cuerno *264,18*
Flores su cuerno es, raios su pelo. *264,307*
Pusiera vn cuerno de juro! *322,436*
Todo cuerno masculino, *334,34*
El coruo cuerno truena, el halcon pia, *499,86*
Cauallo, cascabel, cuerno, halcon, perro. *499,91*

Cuernos *13*
Hasta el Dios que sus cuernos *103,13*
Sonantes cuernos son, roncas vocinas: *142,13*
Sonantes cuernos son, roncas vocinas: *142,31*
Sonantes cuernos son, roncas vocinas: *142,49*
I en su arco los cuernos de la Luna. *165,14*
Cuernos dèl toro que traslada a Europa. *166,30*
Con las puntas de sus cuernos. *178,30*
Africa (o ia sean cuernos de su Luna, *230,10*
Que en dos cuernos de el mar calò no breues *264,52*
Los cuernos de su frente; *264,331*
Los cuernos el Sol la dora, *268,65*
A mil torcidos cuernos dando aliento, *499,60*
De vengatiuos cuernos, en mal hora *499,106*

Cuero *1*
En quanto suia, de vn hermoso cuero, *428,6*

Cueros *5*
Sino es el que se anda en cueros *58,16*
I estaba en cueros, no acude, *75,46*
Ia iba quedando en cueros *82,81*
Que el mas armado anda en cueros. *167,40*
Cueros votos de auer sido vocales *437,5*

Cuerpo *25*
Que anda el cuerpo en pulgatorio, *6,125*
Cuerpo a los vientos i a las piedras alma, *14,10*
I el cuerpo vacio, *56,9*
Cuio cuerpo aun no formado *63,77*
Cuerpo viuo en otro tiempo, *63,147*
Vaia a los Moros el cuerpo, *64,47*
No es grande de cuerpo, *65,29*
Al fondo el cuerpo, al agua los turbantes. *72,85*
I viendo el difunto cuerpo, *75,65*
El cuerpo a su amante dulce, *75,70*
Pues no quiso con su cuerpo. *87,88*
Que para vn cuerpo sin alma *106,25*
Vn cuerpo con poca sangre, *131,59*
I el humido cuerpo luego, *149,109*
Que pide al cuerpo mas que puede dalle. *153,4*
que en vn cuerpo viuo, fuera *229,800*
vn cuerpo de piedra dura *229,1146*
cuerpo sacrifica humano, *229,2908*
Mi cuerpo esconda vna caña *269,1136*
Sino cuerpo de espumas animado, *269,1265*
Que del cuerpo es quien os cura *269,1982*
Que, escondido en sì, es su cuerpo *275,75*
Palmas otra, i el cuerpo ambas desnudo? *298,28*
Con la del cuerpo bellido, *406,2*
De su cuerpo jamas se le caia. *450,4*

Cuerpos *3*
A cuios gloriosos cuerpos, *63,105*

Montes de cuerpos Alarbes, *110,48*
Cielo de cuerpos, vestûario de almas. *180,14*

Cuerua *1*
Auara escondia cuerua, *264,878*

Cueruas *1*
Negra de cueruas suma *264,884*

Cueruo *4*
Que fue paloma, i ia es cueruo *269,503*
Que al cueruo lisonjéàdo *269,972*
No bolarà tanto el cueruo, *269,976*
Que ansar del Betis cueruo sea del Turia. *404,8*

Cueruos *2*
Son alcandara de cueruos, *87,26*
dan cueruos de obscuras plumas? *229,1353*

Cuesco *3*
Fruta que es toda de cuesco, *159,55*
De fruta que todo es cuesco, *223,9*
Que por negarle vn cuesco al mas vecino, *342,7*

Cuescos *1*
I tirandole los cuescos *62,39*

Cuesta *5*
I que al presente le cuesta *29,35*
I cada flor me cuesta vna herida. *184,12*
Es Sisifo en la cuesta, si en la cumbre *263,168*
Que tantas lagrimas cuesta? *269,1031*
Aunque mi honra me cuesta. *269,1439*

Cuestan *3*
I a Marqueses sueño cuestan *55,45*
I ambas me cuestan mis passos: *96,30*
I el mar que os la diuide, quanto cuestan, *264,375*

Cuestas *2*
I echandosele a cuestas a Lamec, *473,3*
Cuestas que llegan a la ardiente esfera, *476,9*

Cueste *2*
Quien no me dà, no quiero que me cueste; *222,10*
Aunque pajas me cueste impertinentes. *454,8*

Cueua *3*
Fresca cueua, arbol verde, arroio frio, *33,8*
en tu cueua has escondido *229,127*
Dio ia a mi cueua, de piedad desnuda, *261,430*

Cueuas *3*
Cueuas dò el silencio apenas *131,125*
Los raios de la luz dexan sus cueuas, *166,10*
Cueuas profundas, asperos collados, *476,13*

Çufre *1*
Pastillas de piedra çufre. *75,72*

Cuida *1*
Cuida de guardar su lumbre. *75,32*

Cuidado *36*
Sembraban su contento o su cuidado, *14,5*
De vn cuidado, que es amor, *78,59*
Dèl cuidado en que la veen, *78,70*
Dos años fue mi cuidado, *82,61*
No amanece, i dà cuidado *121,125*
Que a Argos diera cuidado. *121,160*
Que en sus braços depuso su cuidado. *137,8*
Contra el cuidado de el señor don Diego. *150,4*
La quîetud, i donde otro cuidado *194,6*
Ocio sin culpa, sueño sin cuidado *203,68*
Si el feruoroso zelador cuidado *218,5*
tanto, tan necio cuidado *229,1089*
ha puesto, i a mi cuidado, *229,2022*
que esotra darà cuidado *229,2100*

en gran cuidado me pones, *229,2120*
Perdonad ia mi cuidado, *229,2587*
Inuidia de las Nymphas i cuidado *261,113*
Mira la offrenda ia con mas cuidado, *261,246*
En las vestidas rosas su cuidado. *263,355*
Que no penetre el cuidado, *268,15*
Que al pagar daran cuidado; *269,613*
Lo que mas me dà cuidado. *269,1200*
Si engañar al cuidado no he sabido *269,1254*
I estar sobre su cuidado *269,1328*
Quanto i mas que mi cuidado *269,1634*
Aqui, pues, al cuidado *281,25*
Delicias solicita su cuidado *318,77*
Temor induce, i del temor cuidado, *318,165*
Si no su amor Fileno, su cuidado: *339,6*
Que no penetre el cuidado, *352,15*
Diuertiràn tu cuidado. *384,22*
A lo menos sin cuidado; *385,7*
Con cuidado especial vuestros antojos *427,9*
Padre Ferrer, cuidado con la casa! *438,14*
Cuia Madera pueda dar cuidado. *441,11*
Delanteras forraste con cuidado *449,9*

Cuidados *17*
El Principe mil cuidados, *7,11*
Rabiosos cuidados, *50,29*
I mis cuidados me entierran. *62,60*
Idolo de tus cuidados, *88,63*
I nada temi mas que mis cuidados. *108,14*
O ia para escarmiento de cuidados. *119,4*
El Sarmiento Rèàl, i sus cuidados *134,10*
Vna traicion cuidados mil engaña, *220,10*
Babuséàndo cuidados, *227,9*
que io les dexo cuidados, *229,372*
tan libre de mis cuidados, *229,1545*
mas que cuidados ahora *229,1721*
nos publican los cuidados. *229,2004*
Que me ha puesto a mi en cuidados. *269,792*
Tu muger. Dale cuidados *269,877*
Guerra me hazen dos cuidados *329,1*
Contra cuidados Rugeros. *354,8*

Cuidar *1*
sus rûinas, sin cuidar *229,1924*

Cuide *2*
Que assi de su fuego cuide *75,30*
Cuide Rèàl Fortuna *156,23*

Cuido *1*
Cada falta cuido que es *385,9*

Cuidosamente *1*
Entrar cuidosamente descuidado, *113,12*

Cuitada *2*
Que tienen a vna cuitada *98,42*
Bastale a la cuitada su trabà. *468,16*

Cuitado *4*
De vn cuitado que la sopla, *149,22*
Nunca la viera el cuitado, *149,43*
La lleuò donde el cuitado *322,445*
Que fuera del cuitado, que entre escollos, *399,12*

Cuitados *1*
Como vosotros, cuitados, *96,138*

Culantrillo *1*
Lamedor de culantrillo: *386,4*

Culebra *2*
I en habito de culebra *107,77*
Culebra se desliça tortûòsa *264,824*

Culebrina *1*
No me hallò vna culebrina, *74,82*
Çulema *1*
El desdichado Çulema , *62,4*
Culiseos *1*
Mozas rollizas de anchos culiseos, *476,2*
Culpa *16*
Que culpa tuuistes vos *27,33*
I no echeis la culpa al viento. *39,46*
De mi culpa a tus Alcaldes, *63,16*
Culpa de vn Dios que, aunque ciego, *149,29*
(Culpa de la muger de algun priuado), *151,6*
Las vnas culpa de vna cama vieja, *200,2*
Ocio sin culpa, sueño sin cuidado *203,68*
Esta pues culpa mia *264,144*
Muera mi culpa, i tu desden le guarde, *264,152*
(Culpa tuia, Caliope) fulmina. *380,8*
Culpa sin duda es ser desdichado, *396,5*
Si hauer sido del Carmen culpa ha sido, *398,5*
Culpa es vuestra, que los dias *411,9*
I la culpa toda *422,2*
I que el tiene la culpa i lo merece, *475,6*
Culpa de dos ojos *494,44*
Culpado *1*
Las razones del culpado, *105,63*
Culpando *1*
Culpando su lèàltad *49,35*
Culpanle *1*
Culpanle algunos, mas io *482,5*
Culpar *2*
Ni querais culpar, *4,32*
Por no culpar su enemiga. *37,48*
Culpàre *1*
Mui bien harè si culpàre *37,17*
Culpas *3*
Se echan a culpas de cera *63,63*
Culpas tan graues, i mas culpas mias, *229,31*
Culpas tan graues, i mas culpas mias, *229,31*
Culpe *1*
Culpe al barro colorado, *6,44*
Culta *11*
Historia es culta, cuio encanecido *232,5*
Culta le renace pluma, *239,22*
Musa oi culta me dicte *259,19*
Culta si, aunque bucolica Thalia, *261,2*
Su deidad culta, venerado el sueño. *261,228*
Mora, i Pomona se venera culta. *264,199*
De la culta LEUSIPE, *264,538*
Por ser culta floresta, *264,694*
I tronco la mas culta leuantado, *316,3*
Ambages de oratoria le oiò culta, *318,162*
De la mas culta, de la mas canora, *395,6*
Cultamente *3*
Las plantas le mordia cultamente. *264,238*
Togado Achiles cultamente fuiste. *280,36*
Beueràs (cultamente) *420,6*
Cultas *1*
Cultas en tu fauor da plumas bellas. *270,11*
Cultiba *1*
Iardinero cultiba no sin arte: *404,6*
Cultissimo *1*
Cultissimo Doctor; lo damasquino *342,2*
Cultiua *1*
Ierbas cultiua no ingratas *285,31*
Culto *33*

Culto Iurado, si mi bella Dama, *35,1*
Culto honor.   Si labraren vuestras plumas *172,10*
El que algun culto ruiseñor me cante; *203,27*
Quantos en culto estilo nos ha dado *244,7*
I el culto seno de sus minas roto *252,7*
Por este culto bien nacido PRADO, *256,1*
Antes que de el peinado jardin culto *261,283*
Forma elegante dio sin culto adorno, *263,146*
Culto principio dio al discurso; quando *263,236*
De el Hymno culto diò el vltimo accento *263,944*
De jardin culto assi en fingida gruta *264,222*
Culto Cabrera, en nuestra edad famoso; *271,6*
En culto estilo ia con verdad suma. *279,9*
Si culto no, reuocador súaue *289,10*
Vn culto risco en venas oi súaues *290,1*
Al culto padre no con voz piadosa, *291,5*
Piadoso oi zelo, culto *312,1*
Tan digno throno quan debido culto. *315,80*
Del que ia le preuiene digno culto *318,42*
Mientras el culto de las Musas choro *318,447*
Duro amenaza, persúàde culto. *318,576*
Los que en verso hiço culto *322,18*
A quien la emulacion culto? *322,88*
Ilustre piedras; culto monumento *344,6*
Tanto culto aun de si propio. *357,16*
Tan culto como galan. *358,4*
El vn pecho da al zelo, el otro al culto. *368,24*
Tan mental culto las doi, *377,22*
Arbol culto, del Sol iace abrasado, *380,10*
Al siempre culto Danteo, *389,33*
Culto, aun a tu sombra di, *416,2*
A su fe primera, el culto *416,26*
Peor responderà al culto. *479,10*
Cultos *2*
En los suspiros cultos de su auena. *365,14*
Los cysnes venerad cultos, no aquellos *431,9*
Cultura *2*
Niego estos quicios, niego la cultura *281,26*
Que el que a la cultura mal, *479,9*
Çumaque *1*
I fiada del çumaque, *93,19*
Cumbre *15*
Del alto monte la loçana cumbre, *17,2*
La siempre verde cumbre que leuantas, *30,6*
Cuia siempre dichosa excelsa cumbre *112,2*
En la alta cumbre veer su crystal puro, *229,1940*
Demos en esta cumbre vn solo instante *229,2146*
Calpe desde su oppuesta cumbre espera, *230,78*
Hazer de Athlante en la syluosa cumbre, *230,88*
A Pales su viciosa cumbre deue *261,145*
Aliento dio, en la cumbre de la roca, *261,346*
Vencida al fin la cumbre *263,52*
Es Sisifo en la cuesta, si en la cumbre *263,168*
A pesar de mi edad, no en la alta cumbre *264,396*
En la cumbre modesta *264,691*
Ciñe la cumbre vn laurel, *285,10*
Despreciando al fin la cumbre, *333,13*
Cumbres *8*

El sol a raiar las cumbres, *75,74*
Coronen sus cumbres *79,39*
Las altas cumbres, con rigor armadas *163,2*
Las cumbres vence huiendo; *215,34*
Entre estas cumbres asperas, que es esto, *229,2218*
Quanto las cumbres asperas cabrio *261,46*
Cumbres pisa coronadas *352,19*
Que esto de dorar las cumbres *414,3*
Çumo *1*
Con su caldillo i su çumo". *27,132*
Çumos *1*
Templò en venenosos çumos, *322,422*
Cumpla *1*
Io me quede, cumpla i vaia, *64,46*
Cumple *2*
Porque vee lo que le cumple; *75,34*
Que lo cumple dezir puedo *417,9*
Cumplido *2*
(Por lo cumplido de pies, *242,67*
Vos socarron, el cumplido, *269,1666*
Cumplidos *1*
A los gustos no cumplidos *228,175*
Cumplimiento *2*
Gracias os quiero dar sin cumplimiento, *182,1*
Casilda de cumplimiento. *269,1085*
Cumplir *2*
Para cumplir los treinta años, *27,55*
Sale a cumplir el destierro *49,22*
Cumplirme *1*
sin cumplirme la palabra *229,3247*
Cumplo *1*
Que io desdichada cumplo. *27,56*
Cumulo *1*
De Mamelucos el sangriento cumulo. *1,39*
Cuna *37*
Es cuna a mi parecer *78,78*
Tanto, que la mataron en la cuna *119,7*
Tegieron dulce generosa cuna; *128,2*
Los primeros años cuna, *148,47*
Dèl dulce mouimiento de la cuna. *156,24*
Que seran cuna i nido generoso *171,13*
Cuna siempre Rèàl de tus abuelos, *195,3*
Oro su cuna, perlas su alimento; *198,4*
Dosel de Reies, de sus hijos cuna *219,9*
La verde rama, que es su cuna verde, *229,1532*
Clarin ia de la Fama, oie la cuna, *230,15*
Tu calificada cuna, *259,39*
La pera, de quien fue cuna dorada *261,78*
Venera fue su cuna. *264,90*
De los mancebos dos la maior cuna; *264,202*
Pobre ia cuna de mi edad primera, *264,543*
El Bahari, a quien fue en Hespaña cuna *264,758*
Sino a mecelle en la cuna. *269,556*
Braços te fueron de las Gracias cuna, *280,16*
A la pendiente cuna *281,1*
No en cuna de ondas el mar, *300,14*
Su primer cuna al Duero se la debe, *318,31*
Si crystal no fue tanto cuna brebe. *318,32*
Al que Mercurio le preuiene cuna, *318,94*
Eleccion grata al cielo aun en la cuna. *318,151*
Cuna, quando su thalamo no estrellas. *318,404*
Genîàl cuna su pabes estrecho. *318,440*
— Vno, ai, niño, que su cuna *352,10*

— Vno, ai, niño, que su cuna *352,22*
Entre el cuchillo i su cuna *355,5*
La cuna Réàl, *356,42*
Esta cuna es, pues, *356,50*
La Aurora aier me dio cuna, *375,5*
Que cuna de Venus fue. *376,16*
Quien ia cuna le dio a la hermosura, *403,2*
I cuna alegre en sus cenizas breues. *457,14*
Que la cabeça en la cuna *497,40*
Cuñado *2*
A escribir del cuñado el atroz hecho *41,7*
como os tendrè por cuñado, *229,3515*
Cunas *4*
Las veneras cunas son, *121,92*
Cunas inaccessibles de milanos, *163,4*
Oiò a las cunas los tumbos, *322,34*
Cunas son oi de su primer gorjeo. *457,8*
Cuño *4*
Lleuar el cuño Réàl, *55,18*
Es lo que acuña el cuño? *313,23*
Aunque mal distincto el cuño, *322,440*
Pues el cuño me perdona, *413,6*
Çuño *2*
El que ha pillado çuño, *313,55*
Saliò la Aurora con çuño; *322,438*
Cupidillo *2*
a Cupidillo mi ama. *229,1980*
Gloriôso Cupidillo, *243,61*
Cupidillos *2*
De Cupidillos menores *131,82*
De golosos Cupidillos *389,25*
Cupido *19*
Que guarda mas bien Cupido *37,43*
Començò en esto Cupido *78,85*
En sus palabras Cupido, *121,48*
Duerme, i Narciso Cupido, *142,41*
Cupido con dos Soles, que hermoso *145,7*
Que el Cupido de las flores *217,29*
Que hecho sacristan Cupido, *228,107*
Ciego dos vezes para mi es Cupido. *229,6*
Era Acis vn benablo de Cupido, *261,193*
En su imaginacion Cupido hecho, *261,271*
No a las palomas concediò Cupido *261,329*
Venus de el mar, Cupido de los montes". *261,464*
Con ojos i sin alas vn Cupido, *263,768*
Al ventilar alado de Cupido. *280,60*
Sol de Vcles i de Cupido *286,19*
Encarnar Cupido vn chuzo, *322,122*
Cupido por las que bate, *333,39*
Aun mas Cupido que el ciego, *354,16*
I al fin dar a entender que soi Cupido, *499,58*
Cupidos *1*
Cupidos con raios de oro; *357,8*
Cupo *3*
Donde la suerte le cupo; *27,26*
Metiò el brazo, que no cupo, *322,262*
Aquella vez que le cupo. *322,464*
Cura *21*
De el axedrez con el Cura; *26,32*
Cura que en la vecindad *130,1*
Para que le llaman cura, *130,3*
El Cura que seglar fue, *130,5*
Cura que en la vecindad *130,13*
Para que le llaman cura, *130,15*

De Cura en el de compadre: *130,20*
Cura que en la vecindad *130,25*
Para que le llaman cura, *130,27*
Cura que a su barrio entero *130,29*
Ia no es Cura, sino gallo *130,31*
Ia no es Cura, sino Peste *130,35*
Cura que en la vecindad *130,37*
Para que le llaman cura, *130,39*
Ia el Cura se preuenia *216,37*
Que del cuerpo es quien os cura *269,1982*
Tan confessor, como el Cura *269,1983*
Su cura, no siendo cura, *418,34*
Su cura, no siendo cura, *418,34*
Con el Isidro vn Cura de vna aldea, *432,9*
De baptizar, sin ser Cura. *495,44*
Curado *2*
Mal herido i bien curado, *131,9*
Salir quando mas curado, *225,9*
Curallos *1*
Mas el curallos condeno, *225,6*
Curas *1*
Todas las curas errò; *227,50*
Çurcidos *1*
Çurcidos ia con su lengua, *73,40*
Çurdo *3*
Entrò vn pagecillo çurdo. *27,136*
A la calle dio el pie çurdo, *322,286*
Izquierdo Esteuan, si no Esteuan çurdo. *325,14*
Cure *2*
Que vuesamerced se cure. *269,1871*
Lo cure despues Roman. *411,44*
Curîàl *1*
Que intente ser Curîàl *411,39*
Curiosa *3*
tyrania mui curiosa. *229,801*
Mas curiosa, i menos cuerda, *239,2*
Solicitò curiosa, i guardò auara *264,186*
Curiôsa *1*
Del barbaro rûído a curiôsa *294,5*
Curiosidad *4*
Oy la curiosidad de su thesoro *77,18*
Como esa curiosidad *78,77*
i el llama curiosidad. *229,265*
Curiosidad i placer. *355,28*
Curiosidades *1*
Tus muchas curiosidades, *63,220*
Curioso *3*
Tan delicado i curioso, *28,37*
Tan curioso i delicado, *28,38*
Veràs curioso i honrraràs testigo *263,526*
Curiossos *1*
No es de los curiossos *65,145*
Curo *2*
Ia sus desuios no curo, *229,2610*
Curo las Damas del pueblo, *269,453*
Çurras *1*
Me daba mui buenas çurras *26,30*
Çurron *1*
En vn çurron estos *160,11*
Curso *9*
En tu curso el de aquella, *25,56*
El raudo curso de este vndoso rio, *46,11*
I enfrenò el curso del agua; *144,42*
Hizieron a su curso acelerado, *263,348*

Dulces pomos, que al curso de Atalanta *263,863*
Largo curso de edad nunca prolixo; *263,894*
Curso del llanto metrico te fio, *264,554*
Fatal corregir curso facilmente? *318,170*
El curso enfrenò del rio, *389,21*
Cursos *1*
Escuela ia de sus cursos. *322,256*
Custodia *1*
De tus reliquias custodia. *259,96*
Custodio *1*
A su Angel dè custodio *269,1962*
Cuydado *2*
Sombras viste de sueño su cuydado. *229,9*
O al menos de mi cuydado? *499,221*
Cyclope *6*
Cyclope no, tamaño como el rollo, *234,2*
Cyclope a quien el pino mas valiente *261,53*
No al Cyclope attribuie, no, la offrenda; *261,233*
O al cielo humano o al Cyclope celeste. *261,424*
Que del Cyclope oiò el canto, *283,4*
En el disforme Cyclope cabrero. *293,8*
Cynthia *2*
Xarifa, Cynthia Africana, *356,21*
Bellissima tu, pues, Cynthia española, *415,8*
Cypres *1*
Fruncidissimo cypres, *217,74*
Cypria *1*
La aue lasciua de la Cypria Diosa; *264,271*
Cysne *3*
Que el Tajo os espera cysne, *390,47*
Coruo na pruma, cysne na harmonia. *430,14*
Cysne gentil de la infernal palude. *453,14*
Cysnes *3*
Pedia leche de cysnes, *148,39*
A tus cysnes canoros no sea injuria *404,7*
Los cysnes venerad cultos, no aquellos *431,9*
Cythara *1*
I al cuerno al fin la cythara suceda. *261,16*
Cytharas *1*
Terno de aladas cytharas súàues. *291,11*
Da *88*
Da bienes Fortuna *8,1*
A vnos da encomiendas, *8,9*
Pues da el mundo en niñerias, *26,7*
Las torres, i le da nubes, *39,15*
Las velas, i le da espumas. *39,16*
Piensos se da de memorias, *62,29*
Les da la lumbre que valen; *63,76*
Le da ella mas gusto *65,55*
No se le da vn bledo *65,153*
I ella dize que da a vn page *73,123*
Da a la capa tres piquetes, *81,22*
Da pistos a ła esperança *93,66*
Le da licencia que vaia *105,13*
Os da bocados mortales; *110,36*
Para el arco que da enojos, *121,52*
Quien se le da en sacrificio. *121,57*
Que reprime i que da lei; *132,56*
Luz da al Sol, oro a la Arabia, *144,20*
Que a España le da Heroes, si no leies, *145,11*
Que da el sol hiriendo al nacar *148,16*
No se le da a Esgueuilla quatro blancas; *151,12*

I lo que da la otra via, *159,17*
Que vna nube le da enojo, *159,28*
Que el rio les da posada; *159,48*
Si quien me da su lyra no me engaña, *171,3*
Da al aire colores vanos, *177,38*
I el mar da a los pescadores, *179,22*
Perlas da que le coronen, *179,44*
Hijos del Sol, nos da la Primauera, *198,2*
Fuerça da tanta, i valor, *211,5*
Secreto que da en Tadeo, *229,234*
cuio pie da al campo flores, *229,513*
i le da en dote el agrauio? *229,685*
Da plata el verde prado, *229,1052*
da piedras en Berberia, *229,1358*
si ella la da a vn Seuillano, *229,2748*
contra el que las señas da *229,3048*
Señores, si se me da *229,3236*
que fin le da nuestro Plauto. *229,3425*
De el duro officio da. Alli vna alta roca *261,31*
La serua, a quien le da rugas el heno; *261,77*
La nieue de sus miembros da a vna fuente. *261,180*
Al sueño da de sus ojos la armonia, *261,183*
Caluroso al arroio da las manos, *261,209*
Bebelo Galathea, i da otro passo; *261,287*
I en quanto da el solicito montero, *262,16*
Da al mar; que condolido, *263,11*
Montañesas da el prado, que dirias *263,260*
De la Lybia, i a quantas da la fuente *263,598*
Artificiosamente da exhalada *263,649*
Da el fuego luzes i el arroio espejos. *263,662*
Terminos le da el sueño al regozijo, *263,677*
El huerto le da esotras, a quien debe *264,220*
Al flaco da, que me construien muro, *264,589*
Quantos da la cansada turba passos, *264,940*
Que da horror, aunque da luz, *267,2*
Que da horror, aunque da luz, *267,2*
Murcia le da de su azero *269,131*
Blancaflor me da jamones, *269,483*
Si Flores da el par de guantes *269,485*
En vn consejo que da *269,1907*
Cultas en tu fauor da plumas bellas. *270,11*
Quantos passos da en Hespaña, *275,35*
Que desatado nos da *288,42*
Ambicioso baxel da lino al viento. *294,14*
A las flores que da el prado. *301,5*
Que nos da el heno? *301,69*
Que nos da el heno? *301,83*
E da mula do Portal *303,21*
Los primeros abrazos le da a Tethis. *318,104*
Da a su consorte ruiseñor viûdo, *318,407*
El garçon Phrygio, a quien de bello da *327,5*
El vn pecho da al zelo, el otro al culto. *368,24*
La inconstancia al fin da plumas *378,33*
La leue da al Zaphiro soberano! *393,14*
Vndosa tumba da al farol del dia *403,1*
Da higas vuestra nariz. *411,4*
Da el olio i entierra luego: *418,35*
Pues oi da vuestra pluma nueua gloria *425,9*
Lugar te da sublime el vulgo ciego, *426,1*
Se calça espuelas, i da vn galope? *427,8*
Tu sentencia de oluido, i da la gloria *439,10*
El da muestras, segun el daño crece, *475,3*
Por el nombre me da pena *490,1*
Les da el cascauel: *494,28*

Que no da menos enojos *499,125*
Que si te da Siluio el suio, *499,237*
Pero si te da tal pena *499,348*
Dà *20*
Por las floridas señas que dà el prado. *52,8*
Quien dà a la calle i quita a la floresta. *77,31*
Que dà leies al mar, i no tributo); *77,77*
Gusto dà mas que dar suele *85,23*
La paja me dà por libras, *96,145*
Pues al mismo Amor dà lei *121,63*
No amanece, i dà cuidado *121,125*
Hasta Simancas, que le dà su puente: *140,6*
Que dà al arco marfil bello *177,27*
Sobre el verde mantel que dà a su mesa, *203,113*
Que mano que tanto dà, *207,38*
Se dà entero *209,6*
Que se dà todo al Christiano. *209,15*
Se dà entero *209,21*
Se dà entero *209,36*
Quien no me dà, no quiero que me cueste; *222,10*
mas donde gusto le dà, *229,422*
Lo que mas me dà cuidado. *269,1200*
Pues quanto mas la dà recio, *269,1316*
Mas ai, quien palabras dà *328,9*
Daba *6*
Me daba mui buenas çurras *26,30*
Daba luego vuelta a Flandes, *26,41*
Les daba a soplos aiuda *39,6*
Los vltimos nudos daba, *131,45*
que contra mi daba al viejo, *229,928*
que las cintillas me daba? *229,2783*
Daban *2*
Me daban caualgaduras. *26,68*
Ligeras le daban caça *97,3*
Dacio *1*
Dacio logrò magnifico su intento; *318,340*
Dad *5*
I dad ia la buelta *79,54*
Dad, bellissima señora, *229,2766*
Dad, Casilda, a tal amante *269,913*
A Casilda se los dad, *269,1188*
Dad gracias al Amor, que sois tercera *448,3*
Dada *2*
Que dada la vncion, *160,51*
Las vezes que en fiado al viento dada, *264,743*
Dadas *2*
Las señas por Lelio dadas, *229,3042*
Comieron pues, i rudamente dadas *264,361*
Dadme *4*
Dadme vos las manos, Fabio, *229,3511*
Dadme los pies, padre mio. *229,3518*
Señor, dadme vuestros pies. *229,3519*
Dadme la cadena a mi. *269,1095*
Dado *35*
De auer dado tu palabra *10,14*
Bastante muestra has dado *25,43*
La espada que te ha dado *77,50*
A dulces memorias dado, *106,13*
I quatro tumbos de dado *122,40*
Has dado en imitallas, *127,22*
Pidiò la fe que le he dado, *141,3*
Han dado cient trepas, *160,10*
El lienço que me aueis dado *189,1*

Venid, mulas, con cuios pies me ha dado *200,9*
en mui buena esquina ha dado: *229,235*
averle dado licencia. *229,849*
Buenos consejos me ha dado, *229,1654*
me ha dado tu offrecimiento. *229,1722*
Que tal rebes me ha dado, sus desuios *229,1947*
que ojos le ha dado vn ciego, *229,1983*
al que le he dado la fee. *229,2130*
he dado traça que aqueste *229,2406*
el que por ierno me han dado? *229,3147*
Quantos en culto estilo nos ha dado *244,7*
Esplendor de BVENDIA, que le ha dado; *251,4*
Señas has dado no pocas: *259,82*
Si no ha dado su nombre a tus espumas, *264,140*
Dado al traues el monstro, donde apenas *264,509*
Nos ha dado al Dios en pan. *267,10*
Por la que te ha dado ahora. *269,680*
Se ha dado algun agujazo. *269,894*
Gran pena me ha dado Enrico *269,1170*
I assi en mi bolsa he dado *269,1234*
Los meritos que le han dado, *306,15*
Humo al fin el humo ha dado. *309,27*
Que te ha dado? *423,22*
Nunca ha querido lo que no le han dado: *452,10*
Que era vena que seca. A Dios sea dado. *471,11*
Vn habito el Rei le ha dado, *491,3*
Dados *3*
Que se los diò el cielo dados, *55,9*
Con dados ganan Condados; *126,8*
Tan dados las manos, di, *229,336*
Daga *6*
Peor que vna daga. *56,13*
I los derechos con espada i daga; *69,11*
I vna bolsa es buena daga *167,58*
con esta daga. Buen passo! *229,3459*
Rompa esta daga tu pecho. *229,3473*
No serà bien que esta daga, *269,142*
Dagas *2*
dagas, me quiero voluer. *229,3464*
A quien entràra dos dagas *269,1388*
Dais *6*
I vos le dais diezisiete, *81,38*
Niños con que dais enojos: *168,37*
me dais antes de callar. *229,149*
las manos, si me las dais. *229,3105*
Si no le dais mas allà. *269,1996*
Para que me dais tormento? *348,10*
Dal *1*
Fiamma dal ciel su le tue trezze pioua! *72,51*
Dalde *1*
Baste ia, señores. Dalde *269,1458*
Dale *4*
Dale a tu alma vna buelta, *210,9*
Dale a tus pies tus enojos *229,1594*
Dale tus manos a vn hombre, *229,1683*
Tu muger. Dale cuidados *269,877*
Dales *2*
Dales vn botin, *65,113*
Dales el Norte en todas sus regiones *229,1030*
Daliso *5*
Conozcan quien es Daliso *48,79*

Enfermo DALISO *79,97*
Daliso, porque el tiempo *103,55*
Daliso el escultor, cincel sus males. *119,14*
De Daliso el dulze engaño *499,306*
Dallas *1*
Mui bueno estoi para dallas. *229,1523*
Dalle *10*
Viendo dalle tantas bueltas: *73,126*
I pereçoso para dalle el lado, *151,7*
Que pide al cuerpo mas que puede dalle. *153,4*
Mas que para dalle coz. *161,92*
que sin dalle templo al santo *229,704*
Que le quies? Dalle la mano. *229,2895*
Por no dalle medio almud? *269,444*
Dalle tu su resplandor. *269,1121*
Dalle sus pies a besar, *288,8*
En dalle nombre de Iudas *477,23*
Dama *31*
Con vna Dama sin dote, *6,8*
Que quiera vna Dama esquiua *6,103*
Leandro por veer su Dama; *7,33*
Culto Iurado, si mi bella Dama, *35,1*
Diòle vnas flores la Dama, *49,29*
Vna Dama de el linage *57,51*
El ausente de su Dama, *62,3*
A los de su Dama vuela, *62,46*
Que en los brazos de su Dama *64,18*
I fue huiendo la Dama *73,75*
De vna Dama que lo oìa *73,111*
Como la dama de Sesto *75,31*
Con vna Dama atreguada, *93,16*
Mientras se quexa la Dama, *97,27*
Como consulta la Dama *105,67*
Dezidme de aquella Dama *121,101*
Con reuerendas de Dama. *148,32*
Vna Dama i otra Dama, *159,14*
Vna Dama i otra Dama, *159,14*
Quiso enviar a su Dama *229,1232*
I dime, tu esposa es Dama? *229,1304*
digo vna Dama embozada, *229,3420*
Escupo. No es ia tu Dama *269,307*
I mas que sabe la dama, *269,1626*
Hermosa dama que ofreces; *269,1695*
Que lagrimas de vna dama, *269,1746*
De el desden, el fabor de vuestra Dama, *292,10*
De vna dama cierto amante, *413,20*
Seruir a Dama que no dando toma; *463,9*
Dama entre picaça i mico, *493,14*
Que no ai quien su Dama toque, *493,32*
Damas *28*
El querido de las Damas *49,9*
I las Damas, por dò passan, *49,75*
Si las Damas de la Corte *55,1*
Damas de condicion tal, *55,19*
Si algunas Damas bizarras, *55,29*
Dò las Damas i galanes *63,30*
Dò con sus Damas la Reina *63,49*
I a veer de tus bellas Damas *63,193*
Damas de haz i enues, viudas sin tocas, *69,6*
Quedaron todas las Damas *73,57*
En seruicio de las damas *78,39*
Hermosas Damas, si la passion ciega *138,1*
Serenissimas Damas de buen talle, *153,5*
Que al fin Damas de Palacio *159,19*
Sus Damas son: que mas quies, *217,58*

Guarda Damas es vn triste *217,73*
sino en Damas, i en amores. *229,307*
En Damas? Miente Tadeo. *229,308*
ia Damas, ia labradores *229,521*
Las Damas del Zacatin *243,66*
Curo las Damas del pueblo, *269,453*
I las Damas sin orgullo, *322,92*
Dexa las Damas, cuio flacco ierro *435,1*
Gasta en seruir las Damas tu talento, *435,9*
I damas son de pedernal vestidas. *459,14*
Dexa las damas, dexa a Apolo, i tente; *474,9*
Que gusta de la damas, i se ofrece *475,7*
Que si Damas tienen mano *490,24*
Damascò *1*
En los que damascò manteles Flandes, *263,860*
Damasquina *1*
Vuestra ropa damasquina, *265,6*
Damasquino *1*
Cultissimo Doctor; lo damasquino *342,2*
Dame *5*
Dame ia, sagrado mar, *38,25*
I dame congoxa *56,25*
Dame vn abraço apretado. *229,2074*
Dame el cristal de tus manos, *269,1154*
Dame las manos, señora. *269,1511*
Damerias *1*
Por vn pan las damerias, *6,11*
Damicelas *1*
I a las Damicelas *65,117*
Damissimo *1*
I damissimo alimento; *87,60*
Damnacion *1*
En la misma damnacion *229,3404*
Dan *45*
Te dan fama clarifica, *1,41*
Te dan gloria mirifica, *1,44*
Que dan mis ojos, inuisible mano *19,10*
Mientras no dan otro corte, *55,5*
Dan mas recias las respuestas *55,24*
Que ai vnas tigres que dan *58,49*
Porque le dan las memorias *62,27*
De que dan gloriosas señas *63,133*
O que se dan dulces paces; *63,176*
Te dan el honor i el lustre *63,215*
Que al oro dan los esmaltes. *63,216*
Dan al aire trenças de oro, *83,64*
Al necio, que le dan pena *93,8*
Al otro, que le dan jaque *93,15*
Viendo que las barbas dan *93,40*
Le dan el alma, le enuia; *94,18*
I dan en las fieras puntas *95,39*
Dan por paga a los pobretes *98,18*
Que despues dan en furiosos, *98,30*
Dan poco i piden apriesa, *98,45*
Muchos ai que dan su vida *102,33*
I le dan debajo della: *105,15*
Dan a su legalidad, *105,57*
Con la inuidia que le dan *116,18*
Los campos les dan alfombras, *131,113*
Los troncos les dan cortezas, *131,117*
Que las flechas le dan alas; *133,24*
A ellos les dan siempre los jùezes, *138,12*
I si vnos dan brincos *160,17*
Mas, segun dan bueltas, *160,90*
Dan luz al mundo, quitan luz al cielo, *174,10*

Ni ierran ni dan enojos; *178,7*
le dan al nombre castillo. *229,705*
dan cueruos de obscuras plumas? *229,1353*
es el Lelio que me dan, *229,3123*
Espumoso coral le dan al Tormes: *262,12*
Gruessa le dan i fria, *263,150*
Me dan que de el Ocèano tus paños, *263,529*
Quantas al mar espumas dan sus remos.
    264,664
Vaqueros las dan, buscando *268,5*
I mas si se dan las manos *269,26*
Saluados le dan al cielo, *275,103*
Pastores las dan, buscando *352,5*
Por el horror que algunas vozes dan. *453,4*
Nombre de moços le dan, *495,37*
Dana *14*
A la dina dana dina, la dina dana, *210,1*
A la dina dana dina, la dina dana, *210,1*
A la dana dina dana, la dana dina, *210,3*
A la dana dina dana, la dana dina, *210,3*
A la dana dina dana, la dana dina, *210,3*
Dina dana. *210,7*
Dana dina. *210,10*
A la dina dana dina, la dina dana, *210,15*
A la dina dana dina, la dina dana, *210,15*
Dana dina. *210,19*
Dina dana. *210,22*
A la dana dina dana, la dana dina, *210,27*
A la dana dina dana, la dana dina, *210,27*
A la dana dina dana, la dana dina, *210,27*
Dañado *1*
Sin duda que estoi dañado, *229,1856*
Dança *1*
I el tronco maior dança en la ribera; *263,672*
Danças *2*
I en vrna breue funerales danças *175,7*
Sus Nymphas choros, i sus Faunos danças.
    231,14
Dando *20*
Dando cuerda a los ançuelos *10,39*
Dando voces con silencio: *49,88*
Que io..". Entonces dando ella *88,79*
Que de nudos le està dando *131,85*
Mortal caça vienen dando *132,9*
Dando estraños saltos *160,101*
Dando su verde vn año i otro año; *203,60*
nos està dando consejo! *229,905*
La traza que dando estoi *229,1022*
Passos dando velozes, *263,231*
Dando el huesped licencia para ello, *264,73*
Buela rapaz, i plumas dando a quexas, *264,674*
Viento dando a los vientos, exercita, *318,70*
Señas dando festiuas del contento *318,457*
Purpureos ojos dando al ayre ciego, *318,491*
Dando luego a sus desseos *322,253*
Gloria dando a las alturas, *331,23*
Plata dando a plata *350,33*
Seruir a Dama que no dando toma; *463,9*
A mil torcidos cuernos dando aliento, *499,60*
Dandole *4*
Dandole el odorifero *1,51*
Dandole a soplos aiuda *26,34*
Purpureas plumas dandole tu espuela, *280,39*
Dandole Amor sus alas para ello, *318,110*
Dandoles *2*

Dandoles lustre i ser a las Lusiadas, *1,3*
I maior pena dandoles *1,33*
Dandolo *1*
I dandolo todo a vn precio; *269,1545*
Dandoos *2*
Dandoos ella con el maço *269,239*
Que dandoos los cient ducados *269,1394*
Dandose *1*
Dandose las manos blancas *144,14*
Danme *2*
Danme canciones discretas, *98,57*
Danme vn qualto de pata, i lloro. *124,4*
Daño *26*
Si aiudo io a mi daño con mi remo? *39,22*
Si aiudo io a mi daño con mi remo? *39,32*
Si aiudo io a mi daño con mi remo? *39,42*
Si aiudo io a mi daño con mi remo?" *39,52*
Todo en daño de las almas, *95,29*
Como mi dueño, o mi daño, *96,68*
Con mas daño que en las rocas, *97,36*
I mire el daño ciego; *129,33*
Todo sois Condes, no sin nuestro daño; *154,9*
— Hicieron os los perros algun daño? *183,11*
sino para daño ageno; *229,165*
Con mi daño no se oia, *229,290*
Que aiude yo al daño mio! *229,367*
no me busques daño o quexa. *229,1930*
Ni io te buscarè daño, *229,1931*
Bien mi daño se remedia. *229,3392*
Mas a su daño el esquadron attento, *264,872*
Que las costas deste daño *269,257*
Tanto apretarà en su daño, *269,1668*
Que no poco daño a Troia *322,203*
Pues en su daño arrepentida tarde, *392,5*
Claridad mucha causa mucho daño; *436,12*
El da muestras, segun el daño crece, *475,3*
Qualquier daño en tal persona, *490,2*
En solicitar tu daño? *497,43*
I assi, perdonale el daño, *499,344*
Danos *1*
Danos gatazos Lope con su sciencia; *462,7*
Daños *9*
Porque a costa de mis daños *10,23*
De que el tiempo os reserue de sus daños, *21,2*
Todos los agenos daños, *93,9*
Por mas daños que presumas. *236,1*
Preuiniendo ambos daños las edades: *263,933*
Moderador piadoso de mis daños! *264,124*
Ô de la muerte irreuocables daños, *280,22*
Do aprendiò su prouecho i nuestros daños. *447,4*
Grandeza vuestra. Libre destos daños *465,10*
Danteo *2*
Va DANTEO a Colmenar; *358,2*
Al siempre culto Danteo, *389,33*
Danthea *1*
Tropezò vn dia Danthea, *387,1*
Dantheo *1*
De las cortezas DANTHEO *358,37*
Danubio *1*
No solo el fiero Danubio, *322,474*
Daphnes *3*
El rubio amador de Daphnes. *63,236*
De Daphnes coronada mil, que abraza *318,501*
Memorias besan de Daphnes *333,11*

Dar *65*
Dar las castañetas, *5,38*
Mas que halle sin dar puerta *6,106*
Dar viento al viento i olas a las olas. *9,40*
Dar viento al viento i olas a las olas. *9,50*
Dar viento al viento i olas a las olas". *9,60*
Quando salio bastante a dar Leonora *14,9*
Por dar en nuestros broqueles, *27,111*
Dar libertad a mi lengua, *37,23*
I a qual se deua dar ninguno siente. *40,4*
Quieren por dar vna mano *55,2*
A dar pues se parte el bobo *59,81*
I no a dar memoríales *63,14*
I dar verde al pensamiento, *83,71*
Gusto dà mas que dar suele *85,23*
Dar tablas para vn bufete, *88,16*
Sin dar vn marauedi, *93,23*
Es potro de dar tormento; *105,4*
Los abraços que os veo dar. *116,50*
Dar tus mortales penas en rehenes *117,3*
A dar muchas bueltas. *160,8*
No dar de cabeça? *160,16*
Que dar piedras a vuestra Señoria *170,5*
Gracias os quiero dar sin cumplimiento, *182,1*
Que al dar vn Santîago de azabache, *183,7*
I no es mi intento a nadie dar enojos, *203,53*
Tantas arras sabe dar *206,2*
les harà dar vn gemido. *229,115*
Barato me aueis de dar. *229,387*
gracias a Dios puedo dar. *229,819*
Dexese de dar consejo *229,1006*
ai mas mal, que le ha de dar *229,1430*
no querrà a Marcelo dar *229,2503*
Camilo mal podrà dar *229,2614*
I pues, viniendo, he de dar *229,2638*
Que testimonio ha de dar *229,2662*
Si dar pudiera vn desguinze, *229,3026*
dar quiero satisfacion *229,3126*
Desde alli les via dar, *229,3286*
a Cinthia me quiera dar. *229,3533*
De dar voces al desierto, *242,81*
Que oi le he de dar por el rostro. *242,84*
Papillas pudieran dar *257,47*
Passos hiziera dar el menor passo *263,554*
A la turba, que dar quisiera vozes, *264,44*
Tanta dicha en dar salud, *269,430*
Para dar a la señora. *269,604*
Principalmente en dar quartos. *269,672*
Si io con gusto dar quiero *269,858*
Sin dar a nadie respuesta, *269,1321*
Quando no me sepan dar *269,1336*
Dar señas de viejo, a quien *269,1836*
Del SOL que nos ha de dar, *300,13*
A barbo dar valiente *313,46*
Para dar luz al abysmo *334,62*
Leies dar algun dia a su corriente. *335,4*
Por no dar en que entender *351,35*
I a dar librea a los quadros *356,6*
Dar entera voz al valle, *378,59*
Quien pudiera dar vn vuelo *388,1*
Por dar mas luz al mediodia la tomo. *397,4*
Cuia Madera pueda dar cuidado. *441,11*
Se pueden dar vn galgo i vna mona, *446,14*
Dar gloria en tan breue suma? *480,2*
La vna fue dar la nuez *490,14*

I al fin dar a entender que soi Cupido, *499,58*
Darà *20*
I no darà vozes *4,45*
Darà a tus cenizas *103,71*
Alma al tiempo darà, vida a la historia *171,9*
Flores a vuestro estilo darà el monte, *172,12*
Darà el ser arco dèl cielo. *177,40*
Qual darà maior assombro, *212,16*
que al mejor amo darà. *229,425*
darà bastante señal. *229,1764*
que esotra darà cuidado *229,2100*
Darà flores i vos gloriosamente *250,6*
Su canoro darà dulce instrumento, *262,36*
Las que siempre darà ceruleas señas), *263,363*
Darà cartas muchos dias, *269,236*
Mil te darà, io lo fio. *269,378*
Su cielo darà vna voz, *269,1334*
Vozes darà sin concierto: *269,1659*
Tormento os darà de toca. *269,1992*
Agua nos darà de olor *301,80*
Darà al valiente montero, *358,25*
Señas darà a los siglos dè si tales, *368,10*
Dàra *1*
Mas que se le dàra a Fabio, *229,682*
Daran *5*
Que daran por vos el sueño *58,34*
De Helycona daran, i de su fuente. *172,14*
Que al pagar daran cuidado; *269,613*
Ô quanta le daran acciones tales *318,431*
Mejor se la daran que en las agenas *444,12*
Daràn *5*
Daràn quatrocientas. *160,12*
No la taça le daràn, *210,13*
Daràn numero a las flores *269,1144*
Los siglos daràn futuros! *322,432*
Daràn de Babylonia al fuego, entrando *421,47*
Darànos *1*
Darànos vn quarto *5,23*
Daras *1*
daras tu cadena al mio. *229,85*
Daràs *6*
Allà daràs, raio, *123,1*
Allà daràs, raio, *123,9*
Allà daràs, raio, *123,17*
Allà daràs, raio, *123,25*
Allà daràs, raio, *123,33*
Allà daràs, raio, *123,41*
Dardeña *1*
Hijo de Dardin Dardeña, *73,78*
Dardin *1*
Hijo de Dardin Dardeña, *73,78*
Dardo *4*
El instrumento hazer dardo *167,6*
Tres vezes ocupar pudiera vn dardo. *263,998*
Vn fuerte dardo auia succedido, *264,481*
Con que armas piensa andar? Con solo vn dardo *499,96*
Dardos *2*
Con la leña de sus dardos, *356,18*
De los tres dardos te escusa, *376,37*
Darè *6*
Io te los darè al momento. *229,1719*
ni darè vn corcho a sus aguas, *229,2460*
Io a Camilo me darè, *229,2870*
Pesadumbre darè a vnos caracoles. *233,4*

A Gerardo (i darè quien *269,1765*
Le darè tambien corona; *413,7*
Darei *1*
Era muita que os darei *303,34*
Dareis *4*
A quien le dareis de llano *269,1656*
Que os dareis vos por vencido; *269,1669*
Qual dareis, ingrato i ciego *304,25*
Consuelo me dareis, si no paciencia, *433,5*
Darèlos *1*
Darèlos, si mas me enfada. *229,2494*
Darla *2*
A darla satisfacion, *161,20*
Darla quiso esta caida *387,9*
Darlas *1*
Por darlas a tu vrna *103,15*
Darle *4*
De darle la Cruz en leño, *96,43*
que a Violante darle vi, *229,1950*
Que darle lengua a vna espada *269,184*
Potro al darle este tormento, *269,1209*
Darles *2*
Espaldarazos sin darles *111,47*
En darles joias, hospedaje i vino. *469,4*
Darlo *1*
Que, por darlo a sus mexillas, *228,135*
Darlos *1*
Que darlos vn alboroto. *242,88*
Darme *5*
La que suele darme *5,75*
I es darme a mi sus canciones, *98,58*
porque en el darme muger *229,196*
i que, por darme contento, *229,1556*
Darme vna coz, i no blanda. *269,1340*
Daros *3*
Sobre daros mil escudos *229,3438*
Serà daros como a niño *269,2003*
I daros vna que tropieça i trota; *463,4*
Darro *3*
El otro orilla de Darro. *28,24*
Que al Darro cenefa hacen *63,166*
Sino al Darro, al Dauro digo, *243,59*
Darse *1*
Sin darse ni vn papirote. *107,72*
Darsele *1*
Sin darsele vn quatrin de que en la Corte
    203,101
Darte *4*
Purgar la villa i darte lo purgado, *71,11*
la libertad que he de darte.'' *229,1509*
Mas pesadumbre he de darte, *229,1795*
el darte vn punto en la voca. *229,2513*
Das *13*
Que das en el coraçon *26,87*
I nos das lanças de juncia, *26,98*
Potro en que nos das tormento; *26,103*
I das vista a ciegos. *50,36*
Que das esfuerço en las guerras *110,43*
I tu que le das? Desden. *229,985*
mal pago das a Camilo, *229,1265*
las señas que das de amante, *229,1769*
necio, la traça que das. *229,2627*
Que voces das? Estàs loco? *229,2738*
Si al desengaño se los das, i al llanto! *246,14*
Si me das este consuelo, *269,1159*

Que traça, pues, das? A eso *269,1648*
Datil *1*
en el datil de Isabela. *229,351*
Datilado *1*
I entre el membrillo o verde o datilado, *261,82*
Datiles *3*
De datiles toda ella. *85,16*
Datiles de oro, *160,79*
Muchos datiles de perro. *176,10*
Daua *4*
Daua vn tronco entre vnas peñas *142,2*
Daua Triton a vn caracol torcido, *166,4*
Arrogante, i no ia por las que daua *264,818*
Daua al zefiro su frente *355,23*
Dauan *3*
Alamos os dauan *79,11*
Que los mancebos dauan alternantes *264,522*
Sombra dauan, i sus ramos *499,313*
Dauid *1*
Dauid si, cuio rûido *300,24*
Dauro *5*
Que enriquece Genil i Dauro baña *51,10*
Sino al Darro, al Dauro digo, *243,59*
Orla el Dauro los margenes de vn Soto, *252,2*
Oro al Dauro le preste, al Genil plata. *252,8*
Sin inuidiar al Dauro en poca arena *289,3*
Days *1*
Con que nos days en flor fructo maduro, *425,3*
Dè *30*
Mas que no dè algunos dias *6,10*
Dè mil suspiros sin son, *6,14*
Mas que no los dè a mi cuenta *6,16*
Mas que le dè porque presta, *6,112*
I ai quien le dè la vasquiña *105,25*
Rubias espigas dè con pie dorado, *156,10*
Os dè, que hagais donaire, *223,7*
Que a su muger le dè el palo *227,51*
Que dè io en mi mal consejo! *229,374*
mas pesadumbre me dè. *229,1610*
ni quexa avrà quien la dè. *229,1932*
antes que la mano dè *229,2127*
Si. Pues su razon me dè *229,2255*
antes que passo te dè. *229,2899*
Ven, Hymeneo, i tantas le dè a Pales *263,832*
Que dè alfeliche a tu amor *269,551*
Dèle o no le dè molestia, *269,710*
La mula al Doctor le dè, *269,1180*
Sin que me dè nada a mi; *269,1181*
Dexais que me dè con el? *269,1577*
Dios te dè salud, Doctor. *269,1818*
A su Angel dè custodio *269,1962*
Al Euro dè, i al seno Gaditano *276,10*
Si no a Licidas, le dè. *287,61*
Señas darà a los siglos dè si tales, *368,10*
Con quien de palos os dè; *411,34*
Dios te la dè mala. *419,30*
Porque les dè lo suio a cada vno, *443,13*
Le dè algun saetaço a Sebastiana, *446,4*
La dè a la redempcion de los peones: *464,4*
Dean *1*
Al Cabildo, i al Dean. *492,4*
Deba *4*
Quiero que Lelio me deba *229,272*
Deba el mundo vn redil, deba vn caiado *335,7*
Deba el mundo vn redil, deba vn caiado *335,7*

Dudoso a qual mas le deba, *376,11*
Debajo *9*
Debajo de la Torrida, *1,31*
Debajo de tus señas victoriosas; *72,6*
I le dan debajo della: *105,15*
Debajo desta iedra *140,18*
que debajo de mi mano *229,2376*
Debajo aun de la Zona mas vezina *263,455*
Debajo de la picota. *269,365*
Ponga debajo del pie. *269,1161*
Debajo deste marmol que, sin duda, *344,2*
Debale *1*
I debale a mis numeros el mundo *318,15*
Deban *1*
A qual se deban sus raios, *215,23*
Debaxo *10*
Debaxo de los membrillos *87,39*
Debaxo de treinta llaues, *110,10*
Debaxo de vna tabla escrita posa. *154,11*
Debaxo de los pies tiene *161,47*
No debaxo de dosel, *217,6*
que debaxo de sus alas *229,486*
Tiende sus alas por alli debaxo. *229,2217*
Debaxo escuchas de dosel Augusto *261,19*
La que traigo debaxo del bonete. *441,8*
Iaze debaxo de esta piedra fria *450,1*
Debe *19*
Aunque no lo debe ser, *38,31*
Hespaña les debe altares; *63,108*
Temo, (que quien bien ama temer debe), *104,5*
Debe de ser Portugues. *217,56*
debe crystal, i verdura: *229,132*
que algo debe de tener *229,397*
que tu mano juzgar debe *229,1616*
debe de ser. Entre luego, *229,3423*
Mas como al fin se le debe *259,53*
Si bien al dueño debe, agradecida, *261,227*
Thumulo tanto debe *264,165*
El huerto le da esotras, a quien debe *264,220*
Sueño le debe fièl. *285,26*
Debe quanto Lemosino *288,91*
Su primer cuna al Duero se la debe, *318,31*
La que el tiempo le debe primauera *318,421*
Alua fue, i Alua a quien debe *322,143*
La fee que se debe a sueños *322,185*
Se debe veneracion. *377,16*
Deben *6*
Que se deben por Señores *93,31*
Deben a sus pies veloces *179,38*
Porque a sus pies les deben sus guirnaldas;
    229,1061
que ramales deben ser *229,1973*
Quantos afectos les deben *353,21*
Quantas deben oi *356,60*
Deber *3*
Hiço Hespaña el deber con el Vandomo, *254,3*
Pollo siempre, sin deber *355,38*
Deber a Genoueses puntuales; *463,10*
Deberà *2*
Los años deberà de Octauîano. *318,96*
Al Diego deberà Gomez segundo; *318,424*
Deberàn *1*
Bien le deberàn Coluros. *322,248*
Debes *3*

Maior debes de ser que el mismo infierno.
  23,14
Lampiño debes de ser, 87,9
Que debes de aborrecer 229,2238
Debia 3
tan legal como debia, 229,776
con mas alas que debia. 229,1327
Con aparato, qual debia, importuno 318,322
Debias 1
Camilo, aunque me debias 229,1691
Debida 1
I pluma tal a tanto rei debida. 279,6
Debido 2
El debido honor a estudios 242,119
Tan digno throno quan debido culto. 315,80
Debiera 2
Llegò al fin (que no debiera) 228,177
Cera i cañamo vniò, que no debiera, 261,89
Debil 1
El duro braço debil haze junco, 264,784
Debilidad 1
Si; i vuestra debilidad 269,1900
Debio 1
I debio entender su amo 161,75
Debo 7
Bien le debo a la fortuna 74,105
A este mal debo los bienes 83,21
Defensa os debo i abrigo, 132,57
que la debo por mitad 229,79
Mas perlas le debo a Cinthia 229,552
se le debo todo a el. 229,1608
Si lo que debo a plumas de tu aljaua 340,13
Debora 1
De quantos la edad marmores debora, 318,525
Debote 1
I debote la respuesta 57,39
Decano 1
Al Decano immortal del alto coro, 269,1249
Decente 4
Casta, si no decente, 103,38
Sino en vrna decente, 312,9
En vrna dejò decente 322,501
Auaro, niega con rigor decente, 362,5
Decia 6
(Segun decia el color con su fiereza), 47,7
Esto decia Galaio 59,29
Este psalmo le decia: 74,56
Que todo el mundo decia 74,90
— Decia al son de los remos, 115,33
quando espozo le decia: 229,2567
Decias 1
para que me decias oi: 229,1507
Decid 1
i decid que es jubileo. 229,237
Decidido 1
Digalo tanto dubio decidido, 421,16
Decidiendo 1
i decidiendo esta fee. 229,1375
Decidiera 1
Que el caso decidiera, 263,1062
Decidle 2
Decidle a su madre, Amor, 226,109
Decidle que no se afflija, 226,115
Decidme 1
Decidme, que buena guia 2,23

Decildes 2
Decildes a esos señores, 334,41
Decildes que a tanta fiesta 334,49
Decilla 1
Por no decilla de locos. 242,8
Decillo 6
I por decillo mejor, 87,55
si no es decillo todo, 229,248
Tierra (si puedo decillo) 229,702
sino (decillo bien puedo) 229,1640
Quiero decillo, i no oso 229,2027
decillo con mas estremos, 229,2028
Decima 3
Cada decima sea vn pliego 158,21
A la que, imagen decima del cielo, 264,306
Decima va condolida 330,5
Decir 24
Mas iba a decir doña Alda; 27,133
(No las quiero decir viejas), 55,30
Sè decir al menos 65,73
Que io os pudiera decir, 82,42
I se lo vino a decir. 82,104
Dexar de decir no puedo, 87,30
Sèos decir al menos io 161,130
Pues enuiò a decir con don Bermudo: 202,13
Le haze decir assi: 226,100
i a saber, para decir. 229,153
o no saber decir nada? 229,249
No sè què pueda decir. 229,836
I puedes mui bien decir 229,1096
Tu no me dexas decir. 229,1124
le hace no decir nada. 229,1283
i a el tengo que decir. 229,1790
que es quanto puedo decir! 229,2329
Quieslo mas claro decir? 229,3285
no osarà decir que tiene 229,3328
que os tiene que decir mucho. 229,3401
Le hiço decir: "si otorgo", 242,62
I aun se ha dexado decir 243,38
Quiero decir, los que passè durmiendo. 445,11
En decir cositas del! 486,7
Deciros 3
Deciros podria, 65,78
I no quiero deciros quien las llora, 154,2
A deciros las verdades, 242,73
Decislo 1
Decislo, amiga, de veras? 229,3465
Declara 1
Esta verdad nos declara, 29,18
Declaran 1
nos declaran a Platon? 229,1215
Declina 1
Declina al vacilante 263,57
Declinado 1
Que ha declinado esta Musa 477,33
Declinando 1
Pues le hallo declinando 269,1880
Decora 1
En este, en aquel sauce que decora 395,7
Decorado 1
Decorado con la borla, 259,46
Decoro 14
Donde, no sin decoro, 25,19
Con mas puntualidad, con mas decoro, 229,55
es por guardarle el decoro 229,254

Guardarà a su piedad poco decoro, 229,2224
Bien le guardas el decoro 229,2240
de Chipre, con tal decoro, 229,2679
El Nilo si con militar decoro, 230,84
I por mas pompa i decoro, 240,7
Víòlador del virginal decoro, 264,462
Con cathòlico decoro, 269,227
Con magestad vincùla, con decoro, 314,10
Quando a la pompa respondia el decoro
  318,343
Mas guardandola el decoro, 357,54
I aunque guarden el decoro, 495,9
Decrepito 1
Vende Lice a vn decrepito Indîâno 181,3
Decreto 1
Mas pobres los dexaron que el Decreto 447,10
Dedal 2
Ellas ponian el dedal 26,63
Dedalissimo dedal; 288,36
Dedalissimo 1
Dedalissimo dedal; 288,36
Dedalo 4
Dedalo Cremonès, le pidiò alas, 229,2215
Que Dedalo te induce peregrino 234,5
Dedalo, si de leño no, de lino, 264,78
la inuidia tuia, Dedalo, aue ahora, 264,789
Dedicado 3
Dèste edificio, a Flora dedicado. 134,8
Edificio al silencio dedicado, 194,2
El templo vi a Minerua dedicado, 195,5
Dedo 10
Señalado con el dedo; 49,8
Con el dedo en la boca os guarda el sueño.
  120,45
En el dedo de vn Doctor 141,12
En su dedo de marfil. 226,96
de el crystal, que cada dedo 229,1622
mi dedo la ha de guardar. 229,1774
Vn dedo picò, el menor 243,25
Escribir mis desdichas con el dedo? 261,416
Envaine su dedo el mismo 288,35
Clori, pues, que su dedo apremîado 341,5
Dedos 12
Cinco dedos en su mano, 28,76
Me ensuciè los dedos! 50,72
Las manos pues, cuios dedos 131,73
Vna entre los blancos dedos 144,37
entre vnos dedos de nieve. 229,1155
Que quatro dedos de corcho? 242,108
Ganando pues cielo a dedos 243,45
Surcada avn de los dedos de su mano. 261,64
Negras piçarras entre blancos dedos 263,251
Con estos dedos le digo: 269,268
Si tus ojos i mis dedos 269,964
Poner los dedos mejor 477,3
Defended 1
Defended el honor mio, 483,18
Defendeis 1
Torres que defendeis el noble muro, 99,10
Defender 2
Que me pueden defender 90,24
Que le bastò a defender. 355,8
Defenderà 1
Defenderà mi justicia 269,1304
Defenderàs 1

De vuestros graues delictos, *89,26*

Para comicos delictos, *334,86*

I en delictos tan soezes, *477,31*

Deligente *1*

Solicitad deligente, *334,25*

Deligos *1*

Dos deligos capotuncios, *27,106*

Delinquentes *2*

Delinquentes por hablar; *37,32*

De papeles delinquentes. *229,1466*

Deliquios *1*

Sintiendo los deliquios ella, luego, *313,17*

Delphico *1*

En su delphico trono la ha sentido. *474,4*

Delphin *3*

Delphin de algun espinazo *161,155*

Delphin que sigue en agua corza en tierra! *261,136*

Breue tabla delphin no fue pequeño *263,18*

Delphines *2*

Los delphines van nadando *10,33*

De musicos delphines, aunque mudos, *264,535*

Delphos *1*

Que en Delphos algun dia *256,51*

Demanda *3*

Si a mi demanda i porfia, *55,22*

I a su piadosa demanda *57,31*

Vna demanda a vn bonete, *94,25*

Demandado *2*

Para mi le he demandado, *93,5*

La cera del demandado *407,9*

Demandar *1*

Lo que vais a demandar. *288,100*

Demandas *1*

A mis demandas respuesta, *38,26*

Demas *21*

Lo otro por demas. *4,34*

Que, aunque las demas Nymphas doloridas *12,6*

Pero a lo demas dio vn nudo, *27,134*

I en lo demas flaca mimbre, *48,34*

Lo demas, señoras, *65,69*

Pues tiene, (demas *65,91*

De las demas lenguas *65,177*

Lo demas, Letrado amigo, *82,41*

Son (demas de los extremos *95,43*

Lo demas es necedad, *98,2*

Lo demas es necedad, *98,14*

Lo demas es necedad, *98,26*

Lo demas es necedad, *98,38*

Lo demas es necedad, *98,50*

Lo demas es necedad, *98,62*

Los demas los lleue el aire, *98,67*

Lo demas es necedad, *98,74*

Lo demas es necedad, *98,86*

Los demas Caualleritos *228,81*

Iaspes i demas colores *322,489*

Demas que en el Peñon de Andalucìa *471,5*

Demasia *2*

Tan en demasia, *65,106*

Con demasia? Con exceso. *269,931*

Demasias *3*

Atento a sus demasias *78,17*

Blanco de tus demasias? *95,11*

Dicen, por sus demasias, *495,24*

Deme *3*

Deme Dios tiempo en que pueda *82,121*

Deme, señor Galeaço, *229,3306*

deme vn lienço suio aprissa, *229,3307*

Demo *1*

Luego era Toro? Era o Demo, *303,33*

Demonio *2*

Fui demonio por Valencia, *269,411*

Algun demonio que en la Corte alberga *444,5*

Demos *2*

Que demos en sus escudos. *27,112*

Demos en esta cumbre vn solo instante *229,2146*

Demosle *2*

Demosle al vno la noche *98,83*

I al otro demosle el dia. *98,84*

Demuestra *1*

Nos lo demuestra la orina *86,9*

Den *19*

Porque no den los tuios mas enojos, *20,13*

Raios, como a tu hijo, te den muerte. *20,14*

Señas de naufragios den; *132,52*

Que los orines den salud al rio. *199,14*

Den a vnos de cola, a otros de hocico. *201,8*

Le den Titulo a aquel, o el otro priue. *203,102*

Mis obras oi te la den. *212,10*

Ciertos exemplos les den; *217,94*

Las pastillas se me den. *229,1831*

me den ducientos açotes. *229,1998*

quando en ora buena os den *229,2584*

Al aire los hijuelos den alados *263,794*

Io harè que mula te den. *269,641*

Den su memorîàl a mis calçones. *293,14*

I den en fiado silbos; *334,84*

Coiundas de oro no den, *378,42*

Dicen, den a donde den: *495,12*

Dicen, den a donde den: *495,12*

Le den el trigo segado, *496,17*

Denantes *3*

este Soneto denantes: *229,1233*

Que citè denantes io. *269,967*

Aun no te dixo denantes *269,1635*

Denia *4*

Ia surcan el mar de Denia, *132,29*

De el Sandoual, que a Denia aun mas corona *318,33*

Marques ia en Denia, cuio excelso muro *318,135*

Vigilante aqui el de Denia, quantos pudo *318,369*

Denme *2*

Denme el tapador de corcho *59,3*

Las plumas del tordo denme, *59,10*

Denmelos *1*

Denmelos a mi, si motes *229,1999*

Densa *4*

O le esconde el Olympo o densa es nube, *264,747*

A densa nube fia, que dispensa *315,7*

Luz como nube i raios como densa. *315,8*

Fragrante luto hazer la nuue densa *362,3*

Denso *2*

El denso de los arboles celage *263,537*

Denso es marmol la que era fuente clara *402,5*

Densò *1*

En quantas le densò nieblas su aliento, *264,968*

Denta *1*

La alma sà como la denta, *207,9*

Dentado *2*

Con box dentado o con raiada espina, *264,365*

A donde en marmol dentado *333,15*

Dentro *7*

Que tiene otros cient mil dentro del pecho, *41,3*

Por de dentro huesso. *50,80*

a Galeaço acà dentro. *229,3101*

Diraslo aqui dentro? Si *229,3200*

Tres moçuelos aqui dentro. *229,3345*

El arco dentro del arca. *269,1073*

Por vos? Dentro de vna hora. *269,2016*

Denuedo *5*

Enfrenad vuestro denuedo; *39,34*

Con animoso denuedo, *49,70*

Con gentil denuedo, *50,62*

Que cierra el passo al denuedo. *268,46*

Deja a la puerta el denuedo. *352,34*

Deo *1*

De seis ordenes. Deo gratias. *269,360*

Deos *1*

DEOS naceu em Portogal, *303,20*

Depon *1*

Depon tus raios, Iuppiter, no celes *76,5*

Depone *3*

I el corbo alfange depone. *131,96*

No ia depone Marte el ielmo ardiente, *318,628*

El sudor depone casto. *356,24*

Deponga *1*

Deponga un rato solo *25,41*

Deponiendo *1*

Su bella amada, deponiendo amante *263,354*

Deposito *1*

Este Augusto deposito, este vaso, *368,3*

Depuesta *2*

La Diuinidad depuesta *357,33*

Porcion depuesta en vna piedra muda, *393,13*

Depuestas *1*

De su inclinacion depuestas, *73,58*

Depuesto *1*

Depuesto el casto desden, *378,22*

Depuso *3*

Que en sus braços depuso su cuidado. *137,8*

I el papahigo depuso, *322,376*

Depuso el fausto, parto de la espuma *404,13*

Derecho *4*

(Como en informacion de su derecho), *41,6*

El le basta, i su derecho. *49,68*

Tomò el camino derecho. *49,100*

Vino derecho a Toledo, *229,766*

Derechos *3*

I los derechos con espada i daga; *69,11*

Tres derechos Diuinos i vn deseo, *269,1229*

Medico en derechos eres, *407,5*

Deribados *1*

O deribados de los ojos mios, *261,390*

Deriua *1*

Se deriua la nariz, *82,22*

Derrama *3*

Sed oi testigos de estas que derrama *53,5*

De cada ojo derrama *75,79*

Digo el crystal que derrama *159,15*

Derramadas *1*

Mal ellos i peor ellas derramadas. *19,8*
Derramado *1*
El frasco, por auerse derramado; *463,2*
Derramallas *1*
A derramallas me obliga, *204,28*
Derramando *3*
El, derramando lagrimas cansadas, *12,8*
Ella entonces derramando *75,41*
Derramando tierno aljofar: *97,28*
Derramas *1*
Del Betis derramas quexas, *192,2*
Derrame *3*
Que derrame perlas *216,15*
Que derrame perlas *216,35*
Que derrame perlas *216,55*
Derramè *1*
Tiernas derramè lagrimas, temiendo, *264,454*
Derramen *1*
Derramen vn orinal? *269,1865*
Derretido *1*
Ñafete, que se ha derretido *303,15*
Derriba *1*
Del palafren se derriba, *131,17*
Derribado *1*
Derribado al lado izquierdo, *49,58*
Derribados *1*
Procuran derribarse, i derribados, *263,975*
Derriban *1*
Le derriban de la silla, *157,14*
Derribara *1*
Me derribara a tus pies. *269,1509*
Derribàre *1*
Si derribàre la mano, *269,1098*
Derribarse *1*
Procuran derribarse, i derribados, *263,975*
Derribò *1*
La derribò vn arcabuz; *167,88*
Derriengo *1*
Segun por ti me derriengo, *28,78*
Derrite *1*
Derrite a lo Portugues. *376,24*
Derrota *4*
I assi, la incierta derrota *106,27*
El fin ia desa derrota *269,361*
En derrota suia vn mes, *285,52*
Siguiendole su derrota, *499,145*
Derrotado *3*
El derrotado baxel. *285,16*
Las paredes, que el mastil derrotado; *318,332*
Derrotado seis lustros ha que nada? *399,14*
Dorroto *1*
Plega a Dios que se derrote! *107,52*
Derrotòle *1*
Derrotòle vn temporal, *132,17*
Des *4*
I mas perlas no des, *193,24*
No des mas cera al Sol, que es boberia, *234,9*
Solo resta que me des *269,757*
Tu le des el arco tuio; *499,238*
Dès *1*
No dès a la nieue enojos, *269,534*
Desafia *5*
Que al viento desafia *25,7*
"Al campo te desafia *226,25*
Al campo te desafia *226,38*

Conuoca el caso el solo desafia, *263,567*
Desafia las rocas donde impressa *264,606*
Desafiaba *1*
I desafiaba al viento. *215,32*
Desafio *4*
Llamarànle a desafio *88,69*
Vn desafio campal de dos Gazules, *202,6*
Fue peor que gatesco el desafio. *202,8*
Arras de el animoso desafio *263,985*
Desaiunauanse *1*
Desaiunauanse a dias, *73,61*
Desalada *1*
A implicarse desalada *322,443*
Desalumbrado *2*
Desalumbrado se offrece: *333,68*
Caiò de desalumbrado. *486,20*
Desampara *1*
Me desampara vilmente? *269,1581*
Desamparen *1*
No solo se desamparen *63,222*
Desangraua *1*
Que, mientras se desangraua, *499,141*
Desarma *1*
Es la queda, i os desarma *29,26*
Desarmado *1*
Esquadron de Amazonas desarmado *263,278*
Desarmar *1*
Quanto mas si al desarmar *229,2646*
Desarmaron *1*
Desarmaron de la Diosa, *239,16*
Desarmarte *1*
A ti desarmarte del, *499,234*
Desarmastes *1*
La colera desarmastes, *110,30*
Desata *24*
I al son desata los montes, *133,7*
Desata montes i reduce fieras; *172,4*
Desata como nieblas *193,27*
Desata ha de infamar tu desatino? *234,8*
Genil, que de las nieues se desata. *252,4*
Huiera, mas tan frio se desata *261,221*
En lo viril desata de su vulto *261,285*
De la alta gruta donde se desata *263,209*
Su nectar les desata, *263,869*
Desata estremeciendose gallardo. *263,994*
Del huerto, en cuios troncos se desata *264,326*
El Sol trenças desata *264,702*
Concetûosamente se desata, *290,2*
Quantos o mal la espatula desata *313,49*
Que illustra la alta Niebla que desata. *318,120*
No solo no al Ternate le desata, *318,531*
Cristales el Po desata *319,1*
Se desata el pie, *350,31*
I no se desata; *350,32*
Le desata el rosicler. *355,16*
Quien, pues, oi no se desata *388,29*
Altamente desata *415,13*
Del aire que lo desata; *416,14*
En tres Alpes tres venas se desata *499,114*
Desatacase *1*
Desatacase el ingenio, *83,55*
Desatacò *1*
Se desatacò la noche, *75,15*
Desatada *9*
I mi lengua desatada *132,59*

O ia de los dos Soles desatada, *146,13*
I esta por vos desatada *237,5*
Mariposa en cenizas desatada. *263,89*
Que el alma por los ojos desatada *263,748*
En rios de agua i sangre desatada. *264,444*
Bebiò no solo, mas la desatada *264,814*
De sus risueños ojos desatada, *325,5*
Desatada la America sus venas, *368,35*
Desatadas *1*
Desatadas la America sus venas *318,301*
Desatado *14*
Huiendo voi, con pie ia desatado, *43,11*
Iazmines al cabello desatado, *184,14*
Que si el crystal le rompe desatado, *194,3*
Desatado su crystal. *226,8*
Desatado ha sus venenos *229,454*
Que en tantos rios oi se a desatado, *244,6*
Emulo el arroiuelo desatado *263,276*
Vinculo desatado, instable puente. *264,48*
Perdona si desatado *275,93*
Que desatado nos da *288,42*
De impedimentos busca desatado *295,6*
De sus miembros en esto desatado *318,229*
Vajaua mudamente desatado, *339,2*
Que mucho, si del marmol desatado, *399,5*
Desatados *6*
Desatados en sus hechos. *58,32*
O qual la blanda cera desatados *72,14*
Pensamientos desatados, *229,2001*
No los que, de sus vbres desatados *261,389*
Los dulces dos amantes desatados, *261,474*
Sus miembros en cenizas desatados *263,685*
Desatan *1*
Los suspiros desatan i remueuen, *19,6*
Desatando *1*
Mucho es mas lo que, nieblas desatando, *263,195*
Desatandose *1*
Desatandose va la tierra vnida; *393,6*
Desatar *4*
Desatar sus piedras pudo; *322,200*
Desatar, no solo, no *332,33*
Sino el desatar aljofar *356,15*
Besando el marmol desatar sus votos. *421,52*
Desatàra *1*
O alguna vena desatàra arriba; *229,2161*
Desataràn *1*
Desataràn vn escollo. *357,84*
Desatarse *2*
A desatarse en lagrimas cantando, *264,552*
Que en desatarse, al polo ia vezina, *264,893*
Desatas *1*
Desatas ociosamente, *204,12*
Desate *4*
Antes que le desate por el uiento *32,11*
Mi lengua se desate *77,45*
Perlas que desate el Sol, *161,8*
O los desate el Maio, ambar destilan, *261,399*
Desatè *1*
Vn rubi desatè en oro; *141,19*
Desatemos *1*
Desatemos el callar; *418,2*
Desaten *2*
Consonancias desaten differentes; *203,21*
En dulce se desaten liquido oro. *263,925*

Desatenme *2*
Desatenme el sylogismo *105,38*
Desatenme ia tus raios; *287,57*
Desates *1*
Ô seraphin, desates, bien nacido, *197,13*
Desatese *1*
I al noble ardor desatese la cera; *45,11*
Desatinada *1*
Quando desatinada pide, o quando *264,438*
Desatinado *1*
I medio desatinado, *228,102*
Desatino *2*
Desata ha de infamar tu desatino? *234,8*
Hicimos vn alarde o desatino, *469,5*
Desatò *3*
el ielo se desatò, *229,2302*
Vn orbe desatò i otro sonante: *318,518*
Prodigo desatò el hierro, *322,465*
Desbarata *1*
(Si el pienso ia no se lo desbarata), *438,2*
Descaecer *1*
Descaecer le veo con violencia. *462,6*
Descalça *3*
Por la ribera descalça, *10,38*
Pues descalça la mas tierna, *204,37*
Madre, sin ser monja, soi ia descalça, *345,5*
Descalçando *1*
Descalçando los çapatos. *228,188*
Descalçarle *1*
Descalçarle ha visto el Alua *88,41*
Descalças *1*
Ai descalças hidalguias; *74,60*
Descalço *2*
Ia que buelbo descalço al patrio nido. *398,8*
I el pie descalço del cothurno de oro, *424,13*
Descalçò *1*
Se descalçò para vella. *275,24*
Descalços *1*
Vna casa de descalços. *228,16*
Descaminado *1*
Descaminado, enfermo, peregrino *100,1*
Descansa *1*
Descansa publicando al fin sus penas; *229,13*
Descansan *1*
Si descansan los ojos, llore la voz. *345,14*
Descansaua *1*
Al tronco descansaua de vna encina *380,1*
Descanse *1*
Descanse entretanto el arco *48,9*
Descanso *3*
Que no es mal pienso el descanso; *96,88*
Sueño le ofrece a quien buscò descanso *263,342*
Descanso i contento en ellas. *498,12*
Descargada *1*
tan descargada i tan llana, *229,691*
Descargasses *1*
no la descargasses tu. *229,2981*
Descartado *1*
Ir a primera, auiendoos descartado *463,7*
Descartes *1*
De esta gente la descartes *91,38*
Descendia *1*
La esquadra descendia presurosa *264,826*
Descendiente *3*

De iegueros descendiente, *59,34*
Por descendiente me juzgan *96,121*
A vn descendiente de don Peranzules; *202,2*
Descendientes *1*
A vuestros descendientes, *263,932*
Descendiò *1*
Descendiò fulminada en poco humo, *264,916*
Descerrajò *1*
Vn arca descerrajò, *269,1047*
Descienda *1*
Fuego descienda del cielo *229,3396*
Desciendan *1*
Todos al zaguan desciendan. *229,2752*
Desciende *4*
Desciende luego tras ellos *96,85*
Corona immobil, mientras no desciende, *261,262*
I la carroça de la luz desciende *263,1066*
Arroio desciende claro, *356,4*
Descienden *1*
Mas descienden sobre vos *478,9*
Descolorida *1*
Qual flaca i descolorida, *102,37*
Descomedidas *1*
A ganas de comer descomedidas, *436,1*
Descomedido *1*
Burlasme? El descomedido *229,1614*
Descompuso *1*
I el thalamo descompuso. *322,308*
Descomulga *1*
Mira que te descomulga. *26,112*
Desconcertò *1*
se desconcertò contigo, *229,1342*
Desconcierta *1*
Tan graue pie desconcierta *330,2*
Desconcierto *1*
Del desconcierto que ha auido *167,96*
Desconfiança *1*
Desconfiança a la Sicanna Diosa *264,977*
Desconocido *1*
Algun rato gozar desconocido, *499,56*
Desconsuelo *1*
De Pisuerga al vndoso desconsuelo *318,413*
Descortesia *1*
I mientras con gentil descortesia *36,5*
Descosed *1*
Descosed i desnudad *27,45*
Descriuo *1*
En aquel mar del Alua te descriuo, *263,482*
Descubierta *1*
Desnuda el braço, el pecho descubierta, *120,37*
Descubierto *2*
Fortuna me ha descubierto *39,28*
Indignado ha descubierto *418,24*
Descubra *1*
Que descubra lo que siento? *348,40*
Descubrais *1*
Octauio, no descubrais *229,3453*
Descubre *2*
Descubre de su Rei el pecho i animo, *1,16*
Siempre su Norte descubre. *75,28*
Descubren *3*
La que descubren, i prenden *59,42*
La vez que se le descubren *75,66*
De sus torres los descubren, *132,33*

Descubriendo *1*
Descubriendo tierra voi, *229,1260*
Descubrieron *4*
En esto se descubrieron *38,37*
Descubrieron sus adargas; *64,12*
Los que descubrieron antes *216,46*
Antiguo descubrieron blanco muro, *264,695*
Descubriò *5*
Descubriò, i su barba vndosa, *149,108*
Segunda maior luz descubriò aquella *174,6*
I descubriò vn "sepan quantos *228,110*
lo que descubriò el papel? *229,1497*
Descubriò la Alua a nuestro peregrino *264,29*
Descubrir *4*
Quando descubrir quiera tus affanes, *66,6*
No osa descubrir su fee; *217,28*
con claridad descubrir *229,2447*
Napèa en tanto a descubrir comienza *318,81*
Descubriros *1*
Descubriros el botin. *82,48*
Descubrirte *1*
Por descubrirte mejor, *212,5*
Descubro *3*
Descubro! Vn mundo veo. Poco ha sido, *195,13*
Descubro, ese voraz, ese profundo *264,402*
Los fauores que descubro? *322,192*
Descuelga *1*
Descuelga de aquel lauro en horabuena *67,5*
Descuento *1*
I de Amor descuento. *50,20*
Descuidado *3*
Libre vn tiempo i descuidado, *26,9*
Bañado el pie que descuidado mueue. *104,8*
Entrar cuidosamente descuidado, *113,12*
Descuidate *1*
Descuidate, que mi pluma *269,1731*
Descuido *3*
I descuido a bueltas, *79,30*
Ella de el guante al descuido *228,97*
Su manto: fatal descuido, *322,338*
Desden *41*
Con el fiero desden de mi señora, *21,4*
I mientras triumpha con desden loçano *24,7*
No siente tanto el desden *28,29*
Con raios de desden la beldad summa, *32,12*
Con vn harpon de desden *78,14*
A vn pelon vn desden, *94,29*
Quanto es mas desden que hierba. *115,28*
I al desden satisfaga *127,26*
Terror de Africa i desden, *132,54*
No os arma de desden, no os arma de ira, *138,2*
Haciendo desden i pompa *149,64*
El desden que allà os matò? *161,136*
Que es diamante de desden, *192,8*
Que ella escucha sin desden: *226,68*
Tal traicion? Tan gran desden? *229,347*
I tu que le das? Desden. *229,985*
i tanto desden a mi? *229,1249*
Que mandas? Ai tal desden? *229,1799*
dèl desden de la que ama. *229,2925*
Que en vos halle ese desden? *229,3335*
Qual me trae vuestro desden: *237,8*
Que el desden solicìta? Ô, quanto ierra *261,135*

El desden hasta alli de Galathea. *261,240*
Aunque pastor; si tu desden no espera *261,402*
Muera mi culpa, i tu desden le guarde, *264,152*
En que algun duro desden *269,274*
Vencido huie el desden. *269,900*
I eterno mi desden viua? *269,1137*
Resistiendo a tu desden, *269,1487*
De su adorado desden; *285,30*
I quanto accusa desden. *287,32*
De el desden, el fabor de vuestra Dama, *292,10*
Cuio insaciable desden *329,8*
Vuestro desden, si veis quanto *348,17*
Ocioso es ia desden tanto, *348,19*
Donaire hace i desden *355,58*
Embaina vn dulce desden, *376,30*
Depuesto el casto desden, *378,22*
Que a vn desden otro maior *382,5*
Lo que cantaba a vn desden: *419,66*
Ha vencido el desden i la dureza *499,20*

Desdeña 5
Por eso veis que desdeña *229,686*
I con razon, que el thalamo desdeña *263,333*
Assi se desdeña ia *269,1480*
Se desdeña competir. *304,16*
A dos passos los desdeña *497,10*

Desdeñado 2
Desdeñado del Amor, *161,134*
Naufrago, i desdeñado sobre ausente, *263,9*

Desdeñando 2
la estas desdeñando en mi. *229,1311*
Desdeñando sus fauores *229,2398*

Desdeñar 1
Echos solicitar, desdeñar fuentes; *263,116*

Desdeñas 2
El alma que desdeñas". *127,31*
A tus huessos desdeñas. *263,446*

Desdenes 8
Libertades i desdenes. *57,68*
Ni de Zayda los desdenes, *81,4*
Quien cosiera sus desdenes *229,2704*
Mas en la gracia igual, si en los desdenes
261,125
Quan sufrido en los desdenes. *306,21*
De virginales desdenes. *333,80*
Sus ojos dulces, sus desdenes agros. *447,11*
Tras tempestad de desdenes! *499,287*

Desdeñò 1
La que te desdeñò ia? *269,1347*

Desdeñosa 2
Vestida vi a la bella desdeñosa, *47,5*
De la Peneida virgen desdeñosa *263,1054*

Desdicha 6
Que io hallò por su desdicha *74,50*
es desdicha ser feliz. *229,2401*
quanto es mi desdicha estraña? *229,3331*
No sino, por mi desdicha, *269,2001*
Al que por desdicha os topa, *282,12*
Que fatal desdicha es essa *497,42*

Desdichada 3
Que io desdichada cumplo. *27,56*
Desdichada Violante, *229,1452*
Ai, Violante desdichada! *229,2771*

Desdichado 18
El ieguero desdichado, *28,42*
Fue tan desdichado en paz, *61,47*

El desdichado Çulema , *62,4*
Desdichado de ti, Pierres, *73,25*
I buela al desdichado que camina. *120,57*
Ô Marcelo desdichado! *229,1665*
vn dichoso, vn desdichado, *229,2133*
Calle el desdichado, i crea *269,186*
Viuirè como desdichado; *287,38*
Viuirè como desdichado. *287,46*
Viuirè como desdichado. *287,54*
Viuirè como desdichado. *287,62*
Por hacerme desdichado *354,37*
De aquel dichosamente desdichado, *363,2*
Quanta esperança miente a vn desdichado!
380,12
Culpa sin duda es ser desdichado, *396,5*
Que podria salir, por desdichado, *461,13*
I tal aquel Montero desdichado, *499,104*

Desdichados 2
Amadores desdichados, *2,21*
Capitanes, no amantes desdichados; *92,4*

Desdichas 5
Viejo en las desdichas, *65,26*
El fin de tantas desdichas; *74,106*
Amor, mis desdichas son. *229,837*
i mis desdichas, al fin, *229,2317*
Escribir mis desdichas con el dedo? *261,416*

Desdorados 1
Desdorados los siente, *263,45*

Desea 2
Ô quanto tarda lo que se desea! *397,12*
I mira al que te desea, *498,6*

Deseaba 1
Deseaba, i con razon, *161,98*

Deseados 1
Sus parques luego el Rei, sus deseados *318,341*

Desean 1
A las piedras, que desean *306,33*

Desechaba 1
Oi desechaba lo blanco, *82,73*

Desembaraça 2
Que ia se desembaraça *157,8*
Toma. Que? Desembaraça *269,1102*

Desembarcastes 1
— Desembarcastes, Iuan? — Tarde piache,
183,6

Desembarcò 1
Desembarcò triumphando, *264,506*

Desembolsò 1
Que el macho desembolsò, *161,34*

Desembuelue 1
Mas desembuelue, mientras mas tremola, *72,66*

Desempedrado 1
Que me han desempedrado las encias? *222,4*

Desempedrando 1
Desempedrando las calles *73,79*

Desenfrenada 1
Bien que desenfrenada su corriente, *318,174*

Desenfrenados 1
Los vientos desenfrenados *75,17*

Desengañada 1
Aue, aun no de sus pies desengañada. *364,4*

Desengaño 20
Esconda el desengaño en poca espuma. *32,14*
Noble desengaño, *50,1*
I a vn desengaño fièl, *78,24*

Del desengaño me acojo; *83,84*
Mordida del desengaño *87,83*
A vn desengaño carrete, *88,80*
I mirar lo que escribo. El desengaño *203,56*
Al desengaño acude la memoria: *229,91*
al pueblo del desengaño. *229,993*
me valdrà vn gran desengaño. *229,1023*
Io al desengaño las doi *229,1673*
i para que el desengaño *229,2404*
Si al desengaño se los das, i al llanto! *246,14*
Mas a breue desengaño, *275,57*
Desengaño judicioso, *275,61*
Al desengaño le fabrica templo. *318,528*
Desengaño, harè, corrector santo. *398,14*
Fomentando este horror vn desengaño, *404,17*
De tu llama el desengaño, *416,38*
Pesame que el desengaño *497,44*

Desengaños 12
De maduros desengaños *98,7*
Burlas digo, i desengaños, *176,12*
que mas desengaños trata, *229,899*
I por cebarse en dulces desengaños *229,1035*
desengaños en la mano *229,1652*
Antes peinò que canas desengaños. *245,14*
Cuia lamina cifre desengaños, *263,942*
Sino con verdaderos desengaños! *264,366*
Desengaños restituie; *355,77*
Nadò en desengaños loco. *357,20*
A que mas desengaños me reserua? *380,13*
Ministros de mi Rei: mis desengaños *454,9*

Desenlaçado 1
Mientras desenlaçado la cimera *264,904*

Desenlazarle 1
Que por desenlazarle vn rato solo, *318,627*

Desenojos 4
Los mas dulces desenojos? *124,6*
Nuestros dulces desenojos, *141,6*
Admiraciones son, i desenojos, *256,61*
Se venga en sus desenojos. *357,72*

Desensilla 1
Tres veces sus cauallos desensilla. *101,4*

Desenterrador 1
Desenterrador me hago *161,149*

Desenuainando 1
Desenuainando vna mano, *228,98*

Desenuoltura 4
Viue con desenuoltura, *130,2*
Vive con desenuoltura, *130,14*
Viue con desenuoltura, *130,26*
Viue con desenuoltura, *130,38*

Deseo 7
I aunque el deseo de veerla *9,31*
que, avestruz hecho el deseo, *229,2262*
El sueño afflija que affloxò el deseo. *261,236*
Tres derechos Diuinos i vn deseo, *269,1229*
Que no escudriñe el deseo. *352,16*
Quàntas de grato señas te deseo, *426,13*
Quanto el deseo hizo mas suaue *465,3*

Deseos 1
Que tremolaban deseos, *354,6*

Desesperacion 2
de esta desesperacion. *229,1445*
de su desesperacion. *229,2573*

Desesperado 3
Quando mas desesperado, *93,67*

Tan desesperado estoi' *229,1208*
Zeloso si, mas no desesperado, *461,10*
Desflora *1*
Los verdes años ocio no desflora, *318,134*
Desflorando *1*
Ia desflorando el romero, *269,491*
Desfloren *1*
I Primaueras tantas os desfloren, *263,921*
Desfrutar *1*
A desfrutar los almendros, *87,58*
Desgajò *1*
Con violencia desgajò infinita *261,489*
Desgarros *1*
Desgarros contiene mas *288,22*
Desgracia *5*
La desgracia dèl forçado, *39,1*
Que en esta desgracia mia *39,27*
De firmeça, i de desgracia. *148,4*
Que desgracia ha sucedido, *269,1030*
Ponderando la desgracia. *269,1665*
Desgraciada *7*
Soi desgraciada, *56,2*
Soi desgraciada, *56,15*
Soi desgraciada, *56,28*
Soi desgraciada, *56,41*
Soi desgraciada, *56,54*
Soi desgraciada, *56,67*
Soi desgraciada, *56,80*
Desgraciado *2*
I Orpheo tan desgraciado, *228,42*
Porque en suertes entrè, i fui desgraciado, *433,6*
Desgracias *2*
De el golfo de estas desgracias *74,101*
No añades a essas desgracias *269,356*
Desgranado *1*
Admiracion del pueblo desgranado *442,3*
Desguinze *1*
Si dar pudiera vn desguinze, *229,3026*
Deshace *1*
Le disminuie i deshace; *61,42*
Deshaces *1*
I al rubio Tajo deshaces; *63,200*
Deshaze *1*
Deshaze cruzados, *160,69*
Deshecho *1*
Mientras Corintho, en lagrimas deshecho, *181,1*
Desherreis *1*
No desherreis vuestro Zagal; que vn clauo *273,9*
Deshoja *1*
La Alua entre lilios candidos deshoja: *261,106*
Deshojando *1*
Deshojando estan jazmines *148,27*
Desierto *4*
La confusion pisando de el desierto, *100,3*
De dar voces al desierto, *242,81*
Tiene la soledad como el desierto. *295,14*
Visitole, i si desierto *390,33*
Desiertos *1*
Desnudos por los desiertos, *58,14*
Designio *1*
El designio, la fabrica, i el modo. *264,274*
Designios *2*

Borrò designios, bosquejò modelos, *263,98*
Frustrar sè los designios, de quien vbe *269,1257*
Desigual *5*
Desigual para los dos, *189,8*
Que hazian desigual, confusamente, *263,43*
Retrogrado cediò en desigual lucha *264,20*
Guarnicion desigual a tanto espejo, *264,28*
La desigual edad mia; *269,1825*
Desigualdad *1*
De vna desigualdad del Orizonte, *264,692*
Desiguales *6*
Desiguales Orizontes; *204,8*
Con igual pie dio pasos desiguales. *253,4*
Casta Lucina en Lunas desiguales, *263,813*
Fecundo os rinda, en desiguales dias, *263,906*
Las siempre desiguales *264,591*
Sus puntas desiguales *264,846*
Desiste *2*
Le abraça, i no desiste de abraçarlo. *279,39*
Reducida desiste, humilde cede *318,583*
Desléàl *1*
Dèl arquero desléàl. *95,40*
Desliça *1*
Culebra se desliça tortúòsa *264,824*
Deslumbrada *1*
Buela, i deslumbrada para *239,13*
Desmaio *1*
el desmaio de Violante? *229,2794*
Desman *1*
I baste, no algun desman *411,41*
Desmantela *1*
Que Tremecen no desmantela vn trato, *181,13*
Desmantelado *1*
Que aunque han desmantelado, *87,97*
Desmantelando *1*
Muros desmantelando pues de arena, *264,9*
Desmayarè *1*
O me desmayarè aqui. *269,772*
Desmentido *7*
Las gallardas serranas desmentido, *263,338*
Cardona, desmentido su aparato, *318,386*
Desmentido altamente del brocado, *318,481*
Desmentido su color), *332,22*
Mas desmentido en Hespaña *334,47*
Desmentido os lo reuoco, *348,18*
Leño al fin con lisonjas desmentido. *426,14*
Desmentidora *1*
Desmentidora de el tufo. *322,152*
Desmentidos *1*
Tan desmentidos sus copos, *357,62*
Desmentille *1*
Desmentille a vn elemento *116,15*
Desmentir *1*
Aun desmentir al cascauel presuma; *261,12*
Desmentirà *1*
Las desmentirà mas bien, *269,1990*
Desmiembran *1*
se desmiembran, pieza a pieza, *229,2912*
Desmienta *4*
Que no desmienta con discreta maña; *120,15*
Que desmienta al cordoban. *122,12*
Desmienta al mongil vestido. *257,10*
Le desmienta el atributo *322,206*
Desmiente *8*

Le desmiente tres barrigas, *93,20*
Con guirnaldas desmiente, *103,14*
Segunda vez, que en pampanos desmiente *264,330*
Sella esplendor, desmiente gloria humana, *298,7*
O desmiente la plata, *313,50*
Dos o tres alas desmiente. *333,48*
Se desmiente en vn Jordan, *412,48*
Gomas, que desmiente en vano. *479,4*
Desmienten *1*
I aun se desmienten lo terso, *356,27*
Desmintiendo *4*
Las nubes, desmintiendo *264,850*
Desmintiendo aqui reposa *268,55*
Desmintiendo lo que son, *377,12*
El, desmintiendo su rabia, *419,83*
Desmintieron *1*
Desmintieron la noche algunas horas, *263,681*
Desmintiò *3*
Fragil desmintiò el crystal *275,59*
No ia desmintiò lo esculpto, *322,396*
Desmintiò su desnudez; *355,44*
Desnuda *19*
La corteça, do estàn, desnuda, o viste *30,9*
(Pues de el horrido manto se desnuda), *31,2*
Ia desnuda en la fuente. *103,28*
Desnuda el braço, el pecho descubierta, *120,37*
Desnuda el pecho anda ella, *131,101*
Que vuela rei en su desnuda arena, *229,1069*
Por la arena desnuda el Luco ierra, *230,2*
El braço aquel, la espalda este desnuda, *230,48*
Que a la plaia, de escollos no desnuda, *261,343*
Dio ia a mi cueua, de piedad desnuda, *261,430*
La virginal desnuda monteria, *263,487*
Vellones les desnuda. *263,918*
Beldad desnuda, con saber armado, *269,1232*
Ma tan desnuda que vn bueia *308,23*
I esa no siempre desnuda, *334,23*
Aue Réàl de plumas tan desnuda, *338,1*
Mas con la piel los años se desnuda, *393,10*
Fiera que sea de razon desnuda, *394,7*
Que gana desnuda ella; *412,22*
Desnudad *1*
Descosed i desnudad *27,45*
Desnudadle *1*
Desnudadle de oi mas de celosia. *201,6*
Desnudala *1*
I desnudala con el: *378,8*
Desnudan *1*
Desnudan cortezas toscas. *149,90*
Desnudare *1*
Desnudare de su vaina *269,19*
Desnudas *1*
Iazen ahora, i sus desnudas piedras, *263,218*
Desnude *1*
Desnude las plantas *79,43*
Desnudez *1*
Desmintiò su desnudez; *355,44*
Desnudo *22*
Que galardon de vn desnudo? *2,27*
Bien podeis salir desnudo, *64,37*
I calienta, aunque desnudo, *149,31*
Desnudo le dexa. *160,74*
Desnudo como vn quexigo; *167,66*

El nacar desnudo al mar *179,43*
No va de flores desnudo, *190,5*
Llegò desnudo a la orilla, *228,189*
Que a fe que el hierro desnudo *257,9*
Es vn desnudo piñon. *257,14*
(Que a tanta vista el Lybico desnudo *261,483*
Sobre el de grama cesped no desnudo, *262,29*
Desnudo el jouen, quanto ia el vestido *263,34*
Dexa de su esplendor, dexa desnudo *263,691*
Besò la raia pues el pie desnudo *263,995*
Que al precîòsamente Inca desnudo *264,779*
O la que al puñal desnudo *269,1286*
Palmas otra, i el cuerpo ambas desnudo?
    298,28
En estoque desnudo, en palio de oro. *318,344*
Desnudo el pie bello; *350,24*
Phenix desnudo, si es aue, *355,37*
Si el mismo que desnudo soi vestido, *499,3*
Desnudò *5*
Me las desnudò de hojas. *149,70*
Desnudò su blanca mano *167,63*
quando el cielo desnudò *229,544*
Desnudò a la virgen rosa *322,275*
Valeroso desnudò, *322,425*
Desnudos *15*
Armados, pero desnudos. *27,120*
Desnudos por los desiertos, *58,14*
Abrasados, mas desnudos; *116,24*
Abrasados, mas desnudos; *116,39*
Abrasados, mas desnudos; *116,54*
I peñascos desnudos *120,50*
I tahures mui desnudos *126,7*
Desnudos huessos, i cenizas frias, *253,6*
De valientes desnudos labradores. *263,962*
Estos i muchos mas, vnos desnudos, *264,102*
De musculosos jouenes desnudos. *264,580*
Quatro o seis desnudos ombros *285,1*
Bien que desnudos sus aceros, quando *318,21*
A los diuinos desnudos, *322,76*
En tus desnudos oi muros ignoro *426,12*
Desojò *1*
Clabeles desojò la Aurora en vano. *341,14*
Desollaras *1*
Desollaras mil Tancredos *269,963*
Desotra *1*
I la fee desotra en dudas, *269,122*
Desotro *1*
Sino desotro escollo al mar pendiente; *264,400*
Desouar *1*
Va a Pisuerga a desouar; *159,36*
Despacha *1*
despacha sus prouisiones. *229,635*
Despachado *3*
Todas las ha despachado; *93,4*
A ti no te he despachado, *229,1789*
Que despachado por roma *411,43*
Despachando *1*
despachando sus réàles *229,634*
Despachè *1*
Despachè quanto era mio, *229,472*
Despacho *1*
que he traido ese despacho. *229,2066*
Despachos *1*
llega con ciertos despachos. *229,3421*
Desparece *1*

No el poluo desparece *263,1041*
Desparezco *1*
Los cerros desparezco leuantados, *261,387*
Despauilado *1*
Sin luz procede el mas despauilado, *229,7*
Despecho *2*
Labrè a mi despecho *56,4*
Fixo, a despecho de la niebla fria, *263,81*
Despedaçadas *1*
Las tablas de el baxel despedaçadas, *118,1*
Despedaçados *1*
A lança i a rejon despedaçados; *155,4*
Despedaçallo *1*
No es para despedaçallo, *269,575*
Despedaza *1*
Despedaza este papel, *229,1629*
Despedian *1*
Mas despedian sus ojos *115,25*
Despedida *2*
El Doral. Despedida no saeta *264,844*
De ellas me acuso en esta despedida, *396,7*
Despedido *5*
Despedido, si no digo burlado, *194,7*
Llegò todo el lugar, i despedido, *263,1084*
Que algunas vezes despedido, quanto *264,468*
Dulcemente salia despedido *264,683*
De la merced, Señores, despedido, *398,1*
Despedir *1*
Despedir mi vida amarga, *48,5*
Despediste *2*
Despediste ia, sacadas *269,1015*
Cauallo que despediste, *320,1*
Despejan *1*
Despejan el egido, *263,960*
Despejo *1*
Sin barbas, mas con despejo. *266,4*
Despensero *1*
I menos su despensero. *486,14*
Desperdicia *1*
I en Madrid desperdicia sus dineros, *203,2*
Desperdiciaba *1*
Desperdiciaba la sangre *322,447*
Desperdiciar *1*
Sin desperdiciar mis años. *269,328*
Desperdiciè *1*
Diez años desperdiciè, *2,31*
Desperdicios *3*
Desperdicios tales, *216,14*
Desperdicios tales, *216,34*
Desperdicios tales, *216,54*
Despertaban *1*
No me despertaban penas *26,27*
Despertar *1*
Despertar la vecindad, *6,89*
Despertarà *1*
Que despertarà del sueño *87,82*
Despertaràn *1*
Que ia despertaràn a triumpho i palmas; *180,11*
Despertemos *1*
Io ronco, tu sonoro, despertemos *31,12*
Despertò *1*
Clori despertò al momento; *499,331*
Despida *2*
Que nuestra amistad despida *269,583*
Mejor es que te despida, *269,1324*

Despide *6*
La saeta despide *25,29*
La dulce vida despide), *48,4*
ia despide el primer golpe *131,34*
Despide quexas, pero dulcemente. *139,11*
Que despide vna zampoña, *149,20*
Mucha despide red de poco robre. *185,6*
Despidiendo *3*
Despidiendo està centellas *122,45*
Conuoca, despidiendo al caminante, *263,85*
Trauiessos despidiendo moradores *264,277*
Despidiente *1*
Dexandole el concurso el despidiente *336,7*
Despidiò *4*
Le despidiò Beleripha, *78,15*
No solo aqui os despidiò, *161,142*
I tantas despidiò la honda piedras, *261,471*
El la flecha despidiò, *499,188*
Despidiose *1*
Despidiose el Frances con grasa buena, *254,1*
Despido *3*
De vos, madera anciana, me despido, *200,5*
Mis hijos dos en vn batel despido, *264,412*
Ia, Señor, ia me despido *310,29*
Despierto *3*
Distincto oiò de can siempre despierto, *100,6*
I al Amor mas despierto *229,8*
Es, quanto mas despierto, mas burlado.
    263,170
Desplegar *1*
Mas tardò en desplegar sus plumas graues
    264,891
Desplegò *2*
sus señas desplegò azules. *229,359*
Alas desplegò Ascalapho prolixas, *264,887*
Despliega *2*
Si mucho poco mappa les despliega, *263,194*
Con sordo luego strepitu despliega, *264,974*
Despliegan *1*
Despliegan blanco lino, *166,15*
Desplumada *1*
La desplumada ia, la breue esphera, *264,933*
Desplumadas *1*
Desplumadas las delicias *322,451*
Desplumado *1*
Quien no tuuo templança, i desplumado *440,2*
Despoblar *1*
Despoblar islas i poblar cadenas. *72,58*
Despoja *3*
A veces despoja *8,13*
I las despoja despues; *217,34*
Ambicîòso Oriente se despoja *318,473*
Despojada *1*
Señas, o de cautiua, o despojada *230,65*
Despojando *1*
De flores despojando el verde llano, *15,2*
Despojo *2*
Del Nemeo leon el gran despojo. *47,14*
Lastimoso despojo fue dos dias *261,447*
Despojos *13*
De los varios despojos de su falda, *15,10*
Los despojos de las fieras *48,43*
Si entre aquellas rûìnas i despojos *51,9*
I se abreuian sus despojos. *178,10*
Preste clauo i pared a mis despojos. *203,57*

Por señas, que sus despojos *217,35*
para pisar los despojos *229,1595*
Despojos de vn hermano, que en Valencia *269,399*
A accumularte en Aphrica despojos. *277,11*
Que militares ia despojos Marte; *298,21*
De los tremulos despojos *333,55*
Que los caducos despojos, *357,90*
Al Conde tu señor de esos despojos. *439,11*
Desposada *2*
la señora desposada *229,2532*
Llegò la desposada apenas, quando *263,963*
Desposado *3*
Lelio, pues, el desposado, *229,750*
a qualquiera desposado *229,2101*
I despues al desposado *496,16*
Desposados *2*
Los desposados a su casa bueluen, *263,1080*
Aun no estamos desposados *269,726*
Desposar *1*
su hija sin desposar, *229,2504*
Desprecia *5*
Cuia ceruiz assi desprecia el iugo, *53,13*
Vna temeridad hastas desprecia, *220,9*
Que desprecia el Tyrio xugo. *322,276*
Desprecia por lo clauel, *353,6*
Desprecia mi parecer. *378,60*
Despreciadora *1*
Tu humildad, despreciadora *259,50*
Despreciando *5*
Que despreciando muros de Ciudades, *134,3*
Que despreciando la mentida nube, *264,907*
Bien que, milagros despreciando Egycios, *312,11*
Despreciando al fin la cumbre, *333,13*
Que despreciando sus raios *390,3*
Despreciar *1*
I a despreciar venablos *127,38*
Despreciauas *1*
Despreciauas de Iuppiter, dormido *280,59*
Desprecio *2*
Como en desprecio de la CRVZ sagrada, *72,65*
Philosopho en el desprecio, *161,45*
Despues *91*
Despues que en mi lecho *4,57*
Mucho despues de la queda, *6,86*
Aunque despues con suspiros *28,43*
Que despues huien de el que incitan ahora, *42,13*
Despues que a mi me persigues, *48,38*
Despues que sigo (el pecho traspassado *52,5*
I flauta despues; *56,72*
Despues que perdi a mi padre, *57,47*
Despues de vendimias, *65,102*
Despues que ha subido *65,163*
Despues me oiràn (si Phebo no me engaña) *72,88*
"Despues que dexaste a Francia, *73,49*
I que ella despues acà, *73,97*
A hacer contra Amor despues *78,90*
Fue despues cera, i si acero, *82,95*
Despues que me conoci, *83,101*
Que me dio el tiempo, despues *98,10*
Que despues dan en furiosos, *98,30*
Despues que se an hecho piezas, *102,4*

Despues que me la vesti. *111,56*
Si no naciera despues *121,87*
Buelues despues gimiendo, *129,4*
I en distinguiendo despues *132,34*
Pero despues que Simon *157,5*
I despues que le cansò, *161,94*
I querellas despues, *193,30*
Caiò en la piedra despues; *209,26*
I las despoja despues; *217,34*
despues de esta informacion *229,284*
No muchos meses despues *229,588*
si el hospedage despues *229,683*
se le conuierte despues. *229,717*
Todo lo firmè despues *229,854*
Despues que han argentado *229,1051*
Despues de auerle leido, *229,1829*
para tu esposo despues. *229,2122*
I temiendo despues al Sol el Tajo, *229,2216*
despues que el suio senti. *229,2309*
despues que me baxè aqui, *229,2371*
tuuistes? Si. Fue despues *229,3143*
que avrà negacion despues. *229,3205*
Hame dicho despues èl *229,3290*
I de la erudicion despues lamido, *232,4*
Dèllas les hizo despues *240,15*
(Despues que no pisa el suelo *241,7*
Poco despues que su crystal dilata, *252,1*
Sobre corchos despues, mas regalado *263,163*
No le bastò despues a este elemento *263,435*
Zodiaco despues fue crystalino *263,466*
Blancas primero ramas, despues rojas, *264,592*
Sin lleuar fruto despues. *269,225*
Que passò a Flandes despues, *269,353*
Io despues te lo dirè; *269,870*
Que despues lo sabras todo. *269,989*
Donde fenece despues *269,1185*
Ponderenmelos despues *269,1284*
Quies que despues de hurtada *269,1526*
Como? Despues lo sabras, *269,1606*
De vna VIRGEN aun despues *307,6*
Iouen despues el nido illustrò mio, *318,49*
No despues mucho lazos texiò iguales *318,105*
Dulce vn dia despues la hizo esposa, *318,317*
No despues mucho, madre esclarecida *318,433*
Por lactéa despues segunda via *318,517*
Alma paz, que despues establecida *318,609*
Que años despues se hiço *322,39*
Mas, saltéàdo despues *333,65*
Despues de tu partida. *345,18*
Que boluiò despues nouillo. *351,4*
Que boluiò despues nouillo. *351,16*
Que boluiò despues nouillo. *351,28*
Que boluiò despues nouillo. *351,40*
Fueron suspiros despues! *353,24*
Apelaba ella despues *355,26*
Del sitîàl despues al cadahalso *363,12*
Por que mi sangre, despues *370,8*
Que boluiò a traer despues: *373,16*
Diuina FILI, despues *382,2*
Que humedecidas despues, *390,39*
El redimiò despues tormenta graue; *404,35*
Lo cure despues Roman. *411,44*
En tus aras; mas despues *416,8*
I baciabala despues, *419,14*
Despues que Dios no quiere que la vea; *445,10*

Cisne gentil, despues que crespo el vado *455,1*
Despues que nos mostrò su airoso brio *455,10*
Despues que Apolo tus coplones vido, *474,1*
Lo que me aduierten despues: *488,6*
I despues al desposado *496,16*
Despues de pisado el mundo *498,35*
I adormecidas despues *499,320*
Despuntado *1*
Despuntado he mil agujas *107,1*
Despuntar *2*
Se mueue al roxo despuntar del dia; *15,8*
Graznar volando al despuntar del dia. *404,34*
Desquicia *1*
Te niega el Cielo, que desquicia a Iano. *318,560*
Desquilan *1*
I ouejas desquilan; *65,240*
Dessabrida *1*
Enemiga dessabrida, *28,58*
Dessangrò *1*
Cuia hasta breue dessangrò la Phoca, *264,449*
Dessea *3*
Dessea que se concluia *229,198*
Montañes dessea catar *288,82*
Torrente, que besar dessea la plaia *290,10*
Desseada *1*
La desseada Paloma *310,12*
Desseado *1*
Al flaco pie del suegro desseado. *264,651*
Dessean *2*
Le dessean sus rebaños: *205,28*
Tres o quatro, dessean para ciento, *264,310*
Desseando *5*
Desseando su maioral, *116,10*
Desseando que a porfia *177,18*
Desseando, pues, voluerme *229,584*
Desseando, pues, los viejos *229,742*
Lo que estais vos desseando *269,1755*
Desséàndo *1*
Desséàndo ver estàn *269,228*
Dessear *2*
Dessear hombres, como rios ella; *70,11*
que dessear saber io *229,239*
Dessearonse *1*
Dessearonse este dia *158,41*
Desseas *2*
Luego no desseas mozo? *229,2574*
Si otra inscripcion desseas, vete cedo: *312,29*
Desseo *32*
Con vn desseo insaciable *63,218*
Assegurase el desseo, *95,37*
I otras mil te perdiera mi desseo. *104,14*
Coronad el desseo *120,52*
Siluò el aire, i la voz de algun desseo, *137,12*
Lisonja es dèl desseo: *156,33*
Corresponda el desseo a la esperança. *156,34*
Pesadas señas de vn desseo liuiano, *170,7*
Freno al desseo, termino al camino. *173,8*
Desseò tu desseo *229,38*
i io lo desseo, porque *229,202*
en la tienda del desseo. *229,969*
este papel, que al desseo *229,1645*
oi mi desseo saber. *229,1920*
satisfacer al desseo? *229,2253*
mi desseo de acudir *229,2315*

que me engañarà el desseo? *229,2657*
que corre mal mi desseo. *229,2857*
Ved qual le tiene el desseo. *229,2951*
Mi saluacion, que es lo que mas desseo. *233,14*
Quando no de el sacrilego desseo, *261,30*
A su ardiente desseo. *263,778*
Por templar en los braços el desseo *263,1068*
Al desseo el estero corresponde, *264,82*
Calçandole talares mi desseo; *264,600*
Enfrenàra el desseo. *264,625*
Que no escudriñe el desseo. *268,16*
Desseo con tanto estremo *269,1614*
Io mas que tu lo desseo, *269,1619*
La perdiò su desseo en vuestra arena, *365,10*
Limarla desseo, i la lima *383,3*
El Principe, que desseo *499,277*

Desseò *1*
Desseò tu desseo *229,38*

Desseos *9*
Barco de vistas, puente de desseos. *21,14*
Porque vuelen sus desseos, *49,62*
Liuianos desseos, *50,28*
Ausente de sus desseos *106,6*
Que a mis picados desseos *110,3*
Ella plumas i el desseos. *215,36*
Satisfechos los desseos. *269,1129*
Dando luego a sus desseos *322,253*
Que naciendo a ser desseos, *353,23*

Desterrado *4*
Donde el Rei me ha desterrado *62,59*
Mientras io, desterrado, dèstos robles *120,49*
Pues no los ha desterrado. *228,32*
A la que, naufragante i desterrado, *263,735*

Desterrar *1*
Le manda desterrar luego, *49,34*

Destierra *2*
Que bien la destierra Amor, *131,89*
que quien destierra a su hija, *229,875*

Destierran *1*
Os le destierran de Olias: *411,12*

Destierro *8*
Sale a cumplir el destierro *49,22*
Su destierro en tierra, *79,104*
Representadle mi destierro duro. *99,14*
Con su barquilla redimiò el destierro, *165,3*
De vn eslabon i otro mi destierro, *197,10*
Melancolico el destierro *229,138*
i destierro de tu pena. *229,2537*
Fin duro a mi destierro; *264,160*

Destierros *1*
porque en destierros tan largos, *229,133*

Destilan *1*
O los desate el Maio, ambar destilan, *261,399*

Destina *3*
Que al mar, dò tu sepulchro se destina, *45,12*
Que Hymeneo a sus mesas te destina. *263,314*
Piadoso luego Rei, quantas destina *318,453*

Destinada *2*
La antiguedad tenia destinada; *318,220*
Destinada señal, que mordiò aguda; *394,2*

Destinado *2*
A mas os tiene el cielo destinado. *171,4*
A tanto ministerio destinado; *315,14*

Destinguir *1*
Si destinguir se podia *322,217*

Destino *3*
(Porque del carro del cruel destino *21,10*
Ô destino inducidor *322,167*
La fuerça obedeciendo del destino, *398,12*

Destinò *1*
Aras te destinò, te hurtò al fuego. *426,4*

Destroçada *1*
No destroçada naue en roca dura *43,1*

Destroçadas *1*
De naues destroçadas, de hombres muertos. *72,34*

Destroçado *1*
El vergantin destroçado *132,43*

Destruie *1*
Quando destruie con neuada huella *456,5*

Destruiò *1*
La honra destruiò a Grecia, *229,1749*

Desuan *2*
Hallò en el desuan acaso *322,173*
Frequentaron el desuan *322,255*

Desuanece *2*
El mas tardo la vista desuanece, *263,1044*
Desuanece, i en su forma, *355,95*

Desuanecen *1*
Desuanecen hombres, *160,13*

Desuanecida *2*
Pues de mas ojos que desuanecida *364,7*
Bien presto la veràs desuanecida, *466,6*

Desuanecido *3*
Desuanecido Nabuco, *322,498*
Desuanecido sin verse. *333,32*
Desuanecido vn pelon, *413,10*

Desuanecieron *1*
Desuanecieron las perlas *142,27*

Desuanecimiento *2*
Conseruaràn el desuanecimiento *264,142*
Desuanecimiento nueuo *269,1023*

Desuaneciò *2*
Le desuaneciò la pompa, *322,307*
Desuaneciò el interes *416,9*

Desuanezca *1*
Os desuanezca vna fuente, *269,1140*

Desuanezcais *1*
No os desuanezcais por esto, *334,13*

Desuario *2*
siguiendo mi desuario, *229,163*
Llegò ia tu desuario? *229,909*

Desuarios *1*
Escuchad los desuarios *107,13*

Desuarrigando *1*
Desuarrigando pollinos? *334,76*

Desuelado *1*
Las noches que desuelado, *302,18*

Desuentura *1*
Quexaos de mi desuentura, *39,45*

Desuenturas *3*
I blanco de desuenturas. *26,76*
I escuchad mis desuenturas, *82,3*
Escuchad las desuenturas *107,17*

Desuia *5*
De las orejas las desuia apenas; *196,6*
Que de sus fundamentos se desuia, *229,2187*
Camilo, aqui te desuia. *229,2606*
Laureta, aqui te desuia. *229,2858*
Desuia la mano aleue, *269,533*

Desuiada *1*
I la que desuiada *263,86*

Desuiado *2*
Mas desuiado, pero mas perdido. *197,11*
A vn rincon desuiado de las gentes *454,5*

Desufâra *1*
A tiempo le desufâra, *229,2607*

Desuias *1*
Eso no. Que te desuias? *229,1150*

Desuio *10*
Que era desuio i parecia mercedes. *165,4*
A mi fuga, quiçà de su desuio. *203,51*
Eso no. Ireme. Ô desuio! *229,1122*
Clamarè. Clama. Ô desuio! *229,1138*
Amigo. Voime. Ô desuio! *229,1162*
que el desuio me costàra *229,2608*
Andad con Dios. Tal desuio *229,3152*
io de los dos me desuio. *229,3521*
Para que vista vn desuio *269,1084*
De sus ojos me desuio. *384,4*

Desuiò *1*
No la desuiò Diana; *121,114*

Desuios *6*
Que tal rebes me ha dado, sus desuios *229,1947*
Ia sus desuios no curo, *229,2610*
Mas, con desuios Galathea súaues, *261,322*
Apacibles desuios aconseja! *295,11*
A los desuios apela *357,77*
Apelarè de todos sus desuios, *454,6*

Desuìos *1*
Del que mas solicita los desuìos *264,300*

Desuñandome *1*
desuñandome a porfia, *229,1198*

Desuoca *1*
Se desuoca esta sentencia, *102,8*

Desuocarse *1*
Casarse nuues, desuocarse vientos, *108,2*

Desvario *1*
Mal dixe. Gran desvario! *229,1161*

Desvio *1*
mi desvio i sus enojos *229,1377*

Desviò *1*
i le desviò marido? *229,1517*

Desvios *1*
con sus desvios ahora. *229,1109*

Deteneis *1*
Por que os deteneis, señor? *229,381*

Deteneos *1*
Voime. Deteneos, que el dia *269,1951*

Detenganla *1*
Detenganla tu musica, o mi llanto". *140,16*

Detengas *1*
No me detengas. Ea, acaba. *499,213*

Detenidas *1*
I a las detenidas aguas *149,113*

Detente *4*
Condolido detente. *103,80*
Por los dineros. Detente, *269,874*
Detente, buen mensajero, *484,1*
Si quies saber mas, detente, *484,8*

Determina *4*
Que ninguno determina *93,45*
Vista no fabulosa determina. *136,8*
Con mi firmeça oi, que determina *229,2144*
Lo que agradable mas se determina, *264,205*

Determinacion *1*
Su determinacion no dissimula *438,5*
Determinado *1*
Mas si vas determinado, *351,29*
Determinas *2*
Tres son? No te determinas? *229,3346*
Que determinas al fin? *269,737*
Determino *2*
de mi mano determino *229,1689*
Ver mañana determino *269,646*
Detestando *1*
I detestando el rigor *78,55*
Detiene *1*
Quanto le detiene i habla, *64,42*
Detras *4*
Detras de la puerta. *5,80*
Mirad, bobas, que detras *29,59*
Espiandola detras *97,17*
Si tengo cara detras, *229,1177*
Detràs *1*
Por detràs se le caiò. *161,88*
Detubiere *1*
Si ia os detubiere en ella *95,15*
Detuuo *2*
Trece dias se detuuo. *229,1876*
Que la ronda le detuuo, *322,354*
Deua *2*
I a qual se deua dar ninguno siente. *40,4*
De copia tal a estrellas deua amigas *263,820*
Deuajo *2*
I deuajo de la frente". *59,76*
Deuajo la ventanilla, *74,54*
Deuan *1*
No deuan garras i abrigo? *167,70*
Deuana *1*
Ia hila, ia deuana su carrera, *264,437*
Deuanaderas *1*
Las deuanaderas. *160,92*
Deuanandole *1*
Deuanandole otra, le traduce *318,445*
Deuaneos *1*
De mis deuaneos. *50,56*
Deuaxo *1*
Deuaxo de vn arraihan. *226,12*
Deuda *1*
Fuese acercando la deuda, *73,74*
Deudas *2*
Pagaba al tiempo dos deudas *83,81*
No poco de mis deudas oprimido. *398,4*
Deudo *3*
Tan deudo del Conde Claros, *111,7*
Que vn mes sin deudo de mi sangre ha sido. *200,8*
el trato hacerle deudo *229,744*
Deudos *1*
De mis deudos irè a la compañia, *398,3*
Deue *20*
O a figones se los deue, *167,38*
A cuio capitel se deue el dia, *169,6*
A vuestro hermoso pie cada qual deue *198,9*
Humo te deue. Ay ambicion humana, *246,12*
Menos luz deue, menos aire puro *261,35*
A Pales su viciosa cumbre deue *261,145*
La admiracion que al arte se le deue, *264,706*

Que al mar deue con termino prescripto *264,828*
Que no deue ser mi amigo *269,387*
Bien te deue el chupatismo *269,956*
Commigo deue de ser. *269,1218*
A mi todo me lo deue. *269,1429*
Deue a Cabrera el Phenix, deue el mundo, *272,10*
Deue a Cabrera el Phenix, deue el mundo, *272,10*
Alta rúina, voz deue canora. *316,8*
Vbas os deue Clio, mas ceciales; *325,9*
Hurtas mi vulto, i quanto mas le deue *343,1*
Al humo le deue cejas *418,14*
Dele la eternidad, pues se lo deue, *425,5*
Madre de olores, a quien anbar deue *467,5*
Deueis *1*
Deueis con gran razon ser igualados, *40,9*
Deuen *3*
Le deuen la sanctidad, *206,10*
Deuen, i a sus estrellas, *256,13*
A quien del Tajo deuen oi las flores *312,17*
Deuerà *3*
Que deuerà al glorioso Conde España. *318,608*
Mas deuerà a su tumba que a su nido. *364,14*
Santo me deuerà tal, *479,8*
Deueràn *1*
Deueràn a su cothurno, *358,35*
Deues *3*
Deues por dicha cebo? *264,776*
Que sin duda deues ser *269,842*
A que noches deues sueño? *497,24*
Deuida *2*
Tiendese, i con deuida reuerencia *203,97*
Deuida a tanta fuga ascension tanta. *298,48*
Deuidamente *3*
Deuidamente lleuallo; *320,8*
I en quien deuidamente repetidos *335,12*
Laurel ceñido, pues, deuidamente, *337,5*
Deuido *3*
Del sitfàl a tu Deidad deuido, *262,25*
Deuido nicho la piedad le dora; *318,45*
Altamente deuido) *368,14*
Deuidos *1*
A Iupiter deuidos, hospedado; *318,364*
Deuiendolo *1*
Quien, deuiendolo en escudos, *188,2*
Deuiera *2*
Entròme (que non deuiera), *204,25*
Entrarà, que no deuiera, *269,1671*
Deum *1*
Conuertido se ha, per Deum, *269,1878*
Deuo *3*
Ved quanto deuo sentir *116,34*
Emilio a quien se lo deuo. *229,3117*
El sentimiento que os deuo *269,1024*
Deuò *1*
Mas puesto se me va por lo deuò, *468,10*
Deuocion *10*
Haziendo deuocion de su riqueza; *77,9*
A deuocion de vna ausente, *83,57*
Con deuocion de pobres pescadores; *169,11*
Solicìta deuocion *257,31*
Que a tu deuocion ardiera. *269,325*
Te ofrece mi deuocion. *269,1688*

La deuocion al no formado vulto *318,46*
La deuocion de su Réàl persona; *318,452*
Le halla mi deuocion, *390,34*
Su zelo, su deuocion *485,5*
Deuorador *1*
Deuorador sacrilego se atreue *315,71*
Deuota *7*
No sin deuota emulacion, imita, *77,12*
Con tiernos ojos, con deuota planta. *112,14*
La dueña enciende deuota *187,2*
Señora madre, deuota, *228,157*
Tu siempre affeccion deuota *259,42*
Por seraphica aueja fue, deuota, *325,7*
Quanto deuota, se metiò a romero, *428,2*
Deuotamente *1*
I su valor deuotamente enseña. *77,23*
Deuotas *2*
Oy con deuotas ceremonias baña *77,4*
Aras son deuotas suyas *179,17*
Deuoto *11*
A quien ausente i deuoto *83,58*
Ser su deuoto le agrada, *94,7*
Que seruidor seais, i no deuoto. *182,14*
El deuoto afecto pio; *205,14*
qual yo con deuoto exemplo *229,83*
Cuias plantas Genil besa deuoto, *252,3*
I aun siente que a su dueño sea deuoto, *261,247*
Quien deuoto consagra oi a tu vulto *315,79*
Aras le erigiò deuoto, *357,14*
Que quebrò con lo deuoto, *416,23*
Fue su casa vn deuoto encerramiento *450,9*
Deuotos *4*
Los deuotos conuecinos *228,63*
de sus mas deuotos monjes *229,561*
A los deuotos impulsos, *322,164*
Tan libres podran ia como deuotos *421,51*
Devocion *1*
Contra vuestra devocion, *490,18*
Devoto *1*
a vn devoto peregrino; *229,2020*
Dexa *61*
La inuidia dexa atonita *1,17*
De sombra o de aire me le dexa enxuto, *19,11*
Si libre a Clori por tus manos dexa *53,10*
I en el coraçon le dexa *61,27*
La vez que se sangra, dexa *73,98*
No dexa estrella en el cielo *75,63*
Oy cada coraçon dexa su pecho, *77,21*
I la dexa el Sol, *80,12*
I dexa el blanco alheli. *82,60*
Que es bella, i dexa de vella *102,15*
Dexa la verdad, i tiene *105,86*
Los remos dexa a las aguas *106,15*
Que el Sol dexa su orizonte, *131,62*
Dexa que sombras las moren, *131,126*
Lazos calça i mirar dexa *144,29*
Desnudo le dexa. *160,74*
Dexa el monte, garzon bello no fies *175,1*
Dexa el monte, garzon; poco el luciente *175,9*
Los remos dexa, i vna i otra mano *196,5*
La fuente dexa el Narciso, *217,49*
dexa singularidades. *229,965*
dexa singularidades. *229,989*
dexa singularidades. *229,1005*
dexa singularidades. *229,1395*

dexa sin aver Abido. *229,1894*
Dexa vna Hero fïèl, *229,1895*
te dexa, pues te gozaba. *229,1908*
dexame, Tadeo, i dexa *229,1927*
la Réàl ave le dexa *229,2430*
Camilo los dexa, i se entra. *229,2941*
Gran dueño mio, i con inuidia dexa *231,2*
Nunca dexa de ser mono. *242,116*
Dexa su vrna el Betis, i loçano *250,12*
Su monte dexa Apollo de dos frentes *256,4*
Que el tardo Otoño dexa al blando seno *261,75*
Ceuase, i fiero dexa humedecido *261,173*
Dexa las ondas, dexa el rubio choro *261,369*
Dexa las ondas, dexa el rubio choro *261,369*
Dexa el aluergue, i sale acompañado *263,183*
Que mal lleuar se dexa, *263,332*
Las rosas gozar dexa de su frente, *263,637*
Dexa de su esplendor, dexa desnudo *263,691*
Dexa de su esplendor, dexa desnudo *263,691*
De la Isla i del agua no los dexa. *264,530*
Que dexa de ser monte *264,693*
Horrores dexa el Nilo que le baña. *264,830*
Dexa que los pida io *269,849*
CASILDA se va i os dexa *269,1018*
Quien nos dexa cada rato *269,1772*
Tantas fundaciones dexa, *275,34*
De arroio tan obliquo, que no dexa *281,29*
Ni fuente dexa de ser. *355,48*
Dexa de acabar asi, *375,10*
Dexa a las piedras lo firme, *378,9*
I poco su buelo dexa *384,29*
Dexa las Damas, cuio flacco ierro *435,1*
Pues que por vn capon dexa vn milano: *452,7*
Pues solo dexa señas de creyda; *470,2*
Dexa las damas, dexa a Apolo, i tente; *474,9*
Dexa las damas, dexa a Apolo, i tente; *474,9*
I dolorosa me dexa. *499,327*
Dexaban *1*
Mientras me dexaban pulgas; *26,28*
Dexad *7*
Dexad los libros ahora, *82,1*
Dexad caminar al triste *107,61*
Dexad que ella en su partida *107,69*
Es vuestro plectro, dexad *167,2*
Dexad el bosque i venid; *167,8*
I dexad maliciosos en su classe. *436,14*
Dexad que os mire aquel que atento os viere, *470,12*
Dexadle *2*
Dexadle vuelua a jugar *107,65*
Dexadle, por vida mia, *107,81*
Dexadme *12*
"Dexadme llorar *4,9*
Dexadme llorar *4,19*
Dexadme llorar *4,29*
Dexadme llorar *4,39*
Dexadme llorar *4,49*
Dexadme llorar *4,59*
"Dexadme triste a solas *9,39*
Dexadme triste a solas *9,49*
Dexadme vengar de aquella *9,51*
Dexadme, nudosas redes, *9,55*
Dexadme triste a solas *9,59*
Dexadme caer en esta *242,39*
Dexado *9*

Tu bellissimo pie nunca ha dexado *25,46*
I aun se ha dexado decir *243,38*
Si vida me ha dexado que sea tuia *264,133*
Tanto me ha dexado ver *269,93*
De sierpes, has dexado, engendradora, *281,20*
No han dexado, no, su aluergue *358,5*
Dexado al arca ondas que surcara. *402,4*
Paciencia, Iob, si alguna os han dexado *433,3*
Dexado por el Leon, *485,4*
Dexais *3*
Dexais que me dè con el? *269,1577*
Los dias que dexais ir? *304,28*
Quantos juncos dexais frios *390,35*
Dexalla *1*
Ingratitud es dexalla. *64,24*
Dexallas *1*
Por no dexallas vencidas *179,53*
Dexallo *1*
O acometello, o dexallo. *269,1843*
Dexalos *1*
Dexalos, i a mi posada *269,1702*
Dexame *13*
Dexame en paz, Amor tyrano, *2,9*
Dexame en paz. *2,10*
Dexame en paz, Amor tyrano, *2,19*
Dexame en paz. *2,20*
Dexame en paz, Amor tyrano, *2,29*
Dexame en paz. *2,30*
Dexame en paz, Amor tyrano, *2,39*
Dexame en paz. *2,40*
Dexame en paz, Amor tyrano, *2,49*
Dexame en paz. *2,50*
I dexame a la pared *96,75*
dexame aqui atropellada *229,1572*
dexame, Tadeo, i dexa *229,1927*
Dexamos *1*
Dexamos, io de sangre, tu de flores. *52,14*
Dexamosla *1*
i dexamosla al fin de ellos *229,498*
Dexan *13*
Dexan la sombra, el ramo, i la hondura, *33,10*
Mientras se dexan veer a qualquier ora *36,2*
O se dexan de hazer *81,7*
Si dexan sus ojos verla, *121,99*
Ducados dexan ducados, *126,9*
Los raios de la luz dexan sus cueuas, *166,10*
Dexan su casa, dexan su vestido, *166,26*
Dexan su casa, dexan su vestido, *166,26*
Con dos tajos me dexan por la cara. *229,1948*
Que aun se dexan las peñas *263,32*
Dexan ser torres oi, dixo el cabrero *263,213*
Que son miel, i no dexan de ser flores; *269,1244*
Las rosas se dexan veer, *285,38*
Dexando *5*
(Dexando el rascar sabroso) *84,2*
A los pinos dexando de Segura *260,3*
De su prision, dexando mis cadenas *264,135*
Dexando azules, con mejores plantas, *314,13*
Bebiò la fiera, dexando *322,349*
Dexandole *1*
Dexandole el concurso el despidiente *336,7*
Dexandose *1*
Dexandose su edad tarda *310,16*
Dexandote *1*

dexandote el viento atras. *229,649*
Dexar *22*
A dexar al rio *79,79*
Dexar de decir no puedo, *87,30*
Los quiero dexar a dos. *147,10*
El fondo es bien dexar mas escondido, *166,28*
mas sauandijas dexar *229,371*
Dexar el réàl camino *229,998*
que la voluiste a dexar? *229,1323*
Al falso veràs dexar *229,2450*
algo que dexar por ti. *229,2637*
No pienso dexar meson, *229,3068*
Le vistiò, i dexar le manda *240,12*
Dexar hizo al serrano, *263,227*
Sin dexar ni aun pequeña *263,1018*
Alcaçares dexar, donde excedida *264,666*
Sin dexar clauo en pared. *269,562*
Boluerà a dexar Henrico *269,970*
Siguiò a la voz, mas sin dexar rompido *318,97*
Dexar el dulce candor *322,21*
Sin dexar de ser cipreses, *333,24*
Dexar te mandò el circo, preuiniendo *391,13*
Siquiera para dexar *409,9*
Sin dexar flacco el bolsico: *493,41*
Dexara *2*
I no dexara en mal hora *149,44*
I me dexara los pies. *499,251*
Dexarà *2*
Os dexarà hecho Macias. *269,240*
Quien te dexarà de oir? *269,1737*
Dexaràn *1*
Te dexaràn ser Tarquino; *269,197*
Dexaràs *1*
I dexaràs inuidiosa *328,2*
Dexarè *1*
Vn papagaio os dexarè, señora, *201,9*
Dexarète *1*
Dexarète mui apriessa, *229,1010*
Dexarla *1*
Para dexarla a su pesar sujeta, *499,43*
Dexarle *1*
Dexarle de entender, si el mui discreto *202,10*
Dexarnos *1*
I ambos dexarnos aqui *499,293*
Dexaron *5*
A quien dexaron sin muros *27,94*
I al mismo punto dexaron *96,166*
Dexaron pues las açotadas rocas *264,686*
Dulcemente dexaron de ser aues. *291,14*
Mas pobres los dexaron que el Decreto *447,10*
Dexaros *1*
Para dexaros difunto *269,1975*
Dexarsela *1*
Para dexarsela atras. *387,10*
Dexarte *1*
Para no dexarte hablar. *269,856*
Dexas *12*
Si a musicos entrar dexas, *91,48*
I atras el aire dexas; *125,31*
I al tierno esposo dexas *129,2*
Tu no me dexas decir. *229,1124*
Io digo que tu me dexas. *229,1125*
Entra ahora, i le dexas! *264,673*
Quanto me dexas pagada; *269,1273*
Buena dexas a Lucrecia. *269,1602*

Seguro el ganado dexas, *302,2*
Seguro el ganado dexas, *302,14*
Seguro el ganado dexas, *302,26*
Por vn monigote dexas *423,19*
Dexase *2*
Dexase a solas passar *105,49*
Que me dexase vn hora, i ia recelo *229,1939*
Dexasse *2*
que me dexasse seruir *229,2351*
Que no dexasse passar *269,1830*
Dexaste *1*
"Despues que dexaste a Francia, *73,49*
Dexastes *2*
Por quien orilla el Pò dexastes pressos *32,2*
Si dexastes de comello *346,4*
Dexate *3*
Dexate de impertinencias, *229,958*
Dexate vn rato hallar del pie acertado, *262,30*
Floriscio, dexate desso, *499,288*
Dexaua *3*
Nos dexaua San Martin, *111,42*
Rastro hazer no dexaua *499,142*
Aqui dexaua vna gota *499,146*
Dexe *11*
Dexe su tercio embarcado, *6,92*
Que el amo dexe la silla, *123,31*
No ai persona que hablar dexe *126,33*
Dexe el rio Marañon, *126,49*
Dios me saque de aqui i me dexe veros. *203,6*
que tu firma dexe a Libia, *229,1587*
te dexe sepulchro hecho *229,2928*
Dexe que vuestras cabras siempre errantes,
    263,911
Como el me dexe que haga. *269,1313*
No dexe rastro de cana. *269,1797*
Dexe su gracia la piedad diuina; *471,12*
Dexè *6*
Dexè mi tierra por Flandes, *74,67*
Dexè al fin guerras i Flandes *74,93*
I asi, la dexè vn mulato *82,101*
"Los raios de Amor dexè *116,28*
Dexè en vn Arbol la vida, *212,7*
Que le dexè con Lucrecia, *269,598*
Dexeis *2*
No os dexeis lisonjéàr *29,7*
No le dexeis en el blason almena. *429,9*
Dexèla *1*
Dexèla en su antiguo lustre, *82,105*
Dexemos *1*
Dexemos el finiquito, *269,991*
Dexes *3*
Vete como te vas; no dexes floxa *16,9*
que dexes al coraçon *229,2252*
No lo dexes, no, por esso, *269,1816*
Dexese *1*
Dexese de dar consejo *229,1006*
Dexo *10*
"Io me voi, i no te dexo; *49,94*
Se dexo el silencio, *80,41*
que io les dexo cuidados, *229,372*
i pesadumbres les dexo. *229,373*
Pues te dexo reducido, *229,660*
La cadena os dexo, amigo, *269,1068*
Antes le dexo que diga, *269,1312*
Con don Tristan, que lo dexo. *269,1623*

I caer me dexo a plomo *269,1967*
Acà dexo el coraçon; *499,298*
Dexò *43*
Que le dexò en testamento *27,3*
Se le dexò estotro dia *29,45*
Que ha que la dexò. *80,8*
Dexò el año passado, *125,7*
Le dexò por escondido *131,3*
Que en ambos labios se la dexò escrita. *137,11*
Dexò la capa corriendo *161,85*
Manso se dexò coger, *161,95*
Que nunca dexò en su arte *186,6*
Le dexò la blanca Luna *215,15*
Se los dexò entre la juncia *216,23*
Purpurea se dexò veer. *217,8*
Almiuar dexò de Amor *228,103*
Dexò caer el reboço, *228,109*
Lo dexò Ciro a los Griegos, *228,131*
que os dexò pobre i mal sano. *229,440*
dexò tendido al Adonis. *229,607*
o allà se dexò los pies, *229,1547*
me dexò sin coraçon, *229,1632*
no se la dexò en Italia? *229,1854*
Oliendo le dexò a flores, *240,19*
I en Hespañol la dexò *243,55*
Nos dexò las saludes de Palacio, *254,13*
Indicio, la dexò, aunque estatua elada, *261,231*
Dexò, i en su carroça *263,180*
Estanque dexò hecho, *263,400*
Dexò primero de su espuma cano, *263,410*
Dexò al viento, si no restitúido, *264,935*
Dexò sin dulce hija, *264,978*
Hyppocrates nos dexò, *269,674*
Riquissimo me dexò. *269,1373*
I aun mas, que me dexò en la barbacana. *273,8*
Nos dexò Antonio. Produzga *275,119*
Dexò tambien casta el buei? *303,31*
A quien le dexò apenas *313,15*
Le dexò el euano sucio. *322,220*
Mucho mar le dexò veer *322,239*
Dexò la ciudad de Nino, *322,289*
Alto horror me dexò con su rúina. *380,4*
Cantando, dexò llamarse *389,18*
Poca arena dexò calificada. *391,8*
Dexò, i de espuma la agua encanecida, *455,2*
Dexò por su heredero *492,3*
Dexòla *1*
Dexòla tan niña, *80,5*
Dexòle *1*
Dexòle ia por vn page *88,29*
Dexòme *1*
Muriò mi hermano, i dexòme *269,417*
Dexòse *1*
I dexòse ella mejor *418,56*
Dexòsele *1*
Dexòsele en vna esquina *167,65*
Dezia *3*
"Injusto Amor, dezia, *114,19*
"Ô rio, le dezia, *140,9*
Sintiendo lo que dezia, *269,1544*
Dezidle *1*
Dezidle, airecillos: *79,93*
Dezidme *2*
Dezidme de aquella Dama *121,101*
Dezidme en otro papel *371,6*

Dezidnos *1*
Dezidnos, señor, de aquellas *121,11*
Deziembre *1*
La que en Deziembre i Noruega *282,19*
Dezillo *4*
Su piedra sabrà dezillo, *258,2*
Quanto mas, si he de dezillo, *269,685*
Saldrà vn clauel a dezillo *386,5*
Que, si consientes dezillo, *499,129*
Dezimo *1*
Dezimo esplendor bello de Aganipe; *264,539*
Dezir *29*
Por el dezir de las gentes. *81,8*
Por el dezir de las gentes. *81,16*
Por el dezir de las gentes. *81,24*
Por el dezir de las gentes. *81,32*
Por el dezir de las gentes. *81,40*
Por el dezir de las gentes. *81,48*
Por el dezir de las gentes. *81,56*
Solia dezir, traiendome *96,157*
De hazerme dezir verdades, *105,6*
A lo menos sè dezir *111,58*
Io sè dezir, aunque bobo, *121,159*
No pudo dezir mas, *127,32*
Mas podeis dezir los dos *186,8*
Cuia (por dezir verdad) *204,2*
Puedo dezir, i no mal, *204,45*
Del bien dezir beuiendo en la alta fuente, *244,5*
Sabeis lo que dezir quiero? *269,16*
No soi, puedo lo dezir, *269,845*
Mis passos, i dezir puedo, *269,947*
Pues, si he de dezir verdad, *269,1618*
Que sin dezir al que passa *269,1863*
— Qual podreis, Iudea, dezir *304,1*
Qual podreis, Iudea, dezir *304,17*
Qual podreis, Iudea, dezir *304,29*
Dezir de vos marauillas, *411,2*
Que lo cumple dezir puedo *417,9*
Dezir que has herido al viento. *499,135*
Dezir que no le alcançaste *499,151*
Sè dezir que no me pesa *499,302*
Dezis *3*
Nos dezis la mudança estando queda, *247,2*
Casilda. Luego dezis *269,754*
Salen... Que dezis? Sesenta *269,1987*
Di *38*
Con el ojo di *56,58*
Me di, como has menguado i has crecido, *71,12*
La bucolica le di. *82,68*
Le di mui bien a entender *96,163*
I io me di a frai Garcia: *98,12*
Sin ser Rei, a muchos di *111,46*
Di questa canna, gia selvaggia donna, *118,13*
Cancion, di al pensamiento *120,55*
Di, Amor, que te aprouechan *125,42*
Si ia a sus aras no les di terneros *169,12*
— Alma niña, quieres, di, *213,1*
di la mortaja a tu templo, *229,84*
Que bacas, di, por la cola, *229,126*
Tan dados las manos, di, *229,336*
Ô gran bontà di Cauaglieri erranti! *229,388*
Como estàs con ella, di? *229,930*
de casar estàs? Di, honrado, *229,1290*
i io di de cudiciosa: *229,1770*
Amigo Donato, di: *229,2072*

Señas le di de mis padres *229,2414*
i razon tambien le di *229,2415*
de la alma que ia la di; *229,2481*
lo di aqui. Io lo dirè. *229,3375*
Quantas vozes le di! Quantas en vano *264,453*
Priuilegios, el mar a quien di redes, *264,575*
Templarte supo, di, barbara mano *264,777*
Por que, di? Porque a vn Doctor *269,593*
Cento scuti? Di oro in oro; *269,621*
A Lucrecia se los di, *269,1376*
I os los di a vos. No los niego. *269,1381*
En tus doblones le di. *269,1449*
Qual, di, barbara arena, *281,19*
Si lo mejor ia te di *286,25*
Por que? Di. *300,6*
— Donde? Di. *321,9*
Culto, aun a tu sombra di, *416,2*
En que imaginas, me di? *497,13*
I di, estaran alli? Aì se auran ido *499,116*
Dia *184*
La bella IACINTA, vn dia, *3,3*
Lado el dia de la fiesta, *6,113*
Se mueue al roxo despuntar del; *15,8*
Nueuos conoce oy dia *25,53*
El dia de Santiñuflo, *27,58*
Toda la noche i el dia, *28,71*
Se le dexò estotro dia *29,45*
Phebo en tus ojos, i en tu frente el; *36,4*
I el claro dia vuelto en noche obscura, *36,10*
Que priuilegia el cielo i dora el dia! *51,6*
De mi casa vn dia, *56,44*
Vn dia caì; *56,57*
El dia de sanciruelo *59,51*
I dèstas aues dos, que al nueuo dia *60,3*
I cena de dia, *65,22*
Digna de que las sienes que algun dia *72,38*
I el socarron otro dia *73,113*
Dixo bien Dudon vn dia, *73,125*
Quando vn dia a mediodia *74,66*
De camaras cada dia. *74,96*
Oy es el sacro i venturoso dia *77,1*
Como el dia del Domingo, *89,12*
Trata los aires de dia, *91,8*
Mas azíagos que el dia; *91,40*
Prestenle horas al dia *94,19*
Nueuas que el dia siguiente *96,91*
Vn dia, cuia memoria *96,155*
I al otro demosle el dia. *98,84*
Si a Lazarillo le imitasse vn dia *101,13*
El triste fin de la que perdiò el dia, *104,6*
Luego otro dia se ensote, *107,78*
Que encuentra noche i dia *125,3*
Todo se vende este dia, *126,19*
El dia de maior gala. *148,20*
Vìola en las seluas vn dia *149,39*
Que vn dia sacò la cholla, *149,58*
Por ser aquel dia babosa *149,120*
Por mas estrechos ojos cada dia? *151,14*
No os andeis cochéàndo todo el dia, *153,6*
Quanto mas dia de júìcio se halle. *154,4*
Peinando dia por dia *156,5*
Peinando dia por dia *156,5*
Dessearonse este dia *158,41*
I lleuarà cada dia, *159,4*
La fuente de medio dia, *159,16*

En medio dèl dia *160,87*
Como en posession de el dia, *161,7*
Parte a lleuar al Occidente el dia *166,22*
A cuio capitel se deue el dia, *169,6*
Corona de Aiamonte, honor dèl dia, *170,1*
Sino al segundo illustrador dèl dia *172,6*
El arca alli, donde hasta el dia postrero *173,11*
Quereis professar en dia *176,18*
Cient vezes le fleche al dia, *177,19*
Que fuesse caça algun dia *189,7*
Quando serà aquel dia que por ierro, *197,12*
Buscandole errante vn dia, *215,9*
Hagaseles este dia *224,5*
Mi liuertad te espera cada dia. *226,31*
Mi liuertad te espera cada dia". *226,44*
Saliendome estotro dia, *227,1*
Este, pues, galan vn dia, *228,49*
De el dia entre obscuro i claro, *228,114*
En vn dia mui nublado *228,178*
Lo que el dia de la purga *228,195*
en confiar este dia, *229,107*
que serà el dia final *229,187*
de los zelos, si este dia *229,329*
Muriò el ribal otro dia, *229,616*
porque en Dios comience el dia, *229,892*
para hacer theatro el dia *229,1020*
Tan breves son los terminos de el dia, *229,1028*
al Apollo, que algun dia *229,1181*
en lo que veràs oi dia. *229,1267*
luego otro dia siguiente, *229,1555*
alevosos algun dia *229,1637*
vn dia no mas, i a ti *229,2512*
menèale cada dia *229,2568*
No, que el primer dia es *229,2576*
Ia llega, Camilo, el dia... *229,2660*
En vn dia hemos caido. *229,2944*
Duro iugo a los terminos del dia *230,72*
Al nieto Augusto, armada vn dia la mano, *230,87*
Principes, buen viage, que este dia *233,3*
Que otro dia enfermaron sus Altezas. *254,14*
Tan breue ser, que en vn dia que adquiere *256,14*
Que en Delphos algun dia *256,51*
Que es rosas la Alua i rosicler el dia, *261,4*
Que vn dia era baston i otro caiado. *261,56*
Pisando la dudosa luz de el dia. *261,72*
Mudo la noche el can, el dia dormido, *261,169*
Por no abrasar con tres Soles el dia. *261,184*
Choros texiendo estès, escucha vn dia *261,383*
Sobre sus huebos coronaba, el dia *261,418*
Iugo aquel dia, i iugo bien sùaue, *261,437*
Carro es brillante de nocturno dia: *263,76*
Leche que exprimir viò la Alua aquel dia, *263,147*
Que festiuo theatro fue algun dia *263,188*
Las cenizas del dia. *263,392*
El Sol, que cada dia *263,407*
Dosel al dia i thalamo a la noche, *263,471*
Guerra al calor o resistencia al dia. *263,539*
Los consignados premios otro dia, *263,563*
Al pueblo llegan con la luz que el dia *263,645*
Fingieron dia en la tiniebla obscura), *263,683*
De honesto rosicler, preuiene el dia. *263,781*
De los dudosos terminos de el dia. *263,1072*

Dos vezes huella la campaña al dia, *264,12*
Donde el Sol nace o donde muere el dia. *264,150*
Nudos les halle vn dia bien que agenos, *264,234*
Impidiendole el dia al forastero, *264,248*
Vieras intempestiuos algun dia, *264,414*
El discurso, i el dia juntamente, *264,513*
Que conducen el dia, *264,733*
Que a ver el dia buelue *264,742*
Estrellas su cerulea piel al dia, *264,819*
De quantos sus dos alas aquel dia *264,839*
Restituien el dia *264,905*
Si a Tancredo cada dia *269,41*
Porque el dia de la Cruz *269,47*
Conuertida en pluma vn dia, *269,143*
Dinerillos este dia *269,889*
No cuente piedra, no, este alegre dia, *269,1259*
Me purgue, i luego otro dia *269,1796*
Voime. Deteneos, que el dia *269,1951*
Del dia, cuia luz tu manto dora, *270,6*
Dichoso el esplendor vieras del dia *280,19*
Corona de crepusculos del dia, *280,48*
De quanta le concede luz el dia. *281,6*
Avn dia canicular. *282,14*
Profanado, escalò vn dia *285,19*
De vn dia Canicular, *288,10*
Su rubia sangre oi dia *298,38*
La noche dia al nacer, *304,3*
O el dia noche al morir? *304,4*
La noche dia al nacer, *304,19*
O el dia noche al morir? *304,20*
La noche dia al nacer, *304,31*
O el dia noche al morir? *304,32*
Vendaransela algun dia *307,21*
Viste al aire la purpura del dia. *315,16*
Ô Aguila de CASTRO, que algun dia *317,12*
Si arrebatado mereci algun dia *318,1*
En los prolixos terminos del dia; *318,148*
En sombra obscura perdonò algun dia, *318,236*
Dulce vn dia despues la hizo esposa, *318,317*
Nueuo Epiciclo al gran rubi del dia, *318,515*
Iacobo, donde al Tamesis el dia *318,585*
Exercitados el siguiente dia. *318,632*
Vn dia que subiò Thysbe, *322,169*
El primer dia folîon i pela, *326,12*
Vn dia, pues, que pisando *333,41*
Leies dar algun dia a su corriente. *335,4*
El sol casi los terminos del dia. *339,8*
Gallarda vn dia, sobre impacîente, *341,7*
Vn dia, pues, *353,33*
Vn dia en las que le dieron *355,29*
Horas son breues; el dia *355,71*
Esperanças, pues, de vn dia, *357,25*
Tus passos antes que se acabe el dia, *368,47*
Pues quien me concediò vn dia, *375,17*
Para exercitarlo el dia *377,29*
Tropezò vn dia Danthea, *387,1*
A qualquier hora del dia, *388,6*
Al nacer del dia; *389,53*
Perdonad al aire vn dia, *390,45*
Piel este dia, forma no alterada. *391,4*
No acabes dos Planetas en vn dia. *391,14*
En horas no caducas vuestro dia. *395,11*
Sobra el que se me dio hauito vn dia: *398,6*

El dia que examinado *401,3*
Vndosa tumba da al farol del dia *403,1*
Graznar volando al despuntar del dia. *404,34*
Lustralle sus dos Mundos en vn dia. *421,26*
Extirparàn vn dia. *421,45*
Que al de Belerophonte cada dia *427,6*
Traxo veinte i dos años, dia por dia, *450,5*
Traxo veinte i dos años, dia por dia, *450,5*
De dia compuesta en coche, *496,12*
Que dia tienes reposo? *497,23*
Del Principe de Tebas este dia *499,53*
La blanca garça, que al romper del dia, *499,68*
Tal se mostrò aquel dia al monte armado *499,100*
I deste arco, que algun dia *499,226*

Dìablo *2*
A visperas del Dìablo. *269,1861*
— Pues, maldito dìablo, reconoce *439,9*

Dìabos *1*
—Vn viejo de los dìabos *124,9*

Diacatholicon *1*
Con el diacatholicon. *269,1976*

Dìàdema *1*
Al dìàdema de luciente Apolo *318,235*

Diamante *28*
Sè que te armas de diamante *26,97*
Con vn diamante de precio. *58,36*
Haz, embuelta en durissimo diamante, *72,4*
El diamante dèl Catai *131,27*
Mas de puntas armado de diamante; *184,10*
Que es diamante de desden, *192,8*
Sus espaldas trocàra de diamante! *229,18*
con este diamante fino, *229,1762*
se queden, i en su diamante, *229,1768*
la del diamante es mentira". *229,1992*
Confirmado me ha el diamante *229,1994*
No de fino diamante, o rubi ardiente, *246,1*
Que rubi en charidad, en fe diamante, *247,13*
Del muro de diamante *256,22*
Ciñalo bronce o murelo diamante: *261,294*
Muros de abeto, almenas de diamante, *262,6*
Solicita el que mas brilla diamante *263,383*
Liquido pues diamante *264,167*
Rebelde aun al diamante, el duro lemo *264,474*
Casilda, al diamante bello *269,573*
Con firmeza? De diamante. *269,916*
Tunica Apolo de diamante gruessa, *312,26*
En porfidos rebeldes al diamante, *314,3*
I de la noche dio al maior diamante, *318,516*
Eran de Africa gemino diamante, *323,6*
Emulo del diamante, limpio azero, *337,2*
Emula su materia del diamante, *368,4*
Diamante entre esmeraldas engastado, *455,8*

Dìàmante *1*
Vn dìàmante, ingenìòsamente *341,3*

Diamantes *9*
Hecho de finos diamantes, *61,38*
De rubìes i diamantes; *63,60*
Para los diamantes sangre, *82,119*
Estrelladas de diamantes, *158,48*
Ella, que sobre diamantes *226,61*
ved que brinco de diamantes *229,1234*
Estrellòse la gala de diamantes *254,9*
Para esto ser diamantes. *306,34*
Que lame en su piel diamantes *334,31*

Diana *9*
Seguir la casta Diana *83,67*
No la desuiò Diana; *121,114*
Seguidoras de Diana: *144,8*
De sequaces de Diana, *149,41*
En el arco de Diana *177,3*
Como Diana en el monte. *178,20*
I pescar a Diana en dos barquillas: *264,420*
Digalo el Betis, de quien es Diana; *421,68*
De la mano de Diana; *499,139*

Dìàna *3*
En el choro de Dìàna, *115,13*
Donde la Nympha es Phebo i es Dìàna, *165,12*
I de Dìàna lechuzos, *322,258*

Dianas *2*
Quantas Dianas Mançanares mira, *203,41*
I tres Dianas de valor fecundo; *318,116*

Diapalma *1*
O que atractiuo diapalma *269,954*

Diaphano *2*
En el papel diaphano del cielo *263,610*
Corredor el diaphano elemento *264,928*

Dìàphano *1*
Este dìàphano muro, *268,52*

Diaphanos *2*
Diaphanos crystales; *263,205*
Los annales diaphanos del viento. *264,143*

Dias *61*
Mas que no dè algunos dias *6,10*
Mientras gouiernan mis dias *7,5*
Que le faltan dias algunos *27,54*
Que de dias anduue *50,73*
Mil dias enteros *50,86*
Las anduuo en treinta dias *73,7*
Desaiunauanse a dias, *73,61*
Los dias de Maio cortos, *83,50*
De los dias pereçosos, *83,78*
Mas ia ha dias que a la Iglesia *83,83*
Mas si sè que dias hartos, *96,78*
I le pongo en quatro dias *96,131*
Los dias de Noè, gentes subidas *108,9*
Donde son buenos los dias, *121,17*
Arman a Helena en dos dias *122,17*
Tantos dias, tantas veces *149,55*
Los dias a los ojos de la cara, *153,13*
Veinte dias i mas, i se ha partido. *200,4*
La piedra que dias tres *209,27*
Tres o quatro dias antes, *216,6*
Señores Corteggiantes, quien sus dias *222,1*
I a los dias malogrados. *228,176*
diez dias nos tuuo o doce, *229,497*
Conualesci en pocos dias, *229,576*
Gozòla, i no muchos dias, *229,600*
no viua io muchos dias *229,698*
donde a pocos dias entrado, *229,778*
Trece dias hace oi *229,1549*
Trece dias se detuuo. *229,1876*
que ha muchos dias que vuelan *229,2304*
de mi, triste, en pocos dias, *229,2318*
Treinta dias ha que el Sol *229,2402*
en los dias de mi vida. *229,3277*
Los veneraràn los dias *236,9*
Por donde ia el verdugo de los dias *253,3*
Lastimoso despojo fue dos dias *261,447*
Fie tus nudos ella, que los dias *263,810*

Fecundo os rinda, en desiguales dias, *263,906*
"Dias ha muchos, ô mancebo, dixo *264,388*
Muchos ha dulces dias *264,392*
I estos dias para mi *269,11*
Darà cartas muchos dias, *269,236*
Al cabo de tantos dias *269,557*
I ai dias, Casilda, hartos *269,669*
Dias, si no son mas ia, *269,1787*
Estos quatro o cinco dias? *269,1887*
Los dias que dexais ir? *304,28*
Veneciana estos dias arrogancia, *318,549*
Oiòlos, i aquellos dias *322,37*
Dias en el bien ligeros. *354,12*
Huiendo quiero los dias, *354,33*
Los dias de casi tres *355,34*
Mas dias vee que otra flor, *375,37*
Muchos dias guardò vn sauce, *389,2*
Las horas que limando estàn los dias, *394,13*
Los dias que roiendo estàn los años. *394,14*
Los dias de Noe bien recelara *402,1*
Culpa es vuestra, que los dias *411,9*
Tanto en pocos dias, i tal *416,21*
Vnos dias clauel, otros vìòla. *421,73*
Gastamos vn millon en quince dias *469,3*

Dibuxo *1*
I el dibuxo prosigamos, *228,126*

Dibuxos *2*
Sin que en mas dibuxos ia *269,887*
Sus dos hermosos dibuxos: *322,44*

Dice *40*
Le dice: "Amiga Belerma, *27,21*
I con lagrimas le dice: *29,47*
Que me dice por sus letras; *38,20*
Vertiendo lagrimas dice, *39,19*
Que dice: "Estos son mis hierros". *49,56*
"Ai mora bella, le dice, *62,49*
Le dice aquestas palabras: *64,28*
Le dice assi: "Mi señora, *64,43*
Que quien le oie, dice *65,187*
Mira que dice por aì la gente *71,2*
Dice que quiere probar *107,43*
El dice que de picado, *107,67*
Dice, si no de laurel: *132,48*
Como quien no dice nada, *148,42*
Dice el garzon sin aliento, *215,50*
Dice, pues, que doña Hero *228,9*
Tambien dice este Pòèta *228,21*
Le dice, illustre traslado! *228,208*
de el huesped no dice nada, *229,452*
la fama, i lo dice a voces. *229,865*
en quanto dice verdad. *229,869*
Dice en ella vuestro suegro. *229,1116*
Galeaço dice en ella. *229,1120*
Que dice el? Cierto embarazo *229,1282*
le dice: "Mira por ti, *229,1646*
dice, i libre en la cadena". *229,1970*
Nos dice, quando no en las cinco estrellas, *229,2205*
Bien dice tu mal la cara. *229,2796*
Dice verdad. Razon tiene, *229,3074*
Batido lo dice el pie, *285,6*
Libertad dice llorada *322,49*
Bien lo dice de mi Aia *322,187*
Recuerde, dice, recuerde *349,14*
"A ellos, dice, a ellos; *354,17*

A ellos, dice, soldados; *354,23*
A ellos, dice, a ellos; *354,39*
"Exerced, le dice, hermana, *355,61*
Aunque dice quien las vee *376,6*
Quien dice que fue media partesana; *381,3*
Que dice la ocasion de su camino; *472,11*
Dicen *44*
Todos los monteros dicen *48,28*
Mas de el arte dicen que es *63,95*
Dicen que fuiste de hierro, *87,14*
Dicen la edad de los viejos. *87,28*
Dicen que muerto me has. *90,10*
Dicen que està vn don pelote, *107,34*
Qual dicen que a las fieras fue importuna *128,7*
En fauor a lo que dicen *149,61*
Bien es verdad que dicen los Doctores *199,9*
Dicen que se los diò en ferias, *216,5*
Los ojazos negros dicen: *228,121*
lo que me dicen a mi. *229,233*
le dicen que no està en casa *229,419*
I los ojos, como dicen, *322,415*
Quien dicen que soi? *356,34*
Quien dicen que soi? *356,37*
Dicen bien; *356,39*
Dicen mejor. *356,41*
Quien dicen que soi? *356,54*
Dicen bien; *356,56*
Dicen mejor. *356,58*
Quien dicen que soi? *356,71*
Dicen bien; *356,73*
Dicen mejor". *356,75*
El mio, como dicen, en la huesa; *397,2*
Dicen que quieren traducir al griego, *427,10*
Otros dicen que està bien empleado, *475,5*
Si no es que dicen por ierro *477,38*
Dicen que ha hecho Lopico *489,1*
Que de todos dicen mal, *495,3*
I dicen bien. *495,4*
Sobre qualquier cosa dicen *495,7*
Dicen, den a donde den: *495,12*
I dicen bien. *495,13*
Dicen de algunas donzellas, *495,14*
I dicen bien. *495,22*
Dicen, por sus demasias, *495,24*
I dicen bien. *495,31*
Dicen que no saben como *495,32*
I dicen bien. *495,40*
Porque dicen que es cordura *495,45*
I dicen bien. *495,49*
Dicen que no ai meson ia *495,50*
I dicen bien. *495,58*
Dices *10*
Que dices? galante estilo! *229,244*
Tal dices, Tadeo? Dilo *229,712*
de su alma. Dices bien *229,861*
a Lelio, que dices dèl? *229,863*
Que dices? Que ahora viene *229,1300*
Entender dices, o que? *229,1405*
Si dices? Estàs en ti? *229,2014*
Que me dices, hija mia? *229,2057*
este? No el que tu dices *229,2779*
Pues nunca de la Biblia dices le. *468,4*
Dicha *19*
Que por mi dicha la vi *3,4*
Si halla por dicha *65,226*

Heredò por dicha o ierro, *122,55*
Primera dicha de Adonis. *131,80*
Baxad, si por dicha *160,53*
Valiò por dicha al leño mio canoro *203,46*
Porque por dicha o por ierro *224,7*
de mi dicha i sus fauores. *229,611*
si es por dicha esta afficion *229,971*
de mi dicha mucho dudo. *229,1416*
Es esta por dicha?... Ô Fabio! *229,1510*
Auia, por dicha, de ser *229,3146*
Es, por dicha, este entremes *229,3180*
Deues por dicha cebo? *264,776*
Tanta dicha en dar salud, *269,430*
Hallò por su dicha el triste *269,689*
Que a tanta dicha su blancura es poca:
  269,1260
Es, por dicha, otro quinquenio? *269,2000*
"Ociosa, Amor, serà la dicha mia, *340,12*
Dichas *5*
Do el garzon sus dichas logre. *131,72*
sino por la de sus dichas, *229,736*
Sus dichas llora, que fueron *357,85*
En dichas segundo a nadie. *389,36*
Tres vezes i dichas quedo, *499,353*
Dicho *17*
Con vn dicho i vn refran, *6,68*
Hanme dicho, hermanas, *65,1*
Pensò con lo dicho el hombre *74,25*
Me han dicho que es vn pobrete *88,62*
Harto he dicho, i harto callo, *229,270*
Mui bien has dicho. Ô señores *229,304*
A mi me lo he dicho yo. *229,410*
i que esto ha dicho por mi. *229,1996*
Hame dicho despues èl *229,3290*
porque han dicho aqui que no *229,3359*
Lo que te he dicho, Donato? *229,3367*
Con lo que os he dicho? Aguardo. *269,1217*
Si bien io la he dicho que *269,1628*
Lo dicho, dicho, Doctor. *269,1869*
Lo dicho, dicho, Doctor. *269,1869*
I auiendoos dicho ia ciento *348,6*
Dicho me han por vna carta, *488,1*
Dichosa *19*
O qual en la dichosa edad presente, *34,7*
Madre dichosa i obediente sierua *72,41*
Cuia siempre dichosa excelsa cumbre *112,2*
Dichosa la tierra que *121,28*
Dichosa tu mil vezes, *129,7*
Prolixa sea i dichosa; *206,12*
Ô patria mia dichosa, *229,690*
Dichosa pastorcilla, *229,1040*
Pastorcilla dichosa, *229,1064*
Dissueluan tarde en senectud dichosa, *263,811*
De vna paz muda si, pero dichosa? *281,10*
De Anchises redimiò la edad dichosa. *294,8*
Mas que la dichosa suerte, *347,6*
Dichosa vestìa *349,2*
Muere en quietud dichosa i consolada, *364,5*
Esta dichosa region, *390,14*
Muere, dichosa fiera; *415,6*
Concedaos Dios, en senectud dichosa, *465,13*
Alma mil veces dichosa *498,1*
Dichosamente *4*
Que aguila, señor, dichosamente *164,9*
regando dichosamente *229,2334*

Sus huessos plata, que dichosamente, *298,34*
De aquel dichosamente desdichado, *363,2*
Dichosas *5*
Las vencen (dichosas plantas) *116,49*
Contò, aues dichosas, *129,20*
Contò, dichosas aues, *129,23*
Vengan las gracias, que dichosas Parchas,
  156,20
Dichosas las ondas suias *333,21*
Dichoso *23*
Ni de tu dichoso albergue *48,41*
I el fin dichoso del camino graue *54,7*
Tan dichoso fuera el Moro *78,9*
Quan dichoso podìa ser, *78,10*
De vn tabardillo dichoso. *83,20*
Ô que dichoso que seria io luego, *101,12*
Dichoso el que en ti auentura *121,17*
Se aluerga vn dichoso jouen, *131,10*
Es este infante en tierna edad dichoso; *145,6*
Dichoso, pues le buscas, *193,7*
Dichoso el que pacifico se esconde *203,73*
Lelio, mi ierno dichoso, *229,2031*
vn dichoso, vn desdichado, *229,2133*
De dichoso sea prolijo *229,2558*
tu casamiento dichoso; *229,2559*
Pisad dichoso esta esmeralda bruta, *264,367*
Dichoso el que a tu lado *269,1267*
Phenix, mas no admirado del dichoso *279,23*
Dichoso el esplendor vieras del dia *280,19*
Sintiendo el dichoso pie, *355,92*
Desde aquel punto dichoso, *357,34*
Ô aquel dichoso, que la ponderosa *393,12*
Ô io mil vezes dichoso *499,242*
Dichosos *2*
En los dichosos nudos *120,47*
I goce en siglos dichosos *242,118*
Dichosso *1*
Pues en tu dichosso seno *48,69*
Diciembre *4*
Mohoso como en Diciembre *87,23*
Que a los primeros de el Diciembre frio, *199,12*
Inclemencias de Diciembre *333,42*
I viendo en tanto Diciembre *414,25*
Diciendo *4*
Diciendo està el Euangelio *229,868*
pues lo està diciendo el. *229,1952*
diciendo que quiere hacer *229,2620*
Va por las calles diciendo, *413,34*
Diciendole *1*
Diciendole que se apreste; *59,78*
Diciplina *1*
Io harè su diciplina *269,99*
Diciplinada *1*
Gente es bien diciplinada. *269,96*
Dicta *2*
Me dicta Amor, Calliope me inspira. *31,8*
Mucho nos dicta en la paraboleja *313,9*
Dictamen *2*
Molido de el dictamen de vn Letrado *203,70*
Tu dictamen, Eutherpe, soberano, *318,2*
Dictamenes *1*
Han hecho sus dictamenes ganancia, *471,6*
Dictamo *1*
Del dictamo solicita *259,63*
Dictando *1*

Lo que Amor le va dictando: *356,32*
Dictaua *1*
Que dictaua los numeros que oìa? *264,634*
Dicte *2*
Musa oi culta me dicte *259,19*
Dicte numeros Clio para ello. *360,4*
Dictò *3*
Estas, que me dictò Rimas sonoras, *261,1*
Quantos me dictò versos dulce Musa *262,2*
Quanto me dictò mi fe. *416,4*
Dido *4*
De tres altos tiene Dido, *167,52*
Vença las tortolas Dido *257,6*
Susurrante Amazona, Dido alada, *264,290*
Pues io sè que sin ella fueras Dido, *460,7*
Diego *7*
Señor Don Diego, venid *121,5*
Contra el cuidado de el señor don Diego. *150,4*
Dulce frai Diego, por la dulce caja; *182,2*
No entre las flores, no, señor don Diego, *292,1*
Gomez Diego, del Marte cuia gloria *318,26*
Al Diego deberà Gomez segundo; *318,424*
A don Diego del Rincon, *491,1*
Diente *22*
I la espada sea mi diente, *7,43*
Que vn diente que le quedaua *29,44*
"Diente mio de mi alma, *29,48*
I cada diente el aljofar *82,27*
Al espumosso diente; *103,32*
Su edad, ia aueis visto el diente, *148,29*
Cruel verdugo el espumoso diente, *175,12*
La inuidia aqui su venenoso diente *219,12*
La politica del diente *228,29*
El menos oi blanco diente, *257,12*
Mas, qual diente mortal, qual metal fino
   261,133
Esposo casi vn lustro (cuio diente *263,154*
Sordo engendran gusano, cuio diente, *263,740*
El breue hierro, cuio corbo diente *264,237*
Libres discurren, su nociuo diente *264,312*
Mentir cerdas, zeloso espumar diente. *264,583*
El mar con su alterno diente, *283,2*
Su diente afila i su veneno emplea *293,7*
Con diente occulto, Guadîana, sales *318,196*
Su diente armò venenoso *357,66*
El veneno de su diente. *384,37*
Del jauali cerdoso el fiero diente; *499,103*
Dientes *10*
I los dientes en la voca: *28,64*
Escarbandose los dientes *81,30*
Almenas que, como dientes, *87,27*
Hallò al quinto con los dientes *122,53*
Sus dientes las perlas blancas, *148,22*
I menos que vuestros dientes; *176,14*
Pues tiene dientes gastados. *269,1559*
Vno a vno vuestros dientes. *411,24*
Tambien Monas tienen dientes. *490,25*
Encias que dientes. *494,26*
Diera *11*
De sus raios diera mil, *3,20*
Que a Argos diera cuidado. *121,160*
Ô lo que diera el pastor *149,119*
Al traues diera vn marinero ciego, *218,2*
Que diera al tiempo las plumas *228,171*
Que me diera mil enojos, *229,70*

Viue Dios, que diera vn braço *229,840*
solamente se le diera. *229,3315*
Señas diera de su arrebatamiento, *263,749*
Quien, Gerardo, se la diera? *269,155*
Si diera vn paso adelante. *269,1960*
Dieran *2*
Mortales señas dieran de mortales; *135,7*
Le dieran los peñascos vno a vno *459,7*
Dieras *1*
que tu dieras con el luego. *229,1848*
Diere *2*
si no diere nombre al mar, *229,1925*
Diere mas, saluo mi honor. *269,1841*
Dieren *1*
Dieren las ondas enojos, *384,18*
Dieron *13*
Dieron entonces las onze *96,165*
Nunca dieron pena. *160,106*
Dieron mis ojos lagrimas cansadas, *169,13*
Con esto dieron lugar *228,161*
dieron basiliscos nueuos? *229,1355*
Señas dieron súaues *263,178*
De mis ceniças dieron tus riberas. *264,562*
Os dieron dulces canciones *269,1011*
Que señas de virtud dieron plebeia *318,567*
Vna voz dieron los cielos, *331,10*
Vn dia en las que le dieron *355,29*
Leche le dieron i miel. *371,10*
Que le dieron con vn Doctor Collado. *381,8*
Dieronle *1*
I dieronle vn bizcocho de galera. *459,4*
Diese *1*
que el papel diese a Violante *229,2011*
Diesse *1*
A que el galan diesse assalto *228,162*
Diestra *8*
Levanta, España, tu famosa diestra *72,1*
Cuia diestra Rèàl al nueuo mundo *76,10*
En los mundos que abreuia tanta diestra;
   230,73
Claua seràn de Alcides en su diestra, *251,9*
De paz su diestra, diganlo trepando *318,19*
Quintenle la diestra mano, *418,11*
Como con tu diestra mano. *487,4*
I hecho con mi diestra no domada *499,10*
Diestras *1*
Diestras fuesen de Iupiter sus bronces. *318,352*
Diestrissimo *1*
Dèl Pacheco diestrissimo *1,15*
Diestro *1*
Como docto i como diestro. *269,902*
Dîeta *1*
I los ojos con dîeta. *73,60*
Dîetas *1*
Celebrando dîetas vi a la gula, *150,7*
Diez *31*
Diez de ventaja en amar, *2,18*
Diez años desperdiciè, *2,31*
Mas que calçando diez Menga, *6,4*
Diez años viuio Belerma *27,1*
Pues he viuido diez años *38,33*
Acudiera a diez hanegas. *62,24*
Que come a las diez *65,21*
Que pesan diez libras; *65,220*
Diez higas. *93,70*

Diez años tiramos juntos *96,101*
Diez a diez, veinte a veinte, *103,50*
Diez a diez, veinte a veinte, *103,50*
Ocho o diez piezas disparan, *132,37*
Que en ocho globos o diez *132,38*
Que sus diez varas de olanda *217,63*
Las inuidian mas de diez. *217,64*
diez dias nos tuuo o doce, *229,497*
doblon de a dos, i aun de a diez? *229,1257*
sino muchas mas de diez; *229,1585*
Diez velas lleuò al Baptismo *240,9*
A quien se abaten ocho o diez soberuios
   263,987
Dos vezes eran diez, i dirigidos *263,1035*
Con siluo igual, dos vezes diez saetas.
   263,1040
Diez a diez se calaron, ciento a ciento, *264,895*
Diez a diez se calaron, ciento a ciento, *264,895*
Mas, necio, diez mil ducados *269,1560*
Que es Duquesa diez mil veces *269,1696*
Pues trae ducados diez mil. *269,1697*
Nueue meses avrà o diez, *285,24*
Diez mal concertados pies. *330,10*
Las diez i nueue torres de el escudo. *429,2*
Diezisiete *1*
I vos las dias diezisiete, *81,38*
Diferencia *1*
la diferencia es el trage; *229,3321*
Diferente *2*
Plumage diferente *229,1075*
Quien, pues, region os hiço diferente *311,5*
Diferentes *1*
Con harpones diferentes. *57,64*
Differencia *1*
Con differencia tal, con gracia tanta *41,1*
Differente *2*
De marmol differente, *103,66*
Luz nueua en Emispherio differente, *293,13*
Differentes *4*
Borlas lleua differentes, *176,11*
Consonancias desaten differentes; *203,21*
En idìomas cantan differentes, *264,357*
Prouincias, mares, reinos differentes, *279,13*
Difficil *1*
De aquel morro difficil, cuias rocas *264,397*
Difficultad *1*
I a la maior difficultad engaña; *120,12*
Diffunto *3*
Con el coraçon diffunto *27,2*
Si no quies veerme diffunto, *28,77*
a vn diffunto vn pensamiento? *229,1203*
Diffusas *1*
Incultas se criaron i diffusas *256,32*
Diffuso *1*
El diffuso canal dèsta agua viua; *244,10*
Difiere *1*
La vista os vne, el numero os difiere; *470,9*
Difinir *1*
I difinir mas no quiero *413,8*
Difuncto *1*
Que matar basta a vn difuncto *322,154*
Difunto *4*
I viendo el difunto cuerpo, *75,65*
Que ai difunto en la capilla; *161,119*
I aun al herido difunto. *269,1785*

Para dexaros difunto *269,1975*
Difusa *1*
Sonò difusa por el aire pura *472,7*
Difusos *1*
Los pedaços mal difusos *322,390*
Diga *54*
No diga que fue ensalada, *6,35*
Que se sienta i no se diga; *37,2*
Que se diga i no se sienta. *37,4*
Que se sienta i no se diga; *37,14*
Que se diga i no se sienta. *37,16*
Que se sienta i no se diga; *37,26*
Que se diga i no se sienta. *37,28*
Que se sienta i no se diga; *37,38*
Que se diga i no se sienta. *37,40*
Que se sienta i no se diga; *37,50*
Que se diga i no se sienta. *37,52*
Que diga vn Macias; *65,108*
Quando mas mal de ti diga, *87,29*
Quando verdades no diga, *93,6*
No sè si en braços diga *120,32*
No sè quales plumas diga, *142,21*
Lo diga, cuios aceros, *167,36*
No sè qual primero diga, *204,29*
no sè de quàl diga mas, *229,780*
A quien? Mi fee te lo diga. *229,1129*
esta sortija lo diga *229,1761*
le echarè quando el si diga. *229,3303*
mi coraçon os lo diga, *229,3400*
Esta cedula lo diga. *229,3442*
Quando no os diga vn responso. *242,136*
Otro lo diga por mi, *243,30*
Fresco estais, no sè que os diga, *257,26*
Galathea lo diga salteada. *261,304*
Lisonja no, serenidad lo diga *264,572*
Que diga la paga en oro. *269,230*
Antes le dexo que diga, *269,1312*
No le diga lo que passa. *269,1333*
Io fio que ella os lo diga, *282,23*
Tanto, que su escarpin diga *288,47*
De venenosas plumas os lo diga *311,9*
De vn acicate de oro! El papel diga *313,37*
De algun alamo lo diga *353,17*
El Reino lo diga *356,63*
Bajel lo diga de quien fue piloto *404,39*
Madrid que es grande lo diga, *418,28*
— Diga, Señora la buena, *419,46*
El CARPIO, de quien es Deidad, lo diga. *421,69*
Que no diga con mucha cortesia, *427,2*
Su nombre a cada cosa se le diga: *440,12*
No sè que me diga, diga. *496,1*
No sè que me diga, diga. *496,1*
No sè que me diga, diga. *496,10*
No sè que me diga, diga. *496,10*
No sè que me diga, diga. *496,19*
No sè que me diga, diga. *496,19*
I diga que es mal de bazo: *496,22*
No sè que me diga, diga. *496,28*
No sè que me diga, diga. *496,28*
No sè, Cintia, que te diga; *499,244*
Digais *3*
Amigos, no os digais mas. *229,1220*
No digais tal. Callad, Fabio. *229,3166*
Doctor, no me digais nada, *269,97*

Digalo *7*
Digalo la Castalida, *1,46*
Digalo el Andaluz, que en vn infierno *154,10*
Quien soi io? Digalo èl, *229,3372*
De nuestra vanidad. Digalo el viento, *246,10*
En togado valor; digalo armada *318,18*
Digalo tanto dubio decidido, *421,16*
Digalo el Betis, de quien es Diana; *421,68*
Digamos *2*
Mucho ai que digamos dèl, *301,70*
Mucho ai que digamos dèl, *301,84*
Digan *21*
I digan sus versos *50,34*
I digan que io lo digo. *105,11*
I digan que io lo digo. *105,22*
I digan que io lo digo. *105,33*
I digan que io lo digo. *105,44*
I digan que io lo digo. *105,55*
I digan que io lo digo. *105,66*
I digan que io lo digo. *105,77*
I digan que io lo digo. *105,88*
I digan que io lo digo. *105,99*
I digan que io lo digo. *105,110*
Los suspiros lo digan que os embio, *109,7*
Las muchas bacas lo digan, *116,9*
Porque no digan que es Cordouesìa; *170,4*
Quieres que digan de Egypto, *229,2711*
Trompas de la fama digan *242,139*
I que digan por ahi *269,1929*
En el interim nos digan *322,41*
Del Cambresì lo digan los Franceses: *337,12*
Mas no lo digan, no, que en trompa alada,
    337,13
Ceniças lo digan quantas *390,37*
Diganlo *4*
Diganlo si no las mudas, *259,97*
Diganlo quantos siglos ha que nada *264,193*
Diganlo, ô VIRGEN, la maior belleza *270,5*
De paz su diestra, diganlo trepando *318,19*
Digas *8*
Adonde le digas: *79,117*
para que no me la digas, *229,229*
No me digas lo que he oido, *229,915*
Iesus! No me digas tal. *229,3490*
A que saliò, Amor, me digas, *286,21*
A que salio, Amor me digas, *286,33*
Ni en lugar de Bethlen me digas Bet, *473,13*
Que me digas si ha llegado *499,276*
Digerida *1*
la mal digerida historia, *229,815*
Digerir *1*
Que saben digerir hierros *58,54*
Digesto *2*
Segun leies de Digesto, *159,8*
De tres hojas de Digesto *167,42*
Digna *11*
Digna de que las sienes que algun dia *72,38*
(Digna palma, si bien heroica mano), *77,40*
Obra al fin en todo digna *78,47*
De raios mas que flores frente digna. *136,4*
Digna corona a su gloriosa frente, *172,11*
Digna la juzga esposa *263,732*
De sceptro digna. Lubrica no tanto *264,823*
Digna, Liuio Hespañol, de vuestra pluma,
    279,5

La que bien digna de maior Esphera, *318,131*
Digna merced de el Sandoual primera *318,246*
Digna de maior cothurno! *322,280*
Dignada *1*
Aun de humildes dignada affectos puros!
    315,66
Dignamente *2*
Dignamente celebrada: *239,25*
Dignamente seras oi agregado *421,7*
Dignando *1*
Dignando de dos gracias vn sugeto. *318,224*
Dignas *1*
Dignas de que por gozallas, *63,221*
Dignidad *1*
Goza la dignidad Cardenalicia, *421,72*
Dignissimo *1*
Dignissimo citharista *88,33*
Digno *13*
Hilen estambre digno de Monarchas; *156,22*
Vuestro nombre immortal, ô digno esposo
    171,10
Io, señora, no soi digno; *229,2135*
Quan digno de reuerencia, *257,2*
De vestir, digno, manto de escarlata, *290,7*
Tan digno throno quan debido culto. *315,80*
Este pues digno succesor del claro *318,25*
Del que ia le preuiene digno culto *318,42*
Digno si, mas capaz thalamo apenas *318,299*
Dispensò ia el que, digno de Tîàra, *318,487*
Digno sujecto serà *322,13*
PHILIPPO digno oraculo prudente, *336,2*
Digno es de su merced el Mercenario. *448,14*
Digo *106*
I en alta voz le digo: *25,35*
Digo fieros, por sus fieros; *58,30*
Digo los heroicos huessos *63,125*
Digo su aguileña *65,9*
Habitos, capas digo remendadas, *69,5*
Digo aquel hombre gentil, *82,6*
A vos digo, señor Tajo, *89,1*
Guardaos, mil veces os digo, *95,17*
Tendimus in Latium, digo, *96,107*
I digan que io lo digo. *105,11*
I digan que io lo digo. *105,22*
I digan que io lo digo. *105,33*
I digan que io lo digo. *105,44*
I digan que io lo digo. *105,55*
I digan que io lo digo. *105,66*
I digan que io lo digo. *105,77*
I digan que io lo digo. *105,88*
I digan que io lo digo. *105,99*
I digan que io lo digo. *105,110*
Io digo que de guillote. *107,68*
Digo el crystal que derrama *159,15*
De aquel digo acrecentadas, *159,27*
Digo de conquistador, *161,38*
Mas que mucho, si io digo, *167,67*
Burlas digo, i desengaños, *176,12*
Camara aquella, i si lo fue, io digo *182,13*
Despedido, si no digo burlado, *194,7*
Antes digo serà eterna, *204,36*
Digo vna perla Oriental, *226,18*
Que dizes? Lo que digo, *229,26*
Loco estoy en quanto digo: *229,136*
si lo que digo a Tadeo *229,638*

yo no digo sino que *229,653*
Escuchad, pues. A quien digo? *229,718*
I digo con todo eso, *229,874*
Io digo que tu me dexas. *229,1125*
I digo quantos mamamos, *229,1168*
de vn traslado; de vn... que digo? *229,1463*
que no lo digo por tanto. *229,1603*
Mirad si no digo bien. *229,1742*
Mirad si no digo bien. *229,1766*
Mirad si no digo bien. *229,1802*
Mirad si no digo bien. *229,1834*
quanto pienso i quanto digo. *229,1866*
Señora, por lo que digo *229,1929*
Digo que si, no porfies. *229,2013*
Si digo, i dirè otro si, *229,2015*
Digo, vna saluilla llena *229,2051*
digo vno i cient jardines; *229,2053*
Besoos las manos, i digo, *229,2082*
digo a Fabio i a su hermana. *229,2112*
Vestido, si no digo coronado, *229,2196*
Digo en las señas rojas, su appellido *229,2204*
Digo que no es el. Acaba *229,2784*
peccas, Lelio; peccas, digo, *229,3058*
Conoceis a Emilio? Digo *229,3108*
Digo, señor, que perplexos *229,3162*
Digo que somos los tres *229,3164*
Lunes digo. Esto ai acà? *229,3209*
Digo que fingis tan bien, *229,3336*
Digo que Torres Nauarro *229,3390*
digo vna Dama embozada, *229,3420*
mis flaqueças, que io digo *229,3454*
Digo que el nouio obedece. *229,3544*
Digo que la nouia aceta. *229,3545*
Que ha resistido a grandes, digo Soles. *233,8*
Con pocos libros libres (libres digo *233,9*
Espero en mi consciencia lo que digo, *233,13*
Doctor digo, i sea vna borla *242,43*
De esta borla blanca digo, *242,95*
Sorda digo de nariz. *243,12*
Sino al Darro, al Dauro digo, *243,59*
(Con buena gracia digo, señor Momo), *254,2*
El geme, digo, de plata, *257,33*
Digo de sanct Pablo, pompa *259,86*
Arco digo gentil, bruñida aljaua, *261,457*
Tributos digo Americos, se beue *264,405*
(Entre vn vulgo nadante, digo apenas *264,415*
Aues digo de Leda, *264,524*
Vno i otro rapaz, digo milano, *264,961*
Con estos dedos le digo: *269,268*
Amigo, que dizes? Digo, *269,386*
Buen viage digo a todos, *269,439*
Desto inuisible que digo. *269,548*
Preñado de quien no digo. *269,1009*
Sino la ausencia que digo, *269,1067*
De mis intentos, i digo, *269,1393*
Que dizes, Lucrecia? Digo *269,1422*
"Quod scripsi, scripsi", digo. *269,1600*
(Si no digo ciento i veinte *269,1685*
Escuchame lo que digo. *269,1736*
Iouen, digo, ia esplendor *285,21*
El Palacio gentil, digo el Conuento, *294,10*
La tez digo de su vulto, *322,54*
Diuinos digo i eburneos, *322,408*
Piedra digo Bezahar de otro Pyru, *327,11*
Iacia, digo, la noche, *331,8*

Si le digo, no ai perdon. *332,4*
No digo la mas veloz, *332,24*
(Digo, sus margenes breues) *333,18*
A la planta apenas digo, *334,22*
Blanca, digo, estola vista. *388,18*
Calçones digo, vn cencerro, *413,29*
De los GUZMANES, digo, de MEDINA, *421,62*
Cofre digo houero con bonete, *433,13*
Al señor Nuncio, digo al de Toledo. *454,14*
Digolo *1*
Digolo de corazon. *229,3466*
Dijo *1*
"Siruo, les dijo, a vn Ratiño, *96,21*
Dilacion *1*
Perdonad mi dilacion. *269,1770*
Dilaciones *1*
Con dilaciones sordas le diuierte *264,249*
Dilata *6*
Cuia agua entre la ierua se dilata *16,3*
Guadiana se dilata, *121,32*
Se dilata su poder *178,9*
Poco despues que su crystal dilata, *252,1*
Las espumosas dilata *319,5*
Dilata tu nacer para tu vida, *466,13*
Dilatada *1*
Del Catholico; pues si dilatada *421,32*
Dilatado *1*
De vn taheli pendiente dilatado. *499,99*
Dilatando *1*
Fue dilatando el morir *376,3*
Dilatàra *1*
Lo que dilatàra astuto; *322,202*
Dilatas *1*
Todo el tiempo que dilatas *10,26*
Dilate *1*
Ai donde vn buen oido se dilate: *499,85*
Dile *1*
Dile que no estoi aqui *229,3094*
Diles *6*
Buela, pensamiento, i diles *91,1*
Vuela, pensamiento, i diles *91,12*
Vuela, pensamiento, i diles *91,23*
Vuela, pensamiento, i diles *91,34*
Vuela, pensamiento, i diles *91,45*
Vuela, pensamiento, i diles *91,56*
Diligencia *10*
Tu vuelo con diligencia *91,15*
A diligencia alguna no perdona, *229,43*
Para cebarse. Ô diligencia mia, *229,1032*
Tal diligencia, i tan nueua *229,2244*
La diligencia, calçada, *268,17*
Haz diligencia en sus años. *269,1730*
Diligencia en sazon tal afectada, *318,465*
De el Duque atento, cuia diligencia, *318,546*
Calçada en la diligencia *322,211*
La diligencia, calçada, *352,17*
Diligente *12*
Por diligente ministro, *91,5*
El paso diligente, *103,78*
Dèl sabuesso diligente, *142,6*
Aueja mas diligente *142,24*
Vn diligente sabueso, *215,30*
Tal diligente, el passo *263,77*
La prora diligente *264,49*

Barbaro obseruador, mas diligente, *264,407*
Mercurio destas nueuas diligente, *264,648*
Concentúòso choro diligente, *315,13*
Las velas que silencio diligente *318,387*
Preuiniendo diligente *377,25*
Diligentissimo *1*
Diligentissimo braco, *228,38*
Dilo *7*
Dilo de gente en gente". *103,84*
que hombre es? Que hombre? Dilo. *229,212*
Tal dices, Tadeo? Dilo *229,712*
Dilo muchas veces, dilo. *229,1106*
Dilo muchas veces, dilo. *229,1106*
Que sabes, hermano? Dilo. *229,1274*
Que es? Dilo. Esta negra edad *269,1201*
Diluuio *3*
Cesse tan necio diluuio, *27,22*
No serenàra el Baccanal diluuio. *263,882*
Del diluuio solo sè, *269,1038*
Diluuios *1*
No serenaron diluuios. *322,52*
Dime *8*
Dime si entre las rubias pastorcillas *22,12*
I dime si han sido ciertas *38,18*
sopla mas. Dime estàs loco? *229,1253*
I dime, tu esposa es Dama? *229,1304*
i dime algo de tu amo. *229,2081*
Quien, dime, son aquellas de quien dudo *298,25*
Pero dime, de Cintia i de Camila *499,109*
Pero tu dime que ganas *499,268*
Dimela *1*
Dimela sin mas fatigas, *229,226*
Dimelo *5*
Dimelo tu, sepalo el, *226,74*
Dimelo tu, si no eres crùèl. *226,75*
Dimelo tu, sepalo el, *226,83*
Dimelo tu, si no eres crùèl". *226,84*
Dimelo antes. Con èl io? *229,3085*
Diminùìlles *1*
Diminùìlles su vuelo. *354,30*
Dimisit *1*
Sobre el "Dimisit inanes" *157,19*
Dina *17*
A la dina dana dina, la dina dana, *210,1*
A la dina dana dina, la dina dana, *210,1*
A la dina dana dina, la dina dana, *210,1*
A la dana dina dana, la dana dina, *210,3*
A la dana dina dana, la dana dina, *210,3*
Dina dana. *210,7*
Dana dina. *210,10*
A la dina dana dina, la dina dana, *210,15*
A la dina dana dina, la dina dana, *210,15*
A la dina dana dina, la dina dana, *210,15*
Dana dina. *210,19*
Dina dana. *210,22*
A la dana dina dana, la dana dina, *210,27*
A la dana dina dana, la dana dina, *210,27*
Que de Lerma la ia Duquesa, dina *318,401*
Laurel que de sus ramas hiço dina *380,5*
Su verde honor, pues es dina, *487,8*
Dinadamar *1*
I del verde Dinadamar *63,177*
Dinerillos *1*
Dinerillos este dia *269,889*

Dinero *24*
Socorra con su dinero, *6,110*
I el dinero con su mula, *105,107*
Como es dinero de ciegos, *122,19*
Todo el dinero lo iguala: *126,20*
Que enfermò por su dinero *130,33*
Que auia contado el dinero *161,23*
No el puñal, sino el dinero; *167,56*
Con naipes, dinero, i gana, *191,8*
I vale qualquier dinero. *269,788*
Guarda, amigo, tu dinero, *269,829*
A Casilda este dinero, *269,859*
A traer este dinero. *269,935*
Os remite este dinero. *269,1195*
Pedios el dinero io *269,1370*
De dinero mal prestado, *269,1427*
Bobo he sido en prestarle mi dinero. *367,11*
Si el preso tiene dinero, *412,29*
Lo que es el dinero oi, *413,2*
Que es dinero. *413,9*
Que es dinero. *413,18*
Que es dinero. *413,27*
Que es dinero. *413,36*
Que es dinero. *413,45*
Pocos fueran en dinero *423,7*

Dineros *14*
I con gatos de dineros. *58,48*
Su conciencia i sus dineros, *105,40*
Los dineros del Sacristan *122,1*
Los dineros del Sacristan *122,13*
Los dineros del Sacristan *122,25*
Los dineros del Sacristan *122,37*
Los dineros del Sacristan *122,49*
Los dineros del Sacristan *122,61*
Dineros son calidad, *126,1*
Los dineros van a ser *147,5*
I en Madrid desperdicia sus dineros, *203,2*
Treinta dineros no mas, *208,3*
para ti no son dineros, *229,879*
Por los dineros. Detente, *269,874*

Dingandux *1*
Contra el Doctor Dingandux, *269,442*

Dino *5*
Su nombre, aun de maior aliento dino *274,5*
Cisne Augustamente dino *283,6*
Prudente Consul, de las seluas dino, *295,5*
Mas de premio parenthesis bien dino *318,187*
El heno, pues, que fue dino, *374,25*

Dio *75*
Pero a lo demas dio vn nudo, *27,134*
De aquel animal dio naturaleça, *47,2*
Mil musicas dio a la puerta *73,110*
Que me dio el tiempo, despues *98,10*
Voces en vano dio', passos sin tino. *100,4*
Que dio en la concha de Venus *107,19*
Quel Dio non vuol, che col suo strale sprona *118,10*
El rubi me dio Toro, *141,20*
Dio de su luminoso firmamento *164,6*
Me dio auiso vn gentil hombre *168,2*
Estas piedras que dio vn enfermo a vn sano *170,2*
Su apellido dio la CERDA *177,33*
Amor dio el fuego, i juntò *208,24*
El que rompio esquadrones i dio al llano *220,3*

i qual aguijon le dio, *229,349*
(que cazos le dio por pies *229,1366*
que dio galan a su hermana, *229,1516*
poder que Libia me dio *229,1641*
Basta, que le dio vn villete. *229,1821*
I mas a quien le dio Dios *229,2598*
que en su mano se los dio. *229,2733*
Laureta el soplo me dio. *229,3082*
Que dio a la plaia desde su barquilla, *230,62*
Dio vn tiempo de Neptuno a las paredes, *230,66*
Dio pares luego, i no a Francia, *243,57*
Con igual pie dio pasos desiguales. *253,4*
Su boca dio i sus ojos, quanto pudo, *261,191*
Aliento dio, en la cumbre de la roca, *261,346*
Dio ia a mi cueua, de piedad desnuda, *261,430*
Que le expuso en la plaia dio a la roca; *263,31*
Forma elegante dio sin culto adorno, *263,146*
Culto principio dio al discurso; quando *263,236*
De aquellas que la sierra dio Bacchantes, *263,272*
Dio el primer alimento *263,368*
Quantos la sierra dio, quantos dio el llano *263,854*
Quantos la sierra dio, quantos dio el llano *263,854*
Dio la ria pescados, *264,104*
Menos dio al bosque nudos *264,581*
Del aguila les dio a la mariposa. *264,782*
Dio el pecho, que admitiràn *269,1287*
Que dio espiritu a leño, vida a lino. *274,4*
Atreuida se dio al viento *284,5*
Dio poca sangre el mal logrado terno, *291,10*
Les dio? Quien de Phaeton el ardimiento, *316,10*
Isabel nos le dio, que al Sol perdona *318,35*
Incierto mar, luz gemina dio al mundo, *318,114*
Oro calzada, plumas le dio al viento. *318,200*
En nueua imagen dio: porfido sella *318,231*
Vencido, Binaroz le dio su puerto. *318,296*
Construieron Salon, qual ia dio Athenas, *318,463*
Qual ia Roma theatro dio a sus Scenas. *318,464*
I de la noche dio al maior diamante, *318,516*
Dio a los diuinos insultos, *322,232*
A la calle dio el pie çurdo, *322,286*
Dio ceniza. Ô cielo injusto! *322,310*
Las doce a mis ojos dio *331,5*
Igual nos le dio España cauallero, *337,3*
A su muro dio glorioso *357,42*
Miembros apenas dio al soplo mas puro *361,9*
Rei, pues, tanto, que en Africa dio almenas *362,10*
Mi sangre le dio color, *370,5*
Al mundo se le dio, i ella *374,17*
La Aurora aier me dio cuna, *375,5*
La noche ataud me dio; *375,6*
Dos apenas le dio a el; *375,18*
Flores que dio Portugal, *376,9*
Con el gran Duque. Principes, a Dio; *379,2*
Sobra el que se me dio hauito vn dia: *398,6*
Quien ia cuna le dio a la hermosura, *403,2*
De porte le dio vna espada. *413,22*

Que no se dio perro muerto *418,25*
Quantos le dio sacrilegos altares *421,43*
I dio, con su vestido i su hermosura, *455,13*
A quien la muerte me dio; *490,15*
Que alibio i sombra nos dio, *499,317*

Diò *46*
Que me diò la Pascua *5,15*
No sepa quien diò el vestido, *6,23*
Lo que le diò la mañana. *29,20*
Que le diò el Rei de Toledo, *49,66*
Que se los diò el cielo dados, *55,9*
Que me diò para ponelle *59,14*
A quien mi patria le diò *63,127*
No le diò al hijo de Venus *78,53*
Le diò a prueua de mosquete, *88,24*
Que diò flores a Violante *88,47*
Que siendo viuo, le diò *105,80*
A la honra le diò pique *107,31*
Que diò al aire rubias trenças *115,12*
Que a los lazos de amor os diò Hymeneo; *120,48*
Que diò a España Medellin. *121,27*
Al Mondego diò crystal, *121,131*
Diò en dote, que ser le plugo, *122,34*
No se le diò al señor nada, *123,29*
Quien diò perlas a tus ojos, *124,7*
I ia que no diò al traues, *132,18*
A vista diò de Morato, *132,19*
De lo que el macho le diò *161,58*
A Esgueua, i toda la diò *161,122*
Diò la plaia mas Moros que veneras. *183,8*
A todos nos diò camaras de popa. *183,13*
Dicen que se los diò en ferias, *216,5*
Lo que el en leña le diò, *227,54*
Le assegurò i le diò vn bello *228,99*
Tienda el frexno le diò, el robre alimento. *263,142*
Segundos leños diò a segundo Polo *263,430*
De el Hymno culto diò el vltimo accento *263,944*
Passos otro diò al aire, al suelo cozes. *263,1023*
Las flores, que de vn parto diò lasciuo *264,324*
Menos quizà diò astillas *264,386*
Florida ambrosia al viento diò ginete; *264,728*
I que la mitad me diò. *269,1453*
En vano drogas nos diò *269,1925*
Si Ligurina diò marinerìa *298,35*
Que os diò menos luz: el ver *304,2*
Que os diò menos luz: el ver *304,18*
Que os diò menos luz: el ver *304,30*
— En el heno que le diò *321,10*
En la infancia os diò, *356,45*
Que Portugal diò a Castilla *410,2*
Vn liston le diò encarnado, *419,77*
Para tan breue ser, quien te diò vida? *466,2*

Dío *1*
Dos horas. Lector, a Dío, *227,59*

Diòla *2*
I diòla el Doctor su acero; *123,36*
Diòla por Septiembre el mana, *123,39*

Diòle *3*
Diòle vnas flores la Dama, *49,29*
Diòle viento, i fue organillo, *161,65*
i diòle su coraçon. *229,3281*

Diolo *1*
Diolo? Si. Es gran bordadora. *269,1457*
Diome *1*
Diome, avnque breue, el tormento *499,328*
Diomedes *2*
De Busiris lo fuera, o de Diomedes, *229,60*
Toros sean de Diomedes, *334,65*
Dionis *2*
La Iglesia de San Dionis *27,101*
Dèl templo de S. Dionis, *73,87*
Dios *171*
Lauro, por premio del gran Dios Lucifero. *1,52*
Caduco Dios, i rapaz, *2,2*
Como Dios hiço vn candil". *28,84*
I aquel Dios que calça arneses, *59,20*
Del Dios garañon miraba *59,39*
A ti, el mas rubio Dios dèl alto choro, *60,5*
Al que sujetò al Dios Marte), *61,54*
— Dios la tenga de vos, señor soldado. *70,2*
— A Dios, tela, que sois mui maldiciente, *70,13*
Como Dios hizo vna bestia, *73,10*
Para lo de Dios esposa, *73,15*
De Vuesamerced. Dios quiera *74,103*
Ver a DIOS, vestir luz, pisar estrellas. *77,17*
Tal, que su espada por su DIOS confunda *77,60*
Quiso el niño Dios vendado *78,19*
"Assi quiera Dios, Señora, *78,73*
El arquero Dios. *80,34*
Que por su Dios adorò *82,7*
Quando (Dios en hora buena) *82,85*
Deme Dios tiempo en que pueda *82,121*
Dios se lo perdone a quien *85,11*
Partiò con Dios de su manto, *86,38*
— Iuro a DIOS que en el comer, *96,81*
Nunca Dios me haga nuera *98,35*
Como Dios le aiuda. *102,1*
Como Dios le aiuda. *102,12*
Como Dios le aiuda. *102,22*
Como Dios le aiuda. *102,32*
Como Dios le aiuda. *102,42*
Hasta el Dios que sus cuernos *103,13*
Plega a Dios que se derrote! *107,52*
Sabe Dios, señor don Pedro, *110,13*
Si me hiere, "Dios lo sabe". *111,57*
I quiera Dios que se atrauiese vn perro. *113,14*
No fue esta mas hazaña, ô gran Dios mio, *117,9*
De DIOS a hombre, que de hombre a muerte. *117,14*
Dormid, que el Dios alado, *120,43*
El niño Dios, porque pierda *121,55*
El Dios que iela i abrasa; *121,108*
Al fin es Dios alado, *129,34*
Para lisongéar a vn Dios con alas. *129,36*
Quando el ciego Dios *144,58*
I el (por la gracia de Dios) *147,7*
Culpa de vn Dios que, aunque ciego, *149,29*
"Veis (dize el Dios marino), *166,13*
Io naci, ansi os guarde Dios, *168,31*
El Espiritu de Dios. *176,20*
Arde algun silbestre Dios *179,27*
Que teneis mucho de Dios, *186,9*
A Dios, Corte envainada en vna Villa, *200,12*
A Dios, toril de los que has sido prado, *200,13*
Dios me saque de aqui i me dexe veros. *203,6*

— Ai, Dios, que comi *213,6*
— Ai, Dios, que comi *213,15*
— Ai, Dios, que comi *213,24*
I assi, este Verano, Dios *223,5*
Ven, Amor, si eres Dios, i vuela; *226,27*
Ven, Amor, si eres Dios, i vuela; *226,40*
Que en Vergamasco es a Dios. *227,60*
Saliò (Dios en hora buena) *228,51*
Dios ponga tiento en tu lengua *229,228*
Ahora bien, Dios sea conmigo. *229,250*
Veer quiero primero a Dios. *229,376*
Gracias doi a Dios, que muebas *229,650*
io Astrologo: plega a Dios *229,679*
gracias a Dios puedo dar. *229,819*
Viue Dios, que diera vn braço *229,840*
porque en Dios comience el dia, *229,892*
para que se acabe en Dios. *229,893*
Io a Dios se las doi maiores *229,1671*
Dèl Soneto hablan, por Dios, *229,1813*
Ciego Dios, si a alguna diste *229,1975*
Dios oluide el alma mia. *229,2078*
Vueluome. Vaias con Dios. *229,2107*
a Dios en el templo sancto. *229,2116*
Viue Dios, que no me quadra *229,2486*
sabelo bien Dios eterno. *229,2550*
esto bien lo sabe Dios. *229,2555*
I mas a quien le dio Dios *229,2598*
Valgame Dios, que este es *229,2793*
Protestoos delante Dios *229,3012*
Poderoso Dios, no vees *229,3022*
A buen tiempo le trae Dios. *229,3095*
Quedad, Violante, con Dios. *229,3130*
Andad con Dios. Tal desuio *229,3152*
me saque Dios, por quien es. *229,3179*
antes, permitalo Dios. *229,3249*
No le permitta mi Dios *229,3276*
ni Dios, Donato, lo quiera. *229,3355*
Iusticia de Dios, Octauio! *229,3386*
Si Dios me saca de aqui, *229,3412*
Andad, pues, con Dios, lucero. *229,3467*
mi ierro, i permita Dios *229,3508*
A la alta de Dios si, no a la de vn Moro *230,38*
Tal, que el Dios se ha dormido *256,39*
El rubio Dios recuerda, *256,48*
Emula vana. El ciego Dios se enoja *261,110*
El niño Dios entonces de la venda, *261,237*
Al de las bodas Dios, no alguna sea *263,654*
Thyrsos eran del Griego Dios, nacido *264,329*
Marino Dios, que el vulto feroz hombre, *264,463*
Que io al mar, el que a vn Dios hizo valiente *264,582*
Dios sabe con que dolor *266,12*
Nos ha dado al Dios en pan. *267,10*
Pues mandamiento es de Dios, *269,106*
Viue Dios, que no me visto *269,336*
Por Dios, que aun essas no creo *269,349*
I tengo, gracias a Dios, *269,429*
Amigo, assi os guarde Dios: *269,714*
Holgarè, DIOS es testigo, *269,819*
Vàlgame Dios! I tan recia *269,882*
Patria, a Dios; posada mia, *269,1002*
Quiera Dios que no me obligues *269,1028*
Tal violencia! Dios, Lesbina, *269,1106*
Por Dios, que hazes agrauio *269,1110*

Hecho de las seluas Dios, *269,1133*
Que venera por madre el Dios vendado. *269,1266*
Quisieralos, viue Dios, *269,1386*
Lucrecia, assi Dios me guarde *269,1586*
Señora Lucrecia, a Dios. *269,1596*
A Dios, Lucrecia señora. *269,1597*
Dios te dè salud, Doctor. *269,1818*
Io me voi, a Dios quedad. *269,1867*
Valgame Dios! Lindo sois *269,1941*
Alumbreos Dios. Cinquenta años... *269,1956*
I a quien, os prometo a Dios, *269,2009*
Que, a Dios gracias, arte i regla *275,118*
Sotès, assi os guarde Dios, *282,1*
Dios eterno; que no dudo *300,33*
Que naciò el Hijo de DIOS *303,7*
Si en espirando DIOS, luego *304,21*
Niño i Dios, pero no ciego, *307,2*
Niño i Dios, pero no ciego, *307,15*
Niño i Dios, pero no ciego, *307,28*
Sà de Dios al fin presente. *309,28*
Al templo del bifronte Dios la llaue. *318,24*
Boluamos, Dios en aiuso; *322,158*
I de vn Dios en lo opportuno. *322,196*
Al que ha sido siempre Dios *331,64*
Niño Dios, tu me aconsejas *332,28*
Que lo sabes como Dios. *332,31*
Del vendado legal Dios *348,37*
Aquel niño Dios, aquel *355,36*
A sus pendones, i a su Dios, altares; *362,11*
Que Dios nos conuida *388,11*
A Dios en manjar. *388,12*
Que Dios nos conuida *388,23*
A Dios en manjar. *388,24*
Que Dios nos conuida *388,35*
A Dios en manjar. *388,36*
O prestar flechas a vn Dios. *390,12*
Fenix renazca a Dios, si aguila al Norte. *403,14*
Al que a Dios mentalmente hablar saue, *404,37*
Dios te la dè mala. *419,30*
Como Dios hiço vn clabel. *419,78*
Ô quiera DIOS vnir en liga estrecha *421,34*
Que en caña algun dios rustico suspira, *424,4*
Despues que Dios no quiere que la vea; *445,10*
Ningun cieruo de Dios, segun se reça, *451,5*
Tan sancto lo haga Dios como es Letran. *453,8*
Que no me hizo Dios conde de Fuentes. *454,4*
Concedaos Dios, en senectud dichosa, *465,13*
Sabe Dios mi intencion con San Isì; *468,9*
Que era vena que seca. A Dios sea dado. *471,11*
Que Dios de inscripciones guarde *484,3*
Quando Dios le hiço fiel, *486,18*
En nombre de Dios tener *493,4*
Mas, aunque sin Dios està, *495,54*
Aquel Dios soi del Coro soberano *499,4*
El duro raio al Dios Omnipotente, *499,7*
Al negro Dios de la infernal morada. *499,12*
Diosa *15*
Si eres Diosa o si eres tigre. *48,24*
Que adora el Ebro por Diosa, *121,82*
De hijuelos de la Diosa, *149,96*
Contra el hijo de la Diosa, *226,77*
Desarmaron de la Diosa, *239,16*

Sus plumas son, conduzgan alta Diosa, *263,808*
La aue lasciua de la Cypria Diosa; *264,271*
Desconfiança a la Sicanna Diosa *264,977*
Que es Diosa de la salud, *269,518*
— Por en Diosa que no miento. *308,8*
A vn niño, que e Diosa e Reia: *308,22*
De la vocal en esto Diosa alada, *318,469*
E por Diosa, aunque sà mucho legante, *430,2*
No de la sangre de la Diosa bella *456,1*
Lisonxas, no por prendas de la diosa, *467,6*

Dioses 6
De esta vida fueron Dioses, *131,74*
Antiguos Dioses i Deidades nueuas, *166,8*
De algunos marinos Dioses? *179,32*
nectar pisaba a los Dioses. *229,503*
De vna piel fueron los Dioses *322,243*
Dioses hace a los idolos el ruego. *426,8*

Dira 1
Si le dira del Soneto? *229,1791*

Dirà 16
Nadie dirà que os offendo. *204,10*
La comadre lo dirà. *229,217*
i el te lo dirà mejor *229,1108*
porque dirà de aqui a vn rato *229,1561*
Menos dirà, que ella le oia. *229,1747*
Fabio, que dirà de mi? *229,1792*
El successo dirà luego *229,1982*
como lo dirà Amadis. *229,2485*
dirà todo lo que ai. *229,3270*
Su nombre te lo dirà; *269,263*
Dirà el modo que ha de auer *269,1191*
El Doctor os dirà como. *269,1211*
Ella alomenos dirà, *269,1410*
De mi tal no se dirà *269,1932*
Te dirà tu perdicion, *351,22*
Mas no se dirà de mi *499,232*

Diran 4
Las piedras te lo diran, *229,1107*
Creo que lo diran ellas *229,3160*
que diran que es natural. *229,3337*
Te lo diran los Archiuos. *484,10*

Diràn 1
Que diràn, si no se mueben, *63,163*

Diras 4
Diras que esta traça es *229,2422*
La noche, diras mejor. *229,2661*
Quando diras que *350,30*
El por que no me diras? *499,265*

Diràs 2
Que diràs que entre sus perlas *63,211*
Carillejo, le diràs *384,2*

Diràsle 1
Diràsle que con tus años *87,69*

Diraslo 1
Diraslo aqui dentro? Si *229,3200*

Dirè 21
Dèl nueuo Mundo os dirè *58,5*
Dirè como de raios vi tu frente *139,12*
Io os dirè lo que lleua. *159,2*
Io os dirè lo que lleua. *159,12*
Io os dirè lo que lleua. *159,22*
Io os dirè lo que lleua. *159,32*
Io os dirè lo que lleua. *159,42*
Io os dirè lo que lleua. *159,52*
Io os dirè lo que lleua. *159,62*

I en que lo son lo dirè: *217,78*
Io te lo dirè bien presto, *229,318*
Quien es? Io lo dirè presto. *229,1892*
Dirè que es el. Yo me duelo *229,1902*
Si digo, i dirè otro si, *229,2015*
sobre la cruz lo dirè, *229,3292*
lo di aqui. Io lo dirè. *229,3375*
Que mula? Io lo dirè: *269,676*
Io despues te lo dirè; *269,870*
En Romance lo dirè: *269,1913*
Que dirè a cera tan loca *284,11*
Eburneos dirè o Diuinos: *322,407*

Direis 2
Direis que, aljofaradas i olorosas, *42,10*
Perdido direis que toco *348,26*

Diremos 4
No os diremos, como al Cid *121,1*
Que diremos del clauel *301,68*
Diremos que es blanco, i que *301,72*
Que diremos del clauel *301,82*

Dirèoslo 1
Dirèoslo, si la fee *229,148*

Diria 1
Ô, que diria de ti, *87,89*

Dirias 2
Es tal, que dirias *65,190*
Montañesas da el prado, que dirias *263,260*

Dirige 2
Dirige al cielo España en dulce choro *230,36*
Al Iuppiter dirige verdadero *338,13*

Dirigido 1
Espacîosamente dirigido *264,107*

Dirigidos 1
Dos vezes eran diez, i dirigidos *263,1035*

Dirigieron 2
le dirigieron acà. *229,3093*
De el Monte dirigieron aserrado, *318,330*

Dirigiò 3
No solo dirigiò a la opuesta orilla, *264,50*
Deidad dirigiò amante el hierro agudo: *264,485*
Sus passos dirigiò donde *322,293*

Dirimiò 1
De liebres dirimiò copia assi amiga, *261,479*

Disanto 1
El Disanto por la tarde. *216,4*

Disciplina 2
Lauar la mas llagada disciplina. *428,4*
Con poca luz i menos disciplina *434,1*

Disciplinado 1
Serà mas disciplinado *301,74*

Disciplinas 2
Disciplinas anoche, i oi panduerga? *444,4*
Rosas de las disciplinas, *498,29*

Discipulo 3
Escotar vn discipulo de Scoto. *182,11*
De este discipulo mio, *242,75*
Discipulo de Moisen: *495,48*

Discrecion 3
I perfecta discrecion, *98,8*
Que en ella es la discrecion *269,635*
Grossera la discrecion, *387,3*

Discreciones 2
Io por discreciones *50,95*
Discreciones leo a ratos, *83,61*

Discreta 11
I discreta en todo estremo. *49,28*
Que no desmienta con discreta maña; *120,15*
que vna persona discreta *229,423*
Ô amiga mia discreta! *229,1706*
o morir como discreta, *229,2126*
a vuestra arenga discreta. *229,2581*
la equiuocacion discreta? *229,2827*
que con Violante discreta *229,3481*
Discreta. Como tu mula. *269,638*
Con vna traça discreta. *269,1207*
Parte pampanos discreta *378,19*

Discretas 3
Discretas en todo extremo, *61,35*
Tan discretas de razones *63,209*
Danme canciones discretas, *98,57*

Discreto 9
Que se emplee el que es discreto *6,97*
Por cortesano i discreto, *49,10*
El discreto en el jardin *82,58*
Dexarle de entender, si el mui discreto *202,10*
No ha menester (si es discreto) *229,154*
i el pensamiento discreto. *229,1447*
con que, discreto senado, *229,3551*
Tan discreto Marte està, *269,12*
I si el es discreto ahora, *269,601*

Discretos 2
Discretos cuelan sus paños, *83,35*
Discretos i generosos *242,2*

Disculpa 3
No se disculpa oi *193,11*
Su maior discu!pa fue. *217,20*
Qualquiera disculpa mala, *269,1281*

Disculpado 1
Si ia no lo ha disculpado *269,1892*

Disculpar 2
Para disculpar sus zelos, *49,36*
Sin disculpar escarpines *204,47*

Disculpen 2
Disculpen el ierro ellas, *269,1278*
Que disculpen esta vez *490,12*

Discurren 1
Libres discurren, su nociuo diente *264,312*

Discurres 1
Ô quanto discurres lenta! *275,86*

Discurriendo 1
Que, alterando el abismo o discurriendo *264,493*

Discursiua 1
Mas discursiua i menos alterada. *261,232*

Discurso 8
Con torcido discurso, aunque prolijo, *263,200*
Tierno discurso i dulce compañia *263,226*
Culto principio dio al discurso; quando *263,236*
De su discurso el montañes prolixo, *263,505*
El discurso, i el dia juntamente, *264,513*
Al discurso, el discurso a las verdades. *368,18*
Al discurso, el discurso a las verdades. *368,18*
I el hombre, no. Ciego discurso humano! *393,11*

Discursos 3
Tanto en discursos la ambicion humana: *203,84*
Discursos ha hecho el ocio, *243,37*

Humedeciendo discursos, *322,170*

Disfamaras *1*
Que a tu Siqueo en vida disfamaras. *460,8*

Disforme *2*
La fiera mona i el disforme mico? *201,4*
En el disforme Cyclope cabrero. *293,8*

Disformes *2*
con los Satyros disformes. *229,527*
Muertas pidiendo terminos disformes, *262,11*

Disfraçada *1*
Saliendo con su capa disfraçada: *460,11*

Disfraçado *2*
I disfraçado en habito villano, *499,2*
En tanto que io sigo disfraçado *499,50*

Disgusto *1*
Que no tienen por disgusto, *27,110*

Disgustos *1*
Confitandole disgustos *322,454*

Disimula *1*
Purpura ostenta, disimula nieue, *467,1*

Disimulaba *1*
Se disimulaba Hacen, *355,2*

Disminuie *1*
Le disminuie i deshace; *61,42*

Disoluia *1*
Disoluia, quando Amor, *355,91*

Disoluieronse *1*
Disoluieronse los tratos? *269,1598*

Disoluiò *1*
Se disoluiò, i el lucido topacio, *318,522*

Dispara *1*
Segunda flecha dispara, *226,89*

Disparan *1*
Ocho o diez piezas disparan, *132,37*

Disparar *1*
A disparar i a tender *78,86*

Disparate *3*
Disparate es, i crúèl, *229,2089*
Disparate es el que has hecho. *229,2234*
disparate de Merlin. *229,2423*

Disparates *1*
Tienelo por disparates *105,27*

Disparò *1*
Disparò sus arcabuces, *75,14*

Dispensa *2*
A densa nube fia, que dispensa *315,7*
La vista que nos dispensa, *322,205*

Dispensada *1*
Nieue mal de vna Estrella dispensada, *326,10*

Dispensadora *1*
Dispensadora del crystal no escasa. *263,549*

Dispensò *1*
Dispensò ia el que, digno de Tîàra, *318,487*

Dispone *1*
De Auila, segun dispone *275,7*

Dispones *1*
Poco vuelas, i a mucho te dispones! *229,1033*

Disponia *1*
A la satisfacion se disponia; *391,11*

Disposicion *4*
Buena es la disposicion. *229,3184*
De la disposicion antes limado, *232,3*
En la disposicion robusta, aquello *261,274*
Disposicion especulò Estadista *264,655*

Dispuesta *1*
Bien dispuesta madera en nueua traça, *442,1*

Dispuestas *1*
Donde las cosas dispuestas *269,1676*

Dispuesto *3*
Mal fuerte i peor dispuesto, *87,6*
I mui bien dispuesto està, *269,863*
Si ello assi estaua dispuesto. *269,864*

Dispusiere *1*
A lo que io dispusiere, *269,1757*

Dispuso *1*
I a seguille se dispuso: *322,278*

Disputas *1*
Tenia cient mil disputas. *26,48*

Dissimula *6*
O en la Ciudad no està o se dissimula. *150,6*
Sereno dissimula mas orejas *264,175*
Se dissimula vn remiendo *269,259*
Donde mas se dissimula *269,706*
Dissimula años adultos, *322,302*
Su determinacion no dissimula *438,5*

Dissimulacion *1*
A la dissimulacion *269,171*

Dissimuladas *1*
Bueltas mas dissimuladas. *269,70*

Dissimulado *2*
Porque, aunque dissimulado, *121,3*
Tanto dissimulado al fin turbante *323,7*

Dissimular *1*
Por dissimular mis quexas, *115,36*

Dissimulas *1*
Bien callas i dissimulas. *26,118*

Dissimule *1*
Que dissimule vn paciente, *493,7*

Dissimules *1*
Aunque mas lo dissimules, *229,356*

Dissimulo *2*
el fuego que dissimulo *229,2308*
Que vn aulico dissimulo *322,490*

Dissoluiendo *1*
I dissoluiendo alli la compañia, *263,644*

Dissoluieronse *1*
dissoluieronse los tratos, *229,480*

Dissonante *2*
O al dissonante numero de almejas, *261,381*
La dissonante niebla de las aues; *264,894*

Dissueluan *1*
Dissueluan tarde en senectud dichosa, *263,811*

Distancia *9*
No llega mas que a distancia *9,36*
La distancia de el lugar *39,3*
Sino porque ai distancia mas immensa *117,13*
Si tanta distancia puede *228,199*
Confunde el Sol i la distancia niega. *263,196*
La distancia syncopan tan iguales, *263,1052*
Si la distancia es mucha; *264,914*
Proxima siempre a la maior distancia, *318,547*
Que musa que asi agarra vna distancia *471,7*

Distante *5*
Lo distante interponen, lo escondido, *230,30*
Distante pocos passos del camino, *263,185*
Distante la reuoca, *263,387*
I delicioso termino al distante, *263,582*
Al principio distante, *264,711*

Distantes *1*
Sus distantes extremos, *263,608*

Diste *6*
Que, como a mi, muerte diste. *48,44*
Marcelo, que tu me diste. *229,1796*
Ciego Dios, si a alguna diste *229,1975*
que me diste. El centro se abra *229,3248*
Mala noche me diste, casada: *419,29*
Le diste vn mui mal rato al justo Lot. *473,4*

Distes *2*
Pues me distes, Madre, *4,11*
Que me distes al Marques, *98,11*

Distila *1*
Distila Amor sus panales; *63,212*

Distilado *1*
Vn humor entre perlas distilado, *42,2*

Distilados *1*
Distilados del cogote; *107,16*

Distilando *1*
Està distilando muerta, *275,108*

Distile *1*
Ai quien distile aroma tal, en vano *248,7*

Distincta *1*
Menos distincta, pero mas hermosa, *456,7*

Distincto *2*
Distincto oiò de can siempre despierto, *100,6*
Aunque mal distincto el cuño, *322,440*

Distinguen *1*
Los blancos pies distinguen de la nieue *128,10*

Distinguiendo *1*
I en distinguiendo despues *132,34*

Distinguieron *1*
La distinguieron de la leche apenas; *263,878*

Distinguir *1*
Distinguir sabia apenas *264,563*

Distinta *1*
Breue esplendor de mal distinta lumbre, *263,58*

Distinto *5*
Antes dèl es tan distinto, *168,8*
No vio distinto, no, en medio del llano, *269,1230*
De vn Albor ni confuso ni distinto. *315,4*
Ia mal distinto entonces, el rosado *318,141*
Mas distinto cada qual *358,40*

Disturbe *1*
Leño Olandes disturbe su camino, *276,13*

Diuersas *5*
Quan diuersas sendas *8,5*
Iuntas las diuersas aues, *63,182*
Vn encañado de diuersas flores, *155,2*
Las seluas diuersas flores. *179,40*
Obreros, a horas diuersas; *275,100*

Diuersorio *1*
I que por ser diuersorio *495,52*

Diuertida *1*
o diuertida, o turbada: *229,1956*

Diuertido *2*
Mas donde ia me auia diuertido, *203,31*
Diuertido en caracoles, *356,9*

Diuertir *2*
Para diuertir a Amor. *269,596*
Diuertir pretendiò raudo torrente; *318,172*

Diuertiràn *1*
Diuertiràn tu cuidado. *384,22*

Diuide *3*
A las que tanto mar diuide plaias, *263,376*
El Isthmo que al Océàno diuide *263,425*

I el mar que os la diuide, quanto cuestan, *264,375*

Diuidida *5*
En tablas diuidida rica naue *261,433*
Isla, mal de la tierra diuidida, *264,191*
Diuidida en dos fue entera, *275,14*
Cuia garra, no en miembros diuidida, *338,3*
I diuidida en vuestros ojos miro *461,3*

Diuidido *9*
Diuidido he visto el Sol *143,3*
Adonde mas diuidido. *209,7*
Adonde mas diuidido. *209,22*
Adonde mas diuidido. *209,37*
En dos labios diuidido, *228,137*
el azogue diuidido, *229,231*
Aunque lo ha diuidido el mar en vano, *230,79*
El bosque diuidido en islas pocas, *263,491*
Al Sol, en seis luzeros diuidido; *264,241*

Diuididos *2*
En dos quartos diuididos *63,23*
O escollos desta isla diuididos: *264,434*

Diuidiendo *1*
Diuidiendo crystales, *264,519*

Diuierte *1*
Con dilaciones sordas le diuierte *264,249*

Diuierteme *1*
Diuierteme algo, Soneto, *229,1444*

Diuina *32*
Fue por diuina mano fabricado; *13,4*
Fuera su hermana diuina; *121,88*
"Diuina caçadora, *127,20*
De succession Rèàl, si no Diuina. *171,14*
Besa su mano diuina. *177,10*
En el crystal de tu Diuina mano *197,1*
Ô Soledad, de la quietud Diuina *203,79*
Mudança diuina. *210,4*
Mudança diuina. *210,28*
Gracias el pescador a la Diuina *264,362*
Por bella mas, por mas diuina parte *264,637*
Que celebraron la Diuina pluma, *315,59*
Sonante lira tu diuina mano; *318,4*
Dulce aquella libò, aquella diuina *318,111*
La justicia vibrando està diuina *318,391*
Agradecido el Padre a la diuina *318,449*
Esta de flores, quando no diuina, *324,1*
De la diuina Syrene, *333,34*
Sacrilego diuina sangre beue: *341,11*
En la villana diuina *357,23*
Tan bella como diuina, *358,3*
Tanta a la diuina causa *377,15*
Diuina FILI, despues *382,2*
Magnificencia diuina! *388,26*
Diuina luz su animo inflamando, *403,13*
A tu hermosura diuina *416,18*
Politica diuina! *421,13*
Valerosa, i rèàl sobre diuina? *421,67*
Vn iusto por Diuina prouidencia. *433,8*
La suia reça, i calla la diuina. *434,8*
Dexe su gracia la piedad diuina; *471,12*
Ia por el arte diuina *487,9*

Diuinas *3*
Flores i luzes diuinas, *121,12*
Luces diuinas, aquellas *158,46*
Deidades ambas Diuinas, *179,13*

Diuinidad *1*

La Diuinidad depuesta *357,33*

Diuino *30*
Soberana beldad, valor diuino, *162,6*
I clara mas por su pincel diuino, *173,4*
Pan diuino, vn grano es solo *209,10*
Dèste, pues, diuino Pan *211,17*
(Farol diuino) su encendido fuego *218,7*
que burlas a lo Diuino. *229,1314*
Tu fuego abrase Diuino, *229,1619*
Ia que no aspid a su pie diuino, *261,131*
I otra roe a lo diuino. *269,40*
Profunda sciencia de valor diuino, *269,391*
Moradas, Diuino el arte, *275,37*
Restituie a tu mudo horror Diuino, *295,1*
No venda este Amor diuino *307,19*
Examinò tres años su diuino *318,185*
Amor Diuino, *331,11*
Diuino Amor. *331,13*
Amor Diuino, *331,24*
Diuino Amor. *331,26*
Amor Diuino, *331,37*
Diuino Amor. *331,39*
Amor Diuino, *331,50*
Diuino Amor. *331,52*
Amor Diuino, *331,63*
Diuino Amor. *331,65*
A quien (ia aethereo fuese, ia diuino) *343,7*
Diuino lilio frances; *353,8*
Este rosicler diuino, *374,28*
De impulso tan diuino que acredita *404,22*
A Sancta Anna con hambre, huesped Diuino, *436,9*
Piedad, si no es de solo lo diuino. *465,8*

Diuinos *11*
A estos Diuinos Soles *166,27*
Diuinos ojos, que en su dulce Oriente *174,9*
Porque sus diuinos ojos *178,6*
Si vee tus ojos Diuinos *226,78*
Tres derechos Diuinos i vn deseo, *269,1229*
A los diuinos desnudos, *322,76*
Dio a los diuinos insultos, *322,232*
Eburneos dirè o Diuinos: *322,407*
Diuinos digo i eburneos, *322,408*
I en sus diuinos ojos los amores, *339,14*
Hymnos sagrados, canticos diuinos, *421,49*

Diuisa *3*
Que seis orbes se ven en tu diuisa. *195,14*
no ai mas que lo que diuisa: *229,3320*
Que, a pesar de esos frexnos, se diuisa; *263,524*

Diurno *1*
El Bucentoro diurno, *322,478*

Diuturno *1*
No de los años diuturno, *322,194*

Dixe *6*
Niños dixe, i con razon, *168,38*
(Lisongeros? Mal dixe, que sois claros), *203,5*
Mal dixe. Gran desvario! *229,1161*
Medio turbado le dixe: *229,2366*
Ia te dixe en el estado *269,597*
Al touillo? Mucho dixe: *334,21*

Dixera *6*
que murmuràra i dixera, *229,448*
me dixera vn Florentin, *229,2271*
A tener lengua, os dixera *237,7*

I os dixera quan bien sabe *346,9*
Dixera a lo menos io, *486,8*
Dixera de el caballero, *486,11*

Dixere *1*
Si dixere con ligustros. *322,148*

Dixeren *1*
quantos oi dixeren tal. *229,3362*

Dixeron *2*
me dixeron de vn nebli *229,2275*
Le dixeron a la luna *419,7*

Dixeses *1*
Si tu le dixeses esto, *87,90*

Dixesse *1*
Si dixesse la verdad. *269,1441*

Dixiste *1*
Pues no me dixiste aì fuera *229,3218*

Dixo *43*
Aunque a mi me dixo alguno *27,6*
I emmudecida le dixo, *49,87*
Tiene a su esposo, i dixo: "Es gran baxeça *68,11*
I aier me dixo humilde tu corriente *71,7*
Dixo un medidor de tierras *73,2*
Dixo bien Dudon vn dia, *73,125*
Risueña le dixo vna, *78,71*
Yo canto lo que me dixo *81,49*
Dixo que acero seria *82,93*
A fee que dixo mui bien *83,5*
Quien dixo que eran de corcho *83,6*
"No siruo, dixo, a pelones, *96,137*
Tantas vezes me lo dixo, *96,161*
Que a mi puerta dixo: Abrid? *111,2*
"Este tropheo, dixo, a tu infinita *137,9*
Dixo, los años de tan gran tropheo". *137,14*
A la sepultura, i dixo *161,123*
Al son dixo del psalterio *216,51*
En viendola dixo: "ai!" *217,41*
Poco fue lo que le dixo, *228,105*
Esto dixo, i repitiendo *228,217*
Vn rio dixo el, pero dos rios *229,1943*
me dixo, sin arrancar *229,2354*
Le dixo a su señor tio: *242,35*
Alto don, segun ia mi huesped dixo. *261,460*
Dexan ser torres oi, dixo el cabrero *263,213*
I leuantando al forastero, dixo: *263,515*
"Viuid felices, dixo, *263,893*
"Estas, dixo el isleño venerable, *264,308*
Ô canas, dixo el huesped, no peinadas *264,364*
"Dias ha muchos, ô mancebo, dixo *264,388*
Bien dixo que tordo es *269,111*
Porque quien dixo Doctor *269,114*
Tordo dixo del reues. *269,115*
Lo veredes, dixo Agrages. *269,385*
Aun no te dixo denantes *269,1635*
— Entra, dixo, prima mia, *308,33*
"Esta es, dixo, no lo dudo; *322,180*
"Barco ia de vistas, dixo, *322,233*
"Aqui de el Conde Claros", dixo, i luego *432,1*
Dixo; i assi el theatro numeroso *451,13*
Dixo Geroma. El respondiò con brio *462,12*
Me dixo: "No estès quejosa, *499,333*

Dize *17*
A su Madre dize *4,7*
"GLAVCA, dize, donde estas? *10,11*
Almas, les dize, vuestro buelo santo *12,9*

I ella dize que da a vn page *73,123*
"Siruo, les dize, a vn pelon, *96,53*
Porque dize que le gasto, *96,130*
Dize Amor que, quando mira, *121,72*
I a fe que no dize mal *121,107*
Amor dize que le otorga *121,139*
Huya, "Ô fiera, le dize, *127,42*
"Veis (dize el Dios marino), *166,13*
"Raios, les dize, ia que no de Leda *263,62*
En Griego nos dize assi: *269,1909*
Que dize la noche elada *282,2*
Lo dize el Sol, que es su manto, *307,8*
Que ella dize que son nublos. *322,320*
Que nos dize en trompas de oro *347,8*
Dizele *1*
Dizele su madre: *80,19*
Dizen *8*
Dizen que es allà la tierra *58,9*
Dizen que quando escribiste *73,93*
Me dizen que le ha jurado *96,42*
Sois, pues dizen mas de dos *176,16*
Vuestras banderas nos lo dizen, puesto *230,71*
Es buena, si dizen? Creo *269,821*
I aun con esto dizen que es *408,9*
Ambos dizen verdad, aunque ninguno *470,10*
Dizes *5*
Que dizes? Lo que digo, *229,26*
Dizes mui bien lo que pasa; *269,231*
Amigo, que dizes? Digo, *269,386*
De suerte, amigo, que dizes *269,605*
Que dizes, Lucrecia? Digo *269,1422*
Diziembre *1*
Que vna noche de Diziembre *96,95*
Diziendo *3*
Io se lo estaua diziendo *269,1414*
Diziendo lo que sentìa, *269,1543*
Quien fue, muda lo està diziendo aquella *368,21*
Do *33*
Porque sepan do se sienta, *6,17*
Do se junten ella i el, *7,41*
Do su natural les llama, *9,16*
Do el bien se goza sin temer contrario; *12,11*
La corteça, do estàn, desnuda, o viste *30,9*
Do se trîumpha i nunca se combate, *77,44*
De las casas do hazen plato. *96,72*
Nas ribeiras do Betis espalhadas. *118,8*
Do Austro os assopros e do Oceàm as agoas; *118,11*
Do Austro os assopros e do Oceàm as agoas; *118,11*
Do el garzon sus dichas logre. *131,72*
do gastò tinta de plata *229,900*
Do las ordeña, compitiendo en vano *229,1054*
do tropecè esta mañana. *229,1247*
Fabio mi señor, do està? *229,1659*
Ola, Tadeo, do estas? *229,1835*
do no ai hijo para padre, *229,3408*
Do el carro de la luz sus ruedas laua, *261,340*
Do hallò reparo, si perdiò camino. *261,432*
Do guarda, en vez de azero, *263,103*
La sangre hallò por do la muerte entrada. *264,487*
Por do entrò el cauallo a Troia, *269,1008*
Que do assiste tu persona *269,1808*

Do los Doce comen pan. *288,88*
E da mula do Portal *303,21*
Escrauita do nacimento. *308,13*
Del crystal por do passò, *401,4*
Do Rei de Congo canta Don Gorgorio, *430,11*
Quien justa do la tela es pinavete, *433,9*
De entrar en Academia do se trata *438,6*
Do aprendiò su prouecho i nuestros daños. *447,4*
Desde do nace el Sol a donde muere, *499,38*
Do se pusieron mil vezes *499,281*
Dò *22*
Pues sois tela dò justan mis engaños *21,3*
(Dò el tiempo puede mas), sino, en mil años, *21,7*
A dò tiene su sepulchro, *27,38*
Busquemos por dò trepar, *27,97*
Dò el paxaro Réàl su vista affina *45,10*
Que al mar, dò tu sepulchro se destina, *45,12*
I las Damas, por dò passan, *49,75*
Natural de dò naciò, *59,33*
Dò estan las salas manchadas *63,25*
Dò las Damas i galanes *63,30*
Dò las aguas se reparten *63,46*
Dò con sus Damas la Reina *63,49*
Por dò los raios Solares *63,74*
Dò el ingenio de los hombres *63,157*
Dò el Zephyro al blando chopo *63,169*
A dò quepa mi larqueza, *96,111*
Dò la paz viste pellico *131,5*
Dò vna labradora acoge *131,66*
Cueuas dò el silencio apenas *131,125*
Tal, que dò el Norte iela al mar su espada *145,12*
Dò en pago de su blancura, *216,25*
Dò el Amor fomenta el fuego *356,17*
Dobla *1*
No menos que vn orbe dobla. *259,68*
Doblados *2*
Con doblados libros hago *83,49*
De unos vidrios tan doblados, *96,150*
Dobladuras *1*
Artifice gentil de dobladuras *263,859*
Doblaste *1*
Doblaste alegre, i tu obstinada entena *263,451*
Doble *4*
i afirmar quiero a lo doble *229,204*
tan doble como le importa; *229,777*
No ai tormentoso cabo que no doble, *263,395*
Cuia graue passion i pena doble *499,19*
Dobles *2*
Salud nueua, fuerças dobles, *131,76*
i aun grangeè fuerzas dobles, *229,577*
Doblo *1*
Se paga, i aun mui al doblo, *242,22*
Doblon *4*
Por lo menos vn doblon; *141,8*
doblon al que ha de gastalle, *229,171*
Io doblon? I de dos caras. *229,1176*
doblon de a dos, i aun de a diez? *229,1257*
Doblones *9*
Los doblones ciento a ciento, *6,116*
En doblones las pagò. *161,16*
I gato de doblones, no Amor ciego, *181,10*
los gatos de sus doblones; *229,623*

I para doblones tales *229,1174*
Doblones son en verdad. *269,1187*
En tus doblones le di. *269,1449*
Los doblones de sus caras. *269,1465*
Sesenta doblones ata *269,1684*
Doce *8*
De todos los doce Pares *27,113*
Los toros doce tigres matadores, *155,3*
diez dias nos tuuo o doce, *229,497*
Do los Doce comen pan. *288,88*
Entre doce perlas netas *322,63*
Las doce a mis ojos dio *331,5*
I pues quien fama i numero a los Doce *439,12*
Doce sermones estampò Florencia, *452,1*
Docenas *1*
Con dos docenas de versos: *87,52*
Docta *7*
Mano tan docta de esculter tan raro, *34,8*
A la docta auejuela, *77,11*
la docta poltroneria; *229,428*
I de la cathedra docta; *259,48*
Ia a docta sombra, ia a inuisible Musa. *312,24*
La docta erudicion su licor puro, *425,2*
Aquellos si, que de su docta espuma *431,11*
Doctas *2*
Plumas doctas i eruditas *86,27*
Doctas fuerças de monte, si Africano; *318,252*
Docto *9*
El nuestro sacro i docto pastor rico, *60,10*
Al docto pecho, a la sùave boca, *67,10*
Qualquier docto en esta lengua *96,169*
Este pues docto enxambre i dulce choro. *256,9*
El docto enxambre que sin alas buela, *256,43*
Como docto i como diestro. *269,902*
Docto conculcador del venenoso *315,27*
Del tiempo, al docto garçon *358,19*
Mata el veneno. I assi el docto coro *424,10*
Doctor *80*
Que era Doctor por Ossuna, *26,46*
Haze vn Doctor dos de claro *81,41*
I tres higas al Doctor. *86,2*
Cierto Doctor medio almud *86,3*
I tres higas al Doctor. *86,12*
I tres higas al Doctor. *86,22*
I tres higas al Doctor. *86,32*
I tres higas al Doctor. *86,42*
El Doctor mal entendido, *105,100*
I tan buenas, que el Doctor *110,63*
I diòla el Doctor su acero; *123,36*
En el dedo de vn Doctor *141,12*
El machuelo de vn Doctor. *161,12*
Del vagabundo Doctor, *227,48*
De Doctor, vna mañana *242,31*
Doctor digo, i sea vna borla *242,43*
De su homicida Doctor. *258,4*
Desde vna roca vn Doctor *269,21*
Doctor, no me digais nada *269,97*
Porque quien dixo Doctor *269,114*
Que ha de ir contigo el Doctor. *269,128*
Del señor Doctor Carlino *269,169*
Con tu licencia ia el Doctor Carlino *269,395*
Contra el Doctor Dingandux, *269,442*
A donde bueno, Doctor? *269,521*
El sobresalto, Doctor, *269,550*
Por que, di? Porque a vn Doctor *269,593*

En mula al Doctor Carlino, *269,647*
Para vn Doctor de estornudos! *269,650*
A la paga de vn Doctor, *269,663*
Que qualquier Doctor Galeno, *269,686*
Vn Doctor, tiene su mula *269,707*
Del señor Doctor fulano. *269,712*
Doña Casilda. Doctor. *269,725*
Vn Doctor, que traer pudiera *269,766*
Si, Doctor, assi io viua, *269,771*
De melindroso el Doctor *269,781*
Doctor, si vna empressa honrada *269,805*
Doctor, tan impertinentes: *269,838*
A fe de Doctor de bien, *269,846*
Mui bien, Doctor, me està esto. *269,851*
Casilda, i para el Doctor, *269,878*
Nunca io, Doctor, le pido *269,891*
A fe que ha sido el Doctor, *269,901*
Miente el Doctor. Es verdad. *269,1054*
Amigo Doctor, sea mio, *269,1083*
Doctor mio, veisla ai. *269,1096*
Vengo a buscar al Doctor, *269,1167*
Doctor. Amigo, hablad quedo. *269,1174*
La mula al Doctor le dè, *269,1180*
Enrico, el Doctor ahora *269,1190*
Ô gloria mia! El Doctor *269,1194*
El Doctor os dirà como. *269,1211*
Para besallas. Doctor, *269,1213*
Vn Doctor, que me ha induzido *269,1305*
Vn Doctor, tan bachiller, *269,1307*
El Doctor viene commigo, *269,1358*
Doctor. Es gran bordadora. *269,1385*
Iesus, Doctor, quien lo duda? *269,1406*
La salud deste Doctor, *269,1424*
Està acà el Doctor? Sobrino? *269,1466*
Vengo a buscar al Doctor. *269,1468*
Aqui està el Doctor Carlino. *269,1469*
Lamedores del Doctor *269,1538*
Pues, Doctor, luego a la hora *269,1594*
Ô léàl siempre Doctor! *269,1646*
I mas, Doctor, la gentil *269,1694*
Ia el Doctor pesca sus truchas. *269,1717*
Doctor, no me oluides. Reina *269,1774*
Dios te dè salud, Doctor. *269,1818*
Pues el Doctor respondiò, *269,1826*
Lo dicho, dicho, Doctor. *269,1869*
Las manos, Doctor, os beso; *269,1876*
Que vn doctor le receptò *269,1930*
Es possible, Doctor? Si, *269,1969*
Doctor, mis años. Buen punto *269,1974*
Como, Doctor? Mi Leonora *269,2013*
Cultissimo Doctor; lo damasquino *342,2*
Que le dieron con vn Doctor Collado. *381,8*
Doctor barbado, crúèl *405,1*

Doctora *2*
Que quiero morir Doctora *269,1000*
Como si fuera Doctora, *405,2*
Doctoral *1*
Este Doctoral adorno. *242,102*
Doctorandico *1*
Este pues Doctorandico *242,13*
Doctorando *2*
Tenemos vn Doctorando, *242,1*
Tenemos vn Doctorando *242,5*
Doctoranduncio *1*
Este pues Doctoranduncio *242,29*

Doctorcillo *1*
Vn Doctorcillo hablador *269,112*
Doctores *2*
Bien es verdad que dicen los Doctores *199,9*
que al seteno los Doctores *229,549*
Doctorissimo *1*
Doctorissimo señor? *269,943*
Doctos *2*
Los mas doctos Sacristanes, *157,18*
Como sobran tan doctos Hespañoles, *233,5*
Doctrina *7*
por las trochas, es doctrina *229,999*
Frustrados, tanta Nautica doctrina, *263,454*
Atento, a quien doctrina ia cetrera *264,944*
Fauorece esta doctrina. *269,1901*
Ia la doctrina del varon glorioso, *318,58*
Tanta sana doctrina. *421,17*
Con doctrina i estilo tan purgado, *425,12*
Dogmas *2*
De nueuos dogmas, semiuiuo zela, *318,590*
Religion pura, dogmas verdaderos, *421,11*
Doi *20*
Gracias doi al cielo *50,2*
Solo a estos doi mi amor *98,77*
Les doi la casa por carcel. *110,4*
Io les doi que passen este, *161,33*
en vano la fee te doi. *229,315*
Gracias doi a Dios, que muebas *229,650*
A tus aras doi mi vida, *229,1437*
Muchas gracias doi al cielo *229,1669*
Io a Dios se las doi maiores *229,1671*
Io al desengaño las doi *229,1673*
que con la cabeça doi *229,2372*
ia al otro credito doi. *229,3187*
bastan, en dote os la doi. *229,3539*
Fullero siempre doi cartas *269,493*
A los pobres doi primera, *269,495*
I a los ricos les doi flux. *269,496*
I quantos doi passos, creo *269,1344*
Hyperboles, en que doi *348,27*
Tan mental culto las doi, *377,22*
Porque io dosel le doi *413,3*
Doila *1*
Casilda? Doila de mano. *269,303*
Dolia *1*
i el de nada se dolia". *229,1786*
Doliendome *1*
Doliendome de sus gastos, *227,33*
Doliendose *1*
Doliendose en los contornos *357,94*
Doliente *17*
Qual con voz dulce, qual con voz doliente, *14,6*
Gallardas plantas, que con voz doliente *46,1*
De tortola doliente, *103,46*
Saludarè tu luz con voz doliente, *139,9*
Pisuerga, hecho cithara doliente; *140,3*
a cuio doliente son *229,2570*
Que obscura el buelo, i con razon doliente, *246,5*
Su vrna lagrimosa, en son doliente, *260,4*
Señas mudas la dulce voz doliente *264,42*
El doliente, si blando, *264,553*
Doliente affinidad, bien que amorosa, *264,636*
Tu fin sintiò doliente. *280,13*
Con voz doliente, que tan sorda oreja *295,13*

Al dulce doliente son, *332,11*
Religion sacra, que, doliente el vulto, *368,23*
Al dulce doliente son *390,50*
Escuche al que le informa en voz doliente *499,32*
Dolientes *1*
No son dolientes lagrimas súaues *264,117*
Dolor *21*
No crea mi dolor, i assi es mi fruto *19,13*
Que alternan su dolor por su garganta; *41,4*
Dolor a dolor. *80,16*
Dolor a dolor. *80,16*
I la causa a mi dolor; *90,6*
Con sentimiento i dolor: *161,124*
Tantas letras, que es dolor *167,46*
Su perdida i mi dolor; *227,40*
vn dolor a este costado, *229,546*
te he de buscar el dolor *229,2773*
Pompa eres de dolor, seña no vana *246,9*
Su horrenda voz, no su dolor interno, *261,465*
Con muestras de dolor extraordinarias, *263,214*
Que exemplo de dolor a estas orillas". *264,387*
Dios sabe con que dolor, *266,12*
Que no sè con que dolor *269,1168*
Con el dolor de su hermana. *269,1171*
Qual mas dolor o magestad ostente, *298,26*
O publicarè el dolor? *332,2*
Mientras hago treguas con mi dolor, *345,13*
Que el dolor sea poco o nada". *499,355*
Dolorcillos *1*
Con ciertos dolorcillos en vn lado, *445,6*
Dolores *4*
Lisonjéàn los dolores. *131,40*
vaina ia de otros dolores. *229,547*
Ai partos con mas dolores? *269,1955*
Que, si no son dolores de costado, *445,7*
Doloridas *1*
Que, aunque las demas Nymphas doloridas *12,6*
Dolorosa *1*
I dolorosa me dexa. *499,327*
Domada *2*
Domada fue de quien por su apellido *318,541*
I hecho con mi diestra no domada *499,10*
Domadas *1*
De el iugo aun no domadas las ceruices, *263,848*
Domando *1*
Domando cuellos i ligando manos, *72,56*
Domar *1*
Mas que aprouecha domar *61,21*
Dome *1*
Toros dome, i de vn rubio mar de espigas *263,822*
Domeñandoles *1*
Con valerosa espada domeñandoles, *1,32*
Domesticas *1*
Que gallinas domesticas al grano, *264,253*
Domestico *1*
Domestico es del Sol nuncio canoro, *263,294*
Domine *1*
A este Domine bobo, que pensaba *203,35*
Domingo *2*
"Io soi de Sancto Domingo, *74,57*
Como el dia del Domingo, *89,12*

Dominguero *1*
Festiuo ni Dominguero, *269,720*
Dominica *1*
A la otra vna dominica campana. *446,8*
Dominical *1*
La Letra Dominical, *269,722*
Dominicales *1*
Para letras aun no Dominicales. *437,8*
Dominico *2*
I justicia no poca, a vn Dominico, *437,13*
Bautizamos al niño Dominico, *469,9*
Don *65*
Que se case vn don pelote *6,7*
Que se precie vn don pelon *6,31*
Porque de don Montesinos *27,135*
Lleuauala don Gaiferos, *73,13*
Apéòse don Gaiferos *73,41*
Don Guarinos el galan, *73,69*
Don Godofre el heredado, *73,77*
Estàse el otro don tal *81,25*
Fundòte el Rei don Alfonso *87,3*
En quanto don Apollo el rubicundo *101,3*
Dicen que està vn don pelote, *107,34*
Sabe Dios, señor don Pedro, *110,13*
En el rèàl de don Sancho *111,33*
Señor Don Diego, venid *121,5*
Don Philippe, al de Guzman; *147,8*
Contra el cuidado de el señor don Diego. *150,4*
Don Alonso de Guzman, *188,6*
A vn descendiente de don Peranzules; *202,2*
Pues enuiò a decir con don Bermudo: *202,13*
El jùicio de don io *227,58*
Que era hijo don Leandro *228,22*
Mas io, Don Pedro, recelo *241,6*
El señor don Belianis, *243,50*
DON IVAN DE ACVÑA es. Buril valiente
    251,13
I aun don Christalîàn mintiò fineças. *254,11*
Alto don, segun ia mi huesped dixo. *261,460*
Don Iuan soi del Castillejo *266,1*
Que tendrà si a don Tristan *269,277*
Don Tristan barbas al olio, *269,501*
Escudero, Don, estrado, *269,1020*
De Don Tristan, que bien negra *269,1202*
Don Tristan te anda buscando. *269,1470*
Quien? Tisberto i don Tristan. *269,1492*
Don Tristan, tio de Lucrecia, *269,1496*
Que està para don Tristan. *269,1557*
Pues señor don Manúèl, *269,1574*
Que io tendrè a don Tristan. *269,1593*
Con don Tristan, que lo dexo. *269,1623*
Don Tristan i Enrico juntos. *269,1699*
Que eso mismo es don Tristan; *269,1725*
Que las que don Tristan peina: *269,1777*
Hagase, mas don Tristan *269,1846*
Sali, señor don Pedro, esta mañana *273,1*
Porque, señor don Sotès, *282,28*
No entre las flores, no, señor don Diego, *292,1*
Don Luis no la siga a pie, *299,9*
Que el don satisficieron soberano, *315,58*
No a manos del señor don Bernardino, *342,6*
De parte de don Luis se les perdona *342,12*
Por ser Don Sancho que calla. *406,4*
Don Pasqual, de que porfies. *423,2*
Don Pasqual, de que porfies. *423,10*

Don Pasqual, de que porfies. *423,18*
Don Pasqual, de que porfies. *423,27*
Generoso Don Iuan, sobre quien llueue *425,1*
Do Rei de Congo canta Don Gorgorio, *430,11*
Soror don Iuan, aier silicio i xerga, *444,1*
Es el Orpheo del señor Don Iuan *453,1*
A don Quijote, a Sancho, i su jumento. *469,14*
Ni publico don, ni oculto. *479,7*
Don Pasqual soi, que ia muero *484,5*
De Don Gaspar de Aspeleta. *486,4*
A don Diego del Rincon, *491,1*
El don Siluio es tan galano, *499,228*
En trocar por vn don tal *499,254*
Doña *27*
A veerla vino doña Alda, *27,9*
Mas iba a decir doña Alda; *27,133*
Sirue a doña Blanca Orliens, *73,81*
Las gafas es doña Blanca *73,83*
I el terrero doña Negra. *73,84*
Doña Alda, nuestra vezina, *73,85*
I si acaso a doña Iusta *105,84*
Doña Blanca està en Sidonia, *111,23*
Doña Beatriz de Villena, *121,133*
I en Seuilla doña Eluira, *126,31*
Señora doña Thalia, *158,2*
Señora doña puente Segouiana, *199,1*
De doña Calamita con el Norte. *203,105*
Dice, pues, que doña Hero *228,9*
Doña Hero en vn quartago; *228,76*
Nunca muriera Doña Margarita! *255,14*
I a doña Casilda en coche. *269,648*
Doña Casilda. Doctor. *269,725*
Doña Fulana Interes: *412,38*
Doña Menga, de que te ries? *423,1*
Doña Menga, de que te ries? *423,9*
Doña Menga, de que te ries? *423,17*
Doña Menga, de que te ries? *423,26*
Señora doña Luisa de Cardona, *445,1*
Rendir a Doña Violante *493,39*
Que ande doña Berenguela *496,11*
Que traiga doña Doncella *496,20*
Donado *1*
Olanda i sedas oi? Aier donado, *444,2*
Donaire *10*
De vuestro donaire i gracia, *29,28*
Ni mirar de mas donaire; *63,208*
Bartolillo con donaire, *216,42*
Os dè, que hagais donaire, *223,7*
Amor, que hace donaire *226,49*
Ô que donaire! ô que historia. *269,649*
Hiziera donaire Grecia. *269,1293*
Donaire hace i desden *355,58*
De el bel donaire i de el color quebrado, *445,2*
Vuestra beldad, vuestro donaire admiro, *461,2*
Donaires *3*
Estos donaires, i mas, *229,220*
A donaires en Tudesco, *229,2492*
Que mil donaires offendiò por breue. *467,4*
Donato *10*
I el mismo viento es Donato, *229,1559*
llama, Tadeo, a Donato. *229,1884*
Io soi Donato Guillen, *229,2064*
Amigo Donato, di: *229,2072*
a su suegro con Donato, *229,2412*
Contigo, Donato, vengo *229,3340*

ni Dios, Donato, lo quiera. *229,3355*
Lo que te he dicho, Donato. *229,3367*
Ven acà, Donato amigo, *229,3369*
i las gracias de Donato. *229,3525*
Doncel *2*
Cansase el otro doncel *102,13*
De sus alas el doncel, *355,50*
Doncella *10*
I esas no son palabras de doncella. *70,14*
Quando la doncella de Hero, *75,75*
De querer la otra doncella *102,14*
I mui doncella en Madrid, *126,27*
con cierta noble doncella, *229,200*
Io sin fin doncella soi. *229,1211*
De la reclusa doncella, *257,22*
Fecunda sobre doncella! *275,84*
De la tortola doncella *322,127*
Que traiga doña Doncella *496,20*
Doncellas *1*
Doncellas perpetuas son *229,1212*
Donçellas *1*
Haze parir las donçellas, *238,7*
Donde *208*
Donde el muro de mi patria *9,2*
De donde tan solamente *9,37*
"GLAVCA, dize, donde estas? *10,11*
Donde sus vezinas *11,7*
Vueluete al lugar triste donde estabas, *23,10*
Donde, no sin decoro, *25,19*
Donde mil arroios cruzan *26,18*
Donde la suerte le cupo; *27,26*
Donde aiunos os sentais, *27,123*
Donde siruen la Quaresma *27,129*
Theatro donde se han hecho *38,11*
Donde el que mas trata *50,45*
Donde me acaeciò *50,85*
Donde, aunque tu no *50,101*
Que sin saber donde, *56,74*
Donde de laton se offrecen *59,18*
Donde el Rei me ha desterrado *62,59*
Donde tan bien las fingidas *63,41*
Donde cada dosel cubre *63,55*
Donde es vencida en mil partes *63,66*
Donde està el marmol que sella *63,123*
Donde conuatieron antes *63,150*
Donde se veen tan al viuo *63,161*
Donde ai de arboles tal greña, *63,173*
I al Jaragui, donde espiran *63,185*
— Donde estan los galanes de Castilla? *70,5*
— Donde pueden estar, sino en el Prado? *70,6*
Donde, aunque es de la Calzada, *74,59*
Donde padeci peligros *74,69*
De el odre donde los tuuo *75,19*
Donde Hero se consume, *75,62*
Donde se anida su bien, *78,50*
De donde a las Nimphas *79,17*
Donde colgarè las vñas, *84,7*
I a mi donde quepan mas. *90,30*
Que el Sol es mas escaso, *96,66*
Entrase donde los oye, *96,73*
Donde apenas ai establo *96,110*
Aqui donde està el Betis, *103,61*
Donde el Sol vno a vno *103,67*
Donde algun martyr assado *107,79*
Porque donde no ai salud, *110,11*

Donde las altas ruedas *114,1*
Donde, para mostrar en nuestros bienes *117,6*
Adonde bajas i de donde vienes, *117,7*
Donde bordada tela *120,26*
Donde son buenos los dias, *121,17*
Alli donde entre alhelies *121,31*
Ia le entra, sin veer por donde, *131,30*
De vn monte en los senos, donde *142,1*
Temida, i donde el Sol la arena abrasa, *145,13*
Donde el engaño con la Corte mora, *154,6*
Donde con admiracion *161,66*
Voluiò al lugar donde estaba, *161,101*
Donde mi capa de paño, *161,127*
Donde la Nympha es Phebo i es Dîana, *165,12*
Que le ha hecho proueer donde *167,99*
Donde oi te offrece con grandeza rara *173,6*
El arca alli, donde hasta el dia postrero *173,11*
Ella pues donde el mar baña *178,15*
Donde esclarecidamente *179,1*
Tienda es gloriosa, donde en lechos de oro
   180,9
— De donde bueno, Iuan, con pedorreras?
   183,1
Dulce es refugio, donde se passea *194,5*
La quîetud, i donde otro cuidado *194,6*
Mas donde ia me auia diuertido, *203,31*
En la tahona de vn Relator, donde *203,71*
Arcas de Noë, a donde *204,22*
Donde me subiò el amor; *212,8*
Donde las plumas se veen. *226,56*
I assi, no sè donde fueron *228,61*
Donde estuuieron vn rato *228,190*
O por donde has venido, *229,2*
mas donde gusto le dà, *229,422*
que se celebraba a donde *229,465*
donde el Flamenco a su Gante, *229,490*
silla ia de Reies, donde *229,529*
a donde son orinales *229,699*
donde apéàdo, se informa *229,767*
donde a pocos dias entrado, *229,778*
se haga donde ay ponçoña; *229,795*
que donde malicia falta, *229,796*
por donde io he de passar. *229,937*
Mas donde voi? Donde vas? *229,1012*
Mas donde voi? Donde vas? *229,1012*
Donde armados de nieve los Trîones *229,1026*
Pues donde està tu muger? *229,1318*
Aqui es donde le concluie. *229,1319*
La tumba es ya, donde marchita iace. *229,1533*
i el pecho donde vn harpon *229,1630*
Ia viene. Camilo donde *229,1660*
a los ojos donde viue. *229,2036*
donde, hecho aueja Amor, *229,2054*
Donde es? A sant Vicente. Yo me alegro,
   229,2230
(de donde no oso salir, *229,2311*
donde avrà de combatir *229,2439*
donde es flaco vn vergantin. *229,2461*
donde, de serpientes llena, *229,2667*
donde vna nieue a otra espera, *229,2671*
Ponme donde brama el mar, *229,2674*
i donde a sus ondas locas *229,2675*
donde la crueldad, i el vicio *229,2906*
donde con mortal fiereza *229,2911*
donde hallarè piedras tiernas, *229,2916*

Donde està Lelio mi hijo? *229,2950*
de donde cargas tal vez *229,2976*
Donde estàs, Camilo? Ola, *229,3014*
donde huies, donde estàs? *229,3016*
donde huies, donde estàs? *229,3016*
donde vio a esta mocejona: *229,3279*
Donde està Marcelo aqui? *229,3427*
Forjadas, no ia donde *230,42*
Sino en las officinas donde el Belga *230,46*
Donde altamente reposa *239,17*
Donde me ha obligado a mi, *242,69*
Donde creo que ha torcido *242,93*
Donde se ha de quedar bobo, *242,98*
Por donde ia el verdugo de los dias *253,3*
Donde fïèl vasallo el Regimiento *255,10*
Donde sus sombras solicitan sueño, *256,38*
Donde espumoso el mar Sicilîano *261,25*
I redil espacioso, donde encierra *261,45*
Sin aras no: que el margen donde para *261,153*
La fugitiua Nimpha en tanto, donde *261,177*
Donde el cuerno, del Echo repetido, *262,9*
Hallò hospitalidad donde hallò nido *263,27*
De quien le lleua donde leuantado, *263,184*
De la alta gruta donde se desata *263,209*
Donde con mi hazienda *263,500*
O razon falta donde sobran años". *263,530*
De donde es fuente adonde arroio acaba.
   263,561
Donde la Primauera, *263,576*
Donde, aun cansado mas que el caminante,
   263,583
Qual de el rizado verde boton, donde *263,727*
Ven, Hymeneo, ven donde te espera *263,767*
Ven, Hymeneo, donde entre arreboles *263,780*
Arnes de huesso, donde *264,84*
Donde el Sol nace o donde muere el dia.
   264,150
Donde el Sol nace o donde muere el dia.
   264,150
De aluergues, donde la humildad contenta
   264,198
Entre vnos verdes carrizales, donde *264,250*
Donde zelosa arrulla i ronca gime *264,270*
Llegaron luego donde al mar se atreue, *264,302*
De donde ese theatro de Fortuna *264,401*
Dado al traues el monstro, donde apenas
   264,509
Hasta donde se besan los extremos *264,529*
Desafia las rocas donde impressa *264,606*
Alcaçares dexar, donde excedida *264,666*
A la barquilla, donde le esperauan *264,684*
De las aues nacido, Aleto, donde *264,773*
En su madre se esconde; donde halla *264,964*
Donde el pie vague seguro *268,53*
A donde en mi jubentud *269,410*
I lleguè a esta ciudad, donde *269,423*
A donde bueno, Doctor? *269,521*
Donde mas se dissimula *269,706*
Donde de zelos se abrasa *269,876*
Donde, amigo, i de que modo? *269,986*
Las sierras de Armenia, donde *269,1040*
Donde fenece despues *269,1185*
A donde el nectar se siruiò en crystales;
   269,1240
Donde queda? En su posada. *269,1472*

Donde las cosas dispuestas *269,1676*
Concepcion limpia, donde ciega ignora *270,3*
Donde entre nieblas vi la otra mañana, *278,2*
Tan grato como pobre aluergue, donde *281,23*
Donde fincarà, no obstante, *288,33*
Donde tantos Pares ai, *288,94*
Donde esconde cada qual *288,98*
Laud si, donde ia escucho *300,38*
— Donde, primo? *308,3*
— Donde, primo? *308,29*
— Donde, primo? *308,41*
Subamos donde ia assoma *310,11*
Aqui donde entre jaspes i entre oro *312,5*
Aqui donde coloca *312,7*
Donde mil vezes escuchaste en vano *317,5*
Donde ia le texia su esperança *318,190*
Donde el baculo viste peregrino *318,331*
Lares repite, donde entrò contento, *318,342*
Memoria al Duque, donde abreufàdo *318,485*
Iacobo, donde al Tamesis el dia *318,585*
El Paìs coronò agradable, donde *318,618*
— Donde? Di. *321,9*
Sus passos dirigiò donde *322,293*
La lleuò donde el cuitado *322,445*
Lleguè donde al heno vi, *331,49*
A donde en marmol dentado *333,15*
Donde cient flechas cosen vn venado? *336,11*
Donde mas por vos *356,64*
De donde comiença arroio *357,10*
A donde fenece rio, *357,11*
Su epiciclo, de donde nos auisa *365,6*
Donde en poco pan se sirue *388,7*
De donde os perdia mi vista, *390,27*
Vamonos donde morirè. *419,88*
Vamonos donde morirè". *419,96*
A Santiago camina, donde llega: *428,13*
Donde iban a hacer los exercicios *450,10*
Donde con labio alterno el Erithreo *457,1*
Algunos ai donde moro, *495,5*
Dicen, den a donde den; *495,12*
De donde el esposo lleua *498,28*
Desde do nace el Sol a donde muere, *499,38*
Ai donde vn buen oido se dilate: *499,85*
A donde de aquel risco la dureza, *499,112*
Donde hallara la alxaua *499,250*
Ganchos de donde colgamos *499,314*
Dones 7
Recibe dueñas con dones *122,21*
I es vn MAR de DONES el. *206,6*
Muchos dones a vn candil, *228,19*
de salud rico, i de dones. *229,587*
Vn MAR, DONES oi todo a sus arenas. *290,14*
Vsad de esos dones bien, *355,66*
Entre los muchos que te incluie dones, *421,65*
Donna 1
Di questa canna, gia selvaggia donna, *118,13*
Donzel 1
La ingratitud de vn donzel, *378,54*
Donzella 3
A tu prima la donzella, *73,94*
Que en casa de vna donzella, *269,1803*
Que pretenda vna donzella *493,25*
Donzellas 1
Dicen de algunas donzellas, *495,14*
Dora 15

El mar argenta, las campañas dora, *17,8*
Que priuilegia el cielo i dora el dia! *51,6*
Que aun en poluo el materno Tejo dora. *221,11*
La niega avara i prodiga la dora. *261,80*
Su manto azul de tantos ojos dora *261,366*
Que quando Ceres mas dora la tierra *263,1028*
Los cuernos el Sol la dora, *268,65*
Del dia, cuia luz tu manto dora, *270,6*
Las plumas riça, las espuelas dora. *277,7*
A quantos dora el Sol, a quantos baña *316,11*
Deuido nicho la piedad le dora; *318,45*
Purpuréàba al Sandoual que oi dora. *318,144*
En quanto Febo dora o Cinthia argenta, *324,13*
Si el Tajo arenas dora, *344,5*
Amor lo dora, e interes lo salua, *435,2*
Dorada *16*
Coma en dorada baxilla *7,10*
Antes que lo que fue en tu edad dorada *24,10*
Corona en puntas la dorada esphera *45,9*
Que pudo mas por dorada *91,43*
Que bate en nuestra edad pluma dorada. *99,8*
Flechando vna dorada media luna, *128,6*
De la cithara dorada, *133,6*
Abra dorada llaue *156,1*
A la gula se queden la dorada *203,118*
en copa arto bien dorada. *229,455*
La pera, de quien fue cuna dorada *261,78*
Felicidad, i en vrna sea dorada, *318,218*
De vna i de otra lamina dorada *318,565*
A vuestra flecha dorada; *370,7*
Cuia dorada flecha i llama ardiente *499,5*
I esta punta dorada es quien los hiere. *499,42*
Doradas *3*
De arenas nobles, ia que no doradas! *51,4*
Las doradas plumas baten; *63,196*
Illustri Cauaglier, llaues doradas; *69,4*
Dorado *29*
Tras la bermeja Aurora el Sol dorado *14,1*
Raya, dorado Sol, orna i colora *17,1*
El delicado pie, el dorado pelo, *32,4*
Illustrò Phebo su vellon dorado, *52,4*
Rubias espigas dè con pie dorado, *156,10*
De vuestra Fama oirà el clarin dorado, *171,5*
De el arteson dorado, *229,96*
dorado, pero crúèl, *229,1631*
tan dorado, tan mortal, *229,1912*
con dulce harpon dorado, *229,2815*
Que pauellon al siglo fue dorado, *261,86*
Dorado pomo a su veloz carrera. *261,132*
Su blanco pecho de vn harpon dorado. *261,244*
El cothurno besar dorado intenta. *261,300*
Fueran dorado freno, *263,864*
Con mas dorado color. *269,524*
El cabestrillo dorado, *269,971*
El dorado rasguño, *313,39*
Nocturno Sol en carro no dorado, *315,10*
Que al Betis le bebieron ia el dorado, *318,227*
Del Sol de las Españas, que en dorado *335,2*
No ha visto a su Belisa, i ha dorado *339,7*
Lo redimiò del vinculo dorado. *341,8*
Pliega el dorado volumen *355,49*
Ni a splendor suio dorado, *401,2*
A siglo mas que dorado, *413,31*
— Vno i otro: el dorado, ella amarilla. *439,2*
Mas fertil que el dorado Tajo riega, *458,3*

La dulze flecha del harpon dorado, *499,27*
Dorados *8*
Como pildoras dorados; *7,12*
A los dorados luminosos fuegos *72,15*
Sacros, altos, dorados capiteles, *76,1*
En los campos dèl Tajo mas dorados *92,5*
Dorados harpones tira *121,73*
Calcen cothurnos dorados; *167,16*
Offendan en alcaçares dorados *281,14*
En tantos la aclamò plectros dorados, *315,21*
Doral *2*
A quien Doral consulta *264,834*
El Doral. Despedida no saeta *264,844*
Doran *1*
Por las ondas que doran *166,9*
Dorando *2*
Dorando el mar con su luz, *287,66*
Raios dorando el Sol en los doseles, *318,498*
Dorandole *1*
Dorandole los pies, en quanto gyra *263,130*
Dorar *5*
Pintar los campos i dorar la arena), *67,4*
Que ha de dorar los alcores. *121,130*
Dorar estrellas salpicando el cielo, *229,1938*
A dorar pues con su luz *286,9*
Que esto de dorar las cumbres *414,3*
Doraràn *1*
Que salpicando os doraràn la espuela, *163,10*
Dorarè *1*
dorarè las letras negras. *229,2725*
Doras *1*
Ahora que de luz tu NIEBLA doras, *261,5*
Dore *1*
O los dore el interès; *269,1283*
Dores *1*
Ni el mar argentes, ni los campos dores. *17,14*
Doris *2*
Nympha, de Doris hija la mas bella, *261,97*
A Doris llega, que con llanto pio, *261,503*
Dormi *1*
Por Quiteria dormi al hielo, *419,89*
Dormia *1*
Dormia sueño i soltura, *26,26*
Dormid *2*
Dormid, que el Dios alado, *120,43*
Dormid, copia gentil de amantes nobles, *120,46*
Dormida *4*
Podras verla dormida, *120,35*
O dormida te hurten a mis quexas *261,379*
Preuino la dormida çagaleja. *366,11*
No solo alcançareys: hareys dormida; *470,6*
Dormidas *1*
A tordos que assi saben sus dormidas, *436,5*
Dormido *8*
Al Betis, que entre juncias va dormido, *114,6*
Sobre el dormido crystal, *142,44*
Tal, que el Dios se ha dormido *256,39*
Mudo la noche el can, el dia dormido, *261,169*
El bello iman, el idolo dormido *261,197*
El vulto vio, i haciendole dormido, *261,257*
Con el garçon dormido en cortesia, *261,266*
Despreciauas de Iuppiter, dormido *280,59*
Dormir *9*
Dos bienes, que seràn dormir i vello. *44,14*

Porque es dormir con espada, *102,25*
Se saliò a dormir al claustro. *228,160*
Bostezas? Voime a dormir. *229,3347*
a dormir con las gallinas; *229,3349*
casado, me irè a dormir, *229,3547*
Echandose a dormir; otro soldado, *278,10*
Que dormir vi al niño. Paso, *352,27*
Que dormir vi al niño. Paso, *352,37*
Doro *1*
Todas, por mas que las doro *269,226*
Dos *345*
Dos vezes la sugeta a su obediencia. *1,26*
Con las dos hermanas, *5,33*
I las dos primillas, *5,35*
Las dos plumas negras *5,52*
Con dos borlas blancas *5,59*
Dos hilos por riendas; *5,64*
A dos escudos en prosa, *6,77*
El que en hacer dos se emplea, *6,101*
Pariò dos cabritos. *8,18*
Sobre dos vrnas de crystal labradas, *12,1*
Llorando està dos Nymphas ia sin vidas *12,3*
Sobre las dos mexillas milagrosas, *18,7*
Haciendoles dos mil hurtos, *27,62*
Dos toquitas de repulgo, *27,90*
I dos perritos lanudos. *27,92*
Dos deligos capotuncios, *27,106*
La frente entre las dos sienes *28,63*
Aiudame a cantar los dos extremos *31,9*
Que està dudosa entre los dos la gloria, *40,3*
Quiere que de los dos la igual memoria *40,6*
Dos bienes, que seràn dormir i vello. *44,14*
Que los dos nos parecemos *48,29*
Tus dos plantas dos Abriles. *48,56*
Tus dos plantas dos Abriles. *48,56*
Ambos a dos nuestros fines: *48,62*
Entran dos Guadalquiuires, *48,72*
El que dos veces armado *49,17*
De dos peligrosos cercos; *49,20*
En medio de dos Alcaides *49,71*
Dos piezas del Toledano, *55,3*
Me has captiuado dos veces. *57,36*
I dèstas aues dos, que al nueuo dia *60,3*
Al Hungaro dos vanderas, *61,19*
Dos harpones penetrantes? *61,28*
Dos penetrantes harpones, *61,29*
De las dos mas bellas Turcas *61,31*
I quiso con dos uendalle. *61,56*
Lloràra en dos haças mias, *62,23*
A quien dos famosos rios *63,5*
En dos quartos diuididos *63,23*
Dos mil vistosos vltrages, *63,160*
Vn Hespañol con dos lanças, *64,2*
Dos Octauas Rimas, *65,114*
El que dos mil veces *65,251*
Aquellas dos, (ia mudas en su officio), *67,6*
Los dos nietos de Pepino *73,23*
Con dos garnachas maduras *73,63*
Dos mil perlas de ambas luces, *75,42*
De lagrimas dos almudes. *75,80*
El Amor, como dos hueuos, *75,89*
Los ojos son dos. *80,26*
Haze vn Doctor dos de claro *81,41*
Terminando las dos rosas, *82,23*
Dos años fue mi cuidado, *82,61*

Pagaba al tiempo dos deudas *83,81*
Con dos morillos honderos. *87,16*
Con dos docenas de versos: *87,52*
I no en la suia dos vigas, *93,13*
Dos higas. *93,14*
Dos cosas pretende en Corte, *96,29*
I a los dos no les perdona *105,75*
Vn espino i dos romeros *111,15*
Dos hombres de armas i io *111,37*
Las dos pues Réàles pauas *121,75*
Dos Troianos i dos Griegos, *122,15*
Dos Troianos i dos Griegos, *122,15*
Arman a Helena en dos dias *122,17*
Con dos puñados de sol *122,39*
I dos arcos tendiò contra mi vida. *128,14*
Pero con dos corazones; *131,60*
Vn mal viuo con dos almas, *131,67*
I vna ciega con dos Soles. *131,68*
Vn Hespañol con dos hijas, *132,13*
Que las dos alas, sin verlas, *142,26*
En dos lucientes estrellas, *143,1*
Cuio pie besan dos rios, *144,11*
Que a dos Sarmientos, cada qual glorioso, *145,3*
Cupido con dos Soles, que hermoso *145,7*
O ia de los dos Soles desatada, *146,13*
O ia de los dos blancos pies vencida. *146,14*
Los quiero dexar a dos. *147,10*
De vn rubi, i dos esmeraldas. *148,12*
Los ojos de sus dos almas? *148,44*
Cortò el viejo dos garzotas, *149,68*
Se calaron dos palomas, *149,92*
Dos tachones de la zona. *149,106*
Que en dos mulas mejores que la mia *153,7*
La gineta dos puestos coronados *155,5*
Con vn pie, i aun con los dos. *161,24*
Clarissimo Marquès, dos vezes claro, *164,1*
Claro dos vezes otras, i otras ciento *164,3*
De los dos Soles que el pincel mas raro *164,5*
Que mal serà con dos Soles obscura. *164,14*
Carros de vn Sol en dos ojos suaues. *166,18*
Gasten vna flecha o dos *168,35*
El templo santo de las dos Syrenas. *169,8*
Sois, pues dizen mas de dos *176,16*
Dos terminos de beldad *179,5*
Con dos columnas al orbe. *179,8*
Illustrando con dos lunas *179,47*
Mas podeis dezir los dos *186,8*
Por dos cosas me importuna, *189,2*
Desigual para los dos, *189,8*
Templaronle al momento dos baules *202,3*
Vn desafio campal de dos Gazules, *202,6*
Que dos pruma de escriuana. *207,25*
Contra los hombres los dos, *215,27*
Blanco el vno, los dos negros. *215,28*
Que cantan a dos i a tres. *217,72*
Belona de dos mundos, fiel te precia, *220,13*
Recibid ambas a dos *223,1*
Dos conejos, prima mia, *224,1*
I esos dos claueles finos, *226,79*
En dos horas de relox. *227,12*
Boberias son de a dos, *227,18*
Dos horas. Lector, a Dío, *227,59*
De dos amantes la historia *228,5*
Tenia dos sàeteras *228,87*

Dos o tres torçuelos brabos, *228,90*
Que las cejas sean dos arcos, *228,118*
En dos labios diuidido, *228,137*
Contrastar a mis dos braços". *228,216*
I dos vezes vendado, *229,5*
Ciego dos vezes para mi es Cupido. *229,6*
Vosotras incluis dos luces bellas, *229,19*
en dos estribos el pie. *229,205*
Rhetorica de dos suelas! *229,245*
Ambas a dos cosas creo. *229,311*
esperandoos a los dos. *229,379*
Entraos los dos a jugar. *229,384*
Dos años ha que partì *229,456*
los dos rios, los dos reies *229,466*
los dos rios, los dos reies *229,466*
con estas dos occasiones, *229,609*
i su madre, i dos leones, *229,617*
la conjuncion de los dos *229,680*
Salimos juntos los dos *229,762*
Treinta i dos años ha, i mas, *229,830*
Quedese esto entre los dos, *229,890*
que, porque a los dos importa, *229,1018*
porque los dos de vna guisa *229,1100*
Con dos enemigos lucho. *229,1159*
Que es muerte seruir dos amos; *229,1171*
porque esto de ser de a dos *229,1172*
Io doblon? I de dos caras. *229,1176*
Assi de los dos cegàras. *229,1179*
doblon de a dos, i aun de a diez? *229,1257*
oiendo a estos dos señores. *229,1674*
me busca. Aqui hallo dos. *229,1812*
Vn rio dixo el, pero dos rios *229,1943*
Con dos tajos me dexan por la cara. *229,1948*
dos rosas i vna azucena. *229,2050*
llama a los vecinos dos *229,2110*
aunque dos catarriberas *229,2274*
de la pintura, i dos Lelios *229,2444*
Io, que he entendido a los dos, *229,2556*
de vna azudilla, o de dos, *229,2601*
Quien los dos corchos juntara *229,2702*
Nosotros dos solamente *229,2830*
entendemos a los dos. *229,2831*
De dos caras, de dos nombres, *229,2862*
De dos caras, de dos nombres, *229,2862*
de dos coraçones duros, *229,2863*
Señor Fabio, dos palabras *229,2875*
dos casas en Caldescobas, *229,2970*
dos almazenes capaces *229,2972*
sin buscar a dos o tres *229,3070*
i juraràs por las dos. *229,3133*
Miren que dos negaciones *229,3156*
No vna vez, ni dos, ni tres *229,3202*
no me engañaràs ia dos, *229,3246*
Perderè dos mil jùicios. *229,3338*
Soi Emilio? En dos palabras *229,3374*
vna vez, i dos, i tres. *229,3436*
ambas a dos con sus mantos *229,3483*
io de los dos me desuio. *229,3521*
Qual dos colmillos, de vna i de otra roca, *230,9*
A dos mundos, i aunque es tanto, *235,7*
De sus dos serenos ojos, *242,26*
Dos hebras de seda mas *242,107*
En dos antiguas trobas sin conceto. *255,4*
Hallaron dos, i toman vna pieça *255,12*
Su monte dexa Apollo de dos frentes *256,4*

Tres años, las dos heroicas *259,70*
Entre dos myrthos que, de espuma canos, *261,211*
Dos verdes garças son de la corriente. *261,212*
Iuntar de sus dos picos los rubies, *261,330*
Las dos ojas le chupa carmesies. *261,332*
Ô tu que en dos incluies las mas bellas! *261,368*
Que en dos ola la restituie Galathea. *261,372*
Lastimoso despojo fue dos dias *261,447*
Los dulces dos amantes desatados, *261,474*
El que de cabras fue dos vezes ciento *263,153*
Sobre dos hombros larga vara ostenta *263,315*
Sino los dos topazios que batia, *263,707*
Instrumentos, no, en dos festiuos choros *263,752*
Torrida la Noruega con dos Soles, *263,784*
I blanca la Etyopia con dos manos; *263,785*
Hizieron dos robustos luchadores *263,965*
Abraçaronse pues los dos, i luego *263,968*
Las dos partes raiaua del theatro *263,981*
Dos vezes eran diez, i dirigidos *263,1035*
A dos olmos que quieren, abraçados, *263,1036*
Con siluo igual, dos vezes diez saetas. *263,1040*
Dos vezes huella la campaña al dia, *264,12*
Dos pobres se aparecen pescadores, *264,35*
Que en dos cuernos de el mar calò no breues *264,52*
En los dos gyros de inuisible pluma *264,183*
Que fingen sus dos alas, hurtò el viento; *264,184*
Dos son las choças, pobre su artificio, *264,200*
De los mancebos dos la maior cuna; *264,202*
El padre de los dos, emulo cano *264,209*
Mis hijos dos en vn batel despido, *264,412*
I pescar a Diana en dos barquillas: *264,420*
De pescadores dos, de dos amantes *264,517*
De pescadores dos, de dos amantes *264,517*
Quando de tus dos Soles *264,560*
I las Ossas dos bellas, *264,615*
Para fauorecer, no a dos supremos *264,659*
Sino a dos entre cañamo garçones! *264,661*
Los dos reduce al vno i otro leño *264,675*
Por dos topazios bellos con que mira, *264,796*
De quantos sus dos alas aquel dia *264,839*
I mata con dos luceros. *268,12*
I mata con dos luceros. *268,24*
I mata con dos luceros. *268,36*
Que caros fueron los dos. *269,110*
Con dos o tres aphorismos *269,415*
Dos vezes el gusto estraga, *269,617*
Mirad con que dos se toma, *269,958*
I entre que dos piedra imanes *269,959*
I en los rubies dos, que admira el suelo, *269,1241*
Para hazer dellos dos pagas *269,1387*
A quien entràra dos dagas *269,1388*
Por las almas de los dos. *269,1389*
No me saque a mi dos ojos *269,1420*
Vn picon, i aun creo que dos. *269,1445*
Destas dos balanças vengo *269,1534*
Seremos allà los dos. *269,1595*
Vn espaldarazo, o dos; *269,1657*
Contra los dos, si nos valen. *269,1701*

Por vna noche, o por dos, *269,1759*
Con lo qual, dos, tres, i aun quatro *269,1786*
Con dos dramas le matò *269,1920*
Otros dos. Gracioso aliño *269,2002*
De los dos mares vna i otra espuma. *271,14*
Patriarcha pues de a dos, *275,13*
Diuidida en dos fue entera, *275,14*
Baxa de sus dos Prophetas. *275,32*
Pues Abulenses los dos, *275,45*
Que en dos viñas a vna cepa *275,98*
A dos de Otubre, en Trassierra. *275,128*
De dos escollos o tres *285,2*
Si la tierra dos a dos *286,14*
Si la tierra dos a dos *286,14*
Entre dos zigarras, que *288,11*
Iusticia en dos puntos hecho, *288,57*
Dos mulas de cordouan, *288,70*
I de heredar a Pedro en las dos llaues, *290,8*
Le hacen obscuro, i el en dos raçones, *293,10*
Que en dos truenos librò de su Occidente, *293,11*
"El dulce lamentar de dos pastores". *312,18*
Sino Apolos lucientes dos a España, *318,115*
Negras dos, cinco azules, todas bellas. *318,128*
Que illustra dos Eclipticas ahora, *318,143*
Dos mundos continente son pequeño; *318,204*
Dignando de dos gracias vn sugeto. *318,224*
Ceñido que sus orbes dos de zonas. *318,248*
De treinta vezes dos acompañado *318,310*
Ninguna de las dos Reales persona, *318,325*
Boluieronse los dos, que llama ardiente, *318,389*
I por su espada ia dos vezes Brauo, *318,542*
A sus dos remos es, a sus dos llabes? *318,564*
A sus dos remos es, a sus dos llabes? *318,564*
Entre dos en vna vara, *321,16*
Entre dos se traxo aquel, *321,24*
Sino por los dos amantes, *322,5*
Fue de los dos casquilucios; *322,24*
Estos, pues, dos Babilonios *322,29*
Sus dos hermosos dibuxos: *322,44*
I la luz de dos carbunclos. *322,48*
En las jaulas de dos tufos. *322,112*
Dos espadas eran negras *322,117*
Dos estocadas de puño. *322,120*
Abriò dos veces el mio *322,183*
Por las bocas de dos brutos *322,294*
A pesar de el Amor, dos; *322,507*
Guerra me hazen dos cuidados *329,1*
Era mucho de los dos, *331,38*
De vn pardo escollo dos fuentes, *333,2*
Sus dos cortinas abrocha *333,17*
Dos o tres alas desmiente. *333,48*
De dos cañaços Moriscos. *334,48*
De vuestros dos se veen progenitores *335,13*
A tu pincel, dos veces peregrino, *343,2*
Que vn Sol con dos soles viene. *349,16*
Que vn Sol con dos soles viene. *349,24*
Que vn Sol con dos soles viene. *349,32*
Si duermen sus dos luceros. *352,12*
Si duermen sus dos luceros. *352,24*
Dos a dos i tres a tres. *353,32*
Dos a dos i tres a tres. *353,32*
Dos esquadrones viò armados *354,3*
Cerraron, pues, las dos haces, *354,13*

Fugitiuas son las dos; *355,65*
Contra los dos, hija infame *357,67*
Assiste al que dos mundos, garçon bello, *360,5*
Dos apenas le dio a el; *375,18*
Dos bellas copias del sol; *377,18*
A qualquiera de las dos; *377,20*
Dos vezes mal aia, i tres. *378,48*
Si no merecemos dos; *390,46*
No acabes dos Planetas en vn dia. *391,14*
Las dos que admitiò estrellas vuestra Aurora, *395,3*
Los dos lucientes ia del cisne pollos, *399,9*
Que fueron dos contra vno. *401,10*
Entre dos plumas de huesso *412,25*
En tener dos no repara *412,37*
Aun las dos niñas son viejas: *418,17*
Con dos valcones al Pardo *418,43*
Mas los dos soles de Ines *419,6*
Lustralle sus dos Mundos en vn dia. *421,26*
Estos dos de la Iglesia tutelares *421,35*
Llaues dos tales, tales dos espadas, *421,41*
Llaues dos tales, tales dos espadas, *421,41*
Rïènse los dos, *422,9*
Serbite en dos empanadas *423,5*
Dos montes de jabalìes. *423,8*
Con la Arcadia dos dueñas incapazes, *432,6*
Vn valdres basta, dos plumas fingidas. *436,4*
Dos torpes, seis blasphemos, la corona *442,9*
I otro dos vezes que el no menos ciego; *442,11*
En Castilla la Vieja, dos lugares *443,2*
De dos vezinos tan particulares, *443,3*
La puso casa, i la siruiò dos años. *447,8*
Traxo veinte i dos años, dia por dia, *450,5*
Florida mariposa, a dos Imperios *456,9*
La claridad de el sol en dos luzeros. *461,4*
No vn arbol os sigue o dos: *478,8*
Culpa de dos ojos *494,44*
A dos passos los desdeña *497,10*
Hize las dos empulgueras; *499,187*
Que a los dos fui tan cruel, *499,233*
I a las dos casi los pies. *499,323*
Pues las dos ganais de vn arte: *499,345*
Dosel 13
Donde cada dosel cubre *63,55*
O dosel le cubra *65,155*
No debaxo de dosel, *217,6*
Dosel de Reies, de sus hijos cuna *219,9*
I su orizonte fue dosel apenas, *245,2*
Debaxo escuchas de dosel Augusto *261,19*
A vn fresco sitîal dosel vmbroso, *261,310*
Lo Augusto del dosel, o de la fuente *262,23*
Dosel al dia i thalamo a la noche, *263,471*
Canoro nicho es, dosel alado; *315,12*
Verde frondoso dosel *355,46*
Oro para su dosel. *374,30*
Porque io dosel le doi *413,3*
Doseles 1
Raios dorando el Sol en los doseles, *318,498*
Dotada 1
Rica, si bien nacida i bien dotada, *229,1074*
Dote 12
Con vna Dama sin dote, *6,8*
Con quarenta mil de dote. *107,24*
Diò en dote, que ser le plugo *122,34*
Para el dote gauilan. *122,36*

Su beldad i vn Reino en dote, *131,78*
a mil escudos de dote; *229,631*
i le da en dote el agrauio? *229,685*
muchos ducados de dote *229,1276*
mi dote es vn Potosi. *229,2385*
bastan, en dote os la doi. *229,3539*
El dote fue menor de su consorte; *318,428*
Traxo en dote vn serafin *418,41*
Dotò 3
Las piedras que ia dotò. *306,10*
Las piedras que ia dotò. *306,27*
Las piedras que ia dotò. *306,44*
Dotrina 2
Extrañando la dotrina *355,81*
Reça o escriue en coplas la dotrina. *471,14*
Dozauo 1
La medida del dozauo, *96,60*
Doze 2
Desde las doze a las treze *81,26*
Quatro vezes en doze labradoras, *263,889*
Dozenas 1
Tres dozenas de potencias. *269,568*
Dragon 2
De el vigilante fue Dragon horrendo; *318,76*
Señor, aquel Dragon de Ingles veneno, *458,1*
Dragontè 1
Tambien me borraràs la Dragontè, *468,5*
Dragontea 1
Vinorre, Tiphys de la Dragontea, *432,12*
Dragut 2
Vn forçado de Dragut *38,5*
Aunque encuentre con Dragut. *269,440*
Dramas 1
Con dos dramas le matò *269,1920*
Draque 1
Que la Coruña del Draque, *93,18*
Droga 1
Que a cada edad ai su droga, *269,1970*
Drogas 2
i experimentar las drogas; *229,791*
En vano drogas nos diò *269,1925*
Dryadas 1
Dryadas de su vergel. *376,20*
Dubio 1
Digalo tanto dubio decidido, *421,16*
Ducados 15
Quieren ellas mas ducados *55,10*
Ducados dexan ducados, *126,9*
Ducados dexan ducados, *126,9*
Si yo tuuiera veinte mil ducados, *203,13*
veinte o treinta mil ducados: *229,260*
O ia vecinos ducados *229,878*
o ducados estrangeros *229,880*
muchos ducados de dote *229,1276*
Concertòla en cient ducados, *269,789*
Vas a sacar cient ducados? *269,880*
Cient ducados, que me presta *269,1076*
Que dandoos los cient ducados *269,1394*
Para lo qual cient ducados, *269,1448*
Mas, necio, diez mil ducados *269,1560*
Pues trae ducados diez mil. *269,1697*
Ducal 1
La purpura Ducal creiendo: tanto *404,14*
Ducales 1
Las insignias Ducales de Gandia. *318,40*

Duces *1*
Los que en Romance ha tanto que sois Duces.
277,4
Ducientos *2*
Mas de ducientos mil pinos; *89,28*
me den ducientos açotes. *229,1998*
Duda *29*
Sin duda se muda GLAVCA". *10,36*
Que tengo por mui sin duda *26,82*
Sin duda alguna que es muerta, *38,30*
Que estan los montes en duda *48,23*
Sin hauer freno de duda. *102,10*
Sin duda el lagarto rojo, *110,33*
Sin duda que es vn caiado *205,17*
Que en duda pone a los cerros *215,22*
Sin duda os valdrà opinion, *225,1*
i aun mas fuerte, pues no ay duda *229,117*
Plata que no tiene duda *229,978*
Sin duda que estoi dañado, *229,1856*
Oie. Motes son, sin duda, *229,1985*
que este sin duda es su hijo. *229,3075*
De la Fama, que, sin duda, *259,9*
Duda el Amor qual mas su color sea, *261,107*
En duda ponen qual maior hàzìa *263,538*
Que sin duda deues ser *269,842*
Iesus, Doctor, quien lo duda? *269,1406*
Sin duda alguna queria *269,1822*
I sin duda que es commigo, *269,1850*
Que seran, sin duda, encenias *334,43*
Qual menos piedad arbitra lo duda, *338,8*
Debajo deste marmol que, sin duda, *344,2*
Muera feliz mil vezes, que sin duda *359,12*
Que sin duda alada oueja, *371,8*
A su fin nuestra edad. A quien lo duda, *394,6*
Culpa sin duda es ser desdichado, *396,5*
Fabrica fue sin duda, la vna parte *404,2*
Dudaba *1*
Neutra el agua dudaba a qual fee preste,
261,423
Dudar *1*
pues que te veo dudar. *229,1414*
Dudara *1*
Que los dudara el concurso, *355,55*
Dudarè *1*
I dudarè qual maior, *390,10*
Dudas *8*
se ha entrado mi fee? Eso dudas, *229,1590*
contra todas estas dudas? *229,2645*
a las dudas de Camilo, *229,3127*
Si dudas lo que sabes, *264,567*
I la fee desota en dudas, *269,122*
En matallas pocas dudas *269,157*
Mis dudas, pero aun el ielo *332,34*
A quien me pusiere dudas *477,22*
Dudase *1*
Dudase con qual arma fuese muerto; *381,2*
Dudaua *2*
Que el aire dudaua entrar, *243,15*
Porque dudaua salir. *243,16*
Dudes *2*
Pues para que dudes poco, *229,1417*
no dudes, fia de mi, *229,2723*
Dudo *11*
Traxo de Paris no dudo; *190,4*
De tu fee no dudo nada; *229,1415*

de mi dicha mucho dudo. *229,1416*
Ingenìòsa hiere otra, que dudo *263,252*
Arbitro Alcides en sus ramas, dudo *263,1061*
Al insultar los aires? Io lo dudo, *264,778*
I no lo dudo, señora, *269,810*
Quien, dime, son aquellas de quien dudo
298,25
Dios eterno; que no dudo *300,33*
"Esta es, dixo, no lo dudo; *322,180*
Porque, aunque todas son de viento, dudo
429,3
Dudon *1*
Dixo bien Dudon vn dia, *73,125*
Dudosa *5*
Que està dudosa entre los dos la gloria, *40,3*
Pisando la dudosa luz de el dia. *261,72*
Obedeciendo la dudosa planta, *263,191*
Vn lustro ha hecho a mi dudosa mano, *264,147*
Vrna hecho dudosa jaspe tanto, *298,11*
Dudoso *2*
Està dudoso lo mas. *95,24*
Dudoso a qual mas le deba, *376,11*
Dudosos *2*
No solo dudosos mares, *63,226*
De los dudosos terminos de el dia. *263,1072*
Duela *3*
Que me duela dèl tahur *227,37*
Instrumento oi de lagrimas, no os duela *365,5*
Pastor os duela amante, que si triste *365,9*
Duele *2*
A ti, hermano, que te duele? *229,2508*
De Carrìòn le duele, humedecida, *318,355*
Duelete *1*
Duelete de esa puente, Mançanares; *71,1*
Duelo *6*
Ten de ti misma duelo, *25,40*
De su inocencia i su duelo. *49,52*
Dirè que es el. Yo me duelo *229,1902*
Si masse duelo no en capirotada, *234,13*
Prorrogando sus terminos el duelo, *318,409*
Ninguno me tenga duelo; *419,92*
Dùelo *2*
Quando admitiò a dùelo soberano *269,1228*
Absoluieron vn dùelo, *416,36*
Duelos *3*
I a no sentir yo mis duelos, *96,99*
En las leies de sus duelos, *269,3*
Que ia de sus duelos juzgo, *322,392*
Dueña *5*
La dueña enciende deuota *187,2*
de la dueña mas fìèl. *229,181*
pero al escudero i dueña, *229,429*
Dueña en sala i mico en reja. *269,1021*
Oi galan? Aier dueña i oi soldado? *444,3*
Dueñas *4*
Recibe dueñas con dones *122,21*
De dueñas de honor, i a fee *217,62*
Si en Dueñas oi i en todo su Partido *313,21*
Con la Arcadia dos dueñas incapazes, *432,6*
Dueño *34*
A pesar gastas de tu triste dueño *44,2*
Concededme, dueño mio, *64,49*
Como mi dueño, o mi daño, *96,68*
Es el dueño dèste haco *96,82*
Traxome a Madrid mi dueño, *96,109*

Quando de vuestro dueño soberano, *99,12*
Envista vn baxel sin dueño. *106,26*
Ia las bacas de mi dueño, *116,45*
De vuestras almas dueño, *120,44*
Pensar que vno solo es dueño *126,12*
Tu inclyto dueño, a quien, *132,62*
Risueñas aguas, que de vuestro dueño *203,32*
Eres hija de mi dueño. *229,1132*
Eres dueño de su hija. *229,1133*
i a su dueño, que nos mandas? *229,2591*
Isabela dueño tiene; *229,2612*
No es el huesped de tu dueño *229,2778*
Gran dueño mio, i con inuidia dexa *231,2*
De tardos bueies qual su dueño errantes;
261,164
Reuoca, Amor, los siluos, o a su dueño *261,175*
En juncos, miel en corcho, mas sin dueño;
261,226
Si bien al dueño debe, agradecida, *261,227*
I aun siente que a su dueño sea deuoto, *261,247*
De muchos pocos numeroso dueño, *264,316*
— Pica bufon. Ô tu, mi dulce dueño! *277,9*
Vassallos de tu dueño, si no Augusto, *294,3*
De la ambicion, al pie de su gran dueño
318,202
La quietud de su dueño preuenida *318,353*
Ponderè en nuestro dueño vna paciencia,
336,12
Al hermoso dueño mio, *384,1*
Nauega mi dulce dueño? *384,14*
Reclinatorio es de su gran Dueño, *421,54*
Vuelue a su dueño, mas cadenas de oro *444,10*
De el dueño solicita, i de el Priuado: *452,13*
Dueños *1*
de sus dueños, i hallè *229,2268*
Duerma *2*
Que no se duerma entre flores, *87,81*
De vuestros años, aspid duerma breue *292,2*
Duerme *6*
Que duerme en mollido *65,23*
Mas que duerme de prestado. *96,56*
Duerme, i Narciso Cupido, *142,41*
Duerme, i en silencio santo, *235,6*
Como duerme la luz, niegan las flores. *261,280*
Quien duerme en español i sueña en griego,
434,6
Duermen *3*
Victorìòsos duermen los soldados, *180,10*
Si duermen sus dos luceros. *352,12*
Si duermen sus dos luceros. *352,24*
Duermes *1*
Sè que para el bien te duermes *26,105*
Duermo *2*
Quince meses ha que duermo, *83,37*
Si no duermo como galgo. *96,112*
Duero *8*
Las que del Duero al Hidaspe *63,214*
De el Duero en la orilla, *65,206*
Quantas al Duero le he negado ausente, *109,1*
Verdes juncos del Duero a mi pastora *128,1*
De rios soi el Duero acompañado *134,1*
Ha de entrar a besar la mano a Duero. *151,4*
No solo es ia de quanto el Duero baña *311,2*
Su primer cuna al Duero se la debe, *318,31*
Dulce *183*

Miel dulce al amargo acibar, *2,47*

Dèl dulce mirar, *4,24*

Dulce Madre mia, *4,41*

Qual con voz dulce, qual con voz doliente, *14,6*

Dulce arroiuelo de corriente plata *16,2*

"Dulce retrato de aquella *28,57*

Honren tu dulce plectro i mano aguda *31,6*

Qual ia por escuchar el dulce canto *33,11*

Ô bella Clori, ô dulce mi enemiga? *34,14*

I ornarte ha, en premio de tu dulce canto, *35,7*

Dulce patria, amigas velas, *39,11*

I tu, mi dulce suspiro, *39,47*

La dulce voca que a gustar conuida *42,1*

La dulce municion del blando sueño, *44,3*

Que, embuelta en dulce armonia, *48,3*

La dulce vida despide), *48,4*

Mas dulce i sabrosa *50,51*

En roxa sangre) de tu dulce vuelo, *52,10*

Ô dulce Arion, ô sabio Palynuro! *54,14*

Si la del dulce mirar *55,36*

La dulce Francia i la suerte. *59,40*

Saludauan aier con dulce lloro, *60,4*

No menos dulce que bella, *62,50*

Dulce olor los frescos valles, *63,186*

Tan dulce como enojada, *64,44*

Escondiendo el dulce caso *73,115*

El cuerpo a su amante dulce, *75,70*

Oy a estos sacros hymnos, dulce canto, *77,7*

Que en dulce libertad goço, *83,22*

I con dulce pluma lloro. *83,60*

Tan dulce olorosa flor, *85,4*

En su mas dulce mirar; *95,20*

Soñolienta beldad con dulce saña *100,10*

Sin alma viuo, i en vn dulce fuego, *101,10*

Con su instrumento dulce su voz clara. *104,11*

Ia de mi dulce instrumento *105,1*

Su dulce fruto dulces ruiseñores, *114,12*

Dulce serà el coraçon. *121,44*

Lo dulce de la voz, *125,16*

Tegieron dulce generosa cuna; *128,2*

De algun dulce gemido; *129,15*

Dulce, pero simple gente, *148,35*

El dulce fauor implora. *149,74*

Vn dulce lasciuo enxambre *149,95*

Dèl dulce mouimiento de la cuna. *156,24*

Nueuo dulce pensamiento *158,15*

Dulce os adormece, *160,29*

I dulce os recuerda. *160,30*

En dulce si, mas barbaro instrumento, *166,38*

Lleguè, i a vuestra dulce compañia, *172,2*

Diuinos ojos, que en su dulce Oriente *174,9*

Dulce frai Diego, por la dulce caja; *182,2*

Dulce frai Diego, por la dulce caja; *182,2*

Dulce es refugio, donde se passea *194,5*

La dulce voz de vn seraphin humano. *196,8*

Prodigio dulce que corona el viento, *203,28*

Su fruto, o sea lo dulce o sea lo acedo, *203,65*

Dulce prenda, aunque muda, ciudadana *203,80*

I lo dulce que consuela, *214,22*

De dulce voz i de homicida ruego, *218,3*

Que en planta dulce vn tiempo, si espinosa, *221,3*

Dulce le mirò i cortes. *226,64*

Que conuocò el dulce canto; *228,44*

Mas tan dulce, aunque tan baxo, *228,106*

Que argenta el ayre con su dulce vuelo. *229,24*

No en armas, dulce señora, *229,306*

Dulce hermana, io me voi. *229,312*

dulce hermana de este joben, *229,557*

Dulce propria eleccion, no fuerça agena, *229,1066*

dulce por aqui, i galante: *229,1449*

El papel, dulce señora, *229,1564*

tan dulce, tan penetrante, *229,1911*

Clarin es dulce de la paz Christiana. *229,2193*

de dulce, fastidíoso, *229,2560*

en vn dulce parabien, *229,2583*

que firmarè, en dulce estilo, *229,2694*

con dulce harpon dorado, *229,2815*

Quien me busca? Ô dulce amigo! *229,3107*

Dirige al cielo España en dulce choro *230,36*

Si no el mas dulce rubi, *243,2*

Este pues docto enxambre i dulce choro. *256,9*

I pulsando vna dulce i otra cuerda, *256,49*

Dulce Heliconia nueuo, *256,57*

Prudente imitador! Tu dulce lyra *260,13*

Ocio attento, silencio dulce, en quanto *261,18*

Galathea es su nombre, i dulce en ella *261,99*

Dulce se quexa, dulce le responde *261,181*

Dulce se quexa, dulce le responde *261,181*

Dulce Occidente viendo al sueño blando, *261,190*

No solo para, mas el dulce estruendo *261,267*

Lo mas dulce el Amor de su veneno: *261,286*

Dulce ia concediendole, i risueña, *261,307*

Que dulce muere i en las aguas mora; *261,364*

Mi voz, por dulce, quando no por mia. *261,384*

Su dulce fruto mi robusta mano; *261,410*

Quantos me dictò versos dulce Musa *262,2*

Su canoro darà dulce instrumento, *262,36*

Segundo de Aríon dulce instrumento. *263,14*

Su dulce lengua de templado fuego, *263,39*

Tierno discurso i dulce compañia *263,226*

La dulce confusion hazer podia, *263,485*

Sigue la dulce esquadra montañesa *263,541*

Theatro dulce, no de scena muda, *263,624*

La dulce de las aues armonia, *263,706*

Con ceño dulce i con silencio afable, *263,725*

El dulce lecho conjugal, en quanto *263,802*

El dulce alterno canto *263,845*

I dulce Musa entre ellas, si consiente *263,891*

En dulce se desaten liquido oro. *263,925*

De quien es dulce vena *264,14*

Señas mudas la dulce voz doliente *264,42*

La mas dulce, si no la menos clara *264,187*

I mientras dulce aquel su muerte annuncia *264,257*

Risueña parte de la dulce fuente, *264,447*

A cantar dulce i a morirme luego; *264,545*

Hizo a mi forma, ô dulce mi enemiga, *264,571*

Alterno canto dulce fue lisonja! *264,627*

Dexò sin dulce hija, *264,978*

Dulce la mira la Aurora *268,61*

Dulce, pero chupatiuo, *269,457*

A veros, dulce Casilda. *269,522*

Si, dulce señora mia, *269,1055*

Syrena dulce i crúèl, *269,1155*

Réàles plumas (cuio dulce buelo, *269,1237*

— Pica bufon. Ô tu, mi dulce dueño! *277,9*

Lastimando tu dulce voz postrera *280,8*

Aues la menos dulce i mas quexosa! *281,8*

Dulce tranquilidad que en este mora *281,22*

Tan dulce, tan natural, *285,41*

Cometieron (dulce offensa *287,6*

Dulce escollo, que aun ahora *287,41*

Cabello, oirà el Genil tu dulce auena, *289,2*

Este, si numeroso, dulce escucha *290,9*

Mas con gemido alterno i dulce lloro, *291,6*

A la que dulce mas la sangre os bebe, *292,6*

Syrena dulce, si no Sphinge bella. *292,11*

Dulce leccion te hurta tu buen gusto; *294,6*

"El dulce lamentar de dos pastores". *312,18*

Con la que en dulce lazo el blando lecho. *312,28*

Dulce fia? Tu metrico instrumento, *316,13*

Dulce beuia en la prudente escuela *318,57*

A Juno el dulce transparente seno, *318,98*

Dulce aquella libò, aquella diuina *318,111*

Dulce continúàda primauera *318,179*

Menos dulce a la vista satisface *318,209*

Dulce vn dia despues la hizo esposa, *318,317*

Sueño le alterna dulce en plectros de oro. *318,448*

Citharista, dulce hija *322,9*

Dexar el dulce candor *322,21*

Que salpicò dulce ielo, *322,471*

Dulce hijo el que se oiò; *331,18*

Al dulce doliente son, *332,11*

Sino la mas dulce pluma *332,25*

Harpon dulce de las gentes. *333,36*

Vn dulce i otro cantico sagrado. *338,14*

Dulce arroiuelo de la nieue fria *339,1*

Bebia de vna i otra dulce estrella *340,7*

Dulce te seguirà, pues dulce buela; *345,20*

Dulce te seguirà, pues dulce buela; *345,20*

Dulce mas que el arroiuelo *349,17*

De cuia dulce fatiga *355,25*

Con dulce pluma Celinda, *356,29*

I no menos dulce mano, *356,30*

Vndosa de crystal, dulce Vihuela; *365,4*

Dulce libando purpura, al instante *366,10*

Consuelo dulce el clauel *375,15*

Embaina vn dulce desden, *376,30*

Adorolas, i tan dulce, *377,21*

Que tan dulce me lastìma. *383,2*

Nauega mi dulce dueño? *384,14*

El dulce, pues, instrumento, *389,9*

A mi dulce amor. *389,49*

A mi dulce amor. *389,58*

A mi dulce amor". *389,67*

Al dulce doliente son *390,50*

Contiene vuestro albor i dulce espera *395,10*

Beuiendo raios en tan dulce sphera, *403,9*

Vocas, de paz tan dulce alimentadas, *421,40*

Dulce afabilidad que te acompaña. *421,77*

Si dulce sopla el viento, dulce espira *424,5*

Si dulce sopla el viento, dulce espira *424,5*

I tal vez dulce inunda nuestra Vega, *431,3*

Vida dulce i lisongera, *498,10*

Dulcemente 26

De el rostro dulcemente zahareño, *44,7*

Tropheo es dulcemente leuantado, *112,5*

Quando dulcemente hable, *121,65*

Quando dulcemente mire, *121,66*

Despide quexas, pero dulcemente. *139,11*

Dulcemente me recibe. *229,1118*
que durmiendo dulcemente *229,1270*
dulcemente carmesi. *229,2349*
A los dulcemente graues *239,5*
Vn ruiseñor a otro, i dulcemente *261,182*
Dulcemente impedido *263,238*
Cuio cabello intonso dulcemente *263,769*
Quesillo, dulcemente apremîado *263,875*
Crystal, agua al fin dulcemente dura, *264,578*
Dulcemente salia despedido *264,683*
No habla mui bien? Dulcemente. *269,925*
Dulcemente dexaron de ser aues. *291,14*
Quan dulcemente de la encina vieja *295,9*
I el dulcemente aroma lagrimado *318,243*
Carríòn dulcemente perdonado; *318,362*
A lo dulcemente rufo *322,118*
La que dulcemente abreuia *357,5*
Dulcemente llorando, *368,26*
Iace gloriosa en la que dulcemente *392,9*
Si bien dulcemente esculto. *416,30*
Su voz i dulcemente se querella, *424,6*
Dulces *56*
I quien las dulces patrañas *7,21*
Palabras dulces mil sin merecello, *20,6*
Las dulces alas tiende al blando viento, *45,5*
Dulces lazos, tiernas redes, *57,66*
O que se dan dulces paces; *63,176*
I tan dulces de lenguage, *63,210*
Reliquias dulces dèl gentil Salicio, *67,7*
En dulces modos, i los aires rompa *77,46*
Bebiendo sus dulces ojos *78,67*
En dulces trepas viuid *82,130*
A dulces memorias dado, *106,13*
Su dulce fruto dulces ruiseñores, *114,12*
Dulces ausencias de NISE *116,5*
Me contienden tus dulces ojos bellos! *120,3*
A los dulces ruiseñores, *121,126*
Los mas dulces desenojos? *124,6*
Dulces guerras de Amor i dulces pazes. *129,9*
Dulces guerras de Amor i dulces pazes. *129,9*
Entre dulces escorpiones. *131,32*
Nuestros dulces desenojos, *141,6*
Dulces sonorosas señas *142,3*
Las dulces burlas que os pido *167,27*
Prestàran dulces en su verde orilla. *203,18*
Son dulces como la miel. *217,36*
De tres dulces ruiseñores *217,71*
I por cebarse en dulces desengaños *229,1035*
Seruir de jaula de sus dulces quexas, *229,1050*
No frustreis mas sus dulces esperanças; *231,11*
Con raios dulces mil de Sol templado *252,12*
Los dulces dos amantes desatados, *261,474*
Lagrimosas de amor dulces querellas *263,10*
Tropheos dulces de vn canoro sueño. *263,128*
Esquilas dulces de sonora pluma, *263,177*
Efectos, si no dulces, del concento, *263,345*
Quantas a Pallas dulces prendas esta *263,833*
Dulces pomos, que al curso de Atalanta *263,863*
Los dulces fugitiuos miembros bellos *263,1055*
Que al vno en dulces quexas, i no pocas, *264,40*
Que sembrò dulces quexas *264,176*
De cuios dulces numeros no poca *264,181*
Muchos ha dulces dias *264,392*

Que el conuecino ardor dulces amantes. *264,644*
Quan dulces te adjudicas ocasiones *264,658*
Menos que estas dulces tretas, *269,63*
Porque seran dulces tretas, *269,253*
Os dieron dulces canciones *269,1011*
Para que en dulces empleos *269,1126*
A Venus los estrechos dulces nudos, *269,1235*
Dulces sean ruiseñores *300,12*
Lisonjas dulces a Mercurio alado; *318,308*
Dulces les texen los rios, *353,29*
De lilios, que dulces nacen *389,38*
Son dulces competidores; *414,35*
Suenan dulces instrumentos; *414,42*
Sus ojos dulces, sus desdenes agros. *447,11*
En tiernos, dulces, musicos papeles, *458,10*
Dulcissima *3*
Dulcissima Valenciana *97,7*
Que en tus ojos, dulcissima señora, *139,3*
Dulcissima fuerça i tanta, *177,15*
Dulcissimas *3*
Dulcissimas coiundas mi instrumento, *261,440*
Dulcissimas querellas *264,516*
Lagrimosas dulcissimas querellas *318,406*
Dulcissimo *6*
Haga pues tu dulcissimo instrumento *35,10*
De dulcissimo rigor; *178,4*
De Amor bebi el dulcissimo veneno, *197,2*
Tu dulcissimo clamor *229,1080*
O el de Arpinas dulcissimo Abogado, *244,2*
Dulcissimo panal, a cuia cera *261,207*
Dulcissimos *3*
Los dulcissimos ojos de la sala, *138,10*
A Estrangeros, dulcissimos Póètas. *229,395*
Quantos labran dulcissimos panales, *269,1242*
Dulçura *4*
Puede mi mal, i pudo su dulçura! *33,14*
multipliquen con dulçura, *229,2541*
Deste con la dulçura, con la gracia, *472,10*
Ella, dulçura en picarte, *499,346*
Dulçuras *3*
Vn lecho abriga i mil dulçuras cela. *120,27*
Dulçuras acrecientan a dulçuras. *256,47*
Dulçuras acrecientan a dulçuras. *256,47*
Dulze *6*
La dulze flecha del harpon dorado, *499,27*
Que aue no abrigarà su dulze nido *499,78*
Assi que todo haze un dulze ierro, *499,90*
En liquida, en templada, en dulze plata. *499,115*
Su dulze conuersacion. *499,297*
De Daliso el dulze engaño *499,306*
Dulzura *1*
Castro excelso, dulzura de Caistro; *318,574*
Dulzuras *1*
claridades i dulzuras, *229,2006*
Duodecimo *1*
Que al duodecimo lustro, si no engaña *421,78*
Duplicidad *1*
La duplicidad huias estrangera; *421,75*
Duque *17*
Grandeça del Duque ahora, *132,31*
que de vn Duque de Medina. *229,303*
El Duque mi señor se fue a Francìa: *233,2*
Los ojos venciò del Duque *259,57*

Ô DUQUE esclarecido! *262,26*
De vn Duque esclarecido la tercera *318,129*
Parte en el Duque la maior tuuiera *318,417*
Vniuersal, el Duque las futuras *318,458*
Memoria al Duque, donde abreuîado *318,485*
No en circos, no, propuso el Duque atroces *318,505*
De el Duque atento, cuia diligencia, *318,546*
Asintiò el Duque entonces indulgente, *318,626*
Duque sois de los arroios *334,3*
Con el gran Duque. Principes, a Dio; *379,2*
Quien Duque pudo ser canonizado. *404,48*
Tullò a vn Duque, i a quatro mercadantes *447,9*
El Duque mi señor se fue a Francìa, *471,1*
Duques *1*
De que Duques las requestan, *55,44*
Duquesa *2*
Que es Duquesa diez mil veces *269,1696*
Que de Lerma la ia Duquesa, dina *318,401*
Dura *35*
Tu mesa, i tu cama dura *26,102*
No destroçada naue en roca dura *43,1*
Dura roca, red de oro, alegre prado. *43,14*
Tu en ser dura, yo en ser firme. *48,32*
Con dura inclemencia *79,42*
De la dura peña, *79,82*
De vna dura peña, *79,112*
De mano tan dura *79,115*
De esta dura esclauitud, *83,17*
Siendo la piedra Phelixmena dura, *119,13*
Qual tierno ruiseñor en prission dura *139,10*
Tu ceruiz pisa dura; i la pastora *146,9*
Aguarda, i la dura encina, *177,7*
Su esposo la dura lança, *178,22*
Tan liueral, aunque dura, *226,5*
El viento las lleuò, i dura mi pena. *229,295*
vn cuerpo de piedra dura *229,1146*
La dura encina, honor de la arboleda: *229,2142*
Tiernos raios en vna piedra dura *260,7*
Del Norte amante dura, alado roble, *263,394*
Inunde liberal la tierra dura; *263,823*
Los nouios entra en dura no estacada. *263,1088*
Crystal, agua al fin dulcemente dura, *264,578*
En prision me poneis dura; *269,1091*
De porfido luciente dura llaue, *274,2*
Mortal saeta, dura en la montaña, *311,7*
I en las ondas mas dura de la fuente. *311,8*
Parte la dura huessa, *312,27*
Dura pala, si puño no pujante, *318,69*
La dura tierra barriste; *320,4*
La dura tissera, a cuio *322,418*
Quien mas vee, quien mas oie, menos dura. *343,14*
Pues dura pocas mas horas *375,27*
No el esplendor a tu materia dura; *426,6*
Nieto de vna dura peña, *497,9*
Duracion *1*
Que en duracion se burlan i en grandeza *256,26*
Duramente *3*
Quien tan duramente hiere, *57,24*
Albogues, duramente es repetido. *261,92*
De los Philippos, duramente hecho *318,439*
Durandarte *2*
Estèse allà Durandarte *27,25*

El Maestro Durandarte; *186,7*

Duras *11*

Duras cortezas de robustas plantas *30,2*

Duras puentes romper qual tiernas cañas *108,5*

Con las mas duras piedras? *125,22*

Lisonjas duras de la Musa mia. *170,8*

Duras redes manda armar, *178,18*

Por duras guijas, por espinas graues *261,475*

Las duras cuerdas de las negras guijas *263,347*

Piedras las duras manos impedido, *263,992*

Las duras bassas abraçaron ellos *263,1059*

Si piedras no lucientes, luces duras *318,462*

Las duras zerdas que vistiò zeloso *415,1*

Duraznicos *1*

Duraznicos en su huerta, *62,38*

Durazno *1*

Qualquier regalo de durazno o pera *182,9*

Dureça *3*

La dureça dèsta sierpe, *57,70*

Pues tu nombre en su dureça *287,52*

Con tu dureça grauè, *287,53*

Dureza *5*

Leccion de dureza, *79,84*

Competirà en dureza *125,20*

Tanta vrna, a pesar de su dureza, *274,12*

Ha vencido el desden i la dureza *499,20*

A donde de aquel risco la dureza, *499,112*

Durindana *1*

Quien el golpe atribuie a Durindana, *381,5*

Durissimo *1*

Haz, embuelta en durissimo diamante, *72,4*

Durmiendo *4*

que durmiendo dulcemente *229,1270*

Si durmiendo no està ia, *229,1883*

I el bello garzon durmiendo, *354,14*

Quiero decir, los que passè durmiendo. *445,11*

Durmiò *1*

Durmiò, i recuerda al fin, quando las aues, *263,176*

Duro *55*

De blanco nacar i alabastro duro *13,3*

Tal que el mas duro canto enterneciera: *18,11*

Si enternecer bastàra vn duro canto, *18,12*

De la amorosa espuela duro freno! *23,8*

Pared gruessa, tronco duro. *27,100*

Amarrado al duro banco *38,1*

Que el duro hierro en sus manos *61,41*

Hombres de duro pecho i fuerte braço. *70,12*

En el campo duro *79,111*

Representadle mi destierro duro. *99,14*

O satyro sea duro, *103,11*

Tu duro coraçon *125,21*

Llamas vomita, i sobre el iunque duro *230,44*

Duro iugo a los terminos del dia *230,72*

A este duro marmol, que *249,5*

Ser menos el marmol duro, *249,9*

Muerde duro o tose recio. *257,20*

De el duro officio da. Alli vna alta roca *261,31*

Guarnicion tosca de este escollo duro *261,33*

Concurren todas, i el peñasco duro, *261,495*

Al duro robre, al pino leuantado, *262,17*

Breue de barba i duro no de cuerno, *263,159*

La emulacion, calçada vn duro ielo, *263,1001*

Pielago duro hecho a su rûìna. *263,1011*

A duro toro, aun contra el viento armado: *264,21*

I el baculo mas duro *264,146*

Fin duro a mi destierro; *264,160*

Duro alimento, pero sueño blando. *264,342*

El duro remo, el cañamo prolixo; *264,391*

Rebelde aun al diamante, el duro lemo *264,474*

Quantos pedernal duro *264,584*

El escollo mas duro? *264,630*

El duro son, vencido el fosso breue, *264,714*

El duro braço debil haze junco, *264,784*

Iaspe le han hecho duro blancas guijas. *264,890*

Vn duro Sacre, en globos no de fuego, *264,911*

Negra circunvestida piel, al duro *264,924*

En que algun duro desden *269,274*

En el officio duro *280,40*

De Africanos Pyratas freno es duro. *318,136*

Freno fue duro al florentin Fernando; *318,348*

Sino fatal, escollo fueron duro! *318,380*

Duro amenaza, persûàde culto. *318,576*

De vn ladrillo i otro duro, *322,134*

Marmol obediente al duro *322,394*

Ministro, no grifaño, duro si, *327,9*

El duro es marmol de vna breue huessa. *345,28*

Garzon rèàl vibrando vn fresno duro, *359,6*

Oro te muerden en su freno duro, *361,13*

Accusa la clemencia en marmol duro, *368,27*

I su piedra vn duro leño. *373,8*

De la lyra de Apollo, si del duro *404,3*

A vuestro bulto heroyco en marmol duro *425,7*

Por pasos de vn rodeo nueuo i duro, *472,2*

El duro raio al Dios Omnipotente, *499,7*

Duros *7*

No son en vano pedernales duros. *219,8*

Ni mui duros ni mui blandos. *228,4*

de dos coraçones duros, *229,2863*

Al tiempo le vincule en bronces duros. *251,14*

Qual duros olmos de implicantes vides, *263,971*

Que peñascos viste duros *268,27*

De jaspes varios i de bronces duros, *315,68*

Dvlce *1*

Dvlce Niña, el barro bello *346,1*

Dvque *1*

Ceñi de vn DVQUE excelso, aunque flor bella, *136,3*

È *3*

A Maitines. Noite è boa? *303,2*

A Maitines. Noite è boa? *303,28*

A Maitines. Noite è boa? *303,41*

Ea *2*

De torcer cuerdas. Ea, ten. *499,212*

No me detengas. Ea, acaba. *499,213*

Ebro *2*

Que adora el Ebro por Diosa, *121,82*

Mirandose en el Ebro, Çaragoza. *318,336*

Eburneos *2*

Eburneos dirè o Diuinos: *322,407*

Diuinos digo i eburneos, *322,408*

Eccho *1*

Con el eccho soliloquios. *357,80*

Ecchos *2*

Ecchos los haze de su trompa clara! *250,4*

Guardadas mal de sus ecchos, *352,4*

Ecclypsan *1*

Te ecclypsan tu plazer. *193,22*

Eccos *1*

Cauernas del Athlante, a cuios eccos *230,33*

Echa *3*

Mas el se los echa al cuello, *105,29*

Os guardad, que os echa *160,36*

Echa en la plaça caireles; *266,6*

Echad *1*

Vna ventosa os echad, *411,30*

Echado *5*

— Como estais acà afuera? — Oi me han echado, *70,3*

Las olas te avràn echado *229,1839*

pues tanta sal me han echado. *229,1857*

Que en este edificio he echado, *269,1637*

Que te han echado quatro o seis figones. *449,8*

Echan *2*

Se echan a culpas de cera *63,63*

No echan agua, porque el sancto *86,39*

Echandose *1*

Echandose a dormir; otro soldado, *278,10*

Echandosele *1*

I echandosele a cuestas a Lamec, *473,3*

Echar *3*

Echar de Nuflo Garcia *269,738*

De echar, si puedo, a Leonora, *269,1556*

Correr i echar mil trabesses *499,157*

Echarà *1*

No te echarà de mi pecho". *49,92*

Echarè *1*

le echarè quando el si diga. *229,3303*

Echarme *2*

Quando ha de echarme la Musa *83,53*

De echarme cadena al cuello, *269,1089*

Echas *1*

Bien a mal tus armas echas, *90,28*

Echè *1*

que en mi vida le echè paja. *229,3383*

Echeis *1*

I no echeis la culpa al viento. *39,46*

Echo *6*

Echo, que al latir responde *142,5*

Donde el cuerno, del Echo repetido, *262,9*

El Echo, voz ia entera, *263,673*

Echo vestida vna cauada roca *264,185*

Echo piadosa, esto fue: *287,36*

El Echo mas campanudo. *322,368*

Echò *6*

Aun no echò el couarde mano *81,17*

Echò la carnaza afuera; *82,107*

Mas os echò su mal ojo, *161,143*

con la contera que echò *229,668*

En que a Porcia echò del mundo *269,1296*

No echò menos los joias de su manto; *318,494*

Echos *5*

Que se burlan del los Echos? *105,17*

Del campo, i de sus Echos conuecina! *203,81*

De mas echos que vniò cañamo i cera *261,91*

Echos solicitar, desdeñar fuentes; *263,116*

Guardadas mal de sus Echos! *268,4*

Ecija *1*

Ecija se ha esmerado, io os prometo, *255,5*

Eclipsado *1*

Antes que de la edad Phebo eclipsado, *36,9*

Eclipsar *1*
I eclipsar su hermano roxo. *83,68*
Eclipsi *1*
Eclipsi de otras beldades, *63,204*
Ecliptica *2*
Les responden, la ecliptica ascendiendo. *264,734*
Que su ecliptica incluien, *264,920*
Eclipticas *1*
Que illustra dos Eclipticas ahora, *318,143*
Eclyptico *1*
Mordiendo oro, el eclyptico saphiro, *263,711*
Eco *1*
Eco, de nuestras voces *103,17*
Economìa *1*
Su economìa capaz. *358,44*
Ecos *2*
ni alto cigarral sin ecos? *229,1593*
Mil ecos caçadores mil entonan, *499,61*
Edad *76*
I niño mayor de edad, *2,4*
Los mejores de mi edad, *2,32*
En tan tierna edad *4,12*
Antes que lo que fue en tu edad dorada *24,10*
La edad i la confiança. *29,6*
Antes que la edad avara *29,54*
O qual en la dichosa edad presente, *34,7*
Antes que de la edad Phebo eclipsado, *36,9*
Dicen la edad de los viejos. *87,28*
Que bate en nuestra edad pluma dorada. *99,8*
Por edad menos que tierna, *102,34*
Edad mas endurecida; *102,36*
En edad floresciente; *103,2*
Vencido en flaca edad con pecho fuerte, *117,11*
Es este infante en tierna edad dichoso; *145,6*
Su edad, ia aueis visto el diente, *148,29*
Las puertas de la edad, i el nueuo Iano *156,2*
Que esa vuestra edad de hierro *176,6*
Con los años de su edad, *178,29*
Edad, pastor, gobiernas tu ganado, *180,2*
Si virtud vale, su edad *206,11*
En pocos años de edad: *226,16*
En costumbres i en edad, *229,866*
que la edad le cincha hoja, *229,1217*
los terminos de la edad. *229,2046*
que en vuestra edad, i en la mia, *229,2997*
vuestra hermosura i mi edad. *229,3009*
Si ia el Griego Orador la edad presente, *244,1*
Sacro esplendor, en toda edad luciente, *250,2*
Que de monstros la edad purgue presente, *251,10*
De meritos, ia de edad *259,73*
Con las de su edad corta historias largas, *263,508*
En los inciertos de su edad segunda *263,776*
Largo curso de edad nunca prolixo; *263,894*
De el arbol que ofreciò a la edad primera *264,341*
A pesar de mi edad, no en la alta cumbre *264,396*
En redes ambos i en edad iguales. *264,518*
Pobre ia cuna de mi edad primera, *264,543*
Mira que la edad miente, *264,609*
Que por su edad magestúosa cano; *264,697*
Nunca tiene edad el rico. *269,284*

La verifique la edad. *269,290*
Por vuestra edad floreciente, *269,1139*
Que es? Dilo. Esta negra edad *269,1201*
Es su edad florida i cana. *269,1813*
La desigual edad mia; *269,1825*
Que edad, amigo, teneis? *269,1897*
Que se informen de la edad? *269,1899*
Que soi en nuestra edad io *269,1905*
Sin que sepas su edad tu"; *269,1916*
Porque con la edad està *269,1917*
La edad venga. La edad mia? *269,1950*
La edad venga. La edad mia? *269,1950*
Pues de tanta edad ageno, *269,1965*
Que a cada edad ai su droga, *269,1970*
Culto Cabrera, en nuestra edad famoso; *271,6*
Puesto que maior de edad; *288,20*
De Anchises redimiò la edad dichosa. *294,8*
Iguales en la edad sean *306,32*
Dexandose su edad tarda *310,16*
En la edad, no Faeton en la osadia, *318,234*
De quantos la edad marmores debora, *318,525*
En numero, i en edad *353,50*
Lustros de su tierna edad *355,35*
Que las seluas en edad *358,28*
Es a la breue edad mia, *375,16*
A su fin nuestra edad. A quien lo duda, *394,6*
Como vuestra purpurea edad ahora, *395,2*
Al Sol que admirarà la edad futura, *403,3*
Buelto de la edad de ierro *413,30*
Purpureo en la edad mas que en el vestido, *421,2*
Hiço mi edad quarenta i cinco, i mete *441,5*
No sois, aunque en edad de quatro sietes, *448,1*
A tu edad, a tu esperiencia, *487,2*
Poca edad, mucha belleça, *498,14*
I de vna edad no tan tierna. *498,24*
Edades *6*
Que no han visto las edades *63,206*
Contra estados, contra edades, *105,7*
Plaça ahora, a pesar de las edades, *134,7*
Vnas i otras edades *156,29*
Preuiniendo ambos daños las edades: *263,933*
Ara del Sol edades ciento, ahora *298,31*
Edictos *1*
Los edictos con imperio *481,1*
Edificada *1*
I generosamente edificada. *99,4*
Edificio *14*
De la Imperial Ciudad patrio edificio, *67,2*
Dèste edificio, a Flora dedicado. *134,8*
Edificio al silencio dedicado, *194,2*
Que illustra el edificio, *229,97*
Que edificio es aquel que admira al cielo? *229,2210*
El sublime edificio; *263,100*
Del edificio, quando *264,709*
Que en este edificio he echado, *269,1637*
Del edificio gallardo *269,1643*
De vn edificio caduco. *322,324*
Noble ia edificio, ahora *322,343*
De vn edificio, a pesar *333,27*
De este hermoso edificio. *334,44*
La rúina aguardò del edificio? *393,8*
Edificios *9*
Sus muros i edificios va talandoles, *1,29*

Los edificios réàles, *63,22*
De aguas, plantas, i edificios, *63,167*
Que a palabras de edificios *87,67*
de este monte de edificios, *229,458*
Ese obelisco de edificios claro, *229,2162*
Engarzando edificios en su plata, *263,206*
Pyra es suia este monte de edificios. *312,12*
En muros tanto, en edificios medra, *318,367*
Edificò *1*
Edificò a sus Deidades, *63,80*
Eduardos *1*
De Arturos, de Eduardos i de Enricos, *72,42*
Educacion *1*
Tu educacion virtúosa; *259,40*
Efecto *3*
Para lo que efecto no huuo, *269,1371*
Efecto improuiso es, *322,193*
Del palacio a vn redil? Efecto estraño *404,21*
Efectos *2*
Efectos, si no dulces, del concento, *263,345*
De su verdad efectos manifiesta. *470,11*
Efectúàdo *1*
Efectúàdo lo han, *269,1849*
Efeto *1*
Pues el mesmo efeto tienes, *499,284*
Effecto *4*
No haga algun cirio effecto, *6,53*
Effecto al fin de su fruta, *217,75*
no solo effecto las firmas, *229,748*
o effecto de liuiandad. *229,973*
Effectos *1*
Bellos effectos, pues la causa es bella; *35,11*
Effeto *1*
Fabio te llama, en effeto, *229,1224*
Efficacia *2*
Con que efficacia el pendolar ministro *313,33*
Batida su efficacia *313,36*
Efficazmente *1*
Efficazmente mortales *322,423*
Eficaces *1*
Que, a seruirse de eficaces, *414,10*
Eficacia *1*
Fomente con eficacia *269,1662*
Efimeras *1*
Efimeras de flores *256,11*
Efusion *1*
Sin efusion de sangre, la campaña *318,354*
Egido *3*
Despejan el egido, *263,960*
Pisò de el viento lo que de el egido *263,997*
Festiuos corros en alegre egido, *264,333*
Egycios *1*
Bien que, milagros despreciando Egycios, *312,11*
Egypcia *3*
La Persa o la Egypcia, *65,184*
Labor no Egypcia, aunque a la llama imita, *248,2*
De la Egypcia coluna; *264,761*
Egypcio *3*
Ni del Egypcio vn tiempo religioso, *279,25*
Del Egypcio o del Thebano *322,327*
Que a Egypcio construiò barbara fama *368,6*
Egypto *8*
No suele al Egypto el Nilo *229,370*

Quieres que digan de Egypto, *229,2711*
Sino de las Pyramides de Egypto, *256,28*
Que, traduzido mal por el Egypto, *263,493*
Que el Egypto erigiò a sus Ptolomeos. *263,957*
Mas sauandijas de crystal que a Egypto *264,829*
Guardò el pan, no para Egypto, *373,3*
Conduciendo a Egypto el grano, *373,15*
Egyto *4*
Que los Hebreos a Egyto *269,992*
Del Egyto. *301,43*
Guardò el pan, no para Egyto, *373,11*
Guardò el pan, no para Egyto, *373,19*
Eia *1*
E si se panta, no sà negra eia. *430,4*
Ejemplo *1*
Cuio ejemplo confunde i amenaça; *442,8*
Elada *4*
Dèl tiempo, por auer la elada offensa *117,10*
Ponme en la region elada, *229,2670*
Indicio, la dexò, aunque estatua elada, *261,231*
Que dize la noche elada *282,2*
Elado *8*
I sin que el torpe mar del miedo elado *45,6*
El Carro elado i la abrasada Zona *72,89*
Conozca el Cancro ardiente, el Carro elado, *77,48*
Euaporar contempla vn fuego elado, *120,39*
El muro elado de Troia. *149,32*
A los crystales de vn estanque elado. *218,8*
I del silencio que guardaua elado *339,3*
Del rigor elado; i parte *414,18*
Elados *2*
Que mas elados estàn; *211,20*
Los elados rigores atropella. *456,8*
Elamù *4*
— Elamù, calambù, cambù, *308,10*
Elamù. *308,11*
— Elamù, calambù, cambù, *308,17*
Elamù. *308,18*
Elar *1*
Pues la por quien elar i arder me siento *16,5*
Eleccion *2*
Dulce propria eleccion, no fuerça agena, *229,1066*
Eleccion grata al cielo aun en la cuna, *318,151*
Electro *1*
Suda electro en los numeros que llora. *316,4*
Elegante *6*
I qualque Madrigal sea elegante, *203,25*
Forma elegante dio sin culto adorno, *263,146*
Esta en forma elegante, ô peregrino, *274,1*
Su pluma haze elegante, *283,8*
Sincel hecho de artifice elegante, *312,2*
I essa Inscripcion consulta, que elegante *314,7*
Elegia *1*
Que ia que vuestros pies son de Elegia, *427,3*
Elème *1*
i elème quando la vi; *229,2299*
Elemento *19*
O claro honor del liquido elemento, *16,1*
Fue illustre tumba el humido elemento. *45,4*
Que a tanto leño el humido elemento *72,25*
Desmentille a vn elemento *116,15*
Bolò el son para el humido elemento. *166,6*

Pallida restituie a su elemento *221,1*
para buscar su elemento, *229,1367*
i es de azar el elemento. *229,1890*
este elemento subtil. *229,2277*
No le bastò despues a este elemento *263,435*
Del Sol, este elemento *263,469*
Del liquido elemento, *264,472*
Corredor el diaphano elemento *264,928*
Bien que todo vn elemento *284,9*
Ia el zeruleo color de su elemento; *318,228*
Voraz ia campo tu elemento impuro! *318,378*
Del voraz fue, del lùcido elemento, *324,6*
Serena aquel, aplaca este elemento. *402,14*
"No ai elemento como el empedrado", *451,12*
Elementos *1*
Contra los elementos de vna vida, *338,6*
Elephante *3*
O ia de su elephante sean colmillos) *230,11*
Que le escuchauan elephante apenas, *230,28*
Que de vos i vn elephante *411,7*
Elephantes *1*
Grandes mas que elephantes i que habadas, *69,1*
Eleuada *2*
Eleuada la inclina *263,388*
Calle mis huessos, i eleuada cima *264,168*
Eleuado *1*
Si Promontorio no, vn cerro eleuado, *264,303*
Elisea *1*
Thesbita como Elisea, *275,30*
Elocuente *1*
Ia por la pluma elocuente. *487,10*
Eloquencia *1*
Se tapa las narizes la eloquencia. *452,4*
Eloquente *3*
Este quedàra, aquel mas eloquente, *244,4*
Philippo, afecto a su eloquente agrado, *318,139*
Aun entre acciones mudas eloquente. *318,140*
Eloquentes *1*
En Lombardia trompas eloquentes, *318,578*
Eluira *2*
Puerta de Eluira en Granada *126,30*
I en Seuilla doña Eluira, *126,31*
Embaina *1*
Embaina vn dulce desden, *376,30*
Embainado *1*
Aun embainado, verdugo. *322,356*
Embainados *1*
En las guerras embainados, *98,32*
Embainaua *1*
El cuchillo quiçà embainaua agudo. *363,11*
Embainò *1*
Los zelos embainò ia *269,589*
Embajada *2*
I a su pulso tu embajada *269,267*
De el Rei hizo Britanno la embajada, *318,467*
Embaraça *2*
De vna tan gran carroça se embaraça; *68,6*
Pisò el Zenith, i absorto se embaraça, *318,497*
Embaraço *1*
Al menos sin embaraço *269,895*
Embaraza *1*
I de la arte que embaraza *229,170*
Embarazo *2*
Que dice el? Cierto embarazo *229,1282*

Consigo cierto embarazo, *496,21*
Embarca *1*
I la salta embarca azul, *74,13*
Embarcado *1*
Dexe su tercio embarcado, *6,92*
Embelecos *2*
quando de tus embelecos *229,1591*
Le tratan mis embelecos *269,507*
Embestidlos *1*
Embestidlos, adbirtiendo *354,24*
Embeuida *1*
Embeuida ya en el arco *226,51*
Embeuido *1*
De vna encina embeuido *263,267*
Embia *6*
Sobre este fuego, que vencido embia *60,7*
Para el Tercer PHILIPPO a quien le embia) *156,6*
Que tantas lenguas embia *176,19*
Como aquel que los embia; *224,4*
Para lo que acà te embia, *269,869*
Con la Alua me embia *389,50*
Embiadme *1*
Embiadme el otro medio. *385,4*
Embiado *2*
Sin perdonar al tiempo, has embiado *72,23*
Que te ha embiado a llamar. *269,372*
Embiaua *1*
Les embiaua vna letra, *73,114*
Embio *4*
Los suspiros lo digan que os embio, *109,7*
Embio a vuesamerced, *224,2*
Que enxertas os las embio *238,3*
Voime, i si acà te le embio, *269,379*
Embiò *2*
Gerardo me embiò acà, *269,862*
Quantas barras embiò *269,1935*
Embolsa *1*
Embolsa el otro escriuano *81,33*
Emborrizò *1*
Si no es que se emborrizò. *161,104*
Embozada *2*
la labradora embozada. *229,3267*
digo vna Dama embozada, *229,3420*
Embrabecido *1*
Tu, que embrabecido puedes *97,33*
Embraça *1*
Si empuña, si embraça acaso *483,16*
Embraçandole *1*
I embraçandole, paues. *226,35*
Embrauecerse *1*
Que, al fin, para embrauecerse, *334,89*
Embrauecido *1*
De can si embrauecido *263,173*
Embraza *1*
No a la que embraza el paues, *226,54*
Embrion *1*
Este, pues, embrion de luz, que incierto *318,593*
Embudo *1*
Que recibiò por embudo. *322,448*
Embuelta *3*
Que, embuelta en dulce armonia, *48,3*
Embuelta en endechas tristes, *48,6*
Haz, embuelta en durissimo diamante, *72,4*

Embuelto 2
Qual en purpura embuelto, qual en oro, *77,22*
Al cauallo veloz, que embuelto buela *318,61*
Embuelue *1*
Le embuelue, i saca del seno *28,47*
Embueluen *1*
Embueluen de negro humo *132,39*
Embuste *1*
El maior embuste mio, *269,511*
Embustero *1*
embustero de tres suelas. *229,2789*
Embustes *3*
El Griego de los embustes. *75,20*
Que de embustes arreboça *229,2934*
Los embustes i falacias?... *269,357*
Embutiste *1*
Embutiste, Lopillo, a Sabaot *473,1*
Emilio *12*
Emilio, su padre, occupa *229,560*
Mas lo que no acaba Emilio *229,620*
Emilio, vno de Granada, *229,3091*
Conoceis a Emilio? Digo *229,3108*
Emilio a quien se lo deuo. *229,3117*
para que abonen a Emilio *229,3172*
soi tu amo Emilio io. *229,3360*
Soi Emilio? En dos palabras *229,3374*
Si es Emilio vno que *229,3376*
vuecè es Emilio; mas crea *229,3382*
Emilio amigo, si escucho *229,3398*
Quien, Emilio, no santigua *229,3416*
Eminencia *1*
Que la eminencia abriga de vn escollo, *261,264*
Eminente *9*
Montaña que, eminente, *142,11*
Montaña que, eminente, *142,29*
Montaña que, eminente, *142,47*
Vn monte era de miembros eminente *261,49*
Maritimo Alcion, roca eminente *261,417*
A pesar de sus pinos eminente, *264,855*
El escollo està eminente, *283,3*
Iusto affecto en aguja no eminente, *312,8*
Esta aguja eminente. *368,20*
Eminentes *1*
Que TORRES le coronan eminentes, *256,2*
Emispherio *3*
Cruza el Trion mas fixo el Emispherio, *263,671*
Luz nueua en Emispherio differente, *293,13*
Que illustrò el emispherio de la vida *318,435*
Emmiele *1*
No aguardaràs que se emmiele? *229,2507*
Emmudecer *1*
De el lento arroio emmudecer querria. *261,268*
Emmudecida *1*
I emmudecida le dixo, *49,87*
Empachado *1*
I el de empachado la calla. *269,804*
Empacho *4*
mas no, Isabela, el empacho, *229,2062*
el empacho que mostraba, *229,2076*
Que con empacho supongo. *242,4*
Sino el mismo empacho, i quien *269,847*
Empanada *3*
Como si fuera empanada, *167,91*
el pernil i la empanada, *229,2836*
El repulgo a la empanada *269,150*

Empanadas *1*
Serbite en dos empanadas *423,5*
Empanar *1*
Que empanar hombres le agrada *269,147*
Empapado *1*
Ô que empapado que estàs, *229,1458*
Empedrado *1*
"No ai elemento como el empedrado", *451,12*
Empeñada *1*
Empeñada en el silencio. *58,64*
Empeñallas *1*
Aun para mas que empeñallas, *269,798*
Empeñar *1*
por mi tienes que empeñar *229,3197*
Empiedra *1*
Los higados nos empiedra *73,80*
Empiezas *1*
A tu plazer empiezas, *193,21*
Emplea *6*
El que en hacer dos se emplea, *6,101*
Mal aia quien emplea *127,17*
Mal aia quien emplea *127,44*
Maldita la que no emplea *229,1336*
Su diente afila i su veneno emplea *293,7*
La Musa Castellana bien la emplea *458,9*
Empleado *2*
Vn buhonero ha empleado *93,1*
Otros dicen que està bien empleado, *475,5*
Emplee *1*
Que se emplee el que es discreto *6,97*
Empleè *1*
i empleè mi caudal pobre *229,473*
Empleo *1*
Por hazer tan rico empleo *269,1620*
Empleos *1*
Para que en dulces empleos *269,1126*
Empolla *1*
el huevo que Lelio empolla. *229,813*
Empollastes *1*
De el hueuo que ia empollastes, *242,37*
Empollè *1*
I io le empollè los hueuos *269,591*
Emporio *1*
Vniuersal emporio de su clauo *318,538*
Empreña *1*
que se empreña por la oreja *229,168*
Emprenda *1*
Porque la leña se emprenda, *229,1252*
Emprendera *1*
Ni emprendera hazaña *120,16*
Empresa *2*
Mi ardimiento en amar, mi empresa loca.
46,14
con la empresa, a nuestros padres, *229,2420*
Empressa *3*
Bordada cifra, ni empressa *62,10*
Doctor, si vna empressa honrada *269,805*
Aquesta empressa, buen Rei, *269,807*
Empressas *1*
Locas empressas, ardimientos vanos), *46,13*
Empulgueras *2*
Iunta las empulgueras, *127,25*
Hize las dos empulgueras; *499,187*
Empuña *1*
Si empuña, si embraça acaso *483,16*

Empuñan *1*
Empuñan lança contra la Bretaña, *72,22*
Empuñar *1*
Soltar el huso i empuñar la lança; *156,32*
Empuñas *1*
Espada de acero empuñas. *26,100*
Empuñe *3*
Soberbias armas empuñe *110,51*
Claua empuñe Lîeo. *263,830*
Señor, que empuñe mi intento *299,6*
Emula *13*
Emula de prouincias glorîosa, *77,70*
Emula en el sabor, i no comprada *203,116*
Emula la veràn siglos futuros *219,5*
Emula de los años, i perdona *229,2175*
Emula del maior buelo, *239,11*
Emula vana. El ciego Dios se enoja *261,110*
De Philodoces emula valiente, *264,448*
Emula de las trompas, ruda auena, *312,16*
Emula de las trompas su armonia, *318,5*
Emula, mas no del humo, *322,138*
Que la emula de Palas *322,231*
Emula su materia del diamante, *368,4*
Aue (aunque muda io) emula vana *395,5*
Emulacion *9*
No sin deuota emulacion, imita, *77,12*
I emulacion, si no celo, *177,36*
Emulacion i afrenta *263,318*
La emulacion, calçada vn duro ielo, *263,1001*
Esta emulacion pues de quanto buela *264,795*
Ambos con emulacion *269,31*
Si a la emulacion Aulica importuna. *318,152*
A quien la emulacion culto? *322,88*
Me hurta a la emulacion, *377,34*
Emular *1*
Mentir florestas i emular vîales, *263,702*
Emulas *3*
Emulas no de palmas ni de oliuas, *256,25*
Emulas responden ellas *285,35*
Emulas brutas del maior Lucero, *361,2*
Emulo *11*
Emulo ia dèl Sol, quanto el mar baña; *171,6*
Emulo casi de el maior luzero; *261,52*
Emulo el arroiuelo desatado *263,276*
Emulo vago del ardiente coche *263,468*
El padre de los dos, emulo cano *264,209*
Purpureo caracol, emulo bruto *264,879*
Emulo su esplendor de el firmamento, *318,461*
Emulo de los antiguos, *334,46*
Emulo del diamante, limpio azero, *337,2*
De mi firmeza vn emulo luciente, *341,2*
Que emulo del barro le imagino, *343,6*
Emulos *2*
Emulos viuidores de las peñas, *262,18*
Emulos lilios aborta *286,15*
Enamora *1*
Isabela se enamora, *229,779*
Enamoradas *1*
Tortolas enamoradas *131,97*
Enamorado *6*
Piso, aunque illustremente enamorado, *22,10*
Tiessamente enamorado, *28,26*
I ellas al enamorado, *64,17*
Es enamorado *65,105*
Macias enamorado, *96,22*

Enamorado Fileno, *354,2*
Enamorados *2*
Enamorados i bellos, *98,22*
Orlandos enamorados, *98,29*
Enamoraron *1*
la enamoraron assi, *229,2319*
Enamorò *1*
Con que enamorò en Abido *75,7*
Enamorose *1*
este mozo enamorose *229,589*
Enano *5*
Su grandeça es vn enano, *122,23*
Se le tragò, que al enano *258,8*
Enano Potosi, cofre de acero *313,13*
Enano sois de vna puente *334,17*
Soplillo (aunque tan enano) *411,19*
Enanos *1*
Que perdonò los enanos. *157,20*
Enarbola *1*
Enarbola, ô gran Madre, tus banderas, *72,76*
Enbes *1*
I en el enbes de la Nympha *149,69*
Enbestì *1*
Me enbestì con promptitud, *269,422*
Enbrauecido *1*
Contra mi leño el Austro enbrauecido, *399,2*
Encadenò *1*
Quien nos lo encadenò? Quien lo ha enredado
    444,7
Encañado *1*
Vn encañado de diuersas flores, *155,2*
Encanecida *1*
Dexò, i de espuma la agua encanecida, *455,2*
Encanecido *4*
De tus remos el otro encanecido, *66,10*
Historia es culta, cuio encanecido *232,5*
Coronan ellos el encanecido *264,334*
De aquel cisne encanecido; *310,28*
Encaneciò *1*
No encaneciò igual ceniza, *275,69*
Encantamento *1*
Hicimos vn sarao de encantamento; *469,11*
Encanto *1*
De tu prudencia, al encanto *259,25*
Encapotado *1*
Palido sol en cielo encapotado, *476,1*
Encaraua *1*
Mientras encaraua en ella *167,83*
Encarcelada *1*
Mas ni la encarcelada nuez esquiua, *263,879*
Encarecer *1*
Cintia, para encarecer *499,149*
Encareciendo *1*
I, encareciendo el suceso, *269,1783*
Encarecimiento *1*
Encarecimiento es summo *322,130*
Encarnadas *1*
Sobre rosas encarnadas. *148,28*
Encarnado *4*
Mezclò el cielo vn encarnado *228,134*
Encarnado, i vn azul. *269,412*
Lo que tiene de encarnado, *301,73*
Vn liston le diò encarnado, *419,77*
Encarnar *1*
Encarnar Cupido vn chuzo, *322,122*

Encender *1*
Encender los pechos sabe *211,19*
Encendida *1*
La encendida region de el ardimiento. *45,8*
Encendido *1*
(Farol diuino) su encendido fuego *218,7*
Encendidos *1*
El de encendidos raios coronado. *14,4*
Encenias *1*
Que seran, sin duda, encenias *334,43*
Encerrada *1*
o la tamara encerrada? *229,1359*
Encerramiento *1*
Fue su casa vn deuoto encerramiento *450,9*
Encerrar *1*
Si encerrar puedo a Gerardo, *269,984*
Encia *1*
Bien es verdad que su Encia *242,21*
No sè que sueña su encia. *269,1081*
Los prolixos escritos de su Encia. *433,4*
Encias *3*
Cerrado de encias; *65,28*
Que me han desempedrado las encias? *222,4*
Encias que dientes. *494,26*
Encienda *2*
No encienda en ti vn catholico corage, *72,60*
no aias miedo que se encienda. *229,1255*
Enciendan *2*
Enciendan mil candelillas, *6,50*
Baxemos por el. Enciendan. *229,2751*
Enciende *5*
La dueña enciende deuota *187,2*
Ni del que enciende el mar Tyrio veneno,
    264,558
Se remonta a lo fulgido que enciende, *315,46*
Alimenta los raios que le enciende. *318,48*
Quien luz no enciende en su casa. *483,10*
Encierra *4*
Misterio encierra, i verdad. *130,24*
Los huesos que oi este sepulchro encierra,
    135,5
En lo que España encierra; *256,33*
I redil espacioso, donde encierra *261,45*
Encierro *1*
con este papel me encierro, *229,1962*
Encima *2*
Encima de la nariz, *59,75*
La corona encima; *65,36*
Encina *17*
En la encina vieja; *79,76*
El mal la robusta encina, *133,19*
Al tronco de vna encina viuidora *137,3*
Aguarda, i la dura encina, *177,7*
La dura encina, honor de la arboleda: *229,2142*
Ser roca al mar, i al viento ser encina.
    229,2145
Vn rubio hijo de vna encina hueca *261,206*
O lo sagrado supla de la encina *262,22*
Que iaze en ella la robusta encina, *263,88*
De vna encina embeuido *263,267*
Menos en renunciar tardò la encina *263,350*
Que a la encina viuaz robusto imite, *264,285*
Su encina de mi segur. *269,464*
Quan dulcemente de la encina vieja *295,9*
Resiste al viento la encina, *378,13*

Al tronco descansaua de vna encina *380,1*
De encina la perfuma o de aceituno. *397,11*
Ençina *1*
I de la ençina, honor de la montaña *261,85*
Encinas *8*
Al viento tus encinas *142,12*
Al viento tus encinas *142,30*
Al viento tus encinas *142,48*
que las encinas alli *229,2463*
Los años de las encinas *242,123*
Encinas la montaña contar antes *263,910*
Las altas haias, las encinas viejas. *279,36*
Las encinas destos sotos, *353,51*
Enclauacion *1*
Estan en la enclauacion, *269,89*
Enclauo *1*
Siendo io aquel que enclauo coraçones *499,37*
Enclinarme *1*
i al enclinarme senti *229,2361*
Encogidas *1*
Encogidas i arrugadas. *29,40*
Encogimiento *1*
la que el encogimiento ha sido mudo, *396,12*
Encomendada *2*
Al viento mi querella encomendada, *33,6*
De la piadosa ierba encomendada: *261,76*
Encomendado *1*
Lasciuamente al aire encomendado. *366,4*
Encomendados *1*
Encomendados justamente al fuego, *442,13*
Encomendando *1*
Encomendando al viento *25,11*
Encomendar *1*
Io me voi a encomendar *229,2115*
Encomendarè *1*
que te encomendarè ahora, *229,1880*
Encomendarme *1*
Quiero encomendarme a el, *229,324*
Encomendò *3*
Lo encomendò de sus hojas *217,43*
Se encomendò, i no fue en vano, *240,5*
Tarde le encomendò el Nilo a sus bocas,
    263,494
Encomienda *2*
Al Zephiro encomienda los extremos *264,114*
Con encomienda en Leon. *491,4*
Encomiendas *1*
A vnos da encomiendas, *8,9*
Encomiendo *3*
A tus lomos, ô rucia, me encomiendo. *203,121*
A tus raio me encomiendo, *228,213*
En sus manos mi espiritu encomiendo. *445,14*
Encomiendote *1*
Encomiendote a Pilatos, *229,2788*
Encontrado *1*
Huelgo de auerte encontrado. *229,3190*
Encontrar *1*
Seguro de encontrar nones *288,93*
Encontrarme *1*
El encontrarme en la caza *48,47*
Encordonado *2*
I al viento suelta el oro encordonado *229,1046*
Tosco le ha encordonado, pero bello, *264,266*
Encornados *1*
De que os los bueluo encornados. *269,1397*

Encoruado *1*
Que dèl arco encoruado *25,28*
Encoxida *1*
Maior de condicion ser encoxida; *396,6*
Encrucijada *1*
El segundo, en qualquier encrucijada, *326,13*
Encubre *1*
Por la falta que encubre tu vestido; *460,6*
Encuentra *5*
Que encuentra noche i dia *125,3*
No encuentra al de Buendia en todo el año; *154,12*
Encuentra el mar, estandose ella queda, *229,2139*
Que turbados los encuentra *229,2938*
El mar encuentra, cuia espuma cana *264,63*
Encuentre *1*
Aunque encuentre con Dragut. *269,440*
Encuentro *2*
pues en la calle te encuentro, *229,3342*
Al encuentro ia nos salen *269,1698*
Encumbre *1*
Encumbre su valor entre las Hiadas, *1,6*
Ende *2*
mis abraços, pues por ende, *229,3007*
Non fagades ende al, *269,940*
Endechada *1*
De no pocos endechada *322,287*
Endechas *4*
Embuelta en endechas tristes, *48,6*
Mui tristes endechas *80,37*
Lagrimosas endechas; *127,14*
Cantenle endechas al buei, *301,49*
Endeche *1*
Endeche el siempre amado esposo muerto *295,12*
Endimion *1*
Ô Endimion zahareño! *229,1135*
Endrina *1*
I negra como vna endrina, *269,678*
Endurecer *1*
Ondas endurecer, liquidar rocas. *264,41*
Endurecida *2*
Edad mas endurecida; *102,36*
Bien tal, pues montaraz i endurecida, *128,12*
Eneas *1*
Vn Eneas hospedado; *167,54*
Enemiga *13*
Enemiga dessabrida, *28,58*
Ô bella Clori, ô dulce mi enemiga? *34,14*
Por no culpar su enemiga. *37,48*
De mi enemiga en vano celebrada. *43,12*
Para su enemiga, *65,242*
la rindiendo a su enemiga *78,25*
"Hasta quando, enemiga, *125,19*
Si la enemiga mia *140,12*
criado de mi enemiga. *229,2871*
Muera, enemiga amada, *264,151*
Hizo a mi forma, ô dulce mi enemiga, *264,571*
Allanò alguno la enemiga tierra *278,9*
Sus tropheos el pie a vuestra enemiga. *311,11*
Enemigas *3*
Que, muerto a enemigas manos, *37,10*
No teme enemigas velas *106,19*
Sus armas temo enemigas? *286,32*

Enemigo *11*
El enemigo se os va, *39,37*
Porque para vn enemigo *49,67*
Quando el enemigo cielo *75,13*
Ni las tuerça el enemigo, *105,10*
O de enemigo Pirata, *106,21*
mas la que, fiero enemigo, *229,1341*
Enemigo, mucho callas. *229,1524*
o el cielo me sea enemigo, *229,2692*
si ia no me es enemigo. *229,3457*
Al enemigo Noto, *263,16*
De sus llamas enemigo. *384,12*
Enemigos *5*
Sus quatro enemigos leños *97,23*
Con dos enemigos lucho. *229,1159*
Que son lenguas de enemigos. *269,1345*
A los enemigos nuestros; *354,32*
Pendolista, si enemigos *413,37*
Enero *1*
Porque sin mi, i por Enero, *266,19*
Eneros *1*
Lo mejor de sus Eneros *58,46*
Enfada *1*
Darèlos, si mas me enfada. *229,2494*
Enfadado *1*
Que samo enfadado ia. *309,16*
Enfadas *1*
Seis años ha que me enfadas. *423,4*
Enfado *1*
Vnas veces con enfado, *74,119*
Enferma *1*
Como el de Amor la enferma zagaleja. *53,14*
Enfermaron *1*
Que otro dia enfermaron sus Altezas. *254,14*
Enfermedad *8*
De vna graue enfermedad, *95,2*
Si es la misma enfermedad? *130,4*
Si es la misma enfermedad? *130,16*
Si es la misma enfermedad? *130,28*
Si es la misma enfermedad? *130,40*
en mi propia enfermedad *229,956*
I enfermedad del marido. *269,1309*
La cruda enfermedad, ministro graue *465,6*
Enfermedades *1*
Que ai enfermedades? Muchas, *269,1714*
Enfermera *1*
Cinthia mi enfermera bella, *229,556*
Enfermo *11*
Porque estaua enfermo! *50,76*
I io, triste, andaba enfermo *74,95*
Enfermo DALISO *79,97*
Descaminado, enfermo, peregrino *100,1*
Estas piedras que dio vn enfermo a vn sano *170,2*
El enfermo con el vaso. *228,196*
A mi pie enfermo, i a mi hedad couarde, *229,2176*
Tan enfermo, i tan galan? *269,1722*
Que a rico enfermo tu barbado hijo? *313,48*
Seruia, i el enfermo Rei prudente, *318,221*
Caiò enfermo Esgueuilla de opilado, *475,1*
Enfermò *1*
Que enfermò por su dinero *130,33*
Enfermos *2*
Mis enfermos me han tenido, *269,1712*

Cient enfermos a esta hora *405,3*
Enfrena *5*
Enfrena, ô CLORI, el buelo, *25,37*
I al son enfrena las aguas. *133,8*
Si tu passo no enfrena *312,13*
Si ignoras cuia, el pie enfrena ignorante, *314,6*
Enfrena el paso, Pascual, *352,33*
Enfrenad *1*
Enfrenad vuestro denuedo; *39,34*
Enfrenado *1*
Mudo sus ondas, quando no enfrenado. *263,242*
Enfrenados *1*
I enfrenados péòr de las montañas; *108,8*
Enfrenalle *1*
Conuocar piedras que enfrenalle el paso". *140,24*
Enfrenan *1*
Le escuchan i se enfrenan; *125,13*
Enfrenanle *1*
Enfrenanle de la bella *131,49*
Enfrenar *1*
Temeridades enfrenar segundas. *263,442*
Enfrenàra *1*
Enfrenàra el desseo. *264,625*
Enfrenas *1*
Con el timon o con la voz no enfrenas, *54,13*
Enfrenaua *1*
El oro que súàue le enfrenaua; *264,817*
Enfrene *1*
No enfrene tu gallardo pensamiento *45,1*
Enfrenò *4*
I enfrenò el curso del agua; *144,42*
Que nunca enfrenò las aguas *228,43*
Quando los suios enfrenò de vn pino *264,317*
El curso enfrenò del rio, *389,21*
Enfriar *1*
Tanto sabeis enfriar *282,11*
Engaña *16*
(Si ya la antiguedad no nos engaña), *25,51*
Despues me oiràn (si Phebo no me engaña) *72,88*
I a la maior difficultad engaña; *120,12*
Que nunca vna Deidad tanta fe engaña. *156,36*
Quien suspende, quien engaña *158,36*
Si quien me da su lyra no me engaña, *171,3*
No con otro lazo engaña *178,11*
Vna traicion cuidados mil engaña, *220,10*
De la manzana hypocrita, que engaña *261,83*
No es sordo el mar (la erudicion engaña) *264,172*
Cañamo anudando, engaña *287,69*
Pisar amante? Mal la fuga engaña *311,6*
Que al bien creces comun, si no me engaña *318,91*
Quando el impulso le engaña *412,5*
Engaña el sueño, negando *414,19*
Que al duodecimo lustro, si no engaña *421,78*
Engañada *3*
Viuis, señora, engañada, *168,5*
Engañada su oculta lyra corba, *264,355*
Qual engañada auecilla *322,441*
Engañado *3*
Al pretendiente engañado, *93,64*
Reduxo el pie engañado a las paredes *165,5*

de el tiempo que te ha engañado *229,3503*
Engañador *1*
i Lelio ia, engañador *229,2860*
Engañan *3*
Que prophecias no engañan. *300,5*
Que prophecias no engañan. *300,31*
Que prophecias no engañan. *300,44*
Engañandome *1*
que engañandome en el tiempo, *229,2396*
Engañar *8*
Para mejor engañar *96,7*
I para engañar mi hambre *96,147*
para engañar, i cubrir *229,2307*
Engañar quiere este mozo *229,3010*
Que sabe engañar la tinta. *269,292*
Para engañar al comun *269,414*
Si engañar al cuidado no he sabido *269,1254*
Que me quereis engañar. *269,1399*
Engañarà *1*
que me engañarà el desseo? *229,2657*
Engañaràn *1*
I engañaràn vn rato tus passiones *44,13*
Engañaran *1*
Que engañàran a la inuidia *357,63*
Engañaràs *1*
no me engañaràs ia dos, *229,3246*
Engañaste *1*
que me engañaste vna vez, *229,3245*
Engañe *1*
Mirad no os engañe el tiempo, *29,5*
Engañen *4*
No os engañen las rosas, que a la Aurora *42,9*
Ni paxaro a quien no engañen; *63,44*
Que engañen hombres honrados! *229,375*
Que los Abriles se engañen, *414,46*
Engaño *13*
Con esto engaño las horas *83,77*
Donde el engaño con la Corte mora, *154,6*
La adulacion se queden i el engaño, *203,58*
que engaño a quantos me uen, *229,2818*
i algun engaño ai texido. *229,3079*
Le ha hecho al tiempo vn engaño, *259,107*
Que el engaño ia està hecho. *269,1401*
Pensando que os haze engaño, *269,1667*
De el engaño a que le induxo *322,402*
El ia fraternal engaño, *355,89*
Entròme en la baraja, i no me engaño; *441,12*
De Daliso el dulze engaño *499,306*
I tu, alabança en su engaño. *499,347*
Engañò *3*
Vees, Laureta, si engañò *229,2730*
Engañò la cazadora, *333,77*
Si te engañò tu hermosura vana, *466,5*
Engaños *9*
Pues sois tela dò justan mis engaños *21,3*
Este artifice de engaños, *96,148*
con menos barbas que engaños. *229,2961*
Que engaños construiendo estan de hilo.
    264,219
En obliquos si engaños, *264,912*
Llegado han ia tus engaños *269,329*
Dellos, o de sus engaños. *269,1733*
Prorrogando engaños de otro, *357,26*
En seguir sombras i abraçar engaños. *394,11*
Engarça *1*

Cadenas, la concordia engarça rosas, *263,789*
Engarzando *1*
Engarzando edificios en su plata, *263,206*
Engasta *6*
En oro engasta, que al romperlo es cera.
    203,66
La perla que engasta ahora *235,3*
Quantos engasta el oro de el cabello, *263,787*
No perdona al azero que la engasta. *264,495*
Engasta en el mejor metal centellas; *318,476*
Que en oro engasta, sancta insignia, haloque,
    428,12
Engastada *2*
La ia engastada Margarita en plomo, *254,6*
En marmol engastada siempre vndoso, *264,368*
Engastado *5*
Engastado en oro vi *141,13*
Engastado en vn griñon. *257,34*
Carbunclo ia en los cielos engastado *315,54*
I vn engastado zafir. *418,39*
Diamante entre esmeraldas engastado, *455,8*
Engastados *1*
engastados los mejores *229,505*
Engastando *1*
Engastando algun clabel, *78,62*
Engaste *2*
Oi te guardan su mas precioso engaste; *263,460*
Precioso engaste de vn guijarro fino: *269,394*
Engastes *1*
Engastes dèl crystal tierno. *215,48*
Engastò *1*
Engastò en lo mas recluso *322,98*
Engendra *5*
Brama, i quantas la Libia engendra fieras,
    230,27
Quantos engendra toros la floresta *250,13*
Rico de quantos la agua engendra bienes
    261,123
Quantas produce Papho, engendra Gnido,
    261,333
A las que esta montaña engendra harpyas.
    261,448
Engendradora *3*
Engendradora fuera *229,94*
No pues de aquella sierra, engendradora
    263,136
De sierpes, has dexado, engendradora, *281,20*
Engendradoras *1*
Engendradoras de sierpes. *57,56*
Engendran *2*
Sordo engendran gusano, cuio diente, *263,740*
Si no por los que engendran sus arenas, *298,42*
Engendre *2*
Oro engendre, i cada hierba *161,55*
Que engendre el arte, anime la memoria,
    318,30
Engendrò *3*
Que la engendrò la Lybia ponçoñosa *47,8*
Las engendrò a todas tres. *132,4*
De el pie que los engendrò, *286,16*
Engerirse *1*
Engerirse tantos miembros, *87,40*
Engolfò *1*
En segundo baxel se engolfò sola. *264,452*
Engomado *1*

Ia que ha engomado las cerdas, *161,63*
Engomados *1*
De vigotes engomados *98,33*
Engordado *1*
Alicante nos chupa; io he engordado. *462,8*
Engrudo *1*
En la hermana de el engrudo, *322,444*
Enharine *1*
aunque me enharine io. *229,1714*
Enhorabuena *1*
Si es por el rio, mui enhorabuena, *199,3*
Enigma *1*
Que enigma jamas se vio *229,2009*
Enigmas *1*
no enigmas, se leen obscuras *229,2007*
Enjambre *1*
Mudò la corona enjambre, *389,26*
Enjaulada *1*
Es aue enjaulada, *389,61*
Enjaulado *1*
Qual la corneja morirà enjaulado, *440,3*
Enjaulando *1*
Enjaulando vnos claueles *243,5*
Enjaular *1*
I tratad de enjaular otro Canario *448,10*
Enjuga *1*
I antes que el Sol enjuga *263,323*
Enjugando *1*
Enjugando el Occéàno profundo; *318,400*
Enjugò *2*
Aljofares le enjugò. *286,8*
En lagrimas, que pio enjugò luego *318,239*
Enjuta *3*
La vna reparada, la otra enjuta. *261,451*
Burlandole aun la parte mas enjuta. *264,229*
O poco rato enjuta, *264,371*
Enjutas *1*
Para el Austro de alas nunca enjutas, *263,449*
Enjuto *2*
Bien peinado cabello, mal enjuto, *318,82*
I aun a pesar del tiempo mas enjuto, *326,7*
Enladrillados *1*
enladrillados de plata, *229,494*
Enlazalle *1*
Amor, pues para enlazalle, *61,52*
Enmelada *1*
Muncha enmelada hojúèla. *303,39*
Enmendar *1*
Que esto de enmendar costumbres *158,13*
Enmudece *1*
i enmudece la cautela. *229,1501*
Enmudecer *1*
Io jurè de enmudecer, *229,1442*
Enmudeci *1*
Al amante enmudeci; *372,2*
Enmudeciendo *1*
Cantarè enmudeciendo agenas famas, *92,13*
Enmudeciò *3*
Las aues enmudeciò, *144,41*
Vn grillo i otro enmudeciò en su pluma.
    264,874
Porque enmudeciò los soplos *389,15*
Enoja *2*
Ingrato, pues te enoja, *193,9*
Emula vana. El ciego Dios se enoja *261,110*

Enojada *1*
Tan dulce como enojada, *64,44*

Enojan *1*
Los baxeles que te enojan *97,34*

Enojaste *1*
Pide perdon al pueblo que enojaste, *474,10*

Enoje *1*
I porque no se enoje frai Hilario, *448,12*

Enojo *1*
Que vna nube le da enojo, *159,28*

Enojos *18*
Porque no den los tuios mas enojos, *20,13*
I assi, en tantos enojos, *25,23*
Con que purgue sus enojos. *83,72*
Ciertos seran mis enojos, *91,49*
Para el arco que da enojos, *121,52*
I execute en mis versos sus enojos; *152,11*
Niños con que dais enojos: *168,37*
Ni ierran ni dan enojos; *178,7*
I no es mi intento a nadie dar enojos, *203,53*
Que me diera mil enojos, *229,70*
mi desvio i sus enojos *229,1377*
Dale a tus pies tus enojos *229,1594*
No dès a la nieue enojos, *269,534*
Qualquiera ocasion de enojos. *269,584*
Grandes señas son de enojos *269,1034*
Para que en tantos enojos *269,1419*
Dieren las ondas enojos, *384,18*
Que no da menos enojos *499,125*

Enquadernar *1*
La que enquadernar querria. *269,1613*

Enramada *1*
De su madre, no menos enramada, *263,288*

Enredado *1*
Quien nos lo encadenò? Quien lo ha enredado *444,7*

Enredo *1*
Vuestra turbacion mi enredo, *269,1663*

Enrico *19*
El Quarto Enrico iaze mal herido *220,1*
Que no lo rehusa Enrico. *269,282*
Enrico me ha cometido *269,288*
A Enrico traigo en çaranda *269,497*
En cas de Enrico, señora. *269,987*
A tiempo, que traes Enrico, *269,1051*
Con razon, Enrico, poca *269,1090*
A la voluntad de Enrico. *269,1111*
Oxalà Enrico gallardo *269,1122*
Enrico? Tancredo? Acà? *269,1166*
Gran pena me ha dado Enrico *269,1170*
Enrico, el Doctor ahora *269,1190*
Solo? Con Enrico hablando. *269,1473*
Mas tan prendado està Enrico *269,1622*
I a las vozes saldrà Enrico; *269,1661*
Don Tristan i Enrico juntos. *269,1699*
Pues Enrico... Ten silencio. *269,1726*
Oponer Enrico ahora *269,1823*
El termino es corto, Enrico; *269,1842*

Enricos *1*
De Arturos, de Eduardos i de Enricos, *72,42*

Enrique *2*
Mi gusto, Enrique, os ordena *269,1175*
Ô Enrique, ô del soberano *487,5*

Enriquece *3*
Que enriquece Genil i Dauro baña *51,10*

Al gran pastor de pueblos, que enriquece *194,10*
Tanto de frutas esta la enriquece *261,139*

Enriquecida *1*
De joia tal quedando enriquecida *318,293*

Enristran *1*
Que ciñen resplandor, que enristran palmas, *77,43*

Enronqueciò *1*
Enronqueciò su murmurio. *322,300*

Enroscada *1*
Torcida esconde, ia que no enroscada, *264,323*

Enrraman *1*
Te enrraman toda la frente; *351,20*

Enrristra *1*
Mientras no enrristra blandon. *413,13*

Ensalada *1*
No diga que fue ensalada, *6,35*

Enseña *6*
I su valor deuotamente enseña. *77,23*
Esto a los pages enseña *229,427*
que todo a suffrir enseña. *229,689*
Peligro corre, aunque valor enseña. *229,1036*
la firma que ahora enseña *229,1580*
Ser de la negra noche nos lo enseña *261,38*

Enseñado *1*
Merecieran gozar, mas enseñado *244,3*

Enseñasteme *1*
Enseñasteme, traidor, *26,77*

Enseño *1*
Quantas joias os enseño; *121,144*

Enseñò *4*
Me lo enseñò desde chica. *124,26*
Quantos les enseñò corteses modos *264,57*
Galeno que enseñò ia *269,1902*
Palabras que me enseñò *499,350*

Ensilla *1*
— Arma, arma, ensilla, carga! — Que? Arcabuces? *277,5*

Ensillar *1*
A mandar ensillar voi: *229,2736*

Ensillas *1*
Mientras su Babieca ensillas *269,204*

Ensillaste *1*
Quanta pluma ensillaste para el que *327,3*

Ensillenme *1*
"Ensillenme el asno rucio *59,1*

Ensote *1*
Luego otro dia se ensote, *107,78*

Ensucia *2*
Mas se ensucia, i nos alegra. *269,1205*
Ensucia la mal teñida. *269,1988*

Ensuciar *1*
Que sobre ensuciar mi mesa *269,344*

Ensuciáron *1*
Ensuciaron i aun varrieron *149,105*

Ensuciè *1*
Me ensuciè los dedos! *50,72*

Entablo *1*
Mui bien mis cosas entablo; *269,1858*

Entalle *1*
Glorioso entalle de immortal relieue. *425,8*

Entena *2*
Doblaste alegre, i tu obstinada entena *263,451*
De Leda hijos adoptò: mi entena *399,10*

Entenas *5*
Sembrar de armados arboles i entenas, *72,54*
Como quatro o seis entenas. *73,104*
Solicitan timon, calan entenas? *166,16*
Al Palacio le fias tus entenas, *196,2*
Tropheos son del agua mil entenas, *245,7*

Entendamos *2*
Mas que no entendamos todos *6,46*
Mas que entendamos por eso *6,70*

Entendeis *1*
Pues no entendeis a Vegecio; *257,17*

Entendellas *1*
son estas? He de entendellas? *229,3159*

Entendemos *1*
entendemos a los dos. *229,2831*

Entender *11*
Le di mui bien a entender *96,163*
I entender que no son sueño *126,16*
I debio entender su amo *161,75*
Dexarle de entender, si el mui discreto *202,10*
Entender dices, o que? *229,1405*
para entender que las sabes, *229,2992*
Ha de entender Español *269,1708*
Por no dar en que entender *351,35*
Lo vendran a entender quatro naciò; *468,14*
Siempre me he hecho entender, *482,6*
I al fin dar a entender que soi Cupido, *499,58*

Entenderàs *1*
Io si, i tu lo entenderàs, *269,654*

Entendereis *1*
I entendereis qualquier greguesco luego. *427,14*

Entendereisle *1*
Pero entendereisle al fin, *257,18*

Entendernos *1*
por entendernos tu hermana. *229,1403*

Entendi *4*
Confiesso que de sangre entendi que era *182,12*
Entendi, i abreuiândo, *228,70*
Io, que mui bien la entendi, *229,2359*
Quando entendi tenia gota. *269,552*

Entendida *2*
Persona entendida *65,174*
De hermosa i de entendida, *387,8*

Entendido *7*
Que tiene mui entendido *37,42*
El Doctor mal entendido, *105,100*
Io, que he entendido a los dos, *229,2556*
Has entendido, Camilo, *229,2826*
Has entendido, Laureta, *229,2828*
Ia estaba antes entendido *229,3080*
Ia que no bien entendido, *483,4*

Entendimiento *6*
Por vuestra sangre i vuestro entendimiento, *164,2*
Paz del entendimiento, que lambica *203,83*
a mi entendimiento luz. *229,1978*
i que entendimiento vn niño. *229,1984*
captiue mi entendimiento. *229,2257*
mi entendimiento a mi fee? *229,2731*

Entendiò *2*
Porque entendiò que tenia *96,135*
I de que le entendiò io os lo prometo, *202,12*

Entendiste *1*
Que no me entendiste? No. *229,406*

Entera *3*
El Echo, voz ia entera, *263,673*
Diuidida en dos fue entera, *275,14*
Dar entera voz al valle, *378,59*
Enteras *1*
Mas de Prouincias enteras. *275,68*
Enternecer *1*
Si enternecer bastàra vn duro canto, *18,12*
Enterneciera *1*
Tal que el mas duro canto enterneciera: *18,11*
Entero *12*
Cura que a su barrio entero *130,29*
Se come entero vn anis *167,33*
Se dà entero *209,6*
Se dà entero *209,21*
Aun mas entero i mas sano. *209,30*
Se dà entero *209,36*
que tardarà vn año entero. *229,1861*
A quien por tan legal, por tan entero, *251,7*
El cuerno vierte el hortelano entero *261,158*
Hecho pedaços, pero siempre entero. *336,8*
Pues vee los de vn Maio entero, *375,38*
Vn jabali casi entero. *423,6*
Enteros *1*
Mil dias enteros *50,86*
Enterrado *1*
Se ha enterrado en su capilla *161,111*
Enterrador *1*
Medico i enterrador. *161,152*
Enterrar *1*
I io me voi a enterrar. *95,52*
Entienda *5*
Mejor os entienda, *79,92*
que el no quiere que se entienda *229,256*
Mirad que no nos entienda. *229,1404*
Cosa alguna entienda dello. *269,1847*
Que porque se entienda acà *269,1912*
Entiendan *1*
I porque entiendan las gentes *490,21*
Entiendas *1*
Laureta, quiero que entiendas, *229,1092*
Entiende *5*
I assi entiende el Mappa *65,197*
Lo que el Mappa entiende *65,199*
Siente vn no sè que, i entiende *161,105*
Rhetorico silencio que no entiende: *261,260*
Solo el Amor entiende estos mysterios: *456,12*
Entienden *2*
No se entienden con el aire. *110,8*
De aquel con el idioma, que no entienden, *472,12*
Entiendes *1*
Bien entiendes lo que pasa *269,1500*
Entiendo *11*
Aunque entiendo poco Griego, *228,1*
Entiendo, i no entiendo mal, *229,1707*
Entiendo, i no entiendo mal, *229,1707*
Lelio al Amor. No lo entiendo. *229,1734*
Harèlo. No entiendo a este hombre. *229,2739*
El las pague, porque entiendo *269,258*
No entiendo eso como es. *269,653*
Quanto mas, que entiendo io *269,809*
No entiendo. Lesbina aier *269,1046*
I io, Gerardo, lo entiendo. *269,1417*
Ni aun entiendo de que suerte *499,181*

Entierra *1*
Da el olio i entierra luego: *418,35*
Entierran *1*
I mis cuidados me entierran. *62,60*
Entierren *1*
Que le entierren como a bruto? *27,36*
Entierro *3*
De su entierro, siendo justo *27,34*
La profession harà entierro, *176,7*
En vuestra celda el entierro, *224,6*
Entona *2*
Eterna Magestad, himnos entona *318,450*
Salta Pan, Venus baila, i Bacco entona. *446,11*
Entonan *1*
Mil ecos caçadores mil entonan, *499,61*
Entonces *31*
Desde entonces acà sè *26,85*
Recien venido era entonces *61,17*
Assi desde entonces *65,141*
I assi es desde entonces *65,173*
Parece que entonces huien *75,18*
Ella entonces derramando *75,41*
I abrirà entonces la pobre *87,85*
I entonces vistase el pollo *88,73*
Que io..". Entonces dando ella *88,79*
Llegò entonces Ximenillo, *88,93*
Dieron entonces las onze *96,165*
Que si no sanan entonces, *131,38*
Desde entonces los carneros *149,47*
Vieras las ondas entonces *179,50*
que Palma tenia entonces. *229,475*
que no inuidia desde entonces *229,2336*
Solicitauala entonces *243,49*
El niño Dios entonces de la venda, *261,237*
Ia mal distinto entonces, el rosado *318,141*
De alamos temiò entonces vestida *318,277*
España entonces, que su antiguo muro, *318,298*
Terror fue a todos mudo, sin que entonces *318,351*
Pobre entonces i esteril, si perdida, *318,357*
Asintiò el Duque entonces indulgente, *318,626*
I viendo el resquicio entonces, *322,179*
Orador Pyramo entonces, *322,269*
De su vid florida entonces *322,303*
Ioben coronado entonces, *333,53*
De coronas entonces vos la frente, *335,5*
Ardiente veneno entonces *355,85*
Desde entonces la malicia *357,65*
Entones *1*
Martas gallegas son, no te me entones, *449,5*
Entra *18*
Ia le entra, sin veer por donde, *131,30*
Entra el otro con mal gesto, *167,43*
Cuio pie entra en qualquier sala *204,43*
a mi hermana, que entra ia. *229,1886*
Calla, que entra mesurada *229,2531*
Camilo los dexa, i se entra. *229,2941*
Entra, pues. Octauio, ia *229,3206*
Pues entra, hijo, conmigo. *229,3366*
Los nouios entra en dura no estacada. *263,1088*
Entra ahora, i le dexas! *264,673*
Entra a vn hombre tan honrado, *269,244*
Entra acà, Tisberto amigo. *269,1599*
Si le entra cierta figura, *269,2011*

Entra al Sol oi celestial *296,3*
— Entra, dixo, prima mia, *308,33*
Entra, primo. Fuera allà *309,18*
De vno i otro que entra armado, *406,7*
Que entra el gato como el perro *477,39*
Entraba *1*
El templo entraba quando al sancto Godo *315,31*
Entrada *5*
Lleuò, vencido en la entrada *74,47*
La sangre hallò por do la muerte entrada. *264,487*
Ô que entrada *301,62*
Luego que mi pecho entrada *370,6*
Hecha la entrada, i sueltos los leones, *464,1*
Entrado *9*
donde a pocos dias entrado, *229,778*
si tu fee se ha entrado en Fez. *229,1588*
se ha entrado mi fee? Eso dudas, *229,1590*
Entrado me he de rendon *229,1700*
Entrado me he por el hilo *229,3234*
No ha entrado vna mula en casa, *269,779*
Ha entrado. Para Leonora *269,1720*
Que ha entrado poco en la plaça, *486,13*
Que ia en la montaña ha entrado. *499,279*
Entrambas *1*
I de entrambas el viento *125,12*
Entrambos *1*
Mata a entrambos, pero aduierte *269,127*
Entran *4*
Entran dos Guadalquiuires, *48,72*
Entran a adorar a quien *63,75*
Por qualquier ojo entran bien. *167,80*
Si ellos entran el Portal. *301,51*
Entrañas *7*
Labrò el oro en mis entrañas *57,65*
"Theresa de mis entrañas, *59,45*
De sus entrañas hago offrenda pia, *60,6*
I vomitar la tierra sus entrañas; *108,4*
quien en las entrañas propias *229,1302*
Ô Lelio de mis entrañas *229,3018*
En las entrañas de vn risco. *334,16*
Entrando *3*
Le va entrando en vn confuso *288,31*
Los que, entrando a veros sucios, *334,11*
Daràn de Babylonia al fuego, entrando *421,47*
Entraos *3*
i vos, entraos con Violante. *229,144*
Entraos los dos a jugar. *229,384*
Entraos en la soledad. *269,90*
Entrar *13*
Si a musicos entrar dexas, *91,48*
Entrar cuidosamente descuidado, *113,12*
Ha de entrar a besar la mano a Duero. *151,4*
de entrar a Octauio a seruir. *229,2287*
Que el aire dudaua entrar, *243,15*
Vsando al entrar todos *264,56*
No es nueuo el entrar en casa, *269,1330*
Entrar humana criatura? *269,1806*
Quiero entrar, pero no es bien *269,1835*
I vna le ha de entrar por mi. *269,2015*
La fragancia salir, entrar la aueja. *281,30*
De entrar en Academia do se trata *438,6*
Entrar buñuelos i salir apodos, *438,10*
Entrarà *2*

Entrarà a quitalla el miedo. *229,145*
Entrarà, que no deuiera, *269,1671*
Entràra *3*
Nunca io entràra a seruir *229,150*
porque no entràra a aprender *229,151*
A quien entràra dos dagas *269,1388*
Entrarè *2*
I entrarè en la calle *5,65*
me entrarè por sus cauernas, *229,2915*
Entrarse *1*
Entrarse en el Carro largo *228,54*
Entras *1*
Ô tu, qualquiera que entras, peregrino, *173,1*
Entrase *3*
Entrase donde los oye, *96,73*
Entrase en vuestros rincones *105,89*
Entrase el mar por vn arroio breue *264,1*
Entraste *1*
— Entraste? — Si, e maliciosa *308,35*
Entrastes *2*
Ô vos, qualquiera que entrastes *161,125*
Entrastes tan mal guarnido, *409,2*
Entraua *1*
Que no se vio si entraua o si salia. *472,4*
Entrauas *1*
Quando tu entrauas en casa. *269,1415*
Entrè *4*
Entrè a seruir a vn ciego, que me enuia. *101,9*
que te entrè en su casa dèl *229,943*
Por caxero entrè, i con Fabio *229,2288*
Porque en suertes entrè, i fui desgraciado,
    433,6
Entredicho *2*
Pon tu el entredicho ahora, *229,1472*
Intimado el entredicho *322,133*
Entredichos *1*
Entredichos que el viento; *264,871*
Entrega *2*
i oi me entrega su muger? *229,1427*
A lo que luce, i ambiciosa entrega *392,7*
Entregado *2*
Por las fuerças que le ha entregado: llaues
    230,40
Quando entregado el misero estrangero *263,46*
Entregados *1*
I entregados tus miembros al reposo *262,28*
Entregan *1*
I le entregan, quando menos, *131,77*
Entregandole *1*
I entregandole a merced *78,26*
Entregar *1*
Quando, entre globos de agua, entregar veo
    261,441
Entregàra *1*
Le entregàra io el Peñon. *269,1363*
Entrego *1*
Io la entrego a este señor. *229,3446*
Entregue *1*
para que la entregue a Fabio? *229,2505*
Entreguen *1*
Que entreguen anegados *72,84*
Entremes *1*
Es, por dicha, este entremes *229,3180*
Entretanto *4*
El pescador entretanto, *9,21*

Descanse entretanto el arco *48,9*
Tu, hija mia, entretanto *229,2117*
Io entretanto irè a buscar *269,374*
Entretendrè *1*
Le entretendrè en mi posada *269,203*
Entretengo *1*
Io entretengo hasta mañana *192,5*
Entretenmele *1*
Entretenmele en palabras. *269,380*
Entro *1*
Tras el recaudo me entro, *229,3098*
Entrò *9*
Porque entrò roto en su tierra, *6,95*
Entrò vn pagecillo çurdo. *27,136*
que se me entrò por el pecho. *229,2807*
Entrò a su padre a seruir, *229,3282*
Entrò bailando numerosamente; *263,890*
Por do entrò el cauallo a Troia, *269,1008*
Que el se entrò en la Ciudad tan sin aliento,
    273,7
Lares repite, donde entrò contento, *318,342*
Carta bruxuleada me entrò vn siete. *441,4*
Entròme *2*
Entròme (que non deuiera), *204,25*
Entròme en la baraja, i no me engaño; *441,12*
Enuainad *1*
Enuainad, Musa. Basta *313,54*
Enuainò *1*
Sus armas enuainò todas *243,43*
Enues *1*
Damas de haz i enues, viudas sin tocas, *69,6*
Enuestille *1*
quiso enuestille vna noche; *229,605*
Enuestillos *1*
Enuestillos en la arena *97,35*
Enuia *7*
El mismo os enuia *65,6*
Sobre quien le enuia. *65,164*
Desde la alta torre enuia *75,69*
Zelosa el alma te enuia *91,4*
Le dan el alma, le enuia; *94,18*
Entrè a seruir a vn ciego, que me enuia. *101,9*
Lleua el crystal que le enuia *159,13*
Enuiadle *1*
I enuiadle a preguntar *27,43*
Enuiado *1*
ha enuiado a preuenir *229,2411*
Enuiar *1*
Nos lo quiso enuiar papirrandado. *444,6*
Enuîar *1*
i quiero enuîar contigo. *229,1810*
Enuida *1*
I solo no enuida luego *269,234*
Enuio *6*
A los ojos que te enuio, *91,2*
A los ojos que te enuio, *91,13*
A los ojos que te enuio, *91,24*
A los ojos que te enuio, *91,35*
A los ojos que te enuio, *91,46*
A los ojos que te enuio, *91,57*
Enuiò *2*
Pues enuiò a decir con don Bermudo: *202,13*
que escucha? Quien la enuiò, *229,1744*
Enuiste *1*

Le enuiste incauto; i si con pie grossero
    264,227
Enuistiò *1*
Temerario os enuistiò, *401,5*
Envaina *1*
Se envaina en qualquier estoque: *493,23*
Envainada *1*
A Dios, Corte envainada en vna Villa, *200,12*
Envaine *1*
Envaine su dedo el mismo *288,35*
Envaino *2*
envaino en mi coraçon. *229,1379*
Le envaino hasta la cruz *269,510*
Envia *3*
el papel que se me envia, *229,1581*
cabellos me envia aprissa, *229,1716*
con el papel que te envia? *229,1960*
Enviar *2*
i te queria enviar *229,1225*
Quiso enviar a su Dama *229,1232*
Enviò *2*
Isabela la enviò, *229,1711*
que ella no enviò por ierro, *229,1963*
Envista *1*
Envista vn baxel sin dueño. *106,26*
Enviste *1*
Lento le enviste, i con súave estilo *263,40*
Envistiò *1*
Las peñas envistiò peña escamada, *264,443*
Envuelta *1*
Envuelta, se criò para criada *447,2*
Envueltas *1*
I el envueltas en las ondas *62,19*
Envuelto *1*
Envuelto en vn paño sucio, *27,20*
Enxambre *6*
Corona vn lasciuo enxambre *131,81*
Vn dulce lasciuo enxambre *149,95*
Este pues docto enxambre i dulce choro. *256,9*
El docto enxambre que sin alas buela, *256,43*
Entre vn lasciuo enxambre iba de amores
    263,762
De la isla, plebeio enxambre leue. *264,301*
Enxambres *5*
enxambres de succesion. *229,2543*
Cuios enxambres, o el Abril los abra *261,398*
De enxambres no, de exercitos de gentes.
    279,15
A los enxambres de amores. *328,7*
A los enxambres copiosos, *358,41*
Enxaular *1*
A enxaular flores conuida *243,65*
Enxertas *2*
Que enxertas os las embio *238,3*
I vueluen enxertas. *494,11*
Enxuagò *1*
Se enxuagò, con sus palabras, *322,363*
Enxuga *1*
I si llora, enxuga al Alua *95,47*
Enxugar *1*
para enxugar a Belisa *229,3308*
Enxugàra *1*
la enxugàra de manera *229,3312*
Enxugarlos *1*
A enxugarlos en la cuerda *322,171*

Enxugò *2*
I el cielo con el poluo. Enxugò el viejo *263,513*
Lagrimas no enxugò mas de la Aurora *264,69*
Enxuguen *1*
Enxuguen esperanças *193,13*
Enxuta *3*
Que fuese en su enxuta orilla. *74,104*
Lagrima antes enxuta que llorada. *264,157*
La arena enxuta, quando en mar turbado *294,13*
Enxuto *6*
De sombra o de aire me le dexa enxuto, *19,11*
Quedò enxuto i perfumado; *28,44*
Vn Mediterraneo enxuto, *322,246*
I ella con semblante enxuto, *322,458*
De el que hallò en el mar enxuto vado, *442,6*
Con rostro siempre enxuto, las passiones
    499,35
Enxutos *1*
I los ojos casi enxutos. *27,72*
Eolo *1*
El Promontorio que Eolo sus rocas *263,447*
Ephemerides *1*
sus Ephemerides pasa: *229,417*
Ephimeras *1*
Ephimeras del vergel, *375,19*
Ephire *3*
Ephire luego, la que en el torcido *264,445*
Ephire, en cuia mano al flaco remo *264,480*
Ephire en tanto al cañamo torcido *264,496*
Epiciclo *2*
Nueuo Epiciclo al gran rubi del dia, *318,515*
Su epiciclo, de donde nos auisa *365,6*
Epidemíales *1*
I aun casi epidemíales. *269,1715*
Epità *1*
Con todo el comediage i Epità, *468,7*
Epitetos *1*
(Escojan los epitetos, *161,3*
Epopeia *2*
Vimo, señora Lopa, su Epopeia, *430,1*
Con la Epopeia vn lanudaço lego, *432,5*
Equinoccios *1*
Qual en los Equinoccios surcar vemos *263,603*
Equiuocacion *1*
la equiuocacion discreta? *229,2827*
Equiuocado *1*
Equiuocado júez; *355,56*
Era *90*
Quien era mi paz. *4,28*
Que era Doctor por Ossuna, *26,46*
Esta era mi vida, Amor, *26,73*
Con que de ella era tratado, *28,30*
I vi que era rubio i zarco, *28,83*
Recien venido era entonces *61,17*
Vn lazo viò que era poco, *61,55*
Que tuuiste en esta era *73,66*
I a la verdad era feo, *74,35*
Porque era tierra tan fria, *74,94*
Que necio que era io antaño, *83,1*
Mandadero era el arquero, *94,1*
Si que era mandadero. *94,2*
Mandadero era el arquero, *94,11*
Si que era mandadero. *94,12*
Mandadero era el arquero, *94,21*
Si que era mandadero. *94,22*

Mandadero era el arquero, *94,31*
Si que era mandadero. *94,32*
Mandadero era el arquero, *94,41*
Si que era mandadero. *94,42*
Ni Albaialdos era bote. *107,8*
Era Thysbe vna pintura *148,9*
Señor padre era vn buen viejo, *148,33*
Era, romperle en vn toro, *157,2*
Si antes era calamar *159,37*
O si antes era salmon, *159,38*
Que era desuio i parecia mercedes. *165,4*
Confiesso que de sangre entendi que era *182,12*
De auejas, era vn esquadron bolante, *184,8*
Gimiendo el Alcíon, era en la plaia *185,3*
No era sordo, o el musico era mudo. *202,11*
No era sordo, o el musico era mudo. *202,11*
(Vispera era de Sanct Iuan) *226,2*
Alcaide que era de Sesto, *228,11*
Que era hijo don Leandro *228,22*
Era, pues, el mancebito *228,33*
Crepusculo era el cabello *228,113*
Pensar que era de Guido Caualcanti, *229,391*
Despachè quanto era mio, *229,472*
que era bien cerca de alli. *229,2281*
que era vn poco ceceoza, *229,2566*
Era Granadino èl? *229,2809*
I viendo que era razon *240,17*
Era vn canoro ambar gris, *243,10*
Que la auejuela era breue, *243,39*
Vn monte era de miembros eminente *261,49*
Que vn dia era baston i otro caiado. *261,56*
Pellico es ia la que en los bosques era *261,69*
De quantas honra el mar Deidades era; *261,114*
Era Acis vn benablo de Cupido, *261,193*
El Tyrio sus matices, si bien era *261,314*
Era de el año la estacion florida *263,1*
Era de vna serrana junto a vn tronco, *263,240*
Alegres pisan la que, si no era *263,534*
Este pues centro era *263,580*
El tercio casi de vna milla era *263,1047*
Verde era pompa de vn vallete oculto, *264,287*
Crystalina sonante era thiorba, *264,350*
De caçadores era, *264,721*
Termino torpe era *264,797*
De tanta inuidia era, *264,903*
Porque era de seda fina; *265,7*
Era el calor de su abrigo, *269,55*
Que era vn leon no ha vna hora, *269,264*
Cuia casa era vihuela *269,359*
Aunque era criada nueua *269,1062*
Era forçoso el pagallo. *269,1433*
Luego era Toro? Era o Demo, *303,33*
Luego era Toro? Era o Demo, *303,33*
Era muita que os darei *303,34*
Era la noche, en vez del manto obscuro, *315,1*
Cuios altos no le era concedido *315,51*
Que fragrante del ayre luto era, *318,244*
Vaso era de claueles *322,55*
De plata bruñida era *322,65*
Este, pues, era el vecino, *322,125*
Media noche era por filo, *322,281*
Que era luz aunque era voz, *331,12*
Que era luz aunque era voz, *331,12*
Ruiseñor no era de el Alua, *331,17*
Era mucho de los dos, *331,38*

Prision del nacar era articulado *341,1*
Cuia Venus era *350,9*
Virgen era rosa, a quien *355,14*
Denso es marmol la que era fuente clara *402,5*
El aiuno a su espiritu era vn ala, *404,29*
Era su benditissima esclauina, *428,5*
Que era vena que seca. A Dios sea dado.
    471,11
O de mezclilla, que vno i otro era. *499,95*
Eral *1*
Eral loçano assi nouillo tierno, *264,17*
Eran *27*
Tales eran trenças i ojos, *26,81*
Con los ojos que ia eran *27,15*
Tanto, que eran a sus campos *48,55*
I al de Salomon, aunque eran *63,85*
Trecientos Cenetes eran *64,9*
Que eran en Março los Caniculares. *71,8*
Quien dixo que eran de corcho *83,6*
Porque eran de oro las prendas; *141,4*
Serranas eran de Cuenca, *144,9*
Su cabello eran sortijas, *148,13*
La alegria eran sus ojos, *148,17*
Si no eran la esperança *148,18*
I de el otro eran las faldas, *148,46*
Estas eran las bellezas *228,149*
Eran de sus almenas, *263,216*
Dos vezes eran diez, i dirigidos *263,1035*
Burgo eran suio el tronco informe, el breue
    264,298
Thyrsos eran del Griego Dios, nacido *264,329*
Muchas eran, i muchas vezes nueue *264,353*
Bruñidos eran oualos de plata. *264,705*
Vezinos eran destas alquerias, *264,956*
Los muros que eran de azero? *269,1585*
Pomos eran no maduros. *322,72*
Dos espadas eran negras *322,117*
Eran de Africa gemino diamante, *323,6*
Ojos eran fugitiuos *333,1*
Que eran cuerdas de vn laurel; *355,20*
Eras *1*
que pensaba que eras muerto. *229,1841*
Erase *3*
Erase una vieja *11,1*
Erase en Cuenca lo que nunca fuera; *459,1*
Erase vn caminante mui aiuno; *459,2*
Ereccion *2*
Sacra ereccion de Principe glorioso, *195,9*
Templo, ereccion gloriosa de no ingrata
    318,484
Eres *45*
Pues eres tu el mismo mar *38,13*
Si eres Diosa o si eres tigre. *48,24*
Si eres Diosa o si eres tigre. *48,24*
En esto solo eres robre, *48,33*
"Valiente eres, Capitan, *57,33*
Por quien soi i por quien eres. *57,40*
Pues eres, Granada illustre, *63,229*
Eres Deidad armada, Marte humano, *66,4*
Que no eres rio para media puente, *71,3*
Pues eres vno ia dèl soberano *77,41*
Ô interes, i como eres, *82,117*
Eres piedra en el silencio. *87,48*
Que eres mio. *91,3*
Que eres mio. *91,14*

163

Que eres mio. *91,25*
Que eres mio. *91,36*
Que eres mio. *91,47*
Que eres mio. *91,58*
Si eres el galan de Flora, *97,30*
Ô alma, que eres ya *103,53*
Ven, Amor, si eres Dios, i vuela; *226,27*
Ven, Amor, si eres Dios, i vuela; *226,40*
Dimelo tu, si no eres crúèl. *226,75*
Dimelo tu, si no eres crúèl". *226,84*
Norte eres ia de vn baxel *228,209*
Si no eres para mi cauallo Griego, *229,287*
Eres hija de mi dueño. *229,1132*
Eres dueño de su hija. *229,1133*
Tadeo, a que eres venido? *229,1222*
que eres la Hermana maior *229,1390*
no eres cenizas ligeras. *229,1491*
Eres Sultan Bayazeto, *229,1502*
vn Fucar Aleman eres, *229,2380*
Tan loca soi? Tan cuerdo eres, *229,2653*
mi hijo? En que eres mi padre, *229,2963*
Tu, que eres su abonador, *229,3034*
Si tu aquel Camilo eres *229,3244*
Eres su esposo? Si. Que? *229,3262*
No eres tu Marcelo? No, *229,3430*
Pompa eres de dolor, seña no vana *246,9*
Si eres mi esposo esta noche, *269,645*
Si eres alabastro el pecho, *287,44*
Ô de el mar reyna tu, que eres esposa, *318,553*
Medico en derechos eres, *407,5*
Iusepa, no eres casta; que si alienta *460,12*

Eridano *2*
Cenefas de este Eridano segundo *109,9*
La vrna de el Eridano profundo *318,278*

Erige *4*
No tumulo te erige *103,65*
Que cada año se erige *217,91*
Pyra le erige, i le construie nido. *263,465*
Padron le erige en bronce imaginado, *363,7*

Erigido *2*
Estas aras que te ha erigido el Clero, *77,52*
Marmol que Amor ha erigido *348,4*

Erigiesse *1*
Que la fee erigiesse aras *322,87*

Erigiò *6*
Erigiò el maior Rei de los Fíèles. *76,8*
que erigiò para vn mosquito *229,2712*
Las columnas Ethon, que erigiò el Griego, *261,339*
Que el Egypto erigiò a sus Ptolomeos. *263,957*
Con la que te erigiò piedra mas breue. *315,72*
Aras le erigiò deuoto, *357,14*

Erijo *1*
Por la salud, ô VIRGEN MADRE, erijo *324,11*

Erithrea *1*
De su frente la perla es Erithrea *261,109*

Erithreo *1*
Donde con labio alterno el Erithreo *457,1*

Erizo *3*
Cuio pelo es vn erizo, *96,15*
Con la martas de vn erizo *229,1779*
Erizo es el zurron de la castaña; *261,81*

Erizos *1*
Para que los haga erizos, *334,70*

Ermitañear *1*

Se fue a ermitañear, que es lo que aguardo"? *462,11*

Ermitaño *1*
Quedò ermitaño Amadìs. *82,76*

Ero *1*
Que Ero se precipite *493,19*

Errado *1*
La humana suia el caminante errado *261,429*

Errante *7*
Buscandole errante vn dia, *215,9*
Pasos de vn peregrino son errante *262,1*
El estrangero errante, *263,351*
Cediò al sacro Bolcan de errante fuego, *263,646*
Agradecido Amor a mi pie errante; *264,166*
Deidad, que en isla no que errante baña *318,113*
Ô peregrino errante, *368,2*

Errantes *6*
De tardos bueies qual su dueño errantes; *261,164*
Que sus errantes passos ha votado *262,31*
Ia que Nymphas las niega ser errantes *263,273*
Piloto oi la cudicia, no de errantes *263,403*
De errantes lilios vnas, la floresta *263,835*
Dexe que vuestras cabras siempre errantes, *263,911*

Erranti *1*
Ô gran bontà di Cauaglieri erranti! *229,388*

Errar *2*
Que, sin errar tiro, sabe *61,44*
Mas le ualiera errar en la montaña, *100,13*

Erràra *1*
no erràra, señora mia, *229,1957*

Erraua *1*
Vulgo lasciuo erraua *263,281*

Errè *1*
Errè, Alcidon. La cudiciosa mano, *298,13*

Errò *1*
Todas las curas errò; *227,50*

Error *4*
El oro fino con error galano, *15,6*
I que propriamente error, *227,14*
mi hermana ha hecho ese error *229,3485*
Mi hija error semejante? *229,3486*

Errores *2*
I sus errores largamente impressos *32,7*
Buenos son estos errores. *229,3225*

Erudicion *6*
Campo de erudicion, flor de alabanças, *77,14*
I de la erudicion despues lamido, *232,4*
Erudicion de España: *256,54*
No es sordo el mar (la erudicion engaña) *264,172*
La docta erudicion su licor puro, *425,2*
Attico estylo, erudicion Romana. *431,8*

Eruditas *1*
Plumas doctas i eruditas *86,27*

Erythréòs *1*
Sombras son Erythréòs esplendores, *335,11*

Es *990*
Porque piensan, (i es assi), *3,14*
Que lo uno es justo, *4,33*
Mañana, que es fiesta, *5,2*
Que es milagro, i no escaueche, *6,29*

Que se emplee el que es discreto *6,97*
Pues Amor es tan crúèl, *7,38*
De un pecho que es tan humilde *9,43*
Pues que veis que es cosa clara *9,56*
Si es esto, io te perdono *10,25*
O io, (que es lo mas cierto), sordo i ciego. *14,14*
Que no es bien que confusamente acoja *16,12*
No crea mi dolor, i assi es mi fruto *19,13*
Si el cielo ia no es menos poderoso, *20,12*
Que razon es parar quien corrio tanto. *25,63*
Sè que es tu guerra ciuil *26,93*
I sè que es tu paz de Iudas; *26,94*
Sè que es la del Rei Phineo *26,101*
Que si el cordon es tomiza, *28,39*
I que es tal el regalado *28,65*
Que, segun es tu primor, *28,74*
Es la queda, i os desarma *29,26*
Bellos effectos, pues la causa es bella; *35,11*
Antes que lo que oi es rubio thesoro *36,12*
Porque si es verdad que llora *38,21*
Que bien puedes, si es verdad *38,27*
Sin duda alguna que es muerta, *38,30*
Contra quien es tan humilde *48,26*
Conozcan quien es Daliso *48,79*
I quien es la ingrata Nise. *48,80*
O el Amor, que es lo mas cierto. *49,24*
Ese es quien se viste *50,47*
Porque me es tu gesto *50,106*
Cuio ojo es estrecho *56,23*
Aire creo que es *56,69*
Es bien satisfaga. *56,78*
Mira si es bien que lamente!" *57,72*
Dizen que es allà la tierra *58,9*
Lo que por acà es el suelo, *58,10*
Porque lo es de conejos. *58,12*
Sino es el que se anda en cueros *58,16*
Si no es el mugeriego. *58,20*
Cuia musica es palabras, *58,43*
I cuio manjar es necios. *58,44*
Aunque es largo mi negocio, *59,49*
Es al rayo semejante; *61,40*
Porque es el Moro idfòta, *62,13*
Donde es vencida en mil partes *63,66*
Lo que es piedra injuria hace *63,70*
Mas de el arte dicen que es *63,95*
Que es por faltarles el aire; *63,164*
Es mui justo que te alabes *63,198*
No salir es couardia, *64,23*
Ingratitud es dexalla. *64,24*
Que es tan peregrina *65,14*
Es su señoria *65,18*
No es grande de cuerpo, *65,29*
La nariz es corba, *65,49*
La voca no es buena, *65,53*
Pero ia es morcilla; *65,62*
Que es el moço alegre, *65,81*
Es de tal humor, *65,85*
Es mancebo rico *65,89*
Es enamorado *65,105*
Que es vn mazacote, *65,107*
Tampoco es amigo *65,129*
No es de los curiossos *65,145*
Porque son (i es cierto *65,149*
Es su Reuerencia *65,165*

I assi es desde entonces *65,173*
Es gran humanista, *65,178*
Es tal, que dirias *65,190*
Es la nieue fria, *65,202*
I que es natural *65,207*
Es hombre que gasta *65,213*
Es fiero Póèta, *65,229*
Finalmente, el es, *65,249*
Que ahora es gloria mucha i tierra poca, *67,13*
Tiene a su esposo, i dixo: "Es gran baxeça *68,11*
Esto es la Corte. Buena prò les haga. *69,14*
I que ella es puente para muchos mares. *71,4*
I a tanta vela es poco todo el viento, *72,26*
Las gafas es doña Blanca *73,83*
Donde, aunque es de la Calzada, *74,59*
Oy es el sacro i venturoso dia *77,1*
Es bien que vean sus años *77,67*
De vn cuidado, que es amor, *78,59*
Aunque no sabe quien es, *78,60*
Es cuna a mi parecer *78,78*
(Porque no es razon *79,113*
Es el pienso de su mula *81,45*
El cabello es de vn color, *82,13*
Que ni es quarto ni florin, *82,14*
Es vn precioso rubi, *82,26*
(Todo lo que no es pedir) *82,30*
Es de nieue i de nebli. *82,40*
La moza es vn seraphin. *82,52*
Rico es, i maçacote *82,113*
Que es el esparto de todos *83,14*
Que todo es aire su olor, *85,5*
La sanidad, cosa es llana *86,13*
Si no es alguna mançana *86,17*
Que es mi aphorismo el refran: *86,29*
Que es mucho, a fee, por aquello *87,42*
Que es verdugo de murallas *87,71*
A la occasion, que es gran ierro; *87,80*
Me han dicho que es vn pobrete *88,62*
Para Bras no es menester *90,19*
Es ia cosa aueriguada *91,42*
I marido, que es ia llano *93,22*
Si es vandera o si es soldado, *93,46*
Si es vandera o si es soldado, *93,46*
Porque Toledo no es *94,38*
Que eso es ya mui de cauallos, *96,4*
Cuio pelo es vn erizo, *96,15*
Mas es tumba que cauallo. *96,20*
(Que es colera, a lo que escriben *96,51*
Donde el Sol es mas escaso, *96,66*
Es el dueño dèste haco *96,82*
Que no es mal pienso el descanso; *96,88*
Lo demas es necedad, *98,2*
Lo demas es necedad, *98,14*
Lo demas es necedad, *98,26*
Lo demas es necedad, *98,38*
Mui humilde es mi ventana *98,47*
Lo demas es necedad, *98,50*
I es darme a mi sus canciones, *98,58*
Lo demas es necedad, *98,62*
Lo demas es necedad, *98,74*
Madre; al vno porque es rico, *98,79*
Al otro porque es hechor. *98,80*
Lo demas es necedad, *98,86*
Bellisima es aquella fortaleza *99,3*

Palacio es de mi bella celebrada, *99,5*
Sentencia es de Bachilleres, *102,3*
Que es bella, i dexa de vella *102,15*
Porque es dormir con espada, *102,25*
Le es la fruta mas sabrosa, *102,28*
No es ia sino de quejas *103,19*
Tumba es oi de tus huesos, *103,37*
Si el llanto es ordinario, *103,51*
El concurso es frequente. *103,52*
Cada cuerda es vn cordel, *105,2*
Es potro de dar tormento; *105,4*
Es como vn oro la niña, *105,24*
El mercader, si es lo mismo *105,34*
I aun es de tanto concierto, *105,82*
I no es mucho le alborote, *107,26*
Es, (ingrata señora), el pecho mio; *109,6*
Si de el carro del Sol no es mal gouierno, *109,13*
Quien es aquel cauallero *111,1*
Mi hazienda es vn escudo *111,9*
Mi camisa es la tizona, *111,53*
Si no es rosa desta espina, *111,63*
Tropheo es dulcemente leuantado, *112,5*
Porque su sombra es flores, *114,11*
Quanto es mas desden que hierba. *115,28*
Açucar i almendras es, *121,43*
Sol es de Villahermosa, *121,83*
Mas si no es Luna menina, *121,89*
Estrella de Venus es. *121,90*
No es bien la calle la Fama; *121,104*
I las gracias, todo es sal. *121,110*
Aunque es Aluarado, tiene *121,123*
Como es dinero de ciegos, *122,19*
Su grandeça es vn enano, *122,23*
Si el huesped houero es *123,5*
Que sè io que es menester *123,20*
Porque no es gran marauilla *123,30*
Pues babosa es para mi. *124,22*
—Es galan? —Sobre Martin *124,29*
Cae su gala, si lo es. *124,30*
—Seruidor es mui rùín. *124,32*
Pensar que vno solo es dueño *126,12*
Todo el mundo le es mordaça, *126,35*
Nos jura que es como vn huesso, *126,41*
Con que es su cuello almidon, *126,43*
Mas, ai triste, que es sorda *127,15*
Parece niño Amor, i es fiera braua!". *127,19*
Parece niño Amor, i es fiera braua!". *127,46*
Injuria es de las gentes *129,28*
Al fin es Dios alado, *129,34*
Si es la misma enfermedad? *130,4*
Si es la misma enfermedad? *130,16*
Si es vna i otra comadre *130,17*
Si es la misma enfermedad? *130,28*
Ia no es Cura, sino gallo *130,31*
Ia no es Cura, sino Peste *130,35*
Si es la misma enfermedad? *130,40*
Ia es herido el pedernal, *131,33*
Todo es gala el Aphricano, *131,93*
Si le abrocha, es con claueles, *131,103*
Mi libertad vuestra es, *132,58*
"La vida es corta i la esperança larga, *133,13*
El bien es aquella flor *133,15*
La vida es cieruo herido, *133,23*
La vida es corta i la esperança larga, *133,27*

Es oi entre cenizas vn gusano, *135,10*
Tome tierra, que es tierra el ser humano. *135,14*
Dèl muerto Lilio es; que aun no perdona *136,13*
Que es mas posible caso *140,23*
Porque es siempre este color *141,15*
Que es todo golfos i estrechos. *143,16*
No es blanco choro de Nymphas *144,5*
Si ia no es con perlas, *144,52*
Es este infante en tierna edad dichoso; *145,6*
Mas que mucho, si es la niña, *148,41*
I por lo que es vergonçosa, *149,116*
Es sucio Esgueua para compañero, *151,5*
Corra, que necessaria es su corriente, *152,6*
Lisonja es dèl desseo: *156,33*
Es peligroso i violento. *158,14*
De casos nueuos; que es bien, *158,22*
Quien es todo admiracion, *158,38*
La colmena es vidriada, *159,49*
I el panal es cera nueua. *159,50*
Fruta que es toda de cuesco, *159,55*
Que es buena moneda. *160,70*
La que no, no es buena. *160,80*
O violada, si es mejor, *161,2*
(Si es macho cada varon), *161,26*
Que es bestial musico el hombre, *161,83*
Si no es que se emborrizò. *161,104*
Que es el çapato, mas no, *161,106*
I es mas vecino el olor. *161,108*
Sino en cera, que es peor. *161,116*
Es amarilla la cera, *161,117*
Que es basilisco vn señor? *161,144*
Que esto es mucho mas que ser *161,151*
Consorte es generosa dèl prudente *162,9*
Que mucho si el Oriente es, quando buela, *163,13*
Donde la Nympha es Phebo i es Dîana, *165,12*
Donde la Nympha es Phebo i es Dîana, *165,12*
El fondo es bien dexar mas escondido, *166,28*
Es vuestro plectro, dexad *167,2*
Ese maior Corço es; *167,14*
Tantas letras, que es dolor *167,46*
I el en costas, que es peor. *167,50*
I vna bolsa es buena daga *167,58*
I es el mal, que es vn figon *167,75*
I es el mal, que es vn figon *167,75*
Que no es bien que sepa nada *167,95*
No es hijo de Marte en esto; *168,7*
Antes dèl es tan distinto, *168,8*
Pues si es niño Amor, lo son *168,39*
Porque no digan que es Cordouesìa; *170,4*
Tirallas es por medio de ese llano, *170,6*
Delante quien el Sol es vna estrella, *174,7*
Esa palma es, niña bella, *176,1*
Es su fuerça, pues la espera *177,12*
No es fuerza de Amor, ni es *177,23*
No es fuerza de Amor, ni es *177,23*
No es ciego, aunque es flechador, *178,5*
No es ciego, aunque es flechador, *178,5*
O dèl rejon, que es ligero, *178,39*
O dèl harpon, que es alado. *178,40*
El vno es la blanca Nais, *179,9*
Sacrificio es de su fee, *179,23*

Tienda es gloriosa, donde en lechos de oro *180,9*
— Luego es de Moros? — Si, señora tia. *183,9*
Es puntal de su aposento; *187,4*
Presentado es el menudo, *190,1*
I assi, es bien entre con flores. *190,10*
Que es diamante de desden, *192,8*
Dulce es refugio, donde se passea *194,5*
Es vn segundo mar Napolitano, *196,4*
Que escollo es, quando no Sirte de arenas, *196,7*
Es harpon de oro tu mirar sereno, *197,6*
Si es por el rio, mui enhorabuena, *199,3*
Bien es verdad que dicen los Doctores *199,9*
Que no es muerto, sino que de el Estio *199,10*
Como es ia mejor Cuenca para ciegos, *201,13*
Mejor es que corrais murmuradores, *203,8*
Tenedme, aunque es Otoño, ruiseñores, *203,10*
Si ia no es que de las simples aues *203,22*
I no es mi intento a nadie dar enojos, *203,53*
Su flor es pompa de la Primauera, *203,64*
En oro engasta, que al romperlo es cera. *203,66*
Mas basta, que la mula es ia llegada. *203,120*
Espesura es suciedad, *204,3*
Cuia maleza es malicia! *204,4*
Sin duda que es vn caiado *205,17*
I es vn MAR de DONES el. *206,6*
Dèsta suerte es bien que viua; *206,17*
Si, Gil, I es de modo *208,7*
Vn solo es grano, *209,2*
Pan diuino, vn grano es solo *209,10*
Vn solo es grano, *209,17*
Vn solo es grano, *209,32*
Vano es aqui, i ella loca. *213,22*
No es de aquel violin que vuela *214,23*
Otro instrumento es quien tira *214,25*
I no es mucho, en casos tales, *216,18*
Que la nieue es sombra obscura *216,29*
Es la aueja, i si lo es, *217,30*
Es la aueja, i si lo es, *217,30*
Principe que es de la sangre, *217,39*
Venus hypocrita es. *217,48*
Que no es poco, para el, *217,50*
Verde jaula es vn laurel *217,70*
Guarda Damas es vn triste *217,73*
Que no es de agua su interes, *217,86*
El verde Palacio es, *217,90*
Ha sido i es zodiaco luciente *219,10*
Ia en nueuos campos vna es oi de aquellas *221,12*
Es de ciruela mongi, *223,3*
De fruta que todo es cuesco, *223,9*
Que es madre de perlas ya, *226,4*
Si no lo es de la beldad. *226,20*
Si ya tu arrogancia es *226,36*
"Tiempo es, el Cauallero, *226,101*
Tiempo es de andar de aqui; *226,102*
I agenos, que es lo peor, *227,10*
Si es glorioso para vos, *227,24*
Que en Vergamasco es a Dios. *227,60*
Ciego dos vezes para mi es Cupido. *229,6*
Marcelo amigo, que es eso? *229,62*
al que oy es monte Aphricano: *229,119*

No ha menester (si es discreto) *229,154*
no es para el prouecho mio, *229,164*
condicion es natural *229,179*
es Policena mui noble, *229,203*
que hombre es? Que hombre? Dilo. *229,212*
Es bien nacido? No sè. *229,216*
i decid que es jubileo. *229,237*
quien es este moço. No *229,240*
ni es Fabio hombre de cautelas. *229,242*
No es esto cosa pesada, *229,246*
si no es decillo todo, *229,248*
que es honrado, i es mi amigo, *229,253*
que es honrado, i es mi amigo, *229,253*
es por guardarle el decoro *229,254*
Es hijo de vn mercader, *229,258*
que para mi es cosa nueua. *229,271*
Tan rico Camilo es? *229,274*
Ai de mi, que si es tan rico, *229,275*
Mas ai, que es vnico hijo *229,278*
Que es hijo vnico? Bueno. *229,280*
violin no, que es gran mohina *229,300*
Fabio, si mi fee es tan poca, *229,314*
Tadeo, hijo, que es esto? *229,317*
es que se guardan de ti. *229,339*
venciò el zelo, cosa es clara, *229,357*
Vueluete acà, que no es hora. *229,380*
Verso es de el Ariosto. *229,389*
Condicion es famular, *229,396*
Mas como es page de espada, *229,451*
del que es palma de los Condes. *229,471*
tan de Corte, que es guadaña, *229,574*
Fabio, tu Rhetorica es, *229,641*
es que me lleuas tras ti *229,648*
lo es solo en apprehender. *229,659*
que, aunque la venta es tan mala, *229,675*
si la alcauala es el beso. *229,677*
el casamentero es, *229,684*
que si no es el Adúana *229,692*
Si quatridúàno es *229,714*
es beldad de el Tajo i gloria. *229,741*
viendo que es el matrimonio *229,754*
que es de el libro de la muerte *229,764*
que es la fruta intempestiva *229,784*
Esta es, pues, señor Tadeo, *229,814*
de esta su venida, i es *229,843*
Si la pluma es de Camilo, *229,856*
la mano de Octauio es. *229,857*
Que, aunque varia, es mui fièl *229,864*
Lo malo que tiene es solo *229,870*
Que tan simil tuio es? Si, *229,872*
es negocio tan ligero *229,948*
que mui pesado no es? *229,949*
ni en hacer (que es necedad), *229,955*
si es por dicha esta afficion *229,971*
por las trochas, es doctrina *229,999*
que el que sirue siempre es mozo, *229,1008*
i el que es loco nunca es viejo. *229,1009*
i el que es loco nunca es viejo. *229,1009*
es amar a hombre criado, *229,1090*
No te niego que es galan *229,1104*
que oi llega, i su fecha es *229,1114*
Eso es burlas. Esto es de veras. *229,1131*
Eso es burlas. Esto es de veras. *229,1131*
Es mi voluntad sincera. *229,1151*
huie, no, es cera mui mala, *229,1153*

Es posible que te escucho *229,1156*
Que es muerte seruir dos amos; *229,1171*
no es sino para réales. *229,1173*
Tan lindo Petrarcha es el, *229,1186*
Lacaio es pagizo aquel, *229,1216*
que ni es vinagre, ni es miel? *229,1219*
que ni es vinagre, ni es miel? *229,1219*
llena, i este es el postrero: *229,1237*
Que es el secreto, hidalgo, *229,1256*
poca es la que vees ahora *229,1262*
Es hora, hijo? ya es hora. *229,1288*
Es hora, hijo? ya es hora. *229,1288*
es el mismo original. *229,1298*
I dime, tu esposa es Dama? *229,1304*
Mucho. Su nombre qual es? . *229,1305*
Aqui es donde le concluie. *229,1319*
sabràs quien es Isabela *229,1333*
de tus bodas. Es posible *229,1349*
Estremado es el Soneto *229,1396*
que es bien Catholica prenda. *229,1407*
Que es amante, i zelosa, *229,1456*
Es, ô Violante, vn borron *229,1462*
sagrado es la faltriquera; *229,1467*
Aunque es delgada la mia, *229,1482*
Ingrato, cuio es aquel *229,1494*
Es esta por dicha?... Ô Fabio! *229,1510*
La verde rama, que es su cuna verde, *229,1532*
La tumba es ya, donde marchita iace. *229,1533*
Pues no fue marauilla, i es assombro! *229,1538*
que es del peso la razon. *229,1543*
que, segun la fecha es, *229,1546*
I el mismo viento es Donato, *229,1559*
la carta de horro es *229,1567*
No es ia cedula esta, no, *229,1639*
Cadauer es, aunque feo, *229,1644*
tiene, ia que no es Letrado. *229,1658*
Esto es hecho, i io acabado. *229,1664*
i siempre es hermosa flor, *229,1680*
que es cuerda quien va al molino *229,1709*
Si es para supplir los suios, *229,1723*
si con las garras no es *229,1781*
vno es mazo, otro es artero. *229,1784*
vno es mazo, otro es artero. *229,1784*
Qualquiera es sucio, i pequeño. *229,1815*
que las trajo es plomo dèllas. *229,1874*
Mejor es que occupe vn rato *229,1885*
i es de azar el elemento. *229,1890*
Quien es? Io lo dirè presto. *229,1892*
Marcelo es este. Es Marcelo *229,1899*
Marcelo es este. Es Marcelo *229,1899*
Dirè que es el. Yo me duelo *229,1902*
No es eso lo que cheriua *229,1919*
Porque es el artificio de vn perjuro *229,1941*
Si ia espada no es su amistad chara, *229,1946*
Ese es el mismo papel *229,1949*
guardàralo, si no es loca. *229,1954*
A fee que la letra es buena. *229,1971*
"Si tu firmeza es verdad, *229,1991*
la del diamante es mentira". *229,1992*
que es vn melindre gauacho. *229,2063*
Si es gauacho el que camina *229,2067*
Disparate es, i crúèl, *229,2089*
Es galan Lelio? Galan? *229,2091*
De el Cambron la puerta es, *229,2099*

que el matrimonio es visagra *229,2105*
Segun tu silencio es, *229,2119*
Quien es, Isabela? Quien? *229,2131*
Su blanca toca es listada de oro, *229,2152*
Vrna es sagrada de artificio raro, *229,2166*
Toledo es, claro honor de nuestra zona.
    229,2173
Clarin es dulce de la paz Christiana. *229,2193*
El templo sancto es, que venerado *229,2198*
Que edificio es aquel que admira al cielo?
    229,2210
Alcaçar es Réàl el que señalas. *229,2211*
I aquel, quien es, que con osado vuelo
    229,2212
Entre estas cumbres asperas, que es esto,
    229,2218
Es sanct Ceruantes, que su capa ha puesto
    229,2220
Donde es? A sant Vicente. Yo me alegro,
    229,2230
Disparate es el que has hecho. *229,2234*
que es almàdana i buril *229,2283*
que es quanto puedo decir! *229,2329*
es su corriente feliz), *229,2341*
que todo marfil es cuerno, *229,2364*
mi dote es vn Potosi. *229,2385*
es desdicha ser feliz. *229,2401*
es sombra que anda tras mi, *229,2403*
Diras que esta traça es *229,2422*
donde es flaco vn vergantin. *229,2461*
que es maior gloria, Tadeo, *229,2482*
Es lei de Mahoma esta, *229,2495*
me captiuasse? Es verdad. *229,2499*
Es buñuelo este? Es hojuela? *229,2506*
Es buñuelo este? Es hojuela? *229,2506*
Si obedece, esposa es loca; *229,2520*
con la soga, que no es flaca, *229,2572*
No, que el primer dia es *229,2576*
que la traça es escogida. *229,2623*
Tal sea tu salud qual es, *229,2626*
Graciosa es la preuencion. *229,2652*
que ese es improprio lugar. *229,2665*
Todo es, amiga, hablar. *229,2720*
me manda. Soi niña? Es coco? *229,2741*
No es el huesped de tu dueño *229,2778*
es sordo de las narices, *229,2780*
Que este aquel moço no es *229,2782*
Digo que no es el. Acaba *229,2784*
no es Lelio... Cierra tu labio. *229,2791*
Valgame Dios, que este es *229,2793*
Que es dèl? No està de prouecho. *229,2808*
que mi coraçon es vuestro, *229,2820*
Luego no es ir por la cena? *229,2848*
Si es lexos, no me lo mandes, *229,2851*
Ia no es tiempo de Isabelas. *229,2889*
Camilo es el verdadero, *229,2892*
i Lelio es el mentiroso. *229,2893*
a las fieras es assombro *229,2904*
Gran firmeça es esta. Mira *229,2918*
Que es eso? Turbado se ha. *229,2932*
Fabio! No sè io por que es. *229,2939*
No, sino es para seruiros. *229,2955*
Burlais de mi? Esto es peor: *229,2957*
Es Lelio? No. Ô buen Iesu! *229,3003*
i abona al que no lo es? *229,3025*

Es verdad, que me santiguo *229,3031*
quien es este gentilhombre? *229,3035*
aunque soi viejo i es tarde, *229,3069*
que es aspera la ciudad. *229,3072*
Mas aspero mi hijo es. *229,3073*
que este sin duda es su hijo. *229,3075*
que el Granadino es Marcelo, *229,3078*
pensando, pues es de Octauio *229,3099*
es el Lelio que me dan, *229,3123*
i ia es esposo el galan, *229,3124*
Que es esto? Ai segunda historia? *229,3134*
es el alma la memoria. *229,3137*
Quien Fabio en Toledo es? Io. *229,3140*
vuestro huesped? I lo es. *229,3144*
Que es dèl? No està en la ciudad. *229,3145*
Es aquel? Ô hijo amado! *229,3148*
me saque Dios, por quien es. *229,3179*
Es, por dicha, este entremes *229,3180*
Buena es la disposicion. *229,3184*
Qual es? El conocimiento. *229,3198*
One. Que es one? One es no *229,3213*
One. Que es one? One es no *229,3213*
El Vicario es el jùèz *229,3242*
Tadeo, esta es Isabela. *229,3255*
Es verdad. Al cielo vuela *229,3256*
No ai tal, que es mentira esta. *229,3263*
Graciosissima es la fiesta. *229,3264*
Buena es la maraña a fee. *229,3265*
Tadeo, no es esto assi? *229,3271*
que es su esposo. Esto que sè, *229,3291*
la diferencia es el trage; *229,3321*
si es tan cielo el de la estrella *229,3324*
quanto es mi desdicha estraña? *229,3331*
Extremada es la maraña, *229,3332*
i el assumpto es estremado. *229,3333*
que diran que es natural. *229,3337*
Lo que quiero es que me abones, *229,3358*
Si es Emilio vno que *229,3376*
vuecè es Emilio; mas crea *229,3382*
Quien es esse que està aì? *229,3394*
Lelio. Que esse no es Marcelo? *229,3395*
Gran consuelo es, Galeaço, *229,3402*
Es esta la gran corona? *229,3410*
que este es Lelio, amiga. Ia *229,3431*
Violante es esta. I si io *229,3433*
No lo es tal, que Lelio es *229,3435*
No lo es tal, que Lelio es *229,3435*
que es mi muger esta. Miente, *229,3455*
si ia no me es enemigo. *229,3457*
Pues ai maior mal, que es *229,3488*
No es Comedia ia esta, no, *229,3498*
Que, no es representacion? *229,3505*
cuio thalamo es mi pecho. *229,3517*
Si el perdon general no es, *229,3520*
Vuestra, ô PHILIPPO, es la fortuna, i vuestra
    230,69
Pastor que vna Granada es vuestra choça, *231,5*
Historia es culta, cuio encanecido *232,5*
Llaue es ia de los tiempos, i no pluma. *232,11*
Mi saluacion, que es lo que mas desseo. *233,14*
No des mas cera al Sol, que es boberia. *234,9*
A dos mundos, i aunque es tanto, *235,7*
Es mucho que no lo rompa, *235,8*
Luto es de mi alegria *237,3*
Que no es Alarache quien *237,9*

Cada vna vn bronce es. *240,14*
Hyperbole es recelallo, *241,5*
Bien es verdad que su Encia *242,21*
I no penseis que es por odio, *242,24*
Es tan rudo su merced, *242,85*
Mas es su ingenio de seda, *242,91*
Que es capullo para vnos *242,99*
Lo que es borla para otros. *242,100*
I aunque este pienso no es mio, *243,35*
No es voz de fabulosa Deidad esta, *250,9*
DON IVAN DE ACVÑA es. Buril valiente
    251,13
Todo es obras de araña con Baeça, *255,9*
Si vna perla no es luciente, *257,13*
Es vn desnudo piñon. *257,14*
Poca plata es su figura, *257,37*
De el monstro que todo es pluma, *259,7*
Del aue que es ojos toda: *259,8*
Es de tu casa Mardona, *259,34*
Que lenguas de piedra es bien *259,91*
Que es rosas la Alua i rosicler el dia, *261,4*
Mordaça es a vna gruta de su boca. *261,32*
Barbara choça es, aluergue vmbrio, *261,44*
Vn torrente es su barba impetùòso *261,61*
Pellico es ia la que en los bosques era *261,69*
Cercado es, quanto mas capaz mas lleno,
    261,73
Erizo es el zurron de la castaña; *261,81*
Albogues, duramente es repetido. *261,92*
Tal la musica es de Polyphemo. *261,96*
Galathea es su nombre, i dulce en ella *261,99*
Si roca de crystal no es de Neptuno, *261,103*
Pauon de Venus es, cisne de Iuno. *261,104*
De su frente la perla es Erithrea *261,109*
Copa es de Baccho, huerto de Pomona:
    261,138
Deidad, aunque sin templo, es Galathea.
    261,152
De sus esquilmos es al ganadero; *261,156*
Es fuerça que la admire por lo bello. *261,276*
Flores su bozo es, cuias colores, *261,279*
Argos es siempre attento a su semblante;
    261,292
Linterna es ciega i atalaia muda. *261,344*
En pie, sombra capaz es mi persona *261,411*
De Helvecias picas es muralla aguda; *261,428*
Vrna es mucha, pyramide no poca. *261,492*
Carro es brillante de nocturno dia: *263,76*
Luz poca pareciò, tanta es vezina, *263,87*
El aspid es gitano; *263,111*
Purpureos hilos es de grana fina. *263,162*
Es Sisifo en la cuesta, si en la cumbre *263,168*
Es, quanto mas despierto, mas burlado.
    263,170
Mucho es mas lo que, nieblas desatando,
    263,195
Domestico es del Sol nuncio canoro, *263,294*
Tropheo ia su numero es a vn hombro, *263,307*
Si es nectar lo que llora, *263,322*
Arco alado es del cielo, *263,463*
Cuia memoria es bueytre de pesares". *263,502*
De donde es fuente adonde arroio acaba.
    263,561
Fanal es del arroio cada honda, *263,675*
Verdugo de las fuerças es prolixo. *263,679*

I la que Iuno es oi a nuestra esposa, *263,812*
Iedra el vno es tenaz de el otro muro: *263,972*
Es el mas torpe vna herida cierua, *263,1043*
De quien es dulce vena *264,14*
El verde robre, que es barquillo ahora, *264,38*
No es sordo el mar (la erudicion engaña) *264,172*
Cuia forma tortuga es perezosa. *264,192*
Flores su cuerno es, raios su pelo. *264,307*
Espada es tantas vezes esgrimida *264,458*
Corbo es delfin la cola. *264,464*
Parcha es interiôr breue gusano. *264,611*
O le esconde el Olympo o densa es nube, *264,747*
Si la distancia es mucha; *264,914*
Voz que es trompeta, pluma que es muralla. *264,965*
Voz que es trompeta, pluma que es muralla. *264,965*
Que solo es bien se conceda *265,8*
Es palenque la dehessa: *269,10*
Vn estoque es bien delgado *269,71*
Es melancolia mui grande. *269,83*
Gente es bien diciplinada. *269,96*
Pues mandamiento es de Dios, *269,106*
Iusto es le obedezcais vos *269,107*
Bien dixo que tordo es *269,111*
Vn montante es de la muerte. *269,130*
Vn boticario es su espada, *269,134*
I ia que Cornelio es, *269,189*
Que es casto menos que caro. *269,193*
Es vezina de Tomar, *269,219*
Vengança es, i no apetito. *269,246*
Mejor si es del mismo paño. *269,260*
I es vna cordera ia. *269,265*
Que, aunque es galan no mui cano, *269,279*
Es mas viejo que galan. *269,280*
Siempre es pobre el auariento. *269,285*
Verdad es, i bien verdad, *269,286*
Escupo. No es ia tu Dama *269,307*
Es verdad, porque si oi puedo *269,369*
Que mi negocio es solapo, *269,451*
Que fue paloma, i ia es cueruo *269,503*
Que es Diosa de la salud, *269,518*
I assi es bien que no me halle. *269,532*
No es bien que les fies la nieue. *269,536*
Porque aqui (Amor es testigo) *269,545*
I es cosa bien importuna *269,553*
No es para despedaçallo, *269,575*
Que si no es ahora necia *269,599*
I si el es discreto ahora, *269,601*
Eso es mismissimamente. *269,609*
Que no es grangeria mui rica *269,614*
Si es lo que tomais fiado. *269,616*
Es Leonora? La repropia. *269,633*
Que en ella es la discrecion *269,635*
No tienes razon, que es *269,637*
Quando no es en pepitoria. *269,652*
No entiendo eso como es. *269,653*
Que el pagar no es ordinario *269,657*
Sino es esta de bellon, *269,666*
I mas si es veintidoseno, *269,687*
Vna mula es su cuchillo. *269,688*
Son estas? Que es lo que pasa? *269,778*
Siendo como es del Gerardo *269,783*

Es para amigos de lei, *269,806*
Holgarè, DIOS es testigo, *269,819*
Es buena, si dizen? Creo *269,821*
Es la iegua de Amadeo? *269,824*
Mui grande locura es, *269,834*
Ia es mucho melindre ese, *269,857*
Que pensar tal no es razon, *269,866*
Que cierta cosa es, a fe, *269,871*
Que yr no es cosa conuiniente *269,875*
Es la señora Lucrecia? *269,883*
Se meta. Es gran bordadora. *269,888*
Trabaja. Es gran bordadora. *269,896*
Que tal ia la mula es, *269,942*
Que es la mula como vn oro. *269,949*
Si es Henrico, ia pasò *269,968*
Que es su prision nuestras alas. *269,985*
No es ia sino razon esta: *269,1032*
Miente el Doctor. Es verdad. *269,1054*
Que no es bien, Casilda bella, *269,1060*
Que es bien quisto por lo graue *269,1100*
Chiton, que esta no es, amiga, *269,1104*
I su reparo es mohina. *269,1109*
Ô que corta es mi ventura! *269,1164*
La causa es graue? Liuiana. *269,1172*
Que es? Dilo. Esta negra edad *269,1201*
Io apostarè que es commigo. *269,1219*
Han pensado que es a ellos, *269,1224*
Que a tanta dicha su blancura es poca: *269,1260*
En tu roca gozò, que ia no es roca, *269,1264*
Que aunque destos ierros es *269,1280*
No es sino como se toma, *269,1291*
Que es salud de la muger, *269,1308*
Que es impertinente i vaga *269,1314*
Es la escusa no pedida. *269,1323*
Mejor es que te despida, *269,1324*
No es nueuo el entrar en casa, *269,1330*
Que es cielo i sabrà tronar, *269,1335*
Es la conciencia del reo, *269,1343*
No es Amor quien me ha rendido, *269,1350*
Buen alcaide es vn amigo. *269,1361*
Doctor. Es gran bordadora. *269,1385*
I lo calla aunque no es muda. *269,1409*
Es verdad, que algo alterada *269,1434*
De la ganancia es verdad *269,1451*
Diolo? Si. Es gran bordadora. *269,1457*
Es verdad, que estoi corrida *269,1460*
Esta noche es bien que sea. *269,1476*
Buena es la traça. Excelente. *269,1490*
No es tiempo, Tisberto, ahora *269,1512*
Que te rascas? Cosa es recia, *269,1563*
Es la espada de Gerardo, *269,1579*
Que estado es tomar muger. *269,1693*
Que es Duquesa diez mil veces *269,1696*
Es como vn oro el hidalgo. *269,1721*
Que eso mismo es don Tristan; *269,1725*
A vn viejo que vn muerto es *269,1727*
Es amigo de viuir? *269,1734*
Thalamo es de casamiento, *269,1793*
Que vna purga es la piscina, *269,1800*
I la alheña es vn Iordan. *269,1801*
Es ierro, i peligro es *269,1805*
Es ierro, i peligro es *269,1805*
La prudencia es de tu hermana *269,1810*
Es su edad florida i cana. *269,1813*

Quiero entrar, pero no es bien *269,1835*
A las calças es mejor *269,1838*
El termino es corto, Enrico; *269,1842*
I sin duda que es commigo, *269,1850*
I siendo como es assi, *269,1852*
Terrible cosa es, señor; *269,1866*
Mia es la bella Leonora. *269,1877*
Que es tarde, i no la he tomado. *269,1891*
Crecidito es el infante. *269,1957*
Es possible, Doctor? Si, *269,1969*
Lo que es toca para mi. *269,1972*
Que del cuerpo es quien os cura *269,1982*
Es el medico del alma. *269,1984*
Verdad es que va la vida. *269,1985*
Escribo? Que prisa es esta? *269,1998*
Es, por dicha, otro quinquenio? *269,2000*
Que, escondido en sì, es su cuerpo *275,75*
Que mucho, si es tu instituto *275,87*
Cuio liquido seto plata es pura *281,28*
Es vn Mongibel con vos; *282,4*
Es noche, i noche de vn mes *282,29*
De lagrimas vrna es poca. *284,10*
La agua repetida es. *285,8*
Porque el sucio Esgueua es tal *288,6*
Si ia no es que en Latin *288,95*
Que el vigilante estudio lo es de fuego: *292,4*
Adonde hasta el portero es Presentado. *294,11*
Que captiua lisonja es del poblado *295,3*
Templo de quien el Sol aun no es estrella, *298,32*
La grande America es, oro sus venas, *298,33*
De nuestras plaias, Africa es, temida, *298,41*
Ser oi de Feria, es mui justo *299,2*
Traerà el auiso, que es mucho; *300,37*
Pero aun es fîèl la nieue *301,4*
Lastima es pisar el suelo. *301,23*
Diremos que es blanco, i que *301,72*
No es Portugues. Eso nào. *303,14*
Lo dize el Sol, que es su manto, *307,8*
No es su arco, no, el que es *307,10*
No es su arco, no, el que es *307,10*
Que poluareda es aquella? *309,2*
Es vna estrella. *309,5*
No piense el Niño que es coco *309,19*
Que poluareda es aquella? *309,30*
Es vna estrella. *309,33*
No solo es ia de quanto el Duero baña *311,2*
Thalamo es mudo, tumulo canoro. *312,6*
Pyra es suia este monte de edificios. *312,12*
Esa es la ia sonante *312,15*
Lamina es qualquier piedra de Toledo. *312,30*
Es lo que acuña el cuño? *313,23*
El togado es Legista, *313,26*
Canoro nicho es, dosel alado; *315,12*
Sacro es caiado su torcido leño, *315,26*
Augusta es gloria de los Sandouales, *315,73*
Baño es supersticioso del Oriente; *318,12*
Lo que es al Tajo su maior tributo; *318,84*
Inclito es raio su menor almena *318,122*
De Africanos Pyratas freno es duro, *318,136*
Súaue es risa de perpetua Aurora. *318,288*
Astrea es de las vidas en Buitrago, *318,395*
Barquillo estudîòso illustre es Norte. *318,430*
De la fe es nuestra vigilante bara. *318,488*
De el mar es de la Aurora la mas grata, *318,533*

Sombra indiuidua es de su presencia; *318,548*
A sus dos remos es, a sus dos llabes? *318,564*
Succession adoptada es de Isabela; *318,588*
Que el aguila aun es cauallo *320,9*
El etcoetera es de marmol, *322,73*
Encarecimiento es summo *322,130*
"Esta es, dixo, no lo dudo; *322,180*
Esta, Pyramo, es la herida *322,181*
Efecto improuiso es, *322,193*
Al poço, que es de por medio *322,267*
Aunque es tradicion constante, *322,493*
Perdone al que es Catholica visagra, *323,13*
A cuia luz súàue es alimento, *324,7*
Cuia luz su reciproca es rûìna. *324,8*
Trompa es siempre gloriosa de tu Hijo. *324,14*
I poca mas fatal ceniça es ia. *327,8*
Si a lo claudicante no es, *330,7*
Que es el mas cierto relox. *331,7*
Alas de cera. Es mejor *332,6*
I con raçon, que es alcazar *333,33*
A la ambicion es del Betis. *333,40*
Porque vn silbo es necesario *334,85*
Al que de la consciencia es del Tercero *336,1*
Inexorable es guadaña aguda; *338,4*
Vengan (aunque es la voz antigua) cedo, *342,5*
El duro es marmol de vna breue huessa. *345,28*
Que mi conterraneo es *346,7*
Si es vuestra vara de corte, *347,3*
Quan mudo es mi suffrimiento, *348,8*
Ocioso es ia desden tanto, *348,19*
Es el silencio la llaue. *348,35*
Su ganado es: *349,7*
Aunque es aguila Réàl, *349,22*
Gil, si es que al sotillo vas, *351,5*
Que es mas que la de vn castillo. *351,24*
El Tajo su alcaide es, *353,4*
Lo que la fortuna es, *353,54*
Que cerrados, es, los ojos *354,15*
Que es fomentar su tardança *354,29*
Que Celidaja lo es; *355,12*
Phenix desnudo, si es aue, *355,37*
Que tan vana es la de oi *355,63*
Esta cuna es, pues, *356,50*
Pero Minguilla es de modo *357,70*
Que arbol es oi de Apolo. *357,112*
Ô quanta trompa es su exemplo mudo! *363,14*
Tu pluma fue, tu muerte es oi llorada. *364,8*
Porque es breue aun del Sol la monarchia.
    368,48
Que leonada supo que es *370,9*
Oi el IOSEPH es segundo, *373,1*
Es a la breue edad mia, *375,16*
Flor es el jazmin, si bella, *375,25*
Si el ambar florece, es ella *375,29*
Si no es al gyrasol, *375,47*
La que no es perla en el nombre, *376,13*
En el esplendor lo es, *376,14*
Francelisa es quien abreuia *376,25*
Si no es la imaginacion. *377,24*
Mudo es adulador. *377,36*
Que tan celebrada es, *378,6*
Que mi rendimiento es *382,3*
Quanto el morir me es súàue *382,7*
Su inconstancia es infièl. *384,27*
Inquîèta es el abeja, *384,28*

Cada falta cuido que es *385,9*
(Si càìda es bien que sea *387,5*
Esta si es comida, *388,9*
Que a pesar del oro es *388,19*
Esta si es comida, *388,21*
Esta si es comida, *388,33*
Poca es mi armonia *389,54*
Es aue enjaulada, *389,61*
Si muda no es aue; *389,62*
De Nympha que ahora es caña, *390,51*
De caña que ahora es voz. *390,52*
Todo mal afirmado pie es caida, *393,3*
Toda facil caida es precipicio. *393,4*
Cada Sol repetido es vn cometa. *394,8*
Que la beldad es vuestra, la voz mia. *395,14*
Culpa sin duda es ser desdichado, *396,5*
Ollai la mejor voz es Portuguesa, *397,7*
Llegue; que no es pequeña la ventaja *397,13*
Huelgome que es templada Andalucia, *398,7*
Denso es marmol la que era fuente clara *402,5*
No es taco de su escopeta, *405,7*
Poliça es homicida, *405,8*
I aun con esto dizen que es *408,9*
Culpa es vuestra, que los dias *411,9*
Roma, lastima es quan poca *411,25*
No es conjuro que la saca. *411,32*
Porque no es Roma la que *411,35*
Que mentira es la verdad *412,32*
Que solo de esgrima es *412,39*
Lo que es el dinero oi, *413,2*
Que es dinero. *413,9*
Que es dinero. *413,18*
Que es dinero. *413,27*
Que es dinero. *413,36*
Que es dinero. *413,45*
Es mui del Sol quando nace. *414,4*
Humo es inutil, i juego *416,13*
Vna copia es (con bonete) *417,3*
Quanta verdad esto es *418,27*
Madrid que es grande lo diga, *418,28*
Que es maior gala pagar. *418,30*
El mismo es de Helicona: *420,3*
Principes? Mucho mas es Cardenales, *421,19*
Grana es de poluo al vltimo suspiro. *421,22*
Reclinatorio es de su gran Dueño, *421,54*
Digalo el Betis, de quien es Diana; *421,68*
El CARPIO, de quien es Deidad, lo diga.
    421,69
Sino es que ia segunda vez casado *429,13*
Quien justa do la tela es pinavete, *433,9*
Del viento es el pendon pompa ligera, *434,9*
Poeta cuia Lyra es vn cencerro. *435,4*
Cañaueral en ellos, pues es llano *436,6*
— Que es, hombre o muger, lo que han
    colgado? *439,1*
— Cómo es su nombre?   — Alfange i
    vanderilla, *439,3*
Que esta es carcel de gatos de moneda. *440,8*
Por que le llaman Prado, si es Montaña *440,9*
Si es Prado, Vacca sea su guadaña. *440,13*
Si es Montaña, Madera le persiga. *440,14*
I aunque es de falso, pide que le quiera *441,7*
No es mui seguro: no aia maço alguno *441,10*
I su termino todo es Oliuares; *443,6*
Por justo i por rebelde es bien lo sea, *443,12*

Esclauo es fugitiuo, i en cadenas *444,9*
De su rabaço vos, que es todo quanto *446,13*
Esta es, lector, la vida i los milagros *447,12*
Digno es de su merced el Mercenario. *448,14*
Es el Orpheo del señor Don Iuan *453,1*
Mancebo es ingenioso, juro a san, *453,5*
Tan sancto lo haga Dios como es Letran. *453,8*
El aue viste, que es de el sol tropheo. *457,4*
Vnico Phenix es mi amor constante, *457,9*
Es relampago chico: no me ciega. *458,6*
Potro es gallardo, pero va sin freno. *458,8*
Mas no es virtud el miedo en que reparas, *460,5*
Es vicio la virtud quando es violenta. *460,14*
Es vicio la virtud quando es violenta. *460,14*
Se fue a ermitañear, que es lo que aguardo"?
    462,11
Que el ser casado es el maior de todos. *463,14*
Piedad, i no es de solo lo diuino. *465,8*
Que de igual nadie alaba lo que es vno. *470,14*
I es lastima de ver lo que padece *475,2*
Es lo que llaman Reyno de Galicia. *476,14*
No es de Apolo (que es mentira) *477,5*
No es de Apolo (que es mentira) *477,5*
Si no es que dicen por ierro *477,38*
Su verde honor, pues es dina, *487,8*
Que es tu comica persona *488,2*
Pelo de esta marta es. *488,10*
Que es el consejo mas llano *490,22*
Que, en tal Rincon, cosa es clara *491,6*
Porque dicen que es cordura *495,45*
I diga que es mal de bazo: *496,22*
Que fatal desdicha es essa *497,42*
Valor es este, señora, *498,21*
I animosidad es esta *498,22*
Por el i lo que es mas acà he baxado, *499,25*
Pues no es razon que sola ella se cuente, *499,34*
Aqueste arco es quien lança esta saeta, *499,41*
I esta punta dorada es quien los hiere. *499,42*
Tal es el aparato que ha traido, *499,76*
Busquemoslas: sabran como es venido *499,120*
Tan ligero el corço es, *499,124*
El don Siluio es tan galano, *499,228*
Tu no sabes que es buscar *499,246*
I el trabajo que andar es *499,248*
Esto aun es quando se halla; *499,252*
De que es mi gusto el por que. *499,267*
Floriscio, grande es tu fe; *499,274*
Es lleuarte a Siluio luego, *499,292*
Me cuenta, porque es estraño, *499,305*
Oielo, que es bueno a fe: *499,311*
Esaù *1*
I las manos de Esaù. *269,460*
Esbirros *1*
De laton esbirros trae, *288,60*
Escabeche *1*
ni sea como escabeche. *229,1191*
Escala *4*
escala de el Nueuo Mundo, *229,492*
Menos cansado que confuso, escala. *263,51*
Puesto en tiempo, corona, si no escala, *264,849*
I leños de la escala de Iacob. *473,11*
Escalando *1*
Escalando la montaña *215,13*
Escalar *2*
Escalar pretendiendo el monte en vano, *264,13*

Aun escalar que batir. *418,57*
Escalas *2*
Penetras el abysmo, el cielo escalas; *120,21*
A la casa de el Rei le pone escalas? *229,2213*
Escalasse *1*
I escalasse el pecho bobo, *228,163*
Escalen *1*
Ni porque ahora escalen su corriente *77,78*
Escalera *1*
La santa escalera. *160,128*
Escalò *2*
El Cenith escalò, plumas vestido, *264,138*
Profanado, escalò vn dia *285,19*
Escalones *1*
cuios ricos escalones, *229,493*
Escama *2*
De escama, quanto mas de nombre) atunes *264,416*
Monstro con escama i pluma, *287,81*
Escamada *3*
Con la que illustra el Sur cola escamada *263,428*
Si Cloto no de la escamada fiera, *264,436*
Las peñas envistiò peña escamada, *264,443*
Escamado *2*
Verde el cabello, el pecho no escamado, *261,117*
Monstro, escamado de robustas haias, *263,375*
Escamas *5*
I de la barba al pie escamas vestido, *166,2*
En vez de escamas de crystal, sus olas *230,22*
Otros de escamas faciles armados, *264,103*
De las escamas que vistiò de plata. *264,327*
Escamas de rosicler, *285,46*
Escandaliçallo *1*
Trata de escandaliçallo, *130,30*
Escandalo *1*
El Girifalte, escandalo bizarro *264,753*
Escapa *2*
Sè que nadie se te escapa, *26,89*
Si aquesta se te escapa, *125,41*
Escapar *1*
Escapar varquillas rotas, *97,40*
Escaparse *1*
Escaparse de tal por lo aguileño, *203,36*
Escapatorios *1*
Mis escapatorios sean, *275,116*
Escapè *2*
Que escapè de el mar *50,15*
Escapè de las quemadas *110,5*
Escapò *1*
Si escapò lamido el pelo *416,37*
Escapulario *1*
Muger tan santa, que ni escapulario, *450,2*
Escapularios *1*
Escapularios del Carmen *275,115*
Escaramuzas *1*
Escaramuzas barbaras imita; *318,68*
Escarbandose *1*
Escarbandose los dientes *81,30*
Escarcela *1*
Que no os pienso ver mas en mi escarcela. *367,4*
Escarchados *1*
Sus campos escarchados, que a millares *443,7*

Escarchando *1*
Aquel las ondas escarchando buela, *264,61*
Escaríòte *3*
Su poco de Escaríòte, *107,42*
no lo escucha Escaríòte. *229,639*
con llamarme Escaríòte: *229,671*
Escarlata *5*
De su rostro la nieue i la escarlata *16,7*
Teñirà de escarlata *72,28*
O las colunas bese o la escarlata, *263,475*
Rindiò, al fiero leon, que en escarlata *276,6*
De vestir, digno, manto de escarlata, *290,7*
Escarmiento *2*
O ia para escarmiento de cuidados. *119,4*
Vrna que el escarmiento le ha negado, *363,6*
Escarmientos *1*
A que escarmientos me vincula el hado? *380,14*
Escarpin *1*
Tanto, que su escarpin diga *288,47*
Escarpines *1*
Sin disculpar escarpines *204,47*
Escarraman *1*
Del cantado Escarraman. *288,24*
Escaruar *1*
Ni escaruar a lo gallino; *334,60*
Escaruaren *1*
Mas si escaruaren, que sea *334,61*
Escasa *1*
Dispensadora del crystal no escasa. *263,549*
Escasas *1*
Las manos de Alexandro haceis escasas, *325,12*
Escaso *2*
Donde el Sol es mas escaso, *96,66*
Mas con semblante de piedad no escaso *499,31*
Escaueche *2*
Que es milagro, i no escaueche, *6,29*
la perdiz en escaueche, *229,2839*
Escholastico *1*
De Escholastico, i redondo. *242,132*
Esclarecida *8*
De aue tan esclarecida. *121,40*
Canten otros tu casa esclarecida, *180,5*
Baxel en cuia gauia esclarecida *247,5*
Alto assumpto, materia esclarecida, *279,4*
No despues mucho, madre esclarecida *318,433*
Esta noche esclarecida *321,3*
A la region asciende esclarecida, *364,6*
Le indujo horror la mas esclarecida *404,15*
Esclarecidamente *1*
Donde esclarecidamente *179,1*
Esclarecido *9*
Gloríòso Frances esclarecido, *220,5*
Ô DUQUE esclarecido! *262,26*
De vn Heroe, si no Augusto, esclarecido, *263,733*
De esclarecido i aun de soberano *264,821*
Desde el sitial la Reina, esclarecido *315,49*
Quede en marmol tu nombre esclarecido, *317,9*
De vn Duque esclarecido la tercera *318,129*
El Tassis fue de Acuña esclarecido, *318,601*
Tu en tanto esclarecido *421,5*
Esclarecidos *2*
Titulos en España esclarecidos, *318,311*

Cresced a fines tan esclarecidos, *335,9*
Esclaua *1*
Que esclaua soi bien segura, *269,1092*
Esclauina *1*
Era su benditissima esclauina, *428,5*
Esclauitud *2*
De esta dura esclauitud, *83,17*
Señas de su esclauitud. *269,488*
Esclauo *2*
Como vn esclauo le siruo, *96,25*
Esclauo es fugitiuo, i en cadenas *444,9*
Esclauos *1*
No son de esclauos, no, de el Sacramento. *444,11*
Esclavitud *1*
de aquella esclavitud Mora. *229,1568*
Esclavo *1*
"En la libertad esclavo, *229,1969*
Escobas *1*
Con escobas barrieron de oro i seda, *229,2184*
Escoge *1*
Mas arrullos escoge, i menos pluma. *229,1071*
Escogen *1*
Escogen, agrauiando *264,338*
Escogida *1*
que la traça es escogida. *229,2623*
Escogido *1*
La paz del mundo escogido *302,5*
Escogiò *4*
Que escogiò entre los arboles del soto *114,10*
De el canoro escogiò baxel pequeño. *264,60*
Escogiò pues de quatro o cinco abetos *264,503*
Ministro escogiò tal, a quien valiente *318,253*
Escogiste *1*
Al habito que escogiste, *259,43*
Escojamos *1*
Escojamos como en peras *27,105*
Escojan *1*
(Escojan los epitetos, *161,3*
Escollo *23*
Que escollo es, quando no Sirte de arenas, *196,7*
Si las ondas que el Betis de su escollo *234,7*
Guarnicion tosca de este escollo duro *261,33*
Que la eminencia abriga de vn escollo, *261,264*
Del escollo fatal fueron apenas, *261,498*
No lejos de vn escollo coronado *263,24*
Vn escollo, apazible galeria, *263,187*
Escollo, el metal ella fulminante *263,381*
Escollo oi de el Letheo. *263,817*
Sino desotro escollo al mar pendiente; *264,400*
Quando cerca de aquel peinado escollo *264,500*
Escollo de crystal, meta del mundo. *264,541*
El escollo mas duro? *264,630*
Por el pendiente caluo escollo, quanto *264,825*
A quien el mismo escollo, *264,854*
Escollo al mar no tambien, *269,1488*
El escollo està eminente, *283,3*
Dulce escollo, que aun ahora *287,41*
Blason del tiempo, escollo de el oluido. *317,11*
Sino fatal, escollo fueron duro! *318,380*
De vn pardo escollo dos fuentes, *333,2*
Desataràn vn escollo. *357,84*
Sobre vn escollo, de quien *390,31*
Escollos *18*

Que en los escollos se rompen *179,30*
Los escollos, el Sol los muros raia. *185,2*
I escollos juzga que en el mar se lauan *218,10*
Entre escollos i arenas, *229,11*
escollos que açota el mar, *229,2685*
I de conuertir escollos, *242,82*
Golfo de escollos, plaia de Syrenas! *245,6*
La razon, entre escollos naufragante *247,10*
Que a la plaia, de escollos no desnuda, *261,343*
Haziendo escollos o de marmol Pario *263,488*
Los escollos el Sol raiaua, quando *264,33*
Porque a la par de los escollos viue, *264,211*
O escollos desta isla diuididos: *264,434*
Aserrar quisiera escollos *268,25*
De dos escollos o tres *285,2*
Que fuera del cuitado, que entre escollos, *399,12*
De escollos mil besado i nunca roto. *404,40*
Lamiendo escollos ciento *421,58*

Escombra 2
I al punto el cielo se escombra, *149,84*
Se escombra la tienda. *160,110*

Escombrada *1*
Escombrada i limpia, *65,38*

Escombres *1*
Mira que su casa escombres *91,26*

Esconda 5
Esconda el desengaño en poca espuma. *32,14*
Mil leños esconda *65,159*
No poca tierra esconda, *264,162*
Mi cuerpo esconda vna caña *269,1136*
De que el otro esconda. *422,12*

Escondas 3
Que me escondas aquellas letras santas *30,7*
Polyphemo te llama, no te escondas; *261,405*
Sin que escondas lo que està. *269,540*

Esconde 23
Organista esconde, *56,75*
Armado se esconde Amor *95,33*
Se esconde qual serpiente. *103,4*
Siente al Amor que se esconde *131,22*
De los crystales que esconde, *142,4*
Dichoso el que pacifico se esconde *203,73*
pero en mi alma se esconde, *229,479*
De las fraguas que ardiente el Ethna esconde *230,43*
De los montes esconde, copia bella *261,47*
Tantos jazmines quanta ierba esconde *261,179*
Su orgullo pierde i su memoria esconde. *263,211*
Padre de la que en si bella se esconde *263,724*
Mas incentiua, esconde; *264,86*
Harmoníôso numero se esconde *264,251*
Torcida esconde, ia que no enroscada, *264,323*
O le esconde el Olympo o densa es nube, *264,747*
Entre las conchas oi del Sur esconde *264,774*
En su madre se esconde; donde halla *264,964*
Que aquel aposento esconde *269,1039*
Sellado el labio, la quietud se esconde? *281,24*
Donde esconde cada qual *288,98*
Mucha le esconde sinúôsa bela, *318,586*
Las sienes al Occéàno le esconde; *318,620*

Escondeis *1*
De ese marfil que escondeis, *355,76*

Esconden *1*
En el Océàno esconden. *179,20*

Esconder 3
A esconder con el numero el camino, *263,512*
Por esconder mis postrimeros años *454,13*
Quiero esconder este arco i esta alxaua *499,44*

Esconderse *1*
I puede esconderse mal *259,55*

Escondes 2
Con el silencio me escondes *229,1496*
Que no estè aqui lo que escondes, *269,539*

Escondia 2
Auara escondia cuerua, *264,878*
Se escondia ia en las flores *285,47*

Escondida 7
Ô ponçoñosa viuora escondida *23,3*
Qual entre flor i flor sierpe escondida. *42,8*
Hurtô de verde prado, que escondida *43,7*
Que verde margen de escondida fuente, *46,8*
Saliò el Sol, i entre armiños escondida. *100,9*
Açucena entre murtas escondida, *455,6*
Porque en tu hermosura està escondida *466,7*

Escondido 13
Como aueja està escondido *121,49*
Le dexò por escondido *131,3*
El fondo es bien dexar mas escondido, *166,28*
En vnas mismas plumas escondido *203,29*
hospedages de escondido *229,64*
en tu cueua has escondido *229,127*
Ô mancebo escondido, *229,288*
Lo distante interponen, lo escondido, *230,30*
Que, escondido en sì, es su cuerpo *275,75*
Aunque en humildes paños escondido *499,1*
Aunque en humildes paños escondido. *499,59*
El rojo pie escondido en la laguna, *499,69*
Quien escondido ha escuchado *499,218*

Escondiendo 3
Escondiendo el dulce caso *73,115*
Tal, escondiendo en plumas el turbante, *318,67*
Escondiendo con velas ambos mares, *421,42*

Escondiendole *1*
Escondiendole vn harpon *226,55*

Escondiò 3
Alta le escondiò luz el templo todo. *315,32*
Que el extasis me escondiò, *331,44*
Escondiò a otros la de tu serpiente, *360,10*

Escondiòse *1*
Escondiòse tras las rosas, *131,25*

Escondo 3
Oi os tiro, mas no escondo la mano, *170,3*
Que escondo io ni que ausento? *269,542*
Con que ausento, i con que escondo *269,567*

Escopeta *1*
No es taco de su escopeta, *405,7*

Escorpion *1*
I la cola al escorpion; *269,175*

Escorpiones *1*
Entre dulces escorpiones. *131,32*

Escotar *1*
Escotar vn discipulo de Scoto. *182,11*

Escote *1*
Ni possada sin escote. *107,84*

Escrauita *1*
Escrauita do nacimento. *308,13*

Escriba 4

Que el otro le escriba, *65,154*
Escriba en cada zaguan: *269,764*
No quiero mula que escriba. *269,770*
Escriba, lo que vieron, tan gran pluma, *271,12*

Escribas *1*
I en quatro lenguas no me escribas co, *468,12*

Escribe 6
Responde, alta la gamba, al que le escribe *203,98*
Luego vuestro padre escribe? *229,1117*
i qual mariposa escribe *229,2033*
I sin escrupulo escribe, *269,139*
Que su fee escribe en el agua, *287,21*
Que su fee escribe en la arena. *287,22*

Escribeme *1*
Escribeme que saldria *229,1554*

Escriben 2
Escriben las plumas juntas, *90,8*
(Que es colera, a lo que escriben *96,51*

Escribes *1*
Que supuesto que escribes boberì, *468,13*

Escribi *1*
Escribi en mil pliegos, *50,90*

Escribid *1*
Escribid, que a mas gloria Apollo os llama: *292,12*

Escribiere *1*
Que escribiere quien me infama). *269,1749*

Escribiò 5
De la gaceta que escribiò las bodas *203,104*
i que el por ierro escribiò. *229,1964*
quien para ti le escribiò? *229,2012*
Papel escribiò? Tancredo. *269,248*
Tanto i tan bien escribiò, *275,41*

Escribir 5
A escribir del cuñado el atroz hecho *41,7*
Tus próêzas escribir, *82,122*
Escribir mis desdichas con el dedo? *261,416*
Ni acabes de escribir la Jerusà: *468,15*
Mandaronse escribir estas hazañas *469,13*

Escribis *1*
Escribis, ô Cabrera, del segundo *279,1*

Escribiste *1*
Dizen que quando escribiste *73,93*

Escribo 3
Con tiernos ojos escribo *83,59*
I mirar lo que escribo. El desengaño *203,56*
Escribo? Que prisa es esta? *269,1998*

Escrita 6
Al menos escrita; *65,12*
Con la punta escrita *79,109*
Que en ambos labios se la dexò escrita. *137,11*
Debaxo de vna tabla escrita posa. *154,11*
la mas bien escrita hoja. *229,765*
Esta, en plantas no escrita, *264,598*

Escritas *1*
Balas de papel escritas *86,23*

Escrito 4
Tan leido como escrito, *89,10*
Poluos de lo que della està escrito. *256,31*
Condenalle por lo escrito. *269,250*
Con lo que ha escrito de lo que ha volado. *315,40*

Escritos 2
Que no estan escritos: *8,2*

Los prolixos escritos de su Encia. *433,4*
Escritura *1*
De la lei de escritura a la de gracia, *313,35*
Escriua *3*
Porque escriua, o porque teste, *81,36*
Que hable nectar i que ambrosia escriua. *244,14*
Haciendo a la mano escriua *490,19*
Escriualo *1*
Escriualo en breue summa, *168,16*
Escriuana *1*
Que dos pruma de escriuana. *207,25*
Escriuania *2*
Cuchillo de escriuania *168,19*
Vendiendo la escriuania, *413,43*
Escriuano *2*
Embolsa el otro escriuano *81,33*
Viendo el escriuano que *105,56*
Escriue *1*
Reça o escriue en coplas la dotrina. *471,14*
Escriuiendo *1*
En vn laud va escriuiendo *356,31*
Escriuieron *1*
Las cosas que me escriuieron *58,6*
Escriuir *1*
Serà para escriuir tu excelso nido *317,13*
Escrupulo *4*
de tu escrupulo corrido. *229,1409*
I sin escrupulo escribe, *269,139*
Aun escrupulo me queda *269,1396*
A esse escrupulo perdona, *269,1807*
Escrupulos *2*
Para escrupulos tan sordos *229,3440*
I con escrupulos mata. *269,140*
Escrupulosa *2*
i la mas escrupulosa. *229,1391*
Fabrica escrupulosa, i aunque incierta, *264,79*
Escrupuloso *2*
I aunque algo escrupuloso *242,46*
Murió aplauso escrupuloso. *357,92*
Escucha *15*
Que escucha su mal: *4,8*
Que ella escucha sin desden: *226,68*
no lo escucha Escaríòte. *229,639*
que escucha? Quien la enuiò, *229,1744*
Escucha, pues, lo que sabes. *229,2258*
Escucha, al son de la çampoña mia, *261,6*
Ronco si, escucha a Glauco la ribera *261,118*
Choros texiendo estès, escucha vn dia *261,383*
La barbara corona que le escucha. *263,984*
Apenas el laton segundo escucha, *264,917*
Que Tisberto. Escucha, pues. *269,1506*
Sino que (escucha, no me oia *269,1532*
Este, si numeroso, dulce escucha *290,9*
Escucha el final accento *310,27*
Mas escucha la musica sin ira. *424,8*
Escuchad *5*
I escuchad mis desuenturas, *82,3*
Escuchad los desuarios *107,13*
Escuchad las desuenturas *107,17*
Escuchad, pues. A quien digo? *229,718*
I que burla fue? Escuchad, *269,1438*
Escuchada *1*
De quien con attencion no sea escuchada *33,3*
Escuchadme *2*

Escuchadme vn rato attentos, *58,1*
Pues escuchadme, os lo ruego, *269,1942*
Escuchado *3*
I alguno que me ha escuchado *81,53*
"Escuchado he vuestras quexas *96,97*
Quien escondido ha escuchado *499,218*
Escuchame *2*
Escuchame, hermana mia. *229,2659*
Escuchame lo que digo. *269,1736*
Escuchan *7*
Cantàra; mas no me escuchan. *26,4*
Si sus mercedes me escuchan, *81,1*
Le escuchan i se enfrenan; *125,13*
I el monte i el agua escuchan *133,11*
i el abono que le escuchan, *229,3043*
Hierros se escuchan siempre, i llanto eterno, *253,11*
Que escuchan su canoro fin los rios; *431,10*
Escuchando *2*
Escuchando a Philomena *7,28*
Escuchando a la syrena *389,43*
Escuchante *1*
Todo escuchante la oreja. *275,120*
Escuchar *6*
Qual ia por escuchar el dulce canto *33,11*
A escuchar los almirezes *96,71*
Ir a escuchar otro poco *96,171*
No a escuchar vuestras vozes lisongeras, *172,5*
a escuchar, para saber; *229,152*
Escuchar hondas sediento *322,131*
Escuchàran *1*
Que aun los peñascos la escuchàran quedos. *263,253*
Escuchas *1*
Debaxo escuchas de dosel Augusto *261,19*
Escuchaste *1*
Donde mil vezes escuchaste en vano *317,5*
Escuchaua *2*
Que estas vozes escuchaua, *10,50*
I de su esposo ia escuchaua amante *318,307*
Escuchauan *1*
Que le escuchauan elephante apenas, *230,28*
Escuche *5*
Escuche aquesto que canta: *9,38*
Escuche sordo el ruego *129,32*
Las escuche el Antipoda remoto, *252,6*
Escuche la vitoria io, o el fracasso *277,13*
Escuche al que le informa en voz doliente *499,32*
Escucho *3*
Es posible que te escucho *229,1156*
Emilio amigo, si escucho *229,3398*
Laud si, donde ia escucho *300,38*
Escuchò *3*
Atenta escuchò la moça *74,117*
I el lo escuchò con quietud: *287,72*
Pues vn fauor le escuchò *419,65*
Escuchòlos *1*
I escuchòlos sin querer. *419,28*
Escuderazo *1*
el escuderazo cano, *229,438*
Escudero *11*
Con este escudero solo *73,29*
De vn escudero de Abìdo, *228,23*
pero al escudero i dueña, *229,429*

escudero de tu casa, *229,447*
I si no coche, escudero *269,717*
Escudero quiero cano, *269,730*
Escudero quiero puro. *269,743*
Quantos, niña? Vn escudero. *269,747*
Escudero, Don, estrado, *269,1020*
Al escudero portante *413,21*
De vn escudo vn escudero, *413,26*
Escuderos *1*
Vn raio sin escuderos, *322,305*
Escudo *14*
Querellese de su escudo. *27,32*
De los Soldados escudo, *61,15*
No le defendiò el escudo, *61,37*
La Fê escudo, honra España, inuidia el mundo *77,85*
Mi hazienda es vn escudo *111,9*
Los quarteles de mi escudo, *111,13*
Dèl Reino escudo, i silla de tu estado. *195,4*
A la Réàl cadena de tu escudo; *262,32*
I el oro de tanto escudo. *269,1289*
Ni lança vale ni escudo. *322,404*
Que su escudo, aunque hendido, *409,3*
De orin tomado el escudo. *409,10*
De vn escudo vn escudero, *413,26*
Las diez i nueue torres de el escudo. *429,2*
Escudos *24*
Quatro escudos de paciencia, *2,17*
A dos escudos en prosa, *6,77*
Que demos en sus escudos. *27,112*
Los ielmos i los escudos, *63,135*
Cien escudos son la ruda. *102,20*
Escudos pintan escudos, *126,6*
Escudos pintan escudos, *126,6*
Por cient escudos la mitad del lecho; *181,4*
Quien, deuiendolo en escudos, *188,2*
a mil escudos de dote; *229,631*
cada año le hacen de escudos *229,2602*
Sobre daros mil escudos *229,3438*
Con muchos escudos de oro. *240,10*
Cien escudos de oro fino *269,196*
Cien escudos han de ser? *269,241*
Cien escudos ha tocado. *269,600*
Cient escudos me pidiò *269,812*
Ponelle los cien escudos, *269,910*
A Iuno el oro, a Palas los escudos. *269,1236*
Los cient escudos os pido, *269,1379*
Te pidiesse mil escudos, *269,1403*
Escudos, por alegrarte *269,1686*
Sus escudos mas de ciento *299,7*
I escudos costò infinitos. *334,80*
Escudriñe *2*
Que no escudriñe el desseo. *268,16*
Que no escudriñe el deseo. *352,16*
Escuela *9*
Ni io irè a la escuela. *5,4*
I a veer tu fertil escuela *63,109*
Campo de Marte, escuela de Minerua, *72,37*
Oy, pues aquesta tu Latina Escuela *77,10*
En la lengua del agua ruda escuela, *264,58*
La Escuela, i todo pio affecto sabio *270,10*
Dulce beuia en la prudente escuela *318,57*
Escuela ia de sus cursos. *322,256*
Ô quanta beberas en tanta escuela *421,10*
Esculapio *3*

Que se herrò nuestro Esculapio *161,41*
De Apolo nieta, i de Esculapio hija, *269,392*
Barba, Esculapio, a ti peinas en oro; *360,2*
Esculpirà *1*
Esculpirà tus hechos, sino en vano, *66,5*
Esculpto *1*
No ia desmintiò lo esculpto, *322,396*
Esculptura *1*
Idolos a los troncos la esculptura, *426,7*
Esculpturas *1*
Ostente crespas, blancas esculpturas *263,858*
Esculto *1*
Si bien dulcemente esculto. *416,30*
Escultor *2*
Mano tan docta de escultor tan raro, *34,8*
Daliso el escultor, cincel sus males. *119,14*
Escultores *1*
Porque? Por escultores quiçà vanos *264,662*
Escultura *1*
Pompa de la escultura, ô caminante, *314,2*
Escupe *1*
Que escupe las muelas luego. *58,52*
Escupiendo *1*
Que està escupiendo Neptuno. *322,296*
Escupo *1*
Escupo. No es ia tu Dama *269,307*
Escurecen *1*
Quando mas escurecen las espumas, *264,261*
Escurecia *1*
Como se escurecia el sol en ellos. *340,4*
Escusa *5*
Que aun en la baina se escusa *269,74*
Es la escusa no pedida. *269,1323*
Pueblo, competente escusa, *304,26*
Las verdes orlas escusa *357,73*
De los tres dardos te escusa, *376,37*
Escusadas *4*
Charidades escusadas, *227,25*
Charidades escusadas, *227,35*
Charidades escusadas, *227,45*
Charidades escusadas, *227,55*
Escusados *1*
De rigores escusados *348,11*
Escusallo *1*
pues escusallo no puedo, *229,1620*
Escusando *1*
De cañamo, escusando las de hierro; *165,2*
Escusarà *1*
Lo que escusarà muger. *355,60*
Escusas *1*
Sin escusas le obedece, *57,30*
Escusò *1*
No te escusò de muger. *378,4*
Esfera *2*
Zeilan quantas su esfera exhala roja *318,475*
Cuestas que llegan a la ardiente esfera, *476,9*
Esforçados *1*
Que el harà de tus braços esforçados *72,82*
Esfuerça *1*
El fiero viento se esfuerça *10,31*
Esfuerço *1*
Que das esfuerço en las guerras *110,43*
Esgremiran *1*
Al viento esgremiran cuchillo vago. *264,840*
Esgrima *2*

Que mulatos en esgrima; *74,20*
Que solo de esgrima es *412,39*
Esgrime *1*
i quando su espada esgrime *229,2920*
Esgrimida *1*
Espada es tantas vezes esgrimida *264,458*
Esgrimiò *1*
Esgrimiò casi el obstinado azero. *318,552*
Esgueua *15*
El vno orilla de Esgueua, *28,23*
Solo en ver que de Esgueua acompañado *151,3*
Es sucio Esgueua para compañero, *151,5*
O que malquisto con Esgueua quedo, *152,1*
Que lleua el señor Esgueua? *159,1*
Que lleua el señor Esgueua? *159,11*
Que lleua el señor Esgueua? *159,21*
Que lleua el señor Esgueua? *159,31*
Que lleua el señor Esgueua? *159,41*
Que lleua el señor Esgueua? *159,51*
Que lleua el señor Esgueua? *159,61*
A Esgueua, i toda la diò *161,122*
De vuestros huesos a Esgueua, *161,147*
Algo apartado de Esgueua, *288,5*
Porque el sucio Esgueua es tal *288,6*
Esgueuilla *2*
No se le da a Esgueuilla quatro blancas; *151,12*
Caiò enfermo Esgueuilla de opilado, *475,1*
Eslabon *2*
De vn eslabon i otro mi destierro, *197,10*
vno piedra, otro eslabon. *229,1677*
Eslabones *2*
Arrastrando alli eslabones *285,29*
Los eslabones arrastrò de ausencia. *318,168*
Eslauon *2*
Oxalà cada eslauon *269,1115*
Nueuo acrecienta eslauon. *383,4*
Esmalta *1*
Hallareis que el solo esmalta *121,143*
Esmaltar *1*
Esmaltar el cascauel. *132,24*
Esmaltes *1*
Que al oro dan los esmaltes. *63,216*
Esmerado *1*
Ecija se ha esmerado, io os prometo, *255,5*
Esmeralda *6*
Que a la esmeralda fina el verde puro *13,7*
I las de esmeralda al sauze; *63,172*
Io, aunque de esmeralda son, *141,9*
Al zafiro, i la esmeralda. *144,26*
Platos le offrece de esmeralda fina. *203,114*
Pisad dichoso esta esmeralda bruta, *264,367*
Esmeraldas *8*
Esmeraldas i balages; *63,192*
Medias de esmeraldas, *79,15*
De vn rubi, i dos esmeraldas. *148,12*
De esmeraldas i de aljofar, *149,12*
De perlas siembra, el monte de esmeraldas. *229,1058*
Sobre esmeraldas de Muso. *322,468*
Las esmeraldas en ierba, *353,1*
Diamante entre esmeraldas engastado, *455,8*
Esmeriles *1*
I batido de esmeriles. *91,22*
Esmerjon *1*
De esmerjon, como la triste *322,347*

Esotra *4*
I esotra chupamadera? *207,27*
Ni de esotra inquieta lyra; *214,24*
que esotra darà cuidado *229,2100*
Esotra naual siempre infestadora *298,40*
Esotras *2*
El vulgo de esotras hierbas, *217,21*
El huerto le da esotras, a quien debe *264,220*
Espacio *13*
Ahora que estoi de espacio, *26,1*
Rîendose mui de espacio *27,17*
Los que me miran de espacio, *96,122*
En breue espacio de cielo. *143,4*
Se podrà ir con el de espacio; *228,56*
Io le buscarè de espacio, *229,1470*
Mirad, pues, que si no baxais de espacio *229,2232*
De espacio rompia el capullo, *229,2346*
El apazible sitio; espacio breue *263,625*
En breue espacio mucha Primauera *264,339*
Si no se busca de espacio? *269,745*
Igual restituiendo al ayre espacio *318,526*
Poco espacio me concedes, *322,237*
Espacios *1*
Los espacios que no llora *62,25*
Espaciosa *1*
Graues reuoca a la espaciosa orilla. *230,63*
Espacîosa *1*
Sin besar de la plaia espacîosa *264,194*
Espacîosamente *1*
Espacîosamente dirigido *264,107*
Espaciosas *2*
I las quadras espaciosas *63,29*
I los que por las calles espaciosas *263,718*
Espacioso *3*
I redil espacioso, donde encierra *261,45*
Centro apazible vn circulo espacioso *263,573*
Qual del puente espacioso que has roido *318,195*
Espacîoso *2*
Que del sublime espacîoso llano *263,228*
Teatro espacîoso su ribera *359,1*
Espaciossa *1*
La frente espaciossa, *65,37*
Espada *70*
Con valerosa espada domeñandoles, *1,32*
Hace thalamo vna espada, *7,40*
I la espada sea mi diente, *7,43*
Ô espada sobre mi de vn pelo assida, *23,7*
Espada de acero empuñas. *26,100*
El de la espada dèl sangriento Marte, *40,13*
Por tu espada i por tu trato *57,35*
Viendole tomar la espada, *64,26*
Alma dèl tiempo, espada dèl oluido. *66,14*
I los derechos con espada i daga; *69,11*
Dèl huso en vez de sceptro i de la espada; *72,47*
I vna espada Ginouesa, *73,30*
I la espada en tiros cortos *74,21*
La fiera espada honrò dèl Arriano; *77,37*
La espada que te ha dado *77,50*
Tal, que su espada por su DIOS confunda *77,60*
Larga paz, feliz Sceptro, inuicta espada. *77,68*
I seis mellas a la espada, *81,23*
Porque es dormir con espada, *102,25*
O lo que tiene de espada *110,37*

Sino tambien el espada *111,43*
Bien guarnecida espada de ginete, *113,6*
Iugo fuerte i Real espada, *132,55*
Tal, que dò el Norte iela al mar su espada *145,12*
I que matais con mi espada; *168,4*
I que noble espada sea *168,13*
Que serà la espada mia *168,18*
Mas como es page de espada, *229,451*
Io, al fin, soi page de espada. *229,1210*
o contigo, o con tu espada, *229,1343*
Iuro a la cruz de esa espada... *229,1412*
la espada me entre en el pecho *229,1520*
Si ia espada no es su amistad chara, *229,1946*
por la espada conseguir, *229,2483*
su Theologia de espada? *229,2497*
Con la punta de esta espada *229,2772*
i quando su espada esgrime *229,2920*
La ardiente Libya vuestra ardiente espada, *230,82*
Que sin corona buela i sin espada *264,289*
Espada es tantas vezes esgrimida *264,458*
De los filos desta espada. *269,100*
Vn boticario es su espada, *269,134*
Que darle lengua a vna espada *269,184*
I te ciñes la su espada. *269,205*
Espada de Sahagun. *269,512*
Menos ia su espada corta. *269,588*
Si de tu espada mi ruego *269,1516*
Cuyos muros son mi espada? *269,1529*
Es la espada de Gerardo, *269,1579*
Mi ferreruelo i mi espada. *269,1705*
El largo sceptro, la gloriosa espada, *279,8*
En letras luego, en generosa espada *280,34*
Las ramas de Minerua por su espada, *318,20*
De espada votos, i de toga armados, *318,258*
I por su espada ia dos vezes Brauo, *318,542*
La que a Pedro le asiste quanta espada *318,563*
O con el Caduceo o con la espada. *318,600*
De vn "ai". se calò en la espada *322,463*
Del maior Rei, cuia invencible espada, *324,12*
A vuestras llaues, a su espada ardiente. *335,8*
Si fulminò esquadrones ia su espada, *337,10*
Que lo sea vuestra espada; *347,4*
Ia queria, i en su espada *357,103*
La inuicta espada que ciño en su vida. *368,30*
Buscò tu fresno, i estinguiò tu espada *391,5*
No le rajò vuestra espada. *409,4*
De porte le dio vna espada. *413,22*
Vn caballero de la verde espada *447,7*
O a la espada de Amadis, *480,9*
Al fiero Marte la sangrienta espada *499,8*
Espadañas *2*
Espadañas oppone en vez de espadas, *163,6*
Bobedas le coronan de espadañas. *264,111*
Espadas *9*
Tanto por plumas quanto por espadas! *51,8*
Al claro resplandor de tus espadas *72,9*
Ciñen espadas ciuiles. *91,33*
Espadañas oppone en vez de espadas, *163,6*
Gradûando sus espadas *269,2*
Amistades ia, ni espadas, *269,66*
Quando no a golpes de espadas, *269,1016*
Dos espadas eran negras *322,117*
Llaues dos tales, tales dos espadas, *421,41*

Espadilla *1*
Le matais con mi espadilla, *168,24*
Espalda *4*
Mil crespos nudos por la blanca espalda, *25,15*
Los hombros i espalda *65,65*
El braço aquel, la espalda este desnuda, *230,48*
Que opreso gima, que la espalda corbe. *318,256*
Espaldarazo *1*
Vn espaldarazo, o dos; *269,1657*
Espaldarazos *1*
Espaldarazos sin darles *111,47*
Espaldas *12*
Ojos i espaldas bueluan, *72,12*
Cuias espaldas pudieran *88,15*
Os menéân las espaldas *89,27*
I en las espaldas las puntas *90,9*
Las espaldas al azote. *107,20*
Sus espaldas trocàra de diamante! *229,18*
las espaldas de Camilo)... *229,1273*
Aun las espaldas de Athlante, *259,75*
(Sus espaldas raiando el sutil oro *263,886*
Las espaldas vueluen todos *288,101*
Por el pecho a las espaldas. *322,429*
No hagais boluer las espaldas *354,31*
Espaldudos *1*
Carihartos, i espaldudos. *27,104*
Espalhadas *1*
Nas ribeiras do Betis espalhadas. *118,8*
España *48*
Tu llano i sierra, ô patria, ô flor de España! *51,14*
Levanta, España, tu famosa diestra *72,1*
Cantar de nuestra España *72,90*
Atrauesaron a España *73,33*
En que la gran Metropoli de España, *77,2*
Para quien no tan solo España ara, *77,73*
La Fê escudo, honra España, inuidia el mundo *77,85*
Que diò a España Medellin. *121,27*
Que a España le da Heroes, si no leies, *145,11*
Oi le introduzga a España, *156,7*
PRINCIPE tendrà España, *156,35*
Al gran theatro de España; *158,37*
La gloria de los ZVÑIGAS de España. *166,24*
Oi en la Corte de España; *167,28*
Al Apolo de España, al de Aiamonte *172,9*
De los Zuñigas de España; *178,14*
De luz a España, i gloria a los VENEGAS. *194,11*
Archas burlò el fatal cuchillo; ô España, *220,12*
La tumba vee del Sol, señas de España, *230,16*
Dirige al cielo España en dulce choro *230,36*
A la que España toda humilde estrado *245,1*
De España, i de su corona, *249,2*
Oraculo en España verdadero, *251,6*
Nobles en nuestra España por ser Rojas, *252,10*
En lo que España encierra; *256,33*
Erudicion de España: *256,54*
A España en vno i otro alado pino, *298,36*
Quantas le ha introducido España almenas; *298,45*
En nuestra España el caiado, *306,16*
"Crece, ô de Lerma tu, ô tu de España *318,89*
Sino Apolos lucientes dos a España, *318,115*

Que España, de el Marques solicitada, *318,269*
España entonces, que su antiguo muro, *318,298*
Titulos en España esclarecidos, *318,311*
Fuese el Rei, fuese España, e irreuerente *318,319*
Fertil granero ia de nuestra España; *318,356*
Rompiò cruel, rompiò el valor de España *318,396*
I el aplauso que España le preuiene; *318,468*
Flechando luego en zefiros de España *318,511*
España a ministerio tanto experto *318,597*
Que deuerà al glorioso Conde España. *318,608*
A España en nudo las implica blando, *318,615*
Votos de España son, que oi os consagra *323,9*
Igual nos le dio España cauallero, *337,3*
Quien lo fuera vuestro, galeras de España! *345,12*
En la Deidad solicitò de España. *359,11*
Gouernar a toda España. *412,4*
Que España ilustrarà la quinta Esphera. *415,7*
Españas *2*
Del Sol de las Españas, que en dorado *335,2*
Que naciò para serlo en las Españas; *469,10*
Español *9*
Sin que aia Angel Español *121,149*
Buela, Icaro Español, *236,2*
Vuestro Phlegronte Español) *241,8*
Ha de entender Español *269,1708*
A CABRERA, Español Liuio segundo, *272,12*
Mezenas Español, que al zozobrado *318,429*
No solo vn bello Español, *320,2*
I pone lei al Español lenguaje *425,11*
Quien duerme en español i sueña en griego, *434,6*
Española *4*
la mejor baca Española, *229,130*
A la Española el Marques *240,11*
Bellissima tu, pues, Cynthia española, *415,8*
La ingenuidad obserues Española, *421,74*
Españolas *2*
Las garras pues, las pressas Españolas *230,18*
Ô Argel! ô de rûinas Españolas *318,377*
Españoles *1*
Que al maior martyr de los Españoles *76,7*
Espantado *1*
Espantado han sus numeros al mundo *453,3*
Espantarte *1*
el trasgo a espantarte acà. *229,2805*
Espanto *3*
O al Reino (si allà cabes) del espanto; *23,11*
Perdonan: i no me espanto *485,7*
Vamos; mas helas vienen. I io me espanto *499,122*
Espantosa *1*
I de la espantosa piel *78,34*
Esparcido *1*
que en nouelas esparcido *229,232*
Esparcidos *2*
Passos esparcidos, *50,27*
Esparcidos imagina *322,405*
Esparciendo *1*
Ia esparciendo por el aquel cabello *20,3*
Esparcir *1*
I vsando al esparcir tu nueua lumbre *17,6*
Esparcis *1*

I esparcis violetas, *79,4*
Esparragos *1*
Esparragos sin la bulla. *26,52*
Esparto *3*
Los cabellos son esparto. *28,40*
Que es el esparto de todos *83,14*
Primas de esparto por lo peliagudas, *449,6*
Espatula *2*
Con vna espatula vieja *28,51*
Quantos o mal la espatula desata *313,49*
Especial *1*
Con cuidado especial vuestros antojos *427,9*
Espectaculo *1*
Espectaculo feroz, *334,45*
Especulò *1*
Disposicion especulò Estadista *264,655*
Espejo *9*
Espejo de los galanes; *61,16*
Espejo de la salud; *86,6*
Hace a su beldad espejo, *87,62*
Con el espejo su tez, *105,68*
Que espejo de zaphiro fue luciente *261,419*
Guarnicion desigual a tanto espejo, *264,28*
Necia en el espejo fue *355,78*
Espejo hecho el valcon, *418,47*
Que en el espejo luziente *493,9*
Espejos *5*
Espejos claros de crystal luciente. *114,18*
O espejos de sus almenas, *115,4*
O sois espejos quebrados, *186,3*
Da el fuego luzes i el arroio espejos. *263,662*
Que espejos, aunque esphericos, fíeles, *264,704*
Espera *37*
Que alegre os espera. *79,56*
Porque el mismo fruto espera *105,30*
Os espera en el Ferrol: *107,51*
I sin veleta al Amadis, que espera *113,11*
I matas lo que te espera". *115,38*
Que espera vn baxel luces en la gabia? *135,13*
Madre de perlas, i que serlo espera *156,16*
Sin habla os espera. *160,52*
I espera idolatrallos Occidente. *174,11*
Es su fuerça, pues la espera *177,12*
Como quien de vna i otra hoja espera *198,7*
Que en mi rincon me espera vna morcilla. *200,14*
A la sombra de aquel arbol me espera, *203,62*
Mi liuertad te espera cada dia. *226,31*
Mi liuertad te espera cada dia". *226,44*
porque no entre alguno. Espera, *229,1602*
i orillas del mar espera *229,1923*
donde vna nieue a otra espera, *229,2671*
Calpe desde su oppuesta cumbre espera, *230,78*
En poluo ia el clarin final espera: *245,12*
Me vueluo a la que me espera *259,103*
Aunque pastor; si tu desden no espera *261,402*
Maior aun de el que espera *263,571*
Ven, Hymeneo, ven donde te espera *263,767*
Desta primer region, sañudo espera *264,932*
Su lecho te espera bello *269,199*
Figuras espera? Si, *269,2014*
Ciego de aquel que espera *313,30*
El arroio espera *350,5*
La sierra que los espera, *358,9*

En vn hijo del Zefiro la espera *359,5*
Que el Tajo os espera cysne, *390,47*
Contiene vuestro albor i dulce espera *395,10*
Que el remedio frustrase del que espera? *400,11*
Te espera el Tiber con sus tres coronas. *421,80*
I reciue al que te espera. *498,8*
El Principe que cada qual espera. *499,121*
Esperaba *1*
Del mancebo que esperaba, *419,23*
Esperad *1*
Esperad, que luego salgo. *269,1718*
Esperais *1*
No esperais, señor? No quiso. *229,3174*
Esperan *2*
Que esperan entre las flores *121,127*
firmes esperan las rocas, *229,2676*
Esperança *30*
Que esperança de vn rapaz? *2,26*
Que el viento con su esperança *75,39*
A vna esperança traidora *78,23*
Da pistos a la esperança *93,66*
Sin Leda i sin esperança *106,1*
Quan bien llora su esperança! *133,10*
"La vida es corta i la esperança larga, *133,13*
La esperança, el animal *133,25*
La vida es corta i la esperança larga, *133,27*
Si no son de la esperança, *144,24*
La alta esperança en el se vea lograda *145,9*
Si no eran la esperança *148,18*
Corresponda el desseo a la esperança. *156,34*
Alta esperança, gloria dèl estado, *171,1*
Mintiendo en el theatro, i la esperança *203,59*
tu esperança le hiço loco, *229,1230*
A mi esperança, que infeliz la nombro *229,1537*
para alentar tu esperança *229,2384*
Cabo le hizo de Esperança buena. *263,452*
Quando ofrezco a tu esperança *269,1514*
La vaga esperança mia *284,1*
Mi vaga esperança; tanto *284,6*
La vaga esperança mia *284,13*
La esperança siempre viua *310,14*
Donde ia le texia su esperança *318,190*
La esperança alimentan de Fileno. *339,16*
Perdi la esperança de ver mi ausente: *345,3*
Quanta esperança miente a vn desdichado! *380,12*
Deidad no ingrata la esperança ha sido *399,6*
A mi esperança, tantos oprimido *400,2*
Esperanças *12*
Esperanças i ventura. *39,12*
Locas esperanças, *50,25*
De esperanças vinculadas *61,11*
En quien de nuestro bien las esperanças *77,56*
Esperanças armadas de paciencia". *114,24*
Tus años del, i nuestras esperanças; *175,2*
Enxuguen esperanças *193,13*
No frustreis mas sus dulces esperanças; *231,11*
Coronando de esperanças *285,11*
Esperanças Bradamantes *354,7*
Esperanças, pues, de vn dia, *357,25*
Muere, i en el las esperanças leues. *457,11*
Esperando *3*
Esperando esta pelota *107,33*

Esperando estan la rosa *217,1*
"Amiga, esperando estoi *229,1508*
Esperandoos *2*
esperandoos a los dos. *229,379*
I al Genil, que esperandoos peina nieue, *231,10*
Esperar *4*
En esperar i suffrir: *82,94*
De esperar? De posseer. *229,2756*
Sin esperar a la hoz; *286,12*
Fue el esperar, aun entre tanta fiera. *400,14*
Esperarà *1*
que esperarà vn nouio ageno *229,2744*
Esperarè *1*
Incluso esperarè en qualque missiua *379,13*
Esperas *2*
Que esperas para batalla *26,95*
I aduierte bien, en tanto que tu esperas *72,70*
Esperaua *1*
Esperaua a sus Reies Barcelona *318,321*
Esperauan *1*
A la barquilla, donde le esperauan *264,684*
Espere *1*
Sin que mas luz espere, *296,6*
Esperen *2*
Esperen maior tributo *10,19*
Ia no esperen veer mis ojos, *39,23*
Esperiencia *1*
A tu edad, a tu esperiencia, *487,2*
Espero *7*
I en el mar de Argel te espero. *39,50*
"Aun en el infierno espero". *229,1238*
al que espero Seuillano, *229,2128*
No espero en mi verdad lo que no creo: *233,12*
Espero en mi consciencia lo que digo, *233,13*
Que si el bien saben que espero, *354,36*
Quanto mas bobo he sido, mas espero *367,13*
Espesas *2*
De espesas redes bien apercebido, *499,80*
Entre matas tan espesas. *499,205*
Espeso *1*
Deste espeso xaral la senda estrecha; *499,51*
Espessura *3*
Ia cazando en la espessura, *26,22*
De aquel que, de Strymon en la espessura, *33,12*
Volò mas temeroso a la espessura; *43,4*
Espesura *4*
Espesura es suciedad, *204,3*
que al Tajo i a su espesura *229,131*
Midiendo la espesura *263,79*
Por essa espesura braua, *499,249*
Esphera *17*
Corona en puntas la dorada esphera *45,9*
I esphera Hespaña de sus raios bellos. *174,8*
quando no esphera a tu hombro, *229,124*
La esphera de sus plumas, *263,131*
En la nocturna capa de la esphera, *263,384*
La esphera misma de los raios bellos. *263,760*
Su esphera lapidosa de luzeros. *264,379*
De la sonante esphera, *264,619*
Breue esphera de viento, *264,923*
La desplumada ia, la breue esphera, *264,933*
Bolsa, de quatro mil soles esphera. *313,29*
Postrase humilde en el que tanta esphera *315,41*

La que bien digna de maior Esphera, *318,131*
Aguila generosa de su Esphera. *318,208*
Mintiendo cerdas en su quinta esphera. *359,8*
A esphera superiòr, *390,26*
Que España ilustrarà la quinta Esphera. *415,7*
Esphericos *1*
Que espejos, aunque esphericos, fièles, *264,704*
Esphinge *1*
Esphinge bachillera, *263,114*
Espia *4*
Por espia i adalid, *82,102*
I con malicias de espia; *91,7*
i espia de la señora, *229,775*
Esta rabia, aquella espia, *229,1783*
Espiandola *1*
Espiandola detras *97,17*
Espias *1*
Al anglico Legado i sus espias *469,7*
Espiga *2*
Sin inclinar espiga, *263,1033*
Creiendo que està en espiga, *496,18*
Espigada *1*
Entre la no espigada mies la tela. *263,589*
Espigas *9*
El fruto de sus espigas, *93,69*
Rubias espigas dè con pie dorado, *156,10*
De cuias siempre fertiles espigas *261,143*
Toros dome, i de vn rubio mar de espigas *263,822*
Tantas espigas saliò, *286,10*
Que tu con la hoz espigas. *286,24*
Que tu con la hoz espigas. *286,36*
Las espigas, los pomos de la copia *318,363*
Sin inclinar sus espigas. *499,159*
Espina *3*
De la espina mas aguda. *102,30*
Si no es rosa desta espina, *111,63*
Con box dentado o con raiada espina, *264,365*
Espinaço *1*
Deste nudoso espinaço, *96,62*
Espinas *8*
Purpureas rosas sin temor de espinas, *20,8*
Ramos de nogal i espinas, *59,27*
O en espinas el bigote, *107,12*
I de espinas clauadas ambas sienes, *117,2*
Si son archas las espinas *217,11*
Por duras guijas, por espinas graues *261,475*
Entre espinas crepusculos pisando, *263,48*
No entre espinas ni entre piedras, *275,2*
Espinazo *1*
Delphin de algun espinazo *161,155*
Espino *1*
Vn espino i dos romeros *111,15*
Espinosa *1*
Que en planta dulce vn tiempo, si espinosa, *221,3*
Espio *1*
De Espio i de Nerea, *264,260*
Espiò *1*
Que me espiò a mi en saliendo, *82,103*
Espira *8*
Espira luz i no vomita lumbre, *112,3*
Su vestido espira olores, *131,94*

La suauidad que espira el marmol (llega) *136,12*
Si espira suauidad, si gloria espira *196,10*
Si espira suauidad, si gloria espira *196,10*
Ambar espira el vestido *217,45*
Fresca, espira marchita i siempre hermosa; *221,6*
Si dulce sopla el viento, dulce espira *424,5*
Espirado *1*
Pues la humana en tus versos ha espirado, *471,13*
Espiran *1*
I al Jaragui, donde espiran *63,185*
Espirando *3*
I otras tres humo espirando *96,50*
Si en espirando DIOS, luego *304,21*
Que fuego el espirando, humo ella, *361,12*
Espirante *4*
Para el Zierço espirante por cien bocas *263,450*
De marmol espirante *312,3*
Licores Nabathéòs espirante, *323,2*
Del viento mas espirante. *389,16*
Espirantes *1*
Oi balsamo espirantes cuelga ciento *230,67*
Espirasse *1*
Que vn lienço espirasse olores, *240,18*
Espiren *1*
Hablando vos, espiren sus olores? *198,14*
Espiritu *17*
I espiritu poetico *1,9*
I aun creo que el espiritu leuanta, *41,5*
El espiritu cansado *48,59*
Sin ser espiritu sancto *87,35*
El Espiritu de Dios. *176,20*
Baxe el espiritu ardiente *191,5*
espiritu ministril, *229,658*
hecho espiritu gentil? *229,1195*
Que dio espiritu a leño, vida a lino, *274,4*
Su espiritu con la pluma *275,43*
Mi pobre espiritu en lenguas, *275,94*
Espiritu gentil, no solo siga, *311,13*
De espiritu viuaz el breue lino *343,3*
En su sangre su espiritu fogoso: *391,6*
El aiuno a su espiritu era vn ala, *404,29*
Espiritu assistido! *421,15*
En sus manos mi espiritu encomiendo. *445,14*
Espiritùàl *1*
De la espiritùàl milicia en ella *229,2190*
Espiritus *1*
Pues tràes los espiritus attentos *44,5*
Espirò *4*
Apenas espirò, quando *75,57*
El mismo que espirò sùaue aliento *221,5*
Espirò al fin en sus labios; *322,457*
Si espirò el Cigarral, barbo luciente *342,9*
Esplendor *49*
Gallarda insignia, esplendor *110,41*
De vn blanco armiño el esplendor vestida, *128,9*
Porque vuestro esplendor vença la nieue, *198,12*
Su ia esplendor purpureo casta rosa, *221,2*
fragrantissimo esplendor *229,1681*
Que con tanto esplendor, con gloria tanta, *229,2163*

La perla que esplendor fue *249,1*
Sacro esplendor, en toda edad luciente, *250,2*
Esplendor de BVENDIA, que le ha dado; *251,4*
Tu esplendor, tus religiosas *259,58*
I, condenado su esplendor, la deja *261,111*
Breue esplendor de mal distinta lumbre, *263,58*
Arrogante esplendor, ia que no bello, *263,310*
Dexa de su esplendor, dexa desnudo *263,691*
Mas plata en su esplendor sea cardada *263,898*
Del esplendor que admira el estrangero *264,240*
Dezimo esplendor bello de Aganipe; *264,539*
Al baio, quando no esplendor houero *264,678*
Dichoso el esplendor vieras del dia *280,19*
Iouen, digo, ia esplendor *285,21*
Sella esplendor, desmiente gloria humana, *298,7*
Con esplendor tanto, que *306,37*
Generoso esplendor, sino luciente, *311,1*
Esplendor mucho, si ceniza poca, *312,10*
Su esplendor corbo la Deidad de Cintho *315,6*
Bien que prescribe su esplendor lo oculto: *318,44*
Bien nacido esplendor, firme coluna, *318,90*
Entre el esplendor pues alimentado *318,241*
Con esplendor Réàl, con pompa rara *318,290*
Emulo su esplendor de el firmamento, *318,461*
El esplendor, la vanidad, la gala, *318,479*
Viuir apenas esplendor no saue, *318,594*
Terso marfil su esplendor, *322,45*
Abriò su esplendor la boba, *322,277*
Del esplendor que contra si fomenta, *324,10*
Al que mucho de Hespaña esplendor fue, *327,7*
I caiendo al esplendor, *331,31*
Vida le fiò muda esplendor leue. *343,8*
Que con esplendor *356,43*
Ô esplendor generoso de señores. *361,14*
Hurtale al esplendor (bien que profano, *368,13*
En el esplendor lo es, *376,14*
Centellas sin esplendor *377,10*
Lunado signo su esplendor vistiendo, *391,10*
Del esplendor solicitada, llega *392,6*
Al esplendor augusto de MARIA *403,4*
No esplendor soberano, *415,11*
El esplendor juzga vano *416,28*
No el esplendor a tu materia dura; *426,6*
Esplendores *4*
sus antiguos esplendores. *229,535*
Los houeros, si no esplendores baios, *264,732*
Sombras son Erythréòs esplendores, *335,11*
A pesar de esplendores tantos, piensa *362,2*
Espolon *1*
Que arrollò su espolon con pompa vana *264,71*
Espongîoso *1*
Espongîoso pues se bebiò i mudo *264,179*
Esponja *1*
Que mucho, si auarienta ha sido esponja *264,628*
Esposa *22*
Traeme nueuas de mi esposa, *38,17*
Visita a mi esposa bella, *39,49*
Para lo de Dios esposa, *73,15*
Vn Mallorquin con su esposa, *97,6*
A su Esposa, *206,3*
Si ia la hizo esposa *229,1065*

Mi señor? Mi esposa bella! *229,1160*
I dime, tu esposa es Dama? *229,1304*
Para mañana, que has de ser mi esposa".
   229,1489
Tu esposa serà Isabela *229,1498*
i al cielo de tal esposa. *229,2040*
Si obedece, esposa es loca; *229,2520*
vuestra esposa. Traicion graue. *229,2765*
Consagrando los pallios a su esposa, *263,568*
Digna la juzga esposa *263,732*
I la que Iuno es oi a nuestra esposa, *263,812*
De el galan nouio, de la esposa bella, *263,1069*
I a la stygia Deidad con bella esposa. *264,979*
De Semi-Dioses hija, bella esposa, *280,46*
Dulce vn dia despues la hizo esposa, *318,317*
Ô de el mar reyna tu, que eres esposa, *318,553*
Pillò su esposa, puesto que no pueda *453,10*

Esposas *2*
Van perdiendo sus esposas, *149,48*
a las mugeres esposas, *229,757*

Esposo *30*
Tiene a su esposo, i dixo: "Es gran baxeça
   68,11
A su esposo la señora *105,53*
Tu esposo quando lidie, *120,17*
I al esposo, en figura casi muerta, *120,40*
I al tierno esposo dexas *129,2*
Vuestro nombre immortal, ô digno esposo
   171,10
Su esposo la dura lança, *178,22*
io huesped i vos esposo. *229,2030*
para tu esposo despues. *229,2122*
con su esposo por su amante *229,2440*
de mi hija esposo tierno, *229,2549*
de el coraçon de tu esposo. *229,2563*
a su esposo cierta moza, *229,2565*
esposo rico i gallardo. *229,2585*
Tu esposo? Mi amor. Que paila *229,2757*
que soi, i no soi, esposo *229,2822*
Mira que està alli tu esposo. *229,2890*
Veisla, sale con su esposo. *229,2946*
i iia es esposo el galan, *229,3124*
Eres su esposo? Si. Que? *229,3262*
que es su esposo. Esto que sè, *229,3291*
Que tanto esposo admira la ribera, *261,406*
Esposo casi vn lustro (cuio diente *263,154*
Cuio lasciuo esposo vigilante *263,293*
Si eres mi esposo esta noche, *269,645*
Endeche el siempre amado esposo muerto
   295,12
I de su esposo ia escuchaua amante *318,307*
Al que anudaron esposo *389,31*
Pues tan buen esposo cobras *498,3*
De donde el esposo lleua *498,28*

Esposos *1*
Siempre viuid Esposos. *263,896*

Esposso *1*
Que muerto esposso llore, *103,47*

Espozo *1*
quando espozo le decia: *229,2567*

Espuela *9*
De la amorosa espuela duro freno! *23,8*
Que salpicando os doraràn la espuela, *163,10*
Mas que la espuela esta opinion la pica. *203,87*
que, al arrimarle la espuela, *229,642*

que fue espuela cada letra *229,860*
Clauo no, espuela si del apetito, *263,496*
Purpureas plumas dandole tu espuela, *280,39*
la centellas de sangre con la espuela *318,59*
El que a mejor caballo bate espuela, *464,2*

Espuelas *10*
De quatro espuelas herido, *57,15*
Espuelas de honor le pican, *64,21*
Que ai espuelas de licencia, *102,9*
Que en viendole con espuelas, *107,39*
Y brillar espuelas de oro, *226,63*
i con espuelas sali; *229,2261*
las espuelas con las alas *229,2264*
que este trae botas i espuelas, *229,2786*
Las plumas riça, las espuelas dora. *277,7*
Se calça espuelas, i le da vn galope? *427,8*

Espuma *35*
Esconda el desengaño en poca espuma. *32,14*
Leuantando blanca espuma *97,1*
La blanca hija de la blanca espuma, *120,31*
Que sombras sella en thumulos de espuma.
   232,14
De los cisnes, que la espuma *239,23*
Del cauallo Andaluz la ociosa espuma; *261,14*
Adora que viò el Reyno de la espuma. *261,98*
Entre dos myrthos que, de espuma canos,
   261,211
Del Alua al Sol, que el pauellon de espuma
   263,179
Dexò primero de su espuma cano, *263,410*
Haze de blanca espuma *263,559*
Recordò al Sol, no de su espuma cana, *263,705*
La blanca espuma, quantos la tixera *263,917*
Sin viòlar espuma. *263,1034*
Bien preuino la hija de la espuma *263,1090*
De blancas ouas i de espuma verde, *264,25*
El mar encuentra, cuia espuma cana *264,63*
En tumulos de espuma paga breue, *264,406*
Montes de espuma concitò herida *264,489*
Venia al tiempo el nieto de la Espuma, *264,521*
Tras la garça argentada el pie de espuma;
   264,749
I tinta fina su espuma, *269,763*
De los dos mares vna i otra espuma. *271,14*
Nubes rompiendo de espuma, *285,51*
Ciego nieto de la espuma, *287,79*
Llorò el Tajo cristal, a cuia espuma *291,9*
Huiendo con su Oceano la espuma, *315,61*
Terminos del Océàno la espuma, *316,12*
De la que fue espuma. *350,16*
Que los cisnes de su espuma *353,34*
Que primero espuma fue. *378,52*
Depuso el fausto, parto de la espuma *404,13*
Pues no leuanta la espuma *418,5*
Aquellos si, que de su docta espuma *431,11*
Dexò, i de espuma la agua encanecida, *455,2*

Espumar *1*
Mentir cerdas, zeloso espumar diente. *264,583*

Espumas *28*
Las espumas con sus plantas; *10,48*
Las velas, i le da espumas. *39,16*
Las espumas con sus carnes; *63,52*
Que obscurecen las espumas *121,79*
Le guarnecen de perlas tus espumas, *140,11*
Saliò de espumas vestida, *149,115*

Pisado el iugo al Tajo i sus espumas, *163,9*
Perlas sean las espumas, *166,33*
Candor a vuestros versos las espumas *172,13*
Negar las blancas espumas *179,51*
Cuias humidas espumas *214,10*
Las blancas espumas que orlan *216,27*
Los cisnes a las espumas *229,1354*
Blanco thumulo de espumas *236,5*
tantas flores pisò como el espumas. *261,128*
Si bien su freno espumas, illustraua *261,338*
Alga todo i espumas, *263,26*
Ni de los raios baja a las espumas *263,132*
I vadéàndo nubes, las espumas *263,952*
Si no ha dado su nombre a tus espumas,
   264,140
De el cielo espumas i de el mar estrellas.
   264,215
Quando mas escurecen las espumas, *264,261*
Quantas al mar espumas dan sus remos.
   264,664
Sino cuerpo de espumas animado, *269,1265*
I espumas del Tormes sellan; *275,92*
De espumas sufre el Betis argentado *318,73*
Las espumas que la ierua *322,385*
Pisa espumas por vltraje. *389,8*

Espumosa *2*
Prospera al fin, mas no espumosa tanto *263,926*
La espumosa del Betis ligereza *264,813*

Espumosas *2*
Murarse de montañas espumosas, *263,437*
Las espumosas dilata *319,5*

Espumoso *7*
Tuerces soberbio, raudo i espumoso, *22,8*
Vn jauali espumoso *127,34*
Cruel verdugo el espumoso diente, *175,12*
Donde espumoso el mar Siciliàno *261,25*
Del espumoso mar su pie ligero, *261,154*
Espumoso coral le dan al Tormes: *262,12*
Centauro ia espumoso el Occéàno, *264,10*

Espumosso *1*
Al espumosso diente; *103,32*

Esquadra *3*
Sigue la dulce esquadra montañesa *263,541*
Hermosa esquadra con ligero passo, *263,639*
La esquadra descendia presurosa *264,826*

Esquadron *11*
Se leuanta vn esquadron *178,32*
De auejas, era vn esquadron bolante, *184,8*
Que auejas tuuo el esquadron armado; *184,16*
I esquadron de acero armado *211,11*
Sacro esquadron de auejas, si no alado, *256,6*
Esquadron de Amazonas desarmado *263,278*
El lento esquadron luego *263,642*
Mas a su daño el esquadron attento, *264,872*
Te corone vn esquadron? *269,1525*
Tan gran esquadron de gente *269,1578*
Crezca glorioso el esquadron ouante, *315,78*

Esquadrones *3*
El que rompio esquadrones i dio al llano *220,3*
Si fulminò esquadrones ia su espada, *337,10*
Dos esquadrones viò armados *354,3*

Esquilan *1*
De quantos siegan oro, esquilan nieue, *261,149*

Esquilas *1*
Esquilas dulces de sonora pluma, *263,177*

Esquilmada *1*
Ni de sus conductores esquilmada. *325,4*
Esquilmos *1*
De sus esquilmos es al ganadero; *261,156*
Esquina *8*
Tal, que por esquina *50,59*
I apuntalando su esquina. *74,32*
I al trasponer de vna esquina *81,21*
Canta en vuestra esquina *160,23*
Dexòsele en vna esquina *167,65*
en mui buena esquina ha dado: *229,235*
Tras de esta esquina le aguardo. *229,826*
vna piedra de esa esquina. *229,917*
Esquinas *4*
La de quatro esquinas quiero, *27,125*
De andar por esquinas *65,130*
Los que en esquinas vuestros coraçones *153,9*
Grande orinador de esquinas, *228,39*
Esquiua *3*
Que quiera vna Dama esquiua *6,103*
Mas ni la encarcelada nuez esquiua, *263,879*
Fue el mostraros tan esquiua *490,17*
Esquiuo *1*
Por cuyo trato esquiuo *25,52*
Essencia *1*
Si vnica no en la essencia. *275,20*
Essencias *1*
No quiero quintas essencias *229,802*
Està *131*
Que en Floresta no està impresso, *6,71*
I que tan lejos està *9,23*
Llorando està dos Nymphas ia sin vidas *12,3*
Que el que està mas lexos de ellos, *28,67*
Ese està mas apartado; *28,68*
Pues en troncos està, troncos la lean. *30,14*
Que està dudosa entre los dos la gloria, *40,3*
Amor està de su veneno armado, *42,7*
I ella se està merendando *62,37*
Donde està el marmol que sella *63,123*
Està cenando vnas vbres. *75,48*
Si està calurosa, *79,89*
Que està su maior ponçoña *95,19*
Està dudoso lo mas. *95,24*
Aqui donde està el Betis, *103,61*
Dicen que està vn don pelote, *107,34*
Doña Blanca està en Sidonia, *111,23*
Como aueja està escondido *121,49*
Que està combidando al lobo, *121,158*
Despidiendo està centellas *122,45*
Siempre està tentando a Adan. *122,60*
Que de nudos le està dando *131,85*
Quando mas està pendiente *142,42*
O en la Ciudad no està o se dissimula. *150,6*
Que Platon para todos està en Griego. *150,8*
Que està lexos el çapato, *161,107*
Repulgando està a la niña *167,92*
Està viuo i aun armado *178,3*
Porque al Sol le està mal *193,25*
Gracioso està el balcon, io os certifico; *201,5*
Tan mal con el hierro està *208,22*
Blanco mannà que està alli? *213,3*
El mannà que està incluido *213,12*
Ô que zeloso està el lilio, *217,53*
Està fomentando en ella, *226,99*
Que cerquita està el lugar. *226,114*

Que cerquita està el lugar. *226,124*
Alterada està la gente! *229,310*
le dicen que no està en casa *229,419*
Buena està la Astrologia. *229,426*
Alli està con mas clausura *229,786*
le està mostrando vn papel. *229,823*
Diciendo està el Euangelio *229,868*
nos està dando consejo! *229,905*
tan junto a su casa està. *229,941*
Pues donde està tu muger? *229,1318*
Señora, està en vn lugar *229,1320*
Que el mortal zelo, de que està teñida, *229,1536*
mi padre està aqui mañana, *229,1552*
Fabio mi señor, do està? *229,1659*
Bueno està. Baste por oi. *229,1776*
Mirad que està aqui Violante. *229,1862*
Si durmiendo no està ia, *229,1883*
pues lo està diciendo el. *229,1952*
Haciendole està el buz, *229,1979*
que en questiones està puesta *229,2496*
como el suegro que està acà. *229,2547*
Que loquilla està vna ciega! *229,2698*
Que necio està vn confiado! *229,2699*
Que soberuio està vn rogado! *229,2700*
Que humilde està vna que ruega *229,2701*
Que motes? Bueno està eso. *229,2726*
Io burla? Mui bien està. *229,2802*
Que es dèl? No està de prouecho. *229,2808*
Mira que està alli tu esposo. *229,2890*
Donde està Lelio mi hijo? *229,2950*
Por ti preguntando està *229,3090*
Que es dèl? No està en la ciudad. *229,3145*
Quien es esse que està aì? *229,3394*
Donde està Marcelo aqui? *229,3427*
Poluos de lo que dellas està escrito. *256,31*
Que sobre el ferro està en aquel incierto *263,60*
No a la soberuia està aqui la mentira *263,129*
Tan discreto Marte està, *269,1*
Que està armando la ballesta? *269,60*
Bien està. Pero a fe mia *269,141*
Como ha de ser? Bien està. *269,261*
Sin que escondas lo que està. *269,540*
Que ahora sacando està. *269,592*
Està la orina mirando *269,696*
Señalando està las horas. *269,700*
Le està haziendo del ojo, *269,704*
I ia està tirando coces. *269,780*
Està el pobre sin vn quarto *269,793*
Mui bien, Doctor, me està esto. *269,851*
I mui bien dispuesto està, *269,863*
En el vastidor que està, *269,886*
I està ia la impertinencia *269,1078*
Mi hermana Leonora està. *269,1169*
Mui bien està. Basta que *269,1179*
La està haziendo la tinta, *269,1203*
Si soi; i rendida està *269,1348*
Lucrecia. Acà està Gerardo. *269,1359*
Que el engaño ia està hecho. *269,1401*
Bien sabe la que està alli *269,1407*
Adonde Gerardo està. *269,1413*
Lugar. Ella està perdida. *269,1459*
Està acà el Doctor? Sobrino? *269,1466*
Aqui està el Doctor Carlino. *269,1469*
Que està para don Tristan. *269,1557*

Mas tan prendado està Enrico *269,1622*
Bien està, pero no nees, *269,1802*
Que està mui flaco el sugeto. *269,1896*
Porque con la edad està *269,1917*
Que en griego està scripto eso? *269,1937*
Està distilando muerta, *275,108*
El escollo està eminente, *283,3*
No està Hespaña para pobres, *288,97*
Su medula chupando està luciente. *298,39*
Se està burlando del ielo. *301,22*
Le està contino bahando. *308,24*
La justicia vibrando està diuina *318,391*
Que està escupiendo Neptuno. *322,296*
Siruiendote la copa aun oi està. *327,4*
Està ia acauado el circo: *334,36*
Quien fue, muda lo està diziendo aquella *368,21*
Que glorioso que està el heno, *374,3*
Que glorioso que està el heno, *374,13*
Que glorioso que està el heno, *374,23*
Que glorioso que està el heno, *374,33*
Sin cardenales està. *411,36*
Teme la casa quien està mirando *438,9*
I a la verdad, no està mui mal pensando, *438,12*
Ô, que bien està el Prado en la Alameda, *440,5*
Mejor que la Alameda està en el Prado! *440,6*
Porque en tu hermosura està escondida *466,7*
Otros dicen que està bien empleado, *475,5*
Aunque no està (io lo fio) *483,19*
Mas, aunque sin Dios està, *495,54*
No està de el todo perdido, *495,55*
Creiendo que està en espiga, *496,18*
Estaba *12*
Estaba, ô claro Sol inuidîoso, *20,9*
Como estaba flaco, *50,77*
Con quien estaba vna noche, *64,7*
I estaba en cueros, no acude, *75,46*
Estaba el fiero terror *97,19*
Estaba el varon qual veis, *161,25*
Voluiò al lugar donde estaba, *161,101*
oiendo estaba el consejo *229,927*
ia estaba antes entendido *229,3080*
Estaba en lo mas ardiente *288,9*
Llorando Pyramo estaba *322,135*
Barrenando estaba el muro, *322,226*
Estaban *1*
Contando estaban sus raios *287,1*
Estabas *1*
Vueluete al lugar triste donde estabas, *23,10*
Establece *1*
Que lei se establece en vano, *418,10*
Establecida *2*
Confirmòse la paz, que establecida *318,273*
Alma paz, que despues establecida *318,609*
Establecido *1*
Oi, pastor, se ha establecido *302,9*
Establecieron *1*
Establecieron; barbaro oi Imperio *318,263*
Establecimiento *1*
Con vn establecimiento *348,36*
Establo *1*
Donde apenas ai establo *96,110*
Estacada *4*
En la estacada *226,30*
En la estacada *226,43*

Los nouios entra en dura no estacada.
    263,1088
Con Marfisa en la estacada *409,1*
Estacadas *1*
Mancharon las estacadas *269,4*
Estacion *1*
Era de el año la estacion florida *263,1*
Estaciones *1*
no perdonaba estaciones *229,541*
Estadal *1*
I el estadal roxo *5,17*
Estadista *2*
Del Estadista i sus razones todas *203,106*
Disposicion especulò Estadista *264,655*
Estado *25*
Ô niebla del estado mas sereno, *23,1*
De estado o milicia; *65,148*
Que en Cortes no aueis estado, *121,2*
De mi patria i de su estado, *121,156*
Alta esperança, gloria dèl estado, *171,1*
Dèl Reino escudo, i silla de tu estado. *195,4*
Al estado de innocencia, *213,10*
Tu bien estado, Marcelo. *229,1668*
No te acouarde tu estado, *229,2378*
La traça ha estado galana. *229,3496*
i gozad de el nueuo estado *229,3516*
Ô peligroso, ô lisongero estado, *245,5*
Este, ia de justicia, ia de estado, *251,5*
Se ha estado sin que me vea, *269,526*
Ia te dixe en el estado *269,597*
Con quien me he estado hablando. *269,1377*
No menos que vn nueuo estado; *269,1692*
Que estado es tomar muger. *269,1693*
Al regimen atento de su estado, *318,137*
Los oraculos hizo de el estado *318,245*
En coiunda feliz tan grande estado, *318,427*
Nestor mancebo en sangre, i en estado *318,573*
Gouierno prudencial, profundo estado, *421,12*
Valdes, Valdes, nuestro supremo estado *462,5*
No ha estado a tercia tan buena *490,27*
Estados *3*
Contra estados, contra edades, *105,7*
Trina en los estados, i vna, *275,19*
De el Reyno conuocò los tres estados *318,337*
Estafeta *3*
Muchas mas que a vna estafeta, *158,9*
Con la estafeta passada *168,1*
Por la estafeta he sabido *483,1*
Estais *10*
— Como estais acà afuera? — Oi me han
    echado, *70,3*
Que estais suspirando aqui *161,135*
Estais, señores, penados; *186,2*
Pues estais en toda parte. *186,10*
Aunque estais para viuda mui galana. *199,4*
Tan resuelto estais en ello? *229,190*
Turbado estais de gozoso. *229,2949*
Fresco estais, no sè que os diga, *257,26*
Lo que estais vos desseando *269,1755*
Casaos, si no lo estais ia, *411,33*
Estambre *8*
Hilen estambre digno de Monarchas; *156,22*
A pesar de el estambre i de la seda, *263,715*
Quanto estambre vital Cloto os traslada
    263,899

El cabello en estambre azul cogido, *264,450*
El estambre hilàra de tus años; *280,21*
De aquel vital estambre? *280,28*
Cloto el vital estambre de luz baña *318,93*
Cardò vna el estambre, que reduce *318,443*
Estameña *1*
Media de estameña; *5,12*
Estamos *3*
(Si estamos solos aqui) *82,46*
estamos con lo que vees. *229,3163*
Aun no estamos desposados *269,726*
Estampa *1*
Estampa en el arena, *25,47*
Estampada *1*
Candil, farol de la estampada flota *432,13*
Estampas *1*
Las estampas de sus pies); *78,44*
Estampò *1*
Doce sermones estampò Florencia, *452,1*
Estan *24*
Que no estan escritos: *8,2*
Que estan los montes en duda *48,23*
Que estan quando estoi ausente *59,74*
Dò estan las salas manchadas *63,25*
— Donde estan los galanes de Castilla? *70,5*
Estan, como reliquias en crystales; *77,57*
Con quien sus hijos estan, *123,13*
Deshojando estan jazmines *148,27*
Cuios ojos estan llorando arena, *199,2*
Esperando estan la rosa *217,1*
Ni aun los campos dèl Tajo estan seguros.
    219,4
estan mejor acuñados, *229,881*
En consulta estan los tres. *229,2940*
No estan esos corredores *229,3222*
De los que le estan mirando, *242,19*
Que engaños construiendo estan de hilo.
    264,219
Viuificando estan muchos sus hueuos, *264,256*
Estan en la enclauacion, *269,89*
Sacandole ahora estan *269,607*
Si las trenças no estan ciñendo ahora *297,5*
Estan huméando oi, *390,38*
Se estan muriendo por el: *405,4*
Cebandolos estan de uvas podridas. *436,8*
Y de eso estan las piedras tan comidas. *459,11*
Estàn *10*
La corteça, do estàn, desnuda, o viste *30,9*
Que aun los que por nacer estàn le vean, *60,11*
Los Consules estàn ia, *167,18*
Ia los melindres estàn *167,31*
Que mas elados estàn; *211,20*
Desséando ver estàn *269,228*
Pues en ellas veo que estàn *269,921*
Las horas que limando estàn los dias, *394,13*
Los dias que roiendo estàn los años. *394,14*
Que si estàn de seruir rotas, *495,16*
Estança *1*
Pues ni quexarse ni mudar estança *41,10*
Estancia *1*
I tu musa a la tuia o a su estancia; *471,2*
Estandarte *1*
El soberuio estandarte *72,63*
Estandartes *4*
I al Sophi quatro estandartes. *61,20*

Las vanderas i estandartes, *63,134*
De Réàles estandartes, *110,42*
Si conculcò estandartes su cauallo? *337,11*
Estando *4*
El mar, estando quedas, *125,4*
Si harè, en estando seguro. *229,1329*
Estando en quatro pies a lo pollino? *234,4*
Nos dezis la mudança estando queda, *247,2*
Estandose *2*
Estandose queda. *160,62*
Encuentra el mar, estandose ella queda,
    229,2139
Estangurria *3*
Vn viejo con estangurria. *26,84*
De estangurria muriò. No ai Castellana *199,5*
Si la estangurria porfia, *269,1795*
Estanque *4*
De pechos sobre vn estanque *78,65*
A los crystales de vn estanque elado. *218,8*
Estanque dexò hecho, *263,400*
De vn estanque transparente, *333,58*
Estanques *3*
I sus profundos estanques, *63,34*
Bufones son los estanques, *217,77*
Que en los blancos estanques del Eurota
    263,486
Estantigua *1*
Anda la estantigua; *65,136*
Estar *8*
No mas de por estar roto *28,11*
De que a pesar dèl tiempo has de estar lleno.
    30,8
— Donde pueden estar, sino en el Prado? *70,6*
A no estar entre aromas Orientales, *135,6*
I estar sobre su cuidado *269,1328*
A no estar alli mi tio *269,1508*
O estrelias mentir, o estar *305,16*
— Io estar xeque. Se commego *305,29*
Estarà *2*
Que bien estarà, Casilda, *269,1072*
De quien aun no estarà Marte seguro, *359,7*
Estaran *1*
I di, estaran alli? Aì se auran ido *499,116*
Estaras *1*
En sangre estaras vermejo. *305,21*
Estarè *1*
Estarè lleno de armados. *96,128*
Estaremos *1*
que estaremos mano a mano: *229,2747*
Estaria *2*
Mirandolos me estaria *28,70*
Mui buena estaria la ida: *499,197*
Estarlo *1*
pudieras estarlo mas? *229,1461*
Estàs *22*
Tu que estàs par de Toledo, *87,2*
— Como un banco estàs, amigo, *96,159*
Zelosa estàs, la niña, *193,5*
Zelosa estàs de aquel *193,6*
muy de burlas, Tadeo, estàs. *229,219*
Como estàs con ella, di? *229,930*
sopla mas. Dime estàs loco? *229,1253*
de casar estàs? Di, honrado, *229,1290*
Ô que empapado que estàs, *229,1458*
Si dices? Estàs en ti? *229,2014*

Camilo, que estàs mui fresco. *229,2491*
Que voces das? Estàs loco? *229,2738*
Que siente la alma? Que estàs *229,2800*
Donde estàs, Camilo? Ola, *229,3014*
donde huies, donde estàs? *229,3016*
Que estàs, señor, en Toledo! *229,3350*
Tu creo que no lo estàs. *229,3351*
Si no lo estàs, io asseguro *249,8*
De que estàs, Gil, admirado, *301,6*
Para viuir tan poco estàs lucida, *466,3*
I para no ser nada estàs lozana? *466,4*
Porque tal estàs agora, *499,336*

Estàse *1*
Estàse el otro don tal *81,25*

Estatua *5*
Para la estatua de vn monstro, *83,92*
Io quedè vna estatua muda, *229,2390*
De la estatua de Rhodas, *256,29*
Indicio, la dexò, aunque estatua elada, *261,231*
Cinco en estatua, solo vno en persona, *442,12*

Estatuto *1*
En el vital estatuto, *322,416*

Estaua *14*
Estaua el pastor Galaio, *28,8*
Porque estaua enfermo! *50,76*
Quando mas estaua llena *73,34*
Estaua io en Grauelinga *74,74*
Ved qual estaua la muela, *229,348*
Estaua en el Jaragui, *243,6*
Que estaua lexos de alli, *243,58*
Latiendo el can del cielo estaua, quando, *261,186*
Imponiendole estaua, si no al viento, *261,439*
Para mi estaua guardada. *269,808*
Si ello assi estaua dispuesto. *269,864*
Io se lo estaua diziendo *269,1414*
Ceuando estaua, a las orlas *333,57*
Quanta le estaua coronando gente, *336,6*

Estauamos *2*
Estauamos no ha vn momento. *269,802*
Estauamos Clori i io *499,318*

Estauan *2*
De las que, para Norte suio, estauan *218,13*
Que estauan no mui lexos, *263,660*

Estè *10*
Que estè la bella casada, *6,19*
I pozo que estè sin cubo. *27,28*
I aunque el zefiro estè, (porque le crea), *54,5*
Ia que no lo estè de Griegos, *96,127*
Alterada la Nympha estè, o suspensa, *261,291*
Cien años estè de vn lado. *269,242*
Que no estè aqui lo que escondes, *269,539*
Pero que importa que estè? *269,1510*
Que estè de continuo en vela, *496,15*
I el arco, aunque estè rompido, *499,260*

Esten *1*
Hace que a ratos esten *78,66*

Estephania *1*
que en Estephania, mi madre, *229,2964*

Esteril *4*
Sembrè vna esteril arena, *2,37*
Ciña guirnalda vil de esteril hierua, *72,40*
Campo amanezca esteril de ceniza *263,657*
Pobre entonces i esteril, si perdida, *318,357*

Esterilidad *1*
De la esterilidad fue, de la inopia *318,361*

Estero *1*
Al desseo el estero corresponde, *264,82*

Estes *1*
Pues, porque no lo estes mas, *499,209*

Estès *3*
Choros texiendo estès, escucha vn dia *261,383*
Que ahora me estès llamando, *269,554*
Me dixo: "No estès quejosa, *499,333*

Estèse *1*
Estèse allà Durandarte *27,25*

Esteuan *2*
Izquierdo Esteuan, si no Esteuan çurdo. *325,14*
Izquierdo Esteuan, si no Esteuan çurdo. *325,14*

Estiende *1*
I al Sol le estiende luego, *263,37*

Estiercol *2*
A poder de estiercol *65,103*
Se passèa el estiercol por la calle. *153,8*

Estigias *1*
Estigias aguas torpe marinero, *263,444*

Estilo *22*
Hurtalle el estilo a vn ciego. *158,24*
Flores a vuestro estilo darà el monte, *172,12*
Mudeis, señora, de estilo; *224,8*
Que dices? galante estilo! *229,244*
De el concepto i de el estilo *229,401*
que leì tu buen estilo. *229,855*
por gastar su buen estilo *229,1266*
que firmarè, en dulce estilo, *229,2694*
los reboços del estilo? *229,2829*
muda ia, señor, de estilo, *229,3063*
i hacer por el mismo estilo *229,3128*
Estilo si no metrico, peinado, *232,6*
Quantos en culto estilo nos ha dado *244,7*
Lento le enviste, i con súave estilo *263,40*
Acogiò al huesped con vrbano estilo, *264,216*
I Iudas cose el estilo. *269,1149*
En culto estilo ia con verdad suma. *279,9*
Siguiò inundante el fructúoso estilo. *318,360*
Los miembros nobles, que en tremendo estilo *318,410*
Este, pues, varîando estilo i vulto, *318,575*
Con doctrina i estilo tan purgado, *425,12*
Traje tosco i estilo mal limado; *476,8*

Estima *3*
Que la perrera me estima. *207,22*
que estima prendas la muerte, *229,1094*
el Amor estima prendas. *229,1095*

Estiman *1*
Que cantan i estiman *65,238*

Estimando *1*
Estimando seguia el peregrino *264,314*

Estimandolos *1*
Estimandolos menos *264,870*

Estimandoos *1*
Si estimandoos en vn clauo, *282,26*

Estimar *1*
Estimar puedes, Gerardo, *269,1275*

Estimò *1*
Niña la estimò el Amor *322,83*

Estinguiò *1*
Buscò tu fresno, i estinguiò tu espada *391,5*

Estio *7*
I aunque en la fuerça sea de el Estio *33,5*
I assi bese, (a pesar del seco Estio), *46,9*
Quando dèl Estio *79,9*
Que no es muerto, sino que de el Estio *199,10*
Al campo saliò el Estio *286,1*
Hormiguero, i no en Estio, *309,21*
Marques de Poza en Estio *334,10*

Estirpe *1*
De estirpe en nuestra Hespaña generosa. *294,4*

Estiual *1*
En carro que estiual trillo parece, *261,141*

Estiuo *1*
Assi del Sol Estiuo al raio ardiente *46,5*

Estocadas *2*
Estocadas i reueses, *59,82*
Dos estocadas de puño. *322,120*

Estofa *1*
No estofa humilde de Flamencos paños, *21,6*

Estoi *31*
Ahora que estoi de espacio, *26,1*
Que estan quando estoi ausente *59,74*
Castillo, si no estoi ciego, *87,10*
Tan assaeteado estoi, *90,23*
Busquè la Corte en el, i io estoi ciego, *150,5*
Tadeo. Temblando estoi. *229,210*
En la santa Iglesia estoi *229,378*
No estoi bien con esas cosas, *229,954*
La traza que dando estoi *229,1022*
Tan desesperado estoi' *229,1208*
Con Lelio estoi concertada; *229,1340*
Desde esta mañana estoi *229,1408*
"Amiga, esperando estoi *229,1508*
Mui bueno estoi para dallas. *229,1523*
i segun leiendo estoi, *229,1551*
Zelos, por restarme estoi *229,1777*
Sin duda que estoi dañado, *229,1856*
Dile que no estoi aqui *229,3094*
Loco estoi. Ia creo al vno, *229,3186*
Solo a mi no creo, que estoi *229,3188*
Io, porque estoi en Granada *229,3546*
I estoi llorando mas que ellos. *269,515*
Es verdad, que estoi corrida *269,1460*
De manera que estoi hecho *269,1540*
Por moço me estoi vendiendo. *269,1837*
I responderèos que estoi *348,29*
En la capilla estoi i condenado *396,1*
Ahora que estoi sola. *419,18*
No estoi mui seguro io, *477,19*
Que estoi mui agradecido *483,5*
No ai negallo, triste estoi. *499,208*

Estola *1*
Blanca, digo, estola vista, *388,18*

Estolas *1*
De los que estolas ciñen immortales *315,77*

Estomago *2*
Sella ahora el estomago contento. *182,8*
que el estomago no sufre *229,816*

Estomagos *2*
Ô que estomagos tan buenos! *58,56*
Los gulosos estomagos el rubio *263,873*

Estoque *8*
contra mi pecho vn estoque, *229,545*
Vn estoque es bien delgado *269,71*
Lo que el estoque harà *269,77*
Que el estoque al fin se queda, *269,79*
En estoque desnudo, en palio de oro. *318,344*

Que muertos i en vn estoque *322,7*
Se envaina en qualquier estoque: *493,23*
I vn fuerte estoque a su siniestro lado *499,98*
Estoques *1*
De los Franceses estoques *63,131*
Estoraque *1*
Al estoraque de Congo *322,157*
Estornuda *5*
Cada vno estornuda *102,1*
Cada vno estornuda *102,11*
Cada vno estornuda *102,21*
Cada vno estornuda *102,31*
Cada vno estornuda *102,41*
Estornudo *1*
Aun mas que del estornudo *322,334*
Estornudos *1*
Para vn Doctor de estornudos! *269,650*
Estotra *1*
Aquella grande, estotra no pequeña. *318,328*
Estotro *2*
Se le dexò estotro dia *29,45*
Saliendome estotro dia, *227,1*
Estotros *1*
I en estotros la congoxa, *97,26*
Estoy *1*
Loco estoy en quanto digo: *229,136*
Estraça *1*
I en vn papelon de estraça, *28,45*
Estrado *3*
Sobre vn estrado de luto, *27,14*
A la que España toda humilde estrado *245,1*
Escudero, Don, estrado, *269,1020*
Estrados *1*
Parecer en sus estrados. *167,20*
Estraga *2*
Que el lienço se estraga. *56,26*
Dos vezes el gusto estraga, *269,617*
Estragados *1*
Indignamente estragados *322,389*
Estrago *2*
I callen con mi estrago *229,291*
En vna Zerda. No maior estrago, *318,397*
Estragos *1*
Que a rûìnas i a estragos *263,220*
Estraguen *1*
No estraguen tu condicion *62,51*
Estrambote *1*
Componiendo vn estrambote. *107,64*
Estraña *12*
Con flaqueça estraña *56,70*
Estraña ostentacion, alta reseña; *77,20*
En estraña ribera, *114,21*
(Que por estraña tengo ia la mia), *114,22*
De hospedar a gente estraña *123,3*
Con naual pompa estraña *166,23*
I armada tema la nacion estraña. *220,14*
Sacro obelisco de grandeza estraña, *229,2172*
quanto es mi desdicha estraña? *229,3331*
Que estraña el Consul, que la Gula ignora. *318,80*
No, caiendo, rûìna mas estraña, *318,398*
Para que ciña con manera estraña *499,81*
Estrañais *1*
Que me estrañais? Alado soi i ciego, *499,13*
Estrañan *1*

Que la estrañan por lo sucio! *412,51*
Estrañaren *1*
Si estrañaren los vulgares, *275,113*
Estrañas *2*
Tablas seràn de cosas tan estrañas. *66,11*
Cosas, Celalua mia, he visto estrañas: *108,1*
Estrangera *2*
La estrangera soberana *121,111*
La duplicidad huias estrangera; *421,75*
Estrangero *11*
Vn estrangero quartago, *96,134*
Sino a vn estrangero rico, *96,139*
Vn pescador estrangero *115,5*
Estrangero pastor lleguè sin guia, *169,3*
Quando entregado el misero estrangero *263,46*
El estrangero errante, *263,351*
Mal pudo el estrangero agradecido *263,531*
Del esplendor que admira el estrangero *264,240*
Mientras de su barraca el estrangero *264,682*
Su vista libra toda el estrangero. *264,930*
Bien sea natural, bien estrangero, *361,6*
Estrangeros *3*
Remedio contra estrangeros, *161,29*
A Estrangeros, dulcissimos Pòètas. *229,395*
o ducados estrangeros *229,880*
Estraño *7*
Labrò costoso el Persa, estraño el China, *77,25*
Por el estraño artificio, *89,6*
Quien no sabe, como estraño, *229,990*
Gauia no tan capaz; estraño todo, *264,273*
Quiero, con ardid estraño, *269,256*
Del palacio a vn redil? Efecto estraño *404,21*
Me cuenta, porque es estraño, *499,305*
Estraños *3*
Por los estraños rastros que en el suelo *52,13*
Dando estraños saltos *160,101*
Treinta, quarenta... Ô que estraños *269,1953*
Estrecha *9*
Teme Pisuera, que vna estrecha puente *151,10*
De vna vara estrecha *160,96*
la mas estrecha mazmorra *229,755*
La bisagra, aunque estrecha, abraçadora *263,473*
En quan estrecha prision *269,1739*
Gruta de su alma estrecha. *275,76*
Tener estrecha amistad; *288,84*
Ô quiera DIOS vnir en liga estrecha *421,34*
Deste espeso xaral la senda estrecha; *499,51*
Estrechamente *1*
Mas firme Apolo, mas estrechamente, *263,1057*
Estreche *1*
Mas que a creer nos estreche *6,28*
Estrecho *15*
Cuio ojo es estrecho *56,23*
Como si fuera el estrecho *75,3*
Del estrecho la mitad *75,9*
Casi passando el estrecho *82,83*
De la Laguna al estrecho, *106,22*
Pero mas fue nacer en tanto estrecho, *117,5*
Que, salido del estrecho, *159,35*
Prendas son de amor estrecho. *212,19*
Haciendo con el estrecho, *228,193*
i metese en vn estrecho. *229,1897*

Eso si; vn abraço estrecho *229,3470*
Abraçadme tan estrecho *229,3514*
Cuio famoso estrecho *263,401*
Buelues, al que fiaste nido estrecho, *281,2*
Genfàl cuna su pabes estrecho. *318,440*
Estrechos *5*
Cinco puntos calça estrechos; *82,49*
De guantes no mui estrechos, *105,101*
Que es todo golfos i estrechos. *143,16*
Por mas estrechos ojos cada dia? *151,14*
A Venus los estrechos dulces nudos, *269,1235*
Estrelias *1*
O estrelias mentir, o estar *305,16*
Estrella *30*
No dexa estrella en el cielo *75,63*
Estrella de Venus es. *121,90*
Lo fragrante, entre vna i otra estrella *136,7*
Raios de amiga estrella, *156,21*
Delante quien el Sol es vna estrella, *174,7*
Temo, vespertina estrella, *176,5*
Pues sois Estrella dèl Mar, *206,5*
"Ô de la estrella de Venus, *228,207*
Ô Amor! Ô honra! Ô estrella! *229,1123*
Ô amor! Ô honra! Ô estrella! *229,1139*
Ô Amor! Ô honra! Ô estrella, *229,1163*
si es tan cielo el de la estrella *229,3324*
Son vna i otra luminosa estrella *261,101*
Estrella a nuestro polo mas vezina; *263,385*
A mas caminos que vna estrella raios, *263,574*
Que abreufàra el Sol en vna estrella, *263,665*
Los raios anticipa de la estrella, *263,1070*
De el cielo la hareis tercero estrella, *292,13*
Templo de quien el Sol aun no es estrella, *298,32*
Es vna estrella. *309,5*
Es vna estrella. *309,33*
Poco rubi ser mas que mucha estrella. *315,56*
Los raios que el a la menor estrella; *318,36*
De el cielo flor, estrella de Medina. *318,112*
La porcion que no pudo ser estrella. *318,232*
Nieue mal de vna Estrella dispensada, *326,10*
Bebia de vna i otra dulce estrella *340,7*
Que raios tiene de estrella; *375,28*
Con la Estrella de Venus cien rapazes, *432,3*
Acometa segura a ser estrella. *456,4*
Estrellada *2*
Io estrellada mi fin tuue. *75,92*
Qual la estrellada maquina luciente *318,251*
Estrelladas *1*
Estrelladas de diamantes, *158,48*
Estrellado *1*
De cabras estrellado, *264,304*
Estrellas *56*
Con ser de flores, la otra ser de estrellas, *15,13*
Sino de estrellas immortal corona. *35,9*
Lo que el Sol de las estrellas. *73,120*
Ver a DIOS, vestir luz, pisar estrellas. *77,17*
I en el Firmamento estrellas; *121,14*
I al cielo las estrellas raio a raio. *129,27*
Estrellas son de la guirnalda Griega *136,9*
En dos lucientes estrellas, *143,1*
I estrellas de raios negros, *143,2*
De las estrellas de Venus. *143,6*
Que (si piedras son estrellas), *158,47*
Estrellas os hallan, *160,85*

Hazen ver estrellas. *160,88*
Que estrellas pisa ahora en vez de flores. *175,11*
Raios ciñe de luz, estrellas pisa. *195,11*
Besar estrellas, pudiendo, *204,6*
Cuio caduco aljofar son estrellas. *221,14*
Que ya sostuuo estrellas, *229,17*
las estrellas cuenta en vano *229,120*
Dorar estrellas salpicando el cielo, *229,1938*
Nos dice, quando no en las cinco estrellas, *229,2205*
Sus cinco estrellas veer al mediodia. *229,2209*
A besar te leuantas las estrellas, *246,7*
Estrellas, hijas de otra mejor Leda, *247,6*
Deuen, i a sus estrellas, *256,13*
Salamandria del Sol, vestido estrellas, *261,185*
Quantas el celestial zaphiro estrellas! *261,367*
En campos de zaphiro pasce estrellas; *263,6*
Aun a pesar de las estrellas clara) *263,72*
Las estrellas nocturnas luminarias *263,215*
De Antharticas estrellas. *263,429*
De copia tal a estrellas deua amigas *263,820*
De estrellas fijas, de Astros fugitiuos, *263,1082*
De el cielo espumas i de el mar estrellas. *264,215*
De las mudas estrellas la saliua; *264,297*
Las claras aunque Ethiopes estrellas, *264,614*
Estrellas su cerulea piel al dia, *264,819*
Que a las estrellas oi del firmamento *264,899*
Mas que tiene el cielo estrellas. *269,912*
Quando no pisen estrellas. *269,1145*
Virgen pura, si el Sol, Luna i Estrellas? *270,14*
De iguales hojas que PhiliPPO estrellas. *272,14*
Orbe ia de sus estrellas. *275,36*
Aun las mas breues estrellas *287,2*
Tres de las flores ia breues estrellas, *297,2*
De los que, a vn campo de oro cinco estrellas *314,12*
En campo azul estrellas pisan de oro. *314,14*
Cantando las que inuidia el Sol estrellas, *318,127*
Cuna, quando su thalamo no estrellas. *318,404*
Las que a pesar del Sol ostentò estrellas, *318,478*
El relox de las estrellas, *331,6*
Estrellas fragrantes, mas *355,31*
Besando permanezcan las estrellas. *368,12*
Estrellas seràn de Leda. *384,20*
Las dos que admitiò estrellas vuestra Aurora, *395,3*
Te suba a pisar estrellas, *498,36*

Estrellòse *1*
Estrellòse la gala de diamantes *254,9*

Estremada *2*
Estremada. Luego io, *269,1450*
Estremada fue la mia. *269,1610*

Estremado *3*
Estremado es el Soneto *229,1396*
I mirad quan estremado, *229,1397*
i el assumpto es estremado. *229,3333*

Estremadura *1*
Caminar a Estremadura, *26,66*

Estremeciendose *1*
Desata estremeciendose gallardo. *263,994*

Estremeciò *1*
Si Fez se estremeciò, temblò Marruecos. *230,34*

Estremeña *1*
Andaluza, Estremeña, i Castellana, *278,6*

Estremeño *1*
Estremeño Seraphin *121,26*

Estremo *6*
Con tan grande estremo, *11,21*
En todo estremo hermosa *49,27*
I discreta en todo estremo. *49,28*
(Tan estremo en el correr, *78,42*
Hasta el luciente bipartido estremo *264,475*
Desseo con tanto estremo *269,1614*

Estremos *3*
Los estremos que ella hace, *216,10*
decillo con mas estremos, *229,2028*
Los estremos de fausto i de miseria *264,207*

Estremoz *1*
Barros de Estremoz, *56,38*

Estribos *1*
en dos estribos el pie. *229,205*

Estructura *1*
Apenas muro la estructura occulta; *318,164*

Estruendo *8*
Como tanto estruendo oyò *49,85*
Oyò el militar estruendo *64,19*
Rica baxilla, el Bachanal estruendo; *203,119*
No solo para, mas el dulce estruendo *261,267*
Al venatorio estruendo, *263,230*
Entre el confuso pues, zeloso estruendo *264,735*
Las armas solicita, cuio estruendo *318,347*
Con terciopelado estruendo, *413,33*

Estuche *1*
Con vn punçon de vn estuche, *75,82*

Estuco *1*
Sobre copialle de estuco. *322,412*

Estudiante *2*
Como estudiante Frances *74,55*
Que pretenda vn estudiante, *493,37*

Estudien *1*
Que estudien ferocidad, *334,53*

Estudio *4*
Tu perseuerante estudio, *259,45*
Arte, i el arte estudio, Iris colores, *274,10*
Que el vigilante estudio lo es de fuego: *292,4*
De el amor solo el estudio, *322,198*

Estudios *4*
No sean estudios agenos, *6,83*
Por honrar sus estudios de ti i dellas, *77,15*
El debido honor a estudios *242,119*
De los estudios no ociosas, *259,106*

Estudíosa *1*
No la arte que sudando estudíosa, *368,9*

Estudíoso *1*
Barquillo estudíoso illustre es Norte. *318,430*

Estufar *1*
Estufar pudiera al Norte *414,11*

Estuue *2*
Peligroso estuue, i tanto, *229,548*
Estuue casi resuelta; *269,1431*

Estuuiera *5*
i estuuiera mal alli. *229,2365*
Nunca lo estuuiera assi. *229,3497*

Con mi mula estuuiera mas contento *273,3*
I en vn cofre estuuiera mas guardado, *440,7*
Como lo estuuiera a nona, *490,28*

Estuuieron *1*
Donde estuuieron vn rato *228,190*

Estuuo *7*
En este capullo estuuo *227,57*
Se estuuo siempre reçando, *228,158*
pie que estuuo tan vecino *229,1621*
estuuo ahora año i medio, *229,3111*
I en lo que commigo estuuo *269,1372*
Menos vitales, estuuo, *322,456*
En quanto, pues, estuuo sin cogellos, *340,5*

Estylo *1*
Attico estylo, erudicion Romana. *431,8*

Etcoetera *1*
El etcoetera es de marmol, *322,73*

Eterna *3*
Ahora condenada a infamia eterna *72,44*
Antes digo serà eterna, *204,36*
Eterna Magestad, himnos entona *318,450*

Eternicen *1*
Que eternicen tu memoria. *259,92*

Eternidad *1*
Dele la eternidad, pues se lo deue, *425,5*

Eterniza *3*
Que cantò burlas i eterniza veras *172,8*
Eterniza en los bronces de su historia, *232,10*
Que orilla el Tajo eterniza *319,8*

Eternizado *1*
Eternizado, quando no ceñido *272,13*

Eternize *1*
En su verso eternize su prosapia, *1,50*

Eterno *9*
Ô zelo, del fauor verdugo eterno, *23,9*
Este grano eterno, pues, *209,23*
sabelo bien Dios eterno. *229,2550*
Hierros se escuchan siempre, i llanto eterno, *253,11*
I eterno mi desden viua? *269,1137*
Brillante siempre luz de vn Sol eterno, *291,13*
Dios eterno; que no dudo *300,33*
Ioben me haran eterno. *354,38*
El Verbo eterno hecho oi grano *388,27*

Eternos *1*
A los robres casi eternos *178,27*

Ethiopes *1*
Las claras aunque Ethiopes estrellas, *264,614*

Ethiopia *1*
Tan hija soi de Ethiopia *229,2656*

Ethna *3*
Ethna glorioso, Mongibel sagrado, *112,4*
De las fraguas que ardiente el Ethna esconde *230,43*
Ethna suspirando humo, *384,9*

Ethon *1*
Las columnas Ethon, que erigiò el Griego, *261,339*

Etiope *1*
Desde el blanco Frances al negro Etiope. *1,13*

Etiopia *1*
Blanco i rubio en Etiopia. *269,636*

Etyopia *1*
I blanca la Etyopia con dos manos; *263,785*

Eua *3*

I al fin en su mesa Eua *122,59*
Son angeles hijos de Eua. *159,20*
Quanto oi hijo de Eua, *412,46*
Euangelio *3*
Diciendo està el Euangelio *229,868*
la arme contra el Euangelio. *229,2096*
contra todo el Euangelio. *229,3059*
Euangelista *1*
Que el de el Euangelista glorîòso. *451,11*
Euano *4*
Blanco marmol, qual euano luciente, *34,2*
De euano quiere el Amor *228,117*
I no de euano bruñido, *228,119*
Le dexò el euano sucio. *322,220*
Euaporar *1*
Euaporar contempla vn fuego elado, *120,39*
Euphrates *1*
Lloròlos con el Euphrates, *322,473*
Euro *2*
Al animoso Austro, al Euro ronco, *263,696*
Al Euro dè, i al seno Gaditano *276,10*
Europa *12*
Cuernos dèl toro que traslada a Europa. *166,30*
que se conoce en Europa, *229,739*
Ni alimentes gacetas en Europa. *234,11*
Si admiracion no de Europa. *259,88*
Las Prouincias de Europa son hormigas. *261,144*
En que el mentido robador de Europa, *263,2*
Tu, infestador en nuestra Europa nueuo, *264,772*
Sea el toro desta Europa, *269,564*
En nuestra Europa, de tanto *275,73*
De Europa, con rejon luciente agita; *318,66*
Te admira Europa, i tanto, que zeloso *391,2*
Europa a la heregia, *421,44*
Eurota *2*
Del Eurota la casta Cazadora. *128,8*
Que en los blancos estanques del Eurota *263,486*
Euterpe *1*
Que a tu piedad Euterpe agradecida, *262,35*
Eutherpe *1*
Tu dictamen, Eutherpe, soberano, *318,2*
Exaltacion *1*
Tu exaltacion instada *421,23*
Examen *1*
a la experiencia i examen? *229,1385*
Examina *5*
que al oro examina el fuego, *229,952*
que al oro examina el fuego, *229,976*
que al oro examina el fuego, *229,996*
que al oro examina el fuego, *229,1382*
Troncos examina huecos, *322,369*
Examinado *1*
El dia que examinado *401,3*
Examinan *1*
que examinan la amistad, *229,614*
Examinando *1*
Examinando con el pico adunco *264,785*
Examinandole *1*
examinandole assi. *229,2433*
Examinandose *1*
Examinandose en vos. *390,20*
Examinarse *1*

Buelue a examinarse, i vellos, *239,7*
Examine *1*
Examine mi suerte el hierro agudo, *396,9*
Examinò *2*
Examinò tres años su diuino *318,185*
Que examinò tu valor. *369,10*
Exceda *4*
I las perlas exceda del rocio *263,915*
I hueco exceda al alcornoque inculto, *264,286*
Quando no exceda, a la par *353,38*
Que ese Gante te exceda en la paciencia, *462,2*
Excede *4*
Mal aia io si no excede *82,31*
Que iguala i aun excede *263,1014*
A toda locura excede. *269,185*
Sino excede en virtud al mas perfecto; *404,26*
Excedellas *1*
I para mi excedellas, *127,23*
Exceden *1*
A toda razon exceden *269,1341*
Excedes *1*
Que excedes al sacro Ibero, *63,199*
Excedia *1*
No excedia la oreja *263,329*
Excedida *1*
Alcaçares dexar, donde excedida *264,666*
Excelencia *2*
Sino aquella que fue por excelencia *368,41*
I tarima a su excelencia: *413,4*
Excelencias *1*
I valor de excelencias coronado; *269,1233*
Excelente *7*
Qual ambar rubio o qual oro excelente, *34,3*
De artifice excelente, *103,70*
Marco de plata excelente *191,1*
Libros vuestra Rethorica excelente. *244,8*
Excelente cosa, a fe! *269,611*
Pero no mui excelente, *269,612*
Buena es la traça. Excelente. *269,1490*
Excelentes *1*
Tan excelentes, que, en suma, *269,208*
Excelsa *4*
Cuia siempre dichosa excelsa cumbre *112,2*
La maior punta de la excelsa roca, *261,490*
Con razon, gloria excelsa de VELADA, *391,1*
Alta piedad de vuestra excelsa mano. *396,11*
Excelso *8*
Ô excelso muro, ô torres coronadas *51,1*
Ceñi de vn DVQVE excelso, aunque flor bella, *136,3*
O excelso CONDE, en las purpureas horas *261,3*
Serà para escriuir tu excelso nido *317,13*
Marques ia en Denia, cuio excelso muro *318,135*
Castro excelso, dulzura de Caistro; *318,574*
Rei iace excelso; sus ceniças sella *368,19*
Ciudad gloriosa, cuio excelso muro *404,1*
Exceso *1*
Con demasia? Con exceso. *269,931*
Excessos *1*
Que tus gloriosos excessos, *236,7*
Excluiò *1*
Que excluiò toda la mia *266,15*
Excusa *2*

O excusa al que parte indigna *259,33*
Lo que timida excusa, *264,922*
Exe *1*
Que el exe de vna carreta, *62,54*
Execucion *1*
Si de la inuidia no execucion fiera! *280,23*
Executa *2*
Executa su corage. *110,32*
La sortija lo executa, *226,97*
Executarlo *1*
Executarlo queria, *322,325*
Execute *2*
I execute en mis versos sus enojos; *152,11*
i que se execute luego. *229,1493*
Executoria *1*
Que vn gozque arrastre assi vna executoria *68,12*
Executorîando *1*
Executorîando en la reuista *315,47*
Exemplar *2*
Tu penitencia exemplar; *259,49*
Santo exemplar de pastores, *306,19*
Exemplarmente *1*
Que exemplarmente oi blanquea *275,72*
Exemplo *12*
A su altiuez por exemplo; *87,64*
Con mi exemplo i estas señas, *95,49*
Exemplo de firmeza, *125,2*
Cantaros la historia, exemplo *148,3*
qual yo con deuoto exemplo *229,83*
Que exemplo de dolor a estas orillas". *264,387*
Que ambito a la tierra, mudo exemplo *318,527*
Ô quanta trompa es su exemplo mudo! *363,14*
Para exemplo de los hombres? *497,7*
Para exemplo de los hombres? *497,22*
Para exemplo de los hombres? *497,37*
Para exemplo de los hombres? *497,52*
Exemplos *3*
Exemplos mil al viuo *25,49*
Al mundo exemplos comunes. *75,88*
Ciertos exemplos les den; *217,94*
Exerced *1*
"Exerced, le dice, hermana, *355,61*
Exercer *1*
Sus gracias Venus a exercer conduce *318,441*
Exercicio *9*
Al Tajo mira en su humido exercicio *67,3*
Muerto su exercicio, llora *235,2*
Treguas al exercicio sean robusto, *261,17*
De las redes la otra i su exercicio *264,203*
Al exercicio piscatorio, quanto *264,213*
Al exercicio comun, *287,70*
Su exercicio ia frustrado *322,219*
Exercicio a tu rigor, *382,4*
Por el exercicio no: *412,13*
Exercicios *1*
Donde iban a hacer los exercicios *450,10*
Exercita *3*
Viento dando a los vientos, exercita, *318,70*
I los medios que exercita, *383,7*
Pues exercita el officio *495,43*
Exercitado *1*
De Chiron no viforme exercitado, *280,35*
Exercitados *1*
Exercitados el siguiente dia. *318,632*

Exercitan *1*
Siguiò las ondas, no en la que exercitan *298,14*
Exercitarlo *1*
Para exercitarlo el dia *377,29*
Exercito *2*
Al exercito de Xerxes, *75,23*
De exercito mas casto, de mas bella *264,291*
Exercitò *1*
Exercitò el Tercero *368,44*
Exercitos *3*
Conducidor de exercitos, que en vano *220,6*
De enxambres no, de exercitos de gentes. *279,15*
Exercitos, Prouincias, Potentados. *415,15*
Exhala *1*
Zeilan quantas su esfera exhala roja *318,475*
Exhalada *1*
Artificiosamente da exhalada *263,649*
Exhausta *1*
Tan exhausta, sino tan acabada, *318,265*
Exido *2*
En el baile del exido *216,1*
En el exido los buscan, *216,21*
Expectacion *2*
A expectacion tan infalible iguales, *318,194*
A la alta expectacion de tanta pompa. *318,472*
Expedido *1*
Al expedido salto *263,983*
Expeliò *1*
Que las reliquias expeliò Agarenas *362,12*
Experiencia *16*
A la de Pháeton loca experiencia: *109,11*
O ia para experiencia de fortuna, *119,3*
I con experiencia harta, *167,68*
a hacer cierta experiencia, *229,263*
qualquier experiencia sobra. *229,797*
los sellos de la experiencia! *229,897*
i la experiencia al Amor. *229,953*
i la experiencia al Amor. *229,977*
i la experiencia al Amor. *229,997*
i la experiencia al amor. *229,1383*
a la experiencia i examen? *229,1385*
Que experiencia quiere hacer *229,1424*
harè experiencia no poca. *229,2519*
me fuera, que esta experiencia *229,3027*
a vna experiencia vn picon: *229,3129*
Ponderemos la experiencia, *413,1*
Experiencias *4*
experiencias peligrosas. *229,957*
peligrosas experiencias. *229,961*
Experiencias intentan oi mis años, *229,1037*
Que experiencias? que conjuro *229,1330*
Experimentar *2*
i experimentar las drogas; *229,791*
Que quies? Experimentar *229,934*
Experto *2*
Mas que no sea mas experto *6,64*
España a ministerio tanto experto *318,597*
Explicarle *1*
Que io de explicarle puntos, *242,83*
Expondrà *2*
Vn corço expondrà en la forma, *358,31*
I soles expondrà vuestra mañana. *395,4*
Expone *2*
Fieras te expone, que al teñido suelo *262,10*

Te las expone en plomo su venero, *361,3*
Exponen *1*
I que exponen mis hermanos, *157,17*
Expressa *1*
Lei de medidas expressa; *275,8*
Expriman *1*
Oro le expriman liquido a Minerua, *263,827*
Exprimida *3*
O en pipas guardan la exprimida grana, *261,150*
Fruta en mimbres hallò, leche exprimida *261,225*
Quaxada leche en juncos exprimida, *455,7*
Exprimido *1*
Oro trillado i nectar exprimido. *263,908*
Exprimiendo *1*
Vulto exprimiendo triste. *298,24*
Exprimieron *1*
Le exprimieron al assado *74,123*
Exprimiò *1*
La sangre que exprimiò, crystal fue puro. *261,496*
Exprimir *1*
Leche que exprimir viò la Alua aquel dia, *263,147*
Expuesta *1*
A los raios de Iupiter expuesta, *263,935*
Expuesto *1*
Io en justa injusta expuesto a la sentencia *433,1*
Expulsion *1*
La expulsion de los Moros de Valencia. *203,99*
Expulso *3*
Expulso le remite a quien en suma *264,873*
Con generosidad expulso ardiente, *323,8*
Por hambre expulso como sitîado. *396,4*
Expuniendo *1*
A las nudosas redes, expuniendo *318,78*
Expurgaciones *1*
De expurgaciones) passo, i me passeo, *233,10*
Expuso *3*
Que le expuso en la plaia dio a la roca; *263,31*
Rindiò no solo, mas expuso el cuello: *318,108*
Mas sangrientas las expuso, *322,386*
Extasis *1*
Que el extasis me escondiò, *331,44*
Extenúàda *1*
Extenúàda luz que a su luz huie. *315,64*
Exterioridades *1*
Abran las puertas exterioridades *368,17*
Extinguia *1*
Mientras extinguia las fieras *357,49*
Extinguidos *1*
I viendo extinguidos ia *322,213*
Extinta *1*
La nunca extinta purpura de Alberto *318,595*
Extirparàn *1*
Extirparàn vn dia. *421,45*
Extrañando *1*
Extrañando la dotrina *355,81*
Extrangeros *1*
La nariz baxa, canes extrangeros *499,66*
Extranjera *1*
Ni voz que no la acusen de extranjera. *434,11*
Extraordinarias *1*
Con muestras de dolor extraordinarias, *263,214*

Extremada *1*
Extremada es la maraña, *229,3332*
Extremo *9*
"De quien me quexo con tan grande extremo, *39,21*
De quien me quexo con tan grande extremo, *39,31*
De quien me quexo con tan grande extremo, *39,41*
De quien me quexo con tan grande extremo, *39,51*
Extremo de las hermosas, *57,53*
Discretas en todo extremo, *61,35*
Corrido en extremo has, *229,645*
De el Pharo odioso al Promontorio extremo; *261,124*
Que ser quiso en aquel peligro extremo *264,128*
Extremos *6*
Aiudame a cantar los dos extremos *31,9*
Tan grandes son tus extremos *48,21*
Son (demas de los extremos *95,43*
Sus distantes extremos, *263,608*
Al Zephiro encomienda los extremos *264,114*
Hasta donde se besan los extremos *264,529*
Ez *1*
Que ez la mudança mejor, *210,21*
Fa *1*
Le cantan el Sol que fa, *288,12*
Fabio *41*
Huesped traidor de Fabio, *229,59*
No auia, Fabio, penas, *229,87*
ni es Fabio hombre de cautelas. *229,242*
Fabio, lo que te he callado *229,251*
Fabio, si mi fee es tan poca, *229,314*
Crei primero que Fabio *229,353*
Fabio, tu Rhetorica es, *229,641*
Mas que se le dàra a Fabio, *229,682*
porque a Fabio assi le nombran *229,809*
de este Fabio, i de su fee. *229,853*
que en la sancta Iglesia, Fabio *229,1014*
El saber de Fabio ahora *229,1016*
Fabio te llama, en effeto, *229,1224*
con su misma hermana Fabio *229,1277*
Fabio de mi amistad llana, *229,1425*
Ô Fabio! No llames gentes. *229,1469*
Es esta por dicha?... Ô Fabio! *229,1510*
Quies a Fabio por testigo, *229,1511*
Fabio mi señor, do està? *229,1659*
Fabio, que dirà de mi? *229,1792*
Fabio, os tengo, i tan ligero, *229,1860*
digo a Fabio i a su hermana. *229,2112*
Baxemos a buscar mi amigo Fabio. *229,2229*
I si con Fabio se casa? *229,2246*
Por caxero entrè, i con Fabio *229,2288*
de su Fabio, como azor, *229,2452*
para que la entregue a Fabio? *229,2505*
mas si con flaqueza, Fabio *229,2526*
Si en verdad, Fabio, i por hijo; *229,2554*
Sino aquel huesped de Fabio. *229,2792*
Fabio, vuestro Granadino *229,2855*
i Marcelo al fin? Ô Fabio! *229,2869*
Señor Fabio, dos palabras. *229,2875*
Fabio! No sè io por que es. *229,2939*
la posada, hallar con Fabio *229,3100*

Busco a Fabio. Veisle aqui *229,3106*
Quien Fabio en Toledo es? Io. *229,3140*
No digais tal. Callad, Fabio. *229,3166*
Fabio, veràs a tu hermana. *229,3495*
Dadme vos las manos, Fabio, *229,3511*
Fabio señor, a mi hija. *229,3537*
Fabonio *1*
Corriò Fabonio lisongeramente, *261,214*
Fabonios *1*
Los cauallos, Fabonios Andaluces, *155,9*
Fabor *2*
De el desden, el fabor de vuestra Dama, *292,10*
Que vn pecho augusto, ô quanta al fabor yaze
    318,213
Faborable *1*
"Faborable cortès viento, *97,29*
Fabrica *11*
De cuia fabrica illustre *63,69*
De la fabrica de vn throno *83,90*
La fabrica caudalosa, *259,94*
Tu fabrica son pobre, *263,102*
Tantos de breue fabrica, aunque ruda, *263,919*
Fabrica escrupulosa, i aunque incierta, *264,79*
El designio, la fabrica, i el modo. *264,274*
Esta que admiras fabrica, esta prima *314,1*
Fabrica te construie sumptùòsa *315,67*
Al desengaño le fabrica templo. *318,528*
Fabrica fue sin duda, la vna parte *404,2*
Fabricado *2*
Fue por diuina mano fabricado; *13,4*
Si fabricado no de gruessas cañas, *264,110*
Fabrican *1*
Fabrican arcos rosas, *263,719*
Fabricar *1*
Fabricar de agenos ierros *227,15*
Fabricarà *1*
Fabricarà aluergues rudos, *358,39*
Fabricio *1*
Fabricio? Si. Luego a la hora *229,3168*
Fabricò *1*
Fabricò, architecta alada, *275,39*
Fabrique *1*
No fabrique mas torres sobre arena, *429,12*
Fabriquè *1*
Vna torre fabriquè *2,41*
Fabula *2*
de vna fabula no corta. *229,1021*
Desta fabula podrà *269,1788*
Fabulage *1*
Que se gasta el fabulage. *269,1147*
Fabulosa *3*
Vista no fabulosa determina. *136,8*
No es voz de fabulosa Deidad esta, *250,9*
No a Deidad fabulosa oi arrebata *338,9*
Facem *3*
Si. E facem como em Lisboa *303,3*
Si. E facem como en Lisboa *303,29*
Si. E facem como em Lisboa *303,42*
Facil *10*
Con bien facil occasion *229,834*
Io a Seuilla muger facil, *229,2462*
tendrà bien facil muger, *229,2527*
La fragosa montaña facil llano, *263,69*
Tan generosa fe, no facil honda, *264,161*
Abraçado, si bien de facil cuerda, *264,466*

Sudor facil, i quan bien *285,34*
Toda facil caida es precipicio. *393,4*
Que de su rudo origen facil riega, *431,2*
Por atajo mas facil i seguro *472,6*
Faciles *1*
Otros de escamas faciles armados, *264,103*
Facilidad *3*
facilidad mugeril! *229,2323*
su facilidad senti, *229,2395*
La facilidad i el moho. *242,128*
Facilidades *2*
Que temes? Facilidades. *229,986*
Facilidades tenia *229,1324*
Facilmente *1*
Fatal corregir curso facilmente? *318,170*
Facultad *3*
De la facultad que trata, *269,137*
Con los de mi facultad *269,433*
Tu facultad en lyra humilde imploro, *360,3*
Facultades *2*
Muriò en tus facultades gradùàdo, *269,400*
Con facultades de bulto, *322,400*
Facundo *1*
Pluma valiente, si pinzel facundo. *453,7*
Faeton *2*
El heredado auriga, Faeton solo *318,233*
En la edad, no Faeton en la osadia, *318,234*
Fagades *1*
Non fagades ende al, *269,940*
Faisan *1*
Por testigo del faisan, *93,39*
Falacias *1*
Los embustes i falacias?... *269,357*
Falades *1*
Liquidado se ha. Falades. *303,37*
Falala *3*
Falala lailà, *305,8*
Falala lailà. *305,10*
Falala lailà. *305,13*
Falda *7*
De los varios despojos de su falda, *15,10*
A luchar baja vn poco con la falda, *25,18*
Ni andar con la falda *79,35*
La bruxula de la falda) *144,28*
De la florida falda *184,1*
Libra en la falda, en el cothurno ella *263,546*
Entre grandezas de la falda amada, *280,32*
Faldas *8*
Las faldas labrè; *56,20*
De las faldas Pyreneas *73,38*
Gigantes miden sus occultas faldas, *112,9*
I de el otro eran las faldas, *148,46*
Las faldas de la camisa *228,191*
I las faldas besar le haze de Athlante. *230,6*
Por las faldas del Athlante, *356,1*
Besa a Arabia las faldas olorosas, *457,2*
Faldellin *1*
Que lo calle el faldellin; *82,44*
Fallados *1*
I a fee que Reies fallados *334,93*
Fallo *2*
Fallo que hecho quartos mueras, *229,1492*
Vistos bien los autos, fallo *269,1761*
Falsa *1*
Que la falsa armonia al Griego leño". *166,42*

Falsamente *1*
Falsamente arrollando en su balija, *269,397*
Falsas *1*
Las señas repite falsas *322,401*
Falsedad *1*
Falsos a la falsedad? *269,2008*
Falso *7*
Con vn falso testimonio, *81,31*
Gran falso, Amor, hecho has. *229,1775*
Al falso veràs dexar *229,2450*
La que de falso se pasa. *269,235*
Con el falso? A vna muger. *269,2007*
Risueño con el, tanto como falso, *363,9*
I aunque es de falso, pide que le quiera *441,7*
Falsos *1*
Falsos a la falsedad? *269,2008*
Falta *16*
Sintiendo la falta, *11,20*
I vos a el mucha falta. *64,36*
Ni falta a vecinas. *65,76*
Para que en haciendo el falta, *107,35*
que donde malicia falta, *229,796*
Quanto te falta ia, quanto te queda. *229,2185*
No me hacen poca falta, *229,2306*
Falta a la Comedia el bobo, *229,3500*
O razon falta donde sobran años". *263,530*
No haze Tancredo falta, *269,1412*
En pastel me falta ahora *269,1555*
Que aora el tiempo nos falta *269,1607*
Cada falta cuido que es *385,9*
Por la falta que encubre tu vestido; *460,6*
I haciendo alguna falta, *495,20*
Del bosque, oi teñiran, sin falta alguna, *499,73*
Faltaba *1*
Bien que le faltaba el aire, *389,14*
Faltan *3*
Que le faltan dias algunos *27,54*
Le faltan tres veces veinte. *59,80*
Pues a ti te faltan flechas *90,29*
Faltando *1*
A quien, no faltando en nada, *269,201*
Faltandole *1*
Tal, que el pasto faltandole sùàue, *313,5*
Faltandome *1*
Porque, en faltandome el mes, *385,8*
Faltanle *1*
Faltanle raios al Sol, *229,1725*
Faltarà *3*
Antes faltarà, que tablas *132,51*
que a mi no me faltarà... *229,2715*
No os faltarà Aguilar, a cuio canto *446,10*
Faltaran *1*
No nos faltaran en Francia *27,99*
Faltaràn *1*
Que no faltaràn çaraças *59,47*
Faltare *1*
Si os faltare la casa de los locos, *446,9*
Faltarles *1*
Que es por faltarles el aire; *63,164*
Faltas *5*
I a tu juramento faltas, *10,18*
Cubra esas nobles faltas desde ahora, *21,5*
Que porque faltas haràn *147,9*
Pajaros supplan pues faltas de gentes, *203,19*
con que vuestras faltas nota *229,437*

Faltase *1*
sin que faltase vn quatrin. *229,2417*
Falte *2*
I porque no falte son, *161,62*
De que le falte cola, *422,15*
Falten *1*
No falten para el Medoro *269,966*
Faltriquera *3*
Pero no en la faltriquera, *187,7*
sagrado es la faltriquera; *229,1467*
El olio en la faltriquera, *269,767*
Faltriqueras *1*
Huron de faltriqueras, subtil caça, *68,2*
Fama *24*
Te dan fama clarifica, *1,41*
De gloriosa fama, *11,2*
Que en fama claro, en ondas crystalino, *22,2*
Tu Musa inspira, viuirà tu fama *35,5*
I assi la fama, que oi de gente en gente *40,5*
Mas fama que los de Roma *63,79*
Con la honestidad su fama? *105,70*
No es bien la calle la Fama; *121,104*
De vuestra Fama oirà el clarin dorado, *171,5*
la fama, i lo dice a voces. *229,865*
Clarin ia de la Fama, oie la cuna, *230,15*
O de su fama la trompa, *235,9*
Trompas de la fama digan *242,139*
Cuia fama los terminos de Oriente *250,3*
De la Fama, que, sin duda, *259,9*
Clarin, i de la Fama no segundo, *261,23*
Su nombre ia con su fama *269,306*
Que en los clarines de la Fama cabe, *274,6*
I vuestra pluma vuelo de la Fama. *292,14*
Canta la Fama de suerte *347,7*
Alas vistiendo, no de vulgar fama, *364,12*
Que a Egypcio construiò barbara fama *368,6*
Questa a la fama vn clarin *369,3*
I pues quien fama i numero a los Doce *439,12*
Famas *1*
Cantarè enmudeciendo agenas famas, *92,13*
Familia *2*
Quan bien impide su familia breue, *315,34*
Tener familia que no sirua i coma... *463,12*
Familîar *1*
Familîar tapeada, *322,141*
Familias *1*
Sancta, de familias madre, *275,97*
Famosa *5*
Famosa plaia serena, *38,10*
Illustre Ciudad famosa, *63,1*
Estas son, Ciudad famosa, *63,213*
Levanta, España, tu famosa diestra *72,1*
Famosa, no por sus muros, *322,2*
Famoso *5*
Famoso entre los Pòetas, *89,9*
Cuio famoso estrecho *263,401*
Famoso predicador, *266,3*
Famoso abogado vuestro *269,903*
Culto Cabrera, en nuestra edad famoso; *271,6*
Famosos *3*
A quien dos famosos rios *63,5*
Famosos son en las armas *78,1*
Maestros famosos *160,117*
Famular *1*
Condicion es famular, *229,396*

Famularum *1*
"famulorum famularum". *229,185*
Famulorum *1*
"famulorum famularum". *229,185*
Fanal *2*
Que sin fanal conduce su venera. *261,116*
Fanal es del arroio cada honda, *263,675*
Fanales *1*
Fanales sean sus ojos o faroles. *379,4*
Fantasia *1*
Le ha vosquexado ia en su fantasia. *261,252*
Fante *1*
No ubo (Cagaiera fusse o Fante) *430,6*
Farandula *1*
I su congregacion en farandula. *438,8*
Fardos *1*
Fardos de Logroño *160,107*
Farol *11*
El farol que le conduce, *75,50*
(Farol diuino) su encendido fuego *218,7*
Vencella farol tan flaco. *228,200*
Farol luciente sois, que solicita *247,9*
Farol de vna cauaña *263,59*
En el Farol de Thetis solicita. *264,8*
Si tremulo no farol, *319,3*
Hora que el farol nocturno, *322,282*
Vndosa tumba da al farol del dia *403,1*
Candil, farol de la estampada flota *432,13*
Ia mariposa de el farol Phebeo *457,5*
Faroles *7*
Los tuios, Sol; de vn templo son faroles, *76,6*
Sus faroles clarissimos en ellas. *229,21*
Faroles de oro al agradecimiento. *230,68*
Que los faroles del cielo *269,1160*
Los faroles, ia luces de Leuante, *323,3*
Fanales sean sus ojos o faroles. *379,4*
Sus faroles celestiales. *414,20*
Farsa *1*
Que, de la farsa, ô muger, *229,3447*
Farsante *1*
Basta, que ia soi farsante. *229,3451*
Fastidîoso *1*
de dulce, fastidîoso, *229,2560*
Fatal *14*
Archas burlò el fatal cuchillo; ô España, *220,12*
Del escollo fatal fueron apenas, *261,498*
De la alta fatal rueca al huso breue. *263,900*
Que a vn bote corbo del fatal azero *264,934*
Que a la fatal del Iouen fulminado *316,7*
Fatal corregir curso facilmente? *318,170*
Sino fatal, escollo fueron duro! *318,380*
Quando fatal caruela, *322,137*
Su manto: fatal descuido, *322,338*
I poca mas fatal ceniça es ia. *327,8*
Arco fatal de las fieras, *333,35*
Quanto el acero fatal *369,1*
Hierro luego fatal su pompa bana *380,7*
Que fatal desdicha es essa *497,42*
Fatalmente *1*
Mas temeraria, fatalmente ciega, *392,2*
Fatiga *26*
Su labor bella, su gentil fatiga, *34,11*
Manda Amor en su fatiga *37,1*
Manda Amor en su fatiga *37,13*
Manda Amor en su fatiga *37,25*

Quando el viento le fatiga. *37,36*
Manda Amor en su fatiga *37,37*
Manda Amor en su fatiga *37,49*
Rica labor, fatiga peregrina, *77,26*
Fatiga tanto al Consejo, *96,37*
I al Amor fatiga tanto, *96,38*
Que en sabrosa fatiga *120,29*
Con fatiga i con placer *132,42*
Lisonjéan su fatiga, *142,20*
Cansa, fatiga i apura, *229,2236*
Tu saldràs de esa fatiga *229,3088*
con pena vuestra fatiga, *229,3399*
Por vos fatiga en habito Aphricano. *250,14*
Templa en sus ondas tu fatiga ardiente, *262,27*
Neptuno, sin fatiga *263,1030*
La mano. Ô que gran fatiga! *269,1103*
Sacò de vuestra fatiga; *282,22*
La vez que el monte no fatiga basto, *318,71*
De cuia dulce fatiga *355,25*
Que al Sol fatiga tanto *421,25*
La fatiga del aspero camino. *465,4*
En el monte con fatiga, *499,247*
Fatigada *3*
Fatigada caçadora, *142,8*
Lisonja de mi oreja fatigada. *279,12*
Tronco de el Nectar fue, que fatigada *318,623*
Fatigado *3*
Clauar victorioso i fatigado *137,1*
Que al mas fatigado, mas *226,6*
Que en reclinarse el menos fatigado *263,352*
Fatigados *2*
Perdonad, caminantes fatigados. *134,14*
Aunque ociosos, no menos fatigados, *264,971*
Fatigando *3*
Fatigando al corço *79,71*
Galan siguiò valiente, fatigando *264,766*
Fatigando a Praxiteles, *322,411*
Fatigar *1*
Peinar el viento, fatigar la selua. *261,8*
Del Sil te vieron fatigar las fieras, *280,42*
Fatigas *2*
Dimela sin mas fatigas, *229,226*
I, aunque agora te fatigas, *499,156*
Fatigaua *1*
Fatigaua el verde suelo, *26,17*
Fatigòle *1*
Fatigòle por el campo, *161,93*
Fauno *1*
De vn Fauno medio hombre, medio fiera, *261,194*
Faunos *2*
Sus Nymphas choros, i sus Faunos danças. *231,14*
De quantos pisan Faunos la montaña. *263,189*
Fauonio *3*
Suelta las riendas a Fauonio i Flora, *17,5*
Al Fauonio en el talamo de Flora, *318,422*
Palpitar hiço Fauonio. *357,44*
Fauor *21*
Ô zelo, del fauor verdugo eterno, *23,9*
I el fauor de la Fortuna, *39,4*
Que con tu fauor *50,11*
I el fauor de tu señora! *121,120*
I quien al Andaluz su fauor niega? *138,4*
En fauor a lo que dicen *149,61*

El dulce fauor implora. *149,74*
Que salga en vuestro fauor". *161,156*
Quien, Señora, su fauor *205,5*
Propheta en cuio fauor *211,9*
Fauor de cera alado. *263,133*
Victorioso el fauor buela, *269,899*
Esta noche tal fauor? *269,1210*
Cultas en tu fauor da plumas bellas. *270,11*
Del mas humilde fauor *348,34*
Tan en fauor de mi intento, *348,38*
I el que naciò fauor casto *357,91*
Mil vezes vuestro fauor, *370,1*
En vn fauor homicida *376,29*
Pues vn fauor le escuchò *419,65*
Fauor le hiço, i merced *419,80*

Fauorece *1*
Fauorece esta doctrina. *269,1901*

Fauorecele *1*
I fauorecele el tiempo, *39,38*

Fauorecer *1*
Para fauorecer, no a dos supremos *264,659*

Fauorecido *1*
Que ha de ser? Fauorecido. *269,917*

Fauorecidos *1*
Que vaian fauorecidos. *499,303*

Fauorecieres *1*
Fauorecieres mi assumpto". *322,252*

Fauoreciòles *1*
Fauoreciòles la noche, *228,153*

Fauores *13*
Le coronò de fauores. *131,12*
de mi dicha i sus fauores. *229,611*
i el los fauores perdona, *229,783*
esos floridos fauores? *229,1692*
Desdeñando sus fauores *229,2398*
Lelio con estos fauores. *229,3257*
Coronados traslada de fauores *264,649*
Soberanos fauores! *269,1245*
De cordero, tus fauores *306,2*
Tan modesto en los fauores, *306,20*
Los fauores que descubro? *322,192*
Bien sabrà mentir fauores. *328,10*
Serenidad de fauores *499,286*

Fauorezcame *1*
o fauorezcame el cielo; *229,2693*

Fausto *3*
Los estremos de fausto i de miseria *264,207*
De Graz, con maior fausto receuida *318,291*
Depuso el fausto, parto de la espuma *404,13*

Favorezcame *1*
Favorezcame el Amor. *229,1111*

Faysan *1*
El tierno francolin, el faysan nueuo, *229,49*

Fe *39*
Nombre las leies de fe, *105,59*
I a fe que no dize mal *121,107*
Su fe en la que con arco i con aljaua *127,18*
Su fe en la que con arco i con aljaua *127,45*
Pidiò la fe que le he dado, *141,3*
Que nunca vna Deidad tanta fe engaña. *156,36*
De vuestro imperio, i de mi fe constante *170,10*
Que a fe que vença los años *205,29*
Mia fe, son. *227,26*
Mia fe, son. *227,36*
Mia fe, son. *227,46*

Mia fe, son. *227,56*
Pues la fe adulteraste de vn amigo. *229,30*
Que rubi en charidad, en fe diamante, *247,13*
Que a fe que el hierro desnudo *257,9*
Tan generosa fe, no facil honda, *264,161*
Si fe tanta no en vano *264,605*
Bien està. Pero a fe mia *269,141*
Porque a fe que no me pica *269,213*
No poco a fe me alborota *269,549*
De satisfacion i fe, *269,558*
Excelente cosa, a fe! *269,611*
A fe de Doctor de bien, *269,846*
Que cierta cosa es, a fe, *269,871*
A fe que te quiere bien *269,897*
A fe que ha sido el Doctor, *269,901*
No serà a fe de quien soi. *269,937*
Pues a fe que huele mal. *269,1862*
De la fe es nuestra vigilante bara. *318,488*
Por termino de su fe; *348,5*
Señas mas de la fe mia *348,14*
De christiano valor si, de fe ardiente, *364,13*
Zagala, no guardes fe, *378,2*
Quanto me dictò mi fe. *416,4*
A su fe primera, el culto *416,26*
I galan viene, a fe, sobremanera. *499,93*
Camila? No en buena fe. *499,264*
Floriscio, grande es tu fe; *499,274*
Oielo, que es bueno a fe: *499,311*

Fê *1*
La Fê escudo, honra España, inuidia el mundo
    77,85

Fè *1*
A la vista; que la Fè, *213,18*

Fea *4*
Valganle a su fea muger *167,45*
Cosa me parece fea, *168,12*
Que serà cosa mui fea *269,187*
I la hermosura fea, *387,4*

Febo *4*
Se rie el Alba, Febo reuerbera, *318,207*
En quanto Febo dora o Cinthia argenta, *324,13*
En rosicler menos luciente Febo *421,3*
Febo imitador prudente! *487,6*

Febribus *1*
De febribus sine spe, *269,1908*

Fecha *2*
que oi llega, i su fecha es *229,1114*
que, segun la fecha es, *229,1546*

Fecit *1*
A la de "Ioannes me fecit" *81,18*

Fecunda *5*
Aura fecunda al matizado seno *264,325*
Cuia fecunda madre al genitiuo *264,726*
Fecunda sobre doncella! *275,84*
Del viento su fecunda madre bella; *361,10*
O pureza fecunda o continencia. *368,42*

Fecundar *1*
A fecundar los frutales *356,5*

Fecundas *1*
Fecundas no de aljofar blanco el seno, *264,557*

Fecundo *7*
i de fecundo, súaue; *229,2561*
No en blanco marmol, por su mal fecundo,
    263,816
Fecundo os rinda, en desiguales dias, *263,906*

I tres Dianas de valor fecundo; *318,116*
Al blanco fecundo pie *357,3*
Dèste, pues, grano fecundo *373,9*
Fecundo seminario de claueros. *421,9*

Fee *85*
O perjura! si a mi fee *10,17*
De mi fee te satisfagas? *10,24*
Aunque a rocas de fee ligada vea *54,1*
Fieras naciones contra tu fee armadas, *72,8*
Queden, como de fee, de vista de ciegos. *72,17*
Templo de fee, ia templo de heregia, *72,36*
Ricos de fortaleza, i de fee ricos; *72,43*
Los pendones de la fee; *78,28*
Que a fee que son para oir. *82,4*
Por mi fee que me ha rogado *82,43*
A fee que dixo mui bien *83,5*
Que es mucho, a fee, por aquello *87,42*
De vna fee de vidrio tal *91,20*
I su fee represente: *103,76*
I aun fee la necessidad, *126,38*
Si no de vida, de fee. *132,72*
Amor sin fee, interes con sus virotes. *150,11*
Jura Pisuerga a fee de Cauallero *151,1*
Mi fee suspiros, i mis manos flores. *169,14*
Sacrificio es de su fee, *179,23*
I fee de sus coraçones. *179,24*
I a fee que a la pagissima capilla, *203,16*
No osa descubrir su fee; *217,28*
De dueñas de honor, i a fee *217,62*
milagros hizo tu fee *229,76*
a la fee de tu amistad, *229,80*
Dirèoslo, si la fee *229,148*
Fabio, si mi fee es tan poca, *229,314*
en vano la fee te doi. *229,315*
en el templo de tu fee, *229,333*
que, en armar contra la fee, *229,444*
a fee que no se las moja, *229,753*
de este Fabio, i de su fee. *229,853*
A quien? Mi fee te lo diga. *229,1129*
mi fee en vn pedernal fuerte. *229,1143*
Io Pòèta de tu fee? *229,1204*
Tus zelos mi fee no vltragen. *229,1315*
i decidiendo esta fee. *229,1375*
De su fee tengo tu fee, *229,1406*
De su fee tengo tu fee, *229,1406*
De tu fee no dudo nada; *229,1415*
Ô fee, que hace jurar! *229,1440*
serà fee de moniciones *229,1577*
si tu fee se ha entrado en Fez. *229,1588*
se ha entrado mi fee? Eso dudas, *229,1590*
letras probando vna fee. *229,1826*
i a fee que no han hecho mal. *229,1858*
de tu fee i coraçon sano, *229,1903*
A fee que la letra es buena. *229,1971*
al que le ha dado la fee. *229,2130*
su fee, su amor i su pecho. *229,2237*
tu intento, que como fee *229,2256*
mi legalidad, mi fee, *229,2314*
de esse nombre, por mi fee. *229,2579*
señas de esta fee offrecida, *229,2639*
con fee igual, con igual zelo *229,2690*
mi entendimiento a mi fee? *229,2731*
de fee, de amor, de amistad *229,2867*
de la honra i de la fee. *229,2873*
A fee que Lope de Rueda *229,3229*

Buena es la maraña a fee. *229,3265*

Neutra el agua dudaba a qual fee preste, *261,423*

I la fee desotra en dudas, *269,122*

I mirame en paz, que a fee, *269,1158*

Bien a fee se va poniendo; *269,1834*

Si no me traeis la fee *269,1923*

Mal agradecida fee: *285,20*

Que su fee escribe en el agua, *287,21*

Que su fee escribe en la arena. *287,22*

"Viua mi fee, *287,37*

Viua mi fee. *287,43*

Viua mi fee. *287,51*

Viua mi fee. *287,59*

De mi fee serà rehen. *302,24*

Argos de nuestra fee tan vigilante, *315,74*

Sin arra de su fee, de su amor seña, *318,327*

Que la fee erigiesse aras *322,87*

La fee que se debe a sueños *322,185*

I a fee que Reies fallados *334,93*

De la fee de su Belisa, *353,39*

Viua la fee de Belisa, *353,41*

Nieto del mar en la fee. *355,40*

Agradecida a su fee, *419,76*

Fueron el auto de la fee en Granada. *442,14*

I a fee de Póèta honrado, *483,3*

Felices *4*

A sus vmbrales reuocò felices *263,846*

"Viuid felices, dixo, *263,893*

Felices años, i la humedecida *264,370*

Sus años sean felices *353,49*

Felicidad *6*

con quanta felicidad *229,2042*

Entre con felicidad *229,2103*

mi felicidad, que en esto *229,2400*

Con mas felicidad que el precedente *263,1020*

Felicidad, i en vrna sea dorada, *318,218*

Suma felicidad a ierro sumo! *392,11*

Felicidades *2*

Felicidades sean *156,25*

Virtudes sean i felicidades. *156,30*

Felicio *1*

Esto Felicio cantaba *390,49*

Felicissima *1*

Sea la felicissima jornada *279,10*

Feliz *7*

Larga paz, feliz Sceptro, inuicta espada. *77,68*

es su corriente feliz), *229,2341*

es desdicha ser feliz. *229,2401*

Cinthia el siempre feliz thalamo honora, *318,130*

En coiunda feliz tan grande estado, *318,427*

Muera feliz mil vezes, que sin duda *359,12*

Que oi se repite feliz, *480,8*

Femenil *1*

Sigue la femenil tropa commigo: *263,525*

Fementida *1*

Como cierta fementida *86,19*

Fementido *2*

Al necio, que a vn fementido *229,1514*

Fementido, no vna vez, *229,1584*

Fenece *2*

Donde fenece despues *269,1185*

A donde fenece rio, *357,11*

Feneciendo *1*

I feneciendo en tropel. *78,52*

Fenisa *1*

qual otra Reina Fenisa *229,1344*

Fenix *4*

Del fenix de los Sandos vn segundo. *318,16*

Que visten, si no vn Fenix, vna plaza, *318,499*

Ô Fenix en la muerte, si en la vida *364,3*

Fenix renazca a Dios, si aguila al Norte. *403,14*

Feo *3*

I a la verdad era feo, *74,35*

Cadauer es, aunque feo, *229,1644*

No a Satyro lasciuo, ni a otro feo *261,234*

Ferales *1*

Iuegos, o gladiatorios, o ferales: *318,506*

Feria *4*

Quando fue a la feria. *5,20*

De vna en otra feria, *160,102*

Partime para la feria, *229,464*

Ser oi de Feria, es mui justo *299,2*

Ferias *1*

Dicen que se los diò en ferias, *216,5*

Fernandez *1*

Al gran Gonzalo Fernandez, *63,124*

Fernando *1*

Freno fue duro al florentin Fernando; *318,348*

Fernandos *1*

Cient Fernandos i Isabeles *81,34*

Feroces *2*

En plaça si magnifica feroces *318,509*

Entre feroces i tibios, *334,58*

Ferocidad *1*

Que estudien ferocidad, *334,53*

Feroz *8*

De tus valientes hijos feroz muestra *72,5*

Dèl cauallo feroz la crespa cola. *72,68*

Al imperio feroz de su bramido. *230,31*

Que redima feroz, salue ligera, *261,67*

Feroz ardiente muestra *263,964*

Marino Dios, que el vulto feroz hombre, *264,463*

Al animal mas feroz *269,1519*

Espectaculo feroz, *334,45*

Ferrara *1*

De el Octauo Clemente fue en Ferrara. *318,292*

Ferrer *1*

Padre Ferrer, cuidado con la casa! *438,14*

Ferreruelo *1*

Mi ferreruelo i mi espada. *269,1705*

Ferreruelos *1*

A captiuar Ferreruelos *111,39*

Ferro *1*

Que sobre el ferro està en aquel incierto *263,60*

Ferrol *1*

Os espera en el Ferrol: *107,51*

Fertil *6*

El fertil terreno mides, *48,68*

Ô fertil llano, ô sierras leuantadas, *51,5*

Fue toldo de la ierba; fertil soto *53,2*

I a veer tu fertil escuela *63,109*

Fertil granero ia de nuestra España; *318,356*

Mas fertil que el dorado Tajo riega, *458,3*

Fertiles *2*

A mi, que de tus fertiles orillas *22,9*

De cuias siempre fertiles espigas *261,143*

Ferula *1*

A la Magistral ferula saliste. *280,33*

Feruoroso *1*

Si el feruoroso zelador cuidado *218,5*

Festejar *1*

Quanto a festejar las bodas. *97,12*

Festiua *1*

En sus braços Partenope festiua, *379,9*

Festiuas *1*

Señas dando festiuas del contento *318,457*

Festiuo *2*

Que festiuo theatro fue algun dia *263,188*

Festiuo ni Dominguero, *269,720*

Festiuos *2*

Instrumentos, no, en dos festiuos choros *263,752*

Festiuos corros en alegre egido, *264,333*

Feudo *1*

Negò su feudo el aue: *313,6*

Fez *3*

si tu fee se ha entrado en Fez. *229,1588*

En que Fez, o en que Marruecos *229,1589*

Si Fez se estremeciò, temblò Marruecos. *230,34*

Fia *22*

Fia que en sangre del Ingles pirata *72,27*

Fia luego la persona. *149,114*

I las que el cielo nos fia *158,45*

El, contento, fia su robo *226,105*

respondio: "Fia de mi, *229,2375*

no dudes, fia de mi, *229,2723*

Fia su intento, i timida, en la vmbria *261,254*

El nacar a las flores fia torcido, *264,882*

Con que el mas zeloso fia *269,463*

Dèsta cadenilla fia *269,1056*

Cuentenle perlas, que el Oriente fia *269,1261*

Que arboleda zelosa aun no le fia *281,5*

Quan mal de mi Sol las fia! *284,4*

Quan mal de mi Sol las fia! *284,16*

A densa nube fia, que dispensa *315,7*

Dulce fia? Tu metrico instrumento, *316,13*

Preuenir leños fia a Iuan Andrea, *318,370*

A vn tronco este, aquella a vn ramo fia, *318,631*

Fia el sueño breue, *349,9*

A tanta lumbre vista i pluma fia. *403,8*

Mucho de lo futuro se le fia: *404,38*

Que repetido en el PEDRO le fia, *421,30*

Fiaba *1*

fiaba del mismo viento *229,1557*

Fiada *2*

De vna fiada librea. *73,72*

I fiada del çumaque, *93,19*

Fìàda *1*

Fìàda en que la haràn salua *239,8*

Fiado *7*

fiado de tus seruicios, *229,3341*

Sus balanças Astrèa le ha fiado; *251,8*

Mientras en su piel lubrica fiado *264,92*

Ô mar, quien otra vez las ha fiado *264,121*

Las vezes que en fiado al viento dada, *264,743*

Si es lo que tomais fiado. *269,616*

I den en fiado silbos; *334,84*

Fìàdor *1*

Soi fìàdor de mi pluma *158,19*

Fiambres *1*
De vnos soldados fiambres, *91,27*
Fiamma *1*
Fiamma dal ciel su le tue trezze pioua! *72,51*
Fian *1*
Las coiundas le fian del seuero *337,6*
Fiança *1*
Que no ai fiança segura *107,83*
Fiando *3*
Esto fiando de el viento, *287,71*
Fiando a vn mirto sus armas, *355,45*
El Phenix de Austria, al mar fiando, al viento, *402,10*
Fîando *1*
Nudos al mar de cañamo fîàndo. *264,36*
Fiandose *1*
En esta pues fiandose attractiua, *263,393*
Fiar *2*
Que puedes fiar, señor, *269,1423*
Mui bien les puedes fiar *269,1498*
Ffàr *1*
Que no ai ffàr resistencia *91,19*
Fiaràs *2*
Fiaràs de mi tu intento? *229,2254*
Bien fiaràs de la zorra, *269,974*
Fiarè *1*
Esta que le fiarè ceniza breue, *264,170*
Fiarle *2*
Que pues osò fiarle *127,9*
Fiarle podrè io *127,13*
Fias *2*
Al Palacio le fias tus entenas, *196,2*
Si de mi Musa los fias, *236,8*
Fìase *1*
Fìase la voluntad *95,38*
Fiaste *1*
Buelues, al que fiaste nido estrecho, *281,2*
Fiaua *1*
El nido io le fiaua *269,42*
Ficai *2*
Todo el sebo. Ficai là *303,16*
Corrido va. Ficai là. *303,18*
Ficaraon *1*
Ficaraon nas paredes penduradas. *118,4*
Ficò *1*
Geração ficò nestremo. *303,32*
Fidalgo *1*
Rocin Portugues fidalgo, *96,14*
Fidelium *1*
"fidelium omnium"; al fin *229,184*
Fie *4*
Que no fie de los años *87,77*
No me pidan que fie ni que preste, *222,12*
Copos fie de cañamo anudado, *230,56*
Fie tus nudos ella, que los dias *263,810*
Fiebre *1*
Fiebre, pues, tantas vezes repetida *323,12*
Fieis *1*
No os fieis dèl quicio, *160,49*
Fiel *5*
I vos, aunque pequeño, fiel resquicio, *21,9*
Belona de dos mundos, fiel te precia, *220,13*
tal respuesta, amigo fiel? *229,3115*
Mi constancia quan fiel, *348,9*
Quando Dios le hiço fiel, *486,18*

Fîèl *23*
I a vn desengaño fîèl, *78,24*
Fîèl correspondiente. *103,20*
I de Achates tan fîèl, *132,70*
Fîèl adora, idolatra, suspira? *138,6*
Virgen, a quien oi fîèl *206,1*
Guarda la ciñe fîèl, *217,10*
de la dueña mas fîèl. *229,181*
Todo fîèl redomado *229,411*
Que, aunque varia, es mui fîèl *229,864*
como criado fîèl, *229,944*
pesado, pero fîèl, *229,1542*
Dexa vna Hero fîèl, *229,1895*
como crîàdo fîèl. *229,3371*
Donde fîèl vasallo el Regimiento *255,10*
A seruir oi de fîèl, *269,1535*
Si no hospedado del fîèl Lombardo, *279,26*
Sueño le debe fîèl. *285,26*
Pero aun es fîèl la nieue *301,4*
— Adiuinas? — Mas fîèl *321,28*
Copia hecho tan fîèl, *355,54*
Solo fue el heno fîèl. *374,20*
Vndosamente fîèl, *378,30*
Que nos bende por fîèl, *412,20*
Fîelas *1*
Fîelas de tu calma, *264,120*
Fîèles *5*
Erigiò el maior Rei de los Fîèles. *76,8*
Buscad, amantes fîèles, *121,97*
Los mas fîèles callaron *229,182*
Que espejos, aunque esphericos, fîèles, *264,704*
Fîèles a vna pluma que ha passado *315,39*
Fielmente *2*
Bien i fielmente sacado; *269,167*
Tan fielmente, que del sino *269,168*
Fieltro *1*
Fieltro ha de ser el çapato. *269,180*
Fiera *48*
Al soberuio Aquilon con fuerça fiera *25,3*
Corre fiera, vuela aue, pece nada, *33,2*
Rei de las otras, fiera generosa, *47,4*
Mas fiera que las que sigues *48,18*
I a la de tus arneses fiera lumbre, *72,10*
Libidinosa i fiera, *72,50*
La fiera espada honrò dèl Arriano; *77,37*
"Ô fiera para los hombres, *115,31*
Parece niño Amor, i es fiera braua!". *127,19*
Huya, "Ô fiera, le dize, *127,42*
Parece niño Amor, i es fiera braua!". *127,46*
Fiera rompiendo el jaral, *142,45*
Con voluntad vna fiera *177,13*
La fiera mona i el disforme mico? *201,4*
Vn buei i sale vna fiera! *204,24*
De toda cosa ponzoñosa, i fiera. *229,95*
tarde pisada de fiera, *229,2672*
No la Trinacria en sus montañas fiera *261,65*
De vn Fauno medio hombre, medio fiera, *261,194*
El monstro de rigor, la fiera braba, *261,245*
La fiera, cuio cerro leuantado *261,427*
Acaba en mortal fiera, *263,113*
"Qual tigre, la mas fiera *263,366*
Si Cloto no de la escamada fiera, *264,436*
La fiera, horror del agua, cometiendo *264,490*

A la vna luciente i otra fiera *264,620*
Vna puñalada fiera. *269,153*
Si de la inuidia no execucion fiera! *280,23*
De fiera menos que de peregrino. *295,8*
Que al hombre, a la fiera, al aue, *302,7*
Timida fiera, bella Nimpha huia: *311,12*
Oia el canoro hueso de la fiera, *318,9*
Tal vez la fiera que mintiò al amante *318,65*
Temerosa de la fiera *322,333*
Bebiò la fiera, dexando *322,349*
Medio fiera, i todo mulo, *322,500*
No pastor, no abrigò fiera *352,13*
De Adonis, la fiera alada *358,27*
Vndosa puente a Calidonia fiera. *359,4*
Ambiciosa la fiera colmilluda, *359,9*
Fiera que sea de razon desnuda, *394,7*
Fue el esperar, aun entre tanta fiera. *400,14*
Muere, dichosa fiera; *415,6*
Vestir la piel de la fiera *485,9*
Ni fiera pisarà mas la Montaña *499,79*
De firme cuento i de cuchilla fiera, *499,97*
A seguir con sus arcos vna fiera *499,117*
Tras de vna fiera mui braua *499,192*
Fierabras *1*
Lo que para Fierabras. *90,20*
Fieramente *1*
Porque aquel Angel fieramente humano *19,12*
Fieras *22*
Los despojos de las fieras *48,43*
Fieras naciones contra tu fee armadas, *72,8*
De las otras fieras Rei, *78,32*
Siguiendo las fieras, *79,68*
I dan en las fieras puntas *95,39*
Perseguidora de fieras! *115,32*
De otra parte las fieras, *125,11*
Que de seguir las fieras, *127,21*
Qual dicen que a las fieras fue importuna *128,7*
Contra las fieras solo vn arco mueue, *128,13*
Desata montes i reduce fieras; *172,4*
a las fieras es assombro *229,2904*
Del Rei, de fieras no de nueuos mundos, *230,19*
Brama, i quantas la Libia engendra fieras, *230,27*
Fieras te expone, que al teñido suelo *262,10*
Lestrigones el Isthmo, aladas fieras; *263,424*
Entre fieras naciones sacò al Istro *280,4*
Del Sil te vieron fatigar las fieras, *280,42*
Arco fatal de las fieras, *333,35*
Fieras vuestro harpon, *356,62*
Mientras extinguia las fieras *357,49*
El cieruo, del lebrel las fieras presas. *499,75*
Fiereças *1*
Auiendose de veer fiereças tales. *201,14*
Fiereza *3*
(Segun decia el color con su fiereza), *47,7*
Serà contra tu fiereza, *226,33*
donde con mortal fiereza *229,2911*
Fierezas *1*
Mas de fierezas que de cortesia, *263,137*
Fiero *41*
El fiero viento se esfuerça *10,31*
Con el fiero desden de mi señora, *21,4*
Dèl Partho fiero la robusta mano, *25,30*
I tan noble como fiero, *49,4*
Siendo en guerra vn fiero Marte, *61,50*

Es fiero Póèta, *65,229*
Leuanta aquel Leon fiero *72,80*
El fiero mar alterado, *75,21*
Miraba al fiero Aphricano *78,21*
Rendir al fiero animal *78,31*
Estaba el fiero terror *97,19*
Que no ai cosario tan fiero, *106,24*
De vn fiero Marte, o de vn Adonis bello;
    120,33
Vn cerdoso animal fiero, *215,6*
Tras vn jauali fiero, *215,18*
Tras vn jauali fiero, *215,38*
Tras vn jauali fiero, *215,58*
I couarde al fiero soplo *228,203*
mas la que, fiero enemigo, *229,1341*
Al tiempo fiero, como a toro brabo. *229,2221*
I del fiero animal hecha la trompa *230,14*
Del musico Iaian el fiero canto. *261,20*
Este que, de Neptuno hijo fiero, *261,50*
Ceuase, i fiero dexa humedecido *261,173*
Quando, de Amor el fiero jaian ciego, *261,341*
De el fiero mar a la sañuda frente, *261,438*
Viendo el fiero pastor, vozes el tantas, *261,470*
Viendo el fiero jaian con passo mudo *261,481*
En lo que ia de el mar redimiò fiero, *263,47*
Surcò labrador fiero *263,370*
Quantos abre sepulchros el mar fiero *263,445*
No oia al piloto o le responda fiero, *264,174*
No al fiero Tiburon, verdugo horrendo *264,455*
I para el trance mas fiero *269,133*
I Paladíòn tan fiero *269,1582*
Rindiò, al fiero leon, que en escarlata *276,6*
Pisò las calles de Madrid el fiero *293,1*
No solo el fiero Danubio, *322,474*
Súaue iugo, que al Lombardo fiero *337,7*
Al fiero Marte la sangrienta espada *499,8*
Del jauali cerdoso el fiero diente; *499,103*

Fieros *6*
Ni a los fieros jaualies. *48,40*
Que ai vnos fieros leones, *58,29*
Digo fieros, por sus fieros; *58,30*
Digo fieros, por sus fieros; *58,30*
De los Genizaros fieros *63,137*
Menosprecian los fieros jaualies. *175,4*

Fies *3*
Dexa el monte, garzon bello no fies *175,1*
No es bien que les fies la nieue. *269,536*
Ciego le fies el mejor sentido: *368,16*

Fiesta *10*
Mañana, que es fiesta, *5,2*
Lado el dia de la fiesta, *6,113*
En tu solenne fiesta *77,33*
Celebrada pues la fiesta, *228,165*
Graciosissima es la fiesta. *229,3264*
Que a la fiesta nupcial de verde tejo *264,31*
Por fiesta harto solene *269,659*
Que en la fiesta hizieron subsequente *318,495*
Decildes que a tanta fiesta *334,49*
I hazed por parecernos otra fiesta; *470,13*

Fiestas *5*
En fiestas que al poderoso *157,13*
Las fiestas de la Corte, poco menos *203,38*
Réàles fiestas le impidiò al de Humena *254,5*
Las fiestas de Sant Gines, *357,45*
I vnas fiestas que fueron tropelias, *469,6*

Figon *3*
I es el mal, que es vn figon *167,75*
Traer de casa el figon, *229,2834*
Con el figon que tratò, *269,750*

Figones *2*
O a figones se los deue, *167,38*
Que te han echado quatro o seis figones. *449,8*

Figueroa *1*
(Figueroa Magdalena) *490,3*

Figura *10*
Que no fuera figura al sol de cera, *34,12*
Delante de tus ojos, su figura, *34,13*
Sabe alzar figura, *65,225*
I al esposo, en figura casi muerta, *120,40*
No hace mal su figura *229,3266*
Otra figura de el auto *229,3422*
Poca plata es su figura, *257,37*
Inuidia califique mi figura *264,579*
Si le entra cierta figura, *269,2011*
De aquesta figura fue. *321,17*

Figurado *1*
Por el otro figurado: *208,16*

Figurando *1*
Figurando ia granado *93,68*

Figuras *3*
Cuias figuras en torno *59,25*
Narcisos, cuias figuras *98,17*
Figuras espera? Si, *269,2014*

Fijas *1*
De estrellas fijas, de Astros fugitiuos, *263,1082*

Filabre *1*
Lo hermoso del filabre, *63,98*

Filena *1*
La gran magica Filena: *499,351*

Fileno *9*
Si no su amor Fileno, su cuidado: *339,6*
La esperança alimentan de Fileno. *339,16*
Fileno en tanto, no sin armonia, *340,9*
Saliò Fileno: *349,27*
Fileno, que lo narciso *353,5*
"Viua el amor de Fileno, *353,37*
Al Amor de su Fileno, *353,43*
Enamorado Fileno, *354,2*
A los años de Fileno *376,35*

Fili *2*
Ven, Fili, que tardas ia: *328,8*
Diuina FILI, despues *382,2*

Filigrana *1*
Las piezas de filigrana, *49,43*

Filipo *1*
De FILIPO fue el Quarto, del Monarca *421,24*

Filis *2*
Vamos, Filis, al vergel, *328,1*
Al tronco Filis de vn laurel sagrado *366,1*

Filisteos *1*
Verzas gigantes, nabos filisteos, *476,6*

Filo *1*
Media noche era por filo, *322,281*

Filomocosia *1*
Filomocosia, *65,10*

Filos *7*
Que tiene filos de brin, *111,54*
O filos pongan de homicida hierro *264,159*
Los filos con el pico preuenia *264,838*
De los filos desta espada. *269,100*

Beban la sangre los filos; *334,56*
Sus filos atrocidad *376,31*
Que a pesar de sus filos me prometo *396,10*

Fin *129*
Principio al fin, bien al mal. *2,48*
Se muestran, de su tierno fin sentidas, *12,7*
Pone ia fin a su carrera ardiente; *25,39*
Al fin como quien caduca. *26,8*
Sentì su fin; pero mas *27,65*
Haced lo que en su fin hace *27,81*
De fin tan tierno, i su memoria triste, *30,13*
I al fin ambos igualmente aiudados: *40,12*
Ponga pues fin a las querellas que vsa, *41,9*
El loco fin, de cuio vuelo osado *45,3*
I el fin dichoso del camino graue *54,7*
Hija al fin de estas arenas *57,55*
I al fin la maior de quantas *63,233*
Dexè al fin guerras i Flandes *74,93*
El fin de tantas desdichas; *74,106*
Que del fin temblando luce, *75,12*
Io estrellada mi fin tuue. *75,92*
Sino, pues vn fin tuuimos, *75,95*
Obra al fin en todo digna *78,47*
I esto, señor, baste. Al fin, *82,50*
Que tu fin no lamente, *103,10*
Creo tu fin reciente *103,62*
El triste fin de la que perdiò el dia, *104,6*
Temo aquel fin, porque el remedio para, *104,9*
Contra costumbres al fin; *105,8*
Mas al fin en essas cartas *110,29*
Partime al fin, bien que al pie *116,32*
Al fin, de malograda criatura; *119,10*
I al fin en su mesa Eua *122,59*
—No ai barbero viejo al fin *124,33*
Al fin es Dios alado, *129,34*
Que al fin Damas de Palacio *159,19*
Para cuio fin *160,121*
Muere al fin atrauessado, *178,37*
Al fin, Gallegos i montes, *204,9*
Pasto, al fin, oi tuio hecho, *212,15*
Effecto al fin de su fruta, *217,75*
I sea el fin de mi Sonetto este. *222,14*
Lo lindo, al fin, lo luciente, *226,65*
I el veros serà mi fin". *226,104*
Llegò al fin (que no debiera) *228,177*
Presaga al fin del succeso, *228,201*
Descansa publicando al fin sus penas; *229,13*
"fidelium omnium"; al fin *229,184*
i dexamosla al fin de ellos *229,498*
i al fin, en breues razones, *229,593*
nacido en lugar, al fin, *229,688*
Io, al fin, soi page de espada. *229,1210*
Io sin fin doncella soi. *229,1211*
que vn papel letras al fin *229,1657*
en alcance de su fin. *229,2265*
i mis desdichas, *229,2317*
Que, al fin, en qualquier lugar *229,2682*
i Marcelo al fin? Ô Fabio! *229,2869*
A, gallina! En fin, quies ir *229,3348*
que fin le da nuestro Plauto. *229,3425*
El Luco, que con lengua al fin vibrante, *230,3*
La libertad al fin que saltéàda, *230,64*
Sonando al fin vuestro nombre *242,137*
Prission tan cerrada al fin, *243,14*
Partiòse al fin, i tan brindadas antes *254,12*

Pero entendereisle al fin, *257,18*

Mas como al fin se le debe *259,53*

I al cuerno al fin la cythara suceda. *261,16*

Corriente plata al fin sus blancos huesos, *261,501*

Vencida al fin la cumbre *263,52*

Durmiò, i recuerda al fin, quando las aues, *263,176*

Tantas al fin el arroiuelo, i tantas *263,259*

Los Reynos de la Aurora al fin besaste, *263,457*

Vence la noche al fin, i triumpha mudo *263,687*

El numeroso al fin de labradores *263,755*

Prospera al fin, mas no espumosa tanto *263,926*

Fin mudo al baile, al tiempo que seguida *263,945*

Mañosos, al fin hijos de la tierra, *263,973*

I su fin, crystalina mariposa, *264,6*

Fin duro a mi destierro; *264,160*

La vista de las choças fin del canto. *264,189*

I honestamente al fin correspondido *264,242*

El mas timido al fin, mas ignorante *264,281*

Ella pues sierpe, i sierpe al fin pisada, *264,320*

Torpe, mas toro al fin, que el mar violado *264,428*

Rindiose al fin la bestia, i las almenas *264,441*

Crystal, agua al fin dulcemente dura, *264,578*

Marmol al fin tan por lo Pario puro, *264,698*

Ocioso pues, o de su fin pressago, *264,837*

Griego al fin. Vna en tanto, que de arriba *264,915*

Que el estoque al fin se queda, *269,79*

Que respondiò al fin Leonora? *269,296*

Offrenda al fin de tu zelo. *269,322*

El fin ia desa derrota *269,361*

Que determinas al fin? *269,737*

Vn poco al fin de la vncion *269,1630*

Biscocho labra. Al fin en esta guerra *278,12*

A los pies llega al fin del Quinto Carlo, *279,37*

Tu fin sintiò doliente. *280,13*

Que con fin particular *288,34*

Critica turba al fin, si no Pigmea, *293,6*

I tan otro al fin, que haze *307,3*

I tan otro al fin, que haze *307,16*

I tan otro al fin, que haze *307,29*

Humo al fin el humo ha dado. *309,27*

Sà de Dios al fin presente. *309,28*

Saliò al fin, i hurtando con verguença *318,85*

Sale al fin, i del Turia la ribera *318,177*

Con pompa receuida al fin gloriosa, *318,313*

Mas republica al fin prudente, sabes *318,562*

El de sierpes al fin leño impedido, *318,605*

Al fin en Pyramo quiso *322,121*

Otorgò al fin el infausto *322,221*

Espirò al fin en sus labios; *322,457*

Tanto dissimulado al fin turbante *323,7*

Despreciando al fin la cumbre, *333,13*

Que, al fin, para embrauecerse, *334,89*

A silencio al fin no mudo *357,27*

Buscandola en vano al fin, *357,101*

Su fin, ia que no acerbo, no maduro, *368,25*

Glorioso hizo tu fin, *369,2*

En numero al fin segundo, *373,17*

A ninguna al fin maiores *375,45*

La inconstancia al fin da plumas *378,33*

A su fin nuestra edad. A quien lo duda, *394,6*

Del maior Rei, Monarcha al fin de quanto *398,10*

Gouierno al fin de tanta monarchia, *421,57*

Sois Frexno al fin, cuia admirable sombra *424,9*

Leño al fin con lisonjas desmentido. *426,14*

Que escuchan su canoro fin los rios; *431,10*

I ganadas al fin con las aiudas *449,7*

Miròla, en fin, ardiente basilisco, *467,12*

I al fin dar a entender que soi Cupido, *499,58*

Fina *11*

Que a la esmeralda fina el verde puro *13,7*

Qual fina plata o qual cristal tan claro, *34,4*

Plata fina sus vmbrales; *63,88*

Sus labios la grana fina, *148,21*

De nuestra perla fina, *156,15*

Vna Toledana fina *167,61*

Platos le offrece de esmeralda fina. *203,114*

Purpureos hilos es de grana fina. *263,162*

Sobre la grana que se viste fina, *263,353*

Porque era de seda fina; *265,7*

I tinta fina su espuma, *269,763*

Final *6*

que serà el dia final *229,187*

En poluo ia el clarin final espera: *245,12*

Cisne gentil, cuio final accento *280,3*

Escucha el final accento *310,27*

Trompa final compulsarà del suelo, *318,411*

Que a trompa final suena, solicìta *404,18*

Finalmente *1*

Finalmente, el es, *65,249*

Finas *2*

Ia quebrando en aquellas perlas finas *20,5*

Que no ai turquesas tan finas *61,33*

Fincarà *1*

Donde fincarà, no obstante, *288,33*

Fineças *2*

que lambicando fineças *229,804*

I aun don Christalían mintiò fineças. *254,11*

Fines *3*

Ambos a dos nuestros fines: *48,62*

los fines de este mysterio. *229,3121*

Cresced a fines tan esclarecidos, *335,9*

Finezas *1*

i finezas tu regalo. *229,77*

Finge *1*

Ni aun con el que finge ser *229,3086*

Fingen *1*

Que fingen sus dos alas, hurtò el viento; *264,184*

Fingì *2*

Fingì tu villete luego *269,271*

Veàmos. Io me fingì *269,1446*

Fingida *1*

De jardin culto assi en fingida gruta *264,222*

Fingidas *2*

Donde tan bien las fingidas *63,41*

Vn valdres basta, dos plumas fingidas. *436,4*

Fingido *3*

Llegue acà el Lelio fingido, *229,2424*

Io traigo vn Lelio fingido, *229,2515*

Los arboles que el bosque auian fingido, *263,958*

Fingiendo *2*

Fingiendo offender su rostro, *107,71*

Fingiendo sueña al cauto garzon halla. *261,256*

Fingieron *1*

Fingieron dia en la tiniebla obscura), *263,683*

Fingiò *1*

Fingiò ser cisne ia, mintiò ser toro: *269,1251*

Fingis *1*

Digo que fingis tan bien, *229,3336*

Finiquito *1*

Dexemos el finiquito, *269,991*

Finissimo *1*

Vn finissimo rubi, *141,14*

Finja *1*

finja ser Lelio esta noche, *229,2408*

Fino *12*

El oro fino con error galano, *15,6*

Al fino oro que perfila *63,71*

Que el oro fino Hespañol *161,30*

No ia el de la mançana de oro fino, *162,7*

corona de vn rubi fino. *229,1623*

con este diamante fino, *229,1762*

No de fino diamante, o rubi ardiente, *246,1*

Mas, qual diente mortal, qual metal fino *261,133*

Ni a la pluuia luciente de oro fino, *263,842*

Cien escudos de oro fino *269,196*

Precioso engaste de vn guijarro fino: *269,394*

Que me irè antes. Ia me fino. *269,774*

Finos *4*

Hecho de finos diamantes, *61,38*

I esos dos claueles finos, *226,79*

No ya el Flamenco los tapices finos, *229,52*

De los granates mas finos *229,504*

Fio *9*

Que del no fio si sus fluxos gruessos *54,12*

Tantas al Betis lagrimas le fio, *109,2*

Vn plomo fio graue a vn corcho leue, *264,467*

Curso del llanto metrico te fio, *264,554*

I si las buscais, io fio *269,68*

Mil te darà, io lo fio. *269,378*

Io fio que ella os lo diga, *282,23*

De acemilas de haia no me fio, *379,3*

Aunque no està (io lo fio) *483,19*

Fiò *4*

pues me fiò aier su hermana, *229,1426*

que las fiò de vn poltron *229,1541*

Vida le fiò muda esplendor leue. *343,8*

Al aire se los fiò. *377,4*

Fìò *1*

Fìò, i su vida a vn leño. *263,21*

Fiòselas *1*

Fiòselas el Aurora, *161,13*

Firma *5*

Le huuiera hecho otra firma, *74,42*

vna firma de su nombre. *229,599*

la firma que ahora enseña *229,1580*

que tu firma dexe a Libia, *229,1587*

mi firma en ellos, i en mi *229,1597*

Firmamento *6*

I en el Firmamento estrellas; *121,14*

Dio de su luminoso firmamento *164,6*

i aun en todo el firmamento. *229,3201*

Que a las estrellas oi del firmamento *264,899*

El Rei Padre, luz nueua al firmamento *318,230*

Emulo su esplendor de el firmamento, *318,461*

Firman *1*

Que con el pie firman; *65,44*

Firmarè *2*

que firmarè, en dulce estilo, *229,2694*

i lo firmarè en papel. *229,3293*

Firmas *1*

no solo effecto las firmas, *229,748*

Firme *11*

Tu en ser dura, yo en ser firme. *48,32*

Firme en la silla, attento en la carrera, *113,13*

Por lo necio i por lo firme, *168,32*

Tened firme. Io me alegro. *229,2933*

Mas firme Apolo, mas estrechamente, *263,1057*

I de la firme tierra el heno blando *264,689*

Firme a las ondas, sordo a su armonia, *317,10*

Bien nacido esplendor, firme coluna, *318,90*

Dexa a las piedras lo firme, *378,9*

Inmensidades de firme *384,39*

De firme cuento i de cuchilla fiera, *499,97*

Firmè *1*

Todo lo firmè despues *229,854*

Firmeça *7*

De vn paxaro, que firmeça? *2,25*

De firmeça, i de desgracia. *148,4*

que de firmeça tambien *229,1763*

Con mi firmeça oi, que determina *229,2144*

a mi firmeça me obligo, *229,2691*

Quando tu firmeça sea *229,2707*

Gran firmeça es esta. Mira *229,2918*

Firmes *5*

Que los firmes troncos mueuen *131,51*

firmes esperan las rocas, *229,2676*

a las firmes rocas oi *229,2897*

De firmes islas no la immobil flota *263,481*

Si firmes no por tremulos reparos. *264,868*

Firmeza *13*

I mi firmeza publiques *48,74*

Para tu firmeza appello". *49,96*

Exemplo de firmeza, *125,2*

Vnos bienes sin firmeza *133,3*

(Mirad que firmeza) *160,64*

"Si tu firmeza es verdad, *229,1991*

en su firmeza, i su casa, *229,2280*

En piedras si firmeza, honre Hymeneo, *264,599*

Con firmeza? De diamante. *269,916*

Ser de roca su firmeza *275,60*

De mi firmeza vn emulo luciente, *341,2*

Como en firmeza lo he sido, *348,2*

A pesar de su firmeza, *378,11*

Firmezas *2*

En amores i firmezas *75,87*

las Firmezas de Isabela. *229,3553*

Firmò *1*

lo que la mano firmò. *229,1613*

Fiscal *4*

Fiscal tan insolente, *103,58*

Sea fiscal la virtud *158,17*

El deforme fiscal de Proserpina, *264,892*

La oracion otra, siempre fiscal recto *404,30*

Fisonòma *1*

Le venga a mi fisonòma, *411,42*

Fixa *1*

Fixa los ojos en las blancas Lunas, *72,69*

Fixo *2*

Fixo, a despecho de la niebla fria, *263,81*

Cruza el Trion mas fixo el Emispherio, *263,671*

Flaca *5*

I en lo demas flaca mimbre, *48,34*

Qual flaca i descolorida, *102,37*

Vencido en flaca edad con pecho fuerte, *117,11*

con la soga, que no es flaca, *229,2572*

Corbo azero su pie, flaca pihuela *264,756*

Flacamente *1*

Tal, que las flacamente poderosas *72,7*

Flacas *5*

Guardando vnas flacas ieguas *28,5*

Pescadora la industria, flacas redes, *230,61*

Bucolicos aluergues, si no flacas *264,948*

A cuias armas no flacas, *269,9*

Flacas redes seguro humilde pino *276,11*

Flacco *2*

Dexa las Damas, cuio flacco ierro *435,1*

Sin dexar flacco el bolsico: *493,41*

Flaco *15*

Como estaba flaco, *50,77*

Tan flaco en la carne el, *96,23*

Como yo en los huessos flaco. *96,24*

Llegò en vn rocin mui flaco *228,72*

Vencella farol tan flaco. *228,200*

Muy flaco, Marcelo, os siento *229,106*

donde es flaco vn vergantin. *229,2461*

Al bordon flaco, a la capilla vieja, *231,3*

Ephire, en cuia mano al flaco remo *264,480*

Al flaco da, que me construien muro, *264,589*

Al flaco pie del suegro desseado. *264,651*

Al mas flaco de memoria *269,703*

Que està mui flaco el sugeto. *269,1896*

Tan flaco el subjecto, que *269,1918*

Sino de vn niño en lo flaco, *322,195*

Flacos *3*

Que mis flacos miembros rige. *48,60*

fueran flacos para vn monte. *229,463*

De flacos remedios vsa; *414,9*

Flaire *2*

I vn graue potente flaire; *98,66*

Por lo que tiene de flaire. *223,10*

Flamante *2*

Aun la que arrastra purpura flamante. *315,76*

Oro no raiò asi flamante grana *395,1*

Flamenca *1*

O Flamenca o Ginoues, *123,4*

Flamenco *4*

Vistiò Flamenco tapiz, *82,70*

No tanto porque el Flamenco *88,23*

No ya el Flamenco los tapices finos, *229,52*

donde el Flamenco a su Gante, *229,490*

Flamencos *1*

No estofa humilde de Flamencos paños, *21,6*

Flammante *2*

Flammante el Castro en purpura romana; *318,318*

Flammante en zelo el mas antiguo manto; *421,20*

Flammantes *1*

Qual nueua Phenix en flammantes plumas, *263,948*

Flamulas *1*

Imiten nuestras flamulas tus olas, *318,381*

Flandes *8*

Daba luego vuelta a Flandes, *26,41*

Formando vn lienço de Flandes, *63,168*

Dexè mi tierra por Flandes, *74,67*

Dexè al fin guerras i Flandes *74,93*

que aun en los lienços de Flandes *229,2852*

En los que damascò manteles Flandes, *263,860*

Que passò a Flandes despues, *269,353*

Que de la guerra Flandes raio ardiente. *337,4*

Flaqueça *1*

Con flaqueça estraña *56,70*

Flaqueças *1*

mis flaqueças, que io digo *229,3454*

Flaqueza *4*

mas si con flaqueza, Fabio *229,2526*

Su flaqueza no resiste. *269,692*

Mui grande flaqueza sientes *269,839*

No perdone tu flaqueza, *269,1107*

Flauta *1*

I flauta despues; *56,72*

Flautas *8*

Quando pitos flautas, *8,3*

Quando flautas pitos. *8,4*

Quando pitos flautas, *8,11*

Quando flautas pitos. *8,12*

Quando pitos flautas, *8,19*

Quando flautas pitos. *8,20*

Quando pitos flautas, *8,27*

Quando flautas pitos. *8,28*

Flecha *15*

De aguda flecha) con humildes plantas *52,6*

Contra vna flecha crúel, *78,12*

De tu aguda flecha, *79,110*

La mas volante flecha; *127,27*

Que sin clauarle Amor flecha, *131,11*

Gasten vna flecha o dos *168,35*

En el hierro de su flecha *177,9*

Segunda flecha dispara, *226,89*

El can sobra, siguiendole la flecha, *264,498*

A vuestra flecha dorada; *370,7*

Cuia dorada flecha i llama ardiente *499,5*

La dulze flecha del harpon dorado, *499,27*

Quedese el arco, quedese la flecha, *499,49*

Mucho la flecha bolò. *499,163*

El la flecha despidiò, *499,188*

Flechada *1*

Ha sido, Amor, flechada *345,23*

Flechado *2*

Baste lo flechado, Amor, *90,3*

Que de bien flechado buela, *115,16*

Flechador *1*

No es ciego, aunque es flechador, *178,5*

Flechados *1*

De Caribes flechados, sus banderas *263,421*

Flechando *3*

Flechando vna dorada media luna, *128,6*

Flechando vi con rigor *177,1*

Flechando luego en zefiros de España *318,511*

Flechar *2*

Por flechar amores nueuos, *269,590*

El arco quise flechar *499,185*

Flecharle *1*

Por flecharle mas el pecho, *215,54*

Flechas *28*

Antes que las flechas tuias *26,74*

I flechas de Amor las cejas. *62,44*

Flechas amorosas *80,33*

Pues a ti te faltan flechas *90,29*
No las llamo flechas ia. *95,12*
Flechas de oro luciente. *103,8*
Las que en la muerte son flechas. *115,18*
Que, de agudas flechas graue, *121,47*
Las puntas de tus flechas?". *125,44*
Que las flechas le dan alas; *133,24*
Al que con las flechas ella: *178,24*
Flechas dèl amor Gallego! *204,34*
Sus flechas abreuia todas *217,31*
Que halla flechas en aquellos *226,72*
Que halla flechas en aquellos *226,81*
Que las flechas venîâles *227,27*
que su guadaña i sus flechas, *229,1097*
Las ondas el Amor, sus flechas remos, *264,528*
De quantas os clauò flechas el ciego *292,5*
Que raios i flechas pierde *333,70*
Donde cient flechas cosen vn venado? *336,11*
Amor, que indignas sus flechas *353,13*
Soles con flechas de luz, *357,7*
Si las flechas no le ha roto *357,98*
I a las flechas de la Nimpha, *358,23*
Viste sus flechas tambien. *378,36*
O prestar flechas a vn Dios. *390,12*
Son flechas de "el que a nadie no perdona".
    445,8

Fleche *1*
Cient vezes le fleche al dia, *177,19*

Flechen *1*
Flechen mosquetas, nieuen azahares; *263,797*

Flechero *2*
Flechero Parahuai, que de veneno *280,11*
El siempre Araxes flechero, *322,475*

Flechò *1*
Le flechò de la aljaua de vn talego. *181,12*

Flemas *1*
I cortauanse las flemas *73,62*

Flerida *1*
Borde saliendo Flerida de flores; *17,10*

Flexúòsas *1*
De flexúòsas mimbres garbin pardo *264,265*

Flojas *1*
Los arcos, las cuerdas flojas, *499,315*

Flor *39*
La flor de la marauilla *29,17*
Qual entre flor i flor sierpe escondida. *42,8*
Qual entre flor i flor sierpe escondida. *42,8*
Tu llano i sierra, ô patria, ô flor de España!
    51,14
I a la flor que riega *56,64*
Aquella flor de virtudes, *75,78*
Campo de erudicion, flor de alabanças, *77,14*
Tan dulce olorosa flor, *85,4*
O tengais el boço en flor, *107,11*
El bien es aquella flor *133,15*
Ceñi de vn DVQUE excelso, aunque flor bella,
    136,3
No a blanca o purpurea flor *142,23*
Trascienda, no siendo flor. *161,56*
I cada flor me cuesta vna herida. *184,12*
Su flor es pompa de la Primauera, *203,64*
Que vna aueja le lleua la flor *226,111*
Que vna aueja le lleua la flor *226,121*
ni en arbol que tenga flor. *229,1083*
A la flor de tu nombre parecida; *229,1453*

Ai vna flor, que con el Alba nace, *229,1530*
i siempre es hermosa flor, *229,1680*
no solo no toca a flor, *229,2055*
Tratar quiso como a flor *243,19*
De vna blanca flor de lis. *243,28*
No ai flor de abeja segura; *257,36*
Breue flor, ierua humilde i tierra poca, *261,350*
En telas hecho antes que en flor el lino?
    263,373
Aueja, aun negligente, flor marchita. *264,604*
De el cielo flor, estrella de Medina. *318,112*
Pisando vna i otra flor, *331,48*
Flor es el jazmin, si bella, *375,25*
La flor que el retiene en si. *375,30*
Mas dias vee que otra flor, *375,37*
Iaze aqui Flor, vn perrillo *386,1*
Que la aia de perro en flor. *386,10*
Para tanta flor: *389,55*
Quando no su margen flor". *390,48*
Como conozco su Flor), *410,4*
Con que nos days en flor fructo maduro, *425,3*

Flora *6*
Suelta las riendas a Fauonio i Flora, *17,5*
Cuio suelo viste Flora *63,189*
Si eres el galan de Flora, *97,30*
Dèste edificio, a Flora dedicado. *134,8*
Templo de Pales, alqueria de Flora! *263,96*
Al Fauonio en el talamo de Flora, *318,422*

Flordelis *3*
Hallaràs a Flordelis *73,117*
Tan fuertes, que Flordelis *167,32*
quiero ser de Flordelis *229,2471*

Florece *1*
Si el ambar florece, es ella *375,29*

Floreciente *5*
Los nouios saca: Èl, de años floreciente,
    263,757
I de caudal mas floreciente que ellos; *263,758*
I al verde, jouen, floreciente llano *263,824*
Por vuestra edad floreciente, *269,1139*
Plantada ia floreciente, *275,83*

Florencia *1*
Doce sermones estampò Florencia, *452,1*

Florentin *2*
me dixera vn Florentin, *229,2271*
Freno fue duro al florentin Fernando; *318,348*

Flores *123*
Ella de flores la rosada frente, *14,3*
De flores despojando el verde llano, *15,2*
Con ser de flores, la otra ser de estrellas, *15,13*
Borde saliendo Flerida de flores; *17,10*
Porque de caducas flores *29,9*
Diòle vnas flores la Dama, *49,29*
Que para el flores fueron, *49,30*
Dexamos, io de sangre, tu de flores. *52,14*
Vn jardin de flores, *65,97*
Buela el campo, las flores solicita, *77,13*
Veen pompa, visten oro, pisan flores. *77,34*
Que no se duerma entre flores, *87,81*
Que diò flores a Violante *88,47*
Que he pisado entre sus flores *95,31*
Que la muerte entre flores *103,3*
I quatro flores de lis; *111,16*
Porque su sombra es flores, *114,11*
Haze con las flores paz. *116,8*

Flores i luzes diuinas, *121,12*
Ia que en sus flores la anida *121,37*
Que esperan entre las flores *121,127*
Las flores cuente a Maio, *129,26*
Tanta sangre paga en flores. *131,20*
Cuebas, troncos, aues, flores, *131,132*
De raios mas que flores frente digna. *136,4*
Qual de flores impedido, *144,21*
Ierba i flores a porfia *149,81*
Vertiendo nubes de flores, *149,97*
Vn encañado de diuersas flores, *155,2*
Mi fee suspiros, i mis manos flores. *169,14*
Flores a vuestro estilo darà el monte, *172,12*
Guarnecelos de flores, forastero. *173,14*
Que estrellas pisa ahora en vez de flores.
    175,11
Las seluas diuersas flores. *179,40*
Que piden, con ser flores, *184,5*
Seruir io en flores, pagar tu en panales. *184,18*
No va de flores desnudo, *190,5*
I assi, es bien entre con flores. *190,10*
Las flores del Romero, *193,1*
Oi son flores azules, *193,3*
Oi son flores azules, *193,17*
Oi son flores azules, *193,31*
Aqui la Primauera ofrece flores *194,9*
Si tanto puede el pie, que ostenta flores, *198,11*
Que entre pampanos son lo que entre flores.
    203,12
Los que cantan entre las flores, *214,2*
Los que cantan entre las flores, *214,15*
Los que cantan entre las flores, *214,28*
Flores le valiò la fuga *215,41*
Flores, hijas de la Aurora, *217,3*
Como a Reina de las flores, *217,9*
Que el Cupido de las flores *217,29*
Las primicias de las flores, *217,67*
Las flores a las personas *217,93*
Flores que illustra otra mejor Aurora, *221,13*
Flores al aspid breue *229,100*
cuio pie da al campo flores, *229,513*
Coronados de flores, *229,1060*
ni en arbol que flores tenga. *229,1087*
Que el prado por Abril de flores lleno:
    229,1487
no gastes el tiempo en flores *229,1693*
Oliendo le dexò a flores, *240,19*
Si mosquetes flores son. *240,20*
A enxaular flores conuida *243,65*
Darà flores i vos gloriosamente *250,6*
El, pues, de Rojas flores coronado, *252,9*
Como bellas al mundo por ser flores, *252,11*
Efimeras de flores *256,11*
Las flores trasladando de su boca *256,45*
tantas flores pisò como el espumas. *261,128*
Flores su bozo es, cuias colores, *261,279*
Como duerme la luz, niegan las flores. *261,280*
Corchos me guardan, mas que aueja flores
    261,395
Lamiendo flores i argentando arenas, *261,502*
Si Aurora no con raios, Sol con flores. *263,250*
Al tiempo que, de flores impedido *263,284*
El que menos peinar puede las flores *263,301*
A libar flores i a chupar crystales, *263,325*
Al fresco, a la armonia i a las flores, *263,595*

Ella, la misma pompa de las flores, *263,759*
El bello, flores de su Primauera, *263,771*
Salieron retoçando a pisar flores; *264,280*
Flores su cuerno es, raios su pelo. *264,307*
Las flores, que de vn parto diò lasciuo *264,324*
El nacar a las flores fia torcido, *264,882*
Pascer las que troncò flores, *268,63*
Hablo a Blancaflor en Flores, *269,481*
Si Flores da el par de guantes *269,485*
Daràn numero a las flores *269,1144*
Que son miel, i no dexan de ser flores; *269,1244*
Flores ciñe, i perlas llueue *269,1779*
Con flores vio i con centellas *275,22*
Quando de flores ia el vulto se viste, *280,37*
Se escondia ia en las flores *285,47*
No entre las flores, no, señor don Diego, *292,1*
Tres de las flores ia breues estrellas, *297,2*
A las flores que da el prado. *301,5*
Flores os siruiò la nieue, *304,10*
A quien del Tajo deuen oi las flores *312,17*
De flores ia súaue, ahora cera, *318,242*
Arbitro de tantas flores, *322,57*
Narciso, no el de las flores *322,105*
Esta de flores, quando no diuina, *324,1*
De quien son vaso i son flores *328,6*
El llanto en perlas coronò las flores, *339,10*
La aueja en las flores; *349,11*
Pues mientras miras sus flores, *351,19*
De Abril guarda flores el. *353,12*
Si os regulais con las flores *355,69*
Flores las auejas mas *358,34*
Aprended, flores, en mi *375,1*
Aprended, flores, en mi *375,11*
Aprended, flores, en mi *375,21*
Aprended, flores, en mi *375,31*
Aprended, flores, en mi *375,41*
Mathusalem de las flores; *375,48*
Aprended, flores, en mi *375,51*
Flores que dio Portugal, *376,9*
Respondiendo en varias flores, *389,23*
El Hybierno las flores, victoriosa, *456,6*
Criado entre las flores de la Vega *458,2*
Sol de las flores allà que le incita. *467,11*
Jardin de olorosas flores *498,27*
Floresciente *2*
En edad floresciente; *103,2*
Al sotillo floresciente *351,17*
Florescientes *1*
En sus primeros años florescientes *279,11*
Floresta *7*
Que en Floresta no està impresso, *6,71*
Quien dà a la calle i quita a la floresta. *77,31*
Quantos engendra toros la floresta *250,13*
Altera otra, bailando, la floresta. *263,258*
De errantes lilios vnas, la floresta *263,835*
El cielo, fulminando la floresta. *263,938*
Por ser culta floresta, *264,694*
Florestas *1*
Mentir florestas i emular vîales, *263,702*
Florete *1*
I torciendo el de florete, *88,94*
Floriân *1*
I en adobo vn Floriân, *410,7*
Floricio *1*

Con Floricio. Haz que quiera, *499,261*
Florida *16*
Sacro pastor de pueblos, que en florida *180,1*
De la florida falda *184,1*
Era de el año la estacion florida *263,1*
De juuentud florida. *263,290*
La sombra viò florida *263,628*
A la verde florida palizada, *263,947*
Florida ambrosia al viento diò ginete; *264,728*
Es su edad florida i cana. *269,1813*
Siempre bella, florida siempre, el mundo *318,423*
De su vid florida entonces *322,303*
No sè qual menos florida; *330,4*
Florida en años, en beldad florida, *338,7*
Florida en años, en beldad florida, *338,7*
Quedò qual antes florida; *374,18*
Seguro pisa la florida alfombra, *424,12*
Florida mariposa, a dos Imperios *456,9*
Floridas *1*
Por las floridas señas que dà el prado. *52,8*
Florido *7*
Sobre el florido ribete *88,2*
A vn verde arraihan florido *149,91*
El verde i florido margen; *216,28*
Que sobre el margen, para vos florido, *231,12*
En el campo florido, *256,40*
Florido en años, en prudencia cano, *317,1*
Que jardin pisais florido, *411,10*
Floridos *3*
Floridos los versos son *229,1446*
esos floridos fauores? *229,1692*
Con sus floridos margenes partia *339,5*
Florin *1*
Que ni es quarto ni florin, *82,14*
Floriscio *3*
Floriscio, no sepas mas *499,266*
Floriscio, grande es tu fe; *499,274*
Floriscio, dexate desso, *499,288*
Flota *4*
No inuiò flota el Peru *229,2978*
De firmes islas no la immobil flota *263,481*
Candil, farol de la estampada flota *432,13*
I sin venille la flota *496,4*
Flotas *2*
De nuestros mares, de las flotas nuestras. *230,51*
En sus flotas el Peru. *269,1936*
Floxa *2*
Vete como te vas; no dexes floxa *16,9*
Para seda floxa, *56,24*
Floxos *1*
Porque a luz saque ciertos versos floxos, *427,13*
Flux *1*
I a los ricos les doi flux. *269,496*
Fluxo *2*
Sin veer fluxo de mi vientre, *27,67*
Si crúèl, vn largo fluxo *322,466*
Fluxos *1*
Que del no fio si sus fluxos gruessos *54,12*
Fogosa *1*
La fogosa nariz, en vn sonoro *264,730*
Fogoso *2*
Al fogoso cauallo Valençuela *280,38*

En su sangre su espiritu fogoso: *391,6*
Fogosos *1*
De los fogosos hijos fue del viento, *318,226*
Fojas *2*
A tantas fojas se halla *37,6*
Requiriendo a fojas ciento *288,39*
Folfòn *1*
El primer dia folfòn i pela, *326,12*
Follado *1*
De vn follado incorregible, *288,19*
Follador *2*
Fuelle i follador; *56,76*
sino el follador, i el viento. *229,1435*
Follages *1*
Sus molduras i follages, *63,72*
Fomenta *3*
Rinden las bacas i fomenta el robre. *261,200*
Del esplendor que contra si fomenta, *324,10*
Dò el Amor fomenta el fuego *356,17*
Fomentan *1*
No lo fomentan plumas de tu vuelo". *340,14*
Fomentando *2*
Està fomentando en ella, *226,99*
Fomentando este horror vn desengaño, *404,17*
Fomentar *1*
Que es fomentar su tardança *354,29*
Fomente *1*
Fomente con eficacia *269,1662*
Fomentò *1*
Alentò pia, fomentò súaue; *318,596*
Fondo *4*
Al fondo el cuerpo, al agua los turbantes. *72,85*
El fondo es bien dexar mas escondido, *166,28*
Su fondo i sus grados quento. *269,1857*
Fondo en inuidiosa. *422,4*
Fontanero *1*
O a la que torciò llaue el fontanero, *264,225*
Foragido *2*
Foragido Capitan. *2,14*
Que vn Catalan foragido; *105,103*
Forastera *1*
Passean la forastera, *167,72*
Forastero *15*
Forastero bien venido, *95,13*
De qualquiera forastero, *105,50*
El Troiano forastero. *167,60*
Guarnecelos de flores, forastero. *173,14*
Que hospedò al forastero *263,139*
I leuantando al forastero, dixo: *263,515*
Su forastero; luego al venerable *263,723*
Con nuestro forastero, que la popa *264,59*
Canoro labrador, el forastero *264,177*
Impidiendole el dia al forastero, *264,248*
Del forastero agradecidamente, *264,646*
Llegò aier vn forastero *269,785*
Soga de gozques contra forastero, *293,4*
Las venera, i prosigue, ô forastero, *368,46*
Forastero, a quien conduce *376,33*
Forçada *2*
Pidenme que cante, canto forçada: *345,11*
No llames castidad la que forçada *460,9*
Forçado *4*
Vn forçado de Dragut *38,5*
La desgracia dèl forçado, *39,1*
De su voluntad forçado, *93,47*

Ella el forçado i su guadaña el remo. *264,129*
Forçados *1*
Forçados i marineros. *106,34*
Forçarle *1*
mas que forçarle a ser moro. *229,257*
Forçaron *1*
Lebreles le forçaron *127,36*
Forçoso *2*
Me fue forçoso partir *82,86*
Era forçoso el pagallo. *269,1433*
Forjadas *1*
Forjadas, no ia donde *230,42*
Forjando *1*
Forjando las que vn muro i otro muro *230,49*
Forjare *1*
Quantos forjare mas hierros el hado *400,1*
Forjò *1*
Que en Liparis Steropes forjò, *327,10*
Forma *17*
En la materia i la forma, *96,123*
Sobre las aguas vi, sin forma i vidas, *108,13*
Forma el page puntos, *160,55*
Forma elegante dio sin culto adorno, *263,146*
Cuia forma tortuga es perezosa. *264,192*
Hizo a mi forma, ô dulce mi enemiga, *264,571*
Esta en forma elegante, ô peregrino, *274,1*
Que en el crystal de su forma *275,55*
El mismo viento en forma de Venado. *280,45*
En forma, no de nariz, *322,59*
Desuanece, i en su forma, *355,95*
Vn corço expondrà en la forma, *358,31*
Su forma de la mas sublime llama *368,5*
Piel este dia, forma no alterada. *391,4*
Forma sacando tan nueba *412,50*
Cierto Poeta, en forma peregrina *428,1*
Que vn cadahalso forma leuantado, *442,2*
Formado *2*
Cuio cuerpo aun no formado *63,77*
La deuocion al no formado vulto *318,46*
Formados *2*
Los mal formados rasguños *322,42*
Pitones son apenas mal formados; *437,2*
Formando *3*
Formando vn lienço de Flandes, *63,168*
Caracteres tal vez formando alados *263,609*
Vmbroso Coliseo ia formando, *263,959*
Formàra *1*
Vulto de ellos formàra, aunque hiciera *34,9*
Formas *3*
Las formas perfilan de oro, *143,9*
Mienta pues agenas formas, *259,16*
De las inciertas formas de la Luna. *264,408*
Formidable *2*
De este pues formidable de la tierra *261,41*
Ia al formidable salto, ia a la ardiente *263,564*
Formidables *1*
Las formidables señas *262,19*
Forrada *1*
Esta baieta forrada *237,1*
Forraste *1*
Delanteras forraste con cuidado *449,9*
Fortaleça *3*
Si no tienes fortaleça, *87,31*
Fortaleça imperíòsa, *132,53*
En vna fortaleça presso queda *440,1*

Fortaleza *4*
Ricos de fortaleza, i de fee ricos; *72,43*
Bellisima es aquella fortaleza *99,3*
su fortaleza. Ha de ser *229,935*
De Cambrai su fortaleza, *418,53*
Fortuna *28*
Da bienes Fortuna *8,1*
I el fauor de la Fortuna, *39,4*
Fortuna me ha descubierto *39,28*
De la fortuna i dèl tiempo; *49,12*
Bien le debo a la fortuna *74,105*
Con que veo a la Fortuna *83,89*
O ia para experiencia de fortuna, *119,3*
Cuide Réàl Fortuna *156,23*
Les mostrò Fortuna *160,7*
De la beldad, theatro de Fortuna. *219,11*
Vuestra, ô PHILIPPO, es la fortuna, i vuestra *230,69*
A vuestros pies rindiò, a vuestra fortuna; *230,77*
Serenan la Fortuna, de su rueda *247,7*
Libertad de Fortuna perseguida; *262,34*
Tremulos hijos, sed de mi fortuna *263,63*
Sean de la fortuna *263,901*
Vuestra fortuna sea, *263,927*
De tu fortuna aun mas que de su hado. *264,122*
De el breue islote occupa su fortuna, *264,206*
De donde ese theatro de Fortuna *264,401*
I los de mi Fortuna *264,574*
Buele mi fortuna, buele. *269,1859*
Si la que el oro ia de tu fortuna *280,20*
El oraculo ia de tu fortuna; *318,92*
En el maior de su fortuna alago, *318,393*
Su fortuna, contra quien *322,403*
Lo que la fortuna es, *353,54*
Tu a la Fortuna amiga *421,70*
Fortunados *1*
Arbol de cuios ramos fortunados *92,1*
Forzado *3*
Al forzado de su fuerza. *38,40*
Dèl forzado a un tiempo huian *39,10*
tan forzado galéòte, *229,595*
Fosso *1*
El duro son, vencido el fosso breue, *264,714*
Fracasso *3*
Temer rúìna o recelar fracasso, *263,553*
Escuche la vitoria io, o el fracasso *277,13*
De vuestro fracasso, pues *330,6*
Frades *1*
Que tein os Frades Geromos *303,23*
Fragantes *1*
Sacros troncos sudar fragantes gomas, *263,923*
Fragil *6*
Con leño fragil solicita el puerto. *229,12*
Leño fragil de oi mas al mas sereno, *230,55*
lunco fragil, carrizo mal seguro. *264,590*
Fragil desmintiò el crystal *275,59*
Fragil choça, albergue ciego, *352,14*
Que en vn crystal guardais fragil *355,67*
Fragiles *2*
Que de carriços fragiles texido, *264,109*
De las retamas fragiles de vn techo, *281,4*
Fragosa *3*
Dèsta fragosa sierra, *127,4*
La fragosa montaña facil llano, *263,69*

Por la fragosa cuerda del atajo *263,337*
Fragoso *9*
Fragoso monte, en cuio basto seno *30,1*
Dèl fragoso monte *79,67*
De su alqueria, i al fragoso cerro *165,6*
Al fragoso, verde suelo, *215,42*
No el aue Reina assi el fragoso nido *261,261*
De aquel fragoso monte, *263,277*
No el sitio, no, fragoso, *263,303*
Siempre fragoso conuocò la trompa *318,471*
Por el fragoso arcabuco, *322,406*
Fragrancia *4*
Sus hojas si, no su fragrancia, llora *221,9*
Bien que muda, su fragrancia *243,9*
La fragrancia salir, entrar la aueja. *281,30*
En fragrancia i en color, *375,36*
Fragrante *8*
Lo fragrante, entre vna i otra estrella *136,7*
Fragrante, si, mas grossera, *211,23*
Fragrante productor de aquel aroma *263,492*
Fragrante marmol, sellas, *297,3*
Que fragrante del ayre luto era, *318,244*
Fragrante perla cada breue gota, *325,6*
Fragrante luto hazer la nuue densa *362,3*
Fragrante ostentacion haga la rosa: *456,2*
Fragrantes *5*
Suelo de lilios, que en fragrantes copos *264,335*
Estrellas fragrantes, mas *355,31*
Aplausos hiço fragrantes. *389,24*
Que los campos mas fragrantes *414,26*
Fragrantes bocas el humor sabeo *426,10*
Fragrantissima *1*
De olor? Ô fragrantissima ironia! *153,2*
Fragrantissimo *1*
fragrantissimo esplendor *229,1681*
Fraguas *2*
De las fraguas que ardiente el Ethna esconde *230,43*
Bobeda o de làs fraguas de Vulcano *261,27*
Frai *8*
Frai Hamete i frai Zulema. *73,36*
Frai Hamete i frai Zulema. *73,36*
De su padre frai Martin. *82,92*
I io me di a frai Garcia: *98,12*
Dulce frai Diego, por la dulce caja; *182,2*
Soror Angel, frai Theresa. *275,16*
I con el Peregrino vn frai borrego. *432,8*
I porque no se enoje frai Hilario, *448,12*
Fraile *5*
Lleuame el fraile el humor, *98,81*
I de fraile para vos; *223,4*
Medio monja i medio fraile, *275,15*
Monja ia i fraile, Beata *275,17*
De vn fraile mal abierta i peor casada, *442,10*
Frailes *1*
De los Hieronymos frailes, *63,122*
Franca *3*
Pone oi franca *310,5*
Pone oi franca *310,20*
Pone oi franca *310,35*
Francelisa *1*
Francelisa es quien abreuia *376,25*
Frances *11*
Desde el blanco Frances al negro Etiope. *1,13*

Aquel Frances voquirrubio. *27,4*

Desde el Frances Pirenne al Moro Athlante, *72,2*

I el Frances assentaderas. *73,20*

Como estudiante Frances *74,55*

Gloríôso Frances esclarecido, *220,5*

Tenia de mal Frances *243,53*

Despidiose el Frances con grasa buena, *254,1*

Del Frances, Belga, Lusitano, Thrace. *271,8*

Diuino lilio frances; *353,8*

Belisa, lilio frances, *376,36*

Francès *1*

De Francès en Castellano; *477,14*

Francesa *1*

Qual lleuaria la Francesa *73,18*

Franceses *2*

De los Franceses estoques *63,131*

Del Cambresì lo digan los Franceses: *337,12*

Francia *12*

No nos faltaran en Francia *27,99*

La dulce Francia i la suerte. *59,40*

De Francia a Galicia. *65,16*

"Despues que dexaste a Francia, *73,49*

De las hermosas de Francia *73,119*

I siembra Francia, mas Sicilia siega, *77,74*

Dio pares luego, i no a Francia, *243,57*

Aunque no ai toros para Francia, como *254,7*

A Francia, i con el de Guisa *288,83*

En Francia puede gastar; *288,92*

I la mejor Ciudad de Francia, Como. *397,8*

Impertinente alhaja fuera en Francia, *471,3*

Francìa *2*

El Duque mi señor se fue a Francìa: *233,2*

El Duque mi señor se fue a Francìa, *471,1*

Francolin *2*

El tierno francolin, el faysan nueuo, *229,49*

lleuar allà francolin, *229,2467*

Francolines *1*

Mientras francolines ceua, *122,58*

Francos *2*

Francos Paladines, huio, *27,122*

Son mas Francos que en vulgar. *288,96*

Frasco *1*

El frasco, por auerse derramado; *463,2*

Fraternal *1*

El ia fraternal engaño, *355,89*

Fratres *1*

Que vn "orate fratres" suio *242,11*

Fraude *1*

Fraude vulgar, no industria generosa *264,781*

Fregenal *2*

Sin guante de Fregenal! *204,44*

Vecinos de Fregenal. *288,72*

Freno *22*

No me pongais freno *4,31*

La vndosa rienda al crystalino freno *16,10*

De la amorosa espuela duro freno! *23,8*

I freno de Amor le para: *64,22*

Poniendo lei al mar, freno a los vientos; *67,11*

Mordiendo el freno tres vezes, *96,49*

De noche me quita el freno, *96,129*

Sin hauer freno de duda. *102,10*

I si partir puede el freno *105,106*

Moderador dèl freno Mexicano. *162,10*

Freno al desseo, termino al camino. *173,8*

Este correr tan sin freno, *229,162*

Tascando haga el freno de oro cano *261,13*

Si bien su freno espumas, illustraua *261,338*

Fueran dorado freno, *263,864*

Haziendo su freno pluma, *269,762*

Gran freno moderò tu cuerda mano; *317,4*

De Africanos Pyratas freno es duro. *318,136*

Freno fue duro al florentin Fernando; *318,348*

Oro te muerden en su freno duro, *361,13*

Lei de ambos mundos, freno de ambos mares, *362,9*

Potro es gallardo, pero va sin freno. *458,8*

Frenos *1*

Gastandole al Peru oro en los frenos, *155,10*

Frente *63*

Ella de flores la rosada frente, *14,3*

Ciñe tu frente, tu cabello vndoso, *22,4*

Mira tu blanca frente el lilio bello; *24,4*

Goça cuello, cabello, labio, i frente, *24,9*

El honesto sudor tu blanca frente. *25,42*

La frente entre las dos sienes *28,63*

Porque su bruñida frente *29,37*

Phebo en tus ojos, i en tu frente el dia; *36,4*

Ziñe de lauro a cada qual la frente. *40,8*

Muertas podeis ceñir qualquiera frente, *46,4*

Salia vn sol por su frente, *57,58*

I deuajo de la frente". *59,76*

La frente espaciossa, *65,37*

Humedas crestas tu soberbia frente, *71,6*

I la releuada frente *82,15*

Las niega ia a su frente. *103,16*

Quando corone su frente *121,68*

De raios mas que flores frente digna. *136,4*

Dirè como de raios vi tu frente *139,12*

Conduxo, perlas su frente, *142,7*

O nubes humedezcan tu alta frente, *146,3*

Su frente, el color bruñido *148,15*

Por copiaros los raios de su frente? *164,11*

Digna corona a su gloriosa frente, *172,11*

Traslado estos jazmines a tu frente, *184,4*

Mal coronada tu frente *204,13*

Raios de vna blanca frente, *228,115*

no te pone por la frente, *229,1393*

Ceñida, si assombrada no, la frente *260,1*

De vn ojo illustra el orbe de su frente, *261,51*

De su frente la perla es Erithrea *261,109*

I con ellas las ondas a su frente, *261,210*

Mirème, i luçir vi vn sol en mi frente, *261,421*

De el fiero mar a la sañuda frente, *261,438*

(Media luna las armas de su frente, *263,3*

De animal tenebroso, cuia frente *263,75*

Los blancos lilios de su frente bella, *263,149*

No perdonò a razimo, aun en la frente *263,155*

La region de su frente raio nueuo, *263,286*

Penda el rugoso nacar de tu frente *263,312*

Beuer el sudor haze de su frente, *263,570*

Las rosas gozar dexa de su frente, *263,637*

I raios el cabello de su frente. *263,772*

Mal lunada la frente, *264,19*

Los cuernos de su frente; *264,331*

Al son leuantò apenas la ancha frente *264,723*

Que nacar su color, perlas su frente, *280,47*

Bien que de su blanca frente *286,5*

A pesar del lucero de su frente, *293,9*

Plumas vna la frente, *298,27*

I gloria vos de su madura frente. *311,4*

Las fuerças litorales, que a la frente *323,5*

De coronas entonces vos la frente, *335,5*

Le impidiò si, no le oprimiò la frente. *337,8*

La Alua en los blancos lilios de su frente, *339,13*

Te enrraman toda la frente; *351,20*

Daua al zefiro su frente *355,23*

Vença, i en ramas su frente; *358,29*

En la frente de Amarylis, *389,39*

Ciña tu gloriosa frente *487,7*

Nunca se ha visto la frente *493,10*

Cuia temeridad poblò su frente *499,105*

De que ella ciñe su frente, *499,341*

Frentes *3*

Cuias frentes de jazmines *179,11*

Quando las frentes se miran *215,3*

Su monte dexa Apollo de dos frentes *256,4*

Frequentaron *1*

Frequentaron el desuan *322,255*

Frequente *2*

El concurso es frequente. *103,52*

En ver que la frequente vn necio çote, *474,6*

Fresca *7*

Fresca cueua, arbol verde, arroio frio, *33,8*

Con su abuelo, i agua fresca. *73,24*

Qual la quiere gorda i fresca, *102,38*

Fresca, espira marchita i siempre hermosa; *221,6*

Que a mucha fresca rosa *263,569*

La fresca ierba, qual la arena ardiente *263,597*

I aun la mas fresca de aquellas *499,340*

Frescas *5*

Aljofar blanco sobre frescas rosas, *18,2*

De frescas hojas, de menuda grama: *53,4*

Frescas señas de su Abril; *82,24*

Las frescas rosas, que ambiciosso el viento *198,5*

De frescas sombras, de menuda grama. *261,216*

Fresco *13*

En el fresco aire i en el verde prado. *14,8*

Fresco, vistoso i notable, *63,38*

La plaça vn jardin fresco, los tablados *155,1*

Arbol, ni verde ni fresco, *159,54*

En quitando el laurel fresco, *223,8*

Camilo, que estàs mui fresco. *229,2491*

Fresco estais, no sè que os diga, *257,26*

A vn fresco sitîal dosel vmbroso, *261,310*

El fresco de los zephiros rûído, *263,536*

Al fresco, a la armonia i a las flores, *263,595*

Pintadas siempre al fresco, *263,613*

Qualque fresco rumor de cantimplora. *278,8*

Fresco verano, clauos i canela, *326,9*

Frescos *3*

I a veer los carmenes frescos *63,165*

Dulce olor los frescos valles, *63,186*

Frescos airezillos, *79,1*

Fresno *2*

Garzon rèàl vibrando vn fresno duro, *359,6*

Buscò tu fresno, i estinguiò tu espada *391,5*

Fresnos *2*

Fresnos, chopos, montes, valles, *131,133*

De fresnos azafranados, *334,75*

Frexno *9*

De vn frexno leuantado, *114,9*

No ai verde frexno sin letra, *131,121*

Arrima a vn frexno el frexno, cuio acero *262,13*

Arrima a vn frexno el frexno, cuio acero *262,13*

Tienda el frexno le diò, el robre alimento. *263,142*

Concauo frexno, a quien gracioso indulto *264,283*

En tornéàdo frexno la comida *264,347*

El aire con el frexno arrojadizo; *264,483*

Sois Frexno al fin, cuia admirable sombra *424,9*

Frexnos *1*

Que, a pesar de esos frexnos, se diuisa; *263,524*

Fria *19*

Es la nieue fria, *65,202*

Porque era tierra tan fria, *74,94*

En roxa sangre, i en ponçoña fria *104,7*

El santo olor a la ceniça fria. *136,14*

Harà tu son de su ceniça fria: *140,22*

Al pie de vna peña fria, *226,3*

Al Sol le hurtan la Noruega fria, *229,1027*

con ceniças i agua fria *229,1214*

tierra ardiente, region fria, *229,2684*

Fixo, a despecho de la niebla fria, *263,81*

Gruessa le dan i fria, *263,150*

Cerulea tumba fria, *263,391*

Pudiera ser noche fria? *282,20*

Apenas confundiò la sombra fria *318,513*

Lo materno que en el ceniza fria *318,589*

Dulce arroiuelo de la nieue fria *339,1*

Reinaua la noche fria, *374,8*

Réàl, pues, aue, que la region fria *403,5*

Iaze debaxo de esta piedra fria *450,1*

Frialdad *1*

Todo ha de ser frialdad. *266,20*

Frialdades *1*

La causan vuestras frialdades, *282,8*

Frias *3*

Que de noches frias *50,57*

Sienten las plumas mui frias. *121,20*

Desnudos huessos, i cenizas frias, *253,6*

Frio *9*

Fresca cueua, arbol verde, arroio frio, *33,8*

(Que mas fue sudar sangre que auer frio) *117,12*

Que a los primeros de el Diciembre frio, *199,12*

En lo frio lo primero, *217,79*

Castañas con este frio, *238,2*

Huiera, mas tan frio se desata *261,221*

La admiracion, vestida vn marmol frio, *263,999*

Bras, el Apenino frio *384,5*

Leues reparos al frio *414,5*

Frios *3*

Passen vuestros vados frios, *89,42*

Que los aspides frios que alimenta. *318,8*

Quantos juncos dexais frios *390,35*

Frisa *1*

que a los vellos de la frisa. *229,1103*

Frisado *1*

Del frisado Guadalete, *88,4*

Frisson *1*

De la cincha allà Frisson, *73,11*

Frondosa *2*

De su frondosa pompa al verde aliso *263,692*

Que mil affectos suspendiò frondosa, *467,3*

Frondosas *3*

Frondosas defensas; *79,12*

Ser pallios verdes, ser frondosas metas, *263,1037*

Vestida siempre de frondosas plantas, *318,178*

Frondoso *4*

El que tapiz frondoso *263,716*

Quando frondoso alcaçar no, de aquella *264,288*

Norte frondoso conducen *285,15*

Verde frondoso dosel *355,46*

Frontalete *1*

Mvriò Frontalete, i hallo *241,1*

Fructo *2*

Que muriesse sin veer fructo, *27,66*

Con que nos days en flor fructo maduro, *425,3*

Fructos *1*

De los amantes en fructos. *322,28*

Fructúòso *1*

Siguiò inundante el fructúòso estilo. *318,360*

Fruncidissimo *1*

Fruncidissimo cypres, *217,74*

Frusleras *1*

Frusleras Italíànas *242,55*

Frustadas *1*

De las frustadas ceras alimenta; *318,156*

Frustrado *1*

Su exercicio ia frustrado *322,219*

Frustrados *1*

Frustrados, tanta Nautica doctrina, *263,454*

Frustrar *1*

Frustrar sè los designios, de quien vbe *269,1257*

Frustrase *1*

Que el remedio frustrase del que espera? *400,11*

Frustreis *1*

No frustreis mas sus dulces esperanças; *231,11*

Frustrò *2*

Conuocaua, frustrò segundo trato; *318,388*

Que mucho si frustrò su lança arneses, *337,9*

Fruta *12*

Por ser fruta de castaño, *96,16*

Le es la fruta mas sabrosa, *102,28*

Fruta que es toda de cuesco, *159,55*

Effecto al fin de su fruta, *217,75*

De fruta que todo es cuesco, *223,9*

que es la fruta intempestiva *229,784*

En el meson de la fruta *229,3476*

Fruta que por las mañanas, *238,5*

De la fruta el zurron casi abortada, *261,74*

Fruta en mimbres hallò, leche exprimida *261,225*

Entre las ondas i la fruta, imita *261,325*

Luciente paga de la mejor fruta *261,453*

Frutales *4*

Que parecen, los frutales, *63,174*

Se burla, visitando sus frutales, *203,107*

Orladas sus orillas de frutales, *263,202*

A fecundar los frutales *356,5*

Frutas *8*

Tantas frutas de sartenes. *59,56*

I su quarto de las frutas, *63,37*

O que se prestan las frutas. *63,175*

El huerto frutas i el jardin olores. *194,14*

Tanto de frutas esta la enriquece *261,139*

Quien siente frutas aiuno. *322,132*

Supla las frutas de que se corona, *342,10*

Frutas conserua en sus valles *358,17*

Frutinha *3*

A frutinha de padella? *303,4*

A frutinha de padella? *303,30*

A frutinha de padella? *303,43*

Fruto *10*

No crea mi dolor, i assi es mi fruto *19,13*

El fruto de sus espigas, *93,69*

Porque el mismo fruto espera *105,30*

Su dulce fruto dulces ruiseñores, *114,12*

Con fruto allà ningun vientre; *190,9*

Su fruto, o sea lo dulce o sea lo acedo, *203,65*

Su dulce fruto mi robusta mano; *261,410*

Sin lleuar fruto despues. *269,225*

Cita a vozes, mas sin fruto; *322,366*

I El a ti, del fruto de ellas, *498,34*

Frutos *3*

En frutos los madroños *127,3*

Frutos mil de penitencia, *275,66*

Que frutos ha heredado la montaña. *359,14*

Fu *5*

— E que fu? — Entre la hena *308,5*

— Caia, que non fu coz, no. *308,37*

— Pos que fu? — Inuidia, morena. *308,38*

Turo fu Garceran? Turo fu Osorio? *430,9*

Turo fu Garceran? Turo fu Osorio? *430,9*

Fucar *1*

vn Fucar Aleman eres, *229,2380*

Fue *223*

Quando fue a la feria. *5,20*

No diga que fue ensalada, *6,35*

I fue prueba harto pesada; *10,52*

Fue por diuina mano fabricado; *13,4*

Que al llanto i al suspiro fue de cera. *18,14*

Que aquel que fue en la gran ciudad de Nino *21,13*

Antes que lo que fue en tu edad dorada *24,10*

Conde que fue en Normandia *27,11*

Que fue vn tiempo ruuia i zarca, *29,34*

Fue illustre tumba el humido elemento. *45,4*

Tu memoria no fue alimento mio, *51,11*

Fue toldo de la ierba; fertil soto *53,2*

Pues fue el mio de alquitar, *55,40*

Si mal hecho fue, *56,21*

Fue (saluo su honor) *56,50*

Si no fue bisnaga. *56,52*

Fue tan desdichado en paz, *61,47*

Fue vn tiempo castaña, *65,61*

I fue huiendo la Dama *73,75*

El fue passado por agua, *75,91*

Que ia fue de blancos lilios, *78,83*

Porque el que se fue, *80,39*

Ella fue el marauedi; *82,56*

Dos años fue mi cuidado, *82,61*

Me fue forçoso partir *82,86*

Fue despues cera, i si acero, *82,95*

Tiempo fue (papeles hablen) *87,17*

Fue mi resurreccion la marauilla *101,5*

Que de Lazaro fue la vuelta al mundo; *101,6*

Que el Turia fue su oriente, *103,82*
De nuestra gloria, bien fue heroico hecho; *117,4*
Pero mas fue nacer en tanto estrecho, *117,5*
No fue esta mas hazaña, ô gran Dios mio, *117,9*
(Que mas fue sudar sangre que auer frio) *117,12*
Tres hormas, si no fue vn par, *122,3*
Qual dicen que a las fieras fue importuna *128,7*
Testigo fue a tu amante *129,10*
Fue aquel tronco vestido, *129,14*
Campo fue de batalla, *129,16*
I thalamo fue luego. *129,17*
Arbol que tanto fue perdone el fuego. *129,18*
El Cura que seglar fue, *130,5*
Theatro fue de rusticas Deidades, *134,6*
La Phenix que aier LERMA fue su Arabia *135,9*
Su Venus Alemana, i fue a tal hora, *137,7*
Que blancos lilios fue vn hora *142,9*
Mas bien sè qual fue su patria. *148,6*
I fue tal la sofrenada, *149,103*
Diòle viento, i fue organillo, *161,65*
I fue siempre en proporcion. *161,84*
Sin hysopo fue por agua *161,121*
Si el fue testigo de vista *168,15*
En sangre a Adonis, si no fue en rubies, *175,5*
Torpe ministro fue el ligero vuelo *175,13*
Camara aquella, i si lo fue, io digo *182,13*
Fue peor que gatesco el desafio. *202,8*
Romance fue el cantado, i que no pudo *202,9*
Puente de plata fue que hiço alguno *203,50*
De vn alcornoque fue rudo. *205,12*
Llega al Cordero, que fue *208,15*
Su maior disculpa fue. *217,20*
El que fue jardin aier. *217,96*
Gloria dèl Sol, lisonja fue dèl viento. *221,4*
Si la sáèta no fue, *226,66*
Si fue el responso dèl muerto *227,43*
Poco fue lo que le dixo, *228,105*
Vn pie con otro se fue, *228,187*
de la concha fue de Venus *229,594*
la llaue maestra fue *229,598*
no fue de callar conmigo. *229,721*
que fue espuela cada letra *229,860*
Que si el Po a otros fue sepulcro breue, *229,1038*
No al Tajo fue tan violento *229,1364*
Pues no fue marauilla, i es assombro! *229,1538*
a vno que fue mi criado. *229,1845*
El trasgo fue vn alfilel, *229,2806*
tuuistes? Si. Fue despues *229,3143*
i fue vn gran representante. *229,3231*
El Conde mi señor se fue a Napòles; *233,1*
El Duque mi señor se fue a Francìa: *233,2*
La que ia fue de las aues *239,1*
Se encomendò, i no fue en vano, *240,5*
Puntùàlmente fue assi. *243,36*
I su orizonte fue dosel apenas, *245,2*
La perla que esplendor fue *249,1*
Tan al tope, que alguno fue topacio, *254,10*
La pera, de quien fue cuna dorada *261,78*
Que pauellon al siglo fue dorado, *261,86*
Grillos de nieue fue, plumas de ielo. *261,224*

Que espejo de zaphiro fue luciente *261,419*
Lastimoso despojo fue dos dias *261,447*
De su persona fue, de su hazienda: *261,450*
Colmillo fue de el animal que el Ganges *261,455*
La sangre que exprimiò, crystal fue puro. *261,496*
Fue a las ondas, fue al viento *263,12*
Fue a las ondas, fue al viento *263,12*
Breue tabla delphin no fue pequeño *263,18*
De los conduzidores fue de cabras, *263,92*
El que de cabras fue dos vezes ciento *263,153*
Son de caxas fue el sueño interrumpido; *263,172*
Que festiuo theatro fue algun dia *263,188*
Quando el que ves saial fue limpio azero. *263,217*
Remora de sus passos fue su oido, *263,237*
Zodiaco despues fue crystalino *263,466*
Fue templado Caton, casta Lucrecia; *263,498*
Papel fue de pastores, aunque rudo, *263,698*
Immortal arador fue de su pena; *263,742*
Vn pardo gauan fue en el verde suelo, *263,986*
Venera fue su cuna. *264,90*
Alterno canto dulce fue lisonja! *264,627*
Anchora del batel fue perdonando *264,707*
El Bahari, a quien fue en Hespaña cuna *264,758*
Iuèz de terminos fue, *265,2*
Que fue paloma, i ia es cueruo *269,503*
Gerardo: i fue gran ventura *269,813*
Que tu hurto fue pobreza, *269,1108*
(Que tan por su mal fue pastor Ideo) *269,1227*
Si de plumas no fue, fue de rèàles) *269,1238*
Si de plumas no fue, fue de rèàles) *269,1238*
Necia fue Porcia, i mas necia *269,1294*
I que burla fue? Escuchad, *269,1438*
Mientras ella fue la necia. *269,1605*
Estremada fue la mia. *269,1610*
De que no fue el polipodio *269,1963*
Media fue, i media colmada, *275,5*
Diuidida en dos fue entera, *275,14*
En nombre iguales, el fue *275,47*
Moriste, i en las alas fue del viento, *280,7*
Camisa del Centauro fue su vida, *280,29*
Fue, i de la noche tambien, *287,30*
Echo piadosa, esto fue: *287,36*
A solicitar se fue *288,69*
Que ninguno otro lo fue; *301,75*
Casa fue, cauerna i nido, *302,8*
Os fue columna de fuego, *304,24*
Si crystal no fue tanto cuna brebe. *318,32*
De el vigilante fue Dragon horrendo; *318,76*
Aplauso zelestial, que fue el oydo *318,99*
Riego le fue la que temiò rúìna. *318,176*
Al periodo fue de la priuança. *318,188*
De los fogosos hijos fue del viento, *318,226*
De el Octauo Clemente fue en Ferrara. *318,292*
La perla Borèàl fue soberana *318,314*
Freno fue duro al florentin Fernando; *318,348*
Terror a todos mudo, sin que entonces *318,351*
De la esterilidad fue, de la inopia *318,361*
Que a su virtud de el Cielo fue Medina *318,403*
El dote fue menor de su consorte; *318,428*

Que occidental balcon fue de la Aurora, *318,523*
Domada fue de quien por su apellido *318,541*
El Tassis fue de Acuña esclarecido, *318,601*
Tronco de el Nectar fue, que fatigada *318,623*
De aquesta figura fue. *321,17*
Fue ia quien lo adiuinò. *321,29*
Fue de los dos casquilucios; *322,24*
I fue condenado al punto, *322,26*
Alua fue, i Alua a quien debe *322,143*
No fue nada: a cient lexias *322,309*
Sobresalto fue machucho, *322,336*
El cendal que fue de Thisbe, *322,351*
Sobre quitalle el que fue, *322,355*
Del voraz fue, del lùcido elemento, *324,6*
Por seraphica aueja fue, deuota, *325,7*
Al que mucho de Hespaña esplendor fue, *327,7*
Fue vn celemin de homicidios. *334,68*
Que en la attencion modesta fue alegria, *336,13*
De la que fue espuma. *350,16*
Quien nouio al sotillo fue, *351,3*
Quien nouio al sotillo fue, *351,15*
Quien nouio al sotillo fue, *351,27*
Quien nouio al sotillo fue, *351,39*
La corteza, que les fue *353,18*
Necia en el espejo fue *355,78*
Pisando nubes se fue. *355,96*
Arbol fue en las seluas *356,46*
Tu pluma fue, tu muerte es oi llorada. *364,8*
Al blanco alterno pie fue vuestra risa, *365,2*
El Conde mi señor se fue a Cherela *367,1*
Quien fue, muda lo està diziendo aquella *368,21*
Quanto fue quatro lustros de mercedes; *368,34*
Sino aquella que fue por excelencia *368,41*
Vuestra color, fue leonada. *370,10*
Su tierra vna Virgen fue, *373,7*
Solo fue el heno fièl. *374,20*
El heno, pues, que fue dino, *374,25*
Para su lecho fue lino, *374,29*
Fue dilatando el morir *376,3*
Que cuna de Venus fue. *376,16*
Que primero espuma fue. *378,52*
Que inuidia de los bosques fue loçana, *380,2*
Quien dice que fue media partesana; *381,3*
Que fue, en vn catarro graue *386,2*
Organo fue de marfil, *389,13*
De quien por no adorarle fue vendido, *400,7*
Por hauerle vendido fue adorado. *400,8*
Fue el esperar, aun entre tanta fiera. *400,14*
Fabrica fue sin duda, la vna parte *404,2*
Bajel lo diga de quien fue piloto *404,39*
La voz, mas fue de pesar, *419,27*
Para Quiteria se fue, *419,32*
Tanto que fue menester, *419,58*
I cantando esto se fue: *419,86*
De FILIPO fue el Quarto, del Monarca *421,24*
No fue el ruego importuno *421,31*
Tu creacion, la gracia le fue hecha. *421,33*
Que aier fue pino, i oi podrà ser vete? *433,11*
De pajes fue orinal, i de picaños, *447,5*
Fue su casa vn deuoto encerramiento *450,9*
Fue tal, que templò su aire el fuego mio, *455,12*
Desta piedad fue vn angel la arrobera; *459,5*
El idolo hermoso, que fue a veeros, *461,5*

Se fue a ermitañear, que es lo que aguardo"?
    462,11
Quedamos pobres, fue Luthero rico; *469,12*
Tarde, porque primero fue el camino. *470,8*
El Duque mi señor se fue a Francìa, *471,1*
Arbol fue, que serà bulto? *479,6*
Otra no fue que tu pluma, *480,3*
Otro no fue que tu aliento. *480,4*
La vna fue dar la nuez *490,14*
Fue el mostraros tan esquiua *490,17*
Porque fue su abuelo anciano *495,47*
Fue visto de la casta caçadora. *499,107*
Lo juntè, como fue tanto, *499,190*
Fuego *72*
Hacia el fuego i hacia el agua. *9,14*
Fuego de los pescadores *10,7*
Con agua a mi fuego". *50,100*
Sobre este fuego, que vencido embia *60,7*
Porque el amoroso fuego *61,39*
I caliente el fuego *65,203*
Que, ia que aueis sido fuego, *74,115*
Que assi de su fuego cuide *75,30*
Su fuego en ceniza, *79,103*
Hablaste en lenguas de fuego, *87,36*
Sin alma viuo, i en vn dulce fuego, *101,10*
Fuego tributa al mar de vrna ia ardiente. *109,4*
Fuego le hazen llorar, *116,6*
Mientras suspiro humo, i lloro fuego". *116,27*
Mientras suspiro humo, i lloro fuego". *116,42*
Mientras suspiro humo, i lloro fuego". *116,57*
Euaporar contempla vn fuego elado, *120,39*
Herencia que a fuego i hierro *122,51*
Arbol que tanto fue perdone el fuego. *129,18*
Hablando en lenguas de fuego; *191,6*
Amor dio el fuego, i juntò *208,24*
Fuego llouiò el cielo airado, *211,10*
(Farol diuino) su encendido fuego *218,7*
I Amor, que fuego i ardid *226,98*
Armas tus ojos, i tu lengua fuego: *229,289*
que al oro examina el fuego, *229,952*
que al oro examina el fuego, *229,976*
que al oro examina el fuego, *229,996*
que tiene la alma de fuego. *229,1147*
que al oro examina el fuego, *229,1382*
Soneto por no aver fuego, *229,1490*
Tu fuego abrase Diuino, *229,1619*
el fuego que dissimulo *229,2308*
Fuego descienda del cielo *229,3396*
Sin romper muros, introduce fuego. *261,296*
Su aliento humo, sus relinchos fuego, *261,337*
Su dulce lengua de templado fuego, *263,39*
Que confusion i fuego *263,377*
Cediò al sacro Bolcan de errante fuego,
    263,646
Da el fuego luzes i el arroio espejos. *263,662*
Sellar de el fuego quiso regalado *263,872*
Humo anhelando el que no suda fuego, *263,969*
Si te perdona el fuego *264,546*
Vn duro Sacre, en globos no de fuego, *264,911*
Con leña corrige el fuego, *269,119*
Que el vigilante estudio lo es de fuego: *292,4*
Que vn leño se arrime al fuego *301,78*
Os fue columna de fuego, *304,24*
Paz su fuego *307,4*
Paz su fuego *307,17*

Paz su fuego *307,30*
En poluo ardiente, en fuego poluoroso. *318,62*
De funerales Pyras sacro fuego. *318,240*
Mudas lenguas en fuego llouiò tanto, *318,492*
Que adulada la noche deste fuego, *318,493*
Que a su materia perdonarà el fuego, *343,10*
En lagrimas de fuego *345,17*
Dò el Amor fomenta el fuego *356,17*
Que fuego el espirando, humo ella, *361,12*
No del buril mentida la que el fuego *368,39*
Que viste plumas de fuego *377,27*
Quando no llorando fuego. *384,10*
Que lo que consume el fuego, *416,12*
El fuego en que las vee arder. *419,42*
Daràn de Babylonia al fuego, entrando *421,47*
Aras te destinò, te hurtò al fuego. *426,4*
Que alli en lenguas de fuego hablan todos.
    438,13
Encomendados justamente al fuego, *442,13*
Fue tal, que templò su aire el fuego mio, *455,12*
En el maior incendio burla al fuego, *456,13*
I traiga para el fuego a Abimelec, *473,7*
En medio el suio conocer mi fuego *499,11*
Fuegos *6*
Honrense mil fuegos *50,38*
Las atalaias los fuegos, *64,15*
Los fuegos a las campanas; *64,16*
A los dorados luminosos fuegos *72,15*
Los fuegos pues el jouen solemniza, *263,652*
Los fuegos, (cuias lenguas ciento a ciento
    263,680
Fuelle *2*
Fuelle i follador; *56,76*
El prodigioso fuelle de su voca; *261,348*
Fuelles *1*
Fuelles de seda calçado, *413,28*
Fuelo *1*
Fuelo tanto, que por esso *269,1611*
Fuenfrida *2*
A nieue de la Fuenfrida. *269,736*
Que la Fuenfrida neuada *282,3*
Fuenmaior *1*
Palomeque i Fuenmaior *88,61*
Fuente *32*
Sobre el chopo de la fuente, *7,29*
Que verde margen de escondida fuente, *46,8*
Ia desnuda en la fuente. *103,28*
Bolcan desta agua i destas llamas fuente *109,5*
La apacible fuente sueño, *131,115*
A las orlas de la fuente. *142,10*
La fuente de medio dia, *159,16*
De Helycona daran, i de su fuente. *172,14*
De el pueblo a su heredad, de ella a su fuente.
    203,93
El margen de la fuente crystalina *203,112*
La fuente dexa el Narciso, *217,49*
Le sirbe en fuente de plata *226,7*
Del bien dezir beuiendo en la alta fuente, *244,5*
Llora el Betis, no lejos de su fuente, *260,5*
La nieue de sus miembros da a vna fuente.
    261,180
Lo Augusto del dosel, o de la fuente *262,23*
De donde es fuente adonde arroio acaba.
    263,561
De la Lybia, i a quantas da la fuente *263,598*

Los crystales pisaua de vna fuente. *264,319*
Risueña parte de la dulce fuente, *264,447*
Que al Betis las primeras ondas fuente.
    264,857
Os desuanezca vna fuente, *269,1140*
Que en la fuente. *301,18*
I en las ondas mas dura de la fuente. *311,8*
I lagrimosa la fuente *322,299*
De sus bodas, a la fuente, *322,359*
Ni fuente dexa de ser. *355,48*
De la fuente de los olmos, *357,74*
Denso es marmol la que era fuente clara *402,5*
A la fuente va del olmo *419,1*
El liquido crystal que oi desta fuente *420,1*
Hijo de vna pobre fuente, *497,8*
Fuentecilla *1*
Naceis de vna fuentecilla *89,23*
Fuenterrabia *1*
A Fuenterrabia; *65,248*
Fuentes *9*
I a veer sus hermosas fuentes *63,33*
Aires, campos, fuentes, vegas, *131,131*
Echos solicitar, desdeñar fuentes; *263,116*
Los margenes matiça de las fuentes *263,618*
El Fuentes brauo, aun en la paz tremendo,
    318,349
Sus miembros aun no el Fuentes hizo grabes,
    318,566
Timida ahora, recusando Fuentes, *318,582*
De vn pardo escollo dos fuentes, *333,2*
Que no me hizo Dios conde de Fuentes. *454,4*
Fuer *1*
A fuer de Aurora propuso; *322,146*
Fuera *56*
Harto peor fuera *4,37*
Que no fuera figura al sol de cera, *34,12*
Hierro por de fuera, *50,79*
Que fuera menos costosa *63,59*
Por vagabunda, fuera de la Villa. *70,4*
Como si fuera el estrecho *75,3*
Bien fuera de su costumbre, *75,58*
Tan dichoso fuera el Moro *78,9*
Con vn suspiro, que fuera *88,89*
Mejor que si fuera cuello *96,59*
Si io fuera allà esta tarde, *110,14*
Fuera su hermana diuina; *121,88*
(Nunca fuera tan querida) *123,22*
Que fuera guante de ambar *161,131*
Como si fuera vn gañan; *167,34*
Como si su casa fuera *167,73*
Como si fuera empanada, *167,91*
Que fuera de tafetan. *188,10*
(Nunca Menga fuera al baile) *216,2*
De Busiris lo fuera, o de Diomedes, *229,60*
Engendradora fuera *229,94*
Si Tadeo ahora fuera *229,446*
que publicàra acà fuera! *229,450*
que en vn cuerpo viuo, fuera *229,800*
salga, Marcelo, acà fuera. *229,1468*
No fuera mal oléàdo. *229,1842*
Si ia fuera prenda amada, *229,1953*
Segundo Potosi fuera de plata, *229,2159*
Si la plata no fuera fugitiua, *229,2160*
"Quanto mejor fuera aì, *229,2367*
me fuera, que esta experiencia *229,3027*

Pues no me dixiste aì fuera *229,3218*
I a serlo, que mucho fuera *229,3356*
Bien que su menor hoja vn ojo fuera *263,1063*
Acertada cosa fuera. *269,151*
Fuera de que para esto *269,861*
Quando no fuera de seso, *269,906*
I para vos fuera soga, *269,1971*
Buena burla fuera esa. *269,1977*
No fuera menor; i en suma, *269,1978*
Que Rei tan fuera de aqui *309,11*
Entra, primo. Fuera allà *309,18*
Vn termino de marmol fuera leue; *315,36*
Aun la vrna incapaz fuera de el Nilo. *318,414*
Quien lo fuera vuestro, galeras de España!
    345,12
Que fuera de mi sin el? *384,26*
Que fuera del cuitado, que entre escollos,
    399,12
Como si fuera Doctora, *405,2*
Que nunca fuera cerrado. *406,10*
I qual si fuera Vlpiano, *408,7*
Erase en Cuenca lo que nunca fuera; *459,1*
Contraria fuera a tu virtud cansada, *460,13*
Impertinente alhaja fuera en Francia, *471,3*
Ô si fuera io pòèta, *486,5*
Porque fuera Luis de mona *490,29*
Que mas herido no fuera *499,138*
Fuerades *1*
Fuerades tambien parrillas". *74,116*
Fueramos *1*
i no fueramos hermanos, *229,71*
Fueran *7*
(Aunque fueran de membrillo) *94,9*
fueran flacos para vn monte. *229,463*
Fueran dorado freno, *263,864*
Como si fueran laud, *269,470*
Primadas fueran de Hespaña, *288,67*
I se fueran por los ojos *377,7*
Pocos fueran en dinero *423,7*
Fueras *3*
Quando fueras borron dèl *229,1460*
No lo fueras tu mas que èl, *229,3038*
Pues io sè que sin ella fueras Dido, *460,7*
Fuerça *30*
Aqui la fuerça indomita *1,14*
Celebrando tu nombre i fuerça valida: *1,45*
Al soberuio Aquilon con fuerça fiera *25,3*
I aunque en la fuerça sea de el Estio *33,5*
Mas otra fuerça mejor *74,107*
En la ardiente fuerça *79,10*
Luchando por fuerça; *79,36*
O por fuerça, o por ardid, *82,118*
Que a los cielos hizieron fuerça, aquella *112,10*
Que los cielos padecen fuerça santa. *112,11*
Igual sabrosa fuerça *125,15*
Igual fuerça tenias siendo Aurora, *139,7*
Es su fuerça, pues la espera *177,12*
Dulcissima fuerça i tanta, *177,15*
Fuerça da tanta, i valor, *211,5*
que otra fuerça no la pido. *229,664*
la siempre fuerça vecina *229,852*
Dulce propria eleccion, no fuerça agena,
    229,1066
en tus vñas? Fuerça poca *229,1479*
Es fuerça que la admire por lo bello. *261,276*

I no te fuerça obligacion precisa, *263,519*
Quien me fuerça a que huia *264,134*
A fuerça de herraduras: *269,1017*
La fuerça que infestando las agenas *276,1*
Que el Sol en su maior fuerça *286,3*
Ceptro superiòr, fuerça súaue *318,145*
No la fuerça de la hedad, *322,199*
La fuerça obedeciendo del destino, *398,12*
Con tal fuerça i tan de veras *499,184*
Ora de fuerça o de grado *499,258*
Fuerçan *1*
Fuerçan a vsar de ventosas *269,595*
Fuerças *10*
Mas del viento las fuerças conjuradas *19,5*
Pues nueuas fuerças cobra, *25,33*
Fuerças son de Amor (si tiene *116,13*
Tantas fuerças vn rapaz) *116,14*
Salud nueua, fuerças dobles, *131,76*
Ô Amor, que fuerças a hacer! *229,1441*
Por las fuerças que le ha entregado: llaues
    230,40
Verdugo de las fuerças es prolixo. *263,679*
Doctas fuerças de monte, si Africano; *318,252*
Las fuerças litorales, que a la frente *323,5*
Fuere *3*
Por necio qualquier que fuere *37,18*
Sea la iegua la que fuere, *269,825*
Tan aguila fuere en esto, *378,47*
Fueron *39*
Hija de padres que fueron *28,21*
Que quantos fueron mis años *39,29*
Que para el flores fueron, *49,30*
Cuias armas siempre fueron, *63,129*
Que ia fueron tregua *79,46*
Las que ia fueron corona *87,25*
Orejas los ojos fueron. *87,68*
Las muchas que fueron ia *116,2*
Fueron la llaue maestra *122,4*
De esta vida fueron Dioses, *131,74*
No sè quien fueron sus padres *148,5*
Los braços de el vno fueron, *148,45*
A vnos fueron Bradamantes *158,49*
Los ojos fueron de Anton *216,45*
I assi, no sè donde fueron *228,61*
Cosas fueron esas nueuas; *229,652*
Que fueron hijos, i ia son Patronos. *229,2169*
Vrna de alabastro fueron *239,29*
Del escollo fatal fueron apenas, *261,498*
Manteles blancos fueron. *264,345*
Que caros fueron los dos. *269,110*
Que fueron de vñas tan malas. *269,350*
Que fueron essos, barrunto, *269,815*
Braços te fueron de las Gracias cuna, *280,16*
Por las que fueron calçadas *288,55*
Puertas de Iano, horror fueron del mundo
    318,276
Sino fatal, escollo fueron duro! *318,380*
Que al hijo fueron del Sol, *319,2*
Pyramo fueron i Thisbe *322,17*
De vna piel fueron los Dioses *322,243*
Sabrosos granates fueron *322,483*
Que ha mas que fueron nouillos, *334,42*
Fueron suspiros despues! *353,24*
Tiòrbas fueron de pluma, *353,35*
Sus dichas llora, que fueron *357,85*

Que fueron dos contra vno. *401,10*
Fueron el auto de la fee en Granada. *442,14*
Fueron pyra a sus plumas vagarosas, *457,7*
I vnas fiestas que fueron tropelias, *469,6*
Fueronle *1*
Fueronle a visitar sus seruidores. *475,14*
Fueros *1*
Al que oi los fueros quebranta *269,1744*
Fuerte *25*
Sale pues el fuerte moro *49,37*
I por sus cernejas fuerte, *57,8*
I a veer de la fuerte Alhambra *63,21*
Hombres de duro pecho i fuerte braço. *70,12*
Mal fuerte i peor dispuesto, *87,6*
Que por fuerte la de Achiles. *91,44*
Vencido en flaca edad con pecho fuerte, *117,11*
Iugo fuerte i Real espada, *132,55*
O ia por fuerte, o ia por generoso, *145,2*
Lleguè a este Monte fuerte, coronado *195,1*
Ô paredes, con quien el fuerte Athlante, *229,16*
i aun mas fuerte, pues no ay duda *229,117*
mi fee en vn pedernal fuerte. *229,1143*
Teneos, señor. Fuerte caso! *229,3460*
Fuerte, ia que no galan, *240,2*
Blaspheman almas, i en su prision fuerte
    253,10
Membrudo, fuerte roble, *263,1005*
En tabla redimidos poco fuerte *264,126*
Vn fuerte dardo auia succedido, *264,481*
Poco a lo fuerte, i a lo bello nada *264,708*
Pero en tan fuerte ocasion, *269,791*
No vi mas fuerte, sino el leuantado. *278,13*
Fuerte muro de cañamo anudado. *499,83*
I vn fuerte estoque a su siniestro lado *499,98*
Rompiste tu vna tan fuerte *499,182*
Fuertes *6*
Petos fuertes, ielmos lucios? *27,118*
Las fuertes coiundas *50,9*
I de zelos nudos fuertes. *59,44*
Tan fuertes, que Flordelis *167,32*
Los fuertes hombros con las cargas graues,
    263,340
Quando fuertes no Alcides, *263,974*
Fuerza *7*
Ia a la fuerza, ia a la industria; *26,44*
Al forzado de su fuerza. *38,40*
Suspire recio i con fuerza, *62,62*
Tu, que con la misma fuerza, *97,37*
No es fuerza de Amor, ni es *177,23*
Que con perezosa fuerza *275,62*
En la fuerza de Almeria *355,1*
Fuerzas *3*
Las fuerzas vi de la Alhambra, *229,536*
i aun grangeè fuerzas dobles, *229,577*
De sus fuerzas, en quanto oiò el Senado
    318,571
Fuese *9*
Fuese rompiendo el vestido, *73,73*
Fuese acercando la deuda, *73,74*
Fuese a la guerra Tristan, *73,89*
Que fuese en su enxuta orilla. *74,104*
fuese Marcelo, que avria? *229,3434*
Fuese el Rei, fuese España, e irreuerente
    318,319

Fuese el Rei, fuese España, e irreuerente
  318,319
A quien (ia aethereo fuese, ia diuino) *343,7*
Dudase con qual arma fuese muerto; *381,2*
Fuesen *2*
Diestras fuesen de Iupiter sus bronces. *318,352*
Fuesen de tierra cocidos, *322,3*
Fuesse *3*
Que fuesse caça algun dia *189,7*
No fuesse porte del pliego. *269,275*
Toro, si ia no fuesse mas alado, *451,10*
Fuessen *1*
I porque de crystal fuessen, *216,11*
Fuga *15*
Porque en la fuga son alas *115,17*
Hiço fuga a quatro pies, *161,81*
A mi fuga, quiçà de su desuio. *203,51*
Flores le valiò la fuga *215,41*
I ella, amante ia, su fuga *226,107*
La fuga suspender podrà ligera *261,134*
Que a la precisa fuga, al presto vuelo *261,223*
Para la fuga appella, nubes pisa, *264,228*
Ia a la violencia, ia a la fuga el modo *264,491*
I acelerar nuestra fuga. *269,981*
Deuida a tanta fuga ascension tanta. *298,48*
Pisar amante? Mal la fuga engaña *311,6*
Huie, perdiendo en la fuga *322,337*
Porque sin cometer fuga, *357,109*
I en la fuga vn Vendaual. *358,32*
Fugas *1*
Hace mas fugas con el *88,27*
Fugitiua *8*
No qual otras fugitiua *206,18*
Si la plata no fuera fugitiua, *229,2160*
La fugitiua Nimpha en tanto, donde *261,177*
Correr al mar la fugitiua nieue *261,482*
Ni isla oi a su buelo fugitiua. *263,396*
Quando hallò de fugitiua plata *263,472*
Cenith ia de la turba fugitiua. *264,909*
Para que io fugitiua *269,1134*
Fugitiuas *2*
Precie mas vuestras sombras fugitiuas *46,7*
Fugitiuas son las dos; *355,65*
Fugitiuo *7*
Al fugitiuo canto; *25,62*
Al fugitiuo baxel *132,10*
Calçado el fugitiuo pie de plumas, *140,14*
Mal su fugitiuo vuelo. *215,46*
Fugitiuo Crystal, pomos de nieue. *261,328*
Aljofar vomitando fugitiuo *264,321*
Esclauo es fugitiuo, i en cadenas *444,9*
Fugitiuos *3*
Los dulces fugitiuos miembros bellos *263,1055*
De estrellas fijas, de Astros fugitiuos, *263,1082*
Ojos eran fugitiuos *333,1*
Fui *14*
Inquieto fui desde niño, *74,63*
Entre las vìòletas fui herido *139,5*
Fui gran hombre en el sacar *147,3*
Veis mejor? Siempre fui vn linze. *229,3029*
Fui demonio por Valencia, *269,411*
Confessando la que fui. *269,1357*
Que aier marauilla fui, *375,3*
Que aier marauilla fui, *375,13*
Que aier marauilla fui, *375,23*

Que aier marauilla fui, *375,33*
Que aier marauilla fui, *375,43*
Que aier marauilla fui, *375,53*
Porque en suertes entrè, i fui desgraciado,
  433,6
Que a los dos fui tan cruel, *499,233*
Fuime *1*
Fuime a Valencia muchacho, *269,409*
Fuiste *6*
Venturosa fuiste tu, *73,65*
Dicen que fuiste de hierro, *87,14*
"Violante, que vn tiempo fuiste *88,57*
Ligera a los pies fuiste *103,29*
Fuiste, amiga, para el mismo! *269,955*
Togado Achiles cultamente fuiste. *280,36*
Fuistes *8*
Io sè quando fuistes perla, *29,49*
Pues fuistes cada qual vnico en su arte: *40,10*
Fuistes galan del terrero *161,133*
— Sobrino, i quantos fuistes a Alfarache?
  183,3
De vn pastor fuistes seruida, *205,2*
De vn pastor fuistes seruida, *205,20*
De vn pastor fuistes seruida, *205,32*
Fuistes a Granada? Si. *229,3141*
Fulana *1*
Doña Fulana Interes: *412,38*
Fulano *3*
I fulano sotillo se condena *199,7*
Del señor Doctor fulano. *269,712*
Tan ciruelo a san fulano *479,1*
Fulgido *1*
Se remonta a lo fulgido que enciende, *315,46*
Fulgores *1*
Fulgores arrogandose, presiente *315,9*
Fullera *1*
Vna corona la ambicion fullera, *441,6*
Fullero *2*
Cierto fullero angelote *107,30*
Fullero siempre doi cartas *269,493*
Fulmina *2*
Sè que fulmina con ellos; *376,27*
(Culpa tuia, Caliope) fulmina. *380,8*
Fulminada *3*
Quando la fulminada prision caia *264,802*
Descendiò fulminada en poco humo, *264,916*
La fulminada ceniza *319,9*
Fulminado *3*
Fulminado ia, señas no ligeras *264,561*
Que a la fatal del Iouen fulminado *316,7*
Fulminado veneno la marchita. *467,14*
Fulminando *2*
que, fulminando tu pecho, *229,2927*
El cielo, fulminando la floresta. *263,938*
Fulminante *5*
Preuiene raio fulminante trompa. *261,488*
Escollo, el metal ella fulminante *263,381*
De el plomo fulminante. *264,282*
El fulminante aun en la vayna azero *318,606*
I Deidad fulminante, *415,3*
Fulminas *1*
Fulminas jouenetos? Io no sè *327,2*
Fulmine *1*
Armas que fulmine Amor. *390,8*
Fulminò *4*

El trueno de la voz fulminò luego: *261,359*
Quantas ia fulminò armas el Griego. *318,64*
Si fulminò esquadrones ia su espada, *337,10*
Fulminò raios Iarama *357,47*
Funda *1*
Vna funda de cristal *269,547*
Fundaciones *1*
Tantas fundaciones dexa, *275,34*
Fundamento *1*
Termino sean pues i fundamento *170,9*
Fundamentos *3*
Altas torres besar sus fundamentos, *108,3*
Que de sus fundamentos se desuia, *229,2187*
Los fundamentos bastantes *269,1636*
Fundas *1*
En que fundas, pues, el ser *229,2962*
Fundimos *1*
con animo igual fundimos *229,482*
Fundo *1*
La de tu nombre; i lo fundo, *269,1295*
Fundòte *1*
Fundòte el Rei don Alfonso *87,3*
Funeral *5*
Funeral auestruz, machina alada, *234,10*
Machina funeral, que dèsta vida *247,1*
En su funeral leños solicita *248,6*
Corteça funeral de arbol Sabeo. *274,14*
Este funeral trono, que luciente, *362,1*
Funerales *3*
I en vrna breue funerales danças *175,7*
De funerales barbaros tropheos *263,956*
De funerales Pyras sacro fuego. *318,240*
Funesto *2*
Que si a las armas no, si no al funesto *230,74*
I al salir, funesto buho *322,290*
Furia *3*
Furia infernal, serpiente mal nacida! *23,2*
No muestres en el tu furia; *26,110*
En el comitre la furia, *39,18*
Furioso *2*
Quando furioso regais *89,31*
Mucho tienes de furioso, *497,27*
Furiosos *1*
Que despues dan en furiosos, *98,30*
Furìòsos *1*
Aun de los mas furìòsos, *242,10*
Furor *2*
Muere mostrando su furor armigero, *1,37*
En quanto a su furor perdonò el viento.
  263,349
Fusse *1*
No ubo (Cagaiera fusse o Fante) *430,6*
Fustana *1*
Pongamo fustana, *207,11*
Futura *1*
Al Sol que admirarà la edad futura, *403,3*
Futuras *2*
Al tiempo le hurtò cosas futuras, *256,52*
Vniuersal, el Duque las futuras *318,458*
Futuro *6*
De preterito i futuro. *27,84*
Maridico de futuro, *269,742*
De el Himeneo pudo ser futuro. *318,300*
Auocamiento futuro, *322,222*
Mucho de lo futuro se le fia: *404,38*

(Para perpetuo acuerdo en lo futuro) *425,6*
Futuros *3*
Emula la veràn siglos futuros *219,5*
I a los siglos inuidia sea futuros ; *251,11*
Los siglos daràn futuros! *322,432*
Gabia *1*
Que espera vn baxel luces en la gabia? *135,13*
Gabias *1*
Aposento en las gabias el mas baxo; *326,11*
Gabíòn *1*
El gabíòn de la liga, *74,6*
Gaceta *1*
De la gaceta que escribiò las bodas *203,104*
Gacetas *1*
Ni alimentes gacetas en Europa. *234,11*
Gaditano *1*
Al Euro dè, i al seno Gaditano *276,10*
Gafas *2*
Las gafas es doña Blanca *73,83*
que con gafas de marido *229,2516*
Gage *1*
Le pedi no sè que gage. *269,1456*
Gaiferos *3*
Lleuauala don Gaiferos, *73,13*
Apéòse don Gaiferos *73,41*
En esto llegò Gaiferos *73,129*
Gaita *2*
Otra gaita Çamorana? *229,3119*
La gaita al baile solicita el gusto, *263,669*
Gala *18*
De su gala i su pobreza. *73,76*
A la beldad i a la gala; *121,146*
Cae su gala, si lo es. *124,30*
La Corte vende su gala, *126,21*
Todo es gala el Aphricano, *131,93*
En la sortija el premio de la gala, *138,13*
El dia de maior gala. *148,20*
Antipodas de la gala, *204,42*
con mas gala i mas primores, *229,517*
Nacer la gala mas vistosamente, *246,4*
Estrellòse la gala de diamantes *254,9*
La Melionesa gala, *264,769*
O bien los lime la gala, *269,1282*
El esplendor, la vanidad, la gala, *318,479*
La gala mas lucida mas luciente. *318,496*
Sucediendo silicios a la gala, *404,27*
Con la gala el interes *418,23*
Que es maior gala pagar. *418,30*
Galaio *3*
Estaua el pastor Galaio; *28,8*
De esta pues Galaio andaba *28,25*
Esto decia Galaio *59,29*
Galan *60*
Que pida a vn galan Minguilla *6,1*
Que acuda a tiempo vn galan *6,67*
Tan galan como valiente *49,3*
Tambien se apea el galan, *62,69*
Don Guarinos el galan, *73,69*
Mirauale el mas galan *78,37*
Del galan traidor, *80,10*
I cascos de galan moço. *83,8*
Robusto, si no galan, *87,5*
Quiero bien a ese galan, *88,85*
A vn galan lleua vn recado, *94,23*
Si eres el galan de Flora, *97,30*

De paxaro tan galan. *122,48*
—Es galan? —Sobre Martin *124,29*
Como galan con la caña. *158,40*
Fuistes galan del terrero *161,133*
Blandimarte, su galan *167,35*
Se perdiò vn galan montero, *215,10*
Vistiò galan el clauel, *217,38*
Llegò el galan a la niña, *226,57*
Tomòle el galan la mano, *226,93*
Pues grangeò galan ierno *226,117*
Este, pues, galan vn dia, *228,49*
A que el galan diesse assalto *228,162*
No te niego que es galan *229,1104*
que dio galan a su hermana, *229,1516*
en la adarga de el galan *229,2002*
el venturoso galan, *229,2048*
Es galan Lelio? Galan? *229,2091*
Es galan Lelio? Galan? *229,2091*
Veisme bien? Veo vn galan *229,2960*
i ia es esposo el galan, *229,3124*
Baculo tan galan, mitra tan moça. *231,4*
Fuerte, ia que no galan, *240,2*
Galan no passea el balcon *257,21*
Al galan nouio el montañes presenta *263,722*
De el galan nouio, de la esposa bella, *263,1069*
Galan siguiò valiente, fatigando *264,766*
Tan valiente, si galan, *267,7*
Que, aunque es galan no mui cano, *269,279*
Es mas viejo que galan. *269,280*
Que al Capricornio galan *269,606*
I por galan sin resabio. *269,1113*
La lima de tal galan, *269,1288*
Por quitalle a vna el galan, *269,1352*
Tan enfermo, i tan galan? *269,1722*
Vertidas por vn galan, *269,1747*
Quedarè sano i galan *269,1798*
Monoculo galan de Galathea, *293,2*
Hypolito galan, Adonis casto. *318,72*
Galan Narciso de piedra, *333,31*
Galan se criaba el *355,10*
Tan culto como galan. *358,4*
Afectando lo galan, *412,47*
Toma de vn pobre galan, *423,12*
De vn galan de Melíòna *423,15*
Oi galan? Aier dueña i oi soldado? *444,3*
Assi goze el galan iluminado, *445,3*
Aun siendo galan i rico, *493,38*
I galan viene, a fe, sobremanera. *499,93*
Galana *4*
Aunque estais para viuda mui galana. *199,4*
Zanbanbu, que galana me pongo, *207,17*
Ella inuidiosa i galana *229,2113*
La traça ha estado galana. *229,3496*
Galanes *10*
Espejo de los galanes; *61,16*
Dò las Damas i galanes *63,30*
— Donde estan los galanes de Castilla? *70,5*
Galanes, los que acaudilla *107,9*
Sino galanes de el Andalucia? *138,11*
Entre galanes de bacas, *269,8*
Gamuçarse otros galanes, *269,338*
De los galanes, i a todos *269,455*
Galanes de la Corte, a la Mamora! *277,2*
Sin libertad los galanes, *322,91*
Galano *2*

El oro fino con error galano, *15,6*
El don Siluio es tan galano, *499,228*
Galante *2*
Que dices? galante estilo! *229,244*
dulce por aqui, i galante: *229,1449*
Galantissima *1*
Galantissima persona *269,623*
Galantissimo *1*
Galantissimo señor, *121,21*
Galapago *1*
En que galapago anduuo *229,1877*
Galardon *2*
Que galardon de vn desnudo? *2,27*
Por galardon proseguida, *132,67*
Galas *1*
Los tocados, las galas, los sainetes, *448,5*
Galathea *14*
Segunda Galathea; *127,8*
Segunda Galathea! *127,16*
Segunda Galathea! *127,43*
Galathea es su nombre, i dulce en ella *261,99*
Purpureas rosas sobre GALATHEA *261,105*
Deidad, aunque sin templo, es Galathea. *261,152*
El desden hasta alli de Galathea. *261,240*
Bebelo Galathea, i da otro passo, *261,287*
Galathea lo diga salteada. *261,304*
Mas, con desuios Galathea súaues, *261,322*
Talamo de Acis ia i de Galathea. *261,336*
"Ò bella Galathea, mas súaue *261,361*
Que en dos la restituie Galathea. *261,372*
Monoculo galan de Galathea, *293,2*
Galeaço *14*
que Galeaço en Seuilla, *229,726*
Galeaço, señor, tiene *229,828*
Mui bien venga Galeaço. *229,839*
el venirse Galeaço *229,888*
Galeaço dice en ella. *229,1120*
Galeaço suegro mio? *229,1121*
quando llegue Galeaço. *229,1281*
Galeaço llega ia. *229,2931*
a Galeaço acà dentro. *229,3101*
Señor Galeaço, queda *229,3226*
Deme, señor Galeaço, *229,3306*
Gran consuelo es, Galeaço, *229,3402*
Quedo, Galeaço, quedo. *229,3474*
Contento de ser Galeaço *229,3528*
Galeno *4*
Las hojas de su Galeno, *105,105*
Soi vn Galeno Andaluz. *269,424*
Que qualquier Doctor Galeno, *269,686*
Galeno que enseñò ia *269,1902*
Galenos *1*
De Galenos i Auicenas, *63,111*
Galeon *1*
Dèl galeon de PEDRO los Pilotos; *173,10*
Galeota *1*
A vna pobre galeota, *97,4*
Galéòta *1*
Galéòta dèl Amor. *86,20*
Galeotas *1*
Tres galeotas de Argel, *132,2*
Galéòte *2*
Del mas triste galéòte *107,18*
tan forzado galéòte, *229,595*

Galera *2*
De vna galera Turquesca, *38,2*
I dieronle vn bizcocho de galera. *459,4*
Galeras *7*
Arma tus hijos, vara tus galeras, *72,77*
En las galeras de vn Turco *83,11*
Galeras de Barbarroja, *97,2*
— Treinta soldados en tres mil galeras. *183,4*
quatro años de galeras. *229,1243*
Volantes no galeras, *263,605*
Quien lo fuera vuestro, galeras de España!
   345,12
Galeria *1*
Vn escollo, apazible galeria, *263,187*
Galerias *1*
Balcones, galerias son, i rejas *279,34*
Galeritas *1*
Bolued, galeritas, por la otra mitad. *345,8*
Galgo *3*
Pues conoce vn galgo *65,47*
Si no duermo como galgo. *96,112*
Se pueden dar vn galgo i vna mona, *446,14*
Galîàna *1*
Vereis a Galîàna en su Palacio. *229,2233*
Galicia *5*
De Francia a Galicia. *65,16*
De la Rochela a Galicia. *74,100*
Ô Montañas de Galicia, *204,1*
De Galicia i sus confines, *204,46*
Es lo que llaman Reyno de Galicia. *476,14*
Gallarda *10*
A vna gallarda Africana, *64,4*
Montaraz, gallarda, *79,61*
Gallarda insignia, esplendor *110,41*
Maior si, pero gallarda *121,153*
Serrana, os lleuò gallarda, *205,24*
Gallarda de capotillo *228,77*
De tan gallarda persona, *229,2092*
Llegaron todos pues, i con gallarda *263,852*
Lachesis nueua mi gallarda hija, *264,435*
Gallarda vn dia, sobre impacìente, *341,7*
Gallardas *3*
Gallardas plantas, que con voz doliente *46,1*
Tan gallardas sobre bellas, *63,205*
Las gallardas serranas desmentido, *263,338*
Gallardia *2*
De honor, de magestad, de gallardia! *51,2*
Pisando de gallardia, *74,30*
Gallardo *29*
No enfrene tu gallardo pensamiento *45,1*
El gallardo Abenzulema *49,21*
Tan gallardo iba el caballo, *49,45*
Por lo gallardo Rugeros, *158,33*
Gallardo hijo suio, que los remos *165,9*
Contra el corcillo gallardo, *167,7*
La arena besa, i gallardo. *228,206*
vn sujeto mui gallardo. *229,829*
Gallardo por aqui vuela, *229,1448*
esposo rico i gallardo. *229,2585*
Veis aqui, Lelio gallardo. *229,2764*
Gallardo el jouen la persona ostenta, *261,298*
Chopo gallardo, cuio liso tronco *263,697*
Desata estremeciendose gallardo. *263,994*
Les ofrece el que, jouen ia gallardo, *264,264*
Se ha perdido, i de Gallardo, *269,782*

Nudoso balcon gallardo, *269,1003*
Oxalà Enrico gallardo *269,1122*
Pues son de pie tan gallardo. *269,1279*
No quiero, amigo gallardo, *269,1530*
Del edificio gallardo *269,1643*
Haziendo gallardo oficio, *269,1827*
Tantos siguen al Principe gallardo, *279,28*
Gallardo mas que la palma, *349,25*
Casa de jardin gallardo, *418,42*
Potro es gallardo, pero va sin freno. *458,8*
Ande lozano i gallardo; *496,5*
Viene gallardo el Principe. Gallardo *499,92*
Viene gallardo el Principe. Gallardo *499,92*
Gallardos *1*
Que gallardos Bencerrages; *63,28*
Gallegas *1*
Martas gallegas son, no te me entones, *449,5*
Gallego *2*
Flechas dèl amor Gallego! *204,34*
no de el Apostol Gallego, *229,2024*
Gallegos *1*
Al fin, Gallegos i montes, *204,9*
Gallina *4*
De gallina son tus alas, *26,119*
Pero mas de la gallina. *74,112*
A, gallina! En fin, quies ir *229,3348*
Tenia Mari Nuño vna gallina *313,1*
Gallinas *3*
Entre cien gallinas; *65,48*
a dormir con las gallinas; *229,3349*
Que gallinas domesticas al grano, *264,253*
Gallinero *1*
De todo aquel gallinero; *130,32*
Gallino *1*
Ni escaruar a lo gallino; *334,60*
Gallo *5*
Del rabo del gallo, *5,53*
Algunas plumas de el gallo, *74,111*
Ia no es Cura, sino gallo *130,31*
Cacareòla qual gallo, *228,94*
Como no cante algun gallo, *229,3204*
Gallos *1*
Gallos del Cairo, bucaros pigmeos, *476,7*
Galope *1*
Se calça espuelas, i le da vn galope? *427,8*
Gamba *1*
Responde, alta la gamba, al que le escribe
   203,98
Gambaro *1*
La cola, como el gambaro, delante. *203,78*
Gamo *1*
Del ternezuelo gamo, *263,331*
Gamos *1*
Que ai vnos gamos abades, *58,25*
Gamuça *1*
I mis calças de gamuça, *26,14*
Gamuçarse *1*
Gamuçarse otros galanes, *269,338*
Gana *6*
Con naipes, dinero, i gana, *191,8*
Se la gana en Iuanetines. *204,50*
Zino el caliz que oi ze gana. *210,14*
Que gana desnuda ella; *412,22*
Gana tenias de trocar. *499,245*
I con gana de burlar *499,332*

Ganadas *1*
I ganadas al fin con las aiudas *449,7*
Ganadero *1*
De sus esquilmos es al ganadero; *261,156*
Ganaderos *3*
Que buscais, los ganaderos? *352,9*
Que buscais, los ganaderos? *352,21*
Ganaderos, que los traen, *414,22*
Ganado *19*
Pastores de este ganado, *28,22*
Mas pastora de vn ganado *121,157*
I no ganado a oraciones, *122,20*
De luz pues i de ganado *149,17*
Edad, pastor, gobiernas tu ganado, *180,2*
De vn ganado agradecido! *205,10*
Io he ganado en conocer. *229,386*
Bala el ganado; al misero valido, *261,171*
Mas que el siluo al ganado. *263,105*
I oi con ellos he ganado *269,1691*
A mi ganado, *301,3*
Seguro el ganado dexas, *302,2*
Seguro el ganado dexas, *302,14*
I rediles del ganado *302,19*
Seguro el ganado dexas, *302,26*
Redil ia numeroso del ganado, *318,50*
Su ganado es: *349,7*
Al maioral i alienta su ganado, *404,23*
Auiendolas ganado la trasera. *449,14*
Ganados *3*
Pastores, perros, chozas i ganados *108,12*
Sin pastor que los silue, los ganados *261,165*
Pastor soi; mas tan rico de ganados, *261,385*
Ganais *1*
Pues las dos ganais de vn arte: *499,345*
Ganalles *1*
De vencer i de ganalles, *61,18*
Ganan *1*
Con dados ganan Condados; *126,8*
Gañan *1*
Como si fuera vn gañan; *167,34*
Ganancia *2*
De la ganancia es verdad *269,1451*
Han hecho sus dictamenes ganancia, *471,6*
Ganando *1*
Ganando pues cielo a dedos *243,45*
Ganar *1*
Que, aunque pueda ganar ciento por vno,
   441,13
Ganaras *1*
Ganaras tu, i el, i todo. *499,239*
Ganas *3*
Pues ganas con mi tardança". *10,60*
A ganas de comer descomedidas, *436,1*
Pero tu dime que ganas *499,268*
Ganaste *1*
Que si vn sombrero por correr ganaste, *474,13*
Ganchos *1*
Ganchos de donde colgamos *499,314*
Gandia *1*
Las insignias Ducales de Gandia. *318,40*
Ganè *1*
Estos i mas ganè aier, *269,1690*
Ganes *1*
Mira no ganes vn jubon trotando. *474,14*
Ganges *8*

Qual dèl Ganges marfil, o qual de Paro *34,1*

Mas las riberas del Ganges, *63,224*

Colmillo fue de el animal que el Ganges *261,455*

De el Ganges cisne adusto. *263,668*

Las orillas del Ganges, la ribera *280,9*

Del Ganges, cuia barbara ribera *318,11*

Qvando sale, el Ganges loro, *322,479*

Piedras lauò ia el Ganges, ierbas Ida *360,9*

Ganimedes *6*

Ganimedes en mesuras *98,21*

Pisa Lesbin, segundo Ganimedes: *165,8*

Ganimedes su lenguage; *167,84*

Mas que a la selua lazos Ganimedes. *264,576*

El primer Ganimedes en el mundo. *269,1247*

Indigno de Ganimedes. *320,10*

Ganso *1*

De los pinceles de vn ganso *322,43*

Gante *2*

donde el Flamenco a su Gante, *229,490*

Que ese Gante te exceda en la paciencia, *462,2*

Garañon *2*

Del Dios garañon miraba *59,39*

Sino vn garañon de azero. *269,1673*

Garatusas *1*

Amor, de tus garatusas, *26,10*

Garbanços *1*

Chochos i garbanços *5,27*

Garbin *1*

De flexûôsas mimbres garbin pardo *264,265*

Garça *8*

Garça Rèàl perseguida, *121,36*

Que la Hespañol garça vee, *132,22*

que por la garça bebia *229,2276*

Tras la garça argentada el pie de espuma; *264,749*

La garça mas remontada; *299,4*

De su conciencia, bien que Garça el santo, *404,31*

La blanca garça, que al romper del dia, *499,68*

La garça, del Nebli las garras gruesas, *499,74*

Garças *1*

Dos verdes garças son de la corriente. *261,212*

Garceran *1*

Turo fu Garceran? Turo fu Osorio? *430,9*

Garces *1*

Desde la quilla al garces. *132,44*

Garcetas *1*

I garcetas de sombreros. *58,28*

Garci *1*

En la vega Garci Laso. *483,20*

Garcia *2*

I io me di a frai Garcia: *98,12*

Echar de Nuflo Garcia *269,738*

Garcilà *1*

De versos de Ariosto i Garcilà, *468,2*

Garcilaso *1*

Versicos de Garcilaso *229,1478*

Garcilasso *1*

A su Vega traduxo GARCI-LASSO. *420,8*

Garçon *12*

Con el garçon dormido en cortesia, *261,266*

I al garçon viendo, quantas mouer pudo *261,485*

A Iupiter, mejor que el garçon de Ida, *263,8*

Tanto garçon robusto, *263,663*

El garçon, i lo attentado *322,263*

El garçon Phrygio, a quien de bello da *327,5*

Garçon que en vez del venatorio azero *338,10*

Garçon siempre bello, *349,5*

El garçon, palor hermoso, *357,50*

Del tiempo, al docto garçon *358,19*

Assiste al que dos mundos, garçon bello, *360,5*

Que ausencia haga vn garçon, *377,30*

Garçones *3*

estas, señores garçones. *229,3155*

I de garçones este accento blando: *263,766*

Sino a dos entre cañamo garçones! *264,661*

Garços *1*

Ojos garços, trenças rubias. *26,80*

Garduña *2*

para ser maior garduña, *229,1199*

Esa garduña señora? *269,382*

Garduñas *1*

A esse templo de garduñas, *84,6*

Garduños *1*

Vandoleros garduños en Hespaña? *440,11*

Gargajo *1*

Pegado como gargajo. *96,76*

Garganta *4*

Que alternan su dolor por su garganta; *41,4*

Con su garganta i su pecho *82,33*

Con la garganta de Menga, *216,31*

De su pie o su garganta. *263,555*

Garitos *1*

Bacunos armen garitos *334,90*

Garnacha *1*

La garnacha de Licurgo, *322,78*

Garnachas *1*

Con dos garnachas maduras *73,63*

Garra *3*

I entre la garra crúèl. *132,28*

Raio su garra, su ignorado nido *264,746*

Cuia garra, no en miembros diuidida, *338,3*

Garras *9*

I ellas se afforran en garras, *55,32*

Qual de garras de halcon *97,43*

No deuan garras i abrigo? *167,70*

Alas de viento, i garras de Harpya *229,1031*

si con las garras no es *229,1781*

en las garras la perdiz *229,2451*

Las garras pues, las pressas Españolas *230,18*

Garras ha prestado al mal. *329,10*

La garça, del Nebli las garras gruesas, *499,74*

Garrote *3*

Suena mal cuerda i garrote; *107,28*

las cuerdas de su garrote, *229,565*

le tuerça tanto el garrote *229,1279*

Garzon *11*

Templa, noble garzon, la noble lyra, *31,5*

Que a Iupiter ministra el Garzon de Ida, *42,4*

Acabò tarde el garzon, *94,33*

Do el garzon sus dichas logre. *131,72*

Dexa el monte, garzon bello no fies *175,1*

Dexa el monte, garzon; poco el luciente *175,9*

Dice el garzon sin aliento, *215,50*

Fingiendo sueña al cauto garzon halla. *261,256*

Garzon Augusto, que a coiundas tales *318,107*

I el bello garzon durmiendo, *354,14*

Garzon rèàl vibrando vn fresno duro, *359,6*

Garzotas *1*

Cortò el viejo dos garzotas, *149,68*

Gaspar *1*

De Don Gaspar de Aspeleta. *486,4*

Gasta *13*

Es hombre que gasta *65,213*

Sus rusticos años gasta *90,14*

Pasos gasta, viento compra, *149,52*

O los gasta en confiteros, *167,37*

Que leña i plumas gasta, cient harpones *181,11*

No gasta assi papel, no paga porte *203,103*

De cudicioso gasta o lisongero *222,2*

Ni la que en saluas gasta impertinentes *263,117*

Que se gasta el fabulage. *269,1147*

I simples hablen tantos como gasta. *313,53*

Gasta lo que a presuiteros repela. *367,8*

Cera gasta de Lebante *413,12*

Gasta en seruir las Damas tu talento, *435,9*

Gastado *1*

Baste el tiempo mal gastado *2,11*

Gastador *1*

Gastador vigilante, con su pico *278,11*

Gastados *1*

Pues tiene dientes gastados. *269,1559*

Gastais *1*

El tiempo gastais en vano *348,21*

Gastalle *1*

doblon al que ha de gastalle, *229,171*

Gastamos *1*

Gastamos vn millon en quince dias *469,3*

Gastan *2*

Gastan el tiempo en pellejas, *55,31*

Que de lisonjas que gastan! *229,1675*

Gastando *2*

Gastando con ella io *269,1638*

Gastando, pues, en tanto la memoria *434,12*

Gastandole *1*

Gastandole al Peru oro en los frenos, *155,10*

Gastar *4*

Gastar en Guinea raçones, *98,59*

Gastar quiero de oi mas plumas con ojos, *203,55*

por gastar su buen estilo *229,1266*

En Francia puede gastar; *288,92*

Gastara *1*

Què gastara de papel *486,6*

Gastaron *1*

Gastaron de agua bendita *110,19*

Gastas *1*

A pesar gastas de tu triste dueño *44,2*

Gaste *3*

No los gaste mil a mil, *6,119*

Que mi hazienda se gaste *269,327*

De que el vno gaste, *422,11*

Gasten *2*

Gasten, que de mi sabràn *86,28*

Gasten vna flecha o dos *168,35*

Gastes *1*

no gastes el tiempo en flores *229,1693*

Gasto *1*

Porque dize que le gasto, *96,130*

Gastò *3*

do gastò tinta de plata *229,900*

Gastò gran summa, aunque no han acabado *255,7*

De Toledo se gastò. *269,1641*
Gastos *1*
Doliendome de sus gastos, *227,33*
Gata *2*
Que se los come la gata, *124,14*
I desde el Cabo de Gata *269,1502*
Gatas *1*
Que ai vnas gatas que logran *58,45*
Gatazos *1*
Danos gatazos Lope con su sciencia; *462,7*
Gatera *1*
I por gatera de noche, *496,13*
Gatesco *1*
Fue peor que gatesco el desafio. *202,8*
Gato *9*
Almas de oro a vn gato muerto, *105,81*
Milenta vomite el gato. *124,16*
Caìdas de gato *160,105*
Interes, ojos de oro como gato, *181,9*
I gato de doblones, no Amor ciego, *181,10*
de qualque gato inuernizo. *229,1782*
Gato, aun con tripas de cobre, *412,34*
No abrà gato que no vença: *412,35*
Que entra el gato como el perro *477,39*
Gatos *7*
Con gatos de refitorios *58,47*
I con gatos de dineros. *58,48*
Los gatos de vellori, *111,36*
los gatos de sus doblones; *229,623*
algalia de algunos gatos, *229,1850*
que no son gatos de algalia. *229,1851*
Que esta es carcel de gatos de moneda. *440,8*
Gauacho *3*
que es vn melindre gauacho. *229,2063*
Si es gauacho el que camina *229,2067*
gauacho soi, pero honrado. *229,2071*
Gauan *3*
I el gauan de paño verde, *59,4*
Grana el gauan, armiños el pellico. *60,14*
Vn pardo gauan fue en el verde suelo, *263,986*
Gauia *2*
Baxel en cuia gauia esclarecida *247,5*
Gauia no tan capaz; estraño todo, *264,273*
Gauilan *3*
Si por gauilan os tuuo. *27,44*
Para el dote gauilan. *122,36*
Otra con vn gauilan *269,354*
Gayta *1*
Toda pues gayta conuoque *300,10*
Gazmies *1*
No te gazmies ni axaqueques; *59,46*
Gazul *2*
A Lindaraxa en Gazul, *269,482*
Gazul la cadena de oro, *269,487*
Gazules *1*
Vn desafio campal de dos Gazules, *202,6*
Gelanda *1*
Del aire, honor robusto de Gelanda, *264,754*
Gelido *1*
Desde el adusto Can al gelido Arto. *318,436*
Gelofa *1*
Morenica gelofa, que en Leuante *430,7*
Gelues *2*
En los Gelues naci, el año *57,41*
Que os perdistes en los Gelues, *57,42*

Geme *1*
El geme, digo, de plata, *257,33*
Gemido *10*
Tierno gemido apenas *103,45*
De algun dulce gemido; *129,15*
les harà dar vn gemido. *229,115*
En vno i otro gemido, *257,7*
El misero gemido, *263,13*
Del choro virginal, gemido alterno *280,53*
Mas con gemido alterno i dulce lloro, *291,6*
Entre vno i otro gemido *310,25*
Que me ha de hallar el vltimo gemido, *399,3*
La humilde voz, el misero gemido *499,16*
Gemidor *1*
” — Ai moro, mas gemidor *62,53*
Gemidora *2*
Gemidora a lo bíùdo; *322,128*
Tortolilla gemidora, *378,21*
Gemidores *2*
Los arrullos gemidores! *131,88*
Con remos gemidores, *264,34*
Gemidos *2*
Paloma se calò, cuios gemidos *261,319*
A mis gemidos son rocas al viento; *261,378*
Gemina *1*
Incierto mar, luz gemina dio al mundo, *318,114*
Geminis *1*
En Geminis vosotras, io en Aquario. *12,14*
Gemino *2*
Al gemino rigor, en cuias alas *264,929*
Eran de Africa gemino diamante, *323,6*
Gemir *4*
I a suspirar i gemir *82,90*
I a gemir no se atreuen *114,3*
De la mano a las ondas gemir hizo *264,482*
Sino gemir o callar; *288,4*
General *3*
Que el General os aguarda; *64,34*
Si el perdon general no es, *229,3520*
(General de vna sancta compañia) *318,39*
Generalife *1*
I a veer tu Generalife, *63,153*
Genero *2*
Su genero noticia; pias arenas *264,510*
Deste genero alado, *264,897*
Generosa *17*
Rei de las otras, fiera generosa, *47,4*
Con su generosa sangre, *61,12*
Tegieron dulce generosa cuna; *128,2*
Consorte es generosa dèl prudente *162,9*
Tan generosa i tan rara, *206,8*
Tan generosa fe, no facil honda, *264,161*
Quanto la generosa cetreria, *264,737*
Fraude vulgar, no industria generosa *264,781*
En letras luego, en generosa espada *280,34*
Entre las hojas cinco generosa, *291,1*
De estirpe en nuestra Hespaña generosa. *294,4*
Generosa piedad vrnas oi bellas *314,9*
Aguila generosa de su Esphera. *318,208*
Generosa a su Rei le hizo ofrenda, *318,270*
En ciudad vanamente generosa *318,315*
Pluralidad generosa *334,71*
I de su generosa cetreria; *499,57*
Generosamente *2*
I generosamente edificada. *99,4*

De nacion generosamente vana. *318,316*
Generosas *2*
Las generosas almenas *78,75*
Las Montañas generosas. *259,36*
Generosidad *1*
Con generosidad expulso ardiente, *323,8*
Generoso *18*
Tu generoso officio i Real costumbre. *17,7*
En cuio generoso mortal manto *35,2*
O ia por fuerte, o ia por generoso, *145,2*
Generoso primer caso, *158,26*
Que seran cuna i nido generoso *171,13*
Generoso pastor Sancto. *205,26*
El generoso paxaro su pluma, *261,10*
Honrre súaue, generoso nudo *262,33*
Tardo, mas generoso *264,787*
Generoso esplendor, sino luciente, *311,1*
Vn generoso anima i otro vulto, *312,4*
Su nieto generoso, occulto ahora, *318,43*
Solicitaua al trueno generoso, *318,60*
Ô esplendor generoso de señores. *361,14*
Si de tus venas ia lo generoso *391,7*
Cantarè el generoso Borja santo, *404,10*
Generoso mancebo, *421,1*
Generoso Don Iuan, sobre quien llueue *425,1*
Generosos *4*
Los generosos vinos, *229,50*
Discretos i generosos *242,2*
Generosos affectos de vna pia *264,635*
En tus primeros generosos paños. *280,18*
Genfàl *1*
Genfàl cuna su pabes estrecho. *318,440*
Genil *11*
Que enriquece Genil i Dauro baña *51,10*
Por quien, neuado Genil, *63,197*
Pisuerga viò lo que Genil mil veces. *155,14*
crystal su mano al Genil, *229,514*
menosprecia ia al Genil, *229,2339*
I al Genil, que esperandoos peina nieue, *231,10*
Sus cascaras el Genil, *243,4*
Cuias plantas Genil besa deuoto, *252,3*
Genil, que de las nieues se desata. *252,4*
Oro al Dauro le preste, al Genil plata. *252,8*
Cabello, oirà el Genil tu dulce auena, *289,2*
Genitiuo *1*
Cuia fecunda madre al genitiuo *264,726*
Genizaro *1*
Venda el trato al genizaro membrudo, *318,373*
Genizaros *1*
De los Genizaros fieros *63,137*
Genoua *3*
Que a Genoua i aun a Italia *204,49*
I a mi de Genoua zero, *413,17*
De Iaca, i aun de Genoua, que abriga *440,10*
Genoues *1*
Vn vergantin Genoues, *132,6*
Genoueses *1*
Deber a Genoueses puntuales; *463,10*
Gente *46*
I rìase la gente. *7,2*
I rìase la gente. *7,9*
I rìase la gente. *7,16*
I rìase la gente. *7,23*
I rìase la gente. *7,30*
I rìase la gente. *7,37*

I rìase la gente. *7,44*
I assi la fama, que oi de gente en gente *40,5*
I assi la fama, que oi de gente en gente *40,5*
Que ha obedecido tanta gente honrada, *68,13*
Mira que dice por aì la gente *71,2*
De esta gente la descartes *91,38*
Canonigos, gente gruesa, *98,41*
Dilo de gente en gente". *103,84*
Dilo de gente en gente". *103,84*
De hospedar a gente estraña *123,3*
Cantar las aues, i llorar la gente. *139,14*
Al atreuido passo de la gente, *146,2*
Dulce, pero simple gente, *148,35*
Miedo le tengo: hallarà la gente *152,3*
Coronada la paz) verà la gente *162,13*
— Tanta gente? — Tomamoslo de veras.
   183,5
Entre pastor de ouejas i de gente *203,91*
Camina en paz, refierelo a tu gente. *219,14*
"Aunque negros, gente samo, *228,122*
Alterada està la gente! *229,310*
gente de maior quantia, *229,430*
porque entre esta gente toda *229,747*
Ama al vso de la gente: *229,964*
Ama al vso de la gente: *229,988*
Ama al vso de la gente: *229,1004*
ama al vso de la gente: *229,1394*
La gente parecia *263,138*
Aduocaron a si toda la gente, *263,1025*
Gente es bien diciplinada. *269,96*
Tan gran esquadron de gente *269,1578*
Confusa multitud de gente Mora. *278,4*
Temiendo, pues, que la gente *288,53*
Que gente, Pasqual, que gente? *309,1*
Que gente, Pasqual, que gente? *309,1*
Que gente, Pasqual, que gente? *309,29*
Que gente, Pasqual, que gente? *309,29*
Pisò el mar lo que ia inundò la gente. *318,320*
Quanta le estaua coronando gente, *336,6*
Lleuando gente consigo, *477,12*
De la amorosa miserable gente, *499,36*

Gentes *20*
Por el dezir de las gentes. *81,8*
Por el dezir de las gentes. *81,16*
Por el dezir de las gentes. *81,24*
Por el dezir de las gentes. *81,32*
Por el dezir de las gentes. *81,40*
Por el dezir de las gentes. *81,48*
Por el dezir de las gentes. *81,56*
Hilarè tu memoria entre las gentes, *92,12*
Los dias de Noè, gentes subidas *108,9*
Injuria es de las gentes *129,28*
Pajaros supplan pues faltas de gentes, *203,19*
Sagittario crùèl de nuestras gentes *229,393*
Ô Fabio! No llames gentes. *229,1469*
De enxambres no, de exercitos de gentes.
   279,15
Harpon dulce de las gentes. *333,36*
I solicitar las gentes *388,3*
Philomena de las gentes, *389,19*
A vn rincon desuiado de las gentes *454,5*
I porque entiendan las gentes *490,21*
A vnas i a otras gentes *494,27*

Gentil *34*
Mas que el successor gentil *6,118*

Cuio bello cimiento i gentil muro, *13,2*
De el luciente crystal tu gentil cuello; *24,8*
Mirame, nympha gentil, *28,81*
Su labor bella, su gentil fatiga, *34,11*
I mientras con gentil descortesia *36,5*
Con gentil denuedo, *50,62*
Reliquias dulces dèl gentil Salicio, *67,7*
Io soi aquel gentil hombre, *82,5*
Digo aquel hombre gentil, *82,6*
El anima de vn Gentil, *111,30*
Dormid, copia gentil de amantes nobles,
   120,46
Me dio auiso vn gentil hombre *168,2*
Dèl Cauallero gentil. *226,108*
hecho espiritu gentil? *229,1195*
Vn mui gentil caminante, *229,1859*
Ese cerro gentil, al voto mio *229,2158*
lo que de Vesta vn gentil, *229,2273*
sino en el campo gentil *229,2437*
De la architecta gentil, *243,26*
Que a la Madre gentil de los Amores *256,12*
Arco digo gentil, bruñida aljaua, *261,457*
Artifice gentil de dobladuras *263,859*
Ô ceremonia gentil! *269,1369*
I mas, Doctor, la gentil *269,1694*
Peregrinò gentil, pisò ceñido *279,14*
Cisne gentil, cuio final accento *280,3*
El Palacio gentil, digo el Conuento, *294,10*
Espiritu gentil, no solo siga, *311,13*
Belga gentil, prosigue al hurto noble; *343,9*
Cysne gentil de la infernal palude. *453,14*
Cisne gentil, despues que crespo el vado *455,1*
Ô planeta gentil, de el mundo Apeles, *458,12*
Las plumas del gentil pecho pulia *499,70*

Gentiles *2*
Gentiles hombres, solo de sus vocas, *69,3*
La ventaja les hace a los Gentiles, *229,2199*

Gentilhombre *4*
Gentilhombre matasiete, *88,18*
Granadino gentilhombre, *229,477*
i gentilhombre Camilo. *229,1105*
quien es este gentilhombre? *229,3035*

Gentilhombres *1*
Gentil-hombres hize a muchos *111,45*

Geometra *1*
Geometra prudente el orbe mida *264,381*

Gèòmetria *1*
A la Gèòmetria se rebela, *264,670*

Gèòmetricos *1*
De cuios Gèòmetricos modelos, *195,6*

Geração *1*
Geração ficò nestremo. *303,32*

Gerardo *27*
Gerardo, nuestros abuelos, *269,1*
Gerardo, no te prometas *269,61*
Si ha cinco años, Gerardo, *269,104*
Quien, Gerardo, se la diera? *269,155*
Gerardo, quien a offender *269,243*
Como a tu amigo Gerardo *269,334*
Por medio el alma a Gerardo *269,509*
Anda Gerardo hecho vn Marte. *269,586*
Siendo como es del Gerardo *269,783*
Gerardo sin vn rèàl. *269,794*
Gerardo: i fue gran ventura *269,813*
Gerardo me embiò acà, *269,862*

Si encerrar puedo a Gerardo, *269,984*
Que los zelos de Gerardo *269,1004*
I no zelos de Gerardo, *269,1125*
Mirad no venga Gerardo; *269,1214*
Estimar puedes, Gerardo, *269,1275*
En el lecho si, Gerardo, *269,1331*
Lucrecia. Acà està Gerardo. *269,1359*
Adonde Gerardo està. *269,1413*
I io, Gerardo, lo entiendo. *269,1417*
Este traidor de Gerardo). *269,1533*
Cruzar la cara a Gerardo! *269,1565*
Es la espada de Gerardo, *269,1579*
En tal punto, que, Gerardo, *269,1644*
De Gerardo (amistad santa, *269,1743*
A Gerardo (i darè quien *269,1765*

Gerbilla *1*
De ambar quiere la gerbilla *122,11*

Gericongo *1*
De Gericongo MARIA. *308,32*

Gerigonça *1*
en gerigonça cegal. *229,3214*

German *2*
Al glorioso San German, *240,3*
Sabeis? Mui bien. San German *269,1946*

Germania *1*
A Germania hiciera, i a Turquia, *229,2208*

Geroma *1*
Dixo Geroma. El respondiò con brio: *462,12*

Geromos *1*
Que tein os Frades Geromos *303,23*

Geruilla *1*
Cinco puntos de geruilla, *6,2*

Gesto *2*
Porque me es tu gesto *50,106*
Entra el otro con mal gesto, *167,43*

Getafe *1*
I de Getafe su hocico: *493,17*

Gia *1*
Di questa canna, gia selvaggia donna, *118,13*

Gibraltar *2*
De Gibraltar a Iapon *26,39*
De Pamplona a Gibraltar, *269,1501*

Gigante *1*
Si baston no de vn gigante, *283,9*

Gigantes *5*
I el cielo por gigantes mas crùèles. *76,4*
Gigantes miden sus occultas faldas, *112,9*
de pensamientos gigantes. *229,2929*
Gigantes de crystal los teme el cielo; *262,8*
Verzas gigantes, nabos filisteos, *476,6*

Gigote *2*
Se le siruan en gigote. *107,80*
el cabrito en su gigote, *229,2842*

Gigotes *1*
Con gigotes de pepino, *228,27*

Gil *24*
Si, Gil, I es de modo *208,7*
Comele, Gil, que mechado *208,17*
Que tañia Gil Perales: *216,52*
no me persiga algun Gil); *229,2313*
ni Gil que tenga raiz; *229,2357*
De que, Gil? No deis mas passo. *268,38*
De que, Gil? No deis mas passo. *268,48*
De que, Gil? No deis mas passo. *268,58*
De que, Gil? No deis mas passo. *268,68*

De que estàs, Gil, admirado, *301,6*
No vaias, Gil, al sotillo; *351,1*
Gil, si es que al sotillo vas, *351,5*
No vaias, Gil, al sotillo; *351,13*
No vaias, Gil, sin temores, *351,18*
No vaias, Gil, al sotillo; *351,25*
No vaias, Gil? No deis mas paso; *351,37*
De que, Gil? No deis mas paso; *352,26*
De que, Gil? No deis mas paso; *352,36*
Gil desde sus tiernos años *357,13*
Paseò Gil el tablado, *357,57*
Llora Gil estas ausencias *357,81*
La de Gil, perdiò otra uez *419,26*
La propia a Gil no le basta, *419,48*
Gil Rabadan; pero reprocha alguno *443,10*

Gima *2*
Gima el lebrel en el cordon de seda, *261,15*
Que opreso gima, que la espalda corbe.
    318,256

Gime *12*
Que sobre aquel olmo gime, *48,14*
Con el tu muerte gime *103,23*
que quando el Austro mas gime, *229,2919*
Gime Bronte, i Sterope no huelga, *230,45*
Tan golosos, que gime *263,300*
Solo gime ofendido *263,689*
O infausto gime paxaro nocturno; *263,800*
Donde zelosa arrulla i ronca gime *264,270*
Ai como gime, mas, ai como suena, *287,9*
Gime i suena *287,10*
Ai como gime, mas, ai como suena, *287,23*
Gime i suena *287,24*

Gimen *2*
Que gimen quando el se quexa — . *115,34*
A los que al son de sus cadenas gimen *318,455*

Gimiendo *4*
Buelues despues gimiendo, *129,4*
Gimiendo el Alcîon, era en la plaia *185,3*
Gimiendo tristes i bolando graues. *261,40*
Numero i confusion gimiendo hazia *264,806*

Ginebra *1*
Ginebra a Toledo llamo, *229,3406*

Gines *1*
Las fiestas de Sant Gines, *357,45*

Gineta *3*
I otro para la gineta. *73,68*
La gineta dos puestos coronados *155,5*
Cantemos a la gineta, *486,1*

Ginete *5*
Aquel jumental ginete, *59,32*
El Seuillano ginete, *88,102*
Bien guarnecida espada de ginete, *113,6*
Florida ambrosia al viento diò ginete; *264,728*
Como ginete Africano, *356,10*

Ginetes *2*
Capitan de cient ginetes. *57,12*
Ginetes offreciò de oro. *242,48*

Ginoues *4*
O Flamenca o Ginoues, *123,4*
Traducen en Ginoues *161,31*
vn Ginoues Lomelin. *229,2381*
Vna con vn Ginoues, *269,351*

Ginouès *1*
Segunda tabla a vn Ginouès mi gruta *261,449*

Ginouesa *1*

I vna espada Ginouesa, *73,30*

Ginoueses *1*
Que Ginoueses i el Tajo *167,79*

Giralda *1*
Giralda del Capitolio". *242,44*

Girifalte *3*
Mulatero girifalte, *110,58*
El Girifalte, escandalo bizarro *264,753*
A vn Girifalte, Boréàl Harpìa *264,906*

Giros *2*
A los giros bolubiles que asiste, *318,446*
Astros de plata, que en lucientes giros *318,519*

Gitana *2*
No ay Gitana bella *160,60*
Gitana i no labradora! *229,3472*

Gitano *3*
La bruxula de vn Gitano, *111,31*
A vn Gitano, puesto que el *257,48*
El aspid es gitano; *263,111*

Gitanos *5*
Trepan los Gitanos *160,1*
Gitanos de Corte, *160,5*
Conde de Gitanos, *160,73*
Ay otros Gitanos *160,113*
I aun parecen de Gitanos: *301,31*

Gladiatorios *1*
Iuegos, o gladiatorios, o ferales: *318,506*

Glauco *2*
Ronco si, escucha a Glauco la ribera *261,118*
Glauco en las aguas, i en las ierbas Pales.
    264,958

Glavca *4*
Por ver a la hermosa GLAVCA, *10,6*
"GLAVCA, dize, donde estas? *10,11*
GLAVCA mia, no respondes, *10,21*
Sin duda se muda GLAVCA". *10,36*

Globo *1*
Graue, de pereçosas plumas globo, *264,791*

Globos *5*
Su compas i globos *65,219*
Que en ocho globos o diez *132,38*
Quando, entre globos de agua, entregar veo
    261,441
En globos de agua redimir sus Phocas. *264,426*
Vn duro Sacre, en globos no de fuego, *264,911*

Gloria *68*
Te dan gloria mirifica, *1,44*
Gloria llamaba a la pena, *2,45*
I gloria de aquella plaia. *10,8*
Matò mi gloria, i acabò mi suerte. *20,11*
Que està dudosa entre los dos la gloria, *40,3*
Gloria de tu nombre, *50,19*
Las Primaueras de gloria, *63,187*
Que ahora es gloria mucha i tierra poca, *67,13*
Que entre los signos, ia que no en la gloria,
    68,10
Como aier te vi en pena, i oi en gloria? *71,13*
Gloria naual de las Britannas lides, *72,71*
Vida a ti, gloria al Betis, luz a todos. *77,51*
Gloria de los bosques, *79,95*
De nuestra gloria, bien fue heroico hecho;
    117,4
De gloria, en recordando; *120,53*
Si la gloria de Chacon *121,41*
Gloria del nombre de Vlloa, *121,102*

Gloria, magestad i ser *121,137*
La gloria de los ZVÑIGAS de España. *166,24*
Alta esperança, gloria dèl estado, *171,1*
Coronense estos muros ia de gloria, *171,12*
De luz a España, i gloria a los VENEGAS.
    194,11
Si espira suauidad, si gloria espira *196,10*
Gloria dèl Sol, lisonja fue dèl viento. *221,4*
Créìa que en la gloria *229,86*
es beldad de el Tajo i gloria. *229,741*
que vencerà vuestra gloria *229,2044*
Que con tanto esplendor, con gloria tanta,
    229,2163
Goda virtud, i gloria Castellana; *229,2181*
que es maior gloria, Tadeo, *229,2482*
i no ai gloria sin Camilo. *229,2697*
La MARGARITA pues, luciente gloria *245,9*
Este pues, gloria de la nacion nuestra, *251,12*
Nectar del gusto i gloria de los ojos. *256,62*
Luciente de Hespaña gloria; *259,30*
Gloria del mar, honor de su ribera. *261,196*
Que, en tanta gloria, infierno son no breue
    261,327
Minador antes lento de su gloria, *263,741*
Gloria maior de el soberano choro. *263,809*
De gloria, aunque villano, solicita *263,1003*
LICIDAS, gloria en tanto *264,531*
Ô gloria mia! El Doctor *269,1194*
Gloria de la nacion nuestra! *275,80*
Gloria de CASTRO, inuidia de Caistro, *280,2*
Tu maior gloria? A segar *286,22*
Tu maior gloria? A segar *286,34*
Escribid, que a mas gloria Apollo os llama:
    292,12
Sella esplendor, desmiente gloria humana,
    298,7
I gloria vos de su madura frente. *311,4*
Augusta es gloria de los Sandouales, *315,73*
Gomez Diego, del Marte cuia gloria *318,26*
Gloria del tiempo Vceda, honor Saldaña,
    318,117
La maior gloria de su Monarchia; *318,150*
Esta, pues, gloria nuestra, conducida *318,289*
Para mas gloria vuestra, de ambos Mundos.
    323,14
Gloria dando a las alturas, *331,23*
Admitiò la hasta, i su mas alta gloria *359,10*
Gloria serà siempre vuestra, *390,9*
Ô gloria de quanto vuela, *390,41*
Con razon, gloria excelsa de VELADA, *391,1*
Si de su gloria la pureça suma *404,11*
Gloria de los Clarissimos SIDONES, *421,61*
Pues oi da vuestra pluma nueua gloria *425,9*
No ai passo concedido a maior gloria, *434,10*
En "gloria patri", pero no inclinados; *437,6*
Tu sentencia de oluido, i da la gloria *439,10*
Dar gloria en tan breue suma? *480,2*
O a la Gloria de Niquea. *480,10*

Glorias *2*
Infernales glorias, *50,31*
Rumiando glorias i penas, *62,30*

Gloriosa *20*
De gloriosa fama, *11,2*
(Gloriosa suspension de mis tormentos), *44,8*
De su gloriosa beldad), *95,44*

Digna corona a su gloriosa frente, *172,11*
Que a la gloriosa cadena *178,13*
Tienda es gloriosa, donde en lechos de oro *180,9*
Su memoria sea gloriosa; *206,19*
su venida sea gloriosa, *229,2037*
Gloriosa i del successo agradecida, *230,35*
Si a mas gloriosa Phenix construida. *247,4*
Ostentacion gloriosa, alto tropheo *261,238*
El largo sceptro, la gloriosa espada, *279,8*
Con pompa receuida al fin gloriosa, *318,313*
Iurisdiction gloriosa a los metales! *318,432*
Templo, ereccion gloriosa de no ingrata *318,484*
Trompa es siempre gloriosa de tu Hijo. *324,14*
Iace gloriosa en la que dulcemente *392,9*
Ciudad gloriosa, cuio excelso muro *404,1*
Gloriosa, pues, llama se *416,5*
Ciña tu gloriosa frente *487,7*
Gloríòsa *8*
Ô siempre gloríòsa patria mia, *51,7*
Emula de prouincias gloríòsa, *77,70*
Zahareña i gloríòsa. *149,66*
Gloríòsa Infanteria; *158,44*
Ciñe las sienes gloríòsa rama, *263,979*
Que de vna i de otra meta gloríòsa *263,1058*
Ô Virgen siempre, ô siempre gloríòsa *315,65*
De pisar gloríòsa luces bellas, *318,402*
Gloriosamente *1*
Darà flores i vos gloriosamente *250,6*
Gloríòsamente *2*
Ostenta el rio, i gloríòsamente *230,20*
Tu ser primero, i gloríòsamente *364,10*
Gloriosas *5*
De que dan gloriosas señas *63,133*
Campo glorioso de gloriosas almas, *77,42*
las siempre gloriosas sienes *229,470*
Siempre gloriosas, siempre tremolantes, *263,422*
Plumas siempre gloriosas, no del aue *272,3*
Glorioso *30*
Campo glorioso de gloriosas almas, *77,42*
En premio glorioso *79,105*
Ethna glorioso, Mongibel sagrado, *112,4*
El Tajo, glorioso el buelo, *121,38*
Que a dos Sarmientos, cada qual glorioso, *145,3*
Sacra ereccion de Principe glorioso, *195,9*
Dèl vital glorioso leño *209,25*
Si es glorioso para vos, *227,24*
Glorioso ya, i penado, *229,89*
si bien el Tajo glorioso *229,2338*
Al glorioso San German, *240,3*
Sabelo el sancto glorioso *242,78*
En aquel marmol, Rei siempre glorioso; *271,2*
Con nuestro glorioso Niño, *302,22*
Glorioso el Tajo en ministrar crystales *315,23*
Crezca glorioso el esquadron ouante, *315,78*
Pisa glorioso, porque humilde huella *318,38*
Que el siluo oiò de su glorioso tio, *318,51*
Ia la doctrina del varon glorioso, *318,58*
Que deuerà al glorioso Conde España. *318,608*
Esta pues desde el glorioso *322,81*
A su muro dio glorioso *357,42*
Glorioso hizo tu fin, *369,2*

Que glorioso que està el heno, *374,3*
Que glorioso que està el heno, *374,13*
Que glorioso que està el heno, *374,23*
Que glorioso que està el heno, *374,33*
Glorioso ingreso a la tercer Thiara; *404,44*
De vn plomo al raio muere glorioso. *415,5*
Glorioso entalle de immortal relieue. *425,8*
Gloríòso *5*
Gloríòso Frances esclarecido, *220,5*
Gloríòso Cupidillo, *243,61*
A gloríòso pino, *263,467*
Ô vos, a cuio gloríòso manto *335,10*
Que el de el Euangelista gloríòso. *451,11*
Gloriosos *3*
Gloriosos infiernos. *50,32*
A cuios gloriosos cuerpos, *63,105*
Que tus gloriosos excessos, *236,7*
Gloríòsos *1*
Que ia entre gloríòsos Capitanes *66,3*
Gnido *1*
Quantas produce Papho, engendra Gnido, *261,333*
Goa *1*
I à Goa i su potencia *1,25*
Gobernaba *1*
Gobernaba de alli el mundo, *26,33*
Gobernar *1*
Que gobernar tal carro no presuma, *32,10*
Gobierna *1*
I otros ai que los gobierna *102,35*
Gobiernas *1*
Edad, pastor, gobiernas tu ganado, *180,2*
Gobierno *2*
Traten otros del gobierno *7,3*
El triste perrinchon, en el gobierno *68,5*
Goça *3*
Goça cuello, cabello, labio, i frente, *24,9*
Goça, goça el color, la luz, el oro. *36,14*
Goça, goça el color, la luz, el oro. *36,14*
Goçado *1*
Octauio, no aueis goçado *229,3330*
Goçaos *1*
Goçaos en saçon; que el tiempo, *355,73*
Goçaràla *1*
Goçaràla, i io contento, *229,2454*
Goce *3*
Porque la nieue se goce, *131,106*
Goce Cuenca vna i otra moneria, *201,7*
I goce en siglos dichosos *242,118*
Goço *1*
Que en dulce libertad goço, *83,22*
Goda *1*
Goda virtud, i gloria Castellana; *229,2181*
Godo *1*
El templo entraba quando al sancto Godo *315,31*
Godofre *1*
Don Godofre el heredado, *73,77*
Gofo *2*
— No, gofo, sino aquesa cantimplora, *277,6*
Pedante gofo, que, de passion ciego, *434,7*
Golfo *6*
Del golfo de mi lagar *7,35*
De el golfo de estas desgracias *74,101*

Del soplo Occidental, de el golfo incierto, *230,60*
Golfo de escollos, plaia de Syrenas! *245,6*
Golfo de sombras annunciando el puerto. *263,61*
Como sean del golfo de Narbona. *342,14*
Golfos *1*
Que es todo golfos i estrechos. *143,16*
Gollete *1*
De zelos hasta el gollete *88,54*
Golondrinas *1*
Que las golondrinas; *65,212*
Golondros *1*
Amaneciò con golondros *242,30*
Golosa *2*
Si golosa te ha traido *213,11*
Senos que ignora aun la golosa cabra, *261,394*
Golosas *4*
Moças golosas, *494,5*
Moças golosas, *494,20*
Moças golosas, *494,35*
Moças golosas, *494,50*
Golosina *1*
Pagàra su golosina *243,21*
Golosos *2*
Tan golosos, que gime *263,300*
De golosos Cupidillos *389,25*
Golpe *4*
Ia despide el primer golpe *131,34*
El golpe no remisso *263,693*
El golpe solicita, el vulto mueue *264,470*
Quien el golpe atribuie a Durindana, *381,5*
Golpéàda *1*
Golpéàda la capilla *74,10*
Golpes *4*
A sus resacas i golpes, *179,52*
De sus golpes el pecho menos sano. *197,8*
inuencibles a los golpes *229,537*
Quando no a golpes de espadas, *269,1016*
Goma *1*
Goma su copete, i son *126,44*
Gomas *2*
Sacros troncos sudar fragantes gomas, *263,923*
Gomas, que desmiente en vano. *479,4*
Gomeles *1*
De Zegries i Gomeles, *63,3*
Gomez *2*
Gomez Diego, del Marte cuia gloria *318,26*
Al Diego deberà Gomez segundo; *318,424*
Gonçalo *1*
Que el rocin de Arias Gonçalo, *96,18*
Gonzalo *1*
Al gran Gonzalo Fernandez, *63,124*
Gorda *2*
Qual la quiere gorda i fresca, *102,38*
en el meson de la Gorda. *229,2086*
Gorgeos *1*
A los niños los gorgeos *322,35*
Gorgorio *1*
Do Rei de Congo canta Don Gorgorio, *430,11*
Gorjea *1*
Como en pañales niña que gorjea. *458,11*
Gorjeo *1*
Cunas son oi de su primer gorjeo. *457,8*
Gorras *1*

De gorras, de capillas, de bonetes. *448,4*
Gorrion *1*
Pìòla qual gorrion, *228,93*
Gorriones *1*
En nido de gorriones; *105,92*
Gorronas *1*
Os hagais gorronas *65,255*
Gorrones *1*
Que con los gorrones *65,253*
Gota *5*
Cera, que la menor gota *187,3*
Quando entendi tenia gota. *269,552*
Fragrante perla cada breue gota, *325,6*
Comer salchichas i hallar sin gota *463,1*
Aqui dexaua vna gota *499,146*
Gouernador *1*
Voi, señor Gouernador. *269,1649*
Gouernar *1*
Gouernar a toda España. *412,4*
Gouierna *1*
Por la que te gouierna *72,45*
Gouiernan *1*
Mientras gouiernan mis dias *7,5*
Gouiernas *1*
Con que gouiernas tu veloz corriente; *16,11*
Gouierno *5*
Si de el carro del Sol no es mal gouierno, *109,13*
De los Satrapas ia de aquel gouierno. *318,160*
El Virrei, confirmando su gouierno, *318,183*
Gouierno prudencial, profundo estado, *421,12*
Gouierno al fin de tanta monarchia, *421,57*
Goza *7*
Do el bien se goza sin temer contrario; *12,11*
negandose lo que goza. *229,789*
La sal que busca, el siluo que no goza; *231,8*
Goza lo que te offrece *256,55*
Goza sus bellas plantas, *256,59*
Que el tiempo buela. Goza pues ahora *264,601*
Goza la dignidad Cardenalicia, *421,72*
Gozaba *1*
te dexa, pues te gozaba. *229,1908*
Gozad *1*
i gozad de el nueuo estado *229,3516*
Gozallas *1*
Dignas de que por gozallas, *63,221*
Gozan *2*
Si trabajan los pies, gozan los ojos. *25,24*
Mas canas gozan la Aurora, *269,1776*
Gozando *1*
gozando lo que se niega, *229,788*
Gozar *4*
Gozar? No tiene en su aljaua *229,1909*
Merecieran gozar, mas enseñado *244,3*
Las rosas gozar dexa de su frente, *263,637*
Algun rato gozar desconocido, *499,56*
Gozas *1*
Por el regalo que gozas. *97,32*
Goze *2*
Goze el pobre de Tisberto *269,1483*
Assi goze el galan iluminado, *445,3*
Gozeis *2*
gozeis a vuestra Isabela. *229,3510*
Para que la gozeis vos: *269,1760*
Gozo *1*

En las victorias el gozo, *357,56*
Gozò *2*
En tu roca gozò, que ia no es roca, *269,1264*
No a lumbre muerta en noche gozò obscura, *269,1268*
Gozòla *1*
Gozòla, i no muchos dias, *229,600*
Gozoso *1*
Turbado estais de gozoso. *229,2949*
Gozque *1*
Que vn gozque arrastre assi vna executoria *68,12*
Gozques *1*
Soga de gozques contra forastero, *293,4*
Grabes *2*
Sus miembros aun no el Fuentes hizo grabes, *318,566*
Son todos; pero mas grabes *414,6*
Gracia *19*
Pues tiene tal gracia *11,14*
Beldad qual la de Clori, o gracia tanta. *22,14*
De vuestro donaire i gracia, *29,28*
Con differencia tal, con gracia tanta *41,1*
Ni ai gracia ni aurà sepades. *110,12*
Quarta gracia Amor la llama *121,105*
En la gracia de su Rei, *132,66*
I el (por la gracia de Dios) *147,7*
(Con buena gracia digo, señor Momo), *254,2*
Casta Venus llorar su quarta gracia, *260,10*
Mas en la gracia igual, si en los desdenes *261,125*
Beldad parlera, gracia muda ostenta, *263,726*
De tu gracia, i mi cudicia, *269,1303*
Porque de "gracia i sepades" *282,9*
De la lei de escritura a la de gracia, *313,35*
A la gracia, si bien implume, hacia *318,146*
Tu creacion, la gracia le fue hecha. *421,33*
Dexe su gracia la piedad diuina; *471,12*
Deste con la dulçura, con la gracia, *472,10*
Gracias *27*
Gracias doi al cielo *50,2*
I de gracias singulares. *61,36*
Gracias a los Chauarrias; *74,62*
I las gracias, todo es sal. *121,110*
Su hijuelo i las tres gracias *148,26*
Vengan las gracias, que dichosas Parchas, *156,20*
Gracias os quiero dar sin cumplimiento, *182,1*
las gracias que, acompañando *229,524*
Gracias doi a Dios, que muebas *229,650*
gracias a Dios puedo dar. *229,819*
Muchas gracias doi al cielo *229,1669*
i las gracias de Donato. *229,3525*
El terno Venus de sus gracias suma. *261,100*
Terno de gracias bello, repetido *263,888*
Gracias el pescador a la Diuina *264,362*
I tengo, gracias a Dios, *269,429*
Gracias io i vuestra salud *269,1961*
Que, a Dios gracias, arte i regla *275,118*
Braços te fueron de las Gracias cuna, *280,16*
De las gracias reciprocas la suma *315,57*
Dignando de dos gracias vn sugeto. *318,224*
Sus gracias Venus a exercer conduce *318,441*
Gracias no pocas a la vigilancia *318,545*
Las gracias de Venus son: *376,5*

Que las gracias solamente *376,7*
Alternen gracias los choros, *388,31*
Dad gracias al Amor, que sois tercera *448,3*
Graciosa *3*
Graciosa es la preuencion. *229,2652*
Graciosa incredulidad! *269,541*
Por bien graciosa manera *499,164*
Graciosissima *1*
Graciosissima es la fiesta. *229,3264*
Gracioso *4*
Gracioso està el balcon, io os certifico; *201,5*
Concauo frexno, a quien gracioso indulto *264,283*
Otros dos. Gracioso aliño *269,2002*
Que por su gracioso pico *493,26*
Gradas *1*
No pisò vn tiempo las Gradas, *229,722*
Grado *5*
como tu, sino de grado; *229,1738*
Por la borla de mi grado, *269,865*
Se lo conceden de grado *418,37*
Quizà hasta que barbe el Grado *481,3*
Ora de fuerça o de grado *499,258*
Grados *2*
En sus grados, i en su nombre, *269,421*
Su fondo i sus grados quento. *269,1857*
Gradua *1*
o de aguila le gradua *229,2432*
Gradúàdamente *1*
I premîados gradúàdamente, *263,1024*
Gradúàdo *1*
Muriò en tus facultades gradúàdo, *269,400*
Gradúàn *1*
Que se gradúàn ia trompos. *242,140*
Gradúàndo *1*
Gradúàndo sus espadas *269,2*
Graja *1*
Que le cante a la graja en vuestro nido. *448,11*
Grajas *1*
Se ceba en pechos de grajas *110,59*
Grajos *1*
A tulliduras de grajos *87,99*
Grama *3*
De frescas hojas, de menuda grama: *53,4*
De frescas sombras, de menuda grama. *261,216*
Sobre el de grama cesped no desnudo, *262,29*
Grammatica *1*
Ved que grammatica se usa, *477,32*
Grammatico *1*
En Grammatico nefando, *269,1879*
Gran *97*
Lauro, por premio del gran Dios Lucifero. *1,52*
Se mira la gran corona, *9,3*
Que, vista esa belleza i mi gran llanto, *12,12*
El gran Señor dèl humido tridente. *16,14*
Que aquel que fue en la gran ciudad de Nino *21,13*
Pues en tan gran carrera *25,45*
Deueis con gran razon ser igualados, *40,9*
Gran honra le serà, i a su ribera, *45,13*
Del Nemeo leon el gran despojo. *47,14*
De la gran madre de Achiles, *48,76*
Por tan gran milagro *50,5*
Con vn gran caldero. *50,104*

Ô gran Rio, gran Rei de Andalucia, *51,3*
Ô gran Rio, gran Rei de Andalucia, *51,3*
Dèl Gran Señor regalado, *61,7*
Gran Capitan en las guerras, *61,13*
Gran Cortesano en las paces, *61,14*
Al gran Gonzalo Fernandez, *63,124*
I vna mui gran sylua *65,98*
Vn gran Coronista, *65,166*
Es gran humanista, *65,178*
De vna tan gran carroça se embaraça; *68,6*
Tiene a su esposo, i dixo: "Es gran baxeça *68,11*
— Tengoos, señora tela, gran mancilla. *70,1*
Enarbola, ô gran Madre, tus banderas, *72,76*
En que la gran Metropoli de España, *77,2*
El gran Sepulchro que mereciò a CHRISTO; *77,64*
I tu, ô gran Madre, de tus hijos chara, *77,69*
A la occasion, que es gran ierro; *87,80*
Gran regador de membrillos; *89,4*
Buenas noches, gran señor *110,61*
No fue esta mas hazaña, ô gran Dios mio, *117,9*
Porque no es gran marauilla *123,30*
Dixo, los años de tan gran tropheo". *137,14*
Fui gran hombre en el sacar *147,3*
Al gran theatro de España; *158,37*
Al gran pastor de pueblos, que enriquece *194,10*
De tan gran señora, i quien, *217,26*
Poderoso gran señor, *227,32*
En la gran sala, i en el jardin verde. *229,105*
violin no, que es gran mohina *229,300*
Gran pesquisidor! Con quien? *229,344*
Tal traicion? Tan gran desden? *229,347*
Ô gran bontà di Cauaglieri erranti! *229,388*
Gran Babilonia de Hespaña, *229,488*
que ha mui gran rato que he sido *229,916*
me valdrà vn gran desengaño. *229,1023*
Mal dixe. Gran desvario! *229,1161*
Gran lisonja! Mucho apura *229,1733*
Gran falso, Amor, hecho has. *229,1775*
Gran confiança! A leello *229,1965*
en gran cuidado me pones, *229,2120*
Salue, ô gran Capitolio vn tiempo, ahora *229,2178*
en gran rato no pudiera *229,2392*
Gran firmeça es esta. Mira *229,2918*
gran trato con Marcelino *229,2974*
i fue vn gran representante. *229,3231*
Gran consuelo es, Galeaço, *229,3402*
Es esta la gran corona? *229,3410*
verà vn gran passo. Señor, *229,3482*
Offrece al gran PHILIPPO los castillos, *230,12*
Gran dueño mio, i con inuidia dexa *231,2*
Gastò gran summa, aunque no han acabado *255,7*
Que atrauesado remolcò vn gran sollo. *264,505*
Publicar tan gran rebes; *269,188*
Que con gran puntualidad *269,287*
I ceguedad, gran colyrio *269,317*
Gerardo: i fue gran ventura *269,813*
Se meta. Es gran bordadora. *269,888*
Trabaja. Es gran bordadora. *269,896*
La mano. Ô que gran fatiga! *269,1103*
Gran pena me ha dado Enrico *269,1170*

El me harà gran señor *269,1197*
Mui gran rato ha que os aguardo. *269,1360*
Doctor. Es gran bordadora. *269,1385*
Gran pagador sois. Tancredo, *269,1391*
Diolo? Si. Es gran bordadora. *269,1457*
Tan gran esquadron de gente *269,1578*
Que vna gran ocasion pierdes. *269,1817*
Incapaz a la tuia, ô gran Señora, *270,2*
Escriba, lo que vieron, tan gran pluma, *271,12*
Gran freno moderò tu cuerda mano; *317,4*
De la ambicion, al pie de su gran dueño *318,202*
Prouido el Sando al gran consejo agrega *318,257*
Tan gran Corona de tan gran Tîàra, *318,294*
Tan gran Corona de tan gran Tîàra, *318,294*
A raio illustre de tan gran corona, *318,323*
Nueuo Epiciclo al gran rubi del dia, *318,515*
Esta, pues, que de aquel gran mundo ha sido *318,537*
Con el gran Duque. Principes, a Dio; *379,2*
Reclinatorio es de su gran Dueño, *421,54*
Aunque la Italia siente en gran manera *449,12*
Calçaros con gran premio la vna bota *463,5*
Causò aquesto en el pueblo gran mohina, *475,12*
I al gran Neptuno el humido Tridente, *499,9*
Has merecido oi ver la gran belleza *499,110*
La gran magica Filena: *499,351*

Grana *10*
Bordadura de perlas sobre grana, *18,4*
Grana el gauan, armiños el pellico. *60,14*
Sus labios la grana fina, *148,21*
Guarden las perlas en grana. *148,24*
O en pipas guardan la exprimida grana, *261,150*
Purpureos hilos es de grana fina. *263,162*
Sobre la grana que se viste fina, *263,353*
En grana, en oro, el Alua, el Sol vestidos. *318,312*
Oro no raiò asi flamante grana *395,1*
Grana es de poluo al vltimo suspiro. *421,22*

Granada *18*
Pues eres, Granada illustre, *63,229*
Granada de personages, *63,230*
Granada de seraphines, *63,231*
Granada de antigüedades, *63,232*
Puerta de Eluira en Granada *126,30*
Salimos para Granada *229,500*
La hermosura de Granada, *229,512*
que a Libia quies en Granada, *229,1503*
al que en Granada mintiò. *229,1643*
quando tuue de Granada *229,1869*
i con Grimaldo en Granada, *229,2984*
Emilio, vno de Granada, *229,3091*
No sois vos el que en Granada *229,3110*
Fuistes a Granada? Si. *229,3141*
Io, porque estoi en Granada *229,3546*
Pastor que vna Granada es vuestra choça, *231,5*
De la Granada a quien lame *243,3*
Fueron el auto de la fee en Granada. *442,14*

Granadina *1*
Libia soi la Granadina. *229,3426*

Granadinas *1*
De sus Granadinas canas *229,3170*

Granadino *9*
Granadino gentilhombre, *229,477*
que vn Granadino promete? *229,1754*
De vn Granadino rubies *229,1755*
I allà qualquier Granadino *229,1759*
o Granadino Troiano, *229,1906*
io la guardo a vn Granadino. *229,2749*
Era Granadino èl? *229,2809*
Fabio, vuestro Granadino *229,2855*
que el Granadino es Marcelo, *229,3078*

Granado *1*
Figurando ia granado *93,68*

Granates *4*
I la sarta de granates: *105,26*
En la juncia los granates; *216,48*
De los granates mas finos *229,504*
Sabrosos granates fueron *322,483*

Grande *30*
Con tan grande estremo, *11,21*
Que te sirues como grande *26,107*
"De quien me quexo con tan grande extremo, *39,21*
De quien me quexo con tan grande extremo, *39,31*
De quien me quexo con tan grande extremo, *39,41*
De quien me quexo con tan grande extremo, *39,51*
Grande aire de abaxo; *56,46*
Tan populosa i tan grande, *63,10*
Obra de architecto grande, *63,96*
No es grande de cuerpo, *65,29*
Del grande IGNACIO no ofreciera luego *218,6*
Que vn arbol grande tiene gruesos ramos. *222,11*
Grande orinador de esquinas, *228,39*
que tendrè a grande mohina *229,194*
Cubrome, pues me haces Grande *229,912*
esta grande alevosia. *229,1485*
Es melancolia mui grande. *269,83*
Mui grande locura es, *269,834*
Mui grande flaqueza sientes *269,839*
Con grande cadena de oro. *269,969*
Grande en Auila appellido, *275,49*
La grande America es, oro sus venas, *298,33*
Aquella grande, estotra no pequeña. *318,328*
En coiunda feliz tan grande estado, *318,427*
Cena grande, siempre cena *388,5*
Madrid que es grande lo diga, *418,28*
Para ruido de tan grande trueno *458,5*
Sin que ni al grande ni al chico *493,2*
Quan grande maestra soi *499,211*
Floriscio, grande es tu fe; *499,274*

Grandeça *2*
Su grandeça es vn enano, *122,23*
Grandeça del Duque ahora, *132,31*

Grandes *18*
Tan grandes son tus extremos *48,21*
Los ojos son grandes, *65,45*
Grandes mas que elephantes i que habadas, *69,1*
Tan grandes, que juraria *74,70*
De los relampagos grandes *75,67*
De suerte que los grandes, los menores, *77,32*
De los candeleros grandes, *110,16*

Nieto soi de quatro grandes *111,5*
Como en botica grandes alambiques, *150,13*
De Principes, de Grandes, de Señores; *155,6*
Sin ser grandes bestias, *160,116*
Hacer las letras mas grandes, *216,40*
Grandes hombres, padre i hijo, *228,25*
Que ha resistido a grandes, digo Soles. *233,8*
Que sin rumor preuino en mesas grandes. *263,857*
Grandes señas son de enojos *269,1034*
No sean grandes, que al mas chico *269,1658*
Tomado hemos grandes puntos *269,1700*

Grandeza *6*
Religiosa grandeza dèl Monarcha *76,9*
Donde oi te offrece con grandeza rara *173,6*
Sacro obelisco de grandeza estraña, *229,2172*
Que en duracion se burlan i en grandeza *256,26*
En modestia ciuil réàl grandeza. *264,812*
Grandeza vuestra. Libre destos daños *465,10*

Grandezas *3*
quien tus grandezas alaba. *229,121*
Con sus grandezas, Seuilla *229,496*
Entre grandezas de la falda amada, *280,32*

Grandissima *1*
grandissima amiga suia; *229,201*

Granero *1*
Fertil granero ia de nuestra España; *318,356*

Grangéàndo *1*
Grangéàndo en ello *350,25*

Grangéàramos *1*
Grangéàramos en ello *346,5*

Grangeè *1*
i aun grangeè fuerzas dobles, *229,577*

Grangeo *2*
La piedad con mis lagrimas grangeo. *120,51*
Que con monerias grangeo *269,435*

Grangeò *1*
Pues grangeò galan ierno *226,117*

Grangéò *1*
Grangéò su pluma tantos, *413,38*

Grangeria *2*
Que no es grangeria mui rica *269,614*
Quenta de su grangeria. *269,892*

Grangerias *1*
De vuestras grangerias. *263,903*

Grano *17*
Si piensa que grano a grano *93,26*
Si piensa que grano a grano *93,26*
I quatrocientos de vn grano. *96,152*
Vn solo es grano, *209,2*
Pan diuino, vn grano es solo *209,10*
Vn solo es grano, *209,17*
Este grano eterno, pues, *209,23*
Vn solo es grano, *209,32*
blanco tiene el grano, amiga; *229,1760*
I cada grano suio vuestra oueja, *231,6*
Cloris, el mas bello grano, *243,1*
Que gallinas domesticas al grano, *264,253*
Como grano de altramuz, *269,498*
Guardò el grano, aunque pequeño *373,5*
Dèste, pues, grano fecundo *373,9*
Conduciendo a Egypto el grano, *373,15*
El Verbo eterno hecho oi grano *388,27*

Granos *4*
porque en menos granos vi *229,230*

Pues si en la vna granos de oro llueue, *261,147*
Luciente pluuia io de granos de oro, *269,1253*
Los granos de oro que llouiò la nube. *269,1258*

Grasa *1*
Despidiose el Frances con grasa buena, *254,1*

Grassa *1*
De su ignorancia tan grassa, *483,6*

Grata *6*
Que hallarà corriente grata *126,51*
Corona Imperiâl que, al cielo grata, *229,2155*
Con mano administrar al cielo grata, *290,6*
Eleccion grata al cielo aun en la cuna, *318,151*
De el mar es de la Aurora la mas grata, *318,533*
Tu, a los metales mas grata *416,15*

Gratias *1*
De seis ordenes. Deo gratias. *269,360*

Gratitud *1*
Amistad i gratitud. *269,436*

Grato *2*
Tan grato como pobre aluergue, donde *281,23*
Quàntas de grato señas te deseo, *426,13*

Grauado *1*
Besa el nombre en sus arboles grauado. *318,54*

Grauados *1*
De los yelmos grauados, *72,16*

Graue *44*
Que sea Medico mas graue *6,61*
Ni en tu pecho cruel mi graue pena. *25,48*
Lo que en mas graue instrumento *26,3*
Solo a representarme el graue ceño *44,6*
Que en graue i airoso huello *49,46*
I el fin dichoso del camino graue *54,7*
De vna graue enfermedad, *95,2*
I vn graue potente flaire; *98,66*
No ponderosa graue pesadumbre, *112,6*
Graue al amor, a muchos importuna; *119,6*
Que, de agudas flechas graue, *121,47*
De mui graue la viudita *123,11*
Obedeciò mejor que al baston graue, *145,4*
vuestra esposa. Traicion graue. *229,2765*
Pero su graue persona *229,3046*
Mucho mas graue que el plomo, *242,126*
Honor de el pulpito graue *259,47*
I al graue peso junco tan delgado, *261,55*
Al pie, no tanto ia de el temor graue, *261,253*
Igual en pompa al paxaro que, graue, *261,365*
De quantas vomitò riqueças graue *261,435*
De canas graue, hablò desta manera: *263,365*
Lo graue tanto, que lo precipita, *263,1008*
Vn plomo fio graue a vn corcho leue, *264,467*
Graue, de pereçosas plumas globo, *264,791*
En la vistosa laxa para el graue; *264,807*
Que de la mas graue toga *269,24*
Que es bien quisto por lo graue *269,1100*
La causa es graue? Liuiana. *269,1172*
Letras contiene este Volumen graue; *272,2*
El campo illustra de ese marmol graue: *274,7*
Lagrimosos harà en tu ausencia graue. *289,14*
En aquel ia leño graue, *302,6*
Obligan a su Rei que tuerza graue *318,23*
De quien serà en los siglos la mas graue, *318,149*
Varon delega, cuia mano graue, *318,598*
Tan graue pie desconcierta *330,2*
Del succeso menos graue, *348,33*

El sutil lazo mas graue, *383,9*
Que fue, en vn catarro graue *386,2*
El redimiò despues tormenta graue; *404,35*
La cruda enfermedad, ministro graue *465,6*
El plectro, Lope, mas graue, *478,2*
Cuia graue passion i pena doble *499,19*

Grauè *1*
Con tu dureça grauè, *287,53*

Grauelinga *1*
Estaua io en Grauelinga *74,74*

Graues *27*
Quantos en nuestra orilla cisnes graues *31,13*
Las graues cadenas *50,7*
De mis graues ierros. *50,8*
I de pensamientos graues, *61,10*
Mas graues i ricas, *65,118*
De vuestros graues delictos, *89,26*
I affirmar que penas graues *126,14*
Pöètas, o burlescos sean o graues; *203,24*
Culpas tan graues, i mas culpas mias, *229,31*
graues parecen, i torpes, *229,625*
Basta, las señas son graues *229,2991*
De las mazmorras de Africa mas graues, *230,41*
Graues reuoca a la espaciosa orilla. *230,63*
A los dulcemente graues *239,5*
En esta que admirais, de piedras graues *248,1*
Gimiendo tristes i bolando graues. *261,40*
Acis al siempre aiuno en penas graues: *261,326*
Por duras guijas, por espinas graues *261,475*
Qual dellos las pendientes summas graues *263,291*
Los fuertes hombros con las cargas graues, *263,340*
De perezosas plumas. Quien de graues *263,991*
Sus plomos graues i sus corchos leues. *264,53*
Estas mis quexas graues, *264,118*
I tus prisiones ia arrastraua graues; *264,566*
Mas tardò en desplegar sus plumas graues *264,891*
Haze canoras aun las piedras graues. *290,4*
De ojos graues, porque en ellos *418,16*

Grave *1*
Con vn romadiço grave; *110,6*

Graz *1*
De Graz, con maior fausto receuida *318,291*

Graznando *1*
Pisad graznando la corriente cana *431,5*

Graznar *1*
Graznar volando al despuntar del dia. *404,34*

Graznido *1*
Heredado en el vltimo graznido. *264,936*

Grecia *5*
Que muros rompe en vn cauallo Grecia *220,11*
Que si no los tuuo Grecia, *228,127*
La honra destruiò a Grecia, *229,1749*
I ellas mas tarde a la gulosa Grecia; *263,495*
Hiziera donaire Grecia. *269,1293*

Greguesco *1*
I entendereis qualquier greguesco luego. *427,14*

Greguescos *2*
I los greguescos de seda *74,17*
En mis greguescos he hallado *228,2*

Grei *1*
Con mas orden que esta grei. *301,48*
Greña *3*
Donde ai de arboles tal greña, *63,173*
Troncos robustos son, a cuia greña *261,34*
(En la rustica greña iace occulto *261,281*
Greñas *1*
Las canas greñas de nieue *358,11*
Griega *4*
Señor de la Griega *65,179*
Estrellas son de la guirnalda Griega *136,9*
Su madre, vna buena Griega, *228,13*
De competente numero la Griega, *318,261*
Griego *23*
Las que el Griego llama nalgas, *73,19*
El Griego de los embustes. *75,20*
O de renegado Griego, *106,20*
Que Platon para todos està en Griego. *150,8*
Griego premio, hermoso, mas robado. *162,8*
Qve la falsa armonia al Griego leño". *166,42*
Aunque entiendo poco Griego, *228,1*
Trocò el Griego mancebo, *229,47*
Si no eres para mi cauallo Griego, *229,287*
deste, o sea Andaluz Griego, *229,1905*
Si ia el Griego Orador la edad presente, *244,1*
Las columnas Ethon, que erigiò el Griego, *261,339*
Al Phrigio muro el otro leño Griego. *263,378*
Thyrsos eran del Griego Dios, nacido *264,329*
Griego al fin. Vna en tanto, que de arriba *264,915*
En Griego nos dize assi: *269,1909*
Que en griego està scripto eso? *269,1937*
Como a Hypocrates en Griego *269,1943*
Iace el Griego. Heredò naturaleza *274,9*
Quantas ia fulminò armas el Griego. *318,64*
Los vestigios pisar del Griego astuto? *326,3*
Dicen que quieren traducir al griego, *427,10*
Quien duerme en español i sueña en griego, *434,6*
Griegos *3*
Ia que no lo estè de Griegos, *96,127*
Dos Troianos i dos Griegos, *122,15*
Lo dexò Ciro a los Griegos, *228,131*
Grifaño *1*
Ministro, no grifaño, duro si, *327,9*
Grifaños *1*
Appella entre los Tropicos grifaños *264,919*
Grillo *3*
Su libertad el grillo torneado, *264,851*
Vn grillo i otro enmudeciò en su pluma. *264,874*
Affectos que, el pie en vn grillo, *377,5*
Grillos *5*
O son grillos de crystal *115,3*
Grillos le puso de ielo; *226,47*
grillos ia de oro le pone, *229,461*
porque grillos de crystal *229,462*
Grillos de nieue fue, plumas de ielo. *261,224*
Grimaldo *1*
i con Grimaldo en Granada, *229,2984*
Griñon *1*
Engastado en vn griñon. *257,34*
Gris *1*
Era vn canoro ambar gris, *243,10*

Gritale *1*
Gritale el pueblo, haciendo de la plaça, *68,7*
Gritaria *1*
Gritaria la señora? *269,300*
Grito *1*
Aiudàra con vn grito, *83,31*
Groria *1*
Tanta groria e tanta pena. *308,26*
Grosero *2*
Aunque el alheli grosero *375,35*
Grosero aliento acabarà tu suerte. *466,11*
Grossera *2*
Fragrante, si, mas grossera, *211,23*
Grossera la discrecion, *387,3*
Grosseramente *1*
El pie villano, que grosseramente *264,318*
Grossero *3*
Haciendo al triste son, aunque grossero, *118,12*
El tributo, alimento, aunque grossero, *261,87*
Le enuiste incauto; i si con pie grossero *264,227*
Gruesa *2*
Canonigos, gente gruesa, *98,41*
A ojos io cerrados, tenue o gruesa, *397,3*
Gruesas *1*
La garça, del Nebli las garras gruesas, *499,74*
Gruesos *4*
En verdes ramas ia i en troncos gruesos *32,3*
Que vn arbol grande tiene gruesos ramos. *222,11*
el par de pichones gruesos, *229,2838*
Que los pies de los arboles mas gruesos *261,499*
Gruessa *4*
Pared gruessa, tronco duro. *27,100*
Siruele el huerto con la pera gruessa, *203,115*
Gruessa le dan i fria, *263,150*
Tunica Apolo de diamante gruessa, *312,26*
Gruessas *2*
Las redes califica menos gruessas, *264,96*
Si fabricado no de gruessas cañas, *264,110*
Gruesso *1*
A vn vaquero de aquellos montes, gruesso, *263,1004*
Gruessos *1*
Que del no fio si sus fluxos gruessos *54,12*
Grullas *4*
Tu sueño, sueño de grullas. *26,104*
Que ay vnas hermosas grullas, *58,33*
Sino grullas veleras, *263,606*
Grullas no siguen su coro *301,47*
Grullo *1*
Pendiente en vn pie a lo grullo, *322,398*
Gruñe *1*
Que gruñe? Que se querella *105,16*
Gruñendo *1*
Ni gruñendo ni rifando, *96,6*
Gruñimaque *1*
De el pueblo de Gruñimaque, *110,62*
Gruta *8*
Mordaça es a vna gruta de su boca. *261,32*
Segunda tabla a vn Ginouès mi gruta *261,449*
De la alta gruta donde se desata *263,209*
De jardin culto assi en fingida gruta *264,222*
Trompa Triton del agua a la alta gruta *264,594*

No contiene el bosque gruta, *268,13*
Gruta de su alma estrecha. *275,76*
Que el Betis oi, que en menos gruta cabe, *289,12*
Grutas *4*
A que el Monarcha de esas grutas hondas *261,403*
Candados hizo e otras nueuas grutas, *263,448*
O grutas ia la priuilegien hondas, *264,433*
Si Thetis no, desde sus grutas hondas, *264,624*
Gruttas *1*
I argenta el mar desde sus gruttas hondas *263,1029*
Guà *1*
Guan guan guà, *309,8*
Guadalete *2*
Del frisado Guadalete, *88,4*
Soplo vistiendo miembros, Guadalete *264,727*
Guadalmellato *1*
De el turuio Guadalmellato, *28,2*
Guadalquiuir *15*
De Guadalquiuir. *3,6*
De Guadalquiuir. *3,12*
De Guadalquiuir. *3,18*
De Guadalquiuir. *3,24*
Que al claro Guadalquiuir *28,3*
Que a Guadalquiuir el agua *49,39*
murmure Guadalquiuir, *229,2459*
Tu por ser Guadalquiuir, *497,3*
Guadalquiuir por ser mar, *497,4*
Tu por ser Guadalquiuir, *497,18*
Guadalquiuir por ser mar, *497,19*
Tu por ser Guadalquiuir, *497,33*
Guadalquiuir por ser mar, *497,34*
Tu por ser Guadalquiuir, *497,48*
Guadalquiuir por ser mar; *497,49*
Guadalquiuires *1*
Entran dos Guadalquiuires, *48,72*
Guadameci *2*
De guadameci, *5,63*
Andaluz guadameci. *82,72*
Guadaña *6*
tan de Corte, que es guadaña, *229,574*
que su guadaña i sus flechas, *229,1097*
Ella el forçado i su guadaña el remo. *264,129*
La que en la rectitud de su guadaña *318,394*
Inexorable es guadaña aguda; *338,4*
Si es Prado, Vacca sea su guadaña. *440,13*
Guadarrama *2*
en Guadarrama caido. *229,1618*
contra el robre en Guadarrama, *229,2922*
Guadiana *1*
Guadiana se dilata, *121,32*
Guadíana *4*
Orpheo de Guadíana, *133,2*
Cisnes de Guadíana, a sus riberas *172,1*
Que guarnece el crystal de Guadíana, *256,3*
Con diente occulto, Guadíana, sales *318,196*
Guahalet *1*
"Guahalet..." Algarabia *269,1945*
Gualdado *1*
Que me teñirà en gualdado *111,19*
Gualdrapa *2*
Con esta gualdrapa corta, *96,57*
Passear sin gualdrapa haciendo lodos; *463,11*

Guan *2*
Guan guan guà, *309,8*
Guan guan guà, *309,8*
Guante *8*
Que fuera guante de ambar *161,131*
Sin guante de Fregenal! *204,44*
Ella de el guante al descuido *228,97*
Desde el guante hasta el hombro a vn jouen cela; *264,794*
Quexandose venian sobre el guante *264,972*
Quies que le quite algun guante *269,1518*
Que en vez de quitarle el guante *269,1576*
I mienta vn guante el pulgar. *418,12*
Guantes *3*
Mas que traiga buenos guantes *6,58*
De guantes no mui estrechos, *105,101*
Si Flores da el par de guantes *269,485*
Guarda *24*
Que guarda mas bien Cupido *37,43*
Al que guarda mas secreto; *37,44*
Con el dedo en la boca os guarda el sueño. *120,45*
No perdono de la guarda, *121,152*
Guarda el pobre vnas ouejas, *149,25*
Las guarda, i a sus rediles *149,27*
Que el tercer año guarda el tiempo cano, *156,4*
Guarda destos jazmines *184,7*
Pierna que guarda su cara, *204,39*
Cara que guarda su pierna. *204,40*
Guardad oi al que nos guarda *205,25*
Guarda la ciñe fíèl, *217,10*
Guarda Damas es vn triste *217,73*
I de guarda Réàl iva ceñido. *220,8*
sino verdad. Guarda el lobo *229,3499*
Do guarda, en vez de azero, *263,103*
Oi te conuida al que nos guarda sueño, *263,521*
Guarda, amigo, tu dinero, *269,829*
La palma oz guarda hermoza *301,42*
De las cosas que guarda en si mas bellas; *318,474*
Raios del Sol guarda ella, *353,11*
De Abril guarda flores el. *353,12*
Guarda corderos, Zagala; *378,1*
Sus hojas guarda el clauel: *378,26*
Guardad *3*
Os guardad, que os echa *160,36*
Guardad entre esas guijas lo risueño *203,34*
Guardad oi al que nos guarda *205,25*
Guardada *1*
Para mi estaua guardada. *269,808*
Guardadas *2*
Guardadas mal de sus Echos! *268,4*
Guardadas mal de sus ecchos, *352,4*
Guardado *6*
Nynfa que siempre a guardado *28,18*
I tan corta, que ha guardado *96,58*
ese respecto han guardado *229,1101*
para quien guardado se han *229,2049*
El oro al tierno Alcides, que guardado *318,75*
I en vn cofre estuuiera mas guardado, *440,7*
Guardais *1*
Que en vn crystal guardais fragil *355,67*
Guardajoias *1*
Guardajoias de vnas perlas *228,139*
Guardame *1*

Guardame los jazmines de tu seno *229,1488*
Guardan *6*
Guardan en sus senos *65,123*
Me guardan, si acà en poluos no me quedo, *203,69*
es que se guardan de ti. *229,339*
O en pipas guardan la exprimida grana, *261,150*
Corchos me guardan, mas que aueja flores *261,395*
Oi te guardan su mas precioso engaste; *263,460*
Guardando *1*
Guardando vnas flacas ieguas *28,5*
Guardandola *1*
Mas guardandola el decoro, *357,54*
Guardandole *1*
Guardandole a su Medoro *88,107*
Guardaos *2*
Guardaos, mil veces os digo, *95,17*
Guardaos del, i de vna Vrganda, *229,441*
Guardar *4*
I por guardar las velludas, *26,16*
Cuida de guardar su lumbre. *75,32*
mi dedo la ha de guardar. *229,1774*
Esto de guardar la cara. *412,40*
Guardarà *2*
Guardarà a su piedad poco decoro, *229,2224*
Este, a quien guardarà marmoles Paro, *318,29*
Guardàralo *1*
guardàralo, si no es loca. *229,1954*
Guardarè *2*
Que lo guardarè os prometo *229,208*
Io me guardarè, Laureta, *229,2578*
Guardarle *1*
es por guardarle el decoro *229,254*
Guardas *5*
No ai guardas oi de llaue tan segura *120,13*
si no guardas las raçones *229,2121*
Bien le guardas el decoro *229,2240*
Por guardas tiene, llaues ia maestras *230,50*
Tu se las guardas a El; *498,33*
Guardate *2*
Guardate no se vuelua el perro de Alua, *435,6*
Guardate de las lanzas de Ioab, *473,9*
Guardaua *1*
I del silencio que guardaua elado *339,3*
Guarde *9*
El cielo os guarde, si puede, *131,135*
Io naci, ansi os guarde Dios, *168,31*
Io sè (Laureta nos guarde *229,1272*
Muera mi culpa, i tu desden le guarde, *264,152*
Amigo, assi os guarde Dios *269,714*
Lucrecia, assi Dios me guarde *269,1586*
Sotès, assi os guarde Dios, *282,1*
Quiere obstinada que a sus alas guarde: *392,4*
Que Dios de inscripciones guarde *484,3*
Guarden *3*
En que se guarden sus nombres, *131,118*
Guarden las perlas en grana. *148,24*
I aunque guarden el decoro, *495,9*
Guardes *1*
Zagala, no guardes fe, *378,2*
Guardo *8*
I assi, guardo mi persona *110,9*
Guardo el registro, que serà mi bula *150,3*

que guardo de esa moçuela, *229,1809*
Pero la respuesta guardo *229,2582*
io la guardo a vn Granadino. *229,2749*
Para esta noche la guardo, *269,983*
Que del lecho que mal guardo, *269,1276*
I assi, del lecho me guardo, *269,1332*
Guardò *10*
Que la almendra guardò, entre verde i seca, *261,202*
Ofrece ahora, quantos guardò el heno *263,862*
Solicitò curiosa, i guardò auara *264,186*
El olio que guardò viua *275,107*
Guardò al Tercer Philippo Margarita, *318,286*
Guardò el pan, no para Egypto, *373,3*
Guardò el grano, aunque pequeño *373,5*
Guardò el pan, no para Egyto, *373,11*
Guardò el pan, no para Egyto, *373,19*
Muchos dias guardò vn sauce, *389,2*
Guarinos *1*
Don Guarinos el galan, *73,69*
Guarismo *1*
Que irse al infierno en Guarismo, *105,37*
Guarnece *3*
Que guarnece la vna orilla *88,3*
Que guarnece el crystal de Guadíàna, *256,3*
Que TORRES honran i crystal guarnece; *256,58*
Guarnecelos *1*
Guarnecelos de flores, forastero. *173,14*
Guarnecen *4*
Acompañan i guarnecen *59,26*
Le guarnecen de perlas tus espumas, *140,11*
Guarnecen antiguas torres *179,2*
En el crystal que guarnecen *287,3*
Guarnecida *1*
Bien guarnecida espada de ginete, *113,6*
Guarnecido *1*
Guarnecido de oro i pardo, *88,95*
Guarnicion *4*
A sus lienços guarnicion, *240,16*
Guarnicion tosca de este escollo duro *261,33*
Guarnicion desigual a tanto espejo, *264,28*
I su guarnicion merced. *376,32*
Guarnido *1*
Entrastes tan mal guarnido, *409,2*
Guedejas *1*
Guedejas visten ia de oro luciente. *230,23*
Guerra *26*
A la guerra van, *4,6*
Iendose a la guerra *4,27*
Mas que se crean de la guerra *6,94*
I de su guerra importuna *26,42*
Sè que es tu guerra ciuil *26,93*
I assi, aunque me hagan guerra, *28,69*
Aquel rayo de la guerra, *49,1*
Quanto en la guerra triumphante; *61,48*
Siendo en guerra vn fiero Marte, *61,50*
Fuese a la guerra Tristan, *73,89*
La guerra su valentia; *126,22*
Que la guerra entre vnos robres *131,2*
de guerra tocaban caxas *229,582*
Si no niega el tributo, intìma guerra *230,4*
Guerra al calor o resistencia al dia. *263,539*
Biscocho labra. Al fin en esta guerra *278,12*
Copia la paz i credito la guerra. *318,272*

De el Velasco, del raio de la guerra, *318,610*
Labrò la guerra, si la paz no armada. *318,624*
Guerra me hazen dos cuidados *329,1*
Que de la guerra Flandes raio ardiente. *337,4*
Guerra, guerra! *354,22*
Guerra, guerra! *354,22*
Guerra, guerra!" *354,44*
Guerra, guerra!" *354,44*
Guerra de nuestras bolsas, paz de Iudas, *449,2*
Guerras *7*
Gran Capitan en las guerras, *61,13*
Como todo ha sido guerras, *73,50*
Dexè al fin guerras i Flandes *74,93*
En las guerras embainados, *98,32*
Que das esfuerço en las guerras *110,43*
Dulces guerras de Amor i dulces pazes. *129,9*
I de mis guerras tal el instrumento. *182,4*
Guerrero *1*
Que Guerrero en vn motete. *88,28*
Guia *4*
Decidme, que buena guia *2,23*
A su cauaña los guia, *131,61*
Estrangero pastor lleguè sin guia, *169,3*
Cerulea ahora, ia purpurea guia *263,1071*
Guido *1*
Pensar que era de Guido Caualcanti, *229,391*
Guijarro *1*
Precioso engaste de vn guijarro fino: *269,394*
Guijarros *1*
De guijarros lleno, *50,110*
Guijas *6*
Sobre trastes de guijas *140,1*
Guardad entre esas guijas lo risueño *203,34*
Por duras guijas, por espinas graues *261,475*
Las duras cuerdas de las negras guijas *263,347*
Tantas orejas quantas guijas laua, *263,560*
Iaspe le han hecho duro blancas guijas.
   264,890
Guillen *1*
Io soi Donato Guillen, *229,2064*
Guillote *1*
Io digo que de guillote. *107,68*
Guindas *1*
I bebe con guindas; *65,24*
Guinea *3*
Gastar en Guinea raçones, *98,59*
Iáèz propio, boçal no de Guinea; *113,8*
Pan de Guinea, techos sahumados, *476,10*
Guirnalda *6*
Iurarè que luciò mas su guirnalda *15,12*
Tosca guirnalda de robusto pino *22,3*
Ciña guirnalda vil de esteril hierua, *72,40*
Estrellas son de la guirnalda Griega *136,9*
Texidos en guirnalda *184,3*
De su guirnalda propia. *263,302*
Guirnaldas *4*
Texe el tiempo sus guirnaldas. *29,10*
Le texeis guirnaldas *79,3*
Con guirnaldas desmiente, *103,14*
Porque a sus pies les deben sus guirnaldas;
   229,1061
Guisa *2*
porque los dos de vna guisa *229,1100*
A Francia, i con el de Guisa *288,83*
Guisado *1*

Sembrar peregil guisado *62,71*
Guisando *1*
Los de Guisando su comida, i cena. *254,8*
Guitarra *2*
Haciendo que vna guitarra *88,97*
Si quisiere mi guitarra, *148,2*
Guitarrilla *3*
Que vna guitarrilla pueda *6,85*
Vna guitarrilla tomo, *83,74*
Que arrima a vna guitarrilla *88,31*
Gula *5*
I a su gula no perdona; *122,56*
Celebrando dìetas vi a la gula, *150,7*
A la gula se queden la dorada *203,118*
Que estraña el Consul, que la Gula ignora.
   318,80
Por ser de la Academia de la gula. *438,4*
Gulosa *1*
I ellas mas tarde a la gulosa Grecia; *263,495*
Guloso *1*
Guloso de los Consules regalo. *264,101*
Gulosos *1*
Los gulosos estomagos el rubio *263,873*
Gusano *17*
Que, qual gusano de seda, *27,79*
Gusano, de tus hojas me alimentes, *92,9*
En gusano le conuierte, *122,47*
Es oi entre cenizas vn gusano, *135,10*
Como a gusano de seda, *227,7*
No perdona el gusano al artificio: *229,98*
que vn pobre gusano soi. *229,2136*
I que ha hilado gusano, *242,97*
Resistiendo sus troncos al gusano. *248,8*
Que vn gusano tan sin pena *258,7*
Le sobra mas del gusano *258,9*
De quantas sedas ia hilò gusano *261,315*
Sordo engendran gusano, cuio diente, *263,740*
Parcha es interiòr breue gusano. *264,611*
I de vn gusano immortal *269,34*
Que labra con su gusano; *269,38*
Interno roiò gusano *275,63*
Gusanos *1*
Le hallaron los gusanos *37,11*
Gusta *1*
Que gusta de la damas, i se ofrece *475,7*
Gustais *1*
Porque gustais ser tenido *187,8*
Gustar *1*
La dulce voca que a gustar conuida *42,1*
Gustas *1*
O gustas de ver mis ansias *10,22*
Gustasse *1*
No gustasse de passar *288,54*
Gustes *1*
No porque no gustes de ello, *48,45*
Gusto *30*
Haz tu gusto; que io quiero *48,57*
Le da ella mas gusto *65,55*
El gusto en campillas, *65,258*
Sacrifiquèle mi gusto, *82,9*
Gusto dà mas que dar suele *85,23*
O gusto o necessidad, *95,16*
Porque el gusto de la Corte *158,7*
Que a su gusto suena, *160,68*
Si ellos te niegan el gusto *204,19*

Vuestro gusto su licor, *227,22*
Leyes haziendo el gusto, *229,44*
mas donde gusto le dà, *229,422*
de admiracion i de gusto, *229,542*
al gusto de padre i hija, *229,2316*
Nectar del gusto i gloria de los ojos. *256,62*
Alterna con las Musas oi el gusto, *261,21*
Con gusto el jouen i attencion le oìa, *263,222*
La gaita al baile solicita el gusto, *263,669*
Lisonja breue al gusto, *264,85*
Dos vezes el gusto estraga, *269,617*
Que con buen gusto me ois? *269,755*
Si a mi gusto te regulas, *269,830*
Si io con gusto dar quiero *269,858*
Mi gusto, Enrique, os ordena *269,1175*
Dulce leccion te hurta tu buen gusto; *294,6*
Buele en mi iegua su gusto *299,3*
La ceruatana de el gusto. *322,68*
Gusto vos, i io interes: *346,6*
Por tu gusto i mi reposo. *499,241*
De que es mi gusto el por que. *499,267*
Gustos *5*
I ahogarà vuestros gustos. *27,24*
Mis gustos regula, *56,31*
A los gustos no cumplidos *228,175*
Yo en los gustos me aflijo *229,102*
Regalos i gustos pisas, *498,11*
Guzman *2*
Don Philippe, al de Guzman; *147,8*
Don Alonso de Guzman, *188,6*
Guzmanes *1*
De los GUZMANES, digo, de MEDINA,
   421,62
Gvevara *1*
El Cardenal heroico de GVEVARA *173,7*
Gvzman *1*
De la VENUS de GVZMAN, *267,6*
Gyra *3*
Al claro Sol, en quanto en torno gyra, *13,10*
Dorandole los pies, en quanto gyra *263,130*
Que la mulata se gyra *322,165*
Gyrasol *1*
Si no es al gyrasol, *375,47*
Gyrasoles *1*
Los mas carirredondos gyrasoles *379,5*
Gyros *1*
En los dos gyros de inuisible pluma *264,183*
Ha *373*
Mas no cabràs allà, que pues ha tanto *23,12*
Tu bellissimo pie nunca ha dexado *25,46*
Del Amor, que le ha matado *28,14*
I ornarte ha, en premio de tu dulce canto, *35,7*
Fortuna me ha descubierto *39,28*
Ha de ser con presumpcion, *55,37*
Que ha de acudir a razon *55,38*
La aguja lo ha hecho, *56,22*
Quien me ha hecho caña, *56,71*
Vn Moro que ha captiuado, *57,11*
I no ha tenido Pòeta *62,14*
Donde el Rei me ha desterrado *62,59*
Despues que ha subido *65,163*
Que ha obedecido tanta gente honrada, *68,13*
I se la ha puesto sobre su cabeça". *68,14*
Oi, arrogante, te ha brotado a pares *71,5*
Por el alma de aquel que ha pretendido *71,9*

— Bebiòme vn asno aier, i oi me ha meado.
  71,14
Como todo ha sido guerras, 73,50
La espada que te ha dado 77,50
Estas aras que te ha erigido el Clero, 77,52
Haga que adore en paz quien no le ha visto
  77,63
En ti siempre ha tenido 77,84
El que se ha hecho temer 78,6
I ha corrido ella. 79,88
Que ha que la dexò. 80,8
I alguno que me ha escuchado 81,53
Por mi fee que me ha rogado 82,43
Ha sabido producir, 82,128
Quince meses ha que duermo, 83,37
Porque ha tantos que reposo 83,38
Quando ha de echarme la Musa 83,53
Mas ia ha dias que a la Iglesia 83,83
Me ha comunicado Astolfo 83,86
Descalçarle ha visto el Alua 88,41
Vn buhonero ha empleado 93,1
Todas las ha despachado; 93,4
Que te ha hecho, crudo Amor, 95,9
Aunque nunca me ha herrado 96,26
Me dizen que le ha jurado 96,42
Que no solo ha veinte años 96,54
I tan corta, que ha guardado 96,58
Ha jurado vn tagarote, 107,38
I no ha sido la colada 111,55
Si no os ha puesto mordaça 121,9
Que ha de dorar los alcores. 121,130
La Nympha se ha buelto sombra. 149,38
Ha de entrar a besar la mano a Duero. 151,4
I assi ha corrido siempre mui trassero. 151,8
Si ha pocos años que naciò la Aurora. 156,18
I quanto se ha proueido, 159,7
Ia que ha engomado las cerdas, 161,63
Ni se ha visto, ni se oiò! 161,72
Se ha enterrado en su capilla 161,111
I Venus mandado os ha 167,19
Del desconcierto que ha auido 167,96
El que ha de ser su marido 167,97
Que le ha hecho proueer donde 167,99
Olanda, niña, que ha andado 189,5
Ha llegado alegremente, 191,4
Descubro!   Vn mundo veo.   Poco ha sido,
  195,13
Veinte dias i mas, i se ha partido. 200,4
Que vn mes sin deudo de mi sangre ha sido.
  200,8
Venid, mulas, con cuios pies me ha dado 200,9
Si ha de hacer al salir vna mohatra! 203,3
Sequedad le ha tratado como a rio; 203,49
Si golosa te ha traido 213,11
Que se me ha de conceder; 217,80
Ha sido i es zodiaco luciente 219,10
Pues no los ha desterrado. 228,32
No ha menester (si es discreto) 229,154
doblon al que ha de gastalle, 229,171
en mui buena esquina ha dado: 229,235
Ha venido a esta ciudad 229,262
Pues Camilo ha rato ya 229,407
de Astrologo ha de tener 229,413
Desatado ha sus venenos 229,454
Dos años ha que partì 229,456

a lo que contado me ha. 229,669
Muchos años ha que tiene 229,730
Treinta i dos años ha, i mas, 229,830
que ha mui gran rato que he sido 229,916
su fortaleza. Ha de ser 229,935
te aguarda mas ha de vn hora. 229,1015
Si vn criado ha de costar 229,1088
Carta, señora, ha llegado. 229,1112
de la silla ha hecho cama. 229,1271
que se ha de casar acà. 229,1287
ai mas mal, que le ha de dar 229,1430
al que ha hospedado a vn amigo, 229,1512
que le ha hecho tanto agrauio? 229,1513
si tu fee se ha entrado en Fez. 229,1588
se ha entrado mi fee? Eso dudas, 229,1590
pie de caminante ha sido, 229,1615
Buenos consejos me ha dado, 229,1654
La voluntad le ha offrecido. 229,1699
me ha dado tu offrecimiento. 229,1722
mi dedo la ha de guardar. 229,1774
pues se ha baxado por el. 229,1814
Mas lo ha sido aquel, Violante, 229,1816
que tal te ha puesto delante. 229,1817
mui a proposito ha sido. 229,1828
Quien ha nadado? Vn perdido. 229,1891
ha de obligar a Violante, 229,1914
Que tal rebes me ha dado, sus desuios 229,1947
Villete ha de ser sin sello. 229,1968
que ojos le ha dado vn ciego, 229,1983
Confirmado me ha el diamante 229,1994
i que esto ha dicho por mi. 229,1996
ha puesto, i a mi cuidado, 229,2022
que aunque ha venido a la sorda 229,2083
Ha tantos siglos que se viene abaxo, 229,2149
Es sanct Ceruantes, que su capa ha puesto
  229,2220
que ha muchos dias que vuelan 229,2304
Treinta dias ha que el Sol 229,2402
ha enuiado a preuenir 229,2411
que Lelio me ha salteado 229,2588
ha de hauer cena i comida! 229,2647
Que testimonio ha de dar 229,2662
que en llegando me ha herido 229,2814
Que es eso? Turbado se ha. 229,2932
El se ha quedado de ielo, 229,2936
Mi júicio ha puesto en calma 229,3040
medio inclinado me ha, 229,3047
lo que ha corrido por mi. 229,3097
quien ha puesto el Cardenal 229,3240
ha visto de vn palomar. 229,3289
No se ha visto cosa igual. 229,3334
ser Lelio confessado ha? 229,3432
no le ha visto tal Toledo. 229,3477
mi hermana ha hecho ese error 229,3485
Pues no se me ha de ir por pies. 229,3487
Que ha hecho la labradora? 229,3492
No ha representado mal. 229,3493
La traça ha estado galana. 229,3496
de el tiempo que te ha engañado 229,3503
lo que no ha sido cautela. 229,3513
Por las fuerças que le ha entregado: llaues
  230,40
Aunque lo ha diuidido el mar en vano, 230,79
Que ha resistido a grandes, digo Soles. 233,8
Desata ha de infamar tu desatino? 234,8

Conocele porque ha sido 242,49
I no ha querido ser otro. 242,52
Donde me ha obligado a mi, 242,69
Donde creo que ha torcido 242,93
Que ha pretendido baboso, 242,96
I que ha hilado gusano, 242,97
Donde se ha de quedar bobo, 242,98
Discursos ha hecho el ocio, 243,37
I aun se ha dexado decir 243,38
Quantos en culto estilo nos ha dado 244,7
Magestúòsamente ha leuantado. 245,4
Esplendor de BVENDIA, que le ha dado; 251,4
Sus balanças Astrèa le ha fiado; 251,8
Ecija se ha esmerado, io os prometo, 255,5
Las ha querido recoger Apolo; 256,37
Tal, que el Dios se ha dormido 256,39
Ha concurrido a este acto, 259,11
Le ha hecho al tiempo vn engaño, 259,107
Ni le ha visto; si bien pincel súaue 261,251
Le ha vosquexado ia en su fantasia. 261,252
Que ha preuenido la zampoña ruda, 261,358
Que sus errantes passos ha votado 262,31
Oceano ha beuido, 263,35
Merced de la hermosura que ha hospedado,
  263,344
No ha sabido imitar verdes alfombras. 263,615
Niega el bello que el vulto ha colorido; 263,770
Casta Venus, que el lecho ha preuenido
  263,1085
Ô mar, quien otra vez las ha fiado 264,121
Si vida me ha dexado que sea tuia 264,133
Si no ha dado su nombre a tus espumas,
  264,140
Vn lustro ha hecho a mi dudosa mano, 264,147
Diganlo quantos siglos ha que nada 264,193
Tosco le ha encordonado, pero bello, 264,266
"Dias ha muchos, ô mancebo, dixo 264,388
Muchos ha dulces dias 264,392
Que mucho, si auarienta ha sido esponja
  264,628
Todo ha de ser frialdad. 266,20
Cerdas Marte se ha vestido 267,4
Nos ha dado al Dios en pan. 267,10
Ni tronco ha roido el tiempo 268,14
Tanto me ha dexado ver 269,93
Cinco años ha, i aun mas, 269,101
Si ha cinco años, Gerardo, 269,104
Que ha de ir contigo el Doctor. 269,128
Quien te ha hecho Matthatthias 269,159
Fieltro ha de ser el çapato. 269,180
Ciento i mas ha menester. 269,245
Como ha de ser? Bien està. 269,261
Que era vn leon no ha vna hora, 269,264
Enrico me ha cometido 269,288
Te ha traìdo Raphael: 269,318
Quinze años ha que ando 269,341
Vn matrimonio ha de ser. 269,362
Que te ha embiado a llamar. 269,372
Si pequè en ello, muera el que ha pecado:
  269,402
Se ha estado sin que me vea, 269,526
No ha sido por ofenderte 269,579
Cien escudos ha tocado. 269,600
Por la que te ha dado ahora. 269,680
Pues no me ha de amohinar 269,681

Ha de conocer la bestia *269,711*

Mula ha de auer para vos, *269,715*

No ha entrado vna mula en casa, *269,779*

Se ha perdido, i de Gallardo, *269,782*

Que me ha puesto a mi en cuidados. *269,792*

El no ha querido aceptallas; *269,799*

Estauamos no ha vn momento. *269,802*

Que te ha de parecer bella, *269,822*

El vastidor le ha valido. *269,890*

Se ha dado algun agujazo. *269,894*

A fe que ha sido el Doctor, *269,901*

Que ha de ser? Fauorecido. *269,917*

Que desgracia ha sucedido, *269,1030*

Regar lo que se ha barrido. *269,1033*

Que no ha querido aceptallos: *269,1080*

Gran pena me ha dado Enrico *269,1170*

Dirà el modo que ha de auer *269,1191*

Vn Doctor, que me ha induzido *269,1305*

No es Amor quien me ha rendido, *269,1350*

Mui gran rato ha que os aguardo. *269,1360*

Que aunque a ti te lo ha pagado, *269,1428*

Lo que ha padecido el pobre *269,1486*

Lo que ha tanto que te niego, *269,1515*

Que ha conuertido en ceniza *269,1584*

Mi tonto esta tarde ha sido *269,1604*

Que el os ha de meter miedo *269,1664*

Del braço os ha de meter *269,1674*

Ha de entender Español *269,1708*

Ha entrado. Para Leonora *269,1720*

I que ha remitido el quando *269,1756*

Pues para que ha de sabello? *269,1848*

Conuertido se ha, per Deum, *269,1878*

Si ia no lo ha disculpado *269,1892*

I vna le ha de entrar por mi. *269,2015*

No ha de valer la causa, si no miente *273,10*

Metal no ha sido canoro, *275,95*

Ha conuocado Cordòba *275,111*

Los que en Romance ha tanto que sois Duces. *277,4*

Se ha quedado en vago, ai triste! *284,2*

Se ha quedado en vago, ai triste! *284,14*

Que os ha de pescar la red *287,75*

Que os ha de pescar la red *287,89*

Pues ha tanto que no sabe *288,3*

Porque le ha mentido el hilo, *288,37*

I ha de quedarse, o andar *288,38*

Todo ha de ser calidad, *288,46*

Quantas le ha introducido España almenas; *298,45*

Del SOL que nos ha de dar, *300,13*

Oi, pastor, se ha establecido *302,9*

Ñafete, que se ha derretido *303,15*

Liquidado se ha. Falades. *303,37*

Ha, ha, ha. *305,3*

Ha, ha, ha. *305,3*

Ha, ha, ha. *305,3*

Ha, ha, ha. *305,6*

Ha, ha, ha. *305,6*

Ha, ha, ha. *305,6*

Ha, ha, ha. *305,24*

Ha, ha, ha. *305,24*

Ha, ha, ha. *305,24*

Ha, ha, ha. *305,35*

Ha, ha, ha. *305,35*

Ha, ha, ha. *305,35*

Ha hecho tu templo santo, *306,8*

Ha hecho tu templo santo, *306,25*

Ha hecho tu templo santo, *306,42*

Oi nos ha venido acà! *309,12*

Ha, ha, ha. *309,13*

Ha, ha, ha. *309,13*

Ha, ha, ha. *309,13*

Ha, ha, ha. *309,17*

Ha, ha, ha. *309,17*

Ha, ha, ha. *309,17*

Humo al fin el humo ha dado. *309,27*

El que ha pillado çuño, *313,55*

Fièles a vna pluma que ha passado *315,39*

Con lo que ha escrito de lo que ha volado. *315,40*

Con lo que ha escrito de lo que ha volado. *315,40*

Esta, pues, que de aquel gran mundo ha sido *318,537*

Porque ha mucho que passò. *321,6*

Porque ha poco que le vi. *321,8*

Porque ha mucho que passò. *321,21*

Porque ha poco que le vi. *321,23*

Porque ha mucho que passò. *321,31*

Porque ha poco que le vi. *321,33*

Tres o quatro siglos ha *322,295*

Del buitre ha sido infernal, *329,7*

Plumas ha vestido al bien, *329,9*

Garras ha prestado al mal. *329,10*

Quien ha visto lo que io? *331,3*

Quien ha visto lo que io? *331,16*

Quien ha visto lo que io? *331,29*

Quien ha visto lo que io? *331,55*

Al que ha sido siempre Dios *331,64*

Quien ha visto lo que io? *331,68*

Porque calçada ha viuido. *334,24*

Que ha mas que fueron nouillos, *334,42*

Rebuzno ha hecho el relincho *334,78*

No ha visto a su Belisa, i ha dorado *339,7*

No ha visto a su Belisa, i ha dorado *339,7*

Le ha conuocado muda, *344,3*

Ha sido, Amor, flechada *345,23*

Marmol que Amor ha erigido *348,4*

Si las flechas no le ha roto *357,98*

Siglos ha de lograr mas su memoria, *359,13*

Que frutos ha heredado la montaña. *359,14*

Vrna que el escarmiento le ha negado, *363,6*

A leche i miel me ha sabido; *371,5*

Caìdo se le ha vn CLAVEL *374,1*

Porque ha caìdo sobre el! *374,4*

Caìdo se le ha vn CLAVEL *374,11*

Porque ha caìdo sobre el! *374,14*

Caìdo se le ha vn CLAVEL *374,21*

Porque ha caìdo sobre el! *374,24*

Caìdo se le ha vn CLAVEL *374,31*

Porque ha caìdo sobre el! *374,34*

Que resucita al que ha muerto *376,39*

Huesa le ha preuenido aueja breue, *392,10*

Ia que el encogimiento ha sido mudo, *396,12*

Pues lo ha querido assi la suerte mia, *398,2*

Si hauer sido del Carmen culpa ha sido, *398,5*

Que me ha de hallar el vltimo gemido, *399,3*

Deidad no ingrata la esperança ha sido *399,6*

Derrotado seis lustros ha que nada? *399,14*

De quien perdonado ha sido *406,3*

Quanto ha prometido (en vano) *417,7*

Indignado ha descubierto *418,24*

Bras ha seruido a Inesilla, *419,73*

Ha sufrido a la que ahora, *419,75*

A inuidiarte ha salido. *421,4*

Le ha conducido en paz a saluamento!) *421,59*

Tres años ha que te quiero. *423,3*

Seis años ha que me enfadas. *423,4*

Que te ha dado? *423,22*

Que te ha hecho Aguilar, que lo haces perro? *435,5*

Quien nos lo encadenò? Quien lo ha enredado *444,7*

Nunca ha querido lo que no le han dado: *452,10*

"Sabe el cielo, Valdes, si me ha pesado *462,1*

Sea lo vno o lo otro, el tiempo lo ha acauado, *471,9*

Pues la humana en tus versos ha espirado, *471,13*

En su delphico trono la ha sentido. *474,4*

La satirica Clio se ha corrido *474,5*

La aias hecho correr. Crueldad ha sido. *474,8*

Que lo ha vn manjar particular causado. *475,4*

Pues me ha besado en el ojo. *477,20*

Que ha declinado esta Musa *477,33*

Del barniz, ha de sudar *479,3*

Masse Lobo ha prorogado, *481,2*

A sanct Hieronymo ha *485,3*

Que ha entrado poco en la plaça, *486,13*

Dicen que ha hecho Lopico *489,1*

No ha estado a tercia tan buena *490,27*

Vn habito el Rei le ha dado, *491,3*

Nunca se ha visto la frente *493,10*

Arroio, en que ha de parar *497,1*

Arroio, en que ha de parar *497,16*

Arroio, en que ha de parar *497,31*

La vida te ha de costar. *497,45*

Arroio, en que ha de parar *497,46*

Ha quitado mil vezes de la mano *499,6*

Aunque sin venda, i alas me ha traido *499,14*

Ha vencido el desden i la dureza *499,20*

Lagrimas muchas vezes ha sudado *499,23*

(Como vereis) ha de quedar oi hecha, *499,47*

Tal es el aparato que ha traido, *499,76*

La alxaua se me ha perdido. *499,176*

Ai, que nos ha saltéado? *499,217*

Quien escondido ha escuchado *499,218*

Siento del, que me ha cobrado *499,222*

Que me digas si ha llegado *499,276*

Que ia en la montaña ha entrado. *499,279*

Que nadie te ha de querer, *499,289*

Habadas *1*

Grandes mas que elephantes i que habadas, *69,1*

Habita *1*

de las montañas que habita; *229,2905*

Habito *7*

I en habito de culebra *107,77*

Por vos fatiga en habito Aphricano. *250,14*

Al habito que escogiste, *259,43*

En habito de ladron *265,1*

Sobre el habito de el santo. *485,10*

Vn habito el Rei le ha dado, *491,3*

I disfraçado en habito villano, *499,2*

Habitos *1*
Habitos, capas digo remendadas, *69,5*

Habla *14*
Que nos habla en sus ceniças *27,83*
Quanto le detiene i habla, *64,42*
Habla la Toscana *65,185*
Si no habla por la voca, *82,79*
Habla por el vocaci. *82,80*
Sin habla os espera. *160,52*
Habla, tonto, con recato. *229,1299*
Habla, que ya me cubri. *229,1804*
que no habla con Violante, *229,1995*
Muda la admiracion habla callando, *263,197*
No habla mui bien? Dulcemente. *269,925*
Quieres matarme? Habla quedo. *269,1477*
No os habla por otro cabo; *282,27*
Porque, como les habla en lengua Tracia, *472,13*

Hablaba *1*
en que se hablaba ahora? *229,305*

Hablad *1*
Doctor. Amigo, hablad quedo. *269,1174*

Hablado *1*
de la vista, os he hablado *229,3216*

Hablador *1*
Vn Doctorcillo hablador *269,112*

Hablais *1*
Que si me hablais en el quinto, *168,9*

Hablalde *1*
Labradora amiga, hablalde. *229,3238*

Hablale *1*
Hablale mudo mil cosas, *87,65*

Hablame *1*
i hablame por Camilo, *229,3064*

Hablan *4*
Hablan siempre en puridad, *86,36*
que hablan en puridad? *229,337*
Dèl Soneto hablan, por Dios, *229,1813*
Que alli en lenguas de fuego hablan todos. *438,13*

Hablando *6*
Mas hablando ia en júizio, *73,5*
Hablando en lenguas de fuego; *191,6*
Hablando vos, espiren sus olores? *198,14*
Viene hablando entre si, *269,530*
Con quien me he estado hablando. *269,1377*
Solo? Con Enrico hablando. *269,1473*

Hablandola *1*
Hablandola con los ojos, *74,29*

Hablar *15*
Delinquentes por hablar; *37,32*
I en hablar de veras *50,43*
Quando hablar mas le compete. *88,92*
No ai persona que hablar dexe *126,33*
No os he de hablar en el sexto. *168,10*
que hablar con otro en secreto, *229,157*
A Camilo va a hablar. *229,368*
Ai, que va hablar a Camilo! *229,369*
Conmigo quiero hablar, *229,719*
que le quiere hablar aparte. *229,1798*
hablar mas con hombre tal. *229,2090*
Todo es, amiga, hablar. *229,2720*
Para no dexarte hablar. *269,856*
Perdonadme el hablar tan cortesmente *273,12*
Al que a Dios mentalmente hablar saue, *404,37*

Hablarè *1*
licencia, hablarè a Camilo. *229,3237*

Hablaros *1*
Si correis sordos, no quiero hablaros, *203,7*

Hablarte *1*
I assi, señora, el hablarte, *269,577*

Hablas *2*
Señor, si hablas con Lelio, *229,3060*
para que hablas conmigo? *229,3061*

Hablaste *1*
Hablaste en lenguas de fuego, *87,36*

Hablauan *1*
Ni sè quando la hablauan *73,107*

Hable *6*
Cifra que hable, mote que se lea, *113,5*
Quando dulcemente hable, *121,65*
cuio aspecto, aunque no hable, *229,904*
mas no le hable en secreto. *229,1794*
Que hable nectar i que ambrosia escriua. *244,14*
De esta sancta Iglesia hable *259,93*

Hablele *1*
Hablele en publico aqui, *229,1793*

Hablemos *1*
Hablemos de lo que importa. *269,585*

Hablen *2*
Tiempo fue (papeles hablen) *87,17*
I simples hablen tantos como gasta. *313,53*

Hablo *4*
Con nadie hablo, todos son mis amos, *222,9*
No penseis que hablo de uicio, *229,186*
i hablo con lengua muda". *229,1988*
Hablò a Blancaflor en Flores, *269,481*

Hablò *2*
Hablò alli vn rocin mas largo *96,94*
De canas graue, hablò desta manera: *263,365*

Haças *1*
Lloràra en dos haças mias, *62,23*

Hace *36*
I si hace bueno *5,13*
Hace thalamo vna espada, *7,40*
Seis hace, si bien me acuerdo, *27,57*
Haced lo que en su fin hace *27,81*
Que al rubio Phebo hace, viendo a Cloto *53,7*
Lo que es piedra injuria hace *63,70*
Hace verso suelto *65,233*
Hace Redondillas; *65,236*
I hace Canciones *65,241*
Hace que a ratos esten *78,66*
(Hace vn año por agosto) *83,18*
Hace a su beldad espejo, *87,62*
Hace mas fugas con el *88,27*
Hace que por padre admita *123,15*
Coronada, i que hace tu hermosura *139,13*
Los estremos que ella hace, *216,10*
Pues vn loco ciento hace. *216,20*
Amor, que hace donaire *226,49*
mal hace quien la acrisola, *229,979*
le hace no decir nada. *229,1283*
Ô fee, que hace jurar! *229,1440*
Trece dias hace oi *229,1549*
La ventaja les hace a los Gentiles, *229,2199*
Ia de las sombras hace el velo negro *229,2226*
No hace mal su figura *229,3266*
Con vuestra pluma buela, i ella os hace, *271,5*

Oi nos la hace la Iglesia, *275,18*
Ô Pyramo, lo que hace *322,101*
Donaire hace i desden *355,58*
A esta lisonja que hace *389,30*
Sierpe se hace aun de Moisen la vara; *404,46*
Salbadera hace el tintero, *412,30*
Hace vn Niño junto a vn buei, *414,27*
Que el Sol en el Toro hace, *414,28*
Que le hace criar la ajena? *419,49*
Dioses hace a los idolos el ruego. *426,8*

Haced *2*
Haced lo que en su fin hace *27,81*
Haced en Ingalaterra *107,53*

Hacedme *1*
Hacedme del reues tordo, *242,42*

Haceis *2*
— Pues que haceis aì? — Lo que esa puente, *70,9*
Las manos de Alexandro haceis escasas, *325,12*

Haceisme *1*
Io soi Lelio. Haceisme tiros? *229,2956*

Hacele *1*
Hacele luego hospital *122,31*

Hacelle *1*
Por hacelle, pues, a solas *88,37*

Hacello *3*
Voime, i hacello confio. *229,364*
Vete, i procura hacello. *229,365*
Víòlar intentaua, i pudo hacello, *366,7*

Hacemos *1*
Hacemos io i ella *5,78*

Hacen *21*
Que hacen la señal de la Alua *29,24*
Que al Darro cenefa hacen *63,166*
Que hacen harina; *65,96*
En piedras hacen señal; *122,30*
Phenix le hacen Hespañol *122,43*
Cruzados hacen cruzados, *126,5*
El cierbo hacen ligero *179,35*
Que hacen la salua *214,6*
Que hacen la salua *214,19*
Que hacen la salua *214,32*
Aunque hacen poco rúido, *217,83*
Que hacen la deidad i el sacrificio. *229,2201*
No me hacen poca falta, *229,2306*
cada año le hacen de escudos *229,2602*
hacen. Por san Iuan Baptista, *229,2999*
hacen vna affirmacion. *229,3157*
I creo que lo hacen pocos *242,18*
Le hacen obscuro, i el en dos raçones, *293,10*
Lisonjas hacen vndosas *333,9*
Se disimulaba Hacen, *355,2*
Que se hacen lencerias *495,25*

Hacèn *1*
I mas que todos Hacèn, *78,4*

Hacer *35*
En hacer vn buen Sonetto, *6,98*
El que en hacer dos se emplea, *6,101*
Ni publicar su mal ni hacer mudança. *41,14*
Que quiero hacer auto *50,55*
Para hacer la seña *50,69*
No pude hacer sala, *56,6*
En hacer de tantos hueuos *59,55*
A hacer contra Amor despues *78,90*

De hacer al pobre çote *107,46*
Si ha de hacer al salir vna mohatra! *203,3*
Hacer las letras mas grandes, *216,40*
a hacer cierta experiencia, *229,263*
hacer sabe anotomia *229,330*
queria hacer agrauio *229,354*
morder por hacer rabiar. *229,400*
La razon suele eso hacer. *229,655*
Para hacer anotomia *229,798*
te obligarà a hacer tres cruces, *229,923*
ni en hacer (que es necedad), *229,955*
para hacer theatro el dia *229,1020*
Que experiencia quiere hacer *229,1424*
Ô Amor, que fuerças a hacer! *229,1441*
en lo que quieres hacer. *229,2241*
diciendo que quiere hacer *229,2620*
i hacer por el mismo estilo *229,3128*
Hijo me quereis hacer? *229,3149*
me aueis querido hacer? *229,3448*
Tambien he de hacer oi *229,3540*
Hacer burla de nosotros. *242,16*
Quanto aplauso pudo hacer *376,34*
Que no puedo mas hacer". *419,70*
A Brindis sin hacer agua nauega. *428,9*
Nos quiere hacer torres los torreznos. *429,14*
Donde iban a hacer los exercicios *450,10*
Con hacer mui de el amante *493,40*
Hacerlas *1*
Cuio bello contacto puede hacerlas, *261,375*
Hacerle *1*
el trato hacerle deudo *229,744*
Hacerme *1*
Por hacerme desdichado *354,37*
Hacerselas *1*
Que hacerselas a Iudas con Octaua. *203,39*
Hacerte *2*
Tuuo al hacerte el pintor, *28,75*
I si quise hacerte ia *229,2548*
Haces *5*
Cubrome, pues me haces Grande *229,912*
que al Sol le haces cosquillas *229,1164*
adonde de azeite haces *229,2971*
Cerraron, pues, las dos haces, *354,13*
Que te ha hecho Aguilar, que lo haces perro?
    435,5
Hacese *1*
Hacese de ella en Castilla *159,57*
Hacha *1*
Hacha en lagrimas de cera, *237,6*
Hacienda *2*
Ni mi hacienda mal cobro. *83,44*
I a la hacienda capote. *107,32*
Haciendo *15*
Haciendo corbetas *5,66*
Haciendo Sonettos! *50,88*
Gritale el pueblo, haciendo de la plaça, *68,7*
Haciendo que vna guitarra *88,97*
Para que en haciendo el falta, *107,35*
Haciendo al triste son, aunque grossero, *118,12*
Haciendo desden i pompa *149,64*
Haciendo con el estrecho, *228,193*
i te andas haciendo puntas *229,224*
haciendo burla de mi. *229,2801*
Que haciendo puntas mil *243,18*
Haciendo al alma trabuco, *322,462*

Passear sin gualdrapa haciendo lodos; *463,11*
Haciendo a la mano escriua *490,19*
I haciendo alguna falta, *495,20*
Haciendole *2*
Haciendole està el buz, *229,1979*
El vulto vio, i haciendole dormido, *261,257*
Haciendoles *1*
Haciendoles dos mil hurtos, *27,62*
Haco *1*
Es el dueño dèste haco *96,82*
Hado *6*
Negandole aun el hado lo violento. *221,8*
De tu fortuna aun mas que de su hado. *264,122*
Que publicar mandò el hado, *322,379*
Que de las inconstancias de su hado *363,3*
A que escarmientos me vincula el hado?
    380,14
Quantos forjare mas hierros el hado *400,1*
Haga *30*
No haga algun cirio effecto, *6,53*
Haga pues tu dulcissimo instrumento *35,10*
Esto es la Corte. Buena prò les haga. *69,14*
Haga que adore en paz quien no le ha visto
    77,63
Nunca Dios me haga nuera *98,35*
Al aire haga i al rio *149,77*
Que no haga mudanças *160,61*
Quando a la vela se haga *167,59*
Que vn perdido haga veinte, *216,19*
a su huesped haga el mote, *229,672*
se haga donde ay ponçoña; *229,795*
porque se haga esta tarde, *229,1421*
le haga esta noche huir, *229,2405*
este haga burla de mi, *229,3056*
Haga el Betis a tus huessos, *236,6*
Tascando haga el freno de oro cano *261,13*
Suspiro que mi muerte haga leda, *264,154*
Quereis que le haga el buz *269,46*
Qualque rotulo le haga *269,144*
Tanto que la honrada lo haga *269,214*
Que cruxir haga el chapin? *269,740*
Haga tus temores vanos. *269,1157*
Como el me dexe que haga. *269,1313*
Lo haga) i a las primeras *269,1766*
Haga lo que el el cipres. *285,28*
Haga nuestras amistades *303,38*
Para que los haga erizos, *334,70*
Que ausencia haga vn garçon, *377,30*
Tan sancto lo haga Dios como es Letran. *453,8*
Fragrante ostentacion haga la rosa: *456,2*
Hagais *4*
No me hagais mal; *4,36*
Os hagais gorronas *65,255*
Os dè, que hagais donaire, *223,7*
No hagais boluer las espaldas *354,31*
Hagamos *2*
No hagamos el instrumento *158,11*
Hagamos tabernaculo en el Pardo". *462,14*
Hagamoz *1*
Mudança hagamoz de vida, *210,20*
Hagan *6*
Hagan sus coladas. *11,8*
I assi, aunque me hagan guerra, *28,69*
Hagan riza sus caballos, *98,69*
Blancas ouejas suias hagan cano *263,825*

Que le hagan adiuino. *307,22*
Hagan a los bueies toros, *334,95*
Haganme *2*
Haganme, si muriere, la mortaja azul. *345,2*
Haganme, si muriere, la mortaja verde. *345,4*
Haganse *1*
Haganse tontos ceniças, *83,33*
Hagaos *1*
Hagaos por bien quisto el vulgo *242,129*
Hagas *3*
Que hagas lo que te ruego, *87,50*
sin que hagas tu el abono. *229,3529*
No hagas lenguas tu de nuestros ojos. *439,14*
Hagase *3*
Hagase dèsa manera. *269,998*
Hagase, mas don Tristan *269,1846*
Hagase de Cintia el ruego, *499,295*
Hagaseles *1*
Hagaseles este dia *224,5*
Hago *9*
De sus entrañas hago offrenda pia, *60,6*
Io os hago a vos mucha sobra *64,35*
Con doblados libros hago *83,49*
Que io hago translacion *161,146*
Desenterrador me hago *161,149*
A vuestra Deidad hago el rendimiento *170,13*
hago quartos vn secreto. *229,177*
Que hago io? Santiguaros. *229,3030*
Mientras hago treguas con mi dolor, *345,13*
Haia *4*
A las arenas Ligurina haia, *261,442*
A la que de vn Ancon segunda haia, *264,45*
Alta haia de oi mas, volante lino *276,9*
De acemilas de haia no me fio, *379,3*
Haias *4*
En las robustas haias mas crecidas. *108,11*
De calvos riscos, de haias levantadas, *163,3*
Monstro, escamado de robustas haias, *263,375*
Las altas haias, las encinas viejas. *279,36*
Hala *1*
Hala assombrado algun bu? *269,373*
Halagos *1*
Sabe el tiempo hazer verdes halagos". *263,221*
Halcon *6*
No ai halcon oi en Noruega, *96,65*
Qual de garras de halcon *97,43*
como halcon de Noruega? *229,225*
Porque io no soi halcon *269,1832*
El coruo cuerno truena, el halcon pia, *499,86*
Cauallo, cascabel, cuerno, halcon, perro.
    499,91
Halconero *1*
Vn halconero pelon, *122,32*
Halcones *5*
Que los halcones dèl otro *227,31*
Qual ligeros de alas los halcones. *229,1029*
Halcones quatreros son *301,52*
Que vn saltarelo, o que cien mil halcones?
    449,4
Halcones solicitan i coronan; *499,65*
Halda *1*
Quando no halda de xerga. *275,12*
Halla *21*
A tantas fojas se halla *37,6*
Si halla por dicha *65,226*

La halla la Luna *80,11*
I la que mejor se halla *131,53*
I la sombra no la halla. *133,18*
Todo se halla en esta Babylonia, *150,12*
Alarga la mano, i halla *161,113*
Sabiendo que halla ia passo mas llano, *181,6*
Que halla flechas en aquellos *226,72*
Que halla flechas en aquellos *226,81*
i el Ingles halla a su Londres; *229,491*
i que se halla en la Corte. *229,519*
mañana? 'Ved qual se halla *229,1499*
Tan assombradiza me halla? *229,2742*
Fingiendo sueña al cauto garzon halla. *261,256*
Las canas de Tithon, halla las mias, *264,395*
En su madre se esconde; donde halla *264,964*
Le halla mi deuocion, *390,34*
Casado el otro se halla *406,1*
En lo llano, no se halla; *499,203*
Esto aun es quando se halla; *499,252*

Hallado *4*
Por auer hallado en Menga *216,43*
En mis greguescos he hallado *228,2*
Camilo, acà te he hallado? *229,1735*
A buscarme, i me he hallado *229,3193*

Hallais *1*
No hallais otro relator? *229,3449*

Hallan *2*
I sus mexillas se hallan *29,38*
Estrellas os hallan, *160,85*

Hallando *3*
Hallando, pues, a Isabela *229,2332*
I no hallando la moça, *322,361*
Mas renace, hallando, en vn instante, *457,12*

Hallandola *1*
I hallandola mui triste *27,13*

Hallandoos *1*
I no hallandoos aqui, *269,1375*

Hallar *5*
la posada, hallar con Fabio *229,3100*
sin hallar quien mas le quadre, *229,3407*
Dexate vn rato hallar del pie acertado, *262,30*
Que me ha de hallar el vltimo gemido, *399,3*
Comer salchichas i hallar sin gota *463,1*

Hallara *1*
Donde hallara la alxaua *499,250*

Hallarà *2*
Que hallarà corriente grata *126,51*
Miedo le tengo: hallarà la gente *152,3*

Hallaràn *1*
Antes hallaràn *160,91*

Hallaràs *4*
Hallaràs a Flordelis *73,117*
De tres clauos le hallaràs. *208,18*
Le hallaràs con respaldar. *288,104*
Que a pesar hallaràs claro *352,31*

Hallarè *2*
donde hallarè piedras tiernas, *229,2916*
Bien hallarè io mi alxaua *499,214*

Hallareis *1*
Hallareis que el solo esmalta *121,143*

Hallaron *2*
Le hallaron los gusanos *37,11*
Hallaron dos, i toman vna pieça *255,12*

Hallaros *1*
Seràlo quien pudo hallaros. *229,3103*

Hallarse *2*
De hallarse con vos al lado. *269,75*
Que hallarse apenas dejò *390,30*

Hallarte *1*
hallarte en esta occasion. *229,3403*

Hallas *1*
hallas a Violante tibia? *229,69*

Halle *8*
Mas que halle sin dar puerta *6,106*
Que assi halle al que tu buscas. *26,92*
Quanto mas dia de júicio se halle. *154,4*
que con el te halle casada *229,1280*
Que en vos halle ese desden? *229,3335*
Tranquilidad os halle labradora *263,940*
Nudos les halle vn dia bien que agenos, *264,234*
I assi es bien que no me halle. *269,532*

Hallè *5*
La lisonja hallè i la ceremonia *150,9*
Siempre hallè para mi el rocin cansado. *203,72*
de sus dueños, i hallè *229,2268*
hallè de vn azul Turqui, *229,2295*
pero la luz que hallè aqui *229,3220*

Halleis *3*
Ahora la halleis *79,65*
Que no le halleis a vn rio *269,69*
Halleis a vuestro plazer. *269,1677*

Hallo *8*
I Cortesano sucio os hallo ahora, *154,7*
me busca. Aqui hallo dos. *229,1812*
hallo quien burlar pretende *229,3008*
Mvriò Frontalete, i hallo *241,1*
Pues le hallo declinando *269,1880*
Con que tan rico me hallo, *346,2*
Por raçones hallo io *490,11*
I assi por mi cuenta hallo *499,128*

Hallò *28*
Que la hallò por su desdicha *74,50*
Que no me hallò la muerte *74,71*
No me hallò vna culebrina, *74,82*
Hallò el Sol, vna mañana *88,5*
Piedad hallò, si no hallò camino. *100,8*
Piedad hallò, si no hallò camino. *100,8*
Hallò al quinto con los dientes *122,53*
Le hallò en el campo aquella *131,15*
I le hallò entre vnos carrizos *149,59*
Vna sarta se hallò *161,10*
Saliò el Sol, i hallò al machuelo, *161,21*
Que en la moneda hallò: *161,28*
El thesoro que se hallò. *161,48*
I le hallò el luciente Phebo, *215,16*
i le hallò en mi posada? *229,3113*
Fruta en mimbres hallò, leche exprimida *261,225*
Do hallò reparo, si perdiò camino. *261,432*
Hallò hospitalidad donde hallò nido *263,27*
Hallò hospitalidad donde hallò nido *263,27*
Quando hallò de fugitiua plata *263,472*
La sangre hallò por do la muerte entrada. *264,487*
En tanta plaia hallò tanta rúina". *264,511*
Hallò por su dicha el triste *269,689*
Hallò no solo la Rèàl hazienda, *318,266*
Hallò en el desuan acaso *322,173*
Aueriguando la hallò *355,33*

De el que hallò en el mar enxuto vado, *442,6*
Porque hallò la puerta abierta. *477,40*

Hallòle *1*
Hallòle; mas hurtandose al reposo *315,29*

Haloque *1*
Que en oro engasta, sancta insignia, haloque, *428,12*

Hamadrias *1*
Ser menos las que verdes Hamadrias *263,261*

Hambre *8*
El appetito con hambre, *73,59*
I para engañar mi hambre *96,147*
I todos de hambre piando. *228,84*
Hambre de honor alados passos mueue, *229,1034*
Si alimentan tu hambre *280,25*
Que tanta hambre no solo *288,85*
Por hambre expulso como sitîàdo. *396,4*
A Sancta Anna con hambre, huesped Diuino, *436,9*

Hambres *1*
Que perdonando a sus hambres, *91,28*

Hambriento *1*
Su bahari, que hambriento *333,59*

Hame *1*
Hame dicho despues èl *229,3290*

Hamete *2*
Frai Hamete i frai Zulema. *73,36*
Como Christiano Hamete. *88,36*

Han *75*
Pues ido se han *4,52*
Has visto, que en tus aguas se han mirado, *22,13*
Bien sè que me han de sacar *37,29*
Theatro donde se han hecho *38,11*
I dime si han sido ciertas *38,18*
Se han orinado los meses, *59,6*
Que han de andar llanto i suspiro *62,63*
Que no han visto las edades *63,206*
— Como estais acà afuera? — Oi me han echado, *70,3*
Ia que os han tenido *79,5*
I los que la han visto bien, *85,14*
Pues no la han lisonjéàdo, *87,75*
Que aunque te han desmantelado, *87,97*
Me han dicho que es vn pobrete *88,62*
Que han confirmado amistad *95,26*
Que han de hazer, que en la higuera *105,31*
Conjurado se han los tres *107,45*
Por quantas vidas han muerto. *143,20*
De la camara han salido, *159,6*
Han dado cient trepas, *160,10*
Que trompas hasta aqui han sido de caña, *171,7*
Las que memorias han solicitado. *171,8*
Oy presentado me han *188,7*
Nunca han permitido, que entre *190,8*
Que se han querido bien *193,16*
— Alma a quien han reducido *213,8*
Que me han desempedrado las encias? *222,4*
Que han de morir anegados". *228,112*
le han puesto oi en el camino. *229,845*
Despues que han argentado *229,1051*
ese respecto han guardado *229,1101*
si han de amar tan neciamente. *229,1387*
si a manos han de llegar *229,1575*

pues tanta sal me han echado. *229,1857*

i a fee que no han hecho mal. *229,1858*

para quien guardado se han *229,2049*

turbado la vista le han. *229,2959*

siruas, si obligado te han *229,3052*

el que por ierno me han dado? *229,3147*

porque han dicho aqui que no *229,3359*

Que aun rompidas no sè si han recordado. *245,8*

Gastò gran summa, aunque no han acabado *255,7*

"Cabo me han hecho, hijo, *263,516*

Lee quanto han impresso en tus arenas, *264,568*

Iaspe le han hecho duro blancas guijas. *264,890*

De sangre ellos lo han de ser. *269,95*

Cien escudos han de ser? *269,241*

A los que han hecho setenta. *269,295*

Llegado han ia tus engaños *269,329*

Todas se han ido bolando. *269,345*

Han pensado que es a ellos, *269,1224*

Regalado me han el pecho, *269,1539*

"Que me han muerto, que me han muerto," *269,1660*

"Que me han muerto, que me han muerto," *269,1660*

Mis enfermos me han tenido, *269,1712*

Me han arrojado aqui ahora. *269,1753*

De los que se han de soltar. *269,1833*

Efectúàdo lo han, *269,1849*

Que hurtado nos los han. *301,34*

Los meritos que le han dado, *306,15*

Que los mortales han prescripto al sueño. *315,30*

Han peregrinado el mundo; *322,8*

No han dexado, no, su aluergue *358,5*

No le han oido tus quexas *423,23*

Paciencia, Iob, si alguna os han dexado *433,3*

— Que es, hombre o muger, lo que han colgado? *439,1*

Que te han echado quatro o seis figones. *449,8*

Que lluuias Hespañolas han mojado; *449,11*

Nunca ha querido lo que no le han dado: *452,10*

Espantado han sus numeros al mundo *453,3*

Han hecho sus dictamenes ganancia, *471,6*

Por seruidor, i entre ellas le han aojado. *475,8*

Que me han apologizado: *483,2*

Dicho me han por vna carta, *488,1*

Porque entre los monteros que han llegado *499,52*

Hanegas *1*

Acudiera a diez hanegas. *62,24*

Hanle *1*

Hanle crecido de hombros *242,106*

Hanme *1*

Hanme dicho, hermanas, *65,1*

Hanos *2*

Hanos conuidado a veerle, *242,17*

Hanos traido pues oi *242,65*

Harà *26*

Que el harà de tus braços esforçados *72,82*

Que ceniza harà la vida mia. *101,11*

Prendiò mi libertad, que harà ahora, *139,2*

Harà tu son de su ceniça fria: *140,22*

La profession harà entierro, *176,7*

Su beldad toda; que harà la mano, *198,10*

Que harà aquel *226,71*

Que harà aquel *226,80*

les harà dar vn gemido. *229,115*

que el oi me harà justicia *229,326*

I al pagar le harà con el de Pena. *254,4*

La segur de los zelos harà aguda. *261,356*

Sangre sudando, en tiempo harà breue *262,14*

Lo que el estoque harà *269,77*

Porque harà buena acogida, *269,733*

Me las harà el çapatero. *269,832*

El me harà gran señor *269,1197*

Quien, pues, harà ese ademan? *269,1491*

Harà mui presto la suma *269,1732*

Como assi? Como harà, *269,1993*

Esto, pues, harà a Rengifo, *288,105*

Lagrimosos harà en tu ausencia graue. *289,14*

El immenso harà, el zelestial orbe *318,255*

Que prothonecio harà *322,339*

Cenizas la harà, si abrasa el humo. *392,14*

Que al oluido harà vuestra memoria *425,13*

Haran *3*

Las cosas bien se haran *269,1590*

Bien sea verdad que os haran *334,9*

Ioben me haran eterno. *354,38*

Haràn *5*

Que porque faltas haràn *147,9*

De sus mulas haràn estos Señores *199,13*

Fîàda en que la haràn salua *239,8*

Ô, lo que esta noche haràn *300,19*

Que politicos haràn *358,42*

Haras *1*

Hasta quando haras *125,23*

Harè *15*

Harè vna librea, *5,46*

Mui bien harè si culpàre *37,17*

Mal harè en llegarme a el, *229,824*

peor harè si le llamo. *229,825*

con callar! Què harè ahora? *229,907*

Si harè, en estando seguro. *229,1329*

Cubrete. No harè tal. *229,1800*

harè experiencia no poca. *229,2519*

Io harè su diciplina *269,99*

Al marido le harè costas, *269,252*

Io harè que mula te den. *269,641*

Subid acà. Que harè? *269,1355*

Al recluso harè preso, *269,1784*

Desengaño, harè, corrector santo. *398,14*

De essa suerte lo harè. *499,240*

Hareis *3*

No hareis tal por San Acacio, *269,773*

Que le hareis pedir ropa *282,13*

De el cielo la hareis tercero estrella, *292,13*

Harèlo *3*

Harèlo. No entiendo a este hombre. *229,2739*

Casilda, harèlo assi. *269,1178*

O harèlo io. Has de saber *269,1443*

Hareys *1*

No solo alcançareys: hareys dormida; *470,6*

Harias *1*

I del cofre harias alarde. *269,1405*

Harina *1*

Que hacen harina; *65,96*

Harmonia *4*

Mis lagrimas, que siguen tu harmonia, *140,19*

De metrica harmonia. *263,270*

Coruo na pruma, cysne na harmonia. *430,14*

El cascabel no oluida su harmonia *499,88*

Harmonîòso *1*

Harmonîòso numero se esconde *264,251*

Harpìa *1*

A vn Girifalte, Boréàl Harpìa *264,906*

Harpon *19*

Con el harpon, de vn tejado, *28,16*

Con vn harpon de desden *78,14*

Que en tanto mar serà vn harpon luciente, *174,13*

O dèl harpon, que es alado. *178,40*

Es harpon de oro tu mirar sereno, *197,6*

Escondiendole vn harpon *226,55*

i el pecho donde vn harpon *229,1630*

harpon el niño que vuela *229,1910*

veleta de harpon, que sabes *229,2324*

con dulce harpon dorado, *229,2815*

Su blanco pecho de vn harpon dorado. *261,244*

Harpon vibrante, supo mal Protheo *264,425*

Hazen de vn mortal harpon *269,33*

El mas luciente harpon. *286,20*

Mas bese en el harpon la mano suia. *311,14*

Harpon dulce de las gentes. *333,36*

Fieras vuestro harpon, *356,62*

El mas luciente harpon *377,26*

La dulze flecha del harpon dorado, *499,27*

Harpones *7*

Con harpones diferentes. *57,64*

Dos harpones penetrantes? *61,28*

Dos penetrantes harpones, *61,29*

Dorados harpones tira *121,73*

Porque labren sus harpones *131,26*

Aljaua de sus harpones; *179,36*

Que leña i plumas gasta, cient harpones *181,11*

Harpya *1*

Alas de viento, i garras de Harpya *229,1031*

Harpyas *4*

Nos roban, como Harpyas, *29,15*

I os mostreis harpyas; *65,256*

A las que esta montaña engendra harpyas. *261,448*

Harpyas alimentando, *269,343*

Harta *2*

I con experiencia harta, *167,68*

Agudeça tiene harta, *488,5*

Hartas *1*

i auiendo occasiones hartas, *229,832*

Harto *9*

Harto peor fuera *4,37*

I fue prueba harto pesada; *10,52*

Harto caro el veer su cara; *29,36*

Con harto trauajo, *50,75*

Harto he dicho, i harto callo, *229,270*

Harto he dicho, i harto callo, *229,270*

que harto avemos reido. *229,1221*

Por fiesta harto solene *269,659*

Que harto mas cortesmente *484,9*

Hartos *2*

Mas si sè que dias hartos, *96,78*

I ai dias, Casilda, hartos *269,669*

Has *58*

Vendado que me has vendido, *2,3*

Has visto, que en tus aguas se han mirado, *22,13*

Bastante muestra has dado *25,43*

De que a pesar dèl tiempo has de estar lleno. *30,8*

Me has captiuado dos veces. *57,36*

Preguntado me has la causa *57,37*

Me di, como has menguado i has crecido, *71,12*

Me di, como has menguado i has crecido, *71,12*

De seluas inquïètas has poblado, *72,20*

Sin perdonar al tiempo, has embiado *72,23*

Dicen que muerto me has. *90,10*

Has dado en imitallas, *127,22*

A Dios, toril de los que has sido prado, *200,13*

O por donde has venido, *229,2*

en tu cueua has escondido *229,127*

Huesped Troiano has sido, *229,286*

Mui bien has dicho. Ô señores *229,304*

Corrido en extremo has, *229,645*

te has hecho cofrade? Si. *229,933*

pues tan remozado me has. *229,1011*

Lelio, has de venir ogaño? *229,1024*

Que has prognosticado oi? *229,1170*

Para mañana, que has de ser mi esposa". *229,1489*

Si mañana has de casarte, *229,1506*

aspid le has hecho crúèl, *229,1605*

Gran falso, Amor, hecho has. *229,1775*

Disparate es el que has hecho. *229,2234*

ia, Camilo, has de viuir. *229,2377*

al que has de tener por ierno. *229,2553*

o has de callar. Ai de mi! . *229,2774*

Has entendido, Camilo, *229,2826*

Has entendido, Laureta, *229,2828*

tu, que abonado le has, *229,3015*

con lo que ahora has de veer. *229,3089*

Tu me has de patrocinar *229,3530*

Señas has dado no pocas: *259,82*

Deste has de ser oi traslado: *269,166*

Has de andar autorizado. *269,170*

Soplado me has en la cara *269,304*

Lo que mañana has de ver *269,683*

Porque tu has andado en ella. *269,823*

Has andado con este hombre! *269,951*

Mui bien has andado oi; *269,962*

A todo lo que has querido; *269,1306*

O harèlo io. Has de saber *269,1443*

Has, Lucrecia, de querer *269,1572*

Que bien que le has respondido! *269,1819*

De sierpes, has dexado, engendradora, *281,20*

Qual del puente espacioso que has roido *318,195*

De lo que has de ser verdugo! *322,168*

De Toro no has de beber, *351,34*

Que siempre en valde has leido *407,2*

I mas pleitos has perdido *407,3*

Pues no has tomado a proceso *407,6*

Has merecido oi ver la gran belleza *499,110*

Dezir que has herido al viento. *499,135*

La alxaua que has oi perdido. *499,223*

Le has de hazer trocar la suia *499,259*

Hase *1*

Hase visto tal traicion? *229,3294*

Haspid *1*

Haspid que sabe matar. *95,32*

Hastas *1*

Vna temeridad hastas desprecia, *220,9*

Haste *1*

Haste arrepentido acaso *10,13*

Hauer *3*

Sin hauer freno de duda. *102,10*

ha de hauer cena i comida! *229,2647*

Si hauer sido del Carmen culpa ha sido, *398,5*

Hauerle *1*

Por hauerle vendido fue adorado. *400,8*

Hauito *2*

Minimas en el hauito, mas passas, *325,10*

Sobra el que se me dio hauito vn dia: *398,6*

Haxan *1*

Que haxan los abanillos *269,1680*

Haya *1*

El belicoso de la Haya seno, *318,621*

Haz *9*

Haz tu gusto; que io quiero *48,57*

Damas de haz i enues, viudas sin tocas, *69,6*

Haz, embuelta en durissimo diamante, *72,4*

Ia que lo soi de la haz, *242,41*

Haz diligencia en sus años. *269,1730*

Haz, vuesa mercè, *305,4*

Siendo Lope de la haz, *488,8*

En haz de el mundo, i en paz *488,9*

Con Floricio. Haz que quiera, *499,261*

Hazaña *2*

No fue esta mas hazaña, ô gran Dios mio, *117,9*

Ni emprendera hazaña *120,16*

Hazañas *4*

Pincel las logre, i sean tus hazañas *66,13*

No las hazañas dèl Cid, *81,3*

De sus hazañas pues oi renacido, *272,9*

Mandaronse escribir estas hazañas *469,13*

Haze *41*

Haze de sus cabellos *25,14*

Haze vn Doctor dos de claro *81,41*

Haze con las flores paz. *116,8*

Nos las haze venerar; *121,94*

Lo que al latido haze *125,25*

"Oy haze, ingrata, vn año, *125,28*

Oy haze vn año, ingrata, *125,32*

Que se haze Paternidad. *130,12*

Haze esta caualleria, *157,6*

Haze el mercader *160,97*

Le haze decir assi: *226,100*

I las faldas besar le haze de Athlante. *230,6*

Haze parir las donçellas, *238,7*

Ecchos los haze de su trompa clara! *250,4*

Alimento las haze de las Musa; *256,35*

Restituir le haze a las arenas; *263,36*

Que haze oi a Narciso *263,115*

Haze de blanca espuma *263,559*

Beuer el sudor haze de su frente, *263,570*

Que los Herculeos troncos haze breues; *263,1049*

Haze de Augusta Coia Perúàna, *264,66*

De los cauallos ruda haze armonia, *264,736*

El duro braço debil haze junco, *264,784*

Haze banderas Amor. *269,25*

I del peligro haze juego, *269,118*

La soledad que me haze, *269,1064*

Tanto mas la haze pregon, *269,1317*

No haze Tancredo falta, *269,1412*

Pensando que os haze engaño, *269,1667*

Haze de San Saluador *269,1952*

La que os haze compañia, *282,17*

Su pluma haze elegante, *283,8*

Haze canoras aun las piedras graues. *290,4*

I tan otro al fin, que haze *307,3*

I tan otro al fin, que haze *307,16*

I tan otro al fin, que haze *307,29*

De apacibilidad haze seuera *318,181*

Conduce sacros, que te haze vndosa *318,555*

Medicinal haze lei, *386,8*

Haze de su misma mano, *408,6*

Assi que todo haze un dulze ierro, *499,90*

Hazed *2*

Hazed del Palacio plaça, *121,8*

I hazed por parecernos otra fiesta; *470,13*

Hazeis *5*

Hazeis a cada lengua, a cada pluma, *244,13*

Si tal hazeis; recebilda. *269,1071*

Oi le hazeis cauallero. *269,1196*

Con las suias le hazeis victorîòso *271,7*

Que mucho, si hazeis temblar, *282,15*

Hazen *14*

Hazen montes de plata sus arenas; *77,81*

De las casas do hazen plato. *96,72*

Que hazen de vna paja ciento, *96,151*

Fuego le hazen llorar, *116,6*

Que a todas ellas hazen *125,14*

El luciente oficio hazen *143,5*

De las vidas hazen *160,81*

Hazen ver estrellas. *160,88*

Que a la arca hazen el buz *167,89*

Mezcladas hazen todas *263,623*

Hazen de vn mortal harpon *269,33*

Hazen señas de Rentoi. *269,965*

Negros hazen el portal. *309,22*

Guerra me hazen dos cuidados *329,1*

Hazer *19*

A hazer que ciertas yeruas *73,42*

La niebe suele hazer. *78,92*

O se dexan de hazer *81,7*

Que han de hazer, que en la higuera *105,31*

Por no hazer rûîdo *114,5*

De hazer barrenas, *160,118*

El instrumento hazer dardo *167,6*

Hazer de Athlante en la syluosa cumbre, *230,88*

Sabe el tiempo hazer verdes halagos". *263,221*

La dulce confusion hazer podia, *263,485*

Virgen tan bella, que hazer podria *263,783*

Para hazer dellos dos pagas *269,1387*

Que le acabo de hazer *269,1444*

Por hazer tan rico empleo *269,1620*

Se puede hazer! *301,64*

Fragrante luto hazer la nuue densa *362,3*

Rastro hazer no dexaua *499,142*

Le has de hazer trocar la suia *499,259*

I lo que puedes hazer, *499,290*

Hazerle *1*

Antes hazerle presumo *384,8*

Hazerme *1*

De hazerme dezir verdades, *105,6*

Hazerte *1*

Hazerte con ellas puedo *499,354*

Hazes 5
Que con el pico hazes *129,8*
"Si tu hazes que oya *140,17*
El Occidente hazes apartado; *162,4*
hazes? Presto lo sabras. *229,1331*
Por Dios, que hazes agrauio *269,1110*
Hazia 1
Numero i confusion gimiendo hazia *264,806*
Hazìa 2
En duda ponen qual maior hazìa *263,538*
Hazìa, bien de pobos, bien de alisos, *263,575*
Hazian 2
Los ojos que hazian *4,53*
Que hazian desigual, confusamente, *263,43*
Hazienda 10
Mi hazienda es vn escudo *111,9*
Por el campo su hazienda, *149,45*
a su calidad i hazienda, *229,255*
de la casa i la hazienda, *229,2416*
Si, señor; mas que hazienda *229,3195*
De su persona fue, de su hazienda: *261,450*
Donde con mi hazienda *263,500*
Que mi hazienda se gaste *269,327*
Hallò no solo la Réàl hazienda, *318,266*
Con hazienda poca, *422,6*
Haziendas 2
Honras i haziendas! *8,8*
Por clauar haziendas; *160,120*
Haziendo 16
Haziendo, quando la veas, *73,118*
Haziendo deuocion de su riqueza; *77,9*
Haziendo la cuerda açote, *131,90*
Milagrosamente haziendo, *143,10*
Les ba el lobo haziendo lobas. *149,50*
Antes os quedais haziendo *204,7*
Leyes haziendo el gusto, *229,44*
Qual haziendo el villano *263,68*
Haziendo escollos o de marmol Pario *263,488*
El peregrino pues, haziendo en tanto *264,112*
Bien que haziendo circulos perfectos; *264,502*
Que haziendo a todos el buz, *269,438*
Le està haziendo del ojo, *269,704*
Haziendo su freno pluma, *269,762*
La està haziendo la tinta, *269,1203*
Haziendo gallardo oficio, *269,1827*
Haziendole 1
Haziendole atalaias de el Occaso *263,640*
He 123
Que he seguido a mi pesar *2,12*
Pues he viuido diez años *38,33*
He visto blanquéàndo las arenas *54,9*
I camara he hecho; *56,7*
Señora, he llegado a vista *74,102*
I he de ser tan inhumano, *83,29*
Aunque te he obligado poco *87,51*
Para mi le he demandado, *93,5*
Que he pisado entre sus flores *95,31*
"Escuchado he vuestras quexas *96,97*
Despuntado he mil agujas *107,1*
Cosas, Celalua mia, he visto estrañas: *108,1*
Quantas al Duero le he negado ausente, *109,1*
Toda la tierra he corrido, *111,25*
El mar he visto en Latin: *111,26*
El iugo dèsta puente he sacudido *134,12*
Pidiò la fe que le he dado, *141,3*

Diuidido he visto el Sol *143,3*
Pisado he vuestros muros calle a calle, *154,5*
Que el amor que os he propuesto *168,6*
No os he de hablar en el sexto. *168,10*
Pintado he visto al Amor, *178,1*
I aunque le he visto pintado, *178,2*
Mas, CLORI, que he texido *184,13*
En mis greguescos he hallado *228,2*
Las bacas que te he comido, *229,128*
Fabio, lo que te he callado *229,251*
Harto he dicho, i harto callo, *229,270*
Io he ganado en conocer. *229,386*
A mi me lo he dicho yo. *229,410*
te he contado lo que oies, *229,637*
Ningun testigo he tenido, *229,818*
pero a mal tiempo he venido, *229,821*
No me digas lo que he oido, *229,915*
que ha mui gran rato que he sido *229,916*
por donde io he de passar. *229,937*
i oi la nouia he visto io *229,1295*
pues aqui le he trasladado. *229,1398*
Marcelo, qual siempre he sido, *229,1410*
el ovillo he de sacar, *229,1429*
la libertad que he de darte?" *229,1509*
Para que por lo que he hecho *229,1519*
Entrado me he de rendon *229,1700*
i a mui buen tiempo he venido. *229,1702*
Pues crea que he de molella, *229,1713*
Camilo, acà te he hallado? *229,1735*
porque no la he de lleuar, *229,1771*
con lo que he visto no mas. *229,1778*
No, amiga, que aun no he llegado. *229,1788*
A ti no te he despachado, *229,1789*
Mas pesadumbre he de darte, *229,1795*
que he traido ese despacho. *229,2066*
al que le he dado la fee. *229,2130*
No he hecho maior cordura. *229,2235*
i io he verguença de mi. *229,2321*
Si ia no he crecido tanto, *229,2370*
Tuia soi, tuia he de ser". *229,2386*
he dado traça que aqueste *229,2406*
Mas creo que he menester. *229,2514*
Io, que he entendido a los dos, *229,2556*
I pues, viniendo, he de dar *229,2638*
Contigo me he de casar. *229,2719*
te he de buscar el dolor *229,2773*
Vengança he de ser, i higa, *229,2872*
que si he perdido la vista, *229,3000*
que no he perdido el jùicio. *229,3001*
son estas? He de entendellas? *229,3159*
A buscarme, i me he hallado *229,3193*
sino ciento he de affirmallo. *229,3203*
de la vista, os he hablado *229,3216*
Entrado me he por el hilo *229,3234*
Lo que te he dicho, Donato. *229,3367*
Porque he reido vn buen rato *229,3522*
si merecido la he, *229,3532*
Tambien he de hacer oi *229,3540*
Que he callado, i ia conozco *242,74*
Que oi le he de dar por el rostro. *242,84*
La nouilla he visto. Passo. *268,39*
La nouilla he visto. Passo. *268,49*
La nouilla he visto. Passo. *268,59*
La nouilla he visto. Passo. *268,69*
Si io el papel he leido *269,49*

De las pieles en que he visto *269,337*
Me he de satisfacer oi. *269,370*
Quando he liado la ropa *269,561*
Que mula he de tener io? *269,675*
Quanto mas, si he de dezillo, *269,685*
La mula que aun no he comprado. *269,868*
Si he viuido bachillera. *269,1001*
En la cola he de tener. *269,1153*
Con lo que os he dicho? Aguardo. *269,1217*
I assi en mi bolsa he dado *269,1234*
Si engañar al cuidado no he sabido *269,1254*
Del seruicio que te he hecho, *269,1271*
I aunque te he seruido en nada, *269,1274*
Con quien me he estado hablando, *269,1377*
Io a lo moderno he de andar, *269,1550*
He io nueuamente impresso *269,1612*
Pues, si he de dezir verdad, *269,1618*
Si bien io la he dicho que *269,1628*
Que en este edificio he echado, *269,1637*
Las manos he de besarte. *269,1689*
I oi con ellos he ganado *269,1691*
Que es tarde, i no la he tomado. *269,1891*
Romper la tierra he visto en su avesana *273,5*
En el arca de No he *288,99*
Pues he visto tu salud, *310,31*
En agraz he visto io. *321,4*
Lo que he visto a ojos cerrados *322,189*
Como en firmeza lo he sido, *348,2*
Tanto he visto celestial, *352,29*
Bobo he sido en prestarle mi dinero. *367,11*
Quanto mas bobo he sido, mas espero *367,13*
I sabeis que me he comido *385,2*
Medio mes que aun no he viuido, *385,3*
Por esos lodos he visto *408,2*
Si de necio me he perdido *419,91*
Mil ratos he passado sin sentido *445,9*
Vengala a visitar, que a lo que he oido, *448,13*
Alicante nos chupa; io he engordado. *462,8*
Siempre me he hecho entender, *482,6*
Por la estafeta he sabido *483,1*
Por el i lo que es mas acà he baxado, *499,25*
Hebra 2
Mueue el viento la hebra voladora *36,6*
A sutil hebra la que el huso viste; *318,444*
Hebraico 1
Contra el Moro i Hebraico *1,36*
Hebras 1
Dos hebras de seda mas *242,107*
Hebreos 1
Que los Hebreos a Egyto *269,992*
Hecha 19
O qual por manos hecha artificiosas *18,3*
Que quien te hecha de Jaen *49,91*
I viendo hecha pedaços *75,77*
Al brabo que hecha de vicio, *93,57*
La bolsa hecha abogado, *105,64*
La pluma hecha testigo; *105,65*
Hecha en lamina de plata, *148,10*
Blanco de sus tiros hecha, *177,8*
La vasija hecha instrumento, *226,23*
en la manga se le hecha. *229,1830*
I del fiero animal hecha la trompa *230,14*
Trompa hecha de Paris. *243,56*
Paz hecha con las plantas inuiolable". *264,313*
(Hecha mano de relox) *269,699*

Tu creacion, la gracia le fue hecha. *421,33*

La hecha si, uos tuuo argenteria, *430,12*

Hecha la entrada, i sueltos los leones, *464,1*

Hecha norte i centinela; *496,14*

(Como vereis) ha de quedar oi hecha, *499,47*

Hechas *2*

si de madera son hechas, *229,1098*

Treguas hechas súaues, *263,341*

Hecho *88*

Mirad que avrà con vn coraçon hecho, *18,13*

I hecho otro nueuo Alcides, *26,37*

Theatro donde se han hecho *38,11*

A escribir del cuñado el atroz hecho *41,7*

I camara he hecho; *56,7*

Si mal hecho fue, *56,21*

La aguja lo ha hecho, *56,22*

Quien me ha hecho caña, *56,71*

Hecho de finos diamantes, *61,38*

A hecho a naturaleça *63,159*

Le huuiera hecho otra firma, *74,42*

Con religiosa vanidad a hecho *77,19*

El que se ha hecho temer *78,6*

Que te ha hecho, crudo Amor, *95,9*

Despues que se an hecho piezas, *102,4*

De nuestra gloria, bien fue heroico hecho; *117,4*

Pisuerga, hecho cithara doliente; *140,3*

Hecho vn macho, por la liga *161,27*

Hecho vn Midas, i aun peor, *161,50*

Hecho vn Sol i hecho vn Maio, *161,53*

Hecho vn Sol i hecho vn Maio, *161,53*

Que le ha hecho proueer donde *167,99*

Quien pues se marauilla de este hecho, *181,5*

Pasto, al fin, oi tuio hecho, *212,15*

Que hecho sacristan Cupido, *228,107*

veo a Lelio hecho Camilo *229,772*

caxero de el suegro hecho *229,774*

te has hecho cofrade? Si. *229,933*

hecho espiritu gentil? *229,1195*

de la silla ha hecho cama. *229,1271*

Fallo que hecho quartos mueras, *229,1492*

que le ha hecho tanto agrauio? *229,1513*

Para que por lo que he hecho *229,1519*

aspid le has hecho crúèl, *229,1605*

Esto es hecho, i io acabado. *229,1664*

Gran falso, Amor, hecho has. *229,1775*

i a fee que no han hecho mal. *229,1858*

donde, hecho aueja Amor, *229,2054*

El Tajo, que hecho Icaro, a Iuanelo, *229,2214*

Disparate es el que has hecho. *229,2234*

No he hecho maior cordura. *229,2235*

que, avestruz hecho el deseo, *229,2262*

te dexe sepulchro hecho *229,2928*

mi hermana ha hecho ese error *229,3485*

Que ha hecho la labradora? *229,3492*

Discursos ha hecho el ocio, *243,37*

Le ha hecho al tiempo vn engaño, *259,107*

En su imaginacion Cupido hecho, *261,271*

En telas hecho antes que en flor el lino? *263,373*

Estanque dexò hecho, *263,400*

"Cabo me han hecho, hijo, *263,516*

Pielago duro hecho a su rúîna. *263,1011*

Vn lustro ha hecho a mi dudosa mano, *264,147*

Iaspe le han hecho duro blancas guijas. *264,890*

Quien te ha hecho Matthatthias *269,159*

Os dexarà hecho Macias. *269,240*

A los que han hecho setenta. *269,295*

Anda Gerardo hecho vn Marte. *269,586*

Hecho de las seluas Dios, *269,1133*

De que por mas hermosa causa, hecho *269,1252*

Del seruicio que te he hecho, *269,1271*

Que el engaño ia està hecho. *269,1401*

De manera que estoi hecho *269,1540*

Que se avrà hecho jamas. *269,1609*

Tu, a pesar de prodigios tantos, hecho, *280,56*

Iusticia en dos puntos hecho, *288,57*

Vrna hecho dudosa jaspe tanto, *298,11*

Zodìaco hecho breue *304,11*

Ha hecho tu templo santo, *306,8*

Ha hecho tu templo santo, *306,25*

Ha hecho tu templo santo, *306,42*

Sincel hecho de artifice elegante, *312,2*

De los Philippos, duramente hecho *318,439*

Que velas hecho tu lastre, *322,235*

Sombra hecho de si mismo, *322,399*

Que verse hecho vn sotillo *334,74*

Rebuzno ha hecho el relincho *334,78*

Hecho pedaços, pero siempre entero. *336,8*

Copia hecho tan fîèl, *355,54*

El Verbo eterno hecho oi grano *388,27*

Espejo hecho el valcon, *418,47*

Que te ha hecho Aguilar, que lo haces perro? *435,5*

Entre tantas bezerras, hecho toro. *461,14*

Han hecho sus dictamenes ganancia, *471,6*

La aias hecho correr. Crueldad ha sido. *474,8*

Siempre me he hecho entender, *482,6*

Dicen que ha hecho Lopico *489,1*

I hecho con mi diestra no domada *499,10*

Hechor *1*

Al otro porque es hechor. *98,80*

Hechos *7*

Desatados en sus hechos. *58,32*

Esculpirà tus hechos, sino en vano, *66,5*

Para los hechos del Cid. *82,124*

Con mas homicidios hechos *105,102*

Hechos abejas de Hibla, los amores, *269,1243*

Hechos cedazos de cerdas. *275,104*

Los hechos de Aranjúèz, *353,22*

Hechura *3*

Quien en quartos la hechura. *257,40*

En quanto la hechura precia? *269,194*

I de hechura vn Perù, *269,1117*

Hedad *2*

A mi pie enfermo, i a mi hedad couarde, *229,2176*

No la fuerça de la hedad, *322,199*

Hego *1*

Con el pasa e con el hego. *305,28*

Hejo *3*

Algualete, hejo *305,1*

Algualete, hejo *305,22*

Algualete, hejo *305,33*

Helas *1*

Vamos; mas helas vienen. I io me espanto *499,122*

Helena *2*

Para el robo de su Helena, *73,32*

Arman a Helena en dos dias *122,17*

Heliades *1*

Sus Heliades no, nuestras vanderas. *318,280*

Helîades *1*

En vez de las Helîâdes, ahora *316,1*

Helicona *3*

Dulce Helicona nueuo, *256,57*

El mismo es de Helicona: *420,3*

Pongamosle su Helicona *477,9*

Heluecio *1*

Temido del Heluecio bellicoso. *279,27*

Heluidîâno *1*

Heluidîâno aspid, no pequeño. *315,28*

Helvecias *1*

De Helvecias picas es muralla aguda; *261,428*

Helycona *1*

De Helycona daran, i de su fuente. *172,14*

Hembras *1*

Entre hembras luminaria *88,11*

Heme *1*

Heme subido a Tarpeia *83,25*

Hemos *4*

En vn dia hemos caido. *229,2944*

Hemos de boluer, amigo? *269,1220*

Amigo, hemos de boluer? *269,1221*

Tomado hemos grandes puntos *269,1700*

Hena *1*

— E que fu? — Entre la hena *308,5*

Henares *1*

Beben, i la de Henares; *63,116*

Hendido *1*

Que su escudo, aunque hendido, *409,3*

Henero *4*

De blanca nieue el Henero, *7,18*

Las noches de Henero breues *83,51*

Tal en carnes por Henero. *94,10*

Que, si caiera en Henero, *486,15*

Heno *18*

Le bebiò i le paciò el heno, *49,40*

Blando heno en vez de pluma *131,69*

La serua, a quien le da rugas el heno; *261,77*

Ofrece ahora, quantos guardò el heno *263,862*

I de la firme tierra el heno blando *264,689*

Sino en pesebre de heno *300,15*

Que nos da el heno? *301,69*

Que nos da el heno? *301,83*

Que mal puede el heno a vista *307,25*

— En el heno que le diò *321,10*

Lleguè donde al heno vi, *331,49*

Que glorioso que està el heno, *374,3*

Que glorioso que està el heno, *374,13*

Solo fue el heno fîèl. *374,20*

Que glorioso que està el heno, *374,23*

El heno, pues, que fue dino, *374,25*

Que glorioso que està el heno, *374,33*

Tiembla, pues, i afecta el heno *414,13*

Henrico *2*

Si es Henrico, ia pasò *269,968*

Boluerà a dexar Henrico *269,970*

Henrrico *1*

Que Henrrico los aires beue *269,52*

Herbir *1*

Herbir las olas viò templadamente, *264,501*

Herculeos *1*
Que los Herculeos troncos haze breues;
   263,1049
Hercules *2*
Ô Hercules Toledano! *229,116*
que Hercules pidiò aiuda *229,118*
Hereda *1*
En cuia orilla el viento hereda ahora *263,954*
Heredad *1*
De el pueblo a su heredad, de ella a su fuente.
   203,93
Heredado *4*
Don Godofre el heredado, *73,77*
Heredado en el vltimo graznido. *264,936*
El heredado auriga, Faeton solo *318,233*
Que frutos ha heredado la montaña. *359,14*
Heredandole *1*
I heredandole aun los trastos *322,455*
Heredar *1*
I de heredar a Pedro en las dos llaues, *290,8*
Heredera *1*
Vse de ellos de oi mas vuestra heredera, *448,6*
Heredero *1*
Dexò por su heredero *492,3*
Heredò *2*
Heredò por dicha o ierro, *122,55*
Iace el Griego. Heredò naturaleza *274,9*
Herege *1*
Que tiene cara de herege *126,37*
Hereges *1*
Con seiscientos hereges i heregias; *469,2*
Heregia *2*
Templo de fee, ia templo de heregia, *72,36*
Europa a la heregia, *421,44*
Heregias *1*
Con seiscientos hereges i heregias; *469,2*
Herencia *2*
Herencia que a fuego i hierro *122,51*
I mi necessidad los hizo herencia. *269,401*
Herida *6*
I cada flor me cuesta vna herida. *184,12*
Bien como herida corça, *259,62*
Es el mas torpe vna herida cierua, *263,1043*
Montes de espuma concitò herida *264,489*
Esta, Pyramo, es la herida *322,181*
Como con tal herida corrio tanto. *499,123*
Heridas *2*
Para ligar sus heridas; *131,43*
Por tener heridas ciento. *177,20*
Herido *16*
De quatro espuelas herido, *57,15*
Que herido buela, *79,72*
Herido el blanco pie del hierro breue *104,1*
Tras vn corcillo herido, *115,15*
Mal herido i bien curado, *131,9*
Ia es herido el pedernal, *131,33*
La vida es cieruo herido, *133,23*
Entre las vîôletas fui herido *139,5*
Que herido dèlla el viento, *177,16*
El Quarto Enrico iaze mal herido *220,1*
que en llegando me ha herido *229,2814*
El cabo rompiò; i bien que al cieruo herido
   264,497
I aun al herido difunto. *269,1785*
Dezir que has herido al viento. *499,135*

Que mas herido no fuera *499,138*
Tras el corcillo herido. *499,179*
Herillo *4*
Hizo mas que tu en herillo *499,130*
Mucho hize io en herillo, *499,162*
Por herillo, que juntar *499,186*
Que por herillo vna cuerda, *499,194*
Herir *2*
obedecer, i no herir! *229,2325*
Instrumentos de herir, *243,64*
Hermana *36*
Hermana Marica, *5,1*
A Hermana Marica. *65,4*
De la hermana de su tia! *98,36*
Fuera su hermana diuina; *121,88*
Opilòse vuestra hermana *123,35*
Menospreciando con su bella hermana, *165,10*
Ô bella hermana de mi amigo charo! *229,25*
i al regalo de tu hermana. *229,81*
Dulce hermana, io me voi. *229,312*
dulce hermana de este joben, *229,557*
I queda con el su hermana? *229,1244*
con su misma hermana Fabio, *229,1277*
que eres la Hermana maior *229,1390*
por entendernos tu hermana. *229,1403*
pues me fiò aier su hermana, *229,1426*
su bella hermana a Camilo. *229,1431*
que dio galan a su hermana, *229,1516*
a mi hermana, que entra ia. *229,1886*
digo a Fabio i a su hermana. *229,2112*
Escuchame, hermana mia. *229,2659*
No pienso aguardar, hermana, *229,3120*
Presto le tendreis, hermana, *229,3299*
mi hermana ha hecho ese error *229,3485*
Fabio, veràs a tu hermana. *229,3495*
Hermana de Phaeton, verde el cabello, *264,263*
Nunca tratàra mi hermana *269,749*
Mi hermana Leonora està. *269,1169*
Con el dolor de su hermana. *269,1171*
La prudencia es de tu hermana *269,1810*
En la hermana de el engrudo, *322,444*
"Exerced, le dice, hermana, *355,61*
La hermana de el Sol? *356,36*
La hermana de el Sol, *356,40*
La hermana de el Sol, *356,57*
La hermana de el Sol, *356,74*
Sobrino te hizo suio, de vna hermana *421,66*
Hermanas *7*
Con las dos hermanas, *5,33*
Verdes hermanas de el audaz moçuelo *32,1*
Hanme dicho, hermanas, *65,1*
Hermanas de leche *65,151*
No me pidais mas, hermanas, *238,1*
Este sitio las bellas seis hermanas *264,337*
"Ia no mas, queditico, hermanas, *419,61*
Hermandad *1*
No ai hermandad sin sáètas. *269,65*
Hermano *23*
I eclipsar su hermano roxo. *83,68*
Ia no mas, cegueçuelo hermano, *90,1*
Ia no mas, cegueçuelo hermano, *90,11*
Ia no mas, cegueçuelo hermano, *90,21*
Ia no mas, cegueçuelo hermano, *90,31*
A las ancas de su hermano. *228,68*
mas no lo sepa tu hermano, *229,319*

Quiere tu hermano a Marcelo *229,340*
A Marcelo? Si. Mi hermano? *229,342*
Que sabes, hermano? Dilo. *229,1274*
A ti, hermano, que te duele? *229,2508*
Tan commensal, tan hermano *242,9*
Que en el vno cedi i el otro hermano *264,390*
De vn amigo, de vn hermano *269,59*
Se la concede su hermano, *269,278*
Despojos de vn hermano, que en Valencia
   269,399
Muriò mi hermano, i dexòme *269,417*
Del Ioben que hermano cree, *355,82*
Charissimo en Christo hermano. *408,10*
En quanto de tu hermano, *415,10*
Conuite Cordobes, Vicente hermano. *436,2*
Hermano Lope, borrame el sonè *468,1*
Musa, que a su medio hermano, *477,15*
Hermanos *4*
I que exponen mis hermanos, *157,17*
i no fueramos hermanos, *229,71*
hermanos suios, aspiran *229,618*
I mas de hermanos, que oi *269,64*
Hermita *1*
La hermita de San Anton; *167,74*
Hermitaño *1*
Venturoso el hermitaño *121,58*
Hermitaños *1*
De hermitaños de Marruecos, *73,35*
Hermosa *43*
Por ver a la hermosa GLAVCA, *10,6*
Mas la hermosa pescadora, *10,49*
Quantas troncaba la hermosa mano, *15,3*
Tan hermosa como libre. *48,8*
De hermosa i de terrible, *48,22*
En todo estremo hermosa *49,27*
Con laços de oro la hermosa naue *54,2*
I a veer su hermosa torre, *63,89*
Tan noble como hermosa, *64,5*
La blanca i hermosa mano, *82,37*
Hermosa como los cielos, *87,54*
Bien nacida, si hermosa. *97,8*
Viò la nympha mas hermosa *115,11*
Con su hermosa Siluia, Sol luciente *146,7*
Que vio Hespaña mas hermosa; *149,34*
Sà hermosa tu. *207,14*
Fresca, espira marchita i siempre hermosa;
   221,6
"Ô para mi, Isabela, mas hermosa *229,1486*
i siempre es hermosa flor, *229,1680*
En tu sortija hermosa *229,1767*
Logradle, Isabela hermosa, *229,2041*
i de su hermosa hija *229,2272*
Camilo! Violante hermosa! *229,2884*
En Simetis, hermosa Nimpha, auido; *261,195*
Inundacion hermosa *263,263*
Hermosa esquadra con ligero passo, *263,639*
Blanca, hermosa mano, cuias venas *263,877*
La hermosa por lo menos, *268,6*
De la nouilla hermosa. *268,54*
De que por mas hermosa causa, hecho
   269,1252
Hermosa dama que ofreces; *269,1695*
Tan hermosa viua quies *269,1728*
De su hermosa crúèl. *285,40*
Que negra sò, ma hermosa. *308,34*

En sus conchas el Sauo, la hermosa *318,285*
Hermosa quedò la muerte *322,469*
I a la hermosa Deidad. *358,20*
Aquella hermosa vid *378,17*
Esta hermosa prision, *383,1*
De hermosa i de entendida, *387,8*
Menos distincta, pero mas hermosa, *456,7*
Sobre aquella aunque tosca hermosa pila, *499,113*
Como assi? Cintia hermosa, *499,224*

Hermosas *9*
Parecian las lagrimas hermosas *18,6*
Extremo de las hermosas, *57,53*
Que ay vnas hermosas grullas, *58,33*
I a veer sus hermosas fuentes *63,33*
De las hermosas de Francia *73,119*
Hermosas Damas, si la passion ciega *138,1*
si lo son hijas hermosas. *229,737*
Las hermosas aues, *350,6*
De vuestras hermosas alas *390,23*

Hermosissima *3*
Ilustre i hermosissima Maria, *201,2*
hermosissima señora, *229,2368*
Hermosissima Lucrecia, *269,1564*

Hermosissimo *1*
Hermosissimo de cara; *121,84*

Hermoso *16*
Con vn hermoso jáèz, *49,41*
Lo hermoso del filabre, *63,98*
Su hermoso parecer. *78,68*
Hermoso i blanco alguacil *82,38*
De vn angel el mas hermoso *95,21*
El mas hermoso, el mejor *121,25*
Cupido con dos Soles, que hermoso *145,7*
Griego premio, hermoso, mas robado. *162,8*
A vuestro hermoso pie cada qual deue *198,9*
tiñendo el hermoso rostro *229,2388*
De este hermoso tercio de serranas; *263,517*
De este hermoso edificio. *334,44*
El garçon, palor hermoso, *357,50*
Al hermoso dueño mio, *384,1*
En quanto suia, de vn hermoso cuero, *428,6*
El idolo hermoso, que fue a veeros, *461,5*

Hermosos *3*
En mil hermosos broqueles. *59,84*
Sus dos hermosos dibuxos: *322,44*
Venden tus hermosos ojos, *498,15*

Hermossissima *1*
Illustre i hermossissima Maria, *36,1*

Hermosura *31*
Tanto por su hermosura dèl amadas, *12,5*
Vltrage milagroso a la hermosura *34,10*
El logro de tu hermosura *121,119*
En hermosura i saber, *121,136*
La hermosura dèl orbe. *131,108*
Coronada, i que hace tu hermosura *139,13*
La region penetrò de su hermosura *164,10*
"Ô couarde hermosura! *215,49*
Muchos siglos de hermosura *226,15*
que pisase la hermosura *229,510*
La hermosura de Granada, *229,512*
De caduca hermosura *229,1073*
hermosura Angelical. *229,1740*
Llamòme su hermosura *229,2298*
vuestra hermosura i mi edad. *229,3009*

En poca tierra ia mucha hermosura, *260,6*
La vista de hermosura, i el oido *263,269*
Merced de la hermosura que ha hospedado, *263,344*
Abreuia su hermosura virgen rosa, *263,728*
Para su hermosura, *264,668*
Sino con Sol, el sol de tu hermosura! *269,1269*
Vuestra hermosura, i creed *355,62*
De aquella hermosura trono, *357,58*
A tu hermosura cruel *378,58*
I la hermosura fea, *387,4*
Insinuarè vuestra hermosura; quanta *395,9*
Quien ia cuna le dio a la hermosura, *403,2*
A tu hermosura diuina *416,18*
I dio, con su vestido i su hermosura, *455,13*
Si te engañò tu hermosura vana, *466,5*
Porque en tu hermosura està escondida *466,7*

Hermoza *1*
La palma oz guarda hermoza *301,42*

Hernandico *1*
Conuierta a Hernandico en mochilero, *446,2*

Hero *9*
Las tocas cubren a Hero *27,51*
Donde Hero se consume, *75,62*
Quando la doncella de Hero, *75,75*
"Hero somos i Leandro, *75,85*
Dice, pues, que doña Hero *228,9*
Doña Hero en vn quartago; *228,76*
Aluorotò la aula Hero, *228,85*
"Hero i Amor", qual villano *228,218*
Dexa vna Hero fièl, *229,1895*

Herodes *1*
De aquel Herodes marfuz, *305,19*

Heroe *1*
De vn Heroe, si no Augusto, esclarecido, *263,733*

Heroes *1*
Que a España le da Heroes, si no leies, *145,11*

Heroica *4*
Heroica lyra, pastoral auena. *67,8*
(Digna palma, si bien heroica mano), *77,40*
Musa aun no sabrà heroica celebrallo. *337,14*
De vuestras ramas no la heroica lira *424,1*

Heroicamente *1*
Cantastes, RVFO, tan heroicamente *40,1*

Heroicas *2*
Tres años, las dos heroicas *259,70*
A las heroicas ia cenizas santas *314,11*

Heroico *2*
De nuestra gloria, bien fue heroico hecho; *117,4*
El Cardenal heroico de GVEVARA *173,7*

Heroicos *2*
Quanta pechos heroicos *1,40*
Digo los heroicos huessos *63,125*

Heroyco *1*
A vuestro bulto heroyco en marmol duro *425,7*

Herradas *2*
Que vuestras bacas tarde o nunca herradas. *263,912*
De pensamientos herradas, *269,996*

Herrado *2*
Aunque nunca me ha herrado *96,26*
Moros ambos, i cada qual herrado. *439,4*

Herradura *1*

Ni la herradura con clavo. *96,28*

Herraduras *3*
Mostròle las herraduras *88,101*
Mi yerro en sus herraduras; *98,20*
A fuerça de herraduras: *269,1017*

Herramienta *2*
La santa herramienta, *160,124*
Con la herramienta al vso. *322,124*

Herrando *1*
Que herrando nunca su mula, *227,49*

Herrero *1*
Oi tratante, aier herrero, *413,35*

Herrò *2*
En aquel tiempo se herrò, *161,40*
Que se herrò nuestro Esculapio *161,41*

Hespaña *27*
"Ô sagrado mar de Hespaña, *38,9*
Hespaña les debe altares; *63,108*
En Hespaña mas sonado *89,7*
Segun la raça de Hespaña, *123,7*
Que vio Hespaña mas hermosa; *149,34*
No solo de Aiamonte mas de Hespaña, *171,2*
I esphera Hespaña de sus raios bellos. *174,8*
Los pidiò a Hespaña prestados. *228,128*
Gran Babilonia de Hespaña, *229,488*
para veer antes de Hespaña *229,760*
Salue, ô Ciudad Metropoli de Hespaña; *229,2174*
Hiço Hespaña el deber con el Vandomo, *254,3*
Pues lo llama Hespaña loa, *259,22*
Luciente de Hespaña gloria; *259,30*
El Bahari, a quien fue en Hespaña cuna *264,758*
Quantos passos da en Hespaña, *275,35*
A las señas de Hespaña sus almenas *276,5*
— Armase Hespaña ia contra auestruces? *277,8*
Primadas fueran de Hespaña, *288,67*
No està Hespaña para pobres, *288,97*
De estirpe en nuestra Hespaña generosa. *294,4*
Toro, mas de el Zodiàco de Hespaña, *311,3*
Muros, alta de Hespaña marauilla, *315,18*
Ô Mercurio del Iuppiter de Hespaña. *316,14*
Al que mucho de Hespaña esplendor fue, *327,7*
Mas desmentido en Hespaña *334,47*
Vandoleros garduños en Hespaña? *440,11*

Hespañol *16*
Aquel Hespañol de Oran *57,5*
Admirado el Hespañol *57,21*
Vn Hespañol con dos lanças, *64,2*
Viendo el Hespañol brioso *64,41*
Quanto porque el Hespañol *88,25*
Phenix le hacen Hespañol *122,43*
Vn Hespañol con dos hijas, *132,13*
Que la Hespañol garça vee, *132,22*
Al Hespañol Adonis vio la Aurora *137,2*
Que el oro fino Hespañol *161,30*
puntapies en Hespañol. *229,2493*
I en Hespañol la dexò *243,55*
Del Hespañol Athlante, *256,21*
Rapido al Hespañol alado mira *264,863*
Digna, Liuio Hespañol, de vuestra pluma, *279,5*
Anacreonte Hespañol, no ai quien os tope, *427,1*

Hespañola *1*
Que la Comica Hespañola *259,2*
Hespañolas *2*
De las plaias Hespañolas. *97,20*
Que lluuias Hespañolas han mojado; *449,11*
Hespañoles *1*
Como sobran tan doctos Hespañoles, *233,5*
Hespero *1*
Propicio albor del Hespero luciente, *318,142*
Hi *4*
Hi, hi, hi, *309,10*
Hi, hi, hi, *309,10*
Hi, hi, hi, *309,10*
Ô bien, hi de puta, puto, *322,434*
Hiadas *1*
Encumbre su valor entre las Hiadas, *1,6*
Hiante *1*
Dèsta pues siempre abierta, siempre hiante
   230,7
Hibla *1*
Hechos abejas de Hibla, los amores, *269,1243*
Hibleo *1*
Nectar le chupa Hibleo. *263,804*
Hice *1*
A blando zephiro hice *331,45*
Hiciera *3*
Vulto de ellos formàra, aunque hiciera *34,9*
No hiciera mas vn leño. *229,1818*
A Germania hiciera, i a Turquia, *229,2208*
Hicieran *3*
Me hicieran su terrero *26,75*
Que alli le hicieran lugar *27,39*
Vltraje morbido hicieran *322,75*
Hicieron *6*
Hicieron que de los ojos *39,9*
Si ia en tu virtud hicieron *110,45*
— Hicieron os los perros algun daño? *183,11*
Al appareçer la hicieron *217,13*
No la hicieron reuerencia, *217,17*
Cambiar hicieron semblante; *357,53*
Hicimos *2*
Hicimos vn alarde o desatino, *469,5*
Hicimos vn sarao de encantamento; *469,11*
Hiciste *1*
Ia, ia, caer me hiciste *229,1246*
Hiço *30*
Como Dios hiço vn candil". *28,84*
De veer al que hiço *65,3*
Hiço que estas tristes letras *75,83*
Quien del Amor hiço brabos *124,5*
Hiço fuga a quatro pies, *161,81*
Puente de plata fue que hiço alguno *203,50*
tu esperança le hiço loco, *229,1230*
Le hiço decir: "si otorgo", *242,62*
Hiço Hespaña el deber con el Vandomo, *254,3*
Relacion de el naufragio hiço horrenda.
   261,452
Littoral hiço, aun antes *264,643*
Quien, pues, region os hiço diferente *311,5*
Los que en verso hiço culto *322,18*
Que años despues se hiço *322,39*
Treguas hiço su cothurno *333,43*
Hiço el caso mas solene, *349,31*
Palpitar hiço Fauonio. *357,44*
Theatro hiço no corto *357,110*

Laurel que de sus ramas hiço dina *380,5*
Aplausos hiço fragrantes. *389,24*
Correr les hiço el crystal, *419,11*
Que ia les hiço correr. *419,12*
Costas le hiço a tu padre, *419,52*
Como Dios hiço vn clabel. *419,78*
Fauor le hiço, i merced *419,80*
Al plectro hiço morder *419,84*
Hiço mi edad quarenta i cinco, i mete *441,5*
Que a los bosques hiço Orpheo: *478,4*
Se hiço camara quando *482,9*
Quando Dios le hiço fiel, *486,18*
Hiçote *1*
Hiçote saber la ausencia *229,846*
Hidalgo *7*
Vn hidalgo de solar. *122,6*
Tuuo por padre a vn hidalgo, *228,10*
Que es el secreto, hidalgo, *229,1256*
hidalgo del Zacatin *229,2407*
Es como vn oro el hidalgo *269,1721*
Vn hidalgo introduciendo *288,17*
Porque el sudor de vn hidalgo *288,45*
Hidalguias *1*
Ai descalças hidalguias; *74,60*
Hidaspe *1*
Las que del Duero al Hidaspe *63,214*
Hideputa *3*
Vete para hideputa. *26,120*
Tanto llora el hideputa, *62,21*
Que official! ô hideputa! *229,3475*
Hiedra *2*
Hiedra viuidora *349,1*
A esta hiedra, pues, *349,8*
Hiedras *1*
En las hojas de las hiedras *357,41*
Hielo *2*
En su arco tu piedad, o vbiera el hielo *402,3*
Por Quiteria dormi al hielo, *419,89*
Hielos *1*
Hielos començo a lamer, *355,86*
Hierarchia *1*
Carmelita hierarchia, *275,79*
Hierarchias *2*
A los que en sus hierarchias *63,195*
Baten en sus hierarchias, *121,16*
Hierba *4*
Pues de la hierba tocado, *49,33*
Quanto es mas desden que hierba. *115,28*
Sino por veer que la hierba *131,19*
Oro engendre, i cada hierba *161,55*
Hierbas *5*
Madre, las hierbas"; *5,44*
Hierbas de mortal veneno; *49,32*
Hierbas applica a sus llagas, *131,37*
Sobre el aljofar que en las hierbas luce, *203,94*
El vulgo de esotras hierbas *217,21*
Hiere *7*
Quien tan duramente hiere, *57,24*
Si me hiere, "Dios lo sabe". *111,57*
Ingeníòsa hiere otra, que dudo *263,252*
Que hiere con media luna *268,11*
Que hiere con media luna *268,23*
Que hiere con media luna *268,35*
I esta punta dorada es quien los hiere. *499,42*
Hieren *1*

Hieren el agua los remos *9,27*
Hieronymo *1*
A sanct Hieronymo ha *485,3*
Hieronymos *1*
De los Hieronymos frailes, *63,122*
Hierran *1*
Que le hierran de ramplon *288,71*
Hierro *29*
Hierro por de fuera, *50,79*
El lançon en cuio hierro *59,5*
Que el duro hierro en sus manos *61,41*
No para en el hierro Amor, *61,43*
Poner en el alma el hierro *61,45*
Dicen que fuiste de hierro, *87,14*
I si como tanto hierro, *96,125*
Herido el blanco pie del hierro breue *104,1*
Lança que junte el cuento con el hierro, *113,10*
Herencia que a fuego i hierro *122,51*
De puños de hierro aier *147,1*
De cañamo, escusando las de hierro; *165,2*
Que esa vuestra edad de hierro *176,6*
En el hierro de su flecha *177,9*
Con manos de crystal nudos de hierro? *197,14*
De hierro instrumento no, *208,20*
Tan mal con el hierro està *208,22*
Bien matarà red de hierro. *224,10*
Que a fe que el hierro desnudo *257,9*
El sagrado Laurel de el hierro agudo: *263,690*
O filos pongan de homicida hierro *264,159*
El breue hierro, cuio corbo diente *264,237*
Al hierro sigue que en la Phoca huie, *264,432*
Deidad dirigiò amante el hierro agudo:
   264,485
Piadoso hierro crúèl. *301,81*
Prodigo desatò el hierro, *322,465*
Si pace quien hierro muerde; *333,64*
Hierro luego fatal su pompa bana *380,7*
Examine mi suerte el hierro agudo, *396,9*
Hierros *12*
I los pies sin estos hierros; *39,26*
Bordò mil hierros de lanças *49,53*
Que dice: "Estos son mis hierros". *49,56*
Que saben digerir hierros *58,54*
I sus iernos rompen hierros *126,58*
Por hierros de rexa, *160,32*
Caladas picas sin hierros; *178,34*
Los hierros callarè de mis cadenas. *229,15*
Hierros se escuchan siempre, i llanto eterno,
   253,11
Aun los hierros de sus rexas, *275,102*
En hierros breues paxaro ladino. *295,4*
Quantos forjare mas hierros el hado *400,1*
Hierua *3*
Entre la hierua menuda, *26,20*
Ciña guirnalda vil de esteril hierua, *72,40*
El campo, que no pisan alas hierua; *263,1042*
Hierue *1*
Hierue, no de otra suerte que el camino *279,31*
Hierusalem *4*
No como en Hierusalem, *210,24*
Toquen en Hierusalem, *300,2*
Toquen en Hierusalem, *300,28*
Toquen en Hierusalem, *300,41*
Higa *3*
I a sus leies vna higa. *37,24*

Vna higa. *93,7*
Vengança he de ser, i higa, *229,2872*
Higados *1*
Los higados nos empiedra *73,80*
Higas *17*
Alcançaros higas; *65,32*
I tres higas al Doctor. *86,2*
I tres higas al Doctor. *86,12*
I tres higas al Doctor. *86,22*
I tres higas al Doctor. *86,32*
I tres higas al Doctor. *86,42*
En higas oi su caudal, *93,2*
Dos higas. *93,14*
Tres higas. *93,21*
Quatro higas. *93,28*
Cinco higas. *93,35*
Seis higas. *93,42*
Siete higas. *93,49*
Ocho higas. *93,56*
Nuebe higas. *93,63*
Diez higas. *93,70*
Da higas vuestra nariz. *411,4*
Higo *2*
Ia que el tiempo me passa como higo. *233,11*
Que aprouecha mucho al higo *269,269*
Higos *1*
Con higos de Mula, *56,32*
Higuera *2*
De qualquier higuera *65,31*
Que han de hazer, que en la higuera *105,31*
Hija *51*
Barbola, la hija *5,73*
Que oluide a la hija el padre *6,37*
Hija de padres que fueron *28,21*
Hija al fin de estas arenas *57,55*
Hija de Pascual Vicente; *59,16*
La hija de Ali Mulei. *78,16*
"Hija, por mi amor, *80,20*
La blanca hija de la blanca espuma, *120,31*
A quien hija i coraçon *122,33*
Hija de padres traidores! *131,36*
La hija aguarda que el padre *149,111*
La hija os requiebra, *160,34*
Casta madre, hija bella, veneradas *169,9*
Quando perdiò bella hija. *226,118*
Tiene la hija mas bella *229,738*
que quien destierra a su hija, *229,875*
Eres hija de mi dueño. *229,1132*
Eres dueño de su hija. *229,1133*
con la hija de vn su amigo. *229,1293*
esta noche, hija amada, *229,2018*
Que me dices, hija mia? *229,2057*
A mi hija reprehendia *229,2075*
Tu, hija mia, entretanto *229,2117*
i de su hermosa hija *229,2272*
al gusto de padre i hija, *229,2316*
pues hija de mejor nieve *229,2340*
su hija sin desposar, *229,2504*
de mi hija esposo tierno, *229,2549*
Tan hija soi de Ethiopia *229,2656*
Hija mia, perdonad *229,3006*
de las bodas de mi hija? *229,3181*
Mi hija error semejante? *229,3486*
Fabio señor, a mi hija. *229,3537*
Nympha, de Doris hija la mas bella, *261,97*

Si artificiosa no, su honesta hija. *261,160*
Sorda hija de el mar, cuias orejas *261,377*
Apenas hija oi, madre mañana. *263,834*
Bien preuino la hija de la espuma *263,1090*
Que, siempre hija bella *264,88*
Lachesis nueua mi gallarda hija, *264,435*
Dexò sin dulce hija, *264,978*
Cerrera, luciente hija *268,7*
De Apolo nieta, i de Esculapio hija, *269,392*
De Semi-Dioses hija, bella esposa, *280,46*
Hija del que la mas luciente zona *318,37*
A la segunda hija de Latona, *318,123*
Citharista, dulce hija *322,9*
Hija de Pasqual. *350,10*
Contra los dos, hija infame *357,67*
De humildes padres hija, en pobres paños *447,1*
Hija Musa tan vellaca, *477,6*
Hijas *13*
De hijas, y de mugeres; *58,55*
Las honras de vuestras hijas; *105,96*
La madre, y sus hijas todas *126,55*
Vn Hespañol con dos hijas, *132,13*
Hijas de su pie ligero. *215,44*
Flores, hijas de la Aurora, *217,3*
si lo son hijas hermosas. *229,737*
Estrellas, hijas de otra mejor Leda, *247,6*
De las hijas de Tetys, i el mar vea, *261,370*
Las blancas hijas de sus conchas bellas, *263,432*
Por seis hijas, por seis deidades bellas, *264,214*
Tres hijas suias candidas le ofrecen, *264,218*
De mis hijas oiràs, ambiguo choro *264,422*
Hijo *82*
Con el hijo beligero, *1,34*
Raios, como a tu hijo, te den muerte. *20,14*
Hijo hasta alli regalado *49,11*
Hijo de Dardin Dardeña, *73,78*
La sangre dèste hijo sin segundo, *77,83*
No le diò al hijo de Venus *78,53*
Que vn hijo de vn Racionero. *87,8*
I su hijo en el blason *121,93*
Vn hijo suio saliò, *122,8*
Gallardo hijo suio, que los remos *165,9*
No es hijo de Marte en esto; *168,7*
Contra el hijo de la Diosa, *226,77*
Que era hijo don Leandro *228,22*
Grandes hombres, padre i hijo, *228,25*
Es hijo de vn mercader, *229,258*
Mas ai, que es vnico hijo *229,278*
Que es hijo vnico? Bueno. *229,280*
Tadeo, hijo, que es esto? *229,317*
de su hijo. Respondi *229,847*
como el ausentarse el hijo. *229,889*
Es hora, hijo? ya es hora. *229,1288*
Hijo, pues vees lo que passa, *229,2108*
antes, hijo, que en Toledo *229,2472*
Si en verdad, Fabio, i por hijo; *229,2554*
hijo querido? Señor, *229,2811*
Lelio, hijo, mi consuegro *229,2930*
que mi hijo aia venido! *229,2943*
No abraçais vuestro hijo amado? *229,2948*
Donde està Lelio mi hijo? *229,2950*
mi hijo? En que eres mi padre, *229,2963*
no para que seas mi hijo. *229,2993*
Señor? Ô hijo! Mamola. *229,3017*

Io Lelio, io hijo suio *229,3019*
pues me niega el proprio hijo, *229,3024*
i hijo de este señor. *229,3037*
hijo mio de mi alma! *229,3039*
Mas aspero mi hijo es. *229,3073*
que este sin duda es su hijo. *229,3075*
Es aquel? Ô hijo amado! *229,3148*
Hijo me quereis hacer? *229,3149*
Ven, hijo Tadeo, ven. *229,3208*
Hijo mio, quien soi io? *229,3210*
Pues entra, hijo, conmigo. *229,3366*
i que mi hijo lo vea! *229,3385*
do no ai hijo para padre, *229,3408*
Pues perdonad, hijo, vos *229,3507*
Este que, de Neptuno hijo fiero, *261,50*
Que, adusto hijo de este Pyrineo, *261,62*
Vn rubio hijo de vna encina hueca *261,206*
De el Iuppiter soi hijo de las ondas, *261,401*
Conuencida la madre, imita al hijo; *261,462*
De aquellos montes hijo, *263,199*
Que el viento su caudal, el mar su hijo. *263,506*
"Cabo me han hecho, hijo, *263,516*
Hijo del bosque i padre de mi vida, *264,550*
El veloz hijo ardiente *264,724*
Hijo de Sarra i Matus, *269,502*
Que naciò el Hijo de DIOS *303,7*
Que peine oro en la barba tu hijo, Phebo, *313,41*
Que a rico enfermo tu barbado hijo? *313,48*
De Calíope el hijo intonso al bello *318,106*
Con el hijo asentia en el afeto, *318,223*
El hijo de la Musa solicita *318,282*
Que al hijo fueron del Sol, *319,2*
Hijo de Venus segundo! *322,104*
Por el hijo de la tapia, *322,215*
Trompa es siempre gloriosa de tu Hijo. *324,14*
Dulce hijo el que se oiò; *331,18*
Hijo veloz de su aljaba, *333,47*
Sagaz el hijo de Venus, *333,73*
Que de la piedra sois hijo, *334,14*
Tan hijo i mas del Alcaide, *355,11*
El hijo de Venus? *356,35*
El hijo de Venus, *356,38*
El hijo de Venus, *356,55*
El hijo de Venus, *356,72*
En vn hijo del Zefiro la espera *359,5*
Al hijo de Venus, que *378,34*
Aun saliera romo el hijo. *411,8*
Quanto oi hijo de Eua, *412,46*
Hijo de el planeta rojo, *477,16*
Hijo de vna pobre fuente, *497,8*
Hijos *17*
De tus valientes hijos feroz muestra *72,5*
Arma tus hijos, vara tus galeras, *72,77*
I tu, ô gran Madre, de tus hijos chara, *77,69*
Con quien sus hijos estan, *123,13*
Son angeles hijos de Eua. *159,20*
Hijos del Sol, nos da la Primauera, *198,2*
Dosel de Reies, de sus hijos cuna *219,9*
Que fueron hijos, i ia son Patronos. *229,2169*
Paren hijos para ellas. *238,10*
Tremulos hijos, sed de mi fortuna *263,63*
Mañosos, al fin hijos de la tierra, *263,973*
Mis hijos dos en vn batel despido, *264,412*

Que admita iernos los que el trato hijos *264,642*
I de sus propios hijos abraçado. *264,647*
De los fogosos hijos fue del viento, *318,226*
Celebrados hijos suios, *322,6*
De Leda hijos adoptò: mi entena *399,10*
Hijuela *1*
I la hijuela loquilla *122,10*
Hijuelo *3*
Mas el hijuelo de Venus, *106,10*
Su hijuelo i las tres gracias *148,26*
De tus manos, que al hijuelo *239,15*
Hijuelos *2*
De hijuelos de la Diosa, *149,96*
Al aire los hijuelos den alados *263,794*
Hila *1*
Ia hila, ia deuana su carrera, *264,437*
Hilaba *1*
Porque nunca hilaba ni cosia. *450,8*
Hilada *1*
Nieue hilada, i por sus manos bellas *264,343*
Hilado *2*
Como lienço o como hilado, *225,8*
I que ha hilado gusano, *242,97*
Hilan *1*
I en ruecas de oro raios de el Sol hilan. *261,400*
Hilàra *1*
El estambre hilàra de tus años; *280,21*
Hilarè *1*
Hilarè tu memoria entre las gentes, *92,12*
Hilario *2*
I porque no se enoje frai Hilario, *448,12*
Todo el año aiunaba a Sanct Hilario, *450,7*
Hileis *1*
No hileis memorias tristes *27,77*
Hilen *1*
Hilen estambre digno de Monarchas; *156,22*
Hilero *1*
Que a vn hilero de Oliuença: *412,44*
Hilo *11*
Que si mata red de hilo, *224,9*
perdi totalmente el hilo, *229,402*
No lo sè. Si por el hilo *229,1428*
Entrado me he por el hilo *229,3234*
La menor onda chupa al menor hilo. *263,41*
Sin romper hilo alguno, *264,97*
Que engaños construiendo estan de hilo. *264,219*
Tomad, niñas, para hilo, *269,1146*
Qual pudo humedecer liuor el hilo *280,27*
Porque le ha mentido el hilo, *288,37*
Ten de esse hilo, i veras *499,210*
Hilò *2*
Hilò su carcel la simple *227,11*
De quantas sedas ia hilò gusano *261,315*
Hilos *7*
Dos hilos por riendas; *5,64*
hilos que teneis pendientes *229,896*
Que en ierbas se recline, en hilos penda, *261,454*
Purpureos hilos es de grana fina. *263,162*
A quien hilos el Sol tributò ciento *264,67*
Verdes hilos de aljofares risueños. *264,862*
Del rubi en hilos reducido a tela, *421,6*
Himeneo *1*

De el Himeneo pudo ser futuro. *318,300*
Himnos *1*
Eterna Magestad, himnos entona *318,450*
Hinchadas *1*
Entre hinchadas velas *72,62*
Hinche *1*
Que le hinche el alholi *93,24*
Hircano *1*
Que clima infamò Hircano, *263,367*
Hiriendo *3*
I sus remos hiriendo las arenas, *72,57*
Hiriendo negras pizarras, *144,38*
Que da el sol hiriendo al nacar *148,16*
Hiriendome *1*
Quando tu luz, hiriendome los ojos, *20,10*
Hiriò *2*
Hiriò nuestros coraçones *57,63*
Pues lo hiriò de manera *499,137*
Historia *15*
De aquel Cesar nouel la Augusta historia, *40,2*
Cantaros la historia, exemplo *148,3*
Mas quedese aqui esta historia. *149,122*
Alma al tiempo darà, vida a la historia *171,9*
De dos amantes la historia *228,5*
la mal digerida historia, *229,815*
Blancas hojas de la historia, *229,898*
Que es esto? Ai segunda historia? *229,3134*
la historia, por vida mia. *229,3233*
Historia es culta, cuio encanecido *232,5*
Eterniza en los bronces de su historia, *232,10*
Capitulo de tu historia; *259,84*
Ô que donaire! ô que historia. *269,649*
En la margen de vna historia *269,702*
Quantas le prestò plumas a la historia; *318,28*
Historias *1*
Con las de su edad corta historias largas, *263,508*
Historicos *1*
Tanta versos historicos *1,43*
Histrîâdas *1*
Si de purpureas conchas no histrîâdas, *264,383*
Hize *7*
Gentil-hombres hize a muchos *111,45*
Hize bien? *141,11*
Hize mal? *141,22*
Hize mal en aceptallo, *346,3*
Mucho hize io en herillo, *499,162*
Hize las dos empulgueras; *499,187*
A contar, i hize pausa, *499,309*
Hiziera *4*
Passos hiziera dar el menor passo *263,554*
Hiziera donaire Grecia. *269,1293*
Hiziera vn Astro, deformando el mundo, *318,399*
Mira tu si hiziera mal *499,253*
Hiziere *1*
Si no hiziere cruzados *269,1464*
Hizieron *7*
Que a los cielos hizieron fuerça, aquella *112,10*
Luminosamente hizieron, *239,28*
Hizieron a su curso acelerado, *263,348*
Hizieron dos robustos luchadores *263,965*
Sombras que le hizieron no ligeras, *318,279*
Que en la fiesta hizieron subsequente *318,495*
Vîòlencia hizieron iudiciosa *318,579*

Hiziesse *2*
I oxalà hiziesse ia *269,76*
I si io hiziesse ia *269,298*
Hizo *45*
Hizo que (mas que en arboles, *1,48*
Como Dios hizo vna bestia, *73,10*
Que le hizo de merced *74,39*
Milagros hizo por cierto *105,78*
De lo que hizo aier. *193,12*
Resistencia hizo de plomo. *211,12*
milagros hizo tu fee *229,76*
a quien me hizo conocella: *229,709*
pues hizo el candil tres luces, *229,924*
Si ia la hizo esposa *229,1065*
Dèllas les hizo despues *240,15*
Seguir se hizo de sus azucenas. *261,220*
Carcax de crystal hizo, si no aljaua, *261,243*
Dexar hizo al serrano, *263,227*
Que la montaña hizo populosa *263,264*
Candados hizo e otras nueuas grutas, *263,448*
Cabo le hizo de Esperança buena. *263,452*
Ceniças hizo las que su memoria *263,738*
De la mano a las ondas gemir hizo *264,482*
Hizo a mi forma, ô dulce mi enemiga, *264,571*
Que io al mar, el que a vn Dios hizo valiente *264,582*
Mucho theatro hizo poca arena. *264,771*
De tiro hizo vn tiron *265,5*
I mi necessidad los hizo herencia. *269,401*
Hizo, si anegar no su Monarchia *318,238*
Los oraculos hizo de el estado *318,245*
Generosa a su Rei le hizo ofrenda, *318,270*
Dulce vn dia despues la hizo esposa, *318,317*
A Margarita hizo el mejor parto *318,434*
De el Rei hizo Britanno la embajada, *318,467*
Luminosos milagros hizo, en quanto *318,490*
Sus miembros aun no el Fuentes hizo grabes, *318,566*
Confuso hizo el Arsenal armado *318,569*
Alcandara hizo vmbrosa *322,291*
Babéàndo sangre, hizo *322,331*
Nudos hizo de su red. *353,16*
El Mançanares hizo, verde muro *359,2*
Glorioso hizo tu fin, *369,2*
Que quien te hizo pastora *378,3*
Talamo hizo segundo *378,23*
Qual hizo aléàndo el aue *383,8*
Sobrino te hizo suio, de vna hermana *421,66*
Que no me hizo Dios conde de Fuentes. *454,4*
Quanto el deseo hizo mas suaue *465,3*
Hizo mas que tu en herillo *499,130*
Hizola *1*
Hizola rueda qual pauo. *228,96*
Hocico *2*
Den a vnos de cola, a otros de hocico. *201,8*
I de Getafe su hocico: *493,17*
Hoi *1*
Hoi a la immortalidad. *269,315*
Hoja *9*
Otras huelen por la hoja, *85,21*
Como quien de vna i otra hoja espera *198,7*
Mandaisle, i el, hoja a hoja, *229,416*
Mandaisle, i el, hoja a hoja, *229,416*
la mas bien escrita hoja. *229,765*
que la edad le cincha hoja, *229,1217*

Iuzgandole quinta hoja *243,27*
Contra la seca hoja *263,174*
Bien que su menor hoja vn ojo fuera *263,1063*
Hojaldrado *1*
No ia este cerro hojaldrado, *229,694*
Hojas *33*
En las hojas de aquella verde planta. *41,8*
De frescas hojas, de menuda grama: *53,4*
Las hojas de argenteria *63,171*
De hojas inciertas, *79,14*
De las secas hojas *79,45*
Gusano, de tus hojas me alimentes, *92,9*
Las hojas de su Galeno, *105,105*
Me las desnudò de hojas. *149,70*
Que visten hojas de inquîeto lino; *162,2*
De tres hojas de Digesto *167,42*
De verdes lenguas sus hojas, *217,23*
Lo encomendò de sus hojas *217,43*
Sus hojas si, no su fragrancia, llora *221,9*
En poluo el patrio Betis, hojas bellas, *221,10*
de las hojas de los robres, *229,509*
Blancas hojas de la historia, *229,898*
Purpureas aues con hojas, *243,7*
Al myrtho peina, i al laurel las hojas, *252,13*
Las tres venîales hojas. *259,64*
Musicas hojas viste el menor ramo *263,590*
Texiò de verdes hojas la arboleda, *263,717*
De arbol que nadante ignoro hojas, *264,593*
De iguales hojas que PhiliPPO estrellas. *272,14*
En las hojas de vn clauel. *285,44*
En las hojas de vn papel, *285,54*
Hojas de inciertos chopos el neuado *289,1*
Entre las hojas cinco generosa, *291,1*
Que de las hojas al pie *301,76*
Olmo que en jouenes hojas *322,301*
En las hojas de las hiedras *357,41*
Que con las hojas corteses, *378,15*
Sus hojas guarda el clauel: *378,26*
De vn Lantisco, cuias hojas *499,312*
Hojuela *1*
Es buñuelo este? Es hojuela? *229,2506*
Hojúèla *2*
de vnas cintas de hojúèla, *229,1753*
Muncha enmelada hojúèla. *303,39*
Holanda *1*
son todas velas de Holanda. *229,445*
Holandes *1*
Solicitado el Holandes Pirata *318,529*
Holgado *1*
Para viuir, si no holgado, *385,6*
Holgar *6*
quanto me puedo holgar. *229,2617*
quanto me puedo holgar. *229,2625*
quanto me puedo holgar. *229,2633*
quanto me puedo holgar. *229,2641*
quanto me puedo holgar. *229,2649*
I allà te piensas holgar, *351,30*
Holgarè *1*
Holgarè, DIOS es testigo, *269,819*
Holgò *1*
Holgò el mar de ser azul. *287,68*
Holguème *1*
Holguème de quatro i ocho, *27,61*
Holguemonos *2*

Holguemonos de consuno, *27,74*
Holguemonos, por tu vida, *269,1320*
Hombre *46*
I el asno del hombre *56,36*
Que no ai hombre a quien no burlen *63,43*
Es hombre que gasta *65,213*
Pensò con lo dicho el hombre *74,25*
Io soi aquel gentil hombre, *82,5*
Digo aquel hombre gentil, *82,6*
I que anduuiste mui hombre *87,15*
Para vn hombre mal casado: *96,96*
De DIOS a hombre, que de hombre a muerte. *117,14*
De DIOS a hombre, que de hombre a muerte. *117,14*
Fui gran hombre en el sacar *147,3*
Que es bestial musico el hombre, *161,83*
Me dio auiso vn gentil hombre *168,2*
Mas por hombre proueìdo *187,9*
Que comes, hombre? — Que como? *211,1*
Que comes, hombre? — Que como? *211,13*
Que comes, hombre? — Que como? *211,25*
No huias de vn hombre mas *215,51*
que hombre es? Que hombre? Dilo. *229,212*
que hombre es? Que hombre? Dilo. *229,212*
ni es Fabio hombre de cautelas. *229,242*
que el hombre rico, Tadeo, *229,632*
es amar a hombre criado, *229,1090*
como a hombre por criar. *229,1091*
Dale tus manos a vn hombre, *229,1683*
que no muera el hombre ogaño. *229,1934*
hablar mas con hombre tal. *229,2090*
i nunca de hombre pisada. *229,2673*
Harèlo. No entiendo a este hombre. *229,2739*
de hombre que, siendo antiguo, *229,3032*
De vn Fauno medio hombre, medio fiera, *261,194*
Marino Dios, que el vulto feroz hombre, *264,463*
Entra a vn hombre tan honrado, *269,244*
Con vn hombre de años ciento? *269,283*
Has andado con este hombre! *269,951*
El no admitir segundo hombre, *269,1297*
Vn hombre meterà mano, *269,1655*
Que al hombre, a la fiera, al aue, *302,7*
Que paciò el campo medio hombre, *322,499*
El que ni aue ni hombre, *331,36*
De el juego de el hombre, padre *334,91*
Perros viuos al hombre, perros muertos, *367,9*
A mesa el hombre tan limpia, *388,14*
I el hombre, no. Ciego discurso humano! *393,11*
— Que es, hombre o muger, lo que han colgado? *439,1*
Se case vn hombre con ella, *493,27*
Hombres *27*
Armados hombres queremos, *27,119*
Hombres que se proueen ellos, *59,35*
Dò el ingenio de los hombres *63,157*
Mas tarde los hombres *65,211*
Gentiles hombres, solo de sus vocas, *69,3*
Dessear hombres, como rios ella; *70,11*
Hombres de duro pecho i fuerte braço, *70,12*
De naues destroçadas, de hombres muertos. *72,34*

Amenazan a los hombres; *91,29*
Hombres miseros i auaros, *96,142*
Dos hombres de armas i io *111,37*
"Ô fiera para los hombres, *115,31*
Vida i muerte de los hombres. *131,16*
Desuanecen hombres, *160,13*
Contra los hombres los dos, *215,27*
Con ser hombres de placer; *217,84*
Grandes hombres, padre i hijo, *228,25*
Que engañen hombres honrados! *229,375*
i califican los hombres. *229,615*
los hombres en piedra? No, *229,1141*
vituperio de los hombres, *229,2865*
Que empanar hombres le agrada *269,147*
Algunos hombres de bien *495,1*
Para exemplo de los hombres? *497,7*
Para exemplo de los hombres? *497,22*
Para exemplo de los hombres? *497,37*
Para exemplo de los hombres? *497,52*
Hombro *10*
La aljaua pendiente al hombro, *83,66*
O el traerte io en el hombro *212,17*
quando no esphera a tu hombro, *229,124*
la aljaua pendiente al hombro, *229,2903*
De aquel la mano, de esta el hombro agraua. *261,461*
El hombro sin aljaua, *263,274*
Tropheo ia su numero es a vn hombro, *263,307*
Desde el guante hasta el hombro a vn jouen cela; *264,794*
Tal del muro abrassado hombro robusto *294,7*
Que absuelto el hombro de el arco, *356,22*
Hombros *9*
Los hombros i espalda *65,65*
Sobre mis hombros, que oi *212,2*
Sobre mis hombros, que oi *212,12*
Sobre mis hombros, que oi *212,22*
porque a mis hombros, Marcelo, *229,113*
Hanle crecido de hombros *242,106*
Sobre dos hombros larga vara ostenta *263,315*
Los fuertes hombros con las cargas graues, *263,340*
En hombros, pues, cherubicos, Maria *315,15*
Homicida *6*
Los cothurnos que calça esta homicida; *128,11*
De dulce voz i de homicida ruego, *218,3*
De su homicida Doctor. *258,4*
O filos pongan de homicida hierro *264,159*
En vn fauor homicida *376,29*
Poliça es homicida, *405,8*
Homicidas *1*
Metales homicidas. *263,434*
Homicidios *2*
Con mas homicidios hechos *105,102*
Fue vn celemin de homicidios. *334,68*
Honda *3*
I tantas despidiò la honda piedras, *261,471*
Fanal es del arroio cada honda, *263,675*
Tan generosa fe, no facil honda, *264,161*
Hondas *8*
correspondencias muy hondas *229,731*
De las hondas, si en vez del pastor pobre *261,167*
A que el Monarcha de esas grutas hondas *261,403*

I argenta el mar desde sus gruttas hondas
  263,1029
O grutas ia la priuilegien hondas, 264,433
Si Thetis no, desde sus grutas hondas, 264,624
Entre las hondas de vn Sol 322,47
Escuchar hondas sediento 322,131
Honderos *1*
Con dos morillos honderos. 87,16
Hondura *1*
Dexan la sombra, el ramo, i la hondura, 33,10
Honduras *1*
Metidos en mas honduras, 26,50
Honesta *4*
Menos honesta, i mas sana; 123,38
Si artificiosa no, su honesta hija. 261,160
Mas los ojos honesta, 263,257
Razon justa, causa honesta 269,57
Honestamente *2*
Honestamente leuanta 144,32
I honestamente al fin correspondido 264,242
Honestas *1*
Mostrandose mui honestas, 55,23
Honestidad *4*
De pura honestidad templo sagrado, 13,1
Con la honestidad su fama? 105,70
que passa de honestidad 229,2059
I templo de honestidad 269,1812
Honesto *3*
El honesto sudor tu blanca frente. 25,42
De honesto rosicler, preuiene el dia. 263,781
En Palacio mas mucho de lo honesto 452,12
Honestos *1*
De los nudos, que honestos, mas súaues,
  261,473
Hongo *1*
Como su capelo al hongo. 242,112
Honor *40*
O claro honor del liquido elemento, 16,1
De honor, de magestad, de gallardia! 51,2
Dèl verde honor priuò las verdes plantas, 52,2
Fue (saluo su honor) 56,50
Robusto honor de la bacada mia, 60,2
Te dan el honor i el lustre 63,215
Espuelas de honor le pican, 64,21
Honor de la aldea 79,96
Que su honor volarà en poluo; 83,28
Honor de los Pimenteles, 121,96
Santo i venerable honor 121,155
Honor de aquella montaña 144,10
Corona de Aiamonte, honor dèl dia, 170,1
Culto honor.   Si labraren vuestras plumas
  172,10
Corbo honor dèl casto choro, 177,35
De dueñas de honor, i a fee 217,62
que de vn postigo, i su honor, 229,596
Hambre de honor alados passos mueue,
  229,1034
como el honor (io lo sè) 229,1372
Mas este maldito honor 229,1380
La dura encina, honor de la arboleda: 229,2142
Toledo es, claro honor de nuestra zona.
  229,2173
a que vueluas por mi honor. 229,3343
i vuelue aqui por mi honor, 229,3370
El debido honor a estudios 242,119

Honor de el pulpito graue 259,47
I de la ençina, honor de la montaña 261,85
Gloria del mar, honor de su ribera. 261,196
Luciente honor del cielo, 263,5
Del carro pereçoso, honor del cielo; 264,617
Del aire, honor robusto de Gelanda, 264,754
Solo mi honor te replica 269,211
Diere mas, saluo mi honor. 269,1841
Honor de aquella ribera, 287,16
Gloria del tiempo Vceda, honor Saldaña,
  318,117
Ia de Villamediana honor primero, 318,602
El sacro honor renuncia del capelo, 404,43
Callo el nombre por su honor; 417,5
Defended el honor mio, 483,18
Su verde honor, pues es dina, 487,8
Honora *1*
Cinthia el siempre feliz thalamo honora,
  318,130
Honra *29*
Gran honra le serà, i a su ribera, 45,13
Porque con honra i Amor 64,45
La Fê escudo, honra España, inuidia el mundo
  77,85
Por tu honra i por la mia, 91,37
A la honra le diò pique 107,31
Honra, mas que vn Paladin, 111,22
Mi honra, i la vuestra. 160,66
que al suffrimiento honra tanto, 229,703
ciudadano de mas honra 229,725
del Amor, ni de la honra, 229,803
Ô Amor! Ô honra! Ô estrella! 229,1123
Ô amor! Ô honra! Ô estrella! 229,1139
mas la honra convirtiò 229,1142
Ô Amor! Ô honra! Ô estrella, 229,1163
Si la honra obliga a tal, 229,1338
maldita la honra sea. 229,1339
La honra destruiò a Grecia, 229,1749
de la honra i de la fee. 229,2873
Pagadme la honra mia. 229,3437
Si mi honra i mi caudal 229,3538
Conocele, mas la honra 242,61
De que Barbadillo se honra ; 259,44
De quantas honra el mar Deidades era; 261,114
Amor i honra, tyrannos 269,27
Porque la honra, Carlino, 269,36
Vees mi honra en opiniones 269,121
I la honra deste amigo. 269,1425
Aunque mi honra me cuesta. 269,1439
Por suia mi honra precia; 269,1495
Honrada *7*
Mas que la bisnaga honrada 6,34
La vîùda honrada, 11,18
Que ha obedecido tanta gente honrada, 68,13
de honrada peca, i de altiua; 229,1922
Tanto que la honrada lo haga 269,214
Doctor, si vna empressa honrada 269,805
La resolucion honrada, 347,5
Honradas *1*
de vnas canas tan honradas. 229,3045
Honrado *10*
Pobrissimo, pero honrado. 228,24
de aqueste mi amigo honrado, 229,252
que es honrado, i es mi amigo, 229,253
de casar estàs? Di, honrado, 229,1290

gauacho soi, pero honrado. 229,2071
Entra a vn hombre tan honrado, 269,244
Por vn matrimonio honrado, 269,1019
Visitaràn a lo honrado 330,8
I a fee de Pôèta honrado, 483,3
Quedara con Saulo honrado, 486,16
Honrados *4*
Naciò entre pensamientos, aunque honrados,
  119,5
Que seruicios tan honrados, 132,69
Que engañen hombres honrados! 229,375
Nunca los honrados amen, 229,1386
Honran *3*
Pero versos los honran immortales, 119,11
Los muchos arboles honran, 149,88
Que TORRES honran i crystal guarnece;
  256,58
Honrando *1*
Ciñendo el tronco, honrando el instrumento.
  424,14
Honrar *3*
I de honrar torres de viento. 58,40
Que a solo honrar su sepulchro 63,141
Por honrar sus estudios de ti i dellas, 77,15
Honràran *1*
Se honràran otras Ciudades; 63,12
Honras *2*
Honras i haziendas! 8,8
Las honras de vuestras hijas; 105,96
Honre *1*
En piedras si firmeza, honre Hymeneo, 264,599
Honren *1*
Honren tu dulce plectro i mano aguda 31,6
Honrense *1*
Honrense mil fuegos 50,38
Honro *1*
Con vuestra pluma me honro. 242,38
Honrò *2*
Del tribu de Iudà, que honrò el madero; 72,81
La fiera espada honrò dèl Arriano; 77,37
Honrra *1*
Premio los honrra igual; i de otros quatro
  263,978
Honrraràs *1*
Veràs curioso i honrraràs testigo 263,526
Honrre *1*
Honrre súaue, generoso nudo 262,33
Hora *53*
Busque mui en hora buena 7,24
A hora que corria 56,45
Hora a cauallo, hora a pie, 78,30
Hora a cauallo, hora a pie, 78,30
Quando (Dios en hora buena) 82,85
I quitemelo en buen hora 82,123
I desde la misma hora 94,15
Hora en hueuos, ora en pluma, 105,95
Hasta la hora de Reies, 110,57
Mil vezes en hora buena, 121,6
Que priuas a qualquier hora 121,116
Su Venus Alemana, i fue a tal hora, 137,7
Que blancos lilios fue vn hora 142,9
I no dexara en mal hora 149,44
Cloris, i luego a la hora 149,80
Valle de Iosaphat, sin que en vos hora, 154,3
Que os repita el parlero cada hora, 201,12

Saliò (Dios en hora buena) *228,51*
Con Marcelo? En hora buena. *229,352*
Vueluete acà, que no es hora. *229,380*
te aguarda mas ha de vn hora. *229,1015*
Es hora, hijo? ya es hora. *229,1288*
Es hora, hijo? ya es hora. *229,1288*
en menos de vn quarto de hora *229,1881*
Que me dexase vn hora, i ia recelo *229,1939*
Venga mui en hora buena *229,2047*
Mil veces en hora buena *229,2534*
Pues sabedlo en hora buena. *229,2847*
Fabricio? Si. Luego a la hora *229,3168*
Aluergue a qualquier hora, *263,95*
Aluergue a qualquier hora! *263,107*
Aluergue a qualquier hora! *263,123*
Aluergue a qualquier hora!" *263,135*
La postrimera hora; *263,941*
De perlas cada hora. *264,68*
Que cisnes me recuerdan a la hora *264,393*
Que era vn leon no ha vna hora, *269,264*
Que esta noche tendràs hora. *269,297*
De vn quarto de hora a esta parte *269,587*
Io apostarè que a esta hora *269,893*
Hurtemonos a esa hora, *269,999*
Vienes mui en hora buena. *269,1050*
Aceptaste? Luego a la hora. *269,1454*
Pues, Doctor, luego a la hora *269,1594*
Que pienso luego a la hora *269,1616*
Seis vezes en media hora *269,1719*
Purguese luego a la hora, *269,1874*
Por vos? Dentro de vna hora. *269,2016*
Prolixa preuencion en brebe hora *318,521*
Hora que el farol nocturno, *322,282*
A qualquier hora del dia, *388,6*
Cient enfermos a esta hora *405,3*
De vengatiuos cuernos, en mal hora *499,106*
Horabuena *1*
Descuelga de aquel lauro en horabuena *67,5*
Horas *20*
Con esto engaño las horas *83,77*
Prestenle horas al dia *94,19*
En dos horas de relox. *227,12*
Dos horas. Lector, a Dío, *227,59*
que en breues horas tendremos *229,2029*
O excelso CONDE, en las purpureas horas *261,3*
Desmintieron la noche algunas horas, *263,681*
En breues horas caducar la ierba; *263,826*
Las horas ia de numeros vestidas, *264,677*
Señalando està las horas. *269,700*
A estas horas el borracho? *269,1709*
Obreros, a horas diuersas; *275,100*
Las horas accusando, asi inuocaua *340,10*
Horas en el mal prolijas, *354,11*
Las horas vuelen; mas ai, *354,35*
Horas son breues; el dia *355,71*
Pues dura pocas mas horas *375,27*
Mal te perdonaran a ti las horas; *394,12*
Las horas que limando estàn los dias, *394,13*
En horas no caducas vuestro dia. *395,11*
Horca *1*
quitan a vno de la horca, *229,799*
Hormas *1*
Tres hormas, si no fue vn par, *122,3*
Hormiga *3*

Hormiga sà, juro a tal, *309,23*
Hormiga, ma non vacìo. *309,24*
Para la humana hormiga. *388,28*
Hormigas *4*
Se lo llegan las hormigas, *93,27*
Las Prouincias de Europa son hormigas. *261,144*
Qual prouidas hormigas a sus miesses, *263,510*
De prouidas hormigas, o de auejas *279,32*
Hormiguero *1*
Hormiguero, i no en Estio, *309,21*
Horno *2*
De vn Tostado en nuestro horno. *242,120*
Que el horno son del Padul, *269,446*
Horrenda *3*
Relacion de el naufragio hiço horrenda. *261,452*
Su horrenda voz, no su dolor interno, *261,465*
Del interes voracidad horrenda, *318,268*
Horrendo *2*
No al fiero Tiburon, verdugo horrendo *264,455*
De el vigilante fue Dragon horrendo; *318,76*
Horrible *1*
I en lo horrible tuuieralo por cierto, *381,6*
Horrida *1*
Con la vengança horrida *1,28*
Horrido *1*
(Pues de el horrido manto se desnuda), *31,2*
Horro *1*
la carta de horro es *229,1567*
Horror *13*
Io sombra serè, i horror *229,1348*
A POLIPHEMO, horror de aquella sierra, *261,43*
Mortal horror, al que con passo lento *261,70*
La fiera, horror del agua, cometiendo *264,490*
Injurias de la luz, horror del viento, *264,975*
Que da horror, aunque da luz, *267,2*
Restituie a tu mudo horror Diuino, *295,1*
El luminoso horror tan mal perdona, *315,33*
Puertas de Iano, horror fueron del mundo *318,276*
Alto horror me dexò con su ruîna. *380,4*
Le indujo horror la mas esclarecida *404,15*
Fomentando este horror vn desengaño, *404,17*
Por el horror que algunas vozes dan. *453,4*
Horrores *3*
A pesar de sus horrores. *131,128*
Horrores dexa el Nilo que le baña. *264,830*
Texido en sombras i en horrores tinto, *315,2*
Hortelano *2*
El cuerno vierte el hortelano entero *261,158*
Si ingrato ia al hortelano *479,5*
Hortensio *1*
HORTENSIO mio, si esta llamo audiencia, *336,9*
Hortigas *1*
I criado en las hortigas, *93,34*
Hospeda *1*
La piedad que en mi alma ia te hospeda *263,520*
Hospedado *6*
Vn Eneas hospedado; *167,54*
Bien hospedado, i alegre, *229,540*
al que ha hospedado a vn amigo, *229,1512*

Merced de la hermosura que ha hospedado, *263,344*
Si no hospedado del fièl Lombardo, *279,26*
A Iupiter deuidos, hospedado; *318,364*
Hospedador *1*
i del hospedador menos *229,453*
Hospedage *3*
Llora su religion el hospedage. *229,36*
si el hospedage despues *229,683*
I en tan noble occasion tal hospedage. *263,533*
Hospedages *1*
hospedages de escondido *229,64*
Hospedaje *1*
En darles joias, hospedaje i vino. *469,4*
Hospedar *1*
De hospedar a gente estraña *123,3*
Hospede *1*
Sanct Lazaro le hospede, i sea este año, *436,10*
Hospedò *2*
Que hospedò al forastero *263,139*
Moral que los hospedò, *322,25*
Hospital *1*
Hacele luego hospital *122,31*
Hospitalidad *1*
Hallò hospitalidad donde hallò nido *263,27*
Houera *1*
Que la houera se cierra quando el puño. *313,8*
Houeras *1*
I que houeras cerrò vn cerrado puño. *313,40*
Houero *4*
Sobre vn caballo houero, *49,38*
Si el huesped houero es *123,5*
Al baio, quando no esplendor houero *264,678*
Cofre digo houero con bonete, *433,13*
Houeros *1*
Los houeros, si no esplendores baios, *264,732*
Hoz *4*
Sin esperar a la hoz; *286,12*
Que tu con la hoz espigas. *286,24*
Que tu con la hoz espigas. *286,36*
La hoz burlò de vn Tyrano, *373,14*
Hubo *1*
Suias son; si no le hubo, *322,70*
Huebos *1*
Sobre sus huebos coronaba, el dia *261,418*
Hueca *1*
Vn rubio hijo de vna encina hueca *261,206*
Hueco *3*
Hueco tronco de alcornoque. *131,84*
I hueco exceda al alcornoque inculto, *264,286*
El hueco anima de vn tronco *285,23*
Huecos *1*
Troncos examina huecos, *322,369*
Huelalos *1*
Huelalos otro, *55,48*
Huelan *2*
Huelan mas que los jazmines, *73,43*
Aunque nunca tan bien huelan. *73,44*
Huele *6*
I esta por el ojo huele; *85,22*
Huele la capa, i sospecha *161,109*
I aun huele mal en Latin. *243,60*
Por nuestro Señor, que huele *269,1860*
Pues a fe que huele mal. *269,1862*
Huele a clauos, i que luego *301,77*

Huelen 2
Otras huelen por la hoja, *85,21*
Que antes huelen que se veen. *217,68*
Huelga 2
Quien de illustrarlas huelga *77,28*
Gime Bronte, i Sterope no huelga, *230,45*
Huelgan 1
Huelgan de trocar, *144,54*
Huelgas 2
Carlino amigo, te huelgas? *269,312*
Parece que huelgas dello. *269,625*
Huelgo 4
Io huelgo, Camilo, aqui *229,2634*
Quanto huelgo de saber *229,2942*
Huelgo de auerte encontrado. *229,3190*
Huelgo de que aiais venido. *229,3191*
Huelgome 5
Huelgome de su venida, *229,2616*
Huelgome de su venida *229,2624*
huelgome de su venida *229,2640*
Huelgome de su venida *229,2648*
Huelgome que es templada Andalucia, *398,7*
Huelgue 1
me huelgue de su venida *229,2632*
Huella 5
Dos vezes huella la campaña al dia, *264,12*
Los montes huella i las nubes, *268,19*
Pisa glorioso, porque humilde huella *318,38*
El crystal solo, cuio margen huella, *340,6*
Quando destruie con neuada huella *456,5*
Huellas 4
Pisò las huellas casi de el primero *263,1021*
Las primeras son tus huellas; *269,1277*
Las huellas quadrupedales *322,381*
Blancas huellas les negò, *333,51*
Huello 1
Que en graue i airoso huello *49,46*
Huelua 3
Del mar, i no de Huelua *185,1*
Si ia los muros no te ven de Huelua *261,7*
Los claros muros de Huelua, *287,4*
Huerta 5
Que acullà en la huerta *5,54*
Duraznicos en su huerta, *62,38*
Arroios de mi huerta lisongeros: *203,4*
Como verdolaga en huerta, *275,122*
En Pasqua Señor, i en huerta *330,3*
Huertas 2
Traeles de las huertas *65,125*
De las huertas de el Xarife, *356,7*
Huerto 6
El huerto frutas i el jardin olores. *194,14*
Siruele el huerto con la pera gruessa, *203,115*
Copa es de Baccho, huerto de Pomona: *261,138*
Rico de quanto el huerto offrece pobre, *261,199*
El huerto le da esotras, a quien debe *264,220*
Del huerto, en cuios troncos se desata *264,326*
Huesa 4
La açada de vuestra huesa, *269,1980*
Teniendo en la huesa el pie, *376,2*
Huesa le ha preuenido aueja breue, *392,10*
El mio, como dicen, en la huesa; *397,2*
Hueso 2

Oia el canoro hueso de la fiera, *318,9*
Sus martinetes de hueso, *334,51*
Huesos 10
Tumba es oi de tus huesos, *103,37*
Iacen aqui los huesos sepultados *119,1*
Breue vrna los sella como huesos, *119,9*
Los huesos que oi este sepulchro encierra, *135,5*
De vuestros huesos a Esgueua, *161,147*
Coronaron sus huesos de alhelies. *175,8*
que le mamaràn los huesos, *229,2841*
Le sacò prendas con huesos *257,29*
Corriente plata al fin sus blancos huesos, *261,501*
Que absoluieron de ser huesos *322,503*
Huesped 23
Si el huesped houero es *123,5*
Si llamo al huesped, responde *204,23*
Huesped traidor de Fabio, *229,59*
De ser huesped prolijo; *229,103*
Sed mi huesped años ciento, *229,110*
Huesped Troiano has sido, *229,286*
de el huesped no dice nada, *229,452*
a su huesped haga el mote, *229,672*
io huesped i vos esposo. *229,2030*
Violante, huesped seguro. *229,2613*
No es el huesped de tu dueño *229,2778*
Sino aquel huesped de Fabio. *229,2792*
vuestro huesped? I lo es. *229,3144*
Alto don, segun ia mi huesped dixo. *261,460*
Al huesped al camino reduziendo, *263,229*
Con su huesped, que admira cortesano, *263,714*
Dando el huesped licencia para ello, *264,73*
Acogiò al huesped con vrbano estilo, *264,216*
De el huesped admirado *264,231*
Ô canas, dixo el huesped, no peinadas *264,364*
Ô huesped, solenniza, *368,38*
A Sancta Anna con hambre, huesped Diuino, *436,9*
Huesped sacro, señor, no peregrino, *465,1*
Huespeda 2
I la huespeda castaña, *123,6*
Ô huespeda importuna, *281,3*
Huessa 4
Parte la dura huessa, *312,27*
Occuparon en su huessa, *322,491*
El duro es marmol de vna breue huessa. *345,28*
I el pie tienes en la huessa, *497,41*
Huesso 6
Por de dentro huesso. *50,80*
Nos jura que es como vn huesso, *126,41*
aquel Alcalde de huesso *229,568*
de Christiano en carne i huesso, *229,1194*
Arnes de huesso, donde *264,84*
Entre dos plumas de huesso *412,25*
Huessos 13
Sus ceniças baxar en vez de huessos, *32,6*
De tantos nunca sepultados huessos, *54,10*
Digo los heroicos huessos *63,125*
Como yo en los huessos flaco. *96,24*
Haga el Betis a tus huessos, *236,6*
Desnudos huessos, i cenizas frias, *253,6*
O tumba de los huessos de Tipheo, *261,28*
A tus huessos desdeñas. *263,446*

Calle mis huessos, i eleuada cima *264,168*
Que mis huessos vinculan, en su orilla *264,547*
Mas los huessos de los Laras *269,1462*
Sus huessos plata, que dichosamente, *298,34*
Si ia no quieres que tus huessos Roa. *435,14*
Hueuo 2
Hurtò solo vn hueuo, *8,23*
De el hueuo que ia empollastes, *242,37*
Hueuos 8
En hacer de tantos hueuos *59,55*
El Amor, como dos hueuos, *75,89*
Hora en hueuos, ora en pluma, *105,95*
Las palomas de sus hueuos *229,1352*
Son hueuos? I si lo son, *229,3252*
Viuificando estan muchos sus hueuos, *264,256*
I io le empollè los hueuos *269,591*
Quien quisiere pues hueuos, abra el puño. *313,24*
Huevo 1
el huevo que Lelio empolla. *229,813*
Hugonote 1
Saquèàndo al Hugonote; *107,56*
Huia 5
Porque la nympha no huia, *9,35*
Pues quando mas de ti huia, *26,90*
Huia la Aurora de el mortal nublado; *36,11*
Quien me fuerça a que huia *264,134*
Timida fiera, bella Nimpha huia: *311,12*
Huiais 1
Porque no huiais de mi. *269,1069*
Huian 1
Dèl forzado a un tiempo huian *39,10*
Huias 3
"No huias, Nympha, pues que no te sigo. *25,36*
No huias de vn hombre mas *215,51*
La duplicidad huias estrangera; *421,75*
Huida 1
Puselas en huida, *184,11*
Huìda 1
La noche de su huìda. *269,993*
Huie 17
El bien huie de mi, i el mal se alarga. *133,14*
El bien huie de mi, i el mal se alarga". *133,28*
De los terminos huie desta aldea. *194,8*
Huie de la que, armada de vna lyra, *196,12*
Tras esa que te huie caçadora! *215,20*
Tras esa que te huie caçadora! *215,40*
Tras esa que te huie caçadora! *215,60*
huie, no es cera mui mala, *229,1153*
Pues quien ama, como huie *229,1316*
Sordo huie el baxel a vela i remo: *261,95*
Huie la Nimpha bella, i el marino *261,129*
Segun el pie, segun los labios huie. *263,601*
Al hierro sigue que en la Phoca huie, *264,432*
Vencido huie el desden. *269,900*
Extenúàda luz que a su luz huie, *315,64*
Huie, perdiendo en la fuga *322,337*
Tras vn corzo que no huie, *333,71*
Huien 3
Que despues huien de el que incitan ahora, *42,13*
Parece que entonces huien *75,18*
Mintiendo remission a las que huien, *264,913*
Huiendo 10
Huiendo va de mi la Nympha mia, *25,10*

Huiendo voi, con pie ia desatado, *43,11*
I fue huiendo la Dama *73,75*
Que huiendo ligera, *125,29*
Huiendo de Iethzabel, *211,7*
Las cumbres vence huiendo; *215,34*
Huiendo de tu crueldad *229,2914*
Que huiendo la Aurora *264,394*
Huiendo con su Oceano la espuma, *315,61*
Huiendo quiero los dias, *354,33*

Huiera *1*
Huiera, mas tan frio se desata *261,221*

Huies *2*
En el pecho que huies, *127,30*
donde huies, donde estàs? *229,3016*

Huìllos *1*
Abraços, pienso huìllos, *269,1679*

Huio *1*
Francos Paladines, huio, *27,122*

Huiò *1*
Pero que os huiò la muerte. *347,10*

Huir *2*
Que sabes huir dèl tiempo". *215,52*
le haga esta noche huir, *229,2405*

Huirà *1*
Huirà la nieue de la nieue ahora, *146,12*

Huis *1*
Vistiò Aganippe. Huis? No quereis veellos, *431,12*

Humana *8*
Aier Deidad humana, oi poca tierra; *135,1*
Tanto en discursos la ambicion humana: *203,84*
Humo te deue. Ay ambicion humana, *246,12*
La humana suia el caminante errado *261,429*
Entrar humana criatura? *269,1806*
Sella esplendor, desmiente gloria humana, *298,7*
Para la humana hormiga. *388,28*
Pues la humana en tus versos ha espirado, *471,13*

Humanidad *3*
Que vistiò la humanidad, *95,22*
La muerta humanidad de MARGARITA, *248,4*
Vestido de humanidad, *288,14*

Humanista *1*
Es gran humanista, *65,178*

Humano *16*
Porque aquel Angel fieramente humano *19,12*
Eres Deidad armada, Marte humano, *66,4*
Tome tierra, que es tierra el ser humano. *135,14*
De raios negros, Seraphin humano, *146,8*
La dulce voz de vn seraphin humano. *196,8*
cuerpo sacrifica humano, *229,2908*
O al cielo humano o al Cyclope celeste. *261,424*
No la que, en bulto començando humano, *263,112*
Iuntaua el crystal liquido al humano *263,244*
Sino que vna roe a lo humano *269,39*
De afecto humano peñas, *298,23*
Ô ceguedad! Acuerdo intenta humano *318,169*
Vulto humano el Ruiseñor. *331,20*
Humano primer Phenix siglos quente. *360,14*

I el hombre, no. Ciego discurso humano! *393,11*
De todo marmol humano, *416,29*

Humanos *1*
Vuestros troncos, (ia un tiempo pies humanos), *46,10*

Humea *3*
Arde el Rio, arde el Mar, humea el Mundo; *109,12*
Que en tus altares humea, *286,26*
Afecto que humea, si no luce. *318,592*

Huméàndo *1*
Estan huméàndo oi, *390,38*

Humedas *1*
Humedas crestas tu soberbia frente, *71,6*

Humedece *1*
Con lagrimas le humedece *28,41*

Humedecer *1*
Qual pudo humedecer liuor el hilo *280,27*

Humedecida *3*
Felices años, i la humedecida *264,370*
De Carrîòn le duele, humedecida, *318,355*
Que al rubio sol la pluma humedecida *455,3*

Humedecidas *1*
Que humedecidas despues, *390,39*

Humedecido *3*
Mas por auer tu suelo humedecido *77,82*
Mas sangre que agua Orion humedecido, *220,4*
Ceuase, i fiero dexa humedecido *261,173*

Humedeciendo *2*
Humedeciendo discursos, *322,170*
Humedeciendo pestañas *333,3*

Humedezca *1*
Que las humedezca el mar *332,7*

Humedezcan *1*
O nubes humedezcan tu alta frente, *146,3*

Humedezcas *1*
Que humedezcas mas tus soles. *269,1061*

Humedo *1*
Por todo el humedo Reino *48,75*

Humena *1*
Rêàles fiestas le impidiò al de Humena *254,5*

Humeros *1*
Quantos humeros quenta la aldehuela. *263,641*

Humida *3*
Cuia humida pared *132,50*
De su humida señora, *149,62*
De la humida siempre delantera *449,10*

Humidas *4*
El Betis en sus humidas moradas, *12,4*
Las humidas velas *50,13*
Cuias humidas espumas *214,10*
Poluo el cabello, humidas centellas, *261,187*

Humido *10*
El gran Señor dèl humido tridente. *16,14*
Fue illustre tumba el humido elemento. *45,4*
Al Tajo mira en su humido exercicio *67,3*
El seno vndoso al humido Neptuno *72,19*
Que a tanto leño el humido elemento *72,25*
I el humido cuerpo luego, *149,109*
Bolò el son para el humido elemento. *166,6*
En el humido templo de Neptuno *263,478*
Por el humido suelo de la plaza, *442,4*
I al gran Neptuno el humido Tridente, *499,9*

Humidos *1*

Con sus humidos caudales, *63,6*

Humildad *4*
Con humildad de prosperos baqueros, *169,10*
Para igualar tu humildad *229,2382*
Tu humildad, despreciadora *259,50*
De aluergues, donde la humildad contenta *264,198*

Humildades *1*
Ô que humildades son esas, *269,837*

Humilde *36*
De un pecho que es tan humilde *9,43*
Idolo bello, a quien humilde adoro, *13,12*
No estofa humilde de Flamencos paños, *21,6*
Tu noble arena con humilde planta, *22,11*
Contra quien es tan humilde *48,26*
Lagrimas Licio, i de este humilde voto *53,6*
Mientras en calma humilde, en paz súaue, *54,3*
I aier me dixo humilde tu corriente *71,7*
Supplicate humilde, *79,101*
Quando al humilde perdonas, *97,38*
Mui humilde es mi ventana *98,47*
Sino vn padron humilde *103,73*
Humilde pescador muerto. *106,30*
Humilde se apea el villano, *131,57*
En el terrero, quien humilde ruega, *138,5*
Vn rato le ruega humilde *149,75*
Tributo humilde, si no offrecimiento. *170,11*
Consagralle la humilde Musa mia, *172,7*
No humilde Musa de laurel ceñida. *180,8*
Lleguè humilde, i suppliquèla *229,2350*
Que humilde està vna que ruega *229,2701*
A la que España toda humilde estrado *245,1*
Breue flor, ierua humilde i tierra poca, *261,350*
Rebelde Nimpha, humilde ahora caña, *264,831*
Humilde i agradecido, *269,905*
Flacas redes seguro humilde pino *276,11*
En villa humilde si, no en vida ociosa, *294,1*
Postrase humilde en el que tanta esphera *315,41*
Pisa glorioso, porque humilde huella *318,38*
Reducida desiste, humilde cede *318,583*
Humilde en llegando atè *331,56*
Del mas humilde fauor *348,34*
Tu facultad en lyra humilde imploro, *360,3*
Crecer humilde el numero al rebaño, *404,19*
La humilde voz, el misero gemido *499,16*
Mansa i humilde, de soberuia i braua. *499,48*

Humildemente *2*
El nido venerad humildemente *163,11*
Humildemente zelando *357,15*

Humildes *9*
De aguda flecha) con humildes plantas *52,6*
(Mirad que humildes principios) *89,22*
I humildes Christianos mate. *110,52*
Humildes menéàn *160,122*
De humildes padres, mas limpios *269,407*
Aun de humildes dignada affectos puros! *315,66*
De humildes padres hija, en pobres paños *447,1*
Aunque en humildes paños escondido *499,1*
Aunque en humildes paños escondido. *499,59*

Humilla *2*
Abreuia, i el Oriente se le humilla. *76,11*
Viendo pues que el que se humilla *157,11*

Humillaban *1*

Mas se humillaban las olas, *97,14*

Humillan *1*

Se humillan los mas loçanos, *157,16*

Humo *25*

En tierra, en humo, en poluo, en sombra, en nada. *24,14*

I lo suspirado el humo. *27,76*

Su humo al ambar i su llama al oro; *60,8*

Veo passar como humo, *83,97*

I otras tres humo espirando *96,50*

Mientras suspiro humo, i lloro fuego". *116,27*

Mientras suspiro humo, i lloro fuego". *116,42*

Mientras suspiro humo, i lloro fuego". *116,57*

I el humo de su cauaña *131,63*

Embueluen de negro humo *132,39*

Humo o arrepentimiento. *204,30*

Humo te deue. Ay ambicion humana, *246,12*

Su aliento humo, sus relinchos fuego, *261,337*

Humo anhelando el que no suda fuego, *263,969*

Que en sonoroso humo se resueluen. *263,1083*

Que a mucho humo abriendo *264,729*

Descendiò fulminada en poco humo, *264,916*

Humo al fin el humo ha dado. *309,27*

Humo al fin el humo ha dado. *309,27*

Emula, mas no del humo, *322,138*

Que fuego el espirando, humo ella, *361,12*

Ethna suspirando humo, *384,9*

Cenizas la harà, si abrasa el humo. *392,14*

Humo es inutil, i juego *416,13*

Al humo le deue cejas *418,14*

Humor *8*

Vn humor entre perlas distilado, *42,2*

Es de tal humor, *65,85*

Del humor que predomina, *86,8*

Lleuame el fraile el humor, *98,81*

El celestial humor recien quaxado *261,201*

Del tierno humor las venerables canas, *263,514*

Humor se bebiò purpureo, *322,482*

Fragrantes bocas el humor sabeo *426,10*

Humores *1*

I antes siruiò de reboluer humores. *475,11*

Humos *2*

Humos de blanco i clarete *88,84*

Humos reconocì en su chimenencia *452,5*

Humosos *1*

No de humosos vinos agrauado *263,167*

Hunde *1*

Ia se acaba, ia se hunde *75,56*

Hungaro *1*

Al Hungaro dos vanderas, *61,19*

Huron *4*

Con mi perro i mi huron *26,13*

Huron de faltriqueras, subtil caça, *68,2*

huron, i no mui rûîn. *229,2293*

Pide el animo al huron, *269,173*

Hurta *8*

Porque le hurta la tarde *29,19*

A uer como el mar le hurta *39,14*

Aqui se hurta al popular rûîdo *134,9*

Hurta al tiempo, i redime del oluido. *232,8*

Hurta vn laurel su tronco al Sol ardiente, *261,178*

En quanto el hurta blando, *263,543*

Dulce leccion te hurta tu buen gusto; *294,6*

Me hurta a la emulacion, *377,34*

Hurtada *2*

Quies que despues de hurtada *269,1526*

De la mas que bellissima Hurtada, *447,3*

Hurtadle *1*

Hurtadle vn rato alguna pluma leue, *292,7*

Hurtado *2*

Que hurtado nos los han. *301,34*

Abencerrage hurtado *355,3*

Hurtale *1*

Hurtale al esplendor (bien que profano, *368,13*

Hurtalle *2*

Hurtalle el officio a Athlante; *63,20*

Hurtalle el estilo a vn ciego. *158,24*

Hurtan *2*

Al Sol le hurtan la Noruega fria, *229,1027*

Hurtan poco sitio al mar, *285,3*

Hurtando *1*

Saliò al fin, i hurtando con verguença *318,85*

Hurtandose *1*

Hallòle; mas hurtandose al reposo *315,29*

Hurtar *1*

para hurtar mui contento, *229,1200*

Hurtarle *1*

Por hurtarle a su ocio mi ribera. *134,13*

Hurtaron *1*

No ruedas que hurtaron ia veloces *318,507*

Hurtas *1*

Hurtas mi vulto, i quanto mas le deue *343,1*

Hurtaua *1*

Que al pereçoso rio le hurtaua, *114,16*

Hurte *2*

Que le hurte su nombre tu rûîna. *45,14*

Que te hurte el braço mio, *269,1523*

Hurtemonos *1*

Hurtemonos a esa hora, *269,999*

Hurten *1*

O dormida te hurten a mis quexas *261,379*

Hurto *6*

Le hurto todo el silencio *48,15*

si no te hurto vna sola; *229,129*

Que tu hurto fue pobreza, *269,1108*

Que del hurto i la cadena *269,1176*

De la conquista o de el hurto, *322,242*

Belga gentil, prosigue al hurto noble; *343,9*

Hurtò *10*

Hurtò solo vn hueuo, *8,23*

Hurtò de verde prado, que escondida *43,7*

Se lo hurtò a la Alua aquel año. *228,136*

Hurtò el peine de marfil, *229,1729*

Al tiempo le hurtò cosas futuras, *256,52*

Que fingen sus dos alas, hurtò el viento; *264,184*

A las alas hurtò del tiempo auaro *318,27*

Aras te destinò, te hurtò al fuego. *426,4*

Sino de el que hurtò la vaca *477,7*

Lo que hurtò en Puerto Rico: *493,5*

Hurtos *3*

Haciendoles dos mil hurtos, *27,62*

Amorosos hurtos *79,7*

No los hurtos de Amor, no las cautelas *263,840*

Huso *7*

El huso, i presumir que se vestia *47,13*

Dèl huso en vez de sceptro i de la espada, *72,47*

Soltar el huso i empuñar la lança; *156,32*

Que en vez de claua el huso torciò injusto. *229,48*

De la alta fatal rueca al huso breue. *263,900*

A sutil hebra la que el huso viste; *318,444*

En la rueca i en el huso, *322,414*

Huuiera *1*

Le huuiera hecho otra firma, *74,42*

Huuieras *1*

Otra Porcia de Bruto huuieras sido, *460,3*

Huuiere *2*

El que mas huuiere muerto, *6,65*

Mas si no huuiere de salir acaso, *17,11*

Huuiste *1*

me huuiste. Santa muger! *229,2965*

Huuo *4*

Otra vez que huuo en Bruxelas *74,85*

que huuo esta noche infinitos *229,2085*

Para lo que efecto no huuo, *269,1371*

Las pechugas, si huuo Phenix, *322,69*

Huya *1*

Huya, "Ô fiera, le dize, *127,42*

Huye *1*

Si de tus alas torpes huye el viento? *229,3*

Hybierno *1*

El Hybierno las flores, victoriosa, *456,6*

Hydropica *1*

Hydropica de viento, *263,109*

Hymeneo *27*

Que a los lazos de amor os diò Hymeneo; *120,48*

que de el ageno Hymeneo *229,2654*

Que Hymeneo a sus mesas te destina. *263,314*

Orientales aldauas, Hymeneo. *263,708*

Hymeneo añudando, *263,763*

Ven, Hymeneo, ven donde te espera *263,767*

Ven, Hymeneo, ven; ven, Hymeneo. *263,779*

Ven, Hymeneo, ven; ven, Hymeneo. *263,779*

Ven, Hymeneo, donde entre arreboles *263,780*

Ven Hymeneo, ven; ven, Hymeneo. *263,792*

Ven, Hymeneo, ven; ven, Hymeneo. *263,792*

Ven, Hymeneo, i plumas no vulgares *263,793*

Ven, Hymeneo, ven; ven, Hymeneo. *263,805*

Ven, Hymeneo, ven; ven, Hymeneo. *263,805*

Ven, Hymeneo, i las volantes pias *263,806*

Ven, Hymeneo, ven; ven, Hymeneo. *263,818*

Ven, Hymeneo, ven; ven, Hymeneo. *263,818*

Ven, Hymeneo, i nuestra agricultura *263,819*

Ven, Hymeneo, ven; ven, Hymeneo. *263,831*

Ven, Hymeneo, ven; ven, Hymeneo. *263,831*

Ven, Hymeneo, i tantas le dè a Pales *263,832*

Ven, Hymeneo, ven; ven, Hymeneo. *263,844*

Ven, Hymeneo, ven; ven, Hymeneo. *263,844*

A templarse en las ondas, Hymeneo, *263,1067*

En piedras si firmeza, honre Hymeneo, *264,599*

La tea de Hymeneo mal luciente *280,49*

Los vinculos de Hymeneo *353,15*

Hymno *1*

De el Hymno culto diò el vltimo accento *263,944*

Hymnos *4*

Tus hymnos canta, i tus virtudes reza. *13,14*

Compongante hymnos, *50,33*

Oy a estos sacros hymnos, dulce canto, *77,7*

Hymnos sagrados, canticos diuinos, *421,49*

Hyperbole *1*

Hyperbole es recelallo, *241,5*
Hyperboles *1*
Hyperboles, en que doi *348,27*
Hypocrates *1*
Como a Hypocrates en Griego *269,1943*
Hypocresia *1*
Hypocresia, mesura. *269,1163*
Hypocrita *3*
Venus hypocrita es. *217,48*
De la manzana hypocrita, que engaña *261,83*
Hypocrita virtud se representa, *460,10*
Hypolito *1*
Hypolito galan, Adonis casto. *318,72*
Hyppocrates *1*
Hyppocrates nos dexò, *269,674*
Hysopo *1*
Sin hysopo fue por agua *161,121*
Ia *566*
Llorando està dos Nymphas ia sin vidas *12,3*
Ia besando vnas manos crystalinas, *20,1*
Ia anudandome a vn blanco i liso cuello, *20,2*
Ia esparciendo por el aquel cabello *20,3*
Ia quebrando en aquellas perlas finas *20,5*
Ia cogiendo de cada labio bello *20,7*
Si el cielo ia no es menos poderoso, *20,12*
Ia que secreto, sedme mas propicio *21,12*
Pone ia fin a su carrera ardiente; *25,39*
Arrimense ia las veras *26,5*
Ia cantando orilla el agua, *26,21*
Ia cazando en la espessura, *26,22*
Ia a la fuerza, ia a la industria; *26,44*
Ia a la fuerza, ia a la industria; *26,44*
Con los ojos que ia eran *27,15*
Ia que con mas regalo el campo mira, *31,1*
Súaue Philomena ia suspira, *31,4*
En verdes ramas ia i en troncos gruesos *32,3*
Qual ia por escuchar el dulce canto *33,11*
Dame ia, sagrado mar, *38,25*
Ia no esperen veer mis ojos, *39,23*
Huiendo voi, con pie ia desatado, *43,11*
I ia sin inuidiar palmas ni oliuas, *46,3*
Vuestros troncos, (ia un tiempo pies humanos),
    46,10
Qual ia en Lidia torciò con torpe mano *47,12*
Ia no persigues crúèl, *48,37*
Ia de tus paredes *50,17*
De arenas nobles, ia que no doradas! *51,4*
Tanto, que ia nos siguen los pastores *52,12*
Pero que ia en este tiempo *58,18*
Ia que en beldad le pareces, *59,54*
Ia que de tres coronas no ceñido, *60,12*
En esto ia, saltéàdo *62,65*
Ia lastimoso cadaber; *63,148*
En tu seno ia me tienes *63,217*
Ia que no pintad, *65,11*
Pero ia es morcilla; *65,62*
Que ia entre gloríòsos Capitanes *66,3*
Aquellas dos, (ia mudas en su officio), *67,6*
Que entre los signos, ia que no en la gloria,
    68,10
Templo de fee, ia templo de heregia, *72,36*
Cancion, pues que ia aspira *72,86*
Mas hablando ia en júizio, *73,5*
Andando pues ia pisando *73,37*
Çurcidos ia con su lengua, *73,40*

Que, ia que aueis sido fuego, *74,115*
Ia se va dejando atràs *75,5*
Que ia suffriò como iunque *75,22*
Ia tiene menos vigor, *75,53*
Ia mas veces se çabulle, *75,54*
Ia vee en el agua la muerte, *75,55*
Ia se acaba, ia se hunde *75,56*
Ia se acaba, ia se hunde *75,56*
Pues eres vno ia dèl soberano *77,41*
Ia rindiendo a su enemiga *78,25*
Ia en el oro del cabello *78,61*
Ia a las lisonjas dèl agua *78,63*
Ia que os han tenido *79,5*
Que ia fueron tregua *79,46*
I dad ia la buelta *79,54*
Quando ia cansada *79,77*
Ia que no suspiros, *79,107*
Ia no canto, madre, *80,35*
Ia iba quedando en cueros *82,81*
Que, ia que quedaba assi *82,98*
I a la que ia viò Pisuerga, *83,65*
Mas ia ha dias que a la Iglesia *83,83*
Ia, Señoras de mi vida, *84,1*
Ia menospreciado ocupas *87,21*
Las que ia fueron corona *87,25*
Los ojos, (ia no tan bellos), *87,86*
Dexòle ia por vn page *88,29*
Ia no mas, cegueçuelo hermano, *90,1*
Ia no mas. *90,2*
Ia no mas, cegueçuelo hermano, *90,11*
Ia no mas. *90,12*
Ia no mas, cegueçuelo hermano, *90,21*
Ia no mas. *90,22*
Si ia tu aljaua no soi, *90,27*
Ia no mas, cegueçuelo hermano, *90,31*
Ia no mas. *90,32*
Es ia cosa aueriguada *91,42*
I marido, que es ia llano *93,22*
Figurando ia granado *93,68*
No las llamo flechas ia. *95,12*
Si ia os detubiere en ella *95,15*
Ia io lo se por mi mal, *95,30*
Ia que no ai ceuada, ai ocio, *96,87*
Ia que no lo estè de Griegos, *96,127*
Si ia la vista, de llorar cansada, *99,1*
De suerte que ia soi otro segundo *101,7*
Las niega ia a su frente. *103,16*
No es ia sino de quejas *103,19*
Ia en lo montes armada, *103,27*
Ia desnuda en la fuente. *103,28*
Ia de mi dulce instrumento *105,1*
Ia de puro terciopelo, *107,3*
Ia de aguado chamelote. *107,4*
Fuego tributa al mar de vrna ia ardiente. *109,4*
Ia que los de las bugias, *110,17*
Si ia en tu virtud hicieron *110,45*
(Que por estraña tengo ia la mia), *114,22*
Las muchas que fueron ia *116,2*
Ia que io no me quedè. *116,31*
Ia las bacas de mi dueño, *116,45*
Ia de Arlança las arenas *116,46*
O ia para experiencia de fortuna, *119,3*
O ia para escarmiento de cuidados. *119,4*
Me defienden el ia boluer a vellos! *120,6*
Ia veo que te calas *120,25*

Ia anudada a su cuello, *120,34*
Ia que en sus flores la anida *121,37*
—Ia en paharitos no tato, *124,13*
Ia no es Cura, sino gallo *130,31*
Ia no es Cura, sino Peste *130,35*
Ia le regala los ojos, *131,29*
Ia le entra, sin veer por donde, *131,30*
Ia es herido el pedernal, *131,33*
Ia despide el primer golpe *131,34*
I ia que no diò al traues, *132,18*
Ia surcan el mar de Denia, *132,29*
Ia sus altas torres veen, *132,30*
Titulo ia de el Marques. *132,32*
Armado vuela, ia que no vestido? *139,4*
Que ia como Sol tienes bien nacido. *139,8*
Si ia no es con perlas, *144,52*
O ia por fuerte, o ia por generoso, *145,2*
O ia por fuerte, o ia por generoso, *145,2*
O ia de los dos Soles desatada, *146,13*
O ia de los dos blancos pies vencida. *146,14*
Su edad, ia aueis visto el diente, *148,29*
Camine ia con estos pliegos mios *152,9*
Al trasponer de Phebo ia las luces *155,12*
Que ia se desembaraça *157,8*
Ia que no con atabales, *161,19*
Ia que ha engomado las cerdas, *161,63*
No ia el de la mançana de oro fino, *162,7*
Que ia con el venablo i con el perro *165,7*
No ia crystal de roca, *166,35*
Los Consules estàn ia, *167,18*
Ia los melindres estàn *167,31*
Porque ia tanto se beue, *167,39*
Que ella ia no toma acero, *167,57*
Si ia a sus aras no les di terneros *169,12*
Emulo ia dèl Sol, quanto el mar baña; *171,6*
Coronense estos muros ia de gloria, *171,12*
Que ia despertaràn a triumpho i palmas; *180,11*
Sabiendo que halla ia passo mas llano, *181,6*
Ia entre lana sin ouejas *192,3*
I ia entre ouejas sin lana, *192,4*
Este a Pomona, quando ia no sea *194,1*
Que ia de mejor purpura vestido, *195,10*
(Pues ia tan mal se corresponde a ruegos
    201,10
Como es ia mejor Cuenca para ciegos, *201,13*
Ia que lleuar no puedo ruicriados, *203,11*
Si ia no es que de las simples aues *203,22*
Mas donde ia me auia diuertido, *203,31*
Mas basta, que la mula es ia llegada. *203,120*
Tanto de vn pastor ia pudo *205,13*
Si lo pastoral ia tanto, *205,23*
De palo si, le asò ia; *208,21*
No ia qual la de Zeilan, *211,21*
Ia el Cura se preuenia *216,37*
I ia no se mira a si, *217,51*
De lilios de oro el ia cabello cano, *220,7*
Su ia esplendor purpureo casta rosa, *221,2*
Ia en nueuos campos vna es oi de aquellas
    221,12
I ella, amante ia, su fuga *226,107*
Puesto que ia de Amphion *228,45*
Tenia ia el moçuelo blando. *228,152*
Acia el mar ia alborotado *228,186*
Que ia le parece ancho, *228,194*
Norte eres ia de vn baxel *228,209*

Ia sobre el almoradux. *269,492*

Que fue paloma, i ia es cueruo *269,503*

Ia que la mentis, mentilda *269,523*

Baste, lisongera, ia, *269,537*

Menos ia su espada corta. *269,588*

Los zelos embainò ia *269,589*

Ia te dixe en el estado *269,597*

Que todos son ia reloxes, *269,671*

Que me irè antes. Ia me fino. *269,774*

I ia està tirando coces. *269,780*

Ia es mucho melindre ese, *269,857*

Sin que en mas dibuxos ia *269,887*

Que aueis de ser ia? *269,927*

Que tal ia la mula es, *269,942*

Si es Henrico, ia pasò *269,968*

Despediste ia, sacadas *269,1015*

No es ia sino razon esta: *269,1032*

I està la la impertinencia *269,1078*

Ia llega a los corredores. *269,1165*

Fingiò ser cisne ia, mintiò ser toro: *269,1251*

En tu roca gozò, que ia no es roca, *269,1264*

Admitido ia el segundo. *269,1299*

La que te desdeñò ia? *269,1347*

Que el engaño ia està hecho. *269,1401*

Baste ia, señores. Dalde *269,1458*

Assi se desdeña ia *269,1480*

Al encuentro ia nos salen *269,1698*

Ia el Doctor pesca sus truchas. *269,1717*

Va, pues, de juego: ia sabes *269,1738*

Dias, si no son mas ia, *269,1787*

Si ia no lo ha disculpado *269,1892*

Galeno que enseñò ia *269,1902*

Pura la Iglesia ia, pura te llama *270,9*

De quien, ia que no Alcalde por lo Brabo, *273,13*

Monja ia i fraile, Beata *275,17*

Orbe ia de sus estrellas. *275,36*

Ia que no iguales en letras, *275,46*

Plantada ia floreciente, *275,83*

Puerta ia de las Lybicas arenas, *276,4*

De que, ia deste o de aquel mar, tyrano *276,12*

— Armase Hespaña ia contra auestruces? *277,8*

En culto estilo ia con verdad suma. *279,9*

Qual ia el vnico pollo bien nacido, *279,16*

Si la que el oro ia de tu fortuna *280,20*

No entre delicias, no, si ia criado *280,31*

Quando de flores ia el vulto se viste, *280,37*

Te conduxo ia al thalamo, i la rosa *280,50*

Iouen, digo, a esplendor *285,21*

Se escondia ia en las flores *285,47*

Si lo mejor ia te di *286,25*

Desatenme ia tus raios; *287,57*

Las sombras del arbol ia, *288,50*

Si ia no es que en Latin *288,95*

Cuio nectar, no ia liquida plata, *290,3*

Tres de las flores ia breues estrellas, *297,2*

Que militares ia despojos Marte; *298,21*

Ia que al de Bejar le agrada *299,1*

Laud si, donde ia escucho *300,38*

Ia las retamas se ven *301,54*

En aquel ia leño graue, *302,6*

Las piedras que ia dotò. *306,10*

Las piedras que ia dotò. *306,27*

Las piedras que ia dotò. *306,44*

Ia que no sus soles vista; *307,24*

Que samo enfadado ia. *309,16*

Subamos donde ia assoma *310,11*

Ia, Señor, ia me despido *310,29*

Ia, Señor, ia me despido *310,29*

No solo es ia de quanto el Duero baña *311,2*

Esa es la ia sonante *312,15*

De sublime ia parte *312,21*

Ia a docta sombra, ia a inuisible Musa. *312,24*

Ia a docta sombra, ia a inuisible Musa. *312,24*

A las heroicas ia cenizas santas *314,11*

A Impyreas torres ia, no Imperîâles. *315,24*

Carbunclo ia en los cielos engastado *315,54*

Que al tiempo de obeliscos ia, de muros *315,70*

Plumas vestido ia las aguas mora *316,5*

No ia ligado al arbol, las Sirenas *317,7*

Del que ia le preuiene digno culto *318,42*

Redil ia numeroso del ganado, *318,50*

Ia la doctrina del varon glorioso, *318,58*

Ia centellas de sangre con la espuela *318,59*

Quantas ia fulminò armas el Griego. *318,64*

El oraculo ia de tu fortuna; *318,92*

La tantos siglos ia muda Syrena, *318,126*

Marques ia en Denia, cuio excelso muro *318,135*

Ia mal distinto entonces, el rosado *318,141*

A la inuidia, no ia a la quel veneno *318,153*

De los Satrapas ia de aquel gouierno. *318,160*

Tal ia de su reciente mies villano *318,171*

Donde ia le texia su esperança *318,190*

De su vida la meta ia pisada, *318,222*

Que al Betis le bebieron ia el dorado, *318,227*

Ia el zeruleo color de su elemento; *318,228*

De flores ia súaue, ahora cera, *318,242*

Dejò en Berbin Philippo ia Segundo, *318,274*

I de su esposo ia escuchaua amante *318,307*

Pisò el mar lo que ia inundò la gente. *318,320*

Fertil granero ia de nuestra España; *318,356*

Voraz ia campo tu elemento impuro! *318,378*

No ia esta vez, no ia la que al prudente *318,385*

No ia esta vez, no ia la que al prudente *318,385*

Que de Lerma la ia Duquesa, dina *318,401*

Construieron Salon, qual ia dio Athenas, *318,463*

Qual ia Roma theatro dio a sus Scenas. *318,464*

Dispensò ia el que, digno de Tîâra, *318,487*

No ruedas que hurtaron ia veloces *318,507*

I por su espada ia dos vezes Brauo, *318,542*

Alcîôn de la paz ia religiosa, *318,557*

Ia de Villamediana honor primero, *318,602*

No ia depone Marte el ielmo ardiente, *318,628*

Viste ia de plumas, viste: *320,5*

La tierra ia prometida, *321,2*

Fue ia quien lo adiuinò. *321,29*

Ioueneto ia robusto, *322,102*

I viendo extinguidos ia *322,213*

Su exercicio ia frustrado *322,219*

"Barco ia de vistas, dixo, *322,233*

Ia que no tu quilla buzo, *322,250*

Escuela ia de sus cursos. *322,256*

Noble ia edificio, ahora *322,343*

Del processo ia concluso, *322,378*

Que ia de sus duelos juzgo, *322,392*

No ia desmintiò lo esculpto, *322,396*

Los faroles, ia luces de Leuante, *323,3*

Las vanderas, ia sombras de Occidente; *323,4*

I poca mas fatal ceniça es ia. *327,8*

Ven, Fili, que tardas ia: *328,8*

Ia que indignada caida *330,1*

Està ia acauado el circo: *334,36*

Ia trono el Tiber os verà sagrado, *335,3*

Si fulminò esquadrones ia su espada, *337,10*

Que ia beuieron en crystal la risa. *339,11*

A quien (ia aethereo fuese, ia diuino) *343,7*

A quien (ia aethereo fuese, ia diuino) *343,7*

Madre, sin ser monja, soi ia descalça, *345,5*

I auiendoos dicho ia ciento *348,6*

Ocioso es ia desden tanto, *348,19*

I ia tal vez al cuclillo. *351,12*

Thesorero ia infîêl *355,74*

El ia fraternal engaño, *355,89*

Del que ia conduce amante, *355,93*

Ia queria, i en su espada *357,103*

I ia lo siente el lugar, *358,6*

Rejubenescida ia, *358,10*

No ia el preuenir delicias *358,15*

Piedras lauò ia el Ganges, ierbas Ida *360,9*

Si ia al metal no atadas, mas luciente. *361,4*

De nuestros ia de oi mas seguros Lares, *362,13*

En quantos ia tegiò choros, Belisa, *365,3*

Que en este ia canicular linage *367,7*

Su fin, ia que no acerbo, no maduro, *368,25*

Si el ia promulgare mal *369,5*

Luceros ia de Palacio, *376,17*

Nympha de las seluas ia, *378,55*

Modesta, permitid ia *390,17*

Si de tus venas ia lo generoso *391,7*

Ia que el encogimiento ha sido mudo, *396,12*

Ia que buelbo descalço al patrio nido. *398,8*

Los dos lucientes ia del cisne pollos, *399,9*

Quien ia cuna le dio a la hermosura, *403,2*

Ia que vna ventosidad *411,31*

Casaos, si no lo estais ia, *411,33*

De si ia tan poco auara, *412,41*

Que ia leuantò en papel *418,7*

La que ia en casta belleça *418,50*

Ia casi al anochezer. *419,4*

Que ia les hiço correr. *419,12*

"Ia no mas, queditico, hermanas, *419,61*

Ia no mas". *419,62*

Tan libres podran ia como deuotos *421,51*

Que mucho ia, si el cielo, *421,64*

La avena pastoral, ia nympha bella, *424,3*

Verde ia pompa de la selua obscura; *426,2*

Que ia que vuestros pies son de Elegia, *427,3*

Sino es que ia segunda vez casado *429,13*

Si ia no quieres que tus huessos Roa. *435,14*

Concurso vio ia Cordoba profano; *437,11*

(Si el pienso ia no se lo desbarata), *438,2*

Maria de Vergara, ia primera. *448,2*

Las no piadosas martas ia te pones, *449,1*

Toro, si ia no fuesse mas alado, *451,10*

Choça que abrigue ia los años mios, *454,7*

Ia mariposa de el farol Phebeo *457,5*

A vista ia de quien lo abrasa o iela, *464,6*

Pues muestras por las ingles que ia orina, *471,10*

En vuestras manos ia creo *478,1*

Si ingrato ia al hortelano *479,5*

Ia que no bien entendido, *483,4*
Don Pasqual soi, que ia muero *484,5*
De su orden, el que ia *485,2*
Ia por el arte diuina *487,9*
Ia por la pluma elocuente. *487,10*
Ia que no soi Juan de Mena. *490,30*
Ia el tabernero procura *495,41*
Dicen que no ai meson ia *495,50*
Que en tomarlo anda ia cuerda, *499,229*
saber ia nueuas del. Creo *499,278*
Que ia en la montaña ha entrado. *499,279*
Iaca *2*
De Iaca, i aun de Genoua, que abriga *440,10*
En las montañas de Iaca. *477,10*
Iace *16*
En cuio thumulo iace *63,102*
No iace, no, en la tierra, mas reposa, *221,7*
La tumba es ya, donde marchita iace. *229,1533*
Iace aqui; i si la perdona, *249,3*
De cerro en cerro i sombra en sombra iace. *261,170*
(En la rustica greña iace occulto *261,281*
Vive en este Volumen el que iace *271,1*
Iace el Griego. Heredò naturaleza *274,9*
Sobra el Can, que ocioso iace *302,17*
Con las pajas en que iace. *307,5*
Con las pajas en que iace. *307,18*
Con las pajas en que iace. *307,31*
La bella LYRA muda iace ahora *344,1*
Rei iace excelso; sus ceniças sella *368,19*
Arbol culto, del Sol iace abrasado, *380,10*
Iace gloriosa en la que dulcemente *392,9*
Iacen *2*
Iacen aqui los huesos sepultados *119,1*
I en letras de oro: "Aqui iacen *322,505*
Iacia *2*
Iacia la noche quando *331,4*
Iacia, digo, la noche, *331,8*
Iacinta *1*
La bella IACINTA, vn dia *3,3*
Iacob *2*
La voz tengo de Iacob, *269,459*
I leños de la escala de Iacob. *473,11*
Iacobo *1*
Iacobo, donde al Tamesis el dia *318,585*
Iaen *1*
Ô bien aia Iaen, que en lienço prieto *255,1*
Iáèz *1*
Iáèz propio, boçal no de Guinea; *113,8*
Iafet *1*
De tablazos del arca de Iafet, *473,10*
Iaian *1*
Del musico Iaian el fiero canto. *261,20*
Iano *3*
Las puertas de la edad, i el nueuo Iano *156,2*
Puertas de Iano, horror fueron del mundo *318,276*
Te niega el Cielo, que desquicia a Iano. *318,560*
Iapon *1*
De Gibraltar a Iapon *26,39*
Iarama *2*
Si jardinero el Iarama, *353,3*
Fulminò raios Iarama *357,47*
Iardin *1*

Monte de Musas ia, Iardin de Amores. *252,14*
Iardinero *1*
Iardinero cultiba no sin arte: *404,6*
Iaspe *2*
Iaspe le han hecho duro blancas guijas. *264,890*
Iaspe luciente, si palida insidia, *318,215*
Iaspes *2*
Iaspes calçada i porfidos vestida. *264,671*
Iaspes i demas colores *322,489*
Iaze *7*
El Quarto Enrico iaze mal herido *220,1*
Iaze Bonami; mejor *258,1*
Que iaze en ella la robusta encina, *263,88*
Iaze en el mar, si no continúàda *264,190*
Iaze aqui Flor, vn perrillo *386,1*
Iaze debaxo de esta piedra fria *450,1*
Aqui iaze vn capellan *492,1*
Iazen *1*
Iazen ahora, i sus desnudas piedras, *263,218*
Iazmines *2*
Iazmines llueuen i rosas. *149,98*
Iazmines al cabello desatado, *184,14*
Iba *7*
Mas iba a decir doña Alda, *27,133*
Tan gallardo iba el caballo, *49,45*
Ia iba quedando en cueros *82,81*
Que iba penetrando el bosque. *131,48*
El sepulchro de la que iba *228,67*
si el iba a offrecerle antes *229,282*
Entre vn lasciuo enxambre iba de amores *263,762*
Iban *2*
Iban al pinar, *144,46*
Donde iban a hacer los exercicios *450,10*
Ibero *1*
Que excedes al sacro Ibero, *63,199*
Icaro *4*
El Tajo, que hecho Icaro, a Iuanelo, *229,2214*
Icaro de baieta, si de pino *234,1*
Buela, Icaro Español, *236,2*
Icaro montañes, su mismo peso, *263,1009*
Id *2*
Id, pues... Reniego de viejos. *229,2850*
Id por el, pues, i bolued, *269,938*
Ida *7*
Que a Iupiter ministra el Garzon de Ida, *42,4*
Porque en otra ida i venida, *107,29*
Quedòse mi ida en ellos, *116,30*
Venablo en Ida aprouechò al moçuelo, *175,10*
A Iupiter, mejor que el garçon de Ida, *263,8*
Piedras lauò ia al Ganges, ierbas Ida *360,9*
Mui buena estaria la ida: *499,197*
Ideo *1*
(Que tan por su mal fue pastor Ideo) *269,1227*
Idioma *1*
De aquel con el idioma, que no entienden, *472,12*
Idíòma *2*
Sino en bestial idíòma, *96,5*
De el antiguo idíòma, i turba lega, *431,6*
Idíòmas *1*
En idíòmas cantan differentes, *264,357*
Idiota *1*
I con la Philomena un idiota, *432,11*

Idíòta *1*
Porque es el Moro idíòta, *62,13*
Ido *3*
Pues ido se han *4,52*
Todas se han ido bolando. *269,345*
I di, estaran alli? Aì se auran ido *499,116*
Idolatra *3*
Fièl adora, idolatra, suspira? *138,6*
Mal aia el que en Señores idolatra *203,1*
Que acero sigue, idolatra venera, *261,198*
Idolatrados *1*
Con luto, idolatrados los Caciques, *150,10*
Idolatrallos *1*
I espera idolatrallos Occidente. *174,11*
Idolo *10*
Idolo bello, a quien humilde adoro, *13,12*
Idolo de tus cuidados, *88,63*
Que a vn idolo de crystal, *192,7*
De aquel idolo de marmol, *228,150*
El bello iman, el idolo dormido *261,197*
Del idolo que adoraua, *269,44*
I el idolo soberano, *269,301*
El idolo hermoso, que fue a veeros, *461,5*
Idolo de crystal i de saphyro, *461,6*
Sacrificaste al idolo Behemot, *473,5*
Idolos *2*
Idolos a los troncos la esculptura, *426,7*
Dioses hace a los idolos el ruego. *426,8*
Idos *1*
A trueco de verlos idos, *499,300*
Iedra *7*
Verde tapiz de iedra viuidora; *21,8*
Esta amorosa iedra, *127,12*
Debajo desta iedra *140,18*
Que qual abraça iedra *263,380*
Iedra el vno es tenaz de el otro muro: *263,972*
La verde lasciua iedra; *275,64*
La iedra acusa, que del leuantado *318,163*
Iedras *7*
Iedras verdes somos ambas, *27,93*
I verdes celosias vnas iedras, *261,311*
Que el muro penetraron las iedras. *261,472*
Visten piadosas iedras: *263,219*
Seis chopos de seis iedras abraçados, *264,328*
Entre las verdes roscas de las iedras *264,352*
Satyro mal de iedras coronado; *366,8*
Iegua *7*
Sobre vna iegua morcilla, *78,41*
De vn villano en vna iegua, *131,47*
I sobre la iegua pone *131,58*
Vna iegua de vn amigo. *269,818*
Es la iegua de Amadeo? *269,824*
Sea la iegua la que fuere, *269,825*
Buele en mi iegua su gusto *299,3*
Ieguas *1*
Guardando vnas flacas ieguas *28,5*
Ieguero *2*
El ieguero desdichado, *28,42*
Aquel ieguero lloron, *59,31*
Iegueros *1*
De iegueros descendiente, *59,34*
Iela *3*
El Dios que iela i abrasa; *121,108*
Tal, que dò el Norte iela al mar su espada *145,12*

A vista ia de quien lo abrasa o iela, *464,6*
Ielmo *1*
No ia depone Marte el ielmo ardiente, *318,628*
Ielmos *2*
Petos fuertes, ielmos lucios? *27,118*
Los ielmos i los escudos, *63,135*
Ielo *11*
Grillos le puso de ielo; *226,47*
el ielo se desatò, *229,2302*
El se ha quedado de ielo, *229,2936*
Grillos de nieue fue, plumas de ielo. *261,224*
La emulacion, calçada vn duro ielo, *263,1001*
Cuia vestida nieue anima vn ielo, *264,865*
Que aljofarò la muerte de su ielo; *297,4*
Se està burlando del ielo. *301,22*
Que salpicò dulce ielo, *322,471*
Mis dudas, pero aun el ielo *332,34*
I coronada del ielo *374,7*
Ielos *1*
Ielos pisa; i mortal siente *384,36*
Iendo *3*
Que iendo Menga a lauarse, *216,22*
I iendo a limallos el, *226,48*
Para el que iendo pian piano, *269,709*
Iendose *1*
Iendose a la guerra *4,27*
Ieovà *1*
Ai del alfa, i omega, i Ieovà! *473,16*
Ierba *16*
Fue toldo de la ierba; fertil soto *53,2*
De alguna ierba algun secreto xugo, *53,11*
Ierba i flores a porfia *149,81*
que no quiero toro en ierba, *229,2356*
De la piadosa ierba encomendada: *261,76*
Tantos jazmines quanta ierba esconde *261,179*
La fresca ierba, qual la arena ardiente *263,597*
En la ierba menuda. *263,629*
En breues horas caducar la ierba; *263,826*
Que la ierba menuda *263,914*
O entre la verde ierba *264,877*
Ierba producir se atreue *301,2*
Las esmeraldas en ierba, *353,1*
Aljofar sus cenizas de la ierba. *380,11*
Si en ierba ai lengua de buei, *386,9*
Parte corrige la ierba *414,17*
Ierbabuena *1*
Lodos con peregil i ierbabuena: *69,13*
Ierbas *4*
Que en ierbas se recline, en hilos penda, *261,454*
Glauco en las aguas, i en las ierbas Pales. *264,958*
Ierbas cultiua no ingratas *285,31*
Piedras lauò ia el Ganges, ierbas Ida *360,9*
Iermo *2*
Dèl iermo vees aqui los Ciudadanos, *173,9*
Que puede ser iermo oi *217,95*
Ierno *12*
Sin que ella le busque ierno, *6,41*
Pues grangeò galan ierno *226,117*
Lelio, mi ierno dichoso, *229,2031*
Pues, oie mi ierno mal? *229,2087*
que reciban a mi ierno; *229,2111*
el ierno que ahora viene, *229,2546*
al que has de tener por ierno. *229,2553*

Regalar querrà a su ierno, *229,2594*
Señores, mi ierno llega. *229,2750*
Tu ierno; Lelio su nombre, *229,3036*
el que por ierno me han dado? *229,3147*
Ierno le saludò, le aclamò rio. *261,504*
Iernos *2*
I sus iernos rompen hierros *126,58*
Que admita iernos los que el trato hijos *264,642*
Ierquìa *1*
Pantarà; mucha Ierquìa, *308,20*
Ierra *6*
Plumas son; quien lo ignora, mucho ierra *135,4*
Ierra la mano a la voca, *229,1955*
Por la arena desnuda el Luco ierra, *230,2*
Penelope, mientras ierra *257,42*
Que el desden solicìta?   Ô, quanto ierra *261,135*
Que con pies de cabra ierra *269,1132*
Ierran *1*
Ni ierran ni dan enojos; *178,7*
Ierro *15*
A la occasion, que es gran ierro; *87,80*
Heredò por dicha o ierro, *122,55*
Quando serà aquel dia que por ierro, *197,12*
Porque por dicha o por ierro *224,7*
que ella no envìò por ierro, *229,1963*
i que el por ierro escribiò. *229,1964*
mi ierro, i permita Dios *229,3508*
Disculpen el ierro ellas, *269,1278*
Es ierro, i peligro es *269,1805*
Quantas vueltas a tu ierro *322,431*
Suma felicidad a ierro sumo! *392,11*
Buelto de la edad de ierro *413,30*
Dexa las Damas, cuio flacco ierro *435,1*
Si no es que dicen por ierro *477,38*
Assi que todo haze vn dulze ierro, *499,90*
Ierros *3*
De mis graues ierros. *50,8*
Fabricar de agenos ierros *227,15*
Que aunque destos ierros es *269,1280*
Ierua *5*
Cuia agua entre la ierua se dilata *16,3*
Breue flor, ierua humilde i tierra poca, *261,350*
De la menuda ierua el seno blando *263,1010*
Sobre la ierua que ese crystal beue. *281,18*
Las espumas que la ierua *322,385*
Iesu *4*
Lo que a Iesu Christo plugo; *27,12*
Mil cieruos de Iesu Christo. *89,44*
Es Lelio? No. Ô buen Iesu! *229,3003*
Sabelo mi buen Iesu. *229,3211*
Iesuita *1*
Anathematizado el Iesuita, *437,9*
Iesùitas *1*
De Iesùitas sanctas Compañias. *222,8*
Iesus *2*
Iesus! No me digas tal. *229,3490*
Iesus, Doctor, quien lo duda? *269,1406*
Iesv *4*
Ai, IESV, como sà mu trista! *207,5*
Ai, IESV, como sà mu trista! *207,29*
Ai, IESV, como sà mu trista! *207,40*
Se chora o menin IESV. *308,16*
Iesvs *1*
En el nombre de IESVS, *269,462*

Iethzabel *1*
Huiendo de Iethzabel, *211,7*
Iglesia *19*
Veremos la Iglesia, *5,22*
Valgame esta vez la Iglesia; *26,111*
La Iglesia de San Dionis *27,101*
Cada rato pide iglesia. *73,88*
Mas ia ha dias que a la Iglesia *83,83*
Que se casa con su Iglesia, *107,23*
En la santa Iglesia estoi *229,378*
a la sancta Iglesia luego *229,661*
que en la sancta Iglesia, Fabio *229,1014*
La Iglesia ia no te vale. *229,1477*
Porque junto a esa iglesia posa Otauio. *229,2231*
en la Iglesia por Alcalde? *229,3241*
De esta sancta Iglesia hable *259,93*
Pura la Iglesia ia, pura te llama *270,9*
Oi nos la hace la Iglesia, *275,18*
Del Prelado de su Iglesia. *275,44*
Aun a tu Iglesia mas que a su corona *402,12*
Estos dos de la Iglesia tutelares *421,35*
— Que piden a la Iglesia? — Su capilla, *439,7*
Iglesias *1*
De Iglesias mil Cathedrales; *63,120*
Ignacio *1*
Del grande IGNACIO no ofreciera luego *218,6*
Ignora *8*
Plumas son; quien lo ignora, mucho ierra *135,4*
Metal que igualmente ignora *242,127*
Senos que ignora aun la golosa cabra, *261,394*
Tus vmbrales ignora *263,124*
Concepcion limpia, donde ciega ignora *270,3*
De vna Alua que crepusculos ignora *297,6*
Que estraña el Consul, que la Gula ignora. *318,80*
Aunque las ignora el viento; *354,28*
Ignorado *1*
Raio su garra, su ignorado nido *264,746*
Ignorais *1*
Si ignorais crúèl *356,59*
Ignoran *4*
Los cruxidos ignoran resonantes *261,166*
I el appetito ignoran igualmente *263,866*
Arroios que ignoran breues *358,13*
O resplandores que ignoran, *414,23*
Ignorancia *1*
De su ignorancia tan grassa, *483,6*
Ignorante *3*
El mas timido al fin, mas ignorante *264,281*
Del vulgo, en todo ignorante, *269,1301*
Si ignoras cuia, el pie enfrena ignorante, *314,6*
Ignorarà *1*
I el tiempo ignorarà su contextura. *343,11*
Ignoras *3*
Si ignoras cuia, el pie enfrena ignorante, *314,6*
Lo que ignoras como niño *332,30*
Confiesalo Carthago, i tu lo ignoras? *394,9*
Ignore *1*
Que ignore el iugo su loçano cuello. *360,8*
Ignoro *3*
De arbol que nadante ignoro hojas, *264,593*
En tus desnudos oi muros ignoro *426,12*
Que pues la vuelta ignoro, i Balthassara *462,10*
Ignorò *1*

Ignorò aun lo mas ardiente *322,315*

Igual *36*

I de confusion igual. *2,44*

Adonde con igual pausa *9,26*

Quiere que de los dos la igual memoria *40,6*

Ceniças son, igual mi llanto tierno *109,10*

Que con igual licencia *120,20*

I a la que no tiene igual *121,135*

Igual sabrosa fuerça *125,15*

Igual fuerça tenias siendo Aurora, *139,7*

Su vnidad, i de igual modo *209,13*

de ser (con igual assombro) *229,123*

con animo igual fundimos *229,482*

(quien viò ladronicio igual?) *229,1201*

su coraçon en su igual. *229,1337*

con fee igual, con igual zelo *229,2690*

con fee igual, con igual zelo *229,2690*

no vees que no soi tu igual? *229,2710*

No se ha visto cosa igual. *229,3334*

otro casamiento igual: *229,3541*

Contenta ia en ser igual, *239,18*

Con igual pie dio pasos desiguales. *253,4*

Mas en la gracia igual, si en los desdenes *261,125*

Igual en pompa al paxaro que, graue, *261,365*

Arbitro igual e inexpugnable muro, *263,55*

Con igual pie, que el raso; *263,80*

Con pecho igual de aquel candor primero, *263,140*

Premio los honrra igual; i de otros quatro *263,978*

Con siluo igual, dos vezes diez saetas. *263,1040*

Porfiada, si no igual, *269,32*

No encaneciò igual ceniza, *275,69*

Igual restituiendo al ayre espacio *318,526*

Igual nos le dio España cauallero, *337,3*

Quando no maior, igual *353,42*

I con auersion igual *416,25*

Víùda igual no tenia, *418,51*

Igual se libra, i a juzgalla llego *456,10*

Que de igual nadie alaba lo que es vno. *470,14*

Iguala *5*

Que se iguala i no se ajusta, *105,83*

Todo el dinero lo iguala: *126,20*

Que al vno menosprecia, al otro iguala. *263,246*

Que iguala i aun excede *263,1014*

Religioso tyron no solo iguala, *404,25*

Igualaba *1*

Porque a todas igualaba *26,71*

Igualados *1*

Deueis con gran razon ser igualados, *40,9*

Igualan *1*

Las igualan en ser tres. *376,8*

Igualar *2*

Para igualar tu humildad *229,2382*

De neruios Parthos igualar presuma *264,845*

Igualàra *1*

Riscos que aun igualàra mal bolando *263,49*

Igualarme *1*

Por igualarme la montaña en vano, *261,414*

Igualarse *1*

Tanto, que puede igualarse *63,114*

Igualas *1*

Esos paxaros, que igualas *269,347*

Iguales *13*

Los bellos rostros, iguales *63,194*

Lisonjas son iguales *184,17*

Leche corren i lagrimas; que iguales *261,391*

Quando en numero iguales i en belleza, *263,617*

La distancia syncopan tan iguales, *263,1052*

Iguales, aunque pocas, *264,305*

En redes ambos i en edad iguales. *264,518*

De iguales hojas que PhiliPPO estrellas. *272,14*

Ia que no iguales en letras, *275,46*

En nombre iguales, el fue *275,47*

Iguales en la edad sean *306,32*

No despues mucho lazos texiò iguales *318,105*

A expectacion tan infalible iguales, *318,194*

Igualmente *6*

I al fin ambos igualmente aiudados: *40,12*

Riendo la Alua igualmente *227,39*

quiso igualmente batir *229,2263*

Metal que igualmente ignora *242,127*

Viendo pues que igualmente les quedaua *263,630*

I el appetito ignoran igualmente *263,866*

Il *1*

— Aunque entre el mula e il vaquilio *305,14*

Ilaciones *1*

Con ilaciones agudas *269,124*

Ilicito *1*

Crudamente castiga el lecho ilicito, *1,24*

Ilfòn *1*

Ceniças ia el Ilfòn. *257,44*

Illephonso *1*

Intrepido Illephonso raios beue, *315,38*

Illescas *3*

desde Illescas me apercibe, *229,2032*

desde Illescas a Toledo, *229,2068*

Para lo qual desde Illescas *229,2410*

Illuminado *2*

Vn Narcisso illuminado, *228,34*

Que illuminado el templo restituie *315,63*

Illustra *11*

Que la que illustra el cielo en luces nueue. *15,14*

Flores que illustra otra mejor Aurora, *221,13*

Que illustra el edificio, *229,97*

Que en antiguo valle illustra *259,35*

De vn ojo illustra el orbe de su frente, *261,51*

Con la que illustra el Sur cola escamada *263,428*

Que el templo illustra i a los aires vanos *263,648*

El campo illustra de ese marmol graue: *274,7*

Que illustra la alta Niebla que desata. *318,120*

Que illustra dos Eclipticas ahora, *318,143*

Su ombro illustra luego suficiente *318,249*

Illustrada *1*

Lo testifique dellos illustrada. *399,11*

Illustrador *1*

Sino al segundo illustrador dèl dia *172,6*

Illustran *4*

Que illustran tus pendones, *72,79*

Del Tajo illustran sagrada, *239,24*

Los que illustran con sus canas *300,21*

Que ciento illustran ojos celestiales *315,75*

Illustrando *1*

Illustrando con dos lunas *179,47*

Illustrar *1*

Illustrar lechos en columnas de oro, *229,57*

Illustrarà *3*

Illustrarà tus plaias i tus puertos *72,32*

Mañana illustrarà tu seno alado *162,5*

Su altar illustrarà vn cirio. *269,320*

Illustrarlas *1*

Quien de illustrarlas huelga *77,28*

Illustraua *1*

Si bien su freno espumas, illustraua *261,338*

Illustre *14*

De vn limpio Amor la mas illustre llama, *35,4*

Illustre i hermossissima Maria, *36,1*

Fue illustre tumba el humido elemento. *45,4*

Illustre Ciudad famosa, *63,1*

De cuia fabrica illustre *63,69*

Pues eres, Granada illustre, *63,229*

Tu, (cuio illustre entre vna i otra almena *67,1*

A celestial soldado illustre trompa. *77,47*

A vuestro seno illustre, atreuimiento *164,7*

Le dice, illustre traslado! *228,208*

De lo que illustre luego reberbera, *315,45*

A raio illustre de tan gran corona, *318,323*

Barquillo estudîoso illustre es Norte. *318,430*

Illustre injuria i valeroso vltrage. *425,14*

Illustremente *1*

Piso, aunque illustremente enamorado, *22,10*

Illustren *1*

Illustren obeliscos las ciudades *263,934*

Illustres *1*

No menos necios que illustres, *75,86*

Illustri *1*

Illustri Cauaglier, llaues doradas; *69,4*

Illustrissimo *1*

Illustrissimo señor, *266,2*

Illustrò *4*

Illustrò Phebo su vellon dorado, *52,4*

Iouen despues el nido illustrò mio, *318,49*

Que illustrò el emispherio de la vida *318,435*

Purpura illustrò menos Indîano *341,12*

Iluminado *2*

El mal iluminado pergamino: *269,398*

Assi goze el galan iluminado, *445,3*

Ilustrar *2*

Ilustrar los pedernales *266,8*

A ilustrar carro lasciuo *333,79*

Ilustrarà *1*

Que España ilustrarà la quinta Esphera. *415,7*

Ilustre *4*

De vuestro color ilustre, *29,27*

Ilustre i hermosissima Maria, *201,2*

De Pisuerga ilustre oluido, *334,38*

Ilustre piedras; culto monumento *344,6*

Ilustremente *1*

Te acclama, ilustremente suspendido. *426,11*

Ilustrese *1*

Caduca el passo? Ilustrese el juicio. *393,5*

Imagen *5*

Antes adoro en tu imagen *229,1312*

A la que, imagen decima del cielo, *264,306*

De beldad imagen rara, *269,302*

En nueua imagen dio: porfido sella *318,231*

Niega al ausente su imagen *378,31*
Imagina *1*
Esparcidos imagina *322,405*
Imaginacion *6*
Varia imaginacion, que en mil intentos, *44,1*
Olas de imaginacion *62,35*
Mi necia imaginacion. *227,8*
que ni vna imaginacion *229,192*
En su imaginacion Cupido hecho, *261,271*
Si no es la imaginacion. *377,24*
Imaginaciones *1*
a las imaginaciones *229,523*
Imaginada *2*
De la imaginada tez, *285,48*
Que imaginada su ausencia *358,7*
Imaginado *1*
Padron le erige en bronce imaginado, *363,7*
Imaginas *2*
tal imaginas de mi? *229,2073*
En que imaginas, me di? *497,13*
Imagines *1*
Quando sola te imagines, *59,57*
Imagino *9*
sus memorias. Imagino *229,1313*
Mal podrè, a lo que imagino, *229,2017*
De tu bondad imagino *229,2551*
quanto mas que ia imagino *229,2746*
Sabes que imagino io? *229,2803*
se llama Lelio? Imagino *229,2856*
Cual la conciencia imagino *269,37*
Que emulo del barro le imagino, *343,6*
Io vi vuestra carrera, o la imagino, *470,1*
Iman *2*
El bello iman, el idolo dormido *261,197*
El iman, quanto apartado, *384,23*
Imanes *1*
I entre que dos piedra imanes *269,959*
Imbidia *1*
Ojos de imbidia i de ponçoña armados. *119,8*
Imbidiosa *1*
Truxo tu mano imbidiosa. *499,227*
Imita *5*
No sin deuota emulacion, imita, *77,12*
Labor no Egypcia, aunque a la llama imita, *248,2*
Entre las ondas i la fruta, imita *261,325*
Conuencida la madre, imita al hijo; *261,462*
Escaramuzas barbaras imita; *318,68*
Imitada *1*
Vrna de Aquario la imitada peña *264,226*
Imitador *4*
Prudente imitador! Tu dulce lyra *260,13*
Negro el cabello, imitador vndoso *261,57*
Imitador súàue de la cera *263,874*
Febo imitador prudente! *487,6*
Imitados *1*
Arcos del cielo, o proprios o imitados; *155,8*
Imitallas *1*
Has dado en imitallas, *127,22*
Imitan *1*
Imitan las naturales, *63,42*
Imitando *2*
Imitando algunos passos, *228,46*
A las ondas imitando, *228,192*
Imitar *4*

Quiere imitar sus maiores, *93,52*
No ha sabido imitar verdes alfombras. *263,615*
Imitar en la bella labradora *263,745*
Imitar al Babilonio *357,102*
Imitarà *1*
Imitarà siguiendoos mi aluedrio, *379,6*
Imitàra *1*
Sobre vna alfombra, que imitàra en vano *261,313*
Imitareis *1*
No imitareis al Terenciano Lope, *427,5*
Imitares *1*
Mal aias tu si imitares, *378,49*
Imitasse *1*
Si a Lazarillo le imitasse vn dia *101,13*
Imite *1*
Que a la encina viuaz robusto imite, *264,285*
Imiten *1*
Imiten nuestras flamulas tus olas, *318,381*
Imito *1*
imito a la comadreja, *229,167*
Immensa *2*
Sino porque ai distancia mas immensa *117,13*
En breue, mas réàl poluo, la immensa *362,7*
Immensamente *1*
Immensamente pequeño, *209,24*
Immenso *3*
Del profundo, del immenso *259,99*
El immenso harà, el zelestial orbe *318,255*
I vn bien immenso en vn volumen breue; *425,4*
Immobil *5*
Corona immobil, mientras no desciende, *261,262*
Immobil se quedò sobre vn lentisco, *263,192*
De firmes islas no la immobil flota *263,481*
Se libra tremolante, immobil pende. *315,44*
A vn baxel que pisa immobil *322,245*
Immortal *13*
Que muriò siendo immortal, *2,6*
Sino de estrellas immortal corona. *35,9*
Repito para immortal); *95,4*
Immortal sea su memoria *132,65*
Vuestro nombre immortal, ô digno esposo *171,10*
De la Cerda immortal mortal anzuelo. *174,14*
Immortal casi prescriba *206,14*
Varada pende a la immortal memoria *263,479*
Immortal arador fue de su pena; *263,742*
Que Níòbe immortal la admire el mundo, *263,815*
I de vn gusano immortal *269,34*
Al Decano immortal del alto coro, *269,1249*
Glorioso entalle de immortal relieue. *425,8*
Immortales *4*
Aunque muertos, immortales, *63,106*
Pero versos los honran immortales, *119,11*
Ella a sus nombres, puertas immortales *232,12*
De los que estolas ciñen immortales *315,77*
Immortalidad *3*
De la immortalidad el no cansado *66,12*
Immortalidad merecen, *132,71*
Hoi a la immortalidad. *269,315*
Impaciente *2*
Rompiò el arco impaciente; *103,6*
Quantas vezes impaciente *322,261*

Impacîènte *2*
Concurso impacîènte *263,756*
Gallarda vn dia, sobre impacîènte, *341,7*
Impedida *2*
Vuestra planta impedida, *264,382*
Pobre choça de redes impedida, *264,672*
Impedidas *2*
Aun no impedidas de Réàl corona, *77,36*
Coiundas impedidas, *264,681*
Impedido *7*
Qual de flores impedido, *144,21*
Ô tu que, de venablos impedido, *262,5*
Dulcemente impedido *263,238*
Al tiempo que, de flores impedido *263,284*
Piedras las duras manos impedido, *263,992*
El piscatorio cantico impedido, *264,621*
El de sierpes al fin leño impedido, *318,605*
Impedidos *5*
Lasciuamente impedidos, *116,22*
Lasciuamente impedidos, *116,37*
Lasciuamente impedidos, *116,52*
De nieues impedidos, *120,2*
De reciprocos nudos impedidos, *263,970*
Impedimento *1*
Quantas el impedimento *322,265*
Impedimentos *1*
De impedimentos busca desatado *295,6*
Impedir *3*
Por no impedir lo que canta: *144,44*
si lo vienen a impedir. *229,2421*
Impedir tus venerables *259,79*
Impenetrable *1*
Impenetrable casi a la cuchara, *263,151*
Imperatiuos *1*
Tras tantos imperatiuos. *484,7*
Imperial *2*
De la Imperial Ciudad patrio edificio, *67,2*
Segundo Potosi, Imperial corona, *229,2171*
Imperîàl *2*
Sobre vn sceptro Imperîàl *83,99*
Corona Imperîàl que, al cielo grata, *229,2155*
Imperîàles *1*
A Impyreas torres ia, no Imperîàles. *315,24*
Imperio *7*
De vuestro imperio, i de mi fe constante *170,10*
Tyranno con imperio i sin corona. *229,45*
de tu imperio maior seña *229,1582*
Al imperio feroz de su bramido. *230,31*
El imperio de mi voz, *269,1520*
Establecieron; barbaro oi Imperio *318,263*
Los edictos con imperio *481,1*
Imperios *2*
Multiplicarse Imperios, nacer mundos. *162,14*
Florida mariposa, a dos Imperios *456,9*
Imperîòsa *1*
Fortaleça imperîòsa, *132,53*
Imperîòso *3*
Ô quanto dèste Monte imperîòso *195,12*
Imperîòso mira la campaña *263,186*
Imperîòso aun obedece apenas. *276,8*
Impertinencia *2*
que io llamo impertinencia, *229,264*
I està ia la impertinencia *269,1078*
Impertinencias *2*
Dexate de impertinencias, *229,958*

Viene con impertinencias *269,565*
Impertinente *5*
Que impertinente clausura *227,13*
Que vuelues impertinente *229,1384*
Que es impertinente i vaga *269,1314*
De vna i otra saeta impertinente, *336,3*
Impertinente alhaja fuera en Francia, *471,3*
Impertinentes *3*
Ni la que en saluas gasta impertinentes *263,117*
Doctor, tan impertinentes: *269,838*
Aunque pajas me cueste impertinentes. *454,8*
Impetra *1*
Impetra cierta vengança. *269,1517*
Impetrar *1*
Impetrar vn Beneficio, *495,42*
Impetre *1*
En oracion impetre officiòsa *264,640*
Impetúòso *1*
Vn torrente es su barba impetúòso *261,61*
Impida *1*
Pero no temais que impida *269,1022*
Impide *4*
I sierpe de crystal, juntar le impide *263,426*
Que impide Amor que aun otro chopo lea. *263,700*
De piel le impide blanda; *264,757*
Quan bien impide su familia breue, *315,34*
Impidiendole *1*
Impidiendole el dia al forastero, *264,248*
Impidiò *2*
Réàles fiestas le impidiò al de Humena *254,5*
Le impidiò si, no le oprimiò la frente. *337,8*
Impido *1*
Que los valles impido mas vacios, *261,386*
Impiedad *1*
La aljaua armada, de impiedad el seno, *280,12*
Implica *2*
Amor la implica, si el temor la anuda, *261,354*
A España en nudo las implica blando, *318,615*
Implicantes *1*
Qual duros olmos de implicantes vides, *263,971*
Implicarse *1*
A implicarse desalada *322,443*
Implora *1*
El dulce fauor implora. *149,74*
Implorar *1*
implorar quiero el auxilio, *229,3171*
Imploro *1*
Tu facultad en lyra humilde imploro, *360,3*
Implume *1*
A la gracia, si bien implume, hacia *318,146*
Impone *1*
Le impone sissa maior *269,662*
Imponiendole *1*
Imponiendole estaua, si no al viento, *261,439*
Importa *8*
tan doble como le importa; *229,777*
que, porque a los dos importa, *229,1018*
Mui poco importa que mienta *269,293*
Hablemos de lo que importa. *269,585*
Pero que importa que estè? *269,1510*
Pues tanto importa ausentallo *269,1758*
Que importa. Bastame esso. *269,1875*
Su bajel, que no importa, si en la plaia *318,375*

Importan *1*
Importan sus progressos acertados: *402,13*
Importancia *1*
Mas si con la importancia el tiempo mides, *72,75*
Importantes *1*
Años, pues, tan importantes, *306,31*
Importe *2*
I sea nouedad que importe; *158,6*
Quando agradecerlo importe, *347,2*
Importuna *13*
I de su guerra importuna *26,42*
De la ausencia importuna, *114,14*
Graue al amor, a muchos importuna; *119,6*
Qual dicen que a las fieras fue importuna *128,7*
La monteria siguen importuna, *165,11*
Por dos cosas me importuna, *189,2*
Ceuar suele, a priuanças importuna. *219,13*
Ponme en la Libya importuna, *229,2666*
A la reja importuna, *263,904*
I es cosa bien importuna *269,553*
Ô huespeda importuna, *281,3*
Si a la emulacion Aulica importuna. *318,152*
Que la ausencia importuna; *345,25*
Importunas *1*
Tal redimiendo de importunas aues, *261,477*
Importuno *10*
De su llorar importuno, *27,18*
No mas, no, que aun a mi serè importuno, *203,52*
a introducirme importuno, *229,159*
velando en sueño importuno. *229,3189*
Océàno importuno *264,376*
Con aparato, qual debia, importuno *318,322*
Que en aquel sueño importuno *322,182*
I os solicitò importuno, *401,6*
No fue el ruego importuno *421,31*
I si pidiera mas el importuno, *459,6*
Imposible *1*
Vn lisonjero imposible *95,7*
Impossibilita *1*
Mas los impossibilita. *383,10*
Impossible *1*
Aunque impossible, podras *499,134*
Impreso *1*
Os lo truxera aqui impreso. *269,1940*
Impressa *2*
Desafia las rocas donde impressa *264,606*
Lei tan bestialmente impressa *269,6*
Impression *1*
Moços de nueua impression, *495,34*
Impresso *3*
Que en Floresta no està impresso, *6,71*
Lee quanto han impresso en tus arenas, *264,568*
He io nueuamente impresso *269,1612*
Impressos *3*
I sus errores largamente impressos *32,7*
Que biuiran en el sepulchro impressos, *119,12*
En los alamos impressos. *236,10*
Improprio *1*
que ese es improprio lugar. *229,2665*
Improuisa *1*
Saliò improuisa de vna i de otra plaia *264,47*
Saltèò al labrador pluuia improuisa *264,223*

Improuiso *1*
Efecto improuiso es, *322,193*
Impulso *6*
Torpe se arraiga. Bien que impulso noble *263,1002*
Alterno impulso de valientes palas *264,925*
No del impulso conducido vano *318,201*
Sigue el impulso veloz *390,22*
De impulso tan diuino que acredita *404,22*
Quando el impulso le engaña *412,5*
Impulsos *2*
impulsos de vn corazon *229,1326*
A los deuotos impulsos, *322,164*
Impura *1*
Que no sin arte religion impura *426,3*
Impuro *3*
Voraz ia campo tu elemento impuro! *318,378*
El crystal liquido impuro. *322,332*
Crystal ministre impuro, si no alado *338,11*
Impuros *1*
Los reynos serenaste mas impuros; *318,558*
Imputa *1*
Pues imputa obscuridad *483,8*
Impyreas *1*
A Impyreas torres ia, no Imperfàles. *315,24*
In *2*
Tendimus in Latium, digo, *96,107*
Cento scuti? Di oro in oro; *269,621*
Inaccessible *1*
Montaña inaccessible, oppuesta en vano *146,1*
Inaccessibles *1*
Cunas inaccessibles de milanos, *163,4*
Inanes *1*
Sobre el "Dimisit inanes" *157,19*
Inca *1*
Que al precîòsamente Inca desnudo *264,779*
Incapaz *2*
Incapaz a la tuia, ô gran Señora, *270,2*
Aun la vrna incapaz fuera de el Nilo. *318,414*
Incapazes *1*
Con la Arcadia dos dueñas incapazes, *432,6*
Incauto *2*
Incauto messeguero sus sembrados, *261,478*
Le enuiste incauto; i si con pie grossero *264,227*
Incendio *1*
En el maior incendio burla al fuego, *456,13*
Incentiua *1*
Mas incentiua, esconde; *264,86*
Incienso *1*
Incienso ofrece sagrado. *309,26*
Incierta *6*
I assi, la incierta derrota *106,27*
En la incierta ribera, *264,27*
Fabrica escrupulosa, i aunque incierta, *264,79*
Vezina luego, pero siempre incierta; *264,712*
Que a luz le condenò incierta la ira *264,792*
Quando la brujula incierta *357,105*
Inciertas *2*
De hojas inciertas, *79,14*
De las inciertas formas de la Luna. *264,408*
Incierto *8*
En tenebrosa noche, con pie incierto, *100,2*
Si tinieblas no pisa con pie incierto, *229,10*

242

Del soplo Occidental, de el golfo incierto, *230,60*

Que sobre el ferro està en aquel incierto *263,60*

Tortola viuda al mismo bosque incierto *295,10*

Incierto mar, luz gemina dio al mundo, *318,114*

En leños de Liguria el mar incierto *318,295*

Este, pues, embrion de luz, que incierto *318,593*

Inciertos *6*

Con mas inciertos reueses *74,11*

Quedese, amigo, en tan inciertos mares, *263,499*

En los inciertos de su edad segunda *263,776*

De crystales inciertos a la seña, *264,224*

Metros inciertos si, pero súàues, *264,356*

Hojas de inciertos chopos el neuado *289,1*

Incita *1*

Sol de las flores allà que le incita. *467,11*

Incitan *1*

Que despues huien de el que incitan ahora, *42,13*

Inclemencia *1*

Con dura inclemencia *79,42*

Inclemencias *2*

Inclemencias de Diciembre *333,42*

A inclemencias, pues, tantas no perdona *402,9*

Inclina *1*

Eleuada la inclina *263,388*

Inclinacion *4*

De su inclinacion depuestas, *73,58*

Vna inclinacion cortes, *217,14*

Esta inclinacion crúèl *229,178*

Vuestra inclinacion. *356,53*

Inclinado *4*

Inclinado a la milicia. *74,64*

De rodillas inclinado, *208,13*

tal io inclinado, i sujeto *229,174*

medio inclinado me ha *229,3047*

Inclinados *1*

En "gloria patri", pero no inclinados; *437,6*

Inclinan *1*

Quantas al pie se le inclinan *286,11*

Inclinar *2*

Sin inclinar espiga, *263,1033*

Sin inclinar sus espigas. *499,159*

Inclito *1*

Inclito es raio su menor almena *318,122*

Incluido *1*

El mannà que està incluido *213,12*

Incluie *2*

Incluie el hasta. Ô quanto *298,6*

Entre los muchos que te incluie dones, *421,65*

Incluien *1*

Que su ecliptica incluien, *264,920*

Incluies *1*

Ô tu que en dos incluies las mas bellas! *261,368*

Incluiò *1*

Incluiò naturaleça; *275,56*

Incluis *1*

Vosotras incluis dos luces bellas, *229,19*

Incluso *1*

Incluso esperarè en qualque missiua *379,13*

Inclusos *1*

Los nobles poluos inclusos, *322,502*

Inclyto *1*

Tu inclyto dueño, a quien, *132,62*

Incognito *1*

Lo que incognito mas sus aguas mora, *318,79*

Incomprehensible *1*

Incomprehensible, que *373,6*

Inconsiderado *1*

Al inconsiderado peregrino, *263,19*

Inconstancia *2*

La inconstancia al fin da plumas *378,33*

Su inconstancia es infièl. *384,27*

Inconstancias *1*

Que de las inconstancias de su hado *363,3*

Inconstante *2*

Su amiga. Inconstante? *269,928*

Del leño aun no los senos inconstante *318,305*

Inconstantes *3*

Arboles, mas de seluas inconstantes, *263,404*

Texiò en sus ramas inconstantes nidos, *264,269*

Penetra pues sus inconstantes senos, *264,869*

Inconuinientes *1*

Podeis sin inconuinientes *411,21*

Incorregible *1*

De vn follado incorregible, *288,19*

Incredulidad *1*

Graciosa incredulidad! *269,541*

Incredulo *2*

Incredulo desta suerte, *269,578*

El incredulo repulgo. *322,188*

Inculcar *1*

En inculcar sus limites al mundo. *263,412*

Inculta *1*

En la inculta region de aquellos riscos. *263,320*

Incultas *1*

Incultas se criaron i diffusas *256,32*

Inculto *2*

I hueco exceda al alcornoque inculto, *264,286*

I el bosque penetrò inculto. *322,352*

Incurso *1*

Del acelerado incurso. *322,316*

Indeciso *1*

El júîzio, al de todos, indeciso *263,1073*

Indîano *4*

Vende Lice a vn decrepito Indîano *181,3*

Que inuidia el mar Indîano. *228,140*

Este metal Indîano. *269,1101*

Purpura illustrò menos Indîano *341,12*

Indias *3*

Trae quanto de Indias *65,122*

De las Indias dèl Amor; *121,24*

I el que en Indias menos trata, *167,13*

Indice *1*

Si no indice mudo desta vida, *298,9*

Indicio *1*

Indicio, la dexò, aunque estatua elada, *261,231*

Indicios *1*

Indicios de seso poco, *348,28*

Indigna *3*

O excusa al que parte indigna *259,33*

Piedra, indigna Thiara, *263,73*

Cuio numero indigna la ribera. *264,722*

Indignacion *1*

A la indignacion del Rei. *355,4*

Indignada *3*

Ia que indignada caida *330,1*

Que indignada aun contra si *357,71*

Indignada la razon, *383,5*

Indignado *1*

Indignado ha descubierto *418,24*

Indignamente *1*

Indignamente estragados *322,389*

Indignas *2*

Amor, que indignas sus flechas *353,13*

Criaturas son indignas. *388,16*

Indigno *1*

Indigno de Ganimedes. *320,10*

Indignos *1*

A los indignos de ser muros llega *264,969*

Indino *1*

Minimo, pues, si capellan indino *398,9*

Indiscreto *3*

I si muere el indiscreto *37,45*

a Lelio, aquel indiscreto, *229,710*

Alça el papel indiscreto. *229,1569*

Indistincto *1*

Como indistincto de ronco. *357,32*

Indiuidua *1*

Sombra indiuidua es de su presencia; *318,548*

Indiuiduamente *1*

Indiuiduamente juntos, *322,506*

Indo *1*

Del perezoso Bolga al Indo adusto. *261,408*

Indomita *1*

Aqui la fuerça indomita *1,14*

Induce *3*

Que Dedalo te induce peregrino *234,5*

Temor induce, i del temor cuidado, *318,165*

A paz con el Catholico le induce *318,591*

Inducidor *1*

Ô destino inducidor *322,167*

Inducir *2*

Inducir a pisar la bella ingrata, *261,119*

Deje de inducir testigos *413,41*

Indujo *1*

Le indujo horror la mas esclarecida *404,15*

Indulgencia *1*

Indulgencia nos presenta *411,26*

Indulgente *1*

Asintiò el Duque entonces indulgente, *318,626*

Indulto *3*

Concauo frexno, a quien gracioso indulto *264,283*

Portentoso en el indulto. *322,312*

Indulto verde, a pesar *358,18*

Industria *8*

Ia a la fuerza, ia a la industria; *26,44*

I del cosario la industria, *39,2*

Quien lo que, con industria no pequeña, *77,24*

Ni occupada la industria *103,69*

Pescadora la industria, flacas redes, *230,61*

Nautica industria inuestigò tal piedra; *263,379*

Fraude vulgar, no industria generosa *264,781*

Crystal le cuente, que la industria mia *269,1263*

Industrîòsa *1*

Industrîòsa vnion, que ciento a ciento *324,2*

Induxo *1*

De el engaño a que le induxo *322,402*

Induze *1*

Aun induze soledad. *358,8*

Induzido *1*

Vn Doctor, que me ha induzido *269,1305*
Ines *3*
Mas los dos soles de Ines *419,6*
Si llegò mudilla Ines. *419,34*
I por Ines voi corrido: *419,90*
Inesica *1*
Inesica la ortelana, *419,3*
Inesilla *1*
Bras ha seruido a Inesilla, *419,73*
Inexorable *3*
Inexorable sonò *322,417*
Inexorable es guadaña aguda; *338,4*
De aquella inexorable en quien no cabe *465,7*
Inexpugnable *1*
Arbitro igual e inexpugnable muro, *263,55*
Infalible *1*
A expectacion tan infalible iguales, *318,194*
Infama *1*
Que escribiere quien me infama). *269,1749*
Infamando *1*
Infamando sus plumas la almoneda. *440,4*
Infamar *3*
Desata ha de infamar tu desatino? *234,8*
Infamar blanquéàndo sus arenas *263,438*
Que infamar le vio vn alamo prolixo, *318,87*
Infame *5*
Porque el caso no se infame *131,91*
Infame turba de nocturnas aues, *261,39*
Prestando su infame toca *269,149*
Contra los dos, hija infame *357,67*
No las infame tu zampoña ruda, *435,10*
Infamen *1*
Infamen el lenguage, *229,32*
Infamia *2*
Ahora condenada a infamia eterna *72,44*
infamia, vergüença, agrauio, *229,2866*
Infamò *4*
Que clima infamò Hircano, *263,367*
Infamò la verdura con su pluma, *264,885*
Infamò su atreuimiento; *284,8*
Las ojas infamò de vn alheli, *327,12*
Infancia *2*
En los años de su infancia *322,33*
En la infancia os diò, *356,45*
Infantado *1*
Alta del Infantado successora; *318,420*
Infantados *1*
A los Infantados i Aluas, *93,32*
Infante *4*
Aunque oiò al Infante *65,195*
Es este infante en tierna edad dichoso; *145,6*
Crecidito es el infante. *269,1957*
Infante quiere seguir *288,73*
Infanteria *3*
Gloriòsa Infanteria; *158,44*
Contra la infanteria, que pfànte *264,963*
I conduzga infanteria: *413,42*
Infausto *3*
O infausto gime paxaro nocturno; *263,800*
Otorgò al fin el infausto *322,221*
Infausto corta a las coronas luto, *326,2*
Infelice *2*
Al infelice olmo, que pedazos *261,355*
En el infelice logro *357,86*
Infelices *1*

De mis años infelices: *48,20*
Infeliz *3*
quedarà infeliz amante, *229,1345*
A mi esperança, que infeliz la nombro *229,1537*
Qvisiera, roma infeliz, *411,1*
Infelizmente *1*
Negras plumas vistiò, que infelizmente *263,739*
Inferîòr *1*
Que del inferîòr peligro al sumo *264,918*
Infernal *5*
Furia infernal, serpiente mal nacida! *23,2*
De que seno infernal, ô pensamiento, *229,1*
Del buitre ha sido infernal, *329,7*
Cysne gentil de la infernal palude. *453,14*
Al negro Dios de la infernal morada. *499,12*
Infernales *1*
Infernales glorias, *50,31*
Infestador *1*
Tu, infestador en nuestra Europa nueuo, *264,772*
Infestadora *1*
Esotra naual siempre infestadora *298,40*
Infestando *1*
La fuerça que infestando las agenas *276,1*
Inficionando *1*
Inficionando pues súàuemente *264,527*
Inficione *1*
I el lugar no se inficione! *131,92*
Infiel *1*
traidor! Isabela! Infiel! *229,2888*
Infîèl *4*
Infîèl vn tiempo, madre *63,2*
Thesorero ia infîèl *355,74*
Tenga mas que de infîèl. *378,40*
Su inconstancia es infîèl. *384,27*
Infîèles *1*
Infîèles por raros, *264,867*
Infierno *10*
Maior debes de ser que el mismo infierno. *23,14*
(Si allà se alegran), vn alegre infierno. *68,8*
Que irse al infierno en Guarismo, *105,37*
Digalo el Andaluz, que en vn infierno *154,10*
"Aun en el infierno espero". *229,1238*
I el infierno vencer con el infierno. *253,14*
I el infierno vencer con el infierno. *253,14*
Que, en tanta gloria, infierno son no breue *261,327*
Que el infierno que le oiò? *332,13*
Llegò al infierno a tiempo tan obscuro, *472,3*
Infiernos *1*
Gloriosos infiernos. *50,32*
Infiero *1*
I assi, infiero que la tos, *282,5*
Infinita *4*
"Este tropheo, dixo, a tu infinita *137,9*
Con violencia desgajò infinita *261,489*
Infinita multitud. *269,468*
Quando paz prouinciaron infinita *437,12*
Infinitas *1*
Para vidas infinitas; *86,26*
Infinito *1*
Tan vno como infinito, *373,10*

Infinitos *2*
que huuo esta noche infinitos *229,2085*
I escudos costò infinitos. *334,80*
Infiriendo *1*
La juuentud, infiriendo *268,26*
Inflamando *1*
Diuina luz su animo inflamando, *403,13*
Influxos *1*
I a celestiales influxos, *322,186*
Informa *3*
donde apéàdo, se informa *229,767*
Informa bronces, marmoles anima. *314,8*
Escuche al que le informa en voz doliente *499,32*
Informacion *2*
(Como en informacion de su derecho), *41,6*
despues de esta informacion *229,284*
Informaciones *1*
Informaciones a tres, *408,8*
Informante *1*
Lagrimoso informante de su pena *365,12*
Informe *1*
Burgo eran suio el tronco informe, el breue *264,298*
Informème *1*
e informème por alli *229,2267*
Informen *1*
Que se informen de la edad? *269,1899*
Informò *1*
I las que informò el arte *298,22*
Infortunios *2*
Baterias e infortunios. *27,96*
Soñado sus infortunios, *322,178*
Infunde *1*
La corte les infunde, que de el Nilo *318,359*
Infusos *1*
I Magicamente infusos, *322,424*
Ingalaterra *2*
Haced en Ingalaterra *107,53*
De la serenidad, a Ingalaterra, *318,614*
Ingenio *7*
Dò el ingenio de los hombres *63,157*
E ingenio en Mazalquiuir; *82,112*
Desatacase el ingenio, *83,55*
esse ingenio Cremonès *229,1365*
Mas es su ingenio de seda, *242,91*
Cierto ingenio Cordobès: *269,113*
Buen braço a sido mi ingenio. *269,1997*
Ingenîòsa *2*
Liba inquîèta, ingenîòsa labra; *261,396*
Ingenîòsa hiere otra, que dudo *263,252*
Ingenîòsamente *1*
Vn dîàmante, ingenîòsamente *341,3*
Ingenioso *1*
Mancebo es ingenioso, juro a san, *453,5*
Ingenîòso *5*
Ingenîòso mas que el de Iuanelo. *229,1942*
Su merced de ingenîòso, *242,90*
El veneno del ciego ingenîòso *264,633*
Terror, de tu sobrino ingenîòso, *264,788*
Ingenîòso poluorista luego *318,489*
Ingenuidad *1*
La ingenuidad obserues Española, *421,74*
Ingles *6*
Ni que el Ingles baxe *65,161*

Dèl Turco, dèl Ingles, dèl Lusitano. *66,8*
Fia que en sangre del Ingles pirata *72,27*
i el Ingles halla a su Londres; *229,491*
Señor, aquel Dragon de Ingles veneno, *458,1*
Pues muestras por las ingles que ia orina, *471,10*

Ingleses *1*
Con ellas de Ingleses *65,247*

Ingrata *16*
I quien es la ingrata Nise. *48,80*
Ingrata señora, *50,49*
Ornar de su ingrata Mora *78,35*
I quando la ingrata *79,91*
Es, (ingrata señora), el pecho mio; *109,6*
"Oy haze, ingrata, vn año, *125,28*
Oy haze vn año, ingrata, *125,32*
Inducir a pisar la bella ingrata, *261,119*
Quando, a los verdes margenes ingrata, *261,219*
Quien con amistad ingrata *269,116*
Monseñor interes. Sangrò vna ingrata *313,11*
Templo, ereccion gloriosa de no ingrata *318,484*
Como ingrata la de aier. *355,64*
Deidad no ingrata la esperança ha sido *399,6*
Porque sienta su ingrata caçadora *499,26*
Con su ingrata caçadora. *499,307*

Ingratas *1*
Ierbas cultiua no ingratas *285,31*

Ingratitud *3*
Ingratitud es dexalla. *64,24*
De plumas no, de ingratitud vestido, *229,4*
La ingratitud de vn donzel, *378,54*

Ingrato *15*
De su ingrato amor. *80,4*
Ingrato, pues te enoja, *193,9*
Camilo ingrato. Señora, *229,1261*
Ingrato, cuio es aquel *229,1494*
A, ingrato Camilo! Apenas *229,1867*
Vn ingrato, vn confiado, *229,2132*
Vete, ingrato. Io me voi, *229,2137*
Ingrato Camilo, tente. *229,2878*
Ingrato! Isabela! Cruel, *229,2887*
Al montañes, que ingrato *263,594*
Si como ingrato no, como auariento, *264,898*
Qual dareis, ingrato i ciego *304,25*
Las arme de ingrato plomo. *357,100*
Por vengarse del ingrato *419,79*
Si ingrato ia al hortelano *479,5*

Ingreso *1*
Glorioso ingreso a la tercer Thiara; *404,44*

Inhumano *1*
I he de ser tan inhumano, *83,29*

Injuria *5*
Injuria de los pinzeles *63,39*
Lo que es piedra injuria hace *63,70*
Injuria es de las gentes *129,28*
A tus cysnes canoros no sea injuria *404,7*
Illustre injuria i valeroso vltrage. *425,14*

Injurias *3*
Milagrosas injurias del de Apeles, *77,30*
De el tiempo las injurias perdonadas, *118,5*
Injurias de la luz, horror del viento, *264,975*

Injurio *1*
tal, que ahora no le injurio, *229,1560*

Injusta *1*
Io en justa injusta expuesto a la sentencia *433,1*

Injusto *6*
"Injusto Amor, dezia, *114,19*
De Bacho el poder injusto, *204,18*
Que en vez de claua el huso torciò injusto. *229,48*
Cielo injusto! Amor crúèl! *229,1666*
Vassallos riges con poder no injusto. *294,2*
Dio ceniza. Ô cielo injusto! *322,310*

Inmensidades *1*
Inmensidades de firme *384,39*

Inmobilidad *1*
Porque su inmobilidad *217,19*

Inmortalidad *1*
Que a la inmortalidad *103,59*

Inmundos *1*
Telares rompiendo inmundos, *322,230*

Innocencia *4*
Al estado de innocencia, *213,10*
La innocencia al cabrero *263,104*
Siendo la innocencia el. *321,27*
Pues siendo conocida tu innocencia, *462,3*

Innocentes *1*
Moças innocentes, *494,23*

Innumerables *1*
De innumerables cabras el verano. *261,412*

Innundacion *1*
Que a su menor innundacion de casas *219,3*

Inocencia *1*
De su inocencia i su duelo. *49,52*

Inocente *2*
O virgen inocente. *103,12*
La voz de aquel inocente *130,23*

Inocentes *1*
El no agrauiar a inocentes, *490,23*

Inopia *1*
De la esterilidad fue, de la inopia *318,361*

Inquiere *1*
En los contornos la inquiere, *357,93*

Inquieta *1*
Ni de esotra inquieta lyra; *214,24*

Inquíèta *6*
Corriendo inquíèta, *56,56*
inquíèta mi sossiego, *229,1381*
Liba inquíèta, ingeníòsa labra; *261,396*
Tropa inquíèta contra el aire armada *264,716*
Las orlas inquíèta, *264,842*
Inquíèta es el abeja, *384,28*

Inquíètas *2*
Tus inquíètas vanderas, *2,13*
De seluas inquíètas has poblado, *72,20*

Inquieto *1*
Inquieto fui desde niño, *74,63*

Inquíèto *3*
Que visten hojas de inquíèto lino; *162,2*
De vn inquíèto columpio, *322,172*
Abrigo inquíèto *356,44*

Inquietud *1*
La causa de mi inquietud. *269,520*

Inquirida *1*
De este inquirida siempre i de aquel buco. *318,536*

Inquiriendo *1*
La ocupacion inquiriendo, *355,57*

Inquisicion *1*
No ai vara de Inquisicion *26,91*

Insaciable *2*
Con vn desseo insaciable *63,218*
Cuio insaciable desden *329,8*

Insaciada *1*
Mas lastimosa aun a la insaciada *318,267*

Insano *1*
Vista del Alcíòn el Austro insano; *166,32*

Inscripcion *3*
Con la inscripcion siguiente, *103,74*
Si otra inscripcion desseas, vete cedo: *312,29*
I essa Inscripcion consulta, que elegante *314,7*

Inscripciones *1*
Que Dios de inscripciones guarde *484,3*

Insidia *2*
Insidia ceua alada, *264,739*
Iaspe luciente, si palida insidia, *318,215*

Insidíòsa *1*
De vna punta insidíòsa *97,18*

Insidíòso *1*
Mas ai, que insidíòso laton breue *341,9*

Insigne *3*
I a veer tu Collegio insigne, *63,113*
En el insigne Conuento *259,85*
El mas insigne varon *485,1*

Insignia *4*
La verde insignia de Auis, *96,31*
Gallarda insignia, esplendor *110,41*
Sirua de tilde la insignia *242,103*
Que en oro engasta, sancta insignia, haloque, *428,12*

Insignias *5*
Sino insignias dèl Sophi. *111,12*
cuias insignias rèàles *229,572*
Insignias son de su pastor, i en ellas, *229,2203*
Cuias insignias son vna sortija, *269,393*
Las insignias Ducales de Gandia. *318,40*

Insinuarè *1*
Insinuarè vuestra hermosura; quanta *395,9*

Insolente *2*
Fiscal tan insolente, *103,58*
Insolente pòèta tagarote, *474,3*

Inspira *4*
Me dicta Amor, Calliope me inspira. *31,8*
Tu Musa inspira, viuirà tu fama *35,5*
No sè, amiga, que me inspira *229,1989*
Musa, que sopla i no inspira, *477,1*

Inspiradmelo *1*
Inspiradmelo, señora, *158,5*

Inspirados *1*
Perdidos vnos, otros inspirados. *262,4*

Instable *2*
Puente instable i prolixa, que vezino *162,3*
Vinculo desatado, instable puente. *264,48*

Instada *1*
Tu exaltacion instada *421,23*

Instancia *1*
si no la instancia continua, *229,851*

Instando *1*
Instando mucho mi ruego *269,273*

Instante *8*
Tadeo, ven al instante, *229,143*
Demos en esta cumbre vn solo instante *229,2146*

Leedla luego al instante. *229,3452*
El jouen, al instante arrebatado *263,734*
Dulce libando purpura, al instante *366,10*
Le corriste en vn instante *416,17*
Al passo vn solo instante; *420,5*
Mas renace, hallando, en vn instante, *457,12*
Instincto *1*
menos, instincto rúìn, *229,183*
Institucion *1*
De su antigua institucion *275,27*
Instituto *1*
Que mucho, si es tu instituto *275,87*
Instruìdo *1*
Lleua instruìdo a Tisberto, *269,1592*
Instrumento *42*
Lo que en mas graue instrumento *26,3*
Haga pues tu dulcissimo instrumento *35,10*
Cantè en mi instrumento: *50,98*
I la voz, no el instrumento, *91,54*
Con su instrumento dulce su voz clara. *104,11*
Ia de mi dulce instrumento *105,1*
Al son dèste instrumento *140,7*
I al instrumento dèl sueño *142,39*
Instrumento de marfil *144,39*
No hagamos el instrumento *158,11*
En dulce si, mas barbaro instrumento, *166,38*
El instrumento hazer dardo *167,6*
I de mis guerras tal el instrumento. *182,4*
El musico, la Musa, el instrumento. *203,30*
De hierro instrumento no, *208,20*
Otro instrumento es quien tira *214,25*
La vasija hecha instrumento, *226,23*
Io voi siendo el instrumento *229,1432*
instrumento de su agrauio. *229,2529*
Tan vocinglero instrumento: *259,15*
Marino si agradable no, instrumento, *261,382*
Dulcissimas coiundas mi instrumento, *261,440*
Su canoro darà dulce instrumento, *262,36*
Segundo de Aríòn dulce instrumento. *263,14*
De canoro instrumento, que pulsado *263,239*
Sonoroso instrumento, *263,255*
Instrumento el baxel, cuerdas los remos, *264,113*
I a cada pesqueria su instrumento *264,410*
— Vamo aià. — Toca instrumento. *308,9*
Este el corbo instrumento *312,19*
Dulce fia? Tu metrico instrumento, *316,13*
Si al braço de mi instrumento *322,11*
De vn instrumento acordado *332,10*
Al son, pues, deste instrumento *332,14*
A este de las Musas instrumento. *344,7*
Instrumento oi de lagrimas, no os duela *365,5*
El dulce, pues, instrumento, *389,9*
Instrumento a mi voz serà acordado. *400,4*
Las cuerdas de su instrumento, *419,85*
Ciñendo el tronco, honrando el instrumento. *424,14*
I al moreno de cara, i de instrumento, *435,12*
A tu canoro instrumento *480,5*
Instrumentos *8*
En patria, en profession, en instrumentos *67,14*
Que instrumentos manúàles, *161,69*
Instrumentos de herir, *243,64*
Instrumentos, no, en dos festiuos choros *263,752*

Alternando instrumentos, persúàda *318,599*
De varios, pues, instrumentos *331,21*
Instrumentos que, sonoros, *414,33*
Suenan dulces instrumentos; *414,42*
Insulso *1*
Ô tantas veces insulso, *322,430*
Insultar *1*
Al insultar los aires? Io lo dudo, *264,778*
Insulto *1*
O el insulto accusaua precedente, *264,876*
Insultos *1*
Dio a los diuinos insultos, *322,232*
Integerrimo *1*
Capitan integerrimo, *1,22*
Intempestiua *1*
Intempestiua salteò Leona *264,768*
Intempestiuo *1*
Si intempestiuo se oppone, *333,67*
Intempestiuos *1*
Vieras intempestiuos algun dia, *264,414*
Intempestiva *1*
que es la fruta intempestiva *229,784*
Intencion *4*
de intencion Canicular, *229,398*
lee a su mala intencion, *229,434*
De la intencion i del ocio. *357,68*
Sabe Dios mi intencion con San Isì; *468,9*
Intenta *2*
El cothurno besar dorado intenta. *261,300*
Ô ceguedad! Acuerdo intenta humano *318,169*
Intentan *1*
Experiencias intentan oi mis años, *229,1037*
Intentaua *1*
Víòlar intentaua, i pudo hacello, *366,7*
Intente *2*
Su prescripcion no intente, *103,56*
Que intente ser Curiàl *411,39*
Intento *10*
Para cuio noble intento, *63,61*
Quiçà con zeloso intento *105,5*
Vos, Luis, para el mismo intento *187,5*
I no es mi intento a nadie dar enojos, *203,53*
Fiaràs de mi tu intento? *229,2254*
tu intento, que como fee *229,2256*
Fia su intento, i timida, en la vmbria *261,254*
Señor, que empuñe mi intento *299,6*
Dacio logrò magnifico su intento; *318,340*
Tan en fauor de mi intento, *348,38*
Intentò *1*
Vn cossario intentò i otro bolante, *264,960*
Intentos *4*
Varia imaginacion, que en mil intentos, *44,1*
(Si bien con otros intentos) *228,167*
Ojos, sus intentos vanos *239,27*
De mis intentos, i digo, *269,1393*
Interes *20*
Ô interes, i como eres, *82,117*
Que interes i necedades *122,29*
Al cosario su interes. *132,40*
Amor sin fee, interes con sus virotes. *150,11*
Interes, ojos de oro como gato, *181,9*
Que no es de agua su interes, *217,86*
de el Amor i el Interes. *229,277*
Piloto el interes sus cables ata, *230,58*
No permite su interes *269,221*

Que en materias de interes *269,1182*
Interes Ligurino *298,37*
Monseñor interes. Sangrò vna ingrata *313,11*
Del interes voracidad horrenda, *318,268*
Del interes réàl, i conuocados, *318,339*
Gusto vos, i io interes: *346,6*
Doña Fulana Interes: *412,38*
Desuaneciò el interes *416,9*
Con la gala el interes *418,23*
Amor lo dora, e interes lo salua, *435,2*
Por el interes mas chico: *493,29*
Interès *2*
O los dore el interès; *269,1283*
Lo tirannize interès, *378,38*
Interesa *1*
Como soi la que interesa, *499,301*
Interim *1*
En el interim nos digan *322,41*
Interîòr *1*
Parcha es interîòr breue gusano. *264,611*
Intermission *1*
Sin intermission alguna *497,39*
Interno *2*
Su horrenda voz, no su dolor interno, *261,465*
Interno roiò gusano *275,63*
Interponen *1*
Lo distante interponen, lo escondido, *230,30*
Interposicion *1*
Interposicion, quando *263,66*
Interpuesta *1*
Mas la inuidia interpuesta de vna aueja, *366,9*
Interpuestas *1*
Tierras interpuestas ciento *384,21*
Interpuesto *1*
Interpuesto entre las alas *132,27*
Interpuso *2*
No sin modestia, interpuso *322,46*
Interpuso Bahamet *355,6*
Interrumpido *1*
Son de caxas fue el sueño interrumpido; *263,172*
Interrumpieron *1*
Cabras aqui le interrumpieron, quantas, *261,466*
Interrumpiò *1*
Interrumpiò, no en vano. *280,55*
Intìma *1*
Si no niega el tributo, intìma guerra *230,4*
Intimado *1*
Intimado el entredicho *322,133*
Intimarèle *1*
Intimarèle al albor *332,15*
Intonso *3*
El aspid del intonso prado ameno, *261,282*
Cuio cabello intonso dulcemente *263,769*
De Calîòpe el hijo intonso al bello *318,106*
Intrepida *1*
Veloz, intrepida ala, *263,50*
Intrepido *2*
Intrepido Illephonso raios beue, *315,38*
Assò intrepido la mano, *322,427*
Intrincadas *1*
En intrincadas trepas *127,10*
Introduce *1*
Sin romper muros, introduce fuego. *261,296*

Introducido *1*
Quantas le ha introducido España almenas; *298,45*
Introduciendo *1*
Vn hidalgo introduciendo *288,17*
Introducion *1*
I para introducion basta. *148,8*
Introducirme *2*
a introducirme importuno, *229,159*
Como introducirme allà, *269,299*
Introduxiste *1*
Le introduxiste virtudes: *259,71*
Introduxo *2*
Mas armas introduxo este marino *263,374*
Breue portillo introduxo. *322,204*
Introduzga *1*
Oi le introduzga a España, *156,7*
Introduzgo *1*
introduzgo, i no en la lid *229,2435*
Intúltiuo *1*
Al oro intúltiuo, inuidíàdo *264,896*
Inuencible *1*
De aspera, inuencible, *127,7*
Inuencibles *2*
Inuencibles Capitanes *61,22*
inuencibles a los golpes *229,537*
Inuencion *1*
Del viejo Alcimedon inuencion rara. *263,152*
Inuernizo *1*
de qualque gato inuernizo. *229,1782*
Inuestigò *1*
Nautica industria inuestigò tal piedra; *263,379*
Inuicta *2*
Larga paz, feliz Sceptro, inuicta espada. *77,68*
La inuicta espada que ciño en su vida. *368,30*
Inuidia *51*
La inuidia dexa atonita *1,17*
De inuidia de mi señora, *2,7*
Agudos raios de inuidia, *59,43*
Inuidia de otras riberas, *63,203*
La Fê escudo, honra España, inuidia el mundo *77,85*
Inuidia ni quexa, *79,34*
Con la inuidia que le dan *116,18*
Que pues la inuidia la loa, *121,103*
Mi inuidia ciento a ciento *129,22*
Segunda inuidia de Marte, *131,79*
A vn aspid la inuidia torpe, *131,86*
La inuidia le bese el pie. *132,64*
Que inuidia el nacar de Oriente. *142,28*
Tuuiera inuidia todo lo passado. *195,8*
Segunda inuidia de Marte, *215,11*
La inuidia aqui su venenoso diente *219,12*
Que inuidia el mar Indîano. *228,140*
que no inuidia desde entonces *229,2336*
preuienes la inuidia propia? *229,2655*
inuidia de mi chapin. *229,2681*
Gran dueño mio, i con inuidia dexa *231,2*
I a los siglos inuidia sea futuros ; *251,11*
Con inuidia luego sancta *259,65*
Inuidia de las Nymphas i cuidado *261,113*
Que alimenten la inuidia en nuestra aldea *263,928*
Neuada inuidia sus neuadas plumas. *264,262*
Inuidia de Syrenas, *264,533*

Inuidia califique mi figura *264,579*
Inuidia conuocaua, si no zelo, *264,612*
la inuidia tuia, Dedalo, aue ahora, *264,789*
De tanta inuidia era, *264,903*
Lasciua inuidia le consume el pecho *269,1248*
I que inuidia offenderos, sino en vano? *271,11*
Gloria de CASTRO, inuidia de Caistro, *280,2*
Si de la inuidia no execucion fiera! *280,23*
Que miente voz la inuidia i viste pluma? *281,12*
Como asi la inuidia, en quanto *283,5*
— Pos que fu? — Inuidia, morena. *308,38*
Cantando las que inuidia el Sol estrellas, *318,127*
A la inuidia, no ia a la quel veneno *318,153*
Bebiendo zelos, vomitando inuidia! *318,216*
Creciò Deidad, creciò inuidia *322,85*
Bese la inuidia sus pies, *353,55*
Que engañàran a la inuidia *357,63*
Mas la inuidia interpuesta de vna aueja, *366,9*
Que inuidia de los bosques fue loçana, *380,2*
Inuidia de los zagales, *389,34*
Inuidia de quantas son *390,42*
Iouen mal de la inuidia perdonado, *400,5*
Vapores de la inuidia coligados, *415,14*
Agena inuidia mas que propria cera, *434,13*
Inuidiado *2*
De los mozos inuidiado, *49,5*
inuidiado en el lugar, *229,734*
Inuidíàdo *1*
Al oro intúltiuo, inuidíàdo *264,896*
Inuidian *1*
Las inuidian mas de diez. *217,64*
Inuidiar *5*
Sin inuidiar tu noble patria a Amanto, *35,6*
I a no inuidiar aquel licor sagrado *42,3*
I ia sin inuidiar palmas ni oliuas, *46,3*
Lo que os tengo que inuidiar! *116,35*
Sin inuidiar al Dauro en poca arena *289,3*
Inuidiàran *1*
Que las Musas le inuidiàran, *144,40*
Inuidiarte *1*
A inuidiarte ha salido. *421,4*
Inuidie *1*
Que no la registre el, i io no inuidie. *120,18*
Inuidies *1*
No inuidies, ô Villegas, del priuado *294,9*
Inuidiosa *4*
Tarde batiste la inuidiosa pluma, *120,28*
Ella inuidiosa i galana *229,2113*
I dexaràs inuidiosa *328,2*
Fondo en inuidiosa. *422,4*
Inuidíòsa *2*
De inuidíòsa barbara arboleda *263,65*
Marfil; inuidíòsa sobre nieue, *341,13*
Inuidiosas *1*
Calarse turba de inuidiosas aues *263,989*
Inuidioso *3*
Solicitando inuidioso *3,21*
a quien inuidioso el Tajo *229,460*
Viuais, que algun inuidioso *242,134*
Inuidíòso *1*
Estaba, ô claro Sol inuidíòso, *20,9*
Inuidiosos *1*
Que de inuidiosos montes leuantados, *120,1*

Inuierno *7*
Mas que se passe el inuierno *6,40*
I las mañanas de Inuierno *7,7*
I nieue en Inuierno, *50,108*
Sus piezas en el Inuierno *82,69*
Sabañon en el Inuierno, *96,83*
Al de Chinchon si ahora, i el Inuierno *154,13*
i con membrillo en inuierno. *229,2597*
Inuiernos *3*
I los Inuiernos crystales; *63,36*
Montaña tantos inuiernos *178,26*
I los Inuiernos de nabo. *228,28*
Inuiò *1*
No inuiò flota el Peru *229,2978*
Inuiolable *1*
Paz hecha con las plantas inuiolable". *264,313*
Inuisible *4*
Que dan mis ojos, inuisible mano *19,10*
En los dos gyros de inuisible pluma *264,183*
Desto inuisible que digo. *269,548*
Ia a docta sombra, ia a inuisible Musa. *312,24*
Inuisiblemente *1*
Inuisiblemente crece *209,12*
Inuisibles *1*
Con tan inuisibles alas *91,10*
Inunda *3*
Que inunda la Ciudad. Antes *259,101*
Su pecho inunda, o tarde o mal o en vano *261,63*
I tal vez dulce inunda nuestra Vega, *431,3*
Inundacion *1*
Inundacion hermosa *263,263*
Inundaciones *1*
Inundaciones del nocturno Tajo. *326,14*
Inundante *1*
Siguiò inundante el fructúòso estilo. *318,360*
Inundaua *1*
De Valencia inundaua las arenas *318,297*
Inunde *1*
Inunde liberal la tierra dura; *263,823*
Inundò *2*
A quanta Ceres inundò vezina, *318,175*
Pisò el mar lo que ia inundò la gente. *318,320*
Inuoca *1*
Las Deidades de el mar, que Acis inuoca: *261,494*
Inuocan *1*
Mientras inuocan su Deidad la alterna *263,764*
Inuocar *1*
De inuocar piedad tan sorda, *149,72*
Inuocaua *1*
Las horas accusando, asi inuocaua *340,10*
Inuocò *1*
Inuocò a tu Deidad por su abogada, *77,66*
Inutil *1*
Humo es inutil, i juego *416,13*
Invencible *1*
Del maior Rei, cuia invencible espada, *324,12*
Invidíòso *1*
Invidíòso aun antes que vencido, *315,53*
Ioab *1*
Guardate de las lanzas de Ioab, *473,9*
Ioannes *1*
A la de "Ioannes me fecit" *81,18*
Iob *2*

Paciencia, Iob, si alguna os han dexado *433,3*
Que con tus versos cansas aun a Iob. *473,14*
Ioben *3*
Ioben coronado entonces, *333,53*
Ioben me haran eterno. *354,38*
Del Ioben que hermano cree, *355,82*
Ioias *2*
Ioias peregrinas; *65,120*
Ioias de la China. *65,128*
Ionas *1*
Que a Ionas de la vallena. *258,10*
Ionias *1*
Las Ionias aguas que el Sicanno beue, *72,53*
Iordan *3*
I la alheña es vn Iordan. *269,1801*
El Iordan sacro en margenes de plata, *318,486*
Sabiendo que en su Iordan *495,38*
Iosaphat *1*
Valle de Iosaphat, sin que en vos hora, *154,3*
Ioseph *1*
Oi el IOSEPH es segundo, *373,1*
Iouen *6*
El Iouen apressura, *263,78*
Iouen, digo, ia esplendor *285,21*
Que a la fatal del Iouen fulminado *316,7*
Iouen despues el nido illustrò mio, *318,49*
Iouen mal de la inuidia perdonado, *400,5*
I al Iouen Christianissimo, con ellos! *421,36*
Ioueneto *2*
Io sè de algun Ioueneto *37,41*
Ioueneto ia robusto, *322,102*
Ir *14*
Sin ir el rostro cruzado; *96,40*
Ir a escuchar otro poco *96,171*
Se podrà ir con el de espacio; *228,56*
Camilo, quiereste ir? *229,1787*
Ir por el pastel caliente? *229,2833*
Luego no es ir por la cena? *229,2848*
A, gallina! En fin, quies ir *229,3348*
Pues no se me ha de ir por pies. *229,3487*
i todos se podran ir *229,3548*
Que ha de ir contigo el Doctor. *269,128*
Los dias que dexais ir? *304,28*
Ir a primera, auiendoos descartado *463,7*
A buscallo quiero ir io. *499,196*
En ir, i el alxaua no. *499,199*
Ira *4*
No os arma de desden, no os arma de ira, *138,2*
Orìòn con maior ira, *229,2921*
Que a luz le condenò incierta la ira *264,792*
Mas escucha la musica sin ira. *424,8*
Irà *2*
Que no irà cruzado el pecho *96,39*
Irà oliendo a proueìdo. *167,100*
Iràn *1*
A los Principes, que iràn *288,74*
Iràs *1*
No iràs tu a la amiga, *5,3*
Irè *7*
Ni io irè a la escuela. *5,4*
Irè esta tarde a Completas *84,5*
casado, me irè a dormir, *229,3547*
Io entretanto irè a buscar *269,374*
Que me irè antes. Ia me fino. *269,774*
Luego irè. Oidme, Tancredo *269,1474*

De mis deudos irè a la compañia, *398,3*
Ireme *1*
Eso no. Ireme. Ô desuio! *229,1122*
Iremos *2*
Iremos a Missa, *5,21*
I quiçà iremos por lana, *191,9*
Iris *3*
Arte, i el arte estudio, Iris colores, *274,10*
Iris sancta, que el simbolo ceñida *318,613*
Iris, pompa del Betis, sus colores; *361,11*
Irlo *1*
lo amado? Por irlo a veer. *229,1317*
Irme *1*
quiero irme a mi retrete. *229,1966*
Ironia *1*
De olor? Ô fragrantissima ironia! *153,2*
Irreuerente *1*
Fuese el Rei, fuese España, e irreuerente
  318,319
Irreuocables *1*
Ô de la muerte irreuocables daños, *280,22*
Irse *1*
Que irse al infierno en Guarismo, *105,37*
Irun *1*
Con su Magestad a Irun *288,75*
Isabel *5*
Niña ISABEL, *193,2*
Mirate Isabel? Bien. *229,982*
Isabel nos le dio, que al Sol perdona *318,35*
De Isabel de la Paz. Sea mi soneto *447,13*
No os conozco, Isabel. Sin conoceros, *461,1*
Isabela *41*
Sabràs chupar, Isabela. *124,24*
Con Isabela. Ô mezquina! *229,345*
en el datil de Isabela. *229,351*
Isabela, cuio nombre *229,740*
Isabela se enamora, *229,779*
a Octauio, a ti, i a Isabela, *229,925*
sabràs quien es Isabela *229,1333*
Adoro a Isabela, i son *229,1376*
componer quiere a Isabela. *229,1451*
"Ô para mi, Isabela, mas hermosa *229,1486*
Tu esposa serà Isabela *229,1498*
i a Isabela en tu Soneto? *229,1505*
de Isabela esos renglones; *229,1576*
Isabela la enviò, *229,1711*
seruirìase Isabela *229,1752*
tengo aqui para Isabela, *229,1808*
que ahora por Isabela *229,1907*
Logradle, Isabela hermosa, *229,2041*
mas no, Isabela, el empacho, *229,2062*
Quien es, Isabela? Quien? *229,2131*
Hallando, pues, a Isabela *229,2332*
Tal io esta noche a Isabela *229,2434*
ser de Isabela Ceruin. *229,2473*
respondido avrà Isabela, *229,2524*
Isabela dueño tiene; *229,2612*
mientras viuiere Isabela; *229,2717*
Ô Isabela! Algo te alegras: *229,2722*
Isabela, este que vees *229,2790*
Que os parece de Isabela, *229,2810*
Ingrato! Isabela! Cruel, *229,2887*
traidor! Isabela! Infiel! *229,2888*
Io, Isabela, lo colijo *229,3076*
Isabela, io te sigo *229,3132*

Tadeo, esta es Isabela. *229,3255*
Ô Isabela! No me vltrage, *229,3318*
que entre Isabela i Belisa *229,3319*
a Isabela. A quien? A tu ama, *229,3480*
Vees aqui a Isabela ahora. *229,3491*
gozeis a vuestra Isabela. *229,3510*
las Firmezas de Isabela. *229,3553*
Succession adoptada es de Isabela; *318,588*
Isabelas *1*
Ia no es tiempo de Isabelas. *229,2889*
Isabeles *1*
Cient Fernandos i Isabeles *81,34*
Isabelitica *5*
—Por que llora la Isabelitica? *124,1*
—Por que llora la Isabelitica? *124,11*
Por que llora la Isabelitica? *124,19*
—Por que llora la Isabelitica? *124,27*
Por que llora la Isabelitica? *124,35*
Isì *1*
Sabe Dios mi intencion con San Isì; *468,9*
Isidro *1*
Con el Isidro vn Cura de vna aldea, *432,9*
Isla *8*
Ô ya isla Catholica, i potente *72,35*
Ni isla oi a su buelo fugitiua. *263,396*
Isla, mal de la tierra diuidida, *264,191*
De la isla, plebeio enxambre leue. *264,301*
O escollos desta isla diuididos: *264,434*
De la Isla i del agua no los dexa. *264,530*
Deidad, que en isla no que errante baña
  318,113
Isla Ternate, pompa del Maluco, *318,535*
Islas *6*
Acia nuestras Islas, *65,162*
Despoblar islas i poblar cadenas. *72,58*
las islas de los Azores. *229,583*
Rocas abraça, islas apprisiona *263,208*
De firmes islas no la immobil flota *263,481*
El bosque diuidido en islas pocas, *263,491*
Isleño *3*
"Estas, dixo el isleño venerable, *264,308*
Al venerable isleño, *264,315*
Del venerable isleño, *264,641*
Islote *1*
De el breue islote occupa su fortuna, *264,206*
Isthmo *2*
Lestrigones el Isthmo, aladas fieras; *263,424*
El Isthmo que al Océàno diuide *263,425*
Istro *1*
Entre fieras naciones sacò al Istro *280,4*
Italia *3*
Que a Genoua i aun a Italia *204,49*
no se la dexò en Italia? *229,1854*
Aunque la Italia siente en gran manera *449,12*
Italìànas *1*
Frusleras Italìànas *242,55*
Iua *1*
Que se iua a retraer *269,364*
Iuan *10*
Que de la noche de san Iuan *74,15*
— De donde bueno, Iuan, con pedorreras?
  183,1
— Desembarcastes, Iuan? — Tarde piache,
  183,6
(Vispera era de Sanct Iuan) *226,2*

hacen. Por san Iuan Baptista, *229,2999*
Don Iuan soi del Castillejo *266,1*
Preuenir leños fia a Iuan Andrea, *318,370*
Generoso Don Iuan, sobre quien llueue *425,1*
Soror don Iuan, aier silicio i xerga, *444,1*
Es el Orpheo del señor Don Iuan *453,1*
Iuana *2*
Iuana i Madalena, *5,34*
Mas tinta sudamo, Iuana, *207,24*
Iuanelo *2*
Ingeníôso mas que el de Iuanelo. *229,1942*
El Tajo, que hecho Icaro, a Iuanelo, *229,2214*
Iuanetines *1*
Se la gana en Iuanetines. *204,50*
Iuanico *1*
De la Mamora. Oi Miercoles. Iuanico. *278,14*
Iubilando *1*
Iubilando la red en los que os restan *264,369*
Iudà *1*
Del tribu de Iudà, que honrò el madero; *72,81*
Iudas *10*
I sè que es tu paz de Iudas; *26,94*
Que no ai Iudas que la oia. *149,24*
Que hacerselas a Iudas con Octaua. *203,39*
Pues io, Tadeo, soi Iudas *229,2642*
Quando quiero que seas Iudas? *269,160*
I Iudas cose el estilo. *269,1149*
Lleue Iudas, si algo tengo. *269,1537*
Guerra de nuestras bolsas, paz de Iudas, *449,2*
En dalle nombre de Iudas *477,23*
La mano de Iudas quiero, *477,26*
Iudea *4*
Sino en Bethlem de Iudea. *303,10*
— Qual podreis, Iudea, dezir *304,1*
Qual podreis, Iudea, dezir *304,17*
Qual podreis, Iudea, dezir *304,29*
Iudiciosa *1*
Vîolencia hizieron iudiciosa *318,579*
Iuega *1*
Alterase el pulso? Iuega. *229,2753*
Iuegan *1*
Iuegan cañas, corren toros, *158,31*
Iuegos *1*
Iuegos, o gladiatorios, o ferales: *318,506*
Iúèz *1*
Iúèz de terminos fue, *265,2*
Iugarè *1*
Iugarè io al toro *5,31*
Iugaremos *1*
Iugaremos cañas *5,69*
Iugo *14*
Del iugo de acero *50,10*
Cuia ceruiz assi desprecia el iugo, *53,13*
Iugo fuerte i Real espada, *132,55*
El iugo dèsta puente he sacudido *134,12*
Iugo te pone de crystal, calçada *146,10*
Pisado el iugo al Tajo i sus espumas, *163,9*
Duro iugo a los terminos del dia *230,72*
Iugo aquel dia, i iugo bien súaue, *261,437*
Iugo aquel dia, i iugo bien súaue, *261,437*
El iugo de ambos sexos sacudido, *263,283*
De el iugo aun no domadas las ceruices, *263,848*
El coruo súaue iugo *322,50*
Súaue iugo, que al Lombardo fiero *337,7*

Que ignore el iugo su loçano cuello. *360,8*
Iugos *1*
Sacude preciosos iugos, *378,41*
Iulio *3*
I los mongiles a Iulio; *27,52*
tienes con Iulio assentada, *229,2983*
Rugiente pompa de Iulio; *322,388*
Iunco *1*
Iunco fragil, carrizo mal seguro. *264,590*
Iuno *5*
Sino appellar al paxaro de Iuno. *203,54*
Pauon de Venus es, cisne de Iuno. *261,104*
I la que Iuno es oi a nuestra esposa, *263,812*
A Iuno el oro, a Palas los escudos. *269,1236*
I por zamba perdiò Iuno. *322,80*
Iunon *1*
Solicita Iunon, Amor no omisso, *263,1077*
Iunque *2*
Que ia suffriò como iunque *75,22*
Llamas vomita, i sobre el iunque duro *230,44*
Iunta *1*
Iunta las empulgueras, *127,25*
Iuntando *1*
Iuntando los mal logrados *75,81*
Iuntar *1*
Iuntar de sus dos picos los rubies, *261,330*
Iuntas *2*
Iuntas las diuersas aues, *63,182*
Iuntas con lo que tu en el cielo vales, *77,54*
Iuntaua *1*
Iuntaua el crystal liquido al humano *263,244*
Iunto *3*
Iunto a la plaçuela, *5,70*
Iunto a mi casa viuia, *57,49*
Iunto al Tajo queda, *79,98*
Iuntos *1*
Iuntos assi nos criamos, *57,61*
Iupiter *10*
Que a Iupiter ministra el Garzon de Ida, *42,4*
A Iupiter, mejor que el garçon de Ida, *263,8*
De Iupiter el aue. *263,28*
De Iupiter compulsen; que aun en lino *263,841*
A los raios de Iupiter expuesta, *263,935*
El Iupiter nouel, de mas coronas *318,247*
Diestras fuesen de Iupiter sus bronces. *318,352*
A Iupiter deuidos, hospedado; *318,364*
De Iupiter, puesto que *322,335*
Ô Iupiter, ô tu, mil veces tu! *327,14*
Iuppiter *8*
Depon tus raios, Iuppiter, no celes *76,5*
A Iuppiter el zambrote. *107,60*
De el Iuppiter soi hijo de las ondas, *261,401*
Al Iuppiter marino tres Syrenas. *264,360*
Ô, del aue de Iuppiter vendado *264,652*
Despreciauas de Iuppiter, dormido *280,59*
Ô Mercurio del Iuppiter de Hespaña. *316,14*
Al Iuppiter dirige verdadero *338,13*
Iurado *1*
Culto Iurado, si mi bella Dama, *35,1*
Iuramentamonos *1*
Iuramentamonos luego *229,2418*
Iuraràs *1*
Iuraràs tu que lo soi? *229,3363*
Iurarè *1*
Iurarè que luciò mas su guirnalda *15,12*

Iurisdiccion *1*
Iurisdiccion de Vertumno. *322,344*
Iurisdicion *1*
Iurisdicion de vn Sceptro, de vn tridente. *362,8*
Iurisdiction *1*
Iurisdiction gloriosa a los metales! *318,432*
Iurisprudencia *1*
Ô Iurisprudencia! Qual *408,1*
Iuro *2*
— Iuro a DIOS que en el comer, *96,81*
Iuro a la cruz de esa espada... *229,1412*
Iuròme *1*
Iuròme, i no sin lagrimas, Marcelo, *229,1935*
Iusepa *2*
Si por virtud, Iusepa, no mancharas *460,1*
Iusepa, no eres casta; que si alienta *460,12*
Iusta *1*
I si acaso a doña Iusta *105,84*
Iusticia *3*
Iusticia de Dios, Octauio! *229,3386*
Iusticia i misericordia. *259,72*
Iusticia en dos puntos hecho, *288,57*
Iusto *3*
Iusto es le obedezcais vos *269,107*
Iusto affecto en aguja no eminente, *312,8*
Vn iusto por Diuina prouidencia. *433,8*
Iuzgandole *1*
Iuzgandole quinta hoja *243,27*
Iva *2*
I de guarda Rèàl iva ceñido. *220,8*
Que la vida iva no mas, *269,1959*
Ivan *1*
DON IVAN DE ACVÑA es. Buril valiente *251,13*
Izquierdo *2*
Derribado al lado izquierdo, *49,58*
Izquierdo Esteuan, si no Esteuan çurdo. *325,14*
Jabali *3*
Del jabali cerdosso *103,31*
mas el como vn jabali *229,606*
Vn jabali casi entero. *423,6*
Jabañes *1*
Dos montes de jabañes. *423,8*
Jacarandos *1*
Los jacarandos respecto, *82,63*
Jacintho *1*
El jacintho, i al papel *217,42*
Jaco *1*
Sobre vn jaco vn coselete. *88,74*
Jaen *1*
Que quien te hecha de Jaen *49,91*
Jaez *1*
De vn bien labrado jaez, *78,46*
Jáèz *1*
Con vn hermoso jáèz, *49,41*
Jaezes *1*
I los raios al Sol en los jaezes, *155,11*
Jaian *4*
Quando, de Amor el fiero jaian ciego, *261,341*
Viendo el fiero jaian con passo mudo *261,481*
Si bien jaian de quanto rapaz buela *264,755*
Cierto jaian de plata, *313,12*
Jamas *10*
Leños, que el Phenix jamas. *208,25*
Por siempre jamas, Amen. *217,88*

nunca nos vimos jamas. *229,833*
Que enigma jamas se vio *229,2009*
Sin templar mi ardor jamas. *269,103*
Que se avrà hecho jamas. *269,1609*
Que aun de carne bolò jamas vestida, *338,2*
I no sabiendo jamas *353,53*
A cena jamas oida: *388,4*
De su cuerpo jamas se le caia. *450,4*
Jamon *1*
De vn jamon, que bien sabrà *59,63*
Jamones *1*
Blancaflor me da jamones, *269,483*
Jano *1*
Que en su tiempo (cerrado el templo a Jano, *162,12*
Jantaremos *1*
Mucha. Jantaremos della? *303,5*
Jaque *1*
Al otro, que le dan jaque *93,15*
Jaragui *2*
I al Jaragui, donde espiran *63,185*
Estaua en el Jaragui, *243,6*
Jaral *1*
Fiera rompiendo el jaral, *142,45*
Jaraue *1*
De ausencia, sin ser jaraue, *386,3*
Jardin *18*
Vn jardin de flores, *65,97*
El discreto en el jardin *82,58*
Lo pueden ser de vn jardin: *111,14*
La plaça vn jardin fresco, los tablados *155,1*
El huerto frutas i el jardin olores. *194,14*
El que fue jardin aier. *217,96*
En la gran sala, i en el jardin verde. *229,105*
vna tarde en el jardin, *229,2333*
Ponme vn throno en el jardin *229,2678*
Este jardin de Phebo, *256,56*
Antes que de el peinado jardin culto *261,283*
De jardin culto assi en fingida gruta *264,222*
Que en su jardin nazca en vano *269,222*
De el jardin de su palacio. *356,8*
Que jardin pisais florido, *411,10*
Casa de jardin gallardo, *418,42*
Mientras pisan el jardin *418,45*
Jardin de olorosas flores *498,27*
Jardinero *2*
de su jardinero, i ella: *229,2352*
Si jardinero el Iarama, *353,3*
Jardines *5*
Los jardines de Philippo; *89,32*
digo vno i cient jardines; *229,2053*
Obliquos nueuos, pensiles jardines, *263,720*
De los jardines de Venus *322,71*
En sus jardines tal uez, *355,18*
Jarro *2*
I que sientes tu del, jarro de mosto? *229,390*
o en que jarro se caiò? *229,1878*
Jaspe *3*
Condenaciones de jaspe; *63,64*
Vrna hecho dudosa jaspe tanto, *298,11*
La liberalidad, si el jaspe llora, *368,31*
Jaspes *3*
Hasta los jaspes liquidos, adonde *263,210*
Aqui donde entre jaspes i entre oro *312,5*
De jaspes varios i de bronces duros, *315,68*

Jauali *7*
Vn jauali espumoso *127,34*
Al jauali en cuios cerros *178,31*
Tras vn jauali fiero, *215,18*
Tras vn jauali fiero, *215,38*
Tras vn jauali fiero, *215,58*
Por Venus en jauali. *269,15*
Del jauali cerdoso el fiero diente; *499,103*
Jaualies *2*
Ni a los fieros jaualies. *48,40*
Menosprecian los fieros jaualies. *175,4*
Jaualina *1*
La hasta de tu luciente jaualina; *262,21*
Jaueuà *1*
Taña el zambra la jaueuà, *305,9*
Jaula *2*
Verde jaula es vn laurel *217,70*
Seruir de jaula de sus dulces quexas, *229,1050*
Jaulas *1*
En las jaulas de dos tufos. *322,112*
Jazmin *7*
Al mas súaue jazmin. *82,32*
Del blanco jazmin, de aquel *217,46*
la mosqueta, ni el jazmin, *229,2337*
En las ramas de vn jazmin *243,62*
Flor es el jazmin, si bella, *375,25*
Quanto jazmin bello *389,51*
De el menos jazmin súaue, *411,15*
Jazmines *18*
De rosas i de jazmines; *48,54*
Huelan mas que los jazmines, *73,43*
Con jazmines si le coge. *131,104*
Deshojando estan jazmines *148,27*
Cuias frentes de jazmines *179,11*
Traslado estos jazmines a tu frente, *184,4*
Guarda destos jazmines *184,7*
De rosas i de jazmines *228,133*
i que los blancos jazmines *229,554*
Guardame los jazmines de tu seno *229,1488*
de claueles i jazmines; *229,2052*
Tantos jazmines quanta ierba esconde *261,179*
De tantos como vìolas jazmines. *263,721*
De los jazmines, Leonora, *269,1775*
I de jazmines confusos. *322,56*
De jazmines i claueles, *333,4*
Los jazmines del vergel *355,30*
Nebò jazmines sobre el, *357,61*
Jeme *1*
Abriò la boca de vn jeme, *81,54*
Jerusà *1*
Ni acabes de escribir la Jerusà: *468,15*
Jesúita *1*
Del silbo, del caiado jesúita. *404,20*
Joben *1*
dulce hermana de este joben, *229,557*
Joia *3*
Desde la joia al bodigo; *105,76*
De joia tal quedando enriquecida *318,293*
Que joia de oro te abona? *423,11*
Joias *9*
Que, mas de joias que de viento llenas, *77,80*
Quantas joias os enseño; *121,144*
De joias i de talegos; *122,18*
De sus joias; mas la suerte *122,46*
Que baratan estas joias *149,14*

en trato, en muebles i en joias, *229,811*
mas con joias de Violante *229,1450*
No echò menos los joias de su manto; *318,494*
En darles joias, hospedaje i vino. *469,4*
Joiuelas *1*
Ofrezcole mis joiuelas *269,797*
Jordan *2*
Que de el Jordan labò aun las ondas puras: *318,460*
Se desmiente en vn Jordan, *412,48*
Jornada *4*
Llamale, que la jornada *229,1879*
de su jornada la causa, *229,2448*
Sea la felicissima jornada *279,10*
Mucho en la jornada pierdes; *351,6*
Jouen *21*
Dèl animoso jouen mal logrado *45,2*
Mas el animoso jouen, *75,25*
Se aluerga vn dichoso jouen, *131,10*
Apenas viò al jouen, quando *215,33*
Marino jouen, las ceruleas sienes *261,121*
Gallardo el jouen la persona ostenta, *261,298*
El ronco arrullo al jouen solicita; *261,321*
Quando al clauel el jouen atreuido *261,331*
Que al jouen, sobre quien la precipita, *261,491*
Desnudo el jouen, quanto ia el vestido *263,34*
Con gusto el jouen i attencion le oìa, *263,222*
Baxaua entre si el jouen admirando, *263,233*
En lo concauo, el jouen mantenia *263,268*
Los fuegos pues el jouen solemniza, *263,652*
El jouen, al instante arrebatado *263,734*
I al verde, jouen, floreciente llano *263,824*
El Sol, quando arrogante jouen llama *263,982*
Les ofrece el que, jouen ia gallardo, *264,264*
A vn remo cada jouen offrecido. *264,685*
Desde el guante hasta el hombro a vn jouen cela; *264,794*
Tal el jouen procede en su viage, *279,22*
Jouenes *3*
Virgenes bellas, jouenes lucidos, *263,753*
De musculosos jouenes desnudos. *264,580*
Olmo que en jouenes hojas *322,301*
Jouenetos *1*
Fulminas jouenetos? Io no sè *327,2*
Juan *1*
Ia que no soi Juan de Mena. *490,30*
Jubentud *1*
A donde en mi jubentud *269,410*
Jubilar *1*
Por jubilar sus penas, *127,29*
Jubileo *1*
i decid que es jubileo. *229,237*
Jubon *2*
Me passen a mi el jubon; *227,30*
Mira no ganes vn jubon trotando. *474,14*
Judicatura *1*
No mas judicatura de Theatino. *433,12*
Judiciosa *1*
Que la attencion confunden judiciosa. *263,1053*
Judicioso *2*
Desengaño judicioso, *275,61*
Zelante altera el judicioso terno *318,159*
Juega *2*
Mata los toros, i las cañas juega? *138,8*

juega pelota perdida, *229,241*
Juegan *1*
Todas juegan a esse juego *269,232*
Juego *11*
De los toros i dèl juego *158,25*
I al que os vee el juego i le pesa *168,23*
I nos trasquilarà el juego. *191,10*
Que tienen? Cosa de juego, *229,1849*
i veamos a este juego *229,3424*
I del peligro haze juego, *269,118*
Todas juegan a esse juego *269,232*
Va, pues, de juego: ia sabes *269,1738*
De el juego de el hombre, padre *334,91*
Humo es inutil, i juego *416,13*
I de los muchachos juego, *418,19*
Juegos *1*
De burlas i juegos, *50,46*
Juegue *1*
I juegue en tanto a la morra *481,7*
Juegues *1*
i tu con tu padre juegues, *229,3057*
Júèz *6*
Ser testigo i ser júèz. *78,20*
Por júèz de appellaciones *87,19*
O sois júèz agrauiado *161,137*
júèz ia de la pelota *229,439*
El Vicario es el júèz *229,3242*
Equiuocado júèz; *355,56*
Juezes *1*
I a pesar de los juezes *477,35*
Júèzes *2*
A ellos les dan siempre los júèzes, *138,12*
Por júèzes que, antes desto, *159,9*
Jugar *5*
Dexadle vuelua a jugar *107,65*
Entraos los dos a jugar. *229,384*
A jugar os podeis yr *269,1650*
De jugar, alguien aguarde *269,1764*
A jugar con el tiempo a la primera; *441,2*
Jugo *1*
En poluo, en jugo virtùòsamente *360,12*
Jugò *1*
Las armas jugò de Tulio; *322,270*
Juguete *1*
Mas tuuolo por juguete, *88,106*
Juicio *2*
(Que en la prudencia i el juicio *269,1828*
Caduca el passo? Ilustrese el juicio. *393,5*
Júìcio *5*
Quanto mas dia de júìcio se halle. *154,4*
El júìcio de don io *227,58*
la trompeta del júìcio. *229,189*
que no he perdido el júìcio. *229,3001*
Mi júìcio ha puesto en calma *229,3040*
Júìcios *2*
Contra los que sus júìcios *26,115*
Perderè dos mil júìcios. *229,3338*
Juizio *1*
La libertad i el juizio *121,56*
Júìzio *4*
Mas hablando ia en júìzio, *73,5*
El júìzio, al de todos, indeciso *263,1073*
Sacaràsla de júìzio. *269,881*
Si accusàre tu júìzio, *416,32*
Jumental *1*

Aquel jumental ginete, *59,32*
Jumento *2*
Mas que jumento perdido, *89,14*
A don Quijote, a Sancho, i su jumento. *469,14*
Jumentud *1*
I trato la jumentud *269,454*
Juncia *5*
I nos das lanças de juncia, *26,98*
Aqui entre la verde juncia *48,1*
Se los dexò entre la juncia *216,23*
En la juncia los granates; *216,48*
Entre la verde juncia, *264,258*
Juncias *2*
Al Betis, que entre juncias va dormido, *114,6*
Sacude, de las juncias abrigado: *455,4*
Junco *3*
I al graue peso junco tan delgado, *261,55*
El duro braço debil haze junco, *264,784*
Quedò verde. El seco junco *322,314*
Juncos *10*
Verdes juncos del Duero a mi pastora *128,1*
Vestido de juncos i ouas. *149,110*
I vn copo, en verdes juncos, de manteca. *261,204*
En juncos, miel en corcho, mas sin dueño; *261,226*
De secos juncos, de calientes plumas, *263,25*
I a su voz, que los juncos obedecen, *264,217*
A los corteses juncos, porque el viento *264,233*
Los juncos mas pequeños, *264,861*
Quantos juncos dexais frios *390,35*
Quaxada leche en juncos exprimida, *455,7*
Juno *1*
A Juno el dulce transparente seno, *318,98*
Junta *1*
Que vn siluo junta i vn peñasco sella. *261,48*
Juntado *1*
Las ojas del clauel, que auia juntado *366,5*
Juntamente *3*
Se vuelua, mas tu i ello juntamente *24,13*
Rompe el sueño juntamente. *142,46*
El discurso, i el dia juntamente, *264,513*
Juntar *3*
I sierpe de crystal, juntar le impide *263,426*
Juntar? Ô cruel Mecencio! *269,1729*
Por herillo, que juntar *499,186*
Juntara *1*
Quien los dos corchos juntara *229,2702*
Juntas *2*
Escriben las plumas juntas, *90,8*
Io conferencias en juntas, *269,445*
Juntaua *1*
Que alli se juntaua *11,22*
Junte *2*
Que junte vn rico auariento *6,115*
Lança que junte el cuento con el hierro, *113,10*
Juntè *1*
Lo juntè, como fue tanto, *499,190*
Junten *1*
Do se junten ella i el, *7,41*
Junto *8*
Se leuantan junto adonde *179,6*
tan junto a su casa està. *229,941*
Vees junto a ella aquel Argos sagrado, *229,2194*

Porque junto a esa iglesia posa Otauio. *229,2231*
y apeème junto al Carmen, *229,2260*
Era de vna serrana junto a vn tronco, *263,240*
Lo que io junto en vuestro lecho veo; *269,1231*
Hace vn Niño junto a vn buei, *414,27*
Juntò *1*
Amor dio el fuego, i juntò *208,24*
Juntos *7*
Tan en pelota, i tan juntos, *59,21*
Siempre juntos, a pesar *82,131*
Diez años tiramos juntos *96,101*
Partimos juntos a ver *229,484*
Salimos juntos los dos *229,762*
Don Tristan i Enrico juntos. *269,1699*
Indiuiduamente juntos, *322,506*
Jupiter *1*
A Jupiter bramar oiò en el coso. *318,504*
Jura *4*
Nos jura que es como vn huesso, *126,41*
Jura Pisuerga a fee de Cauallero *151,1*
Le jura muchas vezes a sus plantas. *318,180*
Obediencia jura el monte *358,21*
Jurado *3*
Me dizen que le ha jurado *96,42*
Ha jurado vn tagarote, *107,38*
Si no vbiera, Señor, jurado el cielo *402,2*
Juramento *1*
I a tu juramento faltas, *10,18*
Jurar *2*
No jures. Quiero jurar, *229,1413*
Ô fee, que hace jurar! *229,1440*
Juraràn *1*
I ellos lo juraràn oi *229,3364*
Juraràs *1*
i juraràs por las dos. *229,3133*
Jurarè *1*
Io jurarè, como quien *229,858*
Juraria *1*
Tan grandes, que juraria *74,70*
Jure *1*
Que le jure que en su ausencia *107,73*
Jurè *3*
que si jurè de callar, *229,720*
Io jurè de enmudecer, *229,1442*
hasta la cruz que jurè. *229,1521*
Jures *1*
No jures. Quiero jurar, *229,1413*
Jurisdicciones *1*
Pisò jurisdicciones de vencejo; *451,6*
Jurisdicion *2*
Oi en mi jurisdicion, *161,126*
La jurisdicion le niego; *384,7*
Jurisprudencia *1*
I la jurisprudencia de vn letrado, *442,7*
Juro *6*
Con trecientas mil de juro. *27,8*
I juro a las azeitunas *88,77*
No marauedis de juro, *111,11*
Hormiga sà, juro a tal, *309,23*
Pusiera vn cuerno de juro! *322,436*
Mancebo es ingenioso, juro a san, *453,5*
Jurò *4*
Que no te jurò Rei, te adora santo; *77,3*
Les jurò la antiguedad *178,28*

Del que jurò la paz sobre Caluino. *469,8*
Pues me jurò vn caballero *477,27*
Justa *5*
I conuidas para justa. *26,96*
I sin mouerse con el viento justa *229,2141*
Razon justa, causa honesta *269,57*
Io en justa injusta expuesto a la sentencia *433,1*
Quien justa do la tela es pinavete, *433,9*
Justamente *3*
De vna venera justamente vano, *428,11*
Encomendados justamente al fuego, *442,13*
Teme, señora, i teme justamente, *461,12*
Justan *1*
Pues sois tela dò justan mis engaños *21,3*
Justicia *8*
Saca toda la justicia; *74,16*
Me prendiera la justicia. *74,92*
que el oi me harà justicia *229,326*
Este, ia de justicia, ia de estado, *251,5*
Defenderà mi justicia *269,1304*
Osculo de justicia i paz alterno. *318,184*
La justicia vibrando està diuina *318,391*
I justicia no poca, a vn Dominico, *437,13*
Justiciero *1*
justiciero por el cabo. *229,323*
Justo *10*
Que lo uno es justo, *4,33*
Quiera que al justo le venga, *6,5*
De su entierro, siendo justo *27,34*
Es mui justo que te alabes *63,198*
Sin valelle al lasciuo ostion el justo *264,83*
Ser oi de Feria, es mui justo *299,2*
Al que calçàre mas justo), *322,496*
Por justo i por rebelde es bien lo sea, *443,12*
Le diste vn mui mal rato al justo Lot. *473,4*
De vn noble caçador el justo ruego, *499,15*
Justos *1*
Remuneradores justos, *322,244*
Juuenil *1*
Que en la juuenil ausencia *73,54*
Juuentud *6*
De la juuentud loçana, *29,8*
Arde la juuentud, i los arados *261,161*
De juuentud florida. *263,290*
De la cansada juuentud vencido, *263,339*
La juuentud, infiriendo *268,26*
Que la juuentud trauiesa *288,23*
Juzga *4*
I escollos juzga que en el mar se lauan *218,10*
Digna la juzga esposa *263,732*
El esplendor juzga vano *416,28*
Bien que juzga cierta amiga *418,29*
Juzgaba *1*
Por cuerdo te juzgaba, aunque Poeta. *326,4*
Juzgalla *1*
Igual se libra, i a juzgalla llego *456,10*
Juzgan *1*
Por descendiente me juzgan *96,121*
Juzgar *1*
que tu mano juzgar debe *229,1616*
Juzgo *1*
Que ia de sus duelos juzgo, *322,392*
Juzgò *3*
Me juzgò tu perro, *50,60*
I juzgò que purgarse le conuiene, *475,10*

Que la aueja te juzgò *499,337*
Juzguè *1*
Tal, que juzguè, no viendo su belleça *47,6*
Là *2*
Todo el sebo. Ficai là *303,16*
Corrido va. Ficai là. *303,18*
Laba *1*
A robusto nogal que azequia laba *263,634*
Laban *1*
al Toledano Laban *229,3051*
Labaron *1*
Mas con su llanto labaron *322,477*
Laberintho *2*
Laberintho nudoso de marino *264,77*
Laberintho criminal. *288,32*
Labio *14*
Ia cogiendo de cada labio bello *20,7*
Mientras a cada labio, por cogello, *24,5*
Goça cuello, cabello, labio, i frente, *24,9*
Porque entre vn labio i otro colorado *42,6*
Cada labio colorado *82,25*
me lo quitaste de el labio: *229,1017*
no es Lelio... Cierra tu labio. *229,2791*
Con labio alterno mucho mar la besa, *264,607*
Que mucho, pues, si aun oi sellado el labio, *270,12*
Sellado el labio, la quietud se esconde? *281,24*
Con labio alterno, aun oi, el sacro rio *318,53*
Labio i cabello tormentoso cabo, *318,540*
El silencio en vn labio i otro bello, *366,6*
Donde con labio alterno el Erithreo *457,1*
Labios *17*
Que en ambos labios se la dexò escrita. *137,11*
Sus labios la grana fina, *148,21*
En sus labios sus corales. *216,44*
I de labios de clabel, *226,70*
Caersele por los labios. *228,104*
En dos labios diuidido, *228,137*
Bien mio! Tus labios sella *229,1136*
ante el clauel de sus labios, *229,2348*
Segun el pie, segun los labios huie. *263,601*
Tus labios, Casilda, sello *269,855*
Se calò a besar sus labios *285,43*
Espirò al fin en sus labios; *322,457*
De tus labios el clauel. *328,4*
En labios de claueles se rèia. *339,4*
Contra vnos labios sellados, *348,13*
Paciente sus labios sella, *412,23*
De sus quatro labios ambas *419,35*
Labò *1*
Que de el Jordan labò aun las ondas puras: *318,460*
Labor *6*
Su labor bella, su gentil fatiga, *34,11*
Rica labor de Marruecos, *49,42*
De la labor la materia, *63,67*
Rica labor, fatiga peregrina, *77,26*
De labor aphricana, a quien el Tajo *229,2151*
Labor no Egypcia, aunque a la llama imita, *248,2*
Labra *6*
Labra el Letrado vn Rèàl *122,27*
i aceros labra Toledo *229,2124*
De cañas labra subtiles *243,13*
Liba inquîèta, ingenîòsa labra; *261,396*

Que labra con su gusano; *269,38*
Biscocho labra. Al fin en esta guerra *278,12*
Labrada *2*
Labrada de piedras tales, *63,58*
Vna bien labrada puente. *333,20*
Labradas *1*
Sobre dos vrnas de crystal labradas, *12,1*
Labrado *4*
Cabezon labrado, *5,7*
De vn bien labrado jaez, *78,46*
En breue corcho, pero bien labrado, *261,205*
I de Verthumno al termino labrado *264,236*
Labrador *7*
En ser labrador de Amor *2,33*
Algun pobre labrador. *161,112*
Al Labrador de sus primicias ara, *261,155*
Surcò labrador fiero *263,370*
Canoro labrador, el forastero *264,177*
Saltéò al labrador pluuia improuisa *264,223*
Vn seraphin labrador, *286,2*
Labradora *11*
Dò vna labradora acoge *131,66*
Labradora amiga, hablalde. *229,3238*
la labradora embozada. *229,3267*
Ai! Yo nuera labradora? *229,3295*
Io labradora por nuera? *229,3316*
Gitana i no labradora! *229,3472*
Que ha hecho la labradora? *229,3492*
Imitar en la bella labradora *263,745*
Villana Psyches, Nympha labradora *263,774*
Tranquilidad os halle labradora *263,940*
Esta Deidad labradora, *357,9*
Labradoras *1*
Quatro vezes en doze labradoras, *263,889*
Labradores *6*
Cortesanos labradores, *131,130*
ia Damas, ia labradores *229,521*
El thalamo de nuestros labradores, *263,527*
El numeroso al fin de labradores *263,755*
Labradores combida *263,855*
De valientes desnudos labradores. *263,962*
Labran *2*
De niñas que labran. *11,4*
Quantos labran dulcissimos panales, *269,1242*
Labrante *1*
Ô labrante mugeriego *204,31*
Labrar *2*
A pretender i labrar *95,6*
I muda lima a labrar *355,87*
Labraren *1*
Culto honor.   Si labraren vuestras plumas *172,10*
Labrè *2*
Labrè a mi despecho *56,4*
Las faldas labrè; *56,20*
Labren *1*
Porque labren sus harpones *131,26*
Labrò *3*
Labrò el oro en mis entrañas *57,65*
Labrò costoso el Persa, estraño el China, *77,25*
Labrò la guerra, si la paz no armada. *318,624*
Lacaio *5*
Vistio vn lacaio i tres pages *73,71*
Entre lacaio i corchete; *88,52*
Con su lacaio en Castilla *123,27*

I que la occupe el lacaio. *123,32*
Lacaio es pagizo aquel, *229,1216*
Lacaios *4*
I entre lacaios cohete. *88,12*
Las varas de los lacaios. *96,8*
Sus quinolas los lacaios. *96,168*
ola, lacaios, rejones! *229,2737*
Lachesis *1*
Lachesis nueua mi gallarda hija, *264,435*
Lacio *2*
Por lo lacio i por lo tosco. *83,52*
Me mirais tendido i lacio. *96,108*
Laços *3*
Con laços de oro la hermosa naue *54,2*
El pie calça en laços de oro, *131,105*
Los mismos laços que amante; *389,32*
Lacrimoso *1*
Del amor suio el lacrimoso caso. *499,33*
Lactéa *1*
Por lactéa despues segunda via *318,517*
Ladera *1*
De aquel peinado cerro en la ladera. *499,119*
Ladino *1*
En hierros breues paxaro ladino. *295,4*
Lado *16*
Lado el dia de la fiesta, *6,113*
Le comia medio lado; *28,32*
Derribado al lado izquierdo, *49,58*
I aun creo que al otro lado *74,41*
Con la muerte al lado *79,99*
Que vna dellas por vn lado *96,162*
Que el lado aun no le perdona, *149,36*
I pereçoso para dalle el lado, *151,7*
De veer que me comeis el otro lado. *200,11*
Pues que le tienes al lado, *229,3062*
En blanca mimbre se le puso al lado, *261,203*
De hallarse con vos al lado. *269,75*
Cien años estè de vn lado. *269,242*
Dichoso el que a tu lado *269,1267*
Con ciertos dolorcillos en vn lado, *445,6*
I vn fuerte estoque a su siniestro lado *499,98*
Ladra *1*
en perro que tanto ladra. *229,2489*
Ladrando *1*
— No, que en ladrando con su artilleria, *183,12*
Ladrè *1*
A los ladrones ladrè; *372,1*
Ladrillo *1*
De vn ladrillo i otro duro, *322,134*
Ladron *6*
estos versos? Ô ladron! *229,1476*
mas pagò como ladron. *229,1730*
En habito de ladron *265,1*
Que a vn ladron i a vn offendido, *269,178*
De cierto ladron se nota, *269,363*
Entre vno i otro ladron, *321,26*
Ladrones *1*
A los ladrones ladrè; *372,1*
Ladronesco *1*
Pide al ladronesco trato: *269,177*
Ladronicio *1*
(quien viò ladronicio igual?) *229,1201*
Lagar *1*
Del golfo de mi lagar *7,35*
Lagarto *2*

Sin duda el lagarto rojo, *110,33*
El lagarto carmesi. *111,48*
Lago *1*
La turba aun no del apazible lago *264,841*
Lagrima *1*
Lagrima antes enxuta que llorada. *264,157*
Lagrimado *1*
I el dulcemente aroma lagrimado *318,243*
Lagrimas *62*
Con mis lagrimas cansadas. *9,48*
Lagrimas cansadas. *11,24*
El, derramando lagrimas cansadas, *12,8*
Parecian las lagrimas hermosas *18,6*
Suspiros tristes, lagrimas cansadas, *19,1*
I los troncos las lagrimas se beben, *19,7*
Con lagrimas le humedece *28,41*
I con lagrimas le dice: *29,47*
Las lagrimas i suspiros *38,19*
Vertiendo lagrimas dice, *39,19*
Tantas lagrimas recibes *48,70*
Lagrimas vierten ahora *49,77*
Lagrimas Licio, i de este humilde voto *53,6*
I amargas lagrimas vierte. *57,20*
Lleua sus lagrimas tiernas. *62,20*
Con lagrimas i suspiros *64,27*
De lagrimas dos almudes. *75,80*
I lagrimas lloren, *80,29*
Sus lagrimas de crystal. *95,48*
Lagrimas vierten sus ojos, *106,31*
Tantas al Betis lagrimas le fio, *109,2*
Lagrimas i suspiros son de ausencia. *109,14*
La piedad con mis lagrimas grangeo. *120,51*
Mis lagrimas, que siguen tu harmonia, *140,19*
Valladolid, de lagrimas sois valle, *154,1*
Lleua lagrimas cansadas *159,23*
Dieron mis ojos lagrimas cansadas, *169,13*
Mientras Corintho, en lagrimas deshecho, *181,1*
Lagrimas de ciento en ciento *204,27*
con lagrimas i con voces, *229,621*
Iuròme, i no sin lagrimas, Marcelo, *229,1935*
cubos de lagrimas saca *229,2571*
las lagrimas. Vn pedaço *229,3309*
Hacha en lagrimas de cera, *237,6*
Si lagrimas las perlas son que vierte! *260,11*
Leche corren i lagrimas; que iguales *261,391*
Con lagrimas la Nympha solicita *261,493*
De lagrimas los tiernos ojos llenos, *263,360*
I en mas anegò lagrimas el resto *263,504*
Lagrimas no enxugò mas de la Aurora *264,69*
No son dolientes lagrimas súaues *264,117*
Tiernas derramè lagrimas, temiendo, *264,454*
A desatarse en lagrimas cantando, *264,552*
De las lagrimas de todos *269,513*
Que tantas lagrimas cuesta? *269,1031*
Que lagrimas de vna dama, *269,1746*
Lagrimas beua i quantos suda olores *274,13*
Lagrimas, i al segundo rio Africano *280,5*
De lagrimas vrna es poca. *284,10*
Armonîòsas lagrimas al choro *291,7*
En lagrimas, que pio enjugò luego *318,239*
Sus lagrimas partiò con vuestra bota, *325,2*
Cuias lagrimas risueñas, *333,5*
Con lagrimas turbando la corriente, *339,9*
En lagrimas de fuego *345,17*

Instrumento oi de lagrimas, no os duela *365,5*
Suspenda, i no sin lagrimas, tu passo, *368,1*
De sus vertidas bien lagrimas blando, *368,28*
En lagrimas salgan mudos *377,1*
Lenguas sean, i lagrimas no en vano. *396,14*
Quatro lagrimas llorar, *409,8*
Lagrimas muchas vezes ha sudado *499,23*
Lagrimillas *1*
Con lagrimillas al vso; *27,86*
Lagrimosa *3*
Oyò su voz lagrimosa *149,56*
Su vrna lagrimosa, en son doliente, *260,4*
I lagrimosa la fuente *322,299*
Lagrimosas *3*
Lagrimosas endechas; *127,14*
Lagrimosas de amor dulces querellas *263,10*
Lagrimosas dulcissimas querellas *318,406*
Lagrimoso *3*
Que este lagrimoso valle *82,127*
El lagrimoso reconocimiento, *264,180*
Lagrimoso informante de su pena *365,12*
Lagrimosos *1*
Lagrimosos harà en tu ausencia graue. *289,14*
Lagrymas *1*
Tan copiosa de lagrymas ahora *368,33*
Laguna *5*
De la Laguna al estrecho, *106,22*
De limpia consultada ia laguna, *264,573*
De vna laguna breue, *264,833*
Mientras io desta laguna *269,1855*
El rojo pie escondido en la laguna, *499,69*
Lailà *3*
Falala lailà, *305,8*
Falala lailà. *305,10*
Falala lailà. *305,13*
Lain *1*
El carreton de Lain Caluo. *96,104*
Lairen *1*
Passas de Lairen; *56,33*
Lama *1*
De lama cierto señor, *418,55*
Lambica *2*
Paz del entendimiento, que lambica *203,83*
Caudales que lambica, *313,52*
Lambicando *2*
que lambicando fineças *229,804*
Sudando nectar, lambicando olores, *261,393*
Lame *2*
De la Granada a quien lame *243,3*
Que lame en su piel diamantes *334,31*
Lamec *1*
I echandosele a cuestas a Lamec, *473,3*
Lamedor *2*
Vn magistral lamedor. *269,1541*
Lamedor de culantrillo: *386,4*
Lamedores *1*
Lamedores del Doctor *269,1538*
Lamen *1*
Pisa el sol, lamen ambos Occéànos, *398,11*
Lamenta *9*
Ô como se lamenta! *115,10*
Ô como se lamenta! *115,20*
Ô como se lamenta! *115,30*
Ô como se lamenta! *115,40*
Ô como se lamenta! *125,9*

Ô, como se lamenta! *125,18*
Ô, como se lamenta! *125,27*
Ô, como se lamenta! *125,36*
Ô, como se lamenta! *125,45*
Lamentar *1*
"El dulce lamentar de dos pastores". *312,18*
Lamente *2*
Mira si es bien que lamente!" *57,72*
Que tu fin no lamente, *103,10*
Lamer *3*
Coléàr quiero i lamer; *269,1551*
Lamer en tanto mira al Océàno, *298,18*
Hielos començò a lamer, *355,86*
Lamia *1*
Lamia en ondas rubias el cauello, *366,3*
Lamida *1*
O mas limada oi o mas lamida; *360,11*
Lamido *3*
I de la erudicion despues lamido, *232,4*
Al mas lamido morder, *269,1552*
Si escapò lamido el pelo *416,37*
Lamiendo *2*
Lamiendo flores i argentando arenas, *261,502*
Lamiendo escollos ciento *421,58*
Lamiendole *1*
Que lamiendole apenas *263,38*
Lamina *6*
Hecha en lamina de plata, *148,10*
Cuia lamina cifre desengaños, *263,942*
Entre vna i otra lamina, salida *264,486*
Lamina es qualquier piedra de Toledo. *312,30*
De vna i de otra lamina dorada *318,565*
Para lamina su pie. *353,28*
Laminas *4*
O que en laminas de bronce. *131,120*
Laminas vno de viscoso azero, *264,473*
Pallas en esto, laminas vestida, *318,437*
Que laminas son de pluma *354,25*
Lampara *2*
Como lampara de plata, *269,1683*
Con lampara ni oratorio, *495,51*
Lampiño *2*
Lampiño debes de ser, *87,9*
sin que lampiño se quede, *229,3381*
Lampo *1*
Al politico lampo, al de torcido *318,539*
Lana *8*
I quiçà iremos por lana, *191,9*
Ia entre lana sin ouejas *192,3*
I ia entre ouejas sin lana, *192,4*
que salio este pies de lana *229,1550*
Copos nieua en la otra mill de lana. *261,148*
Vistan de el rio en breue vndosa lana; *263,837*
Sino cordones de lana, *378,43*
Colchos de preciosa lana, *414,15*
Lanas *2*
I de lanas de baieta *149,49*
Can de lanas prolixo, que animoso *264,799*
Lança *18*
Suspiros i redes lança, *9,6*
Que lança el coraçon, los ojos llueuen, *19,2*
Ardientes suspiros lança *57,19*
Empuñan lança contra la Bretaña, *72,22*
Pues la lança de Argalia, *91,41*
Suspiros lança su pecho *106,32*

Lança que junte el cuento con el hierro, *113,10*
A lança i a rejon despedaçados; *155,4*
Soltar el huso i empuñar la lança; *156,32*
Quebrar la lança en vn Moro, *157,3*
Su esposo la dura lança, *178,22*
blandir lança contra Oran. *229,2094*
De tu lança llegar, atrauesado *280,44*
Ni lança vale ni escudo. *322,404*
Que mucho si frustrò su lança arneses, *337,9*
O la lança, el rexon, o la cañuela *464,3*
Lança i adarga el Parnaso, *483,17*
Aqueste arco es quien lança esta saeta, *499,41*
Lançando *3*
Lançando a vueltas de su tierno llanto *18,9*
Lançando del pecho ardiente *28,27*
Lançando raios los ojos *62,43*
Lanças *5*
I nos das lanças de juncia, *26,98*
Bordò mil hierros de lanças *49,53*
Vn Hespañol con dos lanças, *64,2*
— Muchas lanças avràn en vos quebrado? *70,7*
Que murallas de red, bosques de lanças *175,3*
Lanceta *1*
Mas no que saquen lanceta. *73,100*
Lançon *2*
El lançon en cuio hierro *59,5*
El lançon del viñadero. *87,24*
Landre *1*
Este sin landre claudicante Roque, *428,10*
Lantisco *1*
De vn Lantisco, cuias hojas *499,312*
Lanuda *1*
Quando no lanuda aueja, *371,9*
Lanudaço *1*
Con la Epopeia vn lanudaço lego, *432,5*
Lanudos *1*
I dos perritos lanudos. *27,92*
Lanza *2*
A lanza, a rejon muertos animales, *318,510*
Salga a otro con lanza i con trompeta *326,5*
Lanzarote *1*
No puede auer Lanzarote, *107,58*
Lanzas *1*
Guardate de las lanzas de Ioab, *473,9*
Lapidosa *1*
Su esphera lapidosa de luzeros. *264,379*
Lapis *1*
El lapis, que se acabò *229,1241*
Larache *1*
Larache, aquel Africano *240,1*
Laras *1*
Mas los huessos de los Laras *269,1462*
Lares *3*
De los Augustos Lares pisa lenta, *318,158*
Lares repite, donde entrò contento, *318,342*
De nuestros ia de oi mas seguros Lares, *362,13*
Larga *7*
I en la caña larga *5,57*
Larga paz, feliz Sceptro, inuicta espada, *77,68*
Mui mas larga que subtil, *82,18*
"La vida es corta i la esperança larga, *133,13*
La vida es corta i la esperança larga, *133,27*
que en larga prosperidad *229,3509*
Sobre dos hombros larga vara ostenta *263,315*
Largamente *1*

I sus errores largamente impressos *32,7*
Largas *2*
Largas por eso de pico, *58,39*
Con las de su edad corta historias largas, *263,508*
Largo *8*
Tan largo el pesar, *4,14*
Aunque es largo mi negocio, *59,49*
Hablò alli vn rocin mas largo *96,94*
Como tan largo me veen, *96,117*
Entrarse en el Carro largo *228,54*
Largo curso de edad nunca prolixo; *263,894*
El largo sceptro, la gloriosa espada, *279,8*
Si crúèl, vn largo fluxo *322,466*
Largos *1*
porque en destierros tan largos, *229,133*
Largueza *1*
A dò quepa mi largueza, *96,111*
Lasciua *10*
Lasciua tu, si el blando; *129,6*
Cuia castidad lasciua *217,47*
Vna i otra lasciua, si ligera, *261,318*
Que de su nueuo tronco vid lasciua, *261,351*
Lasciua el mouimiento, *263,256*
Lasciua aueja al virginal acantho *263,803*
La aue lasciua de la Cypria Diosa, *264,271*
Lasciua inuidia le consume el pecho *269,1248*
La verde lasciua iedra; *275,64*
En lasciua candidez, *378,50*
Lasciuamente *5*
Lasciuamente en ellos, *25,17*
Lasciuamente impedidos, *116,22*
Lasciuamente impedidos, *116,37*
Lasciuamente impedidos, *116,52*
Lasciuamente al aire encomendado. *366,4*
Lasciuas *3*
Blanco choro de Naiades lasciuas *46,6*
No ya de aues lasciuas *103,43*
Las vozes que en la arena oie lasciuas; *218,11*
Lasciuo *14*
Corona vn lasciuo enxambre *131,81*
Vn dulce lasciuo enxambre *149,95*
Purpureas alas, si lasciuo aliento, *198,8*
No a Satyro lasciuo, ni a otro feo *261,234*
En el lasciuo, regalado seno). *261,284*
Vulgo lasciuo erraua *263,281*
Cuio lasciuo esposo vigilante *263,293*
Cuio numero, ia que no lasciuo, *263,483*
Entre vn lasciuo enxambre iba de amores *263,762*
Sin valelle al lasciuo ostion el justo *264,83*
Las flores, que de vn parto diò lasciuo *264,324*
Del zephiro lasciuo, *264,725*
Luciente crystal lasciuo, *322,53*
A ilustrar carro lasciuo *333,79*
Lasciuos *3*
Con lasciuos soplos *79,27*
Nymphas bellas i Satyros lasciuos, *263,1079*
En los mas lasciuos nudos, *322,304*
Laso *1*
En la vega Garci Laso. *483,20*
Lastima *4*
Lastima a mi padre tengo. *229,3339*
Lastima es pisar el suelo. *301,23*
Roma, lastima es quan poca *411,25*

I es lastima de ver lo que padece: *475,2*
Lastìma *1*
Que tan dulce me lastìma. *383,2*
Lastimando *1*
Lastimando tu dulce voz postrera *280,8*
Lastime *1*
Que la viudez me lastime *227,41*
Lastimosa *1*
Mas lastimosa aun a la insaciada *318,267*
Lastimosamente *2*
Sus miembros lastimosamente oppressos *261,497*
Lastimosamente obscuro, *322,22*
Lastimosas *2*
Señas, aun a los bueytres lastimosas, *263,440*
Para con estas lastimosas señas *263,441*
Lastimoso *3*
Ia lastimoso cadaber; *63,148*
Lastimoso despojo fue dos dias *261,447*
Del lastimoso transumpto *322,358*
Lastre *1*
Que velas hecho tu lastre, *322,235*
Late *1*
El cauallo relincha, el perro late, *499,87*
Latido *1*
Lo que al latido haze *125,25*
Latiendo *1*
Latiendo el can del cielo estaua, quando, *261,186*
Latin *4*
El mar he visto en Latin: *111,26*
I aun huele mal en Latin. *243,60*
Sed Capitanes en latin ahora *277,3*
Si ia no es que en Latin *288,95*
Latina *3*
La lengua Latina *65,182*
Oy, pues aquesta tu Latina Escuela *77,10*
Las puertas le cerrò de la Latina *434,5*
Latir *2*
Repetido latir, si no vecino, *100,5*
Echo, que al latir responde *142,5*
Latium *1*
Tendimus in Latium, digo, *96,107*
Laton *5*
Donde de laton se offrecen *59,18*
Apenas el laton segundo escucha, *264,917*
De laton esbirros trae, *288,60*
Mas ai, que insidîoso laton breue *341,9*
Toman el laton *494,14*
Latona *1*
A la segunda hija de Latona, *318,123*
Laua *6*
I el antiguo pie se laua, *9,4*
Entre las ramas de el que mas se laua *261,241*
Do el carro de la luz sus ruedas laua, *261,340*
I de Malaco Rei a Deidad laua *261,459*
Tantas orejas quantas guijas laua, *263,560*
Que el Xucar laua en su aspera ribera. *459,8*
Lauabanme *1*
Lauabanme ellas la ropa, *26,61*
Lauadero *1*
El lauadero acomete *88,50*
Lauan *3*
Los montes que el pie se lauan *215,1*
I escollos juzga que en el mar se lauan *218,10*

Que mal las ondas lauan *264,687*
Lauandera *2*
Lauandera de rodete, *88,10*
Lauandera que no llore de pena, *199,6*
Lauar *3*
A lauar el tierno rostro *62,67*
I lauar quatro camisas *88,43*
Lauar la mas llagada disciplina. *428,4*
Lauarse *1*
Que iendo Menga a lauarse, *216,22*
Laud *5*
Rasque cuerdas al laud: *158,16*
Como si fueran laud, *269,470*
Laud si, donde ia escucho *300,38*
Al son de vn laud con ramas, *355,19*
En vn laud va escriuiendo *356,31*
Lauemonò *1*
E lauemonò la vista. *207,4*
Lauò *1*
Piedras lauò ia el Ganges, ierbas Ida *360,9*
Lauréàda *1*
Lauréàda hasta las cejas, *275,110*
Lauréàdo *1*
Montecillo, las sienes lauréàdo, *264,276*
Laurel *21*
No de verde laurel caduca rama, *35,8*
En el laurel sagrado *103,35*
Dice, si no de laurel: *132,48*
No humilde Musa de laurel ceñida. *180,8*
Verde jaula es vn laurel *217,70*
En quitando el laurel fresco, *223,8*
ceñido de tu laurel? *229,1185*
Io laurel de tu Poesia? *229,1205*
Pues de laurel ceñido i sacra oliua *244,12*
Al myrtho peina, i al laurel las hojas, *252,13*
Hurta vn laurel su tronco al Sol ardiente, *261,178*
El sagrado Laurel de el hierro agudo: *263,690*
Treinta palmas i vn laurel. *269,953*
Ciñe la cumbre vn laurel, *285,10*
Laurel ceñido, pues, deuidamente, *337,5*
Breues offreciò vn laurel, *353,26*
Que eran cuerdas de vn laurel; *355,20*
Al tronco Filis de vn laurel sagrado *366,1*
Con el vezino laurel. *378,20*
Laurel que de sus ramas hiço dina *380,5*
Del laurel casto i del robusto roble, *499,21*
Laureles *4*
I mas que los laureles leuantados. *92,8*
Cient laureles i vna palma. *269,957*
En morbidos crystales, no en laureles; *318,502*
En sus amados laureles. *333,12*
Laurencio *1*
i con Laurencio en Segouia *229,2988*
Laureta *23*
Laureta, quiero que entiendas, *229,1092*
Ô Laureta! tanto mal *229,1180*
de tus ramos, ô Laureta, *229,1189*
Matenme, Laureta, si *229,1250*
Io sè (Laureta nos guarde *229,1272*
Laureta viene. Ô Laureta! *229,1703*
Laureta viene. Ô Laureta! *229,1703*
Que querrà Laureta ahora? *229,1704*
Laureta, para el rodete *229,1751*
Laureta, vente conmigo, *229,1863*

estos, Laureta, que leo. *229,1986*
Oiesme, Laureta? Si. *229,1993*
Monasterios ai, Laureta, *229,2123*
Io me guardarè, Laureta, *229,2578*
Vees, Laureta, si engañò *229,2730*
Has entendido, Laureta, *229,2828*
Laureta, aqui te desuia. *229,2858*
Laureta, la voca no abras *229,2876*
Laureta el soplo me dio. *229,3082*
Laureta, vente conmigo. *229,3131*
Que passo este! Laureta! *229,3478*
Laureta! Que mandas? Llama *229,3479*
a Tadeo con Laureta, *229,3542*
Lauro *4*
Lauro, por premio del gran Dios Lucifero. *1,52*
Ziñe de lauro a cada qual la frente. *40,8*
Descuelga de aquel lauro en horabuena *67,5*
De Amor el Lauro, el Robre de terneza. *499,24*
Laxa *1*
En la vistosa laxa para el graue; *264,807*
Lazarillo *2*
Lazarillo de Tormes en Castilla. *101,8*
Si a Lazarillo le imitasse vn dia *101,13*
Lazaro *3*
Que de Lazaro fue la vuelta al mundo; *101,6*
Lazaro puesto con vos. *161,132*
Sanct Lazaro le hospede, i sea este año, *436,10*
Lazo *6*
Que rompiste el lazo *50,3*
Vn lazo viò que era poco, *61,55*
No con otro lazo engaña *178,11*
El lazo de ambos cuellos *263,761*
Con la que en dulce lazo el blando lecho. *312,28*
El sutil lazo mas graue, *383,9*
Lazos *8*
Entre los lazos del cothurno de oro; *25,22*
Dulces lazos, tiernas redes, *57,66*
Que a los lazos de amor os diò Hymeneo; *120,48*
Lazos calça i mirar dexa *144,29*
Cogiò sus lazos de oro, i al cogellos, *174,5*
Quando lazos de tu Zerda *239,3*
Mas que a la selua lazos Ganimedes. *264,576*
No despues mucho lazos texiò iguales *318,105*
Lea *5*
En el aspecto celestial se lea, *54,8*
Que razon se lea *79,114*
Que le lea i que le acete; *88,72*
Cifra que hable, mote que se lea, *113,5*
Que impide Amor que aun otro chopo lea. *263,700*
Leais *1*
Leedla. No la leais. *229,3450*
Leal *1*
Aduirtiendo, amigo leal, *269,939*
Lèál *5*
Io el de lèál en morirme. *48,64*
de el criado mas lèál, *229,180*
Mas lèál, i mas valiente, *269,1504*
Ô lèál siempre Doctor! *269,1646*
Tan lèál como el del beso. *269,1647*
Lèàles *2*
De mas lèàles seruicios *9,53*
Teñidas en la sangre de Lèàles *92,3*

Lêàltad *1*
Culpando su lêàltad *49,35*
Leamos *1*
Leamos aqui el villete. *229,1967*
Lean *2*
Pues en troncos està, troncos la lean. *30,14*
Que en letras pocas lean muchos años". *263,943*
Leandro *7*
Leandro por veer su Dama; *7,33*
"Hero somos i Leandro, *75,85*
Que era hijo don Leandro *228,22*
Leandro, en viendo la luz, *228,205*
como a Leandro. Por cierto *229,1840*
Vn mal Leandro, que a Sesto *229,1893*
ese Leandro? Que poca *229,1900*
Lease *2*
Lease en Burgos aquel *259,83*
Lease, pues, de este prudente Numa *279,7*
Lebante *1*
Cera gasta de Lebante *413,12*
Lebrel *3*
Gima el lebrel en el cordon de seda, *261,15*
En lebrel conuertidos, o en lebrela, *367,5*
El cieruo, del lebrel las fieras presas. *499,75*
Lebrela *1*
En lebrel conuertidos, o en lebrela, *367,5*
Lebreles *1*
Lebreles le forçaron *127,36*
Lebrija *1*
Sobre Antonio de Lebrija *26,47*
Leccion *6*
De varia leccion, *65,99*
Su leccion de prima, *65,170*
Leccion de sobrina; *65,172*
Leccion de dureza, *79,84*
la malicia, vna leccion *229,433*
Dulce leccion te hurta tu buen gusto; *294,6*
Leche *18*
De quien mezcladas leche i sangre mana, *18,8*
Como vna leche a otra leche. *59,72*
Como vna leche a otra leche. *59,72*
Que los Veranos son leche *63,35*
Hermanas de leche *65,151*
Leche de borricas; *65,192*
Pedia leche de cysnes, *148,39*
Colunna de leche i sangre. *216,32*
La blanca leche con la blanca mano. *229,1055*
la leche de las Cabrillas! *229,1167*
el pauo tierne de leche, *229,2840*
Fruta en mimbres hallò, leche exprimida *261,225*
Leche corren i lagrimas; que iguales *261,391*
Leche que exprimir viò la Alua aquel dia, *263,147*
La distinguieron de la leche apenas; *263,878*
A leche i miel me ha sabido; *371,5*
Leche le dieron i miel. *371,10*
Quaxada leche en juncos exprimida, *455,7*
Lecho *23*
Crudamente castiga el lecho ilicito, *1,24*
Despues que en mi lecho *4,57*
Vn lecho abriga i mil dulçuras cela. *120,27*
Sea el lecho de batalla campo blando. *120,54*
Para lecho les compone, *131,70*

Choza pues, thalamo i lecho, *131,129*
Por cient escudos la mitad del lecho; *181,4*
Thalamo offrece alegre, i lecho pobre. *229,1079*
Caliginoso lecho, el seno obscuro *261,37*
Le corre en lecho azul de aguas marinas, *263,417*
El dulce lecho conjugal, en quanto *263,802*
Casta Venus, que el lecho ha preuenido *263,1085*
Su lecho te espera bello *269,199*
Lo que io junto en vuestro lecho veo; *269,1231*
Que por manchar vn casto, i otro lecho, *269,1250*
Que del lecho que mal guardo, *269,1276*
En el lecho si, Gerardo, *269,1331*
I assi, del lecho me guardo, *269,1332*
Si abejas los amores, corcho el lecho, *280,57*
A quien, si lecho no blando, *285,25*
Que su lecho repitan. *298,17*
Con la que en dulce lazo el blando lecho. *312,28*
Para su lecho fue lino, *374,29*
Lechos *2*
Tienda es gloriosa, donde en lechos de oro *180,9*
Illustrar lechos en columnas de oro, *229,57*
Lechuza *1*
Melindres son de lechuza, *483,11*
Lechuzos *1*
I de Dîana lechuzos, *322,258*
Lector *5*
Candidissimo Lector, *227,2*
Dos horas. Lector, a Dío, *227,59*
Qualquier lector que quissiere *228,53*
Segundas plumas son, ô Lector, quantas *272,1*
Esta es, lector, la vida i los milagros *447,12*
Leda *9*
"Bellissima LEDA, *79,94*
Sin Leda i sin esperança *106,1*
Estrellas, hijas de otra mejor Leda, *247,6*
"Raios, les dize, ia que no de Leda *263,62*
Suspiro que mi muerte haga leda, *264,154*
Aues digo de Leda, *264,524*
Estrellas seràn de Leda. *384,20*
De Leda hijos adoptò: mi entena *399,10*
La blanca Leda en verde vestidura. *455,11*
Ledas *1*
No todas las voces ledas *214,8*
Ledo *2*
Alli el murmurio de las aguas ledo, *203,67*
Que corona el Maio ledo. *268,66*
Lee *2*
lee a su mala intencion, *229,434*
Lee quanto han impresso en tus arenas, *264,568*
Leedla *2*
Leedla. No la leais. *229,3450*
Leedla luego al instante. *229,3452*
Leellas *1*
Tales, que podras leellas *229,1871*
Leello *2*
No ai tomallo ni leello, *55,16*
Gran confiança! A leello *229,1965*
Leen *2*

Mas que todos quantos leen, *59,66*
no enigmas, se leen obscuras *229,2007*
Leer *4*
Porque se pueda leer. *217,44*
tus ojos para leer, *229,1976*
Para leer los testigos *322,377*
Pretendiò mejor leer. *482,10*
Leerse *1*
Por no leerse en sus troncos. *357,76*
Lega *1*
De el antiguo idîoma, i turba lega, *431,6*
Legado *1*
Al anglico Legado i sus espias *469,7*
Legal *6*
tan legal como debia, *229,776*
A quien por tan legal, por tan entero, *251,7*
Del legal ofrecimiento, *310,26*
Penas rigor legal, tantas perdona *318,454*
Del vendado legal Dios *348,37*
Quando segur legal vna mañana *380,3*
Legalidad *4*
Dan a su legalidad, *105,57*
mi legalidad, mi fee, *229,2314*
Bronce en la legalidad, *353,19*
La maior legalidad, *412,28*
Leganès *2*
Sin ella aun en Leganès. *418,26*
La rosa de Leganès, *419,2*
Leganeses *1*
O braços Leganeses i Vinorres! *429,8*
Legante *1*
E por Diosa, aunque sà mucho legante, *430,2*
Legia *1*
Passas de legia. *65,104*
Legislador *1*
Natural legislador, *386,7*
Legisladora *1*
Baxò dèl legisladora, *275,25*
Legista *1*
El togado es Legista, *313,26*
Legitimas *1*
Legitimas reliquias de Maria, *318,587*
Legitimo *1*
Al legitimo veràs *229,2446*
Lego *3*
Medico ai, aunque lego, *418,32*
Con la Epopeia vn lanudaço lego, *432,5*
(Al voto de vn mui critico i mui lego) *434,2*
Legua *1*
I otra vna legua de alli. *499,147*
Leguas *5*
Que para sesenta leguas *59,79*
Mas de nouenta i seis leguas". *62,64*
Con auer quinientas leguas, *73,6*
Veinte leguas de Lisboa. *269,220*
I de que tantas leguas en vn trote *474,7*
Lei *25*
En la lei vieja de Amor *37,5*
Poniendo lei al mar, freno a los vientos; *67,11*
A toda lei, madre mia, *98,1*
A toda lei, madre mia, *98,13*
A toda lei, madre mia, *98,25*
A toda lei, madre mia, *98,37*
A toda lei, madre mia, *98,61*
A toda lei, madre mia, *98,73*

A toda lei, madre mia, *98,85*
Pues al mismo Amor dà lei *121,63*
Que reprime i que da lei; *132,56*
Es lei de Mahoma esta, *229,2495*
Lei tan bestialmente impressa *269,6*
Es para amigos de lei, *269,806*
A toda lei, vn pariente; *269,1493*
De tu santa lei, perdona! *269,1745*
Que soi amigo de lei. *269,1873*
Lei de medidas expressa; *275,8*
De la lei de escritura a la de gracia, *313,35*
Lei de ambos mundos, freno de ambos mares,
    362,9
Al suelto cabello lei. *378,44*
Medicinal haze lei, *386,8*
Que lei se establece en vano, *418,10*
I pone lei al Español lenguaje *425,11*
Lei de la agricultura permitida, *466,10*
Leì *1*
que leì tu buen estilo. *229,855*
Leido *5*
Tan leido como escrito, *89,10*
Despues de auerle leido, *229,1829*
Si io el papel he leido *269,49*
Que siempre en valde has leido *407,2*
I leido en las cosas de el profundo, *453,6*
Leiendo *1*
i segun leiendo estoi, *229,1551*
Leies *11*
I a sus leies vna higa. *37,24*
Que dà leies al mar, i no tributo); *77,77*
Nombre las leies de fe, *105,59*
Que a España le da Heroes, si no leies, *145,11*
Segun leies de Digesto, *159,8*
En las leies de sus duelos, *269,3*
Por leies de la partida. *269,1025*
A mas por leies de Toro. *269,1029*
Leies dar algun dia a su corriente. *335,4*
Repugna a leies de naturaleça. *451,4*
I de las leies, acierta *477,36*
Leiò *1*
Rugero leiò la carta *73,95*
Leiselo *1*
I leiselo tambien, *269,272*
Lejos *3*
I que tan lejos està *9,23*
Llora el Betis, no lejos de su fuente, *260,5*
No lejos de vn escollo coronado *263,24*
Lelio *50*
Quiero que Lelio me deba *229,272*
a Lelio, aquel indiscreto, *229,710*
padre de Lelio, que ahora *229,727*
Lelio, pues, el desposado, *229,750*
veo a Lelio hecho Camilo *229,772*
el huevo que Lelio empolla. *229,813*
A Lelio quiero llamar, *229,820*
a Lelio, que dices dèl? *229,863*
quien vee a Camilo vee a Lelio. *229,867*
A lleuarte, Lelio, a Missa; *229,1013*
Lelio, has de venir ogaño? *229,1024*
Con Lelio estoi concertada; *229,1340*
Lelio al Amor. No lo entiendo. *229,1734*
Lelio, mi ierno dichoso, *229,2031*
Es galan Lelio? Galan? *229,2091*
A recibir vueluo a Lelio *229,2097*

que Lelio zela a Camilo, *229,2320*
finja ser Lelio esta noche, *229,2408*
Llegue acà el Lelio fingido, *229,2424*
el poner vn Lelio aqui *229,2511*
Io traigo vn Lelio fingido, *229,2515*
de Lelio sea la venida. *229,2535*
que Lelio me ha salteado *229,2588*
de que Lelio ahora venga, *229,2635*
Aguarda a Lelio, que vuela, *229,2714*
Veis aqui, Lelio gallardo. *229,2764*
no es Lelio... Cierra tu labio. *229,2791*
se llama Lelio? Imagino *229,2856*
i Lelio ia, engañador *229,2860*
i Lelio es el mentiroso. *229,2893*
Lelio, hijo, mi consuegro *229,2930*
Donde està Lelio mi hijo? *229,2950*
Io soi Lelio. Haceisme tiros? *229,2956*
Es Lelio? No. Ô buen Iesu! *229,3003*
No soi Lelio? Lelio tu? *229,3004*
No soi Lelio? Lelio tu? *229,3004*
Ô Lelio de mis entrañas *229,3018*
Io Lelio, io hijo suio *229,3019*
Tu ierno; Lelio su nombre, *229,3036*
Las señas por Lelio dadas, *229,3042*
peccas, Lelio; peccas, digo, *229,3058*
Señor, si hablas con Lelio, *229,3060*
en quanto Lelio. Ô amiga! *229,3087*
es el Lelio que me dan, *229,3123*
Lelio con estos fauores. *229,3257*
Lelio. Que esse no es Marcelo? *229,3395*
que este es Lelio, amiga. Ia *229,3431*
ser Lelio confessado ha? *229,3432*
No lo es tal, que Lelio es *229,3435*
Lelio te pide perdon *229,3502*
Lelios *1*
de la pintura, i dos Lelios *229,2444*
Lemo *1*
Rebelde aun al diamante, el duro lemo *264,474*
Lemosino *1*
Debe quanto Lemosino *288,91*
Lemus *1*
La antigua Lemus de Rèàl corona *318,121*
Leña *5*
Que leña i plumas gasta, cient harpones *181,11*
Lo que el en leña le diò, *227,54*
Porque la leña se emprenda, *229,1252*
Con leña corrige el fuego, *269,119*
Con la leña de sus dardos, *356,18*
Lencerias *1*
Que se hacen lencerias *495,25*
Lengua *32*
Lengua muerta i bolsa viua, *6,104*
Bolsa viua i lengua muerta, *6,107*
Apelo de los pies para la lengua, *25,34*
Purpureo el Sol, i aunque con lengua muda
    31,3
Dar libertad a mi lengua, *37,23*
Que las aguas tienen lengua; *38,28*
La lengua Latina *65,182*
Çurcidos ia con su lengua, *73,40*
Mi lengua se desate *77,45*
Pongan todos lengua en ella. *85,8*
Qualquier docto en esta lengua *96,169*
I su bolsa, aunque sin lengua, *105,61*
I mi lengua desatada *132,59*

I en su lengua le traduzgan *161,35*
Dios ponga tiento en tu lengua *229,228*
Armas tus ojos, i tu lengua fuego: *229,289*
mi lengua de vna verdad, *229,331*
o vna lengua colgarè, *229,334*
que lleuarà lengua ella. *229,1746*
i hablo con lengua muda". *229,1988*
El Luco, que con lengua al fin vibrante, *230,3*
Pues cada lengua accusa, cada oreja, *231,7*
A tener lengua, os dixera *237,7*
Hazeis a cada lengua, a cada pluma, *244,13*
Su dulce lengua de templado fuego, *263,39*
En la lengua del agua ruda escuela, *264,58*
Que darle lengua a vna espada *269,184*
A la lengua del agua de mis ojos! *277,14*
Siendo tu lengua el cuchillo *369,9*
Si en ierba ai lengua de buei, *386,9*
Con la lengua alcoholaros, *411,22*
Porque, como les habla en lengua Tracia,
    472,13
Lenguado *1*
Mallas visten de cañamo al lenguado, *264,91*
Lenguage *7*
I tan dulces de lenguage, *63,210*
Ganimedes su lenguage; *167,84*
(Librandome el lenguage en el concento)
    203,26
Infamen el lenguage, *229,32*
en vuestro lenguage. Ai tal? *229,3217*
Perdoneme el mal lenguage *269,631*
Sathanàs corta el lenguage, *269,1148*
Lenguaje *1*
I pone lei al Español lenguaje *425,11*
Lenguas *18*
Que lenguas de bachilleres! *59,68*
Aunque con lenguas de piedra, *63,99*
De las demas lenguas *65,177*
Hablaste en lenguas de fuego, *87,36*
Que tantas lenguas embia *176,19*
Hablando en lenguas de fuego; *191,6*
De verdes lenguas sus hojas, *217,23*
Lenguas sean de tus obras, *259,90*
Que lenguas de piedra es bien *259,91*
Los fuegos, (cuias lenguas ciento a ciento
    263,680
Que son lenguas de enemigos. *269,1345*
Mi pobre espiritu en lenguas, *275,94*
Mudas lenguas en fuego llouiò tanto, *318,492*
Lenguas sean, i lagrimas no en vano. *396,14*
En lenguas mil de luz, por tantas de oro *426,9*
Que alli en lenguas de fuego hablan todos.
    438,13
No hagas lenguas tu de nuestros ojos. *439,14*
I en quatro lenguas no me escribas co, *468,12*
Leño *44*
Que como leño suffriere *37,19*
Que a tanto leño el humido elemento *72,25*
De darle la Cruz en leño, *96,43*
Rompe en mal seguro leño *106,2*
Sobre este torcido leño, *116,44*
Pender de vn leño, traspassado el pecho *117,1*
Que la falsa armonia al Griego leño". *166,42*
Valiò por dicha al leño mio canoro *203,46*
(Si puede ser canoro leño mio), *203,47*
Dèl vital glorioso leño *209,25*

Con leño fragil solicita el puerto. *229,12*
No hiciera mas vn leño. *229,1818*
Leño fragil de oi mas al mas sereno, *230,55*
I mudo pende su canoro leño; *256,41*
Fiò, i su vida a vn leño. *263,21*
Besò ia tanto leño: *263,127*
Al Phrigio muro el otro leño Griego. *263,378*
Tiphis el primer leño mal seguro *263,397*
Los senos occupò del maior leño *264,54*
Dedalo, si de leño no, de lino, *264,78*
Sea de oi mas a vuestro leño ocioso, *264,374*
Cansado leño mio, *264,549*
El menor leño de la maior vrca *264,564*
Los dos reduce al vno i otro leño *264,675*
Vestir vn leño como viste vn ala. *264,848*
Que dio espiritu a leño, vida a lino. *274,4*
Leño Olandes disturbe su camino, *276,13*
— Ô tu, qualquier que la agua pisas leño!
    277,12
Poco leño i muchas quexas. *287,8*
I del leño vocal solicitado, *289,5*
Si armonîoso leño sylua mucha *290,12*
Que vn leño se arrime al fuego *301,78*
En aquel ia leño graue, *302,6*
Sacro es caiado su torcido leño, *315,26*
Del leño aun no los senos inconstante *318,305*
El de sierpes al fin leño impedido, *318,605*
Mientras le cuelga de vn leño *321,12*
Si a vn leño conducidor *322,241*
Al son de su leño corbo, *357,82*
I su piedra vn duro leño: *373,8*
Mal redimirà tu leño *384,15*
Contra mi leño el Austro enbrauecido, *399,2*
Timon del vasto ponderoso leño, *421,56*
Leño al fin con lisonjas desmentido. *426,14*
Leños *12*
Mil leños esconda *65,159*
Sus quatro enemigos leños *97,23*
Leños, que el Phenix jamas. *208,25*
tantos oi leños recoge; *229,487*
En su funeral leños solicita *248,6*
Segundos leños diò a segundo Polo *263,430*
En leños de Liguria el mar incierto *318,295*
Preuenir leños fia a Iuan Andrea, *318,370*
Vinculo de prolixos leños ata *318,482*
De aromaticos leños construida, *364,2*
No aromaticos leños, sino alados. *402,11*
I leños de la escala de Iacob. *473,11*
Lenta *2*
Ô quanto discurres lenta! *275,86*
De los Augustos Lares pisa lenta, *318,158*
Lentisco *1*
Immobil se quedò sobre vn lentisco, *263,192*
Lentitud *1*
Con prolixa lentitud, *282,7*
Lento *11*
Con regalado son, con passo lento; *16,4*
Mortal horror, al que con passo lento *261,70*
De el lento arroio emmudecer querria. *261,268*
Lento le enviste, i con sûave estilo *263,40*
Del perezoso arroio el passo lento, *263,542*
El lento esquadron luego *263,642*
Minador antes lento de su gloria, *263,741*
I siguiendo al mas lento, *263,1045*
Mis proximos con passo menos lento, *273,6*

A palacio con lento pie camina. *434,4*
Al son de vn lento arroiuelo *499,321*
Leo *2*
Discreciones leo a ratos, *83,61*
estos, Laureta, que leo. *229,1986*
Leon *16*
Del Nemeo leon el gran despojo. *47,14*
Leuanta aquel Leon fiero *72,80*
Matò vn leon quartanario, *96,34*
Que tuuieron a Leon *132,15*
Dèl Leon, que en la Sylua apenas cabe, *145,1*
O vn venablo en vn Leon; *157,4*
Con achaques de Leon; *225,4*
Leon ia no Pagano *230,25*
Que era vn leon no ha vna hora, *269,264*
Tal Leon teneis delante, *269,1575*
Rindiò, al fiero leon, que en escarlata *276,6*
Cuios abetos el Leon seguros *318,554*
Que bramò vn tiempo leon; *331,61*
Pieles de leon. *356,70*
Dexado por el Leon, *485,4*
Con encomienda en Leon. *491,4*
Leona *1*
Intempestiua salteò Leona *264,768*
Leonada *2*
Que leonada supo que es *370,9*
Vuestra color, fue leonada. *370,10*
Leones *9*
Que ai vnos fieros leones, *58,29*
Que son leones de piedra *58,31*
De Leones i Comares; *63,24*
I sobre los castillos i leones *72,78*
El Leones, agradecido *132,45*
i su madre, i dos leones, *229,617*
Por los que visten purpura leones, *298,43*
Que aspiren a ser leones *334,69*
Hecha la entrada, i sueltos los leones, *464,1*
Lèònes *2*
i lèònes con piedad. *229,2917*
Sino en las que abriràn nuestros Lèònes *421,39*
Leonora *13*
Quando salio bastante a dar Leonora *14,9*
Que tenemos de Leonora? *269,262*
Que respondiò al fin Leonora? *269,296*
Madona? Leonora viua. *269,308*
Es Leonora? La repropia. *269,633*
Mi hermana Leonora està. *269,1169*
De echar, si puedo, a Leonora, *269,1556*
Que te cases con Leonora, *269,1615*
Ha entrado. Para Leonora *269,1720*
De los jazmines, Leonora, *269,1775*
A la poca de Leonora *269,1824*
Mia es la bella Leonora. *269,1877*
Como, Doctor? Mi Leonora *269,2013*
Leopardo *1*
Al aiuno Leopardo, *263,1015*
Lepe *2*
De Lepe, quando no lo sean los llanos. *163,8*
A los campos de Lepe, a las arenas *169,1*
Lerma *3*
La Phenix que aier LERMA fue su Arabia
    135,9
"Crece, ô de Lerma tu, ô tu de España *318,89*
Que de Lerma la ia Duquesa, dina *318,401*
Lesbin *1*

Pisa Lesbin, segundo Ganimedes: *165,8*
Lesbina *3*
No entiendo. Lesbina aier *269,1046*
Lesbina, llorar me plaze *269,1063*
Tal violencia! Dios, Lesbina, *269,1106*
Lestrigones *1*
Lestrigones el Isthmo, aladas fieras; *263,424*
Leteo *1*
De las obscuras aguas de el Leteo, *261,58*
Letheo *1*
Escollo oi de el Letheo. *263,817*
Letificarme *1*
para no letificarme *229,2643*
Letra *12*
En Arabigo vna letra, *49,55*
I por letra pan i nuezes". *59,28*
Ni en la vanderilla letra; *62,12*
Les embiaua vna letra, *73,114*
A lo menos letra *79,108*
No ai verde frexno sin letra, *131,121*
Meta el amo letra. *160,56*
La letra de la Cancion; *161,76*
que fue espuela cada letra *229,860*
I, por letra, pocas bastan. *229,1678*
A fee que la letra es buena. *229,1971*
La Letra Dominical, *269,722*
Letrado *7*
Que sea el otro Letrado *6,55*
Lo demas, Letrado amigo, *82,41*
I vna pregunta a vn Letrado, *94,26*
Labra el Letrado vn Rèàl *122,27*
Molido de el dictamen de vn Letrado *203,70*
tiene, ia que no es Letrado. *229,1658*
I la jurisprudencia de vn letrado, *442,7*
Letrados *1*
Las mulas de los Letrados. *96,172*
Letran *1*
Tan sancto lo haga Dios como es Letran. *453,8*
Letras *18*
Que me escondas aquellas letras santas *30,7*
Que me dice por sus letras; *38,20*
El solo en armas, vos en letras solo, *40,11*
Hiço que estas tristes letras *75,83*
Tantas letras, que es dolor *167,46*
Hacer las letras mas grandes, *216,40*
que vn papel letras al fin *229,1657*
letras probando vna fee. *229,1826*
dorarè las letras negras. *229,2725*
Victor os acclamen letras *242,131*
Que en letras pocas lean muchos años".
    263,943
Como scripto? En letras de oro; *269,1938*
Letras contiene este Volumen graue; *272,2*
Ia que no iguales en letras, *275,45*
En letras luego, en generosa espada *280,34*
I en letras de oro: "Aqui iacen *322,505*
Letras pocas, caracteres tassados, *437,7*
Para letras aun no Dominicales. *437,8*
Letrillas *1*
Letrillas de cambio *160,43*
Leuadiça *1*
Leuadiça offreciò puente no leue, *264,715*
Leuanta *11*
I mirad quien os leuanta *9,42*
I aun creo que el espiritu leuanta, *41,5*

Leuanta aquel Leon fiero 72,80
La nueua torre que Babel leuanta, 77,61
Honestamente leuanta 144,32
Se leuanta vn esquadron 178,32
Sobre aquellos crystales se leuanta, 229,2165
Tanto leuanta de el poluo 242,110
Al mancebo leuanta venturoso, 261,306
A region mas segura se leuanta, 298,47
Pues no leuanta la espuma 418,5
Leuantada *5*
I la palma leuantada, 229,1356
La roca, o leuantada sea, o robusta, 229,2140
Onda, pues, sobre onda leuantada, 264,488
Ser pudiera tu pyra leuantada, 364,1
Que mucho, si leuantada 409,5
Leuantadas *3*
Ô fertil llano, ô sierras leuantadas, 51,5
Leuantadas las mesas, al canoro 263,883
Sobre leuantadas mieses 499,158
Leuantado *14*
Tus plumas moje, toca leuantado 45,7
Tropheo es dulcemente leuantado, 112,5
De vn frexno leuantado, 114,9
Magestûòsamente ha leuantado. 245,4
En el arroio myrtho leuantado, 261,242
La fiera, cuio cerro leuantado 261,427
Al duro robre, al pino leuantado, 262,17
De quien le lleua donde leuantado, 263,184
No vi mas fuerte, sino el leuantado. 278,13
Al seraphin pisar mas leuantado; 315,52
I tronco la mas culta leuantado, 316,3
La iedra acusa, que del leuantado 318,163
Que vn cadahalso forma leuantado, 442,2
Tumulo triste en llamas leuantado, 457,13
Leuantados *6*
I mas que los laureles leuantados. 92,8
En los mas altos pinos leuantados, 108,10
Que de inuidiosos montes leuantados, 120,1
Los cerros desparezco leuantados, 261,387
Mientras io entre estos sauces leuantados
     281,16
Al cerro baxa, cuios leuantados 315,17
Leuantais *1*
I os leuantais mas aiunos. 27,124
Leuantan *2*
Se leuantan junto adonde 179,6
Qual pinos se leuantan arraigados 263,976
Leuantando *2*
Leuantando blanca espuma 97,1
I leuantando al forastero, dixo: 263,515
Leuantandose *1*
I en leuantandose al buelo 167,87
Leuantar *2*
Leuantar vn cadahalso 83,91
Quando te quies leuantar. 497,30
Leuantaron *1*
Me leuantaron oi a vuestro cielo, 269,1239
Leuantas *3*
Leuantas el arco, i vuelues 26,113
La siempre verde cumbre que leuantas, 30,6
A besar te leuantas las estrellas, 246,7
Leuante *4*
Que tiene todo el Leuante; 61,32
De tapetes de Leuante, 63,190
Los faroles, ia luces de Leuante, 323,3

Morenica gelofa, que en Leuante 430,7
Leuantème *1*
Leuantème a la armonia, 331,30
Leuanto *1*
Alçalos. Io los leuanto, 229,1601
Leuantò *3*
Se le leuantò al moçuelo, 167,86
Al son leuantò apenas la ancha frente 264,723
Que ia leuantò en papel 418,7
Leue *13*
Si ai ondas mudas i si ai tierra leue". 264,171
De la isla, plebeio enxambre leue. 264,301
Aladas Musas, que de pluma leue 264,354
Vn plomo fio graue a vn corcho leue, 264,467
Leuadiça offreciò puente no leue, 264,715
Aun el copo mas leue 264,835
Hurtadle vn rato alguna pluma leue, 292,7
Vn termino de marmol fuera leue; 315,36
Sino del viento mas leue 333,46
Vida le fiò muda esplendor leue. 343,8
Menos actiuo, si quanto mas leue, 392,13
La leue da al Zaphiro soberano! 393,14
Porque el respirar aun leue 411,13
Leues *5*
Pero las plantas leues 263,1050
Sus plomos graues i sus corchos leues. 264,53
De ver en sus braços leues 374,27
Leues reparos al frio 414,5
Muere, i en el las esperanças leues. 457,11
Leusipe *1*
De la culta LEUSIPE, 264,538
Levanta *1*
Levanta, España, tu famosa diestra 72,1
Levantadas *1*
De calvos riscos, de haias levantadas, 163,3
Lexias *1*
No fue nada: a cient lexias 322,309
Lexos *13*
Que el que està mas lexos de ellos, 28,67
"Veseme el rabo de lexos?" 58,24
I aunque de lexos con rigor traidas, 72,31
Viendo los moros de lexos, 87,34
Que està lexos el çapato, 161,107
los lexos de la memoria, 229,2045
Si es lexos, no me lo mandes, 229,2851
me parecen mal los lexos. 229,2853
Que estaua lexos de alli, 243,58
Que estauan no mui lexos, 263,660
Miroos desde lexos, 301,56
Miroos desde lexos, 301,58
Si rabiare, de lexos le saluda, 435,13
Ley *1*
A toda ley, madre mia, 98,49
Leyes *1*
Leyes haziendo el gusto, 229,44
Liado *1*
Quando he liado la ropa 269,561
Liba *3*
Liba el rocio luciente, 142,25
Liba inquîèta, ingenîòsa labra; 261,396
O el sudor de los cielos, quando liba 264,296
Libando *2*
Marauillas libando, no ia aquellas 256,10
Dulce libando purpura, al instante 366,10
Libandole *1*

Libandole en la armonia 389,27
Libar *1*
A libar flores i a chupar crystales, 263,325
Libaràn *1*
Libaràn tres abejas lilios bellos, 421,37
Libarè *1*
Libarè en ellos la miel 328,5
Libaste *1*
Libaste en paz. Mas, ai, que la armonia 280,52
Liberal *6*
Liberal parte con todos 161,57
Inunde liberal la tierra dura; 263,823
Liberal, 306,6
Liberal, 306,23
Liberal, 306,40
Con que, liberal, 350,34
Liberales *1*
Titulos liberales como rocas, 69,2
Liberalidad *1*
La liberalidad, si el jaspe llora, 368,31
Liberalmente *1*
Liberalmente de los pescadores 264,81
Liberanos *1*
Sed liberanos a malo. 228,144
Libertad *32*
A la carcel libertad, 2,46
De mi libertad, 4,18
De su libertad passada, 9,24
Dar libertad a mi lengua, 37,23
Sin libertad i sin ella, 38,34
Por su libertad no tanto, 39,39
De libertad i de bolsa, 82,39
Que en dulce libertad goço, 83,22
I de tu libertad brete; 88,64
Esta pobre libertad, 95,10
La libertad i el juizio 121,56
De libertad coronado, 132,47
Mi libertad vuestra es, 132,58
Prendiò mi libertad, que harà ahora, 139,2
I que en la libertad no auia cadenas. 229,88
la libertad que he de darte?" 229,1509
llega de tu libertad. 229,1527
que de la libertad mia. 229,1583
"En la libertad esclavo, 229,1969
Quedo con mas libertad 229,2500
La libertad al fin que saltéàda, 230,64
Libertad de Fortuna perseguida; 262,34
Sin libertad no siempre apprisionada, 264,741
Su libertad el grillo torneado, 264,851
De su libertad las llaues 269,1741
Prenda su libertad baxel Pagano. 276,14
Libertad dice llorada 322,49
Sin libertad sus galanes, 322,91
Mi libertad solicìta, 383,6
Salbando su libertad. 412,31
Pides a mi libertad; 416,34
Libertad por sugecion, 498,19
Libertades *1*
Libertades i desdenes. 57,68
Libia *18*
Son ya memorias de Libia 229,66
No ya de Libia ausente, 229,92
Que, como Libia ardiente, 229,93
Libia, que ia de liuiana 229,628
que a Libia quies en Granada, 229,1503

que tu firma dexe a Libia, *229,1587*

que de Libia redimi; *229,1596*

Ai, Libia, que aun al papel *229,1604*

poder que Libia me dio *229,1641*

Libia soi la Granadina. *229,3426*

Libia en Toledo? Ai de mi! *229,3428*

Quedaos otra, Libia bella? *229,3444*

Veamosla, Libia amiga. *229,3445*

Libia muger de Marcelo? *229,3461*

I en nombre de Libia aqui, *229,3494*

Brama, i quantas la Libia engendra fieras, *230,27*

Que a vna Libia de ondas su camino *263,20*

La adusta Libia sorda aun mas lo sienta *318,7*

Libica *1*

En Libica no arena, en varîado *318,214*

Libico *1*

De quantos ciñen Libico turbante, *264,763*

Libidinosa *1*

Libidinosa i fiera, *72,50*

Libò *1*

Dulce aquella libò, aquella diuina *318,111*

Libra *8*

De todas ellas me libra; *74,108*

Libra mejor en el cosso, *157,12*

Sino con media libra de carnero, *222,6*

Libra en la falda, en el cothurno ella *263,546*

Su vista libra toda el estrangero. *264,930*

Se libra tremolante, immobil pende. *315,44*

Igual se libra, i a juzgalla llego *456,10*

I en la nieue se libra de la nieue. *456,14*

Librada *1*

Librada en vn pie toda sobre el pende, *261,258*

Libramiento *1*

Abispa con libramiento *322,161*

Libran *1*

Que libran, en moxinetes, *98,19*

Librandome *1*

(Librandome el lenguage en el concento) *203,26*

Librarà *1*

Ese librarà mejor; *37,8*

Libraros *1*

Con la muerte libraros de la muerte, *253,13*

Libras *3*

Que libras captiuos *50,35*

Que pesan diez libras; *65,220*

La paja me dà por libras, *96,145*

Libraua *1*

Me libraua algun quatrin. *111,34*

Libre *15*

Libre vn tiempo i descuidado, *26,9*

Tan hermosa como libre. *48,8*

Si libre a Clori por tus manos dexa *53,10*

Lo mas libre sugeta. *125,40*

Libre, i apprissionado *229,90*

tan libre de mis cuidados, *229,1545*

tuio, libre, ni sujeto; *229,1571*

dice, i libre en la cadena". *229,1970*

Los pielagos de el aire libre algunas *263,604*

Tan libre como sali. *286,28*

Retoçar libre el cordero, *302,11*

No, pues, tu libre aluedrio *378,37*

Libre viuireis, i sana *411,17*

Grandeza vuestra. Libre destos daños *465,10*

I siga io, tan libre como agora, *499,28*

Librè *1*

Se le librè en Tremecen. *141,10*

Librea *4*

Harè vna librea, *5,46*

De vna fiada librea. *73,72*

Sea bien matiçada la librea *113,1*

I a dar librea a los quadros *356,6*

Libreas *2*

Que al tiempo mil libreas le aueis roto *53,3*

Las libreas bellissimos colores, *155,7*

Libreme *1*

Libreme el cielo de ti. *229,2331*

Libres *5*

Sus libres passos a sus ojos vellos. *229,1063*

Con pocos libros libres (libres digo *233,9*

Con pocos libros libres (libres digo *233,9*

Libres discurren, su nociuo diente *264,312*

Tan libres podran ia como deuotos *421,51*

Librillo *1*

I vn librillo que llaman del Arcà, *468,6*

Libro *2*

que es de el libro de la muerte *229,764*

Nos abriò piadoso el libro *352,7*

Librò *1*

Que en dos truenos librò de su Occidente, *293,11*

Libros *4*

Dexad los libros ahora, *82,1*

Con doblados libros hago *83,49*

Con pocos libros libres (libres digo *233,9*

Libros vuestra Rethorica excelente. *244,8*

Libya *3*

De Libya los arenales; *63,228*

Ponme en la Libya importuna, *229,2666*

La ardiente Libya vuestra ardiente espada, *230,82*

Lice *1*

Vende Lice a vn decrepito Indîano *181,3*

Licencia *13*

Licencia para que salga *64,50*

Que ai espuelas de licencia, *102,9*

Le da licencia que vaia *105,13*

Que con igual licencia *120,20*

pedi licencia, i parti *229,586*

pidiò licencia a su padre, *229,758*

averle dado licencia. *229,849*

licencia, hablarè a Camilo. *229,3237*

Dando el huesped licencia para ello, *264,73*

Con tu licencia ia el Doctor Carlino *269,395*

I accusaren la licencia, *275,114*

Tomando maior licencia, *413,5*

En preuenir al sol tomò licencia; *467,9*

Licenciado *4*

Señor Licenciado Ortiz, *82,2*

Señor Licenciado, el que *265,3*

Al Licenciado almohada. *269,1569*

El licenciado Nason, *322,19*

Licida *1*

Licida, el marmol que Neptuno viste *298,19*

Licidas *3*

LICIDAS, gloria en tanto *264,531*

Si no a Licidas, le dè. *287,61*

Perdona al remo, Licidas, perdona *298,1*

Licio *3*

Lagrimas Licio, i de este humilde voto *53,6*

En este occidental, en este, ô Licio, *393,1*

Peligro corres, LICIO, si porfias *394,10*

Licor *4*

I a no inuidiar aquel licor sagrado *42,3*

Todo el licor de su vidrio *83,87*

Vuestro gusto su licor, *227,22*

La docta erudicion su licor puro, *425,2*

Licores *1*

Licores Nabathéòs espirante, *323,2*

Licote *1*

Tantos Palemo a su Licote bella *264,587*

Licurgo *1*

La garnacha de Licurgo, *322,78*

Lid *1*

introduzgo, i no en la lid *229,2435*

Lides *3*

Gloria naual de las Britannas lides, *72,71*

En las lides que le mete *88,26*

Triumphador siempre de zelosas lides, *263,157*

Lidia *1*

Qual ia en Lidia torciò con torpe mano *47,12*

Lidie *1*

Tu esposo quando lidie, *120,17*

Liebre *1*

Timida liebre, quando *264,767*

Liebres *2*

O Rodamonte de liebres, *81,10*

De liebres dirimiò copia assi amiga, *261,479*

Lienço *13*

Las tocas de lienço crudo, *27,46*

Que el lienço se estraga. *56,26*

Formando vn lienço de Flandes, *63,168*

Se tocarà lienço crudo *107,75*

El lienço que me aueis dado *189,1*

Como lienço o como hilado, *225,8*

deme vn lienço suio aprissa, *229,3307*

de vn lienço de vna muralla, *229,3310*

Lienço! Para su mortaja *229,3314*

Que vn lienço espirasse olores, *240,18*

Ô bien aia Iaen, que en lienço prieto *255,1*

Sea Carmelo, o lienço sea. *269,724*

Ser de lienço el orinal. *269,1893*

Lienços *2*

que aun en los lienços de Flandes *229,2852*

A sus lienços guarnicion, *240,16*

Lîeo *1*

Claua empuñe Lîèo. *263,830*

Liga *5*

El gabîòn de la liga, *74,6*

Hecho vn macho, por la liga *161,27*

En las varetas de liga, *269,694*

Ô quiera DIOS vnir en liga estrecha *421,34*

En la mano traiga liga, *496,9*

Ligada *2*

I la barquilla ligada *10,2*

Aunque a rocas de fee ligada vea *54,1*

Ligado *1*

No ia ligado al arbol, las Sirenas *317,7*

Ligando *1*

Domando cuellos i ligando manos, *72,56*

Ligar *1*

Para ligar sus heridas; *131,43*

Ligas *1*

Mas que mostachos i ligas, *93,62*

Ligera *13*
Entre la yerba, corre tan ligera *25,6*
De crúèl i ligera, *25,44*
Con planta ligera *79,70*
Ligera a los pies fuiste *103,29*
Que huiendo ligera, *125,29*
Ô ligera! Ô peligrosa *229,2322*
Que redima feroz, salue ligera, *261,67*
La fuga suspender podrà ligera *261,134*
Vna i otra lasciua, si ligera, *261,318*
De Pompa tan ligera. *264,798*
De venenosa pluma, si ligera, *318,13*
Del viento es el pendon pompa ligera, *434,9*
I la otra de ligera. *499,167*
Ligeras *6*
Ligeras le daban caça *97,3*
Al viento agrauien tus ligeras alas. *120,24*
no eres cenizas ligeras. *229,1491*
Fulminado ia, señas no ligeras *264,561*
Plumas se calça ligeras. *269,1769*
Sombras que le hizieron no ligeras, *318,279*
Ligereça *2*
Que aun de Roble suppone ligereça. *451,8*
Tienes ligereça tanta, *499,153*
Ligereza *2*
Con ligereza tanta, *25,9*
La espumosa del Betis ligereza *264,813*
Ligerezas *1*
Cient mil ligerezas. *160,98*
Ligero *21*
Con pie menos ligero *25,59*
En el ligero caballo *57,13*
Lo mas ligero alcança, *125,39*
Que oi, Musa, con pie ligero *158,28*
Torpe ministro fue el ligero vuelo *175,13*
O dèl rejon, que es ligero, *178,39*
El cierbo hacen ligero *179,35*
Hijas de su pie ligero. *215,44*
Que a la carrera ligero *228,219*
es negocio tan ligero *229,948*
Fabio, os tengo, i tan ligero, *229,1860*
aquel ligero rocin. *229,2413*
Baston le obedecia tan ligero, *261,54*
Del espumoso mar su pie ligero, *261,154*
Hermosa esquadra con ligero passo, *263,639*
De el pie ligero bipartida seña. *263,1019*
De el concurso ligero *263,1074*
I al ceuarse en el complice ligero *264,478*
I en su posada ligero *269,1670*
La alxaua al ombro, con ligero passo, *499,29*
Tan ligero el corço es, *499,124*
Ligeros *6*
Con mas ligeros pies el verde llano, *25,27*
Vuelan los ligeros años, *29,13*
Qual ligeros de alas los halcones. *229,1029*
Dias en el bien ligeros. *354,12*
Temores vanos, pero no ligeros. *461,8*
Calando el monte van con pies ligeros. *499,67*
Liguria *1*
En leños de Liguria el mar incierto *318,295*
Ligurina *2*
A las arenas Ligurina haia, *261,442*
Si Ligurina diò marinerìa *298,35*
Ligurino *1*
Interes Ligurino *298,37*

Ligustros *1*
Si dixere con ligustros. *322,148*
Lilio *10*
Mira tu blanca frente el lilio bello; *24,4*
Oro, lilio, clauel, crystal luciente, *24,11*
Lilio siempre Rèàl nasci en Medina *136,1*
Dèl muerto Lilio es; que aun no perdona *136,13*
Ô que zeloso està el lilio, *217,53*
Vn lilio breue, una pequeña rosa. *229,1457*
Si purpura la rosa, el lilio nieue. *264,221*
El blanco lilio en camisa *301,21*
Diuino lilio frances; *353,8*
Belisa, lilio frances, *376,36*
Lilios *21*
La viò obscurecer los lilios *3,9*
Que ya fue de blancos lilios, *78,83*
De el aspid que oi entre los lilios mora, *139,6*
Que blancos lilios fue vn hora *142,9*
Los blancos lilios que de ciento en ciento, *198,1*
De lilios de oro el ia cabello cano, *220,7*
blancos lilios en tu mano *229,1685*
La Alua entre lilios candidos deshoja: *261,106*
Los blancos lilios de su frente bella, *263,149*
Rosas traslada i lilios al cabello, *263,248*
De errantes lilios vnas, la floresta *263,835*
Suelo de lilios, que en fragrantes copos *264,335*
Los lilios de tu Aurora, *264,602*
Confusas entre los lilios *285,37*
Emulos lilios aborta *286,15*
Abeja de los tres lilios rèàles, *318,109*
En los lilios Amatuntos, *322,470*
Blancos lilios les concede. *333,52*
La Alua en los blancos lilios de su frente, *339,13*
De lilios, que dulces nacen *389,38*
Libaràn tres abejas lilios bellos, *421,37*
Lilybeo *1*
El pie argenta de plata al Lilybeo, *261,26*
Lima *5*
Regalos de Lima, *65,126*
La lima de tal galan, *269,1288*
En metales mordidos de la lima, *314,4*
I muda lima a labrar *355,87*
Limarla desseo, i la lima *383,3*
Limada *1*
O mas limada oi o mas lamida; *360,11*
Limado *4*
Como Soneto limado". *96,132*
De la disposicion antes limado, *232,3*
Mucho oro de sus piedras mal limado; *289,4*
Traje tosco i estilo mal limado; *476,8*
Limallos *1*
I iendo a limallos el, *226,48*
Liman *1*
Que aun el mas venìàl liman afecto. *404,28*
Limando *2*
Cuios silicios limando *275,101*
Las horas que limando estàn los dias, *394,13*
Limarla *1*
Limarla desseo, i la lima *383,3*
Limbo *1*
Abra el Limbo orejas, abra, *300,32*

Lime *2*
O bien los lime la gala, *269,1282*
Que en vano el tiempo las memorias lime. *363,8*
Limita *1*
A su audacia los terminos limita, *261,323*
Limites *1*
En inculcar sus limites al mundo. *263,412*
Limitò *1*
Limitò vuestro mojon; *265,4*
Limon *1*
Vn ceuti, aunque sea limon. *227,20*
Limosnas *1*
Océàno de limosnas *259,100*
Limpia *6*
Escombrada i limpia, *65,38*
Todo el mundo limpia *65,246*
En la mas seca, en la mas limpia anea *264,255*
De limpia consultada ia laguna, *264,573*
Concepcion limpia, donde ciega ignora *270,3*
A mesa el hombre tan limpia, *388,14*
Limpiad *1*
Limpiad mas. Miradlo ahora. *229,3002*
Limpiale *1*
Limpiale el rostro, i la mano *131,21*
Limpiandose *1*
Limpiandose los çapatos, *96,74*
Limpiaos *1*
Limpiaos bien, señor, los ojos, *229,2995*
Limpias *1*
Con las manos menos limpias. *74,48*
Limpio *5*
De vn limpio Amor la mas illustre llama, *35,4*
Limpio saial, en vez de blanco lino, *263,143*
Quando el que ves saial fue limpio azero. *263,217*
El padrino con tres de limpio azero *263,1075*
Emulo del diamante, limpio azero, *337,2*
Limpios *2*
De humildes padres, mas limpios *269,407*
Saldràn de veros no limpios, *334,12*
Linage *5*
Vna Dama de el linage *57,51*
Los de su linage *65,139*
Que verde soi de linage! *111,17*
Arabe en nombre, Barbaro en linage; *279,24*
Que en este ia canicular linage *367,7*
Lince *5*
Lince penetrador de lo que piensa, *261,293*
De el lince mas agudo. *263,1064*
Pollo, si alado no, lince sin vista, *264,653*
Con la pestaña de vn lince *322,225*
Topo aier i lince oi. *331,59*
Linda *1*
Por la linda Theresona, *28,17*
Lindaraxa *2*
A Lindaraxa en Gazul, *269,482*
Lindaraxa alcuzcuzù. *269,484*
Lindico *4*
Ô, que lindico! *493,6*
Ô, que lindico! *493,18*
Ô, que lindico! *493,30*
Ô, que lindico! *493,42*
Lindo *4*
I por lo lindo Medoros, *158,34*

Lo lindo, al fin, lo luciente, *226,65*
Tan lindo Petrarcha es el, *229,1186*
Valgame Dios! Lindo sois *269,1941*
Lindoque *3*
Ô, que lindoque! *493,12*
Ô, que lindoque! *493,24*
Ô, que lindoque! *493,36*
Lindos *2*
De los mas lindos que vi, *82,114*
Vamòs. Que lindos camellos! *269,1223*
Lino *15*
Que visten hojas de inquîèto lino; *162,2*
Despliegan blanco lino, *166,15*
Limpio saial, en vez de blanco lino, *263,143*
En telas hecho antes que en flor el lino?
263,373
De Iupiter compulsen; que aun en lino *263,841*
Mientras casero lino Ceres tanta *263,861*
De el blanco lino que de el bello obscuro.
263,967
Dedalo, si de leño no, de lino, *264,78*
Que dio espiritu a leño, vida a lino. *274,4*
Alta haia de oi mas, volante lino *276,9*
Ambicioso baxel da lino al viento. *294,14*
Sus bellos miembros el lino, *307,23*
De espiritu viuaz el breue lino *343,3*
Vanas ceniças temo al lino breue, *343,5*
Para su lecho fue lino, *374,29*
Linterna *3*
Que ella para vna linterna, *228,7*
Linterna es ciega i atalaia muda. *261,344*
A cuia nuptial Linterna *275,106*
Linze *1*
Veis mejor? Siempre fui vn linze. *229,3029*
Liò *1*
Liò el volumen, i picò el vagage; *367,2*
Liparis *1*
Que en Liparis Steropes forjò, *327,10*
Liquida *2*
Cuio nectar, no ia liquida plata, *290,3*
En liquida, en templada, en dulze plata.
499,115
Liquidado *1*
Liquidado se ha. Falades. *303,37*
Liquidar *1*
Ondas endurecer, liquidar rocas. *264,41*
Liquidas *2*
Las no liquidas perlas, que al momento
264,232
Alas batiendo liquidas, i en ellas *264,515*
Liquido *11*
O claro honor del liquido elemento, *16,1*
Calçò el liquido aljofar de sus venas. *261,500*
Iuntaua el crystal liquido al humano *263,244*
En celdas de oro liquido, en panales *263,326*
Oro le expriman liquido a Minerua, *263,827*
En dulce se desaten liquido oro. *263,925*
Liquido pues diamante *264,167*
Del liquido elemento, *264,472*
Cuio liquido seto plata es pura *281,28*
El crystal liquido impuro. *322,332*
El liquido crystal que oi desta fuente *420,1*
Liquidos *3*
Hasta los jaspes liquidos, adonde *263,210*
Quantos murò de liquidos crystales *263,703*

En el de muros liquidos que offrece *264,927*
Lira *3*
Sonante lira tu diuina mano; *318,4*
Mi lira, ruda si, mas Castellana, *380,6*
De vuestras ramas no la heroica lira *424,1*
Liras *3*
Que por tiorbas i por liras valen. *414,31*
Que por tiorbas i por liras valen. *414,40*
Que por tiorbas i por liras valen. *414,49*
Lirones *1*
Lirones siempre de Phebo, *322,257*
Lis *2*
I quatro flores de lis; *111,16*
De vna blanca flor de lis. *243,28*
Lisboa *6*
De Lisboa tambien *56,34*
Lisboa i Seuilla; *65,124*
Veinte leguas de Lisboa. *269,220*
Si. E facem como em Lisboa *303,3*
Si. E facem como en Lisboa *303,29*
Si. E facem como em Lisboa *303,42*
Lisippo *1*
Sincel de Lisippo, tanto *322,395*
Liso *4*
Ia anudandome a vn blanco i liso cuello, *20,2*
Chopo gallardo, cuio liso tronco *263,697*
El congrio, que biscosamente liso *264,93*
Lo mas liso trepò, lo mas sublime *264,267*
Lisongea *2*
Sereno el mar la vista lisongea; *54,4*
Súaue el ruiseñor le lisongea, *194,4*
Lisongéàda *1*
Bien quedo lisongéàda *269,1270*
Lisongéàn *1*
Lisongéàn apenas *264,359*
Lisongear *1*
Lisongear pudieron breue rato *263,593*
Lisongéàr *2*
Para lisongéàr a vn Dios con alas. *129,36*
Lisongéàr de agradecidas señas. *263,33*
Lisongee *2*
Perdone el tiempo, lisongee la Parca *76,12*
No lisongee aquel sueño, *166,41*
Lisongeen *1*
Lisongeen el mar vientos segundos; *162,11*
Lisongera *6*
Con pluma solicìta lisongera, *198,6*
De que Marte se viste, i lisongera, *263,382*
Baste, lisongera, ia, *269,537*
I lisongera, i súaue *269,1778*
Lisongera a los cielos o sañuda *338,5*
Vida dulce i lisongera, *498,10*
Lisongeramente *1*
Corriò Fabonio lisongeramente, *261,214*
Lisongeras *1*
No a escuchar vuestras vozes lisongeras, *172,5*
Lisongero *4*
De cudicioso gasta o lisongero *222,2*
Ô peligroso, ô lisongero estado, *245,5*
Claro, no a luces oi de lisongero *251,2*
Del lisongero mar Napolitano. *317,8*
Lisongeros *2*
Arroios de mi huerta lisongeros: *203,4*
(Lisongeros? Mal dixe, que sois claros), *203,5*
Lisonja *24*

Allà bueles, lisonja de mis penas, *120,19*
Beldad consagro"; i la lisonja creo *137,10*
Qualque súaue lisonja. *149,78*
La lisonja hallè i la ceremonia *150,9*
Lisonja es dèl desseo: *156,33*
La lisonja, con todo, i la mentira, *203,43*
Gloria dèl Sol, lisonja fue dèl viento. *221,4*
Esta lisonja affiançan, *226,67*
O de amistad o de lisonja nada? *229,39*
Gran lisonja! Mucho apura *229,1733*
Lisonja de los aires, y alegria, *229,2189*
De la Magica lisonja, *259,26*
La sombra aun de lisonja tan pequeña. *263,334*
Lisonja breue al gusto, *264,85*
Lisonja no, serenidad lo diga *264,572*
Alterno canto dulce fue lisonja! *264,627*
Lisonja, si confusa, regulada *264,717*
Lisonja i solicitud. *269,452*
Lisonja de mi oreja fatigada. *279,12*
Lisonja del Océàno *287,29*
Que captiua lisonja es del poblado *295,3*
Lisonja serà a su oido *300,25*
Entre tanto, la lisonja *377,33*
A esta lisonja que hace *389,30*
Lisonjas *12*
Ia a las lisonjas dèl agua *78,63*
Lisonjas majaba, i zelos, *83,13*
Lisonjas luminosas, de la mia *136,10*
I lisonjas del sentido *167,26*
Lisonjas duras de la Musa mia. *170,8*
Lisonjas son iguales *184,17*
de su talle, o sus lisonjas. *229,781*
Que de lisonjas que gastan! *229,1675*
Lisonjas de vn aleuoso. *229,2825*
Lisonjas dulces a Mercurio alado; *318,308*
Lisonjas hacen vndosas *333,9*
Leño al fin con lisonjas desmentido. *426,14*
Lisonjea *1*
Anaxtarax lisonjea, *480,6*
Lisonjéàdo *4*
Pues no la han lisonjéàdo, *87,75*
De Syrena mortal lisonjéàdo, *218,4*
Lisonjéàdo de el agua, *226,9*
Que al cueruo lisonjéàdo *269,972*
Lisonjealles *1*
Lisonjealles el color. Aquella *298,30*
Lisonjéàn *3*
Lisonjéàn los dolores. *131,40*
Lisonjéàn su fatiga, *142,20*
se lisonjéàn los tres; *229,1780*
Lisonjéàr *1*
No os dexeis lisonjéàr *29,7*
Lisonjéàronla *1*
Lisonjéàronla vn tiempo *275,53*
Lisonjeras *1*
I alas lisonjeras, *79,28*
Lisonjero *1*
Vn lisonjero imposible *95,7*
Lisonjeros *1*
Airecillos lisonjeros, *131,111*
Lisonxa *1*
De sus Reies, lisonxa de la corte, *318,426*
Lisonxas *1*
Lisonxas, no por prendas de la diosa, *467,6*
Listada *1*

Su blanca toca es listada de oro, *229,2152*

Listado *1*

En vn listado alquicel, *355,42*

Liston *2*

Vn liston le diò encarnado, *419,77*

Del que a Bras serà liston, *419,81*

Litera *1*

De la cincha acà litera. *73,12*

Litigante *3*

A este ciuil rùìdo, i litigante, *203,74*

Attento al pleito de su litigante, *313,27*

Del ques litigante pobre; *412,33*

Litoral *1*

Aunque litoral Calpe, aunque Pirene, *318,470*

Litorales *1*

Las fuerças litorales, que a la frente *323,5*

Littoral *1*

Littoral hiço, aun antes *264,643*

Liueral *1*

Tan liueral, aunque dura, *226,5*

Liuertad *3*

Llorando su liuertad *115,7*

Mi liuertad te espera cada dia. *226,31*

Mi liuertad te espera cada dia". *226,44*

Liuertò *1*

A su patria liuertò *49,19*

Liuiana *2*

Libia, que ia de liuiana *229,628*

La causa es graue? Liuiana. *269,1172*

Liuianas *1*

Con las mesas, cortezas ia liuianas *264,340*

Liuiandad *1*

o effecto de liuiandad. *229,973*

Liuiano *3*

Pesadas señas de vn desseo liuiano, *170,7*

de aquel Soneto liuiano, *229,1650*

Del catarro aun mas liuiano: *411,18*

Liuianos *1*

Liuianos desseos, *50,28*

Liuio *2*

A CABRERA, Español Liuio segundo, *272,12*

Digna, Liuio Hespañol, de vuestra pluma, *279,5*

Liuor *2*

Del liuor aun purpureo de las Phocas, *264,688*

Qual pudo humedecer liuor el hilo *280,27*

Llabes *1*

A sus dos remos es, a sus dos llabes? *318,564*

Llagada *1*

Lauar la mas llagada disciplina. *428,4*

Llagas *1*

Hierbas applica a sus llagas, *131,37*

Llama *42*

I arda en amorosa llama *7,32*

Do su natural les llama, *9,16*

En altas vozes la llama: *10,10*

De vn limpio Amor la mas illustre llama, *35,4*

Su humo al ambar i su llama al oro; *60,8*

Las que el Griego llama nalgas, *73,19*

I con la llama concluie. *75,40*

Clauellina se llama la perra; *85,1*

Clauellina se llama la perra; *85,9*

Clauellina se llama la perra; *85,17*

Clauellina se llama la perra; *85,25*

Aspid al vezino llama *105,71*

Quarta gracia Amor la llama *121,105*

Llama padre al Capellan *123,12*

i el llama curiosidad. *229,265*

que le llama la señora. *229,383*

que ia se llama Camilo. *229,711*

Fabio te llama, en effeto, *229,1224*

Octauio mi señor, llama; *229,1268*

Como? Belisa se llama. *229,1307*

llama, Tadeo, a Donato. *229,1884*

oi me los presta, i tu llama, *229,1977*

llama a los vecinos dos *229,2110*

se llama Lelio? Imagino *229,2856*

Laureta! Que mandas? Llama *229,3479*

Labor no Egypcia, aunque a la llama imita, *248,2*

Pues lo llama Hespaña loa, *259,22*

Polyphemo te llama, no te escondas; *261,405*

El Sol, quando arrogante jouen llama *263,982*

Pura la Iglesia ia, pura te llama *270,9*

Por lo menos llama quantos *288,59*

Escribid, que a mas gloria Apollo os llama: *292,12*

Le responde su llama en luz crinita; *318,284*

Boluieronse los dos, que llama ardiente, *318,389*

Que el Syrio llama sepulchro; *322,492*

Purificò el cuchillo, en vez de llama, *364,9*

Su forma de la mas sublime llama *368,5*

Lo que la llama al Phenix aun le niega, *392,3*

Gloriosa, pues, llama se *416,5*

De tu llama el desengaño, *416,38*

Respondele al que oi te llama, *498,5*

Cuia dorada flecha i llama ardiente *499,5*

Llamaba *1*

Gloria llamaba a la pena, *2,45*

Llamaban *1*

Ellas me llamaban padre *26,59*

Llamado *3*

Llamado sois con razon *89,17*

Al llamado suio vas? *229,2879*

Ser llamado arco del cielo, *499,283*

Llamale *1*

Llamale, que la jornada *229,1879*

Llamame *1*

Llamame a Camilo. Voi *229,377*

Llaman *12*

Lo que llaman por aì *82,62*

Vereis que se llaman todos *96,143*

Para que le llaman cura, *130,3*

Para que le llaman cura, *130,15*

Para que le llaman cura, *130,27*

Para que le llaman cura, *130,39*

que tiene Argel, i que llaman *229,756*

porque Crinita te llaman *229,1165*

De esto que llaman Venado; *351,32*

Por que le llaman Prado, si es Montaña *440,9*

I vn librillo que llaman del Arcà, *468,6*

Es lo que llaman Reyno de Galicia. *476,14*

Llamando *1*

Que ahora me estès llamando, *269,554*

Llamar *6*

Llamar solia, i no mal, *86,4*

al que llamar se os antoja. *229,420*

A Lelio quiero llamar, *229,820*

sombra se pueden llamar *229,2924*

Que te ha embiado a llamar. *269,372*

Bien le podremos llamar *371,3*

Llamàra *1*

Palma la llamàra io *85,13*

Llamàrale *1*

Llamàrale, aunque muda, mas no sabe *261,249*

Llamarànle *1*

Llamarànle a desafio *88,69*

Llamare *1*

I si le llamare Padre *130,21*

Llamarè *1*

Qual llamarè robusta monteria, *336,10*

Llamarme *2*

para llamarme mi amo, *229,155*

con llamarme Escaríòte: *229,671*

Llamarse *1*

Cantando, dexò llamarse *389,18*

Llamas *10*

De ardientes llamas vistes en el cielo, *32,8*

En tan vergonçosas llamas, *83,27*

Bolcan desta agua i destas llamas fuente *109,5*

Ardiendo en aguas muertas llamas viuas. *218,14*

Vihuela la llamas? Si *229,298*

si no me llamas primero *229,404*

A este llamas? Para que? *229,1518*

Llamas vomita, i sobre el iunque duro *230,44*

De sus llamas enemigo. *384,12*

Tumulo triste en llamas leuantado, *457,13*

Llamasteme *1*

Llamasteme: sali aprissa, *229,1852*

Llamastes *1*

Mil vezes llamastes, *79,21*

Llame *1*

No que le llame ausente; *103,48*

Llamen *1*

No le llamen reuerencia, *130,11*

Llames *2*

Ô Fabio! No llames gentes. *229,1469*

No llames castidad la que forçada *460,9*

Llamo *9*

No las llamo flechas ia. *95,12*

Si llamo al huesped, responde *204,23*

que io llamo impertinencia, *229,264*

peor harè si le llamo. *229,825*

Ola, Tadeo, a quien llamo? *229,1837*

no la llamo de marfil, *229,2363*

que a pendencia no te llamo, *229,3354*

Ginebra a Toledo llamo, *229,3406*

HORTENSIO mio, si esta llamo audiencia, *336,9*

Llamò *5*

Clauellina la llamò; *85,12*

Que con trompetas llamò, *161,18*

Llamò assi muchas mas piedras *228,47*

Llamò "catarribera". *264,945*

Nadie le llamò, i que a este *412,16*

Llamòme *1*

Llamòme su hermosura *229,2298*

Llana *7*

La sanidad, cosa es llana *86,13*

Pastor que en la vega llana *192,1*

tan descargada i tan llana, *229,691*

Fabio de mi amistad llana, *229,1425*

Lo que a Ceres, i aun mas, su vega llana; *261,146*

Que alborotando a Cordoba la llana. *273,4*

Con razon Vega por lo siempre llana: *431,4*

Llaneza *1*

Con mucha llaneza trata *188,1*

Llano *28*

De flores despojando el verde llano, *15,2*

Mientras con menosprecio en medio el llano *24,3*

Con mas ligeros pies el verde llano, *25,27*

Ô fertil llano, ô sierras leuantadas, *51,5*

Tu llano i sierra, ô patria, ô flor de España! *51,14*

I en el campo llano buelas. *73,28*

Ahora en el llano *79,69*

I marido, que es ia llano *93,22*

Muro que sojuzgais el verde llano, *99,9*

Ouejas dèl monte al llano *131,7*

I cabras dèl llano al monte, *131,8*

Tirallas es por medio de ese llano, *170,6*

Sabiendo que halla ia passo mas llano, *181,6*

El que rompio esquadrones i dio al llano *220,3*

i en el campo llano vuela. *229,644*

Pallidas señas ceniçoso vn llano, *261,29*

La fragosa montaña facil llano, *263,69*

Que del sublime espacîoso llano *263,228*

I al verde, jouen, floreciente llano *263,824*

Quantos la sierra dio, quantos dio el llano *263,854*

Cierços de el llano, i Austros de la sierra, *263,1026*

No vio distinto, no, en medio del llano, *269,1230*

A quien le dareis de llano *269,1656*

Cañaueral en ellos, pues es llano *436,6*

Musa, que en medio de vn llano, *477,11*

Aunque tengo por mui llano *490,6*

Que es el consejo mas llano *490,22*

En lo llano, no se halla; *499,203*

Llanos *1*

De Lepe, quando no lo sean los llanos. *163,8*

Llanto *34*

Que, vista esa belleza i mi gran llanto, *12,12*

Lançando a vueltas de su tierno llanto *18,9*

Que al llanto i al suspiro fue de cera. *18,14*

La triste voz del triste llanto mio; *33,4*

A compasion mouidos de mi llanto, *33,9*

I este llanto de esta tierra, *62,58*

Que han de andar llanto i suspiro *62,63*

Pues mi llanto no os ablanda; *64,38*

Los pechos en piedad, la tierra en llanto; *77,6*

Que se acabe el llanto, *80,21*

Si el llanto es ordinario, *103,51*

Ceniças son, igual mi llanto tierno *109,10*

Detenganla tu musica, o mi llanto". *140,16*

I perdone al llanto tierno; *226,116*

Luto el vno, la otra llanto. *228,180*

que pagues su llanto en risa? *229,3261*

O de sus Reinos el llanto. *235,10*

Si al desengaño se los das, i al llanto! *246,14*

Hierros se escuchan siempre, i llanto eterno, *253,11*

A Doris llega, que con llanto pio, *261,503*

Aspides mas que en la region del llanto; *263,929*

Deste metrico llanto: *264,115*

Sorda a mis vozes pues, ciega a mi llanto, *264,465*

Curso del llanto metrico te fio, *264,554*

Que te mouiò el llanto mio? *269,1507*

Que las ondas de mi llanto *284,7*

De el llanto, pues, numeroso *287,33*

De poca tierra, no de poco llanto! *298,12*

El sentimiento i aun el llanto ahora, *318,418*

Mas con su llanto labaron *322,477*

Entre concentos de llanto *333,7*

El llanto en perlas coronò las flores, *339,10*

De los PHILIPPOS: Tu, confuso en llanto, *368,45*

Las plumas peina orillas de su llanto. *404,32*

Llaue *14*

La llaue de vn pistolete; *88,20*

No ai guardas oi de llaue tan segura *120,13*

Fueron la llaue maestra *122,4*

Abra dorada llaue *156,1*

la llaue maestra fue *229,598*

i tu amor sea la llaue *229,2562*

Llaue es ia de los tiempos, i no pluma. *232,11*

Vna i otra de Alcides llaue cierra. *263,402*

O a la que torciò llaue el fontanero, *264,225*

Llaue de la alta puerta, *264,713*

La niega con llaue tal, *268,45*

De porfido luciente dura llaue, *274,2*

Al templo del bifronte Dios la llaue. *318,24*

Es el silencio la llaue. *348,35*

Llaues *14*

I lleua las llaues *4,17*

Illustri Cauaglier, llaues doradas; *69,4*

Llaues tuias i termino de Alcides; *72,74*

Las llaues del aluedrio, *78,27*

Debaxo de treinta llaues, *110,10*

De puerta de muchas llaues, *126,13*

Son las llaues de su puerto, *143,14*

Por las fuerças que le ha entregado: llaues *230,40*

Por guardas tiene, llaues ia maestras *230,50*

Las llaues del Paraìso *269,923*

De su libertad las llaues *269,1741*

I de heredar a Pedro en las dos llaues, *290,8*

A vuestras llaues, a su espada ardiente. *335,8*

Llaues dos tales, tales dos espadas, *421,41*

Lleba *1*

Que ondas de tinta lleba, *412,49*

Llega *22*

Hacia la orilla se llega, *9,25*

No llega mas que a distancia *9,36*

La suauidad que espira el marmol (llega) *136,12*

Llega al Cordero, que fue *208,15*

Llega a comer ezte pan, *210,12*

que oi llega, i su fecha es *229,1114*

llega de tu libertad. *229,1527*

i llega a melancolia. *229,2060*

Ia llega, Camilo, el dia... *229,2660*

Señores, mi ierno llega. *229,2750*

Galeaço llega ia. *229,2931*

llega con ciertos despachos. *229,3421*

A Doris llega, que con llanto pio, *261,503*

A los indignos de ser muros llega *264,969*

Ia llega a los corredores. *269,1165*

O al mar no llega, o llega con pie tardo. *279,30*

O al mar no llega, o llega con pie tardo. *279,30*

A los pies llega al fin del Quinto Carlo, *279,37*

Brasildo llega tambien *301,60*

Del esplendor solicitada, llega *392,6*

Ola, que no llega la ola. *419,19*

A Santiago camina, donde llega: *428,13*

Llegada *1*

Mas basta, que la mula es ia llegada. *203,120*

Llegado *8*

Señora, he llegado a vista *74,102*

Ha llegado alegremente, *191,4*

Carta, señora, ha llegado. *229,1112*

No, amiga, que aun no he llegado. *229,1788*

Seais, señor, bien llegado. *229,2947*

Llegado han ia tus engaños *269,329*

Porque entre los monteros que han llegado *499,52*

Que me digas si ha llegado *499,276*

Llegados *1*

Llegados a la puente de Simancas, *151,9*

Llegalas *1*

Llegalas, ô clarissimo mancebo, *67,9*

Llegamos *2*

Llegamos a la Ciudad, *229,528*

Llegamos a Mocejon, *229,3278*

Llegan *9*

Llegan a Medina *65,210*

Se lo llegan las hormigas, *93,27*

no llegan a su çapato. *229,1563*

Al pueblo llegan con la luz que el dia *263,645*

Cuestas que llegan a la ardiente esfera, *476,9*

I al tabaque se llegan todas. *494,7*

I al tabaque se llegan todas. *494,22*

I al tabaque se llegan todas. *494,37*

I al tabaque se llegan todas. *494,52*

Llegando *4*

I llegando al vado, lleno *88,53*

que en llegando me ha herido *229,2814*

que, llegando a tu posada, *229,3092*

Humilde en llegando atè *331,56*

Llegandose *1*

Llegandose poco a poco *74,53*

Llegaos *2*

Llegaos a oréàlla, *79,85*

Llegaos acà. En mi verdad *269,1198*

Llegar *7*

De llegar a mis rediles *10,15*

si a manos han de llegar *229,1575*

hasta llegar a perdellas *229,2035*

De tu lança llegar, atrauesado *280,44*

Ola, que no quiere llegar". *419,20*

Que ser venado i no llegar a viejo *451,3*

Llegar a tomar postas mui cansado *463,3*

Llegarà *2*

o tarde llegarà, o mal, *229,992*

Llegarà, i luego al momento *229,2618*

Llegaran *1*

Llegaran conducidos. *263,754*

Llegareis *1*

Le llegareis al touillo. *334,20*

Llegarme *1*

Mal harè en llegarme a el, *229,824*

Llegaron *3*
Llegaron temprano a ella, *131,65*
Llegaron todos pues, i con gallarda *263,852*
Llegaron luego donde al mar se atreue, *264,302*
Llegas *1*
Ô peregrino, tu, qualquier que llegas, *194,12*
Llegate *1*
Tisberto, llegate acà. *269,1479*
Llego *1*
Igual se libra, i a juzgalla llego *456,10*
Llegò *28*
En esto llegò Bandurrio, *59,77*
Llegò en esto vna viuda mesurada, *68,9*
En esto llegò Gaiferos *73,129*
Llegò entonces Ximenillo, *88,93*
Conducida llegò a pisar el prado, *137,5*
Llegò al monte del Señor *211,8*
Llegò el galan a la niña, *226,57*
Llegò en vn rocin mui flaco *228,72*
Llegò al fin (que no debiera) *228,177*
Llegò desnudo a la orilla, *228,189*
Llegò ia tu desuario? *229,909*
Llegò Acis, i de ambas luzes bellas *261,189*
Llegò pues el mancebo, i saludado, *263,90*
Llegò, i a vista tanta *263,190*
Llegò la desposada apenas, quando *263,963*
Llegò todo el lugar, i despedido, *263,1084*
"Aqui llegò a esta posada *269,765*
Llegò aier vn forastero *269,785*
Llegò en esto la morena, *322,209*
Cansada llegò a su margen, *322,297*
En esto llegò el tardon, *322,353*
Llegò pisando cenizas *322,357*
Llegò en esto Belisa, *339,12*
Llegò Belisa: *349,19*
A los tres caños llegò, *419,9*
Si llegò mudilla Ines. *419,34*
Llegò en esta saçon Bras, *419,63*
Llegò al infierno a tiempo tan obscuro, *472,3*
Llegue *4*
quando llegue Galeaço. *229,1281*
Llegue acà el Lelio fingido, *229,2424*
Antes que llegue a ser nobia *269,729*
Llegue; que no es pequeña la ventaja *397,13*
Lleguè *11*
Lleguè a Valladolid; registrè luego *150,1*
Estrangero pastor lleguè sin guia, *169,3*
Lleguè, i a vuestra dulce compañia, *172,2*
Lleguè a este Monte fuerte, coronado *195,1*
a lo vltimo lleguè, *229,75*
Lleguè a Toledo en Abril, *229,2259*
Lleguè humilde, i suppliquèla *229,2350*
I lleguè a esta ciudad, donde *269,423*
Lleguè, señora tia, a la Mamora, *278,1*
Lleguè donde al heno vi, *331,49*
Lleguè a vuestro palacio. El cielo sabe *465,2*
Lleguen *2*
Lleguen tres, o lleguen treze; *209,11*
Lleguen tres, o lleguen treze; *209,11*
Llena *5*
Llena de risa responde: *10,57*
Quando mas estaua llena *73,34*
llena, i este es el postrero: *229,1237*
Digo, vna saluilla llena *229,2051*
donde, de serpientes llena, *229,2667*

Llenaba *1*
Llenaba su cantarilla, *419,13*
Llenas *1*
Que, mas de joias que de viento llenas, *77,80*
Llenen *1*
Llenen el mar de barbaros nadantes *72,83*
Lleno *9*
Tenga io lleno el brassero *7,19*
De que a pesar dèl tiempo has de estar lleno. *30,8*
De guijarros lleno, *50,110*
I llegando al vado, lleno *88,53*
Estarè lleno de armados. *96,128*
de su padre de años lleno. *229,279*
Que el prado por Abril de flores lleno: *229,1487*
Cercado es, quanto mas capaz mas lleno, *261,73*
Me siento de mi i que lleno *301,66*
Llenos *3*
A seruidores tan llenos *55,47*
Tiene llenos los margenes de ojos. *152,14*
De lagrimas los tiernos ojos llenos, *263,360*
Lleua *43*
I lleua las llaues *4,17*
Bonete lleua Turqui, *49,57*
No lleua mas de vn alfange, *49,65*
No lleua por la marlota *62,9*
Lleua sus lagrimas tiernas. *62,20*
A vn galan lleua vn recado, *94,23*
El Marques me lleua en coche; *98,82*
Si el necio a su casa lleua *105,19*
En los saraos, quien lleua las mas veces *138,9*
Que lleua el señor Esgueua? *159,1*
Io os dirè lo que lleua. *159,2*
Lleua este rio crecido, *159,3*
Que lleua el señor Esgueua? *159,11*
Io os dirè lo que lleua. *159,12*
Lleua el crystal que le enuia *159,13*
Que lleua el señor Esgueua? *159,21*
Io os dirè lo que lleua. *159,22*
Lleua lagrimas cansadas *159,23*
Que lleua el señor Esgueua? *159,31*
Io os dirè lo que lleua. *159,32*
Lleua pescado de mar, *159,33*
Que lleua el señor Esgueua? *159,41*
Io os dirè lo que lleua. *159,42*
Lleua, no patos Rèàles *159,43*
Colmenas lleua i panales, *159,47*
Que lleua el señor Esgueua? *159,51*
Io os dirè lo que lleua. *159,52*
Lleua, sin tener su orilla *159,53*
Que lleua el señor Esgueua? *159,61*
Io os dirè lo que lleua. *159,62*
La palma que lleua *160,78*
Borlas lleua differentes, *176,11*
Lleua, la que menos ara, *204,38*
Que vna aueja le lleua la flor *226,111*
Que vna aueja le lleua la flor *226,121*
Lleua con ella la mano. *229,316*
me lleua a Camilo. Assido? *229,662*
De quien le lleua donde leuantado, *263,184*
No las cosas que lleua. *269,1065*
Lleua instruìdo a Tisberto, *269,1592*
La mitad del alma me lleua la mar: *345,7*

Por el Carmen la lleua a la Victoria. *434,14*
De donde el esposo lleua *498,28*
Lleuaba *1*
Se la lleuaba a Mallorca, *97,10*
Lleuad *1*
Lleuad estos caualleros. *269,1215*
Lleuais *1*
Que lleuais suspiros *79,87*
Lleualle *1*
Para lleualle el compas, *161,79*
Lleuallo *1*
Deuidamente lleuallo; *320,8*
Lleuallos *1*
Si el aire quiere lleuallos; *98,68*
Lleuame *1*
Lleuame el fraile el humor, *98,81*
Lleuan *5*
Cuias ondas se le lleuan, *62,18*
O se la traen, o la lleuan, *62,36*
Arboles que lleuan, *65,101*
Que se lleuan las aguas los remos! *106,18*
Que se lleuan las aguas los remos! *106,36*
Lleuando *3*
Como? Pidiendo i lleuando, *269,994*
Lleuando mas de Rèàl *288,106*
Lleuando gente consigo, *477,12*
Lleuar *7*
Lleuar el cuño Rèàl, *55,18*
Parte a lleuar al Occidente el dia *166,22*
Ia que lleuar no puedo ruicriados, *203,11*
porque no la he de lleuar, *229,1771*
lleuar allà francolin, *229,2467*
Que mal lleuar se dexa, *263,332*
Sin lleuar fruto despues. *269,225*
Lleuarà *4*
I lleuarà cada dia, *159,4*
que lleuarà lengua ella. *229,1746*
Que os lleuarà al atàùd *282,6*
Os lleuarà de la trailla vn page, *367,6*
Lleuaràs *1*
i lleuaràs los cabellos. *229,1864*
Lleuaria *1*
Qual lleuaria la Francesa *73,18*
Lleuarse *1*
Por lo menos a lleuarse *110,26*
Lleuarte *2*
A lleuarte, Lelio, a Missa; *229,1013*
Es lleuarte a Siluio luego, *499,292*
Lleuas *3*
es que me lleuas tras ti *229,648*
de los cabellos me lleuas. *229,654*
Pues lo lleuas de essa suerte, *269,126*
Lleuauala *1*
Lleuauala don Gaiferos, *73,13*
Lleue *5*
Para que le lleue a el, *57,9*
I a vn Moro captiuo lleue, *57,10*
Los demas los lleue el aire, *98,67*
Antes que la palma lleue *176,8*
Lleue Iudas, si algo tengo. *269,1537*
Lleues *1*
Mira que lleues con ellos *229,1865*
Lleuese *1*
Lleuese el mal lo llorado, *27,75*
Lleuo *2*

Que lleuo muchas cosas que contaros. *203,9*
El mismo. Pues como lleuo *229,3114*
Lleuò *9*
Lleuò, vencido en la entrada *74,47*
Con lo que lleuò, *80,40*
I lleuò la voz". *80,42*
Serrana, os lleuò gallarda, *205,24*
El viento las lleuò, i dura mi pena. *229,295*
Diez velas lleuò al Baptismo *240,9*
De Alcides le lleuò luego a las plantas, *263,659*
I a Casilda le lleuò *269,1048*
La lleuò donde el cuitado *322,445*
Llevarè *1*
No llevarè al menos que *229,2458*
Llora *35*
Porque si es verdad que llora *38,21*
Aquel ruiseñor llora, que sospecho *41,2*
Tanto llora el hideputa, *62,21*
Los espacios que no llora *62,25*
I si llora, enxuga al Alua *95,47*
I con sus amigas llora *105,52*
Ô que bien llora! *115,9*
Ô que bien llora! *115,19*
Ô que bien llora! *115,29*
Ô que bien llora! *115,39*
—Por que llora la Isabelitica? *124,1*
—Por que llora la Isabelitica? *124,11*
Por que llora la Isabelitica? *124,19*
—Por que llora la Isabelitica? *124,27*
Por que llora la Isabelitica? *124,35*
Quan bien llora su esperança! *133,10*
Lo que llora i lo que canta: *133,12*
En tanto que el Alua llora, *149,10*
I no quiero deciros quien las llora, *154,2*
Quando todo el mundo llora? *158,4*
Llora Minguilla crystales. *216,12*
Sus hojas si, no su fragrancia, llora *221,9*
Llora su religion el hospedage. *229,36*
Llora el alma! Llore vn rio. *229,1137*
Muerto su exercicio, llora *235,2*
Llora el Betis, no lejos de su fuente, *260,5*
Si es nectar lo que llora, *263,322*
Beber las perlas que llora. *268,64*
Pues que, llora por mi? Llora *269,1750*
Pues que, llora por mi? Llora *269,1750*
Suda electro en los numeros que llora. *316,4*
Llora la adulacion, i luto viste? *318,416*
Llora Gil estas ausencias *357,81*
Sus dichas llora, que fueron *357,85*
La liberalidad, si el jaspe llora, *368,31*
Llorad *3*
Llorad su muerte, mas sea *27,85*
Llorad, coraçon, *80,17*
Llorad, coraçon, *80,43*
Llorada *3*
Lagrima antes enxuta que llorada. *264,157*
Libertad dice llorada *322,49*
Tu pluma fue, tu muerte es oi llorada. *364,8*
Lloradas *1*
Son de tres ojos lloradas; *159,26*
Llorado *3*
Lleuese el mal lo llorado, *27,75*
Llorado de sus amigas, *93,48*
Mueres Cisne llorado de Syrenas. *280,15*
Llorais *1*

Ai! Llorais por esto, amiga? *229,3304*
Lloralla *1*
que otros pudieran lloralla. *229,3313*
Llorando *11*
Llorando està dos Nymphas ia sin vidas *12,3*
Se assoman llorando a verlo. *49,76*
Llorando la ausencia *80,9*
Llorando por los ojos *103,63*
Llorando su liuertad *115,7*
Quiero cantar llorando *127,5*
Cuios ojos estan llorando arena, *199,2*
I estoi llorando mas que ellos. *269,515*
Llorando Pyramo estaba *322,135*
Dulcemente llorando, *368,26*
Quando no llorando fuego. *384,10*
Llorar *25*
"Dexadme llorar *4,9*
Dexadme llorar *4,19*
En llorar conuiertan *4,21*
Dexadme llorar *4,29*
Dexadme llorar *4,39*
Dexadme llorar *4,49*
Dexadme llorar *4,59*
Tengo para llorar causas. *9,58*
A llorar por el *11,23*
Llorar sin premio i suspirar en vano. *19,14*
De su llorar importuno, *27,18*
Que lloreis, (pues llorar solo a vos toca, *46,12*
Si ia la vista, de llorar cansada, *99,1*
Fuego le hazen llorar, *116,6*
Cantar las aues, i llorar la gente. *139,14*
Casta Venus llorar su quarta gracia, *260,10*
Lesbina, llorar me plaze *269,1063*
I vi llorar niño ahora, *331,62*
Quatro lagrimas llorar, *409,8*
Mucho tengo que llorar, *418,3*
Mucho tengo que llorar. *418,13*
Mucho tengo que llorar. *418,31*
Mucho tengo que llorar. *418,49*
Cantando, por no llorar *419,15*
I a llorar sus pecados las personas. *450,11*
Llorarà *1*
Quien no llorarà *4,42*
Lloràra *1*
Lloràra en dos haças mias, *62,23*
Lloras *2*
Lo que lloras por el; *193,14*
Lloras, Casilda? i io lloro *269,1026*
Llorastes *1*
Al osado Pháèton llorastes viuas, *46,2*
Lloraua *2*
Lloraua la niña *80,1*
Lloraua ausencias ROSARDO; *116,1*
Llore *7*
I llore solo aquel que su Medusa *41,12*
Que tan tiernamente llore *57,23*
" — Llore alto, moro amigo, *62,61*
Que muerto esposso llore, *103,47*
Lauandera que no llore de pena, *199,6*
Llora el alma! Llore vn rio. *229,1137*
Si descansan los ojos, llore la voz. *345,14*
Lloreis *1*
Que lloreis, (pues llorar solo a vos toca, *46,12*
Lloremos *1*
I lloremos a la brida, *486,2*

Lloren *1*
I lagrimas lloren, *80,29*
Llorente *1*
De el Alcalde Anton Llorente, *59,2*
Lloro *11*
Saludauan aier con dulce lloro, *60,4*
I con dulce pluma lloro. *83,60*
Mientras suspiro humo, i lloro fuego". *116,27*
Mientras suspiro humo, i lloro fuego". *116,42*
Mientras suspiro humo, i lloro fuego". *116,57*
Danme vn qualto de pata, i lloro. *124,4*
Lo que io le lloro mal. *192,10*
Tus cadenas al pie, lloro al rûìdo *197,9*
Lloras, Casilda? i io lloro *269,1026*
I pues que no lloro aqui *269,1066*
Mas con gemido alterno i dulce lloro, *291,6*
Llorò *7*
Muerto me llorò el Tormes en su orilla, *101,1*
Llorò aljofar, llorò perlas, *243,33*
Llorò aljofar, llorò perlas, *243,33*
Lo que llorò la Aurora, *263,321*
Llorò el Tajo cristal, a cuia espuma *291,9*
De los aromas que llorò el Oriente; *362,4*
Llorò su muerte el Sol, i del segundo *391,9*
Lloròlos *1*
Lloròlos con el Euphrates, *322,473*
Lloron *1*
Aquel ieguero lloron, *59,31*
Llorosa *1*
Que llorosa en su aposento, *49,82*
Llouia *1*
Pero Amor, como llouia *75,45*
Llouiò *3*
Fuego llouiò el cielo airado, *211,10*
Los granos de oro que llouiò la nube. *269,1258*
Mudas lenguas en fuego llouiò tanto, *318,492*
Llouiosa *1*
I vna noche mui llouiosa, *228,179*
Llueua *2*
Quien en años secos llueua? *105,20*
Que no truene i que no llueua. *159,30*
Llueue *3*
Pues si en la vna granos de oro llueue, *261,147*
Flores ciñe, i perlas llueue *269,1779*
Generoso Don Iuan, sobre quien llueue *425,1*
Llueuen *3*
Que lança el coraçon, los ojos llueuen, *19,2*
Iazmines llueuen i rosas. *149,98*
Llueuen sobre el que Amor quiere que sea
    261,335
Lluuias *1*
Que lluuias Hespañolas han mojado; *449,11*
Loa *4*
Que pues la inuidia la loa, *121,103*
Pues lo llama Hespaña loa, *259,22*
La muger de mayor loa, *269,217*
Que quien mas las celebra mas se loa. *435,11*
Loan *1*
Loan al Maestro Sage; *63,100*
Loba *2*
Ô Reina torpe, Reina no, mas loba *72,49*
De olmos negros a loba Lutherana. *199,8*
Lobas *1*
Les ba el lobo haziendo lobas. *149,50*
Lobo *12*

Que està combidando al lobo, *121,158*
Les ba el lobo haziendo lobas. *149,50*
sino verdad. Guarda el lobo *229,3499*
Nocturno el lobo de las sombras nace; *261,172*
Las personas tras de vn lobo traìa, *263,225*
Que aun entre el lobo i ouejas *302,3*
I manso el lobo se veen. *302,12*
Que aun entre el lobo i ouejas *302,15*
Que aun entre el lobo i ouejas *302,27*
De las orejas io teniendo al lobo, *379,12*
Masse Lobo ha prorogado, *481,2*
O apele de vn masse Lobo *481,9*
Lobrego *1*
Lo que al Sol para el lobrego Occidente,
    263,632
Loca *11*
Mi ardimiento en amar, mi empresa loca.
    46,14
A la de Pháèton loca experiencia: *109,11*
Vano es aqui, i ella loca. *213,22*
prudencia tiene vna loca! *229,1901*
guardàralo, si no es loca. *229,1954*
Si obedece, esposa es loca; *229,2520*
Tan loca soi? Tan cuerdo eres, *229,2653*
Con la sobrinilla loca, *269,148*
I amante no soi mui loca. *269,1093*
Aunque la tendrè por loca *282,25*
Que dirè a cera tan loca *284,11*
Loçana *3*
Del alto monte la loçana cumbre, *17,2*
De la juuentud loçana, *29,8*
Que inuidia de los bosques fue loçana, *380,2*
Loçano *8*
Qual verde oja de alamo loçano *15,7*
I mientras triumpha con desden loçano *24,7*
Por sus relinchos loçano *57,7*
Al de plumas loçano *229,1067*
Dexa su vrna el Betis, i loçano *250,12*
Eral loçano assi nouillo tierno, *264,17*
Mira que del almendro mas loçano *264,610*
Que ignore el iugo su loçano cuello. *360,8*
Loçanos *1*
Se humillan los mas loçanos, *157,16*
Locas *4*
Por esso, mozuelas locas, *29,53*
Locas empressas, ardimientos vanos), *46,13*
Locas esperanças, *50,25*
i donde a sus ondas locas *229,2675*
Loco *17*
Acabad con mi loco pensamiento *32,9*
El loco fin, de cuio vuelo osado *45,3*
De algun loco Paladin. *82,132*
Quanto va de cuerdo a loco. *83,24*
Quanto va de cuerdo a loco. *83,48*
Quanto va de cuerdo a loco. *83,80*
Quanto va de cuerdo a loco. *83,104*
Pues vn loco ciento hace. *216,20*
Loco estoy en quanto digo: *229,136*
i el que es loco nunca es viejo. *229,1009*
tu esperança le hiço loco, *229,1230*
sopla mas. Dime estàs loco? *229,1253*
Que voces das? Estàs loco? *229,2738*
Loco estoi. Ia creo al vno, *229,3186*
Vn Narciso, aqui mas loco *301,17*
Perdido, mas no tan loco. *348,30*

Nadò en desengaños loco. *357,20*
Locos *3*
Otros como locos *160,19*
Por no decilla de locos. *242,8*
Si os faltare la casa de los locos, *446,9*
Locura *3*
i su locura Póèta. *229,1231*
A toda locura excede. *269,185*
Mui grande locura es, *269,834*
Locuras *1*
De las locuras dèl Conde. *131,136*
Lodos *4*
Que aquestos barros son lodos, *6,47*
Lodos con peregil i ierbabuena: *69,13*
Por esos lodos he visto *408,2*
Passear sin gualdrapa haciendo lodos; *463,11*
Lodosa *1*
Al de Niebla, al de Nieua, al de Lodosa.
    154,14
Logra *1*
Logra sus tiernos años, sus Réàles *77,58*
Lograda *2*
La alta esperança en el se vea lograda *145,9*
Bien nacida, i mal lograda; *237,4*
Logradas *1*
Logradas las occasiones, *269,1128*
Logradle *1*
Logradle, Isabela hermosa, *229,2041*
Logrado *3*
Que perdi aquel mal logrado *27,59*
Dèl animoso jouen mal logrado *45,2*
Dio poca sangre el mal logrado terno, *291,10*
Logrados *1*
Iuntando los mal logrados *75,81*
Logran *2*
Que ai vnas gatas que logran *58,45*
Que no logran las arenas *78,43*
Lograr *2*
Mas los que lograr bien no supo Midas *263,433*
Siglos ha de lograr mas su memoria, *359,13*
Lograstes *1*
Los puntos que no lograstes. *110,28*
Logre *3*
Pincel las logre, i sean tus hazañas *66,13*
Do el garzon sus dichas logre. *131,72*
I logre la capilla cagalona, *445,4*
Logro *2*
El logro de tu hermosura *121,119*
En el infelice logro *357,86*
Logrò *2*
Mal logrò quatro parientes, *122,52*
Dacio logrò magnifico su intento; *318,340*
Logroño *2*
Que mamò en Logroño *65,191*
Fardos de Logroño *160,107*
Loiga *1*
— Choton, no loiga el cochilio *305,18*
Lombardia *1*
En Lombardia trompas eloquentes, *318,578*
Lombardo *2*
Si no hospedado del fìèl Lombardo, *279,26*
Súaue iugo, que al Lombardo fiero *337,7*
Lombriz *1*
Con lombriz que con aluda. *102,40*
Lomelin *1*

vn Ginoues Lomelin. *229,2381*
Lomo *1*
Merced de la tixera a punta o lomo *397,5*
Lomos *2*
En la mitad de los lomos *28,15*
A tus lomos, ô rucia, me encomiendo. *203,121*
Londres *1*
i el Ingles halla a su Londres; *229,491*
Longanicen *1*
Se longanicen las tripas *149,11*
Lonja *4*
Vna lonja cortar puedes *59,62*
Ô como sabe vna lonja *59,65*
Vna lonja entre vn mollete, *88,82*
ni ahora pisa la Lonja, *229,723*
Lopa *1*
Vimo, señora Lopa, su Epopeia, *430,1*
Lope *7*
A fee que Lope de Rueda *229,3229*
No imitareis al Terenciano Lope, *427,5*
Se agregaron a Lope sus sequazes: *432,2*
Danos gatazos Lope con su sciencia; *462,7*
Hermano Lope, borrame el sonè *468,1*
El plectro, Lope, mas graue, *478,2*
Siendo Lope de la haz, *488,8*
Lopico *3*
Dicen que ha hecho Lopico *489,1*
A este Lopico lo-pico. *489,5*
A este Lopico lo-pico. *489,5*
Lopillo *2*
Por tu vida, Lopillo, que me borres *429,1*
Embutiste, Lopillo, a Sabaot *473,1*
Loquazes *1*
Tres monjas con la Angelica loquazes, *432,7*
Loquilla *2*
I la hijuela loquilla *122,10*
Que loquilla està vna ciega! *229,2698*
Loquillas *2*
Que por parir mil loquillas *6,49*
Loquillas i confiadas, *29,4*
Lorigas *1*
Afforraban en lorigas, *93,55*
Loro *1*
Qvando sale, el Ganges loro, *322,479*
Lot *1*
Le diste vn mui mal rato al justo Lot. *473,4*
Lozana *1*
I para no ser nada estàs lozana? *466,4*
Lozano *2*
Reclinados, al myrtho mas lozano *261,317*
Ande lozano i gallardo; *496,5*
Lubrica *2*
Mientras en su piel lubrica fiado *264,92*
De sceptro digna. Lubrica no tanto *264,823*
Lùcanos *1*
Sus Lùcanos i Senècas. *275,112*
Lucas *1*
La mañana de sanct Lucas, *26,78*
Luce *5*
Que del fin temblando luce, *75,12*
Sobre el aljofar que en las hierbas luce, *203,94*
Afecto que humea, si no luce. *318,592*
A lo que luce, i ambiciosa entrega *392,7*
Luce vn Cauallero *422,5*
Lucero *4*

Las noches como el Lucero. *143,8*
Andad, pues, con Dios, lucero. *229,3467*
A pesar del lucero de su frente, *293,9*
Emulas brutas del maior Lucero, *361,2*
Luceros *6*
I mata con dos luceros. *268,12*
I mata con dos luceros. *268,24*
I mata con dos luceros. *268,36*
Si duermen sus dos luceros. *352,12*
Si duermen sus dos luceros. *352,24*
Luceros ia de Palacio, *376,17*
Luces *17*
Que la que illustra el cielo en luces nueue.
    15,14
Dos mil perlas de ambas luces, *75,42*
Que espera vn baxel luces en la gabia? *135,13*
Al trasponer de Phebo ia las luces *155,12*
Luces diuinas, aquellas *158,46*
Vosotras incluis dos luces bellas, *229,19*
si ia sus luces no applica, *229,919*
pues hizo el candil tres luces, *229,924*
Que ia de aromas, ia de luces, tanto *246,11*
Claro, no a luces oi de lisongero *251,2*
De luces mil de sebo salpicado *255,2*
Phebo luces, si no sombras Morpheo. *274,11*
De pisar gloríosa luces bellas, *318,402*
Si piedras no lucientes, luces duras *318,462*
Los faroles, ia luces de Leuante, *323,3*
Redimiendo ciegas luces, *355,51*
Vestir luces a vn Planeta, *390,11*
Lucha *4*
Lucha, ia a la carrera poluorosa. *263,565*
En la lucha, en el salto, en la carrera. *263,572*
Con que se puso termino a la lucha. *263,980*
Retrogrado cediò en desigual lucha *264,20*
Luchadores *1*
Hizieron dos robustos luchadores *263,965*
Luchan *1*
contra la authoridad luchan *229,3044*
Luchando *1*
Luchando por fuerça; *79,36*
Luchar *1*
A luchar baja vn poco con la falda, *25,18*
Lucho *1*
Con dos enemigos lucho. *229,1159*
Lucia *1*
Que aun en tus ojos lucia, *416,6*
Lucida *3*
De quien timido Athlante a mas lucida, *298,46*
La gala mas lucida mas luciente. *318,496*
Para viuir tan poco estàs lucida, *466,3*
Lucidissimo *1*
Dèl lucidissimo Phebo, *121,129*
Lucido *2*
Se disoluiò, i el lucido topacio, *318,522*
Lucido caudal. *350,18*
Lùcido *1*
Del voraz fue, del lùcido elemento, *324,6*
Lucidos *2*
Virgenes bellas, jouenes lucidos, *263,753*
Preuengan los mas lucidos *334,50*
Luciente *76*
De el luciente crystal tu gentil cuello; *24,8*
Oro, lilio, clauel, crystal luciente, *24,11*
Conuierta en luciente plata, *29,56*

Blanco marmol, qual euano luciente, *34,2*
Ornò corona Real de oro luciente *72,39*
Flechas de oro luciente. *103,8*
Espejos claros de crystal luciente. *114,18*
Aurora luciente i clara *121,85*
Liba el rocio luciente, *142,25*
El luciente oficio hazen *143,5*
Con su hermosa Siluia, Sol luciente *146,7*
De vn Sol luciente ahora, *156,17*
En noche caminais, noche luciente, *164,13*
Que en tanto mar serà vn harpon luciente,
    174,13
Dexa el monte, garzon; poco el luciente *175,9*
Que oi de perlas bordò la Alua luciente, *184,2*
I le hallò el luciente Phebo. *215,16*
Ha sido i es zodiaco luciente *219,10*
Lo lindo, al fin, lo luciente, *226,65*
Guedejas visten ia de oro luciente. *230,23*
La MARGARITA pues, luciente gloria *245,9*
Melancolica aguja, si luciente. *246,8*
Farol luciente sois, que solicita *247,9*
Al puerto; i a pesar de lo luciente, *247,11*
Sacro esplendor, en toda edad luciente, *250,2*
Si vna perla no es luciente, *257,13*
Luciente de Hespaña gloria; *259,30*
Canas, luciente omenage *259,59*
De vn Sol antes caduco que luciente. *260,8*
Que espejo de zaphiro fue luciente *261,419*
Luciente paga de la mejor fruta *261,453*
La hasta de tu luciente jaualina; *262,21*
Luciente honor del cielo, *263,5*
I ciega vn rio sigue, que luciente, *263,198*
Ni a la pluuia luciente de oro fino, *263,842*
Les siruieron, i en oro no luciente, *263,867*
Luciente nacar te siruiò no poca *264,446*
Hasta el luciente bipartido estremo *264,475*
No ondas, no luciente *264,577*
Nupcial la califique tea luciente; *264,608*
A la vna luciente i otra fiera *264,620*
Magestad en sus ondas, el luciente *264,815*
Cerrera, luciente hija *268,7*
Luciente pluuia io de granos de oro, *269,1253*
De porfido luciente dura llaue, *274,2*
La tea de Hymeneo mal luciente *280,49*
Si no luciente, cortes, *285,14*
El mas luciente harpon. *286,20*
Su medula chupando està luciente. *298,39*
Cuio postillon luciente *309,4*
Cuio postillon luciente *309,32*
Generoso esplendor, sino luciente, *311,1*
En throno si de pluma, que luciente, *315,11*
Hija del que la mas luciente zona *318,37*
De Europa, con rejon luciente agita; *318,66*
Trompa luciente, armoníoso trueno; *318,100*
Propicio albor del Hespero luciente, *318,142*
Iaspe luciente, si palida insidia, *318,215*
Piedra, si brebe, la que mas luciente *318,219*
Al diádema de luciente Apolo *318,235*
Qual la estrellada maquina luciente *318,251*
La gala mas lucida mas luciente. *318,496*
Luciente crystal lasciuo, *322,53*
En vez, Señora, del crystal luciente, *323,1*
De los arboles luciente, *333,28*
Purpureo creced, raio luciente *335,1*
A este que admiramos en luciente, *337,1*

De mi firmeza vn emulo luciente, *341,2*
Si espirò el Cigarral, barbo luciente *342,9*
Luciente alqueria *349,3*
Si ia al metal no atadas, mas luciente. *361,4*
Este funeral trono, que luciente, *362,1*
El mas luciente harpon *377,26*
Lo menos luciente os sufran, *390,19*
No a mi ambicion contrario tan luciente,
    392,12
En rosicler menos luciente Febo *421,3*
Lucientes *17*
Vencer en lucientes perlas. *38,24*
Phebo os teme por mas lucientes Soles, *76,3*
En dos lucientes estrellas, *143,1*
En las tres lucientes bolas *149,6*
Que con las lucientes colas *149,104*
A cuios raios lucientes *179,49*
peinados raios lucientes, *229,895*
Lucientes ojos de su blanca pluma: *261,102*
Que en las lucientes de marfil clauijas *263,346*
Mientras cenando en porfidos lucientes,
    264,358
Nimpha por quien lucientes son corales
    264,596
Ponian de chrysolitos lucientes, *264,680*
Sangre Rèàl en sus lucientes venas. *313,16*
Sino Apolos lucientes dos a España, *318,115*
Si piedras no lucientes, luces duras *318,462*
Astros de plata, que en lucientes giros *318,519*
Los dos lucientes ia del cisne pollos, *399,9*
Lucifero *1*
Lauro, por premio del gran Dios Lucifero. *1,52*
Lucilo *1*
En los bronces sellò de su lucilo; *318,412*
Lucina *2*
Traiganos oi Lucina *156,13*
Casta Lucina en Lunas desiguales, *263,813*
Luciò *1*
Iurarè que luciò mas su guirnalda *15,12*
Lucios *1*
Petos fuertes, ielmos lucios? *27,118*
Luçir *1*
Mirème, i luçir vi vn sol en mi frente, *261,421*
Luco *3*
Por la arena desnuda el Luco ierra, *230,2*
El Luco, que con lengua al fin vibrante, *230,3*
Los muros coronar que el Luco baña. *230,17*
Lucrecia *26*
El marido de Lucrecia, *73,90*
I Lucrecia bien perdona *167,23*
Fue templado Caton, casta Lucrecia; *263,498*
Quadro de nuestra Lucrecia? *269,192*
Que le dexè con Lucrecia, *269,598*
Es la señora Lucrecia? *269,883*
Lucrecia bella, el Prìncipe Troiano *269,1226*
Esto, señora Lucrecia, *269,1290*
No tengas, Lucrecia, miedo, *269,1326*
Lucrecia. Ai triste de mi! *269,1354*
Lucrecia. Acà està Gerardo. *269,1359*
A Lucrecia se los di, *269,1376*
Tal burla a Lucrecia? Amigo *269,1390*
Que dizes, Lucrecia? Digo *269,1422*
Te reconocì, Lucrecia. *269,1435*
(Aunque Lucrecia nos vea), *269,1475*
Lucrecia bella. Aleuoso. *269,1478*

Don Tristan, tio de Lucrecia, *269,1496*
A Lucrecia tengo en pan; *269,1554*
Hermosissima Lucrecia, *269,1564*
Has, Lucrecia, de querer *269,1572*
Lucrecia, assi Dios me guarde *269,1586*
Señora Lucrecia, a Dios. *269,1596*
A Dios, Lucrecia señora. *269,1597*
Buena dexas a Lucrecia. *269,1602*
De vn marmol que ni Lucrecia *355,47*

Luego *126*

Cantando de su rico aluergue, i luego *14,11*
Mas luego que ciñò sus sienes bellas *15,9*
Daba luego vuelta a Flandes, *26,41*
Volued luego a Montesinos *27,41*
Le manda desterrar luego, *49,34*
Socorriste luego, *50,102*
Que escupe las muelas luego. *58,52*
Vn toro... Mas luego bueluo, *58,62*
Contempla luego en Balaja, *62,33*
I vosotros luego, *79,25*
I salese luego al barrio *81,29*
I luego que me parti *82,106*
Quando la murmuran luego; *87,76*
Desciende luego tras ellos *96,85*
Ô que dichoso que seria io luego, *101,12*
Moriste, i Amor luego *103,5*
Luego otro dia se ensote, *107,78*
Hacele luego hospital *122,31*
Sale luego el potro baio. *123,8*
I thalamo fue luego. *129,17*
Que serà thalamo luego *131,71*
Cloris, i luego a la hora *149,80*
I el humido cuerpo luego, *149,109*
Fia luego la persona. *149,114*
Lleguè a Valladolid; registrè luego *150,1*
Luego que en el rio se ceua. *159,40*
Se arrebozò luego en ella, *161,103*
— Luego es de Moros? — Si, señora tia.
    183,9
Que seremos allà luego *191,7*
I luego se arrepintiò *208,4*
Del grande IGNACIO no ofreciera luego *218,6*
Cometian luego a vn palo, *228,30*
A quien se calaron luego *228,89*
que sale luego a trocalle *229,172*
luego al punto que mordio *229,350*
a la sancta Iglesia luego *229,661*
i la seguiràs tu luego, *229,995*
Luego vuestro padre escribe? *229,1117*
Luego no te casaràs? *229,1328*
i que se execute luego. *229,1493*
luego otro siguiente dia, *229,1555*
que tu dieras con el luego. *229,1848*
El successo dirà luego *229,1982*
sino las que reza luego *229,2025*
te accomodè luego a ti, *229,2289*
Iuramentamonos luego *229,2418*
partirè luego de aqui. *229,2457*
Luego no desseas mozo? *229,2574*
Luego adobado no quies? *229,2575*
Tarde, o nunca. Presto, i luego. *229,2586*
Llegarà, i luego al momento *229,2618*
Luego no es ir por la cena? *229,2848*
Luego no te casaràs *229,3083*
Fabricio? Si. Luego a la hora *229,3168*

Luego no lo sabes tu? *229,3212*
debe de ser. Entre luego, *229,3423*
Leedla luego al instante. *229,3452*
Pues Christianò luego al Moro, *240,6*
Dio pares luego, i no a Francia, *243,57*
Baxad luego al abismo, en cuios senos *253,9*
Para quien luego appela *256,42*
Con inuidia luego sancta *259,65*
A pesar luego de las ramas, viendo *261,269*
I al marfil luego de sus pies rendido, *261,299*
El trueno de la voz fulminò luego: *261,359*
I luego vomitado *263,23*
I al Sol le estiende luego, *263,37*
Conduxo, muchos luego Palinuro; *263,398*
A pesar luego de aspides volantes, *263,419*
Tantos luego Astronomicos presagios *263,453*
El lento esquadron luego *263,642*
De Alcides le lleuò luego a las plantas, *263,659*
Su forastero; luego al venerable *263,723*
Abraçaronse pues los dos, i luego *263,968*
Llegaron luego donde al mar se atreue, *264,302*
Ephire luego, la que en el torcido *264,445*
A cantar dulce i a morirme luego; *264,545*
Vezina luego, pero siempre incierta; *264,712*
Auxilîâr taladra el aire luego *264,910*
Con sordo luego strepitu despliega, *264,974*
Luego solo quereis que ande? *269,81*
I solo no enuida luego *269,234*
Fingì tu villete luego *269,271*
Pues luego esta noche quiere *269,629*
Casilda. Luego dezis *269,754*
Estremada. Luego io, *269,1450*
Aceptaste? Luego a la hora. *269,1454*
Luego irè. Oidme, Tancredo *269,1474*
Pues, Doctor, luego a la hora *269,1594*
Que pienso luego a la hora *269,1616*
Saldreis luego, i contra vos *269,1654*
I bueluo luego al Mandracho, *269,1706*
Esperad, que luego salgo. *269,1718*
Me purgue, i luego otro dia *269,1796*
Purguese luego a la hora, *269,1874*
En letras luego, en generosa espada *280,34*
Que el aire vago solicite luego. *292,8*
Huele a clauos, i que luego *301,77*
Luego que confesseis vos *303,6*
Luego era Toro? Era o Demo, *303,33*
Si en espirando DIOS, luego *304,21*
Sintiendo los deliquios ella, luego, *313,17*
De lo que illustre luego reberbera, *315,45*
De Chiron no biforme aprende luego *318,63*
Alas batiendo luego, al soberano *318,205*
En lagrimas, que pio enjugò luego *318,239*
Su ombro illustra luego suficiente *318,249*
Al Sanctuario luego su camino *318,329*
Sus parques luego el Rei, sus deseados *318,341*
Piadoso luego Rei, quantas destina *318,453*
Ingenîôso poluorista luego *318,489*
Flechando luego en zefiros de España *318,511*
Dando luego a sus desseos *322,253*
I sepa luego de vos *334,33*
Del Abencerraje luego *355,53*
Aquel morbido bronce mira, i luego, *368,37*
Luego que mi pecho entrada *370,6*
Hierro luego fatal su pompa bana *380,7*
Tanto ardor templarà luego. *384,6*

Mas luego los restituien *414,21*
Da el olio i entierra luego: *418,35*
I entendereis qualquier greguesco luego.
    427,14
"Aqui de el Conde Claros", dixo, i luego *432,1*
Saliò en Madrid la Soledad, i luego *434,3*
Passòse el año, i luego a la tercera *441,3*
Es lleuarte a Siluio luego, *499,292*

Luengos *1*

Arrastrando luengos lutos *322,486*

Lugar *37*

De nuestro lugar, *4,2*
Vueluete al lugar triste donde estabas, *23,10*
Que alli le hicieran lugar *27,39*
La distancia de el lugar *39,3*
Su ventor, al lugar buelue *81,14*
En cuio lugar sagrado *83,85*
I el lugar no se inficione! *131,92*
En este mismo lugar, *147,2*
Voluiò al lugar donde estaba, *161,101*
Ô tu, que pides lugar, *217,59*
Que cerquita està el lugar. *226,114*
Que cerquita està el lugar. *226,124*
Con esto dieron lugar *228,161*
nacido en lugar, al fin, *229,688*
inuidiado en el lugar, *229,734*
Señora, està en vn lugar *229,1320*
Alçale de ese lugar, *229,1574*
i tu nombre en lugar del. *229,1633*
Marcelo en este lugar, *229,2630*
que ese es improprio lugar. *229,2665*
Que, al fin, en qualquier lugar *229,2682*
Verde muro de aquel lugar pequeño *263,523*
Para el lugar a ellas de camino *263,631*
Llegò todo el lugar, i despedido, *263,1084*
En lugar de veneno, *264,322*
No serà en este lugar, *269,642*
En ningun lugar mas bien. *269,644*
Lugar. Ella està perdida. *269,1459*
Que me traiga a este lugar *269,1704*
La postrada del lugar. *288,52*
Lugar el olfacto obtubo *322,58*
I ia lo siente el lugar, *358,6*
Suspende Apolo, mas en lugar de ella *424,2*
Lugar te da sublime el vulgo ciego, *426,1*
Borrame en su lugar el Peregrì; *468,11*
Ni en lugar de Bethlen me digas Bet, *473,13*
Si tienen, en tal lugar, *499,169*

Lugares *2*

De los lugares en que *259,51*
En Castilla la Vieja, dos lugares *443,2*

Lugarillo *1*

Lugarillo, el serrano *263,713*

Luis *4*

Vos, Luis, para el mismo intento *187,5*
Don Luis no la siga a pie, *299,9*
De parte de don Luis se les perdona *342,12*
Porque fuera Luis de mona *490,29*

Luisa *1*

Señora doña Luisa de Cardona, *445,1*

Lumbre *9*

I vsando al esparcir tu nueua lumbre *17,6*
Les da la lumbre que valen; *63,76*
I a la de tus arneses fiera lumbre, *72,10*
Cuida de guardar su lumbre. *75,32*

A la lumbre de vn candil, *82,82*
Espira luz i no vomita lumbre, *112,3*
Breue esplendor de mal distinta lumbre, *263,58*
No a lumbre muerta en noche gozò obscura,
   269,1268
A tanta lumbre vista i pluma fia. *403,8*
Lumbreras *1*
Claras lumbreras de mirar seguro, *13,6*
Luminaria *1*
Entre hembras luminaria *88,11*
Luminarias *1*
Las estrellas nocturnas luminarias *263,215*
Luminosa *2*
Son vna i otra luminosa estrella *261,101*
Alegre en tanto, vida luminosa *318,281*
Luminosamente *1*
Luminosamente hizieron, *239,28*
Luminosas *3*
Lisonjas luminosas, de la mia *136,10*
Las caderas luminosas; *149,102*
Luminosas de poluora sáetas, *263,650*
Luminoso *8*
Dio de su luminoso firmamento *164,6*
Termino luminoso". I recelando *263,64*
El luminoso tiro, *263,710*
Del luminoso tiro, las pendientes *264,679*
El cisne perdonara, luminoso, *264,805*
El luminoso horror tan mal perdona, *315,33*
Tan luminoso, tan raro, *352,30*
El luminoso objeto sea consorte, *403,11*
Luminosos *2*
A los dorados luminosos fuegos *72,15*
Luminosos milagros hizo, en quanto *318,490*
Luna *32*
Que los raios de la Luna *64,11*
La halla la Luna *80,11*
I la luna por sus quintos, *89,40*
Al raio de la Luna, *114,15*
Mas si no es Luna menina, *121,89*
De esa tu media luna *127,24*
Flechando vna dorada media luna, *128,6*
La luna en el alquicel, *132,36*
I en su arco los cuernos de la Luna. *165,14*
Le dexò la blanca Luna *215,15*
El vn sol, ella vna Luna, *229,678*
Ô blanca luna prolija! *229,1134*
Quando raios de tanta luna mora, *229,2182*
la arena abrasa la Luna. *229,2669*
como el cielo de la Luna. *229,3325*
Africa (o ia sean cuernos de su Luna, *230,10*
(Media luna las armas de su frente, *263,3*
De las inciertas formas de la Luna. *264,408*
Que hiere con media luna *268,11*
Que hiere con media luna *268,23*
Que hiere con media luna *268,35*
Virgen pura, si el Sol, Luna i Estrellas? *270,14*
Argentò luna de menguante plata, *276,2*
Madama Luna a este tiempo, *322,373*
Con media luna vee vn Sol *333,69*
No de tu media luna *345,22*
Los brazos son de la luna, *352,11*
Los brazos son de la luna, *352,23*
Me la prestàra la luna. *375,8*
La luna salir queria, *419,5*
Le dixeron a la luna *419,7*

En la casa de Luna, i aposento *444,13*
Lunada *1*
Mal lunada la frente, *264,19*
Lunado *2*
El lunado arco suspende, *131,95*
Lunado signo su esplendor vistiendo, *391,10*
Lunas *6*
A las Othomanas lunas, *39,8*
Entre Lunas bordada *72,67*
Fixa los ojos en las blancas Lunas, *72,69*
Illustrando con dos lunas *179,47*
Tal vez creciendo, tal menguando lunas
   263,607
Casta Lucina en Lunas desiguales, *263,813*
Lunes *1*
Lunes digo. Esto ai acà? *229,3209*
Lusiadas *1*
Dandoles lustre i ser a las Lusiadas, *1,3*
Lusitania *1*
Ô Lusitania, por la tierra calida, *1,42*
Lusitano *2*
Dèl Turco, dèl Ingles, dèl Lusitano. *66,8*
Del Frances, Belga, Lusitano, Thrace. *271,8*
Lustralle *1*
Lustralle sus dos Mundos en vn dia. *421,26*
Lustre *4*
Dandoles lustre i ser a las Lusiadas, *1,3*
Te dan el honor i el lustre *63,215*
Dexèla en su antiguo lustre, *82,105*
I no del manto de lustre, *228,183*
Lustro *5*
Esposo casi vn lustro (cuio diente *263,154*
Vn lustro ha hecho a mi dudosa mano, *264,147*
Vmbral de su primer lustro, *322,82*
Climacterico lustro de tu vida, *393,2*
Que al duodecimo lustro, si no engaña *421,78*
Lustros *4*
Lustros de su tierna edad *355,35*
El tiempo, quatro lustros en la risa, *363,10*
Quanto fue quatro lustros de mercedes; *368,34*
Derrotado seis lustros ha que nada? *399,14*
Lutherana *2*
De olmos negros a loba Lutherana. *199,8*
Antes que alguna caxa Lutherana *446,1*
Lutherano *1*
Pariò la Reina; el Lutherano vino *469,1*
Luthero *1*
Quedamos pobres, fue Luthero rico; *469,12*
Luto *12*
Sobre vn estrado de luto, *27,14*
Que en la cadera i el luto *96,19*
Que visten raios de luto *143,19*
Con luto, idolatrados los Caciques, *150,10*
Luto el vno, la otra llanto. *228,180*
Luto es de mi alegria *237,3*
Cobrado el Bahari, en su propio luto, *264,875*
Luto vestir al vno i otro Polo *318,237*
Que fragrante del ayre luto era, *318,244*
Llora la adulacion, i luto viste? *318,416*
Infausto corta a las coronas luto, *326,2*
Fragrante luto hazer la nuue densa *362,3*
Lutos *1*
Arrastrando luengos lutos *322,486*
Lux *1*
Lux el reflexo, la agua vidriera. *263,676*

Luxuriosa *1*
La mas luxuriosa vid *82,126*
Luz *89*
Ornan de luz, coronan de belleza; *13,11*
Las tiernas aues con la luz presente, *14,7*
Quando tu luz, hiriendome los ojos, *20,10*
Goça, goça el color, la luz, el oro. *36,14*
Ver a DIOS, vestir luz, pisar estrellas. *77,17*
Vida a ti, gloria al Betis, luz a todos. *77,51*
Sacan Medicos a luz, *86,24*
Espira luz i no vomita lumbre, *112,3*
De la luz que al mundo viene, *121,122*
Saludarè tu luz con voz doliente, *139,9*
Luz da al Sol, oro a la Arabia, *144,20*
De luz pues i de ganado *149,17*
Por la luz, de que no me sois auaro, *164,4*
Los raios de la luz dexan sus cueuas, *166,10*
Phebo su luz, Amor su Monarchia *166,20*
Segunda maior luz descubriò aquella *174,6*
Dan luz al mundo, quitan luz al cielo, *174,10*
Dan luz al mundo, quitan luz al cielo, *174,10*
De luz a España, i gloria a los VENEGAS.
   194,11
Raios ciñe de luz, estrellas pisa. *195,11*
La luz le offreciò vna Nympha, *215,21*
Que de luz corone lo alto *228,198*
Leandro, en viendo la luz, *228,205*
Sin luz procede el mas despauilado, *229,7*
a mi entendimiento luz. *229,1978*
Sombra de aquella luz, pero no vana, *229,2179*
pero la luz que hallè aqui *229,3220*
Ahora que de luz tu NIEBLA doras, *261,5*
Menos luz deue, menos aire puro *261,35*
Pisando la dudosa luz de el dia. *261,72*
Como duerme la luz, niegan las flores. *261,280*
Do el carro de la luz sus ruedas laua, *261,340*
Quando niega la luz vn carro de oro, *261,371*
No bien pues de su luz los orizontes, *263,42*
Luz poca pareciò, tanta es vezina, *263,87*
Al pueblo llegan con la luz que el dia *263,645*
I la carroça de la luz desciende *263,1066*
Sin luz, no siempre ciega, *264,740*
Que a luz le condenò incierta la ira *264,792*
A luz mas cierta sube, *264,908*
Injurias de la luz, horror del viento, *264,975*
Que da horror, aunque da luz, *267,2*
Que de luz cofrade soi, *269,94*
Como el raio de la luz. *269,408*
Assisto con vna luz *269,474*
A la luz de la candela *269,1184*
Del dia, cuia luz tu manto dora, *270,6*
De quanta le concede luz el dia. *281,6*
A dorar pues con su luz *286,9*
Dorando el mar con su luz, *287,66*
Brillante siempre luz de vn Sol eterno, *291,13*
Luz nueua en Emispherio differente, *293,13*
Sin que mas luz espere, *296,6*
Que os diò menos luz: el ver *304,2*
Que os diò menos luz: el ver *304,18*
Del Sol se niega la luz, *304,22*
Que os diò menos luz: el ver *304,30*
Luz como nube i raios como densa. *315,8*
Alta le escondiò luz el templo todo. *315,32*
I absorto en la de luz region primera, *315,43*
Extenúada luz que a su luz huie. *315,64*

Extenúàda luz que a su luz huie. *315,64*
Cloto el vital estambre de luz baña *318,93*
Incierto mar, luz gemina dio al mundo, *318,114*
Su luz abreuia Peñaranda ahora; *318,132*
El Rei Padre, luz nueua al firmamento *318,230*
Le responde su llama en luz crinita; *318,284*
Este, pues, embrion de luz, que incierto *318,593*
I la luz de dos carbunclos. *322,48*
O de luz o de tumulto, *322,306*
A cuia luz súàue es alimento, *324,7*
Cuia luz su reciproca es rûìna. *324,8*
Que era luz aunque era voz, *331,12*
Que me valiò nueua luz, *331,58*
Para dar luz al abysmo *334,62*
Su luz apenas sostiene, *349,23*
Soles con flechas de luz, *357,7*
Sin luz muriera, si no *375,7*
Por dar mas luz al mediodia la tomo. *397,4*
Del Arturo corona, esta luz pura *403,6*
Diuina luz su animo inflamando, *403,13*
En su celda la luz bebia mas clara, *404,42*
En lenguas mil de luz, por tantas de oro *426,9*
Porque a luz saque ciertos versos floxos, *427,13*
Con poca luz i menos disciplina *434,1*
I pues tu luz la perdonò piadosa, *456,3*
Que en la luz de esos soles abrasado *457,10*
A tanta luz que vieron su armonia. *472,8*
Quien luz no enciende en su casa. *483,10*

Luze *2*
Poco te luze el regalo. — *96,160*
Que coronada luze *263,1081*

Luzero *2*
Antes que el Luzero salga? *10,16*
Emulo casi de el maior luzero; *261,52*

Luzeros *3*
Al Sol, en seis luzeros diuidido; *264,241*
Su esphera lapidosa de luzeros. *264,379*
La claridad de el sol en dos luzeros. *461,4*

Luzes *6*
Flores i luzes diuinas, *121,12*
(Luzes brillando aquel, este centellas), *246,2*
Llegò Acis, i de ambas luzes bellas *261,189*
A la torre de luzes coronada *263,647*
Da el fuego luzes i el arroio espejos. *263,662*
Cuias luzes, de el Sol competidoras, *263,682*

Luziente *1*
Que en el espejo luziente *493,9*

Lybia *3*
Que la engendrò la Lybia ponçoñosa *47,8*
Si le ai en la Lybia, *65,230*
De la Lybia, i a quantas da la fuente *263,598*

Lybicas *1*
Puerta ia de las Lybicas arenas, *276,4*

Lybico *1*
(Que a tanta vista el Lybico desnudo *261,483*

Lyra *19*
Templa, noble garzon, la noble lyra, *31,5*
Vos de la lyra del sagrado Apolo. *40,14*
Heroica lyra, pastoral auena. *67,8*
A trompa militar mi tosca lyra, *72,87*
Mas ai! que quando io mi lyra, creo *104,12*
Que su lyra sonorosa *149,76*
Si quien me da su lyra no me engaña, *171,3*

Huie de la que, armada de vna lyra, *196,12*
Las cuerdas le roçaron a mi lyra. *203,45*
Ni de esotra inquieta lyra; *214,24*
Permitte que por mi lyra *259,37*
Prudente imitador! Tu dulce lyra *260,13*
Engañada su oculta lyra corba, *264,355*
La bella LYRA muda iace ahora *344,1*
Tu facultad en lyra humilde imploro, *360,3*
De la lyra de Apollo, si del duro *404,3*
Poeta cuia Lyra es vn cencerro. *435,4*
De Montalban la lyra como mia, *472,5*
En mi bolsa que en su lyra, *477,4*

Lyras *1*
De lyras de marfil, de plectros de oro. *256,8*

Ma *4*
Ma tan desnuda que vn bueia *308,23*
Que negra sò, ma hermosa. *308,34*
Hormiga, ma non vacìo. *309,24*
I la Biblia no tomes en la ma, *468,3*

Maça *1*
A la cola de vn perro atò por maça, *68,3*

Macabeo *1*
No ia el Macabeo caudillo, *269,161*

Maçacote *2*
Rico es, i maçacote *82,113*
Macias, o maçacote, *107,62*

Maçapan *1*
Sotana de maçapan. *410,10*

Machete *1*
I el Vizcaino machete, *59,8*

Machina *3*
ni aun la machina del cielo *229,114*
Funeral auestruz, machina alada, *234,10*
Machina funeral, que dèsta vida *247,1*

Macho *7*
(Si es macho cada varon), *161,26*
Hecho vn macho, por la liga *161,27*
Que el macho desembolsò, *161,34*
De lo que el macho le diò *161,58*
El macho piensa que baila, *161,61*
Taña vn macho con vn ojo, *161,71*
Mas el macho no aguardò. *161,80*

Machos *1*
Procedem os machos romos *303,22*

Machucho *1*
Sobresalto fue machucho, *322,336*

Machuelo *2*
El machuelo de vn Doctor. *161,12*
Saliò el Sol, i hallò al machuelo, *161,21*

Macias *4*
Que diga vn Macias; *65,108*
Macias enamorado, *96,22*
Macias, o maçacote, *107,62*
Os dexarà hecho Macias. *269,240*

Maço *2*
Dandoos ella con el maço *269,239*
No es mui seguro: no aia maço alguno *441,10*

Macularla *1*
io macularla por vos? *229,3275*

Madalena *1*
Iuana i Madalena, *5,34*

Madama *3*
Por Madama de Balois *73,101*
La madama por quien muere. *269,632*
Madama Luna a este tiempo, *322,373*

Madamas *1*
Las Madamas en banderas. *73,52*

Madera *9*
De vos, madera anciana, me despido, *200,5*
Ô posadas de madera, *204,21*
Pagandole ella en madera *227,53*
si de madera son hechas, *229,1098*
No vn cauallo de madera, *269,1672*
Si es Montaña, Madera le persiga. *440,14*
Cuia Madera pueda dar cuidado. *441,11*
Bien dispuesta madera en nueua traça, *442,1*
Papas de mijo en concas de madera, *476,12*

Madero *5*
La siguio Nympha, i la alcançò madero. *25,60*
Del tribu de Iudà, que honrò el madero; *72,81*
En el madero, *209,5*
En el madero, *209,20*
En el madero, *209,35*

Madexas *1*
Con madexas i oraciones *105,93*

Madona *2*
Madona? Leonora viua. *269,308*
Se offrecian a Madona. *269,1549*

Madonna *1*
Cancaro. Cazzo madonna. *269,622*

Madora *1*
Mel vos e serua madora *305,31*

Madre *67*
Por el alma de tu Madre, *2,5*
A su Madre dize *4,7*
Pues me distes, Madre, *4,11*
Dulce Madre mia, *4,41*
I si quiere madre *5,37*
Madre, las hierbas"; *5,44*
De la gran madre de Achiles, *48,76*
Con mi madre i mis parientes, *57,46*
La madre del virotero *59,19*
Infièl vn tiempo, madre *63,2*
Madre dichosa i obediente sierua *72,41*
Enarbola, ô gran Madre, tus banderas, *72,76*
I tu, ô gran Madre, de tus hijos chara, *77,69*
Dizele su madre: *80,19*
Satisfagan, madre, *80,27*
Ia no canto, madre, *80,35*
A toda lei, madre mia, *98,1*
A toda lei, madre mia, *98,13*
A toda lei, madre mia, *98,25*
A toda lei, madre mia, *98,37*
A toda ley, madre mia, *98,49*
A toda lei, madre mia, *98,61*
A toda lei, madre mia, *98,73*
Madre; al vno porque es rico, *98,79*
A toda lei, madre mia, *98,85*
Por vna madre crûèl; *102,16*
Porque para vn mal de madre *102,19*
Su madre i burlase dello; *105,28*
La madre, y sus hijas todas *126,55*
Señora madre vna paila; *148,34*
La madre de Amor corona. *149,94*
Madre de perlas, i que serlo espera *156,16*
Casta madre, hija bella, veneradas *169,9*
Que es madre de perlas ya, *226,4*
Desde el arbol de su madre, *226,85*
Que tengo la madre braba, *226,103*
Decidle a su madre, Amor, *226,109*

Su madre, vna buena Griega, *228,13*
Señora madre, deuota, *228,157*
la madre de los Amores, *229,525*
i su madre, i dos leones, *229,617*
que en Estephania, mi madre, *229,2964*
Mal de madre, muchos mas, *242,87*
Que a la Madre gentil de los Amores *256,12*
Quiere que al arbol de su madre sea *261,239*
Conuencida la madre, imita al hijo; *261,462*
De su madre, no menos enramada, *263,288*
Apenas hija oi, madre mañana. *263,834*
Que qual la Arabia madre vee de aromas *263,922*
De tantos de tu madre vultos canos, *264,663*
Cuia fecunda madre al genitiuo *264,726*
En su madre se esconde; donde halla *264,964*
Que venera por madre el Dios vendado. *269,1266*
Sancta, de familias madre, *275,97*
De ser Madre, pura quanto *307,7*
Que pone como Madre. *310,9*
Que pone como Madre. *310,24*
Que pone como Madre. *310,39*
No despues mucho, madre esclarecida *318,433*
Por la salud, ô VIRGEN MADRE, erijo *324,11*
Madre, sin ser monja, soi ia descalça, *345,5*
Del viento su fecunda madre bella; *361,10*
Deja en cabello a su madre; *414,2*
Turbias van las aguas, madre, *419,43*
Como tu bendita madre *419,51*
Turbias van las aguas, madre, *419,54*
Madre de olores, a quien anbar deue *467,5*
Madres *1*
I estas madres reuerendas *495,27*
Madrid *13*
A la Villa de Madrid. *82,88*
Traxome a Madrid mi dueño, *96,109*
Sè que venis de Madrid. *121,4*
I mui doncella en Madrid, *126,27*
Que las calles de Madrid *167,9*
I en Madrid desperdicia sus dineros, *203,2*
MADRID, ô peregrino, tu que passas, *219,2*
que se vuelue de Madrid. *229,2409*
Pisò las calles de Madrid el fiero *293,1*
Pisandose a Madrid viene *412,7*
De Madrid Arcedîano. *417,10*
Madrid que es grande lo diga, *418,28*
Saliò en Madrid la Soledad, i luego *434,3*
Madrigal *1*
I qualque Madrigal sea elegante, *203,25*
Madroño *1*
Lo tiene como vn madroño. *242,64*
Madroños *1*
En frutos los madroños *127,3*
Madruga *1*
La aueja que madruga *263,324*
Madrugas *1*
I que para el mal madrugas, *26,106*
Madura *2*
I de madura, amarilla; *159,56*
I gloria vos de su madura frente. *311,4*
Maduras *1*
Con dos garnachas maduras *73,63*
Maduro *3*
Maduro ofrecen el sesso *269,1815*

Su fin, ia que no acerbo, no maduro, *368,25*
Con que nos days en flor fructo maduro, *425,3*
Maduros *2*
De maduros desengaños *98,7*
Pomos eran no maduros. *322,72*
Maestra *4*
Fueron la llaue maestra *122,4*
la llaue maestra fue *229,598*
Templado pula en la maestra mano *261,9*
Quan grande maestra soi *499,211*
Maestras *1*
Por guardas tiene, llaues ia maestras *230,50*
Maestres *1*
Nuestros Christianos Maestres *63,151*
Maestro *2*
Loan al Maestro Sage; *63,100*
El Maestro Durandarte; *186,7*
Maestros *1*
Maestros famosos *160,117*
Magdalena *1*
(Figueroa Magdalena) *490,3*
Magesta *1*
Cuia magesta me panta. *207,33*
Magestad *15*
De honor, de magestad, de gallardia! *51,2*
Gloria, magestad i ser *121,137*
I coronas Magestad, *126,10*
Ô peregrino, con magestad sella; *136,6*
Ella, aunque con magestad, *217,5*
Esa con magestad i señorio *229,2154*
con magestad, i con throno, *229,2687*
Barbara Magestad, reconocida *230,39*
Magestad en sus ondas, el luciente *264,815*
Con su Magestad a Irun *288,75*
Seguir a su Magestad. *288,108*
Qual mas dolor o magestad ostente, *298,26*
Con magestad vincùla, con decoro, *314,10*
De Magestad que al mar de muros ella, *318,34*
Eterna Magestad, himnos entona *318,450*
Magestades *1*
Tres o quatro Magestades; *63,56*
Magestúòsa *1*
Que por su edad magestúòsa cano; *264,697*
Magestúòsamente *1*
Magestúòsamente ha leuantado. *245,4*
Magestúòso *2*
La alta cenefa lo magestúòso *262,24*
Magestúòso rosicler le tiende, *315,42*
Magica *2*
De la Magica lisonja, *259,26*
La gran magica Filena: *499,351*
Magicamente *1*
I Magicamente infusos, *322,424*
Magisterio *2*
El Magisterio romped, *242,121*
De su vocal magisterio. *481,4*
Magistral *2*
Vn magistral lamedor. *269,1541*
A la Magistral ferula saliste. *280,33*
Magistrales *1*
Terneras cuias borlas Magistrales *437,1*
Magnanimo *1*
Muestrase aqui magnanimo *1,20*
Magnifica *1*
En plaça si magnifica feroces *318,509*

Magnificas *2*
Magnificas de Venecia. *73,64*
Magnificas orejas *281,13*
Magnificencia *2*
Ciuil magnificencia, el suegro anciano, *263,853*
Magnificencia diuina! *388,26*
Magnifico *1*
Dacio logrò magnifico su intento; *318,340*
Magnos *1*
De estos Alexandros Magnos, *27,109*
Magoas *1*
Saudade a asferas, e aos penedos magoas. *118,14*
Mahamu *1*
Bailà, Mahamu, bailà, *305,7*
Mahoma *2*
Es lei de Mahoma esta, *229,2495*
Al çancarron de Mahoma. *269,961*
Maio *10*
Para los yelos de Maio, *28,10*
Los dias de Maio cortos, *83,50*
I vino a purgar por Maio. *123,40*
Las flores cuente a Maio, *129,26*
Hecho vn Sol i hecho vn Maio, *161,53*
O los desate el Maio, ambar destilan, *261,399*
Neuò el Maio a pesar de los seis chopos. *264,336*
Que corona el Maio ledo. *268,66*
Con mas aliento aquel Maio, *357,37*
Pues vee los de vn Maio entero, *375,38*
Maior *87*
I maior pena dandoles *1,33*
Maior que la de Nembroth, *2,43*
Al maior cabrero; *8,15*
Esperen maior tributo *10,19*
Maior debes de ser que el mismo infierno. *23,14*
El maior de los Sultanes, *61,6*
Ni mantos de maior brio *63,207*
I al fin la maior de quantas *63,233*
I maior la vista, *65,46*
Que al maior martyr de los Españoles *76,7*
Erigiò el maior Rei de los Fíeles. *76,8*
Que està su maior ponçoña *95,19*
Maior que se prometia *95,27*
La calle Maior abreuio, *96,113*
Nido de el Phenix de maior belleza *99,7*
Su maior actiuidad. *116,16*
I a la maior difficultad engaña; *120,12*
Maior si, pero gallarda *121,153*
El dia de maior gala. *148,20*
Ese maior Corço es; *167,14*
Segunda maior luz descubriò aquella *174,6*
Si prenda quieres maior, *212,9*
Qual darà maior assombro, *212,16*
Su maior disculpa fue. *217,20*
gente de maior quantia, *229,430*
en la riqueza maior *229,474*
para ser maior garduña, *229,1199*
que eres la Hermana maior *229,1390*
de tu imperio maior seña *229,1582*
No he hecho maior cordura. *229,2235*
que es maior gloria, Tadeo, *229,2482*
Orîon con maior ira, *229,2921*

Pues ai maior mal, que es *229,3488*
Emula del maior buelo, *239,11*
Emulo casi de el maior luzero; *261,52*
La maior punta de la excelsa roca, *261,490*
En duda ponen qual maior hazìa *263,538*
Maior aun de el que espera *263,571*
Sierpes de aljofar, aun maior veneno *263,599*
I el tronco maior dança en la ribera; *263,672*
Gloria maior de el soberano choro. *263,809*
Los senos occupò del maior leño *264,54*
De los mancebos dos la maior cuna; *264,202*
El menor leño de la maior vrca *264,564*
El maior embuste mio, *269,511*
I ai maior mal, que vn criado *269,661*
Le impone sissa maior *269,662*
Necia sois maior de marca *269,1070*
Maior burla seria esta *269,1440*
Sin muger maior con ella, *269,1804*
Diganlo, ô VIRGEN, la maior belleza *270,5*
Su nombre, aun de maior aliento dino *274,5*
Que el Sol en su maior fuerça *286,3*
La Alua de Villa Maior, *286,18*
Tu maior gloria? A segar *286,22*
Tu maior gloria? A segar *286,34*
Puesto que maior de edad; *288,20*
En la capilla maior; *296,4*
Lo que es al Tajo su maior tributo; *318,84*
La que bien digna de maior Esphera, *318,131*
La maior gloria de su Monarchia; *318,150*
Al maior ministerio proclamado *318,225*
De Graz, con maior fausto receuida *318,291*
En el maior de su fortuna alago, *318,393*
En vna Zerda. No maior estrago, *318,397*
Parte en el Duque la maior tuuiera *318,417*
I de la noche dio al maior diamante, *318,516*
Quando no la maior de continente *318,534*
Maior serà trofeo la memoria *318,543*
Proxima siempre a la maior distancia, *318,547*
A la maior corona de prudentes. *318,580*
Digna de maior cothurno! *322,280*
Del maior Rei, cuia invencible espada, *324,12*
I en el silencio maior *331,9*
Quando no maior, igual *353,42*
Emulas brutas del maior Lucero, *361,2*
Que a vn desden otro maior *382,5*
I dudarè qual maior, *390,10*
Maior de condicion ser encoxida; *396,6*
Del maior Rei, Monarcha al fin de quanto *398,10*
La maior legalidad, *412,28*
Tomando maior licencia, *413,5*
Que es maior gala pagar. *418,30*
No ai passo concedido a maior gloria, *434,10*
En el maior incendio burla al fuego, *456,13*
Que el ser casado es el maior de todos. *463,14*
Traduxo al maior amigo *477,13*

Maioral *5*
Al menos maioral del Tajo, i sean *60,13*
Desseando su maioral, *116,10*
Caistro el maioral, en cuia mano *146,5*
A Maioral en esto promouido *318,101*
Al maioral i alienta su ganado, *404,23*

Maiorazgo *1*
Como alfange en maiorazgo. *228,132*

Maiores *9*

Por maiores de la marca. *29,30*
I ceremonias maiores *93,30*
Quiere imitar sus maiores, *93,52*
Io a Dios se las doi maiores *229,1671*
Troncos me offrecen arboles maiores, *261,397*
Que de tu calidad señas maiores *263,528*
Recurren no a las redes, que maiores *264,74*
Maiores el Sol hacia *288,49*
A ninguna al fin maiores *375,45*

Maios *1*
Calçada Abriles i vestida Maios, *263,577*

Maitines *6*
Quando toquen a los Maitines, *300,1*
Quando toquen a los Maitines, *300,27*
Quando toquen a los Maitines, *300,40*
A Maitines. Noite è boa? *303,2*
A Maitines. Noite è boa? *303,28*
A Maitines. Noite è boa? *303,41*

Majaba *1*
Lisonjas majaba, i zelos, *83,13*

Majadero *3*
I vn pesame a vn majadero. *94,30*
Que el majadero caiò *486,9*
Que, de puro majadero, *492,2*

Majaderos *1*
Los majaderos captiuos *83,15*

Mal *201*
Baste el tiempo mal gastado *2,11*
Principio al fin, bien al mal. *2,48*
Que escucha su mal: *4,8*
No me hagais mal; *4,36*
Bien vestida i mal zelada, *6,20*
De su bien i mal la causa. *10,28*
Mal ellos i peor ellas derramadas. *19,8*
Furia infernal, serpiente mal nacida! *23,2*
I que para el mal madrugas, *26,106*
Que perdi aquel mal logrado *27,59*
Lleuese el mal lo llorado, *27,75*
De lo mal passado nazca *27,87*
Puede mi mal, i pudo su dulçura! *33,14*
Que mal podreis alcançarnos, *39,35*
Ni publicar su mal ni hacer mudança. *41,14*
Bella Nympha, la planta mal segura, *43,5*
Dèl animoso jouen mal logrado *45,2*
Si mal hecho fue, *56,21*
De la mal vertida sangre *63,26*
De aquella, a quien por su mal *63,83*
Del mal de la orina; *65,200*
Su mal de Poêsia, *65,232*
Mal pendiente de la cinta, *74,22*
Iuntando los mal logrados *75,81*
Mal aia io si no excede *82,31*
A este mal debo los bienes *83,21*
Ni mi hacienda mal cobro. *83,44*
Llamar solia, i no mal, *86,4*
Mal fuerte i peor dispuesto, *87,6*
Quando mas mal de ti diga, *87,29*
I si no te quies mal, vete, *88,86*
Bien a mal tus armas echas, *90,28*
Ia io lo se por mi mal, *95,30*
Que no es mal pienso el descanso; *96,88*
Para vn hombre mal casado: *96,96*
I en pastoral aluergue mal cubierto *100,7*
Porque para vn mal de madre *102,19*
El Doctor mal entendido, *105,100*

Rompe en mal seguro leño *106,2*
Suena mal cuerda i garrote; *107,28*
Mal vadéàdos de los pensamientos, *108,7*
Si de el carro del Sol no es mal gouierno, *109,13*
Mal perdida en sus riberas. *115,8*
I a fe que no dize mal *121,107*
Mal logrò quatro parientes, *122,52*
Mal aia quien emplea *127,17*
Mal aia quien emplea *127,44*
Mal herido i bien curado, *131,9*
Vna piedad mal nacida *131,31*
Vn mal viuo con dos almas, *131,67*
El bien huie de mi, i el mal se alarga. *133,14*
El mal la robusta encina, *133,19*
El bien huie de mi, i el mal se alarga". *133,28*
Hize mal? *141,22*
I no dexara en mal hora *149,44*
Mui mal, i mui sin razon? *161,140*
Mas os echò su mal ojo, *161,143*
Que mal serà con dos Soles obscura. *164,14*
Entra el otro con mal gesto, *167,43*
I es el mal, que es vn figon *167,75*
Tiñeron mal zelosas assechanças, *175,6*
Lo que io le lloro mal. *192,10*
Porque al Sol le està mal *193,25*
(Pues ia tan mal se corresponde a ruegos *201,10*
Mal aia el que en Señores idolatra *203,1*
(Lisongeros? Mal dixe, que sois claros), *203,5*
Mal coronada tu frente *204,13*
Puedo dezir, i no mal, *204,45*
Tan mal con el hierro està *208,22*
Mal su fugitiuo vuelo. *215,46*
Que mal pudieran sin el. *217,16*
Vn mal Cortesano que *217,54*
El Quarto Enrico iaze mal herido *220,1*
I valiente por su mal, *226,22*
Mal vestido i bien barbado. *228,12*
Mal podra vn braço de mar *228,215*
Que dè io en mi mal consejo! *229,374*
respondon i mal mandado. *229,415*
que os dexò pobre i mal sano. *229,440*
Remittiò al onceno el mal *229,564*
la mal digerida historia, *229,815*
pero a mal tiempo he venido, *229,821*
Mal harè en llegarme a el, *229,824*
pero io tan mal abraço *229,887*
mal hace quien la acrisola, *229,979*
o tarde llegarà, o mal, *229,992*
Mal dixe. Gran desvario! *229,1161*
Ô Laureta! tanto mal *229,1180*
mal pago das a Camilo, *229,1265*
solo tu responde mal *229,1362*
ai mas mal, que le ha de dar *229,1430*
Entiendo, i no entiendo mal, *229,1707*
Mirad si la quiere mal. *229,1741*
Mirad si la quiere mal. *229,1765*
Mirad si le quiere mal. *229,1801*
Mirad si le quiere mal. *229,1833*
No fuera mal oléàdo. *229,1842*
i a fee que no han hecho mal. *229,1858*
Vn mal Leandro, que a Sesto *229,1893*
Mal podrè, a lo que imagino, *229,2017*
Pues, oie mi ierno mal? *229,2087*

i estuuiera mal alli. *229,2365*
Camilo mal podrà dar *229,2614*
Bien dice tu mal la cara. *229,2796*
me parecen mal los lexos. *229,2853*
que corre mal mi desseo. *229,2857*
sin ellos mui mal su officio *229,2998*
No hace mal su figura *229,3266*
No lo representa mal. *229,3387*
Mui mal se reciben nueras *229,3462*
Pues ai maior mal, que es *229,3488*
No ha representado mal. *229,3493*
Bien nacida, i mal lograda; *237,4*
Mal de madre, muchos mas, *242,87*
Mal remedio artificioso. *242,114*
Mal venerado el Amor *243,41*
Tenia de mal Frances *243,53*
I aun huele mal en Latin. *243,60*
I puede esconderse mal *259,55*
Su pecho inunda, o tarde o mal o en vano
 261,63
Mal conducidos, quando no arrastrados,
 261,163
Riscos que aun igualàra mal bolando *263,49*
Breue esplendor de mal distinta lumbre, *263,58*
Que mal lleuar se dexa, *263,332*
El campo vndoso en mal nacido pino, *263,371*
Tiphis el primer leño mal seguro *263,397*
Que, traduzido mal por el Egypto, *263,493*
Mal pudo el estrangero agradecido *263,531*
No en blanco marmol, por su mal fecundo,
 263,816
Mal lunada la frente, *264,19*
Isla, mal de la tierra diuidida, *264,191*
Harpon vibrante, supo mal Protheo *264,425*
Iunco fragil, carrizo mal seguro. *264,590*
Que al tramontar del Sol mal solicita *264,603*
Que mal las ondas lauan *264,687*
Tan mal offrece como construidos *264,947*
Cespedes, de las ouas mal atados. *264,970*
Guardadas mal de sus Echos! *268,4*
De azero tan mal templado, *269,73*
El mal iluminado pergamino: *269,398*
Segun mal me correspondes, *269,538*
Solo assiste, por mi mal, *269,546*
Perdoneme el mal lenguage *269,631*
I ai maior mal, que vn criado *269,661*
(Que tan por su mal fue pastor Ideo) *269,1227*
Que del lecho que mal guardo, *269,1276*
De dinero mal prestado, *269,1427*
Aunque oio mal deste oìdo, *269,1820*
Pues a fe que huele mal. *269,1862*
Ensucia la mal teñida. *269,1988*
La tea de Hymeneo mal luciente *280,49*
Quan mal de mi Sol las fia! *284,4*
Quan mal de mi Sol las fia! *284,16*
Mal agradecida fee: *285,20*
Sentir no bien i veer mal. *288,64*
Mucho oro de sus piedras mal limado; *289,4*
Dio poca sangre el mal logrado terno, *291,10*
Mal la pizarra pudo *298,29*
Que mal puede el heno a vista *307,25*
Pisar amante? Mal la fuga engaña *311,6*
Quantos o mal la espatula desata *313,49*
El luminoso horror tan mal perdona, *315,33*
Bien peinado cabello, mal enjuto, *318,82*

Ia mal distinto entonces, el rosado *318,141*
Los mal formados rasguños *322,42*
Los pedaços mal difusos *322,390*
Tan mal te olia la vida? *322,433*
Aunque mal distincto el cuño, *322,440*
Nieue mal de vna Estrella dispensada, *326,10*
Garras ha prestado al mal. *329,10*
Diez mal concertados pies. *330,10*
Hize mal en aceptallo, *346,3*
Guardadas mal de sus ecchos, *352,4*
Horas en el mal prolijas, *354,11*
Mal beuido en su niñez, *355,90*
Satyro mal de iedras coronado; *366,8*
Si el ia promulgare mal *369,5*
Mal aias tu si constante *378,45*
Dos vezes mal aia, i tres. *378,48*
Mal aias tu si imitares, *378,49*
Mal redimirà tu leño *384,15*
Su mal vestida pluma a lo que arde. *392,8*
Todo mal afirmado pie es caida, *393,3*
Mal te perdonaran a ti las horas; *394,12*
Iouen mal de la inuidia perdonado, *400,5*
Entrastes tan mal guarnido, *409,2*
Pitones son apenas mal formados; *437,2*
I a la verdad, no està mui mal pensando, *438,12*
De vn fraile mal abierta i peor casada, *442,10*
O mal aia ambicion tan ambiciosa! *452,14*
Soberbias velas alça: mal nauega. *458,7*
Le diste vn mui mal rato al justo Lot. *473,4*
Que matan mal coplon Melquisedec, *473,6*
Traje tosco i estilo mal limado, *476,8*
Que el que a la cultura mal, *479,9*
Que de todos dicen mal, *495,3*
I diga que es mal de bazo: *496,22*
Tu mal nacida corriente; *497,11*
El rubio moço, por su mal valiente, *499,101*
De vengatiuos cuernos, en mal hora *499,106*
Mira tu si hiziera mal *499,253*

Mala *11*
Vna pieça mala, *56,5*
Por tan mala qualidad. *130,36*
lee a su mala intencion, *229,434*
i otra a su mala consciencia. *229,435*
que, aunque la venta es tan mala, *229,675*
huie, no es cera mui mala, *229,1153*
No va la Comedia mala. *229,3224*
Qualquiera disculpa mala, *269,1281*
Mala noche me diste, casada: *419,29*
Dios te la dè mala. *419,30*
I mas de vna mala mona *490,4*

Malaca *1*
Zeilan, Malaca i Pegu. *269,1926*

Malacia *1*
Tiene la malacia, *422,3*

Malaco *1*
I de Malaco Rei a Deidad laua *261,459*

Malas *3*
Pero las noches son malas, *121,18*
I plumas no son malas *129,35*
Que fueron de vñas tan malas. *269,350*

Maldiciendo *1*
i maldiciendo sali *229,2399*

Maldiciente *1*
— A Dios, tela, que sois mui maldiciente,
 70,13

Maldicion *3*
Ô que buena maldicion! *229,3251*
Vna i otra maldicion *229,3302*
Caigale mi maldicion *411,37*

Maldiga *1*
Que no maldiga i acuse. *75,64*

Maldita *2*
Maldita la que no emplea *229,1336*
maldita la honra sea. *229,1339*

Maldito *4*
Ô maldito borcegui! *82,108*
Mas este maldito honor *229,1380*
Quien a Casilda el maldito *269,247*
— Pues, maldito diâblo, reconoce *439,9*

Maldonado *2*
Maldonado, Maldonado, *210,5*
Maldonado, Maldonado, *210,5*

Males *7*
Daliso el escultor, cincel sus males. *119,14*
I vnos males sin mudança! *133,4*
Para ti appellan mis males. *229,2885*
En numero a mis bien[e]s son mis males.
 261,392
Renegarè de mis males. *269,1716*
Vno de males presentes, *329,3*
Añada quien quisiere otros mil males: *463,13*

Maleza *3*
Entre la maleza *79,66*
Porque entre la maleza *127,33*
Cuia maleza es malicia! *204,4*

Malezas *2*
A las malezas perdona *215,45*
Entre malezas peregrina rosa, *467,2*

Malicia *9*
Casas i pechos todo a la malicia, *69,12*
Cuia maleza es malicia! *204,4*
sea verdad, o sea malicia. *229,325*
la malicia, vna leccion *229,433*
que donde malicia falta, *229,796*
la malicia, pues que calla, *229,1500*
a malicia semejante. *229,2877*
Quando no sea a la malicia *269,1300*
Desde entonces la malicia *357,65*

Malicias *4*
I con malicias de espia; *91,7*
Por sanéàr tus malicias *229,636*
de tus malicias el pie. *229,651*
Amiga, mucho malicias. *229,1525*

Maliciosa *3*
I aun maliciosa tambien: *78,72*
maliciosa, o verdadera *229,332*
— Entraste? — Si, e maliciosa *308,35*

Maliciosos *1*
I dexad maliciosos en su classe. *436,14*

Malilla *1*
Si aueis sido vos malilla *168,21*

Malla *2*
Que calçan bragas de malla, *27,115*
La malla terciopelada, *269,132*

Mallas *1*
Mallas visten de cañamo al lenguado, *264,91*

Mallorca *1*
Se la lleuaba a Mallorca, *97,10*

Mallorquin *1*
Vn Mallorquin con su esposa, *97,6*

Malo *4*
Sed liberanos a malo. *228,144*
Quando yo en tu casa malo *229,74*
Lo malo que tiene es solo *229,870*
Succediò vn año malo, *313,4*
Malograda *1*
Al fin, de malograda criatura; *119,10*
Malogrados *1*
I a los dias malogrados. *228,176*
Malos *2*
Porque tiene malos cascos, *161,43*
No son malos los bosquexos. *229,3185*
Malpica *1*
Que no sea de Malpica. *124,34*
Malquisto *2*
O que malquisto con Esgueua quedo, *152,1*
Por lo Ceruantes malquisto. *269,340*
Malta *1*
I Malta quisiesse menos; *87,96*
Maltratada *1*
Maltratada en la mexilla *499,326*
Malua *1*
Tu, que naciste entre vna i otra malua, *435,3*
Maluas *1*
Siendo nacido en las maluas *93,33*
Maluco *1*
Isla Ternate, pompa del Maluco, *318,535*
Malucos *1*
I no de clauos Malucos, *322,150*
Mamamos *1*
I digo quantos mamamos, *229,1168*
Maman *1*
quantos Astrologos maman *229,1166*
Mamaràn *1*
que le mamaràn los huesos, *229,2841*
Mamelucos *1*
De Mamelucos el sangriento cumulo. *1,39*
Mamò *1*
Que mamò en Logroño *65,191*
Mamola *1*
Señor? Ô hijo! Mamola. *229,3017*
Mamora *4*
— A la Mamora, militares cruces! *277,1*
Galanes de la Corte, a la Mamora! *277,2*
Lleguè, señora tia, a la Mamora, *278,1*
De la Mamora. Oi Miercoles. Iuanico. *278,14*
Mana *4*
De quien mezcladas leche i sangre mana, *18,8*
Diòla por Septiembre el mana, *123,39*
Mana Crara; *207,2*
Crara mana. *207,10*
Manà *1*
Vn poco de manà en chicha. *269,2004*
Maña *1*
Que no desmienta con discreta maña; *120,15*
Manada *1*
Testigo ai en la manada *229,3268*
Mañana *37*
Mañana, que es fiesta, *5,2*
Qual parece al romper de la mañana *18,1*
La mañana de sanct Lucas, *26,78*
Lo que le diò la mañana. *29,20*
Sin perder mañana *65,169*
Mañana lo carmesi, *82,74*
Hallò el Sol, vna mañana *88,5*

Podrà mañana temprano *96,170*
Zelan oi, zelan mañana; *98,46*
Mañana illustrarà tu seno alado *162,5*
Io entretengo hasta mañana *192,5*
Mañana seran miel. *193,4*
Mañana seran miel. *193,18*
Mañana seran miel. *193,32*
Mañana sà Corpus Christa, *207,1*
do tropecè esta mañana. *229,1247*
porque desde esta mañana *229,1400*
Desde esta mañana estoi *229,1408*
Para mañana, que has de ser mi esposa".
229,1489
mañana? 'Ved qual se halla *229,1499*
Si mañana has de casarte, *229,1506*
le offrece muger mañana, *229,1515*
mi padre està aqui mañana, *229,1552*
i oi serà antes que mañana *229,3300*
De Doctor, vna mañana *242,31*
Estos arboles pues vee la mañana *263,701*
Apenas hija oi, madre mañana. *263,834*
Sobre viòlas negras la mañana, *264,70*
Ver mañana determino *269,646*
Lo que mañana has de ver *269,683*
Serà, pues, bien, que mañana, *269,1794*
Sali, señor don Pedro, esta mañana *273,1*
Donde entre nieblas vi la otra mañana, *278,2*
Quando segur legal vna mañana *380,3*
I soles expondrà vuestra mañana. *395,4*
Procuradles, oi antes que mañana, *446,5*
Aier naciste, i moriràs mañana. *466,1*
Mañanas *4*
I las mañanas de Inuierno *7,7*
Estas mañanas de Abril. *111,20*
Las mañanas como el Alua, *143,7*
Fruta que por las mañanas, *238,5*
Manantìales *1*
A veer los manantìales, *63,178*
Mançana *2*
Si no es alguna mançana *86,17*
No ia el de la mançana de oro fino, *162,7*
Mançanares *5*
Duelete de esa puente, Mançanares; *71,1*
Quantas Dianas Mançanares mira, *203,41*
Mançanares, Mançanares, *334,1*
Mançanares, Mançanares, *334,1*
El Mançanares hizo, verde muro *359,2*
Mançanas *1*
Mançanas son de Tantalo, i no rosas, *42,12*
Mancebito *2*
Arrojòse el mancebito *75,1*
Era, pues, el mancebito *228,33*
Mancebo *17*
Vn pobre mancebo *8,22*
Mancebo de altos principios *61,9*
Es mancebo rico *65,89*
Llegalas, ô clarissimo mancebo, *67,9*
Trocò el Griego mancebo, *229,47*
Ô mancebo escondido, *229,288*
quando el mancebo bicorne, *229,501*
Al mancebo leuanta venturoso, *261,306*
Llegò pues el mancebo, i saludado, *263,90*
Al voto del mancebo, *263,282*
"Dias ha muchos, ô mancebo, dixo *264,388*
De vn mancebo Serrano *264,783*

Tenle por mancebo rico, *269,1112*
Nestor mancebo en sangre, i en estado *318,573*
Del mancebo que esperaba, *419,23*
Generoso mancebo, *421,1*
Mancebo es ingenioso, juro a san, *453,5*
Mancebos *4*
Mancebos tan velozes, *263,1027*
De los mancebos dos la maior cuna; *264,202*
I qual mancebos texen anudados *264,332*
Que los mancebos dauan alternantes *264,522*
Mancha *1*
Que desde la Mancha *65,209*
Manchada *2*
Su piel manchada de colores ciento: *261,68*
Con la manchada copia *263,298*
Manchadas *1*
Dò estan las salas manchadas *63,25*
Manchados *1*
Manchados, pero no rotos. *83,36*
Manchar *1*
Que por manchar vn casto, i otro lecho,
269,1250
Mancharas *1*
Si por virtud, Iusepa, no mancharas *460,1*
Mancharon *1*
Mancharon las estacadas *269,4*
Manchò *1*
Que manchò con su sangre el verde prado,
499,102
Mancilla *7*
I sin tener mancilla *9,9*
I sin tener mancilla *9,19*
I sin tener mancilla *9,29*
— Tengoos, señora tela, gran mancilla. *70,1*
Amor tenga mancilla, *129,30*
Tal coz el que quiçà tendrà mancilla *200,10*
Sin tener de mi mancilla, *499,325*
Manda *12*
Manda Amor en su fatiga *37,1*
Manda Amor en su fatiga *37,13*
Manda Amor en su fatiga *37,25*
Manda Amor en su fatiga *37,37*
Manda Amor en su fatiga *37,49*
Le manda desterrar luego, *49,34*
Duras redes manda armar, *178,18*
me manda. Soi niña? Es coco? *229,2741*
Le vistiò, i dexar le manda *240,12*
Que manda se quede assi *269,13*
I si os lo manda el Amor? *269,84*
Pues manda la medicina *269,1898*
Mandadero *10*
Mandadero era el arquero, *94,1*
Si que era mandadero. *94,2*
Mandadero era el arquero, *94,11*
Si que era mandadero. *94,12*
Mandadero era el arquero, *94,21*
Si que era mandadero. *94,22*
Mandadero era el arquero, *94,31*
Si que era mandadero. *94,32*
Mandadero era el arquero, *94,41*
Si que era mandadero. *94,42*
Mandado *2*
I Venus mandado os ha *167,19*
respondon i mal mandado. *229,415*
Mandais *1*

Que si Damas tienen mano *490,24*
En la mano traiga liga, *496,9*
Ha quitado mil vezes de la mano *499,6*
Que por la misma mano del que odiaua *499,46*
I quede la mano vfana, *499,136*
De la mano de Diana; *499,139*
Truxo tu mano imbidiosa. *499,227*
Tal ombro, el arco tal mano. *499,231*

Manos *79*
De las manos i dèl alma *9,12*
A que con sus manos, *11,13*
O qual por manos hecha artificiosas *18,3*
Ia besando vnas manos crystalinas, *20,1*
Ceja en arco, i manos blancas. *27,91*
Que, muerto a enemigas manos, *37,10*
Ambas manos en el remo *38,3*
Sin este remo las manos, *39,25*
Con ambas manos media *49,47*
Si libre a Clori por tus manos dexa *53,10*
Si les ocupais las manos *58,35*
Con manos de vara, i menos, *58,50*
Que el duro hierro en sus manos *61,41*
Domando cuellos i ligando manos, *72,56*
Con las manos menos limpias. *74,48*
Con las manos la defiende *75,35*
I en manos de ausencia; *79,100*
De estas manos rigurosas, *97,42*
En virtud de tales manos *131,39*
Las manos pues, cuios dedos *131,73*
Dandose las manos blancas *144,14*
Viendo andar de manos *160,15*
Que no ai manos que a su marta *167,69*
Mi fee suspiros, i mis manos flores. *169,14*
Las de vuestras manos que ella; *176,4*
Que por serlo de sus manos *177,39*
A manos de la blancura *179,55*
Con manos de crystal nudos de hierro? *197,14*
si remittiera a las manos *229,72*
Tan dados las manos, di, *229,336*
cuias manos a la muerte *229,558*
Regaladle, manos mias! *229,1149*
si a manos han de llegar *229,1575*
por besar tus manos oi. *229,1672*
Dale tus manos a vn hombre, *229,1683*
a las manos se me vino, *229,1688*
buscando las manos mias, *229,1694*
a besar tus manos bellas. *229,1698*
a tu manos su blancura. *229,1732*
Besoos las manos, i digo, *229,2082*
los crystales de sus manos *229,2344*
las manos, si me las dais. *229,3105*
Dadme vos las manos, Fabio, *229,3511*
De tus manos, que al hijuelo *239,15*
A sus ceniças tus manos. *239,30*
Caluroso al arroio da las manos, *261,209*
I blanca la Etyopia con dos manos; *263,785*
Piedras las duras manos impedido, *263,992*
Nieue hilada, i por sus manos bellas *264,343*
I mas si se dan las manos *269,26*
Pusieran las manos mias. *269,158*
I las manos de Esaù. *269,460*
Miro manos, i sè dellas *269,477*
En beso manos i pies. *269,656*
I al otro las manos pido, *269,908*
I al otro las manos pido: *269,920*

I al otro las manos pido. *269,933*
Dame el cristal de tus manos, *269,1154*
Las manos, señora, os tomo *269,1212*
Besoos las manos por ellos. *269,1368*
Besoos las manos, señor; *269,1467*
Dame las manos, señora. *269,1511*
Las manos he de besarte. *269,1689*
Besoos las manos. Andad. *269,1868*
Las manos, Doctor, os beso; *269,1876*
Como en las manos de vn viejo *310,4*
Como en las manos de vn viejo *310,19*
Como en las manos de vn viejo *310,34*
Si le peina en las palmas de las manos *313,43*
La Parca en esto, las manos *322,413*
Las manos de Alexandro haceis escasas, *325,12*
No a manos del señor don Bernardino, *342,6*
El quadragesimal voto en tus manos, *398,13*
En sus manos mi espiritu encomiendo. *445,14*
Vino a mis manos: puselo en mi seno. *458,4*
I este soneto a buenas manos va: *473,15*
En vuestras manos ia creo *478,1*
De tus manos soberanas, *499,271*
Tales manos: bien mereces *499,282*

Mañosos *1*
Mañosos, al fin hijos de la tierra, *263,973*

Manquitos *1*
A manquitos, que de cera *269,1548*

Mansa *1*
Mansa i humilde, de soberuia i braua. *499,48*

Mansedumbre *1*
Sigue con agradable mansedumbre *17,3*

Manso *5*
Manso se dexò coger, *161,95*
Tope manso, alimento verdadero, *222,7*
El ia sañudo arroio, ahora manso. *263,343*
Podrà ser, por lo Manso, Presidente. *273,14*
I manso el lobo se veen. *302,12*

Manteca *3*
Tortas con manteca, *5,76*
I vn copo, en verdes juncos, de manteca. *261,204*
Andar, manteca, seniora, *305,30*

Mantel *1*
Sobre el verde mantel que dà a su mesa, *203,113*

Manteles *4*
De la mesa sin manteles, *81,28*
En los que damascò manteles Flandes, *263,860*
Manteles blancos fueron. *264,345*
Sobre los manteles mona *488,3*

Mantenia *1*
En lo concauo, el jouen mantenia *263,268*

Manteniendo *1*
Manteniendo el, pues, los ojos *389,37*

Manteo *1*
Que el manteo cobija, *65,70*

Mantequillas *1*
Mantequillas i pan tierno, *7,6*

Mantillas *1*
Desde las mantillas, *65,90*

Manto *21*
I el manto basto peludo; *27,48*
(Pues de el horrido manto se desnuda), *31,2*
En cuio generoso mortal manto *35,2*

Partiò con Dios de su manto, *86,38*
Moça de manto tendido, *88,9*
Sea piedras la corona, si oro el manto *203,88*
Las cintas se atò del manto, *228,182*
I no del manto de lustre, *228,183*
El manto de la opinion! *257,4*
Su manto azul de tantos ojos dora *261,366*
Del dia, cuia luz tu manto dora, *270,6*
En el carro i con el manto *275,31*
De vestir, digno, manto de escarlata, *290,7*
Lo dize el Sol, que es su manto, *307,8*
Era la noche, en vez del manto obscuro, *315,1*
No echò menos los joias de su manto; *318,494*
Su manto: fatal descuido, *322,338*
Ô vos, a cuio glorïoso manto *335,10*
Manto del Abencerraje, *355,43*
Flammante en zelo el mas antiguo manto; *421,20*
Ni a la cogulla, ni al manto *485,6*

Mantos *2*
Ni mantos de maior brio *63,207*
ambas a dos con sus mantos *229,3483*

Manúàles *1*
Que instrumentos manúàles, *161,69*

Manúèl *1*
Pues señor don Manúèl, *269,1574*

Manzana *1*
De la manzana hypocrita, que engaña *261,83*

Manzanares *1*
Que orillas de Manzanares *389,6*

Mappa *4*
I assi entiende el Mappa *65,197*
Lo que el Mappa entiende *65,199*
mappa de todas naciones, *229,489*
Si mucho poco mappa les despliega, *263,194*

Maquina *1*
Qual la estrellada maquina luciente *318,251*

Mar *179*
Dèl Mauritano mar al mar Atlantico, *1,11*
Dèl Mauritano mar al mar Atlantico, *1,11*
Arè vn alterado mar, *2,36*
Orillas dèl mar. *4,10*
Orillas del mar. *4,20*
Orillas del mar. *4,30*
Orillas del mar. *4,40*
Orillas del mar. *4,50*
Orillas del mar". *4,60*
Passe a media noche el mar, *7,31*
Tormenta amenaza el mar: *10,35*
De peces priuando al mar, *10,55*
El mar argenta, las campañas dora, *17,8*
Ni el mar argentes, ni los campos dores. *17,14*
Que el mar de Bretaña surcan; *26,36*
Pues el mar brama alterado *37,35*
"Ô sagrado mar de Hespaña, *38,9*
Pues eres tu el mismo mar *38,13*
Bien puedes al mar dèl Sur *38,23*
Dame ia, sagrado mar, *38,25*
A uer como el mar le hurta *39,14*
I en el mar de Argel te espero. *39,50*
I sin que el torpe mar del miedo elado *45,6*
Que al mar, dò tu sepulchro se destina, *45,12*
De mis ojos, que en el mar *48,71*
Que escapè de el mar *50,15*
Sereno el mar la vista lisongea; *54,4*

Que el mar de Amor tubieron por seguro, *54,11*
Vnos rompieron el mar, *63,143*
El mar de Sicilia, *65,160*
El vn mar de tus velas coronado, *66,9*
Poniendo lei al mar, freno a los vientos; *67,11*
Llenen el mar de barbaros nadantes *72,83*
I en vn vergantin el mar *74,99*
El fiero mar alterado, *75,21*
Apenas del mar salia *75,73*
Que dà leies al mar, i no tributo); *77,77*
El nacar del mar del Sur, *82,35*
En que alegre el mar surcaba *97,5*
Su serenidad al mar, *106,3*
Lo que ai dèl mar Andaluz *106,7*
Por pagar al mar i al aire *106,33*
Crezca el mar i el suelo agote, *107,70*
Fuego tributa al mar de vrna ia ardiente. *109,4*
Arde el Rio, arde el Mar, humea el Mundo; *109,12*
El mar he visto en Latin: *111,26*
Dèl vno i dèl otro mar. *121,80*
De la que naciò en el mar *121,91*
El mar, estando quedas, *125,4*
Que el mar, como por pena *125,33*
Ia surcan el mar de Denia, *132,29*
Ô puerto, templo del mar, *132,49*
Si tiene puertos vn mar *143,15*
Tal, que dò el Norte iela al mar su espada *145,12*
Temella puede el mar sin couardia. *151,11*
Lleua pescado de mar, *159,33*
Lisongeen el mar vientos segundos; *162,11*
Boluiò al mar Alcîon, voluiò a las redes *165,1*
Dèl abreuiado mar en vna ria, *169,2*
Emulo ia dèl Sol, quanto el mar baña; *171,6*
Que en tanto mar serà vn harpon luciente, *174,13*
Ella pues donde el mar baña *178,15*
Como Thetys en el mar, *178,19*
I el mar da a los pescadores, *179,22*
Offrece el mar las cenizas *179,31*
El nacar desnudo al mar *179,43*
Del mar, i no de Huelua *185,1*
Es vn segundo mar Napolitano, *196,4*
Pues sois Estrella dèl Mar, *206,5*
I es vn MAR de DONES el. *206,6*
En tenebrosa noche, en mar airado *218,1*
I escollos juzga que en el mar se lauan *218,10*
Que inuidia el mar Indîano. *228,140*
Acia el mar ia alborotado *228,186*
Mal podra vn braço de mar *228,215*
en vn mar de agua rosada, *229,1889*
i orillas del mar espera *229,1923*
si no diere nombre al mar, *229,1925*
Encuentra el mar, estandose ella queda, *229,2139*
Ser roca al mar, i al viento ser encina. *229,2145*
Ponme donde brama el mar, *229,2674*
escollos que açota el mar, *229,2685*
contra el baxel en la mar, *229,2923*
Al mar, que el nombre con razon le beue, *230,5*
Aunque lo ha diuidido el mar en vano, *230,79*
Por mar Vllises, por tierra *257,43*
Ella en tierra i el en mar, *257,46*

Donde espumoso el mar Sicilîano *261,25*
La selua se confunde, el mar se altera, *261,93*
De quantas honra el mar Deidades era; *261,114*
Del espumoso mar su pie ligero, *261,154*
Gloria del mar, honor de su ribera. *261,196*
De las hijas de Tetys, i el mar vea, *261,370*
Sorda hija de el mar, cuias orejas *261,377*
De el fiero mar a la sañuda frente, *261,438*
Venus de el mar, Cupido de los montes". *261,464*
Solicitan el mar con pies alados: *261,476*
Correr al mar la fugitiua nieue *261,482*
Las Deidades de el mar, que Acis inuoca: *261,494*
Da al mar; que condolido, *263,11*
En lo que ia de el mar redimiò fiero, *263,47*
Del mar siempre sonante, *263,53*
Reconociendo el mar en el vestido, *263,361*
Al que, ia dèste o de aquel mar, primero *263,369*
A las que tanto mar diuide plaias, *263,376*
Si bien por vn mar ambos, que la tierra *263,399*
En nueuo mar, que le rindiò no solo *263,431*
Quantos abre sepulchros el mar fiero *263,445*
En aquel mar del Alua te descriuo, *263,482*
Que el viento su caudal, el mar su hijo. *263,506*
Toros dome, i de vn rubio mar de espigas *263,822*
I argenta el mar desde sus gruttas hondas *263,1029*
Entrase el mar por vn arroio breue *264,1*
Medio mar, medio ria, *264,11*
Nudos al mar de cañamo fîando. *264,36*
Que en dos cuernos de el mar calò no breues *264,52*
El mar encuentra, cuia espuma cana *264,63*
Ô mar, quien otra vez las ha fiado *264,121*
Ô mar! ô tu, supremo *264,123*
No es sordo el mar (la erudicion engaña) *264,172*
Iaze en el mar, si no continûàda *264,190*
Porque en el mar preside comarcano *264,212*
De el cielo espumas i de el mar estrellas. *264,215*
Sus pollos este al mar conduze nueuos, *264,259*
Llegaron luego donde al mar se atreue, *264,302*
I el mar que os la diuide, quanto cuestan, *264,375*
Sino desotro escollo al mar pendiente; *264,400*
Que el mar criuando en redes no comunes, *264,413*
Torpe, mas toro al fin, que el mar violado *264,428*
Tumba te bese el mar, buelta la quilla. *264,548*
Ni del que enciende el mar Tyrio veneno, *264,558*
Priuilegios, el mar a quien di redes, *264,575*
Que io al mar, el que a vn Dios hizo valiente *264,582*
Con labio alterno mucho mar la besa, *264,607*
Quantas al mar espumas dan sus remos. *264,664*
Que al mar deue con termino prescripto *264,828*

Portundo soi en el mar, *269,437*
Escollo al mar no tambien, *269,1488*
Altèra el mar, i al viento que le trata *276,7*
De que, ia deste o de aquel mar, tyrano *276,12*
O al mar no llega, o llega con pie tardo. *279,30*
El mar con su alterno diente, *283,2*
Hurtan poco sitio al mar, *285,3*
Sepulchro el mar a su vuelo, *287,60*
Dorando el mar con su luz, *287,66*
Holgò el mar de ser azul. *287,68*
"Pues nacistes en el mar, *287,73*
Pues nacistes en el mar, *287,87*
De tus ondas, ô Mar, siempre serenas. *290,11*
Vn MAR, DONES oi todo a sus arenas. *290,14*
La arena enxuta, quando en mar turbado *294,13*
Al mar, en quanto besa *298,2*
No en cuna de ondas el mar, *300,14*
Mar de virtudes profundo, *306,18*
Del lisongero mar Napolitano. *317,8*
De Magestad que al mar de muros ella, *318,34*
Incierto mar, luz gemina dio al mundo, *318,114*
En leños de Liguria el mar incierto *318,295*
Pisò el mar lo que ia inundò la gente. *318,320*
El Mar se queda, que el baxel se baia. *318,376*
De el mar es de la Aurora la mas grata, *318,533*
Ô de el mar reyna tu, que eres esposa, *318,553*
Abriò al trafico el mar, abriò la tierra; *318,612*
Mucho mar le dexò veer *322,239*
Que las humedezca el mar *332,7*
La mitad del alma me lleua la mar: *345,7*
Nieto del mar en la fee. *355,40*
La monarchia del mar, *358,14*
El mar serà no pequeño *384,11*
Que podrà al mar, si conmigo *384,13*
Nympha del mar, con quien son *387,2*
Que entre montes, que cela el mar de arena, *399,13*
El Phenix de Austria, al mar fiando, al viento, *402,10*
De el que hallò en el mar enxuto vado, *442,6*
Guadalquiuir por ser mar, *497,4*
Guadalquiuir por ser mar, *497,19*
Guadalquiuir por ser mar, *497,34*
Guadalquiuir por ser mar; *497,49*
Puedes correr sobre el mar, *499,155*

Maraña 2
Buena es la maraña a fee. *229,3265*
Extremada es la maraña, *229,3332*
Marañon 2
Dexe el rio Marañon, *126,49*
Armado lo oia el Marañon valiente, *318,14*
Marauedi 5
Os buelue vn marauedi, *81,39*
Ella fue el marauedi; *82,56*
Sin dar vn marauedi, *93,23*
Pero no marauedi. *111,28*
no tengo vn marauedi; *229,2383*
Marauedis 2
No marauedis de juro, *111,11*
Que cient marauedis son; *269,790*
Marauilla 16
La flor de la marauilla *29,17*
La beldad dèsta Octaua Marauilla, *76,13*
Fue mi resurreccion la marauilla *101,5*
Porque no es gran marauilla *123,30*

Quien pues se marauilla de este hecho, *181,5*
Octaua marauilla soys de el suelo; *229,22*
Pues no fue marauilla, i es assombro! *229,1538*
Muros, alta de Hespaña marauilla, *315,18*
Que aier marauilla fui, *375,3*
Que aier marauilla fui, *375,13*
Que aier marauilla fui, *375,23*
Que aier marauilla fui, *375,33*
Morir marauilla quiero, *375,39*
Que aier marauilla fui, *375,43*
Que aier marauilla fui, *375,53*
Aunque el los cuelga aqui por marauilla. *439,6*

Marauillas *8*
Parte marauillas. *65,72*
Marauillas libando, no ia aquellas *256,10*
Sino otras marauillas, *256,16*
Que marauillas tantas *256,60*
Nauticas venatorias marauillas; *264,421*
Marauillas no barbaras en esa *298,3*
Dezir de vos marauillas, *411,2*
Producen oro i plata a marauillas. *443,8*

Marbella *1*
En la plaia de Marbella *38,6*

Marca *3*
Por maiores de la marca. *29,30*
Que os marca la mejor parte *110,34*
Necia sois maior de marca *269,1070*

Marcelino *1*
gran trato con Marcelino *229,2974*

Marcelo *38*
Marcelo amigo, que es eso? *229,62*
Muy flaco, Marcelo, os siento *229,106*
porque a mis hombros, Marcelo, *229,113*
os tiene, Marcelo amigo: *229,139*
Marcelo, vn punto en la voca. *229,313*
Quiere tu hermano a Marcelo *229,340*
A Marcelo? Si. Mi hermano? *229,342*
Con Marcelo? En hora buena. *229,352*
i Marcelo i io, conformes, *229,481*
No, sino Marcelo, i triste. *229,1245*
Marcelo, qual siempre he sido, *229,1410*
Basta, Marcelo. Io quiero, *229,1420*
Marcelo, en ese papel! *229,1459*
salga, Marcelo, acà fuera. *229,1468*
Albricias, Marcelo, albricias. *229,1522*
o io Marcelo no soi. *229,1553*
El me defiende, Marcelo, *229,1649*
Ô Marcelo desdichado! *229,1665*
Tu bien estado, Marcelo. *229,1668*
Marcelo, pues la occasion *229,1687*
Marcelo, que tu me diste. *229,1796*
Marcelo es este. Es Marcelo *229,1899*
Marcelo es este. Es Marcelo *229,1899*
Iuròme, i no sin lagrimas, Marcelo, *229,1935*
no querrà a Marcelo dar *229,2503*
Marcelo en este lugar, *229,2630*
Marcelo hasta aqui, traidor, *229,2859*
i Marcelo al fin? Ô Fabio! *229,2869*
la mesura de Marcelo! *229,2935*
que el Granadino es Marcelo, *229,3078*
Con vn Marcelo amistad *229,3142*
vuestro Marcelo. Ô bien mio! *229,3151*
Lelio. Que esse no es Marcelo? *229,3395*
Donde està Marcelo aqui? *229,3427*

No eres tu Marcelo? No, *229,3430*
fuese Marcelo, que avria? *229,3434*
Libia muger de Marcelo? *229,3461*
Al Mandracho de Marcelo, *269,1651*

Marchita *4*
Fresca, espira marchita i siempre hermosa; *221,6*
La tumba es ya, donde marchita iace. *229,1533*
Aueja, aun negligente, flor marchita. *264,604*
Fulminado veneno la marchita. *467,14*

Marchitar *2*
Viendo marchitar *4,46*
Que marchitar en vano *256,17*

Marco *1*
Marco de plata excelente *191,1*

Março *2*
Que eran en Março los Caniculares. *71,8*
En Março i Andalucia, *282,16*

Mardona *1*
Es de tu casa Mardona, *259,34*

Mare *1*
Mare vidi muchas vezes, *111,27*

Maréâr *1*
Con que pienso maréâr *269,419*

Mares *8*
No solo dudosos mares, *63,226*
I que ella es puente para muchos mares. *71,4*
De nuestros mares, de las flotas nuestras. *230,51*
Quedese, amigo, en tan inciertos mares, *263,499*
De los dos mares vna i otra espuma. *271,14*
Prouincias, mares, reinos differentes, *279,13*
Lei de ambos mundos, freno de ambos mares, *362,9*
Escondiendo con velas ambos mares, *421,42*

Marfil *28*
Con vn peine de marfil *3,2*
Qual dèl Ganges marfil, o qual de Paro *34,1*
Marfil i cedro sus puertas, *63,87*
Ni azauache ni marfil; *82,16*
Instrumento de marfil *144,39*
Con peine de marfil, con mano bella; *174,2*
Que dà al arco marfil bello *177,27*
Conocido del marfil *177,29*
Clauijas de marfil o trastes de oro? *203,48*
I el marfil negro azauache, *216,30*
En su dedo de marfil. *226,96*
Si ai marfil con negros raios. *228,116*
Hurtò el peine de marfil, *229,1729*
no la llamo de marfil, *229,2363*
que todo marfil es cuerno, *229,2364*
Mandamiento de marfil. *243,24*
De lyras de marfil, de plectros de oro. *256,8*
I al marfil luego de sus pies rendido, *261,299*
Que en las lucientes de marfil clauijas *263,346*
O de terso marfil sus miembros bellos, *263,489*
A ver troços de marfil, *269,475*
Bese el corbo marfil oi desta mia *318,3*
Terso marfil su esplendor, *322,45*
Con peine de marfil, con mano bella; *340,2*
Marfil; inuidîòsa sobre nieue, *341,13*
Marfil oriental. *350,26*
De ese marfil que escondeis, *355,76*
Organo fue de marfil, *389,13*

Marfira *1*
Las promesas de Marfira, *126,17*

Marfisa *1*
Con Marfisa en la estacada *409,1*

Marfuz *1*
De aquel Herodes marfuz, *305,19*

Margarita *9*
"Viua Philippo, viua Margarita, *137,13*
La MARGARITA pues, luciente gloria *245,9*
Obscura concha de vna MARGARITA, *247,12*
La muerta humanidad de MARGARITA, *248,4*
La ia engastada Margarita en plomo, *254,6*
Nunca muriera Doña Margarita! *255,14*
Guardò al Tercer Philippo Margarita, *318,286*
La bella Margarita abia dejado, *318,306*
A Margarita hizo el mejor parto *318,434*

Margen *17*
Que verde margen de escondida fuente, *46,8*
El margen de la fuente crystalina *203,112*
El verde i florido margen; *216,28*
Que sobre el margen, para vos florido, *231,12*
Sin aras no: que el margen donde para *261,153*
De el verde margen otra las mejores *263,247*
En la margen de vna historia *269,702*
En la margen de la casa *269,705*
Esa al margen del agua construîda, *298,8*
El margen restituie menos cano, *315,62*
Su Pastor sacro, el margen pisò ameno, *318,102*
Cansada llegò a su margen, *322,297*
El crystal solo, cuio margen huella, *340,6*
Su corbo margen i su cristal puro *359,3*
I a su voz el verde margen, *389,22*
Quando no su margen flor". *390,48*
Atado el Betis a su margen para. *402,8*

Margenes *13*
Tiene llenos los margenes de ojos. *152,14*
Cantar pensè en sus margenes amenos *203,40*
Nilo no suffre margenes, ni muros *219,1*
Arrogandose margenes segundos, *230,21*
Orla el Dauro los margenes de vn Soto, *252,2*
Quando, a los verdes margenes ingrata, *261,219*
Los margenes matiça de las fuentes *263,618*
Las margenes oculta *264,832*
Que sus margenes bosques son de piedra. *318,368*
El Iordan sacro en margenes de plata, *318,486*
(Digo, sus margenes breues) *333,18*
Con sus floridos margenes partia *339,5*
Si en sus margenes los veen, *353,30*

Mari *2*
Tenia Mari Nuño vna gallina *313,1*
Perdone Mari Nuño, *313,7*

Maria *10*
Illustre i hermossissima Maria, *36,1*
De la Aue Maria *65,134*
Ilustre i hermosissima Maria, *201,2*
Ô santa Maria Señora! *229,3005*
De Gericongo MARIA. *308,32*
En hombros, pues, cherubicos, Maria *315,15*
Legitimas reliquias de Maria, *318,587*
Se me aparecerà Sancta Maria. *367,14*
Al esplendor augusto de MARIA *403,4*
Maria de Vergara, ia primera. *448,2*

Maríânos *1*
Vencidas de los montes Maríânos *163,1*
Marias *1*
I las tres Marias; *65,224*
Marica *3*
Hermana Marica, *5,1*
Marica i la tuerta; *5,36*
A Hermana Marica. *65,4*
Maridico *1*
Maridico de futuro, *269,742*
Marido *19*
Mas que el bueno del marido *6,22*
Dèl muerto marido *11,19*
El marido de Lucrecia, *73,90*
I marido, que es ia llano *93,22*
El que ha de ser su marido *167,97*
Vn marido, i sude yo, *227,52*
i le desviò marido? *229,1517*
que con gafas de marido *229,2516*
Al marido le harè costas, *269,252*
Al menos de vn marido *269,1256*
I enfermedad del marido. *269,1309*
Que me quitaua el marido. *269,1353*
Que traxe a vuestro marido, *269,1380*
Mejor queda su marido. *269,1603*
Que pudierais ser marido; *334,18*
El marido de la bella *412,19*
El thalamo consorte de el marido, *460,2*
Porque tiene en su marido *495,56*
I tan ruin marido dejas, *498,4*
Maridon *1*
Visitas, el maridon, *418,46*
Maridos *1*
Lo callas a sus maridos, *87,41*
Marina *2*
Que de las rocas trepa a la marina *263,1017*
Aura en esto marina *264,512*
Marinas *1*
Le corre en lecho azul de aguas marinas, *263,417*
Marinerìa *1*
Si Ligurina diò marinerìa *298,35*
Marinero *6*
Voluerè a ser pastor, pues marinero *118,9*
Ô marinero, tu que, Cortesano, *196,1*
Al traues diera vn marinero ciego, *218,2*
Pompa de el marinero niño alado *261,115*
Al marinero, menos la tormenta *261,302*
Estigias aguas torpe marinero, *263,444*
Marineros *1*
Forçados i marineros. *106,34*
Marino *10*
Ni otro paxaro marino, *159,44*
"Veis (dize el Dios marino), *166,13*
Marino jouen, las ceruleas sienes *261,121*
Huie la Nimpha bella, i el marino *261,129*
Marino si agradable no, instrumento, *261,382*
Mas armas introduxo este marino *263,374*
Laberintho nudoso de marino *264,77*
Al Iuppiter marino tres Syrenas. *264,360*
Torpe la mas veloz, marino toro, *264,427*
Marino Dios, que el vulto feroz hombre, *264,463*
Marinos *2*
De algunos marinos Dioses? *179,32*

Los marinos refluxos aguardemos, *298,16*
Mariposa *9*
i qual mariposa escribe *229,2033*
A la simple mariposa. *239,20*
Mariposa en cenizas desatada. *263,89*
I su fin, crystalina mariposa, *264,6*
Del aguila les dio a la mariposa. *264,782*
Soi mariposa que buela *269,1183*
Mariposa, no solo no couarde, *392,1*
Florida mariposa, a dos Imperios *456,9*
Ia mariposa de el farol Phebeo *457,5*
Mariposas *1*
De mil mariposas *56,19*
Maritima *1*
La maritima tropa, *264,55*
Maritimo *1*
Maritimo Alcion, roca eminente *261,417*
Marlota *2*
Sobre vna marlota negra *49,49*
No lleua por la marlota *62,9*
Marmol *41*
Blanco marmol, qual euano luciente, *34,2*
Donde està el marmol que sella *63,123*
De marmol differente, *103,66*
Mejor que en tablas de marmol *131,119*
La razon abra lo que el marmol cierra. *135,8*
La suauidad que espira el marmol (llega) *136,12*
De aquel idolo de marmol, *228,150*
en bolsas de marmol Pario) *229,1371*
o en marmol antes se vea, *229,1916*
i tan de marmol, que oir *229,2391*
Columna de marmol soi. *229,2706*
A este duro marmol, que *249,5*
Ser menos el marmol duro, *249,9*
Haziendo escollos o de marmol Pario *263,488*
No en blanco marmol, por su mal fecundo, *263,816*
La admiracion, vestida vn marmol frio, *263,999*
En marmol engastada siempre vndoso, *264,368*
Marmol al fin tan por lo Pario puro, *264,698*
En aquel marmol, Rei siempre glorioso; *271,2*
Que en poco marmol mucho Phenix cabe, *272,7*
El campo illustra de ese marmol graue: *274,7*
Perdonarà, no el marmol a su vena *289,6*
Fragrante marmol, sellas, *297,3*
Licida, el marmol que Neptuno viste *298,19*
De marmol espirante *312,3*
Tan bella en Marmol copia, ô caminante, *312,14*
Vn termino de marmol fuera leue; *315,36*
Quede en marmol tu nombre esclarecido, *317,9*
El etcoetera es de marmol, *322,73*
Marmol obediente al duro *322,394*
A donde en marmol dentado *333,15*
Debajo deste marmol que, sin duda, *344,2*
El duro es marmol de vna breue huessa. *345,28*
Marmol que Amor ha erigido *348,4*
De vn marmol que ni Lucrecia *355,47*
Accusa la clemencia en marmol duro, *368,27*
Que mucho, si del marmol desatado, *399,5*
Denso es marmol la que era fuente clara *402,5*
De todo marmol humano, *416,29*

Besando el marmol desatar sus votos. *421,52*
A vuestro bulto heroyco en marmol duro *425,7*
Marmolejo *1*
De Arjona i dèl Marmolejo. *49,72*
Marmoles *4*
En bronces, piedras, marmoles), *1,49*
Menospreciando marmoles de Paro *229,2164*
Informa bronces, marmoles anima. *314,8*
Este, a quien guardarà marmoles Paro, *318,29*
Marmolo *1*
A ese marmolo te arrima. *207,23*
Marmores *1*
De quantos la edad marmores debora, *318,525*
Marques *10*
Que me distes al Marques, *98,11*
El Marques me lleua en coche; *98,82*
Titulo ia de el Marques. *132,32*
A la Española el Marques *240,11*
Qualque Marques de Alfarache. *288,79*
Marques ia en Denia, cuio excelso muro *318,135*
Que España, de el Marques solicitada, *318,269*
Al seruicio el Marques, i al bien atento *318,338*
Marques de Poza en Estio *334,10*
Veloz Marques, alado Bernardino. *470,4*
Marquès *1*
Clarissimo Marquès, dos vezes claro, *164,1*
Marqueses *1*
I a Marqueses sueño cuestan *55,45*
Marruecos *5*
Rica labor de Marruecos, *49,42*
De hermitaños de Marruecos, *73,35*
De la torre de Marruecos *149,7*
En que Fez, o en que Marruecos *229,1589*
Si Fez se estremeciò, temblò Marruecos. *230,34*
Marta *3*
Que no ai manos que a su marta *167,69*
I entre las sauanas marta. *488,4*
Pelo de esta marta es. *488,10*
Martas *3*
Con la martas de vn erizo *229,1779*
Las no piadosas martas ia te pones, *449,1*
Martas gallegas son, no te me entones, *449,5*
Marte *25*
El de la espada dèl sangriento Marte, *40,13*
Siendo en guerra vn fiero Marte, *61,50*
Al que sujetò al Dios Marte), *61,54*
Aquel Catholico Marte, *63,104*
Eres Deidad armada, Marte humano, *66,4*
Campo de Marte, escuela de Minerua, *72,37*
Ni Venus, porque con Marte *75,47*
De la Camara de Marte *88,17*
De vn fiero Marte, o de vn Adonis bello; *120,33*
Segunda inuidia de Marte, *131,79*
No es hijo de Marte en esto; *168,7*
Segunda inuidia de Marte, *215,11*
Armado a Pan o semicapro a Marte, *263,234*
De que Marte se viste, i lisongera, *263,382*
Cerdas Marte se ha vestido *267,4*
Tan discreto Marte està, *269,12*
Anda Gerardo hecho vn Marte. *269,586*
Que militares ia despojos Marte; *298,21*
Que al Albano cantò, segundo Marte, *312,20*

Gomez Diego, del Marte cuia gloria *318,26*
No ia depone Marte el ielmo ardiente, *318,628*
De quien aun no estarà Marte seguro, *359,7*
Concento la otra del clarin de Marte; *404,4*
Marte, viste oi amante, *415,2*
Al fiero Marte la sangrienta espada *499,8*
Martes *2*
Que le seràn estos Martes *91,39*
Los Martes de Carnaual, *288,16*
Martin *4*
Que por ser Martin el tordo, *59,11*
De su padre frai Martin. *82,92*
Nos dexaua San Martin, *111,42*
—Es galan? —Sobre Martin *124,29*
Martinete *2*
Las plumas de vn martinete, *88,66*
De vn bolado martinete, *333,56*
Martinetes *2*
Seruiràn de martinetes. *59,12*
Sus martinetes de hueso, *334,51*
Martyr *4*
Que al maior martyr de los Españoles *76,7*
Principe Martyr, cuias sacras sienes, *77,35*
Donde algun martyr assado *107,79*
Si martyr no le vi, le vi terrero. *336,4*
Martyrio *1*
Tras cinco años de martyrio *269,316*
Mas *1118*
Hizo que (mas que en arboles, *1,48*
Que no me persigas mas. *2,8*
Mas, que mucho? si el Abril *3,8*
La mas bella niña *4,1*
Mis ojos de oi mas *4,22*
Los mas verdes años *4,47*
Que son mas de treinta. *5,68*
Mas que calçando diez Menga, *6,4*
Mas que no dè algunos dias *6,10*
Mas que no los dè a mi cuenta *6,16*
Mas que el bueno del marido *6,22*
Mas que a creer nos estreche *6,28*
Mas que la bisnaga honrada *6,34*
Mas que se passe el inuierno *6,40*
Mas que no entendamos todos *6,46*
Mas que publico o secreto *6,52*
Mas que traiga buenos guantes *6,58*
Que sea Medico mas graue *6,61*
Quien mas aphorismos sabe, *6,62*
Mas que no sea mas experto *6,64*
Mas que no sea mas experto *6,64*
El que mas huuiere muerto, *6,65*
Mas que entendamos por eso *6,70*
Mas que no sea mas piadosa *6,76*
Mas que no sea mas piadosa *6,76*
Mas que muchos puntos buenos *6,82*
Mas que no sea necedad *6,88*
Mas que le crean de la guerra *6,94*
Mas que vn menguado no sea *6,100*
Mas que halle sin dar puerta *6,106*
Mas que le dè porque presta, *6,112*
Mas que el successor gentil *6,118*
Mas que no sea notorio *6,124*
Quiero mas vna morcilla *7,14*
Que io mas quiero passar *7,34*
La cabra mas coja *8,17*
No llega mas que a distancia *9,36*

De mas léàles seruicios *9,53*
Que mas que vosotras nudos *9,57*
Mas, triste, quantos agueros *10,29*
I las olas van mas altas, *10,32*
Por lo mas alto dèl agua, *10,34*
Mas que en los ançuelos peces, *10,43*
Mas que nunca aljofaradas, *10,46*
Mas la hermosa pescadora, *10,49*
No pudo suffrirlas mas, *10,51*
"Mi Alcîòn, no aia mas, basta; *10,58*
Ni oì las aues mas, ni vi la Aurora; *14,12*
O io, (que es lo mas cierto), sordo i ciego.
    14,14
Mas luego que ciñò sus sienes bellas *15,9*
Iurarè que luciò mas su guirnalda *15,12*
Mas si no huuiere de salir acaso, *17,11*
Tal que el mas duro canto enterneciera: *18,11*
Mas del viento las fuerças conjuradas *19,5*
Porque no den los tuios mas enojos, *20,13*
(Dò el tiempo puede mas), sino, en mil años,
    21,7
Ia que secreto, sedme mas propicio *21,12*
De Segura en el monte mas vecino *22,6*
Ô niebla del estado mas sereno, *23,1*
Mas no cabràs allà, que pues ha tanto *23,12*
Siguen mas ojos que al clauel temprano, *24,6*
Se vuelua, mas tu i ello juntamente *24,13*
Con mas ligeros pies el verde llano, *25,27*
Mas siruate de auiso *25,55*
Lo que en mas graue instrumento *26,3*
Cantàra; mas no me escuchan. *26,4*
Metidos en mas honduras, *26,50*
Entre las mas ricas de ellas *26,67*
Pues quando mas de ti huia, *26,90*
Mas con los que ciñen armas *26,117*
Que viuiera mas contenta *27,7*
Que aun en las viudas mas viejas *27,49*
I de años mas caducos, *27,50*
Quanto mas a vna muchacha *27,53*
Sentì su fin; pero mas *27,65*
Mas no por esso vltragè *27,69*
Llorad su muerte, mas sea *27,85*
Lo por venir mas seguro. *27,88*
I os leuantais mas aiunos. *27,124*
Mas iba a decir doña Alda; *27,133*
No mas de por estar roto *28,11*
Desde el tronco a lo mas alto. *28,12*
Que el que està mas lexos de ellos, *28,67*
Ese està mas apartado; *28,68*
Mas que roquete de Obispo *29,39*
Assi cubra de oi mas cielo sereno *30,5*
Ia que con mas regalo el campo mira, *31,1*
Quando a cada qual de ellos mas le agrada *33,7*
De vn limpio Amor la mas illustre llama, *35,4*
Pero a mi mas me contenta *37,3*
Que el que mas suffre i mas calla, *37,7*
Que el que mas suffre i mas calla, *37,7*
Mas triste del amador *37,9*
Pero a mi mas me contenta *37,15*
Pero a mi mas me contenta *37,27*
Mas io me pienso quexar, *37,33*
Pero a mi mas me contenta *37,39*
Que guarda mas bien Cupido *37,43*
Al que guarda mas secreto; *37,44*
Pero a mi mas me contenta *37,51*

I viendo mas applacada *39,17*
Tocò la plaia mas arrepentida, *43,2*
Volò mas temeroso a la espessura; *43,4*
Precie mas vuestras sombras fugitiuas *46,7*
Mas viendola, que Alcides mui vfano *47,9*
Mas fiera que las que sigues *48,18*
Al robre que mas resiste *48,30*
Mas a los aires subtiles. *48,36*
Mas los que en las aguas viuen, *48,78*
Mas de valor que de azero, *49,18*
O el Amor, que es lo mas cierto. *49,24*
No lleua mas de vn alfange, *49,65*
Donde el que mas trata *50,45*
Mas a lo moderno? *50,48*
Mas dulce i sabrosa *50,51*
Quieren ellas mas ducados *55,10*
Dan mas recias las respuestas *55,24*
I lo mas baxo que puede *57,18*
Porque mas cerca muriese, *57,50*
Vn toro... Mas luego bueluo, *58,62*
Mas que todos quantos leen, *59,66*
I rabos de puercos mas *59,67*
Dèste mas que la nieue blanco toro, *60,1*
A ti, el mas rubio Dios dèl alto choro, *60,5*
Mas que aprouecha domar *61,21*
No mas armado que en carnes, *61,26*
De las dos mas bellas Turcas *61,31*
" — Ai moro, mas gemidor *62,53*
Mas de nouenta i seis leguas". *62,64*
Porque mas presto se acabe, *63,62*
Mas fama que los de Roma *63,79*
Mas de el arte dicen que es *63,95*
Mas del porfido lo bello, *63,97*
Ni mirar de mas donaire; *63,208*
Mas las riberas del Ganges, *63,224*
Mas las nieues de la Scythia, *63,227*
Le da ella mas gusto *65,55*
Mas graues i ricas, *65,118*
No mas de vna vida, *65,140*
Tiene por mas suia *65,181*
Mas tarde los hombres *65,211*
Grandes mas que elephantes i que habadas,
    69,1
— Mas respecto me tienen: ni vna astilla. *70,8*
Ô Reina torpe, Reina no, mas loba *72,49*
Mas quando su arrogancia i nuestro ultrage
    72,59
Mas desembuelue, mientras mas tremola, *72,66*
Mas desembuelue, mientras mas tremola, *72,66*
Mas si con la importancia el tiempo mides,
    72,75
Que no auia vn passo mas *73,3*
Mas hablando ia en jùizio, *73,5*
Quando mas estaua llena *73,34*
Huelan mas que los jazmines, *73,43*
I como no ai mas que verla, *73,82*
Mas no que saquen lanceta. *73,100*
Con mas inciertos reueses *74,11*
Con mas corchetes de alquimia *74,14*
Mucho mas acuchillados *74,19*
Poco mas de media milla. *74,84*
I aun me acuerdo, por mas señas, *74,89*
Mas otra fuerça mejor *74,107*
Pero mas de la gallina. *74,112*
Pero mas veces con risa. *74,120*

Mas ella, i otra su prima, *74,122*
Poco mas de medio açumbre. *75,4*
Mas el animoso jouen, *75,25*
Por mas remedios que vse, *75,38*
Menos nada i mas trauaja, *75,51*
Mas teme i menos presume. *75,52*
Ia mas veces se çabulle, *75,54*
Phebo os teme por mas lucientes Soles, *76,3*
I el cielo por gigantes mas crũèles. *76,4*
Ciudad mas que ninguna populosa, *77,72*
I siembra Francia, mas Sicilia siega, *77,74*
Que, mas de joias que de viento llenas, *77,80*
Mas por auer tu suelo humedecido *77,82*
I mas que todos Hacèn, *78,4*
Rendido mas de vna vez *78,22*
Mirauale el mas galan *78,37*
La mas que mortal saeta, *78,87*
La mas que nudosa red; *78,88*
Mas por su mirar *79,63*
En cosa mas tierna) *79,116*
Sino mas de quatro cosas, *81,5*
Mui mas larga que subtil, *82,18*
I los ojos mas compuestos *82,19*
Al mas sũaue jazmin. *82,32*
Entre mas de cient mil blancas, *82,55*
Mas que viuda en el sermon *82,91*
De los mas lindos que vi, *82,114*
La mas luxuriosa vid *82,126*
Mas ia ha dias que a la Iglesia *83,83*
Gusto dà mas que dar suele *85,23*
Pues que tienes mas padrastros *87,7*
Quando mas mal de ti diga, *87,29*
Te defenderàs mas presto. *87,100*
Hace mas fugas con el *88,27*
Para mas de vn ramillete, *88,48*
"Mas quisiera, le responde, *88,81*
Quando hablar mas le compete. *88,92*
Mas tuuolo por juguete, *88,106*
En Hespaña mas sonado *89,7*
Mas que jumento perdido, *89,14*
Mas de ducientos mil pinos; *89,28*
Ia no mas, ceguéçuelo hermano, *90,1*
Ia no mas. *90,2*
Mas municion no se pierda; *90,4*
Ia no mas, ceguéçuelo hermano, *90,11*
Ia no mas. *90,12*
Ia no mas, ceguéçuelo hermano, *90,21*
Ia no mas. *90,22*
I a mi donde quepan mas. *90,30*
Ia no mas, ceguéçuelo hermano, *90,31*
Ia no mas. *90,32*
Mas azíagos que el dia; *91,40*
Que pudo mas por dorada *91,43*
En los campos dèl Tajo mas dorados *92,5*
I que mas priuilegian sus crystales, *92,6*
I mas que los laureles leuantados. *92,8*
I mas bien pelotéàda *93,17*
Al que pretende mas saluas *93,29*
Mas que mostachos i ligas, *93,62*
Quando mas desesperado, *93,67*
En su mas dulce mirar; *95,20*
De vn angel el mas hermoso *95,21*
Està dudoso lo mas. *95,24*
Por mas parecer criados. *96,12*
Con mas paramentos negros *96,17*

Mas es tumba que cauallo. *96,20*
Mas que duerme de prestado. *96,56*
Donde el Sol es mas escaso, *96,66*
Mas si sè que dias hartos, *96,78*
Hablò alli vn rocin mas largo *96,94*
Mas se humillaban las olas, *97,14*
Mas se ajustaba a la vela *97,15*
Con mas daño que en las rocas, *97,36*
Mas le ualiera errar en la montaña, *100,13*
Le es la fruta mas sabrosa, *102,28*
De la espina mas aguda. *102,30*
Edad mas endurecida; *102,36*
Mas que nunca obediente, *103,22*
Mas ai! que quando io mi lyra, creo *104,12*
Mas el se los echa al cuello, *105,29*
A Platon por mas amigo; *105,87*
Con mas homicidios hechos *105,102*
Mas el hijuelo de Venus, *106,10*
No mas capellar con cifra, *107,5*
Ni mas adarga con mote; *107,6*
Del mas triste galéòte *107,18*
En los mas altos pinos leuantados, *108,10*
En las robustas haias mas crecidas, *108,11*
I nada temi mas que mis cuidados, *108,14*
Mas al fin en essas cartas *110,29*
Sangre, mas que vna morzilla, *111,21*
Honra, mas que vn Paladin, *111,22*
Viò la nympha mas hermosa *115,11*
Mas despedian sus ojos *115,25*
I tanto mas ponçoñosas *115,27*
Quanto es mas desden que hierba. *115,28*
Pascieron la que arde mas. *116,12*
Quedad, quando mas vestidos, *116,23*
Abrasados, mas desnudos; *116,24*
Mas ciegos sean vuestros nudos *116,25*
Quedad, quando mas vestidos, *116,38*
Abrasados, mas desnudos; *116,39*
Mas ciegos sean vuestros nudos *116,40*
Quedad, quando mas vestidos, *116,53*
Abrasados, mas desnudos; *116,54*
Mas ciegos sean vuestros nudos *116,55*
Pero mas fue nacer en tanto estrecho, *117,5*
No fue esta mas hazaña, ô gran Dios mio, *117,9*
(Que mas fue sudar sangre que auer frio)
    117,12
Sino porque ai distancia mas immensa *117,13*
El mas hermoso, el mejor *121,25*
Mas sepa quien no lo sabe *121,46*
En el panal mas sũave. *121,50*
Mas que tiene en sus aljauas; *121,74*
Mas si no es Luna menina, *121,89*
Mas en quanto pisa Apolo *121,113*
Mas de Alua que de Aluarado; *121,124*
Mas pastora de vn ganado *121,157*
De sus joias; mas la suerte *122,46*
Menos honesta, i mas sana; *123,38*
Los mas dulces desenojos? *124,6*
Con las mas duras piedras? *125,22*
Lo mas ligero alcança, *125,39*
Lo mas libre sugeta. *125,40*
Mas ama quien mas suspira, *126,3*
Mas ama quien mas suspira, *126,3*
Mas, ai triste, que es sorda *127,15*
La mas volante flecha; *127,27*
No pudo dezir mas, *127,32*

De oi mas su nombre mudemos *130,19*
A las mas que toca el preste, *130,34*
Mas ella sus velos rompe *131,42*
Mas el viento burla del, *132,26*
De raios mas que flores frente digna. *136,4*
En los saraos, quien lleua las mas veces *138,9*
Que es mas posible caso *140,23*
Aueja mas diligente *142,24*
Quando mas està pendiente *142,42*
Mas bien sè qual fue su patria. *148,6*
Mas que mucho, si es la niña, *148,41*
Que vio Hespaña mas hermosa; *149,34*
Mas quedese aqui esta historia. *149,122*
I mas en ella Titulos que botes. *150,14*
Mas que mucho, si passa su corriente *151,13*
Por mas estrechos ojos cada dia? *151,14*
Que, como el mas notable de los rios, *152,13*
Que pide al cuerpo mas que puede dalle. *153,4*
Quanto mas dia de jũicio se halle. *154,4*
Se humillan los mas loçanos, *157,16*
Los mas doctos Sacristanes, *157,18*
Muchas mas que a vna estafeta, *158,9*
Quando mas casos se ven, *158,23*
Mas quien ai que pueda *160,14*
I mas si no quiebra. *160,48*
I al Conde mas rico, *160,71*
Mas, segun dan bueltas, *160,90*
Mas el, de buen pagador, *161,14*
Con mas oro i menos clauos *161,39*
Aun mas que en la profession, *161,46*
I el tiene, mas no pidiò. *161,52*
Mas el macho no aguardò. *161,80*
Mas que para dalle coz. *161,92*
Que es el çapato, mas no, *161,106*
I es mas vecino el olor. *161,108*
El sello, mas no en papel, *161,115*
Mas os echò su mal ojo, *161,143*
Que esto es mucho mas que ser *161,151*
Griego premio, hermoso, mas robado. *162,8*
De los dos Soles que el pincel mas raro *164,5*
El fondo es bien dexar mas escondido, *166,28*
En dulce si, mas barbaro instrumento, *166,38*
El mas rigido Caton *167,21*
Que el mas armado anda en cueros. *167,40*
Mas que mucho, si io digo, *167,67*
Mientras mas viere, mejor. *168,30*
Mas para por vos morirme *168,33*
Oi os tiro, mas no escondo la mano, *170,3*
Camino, i sin pasar mas adelante, *170,12*
No solo de Aiamonte mas de Hespaña, *171,2*
A mas os tiene el cielo destinado. *171,4*
I clara mas por su pincel diuino, *173,4*
Mas no se parecia el peine en ella *174,3*
(No sepas mas) de zelos i de amores. *175,14*
Aunque mas antiguas son *176,3*
Sois, pues dizen mas de dos *176,16*
Seguido, mas no alcançado, *178,36*
Mas con el siluo que con el caiado *180,3*
I mas que con el siluo con la vida; *180,4*
Mas tu Palacio, con razon sagrado, *180,6*
Sabiendo que halla ia passo mas llano, *181,6*
Diò la plaia mas Moros que veneras. *183,8*
Mas de puntas armado de diamante; *184,10*
Mas, CLORI, que he texido *184,13*
I mas besos te pido *184,15*

Mas podeis dezir los dos *186,8*
Mas por hombre proueìdo *187,9*
I mas perlas no des, *193,24*
Que quanto mas ausente del, mas peno, *197,7*
Que quanto mas ausente del, mas peno, *197,7*
Mas desuiado, pero mas perdido. *197,11*
Mas desuiado, pero mas perdido. *197,11*
Veinte dias i mas, i se ha partido. *200,4*
Desnudadle de oi mas de celosia. *201,6*
Con mas cuerdas que xarcias vn nauio. *202,4*
Mas donde ia me auia diuertido, *203,31*
No mas, no, que aun a mi serè importuno, *203,52*
Gastar quiero de oi mas plumas con ojos, *203,55*
Mas que la espuela esta opinion la pica. *203,87*
De lo mas cordíàl de la camuesa. *203,117*
Mas basta, que la mula es ia llegada. *203,120*
Pues descalça la mas tierna, *204,37*
Mas ai, que os lo ruega *205,8*
Dèl robre mas viuidor. *205,30*
Mas tinta sudamo, Iuana, *207,24*
Treinta dineros no mas, *208,3*
Adonde mas diuidido. *209,7*
Adonde mas diuidido. *209,22*
Aun mas entero i mas sano. *209,30*
Aun mas entero i mas sano. *209,30*
Adonde mas diuidido. *209,37*
Que mas elados estàn; *211,20*
Fragrante, si, mas grossera, *211,23*
Que aun los mas ciegos las ven. *212,20*
Mas que, abiertos, la razon; *213,20*
No huias de vn hombre mas *215,51*
Por flecharle mas el pecho, *215,54*
Hacer las letras mas grandes, *216,40*
Sus Damas son: que mas quies, *217,58*
Las inuidian mas de diez. *217,64*
Para poco mas de vn mes. *217,92*
Mas sangre que agua Orion humedecido, *220,4*
No iace, no, en la tierra, mas reposa, *221,7*
Mas el curallos condeno, *225,6*
Salir quando mas curado, *225,9*
Mas blanco, si no mas bueno. *225,10*
Mas blanco, si no mas bueno. *225,10*
Que al mas fatigado, mas *226,6*
Que al mas fatigado, mas *226,6*
Del mas bien templado arnes, *226,50*
Con mas partos i postpartos *228,14*
Llamò assi muchas mas piedras *228,47*
Que io a pie quiero veer mas *228,57*
Mas tan dulce, aunque tan baxo, *228,106*
Sin luz procede el mas despauilado, *229,7*
I al Amor mas despierto *229,8*
Culpas tan graues, i mas culpas mias, *229,31*
Con mayor ceremonia o mas asseo. *229,42*
Con mas puntualidad, con mas decoro, *229,55*
Con mas puntualidad, con mas decoro, *229,55*
i aun mas fuerte, pues no ay duda *229,117*
mas campanilla o reclamo, *229,156*
de el criado mas lèàl, *229,180*
de la dueña mas fìèl. *229,181*
Los mas fìèles callaron *229,182*
Tanto, mas con condicion, *229,191*
Estos donaires, i mas, *229,220*
Dimela sin mas fatigas, *229,226*

No ai mas causa, por tu vida, *229,238*
mas que forçarle a ser moro. *229,257*
Mas ai, que es vnico hijo *229,278*
de las mas cuerdas que vi! *229,297*
que suene mas vn violin *229,301*
mas no lo sepa tu hermano, *229,319*
No tiene Alcalde mas Brabo *229,320*
casar oi, mas serà en vano. *229,341*
Aunque mas lo dissimules, *229,356*
Mas ai, que a pedir va ahora *229,360*
mas sauandijas dexar *229,371*
No tengo mas que perder. *229,385*
mas donde gusto le dà, *229,422*
mas credito al peor Planeta *229,424*
Mas como es page de espada, *229,451*
De los granates mas finos *229,504*
con mas gala i mas primores, *229,517*
con mas gala i mas primores, *229,517*
Mas perlas le debo a Cinthia *229,552*
de sus mas deuotos monjes *229,561*
mas el como vn jabali *229,606*
Mas lo que no acaba Emilio *229,620*
mas vntandoles los quicios, *229,626*
i lo que pondero mas *229,646*
Mas que se le dàra a Fabio, *229,682*
mercader de mas caudal, *229,724*
ciudadano de mas honra *229,725*
Tiene la hija mas bella *229,738*
mas las palabras son obras. *229,749*
la mas estrecha mazmorra *229,755*
las ciudades mas remotas. *229,761*
la mas bien escrita hoja. *229,765*
i quando mas pensè veer *229,770*
no sè de quàl diga mas, *229,780*
Alli està con mas clausura *229,786*
Treinta i dos años ha, i mas, *229,830*
que mas desengaños trata, *229,899*
Si en no mucho mas de vn mes *229,946*
que en la mas buena salud *229,959*
mas del camino rèàl, *229,991*
Mas donde voi? Donde vas? *229,1012*
te aguarda mas ha de vn hora. *229,1015*
Por ellas mas que por su arena rico, *229,1042*
Mas arrullos escoge, i menos pluma. *229,1071*
mas la honra convirtiò *229,1142*
i mas la que se regala *229,1154*
vn ojo tendrà no mas. *229,1178*
Amigos, no os digais mas. *229,1220*
para mas abreuìàr *229,1226*
Oxalà mas le pusieras! *229,1240*
ai cosa que mas le quadre. *229,1251*
sopla mas. Dime estàs loco? *229,1253*
con mas alas que debia. *229,1327*
Tu, pues, Camilo, mas presto *229,1332*
mas la que, fiero enemigo, *229,1341*
Mas este maldito honor *229,1380*
i la mas escrupulosa. *229,1391*
ai mas mal, que le ha de dar *229,1430*
mas con joias de Violante *229,1450*
pudieras estarlo mas? *229,1461*
"Ô para mi, Isabela, mas hermosa *229,1486*
No mas su breue vida, *229,1535*
sino muchas mas de diez; *229,1585*
mas pesadumbre me dè. *229,1610*
mas que cuidados ahora *229,1721*

mas pagò como ladron. *229,1730*
con mas oidos quedò *229,1745*
con lo que he visto no mas. *229,1778*
mas no le hable en secreto. *229,1794*
Mas pesadumbre he de darte, *229,1795*
Mas lo ha sido aquel, Violante, *229,1816*
No hiciera mas vn leño. *229,1818*
mas que mereciò su pecho, *229,1896*
Ingeníòso mas que el de Iuanelo. *229,1942*
decillo con mas estremos, *229,2028*
mas ni aun vuela sus confines. *229,2056*
mas no, Isabela, el empacho, *229,2062*
Abraçame mas, amigo, *229,2079*
hablar mas con hombre tal. *229,2090*
No barbara Pyramide, mas bella *229,2188*
Vn nebli, mas no mudado *229,2278*
Senti su amor, pero mas *229,2394*
mas victorioso que el Cid, *229,2455*
Mas si resiste, appellando *229,2474*
Darèlos, si mas me enfada. *229,2494*
Quedo con mas libertad *229,2500*
vn dia no mas, i a ti *229,2512*
Mas creo que he menester. *229,2514*
mas si con flaqueza, Fabio *229,2526*
I mas a quien le dio Dios *229,2598*
De ella io no quiero mas, *229,2628*
Quanto mas si al desarmar *229,2646*
la piedra que mas pelea *229,2708*
quanto mas que ia imagino *229,2746*
Palpita el coraçon? Mas. *229,2799*
No querria de ti mas *229,2880*
i para que mas peligre, *229,2910*
que quando el Austro mas gime, *229,2919*
Quies que sea mas prolijo? *229,2990*
Limpiad mas. Miradlo ahora. *229,3002*
No lo fueras tu mas que èl, *229,3038*
passe; mas que tu me niegues, *229,3054*
Mas aspero mi hijo es. *229,3073*
Si, señor; mas que hazienda *229,3195*
Quieslo mas claro decir? *229,3285*
mas besos que vn cauallete *229,3288*
no ai mas que lo que diuisa: *229,3320*
Queda que bostezar mas? *229,3352*
vuecè es Emilio; mas crea *229,3382*
sin hallar quien mas le quadre, *229,3407*
Carga hasta aquì, de oi mas militar pompa; *230,13*
De las mazmorras de Africa mas graues, *230,41*
Al viento mas oppuesto abeto alado *230,52*
Leño fragil de oi mas al mas sereno, *230,55*
Leño fragil de oi mas al mas sereno, *230,55*
No frustreis mas sus dulces esperanças; *231,11*
Mi saluacion, que es lo que mas desseo. *233,14*
No des mas cera al Sol, que es boberia, *234,9*
Por mas daños que presumas. *236,1*
No me pidais mas, hermanas, *238,1*
Mas curiosa, i menos cuerda, *239,2*
I de la vista mas clara, *239,12*
I por mas pompa i decoro, *240,7*
Mas io, Don Pedro, recelo *241,6*
Aun de los mas furìòsos, *242,10*
Ni mas partes, ni mas tomo, *242,58*
Ni mas partes, ni mas tomo, *242,58*
Conocele, mas la honra *242,61*

Mas oie antes quien soi, sagrada sciencia, *269,403*

De humildes padres, mas limpios *269,407*

Con que el mas zeloso fia *269,463*

I estoi llorando mas que ellos. *269,515*

Con mas dorado color. *269,524*

Pues me obliga mas apriesa *269,627*

En ningun lugar mas bien. *269,644*

Quando me paguen los mas *269,655*

Quanto mas, si he de dezillo, *269,685*

I mas si es veintidoseno, *269,687*

Al mas flaco de memoria *269,703*

Donde mas se dissimula *269,706*

Aun para mas que empeñallas, *269,798*

Quanto mas, que entiendo io *269,809*

Mucho mas tuia que mia. *269,872*

Sin que en mas dibuxos ia *269,887*

Mas que tiene el cielo estrellas. *269,912*

I sin mas aguardar, voi *269,934*

Celebren de oi mas tu nombre *269,952*

Que por mas que sea proteruo, *269,975*

No preguntes mas ahora, *269,988*

A mas por leies de Toro. *269,1029*

Que humedezcas mas tus soles. *269,1061*

Tanto mas serà súaue, *269,1099*

Quanto mas vna cadena, *269,1119*

Alas de mi amor no mas, *269,1124*

Lo que mas me dà cuidado. *269,1200*

Pues quanto mas el se pinta *269,1204*

Mas se ensucia, i nos alegra. *269,1205*

De que por mas hermosa causa, hecho *269,1252*

Necia fue Porcia, i mas necia *269,1294*

Pues quanto mas la dà recio, *269,1316*

Tanto mas la haze pregon, *269,1317*

I mas tal amigo, a quien *269,1362*

Quanto mas summa tan breue *269,1426*

Mas los huessos de los Laras *269,1462*

Con mas de padre que tio. *269,1497*

Mas léàl, i mas valiente, *269,1504*

Mas léàl, i mas valiente, *269,1504*

Al animal mas feroz *269,1519*

Al mas lamido morder, *269,1552*

Mas, necio, diez mil ducados *269,1560*

Para la burla mas alta *269,1608*

Io mas que tu lo desseo, *269,1619*

Mas tan prendado està Enrico *269,1622*

I mas que sabe la dama, *269,1626*

Quanto i mas que mi cuidado *269,1634*

Mucho mas materîàl *269,1639*

No sean grandes, que al mas chico *269,1658*

Estos i mas ganè aier, *269,1690*

I mas, Doctor, la gentil *269,1694*

Mas canas gozan la Aurora, *269,1776*

Dias, si no son mas ia, *269,1787*

Mas años tiene que io). *269,1829*

Diere mas, saluo mi honor. *269,1841*

Hagase, mas don Tristan *269,1846*

De nuestro arte, i mas a mi, *269,1904*

No mas textos. Pues, señor, *269,1949*

Ai partos con mas dolores? *269,1955*

Que la vida iva no mas, *269,1959*

No me tengais mas en calma, *269,1981*

Las desmentirà mas bien, *269,1990*

Mas si son años, el sen *269,1991*

Si no le dais mas allà. *269,1996*

Aun mas por saber nos resta. *269,1999*

Con mi mula estuuiera mas contento *273,3*

I aun mas, que me dexò en la barbacana. *273,8*

El pincel niega al mundo mas súaue, *274,3*

En tablas mas que de piedra *275,26*

Mas a breue desengaño, *275,57*

Mas de Prouincias enteras. *275,68*

Alta haia de oi mas, volante lino *276,9*

No vi mas fuerte, sino el leuantado. *278,13*

Phenix, mas no admirado del dichoso *279,23*

Parcha crúèl, mas que las tres seuera *280,24*

Libaste en paz. Mas, ai, que la armonia *280,52*

Aues la menos dulce i mas quexosa! *281,8*

Roiendo si, mas no tanto, *283,1*

Del mas valiente pinzel! *285,36*

El mas luciente harpon. *286,20*

Mas almas con el mirar *286,23*

Mas almas con el mirar *286,35*

Aun las mas breues estrellas *287,2*

Ai como gime, mas, ai como suena, *287,9*

Ai como gime, mas, ai como suena, *287,23*

Aun mas de lo que io sè? *287,50*

I mas que negro bozal, *288,2*

Estaba en lo mas ardiente *288,9*

Desgarros contiene mas *288,22*

Con vna aguja no mas. *288,28*

Son mas Francos que en vulgar. *288,96*

Lleuando mas de Réàl *288,106*

Ocioso, mas la siempre orilla amena *289,7*

Mas con gemido alterno i dulce lloro, *291,6*

El ocio, salamandria mas de nieue *292,3*

A la que dulce mas la sangre os bebe, *292,6*

Escribid, que a mas gloria Apollo os llama: *292,12*

Sin que mas luz espere, *296,6*

De tantas, si no mas, nauticas señas, *298,20*

Qual mas dolor o magestad ostente, *298,26*

De quien timido Athlante a mas lucida, *298,46*

A region mas segura se leuanta, *298,47*

La garça mas remontada; *299,4*

Mas serà cosa acertada, *299,5*

Sus escudos mas de ciento *299,7*

Corriendo ella mas que el viento. *299,10*

Mas no las conoceràn. *300,23*

Por aqui, mas ai, por alli *301,12*

Vn Narciso, aqui mas loco *301,17*

Pisalo, mas como io, *301,24*

Con mas orden que esta grei. *301,48*

Serà mas disciplinado *301,74*

Para mas os confundir. *304,8*

I la nuestra mucho mas. *310,32*

Toro, mas de el Zodiàco de Hespaña, *311,3*

I en las ondas mas dura de la fuente. *311,8*

Mas bese en el harpon la mano suia. *311,14*

Lo mas obedecido *313,22*

Carrete mas prolixo *313,47*

Hallòle; mas hurtandose al reposo *315,29*

Al seraphin pisar mas leuantado; *315,52*

Poco rubi ser mas que mucha estrella. *315,56*

Pastor, mas de virtud tan poderosa, *315,69*

Con la que te erigiò piedra mas breue. *315,72*

I tronco la mas culta leuantado, *316,3*

La adusta Libia sorda aun mas lo sienta *318,7*

Segundo en tiempo, si, mas primer Sando *318,17*

De el Sandoual, que a Denia aun mas corona *318,33*

Hija del que la mas luciente zona *318,37*

Lo que incognito mas sus aguas mora, *318,79*

Siguiò a la voz, mas sin dexar rompido *318,97*

Rindiò no solo, mas expuso el cuello: *318,108*

De quien serà en los siglos la mas graue, *318,149*

De el chelidro, que mas el Sol calienta, *318,154*

Esta pues que aun el mas oculto seno *318,157*

Mucho le opuso monte, mas en vano, *318,173*

Mas de premio parenthesis bien dino *318,187*

Piedra, si brebe, la que mas luciente *318,219*

El Iupiter nouel, de mas coronas *318,247*

Mas lastimosa aun a la insaciada *318,267*

Digno si, mas capaz thalamo apenas *318,299*

I sacro mucho mas por el caiado, *318,366*

No, caiendo, rûìna mas estraña, *318,398*

O casúàl concurso mas solene, *318,466*

De las cosas que guarda en si mas bellas; *318,474*

La gala mas lucida mas luciente. *318,496*

La gala mas lucida mas luciente. *318,496*

Mas su coiunda a todo aquel Oriente; *318,532*

De el mar es de la Aurora la mas grata, *318,533*

Los reynos serenaste mas impuros; *318,558*

Mas republica al fin prudente, sabes *318,562*

Mas con los raios del Sol *320,3*

— Mas que no, *321,5*

— Mas que si, *321,7*

— Mas que no, *321,20*

— Mas que si, *321,22*

— Adiuinas? — Mas fîèl *321,28*

— Mas que no, *321,30*

— Mas que si, *321,32*

Engastò en lo mas recluso *322,98*

En el valle mas profundo; *322,108*

Emula, mas no del humo, *322,138*

Mas clara que las de alguno. *322,176*

Mas autentico presumo, *322,190*

Mas, ai, que taladrò niño *322,201*

Nadas mas quando mas surto; *322,236*

Nadas mas quando mas surto; *322,236*

Mas basta; que a Palinuro *322,238*

El tiempo mas opportuno, *322,254*

En los mas lasciuos nudos, *322,304*

La planta mas conuecina *322,313*

Ignorò aun lo mas ardiente *322,315*

Aun mas que del estornudo *322,334*

Cita a vozes, mas sin fruto; *322,366*

El Echo mas campanudo. *322,368*

Mas no le ofrece ninguno *322,370*

Qual mas, qual menos perjuro *322,380*

Mas sangrientas las expuso, *322,386*

Mas con su llanto labaron *322,477*

Con mas colas que cometas, *322,487*

Con mas pendientes que pulpos, *322,488*

Al que calçàre mas justo), *322,496*

Para mas gloria vuestra, de ambos Mundos. *323,14*

Vbas os deue Clio, mas ceciales; *325,9*

Minimas en el hauito, mas passas, *325,10*

I aun a pesar del tiempo mas enjuto, *326,7*

Aposento en las gabias el mas baxo; *326,11*
I poca mas fatal ceniça es ia. *327,8*
Mas ai, quien palabras dà *328,9*
Que es el mas cierto relox. *331,7*
Viste alas, mas no viste *331,19*
Serà su piedad mas sorda, *332,12*
No digo la mas veloz, *332,24*
Sino la mas dulce pluma *332,25*
Sino del viento mas leue *333,46*
A los copos mas recientes *333,50*
Mas, saltéàdo despues *333,65*
Que ha mas que fueron nouillos, *334,42*
Mas desmentido en Hespaña *334,47*
Preuengan los mas lucidos *334,50*
Mas si escaruaren, que sea *334,61*
El pienso mas venîàl *334,67*
Que mas se querrà vn bicorne *334,73*
Mas no lo digan, no, que en trompa alada,
337,13
Mas no se parecia el peine en ella, *340,3*
Mas ai, que insidîoso laton breue *341,9*
Que por negarle vn cuesco al mas vecino, *342,7*
Hurtas mi vulto, i quanto mas le deue *343,1*
Quien mas vee, quien mas oie, menos dura.
343,14
Quien mas vee, quien mas oie, menos dura.
343,14
Saeta mas alada *345,24*
Mas que la dichosa suerte, *347,6*
I mas bueltas de cordel *348,7*
Señas mas de la fe mia *348,14*
Que los ojos mas bendados. *348,15*
Perdido, mas no tan loco. *348,30*
Del mas humilde fauor *348,34*
Dulce mas que el arroiuelo *349,17*
Gallardo mas que la palma, *349,25*
Hiço el caso mas solene, *349,31*
Que es mas que la de vn castillo. *351,24*
Mas si vas determinado, *351,29*
De que, Gil? No deis mas paso; *352,26*
De que, Gil? No deis mas paso; *352,36*
Que no ai mas. *353,40*
Que no ai mas. *353,44*
Que no ai mas. *353,48*
Que no ai mas. *353,52*
Que no ai mas". *353,56*
Aun mas Cupido que el ciego, *354,16*
Mas perdonad a sus alas, *354,27*
Las horas vuelen; mas ai, *354,35*
Tan hijo i mas del Alcaide, *355,11*
Estrellas fragrantes, mas *355,31*
Que mas vendadas mas veen. *355,52*
Que mas vendadas mas veen. *355,52*
Súaue, mas sorda red. *355,88*
Mas nada le tiene vano. *356,14*
Donde mas por vos *356,64*
El afecto mas ocioso. *357,24*
Con mas aliento aquel Maio, *357,37*
Mas guardandola el decoro, *357,54*
Partiendo en lo mas remoto, *357,78*
Flores las auejas mas *358,34*
Mas distinto cada qual *358,40*
Admitiò la hasta, i su mas alta gloria *359,10*
Siglos ha de lograr mas su memoria, *359,13*
O mas limada oi o mas lamida; *360,11*

O mas limada oi o mas lamida; *360,11*
Si ia al metal no atadas, mas luciente. *361,4*
Miembros apenas dio al soplo mas puro *361,9*
En breue, mas réàl poluo, la immensa *362,7*
De nuestros ia de oi mas seguros Lares, *362,13*
Raios ciñe en regiones mas serenas. *362,14*
Pues de mas ojos que desuanecida *364,7*
Mas deuerà a su tumba que a su nido. *364,14*
Mas la inuidia interpuesta de vna aueja, *366,9*
Que no os pienso ver mas en mi escarcela.
367,4
Quanto mas bobo he sido, mas espero *367,13*
Quanto mas bobo he sido, mas espero *367,13*
Su forma de la mas sublime llama *368,5*
Del mas sonoro metal; *369,4*
En vuestra vanda mas preso *370,3*
No de las mas viuidoras, *375,26*
Pues dura pocas mas horas *375,27*
Mas dias vee que otra flor, *375,37*
Dudoso a qual mas le deba, *376,11*
I si puedes, mas de aquel, *376,38*
El mas luciente harpon *377,26*
Mas que io, si, venturoso, *377,31*
Pero mas amante, no. *377,32*
Mas con el villano pie; *378,14*
Tenga mas que de infîèl. *378,40*
Los mas carirredondos gyrasoles *379,5*
Mi lira, ruda si, mas Castellana, *380,6*
A que mas desengaños me reserua? *380,13*
El sutil lazo mas graue, *383,9*
Mas los impossibilita. *383,10*
Que mas ardo quanto mas *384,3*
Que mas ardo quanto mas *384,3*
Mas procede al polo attento. *384,24*
A la que presume mas *387,7*
La mas blanca, la mas rica. *388,20*
La mas blanca, la mas rica. *388,20*
Del viento mas espirante. *389,16*
Mas temeraria, fatalmente ciega, *392,2*
Menos actiuo, si quanto mas leue, *392,13*
Mas con la piel los años se desnuda, *393,10*
No coronò con mas silencio meta, *394,4*
De la mas culta, de la mas canora, *395,6*
De la mas culta, de la mas canora, *395,6*
Mas no responderà, aunque Apollo quiera;
395,13
Siento la causa aun mas que la partida, *396,3*
Por dar mas luz al mediodia la tomo. *397,4*
No mas, no, borcegui ni chiminea; *397,9*
Quantos forjare mas hierros el hado *400,1*
Aun a tu Iglesia mas que a su corona *402,12*
Solicìta no solo, mas segura, *403,7*
Cuios campos el zefiro mas puro *404,5*
Le indujo horror la mas esclarecida *404,15*
Sino excede en virtud al mas perfecto; *404,26*
Que aun el mas venîàl liman afecto. *404,28*
En su celda la luz bebia mas clara, *404,42*
I mas pleitos has perdido *407,3*
De la violeta mas breue. *411,16*
Del catarro aun mas liuiano: *411,18*
I difinir mas no quiero *413,8*
A siglo mas que dorado, *413,31*
Vno mas a menos, quantos *413,39*
Son todos; pero mas grabes *414,6*
Mas luego los restituien *414,21*

Que los campos mas fragrantes *414,26*
Mas que no el tiempo templados *414,41*
Queriendo en los mas nebados *414,45*
En tus aras; mas despues *416,8*
Tu, a los metales mas grata *416,15*
Mas los dos soles de Ines *419,6*
Mas viendole con Quiteria, *419,25*
La voz, mas fue de pesar, *419,27*
Mas se dejaron caer *419,36*
Mas ellas se aclararàn. *419,45*
Mas ellas se aclararàn. *419,56*
"Ia no mas, queditico, hermanas, *419,61*
Ia no mas". *419,62*
Mas tal cariño te tengo *419,69*
Que no puedo mas hacer". *419,70*
Purpureo en la edad mas que en el vestido,
421,2
Principes? Mucho mas es Cardenales, *421,19*
Flammante en zelo el mas antiguo manto;
421,20
Los muros de Sion; mas alternando *421,48*
Anda otro mas rico *422,7*
Quisiera mas cien cequies. *423,16*
Suspende Apolo, mas en lugar de ella *424,2*
Mas escucha la musica sin ira. *424,8*
Lauar la mas llagada disciplina. *428,4*
Su baculo timon de el mas zorrero *428,7*
No fabrique mas torres sobre arena, *429,12*
No borre, no, mas charcos. Zabullios. *431,14*
No mas judicatura de Theatino. *433,12*
Que tiene mas de tea que de tino. *433,14*
Agena inuidia mas que propria cera, *434,13*
Que quien mas las celebra mas se loa. *435,11*
Que quien mas las celebra mas se loa. *435,11*
I en vn cofre estuuiera mas guardado, *440,7*
Mas que vna calabaça de Pisuerga? *444,8*
Vuelue a su dueño, mas cadenas de oro *444,10*
De la mas que bellissima Hurtada, *447,3*
Mas pobres los dexaron que el Decreto *447,10*
Vse de ellos de oi mas vuestra heredera, *448,6*
Puta con mas mudanças i mas mudas *449,3*
Puta con mas mudanças i mas mudas *449,3*
Al zephyro no crea mas ocioso *451,9*
Toro, si ia no fuesse mas alado, *451,10*
Orador cano si, mas, aunque cano, *452,2*
En Palacio mas mucho de lo honesto *452,12*
No mas moralidades de corrientes, *454,1*
Menos distincta, pero mas hermosa, *456,7*
Mas aduertida, quando mas se atreue *456,11*
Mas aduertida, quando mas se atreue *456,11*
Mas renace, hallando, en vn instante, *457,12*
Mas fertil que el dorado Tajo riega, *458,3*
I si pidiera mas el importuno, *459,6*
Mas no es virtud el miedo en que reparas, *460,5*
Zeloso si, mas no desesperado, *461,10*
Quanto el deseo hizo mas suaue *465,3*
Mas ai! que apriessa en mis alcances vino
465,5
Mas porque a las aromas deliciosa *467,7*
Lo mas sutil de sus alientos beue. *467,8*
Mas puesto se me va por lo deuò, *468,10*
Por atajo mas facil i seguro *472,6*
El plectro, Lope, mas graue, *478,2*
Mas descienden sobre vos *478,9*
El mas valiente, el no menos, *482,2*

Culpanle algunos, mas io *482,5*
Si quies saber mas, detente, *484,8*
Que harto mas cortesmente *484,9*
El mas insigne varon *485,1*
Mas si io buelbo mi pico, *489,3*
I mas de vna mala mona *490,4*
Que es el consejo mas llano *490,22*
Por el interes mas chico: *493,29*
Que a chupar mas valen *494,25*
Mas, aunque sin Dios està, *495,54*
Mas al cabo de los nueue *496,26*
De vn pecho mui mas robusto *498,23*
Por el i lo que es mas acà he baxado, *499,25*
Mas con semblante de piedad no escaso *499,31*
Deste bosque en la parte mas secreta. *499,45*
Ni fiera pisarà mas la Montaña *499,79*
Vamos; mas helas vienen. I io me espanto
      499,122
Hizo mas que tu en herillo *499,130*
Mas quede el braço contento, *499,132*
Camila, pues que de oi mas, *499,133*
Que mas herido no fuera *499,138*
Bien corriò el cieruo; mas baste, *499,148*
Camila mas que tirar, *499,170*
I Cintia mas que correr. *499,171*
Io no sè que mas se pierda, *499,193*
Quanto mas lo que perdiste *499,204*
Pues, porque no lo estes mas, *499,209*
Mas no se dirà de mi *499,232*
Camila mas de pecado, *499,257*
Floriscio, no sepas mas *499,266*
Trueca, mas con condicion *499,275*
I aun la mas fresca de aquellas *499,340*
Mascado *2*
pegadlo con pan mascado, *229,236*
Que en vultos de papel i pan mascado *255,6*
Mascara *6*
con mascara de Camilo *229,728*
con mascara de Camilo, *229,2286*
de su mascara el barniz. *229,2449*
la mascara para ti! *229,2777*
con mascara de criado. *229,3504*
La mascara a la syrena, *269,174*
Mascaras *1*
Que mascaras de papel *229,3158*
Masculino *1*
Todo cuerno masculino, *334,34*
Masse *5*
Si masse duelo no en capirotada, *234,13*
La seruirà masse bochorno en sopa. *234,14*
Masse Lobo ha prorogado, *481,2*
O apele de vn masse Lobo *481,9*
Para otro masse Zorra. *481,10*
Mastil *1*
Las paredes, que el mastil derrotado; *318,332*
Mastiles *2*
Mastiles coronò menos crecidos, *264,272*
Se venera de mastiles besado? *399,8*
Mastin *1*
No quedasse sin mastin; *82,100*
Mata *16*
Mata los toros, i las cañas juega? *138,8*
Adonde quiera se mata, *167,12*
De las terneras que mata *188,5*
Cantando mata al que matando mira. *196,14*

Que si mata red de hilo, *224,9*
I mata con dos luceros. *268,12*
I mata con dos luceros. *268,24*
I mata con dos luceros. *268,36*
I con azeite le mata. *269,120*
Mata a entrambos, pero aduierte *269,127*
I con escrupulos mata. *269,140*
Este bastidor la mata, *269,1384*
Si mata a lo castellano, *376,23*
Cerdosos brutos mata, *415,9*
Mata el veneno. I assi el docto coro *424,10*
En los quadriles pienso que se mata *438,3*
Matà *2*
Que el amor del Nenio me matà, *305,11*
Me matà, *305,12*
Matado *1*
Del Amor, que le ha matado *28,14*
Matador *1*
Otro triumpho matador, *168,26*
Matadora *1*
Bailar con tu matadora. *229,908*
Matadores *2*
Los toros doce tigres matadores, *155,3*
I matadores vencidos *334,94*
Matais *2*
I que matais con mi espada; *168,4*
Le matais con mi espadilla, *168,24*
Matallas *1*
En matallas pocas dudas *269,157*
Matalle *1*
Para matalle otra vez. *376,40*
Matan *1*
Que matan mal coplon Melquisedec, *473,6*
Matando *1*
Cantando mata al que matando mira. *196,14*
Matanme *1*
Matanme los zelos de aquel Andaluz: *345,1*
Matar *4*
Haspid que sabe matar. *95,32*
Que para matar por vos. *168,34*
matar a tres por mi amo? *229,3357*
Que matar basta a vn difuncto *322,154*
Matarà *2*
Bien matarà red de hierro. *224,10*
Matarà el Toro del cielo. *241,10*
Mataràn *1*
A nadie mataràn penas". *38,36*
Mataras *1*
Al quinto no mataras. *269,105*
Matarèlo *1*
Matarème, matarèlo *229,3458*
Matarème *1*
Matarème, matarèlo *229,3458*
Matarme *2*
Quieres matarme, Tadeo? *229,3301*
Quieres matarme? Habla quedo. *269,1477*
Mataron *3*
Viò el que mataron sus canes, *63,84*
Tanto, que la mataron en la cuna *119,7*
Mataron al señor Villamediana: *381,1*
Matas *4*
Que matas i que asseguras, *26,86*
I matas lo que te espera". *115,38*
Tu me matas con tus quexas. *229,1126*
Entre matas tan espesas. *499,205*

Matasanos *1*
Qualquiera matasanos? *313,44*
Matasiete *2*
I de vn Turco matasiete. *57,44*
Gentilhombre matasiete, *88,18*
Mate *4*
Mate, i siruale de bula *105,108*
I humildes Christianos mate. *110,52*
Que mate vn amigo mio. *269,1573*
Que mate a vuesa mercè, *269,1928*
Matenme *1*
Matenme, Laureta, si *229,1250*
Materia *10*
De la labor la materia, *63,67*
En la materia i la forma, *96,123*
En materia de mugeres *102,7*
En la materia i en el artificio *229,2200*
Mas, aùnque caduca su materia, *264,201*
I Celestial la materia, *275,38*
Alto assumpto, materia esclarecida, *279,4*
Que a su materia perdonarà el fuego, *343,10*
Emula su materia el diamante, *368,4*
No el esplendor a tu materia dura; *426,6*
Materìal *1*
Mucho mas materìal *269,1639*
Materias *1*
Que en materias de interes *269,1182*
Maternas *1*
De las maternas plumas abrigados, *264,955*
Materno *2*
Que aun en poluo el materno Tejo dora. *221,11*
Lo materno que en el ceniza fria *318,589*
Mathusalem *1*
Mathusalem de las flores; *375,48*
Mathusalen *1*
Se bañò Mathusalen: *495,39*
Matiça *2*
Los margenes matiça de las fuentes *263,618*
La variedad matiça del plumage *279,20*
Matiçada *1*
Sea bien matiçada la librea *113,1*
Matices *1*
El Tyrio sus matices, si bien era *261,314*
Matizado *3*
O por lo matizado o por lo bello, *263,249*
Aura fecunda al matizado seno *264,325*
Campo todo de tojos matizado, *476,5*
Mato *2*
(Que pues no me mato ella, *95,3*
No tan solo no le mato, *168,28*
Matò *8*
Matò mi gloria, i acabò mi suerte. *20,11*
Matò vn leon quartanario, *96,34*
El desden que allà os matò? *161,136*
Pues matò vuestro cauallo. *241,4*
Que mas mas con el beso, *269,164*
Con dos dramas le matò *269,1920*
Que moros matò en Oran *423,13*
Matò vela i candelero. *477,30*
Matrimonial *1*
De vn pleito matrimonial, *229,3239*
Matrimonio *4*
viendo que es el matrimonio *229,754*
que el matrimonio es visagra *229,2105*
Vn matrimonio ha de ser. *269,362*

Por vn matrimonio honrado, *269,1019*
Matthatthias *1*
Quien te ha hecho Matthatthias *269,159*
Matus *1*
Hijo de Sarra i Matus, *269,502*
Matutinos *1*
Matutinos de el Sol raios vestida, *263,949*
Maullando *1*
maullando lo acabaràn *229,622*
Mauritania *1*
Desde la Mauritania a la Noruega, *264,738*
Mauritano *1*
Dèl Mauritano mar al mar Atlantico, *1,11*
Mayor *5*
I niño mayor de edad, *2,4*
Alferez mayor dèl Rèino, *49,2*
I otro mayor podias, *229,29*
Con mayor ceremonia o mas asseo. *229,42*
La muger de mayor loa, *269,217*
Mazacote *1*
Que es vn mazacote, *65,107*
Mazalquiuir *1*
E ingenio en Mazalquiuir; *82,112*
Mazmorra *1*
la mas estrecha mazmorra *229,755*
Mazmorras *3*
El que pobló las mazmorras *49,15*
O en las mazmorras de vn Moro. *83,12*
De las mazmorras de Africa mas graues, *230,41*
Mazo *1*
vno es mazo, otro es artero. *229,1784*
Mea *1*
Siempre a "meus, mea, meum". *269,1881*
Meado *1*
— Bebiòme vn asno aier, i oi me ha meado. *71,14*
Méàndo *1*
Que se anda méàndo en pie; *269,1627*
Meandro *1*
Tales no viò el Meandro en su corriente *264,526*
Meara *1*
Que qualquiera se meara *491,7*
Mecanica *1*
Mecanica valentia! *288,29*
Mecelle *1*
Sino a mecelle en la cuna. *269,556*
Mecencio *1*
Juntar? Ô cruel Mecencio! *269,1729*
Mechado *1*
Comele, Gil, que mechado *208,17*
Mechò *1*
Os vertiò el pebre i os mechò sin clauos, *153,11*
Mechora *1*
Mechora, Rei de Sabà. *309,7*
Medellin *1*
Que diò a España Medellin. *121,27*
Media *23*
Media de estameña; *5,12*
Passe a media noche el mar, *7,31*
Con ambas manos media *49,47*
Que no eres rio para media puente, *71,3*
Poco mas de media milla. *74,84*
De esa tu media luna *127,24*

Flechando vna dorada media luna, *128,6*
Sino con media libra de carnero, *222,6*
media ribera del Tajo, *229,2599*
vara i media de pipote? *229,2845*
(Media luna las armas de su frente, *263,3*
A media rienda en tanto el anhelante *264,966*
Que hiere con media luna *268,11*
Que hiere con media luna *268,23*
Que hiere con media luna *268,35*
Seis vezes en media hora *269,1719*
Media fue, i media colmada, *275,⸱*
Media fue, i media colmada, *275,5*
No solo quiere ser media, *275,10*
Media noche era por filo, *322,281*
Con media luna vee vn Sol *333,69*
No de tu media luna *345,22*
Quien dice que fue media partesana; *381,3*
Medianias *1*
Medianias vinculen competentes *263,931*
Mediante *1*
Mediante cierto vetun, *269,504*
Medias *3*
Que de medias noches *50,97*
Medias de esmeraldas, *79,15*
I de plata medias; *79,16*
Medicina *2*
Con tinta, i con medicina, *269,1799*
Pues manda la medicina *269,1898*
Medicinal *1*
Medicinal haze lei, *386,8*
Medico *17*
Que sea Medico mas graue *6,61*
I al Medico su señor, *161,22*
I el medico la siguiò *161,82*
El Medico, como tal, *161,97*
Sobre Medico que soi, *161,150*
Medico i enterrador. *161,152*
Medico de nouedades, *229,962*
Porque el Medico mejor *269,129*
Del medico de Corfu. *269,416*
Soi Medico de orozuz: *269,456*
"Medico, si estas en ti, *269,1914*
Es el medico del alma. *269,1984*
Medico en derechos eres, *407,5*
De medico i colegial! *408,4*
Que medico se regula *412,11*
Medico ai, aunque lego, *418,32*
Vio vn medico de camara la orina, *475,9*
Medicos *2*
Sacan Medicos a luz, *86,24*
De los medicos el Bu, *269,1906*
Medida *2*
La medida del dozauo, *96,60*
Tomen antes la medida *123,23*
Medidas *2*
I de sus medidas, *65,198*
Lei de medidas expressa; *275,8*
Medidor *1*
Dixo un medidor de tierras *73,2*
Medina *6*
Llegan a Medina *65,210*
Lilio siempre Rèàl nasci en Medina *136,1*
que de vn Duque de Medina. *229,303*
De el cielo flor, estrella de Medina. *318,112*
Que a su virtud de el Cielo fue Medina *318,403*

De los GUZMANES, digo, de MEDINA, *421,62*
Medio *38*
Mientras con menosprecio en medio el llano *24,3*
Le comia medio lado; *28,32*
Por el capellar, i en medio *49,54*
En medio de dos Alcaides *49,71*
Poco mas de medio açumbre. *75,4*
Cierto Doctor medio almud *86,3*
Pues que passais por en medio *89,19*
La fuente de medio dia, *159,16*
En medio dèl dia *160,87*
Tirallas es por medio de ese llano, *170,6*
Vn politico medio le conduce *203,92*
I medio desatinado, *228,102*
medio arrope, i medio aloja, *229,1218*
medio arrope, i medio aloja, *229,1218*
Medio turbado le dixe: *229,2366*
medio inclinado me ha *229,3047*
estuuo ahora año i medio, *229,3111*
De vn Fauno medio hombre, medio fiera, *261,194*
De vn Fauno medio hombre, medio fiera, *261,194*
Medio mar, medio ria, *264,11*
Medio mar, medio ria, *264,11*
Por no dalle medio almud? *269,444*
Por medio el alma a Gerardo *269,509*
Por medio de vna cruxia *269,739*
En esta medio batalla *269,801*
No vio distinto, no, en medio del llano, *269,1230*
Medio monja i medio fraile, *275,15*
Medio monja i medio fraile, *275,15*
Al poço, que es de por medio *322,267*
Que paciò el campo medio hombre, *322,499*
Medio fiera, i todo mulo, *322,500*
En medio la monarchia *374,9*
Medio mes que aun no he viuido, *385,3*
Embiadme el otro medio. *385,4*
Traça no tengo, ni medio *385,5*
Musa, que en medio de vn llano, *477,11*
Musa, que a su medio hermano, *477,15*
En medio el suio conocer mi fuego *499,11*
Mediodia *6*
Pero a mediodia, *65,54*
Quando vn dia a mediodia *74,66*
Sus cinco estrellas veer al mediodia. *229,2209*
Aguarda a la Ciudad, que a mediodia, *234,12*
Por dar mas luz al mediodia la tomo. *397,4*
I desde Mediodia a los Triones; *499,39*
Medios *1*
I los medios que exercita, *383,7*
Medir *2*
De a tres varas de medir, *111,6*
son de varas de medir: *229,1099*
Mediterraneo *2*
Como a ti el Mediterraneo, *132,63*
Vn Mediterraneo enxuto, *322,246*
Medoro *3*
Guardandole a su Medoro *88,107*
Restituien a Medoro *131,75*
No falten para el Medoro *269,966*
Medoros *1*

I por lo lindo Medoros, *158,34*
Medra *1*
En muros tanto, en edificios medra, *318,367*
Medula *1*
Su medula chupando està luciente. *298,39*
Medusa *3*
I llore solo aquel que su Medusa *41,12*
Soi Medusa, que conuierte *229,1140*
Quiçà vieron el rostro de Medusa *459,12*
Mejor *104*
Mejor occupar, *4,26*
Ese librarà mejor; *37,8*
Lo mejor de sus Eneros *58,46*
Mejor que oro en paño *65,143*
Mas otra fuerça mejor *74,107*
Mejor os entienda, *79,92*
Que siruiera mejor ocho *83,10*
I vame tanto mejor *83,23*
I vame tanto mejor *83,47*
I vame tanto mejor *83,79*
I vame tanto mejor *83,103*
Viuir bien, beber mejor. *86,30*
I por decillo mejor, *87,55*
Para mejor engañar *96,7*
Mejor que si fuera cuello *96,59*
I coge mejor la rosa *102,29*
Que os marca la mejor parte *110,34*
El mas hermoso, el mejor *121,25*
I la que mejor se halla *131,53*
Mejor que en tablas de marmol *131,119*
El antidoto mejor *141,16*
Por veerlas mejor, *144,60*
Obedeciò mejor que al baston graue, *145,4*
Libra mejor en el cosso, *157,12*
De mejor conciencia, *160,114*
O violada, si es mejor, *161,2*
Para pasallo mejor. *161,32*
Mientras mas viere, mejor. *168,30*
I de que sabrà mejor *190,2*
Que ia de mejor purpura vestido, *195,10*
Como es ia mejor Cuenca para ciegos, *201,13*
Mejor es que corrais murmuradores, *203,8*
Que ez la mudança mejor, *210,21*
Por descubrirte mejor, *212,5*
Flores que illustra otra mejor Aurora, *221,13*
A otro mejor colmenar; *226,112*
A otro mejor colmenar; *226,122*
la mejor baca Española, *229,130*
que al mejor amo darà. *229,425*
que le conuiene mejor, *229,673*
estan mejor acuñados, *229,881*
Tentarlo quiero mejor, *229,950*
Io sigo trocha mejor, *229,994*
i el te lo dirà mejor *229,1108*
Ia con acuerdo mejor *229,1634*
aqueste mejor compete. *229,1820*
Mejor es que occupe vn rato *229,1885*
pues hija de mejor nieve *229,2340*
sino otro de mejor nombre". *229,2358*
"Quanto mejor fuera aì, *229,2367*
Mejor nombre le ponia *229,2564*
La noche, diras mejor. *229,2661*
Veis mejor? Siempre fui vn linze. *229,3029*
Mejor ella? Aqueso no. *229,3326*
mejor padre ella que io. *229,3329*

que se conoce mejor. *229,3373*
Estrellas, hijas de otra mejor Leda, *247,6*
Iaze Bonami; mejor *258,1*
De el mejor mundo, de el candor primero. *261,88*
Luciente paga de la mejor fruta *261,453*
A Iupiter, mejor que el garçon de Ida, *263,8*
Del alma se quedò la mejor prenda, *263,501*
Sin considerar mejor, *269,23*
Con quien andareis mejor? *269,82*
Porque el Medico mejor *269,129*
Mejor si es del mismo paño. *269,260*
Del mejor ambar de Ormuz, *269,486*
I mejor que no le aguarde. *269,528*
Consideradlo mejor. *269,728*
Casildissima, mejor *269,944*
Mejor es que te despida, *269,1324*
Mejor queda su marido. *269,1603*
A las calças es mejor *269,1838*
Si lo mejor ia te di *286,25*
No suena mejor. *287,14*
No suena mejor. *287,28*
La vidriera mejor *296,1*
Cuio candor en mejor cielo ahora *318,287*
La mejor tierra que Pisuerga baña, *318,358*
A Margarita hizo el mejor parto *318,434*
Engasta en el mejor metal centellas; *318,476*
El mejor de su armeria, *322,123*
Alas de cera. Es mejor *332,6*
Dicen mejor. *356,41*
Dicen mejor. *356,58*
Dicen mejor". *356,75*
Ciego le fies el mejor sentido: *368,16*
Ninguno podrà mejor *369,7*
Busque otro mejor; *389,47*
Busque otro mejor; *389,56*
Busque otro mejor; *389,65*
Ollai la mejor voz es Portuguesa, *397,7*
I la mejor Ciudad de Francia, Como. *397,8*
Pisando pompas quien del mejor Cielo *404,41*
Armado buelue mejor *413,25*
I dexòse ella mejor *418,56*
La mejor que pudo ver, *419,64*
Mejor que la Alameda està en el Prado! *440,6*
Mejor se la daran que en las agenas *444,12*
Mucho mejor que en el meson de el Toro. *444,14*
El que a mejor caballo bate espuela, *464,2*
Poner los dedos mejor *477,3*
Pretendiò mejor leer. *482,10*
Mejor que el acero. *494,15*
Mejorada *1*
De sitio mejorada, attenta mira, *261,273*
Mejores *7*
Los mejores de mi edad, *2,32*
Que en dos mulas mejores que la mia *153,7*
En mejores adargas, aunque menos, *155,13*
De lo, sentidos mejores: *214,26*
engastados los mejores *229,505*
De el verde margen otra las mejores *263,247*
Dexando azules, con mejores plantas, *314,13*
Mejoro *1*
Pues que, sin andar, mejoro *269,946*
Mel *1*
Mel vos e serua madora *305,31*

Melada *1*
Quando en melada trate, o en xalea, *445,13*
Melancolia *4*
Mi rostro tiñes de melancolia, *104,3*
Contra la melancolia; *141,17*
i llega a melancolia. *229,2060*
Es melancolia mui grande. *269,83*
Melancolias *1*
con melancolias de preso? *229,65*
Melancolica *1*
Melancolica aguja, si luciente. *246,8*
Melancolico *2*
Melancolico el destierro *229,138*
Bosteço, el melancolico vazio *261,42*
Melarchia *2*
A la melarchia. *65,84*
Su melarchia vn truhan. *122,24*
Melcochas *4*
A las melcochas: *494,4*
A las melcochas: *494,19*
A las melcochas: *494,34*
A las melcochas: *494,49*
Melcochero *4*
Pasa el melcochero, *494,1*
Passa el melcochero, *494,16*
Passa el melcochero, *494,31*
Passa el melcochero, *494,46*
Melificaràn *1*
I melificaràn, no en corchos vanos, *421,38*
Melindre *4*
que es vn melindre gauacho. *229,2063*
Melindre de quatro suelas. *269,800*
Ia es mucho melindre ese, *269,857*
El velo corriò al melindre, *322,375*
Melindres *2*
Ia los melindres estàn *167,31*
Melindres son de lechuza, *483,11*
Melindrosa *1*
Melisendra melindrosa, *73,45*
Melindroso *1*
De melindroso el Doctor *269,781*
Melîòna *3*
qual no le viò Melîòna *229,2093*
En los campos tal vez de Melîòna *264,765*
De vn galan de Melîòna *423,15*
Melionesa *1*
La Melionesa gala, *264,769*
Melioneses *1*
De los nobles Melioneses, *57,52*
Melisendra *2*
La señora Melisendra, *73,8*
Melisendra melindrosa, *73,45*
Mella *1*
No tiene en sus ojos mella; *28,60*
Mellas *1*
I seis mellas a la espada, *81,23*
Melodia *1*
En la melodia *356,48*
Melonia *1*
Cantando con melonia *308,21*
Melquisedec *1*
Que matan mal coplon Melquisedec, *473,6*
Membrillo *4*
(Aunque fueran de membrillo) *94,9*
i con membrillo en inuierno. *229,2597*

I entre el membrillo o verde o datilado, *261,82*
Ni el membrillo pudieran anudado, *263,880*
Membrillos *3*
Debaxo de los membrillos *87,39*
Gran regador de membrillos; *89,4*
i los membrillos con nudos. *229,2605*
Membrudo *4*
De el villano membrudo; *263,694*
Membrudo, fuerte roble, *263,1005*
Venda el trato al genizaro membrudo, *318,373*
Ni xarifo ni membrudo, *322,110*
Memoria *39*
De fin tan tierno, i su memoria triste, *30,13*
Quiere que de los dos la igual memoria *40,6*
Tu memoria no fue alimento mio, *51,11*
Memoria a memoria, *80,15*
Memoria a memoria, *80,15*
Hilarè tu memoria entre las gentes, *92,12*
Vn dia, cuia memoria *96,155*
Tu memoria presente, *103,42*
Memoria soi de vn Sol *103,81*
Immortal sea su memoria *132,65*
Por el rio su memoria. *149,46*
Del que trae la memoria en la pretina, *203,110*
Su memoria sea gloriosa; *206,19*
Al desengaño acude la memoria: *229,91*
la pluma de la memoria! *229,901*
los lexos de la memoria, *229,2045*
es el alma la memoria. *229,3137*
Abre, no de caduca, no, memoria, *232,13*
Siempre sonante a aquel, cuia memoria *245,13*
Que eternicen tu memoria. *259,92*
Su orgullo pierde i su memoria esconde.
    263,211
Varada pende a la immortal memoria *263,479*
Cuia memoria es bueytre de pesares". *263,502*
Ceniças hizo las que su memoria *263,738*
Porque tu memoria cuelgas *269,314*
La memoria, el pensamiento, *269,543*
(Si la memoria recoges) *269,670*
Al mas flaco de memoria *269,703*
Que engendre el arte, anime la memoria,
    318,30
Veneracion a su memoria santa! *318,56*
Memoria al Duque, donde abreuîado *318,485*
Maior serà trofeo la memoria *318,543*
En la memoria ceuados, *329,5*
La memoria: mudad antes *355,79*
Siglos ha de lograr mas su memoria, *359,13*
Su memoria en qualquier region la assiste;
    365,11
Que al oluido harà vuestra memoria *425,13*
Gastando, pues, en tanto la memoria *434,12*
Nunca la memoria pierden; *495,10*
Memorîal *1*
Den su memorîal a mis calçones. *293,14*
Memorîales *2*
I no a dar memorîales *63,14*
Pues de ella penden los memorîales. *203,111*
Memorias *17*
No hileis memorias tristes *27,77*
De memorias se alimenta, *62,26*
Porque le dan las memorias *62,27*
Piensos se da de memorias, *62,29*
En nuestras memorias arden, *63,82*

De quien oi memorias ai *93,53*
(El tiempo, de memorias *103,57*
A dulces memorias dado, *106,13*
Memorias de oro i del alma; *148,14*
Las que memorias han solicitado. *171,8*
Son ya memorias de Libia *229,66*
i vincular sus memorias, *229,745*
sus memorias. Imagino *229,1313*
Penetrad sin temor, memorias mias, *253,2*
Si quereis, ô memorias, por lo menos *253,12*
Memorias besan de Daphnes *333,11*
Que en vano el tiempo las memorias lime.
    363,8
Memphis *2*
De Memphis no, que el termino le tassas; *219,6*
contra el tiempo en Memphis oi, *229,2709*
Mena *1*
Ia que no soi Juan de Mena. *490,30*
Mendoça *1*
Consagròse el seraphico Mendoça, *231,1*
Menèale *1*
menèale cada dia *229,2568*
Menéàn *2*
Os menéàn las espaldas *89,27*
Humildes menéàn *160,122*
Menester *8*
I no aueis menester armas". *64,40*
Para Bras no es menester *90,19*
Que sè io que es menester *123,20*
No ha menester (si es discreto) *229,154*
Mas creo que he menester. *229,2514*
Ciento i mas ha menester. *269,245*
Son menester otros mil? *269,1366*
Tanto que fue menester, *419,58*
Menga *13*
Mas que calçando diez Menga, *6,4*
Que oiga Menga vna cancion *6,73*
(Nunca Menga fuera al baile) *216,2*
Perdiò sus corales Menga *216,3*
Que iendo Menga a lauarse, *216,22*
Con la garganta de Menga, *216,31*
Por auer hallado en Menga *216,43*
Ansares de Menga *350,1*
La purpura robò a Menga, *357,51*
Doña Menga, de que te ries? *423,1*
Doña Menga, dc que te ries? *423,9*
Doña Menga, de que te ries? *423,17*
Doña Menga, de que te ries? *423,26*
Mengua *4*
I viendo que en mi mengua *25,31*
Que io pienso mui sin mengua *37,22*
Por la boca crece o mengua *105,62*
que no, cairàs por mi en mengua. *229,227*
Menguado *3*
Mas que vn menguado no sea *6,100*
Me di, como has menguado i has crecido, *71,12*
Del ia menguado auditorio *242,50*
Menguando *1*
Tal vez creciendo, tal menguando lunas
    263,607
Menguante *1*
Argentò luna de menguante plata, *276,2*
Menin *1*
Se chora o menin IESV. *308,16*
Menina *1*

Mas si no es Luna menina, *121,89*
Meninas *1*
Meninas son las violetas, *217,65*
Menino *1*
Serafin menino, beso, *370,2*
Menor *18*
Tanto como la menor; *121,154*
Cera, que la menor gota *187,3*
Que a su menor innundacion de casas *219,3*
Vn dedo picò, el menor *243,25*
La menor onda chupa al menor hilo. *263,41*
La menor onda chupa al menor hilo. *263,41*
Passos hiziera dar el menor passo *263,554*
Musicas hojas viste el menor ramo *263,590*
Bien que su menor hoja vn ojo fuera *263,1063*
El menor leño de la maior vrca *264,564*
Hasta el menor alfiler. *269,1049*
No fuera menor; i en suma, *269,1978*
Los raios que el a la menor estrella; *318,36*
Inclito es raio su menor almena *318,122*
El dote fue menor de su consorte; *318,428*
Se cosiò al menor barrunto *322,346*
La menor pluma de vn Angel. *414,12*
Que a la menor calentura *418,33*
Menores *3*
De suerte que los grandes, los menores, *77,32*
De Cupidillos menores *131,82*
que tiene puertas menores, *229,597*
Menos *150*
Si el cielo ia no es menos poderoso, *20,12*
Con pie ligero *25,59*
Si se precian por lo menos *55,43*
Con manos de vara, i menos, *58,50*
Al menos maioral del Tajo, i sean *60,13*
No menos dulce que bella, *62,50*
De los no menos valientes *63,27*
Que fuera menos costosa *63,59*
Al menos escrita; *65,12*
Sè decir al menos *65,73*
Con las manos menos limpias. *74,48*
Menos nada i mas trauaja, *75,51*
Mas teme i menos presume. *75,52*
Ia tiene menos vigor, *75,53*
No menos necios que illustres, *75,86*
A lo menos letra *79,108*
Que tienes prudencia al menos. *87,32*
I Malta quisiesse menos; *87,96*
I tienes menos pertrechos, *87,98*
Para menos que los pies *94,39*
Salga esta vela a lo menos *97,41*
Por edad menos que tierna, *102,34*
Porque Amor no menos pesca *102,39*
Por lo menos a lleuarse *110,26*
A lo menos sè dezir *111,58*
Menos honesta, i mas sana; *123,38*
I le entregan, quando menos, *131,77*
Que al tronco menos verde *140,10*
Por lo menos vn doblon; *141,8*
Palmillas que menos precian *144,25*
En mejores adargas, aunque menos, *155,13*
Con mucho menos de porte. *158,10*
Con mas oro i menos clauos *161,39*
Sèos decir al menos io *161,130*
I el que en Indias menos trata, *167,13*
I menos que vuestros dientes; *176,14*

De sus golpes el pecho menos sano. *197,8*
Las fiestas de la Corte, poco menos *203,38*
Lleua, la que menos ara, *204,38*
Templadas treguas al menos, *226,11*
Sè al menos que concurrieron *228,65*
menos, instincto rûîn, *229,183*
porque en menos granos vi *229,230*
i del hospedador menos *229,453*
Mas arrullos escoge, i menos pluma. *229,1071*
O veerse al menos aqui *229,1184*
Menos dirà, que ella le oia. *229,1747*
en menos de vn quarto de hora *229,1881*
que no se viste de menos *229,2296*
No llevarè al menos que *229,2458*
con menos barbas que engaños. *229,2961*
A lo menos, si aqui viene, *229,3327*
Mas curiosa, i menos cuerda, *239,2*
Que el cuerno menos violento *241,2*
Quiçà quedò menos ronco *242,80*
Ser menos el marmol duro, *249,9*
Si quereis, ô memorias, por lo menos *253,12*
El menos oi blanco diente, *257,12*
Menos vrdiò en su baxel *257,49*
No menos que vn orbe dobla. *259,68*
Menos luz deue, menos aire puro *261,35*
Menos luz deue, menos aire puro *261,35*
Mas discursiua i menos alterada. *261,232*
Menos offende el raio preuenido *261,301*
Al marinero, menos la tormenta *261,302*
Mas agradable, i menos zahareña, *261,305*
Menos cansado que confuso, escala. *263,51*
Ser menos las que verdes Hamadrias *263,261*
De su madre, no menos enramada, *263,288*
El que menos peinar puede las flores *263,301*
Menos en renunciar tardò la encina *263,350*
Que en reclinarse el menos fatigado *263,352*
I admirado no menos *263,357*
A la que menos de el sañudo viento *263,551*
El menos agil, quantos comarcanos *263,566*
Por veerla menos bella, *263,666*
De sus musculos, menos defendidos *263,966*
Sino a las que ambiciosas menos penden, *264,76*
Las redes califica menos gruessas, *264,96*
El timon alternar menos seguro *264,145*
La mas dulce, si no la menos clara *264,187*
La vista saltearon poco menos *264,230*
Mastiles coronò menos crecidos, *264,272*
A pocos passos le admirò no menos *264,275*
Menos quizà diò astillas *264,386*
Mas o menos nudoso attribúîdo, *264,411*
Menos de aljaua que de red armado; *264,423*
Menos dio al bosque nudos *264,581*
Por sus piedras no menos *264,696*
Estimandolos menos *264,870*
Tyranno el Sacre de lo menos puro *264,931*
De las ondas no menos *264,951*
Aunque ociosos, no menos fatigados, *264,971*
La hermosa por lo menos, *268,6*
Menos que estas dulces tretas, *269,63*
Que es casto menos que caro. *269,193*
Porque muera a lo menos confessado. *269,404*
Menos ia su espada corta. *269,588*
Al menos sin embaraço *269,895*
Al menos de vn marido *269,1256*

Picarèsela, a lo menos, *269,1558*
No menos que vn nueuo estado; *269,1692*
Mis proximos con passo menos lento, *273,6*
Aues la menos dulce i mas quexosa! *281,8*
Por lo menos llama quantos *288,59*
Que el Betis oi, que en menos gruta cabe, *289,12*
De fiera menos que de peregrino. *295,8*
Que os diò menos luz: el ver *304,2*
— Sabranse al menos romper, *304,7*
Que os diò menos luz: el ver *304,18*
Que os diò menos luz: el ver *304,30*
Pues con la menos timida persona *315,35*
El margen restituie menos cano, *315,62*
Menos dulce a la vista satisface *318,209*
No echò menos los joias de su manto; *318,494*
No menos corbo rosicler sereno *318,617*
Menos vn torno responde *322,163*
Qual mas, qual menos perjuro; *322,380*
Menos vitales, estuuo, *322,456*
No sè qual menos florida; *330,4*
Los menos, pues, criminales *334,81*
Qual menos piedad arbitra lo duda, *338,8*
Purpura illustrò menos Indîano *341,12*
Quien mas vee, quien mas oie, menos dura. *343,14*
Del succeso menos graue, *348,33*
Del menos biçarro *350,14*
I no menos dulce mano, *356,30*
La menos bella vn clabel, *376,10*
A lo menos su cuidado; *385,7*
Lo menos luciente os sufran, *390,19*
Menos actiuo, si quanto mas leue, *392,13*
Menos solicitò veloz saeta *394,1*
I partirè a lo menos confesado. *396,8*
De el menos jazmin súaue, *411,15*
Que el quatrin no menos pilla *412,42*
Menos ahora tiznado *413,32*
Vno mas a menos, quantos *413,39*
En rosicler menos luciente Febo *421,3*
Con poca luz i menos disciplina *434,1*
I otro dos vezes que el no menos ciego; *442,11*
De abstinente no menos que de vano, *452,6*
Menos distincta, pero mas hermosa, *456,7*
Menos tiene de musa que de arpia. *471,8*
Suelo menos barrido que regado; *476,4*
El mas valiente, el no menos, *482,2*
Dixera a lo menos io, *486,8*
I menos su despensero. *486,14*
Quien por menos de vn confite *493,22*
Que no da menos enojos *499,125*
O al menos de mi cuydado? *499,221*

Menosprecia *3*
Menosprecia la tortola, i en suma, *229,1070*
menosprecia ia al Genil, *229,2339*
Que al vno menosprecia, al otro iguala. *263,246*
Menospreciada *1*
I io tan menospreciada? *229,1209*
Menospreciado *1*
Ia menospreciado ocupas *87,21*
Menosprecian *2*
Menosprecian los fieros jaualies. *175,4*
Menosprecian, arrogantes, *216,26*
Menospreciando *2*

Menospreciando con su bella hermana, *165,10*
Menospreciando marmoles de Paro *229,2164*
Menospreciandole *1*
Brama, i menospreciandole serpiente, *230,24*
Menosprecio *2*
Mientras con menosprecio en medio el llano *24,3*
La conuierte en menosprecio. *269,1319*
Mensagero *3*
I paciencia al mensagero. *94,20*
buscar quien sea el mensagero. *229,1423*
Con cartas vn mensagero *229,1526*
Mensajero *2*
vn mensajero de bien, *229,2065*
Detente, buen mensajero, *484,1*
Mental *1*
Tan mental culto las doi, *377,22*
Mentalmente *1*
Al que a Dios mentalmente hablar saue, *404,37*
Mentida *3*
Que despreciando la mentida nube, *264,907*
Mentida vn Tullio, en quantos el senado *318,161*
No del buril mentida la que el fuego *368,39*
Mentido *4*
Vrbana al sueño, barbara al mentido *261,259*
En que el mentido robador de Europa, *263,2*
Porque le ha mentido el hilo, *288,37*
Su robador mentido pisa el coso, *391,3*
Mentidos *1*
En el pastor mentidos, que con arte *263,235*
Mentilda *1*
Ia que la mentis, mentilda *269,523*
Mentir *7*
Mentir su natural, seguir su antojo, *47,11*
Començò a mentir congoxas, *82,89*
Mentir no sabe el semblante. *229,2797*
Mentir florestas i emular vîales, *263,702*
Mentir cerdas, zeloso espumar diente. *264,583*
O estrelias mentir, o estar *305,16*
Bien sabrà mentir fauores. *328,10*
Mentira *14*
El Alferez de mentira, *74,2*
Mentira. *126,4*
Mentira. *126,18*
Mentira. *126,32*
Mentira. *126,46*
Mentira. *126,60*
La lisonja, con todo, i la mentira, *203,43*
la del diamante es mentira". *229,1992*
mentira de la verdad, *229,2868*
No ai tal, que es mentira esta. *229,3263*
No a la soberuia està aqui la mentira *263,129*
Que mentira es la verdad *412,32*
Mentira branca certa prima mia *430,10*
No es de Apolo (que es mentira) *477,5*
Mentiras *1*
Nueuas i mentiras; *65,152*
Mentiroso *1*
i Lelio es el mentiroso. *229,2893*
Mentis *1*
Ia que la mentis, mentilda *269,523*
Menuda *7*
Entre la menuda arena, *7,27*
Entre la hierua menuda, *26,20*

De frescas hojas, de menuda grama: *53,4*
De frescas sombras, de menuda grama. *261,216*
En la ierba menuda. *263,629*
Que la ierba menuda *263,914*
De la menuda ierua el seno blando *263,1010*
Menudas *1*
Rompida el agua en las menudas piedras, *264,349*
Menudico *1*
Menudico; *301,27*
Menudo *2*
Qual tan menudo aljofar, qual tan caro *34,5*
Presentado es el menudo, *190,1*
Menudos *4*
Viene a pagar en menudos *188,3*
en menudos a la plaza; *229,173*
Que le pagan en menudos, *269,651*
Veinte aljofares menudos. *322,64*
Meollo *2*
A coronar de nubes el meollo, *234,6*
Que se le alterò el meollo. *242,32*
Meotis *1*
Meotis, sin sonda alguna, *269,1856*
Mercadante *2*
Mercadante corchapin, *82,110*
Del naufrago ambicioso mercadante, *264,456*
Mercadantes *1*
Tullò à vn Duque, i a quatro mercadantes *447,9*
Mercader *6*
El mercader nueuos soles; *7,25*
El mercader, si es lo mismo *105,34*
Haze el mercader *160,97*
Es hijo de vn mercader, *229,258*
mercader de mas caudal, *229,724*
Que pretenda el mercader, *493,1*
Mercè *4*
Supplico a vuesa mercè *229,1933*
A Tancredo? A su mercè. *269,610*
Que mate a vuesa mercè, *269,1928*
Haz, vuesa mercè, *305,4*
Merced *19*
Que le hizo de merced *74,39*
I entregandole a merced *78,26*
Me redimiò la merced *83,19*
Vuesa merced no me cria. *98,24*
Si començo por merced; *132,68*
Si a tanta merced paga tanto agrauio. *229,61*
Es tan rudo su merced, *242,85*
Su merced de ingenioso, *242,90*
Merced de la hermosura que ha hospedado, *263,344*
Para que oi vuesa merced *269,563*
So pena de mi merced. *269,941*
La merced castigada, que en Valencia *318,167*
Digna merced de el Sandoual primera *318,246*
I su guarnicion merced. *376,32*
Merced de la tixera a punta o lomo *397,5*
De la merced, Señores, despedido, *398,1*
Fauor le hiço, i merced *419,80*
Digno es de su merced el Mercenario. *448,14*
Que tal merced alcancè! *499,243*
Mercedes *6*
Si sus mercedes me escuchan, *81,1*
Les contarè a sus mercedes *81,2*

Que era desuio i parecia mercedes ˙*65,4*
Que yo, subjecto vil de estas mercedes, *229,58*
Las que el cielo mercedes *264,570*
Quanto fue quatro lustros de mercedes; *368,34*
Mercenario *1*
Digno es de su merced el Mercenario. *448,14*
Mercurio *7*
Que al monton de Mercurio el caminante. *170,14*
que tus talares, Mercurio, *229,1562*
Mercurio destas nueuas diligente, *264,648*
Ô Mercurio del Iuppiter de Hespaña. *316,14*
Al que Mercurio le preuiene cuna, *318,94*
Lisonjas dulces a Mercurio alado; *318,308*
Los talares de Mercurio *322,210*
Merece *5*
merece bien tu recato. *229,221*
merece vuestra beldad, *229,2043*
Oi en poluo la merece, *249,6*
Consistente. Que merece? *269,929*
I que el tiene la culpa i lo merece, *475,6*
Merecedora *2*
O piadosa pared, merecedora *21,1*
Alta resolucion, merecedora *318,41*
Merecello *1*
Palabras dulces mil sin merecello, *20,6*
Merecemos *1*
Si no merecemos dos; *390,46*
Merecen *1*
Immortalidad merecen, *132,71*
Mereces *1*
Tales manos: bien mereces *499,282*
Mereci *1*
Si arrebatado mereci algun dia *318,1*
Merecido *2*
si merecido la he, *229,3532*
Has merecido oi ver la gran belleza *499,110*
Mereciendo *1*
Mereciendo sus amores *414,36*
Merecieran *1*
Merecieran gozar, mas enseñado *244,3*
Mereciò *6*
El gran Sepulchro que mereciò a CHRISTO; *77,64*
mas que mereciò su pecho, *229,1896*
Cordoua te mereciò, *259,77*
Tanta le mereciò Cordoua, tanta *318,55*
Que los abrazos mereciò de Apolo. *318,192*
Que quando os mereciò aue, *390,15*
Merendando *1*
I ella se està merendando *62,37*
Merendar *1*
Procura no merendar *351,31*
Merezca *1*
De su amor, merezca *79,106*
Merezcais *1*
Merezcais veer la celestial persona, *99,13*
Merezcan *1*
Nunca merezcan mis ausentes ojos *51,12*
Merida *1*
De Merida, que a vn correo *161,87*
Merienda *1*
Para la merienda; *5,28*
Merino *1*
No sè si merino o burdo, *322,330*

Meritos *3*
los meritos de ella i de el, *229,3053*
De meritos, ia de edad *259,73*
Los meritos que le han dado, *306,15*
Merlin *1*
disparate de Merlin. *229,2423*
Mermelada *1*
I en Toledo mermelada, *126,29*
Mermelados *1*
De Portugal baxetes mermelados. *203,15*
Mes *9*
Que volarà antes de vn mes". *78,80*
Que vn mes sin deudo de mi sangre ha sido. *200,8*
Para poco mas de vn mes. *217,92*
Si en no mucho mas de vn mes *229,946*
Es noche, i noche de vn mes *282,29*
En derrota suia vn mes, *285,52*
Medio mes que aun no he viuido, *385,3*
Porque, en faltandome el mes, *385,8*
En el mes que perdiò el Apostolado *433,7*
Mesa *11*
Tu mesa, i tu cama dura *26,102*
De vuestra mesa Redonda, *27,121*
De la mesa sin manteles, *81,28*
I al fin en su mesa Eua *122,59*
Sobre el verde mantel que dà a su mesa, *203,113*
porque registrò mi mesa *229,578*
Que sobre ensuciar mi mesa *269,344*
A cuia mesa aiunàran *288,15*
Sino a la Mesa Redonda *288,87*
A mesa el hombre tan limpia, *388,14*
Nos conhorta aun de murtas vna mesa; *397,6*
Mesas *5*
Que Hymeneo a sus mesas te destina. *263,314*
Que sin rumor preuino en mesas grandes. *263,857*
Leuantadas las mesas, al canoro *263,883*
Pompa el salmon de las Rèàles mesas, *264,98*
Con las mesas, cortezas ia liuianas *264,340*
Meses *7*
Que de meses i años *50,81*
Se han orinado los meses, *59,6*
Quince meses ha que duermo, *83,37*
No muchos meses despues *229,588*
Nueue meses avrà o diez, *285,24*
Nueue meses que la trujo, *322,94*
Seis meses de ruiseñor, *419,71*
Mesilla *1*
Que io en mi pobre mesilla *7,13*
Mesmo *2*
Que comes de ti mesmo i no te acabas, *23,13*
Pues el mesmo efeto tienes, *499,284*
Meson *5*
en el meson de la Gorda. *229,2086*
No pienso dexar meson, *229,3068*
En el meson de la fruta *229,3476*
Mucho mejor que en el meson de el Toro. *444,14*
Dicen que no ai meson ia *495,50*
Messeguero *2*
Incauto messeguero sus sembrados, *261,478*
Messeguero desta mies *373,13*
Mesura *3*

Que esa mesura, en verdad, *229,2058*
la mesura de Marcelo! *229,2935*
Hypocresia, mesura. *269,1163*

Mesurada *2*
Llegò en esto vna viuda mesurada, *68,9*
Calla, que entra mesurada *229,2531*

Mesuras *1*
Ganimedes en mesuras *98,21*

Meta *8*
Meta el amo letra. *160,56*
Meta vmbrosa al vaquero conuecino, *263,581*
Que de vna i de otra meta glorîòsa *263,1058*
Escollo de crystal, meta del mundo. *264,541*
Se meta. Es gran bordadora. *269,888*
De su vida la meta ia pisada, *318,222*
No coronò con mas silencio meta, *394,4*
I les meta la vara por el ojo. *443,14*

Metal *14*
vn criado de metal *229,188*
Que el canoro metal de vna campana *229,2192*
Metal que igualmente ignora *242,127*
Mas, qual diente mortal, qual metal fino
    261,133
Escollo, el metal ella fulminante *263,381*
Que en sonoro metal le va siguiendo, *264,852*
Este metal Indîano. *269,1101*
Metal no ha sido canoro, *275,95*
Busca al pastor, que del metal precioso *315,25*
De vno ostentò i otro metal puro; *318,302*
Engasta en el mejor metal centellas; *318,476*
De metal aun precioso no consiente, *341,6*
Si ia al metal no atadas, mas luciente. *361,4*
Del mas sonoro metal; *369,4*

Metales *6*
Sus piedras rubios metales, *63,86*
Metales homicidas. *263,434*
En metales mordidos de la lima, *314,4*
Iurisdiction gloriosa a los metales! *318,432*
De piedras, de metales; *368,8*
Tu, a los metales mas grata *416,15*

Metas *2*
Ser pallios verdes, ser frondosas metas,
    263,1037
A las metas, al poluo las señales; *318,508*

Mete *4*
Pero quien me mete *50,41*
En las lides que le mete *88,26*
Por ti? Si el en tal se mete, *229,1997*
Hiço mi edad quarenta i cinco, i mete *441,5*

Meter *4*
Sino meter vna voz, *161,74*
Meter vela, i calar remo. *269,1617*
Que el os ha de meter miedo *269,1664*
Del braço os ha de meter *269,1674*

Meterà *1*
Vn hombre meterà mano, *269,1655*

Meterè *1*
la meterè en possession *229,2480*

Metese *1*
i metese en vn estrecho. *229,1897*

Methodo *1*
Sin tener methodo algun, *269,426*

Metidos *1*
Metidos en mas honduras, *26,50*

Metiò *3*

Metiò vna vasquiña verde *228,147*
Metiò el brazo, que no cupo, *322,262*
Quanto deuota, se metiò a romero, *428,2*

Metrica *3*
Cuia súaue metrica armonìa *172,3*
La metrica armonia *256,50*
De metrica harmonia. *263,270*

Metricas *1*
Que en voces, si no metricas, súaues, *203,20*

Metrico *5*
Estilo si no metrico, peinado, *232,6*
Deste metrico llanto: *264,115*
Curso del llanto metrico te fio, *264,554*
Dulce fia? Tu metrico instrumento, *316,13*
Quando al silencio metrico perdona *318,125*

Metropoli *2*
En que la gran Metropoli de España, *77,2*
Salue, ô Ciudad Metropoli de Hespaña;
    229,2174

Metros *1*
Metros inciertos si, pero súaues, *264,356*

Meum *1*
Siempre a "meus, mea, meum". *269,1881*

Meus *1*
Siempre a "meus, mea, meum". *269,1881*

Mexicano *2*
Moderador dèl freno Mexicano. *162,10*
I al de plumas vestido Mexicano, *264,780*

Mexilla *1*
Maltratada en la mexilla *499,326*

Mexillas *8*
Sobre las dos mexillas milagrosas, *18,7*
I sus mexillas se hallan *29,38*
En tus mexillas la rosada Aurora, *36,3*
Que, por darlo a sus mexillas, *228,135*
De sus mexillas siempre vergonçosas, *263,790*
Sus mexillas mucho raso, *322,115*
De tus mexillas la rosa, *328,3*
Si bien entre esas mexillas *411,3*

Mezcladas *2*
De quien mezcladas leche i sangre mana, *18,8*
Mezcladas hazen todas *263,623*

Mezclilla *1*
O de mezclilla, que vno i otro era. *499,95*

Mezclò *1*
Mezclò el cielo vn encarnado *228,134*

Mezenas *1*
Mezenas Español, que al zozobrado *318,429*

Mezquina *1*
Con Isabela. Ô mezquina! *229,345*

Mezquitas *1*
El que vistiò las Mezquitas *49,13*

Mico *5*
La fiera mona i el disforme mico? *201,4*
Soi vn Mico de Tolù, *269,434*
Dueña en sala i mico en reja. *269,1021*
Este mico de sus rejas, *418,18*
Dama entre picaça i mico, *493,14*

Micol *1*
O tronco de Micol, Nabar barbudo! *429,7*

Micon *1*
De la plaia, MICON de sus arenas, *264,532*

Micos *1*
I que ai micos que preguntan: *58,23*

Mida *1*

Geometra prudente el orbe mida *264,381*

Midas *2*
Hecho vn Midas, i aun peor, *161,50*
Mas los que lograr bien no supo Midas *263,433*

Mide *3*
Viendola como mide *25,26*
Los montes mide i las campañas mora *128,5*
Bufando mide el campo de las ondas *264,430*

Miden *2*
Que miden el Sol por quartos, *89,39*
Gigantes miden sus occultas faldas, *112,9*

Mides *2*
El fertil terreno mides, *48,68*
Mas si con la importancia el tiempo mides,
    72,75

Midiendo *1*
Midiendo la espesura *263,79*

Miedo *13*
I sin que el torpe mar del miedo elado *45,6*
Miedo le tengo: hallarà la gente *152,3*
En mis calças los titulos de el miedo. *152,4*
Entrarà a quitalla el miedo. *229,145*
no aias miedo que se encienda. *229,1255*
Ven acà, no tengas miedo, *229,3353*
Tanta preuencion o miedo. *268,56*
No tengas, Lucrecia, miedo, *269,1326*
Que el os ha de meter miedo *269,1664*
Que en albarcoques aun le tengo miedo. *342,4*
En los peligros el miedo, *357,55*
Los pies os besan desde acà, sea miedo *454,10*
Mas no es virtud el miedo en que reparas, *460,5*

Miedos *1*
De mil Catholicos miedos. *87,20*

Miel *18*
Miel dulce al amargo acibar, *2,47*
Mañana seran miel. *193,4*
Mañana seran miel. *193,18*
Mañana seran miel. *193,32*
Son dulces como la miel. *217,36*
Quando en estos busca miel? *226,73*
Quando en estos busca miel? *226,82*
que ni es vinagre, ni es miel? *229,1219*
En juncos, miel en corcho, mas sin dueño;
    261,226
Que son miel, i no dexan de ser flores;
    269,1244
"Tamaraz, que zon miel i oro, *301,38*
Tamaraz, que zon oro i miel, *301,39*
Tamaraz, que zon miel i oro, *301,44*
Tamaraz, que zon oro i miel". *301,45*
Libarè en ellos la miel *328,5*
A leche i miel me ha sabido; *371,5*
Leche le dieron i miel. *371,10*
A las vnas miel *494,29*

Miembro *2*
Solo por no ser miembro Corteggiante *203,76*
Piadoso miembro roto, *263,17*

Miembros *25*
Que mis flacos miembros rige. *48,60*
Engerirse tantos miembros, *87,40*
Sus miembros cubre i sus reliquias sella *112,12*
Vistiendose miembros bellos, *149,89*
Miembros de algun nauio de vendeja, *200,6*
O miembros vestida, o sombras. *259,12*
Vn monte era de miembros eminente *261,49*

La nieue de sus miembros da a vna fuente. *261,180*

El sueño de sus miembros sacudido, *261,297*

Sus miembros lastimosamente oppressos *261,497*

I entregados tus miembros al reposo *262,28*

O de terso marfil sus miembros bellos, *263,489*

Sus miembros en cenizas desatados *263,685*

Los dulces fugitiuos miembros bellos *263,1055*

Soplo vistiendo miembros, Guadalete *264,727*

Si en miembros no robusto, *264,810*

Sus bellos miembros el lino, *307,23*

Sus bellos miembros a Siluano astuto, *318,86*

De sus miembros en esto desatado *318,229*

Los miembros nobles, que en tremendo estilo *318,410*

Sus miembros aun no el Fuentes hizo grabes, *318,566*

Los bellos miembros de Thysbe, *322,409*

Cuia garra, no en miembros diuidida, *338,3*

Sus miembros i el alabastro, *356,28*

Miembros apenas dio al soplo mas puro *361,9*

Mienta *3*

Mienta pues agenas formas, *259,16*

Mui poco importa que mienta *269,293*

I mienta vn guante el pulgar. *418,12*

Miente *14*

El miente como rûin. *111,64*

En Damas? Miente Tadeo. *229,308*

En amores? Tadeo miente. *229,309*

aguardame, Tadeo. Miente, *229,1269*

que es mi muger esta. Miente, *229,3455*

Si tradicion appocripha no miente, *263,74*

Que les miente la voz, i verde cela *263,588*

Mira que la edad miente, *264,609*

Miente el Doctor. Es verdad. *269,1054*

No ha de valer la causa, si no miente *273,10*

Que miente voz la inuidia i viste pluma? *281,12*

Quando no anguila que sus tactos miente: *342,11*

Silencio en sus vocales tintas miente; *361,8*

Quanta esperança miente a vn desdichado! *380,12*

Mienten *3*

Mienten a pares i nones *229,3361*

Si no mienten mis temores, *269,1143*

Quantas mienten el azero; *354,26*

Mientes *1*

Sombrerazo, i mientes tu? *269,448*

Miento *3*

Miento, que no se vsa ia *229,214*

del personage que miento *229,2776*

— Por en Diosa que no miento. *308,8*

Mientras *71*

Mientras gouiernan mis dias *7,5*

(Mientras en ti se mira), Amor retrata *16,6*

Mientras por competir con tu cabello, *24,1*

Mientras con menosprecio en medio el llano *24,3*

Mientras a cada labio, por cogello, *24,5*

I mientras triumpha con desden loçano *24,7*

Mientras me dexaban pulgas; *26,28*

Mientras se dexan veer a qualquier ora *36,2*

I mientras con gentil descortesia *36,5*

Mientras io a la tortolilla, *48,13*

Mientras en calma humilde, en paz súaue, *54,3*

Mientras no dan otro corte, *55,5*

Mientras no le ven por sello *55,17*

Mientras el plomo en las suyas *57,67*

La qual, mientras la contempla, *62,34*

Mas desembuelue, mientras mas tremola, *72,66*

Mientras Anuers padecia, *74,78*

Mientras se quexa la Dama, *97,27*

Mientras de rosicler tiñes la nieue. *104,4*

Mientras que el no lo siente, *114,17*

Mientras suspiro humo, i lloro fuego". *116,27*

Mientras suspiro humo, i lloro fuego". *116,42*

Mientras suspiro humo, i lloro fuego". *116,57*

I mientras io te aguardo en las cadenas *120,22*

Mientras io, desterrado, dèstos robles *120,49*

Mientras francolines ceua, *122,58*

Mientras que trepan. *160,4*

Mientras que trepan. *160,22*

Mientras que trepan. *160,40*

No quereis que, mientras *160,54*

Mientras que trepan. *160,58*

Mientras que trepan. *160,76*

Mientras que trepan. *160,94*

Mientras que trepan. *160,112*

Mientras que trepan. *160,130*

Mientras encaraua en ella *167,83*

Mientras mas viere, mejor. *168,30*

Mientras Corintho, en lagrimas deshecho, *181,1*

Mientras el ambicioso sus Baibodas. *203,108*

Mientras el crisol, Tadeo, *229,966*

mientras viuiere Isabela; *229,2717*

Penelope, mientras ierra *257,42*

Corona immobil, mientras no desciende, *261,262*

Mientras perdian con ella *263,148*

Mientras el arroiuelo para oìlla *263,558*

Mientras el viejo tanta accusa tèa *263,653*

Mientras inuocan su Deidad la alterna *263,764*

Mientras coronan pampanos a Alcides, *263,829*

Mientras casero lino Ceres tanta *263,861*

Mientras en su piel lubrica fiado *264,92*

I mientras dulce aquel su muerte annuncia *264,257*

Mientras cenando en porfidos lucientes, *264,358*

Mientras perdona tu rigor al sueño. *264,676*

Mientras de su barraca el estrangero *264,682*

Mientras desenlaçado la cimera *264,904*

Mientras ocupan a sus naturales, *264,957*

Mientras su Babieca ensillas *269,204*

Mientras que io voi a ver *269,519*

I mientras en la vexiga *269,695*

Mientras ella fue la necia. *269,1605*

Mientras io desta laguna *269,1855*

Mientras io entre estos sauces leuantados *281,16*

Mientras el culto de las Musas choro *318,447*

Mientras le cuelga de vn leño *321,12*

Mientras hago treguas con mi dolor, *345,13*

Pues mientras miras sus flores, *351,19*

Mientras extinguia las fieras *357,49*

Mientras no enrristra blandon. *413,13*

Mientras pisan el jardin *418,45*

Mientras se abrasan por el, *419,40*

Que, mientras se desangraua, *499,141*

Miercoles *3*

De la Mamora. Oi Miercoles. Iuanico. *278,14*

Vn Miercoles de Ceniza, *288,13*

Miercoles sea coruillo *334,6*

Mies *3*

Entre la no espigada mies la tela. *263,589*

Tal ia de su reciente mies villano *318,171*

Messeguero desta mies *373,13*

Mieses *1*

Sobre leuantadas mieses *499,158*

Miesses *2*

Qual prouidas hormigas a sus miesses, *263,510*

Surcar pudiera miesses, pisar ondas, *263,1032*

Migas *1*

Testimonio de las migas, *93,41*

Miguel *3*

La tardança de Miguel: *419,16*

Miguel a lo socarron, *419,39*

Que Miguel se moje entre ellas *419,59*

Miguelillo *1*

I a Miguelillo cordel. *419,82*

Mihi *1*

I aguarda a mihi vel mi. *269,1225*

Mijo *1*

Papas de mijo en concas de madera, *476,12*

Mil *134*

De sus raios diera mil, *3,20*

Dè mil suspiros sin son, *6,14*

Que por parir mil loquillas *6,49*

Enciendan mil candelillas, *6,50*

No los gaste mil a mil, *6,119*

No los gaste mil a mil, *6,119*

El Principe mil cuidados, *7,11*

Con cien mil delictos. *8,26*

Cient mil sauandijas *11,11*

Palabras dulces mil sin merecello, *20,6*

(Dò el tiempo puede mas), sino, en mil años, *21,7*

Mil crespos nudos por la blanca espalda, *25,15*

Exemplos mil al viuo *25,49*

Donde mil arroios cruzan *26,18*

Tenia cient mil disputas. *26,48*

Con trecientas mil de juro, *27,8*

Haciendoles dos mil hurtos, *27,62*

Los suspendia cient mil veces. Tanto *33,13*

Cient mil nauales tragedias, *38,12*

Que tiene otros cient mil dentro del pecho, *41,3*

Varia imaginacion, que en mil intentos, *44,1*

Bordò mil hierros de lanças *49,53*

Cient mil veces, i de Andujar *49,99*

Honrense mil fuegos *50,38*

Mil dias enteros *50,86*

Escribi en mil pliegos, *50,90*

Que el cielo pinta de cient mil colores; *52,11*

Que al tiempo mil libreas le aueis roto *53,3*

De a veinte mil el millar, *55,39*

De mil mariposas *56,19*

Mil seruicios paga. *56,65*

I suspirando mil veces, *59,38*

En mil hermosos broqueles. *59,84*

A mil peligros mortales, *61,24*

Donde es vencida en mil partes *63,66*

De Iglesias mil Cathedrales; *63,120*

Dos mil vistosos vltrages, *63,160*
Para mil reliquias; *65,68*
Paga mil pensiones *65,83*
Mil leños esconda *65,159*
El que dos mil veces *65,251*
Veinticinco mil de renta. *73,56*
Mil musicas dio a la puerta *73,110*
Soldado por cien mil partes, *74,3*
Mil moçuelas agridulces. *75,8*
Dos mil perlas de ambas luces, *75,42*
Mil vezes llamastes, *79,21*
Mil vistas secretas, *79,32*
No vna vez, sino cient mil, *82,10*
Entre mas de cient mil blancas, *82,55*
De mil Catholicos miedos. *87,20*
Tu, que a la Ciudad mil veces, *87,33*
Hablale mudo mil cosas, *87,65*
Mas de ducientos mil pinos, *89,28*
Municion de cien mil tiros, *89,34*
Quando mil neuados cisnes *89,41*
Mil cieruos de Iesu Christo. *89,44*
Que mil vidas amontona *93,59*
Guardaos, mil veces os digo, *95,17*
Que mil vezes mi voz te reuocàra, *104,13*
I otras mil te perdiera mi desseo. *104,14*
Despuntado he mil agujas *107,1*
Con quarenta mil de dote. *107,24*
Orlado de treinta mil, *111,10*
Vn lecho abriga i mil dulçuras cela. *120,27*
Mil vezes en hora buena, *121,6*
Dichosa tu mil vezes, *129,7*
Pisuerga viò lo que Genil mil veces. *155,14*
Cient mil ligerezas. *160,98*
— Treinta soldados en tres mil galeras. *183,4*
Si yo tuuiera veinte mil ducados, *203,13*
I no le acabaràn mil. *208,9*
Vna traicion cuidados mil engaña, *220,10*
Que me diera mil enojos, *229,70*
veinte o treinta mil ducados: *229,260*
Mil cosas de aqui colijo: *229,281*
a mil escudos de dote; *229,631*
Vueluo, ô Violante, mil veces *229,1697*
Peinaduras tengo mil. *229,1728*
que la coronaban mil, *229,2301*
i con las mil i quinientas *229,2476*
io mil i quinientas veces, *229,2478*
si no son quinientas mil, *229,2479*
Mil veces en hora buena *229,2534*
tienes quince mil rèales; *229,2969*
de catorce mil arrobas; *229,2973*
seis mil botijas de vino. *229,2977*
que de quarenta mil pesos *229,2980*
Perderè dos mil jùicios. *229,3338*
Sobre daros mil escudos *229,3438*
Que haciendo puntas mil *243,18*
Tropheos son del agua mil entenas, *245,7*
Con raios dulces mil de Sol templado *252,12*
De luces mil de sebo salpicado *255,2*
A la ausencia mil veces offrecida, *261,229*
Cubran corderos mil, que los crystales *263,836*
Mil te darà, io lo fio. *269,378*
Desollaras mil Tancredos *269,963*
Tus temores. Mil testigos *269,1342*
Son menester otros mil? *269,1366*
Te pidiesse mil escudos, *269,1403*

Mas, necio, diez mil ducados *269,1560*
Que es Duquesa diez mil veces *269,1696*
Pues trae ducados diez mil. *269,1697*
Frutos mil de penitencia, *275,66*
A veinte mil el millar; *288,44*
Bolsa, de quatro mil soles esphera. *313,29*
Donde mil vezes escuchaste en vano *317,5*
De Daphnes coronada mil, que abraza *318,501*
Ai mil vezes de ti, precipitada, *318,561*
Ô Iupiter, ô tu, mil veces tu! *327,14*
Muera feliz mil vezes, que sin duda *359,12*
Mil vezes vuestro fauor, *370,1*
Ô tres i quatro mil veces *388,25*
De escollos mil besado i nunca roto. *404,40*
Mùdo mil veçes io la deidad niego, *426,5*
En lenguas mil de luz, por tantas de oro *426,9*
I con mil Soliloquios solo vn ciego: *432,4*
Mil ratos he passado sin sentido *445,9*
Que vn saltarelo, o que cien mil halcones? *449,4*
I a quatro amigas quatro mil coronas. *450,14*
Añada quien quisiere otros mil males: *463,13*
Que mil affectos suspendiò frondosa, *467,3*
Que mil donaires offendiò por breue. *467,4*
Por templum templi mil vezes; *477,34*
I con mil antojos: *494,43*
Alma mil veces dichosa *498,1*
Ha quitado mil vezes de la mano *499,6*
A mil torcidos cuernos dando aliento, *499,60*
Mil ecos caçadores mil entonan, *499,61*
Mil ecos caçadores mil entonan, *499,61*
Correr i echar mil trabesses *499,157*
Ô io mil vezes dichoso *499,242*
Do se pusieron mil vezes *499,281*
Milagro *2*
Que es milagro, i no escaueche, *6,29*
Por tan gran milagro *50,5*
Milagros *7*
Milagros de beldad nacen, *63,202*
Milagros hizo por cierto *105,78*
milagros hizo tu fee *229,76*
Milagros de monjas son; *238,8*
Bien que, milagros despreciando Egycios, *312,11*
Luminosos milagros hizo, en quanto *318,490*
Esta es, lector, la vida i los milagros *447,12*
Milagrosa *2*
Ved quan milagrosa i quanta *177,11*
Aquella milagrosa aguja, aquella *229,2186*
Milagrosamente *1*
Milagrosamente haziendo, *143,10*
Milagrosas *2*
Sobre las dos mexillas milagrosas, *18,7*
Milagrosas injurias del de Apeles, *77,30*
Milagroso *2*
Vltrage milagroso a la hermosura *34,10*
Milagroso sepulchro, mudo choro *180,12*
Milanes *2*
I del Milanes vn corte, *55,4*
Purpura Tyria o Milanes brocado. *263,166*
Milano *4*
Raio con plumas, al milano pollo, *261,263*
I milano venciò con pesadumbre, *264,399*
Vno i otro rapaz, digo milano, *264,961*
Pues que por vn capon dexa vn milano: *452,7*

Milanos *1*
Cunas inaccessibles de milanos, *163,4*
Milenta *1*
Milenta vomite el gato. *124,16*
Milicia *5*
Que seguis milicia tal, *2,22*
De estado o milicia; *65,148*
Con Bartulos i Abbades la milicia, *69,10*
Inclinado a la milicia. *74,64*
De la espiritùàl milicia en ella *229,2190*
Militante *1*
En tu orden militante *110,50*
Militar *7*
Oyò el militar estruendo *64,19*
A trompa militar mi tosca lyra, *72,87*
Carga hasta aquì, de oi mas militar pompa; *230,13*
El Nilo si con militar decoro, *230,84*
Raio militar Christiano, *240,4*
De trompa militar no, o de templado *263,171*
Reseña militar, nabal registro *318,570*
Militares *3*
De tropheos militares, *63,142*
— A la Mamora, militares cruces! *277,1*
Que militares ia despojos Marte; *298,21*
Mill *2*
Copos nieua en la otra mill de lana. *261,148*
I nieue de colores mill vestida, *263,627*
Milla *2*
Poco mas de media milla. *74,84*
El tercio casi de vna milla era *263,1047*
Millar *2*
De a veinte mil el millar, *55,39*
A veinte mil el millar; *288,44*
Millares *1*
Sus campos escarchados, que a millares *443,7*
Millas *1*
Passò pocas millas, *65,194*
Millon *2*
De oro tuuiera vn millon *269,1116*
Gastamos vn millon en quince dias *469,3*
Mimbre *4*
I en lo demas flaca mimbre, *48,34*
De las plumas de vna mimbre *149,67*
Sobre la mimbre que texiò prolixa, *261,159*
En blanca mimbre se le puso al lado, *261,203*
Mimbres *3*
Fruta en mimbres hallò, leche exprimida *261,225*
De flexùòsas mimbres garbin pardo *264,265*
Este de mimbres vestido *371,1*
Minador *1*
Minador antes lento de su gloria, *263,741*
Minas *5*
Que Amor sacò entre el oro de sus minas, *20,4*
Mui abundante de minas *58,11*
I el culto seno de sus minas roto *252,7*
Cuias minas secretas *263,459*
Son las minas del Perù, *269,466*
Minerua *6*
Campo de Marte, escuela de Minerua, *72,37*
El templo vi a Minerua dedicado, *195,5*
Oro le expriman liquido a Minerua, *263,827*
Las ramas de Minerua por su espada, *318,20*
Al tronco de Minerua suspendida *368,29*

En verdes ojas cano el de Minerua *380,9*
Mingo *3*
Ven al portal, Mingo, ven; *302,1*
Ven al portal, Mingo, ven; *302,13*
Ven al portal, Mingo, ven; *302,25*
Minguilla *5*
Que pida a vn galan Minguilla *6,1*
Llora Minguilla crystales. *216,12*
Le sigue Minguilla, *350,22*
Minguilla la siempre bella, *357,1*
Pero Minguilla es de modo *357,70*
Minimas *1*
Minimas en el hauito, mas passas, *325,10*
Minimo *2*
Ni aun vn minimo cabello, *87,78*
Minimo, pues, si capellan indino *398,9*
Ministerio *5*
A tanto ministerio destinado; *315,14*
Al maior ministerio proclamado *318,225*
Concede a pocos tanto ministerio. *318,264*
El ministerio de las Parchas triste; *318,442*
España a ministerio tanto experto *318,597*
Ministra *3*
Que a Iupiter ministra el Garzon de Ida, *42,4*
Aunque sea el que ministra *107,59*
Cuerdas ministra el rúido; *142,40*
Ministrais *1*
Sino porque ministrais *390,7*
Ministrar *2*
Quando el que ministrar podia la copa *263,7*
Glorioso el Tajo en ministrar crystales *315,23*
Ministre *1*
Crystal ministre impuro, si no alado *338,11*
Ministril *1*
espiritu ministril, *229,658*
Ministro *7*
Por diligente ministro, *91,5*
Torpe ministro fue el ligero vuelo *175,13*
Con que efficacia el pendolar ministro *313,33*
Ministro escogiò tal, a quien valiente *318,253*
Alto del Rei Catholico ministro; *318,572*
Ministro, no grifaño, duro si, *327,9*
La cruda enfermedad, ministro graue *465,6*
Ministros *1*
Ministros de mi Rei: mis desengaños *454,9*
Minotauro *1*
Minotauro crystalino, *334,28*
Mintiendo *4*
Mintiendo en el theatro, i la esperança *203,59*
Mintiendo remission a las que huien, *264,913*
Crepusculos mintiendo al aire puro, *315,3*
Mintiendo cerdas en su quinta esphera. *359,8*
Mintiò *5*
al que en Granada mintiò. *229,1643*
I aun don Christalîan mintiò fineças. *254,11*
Fingiò ser cisne ia, mintiò ser toro: *269,1251*
Tal vez la fiera que mintiò al amante *318,65*
Lo que mintiò el coraçon. *490,20*
Minutos *1*
Regulador de minutos. *322,364*
Mira *45*
Se mira la gran corona, *9,3*
I al que la mira dèl alma, *10,56*
(Mientras en ti se mira), Amor retrata *16,6*
Mira tu blanca frente el lilio bello; *24,4*

Mira que te descomulga. *26,112*
Ia que con mas regalo el campo mira, *31,1*
Mira si es bien que lamente!" *57,72*
Mira, amiga, tu pantuflo, *59,69*
I que mira en quanto alumbra *63,235*
La conserua i mira *65,142*
Al Tajo mira en su humido exercicio *67,3*
Mira que dice por aì la gente *71,2*
Tu, en tanto, mira allà los Otthomanos, *72,52*
Mira, (si con la vista tanto buelas), *72,61*
Mira que su casa escombres *91,26*
Dize Amor que, quando mira, *121,72*
De Altamira la mira alta, *121,142*
Quien con piedad al Andaluz no mira, *138,3*
En que se mira Aiamonte, *179,4*
Cantando mata al que matando mira. *196,14*
Quantas Dianas Mançanares mira, *203,41*
Mira la cabilda, quanta *207,30*
I ia no se mira a si, *217,51*
le dice: "Mira por ti, *229,1646*
Mira que lleues con ellos *229,1865*
mira al Sol en su Cenith *229,2427*
Mira que està alli tu esposo. *229,2890*
Gran firmeça es esta. Mira *229,2918*
Quan triste sobre el porfido se mira *260,9*
Mira la offrenda ia con mas cuidado, *261,246*
De sitio mejorada, attenta mira, *261,273*
Imperîôso mira la campaña *263,186*
Mira que la edad miente, *264,609*
Mira que del almendro mas loçano *264,610*
Por dos topazios bellos con que mira, *264,796*
Rapido al Hespañol alado mira *264,863*
Dulce la mira la Aurora *268,61*
Lamer en tanto mira al Océàno, *298,18*
Mira que *301,15*
I mira con quanta risa *301,20*
Aquel morbido bronce mira, i luego, *368,37*
Por todo lo que el Sol mira, *388,2*
Mira no ganes vn jubon trotando. *474,14*
I mira al que te desea, *498,6*
Mira tu si hiziera mal *499,253*
Miraba *3*
Del Dios garañon miraba *59,39*
Miraba al fiero Aphricano *78,21*
"Todo lo miraba Nero, *229,1785*
Mirabale *3*
Mirabale su Amor desde la orilla. *9,10*
Mirabale su Amor desde la orilla. *9,20*
Mirabale su Amor desde la orilla. *9,30*
Mirad *22*
I mirad quien os leuanta *9,42*
Mirad que avrà con vn coraçon hecho, *18,13*
Mirad no os engañe el tiempo, *29,5*
Mirad que quando pensais *29,23*
Mirad, bobas, que detras *29,59*
(Mirad que humildes principios) *89,22*
(Mirad que firmeza) *160,64*
I mirad quan estremado, *229,1397*
Mirad que no nos entienda. *229,1404*
Mirad si la quiere mal. *229,1741*
Mirad si no digo bien. *229,1742*
Mirad si la quiere mal. *229,1765*
Mirad si no digo bien. *229,1766*
Mirad si le quiere mal. *229,1801*
Mirad si no digo bien. *229,1802*

Mirad si le quiere mal. *229,1833*
Mirad si no digo bien. *229,1834*
Mirad que està aqui Violante. *229,1862*
Mirad, pues, que si no baxais de espacio *229,2232*
Mirad con que dos se toma, *269,958*
Mirad no venga Gerardo; *269,1214*
Mirad como quereis vos *348,39*
Miradlo *1*
Limpiad mas. Miradlo ahora. *229,3002*
Mirado *2*
Has visto, que en tus aguas se han mirado, *22,13*
No aviendolo mirado vuestros ojos. *427,11*
Mirais *1*
Me mirais tendido i lacio. *96,108*
Miralla *1*
Miralla, en quanto otra region no mude. *453,11*
Mirame *3*
Mirame, pues vees que tengo *28,79*
Mirame, nympha gentil, *28,81*
I mirame en paz, que a fee, *269,1158*
Miran *3*
Los que me miran de espacio, *96,122*
Miran de la mano *160,77*
Quando las frentes se miran *215,3*
Mirando *3*
De los que le estan mirando, *242,19*
Està la orina mirando *269,696*
Teme la casa quien està mirando *438,9*
Mirandolos *1*
Mirandolos me estaria *28,70*
Mirandome *1*
Mirandome a mi los pages, *96,79*
Mirandose *1*
Mirandose en el Ebro, Çaragoza. *318,336*
Mirar *19*
Dèl dulce mirar, *4,24*
Claras lumbreras de mirar seguro, *13,6*
Mirar de tus ojos bellos, *28,66*
El con el mirar responde: *49,93*
Si la del dulce mirar *55,36*
Ni mirar de mas donaire; *63,208*
Mas por su mirar *79,63*
En el mirar atalaia, *87,47*
En su mas dulce mirar; *95,20*
Las paga vn mirar risueño, *126,15*
Lazos calça i mirar dexa *144,29*
Es harpon de oro tu mirar sereno, *197,6*
I mirar lo que escribo. El desengaño *203,56*
Que bel mirar i oler bien? *217,60*
Mas almas con el mirar *286,23*
Mas almas con el mirar *286,35*
Vuestro mirar almas, *356,61*
Respondiò mirar no sordo. *357,28*
Mirar se dejò en la aldea, *357,35*
Mirares *1*
Mirares al Sol, i quien *378,46*
Mirarlo *1*
i mirarlo con sosiego, *229,951*
Miraros *1*
Quando no querais miraros *411,23*
Miras *1*
Pues mientras miras sus flores, *351,19*
Mirasla *1*

Mirasla tu? Con respeto *229,983*
Mirate *1*
Mirate Isabel? Bien. *229,982*
Miraua *3*
Con attencion la miraua, *10,54*
Cada vez que la miraua *57,57*
Miraua a la bella Mora *78,57*
Mirauale *2*
Mirauale en los ramblares, *78,29*
Mirauale el mas galan *78,37*
Mire *5*
Quando dulcemente mire, *121,66*
I mire el daño ciego; *129,33*
Mire, pues, como se sienta *388,13*
Dexad que os mire aquel que atento os viere, *470,12*
I mire mucho por ella, *496,24*
Mirè *1*
Que aier me mirè en vn charco, *28,82*
Mirème *1*
Mirème, i luçir vi vn sol en mi frente, *261,421*
Miren *1*
Miren que dos negaciones *229,3156*
Mires *1*
A que siquiera me mires. *48,48*
Mirifica *1*
Te dan gloria mirifica, *1,44*
Miro *3*
Miro manos, i sè dellas *269,477*
Al Norte que ausente miro *384,32*
I diuidida en vuestros ojos miro *461,3*
Mirò *1*
Dulce le mirò i cortes. *226,64*
Miròla *1*
Miròla, en fin, ardiente basilisco, *467,12*
Miroos *2*
Miroos desde lexos, *301,56*
Miroos desde lexos, *301,58*
Mirtho *1*
Al tronco de un verde mirtho, *354,1*
Mirto *2*
En el mirto verde, *349,13*
Fiando a vn mirto sus armas, *355,45*
Misa *1*
que buscar misa querria, *229,891*
Miserable *2*
Miserable por el cabo. *96,140*
De la amorosa miserable gente, *499,36*
Miserablemente *2*
Besò la plaia miserablemente, *261,434*
I miserablemente *263,656*
Miseria *1*
Los estremos de fausto i de miseria *264,207*
Misericordia *2*
I valen misericordia. *149,54*
Iusticia i misericordia. *259,72*
Misero *4*
Bala el ganado; al misero valido, *261,171*
El misero gemido, *263,13*
Quando entregado el misero estrangero *263,46*
La humilde voz, el misero gemido *499,16*
Miseros *1*
Hombres miseros i auaros, *96,142*
Miserrimo *1*
Que al amador miserrimo *1,23*

Misma *20*
Ten de ti misma duelo, *25,40*
De su misma mano *65,7*
Su persona misma: *65,8*
I desde la misma hora *94,15*
Tu, que con la misma fuerza, *97,37*
Si es la misma enfermedad? *130,4*
Si es la misma enfermedad? *130,16*
Si es la misma enfermedad? *130,28*
Si es la misma enfermedad? *130,40*
Aurora de ti misma, *193,19*
que de aquella misma suerte *229,1093*
con su misma hermana Fabio, *229,1277*
En la misma damnacion *229,3404*
Piedras son de su misma sepultura. *263,686*
Ella, la misma pompa de las flores, *263,759*
La esphera misma de los raios belios. *263,760*
De blancos cisnes, de la misma suerte *264,252*
I concha suia la misma *376,15*
Haze de su misma mano, *408,6*
Que por la misma mano del que odiaua *499,46*
Mismas *2*
I rompido por las mismas. *74,4*
En vnas mismas plumas escondido *203,29*
Mismissimamente *1*
Eso es mismissimamente. *269,609*
Mismo *38*
En vn mismo tiempo salen *9,11*
Maior debes de ser que el mismo infierno. *23,14*
Pues eres tu el mismo mar *38,13*
I el mismo monte se agrauia *48,51*
El mismo os enuia *65,6*
I al mismo punto dexaron *96,166*
Porque el mismo fruto espera *105,30*
El mercader, si es lo mismo *105,34*
Pues al mismo Amor dà lei *121,63*
En este mismo lugar, *147,2*
Vos, Luis, para el mismo intento *187,5*
Se queda en si mismo todo, *209,14*
El mismo que espirò súaue aliento *221,5*
es el mismo original. *229,1298*
fiaba del mismo viento *229,1557*
I el mismo viento es Donato, *229,1559*
Ese es el mismo papel *229,1949*
El mismo. Pues como lleuo *229,3114*
i hacer por el mismo estilo *229,3128*
Siendo su compadre el mismo, *240,8*
El mismo applauso que a vn toro. *242,130*
Icaro montañes, su mismo peso, *263,1009*
A quien el mismo escollo, *264,854*
Mejor si es del mismo paño. *269,260*
Sino el mismo empacho, i quien *269,847*
Fuiste, amiga, para el mismo! *269,955*
Que eso mismo es don Tristan; *269,1725*
I dellas oi el mismo aqui renace. *271,4*
El mismo viento en forma de Venado. *280,45*
Envaine su dedo el mismo *288,35*
Tortola viuda al mismo bosque incierto *295,10*
Sombra hecho de si mismo, *322,399*
Oraculo de ti mismo, *332,32*
Alcançandoos a vos mismo, *334,26*
El mismo es de Helicona: *420,3*
En vn mismo soneto con Ylec, *473,2*
El mismo se proueiò; *482,4*

Si el mismo que desnudo soi vestido, *499,3*
Mismos *4*
Por aquellos mismos passos *228,166*
Murieron, i en si mismos sepultados, *263,684*
Sus mismos auctos repusso. *322,224*
Los mismos laços que amante; *389,32*
Missa *5*
Iremos a Missa, *5,21*
Salgo a Missa de sarnoso, *84,3*
Como a Missa de parida. *84,4*
A lleuarte, Lelio, a Missa; *229,1013*
que aier le mandaste en Missa. *229,1717*
Missiua *1*
Incluso esperarè en qualque missiua *379,13*
Misterio *2*
Misterio encierra, i verdad. *130,24*
No careciò de misterio, *490,8*
Misto *1*
Con caperucilla un misto *408,3*
Mitad *16*
Sobra la mitad. *4,58*
En la mitad de los lomos *28,15*
Del estrecho la mitad *75,9*
I al sancto, que la mitad *86,37*
Por cient escudos la mitad del lecho; *181,4*
que la debo por mitad *229,79*
tiene la mitad de el nombre, *229,629*
la mitad de mi alegria. *229,2609*
En la mitad de vn oual de plata, *264,520*
En la mitad del Verano. *269,305*
Que le pedi la mitad, *269,1452*
I que la mitad me diò. *269,1453*
De su alma la mitad *322,365*
La mitad del alma me lleua la mar: *345,7*
Bolued, galeritas, por la otra mitad. *345,8*
Por la mitad de vn baioque, *493,20*
Mitra *5*
O adornele mitra; *65,156*
Si al que oi de mitra el Tajo vee ceñido *229,2206*
Baculo tan galan, mitra tan moça. *231,4*
Su mitra a la cogujada *242,111*
Subireis de la mitra a la thiara. *250,8*
Moça *11*
Atenta escuchò la moça *74,117*
En las aras de vna moça *82,11*
Moça de manto tendido, *88,9*
Porque el padre de la moça *96,41*
Vna moça de Alcobendas *141,1*
De la que moça quedò *227,42*
de las partes de la moça; *229,769*
Baculo tan galan, mitra tan moça. *231,4*
Quanto lo siente la moça, *243,29*
I no hallando la moça, *322,361*
Que vna moça que bien charla, *493,13*
Moçaluitos *1*
A las armas, moçaluitos, *107,49*
Moças *17*
Que se nos va la Pascua, moças, *29,1*
Que se nos va la Pascua, moças, *29,11*
Que se nos va la Pascua, moças, *29,21*
Que se nos va la Pascua, moças, *29,31*
Que se nos va la Pascua, moças, *29,41*
Que se nos va la Pascua, moças, *29,51*
Que se nos va la Pascua, moças, *29,61*

Salen las moças *494,2*
Moças golosas, *494,5*
Moças opiladas; *494,9*
Salen las moças *494,17*
Moças golosas, *494,20*
Moças innocentes, *494,23*
Salen las moças *494,32*
Moças golosas, *494,35*
Salen las moças *494,47*
Moças golosas, *494,50*
Mocedad *1*
De mi mocedad? *4,48*
Mocejon *5*
vecina de Mocejon? *229,3259*
Llegamos a Mocejon, *229,3278*
Suspiro por Mocejon. *229,3297*
No, sino por Mocejon. *229,3305*
voluerme a mi Mocejon. *229,3469*
Mocejona *1*
donde vio a esta mocejona: *229,3279*
Mochacha *1*
Tanto, que si la mochacha *148,38*
Mochila *1*
La mochila de oro i negro. *49,44*
Mochilero *2*
Que el mochilero o soldado *6,91*
Conuierta a Hernandico en mochilero, *446,2*
Moclin *1*
Cauallero de Moclin. *111,4*
Moço *9*
Que es el moço alegre, *65,81*
I cascos de galan moço. *83,8*
Quiso a vn moço de nogal, *88,13*
quien es este moço. No *229,240*
Que este aquel moço no es *229,2782*
De el suelto moço, i con airoso buelo *263,996*
Por moço me estoi vendiendo. *269,1837*
Por aquel postigo moço *406,9*
El rubio moço, por su mal valiente, *499,101*
Mocos *1*
Romadizado, i con mocos. *242,28*
Moços *2*
Moços de nueua impression, *495,34*
Nombre de moços le dan, *495,37*
Moçuela *2*
que guardo de esa moçuela, *229,1809*
De quien? De aquella moçuela *269,358*
Moçuelas *2*
Moçuelas las de mi barrio, *29,3*
Mil moçuelas agridulces. *75,8*
Moçuelo *9*
Verdes hermanas de el audaz moçuelo *32,1*
Oi a vn moçuelo no suffre. *75,24*
Vn moçuelo vellori, *88,51*
Al moçuelo, que en cambrai, *93,50*
Se le leuantò al moçuelo, *167,86*
Venablo en Ida aprouechò al moçuelo, *175,10*
Quedò aturdido el moçuelo, *228,101*
Tenia ia el moçuelo blando. *228,152*
Quando el moçuelo orgulloso, *228,185*
Moçuelos *1*
Tres moçuelos aqui dentro. *229,3345*
Modelo *1*
Ô modelo de Prelados, *259,27*
Modelos *3*

De cuios Géòmetricos modelos, *195,6*
Borrò designios, bosquejò modelos, *263,98*
Traças tienes, i modelos *269,206*
Moderador *2*
Moderador dèl freno Mexicano. *162,10*
Moderador piadoso de mis daños! *264,124*
Moderando *1*
Moderando. En la plancha los recibe *264,208*
Modernas *1*
(Modernas Musas del Aonio choro), *203,44*
Moderno *4*
Mas a lo moderno? *50,48*
Si todo lo moderno tiene zelos, *195,7*
No moderno artificio *263,97*
Io a lo moderno he de andar, *269,1550*
Modernos *2*
Con modernos Angelicos pinzeles *77,29*
Los modernos tahali; *82,64*
Moderò *1*
Gran freno moderò tu cuerda mano; *317,4*
Modesta *3*
En la cumbre modesta *264,691*
Que en la attencion modesta fue alegria, *336,13*
Modesta, permitid ia *390,17*
Modestamente *1*
Modestamente sublime *285,9*
Modestas *1*
Modestas accusando en blancas telas, *263,839*
Modestia *5*
Que tanta modestia rompa *259,14*
En modestia ciuil rèàl grandeza. *264,812*
No sin modestia, interpuso *322,46*
O bien aia modestia tan ociosa! *452,11*
Que su modestia oi no quiera *485,8*
Modesto *2*
Tan modesto en los fauores, *306,20*
En su Religion sancta, de modesto *452,9*
Modo *10*
Del modo que se offrecian *26,23*
Si, Gil, I es de modo *208,7*
Su vnidad, i de igual modo *209,13*
que no sepa io otro modo, *229,247*
El designio, la fabrica, i el modo. *264,274*
Ia a la violencia, ia a la fuga el modo *264,491*
Donde, amigo, i de que modo? *269,986*
Dirà el modo que ha de auer *269,1191*
Pero Minguilla es de modo *357,70*
Pues sea de aqueste modo: *499,236*
Modos *2*
En dulces modos, i los aires rompa *77,46*
Quantos les enseñò corteses modos *264,57*
Mohatra *1*
Si ha de hacer al salir vna mohatra! *203,3*
Mohina *8*
que tendrè a grande mohina *229,194*
violin no, que es gran mohina *229,300*
Mohina sobre mohina. *229,3429*
Mohina sobre mohina. *229,3429*
Que acrecentais mi mohina; *269,98*
Que solo serà mohina *269,679*
I su reparo es mohina. *269,1109*
Causò aquesto en el pueblo gran mohina, *475,12*
Mohino *1*
i a mi, que andaba mohino, *229,3283*

Moho *2*
A quitar al alma el moho *83,70*
La facilidad i el moho. *242,128*
Mohoso *1*
Mohoso como en Diciembre *87,23*
Moisen *2*
Sierpe se hace aun de Moisen la vara; *404,46*
Discipulo de Moisen: *495,48*
Moja *1*
a fee que no se las moja, *229,753*
Mojado *1*
Que lluuias Hespañolas han mojado; *449,11*
Mojarte *1*
Que sin mojarte la planta *499,154*
Moje *2*
Tus plumas moje, toca leuantado *45,7*
Que Miguel se moje entre ellas *419,59*
Mojon *1*
Limitò vuestro mojon; *265,4*
Mojonera *1*
Que puede ser mojonera *96,63*
Mojones *1*
A los mojones la seda, *265,9*
Molduras *1*
Sus molduras i follages, *63,72*
Molella *1*
Pues crea que he de molella, *229,1713*
Moler *1*
a veer moler su costal. *229,1710*
Molesta *1*
A la açada molesta *263,905*
Molestia *1*
Dèle o no le dè molestia, *269,710*
Molido *1*
Molido de el dictamen de vn Letrado *203,70*
Molino *1*
que es cuerda quien va al molino *229,1709*
Molinos *1*
Molinos de azeite *65,95*
Mollete *2*
Vna lonja entre vn mollete, *88,82*
Pidiò vn mollete, si auia tierno alguno, *459,3*
Mollido *1*
Que duerme en mollido *65,23*
Momento *13*
Truena el cielo, i al momento *187,1*
Templaronle al momento dos baules *202,3*
El cansancio, i al momento *204,26*
Io te los darè al momento. *229,1719*
Si se rindiere, al momento *229,2442*
Llegarà, i luego al momento *229,2618*
Quien se quitàra vn momento *229,2775*
Las no liquidas perlas, que al momento *264,232*
Estauamos no ha vn momento. *269,802*
Io lo sabrè en vn momento *269,1206*
Se recetarà? Al momento. *269,1883*
— Tu prima sarà al momento *308,12*
Clori despertò al momento; *499,331*
Momo *2*
(Con buena gracia digo, señor Momo), *254,2*
I que el vno i otro Momo, *495,36*
Mona *8*
I vna mona berengenas. *62,32*
La fiera mona i el disforme mico? *201,4*

Burlase la mona, *422,14*
Se pueden dar vn galgo i vna mona, *446,14*
Sobre los manteles mona *488,3*
I mas de vna mala mona *490,4*
A la mona que os mordiò: *490,13*
Porque fuera Luis de mona *490,29*
Monarca *1*
De FILIPO fue el Quarto, del Monarca *421,24*
Monarcha *5*
Religiosa grandeza dèl Monarcha *76,9*
De el Monarcha supremo; que el prudente *203,89*
A que el Monarcha de esas grutas hondas *261,403*
Quando el Monarcha deste i de aquel Mundo *391,12*
Del maior Rei, Monarcha al fin de quanto *398,10*
Monarchas *1*
Hilen estambre digno de Monarchas; *156,22*
Monarchia *11*
Phebo su luz, Amor su Monarchia *166,20*
De Africa serà la Monarchia. *230,70*
De cuia monarchia *263,406*
Monarchia canora; *263,951*
La maior gloria de su Monarchia; *318,150*
Hizo, si anegar no su Monarchia *318,238*
Monarchia del Amor, *348,32*
La monarchia del mar, *358,14*
Porque es breue aun del Sol la monarchia. *368,48*
En medio la monarchia *374,9*
Gouierno al fin de tanta monarchia, *421,57*
Monarchias *1*
Del mundo i sus Monarchias, *7,4*
Monas *3*
I que ai monas en beuiendo, *58,22*
Que monas de Monesterio *490,9*
Tambien Monas tienen dientes. *490,25*
Monasterios *2*
Que anidan en monasterios, *58,38*
Monasterios ai, Laureta, *229,2123*
Mondego *1*
Al Mondego diò crystal, *121,131*
Moneda *6*
Que es buena moneda. *160,70*
Que en la moneda hallò: *161,28*
En moneda de piedad *227,17*
Como no ai otra moneda *269,665*
En vuestra propia moneda, *269,1395*
Que esta es carcel de gatos de moneda. *440,8*
Monedas *1*
En cient monedas de oro *81,35*
Moneria *1*
Goce Cuenca vna i otra moneria, *201,7*
Monerias *1*
Que con monerias grangeo *269,435*
Monesterio *1*
Que monas de Monesterio *490,9*
Mongana *1*
Pidiendo, si vitela no mongana, *278,7*
Mongi *1*
Es de ciruela mongi, *223,3*
Mongibel *2*
Ethna glorioso, Mongibel sagrado, *112,4*

Es vn Mongibel con vos; *282,4*
Mongil *2*
appella para el mongil, *229,2477*
Desmienta al mongil vestido. *257,10*
Mongiles *1*
I los mongiles a Iulio; *27,52*
Mongilon *1*
El mongilon de baieta, *27,47*
Moniciones *1*
serà fee de moniciones *229,1577*
Monigote *2*
De vn Pòèta monigote *107,14*
Por vn monigote dexas *423,19*
Monimento *1*
Para el tumbo Rèàl, o monimento. *255,13*
Monja *6*
Viò vna monja celebrada *94,3*
A la monja que almiuar tal le baja, *182,6*
que vn Cartuxo i que vna monja, *229,787*
Medio monja i medio fraile, *275,15*
Monja ia i fraile, Beata *275,17*
Madre, sin ser monja, soi ia descalça, *345,5*
Monjas *2*
Milagros de monjas son; *238,8*
Tres monjas con la Angelica loquazes, *432,7*
Monjes *1*
de sus mas deuotos monjes *229,561*
Mono *2*
Mono vestido de seda *242,115*
Nunca dexa de ser mono. *242,116*
Monoculo *1*
Monoculo galan de Galathea, *293,2*
Monseñor *3*
Por Monseñor de Bitonto. *242,56*
Monseñor interes. Sangrò vna ingrata *313,11*
Tonante monseñor, de quando acà *327,1*
Monsîur *1*
Pues Monsîur de Peralta *191,3*
Monsîures *1*
Trocaron los Monsîures *73,51*
Monstro *6*
Para la estatua de vn monstro, *83,92*
De el monstro que todo es pluma, *259,7*
El monstro de rigor, la fiera braba, *261,245*
Monstro, escamado de robustas haias, *263,375*
Dado al traues el monstro, donde apenas *264,509*
Monstro con escama i pluma, *287,81*
Monstros *1*
Que de monstros la edad purgue presente, *251,10*
Monstruo *1*
Algun monstruo de la tierra *269,1131*
Montalban *1*
De Montalban la lyra como mia, *472,5*
Montaña *27*
Troncos el bosque i piedras la montaña; *25,54*
Mas le ualiera errar en la montaña, *100,13*
Que viue con la montaña, *133,20*
Montaña que, eminente, *142,11*
Montaña que, eminente, *142,29*
Montaña que, eminente, *142,47*
Honor de aquella montaña *144,10*
Montaña inaccessible, oppuesta en vano *146,1*
Que Veras en la Montaña *167,29*

Montaña tantos inuiernos *178,26*
Escalando la montaña *215,13*
Esa montaña, que precipitante *229,2148*
Esa, pues, o turbante sea, o montaña, *229,2170*
I de la ençina, honor de la montaña *261,85*
Por igualarme la montaña en vano, *261,414*
A las que esta montaña engendra harpyas. *261,448*
De el siempre en la montaña oppuesto pino *263,15*
La fragosa montaña facil llano, *263,69*
De quantos pisan Faunos la montaña. *263,189*
Que la montaña hizo populosa *263,264*
Encinas la montaña contar antes *263,910*
Mortal saeta, dura en la montaña, *311,7*
Que frutos ha heredado la montaña. *359,14*
Por que le llaman Prado, si es Montaña *440,9*
Si es Montaña, Madera le persiga. *440,14*
Ni fiera pisarà mas la Montaña *499,79*
Que ia en la montaña ha entrado. *499,279*
Montañas *12*
Quando cubra las montañas *7,17*
I enfrenados pèòr de las montañas; *108,8*
Que en las montañas no solo, *121,112*
O son de las montañas de Bugia *201,3*
Ô Montañas de Galicia, *204,1*
de las montañas que habita; *229,2905*
Las Montañas generosas. *259,36*
No la Trinacria en sus montañas fiera *261,65*
Arbitro de montañas i ribera, *261,345*
Murarse de montañas espumosas, *263,437*
Que aun las montañas la creen. *333,76*
En las montañas de Iaca. *477,10*
Montañes *6*
Que vn montañes tràìa. *263,328*
De su discurso el montañes prolixo, *263,505*
Al montañes, que ingrato *263,594*
Al galan nouio el montañes presenta *263,722*
Icaro montañes, su mismo peso, *263,1009*
Montañes dessea catar *288,82*
Montañesa *1*
Sigue la dulce esquadra montañesa *263,541*
Montañesas *1*
Montañesas da el prado, que dirias *263,260*
Montañeses *2*
No començàran ia los montañeses *263,511*
Montañeses, qual suele de lo alto *263,988*
Montante *1*
Vn montante es de la muerte. *269,130*
Montaraz *5*
Montaraz, gallarda, *79,61*
Bien tal, pues montaraz i endurecida, *128,12*
Dèl montaraz seraphin. *226,88*
Otra con ella montaraz zagala *263,243*
I a la bella montaraz *358,30*
Monte *49*
Del alto monte la loçana cumbre, *17,2*
Ni el monte raies, ornes, ni colores, *17,12*
De Segura en el monte mas vecino *22,6*
Fragoso monte, en cuio basto seno *30,1*
Ni en este monte, este aire, ni este rio *33,1*
I el mismo monte se agrauia *48,51*
Dèl fragoso monte *79,67*
Del sancto monte Oliuete, *88,78*
Este monte de cruzes coronado, *112,1*

Ouejas dèl monte al llano *131,7*
I cabras dèl llano al monte, *131,8*
I el monte i el agua escuchan *133,11*
De vn monte en los senos, donde *142,1*
Del monte Pichardo os quiero, *158,29*
I no dèl monte Parnasso. *158,30*
Flores a vuestro estilo darà el monte, *172,12*
Dexa el monte, garzon bello no fies *175,1*
Dexa el monte, garzon; poco el luciente *175,9*
Como Diana en el monte. *178,20*
Arde el monte, arde la playa, *179,25*
I en los arboles dèl monte *179,26*
Lleguè a este Monte fuerte, coronado *195,1*
Ô quanto dèste Monte imperîòso *195,12*
Llegò al monte del Señor *211,8*
al que oy es monte Aphricano: *229,119*
de este monte de edificios, *229,458*
fueran flacos para vn monte. *229,463*
De perlas siembra, el monte de esmeraldas.
229,1058
Ese monte murado, ese turbante *229,2150*
Monte de Musas ia, Iardin de Amores. *252,14*
Su monte dexa Apollo de dos frentes *256,4*
Ciudad que el monte corona, *259,56*
Vn monte era de miembros eminente *261,49*
De aquel fragoso monte, *263,277*
Escalar pretendiendo el monte en vano, *264,13*
Que dexa de ser monte *264,693*
Por el monte i la campaña, *269,1135*
Pyra es suia este monte de edificios. *312,12*
La vez que el monte no fatiga basto, *318,71*
Mucho le opuso monte, mas en vano, *318,173*
Doctas fuerças de monte, si Africano; *318,252*
De el Monte dirigieron aserrado, *318,330*
El monte lo calle, *356,67*
Obediencia jura el monte *358,21*
Calando el monte van con pies ligeros. *499,67*
Del basto monte el aspero costado, *499,82*
Tal se mostrò aquel dia al monte armado
499,100
En sus aluergues o en el monte? Vila *499,111*
En el monte con fatiga, *499,247*
Montecillo *1*
Montecillo, las sienes lauréàdo, *264,276*
Montera *1*
Trairè la montera *5,14*
Monteria *7*
La monteria siguen importuna, *165,11*
En su casta monteria; *167,4*
Para mi de monteria. *189,10*
La virginal desnuda monteria, *263,487*
Qual llamarè robusta monteria, *336,10*
Quiero dessa robusta monteria *499,55*
En sola su confusa monteria *499,84*
Montero *4*
Se perdiò vn galan montero, *215,10*
I en quanto da el solicito montero, *262,16*
Darà al valiente montero, *358,25*
I tal aquel Montero desdichado, *499,104*
Monteros *8*
Todos los monteros dicen *48,28*
Los monteros te suspiran *48,49*
Monteros conuoca *142,15*
Monteros conuoca *142,33*
Monteros conuoca *142,51*

Quanto el campo a los monteros *179,21*
Porque entre los monteros que han llegado
499,52
I de tantos monteros se acompaña, *499,77*
Monterrey *1*
La Deidad de MONTERREY, *121,62*
Montes *29*
Que estan los montes en duda *48,23*
Hazen montes de plata sus arenas; *77,81*
Ia en lo montes armada, *103,27*
Montes de cuerpos Alarbes, *110,48*
Que de inuidiosos montes leuantados, *120,1*
Los montes mide i las campañas mora *128,5*
Fresnos, chopos, montes, valles, *131,133*
I al son desata los montes, *133,7*
Vencidas de los montes Marîânos *163,1*
Desata montes i reduce fieras; *172,4*
Al fin, Gallegos i montes, *204,9*
Los montes que el pie se lauan *215,1*
De los montes esconde, copia bella *261,47*
Venus de el mar, Cupido de los montes".
261,464
Bates los montes, que de nieue armados, *262,7*
Montes de agua i pielagos de montes, *263,44*
Montes de agua i pielagos de montes, *263,44*
De aquellos montes hijo, *263,199*
Sirenas de los montes su concento *263,550*
Seis de los montes, seis de la campaña *263,885*
A vn vaquero de aquellos montes, gruesso,
263,1004
I obeliscos los montes sean del mundo.
264,164
Montes de espuma concitò herida *264,489*
En los montes de Adamuz *267,3*
Los montes huella i las nubes, *268,19*
I los Acroceraunios montes no. *327,13*
Que entre montes, que cela el mar de arena,
399,13
Montes coronan de crystal el suelo, *402,7*
Dos montes de jabalies. *423,8*
Montès *1*
De cabra apenas montès *285,18*
Montesino *1*
Porque si no Montesino, *288,81*
Montesinos *2*
Volued luego a Montesinos *27,41*
Porque de don Montesinos *27,135*
Monton *1*
Que al monton de Mercurio el caminante.
170,14
Monumento *1*
Ilustre piedras; culto monumento *344,6*
Mora *21*
Seruia a vna mora el moro *49,25*
"Ai mora bella, le dice, *62,49*
Pues no soi tu mora io, *62,55*
Ornar de su ingrata Mora *78,35*
Miraua a la bella Mora *78,57*
Los montes mide i las campañas mora *128,5*
Dèl blanco cisne que en las aguas mora, *137,6*
De el aspid que oi entre los lilios mora, *139,6*
Donde el engaño con la Corte mora, *154,6*
de aquella esclavitud Mora. *229,1568*
Quando raios de tanta luna mora, *229,2182*
Aqui en Toledo, no mora *229,3167*

Que dulce muere i en las aguas mora; *261,364*
No en ti la ambicion mora *263,108*
Mora, i Pomona se venera culta. *264,199*
Confusa multitud de gente Mora. *278,4*
Dulce tranquilidad que en este mora *281,22*
Plumas vestido ia las aguas mora *316,5*
Lo que incognito mas sus aguas mora, *318,79*
Por no alterar a la mora, *355,41*
I, por ser mora, quemaràs a Angè. *468,8*
Morada *1*
Al negro Dios de la infernal morada. *499,12*
Moradas *3*
El Betis en sus humidas moradas, *12,4*
Corcho, i moradas pobres sus vacios, *264,299*
Moradas, Diuino el arte, *275,37*
Morador *2*
Ardiente morador de el sacro choro, *53,9*
Morador de las seluas, cuia rienda *261,235*
Moradoras *1*
Barbaras el Parnaso moradoras, *263,892*
Moradores *3*
Trauiessos despidiendo moradores *264,277*
Prodigîòsos moradores ciento *264,471*
Aun de los moradores del profundo; *289,11*
Morados *1*
Sus morados cantuessos, sus copadas *263,909*
Moral *3*
De moral alimentò, *227,6*
Moral que los hospedò, *322,25*
Al blanco moral de quanto *322,481*
Moralidades *1*
No mas moralidades de corrientes, *454,1*
Moran *1*
Quantos las aguas moran *166,7*
Moras *3*
Teñida con moras *5,47*
Las nobles MORAS son Quinas rèàles, *92,2*
Con sus moras, hasta que *355,22*
Morato *1*
A vista diò de Morato, *132,19*
Morbido *2*
Vltraje morbido hicieran *322,75*
Aquel morbido bronce mira, i luego, *368,37*
Morbidos *1*
En morbidos crystales, no en laureles; *318,502*
Morcilla *4*
Quiero mas vna morcilla *7,14*
Pero ia es morcilla; *65,62*
Sobre vna iegua morcilla, *78,41*
Que en mi rincon me espera vna morcilla.
200,14
Morcillo *3*
O sea morcillo o rucio. *322,156*
A cuio rocin morcillo *334,66*
Morcillo a correr comiença, *412,53*
Mordaça *6*
En el auto con mordaça, *37,30*
Si no os ha puesto mordaça *121,9*
Todo el mundo le es mordaça, *126,35*
Mordaça de vn choronista. *168,14*
Mordaça es a vna gruta de su boca. *261,32*
Cadena, sino mordaça. *269,1105*
Morder *4*
rabiar por solo morder, *229,399*
morder por hacer rabiar. *229,400*

Al mas lamido morder, *269,1552*
Al plectro hiço morder *419,84*
Morderos *1*
De que el morderos la mano *490,7*
Mordia *2*
Las plantas le mordia cultamente. *264,238*
Cauallo, que colerico mordia *264,816*
Mordida *1*
Mordida del desengaño *87,83*
Mordido *1*
I al mordido saludar. *269,1553*
Mordidos *1*
En metales mordidos de la lima, *314,4*
Mordiendo *3*
Mordiendo el freno tres vezes, *96,49*
Mordiendo oro, el eclyptico saphiro, *263,711*
Que mordiendo la picada *499,352*
Mordio *1*
luego al punto que mordio *229,350*
Mordiò *2*
Destinada señal, que mordiò aguda; *394,2*
A la mona que os mordiò: *490,13*
Moren *2*
Dexa que sombras las moren, *131,126*
Albergues vuestros las auejas moren, *263,920*
Morena *2*
— Pos que fu? — Inuidia, morena. *308,38*
Llegò en esto la morena, *322,209*
Morenica *3*
Zanbanbu, morenica de Congo, *207,15*
Morenica de Çofalà. *309,9*
Morenica gelofa, que en Leuante *430,7*
Moreno *3*
I en lo moreno peuete. *88,68*
Si no pretende vn moreno, *225,7*
I al moreno de cara, i de instrumento, *435,12*
Morillos *1*
Con dos morillos honderos. *87,16*
Morir *21*
Morir i callar. *4,38*
Que morir de la suerte que io muero. *100,14*
Que han de morir anegados". *228,112*
Io me quexo por morir. *229,1127*
o morir como discreta, *229,2126*
en pretender, i morir *229,2279*
precipitado morir, *229,2431*
Que quiero morir Doctora *269,1000*
O el dia noche al morir? *304,4*
O el dia noche al morir? *304,20*
O el dia noche al morir? *304,32*
Las vee morir que nacer. *355,72*
Morir marauilla quiero, *375,39*
Fue dilatando el morir *376,3*
Quanto el morir me es súaue *382,7*
Oi se nos quiere morir. *418,21*
La ocasion de morir muerte temprana. *466,8*
Tanto anhelar i morir, *497,2*
Tanto anhelar i morir, *497,17*
Tanto anhelar i morir, *497,32*
Tanto anhelar i morir? *497,47*
Morirà *4*
Morirà sin confesion *37,47*
Morirà por no pedir. *269,848*
Del que morirà cornado, *334,79*
Qual la corneja morirà enjaulado, *440,3*

Moriràs *1*
Aier naciste, i moriràs mañana. *466,1*
Morirè *7*
i morirè por callar. *229,1443*
Morirè. *287,40*
Morirè. *287,48*
Morirè. *287,56*
Morirè." *287,64*
Vamonos donde morirè. *419,88*
Vamonos donde morirè". *419,96*
Morireis *1*
Morireis en el capullo. *27,80*
Morirme *3*
Io el de léàl en morirme. *48,64*
Mas para por vos morirme *168,33*
A cantar dulce i a morirme luego; *264,545*
Morisca *1*
como vna nouia Morisca. *229,2533*
Morisco *1*
Vestir Morisco alquicel, *78,40*
Moriscos *1*
De dos cañaços Moriscos. *334,48*
Moriscote *1*
En vestir a moriscote, *107,2*
Moriste *4*
Moriste, Nynfa bella,. *103,1*
Moriste, i Amor luego *103,5*
Moriste en plumas no, en prudencia cano, *280,1*
Moriste, i en las alas fue del viento, *280,7*
Moro *25*
Contra el Moro i Hebraico *1,36*
Seruia a vna mora el moro *49,25*
Sale pues el fuerte moro *49,37*
De esta suerte sale el Moro *49,69*
I a vn Moro captiuo lleue, *57,10*
Vn Moro que ha captiuado, *57,11*
Moro Alcaide, i no Vellido, *62,5*
Porque es el Moro idiòta, *62,13*
El Moro, contemplatiuo, *62,45*
" — Ai moro, mas gemidor *62,53*
" — Llore alto, moro amigo, *62,61*
Desde el Frances Pirenne al Moro Athlante, *72,2*
Vn Moro para la brida *73,67*
Tan dichoso fuera el Moro *78,9*
El Moro poco placer, *78,54*
O en las mazmorras de vn Moro. *83,12*
No porque al Moro conoce, *131,18*
Quebrar la lança en vn Moro, *157,3*
El Turco viò, ni el Moro, *229,53*
mas que forçàle a ser moro. *229,257*
Ciñò las sienes de vno i otro Moro; *229,2153*
Otro Moro? Otro psalterio? *229,3118*
A la alta de Dios si, no a la de vn Moro *230,38*
Pues Christianò luego al Moro, *240,6*
Algunos ai donde moro, *495,5*
Moros *10*
Vaia a los Moros el cuerpo, *64,47*
Los Moros de Canastel, *78,2*
Viendo los moros de lexos, *87,34*
Con vistosos trages Moros; *158,35*
Diò la plaia mas Moros que veneras. *183,8*
— Luego es de Moros? — Si, señora tia. *183,9*

La expulsion de los Moros de Valencia. *203,99*
De Moros los vea pisados, *269,1463*
Que moros matò en Oran *423,13*
Moros ambos, i cada qual herrado. *439,4*
Morpheo *1*
Phebo luces, si no sombras Morpheo. *274,11*
Morra *1*
I juegue en tanto a la morra *481,7*
Morrion *1*
Con todo su morrion, *322,461*
Morrîon *1*
Morrîon en la cabeza, *226,34*
Morro *1*
De aquel morro difficil, cuias rocas *264,397*
Mortaja *5*
Tal sea el ataud de mi mortaja, *182,3*
di la mortaja a tu templo, *229,84*
Lienço! Para su mortaja *229,3314*
Haganme, si muriere, la mortaja azul. *345,2*
Haganme, si muriere, la mortaja verde. *345,4*
Mortal *25*
Ô entre el nectar de Amor mortal veneno, *23,5*
En cuio generoso mortal manto *35,2*
Huia la Aurora de el mortal nublado; *36,11*
Hierbas de mortal veneno; *49,32*
No en bronces que caducan, mortal mano, *66,1*
Con mortal pesadumbre *72,11*
La mas que mortal saeta, *78,87*
De vn basilisco mortal, *95,18*
Mortal caça vienen dando *132,9*
De la Cerda immortal mortal anzuelo. *174,14*
Su armonia mortal, su beldad rara. *196,11*
De Syrena mortal lisonjéàdo, *218,4*
De vuestro mortal amor, *227,28*
Que el mortal zelo, de que està teñida, *229,1536*
tan dorado, tan mortal, *229,1912*
donde con mortal fiereza *229,2911*
Mortal horror, al que con passo lento *261,70*
Mas, qual diente mortal, qual metal fino *261,133*
Acaba en mortal fiera, *263,113*
Hazen de vn mortal harpon *269,33*
Mortal saeta, dura en la montaña, *311,7*
Mortal son Pyramo vuelto *322,419*
Ielos pisa; i mortal siente *384,36*
Si el breue mortal papel *405,5*
Ô roma, a todo mortal, *411,38*
Mortales *10*
A mil peligros mortales, *61,24*
Os da bocados mortales; *110,36*
Dar tus mortales penas en rehenes *117,3*
Aras aier, oi tumulo, ô mortales! *135,2*
Mortales señas dieran de mortales; *135,7*
Mortales señas dieran de mortales; *135,7*
Rebolued tantas señas de mortales, *253,5*
Cuchilladas tan mortales *288,27*
Que los mortales han prescripto al sueño. *315,30*
Efficazmente mortales *322,423*
Morterete *1*
Respuesta de vn morterete, *88,90*
Mortero *2*
De vn mortero i de su mano: *28,56*
A la vna vn serafico mortero, *446,7*

Mortifica *1*
Pues tal polla mortifica. *124,18*
Morzilla *1*
Sangre, mas que vna morzilla, *111,21*
Mosca *1*
O con mosca, o sin trabon. *161,60*
Moscas *1*
Como moscas a alaxud. *269,480*
Moscobia *1*
Moscobia en pelo súàbe. *414,16*
Mosqueta *2*
Oli qual mosqueta, *56,60*
la mosqueta, ni el jazmin, *229,2337*
Mosquetas *2*
Mosquetas i clauellinas *217,57*
Flechen mosquetas, nieuen azahares; *263,797*
Mosquete *1*
Le diò a prueua de mosquete, *88,24*
Mosqueteros *1*
Municion de mosqueteros *334,87*
Mosquetes *1*
Si mosquetes flores son. *240,20*
Mosquito *2*
que erigiò para vn mosquito *229,2712*
Mosquito Antonîano resoluto, *326,6*
Mosquitos *1*
mi amo, oiò los mosquitos, *229,2084*
Mostachazos *1*
Mostachazos criminales, *91,32*
Mostacho *1*
De mostacho a lo Turquete, *88,14*
Mostachos *2*
Mas que mostachos i ligas, *93,62*
Mostachos hasta los tufos, *243,51*
Mosteiro *1*
No mosteiro de Betlem. *303,24*
Mosto *1*
I que sientes tu del, jarro de mosto? *229,390*
Mostraba *1*
el empacho que mostraba, *229,2076*
Mostrando *2*
Muere mostrando su furor armigero, *1,37*
le està mostrando vn papel. *229,823*
Mostrandose *1*
Mostrandose mui honestas, *55,23*
Mostrar *3*
En mostrar a tu ALCION *10,27*
Donde, para mostrar en nuestros bienes *117,6*
mostrar aun en sus rûînas *229,534*
Mostraràte *1*
Siguele; mostraràte el rostro amado *44,12*
Mostraros *1*
Fue el mostraros tan esquiua *490,17*
Mostreis *1*
I os mostreis harpyas; *65,256*
Mostrò *3*
Les mostrò Fortuna *160,7*
Despues que nos mostrò su airoso brio *455,10*
Tal se mostrò aquel dia al monte armado *499,100*
Mostròle *1*
Mostròle las herraduras *88,101*
Mote *4*
Ni mas adarga con mote; *107,6*
Cifra que hable, mote que se lea, *113,5*

Ni blanco chopo sin mote; *131,122*
a su huesped haga el mote, *229,672*
Motejòme *1*
Motejòme de traidor *229,670*
Motes *7*
La pared tiene de motes *229,1236*
Son motes estos? No sè. *229,1823*
Oie. Motes son, sin duda, *229,1985*
Denmelos a mi, si motes *229,1999*
que de tus motes aqui *229,2724*
Que motes? Bueno està eso. *229,2726*
de los motes que confiesso. *229,2729*
Motete *1*
Que Guerrero en vn motete. *88,28*
Motetes *1*
Cantan motetes súàues; *63,184*
Motril *1*
Los trapiches de Motril. *243,68*
Mouais *1*
Porque no mouais, *65,5*
Mouer *2*
Mouer el pie de sus segundos años. *156,28*
I al garçon viendo, quantas mouer pudo *261,485*
Mouerè *1*
que mouerè los pies mios *229,2901*
Mouerse *3*
I sin mouerse con el viento justa *229,2141*
i que sin mouerse vuela: *229,2813*
Que sin mouerse, en plumas de oro buela. *365,8*
Mouidos *1*
A compasion mouidos de mi llanto, *33,9*
Mouieron *2*
No se mouieron las ojas *144,43*
I animales, que mouieron *269,1044*
Mouimiento *8*
En tu tranquilo i blando mouimiento, *16,8*
Ellas, cuio mouimiento *144,31*
Dèl dulce mouimiento de la cuna. *156,24*
Lasciua el mouimiento, *263,256*
Pedaços de crystal, que el mouimiento *263,545*
Mas el cansancio no; que el mouimiento *263,678*
Este con perezoso mouimiento *264,62*
De las Musas, con casto mouimiento, *424,11*
Mouiò *1*
Que te mouiò el llanto mio? *269,1507*
Movistele *1*
Movistele su veleta, *229,1228*
Moxinetes *1*
Que libran, en moxinetes, *98,19*
Moza *3*
Camafeo de la moza *74,33*
La moza es vn seraphin. *82,52*
a su esposo cierta moza, *229,2565*
Mozas *1*
Mozas rollizas de anchos culiseos, *476,2*
Mozo *6*
En los años mozo, *65,25*
tener al mozo por nuero. *229,269*
este mozo enamorose *229,589*
que el que sirue siempre es mozo, *229,1008*
Luego no desseas mozo? *229,2574*
Engañar quiere este mozo *229,3010*

Mozos *1*
De los mozos inuidiado, *49,5*
Mozuela *2*
Pensò rendir la mozuela *74,1*
Entre mozuela i rapaza, *148,30*
Mozuelas *1*
Por esso, mozuelas locas, *29,53*
Mu *4*
Ai, IESV, como sà mu trista! *207,5*
Ai, IESV, como sà mu trista! *207,29*
Ai, IESV, como sà mu trista! *207,40*
Apoto chirios i mu". *269,1911*
Muças *1*
De Muças i Redúànes, *63,4*
Mucha *27*
Io os hago a vos mucha sobra *64,35*
I vos a el mucha falta. *64,36*
Que ahora es gloria mucha i tierra poca, *67,13*
Los ojos con mucha noche, *131,14*
I con mucha compassion, *161,120*
Mucha algazara, pero poca ropa. *183,10*
Mucha despide red de poco robre. *185,6*
Con mucha llaneza trata *188,1*
En poca tierra ia mucha hermosura, *260,6*
Vrna es mucha, pyramide no poca. *261,492*
Que a mucha fresca rosa *263,569*
I mucha sal no solo en poco vaso, *264,4*
A la violencia mucha *264,23*
Concha, si mucha no, capaz ostenta *264,197*
En breue espacio mucha Primauera *264,339*
Si la distancia es mucha; *264,914*
Si armonîoso leño sylua mucha *290,12*
Mucha. Jantaremos della? *303,5*
Mucho Sol con mucha raia. *308,6*
Pantarà; mucha Ierquìa, *308,20*
Poco rubi ser mas que mucha estrella. *315,56*
Mucha le esconde sinûòsa bela, *318,586*
Mucha muerte, o mucha vida. *388,8*
Mucha muerte, o mucha vida. *388,8*
Que no diga con mucha cortesia, *427,2*
Claridad mucha causa mucho daño; *436,12*
Poca edad, mucha belleça, *498,14*
Muchacha *2*
Quanto mas a vna muchacha *27,53*
Que vna muchacha alfileres: *407,4*
Muchacho *1*
Fuime a Valencia muchacho, *269,409*
Muchachos *2*
Piensan todos los muchachos *96,118*
I de los muchachos juego, *418,19*
Muchas *32*
Con muchas almenas; *5,50*
Que en el pueblo tenia muchas; *26,58*
Tan amargas como muchas: *39,20*
Tus muchas curiosidades, *63,220*
— Muchas lanças avràn en vos quebrado? *70,7*
Tras la paja muchas bestias —". *73,128*
Saquè, entre muchas reliquias, *74,110*
Las causas son muchas, *80,25*
Mare vidi muchas vezes, *111,27*
Las muchas que fueron ia *116,2*
Las muchas bacas lo digan, *116,9*
De puerta de muchas llaues, *126,13*
Son perras de muchas bodas *126,56*
Muchas mas que a vna estafeta, *158,9*

A dar muchas bueltas. *160,8*

Con pocas bacas i con muchas penas. *169,4*

Que lleuo muchas cosas que contaros. *203,9*

Llamò assi muchas mas piedras *228,47*

se rompen muchas redomas. *229,805*

Dilo muchas veces, dilo. *229,1106*

sino muchas mas de diez; *229,1585*

Muchas gracias doi al cielo *229,1669*

Muchas negaciones son *229,3154*

Vna de las muchas trompas *259,6*

Muchas eran, i muchas vezes nueue *264,353*

Muchas eran, i muchas vezes nueue *264,353*

Muchas tiene en la ciudad *269,86*

Poca poia, i muchas vozes, *269,447*

Que ai enfermedades? Muchas, *269,1714*

Poco leño i muchas quexas. *287,8*

Le jura muchas vezes a sus plantas. *318,180*

Lagrimas muchas vezes ha sudado *499,23*

Mucho *106*

Mas, que mucho? si el Abril *3,8*

Mucho despues de la queda, *6,86*

Si el os quiso mucho en vida, *27,29*

Tambien le quisistes mucho, *27,30*

Ni mucho crecida, *65,58*

Mucho mas acuchillados *74,19*

Mucho puede la raçon, *83,3*

Que es mucho, a fee, por aquello *87,42*

I no es mucho le alborote, *107,26*

Temo os mucho, porque sè *110,21*

Mucho tiene de admirable *121,61*

Plumas son; quien lo ignora, mucho ierra *135,4*

Mas que mucho, si es la niña, *148,41*

Mas que mucho, si passa su corriente *151,13*

Con mucho menos de porte. *158,10*

Que esto es mucho mas que ser *161,151*

Que mucho si el Oriente es, quando buela, *163,13*

Mas que mucho, si io digo, *167,67*

Que mucho, si entre las olas *179,29*

Que teneis mucho de Dios, *186,9*

I no es mucho, en casos tales, *216,18*

Si en no mucho mas de vn mes *229,946*

Poco vuelas, i a mucho te dispones! *229,1033*

Mucho. Su nombre qual es? . *229,1305*

de mi dicha mucho dudo. *229,1416*

Enemigo, mucho callas. *229,1524*

Amiga, mucho malicias. *229,1525*

Gran lisonja! Mucho apura *229,1733*

Mucho, que pienso negar *229,3176*

I a serlo, que mucho fuera *229,3356*

prestarle mucho esta vez *229,3379*

que os tiene que decir mucho. *229,3401*

Es mucho que no le rompa, *235,8*

Mucho mas graue que el plomo, *242,126*

Que mucho si de nubes se corona *261,413*

Si mucho poco mappa les despliega, *263,194*

Mucho es mas lo que, nieblas desatando, *263,195*

Mucho Océàno i pocas aguas prenden, *264,75*

Con labio alterno mucho mar la besa, *264,607*

Que mucho, si auarienta ha sido esponja *264,628*

Que mucho, si el candor bebiò ia puro *264,631*

Que a mucho humo abriendo *264,729*

Mucho theatro hizo poca arena. *264,771*

Que aprouecha mucho al higo *269,269*

Instando mucho mi ruego *269,273*

Ia es mucho melindre ese, *269,857*

Mucho mas tuia que mia. *269,872*

I mucho de la auaricia, *269,1631*

Mucho mas materfàl *269,1639*

Que mucho, pues, si aun oi sellado el labio, *270,12*

Que en poco marmol mucho Phenix cabe, *272,7*

Que mucho, si es tu instituto *275,87*

Que mucho, si hazeis temblar, *282,15*

I mucho agradable en el. *285,4*

Mucho oro de sus piedras mal limado; *289,4*

Traerà el auiso, que es mucho; *300,37*

Mucho ai que digamos dèl, *301,70*

Mucho i bueno. *301,71*

Mucho ai que digamos dèl, *301,84*

Mucho i bueno. *301,85*

De mucho Sol vn portal, *304,12*

Mucho Sol con mucha raia. *308,6*

I la nuestra mucho mas. *310,32*

Esplendor mucho, si ceniza poca, *312,10*

Mucho nos dicta en la paraboleja *313,9*

No despues mucho lazos texiò iguales *318,105*

Mucho le opuso monte, mas en vano, *318,173*

Que mucho, si pisando el campo verde *318,303*

I sacro mucho mas por el caiado, *318,366*

Que mucho, si afectando vulto triste, *318,415*

No despues mucho, madre esclarecida *318,433*

Porque ha mucho que pasò. *321,6*

Porque ha mucho que pasò. *321,21*

Porque ha mucho que pasò. *321,31*

Vecinos nacieron mucho, *322,30*

De vn sexo i otro. Que mucho *322,86*

Sus mexillas mucho raso, *322,115*

Mucho mar le dexò veer *322,239*

Al que mucho de Hespaña esplendor fue, *327,7*

Era mucho de los dos, *331,38*

Al touillo? Mucho dixe: *334,21*

Que mucho si frustrò su lança arneses, *337,9*

Mucho en la jornada pierdes; *351,6*

Mucho lo siente el zagal, *357,69*

Que mucho, si del marmol desatado, *399,5*

Mucho de lo futuro se le fia: *404,38*

Que mucho, si leuantada *409,5*

Mucho tengo que llorar, *418,3*

Mucho tengo que reir. *418,4*

Mucho tengo que llorar. *418,13*

Mucho tengo que reir. *418,22*

Mucho tengo que llorar. *418,31*

Mucho tengo que reir. *418,40*

Mucho tengo que llorar. *418,49*

Mucho tengo que reir. *418,58*

Principes? Mucho mas es Cardenales, *421,19*

Que mucho ia, si el cielo, *421,64*

E por Diosa, aunque sà mucho legante, *430,2*

Claridad mucha causa mucho daño; *436,12*

Mucho mejor que en el meson de el Toro. *444,14*

En Palacio mas mucho de lo honesto *452,12*

I mire mucho por ella, *496,24*

Mucho tienes de furioso, *497,27*

Mui mucho como el corcillo, *499,161*

Mucho hize io en herillo, *499,162*

Mucho la flecha bolò. *499,163*

Muchos *38*

Mas que muchos puntos buenos *6,82*

Canonigos tiene muchos, *27,102*

I a Condes muchos serenos, *55,46*

I que ella es puente para muchos mares. *71,4*

Muger de muchos, i de muchos nuera, *72,48*

Muger de muchos, i de muchos nuera, *72,48*

Muchos ai que dan su vida *102,33*

Sus muchos rayos cuente, *103,68*

Gentil-hombres hize a muchos *111,45*

Sin ser Rei, a muchos di *111,46*

Graue al amor, a muchos importuna; *119,6*

I bodas de muchos perros, *126,57*

Los muchos arboles honran, *149,88*

Muchos datiles de perro. *176,10*

Muchos siglos de hermosura *226,15*

Muchos dones a vn candil, *228,19*

No muchos meses despues *229,588*

Gozòla, i no muchos dias, *229,600*

no viua io muchos dias *229,698*

Muchos años ha que tiene *229,730*

muchos ducados de dote *229,1276*

que ha muchos dias que vuelan *229,2304*

Con muchos escudos de oro. *240,10*

Mal de madre, muchos mas, *242,87*

Conduxo, muchos luego Palinuro; *263,398*

Que en letras pocas lean muchos años". *263,943*

Estos i muchos mas, vnos desnudos, *264,102*

Raros muchos, i todos no comprados. *264,247*

Viuificando estan muchos sus hueuos, *264,256*

De muchos pocos numeroso dueño, *264,316*

"Dias ha muchos, ô mancebo, dixo *264,388*

Muchos ha dulces dias *264,392*

Sus muchos años Phebo, *264,775*

Darà cartas muchos dias, *269,236*

Que ai muchos en la ciudad. *269,1713*

Muchos dias guardò vn sauce, *389,2*

Muchos siglos coroneis *390,13*

Entre los muchos que te incluie dones, *421,65*

Mucio *1*

I no como el otro Mucio *322,426*

Muda *33*

Sin duda se muda GLAVCA". *10,36*

Purpureo el Sol, i aunque con lengua muda *31,3*

Que, siendo tan muda vos, *176,17*

Dulce prenda, aunque muda, ciudadana *203,80*

i hablo con lengua muda". *229,1988*

Io quedè vna estatua muda, *229,2390*

muda ia, señor, de estilo, *229,3063*

REINA que en muda quietud *235,5*

Muda pompa del Abril. *243,8*

Bien que muda, su fragrancia *243,9*

Sino de la razon muda respuesta. *250,11*

Muda a su pesar ahora, *259,10*

Llamàrale, aunque muda, mas no sabe *261,249*

Linterna es ciega i atalaia muda. *261,344*

De la muda campaña *263,54*

Muda la admiracion habla callando, *263,197*

Theatro dulce, no de scena muda, *263,624*

Beldad parlera, gracia muda ostenta, *263,726*

I lo calla aunque no es muda. *269,1409*

Lo que muda admirò de tu pureza, *270,4*

Ô quan muda que procedes! *275,85*
Muda caña si de aquella *275,96*
De vna paz muda si, pero dichosa? *281,10*
La tantos siglos ia muda Syrena, *318,126*
Vida le fiò muda esplendor leue. *343,8*
La bella LYRA muda iace ahora *344,1*
Le ha conuocado muda, *344,3*
I muda lima a labrar *355,87*
Quien fue, muda lo està diziendo aquella *368,21*
Si muda no es aue; *389,62*
Porcion depuesta en vna piedra muda, *393,13*
Agonal carro por la arena muda *394,3*
Aue (aunque muda io) emula vana *395,5*

Mudad *2*
La memoria: mudad antes *355,79*
Pues de officio mudais, mudad vestido, *448,9*

Mudado *1*
Vn nebli, mas no mudado *229,2278*

Mudais *1*
Pues de officio mudais, mudad vestido, *448,9*

Mudamente *1*
Vajaua mudamente desatado, *339,2*

Mudança *8*
Ni publicar su mal ni hacer mudança. *41,14*
I vnos males sin mudança! *133,4*
Cuio verdor no conociò mudança. *203,63*
Mudança diuina. *210,4*
Mudança hagamoz de vida, *210,20*
Que ez la mudança mejor, *210,21*
Mudança diuina. *210,28*
Nos dezis la mudança estando queda, *247,2*

Mudanças *4*
I señales de mudanças! *10,30*
No la truequen las mudanças. *144,16*
Que no haga mudanças *160,61*
Puta con mas mudanças i mas mudas *449,3*

Mudar *2*
Pues ni quexarse ni mudar estança *41,10*
por no poderse mudar. *229,2677*

Mudas *11*
A las mudas atalaias, *64,14*
Aquellas dos, (ia mudas en su officio), *67,6*
no ai calle con piedras mudas, *229,1592*
Diganlo si no las mudas, *259,97*
Señas mudas la dulce voz doliente *264,42*
Si ai ondas mudas i si ai tierra leue". *264,171*
De las mudas estrellas la saliua; *264,297*
Degollò mudas sierpe venenosa; *291,4*
Aun entre acciones mudas eloquente. *318,140*
Mudas lenguas en fuego llouiò tanto, *318,492*
Puta con mas mudanças i mas mudas *449,3*

Mude *1*
Miralla, en quanto otra region no mude. *453,11*

Mudeis *1*
Mudeis, señora, de estilo; *224,8*

Mudemos *1*
De oi mas su nombre mudemos *130,19*

Mudilla *1*
Si llegò mudilla Ines. *419,34*

Mudo *31*
Hablale mudo mil cosas, *87,65*
Si mudo admiras, admirado para *173,2*
Milagroso sepulchro, mudo choro *180,12*
No era sordo, o el musico era mudo. *202,11*

Yo solo, mudo amante, *229,14*
de ser en tus cosas mudo. *229,1419*
I mudo pende su canoro leño; *256,41*
O tan mudo en la alcandara, que en vano *261,11*
Mudo la noche el can, el dia dormido, *261,169*
Al sonoro crystal, al crystal mudo. *261,192*
Viendo el fiero jaian con passo mudo *261,481*
Mudo sus ondas, quando no enfrenado. *263,242*
Vence la noche al fin, i triumpha mudo *263,687*
Fin mudo al baile, al tiempo que seguida *263,945*
Espongîoso pues se bebiò i mudo *264,179*
De las ondas al pez con buelo mudo *264,484*
Verde, no mudo choro *264,720*
Restituie a tu mudo horror Diuino, *295,1*
Si no indice mudo desta vida, *298,9*
Que rompa el silencio mudo *300,34*
Thalamo es mudo, tumulo canoro. *312,6*
Terror fue a todos mudo, sin que entonces *318,351*
Que a Argel su remo los conduzga mudo, *318,371*
Musico al Cielo, i a las seluas mudo. *318,408*
Que ambito a la tierra, mudo exemplo *318,527*
Quan mudo es mi suffrimiento, *348,8*
A silencio al fin no mudo *357,27*
Afecta mudo vozes, i parlero *361,7*
Ô quanta trompa es su exemplo mudo! *363,14*
Mudo es adulador. *377,36*
Ia que el encogimiento ha sido mudo, *396,12*

Mudò *1*
Mudò la corona enjambre, *389,26*

Mùdo *1*
Mùdo mil veçes io la deidad niego, *426,5*

Mudos *7*
no traigo renglones mudos. *229,3441*
Mudos coronen otros por su turno *263,801*
De musicos delphines, aunque mudos, *264,535*
Sino pensamientos mudos *269,911*
A los pensamientos mudos; *322,166*
En lagrimas salgan mudos *377,1*
Pavos no mudos, pero Presentados *437,3*

Muebas *1*
Gracias doi a Dios, que muebas *229,650*

Mueben *1*
Que diràn, si no se mueben, *63,163*

Mueble *1*
Aia tan presto el mueble acrecentado. *462,4*

Muebles *1*
en trato, en muebles i en joias, *229,811*

Muela *2*
Ved qual estaua la muela, *229,348*
El corcho de aquesta muela. *229,2509*

Muelas *1*
Que escupe las muelas luego. *58,52*

Muera *14*
Con tal que no muera nadie, *110,54*
Pues permites que muera *114,20*
mi auiso. Muera el rûin, *229,687*
que el suio en las ondas muera. *229,1926*
que no muera el hombre ogaño. *229,1934*
Muera, enemiga amada, *264,151*
Muera mi culpa, i tu desden le guarde, *264,152*

Si pequè en ello, muera el que ha pecado: *269,402*
Porque muera a lo menos confessado. *269,404*
O muera de toroçon *269,867*
Muera io en tu plaia, Napoles bella, *345,9*
Muera feliz mil vezes, que sin duda *359,12*
Que caduque, que muera el tiempo, i ellas *368,11*
Vida en que siempre se muera, *382,9*

Mueras *1*
Fallo que hecho quartos mueras, *229,1492*

Muerde *6*
Que la muerde el calcañar *105,72*
Y esto me roe, i muerde, *229,104*
Muerde duro o tose recio. *257,20*
O la alta bassa que el Oceano muerde *264,760*
Plata calzò el cauallo que oro muerde? *318,304*
Si pace quien hierro muerde; *333,64*

Muerden *2*
Para los perros que muerden. *59,48*
Oro te muerden en su freno duro, *361,13*

Muere *19*
Muere mostrando su furor armigero, *1,37*
Que el que como bruto muere, *27,35*
I si muere el indiscreto *37,45*
Aunque no se muere *65,109*
— Muere allà, i no buueluas *79,118*
Muere al fin atrauessado, *178,37*
Muere Phenix, i abrasada, *239,21*
Que dulce muere i en las aguas mora; *261,364*
Nace en sus ondas i en sus ondas muere, *263,408*
Donde el Sol nace o donde muere el dia. *264,150*
Tisberto muere, i segun *269,506*
La madama por quien muere. *269,632*
SIMEON Phenix arde i Cisne muere. *296,7*
Muere en quietud dichosa i consolada, *364,5*
De vn plomo al raio muere glorioso. *415,5*
Muere, dichosa fiera; *415,6*
Muere, i aquellas ramas, que piadosas *457,6*
Muere, i en el las esperanças leues. *457,11*
Desde do nace el Sol a donde muere, *499,38*

Mueren *1*
Alegres nacen i caducas mueren, *256,15*

Mueres *1*
Mueres Cisne llorado de Syrenas. *280,15*

Muero *2*
Que morir de la suerte que io muero. *100,14*
Don Pasqual soi, que ia muero *484,5*

Muerta *10*
Lengua muerta i bolsa viua, *6,104*
Bolsa viua i lengua muerta, *6,107*
Sin duda alguna que es muerta, *38,30*
Vieras (muerta la voz, suelto el cabello) *120,30*
I al esposo, en figura casi muerta, *120,40*
Muerta ia esta amistad siento, *229,3135*
La muerta humanidad de MARGARITA, *248,4*
Muerta de amor i de temor no viua. *261,352*
No a lumbre muerta en noche gozò obscura, *269,1268*
Està distilando muerta, *275,108*

Muertas *4*
Muertas podeis ceñir qualquiera frente, *46,4*

Ardiendo en aguas muertas llamas viuas. *218,14*

Muertas pidiendo terminos disformes, *262,11*

Las colores muertas *494,12*

Muerte *47*

Raios, como a tu hijo, te den muerte. *20,14*

Llorad su muerte, mas sea *27,85*

De la muerte i de el Amor *27,95*

Que, como a mi, muerte diste. *48,44*

Que no me hallò la muerte *74,71*

Ia vee en el agua la muerte, *75,55*

Con la muerte al lado *79,99*

A la muerte en sacrificio, *93,60*

Que ella me condena a muerte, *95,51*

Que la muerte entre flores *103,3*

Con el tu muerte gime *103,23*

Muerte i passion porque algunos *110,23*

Las que en la muerte son flechas. *115,18*

De DIOS a hombre, que de hombre a muerte. *117,14*

Vida i muerte de los hombres. *131,16*

Tras las rosas, que la muerte *131,23*

Con ver su muerte vezina, *177,6*

Qual su accento, tu muerte serà clara *196,9*

Los terminos de la muerte; *206,15*

cuias manos a la muerte *229,558*

que es de el libro de la muerte *229,764*

ni aun la muerte le consiente. *229,963*

que estima prendas la muerte, *229,1094*

Que es muerte seruir dos amos; *229,1171*

Con la muerte libraros de la muerte, *253,13*

Con la muerte libraros de la muerte, *253,13*

Sus priuilegios rompa oi a la muerte. *260,14*

Redimiò con su muerte tantas vides), *263,160*

De la bebida muerte, *264,127*

Suspiro que mi muerte haga leda, *264,154*

I mientras dulce aquel su muerte annuncia *264,257*

La sangre hallò por do la muerte entrada. *264,487*

Vn montante es de la muerte. *269,130*

Ô de la muerte irreuocables daños, *280,22*

Que aljofarò la muerte de su ielo; *297,4*

Hermosa quedò la muerte *322,469*

Pero que os huiò la muerte. *347,10*

Ô Fenix en la muerte, si en la vida *364,3*

Tu pluma fue, tu muerte es oi llorada. *364,8*

Que tu muerte referillo, *369,8*

Muerte en que nunca se acabe. *382,10*

Mucha muerte, o mucha vida. *388,8*

Llorò su muerte el Sol, i del segundo *391,9*

"Bien sè que a la muerte vengo, *419,67*

La ocasion de morir muerte temprana. *466,8*

Que anticipas tu ser para tu muerte. *466,14*

A quien la muerte me dio; *490,15*

Muertes *1*

I sus muertes concertaron. *228,156*

Muerto *25*

El que mas huuiere muerto, *6,65*

Dèl muerto marido *11,19*

Sobre el muerto corazon, *27,19*

Que, muerto a enemigas manos, *37,10*

Por quien el Rei anda muerto, *49,26*

Dicen que muerto me has. *90,10*

Muerto me llorò el Tormes en su orilla, *101,1*

Que muerto esposso llore, *103,47*

Almas de oro a vn gato muerto, *105,81*

Humilde pescador muerto. *106,30*

Dèl muerto Lilio es; que aun no perdona *136,13*

Por quantas vidas han muerto. *143,20*

Que no es muerto, sino que de el Estio *199,10*

I peor muerto de plebeia mano; *220,2*

Si fue el responso dèl muerto *227,43*

que pensaba que eras muerto. *229,1841*

Muerto su exercicio, llora *235,2*

Sobre tres años de muerto *269,1484*

"Que me han muerto, que me han muerto," *269,1660*

"Que me han muerto, que me han muerto," *269,1660*

A vn viejo que vn muerto es *269,1727*

Endeche el siempre amado esposo muerto *295,12*

Que resucita al que ha muerto *376,39*

Dudase con qual arma fuese muerto; *381,2*

Que no se dio perro muerto *418,25*

Muertos *8*

Aunque muertos, immortales, *63,106*

De naues destroçadas, de hombres muertos. *72,34*

De muertos viuos, de angeles callados, *180,13*

Tan muertos en vna red *224,3*

A lanza, a rejon muertos animales, *318,510*

Que muertos i en vn estoque *322,7*

O sepulchros a los muertos *334,63*

Perros viuos al hombre, perros muertos, *367,9*

Muestra *7*

Muestra la blanca nieue, *25,21*

Bastante muestra has dado *25,43*

De tus valientes hijos feroz muestra *72,5*

Como lo muestra en la cinta *88,19*

Lo muestra en atrauesarse *110,38*

De la pompa que oi nos muestra *122,5*

Feroz ardiente muestra *263,964*

Muestran *1*

Se muestran, de su tierno fin sentidas, *12,7*

Muestras *5*

Con muestras de dolor extraordinarias, *263,214*

Pues muestras por las ingles que ia orina, *471,10*

El da muestras, segun el daño crece, *475,3*

Muestras de alegre son essas. *499,206*

I aun essas muestras de triste. *499,207*

Muestrase *1*

Muestrase aqui magnanimo *1,20*

Muestres *1*

No muestres en el tu furia; *26,110*

Muestro *1*

porque no soi lo que muestro, *229,2819*

Mueuas *1*

No mueuas, Camilo, el pie, *229,2900*

Mueue *13*

Se mueue al roxo despuntar del dia; *15,8*

Mueue el viento la hebra voladora *36,6*

Mueue con soplo agradable *63,170*

Bañado el pie que descuidado mueue. *104,8*

A la viuda, eso me mueue *105,46*

Contra las fieras solo vn arco mueue, *128,13*

Cuerdas mueue de plata *140,2*

Mueue con buen aire *160,65*

Si rocas mueue, si baxeles para, *196,13*

Hambre de honor alados passos mueue, *229,1034*

Al son alternan del crystal que mueue *231,13*

Zeloso trueno antiguas aias mueue: *261,486*

El golpe solicita, el vulto mueue *264,470*

Mueuen *4*

Los troncos bañan i las ramas mueuen *19,3*

Que quatro alas le mueuen. *57,16*

Con silencio se mueuen, *114,2*

Que los firmes troncos mueuen *131,51*

Mueve *1*

Que en sus pies mueve su casa. *133,26*

Muflon *1*

Al Corcillo trauiesso, al Muflon Sardo, *263,1016*

Muger *49*

Muger de muchos, i de muchos nuera, *72,48*

Su muger cada Verano, *93,25*

De muger i de rapaz. *95,28*

Si el pobre a su muger bella *105,12*

Como muger varonil. *111,60*

Para la muger verdugo, *122,35*

Que a su querida muger *123,21*

(Culpa de la muger de algun priuado), *151,6*

Valganle a su fea muger *167,45*

Que a su muger le dè el palo *227,51*

La muger de vn Veintiquatro. *228,80*

porque en el darme muger *229,196*

puente? No, sino muger *229,936*

Muger concertada ia *229,938*

Pues donde està tu muger? *229,1318*

i oi me entrega su muger? *229,1427*

le offrece muger mañana, *229,1515*

La bien nacida muger *229,1921*

a esta muger. Io? La adoro *229,2239*

Io a Seuilla muger facil, *229,2462*

la pueda armar de muger. *229,2517*

tendrà bien facil muger, *229,2527*

pedir podrà a su muger, *229,2619*

me huuiste. Santa muger! *229,2965*

Que, de la farsa, ô muger, *229,3447*

que es mi muger esta. Miente, *229,3455*

Libia muger de Marcelo? *229,3461*

muger de vn representante. *229,3489*

el aceptar por muger, *229,3536*

Quien por vna muger zaina *269,18*

Que por esta muger ardo, *269,102*

Puñalada a vna muger? *269,154*

La muger de mayor loa, *269,217*

Ô vanidad de muger! *269,741*

Tu muger. Dale cuidados *269,877*

Quien de tu muger te zela, *269,898*

Tal sois, señora muger? *269,1150*

Que es salud de la muger, *269,1308*

Quiere bien a esa muger, *269,1571*

Que estado es tomar muger. *269,1693*

Sin muger maior con ella, *269,1804*

Con el falso? A vna muger. *269,2007*

Lo que escusarà muger. *355,60*

Concede a la muger su Señoria; *367,10*

No te escusò de muger. *378,4*

Que muger casada *389,60*

Su bella muger amigos, *413,40*

— Que es, hombre o muger, lo que han colgado? *439,1*

Muger tan santa, que ni escapulario, *450,2*

Mugercilla *1*

Sugetar la mugercilla, *74,26*

Mugercillas *1*

Cinquenta mugercillas de la raça *442,5*

Mugeres *6*

De hijas, y de mugeres; *58,55*

Rendido en paz de mugeres, *61,49*

Entre todas las mugeres *87,45*

En materia de mugeres *102,7*

Que mugeres dèstas *160,86*

a las mugeres esposas, *229,757*

Mugeriego *2*

Si no es el mugeriego. *58,20*

Ô labrante mugeriego *204,31*

Mugeril *1*

facilidad mugeril! *229,2323*

Mui *141*

Busque mui en hora buena *7,24*

Me daba mui buenas çurras *26,30*

Que tengo por mui sin duda *26,82*

I hallandola mui triste *27,13*

Rîèndose mui de espacio *27,17*

Mui bien harè si culpàre *37,17*

Que io pienso mui sin mengua *37,22*

Que tiene mui entendido *37,42*

Mas viendola, que Alcides mui vfano *47,9*

Mostrandose mui honestas, *55,23*

Mui abundante de minas *58,11*

Mi vuelta serà mui breue, *59,50*

Es mui justo que te alabes *63,198*

De mui buena vida, *65,20*

Mui bien repartida, *65,34*

Mui sano, aunque no *65,87*

I vna mui gran sylua *65,98*

Conoce mui bien *65,221*

— A Dios, tela, que sois mui maldiciente, *70,13*

Pero no mui cerca, *79,86*

Mui tristes endechas *80,37*

Mui mas larga que subtil, *82,18*

A fee que dixo mui bien *83,5*

I que anduuiste mui hombre *87,15*

Que eso es ya mui de cauallos, *96,4*

Sale mui bien santiguado *96,70*

Le di mui bien a entender *96,163*

Aunque mui agenos son, *98,5*

Mui humilde es mi ventana *98,47*

De guantes no mui estrechos, *105,101*

La manga blanca, no mui de roquete, *113,3*

Sienten las plumas mui frias. *121,20*

Mui bien pueden coronar *121,77*

De mui graue la viudita *123,11*

—Seruidor es mui rùîn. *124,32*

I tahures mui desnudos *126,7*

I mui doncella en Madrid, *126,27*

I assi ha corrido siempre mui trassero. *151,8*

Aunque no mui de prouecho, *159,34*

Mui contento i mui burlon. *161,96*

Mui contento i mui burlon. *161,96*

En mui baxa prouision, *161,138*

Mui mal, i mui sin razon? *161,140*

Mui mal, i mui sin razon? *161,140*

Tomales mui bien tomado, *167,55*

Reglas son de Amor mui raras, *186,5*

Si es por el rio, mui enhorabuena, *199,3*

Aunque estais para viuda mui galana. *199,4*

Dexarle de entender, si el mui discreto *202,10*

I con mui buen aire todas, *217,15*

I mui bien lo pueden ser *217,66*

Ni mui duros ni mui blandos. *228,4*

Ni mui duros ni mui blandos. *228,4*

No mui bien acompañado. *228,52*

Llegò en vn rocin mui flaco *228,72*

En vn dia mui nublado *228,178*

I vna noche mui llouiosa, *228,179*

es Policena mui noble, *229,203*

en mui buena esquina ha dado: *229,235*

Mui bien has dicho. Ô señores *229,304*

Que este author tiene versos mui pacientes. *229,392*

plumas son, i mui veloces. *229,627*

tyrania mui curiosa. *229,801*

vn sujeto mui gallardo. *229,829*

Mui bien venga Galeaço. *229,839*

Que, aunque varia, es mui fièl *229,864*

que ha mui gran rato que he sido *229,916*

que mui pesado no es? *229,949*

Dexarète mui apriessa, *229,1010*

I puedes mui bien decir *229,1096*

huie, no es cera mui mala, *229,1153*

para hurtar mui contento, *229,1200*

Mui bueno estoi para dallas. *229,1523*

i a mui buen tiempo he venido. *229,1702*

mui a proposito ha sido. *229,1828*

Vn mui gentil caminante, *229,1859*

Venga mui en hora buena *229,2047*

huron, i no mui rùîn. *229,2293*

Io, que mui bien la entendi, *229,2359*

Camilo, que estàs mui fresco. *229,2491*

Io burla? Mui bien està. *229,2802*

Si, señor; mui bien sabrè. *229,2846*

sin ellos mui mal su officio *229,2998*

Mui bien venido seais. *229,3102*

Mui bien. Serà, pues, razon *229,3260*

Mui mal se reciben nueras *229,3462*

Se paga, i aun mui al doblo, *242,22*

Rebentando mui de tosco, *242,54*

Que estauan no mui lexos, *263,660*

Voluiase, mas no mui satisfecha, *264,499*

Para saphyro mui raro *268,43*

Mui azul para crystal, *268,44*

Mui bien por la paz aboga, *269,22*

Es melancolia mui grande. *269,83*

Que serà cosa mui fea *269,187*

Dizes mui bien lo que pasa; *269,231*

Que, aunque es galan no mui cano, *269,279*

Mui poco importa que mienta *269,293*

Afirmarte mui bien puedo *269,602*

Pero no mui excelente, *269,612*

Que no es grangeria mui rica *269,614*

Mui grande locura es, *269,834*

Mui grande flaqueza sientes *269,839*

Mui bien, Doctor, me està esto. *269,851*

I mui bien dispuesto està, *269,863*

No habla mui bien? Dulcemente. *269,925*

Mui bien has andado oi; *269,962*

Vienes mui en hora buena. *269,1050*

I amante no soi mui loca. *269,1093*

Mui bien està. Basta que *269,1179*

Mui gran rato ha que os aguardo. *269,1360*

Mui bien les puedes fiar *269,1498*

Andaua io antes mui necio *269,1542*

Harà mui presto la suma *269,1732*

Mui bien mis cosas entablo; *269,1858*

Que està mui flaco el sugeto. *269,1896*

Porque mui bueno serà *269,1927*

Sabeis? Mui bien. San German *269,1946*

Ser oi de Feria, es mui justo *299,2*

De oidos no mui agudos, *322,32*

Rebentando de mui casto, *322,283*

Campaua de mui sañudo; *322,284*

Sus mui reuerendos padres, *322,485*

Es mui del Sol quando nace. *414,4*

I no mui de Segura, aunque sea pino, *433,10*

(Al voto de vn mui critico i mui lego) *434,2*

(Al voto de vn mui critico i mui lego) *434,2*

I a la verdad, no està mui mal pensando, *438,12*

No es mui seguro: no aia maço alguno *441,10*

Erase vn caminante mui aiuno; *459,2*

Llegar a tomar postas mui cansado *463,3*

Le diste vn mui mal rato al justo Lot. *473,4*

No estoi mui seguro io, *477,19*

Que estoi mui agradecido *483,5*

Aunque tengo por mui llano *490,6*

Con hacer mui de el amante *493,40*

De vn pecho mui mas robusto *498,23*

Mui mucho como el corcillo, *499,161*

Tras de vna fiera mui braua *499,192*

Mui buena estaria la ida: *499,197*

Mui bien te pudo picar; *499,335*

Muita *1*

Era muita que os darei *303,34*

Mula *41*

I que pagas como mula. *26,108*

Con higos de Mula, *56,32*

Como rabanos mi mula, *62,31*

Que vna mula, i sea la mia; *74,12*

Es el pienso de su mula *81,45*

I el dinero con su mula, *105,107*

Desde el bonete al clauo de la mula; *150,2*

A patadas como mula, *161,59*

Ponme sobre la mula, i veràs quanto *203,86*

Mas basta, que la mula es ia llegada. *203,120*

Que herrando nunca su mula, *227,49*

La mula de los Abbades *229,1002*

Que no sustento vna mula *269,443*

Discreta. Como tu mula. *269,638*

Io harè que mula te den. *269,641*

En mula al Doctor Carlino, *269,647*

Que mula de tener io? *269,675*

Que mula? Io lo dirè: *269,676*

Vna mula es su cuchillo. *269,688*

La mula con su percox *269,698*

Vn Doctor, tiene su mula *269,707*

Mula ha de auer para vos, *269,715*

No quiero mula que escriba. *269,770*

Mula, Amor; mula, Carlino *269,775*

Mula, Amor; mula, Carlino *269,775*

No ha entrado vna mula en casa, *269,779*

Vendiendo vna mula negra, *269,786*

Que para esta mula ahora *269,811*

Comprar mula mi pobreza *269,833*

La mula que aun no he comprado. *269,868*
Que tal ia la mula es, *269,942*
Que es la mula como vn oro. *269,949*
Para vna mula Tancredo. *269,1077*
La mula al Doctor le dè, *269,1180*
Con mi mula estuuiera mas contento *273,3*
I a la mula otro que tal, *301,50*
E da mula do Portal *303,21*
— Aunque entre el mula e il vaquilio *305,14*
A mula vn coz me tirò. *308,36*
Por la sortija i la mula, *412,12*
Señores Academicos, mi mula *438,1*

Muladar *2*
El puerto del Muladar; *105,48*
Aunque esto de muladar *269,643*

Mulas *9*
De aquestos que andan en mulas, *27,107*
Las mulas de los Letrados. *96,172*
Que en dos mulas mejores que la mia *153,7*
De sus mulas haràn estos Señores *199,13*
De chinches i de mulas voi comido; *200,1*
Venid, mulas, con cuios pies me ha dado *200,9*
Que quando io quiera mulas *269,831*
Que mulas tengo alquiladas *269,995*
Dos mulas de cordouan, *288,70*

Mulata *1*
Que la mulata se gyra *322,165*

Mulatero *1*
Mulatero girifalte, *110,58*

Mulato *2*
I asi, la dexè vn mulato *82,101*
Con el mulato arremete, *88,96*

Mulatos *1*
Que mulatos en esgrima; *74,20*

Mulei *1*
La hija de Ali Mulei. *78,16*

Muletas *1*
Como el coxo las muletas. *84,8*

Mulo *1*
Medio fiera, i todo mulo, *322,500*

Mulos *1*
I tienen algo de mulos; *27,108*

Multiplica *1*
Numero crece i multiplica vozes. *263,232*

Multiplicacion *1*
Con la multiplicacion), *269,1687*

Multiplicarse *1*
Multiplicarse Imperios, nacer mundos. *162,14*

Multipliquen *1*
multipliquen con dulçura, *229,2541*

Multitud *2*
Infinita multitud. *269,468*
Confusa multitud de gente Mora. *278,4*

Muncha *1*
Muncha enmelada hojúela. *303,39*

Mundaço *1*
Adios, mundaço. En mi quietud me quedo, *454,12*

Mundo *68*
Del mundo i sus Monarchias, *7,4*
Pues da el mundo en niñerias, *26,7*
Gobernaba de alli el mundo, *26,33*
Dèl nueuo Mundo os dirè *58,5*
Que de todo el mundo *65,243*
Todo el mundo limpia *65,246*

Que todo el mundo decia *74,90*
Al mundo exemplos comunes. *75,88*
Cuia diestra Réàl al nueuo mundo *76,10*
La Fê escudo, honra España, inuidia el mundo *77,85*
I por las calles del mundo *83,93*
Que de Lazaro fue la vuelta al mundo; *101,6*
Arde el Rio, arde el Mar, humea el Mundo; *109,12*
De vna amistad que al mundo serà vna *119,2*
De la luz que al mundo viene, *121,122*
"Tu buelo en todo el mundo *125,37*
Todo el mundo le es mordaça, *126,35*
Con que todo el mundo ria *158,3*
Quando todo el mundo llora? *158,4*
Buela por el mundo *160,99*
Sepalo el mundo i presuma *168,17*
Dan luz al mundo, quitan luz al cielo, *174,10*
Descubro! Vn mundo veo. Poco ha sido, *195,13*
Que si en el mundo ai bienauenturança, *203,61*
escala de el Nueuo Mundo, *229,492*
Este, que Bauia al mundo oi a offrecido *232,1*
Como bellas al mundo por ser flores, *252,11*
El mundo todo conozca *259,38*
Tu nombre oiran los terminos del mundo. *261,24*
De el mejor mundo, de el candor primero. *261,88*
Delicias de aquel mundo, ia tropheo *261,445*
En inculcar sus limites al mundo. *263,412*
Que Níóbe immortal la admire el mundo, *263,815*
I obeliscos los montes sean del mundo. *264,164*
Quanto en vasos de abeto nueuo mundo, *264,404*
Escollo de crystal, meta del mundo. *264,541*
Los mas crúèles del mundo; *269,28*
El primer Ganimedes en el mundo. *269,1247*
En que a Porcia echò del mundo *269,1296*
Deue a Cabrera el Phenix, deue el mundo, *272,10*
El pincel niega al mundo mas súàue, *274,3*
Con que el cielo acquistò, si admirò el mundo. *279,3*
Quando todo el mundo os niega *282,18*
Vrna suia los terminos del mundo *289,13*
Taña el mundo, taña; *300,17*
La paz del mundo escogido *302,5*
Que el mundo todo a quien vienes, *306,4*
Al que le concede el mundo *306,14*
I debale a mis numeros el mundo *318,15*
Incierto mar, luz gemina dio al mundo, *318,114*
Puertas de Iano, horror fueron del mundo *318,276*
Hiziera vn Astro, deformando el mundo, *318,399*
Siempre bella, florida siempre, el mundo *318,423*
Esta, pues, que de aquel gran mundo ha sido *318,537*
Han peregrinado el mundo; *322,8*
Deba el mundo vn redil, deba vn caiado *335,7*
Sino para todo el mundo. *373,4*

Sino para todo el mundo. *373,12*
Sino para todo el mundo. *373,20*
Al mundo se le dio, i ella *374,17*
Quando el Monarcha deste i de aquel Mundo *391,12*
Vrtase al mundo, que, en tocando el suelo, *404,45*
Espantado han sus numeros al mundo *453,3*
Ô planeta gentil, de el mundo Apeles, *458,12*
Rompe mis ocios, porque el mundo vea *458,13*
En haz de el mundo, i en paz *488,9*
No las Sirenas del mundo, *498,13*
Despues de pisado el mundo *498,35*

Mundos *12*
Multiplicarse Imperios, nacer mundos. *162,14*
Belona de dos mundos, fiel te precia, *220,13*
Del Rei, de fieras no de nueuos mundos, *230,19*
En los mundos que abreuia tanta diestra; *230,73*
A dos mundos, i aunque es tanto, *235,7*
De los mundos vno i otro plano, *271,13*
Dos mundos continente son pequeño; *318,204*
El peso de ambos mundos soberano, *318,250*
Para mas gloria vuestra, de ambos Mundos. *323,14*
Assiste al que dos mundos, garçon bello, *360,5*
Lei de ambos mundos, freno de ambos mares, *362,9*
Lustralle sus dos Mundos en vn dia. *421,26*

Muñeca *1*
Con la mano en la muñeca *28,7*

Muñecas *2*
I tu a las muñecas *5,32*
Hasta las muñecas. *160,84*

Municion *4*
La dulce municion del blando sueño, *44,3*
Municion de cien mil tiros, *89,34*
Mas municion no se pierda; *90,4*
Municion de mosqueteros *334,87*

Munificencia *1*
Supliò munificencia tanta apenas. *368,36*

Murada *1*
Siempre murada, pero siempre abierta. *264,80*

Murado *2*
Ese monte murado, ese turbante *229,2150*
A murado Tridente de Neptuno; *318,324*

Muralla *4*
de vn lienço de vna muralla, *229,3310*
De Helvecias picas es muralla aguda; *261,428*
Voz que es trompeta, pluma que es muralla. *264,965*
Los ojos en la muralla, *406,5*

Murallas *5*
Las murallas de mi patria, *38,15*
Sino a veer de tus murallas *63,17*
Que es verdugo de murallas *87,71*
Que murallas de red, bosques de lanças *175,3*
Las murallas de Aiamonte, *178,16*

Muran *1*
De los que el Reino muran de Neptuno! *264,657*

Murarse *1*
Murarse de montañas espumosas, *263,437*

Murcia *1*
Murcia le da de su azero *269,131*

Murelo *1*
Ciñalo bronce o murelo diamante: *261,294*
Muriendo *2*
Que viui muriendo *50,82*
Como, Camilo? Muriendo *229,1731*
Murìendo *1*
Se estan murìendo por el: *405,4*
Muriera *3*
Muriera el acà en Paris, *27,37*
Nunca muriera Doña Margarita! *255,14*
Sin luz muriera, si no *375,7*
Muriere *2*
Haganme, si muriere, la mortaja azul. *345,2*
Haganme, si muriere, la mortaja verde. *345,4*
Murieron *1*
Murieron, i en si mismos sepultados, *263,684*
Muriese *1*
Porque mas cerca muriese, *57,50*
Muriesse *1*
Que muriesse sin veer fructo, *27,66*
Muriò *7*
Que muriò siendo immortal, *2,6*
De estangurria muriò. No ai Castellana *199,5*
Muriò el ribal otro dia, *229,616*
Muriò en tus facultades gradúado, *269,400*
Muriò mi hermano, i dexòme *269,417*
Muriò aplauso escrupuloso. *357,92*
Muriò sin olio, no sin testamento, *450,12*
Murmura *2*
Todo se murmura, *422,1*
Murmura, i sea de ti, *497,14*
Murmuradores *2*
Si no son murmuradores. *131,112*
Mejor es que corrais murmuradores, *203,8*
Murmuran *5*
Quando la murmuran luego; *87,76*
Cabecijuntos murmuran, *96,9*
De ti murmuran las aguas *115,35*
Si, quando murmuran dèl. *229,2088*
Murmuran que son taimadas, *495,28*
Murmurando *2*
Esto salen murmurando: *96,80*
Vas murmurando, i no paras! *204,16*
Murmurar *3*
O murmurar corriente *25,5*
En el murmurar contino *217,81*
Pues que sabes murmurar. *497,15*
Murmuràra *1*
que murmuràra i dixera, *229,448*
Murmure *1*
murmure Guadalquiuir, *229,2459*
Murmurio *2*
Alli el murmurio de las aguas ledo, *203,67*
Enronqueciò su murmurio. *322,300*
Murmurios *1*
I murmurios de torrente, *333,8*
Muro *37*
Donde el muro de mi patria *9,2*
Cuio bello cimiento i gentil muro, *13,2*
Ô excelso muro, ô torres coronadas *51,1*
Ver tu muro, tus torres i tu Rio, *51,13*
Tras de vn muro de crystal, *91,21*
Muro que sojuzgais el verde llano, *99,9*
Torres que defendeis el noble muro, *99,10*
Octauo muro a Troia *140,20*

El muro elado de Troia. *149,32*
Muro Réàl, orlado de cadenas, *169,5*
Que tuuo el muro Thebano. *228,48*
Que el muro del velo blanco *228,86*
Que sobre la corona de este muro *229,1936*
Forjando las que vn muro i otro muro *230,49*
Forjando las que vn muro i otro muro *230,49*
Del muro de diamante *256,22*
Del muro de tu persona; *259,60*
Que el muro penetraron de las iedras. *261,472*
Arbitro igual e inexpugnable muro, *263,55*
Al Phrigio muro el otro leño Griego. *263,378*
Verde muro de aquel lugar pequeño *263,523*
Iedra el vno es tenaz de el otro muro: *263,972*
Al flaco da, que me construien muro, *264,589*
Antiguo descubrieron blanco muro, *264,695*
Este díaphano muro, *268,52*
Canoro ceñirà muro animado. *289,8*
Tal del muro abrassado hombro robusto *294,7*
Marques ia en Denia, cuio excelso muro *318,135*
Apenas muro la estructura occulta; *318,164*
España entonces, que su antiguo muro, *318,298*
Tremolando purpureas en tu muro, *318,382*
Barrenando estaba el muro, *322,226*
A su muro dio glorioso *357,42*
El Mançanares hizo, verde muro *359,2*
Ciudad gloriosa, cuio excelso muro *404,1*
I blanco muro ceñia *418,52*
Fuerte muro de cañamo anudado. *499,83*
Murò *1*
Quantos murò de liquidos crystales *263,703*
Muros *39*
Sus muros i edificios va talandoles, *1,29*
A quien dexaron sin muros *27,94*
El vno baña los muros *63,7*
De los muros de Xerez, *78,76*
Que a los muros de Palencia, *115,2*
Con tus altos muros viua *132,61*
Que despreciando muros de Ciudades, *134,3*
Pisado he vuestros muros calle a calle, *154,5*
Coronense estos muros ia de gloria, *171,12*
Los escollos, el Sol los muros raia. *185,2*
Nilo no suffre margenes, ni muros *219,1*
Que muros rompe en vn cauallo Grecia. *220,11*
los muros de Çaragoza, *229,771*
Saluar, sus muros sacrifica. Al cabo *229,2223*
Los muros coronar que el Luco baña. *230,17*
Si ia los muros no te ven de Huelua *261,7*
Sin romper muros, introduce fuego. *261,296*
Sufrir muros le viò, romper Phalanges. *261,456*
Muros de abeto, almenas de diamante, *262,6*
De muros se corona, *263,207*
Muros desmantelando pues de arena, *264,9*
Republica ceñida, en vez de muros, *264,292*
Tal vez desde los muros destas rocas *264,418*
En el de muros liquidos que offrece *264,927*
A los indignos de ser muros llega *264,969*
Como a los muros de Thebas, *269,1013*
Cuyos muros son mi espada? *269,1529*
Los muros que eran de azero? *269,1585*
Los claros muros de Huelua, *287,4*
Muros, alta de Hespaña marauilla, *315,18*
Que al tiempo de obeliscos ia, de muros *315,70*

De Magestad que al mar de muros ella, *318,34*
Sidonios muros besan oi la plata *318,119*
En muros tanto, en edificios medra, *318,367*
Cibeles, coronada de altos muros! *318,556*
Famosa, no por sus muros, *322,2*
Destos bellos muros, de este *333,30*
Los muros de Sion; mas alternando *421,48*
En tus desnudos oi muros ignoro *426,12*
Murtas *4*
Como tixeras de murtas. *26,72*
De murtas i de arraianes *63,158*
Nos conhorta aun de murtas vna mesa; *397,6*
Açucena entre murtas escondida, *455,6*
Musa *30*
Tu Musa inspira, viuirà tu fama *35,5*
Quando ha de echarme la Musa *83,53*
Mi Musa te antepondrà *87,93*
Que oi, Musa, con pie ligero *158,28*
Lisonjas duras de la Musa mia. *170,8*
Consagralle la humilde Musa mia, *172,7*
No humilde Musa de laurel ceñida. *180,8*
El musico, la Musa, el instrumento. *203,30*
A ninguno offreci la Musa mia; *233,6*
Si de mi Musa los fias, *236,8*
Con vna i otra Musa soberana; *256,5*
Alimento las haze de las Musa; *256,35*
Musa oi culta me dicte *259,19*
Quantos me dictò versos dulce Musa *262,2*
I dulce Musa entre ellas, si consiente *263,891*
Ia a docta sombra, ia a inuisible Musa. *312,24*
Enuainad, Musa. Basta *313,54*
El hijo de la Musa solicita *318,282*
Musa aun no sabrà heroica celebrallo. *337,14*
Arrollad, Musa, vuestro pergamino, *436,13*
La Musa Castellana bien la emplea *458,9*
I tu musa a la tuia o a su estancia; *471,2*
Que musa que asi agarra vna distancia *471,7*
Menos tiene de musa que de arpia. *471,8*
Musa, que sopla i no inspira, *477,1*
Hija Musa tan vellaca, *477,6*
Musa, que en medio de vn llano, *477,11*
Musa, que a su medio hermano, *477,15*
Que ha declinado esta Musa *477,33*
Musa mia, sed oi Muza. *483,15*
Musas *15*
Los conejos o las Musas. *26,24*
Por las Musas pregonado *89,13*
Que las Musas le inuidiàran, *144,40*
Musas, si la pluma mia *167,1*
Venid, Musas, que vna res *167,11*
Consagrad, Musas, oi vuestro talento *182,5*
(Modernas Musas del Aonio choro), *203,44*
Monte de Musas ia, Iardin de Amores. *252,14*
Alterna con las Musas oi el gusto, *261,21*
Aladas Musas, que de pluma leue *264,354*
I de las Musas sueño la armonia *280,17*
Mientras el culto de las Musas choro *318,447*
A este de las Musas instrumento. *344,7*
De las Musas, con casto mouimiento, *424,11*
As Musas obrigasse aun a peeia?. *430,8*
Musculos *1*
De sus musculos, menos defendidos *263,966*
Musculosos *1*
De musculosos jouenes desnudos. *264,580*
Museo *3*

Ciertos versos de Museo, *228,3*
Esto solo de Museo *228,69*
Pues quando en vuestro Museo, *478,5*
Musica *9*
Cuia musica es palabras, *58,43*
Musica siembra en sus passas *88,99*
Musica los ruiseñores. *131,116*
Detenganla tu musica, o mi llanto". *140,16*
Musica le pidio aier su aluedrio *202,1*
de esta musica, i aun oi *229,1433*
Tal la musica es de Polyphemo. *261,96*
Mas reduxo la musica barquilla *264,51*
Mas escucha la musica sin ira. *424,8*
Musicas *2*
Mil musicas dio a la puerta *73,110*
Musicas hojas viste el menor ramo *263,590*
Musico *8*
Vn musico que tremòla *88,65*
Que es bestial musico el hombre, *161,83*
A tu musico zagal, *192,6*
No era sordo, o el musico era mudo. *202,11*
El musico, la Musa, el instrumento. *203,30*
Ô Antonio, ô tu del musico de Thracia *260,12*
Del musico Iaian el fiero canto. *261,20*
Musico al Cielo, i a las seluas mudo. *318,408*
Musicos *4*
Si a musicos entrar dexas, *91,48*
De musicos delphines, aunque mudos, *264,535*
De musicos Amphiones, *269,1012*
En tiernos, dulces, musicos papeles, *458,10*
Muslo *1*
I io le ofrezco en su muslo *322,450*
Muso *1*
Sobre esmeraldas de Muso. *322,468*
Mustio *1*
A pesar del Abril mustio, *322,298*
Muy *4*
En Valencia muy preñada *126,26*
Muy flaco, Marcelo, os siento *229,106*
muy de burlas, Tadeo, estàs. *229,219*
correspondencias muy hondas *229,731*
Muza *1*
Musa mia, sed oi Muza. *483,15*
Mvriò *1*
Mvriò Frontalete, i hallo *241,1*
Mvrmurauan *1*
Mvrmurauan los rocines *96,1*
Myrtho *3*
Al myrtho peina, i al laurel las hojas, *252,13*
En el arroio myrtho leuantado, *261,242*
Reclinados, al myrtho mas lozano *261,317*
Myrthos *1*
Entre dos myrthos que, de espuma canos, *261,211*
Mysterio *2*
los fines de este mysterio. *229,3121*
Si no tiene otro mysterio, *481,5*
Mysterios *1*
Solo el Amor entiende estos mysterios: *456,12*
Na *2*
Coruo na pruma, cysne na harmonia. *430,14*
Coruo na pruma, cysne na harmonia. *430,14*
Nabal *2*
Si vanas preuias de nabal recato *318,390*
Reseña militar, nabal registro *318,570*

Nabar *1*
O tronco de Micol, Nabar barbudo! *429,7*
Nabathéòs *1*
Licores Nabathéòs espirante, *323,2*
Nabo *2*
Que nabo en Aduiento, *50,52*
I los Inuiernos de nabo. *228,28*
Nabos *1*
Verzas gigantes, nabos filisteos, *476,6*
Nabot *1*
Sarmientos de la viña de Nabot. *473,8*
Nabuco *1*
Desuanecido Nabuco, *322,498*
Nacar *14*
De blanco nacar i alabastro duro *13,3*
El nacar del mar del Sur, *82,35*
Que inuidia el nacar de Oriente. *142,28*
Pedazos de nieue, i nacar. *144,30*
Que da el sol hiriendo al nacar *148,16*
Prender en oro al nacar de su oreja. *261,112*
Penda el rugoso nacar de tu frente *263,312*
Que negò al viento el nacar bien texido), *263,887*
Luciente nacar te siruiò no poca *264,446*
El nacar a las flores fia torcido, *264,882*
Que nacar su color, perlas su frente, *280,47*
Si aljofares suda el nacar, *286,7*
Prision del nacar era articulado *341,1*
Nacares *2*
Bruñe nacares boto, agudo raia *264,585*
Esto en sonantes nacares predixo: *318,88*
Nace *13*
Ai vna flor, que con el Alba nace, *229,1530*
Nocturno el lobo de las sombras nace; *261,172*
Nace en sus ondas i en sus ondas muere, *263,408*
Donde el Sol nace o donde muere el dia. *264,150*
Nace el cardenico alheli. *301,13*
Esta noche vn Amor nace, *307,1*
Nace el Niño Amor que vees; *307,9*
Esta noche vn amor nace, *307,14*
Esta noche vn amor nace, *307,27*
O del clauel que con la Aurora nace, *318,211*
Nace el Niño, i velo a velo *414,1*
Es mui del Sol quando nace. *414,4*
Desde do nace el Sol a donde muere, *499,38*
Naceis *1*
Naceis de vna fuentecilla *89,23*
Nacen *3*
Milagros de beldad nacen, *63,202*
Alegres nacen i caducas mueren, *256,15*
De lilios, que dulces nacen *389,38*
Nacer *13*
Que aun los que por nacer estàn le vean, *60,11*
Pero mas fue nacer en tanto estrecho, *117,5*
Que la vee nacer el Alua, *133,16*
Multiplicarse Imperios, nacer mundos. *162,14*
Nacer la gala mas vistosamente, *246,4*
La noche dia al nacer, *304,3*
La noche dia al nacer, *304,19*
La noche dia al nacer, *304,31*
Nacer en este pajar, *305,15*
Las vee morir que nacer. *355,72*

Por veerlas antes nacer, *376,4*
Al nacer del dia; *389,53*
Dilata tu nacer para tu vida, *466,13*
Naceu *1*
DEOS naceu em Portogal, *303,20*
Naci *2*
En los Gelues naci, el año *57,41*
Io naci, ansi os guarde Dios, *168,31*
Nacida *9*
Furia infernal, serpiente mal nacida! *23,2*
Bien nacida, si hermosa. *97,8*
Vna piedad mal nacida *131,31*
Rica, si bien nacida i bien dotada, *229,1074*
La bien nacida muger *229,1921*
Bien nacida, i mal lograda; *237,4*
Tan bien nacida occasion, *269,1831*
Antes que nacida, apenas *275,82*
Tu mal nacida corriente; *497,11*
Nacido *29*
Que io soi nacido en el Potro. *55,7*
Que io soi nacido en el Potro. *55,14*
Que io soi nacido en el Potro. *55,21*
Que io soi nacido en el Potro. *55,28*
Que io soi nacido en el Potro. *55,35*
Que io soi nacido en el Potro. *55,42*
Que io soi nacido en el Potro. *55,49*
Bien nacido como el Sol, *74,61*
De vn Amor recien nacido, *78,79*
Siendo nacido en las maluas *93,33*
Que ia como Sol tienes bien nacido. *139,8*
Nacido en nobles pañales; *159,46*
Ô seraphin, desates, bien nacido, *197,13*
Que en tierra virgen nacido, *209,3*
Que en tierra virgen nacido, *209,18*
Que en tierra virgen nacido, *209,33*
Es bien nacido? No sè. *229,216*
nacido en lugar, al fin, *229,688*
Por este culto bien nacido PRADO, *256,1*
El campo vndoso en mal nacido pino, *263,371*
De bien nacido cuerno *264,18*
Thyrsos eran del Griego Dios, nacido *264,329*
Sangriento Chipriota, aunque nacido *264,751*
De las aues nacido, Aleto, donde *264,773*
Nacido en Calataiud *269,406*
Qual ia el vnico pollo bien nacido, *279,16*
Ñafete, que el recien nacido *303,13*
Bien nacido esplendor, firme coluna, *318,90*
Al Amor recien nacido, *357,99*
Naciendo *2*
De que en naciendo vno cuerdo *269,1588*
Que naciendo a ser desseos, *353,23*
Naciera *1*
Si no naciera despues *121,87*
Nacieron *1*
Vecinos nacieron mucho, *322,30*
Nacimento *1*
Escrauita do nacimento. *308,13*
Nacimiento *1*
A veer vn toro que en vn Nacimiento *273,2*
Naciò *16*
Natural de dò naciò, *59,33*
Que naciò en Coimbra; *65,188*
Que naciò Çamora *65,205*
Naciò entre pensamientos, aunque honrados, *119,5*

De la que naciò en el mar *121,91*
Si ha pocos años que naciò la Aurora. *156,18*
Suffrala quien naciò en ella *229,706*
Si oì naciò *301,7*
Naciò la paz en Bethleem. *302,4*
Naciò la paz en Bethleem. *302,16*
Naciò la paz en Bethleem. *302,28*
Que naciò el Hijo de DIOS *303,7*
Pared que naciò commigo, *322,197*
I el que naciò fauor casto *357,91*
Lo vendran a entender quatro naciò; *468,14*
Que naciò para serlo en las Españas; *469,10*

Nacion *5*
Patria comun de la nacion bermeja, *200,7*
I armada tema la nacion estraña. *220,14*
Este pues, gloria de la nacion nuestra, *251,12*
Gloria de la nacion nuestra! *275,80*
De nacion generosamente vana. *318,316*

Naciones *3*
Fieras naciones contra tu fee armadas, *72,8*
mappa de todas naciones, *229,489*
Entre fieras naciones sacò al Istro *280,4*

Naciste *2*
Tu, que naciste entre vna i otra malua, *435,3*
Aier naciste, i moriràs mañana. *466,1*

Nacistes *2*
"Pues nacistes en el mar, *287,73*
Pues nacistes en el mar, *287,87*

Nada *35*
En tierra, en humo, en poluo, en sombra, en
 nada. *24,14*
Corre fiera, vuela aue, pece nada, *33,2*
Menos nada i mas trauaja, *75,51*
Que puesto que nada alcança, *93,65*
I nada temi mas que mis cuidados. *108,14*
No se le diò al señor nada, *123,29*
Como quien no dice nada, *148,42*
Que no es bien que sepa nada *167,95*
O de amistad o de lisonja nada? *229,39*
o no saber decir nada? *229,249*
de el huesped no dice nada, *229,452*
O pretensor vecino, tendrè en nada, *229,1077*
le hace no decir nada. *229,1283*
De tu fee no dudo nada; *229,1415*
A mis pies no quiero nada *229,1570*
i el de nada se dolia". *229,1786*
Piensa Camilo que nada *229,1888*
No sè nada, solo sè *229,2732*
No, amigo. Pues nada sè. *229,2849*
Diganlo quantos siglos ha que nada *264,193*
Poco a lo fuerte, i a lo bello nada *264,708*
Doctor, no me digais nada, *269,97*
A quien, no faltando en nada, *269,201*
No sepa nada Tancredo. *269,1177*
Sin que me dè nada a mi; *269,1181*
I aunque te he seruido en nada, *269,1274*
I nada a la de tu nombre, *269,1298*
Que tiene mi tio? Nada. *269,1471*
Que sentis? Nada. Prometo *269,1895*
No fue nada: a cient lexias *322,309*
No ai que agradeceros nada *347,1*
Mas nada le tiene vano. *356,14*
Derrotado seis lustros ha que nada? *399,14*
I para no ser nada estàs lozana? *466,4*
Que el dolor sea poco o nada". *499,355*

Nadad *3*
Nadad, Amor, o creed *287,74*
Nadad, pez, o volad, pato, *287,83*
Nadad, Amor, o creed *287,88*

Nadado *1*
Quien ha nadado? Vn perdido. *229,1891*

Nadador *1*
Amante nadador ser bien quisiera, *261,130*

Nadando *2*
Los delphines van nadando *10,33*
Que nadando en vn pielago de nudos, *264,105*

Nadante *3*
(Entre vn vulgo nadante, digo apenas *264,415*
Nadante vrna de canoro rio. *264,555*
De arbol que nadante ignoro hojas, *264,593*

Nadantes *1*
Llenen el mar de barbaros nadantes *72,83*

Nadar *2*
Que vuela i sabe nadar. *287,78*
Que vuela i sabe nadar". *287,92*

Nadas *1*
Nadas mas quando mas surto; *322,236*

Nade *1*
Penda o nade, la vista no le pierda, *264,469*

Nadie *15*
(Que nadie lo sepa), *5,26*
Sè que nadie se te escapa, *26,89*
A nadie mataràn penas". *38,36*
Con tal que no muera nadie, *110,54*
I no es mi intento a nadie dar enojos, *203,53*
Nadie dirà que os offendo. *204,10*
Con nadie hablo, todos son mis amos, *222,9*
Sin tocar nadie a rebato. *228,164*
Sin dar a nadie respuesta, *269,1321*
No purgues a nadie, no, *269,1915*
En dichas segundo a nadie. *389,36*
Nadie le llamò, i que a este *412,16*
Son flechas de "el que a nadie no perdona".
 445,8
Que de igual nadie alaba lo que es vno. *470,14*
Que nadie te ha de querer, *499,289*

Nadò *1*
Nadò en desengaños loco. *357,20*

Ñafete *3*
Ñafete, que el recien nacido *303,13*
Ñafete, que se ha derretido *303,15*
Ñafete, que va corrido, *303,17*

Naiades *1*
Blanco choro de Naiades lasciuas *46,6*

Naipes *2*
Que padecieron seis naipes *110,22*
Con naipes, dinero, i gana, *191,8*

Nais *1*
El vno es la blanca Nais, *179,9*

Nalgas *1*
Las que el Griego llama nalgas, *73,19*

Namora *1*
Cuia virtud me namora, *207,32*

Napèa *1*
Napèa en tanto a descubrir comienza *318,81*

Napeas *1*
Napeas de sus crystales, *376,19*

Napéàs *1*
Napéàs i Amadriadas: *1,7*

Napoles *2*
En que a Napoles passaua, *132,11*
Muera io en tu plaia, Napoles bella, *345,9*

Napòles *2*
El Conde mi señor se fue a Napòles; *233,1*
El Conde mi señor se va a Napòles *379,1*

Napolitano *2*
Es vn segundo mar Napolitano, *196,4*
Del lisongero mar Napolitano. *317,8*

Naranjada *1*
Naranjada i aguardiente, *7,8*

Narbona *1*
Como sean del golfo de Narbona. *342,14*

Narciso *9*
Que se passèe Narciso *6,121*
Duerme, i Narciso Cupido, *142,41*
La fuente dexa el Narciso, *217,49*
Que haze oi a Narciso *263,115*
El Narciso de valdres *269,223*
Vn Narciso, aqui mas loco *301,17*
Narciso, no el de las flores *322,105*
Galan Narciso de piedra, *333,31*
Fileno, que lo narciso *353,5*

Narcisos *3*
Narcisos, cuias figuras *98,17*
Ô Narcisos de saial, *204,41*
A vn pedernal orlado de Narcisos. *263,579*

Narcisso *1*
Vn Narcisso illuminado, *228,34*

Narices *1*
es sordo de las narices *229,2780*

Narigudo *1*
Bien romo o bien narigudo, *322,20*

Nariz *14*
La nariz tan en su punto; *28,80*
Encima de la nariz, *59,75*
La nariz es corba, *65,49*
Se deriua la nariz, *82,22*
Que nariz con romadizo; *89,8*
La nariz algo aguileña, *228,129*
Sorda digo de nariz. *243,12*
La fogosa nariz, en vn sonoro *264,730*
En forma, no de nariz, *322,59*
Da higas vuestra nariz. *411,4*
En vuestra nariz no cabe *411,14*
Vuestra nariz como quenta, *411,27*
Sobre nariz, pues, tan braca, *411,29*
La nariz baxa, canes extrangeros *499,66*

Narizes *2*
De su braço las narizes? *269,608*
Se tapa las narizes la eloquencia. *452,4*

Nasas *2*
I requiriendo las nasas, *10,40*
Quando requieren las nasas, *179,45*

Nasci *2*
Lilio siempre Rèàl nasci en Medina *136,1*
Dèl Cielo, con razon, pues nasci en ella; *136,2*

Nason *1*
El licenciado Nason, *322,19*

Natal *1*
De su roca natal se precipita, *264,3*

Natas *2*
Sepultado en vnas natas; *29,46*
Le traian ellos natas. *148,40*

Natura *1*
De natura varia, *11,12*

Natural *15*
Do su natural les llama, *9,16*
Mentir su natural, seguir su antojo, *47,11*
Natural de dò naciò, *59,33*
I que es natural *65,207*
condicion es natural *229,179*
en su natural retrato, *229,1296*
que de puro natural *229,1297*
responde a su natural: *229,1361*
que diran que es natural. *229,3337*
Deffecto natural supple *242,113*
De su caduco natural permite *264,284*
Tan dulce, tan natural, *285,41*
A su natural *356,52*
Bien sea natural, bien estrangero, *361,6*
Natural legislador, *386,7*
Naturaleça *4*
De aquel animal dio naturaleça, *47,2*
A hecho a naturaleça *63,159*
Incluiò naturaleça; *275,56*
Repugna a leies de naturaleça. *451,4*
Naturales *4*
Que andauan los naturales *58,13*
Imitan las naturales, *63,42*
Que bien de los naturales *204,15*
Mientras ocupan a sus naturales, *264,957*
Naturaleza *6*
Naturaleza del arte, *63,68*
De quantas ostentò naturaleza, *256,27*
Si ociosa no, assistiò naturaleza *270,1*
Si la naturaleza aun oi te acclama *270,13*
Iace el Griego. Heredò naturaleza *274,9*
Por naturaleza no: *390,44*
Naua *1*
La naua oiò de Zuheros, *268,2*
Nauaja *1*
con vna nauaja aguda. *229,981*
Naual *5*
Gloria naual de las Britannas lides, *72,71*
Con naual pompa estraña *166,23*
Sino vn barbas de Naual, *269,723*
Esotra naual siempre infestadora *298,40*
Si a la naual arboleda *384,17*
Nauales *1*
Cient mil nauales tragedias, *38,12*
Nauarra *1*
Los ribetes de Nauarra, *73,39*
Nauarrete *1*
Violante de Nauarrete, *88,8*
Nauarro *2*
Digo que Torres Nauarro *229,3390*
Representò assi Nauarro? *229,3393*
Nauas *1*
De la beldad de las Nauas, *121,71*
Naue *5*
No destroçada naue en roca dura *43,1*
Con laços de oro la hermosa naue *54,2*
En tablas diuidida rica naue *261,433*
Besa la arena, i de la rota naue *263,29*
Esta pues naue ahora *263,477*
Nauega *3*
Nauega mi dulce dueño? *384,14*
A Brindis sin hacer agua nauega. *428,9*
Soberbias velas alça: mal nauega. *458,7*
Nauegantes *1*

Baculo a ciegos, Norte a naueegantes. *447,14*
Nauego *1*
Tu en agua, io nauego *345,16*
Naues *3*
De brotano tantas naues, *63,162*
De naues destroçadas, de hombres muertos. *72,34*
Nuues son, i no naues, *166,17*
Naufragante *2*
La razon, entre escollos naufragante *247,10*
A la que, naufragante i desterrado, *263,735*
Naufragàre *1*
Si naufragàre, seràs *228,211*
Naufragij *1*
(Signum naufragij pium et crudele), *118,2*
Naufragio *3*
Sanctelmo de su naufragio. *228,212*
Relacion de el naufragio hiço horrenda. *261,452*
Naufragio ia segundo, *264,158*
Naufragios *2*
Señas de naufragios den; *132,52*
Al Sol calmas vencidas i naufragios, *263,456*
Naufrago *2*
Naufrago, i desdeñado sobre ausente, *263,9*
Del naufrago ambicioso mercadante, *264,456*
Nauio *3*
Que vn nauio Philippote *107,50*
Miembros de algun nauio de vendeja, *200,6*
Con mas cuerdas que xarcias vn nauio. *202,4*
Nauios *3*
Que a la plaia perdonan los nauios. *166,12*
son nauios de alto borde. *229,495*
trataràn como a nauios, *229,2898*
Nautica *2*
Nautica industria inuestigò tal piedra; *263,379*
Frustrados, tanta Nautica doctrina, *263,454*
Nauticas *2*
Nauticas venatorias marauillas; *264,421*
De tantas, si no mas, nauticas señas, *298,20*
Naype *1*
Barajadle el naype vos, *269,1442*
Nazca *2*
De lo mal passado nazca *27,87*
Que en su jardin nazca en vano *269,222*
Nebados *1*
Queriendo en los mas nebados *414,45*
Nebli *8*
Es de nieue i de nebli. *82,40*
La consciencia de vn nebli, *111,32*
me dixeron de vn nebli *229,2275*
Vn nebli, mas no mudado *229,2278*
que volò como nebli. *229,2453*
El Nebli, que relampago su pluma, *264,745*
Del Nebli, a cuio buelo *264,803*
La garça, del Nebli las garras gruesas, *499,74*
Neblies *1*
Esta de tantos neblies *121,35*
Nebò *1*
Nebò jazmines sobre el, *357,61*
Nebrissensia *1*
La authoridad Nebrissensia; *275,124*
Necedad *10*
Mas que no sea necedad *6,88*
Lo demas es necedad, *98,2*

Lo demas es necedad, *98,14*
Lo demas es necedad, *98,26*
Lo demas es necedad, *98,38*
Lo demas es necedad, *98,50*
Lo demas es necedad, *98,62*
Lo demas es necedad, *98,74*
Lo demas es necedad, *98,86*
ni en hacer (que es necedad), *229,955*
Necedades *4*
Que de necedades *50,89*
I necedades respondo *83,62*
Que interes i necedades *122,29*
Si a necedades vale lo sagrado. *439,8*
Necesario *1*
Porque vn silbo es necesario *334,85*
Necessaria *1*
Corra, que necessaria es su corriente, *152,6*
Necessidad *6*
O gusto o necessidad, *95,16*
La necessidad que tiene *111,29*
I aun fee la necessidad, *126,38*
I mi necessidad los hizo herencia. *269,401*
Sin que aia necessidad *269,1088*
Pues a la necessidad *288,90*
Necessidades *1*
Entre opulencias i necessidades *263,930*
Necessitado *1*
Al necessitado en plaça *126,34*
Necia *11*
Mi necia imaginacion. *227,8*
(I io, necia, que respondo) *269,566*
Que si no es ahora necia *269,599*
Necia sois maior de marca *269,1070*
Necia fue Porcia, i mas necia *269,1294*
Necia fue Porcia, i mas necia *269,1294*
Alterada como necia, *269,1436*
I necia como burlada. *269,1437*
Mientras ella fue la necia. *269,1605*
Necia en el espejo fue *355,78*
Si no pretension tan necia, *413,15*
Neciamente *1*
si han de amar tan neciamente. *229,1387*
Necio *19*
Cesse tan necio diluuio, *27,22*
Por necio qualquier que fuere *37,18*
Seis años de necio. *50,112*
Ser el necio pretendia, *74,34*
Vestido de necio i verde, *81,12*
Que necio que era io antaño, *83,1*
Al necio, que le dan pena *93,8*
Si el necio a su casa lleua *105,19*
Por lo necio i por lo firme, *168,32*
tanto, tan necio cuidado *229,1089*
Al necio, que a vn fementido *229,1514*
necio, la traça que das. *229,2627*
Que necio està vn confiado! *229,2699*
Antojos calçais de necio, *257,16*
La satisfacion del necio, *269,1315*
Andaua io antes mui necio *269,1542*
Mas, necio, diez mil ducados *269,1560*
Si de necio me he perdido *419,91*
En ver que la frequente vn necio çote, *474,6*
Necios *2*
I cuio manjar es necios. *58,44*
No menos necios que illustres, *75,86*

Nectar *18*
Ô entre el nectar de Amor mortal veneno, *23,5*
Nectar sus palabras son; *121,45*
Nectar ardiente que me abrasa el seno, *197,3*
nectar pisaba a los Dioses. *229,503*
Que hable nectar i que ambrosia escriua. *244,14*
Nectar del gusto i gloria de los ojos. *256,62*
Su nectar vinculò la Primauera. *261,208*
Sudando nectar, lambicando olores, *261,393*
Si es nectar lo que llora, *263,322*
Nectar le chupa Hibleo. *263,804*
Su nectar les desata, *263,869*
Oro trillado i nectar exprimido. *263,908*
Del nectar numeroso *264,629*
A donde el nectar se siruiò en crystales; *269,1240*
El nectar soberano *280,58*
Cuio nectar, no ia liquida plata, *290,3*
Tronco de el Nectar fue, que fatigada *318,623*
Nectar bebe numeroso *389,41*

Nefando *1*
En Grammatico nefando, *269,1879*

Negacion *1*
que avrà negacion despues. *229,3205*

Negaciones *2*
Muchas negaciones son *229,3154*
Miren que dos negaciones *229,3156*

Negad *1*
Negad, i corra por vos *229,3096*

Negado *5*
Quantas al Duero le he negado ausente, *109,1*
Si altamente negado a nuestras plantas. *272,8*
De su retrete, negado *322,99*
Negado, pues, al rigor, *355,9*
Vrna que el escarmiento le ha negado, *363,6*

Negalle *1*
negalle nuestra posada *229,2019*

Negallo *3*
lo que padezco en negallo. *229,273*
Porque? Porque a negallo *269,1430*
No ai negallo, triste estoi. *499,208*

Negando *2*
Engaña el sueño, negando *414,19*
Negando a tu bello vulto, *416,27*

Negandole *1*
Negandole aun el hado lo violento. *221,8*

Negandose *1*
negandose lo que goza. *229,789*

Negar *6*
Negar las blancas espumas *179,51*
de negar, hasta salir *229,2419*
No se la podrà negar, *229,2622*
Mucho, que pienso negar *229,3176*
En tercio tal negar tal compañia *263,532*
Negar pudiera en vano. *264,700*

Negare *1*
Si no me negare el suelo *419,93*

Negarle *1*
Que por negarle vn cuesco al mas vecino, *342,7*

Negauan *1*
Que negauan tantos sellos. *352,8*

Negligente *2*
No agrauan poco el negligente robre, *264,106*
Aueja, aun negligente, flor marchita. *264,604*

Negò *5*
Que negò al viento el nacar bien texido), *263,887*
Negò su feudo el aue: *313,6*
O todo me negò a mi, *331,32*
Blancas huellas les negò, *333,51*
Las que a otros negò piedras Oriente, *361,1*

Negocio *4*
Aunque es largo mi negocio, *59,49*
es negocio tan ligero *229,948*
Que mi negocio es solapo, *269,451*
Este negocio i tu casa. *269,1499*

Negòme *1*
Negòme el Sol? Turbòse el ayre claro? *229,27*

Negra *18*
Sobre vna marlota negra *49,49*
I el terrero doña Negra. *73,84*
La ceja entre parda i negra, *82,17*
Coge la negra violeta *82,59*
Por esta negra Odyssea *82,67*
Samo negra peccandora, *207,7*
Que aunque samo negra, *207,13*
Que aunque negra, sà presona *207,21*
Ser de la negra noche nos lo enseña *261,38*
Negra de cueruas suma *264,884*
Negra circunvestida piel, al duro *264,924*
I negra como vna endrina, *269,678*
Vendiendo vna mula negra, *269,786*
Que es? Dilo. Esta negra edad *269,1201*
De Don Tristan, que bien negra *269,1202*
Que negra sò, ma hermosa. *308,34*
Que no ai negra Poeta que se pante, *430,3*
E si se panta, no sà negra eia. *430,4*

Negras *14*
Las dos plumas negras *5,52*
Tres sortijas negras, *65,115*
Las negras sienes le apriete: *88,98*
Hiriendo negras pizarras, *144,38*
Cernicalos de vñas negras *228,17*
dorarè las letras negras. *229,2725*
Negras violas, blancos alhelies, *261,334*
Negras piçarras entre blancos dedos *263,251*
De negras baja, de crestadas aues, *263,292*
Las duras cuerdas de las negras guijas *263,347*
Negras plumas vistiò, que infelizmente *263,739*
Sobre vîolas negras la mañana, *264,70*
Negras dos, cinco azules, todas bellas. *318,128*
Dos espadas eran negras *322,117*

Negrita *1*
La negrita sarà turo abalorio, *430,13*

Negro *12*
Desde el blanco Frances al negro Etiope. *1,13*
La mochila de oro i negro. *49,44*
Vestidas de blanco i negro, *58,42*
Las plumas de vn color, negro el bonete, *113,2*
Embueluen de negro humo *132,39*
I el marfil negro azauache, *216,30*
Ia de las sombras hace el velo negro *229,2226*
Negro el cabello, imitador vndoso *261,57*
Al pie de vn alamo negro, *288,1*
I mas que negro bozal, *288,2*
"Aue del plumage negro, *390,1*
Al negro Dios de la infernal morada. *499,12*

Negros *10*

Los çapatos negros! *50,64*
Con mas paramentos negros *96,17*
I estrellas de raios negros, *143,2*
De raios negros, Seraphin humano, *146,8*
De olmos negros a loba Lutherana. *199,8*
Blanco el vno, los dos negros. *215,28*
Si ai marfil con negros raios. *228,116*
Los ojazos negros dicen: *228,121*
"Aunque negros, gente samo, *228,122*
Negros hazen el portal. *309,22*

Neguè *1*
O todo me neguè io. *331,33*

Nema *1*
I otro la quitò la nema; *73,96*

Nembroth *1*
Maior que la de Nembroth, *2,43*

Nemego *1*
— Se del terano nemego *305,25*

Nemeo *1*
Del Nemeo leon el gran despojo. *47,14*

Nenio *1*
Que el amor del Nenio me matà, *305,11*

Nephato *1*
"Agios oheph, nephato *269,1910*

Neptuno *16*
Orinales de Neptuno, *27,16*
El seno vndoso al humido Neptuno *72,19*
Dio vn tiempo de Neptuno a las paredes, *230,66*
Este que, de Neptuno hijo fiero, *261,50*
Si roca de crystal no es de Neptuno, *261,103*
Violaron a Neptuno, *263,414*
En el humido templo de Neptuno *263,478*
Neptuno, sin fatiga *263,1030*
Quando no de los campos de Neptuno, *264,99*
Que el tridente accusando de Neptuno, *264,385*
Que velera vn Neptuno i otro surca, *264,565*
De los que el Reino muran de Neptuno! *264,657*
Licida, el marmol que Neptuno viste *298,19*
A murado Tridente de Neptuno; *318,324*
Que està escupiendo Neptuno. *322,296*
I al gran Neptuno el humido Tridente, *499,9*

Nerea *1*
De Espio i de Nerea, *264,260*

Nereo *1*
De el sagrado Nereo, no ia tanto *264,210*

Nero *1*
"Todo lo miraba Nero, *229,1785*

Neruios *2*
Su agilidad pondera; quien sus neruios *263,993*
De neruios Parthos igualar presuma *264,845*

Neruîosos *1*
Arcos, o neruîosos o azerados, *263,1039*

Nestor *1*
Nestor mancebo en sangre, i en estado *318,573*

Nestremo *1*
Geração ficò nestremo. *303,32*

Netas *2*
Cuios purpureos senos perlas netas, *263,458*
Entre doce perlas netas *322,63*

Neuada *4*
O purpura neuada, o nieue roja. *261,108*
Neuada inuidia sus neuadas plumas. *264,262*
Que la Fuenfrida neuada *282,3*

Quando destruie con neuada huella *456,5*
Neuadas *1*
Neuada inuidia sus neuadas plumas. *264,262*
Neuado *4*
Por quien, neuado Genil, *63,197*
Hojas de inciertos chopos el neuado *289,1*
No solo el campo neuado *301,1*
Apollo, en vez del paxaro neuado, *316,6*
Neuados *1*
Quando mil neuados cisnes *89,41*
Neuò *1*
Neuò el Maio a pesar de los seis chopos. *264,336*
Neutra *1*
Neutra el agua dudaba a qual fee preste, *261,423*
Neutralidad *1*
Si tu neutralidad sufre consejo, *263,518*
Neutro *1*
En tanto pues que el pallio neutro pende *263,1065*
Nicho *2*
Canoro nicho es, dosel alado; *315,12*
Deuido nicho la piedad le dora; *318,45*
Nido *25*
Pues dejando tu nido cauernoso *22,5*
De ser nido, i ser aljaua *98,55*
Nido de el Phenix de maior belleza *99,7*
Torpe nido consiente. *103,44*
En nido de gorriones; *105,92*
Si Amor entre las plumas de su nido *139,1*
El nido venerad humildemente *163,11*
Que seran cuna i nido generoso *171,13*
Nido de vn Phenix raro, *229,23*
No el aue Reina assi el fragoso nido *261,261*
Hallò hospitalidad donde hallò nido *263,27*
Pyra le erige, i le construie nido. *263,465*
Raio su garra, su ignorado nido *264,746*
El nido io le fiaua *269,42*
Me arcabuzeò este nido *269,48*
Buelues, al que fiaste nido estrecho, *281,2*
Casa fue, cauerna i nido, *302,8*
Serà para escriuir tu excelso nido *317,13*
Iouen despues el nido illustrò mio, *318,49*
Degollò en su nido pollos. *357,88*
Mas deuerà a su tumba que a su nido. *364,14*
Solicitè vuestro nido, *390,29*
Ia que buelbo descalço al patrio nido. *398,8*
Que le cante a la graja en vuestro nido. *448,11*
Que aue no abrigarà su dulze nido *499,78*
Nidos *2*
Seguir pienso hasta aqueses sacros nidos, *12,10*
Texiò en sus ramas inconstantes nidos, *264,269*
Niebe *2*
La niebe suele hazer. *78,92*
Que oi la niebe reconoce. *179,56*
Niebla *6*
Ô niebla del estado mas sereno, *23,1*
Al de Niebla, al de Nieua, al de Lodosa. *154,14*
Ahora que de luz tu NIEBLA doras, *261,5*
Fixo, a despecho de la niebla fria, *263,81*
La dissonante niebla de las aues; *264,894*
Que illustra la alta Niebla que desata. *318,120*
Nieblas *7*

I como al Sol las nieblas, se resueluan; *72,13*
De confusas nieblas, *79,40*
O nieblas ciñan tu cabello cano, *146,4*
Desata como nieblas *193,27*
Mucho es mas lo que, nieblas desatando, *263,195*
En quantas le densò nieblas su aliento, *264,968*
Donde entre nieblas vi la otra mañana, *278,2*
Niega *30*
Mis seruicios niega, *56,63*
Lo que a tantos amos niega. *73,124*
Las niega ia a su frente. *103,16*
I quien al Andaluz su fauor niega? *138,4*
A pios afectos niega? *205,6*
— Niega, alma, en esta ocasion *213,17*
Tal soi io, que se me niega *229,222*
gozando lo que se niega, *229,788*
pues me niega el proprio hijo, *229,3024*
Si no niega el tributo, intìma guerra *230,4*
La niega avara i prodiga la dora. *261,80*
Quando niega la luz vn carro de oro, *261,371*
Confunde el Sol i la distancia niega. *263,196*
Ia que Nymphas las niega ser errantes *263,273*
Niega el bello que el vulto ha colorido; *263,770*
Cauallo, que el ardiente sudor niega, *264,967*
Quien se niega a siluos tiernos. *268,28*
La niega con llaue tal, *268,45*
Que el chapin me niega el pie, *269,1356*
El pincel niega al mundo mas súaue, *274,3*
Quando todo el mundo os niega *282,18*
Del Sol os niega la luz, *304,22*
Quantas niega a la selua conuecina *318,405*
Te niega el Cielo, que desquicia a Iano. *318,560*
Vn rubi concede o niega, *322,61*
Que socarron se las niega *322,367*
Auaro, niega con rigor decente, *362,5*
Niega al ausente su imagen *378,31*
Lo que la llama al Phenix aun le niega, *392,3*
Las ondas accusad, quantas os niega *431,7*
Niegan *5*
Lo que los ojos le niegan. *62,28*
Si ellos te niegan el gusto *204,19*
I ellas te niegan las caras. *204,20*
Que al Sol niegan los atomos subtiles? *229,2197*
Como duerme la luz, niegan las flores. *261,280*
Niego *13*
Vuestra castidad no os niego, *204,35*
No te niego que es galan *229,1104*
Pedernal? Eso te niego, *229,1144*
Niego el ser la causa ella *229,2728*
I os los di a vos. No los niego. *269,1381*
I si lo niego, otra buelta *269,1432*
Lo que ha tanto que te niego, *269,1515*
Applauso al ruiseñor le niego breue *281,17*
Niego estos quicios, niego la cultura *281,26*
Niego estos quicios, niego la cultura *281,26*
La jurisdicion le niego; *384,7*
Lo que de Sciencia le niego, *418,36*
Mùdo mil veçes io la deidad niego, *426,5*
Niegue *2*
i que le niegue la mano *229,2129*
De que le niegue vn recato *357,95*
Nieguen *2*

Que nieguen tu persona, *120,14*
Nieguen carbunclos sus sienes. *306,38*
Niegues *1*
passe; mas que tu me niegues, *229,3054*
Nieta *1*
De Apolo nieta, i de Esculapio hija, *269,392*
Nieto *8*
Nieto soi de quatro grandes *111,5*
Al nieto Augusto, armada vn dia la mano, *230,87*
Este nieto de Pus Podos *242,66*
Venia al tiempo el nieto de la Espuma, *264,521*
Ciego nieto de la espuma, *287,79*
Su nieto generoso, occulto ahora, *318,43*
Nieto del mar en la fee. *355,40*
Nieto de vna dura peña, *497,9*
Nietos *1*
Los dos nietos de Pepino *73,23*
Nieua *2*
Al de Niebla, al de Nieua, al de Lodosa. *154,14*
Copos nieua en la otra mill de lana. *261,148*
Nieue *63*
De blanca nieue el Henero, *7,18*
(Termino puesto al oro i a la nieue), *15,11*
De su rostro la nieue i la escarlata *16,7*
Muestra la blanca nieue, *25,21*
Vença a la blanca nieue su blancura, *36,13*
I nieue en Inuierno, *50,108*
Dèste mas que la nieue blanco toro, *60,1*
Es la nieue fria, *65,202*
Es de nieue i de nebli. *82,40*
Mientras de rosicler tiñes la nieue. *104,4*
Que ver cubierto de nieue *105,47*
Entre templada nieue *120,38*
Los blancos pies distinguen de la nieue, *128,10*
Porque la nieue se goce, *131,106*
Pedazos de nieue, i nacar. *144,30*
Huirà la nieue de la nieue ahora, *146,12*
Huirà la nieue de la nieue ahora, *146,12*
En esa mano de nieue *176,9*
Porque vuestro esplendor vença la nieue, *198,12*
Que la nieue es sombra obscura *216,29*
De purpura, i de nieue *229,99*
por copo de blanca nieue *229,1617*
donde vna nieue a otra espera, *229,2671*
I al Genil, que esperandoos peina nieue, *231,10*
O purpura neuada, o nieue roja. *261,108*
De quantos siegan oro, esquilan nieue, *261,149*
La nieue de sus miembros da a vna fuente. *261,180*
Grillos de nieue fue, plumas de ielo. *261,224*
Fugitiuo Crystal, pomos de nieue. *261,328*
Correr al mar la fugitiua nieue *261,482*
Bates los montes, que de nieue armados, *262,7*
Purpuréar la nieue, *262,15*
En que a pesar del Sol, quajada nieue, *263,626*
I nieue de colores mill vestida, *263,627*
Vença no solo en su candor la nieue, *263,897*
Si purpura la rosa, el lilio nieue. *264,221*
Nieue hilada, i por sus manos bellas *264,343*
De su bolante nieue. *264,836*
Cuia vestida nieue anima vn ielo, *264,865*
El armiño, cuia nieue *269,54*

No dès a la nieue enojos, *269,534*
No es bien que les fies la nieue. *269,536*
A nieue de la Fuenfrida. *269,736*
Sobre los copos de nieue *269,1780*
El ocio, salamandria mas de nieue *292,3*
Pero aun es fïèl la nieue *301,4*
Flores os siruiò la nieue, *304,10*
Nieue mal de vna Estrella dispensada, *326,10*
Dejèlas, i en vez de nieue, *331,47*
Entre la nieue i la nieue, *333,44*
Entre la nieue i la nieue, *333,44*
Dulce arroiuelo de la nieue fria *339,1*
Marfil; inuidíòsa sobre nieue, *341,13*
Ellos visten nieue, *350,3*
Ellos visten nieue, *350,11*
Ellos visten nieue, *350,19*
Ellos visten nieue, *350,27*
Ellos visten nieue, *350,35*
Las canas greñas de nieue *358,11*
Copos de blanca nieue en verde prado, *455,5*
I en la nieue se libra de la nieue. *456,14*
I en la nieue se libra de la nieue. *456,14*
Purpura ostenta, disimula nieue, *467,1*

Nieuen *1*
Flechen mosquetas, nieuen azahares; *263,797*

Nieues *6*
Mas las nieues de la Scythia, *63,227*
I antes que las nieues *79,49*
De nieues impedidos, *120,2*
Genil, que de las nieues se desata. *252,4*
El septimo Trion de nieues cano, *318,6*
A pesar de tantas nieues, *374,26*

Nieve *4*
Donde armados de nieve los Trïònes *229,1026*
Nieve el pecho, i armiños el pellico, *229,1045*
entre vnos dedos de nieve. *229,1155*
pues hija de mejor nieve *229,2340*

Nigris *1*
Que el Nigris no en su barbara ribera, *230,83*

Nilo *9*
Nilo no suffre margenes, ni muros *219,1*
No suele al Egypto el Nilo *229,370*
El Nilo si con militar decoro, *230,84*
Por las vocas de el Nilo el Orïènte. *261,436*
Tarde le encomendò el Nilo a sus bocas, *263,494*
Horrores dexa el Nilo que le baña. *264,830*
Sierpes del Ponto i aspides del Nilo, *280,26*
La corte les infunde, que de el Nilo *318,359*
Aun la vrna incapaz fuera de el Nilo. *318,414*

Nimbosae *1*
Et Orionis vi nimbosae stellae *118,6*

Nimpha *11*
Al tramontar del Sol la Nimpha mia, *15,1*
Huie la Nimpha bella, i el marino *261,129*
La fugitiua Nimpha en tanto, donde *261,177*
En Simetis, hermosa Nimpha, auido; *261,195*
Como la Nimpha bella, compitiendo *261,265*
La Nimpha los oiò, i ser mas quisiera *261,349*
Nimpha por quien lucientes son corales *264,596*
Rebelde Nimpha, humilde ahora caña, *264,831*
Timida fiera, bella Nimpha huia: *311,12*
I a las flechas de la Nimpha, *358,23*
A nimpha que peinaua vndoso pelo, *402,6*

Nimphas *3*
De donde a las Nimphas *79,17*
A tres nimphas que en el Tajo *83,63*
Adonde de las nimphas *103,49*

Nimphos *1*
El de las Nymphas i nimphos, *89,2*

Niña *20*
La mas bella niña *4,1*
Lloraua la niña *80,1*
Dexòla tan niña, *80,5*
Es como vn oro la niña, *105,24*
Mas que mucho, si es la niña, *148,41*
Repulgando està a la niña *167,92*
Esa palma es, niña bella, *176,1*
Olanda, niña, que ha andado *189,5*
Niña ISABEL, *193,2*
Zelosa estàs, la niña, *193,5*
— Alma niña, quieres, di, *213,1*
Con vn cantaro vna niña, *226,17*
Llegò el galan a la niña, *226,57*
me manda. Soi niña? Es coco? *229,2741*
Quantos, niña? Vn escudero. *269,747*
Niña la estimò el Amor *322,83*
Dvlce Niña, el barro bello *346,1*
De que solicite niña *355,59*
Las olas calmò la niña, *419,21*
Como en pañales niña que gorjea. *458,11*

Niñas *6*
Amiga de niñas, *11,3*
De niñas que labran. *11,4*
Por aquestas niñas *65,110*
Las niñas de vuestros ojos. *168,40*
Tomad, niñas, para hilo, *269,1146*
Aun las dos niñas son viejas: *418,17*

Niñéàr *1*
Por niñéàr, vn picarillo tierno *68,1*

Niñeria *1*
Con no sè que niñeria, *74,44*

Niñerias *3*
Pues da el mundo en niñerias, *26,7*
Que en sus niñerias *65,74*
Arrulle tus niñerias. *269,560*

Niñez *1*
Mal beuido en su niñez, *355,90*

Niñezes *1*
I Amor en nuestras niñezes *57,62*

Niniue *1*
Ô Niniue, tu cabeça *275,70*

Nino *2*
Que aquel que fue en la gran ciudad de Nino *21,13*
Dexò la ciudad de Nino, *322,289*

Niño *44*
I niño mayor de edad, *2,4*
Si vn niño ciego le uence, *61,25*
Inquieto fui desde niño, *74,63*
Quiso el niño Dios vendado *78,19*
Tras la red el niño Amor, *94,4*
El niño Dios, porque pierda *121,55*
Parece niño Amor, i es fiera braua!". *127,19*
Parece niño Amor, i es fiera braua!". *127,46*
Pues si es niño Amor, lo son *168,39*
los ojos del niño ciego, *229,975*
harpon el niño que vuela *229,1910*
i que entendimiento vn niño. *229,1984*

Prenda de niño perdida, *229,2326*
Pompa de el marinero niño alado *261,115*
El niño Dios entonces de la venda, *261,237*
Niño amò la que adora adolescente, *263,773*
Serà daros como a niño *269,2003*
El niño Amor! *287,12*
El niño Amor! *287,26*
Al Niño buscando van, *301,35*
Con nuestro glorioso Niño, *302,22*
— Niño, si por lo que tienes *306,1*
Esto, Niño, pido io. *306,11*
Esto, niño, pido io. *306,28*
Esto, niño, pido io. *306,45*
Niño i Dios, pero no ciego, *307,2*
Nace el Niño Amor que vees; *307,9*
Niño i Dios, pero no ciego, *307,15*
Niño i Dios, pero no ciego, *307,28*
A vn niño, que e Diosa e Reia: *308,22*
No piense el Niño que es coco *309,19*
Sino de vn niño en lo flaco, *322,195*
Mas, ai, que taladrò niño *322,201*
I vi llorar niño ahora, *331,62*
Niño Dios, tu me aconsejas *332,28*
Lo que ignoras como niño *332,30*
— Vno, ai, niño, que su cuna *352,10*
— Vno, ai, niño, que su cuna *352,22*
Que dormir vi al niño. Paso, *352,27*
Que dormir vi al niño. Paso, *352,37*
Aquel niño Dios, aquel *355,36*
Nace el Niño, i velo a velo *414,1*
Hace vn Niño junto a vn buei, *414,27*
Bautizamos al niño Dominico, *469,9*

Niños *4*
I de los niños i el vulgo *49,7*
Niños con que dais enojos: *168,37*
Niños dixe, i con razon, *168,38*
A los niños los gorgeos *322,35*

Níòbe *1*
Que Níòbe immortal la admire el mundo, *263,815*

Niquea *2*
I atada al braço prenda de Niquea; *113,4*
O a la Gloria de Niquea. *480,10*

Nise *3*
I quien es la ingrata Nise. *48,80*
Dulces ausencias de NISE *116,5*
De NISE en los Soles bellos: *116,29*

Nisida *1*
De Nisida tributa, *264,595*

Nitefriston *1*
Nitefriston, ponte al sol, *229,2490*

Nobia *1*
Antes que llegue a ser nobia *269,729*

Nobilissimo *1*
Nobilissimo cerote, *107,54*

Noble *32*
Tu noble arena con humilde planta, *22,11*
Templa, noble garzon, la noble lyra, *31,5*
Templa, noble garzon, la noble lyra, *31,5*
Sin inuidiar tu noble patria a Amanto, *35,6*
I al noble ardor desatese la cera, *45,11*
De el color noble que a la piel vellosa *47,1*
I tan noble como fiero, *49,4*
Noble desengaño, *50,1*
De vna Berberisca noble *57,43*

Para cuio noble intento, *63,61*
Tan noble como hermosa, *64,5*
Tu, que con zelo pio i noble saña *72,18*
Torres que defendeis el noble muro, *99,10*
El noble pensamiento *120,8*
Con aquella sangre noble. *131,28*
En su noble sangre piensa *132,23*
Sino el noble palomino *159,45*
I que noble espada sea *168,13*
En aquella plaia noble, *179,54*
El noble Alcaide de Sesto, *228,73*
con cierta noble doncella, *229,200*
es Policena mui noble, *229,203*
de este antiguo cerro noble, *229,457*
que en cada noble rincon *229,2540*
I en tan noble occasion tal hospedage. *263,533*
Torpe se arraiga.   Bien que impulso noble *263,1002*
Noble ia edificio, ahora *322,343*
Belga gentil, prosigue al hurto noble; *343,9*
Armar de vn paues noble a vn pastor rudo? *429,6*
De vn noble caçador el justo ruego, *499,15*
De vn noble caçador, amador noble, *499,17*
De vn noble caçador, amador noble, *499,17*

Nobles *13*
Cubra esas nobles faltas desde ahora, *21,5*
Las nobles paredes visten *48,42*
De arenas nobles, ia que no doradas! *51,4*
De los nobles Melioneses, *57,52*
Pues en tus nobles orillas *63,201*
Que pues de sus primeros nobles paños *77,65*
Las nobles MORAS son Quinas réàles, *92,2*
Dormid, copia gentil de amantes nobles, *120,46*
Nacido en nobles pañales; *159,46*
Nobles en nuestra España por ser Rojas, *252,10*
Los miembros nobles, que en tremendo estilo *318,410*
Los nobles poluos inclusos, *322,502*
Nobles padres dejas oi, *498,9*

Nobleza *3*
Ayuda con silencio la nobleza, *77,8*
Templo de Amor, alcaçar de nobleza, *99,6*
Por quien tuuo de nobleza *275,50*

Nobre *1*
Va en rengre nobre señora, *207,31*

Noche *91*
Passe a media noche el mar, *7,31*
Voluia de noche a casa, *26,25*
Toda la noche i el dia, *28,71*
I el claro dia vuelto en noche obscura, *36,10*
Con quien estaba vna noche, *64,7*
Que la noche de san Iuan *74,15*
Vna pues alegre noche, *74,49*
Se desatacò la noche, *75,15*
En lo que alumbra el Sol, la noche ciega, *77,71*
Pisa de noche las salas *91,9*
Que vna noche de Diziembre *96,95*
De noche me quita el freno, *96,129*
Demosle al vno la noche *98,83*
En tenebrosa noche, con pie incierto, *100,2*
I a la noche su silencio, *106,4*
Ni a las tinieblas de la noche obscura *120,10*
Que encuentra noche i dia *125,3*

Los ojos con mucha noche, *131,14*
Assais por quien, alguna noche clara, *153,10*
Que en noche serena *160,28*
En noche caminais, noche luciente, *164,13*
En noche caminais, noche luciente, *164,13*
Las tinieblas de la noche; *179,48*
En tenebrosa noche, en mar airado *218,1*
Fauoreciòles la noche, *228,153*
I vna noche mui llouiosa, *228,179*
Apenas la obscura noche *228,181*
quiso enuestille vna noche; *229,605*
esta noche, hija amada, *229,2018*
que huuo esta noche infinitos *229,2085*
le haga esta noche huir, *229,2405*
finja ser Lelio esta noche, *229,2408*
Tal io esta noche a Isabela *229,2434*
Todo esta noche se arrisca. *229,2530*
La noche, diras mejor. *229,2661*
Ser de la negra noche nos lo enseña *261,38*
Mudo la noche el can, el dia dormido, *261,169*
Dosel al dia i thalamo a la noche, *263,471*
Desmintieron la noche algunas horas, *263,681*
Vence la noche al fin, i triumpha mudo *263,687*
I si esta noche quies sello, *269,198*
Que esta noche tendràs hora. *269,297*
Pues luego esta noche quiere *269,629*
Si eres mi esposo esta noche, *269,645*
Para esta noche la guardo, *269,983*
La noche de su huìda. *269,993*
Solo esta noche. Señora. *269,1193*
Esta noche tal fauor? *269,1210*
Boluerè esta noche a veros *269,1216*
No a lumbre muerta en noche gozò obscura, *269,1268*
Esta noche es bien que sea. *269,1476*
Esta noche cubrir puedes. *269,1645*
Por vna noche, o por dos, *269,1759*
Que esta noche serà bien, *269,1762*
Que en siendo algo noche obscura, *269,2010*
Que dize la noche elada *282,2*
Pudiera ser noche fria? *282,20*
Es noche, i noche de vn mes *282,29*
Es noche, i noche de vn mes *282,29*
De la plaia i de la noche), *287,7*
Fue, i de la noche tambien, *287,30*
Quando? Esta noche. Ô que bueno! *300,9*
Ô, lo que esta noche haràn *300,19*
Desta noche tu palabra. *300,35*
Noche tal, *303,8*
La noche dia al nacer, *304,3*
O el dia noche al morir? *304,4*
Si esta noche, o noche tal, *304,9*
Si esta noche, o noche tal, *304,9*
La noche dia al nacer, *304,19*
O el dia noche al morir? *304,20*
Si esta noche aun os acusa *304,27*
La noche dia al nacer, *304,31*
O el dia noche al morir? *304,32*
Esta noche vn Amor nace, *307,1*
Esta noche vn amor nace, *307,14*
Esta noche vn amor nace, *307,27*
Era la noche, en vez del manto obscuro, *315,1*
Que adulada la noche deste fuego, *318,493*
I de la noche dio al maior diamante, *318,516*
Esta noche esclarecida *321,3*

Auia la noche antes *322,177*
Media noche era por filo, *322,281*
Iacia la noche quando *331,4*
Iacia, digo, la noche, *331,8*
De la noche, este portal. *352,32*
Que claras la noche vee, *355,32*
Reinaua la noche fria, *374,8*
La noche ataud me dio; *375,6*
Mala noche me diste, casada: *419,29*
I por gatera de noche, *496,13*

Noches *12*
Vaianse las noches, *4,51*
Que de noches frias *50,57*
Que de noches de estas, *50,65*
Que de medias noches *50,97*
Las noches de Henero breues *83,51*
Buenas noches, gran señor *110,61*
Pero las noches son malas, *121,18*
Las noches como el Lucero. *143,8*
Las noches a los ojos de los rabos? *153,14*
Pues las noches tienen boca; *282,24*
Las noches que desuelado, *302,18*
A que noches deues sueño? *497,24*

Nociuo *1*
Libres discurren, su nociuo diente *264,312*

Nocturna *3*
En la nocturna capa de la esphera, *263,384*
La que calças nocturna brilladora, *270,7*
De aue nocturna o paxaro de Auerno *280,54*

Nocturnas *2*
Infame turba de nocturnas aues, *261,39*
Las estrellas nocturnas luminarias *263,215*

Nocturno *8*
Citharista, aunque nocturno, *228,41*
Nocturno el lobo de las sombras nace; *261,172*
Carro es brillante de nocturno dia: *263,76*
De nocturno Phaeton carroça ardiente, *263,655*
O infausto gime paxaro nocturno; *263,800*
Nocturno Sol en carro no dorado, *315,10*
Hora que el farol nocturno, *322,282*
Inundaciones del nocturno Tajo. *326,14*

Noe *3*
Arcas de Noë, a donde *204,22*
Parò el arca de Noë. *269,1041*
Los dias de Noe bien recelara *402,1*

Noè *1*
Los dias de Noè, gentes subidas *108,9*

Nogal *3*
Ramos de nogal i espinas, *59,27*
Quiso a vn moço de nogal, *88,13*
A robusto nogal que azequia laba *263,634*

Nogales *1*
De castaños i nogales, *204,14*

Noite *3*
A Maitines. Noite è boa? *303,2*
A Maitines. Noite è boa? *303,28*
A Maitines. Noite è boa? *303,41*

Nombran *1*
porque a Fabio assi le nombran *229,809*

Nombraron *1*
Pues me nombraron a mi, *269,1851*

Nombre *68*
Celebrando tu nombre i fuerça valida: *1,45*
Contienen aquel nombre en partes tantas *30,3*
Que le hurte su nombre tu rûina. *45,14*

Gloria de tu nombre, *50,19*

Quanto tiene nombre, *56,35*

Al rebato en vuestro nombre, *64,51*

I en vuestro nombre combata". *64,52*

Nombre las leies de fe, *105,59*

Gloria del nombre de Vlloa, *121,102*

De oi mas su nombre mudemos *130,19*

Que en solo el nombre cada baxel toca. *166,36*

Que amenazais con mi nombre *168,3*

Vuestro nombre immortal, ô digno esposo *171,10*

vna firma de su nombre. *229,599*

tiene la mitad de el nombre, *229,629*

le dan al nombre castillo. *229,705*

su propio nombre arreboza. *229,729*

Isabela, cuio nombre *229,740*

I en tu nombre ponderè *229,850*

Mucho. Su nombre qual es? . *229,1305*

A la flor de tu nombre parecida; *229,1453*

i tu nombre en lugar del. *229,1633*

Ô tu, cuio nombre ahora *229,1679*

i violetas en tu nombre. *229,1686*

En su nombre desde ahora *229,1773*

si no diere nombre al mar, *229,1925*

sino otro de mejor nombre". *229,2358*

Mejor nombre le ponia *229,2564*

de esse nombre, por mi fee. *229,2579*

Tu ierno; Lelio su nombre, *229,3036*

por el que en su nombre viene, *229,3077*

I en nombre de Libia aqui, *229,3494*

Al mar, que el nombre con razon le beue, *230,5*

Sonando al fin vuestro nombre *242,137*

Tu nombre oiran los terminos del mundo. *261,24*

Galathea es su nombre, i dulce en ella *261,99*

El nombre articular que mas querria, *261,250*

Con nombre de Victoria. *263,480*

Si no ha dado su nombre a tus espumas, *264,140*

De escama, quanto mas de nombre) atunes *264,416*

Ni al otro cuio nombre *264,457*

Su nombre te lo dirà; *269,263*

Su nombre ia con su fama *269,306*

En sus grados, i en su nombre, *269,421*

En el nombre de IESVS, *269,462*

Celebren de oi mas tu nombre *269,952*

La de tu nombre; i lo fundo, *269,1295*

I nada a la de tu nombre, *269,1298*

Su nombre, aun de maior aliento dino *274,5*

En nombre iguales, el fue *275,47*

Arabe en nombre, Barbaro en linage; *279,24*

Pues tu nombre en su dureça *287,52*

Quede en marmol tu nombre esclarecido, *317,9*

Besa el nombre en sus arboles grauado. *318,54*

En nombre de la azucena, *322,151*

El nombre, lo catholico, lo santo. *335,14*

La que no es perla en el nombre, *376,13*

Callo el nombre por su honor; *417,5*

Octauo en nombre, i en prudencia vno, *421,28*

En prudencia, en cabello, en nombre, Cano. *437,14*

— Cómo es su nombre? — Alfange i vanderilla, *439,3*

Su nombre a cada cosa se le diga: *440,12*

En dalle nombre de Iudas *477,23*

Porque tuio el nombre sea *480,7*

Que tu nombre del reues, *488,7*

Por el nombre me da pena *490,1*

En nombre de Dios tener *493,4*

Nombre de moços le dan, *495,37*

Nombres 7

En que se guarden sus nombres, *131,118*

De dos caras, de dos nombres, *229,2862*

Ella a sus nombres, puertas immortales *232,12*

Sin caudales i sin nombres, *497,6*

Sin caudales i sin nombres, *497,21*

Sin caudales i sin nombres, *497,36*

Sin caudales i sin nombres, *497,51*

Nombro 1

A mi esperança, que infeliz la nombro *229,1537*

Nona 1

Como lo estuuiera a nona, *490,28*

Nonas 1

Recen sus tercias i nonas, *98,71*

Nones 3

I sus nones abrenuncio, *27,114*

Mienten a pares i nones *229,3361*

Seguro de encontrar nones *288,93*

Normandia 1

Conde que fue en Normandia *27,11*

Norte 19

Siempre su Norte descubre. *75,28*

Les va siruiendo de Norte. *131,64*

Tal, que dò el Norte iela al mar su espada *145,12*

De doña Calamita con el Norte. *203,105*

De las que, para Norte suio, estauan *218,13*

Norte eres ia de vn baxel *228,209*

al Tajo, mi patrio norte, *229,585*

Dales el Norte en todas sus regiones *229,1030*

En el carbunclo, Norte de su aguja, *263,82*

Del Norte amante dura, alado roble, *263,394*

La cabeça del Norte coronada *263,427*

Todo el Norte, i todo el Sur. *269,420*

Norte frondoso conducen *285,15*

Barquillo estudiòso illustre es Norte. *318,430*

Al Norte que ausente miro *384,32*

Fenix renazca a Dios, si aguila al Norte. *403,14*

Estufar pudiera al Norte *414,11*

Baculo a ciegos, Norte a nauegantes. *447,14*

Hecha norte i centinela; *496,14*

Noruega 7

No ai halcon oi en Noruega, *96,65*

como halcon de Noruega? *229,225*

Al Sol le hurtan la Noruega fria, *229,1027*

Torrida la Noruega con dos Soles, *263,784*

Desde la Mauritania a la Noruega, *264,738*

Los raudos torbellinos de Noruega: *264,973*

La que en Deziembre i Noruega *282,19*

Noster 1

"Pater noster, io soi pollo *242,36*

Nota 3

con que vuestras faltas nota *229,437*

De cierto ladron se nota, *269,363*

Pero, Cintia si se nota, *499,172*

Notable 2

Fresco, vistoso i notable, *63,38*

Que, como el mas notable de los rios, *152,13*

Note 1

I de camino se note *107,82*

Noticia 2

Su genero noticia; pias arenas *264,510*

Si acaso noticia tienes, *269,331*

Noto 2

Al enemigo Noto, *263,16*

El Sacre, las del Noto alas vestido, *264,750*

Notorio 1

Mas que no sea notorio *6,124*

Nouedad 2

I sea nouedad que importe; *158,6*

Tanto desta nouedad, *269,311*

Nouedades 1

Medico de nouedades, *229,962*

Nouel 2

De aquel Cesar nouel la Augusta historia, *40,2*

El Iupiter nouel, de mas coronas *318,247*

Nouelas 1

que en nouelas esparcido *229,232*

Noueleros 1

Cudiciosos noueleros, *58,2*

Noueles 2

Que potros tal vez noueles *266,7*

Cuio plumage piedras son noueles; *318,500*

Nouenta 1

Mas de nouenta i seis leguas". *62,64*

Nouia 5

i oi la nouia he visto io *229,1295*

como vna nouia Morisca. *229,2533*

con el padre de mi nouia, *229,2987*

Digo que la nouia aceta. *229,3545*

La nouia sale de villanas ciento *263,946*

Nouilla 5

La nouilla he visto. Passo. *268,39*

La nouilla he visto. Passo. *268,49*

De la nouilla hermosa. *268,54*

La nouilla he visto. Passo. *268,59*

La nouilla he visto. Passo. *268,69*

Nouilleja 3

Vna, ai, nouilleja, vna, *268,10*

Vna, ai, nouilleja, vna, *268,22*

Vna, ai, nouilleja, vna, *268,34*

Nouillo 6

Eral loçano assi nouillo tierno, *264,17*

Que boluiò despues nouillo. *351,4*

Que boluiò despues nouillo. *351,16*

Que boluiò despues nouillo. *351,28*

Que boluiò despues nouillo. *351,40*

Que al nouillo celestial. *358,36*

Nouillos 2

Nouillos (breue termino surcado) *263,849*

Que ha mas que fueron nouillos, *334,42*

Nouio 10

Que de el nouio no me assombre *229,2740*

que esperarà vn nouio ageno *229,2744*

Digo que el nouio obedece. *229,3544*

Que parientas de el nouio aun mas cercanas *263,620*

Al galan nouio el montañes presenta *263,722*

De el galan nouio, de la esposa bella, *263,1069*

Quien nouio al sotillo fue, *351,3*

Quien nouio al sotillo fue, *351,15*

Quien nouio al sotillo fue, *351,27*

Quien nouio al sotillo fue, *351,39*
Nouios *5*
Terneças de nouios son. *229,2824*
si a los nouios les parece. *229,3543*
Los nouios saca: Èl, de años floreciente, *263,757*
Los nouios de el vezino templo santo. *263,847*
Los nouios entra en dura no estacada. *263,1088*
Nube *9*
Que vna nube le da enojo, *159,28*
Porque no ai nube de este ojo *159,29*
Tal antes que la opaca nube rompa, *261,487*
O le esconde el Olympo o densa es nube, *264,747*
Que despreciando la mentida nube, *264,907*
Quando nube no el vestido, *269,179*
Los granos de oro que llouiò la nube. *269,1258*
A densa nube fia, que dispensa *315,7*
Luz como nube i raios como densa. *315,8*
Nubes *13*
Las torres, i le da nubes, *39,15*
I se orinaron las nubes. *75,16*
Que a las nubes borrais sus arreboles, *76,2*
O nubes humedezcan tu alta frente, *146,3*
Vertiendo nubes de flores, *149,97*
A coronar de nubes el meollo, *234,6*
Que mucho si de nubes se corona *261,413*
I vadèando nubes, las espumas *263,952*
Para la fuga appella, nubes pisa, *264,228*
Las nubes, desmintiendo *264,850*
Los montes huella i las nubes, *268,19*
Nubes rompiendo de espuma, *285,51*
Pisando nubes se fue. *355,96*
Nublado *2*
Huia la Aurora de el mortal nublado; *36,11*
En vn dia mui nublado *228,178*
Nublos *1*
Que ella dize que son nublos. *322,320*
Nudo *13*
Pero a lo demas dio vn nudo, *27,134*
Otro nudo a la bolsa *160,3*
Otro nudo a la bolsa *160,21*
Otro nudo a la bolsa *160,39*
Otro nudo a la bolsa *160,57*
Otro nudo a la bolsa *160,75*
Otro nudo a la bolsa *160,93*
Otro nudo a la bolsa *160,111*
Otro nudo a la bolsa *160,129*
Honrre súàue, generoso nudo *262,33*
Con triplicado nudo. *263,1060*
A España en nudo las implica blando, *318,615*
Del verde nudo la Aurora *355,15*
Nudos *27*
Que mas que vosotras nudos *9,57*
Mil crespos nudos por la blanca espalda, *25,15*
Que en nudos ciegos los tienen, *59,22*
I de zelos nudos fuertes. *59,44*
Viuid en sabrosos nudos, *82,129*
Mas ciegos sean vuestros nudos *116,25*
Mas ciegos sean vuestros nudos *116,40*
Mas ciegos sean vuestros nudos *116,55*
En los dichosos nudos *120,47*
Los vltimos nudos daba, *131,45*
Que de nudos le està dando *131,85*

El cabello en crespos nudos *144,19*
Con manos de crystal nudos de hierro? *197,14*
i los membrillos con nudos. *229,2605*
Entre estos nudos, aueja, *243,17*
De los nudos, que honestos, mas súàues, *261,473*
Fie tus nudos ella, que los dias *263,810*
I si prolixo, en nudos amorosos *263,895*
De reciprocos nudos impedidos, *263,970*
Nudos al mar de cañamo fîàndo. *264,36*
Que nadando en vn pielago de nudos, *264,105*
Nudos les halle vn dia bien que agenos, *264,234*
Menos dio al bosque nudos *264,581*
A Venus los estrechos dulces nudos, *269,1235*
El zurron no tendria nudos, *269,1404*
En los mas lasciuos nudos, *322,304*
Nudos hizo de su red. *353,16*
Nudosa *1*
La mas que nudosa red; *78,88*
Nudosas *3*
Dexadme, nudosas redes, *9,55*
A las nudosas redes, expuniendo *318,78*
Por nudosas redes truecas, *498,18*
Nudoso *4*
Deste nudoso espinaço, *96,62*
Laberintho nudoso de marino *264,77*
Mas o menos nudoso attribûìdo, *264,411*
Nudoso balcon gallardo, *269,1003*
Nueba *1*
Forma sacando tan nueba *412,50*
Nuebe *1*
Nuebe higas. *93,63*
Nuera *7*
Muger de muchos, i de muchos nuera, *72,48*
Nunca Dios me haga nuera *98,35*
si con valor nuera el tiene; *229,2525*
A mi nuera quiero veer. *229,2945*
Ai! Yo nuera labradora? *229,3295*
Io labradora por nuera? *229,3316*
En throno de crystal te abrace nuera, *261,404*
Nueras *1*
Mui mal se reciben nueras *229,3462*
Nuero *1*
tener al mozo por nuero. *229,269*
Nueua *21*
Mi camisa nueua, *5,10*
Porque nueua occasion tardas? *10,12*
I vsando al esparcir tu nueua lumbre *17,6*
La nueua torre que Babel leuanta, *77,61*
I a el casi trasladado a nueua vida. *120,36*
Salud nueua, fuerças dobles, *131,76*
I el panal es cera nueua. *159,50*
que para mi es cosa nueua. *229,271*
Tal diligencia, i tan nueua *229,2244*
Qual nueua Phenix en flammantes plumas, *263,948*
Lachesis nueua mi gallarda hija, *264,435*
Vna nueua, pisadora, *269,677*
Aunque era criada nueua *269,1062*
La recopilacion nueua. *275,28*
Luz nueua en Emispherio differente, *293,13*
El Rei Padre, luz nueua al firmamento *318,230*
En nueua imagen dio: porfido sella *318,231*
Que me valiò nueua luz, *331,58*

Pues oi da vuestra pluma nueua gloria *425,9*
Bien dispuesta madera en nueua traça, *442,1*
Moços de nueua impression, *495,34*
Nueuamente *1*
He io nueuamente impresso *269,1612*
Nueuas *13*
Pues nueuas fuerças cobra, *25,33*
Traeme nueuas de mi esposa, *38,17*
Papeles de nueuas *65,147*
Nueuas i mentiras; *65,152*
De Paris aquestas nueuas: *73,48*
Nueuas que el dia siguiente *96,91*
Pide nueuas a vn Pòèta, *158,8*
Antiguos Dioses i Deidades nueuas, *166,8*
Cosas fueron esas nueuas; *229,652*
Candados hizo e otras nueuas grutas, *263,448*
Mercurio destas nueuas diligente, *264,648*
Paredes, que piedras nueuas *269,1010*
saber ia nueuas del. Creo *499,278*
Nueue *6*
Que la que illustra el cielo en luces nueue. *15,14*
Muchas eran, i muchas vezes nueue *264,353*
Nueue meses avrà o diez, *285,24*
Nueue meses que la trujo, *322,94*
Las diez i nueue torres de el escudo. *429,2*
Mas al cabo de los nueue *496,26*
Nueuo *27*
I hecho otro nueuo Alcides, *26,37*
Dèl nueuo Mundo os dirè *58,5*
I dèstas aues dos, que al nueuo dia *60,3*
Cuia diestra Rèàl al nueuo mundo *76,10*
Borcegui nueuo, plata i tafilete, *113,7*
Saludar al raio nueuo *121,128*
Las puertas de la edad, i el nueuo Iano *156,2*
Nueuo dulce pensamiento *158,15*
El tierno francolin, cl faysan nueuo, *229,49*
escala de el Nueuo Mundo, *229,492*
i gozad de el nueuo estado *229,3516*
Renace a nueuo Sol en nueuo Oriente. *247,14*
Renace a nueuo Sol en nueuo Oriente. *247,14*
Dulce Helicona nueuo, *256,57*
Que de su nueuo tronco vid lasciua, *261,351*
La region de su frente raio nueuo, *263,286*
En nueuo mar, que le rindiò no solo *263,431*
Quanto en vasos de abeto nueuo mundo, *264,404*
Tu, infestador en nuestra Europa nueuo, *264,772*
Desuanecimiento nueuo *269,1023*
No es nueuo el entrar en casa, *269,1330*
No menos que vn nueuo estado; *269,1692*
Quien lo tendrà por nueuo, *313,42*
Nueuo Epiciclo al gran rubi del dia, *318,515*
Nueuo acrecienta eslauon. *383,4*
Por pasos de vn rodeo nueuo i duro, *472,2*
El nueuo termino corra, *481,6*
Nueuos *14*
El mercader nueuos soles; *7,25*
Nueuos conoce oy dia *25,53*
I de los nueuos Roldanes; *63,140*
Pauillos nueuos capona *122,57*
De casos nueuos; que es bien, *158,22*
Ia en nueuos campos vna es oi de aquellas *221,12*

dieron basiliscos nueuos? *229,1355*
me tirais nueuos bohordos? *229,3439*
Del Rei, de fieras no de nueuos mundos, *230,19*
Nueuos caluarios sus antiguas peñas. *230,90*
Obliquos nueuos, pensiles jardines, *263,720*
Sus pollos este al mar conduze nueuos, *264,259*
Por flechar amores nueuos, *269,590*
De nueuos dogmas, semiuiuo zela, *318,590*
Nuevo *1*
Que ai pues, de nuevo, mi Rei? *269,1870*
Nuez *2*
Mas ni la encarcelada nuez esquiua, *263,879*
La vna fue dar la nuez *490,14*
Nuezes *1*
I por letra pan i nuezes". *59,28*
Nuflo *1*
Echar de Nuflo Garcia *269,738*
Ñuflos *1*
Ñuflos, i reñuflos chero. *269,746*
Nulo *1*
Le reuocaron por nulo! *322,264*
Numa *1*
Lease, pues, de este prudente Numa *279,7*
Numero *24*
En numero de todo tan sobrado, *72,24*
O al dissonante numero de almejas, *261,381*
En numero a mis bienes son mis males.
261,392
Numero crece i multiplica vozes. *263,232*
Tropheo ia su numero es a vn hombro, *263,307*
Cuio numero, ia que no lasciuo, *263,483*
A esconder con el numero el camino, *263,512*
Quando en numero iguales i en belleza,
263,617
Su numero, i del rio *263,916*
Harmonîoso numero se esconde *264,251*
Cuio numero indigna la ribera. *264,722*
Numero i confusion gimiendo hazia *264,806*
Con su numero el Sol.   En sombra tanta
264,886
Daràn numero a las flores *269,1144*
Del numero que occurre a saludarlo, *279,35*
De competente numero la Griega, *318,261*
A pesar del numero, vno". *322,508*
En numero, i en edad *353,50*
Lo que su numero breue *358,43*
En numero al fin segundo, *373,17*
I sin numero bendito, *373,18*
Crecer humilde el numero al rebaño, *404,19*
I pues quien fama i numero a los Doce *439,12*
La vista os vne, el numero os difiere; *470,9*
Numeros *12*
Pòema, si no a numeros atado, *232,2*
De cuios dulces numeros no poca *264,181*
En numeros no rudos *264,536*
Que dictaua los numeros que oìa? *264,634*
Las horas ia de numeros vestidas, *264,677*
Suda electro en los numeros que llora. *316,4*
I debale a mis numeros el mundo *318,15*
Para numeros sus ojas, *353,27*
En numeros que súàues *357,83*
Dicte numeros Clio para ello. *360,4*
Los numeros, Señor, de este soneto *396,13*
Espantado han sus numeros al mundo *453,3*
Numerosa *1*

De cithara numerosa, *259,18*
Numerosamente *1*
Entrò bailando numerosamente; *263,890*
Numeroso *8*
El numeroso al fin de labradores *263,755*
De muchos pocos numeroso dueño, *264,316*
Del nectar numeroso *264,629*
De el llanto, pues, numeroso *287,33*
Este, si numeroso, dulce escucha *290,9*
Redil ia numeroso del ganado, *318,50*
Nectar bebe numeroso *389,41*
Dixo; i assi el theatro numeroso *451,13*
Numerosos *1*
Vuestros numerosos pies *167,15*
Nunca *51*
Mas que nunca aljofaradas, *10,46*
Tu bellissimo pie nunca ha dexado *25,46*
Nunca merezcan mis ausentes ojos *51,12*
De tantos nunca sepultados huessos, *54,10*
Aunque nunca tan bien huelan. *73,44*
Nunca sali de mi tienda *74,77*
Do se trîumpha i nunca se combate, *77,44*
Aunque nunca me ha herrado *96,26*
Nunca Dios me haga nuera *98,35*
Mas que nunca obediente, *103,22*
(Nunca fuera tan querida) *123,22*
Nunca la viera el cuitado, *149,43*
Que nunca vna Deidad tanta fe engaña. *156,36*
Nunca dieron pena. *160,106*
Que nunca dexò en su arte *186,6*
Nunca han permitido, que entre *190,8*
(Nunca Menga fuera al baile) *216,2*
Nunca io tope con sus Señorias, *222,5*
Que herrando nunca su mula, *227,49*
Que nunca enfrenò las aguas *228,43*
Nunca io entràra a seruir *229,150*
nunca nos vimos jamas. *229,833*
i el que es loco nunca es viejo. *229,1009*
Nunca los honrados amen, *229,1386*
Tarde, o nunca. Presto, i luego. *229,2586*
i nunca de hombre pisada. *229,2673*
Nunca lo estuuiera assi. *229,3497*
Nunca dexa de ser mono. *242,116*
Nunca muriera Doña Margarita! *255,14*
Para el Austro de alas nunca enjutas, *263,449*
Largo curso de edad nunca prolixo; *263,894*
Que vuestras bacas tarde o nunca herradas.
263,912
Tarde o nunca pisaron cabras pocas, *264,398*
Nunca tiene edad el rico. *269,284*
Nunca tratàra mi hermana *269,749*
Nunca io, Doctor, le pido *269,891*
Tierra sella que tierra nunca opprima; *314,5*
La nunca extinta purpura de Alberto *318,595*
Muerte en que nunca se acabe. *382,10*
A caducar nunca, o tarde, *389,40*
Vno a otro Propheta. Nunca en vano *400,13*
De escollos mil besado i nunca roto. *404,40*
Que nunca fuera cerrado. *406,10*
Porque nunca hilaba ni cosia. *450,8*
Nunca ha querido lo que no le han dado:
452,10
Erase en Cuenca lo que nunca fuera; *459,1*
Pues nunca de la Biblia dices le. *468,4*
Nunca se ha visto la frente *493,10*

Que nunca salieran, *494,39*
Nunca la memoria pierden; *495,10*
Siempre oluidado, nunca arrepentido; *499,18*
Nuncio *4*
Domestico es del Sol nuncio canoro, *263,294*
Que tiene veces de Nuncio, *322,216*
De conuertir en Nuncio la Annunciata, *438,7*
Al señor Nuncio, digo al de Toledo. *454,14*
Nuño *2*
Tenia Mari Nuño vna gallina *313,1*
Perdone Mari Nuño, *313,7*
Nupcial *4*
Que a la fiesta nupcial de verde tejo *264,31*
Nupcial la califique tea luciente; *264,608*
A la thea nupcial, que perezosa *318,283*
Entre el concento pues nupcial oiendo *318,345*
Nupciales *1*
Nupciales ropas el alma, *388,17*
Nuptial *1*
A cuia nuptial Linterna *275,106*
Nuue *1*
Fragrante luto hazer la nuue densa *362,3*
Nuues *3*
Casarse nuues, desuocarse vientos, *108,2*
Nuues son, i no naues, *166,17*
Aguja que de nuues se corona; *298,4*
Nympha *30*
Porque la nympha no huia, *9,35*
Venia la Nympha bella *10,37*
Huiendo va de mi la Nympha mia, *25,10*
"No huias, Nympha, pues que no te sigo. *25,36*
La siguio Nympha, i la alcançò madero. *25,60*
Mirame, nympha gentil, *28,81*
Bella Nympha, la planta mal segura, *43,5*
Adios, Nympha crúèl; quedaos con ella, *43,13*
Que la de su nympha; *65,56*
No ai nympha de Vesta alguna *75,29*
Vna Nympha bella, *79,58*
Viò la nympha mas hermosa *115,11*
A quien su nympha bella *125,6*
Del sacro Betis la Nympha *149,33*
La Nympha se ha buelto sombra. *149,38*
I en el enbes de la Nympha *149,69*
Donde la Nympha es Phebo i es Dîana, *165,12*
A vna Nympha soberana, *177,2*
La luz le offreciò vna Nympha, *215,21*
Nympha, de Doris hija la mas bella, *261,97*
La Nympha pues la sonorosa plata *261,217*
Alterada la Nympha estè, o suspensa, *261,291*
Con lagrimas la Nympha solicita *261,493*
Villana Psyches, Nympha labradora *263,774*
Son de la Nympha vn tiempo, ahora caña
263,884
Soi nympha siluestre, i vos *269,1130*
Nympha de las seluas ia, *378,55*
Nympha del mar, con quien son *387,2*
De Nympha que ahora es caña, *390,51*
La avena pastoral, ia nympha bella, *424,3*
Nymphas *14*
Llorando està dos Nymphas ia sin vidas *12,3*
Que, aunque las demas Nymphas doloridas
12,6
De Nymphas te pondria, *25,50*
El de las Nymphas i nimphos, *89,2*
No es blanco choro de Nymphas *144,5*

Las Nymphas que de aquel soto *149,87*
De las Nymphas el choro, i su concento *166,40*
Sus Nymphas choros, i sus Faunos danças.
   231,14
Inuidia de las Nymphas i cuidado *261,113*
Ia que Nymphas las niega ser errantes *263,273*
De las que el bosque bellas Nymphas cela;
   263,795
Nymphas bellas i Satyros lasciuos, *263,1079*
Alegres choros de Nymphas *353,31*
Nymphas son de Aranjúèz, *376,18*
Nynfa *2*
Nynfa que siempre a guardado *28,18*
Moriste, Nynfa bella,. *103,1*
Obedece *5*
Sin escusas le obedece, *57,30*
Si obedece, esposa es loca; *229,2520*
Digo que el nouio obedece. *229,3544*
Imperîoso aun obedece apenas. *276,8*
Sino al Amor obedece. *333,72*
Obedecen *2*
I a su voz, que los juncos obedecen, *264,217*
Obedecen al sincel. *378,12*
Obedecer *1*
obedecer, i no herir! *229,2325*
Obedecia *1*
Baston le obedecia tan ligero, *261,54*
Obedecido *2*
Que ha obedecido tanta gente honrada, *68,13*
Lo mas obedecido *313,22*
Obedeciendo *3*
Obedeciendo la dudosa planta, *263,191*
Resiste obedeciendo, i tierra pierde. *264,26*
La fuerça obedeciendo del destino, *398,12*
Obedeciendote *1*
Obedeciendote callo, *269,1844*
Obedeciò *1*
Obedeciò mejor que al baston graue, *145,4*
Obedezcais *1*
Iusto es le obedezcais vos *269,107*
Obediencia *7*
Dos vezes la sugeta a su obediencia. *1,26*
del Amor con la obediencia; *229,2438*
pecca contra la obediencia. *229,3028*
Aun la obediencia colloca. *259,52*
I en la obediencia papel. *353,20*
Obediencia jura el monte *358,21*
Voluntad por obediencia. *498,20*
Obediente *3*
Madre dichosa i obediente sierua *72,41*
Mas que nunca obediente, *103,22*
Marmol obediente al duro *322,394*
Obejas *2*
De mis obejas pastor. *331,46*
Pastores que, en vez de obejas *353,9*
Obelisco *3*
Ese obelisco de edificios claro, *229,2162*
Sacro obelisco de grandeza estraña, *229,2172*
Raiò el verde obelisco de la choça. *263,181*
Obeliscos *4*
Illustren obeliscos las ciudades *263,934*
I obeliscos los montes sean del mundo.
   264,164
Que al tiempo de obeliscos ia, de muros *315,70*
Que ser quieren obeliscos *333,23*

Obispa *1*
Si viene la Obispa sancta? *207,34*
Obispo *2*
Mas que roquete de Obispo *29,39*
Lo que de Obispo Turpin, *243,54*
Objectos *1*
A los objectos i a la vista agrabio. *229,2227*
Objeto *2*
La attencion toda: no al objeto vano *368,15*
El luminoso objeto sea consorte, *403,11*
Obliga *6*
A derramallas me obliga, *204,28*
Si la honra obliga a tal, *229,1338*
Si el Amor, por lo que obliga *257,27*
Pues me obliga mas apriesa *269,627*
Persuade? I aun obliga. *269,926*
A quanto rasgo obliga *313,38*
Obligacion *2*
Con tanta obligacion no aspira a tanto. *203,90*
I no te fuerça obligacion precisa, *263,519*
Obligado *3*
Aunque te he obligado poco *87,51*
siruas, si obligado te han *229,3052*
Donde me ha obligado a mi, *242,69*
Obligan *1*
Obligan a su Rei que tuerza graue *318,23*
Obligar *2*
ha de obligar a Violante, *229,1914*
Me quiera obligar a amarla, *493,15*
Obligarà *1*
te obligarà a hacer tres cruces, *229,923*
Obligo *1*
a mi firmeça me obligo, *229,2691*
Obligòme *1*
Obligòme. *423,21*
Obligue *2*
Sino porque no te obliguc *48,46*
que a tal me obligue, i si a tal *229,1913*
Obligues *2*
Que me obligues a tener *269,682*
Quiera Dios que no me obligues *269,1028*
Obliquidad *1*
Sino por la obliquidad *242,25*
Obliquo *1*
De arroio tan obliquo, que no dexa *281,29*
Obliquos *2*
Obliquos nueuos, pensiles jardines, *263,720*
En obliquos si engaños, *264,912*
Obra *3*
Obra de architecto grande, *63,96*
Obra al fin en todo digna *78,47*
Que, sin obra de varon, *238,9*
Obras *16*
I en las obras de costura *26,62*
Por las obras temerosa, *74,23*
I obras de Paternidad. *98,4*
I obras de Paternidad. *98,16*
I obras de Paternidad. *98,28*
I obras de Paternidad. *98,40*
I obras de Paternidad. *98,52*
I obras de Paternidad. *98,64*
I obras de Paternidad. *98,76*
I obras de Paternidad. *98,88*
Mis obras oi te la den. *212,10*
De las Obras de Boscan, *228,55*

mas las palabras son obras. *229,749*
Todo es obras de araña con Baeça, *255,9*
Lenguas sean de tus obras, *259,90*
Obras ambas de artifice prolixo, *261,458*
Obreros *1*
Obreros, a horas diuersas; *275,100*
Obrigasse *1*
As Musas obrigasse aun a peeia?. *430,8*
Obscura *14*
I el claro dia vuelto en noche obscura, *36,10*
I la capa verde obscura, *74,9*
Ni a las tinieblas de la noche obscura *120,10*
Que mal serà con dos Soles obscura. *164,14*
Que la nieue es sombra obscura *216,29*
Apenas la obscura noche *228,181*
Que obscura el buelo, i con razon doliente,
   246,5
Obscura concha de vna MARGARITA, *247,12*
De vna i de otra verde rama obscura, *260,2*
Fingieron dia en la tiniebla obscura), *263,683*
No a lumbre muerta en noche gozò obscura,
   269,1268
Que en siendo algo noche obscura, *269,2010*
En sombra obscura perdonò algun dia, *318,236*
Verde ia pompa de la selua obscura; *426,2*
Obscuras *5*
Señas obscuras pues, i a el Sol corona. *136,11*
No las bellezas obscuras, *143,11*
dan cueruos de obscuras plumas? *229,1353*
no enigmas, se leen obscuras *229,2007*
De las obscuras aguas de el Leteo, *261,58*
Obscurece *1*
La mano obscurece al peine; *3,7*
Obscurecen *2*
Que obscurecen las espumas *121,79*
Obscurecen sus aguas sus arenas, *317,3*
Obscurecer *1*
La viò obscurecer los lilios *3,9*
Obscurecia *1*
Como se obscurecia el Sol en ellos. *174,4*
Obscuridad *1*
Pues imputa obscuridad *483,8*
Obscuro *10*
En este aposento obscuro, *27,78*
De el dia entre obscuro i claro, *228,114*
Caliginoso lecho, el seno obscuro *261,37*
De el blanco lino que de el bello obscuro.
   263,967
Que tiene de obscuro i claro, *268,42*
Le hacen obscuro, i el en dos raçones, *293,10*
Era la noche, en vez del manto obscuro, *315,1*
Lastimosamente obscuro, *322,22*
Obscuro, pues, la voz como la pluma, *404,9*
Llegò al infierno a tiempo tan obscuro, *472,3*
Obscuros *1*
Sino los obscuros bellos; *143,12*
Obseruador *1*
Barbaro obseruador, mas diligente, *264,407*
Obseruancia *1*
Con obseruancia, i rigor. *161,36*
Obserues *1*
La ingenuidad obserues Española, *421,74*
Obstante *1*
Donde fincarà, no obstante, *288,33*
Obstinada *2*

Doblaste alegre, i tu obstinada entena *263,451*
Quiere obstinada que a sus alas guarde: *392,4*
Obstinado *1*
Esgrimiò casi el obstinado azero. *318,552*
Obtubo *1*
Lugar el olfacto obtubo *322,58*
Ocasion *12*
En esta ocasion, *80,30*
— Niega, alma, en esta ocasion *213,17*
Quando la ocasion suceda; *269,78*
Qualquiera ocasion de enojos. *269,584*
La ocasion le solicita, *269,691*
Pero en tan fuerte ocasion, *269,791*
En ocasion como esta, *269,1075*
Que en baxa ocasion ni en alta, *269,1411*
Que vna gran ocasion pierdes. *269,1817*
La ocasion de morir muerte temprana. *466,8*
Que dice la ocasion de su camino; *472,11*
La otra, sin ocasion *490,16*
Ocasiones *1*
Quan dulces te adjudicas ocasiones *264,658*
Occasion *9*
Porque nueua occasion tardas? *10,12*
A la occasion, que es gran ierro; *87,80*
Que alçaba el pie en occasion, *161,90*
Con bien facil occasion *229,834*
Marcelo, pues la occasion *229,1687*
La occasion por los cabellos. *229,1718*
hallarte en esta occasion. *229,3403*
I en tan noble occasion tal hospedage. *263,533*
Tan bien nacida occasion, *269,1831*
Occasiones *5*
con estas dos occasiones, *229,609*
i auiendo occasiones hartas, *229,832*
Occasiones peligrosas *269,594*
Logradas las occasiones, *269,1128*
I en altas i arriscadas occasiones, *464,5*
Occaso *1*
Haziendole atalaias de el Occaso *263,640*
Occassion *1*
Se pinta la occassion calua. *29,60*
Occéàno *4*
Centauro ia espumoso el Occéàno, *264,10*
Vrna suia el Occéàno profundo, *264,163*
Enjugando el Occéàno profundo; *318,400*
Las sienes al Occéàno le esconde; *318,620*
Occéànos *1*
Pisa el sol, lamen ambos Occéànos, *398,11*
Occidental *3*
Del soplo Occidental, de el golfo incierto, *230,60*
Que occidental balcon fue de la Aurora, *318,523*
En este occidental, en este, ô Licio, *393,1*
Occidente *13*
Velas dèl Occidente, *77,79*
I su occidente el Tajo. *103,83*
El Occidente hazes apartado; *162,4*
Vna ala suia, i otra el Occidente? *163,14*
Parte a lleuar al Occidente el dia *166,22*
I espera idolatrallos Occidente. *174,11*
Dulce Occidente viendo al sueño blando, *261,190*
Del vltimo Occidente, *263,311*
Besando las que al Sol el Occidente *263,416*

Lo que al Sol para el lobrego Occidente, *263,632*
Del Rei del Occidente, *280,10*
Que en dos truenos librò de su Occidente, *293,11*
Las vanderas, ia sombras de Occidente; *323,4*
Occulta *3*
Sicilia en quanto occulta, en quanto offrece, *261,137*
A pesar pues de el agua que la occulta, *264,196*
Apenas muro la estructura occulta; *318,164*
Occultas *1*
Gigantes miden sus occultas faldas, *112,9*
Occulto *3*
(En la rustica greña iace occulto *261,281*
Su nieto generoso, occulto ahora, *318,43*
Con diente occulto, Guadíàna, sales *318,196*
Occultos *1*
Cuios relieues occultos *322,74*
Occupa *3*
Los braços del puerto occupa *132,41*
Emilio, su padre, occupa *229,560*
De el breue islote occupa su fortuna, *264,206*
Occupaban *1*
Occupaban a sus Reies *63,31*
Occupada *1*
Ni occupada la industria *103,69*
Occupan *2*
Occupan las raridades; *63,92*
I occupan los vacios *166,11*
Occupando *2*
occupando con su sciencia *229,431*
Verde poso occupando, *264,888*
Occupar *1*
Mejor occupar, *4,26*
Occuparà *1*
Occuparà el ataud. *269,508*
Occuparon *1*
Occuparon en su huessa, *322,491*
Occupe *2*
I que la occupe el lacaio. *123,32*
Mejor es que occupe vn rato *229,1885*
Occupen *1*
Vna blanca piedra occupen: *75,84*
Occupese *1*
Occupese la señora *269,885*
Occupò *1*
Los senos occupò del maior leño *264,54*
Occurre *1*
Del numero que occurre a saludarlo, *279,35*
Oceàm *1*
Do Austro os assopros e do Oceàm as agoas; *118,11*
Oceano *6*
Las ondas de el Oceano *229,2896*
Del Oceano pues antes sorbido, *263,22*
Oceano ha beuido, *263,35*
De vn Oceano i otro siempre vno, *263,474*
O la alta bassa que el Oceano muerde *264,760*
Huiendo con su Oceano la espuma, *315,61*
Oceàno *2*
Si vna vrca se traga el Oceàno, *135,12*
Le admira reuerente el Oceàno. *230,26*
Oceàno *2*
Me dan que de el Oceàno tus paños, *263,529*

El Ocèàno todo, *264,494*
Océàno *14*
De Segura al Océàno *48,67*
El rico de rûînas Océàno; *72,30*
I las olas crystal del Océàno; *166,34*
El crystal del Océàno, *179,3*
En el Océàno esconden. *179,20*
Océàno de limosnas *259,100*
Al padre de las aguas Océàno, *263,405*
El Isthmo que al Océàno diuide *263,425*
Mucho Océàno i pocas aguas prenden, *264,75*
Océàno importuno *264,376*
Quantas del Océàno *264,701*
Lisonja del Océàno *287,29*
Lamer en tanto mira al Océàno, *298,18*
Terminos del Océàno la espuma, *316,12*
Ochabo *1*
—Cheriba vn ochabo de oro, *124,3*
Ochabos *1*
Que no las redima a ochabos? *124,8*
Ochauario *1*
La que trae tal ochauario. *269,660*
Ochauos *1*
En ochauos, pues se tiene *269,658*
Ocho *11*
Holguème de quatro i ocho, *27,61*
Carroças de ocho bestias, i aun son pocas *69,7*
Que siruiera mejor ocho *83,10*
Ocho higas. *93,56*
Aunque començò a las ocho, *94,34*
Ocho o diez piezas disparan, *132,37*
Que en ocho globos o diez *132,38*
A quien se abaten ocho o diez soberuios *263,987*
A la que quatro de a ocho *322,159*
Quando vn suspiro de a ocho, *322,439*
Segouianos de a ocho: buen viage; *367,3*
Ocio *10*
Ni pesadumbre mi ocio, *83,42*
Ia que no ai ceuada, ai ocio, *96,87*
Por hurtarle a su ocio mi ribera. *134,13*
Ocio sin culpa, sueño sin cuidado *203,68*
Discursos ha hecho el ocio, *243,37*
Ocio attento, silencio dulce, en quanto *261,18*
El ocio, salamandria mas de nieue *292,3*
Los verdes años ocio no desflora, *318,134*
De la intencion i del ocio. *357,68*
Su ocio no le conuença! *412,17*
Ocios *1*
Rompe mis ocios, porque el mundo vea *458,13*
Ociosa *8*
Ociosa toda virtud, *235,1*
Del cauallo Andaluz la ociosa espuma; *261,14*
Si ociosa no, assistiò naturaleza *270,1*
En villa humilde si, no en vida ociosa, *294,1*
Ociosa venda el abuso". *322,208*
"Ociosa, Amor, serà la dicha mia, *340,12*
Beldad ociosa crecia *355,17*
O bien aia modestia tan ociosa! *452,11*
Ociosamente *1*
Desatas ociosamente, *204,12*
Ociosas *1*
De los estudios no ociosas, *259,106*
Ociosidad *1*
Que sienta la ociosidad *227,47*

Ocioso *7*
Sea de oi mas a vuestro leño ocioso, *264,374*
Ocioso pues, o de su fin pressago, *264,837*
Ocioso, mas la siempre orilla amena *289,7*
Sobra el Can, que ocioso iace *302,17*
Ocioso es ia desden tanto, *348,19*
El afecto mas ocioso. *357,24*
Al zephyro no crea mas ocioso *451,9*
Ociosos *1*
Aunque ociosos, no menos fatigados, *264,971*
Octaua *4*
La beldad dèsta Octaua Marauilla, *76,13*
Que hacerselas a Iudas con Octaua. *203,39*
Octaua marauilla soys de el suelo; *229,22*
Quiere, en la Octaua del Corpus, *242,14*
Octauas *1*
Dos Octauas Rimas, *65,114*
Octaufàno *1*
Los años deberà de Octaufàno. *318,96*
Octauio *18*
Sirue a Octauio de caxero, *229,266*
presupponiendo que Octauio *229,267*
con Octauio, aqui en Toledo, *229,732*
la mano de Octauio es. *229,857*
Ô canas de Octauio viejo, *229,902*
a Octauio, a ti, i a Isabela, *229,925*
Octauio mi señor, llama; *229,1268*
porque oi a tu padre Octauio *229,1278*
Busquè la casa de Octauio, *229,2266*
De Octauio, lo que de Cosme *229,2270*
de entrar a Octauio a seruir. *229,2287*
Pecco en replicar que Octauio *229,2502*
pensando, pues es de Octauio *229,3099*
vendrà a vuestra casa, Octauio. *229,3169*
Entra, pues. Octauio, ia *229,3206*
Octauio, no aueis goçado *229,3330*
Iusticia de Dios, Octauio! *229,3386*
Octauio, no descubrais *229,3453*
Octauo *3*
Octauo muro a Troia *140,20*
De el Octauo Clemente fue en Ferrara. *318,292*
Octauo en nombre, i en prudencia vno, *421,28*
Octubre *1*
El Octubre que vendrà. *288,76*
Oculta *2*
Engañada su oculta lyra corba, *264,355*
Las margenes oculta *264,832*
Oculto *4*
Verde era pompa de vn vallete oculto, *264,287*
Bien que prescribe su esplendor lo oculto: *318,44*
Esta pues que aun el mas oculto seno *318,157*
Ni publico don, ni oculto. *479,7*
Ocultos *1*
Que al peregrino sus ocultos senos *264,699*
Ocupa *1*
Texiendo ocupa vn rincon *257,41*
Ocupacion *1*
La ocupacion inquiriendo, *355,57*
Ocupada *1*
Con la mano ocupada *72,46*
Ocupado *3*
A no tenelle ocupado *74,43*
Que io sè que anda ocupado, *269,1327*
Crystal, o de las rosas ocupado *318,210*

Ocupais *1*
Si les ocupais las manos *58,35*
Ocupan *1*
Mientras ocupan a sus naturales, *264,957*
Ocupar *2*
A ocupar dèl rio *79,23*
Tres vezes ocupar pudiera vn dardo. *263,998*
Ocupas *1*
la menospreciado ocupas *87,21*
Ocupo *1*
La ocupo, si no la passo. *96,116*
Odiaua *1*
Que por la misma mano del que odiaua *499,46*
Odio *2*
I no penseis que es por odio, *242,24*
Lo que concediera vn odio. *357,96*
Odios *1*
De los odios reciprocos ouando. *318,616*
Odioso *1*
De el Pharo odioso al Promontorio extremo; *261,124*
Odorifero *1*
Dandole el odorifero *1,51*
Odre *1*
De el odre donde los tuuo *75,19*
Odyssea *1*
Por esta negra Odyssea *82,67*
Ofende *1*
No ofende las tinieblas de mi canto. *404,12*
Ofenderte *1*
No ha sido por ofenderte *269,579*
Ofendido *2*
Solo gime ofendido *263,689*
I, ofendido de tanta competencia, *467,13*
Ofensa *1*
I ponderoso oprime sin ofensa *362,6*
Offenda *1*
Offenda las orejas este vltrage, *229,34*
Offendan *1*
Offendan en alcaçares dorados *281,14*
Offende *1*
Menos offende el raio preuenido *261,301*
Offender *4*
Fingiendo offender su rostro, *107,71*
Offender súauemente *259,23*
Gerardo, quien a offender *269,243*
No puede offender al Sol. *286,4*
Offenderos *1*
I que inuidia offenderos, sino en vano? *271,11*
Offendido *1*
Que a vn ladron i a vn offendido, *269,178*
Offendiò *1*
Que mil donaires offendiò por breue. *467,4*
Offendo *1*
Nadie dirà que os offendo. *204,10*
Offensa *2*
Dèl tiempo, por auer la elada offensa *117,10*
Cometieron (dulce offensa *287,6*
Official *1*
Que official! ô hideputa! *229,3475*
Officina *2*
Competente officina, *264,204*
En la officina vndosa de esta plaia, *264,586*
Officinas *1*
Sino en las officinas donde el Belga *230,46*

Officio *14*
El sabroso officio *4,23*
Tu generoso officio i Real costumbre. *17,7*
Hurtalle el officio a Athlante; *63,20*
Aquellas dos, (ia mudas en su officio), *67,6*
No tiniendo del officio *93,61*
No le perdona el officio; *94,16*
Suspendiendole de officio, *106,11*
sin ellos mui mal su officio *229,2998*
De el duro officio da. Alli vna alta roca *261,31*
En este robusto officio, *267,8*
En el officio duro *280,40*
Vuelua a su officio, i al rocin alado *429,10*
Pues de officio mudais, mudad vestido, *448,9*
Pues exercita el officio *495,43*
Officios *1*
En que mandò a vna prima sus officios, *450,13*
Officiòsa *1*
En oracion impetre officiòsa *264,640*
Offrece *16*
I la red offrece al viento. *106,16*
Amor le offrece su venda, *131,41*
Donde oi te offrece con grandeza rara *173,6*
Offrece el mar las cenizas *179,31*
Paga en admiracion las que te offrece *194,13*
Platos le offrece de esmeralda fina. *203,114*
Thalamo offrece alegre, i lecho pobre. *229,1079*
le offrece muger mañana, *229,1515*
Offrece al gran PHILIPPO los castillos, *230,12*
Que entre ella i tu pie se offrece. *249,10*
Goza lo que te offrece *256,55*
Sicilia en quanto occulta, en quanto offrece, *261,137*
Rico de quanto el huerto offrece pobre, *261,199*
En el muros liquidos que offrece *264,927*
Tan mal offrece como construidos *264,947*
Desalumbrado se offrece: *333,68*
Offrecele *1*
Offrecele tus rùìnas *87,63*
Offrecen *4*
Donde de laton se offrecen *59,18*
Troncos me offrecen arboles maiores, *261,397*
Tanta offrecen los alamos zagala, *263,664*
Que offrecen mis ojos oi, *332,20*
Offrecer *1*
Que si la mia puede offrecer tanto *261,22*
Offrecerà *2*
le offrecerà cient Violantes. *229,285*
Que le offrecerà esta tarde *229,1275*
Offrecerle *1*
si el iba a offrecerle antes *229,282*
Offreces *1*
la voluntad que me offreces. *229,1696*
Offreci *2*
I offreci en el puerto, *50,16*
A ninguno offreci la Musa mia; *233,6*
Offrecia *1*
La vez que se me offrecia *26,65*
Offrecian *2*
Del modo que se offrecian *26,23*
Se offrecian a Madona. *269,1549*
Offrecida *2*
señas de esta fee offrecida, *229,2639*

A la ausencia mil veces offrecida, *261,229*
Offrecido *3*
La voluntad le ha offrecido. *229,1699*
Este, que Bauia al mundo oi a offrecido *232,1*
A vn remo cada jouen offrecido. *264,685*
Offreciera *1*
Quando io se la offreciera, *269,323*
Offrecimiento *2*
Tributo humilde, si no offrecimiento. *170,11*
me ha dado tu offrecimiento. *229,1722*
Offrecio *1*
Offrecio a la turbada vista mia *169,7*
Offreciò *4*
La luz le offreciò vna Nympha, *215,21*
Ginetes offreciò de oro. *242,48*
Leuadiça offreciò puente no leue, *264,715*
Breues offreciò vn laurel, *353,26*
Offreciòle *1*
Offreciòle su regazo, *322,449*
Offrenda *4*
De sus entrañas hago offrenda pia, *60,6*
No al Cyclope attribuie, no, la offrenda; *261,233*
Mira la offrenda ia con mas cuidado, *261,246*
Offrenda al fin de tu zelo. *269,322*
Offrezco *2*
que a tus pies offrezco ahora, *229,1565*
offrezco de blanca cera *229,3414*
Oficina *1*
En ruda si confunden oficina, *324,4*
Oficio *2*
El luciente oficio hazen *143,5*
Haziendo gallardo oficio, *269,1827*
Ofrece *11*
Aqui la Primauera ofrece flores *194,9*
Quanto el altar oi ofrece, *209,8*
Lo que se adora se ofrece? *229,2242*
Entre Albogues se ofrece, acompañada *263,289*
Sueño le ofrece a quien buscò descanso *263,342*
Ofrece ahora, quantos guardò el heno *263,862*
Les ofrece el que, jouen ia gallardo, *264,264*
Te ofrece mi deuocion. *269,1688*
Incienso ofrece sagrado. *309,26*
Mas no le ofrece ninguno *322,370*
Que gusta de la damas, i se ofrece *475,7*
Ofrecen *2*
Tres hijas suias candidas le ofrecen, *264,218*
Maduro ofrecen el sesso *269,1815*
Ofrecerème *1*
Ofrecerème io al punto, *269,1782*
Ofreces *2*
Que al templo ofreces del Sol *236,3*
Hermosa dama que ofreces; *269,1695*
Ofrecido *1*
El planeta ofrecido belicoso, *415,4*
Ofreciendo *2*
Ofreciendo mi persona *269,1546*
Remos que le conduzgan, ofreciendo *318,74*
Ofreciera *1*
Del grande IGNACIO no ofreciera luego *218,6*
Ofrecimiento *2*
Basta que el ofrecimiento, *269,1082*
Del legal ofrecimiento, *310,26*
Ofreciò *3*

De el arbol que ofreciò a la edad primera *264,341*
— El Razimo que ofreciò *321,1*
Del bosque le ofreciò vmbroso *357,106*
Ofrenda *1*
Generosa a su Rei le hizo ofrenda, *318,270*
Ofrezco *2*
Quando ofrezco a tu esperança *269,1514*
I io le ofrezco en su muslo *322,450*
Ofrezcole *1*
Ofrezcole mis joiuelas *269,797*
Ogaño *5*
Aunque ogaño soi vn bobo; *83,2*
A tomar el Sol, que ogaño *227,3*
Lelio, has de venir ogaño? *229,1024*
que no muera el hombre ogaño. *229,1934*
Pierdase vn vale, que el valer ogaño *441,9*
Oheph *1*
"Agios oheph, nephato *269,1910*
Oi *241*
De quien oi se va *4,16*
Mis ojos de oi mas *4,22*
Que oi entre los viuos busco. *27,60*
Assi cubra de oi mas cielo sereno *30,5*
Antes que lo que oi es rubio thesoro *36,12*
I assi la fama, que oi de gente en gente *40,5*
Sed oi testigos de estas que derrama *53,5*
Oi con el tiempo combaten, *63,234*
— Como estais acà afuera? — Oi me han
    echado, *70,3*
Oi, arrogante, te ha brotado a pares *71,5*
Como aier te vi en pena, i oi en gloria? *71,13*
— Bebiòme vn asno aier, i oi me ha meado.
    71,14
Oi a vn moçuelo no suffre. *75,24*
Oi desechaba lo blanco, *82,73*
De las que me tiras oi; *90,26*
En higas oi su caudal, *93,2*
De quien oi memorias ai *93,53*
No ai halcon oi en Noruega, *96,65*
Zelan oi, zelan mañana; *98,46*
Tumba es oi de tus huesos, *103,37*
No ai guardas oi de llaue tan segura *120,13*
De la pompa que oi nos muestra *122,5*
Oi tan sin orden se vee, *130,8*
De oi mas su nombre mudemos *130,19*
Aier Deidad humana, oi poca tierra; *135,1*
Aras aier, oi tumulo, ô mortales! *135,2*
Los huesos que oi este sepulchro encierra,
    135,5
Es oi entre cenizas vn gusano, *135,10*
De el aspid que oi entre los lilios mora, *139,6*
I oi lo soi en el boluer. *147,4*
Oi le introduzga a España, *156,7*
Traiganos oi Lucina *156,13*
Que oi, Musa, con pie ligero *158,28*
I assi le afiançaron oi. *161,44*
Oi en mi jurisdicion, *161,126*
Dèl Phenix oi que Reinos son sus plumas.
    163,12
Oi en la Corte de España; *167,28*
Oi os tiro, mas no escondo la mano, *170,3*
Donde oi te offrece con grandeza rara *173,6*
Que oi la niebe reconoce. *179,56*
Consagrad, Musas, oi vuestro talento *182,5*

Que oi de perlas bordò la Alua luciente, *184,2*
Oi son flores azules, *193,3*
No se disculpa oi *193,11*
Oi son flores azules, *193,17*
Oi son flores azules, *193,31*
Desnudadle de oi mas de celosia. *201,6*
Gastar quiero de oi mas plumas con ojos,
    203,55
Guardad oi al que nos guarda *205,25*
Virgen, a quien oi fièl *206,1*
Quanto el altar oi ofrece, *209,8*
Zino el caliz que oi ze gana. *210,14*
Que oi los manjares altera, *211,22*
Sobre mis hombros, que oi *212,2*
Mis obras oi te la den. *212,10*
Sobre mis hombros, que oi *212,12*
Pasto, al fin, oi tuio hecho, *212,15*
Sobre mis hombros, que oi *212,22*
Que puede ser iermo oi *217,95*
Ia en nueuos campos vna es oi de aquellas
    221,12
De los que se vsan oi. *229,213*
las paces oi certifico *229,276*
que el oi me harà justicia *229,326*
casar oi, mas serà en vano. *229,341*
que no solo oi en mi casa, *229,478*
tantos oi leños recoge; *229,487*
los raios, que oi se conoce *229,533*
le han puesto oi en el camino. *229,845*
Experiencias intentan oi mis años, *229,1037*
que oi llega, i su fecha es *229,1114*
Que has prognosticado oi? *229,1170*
para la que veràs oi. *229,1263*
en lo que veràs oi dia. *229,1267*
porque oi a tu padre Octauio *229,1278*
i oi la nouia he visto io *229,1295*
i oi me entrega su muger? *229,1427*
de esta musica, i aun oi *229,1433*
para que me decias oi: *229,1507*
Trece dias hace oi *229,1549*
por besar tus manos oi. *229,1672*
Bueno està. Baste por oi. *229,1776*
oi mi desseo saber. *229,1920*
Verà desde oi Toledo, si repara, *229,1944*
oi me los presta, i tu llama, *229,1977*
Con mi firmeça oi, que determina *229,2144*
Si al que oi de mitra el Tajo vee ceñido
    229,2206
contra el tiempo en Memphis oi, *229,2709*
Ciertos son los toros oi. *229,2735*
a las firmes rocas oi *229,2897*
i oi serà antes que mañana *229,3300*
quantos oi dixeren tal. *229,3362*
I ellos lo juraràn oi *229,3364*
Tambien he de hacer oi *229,3540*
se avràn por oi acabado *229,3552*
Carga hasta aquì, de oi mas militar pompa;
    230,13
De quanta Potosi tributa oi plata. *230,54*
Leño fragil de oi mas al mas sereno, *230,55*
Oi balsamo espirantes cuelga ciento *230,67*
Este, que Bauia al mundo oi a offrecido *232,1*
Hanos traido pues oi *242,65*
Que celebramos oi, pues *242,79*
Que oi le he de dar por el rostro. *242,84*

Que en tantos rios oi se a desatado, *244,6*
Prudente pauon oi con ojos ciento, *246,13*
Vnguentos priuilegian oi súaues *248,3*
Oi en poluo la merece, *249,6*
Vuestro caiado pastoral, oi vara, *250,5*
Claro, no a luces oi de lisongero *251,2*
El menos oi blanco diente, *257,12*
Musa oi culta me dicte *259,19*
Sus priuilegios rompa oi a la muerte. *260,14*
Alterna con las Musas oi el gusto, *261,21*
Aluergue oi por tu causa al peregrino, *261,431*
Que haze oi a Narciso *263,115*
Dexan ser torres oi, dixo el cabrero *263,213*
Ni isla oi a su buelo fugitiua. *263,396*
Piloto oi la cudicia, no de errantes *263,403*
Oi te guardan su mas precioso engaste; *263,460*
Oi te conuida al que nos guarda sueño, *263,521*
I la que Iuno es oi a nuestra esposa, *263,812*
Escollo oi de el Letheo. *263,817*
Apenas hija oi, madre mañana. *263,834*
Sea de oi mas a vuestro leño ocioso, *264,374*
Los rudos troncos oi de mis vmbrales. *264,597*
Entre las conchas oi del Sur esconde *264,774*
Que a las estrellas oi del firmamento *264,899*
Solamente oi se professa *269,7*
I mas de hermanos, que oi *269,64*
El amigo que oi se vsa, *269,72*
I pues ia la razon oi *269,92*
Deste has de ser oi traslado *269,166*
Mi consejo oi te condena. *269,172*
Es verdad, porque si oi puedo *269,369*
Me he de satisfacer oi. *269,370*
Para que oi vuesa merced *269,563*
Celebren de oi mas tu nombre *269,952*
Mui bien has andado oi; *269,962*
Trezientos ojos desde oi *269,1152*
Oi le hazeis cauallero. *269,1196*
Me leuantaron oi a vuestro cielo, *269,1239*
A seruir oi de fièl, *269,1535*
I oi con ellos he ganado *269,1691*
Todo oi te ando a buscar. *269,1710*
Al que oi los fueros quebranta *269,1744*
Gracias oi vuestra salud *269,1961*
Que mucho, pues, si aun oi sellado el labio, *270,12*
Si la naturaleza aun oi te acclama *270,13*
I dellas oi el mismo aqui renace. *271,4*
De aquel si, cuias oi ceniças santas *272,5*
De sus hazañas pues oi renacido, *272,9*
La sancta que oi se celebra *275,6*
Oi nos la hace la Iglesia, *275,18*
Que exemplarmente oi blanquea *275,72*
Alta haia de oi mas, volante lino *276,9*
De la Mamora. Oi Miercoles. Iuanico. *278,14*
Que el Betis oi, que en menos gruta cabe, *289,12*
Vn culto risco en venas oi súaues *290,1*
Vn MAR, DONES oi todo a sus arenas. *290,14*
Que raios oi sus cuerdas, i su pluma *291,12*
Entra al Sol oi celestial *296,3*
Su rubia sangre oi dia *298,38*
En tantos oi Catholicos pendones, *298,44*
Ser oi de Feria, es mui justo *299,2*
Si oi nació *301,7*
Oi, pastor, se ha establecido *302,9*

Oi nos ha venido acà! *309,12*
Oi en el templo! Que, Bras? *310,2*
Pone oi franca *310,5*
De Simeon oi la aguarda, *310,15*
Pone oi franca *310,20*
Pone oi franca *310,35*
Piadoso oi zelo, culto *312,1*
A quien del Tajo deuen oi las flores *312,17*
Si en Dueñas oi i en todo su Partido *313,21*
Generosa piedad vrnas oi bellas *314,9*
Quien deuoto consagra oi a tu vulto *315,79*
Bese el corbo marfil oi desta mia *318,3*
Con labio alterno, aun oi, el sacro rio *318,53*
Sidonios muros besan oi la plata *318,119*
Purpuréaba al Sandoual que oi dora. *318,144*
De el Pollo Phenix oi que apenas cabe *318,147*
Establecieron; barbaro oi Imperio *318,263*
Ô Venecia, ai de ti! Sagrada oi mano *318,559*
Votos de España son, que oi os consagra *323,9*
Esta, pues, confusion oi coronada *324,9*
Siruiendote la copa aun oi està. *327,4*
Topo aier i lince oi. *331,59*
Que offrecen mis ojos oi, *332,20*
No a Deidad fabulosa oi arrebata *338,9*
Que tan vana es la de oi *355,63*
Quantas deben oi *356,60*
Que arbol es oi de Apolo. *357,112*
O mas limada oi o mas lamida; *360,11*
De nuestros ia de oi mas seguros Lares, *362,13*
Tu pluma fue, tu muerte es oi llorada. *364,8*
Instrumento oi de lagrimas, no os duela *365,5*
Oi el IOSEPH es segundo, *373,1*
Oi a la AURORA del seno: *374,2*
Oi a la AURORA del seno: *374,12*
Oi a la AURORA del seno: *374,22*
Oi a la AURORA del seno: *374,32*
Lo que va de aier a oi, *375,2*
Lo que va de aier a oi, *375,12*
Lo que va de aier a oi, *375,22*
Lo que va de aier a oi, *375,32*
Lo que va de aier a oi, *375,42*
Lo que va de aier a oi, *375,52*
Affectos, que asta oi *377,2*
El Verbo eterno hecho oi grano *388,27*
Quien, pues, oi no se desata *388,29*
Estan humeàndo oi, *390,38*
En templo que, de velas oi vestido, *399,7*
Quanto oi hijo de Eua, *412,46*
Lo que es el dinero, oi, *413,2*
Oi tratante, aier herrero, *413,35*
Marte, viste oi amante, *415,2*
Oi se nos quiere morir. *418,21*
El liquido crystal que oi desta fuente *420,1*
Dignamente seras oi agregado *421,7*
Pues oi da vuestra pluma nueua gloria *425,9*
En tus desnudos oi muros ignoro *426,12*
Que aier fue pino, i oi podrà ser vete? *433,11*
Olanda i sedas oi? Aier donado, *444,2*
Oi galan? Aier dueña i oi soldado? *444,3*
Oi galan? Aier dueña i oi soldado? *444,3*
Disciplinas anoche, i oi panduerga? *444,4*
Procuradles, oi antes que mañana, *446,5*
Vse de ellos de oi mas vuestra heredera, *448,6*
Cunas son oi de su primer gorjeo. *457,8*
Que oi se repite feliz, *480,8*

Musa mia, sed oi Muza. *483,15*
Que su modestia oi no quiera *485,8*
I oi cadena de oro saque, *496,7*
Respondele al que oi te llama, *498,5*
Nobles padres dejas oi, *498,9*
Plantas oi tus verdes años *498,25*
(Como vereis) ha de quedar oi hecha, *499,47*
Del bosque, oi teñiran, sin falta alguna, *499,73*
Has merecido oi ver la gran belleza *499,110*
Camila, pues que de oi mas, *499,133*
La alxaua que has oi perdido. *499,223*

Oì *4*
Ni oì las aues mas, ni vi la Aurora; *14,12*
Soi io la que las oì? *229,1158*
Serà, a Carlino le oì; *269,1791*
Oì balar al cordero, *331,60*

Oia *9*
Que no ai Iudas que la oia. *149,24*
Con mi daño no se oia, *229,290*
Menos dirà, que ella le oia. *229,1747*
Quanto el Boristhenes oia. *259,20*
No oia al piloto o le responda fiero, *264,174*
Que se abre sin que se oia, *269,1007*
Sino que (escucha, no me oia *269,1532*
Oia el canoro hueso de la fiera, *318,9*
Armado lo oia el Marañon valiente, *318,14*

Oìa *4*
De vna Dama que lo oìa *73,111*
Que lo oìa entre vnos sauzes, *149,63*
Con gusto el jouen i attencion le oìa, *263,222*
Que dictaua los numeros que oìa? *264,634*

Oian *1*
Quando oian las campanas *300,20*

Oìàn *1*
Aunque casi no me oìàn; *74,88*

Oid *1*
Oid la resolucion *98,9*

Oida *1*
A cena jamas oida: *388,4*

Oidme *1*
Luego irè. Oidme, Tancredo *269,1474*

Oido *12*
El oido attento, *50,54*
Si a su oido tañen *65,175*
De Clori beue el oido *142,37*
No me digas lo que he oido, *229,915*
Remora de sus passos fue su oido, *263,237*
La vista de hermosura, i el oido *263,269*
Su orden de la vista, i del oido *264,718*
Lisonja serà a su oido *300,25*
Quexas que beba su oido *332,16*
No le han oido tus quexas *423,23*
Vengala a visitar, que a lo que he oido, *448,13*
Ai donde vn buen oido se dilate: *499,85*

Oìdo *1*
Aunque oio mal deste oìdo, *269,1820*

Oidores *2*
De mi pleito a tus Oidores, *63,15*
Oidores de las tibieças, *242,3*

Oidos *3*
con mas oidos quedò *229,1745*
(Trompas de Amor) alteran sus oidos. *261,320*
De oidos no mui agudos, *322,32*

Oie *9*
Oie piadoso al que por ti suspira, *13,13*

Que quien le oie, dice *65,187*

Las vozes que en la arena oie lasciuas; *218,11*

Oie. Motes son, sin duda, *229,1985*

Pues, oie mi ierno mal? *229,2087*

Clarin ia de la Fama, oie la cuna, *230,15*

Que ella no oie por ser roma, *243,11*

Mas oie antes quien soi, sagrada sciencia, *269,403*

Quien mas vee, quien mas oie, menos dura. *343,14*

Oielo *1*

Oielo, que es bueno a fe: *499,311*

Oien *1*

I las sordas piedras oien. *131,52*

Oiendo *4*

oiendo estaba el consejo *229,927*

oiendo a estos dos señores. *229,1674*

Entre el concento pues nupcial oiendo *318,345*

Porque en oiendo el rabel *419,22*

Oiente *2*

Vniuersal oiente, *103,18*

De este ia mi oiente sordo. *242,76*

Oieron *2*

Quantas se oieron ondas en su orilla, *315,22*

Tus campos, Bethlen, oieron, *352,2*

Oies *3*

te he contado lo que oies, *229,637*

Oies vozes? Vozes oio, *301,30*

Oies vosanzed, el rabia, *305,26*

Oiesme *1*

Oiesme, Laureta? Si. *229,1993*

Oiga *1*

Que oiga Menga vna cancion *6,73*

Oigo *2*

No sè que oigo que me altera. *229,838*

Parece que oigo a mi amo. *229,1836*

Oìlla *1*

Mientras el arroiuelo para oìlla *263,558*

Oillos *2*

Sin oillos, condenan *127,2*

de oillos me regocijo. *229,2557*

Oio *4*

De la que aun no le oio i, calçada plumas, *261,127*

Aunque oio mal deste oìdo, *269,1820*

I deste otro oio peor. *269,1821*

Oies vozes? Vozes oio, *301,30*

Oiò *36*

Oiò que tenian *65,138*

Oiò theologia, *65,168*

Aunque oiò al Infante *65,195*

Distincto oiò de can siempre despierto, *100,6*

Oiò su trompa el soldado, *161,67*

Ni se ha visto, ni se oiò! *161,72*

Quien oiò, zagales, *216,13*

Quien oiò, zagales, *216,33*

"Quien oiò, zagales, *216,53*

mi amo, oiò los mosquitos, *229,2084*

La Nimpha los oiò, i ser mas quisiera *261,349*

Tales no oiò el Caistro en su arboleda, *264,525*

La naua oiò de Zuheros, *268,2*

Que del Cyclope oiò el canto, *283,4*

De las aues oiò la selua umbrosa. *291,8*

Solicitar le oiò sylua confusa, *312,23*

Que el siluo oiò de su glorioso tio, *318,51*

Ambages de oratoria le oiò culta, *318,162*

A Jupiter bramar oiò en el coso. *318,504*

De sus fuerzas, en quanto oiò el Senado *318,571*

Oiò a las cunas los tumbos, *322,34*

Quien oiò? *331,1*

Quien oiò? *331,2*

Quien oiò? *331,14*

Quien oiò? *331,15*

Dulce hijo el que se oiò; *331,18*

Quien oiò? *331,27*

Quien oiò? *331,28*

Quien oiò? *331,40*

Quien oiò? *331,41*

Quien oiò? *331,53*

Quien oiò? *331,54*

Quien oiò? *331,66*

Quien oiò? *331,67*

Que el infierno que le oiò? *332,13*

Esto el aire oiò sereno: *353,36*

Oiòlos *1*

Oiòlos, i aquellos dias *322,37*

Oir *6*

Para oir al señor Pierres *73,47*

Que a fee que son para oir. *82,4*

Para oir a mi pastora, *149,100*

i tan de marmol, que oir *229,2391*

Quien te dexarà de oir? *269,1737*

— Las piedras sabran oir *304,5*

Oirà *3*

Que las oirà, pues sabemos *87,66*

De vuestra Fama oirà el clarin dorado, *171,5*

Cabello, oirà el Genil tu dulce auena, *289,2*

Oiran *1*

Tu nombre oiran los terminos del mundo. *261,24*

Oiràn *1*

Despues me oiràn (si Phebo no me engaña) *72,88*

Oiras *1*

Allà en el sotillo oiras *351,9*

Oiràs *2*

De mis hijas oiràs, ambiguo choro *264,422*

Por lo que oiràs por aì *300,7*

Ois *2*

Que con buen gusto me ois? *269,755*

Ola, ois? De mi aposento *269,1884*

Oiste *1*

Si lo oiste, mi cautela *229,922*

Oja *1*

Qual verde oja de alamo loçano *15,7*

Ojal *1*

De mis botones ojal *88,59*

Ojas *8*

No se mouieron las ojas *144,43*

Las dos ojas le chupa carmesies. *261,332*

Las ojas infamò de vn alheli, *327,12*

Los siglos que en sus ojas cuenta vn roble, *343,12*

Para numeros sus ojas, *353,27*

Las ojas del clauel, que auia juntado *366,5*

Quantas en el ojas vi. *375,50*

En verdes ojas cano el de Minerua *380,9*

Ojazos *1*

Los ojazos negros dicen: *228,121*

Ojete *1*

I de mis cintas ojete, *88,60*

Ojo *20*

Cuio ojo es estrecho *56,23*

Con el ojo di *56,58*

De cada ojo derrama *75,79*

I esta por el ojo huele; *85,22*

Del ojo del Arçobispo. *89,20*

Porque no ai nube de este ojo *159,29*

En solo vn abrir de ojo *161,15*

Taña vn macho con vn ojo, *161,71*

Mas os echò su mal ojo, *161,143*

Por qualquier ojo entran bien. *167,80*

vn ojo tendrà no mas. *229,1178*

De vn ojo illustra el orbe de su frente, *261,51*

Quando en el cielo vn ojo se veia: *261,422*

Bien que su menor hoja vn ojo fuera *263,1063*

I de la suerte que vn ojo *269,701*

Le està haziendo del ojo, *269,704*

Por sacalle vn ojo a este? *269,1421*

Prestadselos vn rato a mi ojo ciego, *427,12*

I les meta la vara por el ojo. *443,14*

Pues me ha besado en el ojo. *477,20*

Ojos *202*

Viendo que sus ojos *4,5*

Mis ojos de oi mas *4,22*

Los ojos que hazian *4,53*

I los ojos de ella el alma, *9,28*

Buscandola con los ojos, *10,9*

De mis ojos estas aguas. *10,20*

Que lança el coraçon, los ojos llueuen, *19,2*

Que dan mis ojos, inuisible mano *19,10*

Quando tu luz, hiriendome los ojos, *20,10*

Siguen mas ojos que al clauel temprano, *24,6*

Si trabajan los pies, gozan los ojos. *25,24*

Ojos garços, trenças rubias. *26,80*

Tales eran trenças i ojos, *26,81*

I que a los ojos apuntas, *26,88*

Con los ojos que ia eran *27,15*

I los ojos casi enxutos. *27,72*

No tiene en sus ojos mella; *28,60*

Mirar de tus ojos bellos *28,66*

De suerte que mis ojos no las vean. *30,11*

Delante de tus ojos, su figura, *34,13*

Phebo en tus ojos, i en tu frente el dia; *36,4*

I ambos ojos en la tierra, *38,4*

Hicieron que de los ojos *39,9*

Vuelue pues los ojos tristes *39,13*

Ia no esperen veer mis ojos, *39,23*

De mis ojos, que en el mar *48,71*

De sus tristes ojos bellos *49,78*

Los ojos atràs voluiendo *49,98*

Nunca merezcan mis ausentes ojos *51,12*

Si por vnos ojos bellos, *55,8*

Acuerdate de mis ojos, *59,73*

Que son los ojos súaues *61,30*

Que a sus ojos se comparen; *61,34*

Los ojos tiene en el rio, *62,17*

Lo que los ojos le niegan. *62,28*

Ojos claros, cejas rubias *62,41*

Lançando raios los ojos *62,43*

Como a los ojos del buho *62,47*

De que alimenten mis ojos *63,219*

Bañen mis ojos la cama; *64,30*

Los ojos son grandes, *65,45*

Ojos i espaldas bueluan, *72,12*
Que a los Christianos ojos, (no sin arte), *72,64*
Fixa los ojos en las blancas Lunas, *72,69*
I los ojos con díeta. *73,60*
Hablandola con los ojos, *74,29*
Que me passò por los ojos *74,83*
Los ojos en el candil, *75,11*
Con los ojos quando sube, *75,26*
Bebiendo sus dulces ojos *78,67*
Los ojos son dos. *80,26*
I los ojos mas compuestos *82,19*
Que se vencen de vnos ojos. *83,16*
Con tiernos ojos escribo *83,59*
Orejas los ojos fueron. *87,68*
Sus bellos ojos serenos, *87,74*
Los ojos, (ia no tan bellos), *87,86*
Admiracion de los ojos, *89,35*
A los ojos que te enuio, *91,2*
A los ojos que te enuio, *91,13*
A los ojos que te enuio, *91,24*
A los ojos que te enuio, *91,35*
A los ojos que te enuio, *91,46*
Porque asseguran los ojos *91,50*
A los ojos que te enuio, *91,57*
En los ojos que tremolan *95,35*
Llorando por los ojos *103,63*
Su pluma sin ojos ve, *105,60*
Lagrimas vierten sus ojos, *106,31*
Con tiernos ojos, con deuota planta. *112,14*
Mas despedian sus ojos *115,25*
Centellas de agua en sus ojos, *116,3*
Ojos de imbidia i de ponçoña armados. *119,8*
Me contienden tus dulces ojos bellos! *120,3*
Sáetas pide a sus ojos *121,53*
Si dexan sus ojos verla, *121,99*
Quien diò perlas a tus ojos, *124,7*
Los ojos con mucha noche, *131,14*
Ia le regala los ojos, *131,29*
Los dulcissimos ojos de la sala, *138,10*
Que en tus ojos, dulcissima señora, *139,3*
Me pidiò sobre sus ojos *141,7*
Pide al Sol los ojos *144,59*
Los ojos del Sol *144,61*
La alegria eran sus ojos, *148,17*
Alma de sus quatro ojos, *148,43*
Los ojos de sus dos almas? *148,44*
Por mas estrechos ojos cada dia? *151,14*
Tiene llenos los margenes de ojos. *152,14*
Los dias a los ojos de la cara, *153,13*
Las noches a los ojos de los rabos? *153,14*
Son de tres ojos lloradas; *159,26*
Ceuado vos los ojos de pintura, *164,12*
Que en sus ojos dèl sol los raios veemos, *165,13*
Carros de vn Sol en dos ojos suaues. *166,18*
En estos ojos bellos, *166,19*
Las niñas de vuestros ojos. *168,40*
Dieron mis ojos lagrimas cansadas, *169,13*
Diuinos ojos, que en su dulce Oriente *174,9*
Porque sus diuinos ojos *178,6*
Interes, ojos de oro como gato, *181,9*
Serenense tus ojos, *193,23*
Cuios ojos estan llorando arena, *199,2*
Que en ser por vnos ojos entre azules, *202,7*

Gastar quiero de oi mas plumas con ojos, *203,55*
— Cierra los ojos, i abre la boca. *213,5*
Cierra los ojos, i abre la boca. *213,14*
Cerrados los ojos, vee *213,19*
Cierra los ojos, i abre la boca. *213,23*
Al sol o a sus ojos bellos. *215,24*
Voluiendo los ojos ella *215,53*
Los ojos fueron de Anton *216,45*
"Colmenera de ojos bellos *226,69*
Si vee tus ojos Diuinos *226,78*
Para los ojos rasgados, *228,88*
el seruirte con los ojos. *229,73*
vigilantes ojos de Argos *229,134*
Armas tus ojos, i tu lengua fuego: *229,289*
i al cielo sus ojos soles. *229,515*
los ojos del niño ciego, *229,975*
Sus libres passos a sus ojos vellos. *229,1063*
puñales que por los ojos *229,1378*
pisa, Violante, los ojos. *229,1598*
porque aqui los ojos veen *229,1739*
Que si reparará, en los ojos mios. *229,1945*
tus ojos para leer, *229,1976*
que ojos le ha dado vn ciego, *229,1983*
a los ojos donde viue. *229,2036*
De tantos ojos como son viriles *229,2195*
que ia tiene ojos Amor, *229,2812*
Limpiaos bien, señor, los ojos, *229,2995*
que ai ojos con telarañas. *229,3021*
sus ojos vende por claros. *229,3033*
Raios de tus ojos bellos *239,6*
Ojos, sus intentos vanos *239,27*
De sus dos serenos ojos, *242,26*
Prudente pauon oi con ojos ciento, *246,13*
Nectar del gusto i gloria de los ojos. *256,62*
Del aue que es ojos toda: *259,8*
Los ojos venciò del Duque *259,57*
Lucientes ojos de su blanca pluma: *261,102*
Al sueño da sus ojos la armonia, *261,183*
Su boca dio i sus ojos, quanto pudo, *261,191*
Su manto azul de tantos ojos dora *261,366*
O deribados de los ojos mios, *261,390*
Mas los ojos honesta, *263,257*
De lagrimas los tiernos ojos llenos, *263,360*
Que el alma por los ojos desatada *263,748*
Con ojos i sin alas vn Cupido, *263,768*
Aurora de sus ojos soberanos, *263,782*
Que azules ojos con pestañas de oro *263,807*
A los ojos de Ascalapho, vestido *263,990*
En quanto ojos del cielo. *264,901*
Que siendo soles tus ojos, *269,535*
I por vida de tus ojos *269,581*
Que son de mis ojos vida, *269,582*
Tres ojos para el que passa. *269,708*
Si tus ojos i mis dedos *269,964*
Que se abreuia en vuestros ojos. *269,1037*
Trezientos ojos desde oi *269,1152*
No me saque a mi dos ojos *269,1420*
Sus ojos comience a abrir; *269,1653*
A la lengua del agua de mis ojos! *277,14*
De sus ojos la alegria. *307,20*
Que ciento illustran ojos celestiales *315,75*
Purpureos ojos dando al ayre ciego, *318,491*
De los ojos que no tubo. *322,84*
Lo que he visto a ojos cerrados *322,189*

I los ojos, como dicen, *322,415*
De sus risueños ojos desatada, *325,5*
Las doce a mis ojos dio *331,5*
Que offrecen mis ojos oi, *332,20*
Ojos eran fugitiuos *333,1*
Si al besalla en los tres ojos *334,19*
I en sus diuinos ojos los amores, *339,14*
Si descansan los ojos, llore la voz. *345,14*
Que los ojos mas bendados. *348,15*
En sus ojos saliò el alma *349,28*
Que cerrados, es, los ojos *354,15*
En los orbes de sus ojos *357,6*
Pues de mas ojos que desuanecida *364,7*
Ojos son aduladores *375,49*
I se fueran por los ojos *377,7*
Salgan por los ojos, pues, *377,9*
Fanales sean sus ojos o faroles. *379,4*
De sus ojos me desuio. *384,4*
Ausentes sus bellos ojos *384,19*
Manteniendo el, pues, los ojos *389,37*
Que los ojos de vn pastor *390,18*
A ojos io cerrados, tenue o gruesa, *397,3*
De vuestros ojos vencido; *401,8*
Los ojos en la muralla, *406,5*
Que aun en tus ojos lucia, *416,6*
De ojos graues, porque en ellos *418,16*
No aviendolo mirado vuestros ojos. *427,11*
No hagas lenguas tu de nuestros ojos. *439,14*
Sus ojos dulces, sus desdenes agros. *447,11*
I diuidida en vuestros ojos miro *461,3*
I como en el sus ojos puestos tiene, *475,13*
Culpa de dos ojos *494,44*
Venden tus hermosos ojos, *498,15*
El seguillo con los ojos *499,126*
Ola *8*
Ola, Tadeo, do estas? *229,1835*
Ola, Tadeo, a quien llamo? *229,1837*
ola, lacaios, rejones! *229,2737*
Donde estàs, Camilo? Ola, *229,3014*
Ola, ois? De mi aposento *269,1884*
Ola, que no llega la ola. *419,19*
Ola, que no llega la ola. *419,19*
Ola, que no quiere llegar". *419,20*
Olanda *5*
Olanda, niña, que ha andado *189,5*
Que sus diez varas de olanda *217,63*
Cien pieças, que aunque de Olanda *240,13*
Las piernas, aunque de olanda, *269,1339*
Olanda i sedas oi? Aier donado, *444,2*
Olandas *2*
De tierras, de olandas non, *204,32*
Que al Principe entre olandas, *263,165*
Olandes *1*
Leño Olandes disturbe su camino, *276,13*
Olas *18*
Dar viento al viento i olas a las olas. *9,40*
Dar viento al viento i olas a las olas. *9,40*
Dar viento al viento i olas a las olas. *9,50*
Dar viento al viento i olas a las olas. *9,50*
Dar viento al viento i olas a las olas". *9,60*
Dar viento al viento i olas a las olas". *9,60*
I las olas van mas altas, *10,32*
Olas de imaginacion *62,35*
Mas se humillaban las olas, *97,14*
Por olas o por tierra, *125,38*

I las olas crystal del Océàno; *166,34*
Que mucho, si entre las olas *179,29*
que entre raios i entre olas, *229,751*
Las olas te avràn echado *229,1839*
En vez de escamas de crystal, sus olas *230,22*
Herbir las olas viò templadamente, *264,501*
Imiten nuestras flamulas tus olas, *318,381*
Las olas calmò la niña, *419,21*
Oléàdo *1*
No fuera mal oléàdo. *229,1842*
Oleis *2*
A rosa oleis, i sois de Alexandria, *153,3*
Porque oleis a prouèìdo *161,139*
Olella *4*
Quien no lo creiere, baxese a olella. *85,2*
Quien no lo creiere, baxese a olella. *85,10*
Quien no lo creiere, baxese a olella. *85,18*
Quien no lo creiere, baxese a olella. *85,26*
Oler *1*
Que bel mirar i oler bien? *217,60*
Olfacto *1*
Lugar el olfacto obtubo *322,58*
Oli *1*
Oli qual mosqueta, *56,60*
Olia *1*
Tan mal te olia la vida? *322,433*
Olias *2*
Que quando vn vezino, a olias *269,1840*
Os le destierran de Olias: *411,12*
Oliendo *2*
Irà oliendo a prouèìdo. *167,100*
Oliendo le dexò a flores, *240,19*
Olio *5*
Don Tristan barbas al olio, *269,501*
El olio en la faltriquera, *269,767*
El olio que guardò viua *275,107*
Da el olio i entierra luego: *418,35*
Muriò sin olio, no sin testamento, *450,12*
Oliua *5*
Pues de laurel ceñido i sacra oliua *244,12*
Si la sabrosa oliua *263,881*
Si la oliua no en el pico, *269,1052*
Le traxo, si no de oliua, *285,53*
Con el ramo de la oliua; *310,13*
Oliuares *1*
I su termino todo es Oliuares; *443,6*
Oliuas *2*
I ia sin inuidiar palmas ni oliuas, *46,3*
Emulas no de palmas ni de oliuas, *256,25*
Oliuença *1*
Que a vn hilero de Oliuença: *412,44*
Oliueros *1*
A Oliueros de Castilla *412,43*
Oliuete *1*
Del sancto monte Oliuete, *88,78*
Ollai *1*
Ollai la mejor voz es Portuguesa, *397,7*
Ollera *1*
Mi tia la ollera. *5,24*
Olmo *5*
Que sobre aquel olmo gime, *48,14*
Al infelice olmo, que pedazos *261,355*
Olmo que en jouenes hojas *322,301*
Que abraçada al olmo vees, *378,18*
A la fuente va del olmo *419,1*

Olmos *9*
Vnos ricos olmos viejos *58,58*
Abraços de vides i olmos, *116,19*
De olmos negros a loba Lutherana. *199,8*
Entre los olmos que robustos besa, *263,544*
I los olmos casando con las vides, *263,828*
Qual duros olmos de implicantes vides, *263,971*
A dos olmos que quieren, abraçados, *263,1036*
De las vides con los olmos, *353,47*
De la fuente de los olmos, *357,74*
Olor *10*
Aguas de olor le vertieron. *49,80*
Dulce olor los frescos valles, *63,186*
Que todo es aire su olor, *85,5*
El santo olor a la ceniça fria. *136,14*
De olor? Ô fragrantissima ironia! *153,2*
I es mas vecino el olor. *161,108*
Olor tienen celestial. *229,1832*
Pareciò? Ni aun por olor. *229,1846*
Agua nos darà de olor *301,80*
Qualquier olor de costado, *322,155*
Olores *9*
En purpura i en olores, *93,51*
Su vestido espira olores, *131,94*
Blanco a tus sienes i a tu boca olores. *184,6*
El huerto frutas i el jardin olores. *194,14*
Hablando vos, espiren sus olores? *198,14*
Que vn lienço espirasse olores, *240,18*
Sudando nectar, lambicando olores, *261,393*
Lagrimas beua i quantos suda olores *274,13*
Madre de olores, a quien anbar deue *467,5*
Olorosa *1*
Tan dulce olorosa flor, *85,4*
Olorosas *3*
Direis que, aljofaradas i olorosas, *42,10*
Besa a Arabia las faldas olorosas, *457,2*
Jardin de olorosas flores *498,27*
Oloroso *1*
De verde prado en oloroso seno! *23,4*
Oluida *1*
El cascabel no oluida su harmonia *499,88*
Oluidadizo *1*
I oluidadizo en pagar. *269,844*
Oluidado *2*
Que se me auia oluidado *269,1199*
Siempre oluidado, nunca arrepentido; *499,18*
Oluidan *1*
Aun no oluidan el calor. *390,40*
Oluide *2*
Que oluide a la hija el padre *6,37*
Dios oluide el alma mia. *229,2078*
Oluides *1*
Doctor, no me oluides. Reina *269,1774*
Oluido *10*
Dèl tiempo i dèl oluido aia victoria, *40,7*
Alma dèl tiempo, espada dèl oluido. *66,14*
Hurta al tiempo, i redime del oluido. *232,8*
Le condenò a su oluido. *263,736*
Este pues Sol que a oluido le condena, *263,737*
Blason del tiempo, escollo del oluido. *317,11*
De Pisuerga ilustre oluido, *334,38*
Que al oluido harà vuestra memoria *425,13*
Tu sentencia de oluido, i da la gloria *439,10*
Si ausencia por allà no causa oluido, *445,12*

Olympica *1*
Olympica palestra *263,961*
Olympo *1*
O le esconde el Olympo o densa es nube, *264,747*
Ombro *5*
Hasta el ombro robusto *256,20*
Su ombro illustra luego suficiente *318,249*
Armada el ombro de plumas, *333,37*
La alxaua al ombro, con ligero passo, *499,29*
Tal ombro, el arco tal mano. *499,231*
Ombros *1*
Quatro o seis desnudos ombros *285,1*
Omega *1*
Ai del alfa, i omega, i Ieovà! *473,16*
Omenage *2*
Canas, luciente omenage *259,59*
Omenage reciproco otras tantas *318,182*
Omenages *1*
Los soberbios omenages, *63,18*
Omisso *1*
Solicita Iunon, Amor no omisso, *263,1077*
Omnipotente *1*
El duro raio al Dios Omnipotente, *499,7*
Omnium *1*
"fidelium omnium"; al fin *229,184*
Onça *2*
onça a onça, i tigre a tigre. *229,2913*
onça a onça, i tigre a tigre. *229,2913*
Onças *2*
Con quatro onças de agua de chicoria *71,10*
Con tres onças de veneno. *269,1968*
Onceno *1*
Remittiò al onceno el mal *229,564*
Onda *3*
La menor onda chupa al menor hilo. *263,41*
Onda, pues, sobre onda leuantada, *264,488*
Onda, pues, sobre onda leuantada, *264,488*
Ondas *64*
Calàos en las ondas claras, *9,46*
A una roca que las ondas *10,3*
Que en fama claro, en ondas crystalino, *22,2*
Cuias ondas se le lleuan, *62,18*
I el envueltas en las ondas *62,19*
Los colchones de las ondas, *149,2*
Por las ondas que doran *166,9*
Vieras las ondas entonces *179,50*
A las ondas imitando, *228,192*
que el suio en las ondas muera. *229,1926*
i donde a sus ondas locas *229,2675*
Las ondas de el Oceano *229,2896*
Si las ondas que el Betis de su escollo *234,7*
Las quotidîanas ondas *259,98*
I con ellas las ondas a su frente, *261,210*
Entre las ondas i la fruta, imita *261,325*
Dexa las ondas, dexa el rubio choro *261,369*
De el Iuppiter soi hijo de las ondas, *261,401*
Templa en sus ondas tu fatiga ardiente, *262,27*
Fue a las ondas, fue al viento *263,12*
Que a vna Libia de ondas su camino *263,20*
Mudo sus ondas, quando no enfrenado. *263,242*
Nace en sus ondas i en sus ondas muere, *263,408*

Nace en sus ondas i en sus ondas muere, *263,408*

Surcar pudiera miesses, pisar ondas, *263,1032*

A templarse en las ondas, Hymeneo, *263,1067*

Ondas endurecer, liquidar rocas. *264,41*

Aquel las ondas escarchando buela, *264,61*

Rastro en tus ondas mas que en tus arenas. *264,136*

Si ai ondas mudas i si ai tierra leue". *264,171*

La arena de las ondas repetida. *264,195*

(Redil las ondas i pastor el viento), *264,311*

Vomitar ondas i açotar arenas. *264,417*

Bufando mide el campo de las ondas *264,430*

De la mano a las ondas gemir hizo *264,482*

De las ondas al pez con buelo mudo *264,484*

Las ondas el Amor, sus flechas remos, *264,528*

No ondas, no luciente *264,577*

A las vedadas ondas, *264,623*

Que mal las ondas lauan *264,687*

Magestad en sus ondas, el luciente *264,815*

Que al Betis las primeras ondas fuente. *264,857*

De las ondas no menos *264,951*

Perdido en sus ondas pie, *269,1752*

Que las ondas de mi llanto *284,7*

Quanto lo sienten las ondas *285,5*

Ondas terminando i tierra, *287,20*

De tus ondas, ô Mar, siempre serenas. *290,11*

Siguiò las ondas, no en la que exercitan *298,14*

No en cuna de ondas el mar, *300,14*

I en las ondas mas dura de la fuente. *311,8*

Quantas se oieron ondas en su orilla, *315,22*

Firme a las ondas, sordo a su armonia, *317,10*

Ô de tus ondas, o de nuestro arado. *318,384*

Que de el Jordan labò aun las ondas puras: *318,460*

Dichosas las ondas suias *333,21*

Sus ondas besa la Copia, *356,13*

Lamia en ondas rubias el cauello, *366,3*

Entre ondas sin rûído *377,11*

Dieren las ondas enojos, *384,18*

Dexado al arca ondas que surcara. *402,4*

Que ondas de tinta lleba, *412,49*

Ondas, que del Parnaso *420,7*

Las ondas accusad, quantas os niega *431,7*

Ondéàbale *1*

Ondéàbale el viento que corria *15,5*

Ondeò *1*

Desde que ondeò en su cuello. *177,30*

One *3*

One. Que es one? One es no *229,3213*

One. Que es one? One es no *229,3213*

One. Que es one? One es no *229,3213*

Onerosas *1*

Commissiones onerosas, *259,76*

Onze *1*

Dieron entonces las onze *96,165*

Opaca *2*

Tal antes que la opaca nube rompa, *261,487*

A vna opaca Soledad *483,9*

Opilacion *1*

Opilacion o preñado. *385,10*

Opilada *1*

Visitola de opilada, *269,266*

Opiladas *2*

Segun tengo de opiladas *269,467*

Moças opiladas; *494,9*

Opiladica *1*

Con aquella opiladica, *269,570*

Opilado *1*

Caiò enfermo Esgueuilla de opilado, *475,1*

Opilòse *1*

Opilòse vuestra hermana *123,35*

Opinion *3*

Mas que la espuela esta opinion la pica. *203,87*

Sin duda os valdrà opinion, *225,1*

El manto de la opinion! *257,4*

Opiniones *2*

Vees mi honra en opiniones *269,121*

Io sustentar opiniones *269,441*

Opone *1*

Ai si el viento se te opone! *384,31*

Oponer *1*

Oponer Enrico ahora *269,1823*

Opositor *1*

Cierto opositor, si no *482,1*

Oppone *2*

Espadañas oppone en vez de espadas, *163,6*

Si intempestiuo se oppone, *333,67*

Opportuno *2*

I de vn Dios en lo opportuno. *322,196*

El tiempo mas opportuno, *322,254*

Oppressos *1*

Sus miembros lastimosamente oppressos *261,497*

Opprima *2*

Selle si, mas no opprima, *264,169*

Tierra sella que tierra nunca opprima; *314,5*

Opprime *1*

Quien la ceruiz opprime *263,297*

Opprimiò *1*

La ceruiz opprimiò a vna roca braua, *261,342*

Opprimir *1*

Para opprimir sacrilega costumbre *112,7*

Oppuesta *3*

Montaña inaccessible, oppuesta en vano *146,1*

Calpe desde su oppuesta cumbre espera, *230,78*

Proxima arena de esa oppuesta plaia, *264,372*

Oppuesto *3*

Al viento mas oppuesto abeto alado *230,52*

De el siempre en la montaña oppuesto pino *263,15*

Oppuso *1*

Ni al Austro se oppuso robre. *269,1489*

Opreso *1*

Que opreso gima, que la espalda corbe. *318,256*

Oprime *2*

I ponderoso oprime sin ofensa *362,6*

Sella el tronco sangriento, no le oprime, *363,1*

Oprimido *2*

No poco de mis deudas oprimido. *398,4*

A mi esperança, tantos oprimido *400,2*

Oprimiò *1*

Le impidiò si, no le oprimiò la frente. *337,8*

Opuesta *2*

No solo dirigiò a la opuesta orilla, *264,50*

Al sacro opuesta celestial Clauero *318,551*

Opulencias *1*

Entre opulencias i necessidades *263,930*

Opuso *2*

Mucho le opuso monte, mas en vano, *318,173*

Que piedra se le opuso al soberano *400,9*

Ora *4*

Mientras se dexan veer a qualquier ora *36,2*

Hora en hueuos, ora en pluma, *105,95*

quando en ora buena os den *229,2584*

Ora de fuerça o de grado *499,258*

Oracion *7*

Toda la oracion prolixa, *74,118*

Rezando aquella oracion *81,27*

La colera a la oracion. *94,36*

Desde el Alua a la Oracion *167,71*

En oracion impetre officîòsa *264,640*

Oracion en Venecia rigurosa, *318,577*

La oracion otra, siempre fiscal recto *404,30*

Oraciones *3*

Con madexas i oraciones *105,93*

I no ganado a oraciones, *122,20*

las celdas con oraciones. *229,563*

Oraculo *6*

Consultada en oraculo profano, *250,10*

Oraculo en España verdadero, *251,6*

Oraculo en la ciudad, *269,1811*

El oraculo ia de tu fortuna; *318,92*

Oraculo de ti mismo, *332,32*

PHILIPPO digno oraculo prudente, *336,2*

Oraculos *1*

Los oraculos hizo de el estado *318,245*

Orador *3*

Si ia el Griego Orador la edad presente, *244,1*

Orador Pyramo entonces, *322,269*

Orador cano si, mas, aunque cano, *452,2*

Oran *8*

Aquel Hespañol de Oran *57,5*

Servia en Oran al Rei *64,1*

En Oran dèl Castellano, *78,7*

Que tiene bolsa en Oran, *82,111*

blandir lança contra Oran. *229,2094*

El Paganismo en Oran, *269,229*

La puerta os abra de Oran, *269,1947*

Que moros matò en Oran *423,13*

Orate *1*

Que vn "orate fratres" suio *242,11*

Orates *1*

En vna casa de orates, *242,7*

Oratoria *1*

Ambages de oratoria le oiò culta, *318,162*

Oratorio *2*

Criado en vn Oratorio, *242,6*

Con lampara ni oratorio, *495,51*

Orbe *9*

La hermosura dèl orbe. *131,108*

Con dos columnas al orbe. *179,8*

aquella Phenix del orbe, *229,485*

No menos que vn orbe dobla. *259,68*

De vn ojo illustra el orbe de su frente, *261,51*

Geometra prudente el orbe mida *264,381*

Orbe ia de sus estrellas. *275,36*

El immenso harà, el zelestial orbe *318,255*

Vn orbe desatò i otro sonante: *318,518*

Orbes *5*

Que seis orbes se ven en tu diuisa. *195,14*

Orbes son del primero i del segundo; *318,118*

Ceñido que sus orbes dos de zonas. *318,248*

Vuestro Padre de orbes coronado, *335,6*
En los orbes de sus ojos *357,6*
Orça *1*
La orça contenia *263,327*
Orcas *1*
Conducir orcas, alistar Vallenas, *263,436*
Orden *9*
En tu orden militante *110,50*
Oi tan sin orden se vee, *130,8*
Vuela el cabello sin orden; *131,102*
Con orden i rûîdo, el que consiente *152,7*
mandaron poner en orden. *229,551*
Vuela sin orden, pende sin asseo; *261,60*
Su orden de la vista, i del oido *264,718*
Con mas orden que esta grei. *301,48*
De su orden, el que ia *485,2*
Ordena *3*
I si os ordena vn poder, *81,37*
Al viejo sigue, que prudente ordena *264,244*
Mi gusto, Enrique, os ordena *269,1175*
Ordeña *1*
Do las ordeña, compitiendo en vano *229,1054*
Ordenes *2*
I aunque ordenes recibiò *130,7*
De seis ordenes. Deo gratias. *269,360*
Ordinario *4*
Si el llanto es ordinario, *103,51*
del ordinario passado. *229,1115*
Que el pagar no es ordinario *269,657*
Vn cilicio de cerdas ordinario; *450,6*
Ordo *1*
Antonio en su reglilla de ordo pedo. *152,8*
Oréàlla *1*
Llegaos a oréàlla, *79,85*
Oreja *13*
Tendiò la oreja de vn palmo, *81,55*
Desde la oreja al bigote *110,27*
Que os asga la oreja. *160,38*
La pluma en la oreja *160,100*
i entre la oreja de el otro. *229,161*
que se empreña por la oreja *229,168*
Pues cada lengua accusa, cada oreja, *231,7*
Prender en oro al nacar de su oreja. *261,112*
No excedia la oreja *263,329*
Todo escuchante la oreja. *275,120*
Lisonja de mi oreja fatigada. *279,12*
Con voz doliente, que tan sorda oreja *295,13*
Tanto, que el aspid no la oreja sella, *424,7*
Orejas *17*
Orejas los ojos fueron. *87,68*
I saltéàn las orejas; *91,51*
Con las orejas de vn palmo, *96,98*
Regale sus orejas *166,37*
De las orejas las desuia apenas; *196,6*
Offenda las orejas este vltrage, *229,34*
Las orejas siempre sordas *259,24*
Sorda hija de el mar, cuias orejas *261,377*
Tantas orejas quantas guijas laua, *263,560*
Sereno dissimula mas orejas *264,175*
Magnificas orejas *281,13*
Abra el Limbo orejas, abra, *300,32*
De las orejas de el vulgo; *322,14*
Que traia las orejas *322,111*
De las orejas io teniendo al lobo, *379,12*
Repicar en mis orejas *423,24*

I amenacen tus orejas. *498,16*
Organillo *2*
Diòle viento, i fue organillo, *161,65*
Como organillo i violon *161,70*
Organista *1*
Organista esconde, *56,75*
Organo *4*
Organo con pies, *56,73*
no solo el organo soi, *229,1434*
El organo de la voz, *322,67*
Organo fue de marfil, *389,13*
Organos *1*
Al viento quexas. Organos de pluma, *264,523*
Orgullo *4*
I con tyranno orgullo en tiempo breue, *72,55*
Reduce tu orgullo antes *229,2926*
Su orgullo pierde i su memoria esconde.
    263,211
I las Damas sin orgullo, *322,92*
Orgullosa *1*
Que pisa orgullosa *79,59*
Orgulloso *1*
Quando el moçuelo orgulloso, *228,185*
Oriana *1*
que por el sceptro, a Oriana, *229,2484*
Oriental *2*
Digo vna perla Oriental, *226,18*
Marfil oriental. *350,26*
Orièntal *1*
Orièntal saphir, qual rubi ardiente, *34,6*
Orientales *4*
A no estar entre aromas Orientales, *135,6*
De estas Orientales perlas *161,11*
Caras preseruaciones Orientales. *253,8*
Orientales aldauas, Hymeneo. *263,708*
Oriente *20*
Que el Sol que sale en Oriente *3,15*
Por las puertas salia del Oriente, *14,2*
Abreuia, i el Oriente se le humilla. *76,11*
Que el Turia fue su oriente, *103,82*
De los raios dèl Oriente, *121,69*
Por Oriente i por vergel. *132,16*
Que inuidia el nacar de Oriente. *142,28*
Que mucho si el Oriente es, quando buela,
    163,13
Diuinos ojos, que en su dulce Oriente *174,9*
Renace a nueuo Sol en nueuo Oriente. *247,14*
Cuia fama los terminos de Oriente *250,3*
Cuentenle perlas, que el Oriente fia *269,1261*
La Astrologia de Oriente, *309,3*
La Astrologia de Oriente, *309,31*
Baño es supersticioso del Oriente; *318,12*
Ambicîòso Oriente se despoja *318,473*
Mas su coiunda a todo aquel Oriente; *318,532*
Las que a otros negò piedras Oriente, *361,1*
De los aromas que llorò el Oriente; *362,4*
Quando vierte desde Oriente *499,342*
Orîènte *1*
Por las vocas de el Nilo el Orîènte. *261,436*
Origen *1*
Que de su rudo origen facil riega, *431,2*
Original *2*
es el mismo original. *229,1298*
Contagio original quiçà de aquella *264,87*
Originales *1*

los originales tiene? *229,1303*
Orilla *32*
En la verde orilla *3,5*
En la verde orilla *3,11*
En la verde orilla *3,17*
En la verde orilla *3,23*
Mirabale su Amor desde la orilla. *9,10*
Mirabale su Amor desde la orilla. *9,20*
Hacia la orilla se llega, *9,25*
Mirabale su Amor desde la orilla. *9,30*
Ia cantando orilla el agua, *26,21*
En la pedregossa orilla *28,1*
El vno orilla de Esgueua, *28,23*
El otro orilla de Darro. *28,24*
Quantos en nuestra orilla cisnes graues *31,13*
Por quien orilla el Pò dexastes pressos *32,2*
I tajos orilla el Tajo *59,83*
De el Duero en la orilla, *65,206*
Que fuese en su enxuta orilla. *74,104*
A la orilla le sacuden, *75,60*
Que guarnece la vna orilla *88,3*
Muerto me llorò el Tormes en su orilla, *101,1*
Lleua, sin tener su orilla *159,53*
Prestàran dulces en su verde orilla. *203,18*
Llegò desnudo a la orilla, *228,189*
Que, del Tajo en la orilla, *229,1041*
Graues reuoca a la espaciosa orilla. *230,63*
En cuia orilla el viento hereda ahora *263,954*
No solo dirigiò a la opuesta orilla, *264,50*
Que mis huessos vinculan, en su orilla *264,547*
Ocioso, mas la siempre orilla amena *289,7*
Quantas se oieron ondas en su orilla, *315,22*
Que orilla el Tajo eterniza *319,8*
En la verde orilla *350,23*
Orillas *18*
Orillas dèl mar. *4,10*
Orillas del mar. *4,20*
Orillas del mar. *4,30*
Orillas del mar. *4,40*
Orillas del mar. *4,50*
Orillas del mar". *4,60*
A mi, que de tus fertiles orillas *22,9*
Orillas de Vecinguerra *28,19*
Pues en tus nobles orillas *63,201*
En las orillas dèl Betis; *81,52*
i orillas del mar espera *229,1923*
Pretende el tiempo desde las orillas, *256,18*
Orladas sus orillas de frutales, *263,202*
Que exemplo de dolor a estas orillas". *264,387*
Las orillas del Ganges, la ribera *280,9*
Pompa de sus orillas, la corriente *318,10*
Que orillas de Manzanares *389,6*
Las plumas peina orillas de su llanto. *404,32*
Orillo *1*
Pondrèle el orillo azul *59,13*
Orin *2*
Ella se tomò de orin. *82,96*
De orin tomado el escudo. *409,10*
Orina *12*
Del mal de la orina; *65,200*
Buena orina i buen color, *86,1*
Nos lo demuestra la orina *86,9*
Buena orina i buen color, *86,11*
Buena orina i buen color, *86,21*
Buena orina i buen color, *86,31*

Buena orina i buen color, *86,41*
Adonde se orina vn risco; *89,24*
Està la orina mirando *269,696*
La orina? No pidais tal, *269,1890*
Pues muestras por las ingles que ia orina, *471,10*
Vio vn medico de camara la orina, *475,9*
Orinado *1*
Se han orinado los meses, *59,6*
Orinador *1*
Grande orinador de esquinas, *228,39*
Orinal *6*
Al vidrio del orinal *86,5*
I el orinal de mi alma *149,3*
Vn orinal con camisa, *269,1724*
Derramen vn orinal? *269,1865*
Ser de lienço el orinal. *269,1893*
De pajes fue orinal, i de picaños, *447,5*
Orinales *2*
Orinales de Neptuno, *27,16*
a donde son orinales *229,699*
Orinaron *1*
I se orinaron las nubes. *75,16*
Orines *1*
Que los orines den salud al rio. *199,14*
Orion *1*
Mas sangre que agua Orion humedecido, *220,4*
Oríòn *1*
Oríòn con maior ira, *229,2921*
Orionis *1*
Et Orionis vi nimbosae stellae *118,6*
Orizonte *5*
Que el Sol dexa su orizonte, *131,62*
(Sol de todo su orizonte), *178,17*
I su orizonte fue dosel apenas, *245,2*
De vna desigualdad del Orizonte, *264,692*
Nuestro orizonte, que el Salon brillante, *318,514*
Orizontes *3*
Desiguales Orizontes; *204,8*
Seràs a vn tiempo, en estos Orizontes, *261,463*
No bien pues de su luz los orizontes, *263,42*
Orla *1*
Orla el Dauro los margenes de vn Soto, *252,2*
Orladas *1*
Orladas sus orillas de frutales, *263,202*
Orlado *3*
Orlado de treinta mil, *111,10*
Muro Rèàl, orlado de cadenas, *169,5*
A vn pedernal orlado de Narcisos. *263,579*
Orlan *2*
Las blancas espumas que orlan *216,27*
Orlan sus benditas sienes. *269,335*
Orlandos *1*
Orlandos enamorados, *98,29*
Orlas *4*
A las orlas de la fuente. *142,10*
Las orlas inquïèta, *264,842*
Ceuando estaua, a las orlas *333,57*
Las verdes orlas escusa *357,73*
Orliens *1*
Sirue a doña Blanca Orliens, *73,81*
Ormuz *1*
Del mejor ambar de Ormuz, *269,486*
Orna *1*

Raya, dorado Sol, orna i colora *17,1*
Ornada *1*
Admirablemente ornada *78,45*
Ornamento *2*
Seran ornamento, *50,18*
Ornamento le viste de vn brocado *315,50*
Ornan *1*
Ornan de luz, coronan de belleza; *13,11*
Ornar *1*
Ornar de su ingrata Mora *78,35*
Ornarte *1*
I ornarte ha, en premio de tu dulce canto, *35,7*
Orne *1*
Orne esta planta de Alcides, *48,12*
Ornes *1*
Ni el monte raies, ornes, ni colores, *17,12*
Ornò *1*
Ornò corona Real de oro luciente *72,39*
Oro *176*
Soberbio techo, cuias cimbrias de oro *13,9*
El oro fino con error galano, *15,6*
(Termino puesto al oro i a la nieue), *15,11*
Que Amor sacò entre el oro de sus minas, *20,4*
Oro bruñido al Sol relumbra en vano, *24,2*
Oro, lilio, clauel, crystal luciente, *24,11*
Entre los lazos del cothurno de oro; *25,22*
El rubio cabello de oro *29,55*
Qual ambar rubio o qual oro excelente, *34,3*
Goça, goça el color, la luz, el oro. *36,14*
Dura roca, red de oro, alegre prado. *43,14*
La mochila de oro i negro. *49,44*
Con laços de oro la hermosa naue *54,2*
Labrò el oro en mis entrañas *57,65*
Su humo al ambar i su llama al oro; *60,8*
Al fino oro que perfila *63,71*
Que al oro dan los esmaltes. *63,216*
Mejor que oro en paño *65,143*
Ornò corona Real de oro luciente, *72,39*
Qual en purpura embuelto, qual en oro, *77,22*
Veen pompa, visten oro, pisan flores. *77,34*
Ia en el oro del cabello *78,61*
En cient monedas de oro *81,35*
Dan al aire trenças de oro, *83,64*
Guarnecido de oro i pardo, *88,95*
Por rio de arenas de oro, *89,15*
Flechas de oro luciente. *103,8*
Es como vn oro la niña, *105,24*
Almas de oro a vn gato muerto, *105,81*
Si de oro al Tajo no arena, *121,132*
Collar de oro i plumas bellas; *122,44*
—Cheriba vn ochabo de oro, *124,3*
El pie calça en laços de oro, *131,105*
Porque eran de oro las prendas; *141,4*
Engastado en oro vi *141,13*
Vn rubi desatè en oro; *141,19*
El oro Ciudad-Rèàl. *141,21*
Las formas perfilan de oro, *143,9*
Luz da al Sol, oro a la Arabia, *144,20*
Cothurnos de oro el pie, armiños vestida. *146,11*
Vn brinco de oro i crystal, *148,11*
Memorias de oro i del alma; *148,14*
Porque como el oro en paño *148,23*
Gastandole al Peru oro en los frenos, *155,10*
Datiles de oro, *160,79*

Que el oro fino Hespañol *161,30*
Con mas oro i menos clauos *161,39*
Oro engendre, i cada hierba *161,55*
No ia el de la mançana de oro fino, *162,7*
Cogiò sus lazos de oro, i al cogellos, *174,5*
I a la cuerda oro subtil, *177,28*
I sus cabellos el oro; *177,34*
Tienda es gloriosa, donde en lechos de oro *180,9*
Interes, ojos de oro como gato, *181,9*
Es harpon de oro tu mirar sereno, *197,6*
Oro su cuna, perlas su alimento; *198,4*
Clauijas de marfil o trastes de oro? *203,48*
En oro engasta, que al romperlo es cera. *203,66*
Sea piedras la corona, si oro el manto *203,88*
Sino trompeticas de oro, *214,5*
Sino trompeticas de oro *214,18*
Sino trompeticas de oro *214,31*
Ellas, si, al cothurno de oro, *215,47*
De lilios de oro el ia cabello cano, *220,7*
Y brillar espuelas de oro, *226,63*
Que el vaso de oro en que os sirue *227,21*
Illustrar lechos en columnas de oro, *229,57*
grillos ia de oro le pone, *229,461*
que al oro examina el fuego, *229,952*
que al oro examina el fuego, *229,976*
que al oro examina el fuego, *229,996*
I al viento suelta el oro encordonado *229,1046*
que al oro examina el fuego, *229,1382*
Su blanca toca es listada de oro, *229,2152*
Con escobas barrieron de oro i seda, *229,2184*
Oro el caiado, purpura el vestido, *229,2202*
que tengan coronas de oro *229,2680*
Guedejas visten ia de oro luciente. *230,23*
Faroles de oro al agradecimiento. *230,68*
La sed os temple ia en celada de oro. *230,85*
Con muchos escudos de oro. *240,10*
Ginetes offreciò de oro. *242,48*
Oro al Dauro le preste, al Genil plata. *252,8*
De lyras de marfil, de plectros de oro. *256,8*
En oro le paga el peso *257,39*
Tascando haga el freno de oro cano *261,13*
Prender en oro al nacar de su oreja. *261,112*
Pues si en la vna granos de oro llueue, *261,147*
De quantos siegan oro, esquilan nieue, *261,149*
Quando niega la luz vn carro de oro, *261,371*
I en ruecas de oro raios de el Sol hilan. *261,400*
I de coral barbado, no de oro, *263,295*
En celdas de oro liquido, en panales *263,326*
Mordiendo oro, el eclyptico saphiro, *263,711*
Quantos engasta el oro de el cabello, *263,787*
Que azules ojos con pestañas de oro *263,807*
Oro le expriman liquido a Minerua, *263,827*
Ni a la pluuia luciente de oro fino, *263,842*
Les siruieron, i en oro no luciente, *263,867*
(Sus espaldas raiando el sutil oro *263,886*
Oro trillado i nectar exprimido. *263,908*
En dulce se desaten liquido oro. *263,925*
Reina la aueja, oro brillando vago, *264,294*
Zeloso Alcaide de sus trenças de oro, *264,451*
El oro que súàue le enfrenaua; *264,817*
Al oro intútiuo, inuidïàdo *264,896*
Cien escudos de oro fino *269,196*

Que diga la paga en oro. *269,230*
Gazul la cadena de oro, *269,487*
Cento scuti? Di oro in oro; *269,621*
Cento scuti? Di oro in oro; *269,621*
Si presta en oro Tancredo, *269,948*
Que es la mula como vn oro. *269,949*
Con grande cadena de oro. *269,969*
Plumas de oro i pies de perlas. *269,1045*
No ai cosa de oro pesada. *269,1097*
De oro tuuiera vn millon *269,1116*
A Iuno el oro, a Palas los escudos. *269,1236*
Luciente pluuia io de granos de oro, *269,1253*
Los granos de oro que llouiò la nube. *269,1258*
I el oro de tanto escudo. *269,1289*
Para oro, i para plata. *269,1383*
Es como vn oro el hidalgo. *269,1721*
Como scripto? En letras de oro; *269,1938*
De crestas vuela, de oro coronado, *279,17*
Si la que el oro ia de tu fortuna *280,20*
Por señas que a tanto oro *287,67*
Mucho oro de sus piedras mal limado; *289,4*
Si verde pompa no de vn campo de oro, *291,2*
La grande America es, oro sus venas, *298,33*
"Tamaraz, que zon miel i oro, *301,38*
Tamaraz, que zon oro i miel, *301,39*
Tamaraz, que zon miel i oro, *301,44*
Tamaraz, que zon oro i miel". *301,45*
El siglo de oro renace *302,21*
Aqui donde entre jaspes i entre oro *312,5*
De vn acicate de oro! El papel diga *313,37*
Que peine oro en la barba tu hijo, Phebo, *313,41*
Pharmacos, oro son a la botica. *313,51*
De los que, a vn campo de oro cinco estrellas *314,12*
En campo azul estrellas pisan de oro. *314,14*
De balsamo, en el oro que aun no pende, *318,47*
El oro al tierno Alcides, que guardado *318,75*
Oro calzada, plumas le dio al viento. *318,200*
Siglos de oro arrogandose la tierra, *318,271*
Plata calzò el cauallo que oro muerde? *318,304*
En grana, en oro, el Alua, el Sol vestidos. *318,312*
En estoque desnudo, en palio de oro. *318,344*
Sueño le alterna dulce en plectros de oro. *318,448*
En symetrica vrna de oro. *319,10*
I en letras de oro: "Aqui iacen *322,505*
En tinieblas de oro raios bellos. *340,8*
En oro tambien el aprisionado. *341,4*
Que nos dize en trompas de oro *347,8*
De ese oro que peinais, *355,75*
Cupidos con raios de oro; *357,8*
Barba, Esculapio, a ti peinas en oro; *360,2*
Oro te muerden en su freno duro, *361,13*
Que sin mouerse, en plumas de oro buela. *365,8*
Oro para su dosel. *374,30*
Adoro (en perfiles de oro) *377,17*
Coiundas de oro no den, *378,42*
Que a pesar del oro es *388,19*
Oro no raiò asi flamante grana *395,1*
Vna de oro en rica trença, *412,26*
Oro te suspendiò i plata; *416,11*

Que joia de oro te abona? *423,11*
I el pie descalço del cothurno de oro, *424,13*
En lenguas mil de luz, por tantas de oro *426,9*
Que en oro engasta, sancta insignia, haloque, *428,12*
Producen oro i plata a marauillas. *443,8*
Vuelue a su dueño, mas cadenas de oro *444,10*
De vn seraphin, que bate plumas de oro. *461,11*
Como passamano de oro. *495,8*
I oi cadena de oro saque, *496,7*
Balcones de azul i oro *498,17*
Orozuz *1*
Soi Medico de orozuz: *269,456*
Orpheo *7*
Si no me presta el sonoroso Orpheo *104,10*
Orpheo de Guadîana, *133,2*
I Orpheo tan desgraciado, *228,42*
Es el Orpheo del señor Don Iuan *453,1*
Bien, pues, su Orpheo, que trilingue canta, *453,9*
Orpheo, el que baxò de Andalucia, *472,1*
Que a los bosques hiço Orpheo: *478,4*
Ortelana *1*
Inesica la ortelana, *419,3*
Ortiz *1*
Señor Licenciado Ortiz, *82,2*
Osa *1*
No osa descubrir su fee; *217,28*
Osadia *3*
Las alas sepultar de mi osadia *264,149*
O a tan alada osadia? *284,12*
En la edad, no Faeton en la osadia, *318,234*
Osado *3*
El loco fin, de cuio vuelo osado *45,3*
Al osado Pháèton llorastes viuas, *46,2*
I aquel, quien es, que con osado vuelo *229,2212*
Osarà *1*
no osarà decir que tiene *229,3328*
Osarìa *1*
Osarìa io apostar *269,1400*
Osculo *1*
Osculo de justicia i paz alterno. *318,184*
Oso *2*
Quiero decillo, i no oso *229,2027*
(de donde no oso salir, *229,2311*
Osò *1*
Que pues osò fiarle *127,9*
Osorio *1*
Turo fu Garceran? Turo fu Osorio? *430,9*
Ospedage *1*
Pagarà el ospedage con la vida; *100,12*
Ossas *1*
I las Ossas dos bellas, *264,615*
Osso *1*
Del osso que aun besaua, atrauesado, *262,20*
Ossorios *1*
De los Ossorios de Astorga, *121,138*
Ossuna *1*
Que era Doctor por Ossuna, *26,46*
Ostenta *7*
Si tanto puede el pie, que ostenta flores, *198,11*
Ostenta el rio, i glorïòsamente *230,20*
Gallardo el jouen la persona ostenta, *261,298*

Sobre dos hombros larga vara ostenta *263,315*
Beldad parlera, gracia muda ostenta, *263,726*
Concha, si mucha no, capaz ostenta *264,197*
Purpura ostenta, disimula nieue, *467,1*
Ostentacion *4*
Estraña ostentacion, alta reseña; *77,20*
Ostentacion gloriosa, alto tropheo *261,238*
Tan superflua ostentacion *413,14*
Fragrante ostentacion haga la rosa: *456,2*
Ostentado *2*
De Scila que, ostentado en nuestra plaia, *261,446*
Aian tu ciencia ostentado *407,8*
Ostente *2*
Ostente crespas, blancas esculpturas *263,858*
Qual mas dolor o magestad ostente, *298,26*
Ostentò *3*
De quantas ostentò naturaleza, *256,27*
De vno ostentò i otro metal puro; *318,302*
Las que a pesar del Sol ostentò estrellas, *318,478*
Ostion *1*
Sin valelle al lasciuo ostion el justo *264,83*
Otauio *1*
Porque junto a esa iglesia posa Otauio. *229,2231*
Otero *3*
Traela de otero en otero *123,37*
Traela de otero en otero *123,37*
Tanto, que en qualquiera otero *302,10*
Othomanas *1*
A las Othomanas lunas, *39,8*
Otoño *3*
Tenedme, aunque es Otoño, ruiseñores, *203,10*
Alfombras texia el Otoño *229,508*
Que el tardo Otoño dexa al blando seno *261,75*
Otoños *1*
Los Otoños de azahares; *63,188*
Otorga *2*
Amor dize que le otorga *121,139*
i su padre se la otorga, *229,759*
Otorgo *1*
Le hiço decir: "si otorgo", *242,62*
Otorgò *1*
Otorgò al fin el infausto *322,221*
Otorgue *1*
que la appellacion me otorgue *229,567*
Otra *113*
Buelue otra vez a salir *3,16*
I el coraçon de otra alas, *9,34*
Con ser de flores, la otra ser de estrellas, *15,13*
I sè de otra buena vieja, *29,43*
Como vna leche a otra leche. *59,72*
Tu, (cuio illustre entre vna i otra almena *67,1*
Le huuiera hecho otra firma, *74,42*
Otra vez que huuo en Bruxelas *74,85*
Mas otra fuerça mejor *74,107*
Mas ella, i otra su prima, *74,122*
Que a quien otra vez piadoso *83,30*
Otra clauellina bella. *85,24*
Que por vna parte i otra *97,22*
De querer la otra doncella *102,14*
Porque en otra ida i venida, *107,29*
De otra parte las fieras, *125,11*
Si es vna i otra comadre *130,17*

Vna sol i otra clauel, *132,14*
Lo fragrante, entre vna i otra estrella *136,7*
Claua vna saeta en otra, *149,30*
Vna Dama i otra Dama, *159,14*
I lo que da la otra via, *159,17*
De vna en otra feria, *160,102*
Vna ala suia, i otra el Occidente? *163,14*
Otra por lo Presentado; *189,4*
Los remos dexa, i vna i otra mano *196,5*
Como quien de vna i otra hoja espera *198,7*
Goce Cuenca vna i otra moneria, *201,7*
Flores que illustra otra mejor Aurora, *221,13*
I saludòla otra vez. *226,60*
Luto el vno, la otra llanto. *228,180*
i otra a su mala consciencia. *229,435*
que otra fuerça no la pido. *229,664*
no suffre carga otra cosa. *229,693*
Quieres que otra vez lo mande? *229,911*
qual otra Reina Fenisa *229,1344*
de vna casa a otra vecina, *229,2070*
de vna i otra voluntad. *229,2106*
De vna i otra ia ceniça sancta, *229,2167*
donde vna nieue a otra espera, *229,2671*
Otra gaita Çamorana? *229,3119*
me alumbrò de otra manera. *229,3221*
Vna i otra maldicion *229,3302*
Otra figura de el auto *229,3422*
Quedaos otra, Libia bella? *229,3444*
Qual dos colmillos, de vna i de otra roca, *230,9*
Estrellas, hijas de otra mejor Leda, *247,6*
Con vna i otra Musa soberana; *256,5*
I pulsando vna dulce i otra cuerda, *256,49*
De vna i de otra verde rama obscura, *260,2*
Son vna i otra luminosa estrella *261,101*
Copos nieua en la otra mill de lana. *261,148*
En sangre de vna lo que la otra pace. *261,174*
Vna i otra lasciua, si ligera, *261,318*
La vna reparada, la otra enjuta. *261,451*
Otra con ella montaraz zagala *263,243*
De el verde margen otra las mejores *263,247*
Ingeníòsa hiere otra, que dudo *263,252*
Altera otra, bailando, la floresta. *263,258*
Vna i otra de Alcides llaue cierra. *263,402*
Cisnes pues vna i otra pluma, en esta *263,939*
Que de vna i de otra meta gloríòsa *263,1058*
Al son de otra çampoña, que conduce *263,1078*
No pues de otra manera *264,22*
Saliò improuisa de vna i de otra plaia *264,47*
Ô mar, quien otra vez las ha fiado *264,121*
De las redes la otra i su exercicio *264,203*
Entre vna i otra lamina, salida *264,486*
A la vna luciente i otra fiera *264,620*
I otra roe a lo diuino. *269,40*
Vna i otra pulgarada. *269,270*
Otra con vn Capitan *269,352*
Otra con vn gauilan *269,354*
A otra puerta, Bercebù, *269,450*
La otra quando se paga. *269,620*
Como no ai otra moneda *269,665*
Para otra caualgadura. *269,816*
I si lo niego, otra buelta *269,1432*
De los dos mares vna i otra espuma. *271,14*
Donde entre nieblas vi la otra mañana, *278,2*
Hierue, no de otra suerte que el camino *279,31*

Palmas otra, i el cuerpo ambas desnudo? *298,28*
Si otra inscripcion desseas, vete cedo: *312,29*
Otra la califique en otra mano. *315,60*
Otra la califique en otra mano. *315,60*
Deuanandole otra, le traduce *318,445*
Arcos zelestes vna i otra caña. *318,512*
De vna i de otra lamina dorada *318,565*
I citando la otra parte, *322,223*
I aqui otra vez se traspuso *322,410*
Pisando vna i otra flor, *331,48*
De vna i otra saeta impertinente, *336,3*
Bebia de vna i otra dulce estrella *340,7*
La calidad de entre vna i otra puente, *342,13*
Bolued, galeritas, por la otra mitad. *345,8*
I seras sepulchro de otra sirena. *345,10*
Mas dias vee que otra flor, *375,37*
Para matalle otra vez. *376,40*
Concento la otra del clarin de Marte; *404,4*
La oracion otra, siempre fiscal recto *404,30*
Que el banco de la otra vida *405,9*
La de Gil, perdiò otra uez *419,26*
Tu, que naciste entre vna i otra malua, *435,3*
Ser quiere alcalde de vna i otra Aldea *443,9*
A la otra vna dominica campana. *446,8*
Miralla, en quanto otra region no mude. *453,11*
Otra Porcia de Bruto huuieras sido, *460,3*
I romperse la otra en lo picado; *463,6*
I hazed por parecernos otra fiesta; *470,13*
Otra no fue que tu pluma, *480,3*
La otra, sin ocasion *490,16*
I otra vna legua de alli. *499,147*
I la otra de ligera. *499,167*
Otras 34
Las otras desde la barca, *9,18*
En la botica otras veces, *26,29*
Rei de las otras, fiera generosa, *47,4*
I al animal de Colchos otras tantas *52,3*
Se honràran otras Ciudades; *63,12*
Inuidia de otras riberas, *63,203*
Eclipsi de otras beldades, *63,204*
De las otras fieras Rei, *78,32*
En mi aposento otras veces *83,73*
Otras huelen por la hoja, *85,21*
I otras tres humo espirando *96,50*
I otras mil te perdiera mi desseo. *104,14*
Otras por bailar. *144,48*
Otras por bailar. *144,56*
Otras por bailar". *144,64*
Vnas i otras edades *156,29*
Claro dos vezes otras, i otras ciento *164,3*
Claro dos vezes otras, i otras ciento *164,3*
Ni a otras prisiones condena, *178,12*
Las otras de vn Señor que me las deja *200,3*
No qual otras fugitiua *206,18*
Sino otras marauillas, *256,16*
Registra en otras puertas el venado *261,425*
Candados hizo e otras nueuas grutas, *263,448*
De Arachnes otras la arrogancia vana *263,838*
Omenage reciproco otras tantas *318,182*
Beuen otras el aljofar *378,27*
Bailan vnas, i comen otras, *494,6*
Bailan vnas, i comen otras, *494,21*
A vnas i a otras gentes *494,27*
I a las otras suero. *494,30*

Bailan vnas, i comen otras, *494,36*
Bailan vnas, i comen otras, *494,51*
I otras tantas veces bella, *498,2*
Otro 191
Lo otro por demas. *4,34*
Que sea el otro Letrado *6,55*
I otro se passea *8,25*
I hecho otro nueuo Alcides, *26,37*
El otro orilla de Darro. *28,24*
Porque entre vn labio i otro colorado *42,6*
Mientras no dan otro corte, *55,5*
Busquen otro, *55,6*
I busquen otro, *55,13*
Busquen otro, *55,20*
Busquen otro, *55,27*
I busquen otro, *55,34*
Busquen otro, *55,41*
Huelalos otro, *55,48*
I al otro brazos i redes; *59,24*
I el otro purga las calles, *63,8*
Cuerpo viuo en otro tiempo, *63,147*
Que el otro le escriba, *65,154*
De tus remos el otro encanecido, *66,10*
I otro para la gineta, *73,68*
I ella busca otro Tarquino *73,91*
I otro la quitò la nema; *73,96*
I el socarron otro dia *73,113*
I aun creo que al otro lado *74,41*
Sale el otro caçador, *81,9*
Estàse el otro don tal *81,25*
Embolsa el otro escriuano *81,33*
Al otro, que le dan jaque *93,15*
Ir a escuchar otro poco *96,171*
Al otro porque es hechor. *98,80*
I al otro demosle el dia. *98,84*
De suerte que ia soi otro segundo *101,7*
Cansase el otro doncel *102,13*
Luego otro dia se ensote, *107,78*
Dèl vno i dèl otro mar. *121,80*
Repite el otro soldado *122,41*
Otro "Angelica" responde. *131,124*
Vn piñon con otro, *144,51*
De Angel tiene lo que el otro de aue. *145,8*
I de el otro eran las faldas, *148,46*
Ni otro paxaro marino, *159,44*
Otro nudo a la bolsa *160,3*
Otro nudo a la bolsa *160,21*
Otro nudo a la bolsa *160,39*
Otro nudo a la bolsa *160,57*
Otro nudo a la bolsa *160,75*
Otro nudo a la bolsa *160,93*
Otro nudo a la bolsa *160,111*
Otro nudo a la bolsa *160,129*
Que el otro pidiò si tuuo, *161,51*
Si no ai otro, qual a Arion, *161,154*
Entra el otro con mal gesto, *167,43*
I otro el basto os atrauiessa, *168,22*
Otro triumpho matador, *168,26*
No con otro lazo engaña *178,11*
El otro la rubia Cloris, *179,10*
La quíetud, i donde otro cuidado *194,6*
De vn eslabon i otro mi destierro, *197,10*
De veer que me comeis el otro lado. *200,11*
Dando su verde vn año i otro año; *203,60*
Le den Titulo a aquel, o el otro priue. *203,102*

Por el otro figurado: *208,16*
Desde el vno al otro polo, *209,9*
Otro instrumento es quien tira *214,25*
A otro mejor colmenar; *226,112*
A otro mejor colmenar; *226,122*
Que los halcones dèl otro *227,31*
Vn pie con otro se fue, *228,187*
I otro mayor podias, *229,29*
vn yerro añado a otro yerro. *229,137*
que hablar con otro en secreto, *229,157*
i entre la oreja de el otro. *229,161*
por otro rumbo camina. *229,197*
que no sepa io otro modo, *229,247*
De vn pueblo vagando en otro, *229,520*
Muriò el ribal otro dia, *229,616*
otro no tiene este polo. *229,873*
luego otro siguiente dia, *229,1555*
vno piedra, otro eslabon. *229,1677*
vno es mazo, otro es artero. *229,1784*
Vamonos a otro aposento. *229,1887*
Si digo, i dirè otro si, *229,2015*
pues viene el otro camino. *229,2138*
Ciñò las sienes de vno i otro Moro; *229,2153*
sino otro de mejor nombre". *229,2358*
i el otro traìa çapatos. *229,2787*
Otro Moro? Otro psalterio? *229,3118*
Otro Moro? Otro psalterio? *229,3118*
Padre mio, otro serà *229,3150*
ia al otro credito doi. *229,3187*
otro passo? De passion *229,3227*
tengo el vno i otro braço, *229,3405*
No hallais otro relator? *229,3449*
otro casamiento igual: *229,3541*
Forjando las que vn muro i otro muro *230,49*
I no ha querido ser otro. *242,52*
Otro lo diga por mi, *243,30*
Entre vno i otro alhaeli. *243,48*
Que otro dia enfermaron sus Altezas. *254,14*
En vno i otro gemido, *257,7*
Que vn dia era baston i otro caiado. *261,56*
Vn ruiseñor a otro, i dulcemente *261,182*
No a Satyro lasciuo, ni a otro feo *261,234*
Bebelo Galathea, i da otro passo, *261,287*
Qual otro no viò Phebo mas robusto *261,407*
Que al vno menosprecia, al otro iguala. *263,246*
Al Phrigio muro el otro leño Griego. *263,378*
Conculcado hasta alli de otro ninguno, *263,415*
De vn Oceano i otro siempre vno, *263,474*
Los consignados premios otro dia, *263,563*
Que impide Amor que aun otro chopo lea. *263,700*
Quantas, de el vno ia i de el otro cuello *263,788*
Vuestros corchos por vno i otro poro *263,924*
Iedra el vno es tenaz de el otro muro: *263,972*
Passos otro diò al aire, al suelo cozes. *263,1023*
Que en el vno cedi i el otro hermano *264,390*
Ni al otro cuio nombre *264,457*
Que velera vn Neptuno i otro surca, *264,565*
Los dos reduce al vno i otro leño *264,675*
Relincho i otro saludò sus raios. *264,731*
Vn grillo i otro enmudeciò en su pluma. *264,874*
Vn cossario intentò i otro bolante, *264,960*

Vno i otro rapaz, digo milano, *264,961*
Que el otro con el cuchillo. *269,165*
A vno i otro tahur: *269,494*
Cerrar con otro vagage? *269,630*
I al otro las manos pido, *269,908*
I al otro las manos pido: *269,920*
I al otro las manos pido. *269,933*
Que por manchar vn casto, i otro lecho, *269,1250*
Me purgue, i luego otro dia *269,1796*
I deste otro oio peor. *269,1821*
Es, por dicha, otro quinquenio? *269,2000*
De los mundos vno i otro plano, *271,13*
Conduxo, de vn sexo i otro *275,99*
Echandose a dormir; otro soldado, *278,10*
No os habla por otro cabo; *282,27*
Con vn remo i otro creo, *287,19*
Rigido vn Bachiller, otro seuero, *293,5*
A España en vno i otro alado pino, *298,36*
I a la mula otro que tal, *301,50*
De otro! Tocad el rabel. *301,67*
Que ninguno otro lo fue; *301,75*
I tan otro al fin, que haze *307,3*
Pompa del otro rapaz: *307,11*
I tan otro al fin, que haze *307,16*
I tan otro al fin, que haze *307,29*
Entre vno i otro gemido *310,25*
Vn generoso anima i otro vulto, *312,4*
Luto vestir al vno i otro Polo *318,237*
De vno ostentò i otro metal puro; *318,302*
Vn orbe desatò i otro sonante: *318,518*
Entre vno i otro ladron, *321,26*
De vn sexo i otro. Que mucho *322,86*
De vn ladrillo i otro duro, *322,134*
I no como el otro Mucio *322,426*
Salga a otro con lanza i con trompeta *326,5*
Piedra digo Bezahar de otro Pyru, *327,11*
Otro de bienes passados. *329,4*
Vn dulce i otro cantico sagrado. *338,14*
Al vno i otro corrillo. *351,36*
Vno con otro contrario: *356,20*
Prorrogando engaños de otro, *357,26*
El silencio en vn labio i otro bello, *366,6*
El vn pecho da al zelo, el otro al culto. *368,24*
Dezidme en otro papel *371,6*
Que a vn desden otro maior *382,5*
Embiadme el otro medio. *385,4*
Busque otro mejor; *389,47*
Busque otro mejor; *389,56*
Saluda otro albor: *389,64*
Busque otro mejor; *389,65*
Vno a otro Propheta. Nunca en vano *400,13*
Casado el otro se halla *406,1*
De vno i otro que entra armado, *406,7*
Victima bruta otro año, *416,39*
Porque otro tal no presuma *418,9*
I otro, no solo, no, abominaciones, *421,46*
Anda otro mas rico *422,7*
De que el otro esconda. *422,12*
— Vno i otro: el dorado, ella amarilla. *439,2*
I otro dos vezes que el no menos ciego; *442,11*
I tratad de enjaular otro Canario *448,10*
El primero, porque ai otro segundo. *453,2*
Sea lo vno o lo otro, el tiempo lo ha acauado, *471,9*

Con el vno i el otro se suspenden: *472,9*
Otro no fue que tu aliento. *480,4*
Si no tiene otro mysterio, *481,5*
Para otro masse Zorra. *481,10*
I que el vno i otro Momo, *495,36*
O de mezclilla, que vno i otro era. *499,95*
Otros *38*
Io i otros del barrio, *5,67*
Traten otros del gobierno *7,3*
A otros sambenitos. *8,10*
De otros remos la barquilla, *9,33*
Rei de los otros, rio caudaloso, *22,1*
Que a saludar al Sol a otros conuidan, *31,11*
Que tiene otros cient mil dentro del pecho, *41,3*
Tu, Rei de los otros rios, *48,65*
I otros baxaron los Alpes; *63,144*
A veer qual se queman otros *83,26*
I otros ai que los gobierna *102,35*
A otros Angelicas bellas. *158,50*
Si en vn costal otros *160,9*
Otros como locos *160,19*
Ay otros Gitanos *160,113*
Canten otros tu casa esclarecida, *180,5*
Den a vnos de cola, a otros de hocico. *201,8*
(Si bien con otros intentos) *228,167*
vaina ia de otros dolores. *229,547*
Que si el Po a otros fue sepulcro breue, *229,1038*
que otros pudieran lloralla. *229,3313*
Lo que es borla para otros. *242,100*
Perdidos vnos, otros inspirados. *262,4*
I de otros, aunque barbaros, sonoros *263,751*
Mudos coronen otros por su turno *263,801*
De el Rei corona de los otros rios; *263,953*
Premio los honrra igual; i de otros quatro *263,978*
Otros de escamas faciles armados, *264,103*
Gamuçarse otros galanes, *269,338*
Son menester otros mil? *269,1366*
Otros dos. Gracioso aliño *269,2002*
Escondiò a otros la de tu serpiente, *360,10*
Las que a otros negò piedras Oriente, *361,1*
De pelicano otros seis, *419,72*
Otros tantos de cruel *419,74*
Vnos dias clauel, otros vìola. *421,73*
Añada quien quisiere otros mil males: *463,13*
Otros dicen que està bien empleado, *475,5*
Otthomanos *1*
Tu, en tanto, mira allà los Otthomanos, *72,52*
Otubre *1*
A dos de Otubre, en Trassierra. *275,128*
Oualo *1*
En la mitad de vn oualo de plata, *264,520*
Oualos *1*
Bruñidos eran oualos de plata. *264,705*
Ouando *1*
De los odios reciprocos ouando. *318,616*
Ouante *1*
Crezca glorioso el esquadron ouante, *315,78*
Ouas *3*
Vestido de juncos i ouas. *149,110*
De blancas ouas i de espuma verde, *264,25*
Cespedes, de las ouas mal atados. *264,970*
Oueja *5*
Oueja perdida, ven *212,1*

Oueja perdida, ven *212,11*
Oueja perdida, ven *212,21*
I cada grano suio vuestra oueja, *231,6*
Que sin duda alada oueja, *371,8*
Ouejas *11*
I ouejas desquilan; *65,240*
Ouejas dèl monte al llano *131,7*
Guarda el pobre vnas ouejas, *149,25*
Ia entre lana sin ouejas *192,3*
I ia entre ouejas sin lana, *192,4*
Entre pastor de ouejas i de gente *203,91*
Blancas ouejas suias hagan cano *263,825*
Que aun entre el lobo i ouejas *302,3*
Que aun entre el lobo i ouejas *302,15*
Que aun entre el lobo i ouejas *302,27*
De vn pastor que, en vez de ouejas, *390,21*
Ouejuela *1*
La ouejuela sin pastor *82,99*
Ouuis *1*
Ouuis, cão? Parientes somos. *305,19*
Ovejas *1*
Reduce a sus rediles sus ovejas; *229,1053*
Ovillo *1*
el ovillo he de sacar, *229,1429*
Oxalà *4*
Oxalà mas le pusieras! *229,1240*
I oxalà hiziesse ia *269,76*
Oxalà cada eslauon *269,1115*
Oxalà Enrico gallardo *269,1122*
Oy *14*
Oy vîùda i sola, *4,3*
Nueuos conoce oy dia *25,53*
Oy es el sacro i venturoso dia *77,1*
Oy con deuotas ceremonias baña *77,4*
Oy a estos sacros hymnos, dulce canto, *77,7*
Oy, pues aquesta tu Latina Escuela *77,10*
Oy la curiosidad de su thesoro *77,18*
Oy cada coraçon dexa su pecho, *77,21*
"Oy haze, ingrata, vn año, *125,28*
Oy haze vn año, ingrata, *125,32*
Oy presentado me han *188,7*
Pues oy tan vîòlada *229,35*
al que oy es monte Aphricano: *229,119*
passéàr oy a Toledo, *229,141*
Oya *1*
"Si tu hazes que oya *140,17*
Oydo *1*
Aplauso zelestial, que fue al oydo *318,99*
Oye *1*
Entrase donde los oye, *96,73*
Oyeron *1*
Esto le oyeron cantar: *116,20*
Oyò *3*
Como tanto estruendo oyò *49,85*
Oyò el militar estruendo *64,19*
Oyò su voz lagrimosa *149,56*
Pabes *1*
Genîàl cuna su pabes estrecho. *318,440*
Pablo *1*
Digo de sanct Pablo, pompa *259,86*
Pabores *1*
Thisbe entre pabores tantos *322,321*
Pace *5*
En sangre de vna lo que la otra pace. *261,174*
Los terminos son que pace. *302,20*

Abrigar de quien le pace. *307,26*
Cobra el caballo que pace, *333,63*
Si pace quien hierro muerde; *333,64*
Pacen *1*
Que pacen campos, que penetran senos, *264,950*
Paces *7*
Gran Cortesano en las paces, *61,14*
O que se dan dulces paces; *63,176*
En las paces belicosos, *98,31*
I calidad en las paces, *110,44*
las paces oi certifico *229,276*
Si de paces las Canarias *229,580*
Paces no al sueño, treguas si al reposo. *261,308*
Pacheco *1*
Dèl Pacheco diestrissimo *1,15*
Paciencia *12*
Quatro escudos de paciencia, *2,17*
La paciencia se me apoca *28,61*
Veìalos con paciencia, *73,106*
I paciencia al mensagero. *94,20*
Esperanças armadas de paciencia". *114,24*
que tanta paciencia presta, *229,695*
Ai quien paciencia me preste, *269,1418*
I mi paciencia lo sabe. *269,1889*
Ponderè en nuestro dueño vna paciencia, *336,12*
Paciencia, Iob, si alguna os han dexado *433,3*
Consuelo me dareis, si no paciencia, *433,5*
Que ese Gante te exceda en la paciencia, *462,2*
Paciencias *1*
Que treinta paciencias pierdo, *269,1587*
Paciente *2*
Paciente sus labios sella, *412,23*
Que dissimule vn paciente, *493,7*
Pacientes *1*
Que este author tiene versos mui pacientes. *229,392*
Pacificas *1*
Pacificas banderas. *263,280*
Pacifico *1*
Dichoso el que pacifico se esconde *203,73*
Paciò *2*
Le bebiò i le paciò el heno, *49,40*
Que paciò el campo medio hombre, *322,499*
Padece *1*
I es lastima de ver lo que padece: *475,2*
Padecen *1*
Que los cielos padecen fuerça santa. *112,11*
Padeci *1*
Donde padeci peligros *74,69*
Padecia *1*
Mientras Anuers padecia, *74,78*
Padecido *1*
Lo que ha padecido el pobre *269,1486*
Padecieron *1*
Que padecieron seis naipes *110,22*
Padella *3*
A frutinha de padella? *303,4*
A frutinha de padella? *303,30*
A frutinha de padella? *303,43*
Padezco *1*
lo que padezco en negallo. *229,273*
Pado *1*

Coronan las Pîèrides el Pado, *316,2*
Padrastros *1*
Pues que tienes mas padrastros *87,7*
Padre *71*
Que oluide a la hija el padre *6,37*
Que sea el Padre Presentado *6,79*
Ellas me llamaban padre *26,59*
Despues que perdi a mi padre, *57,47*
En rehenes de su padre, *61,4*
El padre de las pupilas; *74,40*
De su padre frai Martin. *82,92*
Porque el padre de la moça *96,41*
Llama padre al Capellan *123,12*
Hace que por padre admita *123,15*
I si le llamare Padre *130,21*
Dèl claro padre, i de la antigua casa, *145,10*
Señor padre era vn buen viejo, *148,33*
Tan zelada de su padre, *149,35*
La hija aguarda que el padre *149,111*
Que los que el Padre Prior *190,3*
Al padre de vna piedad *206,7*
Tuuo por padre a vn hidalgo, *228,10*
Grandes hombres, padre i hijo, *228,25*
I señor padre, poltron, *228,159*
de su padre de años lleno. *229,279*
de el padre de la señora. *229,363*
Emilio, su padre, occupa *229,560*
padre de Lelio, que ahora *229,727*
pidiò licencia a su padre, *229,758*
i su padre se la otorga, *229,759*
Mi padre a vernos camina. *229,914*
Luego vuestro padre escribe? *229,1117*
Tanto consejo a mi padre, *229,1248*
porque oi a tu padre Octauio *229,1278*
mi padre me concertò *229,1292*
tenga por padre al Amor? *229,1351*
Cartas de mi padre son *229,1539*
mi padre està aqui mañana, *229,1552*
cartas de mi padre. Buenas? *229,1870*
al gusto de padre i hija, *229,2316*
tu padre? Ia a mi cautela *229,2523*
que vn padre no querrà ser *229,2528*
mi hijo? En que eres mi padre, *229,2963*
con el padre de mi nouia, *229,2987*
a vuestro padre i a vos. *229,3011*
i tu con tu padre juegues, *229,3057*
Padre mio, otro serà *229,3150*
a tu padre? Ta, ta, ta. *229,3153*
Entrò a su padre a seruir, *229,3282*
mejor padre ella que io. *229,3329*
Lastima a mi padre tengo. *229,3339*
parece padre de cabras, *229,3377*
do no ai hijo para padre, *229,3408*
Dadme los pies, padre mio. *229,3518*
con tu padre, para que, *229,3531*
Al padre de las aguas Océàno, *263,405*
Padre de la que en si bella se esconde *263,724*
De el Padre de las aguas, coronado *264,24*
El padre de los dos, emulo cano *264,209*
Hijo del bosque i padre de mi vida, *264,550*
De vn padre Rei, de vn viejo preuenido, *269,1255*
Con mas de padre que tio. *269,1497*
Al culto padre no con voz piadosa, *291,5*
Al padre en tanto de su primauera *318,133*

sin cumplirme la palabra *229,3247*
Palabra. De que, señora? *269,758*
Desta noche tu palabra. *300,35*
Palabras *20*
Palabras dulces mil sin merecello, *20,6*
Cuia musica es palabras, *58,43*
Le dice aquestas palabras: *64,28*
I esas no son palabras de doncella. *70,14*
Por las palabras temida. *74,24*
Que a palabras de edificios *87,67*
Nectar sus palabras son; *121,45*
En sus palabras Cupido, *121,48*
mas las palabras son obras. *229,749*
palabras de cera? Si. *229,1157*
de palabras en el suelo. *229,1653*
Señor Fabio, dos palabras. *229,2875*
Soi Emilio? En dos palabras *229,3374*
Sin ambicion, sin pompa de palabras, *263,91*
Io, en palabras no senzillas, *269,202*
Entretenmele en palabras. *269,380*
Se beuian las palabras *322,259*
Se enxuagò, con sus palabras, *322,363*
Mas ai, quien palabras dà *328,9*
Palabras que me enseñò *499,350*
Palabritas *1*
Palabritas de Pilatos. *269,1601*
Palacio *31*
A la puerta de Palacio, *96,2*
De la posada a Palacio. *96,120*
Palacio es de mi bella celebrada, *99,5*
Hazed del Palacio plaça, *121,8*
En Palacio clauellinas *121,13*
El Palacio con sus plumas, *121,78*
En el Palacio Rèàl, *121,106*
Palacio, porque sepades *122,28*
Al Palacio Rèàl, Rèàl venera *156,14*
Que al fin Damas de Palacio *159,19*
Mas tu Palacio, con razon sagrado, *180,6*
Al Palacio le fias tus entenas, *196,2*
Al palacio Rèàl, que de Syrenas *196,3*
El verde Palacio es, *217,90*
En Palacio i en la Villa, *225,2*
al palacio de tal suegro, *229,2039*
Vereis a Galfâna en su Palacio. *229,2233*
de el palacio a la cocina. *229,2593*
Nos dexò las saludes de Palacio, *254,13*
Las piedras de tu Palacio *259,89*
Todo se admite en Palacio, *269,753*
Del Palacio de su Rei, *285,22*
El Palacio gentil, digo el Conuento, *294,10*
El palacio rèàl con el sagrado *318,483*
Angulo quedò apenas del palacio. *318,524*
De el jardin de su palacio. *356,8*
Luceros ia de Palacio, *376,17*
Del palacio a vn redil? Efecto estraño *404,21*
A palacio con lento pie camina. *434,4*
En Palacio mas mucho de lo honesto *452,12*
Lleguè a vuestro palacio. El cielo sabe *465,2*
Palacios *2*
En los palacios de vn señor no creo *229,40*
De Rèàles Palacios, cuia arena *263,126*
Paladin *3*
De algun loco Paladin. *82,132*
Honra, mas que vn Paladin, *111,22*
Con rumbos de Paladin. *243,52*

Paladines *1*
Francos Paladines, huio, *27,122*
Paladiòn *1*
I Paladiòn tan fiero *269,1582*
Palafren *1*
Del palafren se derriba, *131,17*
Palanquines *1*
Quatro palanquines vientos *75,59*
Palas *5*
Con las palas segando, *264,690*
Alterno impulso de valientes palas *264,925*
A Iuno el oro, a Palas los escudos. *269,1236*
Quando Palas por vellosa *322,79*
Que la emula de Palas *322,231*
Palemo *2*
De el mas tierno coral ciñe Palemo, *261,122*
Tantos Palemo a su Licote bella *264,587*
Palencia *1*
Que a los muros de Palencia, *115,2*
Palenque *1*
Es palenque la dehessa: *269,10*
Pales *5*
A Pales su viciosa cumbre deue *261,145*
Templo de Pales, alqueria de Flora! *263,96*
Ven, Hymeneo, i tantas le dè a Pales *263,832*
Glauco en las aguas, i en las ierbas Pales.
    264,958
Que templo son bucolico de Pales. *318,198*
Palestra *2*
Olympica palestra *263,961*
Poca palestra la region vacia *264,902*
Paleta *1*
Cabes de a paleta, *160,82*
Palida *2*
La rubia paja i, palida tutora, *261,79*
Iaspe luciente, si palida insidia, *318,215*
Palido *2*
A lo palido no: a lo arrebolado; *261,84*
Palido sol en cielo encapotado, *476,1*
Palidos *1*
I palidos rubíes. *263,871*
Palinuro *2*
Conduxo, muchos luego Palinuro; *263,398*
Mas basta; que a Palinuro *322,238*
Palio *1*
En estoque desnudo, en palio de oro. *318,344*
Palizada *1*
A la verde florida palizada, *263,947*
Palladiones *1*
Que en sus Palladiones, Amor ciego, *261,295*
Pallas *3*
Armada a Pallas veo, *156,31*
Quantas a Pallas dulces prendas esta *263,833*
Pallas en esto, laminas vestida, *318,437*
Pallida *1*
Pallida restituie a su elemento *221,1*
Pallidas *1*
Pallidas señas ceniçoso vn llano, *261,29*
Pallio *2*
Solicita el roxo pallio... *228,220*
En tanto pues que el pallio neutro pende
    263,1065
Pallios *2*
Consagrando los pallios a su esposa, *263,568*

Ser pallios verdes, ser frondosas metas,
    263,1037
Palma *18*
Atribûia la palma, *26,43*
No a la palma que en ella ahora tienes, *77,39*
(Digna palma, si bien heroica mano), *77,40*
Palma la llamàra io *85,13*
Desde vna palma subido, *96,35*
La palma que lleua *160,78*
Esa palma es, niña bella, *176,1*
Antes que la palma lleue *176,8*
a besar el pie a vna palma, *229,468*
del que es palma de los Condes. *229,471*
que Palma tenia entonces. *229,475*
I la palma leuantada, *229,1356*
Sentado, a la alta palma no perdona *261,409*
Ni aun la palma de la mano, *269,224*
Cient laureles i vna palma. *269,957*
Verdes raios de vna palma, *285,13*
La palma oz guarda hermoza *301,42*
Gallardo mas que la palma, *349,25*
Palmas *10*
I ia sin inuidiar palmas ni oliuas, *46,3*
Que ciñen resplandor, que enristran palmas,
    77,43
A par de las sublimes palmas sales, *92,7*
Blancas palmas, si el Tajo tiene alguna, *128,3*
Que ia despertaràn a triumpho i palmas; *180,11*
Emulas no de palmas ni de oliuas, *256,25*
Treinta palmas i vn laurel. *269,953*
Palmas otra, i el cuerpo ambas desnudo?
    298,28
Si le peina en las palmas de las manos *313,43*
I entre palmas que zelosas *333,25*
Palmilla *2*
Saio de palmilla, *5,11*
Como de palmilla; *65,132*
Palmillas *1*
Palmillas que menos precian *144,25*
Palmo *2*
Tendiò la oreja de vn palmo, *81,55*
Con las orejas de vn palmo, *96,98*
Palmos *2*
Sobre quatro palmos *160,95*
Perdiò Cloris tierra a palmos *243,47*
Palo *5*
Como palo de Brasil. *82,116*
Contra ballestas de palo *87,13*
De palo si, le asò ia; *208,21*
Que a su muger le dè el palo *227,51*
Cometian luego a vn palo, *228,30*
Paloma *5*
Blancas alas de paloma". *97,44*
Paloma se calò, cuios gemidos *261,319*
Que fue paloma, i ia es cueruo *269,503*
Quando velera paloma, *285,49*
La desseada Paloma *310,12*
Palomar *1*
ha visto de vn palomar. *229,3289*
Palomas *6*
A las palomas de besos *27,63*
Contando de las palomas *131,87*
Se calaron dos palomas, *149,92*
Las palomas de sus hueuos *229,1352*
No a las palomas concediò Cupido *261,329*

Con las palomas, Venus, de tu carro; *264,752*
Palomeque *1*
Palomeque i Fuenmaior *88,61*
Palomica *3*
La PALOMICA blanca, *310,6*
La PALOMICA blanca, *310,21*
La PALOMICA blanca, *310,36*
Palomino *1*
Sino el noble palomino *159,45*
Palomo *1*
Arrullòla qual palomo, *228,95*
Palor *3*
Que tiñò palor Venusto. *322,472*
El garçon, palor hermoso, *357,50*
En el palor beuiò de la ceniza, *368,40*
Palos *1*
Con quien de palos os dè; *411,34*
Palpita *2*
Palpita el coraçon? Baila. *229,2754*
Palpita el coraçon? Mas. *229,2799*
Palpitante *1*
Si con vista palpitante *229,2426*
Palpitar *1*
Palpitar hiço Fauonio. *357,44*
Palude *1*
Cysne gentil de la infernal palude. *453,14*
Palustres *1*
Palustres aues? Vuestra vulgar pluma *431,13*
Palynuro *1*
Ô dulce Arion, ô sabio Palynuro! *54,14*
Pampano *2*
Réàl cachorro, i pampano súaue *145,5*
Mas, conculcado el pampano mas tierno *261,469*
Pampanos *6*
Que entre pampanos son lo que entre flores. *203,12*
de pampanos coronado, *229,502*
Mas (cristalinos pampanos sus braços) *261,353*
Mientras coronan pampanos a Alcides, *263,829*
Segunda vez, que en pampanos desmiente *264,330*
Parte pampanos discreta *378,19*
Pamplona *1*
De Pamplona a Gibraltar, *269,1501*
Pan *26*
Por vn pan las damerias, *6,11*
Mantequillas i pan tierno, *7,6*
I por letra pan i nuezes". *59,28*
El Pan que veis soberano, *209,1*
Pan diuino, vn grano es solo *209,10*
El pan que veis soberano, *209,16*
El pan que veis soberano, *209,31*
Llega a comer ezte pan, *210,12*
Pan de angeles. — De quien? *211,2*
Este Pan, que en virtud dèl, *211,6*
Pan de angeles. — De quien? *211,14*
Dèste, pues, diuino Pan *211,17*
Pan de angeles. — De quien? *211,26*
pegadlo con pan mascado, *229,236*
Que en vultos de papel i pan mascado *255,6*
Armado a Pan o semicapro a Marte, *263,234*
Nos ha dado al Dios en pan. *267,10*
A Lucrecia tengo en pan; *269,1554*
Do los Doce comen pan. *288,88*

Guardò el pan, no para Egypto, *373,3*
Guardò el pan, no para Egyto, *373,11*
Guardò el pan, no para Egyto, *373,19*
Donde en poco pan se sirue *388,7*
Para que me deis en pan *410,6*
Salta Pan, Venus baila, i Bacco entona. *446,11*
Pan de Guinea, techos sahumados, *476,10*
Panadera *1*
De la panadera, *5,74*
Panal *5*
En el panal mas súàve. *121,50*
I el panal es cera nueua. *159,50*
Dulcissimo panal, a cuia cera *261,207*
El panal que solicita *322,371*
Panal de suero cocido. *371,4*
Panales *6*
Distila Amor sus panales; *63,212*
Colmenas lleua i panales, *159,47*
Seruir io en flores, pagar tu en panales. *184,18*
en panales de ventura, *229,2542*
En celdas de oro liquido, en panales *263,326*
Quantos labran dulcissimos panales, *269,1242*
Pañales *2*
Nacido en nobles pañales; *159,46*
Como en pañales niña que gorjea. *458,11*
Pancada *1*
Pancada. A mi? *303,35*
Pandero *1*
Al son de vn pandero, *160,67*
Panduerga *1*
Disciplinas anoche, i oi panduerga? *444,4*
Paño *9*
Envuelto en vn paño sucio, *27,20*
I el gauan de paño verde, *59,4*
Mejor que oro en paño *65,143*
Que el pide al Consejo en paño". *96,44*
Porque como el oro en paño *148,23*
Donde mi capa de paño, *161,127*
Mejor si es del mismo paño. *269,260*
Sobre paño de Segobia. *269,732*
Paño de aquella Ciudad *269,735*
Paños *15*
No estofa humilde de Flamencos paños, *21,6*
Por ella en tales paños bien podia *47,10*
Los que cardan paños, *65,239*
Que pues de sus primeros nobles paños *77,65*
Discretos cuelan sus paños, *83,35*
Tendiendo sus blancos paños *88,1*
Los blancos paños cubrian *88,45*
Las que administren sus primeros paños, *156,26*
de todas suertes de paños. *229,2989*
Me dan que de el Ocèano tus paños, *263,529*
En tus primeros generosos paños. *280,18*
De humildes padres hija, en pobres paños *447,1*
I, en purpura teñidos vuestros paños, *465,12*
Aunque en humildes paños escondido *499,1*
Aunque en humildes paños escondido. *499,59*
Panta *2*
Cuia magesta me panta. *207,33*
E si se panta, no sà negra eia. *430,4*
Pantarà *1*
Pantarà; mucha Ierquìa, *308,20*
Pante *1*
Que no ai negra Poeta que se pante, *430,3*

Pantuflo *3*
Ponle a vn pantuflo aguileño *59,59*
Mira, amiga, tu pantuflo, *59,69*
Argentaron el pantuflo. *322,160*
Pantuflos *1*
I de acero los pantuflos. *27,116*
Papa *2*
Del Papa al pastor *56,77*
De vuestro papa varon. *411,40*
Papagaio *1*
Vn papagaio os dexarè, señora, *201,9*
Papahigo *2*
Cinthia calò el papahigo *322,317*
I el papahigo depuso, *322,376*
Paparico *1*
Paparico, poco a poco,, *309,15*
Papas *1*
Papas de mijo en concas de madera, *476,12*
Papel *39*
I io de papel *5,45*
Vn papel con porte, *56,48*
Balas de papel escritas *86,23*
El sello, mas no en papel, *161,115*
No gasta assi papel, no paga porte *203,103*
El jacintho, i al papel *217,42*
le està mostrando vn papel. *229,823*
Marcelo, en ese papel! *229,1459*
lo que descubriò el papel? *229,1497*
el papel que le pedia. *229,1558*
El papel, dulce señora, *229,1564*
Alça el papel indiscreto. *229,1569*
el papel que se me envia, *229,1581*
Ai, Libia, que aun al papel *229,1604*
Despedaza este papel, *229,1629*
este papel, que al desseo *229,1645*
que vn papel letras al fin *229,1657*
Para ellas vn papel *229,1811*
Ese es el mismo papel *229,1949*
con el papel que te envia? *229,1960*
con este papel me encierro, *229,1962*
que el papel diese a Violante *229,2011*
Que mascaras de papel *229,3158*
i lo firmarè en papel. *229,3293*
Que en vultos de papel i pan mascado *255,6*
En el papel diaphano del cielo *263,610*
Papel fue de pastores, aunque rudo, *263,698*
Si io el papel he leido *269,49*
Son poco papel los cielos. *269,210*
Papel escribiò? Tancredo. *269,248*
Me bajad tinta i papel. *269,1885*
Si callais, el papel tomo, *269,1966*
En las hojas de vn papel, *285,54*
De vn acicate de oro! El papel diga *313,37*
I en la obediencia papel. *353,20*
Dezidme en otro papel *371,6*
Si el breue mortal papel *405,5*
Que ia leuantò en papel *418,7*
Què gastara de papel *486,6*
Papeles *5*
Papeles de nueuas *65,147*
I algunos papeles borro *83,56*
Tiempo fue (papeles hablen) *87,17*
De papeles delinquentes. *229,1466*
En tiernos, dulces, musicos papeles, *458,10*
Papelon *1*

I en vn papelon de estraça, *28,45*
Papho *1*
Quantas produce Papho, engendra Gnido, *261,333*
Papillas *1*
Papillas pudieran dar *257,47*
Papirote *1*
Sin darse ni vn papirote. *107,72*
Papirrandado *1*
Nos lo quiso enuiar papirrandado. *444,6*
Par *24*
Pongamonos a la par *27,89*
Tu que estàs par de Toledo, *87,2*
A par de las sublimes palmas sales, *92,7*
Tres hormas, si no fue vn par, *122,3*
el par de pichones gruesos, *229,2838*
Porque a la par de los escollos viue, *264,211*
Si Flores da el par de guantes *269,485*
Par, par, par; *287,77*
Par, par, par; *287,77*
Par, par, par; *287,77*
Par, par, par; *287,80*
Par, par, par; *287,80*
Par, par, par; *287,80*
Par, par, par; *287,82*
Par, par, par; *287,82*
Par, par, par; *287,82*
Par, par, par; *287,84*
Par, par, par; *287,84*
Par, par, par; *287,84*
Par, par, par; *287,91*
Par, par, par; *287,91*
Par, par, par; *287,91*
Quando no exceda, a la par *353,38*
I el viejo cieruo que a la par viuia *499,72*
Parabien *2*
A vn vîûdo vn parabien, *94,28*
en vn dulce parabien, *229,2583*
Paraboleja *1*
Mucho nos dicta en la paraboleja *313,9*
Parada *1*
Parada vna perdiz bella, *167,82*
Parahuai *1*
Flechero Parahuai, que de veneno *280,11*
Paraiso *3*
Con vn cuello en paraiso, *6,122*
De este Rèàl Paraiso, *217,69*
pedaços de paraiso, *229,2686*
Paraìso *1*
Las llaues del Paraìso *269,923*
Paramentos *1*
Con mas paramentos negros *96,17*
Parando *1*
Rocin que parando rucio, *412,52*
Paranimphos *1*
De Paranimphos de el cielo. *352,20*
Parar *5*
Que razon es parar quien corrio tanto. *25,63*
Arroio, en que ha de parar *497,1*
Arroio, en que ha de parar *497,16*
Arroio, en que ha de parar *497,31*
Arroio, en que ha de parar *497,46*
Paras *1*
Vas murmurando, i no paras! *204,16*
Parasismo *1*

De el parasismo profundo, *322,420*
Parasismos *1*
Le causan parasismos los calores; *199,11*
Parassismal *1*
En vn parassismal sueño profundo, *101,2*
Parca *2*
Perdone el tiempo, lisongee la Parca *76,12*
La Parca en esto, las manos *322,413*
Parcha *2*
Parcha es interiòr breue gusano. *264,611*
Parcha crúèl, mas que las tres seuera *280,24*
Parchas *2*
Vengan las gracias, que dichosas Parchas, *156,20*
El ministerio de las Parchas triste; *318,442*
Parda *2*
La ceja entre parda i negra, *82,17*
Su parda aguda prora *264,64*
Pardas *1*
Sus pardas plumas el Açor Britano, *264,786*
Pardéàr *1*
Sus canas vee pardéàr. *418,48*
Pardeguillete *1*
El de lo pardeguillete". *88,88*
Pardo *11*
Guarnecido de oro i pardo, *88,95*
Arrabales son del Pardo. *167,10*
De su sombrerillo pardo, *228,172*
Vn pardo gauan fue en el verde suelo, *263,986*
De flexúòsas mimbres garbin pardo *264,265*
Mis proximos en el Pardo *269,332*
De vn pardo escollo dos fuentes, *333,2*
Con dos valcones al Pardo *418,43*
Hagamos tabernaculo en el Pardo". *462,14*
Que aier vista saio pardo, *496,6*
I de que se vistiò? De verde i pardo, *499,94*
Pare *6*
Que pone, que pare, *310,7*
Que pare como Virgen, *310,8*
Que pone, que pare, *310,22*
Que pare como Virgen, *310,23*
Que pone, que pare, *310,37*
Que pare como Virgen, *310,38*
Parece *17*
Qual parece al romper de la mañana *18,1*
Suben ambos, i el parece, *57,14*
Que se parece a mi cara *59,71*
Parece que entonces huien *75,18*
Parece niño Amor, i es fiera braua!". *127,19*
Parece niño Amor, i es fiera braua!". *127,46*
Cosa me parece fea, *168,12*
Que ia le parece ancho, *228,194*
Parece que oigo a mi amo. *229,1836*
a Sathanas me parece. *229,2245*
Que os parece de Isabela, *229,2810*
parece padre de cabras, *229,3377*
si a los nouios les parece. *229,3543*
En carro que estiual trillo parece, *261,141*
La avezilla parece, *264,926*
Parece que huelgas dello. *269,625*
Parece que no me pesa, *269,626*
Pareceisme *1*
Pareceisme bien. *301,59*
Parecemos *1*
Que los dos nos parecemos *48,29*

Parecen *4*
Que parecen, los frutales, *63,174*
graues parecen, i torpes, *229,625*
me parecen mal los lexos. *229,2853*
I aun parecen de Gitanos: *301,31*
Pareceos *1*
Pareceos que serà esta *269,56*
Parecer *11*
Su hermoso parecer. *78,68*
Es cuna a mi parecer *78,78*
Por mas parecer criados. *96,12*
Parecer en sus estrados. *167,20*
I saca buen parecer, *167,44*
Sigo vuestro parecer; *269,91*
Que te ha de parecer bella, *269,822*
Parecer que parecer". *355,80*
Parecer que parecer". *355,80*
Desprecia mi parecer. *378,60*
Io soi de parecer, Anteon mio, *462,9*
Pareceres *1*
Tantos son los pareceres; *102,6*
Parecernos *1*
I hazed por parecernos otra fiesta; *470,13*
Parecerse *1*
Parecerse tanto a mi. *229,871*
Pareces *1*
Ia que en beldad le pareces, *59,54*
Parecia *5*
Parecia cencerro, *50,78*
Que era desuio i parecia mercedes. *165,4*
Mas no se parecia el peine en ella *174,3*
La gente parecia *263,138*
Mas no se parecia el peine en ella, *340,3*
Parecian *1*
Parecian las lagrimas hermosas *18,6*
Parecida *2*
I tan parecida a ti, *229,1308*
A la flor de tu nombre parecida; *229,1453*
Pareciò *2*
Pareciò? Ni aun por olor. *229,1846*
Luz poca pareciò, tanta es vezina, *263,87*
Pared *11*
O piadosa pared, merecedora *21,1*
Pared gruessa, tronco duro. *27,100*
La respectada pared; *78,36*
I dexame a la pared *96,75*
Cuia humida pared *132,50*
Preste clauo i pared a mis despojos. *203,57*
La pared tiene de motes *229,1236*
Sin dexar clauo en pared. *269,562*
I tanto que vna pared *322,31*
Pared que naciò commigo, *322,197*
Que visten esa pared, *355,70*
Paredes *15*
Las nobles paredes visten *48,42*
Ia de tus paredes *50,17*
Alegremente en sus paredes cuelga; *77,27*
Ficaraon nas paredes penduradas. *118,4*
Reduxo el pie engañado a las paredes *165,5*
Ô paredes, con quien el fuerte Athlante, *229,16*
Vestir blancas paredes, *229,56*
la coiunda a tus paredes. *229,1439*
de paredes i de bronces, *229,2284*
Dio vn tiempo de Neptuno a las paredes, *230,66*

Tan pegado a las paredes *242,133*
Paredes, que piedras nueuas *269,1010*
Con que tengo las paredes *269,1642*
Las paredes, que el mastil derrotado; *318,332*
Vistiò tus paredes voto, *416,22*
Parejas *1*
Que podrà correr parejas *275,42*
Paren *1*
Paren hijos para ellas. *238,10*
Parenthesis *1*
Mas de premio parenthesis bien dino *318,187*
Pares *5*
De todos los doce Pares *27,113*
Oi, arrogante, te ha brotado a pares *71,5*
Mienten a pares i nones *229,3361*
Dio pares luego, i no a Francia, *243,57*
Donde tantos Pares ai, *288,94*
Parezca *2*
Porque bien parezca, *5,48*
Aunque te parezca tarde, *484,2*
Parezcas *1*
No te parezcas a Venus, *59,53*
Parida *1*
Como a Missa de parida. *84,4*
Parientas *1*
Que parientas de el nouio aun mas cercanas
    263,620
Pariente *1*
A toda lei, vn pariente; *269,1493*
Parientes *4*
Con mi madre i mis parientes, *57,46*
Mal logrò quatro parientes, *122,52*
Ouuis, cão? Parientes somos. *303,19*
A los parientes de el Signo *334,30*
Pario *3*
en bolsas de marmol Pario) *229,1371*
Haziendo escollos o de marmol Pario *263,488*
Marmol al fin tan por lo Pario puro, *264,698*
Pariò *2*
Pariò dos cabritos. *8,18*
Pariò la Reina; el Lutherano vino *469,1*
Parir *4*
Que por parir mil loquillas *6,49*
para parir por la voca. *229,169*
Haze parir las donçellas, *238,7*
Sin concebir rocio, parir perlas. *261,376*
Paris *8*
Muriera el acà en Paris, *27,37*
Desde Sansueña a Paris *73,1*
Que de Paris a Sansueña. *73,4*
De Paris aquestas nueuas: *73,48*
Traxo de Paris no dudo; *190,4*
Trompa hecha de Paris. *243,56*
Cata a Paris la Ciudad, *288,86*
La vez que se vistiò Paris *322,77*
Parla *1*
Siendo su pico de Parla, *493,16*
Parlera *1*
Beldad parlera, gracia muda ostenta, *263,726*
Parleras *2*
De mi pastora, i qual parleras aues, *31,10*
Ô tu, de las parleras *281,7*
Parlero *2*
Que os repita el parlero cada hora, *201,12*
Afecta mudo vozes, i parlero *361,7*

Parnaso *3*
Barbaras el Parnaso moradoras, *263,892*
Ondas, que del Parnaso *420,7*
Lança i adarga el Parnaso, *483,17*
Parnasso *1*
I no dèl monte Parnasso. *158,30*
Paro *3*
Qual dèl Ganges marfil, o qual de Paro *34,1*
Menospreciando marmoles de Paro *229,2164*
Este, a quien guardarà marmoles Paro, *318,29*
Parò *2*
Su tumbulo parò, i de pie quebrado *255,3*
Parò el arca de Noë. *269,1041*
Parola *1*
Qualque parola Toscana. *269,752*
Parques *1*
Sus parques luego el Rei, sus deseados *318,341*
Parrillas *1*
Fuerades tambien parrillas". *74,116*
Parta *1*
Nos parta el Sol de la tarde, *110,56*
Parte *34*
En parte secreta; *56,59*
A dar pues se parte el bobo *59,81*
Parte son visiones, *65,71*
Parte marauillas. *65,72*
La tercia parte me cubre *96,61*
Que por vna parte i otra *97,22*
Que os marca la mejor parte *110,34*
De vna parte las aguas, *125,10*
De otra parte las fieras, *125,11*
Parte aqui con la verde Primauera. *134,11*
Peon particular, quitado el parte, *152,10*
De años a esta parte *160,127*
Liberal parte con todos *161,57*
Parte a lleuar al Occidente el dia *166,22*
Pues estais en toda parte. *186,10*
Parte de aquel, i no poca, *213,2*
O excusa al que parte indigna *259,33*
Aquella parte poca *263,30*
Burlandole aun la parte mas enjuta. *264,229*
Risueña parte de la dulce fuente, *264,447*
Por bella mas, por mas diuina parte *264,637*
De vn quarto de hora a esta parte *269,587*
Con buena parte se queda. *269,668*
De sublime ia parte *312,21*
Parte la dura huessa, *312,27*
Parte en el Duque la maior tuuiera *318,417*
I citando la otra parte, *322,223*
De parte de don Luis se les perdona *342,12*
La parte del capellar, *355,7*
Parte pampanos discreta *378,19*
Parte corrige la ierba *414,17*
Del rigor elado; i parte *414,18*
Deste bosque en la parte mas secreta. *499,45*
Partenope *1*
En sus braços Partenope festiua, *379,9*
Partes *9*
A partes que son tan altas. *9,44*
Contienen aquel nombre en partes tantas *30,3*
Donde es vencida en mil partes *63,66*
Soldado por cien mil partes, *74,3*
de las partes de la moça; *229,769*
Ni mas partes, ni mas tomo, *242,58*

Las dos partes raiaua del theatro *263,981*
Porque vuestras partes bellas, *269,1142*
De las partes que no tiene, *412,6*
Partesana *2*
Desde el seguro de vna partesana, *278,3*
Quien dice que fue media partesana; *381,3*
Partho *2*
Dèl Partho fiero la robusta mano, *25,30*
Quando Partho i quando Turco; *322,476*
Parthos *1*
De neruios Parthos igualar presuma *264,845*
Parti *3*
Como parti de allà pobre, *74,97*
I luego que me parti *82,106*
pedi licencia, i parti *229,586*
Partì *1*
Dos años ha que partì *229,456*
Partia *2*
Partia vn pastor sus quexas con el viento. *140,8*
Con sus floridos margenes partia *339,5*
Participò *1*
Participò del Violante; *88,105*
Particular *4*
Peon particular, quitado el parte, *152,10*
Que con fin particular *288,34*
Que en su particular tienen cosquillas. *443,4*
Que lo ha vn manjar particular causado. *475,4*
Particulares *1*
De dos vezinos tan particulares, *443,3*
Partida *6*
Dexad que ella en su partida *107,69*
I antes de nuestra partida *269,990*
Por leies de la partida. *269,1025*
Despues de tu partida. *345,18*
Siento la causa aun mas que la partida, *396,3*
Tarde os puse la vista en la partida; *470,7*
Partidas *1*
Las siete partidas; *65,196*
Partido *2*
Veinte dias i mas, i se ha partido. *200,4*
Si en Dueñas oi i en todo su Partido *313,21*
Partiendo *4*
Partiendo pues sus ausencias *116,17*
Bailando, i partiendo *144,49*
Partiendo me quedè, i quedando passo *277,10*
Partiendo en lo mas remoto, *357,78*
Partiesse *1*
Antes que al Tajo partiesse; *59,30*
Partime *2*
Partime al fin, bien que al pie *116,32*
Partime para la feria, *229,464*
Partimos *1*
Partimos juntos a ver *229,484*
Partiò *3*
Partiò con Dios de su manto, *86,38*
Ni de los cortesanos partiò alguno, *318,326*
Sus lagrimas partiò con vuestra bota, *325,2*
Partiòse *1*
Partiòse al fin, i tan brindadas antes *254,12*
Partir *5*
Me fue forçoso partir *82,86*
I si partir puede el freno *105,106*
Partir quiere a la visita *107,21*
Con que la solia partir. *111,44*
A partir sin remedio de esta vida; *396,2*

Partirè *3*
pues partirè con vn potro *229,158*
partirè luego de aqui. *229,2457*
I partirè a lo menos confesado. *396,8*
Parto *4*
Las flores, que de vn parto diò lasciuo *264,324*
El caudal que tengo parto. *269,796*
A Margarita hizo el mejor parto *318,434*
Depuso el fausto, parto de la espuma *404,13*
Partos *2*
Con mas partos i postpartos *228,14*
Ai partos con mas dolores? *269,1955*
Pasa *7*
sus Ephemerides pasa: *229,417*
Dizes mui bien lo que pasa; *269,231*
La que de falso se pasa. *269,235*
Son estas? Que es lo que pasa? *269,778*
Bien entiendes lo que pasa *269,1500*
Con el pasa e con el hego. *305,28*
Pasa el melcochero, *494,1*
Pasados *1*
La ambicion de los Triumuiros pasados;
   318,260
Pasallo *1*
Para pasallo mejor. *161,32*
Pasar *1*
Camino, i sin pasar mas adelante, *170,12*
Pasas *1*
Calificarle sus pasas *322,145*
Pasce *1*
En campos de zaphiro pasce estrellas; *263,6*
Pascer *1*
Pascer las que troncò flores, *268,63*
Pascieron *1*
Pascieron la que arde mas. *116,12*
Pascua *15*
Que me diò la Pascua *5,15*
Que se nos va la Pascua, moças, *29,1*
Que se nos va la Pascua. *29,2*
Que se nos va la Pascua, moças, *29,11*
Que se nos va la Pascua. *29,12*
Que se nos va la Pascua, moças, *29,21*
Que se nos va la Pascua. *29,22*
Que se nos va la Pascua, moças, *29,31*
Que se nos va la Pascua. *29,32*
Que se nos va la Pascua, moças, *29,41*
Que se nos va la Pascua. *29,42*
Que se nos va la Pascua, moças, *29,51*
Que se nos va la Pascua. *29,52*
Que se nos va la Pascua, moças, *29,61*
Que se nos va la Pascua. *29,62*
Pascual *2*
Hija de Pascual Vicente; *59,16*
Enfrena el paso, Pascual, *352,33*
Pascuas *1*
Tanto a celebrar las Pascuas *97,11*
Paseò *1*
Paseò Gil el tablado, *357,57*
Paso *10*
El paso diligente, *103,78*
Conuocar piedras que enfrenalle el paso".
   140,24
Te preste el paso en la arena *269,979*
Si diera vn paso adelante. *269,1960*
De que, Gil? No deis mas paso; *352,26*

Que dormir vi al niño. Paso, *352,27*
Enfrena el paso, Pascual, *352,33*
De que, Gil? No deis mas paso; *352,36*
Que dormir vi al niño. Paso, *352,37*
Abriràn paso a quantos peregrinos *421,50*
Pasò *4*
Si es Henrico, ia pasò *269,968*
Porque ha mucho que pasò. *321,6*
Porque ha mucho que pasò. *321,21*
Porque ha mucho que pasò. *321,31*
Pasos *6*
Quanto con pasos subtiles. *91,11*
Pasos gasta, viento compra, *149,52*
Mis pasos quies tu sabellos? *229,1736*
Con igual pie dio pasos desiguales. *253,4*
Pasos de vn peregrino son errante *262,1*
Por pasos de vn rodeo nueuo i duro, *472,2*
Pasqua *1*
En Pasqua Señor, i en huerta *330,3*
Pasqual *8*
Que gente, Pasqual, que gente? *309,1*
Que gente, Pasqual, que gente? *309,29*
Hija de Pasqual. *350,10*
Don Pasqual, de que porfies. *423,2*
Don Pasqual, de que porfies. *423,10*
Don Pasqual, de que porfies. *423,18*
Don Pasqual, de que porfies. *423,27*
Don Pasqual soi, que ia muero *484,5*
Passa *17*
Al que tal passa por ella. *62,40*
Mas que mucho, si passa su corriente *151,13*
I tanta ciruela passa, *159,59*
i de lo que adentro passa, *229,449*
passa el rio por la puente. *229,1003*
que passa de honestidad *229,2059*
como quien passa en vn credo *229,2069*
Hijo, pues vees lo que passa, *229,2108*
Ia que el tiempo me passa como higo. *233,11*
Tres ojos para el que passa. *269,708*
No le diga lo que passa. *269,1333*
Bien sè dèso lo que passa. *269,1416*
Que sin dezir al que passa *269,1863*
Que aun el sombrero les passa; *483,7*
Passa el melcochero, *494,16*
Passa el melcochero, *494,31*
Passa el melcochero, *494,46*
Passaba *1*
Passaba sin pesadumbre, *75,10*
Passada *2*
De su libertad passada, *9,24*
Con la estafeta passada *168,1*
Passadas *1*
No las ai qual las passadas, *269,67*
Passadizo *1*
Que soi algun passadizo *96,119*
Passado *7*
De lo mal passado nazca *27,87*
El fue passado por agua, *75,91*
Dexò el año passado, *125,7*
Tuuiera inuidia todo lo passado. *195,8*
del ordinario passado. *229,1115*
Fièles a vna pluma que ha passado *315,39*
Mil ratos he passado sin sentido *445,9*
Passados *1*
Otro de bienes passados. *329,4*

Passagero *1*
Salteò al no bien sano passagero. *100,11*
Passais *3*
Pues que passais por en medio *89,19*
Passais por tal que siruan los balcones, *153,12*
Setenta, i passais? Callad. *269,2005*
Passamano *1*
Como passamano de oro. *495,8*
Passan *3*
I las Damas, por dò passan, *49,75*
Que passan las raias *160,83*
Que a vos no os passan el saio, *227,29*
Passando *1*
Casi passando el estrecho *82,83*
Passar *6*
Que io mas quiero passar *7,34*
Veo passar como humo, *83,97*
Dexase a solas passar *105,49*
por donde io he de passar. *229,937*
Que no dexasse passar *269,1830*
No gustasse de passar *288,54*
Passaron *1*
Passaron todos pues, i regulados *263,602*
Passas *6*
Passas de Lairen; *56,33*
Passas de legia. *65,104*
Musica siembra en sus passas *88,99*
MADRID, ô peregrino, tu que passas, *219,2*
Amor, por aquello passas, *229,884*
Minimas en el hauito, mas passas, *325,10*
Passaua *1*
En que a Napoles passaua, *132,11*
Passauanlo *1*
I passauanlo en las ventas *73,22*
Passe *4*
Mas que se passe el inuierno *6,40*
Passe a media noche el mar, *7,31*
passe; mas que tu me niegues, *229,3054*
Rabiarè. Passe adelante *229,3232*
Passè *1*
Quiero decir, los que passè durmiendo. *445,11*
Passea *3*
I otro se passea *8,25*
Dulce es refugio, donde se passea *194,5*
Galan no passea el balcon *257,21*
Passèa *1*
Se passèa el estiercol por la calle. *153,8*
Passéàdo *1*
El passéàdo tambien, *167,76*
Passean *2*
Caualleros la passean, *73,122*
Passean la forastera, *167,72*
Passear *1*
Passear sin gualdrapa haciendo lodos; *463,11*
Passéàr *1*
passéàr oy a Toledo, *229,141*
Passèe *1*
Que se passèe Narciso *6,121*
Passen *4*
I que se passen por veerlas, *63,225*
Passen vuestros vados frios, *89,42*
Io les doi que passen este, *161,33*
Me passen a mi el jubon; *227,30*
Passeo *1*
De expurgaciones) passo, i me passeo, *233,10*

Passion *9*

Viendo con quanta passion, *10,45*

Passion a passion, *80,14*

Passion a passion, *80,14*

Muerte i passion porque algunos *110,23*

Hermosas Damas, si la passion ciega *138,1*

De la passion santa *160,123*

otro passo? De passion *229,3227*

Pedante gofo, que, de passion ciego, *434,7*

Cuia graue passion i pena doble *499,19*

Passiones *3*

I engañaràn vn rato tus passiones *44,13*

porque estas ciegas passiones, *229,601*

Con rostro siempre enxuto, las passiones *499,35*

Passo *42*

Con regalado son, con passo lento; *16,4*

El roxo passo de la blanca Aurora; *17,4*

Ni sigas de la Aurora el roxo passo, *17,13*

I de passo vez alguna *26,54*

Que no auia vn passo mas *73,3*

La ocupo, si no la passo. *96,116*

Al atreuido passo de la gente, *146,2*

Salga el auiso a buen passo: *158,27*

Sabiendo que halla ia passo mas llano, *181,6*

Triste de mi, que los passo. *229,1481*

antes que passo te dè. *229,2899*

otro passo? De passion *229,3227*

con esta daga. Buen passo! *229,3459*

Que passo este! Laureta! *229,3478*

verà vn gran passo. Señor, *229,3482*

De expurgaciones) passo, i me passeo, *233,10*

Mortal horror, al que con passo lento *261,70*

Bebelo Galathea, i da otro passo, *261,287*

Viendo el fiero jaian con passo mudo *261,481*

Tal diligente, el passo *263,77*

Del perezoso arroio el passo lento, *263,542*

Passos hiziera dar el menor passo *263,554*

Hermosa esquadra con ligero passo, *263,639*

Que a recebille con sediento passo *264,2*

De que, Gil? No deis mas passo. *268,38*

La nouilla he visto. Passo. *268,39*

Que cierra el passo al denuedo. *268,46*

De que, Gil? No deis mas passo. *268,48*

La nouilla he visto. Passo. *268,49*

De que, Gil? No deis mas passo. *268,58*

La nouilla he visto. Passo. *268,59*

De que, Gil? No deis mas passo. *268,68*

La nouilla he visto. Passo. *268,69*

Mis proximos con passo menos lento, *273,6*

Partiendo me quedè, i quedando passo *277,10*

Si tu passo no enfrena *312,13*

Suspenda, i no sin lagrimas, tu passo, *368,1*

A cada passo de ausente. *384,40*

Caduca el passo? Ilustrese el juicio. *393,5*

Al passo vn solo instante; *420,5*

No ai passo concedido a maior gloria, *434,10*

La alxaua al ombro, con ligero passo, *499,29*

Passò *8*

Con esto passò la calle, *49,97*

Passò pocas millas, *65,194*

Que me passò por los ojos *74,83*

Passò tràs su animalejo, *161,89*

passò a tiesto de claueles, *229,2342*

Que de tu casa passò *229,2804*

Que passò a Flandes despues, *269,353*

Del crystal por do passò, *401,4*

Passos *24*

Passos esparcidos, *50,27*

I ambas me cuestan mis passos: *96,30*

Voces en vano dio', passos sin tino. *100,4*

Passos por aqui pierde *140,13*

Imitando algunos passos, *228,46*

Por aquellos mismos passos *228,166*

Hambre de honor alados passos mueue, *229,1034*

Sus libres passos a sus ojos vellos. *229,1063*

Que sus errantes passos ha votado *262,31*

Distante pocos passos del camino, *263,185*

Passos dando velozes, *263,231*

Remora de sus passos fue su oido, *263,237*

Passos hiziera dar el menor passo *263,554*

Passos otro diò al aire, al suelo cozes. *263,1023*

A pocos passos le admirò no menos *264,275*

Quantos da la cansada turba passos, *264,940*

Mis passos, i dezir puedo, *269,947*

I quantos doi passos, creo *269,1344*

Quantos passos da en Hespaña, *275,35*

A cien passos el solar. *288,48*

Sus passos votan al Pilar sagrado; *318,334*

Sus passos dirigiò donde *322,293*

Tus passos antes que se acabe el dia, *368,47*

A dos passos los desdeña *497,10*

Passòse *1*

Passòse el año, i luego a la tercera *441,3*

Pastel *3*

Sea mi Tisbe vn pastel, *7,42*

Ir por el pastel caliente? *229,2833*

En pastel me falta ahora *269,1555*

Pastillas *3*

Pastillas de piedra çufre. *75,72*

Vnas pastillas, amigo, *229,1807*

Las pastillas se me den. *229,1831*

Pasto *5*

Sino tu pasto tambien. *212,4*

Sino tu pasto tambien. *212,14*

Pasto, al fin, oi tuio hecho, *212,15*

Sino tu pasto tambien. *212,24*

Tal, que el pasto faltandole súaue, *313,5*

Pastor *55*

A quien ya sabes que el Pastor de Anfriso *25,58*

Estaua el pastor Galaio; *28,8*

Pastor pobre i sin abrigo *28,9*

Del Papa al pastor *56,77*

El nuestro sacro i docto pastor rico, *60,10*

La ouejuela sin pastor *82,99*

De vn pastor i sacerdote, *107,22*

Voluerè a ser pastor, pues marinero *118,9*

Partia vn pastor sus quexas con el viento. *140,8*

De el pastor i de sus versos, *149,65*

Cansado pues el pastor *149,71*

Ô lo que diera el pastor *149,119*

I su çampoña el pastor. *161,68*

Estrangero pastor lleguè sin guia, *169,3*

Sacro pastor de pueblos, que en florida *180,1*

Edad, pastor, gobiernas tu ganado, *180,2*

Pastor que en la vega llana *192,1*

Al gran pastor de pueblos, que enriquece *194,10*

Entre pastor de ouejas i de gente *203,91*

De vn pastor fuistes seruida, *205,2*

De nuestro Pastor. *205,4*

Tanto de vn pastor ia pudo *205,13*

De vn pastor fuistes seruida, *205,20*

De nuestro Pastor. *205,22*

Generoso pastor Sancto. *205,26*

De vn pastor fuistes seruida, *205,32*

De nuestro Pastor. *205,34*

No solo tu pastor soi, *212,3*

No solo tu pastor soi, *212,13*

No solo tu pastor soi, *212,23*

Insignias son de su pastor, i en ellas, *229,2203*

Pastor que vna Granada es vuestra choça, *231,5*

Sin pastor que los silue, los ganados *261,165*

De las hondas, si en vez del pastor pobre *261,167*

Pastor soi; mas tan rico de ganados, *261,385*

Aunque pastor; si tu desden no espera *261,402*

Viendo el fiero pastor, vozes el tantas, *261,470*

En el pastor mentidos, que con arte *263,235*

(Redil las ondas i pastor el viento), *264,311*

(Que tan por su mal fue pastor Ideo) *269,1227*

Oi, pastor, se ha establecido *302,9*

El pastor que de sus bienes *306,5*

El pastor que de sus bienes. *306,22*

El pastor que de sus bienes *306,39*

Busca al pastor, que del metal precioso *315,25*

Pastor, mas de virtud tan poderosa, *315,69*

Pastor de pueblos bien auenturado; *318,52*

Su Pastor sacro, el margen pisò ameno, *318,102*

De mis obejas pastor. *331,46*

No pastor, no abrigò fiera *352,13*

Pastor os duela amante, que si triste *365,9*

Que los ojos de vn pastor *390,18*

De vn pastor que, en vez de ouejas, *390,21*

Armar de vn paues noble a vn pastor rudo? *429,6*

Al pastor. A tal persona *477,8*

Pastora *10*

Tales de mi pastora soberana *18,5*

De su pastora vn retrato, *28,48*

De mi pastora, i qual parleras aues, *31,10*

Mas pastora de vn ganado *121,157*

Verdes juncos del Duero a mi pastora *128,1*

Tu ceruiz pisa dura; i la pastora *146,9*

Para oir a mi pastora, *149,100*

Rie la pastora? Si. *309,14*

Que quien te hizo pastora *378,3*

A cuio son la pastora *389,17*

Pastoral *9*

Heroica lyra, pastoral auena. *67,8*

I en pastoral aluergue mal cubierto *100,7*

Cubren su pastoral aluergue ahora. *128,4*

En vn pastoral aluergue, *131,1*

Si lo pastoral ia tanto, *205,23*

Vuestro caiado pastoral, oi vara, *250,5*

Quanto a la choça pastoral perdona *263,937*

Tu pues, que el pastoral caiado sabes *290,5*

La avena pastoral, ia nympha bella, *424,3*

Pastorales *4*

A pastorales bodas. *263,266*

Salterios pastorales, *414,30*

Salterios pastorales, *414,39*

Salterios pastorales, *414,48*
Pastorcilla *3*
De mi bella pastorcilla *149,73*
Dichosa pastorcilla, *229,1040*
Pastorcilla dichosa, *229,1064*
Pastorcillas *1*
Dime si entre las rubias pastorcillas *22,12*
Pastores *14*
Pastores de este ganado, *28,22*
Tanto, que ia nos siguen los pastores *52,12*
Pastores, perros, chozas i ganados *108,12*
I conduce entre pastores *131,6*
Siguenla los pastores *229,1059*
Papel fue de pastores, aunque rudo, *263,698*
Los pastores; *300,11*
Sienten antes los pastores *306,3*
Santo exemplar de pastores, *306,19*
"El dulce lamentar de dos pastores". *312,18*
Pastores las dan, buscando *352,5*
Pastores que, en vez de obejas *353,9*
Tañen todos los pastores *414,32*
Con los Pastores de Belen Burguillo, *432,10*
Pata *2*
Danme vn qualto de pata, i lloro. *124,4*
Ni en qualtos, aunque de pata *124,15*
Patadas *1*
A patadas como mula, *161,59*
Patena *2*
I aquella patena en quadro, *59,17*
Traxeronle la patena, *59,37*
Pater *1*
"Pater noster, io soi pollo *242,36*
Paternidad *9*
I obras de Paternidad. *98,4*
I obras de Paternidad. *98,16*
I obras de Paternidad. *98,28*
I obras de Paternidad. *98,40*
I obras de Paternidad. *98,52*
I obras de Paternidad. *98,64*
I obras de Paternidad. *98,76*
I obras de Paternidad. *98,88*
Que se haze Paternidad. *130,12*
Pato *3*
—Pague ese buen viejo el pato, *124,17*
Nadad, pez, o volad, pato, *287,83*
El pato aueis de pagar. *287,86*
Patos *2*
Lleua, no patos Réàles *159,43*
Patos de la aguachirle Castellana, *431,1*
Patrañas *1*
I quien las dulces patrañas *7,21*
Patri *1*
En "gloria patri", pero no inclinados; *437,6*
Patria *15*
Donde el muro de mi patria *9,2*
Sin inuidiar tu noble patria a Amanto, *35,6*
Las murallas de mi patria, *38,15*
Dulce patria, amigas velas, *39,11*
A su patria liuertò *49,19*
Ô siempre gloríòsa patria mia, *51,7*
Tu llano i sierra, ô patria, ô flor de España!
    51,14
De mi patria me truxiste, *63,13*
A quien mi patria le diò *63,127*
En patria, en profession, en instrumentos *67,14*

De mi patria i de su estado, *121,156*
Mas bien sè qual fue su patria. *148,6*
Patria comun de la nacion bermeja, *200,7*
Ô patria mia dichosa, *229,690*
Patria, a Dios; posada mia, *269,1002*
Patriarcha *2*
De tu Patriarcha sancto, *259,29*
Patriarcha pues de a dos, *275,13*
Patrio *4*
De la Imperial Ciudad patrio edificio, *67,2*
En poluo el patrio Betis, hojas bellas, *221,10*
al Tajo, mi patrio norte, *229,585*
Ia que buelbo descalço al patrio nido. *398,8*
Patriota *1*
por amigo, i patriota, *229,807*
Patríòta *2*
Tu patríòta Camilo, *229,211*
tu patríòta Camilo. *229,405*
Patrocinar *1*
Tu me has de patrocinar *229,3530*
Patron *1*
No se perdiera patron. *269,1364*
Patronos *1*
Que fueron hijos, i ia son Patronos. *229,2169*
Pauas *1*
Las dos pues Réàles pauas *121,75*
Pauellon *2*
Que pauellon al siglo fue dorado, *261,86*
Del Alua al Sol, que el pauellon de espuma
    263,179
Pauellones *2*
Los arboles pauellones, *131,114*
Le arman pauellones en el prado: *229,101*
Paues *4*
I embraçandole, paues. *226,35*
Perdona al paues de barro, *226,53*
No a la que embraza el paues, *226,54*
Armar de vn paues noble a vn pastor rudo?
    429,6
Pauillos *1*
Pauillos nueuos capona *122,57*
Paulo *1*
Al Quinto Paulo i a su sancta Sede. *318,584*
Pauo *2*
Hizola rueda qual pauo. *228,96*
el pauo tierne de leche, *229,2840*
Pauon *4*
Prudente pauon oi con ojos ciento, *246,13*
Pauon de Venus es, cisne de Iuno. *261,104*
Pues, aunque pauon no soi, *269,1151*
Lo que el pauon de soberuia. *275,52*
Pausa *2*
Adonde con igual pausa *9,26*
A contar, i hize pausa, *499,309*
Pavos *1*
Pavos no mudos, pero Presentados *437,3*
Paxarillo *1*
Paxarillo, sostenganme tus ramas, *92,10*
Paxaritas *1*
Las paxaritas del cielo. *167,90*
Paxaro *19*
De vn paxaro, que firmeça? *2,25*
El paxaro sin segundo, *27,82*
Dò el paxaro Réàl su vista affina, *45,10*
Ni paxaro a quien no engañen; *63,44*

De paxaro tan galan. *122,48*
Ni otro paxaro marino, *159,44*
Paxaro sin ellas, *160,26*
Sino appellar al paxaro de Iuno. *203,54*
El generoso paxaro su pluma, *261,10*
Igual en pompa al paxaro que, graue, *261,365*
Que al paxaro de Arabia (cuio buelo *263,462*
O infausto gime paxaro nocturno; *263,800*
No solo, no, del paxaro pendiente *264,858*
Page o paxaro sison *269,667*
De aue nocturna o paxaro de Auerno *280,54*
En hierros breues paxaro ladino. *295,4*
Apollo, en vez del paxaro neuado, *316,6*
De el paxaro de Catulo. *322,452*
Si se sacude el paxaro o se auate; *499,89*
Paxaros *4*
Los paxaros la saludan, *3,13*
Esos paxaros, que igualas *269,347*
A paxaros que vienen a la mano, *436,3*
I con templados paxaros al viento *499,62*
Paz *66*
Dexame en paz, Amor tyrano, *2,9*
Dexame en paz. *2,10*
Dexame en paz, Amor tyrano, *2,19*
Dexame en paz. *2,20*
Dexame en paz, Amor tyrano, *2,29*
Dexame en paz. *2,30*
Dexame en paz, Amor tyrano, *2,39*
Dexame en paz. *2,40*
Dexame en paz, Amor tyrano, *2,49*
Dexame en paz. *2,50*
Quien era mi paz. *4,28*
I sè que es tu paz de Iudas; *26,94*
"Vete en paz, que no vas solo, *49,89*
Mientras en calma humilde, en paz súàue, *54,3*
Fue tan desdichado en paz, *61,47*
Rendido en paz de mugeres, *61,49*
Puse paz desde vn terrado, *74,87*
Haga que adore en paz quien no le ha visto
    77,63
Larga paz, feliz Sceptro, inuicta espada. *77,68*
Traidoras señas de paz. *95,36*
Coja pues en paz su trigo; *105,21*
Haze con las flores paz. *116,8*
Dò la paz viste pellico *131,5*
De paz vestido i de victoria armado; *156,8*
Coronada la paz) verà la gente *162,13*
Paz del entendimiento, que lambica *203,83*
Camina en paz, refierelo a tu gente. *219,14*
Pide al Sol, ya que no paz, *226,10*
Quedate en paz. Ella vuela. *229,1334*
Paz a la vista i treguas al trauajo. *229,2147*
Clarin es dulce de la paz Christiana. *229,2193*
La paz del conejuelo temeroso: *263,306*
Paz hecha con las plantas inuiolable". *264,313*
Mui bien por la paz aboga, *269,22*
I mirame en paz, que a fee, *269,1158*
Breue porfido sella en paz súàue; *272,6*
Libaste en paz. Mas, ai, que la armonia *280,52*
De vna paz muda si, pero dichosa? *281,10*
En las cuchilladas paz *288,18*
Naciò la paz en Bethleem. *302,4*
La paz del mundo escogido *302,5*
Naciò la paz en Bethleem. *302,16*
Naciò la paz en Bethleem. *302,28*

Paz su fuego *307,4*
El simbolo si de paz, *307,12*
Paz su fuego *307,17*
Paz su fuego *307,30*
De paz su diestra, diganlo trepando *318,19*
Osculo de justicia i paz alterno. *318,184*
Copia la paz i credito la guerra. *318,272*
Confirmòse la paz, que establecida *318,273*
El Fuentes brauo, aun en la paz tremendo,
318,349
De nuestra paz o de su aroma ardiente, *318,530*
Alcíòn de la paz ia religiosa, *318,557*
A paz con el Catholico le induce *318,591*
La paz solicitaron, que Bretaña, *318,607*
Alma paz, que despues establecida *318,609*
Labrò la guerra, si la paz no armada. *318,624*
Paz a la tierra anunciò, *331,25*
Vocas, de paz tan dulce alimentadas, *421,40*
Le ha conducido en paz a saluamento!) *421,59*
Quando paz prouinciaron infinita *437,12*
De Isabel de la Paz. Sea mi soneto *447,13*
Guerra de nuestras bolsas, paz de Iudas, *449,2*
Del que jurò la paz sobre Caluino. *469,8*
En haz de el mundo, i en paz *488,9*
Pazes *1*
Dulces guerras de Amor i dulces pazes. *129,9*
Pebre *1*
Os vertiò el pebre i os mechò sin clauos, *153,11*
Peca *1*
de honrada peca, i de altiua; *229,1922*
Pecado *2*
Si pequè en ello, muera el que ha pecado:
269,402
Camila mas de pecado, *499,257*
Pecadora *1*
La semana pecadora, *477,29*
Pecados *1*
I a llorar sus pecados las personas. *450,11*
Pecca *1*
pecca contra la obediencia. *229,3028*
Peccadores *3*
Peccadores se saluassen; *110,24*
Peccadores, que se ponen *110,25*
i de todos peccadores; *229,571*
Peccados *1*
Qual peccados veníàles, *110,18*
Peccandora *1*
Samo negra peccandora, *207,7*
Peccàra *1*
En el quinto no peccàra *243,23*
Peccas *2*
peccas, Lelio; peccas, digo, *229,3058*
peccas, Lelio; peccas, digo, *229,3058*
Pecco *1*
Pecco en replicar que Octauio *229,2502*
Pece *1*
Corre fiera, vuela aue, pece nada, *33,2*
Peces *3*
Mas que en los ançuelos peces, *10,43*
De peces priuando al mar, *10,55*
Allà vais, coman os peces, *161,153*
Pecho *65*
Descubre de su Rei el pecho i animo, *1,16*
Aunque tenga el pecho *4,43*
De un pecho que es tan humilde *9,43*

Vn ardiente suspiro de su pecho, *18,10*
Ni en tu pecho cruel mi graue pena. *25,48*
I si tiene abierto el pecho, *27,31*
Lançando del pecho ardiente *28,27*
Que tiene otros cient mil dentro del pecho, *41,3*
No te echarà de mi pecho". *49,92*
Despues que sigo (el pecho traspassado *52,5*
I contraponer el pecho *61,23*
Que teneis de acero el pecho, *64,39*
Al docto pecho, a la sûave boca, *67,10*
Hombres de duro pecho i fuerte braço. *70,12*
Oy cada coraçon dexa su pecho, *77,21*
Con su garganta i su pecho *82,33*
Que en mi pecho tu rigor *90,7*
Que no irà cruzado el pecho *96,39*
Suspirò lança su pecho *106,32*
Es, (ingrata señora), el pecho mio; *109,6*
Del pecho, quando perdeis, *110,35*
Pender de vn leño, traspassado el pecho *117,1*
Vencido en flaca edad con pecho fuerte, *117,11*
Desnuda el braço, el pecho descubierta, *120,37*
En el pecho que huies, *127,30*
Desnuda el pecho anda ella, *131,101*
La sangre de su pecho vierte en vano, *181,2*
Que el pelicàno pobre abierto el pecho? *181,8*
De sus golpes el pecho menos sano. *197,8*
O el traerme tu en el pecho? *212,18*
Por flecharle mas el pecho, *215,54*
I del pecho el alabastro *228,142*
I escalasse el pecho bobo, *228,163*
en el pecho, aunque ella le abra. *229,209*
contra mi pecho vn estoque, *229,545*
Nieve el pecho, i armiños el pellico, *229,1045*
la espada me entre en el pecho *229,1520*
que el veneno de mi pecho *229,1607*
i el pecho donde vn harpon *229,1630*
mas que mereciò su pecho, *229,1896*
su fee, su amor i su pecho. *229,2237*
la cara, i brasas el pecho *229,2374*
En el pecho no me cabe. *229,2762*
que se me entrò por el pecho. *229,2807*
que, fulminando tu pecho, *229,2927*
Rompa esta daga tu pecho. *229,3473*
cuio thalamo es mi pecho. *229,3517*
Su pecho inunda, o tarde o mal o en vano
261,63
Verde el cabello, el pecho no escamado,
261,117
Su blanco pecho de vn harpon dorado. *261,244*
Con el pincel que le clauò su pecho, *261,272*
Con pecho igual de aquel candor primero,
263,140
Solicitan su pecho a que, sin arte *264,638*
Lasciua inuidia le consume el pecho *269,1248*
Dio el pecho, que admitiràn *269,1287*
Regalado me han el pecho, *269,1539*
Si eres alabastro el pecho, *287,44*
Vestido pues el pecho *312,25*
Que vn pecho augusto, ô quanta al fabor yaze
318,213
Quando vna el pecho tuio. *322,184*
Por el pecho a las espaldas. *322,429*
El vn pecho da al zelo, el otro al culto. *368,24*
Luego que mi pecho entrada *370,6*
De vn pecho mui mas robusto *498,23*

Las plumas del gentil pecho pulia *499,70*
Pechos *8*
Quanta pechos heroicos *1,40*
Casas i pechos todo a la malicia, *69,12*
Los pechos en piedad, la tierra en llanto; *77,6*
De pechos sobre vn estanque *78,65*
Se ceba en pechos de grajas *110,59*
Encender los pechos sabe *211,19*
De tan altos pechos vee, *353,14*
Pechos de tordo, piernas de peuetes. *448,8*
Pechugas *2*
De sus pechugas vanquete, *88,38*
Las pechugas, si huuo Phenix, *322,69*
Pecorele *1*
Racoglio le smarrite pecorele *118,7*
Pedaço *2*
Que en vn pedaço de angêo, *28,49*
las lagrimas. Vn pedaço *229,3309*
Pedaços *5*
I viendo hecha pedaços *75,77*
pedaços de paraiso, *229,2686*
Pedaços de crystal, que el mouimiento *263,545*
Los pedaços mal difusos *322,390*
Hecho pedaços, pero siempre entero. *336,8*
Pedante *2*
Pedante gofo, que, de passion ciego, *434,7*
De vn pedante caballero. *484,4*
Pedantones *1*
"Si quieren, respondiò, los Pedantones *293,12*
Pedazos *2*
Pedazos de nieue, i nacar. *144,30*
Al infelice olmo, que pedazos *261,355*
Pedernal *9*
Como vn pedernal, *4,44*
I vn sûaue pedernal? *95,8*
Ia es herido el pedernal, *131,33*
mi fee en vn pedernal fuerte. *229,1143*
Pedernal? Eso te niego, *229,1144*
Rompereis vn pedernal *229,3388*
A vn pedernal orlado de Narcisos. *263,579*
Quantos pedernal duro *264,584*
I damas son de pedernal vestidas. *459,14*
Pedernales *2*
No son en vano pedernales duros. *219,8*
Ilustrar los pedernales *266,8*
Pedestales *2*
De vidrio en pedestales sostenidas, *12,2*
De alabastro en pedestales; *63,48*
Pedi *4*
pedi licencia, i parti *229,586*
Que le pedi la mitad, *269,1452*
Le pedi no sè que gage. *269,1456*
Siempre le pedi al Amor, *382,1*
Pedia *3*
Pedia leche de cysnes, *148,39*
el papel que le pedia. *229,1558*
Para ti sola pedia *229,1579*
Pedida *1*
Es la escusa no pedida. *269,1323*
Pedidos *1*
Los terminos de cañamo pedidos. *264,440*
Pedille *2*
Para pedille calçado, *161,91*
No ai que pedille perdon, *269,634*
Pedios *1*

Pedios el dinero io *269,1370*
Pedir *14*
(Todo lo que no es pedir) *82,30*
De no tener i pedir, *82,84*
A pedir sobre la saia, *105,14*
En el pedir, i no agua, *217,85*
Mas ai, que a pedir va ahora *229,360*
que viene a pedir los tuios? *229,1726*
quanto pudiera pedir. *229,2269*
pedir podrà a su muger, *229,2619*
No vengo a pedir silencio, *259,1*
En pedir tiene su proa *269,216*
Morirà por no pedir. *269,848*
Pedir para mi, i quedar *269,853*
Que le hareis pedir ropa *282,13*
Al pedir, con priessa tal, *288,102*
Pediros *6*
Pediros albricias puedo. *268,37*
Pediros albricias puedo. *268,47*
Pediros albricias puedo. *268,57*
Pediros albricias puedo. *268,67*
— Pediros albricias puedo. *352,25*
— Pediros albricias puedo. *352,35*
Pediste *1*
Pediste que tu razon *229,2498*
Pedo *2*
Antonio en su reglilla de ordo pedo. *152,8*
Degollarà sin cadahalso vn pedo. *342,8*
Pedorreras *2*
Las pedorreras azules *75,6*
— De donde bueno, Iuan, con pedorreras?
183,1
Pedregossa *1*
En la pedregossa orilla *28,1*
Pedro *7*
Sabe Dios, señor don Pedro, *110,13*
Dèl galeon de PEDRO los Pilotos; *173,10*
Mas io, Don Pedro, recelo *241,6*
Sali, señor don Pedro, esta mañana *273,1*
I de heredar a Pedro en las dos llaues, *290,8*
La que a Pedro le asiste quanta espada *318,563*
Que repetido en el PEDRO le fia, *421,30*
Peeia *1*
As Musas obrigasse aun a peeia?. *430,8*
Pegadlo *1*
pegadlo con pan mascado, *229,236*
Pegado *2*
Pegado como gargajo. *96,76*
Tan pegado a las paredes *242,133*
Pegarà *1*
Quien os la pegarà quiçà de puño. *313,56*
Pegate *1*
Pegate, Crara, cúèla. *207,36*
Pegu *1*
Zeilan, Malaca i Pegu. *269,1926*
Peina *9*
Le peina sus verdes canas. *133,22*
I al Genil, que esperandoos peina nieue, *231,10*
Al myrtho peina, i al laurel las hojas, *252,13*
Al viento que le peina proceloso *261,59*
Del alamo que peina verdes canas; *263,591*
Que las que don Tristan peina: *269,1777*
Si le peina en las palmas de las manos *313,43*
Que les peina la corriente, *333,16*
Las plumas peina orillas de su llanto. *404,32*

Peinadas *1*
Ô canas, dixo el huesped, no peinadas *264,364*
Peinado *7*
Bien peinado de copete, *88,30*
Estilo si no metrico, peinado, *232,6*
Antes que de el peinado jardin culto *261,283*
Quando cerca de aquel peinado escollo *264,500*
Por el peinado cerro a la campaña, *264,827*
Bien peinado cabello, mal enjuto, *318,82*
De aquel peinado cerro en la ladera. *499,119*
Peinados *1*
peinados raios lucientes, *229,895*
Peinaduras *1*
Peinaduras tengo mil. *229,1728*
Peinais *1*
De ese oro que peinais, *355,75*
Peinalle *1*
Peinalle raios al sol, *331,51*
Peinan *1*
Peinan las tierras que surcaron antes, *261,162*
Peinando *2*
Peinando la calua a vn puerro; *122,54*
Peinando dia por dia *156,5*
Peinandole *1*
Peinandole va las plumas; *132,25*
Peinar *3*
Peinar el viento, fatigar la selua. *261,8*
El que menos peinar puede las flores *263,301*
Peinar al aire por cardar el buelo, *264,864*
Peinas *1*
Barba, Esculapio, a ti peinas en oro; *360,2*
Peinaua *3*
Al Sol peinaua Clori sus cabellos *174,1*
Peinaua al Sol Belisa sus cabellos *340,1*
A nimpha que peinaua vndoso pelo, *402,6*
Peine *8*
Con vn peine de marfil *3,2*
La mano obscurece al peine; *3,7*
Con peine de marfil, con mano bella; *174,2*
Mas no se parecia el peine en ella *174,3*
Hurtò el peine de marfil, *229,1729*
Que peine oro en la barba tu hijo, Phebo,
313,41
Con peine de marfil, con mano bella; *340,2*
Mas no se parecia el peine en ella, *340,3*
Peinò *2*
La pluma peinò de plata *121,33*
Antes peinò que canas desengaños. *245,14*
Pela *1*
El primer dia folíòn i pela, *326,12*
Pelafustan *1*
Al pobre pelafustan *93,36*
Pelarè *1*
(O yo me pelarè estas) *269,1675*
Pelea *1*
la piedra que mas pelea *229,2708*
Peliagudas *1*
Primas de esparto por lo peliagudas, *449,6*
Pelicano *1*
De pelicano otros seis, *419,72*
Pelicàno *2*
La bolsa abierta el rico pelicàno, *181,7*
Que el pelicàno pobre abierto el pecho? *181,8*
Peligras *1*
Quan breuemente peligras! *229,2330*

Peligre *1*
i para que mas peligre, *229,2910*
Peligro *10*
No me bastaba el peligro *95,1*
Valgasme en este peligro *97,31*
Peligro corre, aunque valor enseña. *229,1036*
Que ser quiso en aquel peligro extremo
264,128
Que del inferíòr peligro al sumo *264,918*
I del peligro haze juego, *269,118*
Es ierro, i peligro es *269,1805*
El peligro se assegura. *269,1809*
Su peligro en los concursos, *322,96*
Peligro corres, LICIO, si porfias *394,10*
Peligros *3*
A mil peligros mortales, *61,24*
Donde padeci peligros *74,69*
En los peligros el miedo, *357,55*
Peligrosa *1*
Ô ligera! Ô peligrosa *229,2322*
Peligrosas *3*
experiencias peligrosas. *229,957*
peligrosas experiencias. *229,961*
Occasiones peligrosas *269,594*
Peligroso *3*
Es peligroso i violento. *158,14*
Peligroso estuue, i tanto, *229,548*
Ô peligroso, ô lisongero estado, *245,5*
Peligrosos *1*
De dos peligrosos cercos; *49,20*
Pellejas *1*
Gastan el tiempo en pellejas, *55,31*
Pellico *6*
Grana el gauan, armiños el pellico. *60,14*
Dò la paz viste pellico *131,5*
Nieve el pecho, i armiños el pellico, *229,1045*
Del pellico a la purpura ascendiente, *250,7*
Pellico es ia la que en los bosques era *261,69*
Vistela con el pellico *378,7*
Pellizcos *1*
Que a razones i a pellizcos *228,151*
Pelo *10*
Ô espada sobre mi de vn pelo assida, *23,7*
El delicado pie, el dorado pelo, *32,4*
Cuio pelo es vn erizo, *96,15*
I el Sol todos los raios de su pelo) *263,4*
Flores su cuerno es, raios su pelo. *264,307*
Viendose raios su pelo, *304,14*
A nimpha que peinaua vndoso pelo, *402,6*
Moscobia en pelo súàbe. *414,16*
Si escapò lamido el pelo *416,37*
Pelo de esta marta es. *488,10*
Pelon *6*
Que se precie vn don pelon *6,31*
A vn pelon vn desden, *94,29*
"Siruo, les dize, a vn pelon, *96,53*
Vn halconero pelon, *122,32*
Pulgas pican al pelon, *228,169*
Desuanecido vn pelon, *413,10*
Pelones *1*
"No siruo, dixo, a pelones, *96,137*
Pelota *5*
Tan en pelota, i tan juntos, *59,21*
Pelota de mi trinquete, *88,58*
Esperando esta pelota *107,33*

juega pelota perdida, *229,241*
júèz ia de la pelota *229,439*
Pelotas *1*
De condicion de pelotas, *495,15*
Pelote *2*
Que se case vn don pelote *6,7*
Dicen que està vn don pelote, *107,34*
Pelotéàda *1*
I mas bien pelotéàda *93,17*
Peludo *1*
I el manto basto peludo; *27,48*
Pelusa *1*
Su copetazo pelusa, *322,113*
Pena *26*
I maior pena dandoles *1,33*
Gloria llamaba a la pena, *2,45*
Ni en tu pecho cruel mi graue pena. *25,48*
Catarriberas, animas en pena, *69,9*
Como aier te vi en pena, i oi en gloria? *71,13*
Vos, que por pena cado año, *89,25*
Al necio, que le dan pena *93,8*
I aunque os ayan puesto pena, *121,7*
Que el mar, como por pena *125,33*
Nunca dieron pena. *160,106*
Lauandera que no llore de pena, *199,6*
El viento las lleuò, i dura mi pena. *229,295*
i destierro de tu pena. *229,2537*
con pena vuestra fatiga, *229,3399*
I al pagar le harà con el de Pena. *254,4*
Que vn gusano tan sin pena *258,7*
Immortal arador fue de su pena; *263,742*
So pena de mi merced. *269,941*
Gran pena me ha dado Enrico *269,1170*
Tanta groria e tanta pena. *308,26*
Callarè la pena mia *332,1*
Lagrimoso informante de su pena *365,12*
— Amiga si, i tan sin pena *419,50*
Por el nombre me da pena *490,1*
Cuia graue passion i pena doble *499,19*
Pero si te da tal pena *499,348*
Peña *11*
En la peña pobre *50,83*
De la dura peña, *79,82*
De vna dura peña, *79,112*
Hasta que en la Peña Pobre *82,75*
A sombras dèsta peña, *127,6*
Al pie de vna peña fria, *226,3*
La cauerna profunda que a la peña; *261,36*
Lo concauo hacia de vna peña *261,309*
Vrna de Aquario la imitada peña *264,226*
Las peñas envistiò peña escamada, *264,443*
Nieto de vna dura peña, *497,9*
Penacho *1*
Pondrè por penacho *5,51*
Penachos *3*
De plumas i de penachos. *228,36*
de crestas i de penachos *229,3418*
Traen penachos tan solenes, *269,333*
Penado *2*
Sea penado para mi, *227,23*
Glorioso ya, i penado, *229,89*
Penados *1*
Estais, señores, penados; *186,2*
Peñaranda *1*
Su luz abreuia Peñaranda ahora; *318,132*

Penas *17*
No me despertaban penas *26,27*
A nadie mataràn penas". *38,36*
Rumiando glorias i penas, *62,30*
Voluerànla penas *65,63*
I agradables penas *79,8*
Tantas contè, que mis penas *116,47*
Dar tus mortales penas en rehenes *117,3*
Allà bueles, lisonja de mis penas, *120,19*
I affirmar que penas graues *126,14*
Por jubilar sus penas, *127,29*
Con pocas bacas i con muchas penas. *169,4*
Descansa publicando al fin sus penas; *229,13*
No auia, Fabio, penas, *229,87*
que con Camilo no ai penas, *229,2696*
Acis al siempre aiuno en penas graues: *261,326*
Penas rigor legal, tantas perdona *318,454*
Que de las penas de Amor *322,129*
Peñas *7*
Daua vn tronco entre vnas peñas *142,2*
Nueuos caluarios sus antiguas peñas. *230,90*
Emulos viuidores de las peñas, *262,18*
Que aun se dexan las peñas *263,32*
Las sombras solicita de vnas peñas. *263,359*
Las peñas envistiò peña escamada, *264,443*
De afecto humano peñas, *298,23*
Peñasco *4*
A la sombra de vn peñasco, *28,6*
Sobre vn peñasco roto, *114,7*
Que vn siluo junta i vn peñasco sella. *261,48*
Concurren todas, i el peñasco duro, *261,495*
Peñascos *5*
I peñascos desnudos *120,50*
Que aun los peñascos la escuchàran quedos. *263,253*
Que peñascos viste duros *268,27*
Le dieran los peñascos vno a vno *459,7*
Estos peñascos, como lo vio Atlante, *459,13*
Penates *1*
A sus Penates le admitiò el prudente *318,138*
Penda *3*
Que en ierbas se recline, en hilos penda, *261,454*
Penda el rugoso nacar de tu frente *263,312*
Penda o nade, la vista no le pierda, *264,469*
Pendan *1*
No pendan mis amores por tropheos), *21,11*
Pende *10*
Penden las trompas, pende la armonia; *229,2191*
pende, como prenda vil, *229,2429*
I mudo pende su canoro leño; *256,41*
Vuela sin orden, pende sin asseo; *261,60*
Librada en vn pie toda sobre el pende, *261,258*
Varada pende a la immortal memoria *263,479*
En tanto pues que el pallio neutro pende *263,1065*
Se libra tremolante, immobil pende. *315,44*
De balsamo, en el oro que aun no pende, *318,47*
Tienta el acero que pende, *333,62*
Penden *3*
Pues de ella penden los memoríales. *203,111*

Penden las trompas, pende la armonia; *229,2191*
Sino a las que ambiciosas menos penden, *264,76*
Pendencia *4*
Vna pendencia reñida, *74,86*
Que, a ser io de la pendencia, *74,91*
que a pendencia no te llamo, *229,3354*
Nos hacia su pendencia *288,63*
Pender *1*
Pender de vn leño, traspassado el pecho *117,1*
Pendiendo *1*
Lo que pendiendo de atras *288,62*
Pendiente *18*
I pendiente de sus ramos, *48,11*
Del cuello pendiente ella, *64,25*
Mal pendiente de la cinta, *74,22*
La aljaua pendiente al hombro, *83,66*
La aljaba sea pendiente. *103,36*
Quando mas està pendiente *142,42*
la aljaua pendiente al hombro, *229,2903*
Restituien assi el pendiente arado *263,850*
Sino desotro escollo al mar pendiente; *264,400*
Por el pendiente caluo escollo, quanto *264,825*
No solo, no, del paxaro pendiente *264,858*
Esta bolsa que, pendiente, *269,1682*
A la pendiente cuna *281,1*
Pendiente, quando no pulsarle al viento, *312,22*
Arrimado tal vez, tal vez pendiente, *318,630*
Pendiente en vn pie a lo grullo, *322,398*
La cithara que pendiente *389,1*
De vn taheli pendiente dilatado. *499,99*
Pendientes *6*
hilos que teneis pendientes *229,896*
Qual dellos las pendientes summas graues *263,291*
I aquellas que, pendientes de las rocas, *264,309*
Del luminoso tiro, las pendientes *264,679*
Destos pendientes agradables casos *264,937*
Con mas pendientes que pulpos, *322,488*
Pendolar *1*
Con que efficacia el pendolar ministro *313,33*
Pendolista *1*
Pendolista, si enemigos *413,37*
Pendon *1*
Del viento es el pendon pompa ligera, *434,9*
Pendones *5*
Que illustran tus pendones, *72,79*
Los pendones de la fee; *78,28*
Sus bien seguidos pendones. *131,100*
En tantos oi Catholicos pendones, *298,44*
A sus pendones, i a su Dios, altares; *362,11*
Penduradas *1*
Ficaraon nas paredes penduradas. *118,4*
Penedos *1*
Saudade a asferas, e aos penedos magoas. *118,14*
Peneida *1*
De la Peneida virgen desdeñosa *263,1054*
Penelope *1*
Penelope, mientras ierra *257,42*
Penetra *3*
los Seuillanos penetra, *229,859*
Penetra pues sus inconstantes senos, *264,869*
Que no penetra sus aras, *377,23*

Penetrad *1*
Penetrad sin temor, memorias mias, *253,2*
Penetrada *1*
Complicado al primero, i penetrada *230,81*
Penetrador *1*
Lince penetrador de lo que piensa, *261,293*
Penetran *1*
Que pacen campos, que penetran senos, *264,950*
Penetrando *2*
Que iba penetrando el bosque. *131,48*
I penetrando sus senos, *215,14*
Penetrante *2*
tan dulce, tan penetrante, *229,1911*
Contra su penetrante buelo, i esa *345,27*
Penetrantes *2*
Dos harpones penetrantes? *61,28*
Dos penetrantes harpones, *61,29*
Penetrar *1*
Penetrar quiere aquel Reino, *288,89*
Penetraron *1*
Que el muro penetraron de las iedras. *261,472*
Penetras *1*
Penetras el abysmo, el cielo escalas; *120,21*
Penetraste *1*
La aromatica selua penetraste, *263,461*
Penetre *2*
Que no penetre el cuidado, *268,15*
Que no penetre el cuidado, *352,15*
Penetrò *2*
La region penetrò de su hermosura *164,10*
I el bosque penetrò inculto. *322,352*
Penitencia *3*
Contricion i penitencia *213,9*
Tu penitencia exemplar; *259,49*
Frutos mil de penitencia, *275,66*
Penitente *1*
Penitente, pero bella, *275,78*
Peno *1*
Que quanto mas ausente del, mas peno, *197,7*
Peñon *2*
Le entregàra io el Peñon. *269,1363*
Demas que en el Peñon de Andalucìa *471,5*
Pensaba *2*
A este Domine bobo, que pensaba *203,35*
que pensaba que eras muerto. *229,1841*
Pensabais *1*
A quien pensabais coger *269,2006*
Pensado *1*
Han pensado que es a ellos, *269,1224*
Pensais *1*
Mirad que quando pensais *29,23*
Pensamiento *23*
Acabad con mi loco pensamiento *32,9*
No enfrene tu gallardo pensamiento *45,1*
I dar verde al pensamiento, *83,71*
Buela, pensamiento, i diles *91,1*
Vuela, pensamiento, i diles *91,12*
Vuela, pensamiento, i diles *91,23*
Vuela, pensamiento, i diles *91,34*
Vuela, pensamiento, i diles *91,45*
Canten, ronda, pensamiento, *91,53*
Vuela, pensamiento, i diles *91,56*
El noble pensamiento *120,8*
Cancion, di al pensamiento *120,55*

Nueuo dulce pensamiento *158,15*
Rebentando el pensamiento, *227,5*
De que seno infernal, ô pensamiento, *229,1*
a vn diffunto vn pensamiento? *229,1203*
i el pensamiento discreto. *229,1447*
Viuora pisa tal el pensamiento, *263,747*
Coxèa el pensamiento. *263,1046*
Audaz mi pensamiento *264,137*
La memoria, el pensamiento, *269,543*
Pensamiento que, amoroso, *357,18*
Valeste del pensamiento? *384,25*
Pensamientos *15*
De mis pensamientos puerto; *39,44*
Alimentando vanos pensamientos, *44,4*
Vanos pensamientos, *50,26*
I de pensamientos graues, *61,10*
Pensamientos catholicos segunda, *77,59*
Regùle sus pensamientos; *87,70*
Le condenò a pensamientos. *106,12*
Mal vadéàdos de los pensamientos, *108,7*
Naciò entre pensamientos, aunque honrados, *119,5*
mis pensamientos conmigo. *229,1928*
Pensamientos desatados, *229,2001*
de pensamientos gigantes. *229,2929*
Sino pensamientos mudos *269,911*
De pensamientos herradas, *269,996*
A los pensamientos mudos; *322,166*
Pensando *4*
pensando, pues es de Octauio *229,3099*
Pensando que os haze engaño, *269,1667*
Pensando con ella el tal *412,3*
I a la verdad, no està mui mal pensando, *438,12*
Pensar *5*
Pensar en los alcaceres, *81,46*
Pensar que vno solo es dueño *126,12*
Pensar que era de Guido Caualcanti, *229,391*
Con los que podran pensar, *269,841*
Que pensar tal no es razon, *269,866*
Pensarlo *1*
i tan sin pensarlo ardi, *229,2303*
Pensè *4*
Pensè, señor, que vn rejon *157,1*
I templar con la ausencia pensè en vano; *197,4*
Cantar pensè en sus margenes amenos *203,40*
i quando mas pensè veer *229,770*
Penseis *2*
No penseis que hablo de uicio, *229,186*
I no penseis que es por odio, *242,24*
Pensiles *1*
Obliquos nueuos, pensiles jardines, *263,720*
Pension *1*
Camina mi pension con pie de plomo, *397,1*
Pensiones *1*
Paga mil pensiones *65,83*
Pensò *3*
Pensò rendir la mozuela *74,1*
Pensò que la sugetàra *74,5*
Pensò con lo dicho el hombre *74,25*
Peon *4*
O peon o Cauallero; *105,51*
Peon particular, quitado el parte, *152,10*
Los recaudos del peon; *161,114*
Sè que la tomò vn peon *493,34*
Peones *1*

La dè a la redempcion de los peones: *464,4*
Peor *20*
Harto peor fuera *4,37*
Mal ellos i peor ellas derramadas. *19,8*
Peor que vna daga. *56,13*
Mal fuerte i peor dispuesto, *87,6*
Hecho vn Midas, i aun peor, *161,50*
Sino en cera, que es peor. *161,116*
I el en costas, que es peor. *167,50*
Fue peor que gatesco el desafio. *202,8*
I peor muerto de plebeia mano; *220,2*
I agenos, que es lo peor, *227,10*
Esto aun tengo por peor, *229,382*
mas credito al peor Planeta *229,424*
peor harè si le llamo. *229,825*
i peor quien se alcohola *229,980*
anda peor que vna Turca *229,1401*
Burlais de mi? Esto es peor: *229,2957*
Que peor pudiera ser? *269,152*
I deste otro oio peor. *269,1821*
De vn fraile mal abierta i peor casada, *442,10*
Peor responderà al culto. *479,10*
Péòr *1*
I enfrenados péòr de las montañas; *108,8*
Pepino *2*
Los dos nietos de Pepino *73,23*
Con gigotes de pepino, *228,27*
Pepitoria *1*
Quando no es en pepitoria. *269,652*
Pequè *1*
Si pequè en ello, muera el que ha pecado: *269,402*
Pequeña *10*
Pequeña puerta de coral preciado, *13,5*
Quien lo que, con industria no pequeña, *77,24*
Sobre la pequeña bassa. *144,34*
A ellos serà el Tajo vrna pequeña. *229,1039*
Vn lilio breue, una pequeña rosa. *229,1457*
Pequeña aun para el anillo *258,3*
La sombra aun de lisonja tan pequeña. *263,334*
Sin dexar ni aun pequeña *263,1018*
Aquella grande, estotra no pequeña. *318,328*
Llegue; que no es pequeña la ventaja *397,13*
Pequeño *13*
I vos, aunque pequeño, fiel resquicio, *21,9*
Puesta en el brinco pequeño *121,141*
Immensamente pequeño, *209,24*
Qualquiera es sucio, i pequeño. *229,1815*
Este de cortesia no pequeño *261,230*
Breue tabla delphin no fue pequeño *263,18*
Verde muro de aquel lugar pequeño *263,523*
De el canoro escogiò baxel pequeño. *264,60*
Heluidîâno aspid, no pequeño. *315,28*
Dos mundos continente son pequeño; *318,204*
Vn portalillo pequeño, *321,11*
Guardò el grano, aunque pequeño *373,5*
El mar serà no pequeño *384,11*
Pequeños *2*
Pequeños no vazìos *263,955*
Los juncos mas pequeños, *264,861*
Per *1*
Conuertido se ha, per Deum, *269,1878*
Pera *4*
O pera en almiuar; *65,144*
Qualquier regalo de durazno o pera *182,9*

Siruele el huerto con la pera gruessa, *203,115*
La pera, de quien fue cuna dorada *261,78*
Perales *1*
Que tañia Gil Perales: *216,52*
Peralta *1*
Pues Monsfûr de Peralta *191,3*
Peranzules *1*
A vn descendiente de don Peranzules; *202,2*
Peras *1*
Escojamos como en peras *27,105*
Percox *1*
La mula con su percox *269,698*
Perdamos *1*
Aunque por ello perdamos *499,296*
Perdeis *1*
Del pecho, quando perdeis, *110,35*
Perdellas *1*
hasta llegar a perdellas *229,2035*
Perder *2*
Sin perder mañana *65,169*
No tengo mas que perder. *229,385*
Perderè *1*
Perderè dos mil jûicios. *229,3338*
Perderse *1*
Que pudo bien Acteon perderse en ellos. *263,490*
Perdi *5*
Que perdi aquel mal logrado *27,59*
Despues que perdi a mi padre, *57,47*
perdi totalmente el hilo, *229,402*
Perdi la esperança de ver mi ausente: *345,3*
No sè como la perdi, *499,180*
Perdia *1*
De donde os perdia mi vista, *390,27*
Perdian *1*
Mientras perdian con ella *263,148*
Perdicion *1*
Te dirà tu perdicion, *351,22*
Perdida *15*
Mal perdida en sus riberas. *115,8*
Oueja perdida, ven *212,1*
Quando balauas perdida, *212,6*
Oueja perdida, ven *212,11*
Oueja perdida, ven *212,21*
Su perdida i mi dolor; *227,40*
juega pelota perdida, *229,241*
i centinela perdida. *229,945*
Prenda de niño perdida, *229,2326*
O clima proprio, planta mia perdida, *264,131*
Lugar. Ella està perdida. *269,1459*
Pobre entonces i esteril, si perdida, *318,357*
Esta mi voz perdida *345,19*
Tu con la alxaua perdida *499,174*
Tu serias la perdida *499,198*
Perdidas *1*
I quedais todas perdidas *29,29*
Perdido *21*
Mas que jumento perdido, *89,14*
Mas desuiado, pero mas perdido. *197,11*
Ô perdido primero *215,17*
Ô perdido primero *215,37*
Ô perdido primero *215,57*
Que vn perdido haga veinte, *216,19*
Trueca las velas el baxel perdido, *218,9*
que andas pagando perdido *229,63*

Quien ha nadado? Vn perdido. *229,1891*
que si he perdido la vista, *229,3000*
que no he perdido el jûicio. *229,3001*
Se ha perdido, i de Gallardo, *269,782*
Perdido en sus ondas pie, *269,1752*
Perdido direis que toco *348,26*
Perdido, mas no tan loco. *348,30*
Todo su bien no perdido, *357,107*
I mas pleitos has perdido *407,3*
Si de necio me he perdido *419,91*
No està de el todo perdido, *495,55*
La alxaua se me ha perdido. *499,176*
La alxaua que has oi perdido. *499,223*
Perdidos *3*
Veinte los buscan perdidos, *216,17*
Perdidos vnos, otros inspirados. *262,4*
Perdidos por cascabeles. *266,10*
Perdiendo *3*
El amador, en perdiendo *75,49*
Van perdiendo sus esposas, *149,48*
Huie, perdiendo en la fuga *322,337*
Perdiera *2*
I otras mil te perdiera mi desseo. *104,14*
No se perdiera patron. *269,1364*
Perdigon *1*
Que se comiò vn perdigon, *6,32*
Perdiguera *1*
Quien sà aquel? La perdiguera *207,26*
Perdiò *14*
El triste fin de la que perdiò el dia, *104,6*
Que perdiò la continencia, *130,10*
Se perdiò vn galan montero, *215,10*
Perdiò sus corales Menga *216,3*
Quando perdiò bella hija. *226,118*
Lo que hasta el Alua perdiò, *227,38*
Perdiò Cloris tierra a palmos *243,47*
Do hallò reparo, si perdiò camino. *261,432*
Que perdiò vn buen compañero, *266,18*
I por zamba perdiò Iuno. *322,80*
La perdiò su desseo en vuestra arena, *365,10*
Perdiò la voz de placer. *419,24*
La de Gil, perdiò otra uez *419,26*
En el mes que perdiò el Apostolado *433,7*
Perdiste *1*
Quanto mas lo que perdiste *499,204*
Perdistes *1*
Que os perdistes en los Gelues, *57,42*
Perdiz *4*
Para volar su perdiz *107,37*
Parada vna perdiz bella, *167,82*
en las garras la perdiz *229,2451*
la perdiz en escaueche, *229,2839*
Perdizes *1*
O Brauonel de perdizes, *81,11*
Perdon *8*
(Con perdon de los Clerigos), vn cuerno. *68,4*
(Con perdon de los cofrades), *228,75*
que las puertas del perdon *229,624*
Lelio te pide perdon *229,3502*
Si el perdon general no es, *229,3520*
No ai que pedille perdon, *269,634*
Si le digo, no ai perdon. *332,4*
Pide perdon al pueblo que enojaste, *474,10*
Perdona *45*
Perdona el auer tardado, *10,59*

Perdona, pues, mi bonete; *26,109*
Tu, cuia Mano al Sceptro si perdona, *77,38*
No le perdona el officio; *94,16*
No perdona accidente). *103,60*
I a los dos no les perdona *105,75*
Ni a los yelos perdona, *120,11*
I a su gula no perdona; *122,56*
Dèl muerto Lilio es; que aun no perdona *136,13*
Que el lado aun no le perdona, *149,36*
I Lucrecia bien perdona *167,23*
A las malezas perdona *215,45*
Perdona al paues de barro, *226,53*
A diligencia alguna no perdona, *229,43*
No perdona el gusano al artificio: *229,98*
i el los fauores perdona, *229,783*
la mano que no perdona, *229,1625*
le perdona mi rigor, *229,1635*
Emula de los años, i perdona *229,2175*
Iace aqui; i si la perdona, *249,3*
I breue rato perdona *259,32*
A sus campañas Ceres no perdona, *261,142*
Sentado, a la alta palma no perdona *261,409*
Quanto a la choça pastoral perdona *263,937*
No perdona al azero que la engasta. *264,495*
Si te perdona el fuego *264,546*
Mientras perdona tu rigor al sueño. *264,676*
Que timido perdona a sus crystales *264,843*
Quedate, i perdona. Vete, *269,389*
De tu santa lei, perdona! *269,1745*
A esse escrupulo perdona, *269,1807*
Perdona si, entre los cisnes, *275,89*
Perdona si desatado *275,93*
Perdona al remo, Licidas, perdona *298,1*
Perdona al remo, Licidas, perdona *298,1*
El luminoso horror tan mal perdona, *315,33*
Isabel nos le dio, que al Sol perdona *318,35*
Quando al silencio metrico perdona *318,125*
Penas rigor legal, tantas perdona *318,454*
De parte de don Luis se les perdona *342,12*
A inclemencias, pues, tantas no perdona *402,9*
Pues el cuño me perdona, *413,6*
Si pudieres, perdona *420,4*
Cien réàles, i perdona. *423,14*
Son flechas de "el que a nadie no perdona". *445,8*
Perdonaba *1*
no perdonaba estaciones *229,541*
Perdonad *8*
Perdonad, caminantes fatigados. *134,14*
Perdonad ia mi cuidado, *229,2587*
Hija mia, perdonad *229,3006*
Pues perdonad, hijo, vos *229,3507*
Perdonad mi dilacion, *269,1770*
Perdonad nuestro recato. *269,1771*
Mas perdonad a sus alas, *354,27*
Perdonad al aire vn dia, *390,45*
Perdonadas *1*
De el tiempo las injurias perdonadas, *118,5*
Perdonadme *1*
Perdonadme el hablar tan cortesmente *273,12*
Perdonado *4*
Perdonado algo mas que Polyphemo, *261,126*
Carríòn dulcemente perdonado; *318,362*
Iouen mal de la inuidia perdonado, *400,5*

De quien perdonado ha sido *406,3*
Perdonados *1*
Aquellos perdonados *264,952*
Perdonale *1*
I assi, perdonale el daño, *499,344*
Perdoname *1*
Perdoname, Amor, aqui, *2,15*
Perdonan *3*
Que a la plaia perdonan los nauios. *166,12*
Perdonan: i no me espanto *485,7*
I a la tierra con perros no perdonan; *499,63*
Perdonando *3*
Que perdonando a sus hambres, *91,28*
Anchora del batel fue perdonando *264,707*
Votos perdonando agenos, *482,3*
Perdonar *2*
Sin perdonar al tiempo, has embiado *72,23*
No perdonar a vna alcuza. *483,14*
Perdonara *1*
El cisne perdonara, luminoso, *264,805*
Perdonarà *2*
Perdonarà, no el marmol a su vena *289,6*
Que a su materia perdonarà el fuego, *343,10*
Perdonaran *1*
Mal te perdonaran a ti las horas; *394,12*
Perdonarè *1*
Que io los perdonarè. *287,58*
Perdonaron *1*
La perdonaron súàues, *239,4*
Perdonas *1*
Quando al humilde perdonas, *97,38*
Perdone *10*
Perdone el tiempo, lisongee la Parca *76,12*
Dios se lo perdone a quien *85,11*
Ni le perdone los suios *87,79*
Arbol que tanto fue perdone el fuego. *129,18*
I perdone al llanto tierno; *226,116*
sin topar a quien perdone. *229,575*
No perdone tu flaqueza, *269,1107*
Perdone Mari Nuño, *313,7*
Perdone al que es Catholica visagra, *323,13*
I a las velas no perdone. *384,34*
Perdoneis *1*
Que perdoneis. Bueno andas, *229,2592*
Perdoneme *3*
Perdoneme el señor Cid: *111,50*
Perdoneme el mal lenguage *269,631*
Perdoneme tu Deidad *416,31*
Perdonen *6*
Los raios dèl Sol perdonen. *131,44*
Perdonen tus aguas claras *204,17*
Los Titulos me perdonen, *228,125*
Perdonen tus sáètas *229,394*
Los cryticos me perdonen *322,147*
Perdonen, que el asonante *334,77*
Perdonenme *1*
Perdonenme sus Tribunos. *322,16*
Perdones *2*
la traça, aunque me perdones. *229,2487*
Atomo no perdones de propicia. *421,71*
Perdono *6*
Pues yo te perdono allà, *2,16*
Si es esto, io te perdono *10,25*
No perdono de la guarda, *121,152*
a cuia alteça perdono, *229,2688*

Io te abraço, i te perdono. *229,3526*
Io te perdono, i te abraço. *229,3527*
Perdonò *8*
O le perdonò por pobre, *131,4*
Que perdonò los enanos. *157,20*
No perdonò a razimo, aun en la frente *263,155*
En quanto a su furor perdonò el viento. *263,349*
En sombra obscura perdonò algun dia, *318,236*
Ni a raio el Sol perdonò, *401,1*
Que ni a copete perdonò, ni a calua *435,7*
I pues tu luz la perdonò piadosa, *456,3*
Pereçosamente *1*
El remo pereçosamente raia, *264,942*
Pereçosas *1*
Graue, de pereçosas plumas globo, *264,791*
Pereçoso *3*
Que al pereçoso rio le hurtaua, *114,16*
I pereçoso para dalle el lado, *151,7*
Del carro pereçoso, honor del cielo; *264,617*
Pereçosos *1*
De los dias pereçosos, *83,78*
Peregil *3*
Sembrar peregil guisado *62,71*
Lodos con peregil i ierbabuena: *69,13*
Desde el aue al peregil, *82,66*
Peregrì *1*
Borrame en su lugar el Peregrì; *468,11*
Peregrina *9*
Que es tan peregrina *65,14*
Rica labor, fatiga peregrina, *77,26*
Lo caduco esta vrna peregrina, *136,5*
De beldad soberana i peregrina! *171,11*
que, por ser tan peregrina, *229,1000*
Tu, aue peregrina, *263,309*
A bota peregrina trasladada. *325,8*
Cierto Poeta, en forma peregrina *428,1*
Entre malezas peregrina rosa, *467,2*
Peregrinaciones *1*
Ni de las peregrinaciones rota *325,3*
Peregrinado *1*
Han peregrinado el mundo; *322,8*
Peregrinas *1*
Ioias peregrinas; *65,120*
Peregrino *31*
I ampareme tu sombra, peregrino. *92,11*
Descaminado, enfermo, peregrino *100,1*
Ô peregrino, con magestad sella; *136,6*
Ô tu, qualquiera que entras, peregrino, *173,1*
Ô peregrino, tu, qualquier que llegas, *194,12*
MADRID, ô peregrino, tu que passas, *219,2*
no la sigue peregrino. *229,1001*
a vn devoto peregrino; *229,2020*
vuestros pies a vn peregrino. *229,2767*
Que Dedalo te induce peregrino *234,5*
Ô peregrino, tu pie, *249,4*
Aluergue oi por tu causa al peregrino, *261,431*
Pasos de vn peregrino son errante *262,1*
Al inconsiderado peregrino, *263,19*
Agradecido pues el peregrino, *263,182*
Consolalle pudiera el peregrino *263,507*
Descubriò la Alua a nuestro peregrino *264,29*
El peregrino pues, haziendo en tanto *264,112*
Estimando seguia el peregrino *264,314*
Ô quanta al peregrino el Ameveo *264,626*

Al peregrino por tu causa vemos *264,665*
Que al peregrino sus ocultos senos *264,699*
Las caladas registra el peregrino, *264,859*
Esta en forma elegante, ô peregrino, *274,1*
Baculo de vn peregrino. *283,10*
De fiera menos que de peregrino. *295,8*
Donde el baculo viste peregrino *318,331*
A tu pincel, dos veces peregrino, *343,2*
Ô peregrino errante, *368,2*
I con el Peregrino vn frai borrego. *432,8*
Huesped sacro, señor, no peregrino, *465,1*
Peregrinò *1*
Peregrinò gentil, pisò ceñido *279,14*
Peregrinos *3*
Reloxes de peregrinos, *89,38*
Ricas telas, brocados peregrinos, *229,54*
Abriràn paso a quantos peregrinos *421,50*
Perezosa *3*
Cuia forma tortuga es perezosa. *264,192*
Que con perezosa fuerza *275,62*
A la thea nupcial, que perezosa *318,283*
Perezosas *2*
De perezosas plumas. Quien de graues *263,991*
Las perezosas vanderas *354,9*
Perezoso *4*
Vn temor perezoso por sus venas, *261,222*
Del perezoso Bolga al Indo adusto. *261,408*
Del perezoso arroio el passo lento, *263,542*
Este con perezoso mouimiento *264,62*
Perfecta *2*
Tan perfecta, aun no acabada, *63,93*
I perfecta discrecion, *98,8*
Perfecto *1*
Sino excede en virtud al mas perfecto; *404,26*
Perfectos *1*
Bien que haziendo circulos perfectos; *264,502*
Perfila *1*
Al fino oro que perfila *63,71*
Perfilan *1*
Las formas perfilan de oro, *143,9*
Perfiles *1*
Adoro (en perfiles de oro) *377,17*
Perfuma *1*
De encina la perfuma o de aceituno. *397,11*
Perfumado *1*
Quedò enxuto i perfumado; *28,44*
Perfumes *1*
Sacrificios i perfumes. *75,44*
Pergamino *3*
El mal iluminado pergamino: *269,398*
Vn pergamino arrollado *418,38*
Arrollad, Musa, vuestro pergamino, *436,13*
Perhiphrasis *1*
A pesar del perhiphrasis absurdo. *325,11*
Periodo *1*
Al periodo fue de la priuança. *318,188*
Perjura *2*
O perjura! si a mi fee *10,17*
que, si ia no se perjura, *229,3269*
Perjuro *2*
Porque es el artificio de vn perjuro *229,1941*
Qual mas, qual menos perjuro; *322,380*
Perjuros *1*
blasphemia de los perjuros, *229,2864*
Perla *12*

Io sè quando fuistes perla, *29,49*
Entre estas conchas la perla, *121,98*
De nuestra perla fina, *156,15*
Digo vna perla Oriental, *226,18*
La perla que engasta ahora *235,3*
De la perla catholica que sellas, *246,6*
La perla que esplendor fue *249,1*
Si vna perla no es luciente, *257,13*
De su frente la perla es Erithrea *261,109*
La perla Boréàl fue soberana *318,314*
Fragrante perla cada breue gota, *325,6*
La que no es perla en el nombre, *376,13*
Perlas *50*
Bordadura de perlas sobre grana, *18,4*
Ia quebrando en aquellas perlas finas *20,5*
Vencer en lucientes perlas. *38,24*
Vn humor entre perlas distilado, *42,2*
Que diràs que entre sus perlas *63,211*
Dos mil perlas de ambas luces, *75,42*
El sudor en perlas, *79,80*
Quien diò perlas a tus ojos, *124,7*
Le guarnecen de perlas tus espumas, *140,11*
Conduxo, perlas su frente, *142,7*
Desuanecieron las perlas *142,27*
Si ia no es con perlas, *144,52*
Sus dientes las perlas blancas, *148,22*
Guarden las perlas en grana. *148,24*
Madre de perlas, i que serlo espera *156,16*
De rubies, i perlas, *160,18*
Perlas que desate el Sol, *161,8*
De estas Orientales perlas *161,11*
Perlas sean las espumas, *166,33*
Perlas da que le coronen, *179,44*
Que oi de perlas bordò la Alua luciente, *184,2*
I mas perlas no des, *193,24*
Oro su cuna, perlas su alimento; *198,4*
Que derrame perlas *216,15*
Que derrame perlas *216,35*
Que derrame perlas *216,55*
Que es madre de perlas ya, *226,4*
Guardajoias de vnas perlas *228,139*
Mas perlas le debo a Cinthia *229,552*
De perlas siembra, el monte de esmeraldas. *229,1058*
En las perlas comiença de este rio, *229,2156*
Llorò aljofar, llorò perlas, *243,33*
Si lagrimas las perlas son que vierte! *260,11*
Sin concebir rocio, parir perlas. *261,376*
Cuios purpureos senos perlas netas, *263,458*
I las perlas exceda del rocio *263,915*
De perlas cada hora. *264,68*
Las no liquidas perlas, que al momento *264,232*
Beber las perlas que llora. *268,64*
Plumas de oro i pies de perlas. *269,1045*
Cuentenle perlas, que el Oriente fia *269,1261*
Flores ciñe, i perlas llueue *269,1779*
Que nacar su color, perlas su frente, *280,47*
Que a las perlas del Alua aun no se abria *280,51*
Entre doce perlas netas *322,63*
El llanto en perlas coronò las flores, *339,10*
Quando perlas bebe *349,10*
I acaba perlas sudando. *356,12*
Entre perlas i corales, *389,42*

Bello aljofar, perlas bellas; *499,343*
Permanezcan *1*
Besando permanezcan las estrellas. *368,12*
Permita *1*
mi ierro, i permita Dios *229,3508*
Permitalo *1*
antes, permitalo Dios. *229,3249*
Permitas *1*
No permitas que vn cruzado, *110,49*
Permite *3*
El pie (quanto le permite *144,27*
De su caduco natural permite *264,284*
No permite su interes *269,221*
Permites *1*
Pues permites que muera *114,20*
Permitid *1*
Modesta, permitid ia *390,17*
Permitida *1*
Lei de la agricultura permitida, *466,10*
Permitido *1*
Nunca han permitido, que entre *190,8*
Permitiò *1*
Permitiò solamente *264,43*
Permitirle *1*
Sin permitirle acabar *419,31*
Permitta *1*
No lo permitta mi Dios *229,3276*
Permitte *1*
Permitte que por mi lyra *259,37*
Permittiò *1*
porque el cielo permittiò *229,566*
Pernil *1*
el pernil i la empanada, *229,2836*
Perpetua *1*
Súaue es risa de perpetua Aurora. *318,288*
Perpetuamente *1*
Sacras plantas, perpetuamente viuas, *256,24*
Perpetuas *1*
Doncellas perpetuas son *229,1212*
Perpetuo *1*
(Para perpetuo acuerdo en lo futuro) *425,6*
Perplexos *1*
Digo, señor, que perplexos *229,3162*
Perra *4*
Clauellina se llama la perra; *85,1*
Clauellina se llama la perra; *85,9*
Clauellina se llama la perra; *85,17*
Clauellina se llama la perra; *85,25*
Perras *1*
Son perras de muchas bodas *126,56*
Perrera *1*
Que la perrera me estima. *207,22*
Perrillo *1*
Iaze aqui Flor, vn perrillo *386,1*
Perrinchon *1*
El triste perrinchon, en el gobierno *68,5*
Perritos *1*
I dos perritos lanudos. *27,92*
Perro *14*
Con mi perro i mi huron *26,13*
Me juzgò tu perro, *50,60*
A la cola de vn perro atò por maça, *68,3*
I quiera Dios que se atrauiese vn perro. *113,14*
Que ia con el venablo i con el perro *165,7*
Muchos datiles de perro. *176,10*

en perro que tanto ladra. *229,2489*
Que la aia de perro en flor. *386,10*
Que no se dio perro muerto *418,25*
Que te ha hecho Aguilar, que lo haces perro? *435,5*
Guardate no se vuelua el perro de Alua, *435,6*
Que entra el gato como el perro *477,39*
El cauallo relincha, el perro late, *499,87*
Cauallo, cascabel, cuerno, halcon, perro. *499,91*
Perros *11*
Para los perros que muerden. *59,48*
Pastores, perros, chozas i ganados *108,12*
I bodas de muchos perros, *126,57*
I perros que le aquexan. *127,39*
De armas, vozes, i de perros *178,35*
— Hicieron os los perros algun daño? *183,11*
De venablos i de perros. *215,8*
Quando torrente de armas i de perros, *263,223*
Perros viuos al hombre, perros muertos, *367,9*
Perros viuos al hombre, perros muertos, *367,9*
I a la tierra con perros no perdonan; *499,63*
Persa *2*
La Persa o la Egypcia, *65,184*
Labrò costoso el Persa, estraño el China, *77,25*
Perseguida *2*
Garça Réàl perseguida, *121,36*
Libertad de Fortuna perseguida; *262,34*
Perseguidora *1*
Perseguidora de fieras! *115,32*
Perseguir *1*
A perseguir el puerco i el venado, *499,54*
Perseuerante *1*
Tu perseuerante estudio, *259,45*
Persiga *2*
no me persiga algun Gil); *229,2313*
Si es Montaña, Madera le persiga. *440,14*
Persigas *1*
Que no me persigas mas. *2,8*
Persigues *2*
Ia no persigues crúèl, *48,37*
Despues que a mi me persigues, *48,38*
Persona *39*
Que no avrà piedra, planta, ni persona, *35,12*
Su persona misma: *65,8*
Persona entendida *65,174*
Merezcais veer la celestial persona, *99,13*
I assi, guardo mi persona *110,9*
Que nieguen tu persona, *120,14*
No ai persona que hablar dexe *126,33*
I de consciencia a la persona sabia. *135,11*
Fia luego la persona. *149,114*
Que por persona sincera. *187,10*
Que siruen su persona *229,41*
que vna persona discreta *229,423*
persona bien caudalosa; *229,733*
o ia el pie de tu persona? *229,1628*
tal, que su persona sea *229,1917*
De tan gallarda persona, *229,2092*
Pero su graue persona *229,3046*
agradòle su persona, *229,3280*
el peso de mi persona *229,3413*
Del muro de tu persona; *259,60*
Gallardo el jouen la persona ostenta, *261,298*
En pie, sombra capaz es mi persona *261,411*

La plaia azul de la persona mia; *261,420*
De su persona fue, de su hazienda: *261,450*
En sangre claro i en persona Augusto, *264,809*
Persona i autoridad *266,16*
Galantissima persona *269,623*
Ofreciendo mi persona *269,1546*
Los zelos, i la persona *269,1742*
Que do assiste tu persona *269,1808*
Pues con la menos timida persona *315,35*
Ninguna de las dos Reales persona, *318,325*
La deuocion de su Réàl persona; *318,452*
Su persona sola. *422,8*
Cinco en estatua, solo vno en persona, *442,12*
Que de su vista queda la persona *445,5*
Al pastor. A tal persona *477,8*
Que es tu comica persona *488,2*
Qualquier daño en tal persona, *490,2*

Personage *1*
del personage que miento *229,2776*

Personages *1*
Granada de personages, *63,230*

Personas *6*
Acuchillen sus personas, *98,70*
Con las réàles personas *158,42*
Las flores a las personas *217,93*
como prudentes personas, *229,743*
Las personas tras de vn lobo traìa, *263,225*
I a llorar sus pecados las personas. *450,11*

Persúàda *1*
Alternando instrumentos, persúàda *318,599*

Persuade *1*
Persuade? I aun obliga. *269,926*

Persúàde *1*
Duro amenaza, persúàde culto. *318,576*

Pertrechos *1*
I tienes menos pertrechos, *87,98*

Peru *4*
Vaian al Peru por barras, *55,33*
Gastandole al Peru oro en los frenos, *155,10*
No inuiò flota el Peru *229,2978*
En sus flotas el Peru. *269,1936*

Perù *3*
Cien vezinos del Perù. *269,375*
Son las minas del Perù, *269,466*
I de hechura vn Perù, *269,1117*

Perúàna *1*
Haze de Augusta Coia Perúàna, *264,66*

Perulero *2*
No rocin de Perulero, *161,37*
De vn bobo Perulero, *313,14*

Perzona *1*
El de la perzona zuelta, *210,6*

Pesa *4*
I al que os vee el juego i le pesa *168,23*
(De lo que ahora me pesa) *269,342*
Parece que no me pesa, *269,626*
Sè dezir que no me pesa *499,302*

Pesada *4*
I fue prueba harto pesada; *10,52*
No es esto cosa pesada, *229,246*
Cosa tal, i tan pesada, *269,182*
No ai cosa de oro pesada. *269,1097*

Pesadas *1*
Pesadas señas de vn desseo liuiano, *170,7*

Pesado *4*

que mui pesado no es? *229,949*
pesado, pero fièl, *229,1542*
No quiero serte pesado. *269,1482*
"Sabe el cielo, Valdes, si me ha pesado *462,1*

Pesadumbre *9*
Con mortal pesadumbre *72,11*
Passaba sin pesadumbre, *75,10*
Ni pesadumbre mi ocio, *83,42*
No ponderosa graue pesadumbre, *112,6*
mas pesadumbre me dè. *229,1610*
Mas pesadumbre he de darte, *229,1795*
Pesadumbre darè a vnos caracoles. *233,4*
De ponderosa vana pesadumbre *263,169*
I milano venciò con pesadumbre, *264,399*

Pesadumbres *2*
Pulpito de pesadumbres; *158,12*
i pesadumbres les dexo. *229,373*

Pesame *2*
I vn pesame a vn majadero. *94,30*
Pesame que el desengaño *497,44*

Pesan *1*
Que pesan diez libras; *65,220*

Pesar *55*
Que he seguido a mi pesar *2,12*
Tan largo el pesar, *4,14*
De que a pesar dèl tiempo has de estar lleno. *30,8*
A pesar gastas de tu triste dueño *44,2*
I assi bese, (a pesar del seco Estio), *46,9*
Ciudad, (a pesar de el tiempo), *63,9*
Siempre juntos, a pesar *82,131*
A mi pesar, porque al cabo *96,86*
"Ay troncos, a mi pesar *116,21*
Ay troncos, a mi pesar *116,36*
Ay troncos, a mi pesar *116,51*
A pesar de sus horrores. *131,128*
Plaça ahora, a pesar de las edades, *134,7*
(A pesar de los cothurnos) *179,39*
Que a pesar de la tîara *206,9*
Al puerto; i a pesar de lo luciente, *247,11*
A pesar de las vanas, si no pias, *253,7*
Muda a su pesar ahora, *259,10*
A pesar luego de las ramas, viendo *261,269*
(Aun a pesar de las tinieblas bella, *263,71*
Aun a pesar de las estrellas clara) *263,72*
A pesar luego de aspides volantes, *263,419*
Que, a pesar de esos frexnos, se diuisa; *263,524*
En que a pesar del Sol, quajada nieue, *263,626*
A pesar de el estambre i de la seda, *263,715*
Que, agil a pesar de lo robusto, *263,1006*
A pesar pues de el agua que la occulta, *264,196*
Neuò el Maio a pesar de los seis chopos. *264,336*
A pesar de mi edad, no en la alta cumbre *264,396*
A pesar de los vientos, mis cadenas. *264,569*
A pesar de sus pinos eminente, *264,855*
A pesar de Colatino, *269,200*
Tanta vrna, a pesar de su dureza, *274,12*
Tu, a pesar de prodigios tantos, hecho, *280,56*
A pesar de las tinieblas, *287,35*
A pesar del lucero de su frente, *293,9*
Las que a pesar del Sol ostentò estrellas, *318,478*

Que aun a pesar de lo adusto, *322,142*
A pesar del Abril mustio, *322,298*
A pesar de el Amor, dos; *322,507*
A pesar del numero, vno". *322,508*
A pesar del perhiphrasis absurdo. *325,11*
I aun a pesar del tiempo mas enjuto, *326,7*
De vn edificio, a pesar *333,27*
Que a pesar hallaràs claro *352,31*
Indulto verde, a pesar *358,18*
A pesar de esplendores tantos, piensa *362,2*
A pesar de tantas nieues, *374,26*
A pesar de su firmeza, *378,11*
Que a pesar del oro es *388,19*
Que a pesar de sus filos me prometo *396,10*
La voz, mas fue de pesar, *419,27*
I a pesar de los juezes *477,35*
Le conoci, que a pesar *479,2*
Para dexarla a su pesar sujeta, *499,43*

Pesares *1*
Cuia memoria es bueytre de pesares". *263,502*

Pesca *2*
Porque Amor no menos pesca *102,39*
Ia el Doctor pesca sus truchas. *269,1717*

Pescado *2*
Lleua pescado de mar, *159,33*
Que a la carne i al pescado. *269,664*

Pescador *9*
El pescador entretanto, *9,21*
I viendo que el pescador *10,53*
I el pescador a su barca. *10,64*
Humilde pescador muerto. *106,30*
Vn pescador estrangero *115,5*
Quando pescador pobre *185,5*
Gracias el pescador a la Diuina *264,362*
El pescador anciano, *264,389*
Como pescador de caña, *269,427*

Pescadora *2*
Mas la hermosa pescadora, *10,49*
Pescadora la industria, flacas redes, *230,61*

Pescadorcillo *3*
Vn pobre pescadorcillo, *106,5*
Aquel pescadorcillo, *125,5*
Quexas de vn pescadorcillo, *287,15*

Pescadores *7*
Fuego de los pescadores *10,7*
Con deuocion de pobres pescadores; *169,11*
I el mar da a los pescadores, *179,22*
Dos pobres se aparecen pescadores, *264,35*
Liberalmente de los pescadores *264,81*
De pescadores dos, de dos amantes *264,517*
De sus barcas Amor los pescadores *264,650*

Pescados *2*
Dio la ria pescados, *264,104*
La comida prolixa de pescados, *264,246*

Pescar *4*
de pescar, o de alguacil? *229,2465*
I pescar a Diana en dos barquillas: *264,420*
Que os ha de pescar la red *287,75*
Que os ha de pescar la red *287,89*

Pese *1*
I ella aceptallo, no os pese; *269,860*

Pesebre *2*
Sino en pesebre de heno *300,15*
Al pesebre la razon, *331,57*

Peso *7*

que es del peso la razon. *229,1543*

el peso de mi persona *229,3413*

En oro le paga el peso *257,39*

I al graue peso junco tan delgado, *261,55*

Icaro montañes, su mismo peso, *263,1009*

El peso de ambos mundos soberano, *318,250*

Quedando con tal peso en la cabeça, *451,1*

Pesos *1*

que de quarenta mil pesos *229,2980*

Pesqueria *2*

A cada conjuncion su pesqueria, *264,409*

I a cada pesqueria su instrumento *264,410*

Pesquisidor *2*

que el zelo pesquisidor *229,322*

Gran pesquisidor! Con quien? *229,344*

Pessado *1*

Precioso, pero pessado *82,115*

Pestaña *1*

Con la pestaña de vn lince *322,225*

Pestañas *3*

Que tienen pestañas ellos, *55,11*

Que azules ojos con pestañas de oro *263,807*

Humedeciendo pestañas *333,3*

Peste *5*

(Aunque sea año de peste); *81,44*

Ia no es Cura, sino Peste *130,35*

Vistela? Si. Tenia peste, *229,1322*

que para mi peste son; *229,1325*

A vender de valde peste; *412,15*

Pestilencia *1*

Cathedras de pestilencia *229,432*

Peticion *1*

A peticion de Saturno, *322,374*

Peticiones *1*

Peticiones a réàl *408,5*

Peto *1*

Que al que buscares con peto *288,103*

Petos *1*

Petos fuertes, ielmos lucios? *27,118*

Petrarcha *1*

Tan lindo Petrarcha es el, *229,1186*

Petulante *2*

Satyro de las aguas, petulante *264,461*

El Semidios, burlado, petulante, *366,12*

Peuete *2*

I en lo moreno peuete. *88,68*

Sea peuete o sea topacio; *159,18*

Peuetes *1*

Pechos de tordo, piernas de peuetes. *448,8*

Pez *2*

De las ondas al pez con buelo mudo *264,484*

Nadad, pez, o volad, pato, *287,83*

Phaeton *3*

De nocturno Phaeton carroça ardiente, *263,655*

Hermana de Phaeton, verde el cabello, *264,263*

Les dio? Quien de Phaeton el ardimiento, *316,10*

Pháèton *2*

Al osado Phàèton lloraste viuas, *46,2*

A la de Phàèton loca experiencia: *109,11*

Phalanges *1*

Sufrir muros le viò, romper Phalanges. *261,456*

Pharmacos *1*

Pharmacos, oro son a la botica. *313,51*

Pharo *2*

De el Pharo odioso al Promontorio extremo; *261,124*

Baxel, que desde el Pharo de Cecina *428,8*

Phebeo *2*

De el carro pues Phebeo *263,709*

Ia mariposa de el farol Phebeo *457,5*

Phebo *19*

Phebo en tus ojos, i en tu frente el dia; *36,4*

Antes que de la edad Phebo eclipsado, *36,9*

Illustrò Phebo su vellon dorado, *52,4*

Que al rubio Phebo hace, viendo a Cloto *53,7*

Succede en todo al Castellano Phebo, *67,12*

Despues me oiràn (si Phebo no me engaña) *72,88*

Phebo os teme por mas lucientes Soles, *76,3*

Dèl lucidissimo Phebo, *121,129*

Al trasponer de Phebo ia las luces *155,12*

Donde la Nympha es Phebo i es Diàna, *165,12*

Phebo su luz, Amor su Monarchia *166,20*

I le hallò el luciente Phebo. *215,16*

Este jardin de Phebo, *256,56*

Qual otro no viò Phebo mas robusto *261,407*

Aun mas que a los de Phebo su corona, *263,936*

Sus muchos años Phebo, *264,775*

Phebo luces, si no sombras Morpheo. *274,11*

Que peine oro en la barba tu hijo, Phebo, *313,41*

Lirones siempre de Phebo, *322,257*

Phelixmena *1*

Siendo la piedra Phelixmena dura, *119,13*

Phenix *27*

Nido de el Phenix de maior belleza *99,7*

De aquel Phenix singular, *121,95*

Phenix le hacen Hespañol *122,43*

La Phenix que aier LERMA fue su Arabia *135,9*

Dèl Phenix oi que Reinos son sus plumas. *163,12*

Leños, que el Phenix jamas. *208,25*

Nido de vn Phenix raro, *229,23*

aquella Phenix del orbe, *229,485*

Muere Phenix, i abrasada, *239,21*

Si a mas gloriosa Phenix construida. *247,4*

Qual nueua Phenix en flammantes plumas, *263,948*

De la bella Phenix mia, *269,43*

Plumas de vn Phenix tal, i en vuestra mano, *271,9*

Que en poco marmol mucho Phenix cabe, *272,7*

Deue a Cabrera el Phenix, deue el mundo, *272,10*

Phenix, mas no admirado del dichoso *279,23*

SIMEON Phenix arde i Cisne muere. *296,7*

Aun la del Phenix atras. *310,17*

De el Pollo Phenix oi que apenas cabe *318,147*

Las pechugas, si huuo Phenix, *322,69*

Aun los siglos del Phenix sean segundos. *323,11*

La Réàl plaça de el Phenix, *334,37*

Phenix desnudo, si es aue, *355,37*

Humano primer Phenix siglos quente. *360,14*

Lo que la llama al Phenix aun le niega, *392,3*

El Phenix de Austria, al mar fiando, al viento, *402,10*

Vnico Phenix es mi amor constante, *457,9*

Philippe *1*

Don Philippe, al de Guzman; *147,8*

Philippinas *1*

En las Philippinas; *65,204*

Philippo *14*

A PHILIPPO le valgan el Tercero, *77,55*

Los jardines de Philippo; *89,32*

"Viua Philippo, viua Margarita, *137,13*

Para el Tercer PHILIPPO a quien le embia) *156,6*

Offrece al gran PHILIPPO los castillos, *230,12*

Vuestra, ô PHILIPPO, es la fortuna, i vuestra *230,69*

Philippo a tus pies se prostra, *259,66*

De iguales hojas que PhiliPPO estrellas. *272,14*

Philippo las acciones i la vida, *279,2*

Philippo, afecto a su eloquente agrado, *318,139*

Dejò en Berbin Philippo ia Segundo, *318,274*

Guardò al Tercer Philippo Margarita, *318,286*

Suffragios de PHILIPPO: a cuia vida *323,10*

PHILIPPO digno oraculo prudente, *336,2*

Philippos *2*

De los Philippos, duramente hecho *318,439*

De los PHILIPPOS: Tu, confuso en llanto, *368,45*

Philippote *1*

Que vn nauio Philippote *107,50*

Philodoces *1*

De Philodoces emula valiente, *264,448*

Philomena *4*

Escuchando a Philomena *7,28*

Súàue Philomena ia suspira, *31,4*

Philomena de las gentes, *389,19*

I con la Philomena un idiota, *432,11*

Philosophia *1*

las que, sin Philosophia, *229,1213*

Philosopho *1*

Philosopho en el desprecio, *161,45*

Phineo *2*

Sè que es la del Rei Phineo *26,101*

A las aues de Phineo? *269,348*

Phlegronte *1*

Vuestro Phlegronte Español) *241,8*

Phoca *2*

Al hierro sigue que en la Phoca huie, *264,432*

Cuia hasta breue dessangrò la Phoca, *264,449*

Phocas *2*

En globos de agua redimir sus Phocas. *264,426*

Del liuor aun purpureo de las Phocas, *264,688*

Phrigio *1*

Al Phrigio muro el otro leño Griego. *263,378*

Phrygio *1*

El garçon Phrygio, a quien de bello da *327,5*

Pia *5*

De sus entrañas hago offrenda pia, *60,6*

Vna remendada pia *96,47*

Generosos affectos de vna pia *264,635*

Alentò pia, fomentò súàue; *318,596*

El coruo cuerno truena, el halcon pia, *499,86*

Piache *1*

— Desembarcastes, Iuan? — Tarde piache,
    183,6
Piadosa *12*
Mas que no sea mas piadosa *6,76*
O piadosa pared, merecedora *21,1*
I a su piadosa demanda *57,31*
Sobre la piadosa sombra *88,39*
Sed propicia, sed piadosa, *206,4*
Sed propicia, sed piadosa. *206,13*
Sed propicia, sed piadosa. *206,20*
De la piadosa ierba encomendada: *261,76*
Echo piadosa, esto fue: *287,36*
Al culto padre no con voz piadosa, *291,5*
I pues tu luz la perdonò piadosa, *456,3*
Consegui la salud por la piadosa *465,9*
Piadosas *4*
Las tristes piadosas voces, *131,50*
Visten piadosas iedras: *263,219*
Las no piadosas martas ia te pones, *449,1*
Muere, i aquellas ramas, que piadosas *457,6*
Piadoso *8*
Oie piadoso al que por ti suspira, *13,13*
Que a quien otra vez piadoso *83,30*
Piadoso miembro roto, *263,17*
Moderador piadoso de mis daños! *264,124*
Piadoso hierro crúèl. *301,81*
Piadoso oi zelo, culto *312,1*
Piadoso luego Rei, quantas destina *318,453*
Nos abriò piadoso el libro *352,7*
Piadosos *1*
Pero no son tan piadosos, *143,17*
Pian *1*
Para el que iendo pian piano, *269,709*
Piando *1*
I todos de hambre piando. *228,84*
Piano *1*
Para el que iendo pian piano, *269,709*
Pîànte *1*
Contra la infanteria, que pîànte *264,963*
Pias *3*
A pesar de las vanas, si no pias, *253,7*
Ven, Hymeneo, i las volantes pias *263,806*
Su genero noticia; pias arenas *264,510*
Pica *4*
Mas que la espuela esta opinion la pica. *203,87*
Porque a fe que no me pica *269,213*
Que por que blando le pica *269,571*
— Pica bufon. Ô tu, mi dulce dueño! *277,9*
Picaba *1*
Picaba los cascaueles. *333,60*
Picaça *1*
Dama entre picaça i mico, *493,14*
Picaças *1*
Que ai vnas bellas picaças *58,41*
Picada *4*
Como picada de valde. *269,1461*
Tan terrible la picada, *499,329*
La picada, bien sè io *499,349*
Que mordiendo la picada *499,352*
Picado *3*
El dice que de picado, *107,67*
I tienenle tan picado, *228,170*
I romperse la otra en lo picado; *463,6*
Picados *1*
Que a mis picados desseos *110,3*

Pican *5*
Espuelas de honor le pican, *64,21*
Corria, pican apriessa. *73,132*
Pulgas pican al pelon, *228,169*
"Vamonos, que nos pican los tabanos; *419,87*
Vamonos, que nos pican los tabanos; *419,95*
Picaños *1*
De pajes fue orinal, i de picaños, *447,5*
Picantes *1*
De las picantes señoras, *269,697*
Picar *5*
Picar, picar, *226,113*
Picar, picar, *226,113*
Picar, picar, *226,123*
Picar, picar, *226,123*
Mui bien te pudo picar; *499,335*
Picardia *2*
Con su picardia; *65,216*
Atrauessè a Picardia, *74,98*
Picardìa *1*
Pues tiene por prouincia a Picardìa. *471,4*
Picarèsela *1*
Picarèsela, a lo menos, *269,1558*
Picarillo *1*
Por niñéàr, vn picarillo tierno *68,1*
Piçarra *1*
Esta piçarra apenas le redime; *363,4*
Piçarras *1*
Negras piçarras entre blancos dedos *263,251*
Picarte *1*
Ella, dulçura en picarte, *499,346*
Picas *2*
Caladas picas sin hierros; *178,34*
De Helvecias picas es muralla aguda; *261,428*
Pichardo *1*
Del monte Pichardo os quiero, *158,29*
Pichones *1*
el par de pichones gruesos, *229,2838*
Pico *15*
Por pico ni por pluma se le veda; *41,11*
Largas por eso de pico, *58,39*
Que volando pico al viento *96,69*
Con el pico de rubies *121,34*
Que con el pico hazes *129,8*
Examinando con el pico adunco *264,785*
Los filos con el pico preuenia *264,838*
Queso se le cae del pico. *269,973*
Si la oliua no en el pico, *269,1052*
Gastador vigilante, con su pico *278,11*
Mas si io buelbo mi pico, *489,3*
Con el pico de mis versos *489,4*
Siendo su pico de Parla, *493,16*
Que por su gracioso pico *493,26*
Con el purpureo pico de vna en vna, *499,71*
Picò *2*
Vn dedo picò, el menor *243,25*
Liò el volumen, i picò el vagage; *367,2*
Picon *2*
a vna experiencia vn picon: *229,3129*
Vn picon, i aun creo que dos. *269,1445*
Picos *4*
En casa de vn quatro picos, *27,127*
Segun picos de bonetes, *58,27*
Iuntar de sus dos picos los rubies, *261,330*
En cient aues cient picos de rubies, *263,316*

Picota *1*
Debajo de la picota. *269,365*
Picote *1*
Se vestirà de picote, *107,74*
Picudo *1*
De todos quatro picudo; *27,128*
Pida *3*
Que pida a vn galan Minguilla *6,1*
Como que pida la rica. *269,215*
Dexa que los pida io *269,849*
Pidais *2*
No me pidais mas, hermanas, *238,1*
La orina? No pidais tal, *269,1890*
Pidan *1*
No me pidan que fie ni que preste, *222,12*
Pide *22*
Que para sus quejas pide. *48,16*
Ni pide a vecinos *65,75*
Os pide i supplica *65,252*
Cada rato pide iglesia. *73,88*
Que el pide al Consejo en paño". *96,44*
Sáètas pide a sus ojos *121,53*
Pide al Sol los ojos *144,59*
Que pide al cuerpo mas que puede dalle. *153,4*
Pide nueuas a vn Póèta, *158,8*
A, que os lo pide, *205,7*
Pide al Sol, ya que no paz, *226,10*
Que te pide ella? Secreto. *229,984*
le pide los de la cama. *229,1235*
Bien pide, para el camino *229,2768*
Lelio te pide perdon *229,3502*
Quando desatinada pide, o quando *264,438*
Pide el animo al huron, *269,173*
Pide al ladronesco trato: *269,177*
Tan bellas, que el pide raio *377,19*
I aunque es de falso, pide que le quiera *441,7*
No saben què les pide, ni a què vino. *472,14*
Pide perdon al pueblo que enojaste, *474,10*
Pidele *1*
Ô, pidele a la tortuga *269,978*
Piden *5*
I piden con pinta, *65,112*
Dan poco i piden apriesa, *98,45*
Que piden, con ser flores, *184,5*
Ni piden lo que no beben, *217,87*
— Que piden a la Iglesia? — Su capilla, *439,7*
Pidenme *1*
Pidenme que cante, canto forçada: *345,11*
Pides *3*
Ô tu, que pides lugar, *217,59*
Me pides ahora que *269,559*
Pides a mi libertad; *416,34*
Pidiendo *3*
Muertas pidiendo terminos disformes, *262,11*
Como? Pidiendo i lleuando, *269,994*
Pidiendo, si vitela no mongana, *278,7*
Pidiera *1*
I si pidiera mas el importuno, *459,6*
Pidiesse *1*
Te pidiesse mil escudos, *269,1403*
Pidio *1*
Musica le pidio aier su aluedrio *202,1*
Pidiò *15*
Ternissima me pidiò *82,97*
Pidiò la fe que le he dado, *141,3*

Me pidiò sobre sus ojos *141,7*
Que el otro pidiò si tuuo, *161,51*
I el tiene, mas no pidiò. *161,52*
Pidiò apriessa vn varejon, *161,78*
Quando albricias pidiò a voces *216,41*
Los pidiò a Hespaña prestados. *228,128*
que Hercules pidiò aiuda *229,118*
pidiò licencia a su padre, *229,758*
Dedalo Cremonès, le pidiò alas, *229,2215*
Que se los pidiò a Tancredo *269,603*
Cient escudos me pidiò *269,812*
Pues Casilda los pidiò. *269,1189*
Pidiò vn mollete, si auia tierno alguno, *459,3*

Pidiòle *1*
Pidiòle borla el testuzo, *242,33*

Pido *13*
Las dulces burlas que os pido *167,27*
I mas besos te pido *184,15*
que, en los cient años que os pido, *229,111*
que otra fuerça no la pido. *229,664*
Nunca io, Doctor, le pido *269,891*
I al otro las manos pido, *269,908*
I al otro las manos pido: *269,920*
I al otro las manos pido. *269,933*
Los cient escudos os pido, *269,1379*
Esto, Niño, pido io. *306,11*
Esto, niño, pido io. *306,28*
Esto, niño, pido io. *306,45*
Trocaràs si te lo pido, *499,263*

Pie *131*
I el antiguo pie se laua, *9,4*
Tantas el blanco pie crecer hacia. *15,4*
Tu bellissimo pie nunca ha dexado *25,46*
Con pie menos ligero *25,59*
El delicado pie, el dorado pelo, *32,4*
Huiendo voi, con pie ia desatado, *43,11*
Que con el pie firman; *65,44*
Al pie de la amada torre *75,61*
Hora a cauallo, hora a pie, *78,30*
I al pie se recueste *79,81*
En tenebrosa noche, con pie incierto, *100,2*
Herido el blanco pie del hierro breue *104,1*
Bañado el pie que descuidado mueue. *104,8*
Partime al fin, bien que al pie *116,32*
Besa el crystal de su pie *121,29*
El pie calça en laços de oro, *131,105*
La inuidia le bese el pie. *132,64*
Calçado el fugitiuo pie de plumas, *140,14*
Cuio pie besan dos rios, *144,11*
El pie (quanto le permite *144,27*
Cothurnos de oro el pie, armiños vestida. *146,11*
Desde la barba al pie, Venus, *148,25*
Rubias espigas dè con pie dorado, *156,10*
Mouer el pie de sus segundos años. *156,28*
Que oi, Musa, con pie ligero *158,28*
Que no ai pie de copla *160,45*
El pie sobre corcho *160,63*
Con vn pie, i aun con los dos. *161,24*
Que alçaba el pie en occasion, *161,90*
Reduxo el pie engañado a las paredes *165,5*
I de la barba al pie escamas vestido, *166,2*
Tus cadenas al pie, lloro al rûido *197,9*
A vuestro hermoso pie cada qual deue *198,9*
Si tanto puede el pie, que ostenta flores, *198,11*

Cuio pie entra en qualquier sala *204,43*
No con baculo, no en pie, *208,14*
Los montes que el pie se lauan *215,1*
Hijas de su pie ligero. *215,44*
Al pie de vna peña fria, *226,3*
Cuyo sobresalto, el pie *226,46*
No sè si a pie o a cauallo, *228,50*
Que io a pie quiero veer mas *228,57*
Vn pie con otro se fue, *228,187*
Si tinieblas no pisa con pie incierto, *229,10*
en dos estribos el pie. *229,205*
a besar el pie a vna palma, *229,468*
cuio pie da al campo flores, *229,513*
de tus malicias el pie. *229,651*
tronque el pie quando tal quiera. *229,1600*
para borrar con el pie *229,1612*
pie de caminante ha sido, *229,1615*
pie que estuuo tan vecino *229,1621*
o ia el pie de tu Soneto, *229,1627*
o ia el pie de tu persona? *229,1628*
A mi pie enfermo, i a mi hedad couarde, *229,2176*
No mueuas, Camilo, el pie, *229,2900*
que el pusiera el pie en el suelo. *229,3081*
Ô peregrino, tu pie, *249,4*
Que entre ella i tu pie se offrece. *249,10*
Con igual pie dio pasos desiguales. *253,4*
Su tumbulo parò, i de pie quebrado *255,3*
El pie argenta de plata al Lilybeo, *261,26*
Ia que no aspid a su pie diuino, *261,131*
Del espumoso mar su pie ligero, *261,154*
Al pie, no tanto ia de el temor graue, *261,253*
Librada en vn pie toda sobre el pende, *261,258*
Quantas el blanco pie conchas platea, *261,374*
En pie, sombra capaz es mi persona *261,411*
Vagas el pie, sacrilegas el cuerno, *261,467*
Dexate vn rato hallar del pie acertado, *262,30*
Con pie ia mas seguro *263,56*
Con igual pie, que el raso; *263,80*
De su pie o su garganta. *263,555*
Segun el pie, segun los labios huie. *263,601*
Besò la raia pues el pie desnudo *263,995*
De el pie ligero bipartida seña. *263,1019*
Su vago pie de pluma *263,1031*
Agradecido Amor a mi pie errante; *264,166*
Le enuiste incauto; i si con pie grossero *264,227*
El pie villano, que grosseramente *264,318*
Al flaco pie del suegro desseado. *264,651*
Tras la garça argentada el pie de espuma; *264,749*
Corbo azero su pie, flaca pihuela *264,756*
Cuio pie Tyria purpura colora. *264,790*
Donde el pie vague seguro *268,53*
Ponga debajo del pie. *269,1161*
Pues son de pie tan gallardo. *269,1279*
Que el chapin me niega el pie, *269,1356*
De besar mano ni pie, *269,1513*
Que se anda mèàndo en pie; *269,1627*
Perdido en sus ondas pie, *269,1752*
A qualquiera pie concede *275,123*
Como sea pie de Carmen, *275,125*
O al mar no llega, o llega con pie tardo. *279,30*
Batido lo dice el pie, *285,6*
Quantas al pie se le inclinan *286,11*

De el pie que los engendrò, *286,16*
Quando no crystal el pie, *287,45*
Al pie de vn alamo negro, *288,1*
Amiga Soledad, el pie sagrado, *295,2*
Don Luis no la siga a pie, *299,9*
Aora pisò tu pie *301,16*
Que de las hojas al pie *301,76*
Que bese el Tiber su pie *306,36*
Sus tropheos el pie a vuestra enemiga. *311,11*
Si ignoras cuia, el pie enfrena ignorante, *314,6*
De la ambicion, al pie de su gran dueño *318,202*
Batieron con alterno pie zafiros. *318,520*
A la calle dio el pie çurdo, *322,286*
Pendiente en vn pie a lo grullo, *322,398*
Tanto la antiguedad, besàra el pie *327,6*
Tan graue pie desconcierta *330,2*
Vn pie no bien concertado *330,9*
Desnudo el pie bello; *350,24*
Se desata el pie, *350,31*
Para lamina su pie. *353,28*
Sintiendo el dichoso pie, *355,92*
Al blanco fecundo pie *357,3*
Al blanco alterno pie fue vuestra risa, *365,2*
Teniendo en la huesa el pie, *376,2*
Affectos que, el pie en vn grillo, *377,5*
Mas con el villano pie; *378,14*
Quien el pie en la ausencia pone *384,35*
Todo mal afirmado pie es caida, *393,3*
Camina mi pension con pie de plomo, *397,1*
Aun adonde ponga el pie, *419,94*
I el pie descalço del cothurno de oro, *424,13*
A palacio con lento pie camina. *434,4*
I el pie tienes en la huessa, *497,41*
El rojo pie escondido en la laguna, *499,69*
Al verde pie recostadas, *499,316*

Pieça *4*
Vna pieça mala, *56,5*
Hallaron dos, i toman vna pieça *255,12*
Batiola con vna pieça *418,54*
Por tocar pieça tambien: *495,30*

Pieças *1*
Cien pieças, que aunque de Olanda *240,13*

Piedad *31*
De vn tyrano, que piedad? *2,28*
Los pechos en piedad, la tierra en llanto; *77,6*
Piedad hallò, si no hallò camino. *100,8*
Que piedad solicìte *103,75*
La piedad con mis lagrimas grangeo. *120,51*
Mi piedad vna a vna *129,19*
Vna piedad mal nacida *131,31*
Centellas de agua. Ô piedad, *131,35*
Quien con piedad al Andaluz no mira, *138,3*
De inuocar piedad tan sorda, *149,72*
Al padre de vna piedad *206,7*
En moneda de piedad *227,17*
Guardarà a su piedad poco decoro, *229,2224*
i lèònes con piedad. *229,2917*
Aqui pues de tu piedad *259,81*
Dio ia a mi cueua, de piedad desnuda, *261,430*
Que a tu piedad Euterpe agradecida, *262,35*
La piedad que en mi alma ia te hospeda *263,520*
Tan sorda piedad accusa *268,29*
Piedad o religion. Sobre los remos, *298,15*

Generosa piedad vrnas oi bellas *314,9*
Deuido nicho la piedad le dora; *318,45*
Serà su piedad mas sorda, *332,12*
Qual menos piedad arbitra lo duda, *338,8*
Piedad comun en vez de la sublime *363,5*
Alta piedad de vuestra excelsa mano. *396,11*
En su arco tu piedad, o vbiera el hielo *402,3*
Desta piedad fue vn angel la arrobera; *459,5*
Piedad, si no es de solo lo diuino. *465,8*
Dexe su gracia la piedad diuina; *471,12*
Mas con semblante de piedad no escaso *499,31*

Pìèdad *1*

Con pìèdad i attencion, *6,74*

Piedra *41*

Conuierten de piedra en agua, *10,4*
Que no avrà piedra, planta, ni persona, *35,12*
I como piedra callàre; *37,20*
En piedra conuirtio, porque no pueda *41,13*
Que son leones de piedra *58,31*
Lo que es piedra injuria hace *63,70*
Aunque con lenguas de piedra, *63,99*
Pastillas de piedra çufre, *75,72*
Vna blanca piedra occupen: *75,84*
Sobre piedras como piedra, *83,39*
Eres piedra en el silencio. *87,48*
Siendo la piedra Phelixmena dura, *119,13*
Renacer piedra a piedra *140,21*
Renacer piedra a piedra *140,21*
Caiò en la piedra despues; *209,26*
La piedra que dias tres *209,27*
vna piedra de esa esquina. *229,917*
los hombres en piedra? No, *229,1141*
vn cuerpo de piedra dura *229,1146*
vno piedra, otro eslabon. *229,1677*
la piedra que mas pelea *229,2708*
Su piedra sabrà dezillo, *258,2*
Que lenguas de piedra es bien *259,91*
Tiernos raios en vna piedra dura *260,7*
Piedra, indigna Thiara, *263,73*
Nautica industria inuestigò tal piedra; *263,379*
I entre que dos piedra imanes *269,959*
No cuente piedra, no, este alegre dia, *269,1259*
En tablas mas que de piedra *275,26*
Lamina es qualquier piedra de Toledo. *312,30*
Con la que te erigiò piedra mas breue. *315,72*
Piedra, si brebe, la que mas luciente *318,219*
Que sus margenes bosques son de piedra. *318,368*
Piedra digo Bezahar de otro Pyru, *327,11*
Galan Narciso de piedra, *333,31*
Que de la piedra sois hijo, *334,14*
Piedra animada de sincel valiente, *368,22*
I su piedra vn duro leño: *373,8*
Porcion depuesta en vna piedra muda, *393,13*
Que piedra se le opuso al soberano *400,9*
Iaze debaxo de esta piedra fria *450,1*

Piedras *53*

En bronces, piedras, marmoles), *1,49*
Cuerpo a los vientos i a las piedras alma, *14,10*
Troncos el bosque i piedras la montaña; *25,54*
Labrada de piedras tales, *63,58*
Sus piedras rubios metales, *63,86*
Sobre piedras como piedra, *83,39*
En piedras hacen señal; *122,30*
Con las mas duras piedras? *125,22*

I las sordas piedras oien. *131,52*
Conuocar piedras que enfrenalle el paso". *140,24*
Al son del agua en las piedras, *144,3*
Que (si piedras son estrellas), *158,47*
Tiran estas piedras. *160,20*
Estas piedras que dio vn enfermo a vn sano *170,2*
Que dar piedras a vuestra Señoria *170,5*
Sea piedras la corona, si oro el manto *203,88*
Llamò assi muchas mas piedras *228,47*
Las piedras te lo diran, *229,1107*
da piedras en Berberia, *229,1358*
no ai calle con piedras mudas, *229,1592*
donde hallarè piedras tiernas, *229,2916*
En esta que admirais, de piedras graues *248,1*
Las piedras de tu Palacio *259,89*
Trepando troncos i abrazando piedras. *261,312*
I tantas despidiò la honda piedras, *261,471*
Iazen ahora, i sus desnudas piedras, *263,218*
Piedras son de su misma sepultura. *263,686*
Piedras las duras manos impedido, *263,992*
Rompida el agua en las menudas piedras, *264,349*
En piedras si firmeza, honre Hymeneo, *264,599*
Por sus piedras no menos *264,696*
Paredes, que piedras nueuas *269,1010*
No entre espinas ni entre piedras, *275,2*
Que poluora de las piedras *285,7*
Mucho oro de sus piedras mal limado; *289,4*
Haze canoras aun las piedras graues. *290,4*
Pompa aun de piedras vana, *298,10*
— Las piedras sabran oir *304,5*
Las piedras que ia dotò. *306,10*
Las piedras que ia dotò. *306,27*
A las piedras, que desean *306,33*
Las piedras de dotò. *306,44*
Si piedras no lucientes, luces duras *318,462*
Cuio plumage piedras son noueles; *318,500*
Desatar sus piedras pudo; *322,200*
Ilustre piedras; culto monumento *344,6*
Piedras lauò ia el Ganges, ierbas Ida *360,9*
Las que a otros negò piedras Oriente, *361,1*
De piedras, de metales; *368,8*
Dexa a las piedras lo firme, *378,9*
Para piedras: que en Cuenca eso se usa, *459,10*
Y de eso estan las piedras tan comidas. *459,11*
Las piedras de Valsain. *478,10*

Piel *15*

De el color noble que a la piel vellosa *47,1*
I de la espantosa piel *78,34*
Su piel manchada de colores ciento: *261,68*
Mientras en su piel lubrica fiado *264,92*
De piel le impide blanda; *264,757*
Estrellas su cerulea piel al dia, *264,819*
Negra circunvestida piel, al duro *264,924*
A quien esta piel de armiño *302,23*
De vna piel fueron los Dioses *322,243*
Vana piel le vistiò al viento, *333,75*
Que lame en su piel diamantes *334,31*
Piel este dia, forma no alterada. *391,4*
La piel, no solo sierpe venenosa, *393,9*
Mas con la piel los años se desnuda, *393,10*
Vestir la piel de la fiera *485,9*

Pielago *2*

Pielago duro hecho a su rûina. *263,1011*
Que nadando en vn pielago de nudos, *264,105*

Pielagos *3*

Surcando ahora pielagos de arenas *230,29*
Montes de agua i pielagos de montes, *263,44*
Los pielagos de el aire libre algunas *263,604*

Pieles *3*

Sueño le solicitan pieles blandas, *263,164*
De las pieles en que he visto *269,337*
Pieles de leon. *356,70*

Piensa *11*

Piensa que serà Theresa *59,41*
Si piensa que grano a grano *93,26*
En su noble sangre piensa *132,23*
El macho piensa que baila, *161,61*
Piensa Camilo que nada *229,1888*
Acis, aun mas de aquello que piensa *261,289*
Lince penetrador de lo que piensa, *261,293*
Se piensa restar con vos. *269,2012*
A pesar de esplendores tantos, piensa *362,2*
I piensa que segunda vez se abrasa. *438,11*
Con que armas piensa andar? Con solo vn dardo *499,96*

Piensan *2*

Porque piensan, (i es assi), *3,14*
Piensan todos los muchachos *96,118*

Piensas *2*

A que piensas, barquilla, *264,542*
I allà te piensas holgar, *351,30*

Piense *2*

No piense el Niño que es coco *309,19*
Que piense vn bobalicon *493,31*

Pienso *19*

Seguir pienso hasta aquesos sacros nidos, *12,10*
Que io pienso mui sin mengua *37,22*
Mas io me pienso quexar, *37,33*
Es el pienso de su mula *81,45*
Que no es mal pienso el descanso; *96,88*
quanto pienso i quanto digo. *229,1866*
No pienso dexar meson, *229,3068*
No pienso aguardar, hermana, *229,3120*
Mucho, que pienso negar *229,3176*
Pienso io que vn celemin, *243,34*
I aunque este pienso no es mio, *243,35*
Con que pienso maréàr *269,419*
Que pienso luego a la hora *269,1616*
Abraços, pienso huillos, *269,1679*
Que en cenizas te pienso ver surcado *318,383*
El pienso mas venîal *334,67*
Que no os pienso ver mas en mi escarcela. *367,4*
(Si el pienso ia no se lo desbarata), *438,2*
En los quadriles pienso que se mata *438,3*

Piensos *1*

Piensos se da de memorias, *62,29*

Pierda *6*

Mas municion no se pierda; *90,4*
El niño Dios, porque pierda *121,55*
Que en el pierda io la sonda, *259,102*
Penda o nade, la vista no le pierda, *264,469*
Io no sè que mas se pierda, *499,193*
Puesto que la alxaua pierda *499,230*

Pierdan *1*

I pierdan el respeto a las colunnas, *72,73*

Pierdas *3*

Quanto en tu camarin pincel valiente, *361,5*
Pinceles *1*
De los pinceles de vn ganso *322,43*
Pino *14*
Tosca guirnalda de robusto pino *22,3*
Icaro de baieta, si de pino *234,1*
Cyclope a quien el pino mas valiente *261,53*
Al duro robre, al pino leuantado, *262,17*
De el siempre en la montaña oppuesto pino
    263,15
Cubriò el quadrado pino, *263,144*
El campo vndoso en mal nacido pino, *263,371*
A gloríòso pino, *263,467*
Toldado ia capaz traduxo pino. *264,32*
Quando los suios enfrenò de vn pino *264,317*
Flacas redes seguro humilde pino *276,11*
A España en vno i otro alado pino, *298,36*
I no mui de Segura, aunque sea pino, *433,10*
Que aier fue pino, i oi podrà ser vete? *433,11*
Piñon *2*
Vn piñon con otro, *144,51*
Es vn desnudo piñon. *257,14*
Piñones *3*
Vnas por piñones, *144,47*
Vnas por piñones, *144,55*
Vnas por piñones, *144,63*
Pinos *6*
Mas de ducientos mil pinos; *89,28*
En los mas altos pinos leuantados, *108,10*
Pinos corta, baietas solicita: *255,11*
A los pinos dexando de Segura *260,3*
Qual pinos se leuantan arraigados *263,976*
A pesar de sus pinos eminente, *264,855*
Pinta *5*
Se pinta la occassion calua. *29,60*
Que el cielo pinta de cient mil colores; *52,11*
I piden con pinta, *65,112*
La bruxula de la pinta *269,294*
Pues quanto mas el se pinta *269,1204*
Pintad *1*
Ia que no pintad, *65,11*
Pintadas *2*
Pintadas aues, Citharas de pluma *263,556*
Pintadas siempre al fresco, *263,613*
Pintado *2*
Pintado he visto al Amor, *178,1*
I aunque le he visto pintado, *178,2*
Pintan *1*
Escudos pintan escudos, *126,6*
Pintar *1*
Pintar los campos i dorar la arena), *67,4*
Pinto *1*
Tal qual os la pinto aqui: *82,12*
Pintò *1*
Se le pintò vn boticario. *28,52*
Pintor *1*
Tuuo al hacerte el pintor, *28,75*
Pintura *3*
Era Thysbe vna pintura *148,9*
Ceuado vos los ojos de pintura, *164,12*
de la pintura, i dos Lelios *229,2444*
Pinzel *2*
Del mas valiente pinzel! *285,36*
Pluma valiente, si pinzel facundo. *453,7*
Pinzeles *3*

Injuria de los pinzeles *63,39*
Con modernos Angelicos pinzeles *77,29*
Que el Betis sabe vsar de tus pinzeles. *458,14*
Pio *7*
Tu, que con zelo pio i noble saña *72,18*
Simple bondad, al pio ruego *131,55*
El deuoto afecto pio; *205,14*
A Doris llega, que con llanto pio, *261,503*
La Escuela, i todo pio affecto sabio *270,10*
En lagrimas, que pio enjugò luego *318,239*
Que ascendiente pio de aquel *322,497*
Piòla *1*
Piòla qual gorrion, *228,93*
Pios *1*
A pios afectos niega? *205,6*
Pioua *1*
Fiamma dal ciel su le tue trezze pioua! *72,51*
Pipas *1*
O en pipas guardan la exprimida grana,
    261,150
Pipote *3*
La conserua del pipote. *107,44*
vara i media de pipote? *229,2845*
Salidos por la boca de vn pipote, *474,2*
Pipotes *1*
tributaban sus pipotes, *229,581*
Pique *1*
A la honra le diò pique *107,31*
Piquete *1*
Virgen de todo piquete, *88,22*
Piquetes *1*
Da a la capa tres piquetes, *81,22*
Piramides *1*
Que, entre piramides verdes *333,22*
Piramo *1*
De Thysbe i Piramo quiero, *148,1*
Pirata *5*
Fia que en sangre del Ingles pirata *72,27*
O de enemigo Pirata, *106,21*
Seguro ia sus remos de pirata. *230,57*
Puerto hasta aqui del Belgico pirata, *276,3*
Solicitado el Holandes Pirata *318,529*
Piratas *1*
I el rio que a piratas Aphricanos *163,5*
Piraterias *1*
Ô quantas cometer piraterias *264,959*
Pirene *1*
Aunque litoral Calpe, aunque Pirene, *318,470*
Pirenne *1*
Desde el Frances Pirenne al Moro Athlante,
    72,2
Pisa *35*
Triste pisa i affligido *62,1*
Que pisa orgullosa *79,59*
Pisa de noche las salas *91,9*
Por verte vistè plumas, pisa el viento! *120,9*
Mas en quanto pisa Apolo *121,113*
I segun los vientos pisa *132,5*
Tu ceruiz pisa dura; i la pastora *146,9*
Pisa Lesbin, segundo Ganimedes: *165,8*
Que estrellas pisa ahora en vez de flores.
    175,11
Raios ciñe de luz, estrellas pisa. *195,11*
No pisa pretendiente los vmbrales *203,109*
Si tinieblas no pisa con pie incierto, *229,10*

ni ahora pisa la Lonja, *229,723*
pisa, Violante, los ojos. *229,1598*
pisè blando. Quien tal Pisa *229,1853*
(Despues que no pisa el suelo *241,7*
Pisa la arena, que en la arena adoro *261,373*
De el sitio pisa ameno *263,596*
Viuora pisa tal el pensamiento, *263,747*
Para la fuga appella, nubes pisa, *264,228*
Que pisa quando sube *264,748*
De el toro que pisa el cielo. *268,8*
Por mis traças pisa el viento; *269,505*
Pisa glorioso, porque humilde huella *318,38*
De los Augustos Lares pisa lenta, *318,158*
A vn baxel que pisa immobil *322,245*
I pisa en Abril saphyros. *334,32*
Que las açucenas pisa, *349,18*
Cumbres pisa coronadas *352,19*
Que raios ciñe, que zafiros pisa, *365,7*
Ielos pisa; i mortal siente *384,36*
Pisa espumas por vltraje. *389,8*
Su robador mentido pisa el coso, *391,3*
Pisa el sol, lamen ambos Occéànos, *398,11*
Seguro pisa la florida alfombra, *424,12*
Pisaba *1*
nectar pisaba a los Dioses. *229,503*
Pisad *2*
Pisad dichoso esta esmeralda bruta, *264,367*
Pisad graznando la corriente cana *431,5*
Pisada *6*
La bien pisada tierra. Veneraldas *112,13*
tarde pisada de fiera, *229,2672*
i nunca de hombre pisada. *229,2673*
pisada en los arenales *229,2882*
Ella pues sierpe, i sierpe al fin pisada, *264,320*
De su vida la meta ia pisada, *318,222*
Pisado *4*
Que he pisado entre sus flores *95,31*
Pisado he vuestros muros calle a calle, *154,5*
Pisado el iugo al Tajo i sus espumas, *163,9*
Despues de pisado el mundo *498,35*
Pisadora *1*
Vna nueua, pisadora, *269,677*
Pisados *2*
De Moros los vea pisados, *269,1463*
Pisados viendo sus trastes *389,10*
Pisais *1*
Que jardin pisais florido, *411,10*
Pisalle *2*
pues al pisalle sospecho *229,1606*
Pisalle quiero antes io, *229,1611*
Pisallos *1*
Pisallos io? El cielo santo *229,1599*
Pisalo *1*
Pisalo, mas como io, *301,24*
Pisan *6*
Veen pompa, visten oro, pisan flores. *77,34*
De quantos pisan Faunos la montaña. *263,189*
Alegres pisan la que, si no era *263,534*
El campo, que no pisan alas hierua; *263,1042*
En campo azul estrellas pisan de oro. *314,14*
Mientras pisan el jardin *418,45*
Pisando *13*
Andando pues ia pisando *73,37*
Pisando de gallardia, *74,30*
Que arena viene pisando *88,87*

La confusion pisando de el desierto, *100,3*
Pisando la dudosa luz de el dia. *261,72*
Entre espinas crepusculos pisando, *263,48*
Crystal pisando azul con pies veloces, *264,46*
Que mucho, si pisando el campo verde *318,303*
Llegò pisando cenizas *322,357*
Pisando vna i otra flor, *331,48*
Vn dia, pues, que pisando *333,41*
Pisando nubes se fue. *355,96*
Pisando pompas quien del mejor Cielo *404,41*

Pisandose *1*
Pisandose a Madrid viene *412,7*

Pisar *14*
Ver a DIOS, vestir luz, pisar estrellas. *77,17*
Conducida llegò a pisar el prado, *137,5*
Las vereis pisar, *144,62*
para pisar los despojos *229,1595*
Inducir a pisar la bella ingrata, *261,119*
Pisar queria, quando el populoso *263,712*
Surcar pudiera miesses, pisar ondas, *263,1032*
Salieron retoçando a pisar flores; *264,280*
Lastima es pisar el suelo. *301,23*
Pisar amante? Mal la fuga engaña *311,6*
Al seraphin pisar mas leuantado; *315,52*
De pisar glorïosa luces bellas, *318,402*
Los vestigios pisar del Griego astuto? *326,3*
Te suba a pisar estrellas, *498,36*

Pisarà *1*
Ni fiera pisarà mas la Montaña *499,79*

Pisarè *2*
Pisarè io el poluico *301,26*
Pisarè io el poluò, *301,28*

Pisaron *1*
Tarde o nunca pisaron cabras pocas, *264,398*

Pisas *4*
De que tu no las pisas, *125,34*
— Ô tu, qualquier que la agua pisas leño!
277,12
De la tranquilidad pisas contento *294,12*
Regalos i gustos pisas, *498,11*

Pisase *1*
que pisase la hermosura *229,510*

Pisaua *1*
Los crystales pisaua de vna fuente. *264,319*

Piscatorias *1*
Piscatorias barracas, *264,949*

Piscatorio *2*
Al exercicio piscatorio, quanto *264,213*
El piscatorio cantico impedido, *264,621*

Piscina *1*
Que vna purga es la piscina, *269,1800*

Pise *5*
La salud pise el suelo, *156,11*
que pise la planta mia, *229,2683*
Regiones pise agenas, *264,130*
Porque no pise rastrojos *286,17*
No pise las zonas antes, *306,35*

Pisè *1*
pisè blando. Quien tal Pisa *229,1853*

Piseis *1*
Piseis del Betis la ribera vmbrosa; *465,11*

Pisen *3*
De que tus pies no le pisen, *48,52*
porque le pisen tus pies, *229,1566*
Quando no pisen estrellas. *269,1145*

Piso *3*
Piso, aunque illustremente enamorado, *22,10*
si con tus pies no la piso; *229,2689*
hasta la tierra que piso. *229,3177*

Pisò *14*
No pisò vn tiempo las Gradas, *229,722*
Que tarde te pisò, i te admira tarde. *229,2177*
tantas flores pisò como el espumas. *261,128*
Pisò de el viento lo que de el egido *263,997*
Pisò las huellas casi de el primero *263,1021*
Peregrinò gentil, pisò ceñido *279,14*
Quando el prado pisò alegre *288,51*
Pisò las calles de Madrid el fiero *293,1*
Aora pisò tu pie *301,16*
Su Pastor sacro, el margen pisò ameno,
318,102
Que de Sebèto aun no pisò la arena, *318,124*
Pisò el mar lo que ia inundò la gente. *318,320*
Pisò el Zenith, i absorto se embaraça, *318,497*
Pisò jurisdicciones de vencejo; *451,6*

Pissadas *1*
(Ô bella Clori!) tus pissadas sanctas *52,7*

Pistolete *1*
La llaue de vn pistolete; *88,20*

Pistos *1*
Da pistos a la esperança *93,66*

Pisuera *1*
Teme Pisuera, que vna estrecha puente *151,10*

Pisuerga *11*
Las arenas de Pisuerga *62,2*
I a la que ia viò Pisuerga, *83,65*
Pisuerga, hecho cithara doliente; *140,3*
Jura Pisuerga a fee de Cauallero *151,1*
Pisuerga viò lo que Genil mil veces. *155,14*
Va a Pisuerga a desouar; *159,36*
La mejor tierra que Pisuerga baña, *318,358*
Pisuerga sacro por la vrna propia, *318,365*
De Pisuerga al vndoso desconsuelo *318,413*
De Pisuerga ilustre oluido, *334,38*
Mas que vna calabaça de Pisuerga? *444,8*

Pitones *1*
Pitones son apenas mal formados; *437,2*

Pitos *8*
Quando pitos flautas, *8,3*
Quando flautas pitos. *8,4*
Quando pitos flautas, *8,11*
Quando flautas pitos. *8,12*
Quando pitos flautas, *8,19*
Quando flautas pitos. *8,20*
Quando pitos flautas, *8,27*
Quando flautas pitos. *8,28*

Pium *1*
(Signum naufragij pium et crudele), *118,2*

Pizarra *1*
Mal la pizarra pudo *298,29*

Pizarras *1*
Hiriendo negras pizarras, *144,38*

Plaça *16*
Veniame por la plaça, *26,53*
Quando Amor sacare a plaça *37,31*
Qual plaça de Villa; *65,40*
Gritale el pueblo, haciendo de la plaça, *68,7*
Hazed del Palacio plaça, *121,8*
Al necessitado en plaça *126,34*
Plaça ahora, a pesar de las edades, *134,7*

Quien en la plaça los bohordos tira, *138,7*
La plaça vn jardin fresco, los tablados *155,1*
Por baja el toro en la plaça, *157,9*
Plaça! Ia sube. Ia aguardo. *229,2763*
Echa en la plaça caireles; *266,6*
I no valen en la plaça. *269,1681*
En plaça si magnifica feroces *318,509*
La Rèàl plaça de el Phenix, *334,37*
Que ha entrado poco en la plaça, *486,13*

Plaças *1*
Plaças de Audiencias, i sillas *63,119*

Placer *6*
El Moro poco placer, *78,54*
Con fatiga i con placer *132,42*
Con ser hombres de placer; *217,84*
Que siente la alma? Placer. *229,2755*
Curiosidad i placer. *355,28*
Perdiò la voz de placer. *419,24*

Plaçuela *2*
En nuestra plaçuela, *5,30*
Iunto a la plaçuela, *5,70*

Plaia *29*
Que arenas tiene esta plaia; *9,54*
I gloria de aquella plaia. *10,8*
En la plaia de Marbella *38,6*
Famosa plaia serena, *38,10*
Quedaos en aquesa plaia, *39,43*
Tocò la plaia mas arrepentida, *43,2*
Que a la plaia perdonan los nauios. *166,12*
En aquella plaia noble, *179,54*
Diò la plaia mas Moros que veneras. *183,8*
Gimiendo el Alcïòn, era en la plaia *185,3*
Que dio a la plaia desde su barquilla, *230,62*
Golfo de escollos, plaia de Syrenas! *245,6*
Que a la plaia, de escollos no desnuda, *261,343*
La plaia azul de la persona mia; *261,420*
Besò la plaia miserablemente, *261,434*
De Scila que, ostentado en nuestra plaia,
261,446
Que le expuso en la plaia dio a la roca; *263,31*
Saliò improuisa de vna i de otra plaia *264,47*
Sin besar de la plaia espacïosa *264,194*
Proxima arena de esa oppuesta plaia, *264,372*
En tanta plaia hallò tanta rùîna". *264,511*
De la plaia, MICON de sus arenas, *264,532*
En la officina vndosa de esta plaia, *264,586*
Bien de serena plaia, *264,801*
Que del batel, cosido con la plaia, *264,939*
De la plaia i de la noche), *287,7*
Torrente, que besar dessea la plaia *290,10*
Su bajel, que no importa, si en la plaia *318,375*
Muera io en tu plaia, Napoles bella, *345,9*

Plaias *4*
Illustrarà tus plaias i tus puertos *72,32*
De las plaias Hespañolas. *97,20*
A las que tanto mar diuide plaias, *263,376*
De nuestras plaias, Africa es, temida, *298,41*

Plancha *1*
Moderando. En la plancha los recibe *264,208*

Planeta *5*
mas credito al peor Planeta *229,424*
Vestir luces a vn Planeta, *390,11*
El planeta ofrecido belicoso, *415,4*
Ô planeta gentil, de el mundo Apeles, *458,12*
Hijo de el planeta rojo, *477,16*

Planetas 2
Quinto de los Planetas, quiere al quarto *318,438*
No acabes dos Planetas en vn dia. *391,14*
Plano 2
que de plano confessò *229,1484*
De los mundos vno i otro plano, *271,13*
Planta 21
Tu noble arena con humilde planta, *22,11*
Su boladora planta: *25,8*
Que no avrà piedra, planta, ni persona, *35,12*
En las hojas de aquella verde planta. *41,8*
Bella Nympha, la planta mal segura, *43,5*
Orne esta planta de Alcides, *48,12*
Sacra planta de Alcides, cuia rama *53,1*
Con planta ligera *79,70*
Con tiernos ojos, con deuota planta. *112,14*
I con respeto vna planta; *177,14*
Que en planta dulce vn tiempo, si espinosa, *221,3*
que pise la planta mia, *229,2683*
Obedeciendo la dudosa planta, *263,191*
Pudiera antigua planta *263,552*
O clima proprio, planta mia perdida, *264,131*
Vuestra planta impedida, *264,382*
La planta mas conuecina *322,313*
A la planta apenas digo, *334,22*
El uolviò la cabeça, ella la planta; *453,12*
Del venado la planta boladora. *499,30*
Que sin mojarte la planta *499,154*
Plantada 1
Plantada ia floreciente, *275,83*
Plantas 27
Las espumas con sus plantas; *10,48*
De estas plantas, a Alcides consagradas; *19,4*
Duras cortezas de robustas plantas *30,2*
Gallardas plantas, que con voz doliente *46,1*
Tus dos plantas dos Abriles. *48,56*
Dèl verde honor priuò las verdes plantas, *52,2*
De aguda flecha) con humildes plantas *52,6*
De aguas, plantas, i edificios, *63,167*
A quien las plantas cobijan *63,179*
Desnude las plantas *79,43*
Las vencen (dichosas plantas) *116,49*
Por besar de ella las plantas. *144,12*
Cuias plantas Genil besa deuoto, *252,3*
Sacras plantas, perpetuamente viuas, *256,24*
Goza sus bellas plantas, *256,59*
A Baccho se atreuieron en sus plantas. *261,468*
Abortaron las plantas: *263,262*
De Alcides le lleuò luego a las plantas, *263,659*
Pero las plantas leues *263,1050*
Las plantas le mordia cultamente. *264,238*
Paz hecha con las plantas inuiolable". *264,313*
Esta, en plantas no escrita, *264,598*
Si altamente negado a nuestras plantas. *272,8*
Dexando azules, con mejores plantas, *314,13*
Vestida siempre de frondosas plantas, *318,178*
Le jura muchas vezes a sus plantas. *318,180*
Plantas oi tus verdes años *498,25*
Plata 69
Dulce arroiuelo de corriente plata *16,2*
No solo en plata o viola troncada *24,12*
Conuierta en luciente plata, *29,56*
Qual fina plata o qual cristal tan claro, *34,4*

Me argentò de plata *50,63*
Plata fina sus vmbrales; *63,88*
Hazen montes de plata sus arenas; *77,81*
I de plata medias; *79,16*
La plata del Potosi; *82,36*
Borcegui nueuo, plata i tafilete, *113,7*
En la plata dèl chapin! *121,30*
La pluma peinò de plata *121,33*
I entre el rio de la Plata; *126,50*
Cuerdas mueue de plata *140,2*
Qual de cordones de plata. *144,22*
Hecha en lamina de plata, *148,10*
A quien le regala en plata; *188,4*
Marco de plata excelente *191,1*
Puente de plata fue que hiço alguno *203,50*
Sino campanitas de plata, *214,3*
Sino campanitas de plata *214,16*
Sino campanitas de plata, *214,29*
Le sirbe en fuente de plata *226,7*
Que no valen ni aun en plata *227,19*
En plata como, i en crystales bebo. *229,51*
enladrillados de plata, *229,494*
do gastò tinta de plata *229,900*
Plata que no tiene duda *229,978*
Da plata el verde prado, *229,1052*
Segundo Potosi fuera de plata, *229,2159*
Si la plata no fuera fugitiua, *229,2160*
De quanta Potosi tributa oi plata. *230,54*
En plata, señora mia, *237,2*
Oro al Dauro le preste, al Genil plata. *252,8*
El geme, digo, de plata, *257,33*
Poca plata es su figura, *257,37*
El pie argenta de plata al Lilybeo, *261,26*
En carro de crystal, campos de plata. *261,120*
La Nympha pues la sonorosa plata *261,217*
Corriente plata al fin sus blancos huesos, *261,501*
Engarzando edificios en su plata, *263,206*
Quando hallò de fugitiua plata *263,472*
Confuso Baccho, ni en bruñida plata *263,868*
Mas plata en su esplendor sea cardada *263,898*
De las escamas que vistiò de plata. *264,327*
En la mitad de vn oualo de plata, *264,520*
Bruñidos eran oualos de plata. *264,705*
Para oro, i para plata. *269,1383*
Como lampara de plata, *269,1683*
Argentò luna de menguante plata, *276,2*
Si bien de plata i rosicler vestido; *279,18*
Cuio liquido seto plata es pura *281,28*
Cuio nectar, no ia liquida plata, *290,3*
Sus huessos plata, que dichosamente, *298,34*
Cierto jaian de plata, *313,12*
O desmiente la plata, *313,50*
Sidonios muros besan oi la plata *318,119*
Plata calzò el cauallo que oro muerde? *318,304*
El Iordan sacro en margenes de plata, *318,486*
Astros de plata, que en lucientes giros *318,519*
Tumulo de vndosa plata; *319,4*
De plata bruñida era *322,65*
Con vn alamar de plata, *333,19*
Spiritu que, en cithara de plata, *338,12*
Plata dando a plata *350,33*
Plata dando a plata *350,33*
Oro te suspendiò i plata; *416,11*
Producen oro i plata a marauillas. *443,8*

En liquida, en templada, en dulze plata. *499,115*
Platea 1
Quantas el blanco pie conchas platea, *261,374*
Plateria 1
no sobra en la plateria, *229,967*
Platica 1
Su platica los rocines, *96,167*
Plato 1
De las casas do hazen plato. *96,72*
Platon 3
A Platon por mas amigo; *105,87*
Que Platon para todos està en Griego. *150,8*
nos declaran a Platon? *229,1215*
Platos 2
Algo entre platos le viene, *105,85*
Platos le offrece de esmeralda fina. *203,114*
Plauto 1
que fin le da nuestro Plauto. *229,3425*
Playa 1
Arde el monte, arde la playa, *179,25*
Plaza 3
en menudos a la plaza; *229,173*
Que visten, si no vn Fenix, vna plaza, *318,499*
Por el humido suelo de la plaza, *442,4*
Plaze 1
Lesbina, llorar me plaze *269,1063*
Plazer 4
Tan corto el plazer, *4,13*
A tu plazer empiezas, *193,21*
Te ecclypsan tu plazer. *193,22*
Halleis a vuestro plazer. *269,1677*
Plebeia 2
I peor muerto de plebeia mano; *220,2*
Que señas de virtud dieron plebeia *318,567*
Plebeias 1
Vrnas plebeias, thumulos Rèales, *253,1*
Plebeio 2
Sed Principe o sed plebeio, *161,129*
De la isla, plebeio enxambre leue. *264,301*
Plectro 5
Honren tu dulce plectro i mano aguda *31,6*
Es vuestro plectro, dexad *167,2*
I a mi plectro agradecido *259,17*
Al plectro hiço morder *419,84*
El plectro, Lope, mas graue, *478,2*
Plectros 3
De lyras de marfil, de plectros de oro. *256,8*
En tantos la aclamò plectros dorados, *315,21*
Sueño le alterna dulce en plectros de oro. *318,448*
Plega 2
Plega a Dios que se derrote! *107,52*
io Astrologo: plega a Dios *229,679*
Pleitéado 1
De vn termino pleitéado. *96,64*
Pleiteantes 1
Sin que acudan pleiteantes, *6,59*
Pleito 3
De mi pleito a tus Oidores, *63,15*
De vn pleito matrimonial, *229,3239*
Attento al pleito de su litigante, *313,27*
Pleitos 2
Qualquiera que pleitos trata, *126,47*
I mas pleitos has perdido *407,3*

358   CONCORDANCIAS LEXICOGRÁFICAS DE LA

I plumas de tanta aguila Romana, *229,2183*
Sus vagas plumas crea, rico el seno *230,53*
En poca cera tus plumas. *236,4*
Crespo volumen vio de plumas las bellas *246,3*
De la que aun no le oio i, calçada plumas,
  261,127
Grillos de nieue fue, plumas de ielo. *261,224*
Raio con plumas, al milano pollo, *261,263*
Blanca mas que las plumas de aquel aue
  261,363
De secos juncos, de calientes plumas, *263,25*
La esphera de sus plumas, *263,131*
Rompieron los que armò de plumas ciento
  263,423
Las plumas de su buelo. *263,611*
Negras plumas vistiò, que infelizmente
  263,739
Ven, Hymeneo, i plumas no vulgares *263,793*
Sus plumas son, conduzgan alta Diosa, *263,808*
Qual nueua Phenix en flammantes plumas,
  263,948
De perezosas plumas. Quien de graues *263,991*
De las plumas que baten mas súaues *263,1086*
El Cenith escalò, plumas vestido, *264,138*
De sus vestidas plumas *264,141*
Neuada inuidia sus neuadas plumas. *264,262*
Buela rapaz, i plumas dando a quexas, *264,674*
I al de plumas vestido Mexicano, *264,780*
Sus pardas plumas el Açor Britano, *264,786*
Graue, de pereçosas plumas globo, *264,791*
Mas tardò en desplegar sus plumas graues
  264,891
De las maternas plumas abrigados, *264,955*
Plumas de oro i pies de perlas. *269,1045*
Réàles plumas (cuio dulce buelo, *269,1237*
Si de plumas no fue, fue de réàles) *269,1238*
Plumas se calça ligeras. *269,1769*
Cultas en tu fauor da plumas bellas. *270,11*
Plumas de vn Phenix tal, i en vuestra mano,
  271,9
Segundas plumas son, ô Lector, quantas *272,1*
Plumas siempre gloriosas, no del aue *272,3*
Quantas segundas bate plumas bellas. *272,11*
Ô con plumas de saial *275,77*
Las plumas riça, las espuelas dora. *277,7*
Moriste en plumas no, en prudencia cano,
  280,1
Purpureas plumas dandole tu espuela, *280,39*
Plumas vna la frente, *298,27*
De venenosas plumas os lo diga *311,9*
Plumas vestido ia las aguas mora *316,5*
Quantas le prestò plumas a la historia; *318,28*
Tal, escondiendo en plumas el turbante, *318,67*
Oro calzada, plumas le dio al viento. *318,200*
Viste ia de plumas, viste: *320,5*
Plumas ha vestido al bien, *329,9*
Armada el ombro de plumas, *333,37*
Aue Réàl de plumas tan desnuda, *338,1*
Si lo que debo a plumas de tu aljaua *340,13*
No lo fomentan plumas de tu vuelo". *340,14*
Que sin mouerse, en plumas de oro buela.
  365,8
Que viste plumas de fuego *377,27*
La inconstancia al fin da plumas *378,33*
Que tremola plumas de Angel: *389,44*

Vuestras plumas viste el sol: *390,4*
Las plumas peina orillas de su llanto. *404,32*
Entre dos plumas de huesso *412,25*
Vn valdres basta, dos plumas fingidas. *436,4*
Infamando sus plumas la almoneda. *440,4*
Rosadas plumas o volantes rosas *457,3*
Fueron pyra a sus plumas vagarosas, *457,7*
De vn seraphin, que bate plumas de oro.
  461,11
En blancas plumas ver volar los años. *465,14*
Las plumas del gentil pecho pulia *499,70*
Plural *1*
En año quieres que plural cometa *326,1*
Pluralidad *1*
Pluralidad generosa *334,71*
Plus *1*
Con su segundo Plus Vltra; *26,40*
Pluuia *3*
Ni a la pluuia luciente de oro fino, *263,842*
Saltéò al labrador pluuia improuisa *264,223*
Luciente pluuia io de granos de oro, *269,1253*
Po *2*
Que si el Po a otros fue sepulcro breue,
  229,1038
Cristales el Po desata *319,1*
Pò *1*
Por quien orilla el Pò dexastes pressos *32,2*
Poblado *4*
De seluas inquíetas has poblado, *72,20*
Velero bosque de arboles poblado, *162,1*
Renunciastes el poblado; *205,16*
Que captiua lisonja es del poblado *295,3*
Poblando *1*
Poblando dellas sus alas, *378,35*
Poblar *2*
Poblar Vniuersidades, *63,118*
Despoblar islas i poblar cadenas. *72,58*
Poblò *2*
El que poblò las mazmorras *49,15*
Cuia temeridad poblò su frente *499,105*
Pobos *1*
Hazìa, bien de pobos, bien de alisos, *263,575*
Pobre *50*
Que io en mi pobre mesilla *7,13*
Vn pobre mancebo *8,22*
El pobre ALCION se quexa *10,5*
Pastor pobre i sin abrigo *28,9*
En la peña pobre *50,83*
Como parti de allà pobre, *74,97*
Hasta que en la Peña Pobre *82,75*
I abrirà entonces la pobre *87,85*
Basta para vn zagal pobre *90,17*
Al pobre pelafustan *93,36*
Esta pobre libertad, *95,10*
A vna pobre galeota, *97,4*
Si el pobre a su muger bella *105,12*
Vn pobre pescadorcillo, *106,5*
De hacer al pobre çote *107,46*
O le perdonò por pobre, *131,4*
Guarda el pobre vnas ouejas, *149,25*
Algun pobre labrador. *161,112*
Contra vn pobre cortesano *167,62*
Que el pelicàno pobre abierto el pecho? *181,8*
Quando pescador pobre *185,5*
Virote de Amor, no pobre *228,35*

que os dexò pobre i mal sano. *229,440*
i empleè mi caudal pobre *229,473*
Io, pobre de ventura, *229,1072*
Thalamo offrece alegre, i lecho pobre.
  229,1079
que vn pobre gusano soi. *229,2136*
A vn pobre aluergue si, de Andalucia, *233,7*
De las hondas, si en vez del pastor pobre
  261,167
Rico de quanto el huerto offrece pobre,
  261,199
Tu fabrica son pobre, *263,102*
Al bienauenturado aluergue pobre, *264,108*
Dos son las choças, pobre su artificio, *264,200*
Del pobre aluergue a la barquilla pobre *264,380*
Del pobre aluergue a la barquilla pobre *264,380*
Pobre ia cuna de mi edad primera, *264,543*
Pobre choça de redes impedida, *264,672*
Siempre es pobre el auariento. *269,285*
Vn pobre Aragones soi, *269,405*
Quedase el pobre aléàndo *269,693*
Està el pobre sin vn quarto *269,793*
Goze el pobre de Tisberto *269,1483*
Lo que ha padecido el pobre *269,1486*
Mi pobre espiritu en lenguas, *275,94*
Tan grato como pobre aluergue, donde *281,23*
Pobre entonces i esteril, si perdida, *318,357*
Del ques litigante pobre; *412,33*
La pobre ceniza mia. *416,10*
Toma de vn pobre galan, *423,12*
Hijo de vna pobre fuente, *497,8*
Pobreça *1*
Toda su pobreça *65,215*
Pobres *10*
Con deuocion de pobres pescadores; *169,11*
Quantos en barquillos pobres *179,18*
Contienen, tan pobres ambos, *228,6*
Dos pobres se aparecen pescadores, *264,35*
Corcho, i moradas pobres sus vacios, *264,299*
A los pobres doi primera, *269,495*
No està Hespaña para pobres, *288,97*
De humildes padres hija, en pobres paños *447,1*
Mas pobres los dexaron que el Decreto *447,10*
Quedamos pobres, fue Luthero rico; *469,12*
Pobrete *1*
Me han dicho que es vn pobrete *88,62*
Pobretes *1*
Dan por paga a los pobretes *98,18*
Pobreza *3*
De su gala i su pobreza. *73,76*
Comprar mula mi pobreza *269,833*
Que tu hurto fue pobreza, *269,1108*
Pobrissimo *1*
Pobrissimo, pero honrado. *228,24*
Poca *50*
Esconda el desengaño en poca espuma. *32,14*
Que ahora es gloria mucha i tierra poca, *67,13*
Las venas con poca sangre, *131,13*
Vn cuerpo con poca sangre, *131,59*
Aier Deidad humana, oi poca tierra; *135,1*
Mucha algazara, pero poca ropa. *183,10*
Parte de aquel, i no poca, *213,2*
pues con propriedad no poca *229,166*
Fabio, si mi fee es tan poca, *229,314*
poca es la que vees ahora *229,1262*

en tus vñas? Fuerça poca *229,1479*
ese Leandro? Que poca *229,1900*
No me hacen poca falta, *229,2306*
harè experiencia no poca. *229,2519*
En poca cera tus plumas. *236,4*
Pero ia poca tierra *256,34*
I con arte no poca, *256,44*
Poca plata es su figura, *257,37*
Poca; mas, con todo eso, *257,38*
En poca tierra ia mucha hermosura, *260,6*
Breue flor, ierua humilde i tierra poca, *261,350*
Vrna es mucha, pyramide no poca. *261,492*
Aquella parte poca *263,30*
Luz poca pareciò, tanta es vezina, *263,87*
I con virtud no poca *263,386*
No poca tierra esconda, *264,162*
De cuios dulces numeros no poca *264,181*
Luciente nacar te siruiò no poca *264,446*
Mucho theatro hizo poca arena. *264,771*
Poca palestra la region vacia *264,902*
Poca poia, i muchas vozes, *269,447*
Con razon, Enrico, poca *269,1090*
Que a tanta dicha su blancura es poca: *269,1260*
A la poca de Leonora *269,1824*
Si son canas, tinta poca *269,1989*
Ventosedad, i no poca, *282,21*
De lagrimas vrna es poca. *284,10*
Sin inuidiar al Dauro en poca arena *289,3*
Dio poca sangre el mal logrado terno, *291,10*
De poca tierra, no de poco llanto! *298,12*
Esplendor mucho, si ceniza poca, *312,10*
Vista, aunque no sea poca, *313,31*
I poca mas fatal ceniça es ia. *327,8*
Poca es mi armonia *389,54*
Poca arena dexò calificada. *391,8*
Roma, lastima es quan poca *411,25*
Con hazienda poca, *422,6*
Con poca luz i menos disciplina *434,1*
I justicia no poca, a vn Dominico, *437,13*
Poca edad, mucha belleça, *498,14*

Pocas *16*
Passò pocas millas, *65,194*
Carroças de ocho bestias, i aun son pocas *69,7*
No las buelue, o buelue pocas; *149,28*
Con pocas bacas i con muchas penas. *169,4*
I, por letra, pocas bastan. *229,1678*
Señas has dado no pocas: *259,82*
El bosque diuidido en islas pocas, *263,491*
Que en letras pocas lean muchos años". *263,943*
Que al vno en dulces quexas, i no pocas, *264,40*
Mucho Océàno i pocas aguas prenden, *264,75*
Iguales, aunque pocas, *264,305*
Tarde o nunca pisaron cabras pocas, *264,398*
En matallas pocas dudas *269,157*
Gracias no pocas a la vigilancia *318,545*
Pues dura pocas mas horas *375,27*
Letras pocas, caracteres tassados, *437,7*

Poco *77*
A luchar baja vn poco con la falda, *25,18*
Vn lazo viò que era poco, *61,55*
I a tanta vela es poco todo el viento, *72,26*
Llegandose poco a poco *74,53*

Llegandose poco a poco *74,53*
Poco mas de media milla. *74,84*
Poco mas de medio açumbre. *75,4*
Pero poco le aprouecha, *75,37*
El Moro poco placer, *78,54*
I el tiempo no puede poco! *83,4*
Aunque te he obligado poco *87,51*
Poco te luze el regalo. — *96,160*
Ir a escuchar otro poco *96,171*
Dan poco i piden apriesa, *98,45*
Por ser poco el de verdad, *105,58*
Su poco de Escaríòte, *107,42*
Dexa el monte, garzon; poco el luciente *175,9*
Mucha despide red de poco robre. *185,6*
Descubro! Vn mundo veo. Poco ha sido, *195,13*
Las fiestas de la Corte, poco menos *203,38*
Que no es poco, para el, *217,50*
Aunque hacen poco rûído, *217,83*
Para poco mas de vn mes. *217,92*
Aunque entiendo poco Griego, *228,1*
Poco fue lo que le dixo, *228,105*
Poco vuelas, i a mucho te dispones! *229,1033*
versificò poco a poco, *229,1229*
versificò poco a poco, *229,1229*
Si el zelo no sopla vn poco, *229,1254*
Pues para que dudes poco, *229,1417*
poco Violante se aliuia, *229,1586*
Guardarà a su piedad poco decoro, *229,2224*
que era vn poco ceceoza, *229,2566*
que con el poco trauajo *229,2600*
Poco despues que su crystal dilata, *252,1*
De la copia a la tierra poco auara *261,157*
Si mucho poco mappa les despliega, *263,194*
I mucha sal no solo en poco vaso, *264,4*
No agrauan poco el negligente robre, *264,106*
En tabla redimidos poco fuerte *264,126*
La vista saltearon poco menos *264,230*
O poco rato enjuta, *264,371*
Poco a lo fuerte, i a lo bello nada *264,708*
Descendiò fulminada en poco humo, *264,916*
Calabres, poco sencillo, *269,163*
Son poco papel los cielos. *269,210*
Mui poco importa que mienta *269,293*
No poco a fe me alborota *269,549*
Eso poco la atribula, *269,639*
Vn poco al fin de la vncion *269,1630*
Vn poco de manà en chicha. *269,2004*
Que en poco marmol mucho Phenix cabe, *272,7*
Hurtan poco sitio al mar, *285,3*
Poco leño i muchas quexas. *287,8*
De poca tierra, no de poco llanto! *298,12*
Ve, Carillo, poco a poco; *301,14*
Ve, Carillo, poco a poco; *301,14*
Paparico, poco a poco,, *309,15*
Paparico, poco a poco, *309,15*
Poco rubi ser mas que mucha estrella. *315,56*
Porque ha poco que le vi. *321,8*
Porque ha poco que le vi. *321,23*
Porque ha poco que le vi. *321,33*
Su bozo poco belludo; *322,116*
Que no poco daño a Troia *322,203*
Poco espacio me concedes, *322,237*
Aprouechando tan poco. *348,20*

Indicios de seso poco, *348,28*
I poco su buelo dexa *384,29*
Donde en poco pan se sirue *388,7*
No poco de mis deudas oprimido. *398,4*
De si ia tan poco auara, *412,41*
Para viuir tan poco estàs lucida, *466,3*
Que en lo vmbroso poco vuele *483,12*
Que ha entrado poco en la plaça, *486,13*
Que, a poco que les atizen, *495,6*
Que el dolor sea poco o nada". *499,355*

Poço *2*
poso, i el segundo poço. *229,2577*
Al poço, que es de por medio *322,267*

Pocos *16*
Pocos años en chapines, *148,31*
Si ha pocos años que naciò la Aurora. *156,18*
En pocos años de edad: *226,16*
Conualesci en pocos dias, *229,576*
donde a pocos dias entrado, *229,778*
de mi, triste, en pocos dias, *229,2318*
Con pocos libros libres (libres digo *233,9*
I creo que lo hacen pocos *242,18*
Distante pocos passos del camino, *263,185*
A pocos passos le admirò no menos *264,275*
De muchos pocos numeroso dueño, *264,316*
Baxa, pues, i en pocos años *275,33*
Concede a pocos tanto ministerio. *318,264*
De no pocos endechada *322,287*
Tanto en pocos dias, i tal *416,21*
Pocos fueran en dinero *423,7*

Podais *1*
para que os podais casar. *229,1578*

Podeis *7*
Podeis de vn ciego sacar? *2,24*
Muertas podeis ceñir qualquiera frente, *46,4*
Bien podeis salir desnudo, *64,37*
Mas podeis dezir los dos *186,8*
ya que no podeis commigo *229,140*
A jugar os podeis yr *269,1650*
Podeis sin inconuinientes *411,21*

Podenquèàndo *1*
I sale podenquèàndo *96,90*

Poder *10*
A poder de estiercol *65,103*
I si os ordena vn poder, *81,37*
Sus armas i su poder. *121,140*
Se dilata su poder *178,9*
O se concierta o por poder responde, *203,75*
De Bacho el poder injusto, *204,18*
poder que Libia me dio *229,1641*
Aunque en poder de mi tio *269,1524*
Vassallos riges con poder no injusto. *294,2*
Poder, calificada aun de real sello, *400,10*

Poderes *2*
Con poderes de registro, *91,6*
Sus poderes absolutos *322,214*

Poderosa *2*
Pastor, mas de virtud tan poderosa, *315,69*
Asciende, en cuia poderosa mano *318,203*

Poderosas *1*
Tal, que las flacamente poderosas *72,7*

Poderoso *4*
Si el cielo ia no es menos poderoso, *20,12*
En fiestas que al poderoso *157,13*
Poderoso gran señor, *227,32*

Poderoso Dios, no vees *229,3022*
Poderosos *1*
A poderosos conjuros. *322,272*
Poderse *1*
por no poderse mudar. *229,2677*
Podia *5*
Por ella en tales paños bien podia *47,10*
Quando el que ministrar podia la copa *263,7*
La dulce confusion hazer podia, *263,485*
Que sin alas podia ser *322,103*
Si destinguir se podia *322,217*
Podìa *1*
Quan dichoso podìa ser, *78,10*
Podian *1*
Si se podian comer *26,51*
Podias *2*
Bien podias temer ese castigo, *229,28*
I otro mayor podias, *229,29*
Podos *1*
Este nieto de Pus Podos *242,66*
Podra *1*
Mal podra vn braço de mar *228,215*
Podrà *18*
"No podrà ser, no; *80,24*
Podrà mañana temprano *96,170*
Acoto suio, si podrà vn amigo *182,10*
Se lo podrà assegurar, *226,120*
Se podrà ir con el de espacio; *228,56*
podrà tenerla acabada. *229,1882*
Camilo mal podrà dar *229,2614*
pedir podrà a su muger, *229,2619*
No se la podrà negar, *229,2622*
La fuga suspender podrà ligera *261,134*
Que en vano podrà pluma *264,847*
Desta fabula podrà *269,1788*
Que tiempo podrà auer que las consuma, *271,10*
Podrà ser, por lo Manso, Presidente. *273,14*
Que podrà correr parejas *275,42*
Ninguno podrà mejor *369,7*
Que podrà el mar, si conmigo *384,13*
Que aier fue pino, i oi podrà ser vete? *433,11*
Podran *4*
que bien podran ser consuelo *229,1651*
i todos se podran ir *229,3548*
Con los que podran pensar, *269,841*
Tan libres podran ia como deuotos *421,51*
Podras *4*
Podras verla dormida, *120,35*
Tales, que podras leellas *229,1871*
Que bien podras; pues sè lo *332,29*
Aunque impossible, podras *499,134*
Podràs *1*
Podràs tanto dello *5,39*
Podrè *2*
Fiarle podrè io *127,13*
Mal podrè, a lo que imagino, *229,2017*
Podreis *5*
Que mal podreis alcançarnos, *39,35*
Sus rûînas podreis verlas *269,1042*
— Qual podreis, Iudea, dezir *304,1*
Qual podreis, Iudea, dezir *304,17*
Qual podreis, Iudea, dezir *304,29*
Podremos *1*
Bien le podremos llamar *371,3*

Podria *5*
Pero bien podria *65,30*
Tal, que bien podria *65,50*
Deciros podria, *65,78*
Virgen tan bella, que hazer podria *263,783*
Que podria salir, por desdichado, *461,13*
Podrida *1*
Arrebolada i podrida, *86,18*
Podridas *1*
Cebandolos estan de uvas podridas. *436,8*
Pòèma *1*
Pòèma, si no a numeros atado, *232,2*
Poesia *3*
Celebren su Poesia. *98,72*
Io laurel de tu Poesia? *229,1205*
Sobre çuecos de comica Poesia *427,7*
Poêsia *1*
Su mal de Poêsia, *65,232*
Poeta *5*
Vn Poeta, cuias sienes *81,50*
Por cuerdo te juzgaba, aunque Poeta. *326,4*
Cierto Poeta, en forma peregrina *428,1*
Que no ai negra Poeta que se pante, *430,3*
Poeta cuia Lyra es vn cencerro. *435,4*
Pòèta *16*
I no ha tenido Pòèta *62,14*
Es fiero Pòèta, *65,229*
Abraçada de vn Pòèta; *73,112*
Pòèta en Andalucia, *88,35*
De vn Pòèta monigote *107,14*
Pide nueuas a vn Pòèta, *158,8*
De ningun Pòèta *160,46*
Tambien dice este Pòèta *228,21*
no sea como Pòèta, *229,1190*
Io Pòèta? io subtil *229,1192*
Io Pòèta de tu fee? *229,1204*
i su locura Pòèta. *229,1231*
El tiempo sin ser Pòèta, *322,175*
Insolente pòèta tagarote, *474,3*
I a fee de Pòèta honrado, *483,3*
Ô si fuera io pòèta, *486,5*
Poetas *2*
Almidonados Poetas, *98,53*
A quenta de los poetas, *149,13*
Pòètas *4*
Famoso entre los Pòètas, *89,9*
Porque sienes de Pòètas *110,7*
Pòètas, o burlescos sean o graues; *203,24*
A Estrangeros, dulcissimos Pòètas. *229,395*
Poetico *1*
I espiritu poetico *1,9*
Poia *1*
Poca poia, i muchas vozes, *269,447*
Polaco *1*
A las ancas de vn Polaco, *73,9*
Poliça *1*
Poliça es homicida, *405,8*
Policena *2*
es Policena mui noble, *229,203*
a mi amiga Policena. *229,355*
Policia *1*
Con tal policia, *65,186*
Poliphemo *1*
A POLIPHEMO, horror de aquella sierra, *261,43*

Polipodio *1*
De que no fue el polipodio *269,1963*
Politica *4*
La politica del diente *228,29*
Politica alameda, *263,522*
Ruda en esto politica, agregados *264,946*
Politica diuina! *421,13*
Politico *4*
Vn politico medio le conduce *203,92*
Politico serrano, *263,364*
Politico rapaz, cuia prudente *264,654*
Al politico lampo, al de torcido *318,539*
Politicos *1*
Que politicos haràn *358,42*
Polla *1*
Pues tal polla mortifica. *124,18*
Pollina *1*
No azeguro la pollina. *210,26*
Pollino *1*
Estando en quatro pies a lo pollino? *234,4*
Pollinos *1*
Desuarrigando pollinos? *334,76*
Pollo *10*
I entonces vistase el pollo *88,73*
el pollo, que de las vñas *229,2428*
Volar quieres con alas a lo pollo, *234,3*
"Pater noster, io soi pollo *242,36*
Raio con plumas, al milano pollo, *261,263*
Pollo, si alado no, lince sin vista, *264,653*
El primer bello le concedio pollo, *264,856*
Qual ia el vnico pollo bien nacido, *279,16*
De el Pollo Phenix oi que apenas cabe *318,147*
Pollo siempre, sin deber *355,38*
Pollos *5*
Para mi compraua pollos, *26,55*
Sus pollos este al mar conduze nueuos, *264,259*
Pollos, si de las propias no vestidos, *264,954*
Degollò en su nido pollos, *357,88*
Los dos lucientes ia del cisne pollos, *399,9*
Polo *8*
Desde el vno al otro polo, *209,9*
otro no tiene este polo. *229,873*
Estrella a nuestro polo mas vezina; *263,385*
Segundos leños diò a segundo Polo *263,430*
Que en desatarse, al polo ia vezina, *264,893*
Luto vestir al vno i otro Polo *318,237*
A la quietud de este rebelde Polo *318,625*
Mas procede al polo attento. *384,24*
Polos *2*
De los volubles polos ciudadanos, *264,660*
Que ambos polos satisfaze. *307,13*
Poltron *2*
I señor padre, poltron, *228,159*
que las fiò de vn poltron *229,1541*
Poltroneria *1*
la docta poltroneria; *229,428*
Poluareda *2*
Que poluareda es aquella? *309,2*
Que poluareda es aquella? *309,30*
Poluico *1*
Pisarè io el poluico *301,26*
Poluo *18*
En tierra, en humo, en poluo, en sombra, en nada. *24,14*
Que su honor volarà en poluo; *83,28*

En poluo el patrio Betis, hojas bellas, *221,10*
Que aun en poluo el materno Tejo dora. *221,11*
Tanto leuanta de el poluo *242,110*
En poluo ia el clarin final espera: *245,12*
Oi en poluo la merece, *249,6*
Poluo el cabello, humidas centellas, *261,187*
I el cielo con el poluo. Enxugò el viejo *263,513*
No el poluo desparece *263,1041*
En poluo ardiente, en fuego poluoroso. *318,62*
A las metas, al poluo las señales; *318,508*
En el poluo del conducto. *322,260*
Del poluo canicular, *334,7*
En poluo, en jugo virtûòsamente *360,12*
En breue, mas réàl poluo, la immensa *362,7*
Que prudencia del poluo preuenida *393,7*
Grana es de poluo al vltimo suspiro. *421,22*

Poluò *1*
Pisarè io el poluò, *301,28*

Poluora *4*
La poluora de el tiempo mas preciso; *263,118*
Luminosas de poluora sáètas, *263,650*
Que poluora de las piedras *285,7*
En clarines de poluora os reciba; *379,11*

Poluorista *1*
Ingenîòso poluorista luego *318,489*

Poluorosa *1*
Lucha, ia a la carrera poluorosa. *263,565*

Poluoroso *1*
En poluo ardiente, en fuego poluoroso. *318,62*

Poluos *3*
Me guardan, si acà en poluos no me quedo, *203,69*
Poluos de lo que dellas està escrito. *256,31*
Los nobles poluos inclusos, *322,502*

Polvorista *1*
en casa de el polvorista, *229,2328*

Polyphemo *3*
Tal la musica es de Polyphemo. *261,96*
Perdonado algo mas que Polyphemo, *261,126*
Polyphemo te llama, no te escondas; *261,405*

Poma *1*
Sin ninguna bastar poma: *269,618*

Pomo *2*
Dorado pomo a su veloz carrera. *261,132*
Buscar por la punta el pomo, *357,104*

Pomona *3*
Este a Pomona, quando ia no sea *194,1*
Copa es de Baccho, huerto de Pomona: *261,138*
Mora, i Pomona se venera culta. *264,199*

Pomos *4*
Fugitiuo Crystal, pomos de nieue. *261,328*
Dulces pomos, que al curso de Atalanta *263,863*
Las espigas, los pomos de la copia *318,363*
Pomos eran no maduros. *322,72*

Pompa *39*
Veen pompa, visten oro, pisan flores. *77,34*
De la pompa que oi nos muestra *122,5*
Haciendo desden i pompa *149,64*
Con naual pompa estraña *166,23*
Su flor es pompa de la Primauera, *203,64*
Carga hasta aquì, de oi mas militar pompa; *230,13*
I por mas pompa i decoro, *240,7*

Muda pompa del Abril. *243,8*
Pompa eres de dolor, seña no vana *246,9*
Si de quantos la pompa de las aues *248,5*
Digo de sanct Pablo, pompa *259,86*
Pompa de el marinero niño alado *261,115*
Igual en pompa al paxaro que, graue, *261,365*
Sin ambicion, sin pompa de palabras, *263,91*
De su frondosa pompa al verde aliso *263,692*
Ella, la misma pompa de las flores, *263,759*
Que arrollò su espolon con pompa vana *264,71*
Pompa el salmon de las Réàles mesas, *264,98*
Verde era pompa de vn vallete oculto, *264,287*
De Pompa tan ligera. *264,798*
Si verde pompa no de vn campo de oro, *291,2*
Pompa aun de piedras vana, *298,10*
Pompa del otro rapaz: *307,11*
Pompa de la escultura, ô caminante, *314,2*
Pompa de sus orillas, la corriente *318,10*
Con esplendor Réàl, con pompa rara *318,290*
Con pompa receuida al fin gloriosa, *318,313*
Quando a la pompa respondia el decoro *318,343*
A la alta expectacion de tanta pompa. *318,472*
Isla Ternate, pompa del Maluco, *318,535*
Pompa, que vocal sepulchro *322,106*
Le desuaneciò la pompa, *322,307*
Rugiente pompa de Iulio; *322,388*
Pompa de tantos cintillos; *334,52*
Iris, pompa del Betis, sus colores; *361,11*
Hierro luego fatal su pompa bana *380,7*
Este, pues, pompa de la Andalucia, *421,60*
Verde ia pompa de la selua obscura; *426,2*
Del viento es el pendon pompa ligera, *434,9*

Pompas *1*
Pisando pomp... .el mejor Cielo *404,41*

Pon *2*
Quedate aqui, Cancion, i pon silencio *25,61*
Pon tu el entredicho ahora, *229,1472*

Ponçoña *4*
Que està su maior ponçoña *95,19*
En roxa sangre, i en ponçoña fria *104,7*
Ojos de imbidia i de ponçoña armados. *119,8*
se haga donde ay ponçoña; *229,795*

Ponçoñosa *3*
Ô ponçoñosa viuora escondida *23,3*
Que la engendrò la Lybia ponçoñosa *47,8*
de la Africa ponçoñosa. *229,2883*

Ponçoñosas *1*
I tanto mas ponçoñosas *115,27*

Ponçoñosos *1*
Ponçoñosos zelos, *50,30*

Pondera *1*
Su agilidad pondera; quien sus neruios *263,993*

Ponderador *1*
Ponderador saluda affectûòso *264,239*

Ponderalo *1*
Ponderalo bien, que io *229,1961*

Ponderando *1*
Ponderando la desgracia. *269,1665*

Ponderè *2*
I en tu nombre ponderè *229,850*
Ponderè en nuestro dueño vna paciencia, *336,12*

Ponderemos *1*
Ponderemos la experiencia, *413,1*

Ponderenmelos *1*
Ponderenmelos despues *269,1284*

Pondero *1*
i lo que pondero mas *229,646*

Ponderosa *3*
No ponderosa graue pesadumbre, *112,6*
De ponderosa vana pesadumbre *263,169*
Ô aquel dichoso, que la ponderosa *393,12*

Ponderosamente *1*
Tan ponderosamente, que resulta *318,166*

Ponderoso *2*
I ponderoso oprime sin ofensa *362,6*
Timon del vasto ponderoso leño, *421,56*

Pondrà *1*
que mi amor pondrà el cessacio. *229,1473*

Pondran *1*
I a mi me pondran *5,9*

Pondraste *1*
Pondraste el corpiño *5,5*

Pondrè *3*
Pondrè por penacho *5,51*
Pondrè vna vandera *5,58*
Pondrè vna cabeza *5,62*

Pondrèle *1*
Pondrèle el orillo azul *59,13*

Pondria *1*
De Nymphas te pondria, *25,50*

Pone *20*
Pone ia fin a su carrera ardiente; *25,39*
Vnos antojos me pone *96,149*
I sobre la iegua pone *131,58*
Iugo te pone de crystal, calçada *146,10*
Que en duda pone a los cerros *215,22*
grillos ia de oro le pone, *229,461*
no te pone por la frente, *229,1393*
antes la pone en aprieto, *229,1626*
A la casa de el Rei le pone escalas? *229,2213*
Pone oi franca *310,5*
Que pone, que pare, *310,7*
Que pone como Madre. *310,9*
Pone oi franca *310,20*
Que pone, que pare, *310,22*
Que pone como Madre. *310,24*
Pone oi franca *310,35*
Que pone, que pare, *310,37*
Que pone como Madre. *310,39*
Quien el pie en la ausencia pone *384,35*
I pone lei al Español lenguaje *425,11*

Poneis *1*
En prision me poneis dura; *269,1091*

Ponelle *2*
Que me diò para ponelle *59,14*
Ponelle los cien escudos, *269,910*

Ponen *3*
Peccadores, que se ponen *110,25*
Si no se ponen antojos. *242,20*
En duda ponen qual maior hazìa *263,538*

Poner *6*
Poner en el alma el hierro *61,45*
Los quisso poner Alcides *179,7*
mandaron poner en orden. *229,551*
el poner vn Lelio aqui *229,2511*
En poner tan contina *313,2*
Poner los dedos mejor *477,3*

Pones *3*

en gran cuidado me pones, *229,2120*
I a reducirme te pones *269,123*
Las no piadosas martas ia te pones, *449,1*
Ponga *6*
Ponga pues fin a las querellas que vsa, *41,9*
Dios ponga tiento en tu lengua *229,228*
que en ella ponga los pies. *229,2102*
sino que ponga los pies *229,2629*
Ponga debajo del pie. *269,1161*
Aun adonde ponga el pie, *419,94*
Pongais *1*
No me pongais freno *4,31*
Pongamo *1*
Pongamo fustana, *207,11*
Pongamonos *1*
Pongamonos a la par *27,89*
Pongamosle *1*
Pongamosle su Helicona *477,9*
Pongan *4*
Que no se pongan capuces; *75,94*
Pongan todos lengua en ella. *85,8*
O filos pongan de homicida hierro *264,159*
Aunque me pongan alli *269,1934*
Pongo *2*
I le pongo en quatro dias *96,131*
Zanbanbu, que galana me pongo, *207,17*
Ponia *2*
I io ponia la aguja. *26,64*
Mejor nombre le ponia *229,2564*
Ponian *2*
Ellas ponian el dedal *26,63*
Ponian de chrysolitos lucientes, *264,680*
Poniendo *4*
Poniendo lei al mar, freno a los vientos; *67,11*
Treguas poniendo al calor, *142,19*
Que se va poniendo el Sol. *269,1707*
Bien a fee se va poniendo; *269,1834*
Poniendole *1*
i poniendole a mi cuenta. *229,929*
Ponle *1*
Ponle a vn pantuflo aguileño *59,59*
Ponme *5*
Ponme sobre la mula, i veràs quanto *203,86*
Ponme en la Libya importuna, *229,2666*
Ponme en la region elada, *229,2670*
Ponme donde brama el mar, *229,2674*
Ponme vn throno en el jardin *229,2678*
Ponte *1*
Nitefriston, ponte al sol, *229,2490*
Ponto *2*
Que a las del Ponto timido atribuie, *263,600*
Sierpes del Ponto i aspides del Nilo, *280,26*
Ponzoña *1*
Por apurarle la ponzoña al vasso. *261,288*
Ponzoñosa *1*
De toda cosa ponzoñosa, i fiera. *229,95*
Popa *3*
I coronar su popa *166,29*
A todos nos diò camaras de popa. *183,13*
Con nuestro forastero, que la popa *264,59*
Popular *2*
Aqui se hurta al popular rúido *134,9*
Popular applauso quiero, *322,15*
Populosa *4*
Tan populosa i tan grande, *63,10*

Ciudad mas que ninguna populosa, *77,72*
Que la montaña hizo populosa *263,264*
De Ciudad no populosa, *275,67*
Populoso *1*
Pisar queria, quando el populoso *263,712*
Poquito *1*
Su poquito de baxete; *88,32*
Porcia *3*
Necia fue Porcia, i mas necia *269,1294*
En que a Porcia echò del mundo *269,1296*
Otra Porcia de Bruto huuieras sido, *460,3*
Porcion *2*
La porcion que no pudo ser estrella. *318,232*
Porcion depuesta en vna piedra muda, *393,13*
Porfia *8*
Si a mi demanda i porfia, *55,22*
Ierba i flores a porfia *149,81*
Desseando que a porfia *177,18*
no sobrarà mi porfia *229,968*
desuñandome a porfia, *229,1198*
que el i io, si Amor porfia, *229,1636*
Ai tal cosa? Ai tal porfia? *229,2994*
Si la estangurria porfia, *269,1795*
Porfia *1*
Se arma vuestra porfia *348,12*
Porfiada *2*
Porfiada, si no igual, *269,32*
Que cosa tan porfiada! *269,1094*
Porfias *3*
Con sus zelosas porfias, *122,16*
Peligro corres, LICIO, si porfias *394,10*
En ello, que assi porfias. *499,269*
Porfido *5*
Mas del porfido lo bello, *63,97*
Quan triste sobre el porfido se mira *260,9*
Breue porfido sella en paz súaue; *272,6*
De porfido luciente dura llaue, *274,2*
En nueua imagen dio: porfido sella *318,231*
Porfidos *3*
Mientras cenando en porfidos lucientes, *264,358*
Iaspes calçada i porfidos vestida. *264,671*
En porfidos rebeldes al diamante, *314,3*
Porfies *5*
Digo que si, no porfies. *229,2013*
Don Pasqual, de que porfies. *423,2*
Don Pasqual, de que porfies. *423,10*
Don Pasqual, de que porfies. *423,18*
Don Pasqual, de que porfies. *423,27*
Poro *1*
Vuestros corchos por vno i otro poro *263,924*
Portada *1*
I a veer su Réàl portada, *63,57*
Portal *14*
Vn portal desta campaña. *300,16*
Si ellos entran el Portal. *301,51*
Del portal entre esos tejos. *301,55*
Portal de Bethlem, *301,57*
Ven al portal, Mingo, ven; *302,1*
Ven al portal, Mingo, ven; *302,13*
Ven al portal, Mingo, ven; *302,25*
E da mula do Portal *303,21*
De mucho Sol vn portal, *304,12*
Rico si no tu portal, *306,7*
Rico si no tu portal, *306,24*

Rico si no tu portal, *306,41*
Negros hazen el portal. *309,22*
De la noche, este portal. *352,32*
Portalillo *2*
No quiere vn portalillo tener techo. *117,8*
Vn portalillo pequeño, *321,11*
Portalo *3*
— Nò portalo de Belena. *308,4*
— Nò portalo de Belena. *308,30*
— Nò portalo de Belena. *308,42*
Portante *1*
Al escudero portante *413,21*
Porte *5*
Vn papel con porte, *56,48*
Con mucho menos de porte. *158,10*
No gasta assi papel, no paga porte *203,103*
No fuesse porte del pliego. *269,275*
De porte le dio vna espada. *413,22*
Portentoso *1*
Portentoso en el indulto. *322,312*
Portero *2*
I vn portero rabicano; *122,22*
Adonde hasta el portero es Presentado. *294,11*
Portes *1*
Los portes en el silencio. *58,4*
Portillo *1*
Breue portillo introduxo. *322,204*
Portillos *1*
A los portillos se acoge *322,341*
Portogal *1*
DEOS naceu em Portogal, *303,20*
Portugal *6*
Tropheo de Portugal; *121,134*
De Portugal baxetes mermelados. *203,15*
A mi voto en Portugal, *288,68*
No en Bethlem de Portugal, *303,9*
Flores que dio Portugal, *376,9*
Que Portugal diò a Castilla *410,2*
Portugues *7*
I en Ceuta dèl Portugues. *78,8*
Rocin Portugues fidalgo, *96,14*
Apenas el Portugues *96,45*
Debe de ser Portugues. *217,56*
No es Portugues. Eso nào. *303,14*
Aun en barro vn Portugues. *346,10*
Derrite a lo Portugues. *376,24*
Portuguesa *1*
Ollai la mejor voz es Portuguesa, *397,7*
Portuguessa *1*
I en la Portuguessa *65,189*
Portundo *1*
Portundo soi en el mar, *269,437*
Pos *1*
— Pos que fu? — Inuidia, morena. *308,38*
Posa *4*
Debaxo de vna tabla escrita posa. *154,11*
que ni posa en rama verde, *229,1082*
que ni posa en verde rama, *229,1086*
Porque junto a esa iglesia posa Otauio. *229,2231*
Posada *18*
De la posada a Palacio. *96,120*
Que el rio les da posada; *159,48*
I salgan de su posada, *167,48*
a Violante en tu posada, *229,1504*

saliste de la posada. *229,1868*
negalle nuestra posada *229,2019*
Tu posada sea colmena *229,2538*
A mi posada vecina *229,2590*
que, llegando a tu posada, *229,3092*
la posada, hallar con Fabio *229,3100*
i le hallò en mi posada? *229,3113*
Le entretendrè en mi posada *269,203*
"Aqui llegò a esta posada *269,765*
Patria, a Dios; posada mia, *269,1002*
Donde queda? En su posada. *269,1472*
I en su posada ligero *269,1670*
Dexalos, i a mi posada *269,1702*
Visitado en su posada *413,19*
Posadas *2*
Ô posadas de madera, *204,21*
A sus posadas reduxo *322,90*
Posession *1*
Como en posession de el dia, *161,7*
Posible *3*
Que es mas posible caso *140,23*
Es posible que te escucho *229,1156*
de tus bodas. Es posible *229,1349*
Positiuo *1*
De vn Positiuo Padre azafranado? *433,2*
Poso *2*
poso, i el segundo poço. *229,2577*
Verde poso occupando, *264,888*
Possada *1*
Ni possada sin escote. *107,84*
Posseer *1*
De esperar? De posseer. *229,2756*
Posseo *1*
"Pretendo lo que posseo, *229,1987*
Possession *1*
la meterè en possession *229,2480*
Possible *1*
Es possible, Doctor? Si, *269,1969*
Postas *2*
Que ella me tenga las postas *269,254*
Llegar a tomar postas mui cansado *463,3*
Postigo *6*
En el cielo no ai postigo; *105,43*
que de vn postigo, i su honor, *229,596*
Auiendo en casa postigo *269,1006*
Postigo de Berberia. *269,1948*
Por aquel postigo moço *406,9*
I vn postigo a Valsain: *418,44*
Postillon *2*
Cuio postillon luciente *309,4*
Cuio postillon luciente *309,32*
Postpartos *1*
Con mas partos i postpartos *228,14*
Postrada *2*
La postrada del lugar. *288,52*
Zeruiz reuelde o religion postrada *318,22*
Postrase *1*
Postrase humilde en el que tanta esphera *315,41*
Postrera *1*
Lastimando tu dulce voz postrera *280,8*
Postreras *1*
Responden las confusas, las postreras *230,32*
Postrero *3*
El arca alli, donde hasta el dia postrero *173,11*

llena, i este es el postrero: *229,1237*
hasta el postrero rincon, *229,1701*
Postrimera *1*
La postrimera hora; *263,941*
Postrimero *1*
En su postrimero turno *322,446*
Postrimeros *1*
Por esconder mis postrimeros años *454,13*
Postrò *1*
En tierra le postrò agena, *258,6*
Potencia *1*
I à Goa i su potencia *1,25*
Potencias *1*
Tres dozenas de potencias. *269,568*
Potentados *1*
Exercitos, Prouincias, Potentados. *415,15*
Potente *2*
Ô ya isla Catholica, i potente *72,35*
I vn graue potente flaire; *98,66*
Potest *1*
"At Carmen potest produci", *275,121*
Potosi *8*
La plata del Potosi; *82,36*
—Las venas del Potosi *124,23*
Segundo Potosi fuera de plata, *229,2159*
Segundo Potosi, Imperial corona, *229,2171*
mi dote es vn Potosi. *229,2385*
el turbante, el Potosi? *229,3411*
De quanta Potosi tributa oi plata. *230,54*
Enano Potosi, cofre de acero *313,13*
Potro *14*
Potro en que nos das tormento; *26,103*
Que io soi nacido en el Potro. *55,7*
Que io soi nacido en el Potro. *55,14*
Que io soi nacido en el Potro. *55,21*
Que io soi nacido en el Potro. *55,28*
Que io soi nacido en el Potro. *55,35*
Que io soi nacido en el Potro. *55,42*
Que io soi nacido en el Potro. *55,49*
Es potro de dar tormento; *105,4*
Sale luego el potro baio. *123,8*
pues partirè con vn potro *229,158*
Por lo que tiene de potro *242,70*
Potro al darle este tormento, *269,1209*
Potro es gallardo, pero va sin freno. *458,8*
Potros *2*
Arrastrar colas de potros *83,94*
Que potros tal vez noueles *266,7*
Poza *1*
Marques de Poza en Estio *334,10*
Pozo *2*
Buen pozo aia su alma, *27,27*
I pozo que estè sin cubo. *27,28*
Prado *30*
En el fresco aire i en el verde prado. *14,8*
De verde prado en oloroso seno! *23,4*
Hurtò de verde prado, que escondida *43,7*
Dura roca, red de oro, alegre prado. *43,14*
Por las floridas señas que dà el prado. *52,8*
— Donde pueden estar, sino en el Prado? *70,6*
I la carrera del Prado *96,114*
Este que siempre veis alegre prado *134,5*
Conducida llegò a pisar el prado, *137,5*
Pues a vn arbol de aquel prado *161,77*
En el Prado tenia vn page *167,81*

A Dios, toril de los que has sido prado, *200,13*
Le arman pauellones en el prado: *229,101*
Da plata el verde prado, *229,1052*
Que el prado por Abril de flores lleno: *229,1487*
Por este culto bien nacido PRADO, *256,1*
Que en este PRADO solo *256,36*
De suauidad ahora el prado baña. *256,53*
El aspid de el intonso prado ameno, *261,282*
Montañesas da el prado, que dirias *263,260*
Quando el prado pisò alegre *288,51*
A las flores que da el prado. *301,5*
I el prado no. *301,29*
Ô, que bien està el Prado en la Alameda, *440,5*
Mejor que la Alameda està en el Prado! *440,6*
Por que le llaman Prado, si es Montaña *440,9*
Si es Prado, Vacca sea su guadaña. *440,13*
Io no quiero veer Vaccas en mi Prado. *441,14*
Copos de blanca nieue en verde prado, *455,5*
Que manchò con su sangre el verde prado, *499,102*
Prados *1*
Auroras copian los prados. *414,44*
Praxiteles *1*
Fatigando a Praxiteles, *322,411*
Praza *1*
Praza! Quien nos atropella? *309,6*
Precedente *2*
Con mas felicidad que el precedente *263,1020*
O el insulto accusaua precedente, *264,876*
Precia *4*
Belona de dos mundos, fiel te precia, *220,13*
En quanto la hechura precia? *269,194*
Por suia mi honra precia; *269,1495*
La que se precia de casta, *419,47*
Preciado *1*
Pequeña puerta de coral preciado, *13,5*
Precian *2*
Si se precian por lo menos *55,43*
Palmillas que menos precian *144,25*
Preciarse *1*
No tienen que preciarse de blancura *455,9*
Preciaste *1*
Preciaste de tan soberuia *48,25*
Precie *2*
Que se precie vn don pelon *6,31*
Precie mas vuestras sombras fugitiuas *46,7*
Precio *3*
Con vn diamante de precio. *58,36*
Que en ningun precio reparo. *269,195*
I dandolo todo a vn precio; *269,1545*
Preciosa *2*
No admires, no, la variedad preciosa *368,7*
Colchos de preciosa lana, *414,15*
Precîosamente *1*
Que al precîosamente Inca desnudo *264,779*
Precioso *8*
De vn precioso camafeo. *49,60*
Del sudor precioso *50,39*
Es vn precioso rubi, *82,26*
Precioso, pero pessado *82,115*
Oi te guardan su mas precioso engaste; *263,460*
Precioso engaste de vn guijarro fino: *269,394*
Busca al pastor, que del metal precioso *315,25*
De metal aun precioso no consiente, *341,6*

Preciosos *1*
Sacude preciosos iugos, *378,41*
Precipicio *2*
Sino el alado precipicio ageno *318,155*
Toda facil caida es precipicio. *393,4*
Precipita *3*
Que al jouen, sobre quien la precipita, *261,491*
Lo graue tanto, que lo precipita, *263,1008*
De su roca natal se precipita, *264,3*
Precipitada *1*
Ai mil vezes de ti, precipitada, *318,561*
Precipitado *3*
precipitado morir, *229,2431*
No como precipitado, *356,2*
Precipitado, ô quanto nos auisa! *363,13*
Precipitados *1*
Que si precipitados no los cerros, *263,224*
Precipitante *1*
Esa montaña, que precipitante *229,2148*
Precipite *1*
Que Ero se precipite *493,19*
Precisa *2*
Que a la precisa fuga, al presto vuelo *261,223*
I no te fuerça obligacion precisa, *263,519*
Preciso *1*
La poluora de el tiempo mas preciso; *263,118*
Predica *1*
Conocele, que predica, *242,53*
Predicador *3*
Predicador affamado, *6,80*
Qualquiera Predicador. *161,100*
Famoso predicador, *266,3*
Predixo *1*
Esto en sonantes nacares predixo: *318,88*
Predomina *1*
Del humor que predomina, *86,8*
Preeminencia *1*
De vana procedida preeminencia, *318,550*
Pregon *1*
Tanto mas la haze pregon, *269,1317*
Pregonado *1*
Por las Musas pregonado *89,13*
Pregonando *1*
Que, pregonando virtud, *269,458*
Pregonero *1*
pregonero i aun berdugo, *229,176*
Pregunta *2*
Con raçones le pregunta *57,25*
I vna pregunta a vn Letrado, *94,26*
Preguntadlo *1*
Preguntadlo a mi vestido, *82,77*
Preguntado *1*
Preguntado me has la causa *57,37*
Preguntan *1*
I que ai micos que preguntan: *58,23*
Preguntando *1*
Por ti preguntando està *229,3090*
Preguntar *1*
I enuiadle a preguntar *27,43*
Preguntas *1*
la causa de tus preguntas, *229,223*
Preguntes *1*
No preguntes mas ahora, *269,988*
Preguntò *1*
Ved si preguntò por èl. *229,1663*

Prelado *1*
Del Prelado de su Iglesia. *275,44*
Prelados *1*
Ô modelo de Prelados, *259,27*
Premîados *1*
I premîados gradúàdamente, *263,1024*
Premio *9*
Lauro, por premio del gran Dios Lucifero. *1,52*
Llorar sin premio i suspirar en vano. *19,14*
I ornarte ha, en premio de tu dulce canto, *35,7*
En premio glorioso *79,105*
En la sortija el premio de la gala, *138,13*
Griego premio, hermoso, mas robado. *162,8*
Premio los honrra igual; i de otros quatro *263,978*
Mas de premio parenthesis bien dino *318,187*
Calçaros con gran premio la vna bota *463,5*
Premios *1*
Los consignados premios otro dia, *263,563*
Preñada *1*
En Valencia muy preñada *126,26*
Preñadas *1*
Quedaràn preñadas, *494,42*
Preñado *2*
Preñado de quien no digo. *269,1009*
Opilacion o preñado. *385,10*
Prenda *12*
I atada al braço prenda de Niquea; *113,4*
Dulce prenda, aunque muda, ciudadana *203,80*
Si prenda quieres maior, *212,9*
Que le prenda el corazon, *226,95*
que es bien Catholica prenda. *229,1407*
Si ia fuera prenda amada, *229,1953*
Prenda de niño perdida, *229,2326*
pende, como prenda vil, *229,2429*
la prenda ia prometida. *229,2615*
tengo io? Bastante prenda *229,3196*
Del alma se quedò la mejor prenda, *263,501*
Prenda su libertad baxel Pagano. *276,14*
Prendado *1*
Mas tan prendado està Enrico *269,1622*
Prendan *2*
Alfileres que le prendan *288,61*
Que ronden, que prendan capas, *334,83*
Prendas *14*
No como prendas captiuas *61,3*
Porque eran de oro las prendas; *141,4*
Prendas son de amor estrecho. *212,19*
Las roxas prendas del Angel, *216,50*
que estima prendas la muerte, *229,1094*
el Amor estima prendas. *229,1095*
Prendas de aquellos, si no son abonos, *229,2168*
Le sacò prendas con huesos *257,29*
Quantas a Pallas dulces prendas esta *263,833*
Con las prendas baxàran de Cepheo *264,622*
Como sobre prendas puedo. *269,1329*
Prendas sin pluma a ruiseñor canoro *291,3*
Lisonxas, no por prendas de la diosa, *467,6*
De algunas viudas de prendas *495,23*
Prende *1*
Vn suelto cauallo prende, *57,6*
Prenden *2*
La que descubren, i prenden *59,42*
Mucho Océàno i pocas aguas prenden, *264,75*

Prender *1*
Prender en oro al nacar de su oreja. *261,112*
Prendiera *1*
Me prendiera la justicia. *74,92*
Prendio *1*
La que Amor prendio a la puerta *73,86*
Prendiò *1*
Prendiò mi libertad, que harà ahora, *139,2*
Prerrogatiuas *1*
Suffre tus prerrogatiuas, *259,31*
Presaga *1*
Presaga al fin del succeso, *228,201*
Presagios *1*
Tantos luego Astronomicos presagios *263,453*
Presas *1*
El cieruo, del lebrel las fieras presas. *499,75*
Prescriba *1*
Immortal casi prescriba *206,14*
Prescribe *1*
Bien que prescribe su esplendor lo oculto: *318,44*
Prescripcion *1*
Su prescripcion no intente, *103,56*
Prescripto *3*
Que al mar deue con termino prescripto *264,828*
Que los mortales han prescripto al sueño. *315,30*
Que sin termino prescripto *373,2*
Presencia *1*
Sombra indiuidua es de su presencia; *318,548*
Presenta *3*
I presenta la bisnaga *93,38*
Al galan nouio el montañes presenta *263,722*
Indulgencia nos presenta *411,26*
Presentadle *2*
Presentadle en las alas de vn suspiro *461,7*
Presentadle temores de vn ausente, *461,9*
Presentado *5*
Que sea el Padre Presentado *6,79*
Oy presentado me han *188,7*
Otra por lo Presentado; *189,4*
Presentado es el menudo, *190,1*
Adonde hasta el portero es Presentado. *294,11*
Presentados *1*
Pavos no mudos, pero Presentados *437,3*
Presentan *1*
Al viuo se le presentan, *62,42*
Presente *7*
Las tiernas aues con la luz presente, *14,7*
I que al presente le cuesta *29,35*
O qual en la dichosa edad presente, *34,7*
Tu memoria presente, *103,42*
Si ia el Griego Orador la edad presente, *244,1*
Que de monstros la edad purgue presente, *251,10*
Sà de Dios al fin presente. *309,28*
Presentes *2*
Que vezinos sus pueblos, de presentes *263,621*
Vno de males presentes, *329,3*
Presentòme *1*
Presentòme quien *56,30*
Preseruaciones *1*
Caras preseruaciones Orientales. *253,8*
Preside *1*

Porque en el mar preside comarcano *264,212*
Presidente *1*
Podrà ser, por lo Manso, Presidente. *273,14*
Presiente *1*
Fulgores arrogandose, presiente *315,9*
Preso *6*
Que me tenia preso. *50,4*
con melancolias de preso? *229,65*
Al recluso harè preso, *269,1784*
En vuestra vanda mas preso *370,3*
O las cadenas del preso. *407,10*
Si el preso tiene dinero, *412,29*
Presona *1*
Que aunque negra, sà presona *207,21*
Pressa *1*
Que quieren con pressa *65,111*
Pressago *1*
Ocioso pues, o de su fin pressago, *264,837*
Pressas *2*
I sobre el tres plumas pressas *49,59*
Las garras pues, las pressas Españolas *230,18*
Presso *1*
En vna fortaleça presso queda *440,1*
Pressos *1*
Por quien orilla el Pò dexastes pressos *32,2*
Presta *6*
Mas que le dè porque presta, *6,112*
Si no me presta el sonoroso Orpheo *104,10*
que tanta paciencia presta, *229,695*
oi me los presta, i tu llama, *229,1977*
Si presta en oro Tancredo, *269,948*
Cient ducados, que me presta *269,1076*
Prestado *3*
Mas que duerme de prestado. *96,56*
De dinero mal prestado, *269,1427*
Garras ha prestado al mal. *329,10*
Prestados *1*
Los pidiò a Hespaña prestados. *228,128*
Prestadselos *1*
Prestadselos vn rato a mi ojo ciego, *427,12*
Prestalle *1*
Quanto pudieran prestalle *414,14*
Prestan *1*
O que se prestan las frutas, *63,175*
Prestando *1*
Prestando su infame toca *269,149*
Prestandoles *1*
Prestandoles tiempo, i tanto, *228,154*
Prestar *1*
O prestar flechas a vn Dios. *390,12*
Prestarà *1*
Prestarà raios al Sol, *121,148*
Prestàra *1*
Me la prestàra la luna. *375,8*
Prestàran *1*
Prestàran dulces en su verde orilla. *203,18*
Prestarle *2*
prestarle mucho esta vez *229,3379*
Bobo he sido en prestarle mi dinero. *367,11*
Preste *7*
A las mas que toca el preste, *130,34*
Preste clauo i pared a mis despojos. *203,57*
No me pidan que fie ni que preste, *222,12*
Oro al Dauro le preste, al Genil plata. *252,8*

Neutra el agua dudaba a qual fee preste, *261,423*
Te preste el paso en la arena *269,979*
Ai quien paciencia me preste, *269,1418*
Prestenle *1*
Prestenle horas al dia *94,19*
Presto *15*
Porque mas presto se acabe, *63,62*
Te defenderàs mas presto. *87,100*
Io te lo dirè bien presto, *229,318*
hazes? Presto lo sabras. *229,1331*
Tu, pues, Camilo, mas presto *229,1332*
Quien es? Io lo dirè presto. *229,1892*
Tarde, o nunca. Presto, i luego. *229,2586*
con èl? Presto lo veràs. *229,3084*
Presto le tendreis, hermana, *229,3299*
Que a la precisa fuga, al presto vuelo *261,223*
A quien los pagarè presto. *269,850*
Harà mui presto la suma *269,1732*
Aia tan presto el mueble acrecentado. *462,4*
Bien presto la veràs desuanecida, *466,6*
Pero voime. Presto. Vamos. *499,299*
Prestò *4*
Que se la prestò Roldan *73,31*
Que le prestò para ello *228,79*
Quantas le prestò plumas a la historia; *318,28*
Que sombra prestò *356,47*
Presuiteros *1*
Gasta lo que a presuiteros repela. *367,8*
Presuma *7*
Que gobernar tal carro no presuma, *32,10*
Quando io presuma de el *88,71*
Sepalo el mundo i presuma *168,17*
Aun desmentir al cascauel presuma; *261,12*
De neruios Parthos igualar presuma *264,845*
Quieres en tu rûido que presuma *281,11*
Porque otro tal no presuma *418,9*
Presumas *1*
Por mas daños que presumas. *236,1*
Presume *3*
Mas teme i menos presume. *75,52*
Presume con todo eso *242,89*
A la que presume mas *387,7*
Presumir *1*
El huso, i presumir que se vestia *47,13*
Presumo *3*
Que a lo que de ambas presumo, *27,98*
Mas autentico presumo, *322,190*
Antes hazerle presumo *384,8*
Presumpcion *2*
Ha de ser con presumpcion, *55,37*
Argumento i presumpcion *213,21*
Presupponiendo *1*
presupponiendo que Octauio *229,267*
Presuppuesto *1*
Presuppuesto pues, que quiere *269,1754*
Presurosa *2*
La esquadra descendia presurosa *264,826*
Que presuròsa corre, que secreta, *394,5*
Presurosas *1*
I con presurosas alas *29,14*
Pretenda *3*
Que pretenda el mercader, *493,1*
Que pretenda vna donzella *493,25*
Que pretenda vn estudiante, *493,37*

Pretendas *1*
o pretendas a Violante, *229,1346*
Pretende *7*
Al que pretende mas saluas *93,29*
Dos cosas pretende en Corte, *96,29*
Quien pretende la priuança *217,25*
Si no pretende vn moreno, *225,7*
con que pretende sacar *229,812*
hallo quien burlar pretende *229,3008*
Pretende el tiempo desde las orillas, *256,18*
Pretender *2*
A pretender i labrar *95,6*
en pretender, i morir *229,2279*
Pretendia *2*
Ser el necio pretendia, *74,34*
Repararlas pretendia, *288,25*
Pretendida *2*
pretendida antes de quien *229,940*
I de este tan pretendida, *229,942*
Pretendido *3*
Por el alma de aquel que ha pretendido *71,9*
De pretendido ausente, *229,1076*
Que ha pretendido baboso, *242,96*
Pretendiendo *2*
Pretendiendo a Berenguela, *73,70*
Escalar pretendiendo el monte en vano, *264,13*
Pretendiente *3*
Al pretendiente engañado, *93,64*
No pisa pretendiente los vmbrales *203,109*
Nuestro pretendiente bobo, *481,8*
Pretendiò *3*
En bordadura pretendiò tan bella *315,55*
Diuertir pretendiò raudo torrente; *318,172*
Pretendiò mejor leer. *482,10*
Pretendo *2*
"Pretendo lo que posseo, *229,1987*
Que pretendo por amigos. *334,88*
Pretension *1*
Si no pretension tan necia, *413,15*
Pretensor *1*
O pretensor vecino, tendrè en nada, *229,1077*
Preterito *1*
De preterito i futuro. *27,84*
Pretina *2*
Del que trae la memoria en la pretina, *203,110*
I en la pretina la açada". *269,768*
Preuencion *3*
Graciosa es la preuencion. *229,2652*
Tanta preuencion o miedo. *268,56*
Prolixa preuencion en brebe hora *318,521*
Preuengan *1*
Preuengan los mas lucidos *334,50*
Preuengo *1*
preuengo tu admiracion. *229,2651*
Preuenia *2*
Ia el Cura se preuenia *216,37*
Los filos con el pico preuenia *264,838*
Preuenida *2*
La quietud de su dueño preuenida *318,353*
Que prudencia del poluo preuenida *393,7*
Preuenidas *1*
Preuenidas concurren a las bodas. *263,622*
Preuenido *5*
Menos offende el raio preuenido *261,301*
Que ha preuenido la zampoña ruda, *261,358*

Casta Venus, que el lecho ha preuenido *263,1085*

De vn padre Rei, de vn viejo preuenido, *269,1255*

Huesa le ha preuenido aueja breue, *392,10*

Preuenir *5*
ha enuiado a preuenir *229,2411*
Ve a preuenir tu aposento *269,1854*
Preuenir leños fia a Iuan Andrea, *318,370*
No ia el preuenir delicias *358,15*
En preuenir al sol tomò licencia; *467,9*

Preuias *1*
Si vanas preuias de nabal recato *318,390*

Preuiendo *1*
Tempestades preuiendo, suele esta aue *404,33*

Preuiene *7*
Preuiene raio fulminante trompa. *261,488*
De honesto rosicler, preuiene el dia. *263,781*
Preuiene, pues, carrúàge; *288,77*
Del que ia le preuiene digno culto *318,42*
Al que Mercurio le preuiene cuna, *318,94*
Al primero preuiene sacramento. *318,459*
I el aplauso que España le preuiene; *318,468*

Preuienes *1*
preuienes la inuidia propia? *229,2655*

Preuilegio *1*
Aguilas por preuilegio, *390,43*

Preuiniendo *3*
Preuiniendo ambos daños las edades: *263,933*
Preuiniendo diligente *377,25*
Dexar te mandò el circo, preuiniendo *391,13*

Preuino *4*
Que sin rumor preuino en mesas grandes. *263,857*
Bien preuino la hija de la espuma *263,1090*
Deidad preuino zelosa *268,51*
Preuino la dormida çagaleja. *366,11*

Preuista *1*
Preuista le turbò, o prognosticada, *261,303*

Priessa *1*
Al pedir, con priessa tal, *288,102*

Prietas *1*
Cernicalos de vñas prietas. *62,48*

Prieto *1*
Ô bien aia Iaen, que en lienço prieto *255,1*

Prima *10*
Su leccion de prima, *65,170*
A tu prima la donzella, *73,94*
Mas ella, i otra su prima, *74,122*
Vamo a la sagraria, prima, *207,19*
Dos conejos, prima mia, *224,1*
— Tu prima sarà al momento *308,12*
— Entra, dixo, prima mia, *308,33*
Esta que admiras fabrica, esta prima *314,1*
Mentira branca certa prima mia *430,10*
En que mandò a vna prima sus officios, *450,13*

Primadas *1*
Primadas fueran de Hespaña, *288,67*

Primas *1*
Primas de esparto por lo peliagudas, *449,6*

Primauera *18*
Que a la Primauera *79,2*
Parte aqui con la verde Primauera. *134,11*
Que viste la primauera *148,19*
Aqui la Primauera ofrece flores *194,9*

Hijos del Sol, nos da la Primauera, *198,2*
Su flor es pompa de la Primauera, *203,64*
Este de la Primauera *217,89*
Su nectar vinculò la Primauera. *261,208*
I artifice texiò la Primauera, *261,316*
Donde la Primauera, *263,576*
Segunda primauera de villanas, *263,619*
El bello, flores de su Primauera, *263,771*
En breue espacio mucha Primauera *264,339*
Caduca su Primauera, *275,58*
Al padre en tanto de su primauera *318,133*
Dulce continúàda primauera *318,179*
La que el tiempo le debe primauera *318,421*
La primauera, que Amor, *386,6*

Primaueras *2*
Las Primaueras de gloria, *63,187*
I Primaueras tantas os desfloren, *263,921*

Primavera *1*
Sus pies la Primavera *229,1056*

Primer *18*
La toque del primer bote. *107,36*
ia despide el primer golpe *131,34*
Generoso primer caso, *158,26*
Primer Adonis de Venus. *215,12*
No, que el primer dia es *229,2576*
Dio el primer alimento *263,368*
Tiphis el primer leño mal seguro *263,397*
Con tantas del primer atreuimiento *263,439*
El primer bello le concediò pollo, *264,856*
Desta primer region, sañudo espera *264,932*
El primer Ganimedes en el mundo. *269,1247*
Segundo en tiempo, si, mas primer Sando *318,17*
Su primer cuna al Duero se la debe, *318,31*
Vmbral de su primer lustro, *322,82*
El primer dia folíòn i pela, *326,12*
Humano primer Phenix siglos quente. *360,14*
Desde la primer cortina *416,19*
Cunas son oi de su primer gorjeo. *457,8*

Primera *13*
Dèste cielo, la primera *121,22*
Primera dicha de Adonis. *131,80*
Las plumas de la primera *226,91*
Quando no primera copia *259,28*
De el arbol que ofreciò a la edad primera *264,341*
Pobre ia cuna de mi edad primera, *264,543*
A los pobres doi primera, *269,495*
I absorto en la de luz region primera, *315,43*
Digna merced de el Sandoual primera *318,246*
A su fe primera, el culto *416,26*
A jugar con el tiempo a la primera; *441,2*
Maria de Vergara, ia primera. *448,2*
Ir a primera, auiendoos descartado *463,7*

Primeras *4*
Que al Betis las primeras ondas fuente. *264,857*
Que mis primeras visitas, *269,431*
Las primeras son tus huellas; *269,1277*
Lo haga) i a las primeras *269,1766*

Primero *32*
Quanto a lo primero, *65,17*
Quando el primero no sobre; *90,16*
De sus amos lo primero, *96,11*
I no sè de qual primero, *178,38*

No sè qual primero diga, *204,29*
Ô perdido primero *215,17*
Ô perdido primero *215,37*
Ô perdido primero *215,57*
En lo frio lo primero, *217,79*
Crei primero que Fabio *229,353*
Veer quiero primero a Dios. *229,376*
si no me llamas primero *229,404*
Lo primero sea verdad. *229,1528*
Complicado al primero, i penetrada *230,81*
De el mejor mundo, de el candor primero. *261,88*
Con pecho igual de aquel candor primero, *263,140*
Al que, ia dèste o de aquel mar, primero *263,369*
Dexò primero de su espuma cano, *263,410*
Pisò las huellas casi de el primero *263,1021*
El primero se quexa *264,537*
Blancas primero ramas, despues rojas, *264,592*
Consultarselo primero *269,1568*
Orbes son del primero i del segundo; *318,118*
Al primero preuiene sacramento. *318,459*
Ia de Villamediana honor primero, *318,602*
El primero breue surco. *322,240*
Tu ser primero, i glorîòsamente *364,10*
Que primero espuma fue. *378,52*
En valor primero a todos, *389,35*
El primero, porque ai otro segundo. *453,2*
Tarde, porque primero fue el camino. *470,8*
Como de primero salta, *495,19*

Primeros *9*
De nuestros primeros padres, *63,156*
Que pues de sus primeros nobles paños *77,65*
Los primeros años cuna, *148,47*
Las que administren sus primeros paños, *156,24*
Que a los primeros de el Diciembre frio, *199,12*
a sus primeros albores; *229,555*
En sus primeros años florescientes *279,11*
En tus primeros generosos paños. *280,18*
Los primeros abrazos le da a Tethis. *318,104*

Primicias *4*
Verdes primicias de el año *87,59*
Las primicias de las flores, *217,67*
son primicias de vn villete. *229,2000*
Al Labrador de sus primicias ara, *261,155*

Primillas *1*
I las dos primillas, *5,35*

Primo *6*
— Donde, primo? *308,3*
— E que sarà, primo, tu? *308,14*
— Veamo, primo, bolando *308,25*
— Donde, primo? *308,29*
— Donde, primo? *308,41*
Entra, primo. Fuera allà *309,18*

Primor *3*
No sin primor ni trauajo, *28,50*
Que, segun es tu primor, *28,74*
Bailemoz, i con primor, *210,18*

Primores *1*
con mas gala i mas primores, *229,517*

Principales *2*
I a cartas de señoras principales), *201,11*
Tus casas son principales *229,2966*

Principalmente *1*
Principalmente en dar quartos. *269,672*
Principe *15*
El Principe mil cuidados, *7,11*
Principe Martyr, cuias sacras sienes, *77,35*
PRINCIPE tendrà España, *156,35*
Sed Principe o sed plebeio, *161,129*
Sacra ereccion de Principe glorioso, *195,9*
Principe que es de la sangre, *217,39*
Que al Principe entre olandas, *263,165*
Principe les succede, abreuîàda *264,811*
Lucrecia bella, el Principe Troiano *269,1226*
Tantos siguen al Principe gallardo, *279,28*
Que el principe Belisardo *496,2*
Del Principe de Tebas este dia *499,53*
Viene gallardo el Principe. Gallardo *499,92*
El Principe que cada qual espera. *499,121*
El Principe, que desseo *499,277*
Principes *6*
De Principes, de Grandes, de Señores; *155,6*
Con todos estos Principes de acero, *222,3*
Principes, buen viage, que este dia *233,3*
A los Principes, que iràn *288,74*
Con el gran Duque. Principes, a Dio; *379,2*
Principes? Mucho mas es Cardenales, *421,19*
Principio *3*
Principio al fin, bien al mal. *2,48*
Culto principio dio al discurso; quando *263,236*
Al principio distante, *264,711*
Principios *2*
Mancebo de altos principios *61,9*
(Mirad que humildes principios) *89,22*
Pringa *1*
Que tiene, pringa señora? *207,6*
Prior *1*
Que los que el Padre Prior *190,3*
Prisa *1*
Escribo? Que prisa es esta? *269,1998*
Prision *10*
Las rejas de su prision! *227,16*
Blaspheman almas, i en su prision fuerte *253,10*
De su prision, dexando mis cadenas *264,135*
Repite su prision, i al viento absuelue. *264,744*
Quando la fulminada prision caia *264,802*
Que es su prision nuestras alas. *269,985*
En prision me poneis dura; *269,1091*
En quan estrecha prision *269,1739*
Prision del nacar era articulado *341,1*
Esta hermosa prision, *383,1*
Prisiones *2*
Ni a otras prisiones condena, *178,12*
I tus prisiones ia arrastraua graues; *264,566*
Prission *2*
Qual tierno ruiseñor en prission dura *139,10*
Prission tan cerrada al fin, *243,14*
Priuado *5*
(Culpa de la muger de algun priuado), *151,6*
O sois priuado de quien *161,141*
Como os veo tan priuado *229,3215*
No inuidies, ô Villegas, del priuado *294,9*
De el dueño solicita, i de el Priuado: *452,13*
Priuança *2*
Quien pretende la priuança *217,25*

Al periodo fue de la priuança. *318,188*
Priuanças *1*
Ceuar suele, a priuanças importuna. *219,13*
Priuando *1*
De peces priuando al mar, *10,55*
Priuas *1*
Que priuas a qualquier hora *121,116*
Priue *1*
Le den Titulo a aquel, o el otro priue. *203,102*
Priuilegia *1*
Que priuilegia el cielo i dora el dia! *51,6*
Priuilegian *2*
I que mas priuilegian sus crystales, *92,6*
Vnguentos priuilegian oi súàues *248,3*
Priuilegie *1*
No priuilegie Amor aleuosias. *229,33*
Priuilegien *1*
O grutas ia la priuilegien hondas, *264,433*
Priuilegio *1*
por priuilegio rodado, *229,1872*
Priuilegiò *1*
Priuilegiò en la sierra *263,305*
Priuilegios *4*
los priuilegios le rompen. *229,559*
Sus priuilegios rompa oi a la muerte. *260,14*
Priuilegios, el mar a quien di redes, *264,575*
Todos los priuilegios de la vista. *315,48*
Priuò *1*
Dèl verde honor priuò las verdes plantas, *52,2*
Prò *1*
Esto es la Corte. Buena prò les haga. *69,14*
Proa *1*
En pedir tiene su proa *269,216*
Probando *2*
rasgos probando vna pluma, *229,1825*
letras probando vna fee. *229,1826*
Probar *1*
Dice que quiere probar *107,43*
Probarnos *1*
I quiere probarnos esso *126,42*
Procede *3*
Sin luz procede el mas despauilado, *229,7*
Tal el jouen procede en su viage, *279,22*
Mas procede al polo attento. *384,24*
Procedem *1*
Procedem os machos romos *303,22*
Procedes *1*
Ô quan muda que procedes! *275,85*
Procedida *1*
De vana procedida preeminencia, *318,550*
Proceloso *1*
Al viento que le peina proceloso *261,59*
Procesiona *1*
Veremo la procesiona, *207,20*
Proceso *2*
Pues no has tomado a proceso *407,6*
Remitirèle el proceso *477,21*
Procession *1*
En procession. *301,53*
Processo *1*
Del processo ia concluso, *322,378*
Proclamado *1*
Al maior ministerio proclamado *318,225*
Procura *5*
Vete, i procura hacello. *229,365*

Que del clauel procura acompañada *263,744*
Procura no merendar *351,31*
Ia el tabernero procura *495,41*
Procura al que te reciue, *498,7*
Procuradles *1*
Procuradles, oi antes que mañana, *446,5*
Procurador *1*
De vn Procurador de Cortes *96,93*
Procuran *1*
Procuran derribarse, i derribados, *263,975*
Prodiga *1*
La niega avara i prodiga la dora. *261,80*
Prodigio *1*
Prodigio dulce que corona el viento, *203,28*
Prodigios *1*
Tu, a pesar de prodigios tantos, hecho, *280,56*
Prodigiosas *1*
Las prodigiosas armas de vn venado. *137,4*
Prodigioso *1*
El prodigioso fuelle de su voca; *261,348*
Prodigiosos *1*
Arroios prodigiosos, rios violentos *108,6*
Prodigîosos *1*
Prodigîosos moradores ciento *264,471*
Prodigiossa *1*
De sierpe prodigiossa, que camina *203,77*
Prodigo *1*
Prodigo desatò el hierro, *322,465*
Produce *2*
A cada vara de lo que produce. *203,96*
Quantas produce Papho, engendra Gnido, *261,333*
Producen *1*
Producen oro i plata a marauillas. *443,8*
Produci *1*
"At Carmen potest produci", *275,121*
Producir *2*
Ha sabido producir, *82,128*
Ierba producir se atreue *301,2*
Productor *1*
Fragrante productor de aquel aroma *263,492*
Produxo *1*
Quando la selua produxo *322,326*
Produzga *1*
Nos dexò Antonio. Produzga *275,119*
Produzgan *1*
Soliciten salud, produzgan vida; *360,13*
Próèzas *1*
Tus próèzas escribir, *82,122*
Profana *1*
Ceremonia profana *263,119*
Profanado *1*
Profanado, escalò vn dia *285,19*
Profanan *1*
Profanan con sus abraços *131,127*
Profano *4*
Consultada en oraculo profano, *250,10*
Que su religion profano. *348,25*
Hurtale al esplendor (bien que profano, *368,13*
Concurso vio ia Cordoba profano; *437,11*
Profanòlo *1*
Profanòlo alguna vez *357,17*
Professa *1*
Solamente oi se professa *269,7*
Professar *2*

Quereis professar en dia *176,18*
adonde professar puedo, *229,2125*
Professas *1*
De la amistad que professas, *269,840*
Profession *5*
En patria, en profession, en instrumentos *67,14*
De cuia profession *103,33*
Aun mas que en la profession, *161,46*
Para vuestra profession, *176,2*
La profession harà entierro, *176,7*
Profunda *3*
La cauerna profunda que a la peña; *261,36*
Buzo serà bien de profunda ria, *264,800*
Profunda sciencia de valor diuino, *269,391*
Profundamente *2*
Profundamente tañida *149,21*
Quiçà tan profundamente, *149,23*
Profundas *3*
Dèl tiempo si, que sus profundas bassas *219,7*
Tu, cudicia, tu pues de las profundas *263,443*
Cueuas profundas, asperos collados, *476,13*
Profundo *13*
Tanta belleça en su profundo seno *16,13*
En vn parassismal sueño profundo, *101,2*
Del profundo, del immenso *259,99*
Vrna suia el Occéano profundo, *264,163*
Descubro, ese voraz, ese profundo *264,402*
Aun de los moradores del profundo; *289,11*
Mar de virtudes profundo, *306,18*
La vrna de el Eridano profundo *318,278*
Enjugando el Occéano profundo; *318,400*
En el valle mas profundo; *322,108*
De el parasismo profundo, *322,420*
Gouierno prudencial, profundo estado, *421,12*
I leido en las cosas de el profundo, *453,6*
Profundos *2*
I sus profundos estanques, *63,34*
En los profundos senos de la sierra. *263,977*
Progenie *1*
Progenie tan robusta, que su mano *263,821*
Progenitores *1*
De vuestros dos se veen progenitores *335,13*
Prognosticada *1*
Preuista le turbò, o prognosticada, *261,303*
Prognosticado *1*
Que has prognosticado oi? *229,1170*
Progressos *1*
Importan sus progressos acertados: *402,13*
Prolija *2*
Ô blanca luna prolija! *229,1134*
Con la animosa cuerda, que prolija *264,431*
Prolijas *1*
Horas en el mal prolijas, *354,11*
Prolijo *6*
En cuio alcance prolijo *179,37*
De ser huesped prolijo; *229,103*
Bien puedo serte prolijo, *229,886*
De dichoso sea prolijo *229,2558*
Quies que sea mas prolijo? *229,2990*
Con torcido discurso, aunque prolijo, *263,200*
Prolixa *14*
Toda la oracion prolixa, *74,118*
La prolixa ausencia *80,3*
Puente instable i prolixa, que vezino *162,3*
Prolixa sea i dichosa; *206,12*

De confusion tan prolixa *229,3178*
Con vna arenga prolixa *229,3534*
Sobre la mimbre que texiò prolixa, *261,159*
A la prolixa rustica comida, *263,856*
La prolixa carrera *263,1048*
La comida prolixa de pescados, *264,246*
Sus alas el testigo que en prolixa *264,976*
Con prolixa lentitud, *282,7*
Prolixa preuencion en brebe hora *318,521*
Solicitando prolixa *378,53*
Prolixas *1*
Alas desplegò Ascalapho prolixas, *264,887*
Prolixo *9*
Obras ambas de artifice prolixo, *261,458*
De su discurso el montañes prolixo, *263,505*
Verdugo de las fuerças es prolixo. *263,679*
Largo curso de edad nunca prolixo; *263,894*
I si prolixo, en nudos amorosos *263,895*
El duro remo, el cañamo prolixo; *264,391*
Can de lanas prolixo, que animoso *264,799*
Carrete mas prolixo *313,47*
Que infamar le vio vn alamo prolixo, *318,87*
Prolixos *5*
Prolixos achaques son; *225,5*
De colores prolixos, *264,639*
En los prolixos terminos del dia; *318,148*
Vinculo de prolixos leños ata *318,482*
Los prolixos escritos de su Encia. *433,4*
Prologo *1*
En vez de Prologo quiero, *259,21*
Promesas *1*
Las promesas de Marfira, *126,17*
Prometas *1*
Gerardo, no te prometas *269,61*
Promete *6*
Nos promete en sus señales *63,78*
A Venus i a Amor promete *75,43*
De las que el Abril promete, *88,6*
que vn Granadino promete? *229,1754*
Quien de mi esso se promete. *269,388*
Sirue el que en lo que promete *417,2*
Prometedor *1*
Vn Conde prometedor, *410,1*
Prometen *1*
se prometen por acà, *229,1756*
Prometer *1*
De cosa puede prometer certeza, *99,2*
Promethea *1*
Complice Promethea en la rapina *324,5*
Prometia *1*
Maior que se prometia *95,27*
Prometida *3*
a la razon prometida. *229,1363*
la prenda ia prometida. *229,2615*
La tierra ia prometida, *321,2*
Prometido *1*
Quanto ha prometido (en vano) *417,7*
Prometiò *1*
Quanto se nos prometiò? *301,8*
Prometo *6*
I de que le entendiò io os lo prometo, *202,12*
Que lo guardarè os prometo *229,208*
Ecija se ha esmerado, io os prometo, *255,5*
Que sentis? Nada. Prometo *269,1895*
I a quien, os prometo a Dios, *269,2009*

Que a pesar de sus filos me prometo *396,10*
Promontorio *3*
De el Pharo odioso al Promontorio extremo;
    261,124
El Promontorio que Eolo sus rocas *263,447*
Si Promontorio no, vn cerro eleuado, *264,303*
Promouido *1*
A Maioral en esto promouido *318,101*
Prompta *1*
Con prompta solicitud, *269,490*
Promptitud *1*
Me enbestì con promptitud, *269,422*
Prompto *1*
No ai silencio a que prompto no responda;
    263,674
Promulgare *1*
Si el ia promulgare mal *369,5*
Propagada *1*
Ô religion propagada *275,81*
Prophanado *1*
Tu claustro verde, en valle prophanado *295,7*
Prophecia *1*
Que antes amaneciò su prophecia. *404,36*
Prophecias *3*
Que prophecias no engañan. *300,5*
Que prophecias no engañan. *300,31*
Que prophecias no engañan. *300,44*
Propheta *2*
Propheta en cuio fauor *211,9*
Vno a otro Propheta. Nunca en vano *400,13*
Prophetas *1*
Baxa de sus dos Prophetas. *275,32*
Prophetizò *1*
Del que lo prophetizò. *321,19*
Propia *6*
en mi propia enfermedad *229,956*
preuienes la inuidia propia? *229,2655*
De su guirnalda propia. *263,302*
En vuestra propia moneda, *269,1395*
Pisuerga sacro por la vrna propia, *318,365*
La propia a Gil no le basta, *419,48*
Propias *2*
quien en las entrañas propias *229,1302*
Pollos, si de las propias no vestidos, *264,954*
Propicia *4*
Sed propicia, sed piadosa, *206,4*
Sed propicia, sed piadosa. *206,13*
Sed propicia, sed piadosa. *206,20*
Atomo no perdones de propicia. *421,71*
Propicio *2*
Ia que secreto, sedme mas propicio *21,12*
Propicio albor del Hespero luciente, *318,142*
Propio *4*
Iáèz propio, boçal no de Guinea; *113,8*
su propio nombre arreboza. *229,729*
Cobrado el Bahari, en su propio luto, *264,875*
Tanto culto aun de si propio. *357,16*
Propios *1*
I de sus propios hijos abraçado. *264,647*
Proporcion *1*
I fue siempre en proporcion. *161,84*
Proporcionado *1*
Proporcionado cañuto *322,66*
Proposito *1*
mui a proposito ha sido. *229,1828*

Propria *3*
siruiendo en su casa propria, *229,773*
Dulce propria eleccion, no fuerça agena, *229,1066*
Agena inuidia mas que propria cera, *434,13*
Propriamente *1*
I que propriamente error, *227,14*
Propriedad *1*
pues con propriedad no poca *229,166*
Proprio *2*
pues me niega el proprio hijo, *229,3024*
O clima proprio, planta mia perdida, *264,131*
Proprios *1*
Arcos del cielo, o proprios o imitados; *155,8*
Propuesto *1*
Que el amor que os he propuesto *168,6*
Propuso *2*
No en circos, no, propuso el Duque atroces *318,505*
A fuer de Aurora propuso; *322,146*
Prora *2*
La prora diligente *264,49*
Su parda aguda prora *264,64*
Prorogado *1*
Masse Lobo ha prorogado, *481,2*
Prorrogacion *1*
prorrogacion de tu vida, *229,2536*
Prorrogando *2*
Prorrogando sus terminos el duelo, *318,409*
Prorrogando engaños de otro, *357,26*
Prosa *1*
A dos escudos en prosa, *6,77*
Prosapia *1*
En su verso eternize su prosapia, *1,50*
Proseguida *1*
Por galardon proseguida, *132,67*
Proserpina *1*
El deforme fiscal de Proserpina, *264,892*
Prosigamos *1*
I el dibuxo prosigamos, *228,126*
Prosigue *3*
Venerale, i prosigue tu camino. *274,8*
Belga gentil, prosigue al hurto noble; *343,9*
Las venera, i prosigue, ô forastero, *368,46*
Prospera *1*
Prospera al fin, mas no espumosa tanto *263,926*
Prosperidad *1*
que en larga prosperidad *229,3509*
Prosperos *1*
Con humildad de prosperos baqueros, *169,10*
Prossigue *1*
Prossigue, velando sueños, *106,28*
Prostra *1*
Philippo a tus pies se prostra, *259,66*
Proteruo *1*
Que por mas que sea proteruo, *269,975*
Protestoos *1*
Protestoos delante Dios *229,3012*
Protheo *1*
Harpon vibrante, supo mal Protheo *264,425*
Prothonecio *1*
Que prothonecio harà *322,339*
Prouean *1*
Sin que los prouean los Reies. *59,36*
Prouecho *4*

Aunque no mui de prouecho, *159,34*
no es para el prouecho mio, *229,164*
Que es dèl? No està de prouecho. *229,2808*
Do aprendiò su prouecho i nuestros daños. *447,4*
Proueen *1*
Hombres que se proueen ellos, *59,35*
Proueer *1*
Que le ha hecho proueer donde *167,99*
Proueido *1*
I quanto se ha proueido, *159,7*
Proueìdo *3*
Porque oleis a proueìdo *161,139*
Irà oliendo a proueìdo. *167,100*
Mas por hombre proueìdo *187,9*
Proueiò *1*
El mismo se proueiò; *482,4*
Prouida *1*
Prouida mano, "Ô bien viuidos años! *264,363*
Prouidas *2*
Qual prouidas hormigas a sus miesses, *263,510*
De prouidas hormigas, o de auejas *279,32*
Prouidencia *2*
(Quan bien su prouidencia *421,55*
Vn iusto por Diuina prouidencia. *433,8*
Prouido *1*
Prouido el Sando al gran consejo agrega *318,257*
Prouincia *2*
De la Prouincia por ti, *259,87*
Pues tiene por prouincia a Picardìa. *471,4*
Prouinciaron *1*
Quando paz prouinciaron infinita *437,12*
Prouincias *5*
Emula de prouincias glorîòsa, *77,70*
Las Prouincias de Europa son hormigas. *261,144*
Mas de Prouincias enteras. *275,68*
Prouincias, mares, reinos differentes, *279,13*
Exercitos, Prouincias, Potentados. *415,15*
Prouision *1*
En mui baxa prouision, *161,138*
Prouisiones *1*
despacha sus prouisiones. *229,635*
Prouission *1*
Sobre cierta prouission *161,86*
Prouoco *1*
Las vezes, pues, que prouoco *348,16*
Prouoque *1*
Sin que a risa me prouoque, *493,8*
Proxima *2*
Proxima arena de esa oppuesta plaia, *264,372*
Proxima siempre a la maior distancia, *318,547*
Proximo *1*
Que en vn proximo cebado, *322,329*
Proximos *2*
Mis proximos en el Pardo *269,332*
Mis proximos con passo menos lento, *273,6*
Prudencia *12*
Que tienes prudencia al menos. *87,32*
Ô de el Sol de la prudencia *229,894*
prudencia tiene vna loca! *229,1901*
De tu prudencia, al encanto *259,25*
La prudencia es de tu hermana *269,1810*
(Que en la prudencia i el juicio *269,1828*

Moriste en plumas no, en prudencia cano, *280,1*
Florido en años, en prudencia cano, *317,1*
La prudencia Romana sus senados *318,262*
Que prudencia del poluo preuenida *393,7*
Octauo en nombre, i en prudencia vno, *421,28*
En prudencia, en cabello, en nombre, Cano. *437,14*
Prudencial *1*
Gouierno prudencial, profundo estado, *421,12*
Prudente *17*
Consorte es generosa dèl prudente *162,9*
De el Monarcha supremo; que el prudente *203,89*
Prudente pauon oi con ojos ciento, *246,13*
Prudente imitador! Tu dulce lyra *260,13*
Al viejo sigue, que prudente ordena *264,244*
Geometra prudente el orbe mida *264,381*
Politico rapaz, cuia prudente *264,654*
De esta, pues, virgen prudente, *275,105*
Lease, pues, de este prudente Numa *279,7*
Prudente Consul, de las seluas dino, *295,5*
Dulce beuia en la prudente escuela *318,57*
A sus Penates le admitiò el prudente *318,138*
Seruia, i el enfermo Rei prudente, *318,221*
No ia esta vez, no ia la que al prudente *318,385*
Mas republica al fin prudente, sabes *318,562*
PHILIPPO digno oraculo prudente, *336,2*
Febo imitador prudente! *487,6*
Prudentes *3*
Alcuza de las prudentes *176,15*
como prudentes personas, *229,743*
A la maior corona de prudentes. *318,580*
Prueba *2*
I fue prueba harto pesada; *10,52*
La prueba de la triaca *229,794*
Prueua *3*
Le diò a prueua de mosquete, *88,24*
Lo reciuieron a prueua. *159,10*
Lo que se teme se prueua. *229,2243*
Pruma *2*
Que dos pruma de escriuana. *207,25*
Coruo na pruma, cysne na harmonia. *430,14*
Psalmo *1*
Este psalmo le decia: *74,56*
Psalterio *3*
Al son dixo del psalterio *216,51*
Otro Moro? Otro psalterio? *229,3118*
A la voz el psalterio; *263,670*
Psyches *1*
Villana Psyches, Nympha labradora *263,774*
Ptolomeos *1*
Que el Egypto erigiò a sus Ptolomeos. *263,957*
Publican *1*
nos publican los cuidados. *229,2004*
Publicando *1*
Descansa publicando al fin sus penas; *229,13*
Publicar *3*
Ni publicar su mal ni hacer mudança. *41,14*
Publicar tan gran rebes; *269,188*
Que publicar mandò el hado, *322,379*
Publicàra *1*
que publicàra acà fuera! *229,450*
Publicarè *1*
O publicarè el dolor? *332,2*

Publico *3*
Mas que publico o secreto *6,52*
Hablele en publico aqui, *229,1793*
Ni publico don, ni oculto. *479,7*
Publiques *1*
I mi firmeza publiques *48,74*
Puchero *1*
I en vuestra ausencia, en el puchero mio *379,7*
Pude *1*
No pude hacer sala, *56,6*
Pudiendo *1*
Besar estrellas, pudiendo, *204,6*
Pudiera *20*
Que io os pudiera decir, *82,42*
quanto pudiera pedir. *229,2269*
en gran rato no pudiera *229,2392*
me pudiera reducir. *229,2397*
Si dar pudiera vn desguinze, *229,3026*
Quando pudiera bien Roma *259,78*
Consolalle pudiera el peregrino *263,507*
Pudiera antigua planta *263,552*
Tres vezes ocupar pudiera vn dardo. *263,998*
Surcar pudiera miesses, pisar ondas, *263,1032*
Negar pudiera en vano. *264,700*
Que peor pudiera ser? *269,152*
Vn Doctor, que traer pudiera *269,766*
Pudiera ser noche fria? *282,20*
Que pudiera por sereno *322,459*
Pudiera la pluma *350,13*
Ser pudiera tu pyra leuantada, *364,1*
Quien pudiera dar vn vuelo *388,1*
Estufar pudiera al Norte *414,11*
Con quien pudiera bien todo barbero *428,3*
Pudierais *1*
Que pudierais ser marido; *334,18*
Pudieran *6*
Cuias espaldas pudieran *88,15*
Que mal pudieran sin el. *217,16*
que otros pudieran lloralla. *229,3313*
Papillas pudieran dar *257,47*
Ni el membrillo pudieran anudado, *263,880*
Quanto pudieran prestalle *414,14*
Pudieras *1*
pudieras estarlo mas? *229,1461*
Pudieres *1*
Si pudieres, perdona *420,4*
Pudieron *1*
Lisongear pudieron breue rato *263,593*
Pudo *31*
No pudo suffrirlas mas, *10,51*
Puede mi mal, i pudo su dulçura! *33,14*
Pudo conmigo el color, *82,53*
Que pudo mas por dorada *91,43*
No pudo dezir mas, *127,32*
Romance fue el cantado, i que no pudo *202,9*
Tanto de vn pastor ia pudo *205,13*
Seràlo quien pudo hallaros *229,3103*
Su boca dio i sus ojos, quanto pudo, *261,191*
I al garçon viendo, quantas mouer pudo *261,485*
(Que beuerse no pudo el Sol ardiente *263,362*
Que pudo bien Acteon perderse en ellos. *263,490*
Mal pudo el estrangero agradecido *263,531*
El que resistir pudo *263,695*

Apenas arquear las cejas pudo; *263,1000*
La que tragar brasas pudo, *269,1285*
Qual pudo humedecer liuor el hilo *280,27*
Lo que pudo recoger, *287,34*
Attraer pudo, vocal RISCO attraia *290,13*
Mal la pizarra pudo *298,29*
La porcion que no pudo ser estrella. *318,232*
De el Himeneo pudo ser futuro. *318,300*
Vigilante aqui el de Denia, quantos pudo *318,369*
Desatar sus piedras pudo; *322,200*
Vîolar intentaua, i pudo hacello, *366,7*
Quanto aplauso pudo hacer *376,34*
Quien Duque pudo ser canonizado. *404,48*
Ni vuestra verguença pudo *409,7*
La mejor que pudo ver, *419,64*
Quien pudo a tanto tormento *480,1*
Mui bien te pudo picar; *499,335*
Pueblo *15*
Que en el pueblo tenia muchas; *26,58*
I le sigue todo el pueblo, *49,74*
Gritale el pueblo, haciendo de la plaça, *68,7*
Aspera como su pueblo, *87,56*
De el pueblo de Gruñimaque, *110,62*
De el pueblo a su heredad, de ella a su fuente. *203,93*
De vn pueblo vagando en otro, *229,520*
al pueblo del desengaño. *229,993*
Al pueblo llegan con la luz que el dia *263,645*
Curo las Damas del pueblo, *269,453*
Pueblo, competente escusa, *304,26*
El pueblo que alimentò. *321,13*
Admiracion del pueblo desgranado *442,3*
Pide perdon al pueblo que enojaste, *474,10*
Causò aquesto en el pueblo gran mohina, *475,12*
Pueblos *4*
Sacro pastor de pueblos, que en florida *180,1*
Al gran pastor de pueblos, que enriquece *194,10*
Que vezinos sus pueblos, de presentes *263,621*
Pastor de pueblos bien auenturado; *318,52*
Pueda *10*
Que vna guitarrilla pueda *6,85*
En piedra conuirtio, porque no pueda *41,13*
Deme Dios tiempo en que pueda *82,121*
Mas quien ai que pueda *160,14*
Porque se pueda leer. *217,44*
No sè què pueda decir. *229,836*
la pueda armar de muger. *229,2517*
Cuia Madera pueda dar cuidado. *441,11*
Que, aunque pueda ganar ciento por vno, *441,13*
Pillò su esposa, puesto que no pueda *453,10*
Puede *75*
Bien puede ser; *6,3*
No puede ser. *6,6*
Bien puede ser; *6,9*
No puede ser. *6,12*
Bien puede ser; *6,15*
No puede ser. *6,18*
Bien puede ser; *6,21*
No puede ser. *6,24*
Bien puede ser; *6,27*
No puede ser. *6,30*

Bien puede ser; *6,33*
No puede ser. *6,36*
Bien puede ser; *6,39*
No puede ser. *6,42*
Bien puede ser; *6,45*
No puede ser. *6,48*
Bien puede ser; *6,51*
No puede ser. *6,54*
Bien puede ser; *6,57*
No puede ser. *6,60*
Bien puede ser; *6,63*
No puede ser. *6,66*
Bien puede ser; *6,69*
No puede ser. *6,72*
Bien puede ser; *6,75*
No puede ser. *6,78*
Bien puede ser; *6,81*
No puede ser. *6,84*
Bien puede ser; *6,87*
No puede ser. *6,90*
Bien puede ser; *6,93*
No puede ser. *6,96*
Bien puede ser; *6,99*
No puede ser. *6,102*
Bien puede ser; *6,105*
No puede ser. *6,108*
Bien puede ser; *6,111*
No puede ser. *6,114*
Bien puede ser; *6,117*
No puede ser. *6,120*
Bien puede ser; *6,123*
No puede ser. *6,126*
(Dò el tiempo puede mas), sino, en mil años, *21,7*
Puede mi mal, i pudo su dulçura! *33,14*
I lo mas baxo que puede *57,18*
Tanto, que puede igualarse *63,114*
Mucho puede la raçon, *83,3*
I el tiempo no puede poco! *83,4*
Que puede ser mojonera *96,63*
De cosa puede prometer certeza, *99,2*
I si partir puede el freno *105,106*
No puede auer Lanzarote, *107,58*
Ô quanto puede, señora, *111,61*
El cielo os guarde, si puede, *131,135*
Temella puede el mar sin couardia. *151,11*
Que pide al cuerpo mas que puede dalle. *153,4*
Si tanto puede el pie, que ostenta flores, *198,11*
(Si puede ser canoro leño mio), *203,47*
Que puede ser iermo oi *217,95*
Si tanta distancia puede *228,199*
porque si Angel puede ser *229,657*
i que a San Ceruantes puede *229,3378*
Porque no nos puede veer: *242,23*
Que puede sanar el solo *242,86*
I puede esconderse mal *259,55*
Que si la mia puede offrecer tanto *261,22*
Cuio bello contacto puede hacerlas, *261,375*
El que menos peinar puede las flores *263,301*
Coserse la boca puede; *269,183*
Pues aguado puede ser *269,744*
No puede offender al Sol. *286,4*
Que no puede vna beldad, *286,13*
En Francia puede gastar; *288,92*
Se puede hazer! *301,64*

A vn Gitano, puesto que el *257,48*
Puesto en tiempo, corona, si no escala, *264,849*
Que me ha puesto a mi en cuidados. *269,792*
Puesto que maior de edad; *288,20*
De Iupiter, puesto que *322,335*
Pillò su esposa, puesto que no pueda *453,10*
Mas puesto se me va por lo deuò, *468,10*
Puesto que la alxaua pierda *499,230*
Puestos *2*
La gineta dos puestos coronados *155,5*
I como en el sus ojos puestos tiene, *475,13*
Pujante *1*
Dura pala, si puño no pujante, *318,69*
Pujo *1*
Porque siempre tuue pujo; *27,68*
Pula *1*
Templado pula en la maestra mano *261,9*
Pulgadas *1*
Sus pulgadas i sus zeros, *105,39*
Pulgar *1*
I mienta vn guante el pulgar. *418,12*
Pulgarada *1*
Vna i otra pulgarada. *269,270*
Pulgas *2*
Mientras me dexaban pulgas; *26,28*
Pulgas pican al pelon, *228,169*
Pulgatorio *1*
Que anda el cuerpo en pulgatorio, *6,125*
Pulia *1*
Las plumas del gentil pecho pulia *499,70*
Pulla *1*
Serà pulla para todos. *242,12*
Pullitas *1*
Pullitas, Casilda, a mi? *269,769*
Pulpa *1*
Aunque todo pulpa sois. *161,148*
Pulpito *2*
Pulpito de pesadumbres; *158,12*
Honor de el pulpito graue *259,47*
Pulpos *1*
Con mas pendientes que pulpos, *322,488*
Pulsa *1*
Pulsa las templadas cuerdas *133,5*
Pulsado *1*
De canoro instrumento, que pulsado *263,239*
Pulsando *1*
I pulsando vna dulce i otra cuerda, *256,49*
Pulsarle *1*
Pendiente, quando no pulsarle al viento, *312,22*
Pulso *6*
Alterase el pulso? Iuega. *229,2753*
Alterase el pulso? Si. *229,2798*
I a su pulso tu embajada *269,267*
Venga el pulso. Ambos quereis? *269,1894*
Le solicìtas el pulso, *322,12*
Pulso, que en el buen suceso *407,7*
Pulsò *1*
Pulsò las templadas cuerdas, *149,83*
Pululante *1*
El pululante ramo *263,330*
Puñados *2*
La ceuada por puñados, *96,146*
Con dos puñados de sol *122,39*
Puñal *5*
Si son de puñal bùido *105,104*

No el puñal, sino el dinero; *167,56*
en la cruz de este puñal. *229,3365*
I su puñal vn barbero. *269,135*
O la que al puñal desnudo *269,1286*
Puñalada *2*
Vna puñalada fiera. *269,153*
Puñalada a vna muger? *269,154*
Puñales *1*
puñales que por los ojos *229,1378*
Punçon *1*
Con vn punçon de vn estuche, *75,82*
Punctos *1*
De seis argentados punctos; *322,212*
Puñete *1*
Le asegundaba vn puñete. *88,104*
Puño *6*
Que la houera se cierra quando el puño. *313,8*
Quien quisiere pues hueuos, abra el puño. *313,24*
I que houeras cerrò vn cerrado puño. *313,40*
Quien os la pegarà quiçà de puño. *313,56*
Dura pala, si puño no pujante, *318,69*
Dos estocadas de puño. *322,120*
Puños *1*
De puños de hierro aier *147,1*
Punta *8*
Con la punta escrita *79,109*
La punta de vn alfiler; *90,18*
De vna punta insidîòsa *97,18*
Con la punta de esta espada *229,2772*
La maior punta de la excelsa roca, *261,490*
Buscar por la punta el pomo, *357,104*
Merced de la tixera a punta o lomo *397,5*
I esta punta dorada es quien los hiere. *499,42*
Puntal *1*
Es puntal de su aposento; *187,4*
Puntapies *1*
puntapies en Hespañol. *229,2493*
Puntas *12*
De tus saetas las puntas *26,114*
Corona en puntas la dorada esphera *45,9*
I en las espaldas las puntas *90,9*
I dan en las fieras puntas *95,39*
Que en puntas corona el cielo *121,39*
Las puntas de tus flechas?". *125,44*
Con las puntas de sus cuernos. *178,30*
Mas de puntas armado de diamante; *184,10*
i te andas haciendo puntas *229,224*
Que haciendo puntas mil *243,18*
Sus puntas desiguales, *264,846*
La raridad del aire en puntas ciento *499,64*
Punto *14*
La nariz tan en su punto; *28,80*
I al mismo punto dexaron *96,166*
Sobresaltòla en el punto *97,21*
I al punto el cielo se escombra, *149,84*
Marcelo, vn punto en la voca. *229,313*
luego al punto que mordio *229,350*
al punto me resolui, *229,2285*
el darte vn punto en la voca. *229,2513*
El tenellos tan a punto. *269,814*
En tal punto, que, Gerardo, *269,1644*
Ofrecerème io al punto, *269,1782*
Doctor, mis años. Buen punto *269,1974*
I fue condenado al punto, *322,26*

Desde aquel punto dichoso, *357,34*
Puntos *9*
Cinco puntos de geruilla, *6,2*
Mas que muchos puntos buenos *6,82*
Cinco puntos calça estrechos; *82,49*
Los puntos que no lograstes. *110,28*
Forma el page puntos, *160,55*
con cient puntos en su cara! *229,2705*
Que io de explicarle puntos, *242,83*
Tomado hemos grandes puntos *269,1700*
Iusticia en dos puntos hecho, *288,57*
Puntuales *1*
Deber a Genoueses puntuales; *463,10*
Puntualidad *2*
Con mas puntualidad, con mas decoro, *229,55*
Que con gran puntualidad *269,287*
Puntualmente *1*
Seguiste puntualmente, *103,26*
Puntùalmente *1*
Puntùalmente fue assi. *243,36*
Pupilas *1*
El padre de las pupilas; *74,40*
Pura *11*
De pura honestidad templo sagrado, *13,1*
Viste, sincera i pura, *229,1043*
candida, pura i bruñida, *229,3274*
Pura la Iglesia ia, pura te llama *270,9*
Pura la Iglesia ia, pura te llama *270,9*
Virgen pura, si el Sol, Luna i Estrellas? *270,14*
Cuio liquido seto plata es pura *281,28*
De ser Madre, pura quanto *307,7*
Del Arcturo corona, esta luz pura *403,6*
Religion pura, dogmas verdaderos, *421,11*
Sonò difusa por el aire pura *472,7*
Puras *2*
Calle, que centellas puras *269,1014*
Que de el Jordan labò aun las ondas puras: *318,460*
Pureça *1*
Si de su gloria la pureça suma *404,11*
Pureza *3*
Lo que muda admirò de tu pureza, *270,4*
O pureza fecunda o continencia. *368,42*
La pureza del armiño, *378,5*
Purga *4*
I el otro purga las calles; *63,8*
Lo que el dia de la purga *228,195*
Que vna purga es la piscina, *269,1800*
Quando esta purga crùèl *269,1882*
Purgado *2*
Purgar la villa i darte lo purgado, *71,11*
Con doctrina i estilo tan purgado, *425,12*
Purgando *1*
Purgando el aire i aplacando el Cielo. *156,12*
Purgar *2*
Purgar la villa i darte lo purgado, *71,11*
I vino a purgar por Maio. *123,40*
Purgarse *2*
Quiere purgarse en salud, *229,790*
I juzgò que purgarse le conuiene, *475,10*
Purgatorio *1*
Deis al purgatorio vn brinco, *269,1995*
Purgo *1*
Sangro al tiento, i purgo al buelo *269,425*
Purgue *3*

Con que purgue sus enojos. *83,72*
Que de monstros la edad purgue presente, *251,10*
Me purgue, i luego otro dia *269,1796*
Purgues *1*
No purgues a nadie, no, *269,1915*
Purguese *1*
Purguese luego a la hora, *269,1874*
Puridad *2*
Hablan siempre en puridad, *86,36*
que hablan en puridad? *229,337*
Purifica *1*
El aire se purifica, *149,85*
Purificacion *1*
De la Purificacion *229,932*
Purificò *1*
Purificò el cuchillo, en vez de llama, *364,9*
Purissima *1*
La purissima verdad *229,338*
Purissimas *1*
Purissimas açucenas. *498,32*
Puro *20*
Que a la esmeralda fina el verde puro *13,7*
Ia de puro terciopelo, *107,3*
de puro vano, i tras esso, *229,1193*
que de puro natural *229,1297*
En la alta cumbre veer su crystal puro, *229,1940*
Menos luz deue, menos aire puro *261,35*
La sangre que exprimiò, crystal fue puro. *261,496*
Que mucho, si el candor bebiò ia puro *264,631*
Marmol al fin tan por lo Pario puro, *264,698*
Tyranno el Sacre de lo menos puro *264,931*
Escudero quiero puro. *269,743*
I aun a su crystal puro *280,43*
Crepusculos mintiendo al aire puro, *315,3*
De vno ostentò i otro metal puro; *318,302*
Su corbo margen i su cristal puro *359,3*
Miembros apenas dio al soplo mas puro *361,9*
Quien alfange, de puro corbo tuerto; *381,4*
Cuios campos el zefiro mas puro *404,5*
La docta erudicion su licor puro, *425,2*
Que, de puro majadero, *492,2*
Puros *5*
Que, de puros seruidores, *159,25*
O el xugo beua de los aires puros, *264,295*
Aun de humildes dignada affectos puros! *315,66*
Aun a los atomos puros. *322,100*
Que aun los spiritus puros *388,15*
Purpura *27*
Qual en purpura embuelto, qual en oro, *77,22*
En purpura i en olores, *93,51*
Que ia de mejor purpura vestido, *195,10*
De purpura, i de nieue *229,99*
Tan de azul, tan de purpura teñida *229,1455*
Oro el caiado, purpura el vestido, *229,2202*
Del pellico a la purpura ascendiente, *250,7*
O purpura neuada, o nieue roja. *261,108*
Purpura Tyria o Milanes brocado. *263,166*
Ciñe, si no de purpura, turbante. *263,296*
Vn color que la purpura que cela *263,730*
Si purpura la rosa, el lilio nieue. *264,221*
De la purpura viendo de sus venas, *264,429*

Cuio pie Tyria purpura colora. *264,790*
Por los que visten purpura leones, *298,43*
Viste al aire la purpura del dia. *315,16*
Aun la que arrastra purpura flamante. *315,76*
Flammante el Castro en purpura romana; *318,318*
La nunca extinta purpura de Alberto *318,595*
Purpura illustrò menos Indîano *341,12*
La purpura robò a Menga, *357,51*
Dulce libando purpura, al instante *366,10*
A la purpura caìda *374,19*
La purpura Ducal creiendo: tanto *404,14*
Si bien toda la purpura de Tyro *421,21*
I, en purpura teñidos vuestros paños, *465,12*
Purpura ostenta, disimula nieue, *467,1*
Purpurea *6*
No a blanca o purpurea flor *142,23*
Purpura se dexò veer. *217,8*
Purpura terneruela, conducida *263,287*
Cerulea ahora, ia purpurea guia *263,1071*
De la purpurea concha de tu boca; *269,1262*
Como vuestra purpurea edad ahora, *395,2*
Purpuréàba *1*
Purpuréàba al Sandoual que oi dora. *318,144*
Purpuréàr *2*
I viendo purpuréàr *216,49*
Purpuréàr la nieue, *262,15*
Purpuréàra *1*
Purpuréàra tus aras blanco toro *360,7*
Purpureas *10*
Purpureas rosas sin temor de espinas, *20,8*
Sembrò de purpureas rosas *78,81*
Purpureas alas, si lasciuo aliento, *198,8*
A las purpureas cruzes de sus señas, *230,89*
Purpureas aues con hojas, *243,7*
O excelso CONDE, en las purpureas horas *261,3*
Purpureas rosas sobre GALATHEA *261,105*
Si de purpureas conchas no histrîàdas, *264,383*
Purpureas plumas dandole tu espuela, *280,39*
Tremolando purpureas en tu muro, *318,382*
Purpureo *10*
Purpureo el Sol, i aunque con lengua muda *31,3*
Se le caieron dèl purpureo seno; *42,11*
Su ia esplendor purpureo casta rosa, *221,2*
Purpureo son tropheo. *263,791*
Del liuor aun purpureo de las Phocas, *264,688*
Purpureo caracol, emulo bruto *264,879*
Humor se bebiò purpureo, *322,482*
Purpureo creced, raio luciente *335,1*
Purpureo en la edad mas que en el vestido, *421,2*
Con el purpureo pico de vna en vna, *499,71*
Purpuréò *1*
La purpuréò la tez. *355,84*
Purpureos *7*
Purpureos troncos de corales ciento, *261,380*
Purpureos hilos es de grana fina. *263,162*
Cuios purpureos senos perlas netas, *263,458*
Purpureos no cometas. *263,651*
Entre purpureos albores *268,62*
De aljofares purpureos coronado; *318,212*
Purpureos ojos dando al ayre ciego, *318,491*
Pus *1*

Este nieto de Pus Podos *242,66*
Puse *3*
Puse paz desde vn terrado, *74,87*
Io le puse: "cient azotes". *229,1239*
Tarde os puse la vista en la partida; *470,7*
Puselas *1*
Puselas en huida, *184,11*
Puselo *1*
Vino a mis manos: puselo en mi seno. *458,4*
Pusiera *4*
le pusiera la ceniza! *229,2759*
que el pusiera el pie en el suelo. *229,3081*
Pusiera vn cuerno de juro! *322,436*
Si el no les pusiera cobro. *357,64*
Pusieran *1*
Pusieran las manos mias. *269,158*
Pusieras *1*
Oxalà mas le pusieras! *229,1240*
Pusierase *1*
Pusierase el mis çapatos, *229,1847*
Pusiere *1*
A quien me pusiere dudas *477,22*
Pusieron *1*
Do se pusieron mil vezes *499,281*
Pusilanimo *1*
I al Samorin soberuio i pusilanimo *1,19*
Puso *6*
Que la ventura me puso *27,126*
La que os puso en su cadena. *121,10*
Grillos le puso de ielo; *226,47*
En blanca mimbre se le puso al lado, *261,203*
Con que se puso termino a la lucha. *263,980*
La puso casa, i la siruiò dos años. *447,8*
Pusome *1*
Pusome el cuerno vn traidor *82,109*
Puta *2*
Ô bien, hi de puta, puto, *322,434*
Puta con mas mudanças i mas mudas *449,3*
Puto *1*
Ô bien, hi de puta, puto, *322,434*
Pyra *5*
Pyra, no de aromatica arboleda, *247,3*
Pyra le erige, i le construie nido. *263,465*
Pyra es suia este monte de edificios. *312,12*
Ser pudiera tu pyra leuantada, *364,1*
Fueron pyra a sus plumas vagarosas, *457,7*
Pyramiburro *1*
Al señor Pyramiburro! *322,340*
Pyramide *2*
No barbara Pyramide, mas bella *229,2188*
vna pyramide tal? *229,2713*
Vrna es mucha, pyramide no poca. *261,492*
Pyramides *1*
Sino de las Pyramides de Egypto, *256,28*
Pyramo *11*
Que de Pyramo i su amada *7,39*
El Pyramo de su aldea, *216,7*
Pyramo fueron i Thisbe *322,17*
Ô Pyramo, lo que hace *322,101*
Al fin en Pyramo quiso *322,121*
Llorando Pyramo estaba *322,135*
Esta, Pyramo, es la herida *322,181*
Quando Pyramo citado, *322,229*
Orador Pyramo entonces, *322,269*
Como Pyramo lo viuo, *322,397*

Mortal son Pyramo vuelto *322,419*
Pyras *1*
De funerales Pyras sacro fuego. *318,240*
Pyratas *1*
De Africanos Pyratas freno es duro. *318,136*
Pyratica *1*
Contra esta pyratica Sentina. *318,392*
Pyreneas *1*
De las faldas Pyreneas *73,38*
Pyrineo *3*
Del Pyrineo adusto *256,23*
Que, adusto hijo de este Pyrineo, *261,62*
Del Pyrineo la ceniza verde, *264,759*
Pyru *1*
Piedra digo Bezahar de otro Pyru, *327,11*
Q *2*
A la Q. de nuestro coco. *242,104*
Que ai señor Q. tilde, que? *242,105*
Quadra *1*
Viue Dios, que no me quadra *229,2486*
Quadrado *1*
Cubriò el quadrado pino, *263,144*
Quadragesimal *1*
El quadragesimal voto en tus manos, *398,13*
Quadras *1*
I las quadras espaciosas *63,29*
Quadre *4*
De buscalle quien le quadre, *6,38*
Quando sobra quien le quadre, *102,18*
ai cosa que mas le quadre. *229,1251*
sin hallar quien mas le quadre, *229,3407*
Quadriles *2*
Cobijame los quadriles, *96,89*
En los quadriles pienso que se mata *438,3*
Quadro *2*
I aquella patena en quadro, *59,17*
Quadro de nuestra Lucrecia? *269,192*
Quadros *1*
I a dar librea a los quadros *356,6*
Quadrupedales *1*
Las huellas quadrupedales *322,381*
Quajada *1*
En que a pesar del Sol, quajada nieue, *263,626*
Quàl *1*
no sè de quàl diga mas, *229,780*
Qualidad *1*
Por tan mala qualidad. *130,36*
Qualto *1*
Danme vn qualto de pata, i lloro. *124,4*
Qualtos *1*
Ni en qualtos, aunque de pata *124,15*
Quan *29*
Quan diuersas sendas *8,5*
De veer quan al viuo tienes *28,62*
Quan dichoso podìa ser, *78,10*
Ô quan bien que accusa Alcino, *133,1*
Ô quan bien canta su vida, *133,9*
Quan bien llora su esperança! *133,10*
Ved quan milagrosa i quanta *177,11*
I mirad quan estremado, *229,1397*
Quan breuemente peligras! *229,2330*
Quan venerables que son, *257,1*
Quan digno de reuerencia, *257,2*
Quan triste sobre el porfido se mira *260,9*
Quan dulces te adjudicas ocasiones *264,658*

En quan estrecha prision *269,1739*
Ô quan muda que procedes! *275,85*
Quan mal de mi Sol las fia! *284,4*
Quan mal de mi Sol las fia! *284,16*
Ô quan bien las solicita *285,33*
Sudor facil, i quan bien *285,34*
Quan dulcemente de la encina vieja *295,9*
Quan sufrido en los desdenes. *306,21*
Quan bien impide su familia breue, *315,34*
Tan digno throno quan debido culto. *315,80*
I os dixera quan bien sabe *346,9*
Quan mudo es mi suffrimiento, *348,8*
Mi constancia quan fiel, *348,9*
Roma, lastima es quan poca *411,25*
(Quan bien su prouidencia *421,55*
Quan grande maestra soi *499,211*
Quando *284*
Quando fue a la feria. *5,20*
Quando cubra las montañas *7,17*
Quando pitos flautas, *8,3*
Quando flautas pitos. *8,4*
Quando pitos flautas, *8,11*
Quando flautas pitos. *8,12*
Quando pitos flautas, *8,19*
Quando flautas pitos. *8,20*
Quando pitos flautas, *8,27*
Quando flautas pitos. *8,28*
Quando salio bastante a dar Leonora *14,9*
Quando tu luz, hiriendome los ojos, *20,10*
Quando sacudir siente *25,2*
Pues quando mas de ti huia, *26,90*
Mirad que quando pensais *29,23*
Io sè quando fuistes perla, *29,49*
Quered quando sois queridas, *29,57*
Amad quando sois amadas; *29,58*
Quando a cada qual de ellos mas le agrada *33,7*
Quando Amor sacare a plaça *37,31*
Quando el viento le fatiga. *37,36*
Quando no de las crúeles, *57,54*
Quando tu me captiuaste: *57,71*
Quando sola te imagines, *59,57*
Que estan quando estoi ausente *59,74*
Quando tocaron al arma. *64,8*
I quando le toma *65,231*
Quando descubrir quiera tus affanes, *66,6*
Mas quando su arrogancia i nuestro ultrage *72,59*
Quando mas estaua llena *73,34*
Dizen que quando escribiste *73,93*
Ni sè quando la hablauan *73,107*
Ni quando reñian por ella. *73,108*
Haziendo, quando la veas, *73,118*
Quando vn dia a mediodia *74,66*
Quando en el sitio de Chypre, *74,73*
Quando el enemigo cielo *75,13*
Con los ojos quando sube, *75,26*
Con el alma quando baxa, *75,27*
Apenas espirò, quando *75,57*
Quando la doncella de Hero, *75,75*
Quando dèl Estio *79,9*
Quando ia cansada *79,77*
I quando la ingrata *79,91*
Quando se calçan sus pies *81,19*
Quando (Dios en hora buena) *82,85*
Quando ha de echarme la Musa *83,53*

Alabenla, i quando calle *85,7*
Quando mas mal de ti diga, *87,29*
Quando la bella terrible, *87,53*
Quando la murmuran luego; *87,76*
Quando por la puente abaxo *88,49*
Quando io presuma de el *88,71*
Quando hablar mas le compete. *88,92*
Quando furioso regais *89,31*
Quando sean vuestras aguas *89,33*
Quando vuestras aguas sean *89,37*
Quando mil neuados cisnes *89,41*
Quando beban vuestras aguas *89,43*
Quando el primero no sobre; *90,16*
Quando ellos agenas quexas *91,52*
Quando verdades no diga, *93,6*
Quando mas desesperado, *93,67*
Acabò sus quexas, quando *96,46*
I quando a los sordos remos *97,13*
Quando al humilde perdonas, *97,38*
Quando de vuestro dueño soberano, *99,12*
Quando sobra quien le quadre, *102,18*
I quando no admirado, *103,79*
Mas ai! que quando io mi lyra, creo *104,12*
Quando sale a visitar *105,73*
Del pecho, quando perdeis, *110,35*
Quando las tinieblas visten *111,35*
Quando se viò saltéado *115,23*
Que gimen quando el se quexa — . *115,34*
Quedad, quando mas vestidos, *116,23*
Quedad, quando mas vestidos, *116,38*
Quedad, quando mas vestidos, *116,53*
Tu esposo quando lidie, *120,17*
Quando dulcemente hable, *121,65*
Quando dulcemente mire, *121,66*
Quando corone su frente *121,68*
Dize Amor que, quando mira, *121,72*
"Hasta quando, enemiga, *125,19*
Hasta quando haras *125,23*
Quando el cielo la socorre *131,46*
I le entregan, quando menos, *131,77*
Quando mas està pendiente *142,42*
Quando el ciego Dios *144,58*
Quando todo el mundo llora? *158,4*
Quando mas casos se ven, *158,23*
De Lepe, quando no lo sean los llanos. *163,8*
Que mucho si el Oriente es, quando buela, *163,13*
Quando a la vela se haga *167,59*
Quando texieron la cuerda, *177,32*
Quando requieren las nasas, *179,45*
O quando los belos cogen, *179,46*
Quando pescador pobre *185,5*
Que quando a amanecer *193,20*
Este a Pomona, quando ia no sea *194,1*
Que escollo es, quando no Sirte de arenas, *196,7*
Quando serà aquel dia que por ierro, *197,12*
Quando balauas perdida, *212,6*
Quando las frentes se miran *215,3*
Apenas viò al jouen, quando *215,33*
Quando albricias pidiò a voces *216,41*
Salir quando mas curado, *225,9*
Concediaselas, quando *226,13*
Quando en estos busca miel? *226,73*
Quando en estos busca miel? *226,82*

Quando perdiò bella hija. *226,118*
Quando el moçuelo orgulloso, *228,185*
Quando yo en tu casa malo *229,74*
quando no esphera a tu hombro, *229,124*
quando el mancebo bicorne, *229,501*
quando el cielo desnudò *229,544*
i quando mas pensè veer *229,770*
Quando, vestirse quiere de brocado. *229,1047*
Quando acaso me aproueche *229,1188*
quando no a vn viuo vn réàl, *229,1202*
quando llegue Galeaço. *229,1281*
Quando fueras borron dèl *229,1460*
quando de tus embelecos *229,1591*
tronque el pie quando tal quiera. *229,1600*
quando tuue de Granada *229,1869*
Si, quando murmuran dèl. *229,2088*
Quando raios de tanta luna mora, *229,2182*
Nos dice, quando no en las cinco estrellas, *229,2205*
i elème quando la vi; *229,2299*
quando espozo le decia: *229,2567*
quando en ora buena os den *229,2584*
Quando tu firmeça sea *229,2707*
Tu casar? Io. Quando? Ahora *229,2721*
que quando el Austro mas gime, *229,2919*
i quando su espada esgrime *229,2920*
le echarè quando el si diga. *229,3303*
Quando ia en el puerto *230,59*
Quando lazos de tu Zerda *239,3*
Quando no os diga vn responso. *242,136*
Quando no primera copia *259,28*
Quando pudiera bien Roma *259,78*
Quando no de el sacrilego desseo, *261,30*
Mal conducidos, quando no arrastrados, *261,163*
Latiendo el can del cielo estaua, quando, *261,186*
Ala de viento, quando no sea cama *261,215*
Quando, a los verdes margenes ingrata, *261,219*
Quando al clauel el jouen atreuido *261,331*
Quando, de Amor el fiero jaian ciego, *261,341*
Quando niega la luz vn carro de oro, *261,371*
Mi voz, por dulce, quando no por mia. *261,384*
Quando en el cielo vn ojo se veia: *261,422*
Quando, entre globos de agua, entregar veo *261,441*
Quando el que ministrar podia la copa *263,7*
Quando entregado el misero estrangero *263,46*
Interposicion, quando *263,66*
Durmiò, i recuerda al fin, quando las aues, *263,176*
Quando el que ves saial fue limpio azero. *263,217*
Quando torrente de armas i de perros, *263,223*
Culto principio dio al discurso; quando *263,236*
Mudo sus ondas, quando no enfrenado. *263,242*
Quando hallò de fugitiua plata *263,472*
Quando en numero iguales i en belleza, *263,617*
Quando a nuestros Antipodas la Aurora *263,636*
Pisar queria, quando el populoso *263,712*

Llegò la desposada apenas, quando *263,963*
Quando fuertes no Alcides, *263,974*
El Sol, quando arrogante jouen llama *263,982*
Que quando Ceres mas dora la tierra *263,1028*
Los escollos el Sol raiaua, quando *264,33*
Quando no de los campos de Neptuno, *264,99*
Quando no le suceda, *264,155*
Quando mas escurecen las espumas, *264,261*
Quando frondoso alcaçar no, de aquella *264,288*
O el sudor de los cielos, quando liba *264,296*
Quando los suios enfrenò de vn pino *264,317*
Quando desatinada pide, o quando *264,438*
Quando desatinada pide, o quando *264,438*
Quando cerca de aquel peinado escollo *264,500*
I aun el siguiente Sol no vimos, quando *264,507*
Quando de tus dos Soles *264,560*
Al baio, quando no esplendor houero *264,678*
Del edificio, quando *264,709*
Que pisa quando sube *264,748*
Timida liebre, quando *264,767*
Quando la fulminada prision caia *264,802*
Quando solicitada del rûìdo, *264,881*
Quando la ocasion suceda; *269,78*
Quando quiero que seas Iudas? *269,160*
Quando nube no el vestido, *269,179*
Quando io se la offreciera, *269,323*
Confiesso de quando en quando *269,461*
Confiesso de quando en quando *269,461*
Quando entendi tenia gota. *269,552*
Quando he liado la ropa *269,561*
La vna quando se toma, *269,619*
La otra quando se paga. *269,620*
Quando no es en pepitoria. *269,652*
Quando me paguen los mas *269,655*
Que quando io quiera mulas *269,831*
Quando no fuera de seso, *269,906*
Quando? Vos lo sabeis eso. *269,918*
Para quando la señalas? *269,982*
Quando no a golpes de espadas, *269,1016*
Quando no pisen estrellas. *269,1145*
Quando admitiò a dúelo soberano *269,1228*
Quando no sea a la malicia *269,1300*
Quando no me sepan dar *269,1336*
Quando tu entrauas en casa. *269,1415*
Quando ofrezco a tu esperança *269,1514*
I que ha remitido el quando *269,1756*
Que quando vn vezino, a olias *269,1840*
Quando esta purga crúèl *269,1882*
Eternizado, quando no ceñido *272,13*
Quando no halda de xerga. *275,12*
Quando de flores ia el vulto se viste, *280,37*
Quando todo el mundo os niega *282,18*
Quando velera paloma, *285,49*
Quando a las serenidades *287,5*
Quando no crystal el pie, *287,45*
Quando el prado pisò alegre *288,51*
La arena enxuta, quando en mar turbado *294,13*
Quando toquen a los Maitines, *300,1*
Quando? Esta noche. Ô que bueno! *300,9*
Quando oian las campanas *300,20*
Quando toquen a los Maitines, *300,27*
Quando toquen a los Maitines, *300,40*
Pendiente, quando no pulsarle al viento, *312,22*

Que la houera se cierra quando el puño. *313,8*
El templo entraba quando al sancto Godo *315,31*
Bien que desnudos sus aceros, quando *318,21*
Quando al silencio metrico perdona *318,125*
Quando a la pompa respondia el decoro *318,343*
Quando al Corso no ai Turco que no crea *318,374*
Cuna, quando su thalamo no estrellas. *318,404*
Quando no la maior de continente *318,534*
Quando Palas por vellosa *322,79*
Quando fatal carauela, *322,137*
Quando vna el pecho tuio. *322,184*
Quando Pyramo citado, *322,229*
Nadas mas quando mas surto; *322,236*
Quando tropeçando Thisbe, *322,285*
Quando la selua produxo *322,326*
Quando vn suspiro de a ocho, *322,439*
Quando Partho i quando Turco; *322,476*
Quando Partho i quando Turco; *322,476*
Quando vuelue, el Tajo rubio. *322,480*
Esta de flores, quando no diuina, *324,1*
Tonante monseñor, de quando acà *327,1*
Iacia la noche quando *331,4*
Quando no anguila que sus tactos miente: *342,11*
Quando agradecerlo importe, *347,2*
Quando perlas bebe *349,10*
Quando ruiseñores, *349,12*
Quando diras que *350,30*
Quando no exceda, a la par *353,38*
Quando no maior, igual *353,42*
Disoluia, quando Amor, *355,91*
Quando sobre nuestro Coso *357,46*
Quando la brujula incierta *357,105*
Quando no lanuda aueja, *371,9*
Quando el silencio tenia *374,5*
Quando segur legal vna mañana *380,3*
Quando no llorando fuego. *384,10*
Que quando os mereciò aue, *390,15*
Quando no su margen flor". *390,48*
Quando el Monarcha deste i de aquel Mundo *391,12*
Querrà el Amor, querrà el cielo, que quando *403,10*
Quando no querais miraros *411,23*
Quando el impulso le engaña *412,5*
Es mui del Sol quando nace. *414,4*
Quando io victima ardia *416,7*
Quando paz prouinciaron infinita *437,12*
Quando en melada trate, o en xalea, *445,13*
Quando destruie con neuada huella *456,5*
Mas aduertida, quando mas se atreue: *456,11*
Es vicio la virtud quando es violenta. *460,14*
Quando te corte la robusta mano, *466,9*
Pues quando en vuestro Museo, *478,5*
Se hiço camara quando *482,9*
Quando Dios le hiço fiel, *486,18*
Quando te quies leuantar. *497,30*
Assi, pues, quando a este braço quiere *499,40*
Esto aun es quando se halla; *499,252*
Quando vierte desde Oriente *499,342*
Quanta 25
Quanta pechos heroicos *1,40*

Viendo con quanta passion, *10,45*
Ved quan milagrosa i quanta *177,11*
Mira la cabilda, quanta *207,30*
con quanta felicidad *229,2042*
con quanta raçon me aflijo, *229,3023*
De quanta Potosi tributa oi plata. *230,54*
Tantos jazmines quanta ierba esconde *261,179*
De quanta surca el aire acompañada *263,950*
Ô quanta al peregrino el Ameveo *264,626*
I con siniestra voz conuoca quanta *264,883*
De quanta le concede luz el dia. *281,6*
Quanta celebra beldad *287,31*
I mira con quanta risa *301,20*
A quanta Ceres inundò vezina, *318,175*
Que vn pecho augusto, ô quanta al fabor yaze
    318,213
Ô quanta le daran acciones tales *318,431*
La que a Pedro le asiste quanta espada *318,563*
Quanta pluma ensillaste para el que *327,3*
Quanta le estaua coronando gente, *336,6*
Ô quanta trompa es su exemplo mudo! *363,14*
Quanta esperança miente a vn desdichado!
    380,12
Insinuarè vuestra hermosura; quanta *395,9*
Quanta verdad esto es *418,27*
Ô quanta beberas en tanta escuela *421,10*
Quantas 59
Quantas troncaba la hermosa mano, *15,3*
I al fin la maior de quantas *63,233*
Como quantas vienen *65,15*
Que quantas son las cabeças *102,5*
Quantas al Duero le he negado ausente, *109,1*
Quantas joias os enseño; *121,144*
De quantas vecinas veemos, *130,18*
Por quantas vidas han muerto. *143,20*
Quantas Dianas Mançanares mira, *203,41*
Quantas contiene vn vergel *217,2*
Brama, i quantas la Libia engendra fieras,
    230,27
En cañas, quantas refinan *243,67*
De quantas ostentò naturaleza, *256,27*
De quantas honra el mar Deidades era; *261,114*
De quantas sedas ia hilò gusano *261,315*
Quantas produce Papho, engendra Gnido,
    261,333
Quantas el celestial zaphiro estrellas! *261,367*
Quantas el blanco pie conchas platea, *261,374*
De quantas vomitò riqueças graue *261,435*
Cabras aqui le interrumpieron, quantas,
    261,466
I al garçon viendo, quantas mouer pudo
    261,485
Tantas orejas quantas guijas laua, *263,560*
De la Lybia, i a quantas da la fuente *263,598*
Trençandose el cabello verde a quantas
    263,661
Quantas, de el vno ia i de el otro cuello *263,788*
Quantas a Pallas dulces prendas esta *263,833*
Quantas vozes le di! Quantas en vano *264,453*
Quantas vozes le di! Quantas en vano *264,453*
Quantas al mar espumas dan sus remos.
    264,664
Quantas del Océano *264,701*
Ô quantas cometer piraterias *264,959*
En quantas le densò nieblas su aliento, *264,968*

Quantos siluos, quantas voces *268,1*
Quantas barras embiò *269,1935*
Segundas plumas son, ô Lector, quantas *272,1*
Quantas segundas bate plumas bellas. *272,11*
Quantas al pie se le inclinan *286,11*
De quantas os clauò flechas el ciego *292,5*
Quantas le ha introducido España almenas;
    298,45
Quantas se oieron ondas en su orilla, *315,22*
Quantas le prestò plumas a la historia; *318,28*
Quantas ia fulminò armas el Griego. *318,64*
Ô, a quantas quillas tus arenas solas, *318,379*
Quantas niega a la selua conuecina *318,405*
Piadoso luego Rei, quantas destina *318,453*
Zeilan quantas su esfera exhala roja *318,475*
Quantas vezes impaciente *322,261*
Quantas el impedimento *322,265*
Quantas vueltas a tu ierro *322,431*
Tantas al sol, quantas vezes *333,10*
Siguelo, i en vez de quantas *333,49*
Quantos siluos, quantas voces *352,1*
Quantas mienten el azero; *354,26*
Quantas deben oi *356,60*
Quantas en el ojas vi. *375,50*
Quantas veces remontado *390,25*
Ceniças lo digan quantas *390,37*
Inuidia de quantas son *390,42*
Las ondas accusad, quantas os niega *431,7*
Quàntas *1*
Quàntas de grato señas te deseo, *426,13*
Quantia *1*
gente de maior quantia, *229,430*
Quanto 156
Al claro Sol, en quanto en torno gyra, *13,10*
Quanto mas a vna muchacha *27,53*
Quanto la terrible ausencia *28,31*
Quanto por mi captiuerio. *39,40*
Tanto por plumas quanto por espadas! *51,8*
Quanto tiene nombre, *56,35*
Quanto en la guerra triumphante; *61,48*
I que mira en quanto alumbra *63,235*
Quanto le detiene i habla, *64,42*
Quanto a lo primero, *65,17*
Trae quanto de Indias *65,122*
Quanto va de cuerdo a loco. *83,24*
Quanto va de cuerdo a loco. *83,48*
Quanto va de cuerdo a loco. *83,80*
Quanto va de cuerdo a loco. *83,104*
Quanto porque el Hespañol *88,25*
Quanto con pasos subtiles. *91,11*
Quanto a festejar las bodas. *97,12*
En quanto don Apollo el rubicundo *101,3*
Ô quanto puede, señora, *111,61*
Quanto es mas desden que hierba. *115,28*
Ved quanto deuo sentir *116,34*
Mas en quanto pisa Apolo *121,113*
El pie (quanto le permite *144,27*
Quanto mas dia de júicio se halle. *154,4*
I quanto se ha proueido, *159,7*
Emulo ia dèl Sol, quanto el mar baña; *171,6*
Quanto el campo a los monteros *179,21*
Ô quanto dèste Monte imperîoso *195,12*
Que quanto mas ausente del, mas peno, *197,7*
Ponme sobre la mula, i veràs quanto *203,86*
Tiempo le conced quanto *205,27*

Quanto el altar oi ofrece, *209,8*
Bellas quanto pueden ser. *217,4*
Loco estoy en quanto digo: *229,136*
Despachè quanto era mio, *229,472*
quanto vuela, i quanto corre. *229,579*
quanto vuela, i quanto corre. *229,579*
en quanto dice verdad. *229,869*
quanto pienso i quanto digo. *229,1866*
quanto pienso i quanto digo. *229,1866*
vendrà, tanto quanto el tierno. *229,2114*
Quanto te falta ia, quanto te queda. *229,2185*
Quanto te falta ia, quanto te queda. *229,2185*
quanto pudiera pedir. *229,2269*
que es quanto puedo decir! *229,2329*
"Quanto mejor fuera aì, *229,2367*
quanto me puedo holgar. *229,2617*
quanto me puedo holgar. *229,2625*
quanto me puedo holgar. *229,2633*
quanto me puedo holgar. *229,2641*
Quanto mas si al desarmar *229,2646*
quanto me puedo holgar. *229,2649*
Violante, de quanto vieres *229,2650*
quanto mas que ia imagino *229,2746*
Quanto huelgo de saber *229,2942*
en quanto Lelio. Ô amiga! *229,3087*
quanto es mi desdicha estraña? *229,3331*
Quanto lo siente la moça, *243,29*
Quanto el Boristhenes oia. *259,20*
Ocio attento, silencio dulce, en quanto *261,18*
Quanto las cumbres asperas cabrio *261,46*
Cercado es, quanto mas capaz mas lleno,
    261,73
Que el desden solicìta?   Ô, quanto ierra
    261,135
Sicilia en quanto occulta, en quanto offrece,
    261,137
Sicilia en quanto occulta, en quanto offrece,
    261,137
Quanto aquel de racimos la corona. *261,140*
Su boca dio i sus ojos, quanto pudo, *261,191*
Rico de quanto el huerto offrece pobre,
    261,199
I en quanto da el solicito montero, *262,16*
Desnudo el jouen, quanto ia el vestido *263,34*
Dorandole los pies, en quanto gyra *263,130*
De Baccho, quanto mas en su sarmiento,
    263,156
Es, quanto mas despierto, mas burlado.
    263,170
En quanto a su furor perdonò el viento.
    263,349
Que quanto en conocelle tardò Roma *263,497*
En quanto el hurta blando, *263,543*
El dulce lecho conjugal, en quanto *263,802*
Quanto estambre vital Cloto os traslada
    263,899
Quanto a la choça pastoral perdona *263,937*
Al exercicio piscatorio, quanto *264,213*
I el mar que os la diuide, quanto cuestan,
    264,375
Quanto en vasos de abeto nueuo mundo,
    264,404
De escama, quanto mas de nombre) atunes
    264,416
Que algunas vezes despedido, quanto *264,468*

Lee quanto han impresso en tus arenas, *264,568*

Quanto la generosa cetreria, *264,737*

Si bien jaian de quanto rapaz buela *264,755*

Esta emulacion pues de quanto buela *264,795*

Por el pendiente caluo escollo, quanto *264,825*

En quanto ojos del cielo. *264,901*

En quanto la hechura precia? *269,194*

Quanto mas, si he de dezillo, *269,685*

Quanto mas, que entiendo io *269,809*

Quanto ella en su alcance corra. *269,977*

Quanto mas vna cadena, *269,1119*

Pues quanto mas el se pinta *269,1204*

Quanto me dexas pagada; *269,1273*

Pues quanto mas la dà recio, *269,1316*

Quanto mas summa tan breue *269,1426*

Quanto i mas que mi cuidado *269,1634*

Ô quanto discurres lenta! *275,86*

Como asi la inuidia, en quanto *283,5*

Quanto lo sienten las ondas *285,5*

I quanto accusa desden. *287,32*

Debe quanto Lemosino *288,91*

Al mar, en quanto besa *298,2*

Incluie el hasta. Ô quanto *298,6*

Quanto se nos prometiò? *301,8*

Viua quanto *306,9*

Viua quanto *306,26*

Viua quanto *306,43*

De ser Madre, pura quanto *307,7*

No solo es ia de quanto el Duero baña *311,2*

Quanto la vieja attenta a su regalo. *313,3*

A quanto rasgo obliga *313,38*

Luminosos milagros hizo, en quanto *318,490*

De sus fuerzas, en quanto oiò el Senado *318,571*

En quanto boca con boca, *322,453*

Al blanco moral de quanto *322,481*

En quanto Febo dora o Cinthia argenta, *324,13*

En quanto, pues, estuuo sin cogellos, *340,5*

Hurtas mi vulto, i quanto mas le deue *343,1*

Vuestro desden, si veis quanto *348,17*

Quanto cautelò el pincel *355,94*

Quanto en tu camarin pincel valiente, *361,5*

Precipitado, ô quanto nos auisa! *363,13*

De quanto bella tanto vigilante. *366,14*

Quanto mas bobo he sido, mas espero *367,13*

Quanto fue quatro lustros de mercedes; *368,34*

Quanto el acero fatal *369,1*

Súaue quanto crúèl, *376,22*

Quanto aplauso pudo hacer *376,34*

Quanto el morir me es súaue *382,7*

Que mas ardo quanto mas *384,3*

El iman, quanto apartado, *384,23*

Quanto jazmin bello *389,51*

Ô gloria de quanto vuela, *390,41*

Menos actiuo, si quanto mas leue, *392,13*

Ô quanto tarda lo que se desea! *397,12*

Del maior Rei, Monarcha al fin de quanto *398,10*

Quanto oi hijo de Eua, *412,46*

Quanto pudieran prestalle *414,14*

En quanto de tu hermano, *415,10*

Quanto me dictò mi fe. *416,4*

Quanto ha prometido (en vano) *417,7*

Quanto abraçan las Zonas, *421,79*

Quanto deuota, se metiò a romero, *428,2*

En quanto suia, de vn hermoso cuero, *428,6*

De su rabaço vos, que es todo quanto *446,13*

A quanto ventosea en Castellano *452,3*

Miralla, en quanto otra region no mude. *453,11*

Quanto el deseo hizo mas suaue *465,3*

Antes, de quanto se acuerden *495,11*

I queriendo abrirse quanto *499,189*

Quanto mas lo que perdiste *499,204*

Quantos *66*

Mas, triste, quantos agueros *10,29*

Quantos en nuestra orilla cisnes graues *31,13*

Que quantos fueron mis años *39,29*

Quantos cabellos contiene. *57,60*

Mas que todos quantos leen, *59,66*

I quantos en tus reinos vno a vno *72,21*

De quantos Aphrica vee *78,38*

A quantos en sacrificio *94,17*

Quantos las aguas moran *166,7*

Quantos son los cazadores. *179,16*

Quantos en barquillos pobres *179,18*

— Sobrino, i quantos fuistes a Alfarache? *183,3*

Quantos baña comarcanos *228,66*

I descubriò vn "sepan quantos *228,110*

quantos Astrologos maman *229,1166*

I digo quantos mamamos, *229,1168*

que engaño a quantos me uen, *229,2818*

quantos ia me quedan son. *229,3228*

quantos oi dixeren tal. *229,3362*

Quantos en culto estilo nos ha dado *244,7*

Si de quantos la pompa de las aues *248,5*

Quantos engendra toros la floresta *250,13*

Rico de quantos la agua engendra bienes *261,123*

De quantos siegan oro, esquilan nieue, *261,149*

Quantos me dictò versos dulce Musa *262,2*

De quantos pisan Faunos la montaña. *263,189*

Quantos abre sepulchros el mar fiero *263,445*

El menos agil, quantos comarcanos *263,566*

Quantos humeros quenta la aldehuela. *263,641*

Quantos saluda raios el Bengala, *263,667*

Quantos murò de liquidos crystales *263,703*

Quantos engasta el oro de el cabello, *263,787*

Quantos la sierra dio, quantos dio el llano *263,854*

Quantos la sierra dio, quantos dio el llano *263,854*

Ofrece ahora, quantos guardò el heno *263,862*

La blanca espuma, quantos la tixera *263,917*

Quantos les enseñò corteses modos *264,57*

Diganlo quantos siglos ha que nada *264,193*

Quantos pedernal duro *264,584*

De quantos ciñen Libico turbante, *264,763*

De quantos sus dos alas aquel dia *264,839*

Quantos da la cansada turba passos, *264,940*

Quantos siluos, quantas voces *268,1*

Quantos, niña? Vn escudero. *269,747*

Quantos labran dulcissimos panales, *269,1242*

I quantos doi passos, creo *269,1344*

Lagrimas beua i quantos suda olores *274,13*

Quantos passos da en Hespaña, *275,35*

Por lo menos llama quantos *288,59*

Quantos o mal la espatula desata *313,49*

A quantos dora el Sol, a quantos baña *316,11*

A quantos dora el Sol, a quantos baña *316,11*

Mentida vn Tullio, en quantos el senado *318,161*

Vigilante aqui el de Denia, quantos pudo *318,369*

De quantos la edad marmores debora, *318,525*

Quantos siluos, quantas voces *352,1*

Quantos afectos les deben *353,21*

Quantos coraçones verdes *357,43*

En quantos ia tegiò choros, Belisa, *365,3*

Quantos respira azahares. *389,28*

Quantos juncos dexais frios *390,35*

Quantos forjare mas hierros el hado *400,1*

Vno mas a menos, quantos *413,39*

Quantos le dio sacrilegos altares *421,43*

Abriràn paso a quantos peregrinos *421,50*

De quantos adoraron al becerro. *435,8*

Quarenta *6*

De quarenta arcabuzazos. *96,36*

En quarenta consonantes *107,15*

Con quarenta mil de dote. *107,24*

que de quarenta mil pesos *229,2980*

Treinta, quarenta... Ô que estraños *269,1953*

Hiço mi edad quarenta i cinco, i mete *441,5*

Quaresma *1*

Donde siruen la Quaresma *27,129*

Quarta *2*

Quarta gracia Amor la llama *121,105*

Casta Venus llorar su quarta gracia, *260,10*

Quartago *2*

Vn estrangero quartago, *96,134*

Doña Hero en vn quartago; *228,76*

Quartanario *1*

Matò vn leon quartanario, *96,34*

Quarteles *1*

Los quarteles de mi escudo *111,13*

Quarteto *1*

tanto a vn quarteto apretò, *229,1483*

Quarto *12*

Darànos vn quarto *5,23*

I su quarto de las frutas, *63,37*

Al quarto de la Alua *65,135*

Que ni es quarto ni florin, *82,14*

Ese quarto de ternera: *188,8*

El Quarto Enrico iaze mal herido *220,1*

en menos de vn quarto de hora *229,1881*

De vn quarto de hora a esta parte *269,587*

Està el pobre sin vn quarto *269,793*

Que quarto apenas admitiò Collega *318,259*

Quinto de los Planetas, quiere al quarto *318,438*

De FILIPO fue el Quarto, del Monarca *421,24*

Quartos *6*

En dos quartos diuididos *63,23*

Que miden el Sol por quartos, *89,39*

hago quartos vn secreto. *229,177*

Fallo que hecho quartos mueras, *229,1492*

Quien en quartos la hechura. *257,40*

Principalmente en dar quartos. *269,672*

Quatrero *1*

Que aunque quatrero de bien, *210,25*

Quatreros *1*

Halcones quatreros son *301,52*

Quatridúàno *1*

Si quatridúàno es *229,714*

Quatrin *4*
Me libraua algun quatrin. *111,34*
Sin darsele vn quatrin de que en la Corte *203,101*
sin que faltase vn quatrin. *229,2417*
Que el quatrin no menos pilla *412,42*
Quatro *63*
Quatro escudos de paciencia, *2,17*
Holguème de quatro i ocho, *27,61*
La de quatro esquinas quiero, *27,125*
En casa de vn quatro picos, *27,127*
De todos quatro picudo; *27,128*
De quatro espuelas herido, *57,15*
Que quatro alas le mueuen. *57,16*
Quatro amigos chichumecos. *58,8*
I al Sophi quatro estandartes. *61,20*
Tres o quatro Magestades; *63,56*
A quatro i a cinco voces *63,183*
Quatro clauellinas; *65,116*
Con quatro onças de agua de chicoria *71,10*
Quatro o seis cauallerotes, *73,103*
Como quatro o seis entenas. *73,104*
Quatro palanquines vientos *75,59*
Sino mas de quatro cosas, *81,5*
Serui al Amor quatro años, *83,9*
I lauar quatro camisas *88,43*
Quatro higas. *93,28*
Tres a tres i quatro a quatro, *96,10*
Tres a tres i quatro a quatro, *96,10*
I le pongo en quatro dias *96,131*
Sus quatro enemigos leños *97,23*
De veinte i quatro quilates *105,23*
Nieto soi de quatro grandes *111,5*
I quatro flores de lis; *111,16*
I quatro tumbos de dado *122,40*
Mal logrò quatro parientes, *122,52*
Alma de sus quatro ojos, *148,43*
No se le da a Esgueuilla quatro blancas; *151,12*
Sobre quatro palmos *160,95*
Hiço fuga a quatro pies, *161,81*
Tres o quatro dias antes, *216,6*
De quatro remos por banco; *228,210*
quatro años de galeras. *229,1243*
Estando en quatro pies a lo pollino? *234,4*
Que quatro dedos de corcho? *242,108*
Que quatro vezes auia sido ciento *263,470*
Quatro vezes en doze labradoras, *263,889*
Premio los honrra igual; i de otros quatro *263,978*
Tres o quatro, dessean para ciento, *264,310*
Escogiò pues de quatro o cinco abetos *264,503*
Melindre de quatro suelas. *269,800*
Aunque quatro caracoles *269,1058*
Con lo qual, dos, tres, i aun quatro *269,1786*
Estos quatro o cinco dias? *269,1887*
Quatro o seis desnudos ombros *285,1*
Bolsa, de quatro mil soles esphera. *313,29*
A la que quatro de a ocho *322,159*
Tres o quatro siglos ha *322,295*
El tiempo, quatro lustros en la risa, *363,10*
Quanto fue quatro lustros de mercedes; *368,34*
Ô tres i quatro mil veces *388,25*
Quatro lagrimas llorar, *409,8*
De sus quatro labios ambas *419,35*
Tullò a vn Duque, i a quatro mercadantes *447,9*

No sois, aunque en edad de quatro sietes, *448,1*
Que te han echado quatro o seis figones. *449,8*
I a quatro amigas quatro mil coronas. *450,14*
I a quatro amigas quatro mil coronas. *450,14*
I en quatro lenguas no me escribas co, *468,12*
Lo vendran a entender quatro naciò; *468,14*
Quatrocientas *1*
Daràn quatrocientas. *160,12*
Quatrocientos *1*
I quatrocientos de vn grano. *96,152*
Quaxada *1*
Quaxada leche en juncos exprimida, *455,7*
Quaxado *1*
El celestial humor recien quaxado *261,201*
Quebrada *1*
Bien quebrada de color, *94,5*
Quebrado *4*
Que la del color quebrado *6,43*
— Muchas lanças avràn en vos quebrado? *70,7*
Su tumbulo parò, i de pie quebrado *255,3*
De el bel donaire i de el color quebrado, *445,2*
Quebrados *1*
O sois espejos quebrados, *186,3*
Quebrando *1*
Ia quebrando en aquellas perlas finas *20,5*
Quebranta *1*
Al que oi los fueros quebranta *269,1744*
Quebrantò *1*
Quebrantò nuestras saludes; *75,90*
Quebrar *1*
Quebrar la lança en vn Moro, *157,3*
Quebrò *2*
Qual vanco quebrò, *56,11*
Que quebrò con lo deuoto, *416,23*
Queda *23*
Mucho despues de la queda, *6,86*
Es la queda, i os desarma *29,26*
I solo de el Amor queda el veneno. *42,14*
Iunto al Tajo queda, *79,98*
Estandose queda. *160,62*
Se queda en si mismo todo, *209,14*
I queda con el su hermana? *229,1244*
queda? En el zaguan responde, *229,1661*
Encuentra el mar, estandose ella queda, *229,2139*
Quanto te falta ia, quanto te queda. *229,2185*
Señor Galeaço, queda *229,3226*
Queda que bostezar mas? *229,3352*
Nos dezis la mudança estando queda, *247,2*
Que el estoque al fin se queda, *269,79*
Con buena parte se queda. *269,668*
Aun escrupulo me queda *269,1396*
Donde queda? En su posada. *269,1472*
Mejor queda su marido. *269,1603*
El Mar se queda, que el baxel se baia. *318,376*
La que en el Tajo se queda. *384,16*
En vna fortaleça presso queda *440,1*
Que de su vista queda la persona *445,5*
La troba se acabò, i el auctor queda *453,13*
Quedaba *1*
Que, ia que quedaba assi *82,98*
Quedad *5*
Quedad, quando mas vestidos, *116,23*
Quedad, quando mas vestidos, *116,38*
Quedad, quando mas vestidos, *116,53*

Quedad, Violante, con Dios. *229,3130*
Io me voi, a Dios quedad. *269,1867*
Quedado *3*
El se ha quedado de ielo, *229,2936*
Se ha quedado en vago, ai triste! *284,2*
Se ha quedado en vago, ai triste! *284,14*
Quedais *2*
I quedais todas perdidas *29,29*
Antes os quedais haziendo *204,7*
Quedamos *1*
Quedamos pobres, fue Luthero rico; *469,12*
Quedan *1*
quantos ia me quedan son. *229,3228*
Quedando *5*
Ia iba quedando en cueros *82,81*
Partiendo me quedè, i quedando passo *277,10*
De joia tal quedando enriquecida *318,293*
Sin valor quedando alguno, *401,7*
Quedando con tal peso en la cabeça, *451,1*
Quedaos *3*
Quedaos en aquesa plaia, *39,43*
Adios, Nympha crúèl; quedaos con ella, *43,13*
Quedaos otra, Libia bella? *229,3444*
Quedar *4*
Donde se ha de quedar bobo, *242,98*
Por no quedar con los canes *269,339*
Pedir para mi, i quedar *269,853*
(Como vereis) ha de quedar oi hecha, *499,47*
Quedara *1*
Quedara con Saulo honrado, *486,16*
Quedarà *3*
Quedarà sin techo, *56,8*
quedarà infeliz amante, *229,1345*
Con el se quedarà. I tu? *229,2247*
Quedàra *2*
Assi lo quedàra io *229,667*
Este quedàra, aquel mas eloquente, *244,4*
Quedaràn *1*
Quedaràn preñadas, *494,42*
Quedarè *1*
Quedarè sano i galan *269,1798*
Quedaron *2*
Quedaron todas las Damas *73,57*
En la torre se quedaron, *228,82*
Quedarse *1*
I ha de quedarse, o andar *288,38*
Quedas *2*
El mar, estando quedas, *125,4*
Si suspendido te quedas *214,12*
Quedase *1*
Quedase el pobre aléàndo *269,693*
Quedasse *1*
No quedasse sin mastin; *82,100*
Quedete *3*
Quedete aqui, Cancion, i pon silencio *25,61*
Quedete en paz. Ella vuela. *229,1334*
Quedete, i perdona. Vete, *269,389*
Quedaua *3*
El que se quedaua alli, *3,22*
Que vn diente que le quedaua *29,44*
Viendo pues que igualmente les quedaua *263,630*
Quedauan *1*
De tal suerte, que quedauan *10,42*
Quede *8*

Io me quede, cumpla i vaia, *64,46*
I quede con vos el alma. *64,48*
sin que lampiño se quede, *229,3381*
Que manda se quede assi *269,13*
Quede en marmol tu nombre esclarecido, *317,9*
A vn alfange se quede Sarracino, *342,3*
Mas quede el braço contento, *499,132*
I quede la mano vfana, *499,136*
Quedè *3*
Ia que io no me quedè. *116,31*
Io quedè vna estatua muda, *229,2390*
Partiendo me quedè, i quedando passo *277,10*
Queden *4*
Queden, como de fee, de vista de ciegos. *72,17*
La adulacion se queden i el engaño, *203,58*
A la gula se queden la dorada *203,118*
se queden, i en su diamante, *229,1768*
Quedense *1*
Quedense en tu arboleda, ella se acuerde *30,12*
Quedese *8*
I quedese mi palabra *58,63*
Mas quedese aqui esta historia. *149,122*
Quedese esto entre los dos, *229,890*
Quedese, amigo, en tan inciertos mares, *263,499*
Quedese esto aqui, que voi... *269,366*
Quedese con el tintero, *413,44*
Quedese el arco, quedese la flecha, *499,49*
Quedese el arco, quedese la flecha, *499,49*
Quedesele *1*
Quedesele el Campeador, *111,51*
Quedetico *4*
Quedo, ai, quedetico, quedo. *268,40*
Quedo, ai, quedetico, quedo. *268,50*
Quedo, ai, quedetico, quedo. *268,60*
Quedo, ai, quedetico, quedo. *268,70*
Queditico *4*
Queditico. *301,25*
Quedo, ai, queditico, quedo. *352,28*
Quedo, ai, queditico, quedo. *352,38*
"Ia no mas, queditico, hermanas, *419,61*
Quedo *26*
O que malquisto con Esgueua quedo, *152,1*
Me guardan, si acà en poluos no me quedo, *203,69*
voime, aunque con vos me quedo. *229,142*
Quedo con mas libertad *229,2500*
Quedo, Galeaço, quedo. *229,3474*
Quedo, Galeaço, quedo. *229,3474*
Quedo, ai, quedetico, quedo. *268,40*
Quedo, ai, quedetico, quedo. *268,40*
Quedo, ai, quedetico, quedo. *268,50*
Quedo, ai, quedetico, quedo. *268,50*
Quedo, ai, quedetico, quedo. *268,60*
Quedo, ai, quedetico, quedo. *268,60*
Quedo, ai, quedetico, quedo. *268,70*
Quedo, ai, quedetico, quedo. *268,70*
Que io me quedo commigo. *269,390*
Tan agradecido quedo *269,827*
Doctor. Amigo, hablad quedo. *269,1174*
Bien quedo lisongéàda *269,1270*
Pagandoos, pagado quedo *269,1392*
Quieres matarme? Habla quedo. *269,1477*
Quedo, ai, queditico, quedo. *352,28*
Quedo, ai, queditico, quedo. *352,28*

Quedo, ai, queditico, quedo. *352,38*
Quedo, ai, queditico, quedo. *352,38*
Adios, mundaço. En mi quietud me quedo, *454,12*
Tres vezes i dichas quedo, *499,353*
Quedò *18*
Porque al salir, o todo quedò en calma, *14,13*
Cabal me quedò el cabello, *27,71*
Quedò enxuto i perfumado; *28,44*
Quedò la Corte tan sola, *73,53*
Quedò ermitaño Amadìs. *82,76*
I tan seglar se quedò, *130,6*
De la que moça quedò *227,42*
Quedò aturdido el moçuelo, *228,101*
con mas oidos quedò *229,1745*
Quiçà quedò menos ronco *242,80*
Immobil se quedò sobre vn lentisco, *263,192*
Del alma se quedò la mejor prenda, *263,501*
Texido en ellas se quedò burlado. *264,95*
Angulo quedò apenas del palacio. *318,524*
Quedò verde. El seco junco *322,314*
Hermosa quedò la muerte *322,469*
Quedò qual antes florida; *374,18*
Si no se quedò al correr *499,178*
Quèdome *1*
Quèdome porque la vena *490,26*
Quedos *1*
Que aun los peñascos la escuchàran quedos. *263,253*
Quedòse *1*
Quedòse mi ida en ellos, *116,30*
Queim *1*
Quien lo alumbrò deso? Queim? *303,25*
Quejas *3*
Que para sus quejas pide. *48,16*
No es ia sino de quejas *103,19*
De algun ruiseñor las quejas, *351,10*
Quejosa *1*
Me dixo: "No estès quejosa, *499,333*
Quema *1*
si no se quema las plumas, *229,752*
Quemadas *1*
Escapè de las quemadas *110,5*
Queman *2*
I la alma adonde se queman *75,71*
A veer qual se queman otros *83,26*
Quemaràs *1*
I, por ser mora, quemaràs a Angè. *468,8*
Quenta *6*
Los raios le quenta al Sol *3,1*
A quenta de los poetas, *149,13*
Quantos humeros quenta la aldehuela. *263,641*
Quenta de su grangeria. *269,892*
Arbol los quenta sordo, tronco, ciego; *343,13*
Vuestra nariz como quenta, *411,27*
Quente *2*
Seruia i agradaua; esta le quente *318,217*
Humano primer Phenix siglos quente. *360,14*
Quento *1*
Su fondo i sus grados quento. *269,1857*
Quepa *1*
A dò quepa mi larqueza, *96,111*
Quepan *1*
I a mi donde quepan mas. *90,30*
Querais *3*

Ni querais culpar, *4,32*
Querais las bonitas. *65,260*
Quando no querais miraros *411,23*
Quered *1*
Quered quando sois queridas, *29,57*
Quereis *16*
Si me quereis bien *4,35*
Amantes, no toqueis, si quereis vida; *42,5*
No quereis que, mientras *160,54*
I si quereis todauia *167,5*
Quereis professar en dia *176,18*
Hijo me quereis hacer? *229,3149*
Que, os quereis voluer ia? Quiero *229,3468*
i quereis que lo sea io? *229,3501*
Si quereis, ô memorias, por lo menos *253,12*
Quereis que le haga el buz *269,46*
Luego solo quereis que ande? *269,81*
Que me quereis engañar. *269,1399*
Venga el pulso. Ambos quereis? *269,1894*
Si no quereis sea mi pluma *269,1979*
Mirad como quereis vos *348,39*
Vistiò Aganippe. Huis? No quereis veellos, *431,12*
Querella *4*
Al viento mi querella encomendada, *33,6*
Que gruñe? Que se querella *105,16*
Su voz i dulcemente se querella, *424,6*
De cada qual la querella. *499,219*
Querellarme *1*
I querellarme de aquella *48,7*
Querellas *6*
Ponga pues fin a las querellas que vsa, *41,9*
Al son de mis querellas *125,24*
I querellas despues, *193,30*
Lagrimosas de amor dulces querellas *263,10*
Dulcissimas querellas *264,516*
Lagrimosas dulcissimas querellas *318,406*
Querellese *1*
Querellese de su escudo. *27,32*
Queremos *1*
Armados hombres queremos, *27,119*
Querer *5*
De querer la otra doncella *102,14*
Que en solo vn casto querer *178,8*
Has, Lucrecia, de querer *269,1572*
I escuchòlos sin querer. *419,28*
Que nadie te ha de querer, *499,289*
Queria *8*
A todas queria bien, *26,69*
queria hacer agrauio *229,354*
i te queria enviar *229,1225*
Pisar queria, quando el populoso *263,712*
Sin duda alguna queria *269,1822*
Executarlo queria, *322,325*
Ia la queria, i en su espada *357,103*
La luna salir queria, *419,5*
Querida *6*
Con su querida en vn trote; *107,66*
Que a su querida muger *123,21*
(Nunca fuera tan querida) *123,22*
Querida, la mi querida, *210,17*
Querida, la mi querida, *210,17*
Con su querida AMARILIS *358,1*
Queridas *1*
Quered quando sois queridas, *29,57*

Querido *14*
El querido de las Damas *49,9*
Querido de los Baxáès . *61,8*
Que se han querido bien *193,16*
hijo querido? Señor, *229,2811*
me aueis querido hacer? *229,3448*
I no ha querido ser otro. *242,52*
Las ha querido recoger Apolo; *256,37*
Contra el Adonis querido *267,5*
El no ha querido aceptallas; *269,799*
Ser querido. *269,930*
Que no ha querido aceptallos: *269,1080*
A todo lo que has querido; *269,1306*
Pues lo ha querido assi la suerte mia, *398,2*
Nunca ha querido lo que no le han dado:
    452,10
Queriendo *3*
Queriendo, pues, de la Ciudad el resto
    229,2222
Queriendo en los mas nebados *414,45*
I queriendo abrirse quanto *499,189*
Querrà *8*
Que querrà Laureta ahora? *229,1704*
ni la querrà mi señora. *229,1772*
no querrà a Marcelo dar *229,2503*
que vn padre no querrà ser *229,2528*
Regalar querrà a su ierno, *229,2594*
Que mas se querrà vn bicorne *334,73*
Querrà el Amor, querrà el cielo, que quando
    403,10
Querrà el Amor, querrà el cielo, que quando
    403,10
Querrasme *1*
en ti. Querrasme abonar? *229,3194*
Querria *8*
Entre redes, no querria *189,6*
que buscar misa querria, *229,891*
veerse abraçado querria *229,1182*
Io la verguença querria, *229,2061*
No querria de ti mas *229,2880*
El nombre articular que mas querria, *261,250*
De el lento arroio emmudecer querria. *261,268*
La que enquadernar querria. *269,1613*
Ques *1*
Del ques litigante pobre; *412,33*
Quesillo *1*
Quesillo, dulcemente apremíado *263,875*
Queso *1*
Queso se le cae del pico. *269,973*
Questiones *2*
se resueluen en questiones. *229,603*
que en questiones està puesta *229,2496*
Quexa *9*
El pobre ALCION se quexa *10,5*
Inuidia ni quexa, *79,34*
Como se quexa mi amo, *96,126*
Mientras se quexa la Dama, *97,27*
Que gimen quando el se quexa — . *115,34*
no me busques daño o quexa. *229,1930*
ni quexa avrà quien la dè. *229,1932*
Dulce se quexa, dulce le responde *261,181*
El primero se quexa *264,537*
Quexaba *1*
Se quexaba al ronco son *38,7*
Quexandoos *1*

quexandoos de vuestro agrauio. *229,3389*
Quexandose *1*
Quexandose venian sobre el guante *264,972*
Quexaos *2*
Quexaos de mi desuentura, *39,45*
Quexaos, señor, o celebrad con ella *292,9*
Quexar *1*
Mas io me pienso quexar, *37,33*
Quexarme *1*
A quexarme del autor *266,13*
Quexarse *2*
Pues ni quexarse ni mudar estança *41,10*
Sobre vn arroio de quexarse ronco, *263,241*
Quexas *27*
Quando ellos agenas quexas *91,52*
Acabò sus quexas, quando *96,46*
"Escuchado he vuestras quexas *96,97*
Por dissimular mis quexas, *115,36*
La razon de las quexas. *125,17*
Le salteò sus quexas. *127,35*
En soledad i quexas. *129,3*
Vuestras quexas sabrosas; *129,21*
Quien besos contò i quexas, *129,25*
Despide quexas, pero dulcemente. *139,11*
Partia vn pastor sus quexas con el viento. *140,8*
Del Betis derramas quexas, *192,2*
Seruir de jaula de sus dulces quexas, *229,1050*
Tu me matas con tus quexas. *229,1126*
O dormida te hurten a mis quexas *261,379*
Que al vno en dulces quexas, i no pocas,
    264,40
Estas mis quexas graues, *264,118*
Que sembrò dulces quexas *264,176*
Al viento quexas. Organos de pluma, *264,523*
Buela rapaz, i plumas dando a quexas, *264,674*
Tus repetidas quexas, *281,15*
Poco leño i muchas quexas. *287,8*
Quexas de vn pescadorcillo, *287,15*
Quexas que beba su oido *332,16*
Quexas repitiendo alegres, *333,6*
No le han oido tus quexas *423,23*
Que a mis quexas alterada *499,330*
Quexaua *1*
CORIDON se quexaua *114,13*
Quexauasse *1*
Quexauasse reciamente *28,13*
Quexe *2*
Aunque el por señas se quexe; *126,36*
no se quexe de el successo. *229,877*
Quexigo *2*
Sean las ramas de vn quexigo; *105,98*
Desnudo como vn quexigo; *167,66*
Quexo *5*
"De quien me quexo con tan grande extremo,
    39,21
De quien me quexo con tan grande extremo,
    39,31
De quien me quexo con tan grande extremo,
    39,41
De quien me quexo con tan grande extremo,
    39,51
Io me quexo por morir. *229,1127*
Quexosa *1*
Aues la menos dulce i mas quexosa! *281,8*
Quexoso *1*

Siempre caminas quexoso; *497,26*
Qui *1*
Que son los de "Quis vel qui", *82,20*
Quiça *1*
De amistad, quiça temiendo *144,15*
Quiçà *12*
Quiçà con zeloso intento *105,5*
Quiçà tan profundamente, *149,23*
I quiçà iremos por lana, *191,9*
Tal coz el que quiçà tendrà mancilla *200,10*
A mi fuga, quiçà de su desuio. *203,51*
Quiçà quedò menos ronco *242,80*
Contagio original quiçà de aquella *264,87*
Porque? Por escultores quiçà vanos *264,662*
Çarça quiçà alguna, pues *275,23*
Quien os la pegarà quiçà de puño. *313,56*
El cuchillo quiçà embainaua agudo. *363,11*
Quiçà vieron el rostro de Medusa *459,12*
Quicio *1*
No os fieis dèl quicio, *160,49*
Quicios *2*
mas vntandoles los quicios, *229,626*
Niego estos quicios, niego la cultura *281,26*
Quiebra *2*
Os quiebra o deguella en summa, *105,94*
I mas si no quiebra. *160,48*
Quiebres *1*
No me quiebres la cabeça. *62,56*
Quiebro *1*
Que os suspende el quiebro, *160,33*
Quiera *20*
Quiera que al justo le venga, *6,5*
Que quiera vna Dama esquiua *6,103*
Alquilen quien quiera vellos, *55,12*
Quando descubrir quiera tus affanes, *66,6*
De Vuesamerced. Dios quiera *74,103*
"Assi quiera Dios, Señora, *78,73*
I quiera Dios que se atrauiese vn perro. *113,14*
Adonde quiera se mata, *167,12*
tronque el pie quando tal quiera. *229,1600*
ni Dios, Donato, lo quiera. *229,3355*
a Cinthia me quiera dar. *229,3533*
Que quando io quiera mulas *269,831*
Quiera Dios que no me obligues *269,1028*
Por ti, concederme quiera *382,8*
Mas no responderà, aunque Apollo quiera;
    395,13
Ô quiera DIOS vnir en liga estrecha *421,34*
I aunque es de falso, pide que le quiera *441,7*
Que su modestia oi no quiera *485,8*
Me quiera obligar a amarla, *493,15*
Con Floricio. Haz que quiera, *499,261*
Quieras *1*
Que quieres de mi? Que quieras. *229,1128*
Quiere *60*
I si quiere madre *5,37*
Quiere que de los dos la igual memoria *40,6*
Que quiere caga? *56,3*
Que quiere caga? *56,16*
Que quiere caga? *56,29*
Que quiere caga? *56,42*
Que quiere caga? *56,55*
Que quiere caga? *56,68*
Que quiere caga? *56,81*
Porque quiere en el arena *62,70*

Quiere imitar sus maiores, *93,52*
Si el aire quiere lleuallos; *98,68*
Qual la quiere gorda i fresca, *102,38*
Partir quiere a la visita *107,21*
Dice que quiere probar *107,43*
No quiere vn portalillo tener techo. *117,8*
De ambar quiere la gerbilla *122,11*
I quiere probarnos esso *126,42*
El porque tres veces quiere *149,5*
Quiere ser rio? Io se lo concedo; *152,5*
Quiere que cada terron *161,54*
De euano quiere el Amor *228,117*
que el no quiere que se entienda *229,256*
Quiere tu hermano a Marcelo *229,340*
la cedula trocar quiere *229,630*
Basta saber que le quiere, *229,782*
Quiere purgarse en salud, *229,790*
ahora quiere venir. *229,835*
Quando, vestirse quiere de brocado. *229,1047*
Que experiencia quiere hacer *229,1424*
componer quiere a Isabela. *229,1451*
Mirad si la quiere mal. *229,1741*
Mirad si la quiere mal. *229,1765*
que le quiere hablar aparte. *229,1798*
Mirad si le quiere mal. *229,1801*
Mirad si le quiere mal. *229,1833*
diciendo que quiere hacer *229,2620*
Engañar quiere este mozo *229,3010*
Quiere, en la Octaua del Corpus, *242,14*
Que agradecida ser quiere *259,95*
Quiere que al arbol de su madre sea *261,239*
Llueuen sobre el que Amor quiere que sea *261,335*
Quiere la Copia que su cuerno sea; *263,203*
Los terminos saber todos no quiere, *263,409*
La quiere ahora azerar. *269,572*
Pues luego esta noche quiere *269,629*
A fe que te quiere bien *269,897*
Quiere bien a esa muger, *269,1571*
Presuppuesto pues, que quiere *269,1754*
No solo quiere ser media, *275,10*
Infante quiere seguir *288,73*
Penetrar quiere aquel Reino, *288,89*
Quinto de los Planetas, quiere al quarto *318,438*
Quiere obstinada que a sus alas guarde: *392,4*
Oi se nos quiere morir. *418,21*
Ola, que no quiere llegar". *419,20*
Nos quiere hacer torres los torreznos. *429,14*
Ser quiere alcalde de vna i otra Aldea *443,9*
Despues que Dios no quiere que la vea; *445,10*
Assi, pues, quando a este braço quiere *499,40*

Quiereme *1*
"Quiereme la Aurora *389,45*

Quieren *10*
Quieren por dar vna mano *55,2*
Quieren ellas mas ducados *55,10*
Tan altos, que casi quieren *63,19*
Que quieren con pressa *65,111*
A dos olmos que quieren, abraçados, *263,1036*
Que ni aun los alamos quieren *288,7*
"Si quieren, respondiò, los Pedantones *293,12*
Que ser quieren obeliscos *333,23*
Dicen que quieren traducir al griego, *427,10*

— Que quieren ser? — Vergüença de vn
   soldado, *439,5*

Quieres *18*
Si no quieres ser tropheo! *87,92*
Si prenda quieres maior, *212,9*
— Alma niña, quieres, di, *213,1*
Quieres que otra vez lo mande? *229,911*
Que quieres de mi? Que quieras. *229,1128*
tu, Camilo, quieres esto. *229,1335*
en lo que quieres hacer. *229,2241*
Quieres que digan de Egypto, *229,2711*
si no quieres por criado. *229,3065*
de essas causas. Que me quieres? *229,3243*
Quieres matarme, Tadeo? *229,3301*
Volar quieres con alas a lo pollo, *234,3*
Quieres matarme? Habla quedo. *269,1477*
Quieres en tu rûido que presuma *281,11*
En año quieres que plural cometa *326,1*
Si quieres, pues, zagaleja, *378,57*
Me quieres? Corre tu velo. *416,40*
Si ia no quieres que tus huessos Roa. *435,14*

Quieresme *1*
Tu quieresme bien, Tadeo? *229,2250*

Quiereste *1*
Camilo, quiereste ir? *229,1787*

Quiero *79*
Quiero mas vna morcilla *7,14*
Que io mas quiero passar *7,34*
Cantar quiero en mi bandurria *26,2*
La de quatro esquinas quiero, *27,125*
Quiero, (como el blanco Cisne *48,2*
Haz tu gusto; que io quiero *48,57*
Que quiero hacer auto *50,55*
(No las quiero decir viejas), *55,30*
Aunque por bruxula quiero, *82,45*
Quiero bien a ese galan, *88,85*
Quiero cantar llorando *127,5*
Los quiero dexar a dos. *147,10*
De Thysbe i Piramo quiero, *148,1*
I no quiero deciros quien las llora, *154,2*
Del monte Pichardo os quiero, *158,29*
Gracias os quiero dar sin cumplimiento, *182,1*
Quiero que le cante bien *192,9*
Si correis sordos, no quiero hablaros, *203,7*
Gastar quiero de oi mas plumas con ojos, *203,55*
Quien no me dà, no quiero que me cueste; *222,10*
Que io a pie quiero veer mas *228,57*
i afirmar quiero a lo doble *229,204*
Quiero que Lelio me deba *229,272*
Quiero encomendarme a el, *229,324*
Veer quiero primero a Dios. *229,376*
i recobrarle no quiero *229,403*
Conmigo quiero hablar, *229,719*
No quiero quintas essencias *229,802*
A Lelio quiero llamar, *229,820*
Tentarlo quiero mejor, *229,950*
Laureta, quiero que entiendas, *229,1092*
tal quiero ser, i tal soi. *229,1411*
No jures. Quiero jurar, *229,1413*
Basta, Marcelo. Io quiero, *229,1420*
que lo segundo no quiero. *229,1529*
A mis pies no quiero nada *229,1570*
Pisalle quiero antes io, *229,1611*

i quiero enuîar contigo. *229,1810*
quiero irme a mi retrete. *229,1966*
Quiero decillo, i no oso *229,2027*
Tal quiero que succeda *229,2143*
que no quiero toro en ierba, *229,2356*
Eso no, Tadeo; no quiero *229,2466*
quiero ser de Flordelis *229,2471*
De ella io no quiero mas, *229,2628*
No le tengo, i si le quiero, *229,2891*
A mi nuera quiero veer. *229,2945*
dar quiero satisfacion *229,3126*
implorar quiero el auxilio, *229,3171*
Lo que quiero es que me abones, *229,3358*
dagas, me quiero voluer. *229,3464*
Que, os quereis voluer ia? Quiero *229,3468*
En vez de Prologo quiero, *259,21*
Sabeis lo que dezir quiero? *269,16*
Quando quiero que seas Iudas? *269,160*
Quiero, con ardid estraño, *269,256*
Escudero quiero cano, *269,730*
Escudero quiero puro. *269,743*
No quiero mula que escriba. *269,770*
Si io con gusto dar quiero *269,858*
De tu casa no lo quiero. *269,936*
Que quiero morir Doctora *269,1000*
No quiero serte pesado. *269,1482*
No quiero, amigo gallardo, *269,1530*
Coleâr quiero i lamer; *269,1551*
Que me respondes? Que quiero *269,1567*
Quiero entrar, pero no es bien *269,1835*
Popular applauso quiero, *322,15*
Huiendo quiero los dias, *354,33*
Morir marauilla quiero, *375,39*
I difinir mas no quiero *413,8*
Io quiero que la Colada *413,23*
Tres años ha que te quiero. *423,3*
Io no quiero veer Vaccas en mi Prado. *441,14*
Quiero decir, los que passè durmiendo. *445,11*
La mano de Iudas quiero, *477,26*
Quiero esconder este arco i esta alxaua *499,44*
Quiero dessa robusta monteria *499,55*
A buscallo quiero ir io. *499,196*

Quies *20*
Si no quies veerme diffunto, *28,77*
I si no te quies mal, vete, *88,86*
Les pagan a "que quies, boca". *149,16*
Sus Damas son: que mas quies, *217,58*
Que quies? Experimentar *229,934*
No la quies bien, pues a ella *229,1310*
que a Libia quies en Granada, *229,1503*
Quies a Fabio por testigo, *229,1511*
Mis pasos quies tu sabellos? *229,1736*
Luego adobado no quies? *229,2575*
Que le quies? Dalle la mano. *229,2895*
Quies que sea mas prolijo? *229,2990*
A, gallina! En fin, quies ir *229,3348*
I si esta noche quies sello, *269,198*
Quies que le quite algun guante *269,1518*
Quies con vn solo baston, *269,1522*
Quies que despues de hurtada *269,1526*
Tan hermosa viua quies *269,1728*
Si quies saber mas, detente, *484,8*
Quando te quies leuantar. *497,30*

Quieslo *1*
Quieslo mas claro decir? *229,3285*

Quietud *9*
Ô Soledad, de la quietud Diuina *203,79*
REINA que en muda quietud *235,5*
Sellado el labio, la quietud se esconde? *281,24*
I el lo escuchò con quietud: *287,72*
De mi vida con quietud, *310,30*
La quietud de su dueño preuenida *318,353*
A la quietud de este rebelde Polo *318,625*
Muere en quietud dichosa i consolada, *364,5*
Adios, mundaço. En mi quietud me quedo, *454,12*

Quiêtud *1*
La quiêtud, i donde otro cuidado *194,6*

Quijote *1*
A don Quijote, a Sancho, i su jumento. *469,14*

Quilates *1*
De veinte i quatro quilates *105,23*

Quilla *3*
Desde la quilla al garces. *132,44*
Tumba te bese el mar, buelta la quilla. *264,548*
Ia que no tu quilla buzo, *322,250*

Quillas *1*
Ô, a quantas quillas tus arenas solas, *318,379*

Quinas *2*
Las nobles MORAS son Quinas réales, *92,2*
A las Quinas, del viento aun veneradas, *264,377*

Quince *4*
Apenas tenia quince años, *74,65*
Quince meses ha que duermo, *83,37*
tienes quince mil réales; *229,2969*
Gastamos vn millon en quince dias *469,3*

Quinientas *4*
Con auer quinientas leguas, *73,6*
i con las mil i quinientas *229,2476*
io mil i quinientas veces, *229,2478*
si no son quinientas mil, *229,2479*

Quinolas *1*
Sus quinolas los lacaios. *96,168*

Quinquenio *1*
Es, por dicha, otro quinquenio? *269,2000*

Quinta *3*
Iuzgandole quinta hoja *243,27*
Mintiendo cerdas en su quinta esphera. *359,8*
Que España ilustrarà la quinta Esphera. *415,7*

Quintañon *2*
De vn Seraphin quintañon *257,11*
Si el quintañon serafin *257,19*

Quintas *1*
No quiero quintas essencias *229,802*

Quintenle *1*
Quintenle la diestra mano, *418,11*

Quinto *7*
Hallò al quinto con los dientes *122,53*
Que si me hablais en el quinto, *168,9*
En el quinto no peccàra *243,23*
Al quinto no mataras *269,105*
A los pies llega al fin del Quinto Carlo, *279,37*
Quinto de los Planetas, quiere al quarto *318,438*
Al Quinto Paulo i a su sancta Sede. *318,584*

Quintos *1*
I la luna por sus quintos, *89,40*

Quinze *1*
Quinze años ha que ando *269,341*

Quis *1*
Que son los de "Quis vel qui", *82,20*

Quise *2*
I si quise hacerte ia *229,2548*
El arco quise flechar *499,185*

Quisiera *10*
I quisiera, Reina mia, *74,114*
"Mas quisiera, le responde, *88,81*
Tomadle, que io quisiera *188,9*
la artesa quisiera ser. *229,261*
os quisiera agradecer *229,3535*
Amante nadador ser bien quisiera, *261,130*
La Nimpha los oiò, i ser mas quisiera *261,349*
A la turba, que dar quisiera vozes, *264,44*
Aserrar quisiera escollos *268,25*
Quisiera mas cien cequies. *423,16*

Quisieralos *2*
Quisieralos la señora *269,1382*
Quisieralos, viue Dios, *269,1386*

Quisiere *3*
Si quisiere mi guitarra, *148,2*
Quien quisiere pues hueuos, abra el puño. *313,24*
Añada quien quisiere otros mil males: *463,13*

Quisieron *1*
Asistir quisieron todos *389,29*

Quisiesse *2*
Aunque no quisiesse Roma, *87,95*
I Malta quisiesse menos; *87,96*

Quisistes *1*
Tambien le quisistes mucho, *27,30*

Quiso *23*
Si el os quiso mucho en vida, *27,29*
No quiso salir sin plumas, *49,61*
I quiso con dos uendalle. *61,56*
Quiso el niño Dios vendado *78,19*
Pues no quiso con su cuerpo. *87,88*
Quiso a vn moço de nogal, *88,13*
No quiso el alma seguir: *116,33*
No solo quiso tañer, *161,73*
quiso enuestille vna noche; *229,605*
Que al ruiseñor ia quiso *229,1049*
Quiso enviar a su Dama *229,1232*
quiso igualmente batir *229,2263*
No esperais, señor? No quiso. *229,3174*
Tratar quiso como a flor *243,19*
Sellar de el fuego quiso regalado *263,872*
Cuchillos corbos absoluelle quiso. *263,1076*
Las telas burlar quiso, *264,94*
Que ser quiso en aquel peligro extremo *264,128*
Segun mi ventura quiso, *269,922*
Al fin en Pyramo quiso *322,121*
Darla quiso esta caida *387,9*
Nos lo quiso enuiar papirrandado. *444,6*
I que no la quiso vn Roque: *493,35*

Quissiere *1*
Qualquier lector que quissiere *228,53*

Quisso *1*
Los quisso poner Alcides *179,7*

Quista *1*
En Congo aun serà bien quista. *207,39*

Quisto *2*
Hagaos por bien quisto el vulgo *242,129*
Que es bien quisto por lo graue *269,1100*

Quita *5*
Si quien le quita la tierra *49,63*
Tambien no le quita el viento. *49,64*
No le quita el sueño *65,157*
Quien dà a la calle i quita a la floresta. *77,31*
De noche me quita el freno, *96,129*

Quitado *2*
Peon particular, quitado el parte, *152,10*
Ha quitado mil vezes de la mano *499,6*

Quitalla *1*
Entrarà a quitalla el miedo. *229,145*

Quitalle *2*
Por quitalle a vna el galan, *269,1352*
Sobre quitalle el que fue, *322,355*

Quitan *2*
Dan luz al mundo, quitan luz al cielo, *174,10*
quitan a vno de la horca, *229,799*

Quitando *1*
En quitando el laurel fresco, *223,8*

Quitar *2*
A quitar al alma el moho *83,70*
Soi vn Cid en quitar capas, *111,49*

Quitarà *2*
Se quitarà el capirote; *107,40*
Crecerà, i quitarà el sueño *121,145*

Quitàra *1*
Quien se quitàra vn momento *229,2775*

Quitarle *1*
Que en vez de quitarle el guante *269,1576*

Quitarlo *1*
A el en quitarlo de ti. *499,235*

Quitas *1*
Que en vaso de crystal quitas la vida! *23,6*

Quitaste *1*
me lo quitaste de el labio: *229,1017*

Quitaua *1*
Que me quitaua el marido. *269,1353*

Quite *1*
Quies que le quite algun guante *269,1518*

Quitemelo *1*
I quitemelo en buen hora *82,123*

Quiten *1*
Les quiten tus alguaziles. *91,55*

Quiteria *3*
Mas viendole con Quiteria, *419,25*
Para Quiteria se fue, *419,32*
Por Quiteria dormi al hielo, *419,89*

Quitò *3*
I otro la quitò la nema; *73,96*
en la S, le quitò *229,1242*
Quien te le quitò, señor? *229,3344*

Quizà *2*
Menos quizà diò astillas *264,386*
Quizà hasta que barbe el Grado *481,3*

Quod *2*
"Quod scripsi, scripsi", digo. *269,1600*
I assi, "quod scripsi, scripsi". *275,127*

Quotidîanas *1*
Las quotidîanas ondas *259,98*

Qvando *2*
Qvando la rosada Aurora *161,1*
Qvando sale, el Ganges loro, *322,479*

Qvisiera *1*
Qvisiera, roma infeliz, *411,1*

Rabaço *1*

De su rabaço vos, que es todo quanto *446,13*
Rabadan *1*
Gil Rabadan; pero reprocha alguno *443,10*
Rabanos *1*
Como rabanos mi mula, *62,31*
Rabel *2*
De otro! Tocad el rabel. *301,67*
Porque en oiendo el rabel *419,22*
Rabeles *1*
Que aprieta a los rabeles el terrojo. *443,11*
Rabelillo *1*
Su rabelillo tocò. *161,64*
Rabia *3*
Esta rabia, aquella espia, *229,1783*
Oies vosanzed, el rabia, *305,26*
El, desmintiendo su rabia, *419,83*
Rabiar *2*
rabiar por solo morder, *229,399*
morder por hacer rabiar. *229,400*
Rabiare *1*
Si rabiare, de lexos le saluda, *435,13*
Rabiarè *1*
Rabiarè. Passe adelante *229,3232*
Rabicano *1*
I vn portero rabicano; *122,22*
Rabiò *1*
Del Rei que rabiò me cuente, *7,22*
Rabiosa *1*
Dèsta rabiosa ausencia, *120,23*
Rabiosamente *1*
Sople rabiosamente conjurado *399,1*
Rabiosos *1*
Rabiosos cuidados, *50,29*
Rabo *4*
Del rabo del gallo, *5,53*
"Veseme el rabo de lexos?" *58,24*
Quien de la cuerda appella para el rabo. *273,11*
Que sabe boluer de rabo. *282,30*
Rabos *2*
I rabos de puercos mas *59,67*
Las noches a los ojos de los rabos? *153,14*
Raça *2*
Segun la raça de Hespaña, *123,7*
Cinquenta mugercillas de la raça *442,5*
Rachel *1*
Que por la bella Rachel *229,3050*
Racimos *1*
Quanto aquel de racimos la corona. *261,140*
Racionero *1*
Que vn hijo de vn Racionero. *87,8*
Racoglio *1*
Racoglio le smarrite pecorele *118,7*
Raçon *7*
Mucho puede la raçon, *83,3*
I la raçon sus antojos; *83,88*
Os aueis con raçon siempre rèîdo? *203,33*
los carrillos sin raçon, *229,2569*
con quanta raçon me aflijo, *229,3023*
I con raçon, que es alcazar *333,33*
La raçon les sobra, *422,10*
Raçones *5*
Con raçones le pregunta *57,25*
Gastar en Guinea raçones, *98,59*
si no guardas las raçones *229,2121*
Le hacen obscuro, i el en dos raçones, *293,10*

Por raçones hallo io *490,11*
Raia *6*
Los escollos, el Sol los muros raia. *185,2*
Besò la raia pues el pie desnudo *263,995*
Bruñe nacares boto, agudo raia *264,585*
El remo pereçosamente raia, *264,942*
Raia el Sol que no se vee, *287,42*
Mucho Sol con mucha raia. *308,6*
Raiada *1*
Con box dentado o con raiada espina, *264,365*
Raiados *1*
Contaua en los raiados capiteles, *264,703*
Raiando *1*
(Sus espaldas raiando el sutil oro *263,886*
Raiar *1*
El sol a raiar las cumbres, *75,74*
Raias *1*
Que passan las raias *160,83*
Raiaua *2*
Las dos partes raiaua del theatro *263,981*
Los escollos el Sol raiaua, quando *264,33*
Raices *1*
Si de el Tigris no en raices, *322,27*
Raiendo *1*
No se calen raiendo tus riberas, *72,72*
Raies *1*
Ni el monte raies, ornes, ni colores, *17,12*
Raimundo *1*
Raimundo con sus tres pages *73,109*
Raio *31*
Assi del Sol Estiuo al raio ardiente *46,5*
Al raio de la Luna, *114,15*
Saludar al raio nueuo *121,128*
Allà daràs, raio, *123,1*
Allà daràs, raio, *123,9*
Allà daràs, raio, *123,17*
Allà daràs, raio, *123,25*
Allà daràs, raio, *123,33*
Allà daràs, raio, *123,41*
I al cielo las estrellas raio a raio. *129,27*
I al cielo las estrellas raio a raio. *129,27*
Al raio del Sol caduca, *133,17*
A tus raio me encomiendo, *228,213*
Raio militar Christiano, *240,4*
Raio con plumas, al milano pollo, *261,263*
Menos offende el raio preuenido *261,301*
Preuiene raio fulminante trompa. *261,488*
La region de su frente raio nueuo, *263,286*
Raio su garra, su ignorado nido *264,746*
Como el raio de la luz. *269,408*
Siendo al Betis vn raio de su trença *318,83*
Inclito es raio su menor almena *318,122*
A raio illustre de tan gran corona, *318,323*
De el Velasco, del raio de la guerra, *318,610*
Vn raio sin escuderos, *322,305*
Purpureo creced, raio luciente *335,1*
Que de la guerra Flandes raio ardiente. *337,4*
Tan bellas, que el pide raio *377,19*
Ni a raio el Sol perdonò, *401,1*
De vn plomo al raio muere glorioso. *415,5*
El duro raio al Dios Omnipotente, *499,7*
Raiò *2*
Raiò el verde obelisco de la choça. *263,181*
Oro no raiò asi flamante grana *395,1*
Raios *85*

Los raios le quenta al Sol *3,1*
De sus raios diera mil, *3,20*
El de encendidos raios coronado. *14,4*
Raios, como a tu hijo, te den muerte. *20,14*
Con raios de desden la beldad summa, *32,12*
Agudos raios de inuidia, *59,43*
Lançando raios los ojos *62,43*
Por dò los raios Solares *63,74*
Que los raios de la Luna *64,11*
Depon tus raios, Iuppiter, no celes *76,5*
Entre cuios bellos raios *82,21*
"Los raios de Amor dexè *116,28*
De los raios dèl Oriente, *121,69*
Prestarà raios al Sol, *121,148*
Los raios dèl Sol perdonen. *131,44*
De raios mas que flores frente digna. *136,4*
Dirè como de raios vi tu frente *139,12*
I estrellas de raios negros, *143,2*
Cuios raios para el *143,13*
Que visten raios de luto *143,19*
De raios negros, Seraphin humano, *146,8*
I los raios al Sol en los jaezes, *155,11*
Raios de amiga estrella, *156,21*
Los raios de sus coronas *158,43*
Por copiaros los raios de su frente? *164,11*
Que en sus ojos dèl sol los raios veemos,
    165,13
Los raios de la luz dexan sus cueuas, *166,10*
I esphera Hespaña de sus raios bellos. *174,8*
A cuios raios lucientes *179,49*
Cante Apollo de raios coronado, *180,7*
Raios ciñe de luz, estrellas pisa. *195,11*
A qual se deban sus raios, *215,23*
Raios de vna blanca frente, *228,115*
Si ai marfil con negros raios. *228,116*
Que si me aiudan tus raios, *228,214*
los raios, que oi se conoce *229,533*
que entre raios i entre olas, *229,751*
peinados raios lucientes, *229,895*
Faltanle raios al Sol, *229,1725*
Quando raios de tanta luna mora, *229,2182*
aunque a los raios de el Sol, *229,2300*
Raios de tus ojos bellos *239,6*
Con raios dulces mil de Sol templado *252,12*
Tiernos raios en vna piedra dura *260,7*
A los confusos raios, su cabello: *261,278*
I en ruecas de oro raios de el Sol
    hilan. *261,400*
I el Sol todos los raios de su pelo) *263,4*
"Raios, les dize, ia que no de Leda *263,62*
Ni de los raios baja a las espumas *263,132*
Si Aurora no con raios, Sol con flores. *263,250*
A mas caminos que vna estrella raios, *263,574*
Quantos saluda raios el Bengala, *263,667*
La esphera misma de los raios bellos. *263,760*
I raios el cabello de su frente. *263,772*
A los raios de Iupiter expuesta, *263,935*
Matutinos de el Sol raios vestida, *263,949*
Los raios anticipa de la estrella, *263,1070*
Flores su cuerno es, raios su pelo. *264,307*
Relincho i otro saludò sus raios. *264,731*
Verdes raios de vna palma, *285,13*
Contando estaban sus raios *287,1*
Desatenme ia tus raios; *287,57*
Que raios oi sus cuerdas, i su pluma *291,12*

Viendose raios su pelo, *304,14*
Luz como nube i raios como densa. *315,8*
Intrepido Illephonso raios beue, *315,38*
Los raios que el a la menor estrella; *318,36*
Alimenta los raios que le enciende. *318,48*
Los verdes raios de aquel arbol solo *318,191*
Raios dorando el Sol en los doseles, *318,498*
Mas con los raios del Sol *320,3*
Peinalle raios al sol, *331,51*
Que raios i flechas pierde *333,70*
En tinieblas de oro raios bellos. *340,8*
De raios se bordò el suelo; *349,20*
Raios del Sol guarda ella, *353,11*
Cupidos con raios de oro; *357,8*
Fulminò raios Iarama *357,47*
Los raios que a tu padre son cabello, *360,1*
Raios ciñe en regiones mas serenas. *362,14*
Que raios ciñe, que zafiros pisa, *365,7*
Que raios tiene de estrella; *375,28*
Los raios de todos seis: *376,26*
Que despreciando sus raios *390,3*
Beuiendo raios en tan dulce sphera, *403,9*
Raiz *1*
ni Gil que tenga raiz; *229,2357*
Raja *1*
Basten los años, que ni aun breue raja *397,10*
Rajas *1*
Rajas en seruicio suio. *322,40*
Rajò *1*
No le rajò vuestra espada. *409,4*
Rama *9*
No de verde laurel caduca rama, *35,8*
Sacra planta de Alcides, cuia rama *53,1*
Entre rama i rama, *144,57*
Entre rama i rama, *144,57*
que ni posa en rama verde, *229,1082*
que ni posa en verde rama, *229,1086*
La verde rama, que es su cuna verde, *229,1532*
De vna i de otra verde rama obscura, *260,2*
Ciñe las sienes glorîosa rama, *263,979*
Ramales *1*
que ramales deben ser *229,1973*
Ramas *20*
Los troncos bañan i las ramas mueuen *19,3*
En verdes ramas ia i en troncos gruesos *32,3*
Porque sustenten sus ramas *58,59*
Paxarillo, sostenganme tus ramas, *92,10*
El arbol cuias ramas *103,39*
Sean las ramas de vn quexigo; *105,98*
I al son del viento en las ramas. *144,4*
En las ramas de vn jazmin *243,62*
Entre las ramas de el que mas se laua *261,241*
A pesar luego de las ramas, viendo *261,269*
Arbitro Alcides en sus ramas, dudo *263,1061*
Texiò en sus ramas inconstantes nidos, *264,269*
Blancas primero ramas, despues rojas, *264,592*
Las ramas de Minerua por su espada, *318,20*
Al son de vn laud con ramas, *355,19*
Vença, i en ramas su frente; *358,29*
Las ramas de aquel cipres. *378,24*
Laurel que de sus ramas hiço dina *380,5*
De vuestras ramas no la heroica lira *424,1*
Muere, i aquellas ramas, que piadosas *457,6*
Ramblares *1*
Mirauale en los ramblares, *78,29*

Ramillete *1*
Para mas de vn ramillete, *88,48*
Ramo *5*
Dexan la sombra, el ramo, i la hondura, *33,10*
El pululante ramo *263,330*
Musicas hojas viste el menor ramo *263,590*
Con el ramo de la oliua; *310,13*
A vn tronco este, aquella a vn ramo fia, *318,631*
Ramos *8*
I pendiente de sus ramos, *48,11*
Ramos de nogal i espinas, *59,27*
Entre cuios verdes ramos *63,181*
Arbol de cuios ramos fortunados *92,1*
Que vn arbol grande tiene gruesos ramos. *222,11*
de tus ramos, ô Laureta, *229,1189*
En varios de crystal ramos el Reno *318,619*
Sombra dauan, i sus ramos *499,313*
Ramplon *2*
Bien bañado, i de ramplon, *161,42*
Que le hierran de ramplon *288,71*
Rapaz *13*
Caduco Dios, i rapaz, *2,2*
Que esperança de vn rapaz? *2,26*
De el rapaz arquero, *50,22*
De muger i de rapaz. *95,28*
Tantas fuerças vn rapaz) *116,14*
Algun rapaz tiernamente, *130,22*
Tal, Claudia bella, del rapaz tirano *197,5*
El rapaz con este ardid, *243,46*
Politico rapaz, cuia prudente *264,654*
Buela rapaz, i plumas dando a quexas, *264,674*
Si bien jaian de quanto rapaz buela *264,755*
Vno i otro rapaz, digo milano, *264,961*
Pompa del otro rapaz: *307,11*
Rapaza *1*
Entre mozuela i rapaza, *148,30*
Rapazes *1*
Con la Estrella de Venus cien rapazes, *432,3*
Raphael *1*
Te ha traìdo Raphael: *269,318*
Rapido *1*
Rapido al Hespañol alado mira *264,863*
Rapina *1*
Complice Promethea en la rapina *324,5*
Rara *9*
Aquella belleza rara *121,81*
Donde oi te offrece con grandeza rara *173,6*
Su armonia mortal, su beldad rara. *196,11*
Tan generosa i tan rara, *206,8*
Ô de alto valor, de virtud rara *250,1*
Del viejo Alcimedon inuencion rara. *263,152*
De beldad imagen rara, *269,302*
Con esplendor Rèal, con pompa rara *318,290*
Traxeron por cosa rara *321,15*
Raras *1*
Reglas son de Amor mui raras, *186,5*
Raridad *2*
Dèl viento en la raridad, *2,42*
La raridad del aire en puntas ciento *499,64*
Raridades *1*
Occupan las raridades; *63,92*
Rarissimo *1*
Con su valor rarissimo, *1,18*

Raro *7*
Mano tan docta de escultor tan raro, *34,8*
De los dos Soles que el pincel mas raro *164,5*
Nido de vn Phenix raro, *229,23*
Vrna es sagrada de artificio raro, *229,2166*
Para saphyro mui raro *268,43*
Que tenemos, pues, del raro *269,191*
Tan luminoso, tan raro, *352,30*
Raros *2*
Raros muchos, i todos no comprados. *264,247*
Infièles por raros, *264,867*
Rascar *1*
(Dexando el rascar sabroso) *84,2*
Rascas *1*
Que te rascas? Cosa es recia, *269,1563*
Rascays *1*
Cerdas rascays al violin, *478,7*
Rasgados *1*
Para los ojos rasgados, *228,88*
Rasgo *1*
A quanto rasgo obliga *313,38*
Rasgos *2*
rasgos probando vna pluma, *229,1825*
Los rasgos, señora, alabo, *229,1972*
Rasguño *3*
Pero tenia vn rasguño *74,37*
A vn rasguño de tu pluma *269,209*
El dorado rasguño, *313,39*
Rasguños *2*
Mi buena tez con rasguños; *27,70*
Los mal formados rasguños *322,42*
Raso *3*
Para que de esta vega el campo raso *17,9*
Con igual pie, que el raso; *263,80*
Sus mexillas mucho raso, *322,115*
Rasque *2*
Que le rasque la conciencia. *73,92*
Rasque cuerdas al laud: *158,16*
Rastro *4*
Por el rastro que dejauan *48,53*
Rastro en tus ondas mas que en tus arenas. *264,136*
No dexe rastro de cana. *269,1797*
Rastro hazer no dexaua *499,142*
Rastrojos *1*
Porque no pise rastrojos *286,17*
Rastros *1*
Por los estraños rastros que en el suelo *52,13*
Ratiño *1*
"Siruo, les dijo, a vn Ratiño, *96,21*
Rato *27*
Deponga un rato solo *25,41*
Sacaba de rato en rato *28,34*
Sacaba de rato en rato *28,34*
I engañaràn vn rato tus passiones *44,13*
Applicame vn rato *50,53*
Escuchadme vn rato attentos, *58,1*
Cada rato pide iglesia. *73,88*
Vn rato le ruega humilde *149,75*
Donde estuuieron vn rato *228,190*
Pues Camilo ha rato ya *229,407*
que ha mui gran rato que he sido *229,916*
porque dirà de aqui a vn rato *229,1561*
Mejor es que occupe vn rato *229,1885*
en gran rato no pudiera *229,2392*

Tu lo veràs de aqui a vn rato. *229,3368*
Porque he reido vn buen rato *229,3522*
I breue rato perdona *259,32*
Dexate vn rato hallar del pie acertado, *262,30*
Lisongear pudieron breue rato *263,593*
O poco rato enjuta, *264,371*
Mui gran rato ha que os aguardo. *269,1360*
Quien nos dexa cada rato *269,1772*
Hurtadle vn rato alguna pluma leue, *292,7*
Que por desenlazarle vn rato solo, *318,627*
Prestadselos vn rato a mi ojo ciego, *427,12*
Le diste vn mui mal rato al justo Lot. *473,4*
Algun rato gozar desconocido, *499,56*

Ratos *3*
Hace que a ratos esten *78,66*
Discreciones leo a ratos, *83,61*
Mil ratos he passado sin sentido *445,9*

Rauanal *1*
O Conde de Rauanal. *288,80*

Raudo *3*
Tuerces soberbio, raudo i espumoso, *22,8*
El raudo curso de este vndoso rio, *46,11*
Diuertir pretendiò raudo torrente; *318,172*

Raudos *1*
Los raudos torbellinos de Noruega: *264,973*

Raya *1*
Raya, dorado Sol, orna i colora *17,1*

Rayo *3*
Aquel rayo de la guerra, *49,1*
Es al rayo semejante; *61,40*
No temen rayo ardiente; *103,40*

Rayos *2*
De tantos rayos ceñido *57,59*
Sus muchos rayos cuente, *103,68*

Razimo *3*
No perdonò a razimo, aun en la frente *263,155*
— El Razimo que ofreciò *321,1*
El bello razimo que *321,14*

Razon *51*
Que razon es parar quien corrio tanto. *25,63*
Deueis con gran razon ser igualados, *40,9*
Que ha de acudir a razon *55,38*
(Porque no es razon *79,113*
Que razon se lea *79,114*
(I tenia razon), *80,2*
Que teneis razon. *80,18*
Que teneis razon. *80,44*
I porque no sin razon *82,57*
Llamado sois con razon *89,17*
La razon de las quexas. *125,17*
Aunque sean sin razon, *126,48*
La razon abra lo que el marmol cierra. *135,8*
Dèl Cielo, con razon, pues nasci en ella; *136,2*
Deseaba, i con razon, *161,98*
Mui mal, i mui sin razon? *161,140*
Niños dixe, i con razon, *168,38*
Mas tu Palacio, con razon sagrado, *180,6*
Mas que, abiertos, la razon; *213,20*
La razon suele eso hacer. *229,655*
a la razon prometida. *229,1363*
que es del peso la razon. *229,1543*
Que por antiguo con razon alabo? *229,2219*
Si. Pues serà razon *229,2251*
Si. Pues su razon me dè *229,2255*
i razon tambien le di *229,2415*

Pediste que tu razon *229,2498*
con la razon que conuiene, *229,2545*
Ai, como tiene razon! *229,3067*
Dice verdad. Razon tiene, *229,3074*
Mui bien. Serà, pues, razon *229,3260*
Al mar, que el nombre con razon le beue, *230,5*
I viendo que era razon *240,17*
Que obscura el buelo, i con razon doliente, *246,5*
La razon, entre escollos naufragante *247,10*
Sino de la razon muda respuesta. *250,11*
I con razon, que el thalamo desdeña *263,333*
O razon falta donde sobran años". *263,530*
Razon justa, causa honesta *269,57*
I pues ia la razon oi *269,92*
No tienes razon, que es *269,637*
Que pensar tal no es razon, *269,866*
No es ia sino razon esta: *269,1032*
Con razon, Enrico, poca *269,1090*
A toda razon exceden *269,1341*
Al pesebre la razon, *331,57*
Indignada la razon, *383,5*
Con razon, gloria excelsa de VELADA, *391,1*
Fiera que sea de razon desnuda, *394,7*
Con razon Vega por lo siempre llana: *431,4*
Pues no es razon que sola ella se cuente, *499,34*

Razonables *1*
con razonables successos, *229,2979*

Razones *8*
Tan discretas de razones *63,209*
Razones de su tamaño: *96,136*
Las razones del culpado, *105,63*
Del Estadista i sus razones todas *203,106*
Que a razones i a pellizcos *228,151*
i al fin, en breues razones, *229,593*
Çaraças, i no razones, *229,2488*
De sophisticas razones? *269,125*

Real *5*
Tu generoso officio i Real costumbre. *17,7*
Por el suelo Andaluz tu Real camino *22,7*
Ornò corona Real de oro luciente *72,39*
Iugo fuerte i Real espada, *132,55*
Poder, calificada aun de real sello, *400,10*

Rèàl *55*
Dò el paxaro Rèàl su vista affina, *45,10*
Lleuar el cuño Rèàl, *55,18*
I a veer su Rèàl portada, *63,57*
I a veer tu Rèàl capilla, *63,101*
Cuia diestra Rèàl al nueuo mundo *76,10*
Aun no impedidas de Rèàl corona, *77,36*
I de la Rèàl cabeza *78,33*
En el rèàl de don Sancho *111,33*
Garça Rèàl perseguida, *121,36*
En el Palacio Rèàl, *121,106*
Labra el Letrado vn Rèàl *122,27*
El Sarmiento Rèàl, i sus cuidados *134,10*
Lilio siempre Rèàl nasci en Medina *136,1*
Rèàl cachorro, i pampano súaue *145,5*
Al Palacio Rèàl, Rèàl venera *156,14*
Al Palacio Rèàl, Rèàl venera *156,14*
Cuide Rèàl Fortuna *156,23*
Muro Rèàl, orlado de cadenas, *169,5*
De succession Rèàl, si no Diuina. *171,14*
Cuna siempre Rèàl de tus abuelos, *195,3*
Al palacio Rèàl, que de Syrenas *196,3*

De este Rèàl Paraiso, *217,69*
I de guarda Rèàl iva ceñido. *220,8*
mas del camino rèàl, *229,991*
Dexar el rèàl camino *229,998*
quando no a vn viuo vn rèàl, *229,1202*
pague al alcaçar Rèàl *229,1369*
Alcaçar es Rèàl el que señalas. *229,2211*
la Rèàl ave le dexa *229,2430*
que suda Ciudad Rèàl *229,2844*
Si no al Aguila Rèàl, *239,19*
Para el tumbo Rèàl, o monimento. *255,13*
A la Rèàl cadena de tu escudo; *262,32*
En modestia ciuil rèàl grandeza. *264,812*
Gerardo sin vn rèàl. *269,794*
Que en el Alcaçar Rèàl *269,1640*
Lleuando mas de Rèàl *288,106*
Sangre Rèàl en sus lucientes venas. *313,16*
La antigua Lemus de Rèàl corona *318,121*
Hallò no solo la Rèàl hazienda, *318,266*
Con esplendor Rèàl, con pompa rara *318,290*
Del interes rèàl, i conuocados, *318,339*
La deuocion de su Rèàl persona; *318,452*
El palacio rèàl con el sagrado *318,483*
A la aue Rèàl, no puedes *320,7*
La Rèàl plaça de el Phenix, *334,37*
Aue Rèàl de plumas tan desnuda, *338,1*
Aunque es aguila Rèàl, *349,22*
La cuna Rèàl, *356,42*
Garzon rèàl vibrando vn fresno duro, *359,6*
En breue, mas rèàl poluo, la immensa *362,7*
Rèàl, pues, aue, que la region fria *403,5*
Su rèàl vee acrescentado *406,6*
Peticiones a rèàl *408,5*
Valerosa, i rèàl sobre diuina? *421,67*

Reales *1*
Ninguna de las dos Reales persona, *318,325*

Rèàles *22*
Los edificios rèàles, *63,22*
Logra sus tiernos años, sus Rèàles *77,58*
Las nobles MORAS son Quinas rèàles, *92,2*
Suelen de armadas Rèàles *97,39*
De Rèàles estandartes, *110,42*
Las dos pues Rèàles pauas *121,75*
Plumas, aunque de aguilas Rèàles, *135,3*
Con las rèàles personas *158,42*
Lleua, no patos Rèàles *159,43*
cuias insignias rèàles *229,572*
despachando sus rèàles *229,634*
no es sino para rèàles. *229,1173*
sus Rèàles de crystal *229,1370*
tienes quince mil rèàles; *229,2969*
Vrnas plebeias, thumulos Rèàles, *253,1*
Rèàles fiestas le impidiò al de Humena *254,5*
De Rèàles Palacios, cuia arena *263,126*
Pompa el salmon de las Rèàles mesas, *264,98*
Rèàles plumas (cuio dulce buelo *269,1237*
Si de plumas no fue, fue de rèàles) *269,1238*
Abeja de los tres lilios rèàles, *318,109*
Cien rèàles, i perdona. *423,14*

Rebaño *1*
Crecer humilde el numero al rebaño, *404,19*

Rebaños *1*
Le dessean sus rebaños: *205,28*

Rebato *3*
De este rebato la causa, *64,10*

Al rebato en vuestro nombre, *64,51*
Sin tocar nadie a rebato. *228,164*
Rebatos *1*
Pues en sus rebatos *65,245*
Rebela *1*
A la Géòmetria se rebela, *264,670*
Rebelde *6*
Rebelde anhela, el Berberisco suda, *230,47*
I en box, aunque rebelde, a quien el torno *263,145*
Rebelde aun al diamante, el duro lemo *264,474*
Rebelde Nimpha, humilde ahora caña, *264,831*
A la quietud de este rebelde Polo *318,625*
Por justo i por rebelde es bien lo sea, *443,12*
Rebeldes *2*
De rebeldes voluntades, *63,146*
En porfidos rebeldes al diamante, *314,3*
Rebentando *3*
Rebentando el pensamiento, *227,5*
Rebentando mui de tosco, *242,54*
Rebentando de mui casto, *322,283*
Reberbera *1*
De lo que illustre luego reberbera, *315,45*
Rebes *3*
El tuio vuelto al rebes. *229,1306*
Que tal rebes me ha dado, sus desuios *229,1947*
Publicar tan gran rebes; *269,188*
Rebiente *1*
Que en el assador rebiente, *7,15*
Reboço *1*
Dexò caer el reboço, *228,109*
Reboços *1*
los reboços del estilo? *229,2829*
Rebolued *1*
Rebolued tantas señas de mortales, *253,5*
Reboluer *1*
I antes siruiò de reboluer humores. *475,11*
Rebozo *1*
que no creais el rebozo. *229,3013*
Rebuzno *1*
Rebuzno ha hecho el relincho *334,78*
Reça *3*
La suia reça, i calla la diuina. *434,8*
Ningun cieruo de Dios, segun se reça, *451,5*
Reça o escriue en coplas la dotrina. *471,14*
Recado *1*
A vn galan lleua vn recado, *94,23*
Reçando *1*
Se estuuo siempre reçando, *228,158*
Recato *7*
merece bien tu recato. *229,221*
Habla, tonto, con recato. *229,1299*
I sobre todo, el recato *269,176*
Perdonad nuestro recato. *269,1771*
Si vanas preuias de nabal recato *318,390*
De que le niegue vn recato *357,95*
Quel recato aun al silencio *377,13*
Recaudo *1*
Tras el recaudo me entro, *229,3098*
Recaudos *1*
Los recaudos del peon; *161,114*
Recebilda *1*
Si tal hazeis; recebilda. *269,1071*
Recebille *1*
Que a recebille con sediento passo *264,2*

Recebimiento *1*
La zeremonia en su recebimiento, *318,199*
Recebiros *1*
El recebiros Castilla *225,3*
Recelallo *1*
Hyperbole es recelallo, *241,5*
Recelando *1*
Termino luminoso". I recelando *263,64*
Recelar *1*
Temer rûina o recelar fracasso, *263,553*
Recelara *1*
Los dias de Noe bien recelara *402,1*
Recelo *3*
Que me dexase vn hora, i ia recelo *229,1939*
Mas io, Don Pedro, recelo *241,6*
No sois sino quien recelo, *269,1138*
Recen *1*
Recen sus tercias i nonas, *98,71*
Recepta *1*
Con que? Con vna recepta, *269,1208*
Receptando *1*
Pues que receptando viue, *269,138*
Receptò *1*
Que vn doctor le receptò *269,1930*
Receta *1*
En que venenos receta *405,6*
Recetarà *1*
Se recetarà? Al momento. *269,1883*
Receuida *2*
De Graz, con maior fausto receuida *318,291*
Con pompa receuida al fin gloriosa, *318,313*
Receuillos *1*
Vfana al receuillos se alboroza, *318,335*
Rechaçan *1*
Se la rechaçan tambien: *495,21*
Recia *3*
Condicion tienes bien recia. *229,1748*
Vàlgame Dios! I tan recia *269,882*
Que te rascas? Cosa es recia, *269,1563*
Reciamente *1*
Quexauasse reciamente *28,13*
Recias *2*
Por ser recias para el campo *26,15*
Dan mas recias las respuestas *55,24*
Reciba *2*
Que me reciba la mano *269,731*
En clarines de poluora os reciba; *379,11*
Reciban *1*
que reciban a mi ierno; *229,2111*
Recibe *4*
" — Recibe allà este suspiro *62,57*
Recibe dueñas con dones *122,21*
Dulcemente me recibe. *229,1118*
Moderando. En la plancha los recibe *264,208*
Reciben *2*
No sè como le reciben; *96,77*
Mui mal se reciben nueras *229,3462*
Recibes *2*
Tantas lagrimas recibes *48,70*
que recibes por vecino *229,2552*
Recibete *1*
Recibete arrullando, *129,5*
Recibid *1*
Recibid ambas a dos *223,1*
Recibidas *1*

Son bien recibidas; *65,244*
Recibilla *3*
Que saldrà a recibilla, *127,28*
Por los campos del aire a recibilla. *315,20*
A recibilla, *349,29*
Recibillo *1*
I a ella no el recibillo, *94,8*
Recibiò *5*
I me recibiò *56,12*
Al que recibiò por aio. *123,16*
I aunque ordenes recibiò *130,7*
Que recibiò por embudo. *322,448*
Que la recibiò con señas, *419,33*
Recibir *2*
A recibir vueluo a Lelio *229,2097*
Para recibir criados. *269,727*
Recibiste *1*
Que en carros recibiste, triumphadora, *229,2180*
Recien *6*
Recien venido era entonces *61,17*
De vn Amor recien nacido, *78,79*
Sino recien asserrado. *228,120*
El celestial humor recien quaxado *261,201*
Ñafete, que el recien nacido *303,13*
Al Amor recien nacido, *357,99*
Reciente *3*
Creo tu fin reciente *103,62*
En la corteza no abraçò reciente *263,1056*
Tal ia de su reciente mies villano *318,171*
Recientes *1*
A los copos mas recientes *333,50*
Recio *3*
Suspire recio i con fuerza, *62,62*
Muerde duro o tose recio. *257,20*
Pues quanto mas la dà recio, *269,1316*
Recios *1*
No solo a los recios vientos, *48,35*
Reciproca *2*
Cuia luz su reciproca es rûina. *324,8*
La reciproca amistad *353,46*
Reciprocas *1*
De las gracias reciprocas la suma *315,57*
Reciproco *1*
Omenage reciproco otras tantas *318,182*
Reciprocos *2*
De reciprocos nudos impedidos, *263,970*
De los odios reciprocos ouando. *318,616*
Reciue *2*
Procura al que te reciue, *498,7*
I reciue al que te espera. *498,8*
Reciuieron *1*
Lo reciuieron a prueua. *159,10*
Reclamo *2*
mas campanilla o reclamo, *229,156*
Qual simples codornices al reclamo *263,587*
Reclina *1*
O se reclina, o toma residencia *203,95*
Reclinada *1*
Reclinada, el conuexo de su cuello *366,2*
Reclinados *1*
Reclinados, al myrtho mas lozano *261,317*
Reclinaron *1*
Apenas reclinaron la cabeça, *263,616*
Reclinarse *1*

Que en reclinarse el menos fatigado *263,352*
Reclinatorio *1*
Reclinatorio es de su gran Dueño, *421,54*
Recline *1*
Que en ierbas se recline, en hilos penda,
   261,454
Reclusa *1*
De la reclusa doncella, *257,22*
Recluso *2*
Al recluso harè preso, *269,1784*
Engastò en lo mas recluso *322,98*
Recobrarle *1*
i recobrarle no quiero *229,403*
Recoge *1*
tantos oi leños recoge; *229,487*
Recoger *2*
Las ha querido recoger Apolo; *256,37*
Lo que pudo recoger, *287,34*
Recoges *1*
(Si la memoria recoges) *269,670*
Reconoce *2*
Que oi la niebe reconoce. *179,56*
— Pues, maldito díablo, reconoce *439,9*
Reconocellos *1*
Viòlos, i al reconocellos, *322,393*
Reconocì *2*
Te reconocì, Lucrecia. *269,1435*
Humos reconocì en su chimenencia *452,5*
Reconocida *3*
Tan reconocida, *65,80*
Barbara Magestad, reconocida *230,39*
La volubilidad reconocida, *247,8*
Reconociendo *1*
Reconociendo el mar en el vestido, *263,361*
Reconocimiento *1*
El lagrimoso reconocimiento, *264,180*
Reconozca *1*
Todo el campo reconozca, *149,112*
Recopilacion *1*
La recopilacion nueua. *275,28*
Recordado *1*
Que aun rompidas no sè si han recordado.
   245,8
Recordando *1*
De gloria, en recordando; *120,53*
Recordò *1*
Recordò al Sol, no de su espuma cana, *263,705*
Recostadas *1*
Al verde pie recostadas, *499,316*
Recostado *1*
Al tronco recostado *114,8*
Rectitud *1*
La que en la rectitud de su guadaña *318,394*
Recto *1*
La oracion otra, siempre fiscal recto *404,30*
Recuerda *3*
I dulce os recuerda. *160,30*
El rubio Dios recuerda, *256,48*
Durmiò, i recuerda al fin, quando las aues,
   263,176
Recuerdan *1*
Que cisnes me recuerdan a la hora *264,393*
Recuerde *2*
Recuerde, dice, recuerde *349,14*
Recuerde, dice, recuerde *349,14*

Recueste *1*
I al pie se recueste *79,81*
Recurren *1*
Recurren no a las redes, que maiores *264,74*
Recusando *1*
Timida ahora, recusando Fuentes, *318,582*
Red *18*
Ni pajarillo de la red tendida *43,3*
Dura roca, red de oro, alegre prado. *43,14*
La mas que nudosa red; *78,88*
Tras la red el niño Amor, *94,4*
I la red offrece al viento. *106,16*
La red sobre la arena, *125,8*
Que murallas de red, bosques de lanças *175,3*
Mucha despide red de poco robre. *185,6*
Tan muertos en vna red *224,3*
Que si mata red de hilo, *224,9*
Bien matarà red de hierro. *224,10*
Iubilando la red en los que os restan *264,369*
Menos de aljaua que de red armado; *264,423*
I en la red anda Tancredo *269,499*
Que os ha de pescar la red *287,75*
Que os ha de pescar la red *287,89*
Nudos hizo de su red. *353,16*
Súaue, mas sorda red. *355,88*
Redempcion *1*
La dè a la redempcion de los peones: *464,4*
Redes *30*
Suspiros i redes lança, *9,6*
I las redes por el agua, *9,8*
Los suspiros i las redes *9,13*
I vosotras, redes mias, *9,45*
Dexadme, nudosas redes, *9,55*
Las redes sobre el arena, *10,1*
Dulces lazos, tiernas redes, *57,66*
Al vno redes i brazos *59,23*
I al otro brazos i redes; *59,24*
A calar saliò sus redes; *106,9*
Las redes al sol tendia *115,21*
Boluiò al mar Alcíòn, voluiò a las redes *165,1*
Duras redes manda armar, *178,18*
O las redes o los remos *179,19*
Entre redes, no querria *189,6*
Pescadora la industria, flacas redes, *230,61*
Recurren no a las redes, que maiores *264,74*
Las redes califica menos gruessas, *264,96*
De las redes la otra i su exercicio *264,203*
Que el mar criuando en redes no comunes,
   264,413
Contra mis redes ia, contra mi vida; *264,459*
En redes ambos i en edad iguales. *264,518*
Priuilegios, el mar a quien di redes, *264,575*
Pobre choça de redes impedida, *264,672*
Flacas redes seguro humilde pino *276,11*
Que en estas redes que trato *287,85*
A las nudosas redes, expuniendo *318,78*
Que en las redes del Amor. *370,4*
Por nudosas redes truecas, *498,18*
De espesas redes bien apercebido, *499,80*
Redil *5*
I redil espacioso, donde encierra *261,45*
(Redil las ondas i pastor el viento), *264,311*
Redil ia numeroso del ganado, *318,50*
Deba el mundo vn redil, deba vn caiado *335,7*
Del palacio a vn redil? Efecto estraño *404,21*

Rediles *4*
De llegar a mis rediles *10,15*
Las guarda, i a sus rediles *149,27*
Reduce a sus rediles sus ovejas; *229,1053*
I rediles del ganado *302,19*
Redima *2*
Que no las redima a ochabos? *124,8*
Que redima feroz, salue ligera, *261,67*
Rediman *1*
Rediman de el que mas o tardo buela, *263,799*
Redime *2*
Hurta al tiempo, i redime el oluido. *232,8*
Esta piçarra apenas le redime; *363,4*
Redimi *1*
que de Libia redimi; *229,1596*
Redimido *1*
De la cadena tarde redimido, *400,6*
Redimidos *1*
En tabla redimidos poco fuerte *264,126*
Redimiendo *2*
Tal redimiendo de importunas aues, *261,477*
Redimiendo ciegas luces, *355,51*
Redimiò *8*
Me redimiò la merced *83,19*
Con su barquilla redimiò el destierro, *165,3*
Quien dellos nos redimiò. *208,23*
En lo que ia de el mar redimiò fiero, *263,47*
Redimiò con su muerte tantas vides, *263,160*
De Anchises redimiò la edad dichosa. *294,8*
Lo redimiò del vinculo dorado. *341,8*
El redimiò despues tormenta graue; *404,35*
Redimir *1*
En globos de agua redimir sus Phocas. *264,426*
Redimirà *1*
Mal redimirà tu leño *384,15*
Redomado *1*
Todo fièl redomado *229,411*
Redomas *1*
se rompen muchas redomas. *229,805*
Redonda *3*
De vuestra mesa Redonda, *27,121*
Veer su caraça redonda; *149,8*
Sino a la Mesa Redonda *288,87*
Redondillas *1*
Hace Redondillas; *65,236*
Redondo *1*
De Escholastico, i redondo. *242,132*
Redúànes *1*
De Muças i Redúànes, *63,4*
Reduce *5*
Desata montes i reduce fieras; *172,4*
Reduce a sus rediles sus ovejas; *229,1053*
Reduce tu orgullo antes *229,2926*
Los dos reduce al vno i otro leño *264,675*
Cardò vna el estambre, que reduce *318,443*
Reducia *1*
Los bueies a su aluergue reducia, *261,71*
Reducida *1*
Reducida desiste, humilde cede *318,583*
Reducido *4*
Porque a tanta salud sea reducido *60,9*
— Alma a quien han reducido *213,8*
Pues te dexo reducido, *229,660*
Del rubi en hilos reducido a tela, *421,6*
Reduciendo *1*

Reduciendo al Caluinista, *107,55*
Reducir *1*
me pudiera reducir. *229,2397*
Reducirme *1*
I a reducirme te pones *269,123*
Reducto *1*
De aquel antiguo reducto, *322,342*
Reduxo *4*
Reduxo el pie engañado a las paredes *165,5*
con que me reduxo ia. *229,666*
Mas reduxo la musica barquilla *264,51*
A sus posadas reduxo *322,90*
Reduze *1*
Reduze su registro *313,34*
Reduzida *1*
Caseramente a telas reduzida, *264,344*
Reduziendo *1*
Al huesped al camino reduziendo, *263,229*
Reduzis *1*
Vos reduzis, ô CASTRO, a breue suma *244,9*
Referidlo *1*
Referidlo, Pièrides, os ruego. *261,360*
Referillo *1*
Que tu muerte referillo, *369,8*
Refierelo *1*
Camina en paz, refierelo a tu gente. *219,14*
Refiereselo *1*
Refiereselo a la sciencia *269,517*
Refinan *1*
En cañas, quantas refinan *243,67*
Refitorios *1*
Con gatos de refitorios *58,47*
Reflexo *1*
Lux el reflexo, la agua vidriera. *263,676*
Refluxos *1*
Los marinos refluxos aguardemos, *298,16*
Refran *2*
Con vn dicho i vn refran, *6,68*
Que es mi aphorismo el refran: *86,29*
Refranes *1*
Bien que si los refranes salen ciertos, *367,12*
Refugio *1*
Dulce es refugio, donde se passea *194,5*
Refugios *1*
Solicitando refugios, *322,322*
Regada *1*
Regada de quien *56,62*
Regado *1*
Suelo menos barrido que regado; *476,4*
Regador *1*
Gran regador de membrillos; *89,4*
Regais *1*
Quando furioso regais *89,31*
Regala *3*
Ia le regala los ojos, *131,29*
A quien le regala en plata; *188,4*
i mas la que se regala *229,1154*
Regaladle *1*
Regaladle, manos mias! *229,1149*
Regalado *8*
Con regalado son, con passo lento; *16,4*
I que es tal el regalado *28,65*
Hijo hasta alli regalado *49,11*
Dèl Gran Señor regalado, *61,7*
En el lasciuo, regalado seno). *261,284*

Sobre corchos despues, mas regalado *263,163*
Sellar de el fuego quiso regalado *263,872*
Regalado me han el pecho, *269,1539*
Regalar *1*
Regalar querrà a su ierno, *229,2594*
Regalarse *1*
De regalarse el Verano *228,26*
Regalarte *1*
o en seruirte i regalarte *229,68*
Regalaua *1*
Viuora regalaua en su verdura, *43,8*
Regalauan *1*
Regalauan a Thysbica *148,37*
Regale *1*
Regale sus orejas *166,37*
Regalo *8*
Ia que con mas regalo el campo mira, *31,1*
Poco te luze el regalo. — *96,160*
Por el regalo que gozas. *97,32*
Qualquier regalo de durazno o pera *182,9*
i finezas tu regalo. *229,77*
i al regalo de tu hermana. *229,81*
Guloso de los Consules regalo. *264,101*
Quanto la vieja attenta a su regalo. *313,3*
Regalos *11*
Costosos regalos, *65,119*
Regalos de Lima, *65,126*
Regalos de Señoria *98,3*
Regalos de Señoria *98,15*
Regalos de Señoria *98,27*
Regalos de Señoria *98,39*
Regalos de Señoria *98,51*
Regalos de Señoria *98,63*
Regalos de Señoria *98,75*
Regalos de Señoria *98,87*
Regalos i gustos pisas, *498,11*
Regando *1*
regando dichosamente *229,2334*
Regar *1*
Regar lo que se ha barrido. *269,1033*
Regazo *1*
Offreciòle su regazo, *322,449*
Regimen *1*
Al regimen atento de su estado, *318,137*
Regimiento *1*
Donde fièl vasallo el Regimiento *255,10*
Region *19*
La encendida region de el ardimiento. *45,8*
La region penetrò de su hermosura *164,10*
Ponme en la region elada, *229,2670*
tierra ardiente, region fria, *229,2684*
La region de su frente raio nueuo, *263,286*
En la inculta region de aquellos riscos. *263,320*
Aspides mas que en la region del llanto; *263,929*
Poca palestra la region vacia *264,902*
Desta primer region, sañudo espera *264,932*
En la region de el silencio. *268,32*
A region mas segura se leuanta, *298,47*
Quien, pues, region os hiço diferente *311,5*
I absorto en la de luz region primera, *315,43*
A la region asciende esclarecida, *364,6*
Su memoria en qualquier region la assiste; *365,11*
Esta dichosa region, *390,14*

Réàl, pues, aue, que la region fria *403,5*
Miralla, en quanto otra region no mude. *453,11*
En la region de los viuos, *484,6*
Regiones *3*
Dales el Norte en todas sus regiones *229,1030*
Regiones pise agenas, *264,130*
Raios ciñe en regiones mas serenas. *362,14*
Registra *3*
Registra en otras puertas el venado *261,425*
Registra el campo de su adarga breue) *261,484*
Las caladas registra el peregrino, *264,859*
Registre *1*
Que no la registre el, i io no inuidie. *120,18*
Registrè *1*
Lleguè a Valladolid; registrè luego *150,1*
Registro *4*
Con poderes de registro, *91,6*
Guardo el registro, que serà mi bula *150,3*
Reduze su registro *313,34*
Reseña militar, nabal registro *318,570*
Registrò *2*
porque registrò mi mesa *229,578*
De sus veneros registrò Camboja *318,477*
Regla *3*
Segun la regla de Antonio) *242,68*
Todo va con regla i arte; *275,117*
Que, a Dios gracias, arte i regla *275,118*
Reglas *1*
Reglas son de Amor mui raras, *186,5*
Reglilla *1*
Antonio en su reglilla de ordo pedo. *152,8*
Regocijo *2*
de oillos me regocijo. *229,2557*
Lo que ciega vn regocijo! *229,2953*
Regoldanas *1*
I las bolueis regoldanas. *238,4*
Regozijo *1*
Terminos le da el sueño al regozijo, *263,677*
Regueldos *1*
Regueldos amartelados. *28,28*
Regula *2*
Mis gustos regula, *56,31*
Que medico se regula *412,11*
Regulada *1*
Lisonja, si confusa, regulada *264,717*
Regulador *1*
Regulador de minutos. *322,364*
Regulados *2*
Passaron todos pues, i regulados *263,602*
En regulados choros, que termina *318,451*
Regulais *1*
Si os regulais con las flores *355,69*
Regulas *1*
Si a mi gusto te regulas, *269,830*
Regùle *1*
Regùle sus pensamientos; *87,70*
Rehen *1*
De mi fee serà rehen. *302,24*
Rehenes *2*
En rehenes de su padre, *61,4*
Dar tus mortales penas en rehenes *117,3*
Rehusa *1*
Que no lo rehusa Enrico. *269,282*
Rehusò *1*
Bien las tramoias rehusò Vallejo, *451,2*

Rei *61*
Descubre de su Rei el pecho i animo, *1,16*
Del Rei que rabiò me cuente, *7,22*
Rei de los otros, rio caudaloso, *22,1*
Sè que es la del Rei Phineo *26,101*
Rei de las otras, fiera generosa, *47,4*
Tu, Rei de los otros rios, *48,65*
A que le condena el Rei, *49,23*
Por quien el Rei anda muerto, *49,26*
I para el zeloso Rei *49,31*
Que le diò el Rei de Toledo, *49,66*
Las sinrazones dèl Rei *49,83*
De los agrauios dèl Rei, *49,95*
Ô gran Rio, gran Rei de Andalucia, *51,3*
Donde el Rei me ha desterrado *62,59*
Servia en Oran al Rei *64,1*
O rei, o cauallo, *65,227*
Erigiò el maior Rei de los Fîeles. *76,8*
Que no te jurò Rei, te adora santo; *77,3*
(El Betis, rio, i Rei tan absoluto, *77,76*
De las otras fieras Rei, *78,32*
Fundòte el Rei don Alfonso *87,3*
Sin ser Rei, a muchos di *111,46*
En la gracia de su Rei, *132,66*
I aun aspirante a ser Rei. *217,40*
Que vuela rei en su desnuda arena, *229,1069*
A la casa de el Rei le pone escalas? *229,2213*
Del Rei, de fieras no de nueuos mundos, *230,19*
I de Malaco Rei a Deidad laua *261,459*
De el Rei corona de los otros rios; *263,953*
Aquesta empressa, buen Rei, *269,807*
De vn padre Rei, de vn viejo preuenido, *269,1255*
No sirue al Rei, ni armas trata, *269,1505*
Que ai pues, de nuevo, mi Rei? *269,1870*
En aquel marmol, Rei siempre glorioso; *271,2*
I pluma tal a tanto rei debida. *279,6*
Del Rei del Occidente, *280,10*
Del Palacio de su Rei, *285,22*
A vos, ao Rei. *303,36*
Mechora, Rei de Sabà. *309,7*
Que Rei tan fuera de aqui *309,11*
El Rei que a adoralle va. *309,20*
Obligan a su Rei que tuerza graue *318,23*
Al santo Rei que a tu consejo cano *318,95*
Seruia, i el enfermo Rei prudente, *318,221*
El Rei Padre, luz nueua al firmamento *318,230*
Generosa a su Rei le hizo ofrenda, *318,270*
Fuese el Rei, fuese España, e irreuerente *318,319*
Sus parques luego el Rei, sus deseados *318,341*
Piadoso luego Rei, quantas destina *318,453*
De el Rei hizo Britanno la embajada, *318,467*
Alto del Rei Catholico ministro; *318,572*
Del maior Rei, cuia invencible espada, *324,12*
A la indignacion del Rei. *355,4*
Veneran Rei, i io Deidad adoro; *360,6*
Rei, pues, tanto, que en Africa dio almenas *362,10*
Rei iace excelso; sus ceniças sella *368,19*
Del maior Rei, Monarcha al fin de quanto *398,10*
Do Rei de Congo canta Don Gorgorio, *430,11*
Ministros de mi Rei: mis desengaños *454,9*
No temas con el rei Acab, *473,12*

Vn habito el Rei le ha dado, *491,3*
Rèi *1*
De el Rèi de vastos, i acudir la sota: *463,8*
Reia *3*
A vn niño, que e Diosa e Reia: *308,22*
Que traeis? La Reia mio *309,25*
Corpo de San Tomè con tanta Reia *430,5*
Rêia *1*
En labios de claueles se rêia. *339,4*
Reido *2*
que harto avemos reido. *229,1221*
Porque he reido vn buen rato *229,3522*
Rêido *1*
Os aueis con raçon siempre rêido? *203,33*
Reies *11*
Sin que los prouean los Reies. *59,36*
Occupaban a sus Reies *63,31*
Seruì a Condes, seruì a Reies, *96,105*
Hasta la hora de Reies, *110,57*
Triumphador siempre, coma con su Reies. *145,14*
Dosel de Reies, de sus hijos cuna *219,9*
los dos rios, los dos reies *229,466*
silla ia de Reies, donde *229,529*
Esperaua a sus Reies Barcelona *318,321*
De sus Reies, lisonxa de la corte, *318,426*
I a fee que Reies fallados *334,93*
Reina *14*
Dò con sus Damas la Reina *63,49*
Ô Reina torpe, Reina no, mas loba *72,49*
Ô Reina torpe, Reina no, mas loba *72,49*
I quisiera, Reina mia, *74,114*
Como a Reina de las flores, *217,9*
Las colores de la Reina *217,37*
qual otra Reina Fenisa *229,1344*
REINA que en muda quietud *235,5*
No el aue Reina assi el fragoso nido *261,261*
Reina la aueja, oro brillando vago, *264,294*
Doctor, no me oluides. Reina *269,1774*
Desde el sitial la Reina, esclarecido *315,49*
Reina de las aues sois, *390,6*
Pariò la Reina; el Lutherano vino *469,1*
Reinaldos *1*
De los segundos Reinaldos *63,139*
Reinaua *1*
Reinaua la noche fria, *374,8*
Reino *8*
O al Reino (si allà cabes) del espanto; *23,11*
Por todo el humedo Reino *48,75*
Que te respectaua el Reino *87,18*
Su beldad i vn Reino en dote, *131,78*
Dèl Reino escudo, i silla de tu estado. *195,4*
De los que el Reino muran de Neptuno! *264,657*
Penetrar quiere aquel Reino, *288,89*
El Reino lo diga *356,63*
Rèino *1*
Alferez mayor dèl Rèino, *49,2*
Reinos *4*
I quantos en tus reinos vno a vno *72,21*
Dèl Phenix oi que Reinos son sus plumas. *163,12*
O de sus Reinos el llanto. *235,10*
Prouincias, mares, reinos differentes, *279,13*
Reir *4*

Mucho tengo que reir. *418,4*
Mucho tengo que reir. *418,22*
Mucho tengo que reir. *418,40*
Mucho tengo que reir. *418,58*
Reirè *1*
que io me reirè de ti. *229,2425*
Rêirse *1*
I en el rêirse tambien, *217,82*
Reja *2*
A la reja importuna, *263,904*
Dueña en sala i mico en reja. *269,1021*
Rejas *3*
Las rejas de su prision! *227,16*
Balcones, galerias son, i rejas *279,34*
Este mico de sus rejas, *418,18*
Rejon *6*
A lança i a rejon despedaçados; *155,4*
Pensè, señor, que vn rejon *157,1*
Valiente con el rejon *158,39*
O dèl rejon, que es ligero, *178,39*
De Europa, con rejon luciente agita; *318,66*
A lanza, a rejon muertos animales, *318,510*
Rejones *2*
ola, lacaios, rejones! *229,2737*
De rejones bien rompidos; *334,72*
Rejubenescida *1*
Rejubenescida ia, *358,10*
Relacion *2*
Relacion de el naufragio hiço horrenda. *261,452*
Que aun la relacion alegra, *269,787*
Relampago *2*
El Nebli, que relampago su pluma, *264,745*
Es relampago chico: no me ciega. *458,6*
Relampagos *2*
De los relampagos grandes *75,67*
En relampagos de toros, *357,48*
Relator *2*
En la tahona de vn Relator, donde *203,71*
No hallais otro relator? *229,3449*
Releuada *1*
I la releuada frente *82,15*
Relieue *1*
Glorioso entalle de immortal relieue. *425,8*
Relieues *1*
Cuios relieues occultos *322,74*
Religion *14*
De la Religion seis velas, *38,38*
Velas de la Religion, *39,33*
Llora su religion el hospedage. *229,36*
Bien sea religion, bien Amor sea, *261,151*
Ô religion propagada *275,81*
Piedad o religion. Sobre los remos, *298,15*
Zeruiz reuelde o religion postrada *318,22*
Deste segundo en religion Cassino *318,333*
Que su religion profano. *348,25*
Religion sacra, que, doliente el vulto, *368,23*
Religion pura, dogmas verdaderos, *421,11*
Que no sin arte religion impura *426,3*
En su Religion sancta, de modesto *452,9*
En esta religion nuestra, *498,26*
Religiosa *3*
Religiosa grandeza dèl Monarcha *76,9*
Con religiosa vanidad a hecho *77,19*
Alcîòn de la paz ia religiosa, *318,557*

Religiosas *1*
Tu esplendor, tus religiosas *259,58*
Religioso *3*
Ni del Egypcio vn tiempo religioso, *279,25*
Religioso tyron no solo iguala, *404,25*
Religioso sea, pues, beatificado *404,47*
Relincha *1*
El cauallo relincha, el perro late, *499,87*
Relincho *2*
Relincho i otro saludò sus raios. *264,731*
Rebuzno ha hecho el relincho *334,78*
Relinchos *3*
Por sus relinchos loçano *57,7*
No en sonorosos relinchos, *96,3*
Su aliento humo, sus relinchos fuego, *261,337*
Reliquias *12*
I las reliquias de su atreuimiento *32,13*
Por reliquias de valor *63,107*
Para mil reliquias; *65,68*
Reliquias dulces dèl gentil Salicio, *67,7*
Saquè, entre muchas reliquias, *74,110*
Estan, como reliquias en crystales; *77,57*
Sus miembros cubre i sus reliquias sella *112,12*
De tus reliquias custodia. *259,96*
Las togadas reliquias de Aquileia. *318,568*
Legitimas reliquias de Maria, *318,587*
Las reliquias de Thysbica *322,97*
Que las reliquias expeliò Agarenas *362,12*
Rellena *1*
Porque rellena la veen *85,15*
Relox *4*
En dos horas de relox. *227,12*
(Hecha mano de relox) *269,699*
El relox de las estrellas, *331,6*
Que es el mas cierto relox. *331,7*
Reloxes *2*
Reloxes de peregrinos, *89,38*
Que todos son ia reloxes, *269,671*
Relumbra *1*
Oro bruñido al Sol relumbra en vano, *24,2*
Remata *1*
I en la cruz de aquel templo se remata; *229,2157*
Remedia *1*
Bien mi daño se remedia. *229,3392*
Remedian *1*
Las remedian con cosellas. *495,17*
Remedio *9*
Pues tratais de mi remedio. *39,36*
Temo aquel fin, porque el remedio para, *104,9*
Remedio contra estrangeros, *161,29*
sin salud i sin remedio, *229,3112*
Mal remedio artificioso. *242,114*
Si la callo, no ai remedio; *332,3*
Señor, pues sois mi remedio, *385,1*
A partir sin remedio de esta vida; *396,2*
Que el remedio frustrase del que espera? *400,11*
Remedios *2*
Por mas remedios que vse, *75,38*
De flacos remedios vsa; *414,9*
Remendada *1*
Vna remendada pia *96,47*
Remendadas *1*
Habitos, capas digo remendadas, *69,5*

Remiendo *1*
Se dissimula vn remiendo *269,259*
Remission *1*
Mintiendo remission a las que huien, *264,913*
Remisso *1*
El golpe no remisso *263,693*
Remite *3*
Expulso le remite a quien en suma *264,873*
Os remite este dinero. *269,1195*
Me remite a vos, Señor, *410,5*
Remiten *1*
El cañamo remiten anudado, *264,235*
Remitido *1*
I que ha remitido el quando *269,1756*
Remitirèle *1*
Remitirèle el proceso *477,21*
Remittiera *1*
si remittiera a las manos *229,72*
Remittiò *1*
Remittiò al onceno el mal *229,564*
Remo *22*
Ambas manos en el remo *38,3*
De el remo i de la cadena: *38,8*
Siempre al remo condenado, *38,35*
Si aiudo io a mi daño con mi remo? *39,22*
Sin este remo las manos, *39,25*
Si aiudo io a mi daño con mi remo? *39,32*
Si aiudo io a mi daño con mi remo? *39,42*
Si aiudo io a mi daño con mi remo?" *39,52*
Sordo huie el baxel a vela i remo: *261,95*
Ella el forçado i su guadaña el remo. *264,129*
El duro remo, el cañamo prolixo; *264,391*
Ephire, en cuia mano al flaco remo *264,480*
A vn remo cada jouen offrecido. *264,685*
El remo pereçosamente raia, *264,942*
Meter vela, i calar remo. *269,1617*
El remo a que nos condena *287,11*
Con vn remo i otro creo, *287,19*
El remo a que nos condena *287,25*
Perdona al remo, Licidas, perdona *298,1*
Que a Argel su remo los conduzga mudo, *318,371*
Si castigado ai remo que lo sea; *318,372*
Con su remo en la agua aquel *418,6*
Remolcò *1*
Que atrauesado remolcò vn gran sollo. *264,505*
Remonta *2*
Se remonta a lo fulgido que enciende, *315,46*
Successor se remonta, en cuio zeño *318,206*
Remontada *1*
La garça mas remontada; *299,4*
Remontado *1*
Quantas veces remontado *390,25*
Remora *1*
Remora de sus passos fue su oido, *263,237*
Remos *24*
Hieren el agua los remos *9,27*
De otros remos la barquilla, *9,33*
I los rotos remos *50,14*
De tus remos el otro encanecido, *66,10*
I sus remos hiriendo las arenas, *72,57*
I quando a los sordos remos *97,13*
Los remos dexa a las aguas *106,15*
Que se lleuan las aguas los remos! *106,18*
Que se lleuan las aguas los remos! *106,36*

— Decia al son de los remos, *115,33*
Gallardo hijo suio, que los remos *165,9*
O las redes o los remos *179,19*
Los remos dexa, i vna i otra mano *196,5*
De quatro remos por banco; *228,210*
Seguro ia sus remos de pirata. *230,57*
Con remos gemidores, *264,34*
Instrumento el baxel, cuerdas los remos, *264,113*
Las ondas el Amor, sus flechas remos, *264,528*
De tus remos ahora conducida, *264,551*
Quantas al mar espumas dan sus remos. *264,664*
Piedad o religion. Sobre los remos, *298,15*
Entre los remos i entre las cadenas, *317,6*
Remos que le conduzgan, ofreciendo *318,74*
A sus dos remos es, a sus dos llabes? *318,564*
Remota *1*
La remota Cambaia *264,373*
Remotas *1*
las ciudades mas remotas. *229,761*
Remoto *2*
Las escuche el Antipoda remoto, *252,6*
Partiendo en lo mas remoto, *357,78*
Remozado *1*
pues tan remozado me has. *229,1011*
Rempuje *1*
Os rempuje algun suspiro, *242,135*
Remuerde *1*
Que amor acà me remuerde, *499,201*
Remueuen *1*
Los suspiros desatan i remueuen, *19,6*
Remuneradores *1*
Remuneradores justos, *322,244*
Renace *5*
Culta le renace pluma, *239,22*
Renace a nueuo Sol en nueuo Oriente. *247,14*
I dellas oi el mismo aqui renace. *271,4*
El siglo de oro renace *302,21*
Mas renace, hallando, en vn instante, *457,12*
Renacer *1*
Renacer piedra a piedra *140,21*
Renacido *2*
De sus hazañas pues oi renacido, *272,9*
De su vertida sangre renacido, *364,11*
Renazca *1*
Fenix renazca a Dios, si aguila al Norte. *403,14*
Rendida *1*
Si soi; i rendida està *269,1348*
Rendido *4*
Rendido en paz de mugeres, *61,49*
Rendido mas de vna vez *78,22*
I al marfil luego de sus pies rendido, *261,299*
No es Amor quien me ha rendido, *269,1350*
Rendimiento *2*
A vuestra Deidad hago el rendimiento *170,13*
Que mi rendimiento es *382,3*
Rendir *3*
Pensò rendir la mozuela *74,1*
Rendir al fiero animal *78,31*
Rendir a Doña Violante *493,39*
Rendon *1*
Entrado me he de rendon *229,1700*
Renegado *2*

O de renegado Griego, *106,20*
Renegado Calabres. *132,20*
Renegarè *1*
Renegarè de mis males. *269,1716*
Rengifo *2*
Lo Rengifo en el sudor *288,43*
Esto, pues, harà a Rengifo, *288,105*
Renglones *4*
Los renglones de vn villete, *88,70*
que mis renglones los pies *229,844*
de Isabela esos renglones; *229,1576*
no traigo renglones mudos. *229,3441*
Rengre *1*
Va en rengre nobre señora, *207,31*
Reñian *1*
Ni quando reñian por ella. *73,108*
Reñida *1*
Vna pendencia reñida, *74,86*
Reniega *1*
Reniega de la afficion, *94,37*
Reniego *3*
reniego de tales cosas. *229,793*
señora mia, i reniego *229,1904*
Id, pues... Reniego de viejos. *229,2850*
Reñir *1*
que io me voi a reñir *229,708*
Reno *1*
En varios de crystal ramos el Reno *318,619*
Renta *2*
Veinticinco mil de renta. *73,56*
De renta sobre la Almona *229,2968*
Rentoi *1*
Hazen señas de Rentoi. *269,965*
Reñuflos *1*
Ñuflos, i reñuflos chero. *269,746*
Renuncia *1*
El sacro honor renuncia del capelo, *404,43*
Renunciar *1*
Menos en renunciar tardò la encina *263,350*
Renunciastes *1*
Renunciastes el poblado; *205,16*
Reo *1*
Es la conciencia del reo, *269,1343*
Repara *2*
Verà desde oi Toledo, si repara, *229,1944*
En tener dos no repara *412,37*
Reparada *1*
La vna reparada, la otra enjuta. *261,451*
Reparar *2*
Para reparar mis zelos, *269,207*
Si se pueden reparar, *288,26*
Repararà *1*
Que si repararà, en los ojos mios. *229,1945*
Repararlas *1*
Repararlas pretendia, *288,25*
Reparas *1*
Mas no es virtud el miedo en que reparas, *460,5*
Reparo *3*
Do hallò reparo, si perdiò camino. *261,432*
Que en ningun precio reparo. *269,195*
I su reparo es mohina. *269,1109*
Reparos *2*
Si firmes no por tremulos reparos. *264,868*
Leues reparos al frio *414,5*
Reparten *1*

Dò las aguas se reparten *63,46*
Repartida *1*
Mui bien repartida, *65,34*
Repartir *1*
En el repartir *8,7*
Repela *1*
Gasta lo que a presuiteros repela. *367,8*
Repelò *1*
Que el viento repelò a alguna coscoja. *263,175*
Repetida *3*
La arena de las ondas repetida. *264,195*
La agua repetida es. *285,8*
Fiebre, pues, tantas vezes repetida *323,12*
Repetidas *1*
Tus repetidas quexas, *281,15*
Repetido *6*
Repetido latir, si no vecino, *100,5*
Albogues, duramente es repetido. *261,92*
Donde el cuerno, del Echo repetido, *262,9*
Terno de gracias bello, repetido *263,888*
Cada Sol repetido es vn cometa. *394,8*
Que repetido en el PEDRO le fia, *421,30*
Repetidos *2*
En los corsos repetidos *322,139*
I en quien deuidamente repetidos *335,12*
Repicar *1*
Repicar en mis orejas *423,24*
Repita *2*
Que os repita el parlero cada hora, *201,12*
Tantas vezes repita sus vmbrales, *263,814*
Repitan *1*
Que su lecho repitan. *298,17*
Repite *6*
Repite el otro soldado *122,41*
Que repite para torno: *242,92*
Repite su prision, i al viento absuelue. *264,744*
Lares repite, donde entrò contento, *318,342*
Las señas repite falsas *322,401*
Que oi se repite feliz, *480,8*
Repitiendo *3*
Esto dixo, i repitiendo *228,217*
Repitiendo confusa *264,921*
Quexas repitiendo alegres, *333,6*
Repito *1*
Repito para immortal); *95,4*
Replica *1*
Solo mi honor te replica *269,211*
Replicais *1*
Replicais que vaia: va; *229,421*
Replicar *1*
Pecco en replicar que Octauio *229,2502*
Replico *1*
I callando te replico. *269,1845*
Reportados *1*
I los bien reportados tafetanes *66,7*
Reposa *3*
No iace, no, en la tierra, mas reposa, *221,7*
Donde altamente reposa *239,17*
Desmintiendo aqui reposa *268,55*
Reposo *7*
Porque ha tantos que reposo *83,38*
Paces no al sueño, treguas si al reposo.
 261,308
I entregados tus miembros al reposo *262,28*
Sus cenizas alli tienen reposo, *271,3*

Hallòle; mas hurtandose al reposo *315,29*
Que dia tienes reposo? *497,23*
Por tu gusto i mi reposo. *499,241*
Reprehendia *1*
A mi hija reprehendia *229,2075*
Representa *2*
No lo representa mal. *229,3387*
Hypocrita virtud se representa, *460,10*
Representacion *1*
Que, no es representacion? *229,3505*
Representaciones *1*
El sueño, (author de representaciones), *44,9*
Representadle *1*
Representadle mi destierro duro. *99,14*
Representado *1*
No ha representado mal. *229,3493*
Representante *2*
i fue vn gran representante. *229,3231*
muger de vn representante. *229,3489*
Representantes *1*
o representantes son? *229,3183*
Representarme *1*
Solo a representarme el graue ceño *44,6*
Represente *1*
I su fee represente: *103,76*
Representèle *1*
Representèle el affan *269,276*
Representò *1*
Representò assi Nauarro? *229,3393*
Reprime *1*
Que reprime i que da lei; *132,56*
Reprocha *1*
Gil Rabadan; pero reprocha alguno *443,10*
Repropia *1*
Es Leonora? La repropia. *269,633*
Republica *3*
Contiene la republica volante *203,23*
Republica ceñida, en vez de muros, *264,292*
Mas republica al fin prudente, sabes *318,562*
Repugna *1*
Repugna a leies de naturaleça. *451,4*
Repulgada *1*
De la tia repulgada, *269,146*
Repulgando *1*
Repulgando està a la niña *167,92*
Repulgo *4*
Dos toquitas de repulgo, *27,90*
Si el repulgo austeridades *229,1392*
El repulgo a la empanada *269,150*
El incredulo repulgo. *322,188*
Repusso *1*
Sus mismos auctos repusso. *322,224*
Requebrada *1*
I de Amor bien requebrada; *94,6*
Requerid *1*
Requerid la puerta, *160,50*
Requeson *1*
Requeson de Colmenar, *371,2*
Requestan *1*
De que Duques las requestan, *55,44*
Requiebra *1*
La hija os requiebra, *160,34*
Requiebros *1*
I tu por requiebros. *50,96*
Requieren *1*

Quando requieren las nasas, *179,45*
Requiriendo *2*
I requiriendo las nasas, *10,40*
Requiriendo a fojas ciento *288,39*
Res *1*
Venid, Musas, que vna res *167,11*
Resabio *1*
I por galan sin resabio. *269,1113*
Resacas *1*
A sus resacas i golpes, *179,52*
Reseña *2*
Estraña ostentacion, alta reseña; *77,20*
Reseña militar, nabal registro *318,570*
Reserua *1*
A que mas desengaños me reserua? *380,13*
Reserue *1*
De que el tiempo os reserue de sus daños, *21,2*
Residencia *1*
O se reclina, o toma residencia *203,95*
Resina *1*
Candelas de resina con tericia; *476,11*
Resista *1*
Que io a la verdad resista *168,11*
Resiste *6*
Al robre que mas resiste *48,30*
Mas si resiste, appellando *229,2474*
si resiste, amante cuerda. *229,2521*
Resiste obedeciendo, i tierra pierde. *264,26*
Su flaqueza no resiste. *269,692*
Resiste al viento la encina, *378,13*
Resistencia *3*
Que no ai ffàr resistencia *91,19*
Resistencia hizo de plomo. *211,12*
Guerra al calor o resistencia al dia. *263,539*
Resistido *1*
Que ha resistido a grandes, digo Soles. *233,8*
Resistiendo *2*
Resistiendo sus troncos al gusano. *248,8*
Resistiendo a tu desden, *269,1487*
Resistir *1*
El que resistir pudo *263,695*
Resolucion *5*
Oid la resolucion *98,9*
Alta resolucion, merecedora *318,41*
Tragica resolucion, *322,279*
I en la resolucion succinto agrado. *336,14*
La resolucion honrada, *347,5*
Resolui *1*
al punto me resolui, *229,2285*
Resoluto *1*
Mosquito Antonîàno resoluto, *326,6*
Resonantes *1*
Los cruxidos ignoran resonantes *261,166*
Respaldar *1*
Le hallaràs con respaldar. *288,104*
Respectada *1*
La respectada pared; *78,36*
Respectaua *1*
Que te respectaua el Reino *87,18*
Respecto *4*
— Mas respecto me tienen: ni vna astilla. *70,8*
Los jacarandos respecto, *82,63*
ese respecto han guardado *229,1101*
Aun respecto no seria. *229,1206*
Respeto *3*

I pierdan el respeto a las colunnas, *72,73*
I con respeto vna planta; *177,14*
Mirasla tu? Con respeto *229,983*
Respira *1*
Quantos respira azahares. *389,28*
Respirar *1*
Porque el respirar aun leue *411,13*
Resplandeciente *3*
Deidad resplandeciente, *103,54*
Resplandeciente cuello *264,65*
El de cuchilla mas resplandeciente, *264,504*
Resplandor *6*
Al claro resplandor de tus espadas *72,9*
Que ciñen resplandor, que enristran palmas, *77,43*
Aquel resplandor rosado *121,121*
Que el le compre el resplandor, *167,47*
Dalle tu su resplandor. *269,1121*
A cuio resplandor, *296,5*
Resplandores *1*
O resplandores que ignoran, *414,23*
Responda *4*
No ai silencio a que prompto no responda; *263,674*
No oia al piloto o le responda fiero, *264,174*
I responda la capilla: *388,32*
Responda, pues, mi voz a beldad tanta; *395,12*
Responde *14*
Llena de risa responde: *10,57*
El con el mirar responde: *49,93*
Ella le responde: *80,23*
"Mas quisiera, le responde, *88,81*
Otro "Angelica" responde. *131,124*
Echo, que al latir responde *142,5*
O se concierta o por poder responde, *203,75*
Responde, alta la gamba, al que le escribe *203,98*
Si llamo al huesped, responde *204,23*
responde a su natural: *229,1361*
queda? En el zaguan responde, *229,1661*
Dulce se quexa, dulce le responde *261,181*
Le responde su llama en luz crinita; *318,284*
Menos vn torno responde *322,163*
Respondele *1*
Respondele al que oi te llama, *498,5*
Responden *3*
Responden las confusas, las postreras *230,32*
Les responden, la ecliptica ascendiendo. *264,734*
Emulas responden ellas *285,35*
Responder *3*
Sin saberla responder. *78,84*
Responder, angel, no sè *229,2580*
Antes que io responder. *304,6*
Responderà *2*
Mas no responderà, aunque Apollo quiera; *395,13*
Peor responderà al culto. *479,10*
Responderèos *1*
I responderèos que estoi *348,29*
Respondes *5*
GLAVCA mia, no respondes, *10,21*
Pero, pues no me respondes, *38,29*
solo tu respondes mal *229,1362*
Soneto? No me respondes? *229,1495*

Que me respondes? Que quiero *269,1567*
Respondi *1*
de su hijo. Respondi *229,847*
Respondia *1*
Quando a la pompa respondia el decoro *318,343*
Respondido *2*
respondido avrà Isabela, *229,2524*
Que bien que le has respondido! *269,1819*
Respondiendo *1*
Respondiendo en varias flores, *389,23*
Respondio *2*
No le respondio palabra; *74,121*
respondio: "Fia de mi, *229,2375*
Respondiò *6*
Respondiò Carrasco el brabo, *88,91*
Que respondiò al fin Leonora? *269,296*
Pues el Doctor respondiò, *269,1826*
"Si quieren, respondiò, los Pedantones *293,12*
Respondiò mirar no sordo. *357,28*
Dixo Geroma. El respondiò con brio: *462,12*
Respondiste *1*
Que bien respondiste al mio *229,906*
Respondo *2*
I necedades respondo *83,62*
(I io, necia, que respondo) *269,566*
Respondon *1*
respondon i mal mandado. *229,415*
Responso *2*
Si fue el responso dèl muerto *227,43*
Quando no os diga vn responso. *242,136*
Respuesta *8*
A mis demandas respuesta, *38,26*
I debote la respuesta *57,39*
Respuesta de vn morterete, *88,90*
Pero la respuesta guardo *229,2582*
tal respuesta, amigo fiel? *229,3115*
Sino de la razon muda respuesta. *250,11*
Aplausos la respuesta *263,902*
Sin dar a nadie respuesta, *269,1321*
Respuestas *1*
Dan mas recias las respuestas *55,24*
Resquicio *2*
I vos, aunque pequeño, fiel resquicio, *21,9*
I viendo el resquicio entonces, *322,179*
Ressucita *1*
Ressucita el son; *494,13*
Resta *2*
Solo resta que me des *269,757*
Aun mas por saber nos resta. *269,1999*
Restais *1*
I si os restais a vn abraço, *269,238*
Restan *1*
Iubilando la red en los que os restan *264,369*
Restar *1*
Se piensa restar con vos. *269,2012*
Restarme *1*
Zelos, por restarme estoi *229,1777*
Restituia *2*
Corcillo atrauesado. Restituia *311,10*
Restituia vn alfiler, *493,3*
Restitúìdas *1*
Restitúìdas las cosas *331,43*
Restitúìdo *1*
Dexò al viento, si no restitúìdo, *264,935*

Restituîdos *1*
Restituîdos por vos, *147,6*
Restituie *8*
Pallida restituie a su elemento *221,1*
Que en dos la restituie Galathea. *261,372*
Vencida restituie *264,439*
Restituie a tu mudo horror Diuino, *295,1*
El margen restituie menos cano, *315,62*
Que illuminado el templo restituie *315,63*
Desengaños restituie; *355,77*
A Amarilis restituie, *389,5*
Restituien *4*
Restituien a Medoro *131,75*
Restituien assi el pendiente arado *263,850*
Restituien el dia *264,905*
Mas luego los restituien *414,21*
Restituiendo *1*
Igual restituiendo al ayre espacio *318,526*
Restituiò *2*
I nos le restituiò *209,29*
I la restituiò el robo. *357,52*
Restituir *1*
Restituir le haze a las arenas; *263,36*
Resto *2*
Queriendo, pues, de la Ciudad el resto *229,2222*
I en mas anegò lagrimas el resto *263,504*
Resucita *1*
Que resucita al que ha muerto *376,39*
Resucitado *1*
Algo de resucitado. *269,1485*
Resuelta *1*
Estuue casi resuelta; *269,1431*
Resuelto *1*
Tan resuelto estais en ello? *229,190*
Resueluan *1*
I como al Sol las nieblas, se resueluan; *72,13*
Resueluen *2*
se resueluen en questiones. *229,603*
Que en sonoroso humo se resueluen. *263,1083*
Resulta *1*
Tan ponderosamente, que resulta *318,166*
Resurreccion *1*
Fue mi resurreccion la marauilla *101,5*
Retablo *2*
Le corriò el velo al retablo. *228,108*
De el velo de su retablo, *322,391*
Retamas *3*
Retamas sobre robre *263,101*
De las retamas fragiles de vn techo, *281,4*
Ia las retamas se ven *301,54*
Rethorica *1*
Libros vuestra Rethorica excelente. *244,8*
Retiene *1*
La flor que el retiene en si. *375,30*
Retira *2*
Que torpe a vnos carrizos le retira, *264,866*
La sangradura le ata, i se retira. *313,19*
Retirada *1*
Teme que esta retirada, *357,97*
Retoçadores *1*
De los cabritos mas retoçadores, *263,299*
Retoçando *1*
Salieron retoçando a pisar flores; *264,280*
Retoçar *1*

Retoçar libre el cordero, *302,11*
Retraer *1*
Que se iua a retraer *269,364*
Retrata *1*
(Mientras en ti se mira), Amor retrata *16,6*
Retrataras *1*
Que sin comer sus brasas retrataras. *460,4*
Retrato *5*
De su pastora vn retrato, *28,48*
"Dulce retrato de aquella *28,57*
Retrato pues soberano, *28,73*
Aquel retrato admirable *63,154*
en su natural retrato, *229,1296*
Retrete *2*
quiero irme a mi retrete. *229,1966*
De su retrete, negado *322,99*
Retrocedente *1*
Arrepentido, i aun retrocedente. *264,16*
Retrocediendo *1*
Pero no retrocediendo. *354,34*
Retrogrado *1*
Retrogrado cediò en desigual lucha *264,20*
Reuelar *1*
A reuelar secretos va a la aldea, *263,699*
Reuelde *1*
Zeruiz reuelde o religion postrada *318,22*
Reuerbera *1*
Se rie el Alba, Febo reuerbera, *318,207*
Reuerencia *6*
Es su Reuerencia *65,165*
No le llamen reuerencia, *130,11*
Tiendese, i con deuida reuerencia *203,97*
No la hicieron reuerencia, *217,17*
Quan digno de reuerencia, *257,2*
O reuerencia a satrapas tamaños. *454,11*
Reuerencias *1*
Para vuestras reuerencias. *62,72*
Reuerendas *2*
Con reuerendas de Dama. *148,32*
I estas madres reuerendas *495,27*
Reuerendo *1*
Vn reuerendo bonete. *59,60*
Reuerendos *1*
Sus mui reuerendos padres, *322,485*
Reuerente *1*
Le admira reuerente el Oceàno. *230,26*
Reues *3*
Hacedme del reues tordo, *242,42*
Tordo dixo del reues. *269,115*
Que tu nombre del reues, *488,7*
Reueses *2*
Estocadas i reueses, *59,82*
Con mas inciertos reueses *74,11*
Reuista *2*
en reuista para mi, *229,2475*
Executorîando en la reuista *315,47*
Reuoca *3*
Graues reuoca a la espaciosa orilla. *230,63*
Reuoca, Amor, los siluos, o a su dueño *261,175*
Distante la reuoca, *263,387*
Reuocador *1*
Si culto no, reuocador súaue *289,10*
Reuocando *1*
Si reuocando su voz *322,251*
Reuocàra *1*

Que mil vezes mi voz te reuocàra, *104,13*
Reuocarlos *1*
A no reuocarlos io. *377,8*
Reuocaron *1*
Le reuocaron por nulo! *322,264*
Reuocauan *1*
con sus bailes reuocauan *229,522*
Reuoco *1*
Desmentido os lo reuoco, *348,18*
Reuocò *1*
A sus vmbrales reuocò felices *263,846*
Rexa *1*
Por hierros de rexa, *160,32*
Rexas *1*
Aun los hierros de sus rexas, *275,102*
Rexon *1*
O la lança, el rexon, o la cañuela *464,3*
Reyna *1*
Ô de el mar reyna tu, que eres esposa, *318,553*
Reyno *3*
Adora que viò el Reyno de la espuma. *261,98*
De el Reyno conuocò los tres estados *318,337*
Es lo que llaman Reyno de Galicia. *476,14*
Reynos *2*
Los Reynos de la Aurora al fin besaste, *263,457*
Los reynos serenaste mas impuros; *318,558*
Reza *2*
Tus hymnos canta, i tus virtudes reza. *13,14*
sino las que reza luego *229,2025*
Rezando *1*
Rezando aquella oracion *81,27*
Reznos *1*
En el theatro saquele los reznos. *429,11*
Rhetorica *2*
Rhetorica de dos suelas! *229,245*
Fabio, tu Rhetorica es, *229,641*
Rhetorico *1*
Rhetorico silencio que no entiende: *261,260*
Rhodas *1*
De la estatua de Rhodas, *256,29*
Ria *5*
Con que todo el mundo ria *158,3*
Dèl abreuiado mar en vna ria, *169,2*
Medio mar, medio ria, *264,11*
Dio la ria pescados, *264,104*
Buzo serà bien de profunda ria, *264,800*
Rìase *7*
I rìase la gente. *7,2*
I rìase la gente. *7,9*
I rìase la gente. *7,16*
I rìase la gente. *7,23*
I rìase la gente. *7,30*
I rìase la gente. *7,37*
I rìase la gente. *7,44*
Ribal *3*
Muriò el ribal otro dia, *229,616*
Le coronò el Amor; mas ribal tierno, *263,158*
Si no el cerdoso ribal *358,26*
Ribazos *1*
Las cauernas en tanto, los ribazos *261,357*
Ribeiras *1*
Nas ribeiras do Betis espalhadas. *118,8*
Ribera *26*
Por la ribera descalça, *10,38*
Corriendo por la ribera, *10,61*

Gran honra le serà, i a su ribera, *45,13*
En estraña ribera, *114,21*
Por hurtarle a su ocio mi ribera. *134,13*
La ribera se conuoca. *149,86*
Calçados, la ribera *229,1057*
media ribera del Tajo, *229,2599*
Que el Nigris no en su barbara ribera, *230,83*
Ronco si, escucha a Glauco la ribera *261,118*
Gloria del mar, honor de su ribera. *261,196*
Arbitro de montañas i ribera, *261,345*
Que tanto esposo admira la ribera, *261,406*
I el tronco maior dança en la ribera; *263,672*
Corderillos os brote la ribera, *263,913*
En la incierta ribera, *264,27*
Que cisne te conduzgo a esta ribera? *264,544*
Cuio numero indigna la ribera. *264,722*
Las orillas del Ganges, la ribera *280,9*
Honor de aquella ribera, *287,16*
Del Ganges, cuia barbara ribera *318,11*
Sale al fin, i del Turia la ribera *318,177*
Son de su ribera; *350,8*
Teatro espacïoso su ribera *359,1*
Que el Xucar laua en su aspera ribera. *459,8*
Piseis del Betis la ribera vmbrosa; *465,11*

Riberas *13*
Inuidia de otras riberas, *63,203*
Mas las riberas del Ganges, *63,224*
No se calen raiendo tus riberas, *72,72*
I de sus riberas *79,20*
Vecino de las riberas *107,47*
Mal perdida en sus riberas. *115,8*
Açota estas riberas". *125,35*
Cisnes de Guadïana, a sus riberas *172,1*
Tremola en sus riberas *263,279*
De mis ceniças dieron tus riberas. *264,562*
De la robusta caça las riberas *280,41*
Riberas del Seueto, rio que apenas *317,2*
Sentème a las riberas de vn bufete *441,1*

Ribete *1*
Sobre el florido ribete *88,2*

Ribetes *1*
Los ribetes de Nauarra, *73,39*

Rica *9*
Rica labor de Marruecos, *49,42*
Rica labor, fatiga peregrina, *77,26*
Rica baxilla, el Bachanal estruendo; *203,119*
Rica, si bien nacida i bien dotada, *229,1074*
En tablas diuidida rica naue *261,433*
Como que pida la rica. *269,215*
Que no es grangeria mui rica *269,614*
La mas blanca, la mas rica. *388,20*
Vna de oro en rica trença, *412,26*

Riça *1*
Las plumas riça, las espuelas dora. *277,7*

Ricas *4*
Entre las mas ricas de ellas *26,67*
Mas graues i ricas, *65,118*
De las plumas ricas *65,254*
Ricas telas, brocados peregrinos, *229,54*

Rico *35*
Que junte vn rico auariento *6,115*
Cantando de su rico aluergue, i luego *14,11*
I el rico Tajo en sus arenas cria; *36,8*
El nuestro sacro i docto pastor rico, *60,10*
Es mancebo rico *65,89*

El rico de rüinas Océàno; *72,30*
Rico es, i maçacote *82,113*
Sino a vn estrangero rico, *96,139*
Madre; al vno porque es rico, *98,79*
I al Conde mas rico, *160,71*
La bolsa abierta el rico pelicàno, *181,7*
Tan rico Camilo es? *229,274*
Ai de mi, que si es tan rico, *229,275*
de salud rico, i de dones. *229,587*
que el hombre rico, Tadeo, *229,632*
Por ellas mas que por su arena rico, *229,1042*
esposo rico i gallardo. *229,2585*
Sus vagas plumas crea, rico el seno *230,53*
Rico de quantos la agua engendra bienes *261,123*
Rico de quanto el huerto offrece pobre, *261,199*
Pastor soi; mas tan rico de ganados, *261,385*
Nunca tiene edad el rico. *269,284*
Tenle por mancebo rico, *269,1112*
Por hazer tan rico empleo *269,1620*
Lo que le sobra de rico; *269,1625*
Rico si no tu portal, *306,7*
Rico si no tu portal, *306,24*
Rico si no tu portal, *306,41*
Que a rico enfermo tu barbado hijo? *313,48*
Con que tan rico me hallo, *346,2*
Anda otro mas rico *422,7*
I en templo bien colgado, i claustro rico, *437,10*
Quedamos pobres, fue Luthero rico; *469,12*
Lo que hurtò en Puerto Rico: *493,5*
Aun siendo galan i rico, *493,38*

Ricos *5*
Vnos ricos olmos viejos *58,58*
Ricos de fortaleza, i de fee ricos; *72,43*
Ricos de fortaleza, i de fee ricos; *72,43*
cuios ricos escalones, *229,493*
I a los ricos les doi flux. *269,496*

Rie *3*
Se rie vn clauel rosado, *228,138*
Rie la pastora? Si. *309,14*
Se rie el Alba, Febo reuerbera, *318,207*

Riega *4*
I a la flor que riega *56,64*
No porque el Betis tus campiñas riega *77,75*
Que de su rudo origen facil riega, *431,2*
Mas fertil que el dorado Tajo riega, *458,3*

Riego *1*
Riego le fue la que temiò rüina. *318,176*

Rienda *4*
La vndosa rienda al crystalino freno *16,10*
Morador de las seluas, cuia rienda *261,235*
En la rienda que besa la alta mano, *264,822*
A media rienda en tanto el anhelante *264,966*

Riendas *2*
Dos hilos por riendas; *5,64*
Suelta las riendas a Fauonio i Flora, *17,5*

Riendo *1*
Riendo la Alua igualmente *227,39*

Rïéndose *2*
Rïéndose mui de espacio *27,17*
Que rïéndose de mi, *82,78*

Rïénse *1*
Rïénse los dos, *422,9*

Ries *5*
Que las ries tu ahora, *50,91*
Doña Menga, de que te ries? *423,1*
Doña Menga, de que te ries? *423,9*
Doña Menga, de que te ries? *423,17*
Doña Menga, de que te ries? *423,26*

Rïèse *1*
Rïèse la çorra, *422,13*

Rifando *1*
Ni gruñendo ni rifando, *96,6*

Rige *1*
Que mis flacos miembros rige. *48,60*

Riges *1*
Vassallos riges con poder no injusto. *294,2*

Rigida *1*
O bien aia tan rigida abstinencia! *452,8*

Rigido *2*
El mas rigido Caton *167,21*
Rigido vn Bachiller, otro seuero, *293,5*

Rigor *24*
I aunque de lexos con rigor traidas, *72,31*
Que de vn arco de rigor *78,13*
I detestando el rigor *78,55*
Con clemencia o con rigor. *86,10*
Que en mi pecho tu rigor *90,7*
Cuio süave rigor *116,7*
Con obseruancia, i rigor. *161,36*
Las altas cumbres, con rigor armadas *163,2*
Flechando vi con rigor *177,1*
De dulcissimo rigor; *178,4*
Alcohole mi rigor *229,974*
le perdona mi rigor, *229,1635*
De Atropos aun no el rigor *258,5*
El monstro de rigor, la fiera braba, *261,245*
Mientras perdona tu rigor al sueño. *264,676*
Al gemino rigor, en cuias alas *264,929*
Penas rigor legal, tantas perdona *318,454*
La accuse tanto rigor? *332,26*
Negado, pues, al rigor, *355,9*
Aquel campo de vn rigor *357,111*
Auaro, niega con rigor decente, *362,5*
Exercicio a tu rigor, *382,4*
Aprendistes el rigor. *390,32*
Del rigor elado; i parte *414,18*

Rigores *4*
Que censuras i rigores *190,6*
amenazas i rigores. *229,619*
De rigores escusados *348,11*
Los elados rigores atropella. *456,8*

Rigurosa *2*
La antiguedad rigurosa. *259,4*
Oracion en Venecia rigurosa, *318,577*

Rigurosas *1*
De estas manos rigurosas, *97,42*

Rima *2*
I con su rima angelica *1,4*
Vna rima que compuso *322,174*

Rimas *2*
Dos Octauas Rimas, *65,114*
Estas, que me dictò Rimas sonoras, *261,1*

Riña *1*
I le riña porque bebe; *496,25*

Rincon *8*
Que en mi rincon me espera vna morcilla. *200,14*

hasta el postrero rincon, *229,1701*
que en cada noble rincon *229,2540*
Texiendo ocupa vn rincon *257,41*
A vn rincon desuiado de las gentes *454,5*
A don Diego del Rincon, *491,1*
Que, en tal Rincon, cosa es clara *491,6*
I en la casa del rincon *493,33*
Rincones *2*
Aunque con rincones, *65,39*
Entrase en vuestros rincones *105,89*
Rinda *1*
Fecundo os rinda, en desiguales dias, *263,906*
Rinden *1*
Rinden las bacas i fomenta el robre. *261,200*
Rindiendo *1*
Ia rindiendo a su enemiga *78,25*
Rindiere *1*
Si se rindiere, al momento *229,2442*
Rindiò *5*
se rindiò tanto a vn caxero, *229,947*
A vuestros pies rindiò, a vuestra fortuna; *230,77*
En nueuo mar, que le rindiò no solo *263,431*
Rindiò, al fiero leon, que en escarlata *276,6*
Rindiò no solo, mas expuso el cuello: *318,108*
Rindiose *1*
Rindiose al fin la bestia, i las almenas *264,441*
Ringracio *3*
Lo concedo. Vi ringracio. *269,748*
Volentieri. Vi ringracio. *269,756*
La comprarò. Vi ringracio. *269,776*
Rio *51*
En el caudaloso rio *9,1*
Rei de los otros, rio caudaloso, *22,1*
Ni en este monte, este aire, ni este rio *33,1*
El raudo curso de este vndoso rio, *46,11*
Ô gran Rio, gran Rei de Andalucia, *51,3*
Ver tu muro, tus torres i tu Rio, *51,13*
Los ojos tiene en el rio, *62,17*
I en el rio viñas, *65,94*
Que no eres rio para media puente, *71,3*
(El Betis, rio, i Rei tan absoluto, *77,76*
A ocupar dèl rio *79,23*
A dexar al rio *79,79*
Por rio de arenas de oro, *89,15*
De todos sagrado rio, *89,18*
I de centellas coronado el rio, *109,3*
Arde el Rio, arde el Mar, humea el Mundo; *109,12*
Que al pereçoso rio le hurtaua, *114,16*
Dexe el rio Marañon, *126,49*
I entre el rio de la Plata; *126,50*
"Ô rio, le dezia, *140,9*
Por el rio su memoria. *149,46*
Rio abaxo, rio arriba, *149,51*
Rio abaxo, rio arriba, *149,51*
El rio desde su vrna, *149,57*
Al aire haga i al rio *149,77*
Quiere ser rio? Io se lo concedo; *152,5*
Lleua este rio crecido, *159,3*
Luego que en el rio se ceua. *159,40*
Que el rio les da posada; *159,48*
I el rio que a piratas Aphricanos *163,5*
Si es por el rio, mui enhorabuena, *199,3*
Que los orines den salud al rio. *199,14*

Sequedad le ha tratado como a rio; *203,49*
passa el rio por la puente. *229,1003*
Llora el alma! Llore vn rio. *229,1137*
Vn rio dixo el, pero dos rios *229,1943*
En las perlas comiença de este rio, *229,2156*
Ostenta el rio, i glorîòsamente *230,20*
Ierno le saludò, le aclamò rio. *261,504*
I ciega vn rio sigue, que luciente, *263,198*
Vistan de el rio en breœ vndosa lana; *263,837*
Su numero, i del rio *263,916*
Nadante vrna de canoro rio. *264,555*
Que no le halleis a vn rio *269,69*
Que el rio que vadean crystalino, *279,29*
Lagrimas, i al segundo rio Africano *280,5*
Riberas del Seueto, rio que apenas *317,2*
Con labio alterno, aun oi, el sacro rio *318,53*
A donde fenece rio, *357,11*
El curso enfrenò del rio, *389,21*
Verdor al campo, claridad al rio. *455,14*
Rios *21*
Tu, Rei de los otros rios, *48,65*
A quien dos famosos rios *63,5*
Dessear hombres, como rios ella; *70,11*
Arroios prodigiosos, rios violentos *108,6*
Rios de sangre Africana, *110,47*
Que de rios dèl yelo tan atados, *120,4*
De rios soi el Duero acompañado *134,1*
Cuio pie besan dos rios, *144,11*
Que, como el mas notable de los rios, *152,13*
los dos rios, los dos reies *229,466*
Vn rio dixo el, pero dos rios *229,1943*
Que en tantos rios oi se a desatado, *244,6*
I los caudales seco de los rios: *261,388*
De el Rei corona de los otros rios; *263,953*
En rios de agua i sangre desatada. *264,444*
Rios tan crecidos, que *269,1751*
Adria, que sorbiò rios ambiciosa, *318,581*
I Vizconde de los rios: *334,4*
Dulces les texen los rios, *353,29*
Que escuchan su canoro fin los rios; *431,10*
Bien sean de arroiuelos, bien de rios, *454,2*
Riqueça *1*
Tanta riqueça aborrece, *161,49*
Riqueças *1*
De quantas vomitò riqueças graue *261,435*
Riqueza *2*
Haziendo deuocion de su riqueza; *77,9*
en la riqueza maior *229,474*
Riquezas *4*
no por sus riquezas solas, *229,735*
de las riquezas de el viejo, *229,768*
por las riquezas que tiene *229,810*
En cofres las riquezas de Cambaia; *261,444*
Riquissimo *1*
Riquissimo me dexò. *269,1373*
Risa *9*
Llena de risa responde: *10,57*
Pero mas veces con risa. *74,120*
que pagues su llanto en risa? *229,3261*
I mira con quanta risa *301,20*
Súaue es risa de perpetua Aurora. *318,288*
Que ia beuieron en crystal la risa. *339,11*
El tiempo, quatro lustros en la risa, *363,10*
Al blanco alterno pie fue vuestra risa, *365,2*
Sin que a risa me prouoque, *493,8*

Risco *7*
Adonde se orina vn risco; *89,24*
Verde balcon del agradable risco. *263,193*
Vn culto risco en venas oi súàues *290,1*
Attraer pudo, vocal RISCO attraia *290,13*
En las entrañas de vn risco. *334,16*
Sintiòlo el, que desde vn alto risco, *467,10*
A donde de aquel risco la dureza, *499,112*
Riscos *3*
De calvos riscos, de haias levantadas, *163,3*
Riscos que aun igualàra mal bolando *263,49*
En la inculta region de aquellos riscos. *263,320*
Risueña *3*
Risueña le dixo vna, *78,71*
Dulce ia concediendole, i risueña, *261,307*
Risueña parte de la dulce fuente, *264,447*
Risueñas *2*
Risueñas aguas, que de vuestro dueño *203,32*
Cuias lagrimas risueñas, *333,5*
Risueño *6*
Las paga vn mirar risueño, *126,15*
El son dèl agua risueño, *142,38*
Guardad entre esas guijas lo risueño *203,34*
Concediolo risueño, *264,645*
Risueño con el, tanto como falso, *363,9*
Si corres tal vez risueño, *497,25*
Risueños *3*
Verdes hilos de aljofares risueños. *264,862*
De sus risueños ojos desatada, *325,5*
Aljofares risueños de Albiela *365,1*
Riuera *2*
A quien del Tajo son en la riuera *198,3*
En la riuera vimos conuecina *264,508*
Riza *1*
Hagan riza sus caballos, *98,69*
Rizado *1*
Qual de el rizado verde boton, donde *263,727*
Roa *1*
Si ia no quieres que tus huessos Roa. *435,14*
Robado *1*
Griego premio, hermoso, mas robado. *162,8*
Robador *2*
En que el mentido robador de Europa, *263,2*
Su robador mentido pisa el coso, *391,3*
Robàlo *1*
I el trauiesso robàlo, *264,100*
Roban *1*
Nos roban, como Harpyas, *29,15*
Roble *5*
Del Norte amante dura, alado roble, *263,394*
Membrudo, fuerte roble, *263,1005*
Los siglos que en sus ojas cuenta vn roble, *343,12*
Que aun de Roble suppone ligereça. *451,8*
Del laurel casto i del robusto roble, *499,21*
Robles *1*
Mientras io, desterrado, dèstos robles *120,49*
Robo *4*
Para el robo de su Helena, *73,32*
El, contento, fia su robo *226,105*
Del bello de la Stygia Deidad robo, *264,793*
I la restituiò el robo. *357,52*
Robò *1*
La purpura robò a Menga, *357,51*
Robre *18*

Al robre que mas resiste *48,30*
En esto solo eres robre, *48,33*
Para el que a sombras de vn robre *90,13*
En algun antiguo robre. *179,28*
Mucha despide red de poco robre. *185,6*
Dèl robre mas viuidor. *205,30*
Si a los arrullos de Camilo vn robre *229,1078*
contra el robre en Guadarrama, *229,2922*
El Zephiro no silua, o cruxe el Robre. *261,168*
Rinden las bacas i fomenta el robre. *261,200*
Al duro robre, al pino leuantado, *262,17*
Retamas sobre robre *263,101*
Tienda el frexno le diò, el robre alimento. *263,142*
El verde robre, que es barquillo ahora, *264,38*
No agrauan poco el negligente robre, *264,106*
De tragicas rûînas de alto robre, *264,384*
Ni al Austro se oppuso robre. *269,1489*
De Amor el Lauro, el Robre de terneza. *499,24*

Robres *3*
Que la guerra entre vnos robres *131,2*
A los robres casi eternos *178,27*
de las hojas de los robres, *229,509*

Robusta *11*
Dèl Partho fiero la robusta mano, *25,30*
El mal la robusta encina, *133,19*
La roca, o leuantada sea, o robusta, *229,2140*
En la disposicion robusta, aquello *261,274*
Su dulce fruto mi robusta mano; *261,410*
Que iaze en ella la robusta encina, *263,88*
Progenie tan robusta, que su mano *263,821*
De la robusta caça las riberas *280,41*
Qual llamarè robusta monteria, *336,10*
Quando te corte la robusta mano, *466,9*
Quiero dessa robusta monteria *499,55*

Robustas *4*
Duras cortezas de robustas plantas *30,2*
En las robustas haias mas crecidas. *108,11*
I en robustas clauijas *140,4*
Monstro, escamado de robustas haias, *263,375*

Robusto *19*
Tosca guirnalda de robusto pino *22,3*
Robusto honor de la bacada mia, *60,2*
Robusto, si no galan, *87,5*
No por tantas delicias lo robusto *229,46*
adonde el robusto Scita, *229,2902*
Hasta el ombro robusto *256,20*
Treguas al exercicio sean robusto, *261,17*
Qual otro no viò Phebo mas robusto *261,407*
A robusto nogal que azequia laba *263,634*
Tanto garçon robusto, *263,663*
Que, agil a pesar de lo robusto, *263,1006*
Que a la encina viuaz robusto imite, *264,285*
Del aire, honor robusto de Gelanda, *264,754*
Si en miembros no robusto, *264,810*
En este robusto officio, *267,8*
Tal del muro abrassado hombro robusto *294,7*
Ioueneto ia robusto, *322,102*
De vn pecho mui mas robusto *498,23*
Del laurel casto i del robusto roble, *499,21*

Robustos *3*
Troncos robustos son, a cuia greña *261,34*
Entre los olmos que robustos besa, *263,544*
Hizieron dos robustos luchadores *263,965*

Roca *24*

A una roca que las ondas *10,3*
No destroçada naue en roca dura *43,1*
Dura roca, red de oro, alegre prado. *43,14*
No ia crystal de roca, *166,35*
En aquel crystal de roca, *213,13*
La roca, o leuantada sea, o robusta, *229,2140*
Ser roca al mar, i al viento ser encina. *229,2145*
Qual dos colmillos, de vna i de otra roca, *230,9*
De el duro officio da. Alli vna alta roca *261,31*
Si roca de crystal no es de Neptuno, *261,103*
La ceruiz opprimiò a vna roca braua, *261,342*
Aliento dio, en la cumbre de la roca, *261,346*
I en los cielos, desde esta roca, puedo *261,415*
Maritimo Alcion, roca eminente *261,417*
La maior punta de la excelsa roca, *261,490*
Que le expuso en la plaia dio a la roca; *263,31*
De su roca natal se precipita, *264,3*
Echo vestida vna cauada roca *264,185*
Desde vna roca vn Doctor *269,21*
En tu roca gozò, que ia no es roca, *269,1264*
En tu roca gozò, que ia no es roca, *269,1264*
Ser de roca su firmeza. *275,60*
Que vna roca solicìta, *287,17*
Que roca de ti no sabe *287,49*

Roçaron *1*
Las cuerdas le roçaron a mi lyra. *203,45*

Rocas *20*
Aunque a rocas de fee ligada vea *54,1*
Titulos liberales como rocas, *69,2*
En crystal las rocas *79,51*
Con mas daño que en las rocas, *97,36*
Sobre vnas altas rocas, *125,1*
Si rocas mueue, si baxeles para, *196,13*
firmes esperan las rocas, *229,2676*
a las firmes rocas oi *229,2897*
A mis gemidos son rocas al viento; *261,378*
Rocas abraça, islas apprisiona *263,208*
El Promontorio que Eolo sus rocas *263,447*
Que de las rocas trepa a la marina *263,1017*
Ondas endurecer, liquidar rocas. *264,41*
I aquellas que, pendientes de las rocas, *264,309*
De aquel morro difficil, cuias rocas *264,397*
Tal vez desde los muros destas rocas *264,418*
De las sublimes rocas salpicando, *264,442*
Desafia las rocas donde impressa *264,606*
Dexaron pues las açotadas rocas *264,686*
Brame el Austro, i de las rocas *285,27*

Rochela *1*
De la Rochela a Galicia. *74,100*

Rocin *15*
Que en vn rocin en soletas *73,26*
De vn rocin o vn Cancionero. *94,40*
Rocin Portugues fidaigo, *96,14*
Que el rocin de Arias Gonçalo, *96,18*
Hablò alli vn rocin mas largo *96,94*
No lo sepa algun rocin, *111,18*
No rocin de Perulero, *161,37*
Siempre hallè para mi el rocin cansado. *203,72*
De las ancas de vn rocin, *226,106*
Llegò en vn rocin mui flaco *228,72*
con las cerdas de vn rocin, *229,302*
aquel ligero rocin. *229,2413*
A cuio rocin morcillo *334,66*
Rocin que parando rucio, *412,52*

Vuelua a su officio, i al rocin alado *429,10*

Rocines *2*
Mvrmurauan los rocines *96,1*
Su platica los rocines, *96,167*

Rocio *3*
Liba el rocio luciente, *142,25*
Sin concebir rocio, parir perlas. *261,376*
I las perlas exceda del rocio *263,915*

Rodado *1*
por priuilegio rodado, *229,1872*

Rodamonte *1*
O Rodamonte de liebres, *81,10*

Rodéàdo *1*
Que de tropas de aues rodéàdo, *279,19*

Rodelas *1*
Se cargaron de rodelas *73,102*

Rodeo *1*
Por pasos de vn rodeo nueuo i duro, *472,2*

Rodete *2*
Lauandera de rodete, *88,10*
Laureta, para el rodete *229,1751*

Rodetes *1*
Para vnos rodetes son. *229,1727*

Rodilla *1*
I en cada rodilla suia *259,67*

Rodillas *1*
De rodillas inclinado, *208,13*

Rodrigo *1*
Como la Caua a Rodrigo; *105,54*

Rodulpho *1*
Viuda del conde Rodulpho, *27,10*

Roe *3*
Y esto me roe, i muerde, *229,104*
Sino que vna roe a lo humano *269,39*
I otra roe a lo diuino. *269,40*

Rogado *2*
Por mi fee que me ha rogado *82,43*
Que soberuio està vn rogado! *229,2700*

Rogamos *1*
Rogamos a nuestros padres *75,93*

Roido *2*
Ni tronco ha roido el tiempo *268,14*
Qual del puente espacioso que has roido *318,195*

Roiendo *2*
Roiendo si, mas no tanto, *283,1*
Los dias que roiendo estàn los años. *394,14*

Roiò *1*
Interno roiò gusano *275,63*

Roja *3*
La blanca o roja corriente, *7,36*
O purpura neuada, o nieue roja. *261,108*
Zeilan quantas su esfera exhala roja *318,475*

Rojas *4*
Digo en las señas rojas, su appellido *229,2204*
El, pues, de Rojas flores coronado, *252,9*
Nobles en nuestra España por ser Rojas, *252,10*
Blancas primero ramas, despues rojas, *264,592*

Rojo *4*
Sin duda el lagarto rojo, *110,33*
Hijo de el planeta rojo, *477,16*
El rojo pie escondido en la laguna, *499,69*
Del rojo seno a la Aurora; *499,339*

Rojos *1*
Succeden claueles rojos; *357,4*

Roldan *2*
Que se la prestò Roldan *73,31*
El Roldan de Berberia, *78,5*
Roldanes *1*
I de los nueuos Roldanes; *63,140*
Rollizas *1*
Mozas rollizas de anchos culiseos, *476,2*
Rollo *1*
Cyclope no, tamaño como el rollo, *234,2*
Roma *13*
Mas fama que los de Roma *63,79*
Aunque no quisiesse Roma, *87,95*
Que ella no oie por ser roma, *243,11*
Quando pudiera bien Roma *259,78*
Que quanto en conocelle tardò Roma *263,497*
Que de la que admirò Roma *269,1292*
Qual ia Roma theatro dio a sus Scenas. *318,464*
Qvisiera, roma infeliz, *411,1*
Sois tan roma, que colijo, *411,5*
Roma, lastima es quan poca *411,25*
Porque no es Roma la que *411,35*
Ô roma, a todo mortal, *411,38*
Que despachado por roma *411,43*
Romadiçado *1*
En tono romadiçado *28,54*
Romadiço *1*
Con vn romadiço grave; *110,6*
Romadizado *1*
Romadizado, i con mocos. *242,28*
Romadizarme *1*
A no romadizarme sus Syrenos. *203,42*
Romadizo *2*
Con vn brauo romadizo *74,75*
Que nariz con romadizo; *89,8*
Roman *1*
Lo cure despues Roman. *411,44*
Romana *4*
I plumas de tanta aguila Romana, *229,2183*
La prudencia Romana sus senados *318,262*
Flammante el Castro en purpura romana; *318,318*
Attico estylo, erudicion Romana. *431,8*
Romance *3*
Romance fue el cantado, i que no pudo *202,9*
En Romance lo dirè: *269,1913*
Los que en Romance ha tanto que sois Duces. *277,4*
Romances *1*
Compone Romances *65,237*
Romano *1*
De nuestro Romano soto. *242,124*
Romeria *1*
A la bela o romeria *228,71*
Romero *4*
Las flores del Romero, *193,1*
Ia desflorando el romero, *269,491*
Virtudes, que del romero *419,37*
Quanto deuota, se metiò a romero, *428,2*
Romeros *1*
Vn espino i dos romeros *111,15*
Romo *4*
Si no de borrico, i romo, *242,72*
De este romo seraphin, *243,42*
Bien romo o bien narigudo, *322,20*

Aun saliera romo el hijo. *411,8*
Romos *1*
Procedem os machos romos *303,22*
Rompa *8*
En dulces modos, i los aires rompa *77,46*
antes que se rompa el. *229,3161*
Rompa esta daga tu pecho. *229,3473*
Es mucho que no le rompa, *235,8*
Que tanta modestia rompa *259,14*
Sus priuilegios rompa oi a la muerte. *260,14*
Tal antes que la opaca nube rompa, *261,487*
Que rompa el silencio mudo *300,34*
Rompe *11*
Rompe los aires ardiendo, *39,48*
Rompe en mal seguro leño *106,2*
Mas ella sus velos rompe *131,42*
Rompe el sueño juntamente. *142,46*
Que si el crystal le rompe desatado, *194,3*
Que muros rompe en vn cauallo Grecia. *220,11*
de rompelle. Rompe copias *229,1301*
Rompe Triton su caracol torcido, *261,94*
Clarin que rompe el albor *287,13*
Clarin que rompe el albor *287,27*
Rompe mis ocios, porque el mundo vea *458,13*
Romped *1*
El Magisterio romped, *242,121*
Rompelle *1*
de rompelle. Rompe copias *229,1301*
Rompen *5*
No rompen mi sueño zelos, *83,41*
I sus iernos rompen hierros *126,58*
Que en los escollos se rompen *179,30*
los priuilegios le rompen. *229,559*
se rompen muchas redomas. *229,805*
Romper *9*
Qual parece al romper de la mañana *18,1*
De su Clori romper la vital trama. *53,8*
Duras puentes romper qual tiernas cañas *108,5*
Sin romper muros, introduce fuego. *261,296*
Sufrir muros le viò, romper Phalanges. *261,456*
Sin romper hilo alguno, *264,97*
Romper la tierra he visto en su avesana *273,5*
— Sabranse al menos romper, *304,7*
La blanca garça, que al romper del dia, *499,68*
Romperà *1*
i romperà vna batalla: *229,2745*
Rompereis *1*
Rompereis vn pedernal *229,3388*
Romperèle *1*
Romperèle, porque no *229,1609*
Romperle *1*
Era, romperle en vn toro, *157,2*
Romperlo *1*
En oro engasta, que al romperlo es cera. *203,66*
Romperse *1*
I romperse la otra en lo picado; *463,6*
Rompia *1*
De espacio rompia el capullo, *229,2346*
Rompida *1*
Rompida el agua en las menudas piedras, *264,349*
Rompidas *3*
De banderas rompidas, *72,33*

Que aun rompidas no sè si han recordado. *245,8*
Ver rompidas sin consuelo *269,1035*
Rompido *3*
I rompido por las mismas. *74,4*
Siguiò a la voz, mas sin dexar rompido *318,97*
I el arco, aunque estè rompido, *499,260*
Rompidos *1*
De rejones bien rompidos; *334,72*
Rompiendo *5*
Fuese rompiendo el vestido, *73,73*
De que rompiendo telas, *127,41*
Fiera rompiendo el jaral, *142,45*
Nubes rompiendo de espuma, *285,51*
Telares rompiendo inmundos, *322,230*
Rompiendole *1*
Que rompiendole el silicio, *267,9*
Rompieron *2*
Vnos rompieron el mar, *63,143*
Rompieron los que armò de plumas ciento *263,423*
Rompio *1*
El que rompio esquadrones i dio al llano *220,3*
Rompiò *5*
Rompiò de vna coz *56,37*
Rompiò el arco impaciente; *103,6*
El cabo rompiò; i bien que al cieruo herido *264,497*
Rompiò cruel, rompiò el valor de España *318,396*
Rompiò cruel, rompiò el valor de España *318,396*
Rompiste *2*
Que rompiste el lazo *50,3*
Rompiste tu vna tan fuerte *499,182*
Ronca *2*
Donde zelosa arrulla i ronca gime *264,270*
Ronca les salteò trompa sonante, *264,710*
Roncas *3*
Sonantes cuernos son, roncas vocinas: *142,13*
Sonantes cuernos son, roncas vocinas: *142,31*
Sonantes cuernos son, roncas vocinas: *142,49*
Ronco *12*
Io ronco, tu sonoro, despertemos *31,12*
Se quexaba al ronco son *38,7*
I al ronco son de trompas bellicosas *72,3*
De algun arrullo ronco; *129,12*
Ronco si de clarines, *184,9*
Quiçà quedò menos ronco *242,80*
Ronco si, escucha a Glauco la ribera *261,118*
El ronco arrullo al jouen solicita; *261,321*
Sobre vn arroio de quexarse ronco, *263,241*
Al animoso Austro, al Euro ronco, *263,696*
Entre ronco i tartamudo *322,362*
Como indistincto de ronco. *357,32*
Roncon *1*
Roncon tener io en Arabia *305,27*
Roncos *1*
Son sus roncos atambores, *131,98*
Ronda *2*
Canten, ronda, pensamiento, *91,53*
Que la ronda le detuuo, *322,354*
Ronde *1*
No os ronde los arrabales. *110,64*
Ronden *1*

Que ronden, que prendan capas, *334,83*
Ropa *6*
Lauabanme ellas la ropa, *26,61*
Mucha algazara, pero poca ropa. *183,10*
con la manga de la ropa, *229,1958*
Vuestra ropa damasquina, *265,6*
Quando he liado la ropa *269,561*
Que le hareis pedir ropa *282,13*
Ropas *2*
I con las ropas la cubre. *75,36*
Nupciales ropas el alma, *388,17*
Roque *2*
Este sin landre claudicante Roque, *428,10*
I que no la quiso vn Roque: *493,35*
Roquete *3*
Mas que roquete de Obispo *29,39*
Como tuerces tu vn roquete. *88,76*
La manga blanca, no mui de roquete, *113,3*
Rosa *19*
I coge mejor la rosa *102,29*
Si no es rosa desta espina, *111,63*
A rosa oleis, i sois de Alexandria, *153,3*
Esperando estan la rosa *217,1*
Su ia esplendor purpureo casta rosa, *221,2*
Vn lilio breue, una pequeña rosa. *229,1457*
Que a mucha fresca rosa *263,569*
Abreuia su hermosura virgen rosa, *263,728*
Si purpura la rosa, el lilio nieue. *264,221*
Te conduxo ia al thalamo, i la rosa *280,50*
— Somème e vèndome a rosa *308,31*
Desnudò a la virgen rosa *322,275*
De tus mexillas la rosa, *328,3*
Virgen era rosa, a quien *355,14*
La rosa de Leganès, *419,2*
Fragrante ostentacion haga la rosa: *456,2*
Entre malezas peregrina rosa, *467,2*
Que teniendote por rosa *499,334*
Por rosa que se caiò *499,338*
Rosada *4*
Ella de flores la rosada frente, *14,3*
En tus mexillas la rosada Aurora, *36,3*
Qvando la rosada Aurora *161,1*
en vn mar de agua rosada, *229,1889*
Rosadas *1*
Rosadas plumas o volantes rosas *457,3*
Rosado *5*
Aquel resplandor rosado *121,121*
Conuirtiò el color rosado, *226,59*
Se rie vn clauel rosado, *228,138*
Al rosado balcon, ia a la que sella, *263,390*
Ia mal distinto entonces, el rosado *318,141*
Rosardo *1*
Lloraua ausencias ROSARDO; *116,1*
Rosario *1*
Ni cordon, ni correa, ni rosario, *450,3*
Rosarios *1*
Con rosarios al cuello de corales; *437,4*
Rosas *26*
Aljofar blanco sobre frescas rosas, *18,2*
Purpureas rosas sin temor de espinas, *20,8*
No os engañen las rosas, que a la Aurora *42,9*
Mançanas son de Tantalo, i no rosas, *42,12*
De rosas i de jazmines; *48,54*
Sembrò de purpureas rosas *78,81*
Terminando las dos rosas, *82,23*

Tras las rosas, que la muerte *131,23*
Escondiòse tras las rosas, *131,25*
Sobre rosas encarnadas. *148,28*
Iazmines llueuen i rosas. *149,98*
Las frescas rosas, que ambiciosso el viento *198,5*
De rosas i de jazmines *228,133*
dos rosas i vna azucena. *229,2050*
Que es rosas la Alua i rosicler el dia, *261,4*
Purpureas rosas sobre GALATHEA *261,105*
Rosas traslada i lilios al cabello, *263,248*
En las vestidas rosas su cuidado. *263,355*
Las rosas gozar dexa de su frente, *263,637*
Fabrican arcos rosas, *263,719*
Cadenas, la concordia engarça rosas, *263,789*
Las rosas, las azucenas *275,54*
Las rosas se dexan veer, *285,38*
Crystal, o de las rosas ocupado *318,210*
Rosadas plumas o volantes rosas *457,3*
Rosas de las disciplinas, *498,29*
Roscas *2*
En roscas de crystal serpiente breue, *230,1*
Entre las verdes roscas de las iedras *264,352*
Rosicler *14*
Mientras de rosicler tiñes la nieue. *104,4*
Vença su rosicler, i porque en vano, *198,13*
Que en vn bello rosicler *226,58*
Que es rosas la Alua i rosicler el dia, *261,4*
Dc honesto rosicler, preuiene el dia. *263,781*
Si bien de plata i rosicler vestido; *279,18*
Escamas de rosicler, *285,46*
Magestúòso rosicler le tiende, *315,42*
No menos corbo rosicler sereno *318,617*
Le desata el rosicler. *355,16*
Este rosicler diuino, *374,28*
Al ambar, o al rosicler. *376,12*
Que borda su rosicler. *378,28*
En rosicler menos luciente Febo *421,3*
Rosquete *1*
Con vn abraço vn rosquete. *88,108*
Rostro *17*
De su rostro la nieue i la escarlata *16,7*
Asta en mi tierno rostro aquel tributo *19,9*
En vn rostro como almendras *26,79*
De el rostro dulcemente zahareño, *44,7*
Siguele; mostraràte el rostro amado *44,12*
A lauar el tierno rostro *62,67*
Al rostro como a ventana, *86,16*
Sin ir el rostro cruzado; *96,40*
Mi rostro tiñes de melancolia, *104,3*
Fingiendo offender su rostro, *107,71*
Limpiale el rostro, i la mano *131,21*
tiñendo el hermoso rostro *229,2388*
Que oi le he de dar por el rostro. *242,84*
El rostro de la Beata, *257,32*
Solicitaua su rostro *357,22*
Quiçà vieron el rostro de Medusa *459,12*
Con rostro siempre enxuto, las passiones *499,35*
Rostros *1*
Los bellos rostros, iguales *63,194*
Rota *4*
Besa la arena, i de la rota naue *263,29*
Ni de las peregrinaciones rota *325,3*
Aier venga de la rota, *496,3*

I io con la cuerda rota. *499,175*
Rotas *2*
Escapar varquillas rotas, *97,40*
Que si estàn de seruir rotas, *495,16*
Roto *8*
Porque entrò roto en su tierra, *6,95*
No mas de por estar roto *28,11*
Que al tiempo mil libreas le aueis roto *53,3*
Sobre vn peñasco roto, *114,7*
I el culto seno de sus minas roto *252,7*
Piadoso miembro roto, *263,17*
Si las flechas no le ha roto *357,98*
De escollos mil besado i nunca roto. *404,40*
Rotos *3*
I los rotos remos *50,14*
Manchados, pero no rotos. *83,36*
Sus vestidos conseruan, aunque rotos, *173,12*
Rotte *1*
Del tempio sacro con le rotte vele, *118,3*
Rotulo *1*
Qualque rotulo le haga *269,144*
Roxa *2*
En roxa sangre) de tu dulce vuelo, *52,10*
En roxa sangre, i en ponçoña fria *104,7*
Roxas *2*
Cuias becas roxas veemos *63,117*
Las roxas prendas del Angel, *216,50*
Roxo *6*
I el estadal roxo *5,17*
Se mueue al roxo despuntar del dia; *15,8*
El roxo passo de la blanca Aurora; *17,4*
Ni sigas de la Aurora el roxo passo, *17,13*
I eclipsar su hermano roxo. *83,68*
Solicita el roxo pallio... *228,220*
Roza *1*
Cara de roza, *301,41*
Rubi *19*
Orièntal saphir, qual rubi ardiente, *34,6*
Es vn precioso rubi, *82,26*
Vn finissimo rubi, *141,14*
Vn rubi desatè en oro; *141,19*
El rubi me le dio Toro, *141,20*
De vn rubi, i dos esmeraldas. *148,12*
Cometiendole a vn rubi, *226,94*
El rubi de vna sortija *226,119*
corona de vn rubi fino. *229,1623*
Que rubi, traidor, corona *229,1624*
pagarlos en vn rubi. *229,2345*
Si no el mas dulce rubi, *243,2*
No de fino diamante, o rubi ardiente, *246,1*
Que rubi en charidad, en fe diamante, *247,13*
Del rubi mas ardiente, *264,880*
Poco rubi ser mas que mucha estrella. *315,56*
Nueuo Epiciclo al gran rubi del dia, *318,515*
Vn rubi concede o niega, *322,61*
Del rubi en hilos reducido a tela, *421,6*
Rubia *3*
El otro la rubia Cloris, *179,10*
La rubia paja i, palida tutora, *261,79*
Su rubia sangre oi dia *298,38*
Rubias *8*
Dime si entre las rubias pastorcillas *22,12*
Sus rubias trenças, mi cansado accento. *25,12*
Ojos garços, trenças rubias. *26,80*
Las rubias trenças i la vista bella *43,10*

Ojos claros, cejas rubias *62,41*
Que diò al aire rubias trenças *115,12*
Rubias espigas dè con pie dorado, *156,10*
Lamia en ondas rubias el cauello, *366,3*
Rubicundo *2*
En quanto don Apollo el rubicundo *101,3*
Torpemente rubicundo *322,350*
Rubies *8*
Con el pico de rubies *121,34*
De rubies, i perlas, *160,18*
En sangre a Adonis, si no fue en rubies, *175,5*
De vn Granadino rubies *229,1755*
Iuntar de sus dos picos los rubies, *261,330*
En cient aues cient picos de rubies, *263,316*
Claueles de el Abril, rubies tempranos.
    263,786
I en los rubies dos, que admira el suelo,
    269,1241
Rubìes *2*
De rubìes i diamantes; *63,60*
Campanitas de rubìes. *423,25*
Rubìês *2*
I palidos rubîês. *263,871*
De rubîês de Zeilan *322,467*
Rubio *22*
El rubio cabello al viento *10,41*
Pues ves que el rubio Apolo *25,38*
I vi que era rubio i zarco, *28,83*
El rubio cabello de oro *29,55*
Qual ambar rubio o qual oro excelente, *34,3*
Antes que lo que oi es rubio thesoro *36,12*
Que al rubio Phebo hace, viendo a Cloto *53,7*
A ti, el mas rubio Dios dèl alto choro, *60,5*
I al rubio Tajo deshaces; *63,200*
El rubio amador de Daphnes. *63,236*
Lo que contra el rubio sol *78,91*
Sobre su rubio trançado *141,2*
El rubio Dios recuerda, *256,48*
Vn rubio hijo de vna encina hueca *261,206*
Dexa las ondas, dexa el rubio choro *261,369*
Toros dome, i de vn rubio mar de espigas
    263,822
Los gulosos estomagos el rubio *263,873*
Blanco i rubio en Etiopia. *269,636*
De el Archipoeta rubio, *322,10*
Quando vuelue, el Tajo rubio. *322,480*
Que al rubio sol la pluma humedecida *455,3*
El rubio moço, por su mal valiente, *499,101*
Rubios *2*
Sus piedras rubios metales, *63,86*
Torciendo rubios vigotes, *74,27*
Rubricas *1*
En rubricas coloradas *216,39*
Rucia *2*
En rucia tordilla; *65,64*
A tus lomos, ô rucia, me encomiendo. *203,121*
Rucio *3*
"Ensillenme el asno rucio *59,1*
O sea morcillo o rucio. *322,156*
Rocin que parando rucio, *412,52*
Ruda *11*
Lo que al son torpe de mi auena ruda *31,7*
Cien escudos son la ruda. *102,20*
Que ha preuenido la zampoña ruda, *261,358*
Tantos de breue fabrica, aunque ruda, *263,919*

En la lengua del agua ruda escuela, *264,58*
De los cauallos ruda haze armonia, *264,736*
Ruda en esto politica, agregados *264,946*
Emula de las trompas, ruda auena, *312,16*
En ruda si confunden oficina, *324,4*
Mi lira, ruda si, mas Castellana, *380,6*
No las infame tu zampoña ruda, *435,10*
Rudamente *1*
Comieron pues, i rudamente dadas *264,361*
Rudo *7*
De vn alcornoque fue rudo. *205,12*
Es tan rudo su merced, *242,85*
Al son pues deste rudo *263,254*
Papel fue de pastores, aunque rudo, *263,698*
Las auejas, con rudo no argumento, *324,3*
Armar de vn paues noble a vn pastor rudo?
    429,6
Que de su rudo origen facil riega, *431,2*
Rudos *4*
En numeros no rudos *264,536*
Los rudos troncos oi de mis vmbrales. *264,597*
En aquellos senos rudos. *322,372*
Fabricarà aluergues rudos, *358,39*
Rueca *2*
De la alta fatal rueca al huso breue. *263,900*
En la rueca i en el huso, *322,414*
Ruecas *1*
I en ruecas de oro raios de el Sol
    hilan. *261,400*
Rueda *4*
Que sobre su rueda *160,6*
Hizola rueda qual pauo. *228,96*
A fee que Lope de Rueda *229,3229*
Serenan la Fortuna, de su rueda *247,7*
Ruedas *3*
Donde las altas ruedas *114,1*
Do el carro de la luz sus ruedas laua, *261,340*
No ruedas que hurtaron ia veloces *318,507*
Ruega *4*
En el terrero, quien humilde ruega, *138,5*
Vn rato le ruega humilde *149,75*
Mas ai, que os lo ruega *205,8*
Que humilde està vna que ruega *229,2701*
Ruego *13*
Que hagas lo que te ruego, *87,50*
Escuche sordo el ruego *129,32*
Simple bondad, al pio ruego *131,55*
De dulce voz i de homicida ruego, *218,3*
De tu amistad, i mi ruego, *229,663*
Referidlo, Pîèrides, os ruego. *261,360*
Instando mucho mi ruego *269,273*
Si de tu espada mi ruego *269,1516*
Pues escuchadme, os lo ruego, *269,1942*
No fue el ruego importuno *421,31*
Dioses hace a los idolos el ruego. *426,8*
De vn noble caçador el justo ruego, *499,15*
Hagase de Cintia el ruego, *499,295*
Ruegos *2*
Condescendiò con sus ruegos *149,79*
(Pues ia tan mal se corresponde a ruegos
    201,10
Ruegote *1*
Ruegote que su crueldad *48,73*
Rufo *1*
A lo dulcemente rufo *322,118*

Rugas *1*
La serua, a quien le da rugas el heno; *261,77*
Rugero *1*
Rugero leiò la carta *73,95*
Rugeros *2*
Por lo gallardo Rugeros, *158,33*
Contra cuidados Rugeros. *354,8*
Rugiente *1*
Rugiente pompa de Iulio; *322,388*
Rugosas *1*
Las rugosas veneras, *264,556*
Rugoso *1*
Penda el rugoso nacar de tu frente *263,312*
Ruicriados *1*
ia que lleuar no puedo ruicriados, *203,11*
Ruido *1*
Para ruido de tan grande trueno *458,5*
Rûìdo *21*
Por no hazer rûìdo *114,5*
Aqui se hurta al popular rûìdo *134,9*
Cuerdas ministra el rûìdo; *142,40*
Con orden i rûìdo, el que consiente *152,7*
Al rûìdo de la paga, *161,17*
Tus cadenas al pie, lloro al rûìdo *197,9*
A este ciuil rûìdo, i litigante, *203,74*
Aunque hacen poco rûìdo, *217,83*
Cient cañas, cuio barbaro rûìdo, *261,90*
El fresco de los zephiros rûìdo, *263,536*
El silencio, aunque breue, de el rûìdo; *263,688*
Solicitado sale del rûìdo, *264,477*
Mas ai, que del rûìdo *264,618*
Su agradable rûìdo. *264,719*
Quando solicitada del rûìdo, *264,881*
Quieres en tu rûìdo que presuma *281,11*
Del barbaro rûìdo a curîòsa *294,5*
Dauid si, cuio rûìdo *300,24*
Alterado del rûìdo, *333,61*
Entre ondas sin rûìdo *377,11*
Arrastrarè cantando, i su rûìdo *400,3*
Ruin *2*
No las comente el ruin *105,9*
I tan ruin marido dejas, *498,4*
Rûìn *7*
A vn cegueçuelo rûìn; *82,8*
El miente como rûìn. *111,64*
—Seruidor es mui rûìn. *124,32*
menos, instincto rûìn, *229,183*
mi auiso. Muera el rûìn, *229,687*
huron, i no mui rûìn. *229,2293*
El cegueçuelo rûìn. *243,40*
Rûìna *12*
Que le hurte su nombre tu rûìna. *45,14*
Terror dèl campo, i rûìna *215,7*
Temer rûìna o recelar fracasso, *263,553*
Pielago duro hecho a su rûìna. *263,1011*
Mas su rûìna bebe *264,5*
En tanta plaia hallò tanta rûìna". *264,511*
Alta rûìna, voz deue canora. *316,8*
Riego le fue la que temiò rûìna. *318,176*
No, caiendo, rûìna mas estraña, *318,398*
Cuia luz su reciproca es rûìna. *324,8*
Alto horror me dexò con su rûìna. *380,4*
La rûìna aguardò del edificio? *393,8*
Rûìnas *13*
Pues entre las rûìnas de su vuelo *32,5*

Si entre aquellas rûìnas i despojos *51,9*
Que de tus rûìnas solas *63,11*
El rico de rûìnas Océàno; *72,30*
En las rûìnas ahora *87,37*
Offrecele tus rûìnas *87,63*
mostrar aun en sus rûìnas *229,534*
sus rûìnas, sin cuidar *229,1924*
Que a rûìnas i a estragos *263,220*
De tragicas rûìnas de alto robre, *264,384*
Sus rûìnas podreis verlas *269,1042*
Ô Argel! ô de rûìnas Españolas *318,377*
A las rûìnas appela *322,323*
Ruiseñor *20*
Aquel ruiseñor llora, que sospecho *41,2*
Qual tierno ruiseñor en prission dura *139,10*
Blando ruiseñor, *160,27*
Dèste ruiseñor *160,35*
Ruiseñor en la selua, *185,4*
Súàue el ruiseñor le lisongea, *194,4*
El que algun culto ruiseñor me cante; *203,27*
Que al ruiseñor ia quiso *229,1049*
A vn ruiseñor carmesi, *243,20*
Vn ruiseñor a otro, i dulcemente *261,182*
Ruiseñor en los bosques no mas blando *264,37*
Applauso al ruiseñor le niego breue *281,17*
Prendas sin pluma a ruiseñor canoro *291,3*
Da a su consorte ruiseñor vîùdo, *318,407*
Ruiseñor no era de el Alua, *331,17*
Vulto humano el Ruiseñor. *331,20*
De algun ruiseñor las quejas, *351,10*
De algun ruiseñor. *356,49*
Por su ruiseñor: *389,46*
Seis meses de ruiseñor, *419,71*
Ruiseñores *11*
Su dulce fruto dulces ruiseñores, *114,12*
A los dulces ruiseñores, *121,126*
Musica los ruiseñores. *131,116*
Tenedme, aunque es Otoño, ruiseñores, *203,10*
No son todos ruiseñores *214,1*
No son todos ruiseñores *214,14*
No son todos ruiseñores *214,27*
De tres dulces ruiseñores *217,71*
No zephiros en el, no ruiseñores *263,592*
Dulces sean ruiseñores *300,12*
Quando ruiseñores, *349,12*
Rumbo *1*
por otro rumbo camina. *229,197*
Rumbos *1*
Con rumbos de Paladin. *243,52*
Rumes *1*
I a los Rumes i Alarabes, *1,30*
Rumiando *2*
Rumiando glorias i penas, *62,30*
Si rumiando no beleños, *268,30*
Rumor *2*
Que sin rumor preuino en mesas grandes. *263,857*
Qualque fresco rumor de cantimplora. *278,8*
Rustica *3*
(En la rustica greña iace occulto *261,281*
A la prolixa rustica comida, *263,856*
De rustica, vaquera, *263,876*
Rusticas *1*
Theatro fue de rusticas Deidades, *134,6*
Rustico *1*

Que en caña algun dios rustico suspira, *424,4*
Rusticos *1*
Sus rusticos años gasta *90,14*
Rutilante *1*
Si no a la rutilante *313,28*
Ruuia *1*
Que fue vn tiempo ruuia i zarca, *29,34*
Rvfo *1*
Cantastes, RVFO, tan heroicamente *40,1*
S *3*
Dèl templo de S. Dionis, *73,87*
Ni la cadera con S *96,27*
en la S, le quitò *229,1242*
Sà *12*
Mañana sà Corpus Christa, *207,1*
Ai, IESV, como sà mu trista! *207,5*
La alma sà como la denta, *207,9*
Sà hermosa tu. *207,14*
Que aunque negra, sà presona *207,21*
Quien sà aquel? La perdiguera *207,26*
Ai, IESV, como sà mu trista! *207,29*
Ai, IESV, como sà mu trista! *207,40*
Hormiga sà, juro a tal, *309,23*
Sà de Dios al fin presente. *309,28*
E por Diosa, aunque sà mucho legante, *430,2*
E si se panta, no sà negra eia. *430,4*
Sabà *1*
Mechora, Rei de Sabà. *309,7*
Sabado *1*
Que cada Sabado vea *269,721*
Sabanas *2*
Sus sabanas vna coz. *269,1337*
Que de las sabanas pueden *269,1338*
Sabañon *1*
Sabañon en el Inuierno, *96,83*
Sabaot *1*
Embutiste, Lopillo, a Sabaot *473,1*
Sabe *46*
Quien mas aphorismos sabe, *6,62*
Ô como sabe vna lonja *59,65*
Que, sin errar tiro, sabe *61,44*
Sabe que en los Alpes *65,201*
Sabe alzar figura, *65,225*
Aunque no sabe quien es, *78,60*
Haspid que sabe matar. *95,32*
Sabe Dios, señor don Pedro, *110,13*
Si me hiere, "Dios lo sabe". *111,57*
Mas sepa quien no lo sabe *121,46*
(Pues entre siglos sabe *156,3*
Tantas arras sabe dar *206,2*
De angeles. — Sabe bien? *211,3*
De angeles. — Sabe bien? *211,15*
Encender los pechos sabe *211,19*
De angeles. — Sabe bien? *211,27*
Que me sabe asi? *213,7*
Que me sabe asi? *213,16*
Que me sabe asi? *213,25*
hacer sabe anotomia *229,330*
Quien no sabe, como estraño, *229,990*
esto bien lo sabe Dios. *229,2555*
Mentir no sabe el semblante. *229,2797*
Llamàrale, aunque muda, mas no sabe *261,249*
Sabe el tiempo hazer verdes halagos". *263,221*
Dios sabe con que dolor, *266,12*
Sabe como vna beata *269,136*

Que sabe engañar la tinta. *269,292*
Casilda, bien sabe el cielo *269,324*
Lo que sabe vn Abestruz, *269,478*
Bien sabe la que està alli *269,1407*
I mas que sabe la dama, *269,1626*
Que teñir tinta no sabe. *269,1781*
I mi paciencia lo sabe. *269,1889*
Que sabe boluer de rabo. *282,30*
Que roca de ti no sabe *287,49*
Que vuela i sabe nadar. *287,78*
Que vuela i sabe nadar". *287,92*
Pues ha tanto que no sabe *288,3*
I os dixera quan bien sabe *346,9*
Le suceda; i que pues sabe *382,6*
Que el Betis sabe vsar de tus pinzeles. *458,14*
"Sabe el cielo, Valdes, si me ha pesado *462,1*
Lleguè a vuestro palacio. El cielo sabe *465,2*
Sabe Dios mi intencion con San Isì; *468,9*
I sabe por lo traidor *477,2*
Sabedlo *1*
Pues sabedlo en hora buena. *229,2847*
Sabeis *6*
Todos sabeis lo que io, *148,7*
Sabeis lo que dezir quiero? *269,16*
Quando? Vos lo sabeis eso. *269,918*
Sabeis? Mui bien. San German *269,1946*
Tanto sabeis enfriar *282,11*
I sabeis que me he comido *385,2*
Sabello *2*
Pues para que ha de sabello? *269,1848*
A no sabello de coro, *269,1939*
Sabellos *1*
Mis pasos quies tu sabellos? *229,1736*
Sabelo *3*
sabelo bien Dios eterno. *229,2550*
Sabelo mi buen Iesu. *229,3211*
Sabelo el sancto glorioso *242,78*
Sabemos *1*
Que las oirà, pues sabemos *87,66*
Saben *8*
Que saben digerir hierros *58,54*
Que no solo los que saben *63,94*
De los antojos, que saben *216,38*
Que si el bien saben que espero, *354,36*
O conceptos que no saben. *414,24*
A tordos que assi saben sus dormidas, *436,5*
No saben què les pide, ni a què vino. *472,14*
Dicen que no saben como *495,32*
Sabenlo *1*
Sabenlo las tripas mias, *269,1888*
Sabeo *4*
Del arbol Sabeo. *50,40*
En caxas los aromas de el Sabeo, *261,443*
Corteça funeral de arbol Sabeo. *274,14*
Fragrantes bocas el humor sabeo *426,10*
Saber *19*
Que sin saber donde, *56,74*
En hermosura i saber, *121,136*
a escuchar, para saber; *229,152*
i a saber, para decir. *229,153*
que ella lo venga a saber, *229,195*
que dessear saber io *229,239*
o no saber decir nada? *229,249*
Basta saber que le quiere, *229,782*
Hiçote saber la ausencia *229,846*

El saber de Fabio ahora *229,1016*
oi mi desseo saber. *229,1920*
i no ai que saber de mi, *229,1951*
Quanto huelgo de saber *229,2942*
Los terminos saber todos no quiere, *263,409*
Beldad desnuda, con saber armado, *269,1232*
O harèlo io. Has de saber *269,1443*
Aun mas por saber nos resta. *269,1999*
Si quies saber mas, detente, *484,8*
saber ia nueuas del. Creo *499,278*

Saberla *1*
Sin saberla responder. *78,84*

Sabes *17*
A quien ya sabes que el Pastor de Anfriso *25,58*
Que sabes huir dèl tiempo". *215,52*
Como lo sabes tu acà? *229,409*
Que sabes, hermano? Dilo. *229,1274*
Escucha, pues, lo que sabes. *229,2258*
veleta de harpon, que sabes *229,2324*
Sabes que imagino io? *229,2803*
para entender que las sabes, *229,2992*
Luego no lo sabes tu? *229,3212*
Si dudas lo que sabes, *264,567*
Amor, bien lo sabes tu. *269,516*
Va, pues, de juego: ia sabes *269,1738*
Tu pues, que el pastoral caiado sabes *290,5*
Mas republica al fin prudente, sabes *318,562*
Que lo sabes como Dios. *332,31*
Pues que sabes murmurar. *497,15*
Tu no sabes que es buscar *499,246*

Sabeslo *1*
— Sabeslo tu? — Io lo sè *321,18*

Sabia *3*
I de consciencia a la persona sabia. *135,11*
Distinguir sabia apenas *264,563*
Assi con tu sabia ciencia *487,3*

Sabido *6*
Ha sabido producir, *82,128*
No ha sabido imitar verdes alfombras. *263,615*
Si engañar al cuidado no he sabido *269,1254*
Aunque lo ubiera sabido, *269,1711*
A leche i miel me ha sabido; *371,5*
Por la estafeta he sabido *483,1*

Sabiduria *1*
Hasta la sabiduria *126,23*

Sabiendo *6*
Sabiendo que halla ia passo mas llano, *181,6*
porque, sabiendo quien soi, *229,2312*
Sabiendo, señora, que, *348,1*
I no sabiendo jamas *353,53*
Que sabiendo abia de ser *482,7*
Sabiendo que en su Iordan *495,38*

Sabio *3*
Ô dulce Arion, ô sabio Palynuro! *54,14*
sabio como venerable, *229,903*
La Escuela, i todo pio affecto sabio *270,10*

Sabor *1*
Emula en el sabor, i no comprada *203,116*

Sabrà *6*
De vn jamon, que bien sabrà *59,63*
I de que sabrà mejor *190,2*
Su piedra sabrà dezillo, *258,2*
Que es cielo i sabrà tronar, *269,1335*
Bien sabrà mentir fauores. *328,10*
Musa aun no sabrà heroica celebrallo. *337,14*

Sabran *2*
— Las piedras sabran oir *304,5*
Busquemoslas: sabran como es venido *499,120*

Sabràn *1*
Gasten, que de mi sabràn *86,28*

Sabranse *1*
— Sabranse al menos romper, *304,7*

Sabras *5*
A lo que ahora sabras. *229,1223*
hazes? Presto lo sabras. *229,1331*
Que despues lo sabras todo. *269,989*
Como? Despues lo sabras, *269,1606*
Sabras de su coraçon. *332,35*

Sabràs *3*
Sabràs chupar, Isabela. *124,24*
sabràs quien es Isabela *229,1333*
Sube arriba, i lo sabràs. *229,1838*

Sabrè *2*
Si, señor; mui bien sabrè. *229,2846*
Io lo sabrè en vn momento *269,1206*

Sabreisme *1*
Tadeo, sabreisme vos..? *229,2832*

Sabremos *1*
i sabremos lo que valgo. *229,1259*

Sabrosa *5*
Mas dulce i sabrosa *50,51*
Le es la fruta mas sabrosa, *102,28*
Que en sabrosa fatiga *120,29*
Igual sabrosa fuerça *125,15*
Si la sabrosa oliua *263,881*

Sabrosas *3*
Nuestras sabrosas vîandas. *29,16*
Vuestras quexas sabrosas; *129,21*
Sabrosas treguas de la vida vrbana, *203,82*

Sabrosissimos *1*
Sabrosissimos besugos, *27,130*

Sabroso *2*
El sabroso officio *4,23*
(Dexando el rascar sabroso) *84,2*

Sabrosos *2*
Viuid en sabrosos nudos, *82,129*
Sabrosos granates fueron *322,483*

Sabueso *2*
Vn diligente sabueso, *215,30*
Quel sabueso de Cintia auia sentido *499,118*

Sabuesso *1*
Dèl sabuesso diligente, *142,6*

Saca *8*
Le embuelue, i saca del seno *28,47*
Saca toda la justicia; *74,16*
I saca buen parecer, *167,44*
cubos de lagrimas saca *229,2571*
Si Dios me saca de aqui, *229,3412*
Centellas saca de crystal vndoso *263,578*
Los nouios saca: Èl, de años floreciente, *263,757*
No es conjuro que la saca. *411,32*

Sacaba *1*
Sacaba de rato en rato *28,34*

Sacadas *1*
Despediste ia, sacadas *269,1015*

Sacado *1*
Bien i fielmente sacado; *269,167*

Sacalle *1*
Por sacalle vn ojo a este? *269,1421*

Sacan *1*
Sacan Medicos a luz, *86,24*

Sacando *2*
Que ahora sacando està. *269,592*
Forma sacando tan nueba *412,50*

Sacandole *1*
Sacandole ahora estan *269,607*

Sacar *6*
Podeis de vn ciego sacar? *2,24*
Bien sè que me han de sacar *37,29*
Fui gran hombre en el sacar *147,3*
con que pretende sacar *229,812*
el ovillo he de sacar, *229,1429*
Vas a sacar cient ducados? *269,880*

Sacarà *1*
Le sacarà sangre al viento, *241,3*

Sacaràn *1*
Que nos sacaràn bolando. *269,997*

Sacaràsla *1*
Sacaràsla de jûizio. *269,881*

Sacare *1*
Quando Amor sacare a plaça *37,31*

Sacarè *1*
i aun le sacarè. Señora! *229,1471*

Sacerdote *1*
De vn pastor i sacerdote, *107,22*

Saco *1*
Pero le saco varato; *168,29*

Sacò *5*
Que Amor sacò entre el oro de sus minas, *20,4*
Que vn dia sacò la cholla, *149,58*
Le sacò prendas con huesos *257,29*
Entre fieras naciones sacò al Istro *280,4*
Sacò de vuestra fatiga; *282,22*

Saçon *3*
Que en esta saçon bramando *322,383*
Goçaos en saçon; que el tiempo, *355,73*
Llegò en esta saçon Bras, *419,63*

Sacra *5*
Sacra planta de Alcides, cuia rama *53,1*
Sacra ereccion de Principe glorioso, *195,9*
Pues de laurel ceñido i sacra oliua *244,12*
A la sacra vihuela, *256,46*
Religion sacra, que, doliente el vulto, *368,23*

Sacramenta *1*
E branca la Sacramenta. *207,8*

Sacramento *2*
Al primero preuiene sacramento. *318,459*
No son de esclauos, no, de el Sacramento.
    444,11

Sacras *2*
Principe Martyr, cuias sacras sienes, *77,35*
Sacras plantas, perpetuamente viuas, *256,24*

Sacre *3*
El Sacre, las del Noto alas vestido, *264,750*
Vn duro Sacre, en globos no de fuego, *264,911*
Tyranno el Sacre de lo menos puro *264,931*

Sacrifica *2*
Saluar, sus muros sacrifica. Al cabo *229,2223*
cuerpo sacrifica humano, *229,2908*

Sacrificandote *1*
Sacrificandote en mi, *416,3*

Sacrificaste *1*
Sacrificaste al idolo Behemot, *473,5*

Sacrificio *7*

A la muerte en sacrificio, *93,60*
A quantos en sacrificio *94,17*
Quien se le da en sacrificio. *121,57*
Sacrificio es de su fee, *179,23*
Que hacen la deidad i el sacrificio. *229,2201*
i se come el sacrificio, *229,2909*
Pues segundo sacrificio *416,33*
Sacrificios *2*
Sacrificios i perfumes. *75,44*
los templos con sacrificios, *229,562*
Sacrifiquèle *1*
Sacrifiquèle mi gusto, *82,9*
Sacrilega *1*
Para opprimir sacrilega costumbre *112,7*
Sacrilegas *1*
Vagas el pie, sacrilegas el cuerno, *261,467*
Sacrilego *3*
Quando no de el sacrilego desseo, *261,30*
Deuorador sacrilego se atreue *315,71*
Sacrilego diuina sangre beue: *341,11*
Sacrilegos *1*
Quantos le dio sacrilegos altares *421,43*
Sacristan *8*
Los dineros del Sacristan *122,1*
Los dineros del Sacristan *122,13*
Los dineros del Sacristan *122,25*
Los dineros del Sacristan *122,37*
Los dineros del Sacristan *122,49*
Los dineros del Sacristan *122,61*
Que hecho sacristan Cupido, *228,107*
Siendo tu dèl sacristan. *419,53*
Sacristanes *1*
Los mas doctos Sacristanes, *157,18*
Sacristia *1*
De vna sacristia), *65,92*
Sacro *22*
Ardiente morador de el sacro choro, *53,9*
El nuestro sacro i docto pastor rico, *60,10*
Que excedes al sacro Ibero, *63,199*
Oy es el sacro i venturoso dia *77,1*
Del tempio sacro con le rotte vele, *118,3*
Del sacro Betis la Nympha *149,33*
Thebayda celestial, sacro Auentino, *173,5*
Sacro pastor de pueblos, que en florida *180,1*
Sacro obelisco de grandeza estraña, *229,2172*
Sacro esplendor, en toda edad luciente, *250,2*
Sacro esquadron de auejas, si no alado, *256,6*
Cediò al sacro Bolcan de errante fuego, *263,646*
Sacro es caiado su torcido leño, *315,26*
Con labio alterno, aun oi, el sacro rio *318,53*
Su Pastor sacro, el margen pisò ameno, *318,102*
De funerales Pyras sacro fuego. *318,240*
Pisuerga sacro por la vrna propia, *318,365*
I sacro mucho mas por el caiado, *318,366*
El Iordan sacro en margenes de plata, *318,486*
Al sacro opuesta celestial Clauero *318,551*
El sacro honor renuncia del capelo, *404,43*
Huesped sacro, señor, no peregrino, *465,1*
Sacros *6*
Seguir pienso hasta aquesos sacros nidos, *12,10*
Sacros, altos, dorados capiteles, *76,1*
Oy a estos sacros hymnos, dulce canto, *77,7*
De sacros cisnes canticos súaues, *230,37*

Sacros troncos sudar fragantes gomas, *263,923*
Conduce sacros, que te haze vndosa *318,555*
Sacude *3*
Sacude preciosos iugos, *378,41*
Sacude, de las juncias abrigado: *455,4*
Si se sacude el paxaro o se auate; *499,89*
Sacuden *1*
A la orilla le sacuden, *75,60*
Sacudi *1*
Sacudi del cuello, *50,12*
Sacudido *3*
El iugo dèsta puente he sacudido *134,12*
El sueño de sus miembros sacudido, *261,297*
El iugo de ambos sexos sacudido, *263,283*
Sacudillo *1*
A sacudillo del cuello. *269,628*
Sacudir *2*
Quando sacudir siente *25,2*
De sacudir el hasta, *264,492*
Saeta *12*
La saeta despide *25,29*
La mas que mortal saeta, *78,87*
Claua vna saeta en otra, *149,30*
Celeridad de saeta, *177,24*
El Doral. Despedida no saeta *264,844*
Mortal saeta, dura en la montaña, *311,7*
De vna i otra saeta impertinente, *336,3*
Saeta mas alada *345,24*
Menos solicitò veloz saeta *394,1*
La saeta en el ayre christalino *470,5*
Aqueste arco es quien lança esta saeta, *499,41*
La saeta en alcançallo. *499,131*
Sáèta *2*
Vna sàèta crúèl, *226,52*
Si la sàèta no fue, *226,66*
Saetaço *1*
Le dè algun sactaço a Sebastiana, *446,4*
Saetas *6*
De tus saetas las puntas *26,114*
Que por sus saetas. *79,64*
De Amor i de sus saetas, *98,56*
De Amor las saetas *144,53*
Las saetas dèl Amor. *177,4*
Con siluo igual, dos vezes diez saetas. *263,1040*
Sàètas *6*
De sàètas de crueldad *95,34*
Que trae su aljaua sàètas, *115,26*
Sàètas pide a sus ojos *121,53*
Perdonen tus sàètas *229,394*
Luminosas de poluora sàètas, *263,650*
No ai hermandad sin sàètas. *269,65*
Saetéàndo *1*
Saetéàndo vna corza. *149,42*
Sàèteras *1*
Tenia dos sàèteras *228,87*
Sagaz *1*
Sagaz el hijo de Venus, *333,73*
Sage *1*
Loan al Maestro Sage; *63,100*
Sagittario *1*
Sagittario crúèl de nuestras gentes *229,393*
Sagrada *6*
Como en desprecio de la CRVZ sagrada, *72,65*
En esta casa, para ti sagrada, *229,37*

Vrna es sagrada de artificio raro, *229,2166*
Del Tajo illustran sagrada, *239,24*
Mas oie antes quien soi, sagrada sciencia, *269,403*
Ô Venecia, ai de ti! Sagrada oi mano *318,559*
Sagrado *30*
De pura honestidad templo sagrado, *13,1*
"Ô sagrado mar de Hespaña, *38,9*
Dame ia, sagrado mar, *38,25*
Vos de la lyra del sagrado Apolo. *40,14*
I a no inuidiar aquel licor sagrado *42,3*
I a veer tu sagrado templo, *63,65*
Dèl sagrado Tajo *79,19*
En cuio lugar sagrado *83,85*
De el sagrado Tajo, viendo *87,38*
De todos sagrado rio, *89,18*
En el laurel sagrado *103,35*
Ethna glorioso, Mongibel sagrado, *112,4*
Mas tu Palacio, con razon sagrado, *180,6*
sagrado es la faltriquera; *229,1467*
Vees junto a ella aquel Argos sagrado, *229,2194*
Tres ia pilotos del baxel sagrado *232,7*
O lo sagrado supla de la encina *262,22*
El sagrado Laurel de el hierro agudo: *263,690*
De el sagrado Nereo, no ia tanto *264,210*
Amiga Soledad, el pie sagrado, *295,2*
Incienso ofrece sagrado. *309,26*
Sus passos votan al Pilar sagrado; *318,334*
El palacio réàl con el sagrado *318,483*
Ia trono el Tiber os verà sagrado, *335,3*
Vn dulce i otro cantico sagrado. *338,14*
Al tronco Filis de vn laurel sagrado *366,1*
Apostolico este, aquel sagrado. *404,24*
Al Colegio sagrado, *421,8*
Si a necedades vale lo sagrado. *439,8*
Aunque el Apostol sagrado, *486,17*
Sagrados *1*
Hymnos sagrados, canticos diuinos, *421,49*
Sagraria *1*
Vamo a la sagraria, prima, *207,19*
Sahagun *1*
Espada de Sahagun. *269,512*
Sahumados *1*
Pan de Guinea, techos sahumados, *476,10*
Saia *2*
I la saia buena, *5,6*
A pedir sobre la saia, *105,14*
Saial *5*
Ô Narcisos de saial, *204,41*
Limpio saial, en vez de blanco lino, *263,143*
Quando el que ves saial fue limpio azero. *263,217*
Al saial de las capillas, *275,71*
Ô con plumas de saial *275,77*
Sainetes *1*
Los tocados, las galas, los sainetes, *448,5*
Saio *4*
Saio de palmilla, *5,11*
Que a el le corten el saio. *123,24*
Que a vos no os passan el saio, *227,29*
Que aier vista saio pardo, *496,6*
Saios *1*
Que los saios de contrai *93,54*
Sal *6*

I las gracias, todo es sal. *121,110*
Sal allà. Tadeo, sal. *229,1855*
Sal allà. Tadeo, sal. *229,1855*
pues tanta sal me han echado. *229,1857*
La sal que busca, el siluo que no goza; *231,8*
I mucha sal no solo en poco vaso, *264,4*
Sala *8*
No pude hacer sala, *56,6*
En el balcon i la sala *121,147*
Los dulcissimos ojos de la sala, *138,10*
Cuio pie entra en qualquier sala *204,43*
En la gran sala, i en el jardin verde. *229,105*
tan claros como esta sala. *229,3223*
Dueña en sala i mico en reja. *269,1021*
En el templo, en el coso i en la Sala. *318,480*
Salamanca *2*
Por Salamanca approbado, *6,56*
Porque en Salamanca *65,167*
Salamandria *2*
Salamandria del Sol, vestido estrellas, *261,185*
El ocio, salamandria mas de nieue *292,3*
Salas *2*
Dò estan las salas manchadas *63,25*
Pisa de noche las salas *91,9*
Salbadera *1*
Salbadera hace el tintero, *412,30*
Salbando *1*
Salbando su libertad. *412,31*
Salchichas *1*
Comer salchichas i hallar sin gota *463,1*
Saldaña *1*
Gloria del tiempo Vceda, honor Saldaña, *318,117*
Saldrà *4*
Que saldrà a recibilla, *127,28*
que no sè si saldrà dèl. *229,1898*
I a las vozes saldrà Enrico; *269,1661*
Saldrà vn clauel a dezillo *386,5*
Saldràn *1*
Saldràn de veros no limpios, *334,12*
Saldràs *1*
Tu saldràs de esa fatiga *229,3088*
Saldrè *1*
Con todo eso, saldrè al campo, *110,53*
Saldreis *1*
Saldreis luego, i contra vos *269,1654*
Saldria *1*
Escribeme que saldria *229,1554*
Sale *20*
Que el Sol que sale en Oriente *3,15*
Sale a cumplir el destierro *49,22*
Sale pues el fuerte moro *49,37*
De esta suerte sale el Moro *49,69*
Sale el otro caçador, *81,9*
Sale mui bien santiguado *96,70*
I sale podenquéàndo *96,90*
Quando sale a visitar *105,73*
Sale luego el potro baio. *123,8*
Vn buei i sale vna fiera! *204,24*
que sale luego a trocalle *229,172*
Ô que arrugado que sale *229,1474*
Veisla, sale con su esposo. *229,2946*
Dexa el aluergue, i sale acompañado *263,183*
Tal sale aquella que sin alas buela *263,638*
La nouia sale de villanas ciento *263,946*

Solicitado sale del rûîdo, *264,477*
Sale al fin, i del Turia la ribera *318,177*
Qvando sale, el Ganges loro, *322,479*
I sale sin alboroço *406,8*
Salen *14*
En vn mismo tiempo salen *9,11*
Esto salen murmurando: *96,80*
Salen qual de torcidos *263,1038*
Al encuentro ia nos salen *269,1698*
Salen... Que dezis? Sesenta *269,1987*
Bien que si los refranes salen ciertos, *367,12*
Salen las moças *494,2*
Salen a las puertas *494,8*
Salen apiladas *494,10*
Salen las moças *494,17*
Viejas tambien salen, *494,24*
Salen las moças *494,32*
Salen las casadas, *494,38*
Salen las moças *494,47*
Sales *2*
A par de las sublimes palmas sales, *92,7*
Con diente occulto, Guadîàna, sales *318,196*
Salese *1*
I salese luego al barrio *81,29*
Salga *8*
Salga acà i nos vea; *5,72*
Antes que el Luzero salga? *10,16*
Licencia para que salga *64,50*
Salga esta vela a lo menos *97,41*
Salga el auiso a buen passo: *158,27*
Que salga en vuestro fauor". *161,156*
salga, Marcelo, acà fuera. *229,1468*
Salga a otro con lanza i con trompeta *326,5*
Salgamos *1*
Salgamos a consolalla, *499,200*
Salgan *4*
I salgan de su posada, *167,48*
Que salgan de los toriles *334,57*
En lagrimas salgan mudos *377,1*
Salgan por los ojos, pues, *377,9*
Salgas *1*
No salgas, que te aguarda algun tirano; *466,12*
Salgo *3*
Salgo alguna vez al campo *83,69*
Salgo a Missa de sarnoso, *84,3*
Esperad, que luego salgo. *269,1718*
Sali *7*
Sali con trauajo *56,43*
Nunca sali de mi tienda *74,77*
Llamasteme: sali aprissa, *229,1852*
i con espuelas sali; *229,2261*
i maldiciendo sali *229,2399*
Sali, señor don Pedro, esta mañana *273,1*
Tan libre como sali. *286,28*
Salia *6*
Por las puertas salia del Oriente, *14,2*
Salia vn sol por su frente, *57,58*
Apenas del mar salia *75,73*
a buscalle io salia, *229,1019*
Dulcemente salia despedido *264,683*
Que no se vio si entraua o si salia. *472,4*
Saliamos *1*
Saliamos por aì *111,38*
Salian *1*
De antiguedad salian coronados *315,19*

Salicio *1*
Reliquias dulces dèl gentil Salicio, *67,7*
Salid *2*
"Salid al campo, señor, *64,29*
Vestîos i salid apriesa, *64,33*
Salida *2*
Su calleja sin salida, *74,52*
Entre vna i otra lamina, salida *264,486*
Salido *4*
De la camara han salido, *159,6*
Que, salido del estrecho, *159,35*
A que aueis, señor, salido? *229,3192*
A inuidiarte ha salido. *421,4*
Salidos *1*
Salidos por la boca de vn pipote, *474,2*
Saliendo *3*
Borde saliendo Flerida de flores; *17,10*
Que me espiò a mi en saliendo, *82,103*
Saliendo con su capa disfraçada: *460,11*
Saliendome *1*
Saliendome estotro dia, *227,1*
Saliera *2*
Que aun en ceniças no saliera caro: *164,8*
Aun saliera romo el hijo. *411,8*
Salieran *1*
Que nunca salieran, *494,39*
Saliere *2*
Alguna tarde saliere *87,57*
Quien saliere al zaguan, calle, *229,918*
Salieron *2*
se salieron. Cielos santos, *229,3484*
Salieron retoçando a pisar flores; *264,280*
Salimos *3*
Salimos para Granada *229,500*
Salimos juntos los dos *229,762*
Bien salimos, por mi vida, *499,173*
Salio *4*
Quando salio bastante a dar Leonora *14,9*
que de su casa salio. *229,408*
que salio este pies de lana *229,1550*
A que salio, Amor me digas, *286,33*
Saliò *20*
A un balcon saliò corriendo, *49,86*
Saliò el Sol, i entre armiños escondida. *100,9*
A calar saliò sus redes; *106,9*
Vn hijo suio saliò, *122,8*
Saliò de espumas vestida, *149,115*
Saliò el Sol, i hallò al machuelo, *161,21*
Saliò (Dios en hora buena) *228,51*
Se saliò a dormir al claustro. *228,160*
Turbada saliò del caso, *228,202*
Saliò improuisa de vna i de otra plaia *264,47*
Al campo saliò el Estio *286,1*
Tantas espigas saliò, *286,10*
A que saliò, Amor, me digas, *286,21*
Saliò Cloris de su aluergue, *287,65*
Saliò al fin, i hurtando con verguença *318,85*
Saliò la Aurora con çuño; *322,438*
Saliò Fileno: *349,27*
En sus ojos saliò el alma *349,28*
Toda su vida saliò *412,14*
Saliò en Madrid la Soledad, i luego *434,3*
Salir *21*
Que blancos suelen salir *3,10*
Buelue otra vez a salir *3,16*

Porque al salir, o todo quedò en calma, *14,13*

Mas si no huuiere de salir acaso, *17,11*

No quiso salir sin plumas, *49,61*

No salir es couardia, *64,23*

Bien podeis salir desnudo, *64,37*

Porque al salir de mi tierra *74,109*

Si ha de hacer al salir vna mohatra! *203,3*

Salir quando mas curado, *225,9*

(de donde no oso salir, *229,2311*

como temiendo salir *229,2347*

I començose a salir, *229,2387*

de negar, hasta salir *229,2419*

Porque dudaua salir. *243,16*

Que al salir temprano o tarde *269,1763*

La fragrancia salir, entrar la aueja. *281,30*

I al salir, funesto buho *322,290*

La luna salir queria, *419,5*

Entrar buñuelos i salir apodos, *438,10*

Que podria salir, por desdichado, *461,13*

Saliste *2*

saliste de la posada. *229,1868*

A la Magistral ferula saliste. *280,33*

Saliua *2*

De las mudas estrellas la saliua; *264,297*

Arrojome a tu saliua, *269,309*

Salmon *2*

O si antes era salmon, *159,38*

Pompa el salmon de las Réàles mesas, *264,98*

Salomon *2*

I al de Salomon, aunque eran *63,85*

Los años dèste Salomon Segundo. *76,14*

Salon *2*

Construieron Salon, qual ia dio Athenas, *318,463*

Nuestro orizonte, que el Salon brillante, *318,514*

Salpicado *1*

De luces mil de sebo salpicado *255,2*

Salpicando *3*

Que salpicando os doraràn la espuela, *163,10*

Dorar estrellas salpicando el cielo, *229,1938*

De las sublimes rocas salpicando, *264,442*

Salpicò *1*

Que salpicò dulce ielo, *322,471*

Salpullido *1*

Salpullido en el Verano — . *96,84*

Salta *3*

I la salta embarca azul, *74,13*

Salta Pan, Venus baila, i Bacco entona. *446,11*

Como de primero salta, *495,19*

Saltar *1*

Tu, que en correr i saltar *499,152*

Saltarelo *1*

Que vn saltarelo, o que cien mil halcones? *449,4*

Saltas *1*

Valles i barrancos saltas, *73,27*

Salteada *1*

Galathea lo diga salteada. *261,304*

Saltéàda *2*

Saltéàda en su vergel *78,58*

La libertad al fin que saltéàda, *230,64*

Salteado *1*

que Lelio me ha salteado *229,2588*

Saltéàdo *4*

En esto ia, saltéàdo *62,65*

Quando se viò saltéàdo *115,23*

Mas, saltéàdo despues *333,65*

Ai, que nos ha saltéàdo? *499,217*

Saltéàn *1*

I saltéàn las orejas; *91,51*

Saltearon *1*

La vista saltearon poco menos *264,230*

Salteò *4*

Salteò al no bien sano passagero. *100,11*

Le salteò sus quexas. *127,35*

Ronca les salteò trompa sonante, *264,710*

Intempestiua salteò Leona *264,768*

Saltéò *1*

Saltéò al labrador pluuia improuisa *264,223*

Salterios *3*

Salterios pastorales, *414,30*

Salterios pastorales, *414,39*

Salterios pastorales, *414,48*

Salto *3*

ia al formidable salto, ia a la ardiente *263,564*

En la lucha, en el salto, en la carrera. *263,572*

Al expedido salto *263,983*

Saltos *1*

Dando estraños saltos *160,101*

Salua *5*

Que hacen la salua *214,6*

Que hacen la salua *214,19*

Que hacen la salua *214,32*

Fîàda en que la haràn salua *239,8*

Amor lo dora, e interes lo salua, *435,2*

Saluacion *1*

Mi saluacion, que es lo que mas desseo. *233,14*

Saluador *1*

Haze de San Saluador *269,1952*

Saluados *2*

que valen bien sus saluados *229,259*

Saluados le dan al cielo, *275,103*

Saluamento *1*

Le ha conducido en paz a saluamento!) *421,59*

Saluar *1*

Saluar, sus muros sacrifica. Al cabo *229,2223*

Saluas *2*

Al que pretende mas saluas *93,29*

Ni la que en saluas gasta impertinentes *263,117*

Saluassen *1*

Peccadores se saluassen; *110,24*

Salud *29*

Porque a tanta salud sea reducido *60,9*

Que en salud se cria *65,86*

Veìalos con salud, *73,105*

Ni serenos mi salud, *83,43*

Espejo de la salud; *86,6*

Porque la salud se assoma *86,15*

Porque donde no ai salud, *110,11*

Salud nueua, fuerças dobles, *131,76*

La salud pise el suelo, *156,11*

I alcaide de mi salud. *158,20*

— Salud serian para todo el año. *183,14*

Que los orines den salud al rio. *199,14*

de salud rico, i de dones. *229,587*

Quiere purgarse en salud, *229,790*

que en la mas buena salud *229,959*

Tal sea tu salud qual es, *229,2626*

sin salud i sin remedio, *229,3112*

Tanta dicha en dar salud, *269,430*

Consonancias de salud. *269,472*

Que es Diosa de la salud, *269,518*

Que es salud de la muger, *269,1308*

La salud deste Doctor, *269,1424*

Dios te dè salud, Doctor. *269,1818*

Gracias oi vuestra salud *269,1961*

Teneis lo que de salud. *282,10*

Pues he visto tu salud, *310,31*

Por la salud, ô VIRGEN MADRE, erijo *324,11*

Soliciten salud, produzgan vida; *360,13*

Consegui la salud por la piadosa *465,9*

Saluda *4*

Quantos saluda raios el Bengala, *263,667*

Ponderador saluda affectúòso *264,239*

Saluda otro albor: *389,64*

Si rabiare, de lexos le saluda, *435,13*

Saludable *1*

Saludable si agudo, (amiga mia), *104,2*

Saludables *1*

Saludables de vñas, *160,115*

Saludado *1*

Llegò pues el mancebo, i saludado, *263,90*

Saludan *1*

Los paxaros la saludan, *3,13*

Saludar *5*

Que a saludar al Sol a otros conuidan, *31,11*

Saludar al raio nueuo *121,128*

Saludai viò la Aurora, *264,39*

I al mordido saludar. *269,1553*

I saludar en el soto. *357,36*

Saludare *1*

Saludare al Sol en ellos. *239,10*

Saludarè *1*

Saludarè tu luz con voz doliente, *139,9*

Saludarlo *1*

Del numero que occurre a saludarlo, *279,35*

Saludaron *1*

La saludaron tambien. *217,24*

Saludauan *1*

Saludauan aier con dulce lloro, *60,4*

Saludes *2*

Quebrantò nuestras saludes; *75,90*

Nos dexò las saludes de Palacio, *254,13*

Saludo *1*

Saludo tu Sol corneja; *275,90*

Saludò *2*

Ierno le saludò, le aclamò rio. *261,504*

Relincho i otro saludò sus raios. *264,731*

Saludòla *2*

Saludòla el Cauallero, *226,45*

I saludòla otra vez. *226,60*

Saludòlos *1*

Saludòlos a todos cortesmente, *263,356*

Salue *3*

Salue, ô Ciudad Metropoli de Hespaña; *229,2174*

Salue, ô gran Capitolio vn tiempo, ahora *229,2178*

Que redima feroz, salue ligera, *261,67*

Saluilla *1*

Digo, vna saluilla llena *229,2051*

Saluo *2*

Fue (saluo su honor) *56,50*

Diere mas, saluo mi honor. *269,1841*

Que manchò con su sangre el verde prado, *499,102*

De la sangre que vertia. *499,143*

Con la sangre io bañè. *499,273*

Sangrienta *1*

Al fiero Marte la sangrienta espada *499,8*

Sangrientas *1*

Mas sangrientas las expuso, *322,386*

Sangriento *4*

De Mamelucos el sangriento cumulo. *1,39*

El de la espada dèl sangriento Marte, *40,13*

Sangriento Chipriota, aunque nacido *264,751*

Sella el tronco sangriento, no le oprime, *363,1*

Sangro *1*

Sangro al tiento, i purgo al buelo *269,425*

Sangrò *1*

Monseñor interes. Sangrò vna ingrata *313,11*

Sanguisuela *1*

—Serle chero sanguisuela, *124,21*

Sanidad *1*

La sanidad, cosa es llana *86,13*

Sanlucar *1*

Correspondencia en Sanlucar *229,2982*

Sano *9*

Mui sano, aunque no *65,87*

Salteò al no bien sano passagero. *100,11*

Estas piedras que dio vn enfermo a vn sano *170,2*

De sus golpes el pecho menos sano *197,8*

Aun mas entero i mas sano. *209,30*

que os dexò pobre i mal sano. *229,440*

de tu fee i coraçon sano, *229,1903*

Quedarè sano i galan *269,1798*

Que tanto anda el coxo como el sano. *428,14*

Sansueña *2*

Desde Sansueña a Paris *73,1*

Que de Paris a Sansueña. *73,4*

Sant *4*

De Sant Andres a la puente *81,42*

Castillo de Sant Ceruantes, *87,1*

Donde es? A sant Vicente. Yo me alegro, *229,2230*

Las fiestas de Sant Gines, *357,45*

Santa *12*

I ardiendo en saña santa, *77,62*

Que los cielos padecen fuerça santa. *112,11*

De la passion santa *160,123*

La santa herramienta, *160,124*

La santa escalera. *160,128*

En la santa Iglesia estoi *229,378*

me huuiste. Santa muger! *229,2965*

Ô santa Maria Señora! *229,3005*

De Gerardo (amistad santa, *269,1743*

De tu santa lei, perdona! *269,1745*

Veneracion a su memoria santa! *318,56*

Muger tan santa, que ni escapulario, *450,2*

Santangel *1*

A Santangel i Sanctelmo, *87,94*

Santas *4*

Que me escondas aquellas letras santas *30,7*

En trecientas santas Claras *186,1*

De aquel si, cuias oi ceniças santas *272,5*

A las heroicas ia cenizas santas *314,11*

Santiago *1*

A Santiago camina, donde llega: *428,13*

Santíago *1*

Que al dar vn Santíago de azabache, *183,7*

Santigua *1*

Quien, Emilio, no santigua *229,3416*

Santiguado *1*

Sale mui bien santiguado *96,70*

Santiguaros *1*

Que hago io? Santiguaros. *229,3030*

Santiguo *1*

Es verdad, que me santiguo *229,3031*

Santiñuflo *1*

El dia de Santiñuflo, *27,58*

Santissimo *1*

Santissimo piloto de la barca, *421,29*

Santo *24*

Almas, les dize, vuestro buelo santo *12,9*

Arde, como en crystal de templo santo, *35,3*

Que no te jurò Rei, te adora santo; *77,3*

Santo i venerable honor *121,155*

El santo olor a la ceniça fria. *136,14*

El templo santo de las dos Syrenas. *169,8*

que sin dalle templo al santo *229,704*

Pisallos io? El cielo santo *229,1599*

Duerme, i en silencio santo, *235,6*

Los nouios de el vezino templo santo. *263,847*

Ha hecho tu templo santo, *306,8*

Santo exemplar de pastores, *306,19*

Ha hecho tu templo santo, *306,25*

Ha hecho tu templo santo, *306,42*

Al santo Rei que a tu consejo cano *318,95*

El nombre, lo catholico, lo santo. *335,14*

Estas virtudes, altamente santo, *368,43*

Desengaño, harè, corrector santo. *398,14*

Cantarè el generoso Borja santo, *404,10*

De su conciencia, bien que Garça el santo, *404,31*

Consistorio del Santo *421,14*

Al siempre VRBANO santo, *421,27*

Santo me deuerà tal, *479,8*

Sobre el habito de el santo. *485,10*

Santos *1*

se salieron. Cielos santos, *229,3484*

Sañuda *2*

De el fiero mar a la sañuda frente, *261,438*

Lisongera a los cielos o sañuda *338,5*

Sañudo *6*

El ia sañudo arroio, ahora manso. *263,343*

A la que menos de el sañudo viento *263,551*

Bien que tal vez sañudo *264,173*

Desta primer region, sañudo espera *264,932*

Armas de sañudo toro *319,6*

Campaua de mui sañudo; *322,284*

Saphir *1*

Orîental saphir, qual rubi ardiente, *34,6*

Saphiro *1*

Mordiendo oro, el eclyptico saphiro, *263,711*

Saphyro *2*

Para saphyro mui raro *268,43*

Idolo de crystal i de saphyro, *461,6*

Saphyros *2*

En los Saphyros dèl cielo, *215,4*

I pisa en Abril saphyros. *334,32*

Saque *5*

Dios me saque de aqui i me dexe veros. *203,6*

me saque Dios, por quien es. *229,3179*

No me saque a mi dos ojos *269,1420*

Porque a luz saque ciertos versos floxos, *427,13*

I oi cadena de oro saque, *496,7*

Saquè *1*

Saquè, entre muchas reliquias, *74,110*

Saquéàndo *1*

Saquéàndo al Hugonote; *107,56*

Saquele *1*

En el theatro saquele los reznos. *429,11*

Saquen *1*

Mas no que saquen lanceta. *73,100*

Saquifica *1*

Que adora i no saquifica. *124,10*

Sara *1*

— Sara bu, *308,15*

Sarà *3*

— Tu prima sarà al momento *308,12*

— E que sarà, primo, tu? *308,14*

La negrita sarà turo abalorio, *430,13*

Sarao *1*

Hicimos vn sarao de encantamento; *469,11*

Saraos *1*

En los saraos, quien lleua las mas veces *138,9*

Sardo *1*

Al Corcillo trauiesso, al Muflon Sardo, *263,1016*

Sarmiento *2*

El Sarmiento Rèal, i sus cuidados *134,10*

De Baccho, quanto mas en su sarmiento, *263,156*

Sarmientos *3*

Sus cudiciosos sarmientos. *58,60*

Que a dos Sarmientos, cada qual glorioso, *145,3*

Sarmientos de la viña de Nabot. *473,8*

Sarnoso *1*

Salgo a Missa de sarnoso, *84,3*

Sarra *1*

Hijo de Sarra i Matus, *269,502*

Sarracino *1*

A vn alfange se quede Sarracino, *342,3*

Sarta *2*

I la sarta de granates: *105,26*

Vna sarta se hallò *161,10*

Sartas *1*

Las sartas de cabrahigo; *105,32*

Sartenes *1*

Tantas frutas de sartenes. *59,56*

Sastre *1*

Porque no me acauò vn sastre *74,79*

Sastres *1*

De los sastres de este tiempo, *62,15*

Sathanas *2*

Sathanas le suffrirà, *229,715*

a Sathanas me parece. *229,2245*

Sathanàs *2*

Abrenuncio, Sathanàs; *269,449*

Sathanàs corta el lenguage, *269,1148*

Satirica *1*

La satirica Clio se ha corrido *474,5*

Satisface *3*

Satisface desta suerte: *57,32*

Ô como satisface *229,1534*

Menos dulce a la vista satisface *318,209*

Satisfacer *2*
satisfacer al desseo? *229,2253*
Me he de satisfacer oi. *269,370*
Satisfacion *8*
A darla satisfacion, *161,20*
dar quiero satisfacion *229,3126*
De satisfacion i fe, *269,558*
A la satisfacion dello? *269,854*
La satisfacion bastante *269,1302*
La satisfacion del necio, *269,1315*
I assi, de satisfacion *269,1318*
A la satisfacion se disponia; *391,11*
Satisfaciones *1*
Ia andan en satisfaciones? *229,2734*
Satisfaga *4*
Es bien satisfaga. *56,78*
I al desden satisfaga *127,26*
Que della se satisfaga. *269,820*
Que el vulgo se satisfaga *269,1310*
Satisfagan *1*
Satisfagan, madre, *80,27*
Satisfagas *1*
De mi fee te satisfagas? *10,24*
Satisfaze *1*
Que ambos polos satisfaze. *307,13*
Satisfecha *1*
Voluiase, mas no mui satisfecha, *264,499*
Satisfecho *1*
Si tanto vas satisfecho *269,1272*
Satisfechos *1*
Satisfechos los desseos. *269,1129*
Satisficieron *1*
Que el don satisficieron soberano, *315,58*
Satisfize *1*
Pero bien me satisfize *96,153*
Satrapas *2*
De los Satrapas ia de aquel gouierno. *318,160*
O reuerencia a satrapas tamaños. *454,11*
Saturno *2*
Saturno i su pierna coja *229,418*
A peticion de Saturno, *322,374*
Satyro *4*
O satyro sea duro, *103,11*
No a Satyro lasciuo, ni a otro feo *261,234*
Satyro de las aguas, petulante *264,461*
Satyro mal de iedras coronado; *366,8*
Satyros *2*
con los Satyros disformes. *229,527*
Nymphas bellas i Satyros lasciuos, *263,1079*
Sauanas *1*
I entre las sauanas marta. *488,4*
Sauandijas *3*
Cient mil sauandijas *11,11*
mas sauandijas dexar *229,371*
Mas sauandijas de crystal que a Egypto *264,829*
Sauce *2*
Muchos dias guardò vn sauce, *389,2*
En este, en aquel sauce que decora *395,7*
Sauces *1*
Mientras io entre estos sauces leuantados *281,16*
Sauco *1*
Con el tronco de vn sauco. *322,348*
Sáùco *1*

Aun sáùco no serè. *229,1207*
Saudade *1*
Saudade a asferas, e aos penedos magoas. *118,14*
Saue *3*
Viuir apenas esplendor no saue, *318,594*
La Aurora no saue *389,59*
Al que a Dios mentalmente hablar saue, *404,37*
Saulo *1*
Quedara con Saulo honrado, *486,16*
Sauo *1*
En sus conchas el Sauo, la hermosa *318,285*
Sauze *1*
I las de esmeralda al sauze; *63,172*
Sauzes *2*
Que lo oìa entre vnos sauzes, *149,63*
Del arroio de los sauzes; *216,24*
Sayo *1*
I alquila vn sayo de seda, *81,47*
Sazon *1*
Diligencia en sazon tal afectada, *318,465*
Scena *2*
Theatro dulce, no de scena muda, *263,624*
Que de tragica scena *264,770*
Scenas *1*
Qual ia Roma theatro dio a sus Scenas. *318,464*
Sceptro *8*
Dèl huso en vez de sceptro i de la espada; *72,47*
Tu, cuia Mano al Sceptro si perdona, *77,38*
Larga paz, feliz Sceptro, inuicta espada. *77,68*
Sobre vn sceptro Imperìàl *83,99*
que por el sceptro, a Oriana, *229,2484*
De sceptro digna. Lubrica no tanto *264,823*
El largo sceptro, la gloriosa espada, *279,8*
Iurisdicion de vn Sceptro, de vn tridente. *362,8*
Sciencia *6*
occupando con su sciencia *229,431*
Profunda sciencia de valor diuino, *269,391*
Mas oie antes quien soi, sagrada sciencia, *269,403*
Refiereselo a la sciencia *269,517*
Lo que de Sciencia le niego, *418,36*
Danos gatazos Lope con su sciencia; *462,7*
Scila *1*
De Scila que, ostentado en nuestra plaia, *261,446*
Scita *1*
adonde el robusto Scita, *229,2902*
Scithia *1*
Como de la Scithia; *65,180*
Scotho *1*
I del siempre agudo Scotho. *242,60*
Scothos *1*
De Scothos i de Thomases; *63,112*
Scoto *1*
Escotar vn discipulo de Scoto. *182,11*
Scripsi *4*
"Quod scripsi, scripsi", digo. *269,1600*
"Quod scripsi, scripsi", digo. *269,1600*
I assi, "quod scripsi, scripsi". *275,127*
I assi, "quod scripsi, scripsi". *275,127*
Scripto *2*
Que en griego està scripto eso? *269,1937*
Como scripto? En letras de oro; *269,1938*

Scuti *1*
Cento scuti? Di oro in oro; *269,621*
Scythia *1*
Mas las nieues de la Scythia, *63,227*
Sè *88*
Desde entonces acà sè *26,85*
Sè que nadie se te escapa, *26,89*
Sè que es tu guerra ciuil *26,93*
I sè que es tu paz de Iudas; *26,94*
Sè que te armas de diamante *26,97*
Sè que es la del Rei Phineo *26,101*
Sè que para el bien te duermes *26,105*
Io sè de vna buena vieja, *29,33*
I sè de otra buena vieja, *29,43*
Io sè quando fuistes perla, *29,49*
Bien sè que me han de sacar *37,29*
Io sè de algun Ioueneto *37,41*
Sè decir al menos *65,73*
Ni sè quando la hablauan *73,107*
Con no sè que niñeria, *74,44*
Que sè yo que se cometen, *81,6*
No sè como le reciben; *96,77*
Mas si sè que dias hartos, *96,78*
Temo os mucho, porque sè *110,21*
A lo menos sè dezir *111,58*
No sè si en braços diga *120,32*
Sè que venis de Madrid. *121,4*
Io sè dezir, aunque bobo, *121,159*
Que sè io que es menester *123,20*
Pues de sus vezinas sè *130,9*
No sè quales plumas diga, *142,21*
No sè quien fueron sus padres *148,5*
Mas bien sè qual fue su patria. *148,6*
Siente vn no sè que, i entiende *161,105*
I no sè de qual primero, *178,38*
No sè qual primero diga, *204,29*
Para lo que io me sè. *217,76*
No sè si a pie o a cauallo, *228,50*
I assi, no sè donde fueron *228,61*
Sè al menos que concurrieron *228,65*
Es bien nacido? No sè. *229,216*
porque de sus tocas sè, *229,443*
no sè de quàl diga mas, *229,780*
No sè què pueda decir. *229,836*
No sè que oigo que me altera. *229,838*
Io sè (Laureta nos guarde *229,1272*
como el honor (io lo sè) *229,1372*
No lo sè. Si por el hilo *229,1428*
Son motes estos? No sè. *229,1823*
que no sè si saldrà dèl. *229,1898*
No sè, amiga, que me inspira *229,1989*
Responder, angel, no sè *229,2580*
No sè nada, solo sè *229,2732*
No sè nada, solo sè *229,2732*
No, amigo. Pues nada sè. *229,2849*
Fabio! No sè io por que es. *229,2939*
que es su esposo. Esto que sè, *229,3291*
Que aun rompidas no sè si han recordado. *245,8*
Fresco estais, no sè que os diga, *257,26*
Miro manos, i sè dellas *269,477*
Del diluuio solo sè, *269,1038*
No sè que sueña su encia. *269,1081*
Que no sè con que dolor *269,1168*

Frustrar sè los designios, de quien vbe *269,1257*

Que io sè que anda ocupado, *269,1327*

Bien sè dèso lo que passa. *269,1416*

Le pedi no sè que gage. *269,1456*

Si vuestros años no sè, *269,1933*

Aun mas de lo que io sè? *287,50*

— Sabeslo tu? — Io lo sè *321,18*

No sè si merino o burdo, *322,330*

Fulminas jouenetos? Io no sè *327,2*

No sè qual menos florida; *330,4*

Que bien podras; pues sè lo *332,29*

Que io sè *351,2*

Que io sè *351,14*

Que io sè *351,26*

Que io sè *351,38*

Sè que fulmina con ellos; *376,27*

Como los vibra no sè. *376,28*

Califica no sè quien. *419,38*

"Bien sè que a la muerte vengo, *419,67*

Pues io sè que sin ella fueras Dido, *460,7*

Sè que la tomò vn peon *493,34*

No sè que me diga, diga. *496,1*

No sè que me diga, diga. *496,10*

No sè que me diga, diga. *496,19*

No sè que me diga, diga. *496,28*

No sè como la perdi, *499,180*

Io no sè que mas se pierda, *499,193*

No sè, Cintia, que te diga; *499,244*

Sè dezir que no me pesa *499,302*

La picada, bien se io *499,349*

Sea *123*

Que sea el otro Letrado *6,55*

Que sea Medico mas graue *6,61*

Mas que no sea mas experto *6,64*

Mas que no sea mas piadosa *6,76*

Que sea el Padre Presentado *6,79*

Mas que no sea necedad *6,88*

Mas que vn menguado no sea *6,100*

Mas que no sea notorio *6,124*

Sea mi Tisbe vn pastel, *7,42*

I la espada sea mi diente, *7,43*

Llorad su muerte, mas sea *27,85*

De quien con attencion no sea escuchada *33,3*

I aunque en la fuerça sea de el Estio *33,5*

Porque a tanta salud sea reducido *60,9*

Que vna mula, i sea la mia; *74,12*

(Aunque sea año de peste); *81,44*

I aunque sea de cien años, *93,10*

O satyro sea duro, *103,11*

La aljaba sea pendiente. *103,36*

Aunque sea el que ministra *107,59*

Sea bien matiçada la librea *113,1*

Sea el lecho de batalla campo blando. *120,54*

Sea el Puerto, i la carrera *121,23*

Que no sea de Malpica. *124,34*

Immortal sea su memoria *132,65*

I sea nouedad que importe; *158,6*

Sea fiscal la virtud *158,17*

Cada decima sea vn pliego *158,21*

Sea peuete o sea topacio; *159,18*

Sea peuete o sea topacio; *159,18*

I que noble espada sea *168,13*

Tal sea el ataud de mi mortaja, *182,3*

Este a Pomona, quando ia no sea *194,1*

I qualque Madrigal sea elegante, *203,25*

Su fruto, o sea lo dulce o sea lo acedo, *203,65*

Su fruto, o sea lo dulce o sea lo acedo, *203,65*

Sea piedras la corona, si oro el manto *203,88*

Prolixa sea i dichosa; *206,12*

Su memoria sea gloriosa; *206,19*

I sea el fin de mi Sonetto este. *222,14*

Vn ceuti, aunque sea limon. *227,20*

Sea penado para mi, *227,23*

Aunque sea en vn andamio. *228,60*

Ahora bien, Dios sea conmigo. *229,250*

sea verdad, o sea malicia. *229,325*

sea verdad, o sea malicia. *229,325*

que sea el casamentero *229,361*

no sea como Póèta, *229,1190*

ni sea como escabeche. *229,1191*

maldita la honra sea. *229,1339*

buscar quien sea el mensagero. *229,1423*

Lo primero sea verdad. *229,1528*

deste, o sea Andaluz Griego, *229,1905*

tal, que su persona sea *229,1917*

su venida sea gloriosa, *229,2037*

La roca, o leuantada sea, o robusta, *229,2140*

Esa, pues, o turbante sea, o montaña, *229,2170*

de Lelio sea la venida, *229,2535*

Tu posada sea colmena *229,2538*

De dichoso sea prolijo *229,2558*

i tu amor sea la llaue *229,2562*

Tal sea tu salud qual es, *229,2626*

o el cielo me sea enemigo, *229,2692*

Quando tu firmeça sea *229,2707*

Quies que sea mas prolijo? *229,2990*

la vuelta sea. Ô traidora, *229,3471*

i quereis que lo sea io? *229,3501*

Doctor digo, i sea vna borla *242,43*

I a los siglos inuidia sea futuros ; *251,11*

Duda el Amor qual mas su color sea, *261,107*

Bien sea religion, bien Amor sea, *261,151*

Bien sea religion, bien Amor sea, *261,151*

Ala de viento, quando no sea cama *261,215*

Quiere que al arbol de su madre sea *261,239*

I aun siente que a su dueño sea deuoto, *261,247*

Llueuen sobre el que Amor quiere que sea *261,335*

Quiere la Copia que su cuerno sea; *263,203*

Al de las bodas Dios, no alguna sea *263,654*

Mas plata en su esplendor sea cardada *263,898*

Vuestra fortuna sea, *263,927*

Si vida me ha dexado que sea tuia *264,133*

Sea de oi mas a vuestro leño ocioso, *264,374*

Cornelio Tacito sea. *269,190*

Sea el toro desta Europa, *269,564*

Sea Carmelo, o lienço sea. *269,724*

Sea Carmelo, o lienço sea. *269,724*

Sea la iegua la que fuere, *269,825*

Que por mas que sea proteruo, *269,975*

Amigo Doctor, sea mio, *269,1083*

Quando no sea a la malicia *269,1300*

Esta noche es bien que sea. *269,1476*

Si no quereis sea mi pluma *269,1979*

Como sea pie de Carmen, *275,125*

Sea la felicissima jornada *279,10*

Vista, aunque no sea poca, *313,31*

Felicidad, i en vrna sea dorada, *318,218*

Si castigado ai remo que lo sea; *318,372*

O sea morcillo o rucio. *322,156*

Miercoles sea coruillo *334,6*

Bien sea verdad que os haran *334,9*

Mas si escaruaren, que sea *334,61*

Que lo sea vuestra espada; *347,4*

Bien sea natural, bien estrangero, *361,6*

Beneficio tan simple, que sea bobo. *379,14*

(Si caìda es bien que sea *387,5*

Fiera que sea de razon desnuda, *394,7*

El luminoso objeto sea consorte, *403,11*

A tus cysnes canoros no sea injuria *404,7*

Que ansar del Betis cueruo sea del Turia. *404,8*

Religioso sea, pues, beatificado *404,47*

Sea del Cid Campeador; *413,24*

I no mui de Segura, aunque sea pino, *433,10*

Sanct Lazaro le hospede, i sea este año, *436,10*

Si es Prado, Vacca sea su guadaña. *440,13*

Por justo i por rebelde es bien lo sea, *443,12*

De Isabel de la Paz. Sea mi soneto *447,13*

Los pies os besan desde acà, sea miedo *454,10*

Sea lo vno o lo otro, el tiempo lo ha acauado, *471,9*

Que era vena que seca. A Dios sea dado. *471,11*

Porque tuio el nombre sea *480,7*

Murmura, i sea de ti, *497,14*

Pues sea de aqueste modo: *499,236*

Que el dolor sea poco o nada". *499,355*

Seais *5*

Que seruidor seais, i no deuoto. *182,14*

Bien venido seais, señor. *229,2770*

Seais, señor, bien llegado. *229,2947*

Mui bien venido seais. *229,3102*

Seais por lo authorizado *242,125*

Sean *39*

No sean estudios agenos, *6,83*

I sean tu tropheo *50,24*

Al menos maioral del Tajo, i sean *60,13*

Pincel las logre, i sean tus hazañas *66,13*

Quando sean vuestras aguas *89,33*

Quando vuestras aguas sean *89,37*

Sean las ramas de vn quexigo; *105,98*

Mas ciegos sean vuestros nudos *116,25*

Mas ciegos sean vuestros nudos *116,40*

Mas ciegos sean vuestros nudos *116,55*

Aunque sean sin razon, *126,48*

Felicidades sean *156,25*

Virtudes sean i felicidades. *156,30*

De Lepe, quando no lo sean los llanos. *163,8*

Perlas sean las espumas, *166,33*

Termino sean pues i fundamento *170,9*

Póètas, o burlescos sean o graues; *203,24*

Que las cejas sean dos arcos, *228,118*

en versos, aunque sean bellos. *229,2008*

las claras sean para ellos. *229,3253*

Africa (o ia sean cuernos de su Luna, *230,10*

O ia de su elephante sean colmillos) *230,11*

Lenguas sean de tus obras, *259,90*

Treguas al exercicio sean robusto, *261,17*

Sean de la fortuna *263,901*

I obeliscos los montes sean del mundo. *264,164*

No sean grandes, que al mas chico *269,1658*

Mis escapatorios sean, *275,116*

Dulces sean ruiseñores *300,12*

Iguales en la edad sean *306,32*
O sean de tierra crudos, *322,4*
Aun los siglos del Phenix sean segundos. *323,11*
Toros sean de Diomedes, *334,65*
Mis albarcoques sean de Toledo, *342,1*
Como sean del golfo de Narbona. *342,14*
Sus años sean felices *353,49*
Fanales sean sus ojos o faroles. *379,4*
Lenguas sean, i lagrimas no en vano. *396,14*
Bien sean de arroiuelos, bien de rios, *454,2*

Seas *3*
Seas, Camilo, bien venido. *229,1667*
no para que seas mi hijo. *229,2993*
Quando quiero que seas Iudas? *269,160*

Sebastiana *1*
Le dè algun saetaço a Sebastiana, *446,4*

Sebeto *1*
Ô tu, que de Sebeto en las arenas *280,14*

Sebèto *1*
Que de Sebèto aun no pisò la arena, *318,124*

Sebo *3*
De luces mil de sebo salpicado *255,2*
Todo el sebo. Ficai là *303,16*
El sebo de alguna vela? *303,26*

Seca *5*
Que si el año de la seca *62,22*
Que la almendra guardò, entre verde i seca, *261,202*
Contra la seca hoja *263,174*
En la mas seca, en la mas limpia anea *264,255*
Que era vena que seca. A Dios sea dado. *471,11*

Secas *1*
De las secas hojas *79,45*

Seco *3*
I assi bese, (a pesar del seco Estio), *46,9*
I los caudales seco de los rios: *261,388*
Quedò verde. El seco junco *322,314*

Secos *3*
I que teme en años secos *105,18*
Quien en años secos llueua? *105,20*
De secos juncos, de calientes plumas, *263,25*

Secreta *4*
En parte secreta; *56,59*
Sino la virtud secreta *177,25*
Que presurosa corre, que secreta, *394,5*
Deste bosque en la parte mas secreta. *499,45*

Secretas *2*
Mil vistas secretas, *79,32*
Cuias minas secretas *263,459*

Secreto *15*
Mas que publico o secreto *6,52*
Ia que secreto, sedme mas propicio *21,12*
Al que guarda mas secreto; *37,44*
De alguna ierba algun secreto xugo, *53,11*
que hablar con otro en secreto, *229,157*
hago quartos vn secreto. *229,177*
de que me tengais secreto. *229,207*
Secreto que da en Tadeo, *229,234*
que se corrompe vn secreto. *229,713*
que a vn secreto la O en A *229,716*
Que te pide ella? Secreto. *229,984*
Que es el secreto, hidalgo, *229,1256*
Tenedle, amigo, secreto, *229,1399*

mas no le hable en secreto. *229,1794*
Secreto tan soberano *348,23*

Secretos *3*
Secretos en la barriga! *37,12*
I a veer sus secretos baños, *63,45*
A reuelar secretos va a la aldea, *263,699*

Sed *18*
Con la sed de amor *11,9*
Sed oi testigos de estas que derrama *53,5*
Corriendo con vana sed. *78,64*
Sed Principe o sed plebeio, *161,129*
Sed Principe o sed plebeio, *161,129*
Sed qualquiera cosa de estas, *161,145*
Sed propicia, sed piadosa, *206,4*
Sed propicia, sed piadosa, *206,4*
Sed propicia, sed piadosa. *206,13*
Sed propicia, sed piadosa. *206,13*
Sed propicia, sed piadosa. *206,20*
Sed propicia, sed piadosa. *206,20*
Sed liberanos a malo. *228,144*
Sed mi huesped años ciento, *229,110*
La sed os temple ia en celada de oro. *230,85*
Tremulos hijos, sed de mi fortuna *263,63*
Sed Capitanes en latin ahora *277,3*
Musa mia, sed oi Muza. *483,15*

Seda *18*
Que, qual gusano de seda, *27,79*
Para seda floxa, *56,24*
Entre almalafas de seda. *73,116*
I los greguescos de seda *74,17*
I alquila vn sayo de seda, *81,47*
Porque sobre seda *160,104*
Como a gusano de seda, *227,7*
Con escobas barrieron de oro i seda, *229,2184*
Mas es su ingenio de seda, *242,91*
Dos hebras de seda mas *242,107*
Mono vestido de seda *242,115*
Gima el lebrel en el cordon de seda, *261,15*
A pesar de el estambre i de la seda, *263,715*
Que aun de seda no ai vinculo súaue. *264,808*
Porque era de seda fina; *265,7*
A los mojones la seda, *265,9*
Al que tumulo de seda *322,23*
Fuelles de seda calçado, *413,28*

Sedal *1*
A su cañamo o sedal. *358,16*

Sedas *4*
Al que de sedas armado, *93,43*
de las sedas i el azucar. *229,2985*
De quantas sedas ia hilò gusano *261,315*
Olanda i sedas oi? Aier donado, *444,2*

Sede *1*
Al Quinto Paulo i a su sancta Sede. *318,584*

Sedientas *1*
Sedientas las serranas, *263,586*

Sediento *5*
Que a recebille con sediento passo *264,2*
Campo ia de sepulchros, que sediento, *264,403*
Sediento siempre tiro *264,616*
Escuchar hondas sediento *322,131*
En las colores que sediento beue, *343,4*

Sedme *1*
Ia que secreto, sedme mas propicio *21,12*

Segado *1*
Le den el trigo segado, *496,17*

Segador *1*
Pues que aguardas, Segador, *286,30*

Segando *1*
Con las palas segando, *264,690*

Segar *2*
Tu maior gloria? A segar *286,22*
Tu maior gloria? A segar *286,34*

Seglar *2*
El Cura que seglar fue, *130,5*
I tan seglar se quedò, *130,6*

Segobia *1*
Sobre paño de Segobia. *269,732*

Segouia *1*
i con Laurencio en Segouia *229,2988*

Segouiana *1*
Señora doña puente Segouiana, *199,1*

Segouianos *1*
Segouianos de a ocho: buen viage; *367,3*

Seguia *1*
Estimando seguia el peregrino *264,314*

Seguian *1*
Seguian del tardo tiempo, *354,10*

Seguida *1*
Fin mudo al baile, al tiempo que seguida *263,945*

Seguidas *1*
Ellas, en vano seguidas *179,33*

Seguido *2*
Que he seguido a mi pesar *2,12*
Seguido, mas no alcançado, *178,36*

Seguidoras *1*
Seguidoras de Diana: *144,8*

Seguidos *1*
Sus bien seguidos pendones. *131,100*

Seguille *1*
I a seguille se dispuso: *322,278*

Seguillo *2*
El seguillo con los ojos *499,126*
I por seguillo vna alxaua. *499,195*

Seguir *11*
Se suelen seguir *8,6*
Seguir pienso hasta aquesos sacros nidos, *12,10*
Mentir su natural, seguir su antojo, *47,11*
Seguir la casta Diana *83,67*
No quiso el alma seguir: *116,33*
Que de seguir las fieras, *127,21*
Seguir se hizo de sus azucenas. *261,220*
Infante quiere seguir *288,73*
Seguir a su Magestad. *288,108*
En seguir sombras i abraçar engaños. *394,11*
A seguir con sus arcos vna fiera *499,117*

Seguirà *1*
Dulce te seguirà, pues dulce buela; *345,20*

Seguiràs *1*
i la seguiràs tu luego, *229,995*

Seguirte *1*
Por seguirte, pues me sigues. *269,1027*

Seguis *1*
Que seguis milicia tal, *2,22*

Seguiste *1*
Seguiste puntualmente, *103,26*

Segunda *20*
Pensamientos catholicos segunda, *77,59*
Segunda Galathea; *127,8*
Segunda Galathea! *127,16*

Segunda Galathea! *127,43*
Segunda inuidia de Marte, *131,79*
Segunda maior luz descubriò aquella *174,6*
Segunda inuidia de Marte, *215,11*
Segunda flecha dispara, *226,89*
Que es esto? Ai segunda historia? *229,3134*
Segunda tabla a vn Ginouès mi gruta *261,449*
Segunda primauera de villanas, *263,619*
En los inciertos de su edad segunda *263,776*
A la que de vn Ancon segunda haia, *264,45*
Segunda vez, que en pampanos desmiente *264,330*
A la segunda hija de Latona, *318,123*
Por lactéa despues segunda via *318,517*
Segunda la capilla del de Ales, *325,13*
La segunda Deidad de el tercer cielo: *340,11*
Sino es que ia segunda vez casado *429,13*
I piensa que segunda vez se abrasa. *438,11*

Segundas *4*
Temeridades enfrenar segundas. *263,442*
Segundas plumas son, ô Lector, quantas *272,1*
Quantas segundas bate plumas bellas. *272,11*
Segundas vidas al sol, *355,39*

Segundo *50*
Con su segundo Plus Vltra; *26,40*
El paxaro sin segundo, *27,82*
Los años dèste Salomon Segundo. *76,14*
La sangre dèste hijo sin segundo, *77,83*
El segundo tiro basta, *90,15*
De suerte que ia soi otro segundo *101,7*
Cenefas de este Eridano segundo *109,9*
Pisa Lesbin, segundo Ganimedes: *165,8*
Sino al segundo illustrador dèl dia *172,6*
Es vn segundo mar Napolitano, *196,4*
segundo Caco a tu claua. *229,125*
que lo segundo no quiero. *229,1529*
Segundo Potosi fuera de plata, *229,2159*
Segundo Potosi, Imperial corona, *229,2171*
poso, i el segundo poço. *229,2577*
El termino segundo del Thebano *230,80*
Clarin, i de la Fama no segundo, *261,23*
Segundo de Aríon dulce instrumento. *263,14*
Sin admitir segundo *263,411*
Segundos leños diò a segundo Polo *263,430*
Naufragio ia segundo, *264,158*
En segundo baxel se engolfò sola. *264,452*
De CLORIS el segundo, *264,540*
Apenas el laton segundo escucha, *264,917*
Mas tyranno este segundo *269,29*
Ser de Venus, si no Adonis segundo, *269,1246*
El no admitir segundo hombre, *269,1297*
Admitido ia el segundo. *269,1299*
A CABRERA, Español Liuio segundo, *272,12*
Escribis, ô Cabrera, del segundo *279,1*
Lagrimas, i al segundo rio Africano *280,5*
Camina pues, ô tu, Amphion segundo, *289,9*
Tercero, si no segundo, *306,17*
Que al Albano cantò, segundo Marte, *312,20*
Del fenix de los Sandos vn segundo. *318,16*
Segundo en tiempo, si, mas primer Sando *318,17*
Orbes son del primero i del segundo; *318,118*
Dejò en Berbin Philippo ia Segundo, *318,274*
Deste segundo en religion Cassino *318,333*
Conuocaua, frustrò segundo trato; *318,388*

Al Diego deberà Gomez segundo; *318,424*
Hijo de Venus segundo! *322,104*
El segundo, en qualquier encrucijada, *326,13*
Oi el IOSEPH es segundo, *373,1*
En numero al fin segundo, *373,17*
Talamo hizo segundo *378,23*
En dichas segundo a nadie. *389,36*
Llorò su muerte el Sol, i del segundo *391,9*
Pues segundo sacrificio *416,33*
El primero, porque ai otro segundo. *453,2*

Segundos *6*
De los segundos Reinaldos *63,139*
Mouer el pie de sus segundos años. *156,28*
Lisongeen el mar vientos segundos; *162,11*
Arrogandose margenes segundos, *230,21*
Segundos leños diò a segundo Polo *263,430*
Aun los siglos del Phenix sean segundos. *323,11*

Segur *3*
La segur de los zelos harà aguda. *261,356*
Su encina de mi segur. *269,464*
Quando segur legal vna mañana *380,3*

Segura *14*
De Segura en el monte mas vecino *22,6*
Bella Nympha, la planta mal segura, *43,5*
De Segura al Océano *48,67*
Que no ai fiança segura *107,83*
No ai guardas oi de llaue tan segura *120,13*
I torre segura i alta, *191,2*
no tendran baca segura. *229,135*
No ai flor de abeja segura; *257,36*
A los pinos dexando de Segura *260,3*
Que esclaua soi bien segura, *269,1092*
A region mas segura se leuanta, *298,47*
Solicìta no solo, mas segura, *403,7*
I no mui de Segura, aunque sea pino, *433,10*
Acometa segura a ser estrella. *456,4*

Seguro *25*
Claras lumbreras de mirar seguro, *13,6*
Lo por venir mas seguro. *27,88*
Que el mar de Amor tubieron por seguro, *54,11*
Rompe en mal seguro leño *106,2*
Si harè, en estando seguro. *229,1329*
Al Tajo le veria antes seguro *229,1937*
Violante, huesped seguro. *229,2613*
Seguro ia sus remos de pirata. *230,57*
Con pie ia mas seguro *263,56*
Tiphis el primer leño mal seguro *263,397*
El timon alternar menos seguro *264,145*
Iunco fragil, carrizo mal seguro. *264,590*
Donde el pie vague seguro *268,53*
Flacas redes seguro humilde pino *276,11*
Desde el seguro de vna partesana, *278,3*
Seguro de encontrar nones *288,93*
Seguro el ganado dexas, *302,2*
Seguro el ganado dexas, *302,14*
Seguro el ganado dexas, *302,26*
Afferrò puerto seguro. *322,140*
De quien aun no estarà Marte seguro, *359,7*
Seguro pisa la florida alfombra, *424,12*
No es mui seguro: no aia maço alguno *441,10*
Por atajo mas facil i seguro *472,6*
No estoi mui seguro io, *477,19*

Seguros *3*

Ni aun los campos dèl Tajo estan seguros. *219,4*
Cuios abetos el Leon seguros *318,554*
De nuestros ia de oi mas seguros Lares, *362,13*

Seis *33*
Seis hace, si bien me acuerdo, *27,57*
De la Religion seis velas, *38,38*
Seis años de necio. *50,112*
Mas de nouenta i seis leguas". *62,64*
A veer los seis tribunales; *63,54*
Quatro o seis cauallerotes, *73,103*
Como quatro o seis entenas. *73,104*
I seis mellas a la espada, *81,23*
Seis higas. *93,42*
Que padecieron seis naipes *110,22*
Que seis orbes se ven en tu diuisa. *195,14*
seis mil botijas de vino. *229,2977*
Seis de los montes, seis de la campaña *263,885*
Seis de los montes, seis de la campaña *263,885*
Por seis hijas, por seis deidades bellas, *264,214*
Por seis hijas, por seis deidades bellas, *264,214*
Al Sol, en seis luzeros diuidido; *264,241*
Seis chopos de seis iedras abraçados, *264,328*
Seis chopos de seis iedras abraçados, *264,328*
Neuò el Maio a pesar de los seis chopos. *264,336*
Este sitio las bellas seis hermanas *264,337*
De seis ordenes. Deo gratias. *269,360*
Seis vezes en media hora *269,1719*
Quatro o seis desnudos ombros *285,1*
De seis argentados punctos; *322,212*
Tiranno Amor de seis soles, *376,21*
Los raios de todos seis: *376,26*
Derrotado seis lustros ha que nada? *399,14*
Seis meses de ruiseñor, *419,71*
De pelicano otros seis, *419,72*
Seis años ha que me enfadas. *423,4*
Dos torpes, seis blasphemos, la corona *442,9*
Que te han echado quatro o seis figones. *449,8*

Seiscientos *1*
Con seiscientos hereges i heregias; *469,2*

Sella *17*
Donde està el marmol que sella *63,123*
Sus miembros cubre i sus reliquias sella *112,12*
Breue vrna los sella como huesos, *119,9*
Ô peregrino, con magestad sella; *136,6*
Sella ahora el estomago contento. *182,8*
Bien mio! Tus labios sella *229,1136*
Que sombras sella en thumulos de espuma. *232,14*
Que vn siluo junta i vn peñasco sella. *261,48*
Al rosado balcon, ia a la que sella, *263,390*
Breue porfido sella en paz súaue; *272,6*
Sella esplendor, desmiente gloria humana, *298,7*
Tierra sella que tierra nunca opprima; *314,5*
En nueua imagen dio: porfido sella *318,231*
Sella el tronco sangriento, no le oprime, *363,1*
Rei iace excelso; sus ceniças sella *368,19*
Paciente sus labios sella, *412,23*
Tanto, que el aspid no la oreja sella, *424,7*

Sellado *2*
Que mucho, pues, si aun oi sellado el labio, *270,12*
Sellado el labio, la quietud se esconde? *281,24*

Sellados *1*
Contra vnos labios sellados, *348,13*
Sellan *1*
I espumas del Tormes sellan; *275,92*
Sellar *1*
Sellar de el fuego quiso regalado *263,872*
Sellas *2*
De la perla catholica que sellas, *246,6*
Fragrante marmol, sellas, *297,3*
Selle *1*
Selle si, mas no opprima, *264,169*
Sello *6*
Mientras no le ven por sello *55,17*
El sello, mas no en papel, *161,115*
Villete ha de ser sin sello. *229,1968*
I si esta noche quies sello, *269,198*
Tus labios, Casilda, sello *269,855*
Poder, calificada aun de real sello, *400,10*
Sellò *1*
En los bronces sellò de su lucilo; *318,412*
Sellos *2*
los sellos de la experiencia! *229,897*
Que negauan tantos sellos. *352,8*
Selua *13*
La verde selua vmbrosa, *25,4*
Ninguno ai en la selua *103,9*
Si la selua lo calla que lo siente. *109,8*
Ruiseñor en la selua, *185,4*
Peinar el viento, fatigar la selua. *261,8*
La selua se confunde, el mar se altera, *261,93*
La aromatica selua penetraste, *263,461*
Mas que a la selua lazos Ganimedes. *264,576*
Como corço que en la selua *269,1768*
De las aues oiò la selua umbrosa. *291,8*
Quantas niega a la selua conuecina *318,405*
Quando la selua produxo *322,326*
Verde ia pompa de la selua obscura; *426,2*
Seluas *19*
Porque no solo en las seluas, *48,77*
De seluas inquiêtas has poblado, *72,20*
En vidrio las seluas, *79,52*
Que baxaua de las seluas *115,14*
En las seluas que en la Corte, *131,54*
Viòla en las seluas vn dia *149,39*
Que de las seluas cansados *167,17*
Las seluas diuersas flores. *179,40*
choros texia en las seluas *229,526*
Morador de las seluas, cuia rienda *261,235*
Que en las seluas contento, *263,141*
Arboles, mas de seluas inconstantes, *263,404*
Hecho de las seluas Dios, *269,1133*
Prudente Consul, de las seluas dino, *295,5*
Musico al Cielo, i a las seluas mudo. *318,408*
Corcillo no de las seluas, *333,45*
Arbol fue en las seluas *356,46*
Que las seluas en edad *358,28*
Nympha de las seluas ia, *378,55*
Selvaggia *1*
Di questa canna, gia selvaggia donna, *118,13*
Semana *2*
O la semana sin Viernes. *59,52*
La semana pecadora, *477,29*
Semblante *6*
Mentir no sabe el semblante. *229,2797*

Argos es siempre attento a su semblante; *261,292*
Las armas de mi semblante? *269,1521*
I ella con semblante enxuto, *322,458*
Cambiar hicieron semblante; *357,53*
Mas con semblante de piedad no escaso *499,31*
Sembraban *1*
Sembraban su contento o su cuidado, *14,5*
Sembrados *1*
Incauto messeguero sus sembrados, *261,478*
Sembrar *2*
Sembrar peregil guisado *62,71*
Sembrar de armados arboles i entenas, *72,54*
Sembrè *2*
Como arè i sembrè, cogi; *2,35*
Sembrè vna esteril arena, *2,37*
Sembrò *2*
Sembrò de purpureas rosas *78,81*
Que sembrò dulces quexas *264,176*
Semejante *4*
Es al rayo semejante; *61,40*
a esta tuia semejante, *229,2010*
a malicia semejante. *229,2877*
Mi hija error semejante? *229,3486*
Semicapro *1*
Armado a Pan o semicapro a Marte, *263,234*
Semidios *1*
El Semidios, burlado, petulante, *366,12*
Semidioses *1*
De Semi-Dioses hija, bella esposa, *280,46*
Semidocto *1*
Tentacion de semidocto. *242,40*
Semiesposo *1*
Vn amigo semi-esposo? *269,1481*
Semilla *2*
De la semilla caida, *275,1*
Bien que de semilla tal *275,9*
Seminario *1*
Fecundo seminario de claueros. *421,9*
Semiuiuo *1*
De nueuos dogmas, semiuiuo zela, *318,590*
Sen *2*
De sen en alcuzcuçu; *269,1921*
Mas si son años, el sen *269,1991*
Seña *7*
Para hacer la seña *50,69*
La tremula seña aguarda *228,197*
de tu imperio maior seña *229,1582*
Pompa eres de dolor, seña no vana *246,9*
De el pie ligero bipartida seña. *263,1019*
De crystales inciertos a la seña, *264,224*
Sin arra de su fee, de su amor seña, *318,327*
Senado *4*
con que, discreto senado, *229,3551*
Mentida vn Tullio, en quantos el senado *318,161*
De sus fuerzas, en quanto oiò el Senado *318,571*
De Cordoua al clarissimo senado, *425,10*
Senados *1*
La prudencia Romana sus senados *318,262*
Señal *5*
Que hacen la señal de la Alua *29,24*
En piedras hacen señal; *122,30*
darà bastante señal. *229,1764*

en señal de lo que te amo, *229,2080*
Destinada señal, que mordiò aguda; *394,2*
Señalado *2*
Señalado con el dedo; *49,8*
El termino señalado *228,174*
Señalando *1*
Señalando està las horas. *269,700*
Señalas *2*
Alcaçar es Rèàl el que señalas. *229,2211*
Para quando la señalas? *269,982*
Señales *4*
I señales de mudanças! *10,30*
I en la cara las señales. *61,46*
Nos promete en sus señales *63,78*
A las metas, al poluo las señales; *318,508*
Señas *63*
Por las floridas señas que dà el prado. *52,8*
De que dan gloriosas señas *63,133*
Debajo de tus señas victoriosas; *72,6*
I aun me acuerdo, por mas señas, *74,89*
Frescas señas de su Abril; *82,24*
Traidoras señas de paz. *95,36*
Con mi exemplo i estas señas, *95,49*
Aunque el por señas se quexe; *126,36*
Señas de naufragios den; *132,52*
Mortales señas dieran de mortales; *135,7*
Señas obscuras pues, i a el Sol corona. *136,11*
Dulces sonorosas señas *142,3*
Blancas señas de que el aire *149,93*
Pesadas señas de vn desseo liuiano, *170,7*
Por señas, que sus despojos *217,35*
sus señas desplegò azules. *229,359*
las señas que das de amante, *229,1769*
Digo en las señas rojas, su appellido *229,2204*
Señas le di de mis padres *229,2414*
señas de esta fee offrecida, *229,2639*
Basta, las señas son graues *229,2991*
Las señas por Lelio dadas, *229,3042*
contra el que las señas da *229,3048*
La tumba vee del Sol, señas de España, *230,16*
Señas, o de cautiua, o despojada *230,65*
A las purpureas cruzes de sus señas, *230,89*
Rebolued tantas señas de mortales, *253,5*
Señas has dado no pocas: *259,82*
Pallidas señas ceniçoso vn llano, *261,29*
Las formidables señas *262,19*
Lisongéàr de agradecidas señas. *263,33*
Señas dieron súàues *263,178*
Las que siempre darà ceruleas señas), *263,363*
Señas, aun a los bueytres lastimosas, *263,440*
Para con estas lastimosas señas *263,441*
Que de tu calidad señas maiores *263,528*
Señas diera de su arrebatamiento, *263,749*
Señas mudas la dulce voz doliente *264,42*
Fulminado ia, señas no ligeras *264,561*
Señas de su esclauitud. *269,488*
Señas de vuestra amistad. *269,914*
Hazen señas de Rentoi. *269,965*
Grandes señas son de enojos *269,1034*
Quien tus señas arrastrò. *269,1349*
Dar señas de viejo, a quien *269,1836*
A las señas de Hespaña sus almenas *276,5*
Señas, aunque boçal de sentimiento. *280,6*
Señas de serenidad, *285,55*

Por señas que a tanto oro *287,67*
De tantas, si no mas, nauticas señas, *298,20*
Señas dando festiuas del contento *318,457*
Que señas de virtud dieron plebeia *318,567*
Las señas repite falsas *322,401*
Señas mas de la fe mia *348,14*
Amor conducia en las señas, *354,5*
Señas darà a los siglos dè si tales, *368,10*
Señas teme, si no voz; *377,14*
Sombra si de las señas que tremola, *415,12*
Que la recibiò con señas, *419,33*
Quàntas de grato señas te deseo, *426,13*
Creciò no cuelga señas de victoria, *439,13*
Pues solo dexa señas de creyda; *470,2*

Sencillo *1*

Calabres, poco sencillo, *269,163*

Senda *1*

Deste espeso xaral la senda estrecha; *499,51*

Sendas *1*

Quan diuersas sendas *8,5*

Senècas *1*

Sus Lùcanos i Senècas. *275,112*

Senectud *2*

Dissueluan tarde en senectud dichosa, *263,811*
Concedaos Dios, en senectud dichosa, *465,13*

Senior *1*

Comeras senior el vejo. *305,32*

Señior *3*

Del Señior Alà, *305,2*
Del Señior Alà, *305,23*
Del Señior Alà, *305,34*

Seniora *1*

Andar, manteca, seniora, *305,30*

Seno *36*

Que en el seno Cambaico *1,35*
Tanta belleça en su profundo seno *16,13*
De verde prado en oloroso seno! *23,4*
Le embuelue, i saca del seno *28,47*
Fragoso monte, en cuio basto seno *30,1*
Se le caieron dèl purpureo seno; *42,11*
Pues en tu dichosso seno *48,69*
En tu seno ia me tienes *63,217*
El seno vndoso al humido Neptuno *72,19*
Al templado seno *79,55*
I la viuora en el seno; *102,26*
Mañana illustrarà tu seno alado *162,5*
A vuestro seno illustre, atreuimiento *164,7*
Nectar ardiente que me abrasa el seno, *197,3*
De que seno infernal, ô pensamiento, *229,1*
Guardame los jazmines de tu seno *229,1488*
Coraçon tengo en el seno *229,2743*
Sus vagas plumas crea, rico el seno *230,53*
I el culto seno de sus minas roto *252,7*
Caliginoso lecho, en seno obscuro *261,37*
Que el tardo Otoño dexa al blando seno *261,75*
En el lasciuo, regalado seno). *261,284*
De la menuda ierua el seno blando *263,1010*
Aura fecunda al matizado seno *264,325*
Fecundas no de aljofar blanco el seno, *264,557*
Al Euro dè, i al seno Gaditano *276,10*
La aljaua armada, de impiedad el seno, *280,12*
A Juno el dulce transparente seno, *318,98*
Esta pues que aun el mas oculto seno *318,157*
El belicoso de la Haya seno, *318,621*
Oi a la AURORA del seno: *374,2*

Oi a la AURORA del seno: *374,12*
Oi a la AURORA del seno: *374,22*
Oi a la AURORA del seno: *374,32*
Vino a mis manos: puselo en mi seno. *458,4*
Del rojo seno a la Aurora; *499,339*

Señor *119*

El gran Señor dèl humido tridente. *16,14*
Dèl Gran Señor regalado, *61,7*
"Salid al campo, señor, *64,29*
Señor de la Griega *65,179*
— Dios la tenga de vos, señor soldado. *70,2*
Para oir al señor Pierres *73,47*
Señor Licenciado Ortiz, *82,2*
I esto, señor, baste. Al fin, *82,50*
A vos digo, señor Tajo, *89,1*
Basta vn señor de vasallos *98,65*
Sabe Dios, señor don Pedro, *110,13*
Buenas noches, gran señor *110,61*
Perdoneme el señor Cid: *111,50*
Señor Don Diego, venid *121,5*
Dezidnos, señor, de aquellas *121,11*
Galantissimo señor, *121,21*
Las blancas tocas, señor, *121,151*
No se le diò al señor nada, *123,29*
Señor padre era vn buen viejo, *148,33*
Contra el cuidado de el señor don Diego. *150,4*
Pensè, señor, que vn rejon *157,1*
Que lleua el señor Esgueua? *159,1*
Que lleua el señor Esgueua? *159,11*
Que lleua el señor Esgueua? *159,21*
Que lleua el señor Esgueua? *159,31*
Que lleua el señor Esgueua? *159,41*
Que lleua el señor Esgueua? *159,51*
Que lleua el señor Esgueua? *159,61*
I al Medico su señor, *161,22*
Que es basilisco vn señor? *161,144*
Que aguila, señor, dichosamente *164,9*
Las otras de vn Señor que me las deja *200,3*
Llegò al monte del Señor *211,8*
Poderoso gran señor, *227,32*
Tentaciones son, señor; *228,143*
I señor padre, poltron, *228,159*
En los palacios de vn señor no creo *229,40*
Camilo, señor, Camilo. *229,243*
Por que os deteneis, señor? *229,381*
Que contento el señor va *229,665*
Esta es, pues, señor Tadeo, *229,814*
Galeaço, señor, tiene *229,828*
Señor, la causa adiuino *229,842*
Mi señor? Mi esposa bella! *229,1160*
Octauio mi señor, llama; *229,1268*
Fabio mi señor, do està? *229,1659*
Ô buen Camilo! Ô señor! *229,1843*
Bien venido seais, señor. *229,2770*
hijo querido? Señor, *229,2811*
Si, señor; mui bien sabrè. *229,2846*
Señor Fabio, dos palabras. *229,2875*
Seais, señor, bien llegado. *229,2947*
No me conoceis, señor? *229,2954*
Limpiaos bien, señor, los ojos, *229,2995*
Señor? Ô hijo! Mamola. *229,3017*
i hijo de este señor. *229,3037*
Señor, si hablas con Lelio, *229,3060*
muda ia, señor, de estilo, *229,3063*
Que mandais, señor? Besaros *229,3104*

Digo, señor, que perplexos *229,3162*
No esperais, señor? No quiso. *229,3174*
A que aueis, señor, salido? *229,3192*
Si, señor; mas que hazienda *229,3195*
Señor Galeaço, queda *229,3226*
Deme, señor Galeaço, *229,3306*
Quien te le quitò, señor? *229,3344*
Que estàs, señor, en Toledo! *229,3350*
Io la entrego a este señor. *229,3446*
Teneos, señor. Fuerte caso! *229,3460*
verà vn gran passo. Señor, *229,3482*
No, señor, sino verdad. *229,3506*
Señor, dadme vuestros pies. *229,3519*
Fabio señor, a mi hija. *229,3537*
El Conde mi señor se fue a Napòles; *233,1*
El Duque mi señor se fue a Francìa: *233,2*
Le dixo a su señor tio: *242,35*
Que ai señor Q. tilde, que? *242,105*
El señor don Belianis, *243,50*
(Con buena gracia digo, señor Momo), *254,2*
Señor Licenciado, el que *265,3*
Illustrissimo señor, *266,2*
Del señor Doctor Carlino *269,169*
Que al señor barbiteñido, *269,289*
Del señor Doctor fulano. *269,712*
Tan amigo i tan señor. *269,784*
Señor Tancredo, a mi no. *269,852*
Doctorissimo señor? *269,943*
El me harà gran señor *269,1197*
Que puedes fiar, señor, *269,1423*
Besoos las manos, señor; *269,1467*
Pues señor don Manùèl, *269,1574*
Voi, señor Gouernador. *269,1649*
Por nuestro Señor, que huele *269,1860*
Terrible cosa es, señor; *269,1866*
No mas textos. Pues, señor, *269,1949*
Sali, señor don Pedro, esta mañana *273,1*
Porque, señor don Sotès, *282,28*
No entre las flores, no, señor don Diego, *292,1*
Quexaos, señor, o celebrad con ella *292,9*
Señor, que empuñe mi intento *299,6*
Ia, Señor, ia me despido *310,29*
Al señor Pyramiburro! *322,340*
En Pasqua Señor, i en huerta *330,3*
No a manos del señor don Bernardino, *342,6*
El Conde mi señor se fue a Cherela *367,1*
El Conde mi señor se va a Napòles *379,1*
Mataron al señor Villamediana: *381,1*
Señor, pues sois mi remedio, *385,1*
Los numeros, Señor, de este soneto *396,13*
Si no vbiera, Señor, jurado el cielo *402,2*
Me remite a vos, Señor, *410,5*
Al Cardenal mi señor *417,1*
De lama cierto señor, *418,55*
Al Conde tu señor de esos despojos. *439,11*
Es el Orpheo del señor Don Iuan *453,1*
Al señor Nuncio, digo al de Toledo. *454,14*
Señor, aquel Dragon de Ingles veneno, *458,1*
Huesped sacro, señor, no peregrino, *465,1*
El Duque mi señor se fue a Francìa, *471,1*

Señora *99*

De inuidia de mi señora, *2,7*
Mi señora abuela, *5,16*
Con el fiero desden de mi señora, *21,4*
Ingrata señora, *50,49*

Señora, me acuerdo, *50,66*
"Socorred, señora, *50,99*
Adios, mi señora, *50,105*
Le dice assi: "Mi señora, *64,43*
— Tengoos, señora tela, gran mancilla. *70,1*
La señora Melisendra, *73,8*
Señora, he llegado a vista *74,102*
"Assi quiera Dios, Señora, *78,73*
A la violada señora *88,7*
La bellissima señora, *94,14*
Señora, mis verdes años *98,6*
A su esposo la señora *105,53*
Es, (ingrata señora), el pecho mio; *109,6*
— Cauallero soi, señora, *111,3*
Ô quanto puede, señora, *111,61*
I el fauor de tu señora! *121,120*
—Esto mi señora abela *124,25*
Que en tus ojos, dulcissima señora, *139,3*
Señora madre vna paila; *148,34*
De su humida señora, *149,62*
Señora doña Thalia, *158,2*
Inspiradmelo, señora, *158,5*
Viuis, señora, engañada, *168,5*
Buscad, señora, en Castilla *168,25*
— Señora tia, de Cagalarache. *183,2*
— Luego es de Moros? — Si, señora tia. *183,9*
Señora doña puente Segouiana, *199,1*
Vn papagaio os dexarè, señora, *201,9*
Quien, Señora, su fauor *205,5*
Que tiene, pringa señora? *207,6*
La señora chirimista. *207,28*
Va en rengre nobre señora, *207,31*
De tan gran señora, i quien, *217,26*
Mudeis, señora, de estilo; *224,8*
Señora madre, deuota, *228,157*
No en armas, dulce señora, *229,306*
de el padre de la señora. *229,363*
que le llama la señora. *229,383*
i espia de la señora, *229,775*
Que, viene acà? Si señora *229,1110*
Carta, señora, ha llegado. *229,1112*
A mi señora? A tu amiga. *229,1130*
Camilo ingrato. Señora, *229,1261*
A, cruel! Señora mia, *229,1264*
no callaràs? Si, señora; *229,1291*
Señora, està en vn lugar *229,1320*
i aun le sacarè. Señora! *229,1471*
El papel, dulce señora, *229,1564*
Ô bellissima señora! *229,1705*
Mi señora por aquellos *229,1715*
I io zelos, mi señora, *229,1720*
ni la querrà mi señora. *229,1772*
señora mia, i reniego *229,1904*
Señora, por lo que digo *229,1929*
no erràra, señora mia, *229,1957*
Los rasgos, señora, alabo, *229,1972*
Io, señora, no soi digno; *229,2135*
hermosissima señora, *229,2368*
la señora desposada *229,2532*
que io... Callemos, señora *229,2718*
Dad, bellissima señora, *229,2766*
señora, i mi alma tambien; *229,2821*
Ô santa Maria Señora! *229,3005*
Por quien suspirais, señora? *229,3296*

En plata, señora mia, *237,2*
Gritaria la señora? *269,300*
Esa garduña señora? *269,382*
I assi, señora, el hablarte, *269,577*
Para dar a la señora. *269,604*
Palabra. De que, señora? *269,758*
I no lo dudo, señora, *269,810*
Es la señora Lucrecia? *269,883*
Occupese la señora *269,885*
En cas de Enrico, señora. *269,987*
Si, dulce señora mia, *269,1055*
Tan señora de vassallos, *269,1079*
Tal sois, señora muger? *269,1150*
Solo esta noche. Señora. *269,1193*
Las manos, señora, os tomo *269,1212*
Esto, señora Lucrecia, *269,1290*
Quisieralos la señora *269,1382*
Dame las manos, señora. *269,1511*
Señora Lucrecia, a Dios. *269,1596*
A Dios, Lucrecia señora. *269,1597*
Incapaz a la tuia, ô gran Señora, *270,2*
Lleguè, señora tia, a la Mamora, *278,1*
En vez, Señora, del crystal luciente, *323,1*
Sabiendo, señora, que, *348,1*
Solicitando, señora, *348,22*
— Diga, Señora la buena, *419,46*
Vimo, señora Lopa, su Epopeia, *430,1*
Señora doña Luisa de Cardona, *445,1*
Teme, señora, i teme justamente, *461,12*
Que en casa de vna señora, *477,28*
Valor es este, señora, *498,21*

Señoraças *1*
Señoraças mias, *65,250*

Señoras *4*
Lo demas, señoras, *65,69*
Ia, Señoras de mi vida, *84,1*
I a cartas de señoras principales), *201,11*
De las picantes señoras, *269,697*

Señores *20*
— Basta, señores, que andamos *73,127*
Que se deben por Señores *93,31*
De Principes, de Grandes, de Señores; *155,6*
Estais, señores, penados; *186,2*
De sus mulas haràn estos Señores *199,13*
Mal aia el que en Señores idolatra *203,1*
Señores Corteggiantes, quien sus dias *222,1*
Mui bien has dicho. Ô señores *229,304*
oiendo a estos dos señores. *229,1674*
Señores, mi ierno llega. *229,2750*
estas, señores garçones. *229,3155*
Señores, si se me da *229,3236*
Señores mios, que vozes *269,777*
Tancredo viene, señores: *269,1162*
Vamonos, señores? Si. *269,1222*
Baste ia, señores. Dalde *269,1458*
Decildes a esos señores, *334,41*
Ô esplendor generoso de señores. *361,14*
De la merced, Señores, despedido, *398,1*
Señores Academicos, mi mula *438,1*

Señoria *13*
Es su señoria *65,18*
Regalos de Señoria *98,3*
Regalos de Señoria *98,15*
Regalos de Señoria *98,27*
Regalos de Señoria *98,39*

Regalos de Señoria *98,51*
Regalos de Señoria *98,63*
Regalos de Señoria *98,75*
Regalos de Señoria *98,87*
Sepa vuestra Señoria *157,7*
Que dar piedras a vuestra Señoria *170,5*
Vengo a vuestra señoria, *266,11*
Concede a la muger su Señoria; *367,10*

Señorias *1*
Nunca io tope con sus Señorias, *222,5*

Señorio *1*
Esa con magestad i señorio *229,2154*

Senos *16*
Guardan en sus senos *65,123*
A los Valencianos senos. *106,8*
De vn monte en los senos, donde *142,1*
En sus senos le abscondiò, *209,28*
I penetrando sus senos, *215,14*
Baxad luego al abismo, en cuios senos *253,9*
Senos que ignora aun la golosa cabra, *261,394*
Cuios purpureos senos perlas netas, *263,458*
En los profundos senos de la sierra. *263,977*
Los senos occupò del maior leño *264,54*
De sus confusos senos, *264,278*
Que al peregrino sus ocultos senos *264,699*
Penetra pues sus inconstantes senos, *264,869*
Que pacen campos, que penetran senos, *264,950*
Del leño aun no los senos inconstante *318,305*
En aquellos senos rudos. *322,372*

Sentado *1*
Sentado, a la alta palma no perdona *261,409*

Sentados *1*
Sentados pues sin ceremonias, ellas *264,346*

Sentais *1*
Donde aiunos os sentais, *27,123*

Sentème *1*
Sentème a las riberas de vn bufete *441,1*

Sentencia *4*
Sentencia es de Bachilleres, *102,3*
Se desuoca esta sentencia, *102,8*
Io en justa injusta expuesto a la sentencia *433,1*
Tu sentencia de oluido, i da la gloria *439,10*

Senti *4*
despues que el suio senti. *229,2309*
i al enclinarme senti *229,2361*
Senti su amor, pero mas *229,2394*
su facilidad senti, *229,2395*

Sentì *1*
Sentì su fin; pero mas *27,65*

Sentìa *1*
Diziendo lo que sentìa, *269,1543*

Sentidas *3*
Se muestran, de su tierno fin sentidas, *12,7*
Sentidas bien de sus valles, *268,3*
Sentidas bien de sus valles, *352,3*

Sentido *7*
I lisonjas del sentido *167,26*
Ciego le fies el mejor sentido: *368,16*
Por vagabundo vn sentido *411,11*
Mil ratos he passado sin sentido *445,9*
En su delphico trono la ha sentido. *474,4*
Quel sabueso de Cintia auia sentido *499,118*
I della, que aueis sentido, *499,220*

Sentidos *3*

Quien todos sus sentidos no te applica? *203,85*
De lo, sentidos mejores: *214,26*
Tiraniçò mis sentidos *331,34*
Sentimiento *4*
Con sentimiento i dolor: *161,124*
El sentimiento que os deuo *269,1024*
Señas, aunque boçal de sentimiento. *280,6*
El sentimiento i aun el llanto ahora, *318,418*
Sentina *1*
Contra esta pyratica Sentina. *318,392*
Sentir *3*
I a no sentir yo mis duelos, *96,99*
Ved quanto deuo sentir *116,34*
Sentir no bien i veer mal. *288,64*
Sentis *1*
Que sentis? Nada. Prometo *269,1895*
Senzillas *1*
Io, en palabras no senzillas, *269,202*
Sèos *1*
Sèos decir al menos io *161,130*
Sepa *11*
(Que nadie lo sepa), *5,26*
No sepa quien diò el vestido, *6,23*
No lo sepa algun rocin, *111,18*
Mas sepa quien no lo sabe *121,46*
Sepa vuestra Señoria *157,7*
Que no es bien que sepa nada *167,95*
que no sepa io otro modo, *229,247*
mas no lo sepa tu hermano, *229,319*
No sepa Casilda. Ahora *269,384*
No sepa nada Tancredo. *269,1177*
I sepa luego de vos *334,33*
Sepades *3*
Ni ai gracia ni avrà sepades. *110,12*
Palacio, porque sepades *122,28*
Porque de "gracia i sepades" *282,9*
Sepais *1*
De que sepais de el me alegro. *229,1119*
Sepalo *3*
Sepalo el mundo i presuma *168,17*
Dimelo tu, sepalo el, *226,74*
Dimelo tu, sepalo el, *226,83*
Sepan *3*
Porque sepan do se sienta, *6,17*
I descubriò vn "sepan quantos *228,110*
Quando no me sepan dar *269,1336*
Sepas *4*
(No sepas mas) de zelos i de amores. *175,14*
No porque sepas mi tio *269,1570*
Sin que sepas su edad tu"; *269,1916*
Floriscio, no sepas mas *499,266*
Septiembre *1*
Diòla por Septiembre el mana, *123,39*
Septimo *1*
El septimo Trion de nieues cano, *318,6*
Sepulchro *15*
A dò tiene su sepulchro, *27,38*
Que al mar, dò tu sepulchro se destina, *45,12*
Que a solo honrar su sepulchro *63,141*
Sepulchro de nuestras chrismas; *74,68*
El gran Sepulchro que mereciò a CHRISTO; *77,64*
Que biuiran en el sepulchro impressos, *119,12*
Los huesos que oi este sepulchro encierra, *135,5*

Milagroso sepulchro, mudo choro *180,12*
El sepulchro de la que iba *228,67*
el sepulchro de su vida. *229,1918*
te dexe sepulchro hecho *229,2928*
Sepulchro el mar a su vuelo, *287,60*
Pompa, que vocal sepulchro *322,106*
Que el Syrio llama sepulchro; *322,492*
I seras sepulchro de otra sirena. *345,10*
Sepulchros *3*
Quantos abre sepulchros el mar fiero *263,445*
Campo ia de sepulchros, que sediento, *264,403*
O sepulchros a los muertos *334,63*
Sepulcro *2*
Que si el Po a otros fue sepulcro breue, *229,1038*
La que a vn sepulcro cabellos, *418,15*
Sepultado *1*
Sepultado en vnas natas; *29,46*
Sepultados *3*
De tantos nunca sepultados huessos, *54,10*
Iacen aqui los huesos sepultados *119,1*
Murieron, i en si mismos sepultados, *263,684*
Sepultar *1*
Las alas sepultar de mi osadia *264,149*
Sepulte *1*
Que vna tierra nos sepulte". *75,96*
Sepulteis *1*
Que no sepulteis *65,257*
Sepultura *2*
A la sepultura, i dixo *161,123*
Piedras son de su misma sepultura. *263,686*
Sequaces *1*
De sequaces de Diana, *149,41*
Sequazes *1*
Se agregaron a Lope sus sequazes: *432,2*
Sequedad *1*
Sequedad le ha tratado como a rio; *203,49*
Ser *234*
Dandoles lustre i ser a las Lusiadas, *1,3*
En ser labrador de Amor *2,33*
Bien puede ser; *6,3*
No puede ser. *6,6*
Bien puede ser; *6,9*
No puede ser. *6,12*
Bien puede ser; *6,15*
No puede ser. *6,18*
Bien puede ser; *6,21*
No puede ser. *6,24*
Bien puede ser; *6,27*
No puede ser. *6,30*
Bien puede ser; *6,33*
No puede ser. *6,36*
Bien puede ser; *6,39*
No puede ser. *6,42*
Bien puede ser; *6,45*
No puede ser. *6,48*
Bien puede ser; *6,51*
No puede ser. *6,54*
Bien puede ser; *6,57*
No puede ser. *6,60*
Bien puede ser; *6,63*
No puede ser. *6,66*
Bien puede ser; *6,69*
No puede ser. *6,72*
Bien puede ser; *6,75*

No puede ser. *6,78*
Bien puede ser; *6,81*
No puede ser. *6,84*
Bien puede ser; *6,87*
No puede ser. *6,90*
Bien puede ser; *6,93*
No puede ser. *6,96*
Bien puede ser; *6,99*
No puede ser. *6,102*
Bien puede ser; *6,105*
No puede ser. *6,108*
Bien puede ser; *6,111*
No puede ser. *6,114*
Bien puede ser; *6,117*
No puede ser. *6,120*
Bien puede ser; *6,123*
No puede ser. *6,126*
Con ser de flores, la otra ser de estrellas, *15,13*
Con ser de flores, la otra ser de estrellas, *15,13*
Maior debes de ser que el mismo infierno. *23,14*
Por ser recias para el campo *26,15*
Aunque no lo debe ser, *38,31*
Deueis con gran razon ser igualados, *40,9*
Tu en ser dura, yo en ser firme. *48,32*
Tu en ser dura, yo en ser firme. *48,32*
Sin ser Beltenebros; *50,84*
Ha de ser con presumpcion, *55,37*
Que por ser Martin el tordo, *59,11*
A ser el sanct Blas, *65,67*
Ser el necio pretendia, *74,34*
Que, a ser io de la pendencia, *74,91*
Quan dichoso podìa ser, *78,10*
Ser testigo i ser juèz. *78,20*
Ser testigo i ser juèz. *78,20*
"No podrà ser, no; *80,24*
I he de ser tan inhumano, *83,29*
Lampiño debes de ser, *87,9*
Sin ser espiritu sancto *87,35*
Si no quieres ser tropheo! *87,92*
Ser su deuoto le agrada, *94,7*
Por ser fruta de castaño, *96,16*
Que puede ser mojonera *96,63*
De ser nido, i ser aljaua *98,55*
De ser nido, i ser aljaua *98,55*
Por ser poco el de verdad, *105,58*
Lo pueden ser de vn jardin: *111,14*
Sin ser Rei, a muchos di *111,46*
Tantas son, i con ser tantas *116,48*
Voluerè a ser pastor, pues marinero *118,9*
Gloria, magestad i ser *121,137*
Diò en dote, que ser le plugo, *122,34*
Tome tierra, que es tierra el ser humano. *135,14*
Los dineros van a ser *147,5*
Por ser aquel dia babosa *149,120*
Quiere ser rio? Io se lo concedo; *152,5*
Sin ser grandes bestias, *160,116*
Que esto es mucho mas que ser *161,151*
El que ha de ser su marido *167,97*
Darà el ser arco dèl cielo. *177,40*
Que piden, con ser flores, *184,5*
Porque gustais ser tenido *187,8*
Que en ser por vnos ojos entre azules, *202,7*
(Si puede ser canoro leño mio), *203,47*

Solo por no ser miembro Corteggiante *203,76*
Bellas quanto pueden ser. *217,4*
I aun aspirante a ser Rei. *217,40*
Debe de ser Portugues. *217,56*
I mui bien lo pueden ser *217,66*
Con ser hombres de placer; *217,84*
Que puede ser iermo oi *217,95*
De ser huesped prolijo; *229,103*
de ser (con igual assombro) *229,123*
mas que forçarle a ser moro. *229,257*
la artesa quisiera ser. *229,261*
lo que baste para ser *229,414*
porque si Angel puede ser *229,657*
su fortaleza. Ha de ser *229,935*
que, por ser tan peregrina, *229,1000*
porque esto de ser de a dos *229,1172*
para ser maior garduña, *229,1199*
tal quiero ser, i tal soi. *229,1411*
de ser en tus cosas mudo. *229,1419*
Para mañana, que has de ser mi esposa". *229,1489*
que bien podran ser consuelo *229,1651*
Villete ha de ser sin sello. *229,1968*
que ramales deben ser *229,1973*
Ser roca al mar, i al viento ser encina. *229,2145*
Ser roca al mar, i al viento ser encina. *229,2145*
Tuia soi, tuia he de ser". *229,2386*
es desdicha ser feliz. *229,2401*
finja ser Lelio esta noche, *229,2408*
quiero ser de Flordelis *229,2471*
ser de Isabela Ceruin. *229,2473*
que vn padre no querrà ser *229,2528*
Niego el ser la causa ella *229,2728*
Vengança he de ser, i higa, *229,2872*
para ser vna serpiente *229,2881*
En que fundas, pues, el ser *229,2962*
Ni aun con el que finge ser *229,3086*
Auia, por dicha, de ser *229,3146*
debe de ser. Entre luego, *229,3423*
ser Lelio confessado ha? *229,3432*
Contento de ser Galeaço *229,3528*
Contenta ia en ser igual, *239,18*
I no ha querido ser otro. *242,52*
Nunca dexa de ser mono. *242,116*
Que ella no oie por ser roma, *243,11*
Ser menos el marmol duro, *249,9*
Nobles en nuestra España por ser Rojas, *252,10*
Como bellas al mundo por ser flores, *252,11*
Tan breue ser, que en vn dia que adquieren *256,14*
Que agradecida ser quiere *259,95*
Ser de la negra noche nos lo enseña *261,38*
Amante nadador ser bien quisiera, *261,130*
La Nimpha los oiò, i ser mas quisiera *261,349*
Dexan ser torres oi, dixo el cabrero *263,213*
Ser menos las que verdes Hamadrias *263,261*
Ia que Nymphas las niega ser errantes *263,273*
Ser pallios verdes, ser frondosas metas, *263,1037*
Ser pallios verdes, ser frondosas metas, *263,1037*
Que ser quiso en aquel peligro extremo *264,128*

Que dexa de ser monte *264,693*
Por ser culta floresta, *264,694*
A los indignos de ser muros llega *264,969*
Todo ha de ser frialdad. *266,20*
De sangre ellos lo han de ser. *269,95*
Que peor pudiera ser? *269,152*
Deste has de ser oi traslado *269,166*
Fieltro ha de ser el çapato. *269,180*
Te dexaràn ser Tarquino; *269,197*
Ser vergonçosa esa paga, *269,212*
Cien escudos han de ser? *269,241*
Como ha de ser? Bien està. *269,261*
Vn matrimonio ha de ser. *269,362*
Que no deue ser mi amigo *269,387*
Antes que llegue a ser nobia *269,729*
Pues aguado puede ser *269,744*
Que sin duda deues ser *269,842*
Que ha de ser? Fauorecido. *269,917*
Que aueis de ser ia? *269,927*
Ser querido. *269,930*
Commigo deue de ser. *269,1218*
Que son miel, i no dexan de ser flores; *269,1244*
Ser de Venus, si no Adonis segundo, *269,1246*
Fingiò ser cisne ia, mintiò ser toro: *269,1251*
Fingiò ser cisne ia, mintiò ser toro: *269,1251*
Ser tu aposento theatro. *269,1789*
Ser de lienço el orinal. *269,1893*
Podrà ser, por lo Manso, Presidente. *273,14*
No solo quiere ser media, *275,10*
Ser de roca su firmeza. *275,60*
Pudiera ser noche fria? *282,20*
Si io, con ser el Amor, *286,31*
Holgò el mar de ser azul. *287,68*
Todo ha de ser calidad, *288,46*
Dulcemente dexaron de ser aues. *291,14*
Ser oi de Feria, es mui justo *299,2*
Para esto ser diamantes. *306,34*
De ser Madre, pura quanto *307,7*
Poco rubi ser mas que mucha estrella. *315,56*
La porcion que no pudo ser estrella. *318,232*
De el Himeneo pudo ser futuro. *318,300*
Que sin alas podia ser *322,103*
De lo que has de ser verdugo! *322,168*
El tiempo sin ser Pòèta, *322,175*
Que absoluieron de ser huesos *322,503*
Que ser quieren obeliscos *333,23*
Sin dexar de ser cipreses, *333,24*
Que pudierais ser marido; *334,18*
Que aspiren a ser leones *334,69*
Madre, sin ser monja, soi ia descalça, *345,5*
Que naciendo a ser desseos, *353,23*
Ni fuente dexa de ser. *355,48*
Ser pudiera tu pyra leuantada, *364,1*
Tu ser primero, i glorìòsamente *364,10*
Las igualan en ser tres. *376,8*
Vocal sombra vino a ser. *378,56*
De ausencia, sin ser jaraue, *386,3*
Culpa sin duda es ser desdichado, *396,5*
Maior de condicion ser encoxida; *396,6*
Quien Duque pudo ser canonizado. *404,48*
Por ser Don Sancho que calla. *406,4*
Que aier fue pino, i oi podrà ser vete? *433,11*
Por ser de la Academia de la gula. *438,4*

— Que quieren ser? — Vergüença de vn soldado, *439,5*
Ser quiere alcalde de vna i otra Aldea *443,9*
Que ser venado i no llegar a viejo *451,3*
Acometa segura a ser estrella. *456,4*
Que el ser casado es el maior de todos. *463,14*
Para tan breue ser, quien te diò vida? *466,2*
I para no ser nada estàs lozana? *466,4*
Que anticipas tu ser para tu muerte. *466,14*
I, por ser mora, quemaràs a Angè. *468,8*
Que sabiendo abia de ser *482,7*
I ser Thysbe solicite *493,21*
De baptizar, sin ser Cura. *495,44*
I que por ser diuersorio *495,52*
Tu por ser Guadalquiuir, *497,3*
Guadalquiuir por ser mar, *497,4*
Tu por ser Guadalquiuir, *497,18*
Guadalquiuir por ser mar, *497,19*
Tu por ser Guadalquiuir, *497,33*
Guadalquiuir por ser mar, *497,34*
Tu por ser Guadalquiuir, *497,48*
Guadalquiuir por ser mar; *497,49*
Ser llamado arco del cielo, *499,283*
Serà *66*
Gran honra le serà, i a su ribera, *45,13*
Piensa que serà Theresa *59,41*
Mi vuelta serà mui breue, *59,50*
Que ella me serà tambien, *64,31*
De vna amistad que al mundo serà vna *119,2*
Dulce serà el coraçon. *121,44*
Que serà thalamo luego *131,71*
Guardo el registro, que serà mi bula *150,3*
Que mal serà con dos Soles obscura. *164,14*
Que serà la espada mia *168,18*
Que en tanto mar serà vn harpon luciente, *174,13*
Qual su accento, tu muerte serà clara *196,9*
Quando serà aquel dia que por ierro, *197,12*
Antes digo serà eterna, *204,36*
En Congo aun serà bien quista. *207,39*
Serà contra tu fiereza, *226,33*
I el veros serà mi fin". *226,104*
que serà el dia final *229,187*
casar oi, mas serà en vano. *229,341*
A ellos serà el Tajo vrna pequeña. *229,1039*
Tu esposa serà Isabela *229,1498*
serà fee de moniciones *229,1577*
Si. Pues serà razon *229,2251*
Para seruirte serà, *229,2544*
i serà, a lo Toledano, *229,2595*
No serà Violante ia *229,2716*
i el caxero serà amo, *229,3125*
Padre mio, otro serà *229,3150*
Mui bien. Serà, pues, razon *229,3260*
i oi serà antes que mañana *229,3300*
De Africa serà la Monarchia. *230,70*
Serà pulla para todos. *242,12*
Mas no creo serà bien *259,13*
Tuia serà mi vida, *264,132*
Buzo serà bien de profunda ria, *264,800*
Que serà vn puerco casero *269,17*
Pareceos que serà esta *269,56*
No serà bien que esta daga, *269,142*
Que serà cosa mui fea *269,187*
Bien serà que no le crea, *269,527*

No serà en este lugar, *269,642*
Que solo serà mohina *269,679*
No serà a fe de quien soi. *269,937*
Tanto mas serà súàue, *269,1099*
Que esta noche serà bien, *269,1762*
Serà, a Carlino le oì; *269,1791*
Serà, pues, bien, que mañana, *269,1794*
Porque mui bueno serà *269,1927*
Serà daros como a niño *269,2003*
Mas serà cosa acertada, *299,5*
Lisonja serà a su oido *300,25*
Serà mas disciplinado *301,74*
De mi fee serà rehen. *302,24*
Serà para escriuir tu excelso nido *317,13*
De quien serà en los siglos la mas graue, *318,149*
Maior serà trofeo la memoria *318,543*
Digno sujeto serà *322,13*
Serà su piedad mas sorda, *332,12*
Serà bien que de tus alas, *332,23*
"Ociosa, Amor, serà la dicha mia, *340,12*
Serà vn torrezno la Alua entre las coles. *379,8*
El mar serà no pequeño *384,11*
Gloria serà siempre vuestra, *390,9*
Instrumento a mi voz serà acordado. *400,4*
Del que a Bras serà liston, *419,81*
Arbol fue, que serà bulto? *479,6*
Serafico *1*
A la vna vn serafico mortero, *446,7*
Serafin *3*
Si el quintañon serafin *257,19*
Serafin menino, beso, *370,2*
Traxo en dote vn serafin *418,41*
Seràlo *1*
Seràlo quien pudo hallaros. *229,3103*
Seran *11*
Seran ornamento, *50,18*
Ciertos seran mis enojos, *91,49*
Que seran cuna i nido generoso *171,13*
Mañana seran miel. *193,4*
Mañana seran miel. *193,18*
Mañana seran miel. *193,32*
Pues que son? Seran, en suma, *229,1824*
Tuios seran mis años, *264,125*
Pero seran las de Vrias *269,237*
Porque seran dulces tretas, *269,253*
Que seran, sin duda, encenias *334,43*
Seràn *6*
Tantos seràn mis tormentos. *39,30*
Dos bienes, que seràn dormir i vello. *44,14*
Tablas seràn de cosas tan estrañas. *66,11*
Que le seràn estos Martes *91,39*
Claua seràn de Alcides en su diestra, *251,9*
Estrellas seràn de Leda. *384,20*
Seraphica *1*
Por seraphica aueja fue, deuota, *325,7*
Seraphico *1*
Consagròse el seraphico Mendoça, *231,1*
Seraphin *16*
La moza es vn seraphin. *82,52*
I vn Seraphin Castellano; *96,32*
Estremeño Seraphin *121,26*
De raios negros, Seraphin humano, *146,8*
La dulce voz de vn seraphin humano. *196,8*
Ô seraphin, desates, bien nacido, *197,13*

Dèl montaraz seraphin. *226,88*
de vn seraphin, cuias plumas *229,590*
A mi seraphin vestido *229,2294*
que de cielo vn seraphin. *229,2297*
De este romo seraphin, *243,42*
De vn Seraphin quintañon *257,11*
Vn seraphin labrador, *286,2*
Al seraphin pisar mas leuantado; *315,52*
Seraphin os admirò. *390,16*
De vn seraphin, que bate plumas de oro. *461,11*
Seraphines *3*
Granada de seraphines, *63,231*
Si ai seraphines trigueños, *82,51*
Zalemas de Seraphines. *300,39*
Seras *2*
I seras sepulchro de otra sirena. *345,10*
Dignamente seras oi agregado *421,7*
Seràs *3*
Seràs bendito, pues siendo *87,46*
Si naufragàre, seràs *228,211*
Seràs a vn tiempo, en estos Orizontes, *261,463*
Serbite *1*
Serbite en dos empanadas *423,5*
Serè *4*
No mas, no, que aun a mi serè importuno, *203,52*
Aun sáùco no serè. *229,1207*
Io sombra scrè, i horror *229,1348*
En silencio lo serè, *348,3*
Sereis *1*
sereis siempre bien seruido; *229,112*
Seremos *4*
Por el cielo seremos conuertidos, *12,13*
Que seremos allà luego *191,7*
seremos para vn traidor. *229,1638*
Seremos allà los dos. *269,1595*
Serena *5*
Famosa plaia serena, *38,10*
Que en noche serena *160,28*
Bien de serena plaia, *264,801*
Por turbar la serena *281,21*
Sèrena aquel, aplaca este elemento. *402,14*
Serenan *1*
Serenan la Fortuna, de su rueda *247,7*
Serenàra *1*
No serenàra el Baccanal diluuio. *263,882*
Serenaron *1*
No serenaron diluuios. *322,52*
Serenas *2*
De tus ondas, ô Mar, siempre serenas. *290,11*
Raios ciñe en regiones mas serenas. *362,14*
Serenaste *1*
Los reynos serenaste mas impuros; *318,558*
Serenaua *1*
El que ia serenaua *263,285*
Serenense *1*
Serenense tus ojos, *193,23*
Serenidad *7*
Su serenidad al mar, *106,3*
Lisonja no, serenidad lo diga *264,572*
Amor tu serenidad. *269,1057*
Señas de serenidad, *285,55*
Si la serenidad no le trujera *318,419*
De la serenidad, a Ingalaterra, *318,614*

Serenidad de fauores *499,286*
Serenidades *1*
Quando a las serenidades *287,5*
Serenissimas *2*
Serenissimas Damas de buen talle, *153,5*
Serenissimas plumas *166,31*
Serenissimo *1*
Serenissimo compadre, *110,2*
Sereno *10*
Ô niebla del estado mas sereno, *23,1*
Assi cubra de oi mas cielo sereno *30,5*
Sereno el mar la vista lisongea; *54,4*
Es harpon de oro tu mirar sereno, *197,6*
Leño fragil de oi mas al mas sereno, *230,55*
Sereno dissimula mas orejas *264,175*
No menos corbo rosicler sereno *318,617*
Que pudiera por sereno *322,459*
Que vesa el aire sereno *349,26*
Esto el aire oiò sereno: *353,36*
Serenos *6*
I a Condes muchos serenos, *55,46*
Ni serenos mi salud, *83,43*
Sus bellos ojos serenos, *87,74*
Temo tanto los serenos, *110,1*
De sus dos serenos ojos, *242,26*
Tan serenos, que le tienen *242,27*
Seria *4*
Dixo que acero seria *82,93*
Ô que dichoso que seria io luego, *101,12*
Aun respecto no seria. *229,1206*
Maior burla seria esta *269,1440*
Serian *1*
— Salud serian para todo el año. *183,14*
Serias *1*
Tu serias la perdida *499,198*
Serle *1*
—Serle chero sanguisuela, *124,21*
Serlo *4*
Madre de perlas, i que serlo espera *156,16*
Que por serlo de sus manos *177,39*
I a serlo, que mucho fuera *229,3356*
Que naciò para serlo en las Españas; *469,10*
Sermon *2*
Que la viuda en el sermon *6,13*
Mas que viuda en el sermon *82,91*
Sermoncicos *1*
De sus sermoncicos, vno, *242,51*
Sermones *1*
Doce sermones estampò Florencia, *452,1*
Serpiente *7*
Furia infernal, serpiente mal nacida! *23,2*
Se esconde qual serpiente. *103,4*
para ser vna serpiente *229,2881*
En roscas de crystal serpiente breue, *230,1*
Brama, i menospreciandole serpiente, *230,24*
Pajarillos, que serpiente *357,87*
Escondiò a otros la de tu serpiente, *360,10*
Serpientes *1*
donde, de serpientes llena, *229,2667*
Serrana *5*
Serrana que en el alcor *205,1*
Serrana que en el alcor *205,19*
Serrana, os lleuò gallarda, *205,24*
Serrana que en el alcor *205,31*
Era de vna serrana junto a vn tronco, *263,240*

Conocele porque ha sido *242,49*
Que quatro vezes auia sido ciento *263,470*
Que mucho, si auarienta ha sido esponja *264,628*
No ha sido por ofenderte *269,579*
A fe que ha sido el Doctor, *269,901*
Mi tonto esta tarde ha sido *269,1604*
Buen braço a sido mi ingenio. *269,1997*
Metal no ha sido canoro, *275,95*
Esta, pues, que de aquel gran mundo ha sido *318,537*
Del buitre ha sido infernal, *329,7*
Al que ha sido siempre Dios *331,64*
Ha sido, Amor, flechada *345,23*
Como en firmeza lo he sido, *348,2*
Bobo he sido en prestarle mi dinero. *367,11*
Quanto mas bobo he sido, mas espero *367,13*
Ia que el encogimiento ha sido mudo, *396,12*
Si hauer sido del Carmen culpa ha sido, *398,5*
Si hauer sido del Carmen culpa ha sido, *398,5*
Deidad no ingrata la esperança ha sido *399,6*
De quien perdonado ha sido *406,3*
Cueros votos de auer sido vocales *437,5*
Otra Porcia de Bruto huuieras sido, *460,3*
La aias hecho correr. Crueldad ha sido. *474,8*
Sidones *1*
Gloria de los Clarissimos SIDONES, *421,61*
Sidonia *1*
Doña Blanca està en Sidonia, *111,23*
Sidonios *1*
Sidonios muros besan oi la plata *318,119*
Siega *1*
I siembra Francia, mas Sicilia siega, *77,74*
Siegan *1*
De quantos siegan oro, esquilan nieue, *261,149*
Siembra *4*
I siembra Francia, mas Sicilia siega, *77,74*
Musica siembra en sus passas *88,99*
Siembra en vna artesa berros *126,54*
De perlas siembra, el monte de esmeraldas. *229,1058*
Siempre *122*
Porque siempre tuue pujo; *27,68*
Nynfa que siempre a guardado *28,18*
La siempre verde cumbre que leuantas, *30,6*
Siempre al remo condenado, *38,35*
Ô siempre gloríòsa patria mia, *51,7*
Cuias armas siempre fueron, *63,129*
Siempre su Norte descubre. *75,28*
En ti siempre ha tenido *77,84*
Añadiendo siempre *80,13*
Siempre juntos, a pesar *82,131*
Para andarme siempre solo *83,46*
Hablan siempre en puridad, *86,36*
Distincto oiò de can siempre despierto, *100,6*
Cuia siempre dichosa excelsa cumbre *112,2*
Siempre està tentando a Adan. *122,60*
Este que siempre veis alegre prado *134,5*
Lilio siempre Réàl nasci en Medina *136,1*
A ellos les dan siempre los júèzes, *138,12*
Porque es siempre este color *141,15*
Triumphador siempre, coma con su Reies. *145,14*
I assi ha corrido siempre mui trassero. *151,8*
I fue siempre en proporcion. *161,84*

Cuna siempre Réàl de tus abuelos, *195,3*
Os aueis con raçon siempre réìdo? *203,33*
Siempre hallè para mi el rocin cansado. *203,72*
Calça siempre borcegui: *217,55*
Por siempre jamas, Amen. *217,88*
Fresca, espira marchita i siempre hermosa; *221,6*
Se estuuo siempre reçando, *228,158*
sereis siempre bien seruido; *229,112*
porque ella siempre corone *229,469*
las siempre gloriosas sienes *229,470*
la siempre fuerça vecina *229,852*
que el que sirue siempre es mozo, *229,1008*
Io siempre comiendo vña, *229,1196*
Marcelo, qual siempre he sido, *229,1410*
i siempre es hermosa flor, *229,1680*
Veis mejor? Siempre fui vn linze. *229,3029*
Dèsta pues siempre abierta, siempre hiante *230,7*
Dèsta pues siempre abierta, siempre hiante *230,7*
I siempre armada boca, *230,8*
I del siempre agudo Scotho. *242,60*
Siempre sonante a aquel, cuia memoria *245,13*
Hierros se escuchan siempre, i llanto eterno, *253,11*
Las orejas siempre sordas *259,24*
Tu siempre affeccion deuota *259,42*
De cuias siempre fertiles espigas *261,143*
Argos es siempre attento a su semblante; *261,292*
Acis al siempre aiuno en penas graues: *261,326*
De el siempre en la montaña oppuesto pino *263,15*
Del mar siempre sonante, *263,53*
Triumphador siempre de zelosas lides, *263,157*
Las que siempre darà ceruleas señas), *263,363*
Siempre gloriosas, siempre tremolantes, *263,422*
Siempre gloriosas, siempre tremolantes, *263,422*
De vn Oceano i otro siempre vno, *263,474*
Pintadas siempre al fresco, *263,613*
De sus mexillas siempre vergonçosas, *263,790*
Siempre viuid Esposos. *263,896*
Dexe que vuestras cabras siempre errantes, *263,911*
Siempre murada, pero siempre abierta. *264,80*
Siempre murada, pero siempre abierta. *264,80*
Que, siempre hija bella *264,88*
En marmol engastada siempre vndoso, *264,368*
Sino algun siempre verde, siempre cano *264,460*
Sino algun siempre verde, siempre cano *264,460*
Las siempre desiguales *264,591*
Sediento siempre tiro *264,616*
Vezina luego, pero siempre incierta; *264,712*
Sin luz, no siempre ciega, *264,740*
Sin libertad no siempre apprisionada, *264,741*
No siempre el cauallo viejo *266,5*
Sino aquel siempre trauiesso *269,162*
Siempre es pobre el auariento. *269,285*
Fullero siempre doi cartas *269,493*

Ô léàl siempre Doctor! *269,1646*
Siempre a "meus, mea, meum". *269,1881*
En aquel marmol, Rei siempre glorioso; *271,2*
Plumas siempre gloriosas, no del aue *272,3*
Ocioso, mas la siempre orilla amena *289,7*
De tus ondas, ô Mar, siempre serenas. *290,11*
Brillante siempre luz de vn Sol eterno, *291,13*
Endeche el siempre amado esposo muerto *295,12*
Esotra naual siempre infestadora *298,40*
La esperança siempre viua *310,14*
Ô Virgen siempre, ô siempre gloríòsa *315,65*
Ô Virgen siempre, ô siempre gloríòsa *315,65*
Cinthia el siempre feliz thalamo honora, *318,130*
Vestida siempre de frondosas plantas, *318,178*
Siempre bella, florida siempre, el mundo *318,423*
Siempre bella, florida siempre, el mundo *318,423*
Siempre fragoso conuocò la trompa *318,471*
De este inquirida siempre i de aquel buco. *318,536*
Proxima siempre a la maior distancia, *318,547*
Belgico siempre titulo del Conde, *318,622*
Lirones siempre de Phebo, *322,257*
El siempre Araxes flechero, *322,475*
Trompa es siempre gloriosa de tu Hijo. *324,14*
Al que ha sido siempre Dios *331,64*
Vengatiuo como siempre, *333,74*
I esa no siempre desnuda, *334,23*
Hecho pedaços, pero siempre entero. *336,8*
Porque en la siempre súàue *348,31*
Garçon siempre bello, *349,5*
Siempre amantes, vençan siempre *353,45*
Siempre amantes, vençan siempre *353,45*
Pollo siempre, sin deber *355,38*
Minguilla la siempre bella, *357,1*
Siempre le pedi al Amor, *382,1*
Vida en que siempre se muera, *382,9*
Cena grande, siempre cena *388,5*
Al siempre culto Danteo, *389,33*
Gloria serà siempre vuestra, *390,9*
La oracion otra, siempre fiscal recto *404,30*
Que siempre en valde has leido *407,2*
Al siempre VRBANO santo, *421,27*
Con razon Vega por lo siempre llana: *431,4*
De la humida siempre delantera *449,10*
Siempre me he hecho entender, *482,6*
Siempre caminas quexoso; *497,26*
Siempre oluidado, nunca arrepentido; *499,18*
Con rostro siempre enxuto, las passiones *499,35*
Siendo *35*
Que muriò siendo immortal, *2,6*
De su entierro, siendo justo *27,34*
Siendo tuia la voz, i el canto de ella. *35,14*
Siendo en guerra vn fiero Marte, *61,50*
Pues siendo de tantos años, *87,11*
Seràs bendito, pues siendo *87,46*
Siendo nacido en las maluas *93,33*
I aduertid que siendo aquestos *96,141*
Que siendo viuo, le diò *105,80*
Siendo la piedra Phelixmena dura, *119,13*
Siendo como vn algodon, *126,40*

Signo *4*
Tanto, que besò algun signo *149,101*
Que el signo las babeò, *322,387*
A los parientes de el Signo *334,30*
Lunado signo su esplendor vistiendo, *391,10*
Signos *1*
Que entre los signos, ia que no en la gloria,
    68,10
Signum *1*
(Signum naufragij pium et crudele), *118,2*
Sigo *6*
"No huias, Nympha, pues que no te sigo. *25,36*
Despues que sigo (el pecho traspassado *52,5*
Io sigo trocha mejor, *229,994*
Isabela, io te sigo *229,3132*
Sigo vuestro parecer; *269,91*
En tanto que io sigo disfraçado *499,50*
Sigue *15*
Sigue con agradable mansedumbre *17,3*
I le sigue todo el pueblo, *49,74*
El la sigue, ambos calçados, *215,35*
no la sigue peregrino. *229,1001*
Delphin que sigue en agua corza en tierra!
    261,136
Que acero sigue, idolatra venera, *261,198*
Attento sigue aquella, *263,70*
I ciega vn rio sigue, que luciente, *263,198*
Sigue la femenil tropa commigo: *263,525*
Sigue la dulce esquadra montañesa *263,541*
Al viejo sigue, que prudente ordena *264,244*
Al hierro sigue que en la Phoca huie, *264,432*
Le sigue Minguilla, *350,22*
Sigue el impulso veloz *390,22*
No vn arbol os sigue o dos: *478,8*
Siguele *1*
Siguele; mostraràte el rostro amado *44,12*
Siguelo *1*
Siguelo, i en vez de quantas *333,49*
Siguen *7*
Siguen mas ojos que al clauel temprano, *24,6*
Tanto, que ia nos siguen los pastores *52,12*
Mis lagrimas, que siguen tu harmonia, *140,19*
La monteria siguen importuna, *165,11*
Tantos siguen al Principe gallardo, *279,28*
Grullas no siguen su coro *301,47*
De las Comedias, siguen su caudillo. *432,14*
Siguença *1*
La barba desde Siguença: *412,8*
Siguenla *1*
Siguenla los pastores *229,1059*
Sigues *3*
Mas fiera que las que sigues *48,18*
Que no alcanças lo que sigues, *115,37*
Por seguirte, pues me sigues. *269,1027*
Siguiendo *4*
Siguiendo las fieras, *79,68*
siguiendo mi desuario, *229,163*
I siguiendo al mas lento, *263,1045*
Que en sonoro metal le va siguiendo, *264,852*
Siguiendole *2*
El can sobra, siguiendole la flecha, *264,498*
Siguiendole su derrota, *499,145*
Siguiendoos *1*
Imitarà siguiendoos mi aluedrio, *379,6*
Siguiente *5*

Nueuas que el dia siguiente *96,91*
Con la inscripcion siguiente, *103,74*
luego otro siguiente dia, *229,1555*
I aun el siguiente Sol no vimos, quando
    264,507
Exercitados el siguiente dia. *318,632*
Siguientes *1*
Los siguientes almóàda. *148,48*
Siguio *1*
La siguio Nympha, i la alcançò madero. *25,60*
Siguiò *5*
I el medico la siguiò *161,82*
Galan siguiò valiente, fatigando *264,766*
Siguiò las ondas, no en la que exercitan *298,14*
Siguiò a la voz, mas sin dexar rompido *318,97*
Siguiò inundante el fructúòso estilo. *318,360*
Sil *2*
Ô Sil, tu cuios crystales *204,11*
Del Sil te vieron fatigar las fieras, *280,42*
Silbestre *1*
Arde algun silbestre Dios *179,27*
Silbo *2*
Porque vn silbo es necesario *334,85*
Del silbo, del caiado jesúita. *404,20*
Silbos *1*
I den en fiado silbos; *334,84*
Silencio *42*
Quedate aqui, Cancion, i pon silencio *25,61*
Le hurto todo el silencio *48,15*
Dando voces con silencio: *49,88*
Los portes en el silencio. *58,4*
Empeñada en el silencio. *58,64*
Ayuda con silencio la nobleza, *77,8*
Se dexo el silencio, *80,41*
Eres piedra en el silencio. *87,48*
I silencio se concluia *91,16*
I a la noche su silencio, *106,4*
Con silencio se mueuen, *114,2*
Que el silencio le beue *120,41*
Cueuas dò el silencio apenas *131,125*
Edificio al silencio dedicado, *194,2*
Con el silencio me escondes *229,1496*
Segun tu silencio es, *229,2119*
Duerme, i en silencio santo, *235,6*
No vengo a pedir silencio, *259,1*
Ocio attento, silencio dulce, en quanto *261,18*
El silencio del can siga i el sueño! *261,176*
Rhetorico silencio que no entiende: *261,260*
No ai silencio a que prompto no responda;
    263,674
El silencio, aunque breue, de el rúìdo; *263,688*
Con ceño dulce i con silencio afable, *263,725*
Con silencio siruieron. *264,348*
En la region del silencio. *268,32*
Pues Enrico... Ten silencio. *269,1726*
Por que el silencio alteras *281,9*
Que rompa el silencio mudo *300,34*
Quando al silencio metrico perdona *318,125*
Las velas que silencio diligente *318,387*
I en el silencio maior *331,9*
I del silencio que guardaua elado *339,3*
En silencio lo serè. *348,3*
Es el silencio la llaue. *348,35*
A silencio al fin no mudo *357,27*
Silencio en sus vocales tintas miente; *361,8*

El silencio en vn labio i otro bello, *366,6*
Quando el silencio tenia *374,5*
Quel recato aun al silencio *377,13*
Que a vna Deidad el silencio *377,35*
No coronò con mas silencio meta, *394,4*
Silencios *1*
De el Arno los silencios, nuestro Sando
    318,346
Sileno *1*
El Sileno buscaua *263,271*
Silicio *4*
Dèstas cerdas el silicio! *121,60*
Que rompiendole el silicio, *267,9*
Vestios, Tancredo, vn silicio. *269,884*
Soror don Iuan, aier silicio i xerga, *444,1*
Silicios *2*
Cuios silicios limando *275,101*
Sucediendo silicios a la gala, *404,27*
Silla *6*
Firme en la silla, attento en la carrera, *113,13*
Que el amo dexe la silla, *123,31*
Le derriban de la silla, *157,14*
Dèl Reino escudo, i silla de tu estado. *195,4*
silla ia de Reies, donde *229,529*
de la silla ha hecho cama. *229,1271*
Sillas *1*
Plaças de Audiencias, i sillas *63,119*
Silua *2*
Silua cada vez contento, *177,17*
El Zephiro no silua, o cruxe el Robre. *261,168*
Siluano *1*
Sus bellos miembros a Siluano astuto, *318,86*
Silue *1*
Sin pastor que los silue, los ganados *261,165*
Siluelas *1*
Siluelas desde allà vuestro apellido, *231,9*
Siluestre *1*
Soi nympha siluestre, i vos *269,1130*
Siluia *1*
Con su hermosa Siluia, Sol luciente *146,7*
Siluio *3*
El don Siluio es tan galano, *499,228*
Que si te da Siluio el suio, *499,237*
Es lleuarte a Siluio luego, *499,292*
Siluo *8*
Mas con el siluo que con el caiado *180,3*
I mas que con el siluo con la vida; *180,4*
Tal, que con siluo subtil *226,90*
La sal que busca, el siluo que no goza; *231,8*
Que vn siluo junta i vn peñasco sella. *261,48*
Mas que el siluo al ganado. *263,105*
Con siluo igual, dos vezes diez saetas.
    263,1040
Que el siluo oiò de su glorioso tio, *318,51*
Siluò *1*
Siluò el aire, i la voz de algun desseo, *137,12*
Siluos *4*
Reuoca, Amor, los siluos, o a su dueño *261,175*
Quantos siluos, quantas voces *268,1*
Quien se niega a siluos tiernos. *268,28*
Quantos siluos, quantas voces *352,1*
Simancas *2*
Hasta Simancas, que le dà su puente: *140,6*
Llegados a la puente de Simancas, *151,9*
Simbolo *2*

El simbolo si de paz, *307,12*
Iris sancta, que el simbolo ceñida *318,613*
Simeon *2*
SIMEON Phenix arde i Cisne muere. *296,7*
De Simeon oi la aguarda, *310,15*
Simetis *1*
En Simetis, hermosa Nimpha, auido; *261,195*
Simil *2*
Que tan simil tuio es? Si, *229,872*
Voraz simil cada qual *329,6*
Simon *1*
Pero despues que Simon *157,5*
Simple *5*
Simple bondad, al pio ruego *131,55*
Dulce, pero simple gente, *148,35*
Hilò su carcel la simple *227,11*
A la simple mariposa. *239,20*
Beneficio tan simple, que sea bobo. *379,14*
Simples *3*
Si ia no es que de las simples aues *203,22*
Qual simples codornices al reclamo *263,587*
I simples hablen tantos como gasta. *313,53*
Simplicissima *1*
Simplicissima. Eso no. *269,1186*
Sincel *4*
Sincel hecho de artifice elegante, *312,2*
Sincel de Lisippo, tanto *322,395*
Piedra animada de sincel valiente, *368,22*
Obedecen al sincel. *378,12*
Sincera *3*
Que por persona sincera. *187,10*
Viste, sincera i pura, *229,1043*
Es mi voluntad sincera. *229,1151*
Sinceridad *1*
Que la sinceridad burla villana *263,120*
Sine *1*
De febribus sine spe, *269,1908*
Singular *6*
De aquel Phenix singular, *121,95*
Porque la mas singular *269,218*
Ni amor que de singular *378,39*
I tan singular, *388,10*
I tan singular, *388,22*
I tan singular, *388,34*
Singulares *1*
I de gracias singulares. *61,36*
Singularidades *4*
dexa singularidades. *229,965*
dexa singularidades. *229,989*
dexa singularidades. *229,1005*
dexa singularidades. *229,1395*
Siniestra *1*
I con siniestra voz conuoca quanta *264,883*
Siniestro *1*
I vn fuerte estoque a su siniestro lado *499,98*
Sinrazon *1*
Tanta sinrazon, *80,28*
Sinrazones *1*
Las sinrazones dèl Rei *49,83*
Sintiendo *4*
Sintiendo la falta, *11,20*
Sintiendo lo que dezia, *269,1544*
Sintiendo los deliquios ella, luego, *313,17*
Sintiendo el dichoso pie, *355,92*
Sintiendome *1*

En sintiendome agrauiado, *37,34*
Sintiera *1*
Sintiera vuestros trabajos. *96,100*
Sintiò *2*
Bullir sintiò del arroiuelo apenas, *261,218*
Tu fin sintiò doliente. *280,13*
Sintiòlo *1*
Sintiòlo el, que desde vn alto risco, *467,10*
Sinúòsa *1*
Mucha le esconde sinúòsa bela, *318,586*
Sion *2*
I aqueste verà Sion *321,25*
Los muros de Sion; mas alternando *421,48*
Siqueo *1*
Que a tu Siqueo en vida disfamaras. *460,8*
Siquiera *2*
A que siquiera me mires. *48,48*
Siquiera para dexar *409,9*
Sirbe *1*
Le sirbe en fuente de plata *226,7*
Sirbes *1*
Dejar (pues de ello te sirbes) *48,58*
Sirena *2*
La adulacion, Sirena *263,125*
I seras sepulchro de otra sirena. *345,10*
Sirenas *3*
Sirenas de los montes su concento *263,550*
No ia ligado al arbol, las Sirenas *317,7*
No las Sirenas del mundo, *498,13*
Sirte *1*
Que escollo es, quando no Sirte de arenas,
196,7
Sirua *2*
Sirua de tilde la insignia *242,103*
Tener familia que no sirua i coma... *463,12*
Siruais *1*
Para que siruais la copa *334,29*
Siruale *1*
Mate, i siruale de bula *105,108*
Siruan *2*
Se le siruan en gigote. *107,80*
Passais por tal que siruan los balcones, *153,12*
Siruas *1*
siruas, si obligado te han *229,3052*
Siruate *1*
Mas siruate de auiso *25,55*
Sirue *8*
Sirue a doña Blanca Orliens, *73,81*
Todo sirue a los amantes, *131,109*
Que el vaso de oro en que os sirue *227,21*
Sirue a Octauio de caxero, *229,266*
que el que sirue siempre es mozo, *229,1008*
No sirue al Rei, ni armas trata, *269,1505*
Donde en poco pan se sirue *388,7*
Sirue el que en lo que promete *417,2*
Siruele *1*
Siruele el huerto con la pera gruessa, *203,115*
Siruen *4*
De que nos siruen, amiga, *27,117*
Donde siruen la Quaresma *27,129*
Las açucenas la siruen *217,61*
Que siruen su persona *229,41*
Sirues *3*
Que te sirues como grande *26,107*
que le sirues de criado *229,2290*

i me sirues de adalid, *229,2291*
Siruete *2*
—Siruete con algun tres? *124,31*
No vale, siruete dèlla; *269,1059*
Siruiendo *2*
Les va siruiendo de Norte. *131,64*
siruiendo en su casa propria, *229,773*
Siruiendole *1*
Siruiendole de tumulo *1,38*
Siruiendoles *1*
Siruiendoles esta vez *217,22*
Siruiendote *2*
Siruiendote la copa aun oi estä. *327,4*
Siruiendote desta mia *499,225*
Siruiera *1*
Que siruiera mejor ocho *83,10*
Siruieron *2*
Les siruieron, i en oro no luciente, *263,867*
Con silencio siruieron. *264,348*
Siruiò *6*
Si no de tumba os siruiò! *161,128*
Luciente nacar te siruiò no poca *264,446*
A donde el nectar se siruiò en crystales;
269,1240
Flores os siruiò la nieue, *304,10*
La puso casa, i la siruiò dos años. *447,8*
I antes siruiò de reboluer humores. *475,11*
Siruo *4*
"Siruo, les dijo, a vn Ratiño, *96,21*
Como vn esclauo le siruo, *96,25*
"Siruo, les dize, a vn pelon, *96,53*
"No siruo, dixo, a pelones, *96,137*
Sisifo *1*
Es Sisifo en la cuesta, si en la cumbre *263,168*
Sison *1*
Page o paxaro sison *269,667*
Sissa *1*
Le impone sissa maior *269,662*
Sitíàdo *1*
Por hambre expulso como sitíàdo. *396,4*
Sitial *1*
Desde el sitial la Reina, esclarecido *315,49*
Sitîàl *4*
A vn fresco sitîàl dosel vmbroso, *261,310*
Del sitîàl a tu Deidad deuido, *262,25*
De sitîàl crystalino *283,7*
Del sitîàl despues al cadahalso *363,12*
Sitio *8*
Quando en el sitio de Chypre, *74,73*
De sitio mejorada, attenta mira, *261,273*
No el sitio, no, fragoso, *263,303*
De el sitio pisa ameno *263,596*
El apazible sitio; espacio breue *263,625*
Este sitio las bellas seis hermanas *264,337*
Hurtan poco sitio al mar, *285,3*
Este ameno sitio breue, *285,17*
Smarrite *1*
Racoglio le smarrite pecorele *118,7*
So *1*
So pena de mi merced. *269,941*
Sò *1*
Que negra sò, ma hermosa. *308,34*
Sobarcada *1*
Abraçòle sobarcada, *322,149*
Soberana *7*

Tales de mi pastora soberana *18,5*
La estrangera soberana *121,111*
Soberana beldad, valor diuino, *162,6*
De beldad soberana i peregrina! *171,11*
A vna Nympha soberana, *177,2*
Con vna i otra Musa soberana; *256,5*
La perla Boréàl fue soberana *318,314*
Soberanas *1*
De tus manos soberanas, *499,271*
Soberano *23*
Que al soberano Tapia *1,47*
Retrato pues soberano, *28,73*
Pues eres vno ia dèl soberano *77,41*
Quando de vuestro dueño soberano, *99,12*
El Pan que veis soberano, *209,1*
El pan que veis soberano, *209,16*
El pan que veis soberano, *209,31*
Gloria maior de el soberano choro. *263,809*
De esclarecido i aun de soberano *264,821*
I el idolo soberano, *269,301*
Quando admitiò a dùelo soberano *269,1228*
El nectar soberano *280,58*
Que el don satisficieron soberano, *315,58*
Tu dictamen, Eutherpe, soberano, *318,2*
Alas batiendo luego, al soberano *318,205*
El peso de ambos mundos soberano, *318,250*
El soberano cantor, *331,35*
Secreto tan soberano *348,23*
La leue da al Zaphiro soberano! *393,14*
Que piedra se le opuso al soberano *400,9*
No esplendor soberano, *415,11*
Ô Enrique, ô del soberano *487,5*
Aquel Dios soi del Coro soberano *499,4*
Soberanos *3*
Pues ia que tus soberanos *239,26*
Aurora de sus ojos soberanos, *263,782*
Soberanos fauores! *269,1245*
Soberbia *1*
Humedas crestas tu soberbia frente, *71,6*
Soberbias *3*
Coronadas i soberbias, *38,16*
Soberbias armas empuñe *110,51*
Soberbias velas alça: mal nauega. *458,7*
Soberbio *3*
Soberbio techo, cuias cimbrias de oro *13,9*
Tuerces soberbio, raudo i espumoso, *22,8*
Soberbio correis; mi pluma *334,5*
Soberbios *1*
Los soberbios omenages, *63,18*
Soberuia *5*
Preciaste de tan soberuia *48,25*
No a la soberuia està aqui la mentira *263,129*
Lo que el pauon de soberuia. *275,52*
Mansa i humilde, de soberuia i braua. *499,48*
Soberuia caça se nos adereça; *499,108*
Soberuio *4*
I al Samorin soberuio i pusilanimo *1,19*
Al soberuio Aquilon con fuerça fiera *25,3*
El soberuio estandarte *72,63*
Que soberuio està vn rogado! *229,2700*
Soberuios *1*
A quien se abaten ocho o diez soberuios
    263,987
Sobra *12*
Sobra la mitad. *4,58*

Lo que a ella le sobra, *25,32*
Io os hago a vos mucha sobra *64,35*
Quando sobra quien le quadre, *102,18*
qualquier experiencia sobra. *229,797*
no sobra en la plateria, *229,967*
Le sobra mas del gusano *258,9*
El can sobra, siguiendole la flecha, *264,498*
Lo que le sobra de rico; *269,1625*
Sobra el Can, que ocioso iace *302,17*
Sobra el que se me dio hauito vn dia: *398,6*
La raçon les sobra, *422,10*
Sobrado *1*
En numero de todo tan sobrado, *72,24*
Sobran *2*
Como sobran tan doctos Hespañoles, *233,5*
O razon falta donde sobran años". *263,530*
Sobrarà *1*
no sobrarà mi porfia *229,968*
Sobraron *1*
Antes sobraron aquellos. *269,1367*
Sobremanera *1*
I galan viene, a fe, sobremanera. *499,93*
Sobresalto *3*
Cuyo sobresalto, al pie *226,46*
El sobresalto, Doctor, *269,550*
Sobresalto fue machucho, *322,336*
Sobresaltòla *1*
Sobresaltòla en el punto *97,21*
Sobrina *2*
Leccion de sobrina; *65,172*
Vuestra sobrina, cara de contera, *448,7*
Sobrinilla *1*
Con la sobrinilla loca, *269,148*
Sobrino *6*
— Sobrino, i quantos fuistes a Alfarache?
    183,3
El sobrino del Alcalde. *216,8*
Terror, de tu sobrino ingeníòso, *264,788*
Està acà el Doctor? Sobrino? *269,1466*
Tisberto, sobrino mio, *269,1494*
Sobrino te hizo suio, de vna hermana *421,66*
Sobrò *1*
Io os vi tan vno, que os sobrò vna vida, *470,3*
Socarron *5*
I el socarron otro dia *73,113*
Que socarron tan crúèl *269,950*
Vos socarron, el cumplido, *269,1666*
Que socarron se las niega *322,367*
Miguel a lo socarron, *419,39*
Socorra *1*
Socorra con su dinero, *6,110*
Socorre *1*
Quando el cielo la socorre *131,46*
Socorred *1*
"Socorred, señora, *50,99*
Socorriò *1*
Socorriò el vecino *50,103*
Socorriste *1*
Socorriste luego, *50,102*
Soezes *1*
I en delictos tan soezes, *477,31*
Sofrenada *1*
I fue tal la sofrenada, *149,103*
Sofrenò *1*
Sofrenò el sol sus caballos *149,99*

Soga *3*
con la soga, que no es flaca, *229,2572*
I para vos fuera soga, *269,1971*
Soga de gozques contra forastero, *293,4*
Soi *121*
Que io soi nacido en el Potro. *55,7*
Que io soi nacido en el Potro. *55,14*
Que io soi nacido en el Potro. *55,21*
Que io soi nacido en el Potro. *55,28*
Que io soi nacido en el Potro. *55,35*
Que io soi nacido en el Potro. *55,42*
Que io soi nacido en el Potro. *55,49*
Soi desgraciada, *56,2*
Soi desgraciada, *56,15*
Soi desgraciada, *56,28*
Soi desgraciada, *56,41*
Soi desgraciada, *56,54*
Soi desgraciada, *56,67*
Soi desgraciada, *56,80*
Por quien soi i por quien eres. *57,40*
Pues no soi tu mora io, *62,55*
"Io soi de Sancto Domingo, *74,57*
Io soi aquel gentil hombre, *82,5*
Aunque ogaño soi vn bobo; *83,2*
Si ia tu aljaua no soi, *90,27*
Que soi algun passadizo *96,119*
De suerte que ia soi otro segundo *101,7*
Memoria soi de vn Sol *103,81*
Que ni io soi boticario *107,7*
— Cauallero soi, señora, *111,3*
Nieto soi de quatro grandes *111,5*
Que verde soi de linage! *111,17*
Soi vn Cid en quitar capas, *111,49*
De rios soi el Duero acompañado *134,1*
I oi lo soi en el boluer. *147,4*
Soi fîàdor de mi pluma *158,19*
Sobre Medico que soi, *161,150*
No solo tu pastor soi, *212,3*
No solo tu pastor soi, *212,13*
No solo tu pastor soi, *212,23*
Tal soi io, que se me niega *229,222*
Soi Medusa, que conuierte *229,1140*
De cera soi. Tu de cera? *229,1148*
Soi io la que las oì? *229,1158*
porque io Astrologo soi. *229,1169*
Io, al fin, soi page de espada. *229,1210*
Io sin fin doncella soi. *229,1211*
Io soi de ello buen testigo. *229,1294*
tal quiero ser, i tal soi. *229,1411*
no solo el organo soi, *229,1434*
o io Marcelo no soi. *229,1553*
Io soi Donato Guillen, *229,2064*
gauacho soi, pero honrado. *229,2071*
Io, señora, no soi digno; *229,2135*
que vn pobre gusano soi. *229,2136*
porque, sabiendo quien soi, *229,2312*
Tuia soi, tuia he de ser". *229,2386*
Pues io, Tadeo, soi Iudas *229,2642*
Tan loca soi? Tan cuerdo eres, *229,2653*
Tan hija soi de Ethiopia *229,2656*
mi verdad de quien soi io. *229,2663*
Columna de marmol soi. *229,2706*
no vees que no soi tu igual? *229,2710*
me manda. Soi niña? Es coco? *229,2741*
porque no soi lo que muestro, *229,2819*

que soi, i no soi, esposo *229,2822*
que soi, i no soi, esposo *229,2822*
Io soi Lelio. Haceisme tiros? *229,2956*
No soi Lelio? Lelio tu? *229,3004*
aunque soi viejo i es tarde, *229,3069*
Hijo mio, quien soi io? *229,3210*
Tan buena soi como ella, *229,3323*
soi tu amo Emilio io. *229,3360*
Iuraràs tu que lo soi? *229,3363*
Quien soi io? Digalo èl, *229,3372*
Soi Emilio? En dos palabras *229,3374*
Libia soi la Granadina. *229,3426*
Basta, que ia soi farsante. *229,3451*
"Pater noster, io soi pollo *242,36*
Ia que lo soi de la haz, *242,41*
Soi coronista ciuil. *243,32*
Pastor soi; mas tan rico de ganados, *261,385*
De el Iuppiter soi hijo de las ondas, *261,401*
Don Iuan soi del Castillejo *266,1*
De amigos, qual io lo soi, *269,62*
Que de luz cofrade soi, *269,94*
O io Carlino no soi, *269,367*
Mas oie antes quien soi, sagrada sciencia, *269,403*
Vn pobre Aragones soi, *269,405*
Soi vn Galeno Andaluz. *269,424*
Soi vn Mico de Tolù, *269,434*
Portundo soi en el mar, *269,437*
Soi Medico de orozuz: *269,456*
Soi io triste el arcaduz, *269,514*
No soi, puedo lo dezir, *269,845*
No serà a fe de quien soi. *269,937*
Que esclaua soi bien segura, *269,1092*
I amante no soi mui loca. *269,1093*
Soi nympha siluestre, i vos *269,1130*
Pues, aunque pauon no soi, *269,1151*
Soi mariposa que buela *269,1183*
Tisberto, amigo, soi io *269,1346*
Si soi; i rendida està *269,1348*
Porque io no soi halcon *269,1832*
Que soi amigo de lei. *269,1873*
Que soi en nuestra edad io *269,1905*
Madre, sin ser monja, soi ia descalça, *345,5*
Quien dicen que soi? *356,34*
Quien dicen que soi? *356,37*
Quien dicen que soi? *356,54*
Quien dicen que soi? *356,71*
I sombra mia aun no soi. *375,4*
I sombra mia aun no soi. *375,14*
I sombra mia aun no soi. *375,24*
I sombra mia aun no soi. *375,34*
I sombra mia aun no soi. *375,44*
I sombra mia aun no soi. *375,54*
Io soi de parecer, Anteon mio, *462,9*
Don Pasqual soi, que ia muero *484,5*
Ia que no soi Juan de Mena. *490,30*
Si el mismo que desnudo soi vestido, *499,3*
Aquel Dios soi del Coro soberano *499,4*
Que me estrañais? Alado soi i ciego, *499,13*
I al fin dar a entender que soi Cupido, *499,58*
Quan grande maestra soi *499,211*
Como soi la que interesa, *499,301*
Sois *39*
Pues sois tela dò justan mis engaños *21,3*
Aunque ahora no sois caña". *29,50*

Quered quando sois queridas, *29,57*
Amad quando sois amadas; *29,58*
— A Dios, tela, que sois mui maldiciente, *70,13*
Llamado sois con razon *89,17*
Almenas que a las torres sois corona; *99,11*
Vos sois Valladolid? Vos sois el valle *153,1*
Vos sois Valladolid? Vos sois el valle *153,1*
A rosa oleis, i sois de Alexandria, *153,3*
Valladolid, de lagrimas sois valle, *154,1*
Todo sois Condes, no sin nuestro daño; *154,9*
O sois jùez agrauiado *161,137*
O sois priuado de quien *161,141*
Aunque todo pulpa sois. *161,148*
Por la luz, de que no me sois auaro, *164,4*
Sois, pues dizen mas de dos *176,16*
O sois espejos quebrados, *186,3*
(Lisongeros? Mal dixe, que sois claros), *203,5*
Pues sois Estrella dèl Mar, *206,5*
No sois vos el que en Granada *229,3110*
Porque no sois vos aquel *229,3116*
Farol luciente sois, que solicita *247,9*
I si vos sois buen testigo *269,51*
Necia sois maior de marca *269,1070*
No sois sino quien recelo, *269,1138*
Tal sois, señora muger? *269,1150*
Gran pagador sois. Tancredo, *269,1391*
Valgame Dios! Lindo sois *269,1941*
Los que en Romance ha tanto que sois Duces. *277,4*
Duque sois de los arroios *334,3*
Que de la piedra sois hijo, *334,14*
Enano sois de vna puente *334,17*
Señor, pues sois mi remedio, *385,1*
Reina de las aues sois, *390,6*
Sois tan roma, que colijo, *411,5*
Sois Frexno al fin, cuia admirable sombra *424,9*
No sois, aunque en edad de quatro sietes, *448,1*
Dad gracias al Amor, que sois tercera *448,3*
Sojuzgais *1*
Muro que sojuzgais el verde llano, *99,9*
Sol *213*
Los raios le quenta al Sol *3,1*
Que el Sol que sale en Oriente *3,15*
Por solo un cabello el Sol *3,19*
Al sol bambolea *8,24*
Al claro Sol, en quanto en torno gyra, *13,10*
Tras la bermeja Aurora el Sol dorado *14,1*
Al tramontar del Sol la Nimpha mia, *15,1*
Raya, dorado Sol, orna i colora *17,1*
Estaba, ô claro Sol inuidîoso, *20,9*
Oro bruñido al Sol relumbra en vano, *24,2*
Purpureo el Sol, i aunque con lengua muda *31,3*
Que a saludar al Sol a otros conuidan, *31,11*
Que no fuera figura al sol de cera, *34,12*
Assi del Sol Estiuo al raio ardiente *46,5*
Salia vn sol por su frente, *57,58*
De aquel Sol de Capitanes, *63,126*
Ô Catholico Sol de los BAÇANES, *66,2*
I como al Sol las nieblas, se resueluan; *72,13*
Lo que el Sol de las estrellas. *73,120*
Bien nacido como el Sol, *74,61*
El sol a raiar las cumbres, *75,74*

Los tuios, Sol; de vn templo son faroles, *76,6*
Ô catholico Sol de Vice-Godos, *77,49*
En lo que alumbra el Sol, la noche ciega, *77,71*
Lo que contra el rubio sol *78,91*
Entre el Sol ardiente *79,47*
I la dexa el Sol, *80,12*
Hallò el Sol, vna mañana *88,5*
Que miden el Sol por quartos, *89,39*
Donde el Sol es mas escaso, *96,66*
Saliò el Sol, i entre armiños escondida. *100,9*
Donde el Sol vno a vno *103,67*
Memoria soi de vn Sol *103,81*
Si de el carro del Sol no es mal gouierno, *109,13*
Nos parta el Sol de la tarde, *110,56*
Las redes al sol tendia *115,21*
Sol es de Villahermosa, *121,83*
Dèste Sol Aragones, *121,86*
Prestarà raios al Sol, *121,148*
Con dos puñados de sol *122,39*
Los raios dèl Sol perdonen. *131,44*
Que el Sol dexa su orizonte, *131,62*
Vna sol i otra clauel, *132,14*
Al raio del Sol caduca, *133,17*
Señas obscuras pues, i a el Sol corona. *136,11*
Que ia como Sol tienes bien nacido. *139,8*
Diuidido he visto el Sol *143,3*
Luz da al Sol, oro a la Arabia, *144,20*
Pide al Sol los ojos *144,59*
Los ojos del Sol *144,61*
Temida, i donde el Sol la arena abrasa, *145,13*
Con su hermosa Siluia, Sol luciente *146,7*
Que da el sol hiriendo al nacar *148,16*
A vn tiempo dejaua el Sol *149,1*
Sofrenò el sol sus caballos *149,99*
I los raios al Sol en los jaezes, *155,11*
De vn Sol luciente ahora, *156,17*
Perlas que desate el Sol, *161,8*
Saliò el Sol, i hallò al machuelo, *161,21*
Hecho vn Sol i hecho vn Maio, *161,53*
Que en sus ojos dèl sol los raios veemos, *165,13*
Carros de vn Sol en dos ojos suaues. *166,18*
Si a vn Sol los caracoles *166,25*
Emulo ia dèl Sol, quanto el mar baña; *171,6*
Al Sol peinaua Clori sus cabellos *174,1*
Como se obscurecia el Sol en ellos. *174,4*
Delante quien el Sol es vna estrella, *174,7*
(Sol de todo su orizonte), *178,17*
Los escollos, el Sol los muros raia. *185,2*
Porque al Sol le està mal *193,25*
Hijos del Sol, nos da la Primauera, *198,2*
Al sol o a sus ojos bellos. *215,24*
Gloria dèl Sol, lisonja fue dèl viento. *221,4*
Pide al Sol, ya que no paz, *226,10*
A tomar el Sol, que ogaño *227,3*
Se vsa tomar hasta el Sol, *227,4*
Negòme el Sol? Turbòse el ayre claro? *229,27*
El vn sol, ella vna Luna, *229,678*
Ô de el Sol de la prudencia *229,894*
Al Sol le hurtan la Noruega fria, *229,1027*
Cera, que de el Sol en breve *229,1152*
que al Sol le haces cosquillas *229,1164*
Caduca al Sol, i con la sombra pierde. *229,1531*

Faltanle raios al Sol, *229,1725*
Que al Sol niegan los atomos subtiles? *229,2197*
I temiendo despues al Sol el Tajo, *229,2216*
aunque a los raios de el Sol, *229,2300*
Treinta dias ha que el Sol *229,2402*
mira al Sol en su Cenith *229,2427*
de su vista con el Sol, *229,2436*
Nitefriston, ponte al sol, *229,2490*
si el Sol abrasa la arena, *229,2668*
La tumba vee del Sol, señas de España, *230,16*
No des mas cera al Sol, que es boberia, *234,9*
Que al templo ofreces del Sol *236,3*
Saludare al Sol en ellos. *239,10*
Que a los cauallos del Sol *241,9*
Del sol de Austria, i la concha de BAVIERA, *245,10*
Renace a nueuo Sol en nueuo Oriente. *247,14*
Con raios dulces mil de Sol templado *252,12*
De vn Sol antes caduco que luciente. *260,8*
Hurta vn laurel su tronco al Sol ardiente, *261,178*
Salamandria del Sol, vestido estrellas, *261,185*
De el casi tramontado Sol aspira, *261,277*
I en ruecas de oro raios de el Sol hilan. *261,400*
Mirème, i luçir vi vn sol en mi frente, *261,421*
I el Sol todos los raios de su pelo) *263,4*
I al Sol le estiende luego, *263,37*
Del Alua al Sol, que el pauellon de espuma *263,179*
Confunde el Sol i la distancia niega. *263,196*
Si Aurora no con raios, Sol con flores. *263,250*
Domestico es del Sol nuncio canoro, *263,294*
I antes que el Sol enjuga *263,323*
(Que beuerse no pudo el Sol ardiente *263,362*
El Sol, que cada dia *263,407*
Besando las que al Sol el Occidente *263,416*
Sombra del Sol i tossigo del viento, *263,420*
Al Sol calmas vencidas i naufragios, *263,456*
Del Sol, este elemento *263,469*
En que a pesar del Sol, quajada nieue, *263,626*
Lo que al Sol para el lobrego Occidente, *263,632*
Que abreuâra el Sol en vna estrella, *263,665*
Cuias luzes, de el Sol competidoras, *263,682*
Recordò al Sol, no de su espuma cana, *263,705*
Este pues Sol que a oluido le condena, *263,737*
Matutinos de el Sol raios vestida, *263,949*
El Sol, quando arrogante jouen llama *263,982*
Los escollos el Sol raiaua, quando *264,33*
A quien hilos el Sol tributò ciento *264,67*
Donde el Sol nace o donde muere el dia. *264,150*
Al Sol, en seis luzeros diuidido; *264,241*
I aun el siguiente Sol no vimos, quando *264,507*
Que al tramontar del Sol mal solicita *264,603*
El Sol trenças desata *264,702*
Con su numero el Sol. En sombra tanta *264,886*
Los cuernos el Sol la dora, *268,65*
Sino con Sol, el sol de tu hermosura! *269,1269*
Sino con Sol, el sol de tu hermosura! *269,1269*
Que se va poniendo el Sol. *269,1707*

Virgen pura, si el Sol, Luna i Estrellas? *270,14*
Saludo tu Sol corneja; *275,90*
Tu Sol, que Alua tyraniza *275,91*
Quan mal de mi Sol las fia! *284,4*
Quan mal de mi Sol las fia! *284,16*
Que el Sol en su maior fuerça *286,3*
No puede offender al Sol. *286,4*
Sol de Vcles i de Cupido *286,19*
Raia el Sol que no se vee, *287,42*
Le cantan el Sol que fa, *288,12*
Maiores el Sol hacia *288,49*
Brillante siempre luz de vn Sol eterno, *291,13*
Entra al Sol oi celestial *296,3*
Ara del Sol edades ciento, ahora *298,31*
Templo de quien el Sol aun no es estrella, *298,32*
Del SOL que nos ha de dar, *300,13*
De mucho Sol vn portal, *304,12*
Del Sol os niega la luz, *304,22*
Lo dize el Sol, que es su manto, *307,8*
Mucho Sol con mucha raia. *308,6*
Nocturno Sol en carro no dorado, *315,10*
Aguila pues al Sol que le corona, *315,37*
A quantos dora el Sol, a quantos baña *316,11*
Isabel nos le dio, que al Sol perdona *318,35*
Cantando las que inuidia el Sol estrellas, *318,127*
De el chelidro, que mas el Sol calienta, *318,154*
En grana, en oro, el Alua, el Sol vestidos. *318,312*
Las que a pesar del Sol ostentò estrellas, *318,478*
Raios dorando el Sol en los doseles, *318,498*
Que al hijo fueron del Sol, *319,2*
Mas con los raios del Sol *320,3*
Entre las hondas de vn Sol *322,47*
Con los suspiros de vn sol *322,247*
Peinalle raios al sol, *331,51*
O que las abrase el Sol? *332,8*
Tantas al sol, quantas vezes *333,10*
Con media luna vee vn Sol *333,69*
Del Sol de las Españas, que en dorado *335,2*
El sol casi los terminos del dia. *339,8*
Peinaua al Sol Belisa sus cabellos *340,1*
Como se escurecia el sol en ellos. *340,4*
De aquel Sol que adora, *349,4*
Que vn Sol con dos soles viene. *349,16*
Que vn Sol con dos soles viene. *349,24*
Que vn Sol con dos soles viene. *349,32*
Raios del Sol guarda ella, *353,11*
Segundas vidas al sol, *355,39*
La hermana de el Sol? *356,36*
La hermana de el Sol, *356,40*
La hermana de el Sol, *356,57*
La hermana de el Sol, *356,74*
De tan bello sol Coloso. *357,40*
Porque es breue aun del Sol la monarchia. *368,48*
Terminos concede el sol *375,46*
Dos bellas copias del sol; *377,18*
Mirares al Sol, i quien *378,46*
Arbol culto, del Sol iace abrasado, *380,10*
Por todo lo que el Sol mira, *388,2*
Vuestras plumas viste el sol: *390,4*
Llorò su muerte el Sol, i del segundo *391,9*

Cada Sol repetido es vn cometa. *394,8*
Pisa el sol, lamen ambos Occéânos, *398,11*
Ni a raio el Sol perdonò, *401,1*
Al Sol que admirarà la edad futura, *403,3*
Es mui del Sol quando nace. *414,4*
Que el Sol en el Toro hace, *414,28*
Que al Sol fatiga tanto *421,25*
Que al rubio sol la pluma humedecida *455,3*
El aue viste, que es de el sol tropheo. *457,4*
La claridad de el sol en dos luzeros. *461,4*
En preuenir al sol tomò licencia; *467,9*
Sol de las flores allà que le incita. *467,11*
Palido sol en cielo encapotado, *476,1*
Desde do nace el Sol a donde muere, *499,38*

Sola *13*
Oy vîûda i sola, *4,3*
Quando sola te imagines, *59,57*
Quedò la Corte tan sola, *73,53*
si no te hurto vna sola; *229,129*
Para ti sola pedia *229,1579*
En segundo baxel se engolfò sola. *264,452*
Defensa ai sola vna *345,26*
No para vna aueja sola *378,25*
No por vuestra beldad sola *390,5*
Ahora que estoi sola. *419,18*
Su persona sola. *422,8*
Pues no es razon que sola ella se cuente, *499,34*
En sola su confusa monteria *499,84*

Solamente *6*
De donde tan solamente *9,37*
Nosotros dos solamente *229,2830*
solamente se le diera. *229,3315*
Permitiò solamente *264,43*
Solamente oi se professa *269,7*
Que las gracias solamente *376,7*

Solapo *1*
Que mi negocio es solapo, *269,451*

Solar *3*
Vn hidalgo de solar. *122,6*
Tienen solar conocido. *167,30*
A cien passos el solar. *288,48*

Solares *2*
Por dò los raios Solares *63,74*
Tantos solares anuncios. *322,144*

Solas *9*
"Dexadme triste a solas *9,39*
Dexadme triste a solas *9,49*
Dexadme triste a solas *9,59*
Que de tus rûinas solas *63,11*
Por hacelle, pues, a solas *88,37*
Dexase a solas passar *105,49*
Si el que se las deja solas *149,26*
no por sus riquezas solas, *229,735*
Ô, a quantas quillas tus arenas solas, *318,379*

Soldado *11*
Que el mochilero o soldado *6,91*
— Dios la tenga de vos, señor soldado. *70,2*
Soldado por cien mil partes, *74,3*
A celestial soldado illustre trompa. *77,47*
Si es vandera o si es soldado, *93,46*
Repite el otro soldado *122,41*
Oiò su trompa el soldado, *161,67*
Echandose a dormir; otro soldado, *278,10*
Vn tan baliente soldado? *423,20*

— Que quieren ser? — Vergüença de vn soldado, *439,5*

Oi galan? Aier dueña i oi soldado? *444,3*

Soldados *5*

De los Soldados escudo, *61,15*

De vnos soldados fiambres, *91,27*

Victoríôsos duermen los soldados, *180,10*

— Treinta soldados en tres mil galeras. *183,4*

A ellos, dice, soldados; *354,23*

Soledad *11*

Tanta soledad, *4,56*

En soledad i quexas. *129,3*

Ô Soledad, de la quietud Diuina *203,79*

En soledad confusa, *262,3*

Entraos en la soledad. *269,90*

La soledad que me haze, *269,1064*

Amiga Soledad, el pie sagrado, *295,2*

Tiene la soledad como el desierto. *295,14*

Aun induze soledad. *358,8*

Saliò en Madrid la Soledad, i luego *434,3*

A vna opaca Soledad *483,9*

Soledades *1*

En estas apazibles soledades, *134,2*

Solemniza *1*

Los fuegos pues el jouen solemniza, *263,652*

Solene *3*

Por fiesta harto solene *269,659*

O casúàl concurso mas solene, *318,466*

Hiço el caso mas solene, *349,31*

Solenes *1*

Traen penachos tan solenes, *269,333*

Soleniza *1*

Ai, que de ello soleniza *229,2760*

Solenne *1*

En tu solenne fiesta *77,33*

Solenniza *1*

Ô huesped, solenniza, *368,38*

Soles *30*

El mercader nueuos soles; *7,25*

Phebo os teme por mas lucientes Soles, *76,3*

De NISE en los Soles bellos: *116,29*

I vna ciega con dos Soles. *131,68*

Cupido con dos Soles, que hermoso *145,7*

O ia de los dos Soles desatada, *146,13*

De los dos Soles que el pincel mas raro *164,5*

Que mal serà con dos Soles obscura. *164,14*

A estos Diuinos Soles *166,27*

Son Auroras de sus Soles; *179,12*

A los Soles que adoro. *214,7*

A los Soles que adoro. *214,20*

A los Soles que adoro. *214,33*

i al cielo sus ojos soles. *229,515*

Que ha resistido a grandes, digo Soles. *233,8*

Por no abrasar con tres Soles el dia. *261,184*

Torrida la Noruega con dos Soles, *263,784*

Quando de tus dos Soles *264,560*

Que siendo soles tus ojos, *269,535*

Que humedezcas mas tus soles. *269,1061*

Ia que no sus soles vista; *307,24*

Bolsa, de quatro mil soles esphera. *313,29*

Que vn Sol con dos soles viene. *349,16*

Que vn Sol con dos soles viene. *349,24*

Que vn Sol con dos soles viene. *349,32*

Soles con flechas de luz, *357,7*

Tiranno Amor de seis soles, *376,21*

I soles expondrà vuestra mañana. *395,4*

Mas los dos soles de Ines *419,6*

Que en la luz de esos soles abrasado *457,10*

Soletas *1*

Que en vn rocin en soletas *73,26*

Solia *5*

Llamar solia, i no mal, *86,4*

Solia dezir, traiendome *96,157*

Con que la solia partir. *111,44*

La que solia, *226,37*

Como solia canora *344,4*

Solicita *33*

Buela el campo, las flores solicita, *77,13*

I Amor que la solicita *123,14*

Esto Amor solicita con su vuelo, *174,12*

Ella, pues, las solicita, *217,33*

Solicita la vengança *226,87*

Solicita el roxo pallio... *228,220*

Con leño fragil solicita el puerto. *229,12*

Que le solicita a ello? *229,366*

que alas solicita bellas, *229,2034*

Farol luciente sois, que solicita *247,9*

En su funeral leños solicita *248,6*

Pinos corta, baietas solicita: *255,11*

Del dictamo solicita *259,63*

El ronco arrullo al jouen solicita; *261,321*

Con lagrimas la Nympha solicita *261,493*

Las sombras solicita de vnas peñas. *263,359*

Solicita el que mas brilla diamante *263,383*

La gaita al baile solicita el gusto, *263,669*

De gloria, aunque villano, solicita *263,1003*

Solicita Iunon, Amor no omisso, *263,1077*

En el Farol de Thetis solicita. *264,8*

Del que mas solicita los desuíos *264,300*

El golpe solicita, el vulto mueue *264,470*

Que al tramontar del Sol mal solicita *264,603*

La ocasion le solicita, *269,691*

Que solicita su amor, *269,879*

Ô quan bien las solicita *285,33*

Delicias solicita su cuidado *318,77*

El hijo de la Musa solicita *318,282*

Las armas solicita, cuio estruendo *318,347*

El panal que solicita *322,371*

De el dueño solicita, i de el Priuado: *452,13*

Vna solicita aueja, *499,324*

Solicìta *7*

Con pluma solicìta lisongera, *198,6*

Solicìta deuocion *257,31*

Que el desden solicìta? Ô, quanto ierra *261,135*

Que vna roca solicìta, *287,17*

Mi libertad solicìta, *383,6*

Solicìta no solo, mas segura, *403,7*

Que a trompa final suena, solicìta *404,18*

Solicitaba *1*

El viento solicitaba *215,31*

Solicitad *2*

Solicitad, pues, aprisa *269,1723*

Solicitad deligente, *334,25*

Solicitada *3*

Quando solicitada del rûído, *264,881*

Que España, de el Marques solicitada, *318,269*

Del esplendor solicitada, llega *392,6*

Solicitadas *1*

Solicitadas sus cuerdas *389,3*

Solicitado *5*

Dèl sueño con sudor solicitado. *120,42*

Las que memorias han solicitado. *171,8*

Solicitado sale del rûído, *264,477*

I del leño vocal solicitado, *289,5*

Solicitado el Holandes Pirata *318,529*

Solicitan *7*

Bonetes la solicitan, *73,121*

Solicitan timon, calan entenas? *166,16*

Donde sus sombras solicitan sueño, *256,38*

Solicitan el mar con pies alados: *261,476*

Sueño le solicitan pieles blandas, *263,164*

Solicitan su pecho a que, sin arte *264,638*

Halcones solicitan i coronan; *499,65*

Solicitando *5*

Solicitando inuidioso *3,21*

Solicitando en vano *264,148*

Solicitando refugios, *322,322*

Solicitando, señora, *348,22*

Solicitando prolixa *378,53*

Solicitar *7*

Solicitar los balcones *78,49*

A solicitar si vengo *259,5*

Echos solicitar, desdeñar fuentes; *263,116*

A solicitar se fue *288,69*

Solicitar le oiò sylua confusa, *312,23*

I solicitar las gentes *388,3*

En solicitar tu daño? *497,43*

Solicitaron *1*

La paz solicitaron, que Bretaña, *318,607*

Solicìtas *1*

Le solicìtas el pulso, *322,12*

Solicitaua *2*

Solicitaua al trueno generoso, *318,60*

Solicitaua su rostro *357,22*

Solicitauala *1*

Solicitauala entonces *243,49*

Solicite *3*

Que el aire vago solicite luego. *292,8*

De que solicite niña *355,59*

I ser Thysbe solicite *493,21*

Solicitè *1*

Solicitè vuestro nido, *390,29*

Solicìte *1*

Que piedad solicìte *103,75*

Soliciten *1*

Soliciten salud, produzgan vida; *360,13*

Solicito *4*

Alburquerque, i solicito *1,21*

Tan solicito en ceuarse *96,67*

I en quanto da el solicito montero, *262,16*

No lo solicito, amiga *269,1311*

Solicitò *6*

Solicitò curiosa, i guardò auara *264,186*

Quien solicitò *356,51*

En la Deidad solicitò de España. *359,11*

Menos solicitò veloz saeta *394,1*

I os solicitò importuno, *401,6*

Solicitò súàue tu Capelo. *421,63*

Solicitud *3*

A la solicitud de vna atalaia *264,943*

Lisonja i solicitud. *269,452*

Con prompta solicitud, *269,490*

Soliloquios *2*

Con el eccho soliloquios. *357,80*

I con mil Soliloquios solo vn ciego: *432,4*
Soliuie *1*
Que te soliuie los pies. *269,760*
Sollo *1*
Que atrauesado remolcò vn gran sollo. *264,505*
Solo *122*
Por solo un cabello el Sol *3,19*
Hurtò solo vn hueuo, *8,23*
No solo en plata o viola troncada *24,12*
Deponga un rato solo *25,41*
El solo en armas, vos en letras solo, *40,11*
El solo en armas, vos en letras solo, *40,11*
I llore solo aquel que su Medusa *41,12*
I solo de el Amor queda el veneno. *42,14*
Solo a representarme el graue ceño *44,6*
Que lloreis, (pues llorar solo a vos toca, *46,12*
En esto solo eres robre, *48,33*
No solo a los recios vientos, *48,35*
Porque no solo en las seluas, *48,77*
"Vete en paz, que no vas solo, *49,89*
Que no solo los que saben *63,94*
Que a solo honrar su sepulchro *63,141*
No solo se desamparen *63,222*
No solo dudosos mares, *63,226*
Gentiles hombres, solo de sus vocas, *69,3*
Con este escudero solo *73,29*
Para quien no tan solo España ara, *77,73*
Para andarme siempre solo *83,46*
Que no solo ha veinte años *96,54*
Solo a estos doi mi amor *98,77*
Tal vez no solo la capa *111,41*
Que en las montañas no solo, *121,112*
Hallareis que el solo esmalta *121,143*
Pensar que vno solo es dueño *126,12*
Contra las fieras solo vn arco mueue, *128,13*
Solo en ver que de Esgueua acompañado *151,3*
En solo vn abrir de ojo *161,15*
No solo quiso tañer, *161,73*
No solo aqui os despidiò, *161,142*
Que en solo el nombre cada baxel toca. *166,36*
No tan solo no le mato, *168,28*
No solo de Aiamonte mas de Hespaña, *171,2*
Que en solo vn casto querer *178,8*
Solo por no ser miembro Corteggiante *203,76*
Vn solo es grano, *209,2*
Pan diuino, vn grano es solo *209,10*
Vn solo es grano, *209,17*
Vn solo es grano, *209,32*
No solo tu pastor soi, *212,3*
No solo tu pastor soi, *212,13*
No solo tu pastor soi, *212,23*
Esto solo de Museo *228,69*
Yo solo, mudo amante, *229,14*
rabiar por solo morder, *229,399*
que no solo oi en mi casa, *229,478*
lo es solo en apprehender. *229,659*
no solo effecto las firmas, *229,748*
Lo malo que tiene es solo *229,870*
solo tu respondes mal *229,1362*
no solo el organo soi, *229,1434*
no solo no toca a flor, *229,2055*
Demos en esta cumbre vn solo instante *229,2146*
solo porque mi amor tenga *229,2636*
No sè nada, solo sè *229,2732*

Solo a mi no creo, que estoi *229,3188*
Que puede sanar el solo *242,86*
Que en este PRADO solo *256,36*
No solo para, mas el dulce estruendo *261,267*
En nueuo mar, que le rindiò no solo *263,431*
Conuoca el caso el solo desafia, *263,567*
Solo gime ofendido *263,689*
Vença no solo en su candor la nieue, *263,897*
I mucha sal no solo en poco vaso, *264,4*
No solo dirigiò a la opuesta orilla, *264,50*
Bebiò no solo, mas la desatada *264,814*
No solo, no, del paxaro pendiente *264,858*
Que solo es bien se conceda *265,8*
Luego solo quereis que ande? *269,81*
Solo mi honor te replica *269,211*
I solo no enuida luego *269,234*
Solo assiste, por mi mal, *269,546*
Que solo serà mohina *269,679*
Solo resta que me des *269,757*
Para no tan solo en ellas *269,909*
Del diluuio solo sè, *269,1038*
Si basta vn solo cabello *269,1086*
Que solo tendrà de buena *269,1120*
Solo esta noche. Señora. *269,1193*
Solo? Con Enrico hablando. *269,1473*
Quies con vn solo baston, *269,1522*
No solo quiere ser media, *275,10*
Que tanta hambre no solo *288,85*
No solo el campo neuado *301,1*
No solo es ia de quanto el Duero baña *311,2*
Espiritu gentil, no solo siga, *311,13*
Rindiò no solo, mas expuso el cuello: *318,108*
Talento el que no solo de alabança, *318,186*
Los verdes raios de aquel arbol solo *318,191*
El heredado auriga, Faeton solo *318,233*
Hallò no solo la Rèál hazienda, *318,266*
No solo no al Ternate le desata, *318,531*
Que por desenlazarle vn rato solo, *318,627*
No solo vn bello Español, *320,2*
De el amor solo el estudio, *322,198*
No solo el fiero Danubio, *322,474*
Desatar, no solo, no *332,33*
El crystal solo, cuio margen huella, *340,6*
Que no solo os temiò el toro, *347,9*
Bolbiò a vn suspiro tan solo, *357,30*
De vn solo Clauel ceñida *374,15*
Solo fue el heno fïèl. *374,20*
Conduzga solo vn suspiro, *384,33*
Mariposa, no solo no couarde, *392,1*
La piel, no solo sierpe venenosa, *393,9*
Solicìta no solo, mas segura, *403,7*
Religioso tyron no solo iguala, *404,25*
Que solo de esgrima es *412,39*
Al passo vn solo instante; *420,5*
I otro, no solo, no, abominaciones, *421,46*
Cinco en estatua, solo vno en persona, *442,12*
Volar, a solo vn angel lo aconsejo, *451,7*
Solo el Amor entiende estos mysterios: *456,12*
Piedad, si no es de solo lo diuino. *465,8*
Pues solo dexa señas de creyda; *470,2*
No solo alcançareys: hareys dormida; *470,6*
Con que armas piensa andar? Con solo vn dardo *499,96*
Por solo que no te arguia *499,256*

Solò *1*
Que assuela lo que el solò, *122,9*
Solos *1*
(Si estamos solos aqui) *82,46*
Soltar *2*
Soltar el huso i empuñar la lança; *156,32*
De los que se han de soltar. *269,1833*
Soltura *1*
Dormia sueño i soltura, *26,26*
Sombra *47*
De sombra o de aire me le dexa enxuto, *19,11*
En tierra, en humo, en poluo, en sombra, en nada. *24,14*
A la sombra de vn peñasco, *28,6*
Dexan la sombra, el ramo, i la hondura, *33,10*
A adorar mi sombra *79,119*
Para bailar con su sombra, *87,87*
Sobre la piadosa sombra *88,39*
I ampareme tu sombra, peregrino, *92,11*
Porque su sombra es flores, *114,11*
I la sombra no la halla. *133,18*
La Nympha se ha buelto sombra. *149,38*
A la sombra de aquel arbol me espera, *203,62*
Que la nieue es sombra obscura *216,29*
a sombra de esta Tizona, *229,763*
Io sombra serè, i horror *229,1348*
Caduca al Sol, i con la sombra pierde. *229,1531*
Sombra de aquella luz, pero no vana, *229,2179*
es sombra que anda tras mi, *229,2403*
sombra se pueden llamar *229,2924*
De cerro en cerro i sombra en sombra iace. *261,170*
De cerro en cerro i sombra en sombra iace. *261,170*
En pie, sombra capaz es mi persona *261,411*
La sombra aun de lisonja tan pequeña. *263,334*
Sombra del Sol i tossigo del viento, *263,420*
La sombra viò florida *263,628*
I en la sombra no mas de la açucena, *263,743*
Con su numero el Sol. En sombra tanta *264,886*
Adoro tu sombra. Baste, *269,326*
Cuia sombra suspendia, *275,65*
Ia a docta sombra, ia a inuisible Musa. *312,24*
En sombra obscura perdonò algun dia, *318,236*
Apenas confundiò la sombra fria *318,513*
Sombra indiuidua es de su presencia; *318,548*
Sombra hecho de si mismo, *322,399*
Que sombra prestò *356,47*
I sombra mia aun no soi. *375,4*
I sombra mia aun no soi. *375,14*
I sombra mia aun no soi. *375,24*
I sombra mia aun no soi. *375,34*
I sombra mia aun no soi. *375,44*
I sombra mia aun no soi. *375,54*
Vocal sombra vino a ser. *378,56*
Sombra si de las señas que tremola, *415,12*
Culto, aun a tu sombra di, *416,2*
Sois Frexno al fin, cuia admirable sombra *424,9*
Sombra dauan, i sus ramos *499,313*
Que alibio i sombra nos dio, *499,317*
Sombras *27*
Sombras suele vestir de vulto bello. *44,11*

Precie mas vuestras sombras fugitiuas *46,7*
Para el que a sombras de vn robre *90,13*
"En vuestras sombras amenas, *116,43*
A sombras dèsta peña, *127,6*
Dexa que sombras las moren, *131,126*
I si ai sombras de crystal, *149,37*
Sombras viste de sueño su cuydado. *229,9*
A sombras de vn aliso, *229,1048*
Ia de las sombras hace el velo negro *229,2226*
Que sombras sella en thumulos de espuma.
232,14
Donde sus sombras solicitan sueño, *256,38*
O miembros vestida, o sombras. *259,12*
Nocturno el lobo de las sombras nace; *261,172*
De frescas sombras, de menuda grama.
261,216
Golfo de sombras annunciando el puerto.
263,61
Las sombras solicita de vnas peñas. *263,359*
Ellas en tanto en bobedas de sombras, *263,612*
Phebo luces, si no sombras Morpheo. *274,11*
Las sombras del arbol ia, *288,50*
Texido en sombras i en horrores tinto, *315,2*
Que las vltimas sombras de su vida *318,275*
Sombras que le hizieron no ligeras, *318,279*
Las vanderas, ia sombras de Occidente; *323,4*
Si tienen sangre las sombras, *334,55*
Sombras son Erythréòs esplendores, *335,11*
En seguir sombras i abraçar engaños. *394,11*
Sombrerazo *1*
Sombrerazo, i mientes tu? *269,448*
Sombrerillo *1*
De su sombrerillo pardo, *228,172*
Sombrero *3*
I de sombrero bordado, *228,78*
Que si vn sombrero por correr ganaste, *474,13*
Que aun el sombrero les passa; *483,7*
Sombreros *1*
I garcetas de sombreros. *58,28*
Somème *1*
— Somème e vèndome a rosa *308,31*
Somos *6*
Iedras verdes somos ambas, *27,93*
"Hero somos i Leandro, *75,85*
Condes somos de Buendia, *228,123*
Si no somos Condes Claros". *228,124*
Digo que somos los tres *229,3164*
Ouuis, cão? Parientes somos. *303,19*
Son *317*
I al son del adufe *5,41*
Que son mas de treinta. *5,68*
Dè mil suspiros sin son, *6,14*
Que aquestos barros son lodos, *6,47*
A partes que son tan altas. *9,44*
Con regalado son, con passo lento; *16,4*
De gallina son tus alas, *26,119*
Los cabellos son esparto. *28,40*
Estos versos cantò, al son *28,55*
Lo que al son torpe de mi auena ruda *31,7*
Se quexaba al ronco son *38,7*
Mançanas son de Tantalo, i no rosas, *42,12*
Tan grandes son tus extremos *48,21*
Que dice: "Estos son mis hierros". *49,56*
Que son leones de piedra *58,31*
Que son los ojos súàues *61,30*

Cuias plumas son tisseras *62,16*
Que los Veranos son leche *63,35*
Estas son, Ciudad famosa, *63,213*
Los ojos son grandes, *65,45*
Son tales, que avria, *65,66*
Parte son visiones, *65,71*
Porque son (i es cierto *65,149*
Son bien recibidas; *65,244*
Carroças de ocho bestias, i aun son pocas *69,7*
Con las que tiran i que son tiradas; *69,8*
I esas no son palabras de doncella. *70,14*
I al ronco son de trompas bellicosas *72,3*
Los tuios, Sol; de vn templo son faroles, *76,6*
Famosos son en las armas *78,1*
Valentissimos son todos, *78,3*
Las causas son muchas, *80,25*
Los ojos son dos. *80,26*
Mis canciones son; *80,38*
Que a fee que son para oir. *82,4*
Que son los de "Quis vel qui", *82,20*
Que son balas de arcabuz *86,25*
Son alcandara de cueruos, *87,26*
Las nobles MORAS son Quinas réàles, *92,2*
I aunque no son de crystal *93,3*
Son (demas de los extremos *95,43*
Aunque mui agenos son, *98,5*
Que quantas son las cabeças *102,5*
Tantos son los pareceres; *102,6*
Cien escudos son la ruda. *102,20*
Si son de puñal búìdo *105,104*
Ceniças son, igual mi llanto tierno *109,10*
Lagrimas i suspiros son de ausencia. *109,14*
O son grillos de crystal *115,3*
Porque en la fuga son alas *115,17*
Las que en la muerte son flechas. *115,18*
— Decia al son de los remos, *115,33*
En Arlança son crystal. *116,4*
Fuerças son de Amor (si tiene *116,13*
Tantas son, i con ser tantas *116,48*
Haciendo al triste son, aunque grossero, *118,12*
Donde son buenos los dias, *121,17*
Pero las noches son malas, *121,18*
Nectar sus palabras son; *121,45*
Las veneras cunas son, *121,92*
Que son Caribes crúèles. *121,100*
Al son de mis querellas *125,24*
Dineros son calidad, *126,1*
I entender que no son sueño *126,16*
Goma su copete, i son *126,44*
Son perras de muchas bodas *126,56*
I plumas no son malas, *129,35*
Son sus roncos atambores, *131,98*
Si no son murmuradores. *131,112*
I al son desata los montes, *133,7*
I al son enfrena las aguas. *133,8*
Plumas son; quien lo ignora, mucho ierra *135,4*
Estrellas son de la guirnalda Griega *136,9*
Al son dèste instrumento *140,7*
Harà tu son de su ceniça fria: *140,22*
Io, aunque de esmeralda son, *141,9*
Sonantes cuernos son, roncas vocinas: *142,13*
Sonantes cuernos son, roncas vocinas: *142,31*
El son dèl agua risueño, *142,38*
Sonantes cuernos son, roncas vocinas: *142,49*
Son las llaues de su puerto, *143,14*

Pero no son tan piadosos, *143,17*
Aunque si lo son, pues vemos *143,18*
Al son del agua en las piedras, *144,3*
I al son del viento en las ramas. *144,4*
Si no son de la esperança, *144,24*
Que (si piedras son estrellas), *158,47*
Son angeles hijos de Eua. *159,20*
Son de tres ojos lloradas; *159,26*
Al son de vn pandero, *160,67*
Que ambos de botica son) *161,4*
I porque no falte son, *161,62*
Testigos son las torres coronadas *163,7*
Dèl Phenix oi que Reinos son sus plumas.
163,12
Bolò el son para el humido elemento. *166,6*
Nuues son, i no naues, *166,17*
Arrabales son del Pardo. *167,10*
Al baile, pero no al son. *167,24*
Cosquillas del alma son *167,25*
Pues si es niño Amor, lo son *168,39*
Aunque mas antiguas son *176,3*
De cerdas, si ya no son *178,33*
Son Auroras de sus Soles; *179,12*
Quantos son los cazadores. *179,16*
Aras son deuotas suyas *179,17*
Lisonjas son iguales *184,17*
Reglas son de Amor mui raras, *186,5*
Oi son flores azules, *193,3*
Oi son flores azules, *193,17*
Oi son flores azules, *193,31*
A quien del Tajo son en la riuera *198,3*
Son de Tolu, o son de Puertorrico, *201,1*
Son de Tolu, o son de Puertorrico, *201,1*
O son de las montañas de Bugia *201,3*
Que entre pampanos son lo que entre flores.
203,12
Cuias aguijadas son *204,33*
Prendas son de amor estrecho. *212,19*
No son todos ruiseñores *214,1*
Son de Syrenas con plumas, *214,9*
Son las verdes alamedas. *214,11*
No son todos ruiseñores *214,14*
No son todos ruiseñores *214,27*
Al son dixo del psalterio *216,51*
Si son archas las espinas *217,11*
Son dulces como la miel. *217,36*
Sus Damas son: que mas quies, *217,58*
Meninas las violetas, *217,65*
Bufones son los estanques, *217,77*
I en que lo son lo dirè: *217,78*
No son en vano pedernales duros. *219,8*
Cuio caduco aljofar son estrellas. *221,14*
Con nadie hablo, todos son mis amos, *222,9*
Prolixos achaques son; *225,5*
Boberias son de a dos, *227,18*
Mia fe, son. *227,26*
Mia fe, son. *227,36*
Mia fe, son. *227,46*
Mia fe, son. *227,56*
Tentaciones son, señor; *228,143*
Son ya memorias de Libia *229,66*
son todas velas de Holanda. *229,445*
cuios arboles son torres; *229,459*
son nauios de alto borde. *229,495*
basiliscos son de bronce. *229,539*

428

CONCORDANCIAS LEXICOGRÁFICAS DE LA

son vna vara de Corte, *229,573*
son, Tadeo, los crisoles *229,613*
plumas son, i mui veloces. *229,627*
a donde son orinales *229,699*
si lo son hijas hermosas. *229,737*
mas las palabras son obras. *229,749*
Amor, mis desdichas son. *229,837*
para ti no son dineros, *229,879*
son varas de su ataud *229,960*
Tan breves son los terminos de el dia, *229,1028*
si de madera son hechas, *229,1098*
son de varas de medir: *229,1099*
Doncellas perpetuas son *229,1212*
que para mi peste son; *229,1325*
Adoro a Isabela, i son *229,1376*
Floridos los versos son *229,1446*
el Soneto! Cuios son *229,1475*
Cartas de mi padre son *229,1539*
Centellas para mi son, *229,1676*
Para vnos rodetes son. *229,1727*
Son motes estos? No sè. *229,1823*
Pues que son? Seran, en suma, *229,1824*
que no son gatos de algalia. *229,1851*
Oie. Motes son, sin duda, *229,1985*
son primicias de vn villete. *229,2000*
Prendas de aquellos, si no son abonos, *229,2168*
Que fueron hijos, i ia son Patronos. *229,2169*
De tantos ojos como son viriles *229,2195*
Insignias son de su pastor, i en ellas, *229,2203*
son cañas, si no son varas, *229,2464*
son cañas, si no son varas, *229,2464*
si no son quinientas mil, *229,2479*
a cuio doliente son *229,2570*
Ciertos son los toros oi. *229,2735*
de cernada, i a buen son, *229,2758*
Terneças de nouios son. *229,2824*
Tus casas son principales *229,2966*
Basta, las señas son graues *229,2991*
Muchas negaciones son *229,3154*
son estas? He de entendellas? *229,3159*
Son de verdad estos viejos, *229,3182*
o representantes son? *229,3183*
No son malos los bosquexos. *229,3185*
Buenos son estos errores. *229,3225*
quantos ia me quedan son. *229,3228*
Son hueuos? I si lo son, *229,3252*
Son hueuos? I si lo son, *229,3252*
Son vellacos, son traidores. *229,3254*
Son vellacos, son traidores. *229,3254*
Tres son? No te determinas? *229,3346*
Son de las trompas, que no aguardò a esto, *230,75*
Al son alternan del crystal que mueue *231,13*
Milagros de monjas son; *238,8*
Si mosquetes flores son. *240,20*
Tropheos son del agua mil entenas, *245,7*
Puesto que ia son todas *256,30*
Admiraciones son, i desenojos, *256,61*
Quan venerables que son, *257,1*
Su vrna lagrimosa, en son doliente, *260,4*
Si lagrimas las perlas son que vierte! *260,11*
Escucha, al son de la çampoña mia, *261,6*
Troncos robustos son, a cuia greña *261,34*
Son vna i otra luminosa estrella *261,101*

Las Prouincias de Europa son hormigas. *261,144*
Dos verdes garças son de la corriente. *261,212*
Que, en tanta gloria, infierno son no breue *261,327*
A mis gemidos son rocas al viento; *261,378*
En numero a mis bienes son mis males. *261,392*
Pasos de vn peregrino son errante *262,1*
Tu fabrica son pobre, *263,102*
Son de caxas fue el sueño interrumpido; *263,172*
Al son pues deste rudo *263,254*
Piedras son de su misma sepultura. *263,686*
Purpureo son tropheo. *263,791*
Sus plumas son, conduzgan alta Diosa, *263,808*
Son de la Nympha vn tiempo, ahora caña *263,884*
Al son de otra çampoña, que conduce *263,1078*
No son dolientes lagrimas súàues *264,117*
Vozes de sangre, i sangre son del alma. *264,119*
Dos son las choças, pobre su artificio, *264,200*
Nimpha por quien lucientes son corales *264,596*
El duro son, vencido el fosso breue, *264,714*
Al son leuantò apenas la ancha frente *264,723*
Si los que ia veis quien son *269,88*
Son poco papel los cielos. *269,210*
Cuias insignias son vna sortija, *269,393*
Son visperas del capuz. *269,432*
Que el horno son del Padul, *269,446*
Son las minas del Perù, *269,466*
Que son de mis ojos vida, *269,582*
Que todos son ia reloxes, *269,671*
Son estas? Que es lo que pasa? *269,778*
Que cient marauedis son; *269,790*
Ô que humildades son esas, *269,837*
Grandes señas son de enojos *269,1034*
Doblones son en verdad. *269,1187*
Que son miel, i no dexan de ser flores; *269,1244*
Las primeras son tus huellas; *269,1277*
Pues son de pie tan gallardo. *269,1279*
Que son lenguas de enemigos. *269,1345*
Son menester otros mil? *269,1366*
Cuyos muros son mi espada? *269,1529*
Con vn Angel no son buenos? *269,1561*
Viue Casilda, i que son *269,1740*
Dias, si no son mas ia, *269,1787*
Atreverme, pues son mias, *269,1839*
Pues cinquenta i cinco son, *269,1973*
Si son canas, tinta poca *269,1989*
Mas si son años, el sen *269,1991*
Segundas plumas son, ô Lector, quantas *272,1*
Cuio thumulo son aromas tantas: *272,4*
Balcones, galerias son, i rejas *279,34*
Son mas Francos que en vulgar. *288,96*
Quien, dime, son aquellas de quien dudo *298,25*
Halcones quatreros son *301,52*
Los terminos son que pace. *302,20*
Pharmacos, oro son a la botica. *313,51*
Orbes son del primero i del segundo; *318,118*
Que templo son bucolico de Pales. *318,198*

Dos mundos continente son pequeño; *318,204*
Que sus margenes bosques son de piedra. *318,368*
A los que al son de sus cadenas gimen *318,455*
Cuio plumage piedras son noueles; *318,500*
Suias son; si no le hubo, *322,70*
Que ella dize que son nublos. *322,320*
Mortal son Pyramo vuelto *322,419*
Votos de España son, que oi os consagra *323,9*
De quien son vaso i son flores *328,6*
De quien son vaso i son flores *328,6*
Al confuso acorde son, *331,22*
Al dulce doliente son, *332,11*
Al son, pues, deste instrumento *332,14*
Crystales son vagarosos *333,29*
Sombras son Erythréòs esplendores, *335,11*
Son de su ribera; *350,8*
Los brazos son de la luna, *352,11*
Los brazos son de la luna, *352,23*
Que laminas son de pluma *354,25*
Al son de vn laud con ramas, *355,19*
Fugitiuas son las dos; *355,65*
Horas son breues; el dia *355,71*
Al son de su leño corbo, *357,82*
Los raios que a tu padre son cabello, *360,1*
Ojos son aduladores *375,49*
Las gracias de Venus son: *376,5*
Nymphas son de Aranjúèz, *376,18*
Desmintiendo lo que son, *377,12*
Nympha del mar, con quien son *387,2*
Criaturas son indignas. *388,16*
A cuio son la pastora *389,17*
Inuidia de quantas son *390,42*
Al dulce doliente son *390,50*
Son todos; pero mas grabes *414,6*
Que, aunque calientes, son aire. *414,8*
Son dulces competidores; *414,35*
Aun las dos niñas son viejas: *418,17*
Que ia que vuestros pies son de Elegia, *427,3*
Que vuestras suauidades son de arrope. *427,4*
Porque, aunque todas son de viento, dudo *429,3*
Pitones son apenas mal formados; *437,2*
Todas son arrabales estas Villas, *443,5*
No son de esclauos, no, de el Sacramento. *444,11*
Que, si no son dolores de costado, *445,7*
Son flechas de "el que a nadie no perdona". *445,8*
Martas gallegas son, no te me entones, *449,5*
Cunas son oi de su primer gorjeo. *457,8*
I damas son de pedernal vestidas. *459,14*
Melindres son de lechuza, *483,11*
Ressucita el son; *494,13*
Murmuran que son taimadas, *495,28*
Algunos ancianos son *495,33*
Muestras de alegre son essas. *499,206*
Al son de vn lento arroiuelo *499,321*
Sonado *1*
En Hespaña mas sonado *89,7*
Soñado *1*
Soñado sus infortunios, *322,178*
Sonando *2*
Sonando la bateria. *74,76*
Sonando al fin vuestro nombre *242,137*

Sonante *8*
Siempre sonante a aquel, cuia memoria *245,13*
Del mar siempre sonante, *263,53*
Crystalina sonante era thiorba, *264,350*
De la sonante esphera, *264,619*
Ronca les salteò trompa sonante, *264,710*
Esa es la ia sonante *312,15*
Sonante lira tu diuina mano; *318,4*
Vn orbe desatò i otro sonante: *318,518*
Sonantes *4*
Sonantes cuernos son, roncas vocinas: *142,13*
Sonantes cuernos son, roncas vocinas: *142,31*
Sonantes cuernos son, roncas vocinas: *142,49*
Esto en sonantes nacares predixo: *318,88*
Sonda *2*
Que en el pierda io la sonda, *259,102*
Meotis, sin sonda alguna, *269,1856*
Sonè *1*
Hermano Lope, borrame el sonè *468,1*
Soneto *19*
Como Soneto limado". *96,132*
catorce pies de vn Soneto. *229,1227*
este Soneto denantes: *229,1233*
Estremado es el Soneto *229,1396*
Diuierteme algo, Soneto, *229,1444*
el Soneto! Cuios son *229,1475*
Soneto por no aver fuego, *229,1490*
Soneto? No me respondes? *229,1495*
i a Isabela en tu Soneto? *229,1505*
de los pies de tu Soneto. *229,1573*
o ia el pie de tu Soneto, *229,1627*
de aquel Soneto liuiano, *229,1650*
Si le dira del Soneto? *229,1791*
Dèl Soneto hablan, por Dios, *229,1813*
Entre catorce Abbades vn Soneto. *255,8*
Los numeros, Señor, de este soneto *396,13*
De Isabel de la Paz. Sea mi soneto *447,13*
En vn mismo soneto con Ylec, *473,2*
I este soneto a buenas manos va: *473,15*
Sonetto *3*
En hacer vn buen Sonetto, *6,98*
"Que vueluan a cantar aquel sonetto". *202,14*
I sea el fin de mi Sonetto este. *222,14*
Sonettos *1*
Haciendo Sonettos! *50,88*
Sonò *2*
Inexorable sonò *322,417*
Sonò difusa por el aire pura *472,7*
Soñolienta *1*
Soñolienta beldad con dulce saña *100,10*
Sonora *2*
Esquilas dulces de sonora pluma, *263,177*
tan sonora, tan bailada *301,63*
Sonoras *1*
Estas, que me dictò Rimas sonoras, *261,1*
Sonoro *5*
Io ronco, tu sonoro, despertemos *31,12*
Al sonoro crystal, al crystal mudo. *261,192*
La fogosa nariz, en vn sonoro *264,730*
Que en sonoro metal le va siguiendo, *264,852*
Del mas sonoro metal; *369,4*
Sonoros *2*
I de otros, aunque barbaros, sonoros *263,751*
Instrumentos que, sonoros, *414,33*
Sonorosa *2*

Que su lyra sonorosa *149,76*
La Nympha pues la sonorosa plata *261,217*
Sonorosas *2*
Las verdes sonorosas alamedas, *114,4*
Dulces sonorosas señas *142,3*
Sonoroso *5*
Si no me presta el sonoroso Orpheo *104,10*
Aliento sonoroso *166,3*
vn sonoroso clarin. *229,2393*
Sonoroso instrumento, *263,255*
Que en sonoroso humo se resueluen. *263,1083*
Sonorosos *1*
No en sonorosos relinchos, *96,3*
Sopa *1*
La seruirà masse bochorno en sopa. *234,14*
Sophi *2*
I al Sophi quatro estandartes. *61,20*
Sino insignias dèl Sophi. *111,12*
Sophisticas *1*
De sophisticas razones? *269,125*
Sopla *6*
El blando viento que sopla, *97,16*
De vn cuitado que la sopla, *149,22*
sopla mas. Dime estàs loco? *229,1253*
Si el zelo no sopla vn poco, *229,1254*
Si dulce sopla el viento, dulce espira *424,5*
Musa, que sopla i no inspira, *477,1*
Soplad *1*
Soplad desde afuera, *79,90*
Soplado *1*
Soplado me has en la cara *269,304*
Sople *1*
Sople rabiosamente conjurado *399,1*
Soplillo *1*
Soplillo (aunque tan enano) *411,19*
Soplo *8*
Tres veces de Aquilon el soplo airado *52,1*
Mueue con soplo agradable *63,170*
Acudirè con vn soplo. *83,32*
I couarde al fiero soplo *228,203*
Laureta el soplo me dio. *229,3082*
Del soplo Occidental, de el golfo incierto, *230,60*
Soplo vistiendo miembros, Guadalete *264,727*
Miembros apenas dio al soplo mas puro *361,9*
Soplos *6*
Dandole a soplos aiuda *26,34*
Les daba a soplos aiuda *39,6*
Los soplos del viento airado: *48,31*
Con lasciuos soplos *79,27*
Sino de soplos del Austro, *228,184*
Porque enmudeciò los soplos *389,15*
Sorbellos *1*
Para que? Para sorbellos *229,3250*
Sorbido *1*
Del Oceano pues antes sorbido, *263,22*
Sorbiò *1*
Adria, que sorbiò rios ambiciosa, *318,581*
Sorda *12*
Mas, ai triste, que es sorda *127,15*
De inuocar piedad tan sorda, *149,72*
que aunque ha venido a la sorda *229,2083*
Sorda digo de nariz. *243,12*
Sorda hija de el mar, cuias orejas *261,377*

Sorda a mis vozes pues, ciega a mi llanto, *264,465*
Tan sorda piedad accusa *268,29*
Sorda tanto como bella. *287,18*
Con voz doliente, que tan sorda oreja *295,13*
La adusta Libia sorda aun mas lo sienta *318,7*
Serà su piedad mas sorda, *332,12*
Súàue, mas sorda red. *355,88*
Sordas *3*
I las sordas piedras oien. *131,52*
Las orejas siempre sordas *259,24*
Con dilaciones sordas le diuierte *264,249*
Sordo *12*
O io, (que es lo mas cierto), sordo i ciego. *14,14*
Escuche sordo el ruego *129,32*
No era sordo, o el musico era mudo. *202,11*
es sordo de las narices, *229,2780*
De este ia mi oiente sordo. *242,76*
Sordo huie el baxel a vela i remo: *261,95*
Sordo engendran gusano, cuio diente, *263,740*
No es sordo el mar (la erudicion engaña) *264,172*
Con sordo luego strepitu despliega, *264,974*
Firme a las ondas, sordo a su armonia, *317,10*
Arbol los quenta sordo, tronco, ciego; *343,13*
Respondiò mirar no sordo. *357,28*
Sordos *3*
I quando a los sordos remos *97,13*
Si correis sordos, no quiero hablaros, *203,7*
Para escrupulos tan sordos *229,3440*
Soror *2*
Soror Angel, frai Theresa. *275,16*
Soror don Iuan, aier silicio i xerga, *444,1*
Sortija *7*
En la sortija el premio de la gala, *138,13*
La sortija lo executa, *226,97*
El rubi de vna sortija *226,119*
esta sortija lo diga *229,1761*
En tu sortija hermosa *229,1767*
Cuias insignias son vna sortija, *269,393*
Por la sortija i la mula, *412,12*
Sortijas *2*
Tres sortijas negras, *65,115*
Su cabello eran sortijas, *148,13*
Sosiego *2*
i mirarlo con sosiego, *229,951*
i me tiene sin sosiego. *229,2589*
Sospecha *3*
Huele la capa, i sospecha *161,109*
Sospecha tengo, pues, braba *229,122*
desta sospecha crùèl *229,327*
Sospechas *1*
Que sospechas de amantes *193,29*
Sospecho *3*
Aquel ruiseñor llora, que sospecho *41,2*
pues al pisalle sospecho *229,1606*
Con la breuedad sospecho *269,1398*
Sossiego *2*
inquîèta mi sossiego, *229,1381*
Como? Qual? Que? Ten sossiego. *269,1378*
Sostenganme *1*
Paxarillo, sostenganme tus ramas, *92,10*
Sostenidas *2*
De vidrio en pedestales sostenidas, *12,2*

A las sostenidas pilas *63,47*
Sostiene *1*
Su luz apenas sostiene, *349,23*
Sostuuo *1*
Que ya sostuuo estrellas, *229,17*
Sota *3*
O sota câîda; *65,228*
Como a la sota de bastos *82,47*
De el Rèi de vastos, i acudir la sota: *463,8*
Sotana *1*
Sotana de maçapan. *410,10*
Sotès *2*
Sotès, assi os guarde Dios, *282,1*
Porque, señor don Sotès, *282,28*
Sotillo *13*
I fulano sotillo se condena *199,7*
Que verse hecho vn sotillo *334,74*
No vaias, Gil, al sotillo; *351,1*
Quien nouio al sotillo fue, *351,3*
Gil, si es que al sotillo vas, *351,5*
Allà en el sotillo oiras *351,9*
No vaias, Gil, al sotillo; *351,13*
Quien nouio al sotillo fue, *351,15*
Al sotillo floresciente *351,17*
No vaias, Gil, al sotillo; *351,25*
Quien nouio al sotillo fue, *351,27*
No vaias, Gil, al sotillo; *351,37*
Quien nouio al sotillo fue, *351,39*
Soto *8*
Fue toldo de la ierba; fertil soto *53,2*
No tiene el soto ni el valle *85,3*
Que escogiò entre los arboles del soto *114,10*
Las Nymphas que de aquel soto *149,87*
De nuestro Romano soto. *242,124*
Orla el Dauro los margenes de vn Soto, *252,2*
Confuso alcaide mas, el verde soto. *261,248*
I saludar en el soto. *357,36*
Sotos *1*
Las encinas destos sotos, *353,51*
Soys *1*
Octaua marauilla soys de el suelo; *229,22*
Spe *1*
De febribus sine spe, *269,1908*
Sphera *1*
Beuiendo raios en tan dulce sphera, *403,9*
Sphinge *1*
Syrena dulce, si no Sphinge bella. *292,11*
Spiritu *1*
Spiritu que, en cithara de plata, *338,12*
Spiritus *1*
Que aun los spiritus puros *388,15*
Splendor *3*
No sin splendor, las sienes, *333,54*
Si bien de tanto splendor *390,2*
Ni a splendor suio dorado, *401,2*
Sprona *1*
Quel Dio non vuol, che col suo strale sprona
    118,10
Stellae *1*
Et Orionis vi nimbosae stellae *118,6*
Sterope *1*
Gime Bronte, i Sterope no huelga, *230,45*
Steropes *1*
Que en Liparis Steropes forjò, *327,10*
Strale *1*

Quel Dio non vuol, che col suo strale sprona
    118,10
Strepitu *1*
Con sordo luego strepitu despliega, *264,974*
Strymon *1*
De aquel que, de Strymon en la espessura,
    33,12
Stygia *2*
Del bello de la Stygia Deidad robo, *264,793*
I a la stygia Deidad con bella esposa. *264,979*
Súàbe *1*
Moscobia en pelo súàbe. *414,16*
Suaue *2*
Quanto el deseo hizo mas suaue *465,3*
I aun la violencia suaue, *478,3*
Súàue *40*
Súàue Philomena ia suspira, *31,4*
Mientras en calma humilde, en paz súàue, *54,3*
Al mas súàue jazmin. *82,32*
I vn súàue pedernal? *95,8*
Réàl cachorro, i pampano súàue *145,5*
Qualque súàue lisonja. *149,78*
Cuia súàue metrica armonìa *172,3*
Súàue el ruiseñor le lisongea, *194,4*
Qualquier bocado súàue *211,18*
El mismo que espirò súàue aliento *221,5*
i de fecundo, súàue; *229,2561*
Ni le ha visto; si bien pincel súàue *261,251*
Quc, si por lo súàue no la admira, *261,275*
"Ô bella Galathea, mas súàue *261,361*
Iugo aquel dia, i iugo bien súàue, *261,437*
Honrre súàue, generoso nudo *262,33*
Imitador súàue de la cera *263,874*
Que aun de seda no ai vinculo súàue. *264,808*
El oro que súàue le enfrenaua; *264,817*
Tanto mas serà súàue, *269,1099*
I lisongera, i súàue *269,1778*
Breue porfido sella en paz súàue; *272,6*
El pincel niega al mundo mas súàue, *274,3*
Si culto no, reuocador súàue *289,10*
Tal, que el pasto faltandole súàue, *313,5*
Ceptro superîòr, fuerça súàue *318,145*
De flores ia súàue, ahora cera, *318,242*
Súàue es risa de perpetua Aurora. *318,288*
Alentò pia, fomentò súàue; *318,596*
El coruo súàue iugo *322,50*
A cuia luz súàue es alimento, *324,7*
Súàue iugo, que al Lombardo fiero *337,7*
El bucarillo súàue, *346,8*
Porque en la siempre súàue *348,31*
Súàue, mas sorda red. *355,88*
Súàue quanto crúèl, *376,22*
Quanto el morir me es súàue *382,7*
I a mi voz súàue *389,63*
De el menos jazmin súàue, *411,15*
Solicitò súàue tu Capelo. *421,63*
Súàuemente *4*
Offender súàuemente *259,23*
Inficionando pues súàuemente *264,527*
Súàuemente le tratò seuero; *318,604*
De los que súàuemente *389,11*
Suaues *1*
Carros de vn Sol en dos ojos suaues. *166,18*
Súàues *21*
Que son los ojos súàues *61,30*

Cuias campanas súàues *63,90*
Cantan motetes súàues; *63,184*
Vuestros besos súàues. *129,24*
Que en voces, si no metricas, súàues, *203,20*
A los súàues clamores, *214,13*
De sacros cisnes canticos súàues, *230,37*
La perdonaron súàues, *239,4*
Vnguentos priuilegian oì súàues *248,3*
Mas, con desuios Galathea súàues, *261,322*
De los nudos, que honestos, mas súàues,
    261,473
Señas dieron súàues *263,178*
Treguas hechas súàues, *263,341*
De las plumas que baten mas súàues *263,1086*
No son dolientes lagrimas súàues *264,117*
Metros inciertos si, pero súàues, *264,356*
Vn culto risco en venas oi súàues *290,1*
Terno de aladas cytharas súàues. *291,11*
Que cisnes súàues *350,7*
En numeros que súàues *357,83*
De los zefiros súàues, *389,4*
Suauidad *3*
La suauidad que espira el marmol (llega)
    136,12
Si espira suauidad, si gloria espira *196,10*
De suauidad ahora el prado baña. *256,53*
Suauidades *1*
Que vuestras suauidades son de arrope. *427,4*
Súàuissimo *1*
Súàuissimo bocon, *410,8*
Súàve *4*
Al docto pecho, a la súàve boca, *67,10*
Cuio súàve rigor *116,7*
En el panal mas súàve. *121,50*
Lento le enviste, i con súàve estilo *263,40*
Suba *1*
Te suba a pisar estrellas, *498,36*
Subamos *2*
Subamos, Carillo, arriba, *310,10*
Subamos donde ia assoma *310,11*
Sube *6*
Con los ojos quando sube, *75,26*
i creo que sube acà. *229,1662*
Sube arriba, i lo sabràs. *229,1838*
Plaça! Ia sube. Ia aguardo. *229,2763*
Que pisa quando sube *264,748*
A luz mas cierta sube, *264,908*
Suben *1*
Suben ambos, i el parece, *57,14*
Subgeto *1*
Subgeto mi coraçon. *269,35*
Subid *1*
Subid acà. Que harè? *269,1355*
Subidas *1*
Los dias de Noè, gentes subidas *108,9*
Subido *3*
Despues que ha subido *65,163*
Heme subido a Tarpeia *83,25*
Desde vna palma subido, *96,35*
Subiò *3*
Donde me subiò el amor; *212,8*
Al Carmelo subiò, adonde *275,21*
Vn dia que subiò Thysbe, *322,169*
Subireis *1*
Subireis de la mitra a la thiara. *250,8*

Subirlo *1*
Sin subirlo a la cabeza. *269,836*
Subjecto *2*
Que yo, subjecto vil de estas mercedes, *229,58*
Tan flaco el subjecto, que *269,1918*
Sublime *9*
El sublime edificio; *263,100*
Que del sublime espacîoso llano *263,228*
Lo mas liso trepò, lo mas sublime *264,267*
Modestamente sublime *285,9*
De sublime ia parte *312,21*
Vn blanco sublime chopo *357,38*
Piedad comun en vez de la sublime *363,5*
Su forma de la mas sublime llama *368,5*
Lugar te da sublime el vulgo ciego, *426,1*
Sublimes *3*
Que de las sierras sublimes *48,66*
A par de las sublimes palmas sales, *92,7*
De las sublimes rocas salpicando, *264,442*
Sublimidad *1*
De la sublimidad la vista, appella *264,667*
Subsequente *1*
Que en la fiesta hizieron subsequente *318,495*
Substitutos *1*
De la suegra substitutos, *322,228*
Subtil *8*
Huron de faltriqueras, subtil caça, *68,2*
Mui mas larga que subtil, *82,18*
I a la cuerda oro subtil, *177,28*
Tal, que con siluo subtil *226,90*
Io Pôèta? io subtil *229,1192*
este elemento subtil. *229,2277*
correrè el velo subtil *229,2443*
En el aguijon subtil. *243,44*
Subtiles *4*
Mas a los aires subtiles. *48,36*
Quanto con pasos subtiles. *91,11*
Que al Sol niegan los atomos subtiles?
    229,2197
De cañas labra subtiles *243,13*
Succeda *1*
Tal quiero que succeda *229,2143*
Succede *3*
Succede en todo al Castellano Phebo, *67,12*
Serrano le succede, *263,1013*
Principe les succede, abreuîàda *264,811*
Succeden *1*
Succeden claueles rojos; *357,4*
Succedes *1*
Que si en esto no succedes *320,6*
Succedido *1*
Vn fuerte dardo auia succedido, *264,481*
Succediò *1*
Succediò vn año malo, *313,4*
Succesion *1*
enxambres de succesion. *229,2543*
Succeso *2*
Presaga al fin del succeso, *228,201*
Del succeso menos graue, *348,33*
Succesor *1*
Este pues digno succesor del claro *318,25*
Succession *2*
De succession Rèàl, si no Diuina. *171,14*
Succession adoptada es de Isabela; *318,588*
Successo *4*

Temiendo el successo, acude; *75,76*
no se quexe de el successo. *229,877*
El successo dirà luego *229,1982*
Gloriosa i del successo agradecida, *230,35*
Successor *2*
Mas que el successor gentil *6,118*
Successor se remonta, en cuio zeño *318,206*
Successora *1*
Alta de el Infantado successora; *318,420*
Successos *1*
con razonables successos, *229,2979*
Succinto *1*
I en la resolucion succinto agrado. *336,14*
Suceda *4*
I al cuerno al fin la cythara suceda. *261,16*
Quando no le suceda, *264,155*
Quando la ocasion suceda; *269,78*
Le suceda; i que pues sabe *382,6*
Sucede *1*
El triste, a quien le sucede *269,181*
Sucedido *1*
Que desgracia ha sucedido, *269,1030*
Sucediendo *1*
Sucediendo silicios a la gala, *404,27*
Suceso *2*
I, encareciendo el suceso, *269,1783*
Pulso, que en el buen suceso *407,7*
Sucesso *1*
En pago del buen sucesso, *499,291*
Suciedad *1*
Espesura es suciedad, *204,3*
Sucio *7*
Envuelto en vn paño sucio, *27,20*
Es sucio Esgueua para compañero, *151,5*
I Cortesano sucio os hallo ahora, *154,7*
Qualquiera es sucio, i pequeño. *229,1815*
Porque el sucio Esgueua es tal *288,6*
Le dexò el euano sucio. *322,220*
Que la estrañan por lo sucio! *412,51*
Sucios *1*
Los que, entrando a veros sucios, *334,11*
Suda *6*
que suda Ciudad Rèàl *229,2844*
Rebelde anhela, el Berberisco suda, *230,47*
Humo anhelando el que no suda fuego, *263,969*
Lagrimas beua i quantos suda olores *274,13*
Si aljofares suda el nacar, *286,7*
Suda electro en los numeros que llora. *316,4*
Sudado *1*
Lagrimas muchas vezes ha sudado *499,23*
Sudamo *1*
Mas tinta sudamo, Iuana, *207,24*
Sudando *8*
Que sudando aljofar, *142,17*
Que sudando aljofar, *142,35*
Que sudando aljofar, *142,53*
Si no ardientes aljofares sudando, *261,188*
Sudando nectar, lambicando olores, *261,393*
Sangre sudando, en tiempo harà breue *262,14*
I acaba perlas sudando. *356,12*
No la arte que sudando estudîòsa, *368,9*
Sudar *3*
(Que mas fue sudar sangre que auer frio)
    117,12
Sacros troncos sudar fragantes gomas, *263,923*

Del barniz, ha de sudar *479,3*
Sude *1*
Vn marido, i sude yo, *227,52*
Sudor *11*
El honesto sudor tu blanca frente. *25,42*
Del sudor precioso *50,39*
El sudor en perlas, *79,80*
Dèl sueño con sudor solicitado. *120,42*
Beuer el sudor haze de su frente, *263,570*
O el sudor de los cielos, quando liba *264,296*
Cauallo, que el ardiente sudor niega, *264,967*
Sudor facil, i quan bien *285,34*
Lo Rengifo en el sudor *288,43*
Porque el sudor de vn hidalgo *288,45*
El sudor depone casto. *356,24*
Sudores *1*
Alambiques! I aun sudores. *269,1954*
Suegra *1*
De la suegra substitutos, *322,228*
Suegro *8*
caxero de el suegro hecho *229,774*
Dice en ella vuestro suegro. *229,1116*
Galeaço suegro mio? *229,1121*
al palacio de tal suegro, *229,2039*
a su suegro con Donato, *229,2412*
como el suegro que està acà. *229,2547*
Ciuil magnificencia, el suegro anciano,
    263,853
Al flaco pie del suegro desseado. *264,651*
Suela *1*
la suela de mi chapin, *229,1656*
Suelas *3*
Rhetorica de dos suelas! *229,245*
embustero de tres suelas. *229,2789*
Melindre de quatro suelas. *269,800*
Suele *13*
La que suele darme *5,75*
Sombras suele vestir de vulto bello. *44,11*
La niebe suele hazer. *78,92*
Que el Alua suele vertir; *82,28*
Gusto dà mas que dar suele *85,23*
Pues quien acabar suele en vna paja *182,7*
Ceuar suele, a priuanças importuna. *219,13*
No suele al Egypto el Nilo *229,370*
La razon suele eso hacer. *229,655*
Montañeses, quale suele de lo alto *263,988*
I qual suele texer barbara aldea *293,3*
Tempestades preuiendo, suele esta aue *404,33*
Quien en las tinieblas suele *483,13*
Suelen *4*
Que blancos suelen salir *3,10*
Se suelen seguir *8,6*
Suelen de armadas Rèàles *97,39*
Suelen, si no por boçales, *266,9*
Suelo *31*
Por el suelo Andaluz tu Real camino *22,7*
Fatigaua el verde suelo, *26,17*
Lo que ai de la cincha al suelo. *49,48*
Chinas por el suelo, *50,68*
Por los estraños rastros que en el suelo *52,13*
Lo que por acà es el suelo, *58,10*
Cuio suelo viste Flora *63,189*
Mas por auer tu suelo humedecido *77,82*
Crezca el mar i el suelo agote, *107,70*
No te conoce el suelo, *125,30*

La salud pise el suelo, *156,11*
Al fragoso, verde suelo, *215,42*
Octaua marauilla soys de el suelo; *229,22*
de palabras en el suelo. *229,1653*
que el pusiera el pie en el suelo. *229,3081*
(Despues que no pisa el suelo *241,7*
Fieras te expone, que al teñido suelo *262,10*
Vn pardo gauan fue en el verde suelo, *263,986*
Passos otro diò al aire, al suelo cozes. *263,1023*
Suelo de lilios, que en fragrantes copos *264,335*
I en los rubies dos, que admira el suelo, *269,1241*
Lastima es pisar el suelo. *301,23*
Trompa final compulsarà del suelo, *318,411*
De raios se bordò el suelo; *349,20*
Todas las cosas del suelo, *374,6*
Montes coronan de crystal el suelo, *402,7*
Vrtase al mundo, que, en tocando el suelo, *404,45*
Si no me negare el suelo *419,93*
Por el humido suelo de la plaza, *442,4*
Suelo menos barrido que regado; *476,4*
Que bañaua el verde suelo *499,322*

Suelta *3*
Suelta las riendas a Fauonio i Flora, *17,5*
I al viento suelta el oro encordonado *229,1046*
Suelta en trenças de crystal; *358,12*

Suelto *7*
Vn suelto cauallo prende, *57,6*
Hace verso suelto *65,233*
Vieras (muerta la voz, suelto el cabello) *120,30*
Vn toro suelto en el campo, *228,58*
Que en Boscan vn verso suelto, *228,59*
De el suelto moço, i con airoso buelo *263,996*
Al suelto cabello lei. *378,44*

Sueltos *3*
Entre los sueltos cauallos *57,1*
De tres sueltos Zagales *263,1051*
Hecha la entrada, i sueltos los leones, *464,1*

Suena *11*
Suena mal cuerda i garrote; *107,28*
Si vn valle "Angelica" suena, *131,123*
Que a su gusto suena, *160,68*
Ai como gime, mas, ai como suena, *287,9*
Gime i suena *287,10*
No suena mejor. *287,14*
Ai como gime, mas, ai como suena, *287,23*
Gime i suena *287,24*
No suena mejor. *287,28*
Que bien suena el cascabel! *301,46*
Que a trompa final suena, solicìta *404,18*

Sueña *3*
Fingiendo sueña al cauto garzon halla. *261,256*
No sè que sueña su encia. *269,1081*
Quien duerme en español i sueña en griego, *434,6*

Suenan *1*
Suenan dulces instrumentos; *414,42*

Suene *2*
Suene el cascabel, *208,11*
que suene mas vn violin *229,301*

Suenen *4*
Suenen las trompas, suenen, *354,21*

Suenen las trompas, suenen, *354,21*
Suenen las trompas, suenen, *354,43*
Suenen las trompas, suenen, *354,43*

Sueño *50*
Dormia sueño i soltura, *26,26*
Tu sueño, sueño de grullas. *26,104*
Tu sueño, sueño de grullas. *26,104*
La dulce municion del blando sueño, *44,3*
El sueño, (author de representaciones), *44,9*
I a Marqueses sueño cuestan *55,45*
Que daran por vos el sueño *58,34*
No le quita el sueño *65,157*
Sueño les traxistes *79,29*
No rompen mi sueño zelos, *83,41*
Que despertarà del sueño *87,82*
En vn parassismal sueño profundo, *101,2*
Dèl sueño con sudor solicitado. *120,42*
Con el dedo en la boca os guarda el sueño. *120,45*
Crecerà, i quitarà el sueño *121,145*
I entender que no son sueño *126,16*
La apacible fuente sueño, *131,115*
I al instrumento dèl sueño *142,39*
Rompe el sueño juntamente. *142,46*
No lisongee aquel sueño, *166,41*
Ocio sin culpa, sueño sin cuidado *203,68*
Sombras viste de sueño su cuydado. *229,9*
velando en sueño importuno. *229,3189*
Donde sus sombras solicitan sueño, *256,38*
El silencio del can siga i el sueño! *261,176*
Al sueño da sus ojos la armonia, *261,183*
Dulce Occidente viendo al sueño blando, *261,190*
Su deidad culta, venerado el sueño. *261,228*
El sueño afflija que affloxò el deseo. *261,236*
Vrbana al sueño, barbara al mentido *261,259*
La bruxula de el sueño vigilante, *261,290*
El sueño de sus miembros sacudido, *261,297*
Paces no al sueño, treguas si al reposo. *261,308*
Tropheos dulces de vn canoro sueño. *263,128*
Sueño le solicitan pieles blandas, *263,164*
Son de caxas fue el sueño interrumpido; *263,172*
Sueño le ofrece a quien buscò descanso *263,342*
Oi te conuida al que nos guarda sueño, *263,521*
Terminos le da el sueño al regozijo, *263,677*
Duro alimento, pero sueño blando. *264,342*
Mientras perdona tu rigor al sueño. *264,676*
I de las Musas sueño la armonia *280,17*
Sueño le debe fièl. *285,26*
Que los mortales han prescripto al sueño. *315,30*
Sueño le alterna dulce en plectros de oro. *318,448*
Que en aquel sueño importuno *322,182*
Fia el sueño breue, *349,9*
En la campaña de vn sueño. *354,4*
Engaña el sueño, negando *414,19*
A que noches deues sueño? *497,24*

Sueños *2*
Prossigue, velando sueños, *106,28*
La fee que se debe a sueños *322,185*

Suero *2*

Panal de suero cocido. *371,4*
I a las otras suero. *494,30*

Suerte *33*
De tal suerte, que quedauan *10,42*
Matò mi gloria, i acabò mi suerte. *20,11*
Donde la suerte le cupo; *27,26*
De suerte que mis ojos no las vean. *30,11*
De esta suerte sale el Moro *49,69*
Satisface desta suerte: *57,32*
La dulce Francia i la suerte. *59,40*
De suerte que los grandes, los menores, *77,32*
Que morir de la suerte que io muero. *100,14*
De suerte que ia soi otro segundo *101,7*
De sus joias; mas la suerte *122,46*
Que quien viue dèsta suerte, *206,16*
Dèsta suerte es bien que viua; *206,17*
que de aquella misma suerte *229,1093*
De blancos cisnes, de la misma suerte *264,252*
Pues lo lleuas de essa suerte, *269,126*
Incredulo desta suerte, *269,578*
De suerte, amigo, que dizes *269,605*
I de la suerte que vn ojo *269,701*
Mi buena suerte bendigo. *269,1853*
Hierue, no de otra suerte que el camino *279,31*
Congoxale esto de suerte, *288,41*
De qualquier suerte se pierden *332,5*
Conducida desta suerte *333,78*
Mas que la dichosa suerte, *347,6*
Canta la Fama de suerte *347,7*
Examine mi suerte el hierro agudo, *396,9*
Pues lo ha querido assi la suerte mia, *398,2*
Grosero aliento acabarà tu suerte. *466,11*
Pues de tal suerte corria *499,140*
Ni aun entiendo de que suerte *499,181*
Desta suerte. Tuerce bien. *499,215*
De essa suerte lo harè, *499,240*

Suertes *2*
de todas suertes de paños. *229,2989*
Porque en suertes entrè, i fui desgraciado, *433,6*

Sufficiente *1*
Testigo sufficiente, *103,34*

Suffragios *1*
Suffragios de PHILIPPO: a cuia vida *323,10*

Suffrala *1*
Suffrala quien naciò en ella *229,706*

Suffre *5*
Que el que mas suffre i mas calla, *37,7*
Oi a vn moçuelo no suffre. *75,24*
Nilo no suffre margenes, ni muros *219,1*
no suffre carga otra cosa. *229,693*
Suffre tus prerrogatiuas, *259,31*

Suffren *1*
que suffren las alquerias, *229,518*

Suffriere *1*
Que como leño suffriere *37,19*

Suffrimiento *2*
que al suffrimiento honra tanto, *229,703*
Quan mudo es mi suffrimiento, *348,8*

Suffriò *1*
Que ia suffriò como iunque *75,22*

Suffrir *3*
En esperar i suffrir: *82,94*
que todo a suffrir enseña. *229,689*
para callar, i suffrir, *229,707*

Suffrirà *1*
Sathanas le suffrirà, *229,715*
Suffrirlas *1*
No pudo suffrirlas mas, *10,51*
Suficiente *1*
Su ombro illustra luego suficiente *318,249*
Sufran *1*
Lo menos luciente os sufran, *390,19*
Sufre *3*
que el estomago no sufre *229,816*
Si tu neutralidad sufre consejo, *263,518*
De espumas sufre el Betis argentado *318,73*
Sufrido *2*
Quan sufrido en los desdenes. *306,21*
Ha sufrido a la que ahora, *419,75*
Sufriò *1*
La cuerda no lo sufriò. *499,191*
Sufrir *2*
Sufrir muros le viò, romper Phalanges.
261,456
Absoluamos el sufrir, *418,1*
Sugecion *1*
Libertad por sugecion, *498,19*
Sugeta *3*
Dos vezes la sugeta a su obediencia. *1,26*
Lo mas libre sugeta. *125,40*
Esto que alcança i sugeta *177,21*
Sugetar *1*
Sugetar la mugercilla, *74,26*
Sugetàra *1*
Pensò que la sugetàra *74,5*
Sugeto *2*
Que està mui flaco el sugeto. *269,1896*
Dignando de dos gracias vn sugeto. *318,224*
Sujecto *1*
Digno sujecto serà *322,13*
Sujeta *1*
Para dexarla a su pesar sujeta, *499,43*
Sujeto *4*
(Por tener sujeto Amor *61,53*
tal io inclinado, i sujeto *229,174*
vn sujeto mui gallardo. *229,829*
tuio, libre, ni sujeto; *229,1571*
Sujetò *1*
Al que sujetò al Dios Marte), *61,54*
Sultan *1*
Eres Sultan Bayazeto, *229,1502*
Sultanes *1*
El maior de los Sultanes, *61,6*
Suma *16*
Menosprecia la tortola, i en suma, *229,1070*
Pues que son? Seran, en suma, *229,1824*
Vos reduzis, ô CASTRO, a breue suma *244,9*
El terno Venus de sus gracias suma. *261,100*
Concentúòsa suma *264,182*
Expulso le remite a quien en suma *264,873*
Negra de cueruas suma *264,884*
Tan excelentes, que, en suma, *269,208*
Harà mui presto la suma *269,1732*
No fuera menor; i en suma, *269,1978*
En culto estilo ia con verdad suma. *279,9*
De las gracias reciprocas la suma *315,57*
En beldad, no en suma, *350,17*
Suma felicidad a ierro sumo! *392,11*
Si de su gloria la pureça suma *404,11*

Dar gloria en tan breue suma? *480,2*
Summa *6*
Con raios de desden la beldad summa, *32,12*
Os quiebra o deguella en summa, *105,94*
De los vicios; que io en summa *158,18*
Escriualo en breue summa, *168,16*
Gastò gran summa, aunque no han acabado
255,7
Quanto mas summa tan breue *269,1426*
Summas *1*
Qual dellos las pendientes summas graues
263,291
Summo *1*
Encarecimiento es summo *322,130*
Sumo *2*
Que del inferîòr peligro al sumo *264,918*
Suma felicidad a ierro sumo! *392,11*
Sumptúòsa *1*
Fabrica te construie sumptúòsa *315,67*
Superflua *1*
Tan superflua ostentacion *413,14*
Superîòr *3*
Ceptro superîòr, fuerça súàue *318,145*
Acto tan superîòr, *369,6*
A esphera superîòr, *390,26*
Superîòres *1*
De vuestros superîòres *190,7*
Supersticioso *1*
Baño es supersticioso del Oriente; *318,12*
Supiros *1*
Que se venden por supiros *149,53*
Supla *2*
O lo sagrado supla de la encina *262,22*
Supla las frutas de que se corona, *342,10*
Supliò *1*
Supliò munificencia tanta apenas. *368,36*
Supo *5*
Mas los que lograr bien no supo Midas *263,433*
Harpon vibrante, supo mal Protheo *264,425*
Templarte supo, di, barbara mano *264,777*
Tan bien la audiencia le supo, *322,38*
Que leonada supo que es *370,9*
Supongo *1*
Que con empacho supongo. *242,4*
Supplan *1*
Pajaros supplan pues faltas de gentes, *203,19*
Supple *1*
Deffecto natural supple *242,113*
Supplica *1*
Os pide i supplica *65,252*
Supplicate *1*
Supplicate humilde, *79,101*
Supplico *1*
Supplico a vuesa mercè *229,1933*
Suppliquèla *1*
Lleguè humilde, i suppliquèla *229,2350*
Supplir *1*
Si es para supplir los suios, *229,1723*
Suppone *1*
Que aun de Roble suppone ligereça. *451,8*
Supremo *3*
De el Monarcha supremo; que el prudente
203,89
Ô mar! ô tu, supremo *264,123*
Valdes, Valdes, nuestro supremo estado *462,5*

Supremos *1*
Para fauorecer, no a dos supremos *264,659*
Supuesto *1*
Que supuesto que escribes boberì, *468,13*
Sur *6*
Bien puedes al mar dèl Sur *38,23*
El nacar del mar del Sur, *82,35*
que el Sur a sus caracoles, *229,553*
Con la que illustra el Sur cola escamada
263,428
Entre las conchas oi del Sur esconde *264,774*
Todo el Norte, i todo el Sur. *269,420*
Surca *3*
Violante. Los aires surca, *229,1402*
De quanta surca el aire acompañada *263,950*
Que velera vn Neptuno i otro surca, *264,565*
Surcaba *1*
En que alegre el mar surcaba *97,5*
Surcada *1*
Surcada avn de los dedos de su mano. *261,64*
Surcado *2*
Nouillos (breue termino surcado) *263,849*
Que en cenizas te pienso ver surcado *318,383*
Surcan *2*
Que el mar de Bretaña surcan; *26,36*
Ia surcan el mar de Denia, *132,29*
Surcando *1*
Surcando ahora pielagos de arenas *230,29*
Surcar *2*
Qual en los Equinoccios surcar vemos *263,603*
Surcar pudiera miesses, pisar ondas, *263,1032*
Surcara *1*
Dexado al arca ondas que surcara. *402,4*
Surcaron *1*
Peinan las tierras que surcaron antes, *261,162*
Surco *2*
Que vario sexo vniò i vn surco abriga. *261,480*
El primero breue surco. *322,240*
Surcò *1*
Surcò labrador fiero *263,370*
Surto *1*
Nadas mas quando mas surto; *322,236*
Susanas *2*
las Susanas de estos viejos. *229,3165*
con aquestas tres Susanas. *229,3173*
Suspenda *1*
Suspenda, i no sin lagrimas, tu passo, *368,1*
Suspende *8*
Que si canta, se suspende *95,45*
"Suspende, ô caminante, *103,77*
El lunado arco suspende, *131,95*
Quien suspende, quien engaña *158,36*
Que os suspende el quiebro, *160,33*
Suspende, i tantos ella *264,588*
Cinthia por las que suspende, *333,38*
Suspende Apolo, mas en lugar de ella *424,2*
Suspenden *2*
Le suspenden sus afanes *269,960*
Con el vno i el otro se suspenden: *472,9*
Suspender *1*
La fuga suspender podrà ligera *261,134*
Suspendia *2*
Los suspendia cient mil veces. Tanto *33,13*
Cuia sombra suspendia, *275,65*
Suspendida *1*

Al tronco de Minerua suspendida *368,29*

Suspendido *6*

Suspendido *209,4*

Suspendido *209,19*

Suspendido *209,34*

Si suspendido te quedas *214,12*

Del suspendido plomo, *264,479*

Te acclama, ilustremente suspendido. *426,11*

Suspendiendole *1*

Suspendiendole de officio, *106,11*

Suspendiò *2*

Oro te suspendiò i plata; *416,11*

Que mil affectos suspendiò frondosa, *467,3*

Suspensa *2*

Que suspensa no siga el tierno accento, *35,13*

Alterada la Nympha estè, o suspensa, *261,291*

Suspension *1*

(Gloriosa suspension de mis tormentos), *44,8*

Suspira *5*

Oie piadoso al que por ti suspira, *13,13*

Súàue Philomena ia suspira, *31,4*

Mas ama quien mas suspira, *126,3*

Fíèl adora, idolatra, suspira? *138,6*

Que en caña algun dios rustico suspira, *424,4*

Suspirado *1*

I lo suspirado el humo. *27,76*

Suspirais *1*

Por quien suspirais, señora? *229,3296*

Suspiran *1*

Los monteros te suspiran *48,49*

Suspirando *4*

I suspirando mil veces, *59,38*

Suspirando por la calle *74,31*

Que estais suspirando aqui *161,135*

Ethna suspirando humo, *384,9*

Suspirar *2*

Llorar sin premio i suspirar en vano. *19,14*

I a suspirar i gemir *82,90*

Suspire *2*

Suspire recio i con fuerza, *62,62*

Quien aurà que no suspire? *121,67*

Suspiro *17*

Vn ardiente suspiro de su pecho, *18,10*

Que al llanto i al suspiro fue de cera. *18,14*

I tu, mi dulce suspiro, *39,47*

" — Recibe allà este suspiro *62,57*

Que han de andar llanto i suspiro *62,63*

Con vn suspiro, que fuera *88,89*

Mientras suspiro humo, i lloro fuego". *116,27*

Mientras suspiro humo, i lloro fuego". *116,42*

Mientras suspiro humo, i lloro fuego". *116,57*

Suspiro por Mocejon. *229,3297*

Os rempuje algun suspiro, *242,135*

Suspiro que mi muerte haga leda, *264,154*

Quando vn suspiro de a ocho, *322,439*

Bolbiò a vn suspiro tan solo, *357,30*

Conduzga solo vn suspiro, *384,33*

Grana es de poluo al vltimo suspiro. *421,22*

Presentadle en las alas de vn suspiro *461,7*

Suspiros *28*

Dè mil suspiros sin son, *6,14*

Suspiros i redes lança, *9,6*

Los suspiros por el cielo *9,7*

Los suspiros i las redes *9,13*

Volad al viento, suspiros, *9,41*

Suspiros tristes, lagrimas cansadas, *19,1*

Los suspiros desatan i remueuen, *19,6*

Aunque despues con suspiros *28,43*

Las lagrimas i suspiros *38,19*

Ardientes suspiros lança *57,19*

De sus suspiros la causa, *57,27*

De mis suspiros ardientes, *57,38*

Con lagrimas i suspiros *64,27*

Que lleuais suspiros *79,87*

Ia que no suspiros, *79,107*

Suspiros lança su pecho *106,32*

Los suspiros lo digan que os embio, *109,7*

Lagrimas i suspiros son de ausencia. *109,14*

Mi fee suspiros, i mis manos flores. *169,14*

De suspiros i de voces, *179,34*

En suspiros con esto, *263,503*

Con los suspiros de vn sol *322,247*

Suspiros no, que abrasaran tu vela. *345,21*

Fueron suspiros despues! *353,24*

Con el zefiro suspiros, *357,79*

En los suspiros cultos de su auena. *365,14*

Ni aun en suspiros el alma *377,3*

Abraso en suspiros io. *390,36*

Sustentar *2*

Io sustentar opiniones *269,441*

Que no puedo sustentar? *269,684*

Sustenten *1*

Porque sustenten sus ramas *58,59*

Sustento *1*

Que no sustento vna mula *269,443*

Susto *1*

Tocò a visperas de susto; *322,384*

Susurrante *2*

Susurrante i armado *256,7*

Susurrante Amazona, Dido alada, *264,290*

Sutil *4*

(Sus espaldas raiando el sutil oro *263,886*

A sutil hebra la que el huso viste; *318,444*

El sutil lazo mas graue, *383,9*

Lo mas sutil de sus alientos beue. *467,8*

Svene *1*

Svene la trompa belica *1,1*

Sydon *1*

Cubren las que Sydon telar Turquesco *263,614*

Syllaba *1*

Syllaba, siendo en tanto *264,188*

Sylogismo *1*

Desatenme el sylogismo *105,38*

Sylua *4*

I vna mui gran sylua *65,98*

Dèl Leon, que en la Sylua apenas cabe, *145,1*

Si armoníòso leño sylua mucha *290,12*

Solicitar le oiò sylua confusa, *312,23*

Syluosa *1*

Hazer de Athlante en la syluosa cumbre, *230,88*

Symetrica *1*

En symetrica vrna de oro. *319,10*

Syncopan *1*

La distancia syncopan tan iguales, *263,1052*

Syncopàra *1*

Para que le syncopàra *228,173*

Syrena *6*

De Syrena mortal lisonjéàdo, *218,4*

La mascara a la syrena, *269,174*

Syrena dulce i crúèl, *269,1155*

Syrena dulce, si no Sphinge bella. *292,11*

La tantos siglos ia muda Syrena, *318,126*

Escuchando a la syrena *389,43*

Syrenas *7*

El templo santo de las dos Syrenas. *169,8*

Al palacio Réàl, que de Syrenas *196,3*

Son de Syrenas con plumas, *214,9*

Golfo de escollos, plaia de Syrenas! *245,6*

Al Iuppiter marino tres Syrenas. *264,360*

Inuidia de Syrenas, *264,533*

Mueres Cisne llorado de Syrenas. *280,15*

Syrene *1*

De la diuina Syrene, *333,34*

Syrenos *1*

A no romadizarme sus Syrenos. *203,42*

Syrio *1*

Que el Syrio llama sepulchro; *322,492*

Ta *3*

a tu padre? Ta, ta, ta. *229,3153*

a tu padre? Ta, ta, ta. *229,3153*

a tu padre? Ta, ta, ta. *229,3153*

Tabanos *2*

"Vamonos, que nos pican los tabanos; *419,87*

Vamonos, que nos pican los tabanos; *419,95*

Tabaque *4*

I al tabaque se llegan todas. *494,7*

I al tabaque se llegan todas. *494,22*

I al tabaque se llegan todas. *494,37*

I al tabaque se llegan todas. *494,52*

Tabardillo *1*

De vn tabardillo dichoso. *83,20*

Tabernaculo *1*

Hagamos tabernaculo en el Pardo". *462,14*

Tabernero *1*

Ia el tabernero procura *495,41*

Tabla *5*

Debaxo de vna tabla escrita posa. *154,11*

Segunda tabla a vn Ginouès mi gruta *261,449*

Breue tabla delphin no fue pequeño *263,18*

En tabla redimidos poco fuerte *264,126*

En vez de tabla al anchora abraçado. *399,4*

Tablachines *1*

Tablachines i turbantes *63,136*

Tablado *1*

Paseò Gil el tablado, *357,57*

Tablados *1*

La plaça vn jardin fresco, los tablados *155,1*

Tablas *7*

Tablas seràn de cosas tan estrañas. *66,11*

Dar tablas para vn bufete, *88,16*

Las tablas de el baxel despedaçadas, *118,1*

Mejor que en tablas de marmol *131,119*

Antes faltarà, que tablas *132,51*

En tablas diuidida rica naue *261,433*

En tablas mas que de piedra *275,26*

Tablazos *1*

De tablazos del arca de Iafet, *473,10*

Taça *1*

No la taça le daràn, *210,13*

Tachones *1*

Dos tachones de la zona. *149,106*

Tacito *1*

Cornelio Tacito sea. *269,190*

Taco *1*

No es taco de su escopeta, *405,7*
Tactos *1*
Quando no anguila que sus tactos miente: *342,11*
Tadeo *37*
Tadeo, ven al instante, *229,143*
Tadeo. Temblando estoi. *229,210*
muy de burlas, Tadeo, estàs. *229,219*
Secreto que da en Tadeo, *229,234*
En Damas? Miente Tadeo. *229,308*
En amores? Tadeo miente. *229,309*
Tadeo, hijo, que es esto? *229,317*
Si Tadeo ahora fuera *229,446*
son, Tadeo, los crisoles *229,613*
que el hombre rico, Tadeo, *229,632*
si lo que digo a Tadeo *229,638*
Tal dices, Tadeo? Dilo *229,712*
Esta es, pues, señor Tadeo, *229,814*
Cubrete, Tadeo. No puedo. *229,910*
Mientras el crisol, Tadeo, *229,966*
Tadeo, a que eres venido? *229,1222*
aguardame, Tadeo. Miente, *229,1269*
de Seuilla. Que, Tadeo? *229,1285*
Ola, Tadeo, do estas? *229,1835*
Ola, Tadeo, a quien llamo? *229,1837*
Sal allà. Tadeo, sal. *229,1855*
llama, Tadeo, a Donato. *229,1884*
dexame, Tadeo, i dexa *229,1927*
Con Tadeo. Berzebu *229,2248*
Tu quieresme bien, Tadeo? *229,2250*
Eso no, Tadeo; no quiero *229,2466*
que es maior gloria, Tadeo, *229,2482*
A mi, Tadeo, me toca *229,2510*
Pues io, Tadeo, soi Iudas *229,2642*
Tadeo, sabreisme vos..? *229,2832*
Venid conmigo, Tadeo. *229,2854*
Ven, hijo Tadeo, ven. *229,3208*
Tadeo, esta es Isabela. *229,3255*
Tadeo, no es esto assi? *229,3271*
Quieres matarme, Tadeo? *229,3301*
con las burlas de Tadeo *229,3524*
a Tadeo con Laureta, *229,3542*
Tafetan *4*
La cruz en el tafetan, *132,35*
Que fuera de tafetan. *188,10*
Sin vara de tafetan, *288,58*
Si tafetan su testuzo, *322,114*
Tafetanes *1*
I los bien reportados tafetanes *66,7*
Tafilete *2*
Botines de tafilete *88,42*
Borcegui nueuo, plata i tafilete, *113,7*
Tafiletes *1*
Tafiletes calçadas carmesies, *263,317*
Tagarote *3*
Ha jurado vn tagarote, *107,38*
El tagarote Africano, *132,21*
Insolente pòeta tagarote, *474,3*
Tahali *1*
Los modernos tahali; *82,64*
Taheli *1*
De vn taheli pendiente dilatado. *499,99*
Tahona *1*
En la tahona de vn Relator, donde *203,71*
Tahur *2*

Que me duela dèl tahur *227,37*
A vno i otro tahur: *269,494*
Tahures *1*
I tahures mui desnudos *126,7*
Taimada *1*
Hasta que por barata i por taimada, *447,6*
Taimadas *1*
Murmuran que son taimadas, *495,28*
Taita *1*
I taita sus criaturas. *26,60*
Tajo *51*
I el rico Tajo en sus arenas cria; *36,8*
Antes que al Tajo partiesse; *59,30*
I tajos orilla el Tajo *59,83*
Al menos maioral del Tajo, i sean *60,13*
I al rubio Tajo deshaces; *63,200*
Al Tajo mira en su humido exercicio *67,3*
Dèl Tajo en la vega *79,6*
Dèl sagrado Tajo *79,19*
Iunto al Tajo queda, *79,98*
A tres nimphas que en el Tajo *83,63*
De el sagrado Tajo, viendo *87,38*
Si de las aguas del Tajo *87,61*
A vos digo, señor Tajo, *89,1*
En los campos dèl Tajo mas dorados *92,5*
I su occidente el Tajo. *103,83*
El Tajo, glorioso el buelo, *121,38*
Si de oro al Tajo no arena, *121,132*
Blancas palmas, si el Tajo tiene alguna, *128,3*
Pisado el iugo al Tajo i sus espumas, *163,9*
Que Ginoueses i el Tajo *167,79*
A quien del Tajo son en la riuera *198,3*
Ni aun los campos dèl Tajo estan seguros. *219,4*
que al Tajo i a su espesura *229,131*
a quien inuidioso el Tajo *229,460*
al Tajo, mi patrio norte, *229,585*
es beldad de el Tajo i gloria. *229,741*
A ellos serà el Tajo vrna pequeña. *229,1039*
Que, del Tajo en la orilla, *229,1041*
No al Tajo fue tan violento *229,1364*
Al Tajo le veria antes seguro *229,1937*
De labor aphricana, a quien el Tajo *229,2151*
Si al que oi de mitra el Tajo vee ceñido *229,2206*
El Tajo, que hecho Icaro, a Iuanelo, *229,2214*
I temiendo despues al Sol el Tajo, *229,2216*
si bien el Tajo glorioso *229,2338*
media ribera del Tajo, *229,2599*
Del Tajo illustran sagrada, *239,24*
Llorò el Tajo cristal, a cuia espuma *291,9*
A quien del Tajo deuen oi las flores *312,17*
Glorioso el Tajo en ministrar crystales *315,23*
Lo que es al Tajo su maior tributo; *318,84*
Que orilla el Tajo eterniza *319,8*
Quando vuelue, el Tajo rubio. *322,480*
Inundaciones del nocturno Tajo. *326,14*
Si el Tajo arenas dora, *344,5*
El Tajo su alcaide es, *353,4*
Tajo la venera vndoso. *357,12*
Las tres Auroras, que el Tajo, *376,1*
La que en el Tajo se queda. *384,16*
Que el Tajo os espera cysne, *390,47*
Mas fertil que el dorado Tajo riega, *458,3*
Tajos *2*

I tajos orilla el Tajo *59,83*
Con dos tajos me dexan por la cara. *229,1948*
Tal *178*
Que seguis milicia tal, *2,22*
De tal suerte, que quedauan *10,42*
Pues tiene tal gracia *11,14*
Tal que el mas duro canto enterneciera: *18,11*
I que es tal el regalado *28,65*
Que gobernar tal carro no presuma, *32,10*
Con differencia tal, con gracia tanta *41,1*
Tal, que juzguè, no viendo su belleça *47,6*
Tal, que por esquina *50,59*
Damas de condicion tal, *55,19*
El captiuo, como tal, *57,29*
Tal bofeton a vna bolsa, *58,51*
Al que tal passa por ella. *62,40*
Donde ai de arboles tal greña, *63,173*
Tal, que bien podria *65,50*
Es de tal humor, *65,85*
Con tal policia, *65,186*
Es tal, que dirias *65,190*
Tal, que las flacamente poderosas *72,7*
Tal, que su espada por su DIOS confunda *77,60*
Estàse el otro don tal *81,25*
Tal qual os la pinto aqui: *82,12*
De vna fee de vidrio tal *91,20*
Tal para Cadiz camina, *93,44*
Tal en carnes por Henero. *94,10*
Con tal que no muera nadie, *110,54*
Tal vez no solo la capa *111,41*
Pues tal polla mortifica. *124,18*
Bien tal, pues montaraz i endurecida, *128,12*
Su Venus Alemana, i fue a tal hora, *137,7*
Tal, que dò el Norte iela al mar su espada *145,12*
I fue tal la sofrenada, *149,103*
Passais por tal que siruan los balcones, *153,12*
El Medico, como tal, *161,97*
Tal sea el ataud de mi mortaja, *182,3*
I de mis guerras tal el instrumento. *182,4*
A la monja que almiuar tal le baja, *182,6*
Tal, Claudia bella, del rapaz tirano *197,5*
Tal coz el que quiçà tendrà mancilla *200,10*
Escaparse de tal por lo aguileño, *203,36*
Tal, que ninguno cudicia *204,5*
Tal, que con siluo subtil *226,90*
Como a buho tal, i entre ellos *228,91*
tal io inclinado, i sujeto *229,174*
Tal soi io, que se me niega *229,222*
Tal traicion? Tan gran desden? *229,347*
Tal dices, Tadeo? Dilo *229,712*
Si la honra obliga a tal, *229,1338*
tal quiero ser, i tal soi. *229,1411*
tal quiero ser, i tal soi. *229,1411*
tal como vna turbacion. *229,1465*
tal, que ahora no le injurio, *229,1560*
tronque el pie quando tal quiera. *229,1600*
Que mandas? Ai tal desden? *229,1799*
Cubrete. No harè tal. *229,1800*
que tal te ha puesto delante. *229,1817*
pisè blando. Quien tal Pisa *229,1853*
que a tal me obligue, i si a tal *229,1913*
que a tal me obligue, i si a tal *229,1913*
tal, que su persona sea *229,1917*
Que tal rebes me ha dado, sus desuios *229,1947*

Por ti? Si el en tal se mete, *229,1997*
al palacio de tal suegro, *229,2039*
i al cielo de tal esposa. *229,2040*
tal imaginas de mi? *229,2073*
hablar mas con hombre tal. *229,2090*
Tal quiero que succeda *229,2143*
Tal diligencia, i tan nueua *229,2244*
Tal io esta noche a Isabela *229,2434*
Tal sea tu salud qual es, *229,2626*
de Chipre, con tal decoro, *229,2679*
vna pyramide tal? *229,2713*
de donde cargas tal vez *229,2976*
Ai tal cosa? Ai tal porfia? *229,2994*
Ai tal cosa? Ai tal porfia? *229,2994*
tal respuesta, amigo fiel? *229,3115*
Andad con Dios. Tal desuio *229,3152*
No digais tal. Callad, Fabio. *229,3166*
en vuestro lenguage. Ai tal? *229,3217*
No ai tal, que es mentira esta. *229,3263*
Hase visto tal traicion? *229,3294*
Io a Seuilla tal alhaja? *229,3317*
quantos oi dixeren tal. *229,3362*
no compuso tal Comedia. *229,3391*
tal Babylonia? Aì afuera, *229,3417*
No lo es tal, que Lelio es *229,3435*
no le ha visto tal Toledo. *229,3477*
Iesus! No me digas tal. *229,3490*
Trabajo tal el tiempo no consuma, *244,11*
Ai quien distile aroma tal, en vano *248,7*
Tal, que el Dios se ha dormido *256,39*
Tal la musica es de Polyphemo. *261,96*
Tal redimiendo de importunas aues, *261,477*
Tal antes que la opaca nube rompa, *261,487*
Tal diligente, el passo *263,77*
Nautica industria inuestigò tal piedra; *263,379*
En tercio tal negar tal compañia *263,532*
En tercio tal negar tal compañia *263,532*
I en tan noble occasion tal hospedage. *263,533*
Tal vez creciendo, tal menguando lunas *263,607*
Tal vez creciendo, tal menguando lunas *263,607*
Caracteres tal vez formando alados *263,609*
Tal sale aquella que sin alas buela *263,638*
Viuora pisa tal el pensamiento, *263,747*
De copia tal a estrellas deua amigas *263,820*
Bien que tal vez sañudo *264,173*
Tal vez desde los muros destas rocas *264,418*
En los campos tal vez de Melîona *264,765*
Que potros tal vez noueles *266,7*
La niega con llaue tal, *268,45*
Cosa tal, i tan pesada, *269,182*
La que trae tal ochauario. *269,660*
No hareis tal por San Acacio, *269,773*
Que pensar tal no es razon, *269,866*
Dad, Casilda, a tal amante *269,913*
Que tal ia la mula es, *269,942*
Si tal hazeis; recebilda. *269,1071*
Tal violencia! Dios, Lesbina, *269,1106*
Tal sois, señora muger? *269,1150*
Esta noche tal fauor? *269,1210*
La lima de tal galan, *269,1288*
I mas tal amigo, a quien *269,1362*
Tal burla a Lucrecia? Amigo *269,1390*
Tal Leon teneis delante, *269,1575*

En tal punto, que, Gerardo, *269,1644*
La orina? No pidais tal, *269,1890*
De mi tal no se dirà *269,1932*
Plumas de vn Phenix tal, i en vuestra mano, *271,9*
Bien que de semilla tal *275,9*
I pluma tal a tanto rei debida. *279,6*
Tal el jouen procede en su viage, *279,22*
Porque el sucio Esgueua es tal *288,6*
Al pedir, con priessa tal, *288,102*
Tal del muro abrassado hombro robusto *294,7*
Con tal coro: *301,37*
I a la mula otro que tal, *301,50*
Noche tal, *303,8*
Si esta noche, o noche tal, *304,9*
Hormiga sà, juro a tal, *309,23*
Tal, que el pasto faltandole súaue, *313,5*
Quien de lo tal se admira, *313,20*
Tal vez la fiera que mintiò al amante *318,65*
Tal, escondiendo en plumas el turbante, *318,67*
Tal ia de su reciente mies villano *318,171*
Ministro escogiò tal, a quien valiente *318,253*
De joia tal quedando enriquecida *318,293*
Diligencia en sazon tal afectada, *318,465*
Arrimado tal vez, tal vez pendiente, *318,630*
Arrimado tal vez, tal vez pendiente, *318,630*
I ia tal vez al cuclillo. *351,12*
En sus jardines tal uez, *355,18*
Aduirtiendo que tal vez, *378,10*
(Tal conociera su Villa *410,3*
Pensando con ella el tal *412,3*
Tanto en pocos dias, i tal *416,21*
Porque otro tal no presuma *418,9*
Mas tal cariño te tengo *419,69*
I tal vez dulce inunda nuestra Vega, *431,3*
Quedando con tal peso en la cabeça, *451,1*
Fue tal, que templò su aire el fuego mio, *455,12*
Al pastor. A tal persona *477,8*
Santo me deuerà tal, *479,8*
Qualquier daño en tal persona, *490,2*
Que, en tal Rincon, cosa es clara *491,6*
Si corres tal vez risueño, *497,25*
Tal es el aparato que ha traido, *499,76*
Tal se mostrò aquel dia al monte armado *499,100*
I tal aquel Montero desdichado, *499,104*
Como con tal herida corrio tanto. *499,123*
Pues de tal suerte corria *499,140*
Si tienen, en tal lugar, *499,169*
Con tal fuerça i tan de veras *499,184*
Tal ombro, el arco tal mano. *499,231*
Tal ombro, el arco tal mano. *499,231*
Que tal merced alcancè! *499,243*
En trocar por vn don tal *499,254*
Porque tal estàs agora, *499,336*
Pero si te da tal pena *499,348*

Taladra *1*
Auxilfâr taladra el aire luego *264,910*
Taladran *1*
Que taladran almas, *160,119*
Taladro *1*
No el torcido taladro de la tierra, *263,304*
Taladrò *1*
Mas, ai, que taladrò niño *322,201*
Talamo *3*

Talamo de Acis ia i de Galathea. *261,336*
Al Fauonio en el talamo de Flora, *318,422*
Talamo hizo segundo *378,23*
Talandoles *1*
Sus muros i edificios va talandoles, *1,29*
Talares *3*
que tus talares, Mercurio, *229,1562*
Calçandole talares mi desseo; *264,600*
Los talares de Mercurio *322,210*
Talego *1*
Le flechò de la aljaua de vn talego. *181,12*
Talegos *1*
De joias i de talegos; *122,18*
Talento *5*
Consagrad, Musas, oi vuestro talento *182,5*
De su talento, a la costa *242,47*
Talento el que no solo de alabança, *318,186*
Gasta en seruir las Damas tu talento, *435,9*
Vences, en talento cano, *487,1*
Tales *26*
Tales de mi pastora soberana *18,5*
Tales eran trenças i ojos, *26,81*
Por ella en tales paños bien podia *47,10*
Labrada de piedras tales, *63,58*
Son tales, que avria, *65,66*
De los tales no te asombres *91,30*
Porque, aunque tuercen los tales *91,31*
En virtud de tales manos *131,39*
Auiendose de veer fiereças tales. *201,14*
Desperdicios tales, *216,14*
I no es mucho, en casos tales, *216,18*
Desperdicios tales, *216,34*
Desperdicios tales, *216,54*
Tales, que abreuia el cielo *229,20*
reniego de tales cosas. *229,793*
I para doblones tales *229,1174*
Tales, que podras leellas *229,1871*
Tales no oiò el Caistro en su arboleda, *264,525*
Tales no viò el Meandro en su corriente *264,526*
Garzon Augusto, que a coiundas tales *318,107*
Ô quanta le daran acciones tales *318,431*
Señas darà a los siglos dè si tales, *368,10*
Acclamarè a los tales, *421,18*
Llaues dos tales, tales dos espadas, *421,41*
Llaues dos tales, tales dos espadas, *421,41*
Tales manos: bien mereces *499,282*
Talle *4*
Comparado con su talle; *85,6*
Serenissimas Damas de buen talle, *153,5*
Siendo villano vn tiempo de buen talle. *154,8*
de su talle, o sus lisonjas. *229,781*
Tamaio *6*
En cas de Tamaio. *123,2*
En cas de Tamaio. *123,10*
En cas de Tamaio. *123,18*
En cas de Tamaio. *123,26*
En cas de Tamaio. *123,34*
En cas de Tamaio. *123,42*
Tamaño *2*
Razones de su tamaño: *96,136*
Cyclope no, tamaño como el rollo, *234,2*
Tamaños *1*
O reuerencia a satrapas tamaños. *454,11*
Tamara *1*

o la tamara encerrada? *229,1359*
Tamaraz *4*
"Tamaraz, que zon miel i oro, *301,38*
Tamaraz, que zon oro i miel, *301,39*
Tamaraz, que zon miel i oro, *301,44*
Tamaraz, que zon oro i miel". *301,45*
Tambien *43*
Tambien acudia *11,17*
Argúîamos tambien, *26,49*
Tambien le quisistes mucho, *27,30*
Tambien no le quita el viento. *49,64*
De Lisboa tambien *56,34*
Que ai tambien vnas cigueñas *58,37*
Tambien se apea el galan, *62,69*
Que ella me serà tambien, *64,31*
Cansada tambien, se apèa *73,46*
Fuerades tambien parrillas". *74,116*
I aun maliciosa tambien: *78,72*
Sino tambien el espada *111,43*
Testigo tambien tuio *129,13*
En alabanças tambien. *132,60*
El passéàdo tambien, *167,76*
Sino tu pasto tambien. *212,4*
Sino tu pasto tambien. *212,14*
Sino tu pasto tambien. *212,24*
La saludaron tambien, *217,24*
I en el rêîrse tambien, *217,82*
Tambien dice este Pôèta *228,21*
para casarse, i tambien *229,939*
que de firmeça tambien *229,1763*
i razon tambien le di *229,2415*
señora, i mi alma tambien; *229,2821*
Tambien he de hacer oi *229,3540*
I leiselo tambien, *269,272*
Tambien io a Casilda cedo *269,1074*
Escollo al mar no tambien, *269,1488*
Fue, i de la noche tambien, *287,30*
Brasildo llega tambien *301,60*
Dexò tambien casta el buei? *303,31*
— I io tambien. *306,12*
— I io tambien. *306,29*
— I io tambien *306,46*
En oro tambien el aprisionado. *341,4*
Viste sus flechas tambien. *378,36*
Le darè tambien corona; *413,7*
Tambien me borraràs la Dragontè, *468,5*
Tambien Monas tienen dientes. *490,25*
Viejas tambien salen, *494,24*
Se la rechaçan tambien: *495,21*
Por tocar pieça tambien: *495,30*
Tamboril *1*
Toca, toca el tamboril, *208,10*
Tamesis *1*
Iacobo, donde al Tamesis el dia *318,585*
Tampoco *1*
Tampoco es amigo *65,129*
Tan *390*
En tan tierna edad *4,12*
Tan corto el plazer, *4,13*
Tan largo el pesar, *4,14*
Pues Amor es tan crúèl, *7,38*
Viendo tan cerca la causa, *9,22*
I que tan lejos està *9,23*
De donde tan solamente *9,37*
De un pecho que es tan humilde *9,43*

A partes que son tan altas. *9,44*
Con tan grande estremo, *11,21*
Entre la yerba, corre tan ligera *25,6*
Pues en tan gran carrera *25,45*
No tan cruda ni bella, *25,57*
Cesse tan necio diluuio, *27,22*
Tan delicado i curioso, *28,37*
Tan curioso i delicado, *28,38*
La nariz tan en su punto; *28,80*
De fin tan tierno, i su memoria triste, *30,13*
Qual fina plata o qual cristal tan claro, *34,4*
Qual tan menudo aljofar, qual tan caro *34,5*
Qual tan menudo aljofar, qual tan caro *34,5*
Mano tan docta de escultor tan raro, *34,8*
Mano tan docta de escultor tan raro, *34,8*
Tan amargas como muchas: *39,20*
"De quien me quexo con tan grande extremo, *39,21*
De quien me quexo con tan grande extremo, *39,31*
De quien me quexo con tan grande extremo, *39,41*
De quien me quexo con tan grande extremo, *39,51*
Cantastes, RVFO, tan heroicamente *40,1*
No tan alborotada ni affligida, *43,6*
Tan hermosa como libre. *48,8*
Tan grandes son tus extremos *48,21*
Preciaste de tan soberuia *48,25*
Contra quien es tan humilde *48,26*
Tan galan como valiente *49,3*
I tan noble como fiero, *49,4*
Tan gallardo iba el caballo, *49,45*
Por tan gran milagro *50,5*
A seruidores tan llenos *55,47*
Aunque no tan bien, *56,61*
Que tan tiernamente llore *57,23*
Quien tan duramente hiere, *57,24*
Ô que estomagos tan buenos! *58,56*
Tan en pelota, i tan juntos, *59,21*
Tan en pelota, i tan juntos, *59,21*
Que no ai turquesas tan finas *61,33*
Fue tan desdichado en paz, *61,47*
Tan populosa i tan grande, *63,10*
Tan populosa i tan grande, *63,10*
Tan altos, que casi quieren *63,19*
Donde tan bien las fingidas *63,41*
Tan perfecta, aun no acabada, *63,93*
Donde se veen tan al viuo *63,161*
Tan gallardas sobre bellas, *63,205*
Tan discretas de razones *63,209*
I tan dulces de lenguage, *63,210*
Tan noble como hermosa, *64,5*
Tan amante como amada, *64,6*
Tan dulce como enojada, *64,44*
Que es tan peregrina *65,14*
Tan reconocida, *65,80*
Tan en demasia, *65,106*
Tablas seràn de cosas tan estrañas. *66,11*
De vna tan gran carroça se embarça; *68,6*
En numero de todo tan sobrado, *72,24*
Aunque nunca tan bien huelan. *73,44*
Quedò la Corte tan sola, *73,53*
Tan grandes, que juraria *74,70*
Porque era tierra tan fria, *74,94*

Para quien no tan solo España ara, *77,73*
(El Betis, rio, i Rei tan absoluto, *77,76*
Tan dichoso fuera el Moro *78,9*
(Tan estremo en el correr, *78,42*
De mano tan dura *79,115*
Dexòla tan niña, *80,5*
En tan vergonçosas llamas, *83,27*
I he de ser tan inhumano, *83,29*
Tan dulce olorosa flor, *85,4*
Los ojos, (ia no tan bellos), *87,86*
Tan leido como escrito, *89,10*
Tan assaeteado estoi, *90,23*
Con tan inuisibles alas *91,10*
Alcança vista tan buena, *93,11*
Tan flaco en la carne el, *96,23*
I tan corta, que ha guardado *96,58*
Tan solicito en ceuarse *96,67*
Como tan largo me veen, *96,117*
De unos vidrios tan doblados, *96,150*
Fiscal tan insolente, *103,58*
Que no ai cosario tan fiero, *106,24*
I tan buenas, que el Doctor *110,63*
Tan deudo del Conde Claros, *111,7*
Que de rios dèl yelo tan atados, *120,4*
Dèl agua tan crecidos, *120,5*
No ai guardas oi de llaue tan segura *120,13*
De aue tan esclarecida. *121,40*
De paxaro tan galan. *122,48*
(Nunca fuera tan querida) *123,22*
I tan seglar se quedò, *130,6*
Oi tan sin orden se vee, *130,8*
Por tan mala qualidad. *130,36*
Que seruicios tan honrados, *132,69*
I de Achates tan fîèl, *132,70*
Dixo, los años de tan gran tropheo". *137,14*
Pero no son tan piadosos, *143,17*
Quiçà tan profundamente, *149,23*
Tan zelada de su padre, *149,35*
De inuocar piedad tan sorda, *149,72*
Tan fuertes, que Flordelis *167,32*
Antes dèl es tan distinto, *168,8*
No tan solo no le mato, *168,28*
Que, siendo tan muda vos, *176,17*
(Pues ia tan mal se corresponde a ruegos *201,10*
Tan ceremonîòsamente viue, *203,100*
Tan generosa i tan rara, *206,8*
Tan generosa i tan rara, *206,8*
Tan mal con el hierro està *208,22*
De tan gran señora, i quien *217,26*
Tan muertos en vna red *224,3*
Tan liueral, aunque dura, *226,5*
Contienen, tan pobres ambos, *228,6*
I Orpheo tan desgraciado, *228,42*
Del templo tan visitado. *228,64*
Mas tan dulce, aunque tan baxo *228,106*
Mas tan dulce, aunque tan baxo *228,106*
I tienenle tan picado, *228,170*
Vencella farol tan flaco. *228,200*
Culpas tan graues, i mas culpas mias, *229,31*
Pues oy tan vîòlada *229,35*
porque en destierros tan largos, *229,133*
Este correr tan sin freno, *229,162*
Tan resuelto estais en ello? *229,190*
Tan rico Camilo es? *229,274*

Ai de mi, que si es tan rico, *229,275*
Fabio, si mi fee es tan poca, *229,314*
Tan dados las manos, di, *229,336*
Tal traicion? Tan gran desden? *229,347*
tan de Corte, que es guadaña, *229,574*
tan forzado galéòte, *229,595*
que, aunque la venta es tan mala, *229,675*
tan descargada i tan llana, *229,691*
tan descargada i tan llana, *229,691*
tan legal como debia, *229,776*
tan doble como le importa; *229,777*
Que tan simil tuio es? Si, *229,872*
pero io tan mal abraço *229,887*
tan junto a su casa està. *229,941*
I de este tan pretendida, *229,942*
es negocio tan ligero *229,948*
que, por ser tan peregrina, *229,1000*
pues tan remozado me has. *229,1011*
Tan breves son los terminos de el dia, *229,1028*
tanto, tan necio cuidado *229,1089*
de Sevilla, i tan sin pies, *229,1113*
Tan lindo Petrarcha es el, *229,1186*
Tan desesperado estoi' *229,1208*
I io tan menospreciada? *229,1209*
I tan parecida a ti, *229,1308*
tan aspero como aqueste. *229,1321*
que vn affecto tan terrible *229,1350*
tan cortès como tardia *229,1357*
No al Tajo fue tan violento *229,1364*
si han de amar tan neciamente. *229,1387*
Tan de azul, tan de purpura teñida *229,1455*
Tan de azul, tan de purpura teñida *229,1455*
tan antiguas como el, *229,1540*
tan libre de mis cuidados, *229,1545*
pie que estuuo tan vecino *229,1621*
Fabio, os tengo, i tan ligero, *229,1860*
tan dulce, tan penetrante, *229,1911*
tan dulce, tan penetrante, *229,1911*
tan dorado, tan mortal, *229,1912*
tan dorado, tan mortal, *229,1912*
De tan gallarda persona, *229,2092*
Tal diligencia, i tan nueua *229,2244*
i tan sin pensarlo ardi, *229,2303*
i tan de marmol, que oir *229,2391*
Tan loca soi? Tan cuerdo eres, *229,2653*
Tan loca soi? Tan cuerdo eres, *229,2653*
Tan hija soi de Ethiopia *229,2656*
Tan assombradiza me halla? *229,2742*
de vnas canas tan honradas. *229,3045*
De confusion tan prolixa *229,3178*
Como os veo tan priuado *229,3215*
tan claros como esta sala. *229,3223*
tan buen viejo no hacia, *229,3230*
Tan buena soi como ella, *229,3323*
si es tan cielo el de la estrella *229,3324*
Digo que fingis tan bien, *229,3336*
Para escrupulos tan sordos *229,3440*
Abraçadme tan estrecho *229,3514*
Baculo tan galan, mitra tan moça. *231,4*
Baculo tan galan, mitra tan moça. *231,4*
Como sobran tan doctos Hespañoles, *233,5*
Tan commensal, tan hermano *242,9*
Tan commensal, tan hermano *242,9*
Tan serenos, que le tienen *242,27*
Es tan rudo su merced, *242,85*

Tan pegado a las paredes *242,133*
Prission tan cerrada al fin, *243,14*
A quien por tan legal, por tan entero, *251,7*
A quien por tan legal, por tan entero, *251,7*
Tan al tope, que alguno fue topacio, *254,10*
Partiòse al fin, i tan brindadas antes *254,12*
Tan breue ser, que en vn dia que adquieren *256,14*
Que vn gusano tan sin pena *258,7*
Tan vocinglero instrumento: *259,15*
O tan mudo en la alcandara, que en vano *261,11*
Baston le obedecia tan ligero, *261,54*
I al graue peso junco tan delgado, *261,55*
Huiera, mas tan frio se desata *261,221*
Pastor soi; mas tan rico de ganados, *261,385*
Tan golosos, que gime *263,300*
La sombra aun de lisonja tan pequeña. *263,334*
Quedese, amigo, en tan inciertos mares, *263,499*
I en tan noble occasion tal hospedage. *263,533*
Virgen tan bella, que hazer podria *263,783*
Progenie tan robusta, que su mano *263,821*
Si no tan corpulento, mas adusto *263,1012*
Mancebos tan velozes, *263,1027*
La distancia syncopan tan iguales, *263,1052*
Tan generosa fe, no facil honda, *264,161*
Gauia no tan capaz; estraño todo, *264,273*
Marmol al fin tan por lo Pario puro, *264,698*
De Pompa tan ligera. *264,798*
Tan vezino a su cielo *264,804*
Tan mal offrece como construidos *264,947*
Tan valiente, si galan, *267,7*
Tan sorda piedad accusa *268,29*
Lei tan bestialmente impressa *269,6*
Tan discreto Marte està, *269,12*
De azero tan mal templado, *269,73*
Tan fielmente, que del sino *269,168*
Cosa tal, i tan pesada, *269,182*
Publicar tan gran rebes; *269,188*
Tan excelentes, que, en suma, *269,208*
Entra a vn hombre tan honrado, *269,244*
Traen penachos tan solenes, *269,333*
Que fueron de vñas tan malas. *269,350*
Tan amigo i tan señor. *269,784*
Tan amigo i tan señor. *269,784*
Pero en tan fuerte ocasion, *269,791*
El tenellos tan a punto. *269,814*
Tan agradecido quedo *269,827*
Doctor, tan impertinentes: *269,838*
Vàlgame Dios! I tan recia *269,882*
Para no tan solo en ellas *269,909*
Que socarron tan crúèl *269,950*
Tan señora de vassallos, *269,1079*
Que cosa tan porfiada! *269,1094*
(Que tan por su mal fue pastor Ideo) *269,1227*
Pues son de pie tan gallardo. *269,1279*
Vn Doctor, tan bachiller, *269,1307*
Quanto mas summa tan breue *269,1426*
Tan gran esquadron de gente *269,1578*
I Paladîon tan fiero *269,1582*
Por hazer tan rico empleo *269,1620*
Mas tan prendado està Enrico *269,1622*
Tan léàl como el del beso. *269,1647*
Tan enfermo, i tan galan? *269,1722*

Tan enfermo, i tan galan? *269,1722*
Tan hermosa viua quies *269,1728*
Rios tan crecidos, que *269,1751*
Tan bien nacida occasion, *269,1831*
Tan flaco el subjecto, que *269,1918*
Tan confessor, como el Cura *269,1983*
Escriba, lo que vieron, tan gran pluma, *271,12*
Que el se entrò en la Ciudad tan sin aliento, *273,7*
Perdonadme el hablar tan cortesmente *273,12*
Tanto i tan bien escribiò, *275,41*
Tan grato como pobre aluergue, donde *281,23*
De arroio tan obliquo, que no dexa *281,29*
Que dirè a cera tan loca *284,11*
O a tan alada osadia? *284,12*
Tan dulce, tan natural, *285,41*
Tan dulce, tan natural, *285,41*
Tan libre como sali. *286,28*
Cuchilladas tan mortales *288,27*
Con voz doliente, que tan sorda oreja *295,13*
tan sonora, tan bailada *301,63*
tan sonora, tan bailada *301,63*
Tan modesto en los fauores, *306,20*
Años, pues, tan importantes, *306,31*
I tan otro al fin, que haze *307,3*
I tan otro al fin, que haze *307,16*
I tan otro al fin, que haze *307,29*
Ma tan desnuda que vn bueia *308,23*
Que Rei tan fuera de aqui *309,11*
Tan bella en Marmol copia, ô caminante, *312,14*
En poner tan contina *313,2*
El luminoso horror tan mal perdona, *315,33*
En bordadura pretendiò tan bella *315,55*
Pastor, mas de virtud tan poderosa, *315,69*
Argos de nuestra fee tan vigilante, *315,74*
Tan digno throno quan debido culto. *315,80*
Tan ponderosamente, que resulta *318,166*
A expectacion tan infalible iguales, *318,194*
Tan exhausta, sino tan acabada, *318,265*
Tan exhausta, sino tan acabada, *318,265*
Tan gran Corona de tan gran Tîara, *318,294*
Tan gran Corona de tan gran Tîara, *318,294*
A raio illustre de tan gran corona, *318,323*
En coiunda feliz tan grande estado, *318,427*
El que a tan alto asumpto delegido, *318,603*
Tan bien la audiencia le supo, *322,38*
Tan mal te olia la vida? *322,433*
Tan graue pie desconcierta *330,2*
Cresced a fines tan esclarecidos, *335,9*
Aue Rèàl de plumas tan desnuda, *338,1*
Con que tan rico me hallo, *346,2*
Aprouechando tan poco. *348,20*
Secreto tan soberano *348,23*
Perdido, mas no tan loco. *348,30*
Tan en fauor de mi intento, *348,38*
Tan luminoso, tan raro, *352,30*
Tan luminoso, tan raro, *352,30*
De tan altos pechos vee, *353,14*
Tan hijo i mas del Alcaide, *355,11*
Copia hecho tan fièl, *355,54*
Que tan vana es la de oi *355,63*
Bolbiò a vn suspiro tan solo, *357,30*
De tan bello sol Coloso. *357,40*
Tan desmentidos sus copos, *357,62*

Tan bella como diuina, *358,3*
Tan culto como galan. *358,4*
Tan copiosa de lagrymas ahora *368,33*
Acto tan superiòr, *369,6*
Tan vno como infinito, *373,10*
De tiniebla tan crúèl, *374,10*
Tan bellas, que el pide raio *377,19*
Adorolas, i tan dulce, *377,21*
Tan mental culto las doi, *377,22*
Que tan celebrada es, *378,6*
Tan aguila fuere en esto, *378,47*
Beneficio tan simple, que sea bobo. *379,14*
Que tan dulce me lastìma. *383,2*
Tropiezo tan a compas). *387,6*
I tan singular, *388,10*
A mesa el hombre tan limpia, *388,14*
I tan singular, *388,22*
I tan singular, *388,34*
No a mi ambicion contrario tan luciente, *392,12*
Beuiendo raios en tan dulce sphera, *403,9*
De impulso tan diuino que acredita *404,22*
Entrastes tan mal guarnido, *409,2*
No se vio en trance tan crudo, *409,6*
Sois tan roma, que colijo, *411,5*
Soplillo (aunque tan enano) *411,19*
Sobre nariz, pues, tan braca, *411,29*
De si ia tan poco auara, *412,41*
Forma sacando tan nueba *412,50*
Tan superflua ostentacion *413,14*
Si no pretension tan necia, *413,15*
— Amiga si, i tan sin pena *419,50*
Vocas, de paz tan dulce alimentadas, *421,40*
Tan libres podran ia como deuotos *421,51*
Vn tan baliente soldado? *423,20*
Con doctrina i estilo tan purgado, *425,12*
De dos vezinos tan particulares, *443,3*
Muger tan santa, que ni escapulario, *450,2*
O bien aia tan rigida abstinencia! *452,8*
O bien aia modestia tan ociosa! *452,11*
O mal aia ambicion tan ambiciosa! *452,14*
Tan sancto lo haga Dios como es Letran. *453,8*
Para ruido de tan grande trueno *458,5*
Y de eso estan las piedras tan comidas. *459,11*
Aia tan presto el mueble acrecentado. *462,4*
Para tan breue ser, quien te diò vida? *466,2*
Para viuir tan poco estàs lucida, *466,3*
Io os vi tan vno, que os sobrò vna vida, *470,3*
Llegò al infierno a tiempo tan obscuro, *472,3*
Hija Musa tan vellaca, *477,6*
I en delictos tan soezes, *477,31*
Tan ciruelo a san fulano *479,1*
Dar gloria en tan breue suma? *480,2*
De su ignorancia tan grassa, *483,6*
En vna mano tan buena. *490,5*
Fue el mostraros tan esquiua *490,17*
No ha estado a tercia tan buena *490,27*
Pues tan buen esposo cobras *498,3*
I tan ruin marido dejas, *498,4*
I de vna edad no tan tierna. *498,24*
I siga io, tan libre como agora, *499,28*
Tan ligero el corço es. *499,124*
Rompiste tu vna tan fuerte *499,182*
Con tal fuerça i tan de veras *499,184*
Entre matas tan espesas. *499,205*

El don Siluio es tan galano, *499,228*
Que a los dos fui tan cruel, *499,233*
Tan terrible la picada, *499,329*
Taña *4*
Taña vn macho con vn ojo, *161,71*
Taña el mundo, taña; *300,17*
Taña el mundo, taña; *300,17*
Taña el zambra la jaueuà, *305,9*
Tañan *9*
Tañan al Alua en Bethlem, *300,3*
Tañan, tañan, *300,4*
Tañan, tañan, *300,4*
Tañan al Alua en Bethlem, *300,29*
Tañan, tañan, *300,30*
Tañan, tañan, *300,30*
Tañan al alua en Bethlem, *300,42*
Tañan, tañan, *300,43*
Tañan, tañan, *300,43*
Tancredo *18*
Si a Tancredo cada dia *269,41*
Papel escribiò? Tancredo. *269,248*
O a buscar vas a Tancredo. *269,368*
I en la red anda Tancredo *269,499*
Que se los pidiò a Tancredo *269,603*
A Tancredo? A su mercè. *269,610*
De tu animo, Tancredo, *269,826*
Señor Tancredo, a mi no. *269,852*
Vestios, Tancredo, vn silicio. *269,884*
Si presta en oro Tancredo, *269,948*
Para vna mula Tancredo. *269,1077*
Tancredo viene, señores: *269,1162*
Enrico? Tancredo? Acà? *269,1166*
No sepa nada Tancredo. *269,1177*
Porque no venga Tancredo. *269,1325*
Gran pagador sois. Tancredo, *269,1391*
No haze Tancredo falta, *269,1412*
Luego irè. Oidme, Tancredo *269,1474*
Tancredos *1*
Desollaras mil Tancredos *269,963*
Tañen *8*
Si a su oido tañen *65,175*
Tañen en choros, tañen *414,29*
Tañen en choros, tañen *414,29*
Tañen todos los pastores *414,32*
Tañen en choros, tañen *414,38*
Tañen en choros, tañen *414,38*
Tañen en choros, tañen, *414,47*
Tañen en choros, tañen, *414,47*
Tañer *1*
No solo quiso tañer, *161,73*
Tangem *3*
A que tangem em Castella? *303,1*
A que tangem em Castella? *303,27*
A que tangem em Castella? *303,40*
Tañia *1*
Que tañia Gil Perales: *216,52*
Tañida *1*
Profundamente tañida *149,21*
Tanta *71*
Tanta versos historicos *1,43*
Tanta soledad, *4,56*
Tanta belleça en su profundo seno *16,13*
Beldad qual la de Clori, o gracia tanta. *22,14*
Con ligereza tanta, *25,9*
Con differencia tal, con gracia tanta *41,1*

Para tanta artilleria *55,26*
Porque a tanta salud sea reducido *60,9*
Que ha obedecido tanta gente honrada, *68,13*
I a tanta vela es poco todo el viento, *72,26*
Tanta sinrazon, *80,28*
Para tanta celosia. *98,48*
Tanta sangre paga en flores. *131,20*
Que nunca vna Deidad tanta fe engaña. *156,36*
I tanta ciruela passa, *159,59*
Tanta riqueça aborrece, *161,49*
Dulcissima fuerça i tanta, *177,15*
— Tanta gente? — Tomamoslo de veras. *183,5*
Con tanta obligacion no aspira a tanto. *203,90*
Fuerça da tanta, i valor, *211,5*
Si tanta distancia puede *228,199*
Si a tanta merced paga tanto agrauio. *229,61*
que tanta paciencia presta, *229,695*
pues tanta sal me han echado. *229,1857*
Que con tanto esplendor, con gloria tanta, *229,2163*
Quando raios de tanta luna mora, *229,2182*
I plumas de tanta aguila Romana, *229,2183*
En los mundos que abreuia tanta diestra; *230,73*
Que tanta modestia rompa *259,14*
Que, en tanta gloria, infierno son no breue *261,327*
(Que a tanta vista el Lybico desnudo *261,483*
Luz poca pareciò, tanta es vezina, *263,87*
Llegò, i a vista tanta *263,190*
Frustrados, tanta Nautica doctrina, *263,454*
Mientras el viejo tanta accusa tèa *263,653*
Tanta offrecen los alamos zagala, *263,664*
Mientras casero lino Ceres tanta *263,861*
En tanta plaia hallò tanta rúìna". *264,511*
En tanta plaia hallò tanta rúìna". *264,511*
Si fe tanta no en vano *264,605*
Con su numero el Sol. En sombra tanta *264,886*
De tanta inuidia era, *264,903*
Tanta preuencion o miedo. *268,56*
Tanta dicha en dar salud, *269,430*
Que a tanta dicha su blancura es poca: *269,1260*
Pues de tanta edad ageno, *269,1965*
Tanta vrna, a pesar de su dureza, *274,12*
Que tanta hambre no solo *288,85*
Deuida a tanta fuga ascension tanta. *298,48*
Deuida a tanta fuga ascension tanta. *298,48*
Tanta groria e tanta pena. *308,26*
Tanta groria e tanta pena. *308,26*
Postrase humilde en el que tanta esphera *315,41*
Tanta le mereciò Cordoua, tanta *318,55*
Tanta le mereciò Cordoua, tanta *318,55*
A la alta expectacion de tanta pompa. *318,472*
Decildes que a tanta fiesta *334,49*
Supliò munificencia tanta apenas. *368,36*
Tanta a la diuina causa *377,15*
Para tanta flor: *389,55*
Responda, pues, mi voz a beldad tanta; *395,12*
Fue el esperar, aun entre tanta fiera. *400,14*
A tanta lumbre vista i pluma fia. *403,8*
Ô quanta beberas en tanta escuela *421,10*

Tanta sana doctrina. *421,17*
Gouierno al fin de tanta monarchia, *421,57*
Corpo de San Tomè con tanta Reia *430,5*
I, ofendido de tanta competencia, *467,13*
A tanta luz que vieron su armonia. *472,8*
No tenga tanta barriga, *496,27*
Tienes ligereça tanta, *499,153*

Tantalo *1*
Mançanas son de Tantalo, i no rosas, *42,12*

Tantas *56*
Tantas el blanco pie crecer hacia. *15,4*
Contienen aquel nombre en partes tantas *30,3*
A tantas fojas se halla *37,6*
Tantas lagrimas recibes *48,70*
I al animal de Colchos otras tantas *52,3*
Tantas frutas de sartenes. *59,56*
De brotano tantas naues, *63,162*
Viendo dalle tantas bueltas: *73,126*
El fin de tantas desdichas; *74,106*
Tantas como dèllos *80,31*
Tantas vezes me lo dixo, *96,161*
Tantas al Betis lagrimas le fio, *109,2*
Tantas fuerças vn rapaz) *116,14*
Tantas contè, que mis penas *116,47*
Tantas son, i con ser tantas *116,48*
Tantas son, i con ser tantas *116,48*
Tantos dias, tantas veces *149,55*
Tantas letras, que es dolor *167,46*
Tantas como vuestros años *176,13*
Que tantas lenguas embia *176,19*
Tantas arras sabe dar *206,2*
No por tantas delicias lo robusto *229,46*
Rebolued tantas señas de mortales, *253,5*
Que marauillas tantas *256,60*
tantas flores pisò como el espumas. *261,128*
Viendo el fiero pastor, vozes el tantas, *261,470*
I tantas despidiò la honda piedras, *261,471*
Redimiò con su muerte tantas vides), *263,160*
Tantas al fin el arroiuelo, i tantas *263,259*
Tantas al fin el arroiuelo, i tantas *263,259*
Con tantas del primer atreuimiento *263,439*
Tantas orejas quantas guijas laua, *263,560*
Tantas vezes repita sus vmbrales, *263,814*
Ven, Hymeneo, i tantas le dè a Pales *263,832*
I Primaueras tantas os desfloren, *263,921*
Espada es tantas vezes esgrimida *264,458*
La alcançaron tantas voces *268,31*
Que tantas lagrimas cuesta? *269,1031*
Cuio thumulo son aromas tantas: *272,4*
Tantas fundaciones dexa, *275,34*
Tantas espigas saliò, *286,10*
De tantas, si no mas, nauticas señas, *298,20*
Omenage reciproco otras tantas *318,182*
Penas rigor legal, tantas perdona *318,454*
Arbitro de tantas flores, *322,57*
Tantas veces de los templos *322,89*
Ô tantas veces insulso, *322,430*
Fiebre, pues, tantas vezes repetida *323,12*
Tantas al sol, quantas vezes *333,10*
A pesar de tantas nieues, *374,26*
A inclemencias, pues, tantas no perdona *402,9*
En lenguas mil de luz, por tantas de oro *426,9*
Que tengas viento para tantas torres. *429,4*
Entre tantas bezerras, hecho toro. *461,14*
I de que tantas leguas en vn trote *474,7*

I otras tantas veces bella, *498,2*

Tanto *177*
Podràs tanto dello *5,39*
Tanto por su hermosura dèl amadas, *12,5*
Mas no cabràs allà, que pues ha tanto *23,12*
Que razon es parar quien corrio tanto. *25,63*
No siente tanto el desden *28,29*
Los suspendia cient mil veces. Tanto *33,13*
Por su libertad no tanto, *39,39*
Tanto, que eran a sus campos *48,55*
Como tanto estruendo oyò *49,85*
Tanto por plumas quanto por espadas! *51,8*
Tanto, que ia nos siguen los pastores *52,12*
Tanto llora el hideputa, *62,21*
Tanto, que puede igualarse *63,114*
Que a tanto leño el humido elemento *72,25*
Tu, en tanto, mira allà los Otthomanos, *72,52*
Mira, (si con la vista tanto buelas), *72,61*
I aduierte bien, en tanto que tu esperas *72,70*
En tanto que tu alcanças *77,16*
I vame tanto mejor *83,23*
I vame tanto mejor *83,47*
I vame tanto mejor *83,79*
I vame tanto mejor *83,103*
No tanto porque el Flamenco *88,23*
Temela el Amor, i tanto, *95,25*
Fatiga tanto al Consejo, *96,37*
I al Amor fatiga tanto, *96,38*
I si como tanto hierro, *96,125*
Tanto a celebrar las Pascuas *97,11*
I aun es de tanto concierto, *105,82*
Temo tanto los serenos, *110,1*
I tanto mas ponçoñosas *115,27*
Pero mas fue nacer en tanto estrecho, *117,5*
Tanto, que la mataron en la cuna *119,7*
Tanto como la menor; *121,154*
"En tanto que mis bacas, *127,1*
Arbol que tanto fue perdone el fuego. *129,18*
Al cielo de tanto bien, *132,46*
Porque no buele tanto *140,15*
Tanto, que si la mochacha *148,38*
En tanto que el Alua llora, *149,10*
Tanto, que besò algun signo *149,101*
Si su amo, en tanto, *160,31*
Que entre tanto que el corriò, *161,110*
Porque ia tanto se beue, *167,39*
Que en tanto mar serà vn harpon luciente, *174,13*
Si tanto puede el pie, que ostenta flores, *198,11*
Tanto en discursos la ambicion humana: *203,84*
Con tanta obligacion no aspira a tanto. *203,90*
Tanto de vn pastor ia pudo *205,13*
Si lo pastoral ia tanto, *205,23*
Que mano que tanto dà, *207,38*
Prestandoles tiempo, i tanto, *228,154*
Si a tanta merced paga tanto agrauio. *229,61*
Tanto, mas con condicion, *229,191*
Peligroso estuue, i tanto, *229,548*
que al suffrimiento honra tanto, *229,703*
Parecerse tanto a mi. *229,871*
se rindiò tanto a vn caxero, *229,947*
tanto en vn caxero pierde, *229,1081*
tanto pierde en lo que ama, *229,1085*
tanto, tan necio cuidado *229,1089*

Ô Laureta! tanto mal *229,1180*
Tanto consejo a mi padre, *229,1248*
i tanto desden a mi? *229,1249*
le tuerça tanto el garrote *229,1279*
tanto a vn quarteto apretò, *229,1483*
que le ha hecho tanto agrauio? *229,1513*
que no lo digo por tanto. *229,1603*
Tanto con ellas tardò? *229,1875*
tanto como io me alegro, *229,2038*
vendrà, tanto quanto el tierno. *229,2114*
Que con tanto esplendor, con gloria tanta, *229,2163*
Si ia no he crecido tanto, *229,2370*
en perro que tanto ladra. *229,2489*
A dos mundos, i aunque es tanto, *235,7*
Tanto leuanta de el poluo *242,110*
Que ia de aromas, ia de luces, tanto *246,11*
Que si la mia puede offrecer tanto *261,22*
Tanto de frutas esta la enriquece *261,139*
La fugitiua Nimpha en tanto, donde *261,177*
Al pie, no tanto ia de el temor graue, *261,253*
Las cauernas en tanto, los ribazos *261,357*
Que tanto esposo admira la ribera, *261,406*
Besò ia tanto leño: *263,127*
A las que tanto mar diuide plaias, *263,376*
Ellas en tanto en bobedas de sombras, *263,612*
Tanto garçon robusto, *263,663*
Prospera al fin, mas no espumosa tanto *263,926*
Lo graue tanto, que lo precipita, *263,1008*
En tanto pues que el pallio neutro pende *263,1065*
Guarnicion desigual a tanto espejo, *264,28*
El peregrino pues, haziendo en tanto *264,112*
Thumulo tanto debe *264,165*
Syllaba, siendo en tanto *264,188*
De el sagrado Nereo, no ia tanto *264,210*
Ephirc cn tanto al cañamo torcido *264,496*
LICIDAS, gloria en tanto *264,531*
De sceptro digna. Lubrica no tanto *264,823*
Griego al fin. Vna en tanto, que de arriba *264,915*
A media rienda en tanto el anhelante *264,966*
Tanto me ha dexado ver *269,93*
Tanto que la honrada lo haga *269,214*
Tanto desta nouedad, *269,311*
No bolarà tanto el cueruo, *269,976*
Tanto mas serà sùaue, *269,1099*
Si tanto vas satisfecho *269,1272*
I el oro de tanto escudo. *269,1289*
Tanto mas la haze pregon, *269,1317*
Lo que ha tanto que te niego, *269,1515*
Fuelo tanto, que por esso *269,1611*
Desseo con tanto estremo *269,1614*
Tanto apretarà en su daño, *269,1668*
Tanto como io tu amigo. *269,1735*
Pues tanto importa ausentallo *269,1758*
I assi como tanto va, *269,1922*
Tanto i tan bien escribiò, *275,41*
En nuestra Europa, de tanto *275,73*
Los que en Romance ha tanto que sois Duces. *277,4*
I pluma tal a tanto rei debida. *279,6*
Tanto sabeis enfriar *282,11*
Roiendo si, mas no tanto, *283,1*
Mi vaga esperança; tanto *284,6*

Sorda tanto como bella. *287,18*
Por señas que a tanto oro *287,67*
Pues ha tanto que no sabe *288,3*
Tanto, que su escarpin diga *288,47*
Vrna hecho dudosa jaspe tanto, *298,11*
Lamer en tanto mira al Océàno, *298,18*
Tanto, que en qualquiera otero *302,10*
Con esplendor tanto, que *306,37*
A tanto ministerio destinado; *315,14*
Si crystal no fue tanto cuna brebe. *318,32*
Napèa en tanto a descubrir comienza *318,81*
Al padre en tanto de su primauera *318,133*
Concede a pocos tanto ministerio. *318,264*
Alegre en tanto, vida luminosa *318,281*
En muros tanto, en edificios medra, *318,367*
Mudas lenguas en fuego llouiò tanto, *318,492*
España a ministerio tanto experto *318,597*
I tanto que vna pared *322,31*
Sincel de Lisippo, tanto *322,395*
Tanto dissimulado al fin turbante *323,7*
Tanto la antiguedad, besàra el pie *327,6*
La accuse tanto rigor? *332,26*
Tanto, pues, le ceñia ballestero, *336,5*
Fileno en tanto, no sin armonia, *340,9*
Ocioso es ia desden tanto, *348,19*
Tanto he visto celestial, *352,29*
En tanto, pues, que se baña. *356,25*
Tanto culto aun de si propio. *357,16*
Rei, pues, tanto, que en Africa dio almenas *362,10*
Risueño con el, tanto como falso, *363,9*
De quanto bella tanto vigilante. *366,14*
Entre tanto, la lisonja *377,33*
Tanto ardor templarà luego. *384,6*
Si bien de tanto splendor *390,2*
Te admira Europa, i tanto, que zeloso *391,2*
La purpura Ducal creiendo: tanto *404,14*
I viendo en tanto Diciembre *414,25*
Tanto en pocos dias, i tal *416,21*
Tanto que fue menester, *419,58*
Tu en tanto esclarecido *421,5*
Digalo tanto dubio decidido, *421,16*
Que al Sol fatiga tanto *421,25*
Tanto, que el aspid no la oreja sella, *424,7*
Que tanto anda el coxo como el sano. *428,14*
Gastando, pues, en tanto la memoria *434,12*
No corras tanto, corredor valiente, *474,12*
Quien pudo a tanto tormento *480,1*
I juegue en tanto a la morra *481,7*
Tanto anhelar i morir, *497,2*
Tanto anhelar i morir, *497,17*
Tanto anhelar i morir, *497,32*
Tanto anhelar i morir? *497,47*
En tanto que io sigo disfraçado *499,50*
Como con tal herida corrio tanto. *499,123*
Lo juntè, como fue tanto, *499,190*

Tantos *49*
I assi, en tantos enojos, *25,23*
Tantos seràn mis tormentos, *39,30*
De tantos nunca sepultados huessos, *54,10*
De tantos rayos ceñido *57,59*
En hacer de tantos hueuos *59,55*
Lo que a tantos amos niega. *73,124*
Porque ha tantos que reposo *83,38*
Pues siendo de tantos años, *87,11*

Engerirse tantos miembros, *87,40*
Tantos son los pareceres; *102,6*
Esta de tantos neblies *121,35*
Tantos dias, tantas veces *149,55*
Montaña tantos inuiernos *178,26*
En tantos templos de Amor *179,15*
Bastarà a tantos? *208,6*
tantos oi leños recoge; *229,487*
Ha tantos siglos que se viene abaxo, *229,2149*
De tantos ojos como son viriles *229,2195*
Que en tantos rios oi se a desatado, *244,6*
Tantos jazmines quanta ierba esconde *261,179*
Su manto azul de tantos ojos dora *261,366*
Tantos luego Astronomicos presagios *263,453*
De tantos como vìolas jazmines. *263,721*
Tantos Palemo a su Licote bella *264,587*
Suspende, i tantos ella *264,588*
De tantos de tu madre vultos canos, *264,663*
Tantos en las arenas *264,941*
Al cabo de tantos dias *269,557*
Para que en tantos enojos *269,1419*
Tantos siguen al Principe gallardo, *279,28*
Tu, a pesar de prodigios tantos, hecho, *280,56*
Donde tantos Pares ai, *288,94*
En tantos oi Catholicos pendones, *298,44*
I simples hablen tantos como gasta. *313,53*
En tantos la aclamò plectros dorados, *315,21*
La tantos siglos ia muda Syrena, *318,126*
La tantos años puerta concluida *318,611*
Tantos solares anuncios. *322,144*
Thisbe entre pabores tantos *322,321*
Pompa de tantos cintillos; *334,52*
Que negauan tantos sellos. *352,8*
A pesar de esplendores tantos, piensa *362,2*
A mi esperança, tantos oprimido *400,2*
Grangèò su pluma tantos, *413,38*
Otros tantos de cruel *419,74*
Tras tantos imperatiuos *484,7*
I assi tropieças en tantos *497,29*
I de tantos monteros se acompaña, *499,77*

Tapa *1*
Se tapa las narizes la eloquencia. *452,4*

Tapador *1*
Denme el tapador de corcho *59,3*

Tapeada *1*
Familîar tapeada, *322,141*

Tapete *2*
El verde claro tapete *88,46*
Tapete de la Aurora. *263,476*

Tapetes *1*
De tapetes de Leuante, *63,190*

Tapia *2*
Que al soberano Tapia *1,47*
Por el hijo de la tapia, *322,215*

Tapices *1*
No ya el Flamenco los tapices finos, *229,52*

Tapiz *3*
Verde tapiz de iedra viuidora; *21,8*
Vistiò Flamenco tapiz, *82,70*
El que tapiz frondoso *263,716*

Tarda *2*
Dexandose su edad tarda *310,16*
Ô quanto tarda lo que se desea! *397,12*

Tardado *2*

Perdona el auer tardado, *10,59*
i no por auer tardado, *229,2816*

Tardança *3*
Pues ganas con mi tardança". *10,60*
Que es fomentar su tardança *354,29*
La tardança de Miguel: *419,16*

Tardarà *1*
que tardarà vn año entero. *229,1861*

Tardas *2*
Porque nueua occasion tardas? *10,12*
Ven, Fili, que tardas ia: *328,8*

Tarde *39*
Porque le hurta la tarde *29,19*
Mas tarde los hombres *65,211*
Irè esta tarde a Completas, *84,5*
Alguna tarde saliere *87,57*
Acabò tarde el garzon, *94,33*
Si io fuera allà esta tarde, *110,14*
Nos parta el Sol de la tarde, *110,56*
Tarde batiste la inuidiosa pluma, *120,28*
— Desembarcastes, Iuan? — Tarde piache, *183,6*
El Disanto por la tarde. *216,4*
o tarde llegarà, o mal, *229,992*
Que le offrecerà esta tarde *229,1275*
porque se haga esta tarde, *229,1421*
Que tarde te pisò, i te admira tarde. *229,2177*
Que tarde te pisò, i te admira tarde. *229,2177*
vna tarde en el jardin, *229,2333*
Tarde, o nunca. Presto, i luego. *229,2586*
tarde pisada de fiera, *229,2672*
aunque soi viejo i es tarde, *229,3069*
Su pecho inunda, o tarde o mal o en vano *261,63*
Tarde le encomendò el Nilo a sus bocas, *263,494*
I ellas mas tarde a la gulosa Grecia; *263,495*
Dissueluan tarde en senectud dichosa, *263,811*
Que vuestras bacas tarde o nunca herradas. *263,912*
El tarde ia torrente *264,15*
Arrepentido tarde, *264,153*
Tarde o nunca pisaron cabras pocas, *264,398*
Quien desde aier por la tarde *269,525*
Como? Como si esta tarde *269,1402*
Mi tonto esta tarde ha sido *269,1604*
Que al salir temprano o tarde *269,1763*
Que es tarde, i no la he tomado. *269,1891*
A caducar nunca, o tarde, *389,40*
Pues en su daño arrepentida tarde, *392,5*
Del comer tarde al acostarse aiuno. *397,14*
De la cadena tarde redimido, *400,6*
Tarde os puse la vista en la partida; *470,7*
Tarde, porque primero fue el camino. *470,8*
Aunque te parezca tarde, *484,2*

Tardecica *1*
I en la tardecica, *5,29*

Tardes *1*
Bañandose algunas tardes, *63,50*

Tardia *1*
tan cortès como tardia *229,1357*

Tardios *1*
Corran apresurados o tardios, *454,3*

Tardo *6*
Que el tardo Otoño dexa al blando seno *261,75*

Rediman de el que mas o tardo buela, *263,799*
El mas tardo la vista desuanece, *263,1044*
Tardo, mas generoso *264,787*
O al mar no llega, o llega con pie tardo. *279,30*
Seguian del tardo tiempo, *354,10*
Tardò *4*
Tanto con ellas tardò? *229,1875*
Menos en renunciar tardò la encina *263,350*
Que quanto en conocelle tardò Roma *263,497*
Mas tardò en desplegar sus plumas graues *264,891*
Tardon *1*
En esto llegò el tardon, *322,353*
Tardos *1*
De tardos bueies qual su dueño errantes; *261,164*
Tarima *1*
I tarima a su excelencia: *413,4*
Tarpeia *1*
Heme subido a Tarpeia *83,25*
Tarquino *2*
I ella busca otro Tarquino *73,91*
Te dexaràn ser Tarquino; *269,197*
Tartamudo *1*
Entre ronco i tartamudo *322,362*
Tasando *1*
Tasando el viento que en las velas caue, *54,6*
Tascando *1*
Tascando haga el freno de oro cano *261,13*
Tassados *1*
Letras pocas, caracteres tassados, *437,7*
Tassas *1*
De Memphis no, que el termino le tassas; *219,6*
Tassis *1*
El Tassis fue de Acuña esclarecido, *318,601*
Tato *1*
—Ia en paharitos no tato, *124,13*
Tea *3*
Nupcial la califique tea luciente; *264,608*
La tea de Hymeneo mal luciente *280,49*
Que tiene mas de tea que de tino. *433,14*
Tèa *1*
Mientras el viejo tanta accusa tèa *263,653*
Teatro *1*
Teatro espacîoso su ribera *359,1*
Tebas *1*
Del Principe de Tebas este dia *499,53*
Techo *4*
Soberbio techo, cuias cimbrias de oro *13,9*
Quedarà sin techo, *56,8*
No quiere vn portalillo tener techo. *117,8*
De las retamas fragiles de vn techo, *281,4*
Techos *1*
Pan de Guinea, techos sahumados, *476,10*
Tegieron *1*
Tegieron dulce generosa cuna; *128,2*
Tegiò *1*
En quantos ia tegiò choros, Belisa, *365,3*
Tein *1*
Que tein os Frades Geromos *303,23*
Tejado *3*
Con el harpon, de vn tejado, *28,16*
tejado sobre tejado, *229,697*
tejado sobre tejado, *229,697*
Tejas *1*

mis tejas de tus canales, *229,700*
Tejo *4*
Sobre las aguas de Tejo, *87,4*
En los crystales dèl Tejo, *215,2*
Que aun en poluo el materno Tejo dora. *221,11*
Que a la fiesta nupcial de verde tejo *264,31*
Tejon *1*
Ciñe el vañado tejon *81,51*
Tejos *1*
Del portal entre esos tejos. *301,55*
Tela *8*
Pues sois tela dò justan mis engaños *21,3*
— Tengoos, señora tela, gran mancilla. *70,1*
Puente de anillo, tela de cedaço: *70,10*
— A Dios, tela, que sois mui maldiciente, *70,13*
Donde bordada tela *120,26*
Entre la no espigada mies la tela. *263,589*
Del rubi en hilos reducido a tela, *421,6*
Quien justa do la tela es pinavete, *433,9*
Telar *2*
Que ella texiò en su telar. *257,50*
Cubren las que Sydon telar Turquesco *263,614*
Telarañas *1*
que ai ojos con telarañas. *229,3021*
Telares *1*
Telares rompiendo inmundos, *322,230*
Telas *6*
De que rompiendo telas, *127,41*
Ricas telas, brocados peregrinos, *229,54*
En telas hecho antes que en flor el lino? *263,373*
Modestas accusando en blancas telas, *263,839*
Las telas burlar quiso, *264,94*
Caseramente a telas reduzida, *264,344*
Telilla *1*
Aforrados en telilla, *74,18*
Tema *1*
I armada tema la nacion estraña. *220,14*
Temais *1*
Pero no temais que impida *269,1022*
Temas *1*
No temas con el rei Acab, *473,12*
Temblando *2*
Que del fin temblando luce, *75,12*
Tadeo. Temblando estoi. *229,210*
Temblar *1*
Que mucho, si hazeis temblar, *282,15*
Temblò *1*
Si Fez se estremeciò, temblò Marruecos. *230,34*
Teme *12*
Mas teme i menos presume. *75,52*
Phebo os teme por mas lucientes Soles, *76,3*
I que teme en años secos *105,18*
No teme enemigas velas *106,19*
Teme Pisuera, que vna estrecha puente *151,10*
Lo que se teme se prueua. *229,2243*
Gigantes de crystal los teme el cielo; *262,8*
Teme que esta retirada, *357,97*
Señas teme, si no voz; *377,14*
Teme la casa quien està mirando *438,9*
Teme, señora, i teme justamente, *461,12*
Teme, señora, i teme justamente, *461,12*
Temela *1*

Temela el Amor, i tanto, *95,25*
Temella *1*
Temella puede el mar sin couardia. *151,11*
Temen *1*
No temen rayo ardiente; *103,40*
Temer *6*
Do el bien se goza sin temer contrario; *12,11*
El que se ha hecho temer *78,6*
Temo, (que quien bien ama temer debe), *104,5*
Sin temer caìda, *160,103*
Bien podias temer ese castigo, *229,28*
Temer rûina o recelar fracasso, *263,553*
Temeraria *1*
Mas temeraria, fatalmente ciega, *392,2*
Temerario *1*
Temerario os enuistiò, *401,5*
Temeridad *3*
Vna temeridad hastas desprecia, *220,9*
Bien que su temeridad *288,30*
Cuia temeridad poblò su frente *499,105*
Temeridades *1*
Temeridades enfrenar segundas. *263,442*
Temerosa *3*
Corcilla temerosa, *25,1*
Por las obras temerosa, *74,23*
Temerosa de la fiera *322,333*
Temerosas *1*
Las temerosas bislumbres, *75,68*
Temeroso *2*
Volò mas temeroso a la espessura; *43,4*
La paz del conejuelo temeroso: *263,306*
Temes *1*
Que temes? Facilidades. *229,986*
Temi *1*
I nada temi mas que mis cuidados. *108,14*
Temida *4*
Por las palabras temida. *74,24*
Temida en la sierra *79,62*
Temida, i donde el Sol la arena abrasa, *145,13*
De nuestras plaias, Africa es, temida, *298,41*
Temido *1*
Temido del Heluecio bellicoso. *279,27*
Temiendo *7*
Temiendo el successo, acude; *75,76*
De amistad, quiça temiendo *144,15*
I temiendo despues al Sol el Tajo, *229,2216*
Temiendo, pues, vecindad, *229,2282*
como temiendo salir *229,2347*
Tiernas derramè lagrimas, temiendo, *264,454*
Temiendo, pues, que la gente *288,53*
Temiera *1*
Si no temiera los bordes *110,15*
Temiò *3*
Riego le fue la que temiò rûina. *318,176*
De alamos temiò entonces vestida *318,277*
Que no solo os temiò el toro, *347,9*
Temo *8*
Temo, (que quien bien ama temer debe), *104,5*
Temo aquel fin, porque el remedio para, *104,9*
Temo tanto los serenos, *110,1*
Temo os mucho, porque sè *110,21*
Temo, vespertina estrella, *176,5*
Sus armas temo enemigas? *286,32*
Vanas ceniças temo al lino breue, *343,5*
Que aun callando temo ahora *348,24*

Temor *10*
Purpureas rosas sin temor de espinas, *20,8*
Si no viste el temor alas, *132,7*
Penetrad sin temor, memorias mias, *253,2*
Vn temor perezoso por sus venas, *261,222*
Al pie, no tanto ia de el temor graue, *261,253*
Muerta de amor i de temor no viua. *261,352*
Amor la implica, si el temor la anuda, *261,354*
Temor induce, i del temor cuidado, *318,165*
Temor induce, i del temor cuidado, *318,165*
Del temor i el alborozo. *357,60*
Temores *7*
Si no mienten mis temores, *269,1143*
Haga tus temores vanos. *269,1157*
Tus temores. Mil testigos *269,1342*
De temores vellories, *322,319*
No vaias, Gil, sin temores, *351,18*
Temores vanos, pero no ligeros. *461,8*
Presentadle temores de vn ausente, *461,9*
Tempestad *1*
Tras tempestad de desdenes! *499,287*
Tempestades *1*
Tempestades preuiendo, suele esta aue *404,33*
Tempio *1*
Del tempio sacro con le rotte vele, *118,3*
Templa *2*
Templa, noble garzon, la noble lyra, *31,5*
Templa en sus ondas tu fatiga ardiente, *262,27*
Templaban *1*
Al baño, que le templaban *355,27*
Templada *4*
Entre templada nieue *120,38*
(Templada su actiuidad, *332,21*
Huelgome que es templada Andalucia, *398,7*
En liquida, en templada, en dulze plata. *499,115*
Templadamente *1*
Herbir las olas viò templadamente, *264,501*
Templadas *3*
Pulsa las templadas cuerdas *133,5*
Pulsò las templadas cuerdas, *149,83*
Templadas treguas al menos, *226,11*
Templado *10*
Al templado seno *79,55*
Del mas bien templado arnes, *226,50*
Con raios dulces mil de Sol templado *252,12*
Templado pula en la maestra mano *261,9*
Su dulce lengua de templado fuego, *263,39*
De trompa militar no, o de templado *263,171*
Fue templado Caton, casta Lucrecia; *263,498*
El templado color de la que adora. *263,746*
Vn Bahari templado, *264,853*
De azero tan mal templado, *269,73*
Templados *2*
Mas que no el tiempo templados *414,41*
I con templados paxaros al viento *499,62*
Templança *1*
Quien no tuuo templança, i desplumado *440,2*
Templando *1*
Van templando la cudicia *269,1632*
Templar *3*
I templar con la ausencia pensè en vano; *197,4*
Por templar en los braços el desseo *263,1068*
Sin templar mi ardor jamas. *269,103*
Templarà *1*

Tanto ardor templarà luego. *384,6*
Templarle *1*
Para templarle a Xarifa *356,19*
Templaronle *1*
Templaronle al momento dos baules *202,3*
Templarse *1*
A templarse en las ondas, Hymeneo, *263,1067*
Templarte *1*
Templarte supo, di, barbara mano *264,777*
Temple *1*
La sed os temple ia en celada de oro. *230,85*
Templi *1*
Por templum templi mil vezes; *477,34*
Templo *48*
De pura honestidad templo sagrado, *13,1*
Arde, como en crystal de templo santo, *35,3*
Colgarè en tu templo *50,6*
I a veer tu sagrado templo, *63,65*
I a veer el templo i la casa *63,121*
Templo de fee, ia templo de heregia, *72,36*
Templo de fee, ia templo de heregia, *72,36*
Dèl templo de S. Dionis, *73,87*
Los tuios, Sol; de vn templo son faroles, *76,6*
Que como barbèro templo *83,75*
A esse templo de garduñas, *84,6*
I votarè a tu templo mi camino. *92,14*
Templo de Amor, alcaçar de nobleza, *99,6*
Ô puerto, templo del mar, *132,49*
Que en su tiempo (cerrado el templo a Jano, *162,12*
El templo santo de las dos Syrenas. *169,8*
El templo vi a Minerua dedicado, *195,5*
Del templo tan visitado. *228,64*
di la mortaja a tu templo, *229,84*
en el templo de tu fee, *229,333*
que sin dalle templo al santo *229,704*
nuestro templo venerado. *229,2026*
a Dios en el templo sancto. *229,2116*
I en la cruz de aquel templo se remata; *229,2157*
El templo sancto es, que venerado *229,2198*
Que al templo ofreces del Sol *236,3*
Deidad, aunque sin templo, es Galathea. *261,152*
Templo de Pales, alqueria de Flora! *263,96*
En el humido templo de Neptuno *263,478*
Que el templo illustra i a los aires vanos *263,648*
Los nouios de el vezino templo santo. *263,847*
I templo de honestidad *269,1812*
Templo de quien el Sol aun no es estrella, *298,32*
Ha hecho tu templo santo, *306,8*
Ha hecho tu templo santo, *306,25*
Ha hecho tu templo santo, *306,42*
Oi en el templo! Que, Bras? *310,2*
El templo entraba quando al sancto Godo *315,31*
Alta le escondiò luz el templo todo. *315,32*
Que illuminado el templo restituie *315,63*
Al templo del bifronte Dios la llaue; *318,24*
Que templo son bucolico de Pales. *318,198*
En el templo, en el coso i en la Sala. *318,480*
Templo, ereccion gloriosa de no ingrata *318,484*

Al desengaño le fabrica templo. *318,528*
En templo que, de velas oi vestido, *399,7*
I en templo bien colgado, i claustro rico, *437,10*
Con el templo i con la puerta, *477,37*
Templò *2*
Templò en venenosos çumos, *322,422*
Fue tal, que templò su aire el fuego mio, *455,12*
Templos *3*
En tantos templos de Amor *179,15*
los templos con sacrificios, *229,562*
Tantas veces de los templos *322,89*
Templum *1*
Por templum templi mil vezes; *477,34*
Temporal *1*
Derrotòle vn temporal, *132,17*
Temporas *1*
I temporas todo el año. *228,20*
Temprana *1*
La ocasion de morir muerte temprana. *466,8*
Temprano *4*
Siguen mas ojos que al clauel temprano, *24,6*
Podrà mañana temprano *96,170*
Llegaron temprano a ella, *131,65*
Que al salir temprano o tarde *269,1763*
Tempranos *1*
Claueles de el Abril, rubies tempranos. *263,786*
Ten *6*
Ten de ti misma duelo, *25,40*
I en tu ausencia ten consuelo; *49,90*
Como? Qual? Que? Ten sossiego. *269,1378*
Pues Enrico... Ten silencio. *269,1726*
Ten de esse hilo, i veras *499,210*
De torcer cuerdas. Ea, ten. *499,212*
Tenaças *1*
Clauos, i tenaças, *160,125*
Tenaces *1*
En los tenaces vinculos del crimen. *318,456*
Tenaz *1*
Iedra el vno es tenaz de el otro muro: *263,972*
Tender *1*
A disparar i a tender *78,86*
Tendia *1*
Las redes al sol tendia *115,21*
Tendida *2*
Ni pajarillo de la red tendida *43,3*
i de vna ceruiz tendida *229,1438*
Tendido *4*
Moça de manto tendido, *88,9*
Me mirais tendido i lacio, *96,108*
dexò tendido al Adonis. *229,607*
No corbo, mas tendido) *263,464*
Tendiendo *1*
Tendiendo sus blancos paños *88,1*
Tendimus *1*
Tendimus in Latium, digo, *96,107*
Tendiò *2*
Tendiò la oreja de vn palmo, *81,55*
I dos arcos tendiò contra mi vida. *128,14*
Tendrà *8*
PRINCIPE tendrà España, *156,35*
Tal coz el que quiçà tendrà mancilla *200,10*
vn ojo tendrà no mas. *229,1178*
tendrà bien facil muger, *229,2527*

Que tendrà si a don Tristan *269,277*
Quien tendrà en los años cuenta? *269,291*
Que solo tendrà de buena *269,1120*
Quien lo tendrà por nueuo, *313,42*
Tendran *1*
no tendran baca segura. *229,135*
Tendràs *1*
Que esta noche tendràs hora. *269,297*
Tendrè *5*
que tendrè a grande mohina *229,194*
O pretensor vecino, tendrè en nada, *229,1077*
como os tendrè por cuñado, *229,3515*
Que io tendrè a don Tristan. *269,1593*
Aunque la tendrè por loca *282,25*
Tendreis *1*
Presto le tendreis, hermana, *229,3299*
Tendremos *1*
que en breues horas tendremos *229,2029*
Tendria *1*
El zurron no tendria nudos, *269,1404*
Tenebrosa *2*
En tenebrosa noche, con pie incierto, *100,2*
En tenebrosa noche, en mar airado *218,1*
Tenebroso *1*
De animal tenebroso, cuia frente *263,75*
Tened *1*
Tened firme. Io me alegro. *229,2933*
Tenedle *1*
Tenedle, amigo, secreto, *229,1399*
Tenedme *1*
Tenedme, aunque es Otoño, ruiseñores, *203,10*
Teneis *13*
Que teneis de acero el pecho, *64,39*
Que teneis cosquillas *65,2*
Que teneis razon. *80,18*
Que teneis razon. *80,44*
O teneis trecientas caras; *186,4*
Que teneis mucho de Dios, *186,9*
hilos que teneis pendientes *229,896*
Por lo que teneis de tronco, *242,122*
Tal Leon teneis delante, *269,1575*
Que edad, amigo, teneis? *269,1897*
Si teneis sesenta i cinco, *269,1994*
Teneis lo que de salud. *282,10*
"Pues no teneis para theatro cara, *462,13*
Teneisle *1*
Teneisle amor? Voluntad. *269,915*
Tenelle *1*
A no tenelle ocupado *74,43*
Tenellos *1*
El tenellos tan a punto. *269,814*
Tenemos *5*
Que tenemos que aguardar? *229,3175*
Tenemos vn Doctorando, *242,1*
Tenemos vn Doctorando *242,5*
Que tenemos, pues, del raro *269,191*
Que tenemos de Leonora? *269,262*
Teneos *1*
Teneos, señor. Fuerte caso! *229,3460*
Tener *27*
I sin tener mancilla *9,9*
I sin tener mancilla *9,19*
I sin tener mancilla *9,29*
(Por tener sujeto Amor *61,53*
Sin tener dèl velo *79,33*

De no tener i pedir, *82,84*
No quiere vn portalillo tener techo. *117,8*
Lleua, sin tener su orilla *159,53*
Por tener heridas ciento. *177,20*
tener al mozo por nuero. *229,269*
que algo debe de tener *229,397*
de Astrologo ha de tener *229,413*
al que has de tener por ierno. *229,2553*
A tener lengua, os dixera *237,7*
Que por tener las vacantes *259,105*
Sin tener methodo algun, *269,426*
Que mula he de tener io? *269,675*
Que me obligues a tener *269,682*
En la cola he de tener. *269,1153*
Tener estrecha amistad; *288,84*
Roncon tener io en Arabia *305,27*
En tener dos no repara *412,37*
Tener familia que no sirua i coma... *463,12*
En nombre de Dios tener *493,4*
I que sin tener achaque *496,8*
Tener io cosa en las mias *499,270*
Sin tener de mi mancilla, *499,325*
Tenerla *1*
podrà tenerla acabada. *229,1882*
Tenga *19*
Aunque tenga el pecho *4,43*
Tenga io lleno el brassero *7,19*
— Dios la tenga de vos, señor soldado. *70,2*
Amor tenga mancilla, *129,30*
ni en arbol que tenga flor. *229,1083*
ni en arbol que flores tenga. *229,1087*
tenga por padre al Amor? *229,1351*
ni Gil que tenga raiz; *229,2357*
solo porque mi amor tenga *229,2636*
Que ella me tenga las postas *269,254*
Tenga mas que de infièl. *378,40*
Tenga berguença. *412,9*
Tenga berguença. *412,18*
Tenga berguença. *412,27*
Tenga berguença. *412,36*
Tenga berguença. *412,45*
Tenga berguença. *412,54*
Ninguno me tenga duelo; *419,92*
No tenga tanta barriga, *496,27*
Tengais *4*
O tengais el boço en flor, *107,11*
de que me tengais secreto. *229,207*
i no tengais por agrauio *229,3512*
No me tengais mas en calma, *269,1981*
Tengan *2*
I tengan por cosa cierta *105,41*
que tengan coronas de oro *229,2680*
Tengas *3*
Ven acà, no tengas miedo, *229,3353*
No tengas, Lucrecia, miedo, *269,1326*
Que tengas viento para tantas torres. *429,4*
Tengo *51*
Tengo para llorar causas. *9,58*
Que tengo por mui sin duda *26,82*
Mirame, pues vees que tengo *28,79*
Tengo amigos, los que bastan *83,45*
Que tengo sangre con ella, *111,59*
(Que por estraña tengo ia la mia), *114,22*
Lo que os tengo que inuidiar! *116,35*
Miedo le tengo: hallarà la gente *152,3*

Que tengo la madre braba, *226,103*
Sospecha tengo, pues, braba *229,122*
Esto aun tengo por peor, *229,382*
No tengo mas que perder. *229,385*
Si tengo cara detras, *229,1177*
que te tengo a veer por ella. *229,1309*
De su fee tengo tu fee, *229,1406*
que aqui las tengo, i con ellas *229,1695*
Peinaduras tengo mil. *229,1728*
i a el tengo que decir. *229,1790*
si no tengo para que? *229,1806*
tengo aqui para Isabela, *229,1808*
Fabio, os tengo, i tan ligero, *229,1860*
no tengo vn marauedi; *229,2383*
Cordura tengo, i valor. *229,2658*
Coraçon tengo en el seno *229,2743*
No le tengo, i si le quiero, *229,2891*
tengo io? Bastante prenda *229,3196*
Lastima a mi padre tengo. *229,3339*
tengo el vno i otro braço, *229,3405*
I tengo, gracias a Dios, *269,429*
La voz tengo de Iacob, *269,459*
Segun tengo de opiladas *269,467*
Io, aunque no tengo caudal, *269,795*
El caudal que tengo parto. *269,796*
Que mulas tengo alquiladas *269,995*
I lo que io tengo del *269,1536*
Lleue Iudas, si algo tengo. *269,1537*
A Lucrecia tengo en pan; *269,1554*
Con que tengo las paredes *269,1642*
Que en albarcoques aun le tengo miedo. *342,4*
Traça no tengo, ni medio *385,5*
(I lo tengo por constante) *411,6*
Mucho tengo que llorar, *418,3*
Mucho tengo que reir. *418,4*
Mucho tengo que llorar. *418,13*
Mucho tengo que reir. *418,22*
Mucho tengo que llorar, *418,31*
Mucho tengo que reir. *418,40*
Mucho tengo que llorar, *418,49*
Mucho tengo que reir. *418,58*
Mas tal cariño te tengo *419,69*
Aunque tengo por mui llano *490,6*
Tengoos *1*
— Tengoos, señora tela, gran mancilla. *70,1*
Tenia *26*
Tenia cient mil disputas. *26,48*
Que en el pueblo tenia muchas; *26,58*
Con todas tenia ventura, *26,70*
Que me tenia preso. *50,4*
Aunque cama no tenia; *74,36*
Pero tenia vn rasguño *74,37*
Apenas tenia quince años, *74,65*
(I tenia razon), *80,2*
Que tenia los años *80,7*
Que tenia tras de vn torno; *83,82*
Porque entendiò que tenia *96,135*
Que tenia pies el banco". *96,164*
En el Prado tenia vn page *167,81*
Tyrannizados tenia *215,5*
Tenia dos sàeteras *228,87*
Tenia ia el moçuelo blando. *228,152*
que Palma tenia entonces. *229,475*
Vistela? Si. Tenia peste, *229,1322*
Facilidades tenia *229,1324*

Tenia de mal Frances *243,53*
Quando entendi tenia gota. *269,552*
Tenia Mari Nuño vna gallina *313,1*
La antiguedad tenia destinada; *318,220*
Quando el silencio tenia *374,5*
Víùda igual no tenia, *418,51*
No tenia para que. *419,8*
Tenian *3*
Oiò que tenian *65,138*
Los corales no tenian *216,9*
Que a Vulcano tenian coronado: *263,93*
Tenias *2*
Igual fuerça tenias siendo Aurora, *139,7*
Gana tenias de trocar. *499,245*
Teñida *4*
Teñida con moras *5,47*
Tan de azul, tan de purpura teñida *229,1455*
Que el mortal zelo, de que està teñida, *229,1536*
Ensucia la mal teñida. *269,1988*
Teñidas *1*
Teñidas en la sangre de Léàles *92,3*
Tenido *6*
I no ha tenido Póèta *62,14*
En ti siempre ha tenido *77,84*
Ia que os han tenido *79,5*
Porque gustais ser tenido *187,8*
Ningun testigo he tenido, *229,818*
Mis enfermos me han tenido, *269,1712*
Teñido *1*
Fieras te expone, que al teñido suelo *262,10*
Teñidos *1*
I, en purpura teñidos vuestros paños, *465,12*
Teniendo *3*
El arbol que teniendo *103,41*
Teniendo en la huesa el pie, *376,2*
De las orejas io teniendo al lobo, *379,12*
Teniendole *1*
teniendole alli? Concluio *229,3020*
Teniendote *1*
Que teniendote por rosa *499,334*
Teñir *1*
Que teñir tinta no sabe. *269,1781*
Teñirà *3*
Tus aras teñirà este blanco toro, *53,12*
Teñirà de escarlata *72,28*
Que me teñirà en gualdado *111,19*
Teñiran *1*
Del bosque, oi teñiran, sin falta alguna, *499,73*
Tenle *1*
Tenle por mancebo rico, *269,1112*
Tentacion *2*
Que caiera en tentacion *26,83*
Tentacion de semidocto. *242,40*
Tentaciones *1*
Tentaciones son, señor; *228,143*
Tentando *1*
Siempre està tentando a Adan. *122,60*
Tentarlo *1*
Tentarlo quiero mejor, *229,950*
Tente *4*
Ingrato Camilo, tente. *229,2878*
Tente por tu vida, tente, *301,19*
Tente por tu vida, tente, *301,19*
Dexa las damas, dexa a Apolo, i tente; *474,9*

Tenue *1*
A ojos io cerrados, tenue o gruesa, *397,3*
Terano *1*
— Se del terano nemego *305,25*
Tercer *5*
Que el tercer año guarda el tiempo cano, *156,4*
Para el Tercer PHILIPPO a quien le embia)
156,6
Guardò al Tercer Philippo Margarita, *318,286*
La segunda Deidad de el tercer cielo: *340,11*
Glorioso ingreso a la tercer Thiara; *404,44*
Tercera *3*
De vn Duque esclarecido la tercera *318,129*
Passòse el año, i luego a la tercera *441,3*
Dad gracias al Amor, que sois tercera *448,3*
Terceras *2*
Destas terceras, clauijas *105,97*
Le cantan terceras: *160,44*
Tercero *6*
A PHILIPPO le valgan el Tercero, *77,55*
De el cielo la hareis tercero estrella, *292,13*
Tercero, si no segundo, *306,17*
Al que de la consciencia es del Tercero *336,1*
Exercitò el Tercero *368,44*
Pagarà el tercero. *494,45*
Tercia *2*
La tercia parte me cubre *96,61*
No ha estado a tercia tan buena *490,27*
Terciadas *1*
I de las terciadas plumas *74,7*
Tercias *1*
Recen sus tercias i nonas, *98,71*
Tercio *5*
Dexe su tercio embarcado, *6,92*
el tercio de todos Sanctos, *229,570*
De este hermoso tercio de serranas; *263,517*
En tercio tal negar tal compañia *263,532*
El tercio casi de vna milla era *263,1047*
Terciopelada *1*
La malla terciopelada, *269,132*
Terciopelado *2*
El baston terciopelado. *228,148*
Con terciopelado estruendo, *413,33*
Terciopelo *2*
Ia de puro terciopelo, *107,3*
De terciopelo de tripa, *322,95*
Terenciano *1*
No imitareis al Terenciano Lope, *427,5*
Tericia *1*
Candelas de resina con tericia; *476,11*
Termina *1*
En regulados choros, que termina *318,451*
Terminando *2*
Terminando las dos rosas, *82,23*
Ondas terminando i tierra, *287,20*
Termino *23*
(Termino puesto al oro i a la nieue), *15,11*
Llaues tuias i termino de Alcides; *72,74*
De vn termino pleitéàdo. *96,64*
Termino sean pues i fundamento *170,9*
Freno al desseo, termino al camino. *173,8*
De Memphis no, que el termino le tassas; *219,6*
El termino señalado *228,174*
que el termino a su camino *229,2021*
El termino segundo del Thebano *230,80*

Termino luminoso". I recelando *263,64*
I delicioso termino al distante, *263,582*
Nouillos (breue termino surcado) *263,849*
Con que se puso termino a la lucha. *263,980*
I de Verthumno al termino labrado *264,236*
Termino torpe era *264,797*
Que al mar deue con termino prescripto
264,828
El termino es corto, Enrico; *269,1842*
Vn termino de marmol fuera leue; *315,36*
Al termino constituto; *322,360*
Por termino de su fe; *348,5*
Que sin termino prescripto *373,2*
I su termino todo es Oliuares; *443,6*
El nueuo termino corra, *481,6*
Terminos *24*
Dos terminos de beldad *179,5*
De los terminos huie desta aldea. *194,8*
Los terminos de la muerte; *206,15*
Tan breues son los terminos de el dia, *229,1028*
los terminos de la edad. *229,2046*
Duro iugo a los terminos del dia *230,72*
Cuia fama los terminos de Oriente *250,3*
Que los terminos besan del Thebano, *256,19*
Tu nombre oiran los terminos del mundo.
261,24
A su audacia los terminos limita, *261,323*
Muertas pidiendo terminos disformes, *262,11*
Los terminos saber todos no quiere, *263,409*
Terminos le da el sueño al regozijo, *263,677*
De los dudosos terminos de el dia. *263,1072*
Los terminos confunda de la cena *264,245*
Los terminos de cañamo pedidos. *264,440*
Iùèz de terminos fue, *265,2*
Vrna suia los terminos del mundo *289,13*
Los terminos son que pace. *302,20*
Terminos del Océàno la espuma, *316,12*
En los prolixos terminos del dia; *318,148*
Prorrogando sus terminos el duelo, *318,409*
El sol casi los terminos del dia. *339,8*
Terminos concede el sol *375,46*
Termodonte *1*
O si del Termodonte, *263,275*
Ternate *2*
No solo no al Ternate le desata, *318,531*
Isla Ternate, pompa del Maluco, *318,535*
Terneças *1*
Terneças de nouios son. *229,2824*
Ternera *1*
Ese quarto de ternera: *188,8*
Terneras *2*
De las terneras que mata *188,5*
Terneras cuias borlas Magistrales *437,1*
Terneros *1*
Si ia a sus aras no les di terneros *169,12*
Terneruela *1*
Purpurea terneruela, conducida *263,287*
Terneza *1*
De Amor el Lauro, el Robre de terneza. *499,24*
Ternezuelo *1*
Del ternezuelo gamo, *263,331*
Ternissima *1*
Ternissima me pidiò *82,97*
Ternissimamente *1*
Amas? Ternissimamente. *229,987*

Terno *5*
El terno Venus de sus gracias suma. *261,100*
Terno de gracias bello, repetido *263,888*
Dio poca sangre el mal logrado terno, *291,10*
Terno de aladas cytharas súàues. *291,11*
Zelante altera el judicioso terno *318,159*
Terrado *1*
Puse paz desde vn terrado, *74,87*
Terreno *4*
De quien pagò a la tierra lo terreno, *30,4*
El fertil terreno mides, *48,68*
Del terreno deleitoso *63,155*
Mas del terreno cuenta crystalino *264,860*
Terrero *5*
Me hicieran su terrero *26,75*
I el terrero doña Negra. *73,84*
En el terrero, quien humilde ruega, *138,5*
Fuistes galan del terrero *161,133*
Si martyr no le vi, le vi terrero. *336,4*
Terrible *6*
Quanto la terrible ausencia *28,31*
De hermosa i de terrible, *48,22*
Quando la bella terrible, *87,53*
que vn affecto tan terrible *229,1350*
Terrible cosa es, señor; *269,1866*
Tan terrible la picada, *499,329*
Terrojo *1*
Que aprieta a los rabeles el terrojo. *443,11*
Terron *1*
Quiere que cada terron *161,54*
Terror *5*
Estaba el fiero terror *97,19*
Terror de Africa i desden, *132,54*
Terror dèl campo, i rûìna *215,7*
Terror, de tu sobrino ingeníòso, *264,788*
Terror fue a todos mudo, sin que entonces
        318,351
Terso *3*
O de terso marfil sus miembros bellos, *263,489*
Terso marfil su esplendor, *322,45*
I aun se desmienten lo terso, *356,27*
Testamento *3*
Que le dexò en testamento *27,3*
mi alma i mi testamento *229,550*
Murió sin olio, no sin testamento, *450,12*
Teste *1*
Porque escriua, o porque teste, *81,36*
Testifique *1*
Lo testifique dellos illustrada. *399,11*
Testigo *17*
Ser testigo i ser júèz. *78,20*
Por testigo del faisan, *93,39*
Testigo sufficiente, *103,34*
La pluma hecha testigo; *105,65*
Testigo fue a tu amante *129,10*
Testigo tambien tuio *129,13*
Si el fue testigo de vista *168,15*
Ningun testigo he tenido, *229,818*
Io soi de ello buen testigo. *229,1294*
De vn delicto no ai testigo *229,1464*
Quies a Fabio por testigo, *229,1511*
Testigo ai en la manada *229,3268*
Veràs curioso i honrràràs testigo *263,526*
Sus alas el testigo que en prolixa *264,976*
I si vos sois buen testigo *269,51*

Porque aqui (Amor es testigo) *269,545*
Holgarè, DIOS es testigo, *269,819*
Testigos *5*
Sed oi testigos de estas que derrama *53,5*
Testigos son las torres coronadas *163,7*
Tus temores. Mil testigos *269,1342*
Para leer los testigos *322,377*
Deje de inducir testigos *413,41*
Testimonio *5*
Con vn falso testimonio, *81,31*
Testimonio de las migas, *93,41*
Que testimonio ha de dar *229,2662*
O testimonio o tributo. *322,484*
Testimonio con su pluma, *418,8*
Testuzo *2*
Pidiòle borla el testuzo, *242,33*
Si tafetan su testuzo, *322,114*
Tetas *1*
Tetas de vacas, piernas de correos, *476,3*
Tethis *1*
Los primeros abrazos le da a Tethis. *318,104*
Tetys *1*
De las hijas de Tetys, i el mar vea, *261,370*
Texe *1*
Texe el tiempo sus guirnaldas. *29,10*
Texeis *1*
Le texeis guirnaldas *79,3*
Texen *2*
I qual mancebos texen anudados *264,332*
Dulces les texen los rios, *353,29*
Texer *1*
I qual suele texer barbara aldea *293,3*
Texia *3*
Alfombras texia el Otoño *229,508*
choros texia en las seluas *229,526*
Donde ia le texia su esperança *318,190*
Texian *1*
Alegres corros texian, *144,13*
Texido *7*
I texido de su mano, *28,36*
Mas, CLORI, que he texido *184,13*
i algun engaño ai texido. *229,3079*
Que negò al viento el nacar bien texido),
        263,887
Texido en ellas se quedò burlado. *264,95*
Que de carriços fragiles texido, *264,109*
Texido en sombras i en horrores tinto, *315,2*
Texidos *1*
Texidos en guirnalda *184,3*
Texiendo *3*
Texiendo ocupa vn rincon *257,41*
Choros texiendo estès, escucha vn dia *261,383*
Choros texiendo, vozes alternando, *263,540*
Texieron *2*
Le texieron vna alfombra. *149,82*
Quando texieron la cuerda, *177,32*
Texiò *7*
Que ella texiò en su telar. *257,50*
Sobre la mimbre que texiò prolixa, *261,159*
I artifice texiò la Primauera, *261,316*
Texiò de verdes hojas la arboleda, *263,717*
Texiò en sus ramas inconstantes nidos, *264,269*
No despues mucho lazos texiò iguales *318,105*
Texiò de piernas de araña *412,1*
Textos *1*

No mas textos. Pues, señor, *269,1949*
Tez *6*
Mi buena tez con rasguños; *27,70*
La berguença aquella tez, *78,82*
Con el espejo su tez, *105,68*
De la imaginada tez, *285,48*
La tez digo de su vulto, *322,54*
La purpuréò la tez. *355,84*
Thalamo *19*
En el celeste thalamo *1,5*
Hace thalamo vna espada, *7,40*
I thalamo fue luego. *129,17*
Que serà thalamo luego *131,71*
Choza pues, thalamo i lecho, *131,129*
Thalamo offrece alegre, i lecho pobre.
        229,1079
No ia en el thalamo, no, *229,2664*
cuio thalamo es mi pecho. *229,3517*
I con razon, que el thalamo desdeña *263,333*
Dosel al dia i thalamo a la noche, *263,471*
El thalamo de nuestros labradores, *263,527*
Thalamo es de casamiento, *269,1793*
Te conduxo ia al thalamo, i la rosa *280,50*
Thalamo es mudo, tumulo canoro. *312,6*
Cinthia el siempre feliz thalamo honora,
        318,130
Digno si, mas capaz thalamo apenas *318,299*
Cuna, quando su thalamo no estrellas. *318,404*
I el thalamo descompuso. *322,308*
El thalamo consorte de el marido, *460,2*
Thalia *2*
Señora doña Thalia, *158,2*
Culta si, aunque bucolica Thalia, *261,2*
Thea *1*
A la thea nupcial, que perezosa *318,283*
Theatino *1*
No mas judicatura de Theatino. *433,12*
Theatro *21*
Theatro donde se han hecho *38,11*
En su theatro, sobre el viento armado, *44,10*
Theatro fue de rusticas Deidades, *134,6*
Al gran theatro de España; *158,37*
Mintiendo en el theatro, i la esperança *203,59*
De la beldad, theatro de Fortuna. *219,11*
para hacer theatro el dia *229,1020*
Que festiuo theatro fue algun dia *263,188*
Theatro dulce, no de scena muda, *263,624*
Las dos partes raiaua del theatro *263,981*
De donde ese theatro de Fortuna *264,401*
Mucho theatro hizo poca arena. *264,771*
Ser tu aposento theatro. *269,1789*
Que theatro su aposento *269,1790*
I theatro para mi, *269,1792*
Qual ia Roma theatro dio a sus Scenas.
        318,464
Theatro de carantoñas, *334,39*
Theatro hiço no corto *357,110*
En el theatro saquele los reznos. *429,11*
Dixo; i assi el theatro numeroso *451,13*
"Pues no teneis para theatro cara, *462,13*
Thebano *4*
Que tuuo el muro Thebano. *228,48*
El termino segundo del Thebano *230,80*
Que los terminos besan del Thebano, *256,19*
Del Egypcio o del Thebano *322,327*

Thebas *1*
Como a los muros de Thebas. *269,1013*
Thebayda *1*
Thebayda celestial, sacro Auentino, *173,5*
Theologia *2*
Oiò theologia, *65,168*
su Theologia de espada? *229,2497*
Theresa *4*
Theresa la del Villar, *59,15*
Piensa que serà Theresa *59,41*
"Theresa de mis entrañas, *59,45*
Soror Angel, frai Theresa. *275,16*
Theresona *1*
Por la linda Theresona, *28,17*
Thermas *1*
En las thermas de su abuelo *356,23*
Thesbita *1*
Thesbita como Elisea, *275,30*
Thesorero *1*
Thesorero ia infièl *355,74*
Thesoro *3*
Antes que lo que oi es rubio thesoro *36,12*
Oy la curiosidad de su thesoro *77,18*
El thesoro que se hallò. *161,48*
Thessalo *1*
Turbada assi de Thessalo conjuro *315,5*
Thetis *3*
En el Farol de Thetis solicita. *264,8*
Caçar a Thetis veo, *264,419*
Si Thetis no, desde sus grutas hondas, *264,624*
Thetys *2*
Como Thetys en el mar, *178,19*
El tridente de Thetys, de Bellona *298,5*
Thiara *3*
Subireis de la mitra a la thiara. *250,8*
Piedra, indigna Thiara, *263,73*
Glorioso ingreso a la tercer Thiara; *404,44*
Thiorba *1*
Crystalina sonante era thiorba, *264,350*
Thiòrbas *1*
Thiòrbas de crystal, vuestras corrientes *203,17*
Thisbe *4*
Pyramo fueron i Thisbe *322,17*
Quando tropeçando Thisbe, *322,285*
Thisbe entre pabores tantos *322,321*
El cendal que fue de Thisbe, *322,351*
Thomas *1*
Que las de sancto Thomas, *242,59*
Thomases *1*
De Scothos i de Thomases; *63,112*
Thomistas *1*
como articulos Thomistas, *229,602*
Thrace *1*
Del Frances, Belga, Lusitano, Thrace. *271,8*
Thraces *1*
I de los barbaros Thraces, *63,138*
Thracia *1*
Ô Antonio, ô tu del musico de Thracia *260,12*
Throno *6*
De la fabrica de vn throno *83,90*
Ponme vn throno en el jardin *229,2678*
con magestad, i con throno, *229,2687*
En throno de crystal te abrace nuera, *261,404*
En throno si de pluma, que luciente *315,11*
Tan digno throno quan debido culto. *315,80*

Thumulo *4*
En cuio thumulo iace *63,102*
Blanco thumulo de espumas *236,5*
Thumulo tanto debe *264,165*
Cuio thumulo son aromas tantas: *272,4*
Thumulos *2*
Que sombras sella en thumulos de espuma. *232,14*
Vrnas plebeias, thumulos Réàles, *253,1*
Thyrsos *1*
Thyrsos eran del Griego Dios, nacido *264,329*
Thysbe *5*
De Thysbe i Piramo quiero, *148,1*
Era Thysbe vna pintura *148,9*
Vn dia que subiò Thysbe, *322,169*
Los bellos miembros de Thysbe, *322,409*
I ser Thysbe solicite *493,21*
Thysbica *2*
Regalauan a Thysbica *148,37*
Las reliquias de Thysbica *322,97*
Tia *6*
Mi tia la ollera. *5,24*
De la hermana de su tia! *98,36*
— Señora tia, de Cagalarache. *183,2*
— Luego es de Moros? — Si, señora tia. *183,9*
De la tia repulgada, *269,146*
Lleguè, señora tia, a la Mamora, *278,1*
Tîàra *3*
Que a pesar de la tîàra *206,9*
Tan gran Corona de tan gran Tîàra, *318,294*
Dispensò ia el que, digno de Tîàra, *318,487*
Tiber *4*
Viera el Tiber de tres coronas bellas, *229,2207*
Que bese el Tiber su pie *306,36*
Ia trono el Tiber os verà sagrado, *335,3*
Te espera el Tiber con sus tres coronas. *421,80*
Tibia *2*
hallas a Violante tibia? *229,69*
O por breue o por tibia o por cansada, *264,156*
Tibieças *1*
Oidores de las tibieças, *242,3*
Tibios *1*
Entre feroces i tibios, *334,58*
Tiburon *1*
No al fiero Tiburon, verdugo horrendo *264,455*
Tiembla *1*
Tiembla, pues, i afecta el heno *414,13*
Tiempo *123*
Baste el tiempo mal gastado *2,11*
Que acuda a tiempo vn galan *6,67*
En vn mismo tiempo salen *9,11*
Todo el tiempo que dilatas *10,26*
De que el tiempo os reserue de sus daños, *21,2*
(Dò el tiempo puede mas), sino, en mil años, *21,7*
Libre vn tiempo i descuidado, *26,9*
Mirad no os engañe el tiempo, *29,5*
Texe el tiempo sus guirnaldas. *29,10*
Que fue vn tiempo ruuia i zarca, *29,34*
De que a pesar dèl tiempo has de estar lleno. *30,8*
Dèl forzado a un tiempo huian *39,10*
I fauorecele el tiempo, *39,38*
Dèl tiempo i dèl oluido aia victoria, *40,7*

Vuestros troncos, (ia un tiempo pies humanos), *46,10*
De la fortuna i dèl tiempo; *49,12*
Ambos en vn tiempo, *50,94*
Que al tiempo mil libreas le aueis roto *53,3*
Gastan el tiempo en pellejas, *55,31*
Pero que ia en este tiempo *58,18*
De los sastres de este tiempo, *62,15*
Infîèl vn tiempo, madre *63,2*
Ciudad, (a pesar de el tiempo), *63,9*
Cuerpo viuo en otro tiempo, *63,147*
Oi con el tiempo combaten, *63,234*
Fue vn tiempo castaña, *65,61*
Alma dèl tiempo, espada dèl oluido. *66,14*
Sin perdonar al tiempo, has embiado *72,23*
I con tyranno orgullo en tiempo breue, *72,55*
Mas si con la importancia el tiempo mides, *72,75*
Perdone el tiempo, lisongee la Parca *76,12*
Vn tiempo tirò *80,32*
Deme Dios tiempo en que pueda *82,121*
I el tiempo no puede poco! *83,4*
Pagaba al tiempo dos deudas *83,81*
Affirmando el tiempo coxo *83,98*
Tiempo fue (papeles hablen) *87,17*
I de belleças el tiempo; *87,72*
"Violante, que vn tiempo fuiste *88,57*
I tiempo que el Xerezano *88,103*
Que me dio el tiempo, despues *98,10*
Daliso, porque el tiempo *103,55*
(El tiempo, de memorias *103,57*
Dèl tiempo, por auer la elada offensa *117,10*
De el tiempo las injurias perdonadas, *118,5*
I de siglo en siglo el tiempo *133,21*
A vn tiempo dejaua el Sol *149,1*
Siendo villano vn tiempo de buen talle. *154,8*
Que el tercer año guarda el tiempo cano, *156,4*
En aquel tiempo se herrò, *161,40*
Que en su tiempo (cerrado el templo a Jano, *162,12*
Alma al tiempo darà, vida a la historia *171,9*
Tiempo le conceded quanto *205,27*
Que sabes huir dèl tiempo". *215,52*
Dèl tiempo si, que sus profundas bassas *219,7*
Que en planta dulce vn tiempo, si espinosa, *221,3*
"Tiempo es, el Cauallero, *226,101*
Tiempo es de andar de aqui; *226,102*
Prestandoles tiempo, i tanto, *228,154*
Que diera al tiempo las plumas *228,171*
de el tiempo, si bien los años *229,538*
No pisò vn tiempo las Gradas, *229,722*
pero a mal tiempo he venido, *229,821*
no gastes el tiempo en flores *229,1693*
i a mui buen tiempo he venido. *229,1702*
Salue, ô gran Capitolio vn tiempo, ahora *229,2178*
Al tiempo fiero, como a toro brabo. *229,2221*
que engañandome en el tiempo, *229,2396*
I si en este tiempo viene *229,2522*
A tiempo le desuîàra, *229,2607*
contra el tiempo en Memphis oi, *229,2709*
Ia no es tiempo de Isabelas. *229,2889*
A buen tiempo le trae Dios. *229,3095*
de el tiempo que te ha engañado *229,3503*

Dio vn tiempo de Neptuno a las paredes, *230,66*

Hurta al tiempo, i redime del oluido. *232,8*

Ia que el tiempo me passa como higo. *233,11*

Trabajo tal el tiempo no consuma, *244,11*

Al tiempo le vincule en bronces duros. *251,14*

Pretende el tiempo desde las orillas, *256,18*

Al tiempo le hurtò cosas futuras, *256,52*

Le ha hecho al tiempo vn engaño, *259,107*

Seràs a vn tiempo, en estos Orizontes, *261,463*

Sangre sudando, en tiempo harà breue *262,14*

La poluora de el tiempo mas preciso; *263,118*

Sabe el tiempo hazer verdes halagos". *263,221*

Al tiempo que, de flores impedido *263,284*

Son de la Nympha vn tiempo, ahora caña *263,884*

Fin mudo al baile, al tiempo que seguida *263,945*

Venia al tiempo el nieto de la Espuma, *264,521*

Que el tiempo buela. Goza pues ahora *264,601*

Puesto en tiempo, corona, si no escala, *264,849*

Ni tronco ha roido el tiempo *268,14*

A tiempo, que traes Enrico, *269,1051*

Batiera el tiempo a compas *269,1123*

No es tiempo, Tisberto, ahora *269,1512*

Que aora el tiempo nos falta *269,1607*

Que tiempo podrà auer que las consuma, *271,10*

Lisonjéàronla vn tiempo *275,53*

Ni del Egypcio vn tiempo religioso, *279,25*

Que al tiempo de obeliscos ia, de muros *315,70*

Blason del tiempo, escollo del oluido. *317,11*

Segundo en tiempo, si, mas primer Sando *318,17*

A las alas hurtò del tiempo auaro *318,27*

Gloria del tiempo Vceda, honor Saldaña, *318,117*

La que el tiempo le debe primauera *318,421*

El tiempo sin ser Póèta, *322,175*

El tiempo mas opportuno, *322,254*

Madama Luna a este tiempo, *322,373*

I aun a pesar del tiempo mas enjuto, *326,7*

Que bramò vn tiempo leon; *331,61*

I el tiempo ignorarà su contextura. *343,11*

El tiempo gastais en vano *348,21*

Seguian del tardo tiempo, *354,10*

Goçaos en saçon; que el tiempo, *355,73*

Del tiempo, al docto garçon *358,19*

Que en vano el tiempo las memorias lime. *363,8*

El tiempo, quatro lustros en la risa, *363,10*

Que caduque, que muera el tiempo, i ellas *368,1*

Mas que no el tiempo templados *414,41*

A jugar con el tiempo a la primera; *441,2*

Sea lo vno o lo otro, el tiempo lo ha acauado, *471,9*

Llegò al infierno a tiempo tan obscuro, *472,3*

Tiempos *3*

En aquestos tiempos, *50,44*

Llaue es ia de los tiempos, i no pluma. *232,11*

Si los tiempos no confundo, *322,494*

Tienda *7*

Nunca sali de mi tienda *74,77*

Se escombra la tienda. *160,110*

Tienda es gloriosa, donde en lechos de oro *180,9*

a la tienda i a la calle. *229,921*

en la tienda del desseo. *229,969*

Tienda el frexno le diò, el robre alimento. *263,142*

A la tienda del contraste. *269,330*

Tiendas *1*

Por venderse como en tiendas. *495,26*

Tiende *3*

Las dulces alas tiende al blando viento, *45,5*

Tiende sus alas por alli debaxo. *229,2217*

Magestúòso rosicler le tiende, *315,42*

Tiendese *1*

Tiendese, i con deuida reuerencia *203,97*

Tiene *114*

Que arenas tiene esta plaia; *9,54*

Pues tiene tal gracia *11,14*

I si tiene abierto el pecho, *27,31*

A dò tiene su sepulchro, *27,38*

Canonigos tiene muchos, *27,102*

No tiene en sus ojos mella; *28,60*

Que tiene mui entendido *37,42*

Que tiene otros cient mil dentro del pecho, *41,3*

Quanto tiene nombre, *56,35*

Que tiene todo el Leuante; *61,32*

Los ojos tiene en el rio, *62,17*

Como quien la tiene, *65,79*

Pues tiene, (demas *65,91*

Tiene por mas suia *65,181*

Tiene su Astrolabio *65,217*

Tiene a su esposo, i dixo: "Es gran baxeça *68,11*

Ia tiene menos vigor, *75,53*

Que tiene bolsa en Oran, *82,111*

No tiene el soto ni el valle *85,3*

Este no tiene por bueno *102,23*

Dexa la verdad, i tiene *105,86*

I cierto amigo, que tiene *107,41*

O lo que tiene de espada *110,37*

La necessidad que tiene *111,29*

Que tiene filos de brin, *111,54*

Fuerças son de Amor (si tiene *116,13*

Mucho tiene de admirable *121,61*

Mas que tiene en sus aljauas; *121,74*

Aunque es Aluarado, tiene *121,123*

I a la que no tiene igual *121,135*

Que tiene cara de herege *126,37*

Blancas palmas, si el Tajo tiene alguna, *128,3*

De plumas tiene los pies. *132,8*

Si tiene puertos vn mar *143,15*

De Angel tiene lo que el otro de aue. *145,8*

Tiene llenos los margenes de ojos. *152,14*

Porque tiene malos cascos, *161,43*

Debaxo de los pies tiene *161,47*

I el tiene, mas no pidiò. *161,52*

De tres altos tiene Dido, *167,52*

Quien la tiene concertada; *167,94*

A mas os tiene el cielo destinado. *171,4*

Si todo lo moderno tiene zelos, *195,7*

Que tiene, pringa señora? *207,6*

Que vn arbol grande tiene gruesos ramos. *222,11*

Por lo que tiene de flaire. *223,10*

os tiene, Marcelo amigo: *229,139*

No tiene Alcalde mas Brabo *229,320*

Que este author tiene versos mui pacientes. *229,392*

Las cuentas tiene en la mano *229,436*

que tiene puertas menores, *229,597*

tiene la mitad de el nombre, *229,629*

Muchos años ha que tiene *229,730*

Tiene la hija mas bella *229,738*

que tiene Argel, i que llaman *229,756*

por las riquezas que tiene *229,810*

Galeaço, señor, tiene *229,828*

Lo malo que tiene es solo *229,870*

otro no tiene este polo. *229,873*

Plata que no tiene duda *229,978*

que tiene la alma de fuego. *229,1147*

La pared tiene de motes *229,1236*

los originales tiene? *229,1303*

Si Beatas tiene Amor, *229,1389*

tiene, ia que no es Letrado. *229,1658*

blancas tiene, i carmesies. *229,1758*

blanco tiene el grano, amiga; *229,1760*

prudencia tiene vna loca! *229,1901*

Gozar? No tiene en su aljaua *229,1909*

Ella tiene buen aliño. *229,1981*

si con valor nuera el tiene; *229,2525*

i me tiene sin sosiego. *229,2589*

Isabela dueño tiene; *229,2612*

que ia tiene ojos Amor, *229,2812*

Ved qual le tiene el desseo. *229,2951*

Ai, como tiene razon! *229,3067*

Dice verdad. Razon tiene, *229,3074*

no osarà decir que tiene *229,3328*

que os tiene que decir mucho. *229,3401*

Por guardas tiene, llaues ia maestras *230,50*

Conocele, que no tiene *242,57*

Lo tiene como vn madroño. *242,64*

Por lo que tiene de potro *242,70*

Que tiene de obscuro i claro, *268,42*

Muchas tiene en la ciudad *269,86*

En pedir tiene su proa *269,216*

Nunca tiene edad el rico. *269,284*

En ochauos, pues se tiene *269,658*

Vn Doctor, tiene su mula *269,707*

Mas que tiene el cielo estrellas. *269,912*

Que tiene mi tio? Nada. *269,1471*

Pues tiene dientes gastados. *269,1559*

No ves que tiene de viejo *269,1624*

Tiene zalea en la cama. *269,1629*

Mas años tiene que io). *269,1829*

Tiene la soledad como el desierto. *295,14*

Lo que tiene de encarnado, *301,73*

Que tiene veces de Nuncio, *322,216*

Pues me tiene la ausencia sin mi Çapata. *345,6*

Quien amores tiene, *349,15*

Mas nada le tiene vano. *356,14*

Tiene que el Xarife *356,65*

Que raios tiene de estrella; *375,28*

De las partes que no tiene, *412,6*

Si el preso tiene dinero, *412,29*

Tiene la malacia, *422,3*

Que tiene mas de tea que de tino. *433,14*

Pues tiene por prouincia a Picardìa. *471,4*

Menos tiene de musa que de arpia. *471,8*

I que el tiene la culpa i lo merece, *475,6*

I como en el sus ojos puestos tiene, *475,13*

Si no tiene otro mysterio, *481,5*
Agudeça tiene harta, *488,5*
Porque tiene en su marido *495,56*
Tienelo *1*
Tienelo por disparates *105,27*
Tienen *25*
I tienen algo de mulos; *27,108*
Que no tienen por disgusto, *27,110*
Que las aguas tienen lengua; *38,28*
Que tienen pestañas ellos, *55,11*
Que en nudos ciegos los tienen, *59,22*
— Mas respecto me tienen: ni vna astilla. *70,8*
No tienen que competir *82,34*
I que ellos tienen de cieruos. *87,44*
Que tienen a vna cuitada *98,42*
Tienen solar conocido. *167,30*
Aunque todas tienen pies, *217,18*
las que te tienen de esa arte, *229,67*
tienen tormentos de toca? *229,1480*
Olor tienen celestial. *229,1832*
Que tienen? Cosa de juego, *229,1849*
Tan serenos, que le tienen *242,27*
Segun tienen vezindad, *269,734*
Sus cenizas alli tienen reposo, *271,3*
Pues las noches tienen boca; *282,24*
Si tienen sangre las sombras, *334,55*
Que en su particular tienen cosquillas. *443,4*
No tienen que preciarse de blancura *455,9*
Que si Damas tienen mano *490,24*
Tambien Monas tienen dientes. *490,25*
Si tienen, en tal lugar, *499,169*
Tienenle *1*
I tienenle tan picado, *228,170*
Tienes *26*
De veer quan al viuo tienes *28,62*
I el bazo me tienes *50,109*
En tu seno ia me tienes *63,217*
No a la palma que en ella ahora tienes, *77,39*
Pues que tienes mas padrastros *87,7*
Si no tienes fortaleça, *87,31*
Que tienes prudencia al menos. *87,32*
Que tienes tu de Ceruantes, *87,43*
I tienes menos pertrechos, *87,98*
Que ia como Sol tienes bien nacido. *139,8*
Condicion tienes bien recia. *229,1748*
tienes quince mil réàles; *229,2969*
tienes con Iulio assentada, *229,2983*
Pues que le tienes al lado, *229,3062*
por mi tienes que empeñar *229,3197*
Traças tienes, i modelos *269,206*
Si acaso noticia tienes, *269,331*
No tienes razon, que es *269,637*
Lo que tu tienes en mi, *269,1408*
Tienes alma? Creo que si. *286,29*
— Niño, si por lo que tienes *306,1*
Que dia tienes reposo? *497,23*
Mucho tienes de furioso, *497,27*
I el pie tienes en la huessa, *497,41*
Tienes ligereça tanta, *499,153*
Pues el mesmo efeto tienes, *499,284*
Tienta *1*
Tienta el acero que pende, *333,62*
Tiento *2*
Dios ponga tiento en tu lengua *229,228*
Sangro al tiento, i purgo al buelo *269,425*

Tierna *9*
En tan tierna edad *4,12*
En cosa mas tierna) *79,116*
Por edad menos que tierna, *102,34*
Es este infante en tierna edad dichoso; *145,6*
Vna cancion tierna *160,24*
Pues descalça la mas tierna, *204,37*
De zagalejas candidas voz tierna *263,765*
Lustros de su tierna edad *355,35*
I de vna edad no tan tierna. *498,24*
Tiernamente *3*
Que tan tiernamente llore *57,23*
Algun rapaz tiernamente, *130,22*
Que en sus braços le acoge, i tiernamente *279,38*
Tiernas *6*
Las tiernas aues con la luz presente, *14,7*
Dulces lazos, tiernas redes, *57,66*
Lleua sus lagrimas tiernas. *62,20*
Duras puentes romper qual tiernas cañas *108,5*
donde hallarè piedras tiernas, *229,2916*
Tiernas derramè lagrimas, temiendo, *264,454*
Tierne *1*
el pauo tierne de leche, *229,2840*
Tierno *28*
Mantequillas i pan tierno, *7,6*
Se muestran, de su tierno fin sentidas, *12,7*
Lançando a vueltas de su tierno llanto *18,9*
Asta en mi tierno rostro aquel tributo *19,9*
De fin tan tierno, i su memoria triste, *30,13*
Que suspensa no siga el tierno accento, *35,13*
A lauar el tierno rostro *62,67*
Por niñéàr, vn picarillo tierno *68,1*
Derramando tierno aljofar: *97,28*
Tierno gemido apenas *103,45*
Ceniças son, igual mi llanto tierno *109,10*
Por el tierno corazon *110,39*
I al tierno esposo dexas *129,2*
I que de vn tierno amante *129,31*
Qual tierno ruiseñor en prission dura *139,10*
Engastes dèl crystal tierno. *215,48*
I perdone al llanto tierno; *226,116*
El tierno francolin, el faysan nueuo, *229,49*
vendrà, tanto quanto el tierno. *229,2114*
de mi hija esposo tierno, *229,2549*
De el mas tierno coral ciñe Palemo, *261,122*
Mas, conculcado el pampano mas tierno *261,469*
Le coronò el Amor; mas ribal tierno *263,158*
Tierno discurso i dulce compañia *263,226*
Del tierno humor las venerables canas, *263,514*
Eral loçano assi nouillo tierno, *264,17*
El oro al tierno Alcides, que guardado *318,75*
Pidiò vn mollete, si auia tierno alguno, *459,3*
Tiernos *8*
Logra sus tiernos años, sus Réàles *77,58*
Con tiernos ojos escribo *83,59*
Con tiernos ojos, con deuota planta. *112,14*
Tiernos raios en vna piedra dura *260,7*
De lagrimas los tiernos ojos llenos, *263,360*
Quien se niega a siluos tiernos. *268,28*
Gil desde sus tiernos años *357,13*
En tiernos, dulces, musicos papeles, *458,10*
Tierra *77*
Ô Lusitania, por la tierra calida, *1,42*

Porque entrò roto en su tierra, *6,95*
En tierra, en humo, en poluo, en sombra, en
    nada. *24,14*
Comiendo turmas de tierra. *28,72*
De quien pagò a la tierra lo terreno, *30,4*
I ambos ojos en la tierra. *38,4*
Si quien le quita la tierra *49,63*
Dizen que es allà la tierra *58,9*
I este llanto de esta tierra, *62,58*
Que ahora es gloria mucha i tierra poca, *67,13*
Dexè mi tierra por Flandes, *74,67*
Porque era tierra tan fria, *74,94*
Porque al salir de mi tierra *74,109*
Que vna tierra nos sepulte". *75,96*
Los pechos en piedad, la tierra en llanto; *77,6*
I vista la tierra *79,44*
Su destierro en tierra, *79,104*
Por toda tierra de campos *96,102*
I vomitar la tierra sus entrañas; *108,4*
Toda la tierra he corrido, *111,25*
La bien pisada tierra. Veneraldas *112,13*
Dichosa la tierra que *121,28*
Por olas o por tierra, *125,38*
Aier Deidad humana, oi poca tierra; *135,1*
Tome tierra, que es tierra el ser humano.
    135,14
Tome tierra, que es tierra el ser humano.
    135,14
Que en tierra virgen nacido, *209,3*
Que en tierra virgen nacido, *209,18*
Que en tierra virgen nacido, *209,33*
No iace, no, en la tierra, mas reposa, *221,7*
Tierra (si puedo decillo) *229,702*
Descubriendo tierra voi, *229,1260*
tierra ardiente, region fria, *229,2684*
hasta la tierra que piso. *229,3177*
Perdiò Cloris tierra a palmos *243,47*
Pero ia poca tierra *256,34*
Por mar Vllises, por tierra *257,43*
Ella en tierra i el en mar, *257,46*
En tierra le postrò agena, *258,6*
En poca tierra ia mucha hermosura, *260,6*
De este pues formidable de la tierra *261,41*
Delphin que sigue en agua corza en tierra!
    261,136
De la copia a la tierra poco auara *261,157*
Breue flor, ierua humilde i tierra poca, *261,350*
No el torcido taladro de la tierra, *263,304*
Si bien por vn mar ambos, que la tierra *263,399*
Inunde liberal la tierra dura; *263,823*
Mañosos, al fin hijos de la tierra, *263,973*
Que quando Ceres mas dora la tierra *263,1028*
Resiste obedeciendo, i tierra pierde. *264,26*
No poca tierra esconda, *264,162*
Si ai ondas mudas i si ai tierra leue". *264,171*
Isla, mal de la tierra diuidida, *264,191*
I de la firme tierra el heno blando *264,689*
Que de la tierra estos admitidos: *264,953*
Algun monstruo de la tierra *269,1131*
Romper la tierra he visto en su avesana *273,5*
A la agradecida tierra, *275,4*
Allanò alguno la enemiga tierra *278,9*
Si la tierra dos a dos *286,14*
Ondas terminando i tierra, *287,20*
De poca tierra, no de poco llanto! *298,12*

Tierra sella que tierra nunca opprima; *314,5*
Tierra sella que tierra nunca opprima; *314,5*
Siglos de oro arrogandose la tierra, *318,271*
La mejor tierra que Pisuerga baña, *318,358*
Que ambito a la tierra, mudo exemplo *318,527*
Abriò al trafico el mar, abriò la tierra; *318,612*
La dura tierra barriste; *320,4*
La tierra ia prometida, *321,2*
Fuesen de tierra cocidos, *322,3*
O sean de tierra crudos, *322,4*
Alondra no con la tierra *322,345*
Paz a la tierra anunciò, *331,25*
Su tierra vna Virgen fue, *373,7*
Desatandose va la tierra vnida; *393,6*
I a la tierra con perros no perdonan; *499,63*

Tierras *4*
Dixo un medidor de tierras *73,2*
De tierras, de olandas non, *204,32*
Peinan las tierras que surcaron antes, *261,162*
Tierras interpuestas ciento *384,21*

Tiessamente *1*
Tiessamente enamorado, *28,26*

Tiesto *1*
passò a tiesto de claueles, *229,2342*

Tigre *4*
Si eres Diosa o si eres tigre. *48,24*
onça a onça, i tigre a tigre. *229,2913*
onça a onça, i tigre a tigre. *229,2913*
"Qual tigre, la mas fiera *263,366*

Tigres *2*
Que ai vnas tigres que dan *58,49*
Los toros doce tigres matadores, *155,3*

Tigris *1*
Si de el Tigris no en raices, *322,27*

Tilde *2*
Sirua de tilde la insignia *242,103*
Que ai señor Q. tilde, que? *242,105*

Timantes *1*
De Apelles i de Timantes, *63,40*

Timida *6*
Fia su intento, i timida, en la vmbria *261,254*
Timida liebre, quando *264,767*
Lo que timida excusa, *264,922*
Timida fiera, bella Nimpha huia: *311,12*
Pues con la menos timida persona *315,35*
Timida ahora, recusando Fuentes, *318,582*

Timidas *1*
En atenciones timidas la deja *366,13*

Timido *4*
Que a las de el Ponto timido atribuie, *263,600*
El mas timido al fin, mas ignorante *264,281*
Que timido perdona a sus crystales *264,843*
De quien timido Athlante a mas lucida, *298,46*

Timon *5*
Con el timon o con la voz no enfrenas, *54,13*
Solicitan timon, calan entenas? *166,16*
El timon alternar menos seguro *264,145*
Timon del vasto ponderoso leño, *421,56*
Su baculo timon de el mas zorrero *428,7*

Tiñe *1*
Las tiñe de carmesi. *226,92*

Tiñendo *2*
A vista voi (tiñendo los alcores *52,9*
tiñendo el hermoso rostro *229,2388*

Tiñeron *1*

Tiñeron mal zelosas assechanças, *175,6*

Tiñes *2*
Mi rostro tiñes de melancolia, *104,3*
Mientras de rosicler tiñes la nieue. *104,4*

Tiniebla *2*
Fingieron dia en la tiniebla obscura), *263,683*
De tiniebla tan crúèl, *374,10*

Tinieblas *11*
Quando las tinieblas visten *111,35*
Ni a las tinieblas de la noche obscura *120,10*
Las tinieblas de la noche; *179,48*
Si tinieblas no pisa con pie incierto, *229,10*
(Aun a pesar de las tinieblas bella, *263,71*
A pesar de las tinieblas, *287,35*
Las tinieblas de Abraham! *300,22*
I en las tinieblas su Cruz *304,23*
En tinieblas de oro raios bellos. *340,8*
No ofende las tinieblas de mi canto. *404,12*
Quien en las tinieblas suele *483,13*

Tiniendo *1*
No tiniendo del officio *93,61*

Tino *2*
Voces en vano dio', passos sin tino. *100,4*
Que tiene mas de tea que de tino. *433,14*

Tiñò *1*
Que tiñò palor Venusto. *322,472*

Tinta *12*
Celebrando con tinta, i aun con baba, *203,37*
Mas tinta sudamo, Iuana, *207,24*
do gastò tinta de plata *229,900*
Que sabe engañar la tinta. *269,292*
I tinta fina su espuma, *269,763*
La està haziendo la tinta, *269,1203*
Que teñir tinta no sabe. *269,1781*
Con tinta, i con medicina, *269,1799*
Me bajad tinta i papel. *269,1885*
Si son canas, tinta poca *269,1989*
Que ondas de tinta lleba, *412,49*
Por virtud de tinta i plomo; *495,35*

Tintas *1*
Silencio en sus vocales tintas miente; *361,8*

Tintero *2*
Salbadera hace el tintero, *412,30*
Quedese con el tintero, *413,44*

Tinto *1*
Texido en sombras i en horrores tinto, *315,2*

Tio *10*
Io i vn tio de Babieca, *96,103*
Le dixo a su señor tio: *242,35*
Correspondiòle su tio, *242,45*
Que tiene mi tio? Nada. *269,1471*
Don Tristan, tio de Lucrecia, *269,1496*
Con mas de padre que tio. *269,1497*
A no estar alli mi tio *269,1508*
Aunque en poder de mi tio *269,1524*
No porque sepas mi tio *269,1570*
Que el siluo oiò de su glorioso tio, *318,51*

Tiorbas *3*
Que por tiorbas i por liras valen. *414,31*
Que por tiorbas i por liras valen. *414,40*
Que por tiorbas i por liras valen. *414,49*

Tîòrbas *1*
Tîòrbas fueron de pluma, *353,35*

Tipheo *1*
O tumba de los huessos de Tipheo, *261,28*

Tiphis *1*
Tiphis el primer leño mal seguro *263,397*

Tiphys *1*
Vinorre, Tiphys de la Dragontea, *432,12*

Tiplones *1*
Tiplones conuocàra de Castilla, *203,14*

Tira *4*
Casto Amor, no el que tira *103,7*
Dorados harpones tira *121,73*
Quien en la plaça los bohordos tira, *138,7*
Otro instrumento es quien tira *214,25*

Tiradas *1*
Con las que tiran i que son tiradas; *69,8*

Tirador *1*
O tirador de arcabuz: *269,428*

Tirais *1*
me tirais nueuos bohordos? *229,3439*

Tirallas *1*
Tirallas es por medio de ese llano, *170,6*

Tiramos *1*
Diez años tiramos juntos *96,101*

Tiran *2*
Con las que tiran i que son tiradas; *69,8*
Tiran estas piedras. *160,20*

Tirando *1*
I ia està tirando coces. *269,780*

Tirandole *1*
I tirandole los cuescos *62,39*

Tiraniçò *1*
Tiraniçò mis sentidos *331,34*

Tiranniza *1*
Tiranniza los campos vtilmente; *263,201*

Tirannize *1*
Lo tirannize interès, *378,38*

Tiranno *1*
Tiranno Amor de seis soles, *376,21*

Tirano *2*
Tal, Claudia bella, del rapaz tirano *197,5*
No salgas, que te aguarda algun tirano; *466,12*

Tirar *2*
Aunque no en el tirar cantos, *497,28*
Camila mas que tirar, *499,170*

Tiras *1*
De las que me tiras oi; *90,26*

Tiraste *1*
Las que me tiraste aier *90,25*

Tiren *1*
Tiren de tu carro *50,23*

Tiro *7*
Que, sin errar tiro, sabe *61,44*
El segundo tiro basta, *90,15*
Oi os tiro, mas no escondo la mano, *170,3*
El luminoso tiro, *263,710*
Sediento siempre tiro *264,616*
Del luminoso tiro, las pendientes *264,679*
De tiro hizo vn tiron *265,5*

Tirò *2*
Vn tiempo tirò *80,32*
A mula vn coz me tirò. *308,36*

Tirol *1*
Para Conde de Tirol; *122,42*

Tiron *2*
De tiro hizo vn tiron *265,5*
Cuerda de vn tiron. Yo si; *499,183*

Tiros *4*

I la espada en tiros cortos *74,21*
Municion de cien mil tiros, *89,34*
Blanco de sus tiros hecha, *177,8*
Io soi Lelio. Haceisme tiros? *229,2956*
Tisbe *1*
Sea mi Tisbe vn pastel, *7,42*
Tisberto *10*
Tisberto muere, i segun *269,506*
Tisberto, amigo, soi io *269,1346*
Tisberto, llegate acà. *269,1479*
Goze el pobre de Tisberto *269,1483*
Quien? Tisberto i don Tristan. *269,1492*
Tisberto, sobrino mio, *269,1494*
Que Tisberto. Escucha, pues. *269,1506*
No es tiempo, Tisberto, ahora *269,1512*
Lleua instruìdo a Tisberto, *269,1592*
Entra acà, Tisberto amigo. *269,1599*
Tissera *1*
La dura tissera, a cuio *322,418*
Tisseras *1*
Cuias plumas son tisseras *62,16*
Tithon *1*
Las canas de Tithon, halla las mias, *264,395*
Titulo *5*
Que el titulo de su casa *121,109*
Titulo ia de el Marques. *132,32*
Le den Titulo a aquel, o el otro priue. *203,102*
Belgico siempre titulo del Conde, *318,622*
I aun a titulo aspirante, *413,11*
Titulos *5*
Titulos liberales como rocas, *69,2*
I mas en ella Titulos que botes. *150,14*
En mis calças los titulos de el miedo. *152,4*
Los Titulos me perdonen, *228,125*
Titulos en España esclarecidos, *318,311*
Tixera *2*
La blanca espuma, quantos la tixera *263,917*
Merced de la tixera a punta o lomo *397,5*
Tixeras *1*
Como tixeras de murtas. *26,72*
Tiznado *1*
Menos ahora tiznado *413,32*
Tizona *2*
Mi camisa es la tizona, *111,53*
a sombra de esta Tizona, *229,763*
Toca *24*
Toca, i albanega; *5,8*
Tus plumas moje, toca leuantado *45,7*
Que lloreis, (pues llorar solo a vos toca, *46,12*
A las mas que toca el preste, *130,34*
Toca, toca, toca, *142,14*
Toca, toca, toca, *142,14*
Toca, toca, toca, *142,14*
Toca, toca, toca, *142,32*
Toca, toca, toca, *142,32*
Toca, toca, toca, *142,32*
Toca, toca, toca, *142,50*
Toca, toca, toca, *142,50*
Toca, toca, toca, *142,50*
Que en solo el nombre cada baxel toca. *166,36*
Toca, toca el tamboril, *208,10*
Toca, toca el tamboril, *208,10*
tienen tormentos de toca? *229,1480*
no solo no toca a flor, *229,2055*
Su blanca toca es listada de oro, *229,2152*

A mi, Tadeo, me toca *229,2510*
Prestando su infame toca *269,149*
Lo que es toca para mi. *269,1972*
Tormento os darà de toca. *269,1992*
— Vamo aià. — Toca instrumento. *308,9*
Tocaban *1*
de guerra tocaban caxas *229,582*
Tocad *1*
De otro! Tocad el rabel. *301,67*
Tocadas *1*
I se tocan bien tocadas *495,29*
Tocado *2*
Pues de la hierba tocado, *49,33*
Cien escudos ha tocado. *269,600*
Tocados *1*
Los tocados, las galas, los sainetes, *448,5*
Tocan *4*
Que tocan a la Alua; *214,4*
Que tocan a la Alua, *214,17*
Que tocan a la Alua, *214,30*
I se tocan bien tocadas *495,29*
Tocando *1*
Vrtase al mundo, que, en tocando el suelo, *404,45*
Tocar *2*
Sin tocar nadie a rebato. *228,164*
Por tocar pieça tambien: *495,30*
Tocarà *1*
Se tocarà lienço crudo *107,75*
Tocaron *1*
Quando tocaron al arma. *64,8*
Tocas *8*
Las tocas de lienço crudo, *27,46*
Las tocas cubren a Hero *27,51*
Damas de haz i enues, viudas sin tocas, *69,6*
Ver sus tocas blanquéàr *105,45*
Las blancas tocas, señor, *121,151*
que con blancas tocas anda; *229,442*
porque de sus tocas sè, *229,443*
Las tocas de la appariencia, *257,3*
Toco *3*
I como barbaro toco. *83,76*
la mano en esa cruz toco *229,1418*
Perdido direis que toco *348,26*
Tocò *3*
Tocò la plaia mas arrepentida, *43,2*
Su rabelillo tocò. *161,64*
Tocò a visperas de susto; *322,384*
Toda *43*
Toda la noche i el dia, *28,71*
Toda su pobreça *65,215*
Saca toda la justicia; *74,16*
Toda la oracion prolixa, *74,118*
De datiles toda ella. *85,16*
Por toda tierra de campos *96,102*
A toda lei, madre mia, *98,1*
A toda lei, madre mia, *98,13*
A toda lei, madre mia, *98,25*
A toda lei, madre mia, *98,37*
A toda ley, madre mia, *98,49*
A toda lei, madre mia, *98,61*
A toda lei, madre mia, *98,73*
A toda lei, madre mia, *98,85*
Toda la tierra he corrido, *111,25*
Se cubre la vega toda, *149,18*

Fruta que es toda de cuesco, *159,55*
A Esgueua, i toda la diò *161,122*
Pues estais en toda parte. *186,10*
Su beldad toda; que harà la mano, *198,10*
De toda cosa ponzoñosa, i fiera. *229,95*
porque entre esta gente toda *229,747*
para que toda mi vida *229,2631*
Ociosa toda virtud, *235,1*
A la que España toda humilde estrado *245,1*
Sacro esplendor, en toda edad luciente, *250,2*
Del aue que es ojos toda: *259,8*
Librada en vn pie toda sobre el pende, *261,258*
Aduocaron a si toda la gente, *263,1025*
Su vista libra toda el estrangero *264,930*
Que excluiò toda la mia *266,15*
A toda locura excede. *269,185*
I quien por toda esa calle *269,529*
A toda razon exceden *269,1341*
A toda lei, vn pariente; *269,1493*
Toda pues gayta conuoque *300,10*
Te enrraman toda la frente; *351,20*
La attencion toda: no al objeto vano *368,15*
Toda facil caida es precipicio. *393,4*
Gouernar a toda España. *412,4*
Toda su vida saliò *412,14*
Si bien toda la purpura de Tyro *421,21*
I la culpa toda *422,2*
Todas *42*
A todas queria bien, *26,69*
Con todas tenia ventura, *26,70*
Porque a todas igualaba *26,71*
I quedais todas perdidas *29,29*
I ante todas cosas, *56,18*
Quedaron todas las Damas *73,57*
De todas ellas me libra; *74,108*
Entre todas las mugeres *87,45*
Todas las ha despachado; *93,4*
Que a todas ellas hazen *125,14*
La madre, y sus hijas todas *126,55*
Las engendrò a todas tres. *132,4*
Del Estadista i sus razones todas *203,106*
No todas las voces ledas *214,8*
Varias de color, i todas *215,43*
I con mui buen aire todas, *217,15*
Aunque todas tienen pies, *217,18*
Sus flechas abreuia todas *217,31*
Todas las curas errò; *227,50*
son todas velas de Holanda. *229,445*
mappa de todas naciones, *229,489*
Dales el Norte en todas sus regiones *229,1030*
contra todas estas dudas? *229,2645*
de todas suertes de paños. *229,2989*
Sus armas enuainò todas *243,43*
Puesto que ia son todas *256,30*
Concurren todas, i el peñasco duro, *261,495*
De sus aldeas todas *263,265*
Mezcladas hazen todas *263,623*
Bien que todas en vano, *264,962*
Todas, por mas que las doro *269,226*
Todas juegan a esse juego *269,232*
Todas se han ido bolando. *269,345*
A lo qual acuden todas, *269,479*
Negras dos, cinco azules, todas bellas. *318,128*
Todas las cosas del suelo, *374,6*

Porque, aunque todas son de viento, dudo *429,3*

Todas son arrabales estas Villas, *443,5*

I al tabaque se llegan todas. *494,7*

I al tabaque se llegan todas. *494,22*

I al tabaque se llegan todas. *494,37*

I al tabaque se llegan todas. *494,52*

Todauia *1*

I si quereis todauia *167,5*

Todo *135*

Todo el tiempo que dilatas *10,26*

Porque al salir, o todo quedò en calma, *14,13*

Le hurto todo el silencio *48,15*

Por todo el humedo Reino *48,75*

En todo estremo hermosa *49,27*

I discreta en todo estremo. *49,28*

I le sigue todo el pueblo, *49,74*

Si en todo lo cago *56,1*

Si en todo lo cago *56,14*

Si en todo lo cago *56,27*

Si en todo lo cago *56,40*

Si en todo lo cago *56,53*

Si en todo lo cago *56,66*

Si en todo lo cago *56,79*

Que tiene todo el Leuante; *61,32*

Discretas en todo extremo, *61,35*

Que de todo el mundo *65,243*

Todo el mundo limpia *65,246*

Succede en todo al Castellano Phebo, *67,12*

Casas i pechos todo a la malicia, *69,12*

En numero de todo tan sobrado, *72,24*

I a tanta vela es poco todo el viento, *72,26*

Como todo ha sido guerras, *73,50*

Que todo el mundo decia *74,90*

Obra al fin en todo digna *78,47*

(Todo lo que no es pedir) *82,30*

Todo el licor de su vidrio *83,87*

Que todo es aire su olor, *85,5*

Virgen de todo piquete, *88,22*

Acordaos de todo aquesto, *89,29*

Todo en daño de las almas, *95,29*

Con todo eso, saldrè al campo, *110,53*

Que traxesse todo el año *121,59*

I las gracias, todo es saí. *121,110*

"Tu buelo en todo el mundo *125,37*

Todo se vende este dia, *126,19*

Todo el dinero lo iguala: *126,20*

Todo el mundo le es mordaça, *126,35*

De todo aquel gallinero; *130,32*

Todo es gala el Aphricano, *131,93*

Todo sirue a los amantes, *131,109*

Que es todo golfos i estrechos. *143,16*

Todo el campo reconozca, *149,112*

Todo se halla en esta Babylonia, *150,12*

No os andeis cochéàndo todo el dia, *153,6*

Todo sois Condes, no sin nuestro daño; *154,9*

No encuentra al de Buendia en todo el año; *154,12*

Con que todo el mundo ria *158,3*

Quando todo el mundo llora? *158,4*

Quien es todo admiracion, *158,38*

Aunque todo pulpa sois. *161,148*

(Sol de todo su orizonte), *178,17*

— Salud serian para todo el año. *183,14*

Todo lo que no vees; *193,28*

Si todo lo moderno tiene zelos, *195,7*

Tuuiera inuidia todo lo passado. *195,8*

La lisonja, con todo, i la mentira, *203,43*

Que le comerà vno todo, *208,8*

Se queda en si mismo todo, *209,14*

Que se dà todo al Christiano. *209,15*

De fruta que todo es cuesco, *223,9*

I temporas todo el año. *228,20*

si no es decillo todo, *229,248*

Todo fîèl redomado *229,411*

que todo a suffrir enseña. *229,689*

Todo lo firmè despues *229,854*

I digo con todo eso, *229,874*

se le debo todo a el. *229,1608*

"Todo lo miraba Nero, *229,1785*

que todo marfil es cuerno, *229,2364*

Todo esta noche se arrisca. *229,2530*

Todo es, amiga, hablar. *229,2720*

contra todo el Euangelio. *229,3059*

i aun en todo el firmamento. *229,3201*

dirà todo lo que ai. *229,3270*

Presume con todo eso *242,89*

Todo es obras de araña con Baeça, *255,9*

Poca; mas, con todo eso, *257,38*

De el monstro que todo es pluma, *259,7*

El mundo todo conozca *259,38*

Alga todo i espumas, *263,26*

Llegò todo el lugar, i despedido, *263,1084*

Con todo el villanage vltramarino, *264,30*

Gauia no tan capaz; estraño todo, *264,273*

El Occèano todo, *264,494*

Todo ha de ser frialdad. *266,20*

I sobre todo, el recato *269,176*

Todo el Norte, i todo el Sur. *269,420*

Todo el Norte, i todo el Sur. *269,420*

Todo se admite en Palacio, *269,753*

Que despues lo sabras todo. *269,989*

Del vulgo, en todo ignorante, *269,1301*

A todo lo que has querido; *269,1306*

A mi todo me lo deue. *269,1429*

I dandolo todo a vn precio; *269,1545*

Todo oi te ando a buscar. *269,1710*

Todo aquello borraran, *269,1748*

La Escuela, i todo pio affecto sabio *270,10*

Todo va con regla i arte; *275,117*

Todo escuchante la oreja. *275,120*

Quando todo el mundo os niega *282,18*

Bien que todo vn elemento *284,9*

Todo ha de ser calidad, *288,46*

Vn MAR, DONES oi todo a sus arenas. *290,14*

Todo el sebo. Ficai là *303,16*

Que el mundo todo a quien vienes, *306,4*

Si en Dueñas oi i en todo su Partido *313,21*

Alta le escondiò luz el templo todo. *315,32*

Mas su coiunda a todo aquel Oriente; *318,532*

A todo su plenilunio, *322,318*

Con todo su morrion, *322,461*

Medio fiera, i todo mulo, *322,500*

O todo me negò a mi, *331,32*

O todo me neguè io. *331,33*

Vos que en todo el aquatismo *334,2*

Todo cuerno masculino, *334,34*

Todo su bien no perdido, *357,107*

Aunque no cobrado todo: *357,108*

Sino para todo el mundo. *373,4*

Sino para todo el mundo. *373,12*

Sino para todo el mundo. *373,20*

Por todo lo que el Sol mira, *388,2*

Todo mal afirmado pie es caida, *393,3*

Ô roma, a todo mortal, *411,38*

De todo marmol humano, *416,29*

Todo se murmura, *422,1*

Con quien pudiera bien todo barbero *428,3*

I su termino todo es Oliuares; *443,6*

De su rabaço vos, que es todo quanto *446,13*

Todo el año aiunaba a Sanct Hilario, *450,7*

Con todo el comediage i Epità, *468,7*

Campo todo de tojos matizado, *476,5*

No està de el todo perdido, *495,55*

Assi que todo haze un dulze ierro, *499,90*

Ganaras tu, i el, i todo. *499,239*

Todos *65*

Mas que no entendamos todos *6,46*

De todos los doce Pares *27,113*

De todos quatro picudo; *27,128*

Todos los monteros dicen *48,28*

Por todos estos confines, *48,50*

La cuecen i assan todos, *58,19*

Mas que todos quantos leen, *59,66*

Vida a ti, gloria al Betis, luz a todos. *77,51*

Valentissimos son todos, *78,3*

I mas que todos Hacèn, *78,4*

Que es el esparto de todos *83,14*

Pongan todos lengua en ella. *85,8*

I de todos celebrado *89,11*

De todos sagrado rio, *89,18*

Todos los agenos daños, *93,9*

Piensan todos los muchachos *96,118*

Vereis que se llaman todos *96,143*

Todos sabeis lo que io, *148,7*

Que Platon para todos està en Griego. *150,8*

Liberal parte con todos *161,57*

A todos nos diò camaras de popa. *183,13*

Quien todos sus sentidos no te applica? *203,85*

No son todos ruiseñores *214,1*

No son todos ruiseñores *214,14*

No son todos ruiseñores *214,27*

Con todos estos Principes de acero, *222,3*

Con nadie hablo, todos son mis amos, *222,9*

I todos de hambre piando. *228,84*

el tercio de todos Sanctos, *229,570*

i de todos peccadores; *229,571*

Todos al zaguan desciendan. *229,2752*

i todos se podran ir *229,3548*

Serà pulla para todos. *242,12*

I el Sol todos los raios de su pelo) *263,4*

Saludòlos a todos cortesmente, *263,356*

Los terminos saber todos no quiere, *263,409*

Si, vinculados todos a sus cargas *263,509*

Passaron todos pues, i regulados *263,602*

Llegaron todos pues, i con gallarda *263,852*

El júizio, al de todos, indeciso *263,1073*

Vsando al entrar todos *264,56*

Raros muchos, i todos no comprados. *264,247*

Que haziendo a todos el buz, *269,438*

Buen viage digo a todos, *269,439*

De los galanes, i a todos *269,455*

De las lagrimas de todos *269,513*

Que todos son ia reloxes, *269,671*

A todos el A B C *269,1903*

Tan al tope, que alguno fue topacio, *254,10*
Anacreonte Hespañol, no ai quien os tope, *427,1*
Topo *1*
Topo aier i lince oi. *331,59*
Toque *4*
La toque del primer bote. *107,36*
Toque al Alua, toque. *300,18*
Toque al Alua, toque. *300,18*
Que no ai quien su Dama toque, *493,32*
Toqueis *1*
Amantes, no toqueis, si quereis vida; *42,5*
Toquen *6*
Quando toquen a los Maitines, *300,1*
Toquen en Hierusalem, *300,2*
Quando toquen a los Maitines, *300,27*
Toquen en Hierusalem, *300,28*
Quando toquen a los Maitines, *300,40*
Toquen en Hierusalem, *300,41*
Toquitas *1*
Dos toquitas de repulgo, *27,90*
Torbellinos *1*
Los raudos torbellinos de Noruega: *264,973*
Torcer *1*
De torcer cuerdas. Ea, ten. *499,212*
Torcerè *1*
Que io le torcerè el alma *88,75*
Torcida *1*
Torcida esconde, ia que no enroscada, *264,323*
Torcido *13*
Sobre este torcido leño, *116,44*
Daua Triton a vn caracol torcido, *166,4*
Dèl que con torcido buelo *177,37*
Donde creo que ha torcido *242,93*
Rompe Triton su caracol torcido, *261,94*
Con torcido discurso, aunque prolijo, *263,200*
No el torcido taladro de la tierra, *263,304*
El arco del camino pues torcido, *263,335*
Ephire luego, la que en el torcido *264,445*
Ephire en tanto al cañamo torcido *264,496*
El nacar a las flores fia torcido, *264,882*
Sacro es caiado su torcido leño, *315,26*
Al politico lampo, al de torcido *318,539*
Torcidos *2*
Salen qual de torcidos *263,1038*
A mil torcidos cuernos dando aliento, *499,60*
Torciendo *2*
Torciendo rubios vigotes, *74,27*
I torciendo el de florete, *88,94*
Torcieron *1*
Sus cejas, que las torcieron *322,119*
Torciò *3*
Qual ia en Lidia torciò con torpe mano *47,12*
Que en vez de claua el huso torciò injusto. *229,48*
O a la que torciò llaue el fontanero, *264,225*
Torçuelos *1*
Dos o tres torçuelos brabos, *228,90*
Tordesillas *1*
Ai entre Carrion i Tordesillas, *443,1*
Tordilla *1*
En rucia tordilla; *65,64*
Tordo *6*
Las plumas del tordo denme, *59,10*
Que por ser Martin el tordo, *59,11*

Hacedme del reues tordo, *242,42*
Bien dixo que tordo es *269,111*
Tordo dixo del reues. *269,115*
Pechos de tordo, piernas de peuetes. *448,8*
Tordos *1*
A tordos que assi saben sus dormidas, *436,5*
Toril *1*
A Dios, toril de los que has sido prado, *200,13*
Toriles *1*
Que salgan de los toriles *334,57*
Tormenta *3*
Tormenta amenaza el mar: *10,35*
Al marinero, menos la tormenta *261,302*
El redimiò despues tormenta graue; *404,35*
Tormento *8*
Potro en que nos das tormento; *26,103*
Es potro de dar tormento; *105,4*
por tormento que le afflija *229,876*
Potro al darle este tormento, *269,1209*
Tormento os darà de toca. *269,1992*
Para que me dais tormento? *348,10*
Quien pudo a tanto tormento *480,1*
Diome, avnque breue, el tormento *499,328*
Tormentos *3*
Tantos seràn mis tormentos. *39,30*
(Gloriosa suspension de mis tormentos), *44,8*
tienen tormentos de toca? *229,1480*
Tormentoso *2*
No ai tormentoso cabo que no doble, *263,395*
Labio i cabello tormentoso cabo, *318,540*
Tormes *5*
A los que el agua del Tormes *63,115*
Muerto me llorò el Tormes en su orilla, *101,1*
Lazarillo de Tormes en Castilla. *101,8*
Espumoso coral le dan al Tormes: *262,12*
I espumas del Tormes sellan; *275,92*
Tornaron *1*
Que vinieron, se tornaron. *228,168*
Tornarte *1*
Tornarte de triste alegre, *59,64*
Torneado *1*
Su libertad el grillo torneado, *264,851*
Tornéàdo *2*
Lo tornéàdo del cuello, *228,141*
En tornéàdo frexno la comida *264,347*
Torneo *1*
En el torneo de la valentia. *138,14*
Torno *7*
Al claro Sol, en quanto en torno gyra, *13,10*
Cuias figuras en torno *59,25*
Que tenia tras de vn torno; *83,82*
Que en torno de ella se veen. *217,12*
Que repite para torno: *242,92*
I en box, aunque rebelde, a quien el torno *263,145*
Menos vn torno responde *322,163*
Toro *35*
Iugarè io al toro *5,31*
Tus aras teñirà este blanco toro, *53,12*
Vn toro... Mas luego bueluo, *58,62*
Dèste mas que la nieue blanco toro, *60,1*
Como el toro, que en la capa *110,31*
El rubi me le dio Toro, *141,20*
Era, romperle en vn toro, *157,2*
Por baja el toro en la plaça, *157,9*

Cuernos dèl toro que traslada a Europa. *166,30*
Vn toro suelto en el campo, *228,58*
Al tiempo fiero, como a toro brabo. *229,2221*
Que no ai cieruo valiente para vn toro. *229,2225*
que no quiero toro en ierba, *229,2356*
Matarà el Toro del cielo. *241,10*
El mismo applauso que a vn toro. *242,130*
A duro toro, aun contra el viento armado: *264,21*
Torpe la mas veloz, marino toro, *264,427*
Torpe, mas toro al fin, que el mar violado *264,428*
De el toro que pisa el cielo. *268,8*
Sea el toro desta Europa, *269,564*
Aurà andado con el toro. *269,624*
A mas por leies de Toro. *269,1029*
Fingiò ser cisne ia, mintiò ser toro: *269,1251*
A veer vn toro que en vn Nacimiento *273,2*
Luego era Toro? Era o Demo, *303,33*
Aun con el toro del cielo *304,15*
Toro, mas de el Zodiàco de Hespaña, *311,3*
Armas de sañudo toro *319,6*
Que no solo os temiò el toro, *347,9*
De Toro no has de beber, *351,34*
Purpuréàra tus aras blanco toro *360,7*
Que el Sol en el Toro hace, *414,28*
Mucho mejor que en el meson de el Toro. *444,14*
Toro, si ia no fuesse mas alado, *451,10*
Entre tantas bezerras, hecho toro. *461,14*
Toroçon *2*
De amoroso toroçon, *37,46*
O muera de toroçon *269,867*
Torongil *1*
aquel verde torongil, *229,2355*
Toros *12*
Mata los toros, i las cañas juega? *138,8*
Los toros doce tigres matadores, *155,3*
De los toros i dèl juego *158,25*
Iuegan cañas, corren toros, *158,31*
Ciertos son los toros oi. *229,2735*
Quantos engendra toros la floresta *250,13*
Aunque no ai toros para Francia, como *254,7*
Toros dome, i de vn rubio mar de espigas *263,822*
Toros sean de Diomedes, *334,65*
Hagan a los bueies toros, *334,95*
I a los toros basiliscos. *334,96*
En relampagos de toros, *357,48*
Torote *1*
De Xarama o de Torote. *107,48*
Torpe *14*
Lo que al son torpe de mi auena ruda *31,7*
I sin que el torpe mar del miedo elado *45,6*
Qual ia en Lidia torciò con torpe mano *47,12*
Ô Reina torpe, Reina no, mas loba *72,49*
Torpe nido consiente. *103,44*
A vn aspid la inuidia torpe, *131,86*
Torpe ministro fue el ligero vuelo *175,13*
Estigias aguas torpe marinero, *263,444*
Torpe se arraiga. Bien que impulso noble *263,1002*
Es el mas torpe vna herida cierua, *263,1043*
Torpe la mas veloz, marino toro, *264,427*

Torpe, mas toro al fin, que el mar violado *264,428*

Termino torpe era *264,797*

Que torpe a vnos carrizos le retira, *264,866*

Torpemente *1*

Torpemente rubicundo *322,350*

Torpes *3*

Si de tus alas torpes huye el viento? *229,3*

graues parecen, i torpes, *229,625*

Dos torpes, seis blasphemos, la corona *442,9*

Torre *9*

Vna torre fabriquè *2,41*

I a veer su hermosa torre, *63,89*

Al pie de la amada torre *75,61*

Desde la alta torre enuia *75,69*

La nueua torre que Babel leuanta, *77,61*

De la torre de Marruecos *149,7*

I torre segura i alta, *191,2*

En la torre se quedaron, *228,82*

A la torre de luzes coronada *263,647*

Torrente *6*

Vn torrente es su barba impetûòso *261,61*

Quando torrente de armas i de perros, *263,223*

El tarde ia torrente *264,15*

Torrente, que besar dessea la plaia *290,10*

Diuertir pretendiò raudo torrente; *318,172*

I murmurios de torrente, *333,8*

Torres *22*

Las torres, i le da nubes, *39,15*

Ô excelso muro, ô torres coronadas *51,1*

Ver tu muro, tus torres i tu Rio, *51,13*

I de honrar torres de viento. *58,40*

Torres que defendeis el noble muro, *99,10*

Almenas que a las torres sois corona; *99,11*

Altas torres besar sus fundamentos, *108,3*

la sus altas torres veen, *132,30*

De sus torres los descubren, *132,33*

Testigos son las torres coronadas *163,7*

Guarnecen antiguas torres *179,2*

De torres conuecinas a los cielos, *195,2*

cuios arboles son torres; *229,459*

Digo que Torres Nauarro *229,3390*

Que TORRES le coronan eminentes, *256,2*

Que TORRES honran i crystal guarnece; *256,58*

Dexan ser torres oi, dixo el cabrero *263,213*

A Impyreas torres ia, no Imperîàles. *315,24*

Las diez i nueue torres de el escudo. *429,2*

Que tengas viento para tantas torres. *429,4*

No fabrique mas torres sobre arena, *429,12*

Nos quiere hacer torres los torreznos. *429,14*

Torrezno *1*

Serà vn torrezno la Alua entre las coles. *379,8*

Torreznos *1*

Nos quiere hacer torres los torreznos. *429,14*

Torrida *2*

Debajo de la Torrida, *1,31*

Torrida la Noruega con dos Soles, *263,784*

Tortada *1*

los conejos, la tortada, *229,2835*

Tortas *1*

Tortas con manteca, *5,76*

Tortola *4*

De tortola doliente, *103,46*

Menosprecia la tortola, i en suma, *229,1070*

Tortola viuda al mismo bosque incierto *295,10*

De la tortola doncella *322,127*

Tortolas *4*

I a las tortolas de arrullos. *27,64*

Tortolas enamoradas *131,97*

De tortolas para vos, *189,9*

Vença las tortolas Dido *257,6*

Tortolilla *5*

Mientras io a la tortolilla, *48,13*

Buelas, ô tortolilla, *129,1*

Que de vna tortolilla *129,29*

I amorosa tortolilla *349,30*

Tortolilla gemidora, *378,21*

Tortuga *2*

Cuia forma tortuga es perezosa. *264,192*

Ô, pidele a la tortuga *269,978*

Tortûòsa *1*

Culebra se desliça tortûòsa *264,824*

Tortural *1*

Tortural, i aun apretante, *242,71*

Tos *1*

I assi, infiero que la tos, *282,5*

Tosca *4*

Tosca guirnalda de robusto pino *22,3*

A trompa militar mi tosca lyra, *72,87*

Guarnicion tosca de este escollo duro *261,33*

Sobre aquella aunque tosca hermosa pila, *499,113*

Toscana *2*

Habla la Toscana *65,185*

Qualque parola Toscana. *269,752*

Toscas *1*

Desnudan cortezas toscas. *149,90*

Tosco *4*

Por lo lacio i por lo tosco. *83,52*

Rebentando mui de tosco, *242,54*

Tosco le ha encordonado, pero bello, *264,266*

Traje tosco i estilo mal limado; *476,8*

Tose *1*

Muerde duro o tose recio. *257,20*

Tossigo *1*

Sombra del Sol i tossigo del viento, *263,420*

Tostada *1*

De la tostada Ceres. Esta ahora *263,775*

Tostado *2*

De vn Tostado en nuestro horno. *242,120*

Tostado, Ahumada ella. *275,48*

Totalmente *1*

perdi totalmente el hilo, *229,402*

Touillo *4*

i de vn touillo aguileño. *229,2781*

Si las sangran del touillo, *269,473*

Le llegareis al touillo. *334,20*

Al touillo? Mucho dixe: *334,21*

Trabà *1*

Bastale a la cuitada su trabà. *468,16*

Trabaja *1*

Trabaja. Es gran bordadora. *269,896*

Trabajan *1*

Si trabajan los pies, gozan los ojos. *25,24*

Trabajo *4*

Trabajo tal el tiempo no consuma, *244,11*

Que auian con trabajo *263,336*

I el trabajo que andar es *499,248*

El trabajo de buscalla. *499,255*

Trabajos *1*

Sintiera vuestros trabajos. *96,100*

Trabesses *1*

Correr i echar mil trabesses *499,157*

Trabon *1*

O con mosca, o sin trabon. *161,60*

Trabuco *1*

Haciendo al alma trabuco, *322,462*

Traça *12*

he dado traça que aqueste *229,2406*

Diras que esta traça es *229,2422*

la traça, aunque me perdones. *229,2487*

que la traça es escogida. *229,2623*

necio, la traça que das. *229,2627*

La traça ha estado galana. *229,3496*

Con vna traça discreta. *269,1207*

Buena es la traça. Excelente. *269,1490*

Que traça, pues, das? A eso *269,1648*

Traça no tengo, ni medio *385,5*

Bien dispuesta madera en nueua traça, *442,1*

Visto su caudal i traça, *486,12*

Traças *2*

Traças tienes, i modelos *269,206*

Por mis traças pisa el viento; *269,505*

Tracia *1*

Porque, como les habla en lengua Tracia, *472,13*

Tradicion *2*

Si tradicion appocripha no miente, *263,74*

Aunque es tradicion constante, *322,493*

Traduce *1*

Deuanandole otra, le traduce *318,445*

Traducen *1*

Traducen en Ginoues *161,31*

Traducir *1*

Dicen que quieren traducir al griego, *427,10*

Traduxo *4*

Toldado ia capaz traduxo pino. *264,32*

Sino el asador traduxo *322,428*

A su Vega traduxo GARCI-LASSO. *420,8*

Traduxo al maior amigo *477,13*

Traduzgan *1*

I en su lengua le traduzgan *161,35*

Traduzido *1*

Que, traduzido mal por el Egypto, *263,493*

Trae *10*

Trae quanto de Indias *65,122*

La carta que trae consigo; *105,109*

Que trae su aljaua sàetas, *115,26*

Del que trae la memoria en la pretina, *203,110*

que este trae botas i espuelas, *229,2786*

A buen tiempo le trae Dios. *229,3095*

Qual me trae vuestro desden: *237,8*

La que trae tal ochauario. *269,660*

Pues trae ducados diez mil. *269,1697*

De laton esbirros trae, *288,60*

Traeis *3*

Traeis en las calças cera, *187,6*

Si no me traeis la fee *269,1923*

Que traeis? La Reia mio *309,25*

Traela *1*

Traela de otero en otero *123,37*

Traeles *1*

Traeles de las huertas *65,125*

Traellos *1*

Boluì a traellos bolando. *269,1374*
Traeme *1*
Traeme nueuas de mi esposa, *38,17*
Traen *3*
O se la traen, o la lleuan, *62,36*
Traen penachos tan solenes, *269,333*
Ganaderos, que los traen, *414,22*
Traer *4*
Traer de casa el figon, *229,2834*
Vn Doctor, que traer pudiera *269,766*
A traer este dinero. *269,935*
Que boluiò a traer despues: *373,16*
Traerà *1*
Traerà el auiso, que es mucho; *300,37*
Traerme *1*
O el traerme tu en el pecho? *212,18*
Traerte *1*
O el traerte io en el hombro *212,17*
Traes *1*
A tiempo, que traes Enrico, *269,1051*
Tráès *1*
Pues tráès los espiritus attentos *44,5*
Trafico *1*
Abriò al trafico el mar, abriò la tierra; *318,612*
Traga *1*
Si vna vrca se traga el Oceàno, *135,12*
Tragar *1*
La que tragar brasas pudo, *269,1285*
Trage *2*
la diferencia es el trage; *229,3321*
Este, que en trage le admirais togado, *251,1*
Tragedias *1*
Cient mil nauales tragedias, *38,12*
Trages *1*
Con vistosos trages Moros; *158,35*
Tragica *2*
Que de tragica scena *264,770*
Tragica resolucion, *322,279*
Tragicas *1*
De tragicas rûinas de alto robre, *264,384*
Tragò *1*
Se le tragò, que al enano *258,8*
Traia *2*
o plomos traia calçados. *229,1548*
Que traia las orejas *322,111*
Traìa *2*
i el otro traìa çapatos. *229,2787*
Las personas tras de vn lobo traìa, *263,225*
Trâìa *1*
Que vn montañes trâìa. *263,328*
Traian *1*
Le traian ellos natas. *148,40*
Traicion *5*
Vna traicion cuidados mil engaña, *220,10*
Tal traicion? Tan gran desden? *229,347*
pagarme de tu traicion. *229,1690*
vuestra esposa. Traicion graue. *229,2765*
Hase visto tal traicion? *229,3294*
Traidas *1*
I aunque de lexos con rigor traidas, *72,31*
Traido *5*
Si golosa te ha traido *213,11*
que he traido ese despacho. *229,2066*
Hanos traido pues oi *242,65*
Aunque sin venda, i alas me ha traido *499,14*

Tal es el aparato que ha traido, *499,76*
Traìdo *1*
Te ha traìdo Raphael: *269,318*
Traidor *11*
Enseñasteme, traidor, *26,77*
Del galan traidor, *80,10*
Pusome el cuerno vn traidor *82,109*
Huesped traidor de Fabio, *229,59*
Motejòme de traidor *229,670*
Que rubi, traidor, corona *229,1624*
seremos para vn traidor. *229,1638*
Marcelo hasta aqui, traidor, *229,2859*
traidor! Isabela! Infiel! *229,2888*
Este traidor de Gerardo). *269,1533*
I sabe por lo traidor *477,2*
Traidora *2*
A vna esperança traidora *78,23*
la vuelta sea. Ô traidora, *229,3471*
Traidoras *1*
Traidoras señas de paz. *95,36*
Traidores *2*
Hija de padres traidores! *131,36*
Son vellacos, son traidores. *229,3254*
Traidos *1*
Tomarà traidos balaxes *269,381*
Traiendome *1*
Solia dezir, traiendome *96,157*
Traiga *5*
Mas que traiga buenos guantes *6,58*
Que me traiga a este lugar *269,1704*
I traiga para el fuego a Abimelec, *473,7*
En la mano traiga liga, *496,9*
Que traiga doña Doncella *496,20*
Traiganos *1*
Traiganos oi Lucina *156,13*
Traigo *4*
Io traigo vn Lelio fingido, *229,2515*
no traigo renglones mudos. *229,3441*
A Enrico traigo en çaranda *269,497*
La que traigo debaxo del bonete. *441,8*
Trailla *1*
Os lleuarà de la trailla vn page, *367,6*
Trairè *1*
Trairè la montera *5,14*
Traje *1*
Traje tosco i estilo mal limado; *476,8*
Trajo *1*
que las trajo es plomo dèllas. *229,1874*
Trama *1*
De su Clori romper la vital trama. *53,8*
Tramoias *1*
Bien las tramoias rehusò Vallejo, *451,2*
Tramontado *1*
De el casi tramontado Sol aspira, *261,277*
Tramontar *2*
Al tramontar del Sol la Nimpha mia, *15,1*
Que al tramontar del Sol mal solicita *264,603*
Trançaderas *1*
En sus trançaderas; *5,60*
Trançado *1*
Sobre su rubio trançado *141,2*
Trance *2*
I para el trance mas fiero *269,133*
No se vio en trance tan crudo, *409,6*
Tranquilidad *3*

Tranquilidad os halle labradora *263,940*
Dulce tranquilidad que en este mora *281,22*
De la tranquilidad pisas contento *294,12*
Tranquilo *1*
En tu tranquilo i blando mouimiento, *16,8*
Translacion *1*
Que io hago translacion *161,146*
Transparente *3*
A Juno el dulce transparente seno, *318,98*
De vn estanque transparente, *333,58*
Hasta el agua transparente *351,21*
Transumpto *1*
Del lastimoso transumpto *322,358*
Trapiches *1*
Los trapiches de Motril. *243,68*
Tràs *1*
Passò tràs su animalejo, *161,89*
Trascienda *1*
Trascienda, no siendo flor. *161,56*
Trasera *2*
Que la trasera no aias afforrado, *449,13*
Auiendolas ganado la trasera. *449,14*
Trasero *1*
Porque anda trasero i bajo, *167,78*
Trasgo *2*
el trasgo a espantarte acà. *229,2805*
El trasgo fue vn alfilel, *229,2806*
Traslada *4*
Cuernos dèl toro que traslada a Europa. *166,30*
Rosas traslada i lilios al cabello, *263,248*
Quanto estambre vital Cloto os traslada *263,899*
Coronados traslada de fauores *264,649*
Trasladaba *1*
Trasladaba sus colunnas *26,38*
Trasladada *1*
A bota peregrina trasladada. *325,8*
Trasladado *2*
I a el casi trasladado a nueua vida. *120,36*
pues aqui le he trasladado. *229,1398*
Trasladan *1*
Cielos trasladan los vientos, *414,43*
Trasladando *1*
Las flores trasladando de su boca *256,45*
Traslado *4*
Traslado estos jazmines a tu frente, *184,4*
Le dice, illustre traslado! *228,208*
de vn traslado; de vn... que digo? *229,1463*
Deste has de ser oi traslado *269,166*
Traspassado *2*
Despues que sigo (el pecho traspassado *52,5*
Pender de vn leño, traspassado el pecho *117,1*
Trasponer *2*
I al trasponer de vna esquina *81,21*
Al trasponer de Phebo ia las luces *155,12*
Traspuso *1*
I aqui otra vez se traspuso *322,410*
Trasquilarà *1*
I nos trasquilarà el juego. *191,10*
Trassero *1*
I assi ha corrido siempre mui trassero. *151,8*
Trassierra *1*
A dos de Otubre, en Trassierra. *275,128*
Trastes *4*
Sobre trastes de guijas *140,1*

Clauijas de marfil o trastes de oro? *203,48*
Busco en los trastes del braço *269,471*
Pisados viendo sus trastes *389,10*
Trastos *1*
I heredandole aun los trastos *322,455*
Trata *14*
Donde el que mas trata *50,45*
Trata los aires de dia, *91,8*
Qualquiera que pleitos trata, *126,47*
Trata de escandaliçallo, *130,30*
I el que en Indias menos trata, *167,13*
Con mucha llaneza trata *188,1*
que mas desengaños trata, *229,899*
Sus corrientes por el cada qual trata *252,5*
Las veras de burlas trata, *269,117*
De la facultad que trata, *269,137*
No sirue al Rei, ni armas trata, *269,1505*
Altèra el mar, i al viento que le trata *276,7*
La agua apenas trata *350,29*
De entrar en Academia do se trata *438,6*
Tratad *1*
I tratad de enjaular otro Canario *448,10*
Tratado *3*
Con que de ella era tratado, *28,30*
Cauallo Valençuela bien tratado, *113,9*
Sequedad le ha tratado como a rio; *203,49*
Tratais *1*
Pues tratais de mi remedio. *39,36*
Tratamos *1*
que nos tratamos por cartas, *229,831*
Tratan *1*
Le tratan mis embelecos *269,507*
Tratando *1*
lo que anda tratando ella *229,199*
Tratante *1*
Oi tratante, aier herrero, *413,35*
Tratar *1*
Tratar quiso como a flor *243,19*
Tratàra *1*
Nunca tratàra mi hermana *269,749*
Trataràn *1*
trataràn como a nauios, *229,2898*
Trate *1*
Quando en melada trate, o en xalea, *445,13*
Traten *1*
Traten otros del gobierno *7,3*
Trato *16*
Por cuyo trato esquiuo *25,52*
Por tu espada i por tu trato *57,35*
Que Tremecen no desmantela vn trato, *181,13*
Arimandole al trato cient cañones? *181,14*
Para las veras que trato, *229,218*
el trato hacerle deudo *229,744*
en trato, en muebles i en joias, *229,811*
gran trato con Marcelino *229,2974*
Que admita iernos los que el trato hijos *264,642*
Pide al ladronesco trato: *269,177*
I trato la jumentud *269,454*
Que en estas redes que trato *287,85*
Venda el trato al genizaro membrudo, *318,373*
Conuocaua, frustrò segundo trato; *318,388*
O por trato o por antojo, *477,17*
Por el trato o por el beso; *477,24*
Tratò *2*
Con el figon que tratò, *269,750*

Súàuemente le tratò seuero; *318,604*
Tratos *2*
dissoluieronse los tratos, *229,480*
Disoluieronse los tratos? *269,1598*
Trauaja *1*
Menos nada i mas trauaja, *75,51*
Trauajè *1*
Lo que trauajè con el *242,77*
Trauajo *5*
No sin primor ni trauajo, *28,50*
Con harto trauajo, *50,75*
Sali con trauajo *56,43*
Paz a la vista i treguas al trauajo. *229,2147*
que con el poco trauajo *229,2600*
Traues *3*
I ia que no diò al traues, *132,18*
Al traues diera vn marinero ciego, *218,2*
Dado al traues el monstro, donde apenas *264,509*
Trauiesa *1*
Que la juuentud trauiesa *288,23*
Trauiesso *3*
Al Corcillo trauiesso, al Muflon Sardo, *263,1016*
I el trauiesso robàlo, *264,100*
Sino aquel siempre trauiesso *269,162*
Trauiessos *1*
Trauiessos despidiendo moradores *264,277*
Traxe *1*
Que traxe a vuestro marido, *269,1380*
Traxeron *1*
Traxeron por cosa rara *321,15*
Traxeronle *1*
Traxeronle la patena, *59,37*
Traxesse *1*
Que traxesse todo el año *121,59*
Traxistes *1*
Sueño les traxistes *79,29*
Traxo *9*
Que traxo el vecino *5,19*
El aire me traxo *56,47*
Traxo de Paris no dudo; *190,4*
I si te le traxo el, *269,319*
De los que traxo en las zabras, *269,377*
Le traxo, si no de oliua, *285,53*
Entre dos se traxo aquel, *321,24*
Traxo en dote vn serafin *418,41*
Traxo veinte i dos años, dia por dia, *450,5*
Traxome *1*
Traxome a Madrid mi dueño, *96,109*
Traza *1*
La traza que dando estoi *229,1022*
Trece *2*
Trece dias hace oi *229,1549*
Trece dias se detuuo. *229,1876*
Trecientas *3*
Con trecientas mil de juro. *27,8*
En trecientas santas Claras *186,1*
O teneis trecientas caras; *186,4*
Trecientos *1*
Trecientos Cenetes eran *64,9*
Tregua *1*
Que ia fueron tregua *79,46*
Treguas *9*
Treguas poniendo al calor, *142,19*

Sabrosas treguas de la vida vrbana, *203,82*
Templadas treguas al menos, *226,11*
Paz a la vista i treguas al trauajo. *229,2147*
Treguas al exercicio sean robusto, *261,17*
Paces no al sueño, treguas si al reposo. *261,308*
Treguas hechas súàues, *263,341*
Treguas hiço su cothurno *333,43*
Mientras hago treguas con mi dolor, *345,13*
Treinta *15*
Que son mas de treinta. *5,68*
Para cumplir los treinta años, *27,55*
Las anduuo en treinta dias *73,7*
Debaxo de treinta llaues, *110,10*
Orlado de treinta mil, *111,10*
— Treinta soldados en tres mil galeras. *183,4*
Treinta dineros no mas, *208,3*
veinte o treinta mil ducados: *229,260*
Treinta i dos años ha, i mas, *229,830*
Treinta dias ha que el Sol *229,2402*
Aquì en Toledo, treinta años *229,2986*
Treinta palmas i vn laurel. *269,953*
Que treinta paciencias pierdo, *269,1587*
Treinta, quarenta... Ô que estraños *269,1953*
De treinta vezes dos acompañado *318,310*
Tremecen *3*
En Tremecen me criè *57,45*
Se le librè en Tremecen. *141,10*
Que Tremecen no desmantela vn trato, *181,13*
Tremendo *3*
El Fuentes brauo, aun en la paz tremendo, *318,349*
Los miembros nobles, que en tremendo estilo *318,410*
Si tremendo en el castigo, *322,311*
Tremola *4*
Mas desembuelue, mientras mas tremola, *72,66*
Tremola en sus riberas *263,279*
Que tremola plumas de Angel: *389,44*
Sombra si de las señas que tremola, *415,12*
Tremòla *1*
Vn musico que tremòla *88,65*
Tremolaban *1*
Que tremolaban deseos, *354,6*
Tremoladora *1*
Pluma acudiendo va tremoladora *278,5*
Tremolan *1*
En los ojos que tremolan *95,35*
Tremolando *1*
Tremolando purpureas en tu muro, *318,382*
Tremolante *1*
Se libra tremolante, immobil pende. *315,44*
Tremolantes *1*
Siempre gloriosas, siempre tremolantes, *263,422*
Tremolar *1*
Tremolar plumages vee, *226,62*
Tremula *2*
La tremula seña aguarda *228,197*
Tremula si veloz, les arrebata, *264,514*
Tremulo *1*
Si tremulo no farol, *319,3*
Tremulos *3*
Tremulos hijos, sed de mi fortuna *263,63*
Si firmes no por tremulos reparos. *264,868*

De los tremulos despojos *333,55*
Trença *3*
Siendo al Betis vn raio de su trença *318,83*
Trença en su cabello *389,52*
Vna de oro en rica trença, *412,26*
Trençado *1*
Trençado el cabello *350,21*
Trençandose *1*
Trençandose el cabello verde a quantas *263,661*
Trenças *10*
Sus rubias trenças, mi cansado accento. *25,12*
Ojos garços, trenças rubias. *26,80*
Tales eran trenças i ojos, *26,81*
Las rubias trenças i la vista bella *43,10*
Dan al aire trenças de oro, *83,64*
Que diò al aire rubias trenças *115,12*
Zeloso Alcaide de sus trenças de oro, *264,451*
El Sol trenças desata *264,702*
Si las trenças no estan ciñendo ahora *297,5*
Suelta en trenças de crystal; *358,12*
Trepa *1*
Que de las rocas trepa a la marina *263,1017*
Trepan *9*
Trepan los Gitanos *160,1*
Mientras que trepan. *160,4*
Mientras que trepan. *160,22*
Mientras que trepan. *160,40*
Mientras que trepan. *160,58*
Mientras que trepan. *160,76*
Mientras que trepan. *160,94*
Mientras que trepan. *160,112*
Mientras que trepan. *160,130*
Trepando *2*
Trepando troncos i abrazando piedras. *261,312*
De paz su diestra, diganlo trepando *318,19*
Trepar *2*
Busquemos por dò trepar, *27,97*
Que para trepar *160,109*
Trepas *3*
En dulces trepas viuid *82,130*
En intrincadas trepas *127,10*
Han dado cient trepas, *160,10*
Trepò *1*
Lo mas liso trepò, lo mas sublime *264,267*
Tres *108*
I sobre el tres plumas pressas *49,59*
Tres veces de Aquilon el soplo airado *52,1*
Cosario de tres baxeles. *57,48*
Le faltan tres veces veinte. *59,80*
Ia que de tres coronas no ceñido, *60,12*
Tres o quatro Magestades; *63,56*
Tres sortijas negras, *65,115*
I las tres Marias; *65,224*
Vistio vn lacaio i tres pages *73,71*
Raimundo con sus tres pages *73,109*
Da a la capa tres piquetes, *81,22*
A tres nimphas que en el Tajo *83,63*
I tres higas al Doctor. *86,2*
I tres higas al Doctor. *86,12*
I tres higas al Doctor. *86,22*
I tres higas al Doctor. *86,32*
I tres higas al Doctor. *86,42*
Le desmiente tres barrigas, *93,20*
Tres higas. *93,21*

Tres a tres i quatro a quatro, *96,10*
Tres a tres i quatro a quatro, *96,10*
Mordiendo el freno tres vezes, *96,49*
I otras tres humo espirando *96,50*
Tres veces sus cauallos desensilla. *101,4*
Conjurado se han los tres *107,45*
De a tres varas de medir, *111,6*
Tres hormas, si no fue vn par, *122,3*
—Siruete con algun tres? *124,31*
Tres galeotas de Argel, *132,2*
Las engendrò a todas tres. *132,4*
Su hijuelo i las tres gracias *148,26*
El porque tres veces quiere *149,5*
En las tres lucientes bolas *149,6*
Son de tres ojos lloradas; *159,26*
De tres hojas de Digesto *167,42*
De tres altos tiene Dido, *167,52*
— Treinta soldados en tres mil galeras. *183,4*
De tres clauos le hallaràs. *208,18*
Lleguen tres, o lleguen treze; *209,11*
La piedra que dias tres *209,27*
De tres arcos viene armada, *215,25*
Tres o quatro dias antes, *216,6*
De tres dulces ruiseñores *217,71*
Que cantan a dos i a tres. *217,72*
Dos o tres torçuelos brabos, *228,90*
te obligarà a hacer tres cruces, *229,923*
pues hizo el candil tres luces, *229,924*
se lisonjéan los tres, *229,1780*
Viera el Tiber de tres coronas bellas, *229,2207*
embustero de tres suelas. *229,2789*
En consulta estan los tres. *229,2940*
sin buscar a dos o tres *229,3070*
Digo que somos los tres *229,3164*
con aquestas tres Susanas. *229,3173*
No vna vez, ni dos, ni tres *229,3202*
Tres moçuelos aqui dentro. *229,3345*
Tres son? No te determinas? *229,3346*
matar a tres por mi amo? *229,3357*
vna vez, i dos, i tres. *229,3436*
Tres ia pilotos del baxel sagrado *232,7*
Las tres venfàles hojas. *259,64*
Tres años, las dos heroicas *259,70*
Sienes con sus tres coronas. *259,80*
Por no abrasar con tres Soles el dia. *261,184*
Abetos suios tres aquel tridente *263,413*
Tres vezes ocupar pudiera vn dardo. *263,998*
De tres sueltos Zagales *263,1051*
El padrino con tres de limpio azero *263,1075*
Tres hijas suias candidas le ofrecen, *264,218*
Tres o quatro, dessean para ciento, *264,310*
Al Iuppiter marino tres Syrenas. *264,360*
Que los tres Sicilîanos. *269,30*
Con dos o tres aphorismos *269,415*
Tres dozenas de potencias. *269,568*
Tres ojos para el que passa. *269,708*
Tres derechos Diuinos i vn deseo, *269,1229*
Sobre tres años de muerto *269,1484*
Con lo qual, dos, tres, i aun quatro *269,1786*
Con tres onças de veneno. *269,1968*
Parcha crûèl, mas que las tres seuera *280,24*
De dos escollos o tres *285,2*
Tres vîòlas del cielo, *297,1*
Tres de las flores ia breues estrellas, *297,2*
Abeja de los tres lilios rèàles, *318,109*

I tres Dianas de valor fecundo; *318,116*
Examinò tres años su diuino *318,185*
De el Reyno conuocò los tres estados *318,337*
Tres o quatro siglos ha *322,295*
Dos o tres alas desmiente. *333,48*
Si al besalla en los tres ojos *334,19*
Dos a dos i tres a tres. *353,32*
Dos a dos i tres a tres. *353,32*
Los dias de casi tres *355,34*
Las tres Auroras, que el Tajo, *376,1*
Las igualan en ser tres. *376,8*
De los tres dardos te escusa, *376,37*
Dos vezes mal aia, i tres. *378,48*
Ô tres i quatro mil veces *388,25*
Informaciones a tres, *408,8*
A los tres caños llegò, *419,9*
I su mano a todos tres *419,10*
Libaràn tres abejas lilios bellos, *421,37*
Te espera el Tiber con sus tres coronas. *421,80*
Tres años ha que te quiero. *423,3*
Tres monjas con la Angelica loquazes, *432,7*
En tres Alpes tres venas se desata *499,114*
En tres Alpes tres venas se desata *499,114*
Tres vezes i dichas quedo, *499,353*
Tretas *2*
Menos que estas dulces tretas, *269,63*
Porque seran dulces tretas, *269,253*
Treze *2*
Desde las doze a las treze *81,26*
Lleguen tres, o lleguen treze; *209,11*
Trezientos *1*
Trezientos ojos desde oi *269,1152*
Trezze *1*
Fiamma dal ciel su le tue trezze pioua! *72,51*
Triaca *1*
La prueba de la triaca *229,794*
Tribu *1*
Del tribu de Iudà, que honrò el madero; *72,81*
Tribunal *1*
desde el tribunal de vn cofre, *229,633*
Tribunales *1*
A veer los seis tribunales; *63,54*
Tribunos *1*
Perdonenme sus Tribunos. *322,16*
Tributa *3*
Fuego tributa al mar de vrna ia ardiente. *109,4*
De quanta Potosi tributa oi plata. *230,54*
De Nisida tributa, *264,595*
Tributaban *1*
tributaban sus pipotes, *229,581*
Tributario *1*
i para que, tributario, *229,1368*
Tributo *9*
Esperen maior tributo *10,19*
Asta en mi tierno rostro aquel tributo *19,9*
Le paga el tributo en barro, *28,4*
Que dà leies al mar, i no tributo); *77,77*
Tributo humilde, si no offrecimiento. *170,11*
Si no niega el tributo, intìma guerra *230,4*
El tributo, alimento, aunque grossero, *261,87*
Lo que es al Tajo su maior tributo; *318,84*
O testimonio o tributo. *322,484*
Tributò *1*
A quien hilos el Sol tributò ciento *264,67*
Tributos *1*

Tributos digo Americos, se beue *264,405*
Tridente *8*
El gran Señor dèl humido tridente. *16,14*
En vez de baston vemos el tridente, *146,6*
Abetos suios tres aquel tridente *263,413*
Que el tridente accusando de Neptuno, *264,385*
El tridente de Thetys, de Bellona *298,5*
A murado Tridente de Neptuno; *318,324*
Iurisdicion de vn Sceptro, de vn tridente. *362,8*
I al gran Neptuno el humido Tridente, *499,9*
Trigo *2*
Coja pues en paz su trigo; *105,21*
Le den el trigo segado, *496,17*
Trigueños *1*
Si ai seraphines trigueños, *82,51*
Trilingue *1*
Bien, pues, su Orpheo, que trilingue canta, *453,9*
Trillado *1*
Oro trillado i nectar exprimido. *263,908*
Trillo *1*
En carro que estiual trillo parece, *261,141*
Trina *1*
Trina en los estados, i vna, *275,19*
Trinacria *1*
No la Trinacria en sus montañas fiera *261,65*
Trinchéado *1*
Trinchéado Amor alli, *226,86*
Trinquete *1*
Pelota de mi trinquete, *88,58*
Trion *2*
Cruza el Trion mas fixo el Emispherio, *263,671*
El septimo Trion de nieues cano, *318,6*
Triones *1*
I desde Mediodia a los Triones; *499,39*
Trîònes *1*
Donde armados de nieve los Trîònes *229,1026*
Tripa *1*
De terciopelo de tripa, *322,95*
Tripas *3*
Se longanicen las tripas *149,11*
Sabenlo las tripas mias, *269,1888*
Gato, aun con tripas de cobre, *412,34*
Triplicado *1*
Con triplicado nudo. *263,1060*
Trista *3*
Ai, IESV, como sà mu trista! *207,5*
Ai, IESV, como sà mu trista! *207,29*
Ai, IESV, como sà mu trista! *207,40*
Tristan *14*
Fuese a la guerra Tristan, *73,89*
Que tendrà si a don Tristan *269,277*
Don Tristan barbas al olio, *269,501*
De Don Tristan, que bien negra *269,1202*
Don Tristan te anda buscando. *269,1470*
Quien? Tisberto i don Tristan. *269,1492*
Don Tristan, tio de Lucrecia, *269,1496*
Que està para don Tristan. *269,1557*
Que io tendrè a don Tristan. *269,1593*
Con don Tristan, que lo dexo. *269,1623*
Don Tristan i Enrico juntos. *269,1699*
Que eso mismo es don Tristan; *269,1725*
Que las que don Tristan peina: *269,1777*
Hagase, mas don Tristan *269,1846*
Triste *42*

"Dexadme triste a solas *9,39*
Dexadme triste a solas *9,49*
Dexadme triste a solas *9,59*
Mas, triste, quantos agueros *10,29*
Vueluete al lugar triste donde estabas, *23,10*
I hallandola mui triste *27,13*
De fin tan tierno, i su memoria triste, *30,13*
La triste voz del triste llanto mio; *33,4*
La triste voz del triste llanto mio; *33,4*
Mas triste del amador *37,9*
A pesar gastas de tu triste dueño *44,2*
Triste camina el Alarbe, *57,17*
Tornarte de triste alegre, *59,64*
Triste pisa i affligido *62,1*
El triste perrinchon, en el gobierno *68,5*
I io, triste, andaba enfermo *74,95*
El triste fin de la que perdiò el dia, *104,6*
Del mas triste galéote *107,18*
Dexad caminar al triste *107,61*
Haciendo al triste son, aunque grossero, *118,12*
Mas, ai triste, que es sorda *127,15*
Guarda Damas es vn triste *217,73*
No, sino Marcelo, i triste. *229,1245*
Triste de mi, que los passo. *229,1481*
Camilo, ven acà. Ai, triste, *229,1797*
de la cadena del triste. *229,1974*
de mi, triste, en pocos dias, *229,2318*
Quan triste sobre el porfido se mira *260,9*
El triste, a quien le sucede *269,181*
Soi io triste el arcaduz, *269,514*
Hallò por su dicha el triste *269,689*
Lucrecia. Ai triste de mi! *269,1354*
Se ha quedado en vago, ai triste! *284,2*
Se ha quedado en vago, ai triste! *284,14*
Vulto exprimiendo triste. *298,24*
Que mucho, si afectando vulto triste, *318,415*
El ministerio de las Parchas triste; *318,442*
De esmerjon, como la triste *322,347*
Pastor os duela amante, que si triste *365,9*
Tumulo triste en llamas leuantado, *457,13*
I aun essas muestras de triste. *499,207*
No ai negallo, triste estoi. *499,208*
Tristeça *1*
Si creciere la tristeça *59,61*
Tristemente *1*
Tristemente la coronan. *97,24*
Tristes *9*
Suspiros tristes, lagrimas cansadas, *19,1*
No hileis memorias tristes *27,77*
Vuelue pues los ojos tristes *39,13*
Embuelta en endechas tristes, *48,6*
De sus tristes ojos bellos *49,78*
Hiço que estas tristes letras *75,83*
Mui tristes endechas *80,37*
Las tristes piadosas voces, *131,50*
Gimiendo tristes i bolando graues. *261,40*
Triton *3*
Daua Triton a vn caracol torcido, *166,4*
Rompe Triton su caracol torcido, *261,94*
Trompa Triton del agua a la alta gruta *264,594*
Triumpha *2*
I mientras triumpha con desden loçano *24,7*
Vence la noche al fin, i triumpha mudo *263,687*
Trîùmpha *1*
Do se trîùmpha i nunca se combate, *77,44*

Triumphador *2*
Triumphador siempre, coma con su Reies. *145,14*
Triumphador siempre de zelosas lides, *263,157*
Triumphadora *1*
Que en carros recibiste, triumphadora, *229,2180*
Triumphal *1*
A quien de carro triumphal *83,95*
Triumphando *1*
Desembarcò triumphando, *264,506*
Triumphante *1*
Quanto en la guerra triumphante; *61,48*
Triumphantes *1*
Aunque abolladas, triumphantes *63,130*
Triumphas *1*
I assi, pues que triumphas *50,21*
Triumpheis *1*
Porque triumpheis de mi vida. *74,72*
Triumpho *3*
De el triumpho con el Alcalde, *26,31*
Otro triumpho matador, *168,26*
Que ia despertaràn a triumpho i palmas; *180,11*
Trîùmpho *1*
Vn Cleoneo trîùmpho *322,328*
Trîùmphos *1*
Las armas, los trîùmphos, la Corona. *72,91*
Triumuiros *1*
La ambicion de los Triumuiros pasados; *318,260*
Troba *1*
La troba se acabò, i el auctor queda *453,13*
Trobas *1*
En dos antiguas trobas sin conceto. *255,4*
Trocada *1*
Apenas vide trocada *57,69*
Trocalle *1*
que sale luego a trocalle *229,172*
Trocar *5*
Huelgan de trocar, *144,54*
la cedula trocar quiere *229,630*
Gana tenias de trocar. *499,245*
En trocar por vn don tal *499,254*
Le has de hazer trocar la suia *499,259*
Trocàra *1*
Sus espaldas trocàra de diamante! *229,18*
Trocaràs *1*
Trocaràs si te lo pido, *499,263*
Trocaron *1*
Trocaron los Monsîùres *73,51*
Trocha *1*
Io sigo trocha mejor, *229,994*
Trochas *1*
por las trochas, es doctrina *229,999*
Trocò *1*
Trocò el Griego mancebo, *229,47*
Troços *1*
A ver troços de marfil, *269,475*
Trofeo *1*
Maior serà trofeo la memoria *318,543*
Troia *9*
Octauo muro a Troia *140,20*
El muro elado de Troia. *149,32*
Las cenizas de Troia, *229,293*
i la confiança a Troia. *229,1750*

Por do entrò el cauallo a Troia, *269,1008*
La Troia de mi valor, *269,1528*
Tu voz, tu baston, tu Troia; *269,1531*
Vuestra Troia atemoriza, *269,1583*
Que no poco daño a Troia *322,203*
Troiano *5*
De aquel cauallo Troiano. *96,124*
El Troiano forastero. *167,60*
Huesped Troiano has sido, *229,286*
o Granadino Troiano, *229,1906*
Lucrecia bella, el Principe Troiano *269,1226*
Troianos *1*
Dos Troianos i dos Griegos, *122,15*
Trompa *19*
Svene la trompa belica *1,1*
A trompa militar mi tosca lyra, *72,87*
A celestial soldado illustre trompa. *77,47*
Oiò su trompa el soldado, *161,67*
I del fiero animal hecha la trompa *230,14*
O de su fama la trompa, *235,9*
Trompa hecha de Paris. *243,56*
Ecchos los haze de su trompa clara! *250,4*
Preuiene raio fulminante trompa. *261,488*
De trompa militar no, o de templado *263,171*
Trompa Triton del agua a la alta gruta *264,594*
Ronca les salteò trompa sonante, *264,710*
Trompa luciente, armoníôso trueno; *318,100*
Trompa final compulsarà del suelo, *318,411*
Siempre fragoso conuocò la trompa *318,471*
Trompa es siempre gloriosa de tu Hijo. *324,14*
Mas no lo digan, no, que en trompa alada, *337,13*
Ô quanta trompa es su exemplo mudo! *363,14*
Que a trompa final suena, solicìta *404,18*
Trompas *14*
De las trompas i las caxas. *64,20*
I al ronco son de trompas bellicosas *72,3*
Que trompas hasta aqui han sido de caña, *171,7*
Penden las trompas, pende la armonia; *229,2191*
Son de las trompas, que no aguardò a esto, *230,75*
Trompas de la fama digan *242,139*
Vna de las muchas trompas *259,6*
(Trompas de Amor) alteran sus oidos. *261,320*
Emula de las trompas, ruda auena, *312,16*
Emula de las trompas su armonia, *318,5*
En Lombardia trompas eloquentes, *318,578*
Que nos dize en trompas de oro *347,8*
Suenen las trompas, suenen, *354,21*
Suenen las trompas, suenen, *354,43*
Trompeta *3*
la trompeta del júicio. *229,189*
Voz que es trompeta, pluma que es muralla. *264,965*
Salga a otro con lanza i con trompeta *326,5*
Trompetas *1*
Que con trompetas llamò, *161,18*
Trompeticas *3*
Sino trompeticas de oro, *214,5*
Sino trompeticas de oro *214,18*
Sino trompeticas de oro *214,31*
Trompos *1*
Que se gradúan ia trompos. *242,140*
Tronar *1*

Que es cielo i sabrà tronar, *269,1335*
Troncaba *1*
Quantas troncaba la hermosa mano, *15,3*
Troncada *1*
No solo en plata o viola troncada *24,12*
Tronchò *1*
Que los claueles que tronchò la Aurora; *261,362*
Tronco *32*
Pared gruessa, tronco duro. *27,100*
Desde el tronco a lo mas alto. *28,12*
I vos, tronco a quien abraça *82,125*
Al tronco recostado *114,8*
Aquel vestido tronco *129,11*
Fue aquel tronco vestido, *129,14*
Hueco tronco de alcornoque. *131,84*
Al tronco de vna encina viuidora *137,3*
Que al tronco menos verde *140,10*
Daua vn tronco entre vnas peñas *142,2*
a ese tronco de crystal? *229,1183*
Por lo que teneis de tronco, *242,122*
Hurta vn laurel su tronco al Sol ardiente, *261,178*
Que de su nueuo tronco vid lasciua, *261,351*
Era de vna serrana junto a vn tronco, *263,240*
I el tronco maior dança en la ribera; *263,672*
Chopo gallardo, cuio l͡l o tronco *263,697*
Burgo eran suio el tronco informe, el breue *264,298*
Ni tronco ha roido el tiempo *268,14*
El hueco anima de vn tronco *285,23*
I tronco la mas culta leuantado, *316,3*
Tronco de el Nectar fue, que fatigada *318,623*
A vn tronco este, aquella a vn ramo fia, *318,631*
Con el tronco de vn sauco. *322,348*
Arbol los quenta sordo, tronco, ciego; *343,13*
Al tronco de un verde mirtho, *354,1*
Sella el tronco sangriento, no le oprime, *363,1*
Al tronco Filis de vn laurel sagrado *366,1*
Al tronco de Minerua suspendida *368,29*
Al tronco descansaua de vna encina *380,1*
Ciñendo el tronco, honrando el instrumento. *424,14*
O tronco de Micol, Nabar barbudo! *429,7*
Troncò *1*
Pascer las que troncò flores, *268,63*
Troncon *1*
Su villano troncon de yerba verde, *30,10*
Troncos *27*
Los troncos bañan i las ramas mueuen *19,3*
I los troncos las lagrimas se beben, *19,7*
Troncos el bosque i piedras la montaña; *25,54*
Pues en troncos està, troncos la lean. *30,14*
Pues en troncos està, troncos la lean. *30,14*
En verdes ramas ia i en troncos gruesos *32,3*
Vuestros troncos, (ia un tiempo pies humanos), *46,10*
Porque los troncos les bañen; *63,180*
"Ay troncos, a mi pesar *116,21*
Ay troncos, a mi pesar *116,36*
Ay troncos, a mi pesar *116,51*
Que los firmes troncos mueuen *131,51*
Los troncos les dan cortezas, *131,117*
Cuebas, troncos, aues, flores, *131,132*

Resistiendo sus troncos al gusano. *248,8*
Troncos robustos son, a cuia greña *261,34*
Trepando troncos i abrazando piedras. *261,312*
Purpureos troncos de corales ciento, *261,380*
Troncos me offrecen arboles maiores, *261,397*
Sacros troncos sudar fragantes gomas, *263,923*
Que los Herculeos troncos haze breues; *263,1049*
Del huerto, en cuios troncos se desata *264,326*
Los rudos troncos oi de mis vmbrales. *264,597*
Troncos examina huecos, *322,369*
Cuios troncos no, *356,68*
Por no leerse en sus troncos. *357,76*
Idolos a los troncos la esculptura, *426,7*
Trono *4*
Ia trono el Tiber os verà sagrado, *335,3*
De aquella hermosura trono, *357,58*
Este funeral trono, que luciente, *362,1*
En su delphico trono la ha sentido. *474,4*
Tronque *1*
tronque el pie quando tal quiera. *229,1600*
Tropa *4*
En vna virginal tropa *149,40*
Sigue la femenil tropa commigo: *263,525*
La maritima tropa, *264,55*
Tropa inquîèta contra el aire armada *264,716*
Tropas *1*
Que de tropas de aues rodéàdo, *279,19*
Tropeçando *1*
Quando tropeçando Thisbe, *322,285*
Tropecè *1*
do tropecè esta mañana. *229,1247*
Tropel *1*
I feneciendo en tropel. *78,52*
Tropelias *1*
I vnas fiestas que fueron tropelias, *469,6*
Tropezò *1*
Tropezò vn dia Danthea, *387,1*
Tropheo *12*
I sean tu tropheo *50,24*
Si no quieres ser tropheo! *87,92*
Tropheo es dulcemente leuàntado, *112,5*
Tropheo de Portugal; *121,134*
"Este tropheo, dixo, a tu infinita *137,9*
Dixo, los años de tan gran tropheo". *137,14*
Ostentacion gloriosa, alto tropheo *261,238*
Delicias de aquel mundo, ia tropheo *261,445*
Tropheo ia su numero es a vn hombro, *263,307*
Purpureo son tropheo. *263,791*
Viste armiños por tropheo, *389,7*
El aue viste, que es de el sol tropheo. *457,4*
Tropheos *7*
No pendan mis amores por tropheos), *21,11*
De victoriosos tropheos, *49,14*
De tropheos militares, *63,142*
Tropheos son del agua mil entenas, *245,7*
Tropheos dulces de vn canoro sueño. *263,128*
De funerales barbaros tropheos *263,956*
Sus tropheos el pie a vuestra enemiga. *311,11*
Tropicos *1*
Appella entre los Tropicos grifaños *264,919*
Tropieça *1*
I daros vna que tropieça i trota; *463,4*
Tropieças *1*
I assi tropieças en tantos *497,29*

Tropiezo *1*
Tropiezo tan a compas). *387,6*

Trota *1*
I daros vna que tropieça i trota; *463,4*

Trotando *1*
Mira no ganes vn jubon trotando. *474,14*

Trote *2*
Con su querida en vn trote; *107,66*
I de que tantas leguas en vn trote *474,7*

Truchas *1*
Ia el Doctor pesca sus truchas. *269,1717*

Trueca *2*
Trueca las velas el baxel perdido, *218,9*
Trueca, mas con condicion *499,275*

Truecas *1*
Por nudosas redes truecas, *498,18*

Trueco *1*
A trueco de verlos idos, *499,300*

Truena *2*
Truena el cielo, i al momento *187,1*
El coruo cuerno truena, el halcon pia, *499,86*

Truene *1*
Que no truene i que no llueua. *159,30*

Trueno *5*
El trueno de la voz fulminò luego: *261,359*
Zeloso trueno antiguas aias mueue: *261,486*
Solicitaua al trueno generoso, *318,60*
Trompa luciente, armonîòso trueno; *318,100*
Para ruido de tan grande trueno *458,5*

Truenos *1*
Que en dos truenos librò de su Occidente, *293,11*

Truequen *1*
No la truequen las mudanças. *144,16*

Truhan *1*
Su melarchia vn truhan. *122,24*

Trujera *1*
Si la serenidad no le trujera *318,419*

Trujo *1*
Nueue meses que la trujo, *322,94*

Truxera *1*
Os lo truxera aqui impreso. *269,1940*

Truxiste *1*
De mi patria me truxiste, *63,13*

Truxo *2*
Ese corazon que os truxo, *27,42*
Truxo tu mano imbidiosa. *499,227*

Tubieron *1*
Que el mar de Amor tubieron por seguro, *54,11*

Tubo *1*
De los ojos que no tubo. *322,84*

Tudesco *1*
A donaires en Tudesco, *229,2492*

Tue *1*
Fiamma dal ciel su le tue trezze pioua! *72,51*

Tuerça *2*
Ni las tuerça el enemigo, *105,10*
le tuerça tanto el garrote *229,1279*

Tuerce *1*
Desta suerte. Tuerce bien. *499,215*

Tuercen *1*
Porque, aunque tuercen los tales *91,31*

Tuerces *2*
Tuerces soberbio, raudo i espumoso, *22,8*
Como tuerces tu vn roquete. *88,76*

Tuerta *1*
Marica i la tuerta; *5,36*

Tuerto *1*
Quien alfange, de puro corbo tuerto; *381,4*

Tuerza *1*
Obligan a su Rei que tuerza graue *318,23*

Tufo *1*
Desmentidora de el tufo. *322,152*

Tufos *2*
Mostachos hasta los tufos, *243,51*
En las jaulas de dos tufos. *322,112*

Tulio *1*
Las armas jugò de Tulio; *322,270*

Tulliduras *1*
A tulliduras de grajos *87,99*

Tullio *1*
Mentida vn Tullio, en quantos el senado *318,161*

Tullò *1*
Tullò a vn Duque, i a quatro mercadantes *447,9*

Tumba *11*
Fue illustre tumba el humido elemento. *45,4*
Mas es tumba que cauallo. *96,20*
Tumba es oi de tus huesos, *103,37*
Si no de tumba os siruiò! *161,128*
La tumba es ya, donde marchita iace. *229,1533*
La tumba vee del Sol, señas de España, *230,16*
O tumba de los huessos de Tipheo, *261,28*
Cerulea tumba fria, *263,391*
Tumba te bese el mar, buelta la quilla. *264,548*
Mas deuerà a su tumba que a su nido. *364,14*
Vndosa tumba da al farol del dia *403,1*

Tumbo *1*
Para el tumbo Réàl, o monimento. *255,13*

Tumbos *2*
I quatro tumbos de dado *122,40*
Oiò a las cunas los tumbos, *322,34*

Tumbulo *1*
Su tumbulo parò, i de pie quebrado *255,3*

Tumulo *7*
Siruiendole de tumulo *1,38*
No tumulo te erige *103,65*
Aras aier, oi tumulo, ô mortales! *135,2*
Thalamo es mudo, tumulo canoro. *312,6*
Tumulo de vndosa plata; *319,4*
Al que tumulo de seda *322,23*
Tumulo triste en llamas leuantado, *457,13*

Tumulos *1*
En tumulos de espuma paga breue, *264,406*

Tumulto *1*
O de luz o de tumulto, *322,306*

Tunica *1*
Tunica Apolo de diamante gruessa, *312,26*

Turba *9*
Infame turba de nocturnas aues, *261,39*
Qual de aues se calò turba canora *263,633*
Calarse turba de inuidiosas aues *263,989*
A la turba, que dar quisiera vozes, *264,44*
La turba aun no del apazible lago *264,841*
Cenith ia de la turba fugitiua. *264,909*
Quantos da la cansada turba passos, *264,940*
Critica turba al fin, si no Pigmea, *293,6*
De el antiguo idîòma, i turba lega, *431,6*

Turbacion *3*
tal como vna turbacion. *229,1465*
Vuestra turbacion mi enredo, *269,1663*
La turbacion de lo turbio, *322,218*

Turbada *4*
Offrecio a la turbada vista mia *169,7*
Turbada saliò del caso, *228,202*
o diuertida, o turbada: *229,1956*
Turbada assi de Thessalo conjuro *315,5*

Turbado *7*
Yo pues, ciego i turbado, *25,25*
Medio turbado le dixe: *229,2366*
Que es eso? Turbado se ha. *229,2932*
Turbado estais de gozoso. *229,2949*
turbado la vista le han. *229,2959*
La arena enxuta, quando en mar turbado *294,13*
Turbado las dejò, porque zeloso *318,503*

Turbados *1*
Que turbados los encuentra *229,2938*

Turbando *1*
Con lagrimas turbando la corriente, *339,9*

Turbante *7*
Ese monte murado, ese turbante *229,2150*
Esa, pues, o turbante sea, o montaña, *229,2170*
el turbante, el Potosi? *229,3411*
Ciñe, si no de purpura, turbante. *263,296*
De quantos ciñen Libico turbante, *264,763*
Tal, escondiendo en plumas el turbante, *318,67*
Tanto dissimulado al fin turbante *323,7*

Turbantes *3*
Tablachines i turbantes *63,136*
Al fondo el cuerpo, al agua los turbantes. *72,85*
Turbantes de sus cabeços. *268,20*

Turbar *1*
Por turbar la serena *281,21*

Turbe *1*
Turbe el agua a lo vîùdo; *257,8*

Turbia *1*
Con su agua turbia i con su verde puente! *152,2*

Turbias *5*
Con aguas turbias apaga *419,41*
Turbias van las aguas, madre, *419,43*
Turbias van: *419,44*
Turbias van las aguas, madre, *419,54*
Turbias van: *419,55*

Turbio *1*
La turbacion de lo turbio, *322,218*

Turbò *1*
Preuista le turbò, o prognosticada, *261,303*

Turbòse *1*
Negòme el Sol? Turbòse el ayre claro? *229,27*

Turca *1*
anda peor que vna Turca *229,1401*

Turcas *1*
De las dos mas bellas Turcas *61,31*

Turco *6*
I de vn Turco matasiete. *57,44*
Dèl Turco, dèl Ingles, dèl Lusitano. *66,8*
En las galeras de vn Turco *83,11*
El Turco viò, ni el Moro, *229,53*
Quando al Corso no ai Turco que no crea *318,374*
Quando Partho i quando Turco; *322,476*

Turcos *1*
I de los Turcos alfanges; *63,132*

Turia *4*

Que el Turia fue su oriente, *103,82*
Sale al fin, i del Turia la ribera *318,177*
Dejando al Turia sus delicias, vino *318,189*
Que ansar del Betis cueruo sea del Turia. *404,8*
Turmas *3*
Para mis vecinas turmas. *26,56*
I turmas en el Carnal, *27,131*
Comiendo turmas de tierra. *28,72*
Turno *2*
Mudos coronen otros por su turno *263,801*
En su postrimero turno *322,446*
Turo *3*
Turo fu Garceran? Turo fu Osorio? *430,9*
Turo fu Garceran? Turo fu Osorio? *430,9*
La negrita sarà turo abalorio, *430,13*
Turpin *1*
Lo que de Obispo Turpin, *243,54*
Turquesadas *1*
Turquesadas cortinas. *263,418*
Turquesado *1*
El color de los cielos turquesado; *279,21*
Turquesas *1*
Que no ai turquesas tan finas *61,33*
Turquesca *1*
De vna galera Turquesca, *38,2*
Turquesco *1*
Cubren las que Sydon telar Turquesco *263,614*
Turquete *1*
De mostacho a lo Turquete, *88,14*
Turqui *2*
Bonete lleua Turqui, *49,57*
hallè de vn azul Turqui, *229,2295*
Turquia *2*
Que de la Turquia *65,158*
A Germania hiciera, i a Turquia, *229,2208*
Turuio *1*
De el turuio Guadalmellato, *28,2*
Tutelares *1*
Estos dos de la Iglesia tutelares *421,35*
Tutora *1*
La rubia paja i, palida tutora, *261,79*
Tuue *3*
Porque siempre tuue pujo; *27,68*
Io estrellada mi fin tuue. *75,92*
quando tuue de Granada *229,1869*
Tuuiera *6*
Tuuiera inuidia todo lo passado. *195,8*
Si yo tuuiera veinte mil ducados, *203,13*
no tuuiera por agrauio *229,268*
De oro tuuiera vn millon *269,1116*
Que aun no tuuiera valor; *269,1118*
Parte en el Duque la maior tuuiera *318,417*
Tuuieralo *1*
I en lo horrible tuuieralo por cierto, *381,6*
Tuuieron *1*
Que tuuieron a Leon *132,15*
Tuuimos *2*
Aunque las tuuimos *50,93*
Sino, pues vn fin tuuimos, *75,95*
Tuuiste *1*
Que tuuiste en esta era *73,66*
Tuuistes *2*
Que culpa tuuistes vos *27,33*
tuuistes? Si. Fue despues *229,3143*
Tuuo *14*

Si por gauilan os tuuo. *27,44*
Tuuo al hacerte el pintor, *28,75*
Que me tuuo el yelo *50,58*
De el odre donde los tuuo *75,19*
Que el otro pidiò si tuuo, *161,51*
Que auejas tuuo el esquadron armado; *184,16*
I el no tuuo para vn barco. *228,8*
Tuuo por padre a vn hidalgo, *228,10*
Que tuuo el muro Thebano. *228,48*
Que si no los tuuo Grecia, *228,127*
diez dias nos tuuo o doce, *229,497*
Por quien tuuo de nobleza *275,50*
La hecha si, uos tuuo argenteria, *430,12*
Quien no tuuo templança, i desplumado *440,2*
Tuuolo *1*
Mas tuuolo por juguete, *88,106*
Tyrania *1*
tyrania mui curiosa. *229,801*
Tyraniza *1*
Tu Sol, que Alua tyraniza *275,91*
Tyrannizados *1*
Tyrannizados tenia *215,5*
Tyranno *4*
I con tyranno orgullo en tiempo breue, *72,55*
Tyranno con imperio i sin corona. *229,45*
Tyranno el Sacre de lo menos puro *264,931*
Mas tyranno este segundo *269,29*
Tyrannos *1*
Amor i honra, tyrannos *269,27*
Tyrano *8*
Dexame en paz, Amor tyrano, *2,9*
Dexame en paz, Amor tyrano, *2,19*
De vn tyrano, que piedad? *2,28*
Dexame en paz, Amor tyrano, *2,29*
Dexame en paz, Amor tyrano, *2,39*
Dexame en paz, Amor tyrano, *2,49*
De que, ia deste o de aquel mar, tyrano *276,12*
La hoz burlò de vn Tyrano, *373,14*
Tyria *2*
Purpura Tyria o Milanes brocado. *263,166*
Cuio pie Tyria purpura colora. *264,790*
Tyrio *3*
El Tyrio sus matices, si bien era *261,314*
Ni del que enciende el mar Tyrio veneno, *264,558*
Que desprecia el Tyrio xugo. *322,276*
Tyro *1*
Si bien toda la purpura de Tyro *421,21*
Tyron *1*
Religioso tyron no solo iguala, *404,25*
Ualiera *1*
Mas le ualiera errar en la montaña, *100,13*
Ubiera *1*
Aunque lo ubiera sabido, *269,1711*
Ubo *1*
No ubo (Cagaiera fusse o Fante) *430,6*
Uen *1*
que engaño a quantos me uen, *229,2818*
Uence *1*
Si vn niño ciego le uence, *61,25*
Uendalle *1*
I quiso con dos uendalle. *61,56*
Uer *1*
A uer como el mar le hurta *39,14*
Uez *3*

De veer cada uez que vuelue *57,22*
En sus jardines tal uez, *355,18*
La de Gil, perdiò otra uez *419,26*
Uicio *1*
No penseis que hablo de uicio, *229,186*
Uiento *1*
Antes que le desate por el uiento *32,11*
Ultrage *1*
Mas quando su arrogancia i nuestro ultrage *72,59*
Umbrosa *1*
De las aues oiò la selua umbrosa. *291,8*
Uolviò *1*
El uolviò la cabeça, ella la planta; *453,12*
Usa *2*
Para piedras: que en Cuenca eso se usa, *459,10*
Ved que grammatica se usa, *477,32*
Uvas *1*
Cebandolos estan de uvas podridas. *436,8*
Va *70*
Sus muros i edificios va talandoles, *1,29*
De quien oi se va *4,16*
Huiendo va de mi la Nympha mia, *25,10*
Que se nos va la Pascua, moças, *29,1*
Que se nos va la Pascua. *29,2*
Que se nos va la Pascua, moças, *29,11*
Que se nos va la Pascua. *29,12*
Que se nos va la Pascua, moças, *29,21*
Que se nos va la Pascua. *29,22*
Que se nos va la Pascua, moças, *29,31*
Que se nos va la Pascua. *29,32*
Que se nos va la Pascua, moças, *29,41*
Que se nos va la Pascua. *29,42*
Que se nos va la Pascua, moças, *29,51*
Que se nos va la Pascua. *29,52*
Que se nos va la Pascua, moças, *29,61*
Que se nos va la Pascua. *29,62*
El enemigo se os va, *39,37*
Ia se va dejando atràs *75,5*
Quanto va de cuerdo a loco. *83,24*
Quanto va de cuerdo a loco. *83,48*
Quanto va de cuerdo a loco. *83,80*
Quanto va de cuerdo a loco. *83,104*
Al Betis, que entre juncias va dormido, *114,6*
Va violando sus colores. *131,24*
Les va siriuiendo de Norte. *131,64*
Peinandole va las plumas; *132,25*
Va a Pisuerga a desouar; *159,36*
No va de flores desnudo, *190,5*
Va en rengre nobre señora, *207,31*
Mas ai, que a pedir va ahora *229,360*
A Camilo va a hablar. *229,368*
Ai, que va hablar a Camilo! *229,369*
Replicais que vaia: va; *229,421*
Que contento el señor va *229,665*
que es cuerda quien va al molino *229,1709*
No va la Comedia mala. *229,3224*
A reuelar secretos va a la aldea, *263,699*
Que en sonoro metal le va siguiendo, *264,852*
Pero el amigo se va. *269,80*
CASILDA se va i os dexa *269,1018*
Que se va poniendo el Sol. *269,1707*
Va, pues, de juego: ia sabes *269,1738*
Bien a fee se va poniendo; *269,1834*
"Agua va", las desta casa, *269,1864*

I assi como tanto va, *269,1922*
Verdad es que va la vida. *269,1985*
Todo va con regla i arte; *275,117*
Pluma acudiendo va tremoladora *278,5*
Le va entrando en vn confuso *288,31*
Ñafete, que va corrido, *303,17*
Corrido va. Ficai là. *303,18*
El Rei que a adoralle va. *309,20*
Decima va condolida *330,5*
En vn laud va escriuiendo *356,31*
Lo que Amor le va dictando: *356,32*
Va DANTEO a Colmenar; *358,2*
Lo que va de aier a oi, *375,2*
Lo que va de aier a oi, *375,12*
Lo que va de aier a oi, *375,22*
Lo que va de aier a oi, *375,32*
Lo que va de aier a oi, *375,42*
Lo que va de aier a oi, *375,52*
El Conde mi señor se va a Napòles *379,1*
Desatandose va la tierra vnida; *393,6*
Va por las calles diciendo, *413,34*
A la fuente va del olmo *419,1*
Potro es gallardo, pero va sin freno. *458,8*
Mas puesto se me va por lo deuò, *468,10*
I este soneto a buenas manos va: *473,15*

Vaca *1*
Sino de el que hurtò la vaca *477,7*

Vacantes *1*
Que por tener las vacantes *259,105*

Vacas *1*
Tetas de vacas, piernas de correos, *476,3*

Vacca *1*
Si es Prado, Vacca sea su guadaña. *440,13*

Vaccas *1*
Io no quiero veer Vaccas en mi Prado. *441,14*

Vacia *1*
Poca palestra la region vacia *264,902*

Vacilante *1*
Declina al vacilante *263,57*

Vacio *2*
I el cuerpo vacio, *56,9*
Aluergue vuestro el vacio *205,11*

Vacìo *1*
Hormiga, ma non vacìo. *309,24*

Vacios *3*
I occupan los vacios *166,11*
Que los valles impido mas vacios, *261,386*
Corcho, i moradas pobres sus vacios, *264,299*

Vadéàdos *1*
Mal vadéàdos de los pensamientos, *108,7*

Vadean *1*
Que el rio que vadean crystalino, *279,29*

Vadéàndo *1*
I vadéàndo nubes, las espumas *263,952*

Vado *3*
I llegando al vado, lleno *88,53*
De el que hallò en el mar enxuto vado, *442,6*
Cisne gentil, despues que crespo el vado *455,1*

Vados *1*
Passen vuestros vados frios, *89,42*

Vaga *5*
Vaga Clicie del viento, *263,372*
Que es impertinente i vaga *269,1314*
La vaga esperança mia *284,1*
Mi vaga esperança; tanto *284,6*

La vaga esperança mia *284,13*

Vagabunda *1*
Por vagabunda, fuera de la Villa. *70,4*

Vagabundo *2*
Del vagabundo Doctor, *227,48*
Por vagabundo vn sentido *411,11*

Vagabundos *1*
Vara i no de vagabundos, *228,31*

Vagage *2*
Cerrar con otro vagage? *269,630*
Liò el volumen, i picò el vagage; *367,2*

Vagando *1*
De vn pueblo vagando en otro, *229,520*

Vagarosas *1*
Fueron pyra a sus plumas vagarosas, *457,7*

Vagarosos *1*
Crystales son vagarosos *333,29*

Vagas *3*
Sus vagas plumas crea, rico el seno *230,53*
Vagas cortinas de volantes vanos *261,213*
Vagas el pie, sacrilegas el cuerno, *261,467*

Vago *7*
Emulo vago del ardiente coche *263,468*
Su vago pie de pluma *263,1031*
Reina la aueja, oro brillando vago, *264,294*
Al viento esgremiran cuchillo vago. *264,840*
Se ha quedado en vago, ai triste! *284,2*
Se ha quedado en vago, ai triste! *284,14*
Que el aire vago solicite luego. *292,8*

Vague *1*
Donde el pie vague seguro *268,53*

Vaia *5*
Io me quede, cumpla i vaia, *64,46*
Vaia a los Moros el cuerpo, *64,47*
Le da licencia que vaia *105,13*
I no se vaia por pies *131,107*
Replicais que vaia: va; *229,421*

Vaian *3*
Vaian al Peru por barras, *55,33*
Que vaian fauorecidos. *499,303*
Allà vaian, i tu aora *499,304*

Vaianse *2*
Vaianse las noches, *4,51*
Vaianse, i no vean *4,55*

Vaias *6*
Vueluome. Vaias con Dios. *229,2107*
No vaias, Gil, al sotillo; *351,1*
No vaias, Gil, al sotillo; *351,13*
No vaias, Gil, sin temores, *351,18*
No vaias, Gil, al sotillo; *351,25*
No vaias, Gil, al sotillo; *351,37*

Vaiase *1*
Vaiase a Carlinéàr *269,569*

Vailando *1*
La que vailando en el corro, *357,2*

Vaina *2*
vaina ia de otros dolores. *229,547*
Desnudare de su vaina *269,19*

Vais *5*
Que vais para la Ciudad, *95,14*
Allà vais, coman os peces, *161,153*
Adonde vais? A buscar *229,146*
"No os vais, Camilo, de aqui, *229,2353*
Lo que vais a demandar. *288,100*

Vajaua *1*

Vajaua mudamente desatado, *339,2*

Valcon *1*
Espejo hecho el valcon, *418,47*

Valcones *1*
Con dos valcones al Pardo *418,43*

Valde *3*
Como picada de valde. *269,1461*
Que siempre en valde has leido *407,2*
A vender de valde peste; *412,15*

Valdes *3*
"Sabe el cielo, Valdes, si me ha pesado *462,1*
Valdes, Valdes, nuestro supremo estado *462,5*
Valdes, Valdes, nuestro supremo estado *462,5*

Valdrà *2*
Sin duda os valdrà opinion, *225,1*
me valdrà vn gran desengaño. *229,1023*

Valdres *3*
El Narciso de valdres *269,223*
Capirote de valdres. *269,355*
Vn valdres basta, dos plumas fingidas. *436,4*

Vale *7*
Si virtud vale, su edad *206,11*
La Iglesia ia no te vale. *229,1477*
I vale qualquier dinero. *269,788*
No vale, siruete dèlla; *269,1059*
Ni lança vale ni escudo. *322,404*
Si a necedades vale lo sagrado. *439,8*
Pierdase vn vale, que el valer ogaño *441,9*

Valelle *1*
Sin valelle al lasciuo ostion el justo *264,83*

Valen *11*
Les da la lumbre que valen; *63,76*
I valen misericordia. *149,54*
Que no valen ni aun en plata *227,19*
que valen bien sus saluados *229,259*
no valen vn caracol. *229,1724*
I no valen en la plaça. *269,1681*
Contra los dos, si nos valen. *269,1701*
Que por tiorbas i por liras valen. *414,31*
Que por tiorbas i por liras valen. *414,40*
Que por tiorbas i por liras valen. *414,49*
Que a chupar mas valen *494,25*

Valencia *7*
En Valencia muy preñada *126,26*
La expulsion de los Moros de Valencia. *203,99*
Despojos de vn hermano, que en Valencia *269,399*
Fuime a Valencia muchacho, *269,409*
Fui demonio por Valencia, *269,411*
La merced castigada, que en Valencia *318,167*
De Valencia inundaua las arenas *318,297*

Valenciana *1*
Dulcissima Valenciana *97,7*

Valencianos *1*
A los Valencianos senos. *106,8*

Valençuela *3*
Cauallo Valençuela bien tratado, *113,9*
Vn cauallo Valençuela, *229,640*
Al fogoso cauallo Valençuela *280,38*

Valentia *4*
La guerra su valentia; *126,22*
En el torneo de la valentia. *138,14*
i la valentia albornoces; *229,531*
Mecanica valentia! *288,29*

Valentissimos *1*

Valentissimos son todos, *78,3*
Valer *2*
No ha de valer la causa, si no miente *273,10*
Pierdase vn vale, que el valer ogaño *441,9*
Valerosa *2*
Con valerosa espada domeñandoles, *1,32*
Valerosa, i réàl sobre diuina? *421,67*
Valeroso *2*
Valeroso desnudò, *322,425*
Illustre injuria i valeroso vltrage. *425,14*
Vales *1*
Iuntas con lo que tu en el cielo vales, *77,54*
Valeste *1*
Valeste del pensamiento? *384,25*
Valgame *3*
Valgame esta vez la Iglesia; *26,111*
Valgame Dios, que este es *229,2793*
Valgame Dios! Lindo sois *269,1941*
Vàlgame *1*
Vàlgame Dios! I tan recia *269,882*
Valgan *3*
A PHILIPPO le valgan el Tercero, *77,55*
Valgan cocido i assado". *96,92*
Sin que alas valgan ni pies, *177,22*
Valganle *1*
Valganle a su fea muger *167,45*
Valganme *1*
Valganme contra ausencia *114,23*
Valgante *1*
Valgante los de Arcadia! No te corres *429,5*
Valgasme *1*
Valgasme en este peligro *97,31*
Valgo *1*
i sabremos lo que valgo. *229,1259*
Valian *1*
Valian veinticinco años *73,55*
Valida *1*
Celebrando tu nombre i fuerça valida: *1,45*
Valido *2*
Bala el ganado; al misero valido, *261,171*
El vastidor le ha valido. *269,890*
Valiente *25*
Tan galan como valiente *49,3*
"Valiente eres, Capitan, *57,33*
I cortes como valiente; *57,34*
De corcillo, i valiente *103,30*
Valiente con el rejon *158,39*
I valiente por su mal, *226,22*
Que no ai cieruo valiente para vn toro. *229,2225*
DON IVAN DE ACVÑA es. Buril valiente *251,13*
Cyclope a quien el pino mas valiente *261,53*
De Philodoces emula valiente, *264,448*
Que io al mar, el que a vn Dios hizo valiente *264,582*
Galan siguiò valiente, fatigando *264,766*
Tan valiente, si galan, *267,7*
Mas léàl, i mas valiente, *269,1504*
Del mas valiente pinzel! *285,36*
A barbo dar valiente *313,46*
Armado lo oia el Marañon valiente, *318,14*
Ministro escogiò tal, a quien valiente *318,253*
Darà al valiente montero, *358,25*
Quanto en tu camarin pincel valiente, *361,5*

Piedra animada de sincel valiente, *368,22*
Pluma valiente, si pinzel facundo. *453,7*
No corras tanto, corredor valiente, *474,12*
El mas valiente, el no menos, *482,2*
El rubio moço, por su mal valiente, *499,101*
Valientes *4*
De los no menos valientes *63,27*
De tus valientes hijos feroz muestra *72,5*
De valientes desnudos labradores. *263,962*
Alterno impulso de valientes palas *264,925*
Valieron *1*
Que en pago os valieron *79,31*
Valiò *3*
Valiò por dicha al leño mio canoro *203,46*
Flores le valiò la fuga *215,41*
Que me valiò nueua luz, *331,58*
Valladolid *5*
Cebolla en Valladolid *126,28*
Lleguè a Valladolid; registrè luego *150,1*
Vos sois Valladolid? Vos sois el valle *153,1*
Valladolid, de lagrimas sois valle, *154,1*
En Valladolid *160,59*
Valle *10*
Que este lagrimoso valle *82,127*
No tiene el soto ni el valle *85,3*
Si vn valle "Angelica" suena, *131,123*
Vos sois Valladolid? Vos sois el valle *153,1*
Valladolid, de lagrimas sois valle, *154,1*
Valle de Iosaphat, sin que en vos hora, *154,3*
Que en antiguo valle illustra *259,35*
Tu claustro verde, en valle prophanado *295,7*
En el valle mas profundo; *322,108*
Dar entera voz al valle, *378,59*
Vallejo *1*
Bien las tramoias rehusò Vallejo, *451,2*
Vallena *1*
Que a Ionas de la vallena. *258,10*
Vallenas *1*
Conducir orcas, alistar Vallenas, *263,436*
Valles *7*
Dulce olor los frescos valles, *63,186*
Valles i barrancos saltas, *73,27*
Fresnos, chopos, montes, valles, *131,133*
Que los valles impido mas vacios, *261,386*
Sentidas bien de sus valles, *268,3*
Sentidas bien de sus valles, *352,3*
Frutas conserua en sus valles *358,17*
Vallestillas *1*
Como vallestillas *65,42*
Vallete *1*
Verde era pompa de vn vallete oculto, *264,287*
Valor *24*
Encumbre su valor entre las Hiadas, *1,6*
Con su valor rarissimo, *1,18*
Mas de valor que de azero, *49,18*
Bien conociò su valor *61,51*
Por reliquias de valor *63,107*
I su valor deuotamente enseña. *77,23*
Soberana beldad, valor diuino, *162,6*
Fuerça da tanta, i valor, *211,5*
Peligro corre, aunque valor enseña. *229,1036*
si con valor nuera el tiene; *229,2525*
Cordura tengo, i valor. *229,2658*
Ô de alto valor, de virtud rara *250,1*
Profunda sciencia de valor diuino, *269,391*

Que aun no tuuiera valor; *269,1118*
I valor de excelencias coronado; *269,1233*
La Troia de mi valor, *269,1528*
En togado valor; digalo armada *318,18*
I tres Dianas de valor fecundo; *318,116*
Rompiò cruel, rompiò el valor de España *318,396*
De christiano valor si, de fe ardiente, *364,13*
Que examinò tu valor. *369,10*
En valor primero a todos, *389,35*
Sin valor quedando alguno, *401,7*
Valor es este, señora, *498,21*
Valsain *2*
I vn postigo a Valsain: *418,44*
Las piedras de Valsain. *478,10*
Vame *4*
I vame tanto mejor *83,23*
I vame tanto mejor *83,47*
I vame tanto mejor *83,79*
I vame tanto mejor *83,103*
Vamo *2*
Vamo a la sagraria, prima, *207,19*
— Vamo aià. — Toca instrumento. *308,9*
Vamonos *6*
Vamonos a otro aposento. *229,1887*
Vamonos, señores? Si. *269,1222*
"Vamonos, que nos pican los tabanos; *419,87*
Vamonos donde morirè. *419,88*
Vamonos, que nos pican los tabanos; *419,95*
Vamonos donde morirè". *419,96*
Vamos *5*
I vamos a comer dèl. *208,12*
Vamos. Que lindos camellos! *269,1223*
Vamos, Filis, al vergel, *328,1*
Vamos; mas helas vienen. I io me espanto *499,122*
Pero voime. Presto. Vamos. *499,299*
Van *21*
A la guerra van, *4,6*
Ambos se van a su centro, *9,15*
I las olas van mas altas, *10,32*
Los delphines van nadando *10,33*
Cantando se vienen, i cantando se van. *122,2*
Cantando se vienen, i cantando se van. *122,14*
Cantando se vienen, i cantando se van. *122,26*
Cantando se vienen, i cantando se van. *122,38*
Cantando se vienen, i cantando se van. *122,50*
Cantando se vienen, i cantando se van. *122,62*
Los dineros van a ser *147,5*
Van perdiendo sus esposas, *149,48*
Van templando la cudicia *269,1632*
Al Niño buscando van, *301,35*
Pues que van cantando dèl *301,36*
Al arroio van: *350,2*
Turbias van las aguas, madre, *419,43*
Turbias van: *419,44*
Turbias van las aguas, madre, *419,54*
Turbias van: *419,55*
Calando el monte van con pies ligeros. *499,67*
Vana *14*
Corriendo con vana sed. *78,64*
Sombra de aquella luz, pero no vana, *229,2179*
Pompa eres de dolor, seña no vana *246,9*
Emula vana. El ciego Dios se enoja *261,110*
De ponderosa vana pesadumbre *263,169*

De Arachnes otras la arrogancia vana *263,838*
Que arrollò su espolon con pompa vana *264,71*
Pompa aun de piedras vana, *298,10*
De nacion generosamente vana. *318,316*
De vana procedida preeminencia, *318,550*
Vana piel le vistiò al viento, *333,75*
Que tan vana es la de oi *355,63*
Aue (aunque muda io) emula vana *395,5*
Si te engañò tu hermosura vana, *466,5*
Vañado *1*
Ciñe el vañado tejon *81,51*
Vanaglorioso *1*
A vos el vanaglorioso *89,5*
Vanamente *1*
En ciudad vanamente generosa *318,315*
Vanas *3*
A pesar de las vanas, si no pias, *253,7*
Si vanas preuias de nabal recato *318,390*
Vanas ceniças temo al lino breue, *343,5*
Vanco *1*
Qual vanco quebrò, *56,11*
Vanda *1*
En vuestra vanda mas preso *370,3*
Vandera *2*
Pondrè vna vandera *5,58*
Si es vandera o si es soldado, *93,46*
Vanderas *6*
Tus inquîetas vanderas, *2,13*
Al Hungaro dos vanderas, *61,19*
Las vanderas i estandartes, *63,134*
Sus Heliades no, nuestras vanderas. *318,280*
Las vanderas, ia sombras de Occidente; *323,4*
Las perezosas vanderas *354,9*
Vanderilla *2*
Ni en la vanderilla letra; *62,12*
— Cómo es su nombre?   — Alfange i
vanderilla, *439,3*
Vando *2*
De vando contra el cielo conjurado. *112,8*
Que, aunque corrido el cortesano vando,
474,11
Vandoleros *1*
Vandoleros garduños en Hespaña? *440,11*
Vandomo *1*
Hiço Hespaña el deber con el Vandomo, *254,3*
Vanidad *5*
Con religiosa vanidad a hecho *77,19*
Vanidad de vanidades! *242,109*
De nuestra vanidad. Digalo el viento, *246,10*
Ô vanidad de muger! *269,741*
El esplendor, la vanidad, la gala, *318,479*
Vanidades *1*
Vanidad de vanidades! *242,109*
Vano *58*
Llorar sin premio i suspirar en vano. *19,14*
Oro bruñido al Sol relumbra en vano, *24,2*
De mi enemiga en vano celebrada. *43,12*
Esculpirà tus hechos, sino en vano, *66,5*
Voces en vano dio', passos sin tino. *100,4*
Montaña inaccessible, oppuesta en vano *146,1*
Ellas, en vano seguidas *179,33*
La sangre de su pecho vierte en vano, *181,2*
I templar con la ausencia pensè en vano; *197,4*
Vença su rosicier, i porque en vano, *198,13*
Vano es aqui, i ella loca. *213,22*

No son en vano pedernales duros. *219,8*
Conducidor de exercitos, que en vano *220,6*
las estrellas cuenta en vano *229,120*
en vano la fee te doi. *229,315*
casar oi, mas serà en vano. *229,341*
Do las ordeña, compitiendo en vano *229,1054*
de puro vano, i tras esso, *229,1193*
que a buscar viene, i no en vano, *229,1684*
Aunque lo ha diuidido el mar en vano, *230,79*
Se encomendò, i no fue en vano, *240,5*
I entre vano i vergonçoso *242,34*
Ai quien distile aroma tal, en vano *248,7*
Que marchitar en vano *256,17*
O tan mudo en la alcandara, que en vano
261,11
Su pecho inunda, o tarde o mal o en vano
261,63
Sobre vna alfombra, que imitàra en vano
261,313
Por igualarme la montaña en vano, *261,414*
Escalar pretendiendo el monte en vano, *264,13*
Solicitando en vano *264,148*
Quantas vozes le di! Quantas en vano *264,453*
Si fe tanta no en vano *264,605*
Negar pudiera en vano. *264,700*
Que en vano podrà pluma *264,847*
Bien que todas en vano, *264,962*
Que en su jardin nazca en vano *269,222*
En vano drogas nos diò *269,1925*
I que inuidia offenderos, sino en vano? *271,11*
Interrumpiò, no en vano. *280,55*
Donde mil vezes escuchaste en vano *317,5*
Mucho le opuso monte, mas en vano, *318,173*
No del impulso conducido vano *318,201*
Absuelto de sus vinculos en vano *318,254*
Clabeles desojò la Aurora en vano. *341,14*
El tiempo gastais en vano *348,21*
Mas nada le tiene vano. *356,14*
Buscandola en vano al fin, *357,101*
Que en vano el tiempo las memorias lime.
363,8
La attencion toda: no al objeto vano *368,15*
Lenguas sean, i lagrimas no en vano. *396,14*
Vno a otro Propheta. Nunca en vano *400,13*
El esplendor juzga vano *416,28*
Quanto ha prometido (en vano) *417,7*
Que lei se establece en vano, *418,10*
De vna venera justamente vano, *428,11*
De abstinente no menos que de vano, *452,6*
Gomas, que desmiente en vano. *479,4*
No abren las bocas en vano. *490,10*
Vanos *11*
Alimentando vanos pensamientos, *44,4*
Locas empressas, ardimientos vanos), *46,13*
Vanos pensamientos, *50,26*
Da al aire colores vanos, *177,38*
Ojos, sus intentos vanos *239,27*
Vagas cortinas de volantes vanos *261,213*
Que el templo illustra i a los aires vanos
263,648
Porque? Por escultores quiçà vanos *264,662*
Haga tus temores vanos. *269,1157*
I melificaràn, no en corchos vanos, *421,38*
Temores vanos, pero no ligeros. *461,8*
Vaños *1*

A los deliciosos vaños, *356,16*
Vanquete *1*
De sus pechugas vanquete, *88,38*
Vapores *1*
Vapores de la inuidia coligados, *415,14*
Vaquera *1*
De rustica, vaquera, *263,876*
Vaquero *3*
Meta vmbrosa al vaquero conuecino, *263,581*
A vn vaquero de aquellos montes, gruesso,
263,1004
El adusto vaquero. *263,1022*
Vaqueros *4*
Vaqueros las dan, buscando *268,5*
Que buscades, los vaqueros? *268,9*
Que buscades, los vaqueros? *268,21*
Que buscades, los vaqueros? *268,33*
Vaqueta *1*
Calce càñamo o vaqueta; *275,126*
Vaquilio *1*
— Aunque entre el mula e il vaquilio *305,14*
Vara *16*
No ai vara de Inquisicion *26,91*
Con manos de vara, i menos, *58,50*
Arma tus hijos, vara tus galeras, *72,77*
Con vara i pluma en la mano *105,35*
De vna vara estrecha *160,96*
A cada vara de lo que produce. *203,96*
Vara i no de vagabundos, *228,31*
son vna vara de Corte, *229,573*
vara i media de pipote? *229,2845*
Vuestro caiado pastoral, oi vara, *250,5*
Sobre dos hombros larga vara ostenta *263,315*
Sin vara de tafetan, *288,58*
Entre dos en vna vara, *321,16*
Si es vuestra vara de corte, *347,3*
Sierpe se hace aun de Moisen la vara; *404,46*
I les meta la vara por el ojo. *443,14*
Varada *1*
Varada pende a la immortal memoria *263,479*
Varas *6*
Las varas de los lacaios. *96,8*
De a tres varas de medir, *111,6*
Que sus diez varas de olanda *217,63*
son varas de su ataud *229,960*
son de varas de medir: *229,1099*
son cañas, si no son varas, *229,2464*
Varato *1*
Pero le saco varato; *168,29*
Varejon *1*
Pidiò apriessa vn varejon, *161,78*
Varetas *1*
En las varetas de liga, *269,694*
Varia *4*
De natura varia, *11,12*
Varia imaginacion, que en mil intentos, *44,1*
De varia leccion, *65,99*
Que, aunque varia, es mui fièl *229,864*
Varîado *1*
En Libica no arena, en varîado *318,214*
Varîando *1*
Este, pues, varîando estilo i vulto, *318,575*
Varias *2*
Varias de color, i todas *215,43*
Respondiendo en varias flores, *389,23*

Variedad *2*
La variedad matiça del plumage *279,20*
No admires, no, la variedad preciosa *368,7*
Vario *3*
Viste de vario colores, *179,42*
Que vario sexo vniò i vn surco abriga. *261,480*
Por lo bello agradable i por lo vario, *263,484*
Varios *5*
De los varios despojos de su falda, *15,10*
Hasta que por varios casos *96,106*
De jaspes varios i de bronces duros, *315,68*
En varios de crystal ramos el Reno *318,619*
De varios, pues, instrumentos *331,21*
Varon *8*
Estaba el varon qual veis, *161,25*
(Si es macho cada varon), *161,26*
Que, sin obra de varon, *238,9*
I no conoce varon! *257,24*
Ia la doctrina del varon glorioso, *318,58*
Varon delega, cuia mano graue, *318,598*
De vuestro papa varon. *411,40*
El mas insigne varon *485,1*
Varonil *3*
De vna varonil verguença, *62,66*
Como muger varonil. *111,60*
con animo varonil. *229,2441*
Varquero *4*
Varquero, varquero, *106,17*
Varquero, varquero, *106,17*
Varquero, varquero, *106,35*
Varquero, varquero, *106,35*
Varquillas *1*
Escapar varquillas rotas, *97,40*
Varquillo *1*
En vn varquillo acrecienta, *115,6*
Varrieron *1*
Ensuciaron i aun varrieron *149,105*
Vas *10*
Vete como te vas; no dexes floxa *16,9*
"Vete en paz, que no vas solo, *49,89*
Vas murmurando, i no paras! *204,16*
Mas donde voi? Donde vas? *229,1012*
Al llamado suio vas? *229,2879*
O a buscar vas a Tancredo. *269,368*
Vas a sacar cient ducados? *269,880*
Si tanto vas satisfecho *269,1272*
Gil, si es que al sotillo vas, *351,5*
Mas si vas determinado, *351,29*
Vasallo *1*
Donde fièl vasallo el Regimiento *255,10*
Vasallos *2*
Basta vn señor de vasallos *98,65*
Vasallos Amor. *356,66*
Vasera *1*
La vasera de su choza; *149,4*
Vasija *2*
Vasija competente; *103,72*
La vasija hecha instrumento, *226,23*
Vaso *7*
Que en vaso de crystal quitas la vida! *23,6*
Que el vaso de oro en que os sirue *227,21*
El enfermo con el vaso. *228,196*
I mucha sal no solo en poco vaso, *264,4*
Vaso era de claueles *322,55*
De quien son vaso i son flores *328,6*

Este Augusto deposito, este vaso, *368,3*
Vasos *1*
Quanto en vasos de abeto nueuo mundo, *264,404*
Vasquiña *2*
I ai quien le dè la vasquiña *105,25*
Metiò vna vasquiña verde *228,147*
Vassallos *3*
Tan señora de vassallos, *269,1079*
Vassallos riges con poder no injusto. *294,2*
Vassallos de tu dueño, si no Augusto, *294,3*
Vasso *1*
Por apurarle la ponzoña al vasso. *261,288*
Vastidor *2*
En el vastidor que està, *269,886*
El vastidor le ha valido. *269,890*
Vasto *1*
Timon del vasto ponderoso leño, *421,56*
Vastos *1*
De el Rèi de vastos, i acudir la sota: *463,8*
Vatiendo *1*
Ella vatiendo el plumage *167,85*
Vatieron *1*
Sin las aues que vatieron, *269,1043*
Vayna *1*
El fulminante aun en la vayna azero *318,606*
Vazio *1*
Bosteço, el melancolico vazio *261,42*
Vazìos *1*
Pequeños no vazìos *263,955*
Vbas *1*
Vbas os deue Clio, mas ceciales; *325,9*
Vbe *1*
Frustrar sè los designios, de quien vbe *269,1257*
Vbiera *2*
Si no vbiera, Señor, jurado el cielo *402,2*
En su arco tu piedad, o vbiera el hielo *402,3*
Vbres *2*
Està cenando vnas vbres. *75,48*
No los que, de sus vbres desatados *261,389*
Vceda *1*
Gloria del tiempo Vceda, honor Saldaña, *318,117*
Vcles *1*
Sol de Vcles i de Cupido *286,19*
Ve *4*
Su pluma sin ojos ve, *105,60*
A Bertucho ve a mandar *269,1703*
Ve a preuenir tu aposento *269,1854*
Ve, Carillo, poco a poco; *301,14*
Vea *12*
Salga acà i nos vea; *5,72*
Aunque a rocas de fee ligada vea *54,1*
La alta esperança en el se vea lograda *145,9*
o en marmol antes se vea, *229,1916*
i que mi hijo lo vea! *229,3385*
De las hijas de Tetys, i el mar vea, *261,370*
Se ha estado sin que me vea, *269,526*
Que cada Sabado vea *269,721*
De Moros los vea pisados, *269,1463*
(Aunque Lucrecia nos vea), *269,1475*
Despues que Dios no quiere que la vea; *445,10*
Rompe mis ocios, porque el mundo vea *458,13*
Veamo *1*

— Veamo, primo, bolando *308,25*
Veamos *2*
Sino que algunas veces nos veamos, *222,13*
i veamos a este juego *229,3424*
Véàmos *1*
Véàmos. Io me fingì *269,1446*
Veamosla *1*
Veamosla, Libia amiga. *229,3445*
Vean *5*
Vaianse, i no vean *4,55*
De suerte que mis ojos no las vean. *30,11*
Que aun los que por nacer estàn le vean, *60,11*
Es bien que vean sus años *77,67*
Las virtudes se vean *156,27*
Veas *1*
Haziendo, quando la veas, *73,118*
Veces *39*
Porque algunas veces *5,77*
A veces despoja *8,13*
En la botica otras veces, *26,29*
Los suspendia cient mil veces. Tanto *33,13*
El que dos veces armado *49,17*
Cient mil veces, i de Andujar *49,99*
Tres veces de Aquilon el soplo airado *52,1*
Me has captiuado dos veces. *57,36*
I suspirando mil veces, *59,38*
Le faltan tres veces veinte. *59,80*
El que dos mil veces *65,251*
Vnas veces con enfado, *74,119*
Pero mas veces con risa. *74,120*
Ia mas veces se çabulle, *75,54*
En mi aposento otras veces *83,73*
Tu, que a la Ciudad mil veces, *87,33*
Guardaos, mil veces os digo, *95,17*
Tres veces sus cauallos desensilla. *101,4*
En los saraos, quien lleua las mas veces *138,9*
El porque tres veces quiere *149,5*
Tantos dias, tantas veces *149,55*
Pisuerga viò lo que Genil mil veces. *155,14*
Sino que algunas veces nos veamos, *222,13*
Dilo muchas veces, dilo. *229,1106*
Vueluo, ô Violante, mil veces *229,1697*
io mil i quinientas veces, *229,2478*
Mil veces en hora buena *229,2534*
A la ausencia mil veces offrecida, *261,229*
Que es Duquesa diez mil veces *269,1696*
Tantas veces de los templos *322,89*
Abriò dos veces el mio *322,183*
Que tiene veces de Nuncio, *322,216*
Ô tantas veces insulso, *322,430*
Ô Iupiter, ô tu, mil veces tu! *327,14*
A tu pincel, dos veces peregrino, *343,2*
Ô tres i quatro mil veces *388,25*
Quantas veces remontado *390,25*
Alma mil veces dichosa *498,1*
I otras tantas veces bella, *498,2*
Veçes *1*
Mùdo mil veçes io la deidad niego, *426,5*
Vecina *4*
la siempre fuerça vecina *229,852*
de vna casa a otra vecina, *229,2070*
A mi posada vecina *229,2590*
vecina de Mocejon? *229,3259*
Vecinas *3*
Para mis vecinas turmas. *26,56*

Ni falta a vecinas. *65,76*
De quantas vecinas veemos, *130,18*
Vecindad *6*
Despertar la vecindad, *6,89*
Cura que en la vecindad *130,1*
Cura que en la vecindad *130,13*
Cura que en la vecindad *130,25*
Cura que en la vecindad *130,37*
Temiendo, pues, vecindad, *229,2282*
Vecinguerra *1*
Orillas de Vecinguerra *28,19*
Vecino *15*
Que traxo el vecino *5,19*
De Segura en el monte mas vecino *22,6*
Socorriò el vecino *50,103*
Que al vecino de Alahejos *86,35*
Repetido latir, si no vecino, *100,5*
Vecino de las riberas *107,47*
I es mas vecino el olor. *161,108*
que con vecino de casas. *229,883*
O pretensor vecino, tendrè en nada, *229,1077*
pie que estuuo tan vecino *229,1621*
que vn vecino de Aragon. *229,2501*
que recibes por vecino *229,2552*
me assentò con vn vecino. *229,3284*
Este, pues, era el vecino, *322,125*
Que por negarle vn cuesco al mas vecino, *342,7*
Vecinos *5*
Ni pide a vecinos *65,75*
O ia vecinos ducados *229,878*
llama a los vecinos dos *229,2110*
Vecinos de Fregenal. *288,72*
Vecinos nacieron mucho, *322,30*
Ved *8*
Ved quanto deuo sentir *116,34*
Ved quan milagrosa i quanta *177,11*
Ved qual estaua la muela, *229,348*
ved que brinco de diamantes *229,1234*
mañana? 'Ved qual se halla *229,1499*
Ved si preguntò por èl. *229,1663*
Ved qual le tiene el desseo. *229,2951*
Ved que grammatica se usa, *477,32*
Veda *1*
Por pico ni por pluma se le veda; *41,11*
Vedadas *1*
A las vedadas ondas, *264,623*
Vee *34*
Porque vee lo que le cumple; *75,34*
Ia vee en el agua la muerte, *75,55*
De quantos Aphrica vee *78,38*
Que vee la paja en la agena *93,12*
Oi tan sin orden se vee, *130,8*
Que la Hespañol garça vee, *132,22*
Que la vee nacer el Alua, *133,16*
I al que os vee el juego i le pesa *168,23*
Ciego, pues no te vee, *193,8*
Cerrados los ojos, vee *213,19*
Admirando lo que vee. *217,52*
Tremolar plumages vee *226,62*
Si vee tus ojos Diuinos *226,78*
Entre lo que no se vee *228,145*
la bondad que en el se vee. *229,215*
quien vee a Camilo vee a Lelio. *229,867*
quien vee a Camilo vee a Lelio. *229,867*

Si al que oi de mitra el Tajo vee ceñido *229,2206*
La tumba vee del Sol, señas de España, *230,16*
Estos arboles pues vee la mañana *263,701*
Que qual la Arabia madre vee de aromas *263,922*
Al piloto que le vee. *285,12*
Raia el Sol que no se vee, *287,42*
Con media luna vee vn Sol *333,69*
Quien mas vee, quien mas oie, menos dura. *343,14*
De tan altos pechos vee, *353,14*
Que claras la noche vee, *355,32*
Las vee morir que nacer. *355,72*
Mas dias vee que otra flor, *375,37*
Pues vee los de vn Maio entero, *375,38*
Aunque dice quien las vee *376,6*
Su réàl vee acrescentado *406,6*
Sus canas vee pardéàr. *418,48*
El fuego en que las vee arder. *419,42*
Veellos *1*
Vistiò Aganippe. Huis? No quereis veellos, *431,12*
Veemos *3*
Cuias becas roxas veemos *63,117*
De quantas vecinas veemos, *130,18*
Que en sus ojos dèl sol los raios veemos, *165,13*
Veen *14*
Donde se veen tan al viuo *63,161*
Veen pompa, visten oro, pisan flores. *77,34*
Dèl cuidado en que la veen, *78,70*
Porque rellena la veen *85,15*
Como tan largo me veen, *96,117*
Ia sus altas torres veen, *132,30*
Que en torno de ella se veen. *217,12*
Que antes huelen que se veen. *217,68*
Donde las plumas se veen. *226,56*
porque aqui los ojos veen *229,1739*
I manso el lobo se veen. *302,12*
De vuestros dos se veen progenitores *335,13*
Si en sus margenes los veen, *353,30*
Que mas vendadas mas veen. *355,52*
Veer *55*
Leandro por veer su Dama; *7,33*
Que muriesse sin veer fructo, *27,66*
Sin veer fluxo de mi vientre, *27,67*
De veer quan al viuo tienes *28,62*
Harto caro el veer su cara; *29,36*
Mientras se dexan veer a qualquier ora *36,2*
Ia no esperen veer mis ojos, *39,23*
De veer cada uez que vuelue *57,22*
Sino a veer de tus murallas *63,17*
I a veer de la fuerte Alhambra *63,21*
I a veer sus hermosas fuentes *63,33*
I a veer sus secretos baños, *63,45*
A veer los seis tribunales; *63,54*
I a veer su Réàl portada, *63,57*
I a veer tu sagrado templo, *63,65*
I a veer su hermosa torre, *63,89*
I a veer tu Réàl capilla, *63,101*
I a veer tu fertil escuela *63,109*
I a veer tu Collegio insigne, *63,113*
I a veer el templo i la casa *63,121*
I a veer tu Albaicin, castigo *63,145*

I a veer tu apacible vega, *63,149*
I a veer tu Generalife, *63,153*
I a veer los carmenes frescos *63,165*
A veer los manantîàles, *63,178*
I a veer de tus bellas Damas *63,193*
De veer al que hiço *65,3*
Que alegre yo vuelua a veer *78,74*
A veer qual se queman otros *83,26*
Merezcais veer la celestial persona, *99,13*
Sino por veer que la hierba *131,19*
Ia le entra, sin veer por donde, *131,30*
Veer su caraça redonda; *149,8*
De veer que me comeis el otro lado. *200,11*
Auiendose de veer fiereças tales. *201,14*
Purpurea se dexò veer. *217,8*
Que io a pie quiero veer mas *228,57*
Veer quiero primero a Dios. *229,376*
para veer antes de Hespaña *229,760*
i quando mas pensè veer *229,770*
que te tengo a veer por ella. *229,1309*
lo amado? Por irlo a veer. *229,1317*
a veer moler su costal. *229,1710*
En la alta cumbre veer su crystal puro, *229,1940*
Sus cinco estrellas veer al mediodia. *229,2209*
Calla hasta veer en que para. *229,2795*
A mi nuera quiero veer. *229,2945*
con lo que ahora has de veer. *229,3089*
en Toledo. Por no veer *229,3463*
Porque no nos puede veer: *242,23*
A veer vn toro que en vn Nacimiento *273,2*
Las rosas se dexan veer, *285,38*
Sentir no bien i veer mal. *288,64*
Mucho mar le dexò veer *322,239*
Io no quiero veer Vaccas en mi Prado. *441,14*
Veerla *3*
I aunque el deseo de veerla *9,31*
A veerla vino doña Alda, *27,9*
Por veerla menos bella, *263,666*
Veerlas *3*
I que se passen por veerlas, *63,225*
Por veerlas mejor, *144,60*
Por veerlas antes nacer, *376,4*
Veerle *1*
Hanos conuidado a veerle, *242,17*
Veerme *1*
Si no quies veerme diffunto, *28,77*
Veeros *1*
El idolo hermoso, que fue a veeros, *461,5*
Veerse *2*
veerse abraçado querria *229,1182*
O veerse al menos aqui *229,1184*
Vees *19*
Mirame, pues vees que tengo *28,79*
Dèl iermo vees aqui los Ciudadanos, *173,9*
Todo lo que no vees; *193,28*
Este cantaro que vees *226,32*
poca es la que vees ahora *229,1262*
que qual tu te vees me vi, *229,1647*
Camilo, no vees aquella *229,1743*
Hijo, pues vees lo que passa, *229,2108*
Vees junto a ella aquel Argos sagrado, *229,2194*
no vees que no soi tu igual? *229,2710*
Vees, Laureta, si engañò *229,2730*

Isabela, este que vees *229,2790*
Poderoso Dios, no vees *229,3022*
estamos con lo que vees. *229,3163*
Vees aqui a Isabela ahora. *229,3491*
Vees mi honra en opiniones *269,121*
Bien està, pero no vees, *269,1802*
Nace el Niño Amor que vees; *307,9*
Que abraçada al olmo vees, *378,18*
Vega *11*
Para que de esta vega el campo raso *17,9*
I a veer tu apacible vega, *63,149*
Dèl Tajo en la vega *79,6*
Se cubre la vega toda, *149,18*
Pastor que en la vega llana *192,1*
Lo que a Ceres, i aun mas, su vega llana;
261,146
A su Vega traduxo GARCI-LASSO. *420,8*
I tal vez dulce inunda nuestra Vega, *431,3*
Con razon Vega por lo siempre llana: *431,4*
Criado entre las flores de la Vega *458,2*
En la vega Garci Laso. *483,20*
Vegas *1*
Aires, campos, fuentes, vegas, *131,131*
Vegecio *1*
Pues no entendeis a Vegecio; *257,17*
Veia *1*
Quando en el cielo vn ojo se veia: *261,422*
Veìalos *2*
Veìalos con salud, *73,105*
Veìalos con paciencia, *73,106*
Veinte *16*
De a veinte mil el millar, *55,39*
Le faltan tres veces veinte. *59,80*
Que no solo ha veinte años *96,54*
Diez a diez, veinte a veinte, *103,50*
Diez a diez, veinte a veinte, *103,50*
De veinte i quatro quilates *105,23*
Veinte dias i mas, i se ha partido. *200,4*
Si yo tuuiera veinte mil ducados, *203,13*
Veinte los buscan perdidos, *216,17*
Que vn perdido haga veinte, *216,19*
veinte o treinta mil ducados: *229,260*
Veinte leguas de Lisboa. *269,220*
(Si no digo ciento i veinte *269,1685*
A veinte mil el millar; *288,44*
Veinte aljofares menudcs. *322,64*
Traxo veinte i dos años, dia por dia, *450,5*
Veinteiquatro *1*
De el Veinteiquatro Alderete. *88,44*
Veinticinco *2*
Valian veinticinco años *73,55*
Veinticinco mil de renta. *73,56*
Veintidoseno *1*
I mas si es veintidoseno, *269,687*
Veintiquatro *1*
La muger de vn Veintiquatro. *228,80*
Veis *15*
Pues que veis que es cosa clara *9,56*
Este que siempre veis alegre prado *134,5*
Estaba el varon qual veis, *161,25*
"Veis (dize el Dios marino), *166,13*
El Pan que veis soberano, *209,1*
El pan que veis soberano, *209,16*
El pan que veis soberano, *209,31*
Por eso veis que desdeña *229,686*

Veis aqui, Lelio gallardo. *229,2764*
No le veis aì? No veo *229,2952*
Veis mejor? Siempre fui vn linze. *229,3029*
Si los que ia veis quien son *269,88*
Que veis ahora anudar. *287,76*
Que veis ahora anudar. *287,90*
Vuestro desden, si veis quanto *348,17*
Veisla *2*
Veisla, sale con su esposo. *229,2946*
Doctor mio, veisla ai. *269,1096*
Veisle *1*
Busco a Fabio. Veisle aqui *229,3106*
Veisme *1*
Veisme bien? Veo vn galan *229,2960*
Vejarano *1*
Que el Castillejo, i aun el Vejarano, *436,7*
Vejez *2*
de barbacana, i vejez, *229,3380*
Que la vejez de vnas calças *288,21*
Vejo *1*
Comeras senior el vejo. *305,32*
Vel *2*
Que son los de "Quis vel qui", *82,20*
I aguarda a mihi vel mi. *269,1225*
Vela *10*
I a tanta vela es poco todo el viento, *72,26*
Mas se ajustaba a la vela *97,15*
Salga esta vela a lo menos *97,41*
Quando a la vela se haga *167,59*
Sordo huie el baxel a vela i remo: *261,95*
Meter vela, i calar remo. *269,1617*
El sebo de alguna vela? *303,26*
Suspiros no, que abrasaran tu vela. *345,21*
Matò vela i candelero. *477,30*
Que estè de continuo en vela, *496,15*
Velada *1*
Con razon, gloria excelsa de VELADA, *391,1*
Velando *2*
Prossigue, velando sueños, *106,28*
velando en sueño importuno. *229,3189*
Velar *1*
Los mios velar; *4,54*
Velas *21*
A las Catholicas velas *26,35*
De la Religion seis velas, *38,38*
Dulce patria, amigas velas, *39,11*
Las velas, i le da espumas. *39,16*
Velas de la Religion, *39,33*
Las humidas velas *50,13*
Tasando el viento que en las velas caue, *54,6*
El vn mar de tus velas coronado, *66,9*
Entre hinchadas velas *72,62*
Velas dèl Occidente, *77,79*
No teme enemigas velas *106,19*
Trueca las velas el baxel perdido, *218,9*
son todas velas de Holanda. *229,445*
Diez velas lleuò al Baptismo *240,9*
En que, de velas coronado el Betis, *318,103*
Las velas que silencio diligente *318,387*
Que velas hecho tu lastre, *322,235*
I a las velas no perdone. *384,34*
En templo que, de velas oi vestido, *399,7*
Escondiendo con velas ambos mares, *421,42*
Soberbias velas alça: mal nauega. *458,7*
Velasco *1*

De el Velasco, del raio de la guerra, *318,610*
Vele *1*
Del tempio sacro con le rotte vele, *118,3*
Velera *2*
Que velera vn Neptuno i otro surca, *264,565*
Quando velera paloma, *285,49*
Veleras *1*
Sino grullas veleras, *263,606*
Velero *1*
Velero bosque de arboles poblado, *162,1*
Veleta *3*
I sin veleta al Amadis, que espera *113,11*
Movistele su veleta, *229,1228*
veleta de harpon, que sabes *229,2324*
Vella *2*
Que es bella, i dexa de vella *102,15*
Se descalçò para vella. *275,24*
Vellaca *1*
Hija Musa tan vellaca, *477,6*
Vellacos *1*
Son vellacos, son traidores. *229,3254*
Vellaquerias *1*
Las vellaquerias *5,79*
Vellido *1*
Moro Alcaide, i no Vellido, *62,5*
Vello *1*
Dos bienes, que seràn dormir i vello. *44,14*
Vellon *1*
Illustrò Phebo su vellon dorado, *52,4*
Vellones *1*
Vellones les desnuda. *263,918*
Vel!ori *2*
Vn moçuelo vellori, *88,51*
Los gatos de vel!ori, *111,36*
Vellories *1*
De temores vellories, *322,319*
Vellos *5*
Alquilen quien quiera vellos, *55,12*
Me defienden el ia boluer a vellos! *120,6*
Sus libres passos a sus ojos vellos. *229,1063*
que a los vellos de la frisa. *229,1103*
Buelue a examinarse, i vellos, *239,7*
Vellosa *2*
De el color noble que a la piel vellosa *47,1*
Quando Palas por vellosa *322,79*
Vellotas *1*
De vellotas i castañas, *7,20*
Velludas *1*
I por guardar las velludas, *26,16*
Velo *10*
Sin tener dèl velo *79,33*
Que el muro del velo blanco *228,86*
Le corriò el velo al retablo. *228,108*
Ia de las sombras hace el velo negro *229,2226*
correrè el velo subtil *229,2443*
El velo corriò al melindre, *322,375*
De el velo de su retablo, *322,391*
Nace el Niño, i velo a velo *414,1*
Nace el Niño, i velo a velo *414,1*
Me quieres? Corre tu velo. *416,40*
Veloces *5*
Plumas les baten veloces, *131,110*
Deben a sus pies veloces *179,38*
plumas son, i mui veloces. *229,627*
Crystal pisando azul con pies veloces, *264,46*

No ruedas que hurtaron ia veloces *318,507*
Velos *1*
Mas ella sus velos rompe *131,42*
Veloz *12*
Con que gouiernas tu veloz corriente; *16,11*
Dorado pomo a su veloz carrera. *261,132*
Veloz, intrepida ala, *263,50*
Torpe la mas veloz, marino toro, *264,427*
Tremula si veloz, les arrebata, *264,514*
El veloz hijo ardiente *264,724*
Al cauallo veloz, que embuelto buela *318,61*
No digo la mas veloz, *332,24*
Hijo veloz de su aljaba, *333,47*
Sigue el impulso veloz *390,22*
Menos solicitò veloz saeta *394,1*
Veloz Marques, alado Bernardino. *470,4*
Velozes *2*
Passos dando velozes, *263,231*
Mancebos tan velozes, *263,1027*
Vemos *4*
Aunque si lo son, pues vemos *143,18*
En vez de baston vemos el tridente, *146,6*
Qual en los Equinoccios surcar vemos *263,603*
Al peregrino por tu causa vemos *264,665*
Ven *51*
Mientras no le ven por sello *55,17*
Quando mas casos se ven, *158,23*
I en la calle no lo ven, *167,77*
Que seis orbes se ven en tu diuisa. *195,14*
Oueja perdida, ven *212,1*
Oueja perdida, ven *212,11*
Que aun los mas ciegos las ven. *212,20*
Oueja perdida, ven *212,21*
Ven, Amor, si eres Dios, i vuela; *226,27*
Ven, Amor, si eres Dios, i vuela; *226,40*
Tadeo, ven al instante, *229,143*
Camilo, ven acà. Ai, triste, *229,1797*
Ven, hijo Tadeo, ven. *229,3208*
Ven, hijo Tadeo, ven. *229,3208*
Ven acà, no tengas miedo, *229,3353*
Ven acà, Donato amigo, *229,3369*
Si ia los muros no te ven de Huelua *261,7*
Ven, Hymeneo, ven donde te espera *263,767*
Ven, Hymeneo, ven donde te espera *263,767*
Ven, Hymeneo, ven; ven, Hymeneo. *263,779*
Ven, Hymeneo, ven; ven, Hymeneo. *263,779*
Ven, Hymeneo, ven; ven, Hymeneo. *263,779*
Ven, Hymeneo, donde entre arreboles *263,780*
Ven Hymeneo, ven; ven, Hymeneo. *263,792*
Ven Hymeneo, ven; ven, Hymeneo. *263,792*
Ven Hymeneo, ven; ven, Hymeneo. *263,792*
Ven, Hymeneo, i plumas no vulgares *263,793*
Ven, Hymeneo, ven; ven, Hymeneo. *263,805*
Ven, Hymeneo, ven; ven, Hymeneo. *263,805*
Ven, Hymeneo, ven; ven, Hymeneo. *263,805*
Ven, Hymeneo, i las volantes pias *263,806*
Ven, Hymeneo, ven; ven, Hymeneo. *263,818*
Ven, Hymeneo, ven; ven, Hymeneo. *263,818*
Ven, Hymeneo, ven; ven, Hymeneo. *263,818*
Ven, Hymeneo, i nuestra agricultura *263,819*
Ven, Hymeneo, ven; ven, Hymeneo. *263,831*
Ven, Hymeneo, ven; ven, Hymeneo. *263,831*
Ven, Hymeneo, ven; ven, Hymeneo. *263,831*
Ven, Hymeneo, i tantas le dè a Pales *263,832*
Ven, Hymeneo, ven; ven, Hymeneo. *263,844*

Ven, Hymeneo, ven; ven, Hymeneo. *263,844*
Ven, Hymeneo, ven; ven, Hymeneo. *263,844*
I ven cantando tras mi: *301,11*
Ia las retamas se ven *301,54*
Ven al portal, Mingo, ven; *302,1*
Ven al portal, Mingo, ven; *302,1*
Ven al portal, Mingo, ven; *302,13*
Ven al portal, Mingo, ven; *302,13*
Ven al portal, Mingo, ven; *302,25*
Ven al portal, Mingo, ven; *302,25*
Ven, Fili, que tardas ia: *328,8*
Vena *5*
O alguna vena desatàra arriba; *229,2161*
De quien es dulce vena *264,14*
Perdonarà, no el marmol a su vena *289,6*
Que era vena que seca. A Dios sea dado. *471,11*
Quèdome porque la vena *490,26*
Venablo *4*
O vn venablo en vn Leon; *157,4*
Que ia con el venablo i con el perro *165,7*
Venablo en Ida aprouechò al moçuelo, *175,10*
Al venablo del Zagal *358,22*
Venablos *3*
I a despreciar venablos *127,38*
De venablos i de perros. *215,8*
Ô tu que, de venablos impedido, *262,5*
Venado *9*
Las prodigiosas armas de vn venado. *137,4*
Al venado, que de aquella *178,25*
Registra en otras puertas el venado *261,425*
El mismo viento en forma de Venado. *280,45*
Donde cient flechas cosen vn venado? *336,11*
De esto que llaman Venado; *351,32*
Que ser venado i no llegar a viejo *451,3*
Del venado la planta boladora. *499,30*
A perseguir el puerco i el venado, *499,54*
Venas *16*
Que la Arabia en sus venas atthesora *36,7*
—Las venas del Potosi *124,23*
Las venas con poca sangre, *131,13*
con la sangre de mis venas, *229,2695*
Vn temor perezoso por sus venas, *261,222*
Calçò el liquido aljofar de sus venas. *261,500*
Blanca, hermosa mano, cuias venas *263,877*
De la purpura viendo de sus venas, *264,429*
En las venas que en la bolsa, *288,107*
Vn culto risco en venas oi súaues *290,1*
La grande America es, oro sus venas, *298,33*
Sangre Réàl en sus lucientes venas. *313,16*
Desatadas la America sus venas *318,301*
Desatada la America sus venas, *368,35*
Si de tus venas ia lo generoso *391,7*
En tres Alpes tres venas se desata *499,114*
Venatorias *1*
Nauticas venatorias marauillas; *264,421*
Venatorio *2*
Al venatorio estruendo, *263,230*
Garçon que en vez del venatorio azero *338,10*
Vença *9*
Vença a la blanca nieue su blancura, *36,13*
Que no vença ala por ala. *121,150*
Porque vuestro esplendor vença la nieue, *198,12*
Vença su rosicler, i porque en vano, *198,13*

Que a fe que vença los años *205,29*
Vença las tortolas Dido *257,6*
Vença no solo en su candor la nieue, *263,897*
Vença, i en ramas su frente; *358,29*
No abrà gato que no vença: *412,35*
Vençan *2*
Antes que vençan la suia *91,17*
Siempre amantes, vençan siempre *353,45*
Vence *2*
Las cumbres vence huiendo; *215,34*
Vence la noche al fin, i triumpha mudo *263,687*
Vencedores *1*
Vencedores se arrogan los serranos *263,562*
Vencejo *1*
Pisò jurisdicciones de vencejo; *451,6*
Vencella *1*
Vencella farol tan flaco. *228,200*
Vencen *2*
Que se vencen de vnos ojos. *83,16*
Las vencen (dichosas plantas) *116,49*
Vencer *3*
Vencer en lucientes perlas. *38,24*
De vencer i de ganalles, *61,18*
I el infierno vencer con el infierno. *253,14*
Vencerà *1*
que vencerà vuestra gloria *229,2044*
Vences *1*
Vences, en talento cano, *487,1*
Vencida *5*
Donde es vencida en mil partes *63,66*
O ia de los dos blancos pies vencida. *146,14*
Vencida al fin la cumbre *263,52*
Vencida restituie *264,439*
Vencida se apeò la vista apenas, *264,938*
Vencidas *3*
Vencidas de los montes Marîanos *163,1*
Por no dexallas vencidas *179,53*
Al Sol calmas vencidas i naufragios, *263,456*
Vencido *12*
Sobre este fuego, que vencido embia *60,7*
Lleuò, vencido en la entrada *74,47*
Vencido en flaca edad con pecho fuerte, *117,11*
por auerme a mi vencido, *229,2456*
De la cansada juuentud vencido, *263,339*
El duro son, vencido el fosso breue, *264,714*
Vencido huie el desden. *269,900*
Que os dareis vos por vencido; *269,1669*
Invidîoso aun antes que vencido, *315,53*
Vencido, Binaroz le dio su puerto. *318,296*
De vuestros ojos vencido; *401,8*
Ha vencido el desden i la dureza *499,20*
Vencidos *2*
De los vencidos Cenetes, *57,2*
I matadores vencidos *334,94*
Venciò *4*
venciò el zelo, cosa es clara, *229,357*
Los ojos venciò del Duque *259,57*
Venciò su agilidad, i artificiosa *264,268*
I milano venciò con pesadumbre, *264,399*
Venda *7*
Amor le offrece su venda, *131,41*
El niño Dios entonces de la venda, *261,237*
No venda este Amor diuino *307,19*
Con la venda del ciego *313,18*
Venda el trato al genizaro membrudo, *318,373*

Ociosa venda el abuso". *322,208*

Aunque sin venda, i alas me ha traido *499,14*

Vendadas *1*

Que mas vendadas mas veen. *355,52*

Vendado *6*

Vendado que me has vendido, *2,3*

Quiso el niño Dios vendado *78,19*

I dos vezes vendado, *229,5*

Ô, del aue de Iuppiter vendado *264,652*

Que venera por madre el Dios vendado. *269,1266*

Del vendado legal Dios *348,37*

Vendaransela *1*

Vendaransela algun dia *307,21*

Vendaual *1*

I en la fuga vn Vendaual. *358,32*

Vende *6*

Todo se vende este dia, *126,19*

La Corte vende su gala, *126,21*

Vende la Vniuersidad, *126,24*

Vende Lice a vn decrepito Indîano *181,3*

pues besa i vende. Confieso *229,674*

sus ojos vende por claros. *229,3033*

Vendeja *1*

Miembros de algun nauio de vendeja, *200,6*

Venden *2*

Que se venden por supiros *149,53*

Venden tus hermosos ojos, *498,15*

Vender *2*

A vender de valde peste; *412,15*

Vender el vino christiano, *495,46*

Venderse *1*

Por venderse como en tiendas. *495,26*

Vendido *3*

Vendado que me has vendido, *2,3*

De quien por no adorarle fue vendido, *400,7*

Por hauerle vendido fue adorado. *400,8*

Vendiendo *3*

Vendiendo vna mula negra, *269,786*

Por moço me estoi vendiendo. *269,1837*

Vendiendo la escriuania, *413,43*

Vendigo *1*

que vendigo, como causa *229,610*

Vendimias *2*

Despues de vendimias, *65,102*

Celebraban las vendimias *229,516*

Vendiò *2*

Quien le vendiò. *208,5*

Sin besallo lo vendiò, *477,18*

Vèndome *1*

— Somème e vèndome a rosa *308,31*

Vendrà *3*

vendrà, tanto quanto el tierno. *229,2114*

vendrà a vuestra casa, Octauio. *229,3169*

El Octubre que vendrà. *288,76*

Vendran *1*

Lo vendran a entender quatro naciò; *468,14*

Venecia *4*

Magnificas de Venecia. *73,64*

Ô Venecia, ai de ti! Sagrada oi mano *318,559*

Oracion en Venecia rigurosa, *318,577*

Cera alumbre de Venecia, *413,16*

Veneciana *1*

Veneciana estos dias arrogancia, *318,549*

Venegas *1*

De luz a España, i gloria a los VENEGAS. *194,11*

Veneno *22*

Ô entre el nectar de Amor mortal veneno, *23,5*

Amor està de su veneno armado, *42,7*

I solo de el Amor queda el veneno. *42,14*

Hierbas de mortal veneno; *49,32*

De Amor bebi el dulcissimo veneno, *197,2*

que el veneno de mi pecho *229,1607*

Lo mas dulce el Amor de su veneno: *261,286*

Sierpes de aljofar, aun maior veneno *263,599*

Manjares que el veneno *263,865*

En lugar de veneno, *264,322*

Ni del que enciende el mar Tyrio veneno, *264,558*

El veneno del ciego ingenîoso *264,633*

Con tres onças de veneno. *269,1968*

Flechero Parahuai, que de veneno *280,11*

Su diente afila i su veneno emplea *293,7*

A la inuidia, no ia a la quel veneno *318,153*

Que de vn casto veneno *339,15*

Ardiente veneno entonces *355,85*

El veneno de su diente. *384,37*

Mata el veneno. I assi el docto coro *424,10*

Señor, aquel Dragon de Ingles veneno, *458,1*

Fulminado veneno la marchita. *467,14*

Venenos *2*

Desatado ha sus venenos *229,454*

En que venenos receta *405,6*

Venenosa *3*

Degollò mudas sierpe venenosa; *291,4*

De venenosa pluma, si ligera, *318,13*

La piel, no solo sierpe venenosa, *393,9*

Venenosas *1*

De venenosas plumas os lo diga *311,9*

Venenoso *3*

La inuidia aqui su venenoso diente *219,12*

Docto conculcador del venenoso *315,27*

Su diente armò venenoso *357,66*

Venenosos *1*

Templò en venenosos çumos, *322,422*

Venera *11*

O las que venera el bosque, *144,7*

Al Palacio Réàl, Réàl venera *156,14*

Que sin fanal conduce su venera. *261,116*

Que acero sigue, idolatra venera, *261,198*

Venera fue su cuna. *264,90*

Mora, i Pomona se venera culta. *264,199*

Que venera por madre el Dios vendado. *269,1266*

Tajo la venera vndoso. *357,12*

Las venera, i prosigue, ô forastero, *368,46*

Se venera de mastiles besado? *399,8*

De vna venera justamente vano, *428,11*

Venerable *7*

Antigualla venerable, *87,91*

Santo i venerable honor *121,155*

sabio como venerable, *229,903*

Su forastero; luego al venerable *263,723*

"Estas, dixo el isleño venerable, *264,308*

Al venerable isleño, *264,315*

Del venerable isleño, *264,641*

Venerables *3*

Quan venerables que son, *257,1*

Impedir tus venerables *259,79*

Del tierno humor las venerables canas, *263,514*

Veneracion *2*

Veneracion a su memoria santa! *318,56*

Se debe veneracion. *377,16*

Venerad *2*

El nido venerad humildemente *163,11*

Los cysnes venerad cultos, no aquellos *431,9*

Veneradas *3*

Casta madre, hija bella, veneradas *169,9*

Veneradas en los bosques, *179,14*

A las Quinas, del viento aun veneradas, *264,377*

Venerado *4*

nuestro templo venerado. *229,2026*

El templo sancto es, que venerado *229,2198*

Mal venerado el Amor *243,41*

Su deidad culta, venerado el sueño. *261,228*

Veneraldas *1*

La bien pisada tierra. Veneraldas *112,13*

Venerale *1*

Venerale, i prosigue tu camino. *274,8*

Veneran *1*

Veneran Rei, i io Deidad adoro; *360,6*

Venerar *1*

Nos las haze venerar; *121,94*

Veneraràn *1*

Los veneraràn los dias *236,9*

Veneras *4*

Las veneras cunas son, *121,92*

Diò la plaia mas Moros que veneras. *183,8*

de veneras coronado, *229,2023*

Las rugosas veneras, *264,556*

Venero *1*

Te las expone en plomo su venero, *361,3*

Veneros *2*

Sus ardientes veneros, *264,378*

De sus veneros registrò Camboja *318,477*

Venga *14*

Quiera que al justo le venga, *6,5*

Venga alegre, i con ella *156,19*

que ella lo venga a sàber, *229,195*

Mui bien venga Galeaço. *229,839*

Venga mui en hora buena *229,2047*

de que Lelio ahora venga, *229,2635*

Mirad no venga Gerardo; *269,1214*

Porque no venga Tancredo. *269,1325*

Venga el pulso. Ambos quereis? *269,1894*

La edad venga. La edad mia? *269,1950*

Se venga en sus desenojos. *357,72*

Le venga a mi fisonòma, *411,42*

Aier venga de la rota, *496,3*

El padre venga a creella, *496,23*

Vengala *1*

Vengala a visitar, que a lo que he oido, *448,13*

Vengan *2*

Vengan las gracias, que dichosas Parchas, *156,20*

Vengan (aunque es la voz antigua) cedo, *342,5*

Vengança *8*

Con la vengança horrida *1,28*

Que tomò de mi vengança *9,52*

A la vengança consagro. *96,156*

En la vengança que tomò del ciego! *101,14*

Solicita la vengança *226,87*

Vengança he de ser, i higa, *229,2872*

Vengança es, i no apetito. *269,246*
Impetra cierta vengança. *269,1517*
Vengar *2*
Dexadme vengar de aquella *9,51*
En vengar vuestros antojos, *168,36*
Vengarse *1*
Por vengarse del ingrato *419,79*
Vengatiuo *2*
Sino vn vengatiuo affan, *269,1351*
Vengatiuo como siempre, *333,74*
Vengatiuos *1*
De vengatiuos cuernos, en mal hora *499,106*
Vengo *10*
No vengo por los cabellos, *229,1737*
De buscar vengo cansado *229,1844*
Contigo, Donato, vengo *229,3340*
No vengo a pedir silencio, *259,1*
A solicitar si vengo *259,5*
Vengo a vuestra señoria, *266,11*
Vengo a buscar al Doctor, *269,1167*
Vengo a buscar al Doctor. *269,1468*
Destas dos balanças vengo *269,1534*
"Bien sè que a la muerte vengo, *419,67*
Venia *2*
Venia la Nympha bella *10,37*
Venia al tiempo el nieto de la Espuma, *264,521*
Venîàl *2*
El pienso mas venîàl *334,67*
Que aun el mas venîàl liman afecto. *404,28*
Venîàles *3*
Qual peccados venîàles, *110,18*
Que las flechas venîàles *227,27*
Las tres venîàles hojas. *259,64*
Veniame *1*
Veniame por la plaça, *26,53*
Venian *1*
Quexandose venian sobre el guante *264,972*
Venid *5*
Señor Don Diego, venid *121,5*
Dexad el bosque i venid; *167,8*
Venid, Musas, que vna res *167,11*
Venid, mulas, con cuios pies me ha dado *200,9*
Venid conmigo, Tadeo. *229,2854*
Venida *9*
Porque en otra ida i venida, *107,29*
de esta su venida, i es *229,843*
su venida sea gloriosa, *229,2037*
de Lelio sea la venida, *229,2535*
Huelgome de su venida, *229,2616*
Huelgome de su venida *229,2624*
me huelgue de su venida *229,2632*
huelgome de su venida *229,2640*
Huelgome de su venida *229,2648*
Venido *16*
Recien venido era entonces *61,17*
Forastero bien venido, *95,13*
O por donde has venido, *229,2*
Ha venido a esta ciudad *229,262*
pero a mal tiempo he venido, *229,821*
Tadeo, a que eres venido? *229,1222*
Seas, Camilo, bien venido. *229,1667*
i a mui buen tiempo he venido. *229,1702*
que aunque ha venido a la sorda *229,2083*
Bien venido seais, señor. *229,2770*
sino por auer venido; *229,2817*

que mi hijo aia venido! *229,2943*
Mui bien venido seais. *229,3102*
Huelgo de que aiais venido. *229,3191*
Oi nos ha venido acà! *309,12*
Busquemoslas: sabran como es venido *499,120*
Venille *1*
I sin venille la flota *496,4*
Venir *5*
Lo por venir mas seguro. *27,88*
Que sin venir de Bretaña *107,57*
Viò venir de vn colmenar *226,14*
ahora quiere venir. *229,835*
Lelio, has de venir ogaño? *229,1024*
Venirse *1*
el venirse Galeaço *229,888*
Venirte *1*
Çagala, en venirte a ver, *419,68*
Venis *1*
Sè que venis de Madrid. *121,4*
Venta *1*
que, aunque la venta es tan mala, *229,675*
Ventaja *3*
Diez de ventaja en amar, *2,18*
La ventaja les hace a los Gentiles, *229,2199*
Llegue; que no es pequeña la ventaja *397,13*
Ventana *2*
Al rostro como a ventana, *86,16*
Mui humilde es mi ventana *98,47*
Ventanilla *1*
Deuajo la ventanilla, *74,54*
Ventas *1*
I passauanlo en las ventas *73,22*
Vente *2*
Laureta, vente conmigo, *229,1863*
Laureta, vente conmigo. *229,3131*
Ventecillo *1*
Ventecillo adulador, *286,6*
Ventero *1*
Con lo que comprò al ventero *81,15*
Ventilar *1*
Al ventilar alado de Cupido. *280,60*
Ventor *2*
Su ventor, al lugar buelue *81,14*
Pero ventor por el cabo; *228,40*
Ventosa *1*
Vna ventosa os echad, *411,30*
Ventosas *1*
Fuerçan a vsar de ventosas *269,595*
Ventosea *1*
A quanto ventosea en Castellano *452,3*
Ventoséàndo *1*
Ventoséàndo vnas coplas, *149,60*
Ventosedad *1*
Ventosedad, i no poca, *282,21*
Ventosidad *1*
Ia que vna ventosidad *411,31*
Ventura *9*
Con todas tenia ventura, *26,70*
Que la ventura me puso *27,126*
Esperanças i ventura. *39,12*
I aun alli por mi ventura *74,81*
Io, pobre de ventura, *229,1072*
en panales de ventura, *229,2542*
Gerardo: i fue gran ventura *269,813*
Segun mi ventura quiso, *269,922*

Ô que corta es mi ventura! *269,1164*
Venturosa *2*
Venturosa fuiste tu, *73,65*
Ô venturosa Alemana, *121,115*
Venturoso *6*
Oy es el sacro i venturoso dia *77,1*
Venturoso el hermitaño *121,58*
el venturoso galan, *229,2048*
Al mancebo leuanta venturoso, *261,306*
Deste venturoso Adan. *269,924*
Mas que io, si, venturoso, *377,31*
Venus *41*
No te parezcas a Venus, *59,53*
A Venus i a Amor promete *75,43*
Ni Venus, porque con Marte *75,47*
No le diò al hijo de Venus *78,53*
Mas el hijuelo de Venus, *106,10*
Que dio en la concha de Venus *107,19*
Estrella de Venus es. *121,90*
I los volantes de Venus *131,99*
Su Venus Alemana, i fue a tal hora, *137,7*
De las estrellas de Venus, *143,6*
Desde la barba al pie, Venus, *148,25*
I Venus mandado os ha *167,19*
Primer Adonis de Venus. *215,12*
Venus hypocrita es. *217,48*
"Ô de la estrella de Venus, *228,207*
de la concha fue de Venus *229,594*
Casta Venus llorar su quarta gracia, *260,10*
El terno Venus de sus gracias suma. *261,100*
Pauon de Venus es, cisne de Iuno. *261,104*
Venus de el mar, Cupido de los montes". *261,464*
Casta Venus, que el lecho ha preuenido *263,1085*
Con las palomas, Venus, de tu carro; *264,752*
De la VENUS de GVZMAN, *267,6*
Por Venus en jauali. *269,15*
A Venus los estrechos dulces nudos, *269,1235*
Ser de Venus, si no Adonis segundo, *269,1246*
Sus gracias Venus a exercer conduce *318,441*
De los jardines de Venus *322,71*
Hijo de Venus segundo! *322,104*
Amor con botas, Venus con baieta; *326,8*
Sagaz el hijo de Venus, *333,73*
Cuia Venus era *350,9*
El hijo de Venus? *356,35*
El hijo de Venus, *356,38*
El hijo de Venus, *356,55*
El hijo de Venus, *356,72*
Las gracias de Venus son: *376,5*
Que cuna de Venus fue. *376,16*
Al hijo de Venus, que *378,34*
Con la Estrella de Venus cien rapazes, *432,3*
Salta Pan, Venus baila, i Bacco entona. *446,11*
Venusto *1*
Que tiñò palor Venusto. *322,472*
Veo *18*
Con que veo a la Fortuna *83,89*
Veo passar como humo, *83,97*
Sin barba cana te veo. *87,12*
Los abraços que os veo dar. *116,50*
Ia veo que te calas *120,25*
Armada a Pallas veo, *156,31*

Descubro! Vn mundo veo. Poco ha sido, *195,13*

veo a Lelio hecho Camilo *229,772*

pues que te veo dudar. *229,1414*

i te veràs qual me veo". *229,1648*

No le veis aì? No veo *229,2952*

Veisme bien? Veo vn galan *229,2960*

Como os veo tan priuado *229,3215*

Quando, entre globos de agua, entregar veo *261,441*

Caçar a Thetis veo, *264,419*

Pues en ellas veo que estàn *269,921*

Lo que io junto en vuestro lecho veo; *269,1231*

Descaecer le veo con violencia. *462,6*

Ver *36*

Por ver a la hermosa GLAVCA, *10,6*

O gustas de ver mis ansias *10,22*

Ver tu muro, tus torres i tu Rio, *51,13*

Ver a DIOS, vestir luz, pisar estrellas. *77,17*

Ver sus tocas blanquéàr *105,45*

Que ver cubierto de nieue *105,47*

Solo en ver que de Esgueua acompañado *151,3*

Hazen ver estrellas. *160,88*

Con ver su muerte vezina, *177,6*

Partimos juntos a ver *229,484*

Que a ver el dia buelue *264,742*

Tanto me ha dexado ver *269,93*

Desséàndo ver estàn *269,228*

A ver troços de marfil, *269,475*

Mientras que io voi a ver *269,519*

No a ver a tu amor bolando, *269,555*

Ver mañana determino *269,646*

Lo que mañana has de ver *269,683*

Ver rompidas sin consuelo *269,1035*

Para bolueros a ver *269,1192*

Que os diò menos luz: el ver *304,2*

Que os diò menos luz: el ver *304,18*

Que os diò menos luz: el ver *304,30*

Que en cenizas te pienso ver surcado *318,383*

Perdi la esperança de ver mi ausente: *345,3*

Que no os pienso ver mas en mi escarcela. *367,4*

Ver, caminante, puedes, *368,32*

De ver en sus braços leues *374,27*

Hasta que le buelue a ver. *378,32*

La mejor que pudo ver, *419,64*

Çagala, en venirte a ver, *419,68*

En blancas plumas ver volar los años. *465,14*

En ver que la frequente vn necio çote, *474,6*

I es lastima de ver lo que padece: *475,2*

Has merecido oi ver la gran belleza *499,110*

Aguardemos hasta ver *499,168*

Verà *6*

Coronada la paz) verà la gente *162,13*

Verà desde oi Toledo, si repara, *229,1944*

verà vn gran passo. Señor, *229,3482*

Qual lo verà quien viuiere. *269,828*

I aqueste verà Sion *321,25*

Ia trono el Tiber os verà sagrado, *335,3*

Veràn *1*

Emula la veràn siglos futuros *219,5*

Verano *11*

Chimenea en Verano *50,107*

Caminauan en Verano, *73,21*

I en el Verano sus piezas *82,71*

Su muger cada Verano, *93,25*

Salpullido en el Verano — . *96,84*

I assi, este Verano, Dios *223,5*

De regalarse el Verano *228,26*

con berengena en verano *229,2596*

De innumerables cabras el verano. *261,412*

En la mitad del Verano. *269,305*

Fresco verano, clauos i canela, *326,9*

Veranos *1*

Que los Veranos son leche *63,35*

Veras *14*

Arrimense ia las veras *26,5*

I en hablar de veras *50,43*

Porque veras, si le vieres, *59,70*

Que Veras en la Montaña *167,29*

Que cantò burlas i eterniza veras *172,8*

— Tanta gente? — Tomamoslo de veras. *183,5*

Para las veras que trato, *229,218*

Eso es burlas. Esto es de veras. *229,1131*

veras en el camarin. *229,2445*

Decislo, amiga, de veras? *229,3465*

Las veras de burlas trata, *269,117*

Veras sus alamos verdes, *351,7*

Con tal fuerça i tan de veras *499,184*

Ten de esse hilo, i veras *499,210*

Veràs *16*

Ponme sobre la mula, i veràs quanto *203,86*

para la que veràs oi. *229,1263*

en lo que veràs oi dia. *229,1267*

i te veràs qual me veo". *229,1648*

Al legitimo veràs *229,2446*

Al falso veràs dexar *229,2450*

con èl? Presto lo veràs. *229,3084*

Tu lo veràs de aqui a vn rato. *229,3368*

Fabio, veràs a tu hermana. *229,3495*

Veràs, Cancion, del Cesar Africano *230,86*

Veràs curioso i honrraràs testigo *263,526*

Ô que veràs, Carillejo, *310,1*

Corre, buela, calla, i veràs *310,3*

Corre, buela, calla, y veràs *310,18*

Corre, buela, calla, i veràs *310,33*

Bien presto la veràs desuanecida, *466,6*

Verbo *1*

El Verbo eterno hecho oi grano *388,27*

Verdad *57*

Esta verdad nos declara, *29,18*

Porque si es verdad que llora *38,21*

Que bien puedes, si es verdad *38,27*

I a la verdad era feo, *74,35*

Por ser poco el de verdad, *105,58*

Dexa la verdad, i tiene *105,86*

Verdad. *126,2*

Verdad. *126,11*

Verdad. *126,25*

Verdad. *126,39*

Verdad. *126,53*

Misterio encierra, i verdad. *130,24*

Que io a la verdad resista *168,11*

Bien es verdad que dicen los Doctores *199,9*

Cuia (por dezir verdad) *204,2*

sea verdad, o sea malicia. *229,325*

mi lengua de vna verdad, *229,331*

La purissima verdad *229,338*

en quanto dice verdad. *229,869*

Affinese con verdad, *229,970*

apurando esta verdad, *229,1374*

Lo primero sea verdad. *229,1528*

"Si tu firmeza es verdad, *229,1991*

Que esa mesura, en verdad, *229,2058*

me captiuasse? Es verdad. *229,2499*

Si en verdad, Fabio, i por hijo; *229,2554*

mi verdad de quien soi io. *229,2663*

mentira de la verdad, *229,2868*

Es verdad, que me santiguo *229,3031*

Dice verdad. Razon tiene, *229,3074*

Son de verdad estos viejos, *229,3182*

Es verdad. Al cielo vuela *229,3256*

En mi verdad que lo creo. *229,3298*

sino verdad. Guarda el lobo *229,3499*

No, señor, sino verdad. *229,3506*

No espero en mi verdad lo que no creo: *233,12*

Bien es verdad que su Encia *242,21*

Del coloquio; i en verdad *266,17*

Verdad es, i bien verdad, *269,286*

Verdad es, i bien verdad, *269,286*

Es verdad, porque si oi puedo *269,369*

Miente el Doctor. Es verdad. *269,1054*

Doblones son en verdad. *269,1187*

Llegaos acà. En mi verdad *269,1198*

Es verdad, que algo alterada *269,1434*

Si dixesse la verdad. *269,1441*

De la ganancia es verdad *269,1451*

Es verdad, que estoi corrida *269,1460*

Pues, si he de dezir verdad, *269,1618*

Verdad es que va la vida. *269,1985*

En culto estilo ia con verdad suma. *279,9*

Bien sea verdad que os haran *334,9*

Que mentira es la verdad *412,32*

Quanta verdad esto es *418,27*

I a la verdad, no està mui mal pensando, *438,12*

Ambos dizen verdad, aunque ninguno *470,10*

De su verdad efectos manifiesta. *470,11*

Verdadera *3*

maliciosa, o verdadera *229,332*

Con voluntad verdadera *269,1547*

Entre castos afectos verdadera *403,12*

Verdadero *4*

Tope manso, alimento verdadero, *222,7*

Camilo es el verdadero, *229,2892*

Oraculo en España verdadero, *251,6*

Al Iuppiter dirige verdadero *338,13*

Verdaderos *2*

Sino con verdaderos desengaños! *264,366*

Religion pura, dogmas verdaderos, *421,11*

Verdades *6*

Pagadme destas verdades *58,3*

Estas verdades conozco, *83,102*

Quando verdades no diga, *93,6*

De hazerme dezir verdades, *105,6*

A deciros las verdades, *242,73*

Al discurso, el discurso a las verdades. *368,18*

Verde *107*

En la verde orilla *3,5*

En la verde orilla *3,11*

En la verde orilla *3,17*

En la verde orilla *3,23*

Que a la esmeralda fina el verde puro *13,7*

En el fresco aire i en el verde prado. *14,8*

De flores despojando el verde llano, *15,2*

Qual verde oja de alamo loçano *15,7*
Verde tapiz de iedra viuidora; *21,8*
De verde prado en oloroso seno! *23,4*
La verde selua vmbrosa, *25,4*
Con mas ligeros pies el verde llano, *25,27*
Fatigaua el verde suelo, *26,17*
La siempre verde cumbre que leuantas, *30,6*
Su villano troncon de yerba verde, *30,10*
Fresca cueua, arbol verde, arroio frio, *33,8*
No de verde laurel caduca rama, *35,8*
En las hojas de aquella verde planta. *41,8*
Hurtò de verde prado, que escondida *43,7*
Que verde margen de escondida fuente, *46,8*
Aqui entre la verde juncia *48,1*
Dèl verde honor priuò las verdes plantas, *52,2*
Entre la sangre lo verde, *57,4*
I el gauan de paño verde, *59,4*
I del verde Dinadamar *63,177*
Su color verde i cano *72,29*
I la capa verde obscura; *74,9*
I la verde yerba; *79,48*
Vestido de necio i verde, *81,12*
I dar verde al pensamiento, *83,71*
El verde claro tapete *88,46*
La verde insignia de Auis, *96,31*
Muro que sojuzgais el verde llano, *99,9*
Que verde soi de linage! *111,17*
No ai verde frexno sin letra, *131,121*
Parte aqui con la verde Primauera. *134,11*
Que al tronco menos verde *140,10*
A vn verde arraihan florido *149,91*
Su verde cabello el Betis *149,107*
Con su agua turbia i con su verde puente! *152,2*
Arbol, ni verde ni fresco, *159,54*
Verde el cabello vndoso, *166,1*
Prestàran dulces en su verde orilla. *203,18*
Dando su verde vn año i otro año; *203,60*
Sobre el verde mantel que dà a su mesa, *203,113*
Al fragoso, verde suelo, *215,42*
El verde i florido margen; *216,28*
Verde jaula es vn laurel *217,70*
El verde Palacio es, *217,90*
Metiò vna vasquiña verde *228,147*
En la gran sala, i en el jardin verde. *229,105*
Da plata el verde prado, *229,1052*
que ni posa en rama verde, *229,1082*
que ni posa en verde rama, *229,1086*
La verde rama, que es su cuna verde, *229,1532*
La verde rama, que es su cuna verde, *229,1532*
aquel verde torongil, *229,2355*
De vna i de otra verde rama obscura, *260,2*
I entre el membrillo o verde o datilado, *261,82*
Verde el cabello, el pecho no escamado, *261,117*
Que la almendra guardò, entre verde i seca, *261,202*
Confuso alcaide mas, el verde soto. *261,248*
Raiò el verde obelisco de la choça. *263,181*
Verde balcon del agradable risco. *263,193*
De el verde margen otra las mejores *263,247*
Verde muro de aquel lugar pequeño *263,523*
Que les miente la voz, i verde cela *263,588*

Trençandose el cabello verde a quantas *263,661*
De su frondosa pompa al verde aliso *263,692*
Qual de el rizado verde boton, donde *263,727*
I al verde, jouen, floreciente llano *263,824*
A la verde florida palizada, *263,947*
Vn pardo gauan fue en el verde suelo, *263,986*
De blancas ouas i de espuma verde, *264,25*
Que a la fiesta nupcial de verde tejo *264,31*
El verde robre, que es barquillo ahora, *264,38*
Entre la verde juncia, *264,258*
Hermana de Phaeton, verde el cabello, *264,263*
Verde era pompa de vn vallete oculto, *264,287*
Sino algun siempre verde, siempre cano *264,460*
Verde, no mudo choro *264,720*
Del Pyrineo la ceniza verde, *264,759*
O entre la verde ierba *264,877*
Verde poso occupando, *264,888*
La verde lasciua iedra; *275,64*
Si verde pompa no de vn campo de oro, *291,2*
Tu claustro verde, en valle prophanado *295,7*
Que mucho, si pisando el campo verde *318,303*
Quedò verde. El seco junco *322,314*
Haganme, si muriere, la mortaja verde. *345,4*
En el mirto verde, *349,13*
En la verde orilla *350,23*
Al tronco de un verde mirtho, *354,1*
Del verde nudo la Aurora *355,15*
Verde frondoso dosel *355,46*
Indulto verde, a pesar *358,18*
El Mançanares hizo, verde muro *359,2*
I a su voz el verde margen, *389,22*
Verde ia pompa de la selua obscura; *426,2*
Vn caballero de la verde espada *447,7*
Copos de blanca nieue en verde prado, *455,5*
La blanca Leda en verde vestidura. *455,11*
Su verde honor, pues es dina, *487,8*
I de que se vistiò? De verde i pardo, *499,94*
Que manchò con su sangre el verde prado, *499,102*
Al verde pie recostadas, *499,316*
Que bañaua el verde suelo *499,322*

Verdes *41*
Los mas verdes años *4,47*
Iedras verdes somos ambas, *27,93*
Verdes hermanas de el audaz moçuelo *32,1*
En verdes ramas ia i en troncos gruesos *32,3*
Dèl verde honor priuò las verdes plantas, *52,2*
Entre cuios verdes ramos *63,181*
Las verdes cenefas, *79,24*
Verdes primicias de el año *87,59*
Señora, mis verdes años *98,6*
Las verdes sonorosas alamedas, *114,4*
Sus verdes coraçones *127,11*
Verdes juncos del Duero a mi pastora *128,1*
Le peina sus verdes canas. *133,22*
Son las verdes alamedas. *214,11*
Sino sobre alfombras verdes, *217,7*
De verdes lenguas sus hojas, *217,23*
I vn copo, en verdes juncos, de manteca. *261,204*
Dos verdes garças son de la corriente. *261,212*
Quando, a los verdes margenes ingrata, *261,219*

I verdes celosias vnas iedras, *261,311*
Sabe el tiempo hazer verdes halagos". *263,221*
Ser menos las que verdes Hamadrias *263,261*
Del alamo que peina verdes canas; *263,591*
No ha sabido imitar verdes alfombras. *263,615*
Texiò de verdes hojas la arboleda, *263,717*
Ser pallios verdes, ser frondosas metas, *263,1037*
Entre vnos verdes carrizales, donde *264,250*
Entre las verdes roscas de las iedras *264,352*
Verdes hilos de aljofares risueños. *264,862*
Pues sus años, aunque verdes, *269,1814*
Verdes raios de vna palma, *285,13*
Las verdes bragas de Adam. *288,40*
Quien, pues, verdes cortezas, blanca pluma *316,9*
Los verdes años ocio no desflora, *318,134*
Los verdes raios de aquel arbol solo *318,191*
Que, entre piramides verdes *333,22*
Veras sus alamos verdes, *351,7*
Quantos coraçones verdes *357,43*
Las verdes orlas escusa *357,73*
En verdes ojas cano el de Minerua *380,9*
Plantas oi tus verdes años *498,25*
Verdinegro *1*
Vn verdinegro aceituno. *322,292*
Verdolaga *1*
Como verdolaga en huerta, *275,122*
Verdor *2*
Cuio verdor no conociò mudança. *203,63*
Verdor al campo, claridad al rio. *455,14*
Verdugo *10*
Ô zelo, del fauor verdugo eterno, *23,9*
Por los bosques, cruel verdugo *48,19*
Que es verdugo de murallas *87,71*
Para la muger verdugo, *122,35*
Cruel verdugo el espumoso diente, *175,12*
Por donde ia el verdugo de los dias *253,3*
Verdugo de las fuerças es prolixo. *263,679*
No al fiero Tiburon, verdugo horrendo *264,455*
De lo que has de ser verdugo! *322,168*
Aun embainado, verdugo. *322,356*
Verdura *5*
Viuora regalaua en su verdura, *43,8*
debe crystal, i verdura: *229,132*
Infamò la verdura con su pluma, *264,885*
Verdura si, bien que verdura cana, *395,8*
Verdura si, bien que verdura cana, *395,8*
Veredes *1*
Lo veredes, dixo Agrages. *269,385*
Vereis *6*
Vereis de camino *79,57*
Vereis que se llaman todos *96,143*
Las vereis pisar, *144,62*
Vereis a Galfàna en su Palacio. *229,2233*
En que os vereis conuertido. *334,8*
(Como vereis) ha de quedar oi hecha, *499,47*
Veremo *1*
Veremo la procesiona, *207,20*
Veremos *1*
Veremos la Iglesia, *5,22*
Vergamasco *1*
Que en Vergamasco es a Dios. *227,60*
Vergantin *4*
I en vn vergantin el mar *74,99*

Vn vergantin Genoues, *132,6*
El vergantin destroçado *132,43*
donde es flaco vn vergantin. *229,2461*
Vergara *1*
Maria de Vergara, ia primera. *448,2*
Vergel *8*
Saltéàda en su vergel *78,58*
Por Oriente i por vergel. *132,16*
Quantas contiene vn vergel *217,2*
En apacible vergel. *285,32*
Vamos, Filis, al vergel, *328,1*
Los jazmines del vergel *355,30*
Ephimeras del vergel, *375,19*
Dryadas de su vergel. *376,20*
Vergonçosa *4*
I por lo que es vergonçosa, *149,116*
Por bruxula concede vergonçosa. *263,731*
Ser vergonçosa esa paga, *269,212*
La vergonçosa caida *486,3*
Vergonçosas *2*
En tan vergonçosas llamas, *83,27*
De sus mexillas siempre vergonçosas, *263,790*
Vergonçoso *4*
de vn vergonçoso carmin. *229,2389*
I entre vano i vergonçoso *242,34*
De el choro vergonçoso, *264,243*
El vergonçoso capullo *322,274*
Verguença *11*
Cogi verguença i affan. *2,38*
De vna varonil verguença, *62,66*
Que de vergüença corre colorado *151,2*
Io la verguença querria, *229,2061*
i io he verguença de mi. *229,2321*
infamia, vergüença, agrauio, *229,2866*
Aunque ahora la verguença *242,63*
Saliò al fin, i hurtando con verguença *318,85*
La verguença a Celidaxa *355,83*
Ni vuestra verguença pudo *409,7*
— Que quieren ser? — Vergüença de vn
soldado, *439,5*
Veria *1*
Al Tajo le veria antes seguro *229,1937*
Verifique *1*
La verifique la edad. *269,290*
Verla *3*
I como no ai mas que verla, *73,82*
Podras verla dormida, *120,35*
Si dexan sus ojos verla, *121,99*
Verlas *2*
Que las dos alas, sin verlas, *142,26*
Sus rûìnas podreis verlas *269,1042*
Verlo *1*
Se assoman llorando a verlo. *49,76*
Verlos *1*
A trueco de verlos idos, *499,300*
Vermejo *1*
En sangre estaras vermejo. *305,21*
Vernos *1*
Mi padre a vernos camina. *229,914*
Veros *6*
Dios me saque de aqui i me dexe veros. *203,6*
I el veros serà mi fin". *226,104*
A veros, dulce Casilda. *269,522*
Boluerè esta noche a veros *269,1216*
Los que, entrando a veros sucios, *334,11*

Saldràn de veros no limpios, *334,12*
Verse *3*
Desuanecido sin verse. *333,32*
Que verse hecho vn sotillo *334,74*
Por no verse en sus chrystales, *357,75*
Versicos *1*
Versicos de Garcilaso *229,1478*
Versificò *1*
versificò poco a poco, *229,1229*
Verso *5*
En su verso eternize su prosapia, *1,50*
Hace verso suelto *65,233*
Que en Boscan vn verso suelto, *228,59*
Verso es de el Ariosto. *229,389*
Los que en verso hiço culto *322,18*
Versos *20*
Tanta versos historicos *1,43*
Estos versos cantò, al son *28,55*
I digan sus versos *50,34*
Con dos docenas de versos: *87,52*
Pero versos los honran immortales, *119,11*
De el pastor i de sus versos, *149,65*
I execute en mis versos sus enojos; *152,11*
Candor a vuestros versos las espumas *172,13*
Ciertos versos de Museo, *228,3*
Que este author tiene versos mui pacientes.
229,392
Floridos los versos son *229,1446*
estos versos? Ô ladron! *229,1476*
en versos, aunque sean bellos. *229,2008*
Quantos me dictò versos dulce Musa *262,2*
Porque a luz saque ciertos versos floxos,
427,13
De versos de Ariosto i Garcilà, *468,2*
Pues la humana en tus versos ha espirado,
471,13
Que con tus versos cansas aun a Iob. *473,14*
Contra mi versos aduersos; *489,2*
Con el pico de mis versos *489,4*
Verte *1*
Por verte viste plumas, pisa el viento! *120,9*
Verthumno *1*
I de Verthumno al termino labrado *264,236*
Vertia *1*
De la sangre que vertia. *499,143*
Vertida *2*
De la mal vertida sangre *63,26*
De su vertida sangre renacido, *364,11*
Vertidas *2*
Vertidas por vn galan, *269,1747*
De sus vertidas bien lagrimas blando, *368,28*
Vertiendo *2*
Vertiendo lagrimas dice, *39,19*
Vertiendo nubes de flores, *149,97*
Vertieron *1*
Aguas de olor le vertieron. *49,80*
Vertiò *1*
Os vertiò el pebre i os mechò sin clauos, *153,11*
Vertir *1*
Que el Alua suele vertir; *82,28*
Vertumno *1*
Iurisdiccion de Vertumno. *322,344*
Verzas *1*
Verzas gigantes, nabos filisteos, *476,6*
Ves *3*

Pues ves que el rubio Apolo *25,38*
Quando el que ves saial fue limpio azero.
263,217
No ves que tiene de viejo *269,1624*
Vesa *1*
Que vesa el aire sereno *349,26*
Veseme *1*
"Veseme el rabo de lexos?" *58,24*
Veso *1*
Tus bordes veso piloto, *322,249*
Vespertina *1*
Temo, vespertina estrella, *176,5*
Vesta *2*
No ai nympha de Vesta alguna *75,29*
lo que de Vesta vn gentil, *229,2273*
Vesti *1*
Despues que me la vesti. *111,56*
Vestia *1*
El huso, i presumir que se vestia *47,13*
Vestìa *1*
Dichosa vestìa *349,2*
Vestida *20*
Bien vestida i mal zelada, *6,20*
Vestida vi a la bella desdeñosa, *47,5*
De vn blanco armiño el esplendor vestida,
128,9
Cothurnos de oro el pie, armiños vestida.
146,11
Saliò de espumas vestida, *149,115*
O miembros vestida, o sombras. *259,12*
Calçada Abriles i vestida Maios, *263,577*
I nieue de colores mill vestida, *263,627*
Matutinos de el Sol raios vestida, *263,949*
La admiracion, vestida vn marmol frio,
263,999
Echo vestida vna cauada roca *264,185*
Iaspes calçada i porfidos vestida. *264,671*
Cuia vestida nieue anima vn ielo, *264,865*
Aun antes abrasada que vestida. *280,30*
Sierpe de crystal, vestida *285,45*
Vestida siempre de frondosas plantas, *318,178*
De alamos temiò entonces vestida *318,277*
Pallas en esto, laminas vestida, *318,437*
Que aun de carne bolò jamas vestida, *338,2*
Su mal vestida pluma a lo que arde. *392,8*
Vestidas *5*
Vestidas de blanco i negro, *58,42*
En las vestidas rosas su cuidado. *263,355*
De sus vestidas plumas *264,141*
Las horas ia de numeros vestidas, *264,677*
I damas son de pedernal vestidas. *459,14*
Vestido *45*
No sepa quien diò el vestido, *6,23*
Vestido de acero, *65,131*
Fuese rompiendo el vestido, *73,73*
Vestido de necio i verde, *81,12*
Preguntadlo a mi vestido, *82,77*
Aquel vestido tronco *129,11*
Fue aquel tronco vestido, *129,14*
Su vestido espira olores, *131,94*
Armado vuela, ia que no vestido? *139,4*
Vestido de juncos i ouas. *149,110*
De paz vestido i de victoria armado; *156,8*
I de la barba al pie escamas vestido, *166,2*
Dexan su casa, dexan su vestido, *166,26*

Que ia de mejor purpura vestido, *195,10*
Ambar espira el vestido *217,45*
Mal vestido i bien barbado. *228,12*
De plumas no, de ingratitud vestido, *229,4*
Vestido, si no digo coronado, *229,2196*
Oro el caiado, purpura el vestido, *229,2202*
A mi seraphin vestido *229,2294*
Mono vestido de seda *242,115*
Desmienta al mongil vestido. *257,10*
Salamandria del Sol, vestido estrellas, *261,185*
Desnudo el jouen, quanto ia el vestido *263,34*
Reconociendo el mar en el vestido, *263,361*
A los ojos de Ascalapho, vestido *263,990*
El Cenith escalò, plumas vestido, *264,138*
De la cola vestido, *264,476*
El Sacre, las del Noto alas vestido, *264,750*
I al de plumas vestido Mexicano, *264,780*
Cerdas Marte se ha vestido *267,4*
Quando nube no el vestido, *269,179*
Si bien de plata i rosicler vestido; *279,18*
Vestido de humanidad, *288,14*
Vestido pues el pecho *312,25*
Plumas vestido ia las aguas mora *316,5*
Vestido azero, bien que azero blando, *318,350*
Plumas ha vestido al bien, *329,9*
Este de mimbres vestido *371,1*
En templo que, de velas oi vestido, *399,7*
Purpureo en la edad mas que en el vestido,
　421,2
Pues de officio mudais, mudad vestido, *448,9*
I dio, con su vestido i su hermosura, *455,13*
Por la falta que encubre tu vestido; *460,6*
Si el mismo que desnudo soi vestido, *499,3*
Vestidos *7*
Pero que ya andan vestidos, *58,15*
Quedad, quando mas vestidos, *116,23*
Quedad, quando mas vestidos, *116,38*
Quedad, quando mas vestidos, *116,53*
Sus vestidos conseruan, aunque rotos, *173,12*
Pollos, si de las propias no vestidos, *264,954*
En grana, en oro, el Alua, el Sol vestidos.
　318,312
Vestidura *1*
La blanca Leda en verde vestidura. *455,11*
Vestigios *1*
Los vestigios pisar del Griego astuto? *326,3*
Vestios *1*
Vestios, Tancredo, vn silicio. *269,884*
Vestìos *1*
Vestìos i salid apriesa, *64,33*
Vestir *10*
Sombras suele vestir de vulto bello. *44,11*
Ver a DIOS, vestir luz, pisar estrellas. *77,17*
Vestir Morisco alquicel, *78,40*
En vestir a moriscote, *107,2*
Vestir blancas paredes, *229,56*
Vestir vn leño como viste vn ala. *264,848*
De vestir, digno, manto de escarlata, *290,7*
Luto vestir al vno i otro Polo *318,237*
Vestir luces a vn Planeta, *390,11*
Vestir la piel de la fiera *485,9*
Vestirà *1*
Se vestirà de picote, *107,74*
Vestirse *2*
Por vestirse las colores *49,51*

Quando, vestirse quiere de brocado. *229,1047*
Vestúàrio *1*
Cielo de cuerpos, vestúàrio de almas. *180,14*
Vete *11*
Vete como te vas; no dexes floxa *16,9*
Vete para hideputa. *26,120*
"Vete en paz, que no vas solo, *49,89*
I si no te quies mal, vete, *88,86*
Vete, i procura hacello. *229,365*
Vete, que tras de ti voi. *229,1025*
Vete, ingrato. Io me voi, *229,2137*
Vete con Casilda tu, *269,371*
Quedate, i perdona. Vete, *269,389*
Si otra inscripcion desseas, vete cedo: *312,29*
Que aier fue pino, i oi podrà ser vete? *433,11*
Vetun *1*
Mediante cierto vetun, *269,504*
Vexiga *1*
I mientras en la vexiga *269,695*
Vez *85*
Buelue otra vez a salir *3,16*
I de passo vez alguna *26,54*
La vez que se me offrecia *26,65*
Valgame esta vez la Iglesia; *26,111*
Sus ceniças baxar en vez de huessos, *32,6*
Cada vez que la miraua *57,57*
Dèl huso en vez de sceptro i de la espada; *72,47*
La vez que se sangra, dexa *73,98*
Otra vez que huuo en Bruxelas *74,85*
La vez que se le descubren *75,66*
Rendido mas de vna vez *78,22*
No vna vez, sino cient mil, *82,10*
Porque vna vez que la vi *82,54*
Que a quien otra vez piadoso *83,30*
Salgo alguna vez al campo *83,69*
I en vez de vihuela, el *105,3*
No consultarà vna vez *105,69*
Tal vez no solo la capa *111,41*
Blando heno en vez de pluma *131,69*
En vez de baston vemos el tridente, *146,6*
Espadañas oppone en vez de espadas, *163,6*
Que estrellas pisa ahora en vez de flores.
　175,11
Silua cada vez contento, *177,17*
Siruiendoles esta vez *217,22*
I saludòla otra vez. *226,60*
Que en vez de claua el huso torciò injusto.
　229,48
Quieres que otra vez lo mande? *229,911*
Acuñadme de vna vez, *229,1258*
Fementido, no vna vez, *229,1584*
de donde cargas tal vez *229,2976*
No vna vez, ni dos, ni tres *229,3202*
que me engañaste vna vez, *229,3245*
prestarle mucho esta vez *229,3379*
vna vez, i dos, i tres. *229,3436*
En vez de escamas de crystal, sus olas *230,22*
En vez de Prologo quiero, *259,21*
De las hondas, si en vez del pastor pobre
　261,167
Do guarda, en vez de azero, *263,103*
Limpio saial, en vez de blanco lino, *263,143*
Tal vez creciendo, tal menguando lunas
　263,607
Caracteres tal vez formando alados *263,609*

Ô mar, quien otra vez las ha fiado *264,121*
Bien que tal vez sañudo *264,173*
Republica ceñida, en vez de muros, *264,292*
Segunda vez, que en pampanos desmiente
　264,330
Tal vez desde los muros destas rocas *264,418*
En los campos tal vez de Melîòna *264,765*
Que potros tal vez noueles *266,7*
En vez de azero bruñido, *267,1*
En vez de abarcas, el viento, *268,18*
Que en vez de quitarle el guante *269,1576*
Que auejuela alguna vez *285,42*
Era la noche, en vez del manto obscuro, *315,1*
En vez de las Helîàdes, ahora *316,1*
Apollo, en vez del paxaro neuado, *316,6*
Tal vez la fiera que mintiò al amante *318,65*
La vez que el monte no fatiga basto, *318,71*
No ia esta vez, no ia la que al prudente *318,385*
Arrimado tal vez, tal vez pendiente, *318,630*
Arrimado tal vez, tal vez pendiente, *318,630*
La vez que se vistiò Paris *322,77*
I aqui otra vez se traspuso *322,410*
Aquella vez que le cupo. *322,464*
En vez, Señora, del crystal luciente, *323,1*
Dejèlas, i en vez de nieue, *331,47*
Siguelo, i en vez de quantas *333,49*
Por esta vez consentimos *334,82*
Garçon que en vez del venatorio azero *338,10*
I ia tal vez al cuclillo. *351,12*
En vez de abarcas, el viento, *352,18*
Pastores que, en vez de obejas *353,9*
I de corderos en vez, *353,10*
Profanòlo alguna vez *357,17*
Piedad comun en vez de la sublime *363,5*
Purificò el cuchillo, en vez de llama, *364,9*
Para matalle otra vez. *376,40*
Aduirtiendo que tal vez, *378,10*
De vn pastor que, en vez de ouejas, *390,21*
En vez de tabla al anchora abraçado. *399,4*
Sino es que ia segunda vez casado *429,13*
I tal vez dulce inunda nuestra Vega, *431,3*
I piensa que segunda vez se abrasa. *438,11*
Volar no viò esta vez al buei barbado. *451,14*
Que disculpen esta vez *490,12*
Si corres tal vez risueño, *497,25*
Vezes *47*
Dos vezes la sugeta a su obediencia. *1,26*
Mil vezes llamastes, *79,21*
Mordiendo el freno tres vezes, *96,49*
Tantas vezes me lo dixo, *96,161*
Que mil vezes mi voz te reuocàra, *104,13*
Mare vidi muchas vezes, *111,27*
Mil vezes en hora buena, *121,6*
Dichosa tu mil vezes, *129,7*
Clarissimo Marquès, dos vezes claro, *164,1*
Claro dos vezes otras, i otras ciento *164,3*
Cient vezes le fleche al dia, *177,19*
I dos vezes vendado, *229,5*
Ciego dos vezes para mi es Cupido. *229,6*
Las vezes que con el Alua *239,9*
El que de cabras fue dos vezes ciento *263,153*
Que quatro vezes auia sido ciento *263,470*
Tantas vezes repita sus vmbrales, *263,814*
Quatro vezes en doze labradoras, *263,889*
Tres vezes ocupar pudiera vn dardo. *263,998*

Dos vezes eran diez, i dirigidos *263,1035*
Con siluo igual, dos vezes diez saetas.
　　263,1040
Dos vezes huella la campaña al dia, *264,12*
Muchas eran, i muchas vezes nueue *264,353*
Espada es tantas vezes esgrimida *264,458*
Que algunas vezes despedido, quanto *264,468*
Las vezes que en fiado al viento dada, *264,743*
Dos vezes el gusto estraga, *269,617*
Seis vezes en media hora *269,1719*
Donde mil vezes escuchaste en vano *317,5*
Le jura muchas vezes a sus plantas. *318,180*
De treinta vezes dos acompañado *318,310*
I por su espada ia dos vezes Brauo, *318,542*
Ai mil vezes de ti, precipitada, *318,561*
Quantas vezes impaciente *322,261*
Fiebre, pues, tantas vezes repetida *323,12*
Tantas al sol, quantas vezes *333,10*
Las vezes, pues, que prouoco *348,16*
Muera feliz mil vezes, que sin duda *359,12*
Mil vezes vuestro fauor, *370,1*
Dos vezes mal aia, i tres. *378,48*
I otro dos vezes que el no menos ciego; *442,11*
Por templum templi mil vezes; *477,34*
Ha quitado mil vezes de la mano *499,6*
Lagrimas muchas vezes ha sudado *499,23*
Ô io mil vezes dichoso *499,242*
Do se pusieron mil vezes *499,281*
Tres vezes i dichas quedo, *499,353*

Vezina *10*
Doña Alda, nuestra vezina, *73,85*
Con ver su muerte vezina, *177,6*
Con qual? Con nuestra vezina. *229,346*
Luz poca pareciò, tanta es vezina, *263,87*
Estrella a nuestro polo mas vezina; *263,385*
Debajo aun de la Zona mas vezina *263,455*
Vezina luego, pero siempre incierta; *264,712*
Que en desatarse, al polo ia vezina, *264,893*
Es vezina de Tomar, *269,219*
A quanta Ceres inundò vezina, *318,175*

Vezinas *2*
Donde sus vezinas *11,7*
Pues de sus vezinas sè *130,9*

Vezindad *1*
Segun tienen vezindad, *269,734*

Vezino *7*
Aspid al vezino llama *105,71*
Puente instable i prolixa, que vezino *162,3*
En cercado vezino, *263,635*
Los nouios de el vezino templo santo. *263,847*
Tan vezino a su cielo *264,804*
Que quando vn vezino, a olias *269,1840*
Con el vezino laurel. *378,20*

Vezinos *4*
Que vezinos sus pueblos, de presentes *263,621*
Vezinos eran destas alquerias, *264,956*
Cien vezinos del Perù. *269,375*
De dos vezinos tan particulares, *443,3*

Vfana *2*
Vfana al receuillos se alboroza, *318,335*
I quede la mano vfana, *499,136*

Vfano *1*
Mas viendola, que Alcides mui vfano *47,9*

Vi *44*
Que por mi dicha la vi *3,4*

Ni oì las aues mas, ni vi la Aurora; *14,12*
I vi que era rubio i zarco, *28,83*
Vestida vi a la bella desdeñosa, *47,5*
Como aier te vi en pena, i oi en gloria? *71,13*
Porque vna vez que la vi *82,54*
De los mas lindos que vi, *82,114*
Vn Alcalde, i lo vi io, *105,79*
Sobre las aguas vi, sin forma i vidas, *108,13*
Et Orionis vi nimbosae stellae *118,6*
Dirè como de raios vi tu frente *139,12*
Engastado en oro vi *141,13*
Vi bailar vnas serranas, *144,2*
Celebrando dïètas vi a la gula, *150,7*
Flechando vi con rigor *177,1*
El templo vi a Minerua dedicado, *195,5*
porque en menos granos vi *229,230*
de las mas cuerdas que vi! *229,297*
de cuia corona vi *229,532*
Las fuerzas vi de la Alhambra, *229,536*
que qual tu te vees me vi, *229,1647*
que a Violante darle vi, *229,1950*
i elème quando la vi; *229,2299*
que agradecido le vi, *229,2343*
porque desde que te vi *229,2379*
Mirème, i luçir vi vn sol en mi frente, *261,421*
Lo concedo. Vi ringracio. *269,748*
Volentieri. Vi ringracio. *269,756*
La comprarò. Vi ringracio. *269,776*
Donde entre nieblas vi la otra mañana, *278,2*
No vi mas fuerte, sino el leuantado. *278,13*
Porque ha poco que le vi. *321,8*
Porque ha poco que le vi. *321,23*
Porque ha poco que le vi. *321,33*
Lleguè donde al heno vi, *331,49*
I vi llorar niño ahora, *331,62*
Si martyr no le vi, le vi terrero. *336,4*
Si martyr no le vi, le vi terrero. *336,4*
Que dormir vi al niño. Paso, *352,27*
Que dormir vi al niño. Paso, *352,37*
Quantas en el ojas vi. *375,50*
Io vi vuestra carrera, o la imagino, *470,1*
Io os vi tan vno, que os sobrò vna vida, *470,3*
Porque, como viste i vi, *499,144*

Via *4*
Las cosas que por la via *159,5*
I lo que da la otra via, *159,17*
Desde alli les via dar, *229,3286*
Por lactéa despues segunda via *318,517*

Viage *5*
Principes, buen viage, que este dia *233,3*
Si por mi el viage acetas, *269,251*
Buen viage digo a todos, *269,439*
Tal el jouen procede en su viage, *279,22*
Segouianos de a ocho: buen viage; *367,3*

Vïàles *1*
Mentir florestas i emular vïàles, *263,702*

Vïàndas *1*
Nuestras sabrosas vïàndas. *29,16*

Vibra *1*
Como los vibra no sè. *376,28*

Vibrando *2*
La justicia vibrando està diuina *318,391*
Garzon réàl vibrando vn fresno duro, *359,6*

Vibrante *2*
El Luco, que con lengua al fin vibrante, *230,3*

Harpon vibrante, supo mal Protheo *264,425*

Vicario *1*
El Vicario es el júèz *229,3242*

Vicegodos *1*
Ô catholico Sol de Vice-Godos, *77,49*

Vicente *4*
Hija de Pascual Vicente; *59,16*
Donde es? A sant Vicente. Yo me alegro,
　　229,2230
Al Cabo de San Vicente, *269,1503*
Conuite Cordobes, Vicente hermano. *436,2*

Vicio *4*
Porque el vicio o la virtud *86,7*
Al brabo que hecha de vicio, *93,57*
donde la crueldad, i el vicio *229,2906*
Es vicio la virtud quando es violenta. *460,14*

Vicios *1*
De los vicios; que io en summa *158,18*

Viciosa *1*
A Pales su viciosa cumbre deue *261,145*

Victima *2*
Quando io victima ardia *416,7*
Victima bruta otro año, *416,39*

Victor *1*
Victor os acclamen letras *242,131*

Victoria *6*
Dèl tiempo i dèl oluido aia victoria, *40,7*
De paz vestido i de victoria armado; *156,8*
Con nombre de Victoria. *263,480*
Que el adelantamiento a su victoria. *318,544*
Por el Carmen la lleua a la Victoria. *434,14*
Creciò no cuelga señas de victoria, *439,13*

Victorias *1*
En las victorias el gozo, *357,56*

Victoriosa *1*
El Hybierno las flores, victoriosa, *456,6*

Victoriosas *1*
Debajo de tus señas victoriosas; *72,6*

Victorioso *3*
Clauar victorioso i fatigado *137,1*
mas victorioso que el Cid, *229,2455*
Victorioso el fauor buela, *269,899*

Victorîoso *1*
Con las suias le hazeis victorîoso *271,7*

Victoriosos *1*
De victoriosos tropheos, *49,14*

Victorîosos *1*
Victorîosos duermen los soldados, *180,10*

Vid *4*
La mas luxuriosa vid *82,126*
Que de su nueuo tronco vid lasciua, *261,351*
De su vid florida entonces *322,303*
Aquella hermosa vid *378,17*

Vida *93*
Que en vaso de crystal quitas la vida! *23,6*
Esta era mi vida, Amor, *26,73*
Si el os quiso mucho en vida, *27,29*
Que para acabar mi vida *28,59*
Las campanas de la vida, *29,25*
Amantes, no toqueis, si quereis vida; *42,5*
La dulce vida despide), *48,4*
Despedir mi vida amarga, *48,5*
I con el alma i la vida *64,3*
De mui buena vida, *65,20*
No mas de vna vida, *65,140*

Porque triumpheis de mi vida. *74,72*
Vida a ti, gloria al Betis, luz a todos. *77,51*
Ia, Señoras de mi vida, *84,1*
Pagarà el ospedage con la vida; *100,12*
Que ceniza harà la vida mia. *101,11*
Muchos ai que dan su vida *102,33*
Dexadle, por vida mia, *107,81*
I a el casi trasladado a nueua vida. *120,36*
Alguno ai en esta vida, *123,19*
I dos arcos tendiò contra mi vida. *128,14*
Vida i muerte de los hombres. *131,16*
De esta vida fueron Dioses, *131,74*
Si no de vida, de fee. *132,72*
Ô quan bien canta su vida, *133,9*
"La vida es corta i la esperança larga, *133,13*
La vida es cieruo herido, *133,23*
La vida es corta i la esperança larga, *133,27*
Alma al tiempo darà, vida a la historia *171,9*
I mas que con el siluo con la vida; *180,4*
Sabrosas treguas de la vida vrbana, *203,82*
Conseruad la vida *205,3*
Conseruad la vida *205,21*
Conseruad la vida *205,33*
Mudança hagamoz de vida, *210,20*
Dexè en vn Arbol la vida, *212,7*
Vuela, Amor, por vida mia; *226,28*
Vuela, Amor, por vida mia; *226,41*
I assi mi vida se allana, *229,78*
No ai mas causa, por tu vida, *229,238*
A tus aras doi mi vida, *229,1437*
No mas su breue vida, *229,1535*
el sepulchro de su vida. *229,1918*
prorrogacion de tu vida, *229,2536*
para que toda mi vida *229,2631*
la historia, por vida mia. *229,3233*
en los dias de mi vida. *229,3277*
que en mi vida le echè paja. *229,3383*
Machina funeral, que dèsta vida *247,1*
Fiò, i su vida a vn leño. *263,21*
Tuia serà mi vida, *264,132*
Si vida me ha dexado que sea tuia *264,133*
Contra mis redes ia, contra mi vida; *264,459*
Hijo del bosque i padre de mi vida, *264,550*
I por vida de tus ojos *269,581*
Que son de mis ojos vida, *269,582*
Holguemonos, por tu vida, *269,1320*
Que la vida iva no mas, *269,1959*
Verdad es que va la vida. *269,1985*
Que dio espiritu a leño, vida a lino. *274,4*
Philippo las acciones i la vida, *279,2*
Camisa del Centauro fue su vida, *280,29*
En villa humilde si, no en vida ociosa, *294,1*
Si no indice mudo desta vida, *298,9*
Tente por tu vida, tente, *301,19*
De mi vida con quietud, *310,30*
De su vida la meta ia pisada, *318,222*
Que las vltimas sombras de su vida *318,275*
Alegre en tanto, vida luminosa *318,281*
Que illustrò el emispherio de la vida *318,435*
Tan mal te olia la vida? *322,433*
Suffragios de PHILIPPO: a cuia vida *323,10*
Contra los elementos de vna vida, *338,6*
Vida le fiò muda esplendor leue. *343,8*
Ausente de mi vida: *345,15*
Soliciten salud, produzgan vida; *360,13*

Ô Fenix en la muerte, si en la vida *364,3*
La inuicta espada que ciño en su vida. *368,30*
Vida en que siempre se muera, *382,9*
Mucha muerte, o mucha vida. *388,8*
Climacterico lustro de tu vida, *393,2*
A partir sin remedio de esta vida; *396,2*
Que el banco de la otra vida *405,9*
Toda su vida saliò *412,14*
Por tu vida, Lopillo, que me borres *429,1*
Esta es, lector, la vida i los milagros *447,12*
Que a tu Siqueo en vida disfamaras. *460,8*
Para tan breue ser, quien te diò vida? *466,2*
Dilata tu nacer para tu vida, *466,13*
Io os vi tan vno, que os sobrò vna vida, *470,3*
La vida te ha de costar. *497,45*
Vida dulce i lisongera, *498,10*
Bien salimos, por mi vida, *499,173*
Vidas 9
Llorando està dos Nymphas ia sin vidas *12,3*
Para vidas infinitas; *86,26*
Que mil vidas amontona *93,59*
Sobre las aguas vi, sin forma i vidas, *108,13*
Por quantas vidas han muerto. *143,20*
De las vidas hazen *160,81*
Que se contaron sus vidas, *228,155*
Astrea es de las vidas en Buitrago, *318,395*
Segundas vidas al sol, *355,39*
Vide 1
Apenas vide trocada *57,69*
Vides 6
Que ay vnas vides que abraçan *58,57*
Abraços de vides i olmos, *116,19*
Redimiò con su muerte tantas vides), *263,160*
I los olmos casando con las vides, *263,828*
Qual duros olmos de implicantes vides, *263,971*
De las vides con los olmos, *353,47*
Vidi 1
Mare vidi muchas vezes, *111,27*
Vido 1
Despues que Apolo tus coplones vido, *474,1*
Vidriada 1
La colmena es vidriada, *159,49*
Vidriados 1
Animales vidriados; *28,20*
Vidriera 2
Lux el reflexo, la agua vidriera. *263,676*
La vidriera mejor *296,1*
Vidrio 7
De vidrio en pedestales sostenidas, *12,2*
I para arneses de vidrio *26,99*
En vidrio las seluas, *79,52*
Todo el licor de su vidrio *83,87*
Al vidrio del orinal *86,5*
De vna fee de vidrio tal *91,20*
Sino en vidrio, topacios carmesiès *263,870*
Vidrios 1
De unos vidrios tan doblados, *96,150*
Vieja 13
Erase una vieja *11,1*
Con vna espatula vieja *28,51*
Io sè de vna buena vieja, *29,33*
I sè de otra buena vieja, *29,43*
En la lei vieja de Amor *37,5*
En la encina vieja; *79,76*

Comadréàndo la vieja, *105,90*
Las vnas culpa de vna cama vieja, *200,2*
Al bordon flaco, a la capilla vieja, *231,3*
Quan dulcemente de la encina vieja *295,9*
Quanto la vieja attenta a su regalo. *313,3*
De nuestra buena vieja *313,10*
En Castilla la Vieja, dos lugares *443,2*
Viejas 7
Que aun en las viudas mas viejas *27,49*
(No las quiero decir viejas), *55,30*
Entre viejas conseruada, *98,43*
Io, que a estas viejas barbudas *269,156*
Las altas haias, las encinas viejas. *279,36*
Aun las dos niñas son viejas: *418,17*
Viejas tambien salen, *494,24*
Viejo 31
Que anochezca cano el viejo, *6,25*
Vn viejo con estangurria. *26,84*
Viejo en las desdichas, *65,26*
Casco de cauallo viejo *83,7*
—Vn viejo de los diàbos *124,9*
—Pague ese buen viejo el pato, *124,17*
—No ai barbero viejo al fin *124,33*
Señor padre era vn buen viejo, *148,33*
Cortò el viejo dos garzotas, *149,68*
Buen viejo, que a ella *160,42*
de las riquezas de el viejo, *229,768*
Ô canas de Octauio viejo, *229,902*
que contra mi daba al viejo, *229,928*
i el que es loco nunca es viejo. *229,1009*
aunque soi viejo i es tarde, *229,3069*
tan buen viejo no hacia, *229,3230*
Del viejo Alcimedon inuencion rara. *263,152*
I el cielo con el poluo. Enxugò el viejo *263,513*
Mientras el viejo tanta accusa tèa *263,653*
Al viejo sigue, que prudente ordena *264,244*
No siempre el cauallo viejo *266,5*
Es mas viejo que galan. *269,280*
De vn padre Rei, de vn viejo preuenido, *269,1255*
No ves que tiene de viejo *269,1624*
A vn viejo que vn muerto es *269,1727*
Dar señas de viejo, a quien *269,1836*
Como en las manos de vn viejo *310,4*
Como en las manos de vn viejo *310,19*
Como en las manos de vn viejo *310,34*
Que ser venado i no llegar a viejo *451,3*
I el viejo cieruo que a la par viuia *499,72*
Viejos 8
Admirado de los viejos, *49,6*
Vnos ricos olmos viejos *58,58*
De los Castellanos viejos, *86,34*
Dicen la edad de los viejos. *87,28*
Desseando, pues, los viejos *229,742*
Id, pues... Reniego de viejos. *229,2850*
las Susanas de estos viejos. *229,3165*
Son de verdad estos viejos, *229,3182*
Viendo 37
Viendo que sus ojos *4,5*
Viendo marchitar *4,46*
Viendo tan cerca la causa, *9,22*
Viendo con quanta passion, *10,45*
I viendo que el pescador *10,53*
I viendo que en mi mengua *25,31*
I viendo mas applacada *39,17*

Tal, que juzguè, no viendo su belleça *47,6*
Que al rubio Phebo hace, viendo a Cloto *53,7*
Viendo el Hespañol brioso *64,41*
Viendo dalle tantas bueltas: *73,126*
I viendo el difunto cuerpo, *75,65*
I viendo hecha pedaços *75,77*
Viendo los moros de lexos, *87,34*
De el sagrado Tajo, viendo *87,38*
Viendo que las barbas dan *93,40*
Viendo el escriuano que *105,56*
Que, viendo la yerba arder, *116,11*
Viendo pues que el que se humilla *157,11*
Viendo andar de manos *160,15*
I viendo purpuréàr *216,49*
Leandro, en viendo la luz, *228,205*
viendo que es el matrimonio *229,754*
I viendo que era razon *240,17*
Dulce Occidente viendo al sueño blando, *261,190*
A pesar luego de las ramas, viendo *261,269*
Viendo el fiero pastor, vozes el tantas, *261,470*
Viendo el fiero jaian con passo mudo *261,481*
I al garçon viendo, quantas mouer pudo *261,485*
Viendo pues que igualmente les quedaua *263,630*
De la purpura viendo de sus venas, *264,429*
Que viendo quien la vistiò, *322,93*
I viendo el resquicio entonces, *322,179*
I viendo extinguidos ia *322,213*
Viendo en ella tu armaçon, *351,23*
Pisados viendo sus trastes *389,10*
I viendo en tanto Diciembre *414,25*
Viendola *4*
Viendola como mide *25,26*
Mas viendola, que Alcides mui vfano *47,9*
I en viendola confirmò *161,118*
En viendola dixo: "ai!" *217,41*
Viendole *3*
Viendole tomar la espada, *64,26*
Que en viendole con espuelas, *107,39*
Mas viendole con Quiteria, *419,25*
Viendome *1*
Para que viendome en el *269,1156*
Viendose *1*
Viendose raios su pelo, *304,14*
Viene *34*
Que arena viene pisando *88,87*
Algo entre platos le viene, *105,85*
De la luz que al mundo viene, *121,122*
Viene a pagar en menudos *188,3*
Si viene la Obispa sancta? *207,34*
De tres arcos viene armada, *215,25*
Cantando viene contenta, *226,21*
i que se os viene a la voca. *229,817*
Basta, Camilo, que viene. *229,827*
Que, viene acà? Si señora *229,1110*
Que dices? Que ahora viene *229,1300*
(Camilo, si viene, aguarde) *229,1422*
Ia viene. Camilo donde *229,1660*
que a buscar viene, i no en vano, *229,1684*
Laureta viene. Ô Laureta! *229,1703*
que viene a pedir los tuios? *229,1726*
pues viene el otro camino. *229,2138*
Ha tantos siglos que se viene abaxo, *229,2149*

I si en este tiempo viene *229,2522*
el ierno que ahora viene, *229,2546*
pues con el que ahora viene *229,2611*
por el que en su nombre viene, *229,3077*
A lo menos, si aqui viene, *229,3327*
Viene hablando entre si, *269,530*
No viene a buscarme a mi; *269,531*
Viene con impertinencias *269,565*
Tancredo viene, señores: *269,1162*
El Doctor viene commigo, *269,1358*
Que vn Sol con dos soles viene. *349,16*
Que vn Sol con dos soles viene. *349,24*
Que vn Sol con dos soles viene. *349,32*
Pisandose a Madrid viene *412,7*
Viene gallardo el Principe. Gallardo *499,92*
I galan viene, a fe, sobremanera. *499,93*
Vienen *11*
Como quantas vienen *65,15*
Cantando se vienen, i cantando se van. *122,2*
Cantando se vienen, i cantando se van. *122,14*
Cantando se vienen, i cantando se van. *122,26*
Cantando se vienen, i cantando se van. *122,38*
Cantando se vienen, i cantando se van. *122,50*
Cantando se vienen, i cantando se van. *122,62*
Mortal caça vienen dando *132,9*
si lo vienen a impedir. *229,2421*
A paxaros que vienen a la mano, *436,3*
Vamos; mas helas vienen. I io me espanto *499,122*
Vienes *4*
Adonde bajas i de donde vienes, *117,7*
Vienes, amigo? Ia voi. *229,2894*
Vienes mui en hora buena. *269,1050*
Que el mundo todo a quien vienes, *306,4*
Viento *126*
Dèl viento en la raridad, *2,42*
Dar viento al viento i olas a las olas. *9,40*
Dar viento al viento i olas a las olas. *9,40*
Volad al viento, suspiros, *9,41*
Dar viento al viento i olas a las olas. *9,50*
Dar viento al viento i olas a las olas. *9,50*
Dar viento al viento i olas a las olas". *9,60*
Dar viento al viento i olas a las olas". *9,60*
El fiero viento se esfuerça *10,31*
El rubio cabello al viento *10,41*
Ondéàbale el viento que corria *15,5*
Mas del viento las fuerças conjuradas *19,5*
Que al viento desafia *25,7*
Encomendando al viento *25,11*
El viento delicado *25,13*
Al viento mi querella encomendada, *33,6*
Mueue el viento la hebra voladora *36,6*
Quando el viento le fatiga. *37,36*
Que por las vocas dèl viento *39,5*
I no echeis la culpa al viento. *39,46*
En su theatro, sobre el viento armado, *44,10*
Las dulces alas tiende al blando viento, *45,5*
Los soplos del viento airado: *48,31*
Tambien no le quita el viento. *49,64*
Tasando el viento que en las velas caue, *54,6*
I de honrar torres de viento. *58,40*
I a tanta vela es poco todo el viento, *72,26*
Que el viento con su esperança *75,39*
Que, mas de joias que de viento llenas, *77,80*
Que volando pico al viento *96,69*

El blando viento que sopla, *97,16*
"Faborable cortès viento, *97,29*
Al viento la arboleda, *103,21*
I la red offrece al viento. *106,16*
Por verte viste plumas, pisa el viento! *120,9*
Al viento agrauien tus ligeras alas. *120,24*
I de entrambas el viento *125,12*
Mas el viento burla del, *132,26*
Partia vn pastor sus quexas con el viento. *140,8*
Al viento tus encinas *142,12*
Al viento tus encinas *142,30*
Al viento tus encinas *142,48*
I al son del viento en las ramas. *144,4*
Pasos gasta, viento compra, *149,52*
Diòle viento, i fue organillo, *161,65*
I en las alas del viento *166,5*
Que herido dèlla el viento, *177,16*
Las frescas rosas, que ambiciosso el viento *198,5*
Prodigio dulce que corona el viento, *203,28*
El viento solicitaba *215,31*
I desafiaba al viento. *215,32*
Gloria dèl Sol, lisonja fue dèl viento. *221,4*
Si de tus alas torpes huye el viento? *229,3*
El viento las lleuò, i dura mi pena. *229,295*
dexandote el viento atras. *229,649*
Alas de viento, i garras de Harpya *229,1031*
I al viento suelta el oro encordonado *229,1046*
sino el follador, i el viento. *229,1435*
fiaba del mismo viento *229,1557*
I el mismo viento es Donato, *229,1559*
I sin mouerse con el viento justa *229,2141*
Ser roca al mar, i al viento ser encina. *229,2145*
Al viento mas oppuesto abeto alado *230,52*
Le sacarà sangre al viento, *241,3*
De nuestra vanidad. Digalo el viento, *246,10*
Peinar el viento, fatigar la selua. *261,8*
Al viento que le peina proceloso *261,59*
Armò de crueldad, calzò de viento, *261,66*
Ala de viento, quando no sea cama *261,215*
A mis gemidos son rocas al viento; *261,378*
Imponiendole estaua, si no al viento, *261,439*
Fue a las ondas, fue al viento *263,12*
Hydropica de viento, *263,109*
Que el viento repelò a alguna coscoja. *263,175*
En quanto a su furor perdonò el viento. *263,349*
Vaga Clicie del viento, *263,372*
Sombra del Sol i tossigo del viento, *263,420*
Que el viento su caudal, el mar su hijo. *263,506*
A la que menos de el sañudo viento *263,551*
Que negò al viento el nacar bien texido), *263,887*
En cuia orilla el viento hereda ahora *263,954*
Pisò de el viento lo que de el egido *263,997*
A duro toro, aun contra el viento armado: *264,21*
Los annales diaphanos del viento. *264,143*
Que fingen sus dos alas, hurtò el viento; *264,184*
A los corteses juncos, porque el viento *264,233*
Conejuelos que, el viento consultado, *264,279*
(Redil las ondas i pastor el viento), *264,311*

A las Quinas, del viento aun veneradas, *264,377*
Al viento quexas. Organos de pluma, *264,523*
Florida ambrosia al viento diò ginete; *264,728*
Las vezes que en fiado al viento dada, *264,743*
Repite su prision, i al viento absuelue. *264,744*
Al viento esgremiran cuchillo vago. *264,840*
Entredichos que el viento; *264,871*
Breue esphera de viento, *264,923*
Dexò al viento, si no restitúìdo, *264,935*
Injurias de la luz, horror del viento, *264,975*
En vez de abarcas, el viento, *268,18*
Por mis traças pisa el viento; *269,505*
Altèra el mar, i al viento que le trata *276,7*
Moriste, i en las alas fue del viento, *280,7*
El mismo viento en forma de Venado. *280,45*
Atreuida se dio al viento *284,5*
Esto fiando de el viento, *287,71*
Ambicioso baxel da lino al viento. *294,14*
Corriendo ella mas que el viento. *299,10*
Pendiente, quando no pulsarle al viento, *312,22*
Viento dando a los vientos, exercita, *318,70*
Oro calzada, plumas le dio al viento. *318,200*
De los fogosos hijos fue del viento, *318,226*
Sino del viento mas leue *333,46*
Vana piel le vistiò al viento, *333,75*
En vez de abarcas, el viento, *352,18*
Aunque las ignora el viento; *354,28*
Del viento su fecunda madre bella; *361,10*
Resiste al viento la encina, *378,13*
Ai si el viento se te opone! *384,31*
Del viento mas espirante. *389,16*
El Phenix de Austria, al mar fiando, al viento, *402,10*
Si dulce sopla el viento, dulce espira *424,5*
Porque, aunque todas son de viento, dudo *429,3*
Que tengas viento para tantas torres. *429,4*
Del viento es el pendon pompa ligera, *434,9*
I con templados paxaros al viento *499,62*
Dezir que has herido al viento. *499,135*

Vientos *12*
Cuerpo a los vientos i a las piedras alma, *14,10*
No solo a los recios vientos, *48,35*
Poniendo lei al mar, freno a los vientos; *67,11*
Los vientos desenfrenados *75,17*
Quatro palanquines vientos *75,59*
Casarse nuues, desuocarse vientos, *108,2*
I segun los vientos pisa *132,5*
Lisongeen el mar vientos segundos; *162,11*
De vientos no conjuracion alguna, *263,67*
A pesar de los vientos, mis cadenas. *264,569*
Viento dando a los vientos, exercita, *318,70*
Cielos trasladan los vientos, *414,43*

Vientre *2*
Sin veer fluxo de mi vientre, *27,67*
Con fruto allà ningun vientre; *190,9*

Viera *3*
Nunca la viera el cuitado, *149,43*
Viera el Tiber de tres coronas bellas, *229,2207*
Si no le viera la cruz. *491,8*

Vieran *1*
Vieran nuestros coraçones *269,1127*

Vieras *4*
Vieras (muerta la voz, suelto el cabello) *120,30*

Vieras las ondas entonces *179,50*
Vieras intempestiuos algun dia, *264,414*
Dichoso el esplendor vieras del dia *280,19*

Viere *3*
Que al que viere vuestro amor, *168,27*
Mientras mas viere, mejor. *168,30*
Dexad que os mire aquel que atento os viere, *470,12*

Vieren *1*
Esta buena cara vieren, *228,111*

Vieres *2*
Porque veras, si le vieres, *59,70*
Violante, de quanto vieres *229,2650*

Viernes *1*
O la semana sin Viernes. *59,52*

Vieron *5*
Pues aora no lo vieron, *39,24*
Escriba, lo que vieron, tan gran pluma, *271,12*
Del Sil te vieron fatigar las fieras, *280,42*
Quiçà vieron el rostro de Medusa *459,12*
A tanta luz que vieron su armonia. *472,8*

Vierte *7*
I amargas lagrimas vierte. *57,20*
Sobre quien vierte el Abril *63,191*
Vierte desde su balcon, *161,6*
La sangre de su pecho vierte en vano, *181,2*
Si lagrimas las perlas son que vierte! *260,11*
El cuerno vierte el hortelano entero *261,158*
Quando vierte desde Oriente *499,342*

Vierten *2*
Lagrimas vierten ahora *49,77*
Lagrimas vierten sus ojos, *106,31*

Viforme *1*
De Chiron no viforme exercitado, *280,35*

Vigas *1*
I no en la suia dos vigas, *93,13*

Vigilancia *1*
Gracias no pocas a la vigilancia *318,545*

Vigilante *11*
La bruxula de el sueño vigilante, *261,290*
El can ia vigilante *263,84*
Cuio lasciuo esposo vigilante *263,293*
Gastador vigilante, con su pico *278,11*
Que el vigilante estudio lo es de fuego: *292,4*
Argos de nuestra fee tan vigilante, *315,74*
De el vigilante fue Dragon horrendo; *318,76*
Vigilante aqui el de Denia, quantos pudo *318,369*
De la fe es nuestra vigilante bara. *318,488*
Que no ai aspid vigilante *322,271*
De quanto bella tanto vigilante. *366,14*

Vigilantes *2*
vigilantes ojos de Argos *229,134*
Vigilantes aquellos, la aldehuela *263,798*

Vigilias *1*
De las vigilias violetas, *498,30*

Vigor *1*
Ia tiene menos vigor, *75,53*

Vigotes *2*
Torciendo rubios vigotes, *74,27*
De vigotes engomados *98,33*

Vihuela *6*
I en vez de vihuela, el *105,3*
Ô Violante! Ô vihuela *229,296*
Vihuela la llamas? Si *229,298*

A la sacra vihuela, *256,46*
Cuia casa era vihuela *269,359*
Vndosa de crystal, dulce Vihuela; *365,4*

Vil *3*
Ciña guirnalda vil de esteril hierua, *72,40*
Que yo, subjecto vil de estas mercedes, *229,58*
pende, como prenda vil, *229,2429*

Vila *1*
En sus aluergues o en el monte? Vila *499,111*

Villa *9*
Qual plaça de Villa; *65,40*
Por vagabunda, fuera de la Villa. *70,4*
Purgar la villa i darte lo purgado, *71,11*
A la Villa de Madrid. *82,88*
A Dios, Corte envainada en vna Villa, *200,12*
En Palacio i en la Villa, *225,2*
La Alua de Villa Maior, *286,18*
En villa humilde si, no en vida ociosa, *294,1*
(Tal conociera su Villa *410,3*

Villaflor *1*
Del Conde de Villaflor. *417,4*

Villahermosa *1*
Sol es de Villahermosa, *121,83*

Villamediana *2*
Ia de Villamediana honor primero, *318,602*
Mataron al señor Villamediana: *381,1*

Villana *3*
Que la sinceridad burla villana *263,120*
Villana Psyches, Nympha labradora *263,774*
En la villana diuina *357,23*

Villanage *1*
Con todo el villanage vltramarino, *264,30*

Villanas *2*
Segunda primauera de villanas, *263,619*
La nouia sale de villanas ciento *263,946*

Villano *12*
Su villano troncon de yerba verde, *30,10*
De vn villano en vna iegua, *131,47*
Humilde se apea el villano, *131,57*
Siendo villano vn tiempo de buen talle. *154,8*
"Hero i Amor", qual villano *228,218*
Qual haziendo el villano *263,68*
De el villano membrudo; *263,694*
De gloria, aunque villano, solicita *263,1003*
El pie villano, que grosseramente *264,318*
Tal ia de su reciente mies villano *318,171*
Mas con el villano pie; *378,14*
I disfraçado en habito villano, *499,2*

Villar *1*
Theresa la del Villar, *59,15*

Villas *1*
Todas son arrabales estas Villas, *443,5*

Villegas *1*
No inuidies, ô Villegas, del priuado *294,9*

Villena *1*
Doña Beatriz de Villena, *121,133*

Villete *8*
Si vn villete cada qual *55,15*
Los renglones de vn villete, *88,70*
A vna capilla vn villete, *94,24*
Basta, que le dio vn villete. *229,1821*
Leamos aqui el villete. *229,1967*
Villete ha de ser sin sello. *229,1968*
son primicias de vn villete. *229,2000*
Fingì tu villete luego *269,271*

Villetes *1*
No en los villetes, que en ellos *229,2005*
Vilmente *1*
Me desampara vilmente? *269,1581*
Vimo *8*
— Ô que vimo, Mangalena! *308,1*
Ô que vimo! *308,2*
— Cosa vimo que creeia *308,19*
— Ô que vimo Mangalena! *308,27*
Ô que vimo! *308,28*
— Ô que vimo, Mangalena! *308,39*
Ô que vimo! *308,40*
Vimo, señora Lopa, su Epopeia, *430,1*
Vimos *4*
nunca nos vimos jamas. *229,833*
I aun el siguiente Sol no vimos, quando *264,507*
En la riuera vimos conuecina *264,508*
Lo que le vimos correr, *499,150*
Viña *1*
Sarmientos de la viña de Nabot. *473,8*
Viñadero *1*
El lançon del viñadero. *87,24*
Vinagre *1*
que ni es vinagre, ni es miel? *229,1219*
Viñas *2*
I en el rio viñas, *65,94*
Que en dos viñas a vna cepa *275,98*
Vincula *1*
A que escarmientos me vincula el hado? *380,14*
Vincùla *1*
Con magestad vincùla, con decoro, *314,10*
Vinculadas *1*
De esperanças vinculadas *61,11*
Vinculado *1*
Que lo corbo vinculado *228,130*
Vinculados *1*
Si, vinculados todos a sus cargas *263,509*
Vinculan *1*
Que mis huessos vinculan, en su orilla *264,547*
Vincular *1*
i vincular sus memorias, *229,745*
Vincule *2*
Al tiempo le vincule en bronces duros. *251,14*
Crepusculos vincule tu coiunda *263,777*
Vinculen *1*
Medianias vinculen competentes *263,931*
Vinculo *4*
Vinculo desatado, instable puente. *264,48*
Que aun de seda no ai vinculo súaue. *264,808*
Vinculo de prolixos leños ata *318,482*
Lo redimiò del vinculo dorado. *341,8*
Vinculò *1*
Su nectar vinculò la Primauera. *261,208*
Vinculos *3*
Absuelto de sus vinculos en vano *318,254*
En los tenaces vinculos del crimen. *318,456*
Los vinculos de Hymeneo *353,15*
Viniendo *1*
I pues, viniendo, he de dar *229,2638*
Viniera *2*
porque mi amo viniera. *229,841*
que no se viniera ella. *229,1712*
Viniere *1*

Si la viniere a buscar, *226,110*
Vinieron *2*
I vinieron ellas *79,22*
Que vinieron, se tornaron. *228,168*
Viniese *1*
"Si viniese ahora, *419,17*
Vino *19*
A veerla vino doña Alda, *27,9*
I se lo vino a decir. *82,104*
I de vino hasta las assas, *88,55*
I vino a purgar por Maio. *123,40*
Vino derecho a Toledo, *229,766*
Vino concertado ia *229,1284*
a las manos se me vino, *229,1688*
que tras de su costal vino, *229,1708*
seis mil botijas de vino. *229,2977*
Dejando al Turia sus delicias, vino *318,189*
De aquel vino celebrado *351,33*
Vocal sombra vino a ser. *378,56*
Vino a mis manos: puselo en mi seno. *458,4*
Mas ai! que apriessa en mis alcances vino *465,5*
Pariò la Reina; el Lutherano vino *469,1*
En darles joias, hospedaje i vino. *469,4*
No saben què les pide, ni a què vino. *472,14*
Bien le vino al Andaluz; *491,5*
Vender el vino christiano, *495,46*
Vinorre *1*
Vinorre, Tiphys de la Dragontea, *432,12*
Vinorres *1*
O braços Leganeses i Vinorres! *429,8*
Vinos *2*
Los generosos vinos, *229,50*
No de humosos vinos agrauado *263,167*
Vinose *1*
Vinose para Toledo *229,608*
Vio *18*
Al Hespañol Adonis vio la Aurora *137,2*
Que vio Hespaña mas hermosa; *149,34*
Que enigma jamas se vio *229,2009*
Los que vio Violante bella. *229,2727*
donde vio a esta mocejona: *229,3279*
Mas coronas ceñida que vio años, *245,11*
Crespo volumen vio de plumas las bellas *246,3*
El vulto vio, i haciendole dormido, *261,257*
Qual no los vio Calicut. *269,476*
No vio distinto, no, en medio del llano, *269,1230*
Con flores vio i con centellas *275,22*
Si Toledo no vio entre puente i puente *313,45*
Que infamar le vio vn alamo prolixo, *318,87*
No se vio en trance tan crudo, *409,6*
Concurso vio ia Cordoba profano; *437,11*
Estos peñascos, como lo vio Atlante, *459,13*
Que no se vio si entraua o si salia. *472,4*
Vio vn medico de camara la orina, *475,9*
Viò *23*
La viò obscurecer los lilios *3,9*
Vn lazo viò que era poco, *61,55*
Viò el que mataron sus canes, *63,84*
I a la que ia viò Pisuerga, *83,65*
Viò vna monja celebrada *94,3*
Viò la nympha mas hermosa *115,11*
Quando se viò saltéàdo *115,23*
Pisuerga viò lo que Genil mil veces. *155,14*

Apenas viò al jouen, quando *215,33*
Viò venir de vn colmenar *226,14*
El Turco viò, ni el Moro, *229,53*
(quien viò ladronicio igual?) *229,1201*
qual no le viò Melíòna *229,2093*
Adora que viò el Reyno de la espuma. *261,98*
Qual otro no viò Phebo mas robusto *261,407*
Sufrir muros le viò, romper Phalanges. *261,456*
Leche que exprimir viò la Alua aquel dia, *263,147*
La sombra viò florida *263,628*
Saludar viò la Aurora, *264,39*
Herbir las olas viò templadamente, *264,501*
Tales no viò el Meandro en su corriente *264,526*
Dos esquadrones viò armados *354,3*
Volar no viò esta vez al buei barbado. *451,14*
Viola *1*
No solo en plata o viola troncada *24,12*
Viòla *1*
Viòla en las seluas vn dia *149,39*
Víòla *1*
Vnos dias clauel, otros víòla. *421,73*
Violada *2*
A la violada señora *88,7*
O violada, si es mejor, *161,2*
Víòlada *1*
Pues oy tan víòlada *229,35*
Violado *1*
Torpe, mas toro al fin, que el mar violado *264,428*
Víòlador *1*
Víòlador del virginal decoro, *264,462*
Violando *1*
Va violando sus colores. *131,24*
Violante *36*
Violante de Nauarrete, *88,8*
Que diò flores a Violante *88,47*
"Violante, que vn tiempo fuiste *88,57*
Participò del Violante; *88,105*
hallas a Violante tibia? *229,69*
i vos, entraos con Violante. *229,144*
alcance Violante de ello; *229,193*
Ô Violante! Ô vihuela *229,296*
o pretendas a Violante, *229,1346*
Violante. Los aires surca, *229,1402*
mas con joias de Violante *229,1450*
Desdichada Violante, *229,1452*
Es, ô Violante, vn borron *229,1462*
a Violante en tu posada, *229,1504*
poco Violante se aliuia, *229,1586*
pisa, Violante, los ojos. *229,1598*
Vueluo, ô Violante, mil veces *229,1697*
Mas lo ha sido aquel, Violante, *229,1816*
Mirad que està aqui Violante. *229,1862*
ha de obligar a Violante, *229,1914*
que a Violante darle vi, *229,1950*
que no habla con Violante, *229,1995*
que el papel diese a Violante *229,2011*
Violante, huesped seguro. *229,2613*
Violante, de quanto vieres *229,2650*
No serà Violante ia *229,2716*
Los que vio Violante bella. *229,2727*
Ai, Violante desdichada! *229,2771*

el desmaio de Violante? *229,2794*
Camilo amigo! Ô Violante! *229,2874*
Camilo! Violante hermosa! *229,2884*
Para quien, Violante, appellas? *229,2886*
Quedad, Violante, con Dios. *229,3130*
Violante es esta. I si io *229,3433*
que con Violante discreta *229,3481*
Rendir a Doña Violante *493,39*
Violantes *1*
le offrecerà cient Violantes. *229,285*
Vîòlar *2*
Sin vîòlar espuma. *263,1034*
Vîòlar intentaua, i pudo hacello, *366,7*
Violaron *1*
Violaron a Neptuno, *263,414*
Violas *1*
Negras violas, blancos alhelies, *261,334*
Vìolas *1*
De tantos como vìolas jazmines. *263,721*
Vîòlas *3*
Sobre vîòlas negras la mañana, *264,70*
Tres vîòlas del cielo, *297,1*
De vîòlas coronada *322,437*
Violencia *6*
Con violencia desgajò infinita *261,489*
A la violencia mucha *264,23*
Ia a la violencia, ia a la fuga el modo *264,491*
Tal violencia! Dios, Lesbina, *269,1106*
Descaecer le veo con violencia. *462,6*
I aun la violencia suaue, *478,3*
Vîòlencia *1*
Vîòlencia hizieron iudiciosa *318,579*
Violenta *2*
violenta mi voluntad, *229,1373*
Es vicio la virtud quando es violenta. *460,14*
Violentando *1*
Al aire se arrebata, violentando *263,1007*
Violento *4*
Es peligroso i violento. *158,14*
Negandole aun el hado lo violento. *221,8*
No al Tajo fue tan violento *229,1364*
Que el cuerno menos violento *241,2*
Violentos *1*
Arroios prodigiosos, rios violentos *108,6*
Violeta *3*
Coge la negra violeta *82,59*
Del color de la violeta *357,21*
De la violeta mas breue. *411,16*
Violetas *4*
I esparcis violetas, *79,4*
Meninas son las violetas, *217,65*
i violetas en tu nombre. *229,1686*
De las vigilias violetas, *498,30*
Vîòletas *1*
Entre las vîòletas fui herido *139,5*
Violin *4*
No es de aquel violin que vuela *214,23*
violin no, que es gran mohina *229,300*
que suene mas vn violin *229,301*
Cerdas rascays al violin, *478,7*
Violines *1*
De concertados violines, *300,26*
Violon *1*
Como organillo i violon *161,70*
Vìòlos *1*

Vìòlos, i al reconocellos, *322,393*
Virgen *24*
Virgen de todo piquete, *88,22*
O virgen inocente. *103,12*
Virgen, a quien oi fièl *206,1*
Que en tierra virgen nacido, *209,3*
Que en tierra virgen nacido, *209,18*
Que en tierra virgen nacido, *209,33*
a la Virgen de la Antigua. *229,3415*
Abreuia su hermosura virgen rosa, *263,728*
Virgen tan bella, que hazer podria *263,783*
De la Peneida virgen desdeñosa *263,1054*
Diganlo, ô VIRGEN, la maior belleza *270,5*
Virgen pura, si el Sol, Luna i Estrellas? *270,14*
De esta, pues, virgen prudente, *275,105*
De vna VIRGEN aun despues *307,6*
Que pare como Virgen, *310,8*
Que pare como Virgen, *310,23*
Que pare como Virgen, *310,38*
Ô Virgen siempre, ô siempre glorîòsa *315,65*
Desnudò a la virgen rosa *322,275*
Por la salud, ô VIRGEN MADRE, erijo *324,11*
Virgen era rosa, a quien *355,14*
Su tierra vna Virgen fue, *373,7*
La Virgen, Aurora bella, *374,16*
No admiten virgen allà; *495,53*
Virgenes *1*
Virgenes bellas, jouenes lucidos, *263,753*
Virginal *6*
En vna virginal tropa *149,40*
La virginal desnuda monteria, *263,487*
Lasciua aueja al virginal acantho *263,803*
Vîòlador del virginal decoro, *264,462*
De la virginal copia en la armonia *264,632*
Del choro virginal, gemido alterno *280,53*
Virginales *1*
De virginales desdenes. *333,80*
Virginidades *1*
I de las virginidades *498,31*
Viril *1*
En lo viril desata de su vulto *261,285*
Viriles *2*
Aueis para viriles vsurpado; *13,8*
De tantos ojos como son viriles *229,2195*
Virote *2*
El del arco i del virote, *107,10*
Virote de Amor, no pobre *228,35*
Virotero *1*
La madre del virotero *59,19*
Virotes *2*
Amor sin fee, interes con sus virotes. *150,11*
visten de Amor los virotes. *229,591*
Virrei *2*
En conserua del Virrei, *132,12*
El Virrei, confirmando su gouierno, *318,183*
Virtud *24*
Porque el vicio o la virtud *86,7*
Si ia en tu virtud hicieron *110,45*
En virtud de tales manos *131,39*
Sea fiscal la virtud *158,17*
Sino la virtud secreta *177,25*
Si virtud vale, su edad *206,11*
Cuia virtud me namora, *207,32*
Este Pan, que en virtud dèl, *211,6*
Goda virtud, i gloria Castellana; *229,2181*

Ociosa toda virtud, *235,1*
Ô de alto valor, de virtud rara *250,1*
I con virtud no poca *263,386*
Que, pregonando virtud, *269,458*
De virtud, i de beldad. *269,1621*
Pastor, mas de virtud tan poderosa, *315,69*
Que a su virtud de el Cielo fue Medina *318,403*
Que señas de virtud dieron plebeia *318,567*
Sino excede en virtud al mas perfecto; *404,26*
Si por virtud, Iusepa, no mancharas *460,1*
Mas no es virtud el miedo en que reparas, *460,5*
Hypocrita virtud se representa, *460,10*
Contraria fuera a tu virtud cansada, *460,13*
Es vicio la virtud quando es violenta. *460,14*
Por virtud de tinta i plomo; *495,35*
Virtudes *8*
Tus hymnos canta, i tus virtudes reza. *13,14*
Aquella flor de virtudes, *75,78*
Las virtudes se vean *156,27*
Virtudes sean i felicidades. *156,30*
Le introduxiste virtudes: *259,71*
Mar de virtudes profundo, *306,18*
Estas virtudes, altamente santo, *368,43*
Virtudes, que del romero *419,37*
Virtúòsa *1*
Tu educacion virtúòsa; *259,40*
Virtúòsamente *1*
En poluo, en jugo virtúòsamente *360,12*
Visagra *2*
que el matrimonio es visagra *229,2105*
Perdone al que es Catholica visagra, *323,13*
Viscoso *1*
Laminas vno de viscoso azero, *264,473*
Visiones *1*
Parte son visiones, *65,71*
Visita *3*
Visita a mi esposa bella, *39,49*
Partir quiere a la visita *107,21*
Visitas en su visita: *269,690*
Visitaban *1*
Comadres me visitaban, *26,57*
Visitado *2*
Del templo tan visitado. *228,64*
Visitado en su posada *413,19*
Visitando *1*
Se burla, visitando sus frutales, *203,107*
Visitar *3*
Quando sale a visitar *105,73*
Vengala a visitar, que a lo que he oido, *448,13*
Fueronle a visitar sus seruidores. *475,14*
Visitaràn *1*
Visitaràn a lo honrado *330,8*
Visitarè *1*
Adonde os visitarè *9,47*
Visitas *3*
Que mis primeras visitas, *269,431*
Visitas en su visita: *269,690*
Visitas, el maridon, *418,46*
Visitola *1*
Visitola de opilada, *269,266*
Visìtolas *1*
Visìtolas: i a las bellas, *269,469*
Visitole *1*
Visitole, i si desierto *390,33*
Vispera *1*

(Vispera era de Sanct Iuan) 226,2

Visperas *4*

Son visperas del capuz. 269,432

A visperas del Diâblo. 269,1861

Visperas del ataud; 269,1964

Tocò a visperas de susto; 322,384

Vista *60*

Que, vista esa belleza i mi gran llanto, 12,12

I clauando en el la vista, 28,53

Las rubias trenças i la vista bella 43,10

Dò el paxaro Réàl su vista affina, 45,10

I das vista a ciegos. 50,36

A vista voi (tiñendo los alcores 52,9

Sereno el mar la vista lisongea; 54,4

I maior la vista, 65,46

Queden, como de fee, de vista de ciegos. 72,17

Mira, (si con la vista tanto buelas), 72,61

Señora, he llegado a vista 74,102

I vista la tierra 79,44

Alcança vista tan buena, 93,11

Si ia la vista, de llorar cansada, 99,1

A vista diò de Morato, 132,19

Vista no fabulosa determina. 136,8

Vista del Alcíòn el Austro insano; 166,32

Ella en vista condenada, 167,49

Si el fue testigo de vista 168,15

Offrecio a la turbada vista mia 169,7

E lauemonò la vista. 207,4

A la vista; que la Fè, 213,18

Paz a la vista i treguas al trauajo. 229,2147

A los objectos i a la vista agrabio. 229,2227

Si con vista palpitante 229,2426

de su vista con el Sol, 229,2436

turbado la vista le han. 229,2959

que si he perdido la vista, 229,3000

de la vista, os he hablado 229,3216

I de la vista mas clara, 239,12

(Que a tanta vista el Lybico desnudo 261,483

Llegò, i a vista tanta 263,190

La vista de hermosura, i el oido 263,269

El mas tardo la vista desuanece, 263,1044

La vista de las choças fin del canto. 264,189

La vista saltearon poco menos 264,230

Penda o nade, la vista no le pierda, 264,469

Pollo, si alado no, lince sin vista, 264,653

De la sublimidad la vista, appella 264,667

Su orden de la vista, i del oido 264,718

Su vista libra toda el estrangero. 264,930

Vencida se apeò la vista apenas, 264,938

Para que vista vn desuio 269,1084

A vista del arrabal, 288,56

Ia que no sus soles vista; 307,24

Que mal puede el heno a vista 307,25

Aguila, si en la pluma no, en la vista, 313,25

Vista, aunque no sea poca, 313,31

Todos los priuilegios de la vista. 315,48

Menos dulce a la vista satisface 318,209

La vista que nos dispensa, 322,205

Blanca, digo, estola vista, 388,18

De donde os perdia mi vista, 390,27

A tanta lumbre vista i pluma fia. 403,8

Al seteno vista, aceta. 405,10

Que de su vista queda la persona 445,5

A vista ia de quien lo abrasa o iela, 464,6

Tarde os puse la vista en la partida; 470,7

La vista os vne, el numero os difiere; 470,9

Que aier vista saio pardo, 496,6

Vistan *1*

Vistan de el rio en breue vndosa lana; 263,837

Vistas *3*

Barco de vistas, puente de desseos. 21,14

Mil vistas secretas, 79,32

"Barco ia de vistas, dixo, 322,233

Vistase *1*

I entonces vistase el pollo 88,73

Viste *39*

La corteça, do estàn, desnuda, o viste 30,9

Ese es quien se viste 50,47

Cuio suelo viste Flora 63,189

Que viste coleto de ante, 88,21

Por verte viste plumas, pisa el viento! 120,9

Dò la paz viste pellico 131,5

Si no viste el temor alas, 132,7

Que viste la primauera 148,19

Viste de vario colores, 179,42

Sombras viste de sueño su cuydado. 229,9

Viste, sincera i pura, 229,1043

que no se viste de menos 229,2296

Sobre la grana que se viste fina, 263,353

De que Marte se viste, i lisongera, 263,382

Musicas hojas viste el menor ramo 263,590

Vestir vn leño como viste vn ala. 264,848

Que peñascos viste duros 268,27

Quando de flores ia el vulto se viste, 280,37

Que miente voz la inuidia i viste pluma? 281,12

Quien alas de cera viste, 284,3

Quien alas de cera viste, 284,15

Licida, el marmol que Neptuno viste 298,19

Viste al aire la purpura del dia. 315,16

Ornamento le viste de vn brocado 315,50

Donde el baculo viste peregrino 318,331

Llora la adulacion, i luto viste? 318,416

A sutil hebra la que el huso viste; 318,444

Viste ia de plumas, viste: 320,5

Viste ia de plumas, viste: 320,5

Viste alas, mas no viste 331,19

Viste alas, mas no viste 331,19

En las cortezas que el aliso viste, 365,13

Que viste plumas de fuego 377,27

Viste sus flechas tambien. 378,36

Viste armiños por tropheo, 389,7

Vuestras plumas viste el sol: 390,4

Marte, viste oi amante, 415,2

El aue viste, que es de el sol tropheo. 457,4

Porque, como viste i vi, 499,144

Vistela *2*

Vistela? Si. Tenia peste, 229,1322

Vistela con el pellico 378,7

Visten *20*

Las nobles paredes visten 48,42

Veen pompa, visten oro, pisan flores. 77,34

Quando las tinieblas visten 111,35

Que visten raios de luto 143,19

Del color visten de el cielo, 144,23

Que visten hojas de inquîèto lino; 162,2

visten de Amor los virotes. 229,591

Guedejas visten ia de oro luciente. 230,23

Visten piadosas iedras: 263,219

Mallas visten de cañamo al lenguado, 264,91

Por los que visten purpura leones, 298,43

Que visten, si no vn Fenix, vna plaza, 318,499

Ellos visten nieue, 350,3

Ellos visten nieue, 350,11

Ellos visten nieue, 350,19

Ellos visten nieue, 350,27

Ellos visten nieue, 350,35

Que visten esa pared, 355,70

Visten por corteças 356,69

Si le visten al capon 410,9

Vistes *1*

De ardientes llamas vistes en el cielo, 32,8

Vistiendo *3*

Soplo vistiendo miembros, Guadalete 264,727

Alas vistiendo, no de vulgar fama, 364,12

Lunado signo su esplendor vistiendo, 391,10

Vistiendose *2*

Vistiendose miembros bellos, 149,89

Vistiendose aquello el 412,21

Vistieron *1*

Vistieron de celosia: 269,1005

Vistio *2*

Vistio vn lacaio i tres pages 73,71

Me vistio desta manera. 237,10

Vistiò *15*

El que vistiò las Mezquitas 49,13

Vistiò Flamenco tapiz, 82,70

Que vistiò la humanidad, 95,22

Vistiò galan el clauel, 217,38

la beldad vistiò almalafas, 229,530

Le vistiò, i dexar le manda 240,12

Negras plumas vistiò, que infelizmente 263,739

De las escamas que vistiò de plata. 264,327

La vez que se vistiò Paris 322,77

Que viendo quien la vistiò, 322,93

Vana piel le vistiò al viento, 333,75

Las duras zerdas que vistiò zeloso 415,1

Vistiò tus paredes voto, 416,22

Vistiò Aganippe. Huis? No quereis veellos, 431,12

I de que se vistiò? De verde i pardo, 499,94

Visto *42*

Has visto, que en tus aguas se han mirado, 22,13

He visto blanquéàndo las arenas 54,9

Que no han visto las edades 63,206

Haga que adore en paz quien no le ha visto 77,63

I los que la han visto bien, 85,14

Descalçarle ha visto el Alua 88,41

Cosas, Celalua mia, he visto estrañas: 108,1

El mar he visto en Latin: 111,26

Diuidido he visto el Sol 143,3

Su edad, ia aueis visto el diente, 148,29

Ni se ha visto, ni se oiò! 161,72

Pintado he visto al Amor, 178,1

I aunque le he visto pintado, 178,2

i oi la nouia he visto io 229,1295

con lo que he visto no mas. 229,1778

ha visto de vn palomar. 229,3289

Hase visto tal traicion? 229,3294

No se ha visto cosa igual. 229,3334

no le ha visto tal Toledo. 229,3477

Ni le ha visto; si bien pincel súàue 261,251

La nouilla he visto. Passo. *268,39*
La nouilla he visto. Passo. *268,49*
La nouilla he visto. Passo. *268,59*
La nouilla he visto. Passo. *268,69*
Viue Dios, que no me visto *269,336*
De las pieles en que he visto *269,337*
Romper la tierra he visto en su avesana *273,5*
Pues he visto tu salud, *310,31*
En agraz he visto io. *321,4*
Lo que he visto a ojos cerrados *322,189*
Quien ha visto lo que io? *331,3*
Quien ha visto lo que io? *331,16*
Quien ha visto lo que io? *331,29*
Quien a visto lo que io? *331,42*
Quien ha visto lo que io? *331,55*
Quien ha visto lo que io? *331,68*
No ha visto a su Belisa, i ha dorado *339,7*
Tanto he visto celestial, *352,29*
Por esos lodos he visto *408,2*
Visto su caudal i traça, *486,12*
Nunca se ha visto la frente *493,10*
Fue visto de la casta caçadora. *499,107*
Vistos *1*
Vistos bien los autos, fallo *269,1761*
Vistosa *1*
En la vistosa laxa para el graue; *264,807*
Vistosamente *1*
Nacer la gala mas vistosamente, *246,4*
Vistoso *1*
Fresco, vistoso i notable, *63,38*
Vistosos *2*
Dos mil vistosos vltrages, *63,160*
Con vistosos trages Moros; *158,35*
Vital *7*
De su Clori romper la vital trama. *53,8*
Dèl vital glorioso leño *209,25*
i de el balsamo vital *229,2843*
Quanto estambre vital Cloto os traslada *263,899*
De aquel vital estambre? *280,28*
Cloto el vital estambre de luz baña *318,93*
En el vital estatuto, *322,416*
Vitales *1*
Menos vitales, estuuo, *322,456*
Vitela *1*
Pidiendo, si vitela no mongana, *278,7*
Vitoria *1*
Escuche la vitoria io, o el fracasso *277,13*
Vituperio *1*
vituperio de los hombres, *229,2865*
Viua *24*
Lengua muerta i bolsa viua, *6,104*
Bolsa viua i lengua muerta, *6,107*
Con tus altos muros viua *132,61*
"Viua Philippo, viua Margarita, *137,13*
"Viua Philippo, viua Margarita, *137,13*
Dèsta suerte es bien que viua; *206,17*
no viua io muchos dias *229,698*
El diffuso canal dèsta agua viua; *244,10*
Muerta de amor i de temor no viua. *261,352*
Madona? Leonora viua. *269,308*
Si, Doctor, assi io viua, *269,771*
I eterno mi desden viua? *269,1137*
Tan hermosa viua quies *269,1728*
El olio que guardò viua *275,107*

"Viua mi fee, *287,37*
Viua mi fee. *287,43*
Viua mi fee. *287,51*
Viua mi fee. *287,59*
Viua quanto *306,9*
Viua quanto *306,26*
Viua quanto *306,43*
La esperança siempre viua *310,14*
"Viua el amor de Fileno, *353,37*
Viua la fee de Belisa, *353,41*
Viuais *1*
Viuais, que algun inuidioso *242,134*
Viuas *3*
Al osado Pháèton llorastes viuas, *46,2*
Ardiendo en aguas muertas llamas viuas. *218,14*
Sacras plantas, perpetuamente viuas, *256,24*
Viuaz *3*
Que a la encina viuaz robusto imite, *264,285*
De espiritu viuaz el breue lino *343,3*
Del Alcornoque viuaz *358,38*
Viuda *7*
Que la viuda en el sermon *6,13*
Viuda del conde Rodulpho, *27,10*
Llegò en esto vna viuda mesurada, *68,9*
Mas que viuda en el sermon *82,91*
A la viuda, eso me mueue *105,46*
Aunque estais para viuda mui galana. *199,4*
Tortola viuda al mismo bosque incierto *295,10*
Vîùda *3*
Oy vîùda i sola, *4,3*
La vîùda honrada, *11,18*
Vîùda igual no tenia, *418,51*
Viudas *3*
Que aun en las viudas mas viejas *27,49*
Damas de haz i enues, viudas sin tocas, *69,6*
De algunas viudas de prendas *495,23*
Viudez *1*
Que la viudez me lastime *227,41*
Viudita *1*
De mui graue la viudita *123,11*
Vîùdo *3*
A vn vîùdo vn parabien, *94,28*
Turbe el agua a lo vîùdo; *257,8*
Da a su consorte ruiseñor vîùdo, *318,407*
Viue *14*
Viue con desenuoltura, *130,2*
Viue con desenuoltura, *130,26*
Viue con desenuoltura, *130,38*
Que viue con la montaña, *133,20*
Tan ceremonìòsamente viue, *203,100*
Que quien viue dèsta suerte, *206,16*
Viue Dios, que diera vn braço *229,840*
a los ojos donde viue. *229,2036*
Viue Dios, que no me quadra *229,2486*
Porque a la par de los escollos viue, *264,211*
Pues que receptando viue, *269,138*
Viue Dios, que no me visto *269,336*
Quisieralos, viue Dios, *269,1386*
Viue Casilda, i que son *269,1740*
Viuen *2*
Mas los que en las aguas viuen, *48,78*
Viuen en este arrabal, *495,2*
Viui *1*
Que viui muriendo *50,82*

Viuia *3*
Iunto a mi casa viuia, *57,49*
Del alma, con que viuia, *269,45*
I el viejo cieruo que a la par viuia *499,72*
Viuid *4*
Viuid en sabrosos nudos, *82,129*
En dulces trepas viuid *82,130*
"Viuid felices, dixo, *263,893*
Siempre viuid Esposos. *263,896*
Viuido *4*
Pues he viuido diez años *38,33*
Si he viuido bachillera. *269,1001*
Porque calçada ha viuido. *334,24*
Medio mes que aun no he viuido, *385,3*
Viuidor *1*
Dèl robre mas viuidor. *205,30*
Viuidora *3*
Verde tapiz de iedra viuidora; *21,8*
Al tronco de vna encina viuidora *137,3*
Hiedra viuidora *349,1*
Viuidoras *1*
No de las mas viuidoras, *375,26*
Viuidores *1*
Emulos viuidores de las peñas, *262,18*
Viuidos *1*
Prouida mano, "Ô bien viuidos años! *264,363*
Viuiera *1*
Que viuiera mas contenta *27,7*
Viuiere *2*
mientras viuiere Isabela; *229,2717*
Qual lo verà quien viuiere. *269,828*
Viuificando *1*
Viuificando estan muchos sus hueuos, *264,256*
Viuio *1*
Diez años viuio Belerma *27,1*
Viuiò *1*
Contenta viuiò con el, *27,5*
Viuir *7*
Viuir bien, beber mejor. *86,30*
ia, Camilo, has de viuir. *229,2377*
Es amigo de viuir? *269,1734*
Viuir apenas esplendor no saue, *318,594*
I no viuir alheli. *375,40*
Para viuir, si no holgado, *385,6*
Para viuir tan poco estàs lucida, *466,3*
Viuirà *1*
Tu Musa inspira, viuirà tu fama *35,5*
Viuirè *8*
Viuirè como desdichado; *287,38*
Viuirè, *287,39*
Viuirè como desdichado. *287,46*
Viuirè, *287,47*
Viuirè como desdichado. *287,54*
Viuirè, *287,55*
Viuirè como desdichado. *287,62*
Viuirè, *287,63*
Viuireis *1*
Libre viuireis, i sana *411,17*
Viuis *1*
Viuis, señora, engañada, *168,5*
Viuo *16*
Exemplos mil al viuo *25,49*
De veer quan al viuo tienes *28,62*
Pues que viuo io en su ausencia. *38,32*
Al viuo se le presentan, *62,42*

Cuerpo viuo en otro tiempo, *63,147*
Donde se veen tan al viuo *63,161*
Asado viuo por vos, *74,113*
Sin alma viuo, i en vn dulce fuego, *101,10*
Que siendo viuo, le diò *105,80*
Animosamente viuo, *106,29*
Vn mal viuo con dos almas, *131,67*
Està viuo i aun armado *178,3*
Dèl viuo amonestacion, *227,44*
que en vn cuerpo viuo, fuera *229,800*
quando no a vn viuo vn réàl, *229,1202*
Como Pyramo lo viuo, *322,397*
Viuora *4*
Ô ponçoñosa viuora escondida *23,3*
Viuora regalaua en su verdura, *43,8*
I la viuora en el seno; *102,26*
Viuora pisa tal el pensamiento, *263,747*
Viuos *5*
Que oi entre los viuos busco. *27,60*
De muertos viuos, de angeles callados, *180,13*
Que no se comieron viuos. *334,64*
Perros viuos al hombre, perros muertos, *367,9*
En la region de los viuos, *484,6*
Vive *2*
Vive con desenuoltura, *130,14*
Vive en este Volumen el que iace *271,1*
Vizcaino *1*
I el Vizcaino machete, *59,8*
Vizconde *1*
I Vizconde de los rios: *334,4*
Vllises *1*
Por mar Vllises, por tierra *257,43*
Vlloa *1*
Gloria del nombre de Vlloa, *121,102*
Vlpiano *1*
I qual si fuera Vlpiano, *408,7*
Vltimas *1*
Que las vltimas sombras de su vida *318,275*
Vltimo *7*
a lo vltimo lleguè, *229,75*
Del vltimo Occidente, *263,311*
De el Hymno culto diò el vltimo accento
    263,944
Heredado en el vltimo graznido. *264,936*
Que me ha de hallar el vltimo gemido, *399,3*
Hasta el vltimo volante. *416,20*
Grana es de poluo al vltimo suspiro. *421,22*
Vltimos *1*
Los vltimos nudos daba, *131,45*
Vltra *1*
Con su segundo Plus Vltra; *26,40*
Vltrage *4*
Vltrage milagroso a la hermosura *34,10*
Offenda las orejas este vltrage, *229,34*
Ô Isabela! No me vltrage, *229,3318*
Illustre injuria i valeroso vltrage. *425,14*
Vltragè *1*
Mas no por esso vltragè *27,69*
Vltragen *1*
Tus zelos mi fee no vltragen. *229,1315*
Vltrages *2*
Dos mil vistosos vltrages, *63,160*
Tomàra que estos vltrages *269,383*
Vltraja *1*
Que mi criado me vltraja *229,3384*

Vltraje *2*
Vltraje morbido hicieran *322,75*
Pisa espumas por vltraje. *389,8*
Vltramarino *1*
Con todo el villanage vltramarino, *264,30*
Vmbral *1*
Vmbral de su primer lustro, *322,82*
Vmbrales *6*
Plata fina sus vmbrales; *63,88*
No pisa pretendiente los vmbrales *203,109*
Tus vmbrales ignora *263,124*
Tantas vezes repita sus vmbrales, *263,814*
A sus vmbrales reuocò felices *263,846*
Los rudos troncos oi de mis vmbrales. *264,597*
Vmbria *1*
Fia su intento, i timida, en la vmbria *261,254*
Vmbrio *1*
Barbara choça es, aluergue vmbrio, *261,44*
Vmbrosa *4*
La verde selua vmbrosa, *25,4*
Meta vmbrosa al vaquero conuecino, *263,581*
Alcandara hizo vmbrosa *322,291*
Piseis del Betis la ribera vmbrosa; *465,11*
Vmbroso *4*
A vn fresco sitîàl dosel vmbroso, *261,310*
Vmbroso Coliseo ia formando, *263,959*
Del bosque le ofreciò vmbroso *357,106*
Que en lo vmbroso poco vuele *483,12*
Vña *1*
Io siempre comiendo vña, *229,1196*
Vñas *8*
No comer sino vñas, *50,87*
Cernicalos de vñas prietas. *62,48*
Donde colgarè las vñas, *84,7*
Saludables de vñas, *160,115*
Cernicalos de vñas negras *228,17*
en tus vñas? Fuerça poca *229,1479*
el pollo, que de las vñas *229,2428*
Que fueron de vñas tan malas. *269,350*
Vncion *2*
Que dada la vncion, *160,51*
Vn poco al fin de la vncion *269,1630*
Vndosa *12*
La vndosa rienda al crystalino freno *16,10*
Descubriò, i su barba vndosa, *149,108*
Vistan de el rio en breue vndosa lana; *263,837*
No alada, sino vndosa, *264,7*
En su vndosa campaña. *264,178*
En la officina vndosa de esta plaia, *264,586*
Conduce sacros, que te haze vndosa *318,555*
Tumulo de vndosa plata; *319,4*
Pues tomastes carne vndosa *334,15*
Vndosa puente a Calidonia fiera. *359,4*
Vndosa de crystal, dulce Vihuela; *365,4*
Vndosa tumba da al farol del dia *403,1*
Vndosamente *1*
Vndosamente fîèl, *378,30*
Vndosas *1*
Lisonjas hacen vndosas *333,9*
Vndoso *11*
Ciñe tu frente, tu cabello vndoso, *22,4*
El raudo curso de este vndoso rio, *46,11*
El seno vndoso al humido Neptuno *72,19*
Verde el cabello vndoso, *166,1*
Negro el cabello, imitador vndoso *261,57*

El campo vndoso en mal nacido pino, *263,371*
Centellas saca de crystal vndoso *263,578*
En marmol engastada siempre vndoso, *264,368*
De Pisuerga al vndoso desconsuelo *318,413*
Tajo la venera vndoso. *357,12*
A nimpha que peinaua vndoso pelo, *402,6*
Vne *1*
La vista os vne, el numero os difiere; *470,9*
Vnguentos *1*
Vnguentos priuilegian oi súaues *248,3*
Vnica *1*
Si vnica no en la essencia. *275,20*
Vnico *5*
Pues fuistes cada qual vnico en su arte: *40,10*
Mas ai, que es vnico hijo *229,278*
Que es hijo vnico? Bueno. *229,280*
Qual ia el vnico pollo bien nacido, *279,16*
Vnico Phenix es mi amor constante, *457,9*
Vnicornio *1*
Como el Vnicornio, *11,15*
Vnida *1*
Desatandose va la tierra vnida; *393,6*
Vnidad *1*
Su vnidad, i de igual modo *209,13*
Vniò *3*
Cera i cañamo vniò, que no debiera, *261,89*
De mas echos que vniò cañamo i cera *261,91*
Que vario sexo vniò i vn surco abriga. *261,480*
Vnion *1*
Industrîòsa vnion, que ciento a ciento *324,2*
Vnir *1*
Ô quiera DIOS vnir en liga estrecha *421,34*
Vniuersal *3*
Vniuersal oiente, *103,18*
Vniuersal, el Duque las futuras *318,458*
Vniuersal emporio de su clauo *318,538*
Vniuersidad *1*
Vende la Vniuersidad, *126,24*
Vniuersidades *1*
Poblar Vniuersidades, *63,118*
Vntandoles *1*
mas vntandoles los quicios, *229,626*
Vóàcè *1*
Consuelese Vóàcè, *242,117*
Voca *14*
I los dientes en la voca: *28,64*
La dulce voca que a gustar conuida *42,1*
La voca no es buena, *65,53*
El aliento de su voca, *82,29*
Si no habla por la voca, *82,79*
entre la voca de el vno *229,160*
para parir por la voca. *229,169*
Marcelo, vn punto en la voca. *229,313*
i que se os viene a la voca. *229,817*
Ierra la mano a la voca, *229,1955*
el darte vn punto en la voca. *229,2513*
Laureta, la voca no abras *229,2876*
por esta voca cerrada. *229,3549*
El prodigioso fuelle de su voca; *261,348*
Vocaci *1*
Habla por el vocaci. *82,80*
Vocal *6*
I del leño vocal solicitado, *289,5*
Attraer pudo, vocal RISCO attraia *290,13*
De la vocal en esto Diosa alada, *318,469*

Pompa, que vocal sepulchro *322,106*
Vocal sombra vino a ser. *378,56*
De su vocal magisterio. *481,4*
Vocales *2*
Silencio en sus vocales tintas miente; *361,8*
Cueros votos de auer sido vocales *437,5*
Vocas *4*
Que por las vocas dèl viento *39,5*
Gentiles hombres, solo de sus vocas, *69,3*
Por las vocas de el Nilo el Orîènte. *261,436*
Vocas, de paz tan dulce alimentadas, *421,40*
Voces *17*
Dando voces con silencio: *49,88*
A quatro i a cinco voces *63,183*
Voces en vano dio', passos sin tino. *100,4*
Eco, de nuestras voces *103,17*
Las tristes piadosas voces, *131,50*
De suspiros i de voces, *179,34*
Que en voces, si no metricas, súàues, *203,20*
No todas las voces ledas *214,8*
Quando albricias pidiò a voces *216,41*
con lagrimas i con voces, *229,621*
la fama, i lo dice a voces. *229,865*
Que voces das? Estàs loco? *229,2738*
De dar voces al desierto, *242,81*
Quantos siluos, quantas voces *268,1*
La alcançaron tantas voces *268,31*
Quantos siluos, quantas voces *352,1*
En voces agradecidas? *388,30*
Vocina *1*
La Vocina, el Carro *65,223*
Vocinas *3*
Sonantes cuernos son, roncas vocinas: *142,13*
Sonantes cuernos son, roncas vocinas: *142,31*
Sonantes cuernos son, roncas vocinas: *142,49*
Vocinglero *1*
Tan vocinglero instrumento: *259,15*
Voi *23*
Huiendo voi, con pie ia desatado, *43,11*
"Io me voi, i no te dexo; *49,94*
A vista voi (tiñendo los alcores *52,9*
I io me voi a enterrar. *95,52*
De chinches i de mulas voi comido; *200,1*
Dulce hermana, io me voi. *229,312*
Llamame a Camilo. Voi *229,377*
que io me voi a reñir *229,708*
Mas donde voi? Donde vas? *229,1012*
Vete, que tras de ti voi. *229,1025*
Descubriendo tierra voi, *229,1260*
Io voi siendo el instrumento *229,1432*
Io me voi a encomendar *229,2115*
Vete, ingrato. Io me voi, *229,2137*
A mandar ensillar voi: *229,2736*
Vienes, amigo? Ia voi. *229,2894*
Quedese esto aqui, que voi... *269,366*
Mientras que io voi a ver *269,519*
Voi pues. Adonde? A mi casa *269,873*
I sin mas aguardar, voi *269,934*
Voi, señor Gouernador. *269,1649*
Io me voi, a Dios quedad. *269,1867*
I por Ines voi corrido: *419,90*
Voime *7*
voime, aunque con vos me quedo. *229,142*
Voime, i hacello confio. *229,364*
Amigo. Voime. Ô desuio! *229,1162*

Bostezas? Voime a dormir. *229,3347*
Voime, i si acà te le embio, *269,379*
Voime. Deteneos, que el dia *269,1951*
Pero voime. Presto. Vamos. *499,299*
Volad *2*
Volad al viento, suspiros, *9,41*
Nadad, pez, o volad, pato, *287,83*
Volado *1*
Con lo que ha escrito de lo que ha volado.
  315,40
Voladora *1*
Mueue el viento la hebra voladora *36,6*
Voladores *1*
A los cierbos voladores *48,39*
Volando *3*
Que volando pico al viento *96,69*
Volando en cera atreuido *357,19*
Graznar volando al despuntar del dia. *404,34*
Volante *5*
La mas volante flecha; *127,27*
Contiene la republica volante *203,23*
La delicia volante *264,762*
Alta haia de oi mas, volante lino *276,9*
Hasta el vltimo volante. *416,20*
Volantes *6*
I los volantes de Venus *131,99*
Vagas cortinas de volantes vanos *261,213*
A pesar luego de aspides volantes, *263,419*
Volantes no galeras, *263,605*
Ven, Hymeneo, i las volantes pias *263,806*
Rosadas plumas o volantes rosas *457,3*
Volar *6*
Para volar su perdiz *107,37*
Con plumages a volar *122,7*
Volar quieres con alas a lo pollo, *234,3*
Volar, a solo vn angel lo aconsejo, *451,7*
Volar no viò esta vez al buei barbado. *451,14*
En blancas plumas ver volar los años. *465,14*
Volarà *2*
Que volarà antes de vn mes". *78,80*
Que su honor volarà en poluo; *83,28*
Volentieri *1*
Volentieri. Vi ringracio. *269,756*
Volò *3*
Volò mas temeroso a la espessura; *43,4*
que volò como nebli. *229,2453*
No volò como ella anduuo; *322,162*
Volubilidad *1*
La volubilidad reconocida, *247,8*
Volubles *1*
De los volubles polos ciudadanos, *264,660*
Volued *1*
Volued luego a Montesinos *27,41*
Voluer *2*
dagas, me quiero voluer. *229,3464*
Que, os quereis voluer ia? Quiero *229,3468*
Voluerà *2*
voluerà contigo a casa. *229,2249*
que voluerà a andar ahora. *229,2769*
Voluerànla *1*
Voluerànla penas *65,63*
Voluerè *1*
Voluerè a ser pastor, pues marinero *118,9*
Voluerme *2*
Desseando, pues, voluerme *229,584*

voluerme a mi Mocejon. *229,3469*
Voluia *1*
Voluia de noche a casa, *26,25*
Voluiase *1*
Voluiase, mas no mui satisfecha, *264,499*
Voluiendo *2*
Los ojos atràs voluiendo *49,98*
Voluiendo los ojos ella *215,53*
Voluieran *1*
Porque no voluieran *494,40*
Voluiò *2*
Voluiò al lugar donde estaba, *161,101*
Boluiò al mar Alcîòn, voluiò a las redes *165,1*
Voluiste *1*
que la voluiste a dexar? *229,1323*
Volumen *6*
Crespo volumen vio de plumas las bellas *246,3*
Vive en este Volumen el que iace *271,1*
Letras contiene este Volumen graue; *272,2*
Pliega el dorado volumen *355,49*
Liò el volumen, i picò el vagage; *367,2*
I vn bien immenso en vn volumen breue; *425,4*
Voluntad *16*
De su voluntad forçado, *93,47*
Fiase la voluntad *95,38*
Con voluntad vna fiera *177,13*
o de la voluntad mia, *229,108*
Es mi voluntad sincera. *229,1151*
violenta mi voluntad, *229,1373*
la voluntad que me offreces. *229,1696*
La voluntad le ha offrecido. *229,1699*
de vna i otra voluntad. *229,2106*
El alma, la voluntad. *269,544*
Teneisle amor? Voluntad. *269,915*
Para atar mi voluntad, *269,1087*
A la voluntad de Enrico. *269,1111*
Con voluntad verdadera *269,1547*
Si cudicia o voluntad *416,35*
Voluntad por obediencia. *498,20*
Voluntades *1*
De rebeldes voluntades, *63,146*
Vomita *2*
Espira luz i no vomita lumbre, *112,3*
Llamas vomita, i sobre el iunque duro *230,44*
Vomitado *1*
I luego vomitado *263,23*
Vomitando *2*
Aljofar vomitando fugitiuo *264,321*
Bebiendo zelos, vomitando inuidia! *318,216*
Vomitar *2*
I vomitar la tierra sus entrañas; *108,4*
Vomitar ondas i açotar arenas. *264,417*
Vomite *1*
Milenta vomite el gato. *124,16*
Vomitò *1*
De quantas vomitò riqueças graue *261,435*
Voquirrubio *1*
Aquel Frances voquirrubio. *27,4*
Voquirubio *1*
Voquirubio Toledano, *89,3*
Voracidad *1*
Del interes voracidad horrenda, *318,268*
Voraz *4*
Descubro, ese voraz, ese profundo *264,402*
Voraz ia campo tu elemento impuro! *318,378*

Del voraz fue, del lùcido elemento, *324,6*
Voraz simil cada qual *329,6*
Vosanzed *1*
Oies vosanzed, el rabia, *305,26*
Vosquexado *1*
Le ha vosquexado ia en su fantasia. *261,252*
Votado *1*
Que sus errantes passos ha votado *262,31*
Votan *1*
Sus passos votan al Pilar sagrado; *318,334*
Votarè *1*
I votarè a tu templo mi camino. *92,14*
Voto *7*
Lagrimas Licio, i de este humilde voto *53,6*
Ese cerro gentil, al voto mio *229,2158*
Al voto del mancebo, *263,282*
A mi voto en Portugal, *288,68*
El quadragesimal voto en tus manos, *398,13*
Vistiò tus paredes voto, *416,22*
(Al voto de vn mui critico i mui lego) *434,2*
Votos *5*
De espada votos, i de toga armados, *318,258*
Votos de España son, que oi os consagra *323,9*
Besando el marmol desatar sus votos. *421,52*
Cueros votos de auer sido vocales *437,5*
Votos perdonando agenos, *482,3*
Voz *69*
Qual con voz dulce, qual con voz doliente, *14,6*
Qual con voz dulce, qual con voz doliente, *14,6*
I en alta voz le digo: *25,35*
La triste voz del triste llanto mio; *33,4*
Siendo tuia la voz, i el canto de ella. *35,14*
Gallardas plantas, que con voz doliente *46,1*
Con el timon o con la voz no enfrenas, *54,13*
I lleuò la voz". *80,42*
I la voz, no el instrumento, *91,54*
Con su instrumento dulce su voz clara. *104,11*
Que mil vezes mi voz te reuocàra, *104,13*
Vieras (muerta la voz, suelto el cabello) *120,30*
Lo dulce de la voz, *125,16*
La voz de aquel inocente *130,23*
Siluò el aire, i la voz de algun desseo, *137,12*
Saludarè tu luz con voz doliente, *139,9*
Oyò su voz lagrimosa *149,56*
Sino meter vna voz, *161,74*
La dulce voz de vn seraphin humano. *196,8*
De que la alcance aun su voz *215,55*
De dulce voz i de homicida ruego, *218,3*
No es voz de fabulosa Deidad esta, *250,9*
El trueno de la voz fulminò luego: *261,359*
Mi voz, por dulce, quando no por mia. *261,384*
Su horrenda voz, no su dolor interno, *261,465*
Que les miente la voz, i verde cela *263,588*
A la voz el psalterio; *263,670*
El Echo, voz ia entera, *263,673*
De zagalejas candidas voz tierna *263,765*
Señas mudas la dulce voz doliente *264,42*
I a su voz, que los juncos obedecen, *264,217*
A la voz concurrientes del anciano. *264,254*
I con siniestra voz conuoca quanta *264,883*
Voz que es trompeta, pluma que es muralla. *264,965*
La voz tengo de Iacob, *269,459*
Su cielo darà vna voz, *269,1334*
El imperio de mi voz, *269,1520*

Tu voz, tu baston, tu Troia; *269,1531*
Lastimando tu dulce voz postrera *280,8*
Que miente voz la inuidia i viste pluma? *281,12*
Al culto padre no con voz piadosa, *291,5*
Con voz doliente, que tan sorda oreja *295,13*
A voz el cachopinito, *301,40*
Alta rûina, voz deue canora. *316,8*
Siguiò a la voz, mas sin dexar rompido *318,97*
El organo de la voz, *322,67*
Si reuocando su voz *322,251*
Vna voz dieron los cielos, *331,10*
Que era luz aunque era voz, *331,12*
En el crystal de vna voz? *332,17*
Vengan (aunque es la voz antigua) cedo, *342,5*
Si descansan los ojos, llore la voz. *345,14*
Esta mi voz perdida *345,19*
Señas teme, si no voz; *377,14*
Dar entera voz al valle, *378,59*
I a su voz el verde margen, *389,22*
I a mi voz sûaue *389,63*
De caña que ahora es voz. *390,52*
Responda, pues, mi voz a beldad tanta; *395,12*
Que la beldad es vuestra, la voz mia. *395,14*
Ollai la mejor voz es Portuguesa, *397,7*
Instrumento a mi voz serà acordado. *400,4*
Obscuro, pues, la voz como la pluma, *404,9*
Perdiò la voz de placer. *419,24*
La voz, mas fue de pesar, *419,27*
Su voz i dulcemente se querella, *424,6*
Ni voz que no la acusen de extranjera. *434,11*
La humilde voz, el misero gemido *499,16*
Escuche al que le informa en voz doliente *499,32*
Vozes *22*
I no darà vozes *4,45*
En altas vozes la llama: *10,10*
Que estas vozes escuchaua, *10,50*
No a escuchar vuestras vozes lisongeras, *172,5*
De armas, vozes, i de perros *178,35*
Las vozes que en la arena oie lasciuas; *218,11*
Viendo el fiero pastor, vozes el tantas, *261,470*
Numero crece i multiplica vozes. *263,232*
Choros texiendo, vozes alternando, *263,540*
A la turba, que dar quisiera vozes, *264,44*
Vozes de sangre, i sangre son del alma. *264,119*
Quantas vozes le di! Quantas en vano *264,453*
Sorda a mis vozes pues, ciega a mi llanto, *264,465*
Poca poia, i muchas vozes, *269,447*
Señores mios, que vozes *269,777*
Vozes darà sin concierto: *269,1659*
I a las vozes saldrà Enrico; *269,1661*
Oies vozes? Vozes oio, *301,30*
Oies vozes? Vozes oio, *301,30*
Cita a vozes, mas sin fruto; *322,366*
Afecta mudo vozes, i parlero *361,7*
Por el horror que algunas vozes dan. *453,4*
Vrbana *3*
Sabrosas treguas de la vida vrbana, *203,82*
Vrbana al sueño, barbara al mentido *261,259*
Agricultura vrbana. *263,704*
Vrbano *2*
Acogiò al huesped con vrbano estilo, *264,216*

Al siempre VRBANO santo, *421,27*
Vrca *2*
Si vna vrca se traga el Oceàno, *135,12*
El menor leño de la maior vrca *264,564*
Vrdiò *1*
Menos vrdiò en su baxel *257,49*
Vrganda *1*
Guardaos del, i de vna Vrganda, *229,441*
Vrias *1*
Pero seran las de Vrias *269,237*
Vrna *28*
Por darlas a tu vrna *103,15*
Fuego tributa al mar de vrna ia ardiente. *109,4*
Breue vrna los sella como huesos, *119,9*
Lo caduco esta vrna peregrina, *136,5*
El rio desde su vrna, *149,57*
I en vrna breue funerales danças *175,7*
A ellos serà el Tajo vrna pequeña. *229,1039*
Vrna es sagrada de artificio raro, *229,2166*
Vrna de alabastro fueron *239,29*
El Betis esta vrna en sus arenas *245,3*
Dexa su vrna el Betis, i loçano *250,12*
Su vrna lagrimosa, en son doliente, *260,4*
Vrna es mucha, pyramide no poca. *261,492*
Vrna suia el Occéano profundo, *264,163*
Vrna de Aquario la imitada peña *264,226*
Nadante vrna de canoro rio. *264,555*
Tanta vrna, a pesar de su dureza, *274,12*
De lagrimas vrna es poca. *284,10*
Vrna suia los terminos del mundo *289,13*
Vrna hecho dudosa jaspe tanto, *298,11*
Sino en vrna decente, *312,9*
Felicidad, i en vrna sea dorada, *318,218*
La vrna de el Eridano profundo *318,278*
Pisuerga sacro por la vrna propia, *318,365*
Aun la vrna incapaz fuera de el Nilo. *318,414*
En symetrica vrna de oro. *319,10*
En vrna dejò decente *322,501*
Vrna que el escarmiento le ha negado, *363,6*
Vrnas *3*
Sobre dos vrnas de crystal labraûas, *12,1*
Vrnas plebeias, thumulos Réales, *253,1*
Generosa piedad vrnas oi bellas *314,9*
Vrtase *1*
Vrtase al mundo, que, en tocando el suelo, *404,45*
Vsa *5*
Ponga pues fin a las querellas que vsa, *41,9*
Se vsa tomar hasta el Sol, *227,4*
Miento, que no se vsa ia *229,214*
El amigo que oi se vsa, *269,72*
De flacos remedios vsa; *414,9*
Vsad *1*
Vsad de esos dones bien, *355,66*
Vsan *1*
De los que se vsan oi. *229,213*
Vsando *2*
I vsando al esparcir tu nueua lumbre *17,6*
Vsando al entrar todos *264,56*
Vsar *3*
I el comitre mandò vsar *38,39*
Fuerçan a vsar de ventosas *269,595*
Que el Betis sabe vsar de tus pinzeles. *458,14*
Vsaua *1*
Que se vsaua contra el, *78,56*

Vse *2*
Por mas remedios que vse, *75,38*
Vse de ellos de oi mas vuestra heredera, *448,6*
Vso *7*
Con lagrimillas al vso; *27,86*
La cabeça al vso, *65,33*
Ama al vso de la gente: *229,964*
Ama al vso de la gente: *229,988*
Ama al vso de la gente: *229,1004*
ama al vso de la gente: *229,1394*
Con la herramienta al vso. *322,124*
Vsurpado *1*
Aueis para viriles vsurpado; *13,8*
Vtilmente *1*
Tiranniza los campos vtilmente; *263,201*
Vuela *29*
Corre fiera, vuela aue, pece nada, *33,2*
A los de su Dama vuela, *62,46*
Vuela, pensamiento, i diles *91,12*
Vuela, pensamiento, i diles *91,23*
Vuela, pensamiento, i diles *91,34*
Vuela, pensamiento, i diles *91,45*
Vuela, pensamiento, i diles *91,56*
Vuela el cabello sin orden; *131,102*
Armado vuela, ia que no vestido? *139,4*
No es de aquel violin que vuela *214,23*
Ven, Amor, si eres Dios, i vuela; *226,27*
Vuela, Amor, por vida mia; *226,28*
Ven, Amor, si eres Dios, i vuela; *226,40*
Vuela, Amor, por vida mia; *226,41*
quanto vuela, i quanto corre. *229,579*
i en el campo llano vuela. *229,644*
Que vuela rei en su desnuda arena, *229,1069*
Quedate en paz. Ella vuela. *229,1334*
Gallardo por aqui vuela, *229,1448*
harpon el niño que vuela *229,1910*
mas ni aun vuela sus confines. *229,2056*
Aguarda a Lelio, vuela, *229,2714*
i que sin mouerse vuela: *229,2813*
Es verdad. Al cielo vuela *229,3256*
Vuela sin orden, pende sin asseo; *261,60*
De crestas vuela, de oro coronado, *279,17*
Que vuela i sabe nadar. *287,78*
Que vuela i sabe nadar". *287,92*
Ô gloria de quanto vuela, *390,41*
Vuelan *3*
Vuelan los ligeros años, *29,13*
Segun vuelan por el agua *132,1*
que ha muchos dias que vuelan *229,2304*
Vuelas *1*
Poco vuelas, i a mucho te dispones! *229,1033*
Vuele *1*
Que en lo vmbroso poco vuele *483,12*
Vuelen *2*
Porque vuelen sus desseos, *49,62*
Las horas vuelen; mas ai, *354,35*
Vuelo *15*
Pues entre las rúinas de su vuelo *32,5*
El loco fin, de cuio vuelo osado *45,3*
En roxa sangre) de tu dulce vuelo, *52,10*
Tu vuelo con diligencia *91,15*
Esto Amor solicita con su vuelo, *174,12*
Torpe ministro fue el ligero vuelo *175,13*
Mal su fugitiuo vuelo. *215,46*
Que argenta el ayre con su dulce vuelo. *229,24*

I aquel, quien es, que con osado vuelo *229,2212*
Que a la precisa fuga, al presto vuelo *261,223*
Sepulchro el mar a su vuelo, *287,60*
I vuestra pluma vuelo de la Fama. *292,14*
No lo fomentan plumas de tu vuelo". *340,14*
Diminúilles su vuelo. *354,30*
Quien pudiera dar vn vuelo *388,1*
Vuelta *5*
Daba luego vuelta a Flandes, *26,41*
Mi vuelta serà mui breue, *59,50*
Que de Lazaro fue la vuelta al mundo; *101,6*
la vuelta sea. Ô traidora, *229,3471*
Que pues la vuelta ignoro, i Balthassara *462,10*
Vueltas *2*
Lançando a vueltas de su tierno llanto *18,9*
Quantas vueltas a tu ierro *322,431*
Vuelto *3*
I el claro dia vuelto en noche obscura, *36,10*
El tuio vuelto al rebes. *229,1306*
Mortal son Pyramo vuelto *322,419*
Vuelua *6*
Se vuelua, mas tu i ello juntamente *24,13*
Que alegre yo vuelua a veer *78,74*
Dexadle vuelua a jugar *107,65*
Vuelua io, Amor, a la aldea *286,27*
Vuelua a su officio, i al rocin alado *429,10*
Guardate no se vuelua el perro de Alua, *435,6*
Vueluan *1*
"Que vueluan a cantar aquel sonetto". *202,14*
Vueluas *1*
a que vueluas por mi honor. *229,3343*
Vuelue *6*
Vuelue pues los ojos tristes *39,13*
De veer cada uez que vuelue *57,22*
que se vuelue de Madrid. *229,2409*
i vuelue aqui por mi honor, *229,3370*
Quando vuelue, el Tajo rubio. *322,480*
Vuelue a su dueño, mas cadenas de oro *444,10*
Vueluen *2*
Las espaldas vueluen todos *288,101*
I vueluen enxertas. *494,11*
Vuelues *2*
Leuantas el arco, i vuelues *26,113*
Que vuelues impertinente *229,1384*
Vueluete *2*
Vueluete al lugar triste donde estabas, *23,10*
Vueluete acà, que no es hora. *229,380*
Vueluo *3*
Vueluo, ô Violante, mil veces *229,1697*
A recibir vueluo a Lelio *229,2097*
Me vueluo a la que me espera *259,103*
Vueluome *1*
Vueluome. Vaias con Dios. *229,2107*
Vulcano *3*
Bobeda o de las fraguas de Vulcano *261,27*
Que a Vulcano tenian coronado: *263,93*
El acero que Vulcano *322,421*
Vulgar *4*
Fraude vulgar, no industria generosa *264,781*
Son mas Francos que en vulgar. *288,96*
Alas vistiendo, no de vulgar fama, *364,12*
Palustres aues? Vuestra vulgar pluma *431,13*
Vulgares *2*
Ven, Hymeneo, i plumas no vulgares *263,793*

Si estrañaren los vulgares, *275,113*
Vulgo *9*
I de los niños i el vulgo *49,7*
El vulgo de esotras hierbas, *217,21*
Hagaos por bien quisto el vulgo *242,129*
Vulgo lasciuo erraua *263,281*
(Entre vn vulgo nadante, digo apenas *264,415*
Del vulgo, en todo ignorante, *269,1301*
Que el vulgo se satisfaga *269,1310*
De las orejas de el vulgo; *322,14*
Lugar te da sublime el vulgo ciego, *426,1*
Vulto *19*
Vulto de ellos formàra, aunque hiciera *34,9*
Sombras suele vestir de vulto bello. *44,11*
El vulto vio, i haciendole dormido, *261,257*
En lo viril desata de su vulto *261,285*
Niega el bello que el vulto ha colorido; *263,770*
Marino Dios, que el vulto feroz hombre, *264,463*
El golpe solicita, el vulto mueue *264,470*
Quando de flores ia el vulto se viste, *280,37*
Vulto exprimiendo triste. *298,24*
Vn generoso anima i otro vulto, *312,4*
Quien deuoto consagra oi a tu vulto *315,79*
La deuocion al no formado vulto *318,46*
Que mucho, si afectando vulto triste, *318,415*
Este, pues, varîando estilo i vulto, *318,575*
La tez digo de su vulto, *322,54*
Vulto humano el Ruiseñor. *331,20*
Hurtas mi vulto, i quanto mas le deue *343,1*
Religion sacra, que, doliente el vulto, *368,23*
Negando a tu bello vulto, *416,27*
Vultos *2*
Que en vultos de papel i pan mascado *255,6*
De tantos de tu madre vultos canos, *264,663*
Vuol *1*
Quel Dio non vuol, che col suo strale sprona *118,10*
Xalea *1*
Quando en melada trate, o en xalea, *445,13*
Xaral *1*
Deste espeso xaral la senda estrecha; *499,51*
Xarama *2*
De Xarama o de Torote. *107,48*
Los abrazos de Xarama, *334,27*
Xaraue *1*
Aueis tomado el xaraue *269,1886*
Xarcias *1*
Con mas cuerdas que xarcias vn nauio. *202,4*
Xarifa *2*
Para templarle a Xarifa *356,19*
Xarifa, Cynthia Africana, *356,21*
Xarife *2*
De las huertas de el Xarife, *356,7*
Tiene que el Xarife *356,65*
Xarifo *1*
Ni xarifo ni membrudo, *322,110*
Xeque *1*
— Io estar xeque. Se commego *305,29*
Xerez *2*
De los muros de Xerez, *78,76*
en Caçalla, i en Xerez, *229,2975*
Xerezano *1*
I tiempo que el Xerezano *88,103*
Xerga *2*

Quando no halda de xerga. *275,12*
Soror don Iuan, aier silicio i xerga, *444,1*
Xeringa *1*
El zumo de vna xeringa. *74,124*
Xerxes *1*
Al exercito de Xerxes, *75,23*
Ximenillo *1*
Llegò entonces Ximenillo, *88,93*
Xucar *2*
En los pinares de Xucar *144,1*
Que el Xucar laua en su aspera ribera. *459,8*
Xugo *3*
De alguna ierba algun secreto xugo, *53,11*
O el xugo beua de los aires puros, *264,295*
Que desprecia el Tyrio xugo. *322,276*
Ya *23*
(Si ya la antiguedad no nos engaña), *25,51*
A quien ya sabes que el Pastor de Anfriso *25,58*
Pero que ya andan vestidos, *58,15*
Ô ya isla Catholica, i potente *72,35*
Que ya fue de blancos lilios, *78,83*
Que eso es ya mui de cauallos, *96,4*
No ya de aues lasciuas *103,43*
Ô alma, que eres ya *103,53*
De cerdas, si ya no son *178,33*
Que es madre de perlas ya, *226,4*
Pide al Sol, ya que no paz, *226,10*
Si ya tu arrogancia es *226,36*
Embeuida ya en el arco *226,51*
Que ya sostuuo estrellas, *229,17*
No ya el Flamenco los tapices finos, *229,52*
Son ya memorias de Libia *229,66*
Glorioso ya, i penado, *229,89*
No ya de Libia ausente, *229,92*
ya que no podeis commigo *229,140*
Pues Camilo ha rato ya *229,407*
Es hora, hijo? ya es hora. *229,1288*
La tumba es ya, donde marchita iace. *229,1533*
Habla, que ya me cubri. *229,1804*
Yaze *1*
Que vn pecho augusto, ô quanta al fabor yaze
    318,213
Yelmos *1*
De los yelmos grauados, *72,16*
Yelo *2*
Que me tuuo el yelo *50,58*
Que de rios dèl yelo tan atados, *120,4*
Yelos *2*
Para los yelos de Maio, *28,10*
Ni a los yelos perdona, *120,11*
Yerba *7*
Entre la yerba, corre tan ligera *25,6*
Su villano troncon de yerba verde, *30,10*
I la verde yerba; *79,48*
Que, viendo la yerba arder, *116,11*
Corona la yerba. *142,18*
Corona la yerba. *142,36*
Corona la yerba. *142,54*
Yerro *3*
Mi yerro en sus herraduras; *98,20*
vn yerro añado a otro yerro. *229,137*
vn yerro añado a otro yerro. *229,137*
Yeruas *1*
A hazer que ciertas yeruas *73,42*
Ylec *1*

En vn mismo soneto con Ylec, *473,2*
Yr *2*
Que yr no es cosa conuiniente *269,875*
A jugar os podeis yr *269,1650*
Zabra *1*
No carauela, no zabra *300,36*
Zabras *2*
En las zabras, que allegaron *58,7*
De los que traxo en las zabras, *269,377*
Zabullios *1*
No borre, no, mas charcos. Zabullios. *431,14*
Zacatin *2*
hidalgo del Zacatin *229,2407*
Las Damas del Zacatin *243,66*
Zafir *1*
I vn engastado zafir. *418,39*
Zafiro *1*
Al zafiro, i la esmeralda. *144,26*
Zafiros *3*
Batieron con alterno pie zafiros. *318,520*
Sus zafiros celestiales *357,29*
Que raios ciñe, que zafiros pisa, *365,7*
Zagal *6*
Basta para vn zagal pobre *90,17*
A tu musico zagal, *192,6*
No desherreis vuestro Zagal; que vn clauo
    273,9
I el Zagal, *349,21*
Mucho lo siente el zagal, *357,69*
Al venablo del Zagal *358,22*
Zagala *4*
Otra con ella montaraz zagala *263,243*
Tanta offrecen los alamos zagala, *263,664*
Guarda corderos, Zagala; *378,1*
Zagala, no guardes fe, *378,2*
Zagaleja *2*
Como el de Amor la enferma zagaleja. *53,14*
Si quieres, pues, zagaleja, *378,57*
Zagalejas *2*
I a las Zagalejas *79,18*
De zagalejas candidas voz tierna *263,765*
Zagalejos *1*
Con todos sus zagalejos. *301,61*
Zagales *5*
Quien oiò, zagales, *216,13*
Quien oiò, zagales, *216,33*
"Quien oiò, zagales, *216,53*
De tres sueltos Zagales *263,1051*
Inuidia de los zagales, *389,34*
Zaguan *7*
que en el zaguan a su amo *229,822*
Quien saliere al zaguan, calle, *229,918*
que tras de el zaguan attenta *229,926*
queda? En el zaguan responde, *229,1661*
i de el page en el zaguan *229,2003*
Todos al zaguan desciendan. *229,2752*
Escriba en cada zaguan: *269,764*
Zahareña *2*
Zahareña i gloríòsa. *149,66*
Mas agradable, i menos zahareña, *261,305*
Zahareño *2*
De el rostro dulcemente zahareño, *44,7*
Ô Endimion zahareño! *229,1135*
Zaina *1*
Quien por vna muger zaina *269,18*

Zalà *1*
Zalema i zalà, *305,5*
Zalea *1*
Tiene zalea en la cama. *269,1629*
Zalema *1*
Zalema i zalà, *305,5*
Zalemas *1*
Zalemas de Seraphines. *300,39*
Zamba *1*
I por zamba perdiò Iuno. *322,80*
Zambra *1*
Taña el zambra la jaueuà, *305,9*
Zambras *1*
Con sus zambras i sus bailes; *63,32*
Zambrote *1*
A Iuppiter el zambrote. *107,60*
Zampoña *3*
Que despide vna zampoña, *149,20*
Que ha preuenido la zampoña ruda, *261,358*
No las infame tu zampoña ruda, *435,10*
Zanbanbu *4*
Zanbanbu, morenica de Congo, *207,15*
Zanbanbu. *207,16*
Zanbanbu, que galana me pongo, *207,17*
Zanbanbu. *207,18*
Zaphiro *6*
Quantas el celestial zaphiro estrellas! *261,367*
Que espejo de zaphiro fue luciente *261,419*
En campos de zaphiro pasce estrellas; *263,6*
Sobre el crespo zaphiro de tu cuello, *263,313*
Al balcon de zaphiro *264,613*
La leue da al Zaphiro soberano! *393,14*
Zarca *1*
Que fue vn tiempo ruuia i zarca, *29,34*
Zarco *1*
I vi que era rubio i zarco, *28,83*
Zayda *1*
Ni de Zayda los desdenes, *81,4*
Zefiro *7*
I aunque el zefiro estè, (porque le crea), *54,5*
Dèl Zefiro o dèl Amor; *142,22*
Daua al zefiro su frente *355,23*
Con el zefiro suspiros, *357,79*
En vn hijo del Zefiro la espera *359,5*
A qualquier zefiro cree. *378,16*
Cuios campos el zefiro mas puro *404,5*
Zefiros *3*
Al Sandoual en zefiros bolante *318,309*
Flechando luego en zefiros de España *318,511*
De los zefiros súàues, *389,4*
Zegries *1*
De Zegries i Gomeles, *63,3*
Zeilan *4*
No ia qual la de Zeilan, *211,21*
Zeilan, Malaca i Pegu. *269,1926*
Zeilan quantas su esfera exhala roja *318,475*
De rubíès de Zeilan *322,467*
Zela *3*
que Lelio zela a Camilo, *229,2320*
Quien de tu muger te zela, *269,898*
De nueuos dogmas, semiuiuo zela, *318,590*
Zelada *2*
Bien vestida i mal zelada, *6,20*
Tan zelada de su padre, *149,35*
Zelador *1*

Si el feruoroso zelador cuidado *218,5*
Zelan *2*
Zelan oi, zelan mañana; *98,46*
Zelan oi, zelan mañana; *98,46*
Zelando *1*
Humildemente zelando *357,15*
Zelante *2*
Zelante i charitatiua, *275,29*
Zelante altera el judicioso terno *318,159*
Zelestes *1*
Arcos zelestes vna i otra caña. *318,512*
Zelestial *2*
Aplauso zelestial, que fue al oydo *318,99*
El immenso harà, el zelestial orbe *318,255*
Zelo *15*
Ô zelo, del fauor verdugo eterno, *23,9*
Tu, que con zelo pio i noble saña *72,18*
que el zelo pesquisidor *229,322*
Ô benditissimo zelo! *229,343*
venciò el zelo, cosa es clara, *229,357*
que auogue contra ti el zelo? *229,885*
Si el zelo no sopla vn poco, *229,1254*
Que el mortal zelo, de que està teñida, *229,1536*
con fee igual, con igual zelo *229,2690*
Inuidia conuocaua, si no zelo, *264,612*
Offrenda al fin de tu zelo. *269,322*
Piadoso oi zelo, culto *312,1*
El vn pecho da al zelo, el otro al culto. *368,24*
Flammante en zelo el mas antiguo manto; *421,20*
Su zelo, su deuocion *485,5*
Zelos *25*
Para disculpar sus zelos. *49,36*
Ponçoñosos zelos, *50,30*
I de zelos nudos fuertes. *59,44*
Lisonjas majaba, i zelos, *83,13*
No rompen mi sueño zelos, *83,41*
De zelos hasta el gollete *88,54*
Vnos zelos a vn casado, *94,27*
A la ausencia i a los zelos *107,63*
(No sepas mas) de zelos i de amores. *175,14*
Que zelos entre aquellos *193,15*
Si todo lo moderno tiene zelos, *195,7*
de los zelos, si este dia *229,329*
Tus zelos mi fee no vltragen. *229,1315*
I io zelos, mi señora, *229,1720*
Zelos, por restarme estoi *229,1777*
La segur de los zelos harà aguda. *261,356*
Con la sangre de sus zelos; *269,5*
Para reparar mis zelos, *269,207*
Los zelos embainò ia *269,589*
Donde de zelos se abrasa *269,876*
Que los zelos de Gerardo *269,1004*
I no zelos de Gerardo, *269,1125*
Los zelos, i la persona *269,1742*
Bebiendo zelos, vomitando inuidia! *318,216*
Matanme los zelos de aquel Andaluz: *345,1*
Zelosa *9*
Zelosa el alma te enuia *91,4*
Zelosa estàs, la niña, *193,5*
Zelosa estàs de aquel *193,6*
Zelosa como amante, *229,1454*
Que es amante, i zelosa, *229,1456*
Ia que zelosa bassa, *263,548*

Donde zelosa arrulla i ronca gime *264,270*
Deidad preuino zelosa *268,51*
Que arboleda zelosa aun no le fia *281,5*
Zelosas *4*
Con sus zelosas porfias, *122,16*
Tiñeron mal zelosas assechanças, *175,6*
Triumphador siempre de zelosas lides, *263,157*
I entre palmas que zelosas *333,25*
Zeloso *12*
I para el zeloso Rei *49,31*
Quiçà con zeloso intento *105,5*
Ô que zeloso està el lilio, *217,53*
Zeloso trueno antiguas aias mueue: *261,486*
Zeloso Alcaide de sus trenças de oro, *264,451*
Mentir cerdas, zeloso espumar diente. *264,583*
Entre el confuso pues, zeloso estruendo *264,735*
Con que el mas zeloso fia *269,463*
Turbado las dejò, porque zeloso *318,503*
Te admira Europa, i tanto, que zeloso *391,2*
Las duras zerdas que vistiò zeloso *415,1*
Zeloso si, mas no desesperado, *461,10*
Zenith *1*
Pisò el Zenith, i absorto se embaraça, *318,497*
Zeño *1*
Successor se remonta, en cuio zeño *318,206*
Zeñor *1*
Entre en mi alma el Zeñor, *210,23*
Zephiro *4*
El Zephiro no silua, o cruxe el Robre. *261,168*
Al Zephiro encomienda los extremos *264,114*
Del zephiro lasciuo, *264,725*
A blando zephiro hice *331,45*
Zephiros *2*
El fresco de los zephiros rúido, *263,536*
No zephiros en el, no ruiseñores *263,592*
Zephyro *2*
Dò el Zephyro al blando chopo *63,169*
Al zephyro no crea mas ocioso *451,9*
Zerda *2*
Quando lazos de tu Zerda *239,3*
En vna Zerda. No maior estrago, *318,397*
Zerdas *1*
Las duras zerdas que vistiò zeloso *415,1*
Zeremonia *1*
La zeremonia en su recebimiento, *318,199*
Zero *1*
I a mi de Genoua zero, *413,17*
Zeros *1*
Sus pulgadas i sus zeros, *105,39*
Zeruiz *1*
Zeruiz reuelde o religion postrada *318,22*
Zeruleo *1*
Ia el zeruleo color de su elemento; *318,228*
Zierço *1*
Para el Zierço espirante por cien bocas *263,450*
Zigarras *1*
Entre dos zigarras, que *288,11*
Ziñe *1*
Ziñe de lauro a cada qual la frente. *40,8*
Zino *1*
Zino el caliz que oi ze gana. *210,14*
Zoberana *2*
Buelta zoberana. *210,2*
Buelta zoberana. *210,16*

Zodiaco *2*
Ha sido i es zodiaco luciente *219,10*
Zodiaco despues fue crystalino *263,466*
Zodiàco *1*
Toro, mas de el Zodiàco de Hespaña, *311,3*
Zodìaco *1*
Zodìaco hecho breue *304,11*
Zon *4*
"Tamaraz, que zon miel i oro, *301,38*
Tamaraz, que zon oro i miel, *301,39*
Tamaraz, que zon miel i oro, *301,44*
Tamaraz, que zon oro i miel". *301,45*
Zona *5*
El Carro elado i la abrasada Zona *72,89*
Dos tachones de la zona. *149,106*
Toledo es, claro honor de nuestra zona. *229,2173*
Debajo aun de la Zona mas vezina *263,455*
Hija del que la mas luciente zona *318,37*
Zonas *3*
No pise las zonas antes, *306,35*
Ceñido que sus orbes dos de zonas. *318,248*
Quanto abraçan las Zonas, *421,79*
Zorra *2*
Bien fiaràs de la zorra, *269,974*
Para otro masse Zorra. *481,10*
Zorras *1*
Que no ai zorras en ayunas, *58,21*
Zorrero *1*
Su baculo timon de el mas zorrero *428,7*
Zozobrado *1*
Mezenas Español, que al zozobrado *318,429*
Zuelta *1*
El de la perzona zuelta, *210,6*
Zuheros *1*
La naua oiò de Zuheros, *268,2*
Zulema *1*
Frai Hamete i frai Zulema. *73,36*
Zumbais *1*
Zumbais de Alfonso Correa, *303,11*
Zumo *1*
El zumo de vna xeringa. *74,124*
Zuñigas *1*
De los Zuñigas de España; *178,14*
Zurron *3*
De la fruta el zurron casi abortada, *261,74*
Erizo es el zurron de la castaña; *261,81*
El zurron no tendria nudos, *269,1404*
Zvñigas *1*
La gloria de los ZVÑIGAS de España. *166,24*
Zynamomo *1*
Corteza de zynamomo. *211,24*

Ysopete-Zaragoza, 1489

hic liber confectus est

madisoni .mcmxciiii.